ITALIAN FILM: A WHO'S WHO

ITALIAN FILM: A WHO'S WHO

by

JOHN STEWART

McFarland & Company, Inc., Publishers
Jefferson, North Carolina, and London

British Library Cataloguing-in-Publication data are available

Library of Congress Cataloguing-in-Publication Data

Stewart, John, 1952–
Italian film : a who's who / by John Stewart.
p. cm.
Includes bibliographical references and index.
ISBN 0-89950-761-1 (lib. bdg. : 50# alk. paper)
1. Motion pictures—Italy—Biography—Dictionaries. I. Title.
PN1998.2.S74 1994
791.43'092'245—dc20
[B] 93-38733
CIP

Manufactured in the United States of America

McFarland & Company, Inc., Publishers
Box 611, Jefferson, North Carolina 28640

Per Gayle Winston
Una donna senza frontiere

ACKNOWLEDGMENTS

Without Ellen Knott this book would have been a paltry thing. The vast and always astounding amount of information contained on the reference shelves of the Wake Forest University Library, Winston-Salem, North Carolina, helped enormously.

Michael Billingsley

Georgia Wilhite, Brad Schang, Judy Pruitt, Sir Charles Johnson, Annie Brown, and Ron Turner put up with my drumming, and kept me supplied with coffee. I'd have fallen asleep at the wheel if it hadn't been for them, and I'm grateful.

Gracie Luck, who was in on the beginning of this project

King Triplett, Keith and Debbie Monroe, Jeff Green, Nancy and Berk Ingram

Senator Harry Bagnal

Senator Anne Bagnal

Don Mendes

Julian Crockett, who always surprises me by seeming to know exactly where I am in my career. A big friend, and a great support.

Bill Templeman gave me my start in this business. For that, and for being a good pal for a long time, thanks Bill.

Joe Gleason did a lot in a short time. I'm going to miss you, my friend.

Renata Evans

Forsyth County Library System

Bill Sugg. I always thank Bill in my books. With reason. He's real support and a pal of many years.

Carole Wells

Daniel Sugg

Mary Lyons Rearden

Luigi and Maril Bozzo, and Luigi's parents Francesco and Vanna Bozzo from Sardegna. In the immortal words of James Bond, "Luigi, I'll see you later!"

Helen Hart Brown asked me every day, "How's the book going?" "Have you finished the book yet?" and this helped. Probably helped Helen more than it helped me. Nah, only kidding!

Cheryl Roberts
Robbie Franklin
Dave Stewart
Mary Stewart Young
Willie Young, the Big Scotsman
William Young, the Little Scotsman

Tom Barns. Possibly me, thirty years on. And I wouldn't mind that, Tom, me old mate!

Norma and Paul Harrison: not only can they produce terrific grub, they're great company as well.

Marty Balsam
Renee Landau
Don and Kathy Burns
J.W. Tatum
Yul Brynner
H.R.H. King Hussein of Jordan
Bill Roberts, for buying my books
Harry J. Smith and Phoebe McClister
Wally Henning

Billy Ray Craig. I consider it an honor to know Dr. Craig, and a double honor that he considers me a friend.

Carlos Wight

Zetta Hamby, a great friend, and now, at 86, an author in her own right.

Dr. Walter Roufail
Dr. Mary Roufail
Marc Lehmann
David Anthony Hall

Leslie Halliwell. THE pioneer of movie books, as far as millions of people are concerned. When I was a kid I stumbled across his *Filmgoers' Companion*, which was new then. Singlehandedly, Halliwell opened up a whole new world for me, a sense of excitement, that lasts to this day. I knew Halliwell vaguely for years and was on the point of becoming a friend of his when he died, ridiculously young. He had told me he was going to put me in his next edition, and I didn't believe it. The ninth edition of "Filmgoers'" came out, just after Halliwell's death, and I was in it, which means more to me than an entry in *Encyclopaedia Britannica*. Thanks, Halliwell, wherever you are!

CONTENTS

Acknowledgments
vii

Preface
xi

Abbreviations
xv

The Who's Who
1

Bibliography
509

Film Index
515

PREFACE

This book is a personal credits reference to the Italian cinema, an A to Z of 5,000 people, Italians and foreigners, who have been involved in Italian film over the course of the last 100 years. These entries are numbered, and contain biographical and filmographical information. The stress is on the filmographies.

There is an index at the back of the book. It was constructed as an index to the Who's Who only, and is not therefore an exhaustive list of Italian movies. Typically an index entry will list Italian film title, year, the English-language title and sometimes other-language titles where appropriate (this point will be explained below), and then numerical references to the serial-numbered entries in the Who's Who. Conjoined to some of these numerical references are letters or other symbols. An explanation is to be found at the head of the index. Essentially these abbreviations (*d* for director, *ph* for director of photography, for example) are there to help the reader avoid wading through sometimes seventy or more references in order to find the crew member he wants. Not all crew functions are indicated in this way, just the main ones.

An explanation of the title translations in the index: Certain films have alternate titles listed in square brackets. These are predominantly English-language titles, and are inserted almost invariably only when that film has been shown in an English-speaking country. Sometimes the original Italian title is changed beyond all recognition, in order to make it as appealing as possible to the foreign audience. Therefore it is necessary to have this alternative title listed, as an indispensable guide for the reader. Likewise some titles may be close to the original, but frustratingly difficult for the reader to find. One may have seen, for example, *Cinema Paradiso*, and not be aware that in this book the film is referred to by its original Italian title, *Nuovo cinema paradiso*. For this reason, these alternatives are given in the index. Where an alternative title is a literal translation, it is generally not listed, except in cases where the English or French (or whatever) language title is so well known that to leave it out would be obtuse (*The Good, the Bad and the Ugly*, for instance). The index serves only as a guide, not an exhaustive list of title variants.

For the Italian people I have attempted to list all their films, in and out of Italy. I have done the same with foreigners whose careers have been mostly in Italy. These will be indicated with a phrase such as "based in Italy." For foreigners whose careers have mostly been outside Italy, only their Italian films are given.

Notes on style: Spanish-language purists may point out that an inverted question mark precedes a question in that language: ¿Quien sabe? This is true, but that is not the formal way the film title *Quien sabe?* appears. The hazards of showing a title in this book in an alphabet other than Roman, e.g., in Cyrillic or Arabic, threatened more problems than a simple transliteration, which is what I have gone with. Dates of films: (11) means 1911 and (87) means 1987, and so on; dates from the previous century (1896, 1897, 1898, and 1899) are, however, given in full; (00) means 1900. I am aware that the term "co-producer" means something specific in the world of movies. What *co-p* means in this book as an abbreviation is one of two or more people who produced a movie. In other words it is what the reader would think it means, unless he or she is a co-producer, in which case it will be necessary to read this explanation. The terms "art director," "production designer," "set designer," and even some others in that field have become blurred and overlapped somewhat in recent years. It is not my intention to go crazy trying to be exact in every case, or to drive the reader crazy in so doing, but what there is in this book is the way the function appeared in the credits. In the index *a* signifies art director or production designer, and *s* signifies set designer or set decorator. This shorthand exists only in the index, meant only as a quick guide for the reader. The Who's Who reveals all.

Films with titles like *Scampolo 53*, or *Boccaccio 70*, appear like this without an apostrophe, instead of *Scampolo '53*, or *Boccaccio '70*. This is just a matter of style. Both ways are seen. I have tried to establish at least a uniformity.

In the index I have eschewed indicating whether a film is made for television or is a documentary or a short. This would be to use up space unnecessarily. That information is found in the bulk of the book.

A film with a release date that differs from year of production is indicated thus: *Scalo merci* (46 made in 43) or *Marakatumba....ma non è una rumba* (51 made in 49). In other words, it is the later release date which is the key date, even though in some circumstances (for example *Scalo merci*), 1943 is often thought of as the appropriate date for this film. For uniformity throughout this book, though, it is important to show *Scalo merci* as being a 1946 film. In certain cases a fuller explanation for the delay in release will be given. There are certain film titles in which this procedure is reversed, e.g., *Dieci minuti di vita*. The reason will become obvious upon inspection.

Dates of films: Sometimes the reader might disagree on the year of a movie. One might be of the opinion, for instance, that *Il moschettiere fantasma* was 1952; I have settled for 1953. One year either way doesn't make a great deal of difference, if there is no controversy, and in most cases there is no controversy and the issue does not arise. It is when a date differs two years or more from the expectations of some that further investigation is needed. I have always tried for year of release, except as mentioned above.

In the biographical parts of an entry, there are many cases where I could not find the death date of a person. I was going to put "deceased," but ultimately just left it out. Common sense should dictate the reader's reaction. One will still see the occasional notation "deceased"; I have used this for cases when people died young, but I did not know when.

Certain films will not be represented here. There are several reasons for this. One is that I simply missed them. Another is that the existence of a film title may not have been substantiated to my liking. A third reason is that some apparently Italian-language titles appeared in my research in conjunction only with a foreign name; Jane Birkin, for example, seems to have been in a film called *Delitto a Oxford* in 1970. This may be the Italian title for something else. Maybe a reader will write me on this. Anyway, I left it out. There are a number of other untraceable or possibly garbled or erroneous Italian-seeming films I unearthed in my research that I could not verify or was not comfortable with, so they were excluded too. In short, if I could not, in the welter of Italian film titles, convince myself of the genuineness of something, I certainly was not going to try to do so to the reader.

The Italian film titles follow the Italian method of capitalization: in other words lower case for everything except the initial letter of the sentence, unless a word is a proper noun, or has some other individual reason for being capitalized. Other-language titles follow the patterns of their countries. In this context the sharp-eyed reader may sometimes see what looks like a French film title that does not follow the French method. *La dame en gris*, for example, should, one might think, be rendered *La Dame en gris*. In fact, this is an Italian film, not a French one.

A note on co-productions: This was a tricky area at first. To be honest it still is. Not just for me—for everyone. There are some films listed in this book that some readers might think should not be here. Well, they are here anyway. These are the co-productions, for example French/Italian, U.K./Italian, U.S./Italian, or the other way around. Some readers might think it strange to list *Vite vendute* as an Italian film (under Yves Montand), when they know it to be the famous French film *Le Salaire de la peur*. It was a French film (in English it was called *Wages of Fear*), but it was also an Italian film; in other words, it was a co-production. The Italians call it *Vite vendute*. The reader might then ask why "co-production" is not indicated. The answer might be that this information has been covered in other books (usually wrongly). The answer might also be that there are so many variations listed in so many books that one is no longer sure at all about the countries involved, or to what extent. Even in magazines of the particular period, even from the mouths of those who took part in the film, there are sometimes major discrepancies, so, rather than be inaccurate, which I would be bound to be, I decided to list *Vite vendute* as an Italian film, and that's that! Again, the reader might think it is going a bit far to list *Ben-Hur* and *El Cid* as Italian films, or the 1978 film *Fedora*. I more or less agree, but in order to be consistent, they have to be listed thus. The index will guide the reader to alternate titles. On the other hand there were some films that in some reference sources were boldly said to be "Italian" that I either knew or doubted strongly had any Italian involvement. These have been left out. There is a mild evil which must go along with this policy. Sometimes a co-production deal demands that two separate films be shot—one in Italian and one in the other language. Rarely does the deal go to the expense of an entirely separate film; rather, spoken segments are played differently. There is sometimes a different director for these. In a case like the famous French film *La Beauté du diable*, which as everyone knows René Clair directed, the reader will find another director listed for this film as well, Lionello De Felice. De Felice directed the Italian version (as indicated under the entry for De Felice). So, one might say, why list Clair at all, when he directed the French version? The French version is French, not Italian, so should not be in the book. It is more complicated than that. True, *La Beauté du diable* is a French film but it was a co-production—French/Italian. And although De Felice did direct the Italian version, which is the one that the Italians saw in the theaters, the French version is still a co-production, and the cast and crew are the same. There are so many variations on this story that it would require a separate book to explain. There are some films that the reader might think are Italian co-productions, but which are not in the book. These were well-informed decisions on my part.

The entries in the bulk of the book are arranged alphabetically, but because they are proper names, letter by letter. For example, Dallamano comes before Dalla Porta. In the case of the index, which is of film titles, the arrangement is the standard word by word.

The proper thing to say of this book might be, "It is complete." This statement is possible about, perhaps, Scottish cinema or Samoan cinema, but when one is talking about a subject as vast as Italian cinema, all one can honestly say is, "It's an attempt at completeness." One may find omissions, incomplete filmographies, even errors perhaps, but truly these are all inevitable. This book's mission is to serve as the most complete reference book on Italian cinema, and it had to be done now, not in fifty years' time. And it had to be done in one volume, not a dozen.

ABBREVIATIONS

In the Main Part of the Book

* = (also) acted
AKA = Also known as, also seen as, also spelled as
art d = art director
assoc d = associate director
assoc p = associate producer
asst = assistant
asst d = assistant director
camera = camera operator
ch = choreographer
co = costumes (co-costumes is spelled out in full)
co-art d = co-art director
co-d = co-director
co-e = co-editor
co-ph = co-director of photography
co-w = co-writer
d = director
d prod = director of production
doc = documentary
e = editor
ex p = executive producer
fx = special effects
m. = married
m d = musical director
mgr = manager
n.d. = no date found
p = producer
ph = director of photography
prod design = production designer
prod insp = production inspector
prod mgr = production manager
RN = Real name, right name, original name
sets = set designer (set decorator is spelled out in full)
TV = television
U.K. = United Kingdom
U.S. = United States
w = writer

In the Index

* = acted in conjunction with other function
a = art director, production designer, co-art director, assistant art director
ad = assistant director, assistant to the director, dialog director, 2nd unit director, technical director, artistic director, 2nd unit assistant
ca = camera operator, assistant camera operator
ch = choreographer

co = costume designer, co-costume designer
d = director, supervising director, co-director
e = editor, co-editor, sound editor
fx = special effects
m = composer, co-composer, musical director, songwriter, lyricist, musical consultant
p = producer, co-producer, executive producer, co-executive producer
ph = director of photography (or cinematographer), co-director of photography, assistant director of photography, lighting director, 2nd unit photographer, photographic consultant
s = set designer, set decorator
w = writer, co-writer, story writer, co-story writer, original idea writer, adapter, co-adapter, dialogist, co-dialogist, original novel writer, original playwright

THE WHO'S WHO

1. Aames, Willie. U.S. actor. b. 1961. RN: William Upton. *Inferno in diretta* (85).

2. Abatantuono, Diego. Actor. Well-known as a comedian. *Il tango della gelosia* (81), *I fichissimi* (82), *Grand Hotel Excelsior* (82), *Eccezzziunale...veramente* (82 also co-w), *Tranches de vie* (84 France), *Regalo di Natale* (87), *Un ragazzo di Calabria* (87), *Ultimo momento* (87), *Strana la vita* (88), *I cammelli* (88), *Marrakesh Express* (89), *Turnè* (90), *Mediterraneo* (91).

3. Abba, Marta. Actress. b. June 25, 1900, Milano. d. June 24, 1988, Milano. *Il caso Haller* (33), *Teresa Confalonieri* (34).

4. Abbruzzo, Michele. Actor. b. Dec. 29, Sciacca. *L'ha fatto una signora* (38), *I cavalieri dalle maschere nere* (47), *Ho scelto l'amore* (53), *Il mondo sarà nostro* (55).

5. Abel, Gustavo. Set designer. *Il socio invisibile* (39), *Le sorprese del divorzio* (39), *Arriviamo noi* (40), *Lucrezia Borgia* (40), *Il Ponte dei sospiri* (40), *Il ponte di vetro* (40), *Il "signore" della taverna* (40), *Il bravo di Venezia* (41), *La compagnia della teppa* (41), *È caduta una donna* (41), *Tosca* (41), *Il leone di Damasco* (41), *Capitan Tempesta* (41), *Perdizione* (42), *Una signora dell'ovest* (42), *Tragica notte* (42), *Arcobaleno* (43 also co-d).

6. Abney, William. U.K. actor. b. 1921, Upminster, Essex. *Gli ultimi dieci giorni di Hitler* (72).

7. Abraham, F. Murray. U.S. actor. b. Oct. 24, 1939, Pittsburgh, Pa. *Il nome della rosa* (86), *La rosa dei nomi* (87 doc appeared as himself), *Russicum* (89).

8. Abrolat, Werner. Austrian actor. *Per qualche dollaro in più* (65), *Il castello di Fu Manchu* (68).

9. Acampora, Franco. Actor. *Faustina* (68), *Ondata di calore* (69), *Avanti!* (72).

10. Achard, Marcel. French writer. b. July 5, 1889, Ste.-Foy-lès-Lyon. d. of diabetes, in Paris, Sept. 4, 1974. *I gioielli di Madame De...* (52), *Femmina* (59).

11. Ackerman, Jack. U.S. actor/composer/conductor. *Gli intoccabili* (68 *).

12. Ackland, Joss. U.K. actor. b. Feb. 29, 1928, London. *Gli ultimi dieci giorni di Hitler* (72), *Dimenticare Palermo* (90), *Tre colonne in cronaca* (90).

13. Adam, Alfred. French actor. b. 1909, Asnières. d. 1982. Also a playwright. *Il nemico pubblico n. 1* (53), *Le vergini di Salem* (56), *Lo straniero* (67), *Arriva Dorellik* (67).

14. Adam, Ken. U.K. art director. b. Feb., 1921, Berlin, Germany. *Elena di Troia* (56 asst art d), *Ben-Hur* (59 asst art d), *Sodoma e Gomorra* (62 prod design), *Salon Kitty* (76).

15. Adams, Beverly. Canadian actress. b. 1945. *Se tutte le donne del mondo* (66).

16. Adams, Maud. Swedish actress. b. Feb. 12, 1949, Lulea. RN: Maud Wikstrom. *L'uomo senza pietà* (77).

17. Adani, Laura. Actress. b. Oct. 7, 1913, Modena. *Aria di paese* (33), *Torna, caro ideal...!* (39), *Orizzonte dipinto* (41), *L'amico delle donne* (42), *Arrangiatevi* (59), *Vento del sud* (59), *Le massaggiatrici* (62), *Amore mio, aiutami* (69), *Borsalino* (70 France).

18. Addams, Dawn. U.K. actress. b. Sept. 21, 1930, Felixstowe. d. May 7, 1985, London. From 1954 to 1971 she was married to Prince Vittorio Massimo, and lived in Italy. *Il letto* (53), *Mizar* (54), *Il visconte di Bragelonne* (54), *I quattro del getto tonante* (55), *Il tesoro di Rommel* (55), *Londra chiama polo nord* (55), *Le avventure dei tre moschettieri* (55), *Il mistero della pensione Edelweiss* (58), *I battellieri del Volga* (58), *Il diabolico dott. Mabuse* (60), *Il tulipano nero* (63).

19. Addessi, Giovanni. Producer. AKA: Walter Sarch. *Le amiche* (55), *È arrivata la parigina* (58), *La prima notte* (58), *La danza macabra* (63), *E Dio disse a Caino* (69 also co-w), *Nella stretta morsa del ragno* (70).

Addobbati, Giuseppe *see* **MacDouglas, John**

20. Adorf, Mario. Swiss actor. b. Sept. 8, 1930, Zurich. Well-known for TV series *Don Camillo* (1980). *A cavallo della tigre* (61), *La visita* (62), *La valle dei lunghi coltelli* (63), *Alla conquista dell'Arkansas* (63), *La guerra segreta* (65), *Colpo grosso a Galata Bridge* (65), *Operazione San Gennaro* (66), *Jessy non perdona...uccide* (66), *Le dolci signore* (67), *Una rosa per tutti* (67), *Questi fantasmi* (67), ... *E per tetto un cielo di stelle* (68), *La tenda rossa* (69), *Un'anguilla da trecento milioni* (69), *Gli specialisti* (69), *L'uccello dalle piume di cristallo* (69), *Quando le donne persero la coda* (71), *La "mala" ordina* (72), *La cagna*

(72), *La corta notte delle bambole di vetro* (72), *La polizia ringrazia* (72), *Il delitto Matteotti* (73), *Processo per direttissimo* (74), *Il clan del quartiere latino* (74), *Brigitte, Laura, Ursula, Monica, Raquel, Liz, Maria, Florinda, Barbara, Claudia e Sofia...le chiamo tutte...anima mia* (74), *La smagliatura* (75), *Cuore di cane* (76), *Un anno di scuola* (76), *Difficile morire* (77), *Io ho paura* (77), *Fedora* (78), *La disubbidienza* (81), *Marco Polo* (82), *Notte italiana* (87), *I ragazzi di via Panisperna* (89), *Francesco* (89).

Adriani, Oscar *see* **Andriani, Oscar**

21. Age. Co-writer. b. July 4, 1919, Brescia. RN: Agenore Incrocci. Usually wrote with Scarpelli (q.v.) *I due orfanelli* (47), *Il vedovo allegro* (49), *Vivere a sbafo* (49), *I cadetti di Guascogna* (50), *L'eroe sono io!* (51), *Signori, in carrozza!* (51), *Auguri e figli maschi* (51), *Una bruna indiavolata* (51), *Totò a colori* (52), *Ragazze da marito* (52), *Capitan Fantasma* (53), *Cinema d'altri tempi* (53), *Ci troviamo in galleria* (53), *L'incantevole nemica* (53), *Gli uomini, che mascalzoni!* (53), *Napoletani a Milano* (54), *Casta diva* (54), *Le signorine dello 04* (54), *Sinfonia d'amore* (54), *Bravissimo* (55), *La banda degli onesti* (56), *Peccato di castità* (56), *Tempo di villeggiatura* (56), *Una pelliccia di visone* (56), *Padri e figli* (56), *Totò lascia o raddoppia* (57), *Souvenir d'Italie* (57), *Primo amore* (58), *I soliti ignoti* (58), *Divorzio all'italiana* (61), *I mostri* (63), *I compagni* (63), *Sedotta e abbandonata* (64), *I complessi* (65 the episode "Il complesso della schiava nubiana" co-story), *Il buono, il brutto, il cattivo* (66), *Straziami...ma di baci saziami* (68), *Riusciranno i nostri eroi a ritrovare l'amico misteriosamente scomparso in Africa?* (68), *Dramma della gelosia—tutti i particolari in cronaca* (70), *In nome del popolo italiano* (71), *Brancaleone alle crociate* (71), *Senza famiglia nullatenenti cercano affetto* (72), *Vogliamo i colonnelli* (72), *Teresa la ladra* (73), *Romanzo popolare* (74), *C'eravamo tanto amati* (74), *La donna della domenica* (75), *Signore e signori, buonanotte* (76), *I nuovi mostri* (77), *Doppio delitto* (78), *La terrazza* (79), *I seduttori della domenica* (80), *Nudo di donna* (81), *Spaghetti House* (82), *Scherzo del destino in agguato dietro l'angolo come un brigante da strada* (83), *Il tassinaro* (83), *Dagobert* (84), *Scemo di guerra* (85), *I soliti ignoti vent'anni dopo* (85), *Una botta di vita* (88), *Affettuose lontananze* (89).

22. Agliani, Geo Giorgio. Director of production. b. Oct. 2, 1910, Milano. *Il sole sorge ancora* (46 p), *Caccia tragica* (47 p), *Le mura di Malapaga* (48), *Donne senza nome* (49), *Le ragazze di piazza di Spagna* (51), *Achtung, banditi!* (51), *La cieca di Sorrento* (52), *Terza liceo* (53), *Villa Borghese* (53), *Vergine moderna* (54), *Le signorine dello 04* (54), *Il momento più bello* (56), *Teseo contro il Minotauro* (60 co-p).

23. Agren, Janet. Actress. b. 1950. *Donne...botte e bersaglieri* (68), *I due crociati* (68), *Il giovane normale* (69), *Du soleil plein les yeux* (69 France), *Io non vedo, tu non parli, lui non sente* (71), *Io non spezzo, rompo* (71), *La più bella serata della mia vita* (72), *Pulp* (72 U.S.), *Avanti!* (72), *La vita, a volte, è molto dura, vera provvidenza?* (72), *Racconti proibiti...di niente vestiti* (72), *Fiorina la vacca* (72), *Ingrid sulla strada* (73), *Tecnica di un amore* (73), *Il saprofita* (74), *Paolo Barca, maestro elementare, praticamente nudista* (75), *Sensualidad* (75 Spain), *L'assassino ha riservato nove poltrone* (75), *L'erotomane* (75), *La polizia interviene: ordine di uccidere* (76), *Chi dice donna dice...donna* (76), *Per amore* (76), *Panic* (76), *Vai con il liscio* (76), *Stato interessante* (77), *Bermude: la fossa maledetta* (77), *La nave dell'uranio* (78), *Il prefetto di ferro* (78), *Sette ragazze pericolose* (78), *Aragosta a colazione* (79), *Vendetta napoletana* (79), *Prestami tua moglie* (80), *Mangiati vivi* (80), *Paura nella città dei morti viventi* (80), *L'onorevole con l'amante sotto il letto* (81), *La gatta da pelare* (81), *Ricchi, ricchissimi...praticamente in mutande* (81), *Sogni mostruosamente proibiti* (82), *Mystère* (83), *Occhio malocchio prezzemolo e finocchio* (83), *SuperFantaGenio* (85).

24. Agus, Gianni. Actor. b. Aug. 17, 1917, Cagliari. *Giuseppe Verdi* (38), *I figli del marchese Lucera* (39), *Femmina incatenata* (49), *Adamo ed Eva* (49), *In amore si pecca in due* (54), *Il cardinale Lambertini* (54), *Il federale* (61), *La più bella coppia del mondo* (68).

25. Agutter, Jenny. U.K. actress. b. Dec. 20, 1952, Taunton. *Amore, piombo e furore* (77).

26. Aherne, Brian. U.K. actor. b. May 2, 1902, King's Norton. d. Feb. 10, 1986, Venice, Fla., U.S.A. *Sette contro la morte* (65).

27. Aiello, Danny. U.S. actor. b. June 20, 1933, N.Y.C. *C'era una volta l'America* (83), *Russicum* (89).

28. Aimée, Anouk. French actress. b. April 27, 1932, Paris. RN: Françoise Sorya (Dreyfus), under which name she acted at the beginning of her career. Also known simply as Anouk. *Gli amanti di Verona* (48), *Le donne degli altri* (57), *Montparnasse* (58), *La dolce vita* (60), *L'imprevisto* (61), *Il giudizio universale* (61), *Sodoma e Gomorra* (62), *8½* (63), *Il terrorista* (63), *Il successo* (63), *Il giorno più corto* (63), *Liolà* (64), *Le voci bianche* (64), *La fuga* (65), *Il morbidone* (65), *Le stagioni del nostro amore* (66), *Lo scandalo* (66), *Salto nel vuoto* (80), *Tragedia di un uomo ridicolo* (81), *Il generale dell'armata morta* (82), *Arrivederci e grazie* (88).

29. Airoldi, Cristina. Actress. *Lo strano vizio della signora Ward* (71), *Punto e Capo* (73), *I corpi presentano tracce di violenza carnale* (73).

30. Aitchison, Peggy. U.K. actress. *Lola* (70).

31. Akins, Claude. U.S. actor. b. May 25, 1918, Nelson, Ga. *Sledge* (70), *Tentacoli* (77).

32. Alarcón, Enrique. Spanish art director. AKA: Henry Alarcon. *Cervantes* (68), *Uno dopo l'altro* (68 co-art d), *Sole rosso* (71).

33. Albaicin, Rafael. Spanish actor. *Django* (66), *Un dollaro a testa* (66), *Amore, piombo e furore* (77).

34. Albanese, Guido. Composer. b. Dec. 2, 1893, Ortona. *Poesia e tradizioni della Natività* (32 doc also */w), *Cento di questi giorni* (33), *Giallo* (33), *Torna, caro ideal...!* (39 co-composer).

35. Albani, Elsa. Actress. b. 1921. *The Nun's Story* (58 U.S.), *La ragazza con la valigia* (60), *Le streghe* (66), *I sette fratelli Cervi* (67), *Lo sbarco di Anzio* (68), *Come, quando, con chi?* (69).

36. Albani, Marcella. Actress. b. Dec. 7, 1901, Roma. Married Mario Franchini. *L'amplesso della morte* (19), *Il tarlo distruttore* (20), *L'amore in fuga* (20), *La figlia delle onde* (20), *Il romanzo di Nina* (20), *Salvator* (20), *La sposa perduta* (21), *La madonna della Robbia* (21), *Il mistero del testamento* (21), *Guillotine* (24 Germany), *Corte d'assise* (30), *Zaganella e il cavaliere* (32), *Non son gelosa* (33), *Ritorno alla terra* (34), *Stradivari* (35).

37. Albani, Marcello. Director. b. May 3, 1905, N.Y., U.S.A. *Il bazar delle idee* (40), *Boccaccio* (40), *Divieto di sosta* (41), *Redenzione* (42), *Ultimo sogno* (44), *Sua Altezza ha detto: no!* (53 co-w/story), *Sangue di zingara* (55 prod d).

38. Albani, Romano. Director of photography. *Come cani arrabbiati* (77), *Quella strana voglia d'amore* (77), *Canne mozze* (78), *Dimenticare Venezia* (79), *Bionda fragola* (80), *Inferno* (80), *Stark System* (80), *Ad ovest di Paperino* (81), *Ciao nemico* (81), *Il buon soldato* (82), *The Link* (82 U.S.), *Sturmtrüppen n. 2* (82), *Lontano da dove* (83), *Scusate il ritardo* (83), *Phenomena* (84), *Una strana passione* (84), *Extrasensorial* (85), *Mamma Ebe* (85).

39. Albani Barbieri, Alberto. Co-writer. b. May 22, 1907, Ancona. *Incanto di mezzanotte* (40), *Mas* (41), *Penne nere* (52), *Anna perdonami!* (53), *Ti ho sempre amato* (53), *Pietà per chi cade* (53), *Gli amori di Manon Lescaut* (54), *Prigionieri del male* (55).

40. Alberghetti, Anna Maria. Actress. b. May 15, 1936, Pesaro. Made one movie in Italy before going to the U.S.A. for a reasonably successful career there. *Il medium* (50).

41. Alberini, Filoteo. Producer. b. March 14, 1865, Torino. d. April 12, 1937, Roma. Invented the Alberini Cinetografo in 1895, and the Autostereoscopio in 1911, and in 1928 he and British film engineer Roy Hill experimented on a wide-screen process. *Veduti ad episodi del terremoto in Calabria* (05 doc co-p), *La presa di Roma* (05 short co-p), *La malia dell'oro* (06), *Viaggio di una stella* (06), *Pierrot innamorato* (06), *L'armonica misteriosa* (06), *La pila elettrica* (06), *Il pompiere di servizio* (06), *Il triplice appuntamento* (06), *Il sacco di Roma* (14), *Un'alba* (20 ph), *Il voto* (20 ph).

Albert, Al *see* **Albertini, Adalberto**

Albert, Charles *see* **Alberty, Karl Otto Alberty**

42. Albertazzi, Giorgio. Actor. b. Aug. 20, 1925, Firenze. *Lorenzaccio* (51), *Gioventù alla sbarra* (52), *Art. 519, codice* *penale* (52), *Il mercante di Venezia* (52), *Delirio* (54), *Uomini ombra* (54), *Tradita* (54), *Le notti bianche* (57 voice), *Giro del mondo sull'altopiano* (57 doc voice), *Labbra rosse* (60), *L'anno scorso a Marienbad* (61), *Morte di un bandito* (61), *L'italiano ha cinquant'anni* (62), *Eva* (62), *Violenza segreta* (63), *Ti ho sposato per allegria* (68), *Caroline chérie* (68 France), *Gradiva* (70 also d), *L'assassinio di Trotsky* (72), *Cinque donne per l'assassino* (72), *La nottata* (74), *Mark il poliziotto spara per primo* (75).

43. **Albertelli, Mario.** Director of photography. b. Jan 22, 1904, Roma. *Non c'è bisogno di denaro* (33 co-ph), *Camicia nera* (33 co-ph), *Aurora sul mare* (34 co-ph), *Campo di maggio* (35 co-ph), *Mastro Landi* (35), *Fiordalisi d'oro* (35), *Tredici uomini e un cannone* (35 co-ph), *Cuor di vagabondo* (36), *La fossa degli angeli* (37 co-ph), *L'ultima nemica* (37), *Due milioni per un sorriso* (38), *Ettore Fieramosca* (38 co-ph), *Belle o brutte si sposan tutte* (39), *Cose d'altro mondo* (39), *L'amore si fa così* (39), *Un mare di guai* (39 co-ph), *In campagna è caduta una stella* (39), *Gli ultimi della strada* (39), *Chi sei tu?* (39), *Duetto vagabondo* (39), *Maddalena, zero in condotta* (40), *La granduchessa si diverte* (40), *Alessandro, sei grande!* (40 co- ph), *La fanciulla di Portici* (40), *Marco Visconti* (40), *Idillio a Budapest* (40), *Barbablù* (41), *Amore imperiale* (41), *Rossini* (41), *Gioco d'azzardo* (41), *Orizzonte di sangue* (41), *Colpi di timone* (42), *Fedora* (42 co-ph), *Se io fossi onesto* (42), *Nozze di sangue* (42), *Giorno di nozze* (42 co-ph), *La storia di una capinera* (43), *Tempesta sul golfo* (43), *Canto, ma sottovoce* (44), *La carne e l'anima* (45 made in 43 co-ph), *Il marito povero* (46 made in 43), *Lucia di Lammermoor* (46), *Il fabbro del convento* (48), *Cenerentola* (48), *Vertigine d'amore* (48), *Come scopersi l'America* (49), *Femmina incatenata* (49), *Anema e core* (50), *Figaro qua, Figaro là* (50), *L'inafferabile 12* (50), *47, morto che parla* (50), *Amore rosso* (51), *Il microfono è vostro* (51 co-ph), *Arrivano i nostri* (51), *Vendetta...sarda* (51), *Le sei mogli di Barbablù* (51), *Totò cerca moglie* (51), *Totò sceicco* (51), *Il capitano nero* (51 co-ph), *Il mago per forza* (51 co-ph), *Core 'ngrato* (51), *Inganno* (52), *A fil di spada* (52), *Il segreto delle tre punte* (52), *Cinque poveri in automobile* (52), *Avventura ad Algeri* (53), *Scampolo 53* (53), *Frine, cortigiana d'Oriente* (53), *Sua Altezza ha detto: no!* (53), *Ho scelto l'amore* (53), *Ballata tragica* (54), *Napoli piange e ride* (54), *Papà pacifico* (54), *Cuore di mamma* (54), *Faccia da mascalzone* (55 co-ph), *Luna nova* (55), *Da qui all'eredità* (55), *Porta un bacione a Firenze* (55), *Totò, Peppino e la...malafemmina* (56), *Totò, Peppino e i fuorilegge* (57), *Peppino e la vecchia signora* (57 made in 54).

44. **Alberti, Guido.** Actor. b. 1909. *8½* (63), *Le mani sulla città* (63), *La ballata del boia* (63), *Un Grain de sable* (64 France), *Aimez-vous les femmes?* (64 France), *La fuga* (65), *Le soldatesse* (65), *Casanova 70* (65), *Le meravigliose avventure di Marco Polo* (65), *Il morbidone* (65), *Su e giù* (65 the episode "Il colpo da leoni"), *La prova generale* (66), *Spara forte, più forte, non capisco* (66), *Un Choix d'assassins* (67 France), *A qualsiasi prezzo* (68), *Niente rose per OSS 117* (68), *Ruba al prossimo tuo* (68), *Il delitto del diavolo* (69), *Lo scacchiere di Dio* (69), *Giovinezza, giovinezza* (69), *Una giornata nera per l'Ariete* (70), *La Décade prodigieuse* (72 France), *Cool Million* (72 U.S. TV), *Che?* (72), *Tony Arzenta* (73), *La ragazza fuori strada* (74), *Milano odia: la polizia non può sparare* (74), *La mano spietata della legge* (74), *Fatevi vivi, la polizia non interverrà* (74), *Spasmo* (74), *Les Violons du bal* (74 France), *Il testimone deve tacere* (75), *Il giustiziere sfida la città* (75), *Roma drogata* (75), *Un attimo di vita* (75), *Napoli violenta* (76), *Il corsaro nero* (76), *Bobby Deerfield* (77 U.S.), *L'Affaire suisse* (78 France), *Luca, il contrabbandiere* (80), *Napoli—Palermo—New York; il triangolo della camorra* (81), *Il portaborse* (91).

45. **Albertini, Adalberto.** Director. b. July 14, 1924, Torino. AKA: Bitto Albertini, Albert Thomas. *Paura d'amare* (41 asst camera), *La contessa Castiglione* (42 asst camera), *Calafuria* (42 asst camera), *Assunta spina* (48 asst camera), *La fiamma che non si spegne* (49 camera), *Una donna ha ucciso* (50 camera), *L'eterna catena* (51 camera), *La domenica della buona gente* (53 camera), *Il peccato di Anna* (53 camera), *Una donna prega* (53 camera), *Riscatto* (53 camera), *Canto per te* (54 camera), *Baracca e burattini* (54 ph), *Il cantante misterioso* (54 ph), *Acque amare* (54

camera), *Rigoletto* (54 ph), *Il mantello rosso* (54 ph), *Il suo più grande amore* (55 ph), *La canzone del cuore* (55 ph), *Incatenata dal destino* (55 ph), *Mamma sconosciuta* (56 ph), *Canzone proibita* (56 ph), *Le schiave di Cartagine* (57 ph), *La chiamavan Capinera* (57 ph), *Il corsaro della mezza luna* (57 ph), *L'amore nasce a Roma* (58 ph), *Un amore senza fine* (58 ph), *Capitan Fuoco* (58 ph), *Costa Azzurra* (59 ph), *Il terrore dei barbari* (59 ph), *David e Golia* (59 ph), *L'ultimo zar* (60 ph), *La regina delle amazzoni* (60 ph), *I sette gladiatori* (63 ph), *Il figlio di Cleopatra* (64 ph), *I due evasi di Sing Sing* (64 ph), *Intrigo a Los Angeles* (64 ph), *Sandokan alla riscossa* (64 ph), *Sandokan contro il leopardo di Sarawak* (64 ph), *Il segno di Zorro* (64 ph), *Uno straniero a Sacramento* (64 ph), *L'invincibile cavaliere mascherato* (64 ph), *Le schiave esistono ancora* (64 co-ph), *002—agenti segretissimi* (64 ph), *Goldface, il fantastico superman* (68 also w), *Drei tolle Kerle* (68 Germany also co-w), *I vendicatori dell'ave maria* (70 also w), *Il ritorno del gladiatore più forte del mondo* (71), *Che fanno i nostri superman tra le vergini della giungla?* (71), *Il santo patrono* (72), *Zambo, il dominatore della foresta* (72), *Metti lo diavolo tuo ne lo mio inferno* (73), *Il ritorno di Shanghai Joe* (74), *Emanuella nera* (76 co-d), *Il mondo dei sensi di Amy Wong* (77), *Emanuella nera n. 2* (77 co-d), *Seimila chilometri di paura* (79), *Che casino...con Pierino!* (82) *Nudo e crudele* (84), *Mondo senza veli* (85).

46. Albertini, Alberto. Actor. b. Aug. 31, 1898, Cogoleto. d. Oct. 22, 1957, Genova. RN: Goucko Giuseppe Germani. Married Maddalena Colla. *Assunta spina* (15), *La gola* (19), *La morte civile* (19), *La principessa Giorgio* (19), *Tre milioni di dote* (20 in two episodes "Il delitto di Luciano Claude" and "La signora degli smeraldi), *Otello* (20), *Una mummia, una donna e un diplomatico* (20), *Camillo emulo di Sherlock Holmes* (20).

Albertini, Bitto *see* **Albertini, Adalberto**

47. Albertini, Edda. Actress. b. May 31, 1926, Trento. *Avanti a lui tremava tutta Roma* (46), *Monastero di Santa Chiara* (48).

48. Albertini, Giampiero. Actor. *I compagni* (63), *Made in Italy* (65), *Sette uomini d'oro* (65), *Il grande colpo dei sette uomini d'oro* (66), *Italian Secret Service* (67), *Summit* (68), *Mangiala!* (68), *Commandos* (68), *Gangster 70* (68), *Un minuto per pregare, un istante per morire* (68), *Quemada* (69), *Bolidi sull'asfalto* (70), *Uomini contro* (70), *È tornato Sabata, hai chiuso un'altra volta* (71), *Perche quelle strane gocce di sangue sul corpo di Jennifer?* (72), *Partirono preti, tornarono ...curati* (73), *La rosa rossa* (73), *Sette ore di violenza per una soluzione imprevista* (74), *La Pièvre* (75 France), *Flic story* (75 France), *Continente di ghiaccio* (75 co-narrated), *E cominciò il viaggio nella vertigine* (75), *Zorro* (75), *La polizia indaga: siamo tutti sospettati* (76), *Il conto è chiuso* (76), *Mark colpisce ancora* (76) *Roma a mano armata* (76), *Nina* (76), *Dove volano i corvi d'argento* (77), *La gang del parigino* (77), *Ritornano quelli della calibro 38* (78), *Suggestionata* (78), *Non sparate sui bambini* (79), *Giuseppe Verdi* (80).

49. Albertini, Luciano. Actor. b. Nov. 30, 1891, Lugo di Romagna. d. 1941, Lugo di Romagna. *Spartaco, il gladiatore della Traccia* (13), *La spirale della morte* (16), *Sansone* (17), *Il mostro di Frankenstein* (20), *Il Ponte dei sospiri* (21 in 4 episodes: "La bocca del leone", "Il dio della vendetta", "La potenza del male", and "Il trionfo dell'amore"), *Sansone e la ladra di atleti* (23).

50. Albert-Michel. French actor. b. Oct. 3, 1909, Nancy. RN: Albert Bour. *Il diavolo in corpo* (47), *Occupati d'Amelia* (49), *L'amante di una notte* (51), *Le belle della notte* (52), *Versailles* (53), *I giganti* (55), *Notre Dame de Paris* (56).

51. Alberty, Karl Otto. German actor. AKA: Charles Albert. *Il ranch degli spietati* (65), *I giorni dell'ira* (67), *La caduta degli dei* (68).

52. Albicocco, Jean-Gabriel. French director. b. Feb. 15, 1936, Cannes. Son of director of photography Quinto Albicocco. *Colui che deve morire* (57 asst d).

53. Albonico, Giulio. Director of photography. *I cannibali* (69), *Ondata di calore* (69), *Il ragazzo che sapeva amare* (69), *Le sorelle* (70), *Camorra* (72), *La colonna infame* (73), *L'arma* (73), *Fango bollente* (76), *La madama* (76), *L'Agnese va a morire* (77), *La selvaggia* (78), *Razza* *selvaggia* (78), *Per favore, occupati di Amelia* (81), *Spaghetti a mezzanotte* (81), *Stangata napoletana—la Trastola* (83), *Senza scrupoli* (85).

54. Alda, Robert. U.S. actor. b. N.Y.C., Feb. 26, 1914. d. 1986. RN: Alfonso Giuseppe Giovanni Roberto D'Abbruzzo. Father of Alan Alda. *La donna più bella del mondo* (55), *Un militare e mezzo* (59), *La vendetta dei barbari* (60), *Il sepolcro dei re* (60), *I moschettieri del mare* (61), *Totò e Peppino divisi a Berlino* (62), *Il serpente* (73), *La casa dell'exorcismo* (73), *Cagliostro* (74), *Natale in casa di appuntamento* (76).

55. Aldini, Carlo. Actor. b. Bologna. *Il castello delle acque morte* (19), *Il più celebre ladro del mondo* (19), *Il segreto della Diamond Company* (20), *Le perle di Cleopatra* (20), *Tatuan il galeotto detective* (20), *La fuga di Socrate* (23).

56. Aldo, G.R. Director of photography. b. Jan. 1, 1902, Scorze. d. Nov. 14, 1953, in a car crash at Albara di Pianiga. RN: Aldo Graziati. *La symphonie fantastique* (42 camera), *Couleur de Venise* (47 France doc), *La certosa di Parma* (47 co-d ph), *La terra trema* (48), *Gli ultimi giorni di Pompei* (48 co-ph), *Cielo sulla palude* (49), *Domani è troppo tardi* (50 co-ph), *Miracolo a Milano* (50), *Umberto D* (51), *Otello* (51 co-ph), *Tre storie proibite* (52), *Stazione Termini* (53 co-ph), *La provinciale* (53 co-ph), *Via Padova, 46* (53 co-ph), *Senso* (54 co-ph).

57. Aldon, Mari. Canadian actress. b. Nov. 17, 1927, Toronto. *La contessa scalza* (54).

58. Aldrich, Robert. U.S. director. b. Aug. 9, 1918, Cranston, R.I. d. Dec. 5, 1983, Los Angeles, Calif. *Sodoma e Gomorra* (62 co-d).

59. Alegiani, Anna Maria. Actress. b. Aug. 5, 1927. *Incontri di notte* (43), *Donne senza nome* (49), *Mater Dei* (50), *La monaca di Monza* (68).

60. Alekan, Henri. French director of photography. b. Feb. 10, 1909, Paris, of Bulgarian parents. *Gli amanti di Verona* (48), *Parigi è sempre Parigi* (51), *Frutto proibito* (52), *Imbarco a mezzanotte* (52), *Gli eroi sono stanchi* (55), *Napoleone ad Austerlitz* (60 co-ph), *Il coltello nella piaga* (63), *Il papavero è anche un fiore* (66), *Sole rosso* (71).

61. Alessandrini, Goffredo. Director. b. Sept. 9, 1904, Cairo, Egypt, of Italian parents. d. 1978. Married Anna Magnani. He was in the U.S.A. from 1930 to 31, handling the Italian dubbing of U.S. films. *Sole* (29 asst d), *La diga di Maghmod* (29 doc), *La segretaria privata* (31), *Seconda B* (34), *Don Bosco* (35), *Cavalleria* (36), *Una donna fra due mondi* (36 co-d), *La vedova* (38 also w), *Luciano Serra pilota* (38 also w), *Abuna Messias* (39 co-d), *Il ponte di vetro* (40 co-d), *Caravaggio, il pittore maledetto* (41), *Nozze di sangue* (42 also co-w), *Giarabub* (42), *Noi vivi* (42), *Addio Kira!* (42 sequel to *Noi vivi*), *Lettere al sottotenente* (43), *Chi l'ha visto?* (45 made in 43), *Furia* (46), *L'ebreo errante* (47), *Lo sparviero del Nilo* (49 co-d), *Sangue sul sagrato* (50), *In estasi* (50 also *), *Camicie rosse* (51 completed by Rosi), *Opinione pubblica* (53 supervised), *Gli amanti del deserto* (58 supervised), *I tre volti* (65 the episode "Latin Lover" *).

62. Alessandroni, Alessandro. Composer. He is also the whistler heard to great effect on the Morricone westerns of the mid-60s. *Quella sporca storia del west* (68 co-composer), *La taglia è tua, l'uomo l'ammazzo io, El Puro* (70), *Su le mani, cadavere! Sei agli arresti* (71), *La notte più lunga del diavolo* (71), *Di Tressette c'è ne uno... tutti gli altri son nessuno* (74), *Due pezzi di pane* (78).

63. Alessi, Ottavio. Assistant director. b. Jan. 1, 1919, Cammarata. *La peccatrice* (40), *Il figlio del corsaro rosso* (41), *Gli ultimi filibustieri* (41), *Il campione* (42), *Gran Premio* (42), *Il testimone* (45 also co-w), *L'isola di Montecristo* (48), *Angelo tra la folla* (50 co-story), *Il seduttore* (54 co-w), *Amici per la pelle* (55 co- w), *Donne sole* (55 co-w), *Costa Azzurra* (59 co-w/co-story), *Sensation* (68 d/co-w), *Rag. Arturo De Fanti bancario—precario* (80 co-w), *Cenerentola 80* (83 co-w).

64. Alexander, Kurt. German director/writer. Wrote the following screenplays: *La signora di tutti* (34), *Scarpe al sole* (36), *La fossa degli angeli* (37 co-d/co-w).

65. Alexander, Terence. U.K. actor. b. March 11, 1923, London. *Passaporto per l'Oriente* (51), *Waterloo* (70).

66. Alexieff, Alexandre. French animator. b. Aug. 5, 1901, Kazan, Russia.

d. 1982. With Claire Parker (b. 1907, Boston, Mass.), whom he had married in 1941, he created the animated title sequence for *Il processo* (62).

67. Alfonsi, Lidia. Actress. AKA: Lydia Alfonsi. *Le fatiche di Ercole* (57), *La legge* (58), *Morgan il pirata* (60), *La guerra di Troia* (61), *Un uomo da bruciare* (62), *I tre volti della paura* (63 the episode "The Telephone"), *Gladiatore di Messalina* (63), *Faccia a faccia* (67), *La notte pazza del conigliaccio* (67), *L'amore è come il sole* (68).

68. Alighiero, Carlo. Actor. b. 1931. *Il momento di uccidere* (68), *Mon oncle Benjamin* (69 France), *Un esercito di cinque uomini* (69), *Il gatto a nove code* (71), *Milano trema: la polizia vuole giustizia* (73), *La polizia accusa: il servizio segreto uccide* (75), *La città gioca d'azzardo* (75).

69. Aliprandi, Marcello. Director. *Fraülein Doktor* (68 co-d), *La ragazza di latta* (70 also co-w), *Corruzione al palazzo di giustizia* (74 also co-w), *Sussuri nel buio* (76), *Morte in Vaticano* (82 also co-w).

70. Allasio, Marisa. Actress. b. July 14, 1936, Torino. RN: Maria Lucia Allasio. *Ballata tragica* (54), *Cuore di mamma* (54), *Ragazze d'oggi* (55), *Le diciottenni* (55), *Poveri ma belli* (56), *Maruzzella* (56), *Guerra e pace* (56), *Susanna tutta panna* (57), *Le schiave di Cartagine* (57), *Belle ma povere* (57), *Marisa la civetta* (57), *Venezia, la luna e tu* (58), *Camping* (58), *Carmela è una bambola* (58), *Nudi come Dio li creò* (58), *Arrivederci Roma* (58).

71. Allégret, Catherine. French actress. b. 1946. Daughter of Yves Allégret and Simone Signoret. *Ultimo tango a Parigi* (72).

72. Allégret, Jean-Marc. French actor. *Da New York mafia uccide* (65).

73. Allégret, Marc. French director. b. Dec. 22, 1900, Basle, Switzerland. d. Nov. 3, 1973, Paris. *L'amante di Paride* (54 also co-w), *Femmina* (54), *Miss Spogliarello* (56), *Il sangue e la rosa* (60 *).

74. Allégret, Yves. French director. b. Oct. 3, 1907, Paris. d. Jan. 31, 1987, Paris. AKA: Yves Champlain. Brother of Marc Allégret. Married Simone Signoret. *I miracoli non si ripetono* (51), *I sette peccati capitali* (52 the third episode, "La lussuria"), *Naso di cuoio* (52), *Gli anni che non ritornano* (56), *La casa di Madame Korà* (57), *La furia degli uomini* (63), *Johnny Banco* (68 also co-w), *L'invasione* (70), *Orzowei, la figlia della savana* (76).

75. Allegretti, Aurelio. Director of photography. *Gli scarabei d'oro* (14), *Il segreto dei cobra* (14), *Matrimonio d'interesse* (14), *Matrimonio in 27 minuti* (14), *I nostri buoni villici* (17), *Colei che non si deve sposare* (18), *San Giovanni decollato* (18), *La vendetta di Camillo* (19), *La figlia unica* (19), *Le novantanove disgrazie del signor Camillo* (19), *Il viaggio dei Berluron* (19), *Raffica sulla felicità* (19), *Jou-jou* (20), *Una mummia, una donna e un diplomatico* (20), *Al chiaro dei lampi* (20), *Il faro spento* (20), *Il cuore sotto il maglio* (20), *Il mulino* (20), *Tre milioni di dote* (20), *Camillo emulo di Sherlock Holmes* (20), *Farfallino* (21 co-ph), *Come donna imbroglia, così sbroglia* (21), *Giulia di Trécoeur* (21), *Chi troppo vuole...* (21), *Quando gallina canta...gallo tace* (22), *Le nipoti d'America* (22), *Il mistero di Roccabruna* (22), *Di notte all'aria aperta* (22), *La figurante* (22), *Avventura di collegio* (23), *Camillo, la figlia e l'altro* (23), *Il generale Camillo* (23), *L'indispensabile Camillo* (23), *Gli orecchini della nonna* (23), *Le sorprese di don Camillo* (23).

76. Allerson, Alexander. German actor. *Più forte, ragazzi!* (72), *Il mio nome è Nessuno* (73), *Ludwig* (73).

77. Almirante, Ernesto. Actor. b. 1885, Mistretta. *Imputato, alzatevi!* (39), *Il documento* (39), *Una romantica avventura* (40), *Cortocircuito* (42), *Il testimone* (45), *Vivere in pace* (47), *Anni difficili* (47), *Camapane a martello* (48), *Cuori senza frontiere* (49), *Prima comunione* (50), *Quel fantasma di mio marito* (50), *Guardie e ladri* (51), *Lo sceicco bianco* (52), *Via Padova, 46* (53), *Cento anni d'amore* (53 the episode with Rina Morelli), *Destinazione Piovarolo* (55).

78. Almirante, Luigi. Actor. b. Sept. 30, 1886, Tunisia. Retired in 1956 due to ill health. *La bellezza del mondo* (26), *O la borsa o la vita* (32), *Non son gelosa* (33), *Non c'è bisogno di denaro* (33), *Il presidente della Ba. ce. cre. mi.* (34), *Il cappello a tre punte* (34), *Milizia territoriale* (35), *Ginevra degli Almieri* (35), *Quei due* (35), *Lohengrin* (35), *Darò un milione* (36), *Nozze vagabonde* (36 the first ever 3-D film in sound), *La danza delle lancette* (36), *Gli uomini non sono ingrati* (37),

Batticuore (38), *Partire* (38), *Stella del mare* (38), *L'argine* (38), *Cavalleria rusticana* (39), *L'amore si fa così* (39), *Un mare di guai* (39), *Una lampada alla finestra* (39), *Giù il sipario* (39), *Processo e morte di Socrate* (40), *Amami, Alfredo!* (40), *Arriviamo noi* (40), *Boccaccio* (40), *La figlia del corsaro verde* (40), *Lucrezia Borgia* (40), *Miseria e nobiltà* (40), *Il Ponte dei sospiri* (40), *L'elisir d'amore* (40 unfinished), *San Giovanni decollato* (40), *L'affare si complica* (40), *L'amante segreta* (41), *Primo amore* (41), *Una notte dopo l'opera* (41), *Don Buonaparte* (41), *Cortocircuito* (42), *Catene invisibili* (42), *Cercasi bionda bella presenza* (42), *Harlem* (42), *Sempre più difficile* (42), *Il cappello da prete* (43), *In cerca di felicità* (43), *I nostri sogni* (43), *07 tassì* (43), *Il canto della vita* (45), *Lo sbaglio di essere vivo* (45), *Cronaca nera* (46), *Vanità* (46), *Voglio bene soltanto a te* (46), *I due orfanelli* (47), *Vento d'Africa* (48), *Miss Italia* (49), *Signori, in carrozza!* (51), *Messalina* (51), *Gli ultimi cinque minuti* (55).

79. Almirante, Mario. Director. b. Feb. 18, 1890, Molfetta. *Un marito in campagna* (20), *Il mio amante* (20), *Il rosario della colpa* (20), *Zingari* (20), *Le memorie del diavolo* (20), *La grande passione* (21), *La chiromante* (21), *La statua di carne* (21), *Marthù che ha visto il diavolo* (22), *Il romanzo nero e rosa* (22), *Il controllore dei vagoni letto* (22), *I Foscari* (22), *L'inafferabile* (22 co-d), *La maschera del male* (22), *L'ombra* (23), *La piccola parrocchia* (23), *Il povero fornaretto di Venezia* (23), *L'arzigogolo* (24), *Il transatlantico* (26 co-w), *La bellezza del mondo* (26), *Il carnevale di Venezia* (27), *La compagnia dei matti* (28), *Napoli che canta* (30), *La rassegna del teatro* (30 short), *La stella del cinema* (31), *Dodici mamme* (31 short), *Fanny* (33).

80. Almirante Manzini, Italia. Actress. b. 1890, Taranto. d. Oct., 1941, São Paolo, Brazil. Cousin of Luigi Almirante. *Maria di Magdala* (06), *La Gerusalemme liberata* (11), *Sul sentiero delle vipere* (12), *Disperato abbandono* (13), *Ombra del male* (13), *Cabiria* (14), *La rivincita* (14), *Patria* (15), *Il poeta e la donna* (16), *Martirio* (16), *La tenebrosa mano* (16), *Sul limite della follia* (16), *L'amazzone macabra* (16), *Tua per la vita* (16), *La figlia della tempesta* (16), *Voluttà di morte* (16), *Maternità* (17), *Ironie della vita* (17), *Crevalcore* (17), *Femina* (18), *Il matrimonio di Olimpia* (18), *Passion tzigane* (18 France), *I due crocifissi* (18), *Hedda Gabler* (19), *La maschera ed il volto* (19), *L'orizzontale* (19), *Zingari* (20), *Il fango e le stelle* (20), *La statua di carne* (21), *I tre amanti* (21), *La grande passione* (21), *La chiromante* (21), *Il sogno d'amore* (22), *Marthù che ha visto il diavolo* (22), *La piccola parrocchia* (23), *L'ombra* (23), *L'arzigogolo* (24), *La bellezza del mondo* (26), *L'ultimo dei Bergerac* (34).

Alone, Slim *see* **Fidani, Demofilo**

81. Alonso, Chelo. Cuban actress. Former exotic dancer at the Folies Bergères. *Nel segno di Roma* (58), *Il terrore dei barbari* (59), *Morgan il pirata* (60), *Maciste nella Valle dei Re* (60), *La regina dei tartari* (60), *La scimitarra del saraceno* (60), *Maciste nella terra dei ciclopi* (61), *Il buono, il brutto, il cattivo* (66), *Corri, uomo, corri* (67), *La notte del serpente* (69).

82. Alt, Carol. Actress. *Monte Napoleone* (87), *Treno di panna* (88), *Miliardi* (91).

83. Altamura, Tullio. Actor. AKA: Tor Altmayer. *Labbra rosse* (60), *Maciste nella terra dei ciclopi* (61), *Il terrore dei mari* (62), *Sansone contro i pirati* (63), *Ursus, gladiatore ribelle* (63), *L'invincibile cavaliere mascherato* (64), *Maciste nell'inferno di Genghis Khan* (64), *Ercole contro i tiranni di Babilonia* (64), *Il colosso di Roma* (65), *Agente S03: operazione Atlantide* (66), *Un milione di dollari per sette assassini* (67), *Delitto a Posillipo* (67), *Assalto al tesoro di stato* (67), *Il tempo degli avvoltoi* (67), *Un corpo caldo per l'inferno* (68), *Il figlio di Aquila Nera* (68), *Il raggio infernale* (68), *La morte non ha sesso* (68), *Le calde notti di Poppea* (69), *Samoa, regina della giungla* (69), *Il segreto dei soldati d'argilla* (70), *Libera, amore mio* (74).

84. Altariba, Beatrice. Actress. *La voglia matta* (62), *Le sette spade del vendicatore* (62), *Su e giù* (65 the episode "Questione di principio"), *Caroline chérie* (68 France).

85. Altieri, Elena. Actress. b. 1919, Stresa Borromeo. *La regina della Scala* (37), *Luciano Serra pilota* (38), *In campagna è caduta una stella* (39), *Vento di milioni*

(39), *Scarpe grosse* (40), *Idillio a Budapest* (40), *Oro nero* (41), *Quarta pagina* (42), *Ladri di biciclette* (48), *Romanzo d'amore* (50), *Libera uscita* (51), *La carrozza d'oro* (53), *Scapricciatiello* (55), *L'ultimo amante* (55).

86. Altieri, Ezio. Costume designer. *Peccato veniale* (73 art d), *Nenè* (77 art d), *Ernesto* (79 also sets), *Aragosta a colazione* (79), *La terrazza* (79), *Il corpo della ragassa* (80 also sets), *Io sono fotogenico* (80 also sets), *Bollenti spiriti* (81 also sets), *Casta e pura* (81 sets), *Culo e camicia—un uomo, un uomo e. . .e viva una donna* (81 sets), *La ragazza di Trieste* (82 sets), *Ballando ballando* (83), *Bonnie e Clyde all'italiana* (83 sets), *Un povero ricco* (83 sets), *Claretta* (84), *Non ci resta che piangere* (84), *La gabbia* (85 sets).

Altmayer, Tor *see* **Altamura, Tullio**

87. Alvarez, Angel. Actor. *Le maledette pistole di Dallas* (64), *Django* (66), *Un dollaro a testa* (66), *Madamigella di Maupin* (66), *Il mercenario* (68).

88. Alvaro, Corrado. Writer. b. April 15, 1895, San Luca. d. June 11, 1956, Roma. *Terra di nessuno* (38), *Fari nella nebbia* (41 co-w), *Una notte dopo l'opera* (41), *Caccia tragica* (47 co-w), *Patto col diavolo* (49 co-w), *Roma, ore 11* (51 co-w).

89. Amadio, Silvio. Director. *Torna!* (54 co-d), *L'angelo bianco* (55 co-d), *L'ultima violenza* (57 co-d), *Lupi nell'abisso* (59 also co-w), *Tu che ne dici?* (60), *Teseo contro il Minotauro* (60), *Le sette folgori di Assur* (61), *L'ammutinamento* (62), *Desideri d'estate* (64), *Oltraggio al pudore* (64), *Tutte le altre ragazze lo fanno* (66), *Per mille dollari al giorno* (66 also co-w), *L'isola delle svedesi* (69), *Replica di un delitto* (70), *Il medico. . . la studentessa* (76), *Peccati di gioventù* (76), *Il medium* (80), *I carabinieri* (81 co-d).

90. Amadori, Luís Cesar. Argentine director. b. May 28, 1902, Pescara, Italy. *La bella fioraia di Madrid* (58 co-p).

91. Amalfitano, Bruno. Set designer. *Il bisbetico domato* (80), *Mani di velluto* (80), *Mia moglie è una strega* (80), *Innamorato pazzo* (81), *La casa stregata* (82), *Grand Hotel Excelsior* (82), *Segni particolari: bellissimo* (83), *College* (84), *Il ragazzo di campagna* (84), *È arrivato mio fratello* (85), *La signora della notte* (85).

92. Amanda, Lia. Actress. b. Sept. 2, 1932, Roma. RN: Lia Molfesi. *Totò cerca casa* (49), *Cento piccole mamme* (51), *Tre storie proibite* (52), *Allarme a sud* (53), *Una donna prega* (53), *Amanti del passato* (53), *Violenza sul lago* (53), *Il conte di Montecristo* (53 the episode "Il tesoro di Montecristo"), *Il seduttore* (54), *Terra straniera* (55 made in 53).

93. Amata, Gaetano. Director. b. Feb. 29, 1912, Santa Maria Capua Vetere. *Il fu Mattia Pascal* (37 asst d), *L'ultima nemica* (37 asst d), *Nina non far la stupida* (37 asst d), *Paura d'amare* (41), *Il marito povero* (46 made in 43), *Roma in bianco e nero* (47 doc), *Dieci minuti con i doppiatori* (48 doc), *Roma minore, colore di Roma, la repubblica dei ragazzi, la città di ogni tempo* (49 doc), *Il cammino della fede* (50 doc), *Cimeli napoleonici* (51 doc), *La figlia del forzato* (53 also co-w).

94. Amati, Edmondo. Producer. *Django spara per primo* (66), *Per pochi dollari ancora* (66), *Vado. . .l'ammazzo e torno* (68), *Straziami. . .ma di baci saziami* (68), *Donne. . .botte e bersaglieri* (68), *Ammazzali tutti e torna solo* (68), *Una sull'altra* (70), *Una lucertola con la pelle di donna* (71), *Romanzo popolare* (74), *Holocaust 2000* (77).

95. Amato, Giuseppe. Producer. b. Aug. 24, 1899, Napoli. d. 1964. RN: Giuseppe Vasaturo. *Pupatella* (14 *), *Brindisi* (15 *), *Gli uomini della montagna* (16 *), *Sotto la neve* (17 *), *La gerla di papà Martin* (21 *), *La leoparda ferita* (22 *), *Sott'e cancelle* (22 also d / *), *Mare Nostrum* (26 U.S. asst d), *Cinque a zero* (32), *Tre uomini in frac* (32), *La signorina dell'autobus* (32), *La maestrina* (33), *Il cappello a tre punte* (34), *Quella vecchia canaglia* (34), *Quei due* (35), *Milizia territoriale* (35), *Non ti conosco più* (36), *L'uomo che sorride* (36), *Trenta secondi d'amore* (37), *Il conte di Bréchard* (37), *I fratelli Castiglioni* (37), *Sono stato io!* (37), *Batticuore* (38), *La casa del peccato* (38), *Ma l'amor mio non muore* (38 also d / w), *Grandi magazzini* (39), *Frenesia* (39), *Una famiglia impossibile* (40), *Rose scarlatte* (40 also co-d), *Melodie eterne* (40), *Una romantica avventura* (40), *Non mi sposo più* (41), *La cena delle beffe* (41 co-p), *Quattro passi fra le nuvole* (42 co-p / co-w), *Avanti, c'è posto* (42), *Campo de' fiori* (43 also co-w), *Roma città aperta* (45), *Malia* (45 also d/w), *Sciuscià* (46 co-p), *Una lettera all'alba* (48), *Ladri di biciclette* (48 co-p), *Natale al campo 119* (48 co-p), *Yvonne la nuit* (49 also d), *Domani è troppo tardi* (50 co-p), *Francesco, giullare di Dio* (50 co-p), *Parigi è sempre Parigi* (51), *Umberto D* (51 co-p), *Era lui...sì! sì!* (51), *Un ladro in paradiso* (51 also co-d), *Don Camillo* (52 co-p), *La presidentessa* (52), *Donne proibite* (53 also d), *Il ritorno di don Camillo* (53 assoc p), *Gli ultimi cinque minuti* (55 also d), *Era di venerdì 17* (56 co-p), *Nella città l'inferno* (58 co-p), *Arrivederci Roma* (58 story), *Un maledetto imbroglio* (59 co-p), *La dolce vita* (60 co-p), *Morte di un bandito* (61 d).

96. Ambrogi, Adriano. Actor. *Tre passi al nord* (50), *When in Rome* (52 U.S.).

97. Ambrosino, Mario. Set and costume designer. *Bianco, rosso e...* (71 co), *La donna della domenica* (75), *Due pezzi di pane* (78 co), *Il lupo e l'agnello* (80), *Fracchia, la belva umana* (81), *Per favore, occupati di Amelia* (81), *Giovani, belle, probabilmente ricche* (82), *Il mostro di Firenze* (85), *Pompieri* (85 co).

98. Ambrosio, Arturo. Producer. b. 1869, Torino. d. 1960, Roma. In 1905 he founded Film Ambrosio, and is said to have produced over 1,500 films. From 1939 to 1943 he was a production manager, and after WWII headed the U.C.I. production company. *La prima corsa automobilistica Susa–Moncenisio (04 doc), Le grandi manovre degli alpini al colle della Ranzola* (04 doc), *La seconda corsa Susa–Moncenisio* (05 doc), *Veduti ad episodi del terremoto in Calabria* (05 doc co-p), *Il romanzo di un derelitto* (06), *Drammi della vita* (06), *Gli zingari* (06), *Il cane riconoscente* (06), *Galileo Galilei* (08), *Gli ultimi giorni di Pompei* (08), *La caccia al leopardo* (08), *Il figlio delle selve* (09), *Il delitto della brughiera* (09 co-p), *Spergiura!* (09), *La vergine di Babilonia* (09), *Luigi XI re di Francia* (09), *Nerone* (09), *Il granatiere Roland* (09), *Lo schiavo di Cartagine* (10), *Didone abbandonata* (10), *Ero e Leandro* (10), *La nave* (11), *Salammbò* (11), *Il danaro di Giuda* (11), *La figlia di Jorio* (11), *L'innocente* (11), *Nozze d'oro* (11), *Santarellina* (11), *L'ultimo dei Frontignac* (11), *La tigre* (11), *Il passato di Kaseira* (11), *La Gioconda* (11), *Il sogno di un tramonto d'autunno* (11), *La fiaccola sotto il moggio* (11), *La regina di Ninive* (11), *I cavalieri di Rodi* (12), *Il fischio della sirena* (12), *Nelly la domatrice* (12), *Il ponte dei fantasmi* (12), *Il barbiere di Siviglia* (13), *La campana della morte* (13), *Cenerentola* (13), *Notturno di Chopin* (13), *I promessi sposi* (13), *Il fornaretto di Venezia* (13), *Griffard* (13), *Gli ultimi giorni di Pompei* (13 co-p), *Il ritratto della mamma* (13), *Griffard II* (13), *La lampada della nonna* (13), *La bisbetica domata* (13), *Michele Perrin* (13), *Delenda Carthago* (14), *La gorgona* (14), *Romanticismo* (14), *La gerla di papà Martin* (14), *L'epopea napoleonica* (14), *Amleto* (15), *Monna Vanna* (15), *La mamma bella* (15), *L'onore di morire* (15), *La scintilla* (15), *Val d'olivi* (15), *La maschera di Caino* (15), *Il cappello di paglia di Firenze* (15), *Cenere* (16), *Lucciola* (16), *Il fiacre n. 13* (16), *Il fauno* (17), *Gyp.* (18), *La farfalla della morte* (19), *Girandola di fuoco* (19), *Il giro del mondo di un birichino di Parigi* (19), *Teodora* (19).

99. Ambrosio, Paolo. Director. b. Torino. Son of Arturo Ambrosio. As a child he acted in some of his father's films. With the advent of sound he became a production inspector. *Maschietta* (19), *Royal Derby* (20 co-d), *Io son fatta così* (20 co-d).

100. Amelio, Gianni. Director. *La città del sole* (73), *Colpire al cuore* (82).

101. Amendola, Ferruccio. Actor. *La grande guerra* (59), *Maciste, gladiatore di Sparta* (64), *Vacanze sulla Costa Smeralda* (68), *Donne...botte e bersaglieri* (68).

102. Amendola, Mario. Co-writer. b. Dec. 8, 1910, Recco. AKA: Frank B. Corlish, Irving Jacobs. He and Bruno Corbucci teamed together for the film *Spara gringo spara* (68), using the joint pseudonym Dean Whitcomb. Amendola also directed this film, and others. *L'innocente Casimiro* (45), *Il ratto delle sabine* (45), *O sole mio* (45 co-story), *Undici uomini e un pallone* (48), *Come scopersi l'America* (49), *I peggiori anni della nostra vita* (49 also co-d), *Capitan Demonio* (49), *Gli angeli del quartiere* (51), *La famiglia Passaguai* (51), *La famiglia Passaguai fa fortuna* (51), *Bellezze a Capri* (51), *È arrivato l'accordatore* (51), *Una bruna indiavolata* (51), *La paura fa 90* (51), *Il sogno di Zorro* (52), *Cinque poveri in automobile* (52), *Il tallone di Achille* (52 co-d), *Bellezze in motoscooter* (52), *Papà diventa mamma* (52), *Finalmente libero!* (53 co-d), *Fermi tutti, arrivo io!* (53), *La campana di san Giusto* (54 co-d), *Bertoldo, Bertoldino e Cacasenno* (54 co-d), *Baracca e burattini* (54 w), *Hanno rubato un tram* (55), *I due compari* (55), *Arriva la zia d'America* (56 w), *Totò, Peppino e i fuorilegge* (57 w), *Il maestro* (57), *Le dritte* (58 d/w/story), *I prepotenti* (58 also d), *L'amore nasce a Roma* (58 d), *Il terribile Teodoro* (58), *I dritti* (58 also d), *Simpatico mascalzone* (59 d), *Il terrore dell'Oklahoma* (59 d/w), *A qualcuno piace calvo* (60 d), *Le tre spade di Zorro* (63), *Maciste, gladiatore di Sparta* (64), *Il giuramento di Zorro* (65), *Uccidi o muori* (66), *Kid, il monello del west* (67. He also co-directed this film with Tonino Ricci and Bruno Corbucci, the three using the joint pseudonym of Tony Good), *I giorni della violenza* (67), *Odio per odio* (67), *Drei tolle Kerle* (68 Germany), *Zum zum zum—la canzone che mi passa per la testa* (68 also co-story), *Vacanze sulla Costa Smeralda* (68), *Killer adios* (68), *Il grande silenzio* (68), *...Dai nemici mi guardo io!* (68 also d/story), *Donne...botte e bersaglieri* (68), *Spara gringo spara* (68 also d), *Pensiero d'amore* (69 d), *Franco, Ciccio e il pirata Barbanera* (69 d), *E alla fine lo chiamavano Jerusalem l'implacabile* (71), *Storia di fifa e di coltello* (72 d), *Storia de' fratelli e de' coltelli* (73 d), *La banda J & S—cronaca criminale del west* (73), *Il bianco, il giallo, il nero* (74), *Africa Express* (75), *Due sul pianerottolo* (77 d), *Tre tigri contro tre tigri* (77), *Agenzia Riccardo Finzi...* praticamente detective (79), *Delitto a Porta Romana* (80), *Mi faccio la barca* (80), *Banana Joe* (82), *Occhio malocchio prezzemolo e finocchio* (83), *Dance music* (83), *Delitto al Blue Gay* (84), *SuperFantaGenio* (85), *Rimini Rimini* (87), *Roba da ricchi* (87).

103. Amfitheatrof, Daniele. Russian composer. b. Oct. 29, 1901, St. Petersburg. Long in U.S.A. His first film was also his only Italian film, *La signora di tutti* (34).

104. Amidei, Sergio. Co-writer. b. Oct. 30, 1904, Trieste. d. 1980. He entered film in 1924, and was a writer from 1938. *Pietro Micca* (38), *La notte delle beffe* (39), *Traversata nera* (39), *Cose d'altro mondo* (39), *Il prigioniero di Santa Cruz* (40), *Cuori nella tormenta* (40), *La fanciulla di Portici* (40), *Dopo divorzieremo* (40), *Giungla* (41), *Il pozzo dei miracoli* (41), *Gli ultimi filibustieri* (41), *Il figlio del corsaro rosso* (41), *La bisbetica domata* (42), *Don Cesare di Bazan* (42), *Gelosia* (42), *Tristi amori* (43), *T'amerò sempre* (43), *Il cappello da prete* (43), *Roma città aperta* (45), *Paisà* (46), *Sciuscià* (46), *Cronaca nera* (46 co-story), *Fatalità* (47), *L'altra* (47), *Anni difficili* (47), *La macchina ammazzacattivi* (48), *Sotto il sole di Roma* (48), *Patto col diavolo* (49), *Stromboli, terra di Dio* (50), *Domenica d'agosto* (50 p/story), *Parigi è sempre Parigi* (51), *Le ragazze di piazza di Spagna* (51), *Villa Borghese* (53), *Il letto* (53), *Anni facili* (53), *Destini di donne* (53 co-story), *Cronache di poveri amanti* (53), *Terza liceo* (53), *Le signorine dello 04* (54), *La paura* (54), *Picasso* (54 short doc also p), *Racconti romani* (55), *Il bigamo* (55), *Una pelliccia di visone* (56), *Peccato di castità* (56), *Il momento più bello* (56), *Racconti d'estate* (58), *Il generale Della Rovere* (59 w), *Era notte a Roma* (59 w), *Viva l'Italia* (60 w), *Il processo di Verona* (62), *Anni ruggenti* (62), *Liolà* (64 w), *La vita agra* (65 w), *La fuga* (65 w/story), *Fumo di Londra* (66), *Il medico della mutua* (68), *Colpo di sole* (68), *Detenuto in attesa di giudizio* (71), *La più bella serata della mia vita* (72), *Mio fratello Anastasia* (73 w), *Un borghese piccolo piccolo* (77), *Il testimone* (78), *Storie di ordinaria follia* (81), *La notte di Varennes* (82).

105. Amidou. Moroccan actor. b. 1942. Long in France. *Occhio alla penna* (81).

106. Amman, Lukas. German actor. *I giorni dell'ira* (67), *Un killer per Sua Maestà* (68).

107. Amoroso, Roberto. Producer. b. Jan. 7, 1911, Napoli. He started with short films, such as: *L'isola azzurra*; *Un giorno a Napoli*; *Santa Rita*; and *Strade ferrate*. His feature films include: *Malaspina* (47), *Madunella* (47), *La figlia della madonna* (49), *La città canora* (52), *Siamo ricchi e poveri* (54), *Due soldi di felicità* (54 also d/co-w), *Donatella* (55 also co-w), *La garçonnière* (60), *Kid, il monello del west* (67).

108. Anchóriz, Leo. Spanish actor. b. 1932. *Horror* (60), *Perseo l'invincibile* (61), *Il gladiatore invincibile* (62), *Marcia o crepa* (62), *I pirati della Malesia* (64), *Sette* *pistole per i MacGregor* (65), *Sette donne per i MacGregor* (66), *Vado, vedo e sparo* (68), *Ammazzali tutti e torna solo* (68), *Quei disperati che puzzano di sudore e di morte* (69), *O cangaceiro* (70), *Tutti per uno, botte per tutti* (72), *Che c'entriamo noi con la rivoluzione?* (73), *Cipolla Colt* (75).

109. Andersen, Elga. German actress. Also a singer. *Starblack* (66), *La battaglia dei mods* (66), *Detenuto in attesa di giudizio* (71), *Il serpente* (73).

110. Andersen, Susy. Actress. *Taur, il re della forza bruta* (62), *Le gladiatrici* (62), *Roma contro Roma* (63), *I tre volti della paura* (63 the episode "Wurdalak"), *I due violenti* (64), *Il magnifico cornuto* (64), *A 007 sfida ai killers* (65), *Quindici forche per un assassino* (68), *La bambalona* (68).

111. Andersson, Bibi. Swedish actress. b. Nov. 11, 1935, Stockholm. RN: Birgitta Andersson. *Scusi, lei è favorevole o contrario?* (66), *L'isola* (68), *Storia di una donna* (69).

112. Andra, Fern. German/American actress. b. Chicago, Ill., Feb. 24, 1893. *L'incubo di Za-la-Vie* (23), *Za-la-Mort e Za-la-Vie* (24), *L'ergastolano innocente* (24).

113. André, Carole. French actress. b. 1953. Daughter of Gaby André. *Faccia a faccia* (67), *"H2S"* (68), *I tulipani di Haarlem* (69), *Morte a Venezia* (70), *Don Camillo, Peppino e i giovani d'oggi* (72 made in 70), *Zanna Bianca* (72), *Il giorno del furore* (73 made in 69), *Mordi e fuggi* (73), *Ci ridiamo, vera provvidenza?* (73), *La madama* (76), *Il suo nome è Sandokan* (76), *Giovannino* (76), *Il colpaccio* (76), *Il corsaro nero* (76), *Quelli della calibro 38* (77), *Uragano sulle Bermude* (79), *Voltati Eugenio* (79), *Bello di mamma* (80), *Il mondo di Yor* (82), *Razza violenta* (83).

114. André, Gaby. French actress. b. 1920. d. 1972. *L'angelo del peccato* (52), *L'ingiusta condanna* (52), *Giuseppe Verdi* (53), *Prima di sera* (53), *La campana di san Giusto* (54), *Siamo ricchi e poveri* (54), *Tua per la vita* (55), *Donatella* (55), *La grande caccia* (56), *La vendetta di Ercole* (60), *Il segno di Zorro* (64), *La torta in cielo* (71).

115. Andrei, Franco. Actor. *Un "colpo" da due miliardi* (58), *Come te movi, te fulmino* (58), *Terrore nello spazio* (65).

116. Andreoli, Annabella. Actress. b. 1939. *Acid, delirio dei sensi* (67), *Lo sbarco di Anzio* (68), *Gli intoccabili* (68), *Un esercito di cinque uomini* (69).

117. Andréson, Björn. Swedish actor. b. 1955. *Morte a Venezia* (70).

118. Andress, Ursula. Swiss actress. b. March 19, 1936, Bern. *Le avventure di Giacomo Casanova* (54), *Un americano a Roma* (54), *La catena dell'odio* (55), *La tempesta è passata* (55), *La decima vittima* (65), *Le dolci signore* (67), *Sole rosso* (71), *L'ultima chance* (73), *Colpo in canna* (74), *Africa Express* (75), *40 gradi sotto il lenzuolo* (76), *L'infermiera* (76), *Le avventure e gli amori di Scaramouche* (76), *Casanova e compagnia* (76), *Spogliamoci così senza pudor...* (77), *Doppio delitto* (78), *La montagna del dio cannibale* (78), *Letti selvaggi* (78), *Una strana coppia di gangsters* (79), *Speed driver* (80), *Dieci giorni che sconvolsero il mondo* (82).

119. Andreu, Simón. Actor. b. 1941. *Io non perdono...uccido* (68), *Il segreto del dott. Chalmers* (70), *Campa carogna... la taglia cresce* (72).

120. Andrews, Dana. U.S. actor. b. Jan. 1, 1909, Collins, Miss. d. 1990. RN: Carver Daniel Andrews. Brother of Steve Forrest. *Berlino—appuntamento per le spie* (65), *Il cobra* (67), *I diamanti che nessuno voleva rubare* (68), *La parola di un fuorilegge...è legge* (74).

121. Andrews, Harry. U.K. actor. b. Nov. 10, 1911, Tonbridge, Kent. d. March 6, 1989, Salehurst, Sussex. RN: Harry Fleetwood Andrews. *Elena di Troia* (56), *I due nemici* (61), *Barabba* (61), *L'uomo della Mancha* (72).

122. Andrews, Julie. U.K. actress. b. Oct. 1, 1935, Walton-on-Thames. RN: Julia Elizabeth Welles. Possibly more famous as a singer. *Tchin-tchin* (91).

Andrews, Stephen M. *see* **Castellari, Enzo G.**

123. Andrex. French actor. b. Jan. 23, 1906, Marseille. d. July 10, 1989, Paris. RN: André Jaubert. *Era di venerdì 17* (56).

124. Andriani, Oscar. Actor. b. Dec. 28, 1905, Brescia. *La regina della Scala* (37), *Luciano Serra pilota* (38), *Ettore Fieramosca* (38), *Abuna Messias* (39), *Eravamo sette vedove* (39), *Il cavaliere senza nome* (40), *Caravaggio, il pittore maledetto* (41), *Il pozzo dei miracoli* (41), *La cena delle beffe* (41), *Quelli della montagna* (43), *La donna* *della montagna* (43), *Angelo tra la folla* (50), *Io sono il capataz!* (51), *Il tradimento* (51), *Altri tempi* (51), *Trieste mia!* (51), *La prigioniera della torre del fuoco* (52), *La signora senza camelie* (53), *Teodora, imperatrice di Bisanzio* (53), *Il peccato di Anna* (53), *Ulisse* (54), *Disonorata* (54), *Cose da pazzi* (54).

Andros, Spiros *see* **Focas, Spiros**

125. Angeleri, Lia. Actress. b. April 25, 1922, Sampierdarena, Genova. RN: Rosalia Angeleri. *Il diavolo in convento* (50), *Martin Toccaferro* (53), *La passeggiata* (54).

126. Angeli, Pier. Actress. b. June 19, 1932, Cagliari. d. Sept. 10, 1971, Beverly Hills, Calif., of an overdose of barbiturates. RN: Anna Maria Pierangeli. Discovered by director Léonide Moguy, her career was mostly in Hollywood. *Domani è troppo tardi* (50), *Domani è un altro giorno* (50), *Teresa* (51 U.S.), *The Light Touch* (51 U.S.), *The Devil Makes Three* (52 U.S.), *Story of Three Loves* (53 U.S.), *Mam'zelle Nitouche* (53 France), *Sombrero* (54 U.S.), *The Flame and the Flesh* (55 U.S.), *The Silver Chalice* (55 U.S.), *Somebody Up There Likes Me* (56 U.S.), *Port Afrique* (56 U.S.), *The Vintage* (57 U.S.), *Merry Andrew* (58 U.S.), *The Angry Silence* (59 U.K.), *S.O.S. Pacific* (60 U.K.), *I moschettieri del mare* (61), *Sodoma e Gomorra* (62), *L'ammutinamento* (62), *OSS 117 minaccia Bangkok* (64), *Berlino—appuntamento per le spie* (65), *Battle of the Bulge* (65 U.S.), *Missione Morte* (66), *Per mille dollari al giorno* (66), *Rose rosse per il Fuehrer* (67), *Il re di Africa* (68), *Col mamzer melech* (68 Israel), *Addio Alexandra* (69), *Vive America!* (69 France), *Nelle pieghe della carne* (71), *The Octaman* (71 U.S.).

127. Angeli, Siro. Writer. b. Sept. 27, 1913, Cesclans. *La fiamma che non si spegne* (49), *Amori e veleni* (49), *Cuori sul mare* (49), *Una donna ha ucciso* (50), *Abbiamo vinto* (50), *Sangue sul sagrato* (50), *L'ingiusta condanna* (52), *Donne proibite* (53), *Traviata 53* (53), *Suor Letizia* (56), *Saranno uomini* (57).

Angelillo, Luciana *see* **Angiolillo, Luciana**

128. Angelini, Giacomo. Director of photography. *Il mistero delle 12 e 35* (14), *Il castello del ragno* (15 also d), *Signori giurati...!* (16), *La sorella del forzato* (16), *Come le foglie* (17), *Resurrezione* (17), *L'ultimo canto* (17), *L'autunno dell'amore* (18), *Mademoiselle Pas-chic* (18), *La regina del carbone* (19), *Chimere* (19), *I due volti di Nanù* (19), *L'altro pericolo* (20), *La complice muta* (20), *Il figlio di Madame Sans-gêne* (21 co-ph).

129. Angelotti, Mario. Non-professional actor in *È primavera* (49).

Angels, Maurice *see* **De Angelis, Guido & Maurizio**

130. Angioletti, Giovan Battista. Writer. b. Nov. 27, 1895, Milano. *Terra di fuoco* (39 story), *L'ebreo errante* (47 co-w), *Un giorno in Europa* (58 co-wrote commentary).

131. Angiolillo, Luciana. Actress. b. Dec. 22, 1925. AKA: Luciana Angelillo. *Camilla* (54), *Donne sole* (55), *La ragazza con la valigia* (60), *Ercole alla conquista di Atlantide* (61), *La guerra di Troia* (61), *Solo contro Roma* (62), *Il sorpasso* (62), *Berlino—appuntamento per le spie* (65).

132. Anglade, France. Algerian actress. b. 1942. *Canzoni, bulli e pupe* (63), *Le motorizzate* (63), *Queste pazze, pazze donne* (64), *James Tont...operazione D.U.E.* (66).

133. Angst, Richard. Swiss director of photography. b. July 23, 1905, Zurich. *La tigre di Eschnapur* (59), *Il sepolcro indiano* (59), *La guerra segreta* (65 co-ph).

133½. Annakin, Ken. U.K. director. b. Aug. 10, 1914, Beverly, Yorks. *Quei temerari sulle loro pazze scatenate scalcinate carriole* (69 also p/co-w).

134. Annekov, Georges. French costume designer. b. June 1, 1901, Petropavlovsk, Russia. *La certosa di Parma* (47 co-costumes), *I gioielli di Madame De...* (52), *Montparnasse* (58).

135. Ann-Margret. U.S. actress. b. April 28, 1941, Valsjobyn, Sweden. RN: Ann-Margaret Olsson. In the U.S.A. since 1946. *Il tigre* (67), *Il profeta* (67), *Sette uomini e un cervello* (68), *Rebus* (68).

136. Anouilh, Jean. French writer. b. June 23, 1914, Bordeaux. d. Oct. 3, 1987, Lausanne, Switzerland. *Il piacere e l'amore* (64).

137. Anselmi, Rosina. Actress. b. July 26, 1880, Catania. *Milizia territoriale* (35), *Lohengrin* (35), *Aldebaran* (35), *Paraninfo* (35), *L'eredità dello zio buonanima* (35), *L'aria del continente* (36), *Re di denari* (36), *Il feroce Saladino* (37),

Gatta ci cova (37), *Lasciate ogni speranza* (37), *L'ha fatto una signora* (38), *Il marchese di Ruvolito* (39), *La donna è mobile* (42).

138. Antamoro, Giulio. Director. b. 1877, Roma. d. 1945, Roma. RN: Giulio Cesare Antamoro. *Pinocchio* (10 co-d), *La sfumatura* (13), *Dopo la morte* (13), *Christus* (15 co-d), *Colei che doveva morire* (15), *L'avvenire in agguato* (15), *La rivincita del passato* (15), *Il canto dell'agonia* (16), *Freccia d'oro* (16), *Le memorie di un ladro* (16), *I novanta giorni* (16), *Quaranta miliardi e una corona* (17 co-d), *Ursus* (17), *La Leda senza cigno* (17), *Oltre i confini dell'anima* (17), *Il lupo* (17), *Le nove stelle* (17), *La storia dei tre* (17), *Il doppio volto* (18), *Sole!* (18), *I Borgia* (18 co-d), *Zoia* (18), *La fiamma e le ceneri* (19), *Bambola infranta* (19), *Io ti uccido!* (19), *Il bacio di Dorina* (20), *Provincialina* (20), *La campana dello scandalo* (20), *Dopo il suicidio* (20), *Miss Dorothy* (20), *L'arte del suo mistero* (21), *Smarrita!* (21), *Don Carlos* (21), *La fanciulla di Pompei* (24), *Frate Francesco* (26), *Vera Mirzewa* (29 Germany), *Antonio da Padova, il santo dei miracoli* (30), *Fanfulla da Lodi* (40 co-d), *L'angelo bianco* (42 co-d).

139. Anthony, Joseph. U.S. director. b. May 24, 1912, Milwaukee, Wisc. RN: Joseph Anthony Deuster. *La città prigioniera* (62).

140. Anthony, Tony. U.S. actor/producer/writer. b. Oct. 16, 1937, Clarksburg, W. Va. RN: Roger Pettito. AKA: Tony Pettito. *La ragazza in prestito* (65 *), *Un dollaro tra i denti* (67 *), *Un uomo un cavallo una pistola* (68 story/*), *Cometogether* (71 co-p/co-w/*), *Blindman* (71 co-p/co-w/*), *Piazza pulita* (73 w/*), *Straniero di silenzio* (75 p/w/*), *Get Mean* (76 p/*), *Comin' at Ya!* (81 p/original story/*).

Anton, Amerigo *see* **Boccia, Tanio**

141. Anton, Edoardo. Co-writer. b. Jan. 7, 1910, Roma. RN: Edoardo Antonelli. *Il serpente a sonagli* (35 w), *L'allegro cantante* (38), *L'albergo degli assenti* (38), *L'avventuriera del piano di sopra* (41 w/co-sets), *Fari nella nebbia* (41), *Una notte dopo l'opera* (41), *Quarta pagina* 42), *Inferno giallo* (42), *Il lupo della montagna* (51 d/*), *Gioventù alla sbarra* (52 w/story), *Avventura ad Algeri* (53 co-d), *Ridere ridere ridere* (54 co-d), *Angela* (54 co-d), *Totò, Peppino e la...malafemmina* (56, *Totò, Peppino e i fuorilegge* (57), *Mogli pericolose* (58), *Le bellissime gambe di Sabrina* (58), *Pia de' Tolomei* (58), *Tempi duri per i vampiri* (59).

Antonelli, Bob *see* **Antonelli, Roberto**

142. Antonelli, Laura. Actress. b. Nov. 28, 1941, Pola. RN: Laura Antonaz. *Le spie vengono dal semifreddo* (66), *Le sedicenni* (66), *Il terribile gioco* (66), *Tutto e niente* (66), *L'arcangelo* (68), *La rivoluzione sessuale* (68), *Satyricon* (68), *Un detective, macchie di belletto* (68), *Paroxismus* (69), *Avventura a Bali* (69), *Verushka, poesia di una donna* (70), *Gradiva* (70), *Les Mariés de l'an II* (70 France), *Sledge* (70), *Il merlo maschio* (71), *Senza movente* (71), *All'onorevole piacciono le donne* (72), *Docteur Popaul* (72 France), *A Man Called Jericho* (72 U.K.), *Simona* (72), *Malizia* (72), *Histoire de l'oeil* (73 France), *Trappola per un lupo* (73), *Peccato veniale* (73), *Sesso matto* (73), *Dio mio, come sono caduta in basso*! (74), *La divina creatura* (75), *Mogliamante* (76), *L'innocente* (76), *Gran bollito* (76), *Tre scimmie d'oro* (77), *Letti selvaggi* (78), *Il malato immaginario* (78), *Mi faccio la barca* (80), *Passione d'amore* (80), *Il turno* (81), *Casta e pura* (81), *Porca vacca* (82), *Viuuulentamente mia* (82), *Sesso e volentieri* (82), *La gabbia* (85), *La venexiana* (86), *Grandi magazzini* (86), *Rimini Rimini* (87), *Roba da ricchi* (87), *L'avaro* (90).

143. Antonelli, Roberto. Actor. AKA: Bob Antonelli. *La bisbetica domata* (67), *Romeo e Giulietta* (68), *La ragazza di latta* (70), *Corruzione al palazzo di giustizia* (74), *Conviene far bene l'amore* (75), *Un borghese piccolo piccolo* (77).

144. Antonini, Alfredo. Director. b. May 7, 1924, Paris, France. AKA: Albert Band. In Hollywood, on and off, from the 1940s. He and Sergio Corbucci directed together sometimes, using the joint pseudonym Stanley Corbett. *Red Badge of Courage* (51 U.S. adapted), *The Young Guns* (56 U.S. also p), *I Bury the Living* (58 U.S. also p), *Face of Fire* (58 U.S. also p), *La leggenda di Enea* (62 co-p), *I pascoli rossi* (63 co-d/co-p/co-w), *Gringo* (63 p/co-w), *Hercules and the Princess of Troy* (65 U.S. TV also co-p), *Gli uomini dal passo pesante* (66 co-d/co-p/co-w), *I crudeli* (67 p/co-w), *Un minuto per* *pregare, un istante per morire* (68 p/co-w), *Little Cigars* (73 U.S. p), *Dracula's Dog* (78 U.S.), *She Came to the Valley* (79 U.S. also co-p/co-w), *Troll* (86 U.S. p), *Ghoulies 2* (87 U.S. also p), *Robot Jox* (90 U.S. p).

145. Antonini, Gabriele. Actor. *Padri e figli* (56), *Le fatiche di Ercole* (57), *Ercole e la regina di Lidia* (58), *Giuditta e Oloferne* (58), *Maciste alla corte del Gran Khan* (61), *I mongoli* (61), *Goliath e la schiava ribelle* (62), *Le sette spade del vendicatore* (62), *Il colosso di Roma* (65), *Franco, Ciccio e le vedove allegre* (68).

146. Antonioni, Michelangelo. Director. b. Sept. 29, 1912, Ferrara. Former tennis champion. From 1935 to 39 he was in banking. Trained at the Centro Sperimentale from 1940 to 41. *I due Foscari* (42 asst d/co-w), *Un pilota ritorna* (42 co-w), *L'amore e il diavolo* (42 asst d), *Caccia tragica* (47 co-w), *Gente del Po* (48 doc also w), *Netteza Urbana* (48 short doc also w), *Roma—Montevideo* (48 short doc), *Oltre l'oblio* (48 doc), *Superstizione* (48 doc), *L'amorosa menzogna* (49 short), *Bomarzo* (49 doc), *Ragazze in bianco* (49 doc), *Sette canne e un vestito* (49 doc), *La villa dei mostri* (50 short doc), *La funivia del Faloria* (50 doc), *Cronaca di un amore* (51 also co-w/story), *I vinti* (52 also co-w), *Lo sceicco bianco* (52 story), *La signora senza camelie* (53 also co-w), *Amore in città* (53 the episode "Tentato suicidio" d/co-w), *Le amiche* (55 also co-w), *Uomini in più* (55 doc p), *Il grido* (57 also co-w), *Questo nostro mondo* (58 credited as technical supervisor, but he denies it), *La tempesta* (58 2nd unit dir), *Nel segno di Roma* (58 took over the final parts after Brignone died), *L'avventura* (60 also co-w), *La notte* (61 also co-w), *L'eclisse* (62 also co-w), *Deserto rosso* (64 also co-w), *I tre volti* (65 the episode "Il provino"—sometimes known as "Prefazione" d/w), *Michelangelo Antonioni* (65 doc as himself), *Blow Up* (66 also co-w), *Zabriskie Point* (69 also co-w), *Chung Kuo Cina* (72 doc), *Professione: reporter* (75 also co-w), *Il mistero di Oberwald* (80), *Identificazione di una donna* (82 also co-w/ed), *Chambre 666* (82 France *).

147. Antonucci, Vittorio. Actor. Played the thief in *Ladri di biciclette* (48).

148. Antonutti, Omero. Actor. Sprang to fame as the father in *Padre padrone* (77). Also seen in: *Vestire gli ignudi* (78), *La verdad sobre el caso Savolta* (80 Spain), *O Megalexandros* (80 Greece), *Grog* (82), *La notte di san Lorenzo* (82), *Il disertore* (83), *Kaos* (83), *Il quartetto Basileus* (83), *Good morning Babilonia* (87), *La visione del sabba* (88), *Bankomatt* (89), *Una storia semplice* (91).

149. Anys, Georgette. French actress. b. July 15, 1909, Bagneux. *Fanfan la tùlipe* (51), *Scampolo 53* (53), *Madame Dubarry* (54), *Jessica* (62).

150. Apolloni, Camillo. Actor/director. *La corsa all'abisso* (14 d/*), *L'ereditiera* (14 *), *Gli scarabei d'oro* (14 *), *Lo yacht misterioso* (15 *), *Da boxeur a detective* (16 *), *Il diamante azzurro* (16 *), *Il rapimento di Miss Hélène* (16 *), *La storia del cavallo Rataplan* (17 *), *La nave fantasma* (17 *), *Il veliero della morte* (18 *), *Il marchio rosso* (18 co-d/*), *Passa la morte* (19 d/*), *Il segreto del corsaro* (19 d), *La vendetta del corsaro* (19 d), *Amazzone rossa* (19 d), *Le due rose* (19 *), *La via Dolorosa* (20 *), *Il galoppo della morte* (20 co-d/*), *Terra madre* (31 wrote original story), *Rosa di sangue* (40 *).

151. Aprà, Pierluigi. Actor. *La Cina è vicina* (67), *Colpo di sole* (68), *Sequestro di persona* (68), *Gli intoccabili* (68), *La moglie più bella* (69), *Olimpia agli amici* (70), *La colonna infame* (73), *Perchè si uccide un magistrato* (75).

152. Aquari, Giuseppe. Director of photography. b. Jan. 1, 1916, Roma. Began as a cameraman. *La scogliera del peccato* (50 co-ph), *Terra senza tempo* (50), *Carne inquieta* (52 co-ph), *Eva nera* (52), *La montagna di cenere* (53 doc), *Fiesta brava* (55), *Avventure nell'arcipelago* (58 doc), *Le ambiziose* (60), *Il gobbo* (60 co-ph), *Congo vivo* (62), *Storie sulla sabbia* (63 co-ph), *Per qualche dollaro in meno* (66), *Dio non paga, il sabato* (68), *Vendetta per vendetta* (68), *I racconti romani di Pietro L'Aretino* (72), *La lunga cavalcata della vendetta* (72), *Il saprofita* (74), *Peppino e la vergine Maria* (75), *Frankenstein all'italiana* (76), *Un prete scomodo* (76), *Stato interessante* (77), *Le rose di Danzica* (79), *La ragazza del vagone letto* (80), *Il paramedico* (82).

153. Aquilanti, Pacifico. Actor/comic. Famous as Cocò in the early days of the Italian cinema. He left movies for avanspettacolo (the live variety act preceding a film).

Often teamed with Giuseppe Gambardella. *Cocò non ha più scarpe* (10), *Cocò e il terremoto* (10), *Cocò negro per amore* (10), *Cocò va soldato* (10), *Tontolini e Cocò rivali in amore* (10), *Checcho e Cocò domatori* (12), *Cocò marina la scuola* (12), *Checcho e Cocò cercano il carcere* (13), *Checcho e Cocò cercano un abito* (13).

154. Aranda, Angel. Actor. *Gli ultimi giorni di Pompei* (59), *Il colosso di Rodi* (60), *Goliath contro i giganti* (60), *La bella di Lodi* (63), *Le pistole non discutono* (64), *Terrore nello spazio* (65), *I crudeli* (67), *Il mio nome è Scopone e faccio sempre cappotto* (72), *I corvi ti scaveranno la fossa* (73), *Da Dunkerque alla vittoria* (79).

155. Arata, Ubaldo. Director of photography. b. March 23, 1895, Ovada. d. Dec., 1947, Roma. He was an assistant cinematographer by 1911, and a full-fledged one by 1915. *Il matrimonio di Olimpia* (18), *L'orizzontale* (19), *Il richiamo* (19), *Il principe dell'impossibile* (19), *L'innamorata* (20), *Lo scaldino* (20), *Zingari* (20), *Il fango e le stelle* (20), *La statua di carne* (21), *I tre amanti* (21), *La grande passione* (21), *La storia di Clo-Clo* (21), *Marthù che ha visto il diavolo* (22), *Il romanzo nero e rosa* (22), *Il controllore dei vagoni letto* (22), *La maschera del male* (22), *I Foscari* (22), *Il povero fornaretto di Venezia* (23), *La locanda delle ombre* (23), *Le sorprese del divorzio* (23), *L'ombra* (23), *La piccola parrocchia* (23), *L'arzigogolo* (24), *Largo alle donne!* (24 co-ph), *Maciste all'inferno* (25 co-ph), *Il transatlantico* (26), *Beatrice Cenci* (26 co-ph), *I martiri d'Italia* (27 co-ph), *Il carnevale di Venezia* (27 co-ph), *Il vetturale del Moncenisio* (28), *Gli ultimi zar* (28 co-ph), *Giuditta e Oloferne* (28), *Rotaie* (29), *La canzone dell'amore* (30 co-ph), *Napoli che canta* (30 co-ph), *Corte d'assise* (30 co-ph), *Rubacuori* (31 co-ph), *Cortile* (31 co-ph), *Il medico per forza* (31 co-ph), *Il solitario della montagna* (31), *Pergolesi* (32 co-ph), *La Wally* (32), *L'ultima avventura* (32), *Paradiso* (32), *T'amerò sempre* (33), *Villafranca* (33 co-ph), *Al buio insieme* (33), *Cento di questi giorni* (33), *La maestrina* (33 co-ph), *L'albergo della felicità* (34), *Oggi sposi* (34), *Marcia nuziale* (34), *Melodramma* (34), *La signora Paradiso* (34), *Frutto acerbo* (34), *La signora di tutti* (34), *Lorenzino de' Medici* (34), *Il presidente della Ba. ce. cre. mi.* (34), *Passaporto Rosso* (35), *Aldebaran* (35 co-ph), *Ginevra degli Almieri* (35), *Re di denari* (36), *Una donna fra due mondi* (36), *Lo smemorato* (37), *Luciano Serra pilota* (38 co-ph), *Jeanne Doré* (38 co-ph), *La vedova* (38), *Ultima giovinezza* (39), *Papà Lebonnard* (39), *Arriviamo noi* (40), *Il ponte di vetro* (40), *Processo e morte di Socrate* (40), *Rosa di sangue* (40 co-ph), *La donna perduta* (40), *Tosca* (41), *È caduta una donna* (41 co-ph), *Il re si diverte* (41), *Perdizione* (42 co-ph), *Una signora dell'ovest* (42), *I due Foscari* (42), *Carmen* (43), *Roma città aperta* (45), *Quartetto pazzo* (45 co-ph), *La vita ricomincia* (45), *L'adultera* (46), *Sinfonia fatale* (46), *Teheran* (47), *Cagliostro* (48 U.S.).

156. Arbessier, Louis. French actor. b. 1911. *Versailles* (53), *Napoleone Buonaparte* (54), *I demoniaci* (56), *Una vita* (57), *La guerra segreta* (65).

157. Arcalli, Franco. Editor. Former actor. *Chi lavora è perduto* (63 *), *Se sei vivo spara* (67 co-w), *Tre passi nel delirio* (68 the episode "William Wilson" *), *Seduto alla sua destra* (68 *), *Riusciranno i nostri eroi a ritrovare l'amico misteriosamente scomparso in Africa?* (68), *Metti, una sera a cena* (68), *Cuori solitari* (69), *Michele Strogoff* (70), *Senza famiglia nullatenenti cercano affetto* (72), *D'amore si muore* (72), *Una breve vacanza* (73), *Una spirale di nebbia* (77), *C'era una volta l'America* (83 co-w).

158. Arcidiacono, Saro. Actor. b. Catania. *Campane a martello* (48), *In nome della legge* (49), *Il cammino della speranza* (50).

159. Ardant, Fanny. French actress. b. 1950, Saumur. *Desiderio* (83), *Benvenuta* (83), *La famiglia* (87), *Paura e amore* (88).

160. Ardea, Liliana. Actress. *Le perle di Cleopatra* (20), *Il segreto del morto* (21), *I due sergenti* (22), *La donna e l'armatura* (22), *L'ombra* (23), *Saetta impara a vivere!* (24), *Largo alle donne!* (24), *Caporal Saetta* (24).

161. Arden, Mary. Actress. *L'attico* (62), *Sei donne per l'assassino* (64).

162. Ardisson, Edmond. French actor. b. Oct. 23, 1904, Marseille. *Siamo tutti assassini* (52), *Me li mangio vivi!* (53).

163. Ardisson, Georges. Actor. AKA: Giorgio Ardisson. *Ercole al centro della* *terra* (61), *L'ultimo dei vichinghi* (61), *Gli invasori* (61), *Una regina per Cesare* (62), *Zorro alla corte di Spagna* (62), *I pascoli rossi* (63), *I lunghi capelli della morte* (64), *Operazione Controspionaggio* (65), *Agente 3S3, passaporto per l'inferno* (65), *Agente 3S3, massacro al sole* (65), *Giulietta degli spiriti* (65), *Hercules and the Princess of Troy* (65 U.S. TV), *Chiedi perdono a Dio ...non a me!* (68), *Django sfida Sartana* (70), *L'oro dei bravados* (71), *Occhi dalle stelle* (77), *La villa delle anime maledette* (83).

164. Arduini, Gianni. Assistant director. RN: Giovanni Arduini. *L'avventura* (60), *L'eclisse* (62), *Deserto rosso* (64), *I tre volti* (65 the episode "Il provino"—sometimes seen as "Prefazione"), *Identificazione di una donna* (82), *...E la nave va* (83).

165. Arena, Anna. Actress. b. June 21, 1919, Genova. *C'è un fantasma nel castello* (41), *Bengasi* (42), *Gelosia* (42), *Fantasmi del mare* (48), *Vacanze col gangster* (51), *In amore si pecca in due* (54), *L'orfana del ghetto* (54), *Pane amore e gelosia* (54), *La rossa* (55), *La legge* (58).

166. Arena, Maurizio. Actor. b. Dec. 26, 1933, Roma. d. 1979. RN: Maurizio Di Lorenzo. *Bellezze in motoscooter* (52), *Siamo tutti inquilini* (53), *Roman Holiday* (53 U.S.), *Villa Borghese* (53), *Sangue di zingara* (55), *Racconti romani* (55), *Poveri ma belli* (56), *Tempo di villeggiatura* (56), *Belle ma povere* (57), *Vacanze ad Ischia* (57), *Il cocco di mamma* (57), *Gli italiani sono matti* (58), *Marinai, donne e guai* (58), *Un uomo facile* (58), *Caporale di giornata* (58), *Avventura a Capri* (58), *Lorella* (58), *Un angelo passò per Brooklyn* (58), *Valeria, ragazza poco seria* (58), *Il magistrato* (59), *Il terrore dell'Oklahoma* (59), *Il principe fusto* (60 d), *Il carabiniere a cavallo* (61), *Marcia o crepa* (62), *La fuga* (65), *Le bambole* (65), *Il sigillo di Pechino* (66), *Gli altri, le altre e noi* (67 d), *Las Vegas 500 millones* (69 Spain/U.S.), *Er Più* (71), *Romolo e Remo* (73), *Per amare Ofelia* (74).

167. Arent, Eddi. German actor. AKA: Edy Arent. *Giorni di fuoco* (64), *Per 50.000 maledetti dollari* (68).

168. Argentina, Imperio. Argentine actress/dancer/singer. b. Dec. 26, 1889, Buenos Aires. d. 1962. RN: Magdalena Nilo del Rio. Extremely popular in the Latin world. *Tosca* (41 title role).

169. Argento, Dario. Director. b. Sept., 1943, Roma. Son of producer Salvatore Argento, and brother of producer Claudio Argento. *C'era una volta il west* (68 co-story), *La rivoluzione sessuale* (68 co-w), *Cimitero senza croci* (68 co-w), *La legione dei dannati* (68 co-w), *Oggi a me, domani a te* (68 co- d/co-w), *Metti, una sera a cena* (68 co-w), *Un esercito di cinque uomini* (69 co-d/w), *Probabilità zero* (69 co-d), *L'uccello dalle piume di cristallo* (69 also co-w), *Il gatto a nove code* (71 also co-w), *Quattro mosche di velluto grigio* (71 also co-w), *Le cinque giornate* (73 also co-w), *Profondo rosso* (74 also co-w), *Suspiria* (77 also w/composer), *Inferno* (80 also w), *Sotto gli occhi dell'assassino* (82 also co-w), *Phenomena* (84), *Demoni* (85 p/w), *Demoni 2—l'incubo ritorna* (86 p/co-w), *Opera* (87 also co-w), *La chiesa* (88 co-p/co-w), *Santa sangre* (89 Spain co-w), *Due occhi diabolici* (90 co-d/co-w).

170. Arkin, Alan. U.S. actor. b. March 26, 1934, N.Y.C. *Sette volte donna* (67).

171. Arkoff, Samuel Z. U.S. producer. b. June 12, 1918, Fort Dodge, Ia. *La maschera del demonio* (60 U.S. version ex p), *I tre volti della paura* (63 ex p), *Nina* (76).

Arlen, Ghia *see* **Ghia, Dana**

172. Arletty. French actress. b. May 15, 1898, Courbevoie. RN: Léonie Bathiat. *L'amore e il diavolo* (42), *Il grande giuoco* (53), *Aria di Parigi* (55), *Tempo di Roma* (63).

173. Arlorio, Giorgio. Co-writer. *I sovversivi* (67 *), *Il mercenario* (68 also co-story), *Quemada* (69), *Oceano* (71), *Zorro* (75), *Operazione Ogro* (79), *La patata bollente* (79).

174. Armandis, Gigi. Director. RN: Luigi Armandis. *Risveglio atroce* (16), *Nel gorgo folle* (16), *Catalessi* (16), *Bene contro male* (16), *L'irreparabile* (16), *L'enigma del baule rosso* (16 also story), *Atavismo* (16 also story), *Il giardino del mistero* (16 also story), *Crevalcore* (17 *), *Rocambole* (17 *), *L'artiglio del nibbio* (18), *Il misterioso dramma del fiume* (18), *La misteriosa dama dalle bianche rose* (20), *Resurrezione* (21), *Le sorprese dell'amore* (21).

Armen, Johnny *see* **Medici, Gianni**

175. Armendariz, Pedro. Mexican

actor. b. May 9, 1912, Churubusco. d. June 18, 1963, Los Angeles, Calif., U.S.A. At his peak he was Mexico's No. 1 film star. He shot himself when he found he had cancer. His son, Pedro Armendariz, Jr. (b. 1930), also acted. *Gli amanti di Toledo* (53), *Lucrezia Borgia* (53), *Tam Tam Mayumbe* (55), *Uomini e lupi* (56), *Arrivano i titani* (62).

176. Armenise, Vittorio. Director of photography. b. Jan. 4, 1896, Bari. RN: Victor Armenise. *Friquet* (19), *Un cuore nel mondo* (20), *La donna e i bruti* (20), *I figli di nessuno* (20), *La grande maniera* (21), *Scrollina* (21), *Lilly e Lillette o l'arte di farsi amore* (21), *La pianista di Haynes* (21), *La storia di una sigaretta* (21), *I tre sentimentali* (21), *Mia moglie si è fidanzata* (22), *La trappola* (22), *La casa degli scapoli* (23), *Messalina* (23 co-ph), *Il mio piccolo cane* (23), *Il paradiso* (23), *Santarellina* (23 ph), *L'uomo dal mantello verde* (23), *Cavalleria rusticana* (24), *Coiffeur pour dames* (24), *La freccia nel cuore* (24), *Il mulino degli spettri* (24), *Profanazione* (24), *Saitra la ribelle* (24), *Vedi Napule e po' mori!* (24), *Ritorno dall'ombra* (25), *L'uomo più allegro di Vienna* (25), *La via del peccato* (25 co-ph), *Gli ultimi giorni di Pompei* (26 co-ph), *L'ultimo lord* (26 co-ph).

177. Armstrong, Louis. U.S. trumpet player, probably the world's greatest ever. b. July 4, 1900, New Orleans, La. d. July 6, 1971, Corona, N.Y. *Botta e risposta* (49).

178. Armstrong, R.G. U.S. actor. b. 1917. *Il mio nome è Nessuno* (73).

179. Arnaud, Yvonne. French actress. b. Dec. 20, 1892. d. 1958. A piano child prodigy, she lived later in life in the U.K. *Mio zio* (58).

180. Arnerić, Neda. Yugoslav actress. b. 1952. *Paolo il caldo* (73), *L'erotomane* (75), *L'altro corpo di Anny* (75).

181. Arnold, Marcelle. French actress. b. 1917. *I sette peccati capitali* (62).

182. Arnoul, Françoise. French actress. b. June 3, 1931, Constantine, Algeria. RN: Françoise Gautsch. *Frutto proibito* (52), *Gli amanti di Toledo* (53), *Il letto* (53), *Delirio* (54), *Napoleone Buonaparte* (54), *Paris Palace Hotel* (56), *Un "colpo" da due miliardi* (58), *La gatta* (58), *Il testamento di Orfeo* (60), *Le tentazioni quotidiane* (62).

183. Arnoux, Robert. French actor. b. Oct. 23, 1899. *Barbablù* (51), *La signora dalle camelie* (52), *Orient-Express* (55).

184. Arnova, Alba. Ballerina/actress. b. March 15, 1930, Buenos Aires, Argentina. RN: Alba Fossali. *La strada buia* (49), *La cintura di castità* (50), *Miracolo a Milano* (50), *O.K. Nerone* (51), *Altri tempi* (51), *Aida* (53), *La Gioconda* (53), *Amori di mezzo secolo* (53), *Cento anni d'amore* (53), *Una donna prega* (53), *Gran varietà* (53), *I pinguini ci guardano* (54), *Motivo in maschera* (55).

185. Arout, Gabriel. French writer. b. Jan. 28, 1909, Armenia. d. Feb. 12, 1982, Paris. *Margherita della notte* (55).

186. Arraga, Simon. Actor. AKA: Simon Arrag. *Django* (66), *Un dollaro a testa* (66), *I crudeli* (67), *L'uomo e una colt* (67), *Tre del Colorado* (67), *L'uomo venuto per uccidere* (68), *Vamos a matar, compañeros* (70), *Che c'entriamo noi con la rivoluzione?* (73).

187/188. Arrighi, Nike. U.K. actress. b. 1946. *Una stagione all'inferno* (71), *Il profumo della signora in nero* (74), *Stavisky* (74).

Ascott, Anthony *see* **Carmineo, Giuliano**

189. Asins Arbo, Manuel. Spanish actor. *Goliath contro i giganti* (60), *Uno scacco tutto matto* (68).

190. Askew, Luke. U.S. actor. b. 1937. *La notte del serpente* (69).

191. Askin, Leon. U.S. actor. b. 1907. *Lucrezia Borgia, l'amante del diavolo* (68), *La morte bussa due volte* (68), *Ruba al prossimo tuo* (68).

192. Askwith, Robin. U.K. actor. b. Oct. 12, 1950, Southport. *I racconti di Canterbury* (71).

193. Aslan, Gregoire. Armenian actor. b. March 28, 1908, Istanbul, Turkey. d. 1982. RN: Krikor Aslanian. *Occupati d'Amelia* (49), *Colui che deve morire* (57), *Sotto dieci bandiere* (60), *Una adorabile idiota* (64), *Le meravigliose avventure di Marco Polo* (65), *Una su tredici* (69).

194. Assonitis, Ovidio G. Producer/director. AKA: Sam Sill, Sam Sills, Oliver Hellman. *Il paese del sesso selvaggio* (72 co-p), *Chi sei?* (74 d), *Il cinema secondo Bertolucci* (77 doc p), *Tentacoli* (77 d/ex p), *Il visitatore* (80 p/co-story), *The Good Fight* (84 U.S. doc co-d/co-p), *Choke Canyon* (86 U.S. p), *The Curse* (87 U.S. p), *Curse II: The Bite* (89 U.S. p).

195. Asti, Adriana. Actress. b. 1933. *Città di notte* (56), *Rocco e i suoi fratelli* (60), *Accattone* (61), *Il disordine* (62), *Cronache del 22* (62), *Prima della rivoluzione* (64), *Più tardi, Claire, più tardi* (65), *Capriccio all'italiana* (66), *I visionari* (68), *Metti, una sera a cena* (68), *Homo eroticus* (71), *D'amore si muore* (72), *Ludwig* (73), *Paolo il caldo* (73), *Una breve vacanza* (73), *La schiava, io ce l'ho e tu no* (73), *Amore e ginnastica* (73), *Le Fantôme de la liberté* (74 France), *Nipoti miei diletti* (74), *Il trafficone* (74), *La prova d'amore* (74), *Per le antiche scale* (74), *Conviene far bene l'amore* (75), *Zorro* (75), *La smagliatura* (75), *L'eredità Ferramonti* (76), *Gran bollito* (76), *Un amore targato Forlì* (76), *La signora degli orrori* (77), *Un cuore semplice* (77), *Stato interessante* (77), *Maschio latino cercasi* (78), *Caligola* (79), *Action* (79), *Il prete bello* (89).

196. Astin, John. U.S. actor. b. March 30, 1930, Baltimore, Md. *Candy* (68).

197. Astrea. Actress. b. Venezia, of a noble family. Discovered by Polidor (q.v.), at a party. *Astrea* (19), *Justitia* (19), *La riscossa delle maschere* (19), *L'ultima avventura* (20).

198. Astruc, Alexandre. French director. b. July 13, 1923, Paris. Former film critic. *Una vita* (57 also co-w).

199. Atkinson, John. U.K. actor. b. 1921. *Fraülein Doktor* (68).

200. Attenborough, Richard. U.K. actor. b. Aug. 29, 1923, Cambridge. Knighted. *E poi non rimase nessuno* (74).

201. Aubry, Cecile. French actress. b. Aug. 3, 1929, Paris. RN: Anne-Marie-José Bénard. *Barbablù* (51), *Piovuto dal cielo* (53).

202. Auclair, Michel. French actor. b. Sept. 14, 1922, Koblenz, Germany. d. Jan. 7, 1988, Fayence. RN: Vladimir Vujovič. *Camicie rosse* (51), *Le due verità* (51), *Versailles* (53), *La figlia del reggimento* (53), *Andrea Chénier* (55), *La risaia* (55), *Quattro donne nella notte* (55), *Sinfonia per un massacro* (63).

203. Audiard, Michel. French writer. b. May 15, 1920, Paris. d. July 27, 1985, Dourdan. Later also a director. *Il nemico pubblico n. 1* (53 dialog/co-adapted), *L'allegro squadrone* (54 co-w), *I giganti* (55), *Le tentazioni quotidiane* (62), *Un avventuriero a Tahiti* (66), *Johnny Banco* (68 co-w) *La cage aux folles 3* (84).

204. Audran, Stéphane. French actress. b. 1939, Marseille. RN: Colette Suzanne Dacheville. Married Claude Chabrol. *Marie Chantal contro il dottor Kha* (65), *Senza movente* (71), *Il fascino discreto della borghesia* (72), *E poi non rimase nessuno* (74), *Chi dice donna dice. . . donna* (76), *E la donna crea l'amore* (76), *La cage aux folles 3* (84), *Il nido del ragno* (89).

205. Audret, Pascale. French actress. b. Oct. 12, 1936, Neuilly-sur-Seine. *Occhio per occhio* (56), *I dialoghi delle carmelitane* (59), *Chi lavora è perduto* (63).

206. Auer, Mischa. Russian actor. b. Nov. 17, 1905, St. Petersburg. d. March 5, 1967, Roma, Italy. RN: Mischa Ounskowsky. His mother's father was violinist Leopold Auer, who took him to the U.S.A. in 1920. Mostly in U.S. films, and later lived in Europe. *Al diavolo la celebrità* (49), *Il cielo è rosso* (49), *Biancaneve e i sette ladri* (49), *Vivere a sbafo* (49), *Frou Frou* (55), *Montecarlo* (56), *Il Natale che quasi non fu* (65), *Per amore. . .per magia* (68).

207. Auger, Claudine. French actress. b. April 26, 1942, Paris. *Il testamento di Orfeo* (60), *Kali-Yug, la dea della vendetta* (63), *Il mistero del tempio indiano* (63), *Operazione San Gennaro* (66), *L'arcidiavolo* (66), *Il padre di famiglia* (67), *Le dolci signore* (67), *Scusi, facciamo l'amore* (67), *I bastardi* (68), *Come ti chiami, amore mio?* (70), *Antefatto* (71), *Equinozio* (72), *La tarantola dal ventre nero* (72), *Sotto choc* (78), *Viaggio con Anita* (79), *Il frullo del passero* (89).

208. Aulin, Ewa. Swedish actress. b. Feb. 14, 1949, Stockholm. Based in Italy. *Col cuore in gola* (67), *Don Giovanni in Sicilia* (67), *La morte ha fatto l'uovo* (67), *Candy* (68), *Sensation* (68), *Start the Revolution Without Me* (69 U.K.), *La controfigura* (71), *Questa specie d'amore* (72), *Rosina Fumo viene in città per farsi il corredo* (72), *Fiorina la vacca* (72), *Ceremonia sangriente* (73 Spain), *Il tuo piacere è il mio* (73), *La morte sorride all'assassino* (73), *Quando l'amore è sensualità* (73), *Una vita lunga un giorno* (74)

209. Aumont, Jean-Pierre. French actor. b. Jan. 5, 1909, Paris. RN: Jean-Pierre

Salomons. *Ultimo incontro* (51), *La vendetta del corsaro* (51), *Versailles* (53), *Napoleone Buonaparte* (54), *Una domenica d'estate* (61), *I sette peccati capitali* (62), *Il coltello nella piaga* (63), *Porgi l'altra guancia* (74), *Il gatto, il topo, la paura e l'amore* (75), *Difendimi dalla notte* (81), *Nanà* (82), *La villa delle anime maledette* (83).

210. Aumont, Tina. U.S. actress. b. 1946, Los Angeles, Calif. RN: Maria Christina Salomons.Daughter of Jean-Pierre Aumont and Maria Montez. Married Christian Marquand. *La calda preda* (66), *Scusi, lei è favorevole o contrario?* (66), *Troppo per vivere...poco per morire* (66), *L'uomo, l'orgoglio, la vendetta* (67), *L'urlo* (68), *Partner* (68), *L'alibi* (68), *Satyricon* (68), *Infanzia, vocazione e prime esperienze di Giacomo Casanova veneziano* (69), *Necropolis* (70), *Come ti chiami, amore mio?* (70), *Corbari* (70), *Metello* (70), *Bianco, rosso e...* (71), *Malizia* (72), *Racconti proibiti...di niente vestiti* (72), *I corpi presentano tracce di violenza carnale* (73), *Blu Gang vissero per sempre felici e ammazzati* (73), *Fatti di gente perbene* (74), *Casanova e compagnia* (76), *Cadaveri eccellenti* (76), *Salon Kitty* (76), *Nina* (76), *Un cuore semplice* (77).

211. Aureli, Andrea. Actor. AKA: Andrew Ray. *La Gerusalemme liberata* (57), *Afrodite, dea dell'amore* (58), *La spada e la croce* (58), *Il pirata dello sparviero nero* (58), *Annibale* (59), *Le legioni di Cleopatra* (59), *La venere dei pirati* (60), *Gli amori di Ercole* (60), *Orazi e Curiazi* (61), *L'ultimo dei vichinghi* (61), *Zorro contro Maciste* (62), *Il gladiatore di Roma* (62), *Il crollo di Roma* (62), *Ursus, gladiatore ribelle* (63), *Brenno, il nemico di Roma* (63), *Maciste contro i mostri* (63), *La tigre dei sette mari* (63), *L'avventuriero della Tortuga* (64), *Ercole contro Roma* (64), *Colorado Charlie* (65), *Johnny Oro* (66), *Cinq gars pour Singapour* (67 France), *Kommissar X—drei Grüne Hunde* (68 Germany), *L'assassino ha le ore contate* (68), *The Biggest Bundle of Them All* (68 U.S.), *Il figlio di Aquila Nera* (68), *Come rubare un quintale di diamanti in Russia* (68), *Sigpress contro Scotland Yard* (68), *Quei disperati che puzzano di sudore e di morte* (69), *Ehi, amico, c'è Sabata...hai chiuso* (69), *Ciak Mull, l'uomo della vendetta* (69), *Samoa, regina della giungla* (69), *Bolidi sull'asfalto* (70), *Detenuto in attesa di giudizio* (71), *Mezzogiorno di fuoco per An Hao* (72), *Number One* (73), *Quella età maliziosa* (75), *La mantide* (75), *Mark il poliziotto spara per primo* (75), *Culastrisce nobile veneziano* (76), *Mark colpisce ancora* (76), *L'educanda* (76), *Mosè* (76), *Amore all'arrabbiata* (77), *Il figlio dello sceicco* (78), *Squadra antigangsters* (79), *Un uomo in ginocchio* (79), *La ragazza superstar* (79), *Assassinio sul Tevere* (79), *Bianco rosso e Verdone* (80), *Uno contro l'altro...praticamente amici* (80), *L'altro inferno* (80), *Adamo ed Eva* (82).

212. Aurenche, Jean. French co-writer, b. Sept. 11, 1904, Pierrelatte. *Il diavolo in corpo* (47 w), *Le mura di Malapaga* (48), *Occupati d'Amelia* (49 w), *I sette peccati capitali* (52), *Destini di donne* (53 the episode "Giovanna d'Arco"), *L'uomo e il diavolo* (54), *Notre Dame de Paris* (56 w), *La ragazza del peccato* (57), *Il delitto non paga* (62), *L'omicida* (63), *La vera storia della signora dalle camelie* (82).

213. Auric, Georges. French composer. b. Feb. 15, 1899, Lodève. d. July 23, 1983, Paris. *Naso di cuoio* (52), *I sette peccati capitali* (52 co-composer), *Le belle della notte* (52 co-composer), *Vite vendute* (53), *Nagana* (54), *Notre Dame de Paris* (56), *Le vergini di Salem* (56), *Le spie* (57), *Colui che deve morire* (57), *Ladri al chiar di luna* (58), *La principessa di Clèves* (60), *Il testamento di Orfeo* (60), *Le piace Brahms?* (61 music d), *I peccatori della Foresta Nera* (61), *Il papavero è anche un fiore* (66 co-composer).

214. Auriol, Jean-Georges. French writer. b. Jan. 8, 1907, Paris. d. April 2, 1950, in a Paris street accident. RN: Jean-Georges Huyot. *Napoli che non muore* (39), *Validità giorni dieci* (40), *Tombolo, paradiso nero* (47), *Fabiola* (48), *Cielo sulla palude* (49), *È primavera* (49).

215. Aussey, Germaine. French actress. b. Dec. 18, 1911, Paris. RN: Germaine Agassiz. AKA: Germana Aussey. Married (1942) John Ringling North, the circus owner. *Idillio a Budapest* (40), *Oltre l'amore* (40).

216. Autant-Lara, Claude. French director. b. Aug. 5, 1903, Luzarches. *Il diavolo in corpo* (47), *Occupati d'Amelia* (49), *I sette peccati capitali* (52 the episode

"L'orgoglio"), *L'uomo e il diavolo* (54), *Margherita della notte* (55), *La ragazza del peccato* (57), *Non uccidere* (62), *L'omicida* (63).

217. Autori, Margherita. Actress. AKA: Margherita Autuori. *Anema e core* (50), *Souvenir d'Italie* (57).

218. Avanzo, Renzo. b. Jan. 23, 1911, Roma. d. March 23, 1989, Roma. A cousin of Roberto Rossellini, he was longtime PR man for Technicolor's film lab in Roma. He acted in *Paisà* (46), wrote the original story for *Vulcano* (49), and co-wrote *La carrozza d'oro* (53).

219. Avati, Pupi. Director. b. Nov. 3, 1938, Bologna. RN: Giuseppe Avati. A former jazzman. *Balsamus, l'uomo di Satana* (68), *Thomas e...gli indemoniati* (70 also co-w), *Zeder* (72), *La mazurka del barone, della santa e del fico fiorone* (74), *Bordella* (75), *La casa dalle finestre che ridono* (76), *Tutti defunti tranne i morti* (77), *Jazz band* (78), *Le stelle nel fosso* (79), *Cinema!!!* (80), *Aiutami a sognare* (81 also w), *Dancing Paradise* (81), *Una gita scolastica* (83 also co-w), *Noi tre* (83 also co-w), *Impiegati* (84 also co-w), *Festa di laurea* (85 also p/co-w), *Regalo di Natale* (87 also w), *Ultimo momento* (87 also co-w), *Una domenica sì* (87 p), *Storia di ragazzi e ragazze* (89 also w), *Bix* (91 also p/co-w).

220. Ávila, Enrique. Spanish actor. *I sette gladiatori* (63), *Kitosch, l'uomo che veniva dal nord* (67).

221. Avildsen, John G. U.S. director. b. 1936, Chicago, Ill. *Una moglie americana* (65 prod mgr).

222. Avram, Chris. Actor. AKA: Christa Avram. *Manon 70* (68), *Lo chiamavano Django* (71), *Rivelazioni di un maniaco sessuale al capo della squadra mobile* (71), *I senza dio* (72), *L'ossessa* (74), *Sfida sul fondo* (76), *Servo suo* (76), *Lo chiamavano California* (76), *La malavita attacca...la polizia risponde* (76), *Emanuelle a Bangkok* (77), *Il prefetto di ferro* (78), *Sette uomini d'oro nello spazio* (78), *Metallica* (78), *L'osceno desiderio* (79), *La ripetente fa l'occhietto al preside* (80), *Bosco d'amore* (81).

223. Aylmer, Mimi. Actress. b. 1895, London, of an English father and an Italian mother. *Colei che tutto soffre* (14), *La telefonista* (32), *Due cuori felici* (32), *Sette giorni cento lire* (33), *Come le foglie* (34), *Sette giorni all'altro mondo* (36), *Darò un milione* (36), *Arma bianca* (36), *Cuori sul mare* (49), *La vendetta del corsaro* (51).

224. Aznavour, Charles. French actor. b. May 22, 1924, Paris. RN: Shahnour Varenagh Aznavourjian. His ancestry is Armenian. Best known as a singer, he is also a composer. *Il testamento di Orfeo* (60), *Le tentazioni quotidiane* (62), *Un appuntamento per uccidere* (62), *Le quattro verità* (62), *Tempo di Roma* (63), *Alta infedeltà* (64 the episode "Peccato nel pomeriggio"), *Candy* (68), *E poi non rimase nessuno* (74), *Il maestro* (89).

225. Azzurri, Paolo. Actor. b. Oct. 6, 1878. *Cincin s'annoia* (07), *I fiori di sant'Antonio* (08), *Nozze d'oro* (11), *La regina della notte* (15 also d), *Un cuore* (17 d).

226. Baal, Karin. German actress. b. 1940. *Cosa avete fatto a Solange?* (70), *Berlin Alexanderplatz* (80).

227. Baarova, Lida. Czech actress. b. May 26, 1910, Prague. *La fornarina* (42), *Ti conosco, mascherina!* (42), *Il cappello da prete* (43), *L'ippocampo* (43), *Gli amanti di Ravello* (51), *I vitelloni* (53).

228. Bacalov, Luís Enrique. Spanish composer/pianist. AKA: Sergio Bardotti. Trained with Morricone. *Vino, whisky e acqua salata* (63), *La noia* (64), *Thrilling* (64 the episode "Altissima pressione" co-composer), *Una questione d'onore* (65), *Se non avessi più te* (65), *Extraconiugale* (65 the episode "La roccia"), *Questa volta parliamo di uomini* (65), *La bugiarda* (65 co-composer), *La congiuntura* (65), *Quien sabe?* (66 co-composer), *Django* (66), *Sugar Colt* (66), *Lo scatenato* (67), *A ciascuno il suo* (67), *Monta in sella, figlio di...* (67), *Una rosa per tutti* (67), *La più grande rapina del west* (68), *I quattro del pater noster* (68), *Rebus* (68), *I protagonisti* (68), *A qualsiasi prezzo* (68), *La pecora nera* (68), *Per amore...per magia* (68), *La bambalona* (68), *Il prezzo del potere* (69), *Il grande duello* (69), *Cuori solitari* (69), *La morte sull'alta collina* (69), *L'amica* (69), *La vittima designata* (71), *La supertestimone* (71), *L'oro dei bravados* (71), *Roma bene* (71), *Si può fare, amigo* (72), *Milano calibro 9* (72), *L'ultima chance* (73), *La rosa rossa* (73), *Lo chiamavano King* (73), *La seduzione* (73), *Partirono preti, tornarono...curati* (73), *La polizia è al ser-*

vizio del cittadino? (73), *Lo chiamavano Mezzogiorno* (74), *Il poliziotto è marcio* (74), *L'uomo che sfidò l'organizzazione* (74), *Sistemo l'America e torno* (74), *Colpita da improvviso benessere* (76), *Gli amici di Nick Hazard* (76), *Gli esecutori* (76), *Un anno di scuola* (76), *Il conto è chiuso* (76), *La giacca verde* (79), *Le rose di Danzica* (79), *La città delle donne* (80), *La ragazza di via Millelire* (80), *Ars amandi—l'arte di amare* (83), *Una strana passione* (84), *Un caso di incoscienza* (84), *Inganni* (86), *La maschera* (88), *Caro Gorbaciov* (88), *Donna d'ombra* (89), *Una storia semplice* (91).

229. **Baccani, Ettore.** Actor. d. Oct. 26, 1919, Roma. *Il serpe* (12), *Il sogno continua* (14), *Bagliori di un tramonto* (14), *Nobiltà di casta e nobiltà di cuore* (14), *Sul rogo dell'amore* (14), *Figlio* (14), *Un'eroina serba* (15), *Adriana Lecouvreur* (18), *La casa che brucia* (19), *Le due Marie* (19), *La bella e la bestia* (19), *Sei mia!* (19).

230. **Bacci, Silvana.** Actress. *Il buono, il brutto, il cattivo* (66), *Il sesso degli angeli* (67), *Come rubammo la bomba atomica* (67), *Giarrettiera Colt* (67), *Vivo per la tua morte* (68).

231. **Bach, Annette.** German actress. b. Hamburg. *Il mercante di schiave* (41), *Labbra serrate* (42), *Tutta la vita in ventiquattr'ore* (43), *Pronto, chi parla?* (45), *Amanti in fuga* (46), *Il diavolo bianco* (47), *L'uomo dal guanto grigio* (48), *Duello senza onore* (49).

232. **Bach, Barbara.** U.S. actress. b. 1944. *Mio padre monsignore* (70), *La corta notte delle bambole di vetro* (72), *La tarantola dal ventre nero* (72), *Il maschio ruspante* (72), *Paolo il caldo* (73), *L'ultima chance* (73), *Il cittadino si ribella* (73), *Il lupo dei mari* (73), *Ecco, noi, per esempio...* (77), *L'isola degli uomini pesce* (78), *Il fiume del grande caimano* (79), *L'umanoide* (79).

233. **Bach, Vivi.** German actress. b. 1937. *Le pistole non discutono* (64), *Per un pugno di canzoni* (66), *Con la morte alle spalle* (67).

234. **Bacharach, Burt.** U.S. composer. b. May 12, 1929, Kansas City, Mo. *Caccia alla volpe* (66), *Amo non amo* (79 U.S. version).

235. **Badese, Giancarlo.** Actor. AKA: Giancarlo Badessi. *Tepepa* (68), *Mangiala!* (68), *Cosa avete fatto a Solange?* (70), *Mosè* (76), *Partirono preti, tornarono...curati* (73), *Caligola* (79).

236. **Baez, Joan.** U.S. singer. b. Jan. 9, 1941, Staten Island, N.Y. *Sacco e Vanzetti* (71 sang vocal).

237. **Baffico, Mario.** Director. b Feb. 5, 1907, La Maddalena. *Giovinezza* (32 short), *Il museo dell'amore* (35 short), *La danza delle lancette* (36 co-d), *Nevi d'Italia* (37 short), *Terra di nessuno* (38 co-d), *Incanto di mezzanotte* (40), *Mare* (40), *I trecento della settima* (42), *Ogni giorno è domenica* (44), *Trent'anni di servizio* (45), *Portovenere* (49 short), *Senza peccato* (50).

238. **Bagni, Margherita.** Actress. b. Feb. 21, 1902, Torino. Married Renzo Ricci. *I due sergenti* (36), *L'albero di Adamo* (37), *Il dottor Antonio* (38), *Inventiamo l'amore* (38), *Io, suo padre* (38), *L'ultimo ballo* (41), *Margherita fra i tre* (41), *La regina di Navarra* (41), *Abbiamo vinto* (50), *Quattro rose rosse* (51), *Le infedeli* (52), *Tempi nostri* (52), *Ho scelto l'amore* (53), *Peccato che sia una canaglia* (54), *Il barcaiolo d'Amalfi* (55), *Lacrime di sposa* (56).

239. **Bagno, Carlo.** Actor. *Amore in quattro dimensioni* (64), *In nome del papa re* (78).

240. **Bagolini, Silvio.** Actor. b. Aug. 4, 1914, Bologna. *Cavalleria* (36), *I fratelli Castiglioni* (37), *Piccolo hotel* (39), *L'assedio dell'Alcazar* (40), *La fabbrica dell'imprevisto* (42), *Incontri di notte* (43), *Gian Burrasca* (43), *Inquietudine* (46), *Luci del varietà* (50), *Faddijah* (50), *Altri tempi* (51), *Il viale della speranza* (53), *I vitelloni* (53), *Gli uomini, che mascalzoni!* (53), *Il maestro di don Giovanni* (53), *Piccola posta* (55), *Granada addio!* (68), *Le calde notti di Poppea* (69).

Bagrain, Al *see* **Balcazar, Alfonso**

241. **Bahl, Ellen.** German actress. *Un avventuriero a Tahiti* (66).

242. **Baillou, Alfred.** French actor. b. March 1, 1915, St.-Georges-de-Didonne. *Lebbra bianca* (50), *I sette peccati capitali* (52), *Steppenwolf* (74).

243. **Baird, Harry.** U.K. actor. b. 1931, Georgetown, British Guiana. *Taur, il re della forza bruta* (62), *Campa carogna... la taglia cresce* (72), *Una colt in mano al diavolo* (72), *Trinità e Sartana...figli di...* (72 as Trinità), *I quattro dell'apocalisse* (75).

244. Baker, Carroll. U.S. actress. b. May 28, 1931, Johnstown, Pa. In Italy in the late 60s. *L'harem* (67), *Il dolce corpo di Deborah* (68), *Orgasmo* (68), *Così dolce così perversa* (69), *In fondo alla piscina* (70), *La quarta signora Anderson* (71), *Il diavolo ha sette facce* (72), *Il coltello di ghiaccio* (72), *Il corpo* (74), *Domani saremo ricchi e onesti* (75), *La moglie vergine* (76), *La moglie di mio padre* (76).

245. Baker, Roy Ward. U.K. director. b. 1916, London. AKA: Roy Baker. *L'affondamento della "Valiant"* (61 co-d).

246. Baker, Stanley. Welsh actor. b. Feb. 8, 1927, Ferndale. d. June 28, 1976, Malaga, Spain, of lung cancer, a month after being knighted. *Elena di Troia* (56), *Sodoma e Gomorra* (62), *Eva* (62), *La ragazza con la pistola* (68), *Popsy Pop* (70), *Una lucertola con la pelle di donna* (71), *Zorro* (75), *Orzowei, la figlia della savana* (76).

247. Baker, Tom. U.K. actor. b. 1936. Famous on TV as Doctor Who. *Amore e rabbia* (67), *I racconti di Canterbury* (71).

248. Balbo, Ennio. Actor. *Sette uomini d'oro* (65), *Oggi, domani e dopodomani* (65), *Cinque tombe per un medium* (66), *I giorni dell'ira* (67), *Colpo maestro al servizio di Sua Maestà britannica* (68), *Sequestro di persona* (68), *Quel caldo maledetto giorno di fuoco* (68), *The Appointment* (69 U.S.), *La polizia sta a guardare* (73), *Fatevi vivi, la polizia non interverrà* (74), *Perchè si uccide un magistrato* (75), *Il fidanzamento* (75), *Roma drogata* (75), *Gli esecutori* (76).

249. Balcazar, Alfonso. Spanish director. AKA: Al Bagrain. From the Barcelona family of producers. *Una pistola per Ringo* (65 co-w), *5000 dollari sull'asso* (65 also co-w), *Quattro dollari di vendetta* (65), *I cinque della vendetta* (65 co-w), *L'uomo che viene da Canyon City* (65), *Il ranch degli spietati* (65 co-w), *Il ritorno di Ringo* (65 co-w), *Sette magnifiche pistole* (66 co-w), *Dinamite Jim* (66 also co-w), *L'uomo dalla pistola d'oro* (66 also co-w), *100.000 dollari per Ringo* (66 co-w), *Jessy non perdona...uccide* (66 also co-w), *Yankee, l'americano* (66 co-w), *Sartana non perdona* (68), *Clint il solitario* (68 also co-w), *Legge della violenza* (69 co-w), *Gentleman Jo...uccidi* (69 co-w), *La notte dei diavoli* (71 co-d), *Attento, gringo, è tornato Sabata* (72 also co-w), *I bandoleros della dodicesima ora* (72 also w).

250. Baldanello, Emilio. Actor. b. March 3, 1902, Padova. d. July 21, 1952, Venezia. *La cantante dell'opera* (32), *Pia de' Tolomei* (41), *Se non son matti non li vogliamo* (41), *La locandiera* (43), *La buona fortuna* (44), *Ogni giorno è domenica* (44), *Trent'anni di servizio* (45), *Casello n. 13* (45), *Pian delle stelle* (46), *Ombre sul canal grande* (51), *Lasciamoli vivere* (52).

251. Baldanello, Gianfranco. Director. AKA: Frank G. Carrol. *Uccidete Johnny Ringo* (66), *Trenta Winchester per El Diablo* (67 also co-w), *I lunghi giorni dell'odio* (68), *Il raggio infernale* (68), *Blackjack* (68 also co-w), *"Yellow: le cugine"* (69), *Una colt in mano al diavolo* (72 also co-w), *Il figlio di Zorro* (73 also co-w), *Dieci bianchi uccisi da un piccolo indiano* (74), *Quella provincia maliziosa* (76), *L'ingenua* (76), *A chi tocca...tocca!* (79).

252. Baldassare, Raf. Actor. AKA: Ralph Baldwin. *Le notti di Lucrezia Borgia* (59), *Il colpo segreto di d'Artagnan* (60), *Nefertite, regina del Nilo* (60), *La venere dei pirati* (60), *I giganti della Tessaglia* (61), *Gli invasori* (61), *Rosmunda e Alboino* (61), *Ulisse contro Ercole* (61), *Solimano il conquistatore* (62), *L'ombra di Zorro* (63), *I tre implacabili* (63), *Per un pugno di dollari* (64), *I tre spietati* (64), *Camino del sur* (64), *Sette ore di fuoco* (64), *I quattro inesorabili* (65), *El Rojo* (66), *Il gioco delle spie* (66), *Django, killer per l'onore* (66), *Solo contro tutti* (66), *Un dollaro tra i denti* (67), *Tre del Colorado* (67), *Il mercenario* (68), *Un uomo un cavallo una pistola* (68), *Una pistola per cento bare* (68), *Anche nel west, c'era una volta Dio* (68), *Luana, la figlia della foresta vergine* (68), *Rebeldes en Canada* (68 Spain), *Ocaso de un pistolero* (68 Spain), *Hora de morir* (68 Spain), *Tutto per tutto* (68), *Il grande silenzio* (68), *Il sapore della vendetta* (68), *Il suo nome gridava vendetta* (69), *Garringo* (69), *Prima ti perdono, poi ti ammazzo* (70), *Lo irritarono...e Sartana fece piazza pulita* (70), *I quattro pistoleri di Santa Trinità* (71), *Blindman* (71), *Ehi, amico...sei morto* (71), *Arizona Colt si scatena, e li fece fuori tutti* (73), *I corvi ti scaveranno la fossa* (73), *Preda d'avvoltoi* (73), *Straniero di* *silenzio* (75), *Get Mean* (76), *La moglie in bianco...l'amante al pepe* (80), *La dottoressa preferisce i marinai* (81), *Le avventure dell'incredibile Ercole II* (84).

253. Baldi, Ferdinando. Director. AKA: Ferdy Baldwyn, Ted Kaplan. *Il prezzo dell'onore* (52), *Assi alla ribalta* (54), *Amarti è il mio destino* (57), *Due selvaggi a corte* (58), *Ben-Hur* (59 asst d), *David e Golia* (59 co-d), *I tartari* (60 co-d), *Orazi e Curiazi* (61 co-d), *El Cid* (61 co-asst d), *La caduta dell'impero romano* (64 second asst d), *Il figlio di Cleopatra* (64 also co-w), *Texas addio* (66 also co-w), *Goldsnake "anonima killers"* (66), *Little Rita nel far west* (67 also co-w), *Odia il prossimo tuo* (68 also co-w), *Luana, la figlia della foresta vergine* (68), *Preparati la bara* (68 also co-w), *Il pistolero dell'ave maria* (70 also co-w), *Blindman* (71), *Afyan—Oppio* (72), *Carambola* (74 also co-w), *Carambola filosofo...tutti in buca* (75 also co-w), *Get Mean* (76 also co-w), *Nove ospiti per un delitto* (77), *L'inquilina del piano di sopra* (77), *La selvaggia* (78), *I pirati dell'isola verde* (80), *La ragazza del vagone letto* (80), *La compagnia di viaggio* (80), *Comin' at Ya!* (81).

254. Baldi, Gian Vittori. Director. b. Oct. 30, 1930, Bologna. Directed the TV series *Cinquant'anni 1898–1948*. Movies include: *I sogni nel cassetto* (57 *), *Il pianto delle zitelle* (58 short), *La vigilia di mezza estate* (58 short), *Via dei canetti spiriti* (59 short), *La casa delle vedove* (59 short), *Juliano* (60 short), *Il bar de' Gigli* (61 short), *Le italiane e l'amore* (61 the episode "Il corredo di sposa"), *Luciano, una vita bruciata* (62 never shown), *Fuoco* (68 also w/story), *La notte dei fiori* (70 also co-w).

255. Baldi, Marcello. Director. b. Aug. 1, 1923, Telve Valsugana. *Pastor angelicus* (42 doc co-d), *Guerra alla guerra* (47 technical director), *Fabiola* (48 asst. to the director), *Fantasia di gemelli* (48 doc), *La città del concilio* (48 doc), *La fotografia di Cristo* (48 doc), *Scuola estiva di sci* (49 doc), *Fra cielo e terra* (49 doc), *Senza bandiera* (50 asst d), *I cosmici del Cervino* (50 doc), *Conquista di una vetta* (50 doc), *Noi e il gigante* (51 doc), *Salviamo le loro vite* (52 doc), *Sentinelle del paradiso* (52 doc), *L'età dell'amore* (53 asst d), *Cento anni d'amore* (53 asst d), *Nata dal mare* (53 doc), *Beatrice, diavolo sul ghiaccio* (53 doc), *La leggenda di Merisana* (53 doc), *Italia K- 2* (54 doc also co-w), *Il clandestino* (57 also co-w), *Il raccomandato di ferro* (59), *Marte, dio della guerra* (62 also co-w), *I patriarchi della bibbia* (63), *Saul e David* (64 also co-w), *I grandi condottieri* (65), *Stuntman* (68 also co-w).

256. Baldini, Renato. Actor. b. Dec. 18, 1921, Roma. AKA: Ryan Baldwin, Rajan Baldwin. *Il mulatto* (49), *Angelo tra la folla* (50), *Persiane chiuse* (51), *La città si difende* (51), *Dramma sul Tevere* (52), *Teodora, imperatrice di Bisanzio* (53), *La provinciale* (53), *La grande speranza* (53), *L'orfana del ghetto* (54), *Nagana* (54), *La catena dell'odio* (55), *Il ragazzo dal cuore di fango* (56), *Dinanzi a noi il cielo* (58), *Giuditta e Oloferne* (58), *Filles de la nuit* (59 France), *Agi Murad—il diavolo bianco* (59), *Erode il Grande* (59), *La ragazza con la valigia* (60), *Ester e il re* (60), *La freccia d'oro* (62), *Gli invincibili sette* (63), *Winnetou III* (65), *L'uomo che viene da Canyon City* (65), *Una donna per Ringo* (65), *Là, dove scende il sole* (65), *Berlino—appuntamento per le spie* (65), *I diavoli dallo spazio* (65), *Joe l'implacabile* (65), *Clint il solitario* (68), *Carogne si nasce* (68), *Niente rose per OSS 117* (68), *Ciccio perdona...io no!* (68), *Sono Sartana, il vostro becchino* (69), *Isabella, duchessa dei diavoli* (69), *Di Tressette c'è ne uno...tutti gli altri son nessuno* (74), *Roma rivuole Cesare* (74).

Balducci, Armenia *see* **Visconti, Belle**

257. Balducci, Franco. Actor. *Imbarco a mezzanotte* (52), *Giuditta e Oloferne* (58), *Romolo e Remo* (61), *La viaccia* (61), *La guerra continua* (62), *Giulietta e Romeo* (64), *Gli uomini dal passo pesante* (66), *Il tempo degli avvoltoi* (67), *Le fate* (67 the episode "Fata Sabina"), *Lola Colt* (67), *...E per tetto un cielo di stelle* (68), *Preparati la bara* (68), *Una lucertola con la pelle di donna* (71).

258. Balducci, Richard. Director. *Sole nella polvere* (71 also w).

259. Baldwin, Peter. U.S. actor. b. 1931. *Era notte a Roma* (59), *I soliti rapinatori a Milano* (61), *Lo spettro del dottor Hichcock* (63), *La donna del lago* (65), *Amanti* (68 asst d), *Concerto per pistola solista* (70), *Il caso Mattei* (71).

Baldwin, Rajan *see* **Baldini, Renato**

Baldwin, Ralph *see* **Baldassare, Raf**

Baldwin, Ryan *see* **Baldini, Renato**

Baldwyn, Ferdy *see* **Baldi, Ferdinando**

260. Balfour, Michael. U.S. actor. b. Feb. 16, 1918. Long in U.K. *I racconti di Canterbury* (71)

261. Balistrieri, Virginia. Actress. b. Jan. 15, 1888, Trapani. *Sperduti nel buio* (14), *Capitan Blanco* (14), *La canzone del fantasma* (15), *La guerra e la moda* (15), *Pasquale Bruno* (15), *Mare* (40), *Malia* (45), *Sono io l'assassino!* (47), *Benvenuto, reverendo!* (49), *Lo sparviero del Nilo* (49), *Margherita da Cortona* (50), *I fuorilegge* (50), *La scogliera del peccato* (50), *Auguri e figli maschi* (51), *Cavalleria rusticana* (53), *Siamo donne* (53 the episode "La giara"), *Maruzzella* (56).

262. Ballerini, Piero. Director. b. March 20, 1901, Como. d. June 30, 1955, Roma. *La freccia d'oro* (35 co-d/co-w/story), *L'ultima carta* (38 also co-w), *Piccolo hotel* (39 also w), *È sbarcato un marinaio* (40 also w/story), *Il ponte di vetro* (40 co-d), *L'ultimo combattimento* (41), *La fuggitiva* (41 also w), *La sonnambula* (41 also co-w), *La fanciulla dell'altra riva* (42 also co-w), *Sempre più difficile* (42 co-d/co-w), *L'angelo del miracolo* (44 also co-w), *Un fatto di cronaca* (44 also co-w), *Lucia di Lammermoor* (46 also co-w), *Peppino e la vecchia signora* (57 made in 54 co-d).

263. Ballista, Gigi. Actor. b. 1918. d. 1980. *Le piacevoli notti* (66), *Signore e signori* (66), *Le fate* (67 the episode "Fata Marta"), *Il fischio al naso* (67), *L'immorale* (67), *Come imparai ad amare le donne* (67), *L'Homme qui trahit la mafia* (67 France), *Galileo* (68), *Colpo di sole* (68), *Le calde notti di Lady Hamilton* (68), *Straziami...ma di baci saziami* (68), *Una storia d'amore* (68), *The Secret of Santa Vittoria* (69 U.S.), *Uccidete il vitello grasso e arrostitelo* (70), *La califfa* (71), *Il vichingo venuto dal sud* (71), *Finalmente le mille e una notte* (72), *Lo stregone in città* (73), *Blume in Love* (73 U.S.), *Stavisky* (74), *Permette signora che ami vostra figlia* (74), *La donna della domenica* (75), *Salon Kitty* (76), *Midnight Express* (78 U.S.).

264. Balpêtre, Antoine. French actor. b. May 3, 1894, Lyon. AKA: Balpêtre. *Siamo tutti assassini* (52), *L'uomo e il diavolo* (54), *I vampiri* (57), *I peccatori della Foresta Nera* (61).

265. Balsam, Martin. U.S. actor. b. Nov. 4, 1919, Bronx, N.Y. *Tutti a casa* (60), *La città prigioniera* (62), *Caccia alla volpe* (66), *Confessione di un commissario di polizia al procuratore della repubblica* (71), *Imputazione di omicidio per uno studente* (71), *Il vero e il falso* (71), *Il consigliori* (73), *La polizia incrimina: la legge assolve* (73), *Corruzione al palazzo di giustizia* (74), *Cipolla Colt* (75), *Il tempo degli assassini* (75), *Gli indesiderabili* (76), *Occhi dalle stelle* (77), *Diamanti rossi sangue* (78), *Gardenia* (79), *L'avvertimento* (80), *Due occhi diabolici* (90).

266. Balsamo, Ignazio. Actor. *Il brigante Musolino* (50), *La lupa* (52), *I due pompieri* (68), *Zorro, il cavaliere della vendetta* (71).

267. Bancroft, Anne. U.S. actress. b. Sept. 17, 1931, Bronx, N.Y. RN: Anna Maria Louisa Italiano. *Gesù di Nazaret* (77 TV).

Band, Albert *see* **Antonini, Alfredo**

268. Bandini, Armando. Actor. *Il mattatore* (60), *I quattro dell'ave maria* (68).

269. Bandini, Augusto. Actor. b. April 1, 1889, Roma. *Thaïs* (16), *Le due rose* (19), *L'incognita* (22), *Maciste e il nipote d'America* (23), *Un viaggio nell'impossibile* (23), *Treno di piacere* (23), *Saetta impara a vivere!* (24), *Caporal Saetta* (24), *Maciste imperatore* (24), *Voglio tradire mio marito!* (25), *Saetta e le sette mogli del pascià* (25), *Maciste nella gabbia dei leoni* (26), *Beatrice Cenci* (26), *Addio, giovinezza!* (27), *I rifiuti del Tevere* (27), *Florette e Patapon* (27), *Confessioni di una donna* (27), *Nanù, la cugina d'Albania* (28), *Gli ultimi zar* (28), *La locandiera* (28), *La grazia* (29), *Quartiere latino* (29), *Corte d'assise* (30), *Terra madre* (31), *L'uomo dall'artiglio* (31), *Figaro e la sua gran giornata* (31), *La segretaria privata* (31), *Palio* (32), *Cinque a zero* (32), *Il corsaro nero* (36), *Bertoldo, Bertoldino e Cacasenno* (36), *L'amore si fa così* (39).

270. Bannen, Ian. Scottish actor. b. June 29, 1928, Airdrie. *Il mondo nella mia tasca* (60), *La spina dorsale del diavolo* (70), *Il viaggio* (74), *Identikit* (74), *Gesù di Nazaret* (77 TV), *Quel maledetto treno blindato* (77), *Streghe* (89), *La partita* (91).

271. Banner, Jill. U.S. actress. b. 1946. d. 1982. Also a writer in the U.S.A. *Un uomo un cavallo una pistola* (68).

Bannon, Lawrence *see* **Battaglia, Gian Lorenzo**

272. Banti, Lucia. Actress. b. Jan. 19, 1933, Roma. *Gran varietà* (53), *Giuseppe Verdi* (53), *Il paese dei campanelli* (53), *Pietà per chi cade* (53), *Hanno rubato un tram* (55), *Fiesta brava* (55), *Lacrime di sposa* (56), *Onore e sangue* (57), *Giuditta e Oloferne* (58).

273. Bar, Jacques. French producer. b. Sept. 12, 1921, Châteauroux. *Il nemico pubblico n. 1* (53 co-p), *Frou Frou* (55), *La legge* (58), *Il giorno e l'ora* (63).

274. Baracco, Adriano. Co-writer. *I dongiovanni della Costa Azzurra* (62), *Operazione San Pietro* (68), *Gangster 70* (68).

275. Baragli, Nino. Editor. *Saffo, venere di Lesbo* (60), *La mandragola* (65), *La donna del lago* (65), *Il compagno don Camillo* (65), *I tre volti* (65 the episodes "Latin Lover" and "Gli amanti celebri"), *La mia signora* (65), *Sette donne per i MacGregor* (66), *Madamigella di Maupin* (66), *Edipo re* (67), *Teorema* (68), *Galileo* (68), *C'era una volta il west* (68), *Medea* (69), *Il prete sposato* (70), *Città violenta* (70), *Sacco e Vanzetti* (71), *Le monache di sant'Arcangelo* (72), *Paolo il caldo* (73), *Storie scellerate* (73), *Il delitto Matteotti* (73), *Fatti di gente perbene* (74), *Delitto d'amore* (74), *Dio mio, come sono caduta in basso!* (74), *Amore amaro* (74), *Appassionata* (74), *Libera, amore mio* (74), *Per le antiche scale* (74), *La prima volta sull'erba* (75), *Salò, o le 120 giornate* (75), *L'eredità Ferramonti* (76), *Quelle strane occasioni* (76 co-e), *Mogliamante* (76), *Il malato immaginario* (78), *Due pezzi di pane* (78), *Il gatto* (78), *Ritratto di borghesia in nero* (78), *Caligola* (79), *Voltati Eugenio* (79), *Un dramma borghese* (79), *Il cappotto di astrakan* (80), *Bianco rosso e Verdone* (80), *Il minestrone* (81), *La vera storia della signora dalle camelie* (82), *Malamore* (82), *Occhei, occhei* (83), *C'era una volta l'America* (83), *Don Chisciotte* (83), *Non ci resta che piangere* (84), *Segreti segreti* (85), *L'attenzione* (85), *Troppo forte* (85), *Ginger e Fred* (85 co-e), *La storia* (85), *Intervista* (87), *Hotel Colonial* (87), *Mosca addio* (87), *Un ragazzo di Calabria* (87), *Le vie del Signore sono finite* (88), *Miss Arizona* (88), *Strana la vita* (88), *Il piccolo diavolo* (88), *I cammelli* (88), *Cavalli si nasce* (89), *Marrakesh Express* (89), *Turné* (90), *L'africana* (90), *L'avaro* (90), *Mediterraneo* (91).

276. Baraldi, Lorenzo. Set designer. *Vogliamo i colonnelli* (72), *L'anatra all'arancia* (74), *Amici miei* (75), *Caro Michele* (76), *Un borghese piccolo piccolo* (77), *Viaggio con Anita* (79), *Camera d'albergo* (80), *Io e Caterina* (80), *Temporale Rosy* (80), *Il marchese del grillo* (81), *Nudo di donna* (81), *Amici miei, atto II* (82), *Io so che tu sai che io so* (82), *Bertoldo, Bertoldino e Cacasenno* (83), *Le due vite di Mattia Pascal* (85), *Joan lui* (85).

277. Barale, Matteo. Director of photography. *La leggenda del castello* (14 co-ph), *Il furto del sentimento* (19), *Il mistero del Girls' Bar* (19), *L'uomo che rideva* (19), *Gli artigli d'acciaio* (20), *La danzatrice di tango* (20), *La mano guantato di bianco* (20), *Il mistero della dama velata* (20), *Occhi vetro* (20), *Il segreto della Diamond Company* (20), *Alba di sangue* (21), *Il segreto di un bandito* (21), *L'ultima invenzione* (21), *La rivincita* (23).

278. Baratier, Jacques. French director. b. March 8, 1918, Montpellier. RN: Jacques Baratier de Rey. *Confetti al pepe* (63 also co-w).

279. Baratto, Luisa. Actress. AKA: Liz Barrett, Liz Barret, Louise Barrett. *Killer Kid* (67), *Due pistole e un vigliacco* (67), *Scacco internazionale* (68), *Il lungo giorno del massacro* (68), *Sette Winchester per un massacro* (68), *Colpo di stato* (68).

280. Barbara, Paola. Actress. b. July 22, 1912, Roma. d. Oct. 1, 1989. *Amazzoni bianche* (36), *Questi ragazzi* (37), *Eravamo sette sorelle* (38), *L'albergo degli assenti* (38), *Napoli che non muore* (39), *La peccatrice* (40), *La granduchessa si diverte* (40), *Il Ponte dei sospiri* (40), *Il bravo di Venezia* (41), *Il re si diverte* (41), *Rossini* (41), *Confessione* (41), *Accade a Damasco* (42), *Quarta pagina* (42), *La monaca di Monza* (47), *I cavalieri dalle maschere nere* (47), *I figli non si vendono* (52), *La figlia del diavolo* (52), *Nerone e Messalina* (53 started in 49), *Il coraggio* (55), *Killer adios* (68), *Sledge* (70).

281. Barbaro, Umberto. Co-writer. b. Jan. 3, 1902, Acireale, Sicilia. d. 1959. Also a director, novelist and critic, he was an executive at the Centro Sperimentale in Roma, and it was he who coined the term "neorealismo"; at the time he was referring only to French films of the 30s. *I cantieri dell'Adriatico* (33 short d), *Seconda B* (34 also story), *La peccatrice* (40), *Paura d'amare* (41 w), *Via delle cinque lune* (42), *La bella addormentata* (42), *Caccia tragica* (47), *Carpaccio* (47 short co-d), *Caravaggio* (47 short co-d), *La figlia del forzato* (53).

282. Barbeau, Adrienne. U.S. actress. b. June 11, 1945, Sacramento, Calif. *Due occhi diabolici* (90).

Barber, Luís *see* **Barbieri, Luigi**

283. Barbetti, Cesare. Actor. b. Sept. 29, 1930, Palermo. *Il cappello a tre punte* (34), *Darò un milione* (36), *Melodie eterne* (40), *I promessi sposi* (41), *L'uomo venuto dal mare* (41), *Voglio vivere così* (41), *La contessa Castiglione* (42), *L'angelo bianco* (42), *Dagli Appennini alle Ande* (43), *La freccia nel fianco* (43), *La leggenda di Faust* (48), *La grande rinuncia* (51), *Messalina* (51), *Guerra e pace* (56), *Zeder* (72), *Una gita scolastica* (83), *Impiegati* (84).

Barbey, Lawrence *see* **Battaglia, Gian Lorenzo**

284. Barbi, Ciccio. Actor. b. 1919, Torino. RN: Francesco Barbi. *L'onorevole Angelina* (47), *Auguri e figli maschi* (51), *Il padrone del vapore* (51), *Finalmente libero!* (53), *La campana di san Giusto* (54), *Cuore di mamma* (54), *Il seduttore* (54), *Un eroe dei nostri tempi* (55), *Torna piccina mia* (55), *Porta un bacione a Firenze* (55), *Mio figlio Nerone* (56), *Parola di ladro* (57), *I tartassati* (59).

285. Barbieri, Luigi. Actor. AKA: Luís Barber. *I basilischi* (63), *Piluk il timido* (68).

286. Barboni, Enzo. Director of photography. AKA: E.B. Clucher. Also well-known as a director and writer. *Miracolo a Milano* (50 asst d/co-ph/co-w), *La passeggiata* (54 asst d), *Ciao pais...* (56 d), *Romolo e Remo* (61 co-ph), *Il figlio di Spartacus* (62), *I pascoli rossi* (63 co-ph), *Hercules and the Princess of Troy* (65 U.S. TV), *Django* (66), *Texas addio* (66), *Bounty Killer* (66), *Un treno per Durango* (67), *I crudeli* (67), *Little Rita nel far west* (67), *Vivo per la tua morte* (68), *Preparati la bara* (68), *Ciak Mull, l'uomo della vendetta* (69 d), *Il suo nome gridava vendetta* (69), *Un esercito di cinque uomini* (69), *Lo chiamavano Trinità* (70 d/co-w), *Continuavano a chiamarlo Trinità* (71 d/co-w), *Gli fumavano le colt...lo chiamavano Camposanto* (71 w), *E poi lo chiamarono Il magnifico* (72 d/co-w), *I due superpiedi* (76 d/co-w), *I due superpiedi quasi piatti* (77 d), *Ciao nemico* (81 d/co-w), *Non c'è due senza quattro* (84 d).

287. Barboni, Leonida. Director of photography. b. Nov. 23, 1909, Settignano. *Ore 9 lezione di chimica* (41 co-ph), *Guidonia* (42 doc), *La fanciulla dell'altra riva* (42), *L'ippocampo* (43), *Il treno crociato* (43 co-ph), *Principessina* (43), *Silenzio, si gira!* (43), *In nome della legge* (49), *Al diavolo la celebrità* (49), *Il cammino della speranza* (50), *Domenica d'agosto* (50 co-ph), *Margherita da Cortona* (50), *Il diavolo in convento* (50), *Il microfono è vostro* (51 co-ph), *Camicie rosse* (51 co-ph), *Il brigante di Tacca del Lupo* (52), *Filumena Marturano* (52), *Ragazze da marito* (52), *La presidentessa* (52), *Gelosia* (53), *La grande speranza* (53), *L'incantevole nemica* (53), *Napoletani a Milano* (54), *Angela* (54), *Scuola elementare* (54), *Adriana Lecouvreur* (55), *Il ferroviere* (56), *Padri e figli* (56), *I sogni nel cassetto* (57), *Nella città l'inferno* (58), *L'uomo di paglia* (58), *Un maledetto imbroglio* (59), *Il gobbo* (60 co-ph), *Risate di gioia* (60), *Via Margutta* (60), *Il vigile* (60), *Divorzio all'italiana* (61), *Le italiane e l'amore* (61 the episode "La prova d'amore"), *La viaccia* (61), *Una vita difficile* (61), *Il disordine* (62), *Il processo di Verona* (62), *La corruzione* (63), *Le bambole* (65 the episode "La minestra"), *Controsesso* (65), *El Greco* (65).

288. BarBoo, Luís. Spanish actor. *Bounty killer* (66), *Dio perdona...io no* (68), *Piluk il timido* (68), *I morti non si contano* (68), *Anche nel west, c'era una volta Dio* (68), *I vigliacchi non pregano* (68), *L'uomo venuto per uccidere* (68), *Mio Mao* (69), *Il faro in capo al mondo* (71), *Arizona Colt si scatena, e li fece fuori tutti* (73).

289. Barclay, Steve. U.S. actor. b. Nov. 20, 1918, Baltimore, Md. AKA: Steve Barkley. In U.S. films since 1945. *Vespro siciliano* (49), *Il capitano nero* (51), *Fanciulle di lusso* (52), *Nerone e Messalina* (53 started in 49), *Africa sotto i mari* (53), *Aida* (53), *Fate largo ai moschettieri* (53), *I cavalieri dell'illusione* (54), *Operazione Mitra* (55 made in 51), *Il cavaliere dalla spada nera* (56).

Bard, John *see* **Coletti, Duilio**

Barda, Luigi *see* **Tosi, Luigi**

290. Bardem, Juan Antonio. Spanish director/writer. b. July 2, 1922, Madrid. RN: Juan Antonio Bardem-Muñoz. *La vendetta* (58), *Amor di una calda estate* (65), *L'isola misteriosa e il capitano Nemo* (73).

291. Bardem, Rafael. Spanish actor. b. Jan. 10, 1887, Barcelona. Father of Juan Antonio Bardem. *Gli amanti di Toledo* (53), *Sette pistole per i MacGregor* (65), *L'isola misteriosa e il capitano Nemo* (73).

Bardi, Luigi *see* **Tosi, Luigi**

292. Bardi, Mariemma. Actress. *Riso amaro* (48), *Anna* (51).

293. Bardinet, Michel. French actor. AKA: Michel Barlinet. *Tecnica di un omicidio* (66), *Ti ho sposato per allegria* (68), *Il dolce corpo di Deborah* (68), *Brucia, ragazzo, brucia* (70), *Senza movente* (71).

294. Bardot, Brigitte. French actress. b. Sept. 28, 1934, Paris. RN: Camille Javal. *I denti lunghi* (52), *Versailles* (53), *Tradita* (54), *Le grandi manovre* (55), *Frou Frou* (55), *Mio figlio Nerone* (56), *Elena di Troia* (56), *Miss Spogliarello* (56), *La ragazza del peccato* (57), *Una parigina* (57), *Ladri al chiar di luna* (58), *Femmina* (59), *Il testamento di Orfeo* (60), *Il disprezzo* (62), *Paparazzi tentazioni proibite* (63 short), *Il riposo del guerriero* (63), *Una adorabile idiota* (64), *Viva Maria* (65), *Tre passi nel delirio* (68 the episode "William Wilson").

295. Bardot, Mijanou. French actress. b. 1938, Paris. AKA: Mijanou. Sister of Brigitte Bardot. *Il pirata dello sparviero nero* (58).

Bardotti, Sergio *see* **Bacalov, Luís Enrique**

296. Barge, Paul. French actor. b. June 6, 1890, Paris. *Siamo tutti assassini* (52), *Il nemico pubblico n. 1* (53), *L'invitata* (69).

297. Barilli, Francesco. Actor. Also a director and writer. *Prima della rivoluzione* (64), *Pensione Paura* (79 d), *La gabbia* (85 co-w).

298. Barjavel, René. French writer. b. Jan. 24, 1911, Nyons. *Donne senza nome* (49), *Don Camillo* (52), *Il ritorno di don Camillo* (53), *Fuga nel sole* (56), *L'uomo dall'impermeabile* (57).

299. Barker, Eric. U.K. actor. b. 1912, Thornton Heath, Surrey. *Lola* (70).

300. Barker, Lex. U.S. actor. b. May 8, 1919, Rye, N.Y. d. 1973. RN: Alexander Crichlow Barker, Jr. Famous in the movies as Tarzan. *I misteri della giungla nera* (52), *La vendetta dei thugs* (52), *Il figlio del corsaro rosso* (58), *Capitan Fuoco* (58), *La scimitarra del saraceno* (60), *La dolce vita* (60), *Il cavaliere dai cento volti* (60), *Robin Hood e i pirati* (60), *Il segreto dello sparviero nero* (61), *FBI contro il dott. Mabuse* (61), *Kali-Yug, la dea della vendetta* (63), *La valle dei lunghi coltelli* (63), *Il boia di Venezia* (63), *La Battaglia di Fort Apache* (64), *Giorni di fuoco* (64), *Winnetou III* (65), *La ballata di Johnny Ringo* (66), *Dinamite al Pentagono* (66), *Spie contro il mondo* (66), *Sette volte donna* (67).

Barkley, Steve *see* **Barclay, Steve**

301. Barlacchi, Cesare. Director. *La favorita* (52), *Tormento d'anime* (53), *La sonnambula* (53).

Barlinet, Michel *see* **Bardinet, Michel**

302. Barnabe, Bruno. U.K. actor. b. April 3, 1905, London. *Cinque ore in contanti* (60), *Gesù di Nazaret* (77 TV).

303. Barnabò, Guglielmo. Actor. b. May 11, 1888, Ancona. d. May 31, 1954, Ancona. *La bellezza del mondo* (26), *Passaporto rosso* (35), *Voglio vivere con Letizia* (38), *Assenza ingiustificata* (39), *Maddalena, zero in condotta* (40), *Teresa Venerdì* (41), *Cenerentola e il signor Bonaventura* (41), *I nostri sogni* (43), *Il diavolo va in collegio* (43), *Fabiola* (48), *Miracolo a Milano* (50), *Gli eroi della domenica* (52), *La presidentessa* (52), *Il nemico pubblico n. 1* (53), *Pane amore e fantasia* (53), *Il matrimonio* (53), *Carosello napoletano* (54).

304. Barnard, Ivor. U.K. actor. b. 1887. d. 1953. *Il tesoro dell'Africa* (53).

305. Barnes, Binnie. U.K. actress. b. March 25, 1905, London. d. 1983. RN: Gertrude Maude Barnes. *I pirati di Capri* (48), *La strada buia* (49).

306. Barnes, Priscilla. Actress. *I seduttori della domenica* (80).

307. Barnes, Walter. U.S. actor. *La valle dei lunghi coltelli* (63), *Il gladiatore che sfidò l'impero* (64), *Uccidere a Apache Wells* (65), *Là, dove scende il sole* (65), *La resa dei conti* (66), *Giarrettiera Colt* (67), *La più grande rapina del west* (68), *Clint il solitario* (68), *Per 50.000 maledetti dollari* (68), *Il momento di uccidere* (68).

308. Barni, Ruggero. Actor. *Il bel gesto* (14), *I vagabondi* (14), *L'acrobata* *mascherato* (15), *Attenti alle spie!* (15), *Alla deriva!* (15), *L'Italia s'è desta* (15), *Fior di male* (15), *La morte del lago* (15), *La pantera di neve* (19), *La vendetta del padrone delle ferriere* (20), *Marco Visconti* (23), *Antonio da Padova, il santo dei miracoli* (30).

309. Baron, Emma. Actress. b. Oct. 19, 1904, Treviso. RN: Emma Bardon. Married actor Ennio Cerlesi. *La freccia d'oro* (35), *L'anonima Roylott* (36), *I promessi sposi* (41), *Una storia d'amore* (42), *Gioventù perduta* (47), *L'edera* (50), *La città si difende* (51), *Perdonami!* (52), *L'ombra* (54), *Padri e figli* (56), *Teseo contro il Minotauro* (60), *La viaccia* (61), *Maciste contro il vampiro* (61), *Barabba* (61), *Gli invincibili sette* (63), *Vivo per la tua morte* (68), *Due volte giuda* (68).

310. Baroux, Lucien. French actor. b. Sept. 21, 1888, Toulouse. *Prima comunione* (50), *Le tentazioni quotidiane* (62).

311. Barr, Arturo. Director of photography. *L'abbraccio della vergine di ferro* (19), *La bella giardiniera* (19), *L'avventura di un viveur* (20), *Buffalo e Bill* (20), *Il castello dell'uragano* (20), *I cercatori d'oro* (20), *Il cimitero dei giustiziati* (20), *La corda al collo* (20), *L'eredità del lebbroso* (20), *Il microfono del selenio* (20), *I milioni della zingara* (20), *Il mistero del grande espero* (20), *Il mistero dell'uomo grigio* (20), *Nella stretta del mistero* (20), *La nemesi danzante* (20), *Il nero croce* (20), *Rigenerato* (20), *Lo strangolatore muto* (20), *Anime ribelli* (21), *Il bacio di Salomè* (21), *Il cadavere imbellettato* (21), *Il corsaro nero* (21), *Il faro rosso* (21), *Jolanda, la figlia del corsaro nero* (21), *La regina dei Caraibi* (21), *Gli ultimi filibustieri* (21), *L'uomo dalla lingua mozza* (21), *La danzatrice cieca* (22), *Fiamme indomabili* (23).

312. Barr, Patrick. U.K. actor. b. Feb. 13, 1908, Akola, India. d. 1985. *I vinti* (52 the U.K. episode, "Il delitto").

313. Barra, Gianfranco. Actor. *Avanti!* (72), *Pane e cioccolata* (73), *Il padrone e l'operaio* (75), *L'altra metà del cielo* (77), *I nuovi mostri* (77), *Doppio delitto* (78), *L'insegnante viene a casa* (78), *La poliziotta della squadra del buoncostume* (78), *Fico d'India* (80), *La partita* (91).

314. Barray, Gérard. French actor. *La schiava di Bagdad* (63).

Barrett, Liz *see* **Baratto, Luisa**

Barri, Barta *see* **Barry, Bart**

315. Barroero, Olimpia. Actress. *L'arcolaio di Barberina* (18), *Il cammino delle stelle* (18), *La scimitarra di Barbarossa* (19), *L'amore di Loredana* (19), *Musotte* (19), *Sotto la maschera* (20), *Te lo dirò domani* (20), *Il solco e la sementa* (21), *La rosa* (21).

316. Barry, Bart. Hungarian actor. b. 1911. AKA: Barta Barri, Berta Barry. *I sette gladiatori* (63), *Gli invincibili sette* (63), *Saul e David* (64), *Joe l'implacabile* (65), *La vergine di Samoa* (67), *I morti non si contano* (68), *Sole rosso* (71), *Là, dove non batte il sole* (73), *Lo chiamavano Mezzogiorno* (74).

317. Barry, Hilda. U.K. actress. *Dal sabato al lunedì* (63), *La congiuntura* (65).

318. Barry, Matthew. U.S. child actor. *La luna* (79).

319. Barrymore, John Drew. U.S. actor. b. June 4, 1932, Beverly Hills, Calif. RN: John Barrymore, Jr. Son of John Barrymore. In Europe 1959–64. *I cosacchi* (59), *L'ultimo zar* (60), *La donna dei faraoni* (60), *Ti aspetterò all'inferno* (61), *Ponzio Pilato* (61), *La guerra di Troia* (61), *Col ferro e col fuoco* (62), *Il conquistatore di Corinto* (62), *Roma contro Roma* (63), *I diavoli di Spartivento* (63), *Delitto allo specchio* (63).

320. Barsacq, Léon. French art director. b. Oct. 18, 1906, Crimea, Ukraine. d. 1964. *L'amore e il diavolo* (42 co-art d), *La bellezza del diavolo* (50 co-art d), *Roma, ore 11* (51), *L'amante di una notte* (51), *Le belle della notte* (52), *La signora dalle camelie* (52), *Le grandi manovre* (55), *Quartiere dei lillà* (57), *Le donne degli altri* (57), *La visita* (62 co-art d), *Sinfonia per un massacro* (63).

321. Barsacq, Yves. French actor. *Il riposo del guerriero* (63).

322. Bartha, John. Czech actor. RN: Janos Bartha. AKA: John Janos Bartha. *L'uomo della valle maledetta* (63), *Missione Pianeta Errante* (65), *Acid, delirio dei sensi* (67), *El desperado* (67), *Il figlio di Django* (67), *Killer calibro 32* (67), *L'oro di Londra* (67), *4...3...2...1...morte* (67), *Il tempo degli avvoltoi* (67), *Un minuto per pregare, un istante per morire* (68), *Quella sporca storia del west* (68), *Ammazzali tutti e torna solo* (68) *Carogne si nasce* (68), *Ehi, amico, c'è Sabata... hai chiuso* (69), *Zanna Bianca* (72), *Anna, quel particolare piacere* (73), *Tequila* (74), *Cannibal Ferrox* (80).

323. Barto, Dominic T. U.S. actor. b. 1930. *Lo chiamavano Trinità* (70), *E poi lo chiamarono Il magnifico* (72), *L'uomo della Mancha* (72), *Anche gli angeli tirano di destra* (73), *Piedone di Hong Kong* (73), *Il vangelo secondo Simone e Matteo* (75), *Simone e Matteo un gioco de' ragazzi* (75).

324. Bartok, Eva. Hungarian actress. b. June 18, 1926, Kecskemet. RN: Eva Marthe Szöke. *Passaporto per l'Oriente* (51), *Orient-Express* (55), *Ti aspetterò all'inferno* (61), *Avventura al motel* (63), *Sei donne per l'assassino* (64).

325. Bartoleschi, Valerio. Actor. *Deserto rosso* (64), *Vendo cara la pelle* (68).

326. Bartolini, Elio. Co-writer. *Il grido* (57), *L'avventura* (60), *L'eclisse* (62), *L'altro dio* (76 d).

327. Bartrop, Rowland. Actor. *Barabba* (61), *I due colonnelli* (61), *Se tutte le donne del mondo* (66).

328. Barzini, Luigi. Co-story writer. b. Feb. 7, 1874, Orvieto. d. Sept. 6, 1947, Milano. Also a famous journalist. Father of the even more famous Luigi Barzini, Jr. (1908–1984), author of "The Italians". *La fabbrica dell'imprevisto* (19), *Per aver visto* (19), *La fabbrica dell'imprevisto* (42).

329. Barzizza, Isa. Actress. b. Nov. 22, 1929, San Remo. Daughter of Pippo Barzizza. *I due orfanelli* (47), *Dove sta Zazà* (47), *Fifa e arena* (48), *Adamo ed Eva* (49), *Totò al giro d'Italia* (49), *Botta e risposta* (49), *Il vedovo allegro* (49), *L'inafferabile 12* (50), *Figaro qua, Figaro là* (50), *Le sei mogli di Barbablù* (51), *Porca miseria* (51), *Sette ore di guai* (51), *Milano miliardaria* (51), *Era lui... si! si!* (51), *Il mago per forza* (51), *Totò a colori* (52), *Bellezze in motoscooter* (52), *Cinque poveri in automobile* (52), *Senza veli* (53), *Primo premio: Mariarosa* (53), *La figlia del reggimento* (53), *Un turco napoletano* (53), *Viva la rivista!* (53), *Non è mai troppo tardi* (53), *Canzoni a due voci* (53), *Gran varietà* (53), *Appassionatamente* (54), *Totò cerca pace* (54), *Fior di zucca* (88).

330. Barzizza, Pippo. Composer. b. May 15, Genova. *I due orfanelli* (47), *Fifa e arena* (48), *I pompieri di Viggiù* (49), *Adamo ed Eva* (49), *Il microfono è vostro* (51), *Milano miliardaria* (51), *Saluti e baci* (52).

331. Barzman, Ben. Canadian writer. b. Oct. 19, 1911, Toronto. *Imbarco a mezzanotte* (52), *Colui che deve morire* (57), *La visita* (62), *La caduta dell'impero romano* (64 co-w).

332. Basaglia, Maria. Director. b. Cremona. *Papà Lebonnard* (39 co-w), *Ultima giovinezza* (39 co-w), *Rosa di sangue* (40 co-w), *Il bazar delle idee* (40 asst d), *Boccaccio* (40 asst d), *Divieto di sosta* (41 asst d), *Sua Altezza ha detto: no!* (53), *Sangue di zingara* (55).

333. Baseggio, Cesco. Actor. b. April 13, 1897, Venezia. *Il corsaro nero* (36), *Scarpe al sole* (36), *Bertoldo, Bertoldino e Cacasenno* (36), *Giuseppe Verdi* (38), *La vedova* (38), *Scandalo per bene* (39), *Piccolo alpino* (40), *Mare* (40), *Il carnevale di Venezia* (40), *Il sogno di tutti* (41), *Pia de' Tolomei* (41), *La famiglia Brambilla in vacanza* (41), *Orizzonte dipinto* (41), *I sette peccati* (41), *L'angelo del crepuscolo* (42), *Dente per dente* (42), *Canal grande* (42 also co-d), *Dagli Appennini alle Ande* (43), *Gian Burrasca* (43), *Il paese senza pace* (43 also co-d/co-w), *Finalmente sì* (43), *La moglie in castigo* (44), *L'angelo del miracolo* (44), *Un fatto di cronaca* (44), *La buona fortuna* (44), *Trent'anni di servizio* (45), *I dieci comandamenti* (45 started in 43), *Il vedovo allegro* (49), *Cuori senza frontiere* (49), *Arrivano i nostri* (51), *Ho scelto l'amore* (53), *Figaro, barbiere di Siviglia* (55), *Carlo Goldoni veneziano* (57 short narrator).

334. Basehart, Richard. U.S. actor. b. Aug. 31, 1914, Zanesville, Ohio. d. Sept. 17, 1984, Los Angeles. Married Valentina Cortese in 1951. *La mano dello straniero* (53), *Avanzi di galera* (54), *La strada* (54), *Il bidone* (55), *Le avventure di Cartouche* (55), *La vena d'oro* (55), *Jovanka e le altre* (59).

335. Basile, Salvo. Actor. AKA: Salvatore Basile. *C'era una volta il west* (68), *L'ultimo mercenario* (68), *Seduto alla sua destra* (68), *Ultimo mondo cannibale* (76).

336. Bassani, Giorgio. Writer. *I vinti* (52 co-w), *La rabbia* (63 doc co-spoke commentary), *Gli occhiali d'oro* (87 novel).

337. Bassi, Parsifal. Director. *Match nullo* (20 co-d), *Povera piccola* (20), *La porta del mondo* (21), *Nel mondo degli agguati* (21), *Un ospite pericoloso* (21), *Anadiomene* (22), *Un colpo di scena* (22), *Il cardinale Lambertini* (34), *Gioco d'azzardo* (41).

338. Bassoli, Renato. Producer. b. Oct. 4, 1899, Roma. *Carmen fra i rossi* (39), *L'assedio dell'Alcazar* (40), *Bengasi* (42), *L'apocalisse* (47), *Cielo sulla palude* (49), *Tre storie proibite* (52).

339. Battaglia, Gian Lorenzo. Director of photography. AKA: Lawrence Barbey, Lawrence Bannon, Lorenzo Battaglia, Lawrence Mercury. *Baila guapa* (79), *Favoriti e vincenti* (83), *La casa con la scala nel buio* (83), *L'Italia viva* (83), *Dimensione violenza* (84), *Le due...bocche di Marina* (84), *Marina pin pon* (84), *Swoosie* (84), *Wendee, la chiave del piacere* (84), *Zerbal* (84), *Bernarda, la dottoressa delle ninfomani* (85), *Demoni* (85), *7 Hyde Park—la casa maledetta* (85), *Morirai a mezzanotte* (86), *The Barbarians & Co.* (87 U.S.), *Maramao* (87), *Willy signori e vengo da lontano* (90).

340. Battaglia, Rik. Actor. b. Corbola, 1927. RN: Riccardo Battaglia. *La donna del fiume* (54), *La risaia* (55), *Orlando e i paladini di Francia* (56), *La Gerusalemme liberata* (57), *I fidanzati della morte* (57), *Liana, la schiava bianca* (58), *Ragazze brivido* (58), *Nudi come Dio li creò* (58), *Adorabili e bugiarde* (58), *Raw Wind in Eden* (58 U.S.), *I battellieri del Volga* (58), *Annibale* (59), *Ester e il re* (60), *Teseo contro il Minotauro* (60), *La giornata balorda* (60), *Il bell'Antonio* (60), *Don't Bother to Knock* (61 U.K.), *Giulio Cesare: il conquistatore delle gallie* (62), *Sodoma e Gomorra* (62), *Una regina per Cesare* (62), *La Battaglia di Fort Apache* (64), *L'avventuriero della Tortuga* (64), *I pirati della Malesia* (64), *Il leone di san Marco* (64), *Amanti d'oltretomba* (65), *Winnetou III* (65), *Freddy und das Lied der Prairie* (65 Germany), *Der Schatz der Azteken* (65 Germany), *Winnetou und sein freund Old Firehand* (66 Germany), *Das Vermachtnis des Inka* (66), *Fruits amers* (67 France), *Feuer frei auf Frankie* (67 Germany), *Winnetou und Shatterhand im Tal der Toden* (68 Germany), *Radhapura—Endstation der Verdammten* (68 Germany), *I lunghi giorni dell'odio* (68), *Blackjack* (68), *Per 50.000 maledetti dollari* (68), *L'oro dei bravados* (71), *Ehi, amico...sei morto* (71), *Giù la testa* (71), *Treasure Island* (71 U.K.), *Addio fratello crudele* (72), *Zanna Bianca* (72), *La lunga cavalcata della vendetta* (72), *L'isola misteriosa e il capitano Nemo* (73), *Il lupo dei mari* (73), *E poi non rimase nessuno* (74), *Un genio, due compari, un pollo* (75), *La fine dell'innocenza* (76), *Il mondo dei sensi di Amy Wong* (77), *Mannaja* (77), *Le deportate della sezione speciale SS* (78), *Lo scugnizzo* (78), *Napoli...la camorra sfida, la città risponde* (79), *I contrabbandieri di Santa Lucia* (79), *La tua vita per mio figlio* (80).

341. Battelli, Ivo. Art director/set designer. b. March 12, 1904, São Paolo, Brazil. *Montevergine* (39), *Il sogno di Butterfly* (39 art dir/co-sets), *Manon Lescaut* (40), *La reggia sul fiume* (40), *Il prigioniero di Santa Cruz* (40), *Oro nero* (41), *La battaglia* (42), *Fra' Diavolo* (42), *La danza del fuoco* (42), *Lascia cantare il cuore* (43), *Sciuscià* (46), *Vivere in pace* (47), *Anni difficili* (47), *Cuore* (48), *La pattuglia dell'Amba Alagi* (53), *Accade tra le sbarre* (55).

342. Batti, Jeannette. French actress. b. Sept. 6, 1925, Marseille. RN: Henriette Géout. *Parigi è sempre Parigi* (51).

343. Battiferri, Fernanda. Actress. b. Sept. 4, 1896, Roma. *Tresa* (15), *Il naufragatore* (15), *Ciceruacchio* (15), *Spine e lacrime* (15), *Il re della notte* (19), *Da Roma al Niagara* (19), *Miss Lily, pardon!* (19), *Notti rosse* (19), *Senza nome* (19), *Te lo dirò domani* (20).

344. Battista, Giorgio. Director of photography. *Charleston* (77 co-ph), *Miracoloni* (81), *Il tango della gelosia* (81), *Bomber* (82), *Vai avanti tu, che mi vien da ridere* (82), *La foca* (82), *Dance music* (83), *Il diavolo e l'acquasanta* (83), *Vai alla grande* (83), *Domani mi sposo* (84), *Giochi d'estate* (84), *Scemo di guerra* (85).

345. Battista, Lloyd. Writer. *Blindman* (71), *Straniero di silenzio* (75), *Get Mean* (76), *Comin' at Ya!* (81 co-w).

346. Battistella, Antonio. Actor. *Saffo, venere di Lesbo* (60), *Il ladro di Bagdad* (60), *Parigi o cara* (63), *La rosa rossa* (73).

347. Battisti, Carlo. Professor of glottology at the University of Firenze. b. Oct. 10, 1882, Trento. He played the title role in *Umberto D* (51), but did not film again.

348. Battistrada, Lucio M. Co-writer. *Una bella grinta* (65), *Requiescant* (67), *Uno straniero a Paso Bravo* (68), *Il delitto Matteotti* (73), *Ragazzo di borgata* (76), *Un dramma borghese* (79), *La giacca verde* (79), *E noi non faremo harakiri* (81), *Morte in Vaticano* (82).

349. Bautista, Aurora. Spanish actress. b. Oct. 15, 1925, Villanueva de los Infantes. *Il marito* (57).

350. Bava, Lamberto. Director. b. 1944. AKA: John Olds, Jr. Son of Mario Bava. *Terrore nello spazio* (65 asst. dir), *Operazione Paura* (66 asst d), *Diabolik* (67 asst d), *Al 33 di via Orologio fa sempre freddo* (77 asst d/co-w), *Inferno* (80 asst d), *Macabro* (80), *Sotto gli occhi dell'assassino* (82 asst d), *La casa con la scala nel buio* (83 also e), *Shark—rosso nell'oceano* (84), *Demoni* (85), *Demoni II—l'incubo ritorna* (86), *Morirai a mezzanotte* (86), *Delirio* (86), *Demoni III* (87), *Le foto di Gioia* (87), *Per sempre, fino alla morte* (88).

351. Bava, Mario. Director. b. July 31, 1914, San Remo. d. 1980. AKA: John Olds, John M. Old, John Foam, Mickey Lion. Started as cinematographer. *Camicia nera* (33 camera), *Il tacchino prepotente* (39 short ph), *Ecco la felicità!* (40 co-ph), *La compagnia della teppa* (41 ph), *Uomini sul fondo* (41 semi-doc co-ph), *L'orecchio* (42 doc also ph), *Sant'Elena piccola isola* (42 ph), *Uomini e cieli* (43 doc ph), *L'avventura di Annabella* (43 ph), *Il barbiere di Siviglia* (46 co-ph), *Elisir d'amore* (46 ph), *Follie per l'opera* (47 ph), *Antonio da Padova* (49 ph), *Miss Italia* (49 ph), *Quel bandito sono io!* (50 ph), *Vita da cani* (50 ph), *Canzone di primavera* (50 ph), *È arrivato il cavaliere* (50 ph), *Amor non ho! Però...però* (51 ph), *La famiglia Passaguai* (51 ph), *Guardie e ladri* (51 ph), *La famiglia Passaguai fa fortuna* (51 ph), *Gli eroi della domenica* (52 ph), *Una croce senza nome* (52 co-ph), *Papà diventa mamma* (52 ph), *Perdonami!* (52 ph), *Il viale della speranza* (53 ph), *Villa Borghese* (53 ph), *Terza liceo* (53 ph), *Balocchi e profumi* (54 ph), *Cose da pazzi* (54 ph), *Graziella* (54 ph), *Le avventure di Giacomo Casanova* (54 ph), *Hanno rubato un tram* (55 ph), *Buonanotte, avvocato!* (55 ph), *La donna più bella del mondo* (55 ph), *Non c'è amore più grande* (55 ph), *Mio figlio Nerone* (56 ph), *Orlando e i paladini di Francia* (56 ph), *Città di notte* (56 ph), *Le fatiche di Ercole* (57 ph), *I vampiri* (57 ph), *La morte viene dallo spazio* (58 ph), *Ercole e la regina di Lidia* (58 ph), *Agi Murad—il diavolo bianco* (59 ph), *La Battaglia diMaratona* (59 co-d/ph), *Caltiki, il mostro immortale* (59 co-d), *Ester e il re* (60 ph), *La maschera del demonio* (60 also co-ph/co-w), *Gli invasori* (61 also co-ph/co-w), *Ercole al centro della terra* (61 also ph/co-w), *Seddok, l'erede di Satana* (61 p), *Le meraviglie di Aladino* (62 2nd unit d), *La ragazza che sapeva troppo* (63 also ph/co-w), *I tre volti della paura* (63 also co-w/*), *La frusta e il corpo* (63), *Sei donne per l'assassino* (64 also co-w), *La strada per Fort Alamo* (65), *Terrore nello spazio* (65 also co-w), *Operazione Paura* (66 also co-w), *Nebraska il pistolero* (66 co-d), *Le spie vengono dal semifreddo* (66), *I coltelli del vendicatore* (66 also co-w), *Diabolik* (67 also co- w), *Le avventure di Ulisse* (68 co-d), *Il rosso segno della follia* (69 also ph/co-w), *Roy Colt e Winchester Jack* (69), *Cinque bambole per la luna d'agosto* (70), *Antefatto* (71 also ph/co-w), *Gli orrori del castello di Norimberga* (72), *Quante volte ...quella notte* (73), *La casa dell'exorcismo* (73), *Il diavolo e il morto* (74), *Mosè* (76 fx), *Baby Kong* (77), *Al 33 di via Orologio fa sempre freddo* (77), *La venere dell'Ille* (79), *Inferno* (80 fx).

352. Baxter, Anne. U.S. actress. b. May 7, 1923, Michigan City, Ind. d. Dec. 16, 1985, N.Y.C. *Donne alla frontiera* (67), *Hitchcock, il brivido del genio* (85 doc appeared as herself).

353. Bay, Maria. Actress. *L'adultera* (11), *Firulì apache* (11), *Firulì domestica* (11), *Firulì ha perso la balia* (11), *Il sogno di Firulì* (11), *Firulì dottore* (12), *Notturno di Chopin* (13), *La statuetta di Nelly* (13), *Firulì e l'uomo di neve* (14).

Bay, Sara *see* **Neri, Rosalba**

354. Bayma-Riva, Mary. Actress. *Un acquazzone in montagna* (13), *Florette e Patapon* (13), *Anima perversa* (13), *Rose fatali* (14), *Sonnambulismo* (14), *La principessa Nadina* (15), *Al confine* (15), *Addio amore!* (16), *Castigo* (17), *Astrid* (17), *I misteri di Parigi* (17), *Il pastor fido* (18), *Francesca da Rimini* (21), *Giovanna d'Arco* (21), *La ragnatela* (22).

355. Bazzichelli, Giacomo. Director of photography. *Il canto dell'agonia* (16), *Freccia d'oro* (16), *I novanta giorni* (16), *Le memorie di un ladro* (16), *Le nove stelle* (17), *Oltre i confini dell'anima* (17), *La storia dei tre* (17), *Mala Pasqua* (19), *Vautrin* (19), *Il castello di bronzo* (20), *Il re* *della forza* (20), *Tromp-la-Mort* (20), *Il pugno del gigante* (21), *Il colosso vendicatore* (21), *L'uomo della foresta* (21), *Il cavaliere della lieta figura* (22), *Sfida alla morte* (22), *La leoparda ferita* (22), *Santarellina* (23 co-ph), *Grand Hotel Paradis* (24), *Senza padre* (26).

356. Bazzocchi, Loris. Actor. *Giuseppe venduto dai fratelli* (60), *Uno scacco tutto matto* (68), *La morte non ha sesso* (68), *Favoriti e vincenti* (83).

357. Beacham, Stephanie. U.K. actress. b. Aug. 23, 1947, Casablanca, Morocco. *Servizio di scorta* (73).

358. Beals, Jennifer. U.S. actress. b. Dec. 19, 1963, Chicago, Ill. Came to fame in *Flashdance*. *La partita* (91), *Dr. M* (91).

359. Bean, Orson. U.S. actor. b. 1928. *Lola* (70).

360. Beatty, Robert. Canadian actor. b. 1909. d. March 6, 1992, London. *L'amante di Paride* (54), *Gesù di Nazaret* (77 TV).

Beaver, Lee *see* **Lizzani, Carlo**

361. Bécaud, Gilbert. French singer. b. 1927. Appeared in *Casinò de Paris* (57), *Le tentazioni quotidiane* (62).

362. Becce, Giuseppe. Composer. b. Dec. 3, 1881, Padova. Mostly in Germany. *I condottieri* (36), *La cena delle beffe* (41).

363. Becci, Franco. Actor. b. Dec. 1, 188, Roma. d. Nov. 5, 1951, Roma. *L'amore di Loredana* (19), *Il cardinale Lambertini* (34), *Il diario di una stella* (39), *Le signorine della villa accanto* (41), *Sant'Elena piccola isola* (42), *Vento d'Africa* (48).

364. Bechi, Gino. Opera singer. b. Oct. 16, 1913, Firenze. Appeared in several films. *Fuga a due voci* (42), *Pronto, chi parla?* (45), *Torna a Sorrento* (45), *Amanti in fuga* (46), *Il segreto di don Giovanni* (47), *Follie per l'opera* (47), *Arrivederci, papà* (48), *Una voce nel tuo cuore* (49), *Signorinella* (49), *Soho Conspiracy* (51 U.K.), *Aida* (53), *Canzoni a due voci* (53), *Sinfonia d'amore* (54), *La Traviata* (67).

365. Beck, Pierre-Michel. French actor. b. Feb., 1938, St.-Germain-en-Laye. *L'età dell'amore* (53).

366. Becker, Jacques. French director. b. Sept. 15, 1906, Paris. d. Feb. 21, 1960, Paris. Father of Jean Becker. *Alì Babà e i 40 ladroni* (54), *Le avventure di Arsenio Lupin* (57 also co-w), *Montparnasse* (58 also co-w), *Il buco* (60 also co-w).

367. Becker, Jean. French director. b. 1933, Paris. *Scappamento aperto* (64 also co-w), *Un avventuriero a Tahiti* (66 also co-w).

368. Bedi, Kabir. Indian actor. b. 1945. Played the title role in the 6-part 1976 French—Italian TV series *Sandokan,* based on the novels of Emilio Salgari. Has made several international films, and his Italian motion pictures include: *Il corsaro nero* (76), *Il suo nome è Sandokan* (76), *La tigre è ancora viva: Sandokan alla riscossa* (77).

Bedogni, Odette *see* **Scala, Delia**

369. Bedos, Guy. French actor. b. 1934. *Confetti al pepe* (63).

370. Beebe, Bruce. Australian actor. b. 1921. Long in U.K. *Barabba* (61).

371. Beghi, Luisella. Actress. b. Nov. 19, 1922, Parma. *Grandi magazzini* (39), *Piccolo hotel* (39), *Melodie eterne* (40), *La gerla di papà Martin* (40), *La sonnambula* (41), *Il sogno di tutti* (41), *Turbamento* (42), *Via delle cinque lune* (42), *Quartieri alti* (43), *La moglie in castigo* (44), *Inquietudine* (46), *Angelo tra la folla* (50), *La bella di Roma* (55).

372. Behm, Marc. French writer. *Una su tredici* (69 co-w), *Nanà* (82).

373. Behn-Grund, Friedl. German director of photography. b. Aug. 26, 1906, Bad Polzin, Pomerania. *Passaporto per l'Oriente* (51).

374. Bel Geddes, Barbara. U.S. actress. b. Oct. 31, 1922, N.Y.C. RN: Barbara Geddes Lewis. *Jovanka e le altre* (59).

375. Bell, Ann. U.K. actress. b. April 29, 1939, Wallasey, Cheshire. *La statua* (70).

376. Bell, Marie. French actress. b. Dec. 23, 1900, Begles. RN: Marie-Jeanne Bellon-Downey. A resistance fighter during the war. *La pappa reale* (63), *Vaghe stelle dell'Orsa* (65).

377. Belli, Agostina. Actress. b. 1948. *Banditi a Milano* (68), *Il terribile ispettore* (69), *Cran d'arrêt* (69 France), *Angeli senza paradiso* (70), *Ivanna* (70), *La notte dei diavoli* (71), *Una giornata nera per l'Ariete* (70), *Un tipo con una faccia strana* (72), *Baciami le mani* (72), *Ma, che musica, maestro* (72), *Mimì metallurgico ferito nell'onore* (72), *Bluebeard* (72 Hungary), *All'onorevole piacciono le* *donne* (72), *Quando l'amore è sensualità* (73), *L'ultima neve di primavera* (73), *Revolver* (73), *La sepolta viva* (73), *Milano odia: la polizia non può sparare* (74), *La governante* (74), *La coppia dispari* (74), *Giocare col fuoco* (74), *Il piatto piange* (74), *Il lumacone* (74), *Profumo di donna* (74), *Conviene far bene l'amore* (75), *Due cuori e una cappella* (75), *Virilità* (76), *Il genio* (76), *I telefoni bianchi* (76), *Le Grand Escogriffe* (76 France), *Holocaust 2000* (77), *San Babila ore 20: un delitto inutile* (77), *Un Taxi mauve* (77 France), *Cara sposa* (78), *Doppio delitto* (78), *Enfantasme* (78), *Manaos* (79 Spain), *La città delle donne* (80), *Una strana passione* (84), *Soldati—365 all'alba* (87).

378. Belli, Marisa. Actress. b. 1932, Roma. *Gelosia* (53), *Il processo dei veleni* (55), *La capinera del mulino* (56), *Serenata a Maria* (57), *Ercole al centro della terra* (61), *Questa specie d'amore* (72), *La voce* (82).

379. Bellincioni, Gemma. Soprano opera singer. b. Aug. 17, 1864, on a ship near Istanbul, Turkey. d. April 24, 1950, Roccabelvedere. AKA: Gemma Bellincioni Stagno. Acted in and directed a number of movies. *Suor Teresa* (16 *), *Cavalleria rusticana* (16 *), *La baronessa Daria, la leggenda dei tre fiori* (18 co-d / *), *Vita traviata* (18 d / *), *Donna Lisa* (18 d / *), *Fiamme avvolgenti* (18 *), *Follia e misteri* (18 d / *), *Il prezzo della felicità* (18 d / *), *Giovanna I d'Angiò, regina di Napoli* (19 *), *Satanica* (19 d / *), *Liane spezzate* (20 *), *Tatiana* (21 d / *), *La belle dame sans merci* (21 d / *), *La principessa d'azzurro* (21 d / *), *Mirtil* (21 d / *).

380. Bellini, Carlo. Actor. *I sette dell'Orsa maggiore* (53), *La grande speranza* (53).

381. Bellocchio, Marco. Director. b. Nov. 9, 1939, Piacenza. Graduated from the Centro Sperimentale in 1962. Also studied in London. *La colpa e la pena* (61 short), *Abbasso lo zio* (62 short), *Ginepro fatto l'uomo* (62 short), *Pugni in tasca* (65 also w), *Francesco d'Assisi* (66 TV *), *La Cina è vicina* (67 also co-w), *Amore e rabbia* (67 the episode "Discutiamo, discutiamo" also co- w / *), *Paola* (68 doc co-d / co-w / co-p / co-e), *Viva il primo maggio rosso* (70 doc co-d / co-w / co-p / co-d), *In nome del padre* (71 also w), *Sbatti il mostro in prima pagina* (72 co-d / co-w), *Nessuno o tutti—matti da slegare* (73 doc co-d / co-w), *Salò, o le 120 giornate* (75 *), *Marcia trionfale* (76 also co-w), *Les Yeux fertiles* (77 France), *Il gabbiano* (77 also co-adapted), *Salto nel vuoto* (80 also co-w), *Vacanze in Val Trebbia* (80 doc also w / appeared as himself), *Gli occhi, la bocca* (81 also co-w), *Il diavolo in corpo* (81 also co-w), *La macchina cinema* (81 doc co-d), *Enrico IV* (83 also co-w), *La visione del sabba* (88 also co-w), *La condanna* (91 also co-w).

382. Belmondo, Jean-Paul. French actor. b. April 9, 1933, Neuilly-sur-Seine. *Leda* (59), *Asfalto che scotta* (60), *Lettere di una novizia* (60), *La viaccia* (61), *La Ciociara* (61), *Mare matto* (62), *I dongiovanni della Costa Azzurra* (62), *Confetti al pepe* (63), *Il giorno più corto* (63), *Lo sciacallo* (63), *Buccia di banana* (64), *Weekend a Zuydecoote* (64), *Scappamento aperto* (64), *Un avventuriero a Tahiti* (66), *Ho!* (68), *Gli scassinatori* (71), *Stavisky* (74).

383. Belmont, Charles. French actor. b. 1936, Courbevoie. Became a director in the 1970s. *Le quattro giornate di Napoli* (62).

384. Belmont, Virginia. U.S. actress. b. 1923, N.Y. In films since 1945; in Italy since 1948. *I pirati di Capri* (48), *Il bacio di una morta* (49), *I peggiori anni della nostra vita* (49), *Licenza premio* (51), *Nessuno ha tradito* (52), *Bellezze in motoscooter* (52), *Cuore di spia* (53), *Il grande addio* (53), *Ho pianto per te* (55).

Belty, Frank *see* **Vicario, Marco**

385. Belushi, James. U.S. actor. b. June 15, 1954, Chicago, Ill. AKA: Jim Belushi. Brother of John Belushi. *Dimenticare Palermo* (90).

386. Beluzzi, Maria Antonietta. Actress. *8½* (63), *Amarcord* (73), *L'erotomane* (75), *Dedicato a una stella* (77), *L'inquilina del piano di sopra* (77).

387. Benassi, Memo. Actor. b. June 21, 1886, Sorbolo. d. Feb. 24, 1957, Bologna. *Notte di tempesta* (16), *Mimì e gli straccioni* (16), *La vecchia signora* (32), *Il trattato scomparso* (33), *Il caso Haller* (33), *La signora Paradiso* (34), *La signora di tutti* (34), *Scipione l'Africano* (37), *Stasera alle undici* (37), *La principessa Tarakanova* (38), *Inventiamo l'amore* (38), *La conquista dell'aria* (39), *Orizzonte dipinto* (41), *Il figlio del corsaro rosso* (41), *La cena delle* *beffe* (41), *Rossini* (41), *Il vagabondo* (41), *Le due orfanelle* (42), *Fedora* (42), *Quarta pagina* (42), *Dente per dente* (42), *I due Foscari* (42), *Il paese senza pace* (43), *Peccatori* (44), *Trent'anni di servizio* (45), *Il tiranno di Padova* (46), *La taverna della libertà* (50), *Messalina* (51), *Adriana Lecouvreur* (55).

388. Bencivenga, Edoardo. Director. b. Napoli. *L'uomo dalla testa dura* (08), *I cavalieri della morte* (10), *Maria Bricca* (10), *Il barone di Lagarde* (10), *La figlia di Jorio* (11), *L'innocente* (11 co-d), *Il fischio della sirena* (12), *Il segreto di Pulcinella* (13), *L'epopea napoleonica* (14 co-d), *La Dubarry* (14), *Fata Morgana* (14), *Guerra redentrice* (15), *L'onore di morire* (15), *Cuore ed arte* (15), *La figlia di Jorio* (16), *Il ridicolo* (16), *Il nemico occulto* (16), *Ferréol* (16), *Don Giovanni* (16), *Il medaglione* (16), *Pazzia vendicatrice* (16), *La fiammata* (16), *L'anello di Pierrot* (17), *Le due orfanelle* (17), *La baronessa Daria, la leggenda dei tre fiori* (18 co-d), *La piovra* (18 co-d), *Mariute* (18), *Il processo Clemenceau* (18 co-d), *L'assassinio della Paris—Lyon—Méditerranée* (18), *Fiamme avvolgenti* (18), *L'invidia* (19 co-d), *La lussuria* (19), *L'ira* (19 co-d), *L'onore della famiglia* (19), *L'orgoglio* (19), *Il cieco* (19), *Sullivan* (19), *La colpa vendica la colpa* (19), *La morte civile* (19), *La donna dai capelli d'oro* (20), *Il figlio di Coralie* (20), *La follia del giuoco* (20), *Il marito perduto* (20), *Hermione* (21), *Il dubbio* (21), *La moglie di Sua Eccellenza* (21).

389. Bene, Carmelo. Director/ writer/producer/actor. *Edipo re* (67 *), *Lo scatenato* (67 *), *Nostra Signora dei turchi* (68 also novel/wrote music selection), *Capricci* (69 d/*), *Avventure ed amori di don Giovanni* (70), *Salomè* (72), *Un Amleto di meno* (74 co-d/w/art d/ composer/*).

390. Benelli, Sem. Writer. b. Aug. 10, 1877, Filettole. d. Dec. 18, 1949, Zoagli. *La gorgona* (14), *Le rose del martirio* (18 original story), *Le figlie del mare* (18 original story), *L'arzigogolo* (24), *La cena delle beffe* (41), *La gorgona* (42).

391. Benetti, Adriana. Actress. *Teresa Venerdì* (41), *Avanti, c'è posto* (42), *Quattro passi fra le nuvole* (42), *Tempesta sul golfo* (43), *Quartieri alti* (43), *O sole mio* (45), *Furia* (46), *Tombolo, paradiso nero* (47), *Manù, il contrabbandiere* (47), *Gli ultimi giorni di Pompei* (48), *47, morto che parla* (50), *Le diciottenni* (55).

392. Benetti, Carlo. Actor. b. July 4, 1885, Firenze. d. June 4, 1949, Roma. *Passa una donna* (13), *Triste impegno* (14), *Un divorzio* (14), *Nelly la gigolette* (14), *Lacrime* (14), *Un grido nella notte* (14), *In cerca di un marito per mia moglie* (15), *Assunta spina* (15), *A San Francisco* (15), *La signora dalle camelie* (15), *In vecchie membra pizzicor d'amore* (15), *Odette* (16), *Fedora* (16), *Noemi* (19), *Baraonda* (19), *La casa di vetro* (20), *Il viaggio* (21), *L'inafferabile* (22), *Maremma* (23), *Kiff Tebbi* (27), *La vena d'oro* (28), *La locandiera* (28).

393. Benetti, Olga. Actress. b. Ceprano. Wife of Carlo Benetti. *Passa una donna* (13), *La finestra illuminata* (13), *La madre* (13), *Gespay* (14), *Le memorie sacre* (14), *Per la pace sua* (14), *Triste impegno* (14), *Un divorzio* (14), *Nelly la gigolette* (14), *Lacrime* (14), *Un grido nella notte* (14), *Otto milioni di dollari* (15), *In vecchie membra pizzicor d'amore* (15), *Fedora* (16), *Ferréol* (16), *La cieca di Sorrento* (16), *Andreina* (17), *Tosca* (18), *La Gerusalemme liberata* (18), *Frou Frou* (18), *Noemi* (19), *Baraonda* (19), *L'inafferabile* (22).

394. Beneyton, Yves. French actor. *Mio Mao* (69), *Guardami nuda* (70), *In nome del padre* (71), *Il mostro* (77), *La caduta degli angeli ribelli* (81), *D'amore si muore* (72).

395. Benfer, Friedrich. German actor. b. Aug. 28, 1905, Napoli, Italy. *La signora di tutti* (34), *Lucrezia Borgia* (40), *Mamma* (41), *Oro nero* (41), *Turbine* (41), *Confessione* (41).

396. Benguell, Norma. Brazilian actress. AKA: Norma Bengell. *Il mafioso* (62), *Il mito* (63), *Una bella grinta* (65), *Terrore nello spazio* (65), *I crudeli* (67), *Io non perdono. . . uccido* (68).

397. Benigni, Roberto. Actor. Best known as a comedian. *Letti selvaggi* (78), *Clair de femme* (79), *La luna* (79), *I giorni cantati* (79), *Chiedo asilo* (79), *Il minestrone* (81), *Il pap'occhio* (81), *F Fiss, cioè "che mi hai portato a fare sopra a Posillipo se non mi vuoi più bene"* (83), *Tu mi turbi* (83 also d/co-w), *Lieto fine* (83), *Non ci resta che piangere* (84 also co-w), *Coffee and Cigarettes* (86 short also co-w), *Down By Law* (86 U.S.), *Tuttobenigni* (86 doc as himself), *Il piccolo diavolo* (88 also d/co-w), *La voce della luna* (90).

398. Bennati, Giuseppe. Director. b. Jan. 4, 1921, Pitigliano. In the postwar period he directed about 40 documentaries, among which are: *L'ultimo falconiere*; *A caccia insieme*; *Piccole ali*; *L'amico fedele*; *Corallo*; *Acquario*; *Sulle nevi di Cortina*; *Levrieri da corsa*; *Pompei*; *La roccaforte del sangallo*; *Danze spagnole*; *Galleria del sorriso*; *Marmi di Carrara*; *Vita delle Alpi*; *Il nemico invisibile*. He later directed the following feature films: *Il microfono è vostro* (51), *Musoduro* (53 also co-w), *Operazione Notte* (55 also co-w/co-story), *Non scherzare con le donne* (56 also co-w/story), *L'amico del giaguaro* (58), *La mina* (58), *Labbra rosse* (60 also co-w), *Congo vivo* (62).

399. Bennett, Hywel. Welsh actor. b. April 8, 1944, Garnant. *Il marito è mio e l'ammazzo quando mi pare* (68).

400. Bennett, Joan. U.S. actress. b. Feb. 27, 1910, Palisades, N.J. d. Dec. 7, 1990, Scarsdale, N.Y. *Suspiria* (77).

401. Bennett, John. U.K. actor. b. 1928, Beckenham, Kent. *Gli ultimi dieci giorni di Hitler* (72).

402. Benson, Martin. U.K. actor. b. 1918, London. *Il covo dei gangsters* (51), *Cinque ore in contanti* (60), *Gesù di Nazaret* (77 TV).

Benson, Richard *see* **Heusch, Paolo**

Benson, Steven *see* **D'Amato, Joe**

403. Benti, Galeazzo. Actor. b. Aug. 6, 1923. RN: Galeazzo Bentivoglio. *Gian Burrasca* (43), *La freccia nel fianco* (43), *L'imperatore di Capri* (49), *Sette ore di guai* (51), *Altri tempi* (51), *Parigi è sempre Parigi* (51), *Totò a colori* (52), *Canzoni di mezzo secolo* (52), *Canzoni, canzoni, canzoni* (53), *Scampolo 53* (53), *Papà pacifico* (54), *Carovana di canzoni* (54), *Angela* (54), *Carosello napoletano* (54), *Il commissario Lo Gatto* (87), *Venezia rosso sangue* (89), *Nel giardino delle rose* (90).

404. Bento, Serge. French actor. *I sette peccati capitali* (62).

405. Benussi, Femi. Yugoslav actress. b. 1948. RN: Eufemia Benussi. AKA: Femi Martin. Based in Italy. *Il boia scarlatto* (65), *Requiem per un gringo* (66), *Uccellacci e uccellini* (66), *Tre pistole contro Cesare* (66), *Un brivido sulla pelle* (66), *Omicidio per appuntamento* (67), *Il tempo degli avvoltoi* (67), *A suon di lupara* (67), *Nato per uccidere* (67), *Radhapura—Endstation der Verdammten* (68 Germany), *The Biggest Bundle of Them All* (68 U.S.), *El Zorro el volpe* (68 Spain), *Frau Wirtin hat auch einen Grafen* (68 Germany), *Blonde Köder für den Mörder* (68 Germany), *Vacanze sulla Costa Smeralda* (68), *L'uomo venuto per uccidere* (68), *Le calde notti di Poppea* (69), *Samoa, regina della giungla* (69), *Tarzana, sesso selvaggio* (69), *Quintana* (69), *Il rosso segno della follia* (69), *Se t'incontro, t'ammazzo* (70), *La belva* (70), *Rivelazioni di un maniaco sessuale al capo della squadra mobile* (71), *Homo eroticus* (71), *Questa libertà di avere...le ali bagnate* (71), *Che fanno i nostri superman tra le vergini della giungla?* (71), *Un apprezzato professionista di sicuro avvenire* (72), *Le calde notti del Decamerone* (72), *I giochi proibiti dell'Aretino Pietro* (72), *Il prode Anselmo e il suo scudiero* (72), *L'ultimo Decamerone* (72), *Finalmente le mille e una notte* (72), *Canterbury proibito* (72), *Poppea, prostituta al servizio dell'impero* (72), *La "mala" ordina* (72), *Paolo il caldo* (73), *La ragazza di via Condotti* (73), *Leva il diavolo tuo dal convento* (73), *Quando l'amore è sensualità* (73), *Il tuo piacere è il mio* (73), *Il figlioccio del padrino* (73), *Adolescenze pervertite* (73), *Ingrid sulla strada* (73), *Carnalità* (74), *C'est plus facile de garder la bouche ouverte* (74 France), *Bruna Formosa cerca superdotato* (74), *A pugni nudi (per triste esperienza in un carcere minorile)* (74), *L'infedele nuda* (74), *Là, dove non batte il sole* (73), *Il domestico* (74), *La sanguisuga conduce la danza* (75), *Lezioni private* (75), *I sette magnifici cornuti* (75), *Il giustiziere sfida la città* (75), *Le impiegate stradali* (76), *I peccatori di provincia* (76), *Professoressa di lingue* (76), *La cameriera nera* (76), *Un toro da monta* (76), *La moglie di mio padre* (76), *Campagnola bella* (76), *I sette del gruppo selvaggio* (77), *Cara dolce nipote* (77), *Malabestia* (78), *Torino centrale del vizio* (77).

406. Benvenuti, Leo. Co-writer. b. Sept. 8, 1923, Firenze. Wrote mostly with Piero De Bernardi. *Come persi la guerra* (47), *L'eroe della strada* (48), *Come scopersi l'America* (49), *Capitan Demonio* (49), *Il monello della strada* (50), *Il bivio* (50), *Napoleone* (51), *A fil di spada* (52), *La* *fiammata* (52), *Addio mia bella signora* (53), *Giuseppe Verdi* (53), *Cento anni d'amore* (53), *Gli uomini, che mascalzoni!* (53), *Il seduttore* (54), *Sinfonia d'amore* (54), *Le ragazze di San Frediano* (54), *Amici per la pelle* (55), *Destinazione Piovarolo* (55), *Don Camillo e l'onorevole Peppone* (55), *Figaro, barbiere di Siviglia* (55), *Altair* (56), *Non scherzare con le donne* (56), *Noi siamo le colonne* (56), *Guendalina* (57), *L'uomo di paglia* (58), *Arrangiatevi* (59), *La ragazza con la valigia* (60), *La donna è una cosa meravigliosa* (64), *Frenesia d'estate* (64), *Controsesso* (65 the episode "Cocaina di domenica"), *I complessi* (65 the episode "Il complesso della schiava nubiana"), *Una questione d'onore* (65), *Il compagno don Camillo* (65), *Incompreso* (67), *Italian Secret Service* (67), *Serafino* (68), *Joe. . .cercati un posto per morire* (68 also co-story), *Contestazione generale* (70), *Le castagne sono buone* (71), *Per grazia ricevuta* (71), *In amore per ogni gaudenzia ci vuole sofferenza* (71), *Permette signora che ami vostra figlia* (74), *Sistemo l'America e torno* (74), *Finchè c'è guerra, c'è speranza* (74), *Fantozzi* (75), *Amici miei* (75), *Signore e signori, buonanotte* (76), *Quelle strane occasioni* (76), *La stanza del vescovo* (76), *Un sacco bello* (80), *La locandiera* (80), *Bianco rosso e Verdone* (80), *Il marchese del grillo* (81), *Fracchia, la belva umana* (81), *Fantozzi subisce ancora* (83), *C'era una volta l'America* (83), *Bertoldo, Bertoldino e Cacasenno* (83), *I due carabinieri* (85), *I picari* (86), *Noi uomini duri* (87), *Superfantozzi* (87), *Io e mia sorella* (88), *Il volpone* (88), *Lo zio indegno* (89), *Il bambino e il poliziotto* (90), *Volevo i pantaloni* (90), *Fantozzi colpisce ancora* (91), *Stasera a casa di Alice* (91).

407. Berber, Adi. Actor. *Ben-Hur* (59), *FBI contro il dott. Mabuse* (61).

408. Bercholz, Joseph. French producer. b. Jan. 4, 1898, Russia. *Eliana e gli uomini* (56 co-p).

409. Bercovici, Leonardo. Director. *Tormento d'amore* (56 co-d), *Storia di una donna* (69).

410. Berellini, Bruno. Actor. b. July 5, 1925, Roanne, France. *Achtung, banditi!* (51), *Ai margini della metropoli* (52), *Cronache di poveri amanti* (53).

411. Berenger, Tom. U.S. actor. b. May 31, 1950, Chicago, Ill. *Oltre la porta* (82).

412. Berenson, Marisa. U.S. actress. b. Feb. 15, 1946, N.Y.C. *Morte a Venezia* (70), *Un modo di essere donna* (73), *Casanova e compagnia* (76), *Agguato sul fondo* (78), *Monte Napoleone* (87).

Berg, Kathryn *see* **Maggi, Rina**

413. Bergé, Francine. French actress. *L'uomo in nero* (63), *Il piacere e l'amore* (64).

414. Bergen, Candice. U.S. actress. b. May 8, 1946, Beverly Hills, Calif. *Il giorno dei lunghi fucili* (71), *La fine del mondo nel nostro solito letto in una notte piena di pioggia* (77).

415. Berger, Debra. U.S. actress. *Velluto nero* (76), *Quel maledetto treno blindato* (77), *Emanuelle a Bangkok* (77), *Nanà* (82).

416. Berger, Helmut. Austrian actor. b. May 29, 1944, Salzburg. RN: Helmut Steinberger. Based in Italy. *Le streghe* (66 the episode "Strega bruciata viva"), *I giovani tigri* (68), *La caduta degli dei* (68), *Sai cosa faceva Stalin alle donne?* (69), *Il dio chiamato Dorian* (70), *Il giardino dei Finzi-Contini* (71), *Una farfalla con le ali insanguinate* (71), *Un Beau Monstre* (71 France), *La colonna infame* (73), *Ash Wednesday* (73 U.K.), *Les Voraces* (73 France), *Reigen* (73 Germany), *Ludwig* (73), *La testa del serpente* (74), *The Romantic Englishwoman* (74 U.K.), *Gruppo di famiglia in un interno* (74), *Salon Kitty* (76), *Victory at Entebbe* (76 U.S. TV), *La belva con il mitra* (77), *Il grande attacco* (77), *L'alba dei falsi dei* (77), *Le rose di Danzica* (79), *Eroina* (80), *Mia moglie è una strega* (80)

417. Berger, Nicole. French actress. b. June 12, 1934, Paris. d. 1967, in a car crash. *Colui che deve morire* (57), *La ragazza del peccato* (57), *La legge del vizio* (58), *Pelle d'oca* (63).

418. Berger, Senta. Austrian actress. b. 1941, Vienna. *O sole mio* (60), *Kali-Yug, la dea della vendetta* (63), *Il mistero del tempio indiano* (63), *Operazione San Gennaro* (66), *Il papavero è anche un fiore* (66), *Infanzia, vocazione e prime esperienze di Giacomo Casanova veneziano* (69), *Un'anguilla da trecento milioni* (69), *Cuori solitari* (69), *Quando le donne avevano la coda* (70), *Roma bene* (71), *L'amante dell'Orsa maggiore* (72), *Mamma dolce,* *mamma cara* (72), *Quando le donne persero la coda* (71), *Causa di divorzio* (72), *Amore e ginnastica* (73), *Bisturi, la mafia bianca* (73), *Di mamma non c'è n'è una sola* (73), *Ludwig* (73), *L'uomo senza memoria* (74), *La bellissima estate* (74), *Il ventre nero della signora* (75), *La padrona* (75), *La guardia del corpo* (75), *Signore e signori, buonanotte* (76), *Una donna di seconda mano* (77), *Sentimenti e passioni* (78), *Ritratto di borghesia in nero* (78), *La giacca verde* (79), *L'ultima mazurka* (86).

419. Berger, William. Austrian actor. b. Jan. 20, 1928. Went to Columbia University, N.Y., U.S.A. Based in Italy. *La notte del desperado* (65), *La lama nel corpo* (66), *El Cisco* (66), *The Day the Fish Came Out* (67 U.S.), *Faccia a faccia* (67), *L'harem* (67), *L'uomo dai cinque palloncini* (68), *Oggi a me, domani a te* (68), *Sommersprossen* (68 Germany), *Col mamzer melech* (68 Israel), *Se incontri Sartana prega per la tua morte* (68), *Ehi, amico, c'è Sabata...hai chiuso* (69), *Agosto 68* (69 doc d/p/w/story), *Una lunga fila di croci* (69), *Il suo nome gridava vendetta* (69), *La colomba non deve volare* (69), *Cinque bambole per la luna d'agosto* (70), *Sartana nella valle degli avvoltoi* (70), *Gli fumavano le colt...lo chiamavano Camposanto* (71), *Arriva! I Crow* (72), *Una colt in mano al diavolo* (72), *Mio caro assassino* (72), *Lo chiamavano Requiescant Fasthand* (72), *Io, monaca, tre bastardi e sette peccatrici* (72), *Uomini duri...altrimenti vi ammuchiamo* (73), *Kung fu nel pazzo west* (73), *Verflucht dies Amerika* (73 Germany), *Il figlio di Zorro* (73), *Keoma* (75), *Lo chiamavano California* (76), *I telefoni bianchi* (76), *Terminal* (76 France), *Il colpaccio* (76), *Mogliamante* (76), *L'Agnese va a morire* (77), *Oil* (77), *Morire a Roma* (78), *Il giustiziere di Dio* (78), *Io donna, tu donna* (78), *Porco mondo* (79), *Il giorno del cobra* (80), *Bosco d'amore* (81), *La vela incantata* (82), *Il dominatore del ferro* (82), *Il momento dell'avventura* (83), *Le avventure dell'incredibile Ercole* (83), *Un caso di incoscienza* (84), *Le avventure dell'incredibile Ercole II* (84), *Shark—rosso nell'oceano* (84), *Tex e il signore degli abissi* (85) *Interno berlinese* (85), *Il ritorno di Django* (87), *Control* (87), *Maya* (88 Spain), *Blu elettrico* (88), *Dial: Help* (89), *Dr. M* (91).

420. Bergerac, Jacques. French actor. b. May 26, 1927, Biarritz. Long in U.S.A. *L'ira di Achille* (61), *L'isola di Arturo* (62).

421. Bergman, Ingrid. Swedish actress. b. Aug. 29, 1915, Stockholm. d. Aug. 29, 1982, London, England. There was a (much overblown) scandal over her relationship with Roberto Rossellini in the 1950s. *Stromboli, terra di Dio* (50), *Europa 51* (52), *Siamo donne* (53), *Viaggio in Italia* (53), *La paura* (54), *Giovanna d'Arco al rogo* (54), *Eliana e gli uomini* (56), *Le piace Brahms?* (61), *La vendetta della signora* (64), *Nina* (76).

422. Bergman, Vera. German actress. b. Feb. 16, 1920, Berlin. Daughter of Dutch ambassador Karl Van Bergmann. *Manovre d'amore* (39), *Maddalena, zero in condotta* (40), *Notte di fortuna* (41), *La bocca sulla strada* (41), *Barbablù* (41), *Mas* (41), *La fabbrica dell'imprevisto* (42), *Il campione* (42), *Non canto più* (43), *Tre ragazze cercano marito* (43), *Teheran* (47), *L'apocalisse* (47), *Fuga nella tempesta* (47), *Il fabbro del convento* (48), *Legge di sangue* (48), *Canzoni per le strade* (49), *L'ultima gara* (54 made in 49).

423. Bergner, Elisabeth. Austrian actress. b. Aug. 22, 1900, Vienna. d. May 12, 1986, London, England. RN: Elisabeth Ettel. *Michele Strogoff* (70).

424. Bergonzelli, Sergio. Director. *Erode il grande* (59 asst d), *Gli avventurieri ai tropici* (60), *Jim il primo* (64 also co-w), *Uno straniero a Sacramento* (64 also w), *El Cisco* (66 also co-w), *Una colt in pugno al diavolo* (67 also w), *Le dieci meraviglie dell'amore* (69), *Nelle pieghe della carne* (71), *Su le mani, cadavere! Sei agli arresti* (71 co-w), *Cristiana, monaca, indemoniata* (73), *Il compromesso erotico* (76), *La sposina* (77), *Porco mondo* (79), *Corri, come il vento, Kiko* (83).

425. Berkoff, Steven. U.K. actor. b. 1937, London. *Professione: reporter* (75).

Berlanga, Luís García *see* **García**

426. Bernal, Francisco. Actor. *Calabuig* (56), *Goliath contro i giganti* (60).

427. Bernard, Alex. French actor. b. 1882, Paris. RN: Alexander Bernard. *Mammina* (11), *I rintocchi dell'ave maria* (11), *I segreti dell'anima* (12), *Isolati dal mondo* (12), *Un vero amico* (12), *Il gioiello della regina* (13), *Disperato abbandono* (13),

Tigris (13), *Addio, giovinezza!* (13), *Cabiria* (14), *Madame Tallien* (15), *Cirano di Bergerac* (22), *Jolly, clown da circo* (23), *Treno di piacere* (23), *Maciste contro lo sceicco* (25), *Il carnevale di Venezia* (27), *Il vetturale del Moncenisio* (28), *La compagnia dei matti* (28).

428. Bernardi, Nerio. Actor. b. July 23, 1899, Bologna. *Il gorgo fascinatore* (19), *L'eredità di Caino* (19), *Il filo di Arianna* (20), *La modella* (20), *Teresa Confalonieri* (34), *Arma bianca* (36), *Il corsaro nero* (36), *Antonio Meucci, il mago di Clifton* (40), *Abbandono* (40), *Lucrezia Borgia* (40), *La regina di Navarra* (41), *Le vie del cuore* (42), *Mater dolorosa* (42), *Sempre più difficile* (42), *Inviati speciali* (43), *La certosa di Parma* (47), *La Traviata* (47), *Cuore* (48), *La bellezza del diavolo* (50), *La portatrice di pane* (50), *Peppino e Violetta* (51), *Enrico Caruso, leggenda di una voce* (51), *Fanfan la tùlipe* (51), *Spartaco* (52), *Il viale della speranza* (53), *Teodora, imperatrice di Bisanzio* (53), *Teresa Raquin* (54), *La bella Otero* (54), *Nanà* (55), *I battellieri del Volga* (58), *Liana, la schiava bianca* (58), *La lunga notte del 43* (60), *La donna dei faraoni* (60), *Le baccanti* (60), *L'ultimo zar* (60), *Teseo contro il minotauro* (60), *La guerra di Troia* (61), *Una regina per Cesare* (62), *Giulio Cesare: il conquistatore delle gallie* (62), *Brenno, il nemico di Roma* (63), *Ercole contro Moloch* (63), *Il leone di Tebe* (64), *Se tutte le donne del mondo* (66).

429. Bernhardt, Curtis. German director. b. April 15, 1899, Worms. d. 1981. Long in Hollywood. *Il tiranno di Siracusa* (61 co-d).

430. Berni, Mara. Actress. b. 1934, Brunate. *La tratta delle bianche* (52), *Fermi tutti, arrivo io!* (53), *Amore in città* (53), *La spiaggia* (53), *Il seduttore* (54), *Accade al commissariato* (54), *Buonanotte, avvocato!* (55), *Accade al penitenziario* (55), *Il mondo sarà nostro* (55), *Non scherzare con le donne* (56), *La donna che amo* (57), *La grande ombra* (58), *Il terribile Teodoro* (58), *Il vigile* (60), *La furia di Ercole* (61), *Sansone* (61), *Totò, Peppino e...la dolce vita* (61), *Le ore dell'amore* (63).

431. Bernstein, Walter. U.S. writer. b. Aug. 20, 1919, Brooklyn, N.Y. *Olympia* (60), *Il treno* (64 co-w).

432. Bérová, Olinka. Czech actress. b. 1946. Married Brad Harris. *Lucrezia Borgia, l'amante del diavolo* (68), *Le calde notti di Poppea* (69).

433. Berry, Jules. French actor. b. Feb. 9, 1883, Poitiers. d. April 20, 1951, Paris. RN: Jules Paufichet. *L'amore e il diavolo* (42), *T'amerò sempre* (43), *Tristi amori* (43).

Berry, Julian *see* **Gastaldi, Ernesto**

434. Berscia, Leandro. Director of photography. *Camillo avvelenato suo malgrado* (14), *Camillo uccisoro dei leoni* (14), *Extra-dry* (14), *Fiori d'amore...fiori di morte* (14), *Guerra in tempo di pace* (14), *I mariti allegri* (14), *Pagine sparse* (14), *Lo scrigno dei milioni* (14), *Il signor Camillo, cacciatore d'orsi* (14), *Il signor Camillo in fasce* (14), *L'armatura di Carlomagno* (15), *Armiamoci e...partite!* (15), *Astuzia di donna* (15), *La mano nera* (15), *Mia nipote...Clementina* (15), *Non fumo e ...sento odor di fumo* (15), *Per essere più libero* (15), *Il cadavere scomparso* (16), *La figlia della tempesta* (16), *Voluttà di morte* (16), *Ironie della vita* (17), *La leggenda di Costamala* (17), *Maternità* (17), *Pecorella smarrita* (17), *Il romanzo di Fabienne* (17), *L'uomo papagallo* (17), *La nave fantasma* (17), *Supremo olocausto* (18), *L'altalena della vita* (19), *Il cuore di Musette* (19), *S.A. l'amore* (19), *S.M. il danaro* (19), *Il birichino di Trieste* (20), *Coscienza* (20), *Il delitto del commendatore* (21).

435. Berthier, Jacques. French actor. b. Feb. 10, 1916, Paris. AKA: Jack Berthier. *Rasputin* (54), *Tam Tam Mayumbe* (55), *Anno 79—distruzione ercolano* (62), *Il vecchio testamento* (63), *Colorado Charlie* (65), *Uno sceriffo tutto d'oro* (66).

436. Bertheau, Julien. French actor. b. 1910, Algeria. *La ragazza del peccato* (57), *Madame Sans-gêne* (61), *Il fascino discreto della borghesia* (72).

437. Berthomieu, André. French director. b. Feb. 16, 1903, Rouen. d. 1960. *La signora di Montecarlo* (38 co-d).

438. Berti, Aldo. Actor. AKA: Stanley Kent. *Il trionfo dei dieci gladiatori* (64), *Uno straniero a Sacramento* (64), *Un angelo per Satana* (66), *Ramòn il messicano* (66), *Django, cacciatore di taglie* (66), *Vaya con Dios, gringo* (66), *Un dollaro tra i denti* (67), *Perchè uccidi ancora?* (67), *Nato per uccidere* (67), *El desperado* (67), *C'era una volta il west* (68), *Sartana nella valle degli* *avvoltoi* (70), *La taglia è tua, l'uomo l'ammazzo io, El Puro* (70), *Ehi, amico...sei morto* (71), *Il mio nome è Mallory..."M" come morte* (71), *Lo ammazzo come un cane...ma lui rideva ancora* (72).

439. Berti, Marina. Actress. b. Sept. 29, 1928, London, England. RN: Elena Maureen Bertolini. AKA: Maureen Melrose. Many years in Hollywood. *Giacomo l'idealista* (42), *La storia di una capinera* (43), *La donna della montagna* (43), *La porta del cielo* (45), *Il testimone* (45), *Notte di tempesta* (46), *Preludio d'amore* (46), *Il grido della terra* (48), *Prince of Foxes* (49 U.S.), *Il cielo è rosso* (49), *Il deportato* (51), *Quo Vadis?* (51 U.S.), *Up Front* (51 U.S.), *Il capitano nero* (51), *Amore rosso* (51), *Carne inquieta* (52), *La regina di Saba* (52), *La colpa di una madre* (52), *Ai margini della metropoli* (52), *Febbre di vivere* (53), *Operazione Mitra* (55 made in 51), *Faccia da mascalzone* (55), *Maria Antonietta, regina di Francia* (55), *Abdullah's Harem* (56 U.S.), *Il cavaliere dalla spada nera* (56), *Ben-Hur* (59), *Il tiranno di Siracusa* (61), *Madame Sans-gêne* (61), *Jessica* (62), *Lo spadaccino di Siena* (62), *A Face in the Rain* (62 U.S.), *Cleopatra* (63 U.S.), *Made in Italy* (65), *Qualcuno ha tradito* (67), *L'odio è il mio dio* (67), *Temptation* (68), *Un uomo un cavallo una pistola* (68), *If It's Tuesday This Must be Belgium* (69 U.S.), *Tre nel mille* (70), *La califfa* (71), *Buona parte di Paolina* (73), *Pianeta Venere* (73), *La polizia chiede aiuto* (74), *L'ultimo treno della notte* (75), *La divina creatura* (75), *Garofano rosso* (75), *Don Milani* (76), *Mosè* (76), *Gesù di Nazaret* (77 TV), *Una spirale di nebbia* (77), *L'ultima mazurka* (86).

440. Bertin, Pierre. French actor. b. Oct. 24, 1894, Lille. RN: Pierre Dupont. *Il padrone sono me* (55).

441. Bertini, Francesca. Actress. b. April 11, 1888, Firenze. d. 1985. RN: Elena Seracini Vitiello. Possibly Italy's first cinematic sex symbol. *La dea del mare* (04), *Il trovatore* (09), *Re Lear* (10), *L'Ernani* (10), *Lucrezia Borgia* (10), *Folchetto di Narbonne* (10), *La morte civile* (11), *Pia de' Tolomei* (11), *Francesca da Rimini* (11), *Giulietta e Romeo* (11), *Il ritratto dell'amata* (11), *Tristano e Isotta* (11), *La contessa di Challant* (11), *Manon Lescaut* (11), *Il mercante di Venezia* (11), *La rosa di Tebe* (12), *La suonatrice ambulante* (12), *Il papagallo della zia Berta* (12), *Lagrime e sorrisi* (12), *Idillio tragico* (12), *La gloria* (13), *Salomè* (13), *La maestrina* (13), *Tramonto* (13), *L'arma dei vigliacchi* (13), *In faccia al destino* (13), *Terra promessa* (13), *L'avvoltoio nero* (13), *L'anima del demi-monde* (13), *La bufera* (13), *L'arrivista* (13), *L'ultima carta* (13), *La cricca dorata* (13), *Idolo infranto* (13), *La vigilia di Natale* (13), *Per la sua gioia* (13), *L'histoire d'un pierrot* (13), *La madre* (13), *L'onestà che uccide* (14), *L'amazzone mascherata* (14), *La canzone di Werner* (14), *La principessa straniera* (14), *Sangue bleu* (14), *Una donna!* (14), *Rose e spine* (14), *Per il blasone* (14), *Nelly la gigolette* (14), *Una buona lezione* (14), *Il veleno della parola* (14), *La signora dalle camelie* (15), *Assunta spina* 15), *Il capestro degli Asburgo* (15), *Diana l'affascinatrice* (15), *Nella fornace* (15), *Yvonne, la bella della "danse brutale"* (16), *La fiammata* (16), *L'alba* (16), *Don Pietro Caruso* (16), *Odette* (16), *Vittima dell'ideale* (16), *Il patto* (16), *Destino* (16), *L'educanda monella* (16), *Nel gorgo della vita* (16), *La perla del cinema* (16), *Eroismo d'amore* (16), *Baby l'indiavolata* (16), *Fedora* (16), *La piccola fonte* (17), *Malia* (17), *Anima redenta* (17), *Andreina* (17), *Tosca* (18), *Il processo Clemenceau* (18), *La piovra* (18), *Spiritismo* (18), *Eugenia Grandet* (18), *Mariute* (18), *La donna nuda* (18), *Frou Frou* (18), *Anima allegra* (19), *L'orgoglio* (19), *L'avarizia* (19), *La gola* (19), *L'accidia* (19), *La lussuria* (19), *L'invidia* (19), *Beatrice* (19), *Serpe* (19), *La contessa Sara* (19), *Lisa Fleuron* (19), *Oltre la legge* (19), *L'ombra* (19), *La principessa Giorgio* (19), *Il conquistatore del mondo* (19), *La sfinge* (20), *Saracinesca* (20), *Anima selvaggia* (20), *Maddalena Ferrat* (20), *Amore di donna* (20), *La blessure* (20), *Ultimo sogno* (20), *Tristano e Isolde* (20), *Giulietta e Romeo* (20), *Amore vince sempre* (20), *Resurrezione* (21), *Consuelita* (21), *La donna, il diavolo, il tempo* (21), *La fanciulla d'Amalfi* (21), *Fama* (21), *Marion* (21), *La giovinezza del diavolo* (21), *Montecarlo* (28), *Tu m'appartiens* (28 France), *La Possession* (29 France), *La donna di una notte* (30), *Odette* (34), *Déchéance* (34 France), *Dora o le spie* (43), *A sud niente di nuovo* (57), *1900* (76), *L'ultima diva: Francesca Bertini* (83 doc as herself).

442. Bertolucci, Bernardo. Director. b. March 16, 1940, Parma. *Accattone* (61 asst d), *La comare secca* (62 also w), *Prima della rivoluzione* (64 also co-w), *Le vie del petrolio* (65 three-part doc), *Il canale* (66 doc), *Ballata di un miliardo* (66 co-w), *Amore e rabbia* (67 the episode "Il fico infruttuoso" d/w), *Partner* (68 also co-w), *C'era una volta il west* (68 wrote an early draft that was not finally used), *La strategia del ragno* (69 also co-w), *Il conformista* (70), *I poveri muoiono prima* (71 doc), *Ultimo tango a Parigi* (72 also co-w), *1900* (76 also co-w), *Il cinema secondo Bertolucci* (77 doc appeared as himself), *La luna* (79 also co-w), *Tragedia di un uomo ridicolo* (81), *Sconcerto Rock* (82 doc p), *Io con te non ci sto più* (83 p), *L'ultimo imperatore* (87 also co-w), *Il tè nel deserto* (90 also co-w).

443. Bertolucci, Giuseppe. Director. Brother of Bernardo Bertolucci. *Il cinema secondo Bertolucci* (77 doc also w/e/appeared as himself), *Così come sei* (78 p), *La luna* (79 co-w), *Oggetti smarriti* (79 also w), *Berlinguer ti voglio bene* (79), *Tu mi turbi* (83 co-w), *La chiave* (83 p), *Non ci resta che piangere* (84 co-w), *Segreti segreti* (85 also co-w), *Tuttobenigni* (86 doc also w), *Strana la vita* (88 also co-w), *I cammelli* (88 also co-w), *Zen—zona espansione nord* (88 p), *La cintura* (89 p), *Amori in corso* (89 also co-w).

444. Bertone, Alfredo. Actor. b. Napoli. d. March 1927, Liège, Belgium, while still a young man. *La torre dei vampiri* (13), *Amor di regina* (13), *Michele Perrin* (13), *La legione della morte* (14), *Sul limite del Nirvana* (15), *La maschera folle* (15), *Il gorgo fascinatore* (19), *Satanica* (19), *Cosmopolis* (19), *La casa in rovina* (19), *Germana* (19), *L'onore della famiglia* (19), *La complice muta* (20), *La principessa misteriosa* (20), *Una mummia, una donna e un diplomatico* (20), *Tre milioni di dote* (20), *Don Carlos* (21), *La peccatrice senza peccato* (22), *La seconda moglie* (23), *Pane altrui* (23).

445. Bertoni, Alberto-Francis. Director. b. Roma. Worked mostly in Germany and France. *I topi grigi* (17 *), *L'officina del grigione* (20), *Il club degli impiccati* (20).

446. Bertoya, Paul. Canadian actor. b. 1938. *Il gattopardo* (63).

447. Bertramo, Calisto. Actor. b. Aug. 28, 1875, Torino. d. Sept. 30, 1941, Viareggio. *Messalina* (23), *Paradiso* (32), *Il cardinale Lambertini* (34), *La cieca di Sorrento* (34), *Un colpo di vento* (36), *L'albero di Adamo* (37), *Trenta secondi d'amore* (37), *I due barbieri* (37), *Allegri masnadieri* (37), *Sono stato io!* (37), *La sposa dei re* (38), *Io, suo padre* (38), *Animali pazzi* (39), *Carmen fra i rossi* (39), *Scandalo per bene* (39), *Una romantica avventura* (40), *Una famiglia impossibile* (40), *Il re d'Inghilterra non paga* (41), *Il pozzo dei miracoli* (41).

448. Bertucelli, Jean-Luís. French director/writer. b. June 3, 1942, Paris, of Italian origin. *Il deserto dei tartari* (76 co-w).

449. Besnard, Nicole. French actress. *La bellezza del diavolo* (50).

450. Besozzi, Angelo. Producer. b. March 6, 1891, Torino. *Tempo massimo* (34), *Teresa Confalonieri* (34), *Amo te sola* (35 co-p), *La gondola delle chimere* (35 co-p), *Cavalleria* (36 co-p), *La contessa di Parma* (37), *Nina non far la stupida* (37), *La mazurka di papà* (38), *Addio, giovinezza!* (41 co-p), *La signorina* (42), *L'amico delle donne* (42), *Il cappello da prete* (43), *Cenerentola* (48).

451. Besozzi, Nino. Actor. b. Feb. 6, 1901, Milano. *La segretaria per tutti* (32), *Paradiso* (32), *T'amerò sempre* (33), *Non son gelosa* (33), *Non c'è bisogno di denaro* (33), *Il presidente della Ba. ce. cre. mi.* (34), *Come le foglie* (34), *Frutto acerbo* (34), *Kiki* (34), *Il serpente a sonagli* (35), *Vivere!* (36), *Trenti secondi d'amore* (37), *Nina non far la stupida* (37), *Eravamo sette sorelle* (38), *Duetto vagabondo* (39), *Mille chilometri al minuto* (40), *La danza dei milioni* (40), *Rossini* (41), *Barbablù* (41), *La maestrina* (42), *La maschera e il volto* (42), *La signorina* (42), *Abbasso la miseria* (45), *L'ultimo amante* (55), *Destinazione Piovarolo* (55), *La fortuna di essere donna* (55), *Accade al penitenziario* (55), *Porta un bacione a Firenze* (55), *Vacanze ad Ischia* (57), *Classe di ferro* (57).

452. Beswick, Martine. U.K. actress. b. 1941. *Quien sabe?* (66), *John il bastardo* (67), *Ultimo tango a Zagarol* (72).

453. Betrone, Annibale. Actor. b. Dec. 9, 1883, Torino. d. Dec. 11, 1950, Roma. *Tigrana* (16), *L'orizzontale* (19), *L'arzigogolo* (24), *Villafranca* (33), *Il grande silenzio* (35), *Se quell'idiota ci pensasse* (39), *Piccolo alpino* (40), *Piccolo mondo antico* (40), *Teresa Venerdì* (41), *La fuggitiva* (41), *L'ultimo addio* (41),

Giarabub (42), *Fedora* (42), *La gorgona* (42), *La maestrina* (42), *La principessa del sogno* (42), *Quarta pagina* (42), *Acque di primavera* (42), *Luisa Sanfelice* (42), *Mater dolorosa* (42), *La morte civile* (42), *Noi vivi* (42), *Quelli della montagna* (43), *La porta del cielo* (45), *Uno tra la folla* (46), *Patto col diavolo* (49), *Duello senza onore* (49).

454. Betti, Fiorella. Actress. b. Roma. *Capitan Fracassa* (40), *Il campione* (42), *La bella addormentata* (42), *Sperduti nel buio* (47), *Undici uomini e un pallone* (48), *Incantesimo tragico* (51), *Disonorata* (54).

455. Betti, Laura. Actress. b. 1934. *Labbra rosse* (60), *Era notte a Roma* (59), *La dolce vita* (60), *RoGoPaG* (62 the episode "La ricotta"), *Il mondo di notte n. 3* (63), *Capriccio all'italiana* (66), *Le streghe* (66), *Fermate il mondo . . . voglio scendere* (67), *Teorema* (68), *Il rosso segno della follia* (69), *Pauline s'en va* (70 France), *Sledge* (70), *In nome del padre* (71), *Antefatto* (71), *I racconti di Canterbury* (71), *La banda J & S—cronaca criminale del west* (73), *Sbatti il mostro in prima pagina* (72), *Ultimo tango a Parigi* (72), *La sepolta viva* (73), *Ritorno* (73), *La cugina* (74), *Fatti di gente perbene* (74), *Allonsanfan* (74), *Milano odia: la polizia non può sparare* (74), *La Femme aux boîtes rouges* (75 France), *Quanto è bello lu murire acciso* (76), *1900* (76), *Vizi privati pubbliche virtù* (76), *Il cinema secondo Bertolucci* (77 doc as herself), *Il gabbiano* (77), *La gang del parigino* (77), *The Word* (78 U.S. TV), *Viaggio con Anita* (79), *Il piccolo Archimede* (79), *La notte di Varennes* (82), *Ars amandi—l'arte di amare* (83), *Mamma Ebe* (85), *Tutta colpa del paradiso* (86), *Noyade interdite* (87 France), *I cammelli* (88), *Dames galantes* (90 France).

456. Betti, Ugo. Writer. b. Feb. 4, 1892, Camerino. d. June 9, 1953, Roma. *In campagna è caduta una stella* (39 co-w), *Orizzonte dipinto* (41), *Bengasi* (42), *Un pilota ritorna* (42 co-w), *Inferno giallo* (42), *Quarta pagina* (42), *Luisa Sanfelice* (42), *I nostri sogni* (43), *Un giorno nella vita* (46), *L'adultera* (46), *La polizia incrimina: la legge assolve* (73 based on his 1949 play "Corruzione al palazzo di giustizia"), *Corruzione al palazzo di giustizia* (74 based on his novel).

457. Bettoia, Franca. Actress. AKA: Franca Bettoja. *L'uomo di paglia* (58), *Orazi e Curiazi* (61), *L'ultimo uomo della terra* (64), *Riusciranno i nostri eroi a ritrovare l'amico misteriosamente scomparso in Africa?* (68), *Non toccate la donna bianca* (74).

Betts, Jack *see* **Powers, Hunt**

458. Bevilacqua, Alberto. Director/writer. Also known as a novelist. *Seddok, l'erede di Satana* (61 co-w), *I tre volti della paura* (63 co-w), *La califfa* (71 also novel), *Questa specie d'amore* (72), *Attenti al buffone!* (75), *Il grande respiro* (79), *Le rose di Danzica* (79), *Bosco d'amore* (81), *La donna delle meraviglie* (85 also novel).

459. Beymer, Richard. U.S. actor. b. Feb. 21, 1939, Avoca, Ia. RN: George Richard Beymer. *Stazione Termini* (53).

Bianchi, Adelchi *see* **Bianchi, Mario**

460. Bianchi, Andrea. Director. AKA: Andrew Bianchi. *L'isola del tesoro* (73), *Nude per l'assassino* (76), *Eviolenti* (76), *La moglie di mio padre* (76), *Cara dolce nipote* (77), *Le notti del terrore* (79), *Giochi carnali* (80), *Altri desideri particolari* (83).

461. Bianchi, Daniela. Actress. b. 1942. *La ragazza del peccato* (57), *Una domenica d'estate* (61), *La spada del Cid* (62), *From Russia with Love* (63 U.K.), *Slalom* (65), *L'ombrellone* (66), *Spie contro il mondo* (66), *Baleari: operazione Oro* (66), *Troppo per vivere . . . poco per morire* (66), *O.K. Connery* (67), *Zarabanda bing . . . bing* (67), *Dalle Ardenne all'inferno* (68), *Scacco internazionale* (68), *Missione speciale Lady Chaplin* (68).

462. Bianchi, Eleanora. Actress. *Ulisse contro Ercole* (61), *Maciste, l'eroe più grande del mondo* (63), *Maciste nelle miniere del re Salomone* (64), *Il terzo occhio* (65), *Il tesoro della Foresta Pietrificata* (65), *100.000 dollari per Ringo* (66).

463. Bianchi, Giorgio. Director. b. Feb. 18, 1904, Roma. Was Palermi's assistant director for years. *Porto* (28 *), *La Scala* (31 *), *La maestrina* (42), *Finalmente sì* (43 asst. dir), *Una piccola moglie* (43), *Il mondo vuole così* (45), *La resa di Titì* (45), *Cronaca nera* (46), *Fatalità* (47), *Che tempi!* (47), *Una lettera all'alba* (48), *Vent'anni* (49), *Cuori sul mare* (49), *Amor non ho! Però . . . però* (51), *Bellezze a Capri* (51 co-d), *Il caimano del Piave* (51), *Porca miseria* (51), *La nemica* (52), *Scampolo 53* (53), *Via*

Padova, 46 (53), *Graziella* (54), *L'ombra* (54), *Buonanotte, avvocato!* (55), *Accade al penitenziario* (55), *Non c'è amore più grande* (55), *Io piaccio* (55), *Il conte Max* (57), *Gli zitelloni* (58), *Vite perdute* (58 co-d/co-w), *La nipote Sabella* (58), *Brevi amori a Palma di Maiorca* (59), *Il moralista* (59), *Uomini e nobiluomini* (59), *Femmine di lusso* (60), *Chiamate 22–22 tenente Sheridan* (60), *Le olimpiadi dei mariti* (60), *Gli attendenti* (61), *Totò e Peppino divisi a Berlino* (62).

464. Bianchi, Mario. Director. AKA: Alan W. Cools, Robert Moore, Frank Bronston, Renzo Spaziani, Adelchi Bianchi. *Il Winchester che non perdona* (68 also co-w), *Shango, la pistola infallibile* (69 asst. dir), *Au nom du père, du fils et du colt* (72 France co-d), *Lo chiamavano Requiescant Fasthand* (72), *Hai sbagliato, dovete uccidermi subito!* (72), *Più forte sorelle* (73), *L'infermiera di mio padre* (76), *La cameriera nera* (76), *Provincia violenta* (79), *La dottoressa di campagna* (80), *Pierino aiutante messo comunale... praticamente spione* (81), *Chiamate: 6969 taxi per signora* (81), *La bimba di Satana* (82), *Biancaneve e C.* (82), *Una storia ambigua* (86).

Bianchi, Paolo *see* **Bianchini, Paolo**

465. Bianchi, Regina. Actress. *Le quattro giornate di Napoli* (62), *Una storia milanese* (62), *I giorni contati* (62), *Temptation* (68), *Gesù di Nazaret* (77 TV), *Kaos* (83).

Bianchi Montero, Roberto *see* **Montero**

466. Bianchi, Vittorio. Writer/actor. b. Dec. 23, 1865, Arezzano. *Freccia d'oro* (16 *), *Ferréol* (16 *), *Le due orfanelle* (17 *), *Spiritismo* (18 w), *La lussuria* (19 story), *La principessa Giorgio* (19 w), *La contessa Sara* (19 *), *Maddalena Ferrat* (20 w), *Rubacuori* (31 w), *Napoli d'altri tempi* (37 w), *La mazurka di papà* (38 w), *Le due madri* (38 w).

467. Bianchini, Paolo. Director. AKA: Paul Maxwell, Paolo Bianchi. *Il gioco delle spie* (66), *Superargo e i giganti senza volto* (67), *Quel caldo maledetto giorno di fuoco* (68 also co-w), *Dio li crea, io li ammazzo* (68), *Lo voglio morto* (68), *Hypnos* (69), *Ehi, amico...sei morto* (71 also co-w), *Superandy, il fratello brutto di Superman* (79).

468. Biancini, Ferruccio. Producer. b. Aug. 18, 1890, Pompanesco. d. March, 1955, Roma. Former actor. *Garibaldi e i suoi tempi* (25 *), *Gli ultimi giorni di Pompei* (26 *), *Una notte con te* (32 co-d), *Cercasi modella* (33), *Lisetta* (34), *Campo di maggio* (35), *I due misantropi* (36), *Il signor Max* (37), *Partire* (38), *Antonio Meucci, il mago di Clifton* (40), *Maddalena, zero in condotta* (40), *Il matrimonio segreto* (43 unfinished), *La figlia del mendicante* (50), *I sette nani alla riscossa* (51).

469. Bianco, Solly. Producer. AKA: Solly V. Bianco. *Buffalo Bill, l'eroe del far west* (64 co-d/co-p), *Crepa tu...che vivo io* (67), *Città violenta* (70 assoc p).

470. Bianco, Tranquillo. Actor. b. Torino. d. June, 1926, Torino. *Un acquazzone in montagna* (13), *L'abete fulminato* (14), *Altri tempi* (15), *Armiamoci e...partite!* (15), *Le memorie del diavolo* (15), *Come Tranquillo entrò in società* (15), *Tranquillo volontario per amore della patria* (15), *Gelosia* (15), *Più forte della verità* (15), *Somiglianza funesta* (16), *Il vetturale del Moncenisio* (16), *La contessina Chimera* (19), *I borghesi di Pontarcy* (20), *La modella di Tiziano* (21), *Un simpatico mascalzone* (21), *Beatrice Cenci* (26).

471. Biancoli, Oreste. Writer. b. Feb. 20, 1897, Bologna. Has also directed. *La segretaria privata* (31), *L'ultima avventura* (32), *Cercasi modella* (33), *Sette giorni cento lire* (33), *Paprika* (34), *Cavalleria* (36), *Nozze vagabonde* (36 the first ever 3-D film in sound), *Stasera alle undici* (37 d/co-w), *La mazurka di papà* (38 d/co-w), *Amicizia* (38 d/co-w), *Frenesia* (39), *L'eredità in corso* (39 also d), *Piccolo alpino* (40 co-d/co-w), *La gerla di papà Martin* (40), *Il sogno di tutti* (41 also co-d), *Il chiromante* (41 also d), *Il vagabondo* (41 d/co-w), *Giarabub* (42 co-w), *Noi vivi* (42), *Addio Kira!* (42), *Ladri di biciclette* (48), *La fiamma che non si spegne* (49), *Yvonne la nuit* (49), *Domani è troppo tardi* (50), *La cintura di castità* (50), *Domani è un altro giorno* (50), *Altri tempi* (51 the episode "Il carrettino dei libri vecchi" co-w), *Canzoni di mezzo secolo* (52), *Don Camillo* (52), *Art. 519, codice penale* (52), *Penne nere* (52 also co-d), *Canzoni, canzoni, canzoni* (53), *La grande speranza* (53), *Gli ultimi cinque minuti* (55), *Altair* (56), *Domenica è sempre domenica* (58 co-w), *Morte di un amico* (59 co-w), *Giuseppe venduto dai fratelli* (60 co-w), *Maciste nella Valle dei Re* (60 co-w), *Maciste alla corte del Gran Khan* (61 co-w), *Maciste nella terra dei ciclopi* (61).

472. Bideau, Jean-Luc. Swiss actor. b. 1940. *Ultimo tango a Parigi* (72).

473. Bier, Fred. U.S. actor. *Le maledette pistole di Dallas* (64).

474. Bignamini, Nino. Actor. *Il portiere di notte* (73), *Tutto a posto e niente in ordine* (74), *Non si scrive sui muri a Milano* (75), *Marcia trionfale* (76), *Ragazzo di borgata* (76), *Il corpo della ragassa* (80).

475. Bilancia, Oreste. Actor. b. Sept. 24, 1881, Catania. d. Oct. 31, 1945, Roma. *Romanticismo* (14), *La scintilla* (15), *Lucciola* (16), *Maschiaccio* (17), *Il siluramento dell'Oceania* (17), *Il trono e la seggiola* (18), *Femina* (18), *Addio, giovinezza!* (18), *La signorina dell'altro mondo* (18), *Il matrimonio di Olimpia* (18), *Hedda Gabler* (19), *La casa di vetro* (20), *Addio, Musetto* (20), *Il fango e le stelle* (20), *La chiromante* (21), *Amore rosso* (21), *La statua di carne* (21), *La rosa di Fortunio* (21), *Il sogno d'amore* (22), *L'inafferabile* (22), *Il controllore dei vagoni letto* (22), *L'incognita* (22), *Il povero fornaretto di Venezia* (23), *Le sorprese del divorzio* (23), *Maciste e il nipote d'America* (23), *La piccola parrocchia* (23), *Treno di piacere* (23), *L'arzigogolo* (24), *La taverna verde* (24), *Largo alle donne!* (24), *Caporal Saetta* (24), *Voglio tradire mio marito!* (25), *Il transatlantico* (26), *L'ultimo lord* (26), *Enrico IV* (26), *Florette e Patapon* (27), *Una notte di follia* (29), *Quartiere latino* (29), *La straniera* (29), *La donna di una notte* (30), *Perchè no?* (30), *Il segreto del dottore* (30), *La vacanza del diavolo* (31), *Il dono del mattino* (32), *Tre uomini in frac* (32), *Zaganella e il cavaliere* (32), *Sette giorni cento lire* (33), *Kiki* (34), *Marcia nuziale* (34), *Casta diva* (35), *Arma bianca* (36), *Una donna fra due mondi* (36), *L'ambasciatore* (36), *I condottieri* (36), *Fermo con le mani!* (37), *Jeanne Doré* (38), *La taverna rossa* (39), *La granduchessa si diverte* (40), *San Giovanni decollato* (40), *L'amante segreta* (41), *Quattro passi fra le nuvole* (42), *Macario contro Zagomar* (43), *Il fiore sotto gli occhi* (43).

476. Biliam, Hans. Director. AKA: Hans Billian, Hans Bilian, Hans Billiam. *Alla conquista dell'Arkansas* (63 co-w), *Il momento di uccidere* (68 asst d), *Paroxismus* (69).

477. Biliotti, Enzo. Actor. b. June 28, 1887, Livorno. *I promessi sposi* (23), *Villafranca* (33), *Campo di maggio* (35), *Voglio vivere con Letizia* (38), *Imputato, alzatevi!* (39), *Un'avventura di Salvator Rosa* (40), *Piccolo mondo antico* (40), *I promessi sposi* (41), *La contessa Castiglione* (42), *Malombra* (42), *Quartieri alti* (43), *Enrico IV* (43), *La freccia nel fianco* (43), *Eugenia Grandet* (46), *Un giorno nella vita* (46), *Anni difficili* (47), *Melodie immortali* (52), *Giuseppe Verdi* (53), *La donna più bella del mondo* (55), *La ragazza del Palio* (58).

478. Billi, Mimmo. Actor. *Peppino e Violetta* (51), *Il maestro di don Giovanni* (53), *Montecarlo* (56), *Giuseppe venduto dai fratelli* (60), *Gidget Goes to Rome* (63 U.S.).

479. Billi, Riccardo. Actor. b. April 22, 1906, Siena. *L'ha fatto una signora* (38), *Fanfulla da Lodi* (40), *Miseria e nobiltà* (40), *Gian Burrasca* (43), *Se fossi deputato* (49), *Una voce nel tuo cuore* (49), *Adamo ed Eva* (49), *I cadetti di Guascogna* (50), *La Bisarca* (50), *Anema e core* (50), *Arrivano i nostri* (51), *Totò sceicco* (51), *Vendetta...sarda* (51), *Porca miseria* (51), *Accidenti alle tasse!* (51), *Ha da venì...don Calogero* (51), *Il padrone del vapore* (51), *Abracadabra* (52), *Bellezze in motoscooter* (52), *Ha fatto 13* (52), *Giovinezza* (52), *Anni facili* (53), *Tripoli, bel suol d'amore* (54), *Rosso e nero* (54), *Accade al commissariato* (54), *Scuola elementare* (54), *Accade al penitenziario* (55), *Il campanile d'oro* (55), *Motivo in maschera* (55), *I giorni più belli* (56), *Mia nonna poliziotto* (58), *Il giovane leone* (59), *Madri pericolose* (60), *Un mandarino per Teo* (60), *Walter e i suoi cugini* (61), *Scandali al mare* (61), *Le magnifiche sette* (61), *Pastasciutta nel deserto* (61), *Bellezze sulla spiaggia* (62), *Peccati d'estate* (62), *Il mio amico Benito* (62), *Twist, Lolite e vitelloni* (62), *L'assassino si chiama Pompeo* (62), *Lo smemorato di Collegno* (62), *La vedovella* (62), *Due samurai per 100 geisha* (63), *The Pink Panther* (63 U.S.), *Sette monaci d'oro* (66), *Follie d'estate* (66), *L'immorale* (67), *Tenderly* (68), *I clowns* (70), *Battle of the Amazons* (70 U.S. p), *Primo amore* (78), *Il marchese del grillo* (81).

Billian, Hans *see* **Biliam, Hans**

Billingsley, Hugh *see* **Billingsley, Michael**

480. Billingsley, Michael. U.S. sound editor. b. Feb. 20, 1929, Sioux Falls, S.D. RN: Hugh Michael Billingsley. In Italy since 1954. Began as an actor using the name Hugh Billingsley. Has dubbed a vast quantity of Italian films into English since 1959. Has also edited. *Guerra e pace* (56 *), *Ben-Hur* (59 *), *La città prigioniera* (62 co-ed), *Una ragione per vivere e una per morire* (72 co-ed, despite his producer's credit on the U.S. release), *Il mistero di Oberwald* (80), *Identificazione di una donna* (82).

481. Billington, Kevin. U.K. director. b. 1933. *Il faro in capo al mondo* (71).

482. Billon, Pierre. French director. b. Feb. 7, 1906, Paris. *Il mercante di Venezia* (52), *Delirio* (54 co-d).

483. Bindi, Clara. Actress. *Il momento più bello* (56), *La maschera del demonio* (60), *Fumo di Londra* (66), *The Biggest Bundle of Them All* (68 U.S.), *Faustina* (68), *Roma come Chicago* (68), *La ragazza dalla pelle di corallo* (72).

484. Bini, Alfredo. Producer. b. 1926, Livorno. Married Rosanna Schiaffino. *Il brigante di Tacca del Lupo* (52 *), *Il bell'Antonio* (60), *La viaccia* (61), *I nuovi angeli* (61), *Accattone* (61), *La bellezza d'Ippolita* (62), *Mamma Roma* (62), *RoGoPaG* (62), *La corruzione* (63), *Il vangelo secondo Matteo* (64), *El Greco* (65 co-p), *La mandragola* (65), *Edipo re* (67).

485. Biraud, Maurice. French actor. *Le tentazioni quotidiane* (62).

486. Birgel, Willy. German actor. *Le bellissime gambe di Sabrina* (58).

487. Birkin, Jane. U.K. actress. b. Dec. 14, 1946, London. *Blow Up* (66), *La piscina* (68), *Alba pagana* (69), *La morte negli occhi del gatto* (72).

488. Birri, Fernando. Argentine director. b. March 13, 1925. In Italy 1950–56, and trained at the Centro Sperimentale 1950–52. *Selinunte* (51 short), *Alfabeto notturno* (51 short), *Immagini popolari siciliane sacre* (52 doc co-d), *Immagini popolari siciliane profane* (52 doc co-d), *Tire Die* (54 short), *Il tetto* (56 asst d).

489. Bisacco, Roberto. Actor. *Modesty Blaise* (66 U.K.), *Col cuore in gola* (67), *Fai in fretta ad uccidermi. . . ho freddo!* (68), *Romeo e Giulietta* (68), *Vergogna, schifosi* (68), *Fraülein Doktor* (68), *Un detective, macchie di belletto* (68), *Camille 2000* (69), *I dannati della terra* (69), *Delitto al circolo del tennis* (69), *La califfa* (71), *I corpi presentano tracce di violenza carnale* (73), *Stavisky* (74).

490. Bisera, Olga. Actress. *Ardenne 44* (72), *Superfly TNT* (72 U.S.), *La prima notte di quiete* (72), *Beati i ricchi* (72), *Diario segreto di un carcere femminile* (74), *Amore libero—Freelove* (74), *Sussuri nel buio* (76), *L'occhio dietro la parete* (76), *Culastrisce nobile veneziano* (76), *La Vergine, il Toro e il Capricorno* (77), *The Spy Who Loved Me* (77 U.K.), *Seimila chilometri di paura* (79).

491. Bisset, Jacqueline. U.K. actress. b. Sept. 13, 1944, Weybridge, Surrey. *La donna della domenica* (75), *Amo non amo* (79).

492. Bistolfi, Gian. Director. b. Aug. 16, 1886, Torino. *L'amore di Loredana* (19 w/set design), *La signorina* (20), *La moglie che si gettò dalla finestra* (20), *La sentinella morta* (20), *La fine dell'amore* (20), *Lo sciopero della virtù* (20), *Acqua, acqua, fuoco, fuoco* (20), *Le confessioni di un figlio del secolo* (21), *Una notte senza domani* (21), *Il mio antropofago* (21 story), *La figurante* (22), *La stella del cinema* (31 story), *La lanterna del diavolo* (31 w), *Pergolesi* (32 story), *Palio* (32 co-w), *La Wally* (32 co-w), *La mano della morta* (49 w), *Buffalo Bill a Roma* (50 w).

493. Bixio, Cesare Andrea. Movie songwriter. b. Oct. 11, 1896, Napoli. Was the songwriter for the first Italian sound film, *La canzone dell'amore* (30). Other films include: *Gli uomini, che mascalzoni!* (32), *La canzone del sole* (33), *L'eredità dello zio buonanima* (35), *Porto* (35), *Re di denari* (36), *Vivere!* (36), *Chi è più felice di me?* (38), *Solo per te* (38), *Eravamo sette sorelle* (38), *Marionette* (38), *Batticuore* (38), *La voce senza volto* (38), *Grandi magazzini* (39), *La mia canzone al vento* (39), *Assenza ingiustificata* (39), *Cantate con me* (40), *Il pirata sono io* (40), *Non me lo dire* (40), *San Giovanni decollato* (40), *Dopo divorzieremo* (40), *Mamma* (41), *Primo amore* (41), *Il vagabondo* (41), *Torna a Sorrento* (45), *Pronto, chi parla?* (45), *Addio, Mimì* (47), *Licenza premio* (51), *Bellezze a Capri* (51), *Stasera sciopero* (51), *Torna piccina mia* (55).

494. Björnstrand, Gunnar. Swedish actor. b. Nov. 13, 1909, Stockholm. d, May 24, 1986, Stockholm. *L'isola* (68).

495. Black, Karen. U.S. actress. b. July 1, 1942, Park Ridge, Ill. RN: Karen Blanche Ziegler. *Agguato sul fondo* (78), *Inferno in diretta* (85).

496. Blackman, Honor. U.K. actress. b. 1926, London. *Lola* (70).

497. Blain, Gérard. French actor. b. Oct. 23, 1930, Paris. *Giovani mariti* (57), *Via Margutta* (60), *I delfini* (60), *Il gobbo* (60), *L'oro di Roma* (61), *La smania addosso* (62), *La pappa reale* (63), *Via Veneto* (64), *Missione Morte* (66).

498. Blair, Betsy. U.S. actress. b. Dec. 11, 1923, N.Y.C. RN: Elizabeth Boger. Moved to Europe in the mid-1950s. *Il grido* (57), *I delfini* (60), *Senilità* (61).

499. Blaise, Pierre. French actor. b. 1951. d. 1975. *Per le antiche scale* (74).

500. Blake, Robert. U.S. actor. b. Sept. 18, 1933, Nutley, N.J. RN: Michael Gubitosi. Former child performer. *Un uomo dalla pelle dura* (72).

501. Blakley, Ronee. U.S. actress. b. 1946. Sung the title song in *Amore, piombo e furore* (77).

Blanc, Erica *see* **Blank, Erika**

502. Blancard, René. French actor. b. March 12, 1897, Paris. *Siamo tutti assassini* (52), *Napoleone Buonaparte* (54).

503. Blanchard, Dominique. French actress. b. 1927, Paris. Daughter of actor Pierre Blanchard. *L'avventura* (60).

504. Blanche, Francis. French actor. b. 1921, Paris. d. 1974. *A noi piace freddo...!* (60), *Le pillole di Ercole* (60), *La ragazza dei mille mesi* (61), *Il ratto delle sabine* (61), *Confetti al pepe* (63), *Il tulipano nero* (63), *La feldmarescialla* (66), *Bella di giorno* (67).

505. Blanck, Dorothée. French actress. *Cleo dalle 5 alle 7* (62).

506. Blanco, Tomás. Spanish actor. b. Nov. 10, 1910, Bilbao. Former French legionnaire. *Le legioni di Cleopatra* (59), *La rivolta dei mercenari* (62), *Gli invincibili sette* (63), *Se sparo...ti uccido* (63), *Gli eroi del west* (64), *Agente 077...missione Bloody Mary* (65), *Il segreto di Ringo* (65), *Per qualche dollaro in più* (65), *S.007 spionaggio a Tangeri* (66), *...E divenne il più spietato bandito del sud* (67), *Superargo e i giganti senza volto* (67), *Quindici forche per un assassino* (68).

507. Blando, Oscar. Actor. b. 1924, Roma. *Sotto il sole di Roma* (48), *Vent'anni* (49), *Stazione Termini* (53), *Gli innamorati* (55).

508. Blangsted, Folmar. U.S. editor. b. 1904. d. 1982. *L'uomo della Mancha* (72).

509. Blank, Erika. Actress. b. 1946, Trieste. RN: Enrica Bianchi Colombatto. AKA: Erica Blanc, Erica Blank, Erika Blanc, Erica White, Erika White. *Colorado Charlie* (65), *Agente S03: operazione Atlantide* (66), *Operazione Goldseven* (66), *Deguello* (66), *Operazione Paura* (66), *Django spara per primo* (66), *Mille dollari sul nero* (67), *Tom Dollar* (67), *La più grande rapina del west* (68), *L'uomo dal pugno d'oro* (68), *Testa di sbarco per otto implacabili* (68), *Per 50.000 maledetti dollari* (68), *Summit* (68), *Riusciranno i nostri eroi a ritrovare l'amico misteriosamente scomparso in Africa?* (68), *Spara gringo spara* (68), *Sette volte sette* (68), *Carrera—das Geheimnis der blonden Katze* (68 Germany), *Kommissar X—drei blaue Panther* (68 Germany), *La vendetta è il mio perdono* (69), *Prima ti perdono, poi ti ammazzo* (70), *La notte più lunga del diavolo* (71), *La notte che Evelyn uscò dalla tomba* (71), *I senza dio* (72), *Hexen* (72 Germany), *Giorni d'amore sul filo di una lana* (73), *Là, dove non batte il sole* (73), *Bello come un arcangelo* (74), *I figli di nessuno* (74), *Bruna Formosa cerca superdotato* (74), *L'ammazzatina* (75), *Giochi erotici di una famiglia perbene* (76), *La padrona è servita* (76), *La portiera nuda* (76), *Io tigro, tu tigri, egli tigra* (78), *Carcerato* (81), *Sogno di una notte di mezza estate* (83).

510. Blasco, Ricardo. Director/co-writer. AKA: Richard Blasco. *Gringo* (63), *Le tre spade di Zorro* (63), *Il giuramento di Zorro* (65).

511. Blasetti, Alessandro. Director/co-writer. b. July 3, 1900, Roma. d. Feb. 2, 1981, Roma. *Sole* (29 also p/co-e), *Nerone* (30 also co-e), *Resurrectio* (31 also co-e), *Terra madre* (31 also co-e), *La tavola dei poveri* (32 also co-e), *Palio* (32 also co-e), *Assisi* (32 doc), *Il caso Haller* (33 also co-e), *1860* (33 also co-e), *L'impiegata di papà* (34 also co-e), *Vecchia guardia* (34 also co-ed), *Aldebaran* (35 also *), *La contessa di Parma* (37 also co-e), *La caccia alla volpe nella campana romana* (38 short doc also co-e), *Ettore Fieramosca* (38 also co-e), *Dora Nelson* (39 co-d), *Abuna Messias* (39 co-d/co-w), *Retroscena* (39 also co-e), *Fantasmi a Cinecittà* (40 doc appeared as himself), *Napoli e le terre d'oltremare* (40 unfinished d/w), *Un'avventura di Salvator Rosa* (40 also co-e), *La corona di ferro* (41), *La cena delle beffe* (41), *Quattro passi fra le nuvole* (42 also *), *Quelli della montagna* (43 supervising director/co-w), *Nessuno torna indietro* (43), *Sulla cupola di san Pietro* (45 short doc), *Il testimone* (45 supervising director/co-w), *La gemma orientale dei papi* (46 short doc), *Un giorno nella vita* (46), *Il duomo di Milano* (46 short doc), *Castel Sant'Angelo* (46 short doc), *Fabiola* (48), *Prima comunione* (50), *Ippodromi all'alba* (50 short doc), *Altri tempi* (51 d), *Bellissima* (51 *), *Quelli che soffrono per noi* (51 short doc d/story/commentary), *Tempi nostri* (52 d), *La fiammata* (52), *Miracolo a Firenze* (53 short doc d), *Peccato che sia una canaglia* (54), *La fortuna di essere donna* (55), *Amore e chiacchiere* (57), *Europa di notte* (58), *Storie d'amore proibite* (59 co-w), *Io amo... tu ami* (60 doc d), *Una vita difficile* (61 *), *La lunga strada del ritorno* (62 TV d), *Le quattro verità* (62 the episode "La lepre e la tartaruga" d), *Liolà* (64 d), *Io, io, io... e gli altri* (65), *La ragazza del bersagliere* (67), *Simón Bolívar* (68), *Venezia, una mostra per il cinema* (82 doc).

512. Blech, Hans Christian. German actor. b. 1925. *La vendetta della signora* (64), *Giordano Bruno* (73).

513. Blessed, Brian. U.K. actor. b. 1937, Yorkshire. *L'uomo della Mancha* (72).

514. Blier, Bernard. French actor. b. Jan. 11, 1916, Buenos Aires, Argentina, of French parents. d. March 29, 1989, Paris. Father of director Bertrand Blier. *Il letto* (53), *Fascicolo nero* (55), *L'uomo dall'impermeabile* (57), *La gatta* (58), *La grande guerra* (59), *Il gobbo* (60), *Crimen* (61), *I briganti italiani* (61), *La pappa reale* (63), *La furia degli uomini* (63), *I compagni* (63), *Alta infedeltà* (64 the episode "Gente moderna"), *Il magnifico cornuto* (64), *Casanova 70* (65), *Una questione d'onore* (65), *Delitto quasi perfetto* (66), *Duello nel mondo* (66), *Lo straniero* (67), *L'assassino ha le ore contate* (68), *Riusciranno i nostri eroi a ritrovare l'amico misteriosamente scomparso in Africa?* (68), *Homo eroticus* (71), *Il piatto piange* (74), *Amici miei* (75), *Il malato immaginario* (78), *Voltati Eugenio* (79), *Passione d'amore* (80), *Amici miei, atto II* (82), *Cuore* (84), *Scemo di guerra* (85), *Le due vite di Mattia Pascal* (85), *I picari* (86), *Speriamo che sia una femmina* (86), *Sotto il ristorante cinese* (87), *Una botta di vita* (88), *Paganini* (89).

515. Bloom, Claire. U.K. actress. b. Feb. 15, 1931, London. *Il maestro di Vigevano* (63), *Alta infedeltà* (64 the episode "Peccato nel pomeriggio").

"Bob" *see* **Martinengo, Nino**

516. Boccardo, Delia. Actress. b. 1948. *Tre pistole contro Cesare* (66), *L'occhio selvaggio* (67), *Inspector Clouseau* (68 U.S.), *Un detective, macchie di belletto* (68), *I cannibali* (69), *Macchia rosa* (69), *Michele Strogoff* (70), *The Adventurers* (70 U.S.), *Per grazia ricevuta* (71), *Snow Job* (72 U.S.), *Rappresaglia* (73), *Milano trema: la polizia vuole giustizia* (73), *Un fiocco nero per Deborah* (74), *La mazurka del barone, della santa e del fico fiorone* (74), *La polizia accusa: il servizio segreto uccide* (75), *Il caso Raoul* (75), *L'eredità Ferramonti* (76), *L'ultimo giorno di scuola prima delle vacanze di Natale* (76), *Giovannino* (76), *Una donna alla finestra* (77), *Tentacoli* (77), *Martin Eden* (79), *Improvviso* (79), *Le ali della colomba* (80), *Le avventure dell'incredibile Ercole* (83), *Nostalghia* (83), *Il cugino americano* (86), *Cavalli si nasce* (89), *La settimana della sfinge* (90), *Il nodo alla cravatta* (91).

517. Boccia, Tanio. Director. AKA: Amerigo Anton. *Dramma sul Tevere* (52), *Anna perdonami!* (53), *Arriva la banda* (59), *Il conquistatore d'Oriente* (60), *Il trionfo di Maciste* (61), *Pastasciutta nel deserto* (61 co-d), *Giulio Cesare: il conquistatore delle gallie* (62), *Maciste all corte dello zar* (63), *Sansone contro i pirati* (63 co-d), *I predoni della steppa* (63), *La valle dell'eco tonante* (64), *La rivincita di Ivanhoe* (64), *X—17 Top Secret* (65), *Uccidi o muori* (66), *Sapevano solo uccidere* (68 also co-w), *Dio non paga, il sabato* (68 also co-w), *La lunga cavalcata della vendetta* (72 also co-w), *Studio legale per una rapina* (76).

518. Boccianti, Alberto. Art director. b. March 1, 1908. *Due cuori fra le belve* (43), *Inviati speciali* (43), *Torna a Sorrento* (45), *O sole mio* (45), *Mio figlio professore* (46), *I fratelli Karamazoff* (47), *Molti sogni per le strade* (48), *Il falco rosso* (49), *Totò le Moko* (49), *Il conte Ugolino* (49), *Il figlio di d'Artagnan* (49), *La Bisarca* (50), *Atto d'accusa* (50), *Il sigillo rosso* (50), *Figaro qua, Figaro là* (50), *Canzone di primavera* (50), *47, morto che parla* (50), *Anema e core* (50), *Totò cerca moglie* (51), *Le sei mogli di Barbablù* (51), *Arrivano i nostri* (51), *Stasera sciopero* (51), *Libera uscita* (51), *Accidenti alle tasse!* (51), *Amo un assassino* (51), *Licenza premio* (51), *La grande rinuncia* (51), *Il padrone del vapore* (51), *I due derelitti* (51), *Era lui...sì! sì!* (51), *L'ultima sentenza* (51), *Vendetta ...sarda* (51), *Enrico Caruso, leggenda di una voce* (51 co-art d), *Amore rosso* (51), *Lo sai che i papaveri...* (52), *Cinque poveri in automobile* (52), *Don Lorenzo* (52), *Mascagni* (52), *Carmen proibita* (52), *Saluti e baci* (52), *Capitan Fantasma* (53), *Ci troviamo in galleria* (53), *Era lei che lo voleva* (53), *Siamo tutti inquilini* (53), *Riscatto* (53), *Giuseppe Verdi* (53), *Due notti con Cleopatra* (53), *L'incantevole nemica* (53), *Miseria e nobiltà* (54), *Appassionatamente* (54), *Guai ai vinti!* (54), *Il medico dei pazzi* (54), *Totò cerca pace* (54), *Totò all'inferno* (54), *L'arte di arrangiarsi* (54), *La vena d'oro* (55), *Ragazze d'oggi* (55), *La donna più bella del mondo* (55), *La banda degli onesti* (56), *Totò, Peppino e la...malafemmina* (56), *Totò, Peppino e i fuorilegge* (57), *La regina dei tartari* (60), *Maciste nella terra dei ciclopi* (61), *Il momento di uccidere* (68 also co-ph).

519. Boccolino, Alfredo. Actor. b. Dec. 29, 1885, La Spezia. d. Feb. 6, 1956, Vladana. *La spirale della morte* (16), *Il siluramento dell'Oceania* (17), *Galaor* (18), *Galaor l'avventuriero* (18), *Il medico delle pazze* (19), *La nave* (20), *Le ultime avventure di Galaor* (20), *Il mio amante* (20), *La mirabile visione* (21), *Galaor contro galaor* (24), *Piccoli naufraghi* (39), *Il re d'Inghilterra non paga* (41).

Bodaló, Francisco *see* **Bodaló, José**

520. Bodaló, José. Argentine actor. b. 1916. AKA: Francisco Bodaló. *Le spie uccidono in silenzio* (66), *Django* (66), *Thompson 1880* (66), *100.000 dollari per Lassiter* (66), *Un treno per Durango* (67), *Il sapore della vendetta* (68), *Uno dopo l'altro* (68), *Uno scacco tutto matto* (68), *Professionisti per un massacro* (68), *Garringo* (69), *Vamos a matar, compañeros* (70).

521. Boese, Carl. German director. b. Aug. 26, 1887, Berlin. d. 1958. RN: Edward Hermann Boese. *Lisetta* (34), *La famiglia Brambilla in vacanza* (41).

522. Bogarde, Dirk. U.K. actor. b. March 28, 1920, London. RN: Derek Niven Van Den Bogaerde. *La sposa bella* (60), *La caduta degli dei* (68), *Morte a Venezia* (70), *Il serpente* (73), *Il portiere di notte* (73).

523. Bogart, Humphrey. U.S. actor. b. Jan. 23, 1899, N.Y.C. d. 1957. *Il tesoro dell'Africa* (53), *La contessa scalza* (54).

Bohr, Robert *see* **Valeri, Bruno**

524. Boido, Federico. Actor. AKA: Rick Boyd. *Terrore nello spazio* (65), *Faccia a faccia* (67), *La più grande rapina del west* (68), *Sette Winchester per un massacro* (68), *...E per tetto un cielo di stelle* (68), *I quattro dell'ave maria* (68), *Bill il taciturno...Django uccide* (68), *Sono Sartana, il vostro becchino* (69), *Roy Colt e Winchester Jack* (69), *Indio Black: sai che ti dico...sei un gran figlio di...* (70), *Django sfida Sartana* (70), *Testa t'ammazzo...croce sei morto...mi chiamano Alleluia!* (70), *L'oro dei bravados* (71), *Buon funerale, amigos...paga Sartana* (71), *Quel maledetto giorno della resa dei conti* (71), *Mezzogiorno di fuoco per An Hao* (72), *Joe Dakota, spara...e così sia* (72), *Lo chiamavano King* (73), *Amico mio, fregatura* (73), *Ci ridiamo, vera provvidenza?* (73), *Partirono preti, tornarono...curati* (73), *Una donna chiamata Apache* (76).

525. Boisrond, Michel. French director. b. Oct. 9, 1921, Châteauneuf. *Una parigina* (57), *Le donne sono deboli* (59).

526. Boisset, Yves. French director. b. March 14, 1939, Paris. *L'assassino ha le ore contate* (68 also co-w).

527. Bolkan, Florinda. Brazilian actress. b. Feb. 15, 1942, Ceara. RN: Florinda Soares Bulcão. *Candy* (68), *Gli intoccabili* (68), *Metti, una sera a cena* (68), *L'isola* (68), *Una ragazza piuttosto complicata* (68), *Indagine su un cittadino al di sopra di ogni sospetto* (69), *La caduta degli dei* (68), *Un detective, macchie di belletto* (68), *L'anonimo veneziano* (70), *E venne il giorno* *dei limoni neri* (70), *Una lucertola con la pelle di donna* (71), *Una stagione all'inferno* (71), *Incontro* (72), *Un uomo da rispettare* (72), *Non si sevizia un paperino* (72), *Cari genitori* (73), *Una breve vacanza* (73), *Flavia, la monaca mussulmana* (73), *Le orme* (75), *Il comune senso di pudore* (76), *La settima donna* (78), *La casa sul lago* (78), *Acqua e sapone* (83), *La gabbia* (85).

528. Bologna, Carmine. Producer. b. April 30, 1918, Foro d'Ischia. *Isola* (46 doc d), *Città sconosciuta* (47 doc d), *Cuore* (48 production controller), *Cimitero degli elefanti* (48 doc d), *Ladri di biciclette* (48 production controller), *Donne senza nome* (49 production controller), *Totò al giro d'Italia* (49 general organizer), *Patto col diavolo* (49), *La fiamma che non si spegne* (49), *Biancaneve e i sette ladri* (49), *La bellezza del diavolo* (50 production consultant), *Miracolo a Milano* (50 general organizer), *Due soldi di speranza* (51 co-p), *La signora senza camelie* (53 co-p), *Il viale della speranza* (53), *Labbra rosse* (60), *Roma come Chicago* (68 co-p).

529. Bolognesi, Gemma. Actress. b. Cesenatico. *Mastro Landi* (35), *Milizia territoriale* (35), *Darò un milione* (36), *Il diario di una donna amata* (36), *Musica in piazza* (36), *La mazurka di papà* (38), *L'argine* (38), *Io, suo padre* (38), *L'orologio a cucù* (38), *I figli del marchese Lucera* (39), *Papà per una notte* (39), *Vento di milioni* (39), *L'angelo bianco* (42), *Ho sognato il paradiso* (49), *Il falco rosso* (49), *Vivere a sbafo* (49), *Prima comunione* (50), *Sambo* (50), *Siamo tutti inquilini* (53), *La mia vita è tua* (54), *Orient-Express* (55).

530. Bolognini, Manolo. Producer. *Django* (66), *Texas addio* (66), *Little Rita nel far west* (67), *Teorema* (68 co-p), *Ciak Mull, l'uomo della vendetta* (69 co-p), *Lo chiamavano California* (76 co-p), *L'inquilina del piano di sopra* (77), *Liberté, égalité, choucroute* (85 France), *Orfeo* (85 co-ex. prod).

531. Bolognini, Mauro. Director. b. June 28, 1922, Pistoia. *Canzone appassionata* (53 w), *Ci troviamo in galleria* (53), *I cavalieri della regina* (54 also co-w), *Gli innamorati* (55), *La vena d'oro* (55 also co-w), *Guardia, guardia scelta, brigadiere e maresciallo* (56), *Giovani mariti* (57 also co-w), *Marisa la civetta* (57 also co-w), *Arrangiatevi* (59), *La notte brava* (59), *La giornata balorda* (60), *Il bell'Antonio* (60 also co-w), *La viaccia* (61), *Senilità* (61 also co-w), *La perdita dell'innocenza* (62 also co-w), *La corruzione* (63), *La donna è una cosa meravigliosa* (64 the episodes "La balena bianca" and "Una donna dolce dolce"), *I tre volti* (65 the episode "Gli amanti celebri"), *Le bambole* (65 the episode "Monsignor Cupido"), *La mia signora* (65 the episodes "I miei cari" and "Luciana"), *Madamigella di Maupin* (66), *Capriccio all'italiana* (66 the episodes "Perchè?" and "La gelosia"), *Le fate* (67 the episode "Fata Elena"), *Le streghe* (66 the episode "Senso civico"), *Le Plus Vieux Métier du monde* (67 France the episode "Notti romane"), *Arabella* (67), *Un bellissimo novembre* (69), *L'assoluto naturale* (69 also co-w), *Metello* (70 also co-w), *Il documento su Giuseppe Pinelli—12 dicembre* (70 doc co-d), *Bubù du Montparnasse* (70 France also co-w), *Imputazione di omicidio per uno studente* (71), *Fatti di gente perbene* (74 also co-w), *Libera, amore mio* (74 also co-w), *Per le antiche scale* (74), *L'eredità Ferramonti* (76), *Gran bollito* (76), *La signora degli orrori* (77), *Dove vai in vacanza?* (78 the episode "Sarò tutta per te"), *La certosa di Parma* (80 TV also co-w), *La vera storia della signora dalle camelie* (82 also co-p), *La venexiana* (86 also co-w), *Mosca addio* (87 also co-w).

532. Bolzoni, Adriano. Co-writer. *Il figlio di Spartacus* (62), *Minnesota Clay* (64), *L'uomo che viene da Canyon City* (65), *Johnny Oro* (66), *Il mio nome è Pecos* (66), *Pecos è qui: prega e muori* (67), *Il cobra* (67 story), *Requiescant* (67), *Un buco in fronte* (68 w), *La Battaglia del Sinai* (68 also story), *Il mercenario* (68), *El "Che" Guevara* (68 also wrote novel on which the film was based), *Il tredicesimo è sempre giuda* (71), *La banda J & S—cronaca criminale del west* (73), *Trinità e Sartana. . .figli di. . .* (72 w), *Alleluia e Sartana, figli di. . .figli di Dio* (72), *Così Sia* (72), *Il consigliori* (73), *Prima del futuro* (85 w).

533. Bomba, Leo. Co-writer. *Vecchia guardia* (34 also sets), *Aldebaran* (35 also co-story), *Il fanciullo del west* (41), *Ridere ridere ridere* (54), *Pia de' Tolomei* (58).

534. Bona, Alessandro. Director of photography. *La Gerusalemme liberata* (11), *Quo vadis?* (12), *Il lettino vuoto* (13), *Marcantonio e Cleopatra* (13), *Madame Coralie e C.* (14), *Rinunzia* (14 also d),

Scuola d'eroi (14), *Quando la primavera ritornò* (16), *Jack cuor di leone* (17), *Il segreto di Jack* (17), *La guerra italo-austriaca: dalla Carnia all'Isonzo* (17 doc), *Capitan Fracassa* (18), *Il più forte amore* (19), *Primerose* (19), *La principessa Zoé* (19), *La buona figliuola* (19), *Mentre il pubblico ride* (20), *Il fauno di marmo* (20), *Il milione* (20), *Papà Lebonnard* (20), *L'istitutrice di sei bambine* (20), *Per un figlio* (20), *L'ignoto* (20), *La stretta* (20), *Rouge et noir* (20), *La principessa misteriosa* (20), *Mam'zelle Extra* (20), *L'amorosa avventura* (21), *La valse ardente* (21).

535. Bonacelli, Paolo. Actor. *Milarepa* (74), *Salò, o le 120 giornate* (75), *Cadaveri eccellenti* (76), *L'eredità Ferramonti* (76), *Antonio Gramsci: gli anni del carcere* (77), *Per questa notte* (77), *Ritratto di borghesia in nero* (78), *Buone notizie* (79), *Cristo si è fermato a Eboli* (79), *Caligola* (79), *Il mistero di Oberwald* (80), *Enrico IV* (83), *L'ultima mazurka* (86), *D'Annunzio* (87), *Rimini Rimini* (87), *Francesco* (89), *Fuga dal paradiso* (90).

536. Bonagura, Gianni. Actor. *Clandestino a Trieste* (51), *Il tiranno di Siracusa* (61), *Les Cracks* (68 France).

537. Bonansea, Miranda. Actress. b. Oct. 31, 1927, Mondovi Breo. Child performer of stage and movies, she was also Shirley Temple's dubbed Italian voice. Although she did act as an adult, her main career became dubbing the voices of foreign actresses into Italian (Elizabeth Taylor, for example). Married Claudio Villa. *Il grande silenzio* (35), *Fermo con le mani!* (37), *Il torrente* (38), *I sette peccati* (41), *La leggenda di Faust* (48).

538. Bonard, Henriette. Actress. b. Cossila nel Biellese. RN: Enrica Bonardi. *La fidanzata della morte* (16), *Il cadavere scomparso* (16), *La madre folle* (16), *Lo strano caso di Miss Poker* (17), *Il mistero della casa di fronte* (17), *Nina la poliziotta* (18), *La contessa Miseria* (18), *Il segreto della Diamond Company* (20), *In terra sarda* (20), *Maciste in vacanza* (20), *Maciste salvato dalle acque* (20).

539. Bond, Dianne. U.K. actress. *Soldati e capelloni* (67).

540. Bondarchuk, Sergei. Ukrainian director/co-writer. b. Sept. 25, 1920, Belozersk. Former actor. *Era notte a Roma* (59 *), *Waterloo* (70), *I dieci giorni che sconvolsero il mondo* (82).

541. Bonelli, Luigi. Writer. b. July 18, 1894, Siena. d. Feb. 12, 1954, Siena. RN: Wassili Cetoff-Stenberg. *Palio* (32), *Paradiso* (32), *O la borsa o la vita* (32), *La voce lontana* (33), *Ginevra degli Almieri* (35), *L'uomo che sorride* (36), *Alessandro, sei grande!* (40), *Lucrezia Borgia* (40), *L'elisir d'amore* (40 unfinished), *Pia de' Tolomei* (41), *Anime in tumulto* (41), *Il vetturale del san Gottardo* (41), *Una notte dopo l'opera* (41), *La guardia del corpo* (42), *Capitan Demonio* (49), *Il conte Ugolino* (49), *Incantesimo tragico* (51), *Gli angeli del quartiere* (51).

542. Bonetti, Emiliano. Writer. b. May 28, 1874, Milano. d. Jan. 14, 1937. *Ma l'amor mio non muore* (13), *L'abete fulminato* (14), *Brivido di morte* (14), *Colei che tutto soffre* (14), *Altri tempi* (15), *Lungi dal nido* (15), *La maschera folle* (15), *Come in quel giorno* (16), *Passano gli unni* (16).

543. Bonetti, Ubaldo. Art director. b. Viareggio. *La casa senza tempo* (43), *Enrico Caruso, leggenda di una voce* (51 co-art d), *Clandestino a Trieste* (51), *Dieci canzoni d'amore da salvare* (53), *Opinione pubblica* (53), *Pellegrini d'amore* (54), *Napoli piange e ride* (54), *La porta dei sogni* (54).

544. Bonfantini, Mario. Co-writer. b. 1904, Novara. *Piccolo mondo antico* (40), *Un colpo di pistola* (41), *Tragica notte* (42), *Malombra* (42), *Il mulino del Po* (48), *Italia piccola* (57).

545. Bonfatti, Liliana. Actress. b. Milano. *Le ragazze di piazza di Spagna* (51), *Serenata amara* (52), *Non è vero, ma ci credo* (52), *Il mondo le condanna* (52), *Per salvarti ho peccato* (53), *Siamo tutti milanesi* (53), *Il viale della speranza* (53), *Trieste cantico d'amore* (54), *La moglie è uguale per tutti* (54), *Donatella* (55).

546. Bongini, Giulio. Art director. b. Aug. 13, 1913, Firenze. *Senza cielo* (40), *Le meravigliose avventure di Guerrin Meschino* (51), *La regina di Saba* (52), *Il sacco di Roma* (53), *Tripoli, bel suol d'amore* (54), *Saffo, venere di Lesbo* (60), *Orazi e Curiazi* (61).

547. Bongiorno, Mike. Actor. b. May 22, 1924, N.Y.C., U.S.A. One of Italy's first TV personalities, he is best remembered as host of the show *Lascia o doppia*. *Motivo in maschera* (55 also co-story), *Il prezzo della gloria* (55), *Ragazze d'oggi* (55), *I miliardari* (56), *Totò lascia o raddoppia* (57), *Il giudizio universale* (61).

548. Bonham Carter, Helena. U.K. actress. b. May 26, 1966, London. Grand-niece of director Anthony Asquith. *La maschera* (88), *Francesco* (89).

549. Boni, Carmen. Actress. b. April 17, 1904, Roma. RN: Carmela Bonicatti. Married Augusto Genina. *La scimitarra di Barbarossa* (19), *Ave Maria, gratia plena* (19), *Monella di strada* (20), *Il fiore del Caucaso* (20), *Ma non è una cosa seria* (20), *Miss Dorothy* (20), *Mio zio Barbassous* (21), *La preda* (21), *La dame de Chez-Maxim* (22), *Il riscatto* (23), *La piccola ignota* (23), *La bocca chiusa* (24), *La moglie bella* (24), *Il focolare spento* (25), *L'ultimo lord* (26), *Addio, giovinezza!* (27), *Quartiere latino* (29), *La grazia* (29), *Il richiamo del cuore* (30), *La riva dei bruti* (30), *La vacanza del diavolo* (31), *Quella vecchia canaglia* (34).

550. Bonicatti, Mario. Director of photography. b. Feb. 2, 1900, Roma. Brother of Carmen Boni. Worked on some major documentaries: *L'architettura barocca a Roma* (41), *Bernini* (42), *Il presepio* (48), *Sinfonia valdostana* (48), *Pascoli sereni* (48), *Una piccola patria* (48), *Enpas* (50), *Il generale Rovere* (50), *Inam* (50), *Marina mercantile* (50).

551. Bonicelli, Vittorio. Co-writer. *La bibbia* (66), *Barbarella* (68), *Mosè* (76), *Un delitto* (83 w), *L'inchiesta* (87).

552. Bonini, Letizia. Actress. b. May 13, 1902, Firenze. RN: Maria Letizia Bertramo. Daughter of Calisto Bertramo. *Il solitario della montagna* (31), *L'avvocato difensore* (34), *Il peccato di Rogelia Sánchez* (39), *Il fornaretto di Venezia* (39), *Scandalo per bene* (39).

553. Bonnard, Giulio. Composer. b. June 21, 1885, Roma. Brother of Mario Bonnard. *Cinque a zero* (32), *Il trattato scomparso* (33), *Marcia nuziale* (34), *Il conte di Bréchard* (37), *Nonna Felicita* (38), *L'ha fatto una signora* (38), *Io, suo padre* (38), *Frenesia* (39), *La fanciulla di Portici* (40), *Il Ponte dei sospiri* (40), *Il re si diverte* (41), *Avanti, c'è posto* (42), *Campo de' fiori* (43), *La città dolente* (48), *Margherita da Cortona* (50), *L'ultima sentenza* (51), *Frine, cortigiana d'Oriente* (53).

554. Bonnard, Mario. Director. b. Dec. 24, 1889, Roma. d. 1965. Former actor. *Otello* (09 *), *Santarellina* (11 *), *Parsifal* (12 *), *Satana* (12 *), *Il pellegrino* (12 *), *I delitti della legge* (12 *), *La rosa rossa* (12 *), *Anima perversa* (13 *), *Il treno degli spettri* (13 *), *Florette e Patapon* (13 *), *Gli ultimi giorni di Pompei* (13 *), *Ma l'amor mio non muore* (13 *), *Nerone e Agrippina* (13 *), *Le memorie dell'altro* (13 *), *Colei che tutto soffre* (14 *), *La corsa all'amore* (14 *), *Fiori d'amore...fiori di morte* (14 *), *La veglia funebre* (14 *), *Altri tempi* (15 *), *Amiamoci e...partite!* (15 *), *Bacio di sirena* (15 *), *Turbine fatale* (15 *), *L'amor tuo li redime* (15 *), *La bara di vetro* (15 *), *La pantomima della morte* (15 *), *Il tenente Barth* (15 *), *Pierrette Butterfly* (15 *), *La veglia d'armi del boy-scout* (15 *), *Serpe contro serpe* (15 *), *La falena* (16 *), *Don Giovanni* (16 *), *Passano gli unni* (16 *), *Ferréol* (16 *), *Il ridicolo* (16 *), *La figlia di Jorio* (16 *), *L'altro io* (17 also *), *Pupille nell'ombra* (17 also *), *Treno di lusso* (17 co-d/*), *Passa la ruina* (17 also story/*), *L'estranea* (18 *), *Il rifugio dell'alba* (18 also *), *I promessi sposi* (19 also *), *Più che l'amore* (19 *), *Lacrime e fiori* (19 *), *Germana* (19 also *), *Mentre il pubblico ride* (20), *Il fauno di marmo* (20 also *), *L'amica* (20 also *), *Papà Lebonnard* (20 also *), *L'istitutrice di sei bambini* (20), *Per un figlio* (20), *La stretta* (20 also *), *Rouge et noir* (20 also *), *Il milione* (20 also *), *La gerla di papà Martin* (21 also w), *I tre esperimenti di Eliana* (21), *La morte piange, ride e poi...s'annoia* (21 also *), *Il trittico di Bonnard* (23 3 episodes: "A morte!"; Signor Ladro"; "Non è vero!" also *), *Il tacchino* (23), *La maschera che ride* (23 also *), *Teodoro e socio* (24), *La via del peccato* (25 *), *La grande conquista* (28 co-d), *Fra' Diavolo* (31), *Tre uomini in frac* (32), *Cinque a zero* (32), *Il trattato scomparso* (33 also p), *Marcia nuziale* (34), *Milizia territoriale* (35), *Trenta secondi d'amore* (37), *L'albero di Adamo* (37), *Il feroce Saladino* (37), *Il conte di Bréchard* (37), *Jeanne Doré* (38), *Io, suo padre* (38), *Frenesia* (39), *Papà per una notte* (39), *Il Ponte dei sospiri* (40), *La gerla di papà Martin* (40), *La fanciulla di Portici* (40 also w), *L'uomo del romanzo* (40 also w), *Marco Visconti* (40 also w), *Il re si diverte* (41), *Rossini* (41 also co-w), *Avanti, c'è posto*

(42), *Campo de' fiori* (43), *Che distinta famiglia!* (45 made in 43), *Il ratto delle sabine* (45), *Addio, mia bella Napoli* (46), *La città dolente* (48 also w), *Margherita da Cortona* (50 also co-w), *Stasera sciopero* (51 also story), *L'ultima sentenza* (51 also w), *Il voto* (51), *Schiavi della legge* (51), *Tormento del passato* (51 also co-w), *I figli non si vendono* (52 also co-w), *Frine, cortigiana d'Oriente* (53 also co-w), *Tradita* (54), *Hanno rubato un tram* (55 co-d/co-w), *La ladra* (55 also co-w), *Mi permette, babbo?* (56), *Afrodite, dea dell'amore* (58 also co-w), *Gli ultimi giorni di Pompei* (59 finished by Sergio Leone), *Gastone* (59 also co-w), *I masnadieri* (61).

555. Bonocore, Armidia. Actress. b. Milano. RN: Oliva Eggli. *La peccatrice* (40), *Labbra serrate* (42), *Stasera niente di nuovo* (42), *Il fiacre n. 13* (47 in 2 episodes).

556. Bonora, Nella Maria. Actress. b. May 19, 1904, Mantova. *La lanterna del diavolo* (31), *L'ultima avventura* (32), *La vecchia signora* (32), *L'avvocato difensore* (34), *Marcia nuziale* (34), *Un bacio a fior d'acqua* (36), *I due sergenti* (36), *I due misantropi* (36), *Il fu Mattia Pascal* (37), *Ecco la radio!* (39).

557. Bonos, I fratelli. Translated into English—The Bonos Brothers. The Italian equivalent of the Marx Brothers. They were Luigi (b. in Berlin, Germany. Married Antonella Steni), Gianni, and Vittorio. They reached their theatrical peak in the pre-war years, and appeared in several movies together, including: *L'ippocampo* (43), *Tutta la città canta* (43), *Il cappotto* (52). Then Vittorio died, and Luigi and Gianni carried on as a duo, and were seen in *Ridere ridere ridere* (54). Luigi had appeared in *Era lui. . .si! si!* (51), and *Il bandolero stanco* (52), while Gianni later featured in *La donna più bella del mondo* (55).

558. Bontempi, Giorgio. Director/writer. *Summit* (68), *Il contatto carnale* (73), *Notturno* (82).

559. Bonucci, Alberto. Actor. b. May 19, 1918, Campobasso. d. 1969. *Luci del varietà* (50), *Clandestino a Trieste* (51), *Totò a colori* (52), *Villa Borghese* (53), *Carosello napoletano* (54), *La contessa di Castiglione* (55), *Lo svitato* (55), *Susanna tutta panna* (57), *Femmine tre volte* (57), *Ladro lui, ladra lei* (57), *Promesse di marinaio* (58), *Il terrore dell'Oklahoma* (59), *Un mandarino per Teo* (60), *Gli incensurati* (60), *Il sangue e la rosa* (60), *Il mattatore* (60), *Walter e i suoi cugini* (61), *Il giudizio universale* (61), *Pugni, pupe e marinai* (61), *Twist, Lolite e vitelloni* (62), *L'amore difficile* (62 the episode "Il serpente" also d), *La vedovella* (62), *I tromboni di Fra' Diavolo* (62), *Le motorizzate* (63), *Gli imbroglioni* (63), *Le monachine* (63), *Amore in quattro dimensioni* (64), *Cleopazza* (64), *Follie d'Europa* (64), *Oltraggio al pudore* (64), *Letti sbagliati* (65), *Un mostro. . .e mezzo* (65), *I figli del leopardo* (65), *Le sette vipere* (65), *Il furto della Gioconda* (66), *Sette monaci d'oro* (66), *Tutte le altre ragazze lo fanno* (66), *La bisbetica domata* (67).

560. Bonuglia, Maurizio. Actor. *Trio* (67), *I protagonisti* (68), *Sensation* (68), *Calma ragazza, oggi mi sposo* (68), *Un detective, macchie di belletto* (68), *"Yellow: le cugine"* (69), *Le Mans scorciatoia per l'inferno* (70), *Cerca di capirmi* (70), *La taglia è tua, l'uomo l'ammazzo io, El Puro* (70), *Splendori e miserie di Mme. Royale* (71), *Mazzabubù. . .quante corne stanno quaggiù* (72), *La volpe dalla coda di velluto* (72), *L'arma, l'oro, il movente* (73), *Blu Gang vissero per sempre felici e ammazzati* (73), *Ludwig* (73), *La sepolta viva* (73), *Il profumo della signora in nero* (74), *Nipoti miei delitti* (74), *Il bacio* (74), *La nuora giovane* (75), *Bordella* (75), *Natale in casa di appuntamento* (76), *Sturmtrüppen* (76).

561. Bonzi, Camillo Bruto. Writer. b. March 7, Alessandria (Piemonte). *La rivincita di Maciste* (19 also story), *Maciste salvato dalle acque* (20 co-w/story), *La sconfitta dell'idolo* (20 sets), *In terra sarda* (20 also story), *La doppia accusa* (22 also story), *Tutto nel mondo è burla* (22 also co-d), *I Foscari* (22 co-w), *La compagnia dei matti* (28 also adapted).

562. Booke, Sorrell. U.S. actor. b. Jan. 4, 1926, Buffalo, N.Y. Most famous as Boss Hogg in the TV series *The Dukes of Hazzard*. *Matchless* (66).

563. Boone, Richard. U.S. actor. b. June 18, 1917, Los Angeles, Calif. d. Jan. 10, 1981, St. Augustine, Fla. RN: Richard Allen Boone. *Pistola di Dio* (76).

564. Booth, Anthony. U.K. actor. b. 1937. d. 1985. *La ragazza con la pistola* (68).

565. Booth, James. U.K. actor. b. Dec. 19, 1930, Croydon. RN: David Geeves-Booth. *Fraülein Doktor* (68).

566. Boratto, Caterina. Actress. b. March 15, 1916, Torino. *Vivere!* (36), *Marcella* (37), *Chi è più felice di me?* (38), *Hanno rapito un uomo* (38), *Dente per dente* (42), *Il romanzo di un giovane povero* (42), *Campo de' fiori* (43), *Il tradimento* (43), *8½* (63), *Giulietta degli spiriti* (65), *Diabolik* (67), *Pronto...c'è una certa Giuliana per te* (67), *Il tigre* (67), *Non stuzzicate la zanzara* (67), *Una storia d'amore* (68), *La monaca di Monza* (68), *Stasera mi butto* (68), *Fellini Satyricon* (69), *Castle Keep* (69 U.S.), *Ettore lo fusto* (71), *Un solo grande amore* (72), *La ragazza fuori strada* (74), *La bellissima estate* (74), *Le orme* (75), *Salò, o le 120 giornate* (75), *Primo amore* (78), *Uno contro l'altro... praticamente amici* (80), *La notte di Varennes* (82), *Claretta* (84), *32 dicembre* (88).

567. Borboni, Paola. Actress. b. 1900, Golese. Jacopo Ortis (17), *Vivere!* (36), *Lo smemorato* (37), *Giorno di nozze* (42), *Il viaggio del signor Perrichon* (43), *Le sorelle Materassi* (43), *La freccia nel fianco* (43), *È più facile che un cammello...* (50), *Roma, ore 11* (51), *Gelosia* (53), *I vitelloni* (53), *Roman Holiday* (53 U.S.), *Il caso Maurizius* (54), *Rosso e nero* (54), *L'oro di Roma* (61), *I complessi* (65), *Ménage all'italiana* (65), *Arabella* (67), *The Biggest Bundle Of Them All* (68 U.S.), *Colpo grosso alla napoletana* (69), *Quando le donne avevano la coda* (70), *La belva* (70), *All'ovest di Sacramento* (70), *Per grazia ricevuta* (71), *Sesso matto* (73), *Bello come un arcangelo* (74), *Paolo Barca, maestro elementare, praticamente nudista* (75), *L'albero della maldicenza* (78), *Il vizietto II* (80), *La cage aux folles II* (80).

568. Borderie, Raymond. French producer. b. March 30, 1897, Paris. *Gli amanti di Verona* (48), *Le vergini di Salem* (56).

569. Borel, Annik. Czech actress. *La lupa mannara* (77).

570. Borelli, Alda. Actress. b. 1882, Cava dei Tirenni. Sister of Lydia Borelli. *Tormento gentile* (16), *L'enfant de l'amour* (16), *Destino* (16), *Cuore ingrato* (16).

571. Borelli, Franco. Actor. *I due crociati* (68), *Concerto per pistola solista* (70), *Te Deum* (72), *Joe Valachi—i segreti di Cosa Nostra* (72), *Le guerriere dal seno nudo* (72).

572. Borelli, Lydia. Actress. b. March 22, 1887, La Spezia. d. June 2, 1959, Roma. *Ma l'amor mio non muore* (13), *Le memorie dell'altro* (13), *La donna nuda* (14), *Rapsodia satanica* (15), *Fior di male* (15), *Marcia nuziale* (15), *Il bosco sacro* (15), *Madame Tallien* (15), *La falena* (16), *Malombra* (16), *La vergine folle* (16), *Il dramma di una notte* (17), *La storia dei tredici* (17), *Carnevalesca* (17), *Una notte a Calcutta* (18), *La leggenda di santa Barbara* (18).

573. Borelli, Rosario. Actor. b. Dec. 15, 1927, Cerignola. *Vendetta di zingara* (50), *O.K. Nerone* (51), *Ragazze da marito* (52), *Il peccato di Anna* (53), *Il tesoro dell'Africa* (53), *Napoletani a Milano* (54), *Madonna delle rose* (54), *Piccola santa* (54), *Cantate con noi* (54), *Giuramento d'amore* (54), *Cantando sotto le stelle* (56), *Classe di ferro* (57), *Il ladro di Bagdad* (60), *La freccia d'oro* (62).

574. Borg, Washington. Writer. b. 1866, Alexandria, Egypt. d. Feb. 26, 1940, Roma. Of Maltese parents. *Principessa* (16), *Maman Poupée* (17), *Senza sole* (18), *Notturni* (19), *Oro* (19), *I vagabondi dell'amore* (20), *Mi chiamano Mimì* (28).

Viglione Borghese *see under V*

575. Borghesio, Carlo. Director. b. June 24, 1905, Torino. *Due milioni per un sorriso* (38 co-d), *Il peccato di Rogelia Sánchez* (39), *Il vagabondo* (41 co-d), *Il campione* (42), *Due cuori* (43), *Il processo delle zitelle* (44), *Come persi la guerra* (47), *L'eroe della strada* (48), *Come scopersi l'America* (49), *Capitan Demonio* (49), *Napoleone* (51), *Gli angeli del quartiere* (51 also co-w), *La corda d'acciaio* (53), *I due compari* (55).

576. Borghi, Mario. Producer. b. Nov. 12, 1907, Bologna. *La granduchessa si diverte* (40), *Cento lettere d'amore* (40), *Brivido* (41), *Luna di miele* (41), *Finalmente soli* (41), *Un garibaldino al convento* (41), *Dagli Appennini alle Ande* (43), *Macario contro Zagomar* (43), *Resurrezione* (43), *Tombolo, paradiso nero* (47), *Angelo tra la folla* (50), *Gli amanti di Ravello* (51), *Solo per te, Lucia* (52), *La figlia del diavolo* (52).

577. Borgnine, Ernest. U.S. actor. b. Jan. 24, 1917, Hamden, Conn. RN: Ermes Effron Borgnino. Lived in Milano from 1919 to 1924. *Il giudizio universale* (61), *Il re di Poggioreale* (61), *Barabba* (61), *I briganti italiani* (61), *Quei disperati che puzzano di sudore e di morte* (69), *Un uomo dalla pelle dura* (72), *Natale in casa di appuntamento* (76), *Gesù di Nazaret* (77 TV), *Poliziotto superpiù* (81), *Cane arrabbiato* (84), *Qualcuno pagherà* (89).

578. Borowczyk, Walerian. Polish director. b. Oct. 23, 1923, Kwilcz. Long in France. *Interno di un convento* (79 also w/e), *Lulù* (80), *Ars amandi—l'arte di amare* (83 also co-w/e).

579. Borromel, Charles. Actor. *Giuseppe venduto dai fratelli* (60), *Il gladiatore di Roma* (62), *Gladiatore di Messalina* (63), *Anno zero—guerra nello spazio* (77), *Ritratto di borghesia in nero* (78), *Anthropophagus II* (82), *Ator l'invincibile II* (83).

580. Bory, Jean-Marc. Swiss actor. b. 1934, Noville. *Gli amanti* (58), *Lupi nell'abisso* (59), *Il carro armato dell'8 settembre* (60), *RoGoPaG* (62 the episode "Il nuovo mondo"), *Un tentativo sentimentale* (64), *I visionari* (68).

Bosch, Juan *see* **Iquino, Ignacio**

581. Boschero, Dominique. Actress. *La freccia d'oro* (62), *La rimpatriata* (63), *A 007 sfida ai killers* (65), *Come rubare la corona d'Inghilterra* (66), *Borman* (66), *Libido* (66), *Contronatura* (68), *Franco, Ciccio e le vedove allegre* (68), *Anche nel west, c'era una volta Dio* (68).

582. Bosé, Lucia. Actress. b. Jan. 28, 1931, Milano. Miss Italia 1947. Retired in 1956 following marriage to bullfighter Luís Miguel Dominguín, but after their separation in the late 60s made a comeback. *Non c'è pace tra gli ulivi* (49), *Cronaca di un amore* (51), *È l'amor che mi rovina* (51), *Parigi è sempre Parigi* (51), *Le ragazze di piazza di Spagna* (51), *Roma, ore 11* (51), *Le due verità* (51), *Era lei che lo voleva* (53), *La signora senza camelie* (53), *Siamo donne* (53 the episode "La marsina stretta"), *Tradita* (54), *Accade al commissariato* (54), *Vacanze d'amore* (54), *Muerte de un ciclista* (54 Spain), *Sinfonia d'amore* (54), *Gli sbandati* (55), *Gli amanti di domani* (56), *Il testamento di Orfeo* (60), *Sotto il segno dello Scorpione* (68), *No somos de piedra* (68 Spain), *Nocturno 29* (68 Spain), *Del amor y otras soledades* (68 Spain), *Jurtzenka* (69 Spain), *Fellini Satyricon* (69), *Metello* (70), *Ciao Gulliver* (70), *Qualcosa striscia nel buio* (70), *La controfigura* (71), *L'ospite* (71), *Facce nude* (71), *Nathalie Granger* (72 France), *La Araucana, massacro degli dei* (72), *Un solo grande amore* (72), *La colonna infame* (73), *Ceremonia sangriente* (73 Spain), *Per le antiche scale* (74), *La Messe dorée* (75 France), *Lumière* (76 France), *Le vergini cavalcano la morte* (80), *La certosa di Parma* (80 TV), *La profonda luce dei sensi* (82), *Scene di un'amicizia tra donne* (82), *Cronaca di una morte annunciata* (87), *L'avaro* (90), *Volevo i pantaloni* (90).

583. Bosetti, Giulio. Actor. *Cronache di un convento* (62), *La città prigioniera* (62), *Le sette spade del vendicatore* (62), *Oro per i cesari* (62), *Il terrorista* (63), *Venere imperiale* (63), *Un tentativo sentimentale* (64), *Made in Italy* (65), *Un amico* (68), *Il ritorno di Casanova* (78).

584. Bosić, Andrea. Yugoslav actor. AKA: Andrea Bosich. *Maciste all'inferno* (60), *Romolo e Remo* (61), *Il tiranno di Siracusa* (61), *Rosmunda e Alboino* (61), *La vendetta della maschera di ferro* (62), *Giulietta e Romeo* (64), *I pirati della Malesia* (64), *El Greco* (65), *Il pistolero di Arizona* (66), *Uccidi o muori* (66), *Le spie uccidono in silenzio* (66), *I giorni dell'ira* (67), *Diabolik* (67), *Killer calibro 32* (67), *I giorni della violenza* (67), *Due pistole e un vigliacco* (67), *Genoveffa di Brabante* (67), *Le due facce del dollaro* (68), *Lo voglio morto* (68), *Rebus* (68), *Quindici forche per un assassino* (68), *Colpo maestro al servizio di Sua Maestà britannica* (68), *L'urlo dei giganti* (68), *Testa t'ammazzo... croce sei morto... mi chiamano Alleluia!* (70), *Un urlo dalle tenebre* (75), *L'occhio del male* (83).

585. Bosier, Roy. U.S. actor. AKA: Roy Bossier. Also a choreographer/musician. *Sette donne per i MacGregor* (66), *Meglio vedova* (67), *La bambalona* (68), *Giù la testa* (71), *Steppenwolf* (74).

586. Bosley, Tom. U.S. actor. b. 1927. Best known for TV's *Happy Days*. *Il Bang Bang Kid* (67).

587. Bost, Pierre. French writer. b. Sept. 5, 1901, La Salle. d. 1975. Worked much with Jean Aurenche. *Il diavolo in corpo* (47), *Le mura di Malapaga* (48 co-w), *Occupati d'Amelia* (49), *L'amante di una notte* (51), *La voce del silenzio* (52), *I sette* *peccati capitali* (52 co-w), *Destini di donne* (53 the episode "Giovanna d'Arco" co-w), *L'uomo e il diavolo* (54 co-w), *Occhio per occhio* (56), *La ragazza del peccato* (57 co-w), *Il delitto non paga* (62 co-w), *L'omicida* (63 co-w).

588. Botta, Leonardo. Actor. *La vedova X* (54), *Gli sbandati* (55), *Giuditta e Oloferne* (58), *Tre straniere a Roma* (58), *La maja desnuda* (58), *L'ultima preda del vampiro* (60).

589. Bottari, Franco. Director. *Guernica* (72), *Voglia di donna* (79), *La vedova del trullo* (80).

590. Bottin, Pina. Actress. b. Padova. Former Miss Italia contestant. *Il sole negli occhi* (53), *Il matrimonio* (53), *Il seduttore* (54), *Tua per la vita* (55), *Buonanotte, avvocato!* (55), *Lo scapolo* (55), *Da qui all'eredità* (55), *L'intrusa* (55), *Cantando sotto le stelle* (56), *Se il re lo sapesse* (57), *Il pirata dello sparviero nero* (58).

591. Bottini, Anna Maria. Actress. *La legge* (58), *Il gattopardo* (63).

592. Bouchet, Barbara. German-American actress. b. Aug. 15, 1943, Reichenburg. RN: Barbara Gutscher. *Colpo rovente* (69), *Il prete sposato* (70), *L'asino d'oro* (70), *Cerca di capirmi* (70), *Il debito coniugale* (70), *Replica di un delitto* (70), *Brancaleone alle crociate* (71), *Non commettere atti impuri* (71), *Alla ricerca del piacere* (71), *Forza G* (71), *Le calde notti di don Giovanni* (71), *Una cavalla tutta nuda* (72), *La tarantola dal ventre nero* (72), *Non si sevizia un paperino* (72), *L'uomo dagli occhi di ghiaccio* (72), *Sette orchidee macchiate di rosso* (72), *La dama rossa uccide sette volte* (72), *Finalmente le mille e una notte* (72), *Valeria dentro e fuori* (72), *Anche se volessi lavorare, che faccio?* (72), *Racconti proibiti...di niente vestiti* (72), *Una ragazza tutta nuda assassinata nel parco* (72), *Donna sopra femmina sotto* (72), *Un tipo con una faccia strana* (72), *Milano calibro 9* (72), *Ancora una volta prima di lasciarci* (73), *Conoscenza matrimoniale* (73), *Il tuo piacere è il mio* (73), *Quelli che contano* (74), *La badessa di Castro* (74), *L'anatra all'arancia* (74), *La svergognata* (74), *Per le antiche scale* (74), *L'adultera* (75), *L'amica di mia madre* (75), *40 gradi sotto il lenzuolo* (76), *Brogliaccio d'amore* (76), *Amore vuol dir gelosia* (76), *Tutti possono arricchire tranne i poveri* (76), *Eviolenti* (76), *Con la rabbia agli occhi* (76), *Spogliamoci così senza pudor...* (77), *Dove, come e quando* (77), *L'appuntamento* (77), *Diamanti sporchi di sangue* (78), *Come perdere una moglie e trovare un'amante* (78), *Travolto dagli affetti familiari* (78), *Liquirizia* (79), *Sabato, domenica e venerdì* (79), *La moglie in vacanza... l'amante in città* (80), *Per favore, occupati di Amelia* (81), *Perchè non facciamo l'amore* (81), *Crema, cioccolata e pa... prika* (81).

593. Boulanger, Daniel. French writer. b. 1922, Campiegne. *L'amante di cinque giorni* (61), *I sette peccati capitali* (62), *Scappamento aperto* (64), *Buccia di banana* (64), *Marie Chantal contro il dottor Kha* (65), *Un avventuriero a Tahiti* (66), *Tre passi nel delirio* (68 the episode "William Wilson" co-w).

594. Bouquet, Carole. French actress. b. Aug. 18, 1957, Neuilly-sur-Seine. *Il cappotto di astrakan* (80), *Bingo bongo* (82), *Mystère* (83), *Dagobert* (84).

595. Bouquet, Michel. French actor. b. 1926, Paris. *La torre del piacere* (54), *Il serpente* (73), *Ragione di stato* (78).

596. Bourdelle, Thomy. French actor. b. April 20, 1892, Paris. RN: Thomas Bourdelle. *Il ritorno di don Camillo* (53), *Allarme a sud* (53).

597. Bourdin, Lise. French actress. b. Dec. 30, 1925, Neris-les-Bains. *Scuola elementare* (54), *La donna del fiume* (54), *Disperato addio* (54), *Gli ultimi cinque minuti* (55), *Eliana e gli uomini* (56).

598. Bourdon, Jacques. Director. *La schiava di Bagdad* (63 co-d/2nd unit d)

599. Bourgoin, Jean. French director of photography. b. March 4, 1913, Paris. RN: Jean-Serge Bourgoin. AKA: Georges Bourgoin, Yves Bourgoin. *Siamo tutti assassini* (52), *Mio zio* (58), *La furia degli uomini* (63).

600. Bourseiller, Antoine. French actor. *Cleo dalle 5 alle 7* (62).

601. Bourvil. French actor. b. July 27, 1917, Petrot-Vicquemare. d. 1970. RN: André Raimbourg. Raised in the town of Bourvil. *Versailles* (53), *Il capitano del re* (60), *La guerra segreta* (65), *Colpo grosso ma non troppo* (65), *Quei temerari sulle loro pazze scatenate scalcinate carriole* (69).

602. Bouvette, Alain. French actor.

Napoleone Buonaparte (54), *Quartiere dei lillà* (57).

603. Bovo, Brunella. Actress. b. March 4, 1932, Padova. *Miracolo a Milano* (50), *Vivo di te* (50), *La vendetta di una pazza* (51), *Fanciulle di lusso* (52), *Lo sceicco bianco* (52), *Dieci canzoni d'amore da salvare* (53), *Scampolo 53* (53), *Soli per le strade* (53).

604. Bovo, Mariolina. Actress. b. Padova. Sister of Brunella Bovo. *Tre storie proibite* (52), *Stazione Termini* (53), *La sultana Safiyè* (53), *Il sacco di roma* (53), *Dramma nel porto* (57).

605. Bowker, Judi. U.K. actress. b. April 6, 1954, Shawford, Hants. *Fratello Sole sorella Luna* (73).

606. Bowler, Norman. U.K. actor. b. Aug. 1, 1932, London. *Gesù di Nazaret* (77 TV).

607. Bowles, Peter. U.K. actor. b. Oct. 16, 1936, London. *Blow Up* (66).

Box, Edgar *see* **Vidal, Gore**

Boyd, Rick *see* **Boido, Federico**

608. Boyd, Stephen. Irish actor. b. July 4, 1928, Belfast. d. June 2, 1977, Los Angeles, while playing golf. RN: William Millar. *Ladri al chiar di luna* (58), *Ben-Hur* (59), *Venere imperiale* (63), *La caduta dell'impero romano* (64), *La bibbia* (66), *Il papavero è anche un fiore* (66), *Marta* (71), *Il diavolo ha sette facce* (72), *Campa carogna. . .la taglia cresce* (72), *Lo chiamavano Mezzogiorno* (74), *L'uomo che sfidò l'organizzazione* (74), *La polizia interviene: ordine di uccidere* (76).

609. Boyer, Charles. French actor. b. Aug. 28, 1897, Figeac. d. Aug. 26, 1978, Phoenix, Ariz., U.S.A., a suicide. *I gioielli di Madame De. . .* (52), *Nanà* (55), *La fortuna di essere donna* (55), *Paris Palace Hotel* (56), *Una parigina* (57), *Stavisky* (74), *Nina* (76).

610. Boyer, Jean. French director. b. Jan. 26, 1901, Paris. d. 1965. *Il diavolo va in collegio* (43), *Il paese dei campanelli* (53), *I sette peccati di papà* (54).

611. Boyle, Katie. U.K. actress. b. 1929, Firenze. RN: Catherine Boyle (or possibly Caterina Di Francavilla). *Primo amore* (58).

612. Bozzuffi, Marcel. French actor. b. Oct. 28, 1929, Rennes. d. Feb. 2, 1988, Paris. Son of Italian parents. *Il giorno e l'ora* (63), *Allarme dal cielo* (64), *Valdez il mezzosangue* (73), *Fatti di gente perbene* (74), *Cadaveri eccellenti* (76), *L'uomo di Corleone* (77), *Seimila chilometri di paura* (79), *La cage aux folles* (79), *La cage aux folles II* (80), *Identificazione di una donna* (82).

613. Braccini, Lola. Actress. b. March 28, 1898, Pisa. *Piccola mia* (32), *Terra di nessuno* (38), *Traversata nera* (39), *Piccolo hotel* (39), *Imputato, alzatevi!* (39), *Giù il sipario* (39), *Manon Lescaut* (40), *Mille chilometri al minuto* (40), *Carmela* (42), *Bellissima* (51), *Buon viaggio, pover'uomo* (52), *L'età dell'amore* (53), *Il gattopardo* (63), *Sedotta e abbandonata* (64).

614. Bracco, Roberto. Writer. b. Nov. 10, 1861, Napoli. d. April 20, 1943, Sorrento. *Il diritto di vivere* (12), *Sperduti nel buio* (14), *L'avvenire in agguato* (15 original story), *Nei labirinti di un'anima* (16 original story), *Don Pietro Caruso* (16), *Nellina* (17), *La piccola fonte* (17), *Maternità* (17 original story), *Le due Marie* (19 original story), *Il piccolo santo* (19).

615. Bracken, Eddie. U.S. actor. b. Feb. 7, 1920, Astoria, N.Y. RN: Edward Vincent Bracken. *Una domenica d'estate* (61).

Bradly, Al *see* **Brescia, Alfonso**

Brady, Hal *see* **Miraglia, Emilio P.**

616. Bragadin, Marc'Antonio. Cowriter. b. Oct. 6, 1900, Roma. *I sette dell'Orsa maggiore* (53 also story), *La grande speranza* (53 also story), *Siluri umani* (54), *Divisione Folgore* (54), *Il prezzo della gloria* (55).

617. Bragaglia, Anton Giulio. Director. b. Feb. 11, 1889, Frosinone. Brother of Arturo Bragaglia and Carlo Ludovico Bragaglia. *Il perfido incanto* (16 co-d), *Thaïs* (16 co-d), *Un dramma nell'Olimpo* (17), *Il mio cadavere* (17), *Vele ammainate* (31).

618. Bragaglia, Arturo. Actor. b. Jan. 7, 1893, Frosinone. *Stasera alle undici* (37), *Imputato, alzatevi!* (39), *Il documento* (39), *La danza dei milioni* (40), *Maddalena, zero in condotta* (40), *Il capitano degli ussari* (40), *San Giovanni decollato* (40), *Una famiglia impossibile* (40), *Addio, giovinezza!* (41), *I mariti* (41), *Teresa Venerdì* (41), *Scampolo* (41), *I pirati della Malesia* (41), *Fari nella nebbia* (41), *Se io fossi onesto* (42), *Catene invisibili* (42), *La maestrina* (42), *Calafuria* (42), *Avanti, c'è posto* (42), *Dente per dente* (42), *La donna* *è mobile* (42), *Quattro passi fra le nuvole* (42), *Colpi di timone* (42), *La maschera e il volto* (42), *Due cuori fra le belve* (43), *La vita è bella* (43), *Spie tra le eliche* (43), *Tutta la vita in ventiquattr'ore* (43), *Lacrime di sangue* (44), *La moglie in castigo* (44), *I dieci comandamenti* (45 started in 43), *Albergo Luna, camera 34* (47), *Cuore* (48), *Il falco rosso* (49), *La bellezza del diavolo* (50), *Miracolo a Milano* (50), *Sette ore di guai* (51), *Ha da venì... don Calogero* (51), *Altri tempi* (51), *Bellissima* (51), *Il nemico pubblico n. 1* (53), *Il ritorno di don Camillo* (53), *Canto per te* (54), *Cose da pazzi* (54), *Il falco d'oro* (55), *La ragazza di via Veneto* (56), *Amore e chiacchiere* (57), *I battellieri del Volga* (58), *Gli amori di Ercole* (60).

619. Bragaglia, Carlo Ludovico. Director. b. July 8, 1894, Frosinone. *O la borsa o la vita* (32), *Non son gelosa* (33), *Un cattivo soggetto* (33), *Quella vecchia canaglia* (34), *Frutto acerbo* (34 co-d), *Amore* (35), *La fossa degli angeli* (37 co-d), *Belle o brutte si sposan tutte* (39), *L'amore si fa così* (39), *Un mare di guai* (39 also w), *Animali pazzi* (39), *Pazza di gioia* (40 also w), *Una famiglia impossibile* (40), *Il prigioniero di Santa Cruz* (40), *Alessandro, sei grande!* (40), *La forza bruta* (40), *Barbablù* (41 also w), *Due cuori sotto sequestro* (41), *L'allegro fantasma* (41 co-d), *La scuola dei timidi* (42), *Violette nei capelli* (42 also w), *La guardia del corpo* (42 also w), *Non ti pago!* (42), *Casanova farebbe così* (42), *Se io fossi onesto* (42 also w), *Fuga a due voci* (42), *Il fidanzato di mia moglie* (43), *Tutta la vita in ventiquattr'ore* (43), *La vita è bella* (43), *Non sono superstizioso, ma...* (43 co-d), *Lo sbaglio di essere vivo* (45), *Pronto, chi parla?* (45 co-d), *Torna a Sorrento* (45), *L'altra* (47), *Albergo Luna, camera 34* (47), *La primula bianca* (48), *Totò le Moko* (49), *Il falco rosso* (49), *Figaro qua, Figaro là* (50), *47, morto che parla* (50), *Le sei mogli di Barbablù* (51), *Totò cerca moglie* (51), *Una bruna indiavolata* (51), *L'eroe sono io!* (51 co-d), *Il segreto delle tre punte* (52), *A fil di spada* (52), *Don Lorenzo* (52), *Orient-Express* (55), *La cortigiana di Babilonia* (55 also co-w), *Il falco d'oro* (55), *Lazzarella* (57), *La Gerusalemme liberata* (57), *È permesso, maresciallo* (58), *Io, mammeta e tu* (58), *Caporale di giornata* (58), *La spada e la croce* (58), *Le cameriere* (59), *Annibale* (59 the Italian version, as opposed to the English version, *Hannibal*), *Gli amori di Ercole* (60), *Le vergini di Roma* (61 co-d), *Ursus nella valle dei leoni* (61), *Pastasciutta nel deserto* (61 co-d).

620. Brahm, John. German director. b. Aug. 17, 1893, Hamburg. d. 1982. RN: Hans Brahm. Long in the U.S.A. *Il ladro di Venezia* (50 co-d).

621. Brambell, Wilfred. Irish actor. b. 1912. d. 1985. Famous as TV's Steptoe. *Mano di velluto* (65).

622. Braña, Frank. Spanish actor. AKA: Francisco Braña. *I due violenti* (64), *Il segreto di Ringo* (65), *Bounty killer* (66), *Adios gringo* (66), *Faccia a faccia* (67), *Django non perdona* (67), *Ringo, il cavaliere solitario* (68), *L'uomo venuto per uccidere* (68), *Che fanno i nostri superman tra le vergini della giungla?* (71), *Il mio nome è Scopone e faccio sempre cappotto* (72), *Lo chiamavano Requiescant Fasthand* (72), *Dio in cielo...Arizona in terra* (72), *Hai sbagliato, dovete uccidermi subito!* (72), *I corvi ti scaveranno la fossa* (73), *La testa del serpente* (74), *...E così divennero i tre superman del west* (74).

623. Brancati, Vitaliano. Co-writer. b. July 24, 1907, Pachino. d. Sept. 25, 1954, Torino. *Don Cesare di Bazan* (42), *Gelosia* (42), *La bella addormentata* (42), *Enrico IV* (43), *Silenzio, si gira!* (43), *Anni difficili* (47), *Fabiola* (48), *Vulcano* (49), *È più facile che un cammello...* (50), *L'edera* (50), *Guardie e ladri* (51), *Signori, in carrozza!* (51), *Altri tempi* (51), *Tre storie proibite* (52), *La fiammata* (52), *Siamo donne* (53), *L'uomo la bestia e la virtù* (53), *Anni facili* (53), *Viaggio in Italia* (53), *Dov'è la libertà* (53), *L'arte di arrangiarsi* (54).

624. Brancia, Armando. Actor. *Amarcord* (73), *Grand Hotel Excelsior* (82).

625. Brand, Roland. Swiss actor. b. 1929. d. 1984. Long in the U.K. *Da Dunkerque alla vittoria* (79).

626. Brando, Marlon. U.S. actor. b. April 3, 1924, Omaha, Nebr. *Candy* (68), *Quemada* (69), *Ultimo tango a Parigi* (72).

627. Brandon, David. U.S. actor. *Prima del futuro* (85), *Cartoline italiane* (87), *Good Morning Babilonia* (87).

628. Brandon, Michael. U.S. actor. b. 1935. *Quattro mosche di velluto grigio* (71).

629. Brass, Tinto. Director. b. 1933, Milano. RN: Giovanni Tinto Brass. *India* (58 doc asst d), *Chi lavora è perduto* (63), *Ça ira: il fiume della rivolta* (64 doc also w), *Il disco volante* (64), *La mia signora* (65 the episodes "L'uccellino" and "L'automobile"), *Yankee, l'americano* (66 also co-w), *Col cuore in gola* (67), *L'urlo* (68 also co-w/story/e), *Nerosubianco* (68 also co-w/e), *La vacanza* (71 also co-w/e), *Salon Kitty* (76), *Caligola* (79), *Action* (79 also co-w/e), *La chiave* (83 also w/e), *Miranda* (85 also w), *Capriccio* (87 also co-w), *Snack Bar Budapest* (88 also p/w/e), *Paprika* (91 also co-w/e).

630. Brasseur, Claude. French actor. b. June 15, 1936, Paris. Son of Pierre Brasseur. *I sette peccati capitali* (62), *La furia degli uomini* (63), *Confetti al pepe* (63), *Buccia di banana* (64), *Gli eroi* (73).

631. Brasseur, Pierre. French actor. b. Dec. 22, 1903, Paris. d. 1972. RN: Pierre-Albert Espinasse. *Giuseppe Verdi* (38), *Papà Lebonnard* (39), *Ultima giovinezza* (39), *Gli amanti di Verona* (48), *Barbablù* (51), *Rasputin* (54), *Napoleone Buonaparte* (54), *Vestire gli ignudi* (54), *Quartiere dei lillà* (57), *La legge* (58), *Cartagine in fiamme* (59), *Il bell'Antonio* (60), *Il delitto non paga* (62), *Liolà* (64), *Un mondo nuovo* (65), *La più bella serata della mia vita* (72).

632. Braun, Pinkas. German actor. b. 1922. *4...3...2...1...morte* (67), *Clint il solitario* (68).

633. Brauss, Art. German actor. AKA: Artur Brauss. *Il treno* (64), *Sette baschi rossi* (68).

634. Bravetta, Vittorio Emanuele. Writer. b. Dec. 1, 1889, Livorno. *I mille* (12), *Battesimo di nave* (14), *L'ultimo cavaliere* (15), *Il suicidio sublime* (15), *La rivolta del bronzo* (15), *La maschera dell'eroe* (15), *La nave della morte* (16), *Champagne caprice* (18), *La maschera di Venere* (19), *Come si vendica il diavolo* (19), *L'uomo-réclame* (20), *Zavorra umana* (20), *Prometeo* (21), *Cipria e sangue* (21).

635. Bravo, Carlos. Spanish actor. AKA: Charlie Bravo. *Lo chiamavano Mezzogiorno* (74), *Cipolla Colt* (75), *Amore, piombo e furore* (77), *L'apache bianco* (84).

Bray, Oswald *see* **Brazzi, Oscar**

636. Brazzi, Oscar. Director. AKA: Oskar Brazzi, Oswald Bray. *Salvare la faccia* (68 p), *Il diario segreto di una minorenne* (68 also co-w), *Il gatto di Brooklyn aspirante detective* (72), *Gli angeli dalle mani bendate* (76), *Giro girotondo...con il sesso è bello il mondo* (76), *Atti impuri all'italiana* (77), *Il vangelo secondo san Frediano* (79), *Champagne e fagioli* (80).

637. Brazzi, Rossano. Actor. b. Sept. 8, 1916, Bologna. AKA: Edward Ross. Long in the U.S.A. *Ritorno* (39), *Processo e morte di Socrate* (40), *Kean, gli amori di un artista* (40), *La forza bruta* (40), *Il ponte di vetro* (40), *Il bravo di Venezia* (41), *Tosca* (41), *È caduta una donna* (41), *Il re si diverte* (41), *Una signora dell'ovest* (42), *Noi vivi* (42), *I due Foscari* (42), *La gorgona* (42), *Redenzione* (42), *Addio Kira!* (42), *Maria Malibran* (43), *Il treno crociato* (43), *Il paese senza pace* (43), *Silenzio, si gira!* (43), *La casa senza tempo* (43), *Cronaca di due secoli* (43 finished in 53 and never shown), *Malia* (45), *La resa di Titì* (45), *I dieci comandamenti* (45 started in 43), *Aquila Nera* (46), *Furia* (46), *La grande aurora* (46), *Eleanora Duse* (47), *Il passatore* (47), *La monaca di Monza* (47), *Il diavolo bianco* (47), *Il corriere del re* (48), *I contrabbandieri del mare* (49), *Vulcano* (49), *Little Women* (49 U.S.), *Romanzo d'amore* (50), *La corona nera* (50), *Gli inesorabili* (51), *Incantesimo tragico* (51), *La vendetta di Aquila Nera* (51), *L'ingiusta condanna* (52), *Eran 300* (52), *Il figlio di Lagardère* (52), *La leggenda di Genoveffa* (52), *La donna che inventò l'amore* (52), *La prigioniera della torre del fuoco* (52), *Il boia di Lilla* (53), *C'era una volta Angelo Musco* (53), *Il fuoco nelle vene* (53), *Angela* (54), *La contessa scalza* (54), *Three Coins in the Fountain* (54 U.S.), *Il terrore dell'Andalusia* (54), *La contessa di Castiglione* (55), *Faccia da mascalzone* (55), *Gli ultimi cinque minuti* (55), *La rossa* (55), *Il conte Aquila* (55), *Gina Lollobrigida* (56 doc appeared as himself), *Summertime* (56 U.S./U.K.), *Loser Takes All* (57 U.S.), *The Story of Esther Costello* (57 U.S.), *Interlude* (57 U.S.), *Timbuctù* (57), *South Pacific* (58 U.S.), *A Certain Smile* (58 U.S.), *Count Your Blessings* (59 U.S.), *Napoleone ad Austerlitz* (60), *L'assedio di Siracusa* (60), *Mondo cane* (62), *Rome Adventure* (62 U.S.), *Light in the Piazza* (62 U.S.), *Le quattro verità* (62 the episode "La lepre e la tartaruga"), *L'intrigo*

(63), *Il marito latino* (64), *La ragazza in prestito* (65), *The Battle of the Villa Fiorita* (65 U.S.), *Un amore* (65), *Il Natale che quasi non fu* (65 also d), *Sette volte donna* (67), *La ragazza del bersagliere* (67), *Per amore...per magia* (68), *Sette uomini e un cervello* (68 also d/co-p/co-w/story), *The Bobo* (68 U.S.), *Salvare la faccia* (68 also d), *Il re di Africa* (68), *Il diario segreto di una minorenne* (68 also co-w), *Krakatoa East of Java* (69 U.S.), *The Italian Job* (69 U.K.), *Assignment Istanbul* (70 U.K.), *Honeymoon with a Stranger* (70 U.S. TV), *The Adventurers* (70 U.S.), *Intima proibita di una giovane sposa* (70), *Il sesso del diavolo* (71), *Il giorno del giudizio* (71), *Political Asylum* (71 U.S.), *Detras de esa puerta* (72 Spain), *Racconti proibiti...di niente vestiti* (72), *Il castello dell'orrore* (73), *The Great Waltz* (73 U.S.), *Morir par amar* (73 Spain), *Mr Kingstreet's War* (73 U.S.), *Il cav. Costante Nicosia demoniaco* (75), *I telefoni bianchi* (76), *Il tempo degli assassini* (76), *Fatti nostri* (79), *Io e Caterina* (80), *Final Conflict* (80 U.S.), *Champagne e fagioli* (80), *Il paramedico* (82), *La vocazione di suor Teresa* (82), *La voce* (82), *Fear City* (84 U.S.), *Final Justice* (85 U.S.), *Russicum* (89).

638. Brega, Mario. Actor. AKA: Richard Stuyvesant. *I mostri* (63), *La parmigiana* (63), *Buffalo Bill, l'eroe del far west* (64), *Per un pugno di dollari* (64), *Per qualche dollaro in più* (65), *Il buono, il brutto, il cattivo* (66), *Bounty killer* (66), *Da uomo a uomo* (67), *La più grande rapina del west* (68), *Tenderly* (68), *Il grande silenzio* (68), *Un minuto per pregare, un istante per morire* (68), *Una lunga fila di croci* (69), *Se t'incontro, t'ammazzo* (70), *La taglia è tua, l'uomo l'ammazzo io, El Puro* (70), *È tornato Sabata, hai chiuso un'altra volta* (71), *Il mio nome è Nessuno* (73), *Basta con la guerra... facciamo l'amore* (74), *Simone e Matteo un gioco de' ragazzi* (75), *Quant'è bella la Bernarda, tutta nera, tutta calda* (76), *Il conto è chiuso* (76), *I sette del gruppo selvaggio* (77), *Il giocattolo* (79), *Un sacco bello* (80), *Una vacanza del cactus* (80), *Borotalco* (81), *C'era una volta l'America* (83), *Troppo forte* (85).

639. Brehat, Georges. French actor. b. Oct. 14, 1923, Île de Brehat, Normandy. *La spiaggia* (53), *Attila—flagello di Dio* (54), *Casa Ricordi* (54), *Gli amori di Manon Lescaut* (54), *Il vetturale del Moncenisio* (55), *Piccola posta* (55), *Guerra e pace* (56).

640. Breillat, Catherine. French novelist. b. July 13, 1948, Bressuire. *Ultimo tango a Parigi* (72 *), *...E la nave va* (83 wrote the English language version, *And the Ship Sailed On*).

641. Breillat, Marie-Hélène. French actress. b. July 13, 1948, Bressuire. Twin sister of Catherine Breillat. *Ultimo tango a Parigi* (72).

642. Brenna, Bettina. U.S. actress. b. 1945. *Un italiano in America* (67).

643. Brenon, Herbert. Irish director. b. Jan. 13, 1880, Dublin. d. 1958. Son of an Englishman. Went to the U.S.A. in 1896, and to the U.K. in 1934. *Beatrice* (19 co-d), *La principessa misteriosa* (20), *Sorella contro sorella* (20), *Il colchico e la rosa* (20).

Brent, Timothy *see* **Prete, Giancarlo**

644. Brescia, Alfonso. Director. AKA: Al Bradly, Al Bradley, Harold Bradley. *La rivolta dei pretoriani* (63), *Maciste, gladiatore di Sparta* (64 co-w), *Il conquistatore di Atlantide* (65), *La colt è la mia legge* (65 also co-w), *I giorni della violenza* (67 also *), *Killer calibro 32* (67), *Trenta Winchester per El Diablo* (67 co-w), *Carogne si nasce* (68), *Sei una carogna, t'ammazzo* (68), *Testa di sbarco per otto implacabili* (68), *Le calde notti di don Giovanni* (71), *Poppea, prostituta al servizio dell'impero* (72), *Una ragazza tutta nuda assassinata nel parco* (72), *Super Stooges vs The Wonder Woman* (75 Spain), *L'adolescente* (76), *Sangue di sbirro* (77), *Anno zero—guerra nello spazio* (77), *Cosmo 2000—l'invasione degli extracorpi* (77), *La guerra dei robot* (78), *Il "Mammasantissima"* (78), *Metallica* (78), *Sette uomini d'oro nello spazio* (78), *Lo scugnizzo* (78), *Napoli serenata calibro 9* (79), *L'ultimo guappo* (79), *Napoli...la camorra sfida, la città risponde* (79), *La bestia nello spazio* (80), *La tua vita per mio figlio* (80), *Zappatore* (80), *Carcerato* (81), *I figli...so' pezzi 'e core* (81), *Napoli—Palermo—New York; il triangolo della camorra* (81), *Giuramento* (82), *Tradimento* (82), *Laura...a 16 anni mi dicesti sì* (83).

645. Bressan, Carlo. Actor. b. June 30, 1912, Bari. *Giuseppe Verdi* (38), *Manon Lescaut* (40), *Oltre l'amore* (40), *Via delle cinque lune* (42), *La bella addormentata*

(42), *Una signora dell'ovest* (42), *All'ombra della gloria* (43).

646. Brialy, Jean-Claude. French actor. b. March 30, 1933, Aumale, Algeria. *Eliana e gli uomini* (56), *La notte brava* (59), *Vanina Vanini* (61), *I peccatori della Foresta Nera* (61), *La banda Casaroli* (62), *Arsenio Lupin contro Arsenio Lupin* (62), *Le tentazioni quotidiane* (62), *I sette peccati capitali* (62), *Cleo dalle 5 alle 7* (62), *Il castello in Svezia* (63), *La pappa reale* (63), *Uno dei tre* (63), *Il piacere e l'amore* (64), *La mandragola* (65), *Il morbidone* (65), *Io la conoscevo bene* (65), *I nostri mariti* (66), *Operazione San Pietro* (68), *Manon 70* (68), *Cose di Cosa Nostra* (70), *Una stagione all'inferno* (71), *Doppio delitto* (78), *La notte di Varennes* (82), *La ragazza di Trieste* (82), *C'era un castello con quaranta cani* (90).

647. Brice, Pierre. French actor, famous as Winnetou. *I cosacchi* (59), *Il rossetto* (60), *Il mulino delle donne di pietra* (60), *Le baccanti* (60), *La donna dei faraoni* (60), *Zorro contro Maciste* (62), *Col ferro e col fuoco* (62), *La valle dei lunghi coltelli* (63), *Giorni di fuoco* (64), *La Battaglia di Fort Apache* (64), *L'invincibile cavaliere mascherato* (64), *Là, dove scende il sole* (65), *Uccidere a Apache Wells* (65), *Old Surehand* (65), *Winnetou III* (65), *Spie contro il mondo* (66), *La notte dei dannati* (71), *La pupa del gangster* (75).

648. Bridges, Lloyd. U.S. actor. b. Jan. 15, 1913, San Leandro, Calif. RN: Lloyd Vernet Bridges. Father of Beau and Jeff Bridges. *Tre passi al nord* (50).

649. Bridou, Lucienne. French actress. *Blackjack* (68), *I lunghi giorni dell'odio* (68).

Bright, Maurice *see* **Lucidi, Maurizio**

650. Brignone, Guido. Director. b. Dec. 6, 1887, Milano. d. 1958, during the shooting of his last film. *Odette* (16 co-d), *...E l'altare crollò* (16), *Fiamme funeste* (16), *La morte bianca* (16), *Capricci d'amore* (16), *Il cuore dell'altra* (16), *Nei labirinti di un'anima* (16), *Primprinette* (16), *Ah, quella Dory!* (18), *Natacha* (18), *Il salice piangente* (18), *Il velo della felicità* (18), *Anna da San Celso* (19), *Mademoiselle se maquille* (19), *Il buon samaritano* (19), *Vendetta nel sole* (19), *Il milione di Kadwing* (20), *Dal 16 al 23 novembre* (20), *Il ventriloquo* (20), *Le perle di Cleopatra* (20), *Il tredicesimo commensale* (21), *Le campane di san Lucio* (21), *Fiamma nera* (21), *La lotta per la vita* (21), *Il quadro di Osvaldo Mars* (21), *Stecchini giapponesi* (21), *I conquistatori del mondo* (22), *La donna e l'armatura* (22), *I due sergenti* (22), *La fuga di Socrate* (23), *Le sorprese del divorzio* (23), *Largo alle donne!* (24), *Saetta impara a vivere!* (24), *Maciste imperatore* (24), *Maciste all'inferno* (25), *Maciste nella gabbia dei leoni* (26), *Il gigante delle Dolomiti* (26), *Pas sur la bouche* (28 co-d), *Una notte di follia* (29), *Corte d'assise* (30), *Rubacuori* (31), *Pergolesi* (32), *La Wally* (32), *Paradiso* (32), *La maestrina* (33), *La voce lontana* (33), *Teresa Confalonieri* (34), *Tenebre* (34), *Oggi sposi* (34), *Lorenzino de' Medici* (34), *Passaporto rosso* (35), *Ginevra degli Almieri* (35), *Nozze vagabonde* (36 the first ever 3-D film in sound), *Vivere!* (36), *L'antenato* (36), *Gli uomini non sono ingrati* (37), *Marcella* (37 co-d), *Sotto la croce del Sud* (38), *Chi è più felice di me?* (38), *Le sorprese del divorzio* (39), *La mia canzone al vento* (39), *Per uomini soli* (39), *Torna, caro ideal...!* (39), *Kean, gli amori di un artista* (40), *Cantate con me* (40), *Mamma* (41), *Beatrice Cenci* (41), *Il romanzo di un giovane povero* (42), *Miliardi, che follia!* (42), *La gorgona* (42), *Turbamento* (42), *Maria Malibran* (43), *Il fiore sotto gli occhi* (43), *Lacrime di sangue* (44), *Canto, ma sottovoce* (44), *Il bacio di una morta* (49), *La sepolta viva* (49), *Il nido di falasco* (50), *Santo disonore* (50), *Core 'ngrato* (51), *Il conte di Sant'Elmo* (51), *Inganno* (52), *Noi peccatori* (52), *Bufere* (52), *Processo contro ignoti* (53), *Papà pacifico* (54), *Ivan, il figlio del diavolo bianco* (54), *Quando tramonta il sole* (56), *Le schiave di Cartagine* (57 also co-w), *Nel segno di Roma* (58 Antonioni took over).

651. Brignone, Lilla. Actress. b. Aug. 23, 1913, Roma. Daughter of Guido Brignone. *Teresa Confalonieri* (34), *Passaporto rosso* (35), *Il serpente a sonagli* (35), *Il processo delle zitelle* (44), *Scadenza trenta giorni* (44), *Abbiamo vinto* (50), *Donne proibite* (53), *La risaia* (55), *I sogni nel cassetto* (57), *Pezzo, capopezzo e capitano* (58), *L'estate violenta* (59), *Lettere di una novizia* (60), *L'attico* (62), *L'eclisse* (62), *Rocambole* (62), *Tutto il bello dell'uomo* (62), *I promessi sposi* (63), *Coriolano, eroe senza patria* (63), *Orgasmo* (68), *La monaca* *di Monza* (68), *La bambalona* (68), *Camorra* (72), *Malizia* (72), *Pianeta Venere* (73), *Peccato veniale* (73), *La Tosca* (73), *Oh, Serafina!* (76), *Per amore* (76).

652. Brignone, Mercedes, Actress. b. May 18, 1885, Madrid, Spain. Daughter of actor Giuseppe Brignone, and niece of Guido Brignone. *La fiaccola sotto il moggio* (16), *La Gioconda* (16), *Maciste e il nipote d'America* (23), *La canzone dell'amore* (30), *Rubacuori* (31), *Teresa Confalonieri* (34), *L'antenato* (36), *Il documento* (39), *Cenerentola e il signor Bonaventura* (41), *Il fiore sotto gli occhi* (43), *Lorenzaccio* (51).

653. Brion, Françoise. French actress. b. 1934. *Confetti al pepe* (63).

654. Britt, Mai. Swedish actress. b. March 22, Lidingo. RN: Maybritt Wilkens. Discovered by Carlo Ponti. Married Sammy Davis, Jr. *Jolanda, la figlia del corsaro nero* (52), *Le infedeli* (52), *La lupa* (52), *La nave delle donne maledette* (53), *Cavalleria rusticana* (53), *Vergine moderna* (54), *Il più comico spettacolo del mondo* (54), *L'ultimo amante* (55), *Guerra e pace* (56), *Rivelazione* (56), *La tempesta* (58).

655. Brizzi, Anchise. Director of photography. b. Oct. 5, 1887, Poppi. *Il mistero della casa dirimpetto* (14), *Il falco e l'allodola* (14), *Per la sua felicità* (14), *La serenata della morte* (14), *Gli uomini neri* (14), *Ettore Fieramosca* (15), *Passione tzigana* (16), *La mano della morte* (16), *La portatrice di pane* (16), *Le figlie del mare* (18), *Miss Fluffy Ruffles* (18), *Il mio amante* (20), *La notte dell'anima* (20), *Il rosario della colpa* (20), *L'ultimo dei Borgia* (20), *Le perle di Cleopatra* (20), *Fiamma nera* (21), *La lotta per la vita* (21), *Il quadro di Osvaldo Mars* (21), *Le campane di san Lucio* (21), *Zero* (21), *Il segreto del morto* (21), *La donna e l'armatura* (22), *I conquistatori del mondo* (22), *I due sergenti* (22), *Per guadagnare cento milioni* (22), *Fierezza italica* (23), *Maciste e il nipote d'America* (23), *Treno di piacere* (23), *La taverna verde* (24), *Voglio tradire mio marito!* (25), *Maciste contro lo sceicco* (25), *Maciste nella gabbia dei leoni* (26 co-ph), *Beatrice Cenci* (26 co-ph), *La stella del cinema* (31), *La lanterna del diavolo* (31), *Due cuori felici* (32), *Pergolesi* (32 co-ph), *Palio* (32), *La telefonista* (32), *La maestrina* (33 co-ph), *Sette giorni cento lire* (33), *1860* (33), *Il caso Haller* (33), *Teresa Confalonieri* (34), *Quella vecchia canaglia* (34), *Treno popolare* (34 co-ph), *L'eredità dello zio buonanima* (35), *Amore* (35), *Porto* (35), *Re burlone* (35), *La gondola delle chimere* (35), *Squadrone bianco* (36), *I due misantropi* (36), *La damigella di Bard* (36), *Nozze vagabonde* (36), *Scipione l'Africano* (37), *Napoli d'altri tempi* (37), *Il signor Max* (37), *Batticuore* (38), *Le due madri* (38), *Partire* (38), *Dora Nelson* (39), *Una moglie in pericolo* (39), *Napoli che non muore* (39), *Grandi magazzini* (39), *Il sogno di Butterfly* (39), *Amami, Alfredo!* (40), *Una famiglia impossibile* (40), *Fortuna* (40), *Kiki* (40), *Manon Lescaut* (40), *Oltre l'amore* (40), *Melodie eterne* (40), *I promessi sposi* (41), *Orizzonte dipinto* (41), *Catene invisibili* (42), *Labbra serrate* (42), *Odessa in fiamme* (42), *Se io fossi onesto* (42), *I tre aquilotti* (42), *Le due orfanelle* (42), *Harlem* (42), *Maria Malibran* (43), *Tristi amori* (43), *Il viaggio del signor Perrichon* (43), *Che distinta famiglia!* (45 made in 43), *O sole mio* (45), *Sciuscià* (46), *Amanti in fuga* (46), *La certosa di Parma* (47 co-ph), *Otello* (51 co-ph), *Ultimo incontro* (51), *Messalina* (51 co-ph), *Don Lorenzo* (52), *La donna che inventò l'amore* (52), *Buongiorno, elefante!* (52), *Art. 519, codice penale* (52), *Il mondo le condanna* (52), *Donne proibite* (53), *Per salvarti ho peccato* (53), *Il ritorno di don Camillo* (53), *Pietà per chi cade* (53), *Gli amori di Manon Lescaut* (54), *Le due orfanelle* (54), *Il conte Aquila* (55), *Io piaccio* (55), *Don Camillo e l'onorevole Peppone* (55), *Peccato di castità* (56), *Addio per sempre* (57), *Il cielo brucia* (57), *Peppino, le modelle e... "Chella Llà"* (57), *Il cavaliere senza terra* (58), *Totò, Peppino e le fanatiche* (58), *Il sepolcro dei re* (60).

656. Brochard, Jean. French actor. b. March 12, 1893, Nantes. *La signora dalle camelie* (52), *I vitelloni* (53), *Era di venerdì 17* (56).

657. Brochard, Martine. French actress. b. 1946. *Le monache di sant'Arcangelo* (72), *No, il caso è felicemente risolto* (73), *La nottata* (74), *Il fidanzamento* (75), *Fango bollente* (76), *Quel movimento che mi piace tanto* (76), *Il solco di pesca* (76), *C'è una spia nel mio letto* (76), *Una donna alla finestra* (77), *Una spirale di nebbia* (77), *Mannaja* (77), *Gatti rossi in un labirinto di vetro* (78), *Stringimi* *forte, papà* (78), *L'ebreo fascista* (79), *La sconosciuta* (79), *Il medium* (80), *White "Pop" Jesus* (80), *Notturno con grido* (80), *L'ossessione che uccide* (81), *Paprika* (91).

658. Brochero, Eduardo M. Writer. RN: Eduardo Maria Brochero. *L'uomo della valle maledetta* (63), *La carica del 7 Cavalleggeri* (64), *Django, killer per l'onore* (66 co-w), *Adios hombre* (66 co-w), *Per un pugno nell'occhio* (66), *Ringo, volto della vendetta* (66 co-w), *Ringo, il cavaliere solitario* (68), *Uno straniero a Paso Bravo* (68 co-w), *I vigliacchi non pregano* (68 co-w), *Una pistola per cento bare* (68 co-w), *Il re di Africa* (68 also story), *Due croci a Danger Pass* (68 co-w), *Tutto per tutto* (68 co-w), *Ad uno ad uno... spietatamente* (68 co-w), *L'uomo chiamato Apocalisse Joe* (70 co-w), *Anda muchacho spara* (70 co-w), *Matalo!* (71 co-w), *Una nuvola di polvere... un grido di morte... arriva Sartana* (71 co-w), *Lo chiamavano Requiescant Fasthand* (72 co-w).

Brogi Taviani, Franco *see* **Taviani**

659. Brogi, Giulio. Actor. b. 1935. AKA: Giulio Broggi. *I sovversivi* (67), *Gangster 70* (68), *Galileo* (68), *La strategia del ragno* (69), *Der leone have sept cabeças* (70), *Le avventure di Enea* (74), *Lo stregone in città* (73), *L'invenzione di Morel* (75), *Quanto è bello lu murire acciso* (76), *Il gabbiano* (77), *San Michele aveva un gallo* (78), *Morire a Roma* (78), *Il prato macchiato di rosso* (78), *Semmelweiss* (80), *Il portaborse* (91).

660. Bromberger, Hervé. French director. b. Nov. 11, 1918, Marseille. *Nagana* (54), *Le quattro verità* (62 the episode "The Fox and the Crow").

661. Bronson, Charles. U.S. actor. b. Nov. 3, 1920, Ehrenfeld, Pa. RN: Charles Buchinski. *C'era una volta il west* (68), *Lola* (70), *Città violenta* (70), *Sole rosso* (71), *Joe Valachi—i segreti di Cosa Nostra* (72), *Valdez il mezzosangue* (73).

Bronston, Frank *see* **Mario Bianchi**

662. Bronston, Samuel. U.S. producer. b. 1909, Bessarabia (Rumania). *El Cid* (61), *La caduta dell'impero romano* (64).

663. Bronzi, Francesco. Art director. *Lo sbarco di Anzio* (68 set decorator), *Città violenta* (70), *Porgi l'altra guancia* (74), *Per questa notte* (77), *Agguato sul fondo* (78), *Quando la coppia scoppia* (81), *Banana Joe* (82), *Via degli specchi* (83), *Kaos* (83).

664. Brook, Claudio. Mexican actor. b. 1927. *Viva Maria* (65), *Troppo per vivere... poco per morire* (66), *L'assassino ha le ore contate* (68), *L'assassinio di Trotsky* (72).

665. Brooke-Taylor, Tim. U.K. actor. b. July 17, 1940, Buxton, Derbyshire. *Una su tredici* (69), *La statua* (70).

666. Brooks, Geraldine. U.S. actress. b. Oct. 29, 1925, N.Y.C. d. June 19, 1977, Riverhead, N.Y. RN: Geraldine Stroock. *Ho sognato il paradiso* (49), *Vulcano* (49), *La strada* (54 dubbed for U.S. release).

667. Brosio, Valentino. Director of production. b. Feb. 25, 1903, Torino. *La mazurka di papà* (38), *La dama bianca* (38), *Due milioni per un sorriso* (38), *L'eredità in corso* (39), *Vento di milioni* (39), *La forza bruta* (40), *L'elisir d'amore* (40 unfinished), *I promessi sposi* (41), *Un colpo di pistola* (41), *Malombra* (42), *La fumeria d'oppio* (47), *Ti ritroverò* (48), *Paolo e Francesca* (49 p), *Tormento* (50), *I figli di nessuno* (51).

Brown, Carol *see* **Calò, Carla**

Brown, Carrol *see* **Carotenuto, Bruno**

668. Brown, Eleanora. U.S. actress. *La Ciociara* (61), *Il giudizio universale* (61), *Amore mio* (64), *La battaglia dei mods* (66), *Cuore matto... matta da legare* (67), *Sentenza di morte* (67), *Nude... si muore* (67), *Il tigre* (67), *Quindici forche per un assassino* (68).

Brown, George *see* **Wertmüller, Lina**

669. Brown, Jim. U.S. actor. b. Feb. 17, 1936, St. Simon's Island, Ga. Former football player. *La parola di un fuorilegge ... è legge* (74).

670. Brown, Penny. U.S. actress. *Quando dico che ti amo* (67), *Una lucertola con la pelle di donna* (71), *I guerrieri dell'anno 2072* (83).

671. Brown, Robert. U.K. actor. b. 1918, Swanage. RN: Robert James Brown. *La contessa scalza* (54), *Elena di Troia* (56), *Ben-Hur* (59).

672. Brown, Strelsa. Actress. *Saffo, venere di Lesbo* (60).

673. Browne, Cicely. U.S. actress. *Quemada* (69), *Che?* (72), *Casanova e compagnia* (76).

674. Browne, Roger. Actor. *Vulcano, figlio di Giove* (61), *Marte, dio della guerra* (62), *I dieci gladiatori* (63), *Gli schiavi più* *forti del mondo* (63), *I tre centurioni* (64), *La vendetta di Spartaco* (64), *Sette contro tutti* (64), *Operazione Poker* (65), *Hercules and the Princess of Troy* (65 U.S. TV), *Le spie amano i fiori* (66), *Come rubare la corona d'Inghilterra* (66), *Samoa, regina della giungla* (69), *Diario segreto di un carcere femminile* (74).

675. Bru, Myriam. French actress. b. April 20, 1932, Paris. Married Horst Buchholz. *Eran 300* (52), *Gli uomini, che mascalzoni!* (53), *Siamo donne* (53 the episode "Il ventaglio"), *Puccini* (53), *Ti ho sempre amato* (53), *Casa Ricordi* (54), *Appassionatamente* (54), *Le due orfanelle* (54), *Gli amori di Manon Lescaut* (54), *Il padrone sono me* (55), *Vacanze ad Ischia* (57), *Nella città l'inferno* (58), *Resurrezione* (58).

676. Bruhns, Werner. German actor. b. 1928. *1900* (76).

677. Bruna, Ria. Actress. *L'altro io* (17), *La donna e il cadavere* (19), *Il cadavere vivente* (20), *La fuggitiva* (20), *La douleureuse* (20), *Il Ponte dei sospiri* (21), *La congiura di san Marco* (22), *Germaine* (23), *Core furastiero* (25).

678. Bruno, Edoardo. Director/writer. *La sua giornata di gloria* (68 also story/e).

679. Bruno, Nando. Actor. b. Oct. 6, Roma. AKA: Fernando Bruno. *L'ha fatto una signora* (38), *Montevergine* (39), *Dora Nelson* (39), *Due cuori fra le belve* (43), *L'ultima carrozzella* (43), *Roma città aperta* (45), *La vita ricomincia* (45), *Mio figlio professore* (46), *Roma città libera* (46), *Vivere in pace* (47), *Il delitto di Giovanni Episcopo* (47), *L'onorevole Angelina* (47), *Come persi la guerra* (47), *Gioventù perduta* (47), *Emigranti* (48), *Natale al campo 119* (48), *Molti sogni per le strade* (48), *La fiamma che non si spegne* (49), *Se fossi deputato* (49), *Vent'anni* (49), *I peggiori anni della nostra vita* (49), *Vogliamoci bene* (49), *La sposa non può attendere* (50), *Donne e briganti* (50), *Sambo* (50), *Una bruna indiavolata* (51), *Signori, in carrozza!* (51), *Bellezze a Capri* (51), *Trieste mia!* (51), *Lo sceicco bianco* (52), *Imbarco a mezzanotte* (52), *Buon viaggio, pover'uomo* (52), *Buongiorno, elefante!* (52), *Cinque poveri in automobile* (52), *Una di quelle* (52), *A fil di spada* (52), *Stazione Termini* (53), *Lasciateci in pace* (53), *Prima di sera* (53), *La corda d'acciaio* (53), *Due notti con Cleopatra* (53), *Scampolo 53* (53), *Ivan, il figlio del diavolo bianco* (54), *Ballata tragica* (54), *Mia moglie non si tocca* (54), *La bella Otero* (55), *Destinazione Piovarolo* (55), *Gli ultimi cinque minuti* (55), *Cortile* (55), *I giorni più belli* (56), *La banda degli onesti* (56), *La ragazza del Palio* (58), *Il mattatore* (60), *Il vigile* (60), *Desideri proibiti* (63).

680. Brusati, Franco. Co-writer. b. Aug. 4, 1922, Milano. Later turned to directing as well. *Due mogli sono troppe* (50), *Il brigante Musolino* (50), *Domenica d'agosto* (50), *Atto d'accusa* (50), *Senza bandiera* (50), *Anna* (51), *Moglie per una notte* (52), *I tre corsari* (52), *Gli eroi della domenica* (52 co-d/w), *Le infedeli* (52), *L'età dell'amore* (53), *I tre ladri* (53), *Siluri umani* (54), *Ulisse* (54), *Il padrone sono me* (55 d/w), *Il disordine* (62 d), *Tenderly* (68 d/co-w/co-story), *Romeo e Giulietta* (68), *Seduto alla sua destra* (68), *I tulipani di Haarlem* (69 also d), *Pane e cioccolata* (73 d), *Dimenticare Venezia* (79 also d/story), *Il buon soldato* (82 also d), *Lo zio indegno* (89 also d).

681. Bruschi, Tullio. Director. b. April 27, 1922, Lecco. Directed the feature film *Il signor Bonaventura* (53), and the following documentaries: *Jubilaeum* (49), *Sui tetti di Roma* (50), *Gente dei fari* (50), *Origine dell'alfabeto* (50), *Parliamo del gatto* (51), *Linguaggio del volto* (51), *La lotta* (51), *La regola 12* (52), *Stomatologia nei tempi* (52), *Lotta giapponese* (52), *Tiro al bersaglio* (53), *Pietre dure* (54), *Salvador Dali* (54), *Pitture romane* (54), *Ginnastica razionale* (54), *Arte cinese* (54), *Il milione* (54), *Arte del vetro* (54), *Scuola degli orafi* (55), *Gemmologia* (55), *Equitazione* (55), *Il vittoriano* (55), *Tempo di Ravenna* (55).

682. Bryan, John. U.K. producer/art director. b. 1911, London. d. 1969. *Caccia alla volpe* (66 p).

683. Brynner, Yul. International actor. b. July 12, 1915, Sakhalin Island, on the Russo/Japanese border. d. Oct. 10, 1985, N.Y.C. *Il testamento di Orfeo* (60), *Il papavero è anche un fiore* (66), *Indio Black: sai che ti dico...sei un gran figlio di...* (70), *Il faro in capo al mondo* (71), *Il serpente* (73), *Gli indesiderabili* (76), *Con la rabbia agli occhi* (76).

684. Buazzelli, Tino. Actor. b. Sept. 13, 1922, Frascati. *La fiamma che non si* *spegne* (49), *Vivere a sbafo* (49), *Margherita da Cortona* (50), *La strada finisce sul fiume* (50), *La Bisarca* (50), *I fuorilegge* (50), *Le sei mogli di Barbablù* (51), *Il conte di Sant'Elmo* (51), *Contro la legge* (51), *Il bandolero stanco* (52), *I morti non pagano le tasse* (52), *Donne proibite* (53), *Il nemico pubblico n. 1* (53), *Capitan Fantasma* (53), *Il cardinale Lambertini* (54), *Totò all'inferno* (54), *Il conte Aquila* (55), *Fantasmi a Roma* (60), *Chi lavora è perduto* (63), *Ça ira: il fiume della rivolta* (64 doc co-narrator), *Caccia alla volpe* (66).

685. Buccella, Grazia. Actress. b. 1940. AKA: Maria Grazia Buccella. *Le Cap de l'Espérance* (51 France), *Rasputin* (54), *La strada dei giganti* (60), *L'ultimo zar* (60), *Fontana di Trevi* (60), *Pesci d'oro e bikini d'argento* (62), *Nerone 71* (62), *Il crollo di Roma* (62), *Canzoni in bikini* (63), *Les Amoureux du "France"* (63 France), *La donna degli altri è sempre più bella* (63), *Adultero lui, adultera lei* (63), *Siamo tutti pomicioni* (63), *Cover Girls* (64), *Le Gentleman de Cocody* (64 France), *Il gaucho* (64), *L'idea fissa* (64), *Bianco, rosso, giallo, rosa* (65), *Una vergine per il principe* (65), *La guerra segreta* (65), *Su e giù* (65 the episode "Il sogno"), *Ménage all'italiana* (65), *Adulterio all'italiana* (65), *L'armata Brancaleone* (66), *Le piacevoli notti* (66), *Caccia alla volpe* (66), *Domani non siamo più qui* (67), *Ti ho sposato per allegria* (68), *Deux billets pour Mexico* (68 France), *Villa Rides* (68 U.S.), *Sissignore!* (68), *Uno scacco tutto matto* (68), *Dove vai tutta nuda?* (68), *Infanzia, vocazione e prime esperienze di Giacomo Casanova veneziano* (69), *Basta guardarla* (71), *Il provinciale* (71), *La violenza: quinto potere* (72), *La collera del vento* (72), *Romolo e Remo* (73), *Nerone* (76), *Quando c'era lui...caro lei* (78), *Ma ...di che sesso sei?* (79), *L'importante è non farsi notare* (80).

686. Bucceri, Franco. Actor/writer. *Un giorno da leoni* (61 *), *Requiescant* (67 co-w original idea), *Mangiala!* (68 co-w), *Lo chiamavano California* (76 co-w), *Occhio malocchio prezzemolo e finocchio* (83 *), *Carabinieri si nasce* (85 co-w).

687. Bucchi, Valentino. Composer. b. Nov. 29, 1916, Firenze. *Ragazza che dorme* (40), *Preludio d'amore* (46), *Il cielo è rosso* (49), *Febbre di vivere* (53).

688. Buchholz, Horst. German actor. b. Dec. 4, 1932, Berlin. *Resurrezione* (58), *La noia* (64), *Le meravigliose avventure di Marco Polo* (65), *Colpo grosso a Galata Bridge* (65), *Johnny Banco* (68), *Cervantes* (68), *Come, quando, con chi?* (69), *La colomba non deve volare* (69), *Da Dunkerque alla vittoria* (79), *Fuga dal paradiso* (90).

689. Buchs, Julio. Spanish director. AKA: Julio García. *Django non perdona* (67 also co-w), *...E divenne il più spietato bandito del sud* (67 also co-w), *Amori di una minorenne* (69), *Quei disperati che puzzano di sudore e di morte* (69 also co-w).

690. Buferd, Marilyn. U.S. actress. b. 1927. Miss America 1948. In Italy since that year. *La macchina ammazzacattivi* (48), *Al diavolo la celebrità* (49), *Totòtarzan* (50), *L'inafferabile 12* (50), *Marakatumba...ma non è una rumba* (51 made in 49), *Io sono il capataz!* (51), *Fuoco nero* (51), *Le belle della notte* (52), *Quando le donne amano* (52), *La provinciale* (53), *Mizar* (54).

691. Buffardi, Gianni. Producer. *Il mare* (62), *Faustina* (68), *Number One* (73 d/w).

692. Bufi Landi, Aldo. Actor. b. April 7, 1923, Napoli. AKA: Aldo Landi. *Malaspina* (47), *Il bacio di una morta* (49), *La figlia della madonna* (49), *Signorinella* (49), *La presidentessa* (52), *Il brigante di Tacca del Lupo* (52), *Perdonami!* (52), *Giuseppe Verdi* (53), *La grande speranza* (53), *Carosello napoletano* (54), *Divisione Folgore* (54), *Bella non piangere* (54), *La grande avventura* (55), *Il nostro campione* (55), *La rossa* (55), *La rivale* (56), *I magliari* (59), *Il mattatore* (60), *L'ultimo dei vichinghi* (61), *Maciste nella terra dei ciclopi* (61), *Zorro contro Maciste* (62), *Sansone contro i pirati* (63), *Sir Francis Drake, il re dei sette mari* (63), *L'avventuriero della Tortuga* (64), *I misteri della giungla nera* (64), *L'invincibile cavaliere mascherato* (64), *Made in Italy* (65), *Superargo e i giganti senza volto* (67), *The Biggest Bundle of Them All* (68 U.S.), *Il re di Africa* (68), *Un corpo caldo per l'inferno* (68), *Don Chisciotte e Sancho Panza* (68), *Midas Run* (69 U.S.), *Decameroticus* (72).

693. Bugner, Joe. U.K. boxer, former discus thrower. b. March 16, 1950, Hungary. Acted in a few films. *Lo chiamavano Bulldozer* (79), *Uno sceriffo extraterrestre*

. . .poco extra e molto terrestre (79), *Occhio alla penna* (81).

694. Bulajić, Dusan. Yugoslav actor. *Là, dove scende il sole* (65), *Fraülein Doktor* (68).

695. Buñuel, Jean Luís. French director. b. Nov. 9, 1934, Paris. AKA: Juan Buñuel. Son of Luís Buñuel. *Leonor* (75 also co-w).

696. Buñuel, Luís. Spanish director/co-writer. b. Feb. 22, 1900, Calanda. d. July 29, 1983, Mexico City, Mexico. *Gli amanti di domani* (56), *Il diario di una cameriera* (64), *Bella di giorno* (67), *Tristana* (70), *Il fascino discreto della borghesia* (72), *Il monaco* (72 co-w).

697. Buono, Victor. U.S. actor. b. 1938, San Diego, Calif. d. 1982. *La collina degli stivali* (69), *In nome del padre* (71), *L'uomo dagli occhi di ghiaccio* (72), *Lo strangolatore di Vienna* (73).

698. Burel, Léonce-Henry. French director of photography. b. Nov. 23, 1892, Indret. *Il letto* (53 the episode "Riviera-Express"), *Pelle d'oca* (63).

699. Burgess, Anthony. U.K. writer. b. 1917. RN: John Burgess Wilson. *Mosè* (76 co-w), *Gesù di Nazaret* (77 TV).

700. Burke, Samson. Canadian wrestler. RN: Samuel Berg. AKA: Guido Scortichini. Acted in a few movies. *Totò contro Maciste* (60), *La vendetta di Ursus* (61), *Straziami. . .ma di baci saziami* (68).

701. Burnett, Don. U.S. actor. *Il tiranno di Siracusa* (61).

702. Burns, Mark. U.K. actor. b. March 30, 1936, Worcestershire. *Il giorno e l'ora* (63), *Morte a Venezia* (70), *Ludwig* (73), *Giordano Bruno* (73).

703. Burton, Lee. Actor. b. 1929. RN: Guido Lollobrigida. A cousin of Gina Lollobrigida. He is also well-known as a racing driver. *Django spara per primo* (66), *Uccidete Johnny Ringo* (66), *100.000 dollari per Ringo* (66), *O.K. Connery* (67), *L'uomo, l'orgoglio, la vendetta* (67), *Vivo per la tua morte* (68), *Roma come Chicago* (68), *Preparati la bara* (68), *Giugno 44 sbarcheremo in Normandia* (68), *El "Che" Guevara* (68), *Joko, invoca Dio. . .e muori* (68), *Cimitero senza croci* (68), *E Dio disse a Caino* (69), *Roy Colt e Winchester Jack* (69), *La belva* (70), *Il giorno del giudizio* (71), *Quel maledetto giorno della resa dei conti* (71), *Sole rosso* (71), *Campa carogna. . .la taglia cresce* (72), *Blu Gang vissero per sempre felici e ammazzati* (73), *Number One* (73), *Roma rivuole Cesare* (74).

704. Burton, Richard. Welsh actor. b. Nov. 10, 1925, Pontrhydfen. d. Aug. 5, 1984, Celigny, Switzerland. RN: Richard Walter Jenkins. *La bisbetica domata* (67), *Candy* (68), *Boom* (68), *L'assassinio di Trotsky* (72), *Rappresaglia* (73), *Il viaggio* (74).

705. Bussières, Raymond. French actor. b. Nov. 3, 1907, Ivry-la-Bataille. d. 1982. *Il fiacre n. 13* (47), *Le belle della notte* (52), *Il ritorno di don Camillo* (53), *Napoleone Buonaparte* (54), *Chéri-Bibi, il forzato della Guiana* (55), *Paris Palace Hotel* (56), *Quartiere dei lillà* (57), *A cavallo della tigre* (61), *Le meraviglie di Aladino* (62), *Le quattro verità* (62), *Il west ti fa stretto, amico. . .è arrivato Alleluia!* (72).

706. Butkus, Dick. U.S. actor. b. Dec. 9, 1942, Chicago, Ill. RN: Richard J. Butkus. Former football player, probably the best middle-linebacker of all time. *Cipolla Colt* (75).

707. Butler, Hugo. Canadian writer. b. May 4, 1914, Calgary. d. 1968. *Sodoma e Gomorra* (62 wrote the English-language version, *Sodom and Gomorrah*), *Eva* (62 co-w).

708. Buzzanca, Gino. Actor. *Anni facili* (53), *La romana* (54), *Due lacrime* (54), *L'arte di arrangiarsi* (54), *Siamo uomini o caporali?!* (54), *Yalis, la vergine del Roncador* (54), *Vendicata* (54), *Agguato sul mare* (54), *Addio sogni di gloria* (54), *Donne sole* (55), *Quando tramonta il sole* (56), *Orlando e i paladini di Francia* (56), *Peccato di castità* (56), *Parola di ladro* (57), *Il medico e lo stregone* (57), *Maciste contro Ercole nella valle dei guai* (62), *Non aspettare, Django. . .spara* (69).

709. Buzzanca, Lando. Actor. b. 1937. *Divorzio all'italiana* (61), *I giorni contati* (62), *Le monachine* (63), *La parmigiana* (63), *I mostri* (63), *Senza sole nè luna* (63), *Cadaveri per la signora* (64), *I marziani hanno dodici mani* (64), *Sedotta e abbandonata* (64), *L'idea fissa* (64), *Su e giù* (65 the episode "Questione di principio"), *Made in Italy* (65), *Colpo grosso ma non troppo* (65), *Extraconiugale* (65 the episode "La roccia"), *I nostri mariti* (66), *Letti sbagliati* (65), *Per qualche dollaro in* *meno* (66), *Le Lit à deux places* (66 France), *Ringo e Gringo contro tutti* (66), *Caccia alla volpe* (66), *James Tont. . .operazione U.N.O.* (66), *James Tont. . .operazione D.U.E.* (66), *Don Giovanni in Sicilia* (67), *Spia spione* (67), *Una rosa per tutti* (67), *Le dolci signore* (67), *Meglio vedova* (67), *Fermate il mondo. . .voglio scendere* (67), *Frau Wirtin hat auch eine Nichte* (68 Germany), *Operazione San Pietro* (68), *Sette uomini e un cervello* (68), *Colpo di sole* (68), *Professione bigamo* (69), *Puro siccome un angelo, papà mi fece monaco* (69), *Nell'anno del Signore* (69), *Un caso di coscienza* (70), *Il debito coniugale* (70), *Quando le donne avevano la coda* (70), *Il prete sposato* (70), *La belva* (70), *La prima notte del dottor Danieli, industriale col complesso del. . .giocattolo* (70), *Homo eroticus* (71), *Il merlo maschio* (71), *Il vichingo venuto dal sud* (71), *All'onorevole piacciono le donne* (72), *Un tipo con una faccia strana* (72), *Jus primae noctis* (72), *Quando le donne persero la coda* (71), *Il sindacalista* (72), *L'uccello migratore* (72), *Io e lui* (73), *Il magnate* (73), *La schiava, io ce l'ho e tu no* (73), *L'arbitro* (74), *Bello come un arcangelo* (74), *Il domestico* (74), *Il fidanzamento* (75), *Il cav. Costante Nicosia demoniaco* (75), *Una noche embarazosa* (76 Spain), *Secondo Ponzio Pilato* (88).

710. Buzzi, Aldo. Co-writer. *Il mulino del Po* (48 sets/co-costumes), *Luci del varietà* (50 sets/costumes), *Il cappotto* (52 asst d), *Amore in città* (53 the episode "Tentato suicidio"), *I giorni della violenza* (67).

Byrd, John *see* **Moffa, Paolo**

711. Byrnes, Edd "Kookie". U.S. actor. b. July 30, 1933, N.Y.C. RN: Edward Breitenberger. In Europe in the late 60s. *Sette Winchester per un massacro* (68), *Vado. . .l'ammazzo e torno* (68), *Professionisti per un massacro* (68).

712. Caba Alba, Julia. Spanish actress. b. July 30, 1912, Madrid. *Il maestro* (57).

713. Cabot, Bruce. U.S. actor. b. April 20, 1904, Carlsbad, N.M. d. May 3, 1972, Hollywood, Calif. RN: Jacques Étienne Pelissier de Bujac. *Le avventure di Guglielmo Tell* (53 unfinished), *Il mantello rosso* (54), *Il tesoro di Rommel* (55), *Totò lascia o raddoppia* (57), *La ragazza del Palio* (58), *Il terrore dei barbari* (59).

714. Cabot, Sebastian. U.K. actor. b. July 6, 1918, London. d. Aug. 23, 1977, Victoria, B.C., Canada. *Giulietta e Romeo* (54), *I cavalieri della regina* (54), *Gli sparvieri del re* (54), *Mantelli e spade insanguinate* (54), *Le avventure dei tre moschettieri* (55), *Le imprese di una spada leggendaria* (55).

715. Cabré, Mario. Spanish bullfighter/poet/comedian/actor. b. Jan. 6, 1919, Barcelona. Appeared in *Carmen proibita* (52).

716. Cacciotti, Tony. U.S. actor. b. 1922. *La statua* (70).

717. Cacoyannis, Michael. Greek director. b. June 11, 1922, Limassol, Cyprus. *Il relitto* (61 co-d/co-w).

718. Caffarell, José Maria. Spanish actor. *Ipnosi* (62), *Operazione Goldman* (66), *Il Bang Bang Kid* (67), *L'uomo venuto per uccidere* (68), *Tristana* (70), *La testa del serpente* (74), *Professione: reporter* (75), *Leonor* (75).

719. Cage, Nicholas. U.S. actor. b. Jan. 7, 1964, Long Beach, Calif. RN: Nicholas Coppola. Nephew of Francis Ford Coppola. *Tempo di uccidere* (89).

720. Caiano, Mario. Director. AKA: Allan Grunewald, William Hawkins, José Mallorqui, Antonio Momplet, Mike Perkins, Mallorqui Figuerola. *Ulisse contro Ercole* (61), *Perseo l'invincibile* (61 co-w), *Goliath e la schiava ribelle* (62), *Due contro tutti* (63 also co-w), *I tre implacabili* (63 co-w), *Le pistole non discutono* (64), *Il segno di Coyote* (64 also w), *Cavalco e uccidi* (64 co-d/w), *Gli eroi del west* (64 co-w), *Il segno di Zorro* (64), *Erik il vichingo* (64), *I due gladiatori* (64), *Maciste, gladiatore di Sparta* (64), *Una bara per lo sceriffo* (65), *Amanti d'oltretomba* (65), *Per piacere, non sparate col cannone* (65), *Si udirono quattro colpi di fucile* (65 co-w), *Le spie uccidono in silenzio* (66), *Adios hombre* (66 also co-w), *Ringo, volto della vendetta* (66 also p/co-w), *Un treno per Durango* (67 also co-w), *Ringo, il cavaliere solitario* (68 w), *Killer adios* (68 co-w), *Il suo nome gridava vendetta* (69 also w), *La morte sull'alta collina* (69 co-w), *L'occhio nel labirinto* (71), *Mezzogiorno di fuoco per An Hao* (72 also co-w), *Milano violenta* (76), *La malavita attacca. . .la polizia risponde* (76).

721. Caimi, Lamberto. Director of photography. *Il posto* (61), *Una storia milanese* (62), *I fidanzati* (63), *Il terrorista*

(63 co-ph), *Venga a prendere il caffè . . . da noi* (70), *Milano rovente* (73), *Le farò da padre* (74), *Cuore di cane* (76), *Una sera c'incontrammo* (76), *Brogliaccio d'amore* (76), *Oh, Serafina!* (76), *Saxofone* (77 co-ph), *Io tigro, tu tigri, egli tigra* (78), *La ceremonia dei sensi* (79), *Mani di fata* (83).

722. Caine, Michael. U.K. actor. b. March 14, 1933, London. RN: Maurice Joseph Micklewhite. *Sette volte donna* (67).

723. Calà, Jerry. Actor. *I fichissimi* (82), *Sapore di mare* (83), *Un ragazzo e una ragazza* (83), *Domani mi sposo* (84), *Vacanze in America* (84), *Yuppies, i giovani di successo* (85), *Il ragazzo del Pony Express* (86 also co-w), *Rimini Rimini* (87), *Yuppies 2* (87).

724. Calabria, Rina. Actress. *Il mistero della notte del 13 giugno* (15), *Adriana Lecouvreur* (18), *Frate Sole* (18), *La casa che brucia* (19), *Le due Marie* (19), *Kitra, fiore della notte* (19), *Il volo degli aironi* (20), *Il trittico dell'amore* (20), *Giuliano l'apostata* (20), *Cesare Birotteau* (21), *Il solco e la sementa* (21).

725. Calamai, Clara. Actress. b. Sept. 7, 1915. The leading Italian female star during the war, hers was the first naked breast seen in Italian movies (*La cena delle beffe*). Films include: *Pietro Micca* (38), *Ettore Fieramosca* (38), *Io, suo padre* (38), *Il fornaretto di Venezia* (39), *Il socio invisibile* (39), *L'eredità in corso* (39), *Le sorprese del vagone letto* (39), *Manovre d'amore* (39), *Capitan Fracassa* (40), *Boccaccio* (40), *Il re del circo* (40), *Caravaggio, il pittore maledetto* (41), *I mariti* (41), *La regina di Navarra* (41), *La cena delle beffe* (41), *Addio, giovinezza!* (41), *L'avventuriera del piano di sopra* (41), *I pirati della Malesia* (41), *Luce nelle tenebre* (41), *Brivido* (41), *La guardia del corpo* (42), *Le vie del cuore* (42), *Addio amore!* (42), *Don Cesare di Bazan* (42), *Ossessione* (42), *Le sorelle Materassi* (43), *Enrico IV* (43), *Una piccola moglie* (43), *Dieci minuti di vita* (43 this film was finally released in 44 as *Vivere ancora*), *Due lettere anonime* (44), *La resa di Titi* (45), *Il mondo vuole così* (45), *L'adultera* (46), *Il tiranno di Padova* (46), *Tempesta d'anime* (46), *L'ultimo amore* (46), *Quando gli angeli dormono* (47), *Amanti senza amore* (47), *Vespro siciliano* (49), *Romanticismo* (51), *Carne inquieta* (52), *Il moschettiere fantasma* (53), *Le notti bianche* (57), *Afrodite, dea dell'amore* (58), *Le streghe* (66), *Profondo rosso* (74).

726. Calandri, Max. Producer. Later he became known as a director. *Il fornaretto di Venezia* (39 d prod), *Lucrezia Borgia* (40), *Boccaccio* (40 also w), *La compagnia della teppa* (41), *La sonnambula* (41), *Tentazione* (41), *Il vetturale del san Gottardo* (41 also w), *Buongiorno, Madrid!* (42), *Musica proibita* (42), *07 tassì* (43), *Fiori d'arancio* (44), *Rosalba* (44 co-d), *Senza famiglia* (44), *Ritorno al nido* (44), *La vita semplice* (45), *Il tiranno di Padova* (46), *La gondola del diavolo* (46 story), *Sangue a Ca' Foscari* (46 d), *Lohengrin* (47 d), *Il falco della rupe* (47 d), *Il fabbro del convento* (48 d), *Il moschettiere fantasma* (53 co-d), *Trieste cantico d'amore* (54 d), *Retaggio di sangue* (56 d), *Ostaggio del destino* (57).

727. Calcagno, Diego. Writer. b. May 24, 1901, Napoli. Also an actor and songwriter. *Nessuno torna indietro* (43 co-w), *Squadriglia bianca* (43 co-w), *Scalo merci* (46 made in 43 co-w), *Mio figlio professore* (46 *), *Il corriere di ferro* (46 co-w), *Daniele Cortis* (47 *), *L'onorevole Angelina* (47 *), *Il delitto di Giovanni Episcopo* (47 *), *Rondini in volo* (49), *La strada finisce sul fiume* (50).

728. Calcina, Vittorio. Director/cinematographer. b. 1847, Torino. d. 1916. Pioneer filmmaker, he was the Italian representative for Lumière Brothers, and made the first Italian film that people paid to see, a short documentary, *Umberto e Margherita di Savoia a passeggio per il parco* (1896). Others include: *Le LL.AA.RR: principi di Napoli a Firenze* (1897), *Ciclisti romani in arrivo a Torino* (1898), *L'entrata dell'esposizione di Torino* (1898), *Varo dell'"Emanuele Filiberto" a Castellammare* (1898), *S.M. il re alla rivista delle truppe reduci dalle grandi manovre l'8 settembre* (1899), *Il corteo funebre di accompagnamento alla salma di re Umberto (4 agosto)* (00), *La "Stella Polare" del duca degli Abbruzzi* (01), *Veduti ad episodi del terremoto in Calabria* (05 co-d/co-ph).

729. Calderari, Antonietta. Actress. *La figlia di Jorio* (11), *La nave* (11), *L'assassina del Ponte Saint Martin* (13), *L'ultima vittima* (13), *La vampira indiana* (13), *L'istrione* (14), *Gli emigranti* (15), *Le rose della mamma* (15), *Oltre l'oceano* (18),

Calze di seta (20), *Il Ponte dei sospiri* (21), *Sansone e la ladra di atleti* (23).

730. Calderoni, Rita. Actress. *La monaca di Monza* (68), *Un tranquillo posto di campagna* (68), *Il commissario Pepe* (69), *Oh, dolci baci e languide carezze* (69), *Un gioco per Eveline* (71), *Il vero e il falso* (71), *Questa libertà di avere...le ali bagnate* (71), *La verità secondo* (73), *Riti, magie nere e orgie segrete del Trecento* (73), *Number One* (73), *Anno uno* (74), *Il trafficone* (74), *Un attimo di vita* (75), *Nuda per Satana* (75), *Der Richter und sein Henker* (75 Germany), *Fate la nanna coscie di pollo* (77).

731. Caldicot, Richard. U.K. actor. b. Oct. 7, 1908, London. *Concerto per pistola solista* (70).

732. Calef, Henri. French director. b. July 27, 1910, Filippopoli, Bulgaria. *Gli uomini sono nemici* (47 co-d), *Il tradimento di Elena Marrimon* (54).

733. Calfan, Nicole. French actress. b. 1947. *Gli scassinatori* (71).

734. Calhoun, Rory. U.S. actor. b. Aug. 8, 1922, Los Angeles, Calif. RN: Francis Timothy Durgin. *Il colosso di Rodi* (60), *Marco Polo* (60), *I sentieri dell'odio* (64), *Il gioco delle spie* (66).

735. Calì, Giulio. Actor. b. Roma. *Il mulino del Po* (48), *Luci del varietà* (50), *Il cappotto* (52), *Ai margini della metropoli* (52), *Le infedeli* (52), *Musoduro* (53), *Giorni d'amore* (53), *Due soldi di felicità* (54), *Un americano a Roma* (54), *Operazione Notte* (55), *La bella di Roma* (55), *Motivo in maschera* (55), *La ragazza di via Veneto* (56), *La capinera del mulino* (56), *Uomini e lupi* (56), *I misteri di Parigi* (57), *Vivendo, cantando...che male ti fo?* (57), *Susanna tutta panna* (57), *La ragazza del Palio* (58).

736. Calindri, Ernesto. Actor. b. Feb. 5, 1928, Certaldo. *La freccia d'oro* (35), *La sposa dei re* (38), *Scadenza trenta giorni* (44), *Canzoni per le strade* (49), *La presidentessa* (52), *Il momento più bello* (56), *Rascel—marine* (58), *Due sergenti del generale Custer* (65).

737. Calisti, Calisto. Actor. *Rosmunda e Alboino* (61), *La banda Casaroli* (62), *La freccia d'oro* (62), *Omicron* (63), *La resa dei conti* (66), *Le due facce del dollaro* (68), *Tutto per tutto* (68), *Orgasmo* (68), *The Biggest Bundle of Them All* (68 U.S.), *Quattro mosche di velluto grigio* (71).

738. Callamand, Lucien. French actor. b. Marseille. *Fanfan la tùlipe* (51), *I sette peccati di papà* (54).

739. Callas, Maria. Greek-American opera star. b. Dec. 2, 1923, N.Y.C. d. Sept. 16, 1977, Paris, France. RN: Maria Anna Sofia Cecilia Kalogeropoulos. Her first dramatic screen appearance was the title role in *Medea* (69).

740. Callegari, Gian Paolo. Co-writer. b. March 7, 1912, Bologna. He also directed several films. *L'ebbrezza del cielo* (39 also story), *Luna di miele* (41 also story), *Il fanciullo del west* (41 also story), *Brivido* (41 also story), *Macario contro Zagomar* (43 also story), *Dagli Appennini alle Ande* (43 also story), *Resurrezione* (43 also story), *Vogliamoci bene* (49), *Vivere a sbafo* (49), *Stromboli, terra di Dio* (50), *Angelo tra la folla* (50 also story), *Gli inesorabili* (51 also story), *Ultimo incontro* (51 also story), *Eran 300* (52 also d/story), *I piombi di Venezia* (52 also d/story), *Il tesoro del Bengala* (52 co-d/w/story), *I misteri della giungla nera* (52 co-d/w/story), *La vendetta dei thugs* (52 co-d/w/story), *Traviata 53* (53), *Accade di notte* (55 d/w/story), *Il ragazzo dal cuore di fango* (56), *La rivolta dei gladiatori* (58), *Giuditta e Oloferne* (58), *Teseo contro il Minotauro* (60), *300 Spartans* (62 U.S. d), *Goliath e la schiava ribelle* (62), *Il gladiatore di Roma* (62), *Gladiatore di Messalina* (63), *Agente Sigma 3—missione Goldwather* (67 also d), *Le calde notti del Decamerone* (72 d), *Virilità* (76 w).

741. Calligarich, Gianfranco. Writer. *Lo stato d'assedio* (69), *Città violenta* (70 co-w).

742. Calnan, Mathilde. U.S. actress. *L'intrigo* (63), *8½* (63), *Roma contro Roma* (63).

743. Calò, Carla. Actress. b. Sicilia. AKA: Carol Brown. *Il falco rosso* (49), *Totò le Moko* (49), *Il conte Ugolino* (49), *Gli inesorabili* (51), *Il tesoro del Bengala* (52), *I misteri della giungla nera* (52), *La vendetta dei thugs* (52), *La sultana Safiyè* (53), *La pattuglia dell'Amba Alagi* (53), *Ritrovarsi all'alba* (54), *Madonna delle rose* (54), *Il cantante misterioso* (54), *Vendicata* (54), *Una sera di maggio* (55), *Suonno d'ammore* (55), *La ladra* (55), *Il canto dell'emigrante* (56), *Cantando sotto le stelle* (56), *La furia dei barbari* (60), *L'ultimo dei vichinghi* (61), *Il trionfo di Maciste* (61), *Giulio Cesare:*

il conquistatore delle gallie (62), *La rivolta dei mercenari* (62), *La smania addosso* (62), *Ercole l'invincibile* (63), *Brenno, il nemico di Roma* (63), *La cripta e l'incubo* (63), *La ragazza di Bube* (64), *002—agenti segretissimi* (64), *Per un pugno di dollari* (64), *Operazione Poker* (65), *A 007 sfida ai killers* (65), *Le Lit à deux places* (66 France), *Gli uomini dal passo pesante* (66), *Bel Ami 2000* (66 France), *Meglio vedova* (67), *I vigliacchi non pregano* (68), *Le calde notti di Poppea* (69), *Te Deum* (72), *La encadenada* (73 Spain), *Ritorno* (73).

744. Calò, Romano. Actor. b. May 6, 1883, Roma. d. Aug. 17, 1952, Lugano. *Napoleoncina* (17), *Passa il dramma a Lilliput* (18), *La valse bleue* (18), *I cinque Caini* (19), *Il treno delle 21,15* (33), *L'anonima Roylott* (36), *Gli ultimi giorni di Pompeo* (37), *Il conte di Bréchard* (37), *Il diario di una stella* (39), *Il bravo di Venezia* (41), *La prima donna* (42), *Die letzte Chance* (45 Switzerland. In Italy this film was known as *L'ultima speranza*).

745. Caltabiano, Alfio. Director/co-writer/actor. AKA: Alfio Caltaviano, Al Northon, Alf Thunder. *Il colosso di Rodi* (60 *), *Barabba* (61 *), *Ballata per un pistolero* (67), *Comandamenti per un gangster* (68), *Cinque figli di cane* (68 d/w), *Così Sia* (72), *Mamma mia, è arrivato "Così Sia"* (72 d/co-w), *Tutti figli di "Mammasantissima"* (73).

746. Calvert, Phyllis. U.K. actress. b. Feb. 10, 1915, London. RN: Phyllis Bickle. *La madonnina d'oro* (49).

747. Calvet, Corinne. French actress. b. April 30, 1925, Paris. RN: Corinne Dibos. *Le avventure di Giacomo Casanova* (54), *Napoleone Buonaparte* (54), *Le ragazze di San Frediano* (54), *Operazione Notte* (55), *Quattro donne nella notte* (55).

748. Calvino, Vittorio. Writer. b. Feb. 4, 1909, Alghero. d. 1956, Monfalcone. *Il fantasma della morte* (46), *Abbasso la ricchezza* (46), *Fuga nella tempesta* (47 co-w/story), *Paolo e Francesca* (49 co-w), *Strano appuntamento* (51), *Carmen proibita* (52), *Ho scelto l'amore* (53 co-w/story), *Siamo tutti inquilini* (53), *Delirio* (54 co-d).

749. Calvo, José. Spanish actor. b. 1917. AKA: Pepe Calvo. *Il maestro* (57), *I marziani hanno dodici mani* (64), *Per un pugno di dollari* (64), *All'ombra di una colt* (65), *Il ranch degli spietati* (65), *La bugiarda* (65), *Per pochi dollari ancora* (66), *L'ombrellone* (66), *Per mille dollari al giorno* (66), *Tre notti violente* (66), *Perchè uccidi ancora?* (67), *I giorni dell'ira* (67), *La notte è fatta per. . .rubare* (67), *Due volte giuda* (68), *Rebus* (68), *Uno straniero a Paso Bravo* (68), *Tristana* (70), *Anda muchacho spara* (70), *Sole nella polvere* (71).

750. Calvo, Juan. Spanish actor. b. May 22, 1892, Onteniente, Valencia. *Calabuig* (56), *Il conte Max* (57), *L'uomo dai calzoni corti* (58).

751. Calvo, Pablito. Spanish actor. b. March 16, 1949, Madrid. As a child he was chosen from 5,000 to play Marcelino in the Spanish film *Marcelino vin y amor* (55). He won much praise. Italian films include: *Totò e Marcellino* (58), *Un angelo passò per Brooklyn* (58).

Calvo, Pepe *see* **Calvo, José**

752. Calvo, Rafael. Spanish actor. b. Nov. 25, 1886, Madrid. RN: Rafael Calvo Ruiz de Morales. AKA: Raffaele Calvo. Father of actor Rafael Luís Calvo. *La rivolta dei gladiatori* (58), *Le legioni di Cleopatra* (59), *Marcia o crepa* (62).

753. Calza-Bini, Gino. Director/writer. b. Dec. 14, 1883, Milano. RN: Luigi Calza Bini. *Buon Natale!* (14), *Extra-dry* (14), *Lo scrigno dei milioni* (14), *Il cavaliere della primavera* (20).

754. Calzavara, Flavio. Director. b. Feb. 21, 1900, Istrana. *Piccoli naufraghi* (39 co-d), *Il ladro* (39), *Il signore a doppio petto* (41), *Confessione* (41), *Don Buonaparte* (41), *Carmela* (42), *La contessa Castiglione* (42), *Calafuria* (42), *Dagli Appennini alle Ande* (43), *Resurrezione* (43), *Peccatori* (44), *Il sigillo rosso* (50), *Contro la legge* (51), *I due derelitti* (51), *Dieci canzoni d'amore da salvare* (53), *La pattuglia dell'Amba Alagi* (53), *Napoli piange e ride* (54), *Rigoletto* (54), *Gli occhi senza luce* (56).

755. Camagni, Bianca Virginia. Actress. b. Milano. Later became a director as well. *I pagliacci* (14), *Il figlio della guerra* (15), *La strage degli innocenti* (15), *Il re, le torri, gli alfieri* (16), *Cavalleria rusticana* (16), *La stretta* (20), *Fantasia bianca* (20 also d), *La donna perduta* (21), *Sconosciuta* (21 also co-d/story), *Il cuore e l'ombra* (21 also d), *La bella nonna* (21 also d).

756. Camardiel, Roberto. Actor. *Il*

colosso di Rodi (60), *Perseo l'invincibile* (61), *Per qualche dollaro in più* (65), *I quattro inesorabili* (65), *Solo contro tutti* (66), *Johnny West il mancino* (65), *Adios hombre* (66), *Adios gringo* (66), *Sette donne per i MacGregor* (66), *100.000 dollari per Lassiter* (66), *Il pistolero di Arizona* (66), *La resa dei conti* (66), *Un treno per Durango* (67), *Se sei vivo spara* (67), *Quel caldo maledetto giorno di fuoco* (68), *Anche nel west, c'era una volta Dio* (68), *La sfida dei Mackenna* (69), *L'inafferabile e invincibile Mr Invisible* (69), *Testa t'ammazzo... croce sei morto...mi chiamano Alleluia!* (70), *Dio in cielo...Arizona in terra* (72), *Arizona Colt si scatena, e li fece fuori tutti* (73), *Tequila* (74).

757. Camasio, Sandro. Comedy playwright. b. 1884, Torino. d. May 23, 1913, Torino. RN: Alessandro Camasio. Mostly associated with "Addio, giovinezza!", filmed many times over the years. He and Nino Oxilia directed the first movie version, *Addio, giovinezza!* (13). In 1921 Augusto Genina made a movie of Camasio's comedy, "I tre sentimentali".

758. Camel, Joe. Actor. AKA: Joe Kamel, Joe Kammell. *Pochi dollari per Django* (66), *Il mercenario* (68).

759. Camerini, Augusto. Director. b. Jan. 21, 1894, Roma. Brother of Mario Camerini. *Il fiore del Caucaso* (20), *L'altra razza* (20 also story), *Tre meno due* (20 co-d/co-story), *Ma non è una cosa seria* (20), *Saracinesca* (20 co-d), *La casa del santo* (21), *Cento di questi giorni* (33 co-d), *Che tempi!* (47 asst d), *Molti sogni per le strade* (48 asst d), *Cinema d'altri tempi* (53 co-w).

760. Camerini, Mario. Director/co-writer. b. Feb. 6, 1895, Roma. d. 1981. Cousin of Augusto Genina, for whom he started work in the industry as assistant. *Tre meno due* (20 asst d/co-story), *Moglie, marito e...* (21 asst d), *Cirano di Bergerac* (22 asst d/co-w), *Jolly, clown da circo* (23 also w), *La casa dei pulcini* (24 also story), *Maciste contro lo sceicco* (25 also story), *Voglio tradire mio marito!* (25), *Saetta, principe per un giorno* (26 co-d/co-w), *Kiff Tebbi* (27), *Rotaie* (29), *La riva dei bruti* (30), *Figaro e la sua gran giornata* (31), *L'ultima avventura* (32), *Gli uomini, che mascalzoni!* (32), *T'amerò sempre* (33), *Cento di questi giorni* (33 co-d), *Giallo* (33), *Come le foglie* (34), *Il cappello a tre punte* (34), *Darò un milione* (36), *Il grande appello* (36), *Ma non è una cosa seria* (36), *Il signor Max* (37), *Batticuore* (38), *Castelli in aria* (38 co-d/co-w), *Der Mann der nicht nein sagen kann* (38 German version of *Ma non è una cosa seria*), *Il documento* (39), *Grandi magazzini* (39), *Centomila dollari* (40), *Una romantica avventura* (40), *I promessi sposi* (41), *Una storia d'amore* (42), *T'amerò sempre* (43), *Apparizione* (43 co-d), *Due lettere anonime* (44), *L'angelo e il diavolo* (46), *La figlia del capitano* (47), *Molti sogni per le strade* (48), *Il brigante Musolino* (50), *Due mogli sono troppe* (50), *Moglie per una notte* (52), *Gli eroi della domenica* (52 co-d), *Ulisse* (54 co-d/co-w), *La bella mugnaia* (55), *Guerra e pace* (56 co-w), *Suor Letizia* (56), *Vacanze ad Ischia* (57), *Primo amore* (58), *Via Margutta* (60), *Crimen* (61), *I briganti italiani* (61), *Kali-Yug, la dea della vendetta* (63), *Il mistero del tempio indiano* (63), *Delitto quasi perfetto* (66), *Io non vedo, tu non parli, lui non sente* (71), *Don Camillo, Peppino e i giovani d'oggi* (72 made in 70).

761. Cameron, Earl. U.K. actor. b. 1925, Hamilton, Bermuda. *La grande speranza* (53).

762. Cameron, Jeff. Actor. RN: Goffredo Scarciofolo. Took over from Gianni Garko in the Sartana series. *Spartaco e i dieci gladiatori* (64), *Oggi a me, domani a te* (68), *Passa Sartana...è l'ombra della tua morte* (68), *E vennero in quattro...per uccidere Sartana* (69), *Anche per Django hanno un prezzo* (71), *Giù la testa...hombre* (71), *Un bounty killer a Trinità* (72), *La colt era il suo dio* (72), *Quelle sporche anime dannate* (72), *Per una bara piena di dollari* (72).

763. Cameron, Rod. Canadian actor. b. Dec. 7, 1910, Calgary. d. 1983. RN: Nathan Cox. *Le pistole non discutono* (64), *I sentieri dell'odio* (64).

764. Caminito, Augusto. Co-writer. He has also done some directing and producing. *Pecos è qui: prega e muori* (67), *Un poker di pistole* (67), *L'ultimo killer* (67), *La Battaglia del Sinai* (68), *Ognuno per se* (68), *La più grande rapina del west* (68), *I lunghi giorni della vendetta* (68 also p), *Con lui cavalca la morte* (68), *Barbagia* (69), *Blu Gang vissero per sempre felici e ammazzati* (73 p/w), *Porgi l'altra guancia* (74), *Il gatto* (78), *Il testimone* (78), *Il* *ladrone* (80), *Io so che tu sai che io so* (82 also p), *Tutti dentro* (84 also p), *Troppo forte* (85 p), *Rimini Rimini* (87 p), *Nosferatu a Venezia* (88 d/p/w), *Paganini* (89 p), *La casa del sorriso* (91 co-p).

765. Campa, Miranda. Actress. b. 1914. *Il figlio di d'Artagnan* (49), *Il sigillo rosso* (50), *Contro la legge* (51), *La grande rinuncia* (51), *Gli uomini non guardano il cielo* (51), *Donne proibite* (53), *Il ritorno di don Camillo* (53), *Ti ho sempre amato* (53), *Pietà per chi cade* (53), *Le due orfanelle* (54), *La schiava del peccato* (54), *Le signorine dello 04* (54), *Racconti romani* (55), *Prigionieri del male* (55), *Peccato di castità* (56), *Solo Dio mi fermerà* (56), *I vampiri* (57), *Nella città l'inferno* (58), *La Battaglia di Maratona* (59), *I tartassati* (59), *L'ultimo zar* (60), *Le baccanti* (60), *Barabba* (61), *Il gladiatore di Roma* (62), *La moglie del prete* (70), *Una breve vacanza* (73), *Sogni d'oro* (81).

766. Campanile, Achille. Writer. b. Sept. 28, 1900, Roma. Son of Gaetano Campanile Mancini (q.v. below). *Animali pazzi* (39 also story), *L'amore si fa così* (39 also story), *La zia di Carlo* (43 also story), *Senza una donna* (43 also story), *Il diavolo va in collegio* (43), *Tempi nostri* (52 wrote original play from which the episode "Il bacio" was taken), *Ho scelto l'amore* (53 co-w/story), *Martin Toccaferro* (53 co-w).

767. Campanile Mancini, Gaetano. Writer. b. June 26, 1868, Napoli. d. 1942, Roma. He also directed a film. *Il tuo rivale* (19), *Ave Maria, gratia plena* (19), *Saper amare* (19 d), *La fibra del dolore* (19), *Il bacio di Dorina* (20), *Appassionatamente* (20), *La grazia* (29), *L'ultimo dei Bergerac* (34), *Ecco la felicità!* (40), *Miseria e nobiltà* (40), *I due Foscari* (42).

Campanile, Pasquale Festa *see* **Festa Campanile, Pasquale**

768. Campanini, Carlo. Actor. b. Oct. 5, 1906, Torino. *Lo vedi come sei?* (39), *La danza dei milioni* (40), *Addio, giovinezza!* (41), *Mamma* (41), *Ore 9 lezione di chimica* (41), *Luce nelle tenebre* (41), *Catene invisibili* (42), *Soltanto un bacio* (42), *Buongiorno, Madrid!* (42), *La donna è mobile* (42), *Silenzio, si gira!* (43), *Chi l'ha visto?* (45 made in 43), *Le miserie del signor Travet* (45), *Albergo Luna, camera 34* (47), *I due orfanelli* (47), *Follie per l'opera* (47), *I peggiori anni della nostra vita* (49), *Al diavolo la celebrità* (49), *I cadetti di Guascogna* (50), *Anema e core* (50), *Era lui... si! si!* (51), *O.K. Nerone* (51), *Lo sai che i papaveri...* (52), *Noi due soli* (52), *Un turco napoletano* (53), *Viva la rivista!* (53), *L'incantevole nemica* (53), *Cento anni d'amore* (53), *Opinione pubblica* (53), *Siamo tutti milanesi* (53), *Viva il cinema!* (53), *Le avventure di Giacomo Casanova* (54), *Ho amato una diva* (55), *Il terribile Teodoro* (58).

769. Campanini, Pippo. Actor. *La strategia del ragno* (69), *La luna* (79).

770. Campbell, Paul. U.S. actor. *La cieca di Sorrento* (52), *La carrozza d'oro* (53), *Ivan, il figlio del diavolo bianco* (54), *I cavalieri della regina* (54), *Mantelli e spade insanguinate* (54), *Le avventure dei tre moschettieri* (55), *Le imprese di una spada leggendaria* (55).

771. Campogalliani, Carlo. Director. b. Oct. 10, 1885, Concordia. Former actor of stage and screen. Married Letizia Quaranta (q.v.). In the 20s he went to Argentina for some years, working in the infant industry there. *Re Lear* (10 *), *I promessi sposi* (13 *), *Notturno di Chopin* (13 *), *La crocetta d'oro* (13 *), *L'epopea napoleonica* (14 *), *Il romanzo di un re* (14 *), *Romanticismo* (14 *), *Treno reale* (15 also *), *Quando si ama* (15), *L'amazzone macabra* (16 co-d), *L'isola tenebrosa* (16 also *), *Il marchio rosso* (18 co-d), *L'aeronave in fiamme* (18 also *), *L'ombra che parla* (18 also *), *La serata d'onore di Buffalo* (19 also *), *La nave dei morti* (19 also *), *Maciste I* (19 also *), *La casa della paura* (19 also *), *Maciste contro la morte* (19 also *), *L'inverosimile* (19), *La rivincita di Maciste* (19), *Il testamento di Maciste* (19), *Il viaggio di Maciste* (19), *I milioni di Donald* (19), *Scacco matto* (19 also *), *Simpatico mascalzone* (21 also *), *Il teschio d'oro* (21 also *), *La signora delle miniere* (21), *Tempesta in un cranio* (21), *Scalabrino* (21), *Bersaglio umano* (22 also *), *L'antenato* (22 also *), *Ted l'invisibile* (22), *La droga di Satana* (22), *Fierezza italica* (23), *La vuelta del toro* (24 Argentina also *. This film was known in Italy as *Il ritorno del toro selvaggio*), *Cortile* (31), *Il medico per forza* (31), *La lanterna del diavolo* (31), *Stadio* (34), *I quattro moschettieri* (36), *Montevergine* (39), *La notte delle beffe* (39), *Il cavaliere di Kruja* (40), *Cuori nella tormenta* (40), *Il bravo di*

Venezia (41), *Perdizione* (42), *Musica proibita* (42), *Il treno crociato* (43), *Silenzio, si gira!* (43), *L'innocente Casimiro* (45), *La gondola del diavolo* (46), *La mano della morta* (49), *La figlia del mendicante* (50), *Bellezze in bicicletta* (50), *Bellezze in motoscooter* (52), *Se vincessi cento milioni* (54), *Foglio di via* (54), *L'orfana del ghetto* (54), *La canzone del cuore* (55), *Torna piccina mia* (55), *Mamma sconosciuta* (56), *L'angelo delle Alpi* (57), *Ascoltami!* (57), *Capitan Fuoco* (58), *Il terrore dei barbari* (59 co-d/co-w), *Maciste nella Valle dei Re* (60), *Fontana di Trevi* (60), *Ursus* (61), *Rosmunda e Alboino* (61), *Il Ponte dei sospiri* (64).

772. Campora, Giuseppe. Opera singer who provided the voice of Radames in *Aida* (53).

773. Camús, Mario. Director. *La collera del vento* (72 also co-w).

774. Canale, Gianna Maria. Actress. b. Sept. 12, 1927, Reggio di Calabria. Runner-up in Miss Italia contest. Married Riccardo Freda. *Rigoletto* (46), *Il cavaliere misterioso* (48), *Guarany* (48), *Il bacio di una morta* (49), *Totò le Moko* (49), *Il figlio di d'Artagnan* (49), *La vendetta di Aquila Nera* (51), *Il tradimento* (51), *Go for Broke* (51 U.S.), *L'eterna catena* (51), *Vedi Napule...e poi muori* (52), *Spartaco* (52), *La leggenda del Piave* (52), *Avventura ad Algeri* (53), *Teodora, imperatrice di Bisanzio* (53), *Allarme a sud* (53), *Madame Dubarry* (54), *Napoleone Buonaparte* (54), *Donne sole* (55), *Le schiave di Cartagine* (57), *La Gerusalemme liberata* (57), *I vampiri* (57), *Le fatiche di Ercole* (57), *Il corsaro della mezza luna* (57), *Afrodite, dea dell'-amore* (58), *La rivolta dei gladiatori* (58), *The Silent Enemy* (58 U.K.), *The Whole Truth* (58 U.K.), *I cavalieri del diavolo* (59), *La regina delle amazzoni* (60), *La venere dei pirati* (60), *L'ultimo zar* (60), *Maciste contro il vampiro* (61), *Secret of Monte Cristo* (61 U.K.), *Il figlio di Spartacus* (62), *Le Chevalier de Pardaillan* (62 France), *Il conquistatore di Corinto* (62), *La tigre dei sette mari* (63), *Il boom* (63), *Il treno del sabato* (63), *Il leone di san Marco* (64).

775. Canalejas, José. Spanish actor. *Il segreto di Ringo* (65), *Django* (66), *I crudeli* (67), *Dio perdona...io no* (68), *Il mercenario* (68), *Lo chiamavano Mezzogiorno* (74).

776. Canales, Susana. Spanish actress. b. Sept. 5, 1937, Madrid. Grew up in Argentina. *Il conte Max* (57), *La ragazza di piazza san Pietro* (58).

777. Cancellieri, Edmondo. Director. b. Jan. 21, 1909, Monteroni di Lecce. Later an assistant director. *Cinema di tutti tempi* (39 doc directorial assistant), *L'angelo del crepuscolo* (42 co-w), *Musica nel tempo* (42 short), *Allegretto a 4 voci* (45 doc).

778. Cancellieri, Franco. Producer. b. June 29, 1920, Pievetorina. *Il sole sorge ancora* (46 in the capacity of "segretario di edizione"), *Canzoni per le strade* (49), *Abbiamo vinto* (50 co-p), *I due sergenti* (51), *Miracolo a Viggiù* (51), *Il grido* (57 co-p), *Sensation* (68).

Candell, Steven *see* **Candelli, Stelio**

779. Candelli, Stelio. Actor. AKA: Steven Candell. *Le notti di Lucrezia Borgia* (59), *Terrore nello spazio* (65), *Candy* (68), *Lo chiamavano Django* (71), *Le avventure dell'incredibile Ercole* (83), *Demoni* (85).

780. Candiani, Carla. Actress. b. Feb. 9, 1916, Legnano. *Il feroce Saladino* (37), *L'albergo degli assenti* (38), *Il leone di Damasco* (41), *Capitan Tempesta* (41), *La sua strada* (43), *Rocambole* (47).

781. Caniglia, Maria. Opera singer/actress. b. May 5, 1906, Napoli. Married Pino Donati. *Manon Lescaut* (40 soundtrack), *Follie per l'opera* (47), *Il vento mi ha cantato una canzone* (48), *Tosca* (56 she dubbed Franca Duval).

782. Cannon, Dyan. U.S. actress. b. Jan. 4, 1937, Tacoma, Wash. RN: Samille Diane Friesen. *Gli scassinatori* (71).

783. Cantafora, Antonio. Actor. AKA: Michael Coby. *Un minuto per pregare, un istante per morire* (68), *E Dio disse a Caino* (69), *The Adventurers* (70 U.S.), *Black killer* (71), *Gli orrori del castello di Norimberga* (72), *Joe Dakota, spara ...e così sia* (72), *Un bounty killer a Trinità* (72), *Decamerone proibitissimo* (72), *Metti lo diavolo tuo ne lo mio inferno* (73), *Continuavano a mettere lo diavolo nell'inferno* (73), *La badessa di Castro* (74), *Carambola* (74), *Carambola filosofo...tutti in buca* (75), *Crash! Che botte strippo strappo stroppio* (75), *Carioca tigre* (76), *Sahara Cross* (77), *Supersonic Man* (78 U.S.), *La cicala* (78), *The Bitch* (79 U.K.), *Io sto con gli ippopotami* (79), *Chi trova un amico* *trova un tesoro* (80), *Gabriela* (83 Portugal).

784. Cantini, Guido. Writer. b. April 9, 1889, Livorno. d. Jan. 1, 1945, Roma. *La trentesima perla* (20 co-story), *Il centauro* (20 co-story), *La scala di seta* (20 co-w), *Cesare Birotteau* (21 co-w), *La signora Paradiso* (34), *Marcia nuziale* (34), *È tornato carnevale* (37), *Il sogno di Butterfly* (39), *Ritorno* (39), *Manon Lescaut* (40), *Oltre l'amore* (40), *Amami, Alfredo!* (40), *Melodie eterne* (40), *Antonio Meucci, il mago di Clifton* (40), *L'uomo del romanzo* (40 co-w), *Mamma* (41), *Turbamento* (42), *Vertigine* (42 also story), *Le due orfanelle* (42), *La signorina* (42), *Ho sognato il paradiso* (49 from his play).

785. Canutt, Joe. U.S. actor/stuntman. Brother of Yakima Canutt. *Ben-Hur* (59), *El Cid* (61).

786. Canutt, Yakima. U.S. actor/stuntman. b. Nov. 29, 1895, Colfax, Wash. d. May 24, 1986, North Hollywood, Calif. RN: Enos Edward Canutt. *Elena di Troia* (56 2nd unit d), *Ben-Hur* (59 2nd unit d), *El Cid* (61 2nd unit d), *Il figlio di capitano Blood* (63 asst d), *La caduta dell'impero romano* (64 2nd unit d).

787. Canzio, Stefano. Director. b. Nov. 28, 1915, Catanzaro. Mostly short films. *Fiorenzo, il terzo uomo* (51 long documentary on cycling), *Motivo in maschera* (55 also co-story), *Canzoni a tempo di twist* (62).

788. Capitani, Giorgio. Director. AKA: Luigi Giorgio Capitani, George Holloway. Began as assistant director to Cottafavi. Now mostly a dubbing director. *Delirio* (54 co-d), *Pescatore 'e Pusilleco* (54), *Il piccolo vetraio* (55 also co-w), *La trovatella di Milano* (56), *L'affondamento della "Valiant"* (61 co-d), *Ercole, Sansone, Maciste, Ursus: gli invincibili* (64), *Combate de gigantes* (68 Spain), *Ognuno per se* (68), *La schiava, io ce l'ho e tu no* (73), *La pupa del gangster* (75), *Oh, Serafina!* (76), *Sotto choc* (78), *Pane, burro e marmellata* (78), *Io tigro, tu tigri, egli tigra* (78 co-d), *Aragosta a colazione* (79), *Odio le bionde* (80), *Bollenti spiriti* (81), *Vai avanti tu, che mi vien da ridere* (82), *Teste di cuoio* (82), *Missione eroica—i pompieri 2* (87).

789. Capitani, Liborio. Producer. b. Nov. 27, 1884, Gerano. *La canzone del sole* (33), *Porto* (35), *L'eredità dello zio buonanima* (35), *Re burlone* (35), *Ginevra degli Almieri* (35), *L'aria del continente* (36), *Re di denari* (36), *Lo smemorato* (37), *Felicita Colombo* (37), *Il feroce Saladino* (37), *Gli ultimi giorni di Pompeo* (37), *Pensaci, Giacomino!* (37), *Gatta ci cova* (37), *Il pirata sono io* (40), *Non me lo dire* (40), *San Giovanni decollato* (40), *Il cavaliere di Kruja* (40), *L'allegro fantasma* (41), *Il chiromante* (41), *Il fanciullo del west* (41), *Il ratto delle sabine* (45), *Undici uomini e un pallone* (48), *La Gerusalemme liberata* (57).

Capitani, Luigi Giorgio *see* **Capitani, Giorgio**

790. Capitani, Remo. Actor. *Dio perdona...io no* (68), *I quattro dell'ave maria* (68), *Lo chiamavano Trinità* (70).

791. Capodaglio, Anna. Actress. b. Messina. RN: Anna Gramatica. Youngest sister of Irma and Emma Gramatica. Married Ruggero Capodaglio. *Inventiamo l'amore* (38), *La vedova* (38), *Ore 9 lezione di chimica* (41), *Un colpo di pistola* (41), *Carmela* (42), *Le vie del cuore* (42), *Il diavolo va in collegio* (43), *Nessuno torna indietro* (43), *Il cappello da prete* (43), *Dieci minuti di vita* (43 this film was finally released in 44 as *Vivere ancora*), *La buona fortuna* (44), *Un fatto di cronaca* (44), *Peccatori* (44), *L'angelo del miracolo* (44).

792. Capodaglio, Ruggero. Comic actor. b. 1880, Salerno. d. 1946, Roma. *Addio, giovinezza!* (18), *Cavicchioni fidanzato delle stelle* (19), *Cavicchioni paladino dei dollari* (20), *Il castello della malinconia* (20), *I tre sentimentali* (21), *Paura d'amare* (41).

793. Capodaglio, Wanda. Actress. b. Jan. 1, 1890, Asti. *La donna nuda* (14), *Marcia nuziale* (15), *Tosca* (41), *Avanti, c'è posto* (42), *Gelosia* (42), *In due si soffre meglio* (43), *Resurrezione* (43), *Lacrime di sangue* (44), *Amanti in fuga* (46), *Il diavolo bianco* (47), *Il grido della terra* (48), *Cronache di poveri amanti* (53), *Io ti amo* (68).

794. Capolicchio, Lino. Actor. b. 1943. *La bisbetica domata* (42), *Escalation* (68), *Metti, una sera a cena* (68), *Vergogna, schifosi* (68), *Il giovane normale* (69), *Le tue mani sul mio corpo* (70), *Mio padre monsignore* (70), *Il giardino dei Finzi-Contini* (71), *Un apprezzato professionista di sicuro avvenire* (72), *Corpo d'amore* (72), *D'amore si muore* (72), *Amore e ginnastica*

(73), *Di mamma non c'è n'è una sola* (73), *Mussolini: ultimo atto* (74), *L'ultimo giorno di scuola prima delle vacanze di Natale* (76), *La casa dalle finestre che ridono* (76), *La legge violenta della squadra anticrimine* (76), *Calamo* (76), *Solamente nero* (78), *Jazz band* (78), *Le stelle nel fosso* (79), *Cinema!!!* (80), *Noi tre* (83), *Ultimo momento* (87).

795. Capote, Truman. U.S. writer. b. Sept. 30, 1924, New Orleans, La. *Stazione Termini* (53 dialog for English-language version), *Il tesoro dell'Africa* (53 co-w the English-language version).

796. Capozzi, Alberto A. Actor. b. July 8, 1886, Genova. d. June 27, 1945, Roma. One of the early silent stars. *Luigi XI re di Francia* (09), *Nerone* (09), *Pauli* (09), *Chi è l'uccisa* (09), *Il granatiere Roland* (09), *La vergine di Babilonia* (09), *Lo schiavo di Cartagine* (10), *Didone abbandonata* (10), *La regina di Ninive* (11), *La nave* (11), *Santarellina* (11), *Nozze d'oro* (11), *L'ultimo dei Frontignac* (11), *Calvario* (11), *I mille* (12), *Parsifal* (12 also story), *L'assassinio di un'anima* (12), *I delitti della legge* (12), *La rosa rossa* (12 also story), *L'uragano* (12) *Siegfried* (12 also story), *I due sergenti* (13), *Il principe rosso* (13), *Il carabiniere* (13), *La porta aperta* (13), *I promessi sposi* (13), *Spartaco, il gladiatore della Traccia* (13), *La maschera che sanguina* (14), *Vita venduta* (14 also story), *L'X misterioso* (14), *Cenere* (16), *Il fiacre n. 13* (16 also co-d), *Les demivierges* (16), *Anime solitarie* (16), *Rovina di un sogno* (16), *Circe* (17), *Quand l'amour meurt* (17), *Passa l'amore* (17 also story), *La parabola di una vita* (18 also d), *Martino, il trovatello* (18 also co-d), *Cosmopolis* (19), *Il mare di Napoli* (19), *Il poeta* (19 also story), *La femme et le pantin* (20), *Dietro la maschera* (20), *Totote* (21), *Marco Visconti* (40), *La cena delle beffe* (41), *Orizzonte di sangue* (41), *Turbine* (41), *La donna del peccato* (42), *La donna è mobile* (42).

797. Cappelli, Dante. Actor. b. Bologna. *Anima perversa* (13), *Macchia indelibile* (13), *L'abete fulminato* (14), *Brivido di morte* (14), *Colei che tutto soffre* (14), *La contessa Fedra* (14), *Il diritto di uccidere* (14), *Pagine sparse* (14), *Peppeniello* (14), *Lo scrigno dei milioni* (14), *Un dramma fra le belve* (15), *La maschera folle* (15), *Strega, ridammi il cuore!* (15), *E i rettili furono vinti* (16), *Somiglianza funesta* (16), *La gibigianna* (18), *Cuor di ferro e cuor d'oro* (19 also co-d), *Colui che seppe amare* (19), *Oro* (19), *La danza sull'abisso* (19), *Il giro del mondo di un birichino di Parigi* (19), *Dopo il processo* (20), *La barca infernale* (20 co-d), *Il segreto del dottor Magus* (20 co-d), *Il delitto del commendatore* (21), *Lo strano viaggio di Pim Popò* (21 co-d), *Lo scoiattolo del mare* (21 co-d), *Il pezzente gentiluomo* (21 co-d), *Biribì, piccolo poliziotto torinese* (21), *Ferro di cavallo* (22 co-d), *Il romanzo del diavolo* (22 d), *Le scogliere della morte* (22 co-d).

798. Capri, Olga. Actress. b. May 18, 1893, Roma. *L'eredità di Caino* (19), *Musica profana* (19), *I promessi sposi* (23), *La canzone dell'amore* (30), *Terra madre* (31), *Figaro e la sua gran giornata* (31), *Zaganella e il cavaliere* (32), *Palio* (32), *L'acqua cheta* (33), *Quella vecchia canaglia* (34), *Bertoldo, Bertoldino e Cacasenno* (36), *I fratelli Castiglioni* (37), *La notte delle beffe* (39), *Miliardi, che follia!* (42), *Campo de' fiori* (43), *La figlia del mendicante* (50).

799. Capriccioli, Massimiliano. Co-writer. AKA: Massimo Capriccioli. *Per pochi dollari ancora* (66), *Django spara per primo* (66), *Uno scacco tutto matto* (68).

800. Caprioli, Carlo. Actor. *Facciamo l'amore?* (68), *The Secret of Santa Vittoria* (69 U.S.).

801. Caprioli, Vittorio. Actor. b. 1921, Napoli. d. Oct. 2, 1989, Napoli. Also directed some films. Married Franca Valeri. *O sole mio* (45), *Manù, il contrabbandiere* (47), *Luci del varietà* (50), *Altri tempi* (51), *Totò a colori* (52), *Tempi nostri* (52), *Febbre di vivere* (53), *Villa Borghese* (53), *Domanda di grazia* (54), *Carosello napoletano* (54), *Bella non piangere* (54), *Buonanotte, avvocato!* (55), *La legge* (58), *Arrangiatevi* (59), *Recours en grâce* (59 France), *Il generale Della Rovere* (59), *Cinque ore in contanti* (60), *A porte chiuse* (61), *Leoni al sole* (61 also d), *Zazie nel Métro* (61), *I giorni contati* (62), *Adieu Philippine* (62 France), *Parigi o cara* (63 also d), *I cuori infranti* (63 the episode "La mano di Fatma" d), *Amore facile* (64), *La donna è una cosa meravigliosa* (64), *Le voci bianche* (64), *I maniaci* (64), *Una vergine per il principe* (65), *Desideri nel sole* (65), *Adulterio all'italiana* (65), *Io, io, io . . . e gli* *altri* (65), *Ischia, operazione Amore* (66), *Come imparai ad amare le donne* (67), *Assicurasi vergine* (67), *Le dolci signore* (67), *La violenza e l'amore* (67), *Bersaglio mobile* (67), *Scusi, facciamo l'amore* (67 also d/co-w), *Il marito è mio e l'ammazzo quando mi pare* (68), *La matriarca* (68), *Metti, una sera a cena* (68), *Splendori e miserie di Mme. Royale* (71), *Er Più* (71), *Ettore lo fusto* (71), *Roma bene* (71), *Anche se volessi lavorare, che faccio?* (72), *Tout va bien* (72 France), *Quando gli uomini amarano la clava. . .e con le donne fecero din-don* (71), *Trastevere* (72), *La colonna infame* (73), *Le Magnifique* (73 France), *Une Journée bien remplie* (73 France), *Il boss* (73), *Io e lui* (73), *Paolo il caldo* (73), *Innocenza e turbamento* (74), *La Moutarde me monte au nez* (74 France), *La governante* (74), *Il Messia* (75), *Domani saremo ricchi e onesti* (75), *Catherine et cie.* (75 France), *I padroni della città* (76), *Messalina, Messalina* (77), *Il malato immaginario* (78), *Caffè espresso* (80), *Tragedia di un uomo ridicolo* (81), *Stangata napoletana—la Trastola* (83 d), *Cenerentola 80* (83), *I picari* (86), *Capriccio* (87), *Roba da ricchi* (87), *La posta in gioco* (88), *Tutta colpa della SIP* (88), *Una botta di vita* (88), *Il male oscuro* (90).

802. Capriolo, Gino. Writer. b. Oct. 11, 1905, Napoli. *Una lampada alla finestra* (39), *Assunta spina* (48 co-w).

803. Capshaw, Kate. U.S. actress. b. 1953, Fort Worth, Tex. RN: Kathleen Sue Nail. Married Steven Spielberg in 1991. *Ti presento un'amica* (88).

804. Capuano, Luigi. Director. b. July 13, 1904, Napoli. AKA: Lewis King. *Legge di sangue* (48), *Vertigine d'amore* (48), *Rondini in volo* (49), *La strada finisce sul fiume* (50), *Gli amanti di Ravello* (51 co-w), *Gli innocenti pagano* (51 also co-w/story), *Bellezze a Capri* (51 co-d/co-w/story), *Ergastolo* (52), *Condannatelo!* (53), *Cuore di mamma* (54), *Pescatore 'e Pusilleco* (54 co-w), *Ballata tragica* (54 also co-w/story), *Luna nova* (55 also co-w/story), *Napoli, terra d'amore* (55 co-w), *La rossa* (55 also co-w/story), *Scapricciatiello* (55), *Amaramente* (56), *Maruzzella* (56), *Suor Maria* (56 also co-w/story), *Onore e sangue* (57), *Serenata a Maria* (57), *Il conte di Matera* (57), *Carosello di canzoni* (58), *Sorrisi e canzoni* (58), *Il mondo dei miracoli* (59), *Il terrore dalla maschera rossa* (59), *La vendetta di Ursus* (61), *Zorro e i tre moschettieri* (62), *La tigre dei sette mari* (63), *La vendetta dei gladiatori* (63), *Il leone di san Marco* (64), *L'avventuriero della Tortuga* (64), *Sandokan alla riscossa* (64), *Sandokan contro il leopardo di Sarawak* (64), *I misteri della giungla nera* (64), *Perry Grant, agente di ferro* (66), *Il magnifico texano* (67 also co-w), *Un corpo caldo per l'inferno* (68 co-story), *Sangue chiama sangue* (68).

805. Capucci, Fabrizio. Actor. b. 1937. *Primo amore* (58), *Tutti innamorati* (58), *Il terrore dei barbari* (59), *David e Golia* (59), *Labbra rosse* (60), *Ultimatum alla vita* (62), *La voglia matta* (62), *Diciottenni al sole* (62), *Il treno del sabato* (63), *La calda vita* (63), *In ginocchio da te* (64), *Amore in quattro dimensioni* (64), *Rita, la figlia americana* (65), *Peau d'espion* (67 France), *Radiografia di un colpo d'oro* (68), *Las Vegas 500 millones* (69 Spain/U.S.), *Quelli della calibro 38* (77), *Ridendo e scherzando* (78).

806. Capucine. French actress. b. Jan. 6, 1933, Toulon. d. March 17, 1990, Lausanne, Switzerland. RN: Germaine Lefebvre. *Frou Frou* (55), *I dongiovanni della Costa Azzurra* (62), *Le fate* (67), *Fraülein Doktor* (68), *Fellini Satyricon* (69), *Sole rosso* (71), *Per amore* (76), *Bluff—storie di truffe e di imbroglioni* (76), *Ecco, noi, per esempio. . .* (77), *Giallo napoletano* (78), *Ritratto di borghesia in nero* (78), *Da Dunkerque alla vittoria* (79), *Martin Eden* (79), *Le foto di Gioia* (87), *I miei primi quarant'anni* (87).

807. Carabella, Ezio. Composer. b. March 3, 1891, Roma. *Vele ammainate* (31 co-composer), *Come le foglie* (34), *Carmen fra i rossi* (39), *La fornarina* (42), *Pastor angelicus* (42 doc), *Amanti in fuga* (46), *Sperduti nel buio* (47), *Duello senza onore* (49), *Quattro rose rosse* (51).

808. Carabella, Flora. Actress. *I basilischi* (63), *Il Messia* (75), *La fine del mondo nel nostro solito letto in una notte piena di pioggia* (77).

809. Caracciolo, Emanuele. Writer/director. b. Aug. 22, 1912, Tripoli. d. 1944, Roma. *I fratelli Castiglioni* (37 w), *Nina non far la stupida* (37 w), *Troppo tardi t'ho conosciuta!* (39 d), *L'arcidiavolo* (41 d prod).

810. Caracciolo, Giuseppe. Director of photography. b. April 17, 1892, Napoli.

La principessa Maria (18), *Rose di passione* (18), *Chi non crede all'amore* (19 co-ph), *La colpa vendica la colpa* (19), *Una madre ritorna* (19), *La morte civile* (19), *L'onore della famiglia* (19), *Fino alla tenebra* (20), *Il marito perduto* (20), *Diana Sorel* (20), *Fantasia bianca* (20 co-ph), *Il figlio di Coralie* (20), *Dionisia* (21), *Miss Dollar* (22), *Passioni* (22), *La trovata dello sportman* (23), *Sole* (29 co-ph), *Fontane di Roma* (38 doc co-ph), *Uomini sul fondo* (41 semi-doc co-ph), *La nave bianca* (41), *Il fanciullo del west* (41 co-ph), *Giarabub* (42), *Noi vivi* (42), *Addio Kira!* (42), *Alfa tau!* (42 doc), *Il treno crociato* (43 co-ph), *I bambini ci guardano* (43), *Lettere al sottotenente* (43), *Cronaca di due secoli* (43 finished in 53 and never shown), *Fiori d'arancio* (44 two episodes), *Rosalba* (44), *Trent'anni di servizio* (45), *La vita semplice* (45), *Il tiranno di Padova* (46), *Sangue a Ca' Foscari* (46), *Lohengrin* (47), *Rocambole* (47 two episodes), *L'imperatore di Capri* (49), *Totò cerca casa* (49), *Armonie lucchesi* (49 doc), *Ville lucchesi del 700* (49 doc), *Santa Maria della Salute* (49 doc), *Il sigillo rosso* (50), *Luna rossa* (51), *La cavallina storna* (53).

811. Caramba. Director/art director/costume designer. b. Feb. 25, 1865, Pinerolo. d. Nov. 10, 1936, Milano. RN: Luigi Sapelli. *I promessi sposi* (13 co), *I pagliacci* (14 co), *Colei che tutto soffre* (14 co), *La reginetta delle rose* (14 d), *Amleto* (15 co), *Zingari* (16 co), *Il re, le torri, gli alfieri* (16 art d/co), *La morte del duca D'Ofena* (16 co), *Il volo dal nido* (16 d/co), *Le mogli e le arance* (17 co), *Le figlie del mare* (18 d/co), *I Borgia* (18 co-d), *La mirabile visione* (21 d/co), *Cirano di Bergerac* (22 co), *L'arzigogolo* (24 co).

Cardiff, Albert *see* **Cardone, Alberto**

812. Cardiff, Jack. U.K. director/director of photography. b. Sept. 18, 1914, Yarmouth, England. *Sinfonie di Roma* (38 doc ph), *Le avventure di Guglielmo Tell* (53 unfinished d), *Il maestro di don Giovanni* (53 co-ph), *La contessa scalza* (54 ph), *Guerra e pace* (56 co-ph).

813. Cardinale, Claudia. Actress. b. April 15, 1939, Tunis, of Italian parents. Married Franco Cristaldi. *Chaînes d'or* (56 France), *Goha* (57 France/Tunisia), *La prima notte* (58), *Totò e Marcellino* (58), *Tre straniere a Roma* (58), *I soliti ignoti* (58), *Un maledetto imbroglio* (59), *Su e giù per le scale* (59), *Il magistrato* (59), *Audace colpo dei soliti ignoti* (59), *Vento del sud* (59), *I delfini* (60), *Napoleone ad Austerlitz* (60), *Rocco e i suoi fratelli* (60), *Il bell'Antonio* (60), *La ragazza con la valigia* (60), *La viaccia* (61), *Senilità* (61), *Les Lions sont lâches* (61 France), *Cartouche* (61 France), *8½* (63), *Gli indifferenti* (63), *Il gattopardo* (63), *The Pink Panther* (63 U.S.), *Circus World* (64 U.S.), *Il magnifico cornuto* (64), *La ragazza di Bube* (64), *Vaghe stelle dell'Orsa* (65), *Lost Command* (66 U.S.), *Blindfold* (66 U.S.), *The Professionals* (66 U.S.), *Le fate* (67 the episode "Fata Armenia"), *Don't Make Waves* (67 U.S.), *Una rosa per tutti* (67), *Piero Gherardi* (67), *The Hell with Heroes* (68 U.S.), *C'era una volta il west* (68), *Il giorno della civetta* (68), *Ruba al prossimo tuo* (68), *Certo, certissimo, anzi. . .probabile* (69), *La tenda rossa* (69), *Nell'anno del Signore* (69), *Les Aventures de Gérard* (70 France), *Popsy Pop* (70), *Bello onesto emigrato Australia sposerebbe compaesana illibata* (71), *L'udienza* (71), *Les Pétroleuses* (71 France), *La Scoumoune* (72 France), *Un uomo* (72), *I guappi* (73), *Il giorno del furore* (73 made in 69), *L'arma* (73), *Gruppo di famiglia in un interno* (74), *Libera, amore mio* (74), *Beati loro* (75), *A mezzanotte va la ronda del piacere* (75), *Qui comincia l'avventura* (76), *Il comune senso di pudore* (76), *Gesù di Nazaret* (77 TV), *La Part du feu* (77 France), *Un Jour peut-être à San Pedro ou ailleurs* (77 France), *Il prefetto di ferro* (78), *Escape to Athena* (78 U.K.), *La Petite Fille en velours bleu* (78 France), *Goodbye and Amen* (78), *Corleone* (78), *L'ingorgo—una storia impossibile* (79), *Si salva chi vuole* (79), *I briganti* (79 also p), *Il regalo* (80), *The Salamander* (80 U.K.), *La pelle* (81), *Fitzcarraldo* (82 Germany), *Princess Daisy* (83 U.S. TV), *Stelle emigranti* (83 doc as herself), *Enrico IV* (83), *Claretta* (83 as Clara Petacci), *L'Été prochain* (85 France), *La storia* (85), *Blu elettrico* (88), *La donna delle meraviglie* (85), *Un Homme amoureux* (87 France), *Naso di cane* (87), *Hiver 54, l'abbé français* (89 France), *La Révolution française: les années lumières* (89 France), *La batalla de los tres reyes* (90 Spain), *Atto di dolore* (90)

814. Cardone, Alberto. Director.

AKA: Albert Cardiff, Paul Martin. *Ben-Hur* (59 co-asst d), *Barabba* (61 prod mgr), *Il tiranno di Siracusa* (61 co-d), *Alla conquista dell'Arkansas* (63), *Die schwarzen Adler von Santa Fe* (64 Germany asst d), *Mille dollari sul nero* (67), *Il lungo giorno del massacro* (68 also w), *Barbarella* (68 2nd unit d), *Sette dollari sul rosso* (68 also p), *L'ira di Dio* (68 also co-w/e), *Ventimila dollari sul sette* (68 also co-w), *Lo chiamavano Requiescant Fasthand* (72 co-w).

815. Carell, Lianella. Actress. b. May 6, 1927, Roma. AKA: Lianula Carrell. *Ladri di biciclette* (48), *Benvenuto, reverendo!* (49), *I falsari* (50), *Una donna ha ucciso* (50), *Il Cristo proibito* (51), *Viva il cinema!* (53), *Processo contro ignoti* (53), *Viva la rivista!* (53), *Cose da pazzi* (54), *Desiderio 'e sole* (54), *Lettera napoletana* (54), *L'oro di Napoli* (54), *Una donna libera* (54), *Il piccolo vetraio* (55), *Pezzo, capopezzo e capitano* (58).

816. Carena, Anna. Actress. b. Jan. 30, 1906, Milano. RN: Pia Galimberti. *Piccolo mondo antico* (40), *La fuggitiva* (41), *La cena delle beffe* (41), *Sissignora* (41), *Quattro passi fra le nuvole* (42), *Il mulino del Po* (48), *Miracolo a Milano* (50), *Totò e i re di Roma* (51), *Altri tempi* (51), *La leggenda di Genoveffa* (52), *Ha fatto 13* (52), *Il cappotto* (52), *Siamo tutti milanesi* (53), *La signora senza camelie* (53), *I girasoli* (69), *Una breve vacanza* (73).

817. Caretta, Stefano. Producer. Once head of Villani Films with Franco Villani. *Cronaca di un amore* (51 co-p).

818. Carette. French actor. b. Dec. 23, 1897, Paris. d. 1966. RN: Julien Carette. *Occupati d'Amelia* (49), *È più facile che un cammello...* (50), *Signori, in carrozza!* (51), *Gli uomini, che mascalzoni!* (53), *Eliana e gli uomini* (56), *Paris Palace Hotel* (56).

819. Carey, Harry, Jr. U.S. actor. b. May 16, 1921, Saugus, Calif. *Continuavano a chiamarlo Trinità* (71), *E poi lo chiamarono Il magnifico* (72), *Zanna Bianca* (72), *La parola di un fuorilegge ...è legge* (74).

820. Carey, MacDonald. U.S. actor. b. March 15, 1913, Sioux City, Ia. *La fine del mondo nel nostro solito letto in una notte piena di pioggia* (77).

821. Carini, Luigi. Actor. b. Dec. 21, 1869, Cremona. d. Sept. 28, 1943, Roma. *Le rose della madonna* (14), *Salvator* (20), *La madonna della Robbia* (21), *Corte d'assise* (30), *Teresa Confalonieri* (34), *Pierpin* (35), *Cavalleria* (36), *Fuochi d'artificio* (38).

822. Carletti, Louise. French actress. b. Feb. 27, 1922, Marseille. RN: Luisa Paola Armida Carboni. Of Italian extraction. *Terra di fuoco* (39).

823. Carli, Laura. Actress. b. May 29, 1909, Forlì. RN: Laura Russo. *I fratelli Karamazoff* (47), *Biancaneve e i sette ladri* (49), *Ultimo incontro* (51), *Cinque poveri in automobile* (52), *Il cantante misterioso* (54), *Moglie e buoi...* (56), *Vacanze ad Ischia* (57), *I cosacchi* (59).

824. Carlini, Carlo. Director of photography. b. Feb. 20, 1929, Roma. *Vendetta di zingara* (50), *Il sentiero dell'odio* (51), *Trieste mia!* (51 co-ph), *Il lupo della frontiera* (51 co-ph), *Maschera nera* (52), *L'uomo della mia vita* (52), *Una croce senza nome* (52 co-ph), *Cuore forestiero* (52), *La sonnambula* (53), *I vitelloni* (53 camera), *Non è mai troppo tardi* (53), *Viva la rivista!* (53), *Viva il cinema!* (53), *Canzoni, canzoni, canzoni* (53 co-ph), *La pattuglia dell'Amba Alagi* (53), *Gran varietà* (53), *La strada* (54 camera), *La paura* (54), *Operazione Mitra* (55 made in 51), *La vena d'oro* (55), *Prigionieri del male* (55), *La rivale* (56), *Una pelliccia di visone* (56), *Marisa la civetta* (57), *Souvenir d'Italie* (57 co-ph), *La donna che venne dal mare* (57 co-ph), *Nata di marzo* (57), *Il figlio del corsaro rosso* (58), *Giovane canaglia* (58), *Arrangiatevi* (59), *Il generale Della Rovere* (59), *Il raccomandato di ferro* (59), *Le sorprese dell'amore* (59), *Era notte a Roma* (59), *L'assedio di Siracusa* (60), *Tutti a casa* (60), *Saffo, venere di Lesbo* (60), *Ercole alla conquista di Atlantide* (61), *L'amore difficile* (62), *Anni ruggenti* (62), *Il fornaretto di Venezia* (63), *L'ultimo dei mohicani* (65), *La resa dei conti* (66), *Da uomo a uomo* (67), *Kid, il monello del west* (67 *), *Stuntman* (68), *Attentato ai tre grandi* (68), *Il sapore della vendetta* (68), *...E per tetto un cielo di stelle* (68), *I bastardi* (68), *Oh, dolci baci e languide carezze* (69), *Il trapianto* (70), *L'ultimo pistolero* (71), *Un apprezzato professionista di sicuro avvenire* (72), *Gli eroi* (73), *Partirono preti, tornarono...curati* (73), *Il cittadino si ribella* (73), *Macchie solari* (74), *Paolo Barca, maestro elementare,* *praticamente nudista* (75), *Culastrisce nobile veneziano* (76), *Emanuella nera* (76), *Le braghe del padrone* (78), *Voltati Eugenio* (79), *Enigma rosso* (79), *Tutti a scuola* (79), *Aragosta a colazione* (79), *Ciao marziano* (80), *Fico d'India* (80), *L'imbranato* (80), *La gatta da pelare* (81 co-ph), *Attila—flagello di Dio* (82), *Cicciabomba* (82), *Delitto sull'autostrada* (82), *Mi faccia causa* (84), *Cartoline italiane* (87).

825. Carlini, Paolo. Actor. b. 1929, Sant'Arcangelo di Romagna. d. Nov. 7, 1979, Roma. *Addio, giovinezza!* (41), *Il barone Carlo Mazza* (48), *La grande strada* (48), *Napoli, eterna canzone* (49), *Otello* (51), *La grande rinuncia* (51), *I due derelitti* (51), *La muta di Portici* (52), *La storia del fornaretto di Venezia* (52), *Papà, ti ricordo* (52), *Mai ti scorderò* (53), *La Gioconda* (53), *Roman Holiday* (53 U.S.), *Il cardinale Lambertini* (54), *La voce che uccide* (56), *It Started in Naples* (60 U.S.), *Il figlio di Spartacus* (62), *Sigpress contro Scotland Yard* (68), *Don Chisciotte e Sancho Panza* (68).

826. Carlisi, Olimpia. Actress. *I visionari* (68), *Sotto il segno dello Scorpione* (68), *Fuori campo* (69), *Olimpia agli amici* (70), *Catch 22* (70 U.S.), *Othon* (71), *Equinozio* (72), *Le Milieu du monde* (74 France), *La Cavale* (74 France), *Il Casanova di Federico Fellini* (76), *Caro Michele* (76), *La terrazza* (79), *Il minestrone* (81), *Tragedia di un uomo ridicolo* (81), *Tu mi turbi* (83), *Prima del futuro* (85), *Étoile* (89).

827. Carloni-Talli, Ida. Actress. b. 1860, Roma. d. April 23, 1940, Milano. *Quo vadis?* (12), *Il lettino vuoto* (13), *Ciceruacchio* (15), *Guglielmo Oberdan* (15), *La sposa della morte* (15), *La signora dalle camelie* (15), *Caccia ai milioni* (16), *Jou-jou* (16), *Come le foglie* (17), *I topi grigi* (17), *Camere separate* (18), *Il mare di Napoli* (19), *Pietro e Teresa* (19), *La modella* (20), *Germoglio* (20), *Amore rosso* (21), *La preda* (21), *S. Ilario* (22), *La leggenda del Piave* (22), *I promessi sposi* (23), *The White Sister* (24 U.S.).

828. Carlo-Rim. French director/writer. b. Dec. 19, 1905, Nimes. RN: Jean-Marius Richard. *I sette peccati capitali* (52 the fifth episode, "La gola" d/co-w), *Destini di donne* (53 the first episode, "Vittime della guerra" d/dialog), *Il letto* (53 co-w).

829. Carlucci, Leopoldo. Director. *La maschera folle* (15), *Il vetturale del Moncenisio* (16), *L'infermiera di papà* (16), *I mohicani di Parigi* (17), *La flotta degli emigranti* (17), *Teodora* (19), *Il glauco* (22), *Un viaggio di nozze in sette* (28).

830. Carmet, Jean. French actor. b. 1921. *Il visconte di Bragelonne* (54), *Le tentazioni quotidiane* (62).

831. Carmi, Maria. Actress. b. Firenze. RN: Norina Gilli. *Retaggio d'odio* (14), *Accordo in mi minore* (14), *La mia vita per la tua* (14), *Sperduti nel buio* (14), *Teresa Raquin* (15), *Quando tramonta il sole* (18), *Forse che sì, forse che no* (20), *Rabagas* (22).

832. Carmi, Vera. Actress. b. Nov. 23, Torino. RN: Vera Doglioli. *Addio, giovinezza!* (41), *Una volta alla settimana* (41), *Giorni felici* (42), *Villa da vendere* (42), *La signora in nero* (43), *Le miserie del signor Travet* (45), *Addio, mia bella Napoli* (46), *Domenica d'agosto* (50), *La cieca di Sorrento* (52), *Amici per la pelle* (55), *La ladra* (55).

833. Carminati, Tullio. Actor. b. Sept. 21, 1895, Zara (now in Yugoslavia). d. 1971. RN: Count Tullio Carminati De Brambilla. Star of early silent films. *Il bacio di Margherita di Cortona* (12), *La mia vita per la tua* (14), *Romanticismo* (14), *Val d'olivi* (15), *La maschera di Caino* (15), *Il presagio* (16), *La menzogna* (16), *Amore tradito* (16), *Tramonto triste* (16), *Eva nemica* (16), *Amore senza pace* (16), *Davanti alla legge* (16), *La collana della felicità* (16), *La donna abbandonata* (17), *L'aigrette* (17), *Bimbi lontani* (17), *La via più lunga* (17), *La via delle luci* (17), *Madame Flirt* (18), *Il volto del passato* (18), *Kalidaa* (18), *Il trono e la seggiola* (18), *La fibra del dolore* (19), *Vertigine* (19), *La vita senza scopo* (19), *La bella Madame Hébert* (19), *Raffiche* (19), *Follia* (19), *Il segreto* (19 also sets), *Il tuo rivale* (19), *Chimere* (19), *Amore stanco* (20), *Al di là della vita* (20), *La bambola e l'amore* (20), *La perfetta ebbrezza* (20), *La principessa d'azzurro* (21), *Marcia nuziale* (34), *La vita torna* (42), *Sinfonia fatale* (46), *L'apocalisse* (47), *La certosa di Parma* (47), *La madonnina d'oro* (49), *La bellezza del diavolo* (50), *Gli uomini non guardano il cielo* (51), *Roman Holiday* (53 U.S.), *Giovanna d'Arco al rogo* (54), *Io, Caterina* (56), *Guerra e pace* (56),

Olympia (60), *El Cid* (61), *Lo spadaccino di Siena* (62).

834. Carmineo, Giuliano. Director. AKA: Anthony Ascott, Jules Harrison. *Ursus* (61 co-w), *Joe...cercati un posto per morire* (68 also co-w), *Il momento di uccidere* (68), *Franco, Ciccio e le vedove allegre* (68 co-w), *Sono Sartana, il vostro becchino* (69), *Testa t'ammazzo...croce sei morto...mi chiamano Alleluia!* (70 also co-w), *E lo chiamavano Spirito Santo* (71 co-d), *Una nuvola di polvere...un grido di morte...arriva Sartana* (71 also co-w), *Buon funerale, amigos...paga Sartana* (71 also co-w), *Gli fumavano le colt...lo chiamavano Camposanto* (71), *Uomo avvisato mezzo ammazzato...parola di Spirito Santo* (71 also co-w), *C'è Sartana, vendi la pistola e comprati la bara* (72 also co-w), *Perchè quelle strane gocce di sangue sul corpo di Jennifer?* (72), *Il west ti fa stretto, amico...è arrivato Alleluia!* (72), *Lo chiamavano Tressette...giocava sempre colla morte* (73), *Di Tressette c'è ne uno... tutti gli altri son nessuno* (74 also co-w), *Il vangelo secondo Simone e Matteo* (75), *Carioca tigre* (76), *L'insegnante balla... con tutta la classe* (79), *Due nelle stelle* (79), *Prestami tua moglie* (80), *Tutta da scoprire* (80), *I carabimatti* (81), *Pierino medico della Saub* (81), *Mia moglie torna a scuola* (81), *Zero in condotta* (83), *Il giustiziere delle strade* (84).

835. Carnabuci, Piero. Actor. b. Sept. 6, 1895, Santa Teresa Riva. d. 1957. *Creature della notte* (33), *Il corsaro nero* (36), *La peccatrice* (40), *La cena delle beffe* (41), *Voglio vivere così* (41), *Cenerentola e il signor Bonaventura* (41), *I tre aquilotti* (42), *La gorgona* (42), *La leggenda di Genoveffa* (52), *Andrea Chénier* (55), *Altair* (56).

836. Carnabuci, Stelio. Actor. b. 1911. Brother of Piero Carnabuci. *La corona di ferro* (41), *Luisa Sanfelice* (42).

837. Carné, Marcel. French director. b. Aug. 18, 1909, Paris. AKA: Albert Cranche. *L'amore e il diavolo* (42), *Aria di Parigi* (55 also co-w).

838. Carnera, Primo. Actor/boxer/wrestler/showman. b. Oct. 25, 1906, Sequals. d. June 29, 1967, Sequals. Most famous as being former heavyweight boxing champion of the world. Became a U.S. citizen in 1953. *Traversata nera* (39), *Vento di milioni* (39), *La nascita di Salomè* (40), *Senza cielo* (40), *La figlia del corsaro verde* (40), *La corona di ferro* (41), *Harlem* (42), *Il tallone di Achille* (52), *Ercole e la regina di Lidia* (58).

839. Carnovsky, Morris. U.S. actor. b. Sept. 5, 1898, St. Louis., Mo. *Uno sguardo dal ponte* (62).

840. Carol, Martine. French actress. b. May 16, 1922, Biarritz. d. Feb. 6, 1967, Monte Carlo, Monaco. RN: Maryse Mourer. *Gli amanti di Verona* (48), *Quando le donne amano* (52), *Le belle della notte* (52), *Destini di donne* (53 the episode "Nemica della guerra"), *Il letto* (53), *Lucrezia Borgia* (53), *La spiaggia* (53), *Madame Dubarry* (54), *Nanà* (55), *Difendo il mio amore* (56), *La prima notte* (58), *Napoleone ad Austerlitz* (60), *Vanina Vanini* (61), *I dongiovanni della Costa Azzurra* (62).

841. Caron, Leslie. French actress. b. July 1, 1931, Boulogne-Billancourt. *Napoleone ad Austerlitz* (60), *Le quattro verità* (62), *Il padre di famiglia* (67).

842. Carosio, Margherita. Opera singer/actress. b. June 7, 1908, Genova. *La regina della Scala* (37), *Melodie eterne* (40 sound track), *L'elisir d'amore* (40 unfinished).

843. Carotenuto, Bruno. Actor. AKA: Carrol Brown. *Mattino di primavera* (58), *La legge* (58), *Ercole l'invincibile* (63), *Per un pugno di dollari* (64), *I sentieri dell'odio* (64), *Sette dollari sul rosso* (68), *Sette baschi rossi* (68).

844. Carotenuto, Mario. Actor. b. June 29, 1915, Roma. Brother of Memmo Carotenuto. *Marakatumba...ma non è una rumba* (51 made in 49), *Miracolo a Viggiù* (51), *Bellezze a Capri* (51), *I due sergenti* (51), *Ci troviamo in galleria* (53), *Capitan Fantasma* (53), *Destini di donne* (53), *Lasciateci in pace* (53), *Prima di sera* (53), *La spiaggia* (53), *Scuola elementare* (54), *Non c'è amore più grande* (55), *Racconti romani* (55), *Destinazione Piovarolo* (55), *Un eroe dei nostri tempi* (55), *Io piaccio* (55), *Pane amore e...* (55), *I giorni più belli* (56), *Quando tramonta il sole* (56), *Mio figlio Nerone* (56), *Poveri ma belli* (56), *Montecarlo* (56), *A sud niente di nuovo* (57), *Kean, genio e sregolatezza* (57), *Souvenir d'Italie* (57), *Vivendo, cantando...che male ti fo?* (57), *Susanna* *tutta panna* (57), *Femmine tre volte* (57), *Belle ma povere* (57), *Ladro lui, ladra lei* (57), *Guardia, ladro e cameriera* (58), *La ballerina e buon Dio* (58), *Mogli pericolose* (58), *Totò e Marcellino* (58), *Rascel—marine* (58), *Il segreto delle rose* (58), *Gli zitelloni* (58), *Come te movi, te fulmino* (58), *L'amico del giaguaro* (58), *L'amore nasce a Roma* (58), *Primo amore* (58), *La vendetta* (58), *Pane amore e Andalusia* (59), *Uomini e nobiluomini* (59), *I ragazzi del juke-box* (59), *La 100 km* (59), *Le sorprese dell'amore* (59), *Juke-box, urli d'amore* (59), *La grana* (59), *Cerasella* (59), *Il terrore dell'Oklahoma* (59), *A qualcuno piace calvo* (60), *Roulotte e roulette* (60), *Il mattatore* (60), *Genitori in blue jeans* (60), *I piaceri dello scapolo* (60), *Urlatori alla sbarra* (60), *Le signore* (60), *Un dollaro di fifa* (60), *Caccia al marito* (60), *La banda del buco* (60), *San Remo, la grande sfida* (60), *Fontana di Trevi* (60), *Che femmina ...e che dollari!* (60), *I teddy-boys della canzone* (60), *Le svedesi* (61), *Mariti in pericolo* (61), *Ferragosto in bikini* (61), *Io bacio...tu baci* (61), *Vacanze alla baia d'Argento* (61), *La ragazza sotto il lenzuolo* (61), *I soliti rapinatori a Milano* (61), *Cinque marines per cento ragazze* (61), *Scandali al mare* (61), *Il mantenuto* (61), *Bellezze sulla spiaggia* (62), *Peccati d'estate* (62), *Maciste contro Ercole nella valle dei guai* (62), *Il mio amico Benito* (62), *Colpo gobbo all'italiana* (62), *Gli eroi del doppio gioco* (62), *Pesci d'oro e bikini d'argento* (62), *Nerone 71* (62), *Due samurai per 100 geisha* (63), *Siamo tutti pomicioni* (63), *Tempo di Roma* (63), *Scandali...nudi* (64), *Sette monaci d'oro* (66), *Il padre di famiglia* (67), *Satyricon* (68), *If It's Tuesday This Must Be Belgium* (69 U.S.), *Nell'anno del Signore* (69), *Lisa dagli occhi blu* (70), *Il debito coniugale* (70), *La moglie del prete* (70), *I due assi del guantone* (71), *In amore per ogni gaudenzia ci vuole sofferenza* (71), *Riuscirà l'avv. Franco Benenato a sconfiggere il suo acerrimo nemico, il pretore Ciccio De Ingras?* (71), *Quando le donne si chiamavano "madonne"* (72), *Girolimoni, il mostro di Roma* (72), *Il prode Anselmo e il suo scudiero* (72), *Lo scopone scientifico* (72), *Fiorina la vacca* (72), *Racconti proibiti...di niente vestiti* (72), *Storia di fifa e di coltello* (72), *Furto di sera bel colpo si spera* (73), *Il sergente Rompiglioni* (73), *La poliziotta* (74), *La liceale* (75), *Quatre zizis dans la marine* (74 France).

845. Carotenuto, Memmo. Actor. b. July 24, 1908, Roma. *Umberto D* (51), *Tempi nostri* (52), *Stazione Termini* (53), *Processo contro ignoti* (53), *Nerone e Messalina* (53 started in 49), *La domenica della buona gente* (53), *Piovuto dal cielo* (53), *Prima di sera* (53), *Pane amore e fantasia* (53), *Via Padova, 46* (53), *I tre ladri* (53), *Peccato che sia una canaglia* (54), *Pane amore e gelosia* (54), *L'allegro squadrone* (54), *Casa Ricordi* (54), *Le vacanze del sor Clemente* (54), *Bella non piangere* (54), *Carovana di canzoni* (54), *Chéri-Bibi, il forzato della Guiana* (55), *Gli ultimi cinque minuti* (55), *Don Camillo e l'onorevole Peppone* (55), *Accade al penitenziario* (55), *La ladra* (55), *Piccola posta* (55), *La fortuna di essere donna* (55), *Il bigamo* (55), *I giorni più belli* (56), *Poveri ma belli* (56), *Mio figlio Nerone* (56), *La banda degli onesti* (56), *Guardia, guardia scelta, brigadiere e maresciallo* (56), *Tempo di villeggiatura* (56), *Cantando sotto le stelle* (56), *Gente felice* (56), *Donne, amore e matrimoni* (56), *Il momento più bello* (56), *Padri e figli* (56), *Solo Dio mi fermerà* (56), *Totò, Peppino e i fuorilegge* (57), *A Farewell to Arms* (57 U.S.), *Parola di ladro* (57), *Susanna tutta panna* (57), *Non cantare...baciami!* (57), *Il sole tornerà* (57), *Classe di ferro* (57), *Mariti in città* (57), *Belle ma povere* (57), *Souvenir d'Italie* (57), *Ladro lui, ladra lei* (57), *Il cocco di mamma* (57), *I soliti ignoti* (58), *Mattino di primavera* (58), *È arrivata la parigina* (58), *Totò e Marcellino* (58), *Gambe d'oro* (58), *Totò a Parigi* (58), *Le dritte* (58), *Ragazzi della marina* (58), *Gli italiani sono matti* (58), *L'uomo dai calzoni corti* (58), *Zoras il ribelle* (59), *Il mattatore* (60), *Il mondo nella mia tasca* (60), *Lazarillo de Tormes* (60 Spain), *Die Hochzeitsweise* (69 Germany).

846. Carpentieri, Luigi. Producer. b. Dec. 14, 1920, Roma. Began as an assistant to Mario Bonnard, and in the period 1936–43 assisted several other directors on about 40 films. *La madonnina d'oro* (49 cod), *Atto d'accusa* (50), *La vendetta del corsaro* (51), *La nemica* (52), *Saluti e baci* (52), *Capitan Fantasma* (53), *Canzone appassionata* (53), *La vena d'oro* (55), *Totò lascia* *o raddoppia* (57), *Souvenir d'Italie* (57), *Domenica è sempre domenica* (58), *Il figlio del corsaro rosso* (58), *Maciste nella Valle dei Re* (60 co-p), *Giuseppe venduto dai fratelli* (60 co-p), *Maciste alla corte del Gran Khan* (61 co-p), *Maciste nella terra dei ciclopi* (61 co-p), *Su e giù* (65 co-p), *Un fiume di dollari* (66 co-p), *Un dollaro a testa* (66 co-p), *La coppia* (68 co-p).

847. Carpi, Fabio. Director. *Il quartetto Basileus* (83 also w), *Le ambizioni sbagliate* (83), *I cani di Gerusalemme* (84), *L'amore necessario* (91 also w).

848. Carpignano, Vittorio. Documentary maker. b. May 8, 1918, Montechiaro d'Asti. Directed one feature film: *Inquietudine* (46). His major documentaries include: *Bimbi che aspettano* (50), *Sicilia barocca* (50), *Quando le pleiadi tramontano* (51), *Il segnale viene dal cielo* (52 TV), *Storielle del Bosco Viennese* (52 TV), *Gli eroi dell'Artide* (53 directed live broadcast from the North Pole), *Il lotto* (55), *Nasce un trottatore* (55), *Alla conquista dell'universo* (56), *Sempre più veloce* (56), *La mano e la macchina* (56), *La scienza che uccide* (56). Other documentaries include: *Spighe bianche* (41), *Noi mondini* (41), *Acque feconde* (41), *T.O. 34* (42), *Dietro la trincea* (42), *Quando il cannone tace* (42), *In bocca all'Orso* (42), *Ucraina rossa* (42), *Terra del melodramma* (47), *Pescatori d'ombre* (47), *Incontro con Roma* (48), *Il genio di Turner* (48), *Piccolo mondo al sole* (48), *Voce antica* (48), *Dove nacque il nome Italia* (48), *Tempo perduto* (49), *La terra ha sete* (49), *Bergamo* (49), *Artigiani di Sicilia* (50), *Un abito per Eva* (50), *Oggi, non domani* (50), *Processione sul mare* (50), *Il giardino delle Esperidi* (51), *Da porta a porta* (51), *Danze del Principe Igor* (51), *Sylvia* (51), *Dahlak* (52), *Ville del Lazio* (55), *Terra tra due mari* (55), *Piccoli artisti* (55), *Oro e brillanti* (55), *Venditori di uccelli* (55), *Il mistero delle onde* (56), *L'avventura dei numeri* (56), *Numero ed elettroni* (56), *Il cervello* (56), *Cielo di notte* (56), *Biografia della terra* (56), *Mistero della vita* (56), *Che ora è?* (56).

849. Carra, Raffaella. Actress. *Maciste, l'uomo più forte del mondo* (61), *I compagni* (63).

850. Carradine, Keith. U.S. actor. b. Aug. 8, 1949, San Mateo, Calif. RN: Keith Ian Carradine. Son of John Carradine. *L'inchiesta* (87).

851. Carradine, Robert. U.S. actor. b. 1954, Los Angeles, Calif. Son of John Carradine. *Orca* (77).

852. Carraro, Tino. Actor. b. 1910, Milano. *Menzogna* (52), *I sette dell'Orsa maggiore* (53), *I quattro del getto tonante* (55), *Costantino il grande: in hoc signo* (60), *A qualcuno piace calvo* (60), *Giorno per giorno disperatamente* (61), *Il terrorista* (63), *Il gioco delle spie* (66), *A qualsiasi prezzo* (68), *La monaca di Monza* (68), *Orgasmo* (68), *I perversi* (69), *La belva* (70), *Il gatto a nove code* (71), *Malizia* (72), *Peccato veniale* (73), *Storia di una monaca di clausura* (74), *Due prostitute a Pigalle* (75), *Peppino e la vergine Maria* (75), *Cadaveri eccellenti* (76), *Per amore* (76), *La lupa mannara* (77), *Semmelweiss* (80), *Notte italiana* (87).

853. Carrel, Dany. French actress. b. Sept. 20, 1935, Tourane, Annam, Indochina. RN: Suzanne Chazelles du Chaxel. *Le grandi manovre* (55), *Le donne degli altri* (57), *Quartiere dei lillà* (57), *Racconti d'estate* (58), *Il mulino delle donne di pietra* (60).

Carrell, Lianula *see* **Carell, Lianella**

854. Carrière, Jean-Claude. French co-writer. b. 1931, Colombière. *Il diario di una cameriera* (64 also *), *Bella di giorno* (67), *La piscina* (68), *La cagna* (72), *Il fascino discreto della borghesia* (72), *Il monaco* (72), *La smagliatura* (75), *Leonor* (75).

855. Carrière, Mathieu. German child actor. b. Aug. 2, 1950, Hannover. *Lo stato d'assedio* (69), *Giordano Bruno* (73), *Benvenuta* (83).

Carrol, Frank G. *see* **Baldanello, Gianfranco**

856. Carroll, Barbara. Actress. *Gli ultimi giorni di Pompei* (59), *Goliath contro i giganti* (60), *Zorro alla corte di Spagna* (62).

Carson, Stet *see* **Testi, Ruffo**

857. Carsten, Peter. German actor. b. April 30, 1929, Weissburg. RN: Pieter Ransenthaler. AKA: Peter Carter. Long in U.S.A. *La grande strada azzurra* (57), *Sotto dieci bandiere* (60), *Marcia o crepa* (62), *Il mio nome è Pecos* (66), *Un avventuriero a Tahiti* (66), *El Rojo* (66), *Per il gusto di uccidere* (66), *E Dio disse a Caino* (69),

L'inafferabile e invincibile Mr Invisible (69), *Nella stretta morsa del ragno* (70), *Tutti fratelli nel west... per parte di padre* (72).

858. Carta, Alberto G. Director of photography. b. Sicilia. *Nelly la gigolette* (14), *Gespay* (14), *Lacrime* (14), *Assunta spina* (15), *Yvonne, la bella della "danse brutale"* (15), *La signora dalle camelie* (15), *A San Francisco* (15), *Amor di ladro* (15), *Il capestro degli Asburgo* (15 co-ph), *Diana l'affascinatrice* (15), *Il mistero di quella notte* (15), *Otto milioni di dollari* (15), *Nel gorgo della vita* (16), *Destino* (16), *La perla del cinema* (16), *Zia... Camillo* (16), *Don Pietro Caruso* (16), *Odette* (16), *Fedora* (16), *Baby l'indiavolata* (16), *La piccola fonte* (17), *Dora o le spie* (17), *Andreina* (17), *Malia* (17), *La martire* (17), *Nellina* (17), *I misteri di Parigi* (17), *Maman Colibrì* (18), *Mariute* (18), *Tosca* (18), *Il processo Clemenceau* (18), *Frou Frou* (18), *La corsa al trono* (18), *Oltre la legge* (19 co-ph), *La principessa Giorgio* (19), *Serpe* (19), *Anima allegra* (19), *La contessa Sara* (19), *Lisa Fleuron* (19), *L'ombra* (19), *La sfinge* (20), *Maddalena Ferrat* (20), *Otello* (20), *Ultimo sogno* (20), *La blessure* (20), *Marion* (21), *La giovinezza del diavolo* (21 co-ph), *La donna nuda* (22), *Fior di Levante* (25 co-ph), *Zaganella e il cavaliere* (32 co-ph), *Odette* (34).

859. Carteny, Marilu. Art director. Former actress. *C'era una volta il west* (68 *), *Avventura a Bali* (69), *Michele Strogoff* (70 co).

Carter, Peter *see* **Carsten, Peter**

Carter, Ted *see* **Pazzafini, Nello**

860. Carter, Terry. U.S. actor. *Nerosubianco* (68).

861. Cartier, Max. Actor. *Rocco e i suoi fratelli* (60), *Salvatore Giuliano* (61).

862. Caruso, Pino. Actor. *La più bella coppia del mondo* (68), *Quella piccola differenza* (69), *La mano* (70), *Le Mur d'Atlantique* (70 France), *Malizia* (72), *Gli amici degli amici hanno saputo* (73), *La seduzione* (73), *La governante* (74), *Dupont la joie* (74 France), *L'ammazzatina* (75), *La donna della domenica* (75), *Dimmi che fai tutto per me* (76), *Il marito in collegio* (77), *Ride bene chi ride ultimo* (77 also co-d), *Il... bel paese* (78), *Gegè Bellavita* (79), *Il ficcanaso* (80), *L'esercito più pazzo del mondo* (81), *Scugnizzi* (87).

863. Carvenne, Denise. French actress. b. Nov. 12, 1925, Bruxelles, Belgium. *Frou Frou* (55), *Nanà* (55), *Notre Dame de Paris* (56).

864. Casadei, Yvonne. Actress. *8½* (63), *Giulietta degli spiriti* (65), *Punto e Capo* (73).

865. Casaleggio, Giovanni. Actor. b. 1876, Torino. d. Nov. 11, 1955, Torino. Also directed several films. *I rintocchi dell'ave maria* (11), *La marchesa di Ansperti* (11), *Come una sorella* (12), *Isolati dal mondo* (12), *I segreti dell'anima* (12), *Disperato abbandono* (13), *Il gioiello della regina* (13), *Ombra del male* (13), *La morsa della morte* (14), *La rivincita* (14), *Per un'ora d'amore* (14), *Piccoli martiri* (15), *La bara di vetro* (15), *Titanic, l'acciaio formidabile* (15), *Il club delle donne* (15), *L'amazzone macabra* (16), *Bacio di morte* (16 d), *Madre martire* (16 d), *Tua per la vita* (16), *La figlia della tempesta* (16), *Le due orfanelle di Torino* (17 d), *Il caporal Simon* (17 d), *Il segreto del dottor Magus* (20 co-d), *Lo strano viaggio di Pim Popò* (21 co-d), *Lo scoiattolo del mare* (21 co-d), *Il pezzente gentiluomo* (21 co-d), *Le vittime dell'oro* (21 d).

866. Casaravilla, Carlos. Spanish actor. b. Oct. 12, 1900, Montevideo, Uruguay, of Spanish parents. *Un angelo passò per Brooklyn* (58), *Marcia o crepa* (62), *Saul e David* (64), *Malenka* (68).

867. Casarés, Anna. Actress. *Le quattro verità* (62), *Due mafiosi nel far west* (64), *Sette donne per i MacGregor* (66).

868. Casarés, Maria. French-Spanish actress. b. Nov. 21, 1922, La Coruña, Spain. RN: Maria Casarés Quiroga. *La certosa di Parma* (47), *Il testamento di Orfeo* (60), *Flavia, la monaca mussulmana* (73).

869. Casas, Antonio. Actor. *Il colosso di Rodi* (60), *La rivolta degli schiavi* (60), *Ipnosi* (62), *Minnesota Clay* (64), *Cavalco e uccidi* (64), *Una pistola per Ringo* (65), *Quattro dollari di vendetta* (65), *Il ritorno di Ringo* (65), *Deguello* (66), *Il buono, il brutto, il cattivo* (66), *La resa dei conti* (66), *Faccia a faccia* (67), *Ventimila dollari sul sette* (68), *Quando Satana impugna la colt* (68), *Cervantes* (68), *Vivi... o preferabilmente morti* (69), *E così divennero i tre superman del west* (74).

870. Casavolo, Franco. Composer. b. July 13, 1892, Modugno. d. July 7, 1955, Bari. *Sette giorni all'altro mondo* (36), *La* *damigella di Bard* (36), *Fuochi d'artificio* (38), *Il destino in tasca* (39), *L'uomo del romanzo* (40), *Il pozzo dei miracoli* (41), *Se non son matti non li vogliamo* (41), *La regina di Navarra* (41), *Carmela* (42), *Anni difficili* (47), *Alina* (50), *Contro la legge* (51).

871. Caserini, Maria. Actress. b. Milano. AKA: Maria Caserini Gasperini. Wife of Mario Caserini. *Beatrice Cenci* (09), *Giovanna d'Arco* (09), *La nuova mammina* (09), *Wanda Soldanieri* (09), *Gabriella di Beaulieu* (09), *Catilina* (10), *Anita Garibaldi* (10), *Beatrice di Tenda* (10), *Il dottor Antonio* (10), *Giovanna la pazza* (10), *Lucrezia Borgia* (10), *Mademoiselle de Scudery* (11), *Santarellina* (11), *Mater dolorosa* (11), *Florette e Patapon* (13), *Ma l'amor mio non muore* (13), *Nerone e Agrippina* (13), *Colei che tutto soffre* (14), *La pantomima della morte* (15), *Fiore di autunno* (16), *Amore che uccide* (16), *L'ombra* (16), *Germana* (19), *San Giorgio* (19), *L'ombra implacabile* (19), *Papà Lebonnard* (20), *Come due navi che s'incontrano nella notte* (21).

872. Caserini, Mario. Director. b. 1874, Roma. d. Nov. 17, 1920, Roma. Began in 1905 as an actor. *Garibaldi* (07), *Otello* (07), *Marco Visconti* (08), *Romeo e Giulietta* (08), *Pia de' Tolomei* (08), *Wanda Soldanieri* (09), *La dama di Monsereau* (09), *La gerla di papà Martin* (09), *L'innamorato* (09), *Beatrice Cenci* (09), *Giovanna d'Arco* (09), *Macbeth* (09), *Congiura di piacenza* (10), *Cola di Rienzo* (10), *Giovanni dalle bande nere* (10), *Giovanna la pazza* (10), *Messalina* (10), *Catilina* (10), *Lucrezia Borgia* (10 co-d), *Federico Barbarossa* (10), *Il Cid* (10), *Anita Garibaldi* (10), *Amleto* (10), *Lucia di Lammermoor* (11), *Mademoiselle de Scudery* (11), *La mamma dorme* (11), *I masnadieri* (11), *La fidanzata di Messina* (11 co-d), *Pietro Micca* (11), *L'adultera* (11), *La mala pianta* (11), *Antigone* (11), *Santarellina* (11), *L'ultimo dei Frontignac* (11), *Il passato di Kaseira* (11), *Jane Gray* (11), *La nave* (11), *Mater dolorosa* (11), *I cavalieri di Rodi* (12), *Il pellegrino* (12), *Dante e Beatrice* (12), *Infamia araba* (12), *Parsifal* (12), *Siegfried* (12), *La ribalta* (12), *Distruzione di Cartagine* (12), *Nelly la domatrice* (12), *I mille* (12), *Florette e Patapon* (13), *Il treno degli spettri* (13), *Nerone e Agrippina* (13), *Ma l'amor mio non muore* (13), *Gli ultimi giorni di Pompei* (13 co-d), *Sonnambulismo* (14), *Romanticismo* (14), *La gorgona* (14), *La pantomima della morte* (15), *Monna Vanna* (15), *L'amor tuo li redime* (15), *Madame Tallien* (15 co-d), *Fiore di autunno* (16), *La divetta del reggimento* (16), *Maschera di mistero* (16), *Vita e morte* (16 co-d), *La vittima dell'amore* (16), *Fra gli artigli del veleno* (16), *Passano gli unni* (16), *In mano al destino* (16), *Amore che uccide* (16), *Come in quel giorno* (16), *L'ombra* (16), *Resurrezione* (17), *La via più lunga* (17), *Il dramma di una notte* (17), *La signora Arlecchino* (18), *Il filo della vita* (18), *Una notte a Calcutta* (18), *Capitan Fracassa* (18), *Sfinge* (18), *Primerose* (19), *Anima tormentata* (19), *L'imprevisto* (19), *Musica profana* (19), *Tragedia senza lacrime* (19), *Il romanzo di una vespa* (19), *Il miracolo* (19), *Pietro e Teresa* (19), *La buona figliuola* (19), *Il gorgo fascinatore* (19), *Fior d'amore* (20), *Sorella* (20), *La voce del cuore* (20), *La modella* (20), *Il filo di Arianna* (20), *Fiore d'arancio* (20), *Caterina* (20).

873. Casetti, Tiziana. Actress. *Teseo contro il Minotauro* (60), *La vendetta della maschera di ferro* (62).

874. Casilini, Umberto. Actor. b. Nov. 4, 1882, Bologna. *Lea* (16), *Debito d'odio* (19), *I diabolici* (20), *La ruota del vizio* (20), *L'ombra di un trono* (21), *Cirano di Bergerac* (22), *Ma non è una cosa seria* (36), *Cavalleria* (36), *La regina della Scala* (37), *Il vetturale del san Gottardo* (41).

875. Casilio, Maria Pia. Actress. b. May 5, 1935, L'Aquila. *Umberto D* (51), *Stazione Termini* (53), *La valigia dei sogni* (53), *Pane amore e fantasia* (53), *Due soldi di felicità* (54), *Carosello napoletano* (54), *Teresa Raquin* (54), *Pane amore e gelosia* (54), *Un americano a Roma* (54), *Il medico dei pazzi* (54), *Racconti romani* (55), *Aria di Parigi* (55), *Totò, Peppino e i fuorilegge* (57), *Amarti è il mio destino* (57), *Goodbye Firenze* (57), *Pezzo, capopezzo e capitano* (58).

876. Cassano, Riccardo. Director/writer. b. Roma. RN: Riccardo Cassano Dei Maltagliati. *Il perfido incanto* (16 asst d/w), *Thaïs* (16 asst d/w), *L'ombra* (16 asst d), *L'altro io* (17 w), *Bifoni e la maschera dai denti neri* (18 d), *La tartaruga* (18 d/story), *L'ultimo dei cognac* (18 d), *Il principe* *dell'impossibile* (19 w), *Da Roma al Niagara* (19 co-d), *Notti rosse* (19 co-d), *Miss Lily, pardon!* (19 co-d), *Il marito di Elena* (20 d), *Stella* (20 d), *La mosca d'oro* (21 d), *Mio zio Barbassous* (21 d), *Notte di tempesta* (23 d), *La perla nera* (24 w).

877. Cassavetes, John. U.S. actor. b. Dec. 9, 1929, N.Y.C., N.Y. d. Feb. 3, 1989, Los Angeles, Calif. *Gli intoccabili* (68), *Roma come Chicago* (68).

878. Cassel, Jean-Pierre. French actor. b. Oct. 27, 1932, Paris. RN: Jean-Pierre Crochon. *La ragazza del peccato* (57), *L'amante di cinque giorni* (61), *Arsenio Lupin contro Arsenio Lupin* (62), *Cirano e d'Artagnan* (62), *I sette peccati capitali* (62), *Le più belle truffe del mondo* (63), *Alta infedeltà* (64 the episode "La sospirosa"), *Il piacere e l'amore* (64), *Le dolci signore* (67), *Il fascino discreto della borghesia* (72), *Il magnate* (73), *Da Dunkerque alla vittoria* (79), *La giacca verde* (79), *Ehrengard* (82) *Vado a riprendermi il gatto* (89).

Cassell, Louis *see* **Castel, Lou**

879. Cassidy, Joanna. U.S. actress. b. Aug. 2, 1944, Camden, N.J. RN: Joanna Virginia Caskey. *Perchè?!* (75).

880. Cassinelli, Claudio. Actor. b. 1938. *La Cina è vicina* (67), *Flavia, la monaca mussulmana* (73), *Il sorriso del grande tentatore* (74), *La prima volta sull'erba* (75), *Gli ultimi tre giorni* (77), *L'isola degli uomini pesce* (78), *La montagna del dio cannibale* (78), *Il fiume del grande caimano* (79), *Avalanche Express* (79 U.S.), *Le avventure dell'incredibile Ercole* (83), *I guerrieri dell'anno 2072* (83), *Un caso di incoscienza* (84), *Le avventure dell'incredibile Ercole II* (84).

881. Cassini, Alfonso. Actor. b. 1858, Bologna. d. Aug. 6, 1921, Roma. Married Giulia Rizzotto (q.v. Giulia Cassini Rizzotto, below). *Capriccio fatale!* (12), *Il passato che non perdona* (12), *Il romanzo di Luisa* (13), *Paternità* (14), *Christus* (15), *Pulcinella* (15), *Il figlio della guerra* (15), *Rugiada di sangue* (15), *La signora dalle camelie* (15), *Alla capitale* (15), *Potere temporale* (15), *La cuccagna* (15), *La falena* (16), *La donna abbandonata* (17), *Femina* (18), *I due volti* (18), *Il principe dell'impossibile* (19), *La vergine folle* (19), *L'orizzontale* (19), *Lo scaldino* (20), *La casa di vetro* (20), *La preda* (21), *Amore rosso* (21), *La donna perduta* (21), *La statua di carne* (21), *Il viaggio* (21), *L'incognita* (22).

882. Cassini, Nadia. U.S. actress. b. 1950. *Il dio serpente* (70), *Quando gli uomini amarano la clava...e con le donne fecero din-don* (71), *Ecco lingua d'argento* (76), *Spogliamoci così senza pudor...* (77), *Io tigro, tu tigri, egli tigra* (78), *L'insegnante balla...con tutta la classe* (79), *L'infermiera nella corsia dei militari* (79), *Io zombo, tu zombi, lei zomba* (80).

883. Cassini Rizzotto, Giulia. Actress. b. Sicilia. Married Alfonso Cassini. *Capriccio fatale!* (12), *Il passato che non perdona* (12), *Il romanzo di Luisa* (13), *Paternità* (14), *Christus* (15), *Pulcinella* (15), *Patria mia* (15), *La falena* (16), *Malombra* (16), *Primo ed ultimo bacio* (16), *La bella salamandra* (16), *Leonardo da Vinci* (18 co-d), *Scugni* (18 d), *Senza sole* (18 co-d), *Piccola Manon* (19 d), *A mosca cieca* (21 d), *Triboulet* (23).

884. Castagnetta, Bianca. Actress. *Divorzio all'italiana* (61), *Rose rosse per il Fuehrer* (67).

885. Castel, Colette. French actress. b. 1938. *Il giorno e l'ora* (63).

886. Castel, Lou. Colombian actor. RN: Luigi Castellato. AKA: Louis Cassel, Ulv Quarzel. *Pugni in tasca* (65), *Quien sabe?* (66), *Francesco d'Assisi* (66 TV), *Il mio nome è Pecos* (66), *Requiescant* (67), *Grazie, zia* (67), *I corvi volano basso* (67), *Orgasmo* (68), *I protagonisti* (68), *Galileo* (68), *Lucrezia Borgia, l'amante del diavolo* (68), *Con quale amore, con quanto amore* (70), *Transfert per Kamera verso virulentia* (70), *In nome del padre* (71), *Matalo!* (71), *Il venditore di morte* (72), *Nada* (74), *Caro Michele* (76), *Porci con le ali* (77), *Suor Omicidi* (77), *Gli occhi, la bocca* (81), *Che ora è?* (89), *Fuga dal paradiso* (90).

887. Castellani, Bruto. Actor. d. Jan. 19, 1933, Roma. Muscleman of the silent screen, best remembered as Ursus, a character he played in *Quo vadis?* (12), and several subsequent films. Other movies include: *Caio Giulio Cesare* (14), *Fabiola* (17), *Ursus* (17), *Ursus, il leone del porto* (21), *Nero* (22 U.S.), *Savitri Satyvan* (23), *Messalina* (23), *Il corsaro* (23), *Marco Visconti* (23), *Quo vadis?* (24), *Ben-Hur* (25 U.S.), *Gli ultimi giorni di Pompei* (26), *La bella corsara* (27).

888. Castellani, Franco. Actor. b.

Nov. 21, 1915, Roma. *L'uomo della croce* (42), *Non ho paura di vivere* (52), *Adriana Lecouvreur* (55), *Andrea Chênier* (55), *Città di notte* (56), *La sposa bella* (60), *I mostri* (63).

889. Castellani, Mario. Actor. b. Roma. *Fifa e arena* (48), *L'imperatore di Capri* (49), *Totò cerca casa* (49), *Totòtarzan* (50), *Totò sceicco* (51), *Le sei mogli di Barbablù* (51), *I due sergenti* (51), *Totò e i re di Roma* (51), *Totò a colori* (52), *Siamo donne* (53), *Un turco napoletano* (53), *I tre ladri* (53), *Totò e Carolina* (53), *Il più comico spettacolo del mondo* (54), *Totò cerca pace* (54), *Il medico dei pazzi* (54), *Totò all'inferno* (54), *I giorni più belli* (56), *Totò, Peppino e la...malafemmina* (56), *Totò, Peppino e i fuorilegge* (57).

890. Castellani, Renato. Director/co-writer. b. Sept. 4, 1913, Finale Ligure. Educated until 1925 in Argentina. Former journalist. *Il grande appello* (36 "military" assistant on exterior shots), *L'orologio a cucù* (38 co-w), *Batticuore* (38 co-w), *Castelli in aria* (38 co-w), *Due milioni per un sorriso* (38 co-w), *La signora di Montecarlo* (38 co-w), *Grandi magazzini* (39 asst d/co-w), *Il documento* (39 co-w), *Un'avventura di Salvator Rosa* (40 asst d/co-w/story), *Centomila dollari* (40 asst d/co-w), *Una romantica avventura* (40 co-w), *La corona di ferro* (41 asst d/co-w/story), *La cena delle beffe* (41 co-w), *Un colpo di pistola* (41), *Zazà* (42), *La donna della montagna* (43), *Quartieri alti* (43 co-w), *Malia* (45 co-w), *Notte di tempesta* (46 co-w), *Mio figlio professore* (46), *Sotto il sole di Roma* (48 also story), *È primavera* (49), *Due soldi di speranza* (51 d/w/story), *Giulietta e Romeo* (54), *I sogni nel cassetto* (57 also sets), *Resurrezione* (58 co-w), *Nella città l'inferno* (58), *Il nemico di mia moglie* (59 co-w), *Il brigante* (61), *Mare matto* (62), *Venere imperiale* (63 idea), *Matrimonio all'italiana* (64 co-w), *Tre notti d'amore* (64 the episode "La vedova" d), *Controsesso* (65 the episode "Donna d'affari" d), *Sotto il cielo stellato* (66), *Questi fantasmi* (67 d), *Una breve stagione* (69), *La vita di Leonardo da Vinci* (72 d from a 5-part TV special).

891. Castellano & Pipolo. Directing/writing team. Franco Castellano and Giuseppe Moccia. *Il federale* (61 co-w), *Tre notti d'amore* (64 the episode "Fatebene-fratelli" w), *I marziani hanno dodici mani* (64), *Extraconiugale* (65 wrote the episode "La roccia," and contributed story for the episode "La moglie svedese"), *Slalom* (65 w), *Due marines e un generale* (65 w), *Oggi, domani e dopodomani* (65 w), *Le spie vengono dal semifreddo* (66 co-w), *Ci ridiamo, vera provvidenza?* (73 w), *Tre tigri contro tre tigri* (77 co-w), *Il...bel paese* (78 w), *Adolfo Hitler alias il mio zio* (78), *Sabato, domenica e venerdì* (79 co-d), *Zucchero, miele e peperoncino* (80 w), *Il bisbetico domato* (80), *Mani di velluto* (80), *Mia moglie è una strega* (80), *Asso* (81), *Innamorato pazzo* (81), *Attila—flagello di Dio* (82), *Grand Hotel Excelsior* (82), *Segni particolari: bellissimo* (83), *College* (84), *Il ragazzo di campagna* (84), *È arrivato mio fratello* (85), *Scuola di ladri* (86 w), *Grandi magazzini* (86), *Il burbero* (86).

892. Castellari, Enzo G. Director/co-writer. RN: Enzo Girolami. AKA: E.G. Rowland, Stephen M. Andrews, Enzo Girolami Castellari. *I sentieri dell'odio* (64 *), *Tre notti d'amore* (64 the episode "La vedova" d), *Vado...l'ammazzo e torno* (68), *Sette Winchester per un massacro* (68 also *), *Il momento di uccidere* (68 co-story), *Vado, vedo e sparo* (68), *Quella sporca storia del west* (68), *Ammazzali tutti e torna solo* (68), *La Battaglia d'Inghilterra* (70), *Ettore lo fusto* (71), *Te Deum* (72), *Il cittadino si ribella* (73), *La polizia incrimina: la legge assolve* (73), *Cipolla Colt* (75), *Keoma* (75), *Le avventure e gli amori di Scaramouche* (76), *Il grande racket* (77), *Quel maledetto treno blindato* (77), *La via della droga* (78), *L'ultima casa vicino al lago* (78), *Il giorno del cobra* (80), *I cacciatori di squali* (80), *L'ultimo squalo* (81), *Guerrieri del Bronx* (82 also *), *Fuga dal Bronx* (83), *I nuovi barbari* (83 also *), *Tuareg—il guerriero del deserto* (84), *Colpi di luce* (85), *Sinbad* (86), *Striker* (87).

893. Castelnuovo, Nino. Actor. b. 1937. *Un maledetto imbroglio* (59), *Rocco e i suoi fratelli* (60), *La sposa bella* (60), *Tutti a casa* (60), *La garçonnière* (60), *Il gobbo* (60), *Un giorno da leoni* (61), *Laura nuda* (61), *Giorno per giorno disperatamente* (61), *La smania addosso* (62), *Les Créatures* (63 France), *Les Parapluies de Cherbourg* (64 France), *Sette contro la morte* (65), *Un mondo nuovo* (65), *Made* *in Italy* (65), *The Reward* (65 U.S.), *Andremo in città* (66), *Django* (66), *Racconti a due piazze* (66), *Tempo di massacro* (66), *Una sporca faccenda* (67), *Amore e rabbia* (67), *Rose rosse per il Fuehrer* (67), *La cintura di castità* (68), *Salvare la faccia* (68), *Camille 2000* (69), *Un esercito di cinque uomini* (69), *Certo, certissimo, anzi... probabile* (69), *Il divorzio* (70), *Bella di giorno, moglie di notte* (72), *L'Emmerdeur* (73 France), *Colpo grosso...grossissimo ...anzi probabile* (73), *Quella età maliziosa* (75), *Amore mio spogliati...che poi ti spiego* (75), *Nude per l'assassino* (76), *Il prato macchiato di rosso* (78), *Affinità elettive* (78), *Sette uomini d'oro nello spazio* (78), *Un delitto* (83).

894. Castelot, Jacques. French actor. b. July 11, 1914, Anvers. *Frutto proibito* (52), *L'eroe della Vandea* (53), *Nanà* (55), *I battellieri del Volga* (58).

895. Castle, John. U.K. actor. b. Jan. 14, 1940, Croydon. *Blow Up* (66), *L'uomo della Mancha* (72).

Castle, Lee *see* **Siciliano, Antonio**

896. Castle, Peggy. U.S. actress. b. Dec. 22, 1927, Appalachia, Va. d. 1973. *Arrivederci Roma* (58).

897. Castor, Ana. Spanish actress. AKA: Ann Castor. *L'ombrellone* (66), *Il sapore della vendetta* (68), *Sapevano solo uccidere* (68).

898. Castrini, Giselda. Actress. *Avanti!* (72), *Brutti, sporchi e cattivi* (76).

899. Catala, Muriel. French actress. b. 1952. *Le monache di sant'Arcangelo* (72).

900. Cataldo, Gaspare. Co-writer. b. Jan. 25, 1902, Alcamo. *Una romantica avventura* (40 dialog), *Gioco d'azzardo* (41), *Luna di miele* (41 also story), *Una storia d'amore* (42 also story), *In cerca di felicità* (43), *La signora in nero* (43), *Amanti in fuga* (46), *I fratelli Karamazoff* (47), *Cuore* (48), *Duello senza onore* (49), *Vent'anni* (49), *Santo disonore* (50), *La vendetta di una pazza* (51), *Core 'ngrato* (51), *Quattro rose rosse* (51), *Ivan, il figlio del diavolo bianco* (54), *Papà pacifico* (54), *Cortile* (55), *Moglie e buoi...* (56).

901. Catching, Bill. U.S. director. b. 1926. *Il sigillo di Pechino* (66 co-d).

Jaque Catelain *see under* **J**

902. Cattaneo, Amelia. Actress. Wife of Carlo Cattaneo. *Quo vadis?* (12), *In lotta col destino* (13), *L'aereo siluro* (13), *Falso cupone* (13), *Il peso della riconoscenza* (13), *Christus* (15), *L'ultima livrea* (19), *L'affare si complica* (40).

903. Cattaneo, Bruno. Actor. *I due nemici* (61), *Il mito* (63), *Mangiala!* (68), *Fuori campo* (69), *A Venezia un dicembre rosso* (73), *Affinità elettive* (78).

904. Cattaneo, Carlo. Director/actor. *Quo vadis?* (12 *), *L'aereo siluro* (13 d/*), *In lotta col destino* (13 d/*), *Falso cupone* (13 d/*), *Il peso della riconoscenza* (13 d/*), *Ombre umane* (15 *), *La vertigine del mare* (15 *), *Bacio di morte* (16 *), *La cantoniera n. 13* (19 co-d), *Senza pietà* (20 *), *Il Ponte dei sospiri* (21 *).

905. Caudana, Mino. Writer. b. March 20, 1905, Chieri. *La granduchessa si diverte* (40), *Cento lettere d'amore* (40), *Brivido* (41), *Finalmente soli* (41), *Luna di miele* (41), *Sempre più difficile* (42 co-w), *Il bandito* (46 co-w).

906. Cavagna, Cesare. Director of photography. *Il cadavere di marmo* (15), *Come Tranquillo entrò in società* (15), *La maschera dell'eroe* (15), *L'amazzone macabra* (16), *Diamanti e lagrime* (16), *La grande vergogna* (16), *Medusa velata* (16), *La pagina ignota* (16), *Un dramma ignorato* (17), *Il numero 121* (17), *Gli orrori della guerra* (17), *La santa* (17), *Il triangolo giallo* (17), *L'ultima impresa* (17), *Cento giorni all'ombra* (18), *Duecento all'ora* (18), *Il veleno del piacere* (18), *Bambola infranta* (19), *L'altra razza* (20), *La campana dello scandalo* (20), *La danza delle ore* (20), *Dopo il suicidio* (20), *Il fiore del Caucaso* (20), *Miss Dorothy* (20), *Monella di strada* (20), *La pecorella* (20), *La tartaruga del diavolo* (20), *I tre sorrisi di una monella* (20), *Ma non è una cosa seria* (20), *L'arte del suo mistero* (21), *Smarrita!* (21), *Il cammino delle stelle* (22), *Fronda d'ulivo* (23), *Il paese della paura* (23), *Il riscatto* (23), *La bocca chiusa* (24), *Un Balilla del 48* (27).

907. Cavalcanti, Alberto. Brazilian director. b. Feb. 6, 1897, Rio de Janeiro. d. 1982. RN: Alberto de Almeida-Cavalcanti. *Terra è sempre terra* (51 p), *La prima notte* (58 also w/e).

908. Cavalieri, Gianni. Actor. b. March 7, 1908, Padova. d. July 5, 1955, Treviso. RN: Vittorio Cavaliere. Brother of Gino Cavalieri. *Trent'anni di servizio* (45), *La vita semplice* (45), *Cuori senza frontiere*

(49), *Arrivano i nostri* (51), *Accidenti alle tasse!* (51), *Il padrone del vapore* (51), *Ombre sul canal grande* (51), *Cinque poveri in automobile* (52), *Ci troviamo in galleria* (53), *Non vogliamo morire* (53), *Musoduro* (53), *Prima di sera* (53), *Il letto* (53), *Cinema d'altri tempi* (53), *Due notti con Cleopatra* (53), *Totò e Carolina* (53), *I cavalieri della regina* (54), *Miseria e nobiltà* (54).

909. Cavalieri, Gino. Actor. b. July 25, 1895, Vicenza. RN: Gino Cavaliere. *Nina non far la stupida* (37), *La vita semplice* (45), *Chi lavora è perduto* (63), *La moglie del prete* (70), *Anima persa* (76), *La chiave* (83).

910. Cavalieri, Lina. Silent screen diva. b. Dec. 25, 1874, Viterbo. d. Feb. 7, 1944, Firenze, during an air raid. RN: Natalina Cavalieri. She filmed much in the U.S.A. Played by Gina Lollobrigida in the film *La donna più bella del mondo* (55). Her films include: *La sposa della morte* (15), *La rosa di granata* (16), *Amore che ritorna* (21).

911. Cavani, Liliana. Director. b. Jan. 12, 1937, Capri. After studying at the Centro Sperimentale she worked for RAI, making TV documentaries. *Incontro notturno* (61 short), *L'evento* (62 short), *Storia del III Reich* (63 TV doc), *Philippe Pétain: processo a Vichy* (63 TV doc), *L'età di Stalin* (64 TV doc), *La casa in Italia* (64 four-part TV doc), *La donna nella Resistenza* (65 TV doc), *Il giorno della pace* (65 TV doc), *Gesù, mio fratello* (65 TV doc), *Francesco d'Assisi* (66 TV also co-w), *Galileo* (68 also co-w), *I cannibali* (69 also co-w/story), *L'ospite* (71 also co-w), *Il portiere di notte* (73 also co-w/story), *Milarepa* (74 also co-w), *Al di là del bene e del male* (77 also co-w), *La pelle* (81 also co-w), *Oltre la porta* (82 also co-w), *Interno berlinese* (85 also co-w), *Francesco* (89 also co-w).

912. Cavara, Paolo. Director. *Mondo cane* (62 co-d), *La donna nel mondo* (62 co-d/co-w/co-e), *L'occhio selvaggio* (67 also co-w/story), *La tarantola dal ventre nero* (72), *Punto e Capo* (73 also co-w), *Virilità* (76), *Atsalùt pader* (79), *La locandiera* (80), *Fregoli* (82).

913. Cayatte, André. French director/writer. b. Feb. 3, 1909, Carcassonne. d. Feb. 5, 1989, Paris. *Manù, il contrabbandiere* (47 co-d), *Gli amanti di Verona* (48), *Siamo tutti assassini* (52), *Fascicolo nero* (55), *Occhio per occhio* (56), *Uno dei tre* (63), *Ragione di stato* (78 d/co-w).

914. Cebotari, Maria. Rumanian opera singer. b. Feb. 10, 1910, Chisinau. d. June 9, 1949, Vienna, Austria. *Solo per te* (38), *Giuseppe Verdi* (38), *Il sogno di Butterfly* (39), *Amami, Alfredo!* (40), *Odessa in fiamme* (42), *Maria Malibran* (43).

915. Ceccaldi, Daniel. French actor. b. 1927. *Nanà* (55), *Frou Frou* (55).

916. Ceccarelli, Lanfranco. Actor. AKA: Franco Ceccarelli. *La resa dei conti* (66), *I due crociati* (68), *Violenza in un carcere femminile* (82 composer), *Nosferatu a Venezia* (88).

917. Ceccarelli, Pietro. Actor. AKA: Chick Cicarelli. *I tartari* (60), *Ursus, gladiatore ribelle* (63), *Ursus nella terra di fuoco* (63), *Gli schiavi più forti del mondo* (63), *La vergine di Samoa* (67), *...Dai nemici mi guardo io!* (68), *I due crociati* (68), *Posate le pistole, reverendo!* (72), *Lo chiamavano "Verità"* (72), *Il nome della rosa* (86).

918. Cecchi, Dario. Costume designer. b. May 26, 1918, Firenze. Brother of Suso Cecchi D'Amico. *I miserabili* (47), *L'edera* (50), *O.K. Nerone* (51), *Altri tempi* (51), *Il cappotto* (52), *Jolanda, la figlia del corsaro nero* (52), *I tre corsari* (52), *La lupa* (52), *Tempi nostri* (52), *La nave delle donne maledette* (53), *La spiaggia* (53 also sets), *Scuola elementare* (54 also sets), *Il bidone* (55 also sets), *L'estate violenta* (59), *Io amo...tu ami* (60 doc), *Venga a prendere il caffè...da noi* (70), *Il corsaro nero* (76), *I paladini, storia d'armi e d'amori* (83), *Il Petomane* (83 also sets).

919. Cecchi, Emilio. Producer/writer. b. July 14, 1884, Firenze. d. Sept. 5, 1966, Roma. Head of Cines. Father of Suso Cecchi D'Amico. Known principally as an essayist and literary critic. *Gli uomini, che mascalzoni!* (32 p), *La tavola dei poveri* (32 p/co-w), *O la borsa o la vita* (32 p), *Acciaio* (33 p), *T'amerò sempre* (33 w), *1860* (33 p), *Il pianto delle zitelle* (39 commentary), *Piccolo mondo antico* (40 co-w), *Sissignora* (41 co-w), *Henry IV* (45 adapted from Laurence Olivier's British version into Italian), *Vita e morte degli etruschi* (47 doc d), *Anatomia del colore* (47 doc co-d), *Sotto il sole di Roma* (48 co-w), *Fabiola* (48 co-w), *Versailles* (53 w Italian version), *Giro del mondo sull'altopiano* (57 doc commentary).

920. Cecchi D'Amico, Suso. Co-writer. b. July 21, 1914, Roma. RN: Giovanna Cecchi. Daughter of Emilio Cecchi. Married Fedele D'Amico. *Mio figlio professore* (46), *Roma città libera* (46), *Vivere in pace* (47), *L'onorevole Angelina* (47), *Il delitto di Giovanni Episcopo* (47), *Fabiola* (48), *Ladri di biciclette* (48), *Guaglio* (48), *Le mura di Malapaga* (48 story), *È primavera* (49), *Cielo sulla palude* (49), *Patto col diavolo* (49), *Due mogli sono troppe* (50), *Miracolo a Milano* (50), *È più facile che un cammello...* (50), *Romanzo d'amore* (50), *Bellissima* (51), *Altri tempi* (51 the episode "Primo amore"), *Buongiorno, elefante!* (52), *Processo alla città* (52), *I vinti* (52), *Il mondo le condanna* (52), *Tempi nostri* (52 the episode "Il pupo"), *Siamo donne* (53), *La signora senza camelie* (53), *Febbre di vivere* (53), *Il sole negli occhi* (53), *Graziella* (54), *L'allegro squadrone* (54), *Peccato che sia una canaglia* (54), *Senso* (54), *Le amiche* (55), *Proibito* (55), *La fortuna di essere donna* (55), *Difendo il mio amore* (56), *La finestra sul Luna Park* (57), *Le notti bianche* (57), *I soliti ignoti* (58), *Nella città l'inferno* (58), *La sfida* (58), *L'estate violenta* (59), *Rocco e i suoi fratelli* (60), *It Started in Naples* (60 U.S.), *Risate di gioia* (60), *Il relitto* (61), *I due nemici* (61), *Boccaccio 70* (61), *Salvatore Giuliano* (61), *Il gattopardo* (63), *Gli indifferenti* (63), *Casanova 70* (65), *Vaghe stelle dell'Orsa* (65), *Spara forte, più forte, non capisco* (66), *La bisbetica domata* (67), *Lo straniero* (67), *Le fate* (67 the episode "Fata Armenia"), *L'uomo, l'orgoglio, la vendetta* (67), *La caduta degli dei* (68), *Metello* (70), *Morte a Venezia* (70), *La mortadella* (72), *Ludwig* (73), *Fratello Sole sorella Luna* (73), *Gruppo di famiglia in un interno* (74), *Amore amaro* (74), *Caro Michele* (76), *L'innocente* (76), *Gesù di Nazaret* (77 TV), *Bertoldo, Bertoldino e Cacasenno* (83), *Les Mots pour le dire* (83 France), *Uno scandalo perbene* (83 w), *Cuore* (84), *Le due vite di Mattia Pascal* (85), *I soliti ignoti vent'anni dopo* (85), *La storia* (85), *Speriamo che sia una femmina* (86), *I picari* (86), *Oci ciornie* (87), *L'inchiesta* (87), *Ti presento un'amica* (88), *Stradivari* (89), *Il male oscuro* (90).

Cecchi Gori, Vittorio & Mario *see under* **Gori**

921. Cecchini Hobbes, Dino. Director/writer. b. May 10, 1906, Lucca. *Cortocircuito* (42 co-w), *In cerca di felicità* (43 co-w), *Fiori d'arancio* (44 d), *Vi saluto dall'altro mondo* (45 never shown).

922. Cecil, Jonathan. U.K. actor. b. Feb., 1939, London. *...E la nave va* (83), *Tchin-tchin* (91).

923. Cefaro, Irene. Actress. b. Roma. *Cronache di poveri amanti* (53), *Delirio* (54), *Il bidone* (55), *Destinazione Piovarolo* (55), *Bravissimo* (55), *Uomini e lupi* (56), *Mariti in città* (57), *L'uomo dai calzoni corti* (58).

924. Cegani, Elisa. Actress. b. June 10, 1911, Torino. *Aldebaran* (35), *Cavalleria* (36), *Ma non è una cosa seria* (36), *La contessa di Parma* (37), *Napoli d'altri tempi* (37), *Ettore Fieramosca* (38), *Retroscena* (39), *La corona di ferro* (41), *La cena delle beffe* (41), *Gioco pericoloso* (41), *Harlem* (42), *Gente dell'aria* (42), *Nessuno torna indietro* (43), *I dieci comandamenti* (45 started in 43), *Un giorno nella vita* (46), *La monaca di Monza* (47), *Eleanora Duse* (47), *Fabiola* (48), *L'amante di una notte* (51), *Messalina* (51), *Altri tempi* (51), *La nemica* (52), *La fiammata* (52), *La prigioniera della torre del fuoco* (52), *Fanciulle di lusso* (52), *Amarti è il mio peccato* (52), *Tempi nostri* (52), *Canzone appassionata* (53), *Cento anni d'amore* (53), *Nel gorgo del peccato* (54), *Graziella* (54), *Casa Ricordi* (54), *Una donna libera* (54), *La fortuna di essere donna* (55), *Nanà* (55), *Il vetturale del Moncenisio* (55), *La donna del giorno* (56), *Amore e chiacchiere* (57), *Al servizio dell'imperatore* (57), *Ciao, ciao, bambina* (58), *Costantino il grande: in hoc signo* (60), *Il giudizio universale* (61), *Perseo l'invincibile* (61), *Giacobbe ed Esau* (62), *Cronache di un convento* (62), *Liolà* (64), *Saul e David* (64), *Io, io, io...e gli altri* (65), *Un killer per Sua Maestà* (68), *Il clan dei siciliani* (69), *La rosa rossa* (73), *Domani si balla* (82).

925. Celano, Guido. Actor. b. 1904, Francavilla a Mare. AKA: William First. *Palio* (32), *Piccola mia* (32), *L'acqua cheta* (33), *Il corsaro nero* (36), *Pietro Micca* (38), *Fanfulla da Lodi* (40), *Arditi civili* (40), *Il cavaliere di Kruja* (40), *Le due orfanelle* (42), *La bella addormentata* (42), *Fedora* (42), *Rondini in volo* (49), *Il brigante Musolino* (50), *Senza bandiera* (50), *Il ladro di Venezia* (50), *Il deportato* (51),

Peppino e Violetta (51), *I sette nani alla riscossa* (51), *Altri tempi* (51), *Amore rosso* (51), *Penne nere* (52), *Tempi nostri* (52), *Avventura ad Algeri* (53), *L'amante di Paride* (54), *Attila—flagello di Dio* (54), *Il barcaiolo d'Amalfi* (55), *Don Camillo e l'onorevole Peppone* (55), *Il padrone sono me* (55), *Uomini e lupi* (56), *Guerra e pace* (56), *La diga sul Pacifico* (57), *Mattino di primavera* (58), *Arrivederci Roma* (58), *La tempesta* (58), *La grande guerra* (59), *La donna dei faraoni* (60), *Il bell'Antonio* (60), *Maciste contro il vampiro* (61), *Barabba* (61), *Ipnosi* (62), *L'Immortelle* (62 France), *Il disco volante* (64), *Un fiume di dollari* (66), *Le Blond de Pékin* (67 France), *Piluk il timido* (68 also d/p/co-w), *Caro maestro* (83).

926. Celentano, Adriano. Actor. b. 1938. Also a singer, Italy's answer to Elvis in the 50s. *Urlatori alla sbarra* (60), *La dolce vita* (60), *Io bacio...tu baci* (61), *I malamondo* (64), *Superrapina a Milano* (64 also co-d), *Mano di velluto* (65), *La più bella coppia del mondo* (68), *Serafino* (68 also composer), *Bianco, rosso e...* (71), *Er Più* (71 also composer), *L'emigrante* (73), *Rugantino* (73), *Le cinque giornate* (73), *Di che segno sei?* (75), *Yuppi-du* (75 also d/w/e/composer), *Bluff—storie di truffe e di imbroglioni* (76), *L'altra metà del cielo* (77 also composer), *Ecco, noi, per esempio ...* (77 also composer), *Adolfo Hitler alias il mio zio* (78), *Geppo il folle* (78 also d/composer), *Qua la mano* (79 also composer), *La locandiera* (80), *Il bisbetico domato* (80 also composer), *Mani di velluto* (80), *Asso* (81), *Innamorato pazzo* (81 also composer), *Grand Hotel Excelsior* (82), *Bingo bongo* (82), *Segni particolari: bellissimo* (83), *Joan lui* (85 also d/w/composer), *Il burbero* (86).

927. Celi, Adolfo. Actor. b. July 27, 1922, Sicilia. d. Feb. 19, 1986. In Brazil in the early 50s. *Un americano in vacanza* (46), *Natale al campo 119* (48), *Emigranti* (48), *Guaglio* (48), *Caicara* (50 Brazil d), *Tico-Tico no fugã* (52 Brazil d), *L'Homme de Rio* (64 France), *Un Monsieur de compagnie* (64 France), *Tre notti d'amore* (64), *Le belle famiglie* (65), *Rapina al sole* (65), *Slalom* (65), *E venne un uomo* (65), *Von Ryan's Express* (65 U.S.), *Thunderball* (65 U.K.), *The Agony and the Ecstasy* (65 U.S.), *El Greco* (65), *Grand Prix* (66 U.S.), *Le piacevoli notti* (66), *Il segreto dei frati gialli* (66), *Yankee, l'americano* (66), *Le Roi de coeur* (66 France), *Il padre di famiglia* (67), *O.K. Connery* (67), *Diabolik* (67), *The Honey Pot* (67 U.S.), *Sentenza di morte* (67), *Colpo maestro al servizio di Sua Maestà britannica* (68), *The Bobo* (68 U.S.), *L'alibi* (68 also co-d/co-w), *Ad ogni costo* (68), *Uno scacco tutto matto* (68), *La donna, il sesso e il superuomo* (68), *Sette volte sette* (68), *Fantabulous, Inc.* (68), *Dalle Ardenne all'inferno* (68), *L'arcangelo* (68), *Blonde Köder für den Mörder* (68 Germany), *Un detective, macchie di belletto* (68), *Io, Emanuelle* (69), *Midas Run* (69 U.S.), *In Search of Gregory* (70 U.K.), *Un conde* (70 Spain), *Brancaleone alle crociate* (71), *Hanno cambiato faccia* (71), *Appuntamento col disonore* (71), *Murders in the Rue Morgue* (71 U.S.), *Fragment of Fear* (71 U.K.), *L'occhio nel labirinto* (71), *La "mala" ordina* (72), *Chi l'ha vista morire?* (72), *Una chica casi decente* (72 Spain), *Una ragazza tutta nuda assassinata nel parco* (72), *Terza ipotesi su un caso di perfetta strategia criminale* (72), *Gli ultimi dieci giorni di Hitler* (72), *Fratello Sole sorella Luna* (73), *Le Métaf* (73 France), *La villeggiatura* (73), *Piazza pulita* (73), *La mano spietata della legge* (74), *Il sorriso del grande tentatore* (74), *E poi non rimase nessuno* (74), *Le Fantôme de la liberté* (74 France), *Libera, amore mio* (74), *Amici miei* (75), *Signore e signori, buonanotte* (76), *La moglie di mio padre* (76), *Il suo nome è Sandokan* (76), *The Next Man* (76 U.S.), *Uomini si nasce, poliziotti si muore* (76), *Le Grand Escogriffe* (76 France), *Holocaust 2000* (77), *Les Passagers* (77 France), *L'uomo senza pietà* (77), *L'uomo di Corleone* (77), *La tigre è ancora viva: Sandokan alla riscossa* (77), *Caffè espresso* (80), *Innamorato pazzo* (81), *Monsignor* (82 U.S.), *Amici miei, atto II* (82), *Cenerentola 80* (83), *Amici miei, atto III* (85).

928. Cella, Marga. Actress. b. 1898, Milano. *Amore al laccio* (21), *Prima comunione* (50), *È più facile che un cammello ...* (50).

929. Cellier, Peter. U.K. actor. b. 1928. *Holocaust 2000* (77), *L'uomo puma* (80), *...E la nave va* (83).

930. Cennamo, Pasquale. Actor. *L'oro di Napoli* (54 the episode "The

Racketeer"), *Ieri oggi e domani* (63 the episode "Adelina").

931. **Centa, Antonio.** Actor. b. Aug. 10, 1907, Maniago. AKA: Tony Centa. *Ma non è una cosa seria* (36), *Squadrone bianco* (36), *I due sergenti* (36), *La contessa di Parma* (37), *Ballo al castello* (39), *Manovre d'amore* (39), *Validità giorni dieci* (40), *Il cavaliere di Kruja* (40), *Il pozzo dei miracoli* (41), *Il ponte sull'infinito* (41), *Fari nella nebbia* (41), *Solitudine* (41), *Un colpo di pistola* (41), *La principessa del sogno* (42), *Zazà* (42), *T'amerò sempre* (43), *Pian delle stelle* (46), *L'uomo dal guanto grigio* (48), *Assunta spina* (48), *La montagna di cristallo* (49), *La strada buia* (49), *Altri tempi* (51), *Ombre sul canal grande* (51), *Vite vendute* (53), *Mizar* (54).

932. **Cerasoli, Lilli.** Actress. Former model. *Ragazze d'oggi* (55), *Il ragazzo dal cuore di fango* (56), *Guendalina* (57).

933. **Cerchio, Fernando.** Director. b. Aug. 7, 1914, Luserna San Giovanni. AKA: Florindo Cerchio, Fred Ringoold. Between 1938 and 1943 he made several 16 mm films at the Istituto Luce: *Agricoltura fascista nelle terre dell'impero*; *Esercitazioni di unità navali*; *Oro nei campi*; *Vele e prore*; *La battaglia del grano*; *Gioventù marinara*; *Oriente in armi*; *Milizie della civiltà*; *Napoli nuova*; *L'Italia ha sempre ragione*; *Ali fasciste*; *San Gimignano dalle belle torri*. Mainstream films include: *Carbonia* (40 doc), *Ritorno al Vittoriale* (41 doc), *Ragazze sotto la tenda* (42 doc co-d), *La scuola del cinema* (42 doc), *Rifugi alpini* (42 doc), *Comacchio* (42 doc co-d), *Artigiani fiorentini* (43 doc), *La fontana di Trevi* (43 doc), *Rosalba* (44 co-w), *La buona fortuna* (44 also w/story), *Melodie d'Italia* (46 a documentary series comprising: "Capri," "Firenze," "Roma," "Napoli"), *Ave Maria* (47 doc), *Pascoli eterni* (47 doc), *Tre tempi veneziani* (47 doc), *Ischia* (47 doc), *Questa sera largo al factotum* (48 doc), *Strada facendo* (48 doc), *Cenerentola* (48), *Concerto nel parco* (48 doc), *La città di Stendhal* (49 doc), *Cioccolato* (50 doc), *Gente così* (50 also co-w), *Il bivio* (50), *Il bandolero stanco* (52), *Il figlio di Lagardère* (52), *Lulù* (53), *Addio mia bella signora* (53), *Il visconte di Bragelonne* (54), *I quattro del getto tonante* (55 co-d), *I misteri di Parigi* (57 co-d), *Gli amanti del deserto* (58), *La venere di Cheronea* (58 co-d), *Giuditta e Oloferne* (58 also co-w), *Erode il grande* (59 co-w), *Nefertite, regina del Nilo* (60 also co-w), *Il sepolcro dei re* (60 also co-w), *Totò contro Maciste* (60), *Col ferro e col fuoco* (62), *Totò e Cleopatra* (63), *Totò contro il pirata nero* (64), *Per un dollaro di gloria* (67 also co-w), *La morte sull'alta collina* (69).

934. **Cerdan, Marcel.** Algerian-born French middleweight boxer who appeared in the film *Al diavolo la celebrità* (49). He died in a plane crash in the Azores, Oct. 27, 1949. His son, who has the same name, played him in a 1983 film, *Édith et Marcel*.

935. **Cerio, Ferrucio.** Director. b. Sept. 25, 1904, Savona. *Il cavaliere senza nome* (40 co-d/w), *L'ultimo addio* (41 also w), *Villa da vendere* (42), *La prigione* (43 also w), *Rosalba* (44 co-d), *L'urlo* (47), *La donna che inventò l'amore* (52), *Gioventù alla sbarra* (52), *Il sacco di Roma* (53), *Tripoli, bel suol d'amore* (54), *I quattro del getto tonante* (55 co-d).

936. **Cerlesi, Ennio.** Actor. b. Jan. 21, 1901, Torino. d. Sept., 1951, Roma. *L'armata azzurra* (32), *Aurora sul mare* (34), *La freccia d'oro* (35), *Casta diva* (35), *Il diario di una donna amata* (36), *Il dottor Antonio* (38), *Il suo destino* (39), *Napoli che non muore* (39), *Fanfulla da Lodi* (40), *Ho visto brillare le stelle* (40), *Amore imperiale* (41), *La pantera nera* (41), *Uno tra la folla* (46 co-d), *L'ultima sentenza* (51).

937. **Cerusico, Enzo.** Actor. *Romolo e Remo* (61), *Ercole sfida Sansone* (63), *Sei donne per l'assassino* (64), *Faustina* (68), *L'invasione* (70), *No, il caso è felicemente risolto* (73), *Zorro* (75).

938. **Cerval, Claude.** French actor. b. 1921. d. 1972. *Asfalto che scotta* (60), *Il delitto non paga* (62), *Uno dei tre* (63), *Bella di giorno* (67).

939. **Cervi, Gino.** Actor. b. May 3, 1901, Bologna. d. 1974. Perhaps best remembered as Peppone, the Communist mayor in the Don Camillo series. *L'armata azzurra* (32), *T'amerò sempre* (33), *Frontiere* (34), *Aldebaran* (35), *Amore* (35), *I due sergenti* (36), *Gli uomini non sono ingrati* (37), *Voglio vivere con Letizia* (38), *Inventiamo l'amore* (38), *Ettore Fieramosca* (38), *L'argine* (38), *I figli del marchese Lucera* (39), *Un'avventura di Salvator Rosa* (40), *Una romantica avventura* (40), *Melodie eterne* (40), *La peccatrice* (40), *Il*

sogno di tutti (41), *La regina di Navarra* (41), *Teresa Venerdì* (41), *I promessi sposi* (41), *La corona di ferro* (41), *L'ultimo addio* (41), *Quattro passi fra le nuvole* (42), *Don Cesare di Bazan* (42), *Acque di primavera* (42), *Quarta pagina* (42), *Gente dell'aria* (42), *Tristi amori* (43), *T'amerò sempre* (43), *La locandiera* (43), *Che distinta famiglia!* (45 made in 43), *Quartetto pazzo* (45), *Malia* (45), *Le miserie del signor Travet* (45), *Lo sbaglio di essere vivo* (45), *Un uomo ritorna* (46), *Aquila Nera* (46), *L'angelo e il diavolo* (46), *Cronaca nera* (46), *Umanità* (46), *Furia* (46), *Daniele Cortis* (47), *I miserabili* (47), *Anna Karenina* (48 U.K.), *Fabiola* (48), *Guglielmo Tell* (48), *Yvonne la nuit* (49), *La fiamma che non si spegne* (49), *Donne senza nome* (49), *La sposa non può attendere* (50), *La scogliera del peccato* (50), *Il sigillo rosso* (50), *Cameriera bella presenza offresi* (51), *Il Cristo proibito* (51), *O.K. Nerone* (51), *Il caimano del Piave* (51), *Tre storie proibite* (52), *Moglie per una notte* (52), *Don Camillo* (52), *La regina di Saba* (52), *La signora dalle camelie* (52), *Stazione Termini* (53), *Maddalena* (53), *La signora senza camelie* (53), *Il ritorno di don Camillo* (53), *Nerone e Messalina* (53 started in 49), *Addio mia bella signora* (53), *Fate largo ai moschettieri* (53), *La cavallina storna* (53), *Il cardinale Lambertini* (54), *Una donna libera* (54), *Frou Frou* (55), *Don Camillo e l'onorevole Peppone* (55), *Non c'è amore più grande* (55), *Il coraggio* (55), *Gli innamorati* (55), *Guardia, guardia scelta, brigadiere e maresciallo* (56), *Moglie e buoi...* (56), *Beatrice Cenci* (56), *Agguato a Tangeri* (57), *Amore e chiacchiere* (57), *Ragazze nelle nuvole* (57), *Gli amanti del deserto* (58), *Nel segno di Roma* (58), *La maja desnuda* (58), *Sans famille* (58 France), *Le Grand Chef* (59 France), *Il mistero dei tre continenti* (59), *La lunga notte del 43* (60), *Femmine di lusso* (60), *La rivolta degli schiavi* (60), *L'assedio di Siracusa* (60), *Don Camillo monsignore... ma non troppo* (61), *Avanti la musica* (62), *Il delitto non paga* (62), *Anni ruggenti* (62), *La smania addosso* (62), *Avventura al motel* (63), *Volles Herz und leere Taschen* (64 Germany), *Becket* (64 U.S./U.K.), *Il compagno don Camillo* (65), *Don Camillo, Peppino e i giovani d'oggi* (72 made in 70), *Uccidere in silenzio* (72).

940. Cervi, Tonino. Producer. RN: Antonio Cervi. Son of Gino Cervi. Has also directed several films. *Agguato a Tangeri* (57), *La comare secca* (62), *Il mafioso* (62 co-p), *Deserto rosso* (64), *Scusi, lei conosce il sesso?* (68), *Oggi a me, domani a te* (68 co-d/co-w), *Il delitto del diavolo* (69 d), *Le monache di sant'Arcangelo* (72), *Storia di una monaca di clausura* (74 co-w), *Appassionata* (74), *Chi dice donna dice... donna* (76 d), *Il malato immaginario* (78 d/co-w), *Ritratto di borghesia in nero* (78 d/co-w), *Il turno* (81 d), *Sole nudo* (84 d), *Il nido del ragno* (89 co-w), *L'avaro* (90 d/p/co-w).

941. Cesana, Renzo. Actor. *Stromboli, terra di Dio* (50), *Anna di Brooklyn* (58), *La maja desnuda* (58), *Come prima* (59), *Francis of Assisi* (61 U.S.).

942. Ceseri, Ugo. Actor. b. June 30, 1893, Firenze. d. Dec. 3, 1940, Roma. *Figaro e la sua gran giornata* (31), *Palio* (32), *Una notte con te* (32), *Oggi sposi* (34), *Tenebre* (34), *Seconda B* (34), *Vecchia guardia* (34), *Aldebaran* (35), *Passaporto rosso* (35), *Ginevra degli Almieri* (35), *Ma non è una cosa seria* (36), *La danza delle lancette* (36), *I due sergenti* (36), *La contessa di Parma* (37), *I fratelli Castiglioni* (37), *L'orologio a cucù* (38), *Il segreto inviolabile* (39), *Un'avventura di Salvator Rosa* (40), *Mare* (40), *Fortuna* (40).

943. Chabrol, Claude. French director. b. June 24, 1930, Paris. *Leda* (59 also *), *I sette peccati capitali* (62 the episode "L'avarizia" also *), *Le più belle truffe del mondo* (63 the episode "L'homme qui vendit la Tour Eiffel"), *Marie Chantal contro il dottor Kha* (65 also w/*), *Nada* (74 also co-w), *Dr. M* (91).

944. Chagrin, Julian. U.K. actor. b. 1940. *Blow Up* (66).

945. Chakiris, George. U.S. actor. b. Sept. 16, 1933, Norwood, O. *La ragazza di Bube* (64), *Il furto della Gioconda* (66).

946. Chaliapin, Feodor. Actor. b. 1905, Russia. d. Oct. 1, 1992, Roma. Son of opera star Feodor Chaliapin. *I battellieri del Volga* (58), *Sodoma e Gomorra* (62), *Inferno* (80), *Il nome della rosa* (86), *La maschera* (88), *La chiesa* (88), *La partita* (91).

947. Challis, Christopher. U.K. director of photography. b. March 18, 1919, London. *Cinque ore in contanti* (60).

948. Challoner, Pauline. U.K. actress. b. 1950. *Il gattopardo* (63).

949. Chamarat, Georges. French actor. b. March 30, 1901, Paris. *Quando le donne amano* (52), *Me li mangio vivi!* (53), *Il ladro di Bagdad* (60), *Con la morte alle spalle* (67).

950. Champion, Jean. French actor. *Cleo dalle 5 alle 7* (62).

Champlain, Yves *see* **Allégret, Yves**

951. Chandler, Jeff. U.S. actor. b. Dec. 15, 1918, Brooklyn, N.Y. d. June 17, 1961, Culver City, of blood poisoning following surgery. *Il deportato* (51), *Il re dei barbari* (54).

952. Chandler, Vivienne. U.K. actress. b. 1947. *Giù la testa* (71).

953. Chanel, Hélène. Actress. *Il mio amico, Jekyll* (60), *Maciste all'inferno* (60), *Maciste alla corte del Gran Khan* (61), *La valle dell'eco tonante* (64), *Due mafiosi nel far west* (64), *Ercole, Sansone, Maciste, Ursus: gli invincibili* (64), *L'invincibile cavaliere mascherato* (64), *La notte di violenza* (65), *Operazione Controspionaggio* (65), *Il conquistatore di Atlantide* (65), *L'arcidiavolo* (66), Cjamango (67), *Due R-r-r-ringos nel Texas* (67), *Sette uomini e un cervello* (68).

954. Chaplin, Geraldine. U.S. actress. b. July 31, 1944, Santa Monica, Calif. Daughter of Charles Chaplin and Oona O'Neill. *Andremo in città* (66).

955. Chaplin, Josephine. U.S. actress. b. 1946. Sister of Geraldine Chaplin. *I racconti di Canterbury* (71).

956. Chaplin, Saul. U.S. composer and producer. b. Feb. 19, 1912, Brooklyn, N.Y. RN: Saul Kaplan. *L'uomo della Mancha* (72 assoc prod).

957. Chaplin, Sydney. U.S. actor. b. 1926. Son of Charles Chaplin. *. . . E intorno a lui fu morte* (67), *Ho!* (68), *Ad uno ad uno. . . spietatamente* (68), *Se incontri Sartana prega per la tua morte* (68), *A doppia faccia* (69).

958. Chapman, Graham. U.K. actor. b. Jan. 8, 1941, Leicester. d. Oct. 4, 1989, Maidstone, Kent. One of the Monty Python crew. *La statua* (70).

959. Charisse, Cyd. U.S. actress. b. March 8, 1921, Amarillo, Tex. RN: Tula Ellice Finklea. Married Tony Martin. *Cinque ore in contanti* (60), *Il segreto del vestito rosso* (63), *Visioni privati* (90).

960. Charleson, Ian. U.K. actor. b. 1949. Deceased. *Opera* (87).

961. Charrier, Jacques. French actor. b. Nov. 6, 1936, Metz. Married Brigitte Bardot. *Tiro al piccione* (61), *Carmen di Trastevere* (61), *I sette peccati capitali* (62).

962. Chauffard, R.J. French actor. b. 1920. d. 1972. *Il sangue e la rosa* (60).

Chaumont, Segundo *see* **de Chomón, Segundo**

963. Chauvire, Yvette. French ballerina/actress. b. April 22, 1917, Paris. *Carosello napoletano* (54).

964. Checchi, Andrea. Actor. b. Oct. 21, 1916, Firenze. d. 1974. *1860* (33), *Vecchia guardia* (34), *Amore* (35), *Luciano Serra pilota* (38), *L'ultima carta* (38), *Ettore Fieramosca* (38), *Piccolo hotel* (39), *Montevergine* (39), *Grandi magazzini* (39), *La conquista dell'aria* (39), *Giù il sipario* (39), *È sbarcato un marinaio* (40), *Incanto di mezzanotte* (40), *Amiamoci così* (40), *L'assedio dell'Alcazar* (40), *Senza cielo* (40), *Ragazza che dorme* (40), *Ore 9 lezione di chimica* (41), *Il re d'Inghilterra non paga* (41), *Solitudine* (41), *Mas* (41), *Tragica notte* (42), *La contessa Castiglione* (42), *Giacomo l'idealista* (42), *Catene invisibili* (42), *Malombra* (42), *Via delle cinque lune* (42), *Avanti, c'è posto* (42), *Labbra serrate* (42), *Tristi amori* (43), *Lettere al sottotenente* (43), *Tempesta sul golfo* (43), *Dieci minuti di vita* (43 this film was finally released in 44 as *Vivere ancora*), *Tutta la vita in ventiquattr'ore* (43), *La valle del diavolo* (43), *Lacrime di sangue* (44), *Due lettere anonime* (44), *I dieci comandamenti* (45 started in 43), *Roma città libera* (46), *Un americano in vacanza* (46), *Le vie del peccato* (46), *L'ultimo amore* (46), *Cronaca nera* (46), *Biraghin* (46), *Eleanora Duse* (47), *Caccia tragica* (47), *Albergo Luna, camera 34* (47), *I fratelli Karamazoff* (47), *Gli uomini sono nemici* (47), *La primula bianca* (48), *Le mura di Malapaga* (48), *Il grido della terra* (48), *La città dolente* (48), *Paolo e Francesca* (49), *Il cielo è rosso* (49), *Rondini in volo* (49), *Atto d'accusa* (50), *La strada finisce sul fiume* (50), *Il capitano nero* (51), *Achtung, banditi!* (51), *Altri tempi* (51), *L'eroe sono io!* (51 also co-d), *Il sentiero dell'odio* (51), *Don Lorenzo* (52), *Il capitano di Venezia* (52), *Sul Ponte dei sospiri* (52), *Tempi nostri* (52), *La signora senza camelie* (53), *Amori di mezzo secolo* (53), *Pietà per chi cade* (53), *Casa Ricordi* (54), *Siluri umani*

(54), *Addio Napoli* (54), *Tripoli, bel suol d'amore* (54), *Rosso e nero* (54), *Appassionatamente* (54), *Se vincessi cento milioni* (54), *La campana di san Giusto* (54), *Disperato addio* (54), *Le due orfanelle* (54), *Il tesoro di Rommel* (55), *Operazione Notte* (55), *I quattro del getto tonante* (55), *Buonanotte, avvocato!* (55), *L'intrusa* (55), *Processo all'amore* (55), *Terrore sulla città* (56), *Parola di ladro* (57), *Suprema confessione* (57), *Mattino di primavera* (58), *Il... di mia moglie* (59), *Il terrore dei barbari* (59), *Il mondo dei miracoli* (59), *Le cameriere* (59), *L'impiegato* (59), *La strada dei giganti* (60), *I piaceri dello scapolo* (60), *Il diabolico dott. Mabuse* (60), *La lunga notte del 43* (60), *L'assassino* (60), *La maschera del demonio* (60), *Le notti dei teddy-boys* (60), *Il sicario* (61), *Akiko* (61), *Caccia all'uomo* (61), *Don Camillo monsignore...ma non troppo* (61), *L'oro di Roma* (61), *La Ciociara* (61), *L'ultimo dei vichinghi* (61), *Gli invasori* (61), *Dieci italiani per un tedesco* (62), *Colpo gobbo all'italiana* (62), *Cronache del 22* (62), *Il mio amico Benito* (62), *Lo smemorato di Collegno* (62), *Il sangue e la sfida* (62), *Il processo di Verona* (62), *Ultimatum alla vita* (62), *Venere imperiale* (63), *Il criminale* (63), *Finchè dura la tempesta* (63), *La vendetta dei gladiatori* (63), *Il gladiatore che sfidò l'impero* (64), *Superrapina a Milano* (64), *Italiani brava gente* (65), *Made in Italy* (65), *Io uccido, tu uccidi* (65), *Io, io, io...e gli altri* (65), *I soldi* (66), *Quien sabe?* (66), *I sette fratelli Cervi* (67), *El "Che" Guevara* (68), *Cerca di capirmi* (70), *Waterloo* (70), *Un apprezzato professionista di sicuro avvenire* (72), *Baciami le mani* (72).

Checcho *see* **Gambardella, Giuseppe**

965. Chellini, Amelia. Actress. b. ca. 1897, Firenze. d. June, 1944, Roma. *Le lattivendole* (14), *L'incubo* (15), *La donna che aveva troppo cuore* (16), *La segretaria per tutti* (32), *Un cattivo soggetto* (33), *La damigella di Bard* (36), *Pensaci, Giacomino!* (37), *Inventiamo l'amore* (38), *Maddalena, zero in condotta* (40), *Mille chilometri al minuto* (40), *La famiglia Brambilla in vacanza* (41), *Giorno di nozze* (42), *Tragica notte* (42), *Dente per dente* (42).

966. Chenal, Pierre. French director. b. Dec. 5, 1903, Paris. RN: Pierre Cohen. *Il fu Mattia Pascal* (37), *L'ultimo zar* (60).

Chentres, Federico *see* **Owens, Richard**

967. Chevalier, Maurice. French actor. b. Sept. 12, 1888, Paris. d. Jan. 1, 1972, Paris. *Cento anni d'amore* (53), *I sette peccati di papà* (54), *Olympia* (60), *Jessica* (62).

968. Chevrier, Jean. French actor. b. April 25, Paris. RN: Jean Dufayard. *Donne e briganti* (50), *Messalina* (51), *I denti lunghi* (52), *Versailles* (53), *Le vergini di Roma* (61).

969. Chevron, Jean. U.S. actor. *Maciste, il gladiatore più forte del mondo* (62), *Maciste, l'eroe più grande del mondo* (63).

970. Chiantoni, Giannina. Actress. b. June 24, 1884, Macerata. *Re Lear* (10), *La morte civile* (11), *Il ritratto dell'amata* (11), *Amore senza stima* (14), *Il signore desidera?* (33), *La contessa di Parma* (37), *Il dottor Antonio* (38), *Cronaca nera* (46), *Gli uomini non guardano il cielo* (51), *Tripoli, bel suol d'amore* (54), *Vacanze d'amore* (54).

971. Chiantoni, Renato. Actor. b. April 19, 1906, Brescia. *Gatta ci cova* (37), *Tre fratelli in gamba* (38), *Ettore Fieramosca* (38), *Il fornaretto di Venezia* (39), *Il bazar delle idee* (40), *Ecco la felicità!* (40), *Capitan Fracassa* (40), *La reggia sul fiume* (40), *Fra' Diavolo* (42), *L'abito nero da sposa* (43), *La moglie in castigo* (44), *Il fantasma della morte* (46), *Maschera nera* (52), *Puccini* (53), *La carrozza d'oro* (53), *Destini di donne* (53), *Il maestro di don Giovanni* (53), *Giorni d'amore* (53), *La contessa scalza* (54), *La mia vita è tua* (54), *Rigoletto* (54), *Accade tra le sbarre* (55), *Il campanile d'oro* (55), *Serenata al vento* (57), *Il conte di Matera* (57), *Un angelo passò per Brooklyn* (58), *Scampolo* (58 Germany), *Romanoff and Juliet* (61 U.S.), *El Cisco* (66), *Il Bang Bang Kid* (67), *Una colt in pugno al diavolo* (67), *Arabella* (67), *The Secret of Santa Vittoria* (69 U.S.), *Ritorno* (73), *Mosè* (76).

972. Chiari, Mario. Production designer. b. July 14, 1909, Firenze. d. April 9, 1989, Roma. *La conquista dell'aria* (39 asst d), *L'uomo della legione* (40 asst d), *La peccatrice* (40 asst d), *La corona di ferro* (41 asst d/co-w), *Monte Sant'Angelo* (42 doc d), *Boschi sul mare* (42 doc co-d), *I trulli di Albero-Bello* (43 doc d), *Un giorno nella vita* (46 asst d/co-w), *Fabiola* (48 co-w/consultant to the director), *Vulcano* (49 also co), *Miracolo a Milano* (50 co), *Amor non *ho! Però...però* (51), *Bellissima* (51 *), *Canzoni di mezzo secolo* (52 also co), *La nemica* (52), *La fiammata* (52), *Il mondo le condanna* (52 also co), *L'uomo la bestia e la virtù* (53), *La carrozza d'oro* (53 co-w), *I vitelloni* (53), *Canzoni, canzoni, canzoni* (53 also co), *Ho scelto l'amore* (53 also co), *Amori di mezzo secolo* (53 one episode also d/co), *Gran varietà* (53), *Terza liceo* (53), *Carosello napoletano* (54), *L'uomo e il diavolo* (54), *Le avventure di Giacomo Casanova* (54), *Casa Ricordi* (54), *Peccato che sia una canaglia* (54), *L'arte di arrangiarsi* (54), *Guerra e pace* (56), *Canzoni di tutta Italia* (56), *Le notti bianche* (57), *La diga sul Pacifico* (57), *La tempesta* (58), *Il figlio del corsaro rosso* (58), *Il gobbo* (60), *I dolci inganni* (60), *Barabba* (61), *Una vita difficile* (61), *La città prigioniera* (62), *Lo spettro del dottor Hichcock* (63), *La bibbia* (66), *Le fate* (67), *Dr. Dolittle* (67 U.S.), *Un tranquillo posto di campagna* (68), *Fraülein Doktor* (68), *La spina dorsale del diavolo* (70), *Ludwig* (73), *King Kong* (76 U.S. coart d), *L'ingorgo—una storia impossibile* (79), *Clair de femme* (79), *La certosa di Parma* (80 TV), *Cristoforo Colombo* (84), *Yuppies, i giovani di successo* (85), *Yuppies 2* (87), *Monte Napoleone* (87).

973. Chiari, Walter. Actor. b. March 2, 1924, Verona. RN: Walter Annichiarico. Former boxer. *Vanità* (46), *Che tempi!* (47), *Totò al giro d'Italia* (49), *I cadetti di Guascogna* (50), *L'inafferabile 12* (50), *Quel fantasma di mio marito* (50), *Abbiamo vinto* (50), *Arrivano i nostri* (51), *O.K. Nerone* (51), *Bellissima* (51), *È l'amor che mi rovina* (51), *Era lui...sì! sì!* (51), *Il padrone del vapore* (51), *Vendetta...sarda* (51), *Il sogno di Zorro* (52), *Lo sai che i papaveri...* (52), *Cinque poveri in automobile* (52), *L'ora della verità* (52), *Noi due soli* (52), *Era lei che lo voleva* (53), *Gran varietà* (53), *Siamo donne* (53 the episode "La marsina stretta"), *Cinema d'altri tempi* (53), *Gli uomini, che mascalzoni!* (53), *Viva la rivista!* (53), *Un giorno in pretura* (53), *Rosso e nero* (54), *Vacanze d'amore* (54), *Accade al commissariato* (54), *Avanzi di galera* (54), *Accade al penitenziario* (55), *Io piaccio* (55), *Pepote* (55 Spain), *Nanà* (55), *Donatella* (55), *Moglie e buoi...* (56), *Amore a prima vista* (57), *Festa di maggio* (57), *The Little Hut* (57 U.S.), *La ragazza di piazza san Pietro* (58), *Gli zitelloni* (58), *Bonjour Tristesse* (58 U.S.), *Parque de Madrid* (59 Spain), *I baccanali di Tiberio* (59), *Olympia* (60), *Femmine di lusso* (60), *Ferragosto in bikini* (61), *Copacabana Palace* (62), *L'attico* (62), *Due contro tutti* (63), *La rimpatriata* (63), *La donna degli altri è sempre più bella* (63 the episode "Il bagnino"), *Gli italiani e le donne* (63), *Il giovedì* (64), *Gli eroi del west* (64), *Se permettete...parliamo di donne* (64), *Colpo grosso ma non troppo* (65), *Made in Italy* (65), *Chimes at Midnight* (65 U.S./Spain/Switzerland), *Io, io, io...e gli altri* (65), *They're a Weird Mob* (66 Australia/U.K.), *Capriccio al'italiana* (66), *La più bella coppia del mondo* (68), *Quei temerari sulle loro pazze scatenate scalcinate carriole* (69), *Squeeze a Flower* (70 Australia), *Joe Valachi—i segreti di Cosa Nostra* (72), *Zig Zag* (74 France/Hungary), *La banca di monate* (76), *Italiano come me* (77), *Ride bene chi ride ultimo* (77 also co-d), *Ridiamo insieme* (79), *Romance* (86 also co-w), *Tracce di una vita amorosa* (90).

974. Chiarini, Luigi. Co-writer. b. June 20, 1900, Roma. d. 1975. Also directed several films. Founded the Centro Sperimentale Cinematografico in Roma in 1935, was its head until 1943, and remained a director of it until 1950. In 1937 he became the first editor of the important film journal "Bianco e Nero," part of the Centro's output, and he became Italy's first professor of film. In the 1960s he was director of the Venezia Film Festival. *Pierpin* (35 *), *La peccatrice* (40), *Via delle cinque lune* (42 also d), *La bella addormentata* (42 also d), *La locandiera* (43 also d), *L'ultimo amore* (46 also d), *Patto col diavolo* (49 also d), *La fiammata* (52), *Tempi nostri* (52), *Amore in città* (53 the episode "Tentato suicidio"), *Stazione Termini* (53), *Siamo donne* (53), *Viva l'Italia* (60 co-story), *Io amo...tu ami* (60 doc).

975. Chiesa, Luigi. Actor. b. Torino. *La legge del compenso* (13), *La lampada della nonna* (13), *Cenerentola* (13), *I promessi sposi* (13), *Notturno di Chopin* (13), *L'angelo della miniera* (14), *Il cappello di papà* (14), *Fiore reciso* (14), *Mio figlio* (15), *L'incantesimo della gorgona* (20), *Il leone di Omar* (24).

976. Chili, Giorgio W. Director. b. Oct. 28, 1918, Bologna. *Un'anonima* *missiva d'amore* (33 short), *Verde sui prati* (34 short), *Un sabato a Bologna* (34 short doc), *Fotogrammi* (35 doc), *Giovinezza* (36 doc), *La leggenda della primavera* (41 short), *Il giudizio universale* (42 doc), *La torre del teatro* (42 short), *Il tempo e i poeti* (43 doc), *I dieci comandamenti* (45 started in 43 also co-w), *Il re dei re* (46 doc), *Giotto* (46 short doc), *Botticelli* (46 short doc), *Michelangelo* (47 short doc), *La maschera nel tempo* (47 doc), *La fine del mondo* (47 short doc), *I martiri* (49 doc), *Anno santo* (50 long doc also p), *La prigioniera della torre del fuoco* (52 also p/w/story), *C'era una volta Angelo Musco* (53 also w/e/story), *Disonorata* (54), *Ripudiata* (54), *Un giglio infranto* (55), *Caterina Sforza, la leonessa di Romagna* (59).

977. Chittell, Christopher. U.K. actor. b. 1948. *Concerto per pistola solista* (70), *Gli fumavano le colt...lo chiamavano Camposanto* (71).

978. Chitti, Ugo. Set designer/costume designer. AKA: Ugo Chiti. *La ragazza di Bube* (64 *), *Ad ovest di Paperino* (81), *Madonna, che silenzio c'è stasera* (82), *Stregati* (87 art d), *Willy signori e vengo da lontano* (90 art d/co-w).

979. Chitty, Erik. U.K. actor. b. July 8, 1907, Dover. d. 1977. *Lola* (70), *La statua* (70).

980. Choureau, Etchika. French actress. b. Nov. 12, 1933, Paris. RN: Françoise Choureau. *I colpevoli* (57).

981. Choux, Jean. French director. b. 1887, Geneva, Switzerland. d. 1946. *Rosa di sangue* (40), *La nascita di Salomè* (40).

982. Christian, Linda. Mexican-U.S. actress. b. Nov. 13, 1923, Tampico, Mexico. RN: Blanca Rosa Welter. Married Tyrone Power and Edmund Purdom. *Il momento della verità* (65), *L'oro del mondo* (68).

983. Christian, Paul. Swiss actor. b. July 20, 1917, Schoenewerd. RN: Paul Hübschmid. *Il ladro di Venezia* (50), *Il tesoro di Rommel* (55), *La morte viene dallo spazio* (58), *La tigre di Eschnapur* (59), *Il sepolcro indiano* (59), *Upperseven, l'uomo da uccidere* (67), *Manon 70* (68).

984. Christian-Jaque. French director/co-writer. b. Sept. 4, 1904, Paris. RN: Christian Maudet. *Carmen* (43), *La certosa di Parma* (47), *Barbablù* (51 also adapted), *Fanfan la tùlipe* (51 d/co-p/co-adapted), *Quando le donne amano* (52), *Lucrezia Borgia* (53), *Destini di donne* (53 the episode "Nemica della guerra"), *Madame Dubarry* (54), *Nanà* (55), *La legge è legge* (58 d/co-adapted), *Madame Sans-gêne* (61), *Il delitto Duprê* (63), *Il tulipano nero* (63), *Le meravigliose avventure di Marco Polo* (65 co-d/co-w), *La guerra segreta* (65 co-d), *Le calde notti di Lady Hamilton* (68).

985. Christie, Julie. U.K.actress. b. April 14, 1940, Chukua, Assam, India, of British parents. RN: Julie Frances Christie. *A Venezia un dicembre rosso* (73).

986. Christine, Katia. Dutch actress. b. 1946. *La viaccia* (61), *Don Giovanni in Sicilia* (67), *La Battaglia del Sinai* (68), *La più grande rapina del west* (68), *Peggio per me...meglio per te* (68), *La vittima designata* (71), *La banda del trucido* (77).

987. Christophe, Françoise. French actress. b. Feb. 3, 1925, Paris. *Una donna libera* (54), *Il testamento di Orfeo* (60), *Gli invasori* (61), *La morte negli occhi del gatto* (72).

988. Christopher, Dennis. U.S. actor. b. 1955. RN: Dennis Carrelli. *Fellini Roma* (72).

989. Chukrai, Grigoriy. Ukrainian director/writer. b. 1921, Melitopol. *La vita è bella* (80).

990. Churchill, Sarah. U.K. actress. b. Oct. 7, 1914, London. d. 1982. Daughter of Winston Churchill. *Sinfonia fatale* (46), *Daniele Cortis* (47).

991. Cialente, Renato. Actor. b. Feb. 2, 1897, Treviglio. d. Nov. 25, 1943, Roma, run over by a car. *Come due navi che s'incontrano nella notte* (21), *La bellezza del mondo* (26), *La maestrina* (33), *L'impiegata di papà* (34), *Paprika* (34), *L'albero di Adamo* (37), *Mille lire al mese* (38), *Pietro Micca* (38), *La vedova* (38), *Traversata nera* (39), *Manovre d'amore* (39), *Piccolo mondo antico* (40), *L'ultimo ballo* (41), *La fuggitiva* (41), *Una notte dopo l'opera* (41), *Un colpo di pistola* (41), *Gioco pericoloso* (41), *Cortocircuito* (42), *La contessa Castiglione* (42), *La morte civile* (42), *Mater dolorosa* (42), *Non mi muovo!* (43).

992. Ciampi, Yves. French director/co-writer. b. Feb. 9, 1921, Paris. d. 1982. *Gli eroi sono stanchi* (55), *Il vento si alza* (59), *Allarme dal cielo* (64).

993. Cianci, Antonio. Actor. *Maciste*

alla corte del Gran Khan (61), *I sequestrati di Altona* (63).

994. Cianfriglia, Giovanni. Actor. AKA: Ken Wood. Former stand-in for Steve Reeves. *I cinque della vendetta* (65), *Superargo contro Diabolicus* (66), *Johnny Oro* (66), *Killer Kid* (67), *Superargo e i giganti senza volto* (67), *Due pistole e un vigliacco* (67), *Se vuoi vivere...spara!* (68), *All'ultimo sangue* (68), *Ammazzali tutti e torna solo* (68), *Ehi, amico, c'è Sabata... hai chiuso* (69), *La sfida dei Mackenna* (69), *Tre croci per non morire* (71), *La vita, a volte, è molto dura, vera provvidenza?* (72), *I senza dio* (72), *Keoma* (75), *Il dominatore del ferro* (82), *Black Cobra* (86 U.S. stunts).

995. Ciangottini, Valeria. Actress. *La giornata balorda* (60), *Cronaca familiare* (62), *Agente Coplan: missione Spionaggio* (65), *Per qualche dollaro in meno* (66), *Caroline chérie* (68 France), *Appuntamento a Liverpool* (88).

Ciani, Sergio *see* **Steel, Alan**

996. Ciannelli, Eduardo. Italian-U.S. actor. b. Aug. 30, 1889, Ischia. d. Oct. 8, 1969, Roma. Former opera singer. *Patto col diavolo* (49), *Vulcano* (49), *La strada buia* (49), *In estasi* (50), *Gli inesorabili* (51), *È l'amor che mi rovina* (51), *I vinti* (52), *Sul Ponte dei sospiri* (52), *Processo alla città* (52), *Il tenente Giorgio* (52), *La voce del silenzio* (52), *Prigionieri delle tenebre* (53), *La nave delle donne maledette* (53), *La mano dello straniero* (53), *Uomini ombra* (54), *La tua donna* (54), *Mambo* (54), *Attila—flagello di Dio* (54), *Proibito* (55), *Il ricatto di un padre* (56), *Elena di Troia* (56), *I pascoli rossi* (63), *La vendetta della signora* (64), *Colpo rovente* (69), *La collina degli stivali* (69).

997. Cianni, Eloisa. Actress. Miss Italy 1952, and Miss Europe. *Villa Borghese* (53), *La porta dei sogni* (54), *Racconti romani* (55), *Il segno di Venere* (55), *Processo all'amore* (55), *Sangue di zingara* (55), *Ho amato una diva* (55), *Peppino e la vecchia signora* (57 made in 54), *Il pirata dello sparviero nero* (58), *Ragazze brivido* (58).

Cicarelli, Chick *see* **Ceccarelli, Pietro**

998. Ciccarese, Luigi. Director of photography. *E lo chiamavano Spirito Santo* (71), *Animale chiamato uomo* (73), *Spirito Santo e le cinque magnifiche canaglie* (73), *L'infermiera di mio padre* (76), *La cameriera nera* (76), *La goduria* (76), *K.Z.9 Lager di stermino* (77), *Operazione Kappa: sparate a vista* (78), *La pagella* (80), *Sexual aberration—sesso perverso* (80), *White "Pop" Jesus* (80), *La zia svedese* (80), *Attenti a quelle due...ninfomani* (81), *Carnalità morbosa* (81), *Pierino aiutante messo comunale...praticamente spione* (81), *Gocce d'amore* (81), *Porno lui erotica lei* (81), *Sesso allegro* (81), *L'ultima volta insieme* (81), *L'aristocratica perversa* (82), *L'ave maria* (82), *Caligola e Messalina* (82), *Che casino...con Pierino!* (82), *Nerone e Poppea* (82), *Orgasmo esotico* (82), *Orgasmo non-stop* (82), *Tencier de femmes* (82 France), *Violenza in un carcere femminile* (82), *L'amica di Sonia* (82), *'O surdato 'nnamorato* (83), *Lo studente* (83), *L'amante bisex* (84), *Il cantante e il campione* (84), *L'apache bianco* (84 co-ph), *Il motorino* (84), *Ragazza vogliosa* (84), *Rolf* (84), *Vacanze d'estate* (85), *Una tenera follia* (86), *After Death: Zombie 4* (88).

999. Cicero, Nando. Director. RN: Fernando Cicero. *Il tempo degli avvoltoi* (67), *Due volte giuda* (68 also co-w), *Professionisti per un massacro* (68 also co-w), *Ultimo tango a Zagarol* (72), *Bella, ricca, lieve difetto fisico cerca anima gemella* (73), *Il gatto mammone* (76), *L'insegnante* (76), *La soldatessa alla visita militare* (78), *La soldatessa alle grandi manovre* (79), *La liceale e il diavolo e l'acquasanta* (80), *L'assistente sociale tutto pepe* (81), *La foca* (82), *Paolo Roberto Cotechino, centravanti di sfondamento* (83).

1000. Cicognana, Bino. Executive producer. AKA: Bino Cicogna. *I quattro dell'ave maria* (68 p/co-w), *C'era una volta il west* (68), *Gli intoccabili* (68 co-p), *Lola* (70 co-ex p).

1001. Cicognini, Alessandro. Composer. b. Jan. 25, 1906, Pescara. *Il corsaro nero* (36), *Napoli d'altri tempi* (37), *Ettore Fieramosca* (38), *Castelli in aria* (38), *Napoli che non muore* (39), *Grandi magazzini* (39 co-composer), *Un'avventura di Salvator Rosa* (40), *Una romantica avventura* (40), *La peccatrice* (40), *Giuliano de' Medici* (41), *La corona di ferro* (41), *L'amante segreta* (41), *La maestrina* (42), *Quarta pagina* (42), *Quattro passi fra le nuvole* (42), *Nessuno torna indietro* (43), *La resa di Titi* (45), *Sciuscià* (46), *L'ultimo amore* (46), *I miserabili* (47), *Ladri di* *biciclette* (48), *Il grido della terra* (48), *Ho sognato il paradiso* (49), *Domani è troppo tardi* (50), *Miracolo a Milano* (50), *Umberto D* (51), *Guardie e ladri* (51), *Altri tempi* (51), *Cameriera bella presenza offresi* (51), *Due soldi di speranza* (51 co-composer), *Buongiorno, elefante!* (52), *Moglie per una notte* (52), *Don Camillo* (52), *Tempi nostri* (52), *Siamo donne* (53 co-composer), *Stazione Termini* (53), *Il ritorno di don Camillo* (53), *Pane amore e fantasia* (53), *L'oro di Napoli* (54), *Ulisse* (54), *Pane amore e gelosia* (54), *Peccato che sia una canaglia* (54), *Pane amore e...* (55), *Summertime* (56 U.S./U.K. In Italy this film was called *Tempo d'estate*), *Il tetto* (56), *Padri e figli* (56), *Loser Takes All* (57 U.S.), *Anna di Brooklyn* (58 co-composer), *Black Orchid* (58 U.S.), *Olympia* (60), *It Started in Naples* (60 U.S. co-composer), *Il giudizio universale* (61), *The Pigeon That Took Rome* (62 U.S.).

1002. Cifariello, Antonio. Actor. b. May 19, 1930, Napoli. *Senza peccato* (50), *Eva nera* (52), *Eran 300* (52), *Donne proibite* (53), *Africa sotto i mari* (53), *Amore in città* (53 the episode "Agenzia matrimoniale"), *Villa Borghese* (53), *Carosello napoletano* (54), *Le signorine dello 04* (54), *Le ragazze di San Frediano* (54), *Operazione Notte* (55), *I quattro del getto tonante* (55), *La bella di Roma* (55), *Racconti romani* (55), *Pane amore e...* (55), *La donna del giorno* (56), *Peccato di castità* (56), *Suor Letizia* (56), *Noi siamo le colonne* (56), *Giovani mariti* (57), *Vacanze ad Ischia* (57), *Souvenir d'Italie* (57), *La mina* (58), *Le bellissime gambe di Sabrina* (58), *Promesse di marinaio* (58), *Jessica* (62).

1003. Cigoli, Emilio. Actor. b. Nov. 18, 1909, Livorno. *La sposa dei re* (38), *Dora Nelson* (39), *L'imprevisto* (40), *Il bravo di Venezia* (41), *Giarabub* (42), *Noi vivi* (42), *I bambini ci guardano* (43), *Sciuscià* (46), *Fuga nella tempesta* (47), *La fumeria d'oppio* (47), *Domenica d'agosto* (50), *Art. 519, codice penale* (52), *Giuseppe Verdi* (53), *Guai ai vinti!* (54), *Il momento più bello* (56).

1004. Cilento, Diane. Australian actress. b. Oct. 5, 1933, Brisbane. Married Sean Connery 1962–73. *Gli ultimi dieci giorni di Hitler* (72).

1005. Cimara, Luigi. Actor. b. July 19, 1891, Roma. *La telefonista* (32), *Teresa Confalonieri* (34), *Re burlone* (35), *Dora Nelson* (39), *Il "signore" della taverna* (40), *Luna di miele* (41), *L'amico delle donne* (42), *Altri tempi* (51), *Carne inquieta* (52), *Lulù* (53), *Cento anni d'amore* (53).

1006. Cimarosa, Tano. Actor. RN: Gaetano Cimarosa. *Il giorno della civetta* (68), *Cinque figli di cane* (68), *Il medico della mutua* (68), *Commando suicida* (68), *Il commissario Pepe* (69), *La morte sull'alta collina* (69), *La moglie più bella* (69), *Detenuto in attesa di giudizio* (71), *Per grazia ricevuta* (71), *Mamma mia, è arrivato "Così Sia"* (72), *Così Sia* (72), *Tutti figli di "Mammasantissima"* (73), *"No" alla violenza* (78 d), *Nuovo cinema paradiso* (88).

1007. Cinieri, Cosimo. Actor. *Mosè* (76), *I guerrieri dell'anno 2072* (83).

1008. Cioffi, Charles. U.S. actor. b. 1935. *A proposito Lucky Luciano* (73).

1009. Cioli, Gabriella. Actress. b. May 9, 1932, Firenze. *Enrico Caruso, leggenda di una voce* (51), *Una bruna indiavolata* (51), *Bellezze in motoscooter* (52), *Febbre di vivere* (53), *Se vincessi cento milioni* (54).

1010. Cipriani, Mario. Actor. *Accattone* (61), *RoGoPaG* (62 the episode "La ricotta").

1011. Cipriani, Stelvio. Composer. AKA: Stelvio W. Cipriani. *Bounty killer* (66), *Un uomo un cavallo una pistola* (68), *Luana, la figlia della foresta vergine* (68), *Operazione San Pietro* (68), *El mas fabuloso golpe del far west* (68 Spain), *Legge della violenza* (69), *Femina ridens* (69), *Una su tredici* (69), *Se t'incontro, t'ammazzo* (70), *L'anonimo veneziano* (70), *La belva* (70 co-composer), *Testa t'ammazzo... croce sei morto...mi chiamano Alleluia!* (70), *Blindman* (71), *Cometogether* (71), *Antefatto* (71), *La cagna* (72 co-composer), *La polizia ringrazia* (72), *Uccidere in silenzio* (72), *Guernica* (72), *Il magnifico west* (72), *Il west ti fa stretto, amico...è arrivato Alleluia!* (72), *La polizia sta a guardare* (73), *L'assassino è al telefono* (73), *Le Mētaf* (73 France), *Pianeta Venere* (73 co-composer), *La polizia chiede aiuto* (74), *Due cuori e una cappella* (75), *Perche?!* (75), *Mark il poliziotto spara per primo* (75), *Straniero di silenzio* (75), *Mark colpisce ancora* (76), *Frankenstein all'italiana* (76), *Poliziotto sprint* (76), *Bermude: la* *fossa maledetta* (77), *Quelli della calibro 38* (77), *Papaya dei Caraibi* (77), *Gli ultimi angeli* (77), *Tentacoli* (77), *Dedicato a una stella* (77), *Maternale* (78), *Sono stato un agente CIA* (78), *Questo si chiama l'amore* (78), *Il triangolo delle Bermude* (78), *Cara sposa* (78), *Enfantasme* (78), *L'affare Concorde* (79), *Due nelle stelle* (79), *Incubo sulla città contaminata* (80), *Piranha II—The Spawning* (81 U.S.), *Angkor—Cambodia Express* (81), *La voce* (82), *Un povero ricco* (83), *La casa del tappeto giallo* (83), *Nucleo zero* (84), *Blu elettrico* (88).

1012. Cirillo, Claudio. Director of photography. *Il commissario Pepe* (69), *Don Camillo, Peppino e i giovani d'oggi* (72 made in 70), *La più bella serata della mia vita* (72), *Di che segno sei?* (75), *Africa Express* (75 co-ph), *I telefoni bianchi* (76), *Sussuri nel buio* (76), *I due superpiedi quasi piatti* (77), *L'ultimo sapore dell'aria* (78), *Caffè espresso* (80), *Desideria—la vita interiore* (80), *Fantozzi contro tutti* (80), *Di padre in figlio* (82), *Testa e croce* (82 the episode "La pecorella smarrita"), *Mi manda Piccone* (83), *Vacanze di Natale* (83), *Amarsi un po'* (84), *Una donna allo specchio* (84), *Un tenero tramonto* (84), *Vacanze in America* (84), *Amici miei, atto III* (85), *Il mostro di Firenze* (85).

1013. Cirino, Franco. Director. b. Sept. 5, Napoli. Was an assistant director for many years. *I calunniatori* (57 co-d).

1014. Citti, Franco. Actor. b. 1938. Was an amateur at the time of his debut. *Accattone* (61), *Mamma Roma* (62), *Du mouron pour les petits oiseaux* (63 France), *Requiescant* (67), *Edipo re* (67), *Ammazzali tutti e torna solo* (68), *Il magnaccio* (68), *Seduto alla sua destra* (68), *Porcile* (69), *Ostia* (70), *Il Decamerone* (71), *The Godfather* (71 U.S.), *I racconti di Canterbury* (71), *Storia de' fratelli e de' coltelli* (72), *Il fiore delle mille e una notte* (73), *Storie scellerate* (73), *Dirai "ho ucciso per legittima difesa"* (75), *Roma violenta* (75), *Todo modo* (76), *Uomini si nasce, poliziotti si muore* (76), *Colpita da improvviso benessere* (76), *Una ragazza di Praga* (76), *La banda del trucido* (77), *Il casotto* (77), *Il gatto dagli occhi di giada* (77), *L'albero della maldicenza* (78), *La luna* (79), *Ciao marziano* (80), *Eroina* (80), *Il minestrone* (81), *Il segreto* (90).

1015. Citti, Sergio. Director. Protégé of Pasolini. *Ostia* (70 co-d/co-w), *Storie scellerate* (73 also co-w), *Salò, o le 120 giornate* (75 co-w), *Il casotto* (77 also co-w), *Due pezzi di pane* (78 also co-w), *Il minestrone* (81 also co-w).

1016. Civallero, Carlo. Producer. b. Oct. 26, 1894, Roma. *Felicita Colombo* (37 asst d prod), *Nonna Felicita* (38 asst d prod), *Amore di ussaro* (39), *Il segreto di Villa Paradiso* (39), *Traversata nera* (39), *Scandalo per bene* (39), *Ultima fiamma* (40), *L'ispettore Vargas* (40), *L'uomo del romanzo* (40), *Anime in tumulto* (41), *La bella addormentata* (42 co-p), *Gente dell'aria* (42), *Monte Miracolo* (43), *La locandiera* (43 co-p), *Cuori sul mare* (49), *È più facile che un cammello...* (50), *L'edera* (50), *Due mogli sono troppe* (50), *La città si difende* (51), *Cameriera bella presenza offresi* (51), *L'eroe sono io!* (51), *Naso di cuoio* (52), *Il brigante di Tacca del Lupo* (52 co-p), *La voce del silenzio* (52), *La fiammata* (52), *Fanciulle di lusso* (52), *Cento anni d'amore* (53), *Sinfonia d'amore* (54 co-p), *Amici per la pelle* (55), *I due compari* (55), *Altair* (56).

1017. Civirani, Osvaldo. Director. AKA: Glenn Eastman, Richard Kean. *Ercole contro i figli del sole* (64 also p/co-w/ph), *Kindar l'invulnerabile* (64), *Operazione Poker* (65), *Uno sceriffo tutto d'oro* (66 also ph), *Il figlio di Django* (67 also ph), *Ric e Gian alla conquista del west* (67 also co-w/ph), *Fidarsi è bene, sparare è meglio* (68 also co-w/ph), *Lucrezia Borgia, l'amante del diavolo* (68 also p/co-w/ph/co-story), *Dio non c'era* (69), *I due figli di Trinità* (72 also w), *Due gattoni a nove code...e mezza ad Amsterdam* (72), *Il diavolo ha sette facce* (72 also p).

1018. Clair, Jany. Actress. *Le legioni di Cleopatra* (59), *L'ultimo zar* (60), *La vendetta della maschera di ferro* (62), *Anno 79—distruzione ercolano* (62), *I diavoli di Spartivento* (63), *Ercole contro Moloch* (63), *Maciste contro gli uomini della luna* (64), *La strada per Fort Alamo* (65), *Agente Coplan: missione Spionaggio* (65).

1019. Clair, René. French director. b. Nov. 11, 1898, Paris. d. March 15, 1981, Neuilly-sur-Seine. RN: René-Lucien Chomette. *La bellezza del diavolo* (50), *Le belle della notte* (52), *Le grandi manovre* (55), *Quartiere dei lillà* (57), *Le quattro verità* (62 the episode "The Two Pigeons").

1020. Clare, Mary. U.K. actress. b. July 17, 1894, London. d. 1970. *Mambo* (54).

Clark, Anthony *see* **del Pozo, Angel**

1021. Clark, Fred. U.S. actor. b. March 9, 1914, Lincoln, Calif. d. 1968. RN: Frederick Leonard Clark. *Risate di gioia* (60), *A porte chiuse* (61), *Due marines e un generale* (65).

1022. Clark, John. U.S. actor. *Donne alla frontiera* (67), *Django non perdona* (67 as Django).

1023/4. Clark, Ken. U.S. actor. b. 1932. *Ercole l'invincibile* (63), *Maciste nell'inferno di Genghis Khan* (64), *La strada per Fort Alamo* (65), *Agente 077... missione Bloody Mary* (65), *Agente 077... dall'Oriente con furore* (65), *La furia degli apaches* (65), *Nebraska il pistolero* (66), *Attentato ai tre grandi* (68), *Tarzana, sesso selvaggio* (69), *Sledge* (70).

1025. Clark, Petula. U.K. actress. b. Nov. 15, 1932, West Ewell, Surrey. Also a famous singer. *Questi pazzi, pazzi italiani* (65).

1026. Claudio, Jean. French actor. b. 1927. *Gladiatore di Messalina* (63), *Il magnifico cornuto* (64).

1027. Clavel, Robert. French art director. b. Oct. 15, 1912, Paris. *L'uomo dall'impermeabile* (57).

1028. Clay, Monica. Actress. b. Forlì. *Quattro passi per Roma* (50 doc), *L'eroe sono io!* (51), *Signori, in carrozza!* (51), *Ragazze da marito* (52), *La cavallina storna* (53), *Un marito per Anna Zaccheo* (53), *La signora senza camelie* (53), *Divisione Folgore* (54).

1029. Clayburgh, Jill. U.S. actress. b. April 30, 1944, N.Y.C. *La luna* (79).

1030. Cleese, John. U.K. actor. b. Oct. 27, 1939, Weston-super-Mare. RN: John Marwood Cleese. One of the Monty Python crew. *La statua* (70).

1031. Clemens, Brian. U.K. writer. b. 1931, Croydon. *Il sigillo di Pechino* (66).

1032. Clément, Aurore. French actress. b. 1950. *Caro Michele* (76), *Viaggio con Anita* (79), *Caro papà* (79), *Festa di laurea* (85), *Mosca addio* (87), *Fuga dal paradiso* (90).

1033. Clément, René. French director/co-writer. b. March 18, 1913, Bordeaux. *Le mura di Malapaga* (48 co-d), *L'amante di una notte* (51), *La diga sul Pacifico* (57), *In pieno sole* (59), *Che gioia vivere* (61), *Il giorno e l'ora* (63), *Un maledetto pasticcio* (75).

1034. Clementi, Margareth. Actress. *Medea* (69), *Il fiore delle mille e una notte* (73), *Il Casanova di Federico Fellini* (76).

1035. Clementi, Pierre. French actor. b. 1941, Paris. *Il gattopardo* (63), *Bella di giorno* (67), *Scusi, facciamo l'amore* (67), *Partner* (68), *La sua giornata di gloria* (68), *Porcile* (69), *I cannibali* (69), *Necropolis* (70), *Ninì Tirabusciò, la donna che inventò la "mossa"* (70), *Il conformista* (70), *La pacifista* (71), *Steppenwolf* (74).

1036. Clermont, René. French actor. b. Nov. 14, 1921, Dakar, Senegal. *Puccini* (53), *Vacanze d'amore* (54), *Scuola elementare* (54).

1037. Cléry, Corinne. Actress. *Natale in casa di appuntamento* (76), *Sturmtrüppen* (76), *Kleinhoff Hotel* (77), *Sono stato un agente CIA* (78), *L'umanoide* (79), *Odio le bionde* (80), *Eroina* (80), *Il mondo di Yor* (82), *Yuppies, i giovani di successo* (85), *Monte Napoleone* (87), *Il miele del diavolo* (87), *La partita* (91).

1038. Clift, Montgomery. U.S. actor. b. Oct. 17, 1920, Omaha, Nebr. d. July 23, 1966, N.Y.C. RN: Edward Montgomery Clift. *Stazione Termini* (53).

1039. Cliver, Al. Actor. RN: Pier Luigi Conti. *Il saprofita* (74), *Una donna chiamata Apache* (76), *I padroni della città* (76), *Il gatto di Park Lane* (80), *Anno 2020—i gladiatori del futuro* (82), *I guerrieri dell'anno 2072* (83), *Endgame—Bronx lotta finale* (83), *L'alcova* (85).

1040. Cloche, Maurice. French director. b. June 17, 1907, Commercy. *La portatrice di pane* (50), *I bastardi* (50), *Etrusca* (50 short), *Peppino e Violetta* (51 the Italian version), *La grana* (59), *Un killer per Sua Maestà* (68 co-w), *Le Vicomte règle ses comtes* (67 Italian version).

1041. Cloerec, René. French composer. b. May 31, 1911, Paris. *Il diavolo in corpo* (47), *Occupati d'Amelia* (49), *I sette peccati capitali* (52 co-composer), *L'uomo e il diavolo* (54), *Margherita della notte* (55), *La ragazza del peccato* (57), *L'omicida* (63).

1042. Cloutier, Suzanne. Canadian actress. b. July 10, 1927, Ottawa. Married Peter Ustinov. *Otello* (51).

1043. Clouzot, Henri-Georges. French director/writer. b. Nov. 20, 1907, Niort. d.

Jan. 12, 1977, Paris. *Vite vendute* (53 d/p), *Le spie* (57).

1044. Clouzot, Vera. Brazilian actress. b. 1921. d. Dec. 15, 1960, Paris, France. RN: Vera Amado. Married Henri-Georges Clouzot. *Vite vendute* (53), *Le spie* (57).

Clucher, E.B. *see* **Barboni, Enzo**

1045. Clute, Sid. Actor. b. 1916. *Jovanka e le altre* (59).

Coates, Lewis *see* **Cozzi, Luigi**

1046. Cobb, Jerry. Spanish actor. b. 1930. RN: German Cobos. *Le schiave di Cartagine* (57), *Saranno uomini* (57), *Susanna tutta panna* (57), *Totò, Vittorio e la dottoressa* (58), *Il segreto di Ringo* (65), *L'uomo dal pugno d'oro* (68), *Wanted* (68), *Sangue chiama sangue* (68).

1047. Cobb, Lee J. U.S. actor. b. Dec. 8, 1911, N.Y.C. d. 1976. RN: Leo Jacoby. *Il giorno della civetta* (68), *La polizia sta a guardare* (73), *Venditore di palloncini* (74), *Mark il poliziotto spara per primo* (75), *La legge violenta della squadra anticrimine* (76).

1048. Cobelli, Giancarlo. Actor. b. 1933. *Gli eroi di ieri... oggi... domani* (64), *Bianco, rosso, giallo, rosa* (65), *La bisbetica domata* (67), *Io non protesto, io amo* (67), *Barbarella* (68), *"H2S"* (68).

Cobos, German *see* **Cobb, Jerry**

1049. Coburn, James. U.S. actor. b. Aug. 31, 1928, Laurel, Nebr. *Candy* (68), *Giù la testa* (71), *Una ragione per vivere e una per morire* (72).

Coby, Michael *see* **Cantafora, Antonio**

1050. Cochran, Steve. U.S. actor. b. May 25, 1917, Eureka, Calif. d. June 15, 1965, at sea, off Guatemala. RN: Robert Alexander Cochran. *Il grido* (57 also co-p).

1051. Coco, James. U.S. actor. b. March 21, 1928, N.Y.C. d. Feb. 25, 1987, N.Y.C. *L'uomo della Mancha* (72), *Ciao maschio* (77), *Charleston* (77).

1052. Cocteau, Jean. French writer. b. July 5, 1889, Maisons-Lafitte. d. Oct. 11, 1963, Milly-la-Forêt. *Romantici a Venezia* (47 short narrated), *Ruy Blas* (47), *Amore* (48 co-w), *La leggenda di sant'Orsola* (48 short also narrated), *La voce del silenzio* (52), *La principessa di Clèves* (60 dialog), *Il testamento di Orfeo* (60 also d/*), *Il mistero di Oberwald* (80 from his play "L'Aigle à deux têtes").

1053. Cohen, Emma. Spanish actress. b. 1946. *Cipolla Colt* (75).

1054. Colamonici, Raffaele. Director of production. Latterly a producer. *Lasciate ogni speranza* (37), *L'allegro cantante* (38), *Fuochi d'artificio* (38), *L'ultimo scugnizzo* (38), *La voce senza volto* (38), *Il cavaliere di san Marco* (39), *Il barone di Corbò* (39), *Due occhi per non vedere* (39), *Le educande di Saint-Cyr* (39), *Forse eri tu l'amore* (39), *Amiamoci così* (40), *L'imprevisto* (40), *Il signore a doppio petto* (41), *Con le donne non si scherza* (41), *Un marito per il mese d'aprile* (41), *L'ultimo ballo* (41), *Se non son matti non li vogliamo* (41), *La regina di Navarra* (41), *Gioco pericoloso* (41), *La scuola dei timidi* (42), *A che servono questi quattrini* (42), *Grattacieli* (42), *Ti conosco, mascherina!* (42), *Non mi muovo!* (43), *Quattro ragazze sognano* (43), *Tristi amori* (43), *La figlia del peccato* (49 p), *Il falco rosso* (49 p), *Totò le Moko* (49 p), *Il conte Ugolino* (49 p), *Il figlio di d'Artagnan* (49 p), *La Bisarca* (50 p), *Totò cerca moglie* (51 p), *Libera uscita* (51 p), *Licenza premio* (51 p), *Stasera sciopero* (51 p), *I due derelitti* (51 p), *Amore rosso* (51 p), *Abracadabra* (52 p).

1055. Colasanti, Veniero. Costume designer. b. July 21, 1910, Roma. *Il cavaliere senza nome* (40), *Caravaggio, il pittore maledetto* (41), *L'avventuriera del piano di sopra* (41 also co-sets), *Finalmente soli* (41), *Un garibaldino al convento* (41), *La signorina* (42 also sets), *Buongiorno, Madrid!* (42 also sets), *Gian Burrasca* (43), *Pazzo d'amore* (43), *Fabiola* (48), *Paolo e Francesca* (49), *Prima comunione* (50 also sets), *Altri tempi* (51), *La provinciale* (53), *Teodora, imperatrice di Bisanzio* (53 also sets), *Graziella* (54 also sets), *Amore e chiacchiere* (57 also sets).

1056. Colbert, Claudette. U.S. actress. b. Sept. 13, 1905, Paris, France. RN: Claudette Lily Chauchoin. In the U.S.A. since 1912. *Destini di donne* (53 the first episode, "Vittime della guerra"), *Versailles* (53).

Coleman, Leo *see* **Savona, Leopoldo**

1057. Colette. French writer. b. Jan. 28, 1873, Saint-Sauveur-en-Puisaye. d. Aug. 3, 1954, Paris. RN: Gabrielle-Sidonie Colette. *La vagabonda* (17 also novel), *I sette peccati capitali* (52 Rossellini's episode, "L'invidia," was based on her story "La Chatte").

1058. Coletti, Duilio. Director. b. Dec. 28, 1908, Penne. AKA: John Bard. *Il signore desidera?* (33 asst d), *Pierpin* (35 also w), *I due barbieri* (37), *La sposa dei re* (38 also w), *Il fornaretto di Venezia* (39), *Capitan Fracassa* (40 also w), *La maschera di Cesare Borgia* (41), *Il mercante di schiave* (41 also w), *Tre ragazze cercano marito* (43), *L'adultera* (46), *Il passatore* (47), *Cuore* (48), *Il grido della terra* (48), *Il lupo della Sila* (49), *Miss Italia* (49), *Romanzo d'amore* (50 also w), *Libera uscita* (51), *È arrivato l'accordatore* (51), *Wanda la peccatrice* (52), *I sette dell'Orsa maggiore* (53 also w), *La grande speranza* (53 also w), *Divisione Folgore* (54 also w), *Bella non piangere* (54 supervising director), *Londra chiama polo nord* (55), *Gli italiani sono matti* (58 also co-p), *Ragazzi della marina* (58 co-w), *Sotto dieci bandiere* (60 co-d), *Il re di Poggioreale* (61), *Valdez il mezzosangue* (73 co-p), *L'uomo di Corleone* (77 also w).

1059. Colizzi, Giuseppe. Director. b. 1926. d. 1979. Nephew of Luigi Zampa. *Dio perdona... io no* (68 also co-w), *I quattro dell'ave maria* (68 also co-w), *La collina degli stivali* (69 also w), *Più forte, ragazzi!* (72).

1060. Colleano, Bonar. U.S. actor. b. March 14, 1924. d. 1958. RN: Bonar Sullivan. Long in U.K. *Passaporto per l'Oriente* (51).

1061. Colli, Ombretta. Actress. AKA: Amber Collins. *Il gladiatore di Roma* (62), *Il figlio di Spartacus* (62), *Goliath e la schiava ribelle* (62), *Maciste alla corte dello zar* (63), *I diavoli dallo spazio* (65), *Missione Pianeta Errante* (65), *Buone notizie* (79).

1062. Collino, Federico. Actor. *Lohengrin* (35), *Retroscena* (39), *Teresa Venerdì* (41), *Un garibaldino al convento* (41), *Il processo delle zitelle* (44), *Il diavolo in convento* (50), *L'inafferabile 12* (50), *I cadetti di Guascogna* (50), *È arrivato il cavaliere* (50), *La ragazza del Palio* (58).

1063. Collins, Alan. Actor. RN: Luciano Pigozzi. *Space men* (60), *La Ciociara* (61), *La frusta e il corpo* (63), *Licantropo* (63), *Sei donne per l'assassino* (64), *A 007 sfida ai killers* (65), *Berlino—appuntamento per le spie* (65), *Cinque tombe per un medium* (66), *Libido* (66), *Delitto quasi perfetto* (66), *La morte non conta i dollari* (67), *Nude... si muore* (67), *Superargo e i giganti senza volto* (67), *Colpo maestro al servizio di Sua Maestà britannica* (68), *Il re di Africa* (68), *I vigliacchi non pregano* (68), *Deux billets pour Mexico* (68 France), *Contronatura* (68), *Ehi, amico, c'è Sabata ... hai chiuso* (69), *E Dio disse a Caino* (69), *Il rosso segno della follia* (69), *Sartana nella valle degli avvoltoi* (70), *Il venditore di morte* (72), *Strana orchidea con cinque gocce di sangue* (72), *Gli orrori del castello di Norimberga* (72), *Il castello dell'orrore* (73), *Apocalisse domani* (80), *Il mondo di Yor* (82), *Ark of the Sun God* (83), *I cacciatori del cobra d'oro* (83), *Code Name: Wildgeese* (84), *Tornado* (84), *Strike Commando* (87).

Collins, Amber *see* **Colli, Ombretta**

1064. Collins, Gary. U.S. actor. b. 1938. *Agguato sul fondo* (78).

1065. Collins, Joan. U.K. actress. b. May 23, 1933, London. *Ester e il re* (60), *La congiuntura* (65), *Lo stato d'assedio* (69).

1066. Collins, Stephen. U.S. actor. b. 1947. *Fedora* (78).

1067. Collinson, Peter. U.K. director. b. 1938, Lincolnshire. d. 1980, in a car crash. *Lo chiamavano Mezzogiorno* (74 also co-w), *E poi non rimase nessuno* (74).

1068. Collo, Alberto. Actor. b. July 6, 1883, Piobesi. d. May 7, 1955. *Il delitto della brughiera* (09), *Il papagallo della zia Berta* (12), *Lagrime e sorrisi* (12), *Idillio tragico* (12), *La maestrina* (13), *L'arma dei vigliacchi* (13), *In faccia al destino* (13), *L'avvoltoio nero* (13), *La gloria* (13), *L'anima del demi-monde* (13), *La madre* (13), *La bufera* (13), *L'ultima carta* (13), *Idolo infranto* (13), *La vigilia di Natale* (13), *L'amazzone mascherata* (14), *Una donna!* (14), *L'oro maledetto* (14), *Gespay* (14), *Un grido nella notte* (14), *Lacrime* (14), *Le memorie sacre* (14), *Per la pace sua* (14), *La mia vita per la tua* (14), *Nelly la gigolette* (14), *La banda delle cifre* (15), *Ciceruacchio* (15), *Guglielmo Oberdan* (15), *Il naufragatore* (15), *Rugiada di sangue* (15), *Spine e lacrime* (15), *La sposa della morte* (15), *Tresa* (15), *Marcella* (15), *Assunta spina* (15), *La signora dalle camelie* (15), *Alla capitale* (15), *La cuccagna* (15), *Don Pietro Caruso* (16), *Caccia ai milioni* (16), *L'enfant de l'amour* (16), *La morsa* (16), *Come le foglie* (17), *Resurrezione* (17), *Demonietto* (17), *Le avventure di Doloretta* (18), *Camere* *separate* (18), *Mademoiselle Pas-chic* (18), *La signora Arlecchino* (18), *Quando tramonta il sole* (18), *Sfinge* (18), *La regina del carbone* (19), *La vergine folle* (19), *Le tre primavere* (19), *Le gioie della famiglia* (19), *Anima tormentata* (19), *L'isola della felicità* (19), *L'orizzontale* (19), *La chiromante* (21), *Amore rosso* (21), *La statua di carne* (21), *Il viaggio* (21), *La rosa di Fortunio* (21), *L'inafferabile* (22), *I Foscari* (22), *Il controllore dei vagoni letto* (22), *L'ombra* (23), *Il povero fornaretto di Venezia* (23), *Treno di piacere* (23), *La piccola parrocchia* (23), *Le sorprese del divorzio* (23), *Largo alle donne!* (24), *L'arzigogolo* (24), *Saetta impara a vivere!* (24), *La taverna verde* (24), *Voglio tradire mio marito!* (25), *Maciste nella gabbia dei leoni* (26), *Redenzione d'anime* (28), *Quando cadran le foglie* (28), *Madre italiana* (28), *Naufraghi* (38), *Persiane chiuse* (51), *Bertoldo, Bertoldino e Cacasenno* (54).

1069. Colombo, Arrigo. Producer. AKA: Harry Colombo. *Maciste contro Ercole nella valle dei guai* (62 co-p), *Per un pugno di dollari* (64 co-p), *Requiem per un gringo* (66 also co-w), *Ad ogni costo* (68 co-p), *Città violenta* (70 co-p), *Ancora dollari per i MacGregor* (70 co-w), *Pasqualino Settebellezze* (76 co-p).

1070. Colombo, Paolo. Child actor who played Agostino in *La perdita dell'innocenza* (62).

1071. Colosimo, Clara. Actress. *Serafino* (68), *Satyricon* (68), *Tepepa* (68), *Le castagne sono buone* (71), *Più forte sorelle* (73), *L'arma* (73), *Salon Kitty* (76), *Spogliamoci così senza pudor...* (77), *Il gabbiano* (77), *Al di là del bene e del male* (77), *Nel più alto dei cieli* (77), *Dove vai in vacanza?* (78), *La morte al lavoro* (78), *L'insegnante viene a casa* (78), *Zanna Bianca e il grande kid* (79), *Prova d'orchestra* (79), *Il corpo della ragassa* (80), *La patata bollente* (79), *Il fiume del grande caimano* (79), *Mano lesta* (80), *La disubbidienza* (81).

1072. Colpi, Henri. Swiss editor. b. July 15, 1921, Brigne. *L'anno scorso a Marienbad* (61).

1073. Coluche. French actor. b. Oct. 28, 1944. d. June 19, 1986, in a motorcycle crash. RN: Michel Coluzzi. AKA: Michel Coluche. Very popular as a comedian. Also directed and wrote. *Dagobert* (84), *Scemo di guerra* (85).

1074. Coluzzi, Francesca Romana. Actress. *Serafino* (68), *Mio Mao* (69), *Venga a prendere il caffè... da noi* (70), *Io non vedo, tu non parli, lui non sente* (71), *L'amante dell'Orsa maggiore* (72), *Anche se volessi lavorare, che faccio?* (72), *La "mala" ordina* (72), *Il maschio ruspante* (72), *Le Sex shop* (72 France), *Te Deum* (72), *Crescete e moltiplicatevi* (73), *Themroc* (73 France), *Giovannana Coscialunga disonorata con onore* (73), *Ingrid sulla strada* (73), *Il sergente Rompiglioni* (73), *Storie di karatè, pugni e fagioli* (73), *Il brigadiere Pasquale Zagaria arma la mamma e la polizia* (73), *La cugina* (74), *Il cav. Costante Nicosia demoniaco* (75), *Il padrone e l'operaio* (75), *L'insegnante* (76), *Peccato senza malizia* (76), *La portiera nuda* (76), *Occhio alla vedova!* (76), *La compagna di banco* (77), *Nel più alto dei cieli* (77), *L'infermiera di notte* (77).

1075. Comencini, Luigi. Director/co-writer. b. June 8, 1916, Salò. *La novelletta* (37 short d), *Bambini in città* (46 short d), *Daniele Cortis* (47 co-w), *Il museo dei sogni* (48 short d), *L'ospedale del delitto* (48 short doc d), *Guaglio* (48), *Il mulino del Po* (48 co-w), *L'imperatore di Capri* (49), *La città si difende* (51 co-story), *Persiane chiuse* (51 d), *La tratta delle bianche* (52), *Heidi* (53 Switzerland d. In Italy this film was known as *Son tornata per te*), *Pane amore e fantasia* (53), *La valigia dei sogni* (53), *Pane amore e gelosia* (54), *La bella di Roma* (55), *La finestra sul Luna Park* (57), *Mariti in città* (57), *Mogli pericolose* (58), *Und das am Montagmorgen* (59 Germany), *Le sorprese dell'amore* (59), *Tutti a casa* (60), *A cavallo della tigre* (61), *Il commissario* (62 d), *La ragazza di Bube* (64), *Tre notti d'amore* (64 the episode "Fatebenefratelli"), *La mia signora* (65 the episode "Eritrea"), *Il compagno don Camillo* (65 d), *Le bambole* (65 the episode "Trattato di eugenetica" d), *La bugiarda* (65 co-d/co-w/co-adapted), *Incompreso* (67), *Italian Secret Service* (67), *Senza sapere niente di lei* (69), *Infanzia, vocazione e prime esperienze di Giacomo Casanova veneziano* (69), *I bambini e noi* (70 TV d), *Le avventure di Pinocchio* (71), *Lo scopone scientifico* (72 d), *Dio mio, come sono caduta in basso!* (74), *Delitto d'amore* (74), *Educazione civica* (74 short d), *La donna della domenica* (75 d), *Signore e signori, buonanotte* (76 two episodes d/w), *La goduria* (76 one episode), *Basta che non si sappia in giro* (76 the episode "Equivoco" d), *Quelle strane occasioni* (76 the episode "L'ascensore" d), *Il gatto* (78 d), *L'amore in Italia* (78 TV d), *Tra moglie e marito* (78 d), *L'ingorgo—una storia impossibile* (79), *Voltati Eugenio* (79), *Cercasi Gesù* (81), *Il matrimonio di Caterina* (82 also sets/co), *Cuore* (84), *La storia* (85), *Un ragazzo di Calabria* (87), *La bohème* (88 d/p), *Buon Natale, Buon Anno* (90).

1076. Comerio, Luca. Documentary director/director of photography. b. 1878, Milano. d. July 6, 1940, Milano, in poverty. Former photographer to the Royal Family, in 1905 he began filming news events. *Grandi manovre di terra e di mare* (07), *Incontro del re d'Italia e del re d'Inghilterra a Gaeta* (07), *Il terribile terremoto di Calabria e di Sicilia* (08), *Giro d'Italia* (10), *La famiglia reale nell'intimità* (11), *L'avanzata decisiva in Libia* (12), *La Battaglia di Sidi Said* (12), *La battaglia delle due palme* (12), *L'inaugurazione della stazione radiotelegrafica di Tripoli* (12), *L'onorevole Bertolini a Tripoli* (13), *La class de Asen* (14), *Ferravilla nelle sue più caratteristiche interpretazioni* (14), *Massinelli in vacanza* (14), *Come si prepara il soldato italiano per la guerra* (15), *La guerra d'Italia* (15), *La presa di Gorizia* (16), *Un avviso in quarta pagina* (16 ph), *L'ondino* (17 ph), *La posta in guerra* (17 ph), *Giovinezza, giovinezza, primavera di bellezza* (22), *Sulle Alpi riconsacrata* (22), *La campana dei caduti a Rovereto* (25), *Al rombo del cannon!* (28), *Perchè il mondo sappia e gli italiani ricordino* (30).

1077. Comin, Jacopo. Director of production. b. April 5, 1901, Padova. Has also directed several films. *Porto* (28 d/p), *Sotto la croce del Sud* (38 story), *La conquista dell'aria* (39 w), *Piccolo alpino* (40), *L'uomo del romanzo* (40 w), *La cena delle beffe* (41), *Non mi sposo più* (41 co-w/story), *Quattro passi fra le nuvole* (42), *La fabbrica dell'imprevisto* (42 d/w), *Harlem* (42), *Ogni giorno è domenica* (44), *Ruy Blas* (47 also co-d), *La rivale dell'imperatrice* (50 also co-d), *Senza bandiera* (50), *Due sorelle amano* (51 also d), *Cani e gatti* (52 also co-w), *Il bandolero stanco* (52), *Piovuto dal cielo* (53), *Martin Toccaferro* (53).

1078. Cominetti, Gian Maria. Director. b. Dec. 14, 1884, Salasco Vercellese. *Naufragio* (17), *Zampa di velluto* (20 co-d), *Buongiorno, Madrid!* (42 co-d/co-w), *Dove andiamo, signora?* (42 co-d/co-w), *Claudio Monteverdi* (46 doc), *Jacopo Sansovino* (46 doc also p), *Sangue a Ca' Foscari* (46 co-w), *Terra di pittori* (47 doc also p), *Gaspare Spontini* (47 doc also p), *Il sacro monte* (47 doc also p), *Giochi e feste* (47 also p), *Il moschettiere fantasma* (53 w).

1079. Como, Rossella. Actress. b. 1939, Roma. *Poveri ma belli* (56), *La nonna Sabella* (57), *Lazzarella* (57), *Arrivederci Roma* (58), *Io, mammeta e tu* (58), *Marinai, donne e guai* (58), *Caporale di giornata* (58), *Gli amori di Ercole* (60), *8½* (63), *Per piacere, non sparate col cannone* (65), *Arriva Dorellik* (67), *Donne alla frontiera* (67), *Ti ho sposato per allegria* (68), *Uno scacco tutto matto* (68), *Franco, Ciccio e le vedove allegre* (68).

1080. Companeez, Jacques. French writer. b. March 5, 1906, St. Petersburg, Russia. In France since 1936. Father of writer Nina Companeez. *Quando le donne amano* (52), *Frutto proibito* (52).

1081. Compton, Fay. U.K. actress. b. Sept. 18, 1894, London. d. Dec. 12, 1978, England. RN: Virginia Lilian Emeline Compton. *Otello* (51), *I vinti* (52 the U.K. episode, "Il delitto").

1082. Connelly, Christopher. U.S. actor. b. 1941, Wichita, Kans. d. Dec. 7, 1988, Burbank, Calif. *Guerrieri del Bronx* (82), *L'occhio del male* (83), *I cacciatori del cobra d'oro* (83), *Il ritorno di Django* (87), *Strike Commando* (87).

1083. Connery, Jason. Scottish actor. Son of Sean Connery. *La venexiana* (86).

1084. Connery, Neil. Scottish actor. b. 1938. Brother of Sean Connery. *O.K. Connery* (67).

1085. Connery, Sean. Scottish actor. b. Aug. 25, 1930, Edinburgh. RN: Thomas Sean Connery. Famous as James Bond. *La tenda rossa* (69), *Il nome della rosa* (86), *La rosa dei nomi* (87 doc as himself).

1086. Connors, Chuck. U.S. actor. b. 1921. *Ammazzali tutti e torna solo* (68), *La spina dorsale del diavolo* (70), *Il lupo dei mari* (73).

1087. Connors, Mike. U.S. actor. b. Aug. 15, 1925, Fresno, Calif. RN: Kreker Ohanian. *Se tutte le donne del mondo* (66).

1088. Consalvi, Achille. Director. *Il fiore del destino* (14), *Passa la gioventù* (17), *Mary, la stella del varietà* (18), *Ella non tradì* (18), *Champagne caprice* (18), *L'estranea* (18), *L'amante della luna* (19), *Sillabe ardenti* (20), *Canaglia dorata* (20), *La tortura del silenzio* (20 co-d), *L'automobile errante* (21), *Pupille spente* (21), *La sposa perduta* (21 co-d), *La via delle lacrime* (22).

1089. Consiglio, Alberto. Co-writer. b. March 25, 1902, Napoli. Went into politics after the war. *La fanciulla di Portici* (40), *Fortuna* (40), *Cento lettere d'amore* (40), *Il figlio del corsaro rosso* (41), *Gli ultimi filibustieri* (41), *Giarabub* (42), *L'uomo della croce* (42).

1090. Constantin, Michel. French actor. b. 1924. *Il buco* (60), *Dalle Ardenne all'inferno* (68), *Città violenta* (70), *Il bestione* (74), *Quel maledetto treno blindato* (77), *Sahara Cross* (77).

1091. Constantine, Eddie. U.S. actor. b. Oct. 29, 1917, Los Angeles, Calif., of Russian parents. Long in France. *Avanzi di galera* (54), *Il maggiorato fisico* (56), *Mani in alto* (61), *Cleo dalle 5 alle 7* (62), *I sette peccati capitali* (62), *Da New York mafia uccide* (65), *Agente Lemmy Caution: missione Alphaville* (65).

1092. Contardi, Livia. Actress. *La Gerusalemme liberata* (57), *Gli invasori* (61).

1093. Conte, Maria Pia. Actress. AKA: Marie P. Count, Mary Count, Mary Conte. *Il colosso di Roma* (65), *Dinamite Jim* (66), *Vacanza sulla neve* (67), *Peggio per me...meglio per te* (68), *Cinque dollari per Ringo* (68), *Nel labirinto del sesso* (68), *Juliette de Sade* (69 France), *Saranda* (69), *Un tipo che mi piace* (70), *Il ritorno del gladiatore più forte del mondo* (71), *Scacco alla mafia* (71), *Dio in cielo... Arizona in terra* (72), *I corsari dell'isola degli squali* (72), *L'orgia dei morti* (72), *I corvi ti scaveranno la fossa* (73), *The Arena* (73 U.S.), *Testa in giù...gambe in aria* (73), *Il sergente Rompiglioni* (73), *Spasmo* (74), *La svergognata* (74), *La novizia* (75), *Che dottoressa, ragazzi!* (76), *L'appuntamento* (77), *Dove, come e quando* (77), *Operazione Kappa: sparate a vista* (78).

1094. Conte, Richard. U.S. actor. b. March 24, 1914, Jersey City, N.J. d. 1975. RN: Nicholas Peter Conte. *La diga sul Pacifico* (57), *Sentenza di morte* (67), *L'onorata famiglia (uccidere è Cosa Nostra)* (72), *Il boss* (73), *Mio fratello Anastasia* (73), *Milano trema: la polizia vuole giustizia* (73), *Piazza pulita* (73), *Tony Arzenta* (73), *Anna, quel particolare piacere* (73), *Il poliziotto è marcio* (74), *Roma violenta* (75), *Un urlo dalle tenebre* (75), *La polizia accusa: il servizio segreto uccide* (75).

Conti Pier Luigi *see* **Cliver, Al**

1095. Continenza, Alessandro. Co-writer. b. July 13, 1920, Roma. AKA: Sandro Continenza. *Aquila Nera* (46), *Totò le Moko* (49), *Totò cerca casa* (49), *L'inafferabile 12* (50), *La sposa non può attendere* (50), *Le sei mogli di Barbablù* (51), *O.K. Nerone* (51), *Amo un assassino* (51), *La vendetta di Aquila Nera* (51), *Accidenti alle tasse!* (51), *Altri tempi* (51 the episode "Processo di Frine"), *Gli angeli del quartiere* (51), *Vendetta...sarda* (51), *Sensualità* (51), *Il sogno di Zorro* (52), *I tre corsari* (52), *Totò a colori* (52), *Tempi nostri* (52 the episodes "Gli innamorati" and "Don Corradino"), *Un turco napoletano* (53), *Amori di mezzo secolo* (53 the episode "1910"), *Un giorno in pretura* (53), *Il matrimonio* (53), *Graziella* (54), *Un americano a Roma* (54), *Le avventure di Giacomo Casanova* (54), *L'allegro squadrone* (54), *Peccato che sia una canaglia* (54), *La bella mugnaia* (55), *La cortigiana di Babilonia* (55), *Lo scapolo* (55), *Mio figlio Nerone* (56), *La Gerusalemme liberata* (57), *Caporale di giornata* (58), *Guardia, ladro e cameriera* (58), *Gli italiani sono matti* (58), *La morte viene dallo spazio* (58), *Io, mammeta e tu* (58), *La spada e la croce* (58 w), *Carmela è una bambola* (58), *Totò nella luna* (58), *La nipote Sabella* (58), *Annibale* (59), *Tempi duri per i vampiri* (59), *Gli amori di Ercole* (60), *Teseo contro il Minotauro* (60), *Ercole alla conquista di Atlantide* (61), *Ercole al centro della terra* (61), *Marte, dio della guerra* (62), *I sette gladiatori* (63), *Gli invincibili sette* (63), *La rivolta dei sette* (64), *Gli eroi del west* (64), *Ercole, Sansone, Maciste, Ursus: gli invincibili* (64), *5000 dollari sull'asso* (65), *Per pochi dollari ancora* (66), *Django spara per primo* (66), *Sugar Colt* (66), *Stuntman* (68), *Sette uomini e un cervello* (68), *L'alibi* (68), *La schiava, io ce l'ho e tu no* (73), *Tutti figli di "Mammasantissima"* (73), *Non si* *deve profanare al sonno di morte* (74), *Dove vai in vacanza?* (78 the episode "Sì buana"), *Fico d'India* (80).

1096. Contini, Alfio. Director of photography. *Chiamate 22–22 tenente Sheridan* (60), *La regina dei tartari* (60), *Arrivano i titani* (62), *Il sorpasso* (62), *I mostri* (63), *Il terrorista* (63 co-ph), *Amore facile* (64 co-ph), *Il gaucho* (64), *I marziani hanno dodici mani* (64), *Extraconiugale* (65 the episode "La moglie svedese"), *Slalom* (65), *Yankee, l'ameriano* (66), *Dio perdona...io no* (68), *Galileo* (68), *Il diario segreto di una minorenne* (68), *Certo, certissimo, anzi...probabile* (69), *La moglie del prete* (70), *Bianco, rosso e...* (71), *Un uomo* (72), *La mortadella* (72), *Sesso matto* (73), *Il portiere di notte* (73), *Sono stato io!* (73), *Attenti al buffone!* (75), *Yuppi-du* (75), *Il gatto mammone* (76), *I peccatori di provincia* (76), *Cattivi pensieri* (77), *Mimì Bluette ...fiore del mio giardino* (77), *Nero veneziano* (78), *Tanto va la gatta al lardo* (78), *Geppo il folle* (78), *Ridendo e scherzando* (78), *Un dramma borghese* (79), *L'avvertimento* (80), *La baraonda* (80), *Il bisbetico domato* (80), *Mani di velluto* (80), *Mia moglie è una strega* (80), *Storia senza parole* (81), *Nessuno è perfetto* (82), *Bingo bongo* (82), *Più bello di così si muore* (82), *La ragazza di Trieste* (82), *Il Petomane* (83), *Uno scandalo perbene* (83), *Chi mi aiuta?* (84), *Sole nudo* (84), *Joan lui* (85), *Il burbero* (86), *Se lo scopre Gargiulo* (88), *Treno di panna* (88), *Fuga dal paradiso* (90).

1097. Conversi, Spartaco. Actor. AKA: Sean Convery. *Teseo contro il Minotauro* (60 asst d), *La resa dei conti* (66), *Quien sabe?* (66), *La morte non conta i dollari* (67), *Le due facce del dollaro* (68), *C'era una volta il west* (68), *Vendo cara la pelle* (68), *Preparati la bara* (68), *Tutto per tutto* (68), *Carogne si nasce* (68), *Bill il taciturno...Django uccide* (68), *Ventimila dollari sul sette* (68), *Sul sentiero di guerra* (69), *Shango, la pistola infallibile* (69), *Quintana* (69), *I vendicatori dell'ave maria* (70), *Sentivano uno strano, eccitante, pericoloso puzzo di dollari* (73).

Convery, Sean *see* **Conversi, Spartaco**

Cook, Marian *see* **Koch, Marianne**

1098. Cook, Peter. U.K. actor. b. Nov. 17, 1937, Torquay. *Quei temerari sulle loro pazze scatenate scalcinate carriole* (69).

Cools, Alan W. *see* **Bianchi, Mario**

1099. Coop, Franco. Actor. b. Sept. 27, 1891, Napoli. *Terra madre* (31), *La Scala* (31), *Piccola mia* (32), *La signorina dell'autobus* (32), *Ninì Falpalà* (33), *L'ultimo dei Bergerac* (34), *Darò un milione* (36), *Lo smemorato* (37), *I due barbieri* (37), *Don Pasquale* (40), *Il re del circo* (40), *San Giovanni decollato* (40), *Il re si diverte* (41), *La fortuna viene dal cielo* (41), *Gelosia* (42), *Le vie del peccato* (46), *Un mese d'onestà* (47), *La madonnina d'oro* (49), *La presidentessa* (52), *L'arte di arrangiarsi* (54), *Carosello napoletano* (54), *Le vacanze del sor Clemente* (54), *Ore 10 lezione di canto* (56).

Cooper, Stan *see* **Rosi, Stelvio**

1100. Copleston, Geoffrey. U.S. actor. *Superargo contro Diabolicus* (66), *Un fiume di dollari* (66), *Il profeta* (67), *Tenderly* (68), *Pane e cioccolata* (73), *Il portiere di notte* (73), *Nina* (76), *Emanuelle e gli ultimi cannibali* (77), *Il gatto di Park Lane* (80).

1101. Corazzari, Bruno. Actor. AKA: Bruno Corazzini. *Da uomo a uomo* (67), *Per 100.000 dollari t'ammazzo* (67), *Quanto costa morire* (68), *Gangster 70* (68), *Il mercenario* (68), *Roy Colt e Winchester Jack* (69), *Fortunata y Jacinto* (69 Spain), *Necropolis* (70), *Quel maledetto giorno della resa dei conti* (71), *Una nuvola di polvere...un grido di morte...arriva Sartana* (71), *I quattro dell'apocalisse* (75), *Il gatto di Park Lane* (80).

Corbett, Stanley *see* **Antonini, Alfredo** and **Corbucci, Sergio**

1102. Corbucci, Bruno. Director/co-writer. Younger brother of Sergio Corbucci. *I due colonnelli* (61 co-w), *Il figlio di Spartacus* (62 co-w), *I sette gladiatori* (63 co-w), *Quattro dollari di vendetta* (65 co-w), *James Tont...operazione U.N.O.* (66 co-d/co-w), *Ringo e Gringo contro tutti* (66), *Per qualche dollaro in meno* (66 co-w), *James Tont...operazione D.U.E.* (66), *Django* (66 co-w), *Odio per odio* (67 co-w), *Kid, il monello del west* (67 co-w. He also co-directed this film with Tonino Ricci and Mario Amendola, the three using the joint pseudonym of Tony Good), *Vacanze sulla Costa Smeralda* (68 co-w), *Il grande silenzio* (68 co-w), *...Dai nemici mi guardo io!*

(68 co-w), *Donne...botte e bersaglieri* (68 co-w), *I due pompieri* (68), *Quella sporca storia del west* (68 co-w), *Spara gringo spara* (68 co-written with Mario Amendola under the joint pseudonym of Dean Whitcomb), *Zum zum zum—la canzone che mi passa per la testa* (68 also co-story), *Cronica de un atraco* (68 Spain co-w), *Zum zum zum n. 2* (69), *Isabella, duchessa dei diavoli* (69), *Battle of the Amazons* (70 U.S. co-w), *Nella stretta morsa del ragno* (70 co-w), *Quando gli uomini amarano la clava...e con le donne fecero din-don* (71), *Il prode Anselmo e il suo scudiero* (72), *Tutti per uno, botte per tutti* (72), *Africa Express* (75 co-w), *Squadra antiscippo* (76), *Messalina, Messalina* (77), *Il figlio dello sceicco* (78), *Squadra antigangsters* (79), *Squadra antitruffa* (79), *Agenzia Riccardo Finzi... praticamente detective* (79), *Assassinio sul Tevere* (79), *Mi faccio la barca* (80 co-w), *Il ficcanaso* (80), *Delitto a Porta Romana* (80), *Uno contro l'altro...praticamente amici* (80), *Delitto al ristorante cinese* (81), *Delitto sull'autostrada* (82), *La casa stregata* (82), *Banana Joe* (82 co-w), *Dance music* (83 co-w), *Occhio malocchio prezzemolo e finocchio* (83 co-w), *Il diavolo e l'acquasanta* (83), *Delitto al Blue Gay* (84), *Miami supercops—i poliziotti dell'8a strada* (85), *SuperFantaGenio* (85 co-w), *Rimini Rimini* (87 co-w), *Roba da ricchi* (87 co-w).

1103. Corbucci, Sergio. Director. b. Dec. 6, 1927, Roma. d. Dec., 1990. AKA: Gordon Wilson, Jr. Former film critic, he began movie training in 1948. Started as an assistant director for Rossellini. In the mid–1950s he made documentaries for Canadian TV. He and Alfredo Antonini directed together, sometimes under the joint pseudonym of Stanley Corbett. *Salvate mia figlia* (51), *La peccatrice dell'isola* (52 co-d/co-w), *Teresa Raquin* (54), *Acque amare* (54), *Carovana di canzoni* (54 also co-w/story), *Baracca e burattini* (54), *Terra straniera* (55 made in 53 also co-w), *Suonno d'ammore* (55), *Lacrime di sposa* (56 co-w/story), *Non c'è pace per chi ama* (57), *Suprema confessione* (57), *Il bacio del sole* (58 co-w), *Gli ultimi giorni di Pompei* (59 asst d/co-w), *I ragazzi dei Parioli* (59), *Chi si ferma è perduto* (60), *Totò contro Maciste* (60 co-w), *Romolo e Remo* (61), *Maciste contro il vampiro* (61 co-d/co-w), *Io bacio...tu baci* (61 co-w), *I due colonnelli* (61 co-d/co-w), *Totò, Peppino e...la dolce vita* (61), *Il figlio di Spartacus* (62), *Il giorno più corto* (63 also co-w), *I pascoli rossi* (63 co-d/co-w), *Il monaco di Monza* (63), *La danza macabra* (63 co-w), *Minnesota Clay* (64 also co-w), *L'uomo che ride* (65), *I figli del leopardo* (65), *Totò d'Arabia* (65 co-w), *Per qualche dollaro in meno* (66 co-w), *Django* (66 also co-w), *Un dollaro a testa* (66 also co-w), *Johnny Oro* (66), *Bersaglio mobile* (67 also co-w), *I crudeli* (67 also co-w), *Il grande silenzio* (68 also co-w/story), *Quella sporca storia del west* (68 story), *Il mercenario* (68 also co-w), *Gli specialisti* (69 also co-w), *Vamos a matar, compañeros* (70 also co-w/story), *Quando gli uomini amarano la clava...e con le donne fecero din-don* (71 co-w), *Er Più* (71), *Viva la muerte...tua* (72 Spain co-d), *Che c'entriamo noi con la rivoluzione?* (73 also co-w), *La banda J & S—cronaca criminale del west* (73 also co-w), *Il bianco, il giallo, il nero* (74 also co-w), *Il bestione* (74), *Di che segno sei?* (75), *Bluff—storie di truffe e di imbroglioni* (76), *Ecco, noi, per esempio...* (77 also co-w/story), *Il signor Robinson—mostruosa storia d'amore e d'avventure* (77), *Tre tigri contro tre tigri* (77 co-d/co-w), *La mazzetta* (78), *Giallo napoletano* (78), *Atti atrocissimi di amore e di vendetta* (79), *Chi trova un amico trova un tesoro* (80), *Mi faccio la barca* (80), *Non ti conosco più amore* (80), *Poliziotto superpiù* (81 also co-w), *Bello mio, bellezza mia* (82), *Il conte Tacchia* (82 also co-w), *Questo e quello* (83), *Delitto in formula uno* (83), *Sing Sing* (83), *A tu per tu* (84), *Babasciò* (85), *SuperFantaGenio* (85), *Sono un fenomeno paranormale* (86 also co-w), *Rimini Rimini* (87 also co-w), *Roba da ricchi* (87 also co-w).

1104. Corby, Ellen. U.S. actress. b. June 3, 1913, Racine, Wisc. RN: Ellen Hansen. *Ruba al prossimo tuo* (68).

1105. Cord, Alex. U.S. actor. b. Aug. 3, 1931, Floral Park, Long Island, N.Y. RN: Alex Viespi. *Un minuto per pregare, un istante per morire* (68), *L'etrusco uccide ancora* (72).

1106. Corda, Maria. Hungarian actress. b. May 4, 1902, Deva. AKA: Maria Korda. Wife of director Alexander Korda. *L'uomo più allegro di Vienna* (25), *Gli ultimi giorni di Pompei* (26), *L'incantesimo di Circe* (29).

1107. Cordero, Emilio. Director/producer. b. April 2, 1917, Priocca. *Il piccolo ribelle* (47), *Mater Dei* (50), *Giacobbe ed Esau* (62).

1108. Cordy, Annie. Belgian actress/singer. b. 1925, Schaerbeck, near Bruxelles. *Versailles* (53), *La donna più bella del mondo* (55), *Commissariato di notturno* (72).

1109. Cordy, Raymond. French actor. b. Dec. 9, 1898, Vitry-sur-Seine. d. 1956. RN: Raymond Cordiaux. *L'eco della gloria* (46), *La bellezza del diavolo* (50), *Le belle della notte* (52), *Il figlio di Lagardère* (52), *Il boia di Lilla* (53), *Le grandi manovre* (55).

1110. Corelli, Franco. Actor/opera singer. b. April 8, 1923, Ancona. *Tosca* (56), *Suprema confessione* (57).

1111. Corelli, Lia. Actress. Sister of Nicoletta Parodi. *Riso amaro* (48).

1112. Corevi, Tony. Actor. AKA: Antonio Corevi. *Roma contro Roma* (63), *Ercole sfida Sansone* (63), *L'ultimo uomo della terra* (64), *The Honey Pot* (67 U.S.).

1113. Corey, Brigitte. Actress. *La furia di Ercole* (61), *Sansone* (61).

1114. Corey, Isabelle. French actress. b. May 2, 1939, Metz. Deceased. Raised in Paris. Amid much fuss burst on the scene in the mid-1950s. *La ragazza della Salina* (57), *Vacanze ad Ischia* (57), *Souvenir d'Italie* (57), *Amore a prima vista* (57), *Giovani mariti* (57), *Giuditta e Oloferne* (58), *Afrodite, dea dell'amore* (58), *Ragazze brivido* (58), *La giornata balorda* (60), *L'ultimo dei vichinghi* (61), *Vanina Vanini* (61), *Il gladiatore invincibile* (62).

Corlish, Frank B. *see* **Amendola, Mario**

1115. Corlan, Anthony. Irish actor. b. 1947. RN: Anthony Higgins. *Flavia, la monaca mussulmana* (73).

1116. Corrà, Bruna. Actress. b. Trento. *La famiglia Passaguai fa fortuna* (51), *Inganno* (52), *I figli non si vendono* (52), *Anna perdonami!* (53), *La sultana Safiyè* (53), *Il romanzo della mia vita* (53), *Viva la rivista!* (53), *Frine, cortigiana d'Oriente* (53), *Canzone d'amore* (54), *Accade al commissariato* (54), *Muerte de un ciclista* (54 Spain), *Carovana di canzoni* (54), *Napoli, terra d'amore* (55), *Terrore sulla città* (56).

1117. Corradi, Nelly. Actress. b. Dec. 16, 1914, Parma. *La signora di tutti* (34), *Luci sommerse* (34), *Scarpe al sole* (36), *Il torrente* (38), *Terra di nessuno* (38), *Fari nella nebbia* (41), *Dente per dente* (42), *Il barbiere di Siviglia* (46), *Lucia di Lammermoor* (46), *Elisir d'amore* (46), *La Traviata* (47), *La leggenda di Faust* (48), *Il conte di Sant'Elmo* (51), *Puccini* (53), *Gli orizzonti del sole* (53), *Casa Ricordi* (54).

1118. Corri, Adrienne. Scottish actress. b. Nov. 13, 1930, Glasgow. RN: Adrienne Riccoboni. *Dinamite Jack* (63), *Sette volte donna* (67).

1119. Corsi, Mario. Director. b. June 16, 1882, Pistoia. d. April 3, 1954, Roma. *La donna che non ebbe cuore* (17 story), *Il velo della felicità* (18 adapted), *La vendetta del sole* (18 story), *Il cammino delle stelle* (18), *Leonardo da Vinci* (18 co-d), *Scoiattolo* (18), *Frate Sole* (18 co-d/w), *La pace della disfatta e la pace della vittoria* (19 co-story), *La casa che brucia* (19), *Musotte* (19 also adapted), *L'amore di Loredana* (19), *Père Goriot* (19), *Kitra, fiore della notte* (19 also story), *La scimitarra di Barbarossa* (19), *Il centauro* (20), *Sotto la maschera* (20), *La bottega dell'antiquario* (20), *L'amante incatenata* (21), *Il solco e la sementa* (21), *I trecento della settima* (42 co-story).

1120. Corsini, Silvana. Actress. *Accattone* (61), *Mamma Roma* (62).

1121. Cortês, Hercules. Spanish actor. *Ammazzali tutti e torna solo* (68), *Dramma della gelosia—tutti i particolari in cronaca* (70).

1122. Cortese, Leonardo. Actor. b. May 24, 1916, Roma. Has also directed. *Jeanne Doré* (38), *La vedova* (38), *Cavalleria rusticana* (39), *Papà per una notte* (39), *Alessandro, sei grande!* (40), *Una romantica avventura* (40), *Il vetturale del san Gottardo* (41), *La regina di Navarra* (41), *Primo amore* (41), *Giuliano de' Medici* (41), *Un garibaldino al convento* (41), *Sissignora* (41), *I tre aquilotti* (42), *Giorni felici* (42), *Addio amore!* (42), *Incontri di notte* (43), *Il fidanzato di mia moglie* (43), *Il diavolo va in collegio* (43), *Nessuno torna indietro* (43), *La freccia nel fianco* (43), *Il marito povero* (46 made in 43), *Notte di tempesta* (46), *Le vie del peccato* (46), *Felicità perduta* (46), *Il fiacre n. 13* (47), *Legge di sangue* (48), *La fiamma che non si spegne* (49), *Al diavolo la celebrità* (49), *Fiamme sulla laguna* (50), *Canzone di primavera* (50), *Verginità* (50),

Signori, chi è di scena? (51 short also d), *Il capitano di Venezia* (52), *Art. 519, codice penale* (52 d), *Violenza sul lago* (53 d), *Il conte Aquila* (55).

1123. Cortese, Valentina. Actress. b. Jan. 1, 1924, Milano. AKA: (in the U.S.A.) Valentina Cortesa. Married Richard Basehart. *Orizzonte dipinto* (41), *La regina di Navarra* (41), *Il bravo di Venezia* (41), *Primo amore* (41), *La cena delle beffe* (41), *Orizzonte di sangue* (41), *Soltanto un bacio* (42), *Una signora dell'ovest* (42), *L'angelo bianco* (42), *Quarta pagina* (42), *Giorni felici* (42), *Quattro ragazze sognano* (43), *Nessuno torna indietro* (43), *Chi l'ha visto?* (45 made in 43), *I dieci comandamenti* (45 started in 43), *Un americano in vacanza* (46), *Roma città libera* (46), *Il passatore* (47), *L'ebreo errante* (47), *I miserabili* (47), *Gli uomini sono nemici* (47), *Il corriere del re* (48), *Cagliostro* (48 U.S.), *La montagna di cristallo* (49), *Thieves' Highway* (49 U.S.), *Donne senza nome* (49), *Malaya* (50 U.S.), *Mater Dei* (50), *La rivale dell'imperatrice* (50), *The House on Telegraph Hill* (51 U.S.), *The Secret People* (52 U.S.), *Donne proibite* (53), *Lulù* (53), *Addio mia bella signora* (53), *Il matrimonio* (53), *La passeggiata* (54), *Répris de justice* (54 France), *Avanzi di galera* (54), *La contessa scalza* (54), *Le amiche* (55), *Il conte Aquila* (55), *Faccia da mascalzone* (55), *Dimentica il mio passato* (55), *Adriana Lecouvreur* (55), *Calabuig* (56), *Magic Fire* (56 U.S.), *Amore e guai* (59), *Square of Violence* (61 U.S.), *Barabba* (61), *Axel Munthe, der Arzt von San Michele* (62 Germany), *La ragazza che sapeva troppo* (63), *La vendetta della signora* (64), *Giulietta degli spiriti* (65), *La donna del lago* (65), *Scusi, facciamo l'amore* (67), *Soleil noir* (68 France), *The Legend of Lylah Clare* (68 U.S.), *Toh, è morta la nonna* (68), *The Secret of Santa Vittoria* (69 U.S.), *Erste Liebe* (70 Switzerland / Germany), *Les Caprices de Marie* (70 France), *Le Bateau sur l'herbe* (71 France), *Imputazione di omicidio per uno studente* (71), *L'assassinio di Trotsky* (72), *L'iguana dalla lingua di fuoco* (72), *Fratello Sole sorella Luna* (73), *La Nuit américaine* (73 France), *Amore mio, non farmi male* (73), *Il bacio* (74), *La città sconvolta—caccia spietata ai rapitori* (74), *Tendre Dracula* (74 France), *La Chair de l'orchidée* (74 France), *Appassionata* (74), *Il cav. Costante Nicosia demoniaco* (75), *Le Grand Escogriffe* (76 France), *Gli amici di Nick Hazard* (76), *Un'ombra nell'ombra* (77), *Nido de viudas* (77 Spain), *Gesù di Nazaret* (77 TV), *Sentimenti e passioni* (78), *Tanto va la gatta al lardo* (78), *The Day the World Ended* (79 U.S.), *La Ferdinanda* (82), *Monte Napoleone* (87), *Il giovane Toscanini* (88), *The Adventures of Baron Munchausen* (88 U.K. / Germany).

1124. Cortez, Bella. Actress. *I tartari* (60), *Vulcano, figlio di Giove* (61), *Taur, il re della forza bruta* (62), *Il gigante di Metropoli* (62), *Le sette fatiche di Alì Babà* (63), *Sindbad contro i sette saraceni* (65).

1125. Corwin, Mary. Polish actress. b. 1895, Warsaw. RN: Maria Breninki. *Freccia d'oro* (16), *Le memorie di un ladro* (16), *Oltre i confini dell'anima* (17), *Ursus* (17), *La donna che inventò l'amore* (17), *Quaranta miliardi e una corona* (17), *Napoleoncina* (17), *La commedia del mio palco* (18), *Passa il dramma a Lilliput* (18), *La valse bleue* (18), *I cinque Caini* (19), *Il demone del fuoco* (19), *Maria la pazza* (19).

1126. Cosmatos, Georges Pan. Greek director. b. Jan. 4, 1941, Toscana, Italy. *Rappresaglia* (73 also co-w).

1127. Cossins, James. U.K. actor. b. Dec. 4, 1932, Beckenham, Kent. *Gli ultimi dieci giorni di Hitler* (72).

1128. Costa, Mario. Director. b. June 1, 1908, Roma. AKA: J.W. Fordson, John Fordson. Discovered Gina Lollobrigida. *Fontane di Roma* (38 doc also w / e), *L'ospite di una notte* (39 co-w), *Le sorprese del vagone letto* (39 w), *Atleti dell'Asse* (40 doc), *La grazia* (40 doc), *S.S. Pio XII alla Minerva* (41 doc), *I pini di Roma* (41 doc also w / e), *L'architettura barocca a Roma* (41 doc), *Bernini* (42 doc), *Cinefollie* (42 doc), *Corrida a Siviglia* (43 doc), *La sua strada* (43 also e), *Il barbiere di Siviglia* (46), *Elisir d'amore* (46 also co-w), *Follie per l'opera* (47 also co-w), *Il segreto di don Giovanni* (47), *Pagliacci* (48), *Cavalcata d'eroi* (49), *Canzone di primavera* (50), *Trieste mia!* (51), *Perdonami!* (52 also co-w), *La città canora* (52), *Ti ho sempre amato* (53), *Pietà per chi cade* (53 also co-w), *Per salvarti ho peccato* (53), *Gli amori di Manon Lescaut* (54 also co-w), *Prigionieri del male* (55 also co-w), *Arrivano i dollari* (56), *Rivelazione* (56), *Addio per sempre* (57 also co-w), *Le belle dell'aria* (57), *Ragazze nelle nuvole*

(57), *La ragazza di piazza san Pietro* (58), *Il cavaliere del castello maledetto* (58), *I reali di Francia* (59), *La venere dei pirati* (60), *Il conquistatore di Corinto* (62), *Gordon, il pirata nero* (62), *Il gladiatore di Roma* (62), *Buffalo Bill, l'eroe del far west* (64 co-d), *Los jinetes del terror* (64 Spain), *Gli amanti latini* (65), *La belva* (70 also co-w).

1129. Costa, Piero. Director. Brother of Mario Costa. Began by directing documentaries such as: *Sotto la lanterna*; *Castel Gandolfo*; *Santa Lucia*. His feature films include: *Aeroporto* (44), *L'ultima gara* (54 made in 49), *La barriera della legge* (54 also w), *Storia di una minorenne* (56), *La grande ombra* (58 story), *La ragazza di piazza san Pietro* (58 co-w/story).

1130. Costa, Romolo. Actor. b. Feb. 26, 1901, Milano. Until 1943 he dubbed all of Clark Gable and Gary Cooper into Italian. *Pergolesi* (32), *Teresa Confalonieri* (34), *Arma bianca* (36), *Hanno rapito un uomo* (38), *Il cavaliere di san Marco* (39), *Retroscena* (39), *Oltre l'amore* (40), *Una volta alla settimana* (41), *La fortuna viene dal cielo* (41), *Gioco d'azzardo* (41), *Si chiude all'alba* (44), *La nave delle donne maledette* (53), *La voce che uccide* (56).

1131. Costa-Gavras. Russian-Greek director. b. 1933, Athens. RN: Constantin Costa-Gavras. In France from childhood. *Il giorno e l'ora* (63 asst d), *Buccia di banana* (64 asst d), *Scappamento aperto* (64 asst d).

1132. Costamagna, Adriana. Actress. b. 1889, Piemonte. RN: Maria Teresa Costamagna. *Mammina* (11), *Tristo fascino* (11), *La morte civile* (11), *Erodiade* (12), *L'errore* (12), *Sul sentiero delle vipere* (12), *I due derelitti* (13), *L'inutile delitto* (13), *In hoc signo vinces* (13), *La locandiera* (13), *Poveri bimbi!* (13), *Satanella* (13), *Salomè* (13), *Ursula Mirouet* (13), *Il mistero di Jack Hilton* (13), *Ultimo anelito* (14), *Il genio della guerra* (14), *Il procuratore generale* (15), *Il genio umano* (19), *Prevaricazione* (23 d).

1133. Costantini, Giorgio. Actor. b. April 6, 1907, Venezia. *Ballo al castello* (39), *Cuori nella tormenta* (40), *Piccolo mondo antico* (40), *Capitan Fracassa* (40), *La compagnia della teppa* (41), *Il vetturale del san Gottardo* (41), *Tentazione* (41), *Il bravo di Venezia* (41), *Musica proibita* (42), *Don Giovanni* (42), *Un mese d'onestà* (47), *Mater Dei* (50), *Le avventure di Mandrin* (52), *Il sogno di Zorro* (52), *La mano dello straniero* (53).

1134. Cotone, Mario. Actor. *La cintura di castità* (68), *Three* (69 U.S.), *The Godfather Part II* (74 U.S.).

1135. Cottafavi, Vittorio. Director. b. Jan. 30, 1914, Modena. Graduated from the Centro Sperimentale in 1938. *Abuna Messias* (39 co-w), *Nozze di sangue* (42 co-w), *Quelli della montagna* (43 co-w), *I nostri sogni* (43 also w), *Lo sconosciuto di San Marino* (46 co-d), *Fantasmi del mare* (48 co-d), *La grande strada* (48 co-d), *La fiamma che non si spegne* (49), *Una donna ha ucciso* (50), *Il boia di Lilla* (53), *Il cavaliere di Maison Rouge* (53), *Traviata 53* (53), *In amore si pecca in due* (54), *Avanzi di galera* (54), *Nel gorgo del peccato* (54), *Una donna libera* (54), *Fiesta brava* (55), *La rivolta dei gladiatori* (58), *Messalina, venere imperatrice* (59), *Le legioni di Cleopatra* (59 also co-w), *La vendetta di Ercole* (60), *Ercole alla conquista di Atlantide* (61 co-d/co-w), *Le vergini di Roma* (61 co-d), *I cento cavalieri* (64), *Maria Zef* (81), *Il diavolo sulle colline* (85 also co-w).

1136. Cotten, Joseph. U.S. actor. b. May 15, 1905, Petersburg, Va. RN: Joseph Cheshire Cotten. *La sposa bella* (60), *Gli uomini dal passo pesante* (66), *I crudeli* (67), *E venne l'ora della vendetta* (67), *Gangster 70* (68), *La figlia di Frankenstein* (71), *Gli orrori del castello di Norimberga* (72), *Lo scopone scientifico* (72), *Il giustiziere sfida la città* (75), *Sussurri nel buio* (76), *L'isola degli uomini pesce* (78), *L'affare Concorde* (79), *Hitchcock, il brivido del genio* (85 doc appeared as himself).

1137. Cottens, Margo. Spanish actress. *Violenza per una monaca* (68).

1138. Coulouris, George. U.K. actor. b. Oct. 1, 1903, Manchester. d. April 25, 1989, London. *L'anticristo* (74).

Count, Marie P. *see* **Pia Conte, Maria**

1139. Courant, Curt. German director of photography. b. ca. 1895. *Quo vadis?* (24 co-ph), *La principessa Tarakanova* (38 co-ph).

1140. Courcel, Nicole. French actress. b. Oct. 21, 1930, Saint-Cloud. RN: Nicole Marie-Anne Andrieux. *Versailles* (53), *Il testamento di Orfeo* (60), *Le vergini di Roma* (61).

1141. Courtenay, Tom. U.K. actor.

b. Feb. 25, 1937, Hull, Yorks. *Operazione Crossbow* (65).

1142. Courtland, Jerome. U.S. actor. b. Dec. 27, 1926, Knoxville, Tenn. *O sole mio* (60), *Tharus, figlio di Attila* (61), *Le avventure di Mary Read* (61).

1143. Coutard, Raoul. French director of photography. b. Sept. 16, 1924, Paris. *L'amore a vent'anni* (61 the first episode, "Antoine et Colette"), *Il disprezzo* (62), *Desideri proibiti* (63), *Le più belle truffe del mondo* (63 co-ph), *Agente Lemmy Caution: missione Alphaville* (65), *Da New York mafia uccide* (65).

1144. Coward, Noel. U.K. actor/singer. b. Dec. 16, 1899, Teddington, Mdsx. d. March 26, 1973, Jamaica. *Boom* (68).

1145. Cozo, Gianni. Assistant director. *Lo sbarco di Anzio* (68), *Joe Valachi—i segreti di Cosa Nostra* (72).

1146. Cozzi, Luigi. Director. AKA: Lewis Coates. *Il tunnel sotto il mondo* (68), *La portiera nuda* (76), *L'assassino è costretto ad uccidere ancora* (76), *Dedicato a una stella* (77 also co-w), *Starcrash* (79 U.S. also co-w), *Contamination—alien arriva sulla terra* (80), *Le avventure dell'incredibile Ercole* (83), *Le avventure dell'incredibile Ercole II* (84).

1147. Craig, Dean. Writer. RN: Mario Pierotti. *Un fiume di dollari* (66), *Un dollaro a testa* (66 co-w/based on his novel), *Tre pistole contro Cesare* (66 co-w), *Sette baschi rossi* (68 based on his novel "Rebellion"), *Legge della violenza* (69 co-w), *La vita, a volte, è molto dura, vera provvidenza?* (72 co-w), *Lo ammazzo come un cane... ma lui rideva ancora* (72 co-w).

1148. Craig, H.A.L. U.K. writer. b. 1925. d. 1978. RN: Harold Craig. AKA: Harry A. Craig. *Lo sbarco di Anzio* (68 English screenplay "The Battle for Anzio"), *Waterloo* (70).

1149. Craig, Michael. U.K. actor. b. Jan. 27, 1928, Poona, India. RN: Michael Gregson. *La città prigioniera* (62), *Vaghe stelle dell'Orsa* (65), *Lola* (70), *La quarta signora Anderson* (71).

1150. Crain, Jeanne. U.S. actress. b. May 25, 1925, Barstow, Calif. *Nefertite, regina del Nilo* (60), *Ponzio Pilato* (61), *Col ferro e col fuoco* (62).

Cranche, Albert *see* **Carné, Marcel**

1151. Cranham, Kenneth. Scottish actor. b. 1944. *Fratello Sole sorella Luna* (73).

1152. Crauchet, Paul. French actor. b. 1923. *Ho!* (68), *La piscina* (68), *Senza movente* (71).

1153. Craveri, Mario. Director of photography. b. May 2, 1902. Latterly a director as well. In TV since the 1960s. *La figlia del deserto* (23), *La Cina senza pace* (27 doc), *Camicia nera* (33 co-ph), *Maratona bianca* (35 doc), *Giungla nera* (35 co-ph), *Cervinia* (37 doc), *Luciano Serra pilota* (38 co-ph), *Los novios de la muerte* (38 Spain doc), *La conquista dell'aria* (39), *L'uomo della legione* (40), *I pirati del golfo* (40 unfinished), *Don Buonaparte* (41), *La corona di ferro* (41 co-ph), *La cena delle beffe* (41), *Don Cesare di Bazan* (42), *La maestrina* (42), *Quelli della montagna* (43), *Il fiore sotto gli occhi* (43), *Lacrime di sangue* (44), *Sulla cupola di san Pietro* (45 doc), *Un giorno nella vita* (46), *Pian delle stelle* (46 co-ph), *Castel Sant'Angelo* (46 short doc), *Il duomo di Milano* (46 short doc), *La gemma orientale dei papi* (46 short doc), *Fatalità* (47), *L'onorevole Angelina* (47), *Romantici a Venezia* (47 short), *Sulla via di Damasco* (47 doc), *Le isole nella laguna* (48 doc), *La leggenda di sant'Orsola* (48 doc), *Il miracolo di san Gennaro* (48 doc), *L'arte in Sicilia* (48 doc), *Zoo di pietra* (48 doc), *Fabiola* (48), *Yvonne la nuit* (49), *Domani è troppo tardi* (50 co-ph), *Prima comunione* (50), *Senza bandiera* (50), *Viaggio sentimentale a Roma* (51 doc), *Penisola sorrentina* (51 doc), *Quattro rose rosse* (51), *Ha fatto 13* (52), *Magia verde* (52 doc), *Legione straniera* (52), *Impiegati* (52 doc), *Destini di donne* (53), *La spiaggia* (53), *Continente perduto* (55 doc), *Impero del sole* (55 doc co-d/co-ph), *Soledad* (58 Spain also co-d/co-w), *I sogni muoiono all'alba* (61 also co-d).

1154. Crawford, Broderick. U.S. actor. b. Dec. 9, 1910, Philadelphia, Pa. d. April 26, 1986, Rancho Mirage, Calif. RN: William Broderick Crawford. *Il bidone* (55), *La vendetta di Ercole* (60), *Per un dollaro di gloria* (67).

1155. Crémer, Bruno. French actor. b. Oct. 6, 1929, Sainte-Maude. *Le meravigliose avventure di Marco Polo* (65), *Lo straniero* (67), *Atto di dolore* (90).

1156. Crémieux, Henri. French actor. b. 1896, Cassis. d. 1980. *Siamo tutti assassini* (52), *I giganti* (55), *La legge è legge* (58), *Il testamento di Orfeo* (60), *Uno dei tre* (63).

1157. Cremona, Italo. Set designer. b. April 18, 1905, Cozzo Lomellina. *Crispino e la comare* (37 co), *Sotto la croce del Sud* (38), *Pietro Micca* (38), *Piccoli naufraghi* (39), *Il segreto inviolabile* (39), *Don Buonaparte* (41), *Cenerentola e il signor Bonaventura* (41), *Confessione* (41), *Carmela* (42), *Calafuria* (42), *Resurrezione* (43), *Dagli Appennini alle Ande* (43 w), *Genoveffa di Brabante* (46), *La monaca di Monza* (47 co).

1158. Crenna, Richard. U.S. actor. b. Nov. 30, 1926, Los Angeles, Calif. *La spina dorsale del diavolo* (70), *Lo chiamavano Mezzogiorno* (74).

1159. Crescenzi, Isa. Actress. *Saffo, venere di Lesbo* (60), *Amore in quattro dimensioni* (64).

1160. Crespi, Daniele. Set designer. b. 1893, Ferrara. d. June, 1954, Milano. Former actor. *L'ondino* (17 doc), *Teodoro e socio* (24 *), *Rotaie* (29 * / co-sets), *Cortile* (31), *Il medico per forza* (31), *Resurrectio* (31 *), *Patatrac* (31 *), *La Scala* (31), *L'uomo dall'artiglio* (31 co-sets), *La cantante dell'opera* (32), *Il sogno di tutti* (41 set furnishings).

1161. Cressoy, Pierre. French actor. b. March 25, 1924, Vendôme. AKA: Peter Cross. *Le infedeli* (52), *I sette dell'Orsa maggiore* (53), *Il sacco di Roma* (53), *Frine, cortigiana d'Oriente* (53), *Giuseppe Verdi* (53), *Una donna libera* (54), *Il prigioniero del re* (54), *Tradita* (54), *L'ombra* (54), *Il prezzo della gloria* (55), *Afrodite, dea dell'amore* (58), *David e Golia* (59), *Marco Polo* (60), *I mongoli* (61), *Coriolano, eroe senza patria* (63), *Sansone e il tesoro degli incas* (64), *Il trionfo di Ercole* (64), *Il leone di Tebe* (64), *Adios gringo* (66), *Un dollaro a testa* (66).

Cretinetti *see* **Deed, André**

1162. Cribbins, Bernard. U.K. actor. b. 1928. *I due nemici* (61).

1163. Crisa, Erno. Actor. b. March 10, 1924, Bizerte, Tunisia, of Sicilian parents. RN: Ernesto Crisa. *Cuori senza frontiere* (49), *I falsari* (50), *L'ultima sentenza* (51), *Messalina* (51), *Canzoni di mezzo secolo* (52), *Gli eroi della domenica* (52), *La colpa di una madre* (52), *Papà, ti ricordo* (52), *Canzoni, canzoni, canzoni* (53), *Allarme a sud* (53), *Di qua di là del Piave* (53), *La palude del peccato* (53), *Gelosia* (53), *Violenza sul lago* (53), *L'oro di Napoli* (54 the episode "Teresa"), *La figlia di Mata Hari* (55), *Questi fantasmi* (55), *L'ultima notte di don Giovanni* (55), *Due selvaggi a corte* (58), *L'Amant de Lady Chatterly* (59 France), *I cosacchi* (59), *Cartagine in fiamme* (59), *In pieno sole* (59), *Il sepolcro dei re* (60), *Le baccanti* (60), *La Fille de feu* (63 France), *Maciste, l'eroe più grande del mondo* (63), *Pecos è qui: prega e muori* (67), *Angélique et le sultan* (68 France).

1164. Crisanti, Andrea. Art director. *Maciste all'inferno* (60), *Brutti di notte* (68), *Gli eroi* (73), *A proposito Lucky Luciano* (73), *Cadaveri eccellenti* (76), *Tre tigri contro tre tigri* (77 co-art d), *Cristo si è fermato a Eboli* (79), *L'avvertimento* (80), *Il cappotto di astrakan* (80), *Salto nel vuoto* (80), *Borotalco* (81), *Miracoloni* (81), *Prima che sia troppo presto* (81), *Tre fratelli* (81), *Il diavolo in corpo* (81), *No grazie, il caffè mi rende. . .nervoso* (82), *Più bello di così si muore* (82), *Identificazione di una donna* (82), *Nostalghia* (83), *Cronaca di una morte annunciata* (87), *Il giovane Toscanini* (88 co-art d), *Nuovo cinema paradiso* (88), *Tutti stanno bene* (90), *Dimenticare Palermo* (90).

1165. Crisman, Nino. Actor. b. Oct. 27, 1911, Trieste. RN: Ettore Krisman. AKA: Nino E. Krisman. In the late 1950s he became a producer. *Grandi magazzini* (39), *La conquista dell'aria* (39), *L'assedio dell'Alcazar* (40), *L'uomo del romanzo* (40), *La gerla di papà Martin* (40), *Caravaggio, il pittore maledetto* (41), *Divieto di sosta* (41), *Pia de' Tolomei* (41), *Mas* (41), *Malombra* (42), *I due Foscari* (42), *I contrabbandieri del mare* (49), *Le due madonne* (49), *I peggiori anni della nostra vita* (49), *Se fossi deputato* (49), *Io sono il capataz!* (51), *Angela* (54), *Le bellissime gambe di Sabrina* (58 p), *Le guerriere dal seno nudo* (72 p), *Joe Valachi—i segreti di Cosa Nostra* (72 ex p), *Crazy Joe* (73 U.S. ex p).

1166. Crispino, Armando. Director. *Requiescant* (67 co-w), *John il bastardo* (67 also co-w), *Commandos* (68), *Faccia da schiaffi* (69 also w), *L'etrusco uccide ancora* (72 also w), *Macchie solari* (74), *Frankenstein all'italiana* (76 also w).

1167. Cristal, Linda. Argentine actress. b. 1935, Buenos Aires. RN: Victoria Moya. *Le legioni di Cleopatra* (59), *La donna dei faraoni* (60), *Le verdi bandiere di Allah* (62).

1168. Cristal, Perla. Argentine actress. b. 1937. *Sette pistole per i MacGregor* (65), *S.007 spionaggio a Tangeri* (66), *Lo sceriffo senza stella* (67), *Donne alla frontiera* (67), *E venne l'ora della vendetta* (67), *Sole nella polvere* (71), *Reverendo Colt* (71).

1169. Cristaldi, Franco. Producer. b. Oct. 3, 1924, Torino. d. July 1, 1992, Roma. In 1953 he became Italy's youngest producer of major feature films. Married Claudia Cardinale. *La pattuglia sperduta* (53), *Il seduttore* (54), *Camilla* (54), *Un eroe dei nostri tempi* (55), *Mio figlio Nerone* (56), *Kean, genio e sregolatezza* (57), *Le notti bianche* (57), *La sfida* (58), *I soliti ignoti* (58), *L'assassino* (60), *Kapò* (60), *Salvatore Giuliano* (61), *Divorzio all'italiana* (61), *I compagni* (63), *Gli indifferenti* (63), *La ragazza di Bube* (64), *Sedotta e abbandonata* (64), *Vaghe stelle dell'Orsa* (65), *Una rosa per tutti* (67), *La Cina è vicina* (67), *L'alibi* (68), *Ruba al prossimo tuo* (68 ex p), *La tenda rossa* (69), *In nome del padre* (71), *L'udienza* (71), *Il caso Mattei* (71), *Lady Caroline Lamb* (72 U.K. ex p), *A proposito Lucky Luciano* (73), *Amarcord* (73), *Beati loro* (75), *Qui comincia l'avventura* (76), *Mogliamante* (76 co-p), *Operazione Ogro* (79), *Cristo si è fermato a Eboli* (79), *Ratataplan* (79), *Il cappotto di astrakan* (80), *Caffè espresso* (80), *Tesoromio* (80), *Ho fatto splash!* (80), *Domani si balla* (82), *Arrivano i miei* (83), *...E la nave va* (83), *Garibaldi* (86), *Il nome della rosa* (86), *Il giorno prima* (87), *Nuovo cinema paradiso* (88), *Vanille fraise* (89), *C'era un castello con quaranta cani* (90).

1170. Cristiani, Dhia. Actress. *Sissignora* (41), *Fari nella nebbia* (41), *Via delle cinque lune* (42), *Ossessione* (42), *Zazà* (42), *Tua per la vita* (55).

1171. Cristiani, Nino. Director of photography. *La ragazza del Palio* (58 camera), *Natale in casa di appuntamento* (76).

1172. Cristina, Olinto. Actor. b. Feb. 5, 1888, Firenze. *Pergolesi* (32), *Squadrone bianco* (36), *Pensaci, Giacomino!* (37), *Il piccolo re* (39), *Scarpe grosse* (40), *L'elisir d'amore* (40 unfinished), *Caravaggio, il pittore maledetto* (41), *I promessi sposi* (41), *Gli uomini sono nemici* (47), *Core 'ngrato* (51), *Il cappotto* (52), *La schiava del peccato* (54).

1173. Croccolo, Carlo. Actor. b. April 9, 1927, Napoli. AKA: Lucky Moore, Sobey Martin, Charlie Foster. *I cadetti di Guascogna* (50), *L'inafferabile 12* (50), *Totòtarzan* (50), *47, morto che parla* (50), *Bellezze in bicicletta* (50), *Totò sceicco* (51), *Porca miseria* (51), *Stasera sciopero* (51), *Il conte di Sant'Elmo* (51), *Il caimano del Piave* (51), *Arrivano i nostri* (51), *La paura fa 90* (51), *Auguri e figli maschi* (51), *Libera uscita* (51), *Licenza premio* (51), *Vendetta...sarda* (51), *Ragazze da marito* (52), *Non è vero, ma ci credo* (52), *Ha fatto 13* (52 also p), *Primo premio: Mariarosa* (53), *La figlia del reggimento* (53), *Siamo tutti milanesi* (53), *Gran varietà* (53 the episode "Cuttica"), *Miseria e nobiltà* (54), *Rosso e nero* (54), *Assi alla ribalta* (54), *I pinguini ci guardano* (54), *Altair* (56), *Totò lascia o raddoppia* (57), *Il mio amico, Jekyll* (60), *L'amante di cinque giorni* (61), *Jessica* (62), *Cronache di un convento* (62), *Ieri oggi e domani* (63 the episode "Adelina"), *Panic Button* (64 U.S.), *The Yellow Rolls Royce* (64 U.K.), *I marziani hanno dodici mani* (64), *Freddy und das Lied der Prairie* (65 Germany), *Caccia alla volpe* (66), *Diabolik* (67), *The Biggest Bundle of Them All* (68 U.S.), *Black Killer* (71 also d/co-w), *Una pistola per cento croci* (71 also co-w), *La sculacciata* (73), *Il colonnel Buttiglione diventa generale* (74), *Amore grande, amore libero* (76), *Un borghese piccolo piccolo* (77), *Melodrammore* (78), *Avere vent'anni* (79), *Ciao cialtroni* (79), *Rag. Arturo De Fanti bancario—precario* (80), *C'è un fantasma nel mio letto* (80), *La settimana bianca* (80), *La supplente va in città* (81), *Ciao nemico* (81), *'O re* (89), *L'avaro* (90).

Cromwell, Sam *see* **Ippolito, Ciro**

1174. Cross, Ben. U.K. actor. b. 1947. *L'attenzione* (85).

Cross, Peter *see* **Cressoy, Pierre**

1175. Cruickshank, Andrew. Scottish actor. b. 1907. d. April 29, 1988, London. *El Cid* (61).

1176. Cruz, Andrés. Actor. AKA: Andrés José Cruz. *Teorema* (68), *La rivoluzione sessuale* (68).

1177. Cruz, Mara. Spanish actress. b. 1941. *La rivolta dei gladiatori* (58), *Ipnosi* (62), *Johnny West il mancino* (65), *Donne alla frontiera* (67), *Violenza per una monaca* (68), *Due croci a Danger Pass* (68).

1178. Cucciolla, Riccardo. Actor. b. 1932. *Il seduttore* (54), *Rascel–Fifì* (57), *La bugiarda* (65), *Italiani brava gente* (65), *Grand Slam* (67 U.S.), *I sette fratelli Cervi* (67), *Roma come Chicago* (68), *La rivoluzione sessuale* (68), *Ad ogni costo* (68), *Una sull'altra* (70), *Sacco e Vanzetti* (71), *Un Flic* (71 France), *L'istruttoria è chiusa: dimentichi* (72), *La violenza: quinto potere* (72), *Un apprezzato professionista di sicuro avvenire* (72), *Guernica* (72), *Il delitto Matteotti* (73), *Paolo il caldo* (73), *Par le sang des autres* (73 France), *No, il caso è felicemente risolto* (73), *Faccia di spia* (75), *Il fratello* (75), *Il Pleut sur Santiago* (75 France), *L'ultimo giorno di scuola prima delle vacanze di Natale* (76), *Cugini carnali* (76), *La linea del fiume* (76), *Pronto ad uccidere* (76), *Antonio Gramsci: gli anni del carcere* (77), *Turi e i paladini* (79), *Il ragazzo di Ebalus* (84), *The Assisi Underground* (85 U.S.), *Una casa in bilico* (88).

1179. Cufaro, Antonio. Director of photography. *Caio Giulio Cesare* (13), *Amore senza stima* (14), *Immolazione* (14), *L'istruttoria* (14), *Per l'onore* (14), *La banda delle cifre* (15), *Ciceruacchio* (15), *Il capestro degli Asburgo* (15 co-ph), *Tresa* (15), *Za-la-Mort* (15 serial), *Anime buie* (15), *L'enfant de l'amour* (16), *L'imboscata* (16), *Jou-jou* (16), *La morsa* (16), *Il potere sovrano* (16 co-ph), *L'altro io* (17), *Per tutta la vita* (17), *Resurrezione* (17), *Pupille nell'ombra* (17), *Il giardino incantato* (18), *La moglie di Claudio* (18), *La passeggera* (18), *La signora Arlecchino* (18), *Una sventatella* (18), *Noris* (19), *La storia di una donna* (19), *Il padrone delle ferriere* (19), *La disfatta dell'Erinni* (19), *Dopo il peccato* (20), *Il dramma dell'amore* (20), *La naufraga della vita* (20), *Il romanzo di un giovane povero* (20 co-ph), *L'amica* (20), *La morte piange, ride e poi...s'annoia* (21), *L'amore e il codicillo* (23), *La crisi degli alloggi* (23), *Italia, paese di briganti?* (23), *Per salvare il porcellino* (23), *Suocero di se stesso* (23), *Una tazza di tè* (23), *Tocca prima a Teresa* (23), *Il trittico di Bonnard* (23), *Un viaggio nell'impossibile* (23), *La bellezza del mondo* (26), *Florette e Patapon* (27 co-ph), *Ritorno alla terra* (34), *Napoli verde–blu* (35), *Squadrone bianco* (36 co-ph).

1180. Cugat, Xavier. Spanish bandleader. b. Jan. 1, 1900, Barcelona. Deceased. Long in U.S.A. Appeared in: *Donatella* (55), *Lo scapolo* (55).

1181. Cunningham, Beryl. West Indian actress. *Temptation* (68), *Così dolce così perversa* (69), *Tarzana, sesso selvaggio* (69), *Il dio chiamato Dorian* (70), *La morte risale a ieri sera* (70), *Concerto per pistola solista* (70), *Il dio serpente* (70), *Il Decamerone nero* (72), *Tutto in comune* (73), *Codice d'amore orientale* (74), *Brutti, sporchi e cattivi* (76), *L'isola degli uomini pesce* (78).

1182. Cunningham, Bob. U.S. actor. *La sposa bella* (60), *Sole nella polvere* (71).

1183. Cuny, Alain. French actor. b. July 12, 1908, St.-Malô. *L'amore e il diavolo* (42), *Il Cristo proibito* (51), *Camicie rosse* (51), *I vinti* (52 asst d), *La signora senza camelie* (53), *Notre Dame de Paris* (56), *Gli amanti* (58), *La dolce vita* (60), *Scano boa* (60), *La corruzione* (63), *Buccia di banana* (64), *Fellini Satyricon* (69), *Uomini contro* (70), *L'udienza* (71), *Il maestro e Margherita* (72), *La rosa rossa* (73), *Non toccate la donna bianca* (74), *Caro Michele* (76), *Cadaveri eccellenti* (76), *Cristo si è fermato a Eboli* (79), *Semmelweiss* (80), *Il quartetto Basileus* (83), *Cronaca di una morte annunciata* (87).

1184. Curioni, Federico. Producer. b. July 18, 1879, Portici. *Scipione l'Africano* (37), *Giuseppe Verdi* (38), *Il sogno di Butterfly* (39), *Manon Lescaut* (40), *Primo amore* (41), *Le due orfanelle* (42).

1185. Currie, Finlay. Scottish actor. b. Jan. 20, 1878, Edinburgh. d. 1968. *La tempesta* (58), *Ben-Hur* (59), *La sposa bella* (60), *Cinque ore in contanti* (60), *Giuseppe venduto dai fratelli* (60), *La caduta dell'impero romano* (64).

1186. Curtis, Alan. U.S. actor. b. July 24, 1909, Chicago, Ill. d. Feb. 1, 1953, N.Y.C. RN: Harry Ueberroth. *I pirati di Capri* (48), *Amore e sangue* (51).

Curtis, Leonor *see* **Ruffo, Leonora**

1187. Curtis, Tony. U.S. actor. b. June 3, 1925, Bronx, N.Y. RN: Bernard Schwarz. *La cintura di castità* (68), *Quei temerari sulle loro pazze scatenate scalcinate carriole* (69), *Casanova e compagnia* (76).

1188. Curtiz, Michael. Hungarian director. b. Dec. 24, 1888, Budapest. d. April 10, 1962, North Hollywood. RN: Mihaly Kertesz. Long in Hollywood. *Miss Tutti Frutti* (21), *Olympia* (60).

1189. Cusack, Cyril. Irish actor. b. Nov. 26, 1910, Durban, South Africa. RN: Cyril James Cusack. *La bisbetica domata* (67), *Galileo* (68), *Sacco e Vanzetti* (71), *Più forte, ragazzi!* (72), *La polizia ringrazia* (72), *La "mala" ordina* (72), *La mano spietata della legge* (74), *Venditore di palloncini* (74), *Gesù di Nazaret* (77 TV), *Paura in città* (77).

1190. Cybulski, Zbigniew. Polish actor. b. Nov. 3, 1927, Kniaze, Ukraine. d. Jan. 8, 1967, Wroclaw, in a train crash. *L'amore a vent'anni* (61 the fifth episode, "Warsaw—Poland").

1191. Czemerys, Eva. Czech actress. RN: Eva Cemerys. *Bella di giorno, moglie di notte* (72), *Diario segreto di un carcere femminile* (74), *Sedicianni* (74), *Morbosità* (74), *Fatevi vivi, la polizia non interverrà* (74), *L'assassino ha riservato nove poltrone* (75), *Perchè si uccide un magistrato* (75), *Roma drogata* (75), *Fuga dal Bronx* (83).

1192. Daems, Marie. French actress. b. Jan. 27, 1928, Paris. *Aria di Parigi* (55), *Il delitto non paga* (62).

1193. Dafauce, Felix. Spanish actor. b. 1899. *Agguato a Tangeri* (57).

1194. Dahlberg, Gilda. Swedish actress. b. 1912. *Eva* (62), *8½* (63).

Daisies, Anthony *see* **Dawson, Anthony M.**

1195. Dalban, Robert. French actor. b. 1903. *Le mura di Malapaga* (48), *L'ora della verità* (52), *Destini di donne* (53), *Madame Sans-gêne* (61), *Pelle d'oca* (63).

1196. D'Albert, Lucy. Actress. b. Sept. 30, 1914, Moscow, Russia. RN: Elena Lucy Johnson. *La zia di Carlo* (43), *In cerca di felicità* (43), *Viva la rivista!* (53), *Sua Altezza ha detto: no!* (53), *Giove in doppiopetto* (54).

1197. Dalby, Amy. U.K. actress. b. 1888. d. 1969. *Fumo di Londra* (66).

1198. Dale, Carlo. Actor. *Due notti con Cleopatra* (53), *La contessa scalza* (54).

1199. Dale, Jim. U.K. actor/singer. b. Aug. 15, 1935, Rothwell. *Lola* (70 composer/singer).

1200. D'Alessandro, Angelo. Director. b. April 17, 1926, Putignano. *Luci del varietà* (50 asst d), *Bayard* (51 doc), *Ricordi perduti* (51 doc), *Ai margini della metropoli* (52 asst d/co-w), *Pietà per chi cade* (53 co-w), *La porta dei sogni* (54 also co-w/story), *Turi e i paladini* (79).

1201. Dali, Fabienne. French actress. *Agente 077...dall'Oriente con furore* (65), *Operazione Paura* (66), *Attentato ai tre grandi* (68), *La matriarca* (68), *Un killer per Sua Maestà* (68), *Un corpo caldo per l'inferno* (68).

1202. Dalio, Marcel. French actor. b. July 17, 1900, Paris. d. 1983. RN: Marcel Benoit Blauschild. *Gli amanti di Verona* (48), *Asfalto che scotta* (60), *Le tentazioni quotidiane* (62), *Jessica* (62), *Un avventuriero a Tahiti* (66).

Dalla, Lucio *see* **Dávila, Luís**

1203. Dallamano, Massimo. Director of photography. b. April 17, 1917, Milano. AKA: Jack Dalmas, Max Dillman. Later turned to directing. *Il tempo e i poeti* (43 doc), *Alta montagna* (43 doc), *Wagner a Venezia* (43 doc), *Inquietudine* (46), *Uomini senza domani* (46), *Il piccolo ribelle* (47), *Armonie del Verbano* (47 doc), *Giudicatemi!* (49), *I due sergenti* (51), *La leggenda di Genoveffa* (52 co-ph), *La favorita* (52), *I misteri della giungla nera* (52), *La vendetta dei thugs* (52), *Il boia di Lilla* (53 co-ph), *Le avventure di Cartouche* (55), *Erode il grande* (59), *Le notti di Lucrezia Borgia* (59), *I cosacchi* (59), *Destinazione San Remo* (59), *Nefertite, regina del Nilo* (60), *Il mattatore* (60), *A noi piace freddo...!* (60), *Costantino il grande: in hoc signo* (60), *I pascoli rossi* (63 co-ph), *Buffalo Bill, l'eroe del far west* (64), *Per un pugno di dollari* (64), *Per qualche dollaro in più* (65), *Il furto della Gioconda* (66), *Crepa tu...che vivo io* (67 d), *La morte non ha sesso* (68 d/co-w), *Cosa avete fatto a Solange?* (70 d/co-w/co-ph), *Il dio chiamato Dorian* (70 also d), *Perche?!* (75 d), *La fine dell'innocenza* (76 d), *Il medaglione insanguinato* (76 d), *Quelli della calibro 38* (77 d).

1204. Dalla Porta, Azucena. Actress. *La fuggitiva* (12), *Il giglio della palude* (12), *Per il padre* (13), *Sulla falsa strada* (13), *L'implacabile* (13), *Tristi passioni* (14).

1205. Dallesandro, Joe. U.S. actor. b. Dec. 31, 1948, Pensacola, Fla. In many Andy Warhol films. *Dracula cerca sangue di vergine...e morì di sete* (74), *Carne per Frankenstein* (74), *Donna e bello* (74), *L'ambizioso* (75), *Calore in provincia* (75), *Il tempo degli assassini* (75), *Fango bollente*

(76), *L'ultima volta* (76), *Suor Omicidi* (77), *Un cuore semplice* (77), *Seimila chilometri di paura* (79).

1206. Dalma, Rubi. Actress. b. May 7, 1908, Milano. RN: Giusta Manca di Villahermosa. *Il signor Max* (37), *L'allegro cantante* (38), *Batticuore* (38), *L'argine* (38), *Uragano ai tropici* (39), *Fanfulla da Lodi* (40), *Rose scarlatte* (40), *Antonio Meucci, il mago di Clifton* (40), *I mariti* (41), *Divieto di sosta* (41), *Solitudine* (41), *Un colpo di pistola* (41), *Enrico IV* (43), *Pian delle stelle* (46), *Il cavaliere del sogno* (46), *Daniele Cortis* (47), *Cielo sulla palude* (49), *Il bacio di una morta* (49), *Cronaca di un amore* (51), *Febbre di vivere* (53).

Dalmas, Jack *see* **Dallamano, Massimo**

1207. Dal Monte, Toti. Actress/opera singer. b. June 27, 1899, Mogliano Veneto. RN: Antonietta Meneghel. *Il carnevale di Venezia* (40), *Fiori d'arancio* (44), *Il vedovo allegro* (49), *Cuore di mamma* (54).

1208. Daly, James. U.S. actor. b. 1918, Wisconsin Rapids. d. 1978. *Rose rosse per il Fuehrer* (68), *Un esercito di cinque uomini* (69).

1209. D'Amato, Joe. Director. b. Dec. 15, 1936, Roma. RN: Aristide Massaccesi. AKA: Oskar Faradine, Oscar Santianello, Michael Wotruba, Peter Newton, David Hills, Kevin Mancuso, Steven Benson, Scandariato Massaccesi. Former director of photography. *Per mille dollari al giorno* (66 camera), *Passa Sartana...è l'ombra della tua morte* (68 camera), *Due volte giuda* (68 camera), *All'ultimo sangue* (68 p), *Pelle di bandito* (69 ph), *Una lunga fila di croci* (69 co-ph), *L'isola delle svedesi* (69 ph), *Cosa avete fatto a Solange?* (70 co-ph), *Arrivano Django e Sartana...è la fine* (70 ph), *Amico, stammi lontano, almeno un palmo* (71 ph), *Giù la testa...hombre* (71 ph), *Inginnochiati straniero...i cadaveri non fanno ombra* (71 ph), *Bastardo, vamos a matar* (71 ph), *Quel maledetto giorno della resa dei conti* (71 camera), *Eroi all'inferno* (72), *I familiari delle vittime non saranno avvertiti* (72 ph), *Sollazzevoli storie di mogli gaudenti e mariti penitenti* (72 ph), *Per una bara piena di dollari* (72 ph), *Le mille e una notte da Boccaccio a Canterbury* (72), *Un bounty killer a Trinità* (72 also w/ph), *L'assassino è al telefono* (73 ph), *Il consigliori* (73 ph), *La gatta in calore* (73 ph), *Le notti peccaminose di Pietro L'Arentino* (73 ph), *Il plenilunio delle vergini* (73 ph), *Scansati...Trinità arriva ad Eldorado* (73 ph/co-w), *La morte sorride all'assassino* (73), *The Arena* (73 U.S. ph), *Diario di una vergine romana* (73), *La caduta dei gladiatori* (73), *Pugni, pupe e karatè* (73), *Novelle licenziose di una vergine vogliosa* (74 also ph), *L'anticristo* (74 ph), *Voto di castità* (75 also ph), *Giubbe rosse* (75 also co-w/ph), *Peccati in famiglia* (75), *Emanuelle e Françoise le sorelline* (76), *Buttiglione diventa capo del servizio segreto* (76 ph), *Eva nera* (76 also ph), *Emanuella nera* (76 co-d), *Emanuella nera in America* (76 also ph), *Emanuella nera n. 2* (76 co-d), *Il ginecologo della mutua* (76 also ph), *Emanuelle, perchè violenza alle donne?* (76 also ph), *Papaya dei Caraibi* (77 also ph), *Emanuelle a Bangkok* (77), *Emanuelle e gli ultimi cannibali* (77), *Immagini di un convento* (78 also ph), *Duri a morire* (78 also ph), *Le notti porno nel mondo n. 2* (78 also ph), *La via della prostituzione* (78), *Follie di notte* (78 also ph), *Orgasmo nero* (79), *Sesso nero* (79), *Paradiso blu* (79), *Pornoshop della settima strada* (79 also ph), *Buio omega* (79 also ph), *Le notti erotiche dei morti viventi* (79 also ph), *Porno Erotic Love* (80 also ph), *Labbra bagnate* (80 ph), *Porno Video* (80 also ph), *Porno Holocaust* (80 also ph), *Super Climax* (80 co-d/co-ph), *Anthropophagus* (81 also p/co-w), *Rosso sangue* (81), *Caligola...la storia mai raccontata* (81 ph), *Labbra vogliose* (81 ph), *Sesso acerbo* (81), *Le porno investigatrici* (81 also ph), *Bocca golosa* (81 also ph), *Caldo profumo di vergine* (81 also ph), *Ereditiere superporno* (81 ph), *Stretta e bagnata* (81 ph), *La voglia* (81 co-d/ph), *Voglia di sesso* (81 also ph), *Ator l'invincibile* (82), *Delizie erotiche* (82 also ph), *Super Hard Core* (82 ph), *Anthropophagus II* (82), *Anno 2020—i gladiatori del futuro* (82), *Ator l'invincibile II* (83), *Endgame—Bronx lotta finale* (83), *Orgasmo infernale* (83 co-d/ph), *L'alcova* (85), *Il piacere* (85), *Voglia di guardare* (86 also ph), *Lussuria* (86 also ph), *Color of Love* (87), *Ghosthouse* (89 co-p), *Witchery* (89 p), *Metamorphosis* (90 p).

1210. D'Ambra, Lucio. Director. b.

Sept. 1, 1877, Roma. d. Dec. 31, 1939, Roma. RN: Renato Eduardo Manganella. *I promessi sposi* (10 w), *La chiamavano Cosetta* (16 w), *La signorina Ciclone* (16 co-d/co-w), *Il re, le torri, gli alfieri* (16 co-d/co-w), *Le mogli e le arance* (17 w), *Napoleoncina* (17 co-d), *Carnevalesca* (17 w), *Emir, cavallo da circo* (17 co-d), *La commedia del mio palco* (18 co-d/co-w), *Passa il dramma a Lilliput* (18 co-d/w), *La valse bleue* (18 co-d), *Il conte Centanni e il visconte Gioventù* (18 co-d/w), *L'arcolaio di Barberina* (18 co-d/w), *Ballerine* (18), *Papà mio, mi piaccion tutti* (18 co-d/w), *Il girotondo degli undici lancieri* (18 co-d/w), *Il miraggio* (19 co-d/w), *La favola di La Fontaine* (19 co-d/w), *Mimì, fiore del porto* (19 never shown w), *I cinque Caini* (19 co-d/w), *La storia della dama dal ventaglio bianco* (19 co-d/w), *Il bacio di Cirano* (19 w), *Amleto ed il suo clown* (19 co-d/w), *Madama l'ambasciatrice* (19 co-d/w), *La falsa amante* (20 co-d/w), *Gli angeli custodi* (20), *Due sogni ad occhi aperti* (20), *La principessa Bêbê* (20 co-d/w), *Nemesis* (21 w), *Il granatiere di Pomerania* (21), *Le ultime lettere di Giacomo Ortis* (21), *Monique* (21), *Crocetta d'oro* (21 also w), *Tragedia su tre carte* (21), *Il peccato di una notte* (22), *Re burlone* (35 story), *Bertoldo, Bertoldino e Cacasenno* (36 supervising director), *Giuseppe Verdi* (38 co-w), *Antonio Meucci, il mago di Clifton* (40 co-story).

1211. **Damiani, Damiano.** Director. b. July 23, 1922, Pasiano. Between 1946 and 1956 he directed 30 short documentaries, and between 1956 and 1959 was assistant director and writer on films of other directors. *La banda d'Affori* (46 doc), *Inquietudine* (46 sets), *Uomini senza domani* (46 asst d/co-w/sets), *Arte e realtà* (47 doc), *Omaggio a una città* (50 doc), *Il discobolo* (52 doc), *Nasce un disegno animato* (52 doc), *Cronache di poveri amanti* (53 co-w), *Piovuto dal cielo* (53 co-w), *Formula 2* (53 doc), *Eroi del volante* (53 doc), *Montecristo* (54 doc), *Le giostre* (54 doc), *Bambini soli* (55 doc), *Bambini doppiatori* (56 doc), *I misteri di Parigi* (57 co-w), *La venere di Cheronea* (58 w), *I battellieri del Volga* (58 co-w), *Giuditta e Oloferne* (58 co-w), *Erode il grande* (59 co-w), *Il sepolcro dei re* (60 co-w), *Il rossetto* (60 also co-w), *Il sicario* (61 also co-w), *L'isola di Arturo* (62 also co-w), *La rimpatriata* (63 also co-w), *La noia* (64 also co-w), *Le ho amate tutte* (65), *La strega in amore* (66 also co-w), *Quien sabe?* (66 also *), *Exhibition* (68), *Il giorno della civetta* (68 also co-w), *Una ragazza piuttosto complicata* (68 also co-w/art d), *La moglie più bella* (69 also co-w), *Confessione di un commissario di polizia al procuratore della repubblica* (71 also co-w), *L'istruttoria è chiusa: dimentichi* (72 also co-w/*), *La violenza: quinto potere* (72), *Girolimoni, il mostro di Roma* (72 also w), *Il delitto Matteotti* (73 *), *Il sorriso del grande tentatore* (74 also co-w), *Perchè si uccide un magistrato* (75 also co-w/*), *Un genio, due compari, un pollo* (75 also co-w), *Io ho paura* (77 also co-w), *Goodbye and Amen* (78 also co-w), *L'ultimo nome* (79 also co-w), *Un uomo in ginocchio* (79), *L'avvertimento* (80), *Amityville II: The Possession* (82 U.S.), *Parole e sangue* (83), *Attacco alla piovra* (84 also co-w), *L'inchiesta* (87 also co-w), *Il sole buio* (90 also co-w), *Gioco di massacro* (90).

1212. **Damicelli, Mario.** Documentary director. b. Sept. 14, 1919, Genova. *Comacchio* (42 co-d/ph), *La storia di un giorno* (42), *Accendiamo un fiammifero* (43), *Pronto, chi parla?* (45 feature film co-d), *Pola, addio?* (47).

1213. **D'Amico, Luigi Filippo.** Director. b. Oct. 9, 1924, Roma. *Roma città libera* (46 asst d/co-w), *Gli uomini sono nemici* (47 asst d), *La madonnina d'oro* (49 asst d), *Prima comunione* (50 asst d), *Altri tempi* (51 asst d/co-w), *La fiammata* (52 asst d/co-w), *Processo alla città* (52 asst d/co-w), *Tempi nostri* (52 asst d/co-w), *Febbre di vivere* (53 asst d/co-w), *Il matrimonio* (53 co-d/co-w), *Casta diva* (54 asst d), *Casa Ricordi* (54 asst d/co-w), *Tam Tam Mayumbe* (55 co-d), *Bravissimo* (55 also co-w), *Noi siamo le colonne* (56 also co-w), *Mariti a congresso* (61), *Amore e ginnastica* (73), *San Pasquale Baylonne, protettore delle donne* (76), *Vestire gli ignudi* (78).

D'Amico, Suso Cecchi *see* **Cecchi**

1214. **Damien, Madeleine.** French actress. *Il diario di una cameriera* (64), *Un tranquillo posto di campagna* (68).

1215. **Damon, Mark.** U.S. actor. b. 1932, Chicago. Later a producer. *Cronache di un convento* (62), *I tre volti della paura* (63), *Il figlio di Cleopatra* (64), *Il colosso di Roma* (65), *Johnny Oro* (66), *Johnny Yuma*

(66), *Agente segreto 777 operazione Mistero* (67), *Il camaleonte d'oro* (67), *La morte non conta i dollari* (67), *Nude... si muore* (67), *Requiescant* (67), *Monta in sella, figlio di...* (67), *Un treno per Durango* (67), *Tutto per tutto* (68), *Temptation* (68), *I morti non si contano* (68), *Lo sbarco di Anzio* (68), *Dio, come ti amo!* (69), *Lo chiamavano "Verità"* (72), *Posate le pistole, reverendo!* (72), *Il plenilunio delle vergini* (73).

1216. D'Amore, Diana. Actress. RN: Floriana D'Amore Pasquali. *La vergine delle ginestre* (15), *La banda delle cifre* (15), *Potere temporale* (15), *L'imboscata* (16), *La grande vergogna* (16), *L'enfant de l'amour* (16), *Jou-jou* (16), *I briganti* (16), *Sul trapezio* (16), *Sulla via maestra* (16), *Un dramma ignorato* (17), *I borghesi di Pontarcy* (20).

1217. Dance, Charles. U.K. actor. b. Oct. 10, 1946, Plymouth. First came to fame in TV's *The Jewel in the Crown*. Italian movies include: *Good morning Babilonia* (87).

1218. D'Ancora, Maurizio. Actor. b. July 16, 1912, Firenze. RN: Rodolfo Gucci. Part of the firm of Gucci. *Rotaie* (29), *Figaro e la sua gran giornata* (31), *Venere* (31), *Al buio insieme* (33), *Il canale degli angeli* (34), *Casta diva* (35), *Milizia territoriale* (35), *Ginevra degli Almieri* (35), *Nozze vagabonde* (36), *Terra di nessuno* (38), *Batticuore* (38), *Scandalo per bene* (39), *Ritorno* (39), *Il documento* (39), *Don Pasquale* (40), *Centomila dollari* (40), *Finalmente soli* (41), *La fabbrica dell'imprevisto* (42), *La zia di Carlo* (43), *Inviati speciali* (43), *La donna della montagna* (43), *La buona fortuna* (44), *La vita semplice* (45), *Biraghin* (46).

1219. Dandi, Roberto. Producer. b. May 8, 1901, Roma. *La segretaria per tutti* (32 co-p), *Un cattivo soggetto* (33 co-p), *Frutto acerbo* (34), *Kiki* (34), *Come le foglie* (34), *Amore* (35), *Scarpe al sole* (36), *Sette giorni all'altro mondo* (36), *Cavalleria* (36 co-p), *La damigella di Bard* (36), *Il grande appello* (36), *La contessa di Parma* (37), *La principessa Tarakanova* (38), *Il documento* (39 co-p), *Piccolo mondo antico* (40 co-p), *Addio, giovinezza!* (41 co-p), *L'amore canta* (41 co-p), *Non c'è amore più grande* (55 also general organization).

1220. D'Andrea, Dilleta. Actress. *La voglia matta* (62), *Ercole sfida Sansone* (63).

1221. D'Andrea, Goffredo. Actor. b. May 3, 1889, Napoli. Later became a production inspector and director of production. Also directed several movies. *Carmela, sartina di Montesanto* (16), *La principessa di Bagdad* (17), *Castigo* (17), *La via più lunga* (17), *Una peccatrice* (18), *Sole!* (18), *Il piccolo santo* (19), *Io ti uccido!* (19), *Non uccidere!* (19), *Notte d'agguati* (19), *La verità velata* (19), *Cenerentola* (19), *Giulia figlia di Claudio* (19), *L'ingenuo* (19), *L'ultimo romanzo di Giorgio Belfiore* (19), *Non tutta io morrò* (20), *Un cuore nel mondo* (20), *Le due esistenze* (20), *La congiura dei Fieschi* (21), *Il tramonto dei Doria* (21), *Napoli che se ne va* (21), *Un'ora al San Carlino* (21), *La canaglia di Parigi* (21), *Vincenzella* (22 also d), *A peggio offesa* (24 also d), *Totonno se ne va* (24 also d), *Mamma mia che vo sape!* (26), *Assunta spina* (28), *Squadrone bianco* (36 prod insp), *Giuseppe Verdi* (38 prod insp), *La casa del peccato* (38 prod insp), *Il marchese di Ruvolito* (39 prod insp), *Cose d'altro mondo* (39 d prod), *Il pozzo dei miracoli* (41 d prod), *La bocca sulla strada* (41 d prod), *Due cuori fra le belve* (43 story), *La prigione* (43 story), *Guarany* (48 d prod), *Quattro rose rosse* (51 d prod).

1222. Dandridge, Dorothy. U.S. actress. b. Nov. 9, 1923, Cleveland, O. d. Sept. 8, 1965, West Hollywood, Calif., from a drug overdose. *Tamango* (57).

1223. Dane, Peter. U.S. actor. *Il cobra* (67), *La caduta degli dei* (68), *Candy* (68), *Ruba al prossimo tuo* (68), *Città violenta* (70).

1224. Danet, Jean. French actor. b. Jan. 14, 1924, Auray. *Versailles* (53), *Napoleone Buonaparte* (54), *Notre Dame de Paris* (56), *Se il re lo sapesse* (57).

1225. D'Angelo, Carlo. Actor. *Clandestino a Trieste* (51), *I vampiri* (57), *Ercole e la regina di Lidia* (58), *Erode il grande* (59), *La grande guerra* (59), *Nefertite, regina del Nilo* (60), *Rosmunda e Alboino* (61), *Il processo di Verona* (62), *New York chiama Super Dragon* (66), *Il grande silenzio* (68).

1226. D'Angelo, Rodolfo. Director of photography. *Anime inquiete* (18), *Chi l'ha ucciso* (19), *Chi non crede all'amore* (19 co-ph), *Le isole insanguinate* (19), *Nennella* (19), *Torna a Surriento* (19), *Lucia, luci...* (22), *Si ve vulesse bene* (22), *Vincenzella* (22), *Aniello a'ffede* (23),

Brinnesò (23), *Danza come sai danzare tu...* (23), *'O schiaffo* (23), *Pupatella* (23), *Senza mamma* (24), *Chiagne pe' te!* (25), *...Te lasso!* (26), *Si 'mo ddice 'o cuore* (27), *Fiocca la neve* (31).

1227. **D'Angelo, Salvo.** Set designer. b. Aug. 6, 1909, Catania. After the war he became a producer. *Gli uomini non sono ingrati* (37), *Tutta la vita in una notte* (38), *Chi è più felice di me?* (38), *L'argine* (38), *Stella del mare* (38), *Diamanti* (38), *I figli del marchese Lucera* (39), *I figli della notte* (39), *Scandalo per bene* (39), *Fascino* (39), *Finisce sempre così* (39), *Traversata nera* (39), *Amore di ussaro* (39), *Il segreto di Villa Paradiso* (39), *L'ispettore Vargas* (40), *Ultima fiamma* (40), *L'uomo del romanzo* (40), *Caravaggio, il pittore maledetto* (41 co-sets), *Anime in tumulto* (41), *L'ultimo addio* (41), *Nozze di sangue* (42), *Notte di fiamme* (42 unfinished), *Bengasi* (42), *L'usuraio* (43), *La prigione* (43), *Il testimone* (45), *La porta del cielo* (45), *Un giorno nella vita* (46), *Daniele Cortis* (47 p), *Fabiola* (48 p), *Gli ultimi giorni di Pompei* (48 p), *Guarany* (48 co-p), *La bellezza del diavolo* (50), *Bellissima* (51).

1228. **Danieli, Emma.** Actress. *Il terrore dei mari* (62), *L'ultimo uomo della terra* (64), *Le spie uccidono in silenzio* (66), *Le spie amano i fiori* (66).

1229. **Danieli, Isa.** Actress. *Teresa la ladra* (73), *Tutto a posto e niente in ordine* (74), *L'età della pace* (75), *Core mio* (82), *Desiderio* (83), *Così parlò Bellavista* (84), *Sotto...sotto, strapazzato da anomala passione* (85), *Maccheroni* (85), *Nuovo cinema paradiso* (88).

1230. **Danning, Sybil.** Austrian actress. b. 1951. *Occhio nel labirinto* (71), *Pistola di Dio* (76), *Il giorno del cobra* (80), *Le avventure dell'incredibile Ercole* (83).

1231. **D'Annunzio, Gabriele.** Writer. b. 1863, Francavilla al Mare. d. March 1, 1938, Gardone Riviera. RN: Gabriele Rapagnetta, Principe di Monte Nevoso. AKA: Duca Minimo. One of Italy's most famous Fascist poets and novelists. Also directed movies. Many of his written works were filmed, some several times: "Giovanni Episcopo"; "L'innocente"; "La Gioconda"; "Francesca da Rimini"; "La fiaccolo sotto il moggio"; "Più che l'amore"; "La nave." His direct movie involvement included: *Cabiria* (14 co-w), *La nave* (20 co-d/w), *La rondine* (21 d), *Le smorfie di Pulcinella* (21 d), *Quo vadis?* (24 co-d).

1232. **Danova, Cesare.** Actor. b. 1926, Roma. d. March 20, 1992, West Hollywood, Calif., U.S.A. In the late 1950s he was picked to play Ben-Hur, but ultimately failed to land the role because his English was not good enough. Long in Hollywood, he also did much dubbing. Fondly remembered by many as "Actor" on the mid 1960s U.S. TV series Garrison's Gorillas. *La figlia del capitano* (47), *Monaca santa* (48), *Cavalcata d'eroi* (49), *Il messaggero del re* (50), *Final de una legenda* (50 Spain), *Pentimento* (52), *Jolanda, la figlia del corsaro nero* (52), *Maschera nera* (52), *I tre corsari* (52), *Processo contro ignoti* (53), *Il maestro di don Giovanni* (53), *La cavallina storna* (53), *I cavalieri dell'illusione* (54), *Balocchi e profumi* (54), *Femmina* (54), *Questa maledetta vacanza* (55), *L'ultima notte di don Giovanni* (55), *Incatenata dal destino* (55), *Non scherzare con le donne* (56), *The Man Who Understood Women* (59 U.S.), *Tarzan the Ape Man* (59 U.S.), *King of Kings* (61 U.S.), *Tender Is the Night* (62 U.S.), *Valley of the Dragons* (62 U.S.), *Cleopatra* (63 U.S.), *Gidget Goes to Rome* (63 U.S.), *Viva Las Vegas* (64 U.S.), *Boy, Did I Get a Wrong Number* (66 U.S.), *Chamber of Horrors* (66 U.S.), *Che!* (69 U.S.), *Honeymoon With a Stranger* (70 U.S. TV), *Mean Streets* (73 U.S.), *Death Cruise* (74 U.S. TV), *Scorchy* (76 U.S.), *A Matter of Wife...or Death* (76 U.S. TV), *Tentacoli* (77), *National Lampoon's Animal House* (78 U.S.).

1233. **Dantine, Helmut.** Austrian actor. b. Oct. 7, 1917, Vienna. d. May 2, 1982, Beverly Hills, Calif. Went to the U.S.A. in 1938. *Guerra e pace* (56), *La tempesta* (58), *Operazione Crossbow* (65).

1234. **Danton, Ray.** U.S. actor. b. Sept. 19, 1931, N.Y.C. d. Feb. 14, 1992, Los Angeles, Calif. *Sandokan alla riscossa* (64), *Sandokan contro il leopardo di Sarawak* (64), *New York chiama Super Dragon* (66), *Ballata di un miliardo* (66), *L'ultimo mercenario* (68).

1235. **D'Anza, Daniele.** Director. *Cronaca di un amore* (51 co-w), *Giove in doppiopetto* (54), *Pugni, pupe e marinai* (61).

1236. **D'Anzi, Giovanni.** Composer/songwriter. b. Jan. 1, 1906, Milano. *La* *maestrina* (33), *Nonna Felicita* (38), *Bionda sottochiave* (39), *Grandi magazzini* (39 co-composer/songwriter), *Retroscena* (39), *Voglio vivere così* (41), *I tre aquilotti* (42 co-composer/songwriter), *Una piccola moglie* (43), *Sogno d'amore* (44), *Partenza ore sette* (45), *Un americano in vacanza* (46), *È primavera* (49 songs), *Solo per te, Lucia* (52), *Canzone appassionata* (53), *Le ragazze di San Frediano* (54).

1237. **Dapporto, Carlo.** Actor. b. June 26, 1911, San Remo. d. Oct. 1, 1989. *Scadenza trenta giorni* (44), *Il processo delle zitelle* (44), *La signora è servita* (46 made in 44), *Undici uomini e un pallone* (48), *I pompieri di Viggiù* (49), *Il vedovo allegro* (49), *La presidentessa* (52), *Canzoni di mezzo secolo* (52), *Donne proibite* (53), *Viva la rivista!* (53), *Finalmente libero!* (53), *Ci troviamo in galleria* (53), *Il paese dei campanelli* (53), *Via Padova, 46* (53), *Viva il cinema!* (53), *Baracca e burattini* (54), *Accade al commissariato* (54), *Ridere ridere ridere* (54), *Giove in doppiopetto* (54), *La moglie è uguale per tutti* (54), *A sud niente di nuovo* (57), *Primo applauso* (57), *Fortunella* (58), *La famiglia* (87), *Tango blu* (88).

1238. **D'Aquino, Rossella.** Actress. *Sir Francis Drake, il re dei sette mari* (63), *Faccia a faccia* (67).

1239. **Darc, Mireille.** French actress. b. May 15, 1938, Toulon. RN: Mireille Aigroz. *Summit* (68), *Quei temerari sulle loro pazze scatenate scalcinate carriole* (69).

1240. **Darcey, Janine.** French actress. Married Serge Reggiani in 1943. *Manù, il contrabbandiere* (47).

1241. **Darclea, Edi.** Actress. *La Gerusalemme liberata* (18), *Martino, il trovatello* (18), *Aquile umane* (18), *Morte che non uccide* (19), *Debito d'odio* (19), *Le notti del cimitero* (20), *I diabolici* (20), *La ruota del vizio* (20), *Saracinesca* (20), *La valse ardente* (21), *Crisi* (21), *S. Ilario* (22), *Re Davide* (22), *Il corsaro* (23), *Nerone* (23).

1242. **Darfeuil, Colette.** French actress. b. Feb. 7, 1912, Paris. *L'amore si fa così* (39).

1243. **d'Armelle, Suzanne.** French actress. b. Paris. *La signorina Ciclone* (16), *Il club dei 13* (16), *Vittime* (18), *La danza dei gioielli* (19), *Il principe mascherato* (19), *La dama dal nastro di velluto* (19), *La contessina Chimera* (19).

1244. **Darnell, Linda.** U.S. actress. b. Oct. 16, 1921, Dallas, Tex. d. April 10, 1965, Chicago, Ill., in a house fire. RN: Monetta Eloyse Darnell. *Donne proibite* (53), *Gli ultimi cinque minuti* (55).

1245. **Da Roma, Eraldo.** Editor. *Noi vivi* (42), *I vinti* (52), *Amore in città* (53 the episode "Tentato suicidio"), *Le amiche* (55), *Il grido* (57), *Gli ultimi giorni di Pompei* (59), *I tartassati* (59), *La rivolta degli schiavi* (60), *L'avventura* (60), *Ombre bianche* (60), *Il colosso di Rodi* (60), *La notte* (61), *L'eclisse* (62), *Deserto rosso* (64), *Le schiave esistono ancora* (64), *I tre volti* (65 the episode "Il provino"), *Tepepa* (68), *La moglie giapponese* (68), *Il medico della mutua* (68), *Colpo di sole* (68), *Guernica* (72).

1246. **D'Arpe, Gustavo.** Actor. *Sedotta e abbandonata* (64), *Johnny Yuma* (66), *Satyricon* (68), *Serafino* (68).

1247. **Darren, James.** U.S. actor. b. 1936. RN: James Ercolani. *Paroxismus* (69).

1248. **Darrieux, Danielle.** French actress. b. May 1, 1917, Bordeaux. *Ruy Blas* (47), *Occupati d'Amelia* (49), *Romanzo d'amore* (50), *Quando le donne amano* (52), *I gioielli di Madame De...* (52), *L'uomo e il diavolo* (54), *Napoleone Buonaparte* (54), *Quattro donne nella notte* (55), *Le donne degli altri* (57), *Il delitto non paga* (62), *Le tentazioni quotidiane* (62).

1249. **Darry-Cowl.** French actor. b. Aug. 27, 1925, Vittel. RN: André Darrigeau. *Paris Palace Hotel* (56), *Miss Spogliarello* (56), *I magnifici brutos del west* (65), *Non toccate la donna bianca* (74).

D'Artena, Alice *see* **Silvi, Lilia**

1250. **Darvi, Bella.** Polish-French actress. b. Oct. 23, 1927, Sosnowiec, Poland. d. 1971. RN: Bayla Wegier. Long in the U.S.A. *Pia de' Tolomei* (58), *Il rossetto* (60).

1251. **Dassin, Jules.** U.S. director. b. Dec. 18, 1911, Middletown, Conn. AKA: Perlo Vita. *Il nemico pubblico n. 1* (53 co-w), *Colui che deve morire* (57 also co-w), *La legge* (58 also co-w).

1252. **D'Assunta, Rocco.** Actor. b. Feb. 7, 1904, Palermo. *La segretaria per tutti* (32), *Ninì Falpalà* (33), *Creature della notte* (33), *Paraninfo* (35), *L'aria del continente* (36), *Re di denari* (36), *L'antenato* (36), *Il feroce Saladino* (37), *Lasciate ogni* *speranza* (37), *Il dottor Antonio* (38), *I fuorilegge* (50), *Il brigante Musolino* (50), *È arrivato il cavaliere* (50), *Anna* (51), *O.K. Nerone* (51), *Una bruna indiavolata* (51), *Guardie e ladri* (51), *Totò a colori* (52), *L'uomo la bestia e la virtù* (53), *Un americano a Roma* (54), *Totò lascia o raddoppia* (57), *Sedotta e abbandonata* (64).

1253. Dauphin, Claude. French actor. b. Aug. 19, 1903, Corbeil. d. 1978. RN: Claude Franc-Nohain. *Il deportato* (51), *Le tentazioni quotidiane* (62), *La visita* (62), *Sinfonia per un massacro* (63), *La pappa reale* (63), *Da Berlino l'apocalisse* (66), *Barbarella* (68), *La più bella serata della mia vita* (72), *Vogliamo i colonnelli* (72).

1254. Davidson, Christopher. Actor. *Noi tre* (83).

1255. Davies, David. U.K. actor. b. 1930, London. AKA: Windsor Davies. *Ben-Hur* (59), *Operazione Crossbow* (65), *L'oro di Londra* (67).

1256. Davies, Rupert. U.K. actor. b. 1916, Liverpool. d. 1976. Famous as TV's "Maigret." *Il segreto dei frati gialli* (66), *Waterloo* (70).

1257. Dávila, Luís. Argentine actor. b. 1927. AKA: Luís Dawson, Lucio Dalla. *L'uomo che viene da Canyon City* (65), *S.007 spionaggio a Tangeri* (66), *L'uomo dalla pistola d'oro* (66), *Dinamite Jim* (66), *4...3...2...1...morte* (67), *Tre del Colorado* (67), *Simón Bolívar* (68), *Commando suicida* (68), *La morte sull'alta collina* (69), *Matalo!* (71).

1258. Davis, Bette. U.S. actress. b. April 5, 1908, Lowell, Mass. d. Oct. 6, 1989, Neuilly-sur-Seine, France. RN: Ruth Elizabeth Davis. *La noia* (64), *Lo scopone scientifico* (72).

1259. Davis, Brad. U.S. actor. b. Nov. 6, 1949, Florida. d. Sept. 8, 1991, Studio City, Calif. *Il cugino americano* (86).

1260. Davis, Chet. Actor who played Django in *Arrivano Django e Sartana...è la fine* (70). Also seen in: *Inginocchiati straniero...i cadaveri non fanno ombra* (71).

Davis, Glenn V. *see* **Musolini, Vincenzo**

Davò, José Marco *see under* **Marco**

1261. Davoli, Amos. Actor. *Ho amato una diva* (55), *Arrivederci Roma* (58).

1262. Davoli, Ivano. Actor. *I tre volti* (65 the episode "Il provino"), *La verità difficile* (68), *Vergogna, schifosi* (68), *Crisantemi per un branco di carogne* (68).

1263. Davoli, Ninetto. Actor. *Le streghe* (66), *Uccellacci e uccellini* (66), *Requiescant* (67), *Edipo re* (67), *Amore e rabbia* (67), *Partner* (68), *Teorema* (68), *Porcile* (69), *Ostia* (70), *I racconti di Canterbury* (71), *Il Decamerone* (71), *Un solo grande amore* (72), *Il fiore delle mille e una notte* (73), *Storie scellerate* (73), *Il lumacone* (74), *Qui comincia l'avventura* (76), *Frankenstein all'italiana* (76), *Spogliamoci così senza pudor...* (77), *Amore all'arrabbiata* (77), *L'Agnese va a morire* (77), *Il casotto* (77), *Il vizio ha le calze nere* (77), *"No" alla violenza* (78), *La liceale seduce i professori* (79), *La ragazza superstar* (79), *Buone notizie* (79), *Il cappotto di astrakan* (80), *Boccaccio in Hungary* (81 Hungary), *Il minestrone* (81), *Occhei, occhei* (83), *Momo* (87), *La ragazza del Métro* (89).

1264. Davray, Dominique. French actress. b. Jan. 27, 1926, Paris. *Notre Dame de Paris* (56), *Cleo dalle 5 alle 7* (62).

Dawn, Vincent *see* **Mattei, Bruno**

1265. Dawson, Anthony. U.K. actor. b. 1916. *Sir Francis Drake, il re dei sette mari* (63), *Troppo per vivere...poco per morire* (66), *O.K. Connery* (67), *Da uomo a uomo* (67), *L'avventuriero* (67), *...E per tetto un cielo di stelle* (68), *Dalle Ardenne all'inferno* (68), *Sole rosso* (71), *Joe Valachi—i segreti di Cosa Nostra* (72), *Rappresaglia* (73).

1266. Dawson, Anthony M. Director. b. Sept. 19, 1930, Roma. RN: Antonio Margheriti. AKA: Anthony Daisies, Mario Donen, Martin Donan. *Promesse di marinaio* (58 co-w), *Gambe d'oro* (58 co-w), *Il pianeta degli uomini spenti* (60), *Space men* (60), *La freccia d'oro* (62), *Il crollo di Roma* (62), *La danza macabra* (63), *I giganti di Roma* (63), *I lunghi capelli della morte* (64), *Anthar, l'invincibile* (64), *La vergine di Norimberga* (64), *Ursus, il terrore dei kirghisi* (64), *Per un pugno di dollari* (64 fx), *Per qualche dollaro in più* (65 fx), *A 007 sfida ai killers* (65), *I diavoli dallo spazio* (65), *Missione Pianeta Errante* (65 also co-p), *I diafanoidi portano la morte* (65), *I criminali della galassia* (65), *Joe l'implacabile* (65), *Il pelo nel mondo* (66 co-d), *Operazione Goldman* (66), *Il buono, il* *brutto, il cattivo* (66 fx), *Nude...si muore* (67), *Contronatura* (68), *Io ti amo* (68 also co-w), *Joko, invoca Dio...e muori* (68 also co-w), *L'inafferabile e invincibile Mr Invisible* (69), *E Dio disse a Caino* (69 also co-w), *Nella stretta morsa del ragno* (70), *Giù la testa* (71 fx), *La morte negli occhi del gatto* (72), *Ming, ragazzi* (72), *Là, dove non batte il sole* (73), *Novelle galeotte d'amore dal "Decamerone,"* (73), *Decamerone n. 3, le più belle donne del Boccaccio* (73), *Manone il ladrone* (73), *La parola di un fuorilegge...è legge* (74), *Whisky e fantasmi* (74), *Carne per Frankenstein* (74 co-d), *The Squeeze* (76 U.S.), *Con la rabbia agli occhi* (76), *Agguato sul fondo* (78), *Apocalisse domani* (80), *Fuga dall'arcipelago maledetto* (82), *Il mondo di Yor* (82 also co-w), *I cacciatori del cobra d'oro* (83), *I sopravvissuti della città morta* (83), *Ark of the Sun God* (83), *Tornado* (84), *Code Name: Wildgeese* (84), *La leggenda del rubino malese* (85), *Kommando Leopard* (85), *L'isola del tesoro* (87), *Indio* (89), *Indio 2* (91).

1267. Dawson, Gladys. U.K. actress. b. 1897. d. 1969. AKA: Gladys Dowosen. *C'era una volta* (67), *Sette volte sette* (68).

Dawson, Luís *see* **Dávila, Luís**

1268. Dayan, Assaf. Israeli actor. b. 1945. Son of General Moshe Dayan. *La Battaglia del Sinai* (68), *La nave dell'uranio* (78).

1269. Deacon, Richard. U.S. actor. *Il sapore della vendetta* (68).

1270. de Almeida, Joaquin. Portuguese actor. *Good morning Babilonia* (87).

Dean, Max *see* **Righi, Massimo**

1271. De Angelis, Guido & Maurizio. Composers. AKA: Maurice Angels. *Continuavano a chiamarlo Trinità* (71), *Per grazia ricevuta* (71), *Trastevere* (72), *Te Deum* (72), *Afyan—Oppio* (72), *Più forte, ragazzi!* (72), *E poi lo chiamarono Il magnifico* (72), *Il terrore con gli occhi storti* (72), *Valdez il mezzosangue* (73), *Il cittadino si ribella* (73), *La polizia incrimina: la legge assolve* (73), *Anche gli angeli mangiano fagioli* (73), *Anche gli angeli tirano di destra* (73), *Tutti figli di "Mammasantissima"* (73), *Il lupo dei mari* (73 co-composers), *Piedone di Hong Kong* (73), *Milano trema: la polizia vuole giustizia* (73), *Il bianco, il giallo, il nero* (74), *Porgi l'altra guancia* (74), *Altrimenti ci arrabbiamo* (74), *Il bestione* (74), *A mezzanotte va la ronda del piacere* (75), *Roma violenta* (75), *Peccati in famiglia* (75), *Zorro* (75), *Cipolla Colt* (75), *Prima ti suono e poi ti sparo* (75), *Africa Express* (75), *Keoma* (75), *40 gradi sotto il lenzuolo* (76), *Il suo nome è Sandokan* (76), *I due superpiedi* (76), *Con la rabbia agli occhi* (76), *La moglie di mio padre* (76), *Il corsaro nero* (76), *Orzowei, la figlia della savana* (76), *Mannaja* (77), *La tigre è ancora viva: Sandokan alla riscossa* (77), *I due superpiedi quasi piatti* (77 co-composers), *Languidi baci...perfide carezze* (77), *Il signor Robinson—mostruosa storia d'amore e d'avventure* (77), *Tre tigri contro tre tigri* (77), *Charleston* (77), *Messalina, Messalina* (77), *La montagna del dio cannibale* (78), *Agguato sul fondo* (78), *Formula uno febbre della velocità* (78), *Agenzia Riccardo Finzi... praticamente detective* (79), *Lo chiamavano Bulldozer* (79), *Adamo ed Eva* (82), *Il dominatore del ferro* (82), *Il mondo di Yor* (82), *Banana Joe* (82), *Cenerentola 80* (83), *Un delitto* (83), *La casa con la scala nel buio* (83), *Pianoforte* (84), *Dagobert* (84), *Scemo di guerra* (85), *Colpi di luce* (85), *La signora della notte* (85), *Figlio mio infinitamente caro* (86), *Body Heat* (88).

1272. De Angelis, Remo. Actor/stuntman. *Angelo tra la folla* (50), *Maciste all'inferno* (60), *La sfinge d'oro* (67), *El "Che" Guevara* (68), *Vivo per la tua morte* (68), *Il mercenario* (68), *Clint il solitario* (68), *Il momento di uccidere* (68), *La spina dorsale del diavolo* (70), *The Great Adventure* (76 U.S.), *Gli esecutori* (76), *Monsignor* (82 U.S.).

1273. De Antoni, Alfredo. Director/actor. b. July 14, 1875, Alessandria in the Piemonte. d. Dec. 3, 1953, Roma. RN: Alfredo De Antonio. *Il bacio di Margherita di Cortona* (12 d/*), *Diana l'affascinatrice* (15 *), *Fernanda* (16 *), *La cieca di Sorrento* (16 *), *Il medaglione* (16 *), *La perla del cinema* (16 *), *Fedora* (16 *), *Ferréol* (16 *), *Andreina* (17 *), *Malia* (17 d), *La piccola fonte* (17 *), *Maman Colibrì* (18 d), *Il processo Clemenceau* (18 co-d), *Frou Frou* (18 d), *Tosca* (18 d/*), *I due volti di Nanù* (19 d), *La madonna di neve* (19 *), *L'accidia* (19 d), *Le tre primavere* (19 d), *L'ira* (19 co-d), *L'invidia* (19 co-d), *La bambola e l'amore* (20 d), *Il mercante d'emozioni* (20 d), *Il* *poeta e la principessa* (20 d), *La perfetta ebbrezza* (20 d), *Il volto di Medusa* (20 d), *Dietro la maschera* (20 d), *Totote* (21 d), *Tristano e il sogno* (21 d), *Il sogno d'una notte d'estate a Venezia* (21 d), *La vita e la commedia* (21 d), *Miss Dollar* (22 d), *Passioni* (22 d), *Fronda d'ulivo* (23 d), *Il paese della paura* (23 d), *Boccaccesca* (27 d), *Il treno delle 21,15* (33 *), *L'anonima Roylott* (36 *), *Scipione l'Africano* (37 *), *Fermo con le mani!* (37 *), *Sei bambine e il Perseo* (39 *), *Marco Visconti* (40 *), *Il vagabondo* (41 *), *Il re si diverte* (41 *), *A che servono questi quattrini* (42 *).

1274. d'Eaubonne, Jean. French art director. b. 1903, Talence. d. 1971. *La certosa di Parma* (47 co-art d), *I gioielli di Madame De...* (52), *Paris Palace Hotel* (56), *Montparnasse* (58), *Madame Sans-gêne* (61), *Johnny Banco* (68).

1275. de Beauregard, Georges. French producer. b. Dec. 23, 1920, Marseille. d. Sept. 10, 1984, Paris. RN: Edgar Denys Nau de Beauregard. *Cleo dalle 5 alle 7* (62), *Il disprezzo* (62 co-p).

1276. De Benedetti, Aldo. Writer. b. Aug. 13, 1892, Roma. Also a director. *Arabesca* (20 story), *Amore stanco* (20 from his play), *L'incatenata* (21 story), *Marco Visconti* (23 d), *Anita* (26 d), *La grazia* (29 d), *Gli uomini, che mascalzoni!* (32 co-w/co-story), *Milizia territoriale* (35 w/story/from his play), *Lohengrin* (35 from his play), *Sette giorni all'altro mondo* (36 w/story), *Non ti conosco più* (36 from his play), *L'uomo che sorride* (36 w/from his play), *Trenta secondi d'amore* (37 from his play), *La contessa di Parma* (37 co-w), *Felicita Colombo* (37 co-w/story), *Questi ragazzi* (37 co-w), *La dama bianca* (38 w/from his play), *Nonna Felicita* (38 co-w), *Eravamo sette sorelle* (38 w/story), *Hanno rapito un uomo* (38 co-w/story), *La casa del peccato* (38 w/story), *La voce senza volto* (38 co-w), *Assenza ingiustificata* (39 w), *La mia canzone al vento* (39 w/story), *Mille chilometri al minuto* (40 co-w/story), *Rose scarlatte* (40 w/from his play), *Maddalena, zero in condotta* (40 w not credited), *Luce nelle tenebre* (41 story), *Ore 9 lezione di chimica* (41 w/story), *Teresa Venerdì* (41 w), *Un garibaldino al convento* (41 w/story), *Quattro passi fra le nuvole* (42 co-w), *Catene invisibili* (42 w/story), *La guardia del corpo* (42 w/story), *Fuga a due voci* (42 story), *Gente dell'aria* (42 w), *Labbra serrate* (42 w/story), *Stasera niente di nuovo* (42 w/story), *Il fidanzato di mia moglie* (43 w/story), *Apparizione* (43 story), *La vita è bella* (43 w/story), *Tutta la vita in ventiquattr'ore* (43 w/story), *La vispa Teresa* (43 w/story), *Non sono superstizioso, ma...* (43 w/story), *La vita ricomincia* (45 story), *Torna a Sorrento* (45 w/story), *La resa di Titi* (45 from his play), *Lo sbaglio di essere vivo* (45 w/from his play), *Il mondo vuole così* (45 story), *Un americano in vacanza* (46 co-w), *Mio figlio professore* (46 co-w/story), *Eugenia Grandet* (46 co-w), *Albergo Luna, camera 34* (47 w/story), *Daniele Cortis* (47 co-w), *La città dolente* (48 co-w), *Ma chi te lo fa fare?* (48 w/story), *Signorinella* (49 w/story), *Il vedovo allegro* (49 w/story), *Catene* (49 w/story), *Vent'anni* (49 w/story), *Margherita da Cortona* (50 co-w), *I figli di nessuno* (51 w/story), *Il microfono è vostro* (51 w/story), *Altri tempi* (51 co-w), *Wanda la peccatrice* (52 co-w/story), *La presidentessa* (52 w), *Una di quelle* (52 co-w/story), *Via Padova, 46* (53 w/story), *Gli ultimi cinque minuti* (55 w/from his play), *Malinconico autunno* (58 co-w).

1277. Debenedetti, Giacomo. Co-writer. b. 1901, Biella. d. 1967. *La mazurka di papà* (38), *Partire* (38 also asst d), *Le due madri* (38), *Amicizia* (38), *Addio, giovinezza!* (41), *Gelosia* (42).

1278. De Benedetto, Ida. Actress. *Il giorno del giudizio* (71), *Immacolata e Concetta: l'altra gelosia* (80), *Fontamara* (80), *Testa e croce* (82), *L'inceneritore* (83), *Giuseppe Fava: siciliano come me* (83), *Noi tre* (83), *Attacco alla piovra* (84), *Mamma Ebe* (85), *La ballata di Eva* (85).

1279. De Bernardi, Piero. Co-writer. b. April 12, 1926, Prato. Often teamed with Leo Benvenuti. *I misteri della giungla nera* (52), *La vendetta dei thugs* (52), *Dieci canzoni d'amore da salvare* (53), *Foglio di via* (54), *Le ragazze di San Frediano* (54), *Amici per la pelle* (55), *Destinazione Piovarolo* (55), *Figaro, barbiere di Siviglia* (55), *Non scherzare con le donne* (56 also story), *Noi siamo le colonne* (56), *Guendalina* (57), *L'uomo di paglia* (58), *Arrangiatevi* (59), *La ragazza con la valigia* (60), *Frenesia d'estate* (64), *La donna è una cosa meravigliosa* (64), *Controsesso* (65 the episode "Cocaina di domenica"), *Il compagno don Camillo* (65), *I complessi* (65 the episode "Il complesso della schiava nubiana"), *Una questione d'onore* (65), *preso* (67), *Italian Secret Service* (67), *Serafino* (68), *Contestazione generale* (70), *In amore per ogni gaudenzia ci vuole sofferenza* (71), *Le castagne sono buone* (71), *Per grazia ricevuta* (71), *Finchè c'è guerra, c'è speranza* (74), *Permette signora che ami vostra figlia* (74), *Sistemo l'America e torno* (74), *Amici miei* (75), *Fantozzi* (75), *Signore e signori, buonanotte* (76), *Quelle strane occasioni* (76), *La stanza del vescovo* (76), *Un sacco bello* (80), *Bianco rosso e Verdone* (80), *Il marchese del grillo* (81), *Fracchia, la belva umana* (81), *C'era una volta l'America* (83), *Bertoldo, Bertoldino e Cacasenno* (83), *Fantozzi subisce ancora* (83), *I picari* (86), *Il giorno prima* (87), *Io e mia sorella* (88), *Il volpone* (88), *Fantozzi colpisce ancora* (91), *Stasera a casa di Alice* (91).

1280. de Blas, Manuel. Spanish actor. b. 1941. *Uomini duri...altrimenti vi ammuchiamo* (73), *Il bianco, il giallo, il nero* (74).

1281. De Bosio, Gianfranco. Director. b. Sept. 16, 1924, Verona. *Il terrorista* (63), *In amore per ogni gaudenzia ci vuole sofferenza* (71 also co-w), *Mosè* (76 also co-w).

1282. de Bray, Yvonne. French actress. b. May 12, 1889, Paris. d. Feb. 1, 1954, Paris. RN: Yvonne Debray. *Naso di cuoio* (52), *Siamo tutti assassini* (52).

1283. de Broca, Philippe. French director. b. March 15, 1933, Paris. *L'amante di cinque giorni* (61 also co-w), *I sette peccati capitali* (62 the episode "La gola").

1284. Debucourt, Jean. French actor. b. Jan. 19, 1894, Paris. d. 1958. RN: Jean Pélisse. *Il diavolo in corpo* (47), *Occupati d'Amelia* (49), *Naso di cuoio* (52), *I gioielli di Madame De...* (52), *La carrozza d'oro* (53), *Napoleone Buonaparte* (54), *Margherita della notte* (55), *Nanà* (55), *Le vergini di Salem* (56).

1285. Decaë, Henri. French director of photography. b. July 31, 1915, Saint-Denis. d. March 7, 1987, Paris. *Leda* (59), *In pieno sole* (59), *Che gioia vivere* (61), *I sette peccati capitali* (62 three episodes), *Eva* (62 co-ph), *Il tulipano nero* (63), *Confetti al pepe* (63), *Lo sciacallo* (63), *Il giorno e l'ora* (63), *Il piacere e l'amore* (64), *Weekend a Zuydecoote* (64), *Colpo grosso ma non troppo* (65), *Viva Maria* (65), *Il clan dei siciliani* (69), *Il faro in capo al mondo* (71).

1286. De Carellis, Aldo. Actor. *Nude...si muore* (67), *Stuntman* (68), *The Secret of Santa Vittoria* (69 U.S.), *La statua* (70).

1287. de Carlo, Yvonne. Canadian actress. b. Sept. 1, 1922, Vancouver, B.C. RN: Peggy Yvonne Middleton. *La contessa di Castiglione* (55), *La spada e la croce* (58), *Paparazzi tentazioni proibite* (63 short).

1288. De Carmine, Renato. Actor. b. 1925, Roma. *Fantasmi del mare* (48), *Guglielmo Tell* (48), *La mano della morta* (49), *Capitan Demonio* (49), *Gente così* (50), *Il mercante di Venezia* (52).

1289. de Cespedes, Alba. Writer. *Le amiche* (55 co-w), *La bambalona* (68 based on her novel).

1290. de Chomón, Segundo. Spanish director of photography. b. Oct. 18, 1871, Teruel. d. May 2, 1929, Paris, France. AKA: Sogon de Chomón, Segundo Chaumont. Also an animator, director, cameraman and special effects man. *Padre* (12), *Tigris* (13), *Cabiria* (14 co-ph), *Cretinetti e gli stivali del brasiliano* (15 co-ph), *Il fuoco* (15 co-ph), *Maciste alpino* (16), *Tigre reale* (16 co-ph), *La guerra e il sogno di Momi* (16 also d), *La trilogia di Dorina* (17 co-ph), *Maciste all'inferno* (25 fx).

1291. Decker, Diana. U.S. actress/singer. b. 1926. Long in the U.K. *La contessa scalza* (54).

1292. De Clara, Patrizia. Actress. *Questa volta parliamo di uomini* (65), *Il medico della mutua* (68), *Bianco, rosso e...* (71), *La mazurka del barone, della santa e del fico fiorone* (74), *Duetto* (78), *Ehrengard* (82).

1293. Decoin, Henri. French director. b. March 18, 1896, Paris. d. 1969. *Gli amanti di Toledo* (53), *Il letto* (53 the episode "Le Billet de logement" also co-w), *Quattro donne nella notte* (55 also co-w), *La gatta* (58 also co-w).

1294. De Concini, Ennio. Co-writer. b. Dec. 9, 1923, Roma. *Sciuscià* (46 asst to the director), *Caccia tragica* (47), *L'ebreo errante* (47), *Il brigante Musolino* (50), *Amo un assassino* (51), *Il tradimento* (51 also story), *Gli angeli del quartiere* (51), *Sensualità* (51), *I tre corsari* (52), *Totò a colori* (52), *I sette dell'Orsa maggiore* (53), *La* *nave delle donne maledette* (53 also story), *Fratelli d'Italia* (53 w/story), *La grande speranza* (53), *Attila—flagello di Dio* (54 also story), *Ulisse* (54), *Siluri umani* (54), *Mambo* (54), *I cavalieri della regina* (54), *Divisione Folgore* (54), *Le diciottenne* (55), *La cortigiana di Babilonia* (55), *La bella mugnaia* (55), *Londra chiama polo nord* (55), *La risaia* (55), *Guerra e pace* (56), *Suor Letizia* (56), *Orlando e i paladini di Francia* (56), *Le fatiche di Ercole* (57), *Il grido* (57), *Ercole e la regina di Lidia* (58), *Europa di notte* (58), *Gli italiani sono matti* (58), *Pezzo, capopezzo e capitano* (58), *È arrivata la parigina* (58), *La muraglia cinese* (58 doc story), *Soledad* (58 Spain), *La rivolta dei gladiatori* (58), *Gli ultimi giorni di Pompei* (59), *Messalina, venere imperatrice* (59), *Le legioni di Cleopatra* (59), *Cartagine in fiamme* (59), *Saffo, venere di Lesbo* (60), *La regina delle amazzoni* (60), *Giuseppe venduto dai fratelli* (60), *L'assedio di Siracusa* (60), *La vendetta di Ercole* (60), *Maciste nella Valle dei Re* (60), *La lunga notte del 43* (60), *Il colosso di Rodi* (60), *Orazi e Curiazi* (61), *Romolo e Remo* (61), *Madame Sans-gêne* (61), *Arrivano i titani* (62), *I dongiovanni della Costa Azzurra* (62), *L'attico* (62), *Io uccido, tu uccidi* (65), *L'ombrellone* (66), *Una rosa per tutti* (67), *La Bataille de San Sebastian* (67 France/Mexico), *Tenderly* (68 also co-story), *La pecora nera* (68), *Uno scacco tutto matto* (68), *Operazione San Pietro* (68), *I bastardi* (68), *Amanti* (68), *La tenda rossa* (69), *Gli ultimi dieci giorni di Hitler* (72 also d), *Razza selvaggia* (78), *Amo non amo* (79), *Il diavolo in corpo* (81), *Il buon soldato* (82), *Storia d'amore e d'amicizia* (82 w), *Corrupt* (83 U.S.), *Le due vite di Mattia Pascal* (85), *Il sole buio* (90).

1295. De Crescenzo, Luciano. Director. b. Napoli. *Così parlò Bellavista* (84), *Il mistero di Bellavista* (85 also w/novel/*).

1296. Dee, Sandra. U.S. actress. b. April 23, 1942, Bayonne, N.J. RN: Alexandra Zuck. *Ad est di Marsa Matruh* (71).

1297. Deed, André. French actor. b. 1884, Le Havre. d. 1938. RN: André Chapuis. Best known as an acrobat and comedian, and known by different names in different countries: in France as Gribouille; in Spain as Torribo or Sánchez; in Italy as Cretinetti; in the U.S.A. and U.K. as Foolshead or Jim. *Cretinetti alla guerra* (09), *Cretinetti re dei poliziotti* (09), *Cretinetti al ballo* (09), *Cretinetti inventore* (09), *Cretinetti eroe* (09), *Cretinetti fra il celibato e il matrimonio* (09), *Cretinetti sulle Alpi* (09), *Cretinetti suicida* (09), *Cretinetti cerca un duello* (09), *Cretinetti paga i debiti* (09), *Cretinetti e le sue svariate creazioni* (09), *I pantaloni di Cretinetti* (09), *Cretinetti sportman per amore* (09), *Cretinetti lottatore* (09), *Cretinetti al cinema* (09), *Cretinetti volontario alla croce rossa* (09), *Cretinetti distratto* (10), *Cretinetti si batte al cannone* (10), *Cretinetti sposa la figlia del padrone* (10), *Cretinetti vittima della sua onestà* (10), *Cretinetti pescatore* (10), *Cretinetti finto frate* (10), *Cretinetti facchino* (10), *Cretinetti ebbe in dono un palloncino* (10), *Cretinetti mannequin* (11), *Cretinetti ipnotizzatore* (11), *Cretinetti domestico* (11), *I tacchi di Cretinetti* (11), *Le 36 cadute di Cretinetti* (11), *Il sestuplo duello di Cretinetti* (11), *Cretinetti e gli stivali del brasiliano* (15 also d), *La paura degli aeromobili nemici* (15 also d), *Cretinetti e le donne* (15), *L'uomo meccanico* (21 d).

1298. Deel, Sandra. U.S. actress. b. 1929. *La dolce vita* (60).

Deem, Miles *see* **Fidani, Demofilo**

1299. De Felice, Ermelinda. Actress. *La donna scimmia* (64), *10.000 dollari per un massacro* (67), *Serafino* (68), *Satyricon* (68), *The Biggest Bundle of Them All* (68 U.S.), *If It's Tuesday This Must Be Belgium* (69 U.S.), *The Appointment* (69 U.S.), *Il tuo vizio è una stanza chiusa e solo io ne ho la chiave* (72), *Pasqualino Settebellezze* (76), *Bobby Deerfield* (77 U.S.).

1300. De Felice, Lionello. Director. b. Sept. 9, 1916, Napoli. *Un'avventura di Salvator Rosa* (40 asst d), *La cena delle beffe* (41 asst d), *La corona di ferro* (41 asst d), *Quattro passi fra le nuvole* (42 asst d), *Fabiola* (48 asst d), *La bellezza del diavolo* (50 the Italian version of the French *La Beauté du diable*), *Senza bandiera* (50 also co-w), *L'età dell'amore* (53 also co-w), *Il romanzo della mia vita* (53), *Cento anni d'amore* (53 also co-w/story), *I tre ladri* (53), *Disperato addio* (54 also co-w), *Costantino il grande: in hoc signo* (60 also co-w), *La vendetta di Spartaco* (64 co-w).

1301. De Feo, Sandro. Co-writer. b. Dec. 18, 1905, Modugno. *Ragazzo* (33), *Re di denari* (36), *Lo smemorato* (37),

Documento Z 3 (41), *È caduta una donna* (41 w), *Una piccola moglie* (43 w), *Accidenti alla guerra!* (48 w), *Marechiaro* (49), *Europa 51* (52), *Tre storie proibite* (52), *La provinciale* (53 also story), *Vestire gli ignudi* (54), *Nel segno di Roma* (58).

1302. De Ferrari, Gemma. Actress. b. Napoli. *Il papagallo della zia Berta* (12), *Lagrime e sorrisi* (12), *Idillio tragico* (12), *La maestrina* (13), *Tramonto* (13), *La gloria* (13), *Il mistero della notte del 13 giugno* (15), *Don Chisciotte in frak* (16), *L'impronta della piccola mano* (16), *L'altro amore* (19), *La biondina* (23), *Brinnesò* (23), *Varca napulitana* (25), . . . *Te lasso!* (26), *La madonnina dei marinai* (27), *Maratona* (28).

1303. De Filippo, Eduardo. Actor/director/writer of stage and film. b. May 24, 1900, Napoli. d. Oct. 31, 1984, Roma. RN: Eduardo Passarelli. Brother of Peppino De Filippo, he was reportedly an illegitimate son of Neapolitan farce-writer Eduardo Scarpetta, and joined Scarpetta's theatrical company while in his teens. In 1932 he and Peppino, and their sister Titina, founded their own company, Humorous Theatre. In 1953 Eduardo became owner of the San Ferdinando Theatre in Napoli, and in 1981 was created senator for life. He wrote nearly 60 plays. Films include: *Tre uomini in frac* (32 *), *Il cappello a tre punte* (34 *), *Quei due* (35 *), *Sono stato io!* (37 *), *Ma l'amor mio non muore* (38 *), *Il marchese di Ruvolito* (39 *), *In campagna è caduta una stella* (39 d/w/*), *Il sogno di tutti* (41 *), *Non ti pago!* (42 *), *A che servono questi quattrini* (42 *), *Casanova farebbe così* (42 *), *Ti conosco, mascherina!* (42 d/w/*), *Non mi muovo!* (43 *), *La vita ricomincia* (45 *), *Uno tra la folla* (46 *), *Assunta spina* (48 co-w/*), *La macchina ammazzacattivi* (48 *), *Campane a martello* (48 *), *Napoli milionaria* (50 d/w/*), *Altri tempi* (51 *), *Un ladro in paradiso* (51 inspired by his poem "Vincenzo De Pretore"), *Le ragazze di piazza di Spagna* (51 *), *Filumena Marturano* (52 from his play), *I sette peccati capitali* (52 the episodes "L'avarizia" and "L'ira" d/w/*), *Marito e moglie* (52 d/w/*), *Ragazze da marito* (52 d/w/*), *Cinque poveri in automobile* (52 *), *Tempi nostri* (52 *), *Martin Toccaferro* (53 *), *Traviata 53* (53 *), *Cento anni d'amore* (53 *), *Villa Borghese* (53 *), *Napoletani a Milano* (54 d/w/*), *L'oro di Napoli* (54 *), *Questi fantasmi* (55 d/w/*), *Cortile* (55 *), *Raw Wind in Eden* (58 U.S. *), *Fortunella* (58 d/*), *Il sogno di una notte di mezza sbornia* (59 d/*), *Ferdinando I, re di Napoli* (59 *), *Fantasmi a Roma* (60 *), *Tutti a casa* (60 *), *Ieri oggi e domani* (63 the episode "Adelina" co-w), *Oggi, domani e dopodomani* (65 the episode "Ora di punta" d/w), *Spara forte, più forte, non capisco* (66 d/co-w/*), *Cuore* (84 *), *Sabato, domenica e lunedì* (90 based on his play).

1304. De Filippo, Luigi. Actor. *Anna di Brooklyn* (58), *Le quattro giornate di Napoli* (62).

1305. De Filippo, Peppino. Actor. b. Aug. 24, 1903, Napoli. d. 1980. RN: Peppino Passarelli. Brother of Eduardo De Filippo. *Tre uomini in frac* (32), *Il cappello a tre punte* (34), *Quei due* (35), *Sono stato io!* (37), *Ma l'amor mio non muore* (38), *Il marchese di Ruvolito* (39), *In campagna è caduta una stella* (39), *L'ultimo combattimento* (41), *Notte di fortuna* (41), *A che servono questi quattrini* (42), *Casanova farebbe così* (42 also co-w), *Ti conosco, mascherina!* (42), *Non mi muovo!* (43), *Campo de' fiori* (43), *Io t'ho incontrata a Napoli* (46), *Biancaneve e i sette ladri* (49), *Luci del varietà* (50), *Signori, in carrozza!* (51), *Cameriera bella presenza offresi* (51), *Una di quelle* (52), *Ragazze da marito* (52), *Non è vero, ma ci credo* (52), *Via Padova, 46* (53), *Siamo tutti inquilini* (53), *Un giorno in pretura* (53), *Le signorine dello 04* (54), *Il segno di Venere* (55), *Piccola posta* (55), *Un po' di cielo* (55), *Cortile* (55), *I papagalli* (56), *Guardia, guardia scelta, brigadiere e maresciallo* (56), *La banda degli onesti* (56), *Totò, Peppino e la. . .malafemmina* (56), *Totò, Peppino e i fuorilegge* (57), *Vacanze ad Ischia* (57), *Peppino, le modelle e. . . "Chella Llà"* (57), *Peppino e la vecchia signora* (57 made in 54), *La nonna Sabella* (57), *Anna di Brooklyn* (58), *Ferdinando I, re di Napoli* (59), *Il mattatore* (60), *Chi si ferma è perduto* (60), *Totò, Peppino e. . .la dolce vita* (61), *Boccaccio 70* (61 the episode "Le tentazioni del dottor Antonio"), *Zum zum zum—la canzone che mi passa per la testa* (68), *Ninì Tirabusciò, la donna che inventò la "mossa"* (70).

1306. De Filippo, Titina. Actress. b. March 23, 1898, Napoli. d. 1963. Sister of Eduardo and Peppino De Filippo. *Sono stato io!* (37), *Ma l'amor mio non muore*

(38), *Frenesia* (39), *San Giovanni decollato* (40), *Una volta alla settimana* (41), *Villa da vendere* (42), *Non ti pago!* (42), *Ti conosco, mascherina!* (42), *Non mi muovo!* (43), *Napoli milionaria* (50), *Cameriera bella presenza offresi* (51), *Filumena Marturano* (52), *Cinque poveri in automobile* (52), *Non è vero, ma ci credo* (52), *Ragazze da marito* (52), *Cento anni d'amore* (53), *Martin Toccaferro* (53), *Il fuoco nelle vene* (53), *La vena d'oro* (55), *I papagalli* (56), *I vagabondi delle stelle* (56), *Guaglione* (56), *Totò, Peppino e i fuorilegge* (57), *Non cantare...baciami!* (57), *Totò, Vittorio e la dottoressa* (58), *Lorella* (58 also co-w).

1307. de Fleuriel, Yvonne. Actress/singer. b. Frosinone. *Cento HP* (15), *Il trono e la seggiola* (18), *Tutto* (18), *Madama l'ambasciatrice* (19), *L'ultima avventura* (20), *Io son fatta così* (20), *La modella di Tiziano* (21), *La madre folle* (22).

De Fonseca, Carolyn *see* **Fonseca, Carolyn**

1308. de Funès, Louis. French actor. b. July 31, 1908, Courbevoie. d. 1983. *I sette peccati capitali* (52), *Il tradimento di Elena Marrimon* (54), *Napoleone Buonaparte* (54), *La regina Margot* (54), *Frou Frou* (55), *I tartassati* (59), *Il delitto non paga* (62), *Le tentazioni quotidiane* (62), *Totò a Madrid* (65), *Colpo grosso ma non troppo* (65).

1309. Degermark, Pia. Swedish actress. b. 1949. *Una breve stagione* (69).

1310. Deghy, Guy. Hungarian actor. b. Oct. 11, 1912, Budapest. Long in the U.K. *Spia spione* (67).

1311. De Giorgi, Elsa. Actress. b. Dec. 26, 1915, Pesaro. *Ninì Falpalà* (33), *T'amerò sempre* (33), *L'impiegata di papà* (34), *Teresa Confalonieri* (34), *La signora Paradiso* (34), *L'eredità dello zio buonanima* (35), *Porto* (35), *Ma non è una cosa seria* (36), *La mazurka di papà* (38), *Due milioni per un sorriso* (38), *La sposa dei re* (38), *Il fornaretto di Venezia* (39), *Montevergine* (39), *Capitan Fracassa* (40), *La maschera di Cesare Borgia* (41), *Tentazione* (41), *Fra' Diavolo* (42), *Sant'Elena piccola isola* (42), *La locandiera* (43), *Il tiranno di Padova* (46), *Manù, il contrabbandiere* (47).

1312. Degli Abbati, Alberto. Director. b. Napoli. He began acting in 1906, and directing in 1908. Films include: *Anima perversa* (13), *Fra ruggiti di belve* (13), *Macchia indelibile* (13), *Le memorie dell'altro* (13), *L'epopea napoleonica* (14 co-d), *La contessa Fedra* (14), *Peppeniello* (14), *Fiori d'amore...fiori di morte* (14), *Turbine fatale* (15), *La mano tagliata* (19), *Nei gorghi del destino* (19).

1313. Dehn, Paul. U.K. writer. b. Nov. 5, 1912, Manchester. d. 1976. *La bisbetica domata* (67 co-w the English-language version, *The Taming of the Shrew*).

1314. de Labroy, Suzanne. French actress. *Erodiade* (12), *Quando i morti ritornano* (12), *Gli ultimi giorni di Pompei* (13).

1315. Delair, Suzy. French actress. b. Dec. 31, 1916, Paris. RN: Suzanne Delair. *Botta e risposta* (49), *Atollo K* (51), *Rocco e i suoi fratelli* (60).

1316. de la Loma, José Antonio. Co-writer. Also well known as a director. *L'uomo che viene da Canyon City* (65), *5000 dollari sull'asso* (65), *I cinque della vendetta* (65), *Sette magnifiche pistole* (66), *L'uomo dalla pistola d'oro* (66), *Dinamite Jim* (66), *Con la morte alle spalle* (67), *Perchè uccidi ancora?* (67 co-d), *Ad ogni costo* (68), *Clint il solitario* (68), *Per 50.000 maledetti dollari* (68 also d), *Conquest* (83).

1317. Delamare, Gil. French actor. b. Oct. 14, 1924, Paris. RN: Gilbert Yves de la Mare de la Villenaire de Chénevarin. *Fanfan la tùlipe* (51), *Le belle della notte* (52), *Destini di donne* (53 the episode "Giovanna d'Arco"), *Nagana* (54), *Quattro donne nella notte* (55), *Fuga nel sole* (56).

1318. de Landa, Juan. Spanish actor. b. Jan. 27, 1894, Motrico. RN: Juan Landa. *Il peccato di Rogelia Sànchez* (39), *Carmen fra i rossi* (39), *La forza bruta* (40), *Il pirata sono io* (40), *Il prigioniero di Santa Cruz* (40), *L'uomo della legione* (40), *L'uomo del romanzo* (40), *Giuliano de' Medici* (41), *Oro nero* (41), *Il re si diverte* (41), *Tragica notte* (42), *Ossessione* (42), *Gran Premio* (42), *L'edera* (50), *Lebbra bianca* (50), *La donna che inventò l'amore* (52), *Il tesoro dell'Africa* (53), *Hanno rubato un tram* (55), *Un angelo passò per Brooklyn* (58).

1319. Delannoy, Jean. French director. b. Jan. 12, 1908, Noisy-le-Sec. *L'ora della verità* (52 also co-w), *Il letto* (53 the episode "Il letto della Pompadour" also w), *Destini di donne* (53 the episode "Giovanna d'Arco" also co-w), *Domanda di grazia* (54 also co-w), *Maria Antonietta, regina di Francia* (56), *Notre Dame de Paris* (56), *La principessa di Clèves* (60), *Venere imperiale* (63), *L'amante italiana* (67 also w), *Il più grande colpo del secolo* (67) also co-w).

1320. de la Patellière, Denys. French director. b. March 8, 1921, Nantes. *Teresa Étienne* (57), *Le meravigliose avventure di Marco Polo* (65 co-d).

1321. de Lapparent, Hubert. French actor. *Il giorno e l'ora* (63).

1322. de la Torre, Raf. French actor. b. 1909, Paris. d. 1975. Long in the U.K. *La carrozza d'oro* (53).

1323. De Laurentiis, Dino. Producer. b. Aug. 8, 1919, Torre Annunziata, Napoli. In 1937 he attended the Centro Sperimentale, did extra work, acting, assistant directing and other film work to support himself, and from 1950 to 1957 was Carlo Ponti's partner in Lux Films. He "discovered" and married Silvana Mangano. *Batticuore* (38 *), *Troppo tardi t'ho conosciuta!* (39 *), *L'ultimo combattimento* (41 prod insp), *Margherita fra i tre* (41), *L'amore canta* (41 co-p), *Malombra* (42 ex p), *Zazà* (42), *La donna della montagna* (43), *Il bandito* (46), *La figlia del capitano* (47), *Il passatore* (47 co-p), *Molti sogni per le strade* (48), *Il cavaliere misterioso* (48), *Riso amaro* (48), *I pompieri di Viggiù* (49), *Il lupo della Sila* (49), *Adamo ed Eva* (49), *Botta e risposta* (49), *Non c'è pace tra gli ulivi* (49 co-p), *Cuori senza frontiere* (49), *Napoli milionaria* (50), *Il cammino della speranza* (50 co-p), *Il brigante Musolino* (50), *Vita da cani* (50), *Romanticismo* (51), *Anna* (51), *Guardie e ladri* (51), *Accidenti alle tasse!* (51), *Il padrone del vapore* (51), *Sensualità* (51), *Europa 51* (52), *La lupa* (52), *Totò terzo uomo* (52), *Totò a colori* (52), *I tre corsari* (52), *Jolanda, la figlia del corsaro nero* (52), *La tratta delle bianche* (52), *Il tenente Giorgio* (52), *Le infedeli* (52), *Dov'è la libertà* (53), *I sette dell'Orsa maggiore* (53), *Un turco napoletano* (53), *Anni facili* (53), *Fratelli d'Italia* (53), *Totò e Carolina* (53), *Mambo* (54), *Ulisse* (54), *Attila—flagello di Dio* (54), *Il più comico spettacolo del mondo* (54), *Miseria e nobiltà* (54), *L'oro di Napoli* (54), *La donna del fiume* (54), *La romana* (54), *Siluri umani* (54), *La strada* (54), *La bella mugnaia* (55), *Le notti di Cabiria* (56), *Guerra e pace* (56), *Guendalina* (57), *La diga sul Pacifico* (57), *La tempesta* (58), *Jovanka e le altre* (59), *La grande guerra* (59), *Il gobbo* (60), *Tutti a casa* (60), *Io amo... tu ami* (60 doc), *I due nemici* (61), *Crimen* (61), *Il federale* (61), *Il giudizio universale* (61), *Barabba* (61), *Il processo di Verona* (62), *La voglia matta* (62), *Il mafioso* (62 co-p), *Le ore dell'amore* (63), *Il maestro di Vigevano* (63), *Il boom* (63), *Il diavolo* (63), *Il giovedì* (64), *Alta infedeltà* (64 co-p), *La mia signora* (65), *Su e giù* (65 co-p), *I tre volti* (65 also appeared), *La bibbia* (66), *Un fiume di dollari* (66 co-p), *Se tutte le donne del mondo* (66), *Le streghe* (66), *Lo straniero* (67), *Barbarella* (68), *Vietnam, guerra e pace* (68 doc), *Roma come Chicago* (68), *L'amante di Gramigna* (68), *Banditi a Milano* (68), *Lo sbarco di Anzio* (68), *Waterloo* (70), *Sledge* (70), *La spina dorsale del diavolo* (70 co-p), *La più bella serata della mia vita* (72), *Joe Valachi—i segreti di Cosa Nostra* (72), *The Stone Killer* (73 U.S.), *Uomini duri...altrimenti vi ammuchiamo* (73), *Dio, sei proprio un padreterno* (73), *Serpico* (73 U.S.), *Valdez il mezzosangue* (73 co-p), *Death Wish* (74 U.S. ex p), *Three Days of the Condor* (75 U.S. ex p), *Mandingo* (75 U.S.), *Il Casanova di Federico Fellini* (76 co-p), *Drum* (76 U.S.), *King Kong* (76 U.S.), *Orca* (77 ex p), *The Serpent's Egg* (77 Germany/U.S.), *White Buffalo* (77 U.S.), *Hurricane* (79 U.S.), *King of the Gypsies* (79 U.S.), *The Brinks Job* (79 U.S. ex p), *Ragtime* (81 U.S.), *Flash Gordon* (81 U.S.), *Conan the Barbarian* (82 U.S.), *Fighting Back* (82 U.S.), *The Dead Zone* (83 U.S. ex p), *Crazy Joe* (83 U.S.), *The Bounty* (84 U.S. ex p), *Dune* (84 U.S.), *Cat's Eye* (85 U.S.), *The Year of the Dragon* (85 U.S.), *Manhunter* (86 U.S.), *Tai Pan* (86 U.S. ex p), *Desperate Hours* (90 U.S.).

1324. De Laurentiis, Luigi. Co-producer. Older brother of Dino De Laurentiis. *Paolo Barca, maestro elementare, praticamente nudista* (75), *Un borghese piccolo piccolo* (77), *Io ho paura* (77 p), *La mazzetta* (78), *Qua la mano* (79), *Testa e croce* (82), *Bertoldo, Bertoldino e Cacasenno* (83), *Maccheroni* (85), *Yuppies 2* (87), *Montecarlo gran casinò* (88), *Codice privato* (88).

1325. Del Balzo, Liana. Actress. *Il ladro di Venezia* (50), *Sodoma e Gomorra* (62), *Il disco volante* (64).

1326. Delbo, Jean-Jacques. French actor. b. 1909. *Versailles* (53), *Napoleone Buonaparte* (54), *Gli amanti di domani* (56), *La morte viene dallo spazio* (58), *Il diabolico dott. Mabuse* (60), *Gli invasori* (61), *L'attico* (62), *Senza movente* (71), *Lulù* (80).

1327. Del Colle, Ubaldo Maria. Director/actor. b. June 27, 1883, Roma. With the advent of sound he became a documentary maker. *La presa di Roma* (05 short *), *Otello* (07 *), *L'inferno* (09 *), *La valanga* (10 *), *Sardanapolo, re dell'Assiria* (10), *La prigione infocata* (11 *), *Raffles, il ladro misterioso* (11 a serial in 3 parts d), *Le colpe degli altri* (12 co-d), *L'assassinio di un'anima* (12), *I delitti della legge* (12 d), *La morsa* (12 d), *Oltre la morte* (12 d), *Quale dei due?* (12 d), *Il segreto dell'aviatore* (12 d), *In fondo al baratro* (12), *Pro paupere infirmo* (13 *), *Satanella* (13 *), *La tela del ragno* (13), *L'implacabile* (13), *Sui gradini del trono* (13 co-d), *Il carabiniere* (13 co-d), *Giovanna d'Arco* (13 co-d), *La morte civile* (13 d), *Il mistero di Jack Hilton* (13 d), *Ultimo anelito* (14 d), *Accordo in mi minore* (14 d), *Alla conquista di un trono* (14 d), *Il profumo che uccide* (15 d), *L'agguato* (15), *Lo spettro del sotteraneo* (15 d), *L'uomo dall'orecchio mozzato* (16 d), *Cavalleria rusticana* (16 co-d), *Cuore d'alpino* (16), *Addio amore!* (16 co-d), *Castigo* (17 d), *Treno di lusso* (17 co-d), *I misteri di Parigi* (17 co-d), *Le mariage de chiffon* (18 *), *Anime inquiete* (18), *La bocca mi baciò tutto tremante* (18), *Martino, il trovatello* (18 co-d/*), *Torna a Surriento* (19), *I figli di nessuno* (20 three episodes: "I figli di nessuno," "Suor Dolores," "Balilla" d), *Sconosciuta* (21 *), *Il pugno del gigante* (21 d), *Il cavaliere della lieta figura* (22), *La leoparda ferita* (22), *Aniello a'ffede* (23), *Brinnesò* (23), *Core furastiero* (25), *Fenesta che lucive* (25 *), *Chiagne pe' te!* (25), *Varca napulitana* (25), *...Te lasso!* (26), *La madonnina dei marinai* (27 d), *Piscatore 'e Pusilleche* (27 *), *Non è Carmela mia* (28), *Napule e Surriente* (28), *Menzogna* (52 d).

Del Cortivo, Pina *see* **Gallini, Pina**

1328. De Leone, Francesco. Actor. *La vendetta della maschera di ferro* (62), *Il medico della mutua* (68).

1329. Delerue, Georges. French composer. b. March 12, 1925, Roubaix. d. March 21, 1992, Los Angeles, Calif., U.S.A. *Asfalto che scotta* (60), *L'amore a vent'anni* (61), *L'amante di cinque giorni* (61), *Il disprezzo* (62), *Lo sciacallo* (63), *Pelle d'oca* (63), *Viva Maria* (65), *Amor di una calda estate* (65), *Colpo grosso ma non troppo* (65), *Il conformista* (70).

1330. Del Fabbro, Nino. Actor. *La signora senza camelie* (53), *Ercole, Sansone, Maciste, Ursus: gli invincibili* (64).

1331. Delfosse, Raoul. French actor. *Il processo* (62), *Gli scassinatori* (71).

1332. Del Frate, Renato. Director of photography. b. Nov. 21, 1910, Roma. *Sentinelle di bronzo* (37 camera), *La principessa Tarakanova* (38 camera), *Luciano Serra pilota* (38 camera), *L'albergo degli assenti* (38), *Il marchese di Ruvolito* (39), *Abuna Messias* (39 co-ph), *Manovre d'amore* (39), *Le sorprese del vagone letto* (39), *L'imprevisto* (40), *L'ispettore Vargas* (40), *Il carnevale di Venezia* (40), *La reggia sul fiume* (40), *Il cavaliere senza nome* (40 co-ph), *Il sogno di tutti* (41), *Tosca* (41), *Tentazione* (41), *Il vetturale del san Gottardo* (41), *Una volta alla settimana* (41), *La fortuna viene dal cielo* (41), *Villa da vendere* (42), *La bisbetica domata* (42), *La donna del peccato* (42), *In cerca di felicità* (43), *Vietato ai minorenni* (43), *Senza una donna* (43), *L'usuraio* (43), *La valle del diavolo* (43 co-ph), *Sperduti nel buio* (47), *L'eroe della strada* (48), *Monaca santa* (48), *L'amorosa menzogna* (49 short), *Marechiaro* (49), *Domani è troppo tardi* (50 co-ph), *Il bivio* (50), *L'amore di Norma* (50), *Amo un assassino* (51), *È arrivato l'accordatore* (51), *Napoleone* (51), *Lorenzaccio* (51), *Wanda la peccatrice* (52 co-ph), *Carmen proibita* (52), *Serenata amara* (52), *Il tesoro del Bengala* (52), *Primo premio: Mariarosa* (53), *La sultana Safiyè* (53), *Accade al commissariato* (54), *Il prezzo della gloria* (55), *Il tesoro di Rommel* (55), *Terroristi a Madrid* (55), *Lo spadaccino misterioso* (56), *Totò e Marcellino* (58), *I mongoli* (61 co-ph).

1333. Del Grosso, Remigio. Writer. b. July 17, 1917, Roma. Also directed several documentaries. *Carosello napoletano* (54 co-w), *Motivo in maschera* (55 co-w/co-story), *La donna dei faraoni* (60 co-w), *300 Spartans* (62 U.S. co-w), *Ercole contro*

Moloch (63), *Coriolano, eroe senza patria* (63), *Il leone di Tebe* (64 co-w), *Il colosso di Roma* (65 co-w), *Per pochi dollari ancora* (66 co-w), *Due pistole e un vigliacco* (67 co-w).

1334. De Liguoro, Giuseppe. Director. b. Jan. 10, 1869, Napoli. d. March 19, 1944, Roma. RN: Giuseppe Dei Conti De Liguoro Presicce. Father of Wladimiro De Liguoro. *Martire pompeiana* (09), *San Paolo* (09), *Marin Faliero doge di Venezia* (09 also *), *L'inferno* (09 *), *Ugo e Parisina* (09), *Re Artù e i cavalieri della Tavola Ronda* (10), *Carlo IX* (10), *Edipo re* (10 also *), *Bruto II* (10), *Sardanapolo, re dell'Assiria* (10 *), *Gioacchino Murat* (10), *L'Odissea* (11 also *), *Burgos* (11), *Il coraggio della paura* (11), *Maria Tudor* (11), *Brivido fatale* (12), *La fuga degli angioli* (12), *Il segreto del mare* (12), *L'uomo brutto* (12), *Giuseppe Verdi nella vita e nella storia* (13), *L'appuntamento* (14), *Christus* (15 co-d), *Odette* (16 co-d), *La perla del cinema* (16), *Fedora* (16), *Baby l'indiavolata* (16), *Nel gorgo della vita* (16), *Le memorie di un pazzo* (16), *Il grido della foresta* (17), *Lorenzaccio* (18), *Orlando furioso* (18), *Fascino d'oro* (18), *Lacrime e fiori* (19), *Venerdì di passione* (20), *Il canto di Circe* (20), *Il leone di Omar* (24 also *), *La canzone di Mirka* (31 short).

1335. De Liguoro, Rina. Actress. b. July 24, 1892, Firenze. RN: Elena Caterina Catardi in De Liguoro. Her father was Sardinian. Married Count Wladimiro De Liguoro (q.v.). *Saracinesca* (20), *Messalina* (23), *Il trittico di Bonnard* (23), *Maremma* (23), *Savitri Satyvan* (23), *Quo vadis?* (24), *La via del peccato* (25), *Il focolare spento* (25), *Gli ultimi giorni di Pompei* (26), *Bufera* (26), *Quello che non muore* (26), *Anita* (26), *La bella corsara* (27), *Il vetturale del Moncenisio* (28), *Certe donne!* (28), *Assunta spina* (28), *Mese mariano* (29), *Luisa Sanfelice* (42), *Buffalo Bill a Roma* (50), *Domani è un altro giorno* (50).

1336. De Liguoro, Wladimiro. Director/director of photography/actor. b. Oct. 11, 1893, Napoli. RN: Wladimiro Dei Conti De Liguoro Presicce. *La statua di carne* (12 *), *La coppia avvelenata* (14 *), *Il canto di Circe* (20 ph), *Dai frantumi dell'idolo* (20 co-ph), *L'uomo della rosa* (21 ph), *Savitri Satyvan* (23 ph), *Bufera* (26 d), *Quello che non muore* (26 d), *La bella corsara* (27 d), *Il solitario della montagna* (31 d).

1337. de Limur, Jean. Director. *Papà Lebonnard* (39), *Apparizione* (43 co-d).

1338. Della Corte, Bianca. Actress. b. July, 1917, Napoli. *Grandi magazzini* (39), *Il pozzo dei miracoli* (41), *Addio, giovinezza!* (41), *L'attore scomparso* (41), *Due cuori sotto sequestro* (41), *Ore 9 lezione di chimica* (41), *Primo amore* (41), *Il conte di Montecristo* (43).

Dell'Acqua, Alberto *see* **Widmark, Robert**

1339. Della Garisenda, Gea. Operetta singer/actress. b. Sept. 24, 1878, Catignola. RN: Alessandra Drudi. *La vergine innamorata* (16), *Mascotte* (16), *Amor che nulla vince* (18).

1340. Della Marra, Luciano. Actor. A construction worker chosen to appear in the film *Aida* (53).

1341. Della Noce, Luisa. Actress. *L'arte di arrangiarsi* (54), *Il ferroviere* (56), *L'uomo di paglia* (58), *Parque de Madrid* (59 Spain), *Giacobbe ed Esau* (62), *Giulietta degli spiriti* (65), *Tutte le altre ragazze lo fanno* (66).

1342. Della Rovere, Patrizia. Actress. *Violenza sul lago* (53), *Ercole e la regina di Lidia* (58).

Della Sabbia, Andrea *see* **Forzano, Andrea**

Della Scala, Lia *see* **Scala, Delia**

1343. Della Valle, Umberto. Director of photography. b. Oct. 15, 1889, Firenze. *Il sire di Vincigliata* (12 in color), *La locandiera* (13), *Tristi passioni* (14), *Le due madri* (15), *La morte del duca d'Ofena* (16 co-ph), *Il figlioccio di Rirette* (16), *Senza peccato* (16), *Seppe morir e fu redento* (16), *Il re, le torri, gli alfieri* (16 co-ph), *Caccia al lupo* (16), *Lontano, lontano, lontano* (16), *Cenere* (16), *L'antica fiamma* (17), *Le figlie d'avaro* (17), *Patto giurato* (17), *La storia di una capinera* (17), *Tristi amori* (18), *L'arcolaio di Barberina* (18), *Scampolo* (18), *Il girotondo degli undici lancieri* (18), *Il conte Centanni e il visconte Gioventù* (18), *Amleto ed il suo clown* (19 co-ph), *I cinque Caini* (19), *La storia della dama dal ventaglio bianco* (19 co-ph), *Due sogni ad occhi aperti* (20), *La sentinella morta* (20 co-ph), *La tortura del silenzio* (20), *Edera* (21), *Il processo d'Esparbes* (21), *Tatiana* (21), *L'errante* (21), *L'antenato* (22), *Florette e Patapon* (27 co-ph), *Il mistero dell'Artide* (30 also d), *La città dell'amore* (34), *Sulle*

1344. Delle Piane, Carlo. Comic actor. b. 1936, Roma. *Cuore* (48), *Domani è troppo tardi* (50), *Mamma mia, che impressione!* (51), *Guardie e ladri* (51), *La famiglia Passaguai* (51), *L'uomo la bestia e la virtù* (53), *La grande speranza* (53), *Un americano a Roma* (54), *La ladra* (55), *Da qui all'eredità* (55), *I papagalli* (56), *La ragazza di via Veneto* (56), *Serenate per 16 bionde* (57), *Un "colpo" da due miliardi* (58), *Frau Wirtin hat auch einen Grafen* (68 Germany), *Che?* (72), *Teresa la ladra* (73), *Tutti defunti tranne i morti* (77), *Una gita scolastica* (83), *Noi tre* (83), *Festa di laurea* (85), *Regalo di Natale* (87), *Condominium* (91).

1345. Delli Colli, Franco. Director of photography. *Comizi d'amore* (63 doc co-ph), *L'odio è il mio dio* (67 co-ph), *Se sei vivo spara* (67), *I morti non si contano* (68), *Colpo di sole* (68), *Gangster 70* (68), *I due crociati* (68), *La vendetta è il mio perdono* (69), *Giù la testa* (71 2nd unit ph), *Il figlio di Zorro* (73), *La fine dell'innocenza* (76), *Il medaglione insanguinato* (76), *Nude per l'assassino* (76), *Il conto è chiuso* (76), *Poliziotto sprint* (76), *La banda del trucido* (77), *Una vita venduta* (77 co-ph), *Macabro* (80 co-ph), *Aiutami a sognare* (81 co-ph), *Il sommergibile più pazzo del mondo* (82 co-ph), *Hanna D—la ragazza del Vondelpark* (84), *Rats—notte di terrore* (84), *Ghosthouse* (89).

1346. Delli Colli, Tonino. Director of photography. b. Nov. 20, 1923, Roma. RN: Antonio Delli Colli. *Il paese senza pace* (43), *Finalmente sì* (43), *Trepidazione* (45), *L'isola di Montecristo* (48), *La città dolente* (48), *La mano della morta* (49 co-ph), *La strada buia* (49), *Alina* (50), *Il voto* (51), *Accidenti alle tasse!* (51), *Era lui... si! si!* (51), *Milano miliardaria* (51), *Il padrone del vapore* (51), *Io sono il capataz!* (51), *Totò a colori* (52 Italy's first color film), *Totò terzo uomo* (52), *I tre corsari* (52), *Jolanda, la figlia del corsaro nero* (52), *Totò e le donne* (52), *Gioventù alla sbarra* (52), *Fratelli d'Italia* (53), *Ti ho sempre amato* (53), *Il sacco di Roma* (53), *Amori di mezzo secolo* (53), *Dov'è la libertà* (53 co-ph), *Le signorine dello 04* (54), *Tradita* (54), *L'uomo e il diavolo* (54 co-ph), *L'ombra* (54), *L'intrusa* (55), *Piccola posta* (55), *Accade al penitenziario* (55), *L'angelo bianco* (55), *Donatella* (55), *Una voce, una chitarra, un po' di luna* (56), *Poveri ma belli* (56), *La nonna Sabella* (57), *Belle ma povere* (57), *Femmine tre volte* (57), *Susanna tutta panna* (57), *L'amico del giaguaro* (58), *Adorabili e bugiarde* (58), *Arrivederci Roma* (58), *Marinai, donne e guai* (58 co-ph), *Venezia, la luna e tu* (58), *Primo amore* (58), *Policarpo, ufficiale di scrittura* (59 co-ph), *Poveri milionari* (59 co-ph), *Le cameriere* (59), *Il mondo di notte* (59), *Morgan il pirata* (60), *Il ladro di Bagdad* (60), *Accattone* (61), *I nuovi angeli* (61), *Mamma Roma* (62), *RoGoPaG* (62 the episode "La ricotta"), *La ballata del boia* (63), *La bella di Lodi* (63), *Comizi d'amore* (63 doc co-ph), *Amori pericolosi* (64), *Il vangelo secondo Matteo* (64), *Extraconiugale* (65 the episode "La roccia"), *Le soldatesse* (65), *La mandragola* (65), *Vaghe stelle dell'Orsa* (65 co-ph), *Uccellacci e uccellini* (66), *Il buono, il brutto, il cattivo* (66), *Capriccio all'italiana* (66 the episode "Che cosa sono le nuvole?"), *La Cina è vicina* (67), *Il giorno della civetta* (68), *Tre passi nel delirio* (68 the episode "William Wilson"), *Niente rose per OSS 117* (68), *Metti, una sera a cena* (68), *C'era una volta il west* (68), *Gli infermieri della mutua* (69), *Rosolino Paternò soldato* (69), *Porcile* (69), *Pussycat, Pussycat, I Love You* (70 U.K.), *Il Decamerone* (71), *Homo eroticus* (71), *I racconti di Canterbury* (71), *Un uomo da rispettare* (72), *Bella di giorno, moglie di notte* (72), *Lacombe Lucien* (73 France), *Punto e Capo* (73), *Storie scellerate* (73), *Peccato veniale* (73), *Paolo il caldo* (73), *Dio mio, come sono caduta in basso!* (74), *Salò, o le 120 giornate* (75), *Pasqualino Settebellezze* (76), *Caro Michele* (76), *Anima persa* (76), *Un Taxi mauve* (77 France), *Il casotto* (77), *I nuovi mostri* (77), *Primo amore* (78), *Fatto di sangue fra due uomini per causa di una vedova (si sospettano moventi politici)* (78), *Due pezzi di pane* (78 co-ph), *Caro papà* (79), *Viaggio con Anita* (79), *Le stelle nel fosso* (79), *Camera d'albergo* (80), *Macabro* (80 co-ph), *I seduttori della domenica* (80), *Io sono fotogenico* (80), *Temporale Rosy* (80), *Aiutami a sognare* (81 co-ph), *Fantasma d'amore* (81), *Storie di ordinaria follia* (81), *Trenchcoat* (82 U.S.), *Il futuro è donna* (83), *C'era una volta l'America* (83), *Ginger e Fred* (85 co-ph), *Il nome della rosa* (86), *Intervista* (87), *Intimo* (87), *Stradivari* (89),

L'africana (90), *La voce della luna* (90), *Una storia semplice* (91).

1347. Del Monaco, Mario. Opera star. b. July 27, 1915, Firenze. d. Oct. 16, 1982, Mestre, near Venezia. A tenor, his operatic debut was in 1941. Retired in 1973. His voice was heard in: *L'uomo dal guanto grigio* (48), *Enrico Caruso, leggenda di una voce* (51), *Melodie immortali* (52), *Giuseppe Verdi* (53), *Guai ai vinti!* (54), *Casa Ricordi* (54), *La donna più bella del mondo* (55), *Primo amore* (78).

1348. Del Monte, Peter. Director. b. 1943, San Francisco, Calif., U.S.A. *Fuori campo* (69 also co-w), *La parola a venire* (70), *Irene Irene* (76), *L'altra donna* (80 also co-w), *Piso pisello* (81 also co-w), *Invitation au voyage* (82), *Piccoli fuochi* (85 also co-w), *Giulia e Giulia* (87 also co-w), *Étoile* (89 also co-w), *Tracce di una vita amorosa* (90 also co-p/co-w).

1349. Delon, Alain. French actor. b. Nov. 8, 1935, Sceaux. *In pieno sole* (59), *Le donne sono deboli* (59), *Rocco e i suoi fratelli* (60), *Che gioia vivere* (61), *Le tentazioni quotidiane* (62), *L'eclisse* (62), *Colpo grosso al casinò* (62), *Il tulipano nero* (63), *Il gattopardo* (63), *Tre passi nel delirio* (68 the episode "William Wilson"), *La piscina* (68), *Il clan dei siciliani* (69), *Crepa padrone, crepa tranquillo* (70), *Sole rosso* (71), *L'assassinio di Trotsky* (72), *La prima notte di quiete* (72), *Tony Arzenta* (73), *Zorro* (75), *Cronaca di una morte annunciata* (87).

1350. Delon, Nathalie. French actress. b. 1938. RN: Francine Canovas. Married Alain Delon. *Il monaco* (72), *Hold-up instantaneo di una rapina* (74), *Sussuri nel buio* (76), *Occhi dalle stelle* (77).

1351. Delorme, Danielle. French actress. b. Oct. 6, 1926, Levallois-Perret. RN: Gabrielle Girard. *I denti lunghi* (52), *Tempi nostri* (52), *Versailles* (53), *Casa Ricordi* (54), *Fascicolo nero* (55), *Cleo dalle 5 alle 7* (62).

1352. Del Poggio, Carla. Actress. b. Dec. 2, 1925, Napoli. RN: Maria Luisa Attanasio. Married Alberto Lattuada (q.v.). *Maddalena, zero in condotta* (40), *Un garibaldino al convento* (41), *Violette nei capelli* (42), *C'è sempre un ma...* (42), *Signorinette* (42), *Incontri di notte* (43), *Tre ragazze cercano marito* (43), *L'angelo e il diavolo* (46), *Il bandito* (46), *Caccia tragica* (47), *Gioventù perduta* (47), *Il mulino del Po* (48), *Senza pietà* (48), *Cavalcata d'eroi* (49), *Luci del varietà* (50), *Il sentiero dell'odio* (51), *Roma, ore 11* (51), *Core 'ngrato* (51), *Melodie immortali* (52), *Bufere* (52), *Noi peccatori* (52), *Cose da pazzi* (54), *I girovaghi* (56).

1353. del Pozo, Angel. Spanish actor. AKA: Anthony Clark. *La colt è la mia legge* (65), *La resa dei conti* (66), *Per pochi dollari ancora* (66), *La sfinge d'oro* (67), *Faccia a faccia* (67), *Cervantes* (68), *Simón Bolívar* (68), *L'ira di Dio* (68), *Oggi a me, domani a te* (68), *Il prezzo del potere* (69), *Quel maledetto ponte sull'Elba* (69), *Le guerriere dal seno nudo* (72), *Lo chiamavano Mezzogiorno* (74), *Professione: reporter* (75), *Leonor* (75).

1354. Del Prete, Duilio. Actor. *I sette fratelli Cervi* (67), *Commandos* (68), *Le castagne sono buone* (71), *L'assassinio di Trotsky* (72), *Senza ragione* (72), *Vogliamo i colonnelli* (72), *Le monache di sant'Arcangelo* (72), *Sesso matto* (73), *La polizia incrimina: la legge assolve* (73), *Daisy Miller* (74 U.S.), *Il sorriso del grande tentatore* (74), *At Long Last Love* (75 U.S.), *Amici miei* (75), *La divina creatura* (75), *L'infermiera* (76), *L'Italia s'è rotta* (76), *Stato interessante* (77), *Una donna di seconda mano* (77), *Una spirale di nebbia* (77), *Nella misura in cui...* (79), *Io zombo, tu zombi, lei zomba* (80), *Panama Sugar* (90), *Voci dal profondo* (91).

1355. Del Re, Fernando. Actor. b. Napoli. d. Jan., 1919. *Il pazzo* (14), *L'incubo* (15), *Suicidio* (16), *Triste realtà* (16 in 3 episodes: "Il vincolo," "Il vortice," "La realtà"), *Selvaggia* (16).

1356. Del Rio, Dolores. Mexican actress. b. Aug. 3, 1905, Durango. d. Aug. 3, 1983, Newport Beach, Calif., U.S.A. RN: Lolita Dolores Martínez Asunsolo López Negrette. Married writer Jaime Del Rio. Long in Hollywood. *C'era una volta* (67).

1357. Deltgen, René. Actor. b. April 30, 1912, Esch-sur-Alzette, Luxembourg. Long in Germany. *Londra chiama polo nord* (55).

1358. De Luca, Lorella. Actress. b. Sept. 17, 1940. AKA: Hally Hammond. *Il bidone* (55), *Poveri ma belli* (56), *Sette canzoni per sette sorelle* (56), *Gente felice* (56), *Orlando e i paladini di Francia* (56), *Padri e figli* (56), *L'ultima violenza* (57), *I* *misteri di Parigi* (57), *L'uomo dall'ombrellone bianco* (57), *Il medico e lo stregone* (57), *Belle ma povere* (57), *Dinanzi a noi il cielo* (58), *Lorella* (58), *Il bacio del sole* (58), *Primo amore* (58), *Domenica è sempre domenica* (58), *Nel segno di Roma* (58), *Racconti d'estate* (58), *Costa Azzurra* (59), *Una pistola per Ringo* (65), *Il ritorno di Ringo* (65), *Per amore...per magia* (68), *Uomini duri...altrimenti vi ammuchiamo* (73).

1359. De Luca, Pupo. Actor. *Continuavano a chiamarlo Trinità* (71), *Finalmente le mille e una notte* (72).

1360. De Luise, Dom. U.S. actor. b. Aug. 1, 1933, Brooklyn, N.Y. *Un tassinaro a New York* (87).

1361. De Lullo, Giorgio. Actor. b. April 24, 1921, Roma. d. July 10, 1981, Roma. A theater actor and director, he co-founded the Compagnia di Giovani (1954–1971). *Eugenia Grandet* (46), *Mio figlio professore* (46), *Cuore* (48), *Il voto* (51), *Non è mai troppo tardi* (53), *La pattuglia dell'Amba Alagi* (53), *Appassionatamente* (54), *In amore si pecca in due* (54), *Storia del teatro* (56 a series of 4 shorts), *Il processo di Verona* (62).

1362. de Luna, Álvaro. Spanish actor. b. 1936. *Sfida a Rio Bravo* (65), *Colpo grosso a Galata Bridge* (65), *Un dollaro a testa* (66), *I crudeli* (67), *Il mercenario* (68), *Io non perdono...uccido* (68), *La banda J & S—cronaca criminale del west* (73), *La testa del serpente* (74).

1363. Delys, Max. French actor. *Pane e cioccolata* (73).

1364. de Maigret, Vanni. Actor. *L'isola di Arturo* (62), *La parmigiana* (63), *I giovani tigri* (68).

1365. De Martino, Alberto. Director/co-writer. AKA: Martin Herbert, Herbert Martin, Pedro Lazaga. *Il colosso di Rodi* (60 co-w), *Horror* (60), *Perseo l'invincibile* (61), *Il gladiatore invincibile* (62 co-d/co-p/co-w), *Gli invincibili sette* (63), *I sette gladiatori* (63), *Il trionfo di Ercole* (64), *La rivolta dei sette* (64), *La carica del 7 Cavalleggeri* (64), *100.000 dollari per Ringo* (66), *Django spara per primo* (66), *O.K. Connery* (67), *Dalle Ardenne all'inferno* (68 also co-story), *Roma come Chicago* (68), *Femmine insaziabili* (69), *L'uomo dagli occhi di ghiaccio* (72), *I familiari delle vittime non saranno avvertiti* (72), *L'assassino è al telefono* (73), *Il consigliori* (73), *Ci ridiamo, vera provvidenza?* (73), *L'anticristo* (74), *Tony Saitta* (76), *Holocaust 2000* (77), *L'uomo puma* (80), *The Link* (82 U.S.), *Miami Golem* (85), *Extrasensorial* (85), *7 Hyde Park—la casa maledetta* (85).

1366. De Masi, Francesco. Composer. AKA: Frank Mason. *Solimano il conquistatore* (62), *Ti-Koyo e il suo pescecane* (62), *Maciste, l'eroe più grande del mondo* (63), *I tre implacabili* (63), *Gli schiavi più forti del mondo* (63), *L'uomo della valle maledetta* (63), *Alla conquista dell'Arkansas* (63), *Lo spettro del dottor Hichcock* (63), *Maciste nelle miniere del re Salomone* (64), *La vendetta di Spartaco* (64), *Il segno di Coyote* (64), *I due violenti* (64), *Una bara per lo sceriffo* (65), *FBI operazione Vipera Gialla* (65), *Il ranch degli spietati* (65), *I magnifici brutos del west* (65), *Ringo, volto della vendetta* (66), *Per un pugno nell'occhio* (66), *Troppo per vivere ...poco per morire* (66), *Adios hombre* (66), *La lama nel corpo* (66), *Il pistolero di Arizona* (66), *La spietata colt del gringo* (67), *Il magnifico texano* (67), *Sartana non perdona* (68), *Ringo, il cavaliere solitario* (68), *Sette dollari sul rosso* (68), *Ammazzali tutti e torna solo* (68), *Colpo maestro al servizio di Sua Maestà britannica* (68), *Il momento di uccidere* (68), *...E venne il tempo di uccidere* (68), *Due croci a Danger Pass* (68), *L'uomo venuto per uccidere* (68), *Sangue chiama sangue* (68), *Quanto costa morire* (68), *Quella sporca storia del west* (68 co-composer), *Quindici forche per un assasssino* (68), *Lady Desire* (68 Greece), *Vado...l'ammazzo e torno* (68), *Sette Winchester per un massacro* (68), *La sfida dei Mackenna* (69), *La Battaglia d'Inghilterra* (70), *Concerto per pistola solista* (70), *Quel maledetto giorno della resa dei conti* (71), *La tecnica e il rito* (71), *Zorro, il cavaliere della vendetta* (71), *Ettore lo fusto* (71), *Un solo grande amore* (72), *C'è Sartana, vendi la pistola e comprati la bara* (72), *Vendetta* (76 Israel), *La macchina della violenza* (76), *Vizi privati pubbliche virtù* (76), *Quel maledetto treno blindato* (77), *Il figlio dello sceicco* (78), *Lo squartatore di New York* (82), *Fuga dal Bronx* (83), *Lone Wolf McQuade* (83 U.S.), *Cane arrabbiato* (84), *Rush* (84), *Il diavolo sulle colline* (85), *Follia amore mio* (85).

1367. **De Matteis, Maria.** Costume artist. b. Firenze. *Torna, caro ideal. . . !* (39 co-costumes), *Il marchese di Ruvolito* (39 co-costumes), *Giù il sipario* (39), *La nascita di Salomè* (40 co-costumes), *Don Pasquale* (40 co-costumes), *Piccolo mondo antico* (40 co-costumes), *I pirati della Malesia* (41), *I mariti* (41 co-costumes), *Sissignora* (41), *Un colpo di pistola* (41), *Ossessione* (42), *Don Cesare di Bazan* (42 co-costumes), *Malombra* (42), *L'amico delle donne* (42), *Zazà* (42), *Enrico IV* (43), *Vanità* (46), *Il fiacre n. 13* (47), *Addio, Mimì* (47), *La figlia del capitano* (47), *Il mulino del Po* (48 co-costumes), *Guarany* (48), *L'ultima cena* (49), *Il figlio di d'Artagnan* (49), *Il conte Ugolino* (49), *Patto col diavolo* (49), *Vespro siciliano* (49), *Romanzo d'amore* (50), *Figaro qua, Figaro là* (50), *Io sono il capataz!* (51), *Lorenzaccio* (51), *La cieca di Sorrento* (52), *Processo alla città* (52), *La fiammata* (52), *Il segreto delle tre punte* (52), *La carrozza d'oro* (53), *Aida* (53), *Gran varietà* (53), *Amori di mezzo secolo* (53), *Carosello napoletano* (54), *Casta diva* (54), *Casa Ricordi* (54), *L'arte di arrangiarsi* (54), *Peccato che sia una canaglia* (54), *Guerra e pace* (56), *La diga sul Pacifico* (57), *La tempesta* (58), *Maciste nella Valle dei Re* (60), *Barabba* (61), *La bibbia* (66), *Fraülein Doktor* (68), *Così parlò Bellavista* (84), *Cristoforo Colombo* (84 co-costumes).

1368. **de Mejo, Carlo.** Actor. b. 1945. AKA: Stewart May. Son of Alida Valli. *L'oro di Londra* (67), *Summit* (68), *La Battaglia del Sinai* (68), *Teorema* (68), *L'etrusco uccide ancora* (72), *Un Homme est mort* (72 France), *L'ultima chance* (73), *L'uomo in basso a destra nella fotografia* (74), *Porco mondo* (79), *La decima notte* (79), *Amanti miei* (80), *La ragazza del vagone letto* (80), *Paura nella città dei morti viventi* (80), *Contamination—alien arriva sulla terra* (80), *L'altro inferno* (80), *Quella villa accanto al cimitero* (81), *L'occhio del male* (83).

1369. **de Mendoza, Alberto.** Argentine actor. *Rebus* (68), *Salvare la faccia* (68), *L'urlo dei giganti* (68), *Quando Satana impugna la colt* (68), *Quei disperati che puzzano di sudore e di morte* (69), *Una sull'altra* (70), *Lo strano vizio della signora Ward* (71), *Una lucertola con la pelle di donna* (71), *E poi non rimase nessuno* (74).

1370. **de Metz, Danielle.** French actress. *Jessica* (62), *Il segno di Zorro* (64).

1371. **Demichelli, Tullio.** Director. *Il figlio di capitano Blood* (63), *Sfida a Rio Bravo* (65 also w), *Da 077: missione Lisbona* (65), *L'uomo e una colt* (67 also co-w), *Viva Sabata!* (70), *El hombre que vino de Ummo* (70 Spain), *Un tipo con una faccia strana* (72 co-d), *Tequila* (74 also co-w).

1372. **Demick, Irina.** French-Russian actress. b. 1937. *La vendetta della signora* (64), *L'arcangelo* (68), *La porta del cannone* (69), *Una ragazza tutta nuda assassinata nel parco* (72).

1373. **De Mitri, Leonardo.** Director. b. Aug. 31, 1914, Mola di Bari. d. July 16, 1956, Ravenna. *Femmina incatenata* (49 asst d), *Il mulatto* (49 asst d), *Angelo tra la folla* (50), *Verginità* (50 also co-w/story), *L'angelo del peccato* (52 also co-w/story), *Cani e gatti* (52 also co-w), *Martin Toccaferro* (53 also co-w), *Piovuto dal cielo* (53), *Altair* (56 also co-w), *Moglie e buoi . . .* (56).

1374. **De Mola, Tina.** Actress. b. Milano. Married Renato Rascel. Also a singer. *Pazzo d'amore* (43), *Il vedovo allegro* (49), *La cintura di castità* (50), *Attanasio cavallo vanesio* (53), *L'ultima gara* (54 made in 49), *Alvaro piuttosto corsaro* (54), *I pinguini ci guardano* (54), *Nata di marzo* (57).

1375. **Demongeot, Mylène.** French actress. b. Sept. 28, 1936, Nice. RN: Marie-Hélène Demongeot. *Frou Frou* (55), *Le vergini di Salem* (56), *La notte brava* (59), *La Battaglia di Maratona* (59), *Il vento si alza* (59), *Le donne sono deboli* (59), *Su e giù per le scale* (59), *Sotto dieci bandiere* (60), *Il ratto delle sabine* (61), *I dongiovanni della Costa Azzurra* (62), *Oro per i cesari* (62), *Cento dollari d'odio* (65), *Un avventuriero a Tahiti* (66), *Una su tredici* (69).

Demosthenes *see* **Savalas, George**

1376. **Demy, Jacques.** French director. b. June 5, 1931, Pontchâteau. d. Oct. 27, 1990. *I sette peccati capitali* (62 the episode "La lussuria").

de Nagy, Kate *see* **von Nagy, Käthe**

1377. **De Nardo, Maurizio.** Singer. *Enrico Caruso, leggenda di una voce* (51 played Caruso as a boy), *Altri tempi* (51).

1378. **De Negri, Giuliano G.** Producer. *Padre padrone* (77), *Good morning Babilonia* (87).

1379. **Deneuve, Catherine.** French actress. b. Oct. 22, 1943, Paris. RN: Catherine

Dorléac. *Le più belle truffe del mondo* (63), *Il vizio e la virtù* (63), *La costanza della ragione* (64), *Bella di giorno* (67), *Manon 70* (68), *Tristana* (70), *La cagna* (72), *Non toccate la donna bianca* (74), *Fatti di gente perbene* (74), *Anima persa* (76), *Il casotto* (77), *Speriamo che sia una femmina* (86).

1380. Denham, Maurice. U.K. actor. b. Dec. 23, 1909, Beckenham. *Operazione Crossbow* (65), *Caccia alla volpe* (66).

1381. Denham, Reginald. U.K. director. b. Jan. 10, 1894, London. d. Feb. 4, 1983, Englewood, N.J., U.S.A. Also a playwright. *Anna di Brooklyn* (58 d).

1382. De Niro, Robert. U.S. actor. b. Aug. 17, 1943, N.Y.C. *1900* (76), *Il cinema secondo Bertolucci* (77 doc appeared as himself), *C'era una volta l'America* (83).

1383. Denis, Maria. Actress. b. Nov. 22, 1916, Buenos Aires, Argentina. RN: Maria Esther Belmonte. *Arcobaleno* (32), *Non c'è bisogno di denaro* (33), *L'impiegata di papà* (34), *La mia vita sei tu* (34), *Seconda B* (34), *Re burlone* (35), *"Fiat voluntas Dei"* (35), *Re di denari* (36), *I due misantropi* (36), *La contessa di Parma* (37), *Napoli d'altri tempi* (37), *L'ultima nemica* (37), *Le due madri* (38), *Partire* (38), *Il documento* (39), *Belle o brutte si sposan tutte* (39), *Abbandono* (40), *Fortuna* (40), *Pazza di gioia* (40), *L'assedio dell'Alcazar* (40), *L'amore canta* (41), *I sette peccati* (41), *Sissignora* (41), *La compagnia della teppa* (41), *Addio, giovinezza!* (41), *Le due orfanelle* (42), *La maestrina* (42), *Canal grande* (42), *Nessuno torna indietro* (43), *Malia* (45), *Cronaca nera* (46), *Voragine* (48), *La fiamma che non si spegne* (49), *Tempi nostri* (52).

1384. Denner, Charles. French actor. b. May 29, 1926, Tarnow, Poland. In France since 1930. *Le più belle truffe del mondo* (63), *Marie Chantal contro il dottor Kha* (65).

1385. Deodato, Ruggero. Director. AKA: Roger Rockfeller, Roger Deodato. *Django* (66 asst d), *I crudeli* (67 asst d), *Gungala, la pantera nuda* (68), *Donne... botte e bersaglieri* (68), *I quattro del pater noster* (68), *Vacanze sulla Costa Smeralda* (68), *Un'ondata di piacere* (76), *Uomini si nasce, poliziotti si muore* (76), *Ultimo mondo cannibale* (76), *L'ultimo sapore dell'aria* (78), *L'affare Concorde* (79), *La casa nel parco* (80), *I predatori dell'Atlantide* (81), *Inferno in diretta* (85), *The Barbarians & Co.* (87 U.S.), *Camping del terrore* (87), *Dial: Help* (89 also co-w).

1386. De Paolo, Dante. Actor. Long time friend of U.S. singer Rosemary Clooney. *Giuseppe venduto dai fratelli* (60), *Maciste alla corte del Gran Khan* (61), *Maciste nella terra dei ciclopi* (61), *Marte, dio della guerra* (62).

1387. Depardieu, Gérard. French actor. b. Dec. 27, 1948, Châteauroux. *Stavisky* (74), *L'ultima donna* (75), *1900* (76), *Il cinema secondo Bertolucci* (77 doc appeared as himself), *Ciao maschio* (77), *L'ingorgo—una storia impossibile* (79).

1388. De Pino, Andrea. Actor. b. June 4, 1901, Amalfi. *Undici uomini e un pallone* (48), *Se fossi deputato* (49), *La sposa non può attendere* (50), *Amo un assassino* (51), *Sette ore di guai* (51), *Auguri e figli maschi* (51), *Dov'è la libertà* (53), *Il seduttore* (54), *Bravissimo* (55), *Destinazione Piovarolo* (55), *Il bigamo* (55), *La banda degli onesti* (56), *Moglie e buoi...* (56), *Parola di ladro* (57).

1389. de Pomés, Isabel. Spanish actress. b. April 10, 1924, Barcelona. *Un angelo passò per Brooklyn* (58).

de Pozo, Angel *see* **del Pozo, Angel**

1390. Deray, Jacques. French director. b. Feb. 19, 1927, Lyon. RN: Jacques Deray-Desrayaud. *Gli amanti di domani* (56 asst d), *Rififi a Tokio* (62 also co-w), *Sinfonia per un massacro* (63 also co-w), *La piscina* (68 also co-w), *La gang del parigino* (77 also co-w).

1391. De Rege, Giorgio. Actor. b. Aug. 19, 1894, Torino. d. May 25, 1948, Torino. He was a comic, known as Ciccio, and together with his brother Guido De Rege (q.v.) formed a team. *Bertoldissimo* (31), *Milizia territoriale* (35), *Allegri masnadieri* (37), *Lasciate ogni speranza* (37), *L'allegro cantante* (38), *Non ti pago!* (42), *Casanova farebbe così* (42).

1392. De Rege, Guido. Actor. b. Jan. 25, 1891, Torino. d. Feb., 1945, Milano. When he died, Enzo Gainotti replaced him for a while in the variety act (see Giorgio De Rege, above), but without success. *Bertoldissimo* (31), *Milizia territoriale* (35), *Allegri masnadieri* (37), *Lasciate ogni speranza* (37), *L'allegro cantante* (38).

1393. Derek, Bo. U.S. actress. b.

1957. RN: Mary Cathleen Collins. Married John Derek. *Orca* (77).

1394. Derek, John. U.S. actor. b. Aug. 12, 1926, Hollywood. RN: Derek Harris. *Il corsaro della mezza luna* (57), *I battellieri del Volga* (58).

1395. De Riso, Camillo. Director/actor. b. 1854, Napoli. d. April 2, 1924, Roma. *La buona consolatrice* (13 *), *Un successo diplomatico* (13 *), *Un acquazzone in montagna* (13 *), *Ma l'amor mio non muore* (13 *), *Il treno degli spettri* (13 *), *Sonnambulismo* (14 *), *Guerra in tempo di pace* (14), *I mariti allegri* (14), *Camillo uccisoro dei leoni* (14 d), *Il signor Camillo in fasce* (14 d), *Il precettore di Sua Altezza* (14), *Matrimonio d'interesse* (14 d), *Matrimonio in 27 minuti* (14 d), *L'orologio del signor Camillo* (14), *Il signor Camillo, cacciatore d'orsi* (14 *), *Camillo avvelenato suo malgrado* (14 *), *A San Francisco* (15 *), *Mia nipote... Clementina* (15), *Non fumo e... sento odor di fumo* (15 d), *In cerca di un marito per mia moglie* (15 *), *L'armatura di Carlomagno* (15 d), *Astuzia di donna* (15 d), *In vecchie membra pizzicor d'amore* (15 *), *Armiamoci e... partite!* (15 d), *Per essere più libero* (15), *Sonnambulismo* (15 new version), *Odette* (16 *), *Zia... Camillo* (16 d), *Crispino e la comare* (16), *Principessa* (16), *La martire* (17), *Mademoiselle di Montecristo* (17), *I nostri buoni villici* (17), *Niniche* (18 d), *Nanà* (18 d), *Colei che non si deve sposare* (18), *Spiritismo* (18), *Le novantanove disgrazie del signor Camillo* (19), *L'accidia* (19 *), *Beatrice* (19 co-d), *La figlia unica* (19 d), *La gola* (19), *Una donna funesta* (19 d), *Raffica sulla felicità* (19 d), *La vendetta di Camillo* (19 d), *Il mulino* (20 d), *Tre milioni di dote* (20 d), *Il cuore sotto il maglio* (20 d), *Joujou* (20 d), *Otello* (20), *Una mummia, una donna e un diplomatico* (20), *Al chiaro dei lampi* (20 d), *La modella* (20 *), *Camillo emulo di Sherlock Holmes* (20), *Giulia di Trécoeur* (21), *Chi troppo vuole...* (21 d), *Come donna imbroglia, così sbroglia* (21 d), *Farfallino* (21 d), *Quando gallina canta ... gallo tace* (22), *Le nipoti d'America* (22 d), *Di notte all'aria aperta* (22), *Viaggio di piacere* (22 *), *La gola del lupo* (23 *), *Avventura di collegio* (23 d), *Camillo, la figlia e l'altro* (23 d), *Il generale Camillo* (23 d), *L'indispensabile Camillo* (23 d), *Gli orecchini della nonna* (23 d), *Le sorprese di don Camillo* (23 d), *Occupati d'Amelia* (24 *).

1396. De Rita, Massimo. Co-writer. AKA: Max De Rita. *Gli invasori* (61 p), *Roma contro Roma* (63 co-p), *L'urlo dei giganti* (68), *Roma come Chicago* (68), *Banditi a Milano* (68), *Barbagia* (69), *Vamos a matar, compañeros* (70), *Città violenta* (70), *Viva la muerte... tua* (72 Spain), *Le guerriere dal seno nudo* (72), *Revolver* (73), *Bisturi, la mafia bianca* (73), *Valdez il mezzosangue* (73), *Il cittadino si ribella* (73), *La mazzetta* (78 w), *Eutanasia di un amore* (78), *Corleone* (78), *The Link* (82 U.S. story), *Il camorrista* (87).

1397. De Roberti, Lydia. Actress. b. Torino. RN; Lidi Bonelli. *Gli ultimi giorni di Pompei* (08), *Nerone* (09), *Diritto di uccidere* (09), *Pianoforte silenzioso* (09), *Estrellita* (10), *Zazà* (10), *Calvario* (11), *La prigione infocata* (11), *Le colpe degli altri* (12), *L'incubo* (12), *L'uragano* (12), *Anima perversa* (13), *Lungi dal nido* (15), *Il segreto del lago* (16), *Voto supremo* (16), *Il tenebroso affare* (16), *Lacrime e fiori* (19), *Coscienza* (20).

1398. De Robertis, Francesco. Director. b. Oct. 16, 1902, San Marco in Lamis. d. 1959. Principally a documentary maker, he was one of the pioneers of neorealismo. A former journalist and naval officer, he was head of the Centro Cinematografico del Ministero della Marina, a Navy department which made documentaries. He greatly influenced Rossellini. A fascist, he went north to Salò in 1943 to supervise the film industry in Mussolini's new republic. *Mine in vista* (40 doc), *Uomini sul fondo* (41 semi-doc co-d/w/e/story), *La nave bianca* (41 supervising director/co-w/story), *Alfa tau!* (42 doc also w), *Uomini e cieli* (43 doc also w/story), *Marinai senza stelle* (43 also w/story), *Marinai senza stelle* (45 a newly dialogued and edited version by the same director also w/story), *La vita semplice* (45 also w/story), *La voce di Paganini* (47 doc), *Fantasmi del mare* (48 co-d/w/story), *Il mulatto* (49 also w/story), *Gli amanti di Ravello* (51 also co-w/story), *Carica eroica* (52 also w/story), *I sette dell'Orsa maggiore* (53 co-w), *Mizar* (54 also w/story), *Uomini ombra* (54 also w/story), *Yalis, la vergine del Roncador* (54), *La donna che venne dal mare* (57 also w/story), *Ragazzi della marina* (58 co-d/co-w).

1399. De Rosa, Franco. Actor. b. 1944. *Return from the Ashes* (65 U.K.), *Drop Dead Darling* (65 U.K.), *Johnny Oro* (66), *Yankee, l'americano* (66), *Il cobra* (67), *Nude...si muore* (67), *La Battaglia del Sinai* (68), *L'angelo di violenza* (68), *Doppelgänger* (69 U.K.), *Do Onions Flower?* (72 U.K.), *Holiday on the Buses* (73 U.K.), *Là, dove non batte il sole* (73), *In the Park at Noon* (73 U.K.), *La mano spietata della legge* (74), *That Lucky Touch* (76 U.S.), *The Stud* (78 U.K.), *A Hole in Babylon* (79 U.K.), *Le Bal* (83 France), *Momo* (87).

1400. De Rossi, Camillo. Director/writer/actor. d. July, 1953, Roma. *L'angelus* (16 *), *Kean* (16 *), *La bohème* (17 *), *La tartaruga* (18 *), *Lorenzaccio* (18 *), *Senza sole* (18 co-d/co-w/*), *Le due rose* (19 d/*), *Il mistero della casa n. 30* (19 d/*), *Tramonto di fuoco* (19 d/*), *Gli amori di Cadolet e Atoff* (19 d/*/story), *La bella Madame Hébert* (19 *), *La via Dolorosa* (20 *), *Un punto nero* (20 d/*), *Il figlio di Madame Sans-gêne* (21 *), *Raganella* (24 *), *Beatrice Cenci* (26 *), *I martiri d'Italia* (27 *), *Addio, mia bella Napoli* (28 *), *Napoli che canta* (30 sound version of *Addio, mia bella Napoli* *), *Corte d'assise* (30 *).

1401. D'Errico, Corrado. Director. b. May 19, 1902, Roma. d. Sept. 3, 1941, Roma. *Kiff Tebbi* (27 asst d), *Rotaie* (29 story), *Aldebaran* (35 story), *La freccia d'oro* (35 co-d), *I fratelli Castiglioni* (37), *Il cammino degli eroi* (37 doc), *Tutta la vita in una notte* (38), *Stella del mare* (38), *Diamanti* (38), *L'argine* (38), *Processo e morte di Socrate* (40), *Miseria e nobiltà* (40), *La compagnia della teppa* (41), *Il leone di Damasco* (41), *Capitan Tempesta* (41).

1402. Derval, Jacqueline. Actress. *Il pianeta degli uomini spenti* (60), *Orazi e Curiazi* (61).

1403. Desailly, Jean. French actor. b. Aug. 24, 1920, Paris. *Occupati d'Amelia* (49), *Versailles* (53), *Le grandi manovre* (55), *Legge di guerra* (61), *I sette peccati capitali* (62), *L'assassinio di Trotsky* (72).

1404. De Sanctis, Alfredo. Actor. b. 1886, Brindisi. d. 1954, Firenze. Mostly on the stage. *Fanny* (33), *Troppo tardi t'ho conosciuta!* (39), *Processo e morte di Socrate* (40).

1405. De Santis, Dina. Actress. *Il conquistatore di Corinto* (62), *A—008 operazione Sterminio* (65).

1406. De Santis, Giuseppe. Director. b. Feb. 11, 1917, Fondi. Married Giovanna Valeri. Former film critic. *Don Pasquale* (40 co-w), *Ossessione* (42 asst d/co-w), *Giorni di gloria* (45 doc asst d), *Scalo merci* (46 made in 43 asst d/co-w), *L'ultimo amore* (46 co-w), *Il sole sorge ancora* (46 co-w/*), *Caccia tragica* (47 also co-w), *Riso amaro* (48 co-d/co-w), *Non c'è pace tra gli ulivi* (49 also co-w), *Roma, ore 11* (51 also co-w), *Il capitano di Venezia* (52 co-w/story), *Un marito per Anna Zaccheo* (53 also co-w), *Donne proibite* (53 co-w), *Giorni d'amore* (53 also co-w), *Uomini e lupi* (56 also co-w), *L'uomo senza domenica* (57 also co-w), *La strada lungo un anno* (58 also co-w), *Dinanzi a noi il cielo* (58 co-w), *Gli avventurieri dell'uranio* (58 co-w), *La garçonnière* (60 also co-w), *La visita* (62 co-w), *Italiani brava gente* (65 also co-w), *Un apprezzato professionista di sicuro avvenire* (72 also co-w).

1407. De Santis, Luisa. Actress. AKA: Luisella De Santis. *Grazie, zia* (67), *Io non protesto, io amo* (67), *La Battaglia del Sinai* (68), *In Search of Gregory* (70 U.K.), *Un apprezzato professionista di sicuro avvenire* (72), *Le cinque giornate* (73), *Allonsanfan* (74), *Mimì Bluette... fiore del mio giardino* (77), *Sotto...sotto, strapazzato da anomala passione* (85), *Il prete bello* (89).

1408. De Santis, Pasqualino. Director of photography. AKA: Pasquale De Santis. *La strada lungo un anno* (58), *La notte* (61 camera), *Salvatore Giuliano* (61 camera), *L'eclisse* (62 camera), *8½* (63 camera), *Il momento della verità* (65 camera), *Giulietta degli spiriti* (65 camera), *La decima vittima* (65 camera), *C'era una volta* (67), *Scusi, facciamo l'amore* (67), *Romeo e Giulietta* (68), *Amanti* (68), *La caduta degli dei* (68), *Colpo rovente* (69), *Senza sapere niente di lei* (69), *Uomini contro* (70), *Morte a Venezia* (70), *Il caso Mattei* (71), *L'assassinio di Trotsky* (72), *Guernica* (72 co-ph), *Torino nera* (72), *A proposito Lucky Luciano* (73), *Lancelot du Lac* (74 France), *Gruppo di famiglia in un interno* (74), *A mezzanotte va la ronda del piacere* (75), *Cadaveri eccellenti* (76), *L'innocente* (76), *Una giornata speciale* (76), *Nenè* (77), *Le Diable* *probablement* (77 France), *Cristo si è fermato a Eboli* (79), *Liquirizia* (79), *La terrazza* (79), *Tre fratelli* (81), *Marco Polo* (82 co-ph), *L'Argent* (83 France), *Carmen* (83), *Harem* (85), *Sheena* (85 U.S.), *I soliti ignoti vent'anni dopo* (85), *Salomè* (86), *Cronaca di una morte annunciata* (87), *High frequency* (88), *Musica per vecchi animali* (89), *Dimenticare Palermo* (90).

1409. De Sapio, Francesca. Actress. *Portnoy's Complaint* (72 U.S.), *The Godfather Part II* (74 U.S.), *Shining Star* (75 U.S.), *Ciao maschio* (77), *Top Secret* (78 U.S. TV), *The Word* (78 U.S. TV), *You Can't Go Home Again* (79 U.S. TV), *Chiedo asilo* (79), *Amo non amo* (79), *L'altra donna* (80), *Masoch* (80), *Desiderio* (83).

1410. Deschamps, Charles. French actor. b. Sept. 13, 1890, Paris. *Gli amanti di Verona* (48), *Occupati d'Amelia* (49), *Era di venerdì 17* (56).

1411. Deschamps, Hubert. French actor. b. 1923. *Zazie nel Métro* (61).

1412. Descombes, Colette. French actress. *Orgasmo* (68), *Come, quando, con chi?* (69), *Addio Alexandra* (69).

1413. De Seta, Vittorio. Director. b. Oct. 15, 1923, Palermo. From a rich, noble family. In the 1950s he directed 9 shorts, mostly about Sicilia and Sardegna. *Amori di mezzo secolo* (53 2nd asst d), *Vacanze d'amore* (54 asst d/co-w), *Pasqua in Sicilia* (54 short co-d), *Lu tempo di li pisci spata* (54 short), *Isole di fuoco* (54 short), *Sulfatara* (55 short), *Contadini del mare* (55 short), *Parabola d'oro* (55 short), *Pescherecci* (57 short), *Pastori di Orgosolo* (58 short), *Un giorno in Barbagia* (58 short), *Banditi a Orgosolo* (61), *Un uomo a metà* (66 also co-w/story), *L'invitata* (69 also co-w).

1414. De Sica, Christian. Actor. Son of Vittorio De Sica. *Una breve vacanza* (73), *Conviene far bene l'amore* (75), *Mi faccio la barca* (80), *Borotalco* (81), *Vacanze in America* (84), *Pompieri* (85), *Yuppies, i giovani di successo* (85), *Grandi magazzini* (86), *Yuppies 2* (87), *Montecarlo gran casinò* (88), *Compagni di scuola* (89).

1415. De Sica, Manuel. Composer. Oldest son of Vittorio De Sica and Maria Mercader. *Amanti* (68), *Le coppie* (70), *Cose di Cosa Nostra* (70), *Il giardino dei Finzi-Contini* (71), *Lo chiamavano "Verità"* (72), *Camorra* (72), *Il lupo dei mari* (73 co-composer), *Una breve vacanza* (73), *Lo chiameremo Andrea* (73), *Il viaggio* (74), *Cagliostro* (74), *Il caso Raoul* (75), *Quel movimento che mi piace tanto* (76), *Caro papà* (79), *Io sono fotogenico* (80), *Linea d'ombra* (80), *Il matrimonio di Caterina* (82), *Il momento dell'avventura* (83), *Un ragazzo e una ragazza* (83), *Lui è peggio di me* (84), *Vacanze in America* (84), *Cuore* (84), *L'alcova* (85), *Colpo di fulmine* (86), *Il 45 parallelo* (86), *Yuppies 2* (87), *Soldati—365 all'alba* (87), *Montecarlo gran casinò* (88), *Ladri di saponette* (89), *Bye Bye Baby* (89), *Volere volare* (91).

1416. De Sica, Vittorio. Actor. b. July 7, 1901, Sora. d. Nov. 13, 1974, Paris, France. TV series (as actor): *The Four Just Men* (59 U.K.). Also famous as a director and writer. *Il processo Clemenceau* (18), *La bellezza del mondo* (26), *La compagnia dei matti* (28), *La vecchia signora* (32), *La segretaria per tutti* (32), *Due cuori felici* (32), *Gli uomini, che mascalzoni!* (32), *Il signore desidera?* (33), *Passa l'amore* (33), *La canzone del sole* (33), *Un cattivo soggetto* (33), *Lisetta* (34), *Tempo massimo* (34), *Amo te sola* (35), *Lohengrin* (35), *Darò un milione* (36), *Ma non è una cosa seria* (36), *Non ti conosco più* (36), *L'uomo che sorride* (36), *Le dame e i cavalieri* (37), *Il signor Max* (37), *Questi ragazzi* (37), *Napoli d'altri tempi* (37), *Hanno rapito un uomo* (38), *Giochi di società* (38), *L'orologia a cucù* (38), *Partire* (38), *La mazurka di papà* (38), *Le due madri* (38), *Ai vostri ordini, signora!* (38), *Castelli in aria* (38), *Grandi magazzini* (39), *Finisce sempre così* (39), *Napoli che non muore* (39), *La peccatrice* (40), *Pazza di gioia* (40), *Manon Lescaut* (40), *Rose scarlatte* (40 also co-d), *Maddalena, zero in condotta* (40 also d/dialog), *L'avventuriera del piano di sopra* (41 also co-w), *Teresa Venerdì* (41 also d/co-w), *Un garibaldino al convento* (41 also d/co-w), *Se io fossi onesto* (42 also co-w), *La guardia del corpo* (42 also co-w), *I bambini ci guardano* (43 d/co-w), *I nostri sogni* (43 also co-w), *Non sono superstizioso, ma...* (43 co-d/co-w), *L'ippocampo* (43 also co-w), *Dieci minuti di vita* (43 this film was finally released in 44 as *Vivere ancora*), *Nessuno torna indietro* (43), *Lo sbaglio di essere vivo* (45), *Il mondo vuole così* (45), *La porta del cielo* (45 d/co-w), *Il marito povero* (46 made in 43 co-w), *Abbasso la ricchezza* (46 also co-w), *Roma città libera* (46 also co-w), *Sciuscià* (46 d/co-w), *Lo sconosciuto di San Marino* (46), *Sperduti nel buio* (47 also co-w), *Natale al campo 119* (48 also production supervisor), *Cuore* (48 also co-w), *Ladri di biciclette* (48 d/co-p/co-w), *Domani è troppo tardi* (50), *Ambiente a personaggi* (50 short never distributed d), *I bambini giocano* (50 doc p), *Miracolo a Milano* (50 d/p/co-w), *Mamma mia, che impressione!* (51 co-p), *Cameriera bella presenza offresi* (51), *Altri tempi* (51 the episode "Processo di Frine"), *Gli uomini non guardano il cielo* (51), *Umberto D* (51 d/co-p/co-w), *Buongiorno, elefante!* (52 also co-w), *Tempi nostri* (52 the episodes "Scena all'aperto" and "Don Corradino"), *I gioielli di Madame De....* (52), *Stazione Termini* (53 d/co-p), *Pane amore e fantasia* (53), *Cento anni d'amore* (53 the episode "Pendolin"), *Villa Borghese* (53 the episode "Incidente a Villa Borghese"), *Gran varietà* (53 the episode "Il fine dicitore"), *Il letto* (53 the episode "Il divorzio"), *Cinema d'altri tempi* (53), *Il matrimonio* (53), *Vergine moderna* (54), *L'allegro squadrone* (54), *Pane amore e gelosia* (54), *Peccato che sia una canaglia* (54), *L'oro di Napoli* (54 also d/co-w), *Il segno di Venere* (55), *Gli ultimi cinque minuti* (55), *La bella mugnaia* (55), *Pane amore e...* (55), *Racconti romani* (55), *Il bigamo* (55), *I giorni più belli* (56), *Mio figlio Nerone* (56), *Tempo di villeggiatura* (56), *Montecarlo* (56 also artistic supervisor), *Noi siamo le colonne* (56), *Gina Lollobrigida* (56 doc appeared as himself), *Il tetto* (56 d/p), *Padri e figli* (56), *I colpevoli* (57), *Souvenir d'Italie* (57), *La donna che venne dal mare* (57), *Vacanze ad Ischia* (57), *Il conte Max* (57), *Amore e chiacchiere* (57), *Il medico e lo stregone* (57), *Casinò de Paris* (57), *A Farewell to Arms* (57 U.S.), *Totò, Vittorio e la dottoressa* (58), *Domenica è sempre domenica* (58), *La ballerina e buon Dio* (58), *Pezzo, capopezzo e capitano* (58), *Anna di Brooklyn* (58 also co-composer/production supervisor), *La ragazza di piazza san Pietro* (58), *Gli zitelloni* (58), *La prima notte* (58), *Nel blu dipinto di blu* (58), *Pane amore e Andalusia* (59), *Il nemico di mia moglie* (59), *Policarpo, ufficiale di scrittura* (59), *Vacanze d'inverno* (59), *Il generale Della Rovere* (59), *Il mondo dei miracoli* (59), *Uomini e nobiluomini* (59), *Ferdinando I, re di Napoli* (59), *Gastone* (59), *Le tre "eccetera"...del colonnello* (59), *Fontana di Trevi* (60), *Il vigile* (60), *Le pillole di Ercole* (60), *Napoleone ad Austerlitz* (60), *La sposa bella* (60), *The Millionairess* (60 U.K.), *It Started in Naples* (60 U.S.), *Gli incensurati* (60), *Un amore a Roma* (60), *La Ciociara* (61 d/co-w), *Il giudizio universale* (61 also d), *Gli attendenti* (61), *I due colonnelli* (61), *L'onorata società* (61), *Lafayette, una spada per due bandiere* (61), *Boccaccio 70* (61 the episode "La riffa" d), *Le meraviglie di Aladino* (62), *Vive Henri IV, vive l'amour* (62 France), *Eva* (62), *I sequestrati di Altona* (63 d), *La pappa reale* (63), *Il boom* (63 d), *Ieri oggi e domani* (63 d), *Matrimonio all'italiana* (64 d), *Un mondo nuovo* (65 d), *The Amorous Adventures of Moll Flanders* (65 U.K.), *Io, io, io...e gli altri* (65), *Caccia alla volpe* (66 also d), *Le streghe* (66 the episode "Una sera come le altre" d), *Sette volte donna* (67 d), *Gli altri, le altre e noi* (67), *Un italiano in America* (67), *The Biggest Bundle of Them All* (68 U.S.), *Caroline chérie* (68 France), *The Shoes of the Fisherman* (68 U.S.), *Amanti* (68 d/co-w), *If It's Tuesday This Must Be Belgium* (69 U.S.), *Una su tredici* (69), *I girasoli* (69 d), *Le coppie* (70 the episode "Il leone" d), *Cose di Cosa Nostra* (70), *Il giardino dei Finzi-Contini* (71 d), *L'Odeur des fauves* (71 France), *Io non vedo, tu non parli, lui non sente* (71), *Nascita della repubblica* (71 TV the episode "Il 2 giugno" d), *Ettore lo fusto* (71), *Le avventure di Pinocchio* (71), *Trastevere* (72), *Snow Job* (72 U.S.), *Siamo tutti in libertà provvisoria* (72), *Storia de' fratelli e de' coltelli* (72), *Lo chiameremo Andrea* (73 d), *Il delitto Matteotti* (73), *Una breve vacanza* (73 d), *Small Miracle* (73 U.S.), *Il viaggio* (74 d), *Dracula cerca sangue di vergine...e morì di sete* (74), *Viaggia, ragazza, viaggia...hai la musica nelle vene* (74), *C'eravamo tanto amati* (74 seen as himself), *Vittorio De Sica: il regista, l'attore, l'uomo* (74 doc appeared as himself).

1417. Desideri, Danilo. Director of photography. *Mangiala!* (68 camera), *Scusi, lei conosce il sesso?* (68), *Movie rush—la febbre del cinema* (77), *Il trucido e lo sbirro* (77 co-ph), *In nome del papa re* (78), *Dove vai in vacanza?* (78 the episode "Sì buana"), *Formula uno febbre della velocità* (78 co-ph), *La cicala* (78), *Le* *evase* (79), *L'insegnante balla...con tutta la classe* (79), *Professor Kranz tedesco di Germania* (79), *Improvviso* (79), *Arrivano i bersaglieri* (80), *Prestami tua moglie* (80), *Tutta da scoprire* (80), *Difendimi dalla notte* (81), *Innamorato pazzo* (81), *Mia moglie torna a scuola* (81), *Nudo di donna* (81), *Grand Hotel Excelsior* (82), *Il tempo delle belve* (82), *Acqua e sapone* (83), *All'ombra della grande quercia* (83), *Parole e sangue* (83), *Segni particolari: bellissimo* (83), *State buoni se potete* (83), *A tu per tu* (84), *College* (84), *Attacco alla piovra* (84), *Il ragazzo di campagna* (84), *Vediamoci chiaro* (84), *I due carabinieri* (85), *A me mi piace* (85), *Il mistero di Bellavista* (85), *Troppo forte* (85), *Separati in casa* (86).

1418. De Simone, Roberto. Actor. b. 1933. *Le bambole* (65), *Caccia alla volpe* (66), *Don Giovanni in Sicilia* (67), *The Biggest Bundle of Them All* (68 U.S.), *Riusciranno i nostri eroi a ritrovare l'amico misteriosamente scomparso in Africa?* (68).

1419. De Simone, Ugo. Director. Also produced and acted on occasion. *Il cadavere di marmo* (15), *Fior d'arancio* (15), *La terrificante visione* (15), *Diamanti e lagrime* (16), *La figlia della tempesta* (16), *Medusa velata* (16), *Tua per la vita* (16), *L'amazzone macabra* (16 co-d), *Voluttà di morte* (16), *La pagina ignota* (16), *Maternità* (17), *La leggenda di Costamala* (17), *Ironie della vita* (17 co-d), *Pecorella smarrita* (17), *La folgore* (18), *Il principe Zilah* (18), *Sara Felton* (18), *Centocelle* (19), *L'autobus della morte* (19), *La spada di Damocle* (19), *Dopo il processo* (20), *Nel campo nemico* (20), *Gli amanti ignoti* (20), *Il perfetto amore* (20), *Dopo il perdono* (20).

1420. De Sisti, Vittorio. Director. *Scusi, lei conosce il sesso?* (68 also e), *Fiorina la vacca* (72), *Quando l'amore è sensualità* (73), *Lezioni private* (75), *Rock 'n' roll* (78 also co-w), *Dance music* (83).

1421. Desmarets, Sophie. French actress. b. April 7, 1922, Paris. *Signori, in carrozza!* (51), *Gli ultimi cinque minuti* (55).

1422. Desny, Ivan. French actor. b. Dec. 28, 1922, Peking, China, of Russian parents. RN: Ivan Desnitzky. *La signora senza camelie* (53), *Frou Frou* (55), *Una vita* (57), *Femmine di lusso* (60), *L'ammutinamento* (62), *I misteri della giungla nera* (64), *Da Berlino l'apocalisse* (66), *Un avventuriero a Tahiti* (66), *Rebus* (68), *Trauma* (78), *Enigma rosso* (79), *Berlin Alexanderplatz* (80), *Odio le bionde* (80).

1423. De Stefani, Alessandro. Writer. b. Jan. 1, 1891, Cividale del Friuli. *Paradiso* (32), *Piccola mia* (32 also story), *O la borsa o la vita* (32 co-w), *Non son gelosa* (33), *Fanny* (33), *La voce lontana* (33 also story), *Al buio insieme* (33 also story), *Il presidente della Ba. ce. cre. mi.* (34), *Quella vecchia canaglia* (34), *Un bacio a fior d'acqua* (36), *Arma bianca* (36 co-w/story), *Gli uomini non sono ingrati* (37), *Equatore* (38), *Hanno rapito un uomo* (38 co-w/story), *Castelli in aria* (38 also story), *Cose d'altro mondo* (39 co-w), *Follie del secolo* (39 co-w/story), *Trappola d'amore* (39), *Il segreto di Villa Paradiso* (39), *Giù il sipario* (39 also story), *Il cavaliere di san Marco* (39 co-w/story), *L'assedio dell'Alcazar* (40 asst d/co-w/co-story), *Amiamoci così* (40 also story), *Il bazar delle idee* (40n also story/dialog), *L'imprevisto* (40 also story), *La prima donna che passa* (40 also story), *La figlia del corsaro verde* (40), *Dopo divorzieremo* (40), *Tosca* (41 also story), *La compagnia della teppa* (41 also story), *Brivido* (41 also story), *I mariti* (41 also story), *Sancta Maria* (41), *L'uomo venuto dal mare* (41), *Tentazione* (41), *Il leone di Damasco* (41 also story), *Capitan Tempesta* (41), *Violette nei capelli* (42 also story), *Bengasi* (42 co-w/story), *La signorina* (42 also story), *Perdizione* (42 also story), *I tre aquilotti* (42), *Cortocircuito* (42 also story), *I trecento della settima* (42), *Le vie del cuore* (42 also story), *Ti conosco, mascherina!* (42), *Il treno crociato* (43 also story), *In cerca di felicità* (43 also story), *L'angelo del miracolo* (44 also story), *Trent'anni di servizio* (45), *Posto di blocco* (45 also co-story), *L'urlo* (47 co-w/co-story), *Legione straniera* (52 co-w/story), *Menzogna* (52 co-w), *Noi peccatori* (52 co-w/story), *Bufere* (52), *Sposata ieri* (53 co-w), *Maddalena* (53 co-w), *Non c'è amore più grande* (55).

1424. De Stefano, Vitale. Actor. Also did some directing. *Tristo fascino* (11), *Una passione torbida* (12), *Notturno di Chopin* (13), *Griffard* (13 also d), *Griffard II* (13 also d), *Cabiria* (14), *Mio figlio* (15), *Colpa e mistero* (16), *Il cadavere scomparso* (16), *Amor che tace* (16 also d), *Il dramma dell'ambizione* (16), *La danza dei gioielli* (19 also d), *Il principe mascherato* (19 also d).

1425. De Taranto, Vito. Actor. *Il barbiere di Siviglia* (46), *Cenerentola* (48), *Tosca* (56), *Il maestro di Vigevano* (63).

1426. De Teffé, Antonio. Actor. b. 1932. AKA: Anthony Steffen. Hero of many westerns. *Le diciottenne* (55), *Gli sbandati* (55), *Beatrice Cenci* (56), *Città di notte* (56), *La trovatella di Pompei* (57), *Afrodite, dea dell'amore* (58), *I cavalieri del diavolo* (59), *I ragazzi del juke-box* (59), *Cavalcata selvaggia* (60), *Il carro armato dell'8 settembre* (60), *Ultimatum alla vita* (62), *La cieca di Sorrento* (62), *Sodoma e Gomorra* (62), *Gli invincibili fratelli Maciste* (64), *I figli del leopardo* (65), *Una bara per lo sceriffo* (65), *Der letzte Mohikaner* (65 Germany), *Ringo, volto della vendetta* (66), *Pochi dollari per Django* (66 as Django), *Un angelo per Satana* (66), *Django, cacciatore di taglie* (66 as Django), *Killer kid* (67), *Perchè uccidi ancora?* (67), *Mille dollari sul nero* (67), *Due pistole e un vigliacco* (67), *Un treno per Durango* (67), *Se incontri Sartana prega per la tua morte* (68), *Sette dollari sul rosso* (68), *I morti non si contano* (68), *Uno straniero a Paso Bravo* (68), *Il suo nome gridava vendetta* (69), *Django il bastardo* (69 as Django also co-w), *Una lunga fila di croci* (69), *Garringo* (69), *Gentleman Jo. . . uccidi* (69), *Shango, la pistola infallibile* (69 also co-w), *I banditi della Ford* (70), *L'uomo chiamato Apocalisse Joe* (70), *Viva Sabata!* (70), *Lo chiamavano Django* (71 as Django), *La notte che Evelyn uscò dalla tomba* (71), *Il mio nome è Scopone e faccio sempre cappotto* (72), *Sette scialli di seta gialla* (72), *Arizona Colt si scatena, e li fece fuori tutti* (73), *Tequila* (74), *Lo credevano uno stinco di santo* (74), *Sedicianni* (74), *Agguato sul fondo* (78).

1427. De Toth, André. Hungarian director. b. May 15, 1912, Mako. RN: Sasvrai Farkasfawi Tothfalusi Toth Endre Antai Mihaly. Long in the U.S.A. *Morgan il pirata* (60 supervising director/co-w), *I mongoli* (61 supervising director), *Oro per i cesari* (62 supervising director).

1428. Detto, Loredana. Actress. Married Ermanno Olmi. *Il posto* (61).

1429. Dettori, Giancarlo. Actor. Played Aldo in the TV series "Casa Cecilia." *Una storia milanese* (62).

1430. Deus, Beny. Spanish actor. AKA: Beni Devs. *Sfida a Rio Bravo* (65), *Una donna per Ringo* (65), *Agente S03: operazione Atlantide* (66), *Il magnifico texano* (67), *La vergine di Samoa* (67).

1431. Deutschmeister, Henri. French producer. *La bellezza del diavolo* (50), *Le belle della notte* (52 co-p), *I sette peccati capitali* (52), *I gioielli di Madame De. . .* (52 co-p), *L'ora della verità* (52), *Destini di donne* (53), *L'uomo e il diavolo* (54 co-p), *Eliana e gli uomini* (56 co-p), *Montparnasse* (58), *La guerra segreta* (65).

1432. D'Eva, Alessandro. Director of photography. AKA: Sandro D'Eva. *Caccia all'uomo* (61), *Le italiane e l'amore* (61 three episodes: "Le adolescenti e l'amore," "La separazione legale," "Le ragazze madri"), *Odissea nuda* (61), *La banda Casaroli* (62), *Storie sulla sabbia* (63 co-ph), *Cadaveri per la signora* (64), *Se permettete. . .parliamo di donne* (64), *La congiuntura* (65), *Ringo e Gringo contro tutti* (66), *Matchless* (66), *Il mio corpo per un poker* (68), *Ciccio perdona. . .io no!* (68), *Il giovane normale* (69), *La stagione dei sensi* (69), *Vedo nudo* (69 co-ph), *I quattro pistoleri di Santa Trinità* (71), *In nome del popolo italiano* (71), *La vita, a volte, è molto dura, vera provvidenza?* (72), *Crescete e moltiplicatevi* (73), *Una vacanza bestiale* (80), *I fichissimi* (82), *Dio li fa poi li accoppia* (83), *Sing Sing* (83), *Cuori nella tormenta* (84), *. . .E la vita continua* (84), *Lui è peggio di me* (84), *Noi uomini duri* (87), *Scuola di ladri, seconda parte* (87), *Il volpone* (88), *Ho vinto la lotteria di capodanno* (90).

1433. Devane, William. U.S. actor. b. 1939, Albany, N.Y. AKA: William J. Devane. *La mortadella* (72).

1434. de Vendeuil, Magali. French actress. b. 1927, Paris. RN: Magali Vendeuil. Began acting in movies under her right name, and sometimes as Magali Vendel. *Le belle della notte* (52).

1435. Devi, Kamala. Actress. *Salammbò* (60).

1436. de Villalonga, José Luís. Spanish actor. b. 1920, Madrid. Long in France. *Gli amanti* (58), *Cleo dalle 5 alle 7* (62), *Colpo grosso al casinò* (62), *Il delitto Dupré* (63), *Il magnifico cornuto* (64), *Giulietta degli spiriti* (65), *Una vergine per il principe* (65), *I tre volti* (65 the episode "Gli amanti celebri"), *Colpo grosso ma non troppo* (65), *Tecnica di un omicidio* (66), *Voltati Eugenio* (79).

1437. de Vilmorin, Louise. French writer. b. April 4, 1902, Verrières-le-Buisson. *I gioielli di Madame De...* (52 from her novel), *Gli amanti* (58 dialog).

1438. Devries, Bernhard. Dutch actor. b. 1941. *Il sesso degli angeli* (67), *Fraülein Doktor* (68), *Una donna è una donna* (70).

Devs, Beni *see* **Deus, Beny**

1439. Dewaere, Patrick. French actor. b. Jan. 26, 1947, Saint-Brieuc. Shot himself to death July 16, 1982. *Marcia trionfale* (76), *La stanza del vescovo* (76), *L'ingorgo—una storia impossibile* (79).

1440. De Wilde, Brandon. U.S. actor. b. April 9, 1942, Brooklyn, N.Y. d. July 6, 1972, Lakewood, Colo. *La spina dorsale del diavolo* (70).

1441. Dexter, Maury. U.S. director. b. 1927. *Django, killer per l'onore* (66).

1442. Dexter, Rosemary. Pakistani actress. b. 1945. AKA: Rosemarie Dexter. Based in Italy. *Omicron* (63), *Un Monsieur de compagnie* (64 France), *Oltraggio al pudore* (64), *Thrilling* (64 the episode "Altissima pressione"), *Desideri d'estate* (64), *Giulietta e Romeo* (64), *Casanova 70* (65), *Per qualche dollaro in più* (65), *Tutte le altre ragazze lo fanno* (66), *Un uomo a metà* (66), *El desperado* (67), *Il sesso degli angeli* (67), *Per amore...per magia* (68), *The Shoes of the Fisherman* (68 U.S.), *Vendetta for the Saint* (68 U.K.), *House of Cards* (68 U.K.), *Gente d'onore* (68), *L'isola* (68), *I quattro del pater noster* (68), *Le disavventure della virtù* (68), *Mio Mao* (69), *L'occhio nel labirinto* (71), *Cometogether* (71), *L'ultimo uomo di Sara* (74).

1443. d'Harcourt, Rita. Actress of French origin. Oddly, she was director of photography on one film. *La principessa nera* (19), *Madama l'ambasciatrice* (19), *Bufera* (21), *La regina del mercato* (21 ph), *Ferro di cavallo* (22), *Il controllore dei vagoni letto* (22), *L'ombra* (23), *Saetta impara a vivere!* (24), *La casa dei pulcini* (24), *Maciste contro lo sceicco* (25).

1444. Dheran, Bernard. French actor. b. 1926. *Napoleone Buonaparte* (54), *Le grandi manovre* (55), *Vacanze ad Ischia* (57), *Asfalto che scotta* (60).

1445. Dialina, Rica. Actress. *I mostri* (63), *I tre volti della paura* (63 the episode "Wurdalak").

1446. Diberti, Luigi. Actor. *I visionari* (68), *Ritorno* (73), *Tutto a posto e niente in ordine* (74), *Passione e sentimento* (77), *I nuovi mostri* (77), *Il mistero di Oberwald* (80), *Il segreto* (90).

Dickerson, Lucky *see* **Fidani, Demofilo**

1447. Dickinson, Angie. U.S. actress. b. Sept. 30, 1931, Kulm, N.D. RN: Angeline Brown. *Jessica* (62), *Il papavero è anche un fiore* (66).

Dickinson, Lucky *see* **Fidani, Demofilo**

1448. Diehl, Karl Ludwig. German actor. b. Aug. 14, 1896, Halle. *Atto d'accusa* (50).

Diesca, Vivien *see* **Gioi, Vivi**

1449. Diessl, Gustav. Austrian actor. b. Dec. 20, 1898, Vienna. *Una donna fra due mondi* (36), *Senza cielo* (40), *Il bravo di Venezia* (41), *Oro nero* (41), *Calafuria* (42), *La donna del peccato* (42), *Nebbie sul mare* (42), *La danza del fuoco* (42), *Maria Malibran* (43).

1450. Dieterle, William. German director. b. July 15, 1893, Ludwigshafen. d. Dec. 9, 1972. RN: Wilhelm Dieterle. Long in the U.S.A. *Vulcano* (49 also p), *Il vendicatore* (59 also *), *Il mistero dei tre continenti* (59).

1451. Dietrich, Marlene. German actress. b. Dec. 27, 1901, Berlin. d. May 7, 1992, Paris, France. RN: (possibly) Maria Magdalena von Losch, Maria Magdalene Dietrich, or (most probably) Marlene Dietrich. Mother of Maria Riva. *Montecarlo* (56).

1452. Diffring, Anton. German actor. b. Oct. 20, 1918, Koblenz. d. May 20, 1989, France. *L'iguana dalla lingua di fuoco* (72), *La morte negli occhi del gatto* (72), *Tony Arzenta* (73), *Io sono mia* (76).

1453. Di Folco, Marcello. Actor. *Fellini Satyricon* (69), *Il Decamerone* (71), *I racconti di Canterbury* (71), *Amarcord* (73), *Vinella e don Pezzotta* (76), *La città delle donne* (80).

1454. Di Giacomo, Franco. Director of photography. *La strategia del ragno* (69 co-ph), *Un'anguilla da trecento milioni* (69), *La moglie più bella* (69), *Uccidete il vitello grasso e arrostitelo* (70), *Con quale amore, con quanto amore* (70), *In nome del padre* (71), *Quattro mosche di velluto grigio* (71), *Chi l'ha vista morire?* (72), *La cosa buffa* (72), *I giorni del sole* (72), *La Tosca* (73), *Libera, amore mio* (74), *Polvere di stelle* (74), *L'anatra all'arancia* (74),

Conviene far bene l'amore (75), *Marcia trionfale* (76), *Autostop rosso sangue* (76 co-ph), *La stanza del vescovo* (76), *Dimmi che fai tutto per me* (76), *Per amore* (76), *...E tanta paura* (77), *Sahara Cross* (77), *Il prato macchiato di rosso* (78 co-ph), *Amori miei* (79), *Lo chiamavano Bulldozer* (79), *Per vivere meglio divertitevi con noi* (79 co-ph), *Chissà perchè...capitano tutte a me* (80), *Uno sceriffo extraterrestre...poco extra e molto terrestre* (80), *Uomini e no* (80), *Miss Right* (80), *Occhio alla penna* (81), *Sogni d'oro* (81), *La notte di san Lorenzo* (82), *Un povero ricco* (83), *Bonnie e Clyde all'italiana* (83), *Don Camillo* (83), *Casablanca, Casablanca* (84), *Cristoforo Colombo* (84), *La storia* (85), *Mai con le donne* (85), *La messa è finita* (85), *L'inchiesta* (87), *Un ragazzo di Calabria* (87), *Domani accadrà* (88), *'O re* (89), *Oltre l'oceano* (90), *Money* (91), *La casa del sorriso* (91).

1455. Di Gianni, Enzo. Director. b. June 26, 1908, Napoli. Also a well-known songwriter. *Monaca santa* (48 story), *Le due madonne* (49 co-d/co-p/co-story), *Destino* (51 also story), *Pentimento* (52 also story), *Madonna delle rose* (54 also w), *Milanesi a Napoli* (54 also p), *Incatenata dal destino* (55 also w).

1456. Di Giorgio, Amerigo. Actor. *La duchessa del Bal Tabarin* (16), *I figli sperduti* (16), *I Borgia* (18), *La cavalcata ardente* (25), *Confessioni di una donna* (27), *Brigata Firenze* (28), *La canzone dell'amore* (30).

1457. Di Giovanni, Augusto. Actor. b. Salerno. *L'ultimo scugnizzo* (38), *Il cavaliere di san Marco* (39), *Il barone di Corbò* (39), *Imputato, alzatevi!* (39), *Lo vedi come sei?* (39), *Sei bambine e il Perseo* (39), *San Giovanni decollato* (40), *L'allegro fantasma* (41), *Il mercante di schiave* (41), *Macario contro Zagomar* (43), *Pian delle stelle* (46), *Un mese d'onestà* (47), *L'uomo e il diavolo* (54 co-ph), *Disonorata* (54), *Mi permette, babbo?* (56).

1458. Dignam, Basil. U.K. actor. b. 1905. d. 1979. *Sir Francis Drake, il re dei sette mari* (63), *Operazione Crossbow* (65).

1459. Di Lazzaro, Dalila. Actress. b. 1952. *Lo scopone scientifico* (72), *Carne per Frankenstein* (74), *Il bestione* (74), *La pupa del gangster* (75), *L'Italia s'è rotta* (76), *Oh, Serafina!* (76), *La ragazza dal pigiama giallo* (77), *Tre tigri contro tre tigri* (77), *Il gatto* (78), *Le Dernier Amant romantique* (78 France), *Un dramma borghese* (79), *Voltati Eugenio* (79), *Il bandito dagli occhi azzurri* (80), *Miss Right* (80), *Stark System* (80), *Tre uomini da abbattere* (80), *Quando la coppia scoppia* (81), *Prima che sia troppo presto* (81), *Tutti dentro* (84), *Phenomena* (84), *Paganini* (89).

1460. Di Leo, Fernando. Director. AKA: Fernand Lion, Ferdinando Di Leo. *Una pistola per Ringo* (65 w), *Sette pistole per i MacGregor* (65 co-w), *Il ritorno di Ringo* (65 co-w), *Un dollaro a testa* (66 co-w), *Sugar Colt* (66 co-w), *Johnny Yuma* (66 w), *Tempo di massacro* (66 w), *Sette donne per i MacGregor* (66 co-w), *Odio per odio* (67 co-w), *Un poker di pistole* (67 w), *Pecos è qui: prega e muori* (67 co-w), *Rose rosse per il Fuehrer* (67 also co-w), *Ognuno per se* (68 co-w), *Al di là della legge* (68 co-w), *Con lui cavalca la morte* (68 co-w), *...E venne il tempo di uccidere* (68 w), *I lunghi giorni della vendetta* (68 co-w), *Gangster 70* (68 co-w), *Dio li crea, io li ammazzo* (68 co-w), *Wanted* (68 co-w), *I ragazzi del massacro* (69 also co-w), *Amarsi male* (69 also co-w), *Brucia, ragazzo, brucia* (70 also co-w), *La bestia uccide a sangue freddo* (72 also w), *La "mala" ordina* (72 also co-w), *Frankenstein 1980* (72 w), *Il boss* (73 also co-w), *La città sconvolta—caccia spietata ai rapitori* (74 also co-w), *Gli amici di Nick Hazard* (76), *I padroni della città* (76 also co-w), *Diamanti sporchi di sangue* (78 also co-w), *Avere vent'anni* (79 also co-w), *Vacanze per un massacro* (80 also co-w), *Razza violenta* (83 also co-w).

1461. Di Leo, Lia. Actress. b. Taranto. *Lorenzaccio* (51), *È arrivato l'accordatore* (51), *Quo Vadis?* (51 U.S.), *Il bandolero stanco* (52), *L'ora della verità* (52), *I gioielli di Madame De...* (52), *Maschera nera* (52), *Il ritorno di don Camillo* (53), *Ho scelto l'amore* (53), *Il sole negli occhi* (53), *Cose da pazzi* (54), *Mizar* (54), *Le avventure di Giacomo Casanova* (54), *La torre del piacere* (54), *Moglie e buoi...* (56), *Gli occhi senza luce* (56).

Di Leva, Anthony J. *see* **Gardell, Anthony**

1462. Dilian, Irasema. Actress. b. May 27, 1924, Rio de Janeiro, Brazil, into a Polish family. RN: Irasema Warschalowska. AKA: Eva Dilian. *Maddalena, zero in* *condotta* (40), *Ore 9 lezione di chimica* (41), *Teresa Venerdì* (41), *Violette nei capelli* (42), *Malombra* (42), *La principessa del sogno* (42), *Fuga a due voci* (42), *Aquila nera* (46), *La figlia del capitano* (47), *Il corriere del re* (48), *Donne senza nome* (49), *I bastardi* (50).

1463. Dillman, Bradford. U.S. actor. b. April 14, 1930, San Francisco, Calif. *Un fiocco nero per Deborah* (74).

Dillman, Max *see* **Dallamano, Massimo**

1464. Di Lorenzo, Tina. Actress. b. Dec. 4, 1872, Torino. d. March 25, 1930, Milano. Married Armando Falconi (q.v.) in 1901. A stage actress, she made only two movies, both silents: *La mamma bella* (15), *La scintilla* (15).

1465. Di Luca, Dino. Actor. b. May 5, 1903, Livorno. RN: Guido Di Luca. *La riva dei bruti* (30), *Il richiamo del cuore* (30), *Creature della notte* (33), *L'ultimo dei Bergerac* (34), *L'albergo della felicità* (34), *La cieca di Sorrento* (34), *Manon Lescaut* (40), *Il Ponte dei sospiri* (40), *Kean, gli amori di un artista* (40), *Il cavaliere di Kruja* (40), *I promessi sposi* (41), *Il mercante di schiave* (41), *Il romanzo di un giovane povero* (42), *Sant'Elena piccola isola* (42), *Cortocircuito* (42), *Squadriglia bianca* (43), *Una piccola moglie* (43), *Silenzio, si gira!* (43), *Lacrime di sangue* (44), *L'adultera* (46).

1466. Di Marzà, Grazia. Actress. *Don Giovanni in Sicilia* (67), *A suon di lupara* (67), *Un bellissimo novembre* (69), *Malizia* (72).

1467. Di Marzio, Matilde. Actress. *Marcantonio e Cleopatra* (13), *La zingara* (13), *Le campagne di Sorrento* (14), *Le insidie del sotteraneo* (15), *Ivan il terribile* (15), *Attenti alle spie!* (15), *Odio che ride* (15), *Alla capitale* (15), *Febbre di gloria* (16), *Primo ed ultimo bacio* (16), *Per tutta la vita* (17).

1468. Dinelli, Ninì. Actress. b. Pisa. RN: Alba Dinelli. *La prossima pace* (16), *Capitan Fracassa* (18), *La casa che brucia* (19), *Furia* (19), *La bella e la bestia* (19), *Germana* (19), *Il carro sulla montagna* (20), *Mentre il pubblico ride* (20), *Papà Lebonnard* (20), *Rouge et noir* (20), *Si ve vulesse bene* (22), *I Foscari* (22), *Il povero fornaretto di Venezia* (23), *I promessi sposi* (23), *La bellezza del mondo* (26), *Kiff Tebbi* (27), *La vena d'oro* (28), *Patatrac* (31), *Il trattato scomparso* (33), *Il serpente a sonagli* (35), *Marco Visconti* (40), *Il sogno di tutti* (41), *Il pozzo dei miracoli* (41), *Il re d'Inghilterra non paga* (41).

1469. Di Palma, Carlo. Director of photography. b. April 17, 1925, Roma. Began as an assistant cameraman in 1942. Has also directed. Much in the U.S.A. *Il romanzo di un giovane povero* (42 asst ph), *Ivan, il figlio del diavolo bianco* (54), *Lauta mancia* (56), *L'impiegato* (59), *La lunga notte del 43* (60), *L'assassino* (60), *Le svedesi* (61), *Leoni al sole* (61), *Tiro al piccione* (61), *Parigi o cara* (63), *Omicron* (63), *Le ore nude* (64), *Liolà* (64), *Deserto rosso* (64), *I tre volti* (65 the episode "Il provino"), *Blow Up* (66), *La cintura di castità* (68), *The Appointment* (69 U.S.), *Amore mio, aiutami* (69), *Dramma della gelosia—tutti i particolari in cronaca* (70), *La pacifista* (71), *Gli ordini sono ordini* (71), *Teresa la ladra* (73 d), *Qui comincia l'avventura* (76 d), *Mimì Bluette...fiore del mio giardino* (77 d), *Amo non amo* (79), *Tragedia di un uomo ridicolo* (81), *Identificazione di una donna* (82), *The Black Stallion Returns* (83 U.S.), *Gabriela* (83 Portugal), *Hannah and Her Sisters* (86 U.S.), *Radio Days* (87 U.S.), *The Secret of My Success* (87 U.S.), *September* (87 U.S.), *Stasera a casa di Alice* (91).

1470. Di Palma, Dario. Director of photography. *Il grido* (57 asst ph), *Deserto rosso* (64 asst ph), *Un uomo a metà* (66), *Lovemaker, l'uomo per fare l'amore* (69), *Cuori solitari* (69), *Gli specialisti* (69), *Ninì Tirabusciò, la donna che inventò la "mossa"* (70), *I clowns* (70), *Il generale dorme in piedi* (72), *La prima notte di quiete* (72), *Mimì metallurgico ferito nell'onore* (72), *Pianeta Venere* (73), *Cari genitori* (73), *Il delitto Matteotti* (73), *Teresa la ladra* (73), *Amore amaro* (74), *Qui comincia l'avventura* (76), *Brutti, sporchi e cattivi* (76), *Un anno di scuola* (76), *Porci con le ali* (77), *La giacca verde* (79), *I giorni cantati* (79), *La ragazza di via Millelire* (80), *Bello di mamma* (80), *Amore tossico* (83),

1471. Dirand, Étienne. French actor. *Il giorno e l'ora* (63).

Di Robilant, Andrea *see* **Robilant, Andrea**

1472. Di San Germano, Lucy. Actress. b. 1898, Torino. RN: Lucia Moglia. AKA: Lucy San Germano. Sister of actress Linda Moglia. *Chonchette* (18), *La gibigianna*

(18), *Le lacrime del popolo* (18), *La maschera del barbaro* (18), *Noblesse oblige* (18), *L'amante della luna* (19), *Il medico delle pazze* (19), *Morte che non uccide* (19), *Il libro della vita* (19), *E dopo?* (20), *Le vicende dell'illusione* (20), *La bambola e l'amore* (20), *Il castello della malinconia* (20), *Il mercante d'emozioni* (20), *Il poeta e la principessa* (20), *L'incatenata* (21), *La rupe tarpea* (21), *L'inafferabile* (22).

1473. Di San Servolo, Miriam. Actress. b. May 31, 1923, Roma. RN: Maria Petacci. AKA: Miriam Petacci. She worked out of Vittorio Mussolini's Europa Studios. Her sister, Clara Petacci, was Benito Mussolini's mistress. After the war Miriam went to Spain, and acted under the name Miriam Day. *Le vie del cuore* (42 in which Clara also appeared), *L'amico delle donne* (42), *L'invasore* (43), *Sogno d'amore* (44), *Cita con mi viejo corazón* (46 Spain), *El emigrado* (46 Spain), *Confidencia* (47 Spain), *Lluvia de hijos* (47 Spain), *Doña Maria La Brava* (48 Spain), *Tempestad en el alma* (49 Spain), *Vendaval* (49 Spain), *Flor de lago* (49 Spain), *Torturados* (52 Spain made in 50), *Quattro donne nella notte* (55), *Brevi amori a Palma di Maiorca* (59 co), *Claretta* (84 played herself).

1474. Distel, Sacha. French singer. b. 1933. *I sette peccati capitali* (62 sang vocals), *La pappa reale* (63 sang vocals), *Senza movente* (71 *).

1475. Di Venanzo, Gianni. Director of photography. b. Dec. 18, 1920, Teramo. d. 1966. In films from 1941. *Un colpo di pistola* (41 camera), *Ossessione* (42 camera), *Roma città aperta* (45 camera), *Paisà* (46 camera), *Caccia tragica* (47 camera), *La terra trema* (48 camera), *Miracolo a Milano* (50 camera), *Achtung, banditi!* (51), *Le ragazze di piazza di Spagna* (51 co-ph), *Il capitano di Venezia* (52), *Ai margini della metropoli* (52), *Amore in città* (53), *Cronache di poveri amanti* (53), *Teresa Raquin* (54), *Donne e soldati* (54), *Le ragazze di San Frediano* (54), *Terra straniera* (55 made in 53), *Gli sbandati* (55), *Le amiche* (55 co-ph), *Lo scapolo* (55), *Quando tramonta il sole* (56), *Suor Letizia* (56), *Difendo il mio amore* (56), *Terrore sulla città* (56), *Rascel—Fifì* (57), *Il grido* (57 co-ph), *Kean, genio e sregolatezza* (57), *La sfida* (58), *I soliti ignoti* (58), *La legge è legge* (58), *Nel blu dipinto di blu* (58), *La prima notte* (58), *Rascel—marine* (58), *Un ettaro di cielo* (58), *I magliari* (59), *Vento del sud* (59), *Il nemico di mia moglie* (59), *I delfini* (60), *Un mandarino per Teo* (60), *Crimen* (61), *La notte* (61), *Salvatore Giuliano* (61), *L'eclisse* (62), *Eva* (62 co-ph), *I basilischi* (63), *Le mani sulla città* (63), *Gli indifferenti* (63), *8½* (63), *La ragazza di Bube* (64), *La donna è una cosa meravigliosa* (64 co-ph), *Alta infedeltà* (64 the episode "Gente moderna"), *La decima vittima* (65), *Giulietta degli spiriti* (65), *Il momento della verità* (65), *The Honey Pot* (67 U.S. died during production).

1476. Dmytryk, Edward. Canadian director. b. Sept. 4, 1908, Grand Forks. Long in Hollywood. *Cronache di un convento* (62 also p), *Lo sbarco di Anzio* (68 the English-language version, *Anzio*).

1477. D'Obici, Valeria. Actress. *Passione d'amore* (80), *Masoch* (80), *Piso pisello* (81), *Uno scandalo perbene* (83), *Cuore* (84), *Yuppies, i giovani di successo* (85), *Il 45 parallelo* (86), *Desiderando Giulia* (87), *La rosa bianca* (88).

1478. Dobkin, Lawrence. U.S. actor. b. 1920. AKA: Larry Dobkin. *Johnny Yuma* (66).

1479. Dobtcheff, Vernon. French actor. b. 1934. *La bisbetica domata* (67), *Il nome della rosa* (86).

1480. D'Offizi, Sergio. Director of photography. *Che fine ha fatto Totò Baby?* (64), *L'odio è il mio dio* (67 co-ph), *Dio li crea, io li ammazzo* (68), *La Battaglia di El Alamein* (68), *Ognuno per se* (68), *La coppia* (68), *Oggi a me, domani a te* (68), *Femmine insaziabili* (69), *Sedia elettrica* (69), *Ehi, amico...sei morto* (71), *Detenuto in attesa di giudizio* (71), *Guernica* (72 co-ph), *Non si sevizia un paperino* (72), *Mio fratello Anastasia* (73), *Finchè c'è guerra, c'è speranza* (74), *Sistemo l'America e torno* (74), *Lezioni private* (75), *The Squeeze* (76 U.S.), *San Pasquale Baylonne, protettore delle donne* (76), *Con la rabbia agli occhi* (76), *Ultimo mondo cannibale* (76 co-ph), *Le deportate della sezione speciale SS* (78), *Sella d'argento* (78), *Dove vai in vacanza?* (78 the episode "Vacanze intelligenti"), *Il testimone* (78), *La casa nel parco* (80), *Io e Caterina* (80), *Maschio femmina fiore frutto* (81), *Il falco e la colomba* (81), *La gatta da pelare* (81 co-ph), *Il marchese del grillo* (81 co-ph), *Ricomincio da* *tre* (81), *Amici miei, atto II* (82), *In viaggio con papà* (82), *Io so che tu sai che io so* (82), *Il tassinaro* (83), *Buoi nella valle* (84), *Tutti dentro* (84), *Colpi di luce* (85), *È arrivato mio fratello* (85), *Sono un fenomeno paranormale* (86), *Yuppies 2* (87), *Thunder Warrior 2* (87 U.S.), *Roba da ricchi* (87), *Fantozzi va in pensione* (89).

1481. Doge, Marina. Actress. b. Trieste. RN: Alba Wiegele. *Ballo al castello* (39), *Assenza ingiustificata* (39), *Il ponte di vetro* (40), *Il "signore" della taverna* (40), *Miseria e nobiltà* (40), *Melodie eterne* (40), *La canzone rubata* (40), *I mariti* (41), *Il mondo vuole così* (45), *Gli uomini, che mascalzoni!* (53).

1482. Dolce, Ignazio. Actor. *Il ladro di Bagdad* (60), *Maciste nella Valle dei Re* (60), *Goliath contro i giganti* (60), *Anno 79—distruzione ercolano* (62), *Eva* (62), *Il vecchio testamento* (63), *I cacciatori del cobra d'oro* (83 prod mgr), *Belve feroci* (83 asst d).

1483. Doletti, Mino. Writer. b. March 31, 1906, Verona. *Orgoglio* (38 dialog), *Follie del secolo* (39 co-w), *Senza cielo* (40 story), *I pirati della Malesia* (41 co-w), *I due Foscari* (42 co-w), *Martin Toccaferro* (53 co-w).

1484. Dolfin, Giorgio. Actor. *La tarantola dal ventre nero* (72), *Punto e Capo* (73).

1485. Doll, Dora. German actress. b. May 19, 1922, Berlin. RN: Dorothée Feinberg. *Destini di donne* (53), *Nanà* (55), *Eliana e gli uomini* (56), *Colpo grosso al casinò* (62).

Dolman, Martin *see* **Martino, Sergio**

1486. Domergue, Faith. U.S. actress. b. June 16, 1925, New Orleans, La. *Il cielo brucia* (57), *Lo stato d'assedio* (69), *Una sull'altra* (70), *L'uomo dagli occhi di ghiaccio* (72).

1487. Domingo, Placido. Opera singer. *La Traviata* (82), *Carmen* (83), *Otello* (86).

1488. Dominiani, Maria. Actress. b. May 10, 1915, Genova. *Joe il rosso* (36), *Lasciate ogni speranza* (37), *Chi è più felice di me?* (38), *Tre fratelli in gamba* (38), *Eravamo sette vedove* (39), *Il segreto inviolabile* (39), *L'uomo del romanzo* (40), *L'ispettore Vargas* (40), *Caravaggio, il pittore maledetto* (41), *Finalmente soli* (41), *Senza una donna* (43), *Undici uomini e un pallone* (48).

1489. Dominici, Arturo. Actor. *Le fatiche di Ercole* (57), *Vite perdute* (58), *Nel segno di Roma* (58), *Il terrore dei barbari* (59), *Messalina, venere imperatrice* (59), *La vendetta dei barbari* (60), *Giuseppe venduto dai fratelli* (60), *Il ladro di Bagdad* (60), *La maschera del demonio* (60), *Perseo l'invincibile* (61), *La guerra di Troia* (61), *Sir Francis Drake, il re dei sette mari* (63), *Ercole contro Moloch* (63), *Indomitable Angélique* (67 France), *Angélique et le sultan* (68 France), *Il momento di uccidere* (68), *Indagine su un cittadino al di sopra di ogni sospetto* (69), *Un tipo che mi piace* (70), *Confessione di un commissario di polizia al procuratore della repubblica* (71), *Zorro, il cavaliere della vendetta* (71), *All'onorevole piacciono le donne* (72), *Il caso Pisciotta* (72), *Sinbad e il califfa di Bagdad* (78), *Lo sgarbo* (78).

Dominici, Paolo *see* **Paolella, Domenico**

1490. Donadio, Giulio. Actor. b. July 5, 1889, Santa Maria Capua Vetere. d. June 15, 1951, Milano. *Passaporto rosso* (35), *Casta diva* (35), *L'anonima Roylott* (36), *Una donna fra due mondi* (36), *Il Ponte dei sospiri* (40), *Manon Lescaut* (40), *La fanciulla di Portici* (40), *L'ispettore Vargas* (40), *La gerla di papà Martin* (40), *L'attore scomparso* (41), *Beatrice Cenci* (41), *Labbra serrate* (42), *La sua strada* (43).

1491. Donaggio, Pino. Composer. AKA: Pino Donnaggio. Much in the U.S.A. *A Venezia un dicembre rosso* (73), *Corruzione al palazzo di giustizia* (74), *Sussuri nel buio* (76), *Carrie* (76 U.S.), *Amore, piombo e furore* (77), *Nero veneziano* (78), *Piranha* (78 U.S.), *Home Movies* (79 U.S.), *Senza buccia* (79), *Tourist Trap* (79 U.S.), *Augh!* (80 U.S.), *The Howling* (80 U.S.), *Desideria—la vita interiore* (80), *Il gatto di Park Lane* (80), *Dressed to Kill* (80 U.S.), *Blow Out* (81 U.S.), *The Fan* (81 U.S.), *Oltre la porta* (82), *Morte in Vaticano* (82), *Target Eagle* (82 Spain/Mexico song), *Tex* (82), *Don Camillo* (83), *Baby, It's You* (83 U.S. song), *Le avventure dell'incredibile Ercole* (83), *Over the Brooklyn Bridge* (83 U.S.), *Via degli specchi* (83), *Body Double* (84 U.S.), *Déjà Vu* (84 U.S.), *Non ci resta che piangere* (84), *Le avventure dell'incredibile Ercole II* (84), *L'attenzione* (85), *Sotto il vestito niente* (85), *Interno berlinese* (85),

Crawlspace (86 U.S.), *Il caso Moro* (86), *The Barbarians & Co.* (87 U.S.), *Dancers* (87 U.S.), *Going Bananas* (87 U.S.), *Scirocco* (87), *Jenatsch* (87 Germany), *La monaca di Monza* (87), *7 chili in 7 giorni* (87), *Hotel Colonial* (87), *High frequency* (88), *Appointment With Death* (88 U.S.), *Catacombs* (88 U.S.), *Kansas* (88 U.S), *Zelly and Me* (88 U.S.), *Indio* (89), *Night Games* (89 U.S.), *Meridian—Kiss of the Beast* (90 U.S.), *Rito d'amore* (90), *Due occhi diabolici* (90), *Indio 2* (91), *Tchin-tchin* (91), *La partita* (91).

Donan, Martin *see* **Dawson, Anthony M.**

1492. Donati, Danilo. Set designer/costume designer. b. 1926. *Il carro armato dell'8 settembre* (60), *RoGoPaG* (62 the episode "La ricotta" co), *La bella di Lodi* (63), *Il vangelo secondo Matteo* (64), *La mandragola* (65), *Uccellacci e uccellini* (66 co), *Edipo re* (67), *Romeo e Giulietta* (68), *La monaca di Monza* (68), *Fellini Satyricon* (69 co-costumes), *Porcile* (69), *I clowns* (70), *Il Decamerone* (71), *I racconti di Canterbury* (72 co), *Fellini Roma* (72), *Il fiore delle mille e una notte* (73), *Amarcord* (73), *Salò, o le 120 giornate* (75), *Il Casanova di Federico Fellini* (76), *La signora degli orrori* (77 art d/costumes), *Caligola* (79), *Ginger e Fred* (85), *Intervista* (87), *Momo* (87), *Francesco* (89).

1493. Donati, Ermanno. Production assistant. b. March 3, 1920, Roma. Has also been a producer. *I promessi sposi* (41 co-costumes), *Fatalità* (47 d prod), *I fratelli Karamazoff* (47 d prod), *Sotto il sole di Roma* (48 d prod), *Vent'anni* (49 p), *Atto d'accusa* (50), *La vendetta del corsaro* (51), *Ci troviamo in galleria* (53), *Capitan Fantasma* (53), *La vena d'oro* (55), *Prigionieri del male* (55), *Souvenir d'Italie* (57), *Il figlio del corsaro rosso* (58), *Giuseppe venduto dai fratelli* (60 co-p), *Maciste nella Valle dei Re* (60 co-p), *Maciste alla corte del Gran Khan* (61 co-p), *Maciste nella terra dei ciclopi* (61 co-p), *Su e giù* (65 co-p), *Un fiume di dollari* (66 co-p), *Un dollaro a testa* (66 co-p), *La coppia* (68 co-p).

1494. Donati, Maria. Actress. b. Dec. 2, 1898, Roma. *Cinque a zero* (32), *Il feroce Saladino* (37), *Il conte di Bréchard* (37), *Miseria e nobiltà* (40), *Lacrime di sangue* (44), *Trepidazione* (45), *L'onorevole Angelina* (47), *I peggiori anni della nostra vita* (49), *La Bisarca* (50), *Cose da pazzi* (54).

1495. Donati, Sergio. Co-writer. *La resa dei conti* (66), *100.000 dollari per Lassiter* (66), *Faccia a faccia* (67 also co-story), *C'era una volta il west* (68), *Il sapore della vendetta* (68), *Rebus* (68), *Giù la testa* (71), *Amico, stammi lontano, almeno un palmo* (71), *Sbatti il mostro in prima pagina* (72), *Il bestione* (74), *La poliziotta* (74), *Il padrone e l'operaio* (75), *Cipolla Colt* (75), *Holocaust 2000* (77), *L'isola degli uomini pesce* (78), *Occhio alla penna* (81), *Il conte Tacchia* (82), *A tu per tu* (84).

1496. Dondi, Guglielmina. Actress. Worked principally on the stage, but made the following movies: *Il mistero della casa n. 30* (19), *Il Cireneo* (19), *Le ali* (19), *La campana dello scandalo* (20), *Camillo emulo di Sherlock Holmes* (20).

1497. Dondini, Alda. Actress. b. March 18, 1883, Cosenza. RN: Itala Dondini. *Amo te sola* (35), *Joe il rosso* (36), *L'eredità in corso* (39), *Piccolo mondo antico* (40), *L'amante segreta* (41), *Ore 9 lezione di chimica* (41), *Se non son matti non li vogliamo* (41), *Catene invisibili* (42), *Malombra* (42), *Luisa Sanfelice* (42), *Zazà* (42), *Il treno crociato* (43), *Nessuno torna indietro* (43), *La resa di Titi* (45), *Un giorno nella vita* (46), *Le vie del peccato* (46), *I due orfanelli* (47), *Totò sceicco* (51), *Incantesimo tragico* (51), *Via Padova, 46* (53), *Siamo donne* (53).

1498. Donelli, Alfredo. Director of photography. b. Udine. *Alba di libertà* (15), *La canzone del fantasma* (15), *Presentat'armi!* (15), *Vincolo segreto* (15), *Addio amore!* (16), *Astrid* (17), *Emir, cavallo da circo* (17), *Napoleoncina* (17), *Le mariage de chiffon* (18), *Ballerine* (18), *La commedia del mio palco* (18), *L'ultimo dei cognac* (18), *Passa il dramma a Lilliput* (18), *Da Roma al Niagara* (19), *Notte di tentazione* (19 co-ph), *Il re della notte* (19), *Senza nome* (19), *Notti rosse* (19), *La bambola e l'amore* (20), *La deviazione di Goolf Stream* (20), *La perfetta ebbrezza* (20), *Il volto di Medusa* (20), *Il mercante d'emozioni* (20), *Il poeta e la principessa* (20), *Il sogno d'una notte d'estate a Venezia* (21), *Totote* (21), *La vita e la commedia* (21), *Francesca da Rimini* (21), *Il segreto della Grotta azzurra* (22), *Jolly, clown da circo* (23), *La moglie bella* (24), *Quo vadis?* (24 co-ph), *La cavalcata ardente* (25 co-ph), *Ben-Hur* (25 U.S. co-ph), *Enrico IV* (26 co-ph), *Gli ultimi giorni di Pompei* (26 co-ph), *Boccaccesca* (27), *La bella corsara* (27), *Il cantastorie di Venezia* (28), *Ragazze, non scherzate!* (29).

Donen, Mario *see* **Dawson, Anthony M.**

Donnaggio, Pino *see* **Donaggio, Pino**

1499. Donner, Richard. U.S. director. b. 1939, N.Y.C. *Lola* (70).

1500. Donnini, Giulio. Actor. b. Milano. *Teheran* (47), *Il richiamo di sangue* (47), *I fratelli Karamazoff* (47), *Accidenti alla guerra!* (48), *L'isola di Montecristo* (48), *Amori e veleni* (49), *La rivale dell'imperatrice* (50), *Lebbra bianca* (50), *Io sono il capataz!* (51), *O.K. Nerone* (51), *Santa Lucia luntana* (51), *Incantesimo tragico* (51), *Le avventure di Mandrin* (52), *Ombre su Trieste* (52), *Non è mai troppo tardi* (53), *Frine, cortigiana d'Oriente* (53), *Soli per le strade* (53), *Il tesoro dell'Africa* (53), *La barriera della legge* (54), *Ripudiata* (54), *Vendicata* (54), *Un giglio infranto* (55), *Il suo più grande amore* (55), *Afrodite, dea dell'amore* (58), *Messalina, venere imperatrice* (59), *Gli amori di Ercole* (60), *Giulio Cesare: il conquistatore delle gallie* (62), *Maciste alla corte dello zar* (63), *Ercole contro i figli del sole* (64), *El Greco* (65), *Matchless* (66), *Diabolik* (67), *La morte ha fatto l'uovo* (67), *The Biggest Bundle of Them All* (68 U.S.), *La Battaglia di El Alamein* (68).

1501. Dor, Karin. German actress. b. 1936. *Giorni di fuoco* (64), *Winnetou III* (65), *Io la conoscevo bene* (65), *Il segreto dei frati gialli* (66), *Upperseven, l'uomo da uccidere* (67).

1502. Dorelli, Johnny. Claimed to be the only bilingual English-Italian actor in Italy. Better known as a singer. *Cantando sotto le stelle* (56), *Totò, Peppino e le fanatiche* (58), *Arriva Dorellik* (67), *Pane e cioccolata* (73), *La presidentessa* (76), *Il mostro* (77), *Cara sposa* (78), *Tesoromio* (80), *Mi faccio la barca* (80), *Il cappotto di astrakan* (80), *Ciao nemico* (81), *Occhio malocchio prezzemolo e finocchio* (83), *Cuore* (84), *A tu per tu* (84).

1503. Dorfmann, Robert. French producer. b. March 3, 1912, Paris. *Aria di Parigi* (55), *Manon 70* (68), *Sole rosso* (71 ex p).

1504. Doria, Bianca. Actress. b. Sept. 22, 1915, San Gregorio delle Alpi. *Piccolo hotel* (39), *Il ponte sull'infinito* (41), *Noi vivi* (42), *La danza del fuoco* (42), *Lettere al sottotenente* (43), *Ultimo sogno* (44), *L'apocalisse* (47), *Monastero di Santa Chiara* (48), *La strada finisce sul fiume* (50), *Anna* (51), *Vacanze col gangster* (51), *Inganno* (52), *Dramma sul Tevere* (52), *Il mondo le condanna* (52), *Maddalena* (53), *Guai ai vinti!* (54), *Suor Letizia* (56).

1505. Doria, Enzo. Actor. Latterly a producer. *Dinanzi a noi il cielo* (58), *Giuditta e Oloferne* (58), *Gli invasori* (61), *Il vecchio testamento* (63), *Il giardino delle delizie* (68 p), *I cannibali* (69 p), *Adamo ed Eva* (82 p).

1506. Doria, Luciano. Director/writer. *Madame Flirt* (18 w), *L'idiota* (18 w), *Vertigine* (19 w), *L'isola della felicità* (19), *La regina del carbone* (19 co-d/w), *Il mercante d'emozioni* (20 w), *La bambola e l'amore* (20 w), *La casa di vetro* (20 w), *La rosa di Fortunio* (21 d/story), *Amore rosso* (21 w), *Il silenzio* (21 d/co-w), *La casa sotto la neve* (21 w/sets), *La storia di Clo-Clo* (21 d/co-w), *L'incognita* (22 w), *L'inafferabile* (22 co-d/w), *Il ladro* (22 d/co-w), *Un viaggio nell'impossibile* (23 d/w), *Treno di piacere* (23 d/w), *La taverna verde* (24 d/story), *L'osteria di Mozzadita* (24 d/co-w), *Saetta e le sette mogli del pascià* (25 co-d/co-w), *Per uomini soli* (39 w), *Gli amori di Ercole* (60 co-w), *Lucrezia Borgia, l'amante del diavolo* (68 *), *All'ultimo sangue* (68 *).

1507. Dorléac, Françoise. French actress. b. March 21, 1942, Paris. d. June 26, 1967, Nice, in a car crash. Sister of Catherine Deneuve. *Arsenio Lupin contro Arsenio Lupin* (62), *Il piacere e l'amore* (64).

1508. Doro, Marie. U.S. actress. b. May 25, 1882, Duncannon, Pa. d. Oct. 9, 1956, N.Y. RN: Marie H. Stewart. *Beatrice* (19), *La principessa misteriosa* (20), *Sorella contro sorella* (20).

1509. Doro, Mino. Actor. b. May 6, 1903, Venezia. *Fanny* (33), *Cento di questi giorni* (33), *T'amerò sempre* (33), *Quella vecchia canaglia* (34), *La signora Paradiso* (34), *Vecchia guardia* (34), *I due sergenti* (36), *Pietro Micca* (38), *Tutta la vita in una notte* (38), *Piccolo Hotel* (39), *Cuori nella tormenta* (40), *Don Buonaparte* (41), *Una notte dopo l'opera* (41), *Monte Miracolo* (43), *Nessuno torna indietro* (43), *L'eco* *della gloria* (46), *Il bandito* (46), *La vendetta di una pazza* (51), *L'ingiusta condanna* (52), *Avventura ad Algeri* (53), *Il seduttore* (54), *La ladra* (55), *Mio figlio Nerone* (56), *Difendo il mio amore* (56), *Guerra e pace* (56), *Il conte Max* (57), *Ben-Hur* (59), *Le legioni di Cleopatra* (59), *Gli ultimi giorni di Pompei* (59), *Orazi e Curiazi* (61), *Ercole al centro della terra* (61), *Ercole alla conquista di Atlantide* (61), *8½* (63), *Roma contro Roma* (63), *L'avventuriero della Tortuga* (64), *Angélique et le sultan* (68 France).

1510. Dors, Diana. U.K. actress. b. Oct. 23, 1931, Swindon, Wilts. d. May 4, 1984, Windsor, near London. RN: Diana Fluck. *La ragazza del Palio* (58).

1511. D'Orsi, Umberto. Actor. b. 1921. d. 1976. *Lo svitato* (55), *Il processo di Verona* (62), *La cuccagna* (62), *La vedovella* (62), *Le ore dell'amore* (63), *La parmigiana* (63), *Adultero lui, adultera lei* (63), *Les Amoureux du "France"* (63 France), *Il successo* (63), *Le monachine* (63), *Il treno del sabato* (63), *Via Veneto* (64), *Il giovedì* (64), *I terribili sette* (64), *I maniaci* (64), *L'idea fissa* (64), *I marziani hanno dodici mani* (64), *Queste pazze, pazze donne* (64), *Crimine a due* (64), *Frenesia d'estate* (64), *Se permettete...parliamo di donne* (64), *Le sette vipere* (65), *Controsesso* (65), *La Traite des blanches* (65 France), *Soldati e caporali* (65), *Con rispetto parlando* (65), *Rita, la figlia americana* (65), *I complessi* (65 the episode "Una giornata decisiva"), *Questo pazzo, pazzo mondo della canzone* (65), *Il furto della Gioconda* (66), *Io, io, io...e gli altri* (65), *I due para* (65), *I due sanculotti* (66), *Ischia, operazione Amore* (66), *I ragazzi dell'hully gully* (66), *Come svaligiammo la Banca d'Italia* (66), *Testa di rapa* (66), *Tre pistole contro Cesare* (66), *Marinai in coperta* (66), *Perry Grant, agente di ferro* (66), *Per un pugno nell'occhio* (66), *J'ai tué Raspoutine* (67 France), *Colpo doppio del camaleonte d'oro* (67), *I due vigili* (67), *Tre passi nel delirio* (68 the episode "William Wilson"), *I due deputati* (68), *I due crociati* (68), *I nipoti di Zorro* (68), *Don Chisciotte e Sancho Panza* (68), *La pecora nera* (68), *Senza sapere niente di lei* (69), *Vedo nudo* (69), *Il terribile ispettore* (69), *Il giovane normale* (69), *Beatrice Cenci* (69), *Pensiero d'amore* (69), *Zingara* (69), *Franco, Ciccio e il pirata Barbanera* (69), *Nell'anno del Signore* (69), *La ragazza di latta* (70), *Lacrime d'amore* (70), *Il divorzio* (70), *Snow Job* (72 U.S.), *La bella Antonia, prima monaca e poi dimonia* (72), *Mezzogiorno di fuoco per An Hao* (72), *Lo chiamavano Tressette...giocava sempre colla morte* (73), *Di Tressette c'è ne uno... tutti gli altri son nessuno* (74).

1512. D'Orvella, Mina. Actress. *Dora o le spie* (17), *Maman Poupée* (17), *Il mare di Napoli* (19), *Cosmopolis* (19), *Germana* (19), *Beatrice* (19), *L'eterna sirena* (20), *Fior d'amore* (20), *Sorella contro sorella* (20), *La donna dai capelli d'oro* (20).

1513. Dorziat, Gabrielle. French actress. b. Jan. 15, 1886, Épernay. d. 1979. RN: Gabrielle Sigrist Moppert. *Domani è troppo tardi* (50), *I bastardi* (50), *Traviata 53* (53), *Le due orfanelle* (54), *Nagana* (54), *Madame Dubarry* (54), *Le spie* (57), *Polikuschka* (58), *La furia degli uomini* (63).

1514. Dossena, Anna Maria. Actress. b. Feb. 17, 1912, Massa Carrara. *Televisione* (30), *La vecchia signora* (32), *Amore* (35), *Lohengrin* (35), *Musica in piazza* (36), *Eravamo sette sorelle* (38), *Eravamo sette vedove* (39), *Un uomo ritorna* (46), *Sambo* (50), *Il sole negli occhi* (53).

1515. Dottesio, Attilio. Actor. Later a documentary maker. *La peccatrice* (40), *L'amore canta* (41), *Giacomo l'idealista* (42), *Un fatto di cronaca* (44), *Aeroporto* (44), *L'angelo del miracolo* (44), *Rocambole* (47), *La certosa di Parma* (47), *Riso amaro* (48), *Il lupo della Sila* (49), *Cavalcata d'eroi* (49), *I fuorilegge* (50), *Il lupo della frontiera* (51), *La ragazza di Trieste* (51), *Gioventù alla sbarra* (52), *La Gioconda* (53), *Yalis, la vergine del Roncador* (54), *Operazione Mitra* (55 made in 51), *Amazzonia, terra sconosciuta* (55 doc), *Il colosso di Roma* (65), *Il magnaccio* (68), *I vendicatori dell'ave maria* (70), *Un bounty killer a Trinità* (72).

Douglas, John *see* **McDouglas, John**

1516. Douglas, Kirk. U.S. actor. b. Dec. 9, 1916, Amsterdam, N.Y. RN: Issur Danielovitch Demsky. *Ulisse* (54), *Il faro in capo al mondo* (71 also p), *Un uomo da rispettare* (72), *Holocaust 2000* (77).

1517. Douglas, Paul. U.S. actor. b. April 11, 1907, Philadelphia, Pa. d. Sept. 15, 1959, Hollywood, Calif. *Fortunella* (58).

1518. Douglas, Robert. U.K. actor. b. Nov. 9, 1909, Bletchley. RN: Robert

Douglas Finlayson. Long in the U.S.A. *Elena di Troia* (56).

Douglass, Kent *see* **Montgomery, Douglass**

1519. Douking, Georges. French actor. b. Aug. 6, 1902, Paris. RN: Georges Ladoubée. *L'amante di cinque giorni* (61), *Tre passi nel delirio* (68).

1520. Douy, Max. French art director. b. June 20, 1914, Issy-les-Moulineaux. *Il diavolo in corpo* (47), *Occupati d'Amelia* (49), *I sette peccati capitali* (52 the episode "L'orgoglio"), *L'uomo e il diavolo* (54), *Margherita della notte* (55), *Gli amanti di domani* (56), *Colui che deve morire* (57), *La ragazza del peccato* (57), *L'omicida* (63).

1521. Dover, Nyta. Actress. b. Lausanne, Switzerland. *Monastero di Santa Chiara* (48), *Accidenti alla guerra!* (48), *Le due madonne* (49), *Vita da cani* (50), *È arrivato il cavaliere* (50), *Amor non ho! Però . . .però* (51), *Arrivano in nostri* (51), *La famiglia Passaguai* (51), *Porca miseria* (51), *Era lui. . .si! si!* (51), *Libera uscita* (51), *Ha fatto 13* (52), *Abracadabra* (52), *La regina di Saba* (52), *Pentimento* (52), *Febbre di vivere* (53), *Dov'è la libertà* (53), *Mai ti scorderò* (53), *Destini di donne* (53), *L'incantevole nemica* (53), *Il mantello rosso* (54), *Processo all'amore* (55), *Ore 10 lezione di canto* (56).

Dower, Lily *see* **Springher, Hilda**

1522. Dowling, Constance. U.S. actress. b. Nov., 1923, N.Y. d. 1969. Sister of Doris Dowling. *Follie per l'opera* (47), *Addio, Mimì* (47), *La città dolente* (48), *Miss Italia* (49), *Duello senza onore* (49).

1523. Dowling, Doris. U.S. actress. b. May 15, 1921, Detroit, Mich. Married Artie Shaw. *Riso amaro* (48), *Cuori sul mare* (49), *Alina* (50), *Otello* (51).

Dowosen, Gladys *see* **Dawson, Gladys**

1524. Draeger, Jürgen. German actor. *La battaglia dei mods* (66).

1525. Dréville, Jean. French director. b. Sept. 20, 1906, Vitry-sur-Seine. *Un colpo di vento* (36 co-d), *I sette peccati capitali* (52 the episode "Pigrizia"), *La regina Margot* (54), *Lafayette, una spada per due bandiere* (61 also co-w).

1526. Dru, Joanne. U.S. actress. b. Jan. 31, 1923, Logan, W. Va. RN: Joanne LaCock. *Poliziotto superpiù* (81).

Dry, Tony *see* **Secchi, Antonio**

1527. Dublin, Jessica. U.S. actress. *La caduta degli dei* (68), *Continuavano a chiamarlo Trinità* (71), *Il sesso della strega* (72).

1528. Dubois, Marie. French actress. b. Jan. 12, 1937, Paris. *Il piacere e l'amore* (64), *Weekend a Zuydecoote* (64), *Stuntman* (68), *Quei temerari sulle loro pazze scatenate scalcinate carriole* (69), *Il serpente* (73), *L'innocente* (76).

1529. Duby, Jacques. French actor. b. May 7, 1922, Toulouse. *Fascicolo nero* (55), *Frou Frou* (55), *L'uomo dall'impermeabile* (57), *Le donne degli altri* (57).

Duca Minimo *see* **D'Annunzio, Gabriele**

1530. Dudarova, Ludmilla. Actress. b. Sansum, Turkey. *Fabiola* (48), *Prima comunione* (50), *Canzone di primavera* (50), *Il caimano del Piave* (51), *Licenza premio* (51), *Libera uscita* (51), *Papà, ti ricordo* (52), *Il tenente Giorgio* (52), *Condannatelo!* (53), *La valigia dei sogni* (53), *Il grande addio* (53), *Ulisse* (54).

1531. Duff, Howard. U.S. actor. b. Nov. 24, 1917, Bremerton, Wash. d. July 8, 1990, Santa Barbara, Calif. *Le sette folgori di Assur* (61), *La congiura dei Borgia* (63).

1532. Dullea, Keir. U.S. actor. b. May 30, 1936, Cleveland, O. *Le ore nude* (64), *Il diavolo nel cervello* (72).

1533. Dumbrille, Douglas. Canadian actor. b. Oct. 13, 1890, Hamilton, Ont. d. 1974. Long in the U.S.A. *In estasi* (50).

1534. Dumesnil, Jacques. French actor. b. Nov. 9, 1904, Paris. *Anna* (51), *Ulisse* (54), *Napoleone Buonaparte* (54), *Miss Spogliarello* (56).

1535. Dunaway, Faye. U.S. actress. b. Jan. 14, 1941, Bascom, Fla. *Amanti* (68), *In una notte di chiaro di luna* (89), *La partita* (91).

1536. Dunham, Katherine. U.S. ballerina/actress. b. 1910, Joliet, Ind. *Botta e risposta* (49), *Mambo* (54), *La bibbia* (66 ch).

1537. Dunn, Michael. U.S. actor. b. Oct. 20, 1934, Shattuck, Okla. d. Aug. 29, 1973, London, England. RN: Gary Neil Miller. His height of 3 feet 10 inches limited his choice of roles. *Boom* (68), *Il castello dell'orrore* (73).

1538. Duperey, Anny. French actress. b. June 28, 1947, Rouen. *Tre passi nel delirio* (68 the episode "Metzengerstein"), *Stavisky* (74), *Da Dunkerque alla vittoria* (79).

1539. Dupuis, Claudine. French actress. b. May 1, 1926, Paris. *Il bivio* (50), *Gli* inesorabili (51), *I sette peccati capitali* (52 the episode "La gola").

Durand, Doris *see* **Duranti, Doris**

1540. Durano, Giustino. Actor. *Rosso e nero* (54), *La fortuna di essere donna* (55), *Lo svitato* (55), *La freccia d'oro* (62), *Il Bang Bang Kid* (67).

1541. Durante, Checcho. Actor. b. Nov. 19, 1893, Roma. RN: Francesco Durante. *Il corsaro nero* (36), *Lo smemorato* (37), *La bisbetica domata* (42), *Signorinette* (42), *Il segreto di don Giovanni* (47), *Vent'anni* (49), *Santo disonore* (50), *Canzone di primavera* (50), *Roma, ore 11* (51), *I figli non si vendono* (52), *Donne proibite* (53), *La moglie è uguale per tutti* (54), *Processo all'amore* (55), *Accade tra le sbarre* (55), *Motivo in maschera* (55), *Il porto della speranza* (57), *La legge è legge* (58), *I dritti* (58), *Straziami...ma di baci saziami* (68), *Granada addio!* (68).

1542. Durante, Jimmy. U.S. actor. b. Feb. 10, 1893, N.Y.C. d. Jan. 29, 1980, Santa Monica, Calif. RN: James Francis Durante. *Il giudizio universale* (61).

1543. Duranti, Doris. Actress. b. April 25, 1917, Livorno. AKA: Doris Durand. She bared breasts in *Calafuria*, *Carmela*, and *La contessa Castiglione*. Retired to Brazil. *Aldebaran* (35), *Amazzoni bianche* (36), *Vivere!* (36), *Sentinelle di bronzo* (37), *Sotto la croce del Sud* (38), *Diamanti* (38), *Ricchezza senza domani* (39), *Cavalleria rusticana* (39), *La figlia del corsaro verde* (40), *Il cavaliere di Kruja* (40), *Il re si diverte* (41), *Il leone di Damasco* (41), *Giarabub* (42), *Tragica notte* (42), *Calafuria* (42), *Carmela* (42), *La contessa Castiglione* (42), *Nessuno torna indietro* (43), *Resurrezione* (43), *Rosalba* (44), *I falsari* (50), *Il voto* (51), *Clandestino a Trieste* (51), *L'ora della verità* (52), *Tragico ritorno* (52), *La muta di Portici* (52), *Pentimento* (52), *La storia del fornaretto di Venezia* (52), *Il bacio dell'aurora* (53), *La divina creatura* (75).

1544. Duras, Marguerite. French writer. b. April 4, 1914, Indochina. RN: Marguerite Donnadieu. Has also directed. *La diga sul Pacifico* (57 from her novel), *La ragazza di passaggio* (73 d/w).

1545. Duryea, Dan. U.S. actor. b. Jan. 23, 1907, White Plains, N.Y. d. June 7, 1968, Hollywood, Calif. *Un fiume di dollari* (66).

1546. Duse, Carlo. Actor. b. Jan. 5, 1899, Udine. Also did some directing. *Teresa Confalonieri* (34), *Scarpe al sole* (36), *Il torrente* (38), *Piccoli naufraghi* (39), *Montevergine* (39), *Fanfulla da Lodi* (40 co-d), *L'assedio dell'Alcazar* (40), *La compagnia della teppa* (41), *Una signora dell'ovest* (42), *Musica proibita* (42), *Antonio da Padova* (49), *La colpa di una madre* (52 d), *Il mostro dell'isola* (53).

1547. Duse, Eleanora. Actress. b. Oct. 3, 1858, Vigevano. d. April 20, 1924, Pittsburgh, Pa., U.S.A. One of the greatest stage actresses of all time. *Cenere* (16 also co-d/co-w).

1548. Duse, Vittorio. Actor. b. March 21, 1916, Loreto. Directed several films. *Una signora dell'ovest* (42), *Redenzione* (42), *Ossessione* (42), *Inquietudine* (46), *Il sole sorge ancora* (46), *Uomini senza domani* (46), *Caccia tragica* (47), *Il cavaliere misterioso* (48), *Guarany* (48), *Il sentiero dell'odio* (51), *Achtung, banditi!* (51), *Disonorata* (54), *Ripudiata* (54), *Questa nostra gente* (54 also d), *Un giglio infranto* (55), *Il nostro campione* (55 d), *A vent'anni è sempre festa* (57 d), *Un uomo da bruciare* (62), *Requiescant* (67).

1549. Duvall, Robert. U.S. actor. b. Jan. 5, 1931, San Diego, Calif. *Hotel Colonial* (87).

1550. Duvallès. French actor. b. Sept. 26, 1885, Paris. RN: Frédéric Coffinières. *I peccatori della Foresta Nera* (61).

1551. Duvivier, Julien. French director. b. Oct. 8, 1896, Lille. d. Oct. 29, 1967, Paris. *Don Camillo* (52 also co-w), *Il ritorno di don Camillo* (53 also co-w), *Il caso Maurizius* (54 also co-w), *Le donne degli altri* (57), *L'uomo dall'impermeabile* (57 also co-w/dialog/lyrics), *Femmina* (59 also co-w), *La gran vita* (59 also co-w), *I peccatori della Foresta Nera* (61 also co-w), *Le tentazioni quotidiane* (62 also co-w), *Pelle d'oca* (63).

1552. Dux, Pierre. French actor. b. Oct. 21, 1908, Paris. RN: Pierre Alex Martin. *Le grandi manovre* (55), *Le piace Brahms?* (61), *Il giorno e l'ora* (63).

1553. Eastman, George. Actor. RN: Luigi Montefiore. AKA: Lewis Montefiore, Luigi Mirafiore. *Il mio nome è Pecos* (66), *Un poker di pistole* (67), *L'ultimo killer* (67), *Bill il taciturno...Django uccide* (68), *Il mio corpo per un poker* (68), *Preparati la bara* (68), *Odia il prossimo tuo* (68), *Cinque figli di cane* (68), *Niente rose* *per OSS 117* (68), *Fellini Satyricon* (69), *Ciak Mull, l'uomo della vendetta* (69), *Amico, stammi lontano, almeno un palmo* (71 also co-w), *Quel maledetto giorno della resa dei conti* (71), *Bastardo, vamos a matar* (71), *Tutti per uno, botte per tutti* (72), *Call of the Wild* (72 U.S.), *Scalawag* (73 U.S.), *Baba Yaga* (73 Spain), *Keoma* (75), *Emanuelle e Françoise le sorelline* (76), *Le notti erotiche dei morti viventi* (79), *Anthropophagus* (81 also co-w), *Il dominatore del ferro* (82), *Anthropohagus II* (82), *I nuovi barbari* (83), *Endgame—Bronx lotta finale* (83), *King David* (85 U.S.), *Regalo di Natale* (87), *Le foto di Gioia* (87), *In una notte di chiaro di luna* (89), *Metamorphosis* (90 d).

Eastman, Glenn *see* **Civirani, Osvaldo**

1554. Eastwood, Clint. U.S. actor. b. May 31, 1930, San Francisco, Calif. *Per un pugno di dollari* (64), *Per qualche dollaro in più* (65), *Il buono, il brutto, il cattivo* (66), *Le streghe* (66 the episode "Una sera come le altre").

1555. Eden, Mark. U.K. actor. b. Feb. 14, 1928, London. *Gesù di Nazaret* (77 TV).

1556. Efrikian, Laura. Actress. *Il delitto non paga* (62), *La suora giovane* (64), *Chimera* (68).

1557. Efroni, Yehuda. Israeli actor. *Nanà* (82), *Le avventure dell'incredibile Ercole* (83), *Sinbad* (86).

1558. Egan, Richard. U.S. actor. b. July 29, 1921, San Francisco, Calif. d. 1987. *Ester e il re* (60).

1559. Eggar, Samantha. U.K. actress. b. March 5, 1939, London. *Il faro in capo al mondo* (71), *L'etrusco uccide ancora* (72), *Il grande attacco* (77).

1560. Egger, Josef. Austrian actor. b. Feb. 22, 1889, Donawitz. *Per un pugno di dollari* (64), *Per qualche dollaro in più* (65).

1561. Eggerth, Marta. Hungarian actress. b. April 17, 1912, Budapest. *Casta diva* (35), *Addio, Mimì* (47).

1562. Egidi, Carlo. Art director. b. May 20, 1918, Roma. *Caccia tragica* (47), *Riso amaro* (48), *Non c'è pace tra gli ulivi* (49), *Totò cerca casa* (49), *La città si difende* (51), *Achtung, banditi!* (51), *Il brigante di Tacca del Lupo* (52), *La presidentessa* (52), *La lupa* (52), *Un marito per Anna Zaccheo* (53), *Gelosia* (53 also co), *Vergine moderna* (54), *Un eroe dei nostri tempi* (55), *Il ferroviere* (56), *Parola di ladro* (57 co-art d), *I fidanzati della morte* (57), *L'uomo di paglia* (58), *Audace colpo dei soliti ignoti* (59), *L'impiegato* (59), *Un maledetto imbroglio* (59), *La notte brava* (59), *La giornata balorda* (60), *La lunga notte del 43* (60), *Tutti a casa* (60), *L'assassino* (60), *Divorzio all'italiana* (61), *Un giorno da leoni* (61), *Giorno per giorno disperatamente* (61), *Salvatore Giuliano* (61), *Tiro al piccione* (61), *La banda Casaroli* (62), *Il mafioso* (62), *Sedotta e abbandonata* (64), *Controsesso* (65 the episode "Cocaina di domenica"), *La mandragola* (65), *Serafino* (68), *La bambalona* (68), *Le castagne sono buone* (71).

1563. Eikenberry, Jill. U.S. actress. b. 1947. *La fine del mondo nel nostro solito letto in una notte piena di pioggia* (77).

1564. Eisley, Anthony. U.S. actor. b. 1925. *Operazione Goldman* (66).

1565. Ekberg, Anita. Swedish actress. b. Sept. 29, 1931, Malmö. Former Miss Sweden. *Guerra e pace* (56), *Nel segno di Roma* (58), *Apocalisse sul Fiume Giallo* (59), *Le tre "eccettera"...del colonnello* (59), *Anonima cocottes* (60), *La dolce vita* (60), *A porte chiuse* (61), *I mongoli* (61), *Il giudizio universale* (61), *Boccaccio 70* (61 the episode "Le tentazioni del dott. Antonio"), *L'incastro* (64), *Bianco, rosso, giallo, rosa* (65), *Scusi, lei è favorevole o contrario?* (66), *Come imparai ad amare le donne* (67), *Sette volte donna* (67), *La sfinge d'oro* (67), *Il cobra* (67), *Malenka* (68), *La morte bussa due volte* (68), *Il debito coniugale* (70), *Il divorzio* (70), *I clowns* (70), *La lunga cavalcata della vendetta* (72), *Suor Omicidi* (77), *Cicciabomba* (82), *La dolce pelle d'Angela* (87), *Intervista* (87 as herself).

1566. Ekland, Britt. Swedish actress. b. 1942, Stockholm. RN: Britt-Marie Eklund. *Il comandante* (63), *Il diavolo* (63), *Caccia alla volpe* (66), *Gli intoccabili* (68), *A qualsiasi prezzo* (68), *I cannibali* (69), *Nell'anno del Signore* (69), *Casanova e compagnia* (76).

1567. Elam, Jack. U.S. actor. b. Nov. 13, 1916, Phoenix, Ariz. *Sartana non perdona* (68), *C'era una volta il west* (68), *L'ultimo pistolero* (71).

1568. Elg, Taina. Finnish actress. b. March 9, 1930, Helsinki. *Le baccanti* (60).

1569. Elias, Cyrus. Israeli actor. *L'eclisse* (62), *Ercole sfida Sansone* (63),

Una rete piena di sabbia (66), *Sotto il vestito niente* (85), *Domino* (89), *La partita* (91), *Miliardi* (91).

1570. Elliott, Denholm. U.K. actor. b. May 31, 1922, London. d. Oct. 6, 1992, London. *I seduttori della domenica* (80).

1571. Ellis, Mirko. Swiss actor. b. Locarno. RN: Mirko Korcinsky. *Il sole sorge ancora* (46), *Vanità* (46), *Accidenti alla guerra!* (48), *Rondini in volo* (49), *La strada finisce sul fiume* (50), *La roccia incantata* (50), *La vendetta di una pazza* (51), *Trieste mia!* (51), *Inganno* (52), *Rimorso* (52), *La città canora* (52), *Amanti del passato* (53), *Destini di donne* (53 the first episode, "Vittime della guerra"), *Tripoli, bel suol d'amore* (54), *Vergine moderna* (54), *Le due orfanelle* (54), *Ciao pais...* (56), *Eliana e gli uomini* (56), *Donne, amori e matrimoni* (56), *Annibale* (59), *Il gladiatore di Roma* (62), *L'ammutinamento* (62), *I dieci gladiatori* (63), *La Battaglia di Fort Apache* (64), *Buffalo Bill, l'eroe del far west* (64), *Agente 077...missione Bloody Mary* (65), *Il pistolero di Arizona* (66), *Per mille dollari al giorno* (66), *El Rojo* (66), *Tre notti violente* (66), *Odio per odio* (67), *Killer calibro 32* (67), *L'uomo e una colt* (67), *Kid, il monello del west* (67), *L'ultimo killer* (67), *L'urlo dei giganti* (68), *Le calde notti di Lady Hamilton* (68), *Rebeldes en Canada* (68 Spain), *...Dai nemici mi guardo io!* (68), *Il sapore della vendetta* (68), *Uccidi, Django...uccidi primo* (71), *Viva la muerte ...tua* (72 Spain), *Tequila* (74).

1572. Elloy, Max. French actor. b. May 5, 1905, Paris. *Prima comunione* (50), *Atollo K* (51), *Il letto* (53).

1573. Elmes, Guy. U.K. writer. b. 1920, London. *La mano dello straniero* (53), *Lo spadaccino di Siena* (62), *El Greco* (65).

1574. Elm-Torqvist, Gunilla. Swedish actress. *Il diavolo* (63).

1575. Elphick, Michael. U.K. actor. b. 1946. *Fraülein Doktor* (68).

1576. Elter, Marco. Director. b. Torino. d. 1945, Switzerland. Married Nelly Corradi. A world champion skier, he was much decorated in WWI. *Scarpe al sole* (36 also co-w), *Allegri masnadieri* (37 co-d), *Il torrente* (38), *Terra di nessuno* (38 co-d), *Orgoglio* (38 also co-w), *Il figlio del corsaro rosso* (41), *Gli ultimi filibustieri* (41), *Dente per dente* (42).

1577. Emilfork, Daniel. French actor. b. 1924. *Frou Frou* (55), *Il castello in Svezia* (63), *La notte più lunga del diavolo* (71), *Il Casanova di Federico Fellini* (76).

1578. Emmer, Luciano. Director. b. Jan. 19, 1918, Milano. Married Tatiana Grauding. Made a newsworthy comeback in 1990 after a very long absence from movies. *Racconto d'un alfresco* (41 short doc co-d/co-w), *Romanzo di un'epoca* (43 doc co-d), *Il cantico delle creature* (43 doc co-d), *Destino d'amore* (43 doc co-d), *Il conte di Luna* (43 co-d), *Guerrieri* (43 doc co-d), *Il paese della nascita Mussolini* (43 doc), *Il paradiso terrestre* (46 short doc co-d/co-w), *Bianchi pascoli* (47 doc co-d/w), *Sulla via di Damasco* (47 doc co-d), *Romantici a Venezia* (47 doc also w), *Il dramma di Cristo* (48 doc co-d), *La leggenda di sant'Orsola* (48 doc co-d), *Le isole nella laguna* (48 doc also w), *Piero Della Francesca* (49 doc co-d), *Goya* (50 doc), *Domenica d'agosto* (50 also co-w), *Parigi è sempre Parigi* (51 also co-w), *Matrimonio alla moda* (51 doc), *Le ragazze di piazza di Spagna* (51 also co-w), *Terza liceo* (53 also co-w), *Leonardo da Vinci* (53 short doc co-d/co-w), *Gli eroi dell'Artide* (53 doc co-d), *Amore in città* (53 the episode "Paradiso per tre ore" co-d), *Camilla* (54 also co-w), *Picasso* (54 short doc co-d/co-w), *Il bigamo* (55), *Il momento più bello* (56), *Paradiso terrestre* (59 compilation film co-d/co-w), *La ragazza in vetrina* (60 also co-w), *Basta! Ci faccio un film* (90 also co-w).

1579. Englisch, Lucie. Austrian actress. b. Feb. 3, 1906, Baden, Vienna. *Il sogno di Butterfly* (39), *Tre ragazze viennesi* (42).

1580. Enrico, Robert. French director/writer. b. April 13, 1931, Liévin, of Italian descent. *Paradiso terrestre* (59 compilation film co-d/co-w), *Ho!* (68).

1581. Enright, Ray. U.S. director. b. March 25, 1896, Anderson, Ind. d. 1965. RN: Raymond E. Enright. *Avventura ad Algeri* (53 co-d).

Entea, Giusto *see* **Testa, Eugenio**

1582. Eppler, Dieter. Actor. *Sotto dieci bandiere* (60).

1583. Equini, Arrigo. Set designer. *Montecassino* (46), *Aquila Nera* (46), *Furia* (46), *L'ebreo errante* (47), *Il diavolo bianco* (47), *Tombolo, paradiso nero* (47), *Vento d'Africa* (48), *Il cielo è rosso* (49), *In estasi* (50), *Sambo* (50), *Angelo tra la folla* (50), *Strano appuntamento* (51), *Io sono il capataz!* (51), *I sette nani alla riscossa* (51), *L'eterna* *catena* (51), *L'angelo del peccato* (52), *Il maestro di don Giovanni* (53), *Lasciateci in pace* (53), *L'intrusa* (55), *Da qui all'eredità* (55), *Beatrice Cenci* (56), *Timbuctù* (57), *Sette uomini d'oro* (65).

1584. Ercoli, Luciano. Producer. *Una pistola per Ringo* (65 co-p), *Il ritorno di Ringo* (65 co-p), *Ognuno per se* (68 co-p).

1585. Ericson, John. U.S. actor. b. Sept. 25, 1927, Düsseldorf, Germany. RN: Joseph Meibes. *Sotto dieci bandiere* (60), *Io, Semiramide* (61), *Agente S03: operazione Atlantide* (66), *Odio per odio* (67), *Testa o croce* (69).

1586. Ermelli, Claudio. Actor. b. July 24, 1892, Torino. *Il dono del mattino* (32), *Il fu Mattia Pascal* (37), *Crispino e la comare* (37), *Il destino in tasca* (39), *Giù il sipario* (39), *Tosca* (41), *Orizzonte dipinto* (41), *La fabbrica dell'imprevisto* (42), *Dente per dente* (42), *Nebbie sul mare* (42), *Il cappotto* (52), *Roman Holiday* (53 U.S.), *Il romanzo della mia vita* (53).

1587. Escobar, Amedeo. Composer. b. Aug. 14, 1888, Pergola. *La contessa di Parma* (37), *La signora di Montecarlo* (38), *Il leone di Damasco* (41), *Capitan Tempesta* (41), *Sangue sul sagrato* (50), *Bellezze in bicicletta* (50), *Dramma sul Tevere* (52).

1588. Escoffier, Marcel. French costume designer. b. Nov. 29, 1910, Monte Carlo. *Carmen* (43), *Fanfan la tùlipe* (51), *Naso di cuoio* (52), *Senso* (54 co-costumes), *Nanà* (55), *Le donne degli altri* (57), *Madame Sans-gêne* (61), *Gli indifferenti* (63), *Sette volte donna* (67).

1589. Estrada, Erik. U.S. actor. b. 1949. *Colpi di luce* (85), *Il pentito* (85).

1590. Esterhazy, André. Swiss actor. AKA: Bondy Esterhazy. *La maja desnuda* (58), *Ruba al prossimo tuo* (68), *Waterloo* (70), *Il vespaio* (70).

1591. Étaix, Pierre. French actor. b. 1928. A mime comedian and former clown. *Mio zio* (58), *I clowns* (70).

1592. Etcheverry, Michel. French actor. b. 1919. *Rasputin* (54), *Madame Dubarry* (54), *La contessa di Castiglione* (55), *Notre Dame de Paris* (56).

1593. Etiévant, Yvette. French actress. *Siamo tutti assassini* (52), *Il giorno e l'ora* (63).

1594. Evein, Bernard. French art director. b. Jan. 5, 1929, St.-Nazaire. *L'anno scorso a Marienbad* (61 co), *Zazie nel Métro* (61), *L'amante di cinque giorni* (61), *Cleo dalle 5 alle 7* (62), *Il giorno e l'ora* (63), *Sette volte donna* (67).

1595. Eyre, Peter. U.K. actor. b. 1942. *La luna* (79).

1596. Faa Di Bruno, Antonino. Actor. *Avanti!* (72), *Amarcord* (73), *Bobby Deerfield* (77 U.S.).

1597. Fabbre, Fernand. French actor. b. 1899. *Napoleone ad Austerlitz* (60), *Arsenio Lupin contro Arsenio Lupin* (62).

1598. Fabbri, Bianca Maria. Actress. b. Milano. *Siamo tutti inquilini* (53), *Viva la rivista!* (53), *La nave delle donne maledette* (53), *Il più comico spettacolo del mondo* (54), *Rosso e nero* (54), *La risaia* (55).

1599. Fabbri, Diego. Co-writer. b. July 2, 1911, Forlì. d. Aug. 14, 1980, Riccione. Best known as a playwright. Worked mostly on stage and TV. *La porta del cielo* (45), *Il testimone* (45), *Un giorno nella vita* (46), *Daniele Cortis* (47), *Guerra alla guerra* (47 co-story), *Fabiola* (48), *La bellezza del diavolo* (50), *Verginità* (50), *I sette peccati capitali* (52), *Processo alla città* (52), *Europa 51* (52), *I vinti* (52), *Il mondo le condanna* (52), *La passeggiata* (54), *Il seduttore* (54 also playwright), *L'allegro squadrone* (54), *La principessa delle Canarie* (54), *La diga sul Pacifico* (57), *La legge* (58), *Totò e Marcellino* (58), *Barabba* (61), *El Cid* (61), *La bugiarda* (65 based on his play).

1600. Fabbri, Jacques. French actor. b. 1925. *Destini di donne* (53), *Le grandi manovre* (55).

1601. Fabian. U.S. actor. b. 1942. RN: Fabian Forte Bonaparte. AKA: Fabian Forte. Better known as a singer. *Le spie vengono dal semifreddo* (66).

1602. Fabian, Françoise. French actress. b. May 10, 1935, Touggourt, Algeria. RN: Michèle Cortes de Leon y Fabianera. Of Spanish and Polish descent. Married director Jacques Becker. *Michele Strogoff* (56), *Una domenica d'estate* (61), *Il magnifico avventuriero* (62), *Bella di giorno* (67), *Gli specialisti* (69), *Per amare Ofelia* (74), *Per le antiche scale* (74), *Perchè si uccide un magistrato* (75), *Chi dice donna dice... donna* (76), *E la donna crea l'amore* (76), *Natale in casa di appuntamento* (76), *Benvenuta* (83).

1603. Fabre, Marcel. Director. *Amor*

pedestre (14), *Le avventure straordinarie di Saturnino Farandola* (14), *La colpa del morto* (15), *Jack Forbes contro Robinet* (15 co-d).

1604. Fabre, Saturnin. French actor. b. 1884, Sens. d. 1961. *Il nemico pubblico n. 1* (53).

1605. Fabrèges, Fabienne. French actress. b. Paris. *Il discepolo* (16), *Signori giurati. . .!* (16), *La leggenda di Costamala* (17), *Il romanzo di Fabienne* (17), *Uragano* (17), *Wanda Warenine* (17), *S.M. il danaro* (19), *La principessa nera* (19), *Il cuore di Musette* (19), *L'altalena della vita* (19 d).

1606. Fabrizi, Aldo. Actor. b. Nov. 1, 1905, Roma. A comedian, he was on stage until 1942. Also a director and writer. *Avanti, c'è posto* (42 also co-w/story), *L'ultima carrozzella* (43), *Campo de' fiori* (43 also co-w), *Roma città aperta* (45), *Circo equestre Za-Bum* (46 made in 44), *Mio figlio professore* (46 also co-w), *Vivere in pace* (47 also co-w), *Il delitto di Giovanni Episcopo* (47 also co-w), *Tombolo, paradiso nero* (47), *Natale al campo 119* (48 also co-w), *Emigranti* (48 also d/co-w), *Benvenuto, reverendo!* (49 also d/co-w), *Antonio da Padova* (49), *Vita da cani* (50), *Prima comunione* (50), *Francesco, giullare di Dio* (50), *Tre passi al nord* (50), *Cameriera bella presenza offresi* (51), *La famiglia Passaguai* (51 also d/co-w), *La famiglia Passaguai fa fortuna* (51 also d/co-w), *Altri tempi* (51), *Parigi è sempre Parigi* (51), *Guardie e ladri* (51), *Signori, in carrozza!* (51 also co-w), *Papà diventa mamma* (52 also d/co-w), *Cinque poveri in automobile* (52), *Una di quelle* (52 also d/co-w), *La voce del silenzio* (52), *L'età dell'amore* (53), *Le avventure di Guglielmo Tell* (53 unfinished), *Siamo tutti inquilini* (53), *Siamo donne* (53 the episode "La marsina stretta" also d/w), *Cento anni d'amore* (53), *Il più comico spettacolo del mondo* (54), *Cose da pazzi* (54), *Hanno rubato un tram* (55 also co-d), *Accade al penitenziario* (55), *Carosello di varietà* (55), *Un po' di cielo* (55), *I due compari* (55), *Io piaccio* (55), *Donatella* (55), *I pappagalli* (56), *Guardia, guardia scelta, brigadiere e maresciallo* (56), *Mi permette, babbo?* (56), *Festa di maggio* (57), *Il maestro* (57 also d/co-p/co-w), *I prepotenti* (58 also co-w), *Prepotenti più di prima* (59), *I tartassati* (59), *Ferdinando I, re di Napoli* (59), *Un militare e mezzo* (59), *Totò, Fabrizi e i giovani d'oggi* (60), *La sposa bella* (60), *Fra Manisco cerca guai* (60), *Orazi e Curiazi* (61), *Le meraviglie di Aladino* (62), *Gerarchi si muore* (62), *I quattro monaci* (62), *Twist, Lolite e vitelloni* (62), *I quattro moschettieri* (62), *Totò contro i quattro* (62), *I quattro tassisti* (63), *La donna è una cosa meravigliosa* (64), *Made in Italy* (65), *Signore e signori* (66), *Sette monaci d'oro* (66), *Three Bites of the Apple* (67 U.S.), *Cose di Cosa Nostra* (70), *La Tosca* (73), *C'eravamo tanto amati* (74), *Giovanni Senzapensieri* (86).

1607. Fabrizi, Franco. Actor. b. Feb. 15, 1926, Cortemaggiore. On stage by 1947. *Carica eroica* (52), *La prigioniera della torre del fuoco* (52), *La donna che inventò l'amore* (52), *Eran 300* (52), *Ragazze da marito* (52), *Cristo è passato sull'aia* (52), *Il sacco di Roma* (53), *I vitelloni* (53), *Addio mia bella signora* (53), *La romana* (54), *La schiava del peccato* (54), *Nel gorgo del peccato* (54), *Siluri umani* (54), *Torna!* (54), *Camilla* (54), *Vortice* (54), *Le amiche* (55), *Il bidone* (55), *Racconti romani* (55), *Una pelliccia di visone* (56), *Calabuig* (56), *Canzoni di tutta Italia* (56), *Peccato di castità* (56), *Noi siamo le colonne* (56), *La donna del giorno* (56), *Mariti in città* (57), *Tutti possono uccidermi* (57), *I segreti della notte* (57), *Un "colpo" da due miliardi* (58), *Adorabili e bugiarde* (58), *Le dritte* (58), *Mogli pericolose* (58), *È arrivata la parigina* (58), *Ragazze brivido* (58), *Racconti d'estate* (58), *Costa Azzurra* (59), *Un maledetto imbroglio* (59), *Il moralista* (59), *Le notti di Lucrezia Borgia* (59), *Via Margutta* (60), *Il relitto* (61), *Le Puits aux trois vérités* (61 France), *Orazi e Curiazi* (61), *Le Rat d'Amérique* (62 France), *Copacabana Palace* (62), *Il criminale* (63), *I complessi* (65 the episode "Guglielmo il dentone"), *Signore e signori* (66), *Le Facteur s'en va-t-en guerre* (66 France), *Le Vicomte règle ses comtes* (67 France), *Le dolci signore* (67), *Un dollaro per sette vigliacchi* (67), *Satyricon* (68), *Le Petit Baigneur* (68 France), *Sissignore!* (68), *Morte a Venezia* (70), *Le castagne sono buone* (71), *La polizia ringrazia* (72), *La "mala" ordina* (72), *Conoscenza matrimoniale* (73), *Permette signora che ami vostra figlia* (74), *Non toccate la donna bianca* (74), *L'Aggression* (75 France), *L'Affaire suisse* (78 France), *Ginger e Fred* (85), *Giovanni Senzapensieri* (86).

1608. Fabrizio, Arnaldo. Actor. *Maciste, l'eroe più grande del mondo* (63), *Gli schiavi più forti del mondo* (63), *Ercole, Sansone, Maciste, Ursus: gli invincibili* (64).

1609. Facchetti, Adriana. Actress. *I due colonnelli* (61), *Incompreso* (67), *Franco, Ciccio e le vedove allegre* (68), *Al di là della legge* (68).

1610. Fago, Giovanni. Director. AKA: Sidney Lean. *Per 100.000 dollari t'ammazzo* (67), *Uno di più all'inferno* (68 also co-w), *O cangaceiro* (70 also co-w), *Il maestro di violino* (77), *La brace dei Biassoli* (80 also co-w), *Don Luigi Sturzo* (83), *Mai con le donne* (85).

1611. Fajardo, Eduardo. Spanish actor. b. Aug. 24, 1918, Mosteiro. *La carica del 7 Cavalleggeri* (64), *Una bara per lo sceriffo* (65), *La notte del desperado* (65), *Ringo, volto della vendetta* (66), *Django* (66), *Un colpo da mille miliardi* (66), *087 missione Apocalisse* (66), *Come rubare la corona d'Inghilterra* (66), *Se sei vivo spara* (67), *...E intorno a lui fu morte* (67), *Il tempo degli avvoltoi* (67), *Colpo maestro al servizio di Sua Maestà britannica* (68), *Il mercenario* (68), *Come rubare un quintale di diamanti in Russia* (68), *Cinque figli di cane* (68), *Una pistola per cento bare* (68), *Killer adios* (68), *Tutto per tutto* (68), *Uno straniero a Paso Bravo* (68), *Ad uno ad uno ...spietatamente* (68), *Gentleman Jo... uccidi* (69), *Shango, la pistola infallibile* (69), *Vamos a matar, companffleros* (70), *L'uomo chiamato Apocalisse Joe* (70), *Viva Sabata!* (70), *Anda muchacho spara* (70), *Il segreto del dott. Chalmers* (70), *O cangaceiro* (70), *...E continuavano a fregarsi il milione di dollari* (72), *Te Deum* (72), *Quando Marta urlò nella tomba* (72), *Tutti per uno, botte per tutti* (72), *Un tipo con una faccia strana* (72), *La banda J & S—cronaca criminale del west* (73), *Che c'entriamo noi con la rivoluzione?* (73), *La casa dell'exorcismo* (73), *Incubo sulla città contaminata* (80).

1612. Falana, Lola. U.S. actress. b. 1942. *Quando dico che ti amo* (67), *Lola Colt* (67), *Stasera mi butto* (68 as herself).

1613. Falcon, André. French actor. b. 1924. *Senza movente* (71), *Il serpente* (73).

1614. Falconi, Armando. Actor. b. July 10, 1871, Roma. d. Sept. 4, 1954, Milano. *La mamma bella* (15), *La scintilla* (15), *Rubacuori* (31), *Patatrac* (31), *L'ultima avventura* (32), *Sette giorni cento lire* (33), *Re burlone* (35), *Sette giorni all'altro mondo* (36), *Joe il rosso* (36), *È tornato carnevale* (37), *Felicita Colombo* (37), *Nonna Felicita* (38), *Il documento* (39), *I figli del marchese Lucera* (39), *Le sorprese del divorzio* (39), *Follie del secolo* (39), *La nascita di Salomè* (40), *Il "signore" della taverna* (40), *Alessandro, sei grande!* (40), *Cento lettere d'amore* (40), *Don Pasquale* (40), *Una famiglia impossibile* (40), *L'elisir d'amore* (40 unfinished), *Sancta Maria* (41), *I promessi sposi* (41), *Se non son matti non li vogliamo* (41), *La locandiera* (43).

1615. Falconi, Dino. Co-writer. b. Sept. 18, 1902, Livorno. Son of Armando Falconi and Tina Di Lorenzo. Also directed some movies. *Rubacuori* (31), *Patatrac* (31), *L'ultima avventura* (32), *Sette giorni cento lire* (33 also co-story), *Nozze vagabonde* (36 also co-story), *Joe il rosso* (36 w), *La mazurka di papà* (38 w), *Frenesia* (39 co-story), *L'eredità in corso* (39 also co-story), *Vento di milioni* (39 also d), *Piccolo alpino* (40), *Alessandro, sei grande!* (40), *Scarpe grosse* (40 also d), *Don Giovanni* (42 also d), *Canzoni per le strade* (49), *Miracolo a Viggiù* (51 also co-story), *Canzoni di mezzo secolo* (52 also co-story), *Gran varietà* (53).

1616. Faldini, Franca. Actress. b. Feb. 1, 1931, Roma. Married Totò in 1954. *Sailor Beware* (52 U.S. bit part), *Totò e le donne* (52), *Dov'è la libertà* (53), *L'uomo la bestia e la virtù* (53), *Un turco napoletano* (53), *Il più comico spettacolo del mondo* (54), *Miseria e nobiltà* (54), *Totò all'inferno* (54).

1617. Falena, Ugo. Director. b. April 25, 1875, Roma. d. Sept. 20, 1931, Roma. *Otello* (09), *La signora dalle camelie* (09), *Carmen* (09), *Il trovatore* (09), *Luigi XI re di Francia* (09 co-d), *Beatrice Cenci* (10), *Folchetto di Narbonne* (10), *Rigoletto* (10), *Lucrezia Borgia* (10 co-d), *Francesca da Rimini* (11), *Il mercante di Venezia* (11), *Dall'amore al disonore* (13), *Marco Visconti* (13), *Il re fantasma* (13), *La colpa di Giovanni* (14), *Il più forte* (14), *Rivelazione e fatalità* (14), *Il figlio della guerra* (15), *Dementiae Caligulae imperatoris* (15 also w), *Il ritorno della mamma* (15), *Il malefico anello* (16), *Suor Teresa* (16), *I promessi sposi* (16), *La laude della vita e la laude della morte* (16), *La piccola ombra* (16 co-d),

L'ombra del sogno (16), *Cavalleria rusticana* (16 co-d), *La vagabonda* (17 co-d), *Ceneri e vampe* (17), *Esmeralda* (17), *Adriana Lecouvreur* (18), *Frate Sole* (18 co-d), *Le due Marie* (19 co-d), *L'ingenuo* (19 also w), *La scala di Giacobbe* (20), *Il volo degli aironi* (20 also wrote subject), *Il trittico dell'amore* (20), *Giuliano l'apostata* (20), *Il tramonto dei Doria* (21).

1618. Falk, Lauritz. Norwegian actor. b. Nov. 5, 1909, Bruxelles, Belgium. *Il diavolo* (63).

1619. Falk, Peter. U.S. actor. b. Sept. 16, 1927, N.Y.C. *Italiani brava gente* (65), *Lo sbarco di Anzio* (68), *Gli intoccabili* (68), *Rosolino Paternò soldato* (69).

1620. Falk, Rosella. Actress. b. 1926. Mostly on the stage, she co-founded the Compagnia dei Giovani in 1954. *Guarany* (48), *Donne proibite* (53), *Vento del sud* (59), *8½* (63), *Made in Italy* (65), *Più tardi, Claire, più tardi* (65), *I complessi* (65), *Io la conoscevo bene* (65), *Modesty Blaise* (66 U.K.), *The Legend of Lylah Clare* (68 U.S.), *Alba pagana* (69), *Una giornata nera per l'Ariete* (70), *Sette orchidee macchiate di rosso* (72), *La tarantola dal ventre nero* (72), *Stelle emigranti* (83 doc seen as herself).

1621. Fanfulla. Actor. b. 1913. d. 1971. RN: Luigi Visconti. Known as a clown and comedian. *Il tesoro di Rommel* (55), *Totò e Marcellino* (58), *Il figlio del corsaro rosso* (58), *Morte di un amico* (59), *Il mattatore* (60), *Il ladro di Bagdad* (60), *Maciste contro Ercole nella valle dei guai* (62), *Lo spadaccino di Siena* (62), *Finchè dura la tempesta* (63), *Granada addio!* (68), *Fellini Satyricon* (69), *I clowns* (70).

1622. Fantasia, Andrea. Actor. *Le fatiche di Ercole* (57), *Ercole e la regina di Lidia* (58), *La furia dei barbari* (60), *Il conquistatore di Corinto* (62), *La Battaglia di El Alamein* (68), *Don Chisciotte e Sancho Panza* (68).

1623. Fantasia, Franco. Actor. AKA: Frank Fantasia, Frank Fontana, Frank Farrel. He quit acting and went into production. *La spada e la croce* (58), *Il figlio del corsaro rosso* (58), *La scimitarra del saraceno* (60), *Space men* (60), *Maciste nella Valle dei Re* (60), *La venere dei pirati* (60), *I tartari* (60), *Costantino il grande: in hoc signo* (60), *Il colpo segreto di d'Artagnan* (60), *El Cid* (61), *Il tiranno di Siracusa* (61), *Gordon, il pirata nero* (62), *La rivolta dei mercenari* (62), *Il duca nero* (63), *Gli schiavi più forti del mondo* (63), *Le tre spade di Zorro* (63), *Ercole sfida Sansone* (63), *Ercole contro i figli del sole* (64), *Il figlio di Cleopatra* (64), *Il colosso di Roma* (65), *El Greco* (65), *A 009 missione Hong Kong* (65), *C'era una volta* (67), *Mille dollari sul nero* (67), *La vergine di Samoa* (67), *Il signore della vendetta* (67), *L'ira di Dio* (68), *Rebeldes en Canada* (68 Spain), *Attentato ai tre grandi* (68), *Odia il prossimo tuo* (68), *Vivo per la tua morte* (68), *Kommissar X—drei blaue Panther* (68 Germany), *Don Chisciotte e Sancho Panza* (68), *Adios Cjamango* (69 Spain), *Waterloo* (70), *Indio Black: sai che ti dico... sei un gran figlio di...* (70), *Il coltello di ghiaccio* (72), *Quando Marta urlò nella tomba* (72), *C'è Sartana, vendi la pistola e comprati la bara* (72), *Das Raetsel des silbernen Halbmonds* (72 Germany), *Il figlio di Zorro* (73), *Carambola* (74), *La montagna del dio cannibale* (78), *Lion of the Desert* (80 U.S.), *Marco Polo* (82).

1624. Fantis, Enrica. Actress. b. Sept. 21, 1906, Torino. *Enrico IV* (26), *Gli ultimi giorni di Pompei* (26), *Confessioni di una donna* (27), *Florette e Patapon* (27), *Nanù, la cugina d'Albania* (28), *Vele ammainate* (31), *La fortuna di Zanze* (32), *Paraninfo* (35), *Porto* (35).

1625. Fanton, Cristina. Actress. *Siamo donne* (53), *Canzoni, canzoni, canzoni* (53), *Due notti con Cleopatra* (53), *Attila—flagello di Dio* (54), *Un americano a Roma* (54), *Motivo in maschera* (55), *La ragazza di via Veneto* (56), *Moglie e buoi...* (56).

1626. Fantoni, Cesare. Actor. b. Feb. 1, 1905, Bologna. *Equatore* (38), *Una signora dell'ovest* (42), *I due Foscari* (42), *Il treno crociato* (43), *Felicità perduta* (46), *Una lettera all'alba* (48), *Antonio da Padova* (49), *Quattro rose rosse* (51), *Le meravigliose avventure di Guerrin Meschino* (51), *Ha da venì... don Calogero* (51), *Dramma sul Tevere* (52), *Anna perdonami!* (53), *Il sacco di Roma* (53), *Canzone appassionata* (53), *Disonorata* (54), *Ripudiata* (54), *Io sono la Primula Rossa* (54), *Ercole e la regina di Lidia* (58), *Cartagine in fiamme* (59), *Gli amori di Ercole* (60), *La vendetta dei barbari* (60).

1627. Fantoni, Sergio. Actor. b. 1930,

Roma. *Paolo e Francesca* (49), *Il leone di Amalfi* (50), *Le meravigliose avventure di Guerrin Meschino* (51), *Capitan Fantasma* (53), *Senso* (54), *Ercole e la regina di Lidia* (58), *Il peccato degli anni verdi* (59), *La Battaglia di Maratona* (59), *Caterina Sforza, la leonessa di Romagna* (59), *Era notte a Roma* (59), *L'impiegato* (59), *I delfini* (60), *La notte del grande assalto* (60), *Ester e il re* (60), *Tiro al piccione* (61), *Morte di un bandito* (61), *Mann nennt es amore* (61), *Seddok, l'erede di Satana* (61), *Gioventù di notte* (62), *Dieci italiani per un tedesco* (62), *Caterina di Russia* (63), *Il giorno più corto* (63), *Il mistero del tempio indiano* (63), *The Prize* (63 U.S.), *Kali-Yug, la dea della vendetta* (63), *Cadaveri per la signora* (64), *Alta infedeltà* (64 the episode "La sospirosa"), *Von Ryan's Express* (65 U.S.), *Do Not Disturb* (65 U.S.), *What Did You Do in the War, Daddy?* (66 U.S.), *Diaboliquement vôtre* (68 France), *Il vespaio* (70), *I lupi attaccano in branco* (71), *...E continuavano a fregarsi il milione di dollari* (72), *E cominciò il viaggio nella vertigine* (75), *L'amante adolescente* (77), *Assassino al sole* (78), *The Belly of an Architect* (87 U.K.), *Ti presento un'amica* (88).

Faradine, Oskar *see* **D'Amato, Joe**

1628. Faraldo, Pier Luigi. Director. *Uragano ai tropici* (39 co-d), *L'affare si complica* (40), *Sancta Maria* (41 asst d), *La vita torna* (42), *Tragico ritorno* (52).

1629. Farentino, James. U.S. actor. b. Feb. 24, 1938, Brooklyn, N.Y. *Storia di una donna* (69), *Gesù di Nazaret* (77 TV).

Farley, Albert *see* **Farnese, Alberto**

1630. Farmer, Mimsy. U.S. actress. b. 1945. *Michele Strogoff* (70), *Quattro mosche di velluto grigio* (71), *Corpo d'amore* (72), *Il maestro e Margherita* (72), *La vita in gioco* (73), *Allonsanfan* (74), *Macchie solari* (74), *La polizia indaga: siamo tutti sospettati* (76), *Antonio Gramsci: gli anni del carcere* (77), *La faccia violenta di New York* (77), *Ciao maschio* (77), *Morire a Roma* (78), *Il gatto di Park Lane* (80), *La ragazza di Trieste* (82), *Un foro nel parabrezza* (83), *Fratelli* (85).

1631. Farnese, Alberto. Actor. b. June 3, 1926, Palombara Sabina. RN: Alberto Quaglini. AKA: Albert Farley. *I figli di nessuno* (51), *Roma, ore 11* (51), *Menzogna* (52), *Legione straniera* (52), *Disonorata* (54), *La barriera della legge* (54), *L'orfana del ghetto* (54), *Due lacrime* (54), *L'oro di Napoli* (54 the episode "Pizza on Credit"), *Vendicata* (54), *L'angelo bianco* (55), *Torna piccina mia* (55), *Un giglio infranto* (55), *La canzone del cuore* (55), *Un palco all'opera* (55), *Porta un bacione a Firenze* (55), *Storia di una minorenne* (56), *Mamma sconosciuta* (56), *La congiura dei Borgia* (58), *Nel segno di Roma* (58), *Saffo, venere di Lesbo* (60), *L'assedio di Siracusa* (60), *Nefertite, regina del Nilo* (60), *I giganti della Tessaglia* (61), *Il gladiatore di Roma* (62), *La valle dell'eco tonante* (64), *Il leone di san Marco* (64), *Uccidi o muori* (66), *Un dollaro di fuoco* (67), *Carrera—das Geheimnis der blonden Katze* (68 Germany), *Cinque dollari per Ringo* (68), *Sette pistole per El Gringo* (68), *Saranda* (69), *Die Hochzeitsweise* (69 Germany), *I vendicatori dell'ave maria* (70), *L'apache bianco* (84), *Sie kampft wie ein Mann* (87 Germany).

Farrel, Frank *see* **Fantasia, Franco**

1632. Farrow, Tisa. Actress. b. 1951. *Tony Saitta* (76), *Zombi II* (79), *Apocalisse domani* (80), *Anthropophagus* (81).

1633. Farulli, Adele. Actress. d. Sept., 1929, Roma. RN: Adele Accansi. *Brigata Firenze* (28), *Maratona* (28), *Rondine* (29).

1634. Fassbinder, Rainer Werner. German director. b. May 31, 1945, Bad Wörishofen. d. June 10, 1982, Munich. *Berlin Alexanderplatz* (80 also w).

1635. Fassy, Fernanda. Actress. b. 1898, Roma. RN: Fernanda Bucalossi. *Il tenente del Terzo Lancieri* (16), *Le due rose* (19), *La serata d'onore di Buffalo* (19), *Il marito di Elena* (20), *Povere bimbe* (23), *Il cardinale Lambertini* (34).

1636. Fatigati, Giuseppe. Director of production. b. Sept. 20, 1906, Terracina. Former editor. Has also directed. *La lanterna del diavolo* (31 asst d/e), *Figaro e la sua gran giornata* (31 e), *L'ultima avventura* (32 e), *L'armata azzurra* (32 co-e), *Cento di questi giorni* (33 asst d/e), *La fanciulla dell'altro mondo* (33 e), *Acciaio* (33 e), *Il presidente della Ba. ce. cre. mi.* (34 asst d/e), *Marcia nuziale* (34 e), *La signora Paradiso* (34 e), *L'albergo della felicità* (34 asst d/e), *Passaporto rosso* (35 e), *Ginevra degli Almieri* (35 e), *Nozze vagabonde* (36 e), *L'antenato* (36 e), *Vivere!* (36 e), *Marcella* (37 e), *Questi ragazzi* (37 e), *Chi è più* *felice di me?* (38 e), *Hanno rapito un uomo* (38 e), *Sotto la croce del Sud* (38 e), *Per uomini soli* (39 e), *Ritorno* (39 co-d), *L'amore si fa così* (39 e), *Fascino* (39 e), *Ballo al castello* (39 e), *La taverna rossa* (39 e), *Kean, gli amori di un artista* (40 asst d), *Mamma* (41), *I pagliacci* (41 d), *Vertigine* (42), *Tre ragazze viennesi* (42 co-d), *Vogliamoci bene* (49 co-p), *Sambo* (50 co-p), *Verginità* (50), *La vendetta di una pazza* (51), *Gli innocenti pagano* (51), *Rimorso* (52), *La carovana del peccato* (52), *La voce del sangue* (52), *Processo contro ignoti* (53), *Una donna prega* (53), *La valigia dei sogni* (53), *Teodora, imperatrice di Bisanzio* (53), *Il cardinale Lambertini* (54), *Il principe dalla maschera rossa* (55), *Quando tramonta il sole* (56).

1637. Faulkner, Graham. U.K. actor. b. 1947. *Fratello Sole sorella Luna* (73).

1638. Faure, Renée. French actress. b. 1919, Paris. *La certosa di Parma* (47), *Quando le donne amano* (52), *Rasputin* (54).

1639. Favart, Robert. French actor. b. Feb. 19, 1911, Alessandria, Italy. RN: Marc-Robert Riquez. His father was Italian and his mother French. *Rosa di sangue* (40).

1640. Fawcett, Charles. U.S. actor. *Clandestino a Trieste* (51), *Le infedeli* (52), *Mizar* (54), *I vampiri* (57), *La ragazza del Palio* (58), *Maciste all'inferno* (60), *Salammbò* (60), *L'intrigo* (63), *La Battaglia di Fort Apache* (64), *Cento dollari d'odio* (65), *Il re di Africa* (68), *Per le antiche scale* (74).

1641. Fawcett, Farrah. U.S. actress. b. Feb. 2, 1946, Corpus Christi, Tex. AKA: Farrah Fawcett-Majors. Married Lee Majors. *Un tipo che mi piace* (70).

1642. Fazio, Dino. Actor. *Ben-Hur* (59), *Rose rosse per il Fuehrer* (67 co-p), *Qualcosa striscia nel buio* (70).

1643. Fedor, Tania. French actress of Russian origin. *Lucrezia Borgia* (53), *Versailles* (53).

1644. Fehmiu, Bekim. Yugoslav actor. b. 1938. *Le avventure di Ulisse* (68), *La spina dorsale del diavolo* (70), *L'ultima neve di primavera* (73), *Il gioco della verità* (74), *Cagliostro* (74), *Libera, amore mio* (74), *Il testimone deve tacere* (75), *Salon Kitty* (76), *Disposta a tutto* (77), *La voce* (82).

1645. Felba, Dragutin. Yugoslav actor. b. 1921, Skoplje, Macedonia. *La tempesta* (58).

1646. Feldman, Marty. U.K. actor. b. 1933, London. d. Dec. 2, 1982, Mexico City, Mexico. *40 gradi sotto il lenzuolo* (76).

1647. Feliciani, Mario. Actor. b. 1918. *Ulisse* (54), *Attila—flagello di Dio* (54), *L'oro di Napoli* (54), *I soliti ignoti* (58), *La grande guerra* (59), *Audace colpo dei soliti ignoti* (59), *Tutti a casa* (60), *L'ultimo dei vichinghi* (61), *Maciste contro il vampiro* (61), *I briganti italiani* (61), *I fratelli corsi* (61), *I sogni muoiono all'alba* (61), *Gordon, il pirata nero* (62), *La freccia d'oro* (62), *La monaca di Monza* (62), *L'ombra di Zorro* (63), *Sir Francis Drake, il re dei sette mari* (63), *Il segreto del vestito rosso* (63), *Il figlio del circo* (63), *L'incendio di Roma* (63), *Il segno di Coyote* (64), *I cento cavalieri* (64), *I tre centurioni* (64), *El Greco* (65), *Lady L* (65 U.S.), *Rose rosse per Angelica* (65), *Il Natale che quasi non fu* (65), *Maigret à Pigalle* (66 France), *Uccidere a Fredolo* (67), *L'Arbre de Noël* (69 France), *Uomini contro* (70), *Cose di Cosa Nostra* (70), *Roma bene* (71), *Il baco da seta* (74), *Un poliziotto scomodo* (78), *Pierino medico della Saub* (81).

1648. Felix, Maria. Mexican actress. b. 1915, Alamo, Sonora. RN: Maria de los Angeles Felix Guereña. *La corona nera* (50), *Messalina* (51), *Gli eroi sono stanchi* (55).

1649. Felleghi, Tom. Actor. AKA: Tom Felleghy. *Lo spadaccino di Siena* (62), *Maciste alla corte dello zar* (63), *Il ranch degli spietati* (65), *La notte del desperado* (65), *La resa dei conti* (66), *El Cisco* (66), *Tempo di massacro* (66), *Il pistolero di Arizona* (66), *Come rubare la corona d'Inghilterra* (66), *Lola Colt* (67), *Nato per uccidere* (67), *Attentato ai tre grandi* (68), *Le due facce del dollaro* (68), *Se vuoi vivere... spara!* (68), *Quel caldo maledetto giorno di fuoco* (68), *Dalle Ardenne all'inferno* (68), *Il vespaio* (70), *Il gatto a nove code* (71), *Punto e Capo* (73), *Daisy Miller* (74 U.S.), *Obsession* (76 U.S.), *Uomini si nasce, poliziotti si muore* (76), *Incubo sulla città contaminata* (80), *Nanà* (82), *Fuga dal Bronx* (83).

1650. Fellini, Federico. Director. b. Jan. 20, 1920, Rimini. d. 1993. Began in movies as a gag writer. In the early 1940s he was a radio sciptwriter, and chose Giulietta

Masina for the role of Pallina in a series he was doing, "Cico e Pallina." He married la Masina in 1943. *Lo vedi come sei?* (39 co-w), *Non me lo dire* (40 co-w), *Il pirata sono io* (40 co-w), *Documento Z 3* (41 co-w), *Avanti, c'è posto* (42 story), *Quarta pagina* (42 co-w), *Apparizione* (43 co-w), *Campo de' fiori* (43 story), *Tutta la città canta* (43 co-w), *L'ultima carrozzella* (43 story), *Chi l'ha visto?* (45 made in 43 co-w), *Roma città aperta* (45 asst d/co-w), *Paisà* (46 asst d/wrote the monastery sequence), *Il delitto di Giovanni Episcopo* (47 co-w), *Il passatore* (47 co-w), *La fumeria d'oppio* (47 co-w), *L'ebreo errante* (47 co-w), *La città dolente* (48 co-w), *Senza pietà* (48 co-w), *Il mulino del Po* (48 asst d/co-w), *Amore* (48 the episode "Il miracolo" asst d/w/*), *In nome della legge* (49 asst d/co-w), *Francesco, giullare di Dio* (50 asst d/co-w), *Il cammino della speranza* (50 asst d/co-w), *Luci del varietà* (50 co-d/co-p/co-w), *Persiane chiuse* (51 co-w), *La città si difende* (51 asst d/co-w), *Cameriera bella presenza offresi* (51 co-w), *Il brigante di Tacca del Lupo* (52 asst d/co-story), *Europa 51* (52 co-w), *Lo sceicco bianco* (52 also co-w), *I vitelloni* (53 also co-w), *Amore in città* (53 the episode "Agenzia matrimoniale" also co-w), *La strada* (54 also co-w), *Il bidone* (55 also co-w), *Le notti di Cabiria* (56 also co-w/story), *Fortunella* (58 co-w), *La dolce vita* (60 also co-w), *Boccaccio 70* (61 the episode "Le tentazioni del dottor Antonio"), *8½* (63 also co-w), *Giulietta degli spiriti* (65 also co-w), *Il viaggio di G. Mastorna* (67 unfinished), *Tre passi nel delirio* (68 the episode "Il ne faut jamais parier sa tête contre le diable" also co-w), *Block-notes di un regista* (68 also w), *Fellini Satyricon* (69 also w), *Sweet Charity* (69 U.S. this film was based on *Le notti di Cabiria*), *I clowns* (70 also co-w), *Ciao Federico* (70 appeared as himself), *Alex in Wonderland* (71 U.S. appeared as himself), *Fellini Roma* (71 also co-w/appeared as himself), *Amarcord* (73 also co-w), *C'eravamo tanto amati* (74 appeared as himself), *Il Casanova di Federico Fellini* (76 also co-w), *Prova d'orchestra* (79 also co-w/appeared as himself), *La città delle donne* (80 also co-w/co-story), *Il tassinaro* (83 appeared as himself), . . . *E la nave va* (83 also co-w/co-story), *Ginger e Fred* (85 also co-w/co-story), *Intervista* (87 also co-w/appeared as himself), *La voce della luna* (90 also co-w).

1651. Fellini, Riccardo. Actor. Younger brother of Federico Fellini. Has also directed. *I vitelloni* (53), *Una storia moderna: l'ape regina* (63), *Storie sulla sabbia* (63 d/co-w/story).

1652. Fenech, Edwige. Algerian actress. b. 1948. *Il figlio di Aquila Nera* (68), *Sensation* (68), *Testa o croce* (69), *Samoa, regina della giungla* (69), *Satiricosissimo* (69), *Cinque bambole per la luna d'agosto* (70), *Le Mans scorciatoia per l'inferno* (70), *La tela del ragno* (70), *Lo strano vizio della signora Ward* (71), *Deserto di fuoco* (71), *Le calde notti di don Giovanni* (71), *Perchè quelle strane gocce di sangue sul corpo di Jennifer?* (72), *La bella Antonia, prima monaca e poi dimonia* (72), *Quando le donne si chiamavano "madonne"* (72), *Quel gran pezzo dell'Ubalda tutta nuda e tutta calda* (72), *Il tuo vizio è una stanza chiusa e solo io ne ho la chiave* (72), *Strana orchidea con cinque gocce di sangue* (72), *Dio, sei proprio un padreterno* (73), *Anna, quel particolare piacere* (73), *Giovannana Coscialunga disonorata con onore* (73), *La vedova inconsolabile ringrazia quanti le consolarono* (73), *Fuori uno, sotto un altro, arriva il "passatore"* (73), *Il suo nome faceva tremare Interpol in allarme* (73), *La signora gioca bene a scopa?* (73), *Innocenza e turbamento* (74), *Grazie, nonna* (74), *Il vizio di famiglia* (75), *La poliziotta fa carriera* (75), *40 gradi sotto il lenzuolo* (76), *Nude per l'assassino* (76), *La moglie vergine* (76), *L'insegnante* (76), *Cattivi pensieri* (77), *Gioia* (77), *Il grande attacco* (77), *Il dottor Jekill, Jr.* (78), *La patata bollente* (79), *Il ladrone* (80), *La moglie in vacanza... l'amante in città* (80), *Io e Caterina* (80), *Io sono fotogenico* (80), *Zucchero, miele e peperoncino* (81), *Asso* (81), *Zitto quando parli* (81), *Lo spiritoso* (81), *La poliziotta a New York* (82), *Il paramedico* (82), *Pizza, prosciutto e fichi* (82), *L'avventura ideale* (82), *Vacanze in America* (84).

1653. Ferida, Luisa. Actress. b. March 18, 1914, Castel San Pietro, Bologna. d. April 30, 1945, Milano. RN: Luisa Manfrina Farnet. A fanatical fascist, she was shot, along with Osvaldo Valenti, by partisans, in the last days of the war. *Re burlone* (35), *La freccia d'oro* (35), *I due sergenti* (36), *La fossa degli angeli* (37), *I* *due barbieri* (37), *I fratelli Castiglioni* (37), *Il conte di Bréchard* (37), *Tutta la vita in una notte* (38), *Stella del mare* (38), *L'argine* (38), *Animali pazzi* (39), *La fanciulla di Portici* (40), *Un'avventura di Salvator Rosa* (40), *La corona di ferro* (41), *La cena delle beffe* (41), *Amore imperiale* (41), *Fari nella nebbia* (41), *Orizzonte di sangue* (41), *La bella addormentata* (42), *Nozze di sangue* (42), *Gelosia* (42), *La locandiera* (43), *Tristi amori* (43), *Un fatto di cronaca* (44).

1654. Ferjac, Anouk. French actress. b. 1932. *Siamo tutti assassini* (52).

1655. Fernandel. French actor. b. May 8, 1903, Versailles. d. Feb. 26, 1971, Paris. RN: Fernand Joseph-Désiré Contandin. Best known as a comedian. *Botta e risposta* (49), *Frutto proibito* (52), *Don Camillo* (52), *Me li mangio vivi!* (53), *Il ritorno di don Camillo* (53), *Il nemico pubblico n. 1* (53), *Alì Babà e i 40 ladroni* (54), *Don Camillo e l'onorevole Peppone* (55), *Era di venerdì 17* (56), *L'uomo dall'impermeabile* (57), *La legge è legge* (58), *La vacca e il prigioniero* (60), *Il giudizio universale* (61), *Don Camillo monsignore... ma non troppo* (61), *Avanti la musica* (62), *Le tentazioni quotidiane* (62), *Dinamite Jack* (63), *Il compagno don Camillo* (65).

1656. Fernandel, Franck. French actor. Son of Fernandel (q.v., above). *Avanti la musica* (62).

1657. Fernández, Felix. Spanish actor. b. Sept. 21, 1899, Cangas de Onis. *Calabuig* (56), *Amore e chiacchiere* (57), *Il maestro* (57), *Il colosso di Rodi* (60).

1658. Ferrando, Giancarlo. Director of photography. AKA: John McFerrand. *La sfida degli implacabili* (65), *Così Sia* (72 co-ph), *Domani passo a salutare la tua vedova...parola di Epidemia* (72 co-ph), *Il tuo vizio è una stanza chiusa e solo io ne ho la chiave* (72), *Il mio nome è Scopone e faccio sempre cappotto* (72), *Dio in cielo... Arizona in terra* (72), *Strana orchidea con cinque gocce di sangue* (72), *I corpi presentano tracce di violenza carnale* (73), *I corvi ti scaveranno la fossa* (73), *La liceale* (75), *La poliziotta fa carriera* (75), *L'insegnante* (76), *Morte sospetta di una minorenne* (76), *Cugini carnali* (76), *40 gradi sotto il lenzuolo* (76), *Spogliamoci così senza pudor...* (77 co-ph), *Taxi Girl* (77), *La Vergine, il Toro e il Capricorno* (77), *Per amore di Poppea* (78), *La soldatessa alla visita militare* (78), *Stringimi forte, papà* (78), *L'isola degli uomini pesce* (78), *L'insegnante viena a casa* (78), *La montagna del dio cannibale* (78), *Adolfo Hitler alias il mio zio* (78), *La poliziotta della squadra del buoncostume* (78), *La soldatessa alle grandi manovre* (79), *Volontari per destinazione ignota* (79), *Il fiume del grande caimano* (79), *Qua la mano* (79), *Sabato, domenica e venerdì* (79), *Il casinista* (80), *L'insegnante al mare con tutta la classe* (80), *Il ladrone* (80), *Mano lesta* (80), *La moglie in vacanza...l'amante in città* (80), *Zucchero, miele e peperoncino* (80), *Cornetti alla crema* (81), *Culo e camicia—un uomo, un uomo e...e viva una donna* (81), *Ricchi, ricchissimi...praticamente in mutande* (81 co-ph), *La poliziotta a New York* (82), *Assassinio al cimitero etrusco* (82), *Attenti a quei P 2* (82), *Sangraal, la spada di fuoco* (82), *Le spade dei barbari* (82), *Una di troppo* (82), *Il dominatore del ferro* (82), *Occhio malocchio prezzemolo e finocchio* (83), *I nuovi barbari* (83 co-ph), *Se tutto va bene siamo rovinati* (83), *Shark—rosso nell'oceano* (84), *Uno scugnizzo a New York* (84), *Vendetta da futuro* (85).

1659. Ferrara, Paolo. Actor. b. Feb. 26, 1929, Bruxelles, Belgium. AKA: Paolo Ferrari, Paolo Ferrera. Began as a child actor, using the name Tao Ferrari. *Ettore Fieramosca* (38), *Kean, gli amori di un artista* (40), *Gian Burrasca* (43), *Le infedeli* (52), *Totò cerca pace* (54), *Ridere ridere ridere* (54), *Amici per la pelle* (55), *Susanna tutta panna* (57), *Viaggio di piacere* (57), *Adorabili e bugiarde* (58), *Le voci bianche* (64), *Su e giù* (65 the episode "Moglie d'agosto"), *Il morbidone* (65).

1660. Ferrari, Angelo. Actor. b. 1897, Lombardia. d. 1945, Berlin, following an apoplectic fit. Former skating champion. Long in Germany. *Sofia di Kravonia* (16), *La sepolta viva* (16), *La donna nuda* (18), *La serata d'onore di Buffalo* (19), *La farina del diavolo* (19), *Il castello della malinconia* (20), *Un punto nero* (20), *I tre sentimentali* (21), *L'incatenata* (21), *Sansone* (21), *Cirano di Bergerac* (22), *Savitri Satyvan* (23), *I volti dell'amore* (24), *Napoli è una canzone* (26), *Una notte di follia* (29).

1661. Ferrari, Mario. Actor. b. Sept. 3, 1894, Roma. *Palio* (32), *1860* (33),

Passaporto rosso (35), *Cavalleria* (36), *La regina della Scala* (37), *Ettore Fieramosca* (38), *Luciano Serra pilota* (38), *Terra di nessuno* (38), *Abuna Messias* (39), *Il cavaliere di san Marco* (39), *L'ebbrezza del cielo* (39), *La peccatrice* (40), *Piccolo alpino* (40), *Giungla* (41), *Giarabub* (42), *Redenzione* (42), *Quelli della montagna* (43), *La storia di una capinera* (43), *La carne e l'anima* (45 made in 43), *Il cavaliere del sogno* (46), *Vanità* (46), *Donne senza nome* (49), *La regina di Saba* (52), *Lulù* (53), *Giuseppe Verdi* (53), *Il sacco di Roma* (53), *Il conte Aquila* (55), *La leggenda di Enea* (62), *Mosè* (76).

1662. Ferrari, Nicolò. Director. b. April 24, 1928, Napoli. *L'età della ragione* (50 doc), *I bambini giocano* (50 doc), *Storia del pianoforte* (51 doc), *Siamo donne* (53 asst dir on the episode directed by Rossellini), *Viaggio in Italia* (53 asst d), *Cronache dell'urbanistica* (54 doc), *Mar rosso* (55 doc), *Uomini in più* (55), *I fidanzati della morte* (57 co-w), *Laura nuda* (61), *La matriarca* (68 co-w/story), *Mio Mao* (69 also w).

Ferrari, Paolo *see* **Ferrara, Paolo**

Ferrari, Tao *see* **Ferrara, Paolo**

1663. Ferreol, Andrea. French actress. b. 1947. *Il piatto piange* (74), *Donna e bello* (74), *Scandalo* (75), *Peppino e la vergine Maria* (75), *Casanova e compagnia* (76), *L'amante latino* (77), *L'uomo di Corleone* (77), *Ligabue* (78), *Viaggio con Anita* (79), *Il cappotto di astrakan* (80), *Tre fratelli* (81), *La notte di Varennes* (82), *La ragazza di Trieste* (82), *Cuore* (84), *Le due vite di Mattia Pascal* (85), *Una botta di vita* (88), *Francesco* (89), *Lo zio indegno* (89), *Venezia rosso sangue* (89).

1664. Ferrer, José. U.S. actor. b. Jan. 8, 1912, Santurce, Puerto Rico. RN: José Vincente Ferrer de Otero y Cintrón. *Cirano e d'Artagnan* (62), *Cervantes* (68), *La testa del serpente* (74), *Fedora* (78).

1665. Ferrer, Mel. U.S. actor. b. Aug. 25, 1917, Elberon, N.J. RN: Melchior Gaston Ferrer. *Proibito* (55), *Guerra e pace* (56), *Eliana e gli uomini* (56), *Il sangue e la rosa* (60), *I lancieri neri* (61), *Legge di guerra* (61), *Le tentazioni quotidiane* (62), *La caduta dell'impero romano* (64), *El Greco* (65 also co-p/co-composer), *L'anticristo* (74), *Il corsaro nero* (76), *La ragazza dal pigiama giallo* (77), *L'isola degli uomini pesce* (78 in added footage for U.S. version only), *Il fiume del grande caimano* (79), *Incubo sulla città contaminata* (80), *Mangiati vivi* (80), *Avvoltoi sulla città* (80), *Il visitatore* (80).

Ferrera, Paolo *see* **Ferrara, Paolo**

1666. Ferreri, Marco. Director. b. May 11, 1928, Milano. In the early 1950s he, Zavattini and Riccardo Ghione ran the film magazine "Lo Spettatore." *Il principe ribelle* (47 *), *Documento mensile* (51 3 docs prod mgr), *Il cappotto* (52 prod mgr), *Amore in città* (53 the episode "Tentato suicidio" prod mgr), *Appunti su un fatto di cronaca* (53 short in a series of film magazines p), *La spiaggia* (53 prod mgr/*), *Donne e soldati* (54 prod mgr/co-w/*), *Fiesta brava* (55 prod mgr), *El pisito* (58 Spain also co-w/*), *Los chicos* (59 Spain also co-w), *Le Secret des Hommes Bleus* (60 France/Spain this film is also known as *Caravan pour Zagora*. Ferreri began the direction, but the film was completed by Edmón Agabra), *El cochecito* (60 Spain also co-w), *Le italiane e l'amore* (61 the episode "Gli adulteri" also co-w), *Il mafioso* (62 co-w), *Una storia moderna: L'ape regina* (63 also co-w), *La donna scimmia* (64 also co-w), *Controsesso* (65 the episode "Il professore" also co-w/*), *Casanova 70* (65 *), *Marcia nuziale* (65 also co-w), *Oggi, domani e dopodomani* (65 the episode "L'uomo dai cinque palloncini" also w/*), *L'harem* (67 also co-w/co-story), *Il fischio al naso* (67 *), *Dillinger è morto* (68 also co-w/story), *L'uomo dai cinque palloncini* (68 expanded version of his episode in *Oggi, domani e dopodomani* also co-w), *Il seme dell'uomo* (69 also co-w/story/*), *Porcile* (69 *), *Vento dell'est* (69 *), *Ciao Gulliver* (70 *), *Sortilegio* (70 *), *Perchè pagare per essere felici* (70 TV doc also w), *Il documento su Giuseppe Pinelli—12 dicembre* (70 doc co-d), *L'udienza* (71 also co-w/story/adapted), *Lui per lei* (71 *), *La cagna* (72 also co-w), *La grande buffata* (73 also co-w), *Non toccate la donna bianca* (74 also p/co-w/*), *L'ultima donna* (75 also co-w/story), *Ciao maschio* (77 also co-w/story), *Eutanasia di un amore* (78 co-d/w/*), *Chiedo asilo* (79 also w), *Storie di ordinaria follia* (81 also co-w/story), *Storia di Piera* (83 also co-w), *Y'a bon les blancs* (88 France also co-w/art d), *La voce della luna* (90 prod mgr), *La carne* (91 also co-w), *La casa del sorriso* (91 also co-w/art d).

1667. Ferrero, Anna Maria. Actress.

b. Feb. 18, 1931, Roma. RN: Anna Maria Guerra. Married Jean Sorel. *Il cielo è rosso* (49), *Domani è troppo tardi* (50), *Domani è un altro giorno* (50), *Il conte di Sant'Elmo* (51), *Il Cristo proibito* (51), *Lorenzaccio* (51), *Fanciulle di lusso* (52), *Lo sai che i papaveri...* (52), *I vinti* (52), *Le infedeli* (52), *Febbre di vivere* (53), *Cronache di poveri amanti* (53), *Giuseppe Verdi* (53), *Villa Borghese* (53), *Totò e Carolina* (53), *La vedova X* (54), *Guai ai vinti!* (54), *Guerra e pace* (56), *Kean, genio e sregolatezza* (57), *Non c'è pace per chi ama* (57), *Suprema confessione* (57), *I segreti della notte* (57), *Gli amanti del deserto* (58), *La notte brava* (59), *Il mattatore* (60), *Il gobbo* (60), *I delfini* (60), *Un giorno da leoni* (61), *L'oro di Roma* (61), *Barabba* (61), *Una domenica d'estate* (61), *Controsesso* (65).

1668. Ferretti, Dante. Production designer. *Lo sbarco di Anzio* (68 asst art d), *Medea* (69), *Il Decamerone* (71), *I racconti di Canterbury* (71), *La classe operaia va in paradiso* (72), *Sbatti il mostro in prima pagina* (72), *Storie scellerate* (73), *Il fiore delle mille e una notte* (73), *Delitto d'amore* (74), *Dio mio, come sono caduta in basso!* (74), *Salò, o le 120 giornate* (75), *Todo modo* (76), *Il casotto* (77), *Ciao maschio* (77), *Eutanasia di un amore* (78), *Il gatto* (78), *Prova d'orchestra* (79), *La città delle donne* (80), *Il minestrone* (81), *La pelle* (81), *Storie di ordinaria follia* (81), *La notte di Varennes* (82), *Oltre la porta* (82), *Il futuro è donna* (83), *Desiderio* (83), *...E la nave va* (83), *Dagobert* (84), *Pianoforte* (84), *Ginger e Fred* (85), *Il nome della rosa* (86), *The Adventures of Baron Munchausen* (88 U.K./Germany), *Lo zio indegno* (89), *La voce della luna* (90 art d), *Dr. M* (90).

1669. Ferri, Liana. Co-writer. *Paolo e Francesca* (49), *Inganno* (52), *Villa Borghese* (53), *Giuseppe Verdi* (53), *Il figlio dell'uomo* (53 w), *Sinfonia d'amore* (54), *La donna più bella del mondo* (55), *Una voce, una chitarra, un po' di luna* (56), *L'ultima violenza* (57), *La ragazza del Palio* (58), *L'uomo dai calzoni corti* (58), *Totò, Vittorio e la dottoressa* (58).

1670. Ferrigno, Lou. U.S. actor. b. 1952. Best known as the Incredible Hulk on TV. *Le avventure dell'incredibile Ercole* (83), *Le avventure dell'incredibile Ercole II* (84), *Sinbad* (86).

1671. Ferrio, Gianni. Composer. *I pascoli rossi* (63), *Gli eroi del west* (64), *La carica del 7 Cavalleggeri* (64 co-composer), *Frenesia d'estate* (64), *Un dollaro bucato* (65), *Per pochi dollari ancora* (66 co-composer), *...E Djurado* (66), *Ringo e Gringo contro tutti* (66), *El desperado* (67), *Sentenza di morte* (67), *...E divenne il più spietato bandito del sud* (67), *Joe...cercati un posto per morire* (68), *Wanted* (68), *Vivi...o preferabilmente morti* (69), *Quei disperati che puzzano di sudore e di morte* (69), *La morte risale a ieri sera* (70), *Sledge* (70), *Amico, stammi lontano, almeno un palmo* (71), *La farfalla con le ali insanguinate* (71), *Reverendo Colt* (71), *Viva la muerte...tua* (72 Spain), *Un tipo con una faccia strana* (72), *Lo chiamavano Requiescant Fasthand* (72), *Il maschio ruspante* (72), *Mamma mia, è arrivato "Così Sia"* (72), *Tony Arzenta* (73), *L'isola misteriosa e il capitano Nemo* (73), *La poliziotta* (74), *Il padrone e l'operaio* (75), *Lo chiamavano California* (76), *L'infermiera di notte* (77), *Tutti a scuola* (79), *Tex e il signore degli abissi* (85).

1672. Ferro, Turi. Actor. b. 1921. *Un uomo da bruciare* (62), *Io la conoscevo bene* (65), *Extraconiugale* (65), *Rita la zanzara* (67), *Banditi a Milano* (68), *Sette volte sette* (68), *Un caso di coscienza* (70), *Malizia* (72), *Peppino e la vergine Maria* (75), *Virilità* (76), *Fatto di sangue fra due uomini per causa di una vedova (si sospettano moventi politici)* (78).

1673. Ferronetti, Ignazio. Director. b. Oct. 15, 1908, Roma. Former editor. *Sole* (29 co-e), *Nerone* (30 co-e), *Resurrectio* (31 co-e), *Terra madre* (31 co-e), *Palio* (32 co-e), *La tavola dei poveri* (32 co-e), *Il caso Haller* (33 co-e), *1860* (33 co-e), *L'impiegata di papà* (34 co-e), *Vecchia guardia* (34 co-e), *La contessa di Parma* (37 co-e), *Ettore Fieramosca* (38 co-e), *Retroscena* (39 co-e), *Leggenda azzurra* (40 e), *Mare* (40 e), *Il signore a doppio petto* (41 e), *Spie tra le eliche* (43 also e), *Il fantasma della morte* (46), *Fuga nella tempesta* (47), *Ma chi te lo fa fare?* (48), *I misteri di Venezia* (50 also story), *Tutto il mondo ride* (52 also story/e), *Cinquant'anni di emozioni* (53 doc e), *Il tiranno del Garda* (54), *Ingresso centesimi dieci* (55 doc also e), *Due sosia in allegria* (56).

1674. Ferroni, Giorgio. Director. b.

April 12, 1908, Perugia. AKA: Kelvin Jackson Padget, Calvin J. Paget. *Al buio insieme* (33 asst d), *Pesca sul golfo* (33 doc), *Pompei* (34 doc), *Cinema vent'anni fa* (35 doc), *Panatenaiche a Paestum* (36 doc), *Armonie pucciniane* (37 doc), *Scipione l'Africano* (37 asst d), *Benzina sintetica* (38 doc), *Terra di fuoco* (39 co-d), *Criniere al vento* (39 doc), *L'ebbrezza del cielo* (39 also co-w / story), *Cinque minuti colla nazionale di calcio* (40 doc), *L'accademia dei vent'anni* (41 doc), *Il fanciullo del west* (41 also co-w / story), *Arcobaleno* (43 co-d), *Macario contro Zagomar* (43), *Senza famiglia* (44), *Ritorno al nido* (44), *Casello n. 13* (45 also story), *Pian delle stelle* (46 also co-w / story), *Tombolo, paradiso nero* (47), *Marechiaro* (49), *Vivere a sbafo* (49 also story), *Il mio comune* (55 doc), *I giorni più belli* (55 doc), *Vertigine bianca* (56 doc), *Noi dell'oceano* (57 doc), *Il mulino delle donne di pietra* (60), *Le baccanti* (60 also co-w), *La guerra di Troia* (61), *Ercole contro Moloch* (63), *Coriolano, eroe senza patria* (63), *Il leone di Tebe* (64 also co-w / ph), *Il colosso di Roma* (65), *Un dollaro bucato* (65 also co-w), *Per pochi dollari ancora* (66), *New York chiama Super Dragon* (66), *Due pistole e un vigliacco* (67 also co-w), *Wanted* (68), *La Battaglia di El Alamein* (68), *La notte dei diavoli* (71 co-d), *Attenti ragazzi...chi rompe paga* (76).

1675. Fersen, Alessandro. Actor. b. Dec. 5, 1916, Lodz, Poland. *Il grido della terra* (48), *Il sentiero dell'odio* (51), *Lorenzaccio* (51), *Perdonami!* (52), *Il viale della speranza* (53), *Puccini* (53), *Africa sotto i mari* (53), *Gelosia* (53), *Teodora, imperatrice di Bisanzio* (53), *Fermi tutti, arrivo io!* (53), *Musoduro* (53), *Delirio* (54), *Ulisse* (54), *Il terrore dell'Andalusia* (54), *Le due orfanelle* (54), *Disperato addio* (54), *Terroristi a Madrid* (55).

1676. Ferzetti, Gabriele. Actor. b. March 17, 1925, Roma. RN: Pasquale Ferzetti. *Via delle cinque lune* (42), *I miserabili* (47), *Fabiola* (48), *Vertigine d'amore* (48), *Guglielmo Tell* (48), *Barriera a settentrione* (49), *Benvenuto, reverendo!* (49), *Rondini in volo* (49), *Lo zappatore* (50), *I falsari* (50), *Il sigillo rosso* (50), *Gli amanti di Ravello* (51), *Core 'ngrato* (51), *Il Cristo proibito* (51), *Tre storie proibite* (52), *Inganno* (52), *Noi peccatori* (52), *Puccini* (53), *La provinciale* (53), *Cento anni d'amore* (53), *Il sole negli occhi* (53), *Vestire gli ignudi* (54), *Casa Ricordi* (54), *Le avventure di Giacomo Casanova* (54), *Camilla* (54), *Vergine moderna* (54), *Adriana Lecouvreur* (55), *Un po' di cielo* (55), *Donatella* (55), *Le amiche* (55), *Il prezzo della gloria* (55), *Difendo il mio amore* (56), *Parola di ladro* (57), *Nata di marzo* (57), *Souvenir d'Italie* (57), *Tutti innamorati* (58), *La ballerina e buon Dio* (58), *Racconti d'estate* (58), *Storie d'amore proibite* (59), *Le insaziabili* (59), *Annibale* (59), *L'avventura* (60), *La lunga notte del 43* (60), *Il carro armato dell'8 settembre* (60), *Labbra rosse* (60), *Femmine di lusso* (60), *Congo vivo* (62), *Il delitto non paga* (62), *Le Croix des vivants* (62 France), *Jessica* (62), *Rencontres* (62 France), *La monaca di Monza* (62), *I dongiovanni della Costa Azzurra* (62), *Il giorno più corto* (63), *Cruces de verano* (63 Spain), *La calda vita* (63), *Venere imperiale* (63), *Mort, où est ta victoire?* (63 France), *Finchè dura la tempesta* (63), *Un tentativo sentimentale* (64), *Desideri d'estate* (64), *Par un beau matin d'été* (65 France), *Trois chambres à Manhattan* (65 France), *Lo scippo* (66), *La bibbia* (66), *L'arcidiavolo* (66), *A ciascuno il suo* (67), *Grazie, zia* (67), *Meglio vedova* (67), *Escalation* (68), *I protagonisti* (68), *Gli intoccabili* (68), *L'età del malessere* (68), *C'era una volta il west* (68), *On Her Majesty's Secret Service* (68 U.K.), *Roma come Chicago* (68), *Un diablo bajo la almohada* (68 Spain), *Un bellissimo novembre* (69), *Un'anguilla da trecento milioni* (69), *L'amica* (69), *Cuori solitari* (69), *Scacco alla regina* (70), *De la part des copains* (70 France), *L'Aveu* (70 France), *Cannabis* (70 France), *Il divorzio* (70), *Trois miliards sans ascenseur* (71 France), *Un uomo dalla pelle dura* (72), *Bisturi, la mafia bianca* (73), *Mendiants et orgueilleux* (72 France), *Gli ultimi dieci giorni di Hitler* (72), *Il portiere di notte* (73), *Processo per dirittissimo* (74), *Appassionata* (74), *Doppia coppia con regina* (74), *Corruzione al palazzo di giustizia* (74), *Der Richter und sein Henker* (75 Germany), *Nina* (76), *Le Guêpier* (76 France), *Potresti essere mia figlia* (76), *Oedipus orca* (77), *Passione e sentimento* (77), *L'uomo di Corleone* (77), *L'Ordre et la securité du monde* (78 France), *Incontri negli abissi* (79), *Il concorrente* (79), *Gli anni struggenti* (79),

Inchon (80 U.S.), *Morte in Vaticano* (82), *Grog* (82), *Follia amore mio* (85), *Giulia e Giulia* (87).

1677. Festa Campanile, Pasquale. Director/co-writer. b. July 28, 1927, Melfi. Former journalist. *Faddijah* (50 co-w), *Gli innamorati* (55 co-w), *Poveri ma belli* (56 co-w), *Terrore sulla città* (56 co-w), *Giovani mariti* (57 co-w), *La donna che venne dal mare* (57 co-w), *La nonna Sabella* (57 co-w), *L'incanto della foresta* (57 co-w), *Belle ma povere* (57 co-w), *Venezia, la luna e tu* (58 co-w), *Totò e Marcellino* (58), *Il magistrato* (59 co-w), *Rocco e i suoi fratelli* (60 co-w), *L'assassino* (60 co-w), *La viaccia* (61 co-w), *La bellezza d'Ippolita* (62 co-w), *Le quattro giornate di Napoli* (62 co-w), *Il gattopardo* (63 co-w), *Un tentativo sentimentale* (64 co-d/co-w), *Le voci bianche* (64 co-d/co-w), *La costanza della ragione* (64), *Una vergine per il principe* (65), *Adulterio all'italiana* (65), *La ragazza e il generale* (67), *La cintura di castità* (68), *Il marito è mio e l'ammazzo quando mi pare* (68), *La matriarca* (68), *Dove vai tutta nuda?* (68), *Scacco alla regina* (70), *Con quale amore, con quanto amore* (70), *Quando le donne avevano la coda* (70), *Il merlo maschio* (71), *Ettore lo fusto* (71), *Quando le donne persero la coda* (71), *Jus primae noctis* (72), *Un tipo con una faccia strana* (72 co-d/co-w), *L'emigrante* (73), *Rugantino* (73), *Il soldato di ventura* (75), *Conviene far bene l'amore* (75), *Autostop rosso sangue* (76), *Dimmi che fai tutto per me* (76), *Parlami d'amore, Maria* (77), *Cara sposa* (78 co-d/co-w), *Il ritorno di Casanova* (78), *Come perdere una moglie e trovare un'amante* (78), *Bello ma dannato* (79), *Gegè Bellavita* (79), *Qua la mano* (79), *Sabato, domenica e venerdì* (79 co-d/co-w), *Mano lesta* (80), *Il ladrone* (80), *Il corpo della ragassa* (80), *Culo e camicia—un uomo, un uomo e...e viva una donna* (81), *Culo e camicia—il televeggente* (81), *Nessuno è perfetto* (82), *La ragazza di Trieste* (82), *Più bello di così si muore* (82), *Porca vacca* (82), *Bingo Bongo* (82), *Un povero ricco* (83), *Il Petomane* (83), *Uno scandalo perbene* (83), *Buon Natale, Buon Anno* (90 from his novel. He did not direct).

1678. Feuillère, Edwige. French actress. b. Oct. 29, 1907, Vésoul. RN: Caroline Vivette Edwige Cunati. Her father was an architect and her mother was Italian. *Amore* (35), *Quando le donne amano* (52), *La ragazza del peccato* (57), *La principessa di Clèves* (60), *Il delitto non paga* (62), *Scusi, facciamo l'amore* (67).

1679. Fico, Enrica. Actress. *Chung Kuo Cina* (72 asst d), *Identificazione di una donna* (82).

1680. Fidani, Demofilo. Director/writer. AKA: Miles Deem, Lucky Dickinson, Lucky Dickerson, Slim Alone, Dennis Ford, Sean O'Neal, Dick Spitfire, Alessandro Santini, Diego Spataro. *Passa Sartana... è l'ombra della tua morte* (68 also *), *Sedia elettrica* (69), *E vennero in quattro...per uccidere Sartana* (69 d/co-w), *Arrivano Django e Sartana...è la fine* (70 d/co-w), *Era Sam Walbash...lo chiamavano "Così Sia"* (71), *Giù la testa...hombre* (71 d/p/co-w), *Il suo nome era Pot...lo chiamavano Allegria* (71 d/co-w), *Karzan, il favoloso uomo della giungla* (71), *Quel maledetto giorno d'inverno Django e Sartana...all'ultimo sangue* (71 d/co-w), *Giù le mani...carogna!* (71 d/co-w), *Inginocchiati straniero...i cadaveri non fanno ombra* (71 d/co-w), *Per una bara piena di dollari* (72 d/co-w), *Scansati...Trinità arriva ad Eldorado* (72 d/co-p/w), *Amico mio, fregatura* (73 d/co-w), *Professoressa di lingue* (76 d/co-w), *La pelle sotto gli artigli* (81 d/co-w).

1681. Fidenco, Nico. Composer. AKA: Vico Fidenco. *All'ombra di una colt* (65), *Il papavero è anche un fiore* (66 co-composer), *Dinamite Jim* (66), *Per il gusto di uccidere* (66), *John il bastardo* (67), *Il Bang Bang Kid* (67), *Uno di più all'inferno* (68), *Sette uomini e un cervello* (68 singer), *Lo voglio morto* (68), *All'ultimo sangue* (68), *El "Che" Guevara* (68), *La belva* (70 co-composer), *Il suo nome era Pot...lo chiamavano Allegria* (71), *Giù la testa... hombre* (71), *Campa carogna...la taglia cresce* (72), *Nina* (76), *Emanuella nera* (76), *Emanuella nera in America* (76), *Emanuelle, perchè violenza alle donne?* (76), *Il mondo dei sensi di Amy Wong* (77), *Emanuelle a Bangkok* (77), *Candido erotico* (78).

1682. Field, Karin. German actress. *Sigpress contro Scotland Yard* (68), *Nella stretta morsa del ragno* (70), *Lo strangolatore di Vienna* (73).

1683. Fiermonte, Enzo. Actor. b.

July 17, 1908, Bari. *L'ultimo combattimento* (41), *Beatrice Cenci* (41), *Il mercante di schiave* (41), *Fra' Diavolo* (42), *Il campione* (42), *Spie tra le eliche* (43), *L'atleta di cristallo* (46), *Uno tra la folla* (46), *La sepolta viva* (49), *Lo sparviero del Nilo* (49), *O.K. Nerone* (51), *I misteri della giungla nera* (52), *Il tenente Giorgio* (52), *Il boia di Lilla* (53), *L'ultima gara* (54 made in 49), *Angela* (54), *Giulietta e Romeo* (54), *Il cocco di mamma* (57), *La venere di Cheronea* (58), *La maja desnuda* (58), *Erode il grande* (59), *Ben-Hur* (59), *Il vendicatore* (59), *La donna dei faraoni* (60), *Rocco e i suoi fratelli* (60), *Il figlio di Spartacus* (62), *Sodoma e Gomorra* (62), *La leggenda di Enea* (62), *Eva* (62), *Gladiatore di Messalina* (63), *The Secret Invasion* (64 U.S.), *I pirati della Malesia* (64), *Il trionfo di Ercole* (64), *I diavoli dallo spazio* (65), *I criminali della galassia* (65), *Caccia alla volpe* (66), *Grand Prix* (66 U.S.), *Carrera—das Geheimnis der blonden Katze* (68 Germany), *La morte non ha sesso* (68), *Vivo per la tua morte* (68), *Un minuto per pregare, un istante per morire* (68), *La più grande rapina del west* (68), *Al di là della legge* (68), *Candy* (68), *Continuavano a chiamarlo Trinità* (71), *The Mechanic* (72 U.S.), *E poi lo chiamarono Il magnifico* (72), *Lo chiamavano "Verità"* (72), *Anche gli angeli tirano di destra* (73), *Il bestione* (74), *Mosè* (76), *Seimila chilometri di paura* (79), *La vita è bella* (80).

Figuerola, Mallorqui *see* **Caiano, Mario**

1684. Filippone, Piero. Set designer. b. Nov. 20, 1911, Napoli. *Il cappello a tre punte* (34), *Eravamo sette sorelle* (38), *Nonna Felicita* (38), *La dama bianca* (38), *Eravamo sette vedove* (39), *Imputato, alzatevi!* (39), *Lo vedi come sei?* (39), *Il pirata sono io* (40), *Il carnevale di Venezia* (40 co-sets), *La fanciulla di Portici* (40), *Non me lo dire* (40), *Mille chilometri al minuto* (40), *Scarpe grosse* (40), *San Giovanni decollato* (40), *Dopo divorzieremo* (40), *La figlia del corsaro verde* (40), *Marco Visconti* (40), *Ore 9 lezione di chimica* (41), *Gioco d'azzardo* (41), *Rossini* (41), *Voglio vivere così* (41), *Labbra serrate* (42), *Sette anni di felicità* (42), *Soltanto un bacio* (42), *Stasera niente di nuovo* (42), *I tre aquilotti* (42), *Violette nei capelli* (42), *Cortocircuito* (42), *Dente per dente* (42), *C'è sempre un ma...* (42), *Giorni felici* (42), *Mater dolorosa* (42), *Rita da Cascia* (42), *In due si soffre meglio* (43), *L'ippocampo* (43), *Prigione bianca* (43), *Senza una donna* (43), *L'ultima carrozzella* (43), *Apparizione* (43), *Non sono superstizioso, ma...* (43), *Il viaggio del signor Perrichon* (43), *La vispa Teresa* (43), *Le miserie del signor Travet* (45), *La figlia del capitano* (47), *Germania, anno zero* (47), *L'onorevole Angelina* (47), *Il cavaliere misterioso* (48), *Assunta spina* (48), *Le mura di Malapaga* (48), *Botta e risposta* (49), *Domani è troppo tardi* (50), *Cronaca di un amore* (51), *Anna* (51), *Quattro rose rosse* (51), *La vendetta di Aquila Nera* (51), *Vedi Napule... e poi muori* (52), *Filumena Marturano* (52), *Carica eroica* (52), *Gli eroi della domenica* (52), *Ragazze da marito* (52), *Il tenente Giorgio* (52), *Totò a colori* (52), *Un turco napoletano* (53), *Viaggio in Italia* (53), *La nave delle donne maledette* (53), *Un americano a Roma* (54), *Torna!* (54), *Destinazione Piovarolo* (55), *Il coraggio* (55), *Le diciottenni* (55), *Io piaccio* (55), *Mio figlio Nerone* (56), *Poveri ma belli* (56), *L'ultima violenza* (57), *La maja desnuda* (58), *Caccia all'uomo* (61), *Maciste alla corte del Gran Khan* (61), *Brenno, il nemico di Roma* (63), *Giulietta e Romeo* (64), *La morte non conta i dollari* (67), *Il mercenario* (68), *El "Che" Guevara* (68), *... E per tetto un cielo di stelle* (68), *Mio fratello Anastasia* (73), *Storia di una monaca di clausura* (74).

1685. Filoni, Massimiliano. Actor. *Bianco, rosso e...* (71), *Malizia* (72), *Mr Billion* (77 U.S.), *La luna* (79).

1686. Finch, Peter. Australian/U.K. actor. b. Sept. 28, 1916, London. d. Jan. 14, 1977, Los Angeles, Calif., U.S.A. RN: Peter Ingle Finch. *La tenda rossa* (69).

1687. Fineschi, Lorenzo. Actor. *La statua* (70), *Punto e Capo* (73).

Finlay, George *see* **Stegani, Giorgio**

1688. Fiore, Elena. Actress. *Mimì metallurgico ferito nell'onore* (72), *Film d'amore e d'anarchia* (73), *Pasqualino settebellezze* (76).

1689. Fiore, Maria. Actress. b. Oct. 1, 1935, Roma. RN: Jolanda Di Fiore. *Due soldi di speranza* (51), *Bellezze in motoscooter* (52), *La città canora* (52), *Canzoni di mezzo secolo* (52), *Tempi nostri* (52), *La domenica della buona gente* (53), *Scampolo 53* (53), *Gran varietà* (53), *Cento serenate* (54), *Bella non piangere* (54),

Carosello napoletano (54), *Canzone d'amore* (54), *Graziella* (54), *Napoli, terra d'amore* (55), *Il principe dalla maschera rossa* (55), *I papagalli* (56), *Quando tramonta il sole* (56), *Terrore sulla città* (56), *È arrivata la parigina* (58), *Taur, il re della forza bruta* (62), *Il giustiziere sfida la città* (75).

1690. Fiorelli, Aldo. Actor. b. May 8, 1915, Calenzano. *La vedova* (38), *L'ebbrezza del cielo* (39), *Addio, giovinezza!* (41), *Orizzonte dipinto* (41), *Margherita fra i tre* (41), *Luna di miele* (41), *Tre ragazze cercano marito* (43), *Natale al campo 119* (48), *Antonio da Padova* (49), *Cuori sul mare* (49), *La regina di Saba* (52), *Il sacco di Roma* (53), *Anna perdonami!* (53), *Le fatiche di Ercole* (57), *Ercole e la regina di Lidia* (58), *Saffo, venere di Lesbo* (60).

1691. Fiorentini, Fiorenzo. Actor. *Marakatumba...ma non è una rumba* (51 made in 49), *Giovinezza* (52), *Viva il cinema!* (53), *Ci troviamo in galleria* (53), *Café chantant* (53), *La domenica della buona gente* (53), *Cento serenate* (54), *Le vacanze del sor Clemente* (54), *Parigi o cara* (63), *Soldati e caporali* (65), *Il tigre* (67), *Il profeta* (67), *I due crociati* (68), *La Tosca* (73), *La notte dell'ultimo giorno* (73), *Teresa la ladra* (73), *Farfallon* (74), *Franco e Ciccio superstars* (76), *Che notte quella notte* (76), *La soldatessa alla visita militare* (78), *L'ultimo sapore dell'aria* (78), *Tanto va la gatta al lardo* (78), *Ridendo e scherzando* (78), *Ciao cialtroni* (79).

1692. Fioretti, Mario. Director of photography. b. Roma. *Ore, donne e maracas* (54 doc), *Destinazione Piovarolo* (55), *Il coraggio* (55), *Canzoni di tutta Italia* (56), *La banda degli onesti* (56), *Totò lascia o raddoppia* (57), *I sentieri dell'odio* (64), *Queste pazze, pazze, donne* (64), *Due R-r-r-ringos nel Texas* (67), *Blackjack* (68), *Le Tigre sort sans sa mère* (68 France), *Blaise Pascal* (71 TV).

1693. Fiorini, Guido. Set designer. b. July 1, 1897, Bologna. *Luci sommerse* (34), *Teresa Confalonieri* (34), *Come le foglie* (34), *Passaporto rosso* (35), *Re burlone* (35 co-sets), *Quei due* (35), *Aldebaran* (35), *La gondola delle chimere* (35), *Squadrone bianco* (36), *L'antenato* (36), *L'uomo che sorride* (36), *L'albero di Adamo* (37), *Il fu Mattia Pascal* (37), *Marcella* (37), *I fratelli Castiglioni* (37), *Stasera alle undici* (37), *I tre desideri* (38), *Marionette* (38), *Giuseppe Verdi* (38), *Voglio vivere con Letizia* (38), *La principessa Tarakanova* (38), *Castelli in aria* (38), *Grandi magazzini* (39), *Belle o brutte si sposan tutte* (39), *Il sogno di Butterfly* (39 co-sets), *Il peccato di Rogelia Sánchez* (39), *Carmen fra i rossi* (39), *Terra di fuoco* (39), *Manon Lescaut* (40), *Il carnevale di Venezia* (40 co-sets), *Melodie eterne* (40), *Amami, Alfredo!* (40), *Abbandono* (40), *Una famiglia impossibile* (40), *Oltre l'amore* (40), *L'amante segreta* (41), *Beatrice Cenci* (41), *Giungla* (41), *Primo amore* (41), *Via delle cinque lune* (42), *Turbamento* (42), *La contessa Castiglione* (42), *Le due orfanelle* (42), *Odessa in fiamme* (42), *La bella addormentata* (42), *Harlem* (42), *La donna del peccato* (42), *La locandiera* (43), *Nessuno torna indietro* (43), *Pronto, chi parla?* (45), *Il delitto di Giovanni Episcopo* (47), *I miserabili* (47), *La leggenda di Faust* (48), *I pirati di Capri* (48), *La madonnina d'oro* (49), *Patto col diavolo* (49), *Santo disonore* (50), *Miracolo a Milano* (50), *O.K. Nerone* (51), *È l'amor che mi rovina* (51), *Le avventure di Mandrin* (52), *Il sogno di Zorro* (52), *La voce del silenzio* (52), *Tempi nostri* (52), *La bella mugnaia* (55), *Tosca* (56), *Cartagine in fiamme* (59).

1694. Fiorio, Luigi. Director of photography. He also did some directing. *Il castello del ragno* (15), *Filibus* (15), *Le memorie del diavolo* (15 co-ph), *Amleto* (15), *Amor mio!* (16), *La leggenda di Pierrette* (16), *Preferisco l'inferno!* (16), *La presa della Bastiglia* (16), *Tua per la vita* (16), *Le due orfanelle di Torino* (17), *Passa la gioventù* (17), *La più dolce corona* (17), *Un dramma di Vittoriano Sardou* (18), *Oli* (18), *Sara Felton* (18), *Federica d'Illiria* (18), *La maestrina* (19), *Miss Robinson* (19), *Il salto della morte* (19), *Dal 16 al 23 novembre* (20), *Il marito in campagna* (20), *Le memorie del diavolo* (20), *I morti ritornano* (20), *Roberto Burat* (20), *Il ventriloquo* (20), *Un dramma in montagna* (21), *I naufraghi dell'onore* (21), *L'ombra del buon forzato* (21), *Scherzando con la morte* (21), *Il tredicesimo commensale* (21), *La vendetta dei serpi* (21), *L'orribile realtà* (22), *Il principe dei dollari* (22), *Amore e destino* (23), *Nel gorgo della ventura* (23 also co-d), *Largo alle donne!* (24 co-ph), *La donna carnefice nel paese dell'oro* (24 also co-d),

Assunta spina (28), *Si fa così* (34), *I quattro moschettieri* (36 co-ph), *Due cuori* (43 co-ph).

First, William *see* **Celano, Guido**

1695. Firth, Peter. U.K. actor. b. Oct. 27, 1953, Bradford, Yorks. *Fratello Sole sorella Luna* (73).

1696. Fischer, Madeleine. Actress. b. Zurich, Switzerland. Former model. *Le amiche* (55), *Lo scapolo* (55), *I papagalli* (56), *Classe di ferro* (57), *Lazzarella* (57), *La morte viene dallo spazio* (58).

1697. Fischer, O.W. Austrian actor. b. April 1, 1915, Klosterneuberg. d. 1973. RN: Otto Wilhelm Fischer. *Il bacio del sole* (58), *Cento dollari d'odio* (65).

1698. Fisher, Gerry. U.K. director of photography. b. 1926, London. *Fedora* (78), *Don Giovanni* (79).

1699. Fitzgerald, Barry. Irish actor. b. March 10, 1888, Dublin. d. Jan. 4, 1961, Dublin. RN: William Joseph Shields. *Ha da venì...don Calogero* (51).

1700. Fitzgerald, Geraldine. Irish actress. b. Nov. 24, 1912, Dublin. *Ciao maschio* (77).

Fitzgerald, Teresa *see* **Vianello, Maria Teresa**

1701. Fiume, Oretta. Actress. b. June 6, 1919, Fiume. RN: Claudia Scrobogna. *L'orologio a cucù* (38), *Retroscena* (39), *In campagna è caduta una stella* (39), *Gli ultimi della strada* (39), *La fanciulla di Portici* (40), *Ragazza che dorme* (40), *Don Buonaparte* (41), *Quarta pagina* (42), *Sempre più difficile* (42), *La fabbrica dell'imprevisto* (42), *Genoveffa di Brabante* (46).

1702. Fix, Paul. U.S. actor. b. March 13, 1901, Dobbs Ferry, N.Y. d. 1983. *Zabriskie Point* (69).

1703. Fiz, Robert. Actor. AKA: Bob Fiz. Has also directed. *Uno scacco tutto matto* (68 d/co-w/co-story), *Frankenstein 1980* (72), *Il castello dell'orrore* (73).

1704. Fizzarotti, Armando. Director. b. Feb. 16, 1892, Napoli. *Core 'e mamma!* (23), *Totonno se ne va* (24 ph), *Luna nova* (25 co-d), *Napoli verde—blu* (35), *Malaspina* (47), *Gli amanti di Ravello* (51 story), *Napoli è sempre Napoli* (54 also w/story), *Malafemmina* (57), *Te sto aspettano* (57).

1705. Fizzarotti, Ettore M. Director. *La freccia d'oro* (62 asst d), *Amore mio* (64 co-d), *In ginocchio da te* (64), *Una lacrima sul viso* (64), *Stasera mi butto* (68), *Chimera* (68), *Vendo cara la pelle* (68), *Il suo nome è Donna Rosa* (69).

1706. Flaiano, Ennio. Co-writer. b. March 5, 1910, Pescara. d. 1972. AKA: Ennio Flajano. *La danza del fuoco* (42), *Pastor angelicus* (42 doc), *La freccia nel fianco* (43), *Roma città libera* (46), *Fuga in Francia* (48), *Luci del varietà* (50), *La cintura di castità* (50), *Parigi è sempre Parigi* (51), *Lo sceicco bianco* (52), *Il mondo le condanna* (52), *I vitelloni* (53), *Destini di donne* (53), *Riscatto* (53), *Canzoni, canzoni, canzoni* (53), *Totò e Carolina* (53), *Villa Borghese* (53), *Camilla* (54), *Peccato che sia una canaglia* (54), *La donna del fiume* (54), *La romana* (54), *La strada* (54), *Il bidone* (55), *Il segno di Venere* (55), *La fortuna di essere donna* (55), *Le notti di Cabiria* (56), *Racconti d'estate* (58), *La dolce vita* (60), *Boccaccio 70* (61), *8½* (63), *La ballata del boia* (63), *Giulietta degli spiriti* (65), *La decima vittima* (65 w), *Le Plus Vieux Métier du monde* (67 France), *I protagonisti* (68), *L'inchiesta* (87), *Tempo di uccidere* (89 based on his novel).

Flash, Rod *see* **Lloyd, Richard**

1707. Fleischer, Richard. U.S. director. b. Dec. 8, 1916, Brooklyn, N.Y. Son of Max Fleischer. *Barabba* (61).

Fleming, Bryant *see* **Young, Gig**

Fleming, Jane *see* **Sorrente, Silvia**

Fleming, Paul *see* **Paolella, Domenico**

1708. Fleming, Rhonda. U.S. actress. b. Aug. 10, 1923, Los Angeles, Calif. *La cortigiana di Babilonia* (55), *La rivolta degli schiavi* (60), *Una moglie americana* (65).

1709. Flemyng, Robert. U.K. actor. b. Jan. 3, 1912, Liverpool. *L'orribile segreto del dottor Hichcock* (62).

1710. Flon, Suzanne. French actress. b. 1923, Kremlin-Bicêtre. *Non uccidere* (62), *Il processo* (62), *Il castello in Svezia* (63), *Il treno* (64).

1711. Florence, Fiona. Actress. *Fellini Roma* (72), *I nuovi mostri* (77).

1712. Florian, Barbara. Swedish actress. b. 1931, Stockholm. RN: Barbara Elfvick. *Un diavolo in convento* (50), *Verginità* (50), *Carcerato* (51), *Altri tempi* (51), *Luna rossa* (51), *Signori, in carrozza!* (51), *La tratta delle bianche* (52), *I tre corsari* (52), *Jolanda, la figlia del corsaro nero* (52), *Una sera di maggio* (55).

1713. Flynn, Errol. Australian actor. b. June 20, 1909, Tasmania (or possibly

Northern Ireland). d. Oct. 14, 1959, Vancouver, Canada. RN: Errol Leslie Thomson Flynn. *Le avventure di Guglielmo Tell* (53 unfinished also co-p/co-w), *Il maestro di don Giovanni* (53).

1714. Flynn, Gertrude. U.S. actress. b. 1914. *La contessa scalza* (54), *Guerra e pace* (56), *La ragazza del Palio* (58).

1715. Flynn, Sean. U.S. actor. b. 1941. d. 1970. Son of Errol Flynn. *Il figlio di capitano Blood* (63), *Il segno di Zorro* (64), *Il tempio dell'elefante bianco* (64), *Una donna per Ringo* (65), *Sette magnifiche pistole* (66).

1716. Fò, Dario. Actor. b. 1926, San Giano. *Rosso e nero* (54), *Lo svitato* (55 also w/story), *Rascel—Fifì* (57), *Musica per vecchi animali* (89).

1717. Foà, Arnoldo. Actor. b. Jan. 24, 1916, Ferrara. *Crispino e la comare* (37), *Ettore Fieramosca* (38), *Orizzonte dipinto* (41), *O sole mio* (45), *Il testimone* (45), *Un giorno nella vita* (46), *Fuga nella tempesta* (47), *L'eroe della strada* (48), *Il grido della terra* (48), *Yvonne la nuit* (49), *Marechiaro* (49), *Domani è troppo tardi* (50), *Il leone di Amalfi* (50), *Il brigante Musolino* (50), *Domani è un altro giorno* (50), *Verginità* (50), *Altri tempi* (51), *Lorenzaccio* (51), *Peppino e Violetta* (51), *Amore rosso* (51), *Imbarco a mezzanotte* (52), *La figlia del forzato* (53), *Processo contro ignoti* (53), *Lucrezia Borgia* (53), *La mano dello straniero* (53), *Totò e Carolina* (53), *Sangre y luces* (54 Spain), *Il cardinale Lambertini* (54), *Avanzi di galera* (54), *Angela* (54), *Chéri-Bibi, il forzato della Guiana* (55), *Destinazione Piovarolo* (55), *Non c'è amore più grande* (55), *Difendo il mio amore* (56), *Suprema confessione* (57), *La vendetta* (58), *Gli amanti del deserto* (58), *Pia de' Tolomei* (58), *The Silent Enemy* (58 U.K.), *Le notti di Lucrezia Borgia* (59), *I tartari* (60), *Salammbò* (60), *Cinque ore in contanti* (60), *Il capitano del re* (60), *La sposa bella* (60), *Il tiranno di Siracusa* (61), *Barabba* (61), *Le sette folgori di Assur* (61), *Cronache di un convento* (62), *Il processo* (62), *Les Canailles* (63 France), *I cento cavalieri* (64), *Il figlio di Cleopatra* (64), *Oltraggio al pudore* (64), *Judith* (65 U.S.), *Tutte le altre ragazze lo fanno* (66), *The Sailor from Gibraltar* (67 U.K.), *The Shoes of the Fisherman* (68 U.S.), *Borsalino* (70 France), *Il sorriso del grande tentatore* (74), *Continente di ghiaccio* (75 spoke commentary), *Nina* (76), *Il cugino americano* (86).

Foam, John *see* **Bava, Mario**

1718. Focas, Spiros. Greek actor. AKA: Spiros Andros. *Morte di un amico* (59), *Messalina, venere imperatrice* (59), *Via Margutta* (60), *Rocco e i suoi fratelli* (60), *Psycosissimo* (60), *Un uomo da bruciare* (62), *Diciottenni al sole* (62), *Baciami le mani* (72), *Flavia, la monaca mussulmana* (73), *Mark il poliziotto spara per primo* (75), *Nina* (76), *Holocaust 2000* (77).

1719. Fonda, Henry. U.S. actor. b. May 16, 1905, Grand Island, Nebr. d. Aug. 12, 1982, Los Angeles, Calif. *La guerra segreta* (65), *C'era una volta il west* (68), *Il serpente* (73), *Il mio nome è Nessuno* (73), *Mussolini: ultimo atto* (74), *Tentacoli* (77), *Il grande attacco* (77), *Fedora* (78).

1720. Fonda, Jane. U.S. actress. b. Dec. 21, 1937, N.Y.C. Daughter of Henry Fonda. *Il piacere e l'amore* (64), *La calda preda* (66), *Tre passi nel delirio* (68 the episode "Metzengerstein"), *Barbarella* (68).

1721. Fonda, Peter. U.S. actor. b. Feb. 23, 1939, N.Y.C. Son of Henry Fonda. *Tre passi nel delirio* (68 the episode "Metzengerstein").

1722. Fondato, Marcello. Director. *Le bellissime gambe di Sabrina* (58 co-w), *Mogli pericolose* (58 co-w), *I tre volti della paura* (63 co-w), *La calda vita* (63 co-w), *La ragazza di Bube* (64 co-w), *Tre notti d'amore* (64 the episode "La vedova" co-w/co-story), *I due violenti* (64 co-w), *I quattro inesorabili* (65 *), *Ad ogni costo* (68 co-w), *I protagonisti* (68 also co-w/co-story), *Certo, certissimo, anzi...probabile* (69 also w), *Ninì Tirabusciò, la donna che inventò la "mossa"* (70 also w), *Altrimenti ci arrabbiamo* (74), *A mezzanotte va la ronda del piacere* (75 also co-w), *Charleston* (77 also co-w), *Chissà perchè...capitano tutte a me* (80 co-p/co-w), *Bomber* (82 co-w), *SuperFantaGenio* (85 co-w).

1723. Fonseca, Carolyn. Actress. AKA: Carolyn De Fonseca. *Barabba* (61), *Il tiranno di Siracusa* (61), *Midas Run* (69 U.S.), *Io e il Duce* (83).

1724. Fontana, Eugenio. Production organizer. b. Dec. 12, 1889, Roma. Long in Argentina. Started as a director. *Tutto* (18 d), *Il voto* (18 co-d), *Cristofor Colombo* (18 d), *In palude* (18 d), *Sarò io vostro marito* (19 d), *La prigione di Arlecchino* (19 d), *Il* *galoppo della morte* (20 co-d), *Amore stanco* (20 d), *Un'alba* (20 d), *L'ultimo dei Bergerac* (34), *Re burlone* (35), *Squadrone bianco* (36), *Sentinelle di bronzo* (37), *Sotto la croce del Sud* (38), *Piccoli naufraghi* (39), *Piccolo hotel* (39), *Imputato, alzatevi!* (39), *Beatrice Cenci* (41), *Giarabub* (42), *La contessa Castiglione* (42), *Carmela* (42), *Calafuria* (42), *Resurrezione* (43), *La buona fortuna* (44), *Il sigillo rosso* (50), *Il Cristo proibito* (51), *La schiava del peccato* (54).

1725. Fontana, Franco. Set designer/costume designer. Head of Casa Fontana. *Le amiche* (55 co), *Il grido* (57 sets), *Barbagia* (69).

Fontana, Frank *see* **Fantasia, Franco**

1726. Forbes, Bryan. U.K. director/actor. b. July 22, 1926, Stratford-atte-Bow. *I seduttori della domenica* (80 co-d).

Ford, Dennis *see* **Fidani, Demofilo**

1727. Ford, Glenn. Canadian actor. b. May 1, 1916, Quebec. RN: Gwyllyn Samuel Newton Ford. Long in Hollywood. *Il visitatore* (80).

Ford, Montgomery *see* **Halsey, Brett**

1728. Ford, Paul. U.S. actor. b. Nov. 2, 1901, Baltimore, Md. d. April 12, 1976, Mineola, N.Y. RN: Paul Ford Weaver. *Lola* (70).

Fordson, J.W. *see* **Costa, Mario**

1729. Fordyce, John. U.K. actor. b. 1950. *L'invasione* (70), *Il vespaio* (70).

1730. Forest, Mark. U.S. actor. b. 1933, Brooklyn, N.Y. RN: Lou Degni. Known for muscleman films. *La vendetta di Ercole* (60), *Maciste nella Valle dei Re* (60), *Maciste, l'uomo più forte del mondo* (61), *Maciste, il gladiatore più forte del mondo* (62), *Maciste, l'eroe più grande del mondo* (63), *Ercole contro i figli del sole* (64), *Maciste nell'inferno di Genghis Khan* (64), *Kindar l'invulnerabile* (64), *Maciste, gladiatore di Sparta* (64), *Il leone di Tebe* (64).

1731. Forest, Michael. U.S actor. b. 1929. *Requiem per un bounty killer* (70), *L'ultimo pistolero* (71), *L'assassinio di Trotsky* (72), *Lo ammazzo come un cane. . . ma lui rideva ancora* (72), *I bandoleros della dodicesima ora* (72), *Le avventure e gli amori di Scaramouche* (76).

1732. Forges Davanzati, Domenico. Producer. b. Nov. 25, 1914, Napoli. *Cuore* (48 d prod), *Il grido della terra* (48 general organizer), *Non c'è pace tra gli ulivi* (49 co-p), *Patto col diavolo* (49 general organizer), *Romanzo d'amore* (50), *Signori, in carrozza!* (51), *Camicie rosse* (51 production asst), *Ragazze da marito* (52), *La signora senza camelie* (53 co-p), *Un marito per Anna Zaccheo* (53), *Senso* (54 general organizer), *Ballata tragica* (54 general organizer), *Luna nova* (55 general organizer).

1733. Formia, Lia. Actress. b. Napoli. *Mimì, fiore del porto* (19 never shown), *La storia della dama dal ventaglio bianco* (19), *La favola di La Fontaine* (19), *Il miraggio* (19), *Gli angeli custodi* (20), *La falsa amante* (20), *Due sogni ad occhi aperti* (20), *La principessa Bébé* (20), *La sentinella morta* (20), *La morte d'oro* (20), *Il reggimento di Royal Cravat* (20), *Crocetta d'oro* (21), *Tragedia su tre carte* (21), *Il tacchino* (23).

1734. Fornaroli, Cia. Ballerina/actress. b. Oct. 16, 1887, Milano. d. Aug. 17, 1954, Riverdale, N.Y., U.S.A. RN: Lucia Fornaroli. *Cura da baci* (16), *I fioretti di san Francesco* (16), *Nellina* (17), *Frou Frou* (18), *Il castello del diavolo* (18), *L'orgoglio* (19), *L'ira* (19), *Haydée* (23).

1735. Forquet, Philippe. French actor. b. 1941. *Waterloo* (70).

1736. Forrest, Steve. U.S. actor. b. Sept. 29, 1924, Huntsville, Tex. RN: William Forrest Andrews. Brother of Dana Andrews. *Jovanka e le altre* (59).

Forte, Fabian *see* **Fabian**

1737. Forte, Fabrizio. Child actor. *Padre padrone* (77).

1738. Fortunato, Pasquale. Actor. *Un bellissimo novembre* (69), *Il conformista* (70).

1739. Forzano, Andrea. Director. b. Feb. 2, 1915, Viareggio. AKA: Andrea Della Sabbia. Son of Giovacchino Forzano. *Ragazza che dorme* (40 co-d/co-w/story), *La casa senza tempo* (43 also w/co-story), *Imbarco a mezzanotte* (52 co-d with Joseph Losey), *Pellegrini d'amore* (54), *Il canto dell'emigrante* (56 also co-w/story).

1740. Forzano, Giovacchino. Director/writer. b. Nov. 13, 1884, Borgo San Lorenzo. Father of Andrea Forzano (q.v. above). *Camicia nera* (33), *Villafranca* (33), *Campo di maggio* (35), *Mastro Landi* (35), *Fiordalisi d'oro* (35), *Tredici uomini e un cannone* (35 d), *Un colpo di vento* (36 co-d), *Il conte di Bréchard* (37 story), *Sei bambine e il Perseo* (39 also e), *Ragazza che dorme* (40 co-d/co-w), *Il re d'Inghilterra* *non paga* (41), *Don Buonaparte* (41 story), *Cronaca di due secoli* (43 finished in 53 and never shown), *La casa senza tempo* (43 co-story).

1741. Foschi, Massimo. Actor. *Nel labirinto del sesso* (68), *Indagine su un cittadino al di sopra di ogni sospetto* (69), *Cecilia* (75), *Ultimo mondo cannibale* (76), *Il suo nome è Sandokan* (76), *Holocaust 2000* (77), *Nove ospiti per un delitto* (77), *La tigre è ancora viva: Sandokan alla riscossa* (77), *Uomini e no* (80), *Il principe di Homburg* (83).

Fosco, Piero *see* **Pastrone, Giovanni**

1742. Fossey, Brigitte. French actress. b. March 11, 1946, Tourcoing. *La corda d'acciaio* (53), *Una strana passione* (84), *Un caso di incoscienza* (84).

Foster, Charlie *see* **Croccolo, Carlo**

1743. Foster, Jodie. U.S. actress. b. Nov. 19, 1962, Los Angeles, Calif. RN: Alicia Christian Foster. *Il casotto* (77).

1744. Fostini, Giovanni. Actor. AKA: John Fostini. *La strada buia* (49), *Tre passi al nord* (50), *Angela* (54).

1745. Fougez, Anna. Actress. b. 1895, Taranto. RN: Annamaria Papacena Laganà in Serrao. From a Neapolitan family. Also known as a singer. *Senza colpa* (16), *Serenata* (16), *Le avventure di Colette* (16), *Anna Parnell* (17), *L'immagine dell'altra* (19), *Fiore selvaggio* (20), *Il fallo di una istitutrice* (20), *Oltraggio* (20), *La regina del varietà* (28).

1746. Fowley, Douglas. U.S. actor. b. May 30, 1911, N.Y.C. RN: Daniel Vincent Fowley. *Barabba* (61).

Fox, Herbert *see* **Fux, Herbert**

1747. Fox, James. U.K. actor. b. May 19, 1939, London. Brother of Edward Fox. *Arabella* (67).

1748. Fox, Mickey. U.S. actress. b. 1915. *Fellini Satyricon* (69), *Trastevere* (72), *Fellini Roma* (72).

1749. Fracassi, Clemente. Director. b. March 5, 1917, Vescovato. Started as a clapperboard boy. *Dora Nelson* (39 asst d), *Una romantica avventura* (40 asst d), *Orizzonte dipinto* (41 asst d), *Sissignora* (41 asst d), *Un americano in vacanza* (46 production organizer), *Mio figlio professore* (46 production organizer), *Senza pietà* (48 production organizer), *Il mulino del Po* (48 production organizer), *Fuga in Francia* (48 production organizer), *L'imperatore di Capri* (49 production organizer), *Romanticismo* (51), *Sensualità* (51), *Aida* (53), *Andrea Chénier* (55 co-d).

1750. Fracchia, Umberto. Director. b. April 5, 1889, Lucca. d. Dec. 5, 1930, Roma. *Sonata a Kreuzer* (19), *La bella e la bestia* (19 co-d), *Sei mia!* (19 also story), *L'indiana* (20), *Monella di strada* (20), *La volete sapere la novità?* (21).

1751. Franca, Lya. Actress. b. Trieste. RN: Libia Penso. AKA: Lia Franca. Married in 1932 and left the movies. *Corte d'assise* (30), *Resurrectio* (31), *La stella del cinema* (31), *Gli uomini, che mascalzoni!* (32).

1752. Francey, Micheline. French actress. b. Oct. 16, 1919. RN: Micheline Taberlet. *Rasputin* (54), *Vestire gli ignudi* (54).

1753. Franchetti, Rina. Actress. b. 1908, Napoli. *Due cuori felici* (32), *La segretaria per tutti* (32), *La provincialina* (33), *Frontiere* (34), *Ma l'amor mio non muore* (38), *Campo de' fiori* (43), *Cuore* (48), *Donne e briganti* (50), *La provinciale* (53), *La domenica della buona gente* (53), *La corda d'acciaio* (53), *Vacanze d'amore* (54), *L'angelo bianco* (55), *Barabba* (61), *La smania addosso* (62), *Adelmo* (87).

1754. Franchi, Franco. Actor. b. 1922. d. 1992. Part of the Sicilian comedy duo of Franco and Ciccio (also known as Franchi e Ingrassia. See also the entry Ciccio Ingrassia). This team was a natural successor to Totò in their spoofs of more serious films. On his own Franco acted in: *Il gatto di Brooklyn aspirante detective* (72), *Ultimo tango a Zagarol* (72), *Il figlioccio del padrino* (73), *Ku-fu dalla Sicilia con furore* (73), *Il sergente Rompiglioni* (73), *Paolo il freddo* (73), *Piedino il questurino* (74), *Il giustiziere di mezzogiorno* (75), *L'eredità dello zio buonanima* (76), *Il sergente Rompiglioni diventa. . .caporale* (76). As a team Franco and Ciccio made the following movies: *Appuntamento a Ischia* (60), *Pugni, pupe e marinai* (61), *L'onorata società* (61), *Il giudizio universale* (61), *Gerarchi si muore* (62), *Maciste contro Ercole nella valle dei guai* (62), *I tre nemici* (62), *I due della Legione straniera* (62), *Il mio amico Benito* (62), *I motorizzati* (62), *Le massaggiatrici* (62), *Avventura al motel* (63), *Il giorno più corto* (63), *La donna degli altri è sempre più bella* (63), *Tutto è musica* (63), *Due samurai per 100 geisha*

(63), *Vino, whisky e acqua salata* (63), *Gli imbroglioni* (63), *Obiettivo ragazze* (63), *Canzoni, bulli e pupe* (63), *I due mafiosi* (64), *Due mafiosi nel far west* (64), *I due evasi di Sing Sing* (64), *002—agenti segretissimi* (64), *Sedotti e bidonati* (64), *I due toreri* (64), *Due mattacchioni al Moulin Rouge* (64), *Le tardone* (64), *Scandali...nudi* (64), *I maniaci* (64), *Queste pazze, pazze donne* (64), *I marziani hanno dodici mani* (64), *L'amore primitivo* (64), *Cadaveri per la signora* (64), *Amore facile* (64), *Un mostro...e mezzo* (65), *Due marines e un generale* (65), *Due mafiosi contro Goldginger* (65), *Le sette vipere* (65), *I due pericoli pubblici* (65), *Soldati e caporali* (65), *Veneri al sole* (65), *I figli del leopardo* (65), *Letti sbagliati* (65), *Come inguaiammo l'esercito* (65), *Veneri in collegio* (65), *Io uccido, tu uccidi* (65 two episodes: "Cavalleria rusticana moderna" and "Una boccata di fumo"), *I due sergenti del generale Custer* (65), *Gli amanti latini* (65), *002—operazione Luna* (65), *I due para* (65), *Due mafiosi contro Al Capone* (65), *Per un pugno nell'occhio* (66), *Come svagliammo la Banca d'Italia* (66), *I due sanculotti* (66), *Le spie vengono dal semifreddo* (66), *Capriccio all'italiana* (66), *Il lungo, il corto, il gatto* (67), *Due R-r-r-ringos nel Texas* (67), *Come rubammo la bomba atomica* (67), *Il bello, il brutto, il cretino* (67), *I barbieri di Sicilia* (67), *I due vigili* (67), *Nel sole* (67), *Stasera mi butto* (68), *Brutti di notte* (68), *L'oro del mondo* (68), *Franco, Ciccio e le vedove allegre* (68), *I due crociati* (68), *Ciccio perdona...io no!* (68), *Don Chisciotte e Sancho Panza* (68), *I due pompieri* (68), *I nipoti di Zorro* (68), *I due deputati* (68), *Franco e Ciccio...ladro e guardia* (69), *Indovina chi viene a merenda* (69), *Franco, Ciccio e il pirata Barbanera* (69), *Satiricosissimo* (69), *Don Franco e don Ciccio nell'anno contestazione* (70), *I due maghi del pallone* (70), *Due bianchi nell Africa nera* (70), *Franco e Ciccio sul sentiero di guerra* (70), *Ma chi ti ha dato la patente?* (70), *Principe coronato cercasi per ricca ereditiera* (70), *Viva le donne* (71), *Armiamoci e partite* (71), *I due assi del guantone* (71), *Il clan dei due Borsalini* (71), *I due della Formula Uno alla corsa più pazza pazza del mondo* (71), *Le avventure di Pinocchio* (71), *Scusi, ma lei le paga le tasse?* (71), *Riuscirà l'avv. Franco Benenato a sconfiggere il suo acerrimo nemico, il pretore Ciccio De Ingras?* (71), *Ma, che musica, maestro* (72), *Mazzabubù...quante corne stanno quaggiù* (72), *Venga a fare il soldato da noi* (72), *Continuavano a chiamarli i due piloti più matti del mondo* (72), *Continuavano a chiamarli...Er Più e Er Meno* (72), *I due figli di Trinità* (72), *Due gattoni a nove code...e mezza ad Amsterdam* (72), *Storia di fifa e di coltello* (72), *Farfallon* (74), *Franco e Ciccio superstars* (76), *Kaos* (83 the episode "The Jar").

1755. Franchina, Basilio. Director. b. Jan. 31, 1914, Palermo. *Una lezione di polizia scientifica* (42 doc), *Cani da guerra* (42 doc), *Gente di Chioggia* (43 doc), *Riso amaro* (48 asst d), *Non c'è pace tra gli ulivi* (49 asst d), *Roma, ore 11* (51 co-w/asst d) *Legione straniera* (52), *Cavalleria rusticana* (53 co-w).

1756. Franchini, Fabio. Director of production. b. Aug. 11, 1891. He also produced several movies. *Il serpente a sonagli* (35 p), *Amo te sola* (35 co-p), *La gondola delle chimere* (35 co-p), *Voglio vivere con Letizia* (38), *Ettore Fieramosca* (38), *Terra di fuoco* (39), *Napoli che non muore* (39), *Bionda sottochiave* (39 p), *Validità giorni dieci* (40), *Cento lettere d'amore* (40), *La canzone rubata* (40), *Dopo divorzieremo* (40), *Cenerentola e il signor Bonaventura* (41), *Giorno di nozze* (42), *Colpi di timone* (42), *La storia di una capinera* (43), *Tempesta sul golfo* (43), *Un fatto di cronaca* (44), *Peccatori* (44), *Posto di blocco* (45 p), *Il cielo è rosso* (49 p), *Trieste mia!* (51), *Il lupo della frontiera* (51).

1757. Franchini, Teresa. Actress. b. 1885, Rimini Torre Pedrera. *Lorenzino de' Medici* (34), *Anime in tumulto* (41), *Via delle cinque lune* (42), *La bella addormentata* (42), *Rita da Cascia* (42), *Finalmente sì* (43), *Catene* (49), *Tormento* (50), *I figli di nessuno* (51), *Gli uomini non guardano il cielo* (51), *Il tenente Giorgio* (52), *Chi è senza peccato* (52), *Noi peccatori* (52), *Spartaco* (52), *Giuseppe Verdi* (53), *Vortice* (54), *Torna!* (54), *Disonorata* (54).

1758. Franci, Adolfo. Co-writer. b. Nov. 27, 1895, Firenze. *Un garibaldino al convento* (41), *I bambini ci guardano* (43 also adapted), *La porta del cielo* (45 also story), *Sciuscià* (46), *Cuore* (48), *Ladri di biciclette* (48), *Miracolo a Milano* (50), *Passione* (53), *La cavallina storna* (53).

1759. Francia, Maria Grazia. Actress. b. Sept. 17, 1931, Firenze. *Abbasso la ricchezza* (46), *L'onorevole Angelina* (47), *Riso amaro* (48), *Rondini in volo* (49), *Non c'è pace tra gli ulivi* (49), *I fuorilegge* (50), *Il voto* (51), *Santa Lucia luntana* (51), *Roma, ore 11* (51), *La voce del silenzio* (52), *Rimorso* (52), *I figli non si vendono* (52), *La peccatrice dell'isola* (52), *I piombi di Venezia* (52), *Addio Napoli* (54), *Accade di notte* (55), *I papagalli* (56).

1760. Francine, Anne. U.S. actress. b. 1917. *Giulietta degli spiriti* (65).

1761. Francioli, Armando. Actor. b. Oct. 21, 1919, Roma. *Un colpo di pistola* (41), *Don Cesare di Bazan* (42), *C'è sempre un ma...* (42), *O sole mio* (45), *Aquila Nera* (46), *La fumeria d'oppio* (47), *L'ebreo errante* (47), *Il diavolo bianco* (47), *Il corriere del re* (48), *Paolo e Francesca* (49), *Il tradimento* (51), *Bellezze a Capri* (51), *Roma, ore 11* (51), *Moglie per una notte* (52), *Il mercante di Venezia* (52), *Cani e gatti* (52), *I piombi di Venezia* (52), *Prigionieri delle tenebre* (53), *Il boia di Lilla* (53), *Addio mia bella signora* (53), *Il cavaliere di Maison Rouge* (53), *Traviata 53* (53), *Due soldi di felicità* (54), *Il prigioniero del re* (54), *Se vincessi cento milioni* (54), *La mia vita è tua* (54), *La regina Margot* (54), *Figaro, barbiere di Siviglia* (55), *Il piccolo vetraio* (55), *Storia del teatro* (56 4 shorts), *La donna dei faraoni* (60), *Der Turm der verbotenen Liebe* (68 Germany).

1762. Franciolini, Gianni. Director. b. June 1, 1910, Firenze. d. 1960. Worked mostly in France. *L'ispettore Vargas* (40), *Fari nella nebbia* (41), *Giorni felici* (42), *Addio amore!* (42), *Notte di tempesta* (46), *Amanti senza amore* (47), *La sposa non può attendere* (50), *Ultimo incontro* (51), *Buongiorno, elefante!* (52), *Il mondo le condanna* (52), *Il letto* (53 the episode "Il divorzio"), *Villa Borghese* (53), *Siamo donne* (53 one episode), *Le signorine dello 04* (54), *Racconti romani* (55), *Peccato di castità* (56), *Racconti d'estate* (58), *Ferdinando I, re di Napoli* (59).

1763. Franciosa, Massimo. Co-writer. b. July 23, 1924, Roma. Often teamed with Pasquale Festa Campanile. Has also directed several films. *Gli innamorati* (55 also story), *Poveri ma belli* (56 also story), *Terrore sulla città* (56 co-story), *La donna che venne dal mare* (57 also story), *La nonna Sabella* (57), *Belle ma povere* (57 also story), *L'incanto della foresta* (57), *Giovani mariti* (57 co-story), *Il cocco di mamma* (57 also story), *Totò e Marcellino* (58 also story), *Venezia, la luna e tu* (58), *Il magistrato* (59), *La bellezza d'Ippolita* (62), *Un tentativo sentimentale* (64 co-d), *Tre notti d'amore* (64 the episode "La moglie bambina"), *Le voci bianche* (64 also co-d), *Extraconiugale* (65 directed the episode "La roccia," and co-wrote the episode "La moglie svedese"), *Il morbidone* (65 d), *La stagione dei sensi* (69 d), *Togli le gambe dal parabrezza* (69 d), *E alla fine lo chiamavano Jerusalem l'implacabile* (71 also co-p), *Frankenstein all'italiana* (76), *Il conte Tacchia* (82), *Favoriti e vincenti* (83), *Colpo di fulmine* (86), *La venexiana* (86), *Rimini Rimini* (87), *Roba da ricchi* (87).

1764. Franciosa, Tony. U.S. actor. b. Oct. 28, 1928, N.Y.C. RN: Anthony Papaleo. AKA: Anthony Franciosa. *La maja desnuda* (58), *Senilità* (61), *Nella stretta morsa del ragno* (70), *La cicala* (78), *Aiutami a sognare* (81), *Sotto gli occhi dell'assassino* (82), *La morte è di moda* (90).

1765. Francis, Derek. U.K. actor. b. Nov. 7, 1923, Brighton. d. 1984. *La statua* (70).

1766. Francisci, Pietro. Director. b. Sept. 9, 1906, Roma. *La mia vita sei tu* (34), *Rapsodia di Roma* (35 doc), *Neve sull'Appennino* (35 doc), *Primavera siciliana* (36 doc), *Firenze a primavera* (37 doc), *La montagna di fuoco* (37 doc), *Nella luce di Roma* (38 doc), *Invito alla musica* (39 doc), *Edizione straordinaria* (39 short co-d), *Nulla si distrugge* (40 doc), *Armonie di primavera* (40 doc), *Sosta di eroi* (41 doc), *Ritmi nuovi* (42 doc), *Crescendo rossiniano* (43 doc), *Umberto Giordano e la sua musica* (46 doc), *Melodie perosiane* (46 doc), *Io t'ho incontrata a Napoli* (46), *Natale al campo 119* (48), *Antonio da Padova* (49), *Il leone di Amalfi* (50), *Le meravigliose avventure di Guerrin Meschino* (51), *La regina di Saba* (52 also co-w), *Attila—flagello di Dio* (54), *Orlando e i paladini di Francia* (56), *Le fatiche di Ercole* (57 also co-w), *Ercole e la regina di Lidia* (58 also co-w), *Saffo, venere di Lesbo* (60 also co-w), *L'assedio di Siracusa* (60 also co-w), *Ercole sfida Sansone* (63 also w), *2 + 5: missione Hydra* (66).

1767. **Franciscus, James.** U.S. actor. b. Jan. 31, 1934, Clayton, Mo. d. July 8, 1991, of emphysema. *Il gatto a nove code* (71), *Agguato sul fondo* (78), *L'ultimo squalo* (81).

Franco e Ciccio *see* **Franchi, Franco**

1768. **Franco, Fulvia.** Actress. b. Trieste. Miss Italia in 1948. Married Tiberio Mitri in 1950. *Totò al giro d'Italia* (49), *Romanticismo* (51), *Totò a colori* (52), *Bellezze in motoscooter* (52), *Agenzia matrimoniale* (52), *Il romanzo della mia vita* (53), *Primo premio: Mariarosa* (53), *Finalmente libero!* (53), *Tripoli, bel suol d'amore* (54), *Bertoldo, Bertoldino e Cacasenno* (54), *Le avventure di Giacomo Casanova* (54), *La moglie è uguale per tutti* (54), *Totò all'inferno* (54), *La rossa* (55), *Scapricciatiello* (55), *Donne, amori e matrimoni* (56), *Il cavaliere dalla spada nera* (56), *A sud niente di nuovo* (57), *Onore e sangue* (57), *Le belle dell'aria* (57), *Peppino, le modelle e... "Chella Llà"* (57), *Buongiorno, primo amore* (57), *Totò, Vittorio e la dottoressa* (58), *La tempesta* (58), *L'amore difficile* (62 the episode "La storia di un soldato"), *Ercole sfida Sansone* (63), *Alta infedeltà* (64 the episode "Scandaloso"), *Per un pugno nell'occhio* (66), *Don Chisciotte e Sancho Panza* (68), *Brutti di notte* (68).

1769. **Francoeur, Richard.** French actor. b. 1894. *Il diavolo in corpo* (47), *Occupati d'Amelia* (49), *Allarme a sud* (53).

1770. **François, Jacques.** French actor. b. May 16, 1920, Paris. *Patto col diavolo* (49), *Versailles* (53), *Le grandi manovre* (55), *Il regalo* (80), *Zitto quando parli* (81).

1771. **Francy, Nedda.** Argentine actress. *Finisce sempre così* (39).

1772. **Franju, Georges.** French director. b. April 12, 1912, Fougères. d. Nov. 5, 1987. *L'uomo in nero* (63).

1773. **Frank, Horst.** German actor. b. 1929. *Lupi nell'abisso* (59), *Non uccidere* (62), *Agguato sul grande fiume* (63), *Alla conquista dell'Arkansas* (63), *Le pistole non discutono* (64), *Attentato ai tre grandi* (68), *Preparati la bara* (68), *Odia il prossimo tuo* (68), *Il momento di uccidere* (68), *Quella sporca storia del west* (68), *Così dolce così perversa* (69), *Il grande duello* (69), *Il gatto a nove code* (71), *L'occhio nel labirinto* (71), *L'etrusco uccide ancora* (72), *Carambola* (74).

1774. **Frank, Melvin.** U.S. director. b. Aug. 13, 1913, Chicago, Ill. d. Oct. 13, 1988, Los Angeles, Calif. *Buona sera, Mrs Campbell* (68 also p/co-w).

1775. **Frankenheimer, John.** U.S. director. b. Feb. 19, 1930, Malba, N.Y. *Il treno* (64).

1776. **Frankeur, Paul.** French actor. b. June 29, 1905, Paris. d. 1974. *Il diavolo in corpo* (47), *Occupati d'Amelia* (49), *Siamo tutti assassini* (52), *Nanà* (55), *Fascicolo nero* (55), *Occhio per occhio* (56), *La viaccia* (61), *Il delitto non paga* (62), *Il furto della Gioconda* (66), *Il fascino discreto della borghesia* (72).

1777. **Franz, Arthur.** U.S. actor. b. Feb. 29, 1920, Perth Amboy, N.J. *Lo sbarco di Anzio* (68).

1778. **Frascaroli, Valentina.** Actress. b. Torino. d. Jan. 18, 1955, Paris, France. *Padre* (12), *Le emozioni di Gribouillette* (14), *L'emigrante* (15), *Il grande veleno* (15), *Mariella* (15), *La gloria* (16), *Tigre reale* (16), *Il romanzo della morte* (16), *Le memorie di una istitutrice* (16), *Le due orfanelle di Torino* (17), *Il segreto del vecchio Giosuè* (18 in 4 episodes), *Il documento umano* (19), *Il delitto della piccina* (20), *I borghesi di Pontarcy* (20), *L'oro degli azteki* (20 in 3 episodes), *Il fabbro del convento* (21), *L'uomo meccanico* (21), *Radiosa* (21).

1779. **Fraschetti, Silvio.** Director of photography. *Kid, il monello del west* (67), *La notte del serpente* (69 co-ph), *La legge dei gangsters* (69), *Joe Dakota, spara...e così sia* (72), *L'adolescente* (76), *Sangue di sbirro* (77), *Anno zero—guerra nello spazio* (77), *Il "Mammasantissima"* (78), *Lo scugnizzo* (78), *Sette uomini d'oro nello spazio* (78), *Napoli serenata calibro 9* (79), *L'ultimo guappo* (79), *Alien 2 sulla terra* (80), *La bestia nello spazio* (80), *Panagulis vive* (80), *Siamo fatti così* (80), *La tua vita per mio figlio* (80), *Zappatore* (80), *Carcerato* (81), *I figli...so' pezzi 'e core* (81), *Napoli—Palermo—New York; il triangolo della camorra* (81), *Giuramento* (82), *Tradimento* (82), *L'ammiratrice* (83), *Laura...a 16 anni mi dicesti sì* (83), *Un ragazzo come tanti* (83), *Cento giorni a Palermo* (83), *Pop corn e patatine* (85), *I ragazzi della periferia sud* (86).

1780. **Fraser, Bill.** Scottish actor. b. 1907. d. 1987. *La contessa scalza* (54).

1781. **Fraser, John.** Scottish actor. b.

March 18, 1931, Glasgow. *L'amante di Paride* (54), *El Cid* (61), *Operazione Crossbow* (65).

1782. Fraser, Ronald. U.K. actor. b. April 11, 1930, Ashton-under-Lyne. *I due nemici* (61).

1783. Fraticelli, Franco. Editor. *David e Golia* (59), *Labbra rosse* (60), *Oro per i cesari* (62), *Il processo di Verona* (62), *Amore in quattro dimensioni* (64), *Io la conoscevo bene* (65), *L'ombrellone* (66), *Svegliati e uccidi* (66), *Il sesso degli angeli* (67), *Banditi a Milano* (68), *Barbagia* (69), *Amore mio, aiutami* (69), *Il gatto a nove code* (71), *Detenuto in attesa di giudizio* (71), *Mimì metallurgico ferito nell'onore* (72), *Il contatto carnale* (73), *Bisturi, la mafia bianca* (73), *Travolti da un insolito destino nell'azzurro mare d'agosto* (74), *Sistemo l'America e torno* (74), *Pasqualino Settebellezze* (76), *Quelle strane occasioni* (76 co-e), *Suspiria* (77), *Fatto di sangue fra due uomini per causa di una vedova (si sospettano moventi politici)* (78), *Inferno* (80), *Comin' at Ya!* (81), *Mi manda Piccone* (83), *Nucleo zero* (84), *Mamma Ebe* (85), *Opera* (87), *La chiesa* (88), *Cattiva* (91).

1784. Frau, Maria. Actress. b. Aug. 6, 1930, Sassari, Sardegna. *Margherita da Cortona* (50), *Luna rossa* (51), *Il lupo della montagna* (51), *Sul Ponte dei sospiri* (52), *Il prezzo dell'onore* (52), *La sultana Safiyè* (53), *Tormento d'anime* (53), *La barriera della legge* (54), *I sette peccati di papà* (54), *Agguato sul mare* (54), *La porta dei sogni* (54), *Totò all'inferno* (54), *Questi fantasmi* (55), *Il maggiorato fisico* (56), *La venere di Cheronea* (58).

1785. Frechette, Mark. U.S. actor. b. 1947. d. 1975, in a Massachusetts jail, after a weightlifting accident. *Zabriskie Point* (69), *Uomini contro* (70).

1786. Freda, Riccardo. Director. b. Feb. 24, 1909, Alexandria, Egypt, of Neapolitan parents. AKA: Robert Hampton, George Lincoln. A former art critic, he entered the movies in 1937. He studied at the Centro Sperimentale. *Lasciate ogni speranza* (37 co-w), *Piccoli naufraghi* (39 co-w/asst d), *Il barone di Corbò* (39 co-w/sets), *In campagna è caduta una stella* (39 co-w/sets), *La granduchessa si diverte* (40 co-w/co-sets), *Caravaggio, il pittore maledetto* (41 co-w/co-sets), *L'avventuriera del piano di sopra* (41 co-w/sets), *Don Cesare di Bazan* (42 also co-w), *Non canto più* (43 also co-w), *Tutta la città canta* (43), *Aquila Nera* (46), *I miserabili* (47 co-d. This film had two episodes, "Caccia all'uomo" and "Tempesta su Parigi"), *Il cavaliere misterioso* (48 also co-w/story), *Guarany* (48 also co-p/story), *O cacoulha do Barulho* (49 Portugal), *Il figlio di d'Artagnan* (49), *Il conte Ugolino* (49 also co-w), *La vendetta di Aquila Nera* (51), *Il tradimento* (51), *Vedi Napule...e poi muori* (52), *La leggenda del Piave* (52), *Spartaco* (52 also co-w), *Teodora, imperatrice di Bisanzio* (53 also co-w), *Da qui all'eredità* (55), *Beatrice Cenci* (56), *I vampiri* (57), *Agguato a Tangeri* (57 also co-w), *Nel segno di Roma* (58 2nd unit d), *Agi Murad—il diavolo bianco* (59), *Caltiki, il mostro immortale* (59 co-d), *Maciste all'inferno* (60), *I giganti della Tessaglia* (61), *I mongoli* (61 action sequences), *Caccia all'uomo* (61), *Maciste alla corte del Gran Khan* (61), *Solo contro Roma* (62 arena sequences), *Le sette spade del vendicatore* (62), *Oro per i cesari* (62 action sequences), *L'orribile segreto del dottor Hichcock* (62), *Il magnifico avventuriero* (62), *Lo spettro del dottor Hichcock* (63), *Giulietta e Romeo* (64 also w), *Agente Coplan: missione Spionaggio* (65), *Entre las redes* (67 Spain), *La morte non conta i dollari* (67 also co-w), *A doppia faccia* (69 also co-w), *L'iguana dalla lingua di fuoco* (72 also co-w), *L'ossessione che uccide* (81).

1787. Freddi, Luigi. Producer. b. June 12, 1895, Milano. d. 1977. Fascist head of the Direzione Generale per la Cinematografia in 1934, when that institution was founded as part of the Ministero per la Cultura Popolare ("Minculpop"). Later he would hold important positions at Cinecittà, Cines and ENIC (Ente Nazionale Industrie Cinematografiche). *La conquista dell'aria* (39 supervisor), *Scandalo per bene* (39 supervisor), *La cena delle beffe* (41 co-p), *La bella addormentata* (42 co-p), *Quattro passi fra le nuvole* (42 co-p), *Gelosia* (42 co-p), *Harlem* (42), *Le sorelle Materassi* (43 co-p), *Enrico IV* (43), *La locandiera* (43 co-p), *Senza bandiera* (50 general organizer), *Cani e gatti* (52 general organizer), *Piovuto dal cielo* (53 general organizer), *I tre ladri* (53 general organizer).

1788. Frederick, John. U.S. actor. b. 1916. Formerly a singer. *C'era una volta il* *west* (68), *La caduta degli dei* (68), *La statua* (70), *Giù la testa* (71).

1789. Frederick, Lynn. U.K. actress. b. July 25, 1954, Hillingdon. Peter Sellers' fourth wife. *I quattro dell'apocalisse* (75).

Freeman, Anthony *see* **Novelli, Mario**

1790. Freeman, Arny. U.S. actor. b. 1908. *Joe Valachi—i segreti di Cosa Nostra* (72).

1791. Fregoli, Leopoldo. Director of comic shorts. b. July 2, 1867, Roma. d. Nov. 26, 1936, Viareggio. Also a quick-change artist. *Fregoli al caffè* (1897), *Fregoli al ristorante* (1898), *Una burla di Fregoli* (1899), *Un viaggio di Fregoli* (00), *Il sogno di Fregoli* (01), *Il segreto di Fregoli* (02), *Fregoli dietro le quinte* (03), *Fregoli illusionista* (05 feature film).

1792. Fregonese, Hugo. Argentine director. b. April 8, 1908, Buenos Aires. d. 1987. *I girovaghi* (56), *Marco Polo* (60 co-d), *La Battaglia di Fort Apache* (64), *I raggi mortali del dott. Mabuse* (64), *Joe... cercati un posto per morire* (68 p/co-w/co-story).

1793. French, Leslie. U.K. actor. b. 1899, Bromley, Kent. *Il gattopardo* (63), *Le streghe* (66), *C'era una volta* (67), *Morte a Venezia* (70).

1794. Frend, Charles. U.K. director. b. Nov. 21, 1909, Pulborough. d. 1977. *Finchè dura la tempesta* (63).

1795. Fresson, Bernard. French actor. b. 1933, Rheims. *La ragazza in vetrina* (60), *Bella di giorno* (67).

1796. Frey, Barbara. Actress. *Uno straniero a Sacramento* (64), *Agente Joe Walker operazione Estremo Oriente* (66), *Requiescant* (67).

1797. Frey, Sami. French actor. b. Oct. 13, 1937, Paris. *Gioventù di notte* (62), *Il disordine* (62), *I sette peccati capitali* (62), *Cleo dalle 5 alle 7* (62), *La costanza della ragione* (64), *Manon 70* (68), *L'africana* (90).

Fricot *see* **Vaser, Ernesto**

1798. Frigerio, Jone. Actress. b. 1877, Roma. RN: Jone Frigerio Cristina. Sister of actresses Ines Cristina Zacconi and Ada Cristina Almirante, and of actor Olinto Cristina. *Il treno delle 21,15* (33), *La maestrina* (33), *Treno popolare* (34), *La luce del mondo* (34), *Trenta secondi d'amore* (37), *Il piccolo alpino* (40), *La granduchessa si diverte* (40), *Mille chilometri al minuto* (40), *È caduta una donna* (41), *I bambini ci guardano* (43), *Terra senza tempo* (50), *Un eroe dei nostri tempi* (55).

Fringuelli *see* **Vaser, Ernesto**

1799. Fröbe, Gert. German actor. b. Dec. 25, 1913, Planitz, Zwickau. d. Sept. 4, 1988, Munich. RN: Gert Frober. AKA: Gert Froebe. Probably most famous as Goldfinger in the 1964 James Bond film of that name. *Gli eroi sono stanchi* (55), *Colui che deve morire* (57), *I battellieri del Volga* (58), *La gran vita* (59), *Il diabolico dott. Mabuse* (60), *FBI contro il dott. Mabuse* (61), *L'omicida* (63), *Buccia di banana* (64), *Scappamento aperto* (64), *Quei temerari sulle loro pazze scatenate scalcinate carriole* (69), *Ludwig* (73), *E poi non rimase nessuno* (74), *Profezia per un delitto* (75).

1800. Frost, Jackie. Actress. *O.K. Nerone* (51), *È l'amor che mi rovina* (51).

1801. Frusta, Arrigo. Writer. b. Nov. 26, 1875, Torino. RN: Augusto Ferraris. *La mia vita* (08), *Spergiura!* (09), *Nerone* (09), *Diritto di uccidere* (09), *Pauli* (09), *Nostalgia del carcere* (09), *Cuore di vagabondo* (09), *La più forte* (09), *Il piccolo vandeano* (09), *Il signor metodico* (09), *I signori ladri* (09), *L'ostaggio* (09), *Il granatiere Roland* (09 also *), *La vergine di Babilonia* (09), *L'andata alla fucina* (10), *Il guanto* (10), *Lo schiavo di Cartagine* (10), *Il romanzo di un fantino* (10), *La stanza segreta* (10), *Il pozzo che parla* (10), *Un grido nella notte* (10), *Il debito dell'imperatore* (10), *Didone abbandonata* (10), *La regina di Ninive* (11), *Il danaro di Giuda* (11), *Nozze d'oro* (11), *La mala pianta* (11), *La fanciulla della neve* (11), *Hircan il crudele* (11), *Sisto V* (11), *La figlia di Jorio* (11), *La fiaccola sotto il moggio* (11), *La Gioconda* (11), *La nave* (11), *L'ultimo dei Frontignac* (11), *Santarellina* (11), *Siegfried* (12), *La ribalta* (12), *Il diavolo si fa eremita* (12), *Maritza* (12), *Nelly la domatrice* (12), *Alga turchina* (12), *Passa la ronda* (12), *La bisbetica domata* (13), *I promessi sposi* (13), *Amor di regina* (13), *Cenerentola* (13), *Griffard* (13), *Griffard II* (13), *La lampada della nonna* (13), *Fior di peccato* (13), *Il sogno di Aissa* (13), *La figlia di Zazà* (13), *Gli ultimi giorni di Pompei* (13), *I soldatini del re di Roma* (14), *Delenda Carthago* (14), *Fata Morgana* (14), *L'ultimo dei Caldiero* (14), *Il dottor Antonio* (14), *La Dubarry* (14), *La gerla di papà Martin* (14), *La gorgona* (14), *Romanticismo* (14), *Val* *d'olivi* (15), *Monna Vanna* (15), *Cuore ed arte* (15), *La mamma bella* (15), *L'onore di morire* (15), *La puledra bianca* (15), *La maschera di Caino* (15), *La contessa Miseria* (18), *La maestrina* (19), *Le perle di Cleopatra* (20), *Il ventriloquo* (20), *I re in esilio* (20), *L'autobus scomparso* (20).

1802. Fuchsberger, Joachim. German actor. b. March 11, 1927, Stuttgart. Came to film from radio. *La ballata di Johnny Ringo* (66), *La battaglia dei mods* (66), *Commandos* (68), *Contronatura* (68), *Per 50.000 maledetti dollari* (68), *Cosa avete fatto a Solange?* (70).

1803. Fulchignoni, Enrico. Director. b. Sept. 18, 1913, Messina. d. Aug. 27, 1988, Paris, France. *Ragazze sotto la tenda* (42 doc co-d), *I due Foscari* (42 also co-w), *L'ebreo errante* (47 co-w), *Anni difficili* (47 co-w), *Il demoniaco nell'arte* (49 doc co-w), *Images de la folie* (49 France doc), *Mosaici a Roma* (49 doc).

1804. Fulci, Lucio. Director. b. June 17, 1927, Roma. *Gli ultimi giorni di Pompei* (48 asst d), *L'uomo la bestia e la virtù* (53 co-w), *Ci troviamo in galleria* (53 co-w), *Un giorno in pretura* (53 co-w/story), *Un americano a Roma* (54 w/story), *Le avventure di Giacomo Casanova* (54 co-w/story), *Totò all'inferno* (54 co-w), *Piccola posta* (55 co-w), *La ragazza di via Veneto* (56 w), *Guardia, ladro e cameriera* (58 co-w), *I ladri* (59), *I ragazzi del juke-box* (59), *Tempi duri per i vampiri* (59 co-w), *Urlatori alla sbarra* (60), *I due della Legione straniera* (62), *Colpo gobbo all'italiana* (62), *Le massaggiatrici* (62), *Gli imbroglioni* (63), *Uno strano tipo* (63), *I maniaci* (64), *002—agenti segretissimi* (64 co-d), *I due evasi di Sing Sing* (64), *002—operazione Luna* (65), *I due pericoli pubblici* (65), *I due para* (65), *Come svaligiammo la Banca d'Italia* (66), *Tempo di massacro* (66), *Come rubammo la bomba atomica* (67), *Il lungo, il corto, il gatto* (67), *Operazione San Pietro* (68 also co-w), *I due crociati* (68 co-w), *Beatrice Cenci* (69), *Una sull'altra* (70 also co-w), *Una lucertola con la pelle di donna* (71 also co-w), *All'onorevole piacciono le donne* (72), *Zanna Bianca* (72 also w), *Non si sevizia un paperino* (72), *Il ritorno di Zanna Bianca* (74), *Il cav. Costante Nicosia demoniaco* (75), *I quattro dell'apocalisse* (75), *Passione e sentimento* (77), *Sella d'argento* (78), *Zombi II* (79), *Il gatto di Park Lane* (80 also co-w), *Paura nella città dei morti viventi* (80 also co-w), *Luca, il contrabbandiere* (80), *Quella villa accanto al cimitero* (81 also co-w), *E tu vivrai nel terrore! L'aldilà* (81), *Lo squartatore di New York* (82 also co-w/*), *L'occhio del male* (83 also *), *Conquest* (83), *I guerrieri dell'anno 2072* (83), *Zombi 3-D* (84), *Murderrock uccide a passo di danza* (84), *La gabbia* (85 co-w), *Il miele del diavolo* (87), *Zombi 3* (88), *Quando Alice ruppe lo specchio* (88), *I fantasmi di Sodoma* (88), *Demonia* (88), *Un gatto nel cervello* (89), *La dolce casa degli orrori* (90 TV), *La casa del tempo* (90 TV), *Voci dal profondo* (91 also co-w/story).

1805. Fuller, Brook. U.S. child actor. b. 1962. *Il gattopardo* (63).

1806. Furia, Giacomo. Actor. b. Jan. 2, 1923, Napoli. *Amo un assassino* (51), *Il microfono è vostro* (51), *Prima di sera* (53), *Le avventure di Giacomo Casanova* (54), *Peccato che sia una canaglia* (54), *Il medico dei pazzi* (54), *L'oro di Napoli* (54 the episode "Pizza on Credit"), *Siamo uomini o caporali?!* (54), *Totò all'inferno* (54), *Destinazione Piovarolo* (55), *La rossa* (55), *Una sera di maggio* (55), *Suonno d'ammore* (55), *Gli anni che non ritornano* (56), *La banda degli onesti* (56), *A sud niente di nuovo* (57), *Amore a prima vista* (57), *Adorabili e bugiarde* (58), *Totò nella luna* (58), *Il giudizio universale* (61), *Ursus nella valle dei leoni* (61), *Boccaccio 70* (61 the episode "Le tentazioni del dottor Antonio"), *C'era una volta* (67), *Zum zum zum—la canzone che mi passa per la testa* (68), *Vacanze sulla Costa Smeralda* (68).

1807. Furia, Lina. Actress. Wife of Giacomo Furia. *Peccato che sia una canaglia* (54).

1808. Furnari, Salvatore. Actor. *I sette nani alla riscossa* (51), *Le legioni di Cleopatra* (59), *Ercole alla conquista di Atlantide* (61), *Vulcano, figlio di Giove* (61), *Fuga dal Bronx* (83).

1809. Furneaux, Yvonne. U.K. actress. b. 1928, Lille, France, daughter of an English father and a French mother. Attended Oxford University. *Le amiche* (55), *Il principe dalla maschera rossa* (55), *A noi piace freddo . . . !* (60), *Il carro armato dell'8 settembre* (60), *Via Margutta* (60), *La dolce vita* (60), *Io, Semiramide* (61), *Caccia all'uomo* (61), *I lancieri neri* (61), *Lui, lei e il* *nonno* (61), *I quattro tassisti* (63), *Il criminale* (63), *L'omicida* (63), *Il leone di Tebe* (64), *I raggi mortali del dott. Mabuse* (64), *In nome del popolo italiano* (71).

1810. Fürstenburg, Ira. German actress. b. 1940. AKA: Ira von Fürstenburg. A noted socialite. *Matchless* (66), *Capriccio all'italiana* (66), *A qualsiasi prezzo* (68), *La Battaglia di El Alamein* (68), *Segreti che scottano* (68), *Nell'anno del Signore* (69), *La belva* (70), *Cinque bambole per la luna d'agosto* (70), *Una giornata nera per l'Ariete* (70), *La prima notte del dottor Danieli, industriale col complesso del... giocattolo* (70), *Le calde notti di don Giovanni* (71), *Homo eroticus* (71), *La strana legge del dottor Menga* (72), *Due ragazzi da marciapiede* (72), *Fratello Sole sorella Luna* (73), *Punto e Capo* (73), *Processo per dirittissimo* (74), *I baroni* (75).

1811. Fury, Ed. Actor. *Le sette sfide* (60), *La regina delle amazzoni* (60), *Ursus* (61), *Ursus nella valle dei leoni* (61), *Ursus nella terra di fuoco* (63).

Fury, Men *see* **Meniconi, Furio**

1812. Fusari, Bianca. Actress. b. May 13, 1932, Roma. *Totòtarzan* (50), *Quattro rose rosse* (51), *La contessa scalza* (54), *Le due orfanelle* (54), *Lacrime d'amore* (55), *Suonno d'ammore* (55), *Adriana Lecouvreur* (55), *Io piaccio* (55).

1813. Fusco, Giovanni. Composer. b. Oct. 10, 1906, Sant'Agata dei Goti. d. 1968. Brother of Tarcisio Fusco. *Joe il rosso* (36), *Il cammino degli eroi* (37 doc), *La contessa di Parma* (37), *Il dottor Antonio* (38 co-composer), *Il peccato di Rogelia Sánchez* (39), *Pazza di gioia* (40), *Due cuori sotto sequestro* (41), *L'uomo venuto dal mare* (41), *Soltanto un bacio* (42 song), *Il sole di Montecassino* (45), *Uno tra la folla* (46), *Follie per l'opera* (47 song), *Nettezza Urbana* (48 short doc), *Superstizione* (48 short doc), *Ti ritroverò* (48), *L'amorosa menzogna* (49 short), *Il tenente Craig, mio marito* (49), *Gente così* (50), *La villa dei mostri* (50 short doc), *Cronaca di un amore* (51), *Ha fatto 13* (52), *I vinti* (52), *Il mercante di Venezia* (52), *I misteri della giungla nera* (52), *La signora senza camelie* (53), *Traviata 53* (53), *Canzoni a due voci* (53), *Yalis, la vergine del Roncador* (54), *Avanzi di galera* (54), *Miseria e nobiltà* (54), *L'orfana del ghetto* (54), *Gli sbandati* (55), *Le amiche* (55), *I quattro del getto tonante* (55), *Un eroe dei nostri tempi* (55), *Il grido* (57), *Avventure nell'arcipelago* (58 doc), *Afrodite, dea dell'amore* (58), *I cosacchi* (59), *Hiroshima mon amour* (59 France co-composer), *L'avventura* (60), *Il sepolcro dei re* (60), *I delfini* (60), *La donna dei faraoni* (60), *Il rossetto* (60), *La guerra di Troia* (61), *Mann nennt es amore* (61), *L'oro di Roma* (61), *Climats* (61 France), *Col ferro e col fuoco* (62), *Rocambole* (62), *La leggenda di Enea* (62), *Dulcinea* (62 Spain), *Il mare* (62), *La monaca di Monza* (62), *Lo sceicco rosso* (62), *L'eclisse* (62), *I fuorilegge del matrimonio* (62), *Violenza segreta* (63), *La corruzione* (63), *Gli indifferenti* (63), *Milano nera* (63), *Storie sulla sabbia* (63), *Deserto rosso* (64), *I pirati della Malesia* (64), *Tre notti d'amore* (64), *I tre sergenti del Bengala* (64), *Il nostro agente a Casablanca* (66), *La Guerre est finie* (66 France/Sweden), *Amore e rabbia* (67), *Domani non siamo più qui* (67), *I sovversivi* (67), *Giarrettiera Colt* (67), *Il sesso degli angeli* (67), *Violenza per una monaca* (68), *La morte non ha sesso* (68), *Il giorno della civetta* (68), *La Battaglia del Sinai* (68 co-composer).

1814. Fusco, Maria Pia. Writer. *Gli ultimi dieci giorni di Hitler* (72 co-w), *Emanuelle a Bangkok* (77).

1815. Fusco, Tarcisio. Composer. b. May 27, 1904, Sant'Agata dei Goti. Also a songwriter. *Boccaccio* (40), *07 tassì* (43), *Serenata tragica* (51), *Licenza premio* (51), *L'eterna catena* (51), *Bellezze a Capri* (51), *Il tallone di Achille* (52), *La storia del fornaretto di Venezia* (52), *La Gioconda* (53), *Madonna delle rose* (54), *Milanesi a Napoli* (54), *Napoli, terra d'amore* (55).

1816. Fusi, Alberto. Director of photography. b. Oct. 25, 1913, Roma. *Il cappello a tre punte* (34 asst ph), *Come le foglie* (34 asst ph), *Casta diva* (35 asst ph), *Scarpe al sole* (36 asst ph), *La principessa Tarakanova* (38 asst ph), *Batticuore* (38 asst ph), *Il sogno di Butterfly* (39 asst ph), *La taverna rossa* (39), *Centomila dollari* (40), *Dopo divorzieremo* (40), *Alessandro, sei grande!* (40 co-ph), *Giuliano de' Medici* (41), *Il ponte sull'infinito* (41), *La zia smemorata* (41), *Un garibaldino al convento* (41), *La donna è mobile* (42), *Il birichino di papà* (42 co-ph), *C'è sempre un ma...* (42), *Calafuria* (42 co-ph), *Inferno giallo* (42), *In due si* *soffre meglio* (43), *Incontri di notte* (43), *La signora in nero* (43), *L'angelo del miracolo* (44), *Peccatori* (44 co-ph), *La fumeria d'oppio* (47), *Abbasso la fortuna* (47), *Messalina* (51 co-ph), *Otello* (51 co-ph), *Buongiorno, elefante!* (52 lighting d), *Art. 519, codice penale* (52 lighting d), *Il ritorno di don Camillo* (53 lighting d), *Donne proibite* (53 lighting d), *Pietà per chi cade* (53 lighting d), *Gli amori di Manon Lescaut* (54 lighting d), *Gli avventurieri ai tropici* (60), *Franco, Ciccio e le vedove allegre* (68), *Anche nel west, c'era una volta Dio* (68), *Raptus* (69).

1817. Fux, Herbert. German actor. AKA: Herbert Fox. *Al di là della legge* (68), *La figlia di Frankenstein* (71), *La banda J & S—cronaca criminale del west* (73), *Pan* (73), *Prima ti suono e poi ti sparo* (75).

1818. Gabel, Scilla. Actress. b. 1937. *Agi Murad—il diavolo bianco* (59), *La venere dei pirati* (60), *Noi duri* (60), *Il mulino delle donne di pietra* (60), *Il ratto delle sabine* (61), *Village of Daughters* (61 U.K.), *I due colonnelli* (61), *Sodoma e Gomorra* (62), *Maciste, il gladiatore più forte del mondo* (62), *Les Filles sèment le vent* (63 France), *Gli schiavi più forti del mondo* (63), *Les Canailles* (63 France), *Maciste, l'eroe più grande del mondo* (63), *I diavoli di Spartivento* (63), *Il figlio di Cleopatra* (64), *La vendetta di Spartaco* (64), *Los jinetes del terror* (64 Spain), *...E Djurado* (66), *Il segreto dei frati gialli* (66), *Modesty Blaise* (66 U.K.), *Bastardo, vamos a matar* (71).

1819. Gabin, Jean. French actor. b. May 17, 1904, Mériel. d. Nov. 15, 1976, at the American Hospital in Neuilly-sur-Seine. RN: Jean-Alexis Moncorgé. *Le mura di Malapaga* (48), *È più facile che un cammello...* (50), *L'ora della verità* (52), *Bufere* (52), *Napoleone Buonaparte* (54), *Aria di Parigi* (55), *I giganti* (55), *La ragazza del peccato* (57), *Colpo grosso al casinò* (62), *Il più grande colpo del secolo* (67), *Il clan dei siciliani* (69).

1820. Gabor, Zsa Zsa. Hungarian actress. b. Feb. 6, 1920, Budapest. RN: Sari Gabor. *Il nemico pubblico n. 1* (53), *La contessa azzurra* (59), *Come prima* (59).

1821. Gabrielli, Giacomo. Actor. b. Roma. Also dubbed several films. *Dov'è la libertà* (53), *Il bidone* (55).

1822. Gabrio, Gabriel. French actor. b. 1888, Rheims. d. Nov. 2, 1946, Paris. *Giuseppe Verdi* (38), *L'angelo e il diavolo* (46).

1823. Gaburro, Bruno. Director. AKA: Lorenzo Onorati, Laurence Webber. *Cameriera senza malizia* (80), *Dolce gola* (80), *Malombra* (83), *Maladonna* (84), *Il peccato di Lola* (84), *Le schiave di Caligola* (84), *Roma—l'antica chiave dei sensi* (84), *Tanto calore* (84).

1824. Gaddi, Carlo. Actor. *Requiem per un gringo* (66), *Per 100.000 dollari t'ammazzo* (67), *Pecos è qui: prega e muori* (67), *Uno di più all'inferno* (68), *Al di là della legge* (68), *Con lui cavalca la morte* (68), *Django il bastardo* (69), *Il conformista* (70), *Anche per Django hanno un prezzo* (71), *Bianco, rosso e...* (71), *Guernica* (72), *Dio in cielo...Arizona in terra* (72), *C'è Sartana, vendi la pistola e comprati la bara* (72), *Hai sbagliato, dovete uccidermi subito!* (72), *Domani passo a salutare la tua vedova...parola di Epidemia* (72), *Napoli violenta* (76).

1825. Gaido, Domenico. Director. b. Torino. *Ettore Fieramosca* (15 co-d), *Salammbò* (15 co-d), *La madre folle* (16), *Il Ponte dei sospiri* (21 the 4 episodes: "La bocca del leone," "Il dio della vendetta," "La potenza del male" and "Il trionfo dell'amore" also sets), *Dante nella vita dei tempi suoi* (22), *La congiura di san Marco* (22 all three episodes), *I martiri d'Italia* (27 co-d/sets), *Il vetturale del Moncenisio* (28 sets), *Rosa di sangue* (40 co), *Il Ponte dei sospiri* (40 co), *Il bravo di Venezia* (41 co-costumes), *La gorgona* (42 co-costumes), *Amori e veleni* (49 co-costumes).

1826. Gainsbourg, Serge. French actor. b. 1928. d. March 2, 1991, Paris. RN: Lucien Ginzburg. *La rivolta degli schiavi* (60), *Sansone* (61), *La furia di Ercole* (61), *Manon 70* (68 co-composer), *La morte negli occhi del gatto* (72).

1827. Gaioni, Cristina. Actress. b. 1941. AKA: Cristina Gajoni. *Nella città l'inferno* (58), *La tempesta* (58), *Gli amanti del deserto* (58), *Arrangiatevi* (59), *Un maledetto imbroglio* (59), *Il letto a tre piazze* (59), *Via Margutta* (60), *L'assassino* (60), *Ursus* (61), *Il re di Poggioreale* (61), *I soliti rapinatori a Milano* (61), *L'amore a vent'anni* (61 the second episode, "Italy"), *L'ira di Achille* (61), *Gioventù di notte* (62), *Dieci italiani per un tedesco* (62), *Le* *massaggiatrici* (62), *Le verdi bandiere di Allah* (62), *La steppa* (62), *I tre nemici* (62), *Ultimatum alla vita* (62), *L'incendio di Roma* (63), *Il giorno più corto* (63), *I tre implacabili* (63), *Via Veneto* (64), *I marziani hanno dodici mani* (64), *Uccidete Agente Segreto 777 stop* (65), *La notte di violenza* (65), *Agente S03: operazione Atlantide* (66), *La battaglia dei mods* (66), *Furia a Marrakech* (66), *El Cisco* (66), *Spia spione* (67), *La lunga notte di Véronique* (67), *Una iena in cassaforte* (67), *Pulp* (72 U.S.), *Diario segreto di un carcere femminile* (74), *Carne per Frankenstein* (74), *Willy signori e vengo da lontano* (90).

1828. Gaipa, Corrado. Actor. *Un bellissimo novembre* (69), *Dramma della gelosia—tutti i particolari in cronaca* (70), *Una giornata nera per l'Ariete* (70), *The Godfather* (71 U.S.), *All'onorevole piacciono le donne* (72), *Senza famiglia nullatenenti cercano affetto* (72), *Abuso di potere* (72), *Il caso Pisciotta* (72), *Baciami le mani* (72), *Afyan—Oppio* (72), *Il boss* (73), *Tony Arzenta* (73), *Anna, quel particolare piacere* (73), *Giordano Bruno* (73), *La polizia chiede aiuto* (74), *Le scommunicate di S. Valentino* (74), *Le lunghe notti della Gestapo* (74), *Cadaveri eccellenti* (76), *La malavita attacca...la polizia risponde* (76), *I vizi morbosi di una governante* (77), *Una spirale di nebbia* (77), *Giuseppe Fava: siciliano come me* (83).

1829. Galbo, Cristina. Spanish actress. b. 1950. *Dove si spara di più* (67), *Due volte giuda* (68), *Cosa avete fatto a Solange?* (70), *Non si deve profanare al sonno di morte* (74).

1830. Galdieri, Michele. Co-writer. b. Nov. 19, 1902, Napoli. *Cinque a zero* (32 story), *La vecchia signora* (32), *La fortuna di Zanze* (32 story), *L'eredità dello zio buonanima* (35), *Inventiamo l'amore* (38), *Follie del secolo* (39), *Boccaccio* (40), *Il barone Carlo Mazza* (48), *Monastero di Santa Chiara* (48), *Gran varietà* (53), *Lacrime d'amore* (55).

1831. Gale, Edra. U.S. actress. b. 1921. *8½* (63).

1832. Galiardo, Juan Luís. Spanish actor. b. 1940. *Giugno 44 sbarcheremo in Normandia* (68), *Bianco, rosso e...* (71).

1833. Gall, Edy. Actress. RN: Edy Galleani. AKA: Justine Gall. *Cinque bambole per la luna d'agosto* (70), *Una lucertola con la pelle di donna* (71).

1834. Gallea, Arturo. Director of photography. b. Sept. 18, 1895, Torino. Began as an assistant cinematographer during WWI. He directed one film. *La crociata degli innocenti* (15), *Bacio di morte* (16), *La macchia rosa* (16), *Per un fiore* (16), *Gli orfani del Ponte di Nostra Signora* (17), *La suonatrice d'arpa* (17), *Amor che tutto vince* (18), *La capanna dello zio Tom* (18), *Martino, il trovatello* (18), *Senza sole* (18), *I cancelli della morte* (19), *Per la sua bocca* (19), *Giovanna I d'Angiò, regina di Napoli* (19), *Il capolavoro* (19), *Satanica* (19), *Te lo dirò domani* (20), *La collana del milione* (20), *Fantasia bianca* (20 co-ph), *A mosca cieca* (21), *Mirtil* (21), *Sconosciuta* (21), *La principessa d'azzurro* (21), *Il grido dell'aquila* (23), *Notte di tempesta* (23), *Il barcaiuolo d'Amalfi* (24), *La muta di Portici* (24), *Contessina* (25 also d), *Serenata italica* (25), *Sirena* (25), *Risa e lacrime napoletane* (26), *Il moroso della nonna* (27), *I rifiuti del Tevere* (27), *Brigata Firenze* (28), *Mia Fia* (28), *Valle santa* (28), *La locandiera* (28), *La leggenda di Wally* (28), *Venere* (31 co-ph), *La segretaria per tutti* (32), *L'acqua cheta* (33), *Ninì Falpalà* (33), *Il treno delle 21,15* (33 co-ph), *Creature della notte* (33), *La cieca di Sorrento* (34), *Paraninfo* (35), *Don Bosco* (35 co-ph), *"Fiat voluntas Dei"* (35), *Lohengrin* (35), *Non ti conosco più* (36), *Musica in piazza* (36), *Sette giorni all'altro mondo* (36), *I due sergenti* (36 co-ph), *L'uomo che sorride* (36), *L'albero di Adamo* (37), *Questi ragazzi* (37), *Nina non far la stupida* (37), *Eravamo sette sorelle* (38), *Sotto la croce del Sud* (38), *La mazurka di papà* (38), *La dama bianca* (38), *Ai vostri ordini, signora!* (38), *Marionette* (38), *Il documento* (39), *Piccoli naufraghi* (39 co-ph), *Ricchezza senza domani* (39), *Imputato, alzatevi!* (39), *La mia canzone al vento* (39), *Finisce sempre così* (39), *Scandalo per bene* (39), *Montevergine* (39 co-ph), *Piccolo alpino* (40 co-ph), *Tutto per la donna* (40), *Una romantica avventura* (40), *La gerla di papà Martin* (40), *Piccolo mondo antico* (40 co-ph), *La forza bruta* (40 co-ph), *Mamma* (41), *Luce nelle tenebre* (41), *Pia de' Tolomei* (41), *La bocca sulla strada* (41), *La regina di Navarra* (41), *L'ultimo ballo* (41), *Gioco pericoloso* (41), *Turbamento* (42), *Una* *storia d'amore* (42), *L'amico delle donne* (42), *Gelosia* (42), *Giorno di nozze* (42 co-ph), *Le sorelle Materassi* (43), *T'amerò sempre* (43), *Il cappello da prete* (43), *Sogno d'amore* (44), *Lo sbaglio di essere vivo* (45), *Il mondo vuole così* (45), *Quartetto pazzo* (45 co-ph), *Il cavaliere del sogno* (46), *Lo sconosciuto di San Marino* (46), *Il segreto di don Giovanni* (47), *La Traviata* (47), *Addio, Mimì* (47 co-ph), *Il vento mi ha cantato una canzone* (48), *Guglielmo Tell* (48), *Vulcano* (49), *Capitan Demonio* (49), *Ho sognato il paradiso* (49), *Gente così* (50), *Il monello della strada* (50), *Due soldi di speranza* (51 co-ph), *Lo sceicco bianco* (52), *La leggenda di Genoveffa* (52 co-ph), *Il figlio di Lagardère* (52), *Il mercante di Venezia* (52), *Solo per te, Lucia* (52), *Canzoni a due voci* (53), *Il cavaliere di Maison Rouge* (53), *Traviata 53* (53), *Pane amore e fantasia* (53), *La vedova X* (54), *Il prigioniero del re* (54), *Foglio di via* (54), *La bella di Roma* (55), *La trovatella di Milano* (56), *L'angelo delle Alpi* (57), *I misteri di Parigi* (57), *La venere di Cheronea* (58), *Valeria, ragazza poco seria* (58).

1835. Galletti, Alberto. Editor. *Un minuto per pregare, un istante per morire* (68), *Lo sbarco di Anzio* (68), *Mosè* (76).

1836. Galletti, Giovanna. Actress. b. June 27, 1916, Bangkok, Siam, to Italian parents. *La dama bianca* (38), *Signorinette* (42), *Roma città aperta* (45), *Felicità perduta* (46), *I fuorilegge* (50), *Angelo tra la folla* (50), *Margherita da Cortona* (50), *Domani è un altro giorno* (50), *Verginità* (50), *L'amante di una notte* (51), *Ultimo incontro* (51), *Quando le donne amano* (52), *Le meraviglie di Aladino* (62), *Sodoma e Gomorra* (62), *La bibbia* (66), *La monaca di Monza* (68), *L'età del malessere* (68), *Buona sera, Mrs Campbell* (68), *Ultimo tango a Parigi* (72).

1837. Galli, Dina. Actress. b. Dec. 6, 1877, Milano. d. 1951, Roma. RN: Clotilde Annamaria Galli. *Ninì Falpalà* (33), *Felicita Colombo* (37), *Nonna Felicita* (38), *Frenesia* (39), *Il sogno di tutti* (41), *La zia smemorata* (41), *Stasera niente di nuovo* (42), *Il birichino di papà* (42), *Lo sbaglio di essere vivo* (45), *I cadetti di Guascogna* (50).

Galli, Ida *see* **Stewart, Evelyn**

1838. Gallina, Angelo. Actor. *Il pappagallo della zia Berta* (12), *Lagrime e sorrisi* (12), *Idillio tragico* (12), *Idolo infranto* (13), *La maestrina* (13), *Tramonto* (13), *Una donna!* (14), *Il mistero della notte del 13 giugno* (15), *Quando la primavera ritornò* (16), *Le avventure di Colette* (16), *L'impronta della piccola mano* (16), *Il fauno di marmo* (20), *La principessa misteriosa* (20).

1839. Gallini, Pina. Actress. b. Ferrara. AKA: Pina Del Cortivo. *Ginevra degli Almieri* (35), *La contessa di Parma* (37), *L'ospite di una notte* (39), *Il documento* (39), *Il capitano degli ussari* (40), *Caravaggio, il pittore maledetto* (41), *Avanti, c'è posto* (42), *Il mulino del Po* (48), *L'imperatore di Capri* (49), *Sangue sul sagrato* (50), *Totò terzo uomo* (52), *Canzoni di mezzo secolo* (52), *La figlia del reggimento* (53), *Il ritorno di don Camillo* (53), *Giorni d'amore* (53), *Io sono la Primula Rossa* (54), *Ridere ridere ridere* (54), *Gente felice* (56), *Ore 10 lezione di canto* (56), *Noi siamo le colonne* (56), *Serenata a Maria* (57), *C'è un sentiero nel cielo* (57).

1840. Gallo, Maresa. Actress. b. May 30, 1935, Roma. Married Anton Giulio Majano. *Art. 519, codice penale* (52), *La lupa* (52), *Viva la rivista!* (53), *Amore in città* (53 the episode "Gli italiani si voltano"), *Terrore sulla città* (56).

1841. Gallone, Carmine. Director. b. Sept. 18, 1886, Taggia. d. April 4, 1973. *Il bacio di Cirano* (13), *La donna nuda* (14), *Turbine d'odio* (14), *Avatar* (14), *Redenzione* (15), *Fior di male* (15), *Marcia nuziale* (15), *Senza colpa* (16), *La falena* (16), *Malombra* (16), *Fede* (16), *Tra i gorghi* (16), *La chiamavano Cosetta* (16 co-d), *La storia dei tredici* (17), *Madonna grazia* (17), *Le labbra e il cuore* (17), *Maman Poupée* (17), *La storia di un peccato* (17), *Colei che non parla* (18), *La valse bleue* (18 co-d), *Passa il dramma a Lilliput* (18 co-d), *La figlia del mare* (18), *Il destino e il timoniere* (19), *Il mare di Napoli* (19), *I cinque Caini* (19 co-d), *Amleto ed il suo clown* (19 co-d), *Il bacio di Cirano* (19), *La Vie d'une femme* (20 France), *Marcella* (20), *La fanciulla, il poeta e la laguna* (20), *La figlia della tempesta* (20 co-d/w), *Il colonnello Chabert* (20), *Sterminator Vesuvio* (20 w), *La grande tormenta* (20), *Il reggimento di Royal Cravat* (20), *Nemesis* (21), *L'ombra di un trono* (21), *La vedova scaltra* (21), *La madre folle* (22 also p), *Le braccia aperte*

(22), *Il segreto della Grotta azzurra* (22), *La fiammata* (22), *Amore* (23 also p), *Tormenta* (23), *Il corsaro* (23 co-d), *La signorina... madre di famiglia* (23), *I volti dell'amore* (24), *Jerry* (24), *La cavalcata ardente* (25), *Gli ultimi giorni di Pompei* (26 co-d), *Die Stadt der tausend Freuden* (27 Germany), *Marter der Liebe* (27 Germany), *L'inferno dell'amore* (27), *La donna che scherzava con l'amore* (27 co-d), *S.O.S.* (28 Germany), *Terra senza donne* (29), *Un Soir de rafle* (30 France), *La città canora* (30), *Un Fils d'Amérique* (32 France), *Ma cousine de Varsovie* (32 France), *Le Roi des palaces* (32 France), *Le Chant du marin* (32 France), *Eine Nacht in Venedig* (33 Germany), *King of the Ritz* (33 U.S. version of *Le Roi des palaces*), *Two Hearts in Waltz Time* (34 U.K.), *Going Gay* (34 U.K.), *For Love of You* (34 U.K.), *Mon coeur t'appelle* (34 France/Germany/U.K. In Italy this film was known as *E lucean le stelle*), *Wenn die Musik nicht war* (35 Germany), *Im Sonnenschein* (35 Germany. This film is also known as *Opernring*, and in English was known as *Thank You Madame*), *Casta diva* (35), *Al sole* (35), *Scipione l'Africano* (37), *Marcella* (37 co-d), *Solo per te* (38), *Un dramma al circo* (38), *Marionette* (38), *Giuseppe Verdi* (38), *Manege* (38 Germany), *Il sogno di Butterfly* (39), *Das Abenteuer geht weiter* (39 Germany), *Manon Lescaut* (40), *Melodie eterne* (40), *Amami, Alfredo!* (40), *Oltre l'amore* (40), *Primo amore* (41), *L'amante segreta* (41), *La regina di Navarra* (41), *Odessa in fiamme* (42), *Le due orfanelle* (42), *Harlem* (42), *Tristi amori* (43), *Il canto della vita* (45), *Giovanna* (45), *Avanti a lui tremava tutta Roma* (46), *Rigoletto* (46), *Biraghin* (46), *Addio, Mimì* (47), *La Traviata* (47), *Il Trovatore* (47), *La leggenda di Faust* (48), *La forza del destino* (50), *Taxi di notte* (50 also p), *Messalina* (51 also p/co-w), *Puccini* (53 also co-w), *Senza veli* (53 also co-w), *Cavalleria rusticana* (53 also co-w), *Casa Ricordi* (54), *Casta diva* (54), *Don Camillo e l'onorevole Peppone* (55), *Madama Butterfly* (55 also co-w), *La figlia di Mata Hari* (55 supervisor), *Michele Strogoff* (56), *Tosca* (56), *Polikuschka* (58 also co-p), *Cartagine in fiamme* (59 also co-p/co-w), *Don Camillo monsignore...ma non troppo* (61), *Carmen di Trastevere* (61), *La monaca di Monza* (62).

1842. Gallone, Soava. Polish actress. b. 1880, Warsaw. d. May 30, 1957, Roma, Italy. Married Carmine Gallone in 1912. Starred in several of his films. *Amore senza veli* (14), *I vagabondi* (14), *Rinunzia* (14), *Avatar* (14), *Odio che ride* (15), *Senza colpa* (16), *La chiamavano Cosetta* (16), *Cenere* (16), *La bella salamandra* (16), *La storia di un peccato* (17), *Le labbra e il cuore* (17), *Maman Poupée* (17), *Madonna grazia* (17), *Colei che non parla* (18), *Il destino e il timoniere* (19), *Amleto ed il suo clown* (19), *Il bacio di Cirano* (19), *La fanciulla, il poeta e la laguna* (20), *Marcella* (20), *La grande tormenta* (20), *La Vie d'une femme* (20 France), *Nemesis* (21), *L'ombra di un trono* (21), *La fiammata* (22), *La peccatrice senza peccato* (22), *La madre folle* (22), *Amore* (23), *La signorina...madre di famiglia* (23), *I volti dell'amore* (24), *La via del peccato* (25), *La cavalcata ardente* (25), *Il cavalier Petagna* (26), *La donna che scherzava con l'amore* (27), *Il segreto del dottore* (30).

1843. Galter, Irene. Actress. b. Sept. 16, 1931, Merano. RN: Irene Patuzzi. Married Renato Vicario. *Roma, ore 11* (51), *Processo alla città* (52), *Legione straniera* (52), *Il sole negli occhi* (53), *Cento anni d'amore* (53), *Le avventure di Giacomo Casanova* (54), *Il coraggio* (55), *Canzoni di tutta Italia* (56).

1844. Galvani, Ciro. Actor. b. April 10, 1867, Castel San Pietro. d. Jan. 29, 1956, Castel San Pietro. *Kean* (16), *La principessa Stefania* (16), *La storia di un peccato* (17), *La nave* (20), *L'erma bifronte* (20), *Gli strani casi di Collericcio* (20), *Nemesis* (21), *La mirabile visione* (21), *La cavalcata ardente* (25), *L'ultima avventura* (32), *Scipione l'Africano* (37), *Il re d'Inghilterra non paga* (41).

1845. Galvani, Dino. Actor. b. 1890, Milano. d. 1960. In silent films from 1915. Long in the U.K. *La strada buia* (49), *Tre passi al nord* (50).

1846. Gam, Rita. U.S. actress. b. April 2, 1928, Pittsburgh, Pa. *Il re dei barbari* (54), *Costa Azzurra* (59), *Annibale* (59).

1847. Gambardella, Giuseppe. Actor. b. Napoli. AKA: Checcho. *Checcho e Cocò domatori* (12), *Checcho sposo* (12), *Il professor Checcho e il poeta Fernando* (12), *Un'avventura di Checcho* (13), *Il baliatico* *di Checcho* (13), *Un brutto quarto d'ora di Checcho* (13), *Checcho e Cocò cercano il carcere* (13), *Checcho e Cocò cercano un abito* (13), *Checcho è sfortunato in amore* (13), *Checcho Nerone* (13), *Checcho fotografo* (13), *Lea e Checcho in viaggio di nozze* (13), *Kri-Kri e Checcho al concorso di bellezza* (13), *Madame Coralie e C.* (14), *Il fluido di Checcho* (15), *Corte d'assise* (30), *Figaro e la sua gran giornata* (31), *Napoli d'altri tempi* (37), *La mazurka di papà* (38), *Voglio vivere con Letizia* (38), *Terra di nessuno* (38), *Per uomini soli* (39), *Il marchese di Ruvolito* (39).

1848. Gambino, Domenico M. Director. b. May 17, 1896, Torino. *La paura degli aeromobili nemici* (15 *), *Saetta* (17 *), *Saetta salva la regina* (18 *), *I tre vagabondi* (18 *), *Gyp.* (18 co-d/*), *Saetta contro l'orca di Marcouf* (18 *), *Saetta e i due Golia* (19 *), *Saetta e Mademoiselle Fox Trott* (19 *), *Saetta e il club dei ciuffi* (20 co-d/*), *Il sotterraneo fatale* (20 also *), *Saetta ficcanaso* (20 *), *Saetta contro la ghigliottina* (20 *), *Saetta e i serpenti del mare* (21 *), *Prometeo* (21 *), *Il capolavoro di Saetta* (23 *), *Saetta impara a vivere!* (24 *), *Caporal Saetta* (24 *), *Saetta e le sette mogli del pascià* (25 co-d), *Saetta, principe per un giorno* (26 co-d), *Un bacio a fior d'acqua* (36 story), *Lotte nell'ombra* (38 also co-w), *Traversata nera* (39 also co-w), *Il segreto di Villa Paradiso* (39), *Arditi civili* (40), *La donna perduta* (40), *La pantera nera* (41), *Quarta pagina* (42 co-d/*), *Abbasso la ricchezza* (46 co-d), *Un mese d'onestà* (47).

1849. Gance, Abel. French director. b. Oct. 25, 1889, Paris. d. Nov. 10, 1981, Paris. RN: Abel Perethon. *Ladro di donne* (36), *La maschera sul cuore* (42), *La regina Margot* (54 w), *La torre del piacere* (54 also co-w), *Napoleone ad Austerlitz* (60 also co-w), *Cirano e d'Artagnan* (62 also co-w/e).

1850. Gandin, Michele. Documentary director. b. Oct. 7, 1914, Viterbo. He was assistant to the director on the following feature films: *Teresa Venerdì* (41), *Un garibaldino al convento* (41), *A che servono questi quattrini* (42). His documentaries include: *Gli animali soffrono per l'uomo* (47), *Sperlonga* (49), *Le Biccherne di Siena* (50), *L'isola dei colori* (50), *Borgo a Mozzano* (51), *Intermezzo alla Scala* (52), *Cristo non si è fermato a Eboli* (52), *Codici 1474* (53), *I racconti di O. Metelli* (54), *I restauri dei dipinti* (54), *Poesia della danza* (54), *I san Michele del Po* (54), *La città degli uomini* (55), *Un personaggio eccezionale* (55), *I nostri figli ci scrivono* (56), *La fiumana grande* (56), *L'uomo e la maschera* (56), *Una fabbrica e il suo ambiente* (56), *I poderi di assalto* (57), *44 parallelo* (57), *I bambini raccontano* (57), *Il linguaggio dei gesti* (58), *Quaresima in Umbria* (58), *Viaggio a Mosca* (59).

1851. Gandolfi, Franca. Actress. Married Domenico Modugno in 1956. *Siamo donne* (53), *Giove in doppiopetto* (54), *Padri e figli* (56), *Mariti in città* (57).

1852. Gandusio, Antonio. Actor. b. July 29, 1875, Rovigno d'Istria. d. May 23, 1951, Milano. *La signorina dell'autobus* (32), *Milizia territoriale* (35), *L'antenato* (36), *L'albero di Adamo* (37), *Lasciate ogni speranza* (37), *Eravamo sette sorelle* (38), *Per uomini soli* (39), *Cose d'altro mondo* (39), *L'eredità in corso* (39), *Frenesia* (39), *Eravamo sette vedove* (39), *Manovre d'amore* (39), *Mille chilometri al minuto* (40), *Le signorine della villa accanto* (41), *Se non son matti non li vogliamo* (41), *Gioco d'azzardo* (41), *Stasera niente di nuovo* (42), *Giorno di nozze* (42), *Il nostro prossimo* (42), *Gente dell'aria* (42), *La vispa Teresa* (43), *Il viaggio del signor Perrichon* (43), *La signora in nero* (43), *Tre ragazze cercano marito* (43), *Marinai senza stelle* (43), *Scadenza trenta giorni* (44), *Il processo delle zitelle* (44), *La signora è servita* (46 made in 44), *Lo sconosciuto di San Marino* (46), *L'orfanella delle stelle* (47), *Ma chi te lo fa fare?* (48).

1853. Ganz, Bruno. Swiss actor. b. 1941, Zurich. Long in Germany. *Oggetti smarriti* (79), *La vera storia della signora dalle camelie* (82), *Bankomatt* (89).

1854. Garavaglia, Ferruccio. Actor. b. May 1, 1868, Santo Zenone Po. d. April 29, 1912, Napoli. RN: Ferruccio Giovita Garavaglia. Mostly a theater actor. *Otello* (09), *Rigoletto* (10), *La morte civile* (11).

1855. Garaveo, Onorato. Actor. b. Dec. 2, 1888, Genova. d. March 31, 1956, Genova. *Buffalo* (19), *Il Ponte dei sospiri* (19), *Scalabrino* (21).

1856. Garay, Nestor. Comic actor. *Serafino* (68), *Execution* (68), *Salvare la faccia* (68), *Allegro non troppo* (77), *Cercasi Gesù* (81).

1857. Garbuglia, Mario. Art director. b. May 27, 1927, Civitanova. *Le ragazze di piazza di Spagna* (51), *Le notti bianche* (57), *La diga sul Pacifico* (57), *A Farewell to Arms* (57 U.S. co-art d), *La grande guerra* (59), *Il bell'Antonio* (60), *Rocco e i suoi fratelli* (60), *Boccaccio 70* (61 the episode "Il lavoro"), *Il disordine* (62), *I compagni* (63), *Il gattopardo* (63), *La donna scimmia* (64), *L'arte di arrangiarsi* (65), *Vaghe stelle dell'Orsa* (65), *Le streghe* (66 co-art d), *Lo straniero* (67), *Barbarella* (68), *Waterloo* (70), *La mortadella* (72), *Le guerriere dal seno nudo* (72), *Joe Valachi—i segreti di Cosa Nostra* (72), *Valdez il mezzosangue* (73 asst d), *Gruppo di famiglia in un interno* (74), *Polvere di stelle* (74), *Der Richter und sein Henker* (75 Germany), *L'innocente* (76), *Mogliamante* (76), *Lion of the Desert* (80 U.S. co-production designer), *La disubbidienza* (81), *La vera storia della signora dalle camelie* (82), *Legati da tenera amicizia* (83), *Don Camillo* (83), *Io e il Duce* (83), *La cage aux folles 3* (84), *La donna delle meraviglie* (85), *Giulia e Giulia* (87), *L'avaro* (90).

1858. Garcia, Henri. Belgian actor. b. 1929. *Arsenio Lupin contro Arsenio Lupin* (62), *L'ossessione che uccide* (81).

García, Julio *see* **Buchs, Julio**

1859. García, Tito. Spanish actor. *Sette pistole per i MacGregor* (65), *Sette donne per i MacGregor* (66), *Operazione Goldman* (66), *Dio perdona...io no* (68), *Il mercenario* (68), *Tutto per tutto* (68), *Il faro in capo al mondo* (71).

1860. García Berlanga, Luís. Spanish director. b. Valencia, June 12, 1921. RN: Luís García Berlanga Marti. AKA: Luís García. *Calabuig* (56 also w), *Le quattro verità* (62 the episode "El lenador y la muerte"), *La ballata del boia* (63 also co-w).

1861. Gardell, Anthony. Actor. b. 1917. RN: Anthony J. Di Leva. *Uno sguardo dal ponte* (62).

1862. Gardenia, Vincent. U.S. actor. b. Jan. 7, 1922, Napoli, Italy. RN: Vincente Scognamiglio. *Uno sguardo dal ponte* (62), *A proposito Lucky Luciano* (73), *Il grande racket* (77), *Cavalli si nasce* (89).

1863. Gardner, Ava. U.S. actress. b. Dec. 24, 1922, Grabton, N.C. d. Jan. 25, 1990, London, England. RN: Ava Lavinia Gardner. *La contessa scalza* (54), *La maja desnuda* (58), *La sposa bella* (60), *La bibbia* (66), *Roma regina* (82).

Garfield, Frank *see* **Giraldi, Franco**

Garfinkle, Louis *see* **Giraldi, Franco**

1864. Gargiulo, Mario. Director. b. Napoli. *L'aquila* (16), *Zingari* (16), *Giovanni Episcopo* (16), *Cavalleria rusticana* (16 co-d), *Il trionfo della morte* (17), *Una donna* (17), *Graziella* (17), *Manon Lescaut* (18), *Mefistofele e la leggenda di Faust* (18), *È passata una nuvola* (18), *Il voto* (18 co-d), *L'amore e la maschera* (20), *Brividi...* (20), *Il crollo* (20), *L'ultima avventura* (20 co-d), *Mignon* (21), *Che fareste voi?* (21), *L'incomprensibile* (22), *Sovranetta* (23 co-d), *Il guazzabuglio* (23), *Le avventure di Robinson Crusoe* (23), *Un giorno a Madera* (24), *Cavalleria rusticana* (24), *Fra Diavolo* (25 co-d), *Il cavalier Petagna* (26 also w).

1865. Gariazzo, Mario. Director. AKA: Roy Garret, Roy Garrett, Robert Paget. *Dio perdona la mia pistola* (69 co-d/co-w), *Il giorno del giudizio* (71 also p/w), *Acquasanta Joe* (71 also co-w), *Au nom du père, du fils et du colt* (72 France co-d), *L'ossessa* (74), *Venditore di palloncini* (74), *Occhi dalle stelle* (77), *Incontri molto ravvicinati del quarto tipo* (79), *Attenti a quei due napoletani* (80), *Schiave bianche—violenza in Amazzonia* (85).

1866. Gariazzo, Pier Antonio. Director/producer. b. 1879, Torino. *L'ultimo amplesso* (12 d), *Accordo in mi minore* (14 co-w/story), *La ciocca bionda* (16 d/w), *La sacra bibbia* (20).

1867. Garinei, Enzo. Actor. *Il momento più bello* (56), *I marziani hanno dodici mani* (64), *Don Chisciotte e Sancho Panza* (68).

1868. Garinei, Pietro. Writer. b. Feb. 25, Trieste. *Botta e risposta* (49 co-w), *La Bisarca* (50 co-w), *Attanasio cavallo vanesio* (53), *Alvaro piuttosto corsaro* (54), *Giove in doppiopetto* (54), *Come te movi, te fulmino* (58 co-w).

1869. Garko, Gianni. Actor. b. 1935. AKA: Gary Hudson, John Garko. Graduate of the Academy of Dramatic Arts in Roma, and has done much stage. Played Sartana in many westerns. *Pezzo, capopezzo e capitano* (58), *Ciao, ciao, bambina* (58), *Morte di un amico* (59), *Kapò* (60), *Maciste, l'uomo più forte del mondo* (61), *I mongoli* (61), *Ponzio Pilato* (61), *La voglia matta* (62), *Diciottenni al sole* (62), *La leggenda di Enea* (62), *Il giorno più corto* (63),

Saul e David (64), *Il compagno don Camillo* (65), *Un uomo a metà* (66), *Mille dollari sul nero* (67), *10.000 dollari per un massacro* (67 as Django), *Per 100.000 dollari t'ammazzo* (67), *Rose rosse per il Fuehrer* (67), *Se incontri Sartana prega per la tua morte* (68), *I vigliacchi non pregano* (68), *Cinque per l'inferno* (68), *Lucrezia Borgia, l'amante del diavolo* (68), *La porta del cannone* (69), *Sono Sartana, il vostro becchino* (69), *I tulipani di Haarlem* (69), *Waterloo* (70), *Lo irritarono...e Sartana fece piaza pulita* (70), *Un conde* (70 Spain), *E lo chiamavano Spirito Santo* (71), *Una nuvola di polvere...un grido di morte...arriva Sartana* (71), *La notte dei diavoli* (71), *Buon funerale, amigos...paga Sartana* (71), *Gli fumavano le colt...lo chiamavano Camposanto* (71), *Uomo avvisato mezzo ammazzato...parola di Spirito Santo* (71), *Gli occhi freddi della paura* (72), *Il venditore di morte* (72), *...E continuavano a fregarsi il milione di dollari* (72), *Campa carogna...la taglia cresce* (72), *Il boss* (73), *Gli eroi* (73), *La notte rossa del falco* (74), *Passione e sentimento* (77), *Lo scugnizzo* (78), *Metallica* (78), *Sette uomini d'oro nello spazio* (78), *Uragano sulle Bermude* (78), *I contrabbandieri di Santa Lucia* (79), *Napoli...la camorra sfida, la città risponde* (79), *La brace dei Biassoli* (80), *Le avventure dell'incredibile Ercole* (83), *Shark—rosso nell'oceano* (84).

1870. Garner, James. U.S. actor. b. April 7, 1928, Norman, Okla. RN: James Scott Baumgarner. *Sledge* (70).

1871. Garofolo, Ettore. Actor. *Mamma Roma* (62), *RoGoPaG* (62 the episode "La ricotta"), *Straziami...ma di baci saziami* (68).

1872. Garrani, Ivo. Actor. b. Feb. 6, 1924, Intradacqua. *Ragazze da marito* (52), *Orient-Express* (55), *Le diciottenni* (55), *La rivale* (56), *Orlando e i paladini di Francia* (56), *Terrore sulla città* (56), *Le fatiche di Ercole* (57), *Afrodite, dea dell'amore* (58), *La morte viene dallo spazio* (58), *La Battaglia di Maratona* (59), *Cartagine in fiamme* (59), *Morgan il pirata* (60), *Adua e le compagne* (60), *Il gobbo* (60), *L'ultimo zar* (60), *La maschera del demonio* (60), *Ercole alla conquista di Atlantide* (61), *Seddok, l'erede di Satana* (61), *La città prigioniera* (62), *Il figlio di Spartacus* (62), *Marcia o crepa* (62), *Il processo di Verona* (62), *Il gattopardo* (63), *I grandi condottieri* (65), *L'amante di Gramigna* (68), *La cintura di castità* (68), *Waterloo* (70), *I fatti di Bronte* (70), *Maddalena* (71), *Section spéciale* (75 France), *Gli esecutori* (76), *Holocaust 2000* (77), *Soldati—365 all'alba* (87).

1873. Garrel, Maurice. French actor. b. 1923. *Il giorno e l'ora* (63).

Garret, Richard *see* **Garrone, Riccardo**

1874. Garrett, Leif. U.S. actor. b. Nov. 8, 1961, Hollywood, Calif. Came to fame as one of the Pusser children in the *Walking Tall* series of films. Also a musician. *Pistola di Dio* (76).

Roy Garrett *see* **Gariazzo, Mario**

1875. Garrone, Riccardo. Actor. AKA: Richard Garret, Rick Garret, Dick Reagan. Has been known to direct. *I sette dell'Orsa maggiore* (53), *Due notti con Cleopatra* (53), *Il momento più bello* (56), *Padri e figli* (56), *L'ultima violenza* (57), *Belle ma povere* (57), *Lazzarella* (57), *Il medico e lo stregone* (57), *Saffo, venere di Lesbo* (60), *La dolce vita* (60), *Salammbò* (60), *La ragazza con la valigia* (60), *Il vigile* (60), *Cinque ore in contanti* (60), *Marcia o crepa* (62), *Lo spadaccino di Siena* (62), *Eva* (62), *La rimpatriata* (63), *Il successo* (63), *The Yellow Rolls Royce* (64 U.K.), *La pupa* (64), *Due sergenti del generale Custer* (65), *I complessi* (65 the episode "Una giornata decisiva"), *Cinque tombe per un medium* (66), *Deguello* (66), *Il Bang Bang Kid* (67), *Un dollaro per sette vigliacchi* (67), *Il fischio al naso* (67), *Arriva Dorellik* (67), *I ragazzi di bandiera gialla* (67), *Three Bites of the Apple* (67 U.S.), *Un killer per Sua Maestà* (68), *Se vuoi vivere...spara!* (68), *Una lunga fila di croci* (69), *Django il bastardo* (69), *Bello onesto emigrato Australia sposerebbe compaesana illibata* (71), *Uccidi, Django...uccidi primo* (71), *La bella Antonia, prima monaca e poi dimonia* (72), *Te Deum* (72), *Che c'entriamo noi con la rivoluzione?* (73), *La commessa* (75 also d), *Perche?!* (75), *Campagnola bella* (76), *I peccatori di provincia* (76), *Tre simpatiche carogne* (78), *La cicala* (78), *Ciao nemico* (81), *Ricchi, ricchissimi...praticamente in mutande* (81).

1876. Garrone, Sergio. Director. AKA: Willy S. Regan. Brother of Riccardo Garrone. Retired in 1989 to open up a chain of pizza restaurants. *Deguello* (66 co-w), *Killer kid* (67 co-w), *Se vuoi vivere... spara!* (68 also co-w), *Django il bastardo* (69 also co-w), *Una lunga fila di croci* (69 also w), *Uccidi, Django...uccidi primo* (71 also w), *Tre croci per non morire* (71 also co-w), *Quel maledetto giorno della resa dei conti* (71 also co-w), *Bastardo, vamos a matar* (71 co-d/co-w), *Io, monaca, tre bastardi e sette peccatrici* (72 w), *La mano che nutre la morte* (75), *Lager SSadis Kastrat Kommandatur* (77), *SS Lager 5 – l'inferno delle donne* (77).

1877. Garroni, Guglielmo. Director of photography. b. Roma. Brother of Romolo Garroni. *Piccola santa* (54), *Napoli è sempre Napoli* (54), *Cantate con noi* (54), *Una donna libera* (54).

1878. Garroni, Romolo. Director of photography. b. Aug. 23, 1915, Roma. *Marco Visconti* (40 asst ph), *Perdizione* (42 co-ph), *Marinai senza stelle* (43), *Felicità perduta* (46 co-ph), *La mano della morta* (49 co-ph), *Fuoco nero* (51), *Il lupo della frontiera* (51 co-ph), *Gli uomini non guardano il cielo* (51), *Bellezze in motoscooter* (52), *Papà, ti ricordo* (52), *La cieca di Sorrento* (52), *Il romanzo della mia vita* (53), *I tre ladri* (53), *Soli per le strade* (53), *I cinque dell'Adamello* (54), *Amore e smarrimento* (54), *Questi fantasmi* (55), *Il vetturale del Moncenisio* (55), *Saranno uomini* (57), *La sposa* (58), *L'inferno addosso* (59), *Gli invincibili fratelli Maciste* (64), *La rivincita di Ivanhoe* (64), *Jim il primo* (64 co-ph), *Oh! Mia bella matrigna* (76), *La supplente* (76), *Le seminariste* (77 co-ph).

1879/80. Garvarentz, Georges. Composer. *Le tentazioni quotidiane* (62), *Tempo di Roma* (63), *Il delitto Dupré* (63), *Le meravigliose avventure di Marco Polo* (65), *Colpo grosso a Galata Bridge* (65), *Il sigillo di Pechino* (66), *L'invitata* (69).

1881. Gaslini, Giorgio. Composer. Played at the head of Il Quartetto Giorgio Gaslini. *La notte* (61), *Un amore* (65), *Avventura a Bali* (69), *Le sorelle* (70), *Le tue mani sul mio corpo* (70), *Il vero e il falso* (71), *Rivelazioni di un maniaco sessuale al capo della squadra mobile* (71), *La pacifista* (71), *Un omicidio perfetto al termine della legge* (71), *Quando le donne si chiamavano "madonne"* (72), *Cinque donne per l'assassino* (72), *Profondo rosso* (74), *Kleinhoff Hotel* (77).

Gasperini, Maria Caserini *see* **Caserini, Maria**

1882. Gassman, Vittorio. Actor. b. Sept. 1, 1922, Genova, to an Austrian father. Represented Italy in basketball in 1939. Made his stage debut in 1943. Also a writer/director, he started the Teatro Popolaro Italiano. Married (1) Nora Ricci (2) Shelley Winters. *Preludio d'amore* (46), *Umanità* (46), *Daniele Cortis* (47), *La figlia del capitano* (47), *Le avventure di Pinocchio* (47), *L'ebreo errante* (47), *Il cavaliere misterioso* (48), *Riso amaro* (48), *Il lupo della Sila* (49), *Una voce nel tuo cuore* (49), *Ho sognato il paradiso* (49), *Lo sparviero del Nilo* (49), *I fuorilegge* (50), *Il leone di Amalfi* (50), *La corona nera* (50), *Il tradimento* (51), *Anna* (51), *Il sogno di Zorro* (52), *La tratta delle bianche* (52), *The Glass Wall* (52 U.S.), *Sombrero* (54 U.S.), *Cry of the Hunted* (54 U.S.), *Rhapsody* (54 U.S.), *Mambo* (54), *La donna più bella del mondo* (55), *Guerra e pace* (56), *Difendo il mio amore* (56), *Storia del teatro* (56 a series of four shorts), *Giovanni dalle bande nere* (57), *Kean, genio e sregolatezza* (57 also co-d/co-w), *La ragazza del Palio* (58), *I soliti ignoti* (58), *La tempesta* (58), *Le sorprese dell'amore* (59), *The Miracle* (59 U.S.), *La grande guerra* (59), *Audace colpo dei soliti ignoti* (59), *La cambiale* (59), *Il mattatore* (60), *Fantasmi a Roma* (60), *Crimen* (61), *Una vita difficile* (61), *Il giudizio universale* (61), *Barabba* (61), *I briganti italiani* (61), *Anima nera* (62), *Il sorpasso* (62), *La smania addosso* (62), *L'amore difficile* (62), *La marcia su Roma* (63), *Il successo* (63), *I mostri* (63), *Frenesia d'estate* (64), *Il gaucho* (64), *Se permettete...parliamo di donne* (64), *Una vergine per il principe* (65), *La congiuntura* (65), *La guerra segreta* (65), *Slalom* (65), *L'arcidiavolo* (66), *L'armata Brancaleone* (66), *Le piacevoli notti* (66), *Il tigre* (67), *Sette volte donna* (67), *Il profeta* (67), *Lo scatenato* (67), *Questi fantasmi* (67), *La pecora nera* (68), *L'alibi* (68 also co-d/co-w), *L'arcangelo* (68), *Dove vai tutta nuda?* (68), *Una su tredici* (69), *Contestazione generale* (70), *Il divorzio* (70), *Scipione, detto anche "l'Africano"* (70), *I fakiri* (71), *Brancaleone alle crociate* (71), *L'udienza* (71), *In nome del popolo italiano* (71), *Senza famiglia nullatenenti cercano affetto* (72 also d/co-w), *Che c'entriamo noi con la rivoluzione?* (73), *La Tosca* (73),

C'eravamo tanto amati (74), *Profumo di donna* (74), *A mezzanotte va la ronda del piacere* (75), *Come una rosa al naso* (75), *Il deserto dei tartari* (76), *Signore e signori, buonanotte* (76), *I telefoni bianchi* (76), *Anima persa* (76), *I nuovi mostri* (77), *A Wedding* (78 U.S.), *Due pezzi di pane* (78), *Caro papà* (79), *Bugsy* (79 U.S.), *Quintet* (79 U.S. also dubbing supervisor of Italian version), *La terrazza* (79), *Nude Bomb* (80 U.S.), *Io sono fotogenico* (80), *Sharkey's Machine* (80 U.S.), *Camera d'albergo* (80), *Il turno* (81), *La notte di Varennes* (82), *Il conte Tacchia* (82), *Di padre in figlio* (82 also co-d/co-w/co-story), *Tempest* (82 U.S.), *La Vie est un roman* (83 France), *Benvenuta* (83), *Le Pouvoir du mal* (85 France), *I soliti ignoti vent'anni dopo* (85), *I picari* (86), *La famiglia* (87), *Lo zio indegno* (89), *Les 1,001 Nuits* (90 France), *Dimenticare Palermo* (90), *Divertimenti nella casa privata* (90).

1883. Gassouk, Marcel. French actor. *Il giorno e l'ora* (63).

1884. Gastaldi, Ernesto. Co-writer. AKA: Julian Berry, Ernesto Gastaldo. *Perseo l'invincibile* (61), *Libido* (66 w), *Il pistolero di Arizona* (66), *La lama nel corpo* (66 with Sergio Martino using the joint pseudonym of Martin Hardy), *10.000 dollari per un massacro* (67 w), *Mille dollari sul nero* (67), *I giorni dell'ira* (67), *I vigliacchi non pregano* (68), *Il dolce corpo di Deborah* (68 also story), *La Battaglia di El Alamein* (68 also story), *Il grande duello* (69 w), *Una ragione per vivere e una per morire* (72), *Il mio nome è Nessuno* (73), *Arizona Colt si scatena, e li fece fuori tutti* (73), *La pupa del gangster* (75), *Un genio, due compari, un pollo* (75), *Mi faccio la barca* (80 w), *Notturno con grido* (80 co-d).

1885. Gastoni, Lisa. Actress. b. July 28, 1935, Alassio, to an Italian father and an Irish mother. Went to the U.K. in 1948 to study architecture. Became a model. Returned to Italy in 1961. Her films since then include: *Le avventure di Mary Read* (61), *Tharus, figlio di Attila* (61), *Duello nella Sila* (61), *RoGoPaG* (62 the episode "Il pollo ruspante"), *Diciottenni al sole* (62), *Eva* (62), *I quattro moschettieri* (62), *Il mito* (63), *Il monaco di Monza* (63), *I piombi di Venezia* (63), *Gladiatore di Messalina* (63), *Gidget Goes to Rome* (63 U.S.), *Il vendicatore mascherato* (64),*L'ultimo gladiatore* (64), *I maniaci* (64), *Gli invincibili tre* (64), *Crimine a due* (64), *I tre centurioni* (64), *Le sette vipere* (65), *La notte di violenza* (65), *I criminali della galassia* (65), *I diafanoidi portano la morte* (65), *L'uomo che ride* (65), *Svegliati e uccidi* (66), *Grazie, zia* (67), *I sette fratelli Cervi* (67), *La pecora nera* (68), *L'amica* (69), *L'invasione* (70), *Maddalena* (71), *La seduzione* (73), *Amore amaro* (74), *Mussolini: ultimo atto* (74), *Scandalo* (75), *Perchè Simona* (78).

1886. Gatti, Marcello. Director of photography. *Un giorno da leoni* (61), *Le italiane e l'amore* (61 the episodes: "La frenesia del successo"; "Gli adulteri"; "La sfregiata"; and "Viaggio di nozze"), *Le quattro giornate di Napoli* (62), *L'attico* (62), *Frenesia d'estate* (64), *La fuga* (65 co-ph), *Una moglie americana* (65), *La Battaglia di Algeri* (66), *La ballata di Johnny Ringo* (66), *La notte pazza del conigliaccio* (67), *Donne alla frontiera* (67), *La spietata colt del gringo* (67), *I protagonisti* (68), *Sai cosa faceva Stalin alle donne?* (69), *Sierra Maestra* (69), *L'anonimo veneziano* (70), *Ciao Gulliver* (70), *Quemada* (69 co-ph), *Girolimoni, il mostro di Roma* (72), *Che?* (72 co-ph), *Baciamo le mani* (72), *Amore e ginnastica* (73), *Rappresaglia* (73), *La prima volta sull'erba* (75), *Mark il poliziotto spara per primo* (75 co-ph), *Bluff—storie di truffe e di imbroglioni* (76), *Mosè* (76), *Chi dice donna dice... donna* (76), *Il signor Robinson—mostruosa storia d'amore e d'avventure* (77), *Tre tigri contro tre tigri* (77), *Eutanasia di un amore* (78), *La carica delle patate* (79 co-ph), *Operazione Ogro* (79), *The Salamander* (80 U.K.), *Delitti, amore e gelosia* (83), *Inganni* (86), *Venezia rosso sangue* (89).

1887. Gaubert, Danièle. French actress. b. 1943. *Una storia milanese* (62), *Camille 2000* (69), *Come, quando, con chi?* (69).

1888. Gaven, Jean. French actor. b. Jan. 6, 1922, Saint-Rome-de-Chernon. *Me li mangio vivi!* (53), *Le vergini di Salem* (56), *La casa di Madame Korà* (57), *Il gioco delle spie* (66).

1889. Gavin, John. U.S. actor. b. April 8, 1928, Los Angeles, Calif. RN: Jack Golenor. *Olympia* (60), *Niente rose per OSS 117* (68).

1890. Gaynes, George. U.S. actor. *Un tassinaro a New York* (87).

1891. Gazzara, Ben. U.S. actor. b.

Aug. 28, 1930, N.Y.C., of Sicilian parentage. RN: Biagio Anthony Gazzara. *Risate di gioia* (60), *La città prigioniera* (62), *Afyan—Oppio* (72), *Storie di ordinaria follia* (81), *La ragazza di Trieste* (82), *Uno scandalo perbene* (83), *La donna delle meraviglie* (85), *Figlio mio infinitamente caro* (86), *Il giorno prima* (87), *Il camorrista* (87), *Oltre l'oceano* (90 also d/co-w).

1892. Gazzolo, Lauro. Actor. b. Oct. 15, 1910, Nervi. d. 1970. *Il documento* (39), *Montevergine* (39), *Scandalo per bene* (39), *Oltre l'amore* (40), *Melodie eterne* (40), *L'ispettore Vargas* (40), *Scarpe grosse* (40), *L'attore scomparso* (41), *Giungla* (41), *La cena delle beffe* (41), *Se non son matti non li vogliamo* (41), *Con le donne non si scherza* (41), *La pantera nera* (41), *Soltanto un bacio* (42), *Redenzione* (42), *La bisbetica domata* (42), *La gorgona* (42), *La maestrina* (42), *Quattro passi fra le nuvole* (42), *Le due orfanelle* (42), *Accade a Damasco* (42), *Incontri di notte* (43), *L'ultima carrozzella* (43), *Lettere al sottotenente* (43), *Il cappello da prete* (43), *Enrico IV* (43), *Grazia* (43 unfinished), *In cerca di felicità* (43), *Vietato ai minorenni* (43), *L'innocente Casimiro* (45), *La resa di Titi* (45), *Abbasso la miseria* (45), *Il mondo vuole così* (45), *Trepidazione* (45), *Abbasso la ricchezza* (46), *Preludio d'amore* (46), *Le vie del peccato* (46), *Biraghin* (46), *L'uomo dal guanto grigio* (48), *Vogliamoci bene* (49), *Il cielo è rosso* (49), *Domani è troppo tardi* (50), *Alina* (50), *Prima comunione* (50), *Fiamme sulla laguna* (50), *Sambo* (50), *Bellezze a Capri* (51), *Ha da venì... don Calogero* (51), *Strano appuntamento* (51), *La colpa di una madre* (52), *La figlia del diavolo* (52), *Lo sai che i papaveri...* (52), *Il tallone di Achille* (52), *La donna che inventò l'amore* (52), *Sul Ponte dei sospiri* (52), *Il romanzo della mia vita* (53), *Amanti del passato* (53), *Amori di mezzo secolo* (53), *L'età dell'amore* (53), *Martin Toccaferro* (53), *Riscatto* (53), *Siamo donne* (53), *I tre ladri* (53), *Casa Ricordi* (54), *Casta diva* (54), *Ultimo addio* (54), *Pellegrini d'amore* (54), *Accade tra le sbarre* (55), *Londra chiama polo nord* (55), *Incatenata dal destino* (55), *La ladra* (55), *Noi siamo le colonne* (56), *La banda degli onesti* (56), *Gente felice* (56), *I miliardari* (56), *Due sosia in allegria* (56), *Saranno uomini* (57), *Goha* (57 France/Tunisia), *Il bacio del sole* (58), *Avventura in città* (58), *Psicanalista per signora* (59), *Costantino il grande: in hoc signo* (60), *Il sicario* (61), *Un figlio d'oggi* (61), *La cintura di castità* (68).

1893. Gazzolo, Nando. Actor. *La rivolta dei sette* (64), *Un fiume di dollari* (66), *Django spara per primo* (66).

1894. Gazzolo, Virgilio. Actor. b. 1928. *Signore e signori* (66), *I giorni dell'ira* (67), *Agostino di Ippona* (72), *Non si sevizia un paperino* (72), *...E se per caso una mattina...* (74), *Anno uno* (74).

1895. Geary, Joan. U.K. actress. b. 1913. *Fraülein Doktor* (68).

1896. Gégauff, Paul. French writer. b. 1922, Blotzheim. Worked mostly with Chabrol. *Leda* (59), *In pieno sole* (59).

1897. Gélin, Daniel. French actor. b. May 19, 1921, Angers. Married Danielle Delorme. Father of Maria Schneider. *Quando le donne amano* (52), *L'ora della verità* (52), *I denti lunghi* (52 also d), *La voce del silenzio* (52), *Versailles* (53), *Opinione pubblica* (53), *La romana* (54), *Il caso Maurizius* (54), *Napoleone Buonaparte* (54), *L'allegro squadrone* (54), *Miss Spogliarello* (56), *Cartagine in fiamme* (59), *Le tre "eccetera"...del colonnello* (59), *Il testamento di Orfeo* (60), *Napoleone ad Austerlitz* (60), *La pappa reale* (63), *L'amante italiana* (67), *La polizia è al servizio del cittadino?* (73), *La notte di Varennes* (82), *Un delitto* (83), *Hitchcock, il brivido del genio* (85 doc appeared as himself).

1898. Gelli, Chiaretta. Actress. b. 1927, Smirne. Italy's answer to Deanna Durbin. *Giorno di nozze* (42), *Il birichino di papà* (42), *Partenza ore sette* (45), *Albergo Luna, camera 34* (47), *Abbasso la fortuna* (47).

1899. Gelmetti, Vittorio. Composer. *Deserto rosso* (64 created electronic music), *La sua giornata di gloria* (68), *Nerosubianco* (68), *Cento giorni a Palermo* (83).

1900. Gemelli, Enrico. Actor. b. 1841, Sant'Agata. d. May 7, 1926, Torino. *Cabiria* (14), *Il club delle donne* (15), *La campana del villaggio* (15), *Tigre reale* (16), *Sul limite della follia* (16), *Medusa velata* (16), *Terra* (20), *La piccola parrocchia* (23).

1901. Gemma, Giuliano. Actor. b. 1940. AKA: Montgomery Wood. Former acrobat. Made his name playing Ringo in the western films. *Ben-Hur* (59 extra), *Il* *pianeta degli uomini spenti* (60), *Arrivano i titani* (62), *Maciste, l'eroe più grande del mondo* (63), *Il gattopardo* (63), *La schiava di Bagdad* (63), *La rivolta dei pretoriani* (63), *Ercole contro i figli del sole* (64), *I due gladiatori* (64), *Angélique, marquise des anges* (64 France), *Erik il vichingo* (64), *Merveilleuse Angélique* (65 France), *Una pistola per Ringo* (65), *Kiss Kiss Bang Bang* (65), *Un dollaro bucato* (65), *Il ritorno di Ringo* (65), *Adios gringo* (66), *La ragazzola* (66), *Per pochi dollari ancora* (66), *Il pistolero di Arizona* (66), *I giorni dell'ira* (67), *Wanted* (68), *I lunghi giorni della vendetta* (68), *...E per tetto un cielo di stelle* (68), *L'isola* (68), *I bastardi* (68), *Il prezzo del potere* (69), *Vivi...o preferabilmente morti* (69), *Quando le donne avevano la coda* (70), *L'arciere di fuoco* (70), *Corbari* (70), *In amore per ogni gaudenzia ci vuole sofferenza* (71), *Amico, stammi lontano, almeno un palmo* (71), *L'amante dell'Orsa maggiore* (72), *Il maschio ruspante* (72), *Un uomo da rispettare* (72), *Anche gli angeli mangiano fagioli* (73), *Troppo rischio per un uomo solo* (73), *Anche gli angeli tirano di destra* (73), *Delitto d'amore* (74), *Il bianco, il giallo, il nero* (74), *Africa Express* (75), *Lo chiamavano California* (76), *Il prefetto di ferro* (78), *Corleone* (78), *Sella d'argento* (78), *Un uomo in ginocchio* (79), *L'avvertimento* (80), *Pájaros de ciudad* (81 Spain), *Ciao nemico* (81), *Sotto gli occhi dell'assassino* (82), *Claretta* (84), *Tex e il signore degli abissi* (85), *Speriamo che sia una femmina* (86).

1902. Gemmiti, Arturo. Director. b. March 3, 1909, Sora. He worked on the following feature films: *Macario contro Zagomar* (43 asst d/e), *Montecassino* (46 d/co-w/story). However, his work has been mostly directing documentaries: *Latte per una grande città* (41), *Rocciatori ed aquile* (42), *Boschi sul mare* (42 co-d), *La chiesa del Gesù* (45), *La nobile preda* (53), *Pelle di cinghiale* (53), *Schioppetate all'alba* (53), *Passano i colombacci* (53), *Il continente della luce* (54), *Fantasia dell'Antartide* (54), *Capo Horn* (54), *Lo stretto di Magellano* (54), *Parallelo 52* (54), *Valli del Cile* (54), *Santiago del Cile* (54), *Montagne di metallo* (54), *Miraggi cileni* (54), *La pampa cilena* (54), *L'oro bianco della pampa cilena* (54).

1903. Gemser, Laura. Actress. *Eva nera* (76), *Velluto nero* (76), *Emanuelle, perchè violenza alle donne?* (76), *I due superpiedi* (76), *Emanuelle a Bangkok* (77), *Suor Emanuelle* (77), *Mondo erotico* (77), *Emanuelle e gli ultimi cannibali* (77), *La via della prostituzione* (78), *La mujer de la tierra caliente* (78 Spain), *Le notti erotiche dei morti viventi* (79), *Malizia erotica* (80), *Caligola...la storia mai raccontata* (81), *L'ossessione che uccide* (81), *Ator l'invincibile* (82), *Violenza in un carcere femminile* (82), *Endgame—Bronx lotta finale* (83), *L'alcova* (85).

1904. Gence, Denise. French actress. *Le tentazioni quotidiane* (62).

1905. Genès, Henri. French actor. b. 1920. *Colpo grosso ma non troppo* (65).

1906. Genin, René. French actor. b. Jan. 25, 1890, Aix-en-Provence. *Gli amanti di Verona* (48), *L'ora della verità* (52), *Frutto proibito* (52), *Me li mangio vivi!* (53), *Fascicolo nero* (55), *I peccatori della Foresta Nera* (61), *L'uomo in nero* (63).

1907. Genina, Augusto. Director. b. Jan. 28, 1892, Roma. d. Sept. 28, 1957, Roma. Married Carmen Boni. *La moglie di Sua Eccellenza* (13), *L'anima del demimonde* (13 story), *La gloria* (13 story), *Zuma* (13 story), *La parola che uccide* (14), *Il piccolo cerinaio* (14), *L'anello di Silva* (14), *Il segreto del castello di Monroe* (14), *La fuga degli amanti* (14), *Gelosia* (15), *Lulù* (15), *Mezzanotte* (15 also story), *La doppia ferita* (15 also w/story), *Cento HP* (15), *Lucciola* (16), *L'ultimo travestimento* (16), *La signorina Ciclone* (16 co-d), *La dramma nella corona* (16), *Il sopravvissuto* (16), *Conquista dei diamanti* (16), *Il sogno di un giorno* (16 also story), *La menzogna* (16 also w/story), *Il presagio* (16 also w/story), *Il siluramento dell'Oceania* (17 also w/story), *Maschiaccio* (17 also story), *Femina* (18 also story), *L'onestà del peccato* (18 also co-story), *Kalidaa* (18), *Il trono e la seggiola* (18), *Addio, giovinezza!* (18 also w), *I due crocifissi* (18 also w), *L'emigrata* (18), *Il principe dell'impossibile* (19 also w), *Noris* (19 co-d/story), *Debito d'odio* (19), *Le avventure di Bijou* (19 also story), *La maschera ed il volto* (19), *Lucrezia Borgia* (19), *Bel ami* (19), *La donna e il cadavere* (19 also w/story), *L'orizzontale* (19 story), *Lo scaldino* (20 also w), *I diabolici* (20 also w), *L'avventura di Dio* (20), *La douloureuse* (20), *Tre meno due*

(20 co-d), *Il castello della malinconia* (20), *La ruota del vizio* (20 also w), *Marito, moglie e...* (20 also story), *La fuggitiva* (20 supervisor), *L'innamorata* (20), *I tre sentimentali* (21 also w), *Crisi* (21), *L'incatenata* (21), *Cirano di Bergerac* (22), *Lucie de Trécoeur* (22), *La peccatrice senza peccato* (22), *Jolly, clown da circo* (23 story), *Germaine* (23), *Il corsaro* (23 co-d), *La moglie bella* (24), *Il focolare spento* (25), *L'ultimo lord* (26), *Die weisse Sklavin* (26 Germany), *Addio, giovinezza!* (27 also w), *Liebenskarnaval* (28 Germany), *Scampolo* (28 Germany), *Quartiere latino* (29), *Un dramma a 16 anni* (29), *Prix de beauté* (30 France), *Paris-Béguin* (31 France), *Les Amants de minuit* (31 France co-d), *La Femme en homme* (31 France), *Ne sois pas jalouse* (32 France), *Nous ne sommes plus des enfants* (34 France), *Vergiss mein nicht* (35 Germany. In Italy this film was known as *Vento di primavera*) , *La gondola delle chimere* (35), *Blumen aus Nizza* (36 Austria), *Squadrone bianco* (36 also co-w), *Napoli, terra d'amore* (37), *Frauenliebe – Frauenlied* (37 Germany), *Castelli in aria* (38 co-d/co-w), *L'assedio dell'Alcazar* (40 also co-w/story), *Addio, giovinezza!* (41 co-d), *Bengasi* (42 also co-w/story), *Cielo sulla palude* (49 also co-w/adapted), *L'edera* (50 also co-w), *Tre storie proibite* (52 also co-w/story), *Maddalena* (53 also co-w), *Frou Frou* (55 also co-w).

1908. Genn, Leo. U.K. actor. b. Aug. 9, 1905, London. d. Jan. 26, 1978, London. Also a lawyer. *Era notte a Roma* (59), *I raggi mortali del dott. Mabuse* (64), *Il trono di fuoco* (70), *Una lucertola con la pelle di donna* (71).

1909. Genna, Irene. Actress. b. Jan. 4, 1931, Athens, Greece. Her father was Italian and her mother Greek. *Le due madonne* (49), *È primavera* (49), *La portatrice di pane* (50), *I bastardi* (50), *Verginità* (50), *Amanti del passato* (53), *Giuseppe Verdi* (53), *Finalmente libero!* (53), *La schiava del peccato* (54), *Il tiranno del Garda* (54), *La ladra* (55), *Figaro, barbiere di Siviglia* (55), *Storia di una minorenne* (56).

1910. Genoino, Arnaldo. Director. b. July 25, 1909, Roma. He co-directed the following feature films: *La venere di Cheronea* (58), *I battellieri del Volga* (58 also co-w), *Erode il grande* (59). Most of his work, however, was directing documentaries, which included: *Porta del Popolo* (48), *Vanno in America* (48), *Il ducato del Varano* (49), *Volo da Nazaret a Loreto* (49), *La madonna agli angoli delle strade* (49), *La marca stellata* (49), *La repubblica romana del 1849* (49), *Dove si fabbricano le corone* (50), *Santa Maria del Popolo* (50), *I nonni ci guardano* (50), *Miracolo di Loreto* (50), *Non portate...* (51), *Due paradisi* (52).

1911. Gentile, Giuseppe. b. 1943. Olympic triple-jumper who turned to acting. *Medea* (69).

1912. Gentili, Giorgio. Assistant director. *I tartari* (60), *Lo sbarco di Anzio* (68), *Sledge* (70 co-d. This film was begun by Vic Morrow), *Joe Valachi – i segreti di Cosa Nostra* (72).

1913. Gentilli, Olga Vittoria. Actress. b. July 19, 1888, Napoli. d. May 29, 1957, Rapallo. *Al buio insieme* (33), *Il serpente a sonagli* (35), *I due misantropi* (36), *L'albero di Adamo* (37), *Napoli d'altri tempi* (37), *Follie del secolo* (39), *Processo e morte di Socrate* (40), *Il "signore" della taverna* (40), *Melodie eterne* (40), *Capitan Fracassa* (40), *Tosca* (41), *Amore imperiale* (41), *Caravaggio, il pittore maledetto* (41), *Tentazione* (41), *Teresa Venerdì* (41), *Un garibaldino al convento* (41), *L'avventuriera del piano di sopra* (41), *La guardia del corpo* (42), *La vita torna* (42), *L'ippocampo* (43), *Due cuori* (43), *Buffalo Bill a Roma* (50), *Altri tempi* (51), *Fanciulle di lusso* (52), *Stazione Termini* (53).

1914. Gentilomo, Giacomo. Director. b. April 5, 1909, Trieste. *La città dell'amore* (34 co-d), *I condottieri* (36 co-d), *Sinfonie di Roma* (38 doc), *Ecco la radio!* (39), *Il carnevale di Venezia* (40 co-d), *La granduchessa si diverte* (40 also co-sets), *Luna di miele* (41), *Brivido* (41), *Finalmente soli* (41), *Cortocircuito* (42), *Mater dolorosa* (42), *Pazzo d'amore* (43), *In cerca di felicità* (43), *O sole mio* (45), *Amanti in fuga* (46), *Tempesta d'anime* (46), *I fratelli Karamazoff* (47), *Ti ritroverò* (48), *Lo sparviero del Nilo* (49 co-d), *Biancaneve e i sette ladri* (49), *Atto d'accusa* (50), *Enrico Caruso, leggenda di una voce* (51), *La cieca di Sorrento* (52), *Melodie immortali* (52), *Appassionatamente* (54), *Le due orfanelle* (54), *Una voce, una chitarra, un po' di luna* (56), *La trovatella di Pompei* (57), *Sigfrido* (57), *Il cavaliere senza terra* (58), *L'ultimo dei vichinghi* (61), *Maciste contro il vampiro*

(61 co-d), *Le verdi bandiere di Allah* (62 co-d), *Brenno, il nemico di Roma* (63), *Maciste contro gli uomini della luna* (64 also co-w).

1915. George, Christopher. U.S. actor. b. 1929. d. 1983. *Pistola di Dio* (76), *Questo si chiama l'amore* (78), *Paura nella città dei morti viventi* (80), *Angkor—Cambodia Express* (81).

1916. George, Susan. U.K. actress. b. July 26, 1950, London. *Lola* (70), *La banda J & S—cronaca criminale del west* (73).

1917. Georgiade, Nick. U.S. actor. Best remembered as Rico Rossi in the TV series *The Untouchables*. His Italian movies include: *Occhio per occhio, dente per dente* (72).

Geppa *see* **Golisano, Francesco**

1918. Gerace, Liliana. Actress. *Persiane chiuse* (51), *Gelosia* (53), *La risaia* (55), *Pugni in tasca* (65), *Fontamara* (80), *Adamo ed Eva* (82).

1919. Gerald, Jim. French actor. b. July 4, 1889, Paris. d. 1958. RN: Jacques Guénod. *L'ora della verità* (52), *La contessa scalza* (54), *Il caso Maurizius* (54).

1920. Gerardi, Roberto. Director of photography. b. Oct. 18, 1919, Roma. AKA: Roberto Girardi. *Roma, ore 11* (51 camera), *I vitelloni* (53 camera), *La strada* (54 camera), *Il bidone* (55 camera), *La fortuna di essere donna* (55 camera), *Parola di ladro* (57), *Il marito* (57), *Un uomo facile* (58), *Audace colpo dei soliti ignoti* (59), *Esterina* (59), *La grande guerra* (59 co-ph), *A qualcuno piace calvo* (60), *Appuntamento a Ischia* (60 co-ph), *La garçonnière* (60), *Lettere di una novizia* (60), *Madame Sans-gêne* (61), *L'imprevisto* (61), *I sequestrati di Altona* (63), *Adultero lui, adultera lei* (63), *La calda vita* (63), *Matrimonio all'italiana* (64), *La noia* (64), *Le bambole* (65 the episode "Monsignor Cupido"), *Controsesso* (65 the episode "Il professore"), *Madamigella di Maupin* (66), *Don Giovanni in Sicilia* (67), *Una ragazza piuttosto complicata* (68), *Faustina* (68), *Un detective, macchie di belletto* (68), *Dove vai tutta nuda?* (68), *Faccia da schiaffi* (69), *Scacco alla regina* (70), *La califfa* (71), *In amore per ogni gaudenzia ci vuole sofferenza* (71), *La collera del vento* (72), *Il maestro e Margherita* (72), *Questa specie d'amore* (72), *Il Decamerone nero* (72), *Un amore così fragile così violento* (73), *Un modo di essere donna* (73), *Mussolini: ultimo atto* (74), *Der Richter und sein Henker* (75 Germany co-ph), *Il caso Raoul* (75), *Africa Express* (75 co-ph), *Gli amici di Nick Hazard* (76), *Il giorno della chimera* (76), *Quel movimento che mi piace tanto* (76), *Oh, Serafina!* (76), *Spogliamoci così senza pudor...* (77 co-ph), *Diamanti sporchi di sangue* (78), *Io tigro, tu tigri, egli tigra* (78), *Ligabue* (78), *Pane, burro e marmellata* (78), *Avere vent'anni* (79), *Odio le bionde* (80 co-ph), *Vacanze per un massacro* (80), *Razza violenta* (83), *Qualcosa di biondi* (84 TV).

1921. Géret, Georges. French actor. b. 1924. *Il diario di una cameriera* (64), *Weekend a Zuydecoote* (64), *Lo straniero* (67), *Un tranquillo posto di campagna* (68), *Una ragione per vivere e una per morire* (72).

1922. Geri, Ettore. Actor. *Il boom* (63), *Rose rosse per il Fuehrer* (67).

1923. Gerlini, Piero. Actor. *I grandi condottieri* (65), *Caccia alla volpe* (66), *Arriva Dorellik* (67), *The Biggest Bundle of Them All* (68 U.S.), *Serafino* (68), *Satyricon* (68), *Il segreto dei soldati d'argilla* (70), *Fischia il sesso* (74), *The Count of Monte Cristo* (75 U.K. TV), *Un poliziotto scomodo* (78), *Suggestionata* (78).

1924. Germi, Pietro. Director. b. Sept. 14, 1914, Genova. d. 1974. *Retroscena* (39 asst d/co-w), *Nessuno torna indietro* (43 asst d), *I dieci comandamenti* (45 started in 43 co-w), *Il testimone* (45 also co-w/co-story), *Montecassino* (46 *), *Gioventù perduta* (47 also co-w/co-story), *Fuga in Francia* (48 *), *In nome della legge* (49 also co-w), *Il cammino della speranza* (50 also co-story/adapted), *La città si difende* (51 also co-w), *Il brigante di Tacca del Lupo* (52 also co-w), *La presidentessa* (52 also co-w), *Gelosia* (53 also co-w), *Amori di mezzo secolo* (53 the episode "Guerra 1915–1918" also co-w), *Il ferroviere* (56 also co-w/*), *L'uomo di paglia* (58 also co-w/co-story/*), *Un maledetto imbroglio* (59 also co-w/*), *Jovanka e le altre* (59 *), *Il rossetto* (60 *), *La viaccia* (61 *), *Il sicario* (61 *), *Divorzio all'italiana* (61 also co-w/co-story), *The Directors* (63 U.S. doc appeared as himself), *Sedotta e abbandonata* (64 also co-w/co-story), *Signore e signori* (66 also co-p/co-w/story), *L'immorale* (67 also p/

co-w/story), *Serafino* (68 also p/co-w), *Le castagne sono buone* (71 also p/co-w), *Amici miei* (75 co-w. He began direction of this film but handed over to Monicelli).

1925. Gérôme, Raymond. Belgian actor. b. 1920. *La principessa di Clèves* (60), *Le piace Brahms?* (61).

1926. Géronimi, Jérome. French writer. b. 1910, Niort. RN: Jean Clouzot. Brother of Henri-Georges Clouzot. *Vite vendute* (53), *Le grandi manovre* (55), *Le spie* (57).

1927. Gervasio, Raffaele. Composer. b. July 26, 1910, Bari. *I pirati della Malesia* (41), *Le due tigri* (41), *Fiamme sulla laguna* (50), *Il capitano nero* (51), *L'incantevole nemica* (53), *Carosello napoletano* (54), *Piccola posta* (55).

1928. Gessner, Nicolas. Director. *Una su tredici* (69 co-d/co-w).

1929. Geymonat, Ermanno. Director. b. 1893, Torre Pellice. d. 1925, Torre Pellice. Also renowned as a writer. *Il convegno* (13), *La figlia della gitana* (13), *Il figlio del commissario* (13), *Nobili cuori* (13), *Son tornato, mamma!* (14), *Il vecchio pastore* (14), *Madama l'ambasciatrice* (19 co-d), *Passione slava* (19 co-d), *Girandola di fuoco* (19 story), *Il giro del mondo di un birichino di Parigi* (19 co-w/adapted), *Canaglia dorata* (20 co-w/adapted), *La bambola e il gigante* (20), *L'amore in fuga* (20 co-d), *La valle del pianto e del sorriso* (22 story), *Caporal Saetta* (24 story), *Voglio tradire mio marito!* (25 story).

1930. Ghenzi, Sandro. Producer/writer. *Il fu Mattia Pascal* (37), *Gelosia* (42 co-p/w), *Le sorelle Materassi* (43 co-p/co-w), *Il cappello da prete* (43), *Fatalità* (47), *Sotto il sole di Roma* (48), *È primavera* (49), *Due soldi di speranza* (51 co-p/co-w), *Giulietta e Romeo* (54 co-p/co-w).

1931. Gherardi, Gherardo. Co-writer. b. July 2, 1891, Capanne di Granaglione. d. March 10, 1949, Roma. *Amo te sola* (35), *I due sergenti* (36 dialog), *L'albero di Adamo* (37), *La contessa di Parma* (37), *Questi ragazzi* (37 w), *Partire* (38), *Il dottor Antonio* (38), *L'ultimo scugnizzo* (38 w), *Il suo destino* (39), *I figli del marchese Lucera* (39), *Il cavaliere di san Marco* (39), *Forse eri tu l'amore* (39 w/story), *La taverna rossa* (39), *Caravaggio, il pittore maledetto* (41 dialog/co-sets), *L'arcidiavolo* (41 w), *Rossini* (41), *L'amante segreta* (41), *Teresa Venerdì* (41), *Nozze di sangue* (42), *La bisbetica domata* (42), *Odessa in fiamme* (42 w), *C'è sempre un ma...* (42), *Un pilota ritorna* (42), *Giarabub* (42), *Il nostro prossimo* (42 co-d), *Signorinette* (42), *I bambini ci guardano* (43), *L'usuraio* (43 w), *Il fiore sotto gli occhi* (43), *Il canto della vita* (45 w), *Avanti a lui tremava tutta Roma* (46), *Felicità perduta* (46 w), *Fiamme sul mare* (47), *Ladri di biciclette* (48), *La sepolta viva* (49).

1932. Gherardi, Piero. Art director. b. Nov. 20, 1909, Poppi. d. 1971. Won Oscars for *La dolce vita* and *8½*. His films include: *Notte di tempesta* (46 sets), *Eugenia Grandet* (46 sets), *Daniele Cortis* (47), *Amanti senza amore* (47), *Fuga in Francia* (48), *Guaglio* (48), *Senza pietà* (48), *Campane a martello* (48), *Quel bandito sono io!* (50), *Napoli milionaria* (50), *Her Favorite Husband* (50 U.S.), *Romanzo d'amore* (50), *Sensualità* (51), *Camicie rosse* (51 co-art d), *Jolanda, la figlia del corsaro nero* (52 sets), *Buongiorno, elefante!* (52), *Anni facili* (53), *La provinciale* (53), *Cinema d'altri tempi* (53 sets/co), *Proibito* (55), *Guerra e pace* (56 sets), *Le notti di Cabiria* (56), *Padri e figli* (56), *La grande strada azzurra* (57), *Il medico e lo stregone* (57 also sets/co), *Parola di ladro* (57 co-art d), *I soliti ignoti* (58), *Risate di gioia* (60), *Sotto dieci bandiere* (60), *La dolce vita* (60), *Kapò* (60), *Il gobbo* (60 co), *Il carabiniere a cavallo* (61), *Il re di Poggioreale* (61), *Crimen* (61), *Boccaccio 70* (61 the episode "Renzo e Luciana"), *Violenza segreta* (63 co), *8½* (63), *Alta infedeltà* (64 the episode "Peccato nel pomeriggio"), *La ragazza di Bube* (64), *Tre notti d'amore* (64 the episode "Fatebenefratelli"), *Giulietta degli spiriti* (65), *Le bambole* (65), *La fuga* (65), *L'armata Brancaleone* (66), *Madamigella di Maupin* (66), *Se tutte le donne del mondo* (66 Dorothy Provine's costumes), *Le fate* (67 the episode "Fata Armenia"), *Diabolik* (67 co), *Roma come Chicago* (68 co), *Infanzia, vocazione e prime esperienze di Giacomo Casanova veneziano* (69), *The Appointment* (69 U.S.), *Quemada* (69).

1933. Ghia, Dana. Actress. AKA: Ghia Arlen. *Quattro dollari di vendetta* (65), *Deguello* (66), *El desperado* (67), *L'ultimo killer* (67), *L'ira di Dio* (68), *Vacanze sulla Costa Smeralda* (68), *Quemada* (69), *Il commissario Pepe* (69),

La morte negli occhi del gatto (72), *Lo chiamavano California* (76).

1934. Ghiglia, Benedetto. Composer. *Quattro dollari di vendetta* (65), *La bugiarda* (65 co-composer), *New York chiama Super Dragon* (66), *Starblack* (66), *Baleari: operazione Oro* (66), *El Rojo* (66), *Adios gringo* (66), *Un dollaro tra i denti* (67), *La notte pazza del conigliaccio* (67), *Salvare la faccia* (68), *I dannati della terra* (69), *Porcile* (69), *Dimenticare Venezia* (79).

1935. Ghione, Emilio. Director. b. 1879, Torino. d. Jan. 7, 1930, Roma. Became an extra in 1909. Later directed mostly episodic adventure films. His son, Emilio Ghione, Jr., acted. *San Francesco* (11 *), *Tristo fascino* (11 *), *La Gerusalemme liberata* (11 *), *Idillio tragico* (12 *), *Il pellegrino* (12 *), *Lagrime e sorrisi* (12 *), *Il papagallo della zia Berta* (12 co-d/*), *La maestrina* (13 *), *Tramonto* (13 *), *L'arma dei vigliacchi* (13 *), *In faccia al destino* (13 *), *Terra promessa* (13 *), *L'ultima carta* (13 *), *L'histoire d'un pierrot* (13 *), *La gloria* (13 *), *L'arrivista* (13 *), *La cricca dorata* (13 also w/*), *L'anima del demi-monde* (13 *), *Idolo infranto* (13), *L'amazzone mascherata* (14 also w/*), *Ultimo dovere* (14 also w/*), *Gespay* (14), *Un grido nella notte* (14), *Lacrime* (14), *Le memorie sacre* (14), *Per la pace sua* (14), *La mia vita per la tua* (14), *Nelly la gigolette* (14 also *), *Za-la-Mort* (15 serial also w/*), *Tresa* (15), *Ciceruacchio* (15), *Il naufragatore* (15), *Spine e lacrime* (15), *Anime buie* (15 also w/*), *La banda delle cifre* (15 serial also w/*), *Guglielmo Oberdan* (15 also w/*), *La sposa della morte* (15), *La grande vergogna* (16 also w/*), *Tormento gentile* (16 also w/*), *La rosa di granata* (16) *L'imboscata* (16), *Ananke* (16), *L'enfant de l'amour* (16), *Don Pietro Caruso* (16 also w/*), *La morsa* (16 co-d), *Il numero 121* (17), *Un dramma ignorato* (17 also w/*), *Il triangolo giallo* (17 serial also w/*), *L'ultima impresa* (17 also w/*), *I topi grigi* (17 serial also w/*), *Nel gorgo* (18 also w/*), *Dollari e fraks* (19 serial also w/*), *L'ultima livrea* (19), *Il quadrante d'oro* (20 also w/*), *Un frak ed un apache* (20), *Za-la-Mort contro Za-la-Mort* (21 also w/*), *Ultimissime di notte* (22 also w/*), *I quattro tramonti* (22), *L'incubo di Za-la-Vie* (23 also w/*), *Za-la-Mort e Za-la-Vie* (24), *L'ergastolano innocente* (24), *La via del peccato* (25 *), *La cavalcata ardente* (25 *), *La nostra patria* (25 also w/*), *Gli ultimi giorni di Pompei* (26 *).

1936. Giachetti, Fosco. Actor. b. 1904. d. 1974. *Il trattato scomparso* (33), *Luci sommerse* (34), *L'ultimo dei Bergerac* (34), *Fiordalisi d'oro* (35), *Tredici uomini e un cannone* (35), *Cuor di vagabondo* (36), *Squadrone bianco* (36), *Sentinelle di bronzo* (37), *Scipione l'Africano* (37), *L'ultima nemica* (37), *Orgoglio* (38), *Giuseppe Verdi* (38), *Alba di domani* (38), *La signora di Montecarlo* (38), *Napoli che non muore* (39), *Uragano ai tropici* (39), *Il sogno di Butterfly* (39), *Carmen fra i rossi* (39), *Il ponte di vetro* (40), *La figlia del corsaro verde* (40), *L'assedio dell'Alcazar* (40), *La peccatrice* (40), *Senza cielo* (40), *L'amante segreta* (41), *Luce nelle tenebre* (41), *Ridi, pagliaccio!* (41), *Un colpo di pistola* (41), *Fari nella nebbia* (41), *Nozze di sangue* (42), *Inferno giallo* (42), *Labbra serrate* (42), *Noi vivi* (42), *Addio Kira!* (42), *Bengasi* (42), *La statua vivente* (42), *Una piccola moglie* (43), *L'abito nero da sposa* (43), *La vita ricomincia* (45), *Il sole di Montecassino* (45), *Notte di tempesta* (46), *Addio, mia bella Napoli* (46), *L'altra* (47), *I fratelli Karamazoff* (47), *Gli uomini sono nemici* (47), *Voragine* (48), *Una lettera all'alba* (48), *Les Maudits* (49 France), *I falsari* (50), *L'amante di una notte* (51), *Romanticismo* (51), *Quattro rose rosse* (51), *Gli uomini non guardano il cielo* (51), *Il terrore dell'Andalusia* (54), *Casa Ricordi* (54), *Era di venerdì 17* (56), *Un uomo facile* (58), *Il mattatore* (60), *Il conquistatore d'Oriente* (60), *Il relitto* (61), *L'ira di Achille* (61), *La monaca di Monza* (62), *Giacobbe ed Esau* (62), *Le Fils de Tarass Boulba* (64 France), *Sambo* (65), *La mujer de otro* (68 Spain), *Il conformista* (70), *Scipione, detto anche "l'Africano"* (70), *L'Héritier* (73 France).

1937. Giachetti, Gianfranco. Actor. b. Sept. 17, 1888, Firenze. d. Nov. 29, 1936, Roma. *Figaro e la sua gran giornata* (31), *La cantante dell'opera* (32), *Cercasi modella* (33), *L'acqua cheta* (33), *1860* (33), *Lisetta* (34), *Vecchia guardia* (34), *Aldebaran* (35).

1938. Giachino, Luigi Maria. Director. b. La Morra. *L'ultima cena* (49 co-d), *Miracolo a Viggiù* (51 also co-w), *Per le vie della città* (56 also co-w).

1939. Giacobini, Franco. Actor. *Gli invasori* (61), *Ercole al centro della terra* (61), *Il federale* (61), *La voglia matta* (62), *Diciottenni al sole* (62), *El Greco* (65), *O.K. Connery* (67), *Il mercenario* (68), *Sissignore!* (68), *Don Chisciotte e Sancho Panza* (68), *Donne...botte e bersaglieri* (68), *L'alibi* (68), *Chimera* (68), *La banda J & S—cronaca criminale del west* (73).

1940. Giacosi, Luigi. Director of production. b. Aug. 17, 1899, Bagnoregio. *Il capitano degli ussari* (40), *Il sogno di tutti* (41), *Pia de' Tolomei* (41), *Teresa Venerdì* (41), *Un pilota ritorna* (42), *Maria Malibran* (43), *Il processo delle zitelle* (44), *Scadenza trenta giorni* (44 co-d), *Stromboli, terra di Dio* (50).

1941. Giaculli, Francesco. Director. *Gli incensurati* (60).

Gian, Paolo *see* **Rosmino, Giampaolo**

1942. Giannetti, Alfredo. Director. *Giorno per giorno disperatamente* (61), *Amori pericolosi* (64 the episode "Il generale"), *La ragazza in prestito* (65), *Il bandito dagli occhi azzurri* (80), *Legati da tenera amicizia* (83), *All'ombra della grande quercia* (83).

1943. Gianni, Fabrizio. Actor. *Città violenta* (70 asst d), *La taglia è tua, l'uomo l'ammazzo io, El Puro* (70).

1944. Giannini, Ettore. Director. b. Oct. 15, 1912, Napoli. AKA: Nino Giannini. Also well-known as an actor. *La prua incatenata* (36 short also *), *Orizzonte dipinto* (41 co-story), *Addio, giovinezza!* (41 dialog d), *Fra' Diavolo* (42 dialog d), *L'angelo bianco* (42 co-d), *Dieci minuti di vita* (43 this film was begun by Leo Longanesi, and finally shown in 44 as *Vivere ancora*), *Gli uomini sono nemici* (47 co-d/dialog d), *Processo alla città* (52 co-w/story), *Europa 51* (52 *), *Carosello napoletano* (54), *Difendo il mio amore* (56 story).

1945. Giannini, Giancarlo. Actor. b. Aug. 1, 1942, La Spezia. AKA: John Charlie Johns. A partner in Lina Wertmüller's production company, Liberty Films. *Fango sulla metropoli* (64), *Libido* (66), *Rita la zanzara* (67), *Non stuzzicate la zanzara* (67), *Arabella* (67), *Stasera mi butto* (68), *Fraülein Doktor* (68), *Lo sbarco di Anzio* (68), *The Secret of Santa Vittoria* (69 U.S.), *Macchia rosa* (69), *Le sorelle* (70), *Un Aller simple* (70 France), *Dramma della gelosia—tutti i particolari in cronaca* (70), *Mio padre monsignore* (70), *Una prostituta al servizio del pubblico e in regola con le leggi dello stato* (71), *Ettore lo fusto* (71), *Mimì metallurgico ferito nell'onore* (72), *Mazzabubù...quante corne stanno quaggiù* (72), *La prima notte di quiete* (72), *La tarantola dal ventre nero* (72), *Film d'amore e d'anarchia* (73), *Sono stato io!* (73), *Paolo il caldo* (73), *Sesso matto* (73), *Fatti di gente perbene* (74), *Travolti da un insolito destino nell'azzurro mare d'agosto* (74), *Il bestione* (74), *Tutto a posto e niente in ordine* (74), *A mezzanotte va la ronda del piacere* (75), *Pasqualino Settebellezze* (76), *L'innocente* (76), *La fine del mondo nel nostro solito letto in una notte piena di pioggia* (77), *I nuovi mostri* (77), *Fatto di sangue fra due uomini per causa di una vedova (si sospettano moventi politici)* (78), *Buone notizie* (79), *Viaggio con Anita* (79), *Lili Marleen* (80 Germany), *La vita è bella* (80), *Bello mio, bellezza mia* (82), *Escape* (83 U.S.), *Mi manda Piccone* (83), *American Dreamer* (84 U.S.), *Fever Pitch* (85 U.S.), *Saving Grace* (86 U.S.), *Ternosecco* (86 also d), *I picari* (86), *Snack Bar Budapest* (88), *Brown Bread Sandwiches* (89 Canada), *New York Stories* (89 U.S.), *'O re* (89), *Lo zio indegno* (89), *Tempo di uccidere* (89), *Divertimenti nella casa privata* (90), *Il male oscuro* (90), *Nel giardino delle rose* (90).

1946. Giannini, Guglielmo. Writer. b. Oct. 14, 1891, Pozzuoli. d. Oct. 13, 1960, Roma. RN: Alberto Vario. Most famous as a playwright. Also directed several films. *Re burlone* (35), *L'anonima Roylott* (36), *Re di denari* (36 story), *Pensaci, Giacomino!* (37 also story), *Gatta ci cova* (37 co-w), *L'ha fatto una signora* (38), *Duetto vagabondo* (39 also d), *L'affare si complica* (40 also story), *La donna perduta* (40), *La bocca sulla strada* (41), *Il nemico* (42 also d), *Grattacieli* (42 also d), *Quattro ragazze sognano* (43 also d).

Giannini, Nino *see* **Giannini, Ettore**

1947. Giannuzzi, Rita. Actress. b. 1933, Torino. *Cronaca di un amore* (51), *La signora senza camelie* (53), *Cose da pazzi* (54), *Mi permette, babbo?* (56), *Arrivano i dollari* (56), *Italia piccola* (57).

1948. Gianviti, Roberto. Co-writer. AKA: Roberto Gianvitti. *Mia nonna poliziotto* (58), *Lorella* (58), *Totò a Parigi* (58),

Domenica è sempre domenica (58), *Marinai, donne e guai* (58), *I tartassati* (59 also co-story), *Rosmunda e Alboino* (61), *Maciste, l'eroe più grande del mondo* (63), *Gli schiavi più forti del mondo* (63), *Il trionfo di Ercole* (64), *Ercole, Sansone, Maciste, Ursus: gli invincibili* (64), *El Rojo* (66), *Uno sceriffo tutto d'oro* (66), *Per un pugno nell'occhio* (66), *Operazione San Pietro* (68), *Una rafaga de plomo* (68 Spain story), *Giugno 44 sbarcheremo in Normandia* (68), *Franco, Ciccio e le vedove allegre* (68), *I due crociati* (68 also story), *Una sull'altra* (70 also story), *Una lucertola con la pelle di donna* (71), *Buon funerale, amigos...paga Sartana* (71 w), *Il mio nome è Scopone e faccio sempre cappotto* (72), *I corvi ti scaveranno la fossa* (73).

1949. Gielgud, John. U.K. actor. b. April 14, 1904, London. *Giulietta e Romeo* (54 voice), *Caligola* (79), *Barbablù Barbablù* (87).

1950. Gigli, Beniamino. Operatic tenor. b. March 20, 1890, Recanati, near Ancona. d. Nov. 30, 1957, Roma. *Ave Maria* (37), *Sinfonie di cuori* (37), *Marionette* (38), *Ritorno* (39), *Casa lontana* (40), *Mamma* (41), *I pagliacci* (41), *Vertigine* (42), *Silenzio, si gira!* (43), *Voglio bene soltanto a te* (46), *Follie per l'opera* (47), *Una voce nel tuo cuore* (49), *Taxi di notte* (50), *Soho Conspiracy* (51 U.K.).

1951. Gil, Gilbert. French actor. b. Sept. 9, 1913, Goussainville. *I bastardi* (50), *Versailles* (53), *Napoleone Buonaparte* (54).

1952. Gilbert, Lou. U.S. actor. b. 1909. d. 1978. *Giulietta degli spiriti* (65).

Gilbert, Rod *see* **Guerrieri, Romolo**

1953. Giller, Walter. German actor. b. Aug. 23, 1927. Married Nadja Tiller. *I peccatori della Foresta Nera* (61), *Una storia moderna: l'ape regina* (63), *Johnny Banco* (68), *Ruba al prossimo tuo* (68).

1954. Gilli, Luciana. Actress. AKA: Lucy Gilly. *Sir Francis Drake, il re dei sette mari* (63), *Ursus nella terra di fuoco* (63), *Il conquistatore di Atlantide* (65), *Una bara per lo sceriffo* (65), *La colt è la mia legge* (65), *La morte non conta i dollari* (67), *Pecos è qui: prega e muori* (67).

1955. Gimpera, Teresa. Spanish actress. b. 1936. *Spia spione* (67), *Wanted* (68), *La Battaglia d'Inghilterra* (70), *La notte dei diavoli* (71), *Macabra* (72), *Una breve vacanza* (73), *E poi non rimase nessuno* (74).

1956. Ginna, Arnaldo. Director. *Vita futurista* (16 also ph).

1957. Gioi, Vivi. Actress. b. Jan. 2, 1919, Livorno. RN: Vivien Trumphy. AKA: Vivien Diesca. "Discovered" by De Sica. *Ma non è una cosa seria* (36), *Bionda sottochiave* (39), *Frenesia* (39), *Vento di milioni* (39), *Rose scarlatte* (40), *Alessandro, sei grande!* (40), *Dopo divorzieremo* (40), *Cento lettere d'amore* (40), *La canzone rubata* (40), *Mille chilometri al minuto* (40), *Il pozzo dei miracoli* (41), *L'amante segreta* (41), *Primo amore* (41), *L'attore scomparso* (41), *Giungla* (41), *Cortocircuito* (42), *Harlem* (42), *Bengasi* (42), *Sette anni di felicità* (42), *Lascia cantare il cuore* (43), *Turno di notte* (43), *La casa senza tempo* (43), *Tutta la città canta* (43), *Cronaca di due secoli* (43 finished in 53 and never shown), *Il marito povero* (46 made in 43), *Caccia tragica* (47), *Il grido della terra* (48), *Donne senza nome* (49), *Gente così* (50), *La portatrice di pane* (50), *Senza bandiera* (50), *La risaia* (55), *Il processo di Verona* (62), *Dio non paga, il sabato* (68).

1958. Giorda, Marcello. Actor. b. Jan. 16, 1890, Roma. *I due misantropi* (36), *Scipione l'Africano* (37), *L'albero di Adamo* (37), *Rita da Cascia* (42), *Torna a Sorrento* (45), *Rigoletto* (46), *Albergo Luna, camera 34* (47), *L'apocalisse* (47), *Rocambole* (47), *La monaca di Monza* (47), *Gli uomini sono nemici* (47), *Il fabbro del convento* (48), *Lorenzaccio* (51), *Ha da venì...don Calogero* (51), *Processo contro ignoti* (53), *Traviata 53* (53), *Il prigioniero del re* (54), *Una parigina a Roma* (54), *La campana di san Giusto* (54), *Un americano a Roma* (54), *Il seduttore* (54), *Le schiave di Cartagine* (57), *La legge* (58), *La grande guerra* (59), *Messalina, venere imperatrice* (59).

Giordana, Andrea *see* **Gorman, Chip**

1959. Giordani, Aldo. Director of photography. b. Nov. 2, 1914, Roma. Son of Arturo Giordani. *Apparizione* (43), *Addio, Mimì* (47 co-ph), *Il Trovatore* (47), *Benvenuto, reverendo!* (49), *Tre passi al nord* (50), *Taxi di notte* (50), *I sette nani alla riscossa* (51), *Bellezze a Capri* (51 co-ph), *La colpa di una madre* (52), *Moglie per una notte* (52 co-ph), *Melodie immortali* (52), *Noi cannibali* (53), *Siamo ricchi e* *poveri* (54), *Peccato che sia una canaglia* (54), *I due compari* (55), *Donne sole* (55), *Guardia, guardia scelta, brigadiere e maresciallo* (56), *I fidanzati della morte* (57), *Il bacio del sole* (58), *Le orientali* (59 doc), *Teseo contro il Minotauro* (60), *I mongoli* (61 co-ph), *Pastasciutta nel deserto* (61 co-ph), *Seddok, l'erede di Satana* (61), *La valle dell'eco tonante* (64), *Uccidi o muori* (66), *El Rojo* (66), *Monta in sella, figlio di...* (67), *Il bello, il brutto, il cretino* (67), *...Dai nemici mi guardo io!* (68), *Sul sentiero di guerra* (69), *Lo chiamavano Trinità* (70), *Continuavano a chiamarlo Trinità* (71), *E poi lo chiamarono Il magnifico* (72), *Bella, ricca, lieve difetto fisico cerca anima gemella* (73), *Salvo d'acquisto* (75), *Orzowei, la figlia della savana* (76), *Due sul pianerottolo* (77).

1960. Giordani, Arturo. Director of photography. b. Jan. 9, Roma. *Kitra, fiore della notte* (19), *L'amore di Loredana* (19), *Musotte* (19), *La scimitarra di Barbarossa* (19), *Una donna d'altri tempi* (20), *Sotto la maschera* (20), *La bottega dell'antiquario* (20), *Il centauro* (20), *L'amazzone nera* (21), *L'isola di Progne* (21), *La rosa* (21), *Senza amore* (21), *Il solco e la sementa* (21), *Suprema bellezza* (21), *La bambola vivente* (24), *Caramba* (24 co-d).

1961. Giordano, Daniela. Actress. b. 1948. *I barbieri di Sicilia* (67), *Joe...cercati un posto per morire* (68), *Frau Wirtin hat auch einen Grafen* (68 Germany), *Il lungo giorno del massacro* (68), *Frau Wirtin hat auch eine Nichte* (68 Germany), *La sfida dei Mackenna* (69), *E vennero in quattro... per uccidere Sartana* (69), *Un esercito di cinque uomini* (69), *Il suo nome era Pot... lo chiamavano Allegria* (71), *I quattro pistoleri di Santa Trinità* (71), *Trinità e Sartana...figli di...* (72), *Il tuo vizio è una stanza chiusa e solo io ne ho la chiave* (72), *Scansati...Trinità arriva ad Eldorado* (73), *Quante volte...quella notte* (73), *Le impiegate stradali* (76), *La portiera nuda* (76), *Un toro da monta* (76), *Eroticofollia* (76), *Il vizio ha le calze nere* (77), *Zara Murat, la belva dell'Anatolia* (79), *Le segrete di Lucia e Fanny* (80).

1962. Giordano, Marco Tullio. Director. *Maledetti, vi amerò* (80 also composer), *La caduta degli angeli ribelli* (81 also co-w), *Appuntamento a Liverpool* (88 also co-w).

1963. Giorgelli, Gabriella. Actress. b. 1942. *Madame Sans-gêne* (61), *Una vita difficile* (61), *L'isola di Arturo* (62), *I fuorilegge del matrimonio* (62), *La comare secca* (62), *I compagni* (63), *Le più belle truffe del mondo* (63), *Frenesia d'estate* (64), *Uno straniero a Sacramento* (64), *El Greco* (65), *La guerra segreta* (65), *La ragazzola* (66), *Maigret à Pigalle* (66 France), *Una rete piena di sabbia* (66), *Das Rasthaus der grausamen Puppen* (67 Germany), *I lunghi giorni della vendetta* (68), *Le due facce del dollaro* (68), *La cintura di castità* (68), *Brutti di notte* (68), *I due deputati* (68), *Le calde notti di Lady Hamilton* (68), *Shango, la pistola infallibile* (69), *In Search of Gregory* (70 U.K.), *La belva* (70), *Il mio nome è Mallory... "M" come morte* (71), *Arriva Durango, paga o muori* (72), *La polizia brancola nel buio* (75), *La moglie vergine* (76), *I piaceri della contessa Gamaian* (76), *San Pasquale Baylonne, protettore delle donne* (76), *L'educanda* (76), *La moglie di mio padre* (76), *Tre tigri contro tre tigri* (77), *Bersaglio altezza uomo* (79), *La città delle donne* (80), *Le avventure dell'incredibile Ercole* (83).

1964. Giovanni, José. Corsican co-writer. b. 1923. *Asfalto che scotta* (60 also novel), *Rififi a Tokio* (62), *Sinfonia per un massacro* (63).

1965. Giraldi, Franco. Director. AKA: Frank Garfield, Louis Garfinkle. *Sette pistole per i MacGregor* (65), *Sette donne per i MacGregor* (66 also co-w), *Sugar Colt* (66), *Un minuto per pregare, un istante per morire* (68 also co-w), *La bambalona* (68 also adapted), *Cuori solitari* (69 also co-w), *Gli ordini sono ordini* (71), *La rosa rossa* (73), *Colpita da improvviso benessere* (76), *La giacca verde* (79 also co-w), *L'altro inferno* (80 *), *L'inferno dei morti viventi* (80 *).

Girardi, Roberto *see* **Gerardi, Roberto**

1966. Girardon, Michèle. Actress. *L'ammutinamento* (62), *Vendo cara la pelle* (68).

1967. Girardot, Annie. French actress. b. Oct. 25, 1931, Paris. Married Renato Salvatori. *Rocco e i suoi fratelli* (60), *Il delitto non paga* (62), *Smog* (62), *I fuorilegge del matrimonio* (62), *I compagni* (63), *La pappa reale* (63), *Il giorno più corto* (63), *La donna scimmia* (64), *Una voglia da morire* (64), *Le belle famiglie* (65), *La guerra segreta* (65), *La ragazza in prestito*

(65), *Le streghe* (66), *Dillinger è morto* (68), *Metti, una sera a cena* (68), *Storia di una donna* (69) *Il seme dell'uomo* (69), *Un tipo che mi piace* (70), *Il sospetto* (75), *L'ingorgo – una storia impossibile* (79), *Io e il Duce* (83).

Girault, Jean *see* **Owens, Richard**

1968. Girelli, Margherita. Actress. *Divorzio all'italiana* (61), *La voglia matta* (62), *Parigi o cara* (63).

1969. Girolami, Ennio. Actor. b. 1934, Roma. AKA: Enio Girolami, Thomas Moore. *Il viale della speranza* (53), *Fratelli d'Italia* (53), *Ci troviamo in galleria* (53), *La spiaggia* (53), *Ho ritrovato mio figlio* (53), *Il seduttore* (54), *Ultima illusione* (54), *Il cantante misterioso* (54), *L'amante di Paride* (54), *Il suo più grande amore* (55), *Sette canzoni per sette sorelle* (56), *Ore 10 lezione di canto* (56), *Le notti di Cabiria* (56), *I miliardari* (56), *Se il re lo sapesse* (57), *Marisa la civetta* (57), *C'è un sentiero nel cielo* (57), *Giovani mariti* (57), *Vacanze ad Ischia* (57), *Racconti d'estate* (58), *Pochi dollari per Django* (66), *I crudeli* (67), *Due R-r-r-ringos nel Texas* (67), *Sette Winchester per un massacro* (68), *Anche nel west, c'era una volta Dio* (68), *Quella sporca storia del west* (68), *Reverendo Colt* (71), *Il giorno del cobra* (80), *Guerrieri del Bronx* (82), *Colpi di luce* (85), *Sinbad* (86).

Girolami, Enzo *see* **Castellari, Enzo G.**

1970. Girolami, Marino. Director. b. Roma. AKA: Fred Wilson, Frank Martin, Franco Martinelli. *Quartieri alti* (43 asst d), *Fuga in Francia* (48 asst d), *Sotto il sole di Roma* (48 asst d), *La strada buia* (49 co-d), *Miss Italia* (49 asst d), *Il ladro di Venezia* (50 co-d), *Amore e sangue* (51 co-d), *Milano miliardaria* (51 co-d), *Il mago per forza* (51 co-d), *Era lui...sì! sì!* (51 co-d), *Lo sai che i papaveri...* (52 co-d), *Oggi sposi* (52), *Noi due soli* (52 co-d), *Era lei che lo voleva* (53 co-d), *Riscatto* (53 co-d), *Canto per te* (54 also co-w), *Il cantante misterioso* (54 also co-w), *La ragazza di via Veneto* (56 also co-w), *Cantando sotto le stelle* (56), *Ore 10 lezione di canto* (56), *Serenate per 16 bionde* (57 also co-w), *Vivendo, cantando...che male ti fo?* (57), *La canzone del destino* (57), *C'è un sentiero nel cielo* (57 also co-w), *Buongiorno, primo amore* (57), *Il romanzo di un giovane povero* (58), *Quando gli angeli piangono* (58), *Un canto nel deserto* (59), *Il mio amico, Jekyll* (60), *La ragazza sotto il lenzuolo* (61), *Ferragosto in bikini* (61), *L'ira di Achille* (61), *Gli italiani e le donne* (63), *La donna degli altri è sempre più bella* (63), *I sentieri dell'odio* (64 also co-w), *Queste pazze, pazze donne* (64), *I magnifici brutos del west* (65), *Due R-r-r-ringos nel Texas* (67 also co-w), *Granada addio!* (68), *Franco, Ciccio e le vedove allegre* (68), *Anche nel west, c'era una volta Dio* (68 also p/co-w/story), *Decamerone proibitissimo* (72), *Le esperienze di Maria Rosa, cameriera curiosa* (73), *Roma violenta* (75), *La moglie vergine* (76), *Italia a mano armata* (77), *Kakientrüppen* (77), *La liceale al mare con l'amica di papà* (80), *Sesso profondo* (80), *Zombi holocaust* (80), *L'esercito più pazzo del mondo* (81), *Pierino contro tutti* (81 also co-w), *Pierino colpisce ancora* (82), *Giggi il bullo* (82).

1971. Girotti, Mario. Actor. b. March 29, 1939, Venezia. AKA: Terence Hill. Of German descent on his mother's side. "Discovered" in a public swimming pool by Dino Risi. Famous in the "Trinità" films with Bud Spencer. *Vacanze col gangster* (51), *La voce del silenzio* (52), *Villa Borghese* (53), *Divisione Folgore* (54), *Gli sbandati* (55), *La vena d'oro* (55), *Mamma sconosciuta* (56), *Guaglione* (56), *La grande strada azzurra* (57), *Lazzarella* (57), *Anna di Brooklyn* (58), *La spada e la croce* (58), *Primo amore* (58), *Il padrone delle ferriere* (59), *Cartagine in fiamme* (59), *Annibale* (59), *Un militare e mezzo* (59), *Cerasella* (59), *Giuseppe venduto dai fratelli* (60), *Pecado de amor* (61 Spain), *Le meraviglie di Aladino* (62), *Il gattopardo* (63), *Sir Francis Drake, il re dei sette mari* (63), *La rivincita di Ivanhoe* (64), *La notte del desiderio* (64), *Giorni di fuoco* (64), *Old Surehand* (65), *Schüsse in 3/4 Takt* (65 Germany), *Die Niebelungen, I Teil* (65 Germany), *Duell vor Sonneruntergang* (65 Germany), *Ruf der Wälder* (65 Germany), *Die Niebelungen, II Teil* (65 Germany), *Uccidere a Apache Wells* (65), *Là, dove scende il sole* (65), *La feldmarescialla* (66), *Io non protesto, io amo* (67), *Little Rita nel far west* (67), *Dio perdona...io no* (68), *I quattro dell'ave maria* (68), *Preparati la bara* (68), *La collina degli stivali* (69), *Barbagia* (69), *Lo chiamavano Trinità* (70), *Continuavano a chiamarlo Trinità* (71), *Il vero e il falso* (71), *La collera del vento* (72), *E poi lo chiamarono Il magnifico* (72), *Più* *forte, ragazzi!* (72), *Il mio nome è Nessuno* (73), *Altrimenti ci arrabbiamo* (74), *Porgi l'altra guancia* (74), *Un genio, due compari, un pollo* (75), *I due superpiedi* (76), *Il corsaro nero* (76), *Mr. Billion* (77 U.S.), *March or Die* (77 U.K.), *Io sto con gli ippopotami* (79), *Chi trova un amico trova un tesoro* (80), *Poliziotto superpiù* (81), *Don Camillo* (83 also d), *Lucky Luke* (91 also d).

1972. Girotti, Massimo. Actor. b. May 18, 1918, Mogliano. *Dora Nelson* (39), *Una romantica avventura* (40), *La corona di ferro* (41), *Tosca* (41), *La famiglia Brambilla in vacanza* (41), *I pirati della Malesia* (41), *Le due tigri* (41), *La cena delle beffe* (41), *Un pilota ritorna* (42), *Ossessione* (42), *Harlem* (42), *La carne e l'anima* (45 made in 43), *La porta del cielo* (45), *I dieci comandamenti* (45 started in 43), *Scalo merci* (46 made in 43), *Un giorno nella vita* (46), *Preludio d'amore* (46), *Fatalità* (47), *Caccia tragica* (47), *Anni difficili* (47), *Gioventù perduta* (47), *Natale al campo 119* (48), *Fabiola* (48), *Molti sogni per le strade* (48), *In nome della legge* (49), *Benvenuto, reverendo!* (49), *Duello senza onore* (49), *Altura* (50), *Cronaca di un amore* (51), *Persiane chiuse* (51), *Clandestino a Trieste* (51), *Bellissima* (51), *Roma, ore 11* (51), *Spartaco* (52), *Naso di cuoio* (52), *Il tenente Giorgio* (52), *Il segreto delle tre punte* (52), *Ai margini della metropoli* (52), *Sul Ponte dei sospiri* (52), *Un marito per Anna Zaccheo* (53), *L'Amour d'une femme* (53 France), *Vortice* (54), *Senso* (54), *Disperato addio* (54), *La tua donna* (54), *I quattro del getto tonante* (55), *La vena d'oro* (55), *Margherita della notte* (55), *Dimentica il mio passato* (55), *I vagabondi delle stelle* (56), *Souvenir d'Italie* (57), *Lazzarella* (57), *Saranno uomini* (57), *La trovatella di Pompei* (57), *Asphalte* (58 France), *Giuditta e Oloferne* (58), *La venere di Cheronea* (58), *Afrodite, dea dell'amore* (58), *La strada lungo un anno* (58), *Erode il grande* (59), *La 100 km* (59), *Jukebox, urli d'amore* (59), *Le legioni di Cleopatra* (59), *Lupi nell'abisso* (59), *I cosacchi* (59), *Lettere di una novizia* (60), *Cavalcata selvaggia* (60), *Le notti dei teddy-boys* (60), *Romolo e Remo* (61), *I giganti della Tessaglia* (61), *Oro per i cesari* (62), *Mafia alla sbarra* (63), *Venere imperiale* (63), *Le meravigliose avventure di Marco Polo* (65), *Idoli controluce* (66), *Le streghe* (66), *El misterioso señor Van Eyck* (66 Spain), *Scusi, facciamo l'amore* (67), *Teorema* (68), *Il mio corpo con rabbia* (68), *La coppia* (68), *Medea* (69), *La tenda rossa* (69), *Le sorelle* (70), *Beau Masque* (72 France), *Gli orrori del castello di Norimberga* (72), *Ultimo tango a Parigi* (72), *L'ultima chance* (73), *Cagliostro* (74), *L'innocente* (76), *Mr Klein* (76 France/U.S.), *Un relitto delle isole* (79), *Passione d'amore* (80), *Ars amandi — l'arte d'amare* (83), *Interno berlinese* (85), *La bohème* (88), *Rebus* (89).

Giuffrè, Aldo *see* **Guiffrè, Carlo**

1973. Giuffrè, Carlo. Actor. b. 1924, Napoli. AKA: Aldo Giuffrè. *I cadetti di Guascogna* (50), *Napoli milionaria* (50), *Guardie e ladri* (51), *Filumena Marturano* (52), *Cinque poveri in automobile* (52), *La domenica della buona gente* (53), *Un turco napoletano* (53), *Capitan Fantasma* (53), *Villa Borghese* (53), *Totò all'inferno* (54), *Il medico dei pazzi* (54), *Le signorine dello 04* (54), *Peccato di castità* (56), *Arrivederci Roma* (58), *Rascel — marine* (58), *I magliari* (59), *Il carabiniere a cavallo* (61), *I due nemici* (61), *Il re di Poggioreale* (61), *Madame Sans-gêne* (61), *Il segugio* (62), *Le quattro giornate di Napoli* (62), *I due della Legione straniera* (62), *Il giorno più corto* (63), *I cuori infranti* (63), *Ercole sfida Sansone* (63), *Ieri oggi e domani* (63 the episode "Adelina"), *L'idea fissa* (64), *Due mafiosi nel far west* (64), *Amore in quattro dimensioni* (64), *Letti sbagliati* (65), *Made in Italy* (65), *Spiaggia libera* (65), *Il buono, il brutto, il cattivo* (66), *Questi fantasmi* (67), *La più bella coppia del mondo* (68), *La ragazza con la pistola* (68), *Certo, certissimo, anzi...probabile* (69), *Scacco alla regina* (70), *Con quale amore, con quanto amore* (70), *Ninì Tirabusciò, la donna che inventò la "mossa"* (70), *Quando le donne avevano la coda* (70), *Quando gli uomini amarano la clava...e con le donne fecero din-don* (71), *Gli eroi* (73), *Il tuo piacere è il mio* (73), *Il brigadiere Pasquale Zagaria arma la mamma e la polizia* (73), *Furto di sera bel colpo si spera* (73), *Sesso in testa* (74), *Prostituzione* (74), *Pasqualino Cammarata...capitano di fregata* (74), *Il testimone deve tacere* (75), *Gente di rispetto* (75), *L'adolescente* (76), *Oh, Serafina!* (76), *Prima notte di nozze* (76), *Tre sotto il lenzuolo* (79), *Ciao marziano* (80), *Carcerato* (81), *Per favore, occupati di Amelia*

(81), *La pelle* (81), *Son contento* (83), *Mi manda Piccone* (83), *Desiderio* (83), *Scugnizzi* (87).

1974. Giuliani, Luigi. Actor. AKA: Jim Reed. *Il rossetto* (60), *Boccaccio 70* (61 the episode "La riffa"), *L'isola di Arturo* (62), *La spietata colt del gringo* (67), *La venganza de Clark Harrison* (68 Spain), *El arte de vivir* (68 Spain).

1975. Giunchi, Lea. Comic actress. Sister-in-law of Polidor (q.v.). *Tontolini e Lea a scuola* (10), *Tontolini e Lea a servizio* (10), *Pinocchio* (10), *Lea al mare* (10), *Lea femminista* (10), *Lea in convitto* (10), *Lea si veste alla moda* (10), *Tontolini e Lea fra le nuvole* (11), *Lea domatrice* (11), *Lea e il gomitolo* (11), *Lea modernista* (11), *Lea vuol morire* (11), *Quo vadis?* (12), *Lea e Checcho in viaggio di nozze* (13), *Lea portinaia di Kri-Kri* (13), *Madame Coralie e C.* (14), *L'acrobata mascherato* (15), *Il sopravvissuto* (16), *Crispino e la comare* (16), *La cieca di Sorrento* (16), *I milioni della miss* (17).

1976. Giusti, Elena. Actress. b. 1921, Malta. *I pompieri di Viggiù* (49), *I due sergenti* (51), *Sua Altezza ha detto: no!* (53), *Café chantant* (53).

1977. Giustini, Carlo. Actor. b. May 4, 1923, Viterbo. *La donna della montagna* (43), *Fantasmi del mare* (48), *Campane a martello* (48), *Sangue sul sagrato* (50), *Serenata tragica* (51), *Spartaco* (52), *Bellezze in motoscooter* (52), *La leggenda del Piave* (52), *La sultana Safiyè* (53), *Nerone e Messalina* (53 started in 49), *La ragazza di via Veneto* (56), *La maja desnuda* (58), *Il mistero dei tre continenti* (59), *Messalina, venere imperatrice* (59), *Giuseppe venduto dai fratelli* (60), *Ombre bianche* (60), *Il mondo nella mia tasca* (60), *Il tiranno di Siracusa* (61), *El Cid* (61), *Le vergini di Roma* (61), *I diafanoidi portano la morte* (65).

1978. Gizzi, Loris. Actor. b. 1899, Roma. *T'amerò sempre* (33), *Casta diva* (35), *Ginevra degli Almieri* (35), *I condottieri* (36), *Se quell'idiota ci pensasse* (39), *Torna, caro ideal...!* (39), *I promessi sposi* (41), *Sempre più difficile* (42), *Maria Malibran* (43), *Il mondo vuole così* (45), *Non siamo sposati* (46), *Anni difficili* (47), *Napoleone* (51), *Il cappotto* (52), *La storia del fornaretto di Venezia* (52), *Nerone e Messalina* (53 started in 49), *Teodora, imperatrice di Bisanzio* (53), *Giuseppe Verdi* (53), *La prigioniera di Amalfi* (53), *Amore e smarrimento* (54), *La schiava del peccato* (54), *Il cardinale Lambertini* (54), *La catena dell'odio* (55), *La donna più bella del mondo* (55), *I due compari* (55), *Difendo il mio amore* (56), *Io, Caterina* (56), *Moglie e buoi...* (56), *Una pelliccia di visone* (56), *Amaramente* (56), *Giovanni dalle bande nere* (57), *Il terrore dei mari* (62), *James Tont...operazione U.N.O.* (66), *James Tont...operazione D.U.E.* (66), *Il figlio di Aquila Nera* (68), *I due crociati* (68), *Colpo di stato* (68), *Zorro, marchese di Navarra* (69).

Glenn, Montgomery *see* **Tranquilli, Silvano**

1979. Glori, Enrico. Actor. b. Aug. 3, 1901. RN: Enrico Musy. Long in France. *Il fu Mattia Pascal* (37), *I tre desideri* (38), *Giuseppe Verdi* (38), *Sotto la croce del Sud* (38), *Diamanti* (38), *Il suo destino* (39), *Il barone di Corbò* (39), *Il fornaretto di Venezia* (39), *Abuna Messias* (39), *Abbandono* (40), *La gerla di papà Martin* (40), *Il prigioniero di Santa Cruz* (40), *La maschera di Cesare Borgia* (41), *I promessi sposi* (41), *Le due orfanelle* (42), *Don Cesare di Bazan* (42), *Quattro ragazze sognano* (43), *Il mondo vuole così* (45), *Genoveffa di Brabante* (46), *Teheran* (47), *Sperduti nel buio* (47), *La certosa di Parma* (47), *Manù, il contrabbandiere* (47), *Molti sogni per le strade* (48), *Monaca santa* (48), *L'imperatore di Capri* (49), *Il voto* (51), *Romanticismo* (51), *La vendetta del corsaro* (51), *A fil di spada* (52), *Imbarco a mezzanotte* (52), *La signora senza camelie* (53), *Stazione Termini* (53), *Giuseppe Verdi* (53), *La spiaggia* (53), *Desiderio 'e sole* (54), *Guai ai vinti!* (54), *Il caffè del porto* (54), *Fascicolo nero* (55), *La donna più bella del mondo* (55), *Il segreto di suor Angela* (55), *Difendo il mio amore* (56), *Lo spadaccino misterioso* (56), *I vagabondi delle stelle* (56), *Arriva la zia d'America* (56), *Parola di ladro* (57), *Erode il grande* (59), *Il mattatore* (60), *Romolo e Remo* (61), *Barabba* (61), *Maciste, l'uomo più forte del mondo* (61).

1980. Glori, Vittorio. Production manager. AKA: Vittorio Musy-Glori. *La signora senza camelie* (53), *La ragazza del Palio* (58), *Nel segno di Roma* (58 p), *La tenda rossa* (69 co-prod mgr).

1981. Glori-Musy, Gianni. Actor. b.

Aug. 3, 1931, Milano. RN: Gianni Musy. AKA: Gianni Glori. Son of Enrico Glori. *Oro nero* (41), *Harlem* (42), *L'onorevole Angelina* (47), *Napoli milionaria* (50), *Filumena Marturano* (52), *La peccatrice dell'isola* (52), *La peccatrice del deserto* (53), *Un maledetto imbroglio* (59), *Il mantenuto* (61), *Romolo e Remo* (61), *Jessica* (62), *L'uomo che ride* (65), *Per amore . . . per magia* (68), *La statua* (70), *Sette ore di violenza per una soluzione imprevista* (74), *Zorro* (75), *2 Magnum 38 per una città di carogne* (75), *Squadra antigangsters* (79), *L'importante è non farsi notare* (80), *Asso* (81).

1982. **Gloria, Leda.** Actress. b. Aug. 30, 1912, Roma. RN: Leda Nicoletti. She started in silent movies. *Terra madre* (31), *Figaro e la sua gran giornata* (31), *Palio* (32), *L'armata azzurra* (32), *La tavola dei poveri* (32), *Il trattato scomparso* (33), *Oggi sposi* (34), *Il cappello a tre punte* (34), *Milizia territoriale* (35), *L'aria del continente* (36), *Arma bianca* (36), *L'ambasciatore* (36), *Nozze vagabonde* (36), *Sette giorni all'altro mondo* (36), *I tre desideri* (38), *Il marchese di Ruvolito* (39), *Duetto vagabondo* (39), *Montevergine* (39), *La reggia sul fiume* (40), *Antonio Meucci, il mago di Clifton* (40), *Il cavaliere di Kruja* (40), *Notte di fortuna* (41), *La pantera nera* (41), *Anime in tumulto* (41), *Redenzione* (42), *Dagli Appennini alle Ande* (43), *La moglie in castigo* (44), *Il mulino del Po* (48), *Vogliamoci bene* (49), *Napoli milionaria* (50), *Strano appuntamento* (51), *Ultimo incontro* (51), *L'eterna catena* (51), *Le ragazze di piazza di Spagna* (51), *Don Camillo* (52), *Ergastolo* (52), *Papà, ti ricordo* (52), *Non è mai troppo tardi* (53), *Me li mangio vivi!* (53), *Il ritorno di don Camillo* (53), *Villa Borghese* (53), *Cuore di mamma* (54), *Ballata tragica* (54), *Il barcaiolo d'Amalfi* (55), *Torna piccina mia* (55), *Luna nova* (55), *Don Camillo e l'onorevole Peppone* (55), *Ciao pais . . .* (56), *Amaramente* (56), *Era di venerdì 17* (56), *Serenata a Maria* (57), *Guendalina* (57), *Il cocco di mamma* (57), *La legge è legge* (58), *Il compagno don Camillo* (65).

1983. **Glory, Marie.** French actress. b. 1903, Mortagne. RN: Marie Toully. *Una moglie in pericolo* (39), *Dagli Appennini alle Ande* (43), *Quando le donne amano* (52), *Gli uomini, che mascalzoni!* (53).

1984. **Glover, Julian.** U.K. actor. b. March 27, 1935, London. *Gli ultimi dieci giorni di Hitler* (72).

1985. **Gobbi, Tito.** Operatic baritone. b. Oct. 24, 1913, Bassano del Grappa. d. March 5, 1984, Roma. Debuted at La Scala in 1942, and was an international name after 1952. Later an opera director. *I condottieri* (36), *Giuseppe Verdi* (38), *Il sogno di Butterfly* (39), *La mia canzone al vento* (39), *Vertigine* (42), *Musica proibita* (42), *07 tassì* (43), *O sole mio* (45), *Il barbiere di Siviglia* (46), *Elisir d'amore* (46), *Avanti a lui tremava tutta Roma* (46), *L'eco della gloria* (46), *Rigoletto* (46), *Follie per l'opera* (47), *La Traviata* (47 singing voice), *Pagliacci* (48), *La montagna di cristallo* (49), *La forza del destino* (50), *L'uccello di fuoco* (51), *Soho Conspiracy* (51 U.K.), *Cavalleria rusticana* (53 voice), *Giuseppe Verdi* (53), *Canzoni a due voci* (53), *Casa Ricordi* (54), *Figaro, barbiere di Siviglia* (55).

1986. **Godard, Jean-Luc.** French director. b. Dec. 3, 1930, Paris. *I sette peccati capitali* (62 the episode "Pigrizia" also w), *RoGoPaG* (62 also w the episode "Il nuovo mondo"), *Cleo dalle 5 alle 7* (62 *), *Il disprezzo* (62 also w/*), *Le più belle truffe del mondo* (63 the episode "Le Grand Escroc" also co-w/*), *La schiava di Bagdad* (63 *), *Paparazzi tentazioni proibite* (63 short *), *Agente Lemmy Caution: missione Alphaville* (65 also w), *Amore e rabbia* (67 the episode "L'amore" also w), *Vento dell'est* (69 also w), *Lotte in Italia* (69 co-d/w).

1987. **Goddard, Paulette.** U.S. actress. b. June 3, 1911, Great Neck, Long Island, N.Y. d. April 23, 1990, Switzerland. RN: Marion Goddard Levee. *Gli indifferenti* (63 her last film).

1988. **Godet, Danièle.** French actress. b. Jan. 20, 1927, Paris. *Taxi di notte* (50), *Chéri-Bibi, il forzato della Guiana* (55).

1989. **Golan, Gila.** Polish-born actress. b. ca. 1938. A WWII refugee of uncertain origin. Miss Israel in 1961, and runner-up to Miss World. *Lo scatenato* (67).

1990. **Golan, Menahem.** Israeli coproducer. b. May 31, 1929, Tiberias, Palestine. Has also directed several movies. *La nave dell'uranio* (78 d), *Nanà* (82), *Le avventure dell'incredibile Ercole* (83), *Interno berlinese* (85), *Un complicato intrigo* *di donne, vicoli e delitti* (85), *Otello* (86).

1991. Goldblatt, Harold. Irish actor. b. 1901. d. 1982. *Cronache di un convento* (62).

1992. Goldsmith, Jerry. U.S. composer. b. 1930, Los Angeles, Calif. RN: Jerrald Goldsmith. *La parola di un fuorilegge...è legge* (74).

1993. Golino, Valeria. Actress. b. Oct. 22, 1966, Napoli. Half-Greek, half-Italian. Raised in Athens. Former model. In the U.S.A. since 1988. *Scherzo del destino in agguato dietro l'angolo come un brigante da strada* (83), *Blind Date* (84 U.S.), *Piccoli fuochi* (85), *Storia d'amore* (86), *Asilo di polizia* (86), *Figlio mio infinitamente caro* (86), *Gli occhiali d'oro* (87), *L'Été dernier à Tanger* (87 France), *Big Top Pee-Wee* (88 U.S.), *Paura e amore* (88), *Rain Man* (89 U.S.), *Torrents of Spring* (89), *The King's Whore* (90 U.K.), *Il y a des jours...et des lunes* (90 France), *Tracce di una vita amorosa* (90), *Hot Shots* (91 U.S.), *Year of the Gun* (91 U.S.), *The Indian Runner* (91 U.S.).

1994. Golisano, Francesco. Actor. b. 1929. d. 1958, in a road accident. AKA: Geppa. *Sotto il sole di Roma* (48), *Vent'anni* (49), *Miracolo a Milano* (50 as Totò il buono), *Porca miseria* (51), *L'eroe sono io!* (51), *Un ladro in paradiso* (51), *Una croce senza nome* (52), *Il romanzo della mia vita* (53).

1995. Gonçalves, Kiko. Brazilian actor. *La statua* (70).

1996. Gonda, Greta. Austrian actress. b. June 10, 1917, Vienna. RN: Margarethe Tomicek Mondschein. *Imputato, alzatevi!* (39), *Eravamo sette vedove* (39), *Lo vedi come sei?* (39), *Il carnevale di Venezia* (40), *Tutto per la donna* (40), *Antonio Meucci, il mago di Clifton* (40), *Don Pasquale* (40), *Con le donne non si scherza* (41), *Barbablù* (41), *I pirati della Malesia* (41), *La regina di Navarra* (41), *Rossini* (41), *La morte civile* (42), *Il nostro prossimo* (42), *Il diavolo va in collegio* (43), *L'amante del male* (46 made in 44), *Voglio bene soltanto a te* (46), *Sono io l'assassino!* (47), *Undici uomini e un pallone* (48), *Messalina* (51).

1997. Goodliffe, Michael. U.K. actor. b. Oct. 1, 1914, Bebington. d. March 22, 1976, London. *Il testamento di Orfeo* (60), *Gli ultimi dieci giorni di Hitler* (72).

1998. Goodwin, Angela. U.S. actress. *Venga a prendere il caffè...da noi* (70), *La cosa buffa* (72), *Daniele e Maria* (73), *L'albero dalle foglie rosa* (74), *Abbasso tutti, viva noi* (74), *Macchie solari* (74), *Quanto è bello lu murire acciso* (76), *La linea del fiume* (76), *Goodbye and Amen* (78), *L'ultimo sapore dell'aria* (78), *Il prato macchiato di rosso* (78), *Claretta* (84), *Giulia e Giulia* (87), *Tracce di una vita amorosa* (90).

1999. Goodwin, Ron. U.K. composer. b. 1930, Plymouth. RN: Ronald Alfred Goodwin. *Operazione Crossbow* (65).

2000. Gora, Claudio. Actor. b. July 27, 1913, Genova. Directed several movies. *Ricchezza senza domani* (39), *Trappola d'amore* (39), *Torna, caro ideal...!* (39), *Il bazar delle idee* (40), *Melodie eterne* (40), *Amami, Alfredo!* (40), *È caduta una donna* (41), *Amore imperiale* (41), *Documento Z 3* (41), *Signorinette* (42), *Quarta pagina* (42), *Dove andiamo, signora?* (42), *L'amico delle donne* (42), *Gran Premio* (42), *Mater dolorosa* (42), *Squadriglia bianca* (43), *Nessuno torna indietro* (43), *La storia di una capinera* (43), *Resurrezione* (43), *Il fiore sotto gli occhi* (43), *Le modelle di via Margutta* (45), *I dieci comandamenti* (45 started in 43), *Trepidazione* (45), *Il fantasma della morte* (46), *Preludio d'amore* (46), *Io t'ho incontrata a Napoli* (46), *La certosa di Parma* (47), *Il fabbro del convento* (48), *L'isola di Montecristo* (48), *I contrabbandieri del mare* (49), *Il cielo è rosso* (49 d), *Fanciulle di lusso* (52), *L'incantevole nemica* (53 d/co-w), *Febbre di vivere* (53 d/co-w), *Maria Antonietta, regina di Francia* (56), *Il canto dell'emigrante* (56), *Tormento d'amore* (56 co-d), *La venere di Cheronea* (58), *La tempesta* (58), *La grande ombra* (58 d), *Tre straniere a Roma* (58 d), *Un maledetto imbroglio* (59), *La contessa azzurra* (59 d), *I delfini* (60), *Fantasmi a Roma* (60), *Via Margutta* (60), *I dolci inganni* (60), *Adua e le compagne* (60), *Un amore a Roma* (60), *Tutti a casa* (60), *Spade senza bandiere* (60), *A porte chiuse* (61), *Una vita difficile* (61), *Gli uomini vogliono vivere* (61), *Le Pavé de Paris* (61 France), *Ultimatum alla vita* (62), *Gioventù di notte* (62), *Quattro notti con alba* (62), *Mathias*

Sandorf (62 Germany), *Le Mercěnaire* (62 France), *Gibraltar* (62 France), *Il sorpasso* (62), *Il processo di Verona* (62), *Lo spadaccino di Siena* (62), *Il figlio di Spartacus* (62), *La Poupée* (62 France), *Gli imbroglioni* (63), *Gidget Goes to Rome* (63 U.S.), *Il treno del sabato* (63), *Le voci bianche* (64), *I raggi mortali del dott. Mabuse* (64), *Cover girls* (64), *Via Veneto* (64), *La mia signora* (65 the episode "I miei cari"), *Le conseguenze* (65 made in 63), *Cento dollari d'odio* (65), *I complessi* (65), *Per piacere, non sparate col cannone* (65), *Made in Italy* (65), *I nostri mariti* (66), *Gli uomini dal passo pesante* (66), *Un angelo per Satana* (66), *I crudeli* (67), *Diabolik* (67), *Lo scatenato* (67), *L'odio è il mio dio* (67 d/co-w), *John il bastardo* (67), *L'età del malessere* (68), *Il medico della mutua* (68), *Temptation* (68), *Satyricon* (68), *Cran d'arrêt* (69 France), *Un esercito di cinque uomini* (69), *Zingara* (69), *Il prof. dott. Guido Tersilli, primario della clinica Villa Celeste (delle piccole ancelle dell'amore miseriocordioso) convenzionata con la mutua* (69), *Michele Strogoff* (70), *Non commettere atti impuri* (71), *Confessione di un commissario di polizia al procuratore della repubblica* (71), *Equinozio* (72), *Rosina Fumo viene in città per farsi il corredo* (72 d), *Le monache di sant'Arcangelo* (72), *Bisturi, la mafia bianca* (73), *Gente di rispetto* (75), *La donna della domenica* (75), *Section spéciale* (75 France), *L'uomo della strada fa giustizia* (76), *Don Milani* (76), *Il vangelo secondo Simone e Matteo* (75), *Napoli si ribella* (76), *La belva con il mitra* (77).

2001. Gorassini, Annie. Actress. *Saffo, venere di Lesbo* (60), *Il relitto* (61), *8½* (63), *002—agenti segretissimi* (64), *Verspätung in Marienborn* (64 Germany), *Il gaucho* (64), *El Rojo* (66), *Diabolik* (67).

2002. Gordon, Leo. U.S. actor. b. Dec. 2, 1922, N.Y.C. *Il re dei barbari* (54), *Il mio nome è Nessuno* (73).

Gordon, Mitchell *see* **Mitchell, Gordon**

2003. Gore, Laura. Actress. *Pronto, chi parla?* (45), *Le miserie del signor Travet* (45), *Abbasso la ricchezza* (46), *La figlia del capitano* (47), *La primula bianca* (48), *I pompieri di Viggiù* (49), *L'imperatore di Capri* (49), *Domani è un altro giorno* (50), *Napoli milionaria* (50), *Canzone di primavera* (50), *Libera uscita* (51), *Stasera sciopero* (51), *La donna che inventò l'amore* (52), *La presidentessa* (52), *Ragazze da marito* (52), *Una di quelle* (52), *Giuseppe Verdi* (53), *I tre ladri* (53), *Napoletani a Milano* (54), *I papagalli* (56).

2004. Gori, Gorella. Actress. *San Giovanni decollato* (40), *Notte di fortuna* (41), *Via delle cinque lune* (42), *Peppino e Violetta* (51), *Roman Holiday* (53 U.S.), *Angela* (54), *La nonna Sabella* (57).

2005. Gori, Vittorio & Mario Cecchi. Vittorio Cecchi Gori and Mario Cecchi Gori are producers, heads of Fairfilm. *Tempi duri per i vampiri* (59), *Il sorpasso* (62), *I mostri* (63), *Il successo* (63), *Frenesia d'estate* (64), *Il gaucho* (64), *Se permettete... parliamo di donne* (64), *Una vergine per il principe* (65), *La congiuntura* (65), *Sissignore!* (68), *L'arcangelo* (68), *Dove vai tutta nuda?* (68), *Altrimenti ci arrabbiamo* (74), *Keoma* (75), *La presidentessa* (76), *Nerone* (76), *Goodbye and Amen* (78), *Eutanasia di un amore* (78), *Corleone* (78), *Mia moglie è una strega* (80), *Mani di velluto* (80), *Mi faccio la barca* (80), *Il bisbetico domato* (80), *Asso* (81), *Fracchia, la belva umana* (81), *Borotalco* (81 co-p), *Bingo bongo* (82), *Acqua e sapone* (83 co-p), *Vacanze in America* (84), *Attacco alla piovra* (84), *Non ci resta che piangere* (84), *I due carabinieri* (85 co-p), *Sotto...sotto, strapazzato da anomala passione* (85 co-p), *Il pentito* (85), *Grandi magazzini* (86 co-p), *Italian Fast Food* (86), *Il burbero* (86), *Scuola di ladri* (86 co-p), *Missione eroica—i pompieri 2* (87 co-p), *7 chili in 7 giorni* (87), *Stregati* (87), *Monte Napoleone* (87), *Noi uomini duri* (87 co-p), *Opera* (87), *La chiesa* (88 co-p), *Caruso Pascoski—di padre polacco* (88), *Io e mia sorella* (88 co-p), *Il volpone* (88), *Il piccolo diavolo* (88), *Che ora è?* (89), *Rebus* (89 co-p), *Fantozzi va in pensione* (89), *Russicum* (89), *La voce della luna* (90), *Dimenticare Palermo* (90), *Willy signori e vengo da lontano* (90), *Nikita* (90), *Volevo i pantaloni* (90), *Il male oscuro* (90), *Il sole buio* (90), *Il segreto* (90), *Il viaggio di capitan Fracassa* (90 co-p), *Il bambino e il poliziotto* (90 co-p), *Mediterraneo* (91), *Il muro di gomma* (91), *La partita* (91), *Stasera a casa di Alice* (91 co-p).

2006. Gorin, Jean-Pierre. French director, a follower of Godard. *Lotte in Italia* (69 co-d).

2007. Goring, Marius. U.K. actor. b. May 23, 1912, Newport, I.O.W. *La contessa scalza* (54).

2008. Gorman, Chip. Actor. RN: Andrea Giordana. *I pascoli rossi* (63), *El desperado* (67), *Quella sporca storia del west* (68), *Quanto costa morire* (68).

2009. Gould, Elliott. U.S. actor. b. Aug. 29, 1938, Brooklyn, N.Y. RN: Elliott Goldstein. *I miei primi quarant'anni* (87), *Scandalo segreto* (89), *Gioco di massacro* (90).

2010. Gozlino, Paolo. Actor. AKA: Paul Stevens. *I giganti della Tessaglia* (61), *Saul e David* (64), *Il figlio di Cleopatra* (64), *I grandi condottieri* (65), *Hercules and the Princess of Troy* (65 U.S. TV), *Le streghe* (66), *Flashman* (67 France), *Sette volte sette* (68), *Uno di più all'inferno* (68), *Clint il solitario* (68), *Uno dopo l'altro* (68), *Joko, invoca Dio... e muori* (68), *Django il bastardo* (69), *Interrabang* (69), *Testa t'ammazzo...croce sei morto...mi chiamano Alleluia!* (70), *Nella stretta morsa del ragno* (70), *Maddalena* (71), *Uomo avvisato mezzo ammazzato...parola di Spirito Santo* (71), *I senza dio* (72), *I bandoleros della dodicesima ora* (72), *L'uomo della Mancha* (72), *La sculacciata* (73), *I pirati dell'isola verde* (80), *Amici miei, atto II* (82).

"G.P.A." *see* **Perego, Eugenio**

2011. Gracci, Ugo. Actor. b. Firenze. d. 1937. Also a noted director. *Il sopravvissuto* (16), *Cavalleria rusticana* (16), *Cause e effetti* (17 d), *L'incantesimo* (18 also d), *Teste alate* (19 d), *La canzone delle rose* (19 d), *Il dramma al mulino* (19 d), *Due tristezze: "un amore"* (19 d), *La casa della felicità* (19 d), *Angelo bianco* (20 also d), *L'undicesimo comandamento* (20 d), *Il lume dell'altra casa* (20 also d/adapted), *La dame de Chez-Maxim* (22), *La locanda delle ombre* (23), *Maremma* (23), *Scugnizzo* (24), *Beatrice Cenci* (26), *La leggenda di Wally* (28 co-d), *Palio* (32), *1860* (33), *Il canale degli angeli* (34), *Vecchia guardia* (34), *Il grande silenzio* (35).

2012. Gracia, Sancho. Spanish actor. b. 1939. Famous as the lead in the TV series *Curro Jiménez*. Italian movies include: *Operazione Poker* (65), *Simón Bolívar* (68), *Zanna Bianca* (72).

2013. Grad, Geneviève. French actress. *Il conquistatore di Corinto* (62), *Arsenio Lupin contro Arsenio Lupin* (62), *L'eroe di Babilonia* (62), *Ercole contro Moloch* (63), *I pirati della Malesia* (64).

2014. Gradoli, Antonio. Actor. AKA: Anthony Gradwell. *Un maledetto imbroglio* (59), *Scaramouche* (63 France), *Giulietta e Romeo* (64), *La strada per Fort Alamo* (65), *Agente 077...missione Bloody Mary* (65), *O.K. Connery* (67), *Mister X* (68), *Ehi, amico, c'è Sabata...hai chiuso* (69), *La morte sull'alta collina* (69), *Indio Black: sai che ti dico...sei un gran figlio di...* (70).

Gradwell, Anthony *see* **Gradoli, Antonio**

2015. Graetz, Paul. German producer. b. April 4, 1899, Leipzig. d. 1966. Worked in France. *Il diavolo in corpo* (47), *Roma, ore 11* (51), *La giornata balorda* (60), *Uno sguardo dal ponte* (62).

2016. Gramatica, Emma. Actress. b. March 22, 1875, Fidenza. Sister of Irma Gramatica and Anna Capodaglio. On stage from the early 1880s, and in films since 1916. She formed her own theatrical company in 1916. Sound films include: *La vecchia signora* (32), *La fortuna di Zanze* (32), *La damigella di Bard* (36), *Marcella* (37), *Il destino* (37), *Napoli d'altri tempi* (37), *La vedova* (38), *Jeanne Doré* (38), *Piccolo hotel* (39), *Mamma* (41), *Sissignora* (41), *Vertigine* (42), *L'angelo bianco* (42), *Le sorelle Materassi* (43), *L'angelo del miracolo* (44), *Miracolo a Milano* (50), *Il segreto di suor Angela* (55), *I giorni più belli* (56), *Peppino e la vecchia signora* (57 made in 54 also co-d/w), *Don Camillo monsignore... ma non troppo* (61), *La monaca di monza* (62).

2017. Gramatica, Irma. Actress. b. Nov. 25, 1873, Fiume. Sister of Emma Gramatica and Anna Capodaglio. Much stage work. *Porto* (35), *Il fu Mattia Pascal* (37), *Sissignora* (41), *I mariti* (41), *Orizzonte dipinto* (41), *La prima donna* (42), *Le sorelle Materassi* (43), *Lo sconosciuto di San Marino* (46), *Incantesimo tragico* (51).

2018. Granado, Lilly. Actress. b. Aug. 28, 1922, Chambery. RN: Liliana Garado. Of Egyptian origin. *Il vagabondo* (41), *07 tassì* (43), *O sole mio* (45), *Amori di mezzo secolo* (53 the episode "La girandola"), *Ci troviamo in galleria* (53), *Gran varietà* (53), *Peccato di castità* (56).

2019. Granata, Graziella. Actress. *La*

scimitarra del saraceno (60), *Maciste, l'uomo più forte del mondo* (61), *Smog* (62), *La strage dei vampiri* (62), *Frenesia d'estate* (64), *Amori pericolosi* (64 the first episode, "Il passo"), *Il compagno don Camillo* (65), *Incompreso* (67), *Cinque figli di cane* (68), *Al di là della legge* (68), *Satyricon* (68), *Die Ente klingelt um ½ acht* (68 Germany).

2020. Grandi, Oreste. Actor. *La torre dei vampiri* (13), *L'uomo giallo* (13), *L'angelo della miniera* (14), *Il cappello di papà* (14), *Zavorra umana* (20), *Terra* (20), *La bambola e il gigante* (20), *Ferro di cavallo* (22), *Maciste imperatore* (24), *Maciste contro lo sceicco* (25).

2021. Grandi, Serena. Actress. *Le avventure dell'incredibile Ercole II* (84), *Miranda* (85), *La signora della notte* (85), *Le foto di Gioia* (87), *Desiderando Giulia* (87), *Les Exploits d'un jeune Don Juan* (87 France), *Roba da ricchi* (87), *Teresa* (87), *Rimini Rimini* (87), *L'iniziazione* (87).

2022. Granelli, Mireille. French actress. b. Paris. Former ballerina. *Beatrice Cenci* (56), *Il federale* (61), *Ursus, il terrore dei kirghisi* (64), *Quanto costa morire* (68).

2023. Granger, Farley. U.S. actor. b. July 1, 1925, San Jose, Calif. *Senso* (54), *La tela del ragno* (70), *Qualcosa striscia nel buio* (70), *Lo chiamavano Trinità* (70), *Replica di un delitto* (70), *Alla ricerca del piacere* (71), *Rivelazioni di un maniaco sessuale al capo della squadra mobile* (71), *La violenza: quinto potere* (72), *Zanna Bianca* (72), *Il serpente* (73), *Lo chiamavano Mezzogiorno* (74), *La polizia chiede aiuto* (74), *Hitchcock, il brivido del genio* (85 doc appeared as himself).

2024. Granger, Stewart. U.K. actor. b. May 6, 1913, London. RN: James Lablanche Stewart. *Sodoma e Gomorra* (62), *Lo spadaccino di Siena* (62), *Marcia o crepa* (62), *La congiura dei dieci* (62), *Il giorno più corto* (63), *Là, dove scende il sole* (65), *Uccidere a Apache Wells* (65), *Old Surehand* (65), *A 009 missione Hong Kong* (65), *Spie contro il mondo* (66), *Il segreto dei frati gialli* (66).

2025. Grangier, Gilles. French director. b. May 5, 1911, Paris. *Sposata ieri* (53), *I giganti* (55).

2026. Grant, Lee. U.S. actress. b. Oct. 31, 1927, N.Y.C. RN: Lyova Haskell Rosenthal. *Buona sera, Mrs Campbell* (68).

2027. Gras, Enrico. Director. b. March 7, 1919, Genova. Worked a lot with Luciano Emmer. Worked mostly on documentaries, certainly in the first part of his career. *Racconto d'un alfresco* (41 short doc co-w), *Il cantico delle creature* (43 doc co-d/w), *Guerrieri* (43 doc co-d/w), *Destino d'amore* (43 co-d/w), *Romanzo di un'epoca* (43 doc co-d/w), *Il paradiso terrestre* (46 short doc co-w), *Inquietudine* (46 co-w/story), *Sulla via di Damasco* (47 doc co-d), *Bianchi pascoli* (47 doc co-d), *Leonardo da Vinci* (53 short doc co-w), *Picasso* (54 short doc co-w), *Continente perduto* (55 doc co-d), *Impero del sole* (55 doc co-d), *Soledad* (58 Spain co-d), *I sogni muoiono all'alba* (61 co-d).

2028. Gras, Jean. French actor. *Il giorno e l'ora* (63).

2029. Grasso, Giovanni. Actor. b. 1874, Aci-Catania. d. Oct. 13, 1930, Catania. *Cavalleria rusticana* (10), *La morte civile* (11), *Capitan Blanco* (14), *Sperduti nel buio* (14), *Sole!* (18), *Vautrin* (19), *Dopo il peccato* (20), *La casa degli scapoli* (23), *Cavalleria rusticana* (24).

2030. Grasso, Giovanni. Actor. b. Nov. 11, 1888, Catania. AKA: Giovannino Grasso, Giovanni Grasso, Jr. Cousin of Giovanni Grasso (q.v., above). *La telefonista* (32), *Porto* (35), *Sentinelle di bronzo* (37), *Piccoli naufraghi* (39), *La conquista dell'aria* (39), *Montevergine* (39), *Piccolo hotel* (39), *Ragazza che dorme* (40), *Il vetturale del san Gottardo* (41), *Noi vivi* (42), *Bengasi* (42), *Don Cesare di Bazan* (42), *Addio Kira!* (42), *La grande aurora* (46), *Eleanora Duse* (47), *Ruy Blas* (47), *Anni difficili* (47), *Vento d'Africa* (48), *Benvenuto, reverendo!* (49), *Margherita da Cortona* (50), *Altri tempi* (51), *Clandestino a Trieste* (51), *Melodie immortali* (52), *Una croce senza nome* (52), *Siamo donne* (53), *Totò e Carolina* (53), *Vacanze d'amore* (54).

2031. Graves, Peter. U.S. actor. b. 1925, RN: Peter Aurness. Brother of James Arness. *Un esercito di cinque uomini* (69).

2032. Gravet, Fernand. Belgian actor. b. Dec. 25, 1904, Bruxelles. d. 1970. RN: Fernand Mertens. AKA: Fernand Gravey. *Versailles* (53), *L'età dell'amore* (53), *Totò a Parigi* (58).

2033. Gravina, Carla. Actress. b. Aug. 5, 1941, Cremona. *Guendalina* (57),

Ragazze in blue jeans (57), *Amore e chiacchiere* (57), *Anche l'inferno trema* (58), *I soliti ignoti* (58), *Primo amore* (58), *Policarpo, ufficiale di scrittura* (59), *Jovanka e le altre* (59), *Esterina* (59), *Tutti a casa* (60), *Scano boa* (60), *Un giorno da leoni* (61), *Un'ora per vivere* (62), *Quien sabe?* (66), *I sette fratelli Cervi* (67), *Cuore di mamma* (68), *Banditi a Milano* (68), *La monaca di Monza* (68), *La donna invisibile* (69), *Sierra Maestra* (69), *Senza movente* (71), *Le castagne sono buone* (71), *La mortadella* (72), *Il caso Pisciotta* (72), *Tema di Marco* (72), *L'Héritier* (73 France), *Tony Arzenta* (73), *Il gioco della verità* (74), *Toute une vie* (74 France), *Salut l'artiste* (74 France), *L'anticristo* (74), *L'idolo della città* (75), *Frammenti d'amore* (76), *Il figlio del gangster* (78), *Maternale* (78), *La terrazza* (79).

2034. Gravina, Cesare. Actor. b. Napoli. Left for Hollywood. *Fricot e le uova* (13).

2035. Gray, Dorian. Actress. b. Feb. 2, 1934, Milano. RN: Maria Luisa Mangini. *Anema e core* (50), *Accidenti alle tasse!* (51), *Amo un assassino* (51), *Vendetta. . . sarda* (51), *La regina di Saba* (52), *Io piaccio* (55), *Guaglione* (56), *Le notti di Cabiria* (56), *Totò, Peppino e la. . .malafemmina* (56), *Totò lascia o raddoppia* (57), *Il grido* (57 voice dubbed by Monica Vitti), *Totò, Peppino e i fuorilegge* (57), *Mogli pericolose* (58), *Domenica è sempre domenica* (58), *Racconti d'estate* (58), *Il mattatore* (60), *La regina delle amazzoni* (60), *Crimen* (61), *Marcia o crepa* (62).

2036. Gray, Dulcie. U.K. actress. b. Nov. 20, 1919, Kuala Lumpur, Malaya. RN: Dulcie Bailey. Married Michael Denison. *La montagna di cristallo* (49).

2037. Gray, Hugh. Co-writer. *Ulisse* (54), *Elena di Troia* (56 also adapted).

2038. Gray, Nadia. Russian-Rumanian actress. b. Nov. 27, 1923, Bucharest. RN: Nadia Kujnir-Herescu. *Il microfono è vostro* (51), *Inganno* (52), *La città canora* (52), *Zitto e mosca* (52), *Moglie per una notte* (52), *Pietà per chi cade* (53), *Cento anni d'amore* (53), *Finalmente libero!* (53), *Il maestro di don Giovanni* (53), *Puccini* (53), *Gran varietà* (53), *Ivan, il figlio del diavolo bianco* (54), *Casa Ricordi* (54), *Carosello napoletano* (54), *Le avventure di Giacomo Casanova* (54), *I cinque dell'Adamello* (54), *Casta diva* (54), *Il cardinale Lambertini* (54), *Le due orfanelle* (54), *Agguato sul mare* (54), *La moglie è uguale per tutti* (54), *Il falco d'oro* (55), *Una parigina* (57), *Vacanze ad Ischia* (57), *Il capitano della legione* (57), *Il diavolo nero* (57), *Parola di ladro* (57), *L'estate violenta* (59), *Il letto a tre piazze* (59), *Le signore* (60), *La dolce vita* (60), *Gioventù di notte* (62), *Rocambole* (62), *L'avventuriero della Tortuga* (64).

2039. Graziosi, Franco. Actor. *Uomini contro* (70), *Giù la testa* (71), *Il caso Mattei* (71), *Punto e Capo* (73), *Al piacere di rivederla* (76), *Antonio Gramsci: gli anni del carcere* (77).

2040. Graziosi, Guido. Actor. *Fortunale* (12), *La strage degli innocenti* (15), *Lolette* (19), *Notturni* (19), *Nella* (19), *La danza sull'abisso* (19), *Giuliano l'apostata* (20), *Consuelita* (21), *Aniello a'ffede* (23), *Anita* (26), *La madonnina dei marinai* (27).

2041. Graziosi, Paolo. Actor. *La Cina è vicina* (67), *Cuore di mamma* (68), *Galileo* (68), *Tema di Marco* (72), *D'amore si muore* (72), *Affinità elettive* (78), *Nucleo zero* (84), *Buon Natale, Buon Anno* (90), *Una storia semplice* (91), *La condanna* (91).

2042. Greci, José. Actor. *Ben-Hur* (59), *La vendetta dei barbari* (60), *Romolo e Remo* (61), *Zorro e i tre moschettieri* (62), *Maciste, il gladiatore più forte del mondo* (62), *Ursus, gladiatore ribelle* (63), *La vendetta dei gladiatori* (63), *Maciste, l'eroe più grande del mondo* (63), *Una spada per l'impero* (64), *Maciste nell'inferno di Genghis Khan* (64), *Operazione Poker* (65), *S.007 spionaggio a Tangeri* (66), *La più bella coppia del mondo* (68), *All'ultimo sangue* (68).

2043. Greco, Cosetta. Actress. b. Oct. 8, 1930, Trento. RN: Cesarina Rossi. *La città si difende* (51), *Le ragazze di piazza di Spagna* (51), *Il brigante di Tacca del Lupo* (52), *La nemica* (52), *Art. 519, codice penale* (52), *Gli eroi della domenica* (52), *Canzoni di mezzo secolo* (52), *La voce del silenzio* (52), *Il viale della speranza* (53), *Musoduro* (53), *Scampolo 53* (53), *Cronache di poveri amanti* (53), *In amore si pecca in due* (54), *Foglio di via* (54), *La nostra pelle* (55), *Terroristi a Madrid* (55), *Gli innamorati* (55), *I papagalli* (56), *I sogni nel cassetto* (57), *Plagio* (68).

2044. Greco, Juliette. French actress. b. Feb. 7, 1926, Montpellier. Also well known as a singer. *Eliana e gli uomini* (56), *La castellana del Libano* (56), *Cento dollari d'odio* (65).

Green, Anthony *see* **Zeglio, Primo**

Green, Arthur *see* **Lawrence, Peter Lee**

2045. Green, Guy. U.K. director. b. 1913, Somerset. *L'avvocato del diavolo* (78).

2046. Green, Nigel. U.K. actor. b. 1924, Pretoria, South Africa. d. 1972. *Fraülein Doktor* (68).

2047. Greene, Graham. U.K. writer. b. Oct. 2, 1904, Berkhamsted, Herts. d. 1991. One of the most influential novelists of his generation. *La mano dello straniero* (53 co-p/co-w/story).

2048. Greene, Richard. U.K. actor. b. 1912, Plymouth. d. 1985. Best remembered as Robin Hood in the U.K. TV series of that name. *La rivale dell'imperatrice* (50), *Il castello di Fu Manchu* (68).

Greenwood, Monty *see* **Poli, Maurice**

Greepy, Anthony *see* **Zeglio, Primo**

2049. Gregoretti, Ugo. Director. *I nuovi angeli* (61), *RoGoPaG* (62 the episode "Il pollo ruspante" also w), *Omicron* (63), *Le belle famiglie* (65), *Apollon, una fabbrica occupata* (69 co-d/co-w/co-ph/co-e), *Vietnam, scene del dopoguerra* (76 co-d), *Pirata! (Cult movie)* (81 *), *Domani accadrà* (88 *).

Grenn, Donald *see* **Masciocchi, Raffaele**

2050. Grey, Denise. French actress. b. Sept. 18, 1896, Torino, Italy. *Il diavolo in corpo* (47), *Art. 519, codice penale* (52).

2051. Grey, Dolly. Actress. b. March 27, 1904. RN: Clara Galassi. *Teodoro e socio* (24), *Il focolare spento* (25), *Saetta e le sette mogli del pascià* (25), *Il gigante delle Dolomiti* (26), *Maratona* (28).

2052. Grey, Paola. Actress. b. March 24, Torino. d. Nov. 27, Genova. RN: Clelia Paradisi. Sister of Umberto Paradisi, her only director. *Il sole e i pazzi* (19), *Sei tu felicità* (19), *Il figlio del corsaro* (28).

2053. Grieco, Serge. Director. b. Jan. 13, 1917, Codevigo. AKA: Sergio Grieco. *Le sorprese del vagone letto* (39 asst to the director), *Il sentiero dell'odio* (51 also co-w/story), *I morti non pagano le tasse* (52 also co-w), *La peccatrice dell'isola* (52 co-d), *Non è vero, ma ci credo* (52), *Amarti è il mio peccato* (52 also co-w), *Primo premio: Mariarosa* (53), *Fermi tutti, arrivo io!* (53), *Tua per la vita* (55 also co-w), *Lo spadaccino misterioso* (56 also co-w/story), *Giovanni dalle bande nere* (57), *Il diavolo nero* (57), *Il pirata dello sparviero nero* (58 also co-w), *Pia de' Tolomei* (58), *Ciao, ciao, bambina* (58), *Le notti di Lucrezia Borgia* (59), *La regina dei tartari* (60), *Giulio Cesare contro i pirati* (60), *Salammbò* (60), *La schiava di Roma* (60), *Una spada per l'impero* (64), *Agente 077...dall'Oriente con furore* (65), *Come rubare la corona d'Inghilterra* (66), *Tutti fratelli nel west...per parte di padre* (72 also co-w), *La belva con il mitra* (77), *Quel maledetto treno blindato* (77 w).

2054. Griem, Helmut. German actor. b. 1933. *Oggi a Berlino* (62), *La caduta degli dei* (68), *Ludwig* (73), *Il deserto dei tartari* (76), *Berlin Alexanderplatz* (80), *A proposito di quella strana ragazza* (89).

2055. Griffith, Hugh. Welsh actor. b. May 30, 1912, Marian Glas, Anglesey. d. May 14, 1980, London, England. *Ben-Hur* (59), *Il marito è mio e l'ammazzo quando mi pare* (68), *La cintura di castità* (68), *I racconti di Canterbury* (71), *Che?* (72), *Crescete e moltiplicatevi* (73), *Cugini carnali* (76), *Casanova e compagnia* (76).

2056. Grillo, Beppe. Actor. Known as a comedian. *Cercasi Gesù* (81), *Scemo di guerra* (85).

2057. Grimaldi, Alberto. Producer. b. 1926, Napoli. A Roman lawyer, he established E.P.A. Films include: *L'ombra di Zorro* (63), *Per qualche dollaro in più* (65), *Il buono, il brutto, il cattivo* (66), *La resa dei conti* (66), *Faccia a faccia* (67), *Scusi, facciamo l'amore* (67), *Il mercenario* (68), *Un tranquillo posto di campagna* (68), *Rebus* (68), *Ehi, amico, c'è Sabata... hai chiuso* (69), *Fellini Satyricon* (69), *Quemada* (69), *Indio Black: sai che ti dico ...sei un gran figlio di...* (70), *Il Decamerone* (71), *I racconti di Canterbury* (71), *Oceano* (71), *È tornato Sabata, hai chiuso un'altra volta* (71), *E poi lo chiamarono Il magnifico* (72), *Trastevere* (72), *Ultimo tango a Parigi* (72), *L'uomo della Mancha* (72 ex p), *Il fiore delle mille e una notte* (73), *Storie scellerate* (73), *Salò, o le 120 giornate* (75), *Cadaveri eccellenti* (76), *1900* (76), *Il Casanova di Federico Fellini* (76 co-p), *Ginger e Fred* (85).

2058. Grimaldi, Domenico. Director of photography. b. Napoli. Son of Giovanni Grimaldi. *La favola di La Fontaine* (19), *Il miraggio* (19), *Madama l'ambasciatrice* (19), *Gli angeli custodi* (20), *La principessa*

Bébé (20), *Il reggimento di Royal Cravat* (20), *La fine dell'amore* (20), *La sentinella morta* (20 co-ph), *Crocetta d'oro* (21), *L'età critica* (21), *Il granatiere di Pomerania* (21), *Le ultime lettere di Giacomo Ortis* (21), *La verità nuda* (21), *Tragedia su tre carte* (21), *Tre persone per bene* (22), *La dame de Chez-Maxim* (22), *Pane altrui* (23).

2059. Grimaldi, Gabriella. Actress. *Un tranquillo posto di campagna* (68), *Quella sporca storia del west* (68), *Una ragazza piuttosto complicata* (68).

2060. Grimaldi, Giovanni. Director of photography. b. 1872, Napoli. Father of Domenico Grimaldi. *Marcia nuziale* (15), *Alma mater* (15), *La disfatta di Sherlock Holmes* (15), *Senza colpa* (16), *La falena* (16), *Malombra* (16), *Carnevalesca* (17), *La storia dei tredici* (17), *La falsa amante* (20), *La dama e il mistero* (21), *La madonnina* (21), *Le tre illusioni* (21), *La seconda moglie* (23), *La biondina* (23), *La donna e l'uomo* (24), *La via del peccato* (25 co-ph).

2061. Grimaldi, Giovanni. Co-writer. b. Nov. 14, 1917, Catania. AKA: Gianni Grimaldi, Jean Grimaud. Latterly more important as a director. *Io, Amleto* (52), *Agenzia matrimoniale* (52), *Accade al commissariato* (54 also story), *La moglie è uguale per tutti* (54), *Buonanotte, avvocato!* (55), *Accade al penitenziario* (55), *Mi permette, babbo?* (56), *Guaglione* (56 also story), *Arrivano i dollari* (56), *A sud niente di nuovo* (57 also story), *Il bacio del sole* (58), *Il figlio di Spartacus* (62), *I sette gladiatori* (63), *La danza macabra* (63), *Quattro dollari di vendetta* (65), *All'ombra di una colt* (65 also d), *Starblack* (66 also d), *Il bello, il brutto, il cretino* (67 d/w), *Stasera mi butto* (68), *Brutti di notte* (68 d/w/story), *Chimera* (68 w/story), *L'oro del mondo* (68), *Don Chisciotte e Sancho Panza* (68 d/w/adapted), *L'oro del mondo* (68 also d), *I due deputati* (68), *Sul sentiero di guerra* (69 d/w), *Un caso di coscienza* (70 d), *Principe coronato cercasi per ricca ereditiera* (70 also d), *Il magnate* (73 d), *Tre soldi e la donna di classe* (77 d).

Grimaud, Jean *see* **Grimaldi, Giovanni**

Grunewald, Allan *see* **Caiano, Mario**

2062. Grünewald, Jean-Jacques. French composer. b. Feb. 2, 1911, Annecy. *Gli amanti di Toledo* (53).

2063. Guaita, Mario. Actor. b. 1882, Modena. d. 1957, Marseille, France. *Spartaco, il gladiatore della Traccia* (13), *Sui gradini del trono* (13), *Ultimo convegno* (13), *La zia di Carlo* (13), *Il lottatore della principessa* (14), *Il più forte* (14), *Il mistero dell'educanda di Saint-Bon* (15), *Il romanzo di un atleta* (15), *Salammbò* (15), *Il marchio* (16), *Vincere la morte?* (16), *Panther* (16), *Fabiola* (17), *Atlante* (17), *Il figlio di Ercole* (18), *Lotte di giganti* (19), *L'atleta fantasma* (21), *La nave dei miliardi* (22), *I miei bimbi* (23), *Nelle soffitte di Parigi* (24), *Gli spettri della fattoria* (24), *La donna carnefice nel paese dell'oro* (24).

2064. Gualandri, Carlo. Actor. *Cosmopolis* (19), *La volata* (19), *Il romanzo di una vespa* (19), *Oltre la legge* (19), *Il fauno di marmo* (20), *Il carro sulla montagna* (20), *La rupe tarpea* (21), *Nemesis* (21), *L'isola scomparsa* (22), *Il natalizio della nonna* (23), *Triboulet* (23), *Gli ultimi giorni di Pompei* (26), *La locandiera* (28), *Maratona* (28), *Myriam* (29), *La lanterna del diavolo* (31), *L'uomo dall'artiglio* (31).

2065. Guardino, Harry. U.S. actor. b. Dec. 23, 1925, Brooklyn, N.Y. *Jovanka e le altre* (59), *Operazione San Gennaro* (66).

2066. Guardiola, José. Spanish actor. b. Dec. 7, 1921, Murcia. AKA: Joe Guardiola. *Agguato a Tangeri* (57), *Malinconico autunno* (58), *Gli amanti del deserto* (58), *Texas addio* (66).

2067. Guareschi, Giovanni. Writer. b. May 1, 1908, Roccabianca. d. July 22, 1968, Cervia. Also a journalist, he was famous as the author of the Don Camillo stories. *Gente così* (50 co-w/story), *Don Camillo* (52 story), *Il ritorno di don Camillo* (53 co-w/story), *Don Camillo e l'onorevole Peppone* (55 co-w/story), *Il decimo clandestino* (89 based on his story).

2068. Guarini, Alfredo. Director. b. May 23, 1901, Sestri Ponente. Married Isa Miranda. Also well-known latterly as a producer. *Senza cielo* (40 also co-w/story), *È caduta una donna* (41), *Documento Z 3* (41), *La zia di Carlo* (43), *Senza una donna* (43), *Germania, anno zero* (47 organizer), *Le mura di Malapaga* (48 co-d/p), *Rasputin* (54 co-p), *Fuga nel sole* (56 co-p), *Taur, il re della forza bruta* (62 p).

2069. Guarino, Giuseppe. Director. *Il furto del sentimento* (19), *L'uomo che rideva* (19), *La vendetta di una pazza* (19 co-d), *Il libro della vita* (19), *Il bacio di un re* (19), *Gli artigli d'acciaio* (20), *La danzatrice di tango* (20 co-d), *La peccatrice moderna* (20), *Occhi vetro* (20), *Il segreto della Diamond Company* (20), *Alba di sangue* (21), *La rivincita* (23), *Un bacio a fior d'acqua* (36), *L'ospite di una notte* (39), *Leggenda azzurra* (40), *Serenata tragica* (51).

2070. Guarnieri, Ennio. Director of photography. b. Oct. 12, 1930, Roma. *I giorni contati* (62), *Luciano, una vita bruciata* (62 never shown), *Il mare* (62), *Una storia moderna: l'ape regina* (63), *Un tentativo sentimentale* (64), *Ecco...il finimondo* (64), *I malamondo* (64), *La costanza della ragione* (64), *Alta infedeltà* (64 the episodes "Scandaloso," "La sospirosa," and "Peccato nel pomeriggio"), *Le voci bianche* (64), *Le bambole* (64 the episode "La telefonata"), *Controsesso* (65 the episode "Donna d'affari"), *I complessi* (65 the episode "Il complesso della schiava nubiana"), *Nudi per vivere* (65), *Questa volta parliamo di uomini* (65), *Sette uomini d'oro* (65), *Made in Italy* (65), *Il grande colpo dei sette uomini d'oro* (66), *Le fate* (67 the episode "Fata Sabina"), *Le dolci signore* (67), *Non stuzzicate la zanzara* (67), *Top crak* (67 France), *La ragazza e il generale* (67), *Arabella* (67), *Meglio vedova* (67), *Il medico della mutua* (68), *Tenderly* (68), *L'isola* (68), *Camille 2000* (69), *Dio è con noi* (69 co-ph), *L'invasione* (70), *L'assoluto naturale* (69), *Medea* (69), *Metello* (70), *Il giardino dei Finzi-Contini* (71), *Marta* (71), *Gli ultimi dieci giorni di Hitler* (72), *L'uccello migratore* (72), *Lo chiameremo Andrea* (73), *Fratello Sole sorella Luna* (73), *Una breve vacanza* (73), *Ash Wednesday* (73 U.K.), *Daniele e Maria* (73), *Il viaggio* (74), *Travolti da un insolito destino nell'azzurro mare d'agosto* (74), *That's Entertainment* (74 U.S.), *Fatti di gente perbene* (74), *Per le antiche scale* (74), *Der Richter und sein Henker* (75 Germany co-ph), *Gente di rispetto* (75), *L'eredità Ferramonti* (76), *À chacun son enfer* (76 France), *Cours après moi que je t'attrappe* (76 France), *L'infermiera* (76), *Al piacere di rivederla* (76), *Mogliamante* (76), *Cassandra Crossing* (77 U.S.), *Le Dernier Baiser* (77 France), *Il...bel paese* (78), *Il gatto* (78), *Il dottor Jekill, Jr.* (78), *Enfantasme* (78), *Formula uno febbre della velocità* (78 co-ph), *Il giocattolo* (79), *L'ingorgo—una storia impossibile* (79), *Un uomo in ginocchio* (79), *Il cappotto di astrakan* (80), *I viaggiatori della sera* (80), *Un sacco bello* (80), *Il visitatore* (80), *Le ali della colomba* (80), *Borotalco* (81), *Il turno* (81), *La vera storia della signora dalle camelie* (82), *La Traviata* (82), *La casa stregata* (82), *Storia di Piera* (83), *Ginger e Fred* (85 co-ph), *Otello* (86), *Mosca addio* (87), *Dancers* (87 U.S.), *Francesco* (89 co-ph), *L'Homme au masque d'or* (90 France), *La carne* (91).

2071. Guarracino, Umberto. Actor. *Il mostro di Frankenstein* (20), *Maciste all'inferno* (25).

2072. Guattari, Emilio. Director of photography. *Rose fatali* (14), *La chiamavano Cosetta* (16), *Maman Poupée* (17 co-ph), *La vagabonda* (17), *Lasciate fare a Niniche!* (17), *Papà mio, mi piaccion tutti* (18), *Fiamma simbolica* (19), *Amleto ed il suo clown* (19 co-ph), *Il bacio di Cirano* (19), *La storia della dama dal ventaglio bianco* (19 co-ph), *La madonna di neve* (19), *Notte di tentazione* (19 co-ph), *La moglie che si gettò dalla finestra* (20), *Lo sciopero della virtù* (20), *Il colonnello Chabert* (20), *La fanciulla, il poeta e la laguna* (20), *Marcella* (20), *La Vie d'une femme* (20 France), *La vedova scaltra* (21), *Nemesis* (21), *L'ombra di un trono* (21), *La fiammata* (22), *La madre folle* (22), *Tormenta* (23), *La signorina...madre di famiglia* (23), *I volti dell'amore* (24), *La cavalcata ardente* (25 co-ph), *Napoli è una canzone* (26), *La madonnina dei marinai* (27), *Napule...e niente cchiù* (28), *Mi chiamano Mimì* (28), *La signorina Chicchirichì* (28), *Rondine* (29), *Antonio da Padova, il santo dei miracoli* (30).

2073. Guazzoni, Enrico. Director. b. Sept. 18, 1876, Roma. d. Sept. 24, 1949, Roma. Also a producer, writer, set designer, costume designer. Made much use of actor Amleto Novelli. *Un invito a pranzo* (08), *La nuova mammina* (09), *Giulio Cesare* (09), *Adriana di Berton* (10), *Bruto* (10), *Agrippina* (10), *I Maccabei* (10), *Pinocchio* (10 co-d), *La Gerusalemme liberata* (11), *Quo vadis?* (12), *Marcantonio e Cleopatra* (13), *Il lettino vuoto* (13), *Caio Giulio Cesare* (13), *Scuola d'eroi* (14), *Amore senza stima* (14), *Immolazione* (14), *Miseria e nobiltà* (14), *Per l'onore* (14), *L'istruttoria* (14), *Ivan il terribile* (15), *Alma* *mater* (15), *Lo scaldaletto* (15), *Tre pecore viziose* (15), *L'amica* (15), *Madame Tallien* (15 co-d), *Fabiola* (17), *La Gerusalemme liberata* (18), *Lady Macbeth* (18), *La congrega dei ventiquattro* (21 co-d), *Le tre ombre* (21 co-d), *Il sacco di Roma e Clemente VII* (21 co-d), *Messalina* (23 also p), *La sperduta di Allah* (28), *Myriam* (29), *Il dono del mattino* (32 also sets), *La signora Paradiso* (34), *Re burlone* (35 co-d / co-sets), *Ho perduto mio marito* (36), *I due sergenti* (36), *Re di denari* (36), *Il dottor Antonio* (38 also sets), *Il suo destino* (39), *Ho visto brillare le stelle* (40), *Antonio Meucci, il mago di Clifton* (40), *La figlia del corsaro verde* (40), *I pirati della Malesia* (41), *Oro nero* (41 co-d), *La fornarina* (42).

2074. Guerra, Antonio Luigi. Actor. AKA: Luigi Guerra, Antonio Guerra. *La sua giornata di Gloria* (68), *Partner* (68), *Il magnaccio* (68), *Una lucertola con la pelle di donna* (71), *Il mio nome è Nessuno* (73), *Un fiocco nero per Deborah* (74).

2075. Guerra, Tonino. Co-writer. b. 1920, Santarcangelo. *Uomini e lupi* (56 story), *La strada lungo un anno* (58), *Un ettaro di cielo* (58), *Il carro armato dell'8 settembre* (60), *Le signore* (60), *L'avventura* (60), *L'assassino* (60 also story), *La notte* (61), *I giorni contati* (62 also story), *L'eclisse* (62 also story), *Le ore nude* (64), *Saul e David* (64), *Deserto rosso* (64 also story), *La noia* (64), *La donna è una cosa meravigliosa* (64 the episode "Una donna dolce dolce" also story), *Matrimonio all'italiana* (64), *Controsesso* (65 the episode "Donna d'affari" also story), *Casanova 70* (65 story), *La decima vittima* (65), *I grandi condottieri* (65 also story), *Blow Up* (66), *Ringo e Gringo contro tutti* (66), *Le fate* (67 the episode "Fata Armenia"), *El desperado* (67), *C'era una volta* (67), *L'occhio selvaggio* (67), *Lo scatenato* (67), *Un tranquillo posto di campagna* (68 co-story), *Sissignore!* (68 also story), *Amanti* (68), *I girasoli* (69), *L'invitata* (69), *Zabriskie Point* (69), *Uomini contro* (70), *Giochi particolari* (70), *In Search of Gregory* (70 U.K.), *Tre nel mille* (70 also story), *Bianco, rosso e...* (71 also co-story), *Il caso Mattei* (71), *Gli ordini sono ordini* (71), *La supertestimone* (71), *Le monache di sant'Arcangelo* (72), *A proposito Lucky Luciano* (73), *Amarcord* (73 also co-story), *Dites-le avec des fleurs* (74 France), *Carne per Frankenstein* (74), *40 gradi sotto il lenzuolo* (76), *Cadaveri eccellenti* (76), *Il Casanova di Federico Fellini* (76 wrote the poem "The Great Miuna"), *Caro Michele* (76), *Letti selvaggi* (78), *Un Papillon sur l'épaule* (79 France), *Cristo si è fermato a Eboli* (79), *Il mistero di Oberwald* (80), *Tre fratelli* (81), *Identificazione di una donna* (82), *La notte di san Lorenzo* (82), *Enrico IV* (83), *Nostalghia* (83), *...E la nave va* (83 also story / idea), *Carmen* (83), *Trip to Kithera* (84 Greece also story), *Ginger e Fred* (85 also co-story), *The Beekeeper* (86 Greece), *Good morning Babilonia* (87), *Cronaca di una morte annunciata* (87 also adapted), *La Femme de mes amours* (88 France also story), *Il frullo del passero* (89 w), *Landscape in the Mist* (89 Greece), *Viaggio d'amore* (90 w / story), *Dimenticare Palermo* (90), *Il male oscuro* (90), *Il sole anche di notte* (90), *Tutti stanno bene* (90).

2076. Guerra, Ugo. Co-writer. b. 1920, Roma. Became a producer in the late 60s. *Barriera a settentrione* (49 co-story), *I falsari* (50), *La passeggiata* (54), *La mia vita è tua* (54), *Il seduttore* (54), *I cinque dell'Adamello* (54), *Agguato sul mare* (54), *Amici per la pelle* (55), *Il tesoro di Rommel* (55), *Altair* (56), *Mamma sconosciuta* (56), *Moglie e buoi...* (56 w), *Amore a prima vista* (57), *Il terribile Teodoro* (58), *Gli zitelloni* (58), *Mogli pericolose* (58), *Io, mammeta e tu* (58), *La ragazza di piazza san Pietro* (58), *Costa Azzurra* (59 also co-story), *Tabu n. 2* (65), *Django non perdona* (67), *Quella sporca storia del west* (68 p), *I protagonisti* (68 p), *L'ira di Dio* (68), *Quei disperati che puzzano di sudore e di morte* (69 co-p).

2077. Guerrasio, Guido. Documentary director. b. July 9, 1920, Milano. He re-emerged in the 70s as a feature film director. *Amalfi* (48), *La leggenda di Verona* (49), *Alle porte dei mille* (50), *Il testamento dei poveri* (50), *Cavalieri dalla bianca croce* (50), *Lazio minore* (50), *I colli e le marine* (50), *Lazio alto* (50), *La valle del Carburo* (51), *Miracoli della chimica* (51), *Dall'aria al pane* (51), *T 9* (51), *Signora Volpe* (51), *Gamba di legno* (51), *La via del sole* (52), *Fuori porta* (52), *Colore a Portofino* (52), *Il sindaco di ferro* (52), *I nostri nonni* (52), *La cavallina storna* (52 TV. The first TV transmission in Italy), *Tempo di pittura* (53), *Storie della mia città* (53), *1800* (53),

Il regno italico (53), *La catastrofe napoleonica* (53), *Ritmo in tre* (53), *I colori della Cina* (53), *La storia della bicicletta* (53), *Toce 28* (53), *Armonie romane* (53), *Hanno bisogno di noi* (53), *Nelle terre dei Lepini* (53), *Basilica segreta* (53), *Dolce Lombardia* (53), *Masolino* (53), *Oggi, la scultura* (53), *500 c.c.* (53), *La storia dei bob* (54), *Introduzione alle Dolomiti* (54), *Canto di primavera* (54), *Andrea Doria* (54), *Pascoli alti* (54), *Figli del sole* (54), *L'Italia dei pittori* (54), *Scene abruzzesi* (54), *La grande vendemmia* (54), *Terra di Levante* (54), *Gente dei navigli* (54), *Gerolamo* (54), *Buongiorno inverno* (55), *La vetrina dei suoni* (55), *Una vita per il colore* (55), *Il lago dei romantici* (55), *Il cavaliere di via Morone* (55), *Mercati d'Olanda* (55), *Dietro le dune* (55), *Incanto del nord* (55), *Un bicchiere d'acqua* (55), *Verde Brianza* (55), *Le vie del nord* (55), *Aria di campagna toscana* (56), *Canto del Terreno* (56), *L'inverno dei cavalli* (56), *Il romanzo del Sempione* (56), *Cinque anni in un giorno* (56), *Il tempo che vive* (56), *La costa verde* (56), *Novembre* (56), *Diario di un lago* (56), *Grandes murailles* (56), *Bancarella* (56), *Italia in Patagonia* (58), *L'Italia in pigiama* (77 feature film).

2078. Guerrieri, Lorenza. Actress. *Requiescant* (67), *Il sapore della vendetta* (68), *La rivoluzione sessuale* (68), *Il sesso della strega* (72), *La locandiera* (80).

2079. Guerrieri, Romolo. Director. AKA: Rod Gilbert. *Johnny Yuma* (66 also co-w), *Sette magnifiche pistole* (66), *10.000 dollari per un massacro* (67), *Vado. . .l'ammazzo e torno* (68 co-w), *Un detective, macchie di belletto* (68), *Il dolce corpo di Deborah* (68), *Salvo d'acquisto* (75), *Liberi, armati, pericolosi* (77), *Sono stato un agente CIA* (78), *L'importante è non farsi notare* (80), *La gorilla* (82), *L'ultimo guerriero* (83), *Occhio malocchio prezzemolo e finocchio* (83 co-w).

2080. Guerrini, Mino. Director. *L'attico* (62 co-w), *La rimpatriata* (63 *), *L'idea fissa* (64 co-d), *Extraconiugale* (65 the episode "Il mondo è dei ricchi" d/w), *Su e giù* (65 d), *Gangster 70* (68 d/co-w/story), *Colpo di sole* (68), *Oh, dolci baci e languide carezze* (69 also *), *Decamerone n. 2: le altre novelle del Boccaccio* (72 also *), *Un ufficiale non si arrende mai, nemmeno di fronte all'evidenza. Firmato colonnello Buttiglione* (73 also *), *Buttiglione diventa capo del servizio segreto* (76 also *), *Vinella e don Pezzotta* (76 also *), *Von Buttiglione Sturmtrüppenführer* (78 also *).

2081. Guerritore, Monica. Actress. *Malizia* (72), *La prima volta sull'erba* (75), *L'Homme pressé (77 France), Eutanasia di un amore* (78), *Amo non amo* (79), *Uomini e no* (80), *Bosco d'amore* (81), *La vela incantata* (82), *Il principe di Homburg* (83), *Io con te non ci sto più* (83), *Fotografando Patrizia* (84), *Scandalosa Gilda* (85), *Sensi* (86), *La venexiana* (86).

2082. Guers, Paul. Actor. *Il delitto non paga* (62), *La rimpatriata* (63), *Kali-Yug, la dea della vendetta* (63), *La fuga* (65).

2083. Guerzoni, Fausto. Actor. b. Jan. 13, 1904, Nonantola. *Bertoldo, Bertoldino e Cacasenno* (36), *Crispino e la comare* (37), *Tutta la vita in una notte* (38), *Il ladro* (39), *L'ebbrezza del cielo* (39), *Un marito per il mese d'aprile* (41), *La compagnia della teppa* (41), *Il signore a doppio petto* (41), *Un garibaldino al convento* (41), *Ladri di biciclette* (48), *Incantesimo tragico* (51), *Cronaca di un delitto* (52), *Pane amore e fantasia* (53), *Anni facili* (53), *Il paese dei campanelli* (53), *Gran varietà* (53), *Pane amore e gelosia* (54), *Terra straniera* (55 made in 53), *Pane amore e....* (55).

2084. Guglielmi, Marco. Actor. b. 1926. *Eran 300* (52), *Er Fattaccio* (52), *Divisione Folgore* (54), *Attila—flagello di Dio* (54), *Proibito* (55), *Destinazione Piovarolo* (55), *Gli sbandati* (55), *Andrea Chénier* (55), *El Alamein* (57), *Pezzo, capopezzo e capitano* (58), *Vite perdute* (58), *Ombre bianche* (60), *Giuseppe venduto dai fratelli* (60), *L'ultimo zar* (60), *Il mulino delle donne di pietra* (60), *Sir Francis Drake, il re dei sette mari* (63), *La vendetta della signora* (64), *Berlino—appuntamento per le spie* (65), *New York chiama Super Dragon* (66), *La notte pazza del conigliaccio* (67 co-w), *Étouffade à la Caribe* (67 France), *Le dolci signore* (67), *Corri, uomo, corri* (67), *Un uomo un cavallo una pistola* (68), *La Battaglia di El Alamein* (68), *La tecnica e il rito* (71), *Guernica* (72), *Crepuscolo di fuoco* (72), *La minorenne* (74), *Perchè si uccide un magistrato* (75), *La legge della camorra* (76), *Candido erotico* (78).

Guglielmi, Wanda *see under* **Polidor**

2085. Guida, Gloria. Actress. *La liceale* (75), *Fico d'India* (80), *La casa stregata* (82).

2086. Guida, Wandissa. Actress. AKA: Wandisa Guida, Wanda Guida. *I vampiri* (57), *I prepotenti* (58), *Dinanzi a noi il cielo* (58), *La rivolta degli schiavi* (60), *La vendetta di Ercole* (60), *La vendetta di Ursus* (61), *La vendetta della maschera di ferro* (62), *Il gladiatore di Roma* (62), *I giganti di Roma* (63), *Maciste nelle miniere del re Salomone* (64), *Ercole contro Roma* (64), *A 007 sfida ai killers* (65), *Assassinio al cimitero etrusco* (82).

2087. Guidi, Guidarino. Actor. *A Farewell to Arms* (57 U.S.), *La dolce vita* (60), *Eva* (62), *8½* (63), *La bibbia* (66 also casting d), *Se tutte le donne del mondo* (66), *Lo sbarco di Anzio* (68), *Una breve stagione* (69), *Avanti!* (72), *Rappresaglia* (73), *Che cosa ha fatto tuo padre con mia madre?* (73), *L'Italia s'è rotta* (76), *...E tanta paura* (77).

Guillaume, Ferdinand *see* **Polidor**

2088. Guillemot, Agnès. French editor. b. 1931, Roubaix. RN: Agnès Perché. Married director Claude Guillemot. *RoGoPaG* (62 the episode "Il nuovo mondo"), *Il disprezzo* (62), *Le più belle truffe del mondo* (63 the episode "Le Grand Escroc"), *Agente Lemmy Caution: missione Alphaville* (65).

2089. Guinness, Alec. U.K. actor. b. April 2, 1914, London. *La caduta dell'impero romano* (64), *Gli ultimi dieci giorni di Hitler* (72 as Hitler), *Fratello Sole sorella Luna* (73).

2090. Guisol, Henri. French actor. b. Oct. 12, 1904, Aix-en-Provence. RN: Henri Bonhome. *Teodora, imperatrice di Bisanzio* (53).

2091. Guitry, Sacha. French director. b. Feb. 21, 1885, St. Ptersburg, Russia. d. 1957. RN: Alexandre-Georges Guitry. *Versailles* (53 also *), *Napoleone Buonaparte* (54 also *).

2092. Gwenn, Edmund. U.K. actor. b. Sept. 26, 1875, Glamorgan, Wales. d. Sept. 6, 1959, Woodland Hills, Calif. *Calabuig* (56).

2093. Gwynn, Michael. U.K. actor. b. 1916. d. Jan. 29, 1976, London. RN: Michael C. Gwynn. *Barabba* (61), *La caduta dell'impero romano* (64).

2094. Gwynne, Fred. U.S. actor. b. 1926. *La luna* (79).

2095. Gys, Leda. Actress. b. March 10, 1892, Roma. d. Oct. 2, 1957, Roma. RN: Giselda Lombardi. *Dopo la morte* (13), *La sfumatura* (13), *Lussuria* (13), *La tutela* (13), *L'histoire d'un pierrot* (13), *L'amazzone mascherata* (14), *Leda innamorata* (15), *Marcia nuziale* (15), *L'amor tuo li redime* (15), *La pantomima della morte* (15), *L'amica* (15), *Christus* (15), *Come in quel giorno* (16), *Fiore di autunno* (16), *Amore che uccide* (16), *Passano gli unni* (16), *Ananke* (16), *Principessa* (16), *La bohème* (17), *Treno di lusso* (17), *La Leda senza cigno* (17), *Friquet* (19), *I figli di nessuno* (20), *Un cuore nel mondo* (20), *La donna e i bruti* (20), *Scrollina* (21), *Lilly e Lillette o l'arte di farsi l'amore* (21), *La leoparda ferita* (22), *Mia moglie si è fidanzata* (22), *Santarellina* (23), *Coiffeur pour dames* (24), *La fanciulla di Pompei* (24), *Saitra la ribelle* (24), *Grand Hotel Paradis* (24), *Vedi Napule e po' mori!* (24), *La cieca di Sorrento* (25), *Napoli è una canzone* (26), *Nina non far la stupida* (26), *La madonnina dei marinai* (27), *La regina del varietà* (28), *Napule...e niente cchiù* (28), *La signorina Chicchirichì* (28), *Rondine* (29).

2096. Gys, Robert. French art director. b. Sept. 22, Asnières. RN: Robert Gigault. *Fanfan la tùlipe* (51), *Quando le donne amano* (52), *Lucrezia Borgia* (53), *Madame Dubarry* (54), *Nanà* (55).

2097. Habay, André. Actor. b. 1883, France. *L'onestà che uccide* (14), *La principessa straniera* (14), *La fanciulla di Capri* (14), *Lo smeraldo di Theiny* (14), *Avatar* (14), *Nella fornace* (15), *La signora dalle camelie* (15), *Odio che ride* (15), *Ivan il terribile* (15), *Rapsodia satanica* (15), *Alla capitale* (15), *Carmen* (16), *La falena* (16), *Malombra* (16), *Don Chisciotte in frak* (16), *Febbre di gloria* (16), *Primo ed ultimo bacio* (16), *La fiammata* (16), *Resurrezione* (17), *La via più lunga* (17), *Per tutta la vita* (17), *La principessa di Bagdad* (17), *Il filo della vita* (18), *Sfinge* (18), *La regina del carbone* (19), *Anima tormentata* (19), *La signora delle rose* (19), *La vergine folle* (19), *Colui che seppe amare* (19 also d), *La signorina Zoya* (19), *Cieli* (20), *La grande passione* (21), *La fiammata* (22), *Il sogno d'amore* (22), *Il riscatto* (23), *Il velo di una* *colpa* (23), *La signorina...madre di famiglia* (23), *Quo vadis?* (24), *Il gigante delle Dolomiti* (26).

2098. Hackman, Gene. U.S. actor. b. Jan. 30, 1930, San Bernardino, Calif. *Il giorno dei lunghi fucili* (71).

2099. Hackney, Alan. U.K. writer. b. 1924, Manchester. *Lo spadaccino di Siena* (62).

2100. Haddon, Dayle. Canadian actress. b. May 26, 1949, Montreal. *La cugina* (74), *40 gradi sotto il lenzuolo* (76).

Haerter, Gerard *see* **Herter**

2101. Hagen, Ira. German actress. *Donne...botte e bersaglieri* (68).

2102. Hahn, Gisela. German actress. *Lo chiamavano Trinità* (70), *Commissariato di notturno* (72), *Zanna Bianca alla riscossa* (75), *La supplente* (76), *I padroni della città* (76), *Cosmo 2000—l'invasione degli extracorpi* (77), *Ligabue* (78), *Ernesto* (79), *White "Pop" Jesus* (80), *Contamination—alien arriva sulla terra* (80), *Il cacciatore di uomini* (80).

2103. Hahn, Jess. U.S. actor. b. 1921. Long in France. *Il processo* (62), *Dinamite Jack* (63), *New York chiama Super Dragon* (66), *La feldmarescialla* (66), *Troppo per vivere...poco per morire* (66), *Rapporto Fuller, base Stoccolma* (67), *Il grande duello* (69), *...E continuavano a fregarsi il milione di dollari* (72), *Afyan—Oppio* (72), *Dio, sei proprio un padreterno* (73), *L'isola misteriosa e il capitano Nemo* (73).

2104. Hakim, André, Robert & Raymond. French producers. Brothers, born in Alexandria, Egypt. Robert was born Dec. 19, 1907. Raymond was born Aug. 23, 1909 and died in 1980. The two of them produced: *Notre Dame de Paris* (56), *Le donne degli altri* (57), *In pieno sole* (59), *L'avventura* (60 ex ps), *L'eclisse* (62 co-p), *Pelle d'oca* (63), *Il piacere e l'amore* (64), *Bella di giorno* (67). André, born Dec. 5, 1915, produced *La pappa reale* (63).

2105. Hale, Richard. U.S. actor. b. 1893. d. 1981. *Ben-Hur* (59).

2106. Hall, Robert. U.S. actor. *Barabba* (61).

2107. Hallyday, Johnny. French singer/actor. b. 1943. RN: Jean-Philippe Smet. *Gli specialisti* (69), *Revolver* (73).

2108. Halprin, Daria. U.S. actress. b. 1947. *Zabriskie Point* (69).

2109. Halsey, Brett. U.S. actor. b. 1933. AKA: Montgomery Ford, Jerry Wilson. *Le sette spade del vendicatore* (62), *L'incendio di Roma* (63), *Il magnifico cornuto* (64), *Berlino—appuntamento per le spie* (65), *Da 077: missione Lisbona* (65), *Tre notti violente* (66), *Uccidete Johnny Ringo* (66), *Le dolci signore* (67), *Il Bang Bang Kid* (67), *Oggi a me, domani a te* (68), *Ventimila dollari sul sette* (68), *L'ira di Dio* (68), *I caldi amori di una minorenne* (69), *Roy Colt e Winchester Jack* (69), *Quante volte...quella notte* (73), *Il miele del diavolo* (87).

2110. Hamilton, George. U.S. actor. b. Aug. 12, 1939, Memphis, Tenn. *Viva Maria* (65), *Da Dunkerque alla vittoria* (79).

2111. Hamilton, Guy. U.K. director. b. Sept., 1922, Paris, France, to British parents. *I due nemici* (61).

2112. Hamilton, John. Italian actor. *L'ultimo killer* (67), *Vendetta per vendetta* (68), *Malenka* (68), *Qualcosa striscia nel buio* (70), *Sole rosso* (71).

Hammond, Hally *see* **De Luca, Lorella**

2113. Hammond, Kay. U.K. actress. b. Feb. 18, 1909, London. d. May 4, 1980, Brighton, Sussex. RN: Dorothy Katherine Standing. *Cinque ore in contanti* (60).

2114. Hampshire, Susan. U.K. actress. b. May 12, 1938, London. *Quei temerari sulle loro pazze scatenate scalcinate carriole* (69).

Hampton, Robert *see* **Freda, Riccardo**

2115. Hamza, Desiderius Akos. Hungarian director. Later in his life lived in Italy. *Strano appuntamento* (51 also co-w), *Il bel Tevere d'oro* (51 never shown).

2116. Hancock, Herbert. U.S. composer. b. April 12, 1940, Chicago, Ill. Better known as Herbie Hancock, the jazz musician. *Blow Up* (66).

2117. Hanin, Roger. French actor. b. Oct. 23, 1925, Algiers. *Colui che deve morire* (57), *Tamango* (57), *La gatta* (58), *Rocco e i suoi fratelli* (60), *La marcia su Roma* (63), *Marie Chantal contro il dottor Kha* (65), *Il gioco delle spie* (66), *Da Berlino l'apocalisse* (66), *Tony Arzenta* (73).

2118. Hansen, Joachim. German actor. b. 1930. *Sette contro la morte* (65), *4...3...2...1...morte* (67), *Z 7 operazione Rembrandt* (67), *Popsy Pop* (70).

2119. Hansen, Rolf. German director. *Resurrezione* (58).

2120. Hanson, Josette. French

actress. b. May 17, 1927, Marseille. *Madame Dubarry* (54).

2121. Harareet, Haya. Actress. b. 1931, Haifa, Palestine, from a Polish-Jewish background. RN: Haya Hararit. *La donna del giorno* (56), *Ben-Hur* (59), *Antinea, l'amante della città sepolta* (61), *La leggenda di Fra Diavolo* (62).

2122. Harari, Clement. Egyptian actor. b. 1929. Long in France. *Il coltello nella piaga* (63), *A 007 sfida ai killers* (65), *Zitto quando parli* (81).

2123. Hardin, Ty. U.S. actor. b. 1930, N.Y.C. RN: Orson Whipple Hungerford II. *L'uomo della valle maledetta* (63), *Bersaglio mobile* (67), *Il re di Africa* (68), *Sei iettato, amico...hai incontrato Sacramento* (70), *Acquasanta Joe* (71), *Il giorno del giudizio* (71), *L'ultimo pistolero* (71), *Quel maledetto giorno della resa dei conti* (71).

2124. Hardwicke, Cedric. U.K. actor. b. Feb. 19, 1883, Lye, Worcs. d. Aug. 6, 1964, N.Y.C., U.S.A. Knighted. *Elena di Troia* (56).

2125. Hardy, Françoise. French actress. b. 1944. *Il castello in Svezia* (63).

Hardy, Martin *see* **Gastaldi, Ernesto** and **Martino, Sergio**

Hardy, Oliver *see* **Laurel and Hardy**

2126. Hardy, Sophie. Actress. b. 1940. *Winnetou III* (65).

2127. Hargitay, Mickey. Hungarian muscleman actor. b. 1926. Long in U.S.A. Married Jayne Mansfield. *Gli amori di Ercole* (60), *La vendetta dei gladiatori* (63), *L'amore primitivo* (64), *Uno straniero a Sacramento* (64), *Il boia scarlatto* (65), *Cjamango* (67), *Lo sceriffo che non spara* (67), *Ringo, tempo di massacro* (70), *La figlia di Frankenstein* (71), *Riti, magie nere e orgie segrete del Trecento* (73).

2128. Harper, Jessica. U.S. actress. b. ca. 1955. *Suspiria* (77).

2129. Harris, Brad. U.S actor. b. 1933. Married Olinka Bérová. *Goliath contro i giganti* (60), *Sansone* (61), *La furia di Ercole* (61), *Anno 79 – distruzione ercolano* (62), *Agguato sul grande fiume* (63), *Il vecchio testamento* (63), *Alla conquista dell'Arkansas* (63), *Agente Joe Walker operazione Estremo Oriente* (66), *I tre fantastic superman* (67), *Eva, la venere selvaggia* (68), *L'uomo venuto per uccidere* (68), *Le calde notti di Poppea* (69), *Wanted Sabata* (70), *Che fanno i nostri superman tra le vergini della giungla?* (71), *Il ritorno del gladiatore più forte del mondo* (71), *Seminò la morte...lo chiamavano il castigo di Dio* (72), *Lo strangolatore di Vienna* (73), *Questa volta ti faccio ricco* (73), *Le avventure dell'incredibile Ercole* (83).

2130. Harris, Richard. Irish actor. b. Oct. 1, 1933, Limerick. *Deserto rosso* (64), *I tre volti* (65 the episode "Gli amanti celebri"), *La bibbia* (66), *Orca* (77).

2131. Harris, Robert. U.K. actor. b. March 28, 1900. *Rappresaglia* (73).

2132. Harrison, Dan. Actor. *I sentieri dell'odio* (64), *Maciste nelle miniere del re Salomone* (64), *Sindbad contro i sette saraceni* (65), *Sette pistole per El Gringo* (68), *Piluk il timido* (68), *Il mio corpo per un poker* (68).

Harrison, Jules *see* **Carmineo, Giuliano**

2133. Harrison, Noel. U.K. actor. b. Jan. 29, 1936, London. Son of Rex Harrison. *I due nemici* (61).

2134. Harrison, Richard. U.S. actor. AKA: James London. Long in Europe, it was he who suggested Clint Eastwood to Sergio Leone for the western that director was making. Harrison has also directed. His son, Sebastian Harrison, starred in *L'apache bianco* (84). Richard Harrison's films include: *Perseo l'invincibile* (61), *Il giustiziere dei mari* (62), *Il pirata del diavolo* (62), *Il gladiatore invincibile* (62), *I giganti di Roma* (63), *I sette gladiatori* (63), *La rivolta dei pretoriani* (63), *Gringo* (63), *Gladiatore di Messalina* (63), *L'ultimo gladiatore* (64), *I due gladiatori* (64), *I tre spietati* (64), *I tre sergenti del Bengala* (64), *A 007 sfida ai killers* (65), *100.000 dollari per Ringo* (66), *El Rojo* (66), *Doctor Faustus* (67 U.K.), *Joko, invoca Dio...e muori* (68), *Fantabulous, Inc.* (68), *Uno dopo l'altro* (68), *Anche nel west, c'era una volta Dio* (68), *Prima ti perdono, poi ti ammazzo* (70), *Reverendo Colt* (71), *Acquasanta Joe* (71), *Alla larga, amigos...oggi ho il grilletto facile* (71), *Joe Dakota, spara...e così sia* (72), *Jesse e Lester, due fratelli in un posto chiamato Trinità* (72 also d/p/story), *La lunga cavalcata della vendetta* (72), *Lo chiamavano King* (73), *Sie kampft wie ein Mann* (87 Germany co-w).

Härter, Gerhard *see* **Herter, Gerhard**

2135. Harvey, John. U.K. actor. b. 1911, London. *Sacco e Vanzetti* (71).

2136. Harvey, Laurence. U.K. actor. b. Oct. 1, 1928, Yonishkis, Lithuania. d. Nov. 25, 1973, London. RN: Larushka Mischa Skikne. Raised in South Africa. *Giulietta e Romeo* (54), *Rebus* (68), *L'assoluto naturale* (69 also p).

2137. Harvey, Lilian. German actress. b. Jan. 19, 1906, Muswell Hill, London, U.K. d. July 27, 1968, Antibes, France. RN: Helene Lilian Muriel Pape. Born to a German father and a British mother. Although she took her mother's name for the stage, she was a naturalized German. *Castelli in aria* (38).

2138. Harvey, Verna. U.K. actress. b. April 5, 1952, London. *Servizio di scorta* (73).

2139. Hass, Hans. German actor. b. 1919. *Il tesoro di Rommel* (55), *Il trono di fuoco* (70).

2140. Hasse, O.E. German actor. b. July 11, 1903, Posen. d. 1978. RN: Otto Eduard Hasse. *Le avventure di Arsenio Lupin* (57), *Le spie* (57), *Un "colpo" da due miliardi* (58), *Il vizio e la virtù* (63), *I raggi mortali del dott. Mabuse* (64), *L'età della pace* (75).

2141. Hatfield, Hurd. U.S. actor. b. Dec. 7, 1918, N.Y.C. RN: William Rukard Hurd Hatfield. *El Cid* (61).

2142. Haudepin, Didier. French actor. b. 1951. *Amor di una calda estate* (65), *L'innocente* (76).

2143. Hauer, Rutger. Dutch actor. *La leggenda del santo bevitore* (88), *In una notte di chiaro di luna* (89).

2144. Hauff, Angelika. Austrian actress. b. Dec. 15, Vienna. Acted mostly on the German stage and screen. *Martin Toccaferro* (53).

2145. Havelock-Allan, Anthony. U.K. producer. b. Feb. 28, 1905, Darlington. *La rivale dell'imperatrice* (50 co-p), *Romeo e Giulietta* (68 co-p).

2146. Hawkins, Jack. U.K. actor. b. Sept. 14, 1910, London. d. July 18, 1973. RN: John Edward Hawkins. *Ben-Hur* (59), *Lafayette, una spada per due bandiere* (61), *Quei temerari sulle loro pazze scatenate scalcinate carriole* (69), *Lola* (70), *Waterloo* (70).

Hawkins, William *see* **Caiano, Mario**

2147. Hawn, Goldie. U.S. actress. b. Nov. 21, 1945, Washington, D.C. *Viaggio con Anita* (79).

2148. Hayden, Sterling. U.S. actor. b. March 26, 1916, Montclair, N.J. d. 1986. RN: John Hamilton (or possibly, Sterling Walter Relyea). *Cipolla Colt* (75), 1900 (76), *Il cinema secondo Bertolucci* (77 doc appeared as himself).

2149. Hayer, Nicolas. French director of photography. b. May 1, 1898, Paris. RN: Lucien-Nicolas Hayer. *La maschera sul cuore* (42), *La certosa di Parma* (47 co-ph), *Don Camillo* (52), *Era di venerdì 17* (56).

2150. Hayes, Allison. U.S. actress. b. 1930. d. Feb. 27, 1977, La Jolla, Calif., of blood poisoning. *Il re dei barbari* (54).

2151. Hayes, Isaac. U.S. actor/singer. b. Aug. 20, 1943, Covington, Tex. *Uomini duri...altrimenti vi ammuchiamo* (73 */composer).

2152. Hayward, Louis. South African actor. b. March 19, 1909, Johannesburg. d. 1985. RN: Seafield Grant. *I pirati di Capri* (48), *Lo sceriffo senza stella* (67).

2153. Hayworth, Rita. U.S. actress. b. Oct. 17, 1918, Manhattan, N.Y. d. May 14, 1987. RN: Margarita Carmen Cansino. *Il papavero è anche un fiore* (66), *L'avventuriero* (67), *I bastardi* (68).

2154. Hebey, Jean. French actor. *Le piace Brahms?* (61), *Il coltello nella piaga* (63).

2155. Hecht, Ben. U.S. writer. b. Feb. 28, 1894, N.Y.C. d. 1964. *Ulisse* (54 co-w), *Timbuctù* (57).

Hecht Lucari, Gianni *see under* **L**

2156. Heflin, Van. U.S. actor. b. Dec. 13, 1910, Walters, Okla. d. July 23, 1971, Hollywood, Calif. RN: Emmet Evan Heflin, Jr. *La tempesta* (58), *Jovanka e le altre* (59), *Sotto dieci bandiere* (60), *Il relitto* (61), *Ognuno per se* (68).

2157. Heller, Otto. Czech director of photography. b. March 8, 1896, Prague. d. 1970. Long in the U.K. *Il covo dei gangsters* (51).

2158. Hellman, Monte. U.S. director. b. 1932, N.Y.C. *Amore, piombo e furore* (77 also p/w).

Hellman, Oliver *see* **Assonitis, Ovidio G.**

2159. Hemingway, Margaux. U.S. actress. b. 1955. Granddaughter of Ernest Hemingway. *Agguato sul fondo* (78).

2160. Hemmings, David. U.K. actor. b. Nov. 18, 1941, Guildford, Surrey. *Blow*

Up (66), *Barbarella* (68), *Profondo rosso* (74), *Squadra antitruffa* (79).

2161. Hendry, Ian. U.K. actor. b. Jan. 13, 1931, Ipswich. d. Dec. 24, 1984, London. *Professione: reporter* (75).

2162. Henreid, Paul. Austrian actor. b. Jan. 10, 1908, Trieste. d. April 2, 1992, Santa Monica, Calif., U.S.A. RN: Paul Georg Julius von Henreid. Son of Baron Carl von Henreid. Long in the U.S.A. *Operazione Crossbow* (65).

2163. Henry, Buck. U.S. actor/writer. b. 1930, N.Y.C. RN: Buck Henry Zuckerman. *Candy* (68 w).

2164. Hepburn, Audrey. U.K. actress. b. May 4, 1929, Bruxelles, Belgium. d. 1993. RN: Audrey Hepburn-Ruston. Born of Irish-Dutch parentage. *Guerra e pace* (56).

2165. Herbert, Martin *see* **De Martino, Alberto**

2166. Herbert, Percy. U.K. actor. b. 1925. *La città prigioniera* (62).

2167. Herlin, Jacques. French actor. *Maciste, l'eroe più grande del mondo* (63), *La frusta e il corpo* (63), *Le voci bianche* (64), *New York chiama Super Dragon* (66), *Adios hombre* (66), *Yankee, l'americano* (66), *Matchless* (66), *Troppo per vivere... poco per morire* (66), *La ragazza e il generale* (67), *Lo scatenato* (67), *Lo straniero* (67), *Il tigre* (67), *Lo sceriffo che non spara* (67), *Le due facce del dollaro* (68), *Sbatti il mostro in prima pagina* (72), *Uomini duri...altrimenti vi ammuchiamo* (73), *Mosè* (76), *Antonio Gramsci: gli anni del carcere* (77), *Pane, burro e marmellata* (78), *Il dominatore del ferro* (82), *Rebus* (89).

2168. Herrmann, Bernard. U.S. composer. b. June 29, 1911, N.Y.C. d. Dec. 24, 1975. *La morte al lavoro* (78 a re-working of music he had done before he died).

2169. Herrmann, Edward. U.S. actor. b. July 31, 1943, Washington, D.C. *La mortadella* (72).

2170. Herron, Mark. U.S. actor. b. 1930. *8½* (63).

2171. Hersent, Philippe. Actor. *Londra chiama polo nord* (55), *La Gerusalemme liberata* (57), *La spada e la croce* (58), *La Battaglia di Maratona* (59), *La regina dei tartari* (60), *La vendetta di Ercole* (60), *Il terrore dei mari* (62), *Anno 79—distruzione ercolano* (62), *Roma contro Roma* (63), *Gladiatore di Messalina* (63), *Il vecchio testamento* (63), *Coriolano, eroe senza patria* (63), *Il colosso di Roma* (65), *Agente 077...dall'Oriente con furore* (65), *La lama nel corpo* (66), *Sei una carogna, t'ammazzo* (68), *Carogne si nasce* (68), *Testa di sbarco per otto implacabili* (68), *I quattro pistoleri di Santa Trinità* (71).

2172. Herter, Gerard. Actor. AKA: Gerard Härter, Gerard Haerter. *Agi Murad—il diavolo bianco* (59), *La grande guerra* (59), *Caltiki, il mostro immortale* (59), *Ursus nella valle dei leoni* (61), *I due colonnelli* (61), *New York chiama Super Dragon* (66), *La resa dei conti* (66), *Le dolci signore* (67), *Le due facce del dollaro* (68), *Vado...l'ammazzo e torno* (68), *Professionisti per un massacro* (68), *Quel caldo maledetto giorno di fuoco* (68), *La Battaglia di El Alamein* (68), *Uno di più all'inferno* (68), *Fraülein Doktor* (68), *Il vespaio* (70), *Indio Black: sai che ti dico...sei un gran figlio di...* (70), *Ludwig* (73).

2173. Hesperia. Actress. b. July 9, 1885, Bertinoro, Forlì. RN: Olga Mombelli. AKA: Alda Hesperia, Olga Negroni. Married director Count Baldassare Negroni in 1923. A diva of more personality than beauty, she came out of variety theater. *La sfumatura* (13), *Dopo la morte* (13), *Zuma* (13), *La maschera dell'onestà* (14), *Dopo il veglione* (14), *Amore veglia* (14), *L'ereditiera* (14), *La bevitrice d'etere* (15), *Fiamme nell'ombra* (15), *L'agguato* (15), *La fioraia di Como* (15), *Il mistero di una notte di primavera* (15), *Marcella* (15), *Rugiada di sangue* (15), *La signora dalle camelie* (15), *Anime buie* (15), *La cuccagna* (15), *La morsa* (16), *La donna di cuori* (16), *Jou-jou* (16), *Per una donna* (16), *La principessa di Bagdad* (17), *L'aigrette* (17), *Gli orrori della guerra* (17), *La donna abbandonata* (17), *La via delle luci* (17), *Bimbi lontani* (17), *Il volto del passato* (18), *Madame Flirt* (18), *La fibra del dolore* (19), *Vertigine* (19), *Divorziamo* (19), *La signora senza pace* (19), *Chimere* (19), *Madame Sans-gêne* (21), *Il figlio di Madame Sans-gêne* (21), *La locanda delle ombre* (23), *Il velo di una colpa* (23), *Orgoglio* (38).

2174. Heston, Charlton. U.S. actor. b. Oct. 4, 1923, Evanston, Ill. RN: John Charlton Carter. *Ben-Hur* (59), *El Cid* (61).

Heston, John *see* **Staccioli, Ivano**

2175. Heusch, Paolo. Director. AKA:

Richard Benson. *La morte viene dallo spazio* (58), *Un uomo facile* (58), *Una vita violenta* (62 co-d), *Licantropo* (63), *Che fine ha fatto Totò Baby?* (64), *Un colpo da mille miliardi* (66), *El "Che" Guevara* (68).

2176. Heywood, Anne. U.K. actress. b. 1932, Handsworth. RN: Violet Pretty. *Su e giù per le scale* (59), *Cartagine in fiamme* (59), *La monaca di Monza* (68), *Le monache di sant'Arcangelo* (72), *L'assassino è al telefono* (73), *La prima volta sull'erba* (75), *Un'ombra nell'ombra* (77).

2177. Heywood, Pat. U.K. actress. *Romeo e Giulietta* (68), *Il giovane Toscanini* (88).

Higgins, Anthony *see* **Corlan, Anthony**

2178. Hielscher, Margot. German actress. b. Sept. 29, 1915, Berlin. Former model. *Nel gorgo del peccato* (54).

2179. Hightower, Rosetta. Ballerina. *Carosello napoletano* (54).

2180. Hilbeck, Fernando. Spanish actor. b. 1933. *Barabba* (61), *Due contro tutti* (63), *Un dollaro per sette vigliacchi* (67), *Donne alla frontiera* (67), *Cervantes* (68), *Lo chiamavano Mezzogiorno* (74), *Non si deve profanare al sonno di morte* (74).

2181. Hildyard, Jack. U.K. director of photography. b. 1908, London. *Servizio di scorta* (73).

2182. Hill, Craig. U.S. actor. b. March 5, 1926, Los Angeles, Calif. *Per il gusto di uccidere* (66), *Adios hombre* (66), *Ric e Gian alla conquista del west* (67), *Lo voglio morto* (68), *Quindici forche per un assassino* (68), *All'ultimo sangue* (68), *Tre croci per non morire* (71), *Il giorno del giudizio* (71), *Domani passo a salutare la tua vedova...parola di Epidemia* (72), *Scansati...Trinità arriva ad Eldorado* (73), *Animale chiamato uomo* (73), *Spirito Santo e le cinque magnifiche canaglie* (73), *I corvi ti scaveranno la fossa* (73), *Solamente nero* (78).

2183. Hill, James. U.K. director. b. 1919, England. *Il sigillo di Pechino* (66 co-d).

Hill, Terence *see* **Girotti, Mario**

2184. Hiller, Arthur. Canadian director. b. Nov. 22, 1923, Edmonton. *L'uomo della Mancha* (72).

2185. Hillier, Erwin. U.K. director of photography. b. Sept. 2, 1911, Berlin, Germany. In the U.K. since 1939. *Operazione Crossbow* (65).

2186. Hillinger, Wolfgang. German actor. AKA: Wolf Hillinger. *Diabolik* (67), *Trio* (67), *Il sapore della vendetta* (68), *Lo sbarco di Anzio* (68), *La caduta degli dei* (68), *Fellini Satyricon* (69), *Il Decamerone* (71).

Hills, David *see* **D'Amato, Joe**

2187. Hills, Gillian. U.K. actress. b. 1944. *Blow Up* (66).

2188. Hilton, George. Uruguayan actor. *Due mafiosi contro Goldginger* (65), *Django* (66), *Per un pugno nell'occhio* (66), *Tempo di massacro* (66), *A Ghentar si muore facile* (67), *Un poker di pistole* (67), *Il tempo degli avvoltoi* (67), *Kitosch, l'uomo che veniva dal nord* (67), *L'harem* (67), *Vado...l'ammazzo e torno* (68), *Il dolce corpo di Deborah* (68), *La più grande rapina del west* (68), *Ognuno per se* (68), *Fidarsi è bene, sparare è meglio* (68), *Il momento di uccidere* (68), *Uno di più all'inferno* (68), *La Battaglia di El Alamein* (68), *Professionisti per un massacro* (68), *Quei disperati che puzzano di sudore e di morte* (69), *Testa t'ammazzo...croce sei morto...mi chiamano Alleluia!* (70), *Lo strano vizio della signora Ward* (71), *Il diavolo ha sette facce* (72), *Strana orchidea con cinque gocce di sangue* (72), *C'è Sartana, vendi la pistola e comprati la bara* (72), *Il west ti fa stretto, amico...è arrivato Alleluia!* (72), *Perchè quelle strane gocce di sangue sul corpo di Jennifer?* (72), *Il contatto carnale* (73), *Fuori uno, sotto un altro, arriva il "passatore"* (73), *Lo chiamavano Tressette...giocava sempre colla morte* (73), *Il baco da seta* (74), *Di Tressette c'è ne uno...tutti gli altri son nessuno* (74), *Prima ti suono e poi ti sparo* (75), *Ah, si? ...e io lo dico a Zzzzorro!* (75), *L'assassino è costretto ad uccidere ancora* (76), *Taxi girl* (77), *El Macho* (77), *Torino violenta* (77), *Milano...difendersi o morire* (77), *I predatori dell'Atlantide* (81), *Ricchi, ricchissimi...praticamente in mutande* (81), *Teste di cuoio* (82).

2189. Hinrich, Giovanni. German director/actor. b. Nov. 27, 1903, Berlin. RN: Hans Hinrich. Much theater in Germany. Moved to Italy during the early part of WWII. Italian films include: *Lucrezia Borgia* (40 d), *Il re del circo* (40 co-d), *Il vetturale del san Gottardo* (41 co-d), *Tentazione* (41 co-d), *Nebbie sul mare* (42 co-d), *Avanti a lui tremava tutta Roma* (46 *), *I* *miserabili* (47 co-d), *L'ebreo errante* (47 *), *Gli uomini sono nemici* (47 *), *Il cavaliere misterioso* (48 *), *Fabiola* (48 *), *Gli ultimi giorni di Pompei* (48 *), *Roman Holiday* (53 U.S. *), *Uomini ombra* (54 *).

2190. Hintermann, Carlo. Actor. b. 1924, Milano. d. Jan. 7, 1988, Catania. *Terra amara* (48 short), *Miss Italia* (49), *Abbiamo vinto* (50), *Ombre sul canal grande* (51), *Giovinezza* (52), *Cronaca di un delitto* (52), *Il viale della speranza* (53), *Traviata 53* (53), *Violenza sul lago* (53), *Gran varietà* (53), *Attila—flagello di Dio* (54), *Rascel—Fifì* (57), *Rascel—marine* (58), *A Farewell to Arms* (57 U.S.), *Olympia* (60), *La ragazza con la valigia* (60), *La città prigioniera* (62), *Verspätung in Marienborn* (64 Germany), *New York chiama Super Dragon* (66), *Agente S03: operazione Atlantide* (66), *Mark Donen agente Zet* (66), *I barbieri di Sicilia* (67), *Z 7 operazione Rembrandt* (67), *Attentato ai tre grandi* (68), *La morte non ha sesso* (68), *Quella piccola differenza* (69), *Irene Irene* (76), *Occhi dalle stelle* (77), *Tanto va la gatta al lardo* (78), *Ridendo e scherzando* (78), *La sconosciuta* (79).

Hirenbach, Karl *see* **Lawrence, Peter Lee**

2191. Hirsch, Robert. French actor. b. 1924, Paris. *Versailles* (53), *Miss Spogliarello* (56), *Notre Dame de Paris* (56).

2192. Ho, Andy. Chinese actor. b. 1913. Long in the U.K. *Ombre bianche* (60), *Le meravigliose avventure di Marco Polo* (65), *Se tutte le donne nel mondo* (66), *Matchless* (66).

2193. Hoffman, Basil. U.S. actor. b. 1941. *La mortadella* (72).

2194. Hoffman, Benno. German actor. AKA: Benno Hofmann. *La rivolta degli schiavi* (60), *La vacca e il prigioniero* (60).

2195. Hoffman, Dustin. U.S. actor. b. Aug. 8, 1937, Los Angeles, Calif. *Un dollaro per sette vigliacchi* (67), *Le castagne sono buone* (71).

2196. Hoffman, Robert. Austrian actor. b. 1939. *Io la conoscevo bene* (65), *Mille e non più mille* (66), *Svegliati e uccidi* (66), *Domani non siamo più qui* (67), *Come imparai ad amare le donne* (67), *La morte non ha sesso* (68), *Ad ogni costo* (68), *Certo, certissimo, anzi...probabile* (69), *Avventure ed amori di don Giovanni* (70), *Una ragazza tutta nuda assassinata nel parco* (72), *Spasmo* (74), *Occhi dalle stelle* (77).

2197. Höhn, Carola. German actress. b. Jan. 30, 1910, Geestemünde. *Mamma* (41), *Beatrice Cenci* (41), *Solitudine* (41), *Tre ragazze viennesi* (42), *Dove andiamo, signora?* (42).

2198. Hold, Marianne. German actress. b. May 15, 1929, Johannesburg, East Prussia. *Barriera a settentrione* (49), *Dal sabato al lunedì* (63).

2199. Holden, Scott. U.S. actor. *E alla fine lo chiamavano Jerusalem l'implacabile* (71).

2200. Holden, William. U.S. actor. b. April 17, 1918, O'Fallon, Ill. d. Nov. 16, 1981, Santa Monica, Calif. RN: William Franklin Beedle, Jr. *Fedora* (78).

2201. Holder, Roy. U.K. actor. b. June 15, 1945, Birmingham. *La bisbetica domata* (67), *Romeo e Giulietta* (68), *Gesù di Nazaret* (77 TV).

2202. Holliman, Earl. U.S. actor. b. Sept. 11, 1928, Tennessee Swamp, Delhi, La. RN: Anthony Earl Numkena, Jr. *Lo sbarco di Anzio* (68).

Holloway, George *see* **Capitani, Giorgio**

2203. Holloway, Sterling. U.S. actor. b. Jan. 4, 1905, Cedartown, Ga. *Addio, Mimì* (47).

2204. Holm, Ian. U.K. actor. b. Sept. 12, 1932, Goodmayes. RN: Ian Holm Cuthbert. *Gesù di Nazaret* (77 TV).

2205. Holmes, Phillips. U.S. actor. b. July 22, 1907, Grand Rapids, Mich. d. Aug. 12, 1942, Ontario, Canada, in an airplane accident. Son of Taylor Holmes. *Casta diva* (35 English version, shot in Italy, directed by Gallone).

2206. Holzer, Ivy. Actress. *L'ammutinamento* (62), *La rivolta dei pretoriani* (63), *Temptation* (68), *Il figlio di Aquila Nera* (68), *Samoa, regina della giungla* (69).

2207. Homolka, Oscar. Austrian actor. b. Aug. 12, 1898, Vienna. d. 1978. *Guerra e pace* (56), *La tempesta* (58).

2208. Honegger, Arthur. French composer. b. March 10, 1892, Le Havre. d. Nov. 18, 1955, Paris. Of Swiss origin. *Giovanna d'Arco al rogo* (54).

2209. Hopkins, Anthony. Welsh actor. b. Dec. 31, 1937, Port Talbot. *Io e il Duce* (83).

2210. Hopkins, Bo. U.S. actor. b. 1942, Greenwood, S.C. *Tentacoli* (77).

Hopkins, Omar *see* **Zeglio, Primo**

2211. Hordern, Michael. U.K. actor. b. Oct. 3, 1911, Berkhamsted. RN: Michael Murray Hordern. Knighted in 1983. *El Cid* (61), *La bisbetica domata* (67).

2212. Horn, Camilla. German actress. b. April 25, 1906, Frankfurt-am-Main. Daughter of a German father and an Italian mother. *Paura d'amare* (41), *L'angelo del crepuscolo* (42), *Rebus* (68).

2213. Horne, Geoffrey. U.S. actor. b. Aug. 22, 1933, Buenos Aires, Argentina. Married actress Collin Willcox. *La tempesta* (58), *Esterina* (59), *Giuseppe venduto dai fratelli* (60), *I fratelli corsi* (61), *I tre implacabili* (63).

2214. Horsley, John. U.K. actor. b. 1920. *Ben-Hur* (59).

2215. Hoskins, Bob. U.K. actor. b. Oct. 26, 1942. *Io e il Duce* (83).

2216. Hossein, Robert. French actor. b. Dec. 30, 1928, Paris. RN: Robert Hosseinoff. AKA: Steffen Tinelli. Son of a French father and a Russian mother. Also a director. *La casa di Madame Korà* (57), *Un "colpo" da due miliardi* (58), *Madame Sans-gêne* (61), *Il vizio e la virtù* (63), *Pelle d'oca* (63), *L'omicida* (63), *Il riposo del guerriero* (63), *OSS 117 minaccia Bangkok* (64), *Le meravigliose avventure di Marco Polo* (65), *La guerra segreta* (65), *Madamigella di Maupin* (66), *Niente rose per OSS 117* (68), *C'era una volta il west* (68), *La Battaglia di El Alamein* (68), *Cimitero senza croci* (68 also d/co-w), *Nell'anno del Signore* (69), *All'ovest di Sacramento* (70 also co-w), *Gli scassinatori* (71 also co-d).

2217. Houseman, John. U.S. producer/writer/actor. b. Sept. 22, 1902, Bucharest, Rumania. d. Oct. 31, 1988, Malibu, Calif. RN: Jacques Haussmann. *Tentacoli* (77 *).

Howard, Nick *see* **Nostro, Nick**

2218. Howard, Ronald. U.K. actor. b. April 7, 1918, Anerley. Son of Leslie Howard. *Weekend a Zuydecoote* (64), *Il giorno dei lunghi fucili* (71).

2219. Howard, Trevor. U.K. actor. b. Sept. 29, 1916, Cliftonville. d. Jan 7, 1988, Bushey. *La mano dello straniero* (53), *Operazione Crossbow* (65), *Il papavero è anche un fiore* (66), *Lola* (70), *Ludwig* (73).

2220. Hubert, Roger. French director of photography. b. March 30, 1903, Montreuil-sous-Bois. d. 1964. *Ladro di donne* (36), *L'amore e il diavolo* (42), *Gli ultimi giorni di Pompei* (48 co-ph), *Naso di cuoio* (52), *I sette peccati capitali* (52 co-ph), *Napoleone Buonaparte* (54 co-ph), *La regina Margot* (54), *Aria di Parigi* (55), *Fuga nel sole* (56), *Teresa Étienne* (57), *L'uomo dall'impermeabile* (57), *Noi gangsters* (58), *Femmina* (59), *La vacca e il prigioniero* (60), *Lafayette, una spada per due bandiere* (61 co-ph), *La pappa reale* (63), *Dinamite Jack* (63).

Hübschmid, Paul *see* **Christian, Paul**

Hudson, Gary *see* **Garko, Gianni**

2221. Hudson, Rock. U.S. actor. b. Nov. 17, 1925, Winnetka, Ill. d. Oct. 2, 1985, Beverly Hills, Calif. RN: Roy Harold Scherer, Jr. (or, Roy Fitzgerald). *Ruba al prossimo tuo* (68), *Il vespaio* (70).

2222. Huffaker, Clair. U.S. writer. b. 1927. *La spina dorsale del diavolo* (70 co-w), *Valdez il mezzosangue* (73 co-w).

2223. Huillet, Danièle. French director. Married Jean-Marie Straub. *Dalla nube alla resistenza* (79 co-d).

Humbert, Humphrey *see* **Lenzi, Umberto**

2224. Hundar, Robert. Actor. RN: Claudio Undari. *Marco Polo* (60), *L'ombra di Zorro* (63), *Maciste, gladiatore di Sparta* (64), *Camino del sur* (64), *Cavalco e uccidi* (64), *I tre spietati* (64), *I quattro inesorabili* (65), *Solo contro tutti* (66), *Ramón il messicano* (66), *100.000 dollari per Lassiter* (66), *L'uomo e una colt* (67), *Il sapore della vendetta* (68), *Hora de morir* (68 Spain), *Le calde notti di Lady Hamilton* (68), *Con lui cavalca la morte* (68), *Un buco in fronte* (68), *La legione dei dannati* (68), *Ehi, amico, c'è Sabata... hai chiuso* (69), *Il suo nome gridava vendetta* (69), *Concerto per pistola solista* (70), *Mezzogiorno di fuoco per An Hao* (72), *Condenados a vivir* (73 Spain), *Lo credevano uno stinco di santo* (74), *Giubbe rosse* (75), *Lo chiamavano California* (76).

2225. Hunebelle, André. French director. b. Sept. 1, 1896, Meudon. *Casinò de Paris* (57), *Il capitano del re* (60), *OSS 117 minaccia Bangkok* (64), *Niente rose per OSS 117* (68 co-p/co-w).

2226. Hunnicutt, Gayle. U.S. actress. b. Feb. 6, 1943, Fort Worth, Tex. *Tony Saitta* (76).

2227. Hunt, Martita. U.K. actress. b. Jan. 30, 1900, Buenos Aires, Argentina. d. June 13, 1969, London. *La prima notte* (58).

2228. Hunter, Jeffrey. U.S. actor. b. Nov. 25, 1925, New Orleans, La. d. 1969. RN: Henry Herman McKinnies. *Oro per i cesari* (62), *Cento dollari d'odio* (65 dubbed voice for U.S. version), *Lo sceriffo senza stella* (67), *Joe...cercati un posto per morire* (68), *La vera storia dei fratelli mannari* (70).

2229. Hunter, Kim. U.S. actress. b. Nov. 12, 1922, Detroit, Mich. RN: Janet Cole. *Due occhi diabolici* (90).

Hunter, Max *see* **Pupillo, Massimo**

2230. Hunter, Tab. U.S. actor. b. July 1, 1931, N.Y.C. RN: Arthur Gelien (or, Andrew Arthur Kelm). *La freccia d'oro* (62), *Scacco internazionale* (68), *Quel maledetto ponte sull'Elba* (69), *La porta del cannone* (69), *La vendetta è il mio perdono* (69).

2231. Hunter, Thomas. Actor. RN: Tomás Hunter. *Un fiume di dollari* (66), *Tre pistole contro Cesare* (66), *Lo sbarco di Anzio* (68), *La legione dei dannati* (68).

2232. Huppert, Isabelle. French actress. b. March 16, 1955, Paris. *La vera storia della signora dalle camelie* (82), *Storia di Piera* (83).

2233. Hurtado, Luís. Spanish actor. b. Sept. 8, 1898, Madrid. Acted mostly in Italy, but later returned to Spain. *Amore di ussaro* (39), *L'ispettore Vargas* (40 and also in its Spanish version, *El inspector Vargas*), *Lucrezia Borgia* (40 the Spanish version of the Giovanni Hinrich film), *El prisionero de Santa Cruz* (40 the Spanish version of *Il prigioniero di Santa Cruz*), *Giuliano de' Medici* (41), *Paura d'amare* (41), *I promessi sposi* (41), *I pirati della Malesia* (41 the Spanish version, in the role of Sandokan), *Documento Z 3* (41), *Le due tigri* (41 the Spanish version), *L'angelo del crepuscolo* (42), *Gran Premio* (42), *L'usuraio* (43).

2234. Hussenot, Olivier. French actor. b. Aug. 18, 1913, Paris. d. 1978. *Atollo K* (51), *Fanfan la tùlipe* (51), *I denti lunghi* (52), *Le grandi manovre* (55), *Le donne degli altri* (57), *Sfida a Rio Bravo* (65).

2235. Hussey, Olivia. U.K. actress. b. 1951, Buenos Aires, Argentina, to British parents. *Romeo e Giulietta* (68), *Gesù di Nazaret* (77 TV).

2236. Huston, John. U.S. director. b. Aug. 5, 1906, Nevada, Mo. d. Aug. 28, 1987, Middletown, R.I. Son of Walter Huston. *Il tesoro dell'Africa* (53 also co-w), *La bibbia* (66 also * as Noah), *Candy* (68 *), *La spina dorsale del diavolo* (70 *), *Tentacoli* (77 *), *Il grande attacco* (77 *), *Il triangolo delle Bermude* (78 *), *Il visitatore* (80 *), *Momo* (87 *).

2237. Hutchinson, Harry. Irish actor. b. 1892. d. 1980. *Blow Up* (66), *Concerto per pistola solista* (70).

2238. Hutton, Lauren. U.S. actress. b. Nov. 17, 1943, Charleston, S.C. RN: Mary Hutton. *Permette? Rocco Papaleo* (71), *Miliardi* (91).

2239. Hyer, Martha. U.S. actress. b. Aug. 10, 1924, Fort Worth, Tex. *Il mistero dei tre continenti* (59), *Due marines e un generale* (65), *Lo scatenato* (67).

2240. Ibañez, Bonaventura W. Spanish actor. Long in Italy. *La cena dei Borgia* (10), *I segreti dell'anima* (12), *Eroica riconoscenza* (12), *Sul limite del Nirvana* (15), *Il vetturale del Moncenisio* (16), *Somiglianza funesta* (16), *Tigre reale* (16), *Cuor di ferro e cuor d'oro* (19), *S. Ilario* (22), *La peccatrice senza peccato* (22), *I promessi sposi* (23), *Il corsaro* (23), *International Grand Prix* (23), *The White Sister* (24 U.S.), *Romola* (24 U.S.), *L'ultimo lord* (26), *Il carnevale di Venezia* (27), *La grazia* (29).

2241. Ichikawa, Kon. Japanese director. b. Nov. 20, 1915, Uji Yamada. *Topo Gigio e i sei ladri* (67 part animated), *Topo Gigio e la guerra missile* (67 part animated).

2242. Illuminati, Ivo. Director. b. Roma. *Gespay* (14 *), *Una donna!* (14), *Mamma perdona!* (14), *Leda innamorata* (15), *La raffica* (15), *Tragico convegno* (15), *Sotto l'ala della morte* (15), *Quando la primavera ritornò* (16), *Il re, le torri, gli alfieri* (16 co-d), *La maschera dell'amore* (16), *Automartirio* (17), *Emir, cavallo da circo* (17 co-d), *La nemica* (17), *Margheritella* (18), *Giflée* (18), *La stirpe* (18), *Tombola* (18), *Eva* (19), *Miracolo d'amore* (19), *Bruscolo* (19), *Un segreto nel chiostro* (19 also *), *Alba rossa* (19), *Papà Eccellenza* (19), *La nemesi danzante* (20), *La vita è fumo* (20), *Il filtro di Circe* (20), *Il mistero dell'americano* (20), *Giovanna la pallida* (21), *La maschera* (21), *Come io vi amo* (21), *Sélika* (21), *La locanda delle ombre* (23 co-d), *Il vetturale del San Gottardo* (41 co-d).

Ilush, Rod "Flash" *see* **Lloyd, Richard**

2243. Imbròo, Gaetano. Actor. *Orgasmo* (68), *Una ragazza piuttosto complicata* (68), *Un amico* (68), *Una lucertola con la pelle di donna* (71).

2244. Incontrera, Annabella. Actress. b. 1943. *L'inferno addosso* (59), *Una vita difficile* (61), *Una domenica d'estate* (61), *Maciste contro il vampiro* (61), *L'uomo che bruciò il suo cadavere* (65), *Goldsnake "anonima" killers* (66), *L'arcidiavolo* (66), *The Ambushers* (66 U.S.), *A suon di lupara* (67), *Un poker di pistole* (67), *À tout casser* (68 France), *Quei disperati che puzzano di sudore e di morte* (69), *La sfida dei Mackenna* (69), *A doppia faccia* (69), *Une Fille nommée amour* (69 France), *Los corsarios* (70 Spain), *La belva* (70), *È tornato Sabata, hai chiuso un'altra volta* (71), *Commando di spie* (71), *Amore formula 2* (71), *Le calde notti di don Giovanni* (71), *Roma bene* (71), *Quando gli uomini amarano la clava ...e con le donne fecero din-don* (71), *Consigna: matar al comandante en jefe* (71 Spain), *Rivelazioni di un maniaco sessuale al capo della squadra mobile* (71), *La tarantola dal ventre nero* (72), *Perchè quelle strane gocce di sangue sul corpo di Jennifer?* (72), *Strana orchidea con cinque gocce di sangue* (72), *Sette scialli di seta gialla* (72), *Il gatto di Brooklyn aspirante detective* (72), *Ciak, si muore* (74), *Le braghe del padrone* (78), *I pirati dell'isola verde* (80).

Incrocci, Agenore *see* **Age**

2245. Incrocci, Zoe. Actress. *Seconda B* (34), *Il serpente a sonagli* (35), *Vogliamoci bene* (49), *Totò cerca casa* (49), *Strano appuntamento* (51), *Canzone appassionata* (53), *Siamo donne* (53), *Destinazione Piovarolo* (55), *Bravissimo* (55), *Noi siamo le colonne* (56).

2246. Indovina, Franco. Director. *L'avventura* (60 asst d), *La notte* (61 asst d), *L'eclisse* (62 asst d), *Ménage all'italiana* (65 also co-w), *I tre volti* (65 the episode "Latin Lover" also co-w), *Lo scatenato* (67 also co-w), *Le Plus Vieux Métier du monde* (67 France co-d), *Sissignore!* (68 co-story).

2247. Induñi, Luís. Actor. b. 1918. Long in Spain. His Italian films include: *Se sparo...ti uccido* (63), *Le maledette pistole di Dallas* (64), *Colpo grosso a Galata Bridge* (65), *Una donna per Ringo* (65), *I quattro inesorabili* (65), *100.000 dollari per Ringo* (66), *...E Djurado* (66), *Django non perdona* (67), *...E divenne il più spietato bandito del sud* (67), *Il magnifico texano* (67), *Io non perdono...uccido* (68), *Killer adios* (68), *L'uomo venuto per uccidere* (68), *Quando Satana impugna la colt* (68), *I morti non si contano* (68), *Saranda* (69), *Prima ti perdono, poi ti ammazzo* (70), *Lo irritarono...e Sartana fece piazza pulita* (70), *Buon funerale, amigos...paga Sartana* (71), *Dio in cielo...Arizona in terra* (72), *Il mio nome è Scopone e faccio sempre cappotto* (72), *Domani passo a salutare la tua vedova...parola di Epidemia* (72).

2248. Infanti, Angelo. Actor. *Quattro dollari di vendetta* (65), *Deguello* (66), *Ballata per un pistolero* (67), *Silvia e l'amore* (68), *Le meraviglie dell'amore* (68), *La virtù sdraiata* (68), *Gungala, la pantera nera* (68), *Il giglio del mare* (69), *The Appointment* (69 U.S.), *Destinazione morte* (70), *All'ovest di Sacramento* (70), *L'arciere di fuoco* (70), *Fragment of Fear* (71 U.K.), *Le Mans* (71 U.S.), *Violestata sulla nebbia* (71), *Bello onesto emigrato Australia sposerebbe compaesana illibata* (71), *Piedone lo sbirro* (72), *Joe Valachi—i segreti di Cosa Nostra* (72), *Le guerriere dal seno nudo* (72), *The Godfather* (71 U.S.), *Questa specie d'amore* (72), *Questa volta ti faccio ricco* (73), *Toute une vie* (74 France), *The Count of Monte Cristo* (75 U.K. TV), *Macrò (Giuda uccidi il venerdì)* (75), *Il soldato di ventura* (75), *Emanuella nera* (76), *Il corsaro nero* (76), *Poliziotto sprint* (76), *The Squeeze* (76 U.S.), *John Travolta ...da un insolito destino* (79), *Ammazzare il tempo* (80), *The Assisi Underground* (85 U.S.), *Money* (91).

2249. Infascelli, Carlo. Producer. b. Aug. 31, 1913, Roma. Founded Roma-Film. Co-wrote practically all his films. Has also directed. *L'affare si complica* (40), *Confessione* (41), *I fuorilegge* (50), *Cavalcata di mezzo secolo* (51 also co-d), *Canzoni di mezzo secolo* (52), *Canzoni, canzoni, canzoni* (53), *Amori di mezzo secolo* (53), *Gran varietà* (53), *Ridere ridere ridere* (54), *Canzoni di tutta Italia* (56), *Non sono più guaglione* (57), *Il Decamerone proibito* (72 d).

2250. Inglese, Guglielmo. Actor. b. Napoli. *Anema e core* (50), *Arrivano i nostri* (51), *Accidenti alle tasse!* (51), *Era lui...*

si! si! (51), *Vendetta...sarda* (51), *Lo sai che i papaveri...* (52), *Saluti e baci* (52), *Villa Borghese* (53), *Due soldi di felicità* (54), *Buonanotte, avvocato!* (55), *Cantando sotto le stelle* (56), *Arriva la zia d'America* (56), *I sogni nel cassetto* (57), *Vacanze ad Ischia* (57), *Tre straniere a Roma* (58).

2251. Ingrassia, Ciccio. Actor. b. 1923. Part of the Sicilian comedy duo of Franco e Ciccio (see Franco Franchini for a list of their films together). As a solo performer, Ciccio's films include: *Amarcord* (73), *Il cav. Costante Nicosia demoniaco* (75), *L'esorciccio* (75 also d), *Todo modo* (76), *Domani accadrà* (88), *La bohème* (88), *Viaggio d'amore* (90), *Il viaggio di capitan Fracassa* (90), *Condominium* (91).

2252. Inkijinoff, Valeriy. Russian actor. b. March 25, 1895, Irkutsk. *La figlia di Mata Hari* (55), *Michele Strogoff* (56), *Maciste alla corte del Gran Khan* (61), *Matchless* (66).

2253. Innocenzi, Carlo. Composer. b. April 29, 1899, Monteleone, Spoleto. Married lyricist Marcella Rivi. *Mille lire al mese* (38), *La prima donna che passa* (40), *Luce nelle tenebre* (41), *Catene invisibili* (42), *Un uomo ritorna* (46), *La monaca di Monza* (47), *Antonio da Padova* (49), *Il tradimento* (51), *Le ragazze di piazza di Spagna* (51), *Salvate mia figlia* (51), *Art. 519, codice penale* (52), *Nessuno ha tradito* (52), *Una di quelle* (52), *Terza liceo* (53), *Siamo donne* (53 co-composer), *Addio sogni di gloria* (54), *I pinguini ci guardano* (54), *Gli innamorati* (55 co-composer), *I papagalli* (56), *Il ricatto di un padre* (56), *Arrivano i dollari* (56), *Le belle dell'aria* (57), *Amore e guai* (59), *David e Golia* (59), *Il terrore dei barbari* (59 co-composer), *Gli amori di Ercole* (60), *Goliath contro i giganti* (60), *Maciste nella Valle dei Re* (60), *La furia di Ercole* (61), *Maciste nella terra dei ciclopi* (61), *Sansone* (61), *Maciste alla corte del Gran Khan* (61).

2254. Interlenghi, Franco. Actor. b. Oct. 29, 1931, Roma. Married Antonella Lualdi in 1955. *Sciuscià* (46), *Fabiola* (48), *Domenica d'agosto* (50), *Parigi è sempre Parigi* (51), *Teresa* (51 U.S.), *Processo alla città* (52), *Don Camillo* (52), *Giovinezza* (52), *Gli eroi della domenica* (52), *Il mondo le condanna* (52), *Canzoni di mezzo secolo* (52), *I vinti* (52), *Cento anni d'amore* (53), *La provinciale* (53), *Canzoni, canzoni, canzoni* (53), *Riscatto* (53), *I vitelloni* (53), *Le avventure di Guglielmo Tell* (53 unfinished), *La contessa scalza* (54), *L'uomo e il diavolo* (54), *Gli amori di Manon Lescaut* (54), *Le due orfanelle* (54), *Ulisse* (54), *Gli innamorati* (55), *I giorni più belli* (56), *Altair* (56), *Padri e figli* (56), *Totò, Peppino e i fuorilegge* (57), *Giovani mariti* (57), *Il cielo brucia* (57), *A Farewell to Arms* (57 U.S.), *La ragazza del peccato* (57), *Polikuschka* (58), *La notte brava* (59), *Il generale Della Rovere* (59), *Viva l'Italia* (60), *Cronache del 22* (62), *Una notte per cinque rapine* (68), *Amore, piombo e furore* (77), *Miranda* (85), *L'avaro* (90), *Pummarò* (90).

2255. Ipale, Aharon. Moroccan actor. b. 1941. *Mosè* (76).

2256. Ippoliti, Silvano. Director of photography. *Il carro armato dell'8 settembre* (60), *Solo contro Roma* (62 co-ph), *Un dollaro a testa* (66), *Deguello* (66), *Il grande silenzio* (68), *La donna invisibile* (69), *Nell'anno del Signore* (69), *Dio è con noi* (69 co-ph), *Sacco e Vanzetti* (71), *La vacanza* (71), *L'iguana dalla lingua di fuoco* (72), *Jus primae noctis* (72), *Un tipo con una faccia strana* (72), *Tony Arzenta* (73), *L'invenzione di Morel* (75), *Come una rosa al naso* (75), *Calamo* (76 co-ph), *Salon Kitty* (76), *La gang del parigino* (77), *Il prefetto di ferro* (78), *Gegè Bellavita* (79), *L'umanoide* (79), *Caligola* (79), *Action* (79), *Odio le bionde* (80 co-ph), *Poliziotto superpiù* (81), *Bollenti spiriti* (81), *Teste di cuoio* (82), *La chiave* (83), *Delitto in formula uno* (83), *Non c'è due senza quattro* (84), *Seven Magnificent Gladiators* (84 U.S.), *L'attenzione* (85), *Miami supercops—i poliziotti dell'8a Strada* (85), *Miranda* (85), *Il pentito* (85), *Schiave bianche—violenza in Amazzonia* (85), *SuperFantaGenio* (85), *Capriccio* (87), *Spettri* (87), *Paprika* (91).

2257. Ippolito, Ciro. Director. AKA: Sam Cromwell. *Alien 2 sulla terra* (80), *Lacrime napulitane* (81), *Pronto...Lucia* (82), *Zampognaro innamorato* (83), *Arrapaho* (84), *Uccelli d'Italia* (85).

2258. Iquino, Ignacio. Spanish director/co-writer. AKA: John Wood, Steve McCohy, Juan Xiol Marchel, Juan Bosch, Pedro L. Ramírez, Ignasi P. Ferre Serra, Juan Bosch Palau. *La sfida degli implacabili* (65), *Un dollaro di fuoco* (67 co-w), *Sette pistole per El Gringo* (68), *Cinque dollari* *per Ringo* (68), *Prima ti perdono, poi ti ammazzo* (70), *La taglia è tua, l'uomo l'ammazzo io, El Puro* (70 co-w), *Alla larga, amigos...oggi ho il grilletto facile* (71), *Dio in cielo...Arizona in terra* (72), *La mia colt ti cerca...quattro ceri ti attendono* (72), *Domani passo a salutare la tua vedova...parola di Epidemia* (72), *Il mio nome è Scopone e faccio sempre cappotto* (72), *I corvi ti scaveranno la fossa* (73), *Lo credevano uno stinco di santo* (74), *La notte rossa del falco* (74), *La signora ha fatto il pieno* (78), *La moglie dell'amico...è sempre più buona* (80).

2259. Irazoqui, Enrique. Amateur actor who played Christ in *Il vangelo secondo Matteo* (64).

2260. Ireland, Jill. U.K. actress. b. April 24, 1936, London. d. May 18, 1990, Malibu, Calif. Married David McCallum, and (in 1968) Charles Bronson. *Città violenta* (70), *Joe Valachi—i segreti di Cosa Nostra* (72), *Valdez il mezzosangue* (73).

2261. Ireland, John. Canadian actor. b. Jan. 30, 1914, Vancouver. d. March 21, 1992, Santa Barbara, Calif., U.S.A. RN: John Benjamin Ireland. In New York from childhood. *La caduta dell'impero romano* (64), *Odio per odio* (67), *Corri, uomo, corri* (67), *Quel caldo maledetto giorno di fuoco* (68), *Dalle Ardenne all'inferno* (68), *Fidarsi è bene, sparare è meglio* (68), *Tutto per tutto* (68), *Una pistola per cento bare* (68), *Vendetta per vendetta* (68), *Quanto costa morire* (68), *El "Che" Guevara* (68), *La sfida dei Mackenna* (69), *Femmine insaziabili* (69), *Una sull'altra* (70), *Lo strangolatore di Vienna* (73), *Dieci bianchi uccisi da un piccolo indiano* (74), *Il letto in piazza* (75), *Noi non siamo angeli* (75), *Salon Kitty* (76), *Miami Golem* (85).

2262. Irvin, Charles. U.K. actor. *I vinti* (52 the U.K. episode, "Il delitto").

2263. Isbert, José. Spanish actor. b. March 3, 1886, Madrid. *Un angelo passò per Brooklyn* (58. His daughter, Maria Isbert, was also in this film).

2264. Israel, Victor. Spanish actor. *Yankee, l'americano* (66), *Sette donne per i MacGregor* (66), *Sugar Colt* (66), *E venne l'ora della vendetta* (67), *Il sapore della vendetta* (68), *Una pistola per cento bare* (68), *Killer adios* (68), *E lo chiamavano Spirito Santo* (71), *Il faro in capo al mondo* (71), *Uomo avvisato mezzo ammazzato...parola di Spirito Santo* (71), *Che c'entriamo noi con la rivoluzione?* (73), *Il bianco, il giallo, il nero* (74), *L'inferno dei morti viventi* (80).

2265. Ivens, Joris. Dutch documentary film maker. b. Nov. 18, 1898, Nijmegen. d. June 28, 1989, Paris, France. RN: Georg Henri Anton Ivens. He collaborated with the Taviani brothers to make *L'Italia non è un paese povero* (60 also co-w/co-e).

2266. Ivernel, Daniel. French actor. b. June 3, 1920, Versailles. *Destini di donne* (53), *Ulisse* (54), *Madame Dubarry* (54), *Napoleone Buonaparte* (54), *Dinamite Jack* (63), *Il diario di una cameriera* (64).

2267. Ives-Cameron, Elaine. U.S. actress. b. 1941. *Mamma Roma* (62), *Il sorpasso* (62), *La marcia su Roma* (63).

2268. Izzarelli, Francesco. Director of photography. b. April 21, 1903, Caramanico, Pescara. *La luce del mondo* (34 co-ph), *Pierpin* (35), *Cavalleria* (36 co-ph), *I fratelli Castiglioni* (37 co-ph), *La signora di Montecarlo* (38 co-ph), *Animali pazzi* (39 co-ph), *Carmen fra i rossi* (39 co-ph), *Il fornaretto di Venezia* (39 co-ph), *Il peccato di Rogelia Sánchez* (39 co-ph), *L'assedio dell'Alcazar* (40 co-ph), *Escuadrilla* (40 Spain), *A mi no me mire Usted* (42 Spain), *Buongiorno, Madrid!* (42 co-ph), *Il matrimonio segreto* (43 unfinished), *Que contenta estoy* (43 Spain), *Febbre* (44 co-ph), *Camões* (46 Portugal), *Licenza premio* (51), *La città canora* (52), *Femmina senza cuore* (52), *Il maestro di don Giovanni* (53 co-ph), *Giulietta e Romeo* (54 co-ph), *Una parigina a Roma* (54), *Due soldi di felicità* (54), *Ho amato una diva* (55), *Io, Caterina* (56), *Il ricatto di un padre* (56), *Serenata al vento* (57), *Sergente d'ispezione* (58), *Avventura in città* (58), *La furia di Ercole* (61), *Sansone* (61), *Agguato sul grande fiume* (63), *Gli invincibili tre* (64), *Johnny West il mancino* (65).

2269. Jachino, Silvana. Actress. b. Feb. 2, 1916, Milano. *Fiordalisi d'oro* (35), *Cuor di vagabondo* (36), *L'aria del continente* (36), *Bertoldo, Bertoldino e Cacasenno* (36), *Ballerine* (36), *Cavalleria* (36), *Il corsaro nero* (36), *Gatta ci cova* (37), *Crispino e la comare* (37), *Partire* (38), *Lotte nell'ombra* (38), *L'ultimo scugnizzo* (38), *Il ladro* (39), *Fascino* (39), *Le educande di Saint-Cyr* (39), *Eravamo sette* *vedove* (39), *L'ebbrezza del cielo* (39), *Boccaccio* (40), *Non me lo dire* (40), *L'affare si complica* (40), *San Giovanni decollato* (40), *Il re d'Inghilterra non paga* (41), *C'è un fantasma nel castello* (41), *Cenerentola e il signor Bonaventura* (41), *Voglio vivere così* (41), *La danza del fuoco* (42), *La zia di Carlo* (43), *Senza una donna* (43), *Lettere al sottotenente* (43), *Il corriere di ferro* (46), *Sono io l'assassino!* (47), *Fiamme sul mare* (47), *L'isola del sogno* (47), *Fabiola* (48), *I peggiori anni della nostra vita* (49), *Anema e core* (50), *Accidenti alle tasse!* (51), *Cinque poveri in automobile* (52), *Nerone e Messalina* (53 started in 49), *Anna perdonami!* (53), *Maria Zef* (53), *Martin Toccaferro* (53), *Mizar* (54), *Il medico dei pazzi* (54), *L'angelo bianco* (55), *Gli ultimi cinque minuti* (55), *Due sosia in allegria* (56), *La finestra sul Luna Park* (57), *Giulietta degli spiriti* (65).

2270. Jackson, Glenda. U.K. actress. b. May 9, 1936, Birkenhead. Also a politician. *Il sorriso del grande tentatore* (74).

2271. Jacobini, Diomira. Actress. b. 1896, Roma. Sister of Maria Jacobini (q.v.), and Bianca Jacobini (b. 1888—also an actress). Not very beautiful, she always lived in Maria's shadow. *Il piccolo mozzo* (15), *La sposa della morte* (15), *Alla capitale* (15), *La rosa di granata* (16), *Ananke* (16), *Tormento gentile* (16), *Il figlio dell'amore* (16), *Demonietto* (17), *La via più lunga* (17), *Duecento all'ora* (18), *Il veleno del piacere* (18), *Camere separate* (18), *Venti gradi all'ombra* (18), *Le avventure di Doloretta* (18), *Quando tramonta il sole* (18), *Il marchio rosso* (18), *Mademoiselle Pas-chic* (18), *I due volti di Nanù* (19), *Le gioie della famiglia* (19), *L'isola della felicità* (19), *Le follie di Noretta* (20), *Addio, Musetto* (20), *La rosa di Fortunio* (21), *Miche* (21), *La storia di Clo-Clo* (21), *La leggenda del Piave* (22), *Il segreto della Grotta azzurra* (22), *Jolly, clown da circo* (23), *International Grand Prix* (23), *Italia, paese di briganti?* (23), *La casa degli scapoli* (23), *Maciste e il nipote d'America* (23), *La casa dei pulcini* (24), *La via del peccato* (25), *Salviamo il porcellino* (25 short), *xxx* (26 Germany. The Italian title of this film was *Nacque senza camicia*), *Das Mädchen mit der Protektion* (27 Germany. The Italian title of this film was *Il rigattiere di Amsterdam*), *Revolutionsbryllup* (27 Denmark), *L'ultima avventura* (32), *Cento di questi giorni* (33).

2272. Jacobini, Maria. Actress. b. Feb. 17, 1890, Roma. d. Nov. 20, 1944, Roma. Niece of Cardinal Jacobini, Minister of State to Pope Leo XIII. *Beatrice Cenci* (10), *Lucrezia Borgia* (10), *L'ultimo amplesso* (12), *La fuggitiva* (12), *Il giglio della palude* (12), *L'onta nascosta* (12), *Vampe di gelosia* (12), *Il cadavere vivente* (13), *Giovanna d'Arco* (13), *L'erede di Jago* (13), *Il focolare domestico* (13), *In hoc signo vinces* (13), *Sulla falsa strada* (13), *Il velo d'Iside* (13), *Gli abitatori delle fogne* (14), *La busta nera* (14), *Capriccio di gran Signore* (14), *L'esplosione del forte B. 2* (14), *Il film rivelatore* (14), *La raffica* (15), *Sotto l'ala della morte* (15), *I cavalieri moderni* (15), *Per non morire* (15), *Il segreto della camera chiusa* (15), *Tragico convegno* (15), *Quando la primavera ritornò* (16), *Ananke* (16), *La corsara* (16), *Eroismo d'amore* (16), *Articolo IV* (16), *La maschera dell'amore* (16), *Come le foglie* (17), *Resurrezione* (17), *La via più lunga* (17), *La signora Arlecchino* (18), *Addio, giovinezza!* (18), *L'emigrata* (18), *Il diritto dell'amore* (18), *Quando tramonta il sole* (18), *Il filo della vita* (18), *Sfinge* (18), *La regina del carbone* (19), *Anima tormentata* (19), *La vergine folle* (19), *Il richiamo* (19), *La casa di vetro* (20), *Cainà* (20), *Amore rosso* (21), *Il viaggio* (21), *La preda* (21), *La casa sotto la neve* (21), *L'incognita* (22), *Il glauco* (22), *Oriente* (23), *La bohème* (23), *xxx* (24 Germany. The Italian title of this film was *Una moglie e...due mariti*), *La bocca chiusa* (24), *Il transatlantico* (26), *Beatrice Cenci* (26), *Il carnevale di Venezia* (27), *Fünf bange Tage* (28 Germany), *Villa Falconieri* (28 Germany), *x* (28 Germany. The Italian title of this film was *Bigamia*), *Unfug der Liebe* (28 Germany), *Ariadne in Hoppegarten* (28 Germany), *Die Frauengassen in Algier* (28 Germany), *Vera Mirzewa* (29 Germany), *Der lebende Leichnam* (29 U.S.S.R.), *Maman Colibri* (29 France), *Perchè no?* (30), *La Scala* (31), *Patatrac* (31), *Come le foglie* (34), *Paraninfo* (35), *Gli uomini non sono ingrati* (37), *Chi è più felice di me?* (38), *Giuseppe Verdi* (38), *Le educande di Saint-Cyr* (39), *Melodie eterne* (40), *Cento lettere d'amore* (40), *L'attore scomparso* (41), *La signorina* (42), *Signorinette* (42), *La danza del fuoco* (42), *Tempesta* *sul golfo* (43), *La donna della montagna* (43).

Jacobs, Irving *see* **Amendola, Mario**

2273. Jacoby, Georg. German director. b. July 21, 1890, Magonza. *Quo vadis?* (24 co-d).

2274. Jacopetti, Gualtiero. Co-director/co-writer. b. 1919, Barga. *Europa di notte* (58 co-w), *Il mondo di notte* (59 w), *Che gioia vivere* (61 idea), *Mondo cane* (62 also co-p/e/narrated), *La donna nel mondo* (62 also p/co-e), *Mondo cane n. 2* (63 also narrated), *Africa addio* (66 also co-e), *Zio Tom* (72).

2275. Jacques, André. French actor. *I vinti* (52 the French episode).

2276. Jacquet, Dany. French actress. *I peccatori della Foresta Nera* (61).

2277. Jacquin, Maurice. French producer. *Lafayette, una spada per due bandiere* (61 also co-w).

2278. Jaffe, Carl. German actor. b. 1902. d. 1974. Long in the U.K. *Operazione Crossbow* (65).

2279. Jaffe, Sam. U.S. actor. b. March 8, 1893. d. March 24, 1984, Beverly Hills, Calif. Still best remembered as the High Lama in *Lost Horizon*. *Ben-Hur* (59).

2280. Jancsó, Miklós. Hungarian director. b. Sept. 27, 1921, Vac. *La pacifista* (71 also co-w), *La tecnica e il rito* (71 also co-w), *Roma rivuole Cesare* (74 also co-w), *Vizi privati pubbliche virtù* (76), *Difficile morire* (77 *), *Allegro barbaro* (79).

2281. Jannarelli, Angelo. Director of photography. b. Jan. 20, 1904, Velletri. *Pompei* (34 doc), *Panatenaiche a Paestum* (36 doc), *Firenze a primavera* (37 doc), *Nella luce di Roma* (38 doc), *All'aria aperta* (42 doc), *Città bianca* (42 doc), *I predoni del Sahara* (42 unfinished), *Vita dei sampietrini* (46 doc), *Rubens* (47 doc), *Il circo* (48 doc), *Il miracolo di Cassino* (49 doc), *Pittori allo specchio* (50 doc), *Africa sotto i mari* (53 co-ph).

2282. Janni, Joseph. Producer. b. May 21, 1916, Milano. Trained at the Centro Sperimentale. In the U.K. since 1939. *La montagna di cristallo* (49 co-p), *Giulietta e Romeo* (54 co-p), *Ombre bianche* (60 co-p), *Punto e Capo* (73 co-p).

2283. Jannings, Emil. German actor. b. July 26, 1884, Rorschach, Switzerland. d. Jan. 2, 1950, Stroblhof, Austria. RN: Theodor Friedrich Emil Janenz. Son of an American father and a German mother. *Quo vadis?* (24).

2284. Jannotta, Antonio. Producer. b. June 6, 1907, Pignataro Maggiore (Caserta). *Cinque poveri in automobile* (52), *Siamo tutti inquilini* (53), *Dieci anni della nostra vita* (53), *Avant le déluge* (53 France), *Un giorno in pretura* (53), *La schiava del peccato* (54), *L'uomo e il diavolo* (54 co-p), *Casa Ricordi* (54), *Casta diva* (54), *L'arte di arrangiarsi* (54), *Peccato che sia una canaglia* (54), *Tam Tam Mayumbe* (55), *Proibito* (55), *Bravissimo* (55), *La fortuna di essere donna* (55).

2285. Janssen, David. U.S. actor. b. March 27, 1930, Naponee, Nebr. d. Feb. 13, 1980, Malibu, Calif. RN: David Meyer. Best known as TV's *The Fugitive*. *Sono stato un agente CIA* (78).

2286. Jaque Catelain. French actor. b. Feb. 9, 1897, St.-Germain-en-Laye. RN: Jacques Guérin-Catelain. *Gli ultimi giorni di Pompei* (48), *Eliana e gli uomini* (56).

2287. Jarre, Maurice. French composer. b. Sept. 13, 1924, Lyon. *L'uomo in nero* (63), *Il treno* (64), *Weekend a Zuydecoote* (64), *Barbarella* (68), *La caduta degli dei* (68), *Una stagione all'inferno* (71), *Sole rosso* (71), *Gesù di Nazaret* (77 TV), *Giulia e Giulia* (87).

2288. Jaspe, José. Spanish actor. b. Aug. 10, 1906, La Coruña. AKA: José Rivas Jaspe. *Carmen proibita* (52), *La grande speranza* (53), *Divisione Folgore* (54), *Classe di ferro* (57), *La congiura dei Borgia* (58), *Nel blu dipinto di blu* (58), *La venere dei pirati* (60), *Gordon, il pirata nero* (62), *Il conquistatore di Corinto* (62), *La freccia d'oro* (62), *Scappamento aperto* (64), *Il segno di Coyote* (64), *Saul e David* (64), *I due violenti* (64), *I quattro inesorabili* (65), *El Rojo* (66), *4...3...2...1...morte* (67), *Cervantes* (68), *I vigliacchi non pregano* (68), *Uno straniero a Paso Bravo* (68), *Killer adios* (68), *Ringo, il cavaliere solitario* (68), *Django sfida Sartana* (70), *Una nuvola di polvere...un grido di morte...arriva Sartana* (71), *I senza dio* (72), *Lo chiamavano Mezzogiorno* (74).

2289. Jeans, Isabel. U.K. actress. b. Sept. 16, 1891, London. d. 1985. *Souvenir d'Italie* (57), *Olympia* (60).

2290. Jeanson, Henry. French writer. b. March 6, 1900. d. 1970. *Fanfan la tùlipe* (51), *L'ora della verità* (52), *Madame*

Dubarry (54), *Nanà* (55), *Margherita della notte* (55), *Le donne degli altri* (57), *Montparnasse* (58), *La vacca e il prigioniero* (60), *Madame Sans-gêne* (61 co-w), *Le tentazioni quotidiane* (62), *Uno dei tre* (63), *Il delitto Dupré* (63).

2291. Jefford, Barbara. U.K. actress. b. 1930. *Gli ultimi dieci giorni di Hitler* (72), *...E la nave va* (83).

2292. Jeffries, Frank. Actor. Played Django in *Il suo nome era Pot...lo chiamavano Allegria* (71).

2293. Jeffries, Lang. Canadian actor. b. 1925. Married Rhonda Fleming. *La rivolta degli schiavi* (60), *Solo contro Roma* (62), *L'incendio di Roma* (63), *Una spada per l'impero* (64), *Le spie uccidono in silenzio* (66), *Requiem per un gringo* (66), *Mark Donen agente Zet* (66), *4...3...2...1... morte* (67), *A suon di lupara* (67), *Z 7 operazione Rembrandt* (67).

2294. Jeffries, Lionel. U.K. actor. b. 1926, London. *Una su tredici* (69), *Lola* (70).

2295. Joannon, Léo. French director. b. Aug. 21, 1904, Aix-en-Provence. *Atollo K* (51), *Il segreto di suor Angela* (55).

2296. Job, Enrico. Set designer. b. 1934. Married Lina Wertmüller, and worked with her on most of her films. Other films include: *Il grande silenzio* (68 co), *Quando le donne avevano la coda* (70 co), *In nome del padre* (71 co), *Sesso matto* (73 co), *Carne per Frankenstein* (74), *Fatto di sangue fra due uomini per causa di una vedova (si sospettano moventi politici)* (78 production supervisor), *Carmen* (83).

2297. Jobert, Marlène. French actress. b. 1943. *Rappresaglia* (73), *Il giocattolo* (79).

Johns, John Charlie *see* **Giannini, Giancarlo**

2298. Johns, Mervyn. Welsh actor. b. Feb. 18, 1899, Pembroke. Father of Glynis Johns. *Giulietta e Romeo* (54).

2299. Johnson, Dots. U.S. actor. b. 1913. AKA: Dotts Johnson. One of the few blacks in Italian film, he played Joe from Jersey in *Paisà* (46).

2300. Johnson, Lydia. Actress. b. Jan. 6, 1896, Rostov-on-Don, Ukraine. Came from a Polish family. Mother of actress Lucy D'Albert. *Nonna Felicita* (38), *Le due madri* (38), *Cento lettere d'amore* (40), *San Giovanni decollato* (40), *Il re del circo* (40), *Paura d'amare* (41), *La signorina* (42), *La danza del fuoco* (42), *Il fiore sotto gli occhi* (43), *Teheran* (47), *Noi siamo le colonne* (56), *Guardia, guardia scelta, brigadiere e maresciallo* (56).

2301. Johnson, Nunnally. U.S. writer. b. Dec. 5, 1897, Columbus, Ga. d. March 25, 1977, Los Angeles, Calif. *La sposa bella* (60 also d).

2302. Johnson, Richard. U.K. actor. b. July 30, 1927, Upminster, London. *Operazione Crossbow* (65), *La strega in amore* (66), *L'avventuriero* (67), *Le calde notti di Lady Hamilton* (68), *L'ultima neve di primavera* (73), *Chi sei?* (74), *Perchè?!* (75), *Mosè* (76 narrator in English version), *Dedicato a una stella* (77), *L'isola degli uomini pesce* (78), *Zombi II* (79).

Johnson, Robert *see* **Mauri, Roberto**

2303. Johnson, Van. U.S. actor. b. Aug. 25, 1916, Newport, R.I. RN: Charles Van Johnson. *Il prezzo del potere* (69), *La Battaglia d'Inghilterra* (70), *L'occhio del ragno* (71), *Da Corleone a Brooklyn* (79), *Assassinio al cimitero etrusco* (82), *Fuga dal paradiso* (90).

2304. Johnston, Alena. U.S. actress. b. 1949. *Le guerriere dal seno nudo* (72).

2305. Jolivet, Rita. Actress. b. N.Y., U.S.A. Educated in France. *Fata Morgana* (14), *Cuore ed arte* (15), *La mano di Fatma* (15), *L'onore di morire* (15), *Monna Vanna* (15), *Zvanì* (15), *Quello che videro i miei occhi* (17), *Teodora* (19), *Messalina* (23).

2306. Jones, Barry. U.K. actor. b. March 6, 1893, Guernsey, Channel Islands. d. 1981. *Guerra e pace* (56).

2307. Jones, Christopher. U.S. actor. b. 1941. RN: Billy Frank Jones. AKA: Chris Jones. *Una breve stagione* (69).

2308. Jones, Dean. U.S. actor. b. Jan. 25, 1930, Morgan Co., Ala. *L'inafferabile e invincibile Mr Invisible* (69).

2309. Jones, Freddie. U.K. actor. b. 1927, London. *...E la nave va* (83).

2310. Jones, James Earl. U.S. actor. b. Jan. 7, 1931, Arkabutla, Miss. *Gesù di Nazaret* (77 TV).

2311. Jones, Jennifer. U.S. actress. b. March 2, 1919, Tulsa, Okla. RN: Phyllis Isley. *Stazione Termini* (53), *Il tesoro dell'Africa* (53).

2312. Jones, Ken. U.K. actor. b. Feb. 20, 1930, Liverpool. *Gesù di Nazaret* (77 TV).

2313. Jones, Shirley. U.S. actress. b. March 31, 1934, Smithton, Pa. *L'intrigo* (63).

2314. Jordan, Nick. German actor. *I tre fantastic superman* (67), *Sigpress contro Scotland Yard* (68), *Ehi, amico, c'è Sabata...hai chiuso* (69), *È tornato Sabata, hai chiuso un'altra volta* (71).

2315. Josephson, Erland. Swedish actor. b. June 15, 1923, Stockholm. *Al di là del bene e del male* (77 as Nietzsche), *Io ho paura* (77), *Dimenticare Venezia* (79), *La casa del tappeto giallo* (83), *Nostalghia* (83), *Un caso di incoscienza* (84), *L'ultima mazurka* (86), *Garibaldi* (86), *Il giorno prima* (87), *La donna spezzata* (88), *Il sole buio* (90), *Cattiva* (91).

2316. Jost, Edith. Actress. *Londra chiama polo nord* (55), *La risaia* (55).

2317. Jouanneau, Jacques. French actor. b. 1926. *Le grandi manovre* (55), *Miss Spogliarello* (56), *Eliana e gli uomini* (56), *L'uomo in nero* (63).

2318. Joubé, Romuald. French actor. b. 1876, Saint-Gaudens. d. Sept. 1949, Gisors. *La fanciulla di Pompei* (24), *La cieca di Sorrento* (25), *Frate Francesco* (26).

2319. Jourdan, Louis. French actor. b. June 19, 1919, Marseille. RN: Louis Gendre. *Le vergini di Roma* (61), *Il disordine* (62), *Agente segreto 777 operazione Mistero* (67), *Cervantes* (68).

2320. Juerging, Arno. German actor. Selected by Andy Warhol to play Igor in *Carne per Frankenstein* (74). He also played the role in *Dracula cerca sangue di vergine...e morì di sete* (74).

2321. Jugo, Jenny. Austrian actress. b. June 14, Vienna. Long in Germany. *Non mi sposo più* (41 this film was the Italian version of the German film *Viel Lärm um Nixi*, produced the same year)

2322. Juillard, Robert. French director of photography. b. March 24, 1906, Joinville. *Germania, anno zero* (47), *Amore* (48 co-ph), *Le belle della notte* (52 co-ph), *I denti lunghi* (52), *Le grandi manovre* (55 co-ph), *I demoniaci* (56 co-ph), *Napoleone ad Austerlitz* (60 co-ph).

2323. Jurado, Katy. Mexican actress. b. Jan. 16, 1924, Guadalajara. RN: Maria Cristine Estella Marcella Jurado García. *I briganti italiani* (61), *Barabba* (61).

2324. Jurgens, Curt. German actor. b. Dec. 13, 1912, Munich. d. June 18, 1982, Vienna, Austria. RN: Curd Jürgens. His mother was French. Former journalist. *Orient-Express* (55), *Gli eroi sono stanchi* (55), *Londra chiama polo nord* (55), *Michele Strogoff* (56), *Occhio per occhio* (56), *Le spie* (57), *Tamango* (57), *Il vento si alza* (59), *I dongiovanni della Costa Azzurra* (62), *Il disordine* (62), *Il castello in Svezia* (63), *Il segreto dei frati gialli* (66), *Dalle Ardenne all'inferno* (68), *Niente rose per OSS 117* (68), *La legione dei dannati* (68), *Radiografia di una svastika* (74), *Cagliostro* (74), *Povero Cristo* (75), *Domani saremo ricchi e onesti* (75).

2325. Justice, James Robertson. Scottish actor. b. June 15, 1905, Wigtown. d. 1975. *Souvenir d'Italie* (57), *Su e giù per le scale* (59), *Tre passi nel delirio* (68 the episode "Metzengerstein").

2326. Justin, John. U.K. actor. b. Nov. 25, 1917, London. Much in the U.S.A. *Gli uomini vogliono vivere* (61).

2327/2337. Kalatozov, Mikhail K. Georgian director. b. Dec. 8, 1903, Tiflis. d. March 27, 1973, somewhere in the U.S.S.R. RN: Mikhail Konstantinovich Kalatozishvili. *La tenda rossa* (69 also co-w).

Kamel, Joe *see* **Camel, Joe**

2338. Kanaly, Steve. U.S. actor. b. 1945. *Il mio nome è Nessuno* (73).

2339. Kanin, Michael. U.S. writer. b. Feb. 1, 1910, Rochester, N.Y. Brother of Garson Kanin. *Lo spadaccino di Siena* (62).

Kaplan, Ted *see* **Baldi, Ferdinando**

2340. Karamesinis, Vassiliy. Actor. AKA: Vassili Karis. *Il conquistatore di Corinto* (62), *I cinque della vendetta* (65), *Un angelo per Satana* (66), *Wanted Sabata* (70), *È tornato Sabata, hai chiuso un'altra volta* (71), *E lo chiamavano Spirito Santo* (71), *Il magnifico west* (72), *Seminò la morte...lo chiamavano il castigo di Dio* (72), *Lo chiamavano King* (73), *Spirito Santo e le cinque magnifiche canaglie* (73), *Cosmo 2000—l'invasione degli extracorpi* (77), *Amanti miei* (80), *Black Cobra* (86 U.S.).

2341. Karenne, Diana. Actress. b. 1888, Ukraine. One of the stars of her time. Also a director. *Les demivierges* (16 also d), *Passione tzigana* (16), *Anime solitarie* (16), *La storia di Maud* (16), *Lea* (16 also co-d), *Damina di porcellana* (16 also d), *La contessa Arsenia* (16), *Giustizia di donna* (16), *Sofia di Kravonia* (16), *Pierrot* (17 also d), *Redenzione* (18), *Ave Maria, gratia plena* (19 also co-d), *La signora delle rose* (19), *La peccatrice casta* (19), *La fiamma e le ceneri*

(19), *L'indiana* (20), *La veggente* (21 also d), *Dante nella vita dei tempi suoi* (22), *Maria Antonietta* (27), *Le avventure di Casanova* (27), *La vena d'oro* (28), *Raspoutine* (29 France), *Fécondité* (29 France), *L'Affaire du collier de la reine* (30 France).

2342. Karina, Anna. Danish actress. b. Sept. 22, 1940, Copenhagen. RN: Hanne Karin Blarke Bayer. *Le quattro verità* (62), *Cleo dalle 5 alle 7* (62), *Confetti al pepe* (63), *La schiava di Bagdad* (63), *Il piacere e l'amore* (64), *Agente Lemmy Caution: missione Alphaville* (65), *Le soldatesse* (65), *Lo straniero* (67), *Pane e cioccolata* (73), *L'invenzione di Morel* (75), *Roma regina* (82).

Karis, Vassili *see* **Karamesinis, Vassily**

2343. Karloff, Boris. U.K. actor. b. Nov. 23, 1887, London. d. Feb. 2, 1969, Midhurst, Sussex. RN: William Henry Pratt. Long in U.S.A. *Il mostro dell'isola* (53), *I tre volti della paura* (63 the episode "Wurdalak"), *Mondo balordo* (64 narrator).

2344. Karlsen, John. U.S. actor. *La maja desnuda* (58), *Maciste all'inferno* (60), *Le bambole* (65), *El Greco* (65), *Il Natale che quasi non fu* (65), *La sorella di Satana* (66), *L'oro di Londra* (67), *4...3...2...1...morte* (67), *Il Casanova di Federico Fellini* (76).

2345. Karlson, Phil. U.S. director. b. July 2, 1908, Chicago, Ill. d. Dec. 12, 1985. RN: Philip N. Karlstein. *Il vespaio* (70).

2346. Karr, Mabel. Actress. *Il colosso di Rodi* (60), *Te Deum* (72).

2347. Kasché, Renate. German actress. *La morte non ha sesso* (68).

2348. Kassay, Tilde. Actress. b. Napoli. RN: Matilde Cassai. *Colui che doveva morire* (15), *Il canto dell'agonia* (16), *I nostri buoni villici* (17), *Nellina* (17), *La martire* (17), *Mademoiselle di Montecristo* (17), *La corsa al trono* (18), *Niniche* (18), *Nanà* (18), *Una donna funesta* (19), *La figlia unica* (19), *La vergine folle* (19), *Diana Sorel* (20), *L'avvoltoio* (20), *L'erma bifronte* (20).

2349. Kasznar, Kurt. Austrian actor. b. Aug. 13, 1928, Vienna. d. Aug. 6, 1979, Santa Monica, Calif. In the U.S.A. since 1937. *Timbuctù* (57), *Come prima* (59).

2350. Kath, Katherine. French actress. b. 1928, Paris. Married Jack Clayton. *Destini di donne* (53 the episode "Giovanna d'Arco").

2351. Kaufmann, Christine. Austrian actress. b. Jan. 11, 1945, Lengdorf. Married Tony Curtis. *Primo amore* (58), *Gli ultimi giorni di Pompei* (59), *Vacanze d'inverno* (59), *Totò, Fabrizi e i giovani d'oggi* (60), *Labbra rosse* (60), *Costantino il grande: in hoc signo* (60), *Lo spadaccino di Siena* (62), *Trauma* (78).

2352. Kawalerowicz, Jerzy. Polish director. b. Jan. 15, 1922, Gwozdziec, Ukraine. *Maddalena* (71 also w).

2353. Kaza, Elisabeth. French actress. *...E la nave va* (83).

2354. Keach, Stacy. U.S. actor. b. June 2, 1941, Savannah, Ga. RN: Walter Stacy Keach, Jr. *Gli esecutori* (76), *Gesù di Nazaret* (77 TV), *Il grande attacco* (77), *La montagna del dio cannibale* (78).

Kean, Richard *see* **Civirani, Osvaldo**

2355. Kearns, Billy. Actor. b. 1923. *Il giorno e l'ora* (63), *Il coltello nella piaga* (63).

2356. Keaton, Buster. U.S. actor. b. Oct. 4, 1895, Piqua, Kans. d. Feb. 1, 1966, Woodland Hills, Calif. RN: Joseph Francis Keaton. *L'incantevole nemica* (53), *Due marines e un generale* (65).

2357. Kedrova, Lila. Russian actress. b. 1918, Leningrad. *Montparnasse* (58), *Femmina* (59), *Tenderly* (68), *Perchè?!* (75).

2358. Keen, Geoffrey. U.K. actor. b. Aug. 21, 1918, London. *Finchè dura la tempesta* (63), *Sacco e Vanzetti* (71).

2359. Keir, Andrew. Scottish actor. b. 1926. *Finchè dura la tempesta* (63), *La caduta dell'impero romano* (64).

2360. Keitel, Harvey. U.S. actor. b. 1941, N.Y.C. *La notte di Varennes* (82), *Un complicato intrigo di donne, vicoli e delitti* (85), *L'inchiesta* (87), *Caro Gorbaciov* (88), *Due occhi diabolici* (90).

2361. Keith, Robert. U.S. actor. b. Feb. 10, 1898, Fowler, Ind. d. 1966. Father of Brian Keith. *La tempesta* (58), *Orazi e Curiazi* (61).

2362. Kelber, Michel. French director of photography. b. April 9, 1908, Kiev, Ukraine. *Il diavolo in corpo* (47), *La bellezza del diavolo* (50), *Gli amanti di Toledo* (53), *L'uomo e il diavolo* (54 co-ph), *La bella Otero* (54), *Notre Dame de Paris* (56), *Le donne degli altri* (57), *Uno sguardo dal ponte* (62), *Johnny Banco* (68).

2363. Keller, Hiram. U.S. actor. b.

1944. *Fellini Satyricon* (69), *Michele Strogoff* (70), *La notte dei fiori* (70), *La morte negli occhi del gatto* (72), *Rosina Fumo viene in città per farsi il corredo* (72), *Sono stato io!* (73), *Roma rivuole Cesare* (74).

2364. Keller, Marthe. Swiss actress. b. 1944, Basle. *Per le antiche scale* (74), *Fedora* (78), *Joan lui* (85), *Oci ciornie* (87).

2365. Kelly, Brian. U.S. actor. b. 1931. *Spara gringo spara* (68).

2366. Kelly, Jim. U.S. actor. b. 1948. *La parola di un fuorilegge...è legge* (74).

2367. Kelly, Paula. U.S. actress. b. 1939. *Uomini duri...altrimenti vi ammuchiamo* (73)

2368. Kemp, Anthony. U.K. actor. *Lola* (70).

2369. Kemp, Jeremy. U.K. actor. b. Feb. 3, 1934, Chesterfield. RN: Edmund Walker. *Operazione Crossbow* (65).

2370. Kemp, Lindsay. U.K. actor/mime/clown. b. 1940. *Cartoline italiane* (87).

2371. Kendal, Tony. Actor. RN: Luciano Stella. AKA: Tony Kendall. *La frusta e il corpo* (63), *Agguato sul grande fiume* (63), *Brenno, il nemico di Roma* (63), *La iena di Londra* (64), *Agente Joe Walker operazione Estremo Oriente* (66), *Die schwarzen Adler von Santa Fe* (64 Germany), *Serenade für zwei Spione* (65 Germany), *I tre fantastic superman* (67), *L'odio è il mio dio* (67), *Kommissar X – drei blaue Panther* (68 Germany), *Le Commissaire X traque les chiens verts* (68 France), *Gli intoccabili* (68), *I vendicatori dell'ave maria* (70), *Django sfida Sartana* (70), *Una pistola per cento croci* (71), *Rimase uno solo e fu la morte per tutti* (71), *Io, monaca, tre bastardi e sette peccatrici* (72), *Las garras de Loreley* (73 Spain), *Oil* (77), *Yeti, il gigante del ventesimo secolo* (77).

2372. Kendall, Suzy. U.K. actress. b. 1944, Belper. RN: Frieda Harrison. *Fraülein Doktor* (68), *L'uccello dalle piume di cristallo* (69), *I corpi presentano tracce di violenza carnale* (73), *Storia di una monaca di clausura* (74), *Spasmo* (74).

2373. Kennedy, Arthur. U.S. actor. b. Feb. 17, 1914, Worcester, Mass. d. Jan. 5, 1990. RN: John Arthur Kennedy. *Barabba* (61), *Italiani brava gente* (65), *Lo sbarco di Anzio* (68), *Un minuto per pregare, un istante per morire* (68), *Baciami le mani* (72), *Un tipo con una faccia strana* (72), *L'anticristo* (74), *Non si deve profanare al sonno di morte* (74), *La polizia chiede aiuto* (74), *Roma a mano armata* (76), *Una spiaggia chiamata desiderio* (76), *Nove ospiti per un delitto* (77), *Gli ultimi angeli* (77), *Bermude: la fossa maledetta* (77), *L'isola degli uomini pesce* (78), *Sono stato un agente CIA* (78), *Porco mondo* (79), *L'umanoide* (79), *Due nelle stelle* (80).

2374. Kennedy, Burt. U.S. director. b. 1923, Muskegan, Mich. *La spina dorsale del diavolo* (70 co-d).

2375. Kennedy, George. U.S. actor. b. Feb. 18, 1925, N.Y.C. *Città violenta* (70).

Kent, Stanley *see* **Berti, Aldo**

Kenton, Maxwell *see* **Southern, Terry**

2376. Kerima. Algerian actress. b. Feb. 10, 1925, Algeria. Discovered by Carol Reed. *La lupa* (52), *La nave delle donne maledette* (53), *Cavalleria rusticana* (53), *Io sono la Primula Rossa* (54), *Tam Tam Mayumbe* (55), *Fuga nel sole* (56), *La rivolta dei gladiatori* (58), *Il mondo dei miracoli* (59), *Jessica* (62).

2377. Kerjean, Germaine. French actress. b. Havre. *Messalina* (51), *Nanà* (55).

2378. Kessler, Helen & Alice. Actresses. *Gli invasori* (61), *Sodoma e Gomorra* (62)

2379. Kettlewell, Ruth. U.K. actress. b. 1913, Yorkshire. *Il grande illusionista* (82).

2380/1. Kiel, Richard. U.S. actor. b. 1939, Redford, Mich. At 7 feet 2 inches he is one of the biggest actors on the screen, and is best remembered as Jaws in the James Bond films. *L'umanoide* (79).

2382. Kiepura, Jan. Polish opera singer. b. May 16, 1902, Sosnowiecz. d. Aug. 15, 1966, Harrison, N.Y., U.S.A. RN: Jan Wictor Kiepura. Also an actor. Married Marta Eggerth. *La città canora* (30), *Addio, Mimì* (47).

2383. Kier, Udo. German actor. b. 1944. *La stagione dei sensi* (69), *Pan* (73), *Carne per Frankenstein* (74), *Dracula cerca sangue di vergine...e morì di sete* (74), *Suspiria* (77), *Lulù* (80).

2384. Kilshaw, Tony. U.K. actor. *I vinti* (52 the U.K. episode, "Il delitto").

King, Lewis *see* **Capuano, Luigi**

2385. Kingsley, Ben. U.K. actor. b. Dec. 31, 1943, Yorkshire. Shot to prominence as Gandhi in the motion picture of that name. *Una vita scellerata* (90), *L'amore necessario* (91).

2386. Kinski, Klaus. German actor. b. 1926, Danzig. d. Nov. 25, 1991, Lagunitas, Calif. RN: Nikolaus Gunther Nakszynski. In movies since 1948. Father of Nastassja Kinski. *Kali-Yug, la dea della vendetta* (63), *Il mistero del tempio indiano* (63), *Giorni di fuoco* (64), *Per qualche dollaro in più* (65), *Colpo grosso a Galata Bridge* (65), *La guerra segreta* (65), *Spie contro il mondo* (66), *Il segreto dei frati gialli* (66), *Quien sabe?* (66), *L'uomo, l'orgoglio, la vendetta* (67), *I bastardi* (68), *Se incontri Sartana prega per la tua morte* (68), *Il grande silenzio* (68), *Ad ogni costo* (68), *Ognuno per se* (68), *Un uomo un cavallo una pistola* (68), *Due volte giuda* (68), *L'assassino ha le ore contate* (68), *A qualsiasi prezzo* (68), *Le disavventure della virtù* (68), *Sigpress contro Scotland Yard* (68), *Cinque per l'inferno* (68), *E Dio disse a Caino* (69), *La legge dei gangsters* (69), *Sono Sartana, il vostro becchino* (69), *Il dito nella piaga* (69), *A doppia faccia* (69), *Paroxismus* (69), *Il conte Dracula* (70), *I leopardi di Churchill* (70), *La belva* (70), *Nella stretta morsa del ragno* (70), *Giù le mani...carogna!* (71), *Giù la testa...hombre* (71), *Appuntamento col disonore* (71), *Prega per il morto e ammazza il vivo* (71), *La mano nascosta di Dio* (71), *L'occhio del ragno* (71), *Il ritorno di Clint il solitario* (71), *La vendetta è un piatto che si serve freddo* (71), *Black killer* (71), *Per una bara piena di dollari* (72), *La mano destra del diavolo* (72), *Mezzogiorno di fuoco per An Hao* (72), *La bestia uccide a sangue freddo* (72), *Il venditore di morte* (72), *Lo chiamavano King* (73), *Cinque pistole di violenza* (73), *Rivelazioni di uno psichiatrista sul mondo perverso del sesso* (73), *La morte sorride all'assassino* (73), *La mano spietata della legge* (74), *Imperativo categorio: contro il crimine con rabbia* (74), *Le amanti del mostro* (74), *Il ritorno di Shanghai Joe* (74), *Le orme* (75), *Un genio, due compari, un pollo* (75), *La mano che nutre la morte* (75), *Kommando Leopard* (85), *Nosferatu a Venezia* (88), *Paganini* (89 also d/w), *Il sole anche di notte* (90).

2387. Kinski, Nastassja. German actress. b. Jan. 24, 1961, Berlin. *Così come sei* (78), *In una notte di chiaro di luna* (89), *Il segreto* (90), *Il sole anche di notte* (90).

2388. Kirkland, Sally. U.S. actress. b. Oct. 31, 1944, N.Y.C. *Due occhi diabolici* (90).

2389. Kish, Laszlo. Hungarian director. b. Feb. 15, 1904, Debrecen. AKA: Ladislao Kish. In Italy from 1940. *Piccolo alpino* (40 co-d), *Il sogno di tutti* (41 co-d), *I sette peccati* (41), *La signorina* (42), *Notte di fiamme* (42 unfinished), *Finalmente sì* (43), *Il cavaliere dalla spada nera* (56 co-d).

2390. Kiss, Ferenc. Hungarian actor. b. 1892. *Tentazione* (41).

2391. Kitt, Eartha. U.S. actress. b. Jan. 26, 1928, North, S.C. Also a notable singer. *Cento dollari d'odio* (65).

2392. Kitzmiller, John. U.S. actor. b. Dec. 4, 1913, Battle Creek, Mich. d. 1965. A lieutenant involved in bridge-building for the U.S. Army in Italy, he stayed on after the war to become Italy's leading black actor. *Paisà* (46), *Vivere in pace* (47), *Tombolo, paradiso nero* (47), *Senza pietà* (48), *Ti ritroverò* (48), *Il tenente Craig, mio marito* (49), *Luci del varietà* (50), *Massacre en dentelles* (52 France), *La peccatrice dell'isola* (52), *A fil di spada* (52), *Legione straniera* (52), *Non vogliamo morire* (53), *Canto per te* (54), *Quai des blondes* (54 France), *Lacrime d'amore* (55), *Il nostro campione* (55), *Dolina Miru* (57 Yugoslavia. This film was variously known as *Peace Valley* and *Sergeant Jim*), *I misteri di Parigi* (57), *Naked Earth* (58 U.K.), *Due selvaggi a corte* (58), *Vite perdute* (58), *Il mistero della pensione Edelweiss* (58), *I pirati della costa* (60), *La rivolta dei mercenari* (62), *Marte, dio della guerra* (62), *Dr. No* (62 U.K. as Quarrel, the Cayman Islander), *Il figlio di capitano Blood* (63), *La tigre dei sette mari* (63), *Der Fluch der grünen Aügen* (65 Germany/Yugoslavia. This film is known in English as *Cave of the Living Dead*), *Cento dollari d'odio* (65).

2393. Kleus, Elena. Actress. *La Gioconda* (53), *Frine, cortigiana d'Oriente* (53), *Carovana di canzoni* (54).

2394. Klimovsky, Leon. Argentine director. b. Oct. 16, 1906, Buenos Aires, into a family of East European origins. Name also seen as Klimowsky. *Pochi dollari per Django* (66), *Django, cacciatore di taglie* (66), *...E intorno a lui fu morte* (67 also co-w), *L'uomo venuto per uccidere* (68), *L'urlo dei giganti* (68), *La sfida dei Mackenna* (69), *Reverendo Colt* (71), *Su le mani, cadavere! Sei agli arresti* (71).

2395. Klingler, Werner. Director. *La guerra segreta* (65 co-d).

2396. Klugman, Jack. U.S. actor. b. April 27, 1922, Philadelphia, Pa. *Da New York mafia uccide* (65).

Knef, Hildegarde *see* **Neff, Hildegarde**

2397. Knight, Esmond. U.K. actor. b. May 4, 1906, East Sheen. *Elena di Troia* (56).

2398. Knox, Alexander. Canadian actor. b. Jan. 6, 1907, Strathroy, Ont. *Europa 51* (52), *Fraülein Doktor* (68), *Holocaust 2000* (77).

2399. Knox, Mickey. U.S. actor. b. 1922. Long in Italy. Latterly a producer. *Uno sguardo dal ponte* (62), *Al di là della legge* (68).

Knox, Werner *see* **Mattei, Bruno**

2400. Koch, Carl. German director. AKA: Carlo Koch, Karl Koch. Married Lotte Reininger. He took over from Jean Renoir on *Tosca* (41). Other Italian films include: *Una signora dell'ovest* (42).

2401. Koch, Marianne. German actress. b. Aug. 19, 1930, Munich. AKA: Marion Cook. Discovered in 1950 by Viktor Tourjansky. *Gli italiani sono matti* (58), *Per un pugno di dollari* (64), *Il buono, il brutto, il cattivo* (66), *Jessy non perdona...uccide* (66), *La ballata di Johnny Ringo* (66), *Contronatura* (68), *Clint il solitario* (68),

2402. Koldehoff, René. German actor. b. 1914. AKA: Reinhard Kolldehoff. *Il diabolico dott. Mabuse* (60), *La caduta degli dei* (68), *Der leone have sept cabeças* (70), *Più forte, ragazzi!* (72), *Un uomo da rispettare* (72), *Revolver* (73), *Lo chiamavano Bulldozer* (79).

2403. Konopka, Magda. Polish actress. b. 1943. *Satanik* (67), *...E per tetto un cielo di stelle* (68), *Blindman* (71).

Korda, Maria *see* **Corda, Maria**

2404. Koscina, Sylva. Actress. b. Zagreb, Yugoslavia. AKA: Sylva. In Italy since 1945. *Il ferroviere* (56), *Michele Strogoff* (56), *Guendalina* (57), *I fidanzati della morte* (57), *Giovani mariti* (57), *La Gerusalemme liberata* (57), *La nonna Sabella* (57), *Femmine tre volte* (57), *Le fatiche di Ercole* (57), *Le Naïf aux quarante enfants* (57 France), *L'Impossible Isabelle* (57 France), *Ladro lui, ladra lei* (57), *Non sono più guaglione* (57), *Parisien malgré lui* (58 France), *Afrodite, dea dell'amore* (58), *Mogli pericolose* (58), *Ercole e la regina di Lidia* (58), *Totò a Parigi* (58), *Quando gli angeli piangono* (58), *La nipote Sabella* (58), *Totò nella luna* (58), *Racconti d'estate* (58), *Poveri milionari* (59), *Psicanalista per signora* (59), *Tempi duri per i vampiri* (59), *Le sorprese dell'amore* (59), *Erode il grande* (59), *La cambiale* (59), *Femmine di lusso* (60), *L'assedio di Siracusa* (60), *Totò innamorato* (60), *Genitori in blue jeans* (60), *I piaceri dello scapolo* (60), *Il vigile* (60), *Le pillole di Ercole* (60), *Il sicario* (61), *Crimen* (61), *Mariti in pericolo* (61), *Les Distractions* (61 France), *Ravissante* (61 France), *Mani in alto* (61), *Le massaggiatrici* (62), *La congiura dei dieci* (62), *Cirano e d'Artagnan* (62), *Jessica* (62), *Lo spadaccino di Siena* (62), *Copacabana Palace* (62), *Le quattro verità* (62 the episode "La lepre e la tartaruga"), *Le monachine* (63), *Il fornaretto di Venezia* (63), *L'uomo in nero* (63), *Il giorno più corto* (63), *Hot Enough For June* (63 U.K.), *Le Masque de fer* (63 France), *L'Appartement des filles* (64 France), *Gängster, Gold und flotte Mädchen* (64 Germany), *L'Arme à gauche* (64 France), *Se permettete...parliamo di donne* (64), *Amore in quattro dimensioni* (64), *Cadaveri per la signora* (64), *Un Grain de sable* (64 France), *L'idea fissa* (64), *Thrilling* (64 the episode "Altissima pressione"), *Colpo grosso a Galata Bridge* (65), *Il triangolo circolare* (65), *Corpo a corpo* (65), *Io, io, io...e gli altri* (65), *Monnari di Sizi* (65), *Giulietta degli spiriti* (65), *Made in Italy* (65), *Il morbidone* (65), *I soldi* (66), *Le Lit à deux places* (66 France), *Agente X—77, ordine di uccidere* (66), *Una storia di notte* (66), *Carré de dames pour un as* (66 France), *Deadlier than the Male* (66 U.K.), *Racconti a due piazze* (66), *Layton ...karate e bambole* (67), *Das Gemüse etwas der Frauen* (67 Germany), *Three Bites of the Apple* (67 U.S.), *A Lovely Way to Die* (68 U.S.), *The Secret War of Harry Frigg* (68 U.S.), *Johnny Banco* (68), *I protagonisti* (68), *Kampf um Rom* (68 Germany), *Le disavventure della virtù* (68), *Vedo nudo* (69), *L'assoluto naturale* (69), *La colomba non deve volare* (69), *La Modification* (69 France), *Vertige pour un tueur* (70 France), *Les Jambes en l'air* (70 France), *Battle of Neretva* (70 Yugoslavia), *Il vespaio* (70), *Beati e ricchi* (70), *Ninì Tirabusciò, la donna che inventò la "mossa"*

(70), *Perchè non ci lasciate in pace* (71), *Homo eroticus* (71), *Il sesso del diavolo* (71), *Rivelazioni di un maniaco sessuale al capo della squadra mobile* (71), *Uccidere in silenzio* (72), *Mazzabubù. . .quante corne stanno quaggiù* (72), *La strana legge del dottor Menga* (72), *Sette scialli di seta gialla* (72), *Historia de una traición* (72 Spain), *No desearas la mujer del vecino* (72 Spain), *La "mala" ordina* (72), *La casa dell'exorcismo* (73), *Qualcuno ha visto uccidere* (73), *Il tuo piacere è il mio* (73), *Weekend proibito di una famiglia quasi per bene* (74), *Il cav. Costante Nicosia demoniaco* (75), *Un par de zapatos del 39* (75 Spain), *Delitto d'autore* (75), *Las correrías del visconde Arnau* (76 Spain), *Casanova e compagnia* (76), *I seduttori della domenica* (80), *Asso* (81), *Stelle emigranti* (83 doc appeared as herself), *Cenerentola 80* (83), *Rimini Rimini* (87).

2405. **Kosma, Joseph.** Hungarian-born composer. b. Oct. 22, 1905, Budapest. d. 1969. RN: Jozsef Kosma. In France from 1933. *Gli uomini sono nemici* (47), *Gli amanti di Verona* (48), *Parigi è sempre Parigi* (51), *Allarme a sud* (53), *Fuga nel sole* (56), *Gli amanti di domani* (56), *Eliana e gli uomini* (56), *I demoniaci* (56), *Tamango* (57), *La gatta* (58).

2406. **Koster, Henry.** U.S. director. b. May 1, 1905, Berlin, Germany. d. Sept. 21, 1988, Camarillo, Calif. RN: Hermann Kosterlitz. In the U.S.A. from 1936. *La maja desnuda* (58).

2407. **Kovacs, Ernie.** U.S. actor. b. Jan. 23, 1919, Trenton, N.J. d. in a car crash on Jan. 13, 1962, In West Hollywood, Calif. One of the all-time famous comedians. *Cinque ore in contanti* (60).

Kramer, Frank *see* **Parolini, Gianfranco**

Kramer, Richard *see* **Pallottini, Riccardo**

2408. **Krasker, Robert.** U.K. director of photography. b. Aug. 21, 1913, Perth, Australia. d. 1981. *Giulietta e Romeo* (54), *Senso* (54 co-ph), *El Cid* (61), *La caduta dell'impero romano* (64).

2409. **Kreuger, Kurt.** German actor. b. July 23, 1916, Michenberg. Became a U.S. citizen in 1944. *La paura* (54).

2410. **Krims, Milton.** U.S. director. b. Feb. 7, 1907, N.Y.C. d. July 11, 1988, Woodland Hills, Calif. *Il maestro di don Giovanni* (53 co-d/p/w).

Krisman, Nino E. *see* **Crisman, Nino**

2411. **Kristel, Sylvia.** Dutch actress. b. Sept. 28, 1952, Utrecht. *La signora dei vagoni letto* (77), *Letti selvaggi* (78), *Amore in prima classe* (80).

2412. **Kronos.** Giant European circus performer who played Goliath in *David e Golia* (59).

2413. **Krüger, Hardy.** German actor. b. April 12, 1928, Berlin. RN: Eberhard Krüger. Former soccer player. *Le quattro verità* (62), *Amor di una calda estate* (65), *La monaca di Monza* (68), *La tenda rossa* (69), *Il monaco* (72).

2414. **Kunstmann, Doris.** Actress. b. 1944. *Il sesso degli angeli* (67), *Bora Bora* (68), *La morte negli occhi del gatto* (72), *Gli ultimi dieci giorni di Hitler* (72 as Ewa Braun).

2415. **Kuveiller, Luigi.** Director of photography. *L'avventura* (60 camera), *L'harem* (67), *Escalation* (68), *Fraülein Doktor* (68), *Toh, è morta la nonna* (68), *Mangiala!* (68 co-ph), *Indagine su un cittadino al di sopra di ogni sospetto* (69), *Michele Strogoff* (70), *Sledge* (70), *Sbatti il mostro in prima pagina* (72), *La proprietà non è più un furto* (73), *Carne per Frankenstein* (74), *Dracula cerca sangue di vergine. . .e morì di sete* (74), *Delitto d'amore* (74), *Romanzo popolare* (74), *Amici miei* (75), *Il padrone e l'operaio* (75), *Todo modo* (76), *Il comune senso di pudore* (76 co-ph), *Basta che non si sappia in giro* (76), *L'altra metà del cielo* (77), *Il trucido e lo sbirro* (77 co-ph), *Io ho paura* (77), *Doppio delitto* (78), *Goodbye and Amen* (78), *La mazzetta* (78), *Giallo napoletano* (78), *Pari e dispari* (79), *Per vivere meglio divertitevi con noi* (79 co-ph), *Non ti conosco più amore* (80), *Mi faccio la barca* (80), *Piedone d'Egitto* (80), *Chi trova un amico trova un tesoro* (80), *La vita è bella* (80), *Quando la coppia scoppia* (81), *Banana Joe* (82), *Il conte Tacchia* (82), *Malamore* (82), *Porca vacca* (82), *Sballato, gassato, completamente fuso* (82), *Scusa se è poco* (82), *Lo squartatore di New York* (82), *Al bar dello sport* (83), *Flirt* (83), *Il ras del quartiere* (83), *Cuore* (84), *Il giustiziere delle strade* (84), *Yuppies, i giovani di successo* (85), *Una spina nel cuore* (85), *Figlio mio infinitamente caro* (86), *Italian Fast Food* (86), *Monte Napoleone* (87), *Montecarlo gran casinò* (88), *Ti presento un'amica* (88),

Codice privato (88), *Scandalo segreto* (89), *Nel giardino delle rose* (90), *La partita* (91), *Miliardi* (91).

2416. Kwan, Nancy. Actress. b. May 19, 1938, Hong Kong. *Il sigillo di Pechino* (66), *Angkor–Cambodia Express* (81).

2417. Kyrou, Ado. Director. *Il monaco* (72).

2418. Laage, Barbara. French actress. b. July 30, 1925, Menthon-Saint-Bernard. RN: Claire Colombat. *Traviata 53* (53), *Nagana* (54), *Una parigina a Roma* (54).

2419. Labella, Vincenzo. Producer. *E venne un uomo* (65 also co-w), *Mosè* (76), *Gesù di Nazaret* (77 TV).

2420. Labro, Maurizio. French director. b. Sept. 21, 1910, Courbevoie. *Saluti e baci* (52 co-d).

2421. Labro, Philippe. French director/writer. b. Aug. 27, 1936, Montauban. *Senza movente* (71).

2422. Labroca, Mario. Composer. b. Nov. 22, 1896, Roma. *Il ventre della città* (32 doc), *Il messaggio divino* (46 doc), *Le vie del peccato* (46), *Le vie del Calvario* (47 doc), *La primula bianca* (48), *Gente del Po* (48 short doc).

2423. Lacombe, Georges. French director. b. Aug. 19, 1902, Paris. *I sette peccati capitali* (52 the episode "L'8vo peccato"), *I sette peccati capitali* (62 the episode "L'ira").

2424. Lacourt, René. French actor. b. Nov. 13, 1905, Paris. *Siamo tutti assassini* (52), *I denti lunghi* (52).

2425. Ladd, Alan. U.S. actor. b. Sept. 3, 1913, Hot Springs, Ark. d. Jan. 29, 1964, Palm Springs, Calif., possible suicide. RN: Alan Walbridge Ladd. *Orazi e Curiazi* (61. His daughter Alana also acted in this film).

2426. Lado, Aldo. Director. AKA: George Lewis, George B. Lewis. *Carogne si nasce* (68 co-w), *Un'anguilla da trecento milioni* (69 co-w), *Chi l'ha vista morire?* (72), *La corta notte delle bambole di vetro* (72), *La cosa buffa* (72), *La sepolta viva* (73), *La cugina* (74), *L'ultimo treno della notte* (75), *L'ultima volta* (76), *L'umanoide* (79), *Il giorno del cobra* (80 co-w/story), *La disubbidienza* (81 also co-w), *La città di Miriam* (83).

2427. Lafont, Bernadette. French actress. b. Oct. 26, 1938, Nîmes. *Leda* (59), *Permette signora che ami vostra figlia* (74), *Il ladrone* (80).

2428. La Grange, Valérie. French actress. b. 1942. *Morgan il pirata* (60), *I fratelli corsi* (61), *Confetti al pepe* (63), *Il piacere e l'amore* (64), *Satyricon* (68), *Il gatto, il topo, la paura e l'amore* (75).

2429. Lai, Francis. French composer. b. 1932. *Un tipo che mi piace* (70), *Sole nella polvere* (71), *Un maledetto pasticcio* (75), *Il gatto, il topo, la paura e l'amore* (75), *Anima persa* (76), *Oci ciornie* (87).

Lai, Me Me *see* **Lay, Me Me**

2430. Laine, Liliana. Actress. b. 1923, Vitry-le-François, France. Raised in Italy. *Carmen* (43 as Viviane Romance's double), *La prigione* (43), *La freccia nel fianco* (43), *Il sole di Montecassino* (45), *Le modelle di via Margutta* (45), *Vanità* (46), *Fuga nella tempesta* (47), *Il segreto di don Giovanni* (47), *Il passatore* (47), *I contrabbandieri del mare* (49).

2431. La Jarrige, Bernard. French actor. b. Feb. 25, 1912, Saint-Mandé. *Le belle della notte* (52), *Le spie* (57), *Il treno* (64).

2432. La Loggia, Danica. Comedienne/actress. *Le sedicenni* (66), *Fellini Satyricon* (69), *Le castagne sono buone* (71), *Ragazzo di borgata* (76).

2433. Lamarr, Hedy. U.S. actress. b. Nov. 9, 1913, Vienna, Austria. RN: Hedwig Eva Maria Kiesler. *L'amante di Paride* (54 also co-p), *Femmina* (54 a third-part of this film was footage from *L'amante di Paride*).

2434. Lamas, Fernando. Argentine actor. b. Jan. 9, 1915, Buenos Aires. d. Oct. 8, 1982, Los Angeles, Calif. Long in the U.S.A. *Duello nella Sila* (61).

2435. Lambert, Christophe. Belgian actor. b. March 29, 1957, N.Y.C., U.S.A. AKA: Christopher Lambert. Married Diane Lane. *Io ti amo* (85).

2436. Lamberti, Edoardo. Director of photography. b. March 31, 1897, Torino. *La rondine* (21), *La madonna della Robbia* (21), *Rinaldo Rinaldini* (27 co-ph), *Der Bettelstudent* (28 Germany co-ph), *Der Unüberwindliche* (29 Germany co-ph), *La luce del mondo* (34 co-ph), *C'è un fantasma nel castello* (41), *La pantera nera* (41), *Due cuori* (43 co-ph), *Un mese d'onestà* (47), *Passione fatale* (50), *Mater Dei* (50), *La valle di Caino* (51), *Assi alla ribalta* (54), *Il sole tornerà* (57).

2437. Lambetti, Elli. Greek actress. b. 1930, Athens. *Il relitto* (61).

2438. Lamont, Duncan. Scottish actor. b. 1918. *La carrozza d'oro* (53), *Ben-Hur* (59).

2439. Lamont, Sylvester. U.S. actor. b. 1912. d. 1982. AKA: Syl Lamont. *Joe Valachi—i segreti di Cosa Nostra* (72).

2440. Lamoureux, Robert. French actor. b. Jan. 21, 1920, Paris. *Vacanze d'amore* (54), *Le avventure di Arsenio Lupin* (57), *Il ritorno di Arsenio Lupin* (59).

2441. Lancaster, Burt. U.S. actor. b. Nov. 2, 1913, N.Y.C. RN: Burton Stephen Lancaster. *Il gattopardo* (63), *Il treno* (64), *Gruppo di famiglia in un interno* (74), *Mosè* (76. Burt's son, William Lancaster, played young Moses in this film), *1900* (76), *Il cinema secondo Bertolucci* (77 doc appeared as himself), *La pelle* (81), *Il giorno prima* (87).

2442. Lanci, Giuseppe. Director of photography. *La Cina è vicina* (67 asst camera), *Maternale* (78), *Starcrash* (79 U.S. additional photography), *Con fusione* (80), *Salto nel vuoto* (80), *Il diavolo in corpo* (81), *Gli occhi, la bocca* (81), *Piso pisello* (81), *Ehrengard* (82), *Nostalghia* (83), *Stelle emigranti* (83 doc), *Enrico IV* (83), *Kaos* (83), *Blues metropolitano* (85), *Un complicato intrigo di donne, vicoli e delitti* (85), *Every Time We Say Goodbye* (86 Israel), *Good morning Babilonia* (87), *Paura e amore* (88), *La visione del sabba* (88), *Zoo* (88), *Francesco* (89 co-ph), *Palombella rossa* (89), *Il prete bello* (89), *La Baule des pins* (90 France. This film was also known as *C'est la vie*), *I tarasacchi* (90).

Land, Gery see **Pini, Linda**

Landa, Juan *see* **de Landa, Juan**

2443. Landau, Martin. U.S. actor. b. June 20, 1931, Brooklyn, N.Y. *Tony Saitta* (76).

2444. Landen, Dinsdale. U.K. actor. b. Sept. 4, 1933, Margate. *L'affondamento della "Valiant"* (61).

Landi, Aldo Bufi *see under* **Bufi**

2445. Landi, Lilia. Actress. b. Aug. 24, 1929, Roma. RN: Lilia Giovannotti. *L'apocalisse* (47), *Miss Italia* (49), *Domani è troppo tardi* (50), *Turri il bandito* (50), *Il caimano del Piave* (51), *Licenza premio* (51), *Era lui...sì! sì!* (51), *Destino* (51), *Totò e i re di Roma* (51), *Lo sceicco bianco* (52), *Abracadabra* (52), *Frine, cortigiana d'Oriente* (53), *Destinazione Piovarolo* (55).

2446. Landi, Mario. Director. b. Oct. 12, 1920, Messina. Created the TV show *Alibi*. Movies include: *Canzoni per le strade* (49), *I due sergenti* (51 co-w), *Siamo tutti milanesi* (53 also co-w), *Eviolenti* (76 *), *Patrick vive ancora* (80).

2447. Landone, Avice. U.K. actress. b. 1910. d. 1976. *Cinque ore in contanti* (60).

2448. Landry, Gérard. French actor. b. Oct. 16, 1914, Buenos Aires, Argentina. Raised partly in New York. *Gli amanti di Toledo* (53), *Musoduro* (53), *Giovanni dalle bande nere* (57), *Orizzonte infuocato* (57), *Kean, genio e sregolatezza* (57), *Il pirata dello sparviero nero* (58), *Le baccanti* (60), *Per piacere, non sparate col cannone* (65), *Sette pistole per El Gringo* (68).

2449. Lane, Abbe. U.S. actress. b. Dec. 14, 1932, N.Y.C. Former ballerina. Classic exponent of the "Cha Cha Cha." *Lo scapolo* (55), *Donatella* (55), *Quando tramonta il sole* (56), *I girovaghi* (56), *Tempo di villeggiatura* (56), *Parola di ladro* (57), *Totò, Vittorio e la dottoressa* (58), *Marinai, donne e guai* (58), *Totò, Eva e il pennello proibito* (58), *Il mio amico, Jekyll* (60), *Giulio Cesare contro i pirati* (60).

2450. Lane, Jocelyn. U.S. actress. b. 1937. AKA: Jackie Lane. Sister of Mara Lane. *Robin Hood e i pirati* (60), *Le piace Brahms?* (61), *Le sette folgori di Assur* (61), *Marte, dio della guerra* (62), *I tromboni di Fra' Diavolo* (62), *La congiura dei Borgia* (63).

2451. Lane, John Francis. Actor. b. 1928. Also a film critic. *Un maledetto imbroglio* (59), *Sotto dieci bandiere* (60), *La dolce vita* (60), *Maciste all'inferno* (60), *Risate di gioia* (60), *Via Margutta* (60), *I due colonnelli* (61), *Il sorpasso* (62), *Cronaca familiare* (62), *Una storia moderna: l'ape regina* (63), *El Greco* (65), *L'oro di Londra* (67), *Un tranquillo posto di campagna* (68), *I racconti di Canterbury* (71), *Fellini Roma* (72), *Mosè* (76).

2452. Lane, Mara. Austrian actress. b. Aug. 1, 1930, Vienna. Daughter of an English father and a Russian mother. Sister of Jocelyn Lane. Spotted by a talent scout in a British restaurant. *Angela* (54), *Le avventure di Giacomo Casanova* (54), *Uomini ombra* (54), *La grande avventura* (55), *Torna piccina mia* (55), *Anno 79—distruzione ercolano* (62), *Il vecchio testamento* (63).

Lane, Marc *see* **Masciocchi, Marcello**

2453. Lane, Michael. U.S. actor. b. 1931. AKA: Mike Lane. A former professional wrestler, his giant size led to many muscleman roles. *Ulisse contro Ercole* (61), *L'eroe di Babilonia* (62).

2454. Lanfranchi, Mario. Director. *La noia* (64 *), *Un dollaro a testa* (66 *), *La Traviata* (67), *Sentenza di morte* (67 also co-w), *La padrona è servita* (76), *L'uomo senza pietà* (77 also w), *Genova a mano armata* (77).

2455. Lang, Christa. German actress. Married U.S. director Sam Fuller. *Agente Lemmy Caution: missione Alphaville* (65).

2456. Lang, Fritz. Austrian director. b. Dec. 5, 1890, Vienna. d. Aug. 2, 1976, Los Angeles, Calif., U.S.A. *La tigre di Eschnapur* (59 also co-w), *Il sepolcro indiano* (59 also co-w), *Il diabolico dott. Mabuse* (60 also p/co-w), *Il disprezzo* (62 appeared as himself).

2457. Lang, Howard. U.K. actor. b. 1915. *Ben-Hur* (59).

2458. Lang, Michel. French director/writer. *Il regalo* (80).

2459. Langan, Glenn. U.S. actor. b. July 8, 1917, Denver, Colo. *In estasi* (50).

2460. Lange, Claudie. Belgian actress. *Gli invincibili fratelli Maciste* (64), *I complessi* (65 the episode "Il complesso della schiava nubiana"), *Una vergine per il principe* (65), *Made in Italy* (65), *La bibbia* (66), *James Tont...operazione D.U.E.* (66), *Per 100.000 dollari t'ammazzo* (67), *Quel caldo maledetto giorno di fuoco* (68), *Uno di più all'inferno* (68), *Domani passo a salutare la tua vedova...parola di Epidemia* (72).

2461. Lansbury, Angela. U.K. actress. b. Oct. 16, 1925, London. *Olympia* (60).

2462. Lanza, Mario. U.S. singer/actor. b. Jan. 31, 1921, Philadelphia, Pa. d. Oct. 7, 1959, Roma, Italy. RN: Alfred Arnold Cocozza. Of Italian parentage. *Arrivederci Roma* (58), *Come prima* (59).

2463. Laporte, Léonie. Actress. b. France. d. 1924, Pont Canavese (Aosta). *La paura degli aeromobili nemici* (15), *Dollari e fraks* (19), *I figli di nessuno* (20), *La chiromante* (21), *Lilly e Lillette o l'arte di farsi amore* (21), *L'inafferabile* (22), *Il controllore dei vagoni letto* (22), *Povere bimbe* (23), *La piccola parrocchia* (23), *Le sorprese del divorzio* (23), *Largo alle donne!* (24).

Laramy, Grant *see* **Longo, Germano**

Lari, Patrizia *see* **Ralli, Patrizia**

2464. Larsen, Viggo. Danish director/actor. b. Aug. 14, 1880, Copenhagen. d. Jan. 6, 1957, Copenhagen. Directed the first Sherlock Holmes films. Italian movies include: *Oriente* (23 *).

2465. La Russa, Adrienne. U.S. actress. AKA: Adriana Russo. *Salvare la faccia* (68), *La pecora nera* (68), *Beatrice Cenci* (69), *L'avaro* (90).

2466. Larvor, Yann. Actor. *Il colosso di Rodi* (60), *Ercole, Sansone, Maciste, Ursus: gli invincibili* (64).

2467. Lasky, Jesse, Jr. U.S. writer. b. Sept. 19, 1908, N.Y.C. d. 1988. Son of Jesse Lasky. *Il ladro di Venezia* (50).

2468. Lassaly, Walter. German director of photography. b. Dec. 18, 1926, Berlin. Long in the U.K. *Lola* (70).

2469. Lassander, Dagmar. Czech actress. *Femina ridens* (69), *Il rosso segno della follia* (69), *Un caso di coscienza* (70), *Le foto proibite di una signora per bene* (70), *Guardami nuda* (70), *L'iguana dalla lingua di fuoco* (72), *Il consigliori* (73), *Basta con la guerra...facciamo l'amore* (74), *Verginità* (75), *Il corsaro nero* (76), *La lupa mannara* (77), *Piedone l'africano* (77), *Frittata all'italiana* (77), *Il vizio ha le calze nere* (77), *Ritornano quelli della calibro 38* (78), *Il gatto di Park Lane* (80), *Zucchero, miele e peperoncino* (80), *Quella villa accanto al cimitero* (81), *La foca* (82), *Shark—rosso nell'oceano* (84).

2470. Lastretti, Adolfo. Actor. *Joe... cercati un posto per morire* (68 made using the name Aldo Lastretti), *Paroxismus* (69), *Borsalino* (70 France), *Confessione di un commissario di polizia al procuratore della repubblica* (71), *Punto e Capo* (73), *Shaft in Africa* (73 U.S.), *Cagliostro* (74), *Flic story* (75 France), *Cuore di cane* (76), *Napoli si ribella* (76), *Lion of the Desert* (80 U.S.).

2471. Lastricati, Carlo. Assistant director. *Anna di Brooklyn* (58), *La sposa bella* (60), *La bisbetica domata* (67), *Boom* (68), *Barbarella* (68).

2472. Latimore, Frank. U.S. actor. b. Sept. 28, 1925, Darien, Conn. RN: Frank Kline. Went to Italy for *Cagliostro* (48 U.S.), and stayed. *Yvonne la nuit* (49), *Una donna ha ucciso* (50), *Il caimano del Piave* (51), *Core 'ngrato* (51), *Tre storie* *proibite* (52), *Sul Ponte dei sospiri* (52), *La nemica* (52), *A fil di spada* (52), *Noi peccatori* (52), *Capitan Fantasma* (53), *Napoletani a Milano* (54), *Vestire gli ignudi* (54), *Papà pacifico* (54), *La figlia di Mata Hari* (55), *L'ultimo amante* (55), *Il principe dalla maschera rossa* (55), *Il falco d'oro* (55), *Lo spadaccino misterioso* (56), *Terrore sulla città* (56), *La congiura dei Borgia* (58), *I cavalieri del diavolo* (59), *In pieno sole* (59), *Rosa di Lima* (62), *L'ombra di Zorro* (63), *Se sparo. . .ti uccido* (63), *La furia degli apaches* (65), *Africa addio* (66).

2473. La Torre, Giuseppe. Director of photography. b. Nov. 11, 1915, Roma. *Tredici uomini e un cannone* (35 camera), *Due milioni per un sorriso* (38 camera), *Cento lettere d'amore* (40), *La canzone rubata* (40), *La granduchessa si diverte* (40), *Il re d'Inghilterra non paga* (41 co-ph), *Brivido* (41), *Oro nero* (41), *Finalmente soli* (41), *Violette nei capelli* (42), *Fedora* (42 co-ph), *Sempre più difficile* (42), *Le vie del cuore* (42), *La maschera e il volto* (42), *La fornarina* (42), *Campo de' fiori* (43), *Il ratto delle sabine* (45), *Le vie del peccato* (46), *Vanità* (46), *I fratelli Karamazoff* (47), *Vivere a sbafo* (49), *Verginità* (50), *Schiavi della legge* (51), *Totò e i re di Roma* (51), *La vendetta di una pazza* (51), *L'ultima sentenza* (51), *Ergastolo* (52), *Rimorso* (52), *La carovana del peccato* (52), *La voce del sangue* (52), *Processo contro ignoti* (53), *Condannatelo!* (53), *Siamo donne* (53 co-ph), *Amanti del passato* (53), *Pescatore 'e Pusilleco* (54), *Desiderio 'e sole* (54), *Lettera napoletana* (54), *La Luciana* (54), *Madonna delle rose* (54), *Milanesi a Napoli* (54), *La rossa* (55), *Suonno d'ammore* (55), *Cantando sotto le stelle* (56), *Il canto dell'emigrante* (56), *Serenate per 16 bionde* (57), *C'è un sentiero nel cielo* (57), *Serenatella Sciuè Sciuè* (57), *Ascoltami!* (57), *La canzone del destino* (57), *Via col para. . .vento* (58), *Le donne ci tengono assai* (59), *Quel tesoro di papà* (59), *Caravan petrol* (60), *San Remo, la grande sfida* (60), *Tharus, figlio di Attila* (61), *Il ranch degli spietati* (65), *Lola Colt* (67), *Cinque dollari per Ringo* (68).

2474. Lattanzi, Tina. Actress. b. Feb. 15, 1902, Alatri. *La straniera* (29), *Rubacuori* (31), *Pergolesi* (32), *Teresa Confalonieri* (34), *Passaporto rosso* (35), *Ginevra degli Almieri* (35), *Arma bianca* (36), *Il conte di Bréchard* (37), *Una lampada alla finestra* (39), *Incanto di mezzanotte* (40), *Scarpe grosse* (40), *La figlia del corsaro verde* (40), *Beatrice Cenci* (41), *Documento Z 3* (41), *I mariti* (41), *Turbamento* (42), *La gorgona* (42), *Le due orfanelle* (42), *La morte civile* (42), *Giacomo l'idealista* (42), *Il romanzo di un giovane povero* (42), *Stasera niente di nuovo* (42), *Giorno di nozze* (42), *La danza del fuoco* (42), *Principessina* (43), *Maria Malibran* (43), *La storia di una capinera* (43), *T'amerò sempre* (43), *Resurrezione* (43), *La certosa di Parma* (47), *Monaca santa* (48), *Guarany* (48), *La sepolta viva* (49), *Tormento* (50), *Il conte di Sant'Elmo* (51), *Quattro rose rosse* (51), *Core 'ngrato* (51), *Anna* (51), *Inganno* (52), *Le infedeli* (52), *Noi peccatori* (52), *Piccola santa* (54), *Vergine moderna* (54), *Presentimento* (56), *La trovatella di Pompei* (57), *La ragazza del Palio* (58), *Teseo contro il Minotauro* (60), *Orgasmo* (68).

2475. Lattuada, Alberto. Director/ co-writer. b. Nov. 13, 1914, Milano. Son of Felice Lattuada. Married Carla Del Poggio in 1945 (since divorced). In 1940 he founded (with Ferrari and Comencini) Cineteca Italiana, the Italian film archives. *Cuore rivelatore* (35 short set decorator), *Il museo dell'amore* (35 short color assistant), *La danza delle lancette* (36 co-p/co-directed in parts/assistant to the director/co-w), *Piccolo mondo antico* (40 asst d/co-w), 1948 (41 artistic consultant), *Sissignora* (41 asst d/co-w), *Giacomo l'idealista* (42), *La freccia nel fianco* (43), *La nostra guerra* (44 doc), *Il bandito* (46 also story), *Il delitto di Giovanni Episcopo* (47), *Senza pietà* (48), *Il castello* (48 training film), *Il mulino del Po* (48), *Miss Italia* (49 story), *Luci del varietà* (50 co-d/co-p/co-w), *Anna* (51 d), *Il cappotto* (52), *La lupa* (52), *Amore in città* (53 the episode "Gli italiani si voltano"), *La spiaggia* (53 also story), *Scuola elementare* (54 also story), *Un eroe dei nostri tempi* (55 *), *Guendalina* (57), *La tempesta* (58 also adapted), *I dolci inganni* (60 d/co-story), *Lettere di una novizia* (60), *L'imprevisto* (61 d), *La steppa* (62), *Il mafioso* (62 d), *La mandragola* (65), *Matchless* (66), *Don Giovanni in Sicilia* (67 also co-p), *Fraülein Doktor* (68 co-d), *L'amica* (69), *Venga a prendere il caffè. . .da noi* (70 also *), *Bianco, rosso e. . .* (71), *Sono stato io!* (73 also */

story), *Le farò da padre* (74 also *), *Cuore di cane* (76 also *), *Così come sei* (78), *La cicala* (78), *Il corpo della ragassa* (80 adapted), *Nudo di donna* (81 co-d), *Cristoforo Colombo* (84), *Una spina nel cuore* (85).

2476. Lattuada, Felice. Composer. b. Feb. 5, 1882, Caselle di Morimondo. Father of Alberto Lattuada. *Figaro e la sua gran giornata* (31), *Patatrac* (31), *Palio* (32 co-composer), *Sissignora* (41), *Giacomo l'idealista* (42), *Il bandito* (46), *Il delitto di Giovanni Episcopo* (47 co-composer), *Luci del varietà* (50), *Il cappotto* (52), *La spiaggia* (53 co-composer).

2477. Laudenbach, Roland. French writer. b. Oct. 20, 1921, Paris. *L'ora della verità* (52 co-w), *La voce del silenzio* (52 co-adapted into French), *Il letto* (53 the episode "Il letto della Pompadour" co-w).

2478. Laughton, Charles. U.K. actor. b. July 1, 1899, Scarborough. d. Dec. 15, 1962, Hollywood. *Sotto dieci bandiere* (60).

2479. Laurani, Salvatore. Writer. b. March 6, 1924, Zara. *Un marito per Anna Zaccheo* (53 co-w/co-story), *Il gioco del baseball* (55 doc d), *L'America a Roma* (55 doc d), *Quien sabe?* (66 story).

2480. Laure, Carole. Canadian actress. b. 1951. *Tony Saitta* (76).

2481. Laurel and Hardy. U.S. comedy team. Stan Laurel was born Arthur Stanley Jefferson on June 16, 1890, in Ulverston, Lancs, England, and died on Feb. 23, 1965, in Santa Monica, Calif. Oliver Hardy (the fat one) was born Oliver Norvelle Hardy on Jan. 18, 1892, in Atlanta, Ga., and died Aug. 7, 1957, in Burbank, Calif. *Atollo K* (51).

2482. Laurent, Jacqueline. French actress. b. Aug. 6, 1919, Brienne-le-Château. During the war she moved to Italy and stayed until 1947. *Addio amore!* (42), *L'abito nero da sposa* (43), *Le vie del peccato* (46).

2483. Laurenti, Mariano. Director. *Zingara* (69), *Satiricosissimo* (69), *I due maghi del pallone* (70), *La bella Antonia, prima monaca e poi dimonia* (72), *Quel gran pezzo dell'Ubalda tutta nuda e tutta calda* (72), *Il figlioccio del padrino* (73), *Zorro* (75 co-d/co-w), *Il vizio di famiglia* (75), *La segretaria privata di mio padre* (77), *L'affittacamere* (77), *La compagna di banco* (77), *Per amore di Poppea* (78), *La liceale nella classe dei ripetenti* (79), *L'infermiera nella corsia dei militari* (79), *La liceale seduce i professori* (79), *La ripetente fa l'occhietto al preside* (80), *La settimana bianca* (80), *Una vacanza del cactus* (80), *La settimana al mare* (81), *L'onorevole con l'amante sotto il letto* (81), *Il sommergibile più pazzo del mondo* (82), *La sai l'ultima su. . . i matti?* (82), *Si ringrazia la regione Puglia per averci fornito i milanesi* (82), *La discoteca* (83), *Un jeans e una maglietta* (83 also co-w), *Uno scugnizzo a New York* (84), *Pop corn e patatine* (85), *Carabinieri si nasce* (85), *Fotoromanzo* (85).

2484. Laurenti Rosa, Silvio. Director. b. Feb. 21, 1892, Viterbo. AKA: Silvio Laurenti. *Skeletros* (20), *Dalle cinque giornate alla breccia di Porta Pia* (23), *Le tappe della gloria e dell'ardire italici* (23), *Katiuscia* (23 also ph), *Raganella* (24 also *), *Garibaldi e i suoi tempi* (25 also *), *I martiri d'Italia* (27 co-d), *Da Icaro a De Pinedo* (27), *Madre italiana* (28), *Redenzione d'anime* (28), *Naufraghi* (38), *E non dirsi addio* (48 also *), *La folla* (51).

2485. Lautner, Georges. French director. b. Jan. 24, 1926, Nice. *Michele Strogoff* (70 co-w), *La cage aux folles 3* (84 also co-w).

2486. Lavagnino, Angelo Francesco. Composer. b. Feb. 22, 1909, Genova. AKA: Francesco Lavagnino. *Otello* (51), *Magia verde* (52 doc), *La donna del fiume* (54), *Continente perduto* (55 doc), *Ragazze d'oggi* (55), *La risaia* (55), *Tam Tam Mayumbe* (55), *Impero del sole* (55 doc), *Lo scapolo* (55), *Vertigine bianca* (56 doc), *Ladro lui, ladra lei* (57), *Timbuctù* (57), *La muraglia cinese* (58 doc), *La maja desnuda* (58), *Calypso* (58), *Policarpo, ufficiale di scrittura* (59), *Gli ultimi giorni di Pompei* (59), *Ferdinando I, re di Napoli* (59), *Messalina, venere imperatrice* (59), *Jovanka e le altre* (59), *La rivolta degli schiavi* (60), *L'assedio di Siracusa* (60), *Marco Polo* (60), *Saffo, venere di Lesbo* (60), *Conspiracy of Hearts* (60 U.K.), *Ester e il re* (60 co-composer), *Il colosso di Rodi* (60), *La grande olimpiade* (60 doc co-composer), *Il relitto* (61), *Il tiranno di Siracusa* (61), *Morte di un bandito* (61), *Odissea nuda* (61), *Carmen di Trastevere* (61), *I fratelli corsi* (61), *I sogni muoiono all'alba* (61), *Che gioia vivere* (61), *Orazi e Curiazi* (61), *Marcia o crepa* (62), *Venere imperiale* (63), *I dieci gladiatori*

(63), *Ercole sfida Sansone* (63), *Dal sabato al lunedì* (63), *Kali-Yug, la dea della vendetta* (63), *I tabù* (63 doc co-composer), *Sette ore di fuoco* (64), *Sansone e il tesoro degli incas* (64), *Sfida a Rio Bravo* (65), *Johnny West il mancino* (65), *Il colosso di Roma* (65), *Extraconiugale* (65 the episode "Il mondo è dei ricchi"), *5000 dollari sull'asso* (65), *L'uomo che viene da Canyon City* (65), *The High Bright Sun* (65 U.K.), *Chimes at Midnight* (65 U.S./Spain/Switzerland), *Tabù n. 2* (65), *Das Vermachtnis des Inka* (66 Germany), *Solo contro tutti* (66), *Requiem per un gringo* (66), *L'uomo dalla pistola d'oro* (66), *Gli uomini dal passo pesante* (66), *Kitosch, l'uomo che veniva dal nord* (67), *Acid, delirio dei sensi* (67), *Attentato ai tre grandi* (68), *Scusi, lei conosce il sesso?* (68 co-composer), *Vendetta per vendetta* (68), *Un corpo caldo per l'inferno* (68), *Uno straniero a Paso Bravo* (68), *Sapevano solo uccidere* (68), *Una pistola per cento bare* (68), *Dio non paga, il sabato* (68), *Fidarsi è bene, sparare è meglio* (68), *La battaglia dell'ultimo panzer* (68), *Oggi a me, domani a te* (68), *Ocaso de un pistolero* (68 Spain), *Samoa, regina della giungla* (69), *Le calde notti di Poppea* (69), *Fortunata y Jacinto* (69 Spain), *Historia de una chica sola* (69 Spain), *Gli specialisti* (69), *Zorro, marchese di Navarra* (69), *Il delitto del diavolo* (69), *Qualcosa striscia nel buio* (70 *), *Angeli senza paradiso* (70), *Shocking Cannibals* (74 doc).

2487. Laverick, June. U.K. actress. b. June 11, 1932, Redcar, Yorks. *Souvenir d'Italie* (57).

2488. Lavi, Daliah. Israeli actress. b. 1940, Shaveh Zion, Palestine. RN: Daliah Levenbuch. *FBI contro il dott. Mabuse* (61), *Le massaggiatrici* (62), *Cirano e d'Artagnan* (62), *Il demonio* (63), *La frusta e il corpo* (63), *La Battaglia di Fort Apache* (64).

2489. Lavia, Gabriele. Actor. b. 1942. Former cartoonist. Later became a director. *Girolimoni, il mostro di Roma* (72), *Zeder* (72), *Il sorriso del grande tentatore* (74), *Chi sei?* (74), *Profondo rosso* (74), *Inferno* (80), *Il principe di Homburg* (83 also d/w), *Scandalosa Gilda* (85 also d/co-w), *Sensi* (86 also d/w).

2490. Law, John Phillip. U.S. actor. b. Sept. 7, 1937, Hollywood. *Smog* (62), *La frusta e il corpo* (63), *Alta infedeltà* (64 the episode "Scandaloso"), *Tre notti d'amore* (64 the episode "Fatebenefratelli"), *Da uomo a uomo* (67), *Diabolik* (67), *Barbarella* (68), *Certo, certissimo, anzi. . .probabile* (69), *Michele Strogoff* (70), *Polvere di stelle* (74), *Sussuri nel buio* (76), *Colpo secco* (77), *Un'ombra nell'ombra* (77), *Striker* (87).

2491. Lawford, Peter. U.K. actor. b. Sept. 7, 1923, London. d. Dec. 24, 1984, Los Angeles, Calif. Long in the U.S.A. *Buona sera, Mrs Campbell* (68).

Lawrence, Charlie *see* **Lorenzon, Livio**

2492. Lawrence, Marc. U.S. actor. b. Feb. 17, 1910, N.Y.C. RN: Max Goldsmith. *Vacanze col gangster* (51), *La tratta delle bianche* (52), *Legione straniera* (52), *Noi peccatori* (52), *I tre corsari* (52), *Jolanda, la figlia del corsaro nero* (52), *Fratelli d'Italia* (53), *Ballata tragica* (54), *Il più comico spettacolo del mondo* (54), *Elena di Troia* (56), *Suor Maria* (56), *Due mafiosi contro Al Capone* (65), *Eva, la venere selvaggia* (68), *Un esercito di cinque uomini* (69), *Poliziotto superpiù* (81).

2493. Lawrence, Peter Lee. German actor. b. 1943. Committed suicide in 1973. AKA: Karl Hirenbach, Arthur Green. *Per qualche dollaro in più* (65), *I giorni della violenza* (67), *Dove si spara di più* (67), *Killer calibro 32* (67), *. . .E divenne il più spietato bandito del sud* (67), *Ad uno ad uno. . .spietatamente* (68), *Una pistola per cento bare* (68), *Killer adios* (68), *Testa di sbarco per otto implacabili* (68), *Quando Satana impugna la colt* (68), *Garringo* (69), *La morte sull'alta collina* (69), *Ancora dollari per i MacGregor* (70), *Viva Sabata!* (70), *I quattro pistoleri di Santa Trinità* (71), *Su le mani, cadavere! Sei agli arresti* (71), *Dio in cielo. . .Arizona in terra* (72), *Preda d'avvoltoi* (73).

2494. Lawrence, Rosina. Canadian actress. b. Dec. 30, 1914, Westboro, Ottawa. Long in the U.S.A. *In campagna è caduta una stella* (39 her last film).

2495. Lawson, Leigh. U.K. actor. b. July 21, 1944, Atherstone, Warwickshire. *Fratello Sole sorella Luna* (73), *L'avvocato del diavolo* (78).

2496. Lawson, Wilfrid. U.K. actor. b. Jan. 14, 1900, Bradford, Yorks. d. 1966. RN: Wilfrid Worsnop. *Guerra e pace* (56).

2497. Lay, Me Me. Chinese actress. AKA: Me Me Lai. *Il paese del sesso selvaggio* (72), *Ultimo mondo cannibale* (76).

2498. Lay, Ubaldo. Actor. b. April 14, 1917, Roma. *Montecassino* (46), *Il vedovo allegro* (49), *I tre corsari* (52), *Solo per te, Lucia* (52), *Capitan Fantasma* (53), *Un giorno in pretura* (53), *Napoli è sempre Napoli* (54), *Totò all'inferno* (54), *Terrore sulla città* (56).

2499. Laydu, Claude. Belgian actor. b. March 10, 1927, Bruxelles. Long in France. *Siamo tutti assassini* (52), *Napoleone Buonaparte* (54), *Rasputin* (54), *Attila—flagello di Dio* (54), *Sinfonia d'amore* (54), *Altair* (56), *I dialoghi delle carmelitane* (59).

Lazaga, Pedro *see* **de Martino, Alberto**

2500. Lazar, Veronica. Rumanian actress. b. Oct. 6, Bucharest. Married Adolfo Celi. *Ultimo tango a Parigi* (72), *Affinità elettive* (78), *La luna* (79), *E tu vivrai nel terrore! L'aldilà* (81), *Identificazione di una donna* (82), *Verso sera* (90).

2501. Lazenby, George. Australian actor. b. 1939. Played James Bond. *L'ultimo harem* (81).

Lazzaro, Sofia *see* **Loren, Sophia**

2502. Lazzaro, Walter. Actor. b. Dec. 5, 1914, Roma. *Vecchia guardia* (34), *Scipione l'Africano* (37), *Pietro Micca* (38), *Il cavaliere di Kruja* (40), *La fornarina* (42), *Quelli della montagna* (43).

Lean, Sidney *see* **Fago, Giovanni**

2503. Leander, Zarah. Swedish singer/actress. b. March 15, 1900, Karlstadt. RN: Zarah Hedberg. In 1917 she married an actor named Leander. Acted in German films. *Come imparai ad amare le donne* (67).

2504. Léaud, Jean-Pierre. French actor. b. May 5, 1944, Paris. Son of Pierre Léaud and Jacqueline Pierreux. *Il testamento di Orfeo* (60), *L'amore a vent'anni* (61 the first episode, "Antoine et Colette"), *Agente Lemmy Caution: missione Alphaville* (65 also asst d), *Porcile* (69), *Der Leone have sept cabeças* (70), *Ultimo tango a Parigi* (72), *Aiutami a sognare* (81).

2505. Lebeau, Madeleine. French actress. b. June 10, 1921, Bourg-la-Reine. *8½* (63), *Sfida a Rio Bravo* (65).

2506. Lebon, Yvette. French actress. b. April 14, 1913, Paris. *Il boia di Lilla* (53), *Il cavaliere di Maison Rouge* (53), *Maruzzella* (56), *Il sepolcro dei re* (60), *Ulisse contro Ercole* (61).

2507. Le Chanois, Jean-Paul. French director. b. Oct. 25, 1909, Paris. *Vacanze d'amore* (54 co-d).

2508. Leclerc, Ginette. French actress. b. Feb. 9, 1912, Montmartre, Paris. d. Jan. 1, 1992, Paris. RN: Geneviève Manut. *Il fu Mattia Pascal* (37), *I giganti* (55), *Popsy Pop* (70).

2509. Lecourtois, Daniel. French actor. b. 1903. *Quando le donne amano* (52), *Allarme a sud* (53), *Il treno* (64).

2510. Ledda, Gavino. Writer. He wrote the autobiographical book upon which the Taviani Brothers film, *Padre padrone* (77), was based. Ledda appeared as himself in the film. Fabrizio Forte played him as a child, and Saverio Marconi played him as a man. Other films include: *Ybris* (84 d/w/*).

2511. Ledebur, Friedrich. Austrian actor. b. 1900. d. 1987. RN: Count Friedrich von Ledebur. More for something to do to pass the time than for anything else he entered movies, and is well-remembered as Queequeg in *Moby Dick* (56 U.S.). Italian movies include: *Olympia* (60), *Barabba* (61 also riding master), *La caduta dell'impero romano* (64 also riding coach), *Giulietta degli spiriti* (65), *Il Natale che quasi non fu* (65).

2512. Ledoux, Fernand. Belgian actor. b. Jan. 24, 1897, Tirlemont. *L'amore e il diavolo* (42), *Colui che deve morire* (57), *Cartagine in fiamme* (59), *Il processo* (62), *Uno dei tre* (63).

2513. Lee, Belinda. U.K. actress. b. June 15, 1935, Budleigh Salterton. d. 1959, in a car crash. *La venere di Cheronea* (58), *I magliari* (59), *Le notti di Lucrezia Borgia* (59), *Cartagine in fiamme* (59), *Messalina, venere imperatrice* (59), *Femmine di lusso* (60), *Costantino il grande: in hic signo* (60), *La lunga notte del 43* (60), *Giuseppe venduto dai fratelli* (60), *Fantasmi a Roma* (60).

2514. Lee, Bernard. U.K. actor. b. Jan. 10, 1908, London. d. 1981. Played "M" in the James Bond films. *Il tesoro dell'Africa* (53), *O.K. Connery* (67).

2515. Lee, Christopher. U.K. actor. b. May 27, 1922, London. *Tempi duri per i vampiri* (59), *Ercole al centro della terra* (61), *La cripta e l'incubo* (63), *La frusta e il corpo* (63), *La vergine di Norimberga* (64), *Il castello dei morti viventi* (64), *Il castello di Fu Manchu* (68), *Il conte Dracula* (70), *Il trono di fuoco* (70), *L'avaro* (90).

2516. Lee, Margaret. U.K. actress. b. 1943. *La vedovella* (62), *Maciste contro i mostri* (63), *I quattro tassisti* (63), *In ginocchio da te* (64), *I maniaci* (64), *I marziani hanno dodici mani* (64), *Questo pazzo, pazzo mondo della canzone* (65), *Un mostro...e mezzo* (65), *Casanova 70* (65), *Questa volta parliamo di uomini* (65), *Agente 077...dall'Oriente con furore* (65), *Arrivederci a domani* (65), *Mondo pazzo, gente pazza* (65), *Traffico proibito: operazione Violenza* (65), *Due sergenti del generale Custer* (65), *Il morbidone* (65), *I soldi* (66), *La ragazzola* (66), *Se tutte le donne del mondo* (66), *New York chiama Super Dragon* (66), *...E Djurado* (66), *Il furto della Gioconda* (66), *Matchless* (66), *Dick Smart 2/007* (66), *Da Berlino l'apocalisse* (66), *Questi fantasmi* (67), *Il più grande colpo del secolo* (67), *Arriva Dorellik* (67), *Colpo maestro al servizio di Sua Maestà britannica* (68), *Franco, Ciccio e le vedove allegre* (68), *Banditi a Milano* (68), *Niente rose per OSS 117* (68), *L'assassino ha le ore contate* (68), *I bastardi* (68), *Cinque per l'inferno* (68), *Sai cosa faceva Stalin alle donne?* (69), *A doppia faccia* (69), *Paroxismus* (69), *Colpo rovente* (69), *Il dio chiamato Dorian* (70), *La belva* (70), *Il trono di fuoco* (70), *Appuntamento col disonore* (71), *La bestia uccide a sangue freddo* (72), *Gli assassini sono nostri ospiti* (74), *Mitra sulla follia* (74), *Un attimo di vita* (75).

2517. Lees, Tamara. Actress. b. Dec. 14, 1926, Vienna, Austria. Daughter of a Russian actress named Hazenzahl Barkowska, and an English diplomat father. At first a journalist. In 1952 she divorced Bonar Colleano. Based in Italy. *While the Sun Shines* (47 U.K.), *Bond Street* (48 U.K.), *Il falco rosso* (49), *Quel bandito sono io!* (50), *Verginità* (50), *Tizio, Caio, Sempronio* (51), *Romanticismo* (51), *Il lupo della frontiera* (51), *La città si difende* (51), *Totò sceicco* (51), *È arrivato l'accordatore* (51), *Filumena Marturano* (52), *Il tallone di Achille* (52), *Il segreto delle tre punte* (52), *Anna perdonami!* (53), *Frine, cortigiana d'Oriente* (53), *Il tiranno del Garda* (54), *Addio Napoli* (54), *I cavalieri della regina* (54), *Terra straniera* (55 made in 53), *La contessa di Castiglione* (55), *La cortigiana di Babilonia* (55), *La donna più bella del mondo* (55), *Ho amato una diva* (55), *Le imprese di una spada leggendaria* (55), *Lo spadaccino misterioso* (56), *Tre straniere a Roma* (58), *Agosto, donne mie non vi conosco* (59), *Una spada nell'ombra* (61).

2518. Lefebvre, Jean. French actor. b. 1922. *I giganti* (55), *La casa di Madame Korà* (57), *Pelle d'oca* (63), *Colpo grosso ma non troppo* (65), *Casanova e compagnia* (76).

2519. Lefebvre, Robert. French director of photography. b. March 19, 1907, Paris. *Terra di fuoco* (39), *L'amante di una notte* (51), *L'ora della verità* (52), *Destini di donne* (53 the episode "Giovanna d'Arco"), *Sposata ieri* (53), *Il caso Maurizius* (54), *Quattro donne nella notte* (55), *Le grandi manovre* (55 co-ph), *Il segreto di suor Angela* (55), *Gli amanti di domani* (56), *Michele Strogoff* (56), *Quartiere dei lillà* (57), *Le donne sono deboli* (59).

2520. Lefèvre, René. French actor. b. March 6, 1898, Nice. *Bufere* (52), *Colui che deve morire* (57).

2521. Legrand, Michel. French composer. b. 1932, Paris. *I sette peccati capitali* (62), *Cleo dalle 5 alle 7* (62 also *), *Eva* (62 co-composer), *Le più belle truffe del mondo* (63 co-composer), *Una adorabile idiota* (64), *Un avventuriero a Tahiti* (66), *La piscina* (68), *Il regalo* (80), *Fuga dal paradiso* (90).

2522. Legrand, Raymond. French composer. b. May 23, 1908, Paris. *Siamo tutti assassini* (52), *Il nemico pubblico n. 1* (53).

2523. Le Hanaff, René. French director. b. April 25, 1902, Saigon, Indochina. *Donne senza nome* (49 supervising editor).

2524. Leigh, Janet. U.S. actress. b. July 6, 1927, Merced, Calif. RN: Jeanette Helen Morrison. *Ad ogni costo* (68), *Hitchcock, il brivido del genio* (85 doc appeared as herself).

2525. Lelouch, Claude. French director. b. Oct. 30, 1937, Paris. *Un tipo che mi piace* (70 also p/co-w/camera operator), *Il gatto, il topo, la paura e l'amore* (75 also p/co-w/ph).

2526. Lemaire, Philippe. French actor. b. March 14, 1927, Moussy-le-Neuf. *Gli amanti di Verona* (48), *Il Cristo proibito* (51), *Tam Tam Mayumbe* (55), *Frou Frou* (55), *Alla conquista dell'Arkansas* (63), *Tre passi nel delirio* (68 the episode "Metzengerstein"), *Ars amandi—l'arte d'amare* (83).

2527. Le Mesurier, John. U.K. actor. b. April 5, 1912. d. 1983. *Ben-Hur* (59), *Cinque ore in contanti* (60).

Lemik, Michael E. *see* **Tarantini, Michele Massimo** (under T)

2528. Lemkow, Tutte. U.K. actor. b. 1924. *Ben-Hur* (59).

2529. Lemmon, Jack. U.S. actor. b. Feb. 8, 1925, Boston, Mass. RN: John Uhler Lemmon, III. *Avanti!* (72), *Maccheroni* (85).

2530. Lemoine, Michel. Actor. AKA: Michel Lemoigne. *Il testamento di Orfeo* (60), *La vendetta della maschera di ferro* (62), *Delitto allo specchio* (63), *Ercole contro Moloch* (63), *I criminali della galassia* (65), *La strada per Fort Alamo* (65), *Agente 3S3, massacro al sole* (65), *I diafanoidi portano la morte* (65).

2531. Lemontier, Charles. French actor. b. April 21, 1894, Toul. *I bastardi* (50), *Siamo tutti assassini* (52), *Fascicolo nero* (55).

2532. Lenci, Alfredo. Director of photography. b. 1873, Roma. *Così è la vita* (15), *Guerra redentrice* (15), *La fiammata* (16), *Cavalleria rusticana* (16 co-ph), *Tigrana* (16), *La via del dolore* (16), *Anna Petrovna* (16), *Petruska* (16), *Gloria di sangue* (16), *L'aquila* (16), *Zingari* (16), *Giovanni Episcopo* (16), *Una donna* (17), *Graziella* (17), *Fabiola* (17), *La Gerusalemme liberata* (18), *Bifoni e la maschera dai denti neri* (18), *Manon Lescaut* (18 co-ph), *Rosa di sangue* (19), *Calamita* (19), *Il sacco di Roma* (20), *Aurora rossa* (21), *Che fareste voi?* (21), *Due più due uguale a sette* (21), *Notte di neve* (21), *Il processo Montegù* (21), *Pulcinella* (22), *Messalina* (23 co-ph), *Ben-Hur* (25 U.S. co-ph), *Sentinella della patria* (27), *Camicia nera* (33 co-ph), *Non c'è bisogno di denaro* (33 co-ph).

2533. Lenoir, Leon. Actor. *Imbarco a mezzanotte* (52), *Avventura ad Algeri* (53).

Lenz, Bert *see* **Lenzi, Umberto**

2534. Lenzi, Umberto. Director. AKA: Humphrey Humbert, Hank Milestone, Bert Lenz. *Le avventure di Mary Read* (61), *Zorro contro Maciste* (62 also co-w), *Gladiatore di Messalina* (63), *Il tempio dell'elefante bianco* (64), *I pirati della Malesia* (64), *La montagna di luce* (64), *L'invincibile cavaliere mascherato* (64 also co-w), *I tre sergenti del Bengala* (64), *L'ultimo gladiatore* (64), *A—008 operazione Sterminio* (65), *Berlino—appuntamento per le spie* (65 co-w), *Superseven chiama Cairo* (66), *Le spie amano i fiori* (66), *Tutto per tutto* (68), *Il figlio di Aquila Nera* (68 co-w), *Attentato ai tre grandi* (68 also co-w), *Una pistola per cento bare* (68 also co-w), *Orgasmo* (68 also co-w/story), *La legione dei dannati* (68), *Così dolce così perversa* (69), *Il paese del sesso selvaggio* (72), *Il coltello di ghiaccio* (72), *Das Raetsel des silbernen Halbmonds* (72 Germany also co-w), *Milano rovente* (73), *Spasmo* (74), *Milano odia: la polizia non può sparare* (74), *Il giustiziere sfida la città* (75), *Roma a mano armata* (76), *Napoli violenta* (76), *Il cinico, l'infame, il violento* (77), *Il trucido e lo sbirro* (77), *La banda del gobbo* (77), *Il grande attacco* (77), *Gatti rossi in un labirinto di vetro* (78), *Da Corleone a Brooklyn* (79), *Da Dunkerque alla vittoria* (79 also co-w), *Cannibal Ferrox* (80), *Incubo sulla città contaminata* (80), *Scusi, lei è normale?* (80), *Mangiati vivi* (80), *Incontro nell'ultimo paradiso* (82), *Il dominatore del ferro* (82), *Pierino la peste alla riscossa* (82), *Cicciabomba* (82), *Striker* (87 co-w), *Ghosthouse* (89 also story).

2535. Leonard, Robert Z. U.S. director. b. Oct. 7, 1889, Chicago, Ill. d. Aug. 27, 1968, Beverly Hills, Calif. RN: Robert Zigler Leonard. *La donna più bella del mondo* (55).

Leone, Roberto Roberti *see* **Roberti, Roberto**

2536. Leone, Sergio. Director. b. Jan. 23, 1929, Roma. d. April 30, 1989, Roma. AKA: Bob Robertson. Son of Roberto Roberti and Bice Valorian. Head of Rafran Cinematografica. Often thought of as the father of Italian westerns. *Ladri di biciclette* (48 asst d/*), *Quo Vadis?* (51 U.S. 2nd unit asst d), *Elena di Troia* (56 asst d/2nd unit asst), *Taxi. . . signore?* (57 short), *Nel segno di Roma* (58 co-w), *The Nun's Story* (58 U.S. asst d), *Afrodite, dea dell'amore* (58 co-w), *Ben-Hur* (59 2nd unit asst), *Gli ultimi giorni di Pompei* (59 co-d/co-w), *Il colosso di Rodi* (60 also co-w), *Le sette sfide* (60 co-w), *Romolo e Remo* (61 co-w/story), *Le verdi bandiere di Allah* (62 co-w), *Sodoma e Gomorra* (62 2nd unit d/possibly co-d), *Per un pugno di dollari* (64 also co-w/story), *Per qualche dollaro in più* (65 also co-w/story), *Il buono, il brutto, il cattivo* (66 also co-w/story), *C'era una volta il* *west* (68 also co-w/story), *Cimitero senza croci* (68 *), *Documento su Giuseppe Pinelli—12 dicembre* (70 doc co-d), *Giù la testa* (71 co-d/co-w/story/adapted), *Il mio nome è Nessuno* (73 co-p/story/supervising director), *Un genio, due compari, un pollo* (75 supervising director), *An Almost Perfect Affair* (78 U.S. *), *Il gatto* (78 p), *Un sacco bello* (80 co-p), *Bianco rosso e Verdone* (80 co-p), *C'era una volta l'America* (83 also co-w/*), *Troppo forte* (85 supervising director).

Leone, Vincenzo *see* **Roberti, Roberto**

Leonello, Alberto *see* **Lionello, Alberto**

2537. Leoni, Guido. Director. b. Oct. 25, 1920, Verona. *Vogliamoci bene* (49 co-w), *Di qua di là del Piave* (53 also co-w), *I cinque dell'Adamello* (54 co-w), *Rosso e nero* (54 co-w), *Il seduttore* (54 co-w), *I pinguini ci guardano* (54 also co-w/story), *Rascel—Fifì* (57), *Rascel—marine* (58), *Vacanze in Argentina* (60 also w), *Commissariato di notturno* (72 also w), *Oh! Mia bella matrigna* (76 also w), *La supplente* (76 also w), *Le seminariste* (77 also w).

2538. Leonidoff, Ileana. Actress. b. Crimea, of aristocratic Circassian parents, her father being one of the Czar's admirals. A ballet star as well, she enjoyed scandal. *Il perfido incanto* (16 the first avant-garde film in Italy, perhaps anywhere), *Thaïs* (16), *Attila—flagello di Dio* (17 in which she appeared naked), *Il siluramento dell'Oceania* (17), *Maria di Magdala* (17), *Saffo* (17), *Venere Afrodite* (18), *Giuditta* (18), *Il mistero di Osiris* (18), *Stradivarius* (18), *Kitra, fiore della notte* (19), *Giuliano l'apostata* (20).

2539. Leontini, Guido. Actor. *Joe Valachi—i segreti di Cosa Nostra* (72), *Crazy Joe* (73 U.S.), *La vedova inconsolabile ringrazia quanti le consolarono* (73), *Uomini duri—altrimenti vi ammuchiamo* (73), *Paolo il freddo* (73), *Squadra volante* (74), *Il testimone deve tacere* (75), *2 Magnum 38 per una città di carogne* (75), *Il tempo degli assassini* (75), *Qui comincia l'avventura* (76), *La banda del gobbo* (77), *Milano...difendersi o morire* (77), *Le deportate della sezione speciale SS* (78), *L'avvertimento* (80), *Napoli—Palermo—New York; il triangolo della camorra* (81).

2540. Leonviola, Antonio. Director. b. May 13, 1913, Venezia. AKA: Leon Viola. Began as a war cameraman during the Ethiopian conflict in 1935, and later became an assistant director and co-director. *Rita da Cascia* (42 also co-w), *Le due verità* (51 also co-w/story), *Sul Ponte dei sospiri* (52 also co-w), *Noi cannibali* (53 also co-w/story), *Siluri umani* (54 co-d/co-w), *Il suo più grande amore* (55 also co-w), *La ballerina e buon Dio* (58 also w/story), *Maciste, l'uomo più forte del mondo* (61), *Maciste nella terra dei ciclopi* (61), *Le gladiatrici* (62), *Taur, il re della forza bruta* (62), *I giovani tigri* (68 also co-w).

2541. Lepanto, Vittorina. Actress. b. Saracinesco. *Otello* (09), *Carmen* (09), *L'avvenire in agguato* (15), *L'ombra* (16), *La signora delle perle* (18), *Lucrezia Borgia* (19), *Israel* (19), *Per aver visto* (19), *Rouge et noir* (20), *L'amica* (20).

2542. Le Person, Paul. French actor. *Il treno* (64).

2543. Le Poulain, Jean. French actor. b. 1924. *Arsenio Lupin contro Arsenio Lupin* (62).

2544. Lepvrier, Diana. French actress. b. 1945. *Uno dei tre* (63), *Le disavventure della virtù* (68).

2545. Leroy, Philippe. French actor. b. Oct. 15, 1930, Paris. *Il buco* (60), *Senilità* (61), *Caccia all'uomo* (61), *Leoni al sole* (61), *L'attico* (62), *Solo contro Roma* (62), *Il terrorista* (63), *Il giorno più corto* (63), *Il treno del sabato* (63), *Le ore nude* (64), *Amore in quattro dimensioni* (64), *Frenesia d'estate* (64), *Il castello dei morti viventi* (64), *Amore facile* (64), *Le voci bianche* (64), *L'idea fissa* (64), *Una vergine per il principe* (65), *Sette uomini d'oro* (65), *La donna del lago* (65), *La mandragola* (65), *Yankee l'americano* (66), *Il grande colpo dei sette uomini d'oro* (66), *Delitto quasi perfetto* (66), *Non faccio la guerra, faccio l'amore* (66), *Lo scandalo* (66), *È stato lungo, difficile, però adesso...che notte, ragazzi!* (66), *La notte è fatta per...rubare* (67), *L'occhio selvaggio* (67), *La matriarca* (68), *La sua giornata di gloria* (68), *Ecce homo* (68), *Buona sera, Mrs Campbell* (68), *Cuore di mamma* (68), *Come, quando, con chi?* (69), *Femina ridens* (69), *Senza sapere niente di lei* (69), *Un omicidio perfetto al termine di legge* (71), *Roma bene* (71), *Stanza 17—17, palazzo delle tasse, ufficio delle imposte* (71), *E alla fine lo chiamavano Jerusalem l'implacabile* (71), *Ettore lo* *fusto* (71), *Una ragazza tutta nuda assassinata nel parco* (72), *Milano calibro 9* (72), *Il portiere di notte* (73), *Una vita lunga un giorno* (74), *La mano spietata della legge* (74), *Libera, amore mio* (74), *La svergognata* (74), *Fatevi vivi, la polizia non interverrà* (74), *La nuora giovane* (75), *Il soldato di ventura* (75), *Il suo nome è Sandokan* (76), *La linea del fiume* (76), *La tigre è ancora viva: Sandokan alla riscossa* (77), *Quella strana voglia d'amore* (77), *Mannaja* (77), *Al di là del bene e del male* (77), *Sono stato un agente CIA* (78), *Il gatto* (78), *L'avventurosa fuga* (78), *Qua la mano* (79), *Il medium* (80), *Bello di mamma* (80), *Tranquille donne di campagna* (81), *Il tango della gelosia* (81), *Teste di cuoio* (82), *Interno berlinese* (85), *La donna del traghetto* (86), *Montecarlo gran casinò* (88).

2546. Lesaffre, Roland. French actor. b. June 26, 1927, Clermont-Ferrand. *Siamo tutti assassini* (52), *Aria di Parigi* (55), *Ursus e la ragazza tartara* (63).

2547. Lesser, Len. U.S. actor. b. 1922. *Smog* (62).

2548. Lester, Mark. U.K. child actor. b. July 11, 1958, Oxford. *La prima volta sull'erba* (75).

2549. Leto, Marco. Director. *Una pistola per cento bare* (68 co-w), *I morti non si contano* (68 co-w/co-story), *La villeggiatura* (73 also co-w), *Al piacere di rivederla* (76), *La donna spezzata* (88 also co-w).

2550. Leurini, Gino. Actor. b. Nov. 20, Roma. RN: Luigi Leurini. *Legge di sangue* (48), *Cuore* (48), *Vento d'Africa* (48), *Domani è troppo tardi* (50), *Il caimano del Piave* (51), *Guardie e ladri* (51), *Le meravigliose avventure di Guerrin Meschino* (51), *Camicie rosse* (51), *La regina di Saba* (52), *Ricordami* (54), *Storia di una minorenne* (56).

2551. Lev, Benjamin. Actor. *Città violenta* (70), *L'occhio nel labirinto* (71).

2552. Leva, Carlo. Set decorator. *Amore mio* (64), *I terribili sette* (64), *C'era una volta il west* (68), *Attentato ai tre grandi* (68 co-art d), *Non si deve profanare al sonno di morte* (74), *Maria Zef* (81), *Il mistero di Bellavista* (85).

2553. Lever, Reg. U.K. actor. b. 1916. d. 1975. *Lola* (70).

2554. Levi, Paolo. Co-writer. b. July 20, 1919, Genova. AKA: Paul Levy. *Moglie per una notte* (52), *Operazione Notte* (55 also co-story), *Labbra rosse* (60), *Sette donne per i MacGregor* (66).

2555. Le Vigan, Robert. French actor. RN: Robert Coquillaud. *Il messaggero del re* (50).

2556. Levin, Henry. U.S. director. b. June 5, 1909, Trenton, N.J. d. 1980. *Le meraviglie di Aladino* (62), *Se tutte le donne del mondo* (66 co-d).

2557. Levine, Joseph E. U.S. producer/distributor. b. Sept. 9, 1905, Boston, Mass. d. July 21, 1987. RN: Joseph Edward Levine. Formed Embassy Pictures and imported Italian muscleman epics into the U.S.A., making a vast profit. His films (as executive producer unless stated otherwise) include: *Attila—flagello di Dio* (54), *La Ciociara* (61), *Divorzio all'italiana* (61), *Boccaccio 70* (61), *Il disprezzo* (62 co-p), *8½* (63), *Ieri oggi e domani* (63 co-p), *Matrimonio all'italiana* (64 co-p), *La decima vittima* (65), *Gli uomini dal passo pesante* (66 co-p), *Spara forte, più forte, non capisco* (66 co-p), *Sette volte donna* (67), *La piscina* (68), *I girasoli* (69).

2558. Levka, Uta. German actress. b. 1944. *Operazione San Pietro* (68).

Levy, Paul *see* **Levi, Paolo**

2559. Levy, Raoul J. Belgian producer. b. March 14, 1922, Antwerp. d. 1967. *Era di venerdì 17* (56 co-p), *La ragazza del peccato* (57 co-p), *Le meravigliose avventure di Marco Polo* (65), *Da New York mafia uccide* (65 also d/w).

2560. Lewis, Fiona. U.K. actress. b. 1946. *Fumo di Londra* (66).

2561. Lewis, Geoffrey. U.S. actor. b. 1935. *Il mio nome è Nessuno* (73).

Lewis, George *see* **Lado, Aldo**

2562. Lewis, Reg. Actor. *Maciste contro i mostri* (63).

2563. Lewis, Ronald. U.K. actor. b. Dec. 11, 1928, Port Talbot, Wales. d. 1982. *Elena di Troia* (56).

Lewis, Vance *see* **Vanzi, Luigi**

2564. L'Herbier, Marcel. French director. b. April 23, 1888, Paris. d. Nov. 26, 1979, Paris. *La donna di una notte* (30 co-d), *Terra di fuoco* (39 co-d), *Ecco la felicità!* (40), *Gli ultimi giorni di Pompei* (48 the French version also co-w).

2565. L'Homme, Pierre. French director of photography. b. 1930, Boulogne-sur-Seine, Paris. *L'assassino ha le ore contate* (68).

2566. Liberatore, Ugo. Co-writer. Also a pioneer director in Italian porno movies. *La donna dei faraoni* (60), *La guerra di Troia* (61), *La leggenda di Enea* (62), *300 Spartans* (62 U.S.), *La noia* (64), *Hercules and the Princess of Troy* (65 U.S. TV), *Gli uomini dal passo pesante* (66), *Per un dollaro di gloria* (67), *I crudeli* (67), *Il sesso degli angeli* (67 d/w), *Un minuto per pregare, un istante per morire* (68), *Bora Bora* (68 d/w), *Lovemaker, l'uomo per fare l'amore* (69), *Avventura a Bali* (69 d/w), *Nero veneziano* (78 also d), *Cenerentola 80* (83).

2567. Licudi, Gabriella. Actress. b. 1943. *La caduta dell'impero romano* (64).

2568. Lieven, Albert. German actor. b. June 23, 1904, Hohenstein. d. 1971. RN: Albert Fritz Liéven-Lieven. Long in the U.K. *Londra chiama polo nord* (55).

2569. Lifar, Serge. French actor. *Il testamento di Orfeo* (60), *Il delitto non paga* (62).

2570. Liljedahl, Marie. Swedish actress. b. 1950. *Il dio chiamato Dorian* (70).

2571. Lillo, Flora. Actress. b. May 23, 1928, Roma. *Amore e smarrimento* (54), *Avanzi di galera* (54), *L'angelo bianco* (55), *Accade al penitenziario* (55).

Lincoln, George *see* **Freda, Riccardo**

2572. Lind, Alfred. Danish director. b. 1879, Helsingör. Long in Italy. *La perla dell'harem* (14), *Il jockey della morte* (15 also */story), *Ragazze, non scherzate!* (29).

2573. Linder, Christa. German actress. *Donne alla frontiera* (67), *I giorni dell'ira* (67), *Tutti figli di "Mammasantissima"* (73), *Prima ti suono e poi ti sparo* (75).

2574. Lindfors, Viveca. Swedish actress. b. Dec. 29, 1920, Uppsala. RN: Elsa Viveca Torstendotter Lindfors. Long in the U.S.A. *La donna del peccato* (42), *Nebbie sul mare* (42), *La tempesta* (58).

2575. Lindstrom, Pia. Actress. *Matrimonio all'italiana* (64), *La donna del lago* (65), *Le fate* (67 the episode "Fata Elena").

2576. Liné, Helga. German actress. *Gli invincibili sette* (63), *Ercole contro i tiranni di Babilonia* (64), *Sette ore di fuoco* (64), *Il segno di Zorro* (64), *La rivolta dei sette* (64), *Spartaco e i dieci gladiatori* (64), *Il trionfo dei dieci gladiatori* (64), *Golia alla conquista di Bagdad* (64), *All'ombra di una colt* (65), *Operazione Poker* (65), *Amanti d'oltretomba* (65), *Agente 077... missione Bloody Mary* (65), *L'ombrellone* (66), *Colpo sensazionale al servizio del Sifar* (68), *Il re di Africa* (68), *Buon funerale, amigos...paga Sartana* (71), *Su le mani, cadavere! Sei agli arresti* (71), *Le guerriere dal seno nudo* (72), *Campa carogna...la taglia cresce* (72), *Amore, piombo e furore* (77).

Lion, Fernand *see* **Di Leo, Fernando**

Lion, Mickey *see* **Bava, Mario**

2577. Lionello, Alberto. Actor. AKA: Alberto Leonello. *Mia nonna poliziotto* (58), *Ricordati di Napoli* (58), *Chi si ferma è perduto* (60), *Cacciatori di dote* (60), *Mariti a congresso* (61), *En plein cirage* (62 France), *Amore in quattro dimensioni* (64), *Una voglia da morire* (64), *I soldi* (66), *Signore e signori* (66), *È stato lungo, difficile, però adesso...che notte, ragazzi!* (66), *Colpo di sole* (68), *Togli le gambe dal parabrezza* (69), *Certo, certissimo, anzi... probabile* (69), *Porcile* (69), *Sesso matto* (73), *La poliziotta* (74), *Dio mio, come sono caduta in basso!* (74), *L'età della pace* (75), *La signora degli orrori* (77), *Sogno di una notte di mezza estate* (83).

2578. Lisi, Virna. Actress. b. Sept. 8, 1937, Ancona. RN: Virna Pieralisi. *...E Napoli canta* (53), *Violenza sul lago* (53), *La corda d'acciaio* (53), *Lettera napoletana* (54), *Desiderio 'e sole* (54), *Piccola santa* (54), *Ripudiata* (54), *Il cardinale Lambertini* (54), *Vendicata* (54), *Il vetturale del Moncenisio* (55), *Les Hussards* (55 France), *Lo scapolo* (55), *Luna nova* (55), *La rossa* (55), *Le diciottenni* (55), *La donna del giorno* (56), *Il conte di Matera* (57), *Totò, Peppino e le fanatiche* (58), *Vite perdute* (58), *Caterina Sforza, la leonessa di Romagna* (59), *Il mondo dei miracoli* (59), *Il padrone delle ferriere* (59), *Un militare e mezzo* (59), *Romolo e Remo* (61), *Cinque marines per cento ragazze* (61), *Sua Eccellenza si fermò a mangiare* (61), *Eva* (62), *Il delitto Duprê* (63), *Il giorno più corto* (63), *Il tulipano nero* (63), *I complessi* (65), *Agente Coplan: missione Spionaggio* (65), *La donna del lago* (65), *Casanova 70* (65), *Le bambole* (65), *Una vergine per il principe* (65), *How to Murder Your Wife* (65 U.S.), *Made in Italy* (65), *Oggi, domani e dopodomani* (65), *Signore e signori* (66), *Assault on a Queen* (66 U.S.), *Not with My Wife You Don't* (66 U.S.), *La 25me Heure* (67 France), *Le dolci signore* (67), *Arabella*

(67), *La ragazza e il generale* (67), *Meglio vedova* (67), *Tenderly* (68), *The Secret of Santa Vittoria* (69 U.S.), *L'Arbre de Noël* (69 France), *Lo smemorato* (69), *If It's Tuesday This Must Be Belgium* (69 U.S.), *Temps des loups* (69 France), *La statua* (70), *Giochi particolari* (70), *Un Beau Monstre* (71 France), *Roma bene* (71), *Bluebeard* (72 Hungary), *Zanna Bianca* (72), *Les Galets d'Entretat* (72 France), *Il serpente* (73), *Il ritorno di Zanna Bianca* (74), *Al di là del bene e del male* (77), *La cicala* (78), *Ernesto* (79), *Professione figlio* (80), *Miss Right* (80), *Sapore di mare* (83), *Stelle emigranti* (83 doc appeared as herself), *Amarsi un po'* (84), *I Love N.Y.* (87 U.S.), *I ragazzi di via Panisperna* (89), *Buon Natale, Buon Anno* (90).

2579. Listuzzi, Giorgio. Actor. b. Jan. 20, 1934, Trieste. *Il tetto* (56), *Le notti bianche* (57).

2580. Little Tony. Singer/actor. *Zum zum zum—la canzone che mi passa per la testa* (68), *Vacanze sulla Costa Smeralda* (68), *Donne...botte e bersaglieri* (68).

2581. Litvak, Anatole. U.S. director. b. May 21, 1902, Kiev, Ukraine. d. Dec. 15, 1974, Paris, France. RN: Anatole Michael Litvak. After directing a few silent films in Leningrad, he went to to Germany in 1929, and was in the U.S.A. from 1936. *Le piace Brahms?* (61), *I dongiovanni della Costa Azzurra* (62 *), *Il coltello nella piaga* (63 also p).

2582. Lizzani, Carlo. Director. b. April 3, 1917, Roma. AKA: Lee Beaver, Lee W. Beaver. Also a film critic, he began film training in 1946, and co-wrote most of his films. He headed the revival of the Biennale (i.e. the Venice Film Festival). *Il sole sorge ancora* (46 co-w/asst d/*), *Caccia tragica* (47 co-w/asst d/*), *Germania anno zero* (47 co-w/asst d), *Riso amaro* (48 co-w/asst d), *Il mulino del Po* (48 co-w/asst d), *Non c'è pace tra gli ulivi* (49 co-w/asst d), *Nel mezzogiorno qualcosa è cambiato* (50 doc), *Modena, città dell'Emilia Rossa* (50 doc), *Achtung, banditi!* (51), *Ai margini della metropoli* (52), *Amore in città* (53 the episode "L'amore che si paga"), *Cronache di poveri amanti* (53), *Siluri umani* (54 co-d/w), *Lo svitato* (55), *La muraglia cinese* (58 doc), *Esterina* (59), *Il gobbo* (60), *L'oro di Roma* (61 also co-story), *Orazi e Curiazi* (61 co-w), *Il carabiniere a cavallo* (61), *Il processo di Verona* (62), *La celestina P... R...* (64), *Amori pericolosi* (64 the episode "La ronda"), *Thrilling* (64 the episode "L'autostrada del sole" d), *La vita agra* (65), *La guerra segreta* (65 co-d), *Un fiume di dollari* (66), *Svegliati e uccidi* (66 also co-p/co-story), *Requiescant* (67 also p), *Amore e rabbia* (67 the episode "L'indifferenza"), *L'amante di Gramigna* (68), *Banditi a Milano* (68 also story), *Seduto alla sua destra* (68 p), *Barbagia* (69), *Roma bene* (71), *Torino nera* (72), *Crazy Joe* (73 U.S.), *Mussolini: ultimo atto* (74), *Uomini merce* (76), *San Babila ore 20: un delitto inutile* (77 also p), *Kleinhoff Hotel* (77), *Fontamara* (80), *La casa del tappeto giallo* (83), *Rome: the Image of a City* (83), *Inverno di malato* (83), *Nucleo zero* (84), *Mamma Ebe* (85), *Un'isola* (86), *Caro Gorbaciov* (88), *Cattiva* (91).

2583. Lloyd, Euan. U.K. producer. b. Dec. 6, 1923, Rugby. *Lo chiamavano Mezzogiorno* (74).

2584. Lloyd, Richard. Muscleman actor. Formerly Rod "Flash" Ilush, or Rod Flash. *Vulcano, figlio di Giove* (61), *Le sette fatiche di Alì Babà* (63), *Ercole sfida Sansone* (63), *Gli invincibili fratelli Maciste* (64).

2585. Lo Bianco, Tony. U.S. actor. b. 1936. *Dio, sei proprio un padreterno* (73), *Gesù di Nazaret* (77 TV), *L'uomo senza pietà* (77), *Marco Polo* (82), *Il cugino americano* (86).

2586. Lockhart, Calvin. Bahamian actor. b. 1934. Long in the U.S.A. *Il contatto carnale* (73).

2587. Loddi, Loris. Child actor. AKA: Lawrence Loddi. *Cleopatra* (63 U.S.), *Maciste nelle miniere del re Salomone* (64), *Un fiume di dollari* (66), *Ladyhawke* (84 U.S.), *Miami Golem* (85).

2588. Lodge, David. U.K. actor. b. 1921, Rochester, Kent. *Caccia alla volpe* (66), *Sette volte sette* (68).

2589. Lodge, John. U.S. actor. b. Oct. 20, 1903, Washington, D.C. d. 1985. Grandson of Henry Cabot Lodge, he later became a politician and ambassador. *Stasera alle undici* (37), *Batticuore* (38).

2590. Lodi, Rodolfo. Actor. *I criminali della galassia* (65), *Ehi, amico, c'è Sabata...hai chiuso* (69), *Waterloo* (70), *Ash Wednesday* (73 U.K.), *Daisy Miller* (74 U.S.), *La luna* (79).

2591. Lodovici, Carlo. Actor. b. Nov. 15, 1912, Pistoia. Brother of Laura Nucci. *L'albergo della felicità* (34), *Scarpe al sole* (36), *L'ultimo scugnizzo* (38).

2592. Lodovici, Cesare Vico. Co-writer. b. Dec. 18, 1885, Carrara. d. March 25, 1968, Roma. A playwright, he was best known for his translations of Shakespeare's plays. *La fossa degli angeli* (37 story), *Tutta la vita in una notte* (38 from his play "La ruota"), *Ettore Fieramosca* (38), *I tre desideri* (38 dialog), *Abuna Messias* (39), *Marco Visconti* (40 dialog), *Il mercante di schiave* (41), *I trecento della settima* (42), *L'ultimo amore* (46), *Frine, cortigiana d'Oriente* (53).

2593. Logan, Phyllis. U.S. actress. *L'inchiesta* (87), *Il sole buio* (90).

2594. Lolli, Alberto Carlo. Director. b. Napoli. *Il pazzo* (14), *Imperial regio capestro* (15), *Nerina* (15), *Sulle rovine dell'amore* (15), *Suicidio* (16), *Il dottor Maurizio* (16), *Addio amore!* (16 co-d), *Anna Petrovna* (16), *Petruska* (16 in three episodes: "La notte tragica," "Senza tregua!", and "Verso la luce"), *Gloria di sangue* (16), *L'alba del cristianesimo* (16), *Le mariage de chiffon* (18), *Saulo di Tarso* (18 co-d), *Morte che assolve* (18), *La via Dolorosa* (20), *L'avvoltoio* (20), *L'erma bifronte* (20), *Gli strani casi di Collericcio* (20), *La gola del lupo* (23), *La trovata dello sportman* (23).

2595. Lolli, Franco. Set designer. b. Lazise. *Fabiola* (48), *Altri tempi* (51), *Spartaco* (52), *I tre ladri* (53), *Cose da pazzi* (54), *Divisione Folgore* (54), *Amici per la pelle* (55), *Bravissimo* (55), *Piccola posta* (55), *Un po' di cielo* (55), *Londra chiama polo nord* (55), *Suor Letizia* (56), *Moglie e buoi...* (56), *Le schiave di Cartagine* (57), *Pezzo, capopezzo e capitano* (58), *Tutti innamorati* (58), *Messalina, venere imperatrice* (59), *I dolci inganni* (60), *I giganti della Tessaglia* (61), *Ercole alla conquista di Atlantide* (61), *Ercole al centro della terra* (61), *Perseo l'invincibile* (61), *Adultero lui, adultera lei* (63).

2596. Lollobrigida, Gina. Italy's second most famous actress. b. July 4, 1927, Subiaco, near Roma. RN: Luigina Lollobrigida. After the war she got work at Cinecittà in Roma as an extra, double and in walk-on parts, and worked in the "fumetti" type films using the name Diana Loris. She did some documentaries, then was "discovered" by Mario Costa. *Elisir d'amore* (46), *Aquila Nera* (46), *Lucia di Lammermoor* (46), *A Man About the House* (47 U.K. In Italy this film was known as *Vendetta nel sole*), *Il segreto di don Giovanni* (47), *Il delitto di Giovanni Episcopo* (47), *Follie per l'opera* (47), *La prigioniera dell'isola* (47), *Pagliacci* (48), *Campane a martello* (48), *Miss Italia* (49), *Cuori senza frontiere* (49), *La sposa non può attendere* (50), *Alina* (50), *Vita da cani* (50), *Achtung, banditi!* (51), *Amor non ho! Però...però* (51), *Passaporto per l'Oriente* (51), *La città si difende* (51), *Enrico Caruso, leggenda di una voce* (51), *Altri tempi* (51), *Fanfan la tùlipe* (51), *Le belle della notte* (52), *Moglie per una notte* (52), *Le infedeli* (52), *La provinciale* (53), *Il maestro di don Giovanni* (53), *Il tesoro dell'Africa* (53), *Il grande giuoco* (53), *Pane amore e fantasia* (53), *La romana* (54), *Pane amore e gelosia* (54), *La donna più bella del mondo* (55), *Trapeze* (56 U.S.), *Notre Dame de Paris* (56), *Gina Lollobrigida* (56 doc), *Anna di Brooklyn* (58), *La legge* (58), *Solomon and Sheba* (59 U.S.), *Never So Few* (60 U.S.), *Go Naked In the World* (61 U.S.), *Come September* (61 U.S.), *La bellezza d'Ippolita* (62), *Mare matto* (62), *Venere imperiale* (63), *Woman of Straw* (64 U.K.), *Le bambole* (65), *Strange Bedfellows* (65 U.S.), *Io, io, io...e gli altri* (65), *Hotel Paradiso* (66 U.S./U.K.), *Le piacevoli notti* (66), *L'amante italiana* (67), *La morte ha fatto l'uovo* (67), *Cervantes* (68), *The Private Navy of Sgt. O'Farrell* (68 U.S.), *Buona sera, Mrs Campbell* (68), *Stuntman* (68), *Un bellissimo novembre* (69), *...E continuavano a fregarsi il milione di dollari* (72), *Herzbube/King Queen Knave* (72 Germany/U.S.), *Là, dove volano le pallottole* (72), *Le Filippine* (72 doc also d/p/w), *Roses rouges et piments verts* (75 France), *Ritratto di Fidel* (75 doc d/p/w/appeared as herself), *Nido de viudas* (77 Spain), *Shalimar* (77 India), *Vengeance of the Barbarians* (77 U.S.), *Stelle emigranti* (83 doc appeared as herself).

Lollobrigida, Guido *see* **Burton, Lee**

2597. Lom, Herbert. U.K. actor. b. Sept. 11, 1917, Prague, Czechoslovakia. RN: Herbert Charles Angelo Kuchacevitch ze Schluderpacheru. In the U.K. since 1939. *Guerra e pace* (56), *El Cid* (61), *Cento dollari d'odio* (65), *Il conte Dracula* (70), *Il* *dio chiamato Dorian* (70), *E poi non rimase nessuno* (74), *Charleston* (78).

2598. Lombardi, Carlo. Actor. b. Jan. 2, 1900, Lucca. Later in his career he gave up acting and went behind the scenes. *Il richiamo del cuore* (30), *La donna bianca* (30), *La riva dei bruti* (30), *L'uomo dall'artiglio* (31), *Pergolesi* (32), *Il dono del mattino* (32), *La serva padrona* (33), *Giallo* (33), *L'anonima Roylott* (36), *Scipione l'Africano* (37), *Duetto vagabondo* (39), *Traversata nera* (39), *Una moglie in pericolo* (39), *Torna, caro ideal...!* (39), *La prima donna che passa* (40), *Luce nelle tenebre* (41), *La gondola del diavolo* (46), *Il tiranno di Padova* (46), *L'urlo* (47), *Marechiaro* (49), *Torna a Napoli* (49), *Il nido di falasco* (50), *In amore si pecca in due* (54), *L'orfana del ghetto* (54), *L'allegro squadrone* (54), *Il conte Aquila* (55), *Adriana Lecouvreur* (55), *Guaglione* (56), *Le schiave di Cartagine* (57), *Amarti è il mio destino* (57), *La regina dei tartari* (60 co-p), *Brenno, il nemico di Roma* (63), *L'amore è come il sole* (68 d/co-w/story).

2599. Lombardi, Dillo. Actor. b. Jan. 10, 1858, Roma. d. July 15, 1935, Civita Castellana. *Il giglio della palude* (12), *L'onta nascosta* (12), *Vampe di gelosia* (12), *Il cadavere vivente* (13), *I due derelitti* (13), *Sulla falsa strada* (13), *In hoc signo vinces* (13), *La morte civile* (13), *Il velo d'Iside* (13), *Poveri bimbi!* (13), *Per il padre* (13), *Ursula Mirouet* (13), *Il focolare domestico* (13), *Accordo in mi minore* (14), *Sperduti nel buio* (14), *Fior d'arancio* (15), *Teresa Raquin* (15), *Il mio diario di guerra* (15), *Diamanti e lagrime* (16), *Le memorie di una istitutrice* (16), *Sul limite della follia* (16), *Il predone dell'aria* (16), *L'altra* (19), *Germana* (19), *Alba torbida* (20), *Der geheime Kurier* (28 Germany).

2600. Lombardi, Rodolfo. Director of photography. b. Sept. 27, 1908, Roma. Brother of Ugo Lombardi. *Jubileum* (33 short), *Pietro Micca* (38 asst ph), *Il prigioniero di Santa Cruz* (40), *La forza bruta* (40 co-ph), *L'uomo venuto dal mare* (41), *Due cuori sotto sequestro* (41), *Casanova farebbe così* (42), *Non ti pago!* (42), *Soltanto un bacio* (42), *La danza del fuoco* (42), *Fuga a due voci* (42 co-ph), *La sua strada* (43), *La vita è bella* (43), *Scalo merci* (46 made in 43 co-ph), *Aquila Nera* (46 co-ph), *Il diavolo bianco* (47), *I miserabili* (47), *Il cavaliere misterioso* (48), *Guarany* (48 co-ph), *Cavalcata d'eroi* (49), *Le ragazze di piazza di Spagna* (51 co-ph), *I figli di nessuno* (51), *Sette ore di guai* (51), *Menzogna* (52), *Chi è senza peccato* (52), *Teodora, imperatrice di Bisanzio* (53), *Il cardinale Lambertini* (54), *Le vacanze del sor Clemente* (54), *La Gerusalemme liberata* (57), *L'ultima violenza* (57), *La venere di Cheronea* (58).

2601. Lombardi, Ugo. Director of photography. b. July 19, 1911, Roma. *Joe il rosso* (36 co-ph), *Il fu Mattia Pascal* (37), *Pietro Micca* (38), *Equatore* (38), *Terra di nessuno* (38 co-ph), *Piccolo hotel* (39), *Montevergine* (39 co-ph), *Mia moglie si diverte* (39 co-ph), *Il suo destino* (39), *Lo vedi come sei?* (39), *La danza dei milioni* (40), *Validità giorni dieci* (40), *Il capitano degli ussari* (40), *La forza bruta* (40 co-ph), *Notte di fortuna* (41), *I mariti* (41), *L'amore canta* (41 co-ph), *Luna di miele* (41), *Margherita fra i tre* (41), *Mater dolorosa* (42), *La principessa del sogno* (42), *La guardia del corpo* (42), *Gran Premio* (42 co-ph), *La prigione* (43), *Il fidanzato di mia moglie* (43), *Due cuori fra le belve* (43), *Scalo merci* (46 made in 43 co-ph), *Aquila Nera* (46 co-ph), *Guarany* (48 co-ph), *O cacoulha do Barulho* (49 Portugal).

2602. Lombardo, Goffredo. Producer. b. May 15, 1920, Napoli. Son of movie mogul Gustavo Lombardo (b.1885, Napoli. d. March, 1951, Napoli) and actress Leda Gys (q.v.). His father had founded Titanus in 1928, and Goffredo inherited it and ran it for several years. President of the Unione Produttori Italiani (Italian Producers' Union). TV series: *L'ombra nera del Vesuvio* (87). His movies include: *Sodoma e Gomorra* (62), *Il camorrista* (87).

2603. Loncar, Beba. Yugoslav actress. b. 1943. *La donna è una cosa meravigliosa* (64), *Letti sbagliati* (65), *Colpo grosso ma non troppo* (65), *Casanova 70* (65), *Signore e signori* (66), *Il morbidone* (65), *Slalom* (65), *Agente speciale LK* (67), *Rapporto Fuller, base Stoccolma* (67), *I giorni della violenza* (67), *Scusi, facciamo l'amore* (67), *Cuore di mamma* (68), *Quella carogna dell'ispettor Sterling* (68), *Cerca di capirmi* (70), *Brancaleone alle crociate* (71), *Ragazza dalla pelle di luna* (72), *Decamerone n. 3, le più belle donne del Boccaccio* (73), *La* *polizia ordina: sparate a vista* (76), *Quelle strane occasioni* (76), *Gli uccisori* (76), *Perchè si uccidono (la merde)* (76), *Quella strana voglia d'amore* (77), *I seduttori della domenica* (80), *La villa delle anime maledette* (83).

London, James *see* **Harrison, Richard**

2604. Lone, John. U.S. actor. *L'ultimo imperatore* (87).

Long, Melissa *see* **Longo, Malisa**

2605. Longanesi, Leo. Writer. b. Aug. 30, 1905, Bagnacavallo. d. Sept. 27, 1957, Milano. *Batticuore* (38 co-w), *Fra' Diavolo* (42 co-story), *Dieci minuti di vita* (43 d/story. This film was finished by Nino Giannini and shown in 44 as *Vivere ancora*), *Quartieri alti* (43 asst d).

2606. Longdon, Terence. U.K. actor. b. May 14, 1922, Newark-on-Trent, Notts. AKA: Terence Longden. *Paolo e Francesca* (49), *L'amante di Paride* (54), *Elena di Troia* (56), *Ben-Hur* (59).

2607. Longo, Achille. Composer. b. March 28, 1900, Napoli. d. July, 1954, Napoli. *Via delle cinque lune* (42), *La bella addormentata* (42), *La fanciulla dell'altra riva* (42), *Non mi muovo!* (43), *La locandiera* (43), *Patto col diavolo* (49).

2608. Longo, Germano. Actor. AKA: Grant Laramy. *Il pirata dello sparviero nero* (58), *Le notti di Lucrezia Borgia* (59), *Romolo e Remo* (61), *Maciste nella terra dei ciclopi* (61), *Il terrore dei mari* (62), *Gli schiavi più forti del mondo* (63), *La vendetta di Spartaco* (64), *La colt è la mia legge* (65), *Adios gringo* (66), *La lama nel corpo* (66), *Tenderly* (68), *Vendo cara la pelle* (68), *L'urlo* (68), *I girasoli* (69).

2609. Longo, Malisa. Actress. AKA: Melissa Long. *Nude... si muore* (67), *C'era una volta questo pazzo pazzo west* (69), *Ancora dollari per i MacGregor* (70), *Django sfida Sartana* (70), *Zorro, il cavaliere della vendetta* (71), *Le guerriere dal seno nudo* (72), *I bandoleros della dodicesima ora* (72), *Super Stooges vs The Wonder Woman* (75 Spain), *Lo chiamavano California* (76), *Taxi-Love servizio per signora* (77), *Cosmo 2000—l'invasione degli extracorpi* (77), *Anno zero—guerra nello spazio* (77), *El Macho* (77), *La guerra dei robot* (78), *Il "Mammasantissima"* (78), *La calda bestia di Spilberg* (78), *Sette uomini d'oro nello spazio* (78), *Amori, letti e tradimenti* (79), *La città delle donne* (80), *Mafia, una legge che non perdona* (81).

2610. Lonsdale, Michel. French actor. b. 1931, Paris. AKA: Michael Lonsdale. *Il processo* (62), *Il delitto non paga* (62), *Da New York mafia uccide* (65), *Stavisky* (74), *Dagobert* (84), *Il nome della rosa* (86).

2611. Lopert, Tanya. U.S. actress. b. 1943. *Arrivano i titani* (62), *Un mondo nuovo* (65), *Un dollaro a testa* (66), *Scusi, facciamo l'amore* (67), *Fellini Satyricon* (69), *L'amerikano* (69), *Storie di ordinaria follia* (81).

2612. Lopez, Sylvia. Actress. Died of leukemia. *Il figlio del corsaro rosso* (58), *Ercole e la regina di Lidia* (58), *Erode il grande* (59).

2613. Loredana. Actress. b. March 19, 1924, Venezia. RN: Loredana Padvan. *Grandi magazzini* (39), *Scandalo per bene* (39), *Idillio a Budapest* (40), *La nascita di Salomè* (40), *L'elisir d'amore* (40 unfinished), *La sonnambula* (41), *Il figlio del corsaro rosso* (41), *Il re si diverte* (41), *Gli ultimi filibustieri* (41), *Gioco d'azzardo* (41), *La signorina* (42), *Musica proibita* (42), *Dente per dente* (42), *La fornarina* (42), *La storia di una capinera* (43), *La gondola del diavolo* (46), *Rocambole* (47), *Emigranti* (48).

2614. Loren, Sophia. Italy's most famous actress. b. Sept. 20, 1934, Roma. RN: Sofia Scicolone. Raised in Napoli, she won a beauty contest at 14, and became a model and film extra, sometimes acting with her mother. She used the name Sofia Lazzaro at this time. Carlo Ponti discovered her, groomed her and married her. Her son Cipi was born in 1969, and has proved to be an adept actor. *Cuori sul mare* (49), *Luci del varietà* (50), *Totòtarzan* (50), *Lebbra bianca* (50), *Milano milardaria* (51), *Io sono il capataz!* (51), *Quo Vadis?* (51 U.S.), *Il voto* (51), *Le sei mogli di Barbablù* (51), *Anna* (51), *Era lui... sì! sì!* (51), *È arrivato l'accordatore* (51), *Il mago per forza* (51), *Il sogno di Zorro* (52), *La tratta delle bianche* (52), *La favorita* (52), *Tempi nostri* (52), *Africa sotto i mari* (53), *Aida* (53), *Ci troviamo in galleria* (53), *Due notti con Cleopatra* (53), *La domenica della buona gente* (53), *Il paese dei campanelli* (53), *Un giorno in pretura* (53), *Carosello napoletano* (54), *L'oro di Napoli* (54 the episode "Pizza on Credit"), *Pellegrini d'amore* (54), *Miseria e nobiltà* (54), *Attila—flagello di Dio* (54), *La donna del fiume* (54), *Peccato* che sia una canaglia (54), *Il segno di Venere* (55), *La bella mugnaia* (55), *Pane amore e...* (55), *La fortuna di essere donna* (55), *Boy on a Dolphin* (57 U.S.), *The Pride and the Passion* (57 U.S.), *Timbuctù* (57), *Desire Under the Elms* (58 U.S.), *The Key* (58 U.S.), *Black Orchid* (58 U.S.), *Houseboat* (58 U.S.), *That Kind of Woman* (59 U.S.), *Heller in Pink Tights* (60 U.S.), *It Started in Naples* (60 U.S.), *Olympia* (60), *The Millionairess* (60 U.K.), *La Ciociara* (61), *El Cid* (61), *Madame Sans-gêne* (61), *Boccaccio 70* (61 the episode "La riffa"), *Showman* (62 doc appeared as herself), *Il coltello nella piaga* (63), *I sequestrati di Altona* (63), *Ieri oggi e domani* (63), *La caduta dell'impero romano* (64), *Matrimonio all'italiana* (64), *Operazione Crossbow* (65), *Lady L* (65 U.S.), *Judith* (65 U.S.), *Arabesque* (66 U.S./U.K.), *A Countess from Hong Kong* (67 U.S.), *Questi fantasmi* (67), *C'era una volta* (67), *I girasoli* (69), *La moglie del prete* (70), *Bianco, rosso e...* (71), *La mortadella* (72), *L'uomo della Mancha* (72), *Il viaggio* (74), *Brief Encounter* (74 U.K. TV), *Le Testament* (75 France), *La pupa del gangster* (75), *Una giornata speciale* (76), *Cassandra Crossing* (77 U.S.), *Angela* (77 Canada), *Brass Target* (78 U.S.), *Fatto di sangue fra due uomini per causa di una vedova (si sospettano moventi politici)* (78), *Firepower* (79 U.K.), *Sophia Loren—Her Own Story* (80 U.S.), *La vita agreste* (81), *Running Away* (89), *Sabato, domenica e lunedì* (90).

2615. Lorenzon, Livio. Actor. b. 1926. d. 1971. AKA: Charlie Lawrence. *Ombre su Trieste* (52), *El Alamein* (57), *Anche l'inferno trema* (58), *Capitan Fuoco* (58), *Il cavaliere del castello maledetto* (58), *Il figlio del corsaro rosso* (58), *L'arciere nero* (59), *La grande guerra* (59), *Il terrore dei barbari* (59), *Il terrore dalla maschera rossa* (59), *Il vedovo* (59), *I reali di Francia* (59), *La sceriffa* (59), *Il terrore dell'Oklahoma* (59), *Cavalcata selvaggia* (60), *La venere dei pirati* (60), *L'ultimo zar* (60), *Le signore* (60), *I pirati della costa* (60), *La furia dei barbari* (60), *Una spada nell'ombra* (61), *I masnadieri* (61), *Il segreto dello sparviero nero* (61), *La vendetta di Ursus* (61), *Tharus, figlio di Attila* (61), *Ponzio Pilato* (61), *Il terrore dei mari* (62), *La rivolta dei mercenari* (62), *Zorro alla corte di Spagna* (62), *Il gladiatore invincibile* (62), *Un'ora per vivere* (62), *Zorro e i tre moschettieri* (62), *I sette gladiatori* (63), *Maciste, l'eroe più grande del mondo* (63), *Gli invincibili sette* (63), *Gladiatore di Messalina* (63), *La vendetta dei gladiatori* (63), *Frenesia d'estate* (64), *Il figlio di Cleopatra* (64), *Jim il primo* (64), *Ercole, Sansone, Maciste, Ursus: gli invincibili* (64), *Ercole contro Roma* (64), *La rivolta dei sette* (64), *Il gladiatore che sfidò l'impero* (64), *Ercole contro i tiranni di Babilonia* (64), *Colorado Charlie* (65), *Nebraska il pistolero* (66), *Texas addio* (66), *Il buono, il brutto, il cattivo* (66), *Cjamango* (67), *Due R-r-r-ringos nel Texas* (67), *Colpo maestro al servizio di Sua Maestà britannica* (68), *I quattro dell'ave maria* (68), *Il Winchester che non perdona* (68), *Don Chisciotte e Sancho Panza* (68), *Colpo sensazionale al servizio del Sifar* (68), *Piluk il timido* (68), *Straziami...ma di baci saziami* (68), *Crisantemi per un branco di carogne* (68), *Dio perdona la mia pistola* (69).

2616. Loret, Susanne. Actress. *Tempi duri per i vampiri* (59), *Teseo contro il Minotauro* (60), *Seddok, l'erede di Satana* (61).

Loris, Diana *see* **Lollobrigida, Gina** and **Lorys, Diana**

2617. Lorre, Peter. U.S. actor. b. June 26, 1904, Rosenburg, Hungary. d. March 23, 1964, Hollywood, Calif. RN: Laszlo Löwenstein. *Il tesoro dell'Africa* (53).

2618. Lorring, Joan. U.S. actress. b. April 17, 1926, Hong Kong, to an English father and Russian mother. RN: Magdalen Ellis. In the U.S.A. since 1939. *Imbarco a mezzanotte* (52).

2619. Lorys, Diana. Spanish actress. b. 1940. She took Gina Lollobrigida's old stage name, and even acted with her once. *Scappamento aperto* (64), *Operazione Goldman* (66), *Django spara per primo* (66), *Superargo e i giganti senza volto* (67), *Tre del Colorado* (67), *L'uomo dal corpo renfletto* (68), *Malenka* (68), *La legione dei dannati* (68), *Uccidi, Django...uccidi primo* (71), *...E continuavano a fregarsi il milione di dollari* (72), *Valdez il mezzosangue* (73), *Get Mean* (76).

2620. Lo Savio, Gerolamo. Director. *Otello* (09 asst d), *Carmen* (09 asst d), *Beatrice Cenci* (10 asst d), *Lucrezia Borgia* (10 asst d), *Rigoletto* (10 asst d), *Re Lear* (10), *L'Ernani* (10), *La morte civile* (11), *Il mercante* *di Venezia* (11 asst d), *Pia de' Tolomei* (11), *Giulietta e Romeo* (11), *Il ritratto dell'amata* (11).

2621. Losey, Joseph. U.S. director. b. Jan. 14, 1909, La Crosse, Wisc. d. June 22, 1984, London, England. *Imbarco a mezzanotte* (52 co-directed with Andrea Forzano [q.v.]), *Eva* (62 also *), *Boom* (68), *L'assassinio di Trotsky* (72 also p), *Don Giovanni* (79 also co-w).

Losy, Clara *see* **Millefleurs, Lina**

2622. Loti, Gianni. Actor. *La Battaglia di Maratona* (59), *Le notti di Lucrezia Borgia* (59).

2623. Lotti, Carola. Actress. AKA: Carla Lotti. Sister of Mariella Lotti. *Gli uomini, che mascalzoni!* (32), *Gran Premio* (42).

2624. Lotti, Mariella. Actress. b. Dec. 27, 1921, Busta Arsizio. *Appuntamento allo zoo* (37 short), *Jeanne Doré* (38), *Io, suo padre* (38), *I figli del marchese Lucera* (39), *Il socio invisibile* (39), *Il Ponte dei sospiri* (40), *Kean, gli amori di un artista* (40), *L'ispettore Vargas* (40), *Il "signore" della taverna* (40), *La figlia del corsaro verde* (40), *Marco Visconti* (40), *Il cavaliere senza nome* (40), *Il vetturale del san Gottardo* (41), *I mariti* (41), *Fari nella nebbia* (41), *La gorgona* (42), *Turbamento* (42), *Acque di primavera* (42), *Mater dolorosa* (42), *Quelli della montagna* (43), *Squadriglia bianca* (43), *Silenzio, si gira!* (43), *Nessuno torna indietro* (43), *Il fiore sotto gli occhi* (43), *La freccia nel fianco* (43), *Canto, ma sottovoce* (44), *I dieci comandamenti* (45 started in 43), *Il cavaliere del sogno* (46), *Un giorno nella vita* (46), *Malacarne* (46), *La fumeria d'oppio* (47), *I fratelli Karamazoff* (47), *Il principe ribelle* (47), *Le avventure di Pinocchio* (47), *Arrivederci, papà* (48), *Guarany* (48), *I pirati di Capri* (48), *Il diavolo in convento* (50), *È più facile che un cammello...* (50), *Gli innocenti pagano* (51), *Il capitano di Venezia* (52), *Processo alla città* (52), *La donna che inventò l'amore* (52), *La storia del fornaretto di Venezia* (52), *Solo per te, Lucia* (52), *Carmen proibita* (52), *Naso di cuoio* (52).

2625. Louis, Jean. French actor. *Ramón il messicano* (66), *Operazione San Gennaro* (66), *Il Winchester che non perdona* (68), *Chiedi perdono a Dio...non a me!* (68), *Gangster 70* (68), *Django il bastardo* (69), *Ringo, tempo di massacro* (70), *Waterloo* (70), *Continuavano a chiamarlo Trinità* (71), *Tre croci per non morire* (71), *Partirono preti, tornarono... curati* (73), *Peppino e la vergine Maria* (75).

2626. Louise, Tina. U.S. actress. b. Feb. 11, 1934, N.Y.C. RN: Tina Blacker. *Viva l'Italia* (60), *Saffo, venere di Lesbo* (60), *L'assedio di Siracusa* (60), *Il mantenuto* (61), *Il fischio al naso* (67).

2627. Love, Bessie. U.S. actress. b. Sept. 10, 1898, Milland, Tex. d. 1986. RN: Juanita Horton. In the U.K. from 1940. *La contessa scalza* (54), *Il papavero è anche un fiore* (66).

2628. Love, Lucretia. Actress. *Vaya con Dios, gringo* (66), *Peggio per me... meglio per te* (68), *Una colt in pugno al diavolo* (67), *Battle of the Amazons* (70 U.S.), *Blindman* (71), *Il diavolo ha sette facce* (72), *I due figli di Trinità* (72), *La bella Antonia, prima monaca e poi dimonia* (72), *Piazza pulita* (73), *L'ossessa* (74), *Sussuri nel buio* (76).

2629. Lovell, Dyson. Welsh-American actor/associate producer. b. 1939. *Romeo e Giulietta* (68 asst d/*), *Fratello Sole sorella Luna* (73 associate to the producer), *Gesù di Nazaret* (77 TV assoc p).

2630. Lovell, Raymond. Canadian actor. b. April 13, 1900, Montreal. d. Oct. 1, 1953, London. Long in the U.K. *I vinti* (52 the U.K. episode, "Il delitto").

2631. Lovelock, Raymond. Italian actor. AKA: Ray Lovelock. *Se sei vivo spara* (67), *Plagio* (68), *Banditi a Milano* (68), *Il delitto del diavolo* (69), *Häschen in der Grube* (69 Germany), *Fiddler on the Roof* (71 U.K.), *Il giorno del furore* (73 made in 69), *Non si deve profanare al sonno di morte* (74), *Macchie solari* (74), *Milano odia: la polizia non può sparare* (74), *Uomini si nasce, poliziotti si muore* (76), *La moglie vergine* (76), *Il grande attacco* (77), *Cassandra Crossing* (77 U.S.), *L'avvocato della mala* (78), *L'anello matrimoniale* (78), *La settima donna* (78), *Avere vent'anni* (79), *L'ebreo fascista* (79), *Da Dunkerque alla vittoria* (79), *Zombi II* (80), *Scusi, lei è normale?* (80).

2632. Lowens, Curt. German actor. b. 1925. *La Ciociara* (61), *Barabba* (61), *Le quattro giornate di Napoli* (62), *Licantropo* (63).

2633. Loy, Nanni. Director. b. Oct. 23, 1925, Cagliari, Sardegna. RN: Giovanni

Loy. Started as Zampa's assistant, then went into documentaries, and finally into directing features. *Il marito* (57 co-d/co-w/co-story), *Parola di ladro* (57 co-d/co-w/story), *Audace colpo dei soliti ignoti* (59 also co-w), *Un giorno da leoni* (61 also co-w), *Le quattro giornate di Napoli* (62 also co-w), *I complessi* (65 the episode "Guglielmo il dentone" *), *Made in Italy* (65 also co-w), *Il padre di famiglia* (67 also co-w/story), *L'inferno del deserto* (69 also co-w), *Rosolino Paternò soldato* (69 also co-w), *Detenuto in attesa di giudizio* (71), *Sistemo l'America e torno* (74 also co-w), *La goduria* (76 one episode), *Signore e signori, buonanotte* (76 co-d/co-w), *Basta che non si sappia in giro* (76 co-d), *Il caffè è un piacere... se non è buono, che piacere è?* (78), *Insieme* (79), *Caffè espresso* (80 also co-w), *Testa e croce* (82 the episodes "Il figlio del beduino" and "La pecorella smarrita" d/co-w), *Mi manda Piccone* (83 also co-w), *Amici miei, atto III* (85 also co-w), *Scugnizzi* (87 also co-w).

2634. Loyer, Raymond. French actor. *Il delitto non paga* (62).

2635. Lozano, Margherita. Spanish actress. b. 1931. AKA: Margarita Lozano. *Crimen* (61), *Per un pugno di dollari* (64), *Il padre di famiglia* (67), *Quindici forche per un assassino* (68), *Sequestro di persona* (68), *La monaca di Monza* (68), *Diario di una schizofrenica* (68), *Porcile* (69), *Un bellissimo novembre* (69), *Il presidente del Borgorosso Football* (70), *La vacanza* (71), *Tragedia di un uomo ridicolo* (81), *La notte di san Lorenzo* (82), *Kaos* (83 the episode "The Other Son"), *La messa è finita* (85), *Il caso Moro* (86), *Good Morning Babilonia* (87), *Il sole anche di notte* (90).

2636. Lualdi, Antonella. Actress. b. July 6, 1931, Beirut, Lebanon. RN: Antonietta De Pascale. Daughter of an Italian father and a Greek mother. Married Franco Interlenghi in 1955. *Signorinella* (49), *È più facile che un cammello...* (50), *Abbiamo vinto* (50), *Tre storie proibite* (52), *Il cappotto* (52), *Quando le donne amano* (52), *Perdonami!* (52), *La cieca di Sorrento* (52), *Il romanzo della mia vita* (53), *Canzoni, canzoni, canzoni* (53), *La figlia del reggimento* (53), *Gli uomini, che mascalzoni!* (53), *Cronache di poveri amanti* (53), *Le avventure di Guglielmo Tell* (53 unfinished), *Papà pacifico* (54), *Casta diva* (54), *L'uomo e il diavolo* (54), *Avanzi di galera* (54), *Le signorine dello 04* (54), *Andrea Chénier* (55), *Gli innamorati* (55), *I giorni più belli* (56), *Altair* (56), *Padri e figli* (56), *Il cielo brucia* (57), *Giovani mariti* (57), *Una vita* (57), *La casa di Madame Korà* (57), *Polikuschka* (58), *Leda* (59), *La notte brava* (59), *J'irai cracher sur vos tombes* (59 France), *I delfini* (60), *Via Margutta* (60), *I mongoli* (61), *Arrivano i titani* (62), *Il disordine* (62), *Delitto allo specchio* (63), *Se permettete...parliamo di donne* (64), *Su e giù* (65 the episode "Moglie d'agosto"), *Bel ami 2000* (66 France), *Vincent, François, Paul et les autres* (75 France), *Non sparate sui bambini* (79), *Carlotta* (80 Spain), *Una spina nel cuore* (85).

2637. Lubin, Arthur. U.S. director. b. July 25, 1901, Los Angeles, Calif. *Il ladro di Bagdad* (60).

2638. Lucari, Gianni Hecht. Producer. *Saffo, venere di Lesbo* (60), *Alta infedeltà* (64 co-p), *Made in Italy* (65), *I complessi* (65), *Le fate* (67), *Le dolci signore* (67), *Wanted* (68), *Riusciranno i nostri eroi a ritrovare l'amico misteriosamente scomparso in Africa?* (68), *"H2S"* (68), *...E per tetto un cielo di stelle* (68), *La ragazza con la pistola* (68), *Bello onesto emigrato Australia sposerebbe compaesana illibata* (71), *Delitto d'amore* (74), *Il prefetto di ferro* (78).

2639. Lucchetti, Daniele. Director. *Domani accadrà* (88 also co-w), *La settimana della sfinge* (90).

2640. Luce, Angela. Actress. *Morte di un amico* (59), *Il gobbo* (60), *Spara forte, più forte, non capisco* (66), *Per qualche dollaro in meno* (66), *Lo straniero* (67), *Il Decamerone* (71), *Homo eroticus* (71), *Addio fratello crudele* (72), *Malizia* (72), *L'immoralità* (78), *Io tigro, tu tigri, egli tigra* (78), *Lo scugnizzo* (78), *Lacrime napulitane* (81).

2641. Luchaire, Corinne. French actress. b. Feb. 11, 1921, Paris. d. Jan. 23, 1950, Paris. *Abbandono* (40 her last film). She became a Nazi collaborator during the war, and died just after she had been offered a comeback role in *Domani è troppo tardi* (50).

2642. Lucidi, Maurizio. Director. AKA: Maurice Bright. Former editor. *I tartari* (60 e), *La vendetta di Ercole* (60 e),

Ercole alla conquista di Atlantide (61 co-e), *Marte, dio della guerra* (62 e), *Arrivano i titani* (62 e), *La sfida dei giganti* (65), *Il mio nome è Pecos* (66 also co-w), *Pecos è qui: prega e muore* (67 also co-w), *La Battaglia del Sinai* (68 also co-w), *La più grande rapina del west* (68), *Probabilità zero* (69 co-d), *Pussycat, Pussycat, I Love You* (70 U.K. *), *Si può fare, amigo* (72), *L'ultima chance* (73), *Gli esecutori* (76 also co-w), *Il marito in collegio* (77), *Il marito in vacanza* (81).

2643. Lucignani, Luciano. Director. *L'amore difficile* (62 the episode "Le donne" also w), *L'alibi* (68 co-d/co-w/*), *Una su tredici* (69 co-d), *Una spirale di nebbia* (77 co-w).

2644. Lugagne, Françoise. French actress. b. 1918. *Le vergini di Salem* (56), *Il diario di una cameriera* (64).

2645. Lugo, Giuseppe. Opera singer/actor. b. June 18, 1899, Rossolotti di Sona. *La mia canzone al vento* (39), *Cantate con me* (40), *Miliardi, che follia!* (42), *Senza una donna* (43), *Il tiranno del Garda* (54).

2646. Luguet, André. French actor. b. May 15, 1892, Fontenay-sur-Bois. *Madame Dubarry* (54), *La casa di Madame Korà* (57), *Le donne sono deboli* (59).

2647. Lulli, Folco. Actor. b. 1912, Firenze. d. 1970. Brother of Piero Lulli. He was turning more and more to directing when he died. *Il bandito* (46), *Caccia tragica* (47), *La figlia del capitano* (47), *Il diavolo bianco* (47), *Il passatore* (47), *Gli uomini sono nemici* (47), *Il delitto di Giovanni Episcopo* (47), *Come persi la guerra* (47), *L'eroe della strada* (48), *Senza pietà* (48), *Fuga in Francia* (48), *Vertigine d'amore* (48), *Non c'è pace tra gli ulivi* (49), *Totò cerca casa* (49), *Lo sparviero del Nilo* (49), *Come scopersi l'America* (49), *Al diavolo la celebrità* (49), *Luci del varietà* (50), *Lebbra bianca* (50), *Altri tempi* (51), *I figli di nessuno* (51), *Lorenzaccio* (51), *Serenata tragica* (51), *Menzogna* (52), *La colpa di una madre* (52), *La peccatrice dell'isola* (52), *Vite vendute* (53), *Prigionieri delle tenebre* (53), *Infedeltà* (53), *Maddalena* (53), *Riscatto* (53), *Noi cannibali* (53), *La grande speranza* (53), *Carosello napoletano* (54), *Orient-Express* (55), *Aria di Parigi* (55), *Stern von Rio* (55 Germany), *Londra chiama polo nord* (55), *La risaia* (55), *Occhio per occhio* (56), *Il cielo brucia* (57), *Nel segno di Roma* (58), *Les Régattes de San Francisco* (58 France), *Marie des Îles* (58 France), *Gli italiani sono matti* (58), *Polikuschka* (58), *Pezzo, capopezzo e capitano* (58), *Lupi nell'abisso* (59), *La grande guerra* (59), *I tartari* (60), *La regina dei tartari* (60), *Sotto dieci bandiere* (60), *Ester e il re* (60), *Vacanze in Argentina* (60), *Spade senza bandiere* (60), *Lafayette, una spada per due bandiere* (61), *Il ratto delle sabine* (61), *Gli invasori* (61), *La guerra continua* (62), *Dulcinea* (62 Spain), *I compagni* (63), *Pariahs de la gloire* (64 France), *Il segno di Zorro* (64), *002—agenti segretissimi* (64 d), *Oltraggio al pudore* (64), *Le meravigliose avventure di Marco Polo* (65), *Umorismo nero* (65), *La muerte viaja demasiado* (65 Spain), *Tutte le altre ragazze lo fanno* (66), *Operazione Goldman* (66), *Le Vicomte règle ses comtes* (67 France), *Anche nel west, c'era una volta Dio* (68), *Spara gringo spara* (68), *Gente d'onore* (68 also d/co-w/co-story).

2648. Lulli, Piero. Actor. b. Feb. 1, 1923, Firenze. *Un pilota ritorna* (42), *Una storia d'amore* (42), *Uno tra la folla* (46), *Caccia tragica* (47), *Il diavolo bianco* (47), *Vertigine d'amore* (48), *La cintura di castità* (50), *Sangue sul sagrato* (50), *Il sentiero dell'odio* (51), *Anna* (51), *Il lupo della frontiera* (51), *Infame accusa* (52), *Riscatto* (53), *Acque amare* (54), *Ulisse* (54), *La campana di san Giusto* (54), *Yalis, la vergine del Roncador* (54), *Suprema confessione* (57), *Pezzo, capopezzo e capitano* (58), *La regina dei tartari* (60), *Romolo e Remo* (61), *L'ultimo dei vichinghi* (61), *L'eroe di Babilonia* (62), *Il gladiatore di Roma* (62), *Maciste, l'eroe più grande del mondo* (63), *La rivolta dei pretoriani* (63), *Gli invincibili sette* (63), *I sentieri dell'odio* (64), *La rivolta dei sette* (64), *Buffalo Bill, l'eroe del far west* (64), *Il segno di Coyote* (64), *Il segno di Zorro* (64), *Il trionfo di Ercole* (64), *Il conquistatore di Atlantide* (65), *Nebraska il pistolero* (66), *Adios hombre* (66), *Operazione Paura* (66), *Cjamango* (67), *Per 100.000 dollari t'ammazzo* (67), *Se sei vivo spara* (67), *Dove si spara di più* (67), *El desperado* (67), *Kitosch, l'uomo che veniva dal nord* (67), *El mas fabuloso golpe del far west* (68 Spain), *Ocaso de un pistolero* (68 Spain), *Ringo, il cavaliere solitario* (68), *Una pistola per cento bare* (68), *Niente rose per OSS 117* (68), *Joe...cercati un posto* *per morire* (68), *I morti non si contano* (68), *Gente d'onore* (68), *Dio li crea, io li ammazzo* (68), *Un diablo bajo la almohada* (68 Spain), *La vendetta è il mio perdono* (69), *Il pistolero dell'ave maria* (70), *Una nuvola di polvere...un grido di morte... arriva Sartana* (71), *Uomo avvisato mezzo ammazzato...parola di Spirito Santo* (71), *Mezzogiorno di fuoco per An Hao* (72), *Il mio nome è Nessuno* (73), *Prima ti suono e poi ti sparo* (75), *Carambola filosofo... tutti in buca* (75).

2649. Lumet, Sidney. U.S. director. b. June 25, 1924, Philadelphia, Pa. *Uno sguardo dal ponte* (62).

2650. Luna, Donyale. U.S. actress/model. b. 1946. d. 1979. *Fellini Satyricon* (69).

2651. Lund, Deanna. U.S. actress. b. 1937. *Una moglie americana* (65).

2652. Lunda, Elena. Actress. b. Feb., 1901, Palermo. *Musica profana* (19), *Il romanzo di una vespa* (19), *Cosmopolis* (19), *Il trust degli smeraldi* (19), *Una mummia, una donna e un diplomatico* (20), *Filava! Filava!* (20), *Don Carlos* (21), *S. Ilario* (22), *La seconda moglie* (23), *La bohème* (23), *Il riscatto* (23), *Aniello a'ffede* (23), *Le Justicier de Davos* (24 Switzerland), *Ritt in die Sonne* (26 Germany), *Il gigante delle Dolomiti* (26), *I martiri d'Italia* (27), *Gli ultimi zar* (28), *La compagnia dei matti* (28).

2653. Lupi, Ignazio. Actor. b. Dec. 11, 1867, Roma. d. Dec. 14, 1942, Roma. *Quo vadis?* (12), *Marcantonio e Cleopatra* (13), *Cabiria* (14), *Colei che doveva morire* (15), *Alla capitale* (15 also story), *Potere temporale* (15), *La fiammata* (16), *Caccia ai milioni* (16), *La morsa* (16), *Sulla via maestra* (16), *I briganti* (16), *Come le foglie* (17), *Mala Pasqua* (19), *L'ingenuo* (19), *S. Ilario* (22), *La cavalcata ardente* (25).

2654. Lupi, Roldano. Actor. b. Feb. 8, 1909, Milano. d. Aug. 13, 1989, Roma. RN: Rolando Squassoni-Lupi. *Sissignora* (41), *Giacomo l'idealista* (42), *Gelosia* (42), *Addio amore!* (42), *Nessuno torna indietro* (43), *Il cappello da prete* (43), *La freccia nel fianco* (43), *Sogno d'amore* (44), *I dieci comandamenti* (45 started in 43), *Malia* (45), *Il testimone* (45), *La porta del cielo* (45), *Circo equestre Za-Bum* (46 made in 44), *L'adultera* (46), *Pian delle stelle* (46), *Umanità* (46), *Tempesta d'anime* (46), *Il delitto di Giovanni Episcopo* (47), *Amanti senza amore* (47), *L'urlo* (47), *Il diavolo bianco* (47), *Il fiacre n. 13* (47), *L'uomo dal guanto grigio* (48), *Giudicatemi!* (49), *Duello senza onore* (49), *Vespro siciliano* (49), *Altura* (50), *L'edera* (50), *Altri tempi* (51), *La ragazza di Trieste* (51), *L'angelo del peccato* (52), *La fiammata* (52), *Il segreto delle tre punte* (52), *Koenigsmark* (53 France), *Il maestro di don Giovanni* (53), *Frine, cortigiana d'Oriente* (53), *La campana di san Giusto* (54), *Casa Ricordi* (54), *I cavalieri della regina* (54), *La contessa di Castiglione* (55), *La cortigiana di Babilonia* (55), *Il vetturale del Moncenisio* (55), *Il processo dei veleni* (55), *Nel segno di Roma* (58), *I mongoli* (61), *Il gigante di Metropoli* (62), *Maciste nell'inferno di Genghis Khan* (64), *Buffalo Bill, l'eroe del far west* (64), *Il colosso di Roma* (65).

2655. Lupi, Ruggero. Actor. b. Oct. 13, 1882, Ferrara. d. July 1, 1933, Milano. *Il ciclone* (16), *Nel paese della fortuna* (16), *La casa sotto la neve* (21), *La straniera* (29).

2656. Lupo, Alberto. Actor. *La Battaglia di Maratona* (59), *Erode il grande* (59), *Teseo contro il Minotauro* (60), *Le baccanti* (60), *Ursus nella valle dei leoni* (61), *Seddok, l'erede di Satana* (61), *Lo spadaccino di Siena* (62), *Coriolano, eroe senza patria* (63), *Il leone di Tebe* (64), *Il figlio di Cleopatra* (64), *La notte di violenza* (65), *A—008 operazione Sterminio* (65), *Django spara per primo* (66), *Io ti amo* (68).

2657. Lupo, Michele. Director. b. June 27, 1932, Roma. d. 1989. In the mid-80s he inherited a chain of department stores and retired. *Il colosso di Rodi* (60 asst d), *Maciste, il gladiatore più forte del mondo* (62), *Maciste, l'eroe più grande del mondo* (63), *Gli schiavi più forti del mondo* (63 also co-w), *La vendetta di Spartaco* (64), *Sette contro tutti* (64), *Il pistolero di Arizona* (66), *Per un pugno nell'occhio* (66 co-d), *Sette volte sette* (68), *Una storia d'amore* (68), *Concerto per pistola solista* (70), *Amico, stammi lontano, almeno un palmo* (71), *Un uomo da rispettare* (72), *Dio, sei proprio un padreterno* (73), *Africa Express* (75 co-d), *Lo chiamavano California* (76), *Lo chiamavano Bulldozer* (79), *Uno sceriffo extraterrestre...poco extra e molto terrestre* (79), *Chissà perchè... capitano tutte a me* (80), *Occhio alla penna* (81), *Bomber* (82).

2658. Lupovici, Marcel. French actor. b. June 5, 1909, Bucharest, Rumania. Long in France. *Il fu Mattia Pascal* (37).

2659. Lupus, Peter. U.S. actor. b. 1937. AKA: Rock Stevens. Came to fame as a muscleman and as Willy in the TV series *Mission Impossible*. Films include: *Ercole contro i tiranni di Babilonia* (64), *Golia alla conquista di Bagdad* (64), *Il gladiatore che sfidò l'impero* (64).

2660. Luttazzi, Lelio. Actor/composer. b. April 12, 1923, Trieste. *La presidentessa* (52), *Sua Altezza ha detto: no!* (53), *Motivo in maschera* (55 also co-story), *Classe di ferro* (57), *Ragazze in blue jeans* (57), *Souvenir d'Italie* (57), *Peppino, le modelle e... "Chella Llà"* (57), *Adorabili e bugiarde* (58), *Venezia, la luna e tu* (58), *Promesse di marinaio* (58), *Le bellissime gambe di Sabrina* (58), *L'avventura* (60 *), *Risate di gioia* (60), *La visita* (62 */co-composer), *Oggi, domani e dopodomani* (65), *L'ombrellone* (66), *Snow Job* (72 U.S.).

2661. Luzi, Enrico. Actor. b. 1919, Trieste. AKA: Enrico Luzzi. Latterly he has gone behind the scenes. *Gioco pericoloso* (41), *L'ultimo ballo* (41), *Avanti, c'è posto* (42), *La statua vivente* (42), *Campo de' fiori* (43), *Marechiaro* (49), *Miss Italia* (49), *Quel fantasma di mio marito* (50), *Donne e briganti* (50), *È più facile che un cammello...* (50), *La famiglia Passaguai* (51), *Il microfono è vostro* (51), *Tre storie proibite* (52), *La voce del silenzio* (52), *Bertoldo, Bertoldino e Cacasenno* (54), *Nagana* (54), *Accade al penitenziario* (55), *Quel pasticciaccio brutto di via Merulana* (83 co), *Cristoforo Colombo* (84 co-costumes).

2662. Luzi, Maria Pia. Actress. *La notte* (61), *L'ammutinamento* (62), *Verspätung in Marienborn* (64 Germany).

2663. Lycan, George. French actor. AKA: George W. Lycan. *Oro per i cesari* (62), *Gli uomini dal passo pesante* (66), *Sole rosso* (71).

2664. Lynch, Alfred. U.K. actor. b. 1933. *La bisbetica domata* (67), *Come l'amore* (68).

2665. Lynch, Richard. U.S. actor. b. 1936. *Inferno in diretta* (85).

2666. Lyons, Cliff. U.S. actor/stuntman. b. 1901. d. 1974. *Ben-Hur* (59), *Le meravigliose avventure di Marco Polo* (65).

2667. Macario, Erminio. Actor. b. May 27, 1902, Torino. d. 1980. A very popular comic, he was known simply as Macario. *Aria di paese* (33), *Imputato, alzatevi!* (39), *Lo vedi come sei?* (39), *Il pirata sono io* (40), *Non me lo dire* (40), *Il chiromante* (41), *Il vagabondo* (41), *Il fanciullo del west* (41), *La zia di Carlo* (43), *Macario contro Zagomar* (43), *Oggi lavoro io!* (43), *L'innocente Casimiro* (45), *Come persi la guerra* (47), *L'eroe della strada* (48), *Come scopersi l'America* (49), *Adamo ed Eva* (49), *Il monello della strada* (50), *La famiglia Passaguai fa fortuna* (51), *Ma femme, ma vache et moi* (51 France), *Io, Amleto* (52), *Agenzia matrimoniale* (52), *Italia piccola* (57), *La cambiale* (59), *Il piatto piange* (74).

2668. McCallum, David. Scottish actor. b. Sept. 19, 1933, Glasgow. Famous as Ilya Kuryakin in the TV series *The Man from UNCLE*. *La cattura* (69).

2669. McCambridge, Mercedes. U.S. actress. b. March 17, 1918, Joliet, Ill. RN: Carlotta Mercedes Agnes McCambridge. *Le disavventure della virtù* (68).

2670. Maccari, Ruggero. Co-writer. b. June 28, 1919, Roma. Usually in partnership with Ettore Scola. Also co-directed several films. *Undici uomini e un pallone* (48), *I peggiori anni della nostra vita* (49), *Anema e core* (50), *La famiglia Passaguai* (51), *La famiglia Passaguai fa fortuna* (51), *Bellezze a Capri* (51), *È arrivato l'accordatore* (51), *Vendetta...sarda* (51), *Il sogno di Zorro* (52), *Papà diventa mamma* (52), *Il tallone di Achille* (52 co-d/story/w), *Due notti con Cleopatra* (53), *Siamo tutti inquilini* (53), *Finalmente libero!* (53 co-d/w/story), *Tripoli, bel suol d'amore* (54), *Miseria e nobiltà* (54), *Totò cerca pace* (54), *Accade al commissariato* (54), *Baracca e burattini* (54), *Bertoldo, Bertoldino e Cacasenno* (54 co-d/w/story), *La campana di san Giusto* (54 co-d/w/story), *Un americano a Roma* (54), *Una parigina a Roma* (54), *Hanno rubato un tram* (55), *I due compari* (55), *Accade al penitenziario* (55), *Donatella* (55), *Lo scapolo* (55), *I giorni più belli* (56), *Guardia, guardia scelta, brigadiere e maresciallo* (56), *Mi permette, babbo?* (56), *Arrivano i dollari* (56), *Mariti in città* (57), *Il marito* (57), *Nata di marzo* (57), *I prepotenti* (58), *Totò, Peppino e le fanatiche* (58), *La nipote Sabella* (58 also story), *Non perdiamo la testa* (59), *Guardatele, ma non toccatele!*

(59), *I tartassati* (59), *A qualcuno piace calvo* (60), *Il mattatore* (60), *Adua e le compagne* (60 also story), *I piaceri dello scapolo* (60), *Fantasmi a Roma* (60), *L'amore difficile* (62 the episode "La storia di un soldato"), *Anni ruggenti* (62), *La visita* (62 also co-story), *Il sorpasso* (62), *I mostri* (63), *Il successo* (63), *Il gaucho* (64), *Made in Italy* (65), *I complessi* (65 the episode "Una giornata decisiva"), *Io la conoscevo bene* (65), *Le dolci signore* (67), *Le fate* (67 the episode "Fata Sabina"), *La bambalona* (68 co-adapted), *Il commissario Pepe* (69), *Il giovane normale* (69), *Cuori solitari* (69), *La moglie del prete* (70), *Permette? Rocco Papaleo* (71), *Bianco, rosso e...* (71 also co-story), *Mordi e fuggi* (73), *Sono stato io!* (73), *Sesso matto* (73), *Polvere di stelle* (74), *Profumo di donna* (74), *Brutti, sporchi e cattivi* (76), *Signore e signori, buonanotte* (76 also co-d), *I nuovi mostri* (77), *Dove vai in vacanza?* (78 the episode "Sarò tutta per te"), *Primo amore* (78), *Passione d'amore* (80), *Nudo di donna* (81), *Le Bal* (83 France), *Maccheroni* (85), *La famiglia* (87).

2671. Maccarones, Nino. Art director. RN: Erminio Maccarones. *L'uomo più allegro di Vienna* (25), *La via del peccato* (25), *Anita* (26), *Le confessioni di una donna* (27), *Cinque a zero* (32), *La signorina dell'autobus* (32), *Ninì Falpalà* (33), *Creature della notte* (33), *Non c'è bisogno di denaro* (33), *Il canale degli angeli* (34), *Paraninfo* (35), *"Fiat voluntas Dei"* (35), *L'aria del continente* (36), *Cavalleria* (36 co-art d), *Ballerine* (36 co-art d), *I due barbieri* (37), *Fermo con le mani!* (37 co-art d), *La notte delle beffe* (39), *Miseria e nobiltà* (40), *Boccaccio* (40), *La donna perduta* (40), *07 tassì* (43), *Sua Altezza ha detto: no!* (53), *Il moschettiere fantasma* (53), *Balocchi e profumi* (54).

2672. McCarthy, Kevin. U.S. actor. b. Feb. 15, 1914, Seattle, Wash. *I quattro dell'ave maria* (68).

2673. McCarthy, Neil. U.K. actor. b. 1933. *Sette volte sette* (68).

2674. Macchi, Egisto. Composer. *Crepa tu...che vivo io* (67), *I fatti di Bronte* (70), *La villeggiatura* (73), *Il delitto Matteotti* (73), *E cominciò il viaggio nella vertigine* (75), *Mr Klein* (76 France/U.S.), *Padre padrone* (77 co-composer), *Antonio Gramsci: gli anni del carcere* (77), *La verdad sobre el caso Savolta* (80 Spain), *Educatore autorizzato* (80), *Fratelli* (85), *Salomè* (86), *Le Mal d'aimer* (87 France), *La donna spezzata* (88).

2675. Macchi, Eros. Director. *Questo nostro mondo* (58 co-d).

2676. Macchi, Giulio. Director. b. Oct. 1, 1918, Cantù. After the war he became an assistant director (to the likes of Comencini, Emmer, Grémillon, and Renoir) and a documentary maker. *Domenica d'agosto* (50 co-w), *Parigi è sempre Parigi* (51 co-w), *Viaggio sentimentale a Roma* (51 doc co-d), *La carrozza d'oro* (53 asst d/co-w), *India favolosa* (54 doc), *Difendo il mio amore* (56 co-d), *Montecarlo* (56 co-d), *Le italiane e l'amore* (61 the episode "La frenesia del successo").

2677. Macchi, Valentino. Actor. *Ercole, Sansone, Maciste, Ursus: gli invincibili* (64), *Quien sabe?* (66), *Superargo contro Diabolicus* (66), *Tre notti violente* (66), *Le streghe* (66), *Il pistolero di Arizona* (66), *La ragazza e il generale* (67), *Nude... si muore* (67), *I due vigili* (67), *La bisbetica domata* (67), *Lo straniero* (67), *Bersaglio mobile* (67), *C'era una volta* (67), *Questi fantasmi* (67), *Arabella* (67), *Kommissar X—drei grüne Hunde* (68 Germany), *Ventimila dollari sul sette* (68), *Ad ogni costo* (68), *Le due facce del dollaro* (68), *Dalle Ardenne all'inferno* (68), *Faustina* (68), *Il dolce corpo di Deborah* (68), *Il re di Africa* (68), *Un killer per Sua Maestà* (68), *Il raggio infernale* (68), *Granada addio!* (68), *L'oro del mondo* (68), *Il diario segreto di una minorenne* (68), *La polizia ringrazia* (72), *Bordella* (75), *Malia* (77).

2678. Macchia, Gianni. Actor. *Una storia d'amore* (68), *Amarsi male* (69), *Brucia, ragazzo, brucia* (70), *Er Più* (71), *La casa delle mele mature* (71), *La "mala" ordina* (72), *Fiorina la vacca* (72), *La ragazza di nome Giulio* (73), *Violenza contro violenza* (73), *Quando l'amore è sensualità* (73), *Morbosità* (74), *Lo stallone* (82).

2679. Maccione, Aldo. Actor. *L'Aventure c'est l'aventure* (72 France), *Il piatto piange* (74), *La pupa del gangster* (75), *Le avventure e gli amori di Scaramouche* (76), *Il genio* (76), *Frankenstein all'italiana* (76), *Spogliamoci così senza pudor...* (77), *Taxi girl* (77), *L'animal* (77 France), *La Vergine, il Toro e il Capricorno* (77), *La signora ha fatto il pieno* (78), *Carioca tigre* (78),

Maschio latino cercasi (78), *Tre sotto il lenzuolo* (79), *Riavanti... marsch!* (79), *Scusi, lei è normale?* (80), *Io sono fotogenico* (80), *Fico d'India* (80), *Zitto quando parli* (81), *La poliziotta a New York* (82), *Porca vacca* (82).

McCohy, Steve *see* **Iquino, Ignacio**

2680. McCulloch, Ian. Scottish actor. b. 1940. *Zombi II* (79), *Contamination—alien arriva sulla terra* (80).

2681. McDouglas, John. Actor. b. 1909. RN: Giuseppe Addobbati. AKA: John Douglas. In films since the mid-1930s. *Tharus, figlio di Attila* (61), *Solimano il conquistatore* (62), *Marte, dio della guerra* (62), *Giacobbe ed Esau* (62), *I patriarchi della bibbia* (63), *Ursus nella terra di fuoco* (63), *Gladiatore di Messalina* (63), *Il mostro dell'opera* (63), *Cavalco e uccidi* (64), *Maciste, gladiatore di Sparta* (64), *La sfida degli implacabili* (65), *Un dollaro bucato* (65), *Amanti d'oltretomba* (65), *Tempo di massacro* (66), *Deguello* (66), *Django* (66), *Operazione Paura* (66), *Peau d'espion* (67 France), *L'ultimo killer* (67), *Un killer per Sua Maestà* (68), *La Battaglia di El Alamein* (68), *L'urlo dei giganti* (68), *Un buco in fronte* (68), *Dio perdona la mia pistola* (69), *Il conformista* (70), *Blaise Pascal* (71 TV), *Il portiere di notte* (73), *L'ossessa* (74), *Mussolini: ultimo atto* (74), *Il gatto dagli occhi di giada* (77).

2682. McDowell, Malcolm. U.K. actor. b. June 15, 1943, Leeds, Yorks. *Caligola* (79), *Il maestro* (89), *Maggio musicale* (90).

2683. McEnery, John. U.K. actor. b. 1945. *Romeo e Giulietta* (68), *Il giorno del furore* (73 made in 69).

2684. McEnery, Peter. U.K. actor. b. Feb. 21, 1940, Walsall. *Meglio vedova* (67), *L'avvocato del diavolo* (78), *Marco Polo* (82).

McFerrand, John *see* **Ferrando, Giancarlo**

2685. McGee, Vonetta. U.S. actress. b. 1948. *Faustina* (68), *Il grande silenzio* (68), *Io, monaca, tre bastardi e sette peccatrici* (72).

2686. MacGinnis, Niall. Irish actor. b. March 29, 1913, Dublin. *Elena di Troia* (56).

2687. McGoohan, Patrick. U.K. actor. b. 1928, N.Y.C., U.S.A. *Porgi l'altra guancia* (74), *Un genio, due compari, un pollo* (75).

2688. MacGreevy, Oliver. U.K. actor. b. Aug. 23, 1928, Dublin, Ireland. *Se tutte le donne del mondo* (66).

2689. Machard, Alfred. French writer. b. Paris. *La donna di una notte* (30), *Domani è troppo tardi* (50).

2690. Machaty, Gustav. Czech director. b. May 9, 1899, Prague. d. 1963. Famous for the Czech film *Exstase* (33 known in Italy as *Estasi*, and in the U.K./U.S.A. as *Ecstasy*) starring a young Hedy Lamarr. His Italian films include: *Ballerine* (36).

2691. Machiavelli, Nicoletta. Actress. b. 1945. *Thrilling* (64), *Una questione d'onore* (65), *I nostri mariti* (66), *Matchless* (66), *Un fiume di dollari* (66), *Un dollaro a testa* (66), *Se tutte le donne del mondo* (66), *Giarrettiera Colt* (67), *Temptation* (68), *Odia il prossimo tuo* (68), *Un minuto per pregare, un istante per morire* (68), *Candy* (68), *La coppia* (68), *Una lunga fila di croci* (69), *Gli insaziabili* (69), *Quei temerari sulle loro pazze scatenate scalcinate carriole* (69), *La cattura* (69), *Necropolis* (70), *Le castagne sono buone* (71), *Policeman* (71 U.S.), *L'amante dell'Orsa maggiore* (72), *Tony Arzenta* (73), *Mordi e fuggi* (73), *Storie scellerate* (73), *L'Homme au cerveau greffe* (73 France), *Les Seins de glace* (74 France).

2692. McKenna, Virginia. U.K. actress. b. June 7, 1931, London. *Waterloo* (70), *Holocaust 2000* (77).

2693. McKern, Leo. Australian actor. b. March 16, 1920, Sydney. RN: Reginald McKern. *Rappresaglia* (73).

2694. McLaglen, Victor. U.S. actor. b. Dec. 11, 1886, Tunbridge Wells, Kent, England. d. Nov. 7, 1959, Newport Beach, Hollywood. Raised in South Africa. He was one of the leading heavyweight boxers of his day. Former provost marshal of Bagdad. In the U.S.A. from 1924. *Gli italiani sono matti* (58).

2695. MacLaine, Shirley. U.S. actress. b. April 24, 1934, Richmond, Va. RN: Shirley McLean Beaty. Sister of Warren Beatty. *Sette volte donna* (67).

2696. McNair, Barbara. U.S. actress. b. 1939. *Paroxismus* (69).

2697. McNamara, Richard. U.S. actor. Stayed in Italy after WWII. *Vendetta di zingara* (50), *Teresa* (51 U.S.), *O.K. Nerone* (51), *Tre storie proibite* (52), *La* *colpa di una madre* (52), *Avventura ad Algeri* (53), *Roman Holiday* (53 U.S.), *I quattro del getto tonante* (55), *Mariti in città* (57 in which he broke away from his traditional roles of U.S. army officer types, and showed real acting talent), *Campbell's Kingdom* (57 U.K.), *Totò nella luna* (58), *Seddok, l'erede di Satana* (61 co-d).

2698. MacRae, Duncan. Scottish actor. b. Aug. 20, 1905, Glasgow. d. March 23, 1967, Glasgow. *I due nemici* (61).

2699. McShane, Ian. U.K. actor. b. 1942. *Gesù di Nazaret* (77 TV).

2700. Madison, Guy. U.S. actor. b. Jan. 19, 1922, Bakersfield, Calif. Retired in 1987. *La schiava di Roma* (60), *Rosmunda e Alboino* (61), *Le prigioniere dell'Isola del Diavolo* (62), *Il boia di Venezia* (63), *Sandokan alla riscossa* (64), *L'avventuriero della Tortuga* (64), *La Battaglia di Fort Apache* (64), *I misteri della giungla nera* (64), *Sfida a Rio Bravo* (65), *I cinque della vendetta* (65), *Il figlio di Django* (67), *Il Bang Bang Kid* (67), *Superargo e i giganti senza volto* (67), *Sette Winchester per un massacro* (68), *I lunghi giorni dell'odio* (68), *Testa di sbarco per otto implacabili* (68), *La battaglia dell'ultimo panzer* (68), *Reverendo Colt* (71).

2701. Maesso, José Gutiérrez. Spanish director/writer. b. June 10, 1920, Azuaga. From 1955 known mostly as a producer. *La schiava di Bagdad* (63 co-w/co-ex p), *Django* (66 co-w), *Bounty killer* (66 co-w), *Uno scacco tutto matto* (68 co-w), *Te Deum* (72 co-w).

2702. Maestri, Anna. Actress. b. Trento. Sister of the famous Alpine guide, Cesare Maestri. *Riso amaro* (48), *Donne senza nome* (49), *La roccia incantata* (50), *Vendetta... sarda* (51).

2703. Maestri, Antonio. Actor. *Partner* (68), *Il conformista* (70), *Occhei, occhei* (83).

2704. Maffeis, Narciso. Director of photography. b. 1878, Torino. d. May 29, 1938, Torino. *La colpa del morto* (15), *Jack Forbes contro Robinet* (15), *Lo yacht misterioso* (15), *La menzogna* (16 co-ph), *Il presagio* (16 co-ph), *Lucciola* (16), *Maschiaccio* (17), *Il siluramento dell'Oceania* (17), *Il medico delle pazze* (19), *La nave* (20), *Gens nova* (20), *Angeli e demoni* (20), *Il romanzo del diavolo* (22).

2705. Maffioli, Giuseppe. Actor. *Dramma della gelosia—tutti i particolari in cronaca* (70), *La moglie del prete* (70), *Bianco, rosso e...* (71), *Nudo di donna* (81).

2706. Maffre, Julien. French actor. *Le belle della notte* (52), *Alì Babà e i 40 ladroni* (54).

2707. Magalotti, Paolo. Actor. AKA: Paolo Magalo. *Sette pistole per i MacGregor* (65), *Un fiume di dollari* (66), *Odia il prossimo tuo* (68), *Eva, la venere selvaggia* (68), *Wanted Sabata* (70), *Seminò la morte...lo chiamavano il castigo di Dio* (72).

2708. Magee, Patrick. Irish actor. b. 1924, Armagh, Ireland. d. Aug. 14, 1982, London. *Lo sbarco di Anzio* (68), *Il gatto di Park Lane* (80).

2709. Maggi, Luigi. Director. b. Dec. 21, 1867, Torino. d. Aug. 22, 1946, Torino. *Il romanzo di un derelitto* (06 *), *Cincin s'annoia* (07 also w/*), *Galileo Galilei* (08), *Gli ultimi giorni di Pompei* (08), *Il conte di Montecristo* (08), *I fiori di sant'Antonio* (08 also w/*), *Luigi XI re di Francia* (09 co-d/story/*), *Spergiura!* (09), *Il diavolo zoppo* (09), *Nerone* (09), *Torquato Tasso* (09), *Il figlio delle selve* (09), *Amore e patria* (09), *Il granatiere Roland* (09 co-d), *La vergine di Babilonia* (09), *Pianoforte silenzioso* (09), *Il romanzo di un fantino* (10), *Estrellita* (10), *Lo schiavo di Cartagine* (10 co-d/*), *Il magnifico delitto* (10 also *), *La stanza segreta* (10 co-d/*), *L'andata alla fucina* (10), *Il debito dell'imperatore* (10 also *), *Il pozzo che parla* (10 co-d), *Il segreto del gobbo* (10), *Il corriere dell'imperatore* (10), *Didone abbandonata* (10), *Il danaro di Giuda* (11 also *), *La regina di Ninive* (11), *La fiaccola sotto il moggio* (11), *La Gioconda* (11), *Il sogno di un tramonto d'autunno* (11 co-d), *Thomas Chatterton* (11 also story), *La tigre* (11), *Il vecchio nido* (11), *La figlia di Jorio* (11 *), *Nozze d'oro* (11 also *), *Sisto V* (11 co-d/*), *Il ponte dei fantasmi* (12 also story), *Satana* (12), *La nave dei leoni* (12), *La rosa rossa* (12), *Il barbiere di Siviglia* (13 also adapted), *La lampada della nonna* (13), *Il matrimonio di Figaro* (13 also adapted), *Notturno di Chopin* (13 also adapted), *San Marco* (13), *La campana della morte* (13), *L'uomo giallo* (13 *), *Il fornaretto di Venezia* (13), *Delenda Carthago* (14), *Per un'ora d'amore* (14), *Il diavolo nero* (14), *L'ultima dogaressa* (14), *Le rose* *della madonna* (14), *Otello* (14), *Maciste alpino* (16 co-d), *Rocambole* (17 *), *La vagabonda* (17 *), *Il mistero dei bauli neri* (18 also *), *La gibigianna* (18), *La cantoniera n. 13* (19 co-d/*), *Cuor di ferro e cuor d'oro* (19 co-d), *Il giro del mondo di un birichino di Parigi* (19 co-d), *Figuretta* (20), *La danza delle ore* (20 also *), *Gens nova* (20), *I conquistatori* (20 also *), *Il castello dell'uragano* (20), *Angeli e demoni* (20), *La ruota del falco* (22), *La lanterna di Diogene* (22), *Ali spezzate* (23), *La bambola vivente* (24), *Teodora* (27 *), *Un viaggio di nozze in sette* (28 *).

2710. Maggi, Rina. Actress. b. Torino. RN: Caterina Maggi. AKA: Kathryn Berg. Daughter of Luigi Maggi. *Rocambole* (17), *La vagabonda* (17), *Lasciate fare a Niniche!* (17), *Il mistero dei bauli neri* (18), *La stirpe* (18), *L'ospite sconosciuta* (19), *Il volto di Medusa* (20), *Il castello dalle 57 lampade* (20), *La complice muta* (20), *Con l'amore e con l'ala* (21), *Mein Freund Harry* (28 Germany), *Si fa così* (34).

2711. Maggio, Angelo. Actor. A mulatto boy adopted by Dante Maggio. *Il mulatto* (49), *Angelo tra la folla* (50), *Il capitano di Venezia* (52), *Il grande addio* (53).

2712. Maggio, Beniamino. Actor. b. Napoli. Brother of Dante Maggio. *Calamita d'oro* (48), *Miracolo a Viggiù* (51), *I due sergenti* (51), *Luna rossa* (51), *La città canora* (52), *Papà, ti ricordo* (52), *Fermi tutti, arrivo io!* (53), *...E Napoli canta* (53), *Siamo ricchi e poveri* (54), *Balocchi e profumi* (54), *Desiderio 'e sole* (54), *Canzone d'amore* (54), *Pescatore 'e Pusilleco* (54), *Carovana di canzoni* (54), *La Luciana* (54), *Cantate con noi* (54), *Addio sogni di gloria* (54), *Giuramento d'amore* (54), *La porta dei sogni* (54), *Vendicata* (54), *Luna nova* (55), *Da qui all'eredità* (55), *Te sto aspettano* (57), *La sposa* (58).

2713. Maggio, Dante. Actor. b. Napoli. AKA: Dan May. *L'ultimo amore* (46), *Il cavaliere misterioso* (48), *Molti sogni per le strade* (48), *Cavalcata d'eroi* (49), *Non c'è pace tra gli ulivi* (49), *Angelo tra la folla* (50), *Prima comunione* (50), *Napoli milionaria* (50), *Luci del varietà* (50), *Altri tempi* (51), *Processo alla città* (52), *Don Lorenzo* (52), *La città canora* (52), *Perdonami!* (52), *La pattuglia dell'Amba Alagi* (53), *Lasciateci in pace* (53), *Il grande addio* (53), *Siamo ricchi e poveri* (54), *Napoli piange e ride* (54), *Casta diva* (54), *Il cantante misterioso* (54), *Totò all'inferno* (54), *La rossa* (55), *La canzone del cuore* (55), *Scapricciatiello* (55), *Canzone proibita* (56), *Cantando sotto le stelle* (56), *Mamma sconosciuta* (56), *La canzone del destino* (57), *C'è un sentiero nel cielo* (57), *Capitan Fuoco* (58), *David e Golia* (59), *Ferdinando I, re di Napoli* (59), *Boccaccio 70* (61 the episode "Le tentazioni del dottor Antonio"), *Operazione San Pietro* (68), *I due pompieri* (68), *Comandamenti per un gangster* (68), *Johnny Texas* (71), *Mezzogiorno di fuoco per An Hao* (72).

2714. Maggio, Enzo. Actor. Nephew of Beniamino Maggio. *La città si difende* (51), *La scimitarra del saraceno* (60), *Sette monache a Kansas City* (73).

2715. Maggio, Pupella. Actress. Sister of Dante Maggio. *La Ciociara* (61), *Le quattro giornate di Napoli* (62), *La bibbia* (66), *Il medico della mutua* (68), *Joe Valachi—i segreti di Cosa Nostra* (72), *Amarcord* (73), *Panagulis vive* (80), *Nuovo cinema paradiso* (88).

2716. Maggio, Rosalia. Actress. Sister of Dante Maggio. *Desiderio 'e sole* (54), *Fantasmi e ladri* (59), *Giacobbe ed Esau* (62), *La parmigiana* (63), *Mènage all'italiana* (65).

2717. Maggiorani, Lamberto. Actor. b. 1910, Roma. While working in a factory in his home city, he was chosen by De Sica for the role of the worker, Ricci, in *Ladri di biciclette* (48). Against De Sica's advice he pressed on with a movie career, without luck. Other films include: *Vent'anni* (49), *Donne senza nome* (49), *Achtung, banditi!* (51), *Vacanze col gangster* (51), *Anna* (51), *Via Padova, 46* (53), *Totò, Peppino e i fuorilegge* (57), *Se il re lo sapesse* (57).

2718. Maglione, Margherita. Cowriter. *Teresa Venerdì* (41), *Un garibaldino al convento* (41), *I bambini ci guardano* (43).

2719. Magnani, Anna. Actress. b. April 11, 1908, Alexandria, Egypt (or, as some sources say, March 7, Roma, Italy). d. Sept. 26, 1973, Roma. Her father was of Egyptian origin. Raised in Roma, she became a singer, then an actress, and from 1933 to 1951 was married to Goffredo Alessandrini. *Scampolo* (28 Germany), *Tempo massimo* (34), *La cieca di Sorrento* (34),

Cavalleria (36), *Trenta secondi d'amore* (37), *La principessa Tarakanova* (38), *Una lampada alla finestra* (39), *Finalmente soli* (41), *La fuggitiva* (41), *Teresa Venerdì* (41), *La fortuna viene dal cielo* (41), *L'avventura di Annabella* (43), *La vita è bella* (43), *Campo de' fiori* (43), *L'ultima carrozzella* (43), *Il fiore sotto gli occhi* (43), *T'amerò sempre* (43), *Quartetto pazzo* (45), *Roma città aperta* (45), *Abbasso la miseria* (45), *Un uomo ritorna* (46), *Avanti a lui tremava tutta Roma* (46), *Il bandito* (46), *Abbasso la ricchezza* (46), *Lo sconosciuto di San Marino* (46), *L'onorevole Angelina* (47 also co-w), *Assunta spina* (48), *Molti sogni per le strade* (48), *Amore* (48 in two episodes, "Una voce umana" and "Il miracolo"), *Vulcano* (49), *Bellissima* (51), *Camicie rosse* (51), *La carrozza d'oro* (53), *Siamo donne* (53), *The Rose Tattoo* (56 U.S.), *Suor Letizia* (56), *Wild is the Wind* (57 U.S.), *Nella città l'inferno* (58), *The Fugitive Kind* (59 U.S.), *Risate di gioia* (60), *Mamma Roma* (62), *Le Magot de Josefa* (62 France), *Volles Herz und leere Taschen* (64 Germany), *Made in Italy* (65), *The Secret of Santa Vittoria* (69 U.S.), *Nell'anno del Signore* (69), *Fellini Roma* (72 appeared as herself), *Io sono Anna Magnani* (80 doc clips of her were shown).

2720. Magne, Michel. Composer. *Colpo grosso al casinò* (62), *Il riposo del guerriero* (63), *Sinfonia per un massacro* (63), *La furia degli uomini* (63), *Il vizio e la virtù* (63), *Il piacere e l'amore* (64), *OSS 117 minaccia Bangkok* (64), *I bastardi* (68), *Johnny Banco* (68 co-composer).

2721. Magni, Eva. Actress. b. July 28, 1906, Milano. Married Renzo Ricci in 1961. *La ragazza dal livido azzurro* (33), *Il presidente della Ba. ce. cre. mi.* (34), *Paprika* (34), *Il serpente a sonagli* (35), *Il maestro di Vigevano* (63).

2722. Magni, Gianni. Actor. *La bisbetica domata* (67), *Il marito è mio e l'ammazzo quando mi pare* (68), *Bianco, rosso e...* (71).

2723. Magni, Luigi. Director. *Le voci bianche* (64 co-w), *Tre notti d'amore* (64 the episode "La moglie bambina" co-w), *Extraconiugale* (65 the episode "La moglie svedese" co-w), *Madamigella di Maupin* (66 w), *Le fate* (67 the episode "Fata Sabina" co-w), *Faustina* (68 also w/e), *La ragazza con la pistola* (68 co-w), *Nell'anno del Signore* (69 also w/story), *Scipione, detto anche "l'Africano"* (70 w), *La Tosca* (73), *Quelle strane occasioni* (76 co-d), *Basta che non si sappia in giro* (76 co-d), *Signore e signori, buonanotte* (76 co-d/co-w), *In nome del papa re* (78 also w), *White "Pop" Jesus* (80 *), *Arrivano i bersaglieri* (80), *State buoni se potete* (83), *Secondo Ponzio Pilato* (88 also w), *'O re* (89 also w).

2724. Magnier, Pierre. French actor. b. Feb. 22, 1868, Paris. d. Oct., 1959, Paris. In films by 1900. *Cirano di Bergerac* (22), *Fra' Diavolo* (31).

2725. Magre, Judith. French actress. *Vacanze d'amore* (54), *Le grandi manovre* (55), *L'uomo dall'impermeabile* (57), *Le donne degli altri* (57), *Montparnasse* (58), *Gli amanti* (58), *I dialoghi delle carmelitane* (59), *Sette volte donna* (67).

2726. Magrini, Gitt. Costume designer. *La notte* (61 *), *Deserto rosso* (64), *Ça n'arrive qu'aux autres* (71 France also *), *Ultimo tango a Parigi* (72 *), *Scandalo* (75), *March or Die* (77 U.K.).

2727. Mahor, Maria. Spanish actress. b. 1940. RN: Maria de la Concepción Martínez de Horcajada. Italian movies include: *Le legioni di Cleopatra* (59), *Donne alla frontiera* (67), *Zorro, il cavaliere della vendetta* (71).

Maieroni, Achille *see* **Majeroni**

2728. Maigné, Liliane. French actress. b. March 1, 1928, Paris. *Siamo tutti assassini* (52), *Fascicolo nero* (55).

2729. Maik, Henri. French actor. b. March 27, 1922, Paris. *Il vento si alza* (59).

2730. Mainardi, Elisa. Actress. *Assicurasi vergine* (67), *Fellini Satyricon* (69), *Fellini Roma* (72), *Tecnica di un amore* (73), *Ingrid sulla strada* (73), *Il saprofita* (74), *Storie di vita e di malavita* (75), *Per amore* (76), *San Babila ore 20: un delitto inutile* (77), *Stato interressante* (77).

2731. Mainwaring, Daniel. U.S. writer. b. Feb. 27, 1902, Oakland, Calif. d. 1977. *Teseo contro il Minotauro* (60 co-w the English-language version), *La rivolta degli schiavi* (60 the English-language version).

2732. Mairesse, Guy. French actor. b. June 14, 1924, Saint-Maur-des-Fossés. Italian films include: *Siamo tutti assassini* (52), *Il mantello rosso* (54), *Tamango* (57), *Venezia rosso sangue* (89).

2733. Mais, Suzet. French actress. b.

Jan. 31, 1907, Arles-en-Provence. *Atollo K* (51), *Era di venerdì 17* (56).

2734. Maîstre, François. French actor. b. 1925. *Le schiave bianche* (60), *L'amante di cinque giorni* (61), *Bella di giorno* (67), *Il serpente* (73).

2735. Maitland, Marne. U.K. actor. b. 1920, Calcutta, India. *Il tesoro dell'Africa* (53), *La statua* (70), *Fellini Roma* (72), *L'uomo della Mancha* (72), *Rappresaglia* (73), *Il cittadino si ribella* (73), *La neve nel bicchiere* (83), *Appuntamento a Liverpool* (88).

2736. Maiuri, Dino. Co-writer. b. Dec. 8, 1916, Frosinone. RN: Arduino Maiuri. In 1950 he married Irasema Dilian, and that year the two of them went to Mexico to live and work. *Botta e risposta* (49), *Totò le Moko* (49 story), *Napoli milionaria* (50), *Se tutte le donne del mondo* (66 co-d/w), *Banditi a Milano* (68), *L'urlo dei giganti* (68), *Barbagia* (69), *Città violenta* (70 co-story), *Vamos a matar, compañeros* (70), *Viva la muerte...tua* (72 Spain), *Le guerriere dal seno nudo* (72), *Valdez il mezzosangue* (73), *Revolver* (73), *Bisturi, la mafia bianca* (73), *Il cittadino si ribella* (73), *La mazzetta* (78), *Eutanasia di un amore* (78), *Corleone* (78 w).

2737. Maj, Franca. Actress. b. 1926, Roma. RN: Franca Fantini. At one time she was married to Anton Giulio Majano. *Vento d'Africa* (48), *La figlia del mendicante* (50), *Una donna prega* (53).

2738. Majano, Anton Giulio. Director. b. July 5, 1909, Chieti. *I condottieri* (36 asst d), *Uragano ai tropici* (39 co-w/co-story), *Noi vivi* (42 co-w), *Addio Kira!* (42 co-w), *La carica degli eroi* (43 co-d), *Un giorno nella vita* (46 co-w), *L'altra* (47 co-w), *La primula bianca* (48 co-w/co-story), *Pagliacci* (48 co-w), *Vento d'Africa* (48 also w), *Rondini in volo* (49 co-w), *Cavalcata d'eroi* (49 co-w), *Marechiaro* (49 co-w), *Amori e veleni* (49 co-w), *L'eterna catena* (51 also w/story), *Strano appuntamento* (51 co-w), *Una donna prega* (53 also co-w), *La domenica della buona gente* (53 also co-w), *Vestire gli ignudi* (54 co-w), *Cento serenate* (54 also co-w), *La rivale* (56), *Terrore sulla città* (56 also co-w), *Il padrone delle ferriere* (59 also w/adapted), *Seddok, l'erede di Satana* (61 co-d/co-w), *I fratelli corsi* (61).

2739. Majeroni, Achille. Actor. b. Aug. 24, 1881, Siracusa. AKA: Achille Maieroni. *Vita per vita* (13), *Scuola d'eroi* (14), *La donna è come l'ombra* (15), *Il vetturale del Moncenisio* (16), *I mohicani di Parigi* (17), *Figaro e la sua gran giornata* (31), *La Wally* (32), *Teresa Confalonieri* (34), *Come le foglie* (34), *Casta diva* (35), *Re burlone* (35), *L'ambasciatore* (36), *Il fu Mattia Pascal* (37), *Scipione l'Africano* (37), *Orgoglio* (38), *La sposa dei re* (38), *Retroscena* (39), *Il segreto di Villa Paradiso* (39), *Incanto di mezzanotte* (40), *La prima donna che passa* (40), *Il re del circo* (40), *Caravaggio, il pittore maledetto* (41), *Un garibaldino al convento* (41), *La gorgona* (42), *Le due orfanelle* (42), *Luisa Sanfelice* (42), *Stasera niente di nuovo* (42), *I bambini ci guardano* (43), *Il paese senza pace* (43), *Cavalcata d'eroi* (49), *Messalina* (51), *Il viale della speranza* (53), *I vitelloni* (53), *La cortigiana di Babilonia* (55), *Mi permette, babbo?* (56), *Arrangiatevi* (59), *Una storia moderna: l'ape regina* (63), *La donna scimmia* (64).

Majniel, Juliette *see* **Mayniel**

2740. Majorana, Totò. Actor. b. 1862, Catania. RN: Antonio Majorana Di Militello Da Valsavoja. From a noble family. *Lo scherzo feroce* (13), *Sulla falsa strada* (13), *Capitan Blanco* (14), *Musica profana* (19), *Il demone del fuoco* (19), *La buona figliuola* (19), *Fiaccola umana* (19), *Pietro e Teresa* (19), *Caterina* (20), *Fior d'amore* (20), *Sorella* (20), *La voce del cuore* (20), *Fiore d'arancio* (20), *Rabagas* (22), *Triboulet* (23), *Sette giorni cento lire* (33), *1860* (33), *Le due tigri* (41).

2741. Majors, Lee. U.S. actor. b. April 23, 1942, Wyandotte, Mich. RN: Harvey Lee Yeary II. *Agguato sul fondo* (78).

2742. Makowska, Elena. Actress. b. 1895, Warsaw, Poland. RN: Helena Makowska. Came to Italy to study singing, and stayed. *Romanticismo* (14), *La maschera di Caino* (15), *Val d'olivi* (15), *Amleto* (15), *Il fiacre n. 13* (16), *L'apostolo* (16), *Pierrette* (16), *Tramonto triste* (16), *Eva nemica* (16), *La collana della felicità* (16), *La fiaccola sotto il moggio* (16), *La Gioconda* (16), *Lucciola* (16), *Il fauno* (17), *La tartaruga* (18), *Addio, giovinezza!* (18), *Il principe Zilah* (18), *Il principe dell'impossibile* (19), *La spada di Damocle* (19), *La signora innamorata* (19), *Dopo il perdono* (20), *La dame en gris* (20), *Giuliano l'apostata* (20), *Fugge la gloria*

(20), *La verità nuda* (21), *Bionda Giovanna* (22), *Maciste e la figlia del re della plata* (22), *Rabagas* (22), *xxxx* (24 Germany. In Italy this film was known as *L'ultima sensazione del Circo Farini*), *Kiedy Kobieta Sdraza Megea* (24 Poland), *Liebe das Leben* (25 Germany), *Cierwony Blasen* (25 Poland), *Kohanka Sciamoty* (27 Poland), *Fabiola* (48), *La valigia dei sogni* (53), *Goodbye Firenze* (57).

2743. Malaparte, Curzio. Novelist. b. June 9, 1898, Prato. d. July 19, 1957, Roma. RN: Kurt Erich Suckert. He directed, wrote, and scored the music for the film *Il Cristo proibito* (51), from his own novel. This was his only venture into movies. However, when he died he had done some work on a project that would never be made, *Il compagno P.*

2744. Malasomma, Nunzio. Director. b. Feb. 4, 1894, Caserta. *Un viaggio nell'impossibile* (23 asst d), *Jagd auf Menschen* (26 Germany), *Der Ruf des Nordens* (28 Germany co-d), *La grande conquista* (28 co-d), *L'uomo dall'artiglio* (31), *La cantante dell'opera* (32), *La telefonista* (32), *La signorina dell'autobus* (32), *Sette giorni cento lire* (33), *Cléo, robes et manteaux* (34 France), *La cieca di Sorrento* (34), *Lohengrin* (35), *Non ti conosco più* (36), *Nina non far la stupida* (37), *Eravamo sette sorelle* (38), *Rote Orchideen* (38 Germany), *Die Nacht der Entscheidung* (38 Germany), *Die Frau ohne Vergangenheit* (39 Germany), *Cose d'altro mondo* (39 also co-w), *Dopo divorzieremo* (40), *Scampolo* (41), *Giungla* (41), *Gioco pericoloso* (41), *Acque di primavera* (42), *Incontri di notte* (43), *In due si soffre meglio* (43), *La signora in nero* (43), *Il diavolo bianco* (47), *Il diavolo in convento* (50), *Quattro rose rosse* (51), *Adorabili e bugiarde* (58), *Ragazze brivido* (58), *La rivolta degli schiavi* (60), *Quindici forche per un assassino* (68).

2745. Malatesta, Guido. Director. b. Gallarate. AKA: James Reed. *Cronaca di un delitto* (52 w/story), *I miliardari* (56 also w), *El Alamein* (57), *Giuditta e Oloferne* (58 co-w), *Valeria, ragazza poco seria* (58 also co-w), *Agosto, donne mie non vi conosco* (59), *La strada dei giganti* (60), *La furia dei barbari* (60), *Goliath contro i giganti* (60 co-d), *Maciste contro i cacciatori di teste* (62), *Ercole contro il gigante Golia* (62), *Maciste contro i mostri* (63 also co-w), *L'incendio di Roma* (63), *L'invincibile cavaliere mascherato* (64 co-w), *La rivolta dei barbari* (64), *Una bara per lo sceriffo* (65 co-w), *087 missione Apocalisse* (66), *Il figlio di Aquila Nera* (68 also co-w), *Samoa, regina della giungla* (69 also co-w), *Le calde notti di Poppea* (69 also w), *Tarzana, sesso selvaggio* (69).

2746. Malavasi, Renato. Actor. b. Aug. 8, 1904, Verona. *Brigata Firenze* (28), *La vena d'oro* (28), *La canzone dell'amore* (30), *La segretaria privata* (31), *Una donna fra due mondi* (36), *La mazurka di papà* (38), *Giuseppe Verdi* (38), *L'argine* (38), *Idillio a Budapest* (40), *I mariti* (41), *Confessione* (41), *La statua vivente* (42), *Tristi amori* (43), *Enrico IV* (43), *Peccatori* (44), *Aeroporto* (44), *L'angelo del miracolo* (44), *La vita semplice* (45), *L'ebreo errante* (47), *Le mura di Malapaga* (48), *Luci del varietà* (50), *Contro la legge* (51), *Il sentiero dell'odio* (51), *Il lupo della frontiera* (51), *Canzoni di mezzo secolo* (52), *Canzoni, canzoni, canzoni* (53), *Gran varietà* (53 the episode "Mariantonia"), *Casa Ricordi* (54), *Disperato addio* (54), *Accade tra le sbarre* (55), *Amore e chiacchiere* (57), *I calunniatori* (57), *Il mondo dei miracoli* (59), *Il rossetto* (60).

2747. Maldacea, Nicola. Actor. b. Oct. 29, 1870, Napoli. d. Feb., 1945, Roma. *Napoli verde – blu* (35), *Re burlone* (35), *Re di denari* (36), *I due misantropi* (36), *Il fu Mattia Pascal* (37), *Napoli d'altri tempi* (37), *Le due madri* (38), *La vedova* (38), *Napoli che non muore* (39), *Arriviamo noi* (40), *Miseria e nobiltà* (40), *Tosca* (41), *Villa da vendere* (42), *Casanova farebbe così* (42), *Il fiore sotto gli occhi* (43).

2748. Malden, Karl. U.S. actor. b. March 22, 1914, Gary, Ind. RN: Mladen Sekulovich. *Il gatto a nove code* (71).

2749. Malenotti, Maleno. Producer. b. 1913, Castagneto Carducci, Livorno. Former director of production. *Al diavolo la celebrità* (49), *Enrico Caruso, leggenda di una voce* (51), *Giuseppe Verdi* (53), *Guai ai vinti!* (54), *La donna più bella del mondo* (55 also co-story), *La grande strada* (57 also co-d), *Quando gli angeli piangono* (58), *Ombre bianche* (60 co-p).

2750. Malenotti, Roberto. Director. *Le schiave esistono ancora* (64 doc co-d), *Le sorelle* (70), *Cenerentola 80* (83).

2751. Malerba, Luigi. Co-writer. b. Nov. 11, 1927, Parma. *Il cappotto* (52), *La lupa* (52), *Amore in città* (53), *La spiaggia* (53), *Donne e soldati* (54 co-d/co-w/story), *La ragazza e il generale* (67), *Sissignore!* (68), *Il limbo* (68), *L'invasione* (70).

2752. Malfatti, Marina. Actress. *Une Fille pour l'été* (59 France), *Un uomo da bruciare* (62), *C'era una volta* (67), *La notte che Evelyn uscò dalla tomba* (71), *Il ritorno di Clint il solitario* (71), *La dama rossa uccide sette volte* (72), *Strana orchidea con cinque gocce di sangue* (72), *Testa in giù... gambe in aria* (73), *La notte dell'ultimo giorno* (73), *Il clan del quartiere latino* (74), *Venditore di palloncini* (74), *Un fiocco nero per Deborah* (74), *Due volte per vivere...uno per morire* (75), *Lezioni di violoncello con toccata e fuga* (76), *Il prato macchiato di rosso* (78).

2753. Malinverni, Silvia. Actress. b. Roma. *Il prezzo della felicità* (13), *Nobiltà di casta e nobiltà di cuore* (14), *Suor Teresa* (16), *Il birichino di Parigi* (16), *Ceneri e vampe* (17), *La donna che non ebbe cuore* (17), *La figlia del mare* (18), *Frate Sole* (18), *Adriana Lecouvreur* (18), *I Borgia* (18), *Le due Marie* (19), *Cenerentola* (19), *L'ingenuo* (19), *Il piccolo santo* (19), *Giuliano l'apostata* (20), *Il volo degli aironi* (20), *Il trittico dell'amore* (20), *Il sacco di Roma e Clemente VII* (21), *Il natalizio della nonna* (23).

2754. Malle, Louis. French director. b. Oct. 30, 1932, Thumières. *Gli amanti* (58), *Zazie nel Métro* (61), *Viva Maria* (65 also p/co-w), *Tre passi nel delirio* (68 the episode "William Wilson" also co-w).

Mallorqui, José *see* **Caiano, Mario**

2755. Malone, Dorothy. U.S. actress. b. Jan. 30, 1925, Chicago, Ill. RN: Dorothy Eloise Maloney. *Femmine insaziabili* (69).

2756. Malpassuti, Vittorio. Writer. b. Sept. 22, 1889, Carbonara Scrivia, Alessandria. d. Aug. 30, 1944, Roma. He mostly adapted American films into Italian. *Montevergine* (39), *Gli ultimi della strada* (39), *Leggenda azzurra* (40), *Catene invisibili* (42).

2757. Maltagliati, Evi. Actress. b. Aug. 11, 1908, Firenze. RN: Evelina Maltagliati. AKA: Eva Maltagliati. Married actor Eugenio Cappabianca. Had a theater company of her own. *La fanciulla dell'altro mondo* (33), *Aldebaran* (35), *I due sergenti* (36), *Inventiamo l'amore* (38), *Jeanne Doré* (38), *Io, suo padre* (38), *Il piccolo re* (39), *Il socio invisibile* (39), *Scandalo per bene* (39), *I promessi sposi* (41), *Sissignora* (41), *Il nemico* (42), *Monte Miracolo* (43), *Fiamme sul mare* (47), *La sepolta viva* (49), *Noi peccatori* (52), *I vinti* (52), *La voce del sangue* (52), *Ulisse* (54), *Ultima illusione* (54), *Donne sole* (55), *Il padrone delle ferriere* (59), *Il peccato degli anni verdi* (59), *La tragica notte di Assisi* (60), *Solimano il conquistatore* (62), *L'incendio di Roma* (63), *La notte pazza del conigliaccio* (67), *Il padre di famiglia* (67), *Catch 22* (70 U.S.), *Questa specie d'amore* (72).

2758. Mammi, Fulvia. Actress. b. 1927, Roma. RN: Fulvia Manucci. *La fiamma che non si spegne* (49), *Il sigillo rosso* (50), *Contro la legge* (51), *La regina di Saba* (52), *Rosso e nero* (54), *Il bell'Antonio* (60).

2759. Mancini, Beatrice. Actress. b. Dec. 7, 1917, Roma. RN: Bice Mancinotti. AKA: Milvia Vejo. *Il cantico dell'amore* (35), *L'anonima Roylott* (36), *Luciano Serra pilota* (38), *Ricchezza senza domani* (39), *Scarpe grosse* (40), *Caravaggio, il pittore maledetto* (41), *Una notte dopo l'opera* (41), *Nozze di sangue* (42), *L'angelo bianco* (42), *Rita da Cascia* (42), *Il treno crociato* (43), *Vietato ai minorenni* (43), *Delitto al Luna Park* (52), *Divisione Folgore* (54), *Bella non piangere* (54), *Un po' di cielo* (55).

2760. Mancini, Carla. Actress. *E alla fine lo chiamavano Jerusalem l'implacabile* (71), *Viva la muerte...tua* (72 Spain), *Bella di giorno, moglie di notte* (72), *L'orgia dei morti* (72), *Il tuo vizio è una stanza chiusa e solo io ne ho la chiave* (72), *Posate le pistole, reverendo!* (72), *La vita, a volte, e molto dura, vera provvidenza?* (72), *Trinità e Sartana...figli di...* (72), *Te Deum* (72), *Mezzogiorno di fuoco per An Hao* (72), *La tarantola dal ventre nero* (72), *Un bounty killer a Trinità* (72), *Ultimo tango a Zagarol* (72), *Scansati... Trinità arriva ad Eldorado* (73), *Ludwig* (73), *Sesso matto* (73), *Il mio nome è Nessuno* (73), *L'ultima neve di primavera* (73), *Carne per Frankenstein* (74), *Allonsanfan* (74), *La pazienza ha un limite... noi no* (74), *Profumo di donna* (74).

2761. Mancini, Claudio. Producer. *C'era una volta il west* (68 prod mgr), *Un* *genio, due compari, un pollo* (75 co-p), *La banda del trucido* (77 co-assoc p).

Mancini, Gaetano Campanile *see under* **Campanile**

2762. Mancini, Henry. U.S. composer. b. April 16, 1924, Cleveland, O. RN: Enrico Nicola Mancini. *I girasoli* (69).

2763. Mancini, Umberto. Composer. *La vecchia signora* (32), *L'acqua cheta* (33), *La cieca di Sorrento* (34), *La signora Paradiso* (34), *Quella vecchia canaglia* (34), *Re burlone* (35), *Aldebaran* (35), *Il dottor Antonio* (38 co-composer), *Le due madri* (38), *Terra di fuoco* (39), *I figli del marchese Lucera* (39), *Il ponte di vetro* (40), *Il bravo di Venezia* (41), *Perdizione* (42), *La gondola del diavolo* (46), *Una voce nel tuo cuore* (49).

2764. Mancori, Alessandro. Director of photography. AKA: Sandro Mancori. *Requiescant* (67), *Killer kid* (67), *Due pistole e un vigliacco* (67), *Se vuoi vivere... spara!* (68), *Se incontri Sartana prega per la tua morte* (68), *Cinque per l'inferno* (68), *Il dito nella piaga* (69), *Ehi, amico, c'è Sabata...hai chiuso* (69), *Indio Black: sai che ti dico...sei un gran figlio di...* (70), *Sartana nella valle degli avvoltoi* (70), *Tre croci per non morire* (71), *Uccidi, Django... uccidi primo* (71), *È tornato Sabata, hai chiuso un'altra volta* (71), *Sotto a chi tocca* (72), *La vergine di Bali* (72), *Sentivano uno strano, eccitante, pericoloso puzzo di dollari* (73), *Pistola di Dio* (76), *Attenti ragazzi...chi rompe paga* (76), *Disposta a tutto* (77), *Yeti, il gigante del ventesimo secolo* (77), *Una donna di notte* (79), *Le mani di una donna sola* (79), *Piccole labbra* (79), *Seimila chilometri di paura* (79), *Giochi erotici nella terza galassia* (79), *Io zombo, tu zombi, lei zomba* (80), *Sbirulino* (82), *I cacciatori del cobra d'oro* (83), *Ark of the Sun God* (83), *I sopravvissuti della città morta* (83), *Tornado* (84), *Il padrone del mondo* (84), *Fuga* (84), *Striker* (87), *Il ritorno di Django* (87).

2765. Mancori, Alvaro. Director of photography. b. Sept. 15, 1923, Roma. AKA: Lewis Mann. *Rossini* (41 asst ph), *Colpi di timone* (42 asst ph), *Domani è un altro giorno* (50 asst ph), *Atto d'accusa* (50), *Auguri e figli maschi* (51), *Trieste mia!* (51 co-ph), *La muta di Portici* (52), *Tragico ritorno* (52), *La prigioniera di Amalfi* (53), *Napoli, terra d'amore* (55), *Il campanile d'oro* (55), *Il falco d'oro* (55), *Figaro, barbiere di Siviglia* (55), *Torna piccina mia* (55), *I girovaghi* (56), *Guaglione* (56), *Giovanni dalle bande nere* (57), *Al servizio dell'imperatore* (57), *Il diavolo nero* (57), *Buongiorno, primo amore* (57), *Il cocco di mamma* (57), *Totò, Vittorio e la dottoressa* (58), *L'eretico* (58), *Domenica è sempre domenica* (58), *È arrivata la parigina* (58), *Totò a Parigi* (58 co-ph), *Le bellissime gambe di Sabrina* (58), *Totò, Eva e il pennello proibito* (58), *Brevi amori a Palma di Maiorca* (59), *La duchessa di Santa Lucia* (59), *Il moralista* (59), *Il sogno di una notte di mezza sbornia* (59), *Uomini e nobiluomini* (59), *Signori si nasce* (59), *La cambiale* (59), *I piaceri dello scapolo* (60), *Il letto a tre piazze* (60), *Genitori in blue jeans* (60), *Anonima cocottes* (60), *Le olimpiadi dei mariti* (60), *Il corazziere* (60), *Totò, Fabrizi e i giovani d'oggi* (60), *Maciste contro il vampiro* (61), *Ercole l'invincibile* (63 d), *Totò contro il pirata nero* (64), *Caroline chérie* (68 France co-p), *Una storia d'amore* (68).

2766. Mancori, Guglielmo. Director of photography. AKA: Memmo Mancori, Joseph Mercury. *Gli schiavi più forti del mondo* (63), *I misteri della giungla nera* (64), *La vendetta di Spartaco* (64), *Il pistolero di Arizona* (66), *Starblack* (66), *Nebraska il pistolero* (66), *Ballata per un pistolero* (67), *Corri, uomo, corri* (67), *Così dolce così perversa* (69), *Zan, re della giungla* (69), *Lo irritarono...e Sartana fece piazza pulita* (70), *Quel maledetto giorno della resa dei conti* (71), *Sette scialli di seta gialla* (72), *Mezzogiorno di fuoco per An Hao* (72), *Lo chiamavano King* (73), *Novelle galeotte d'amore dal "Decamerone"* (73), *Tutti figli di "Mammasantissima"* (73), *Tequila* (74), *Noi non siamo angeli* (75), *Uomini si nasce, poliziotti si muore* (76), *Il mondo dei sensi di Amy Wong* (77), *Emanuella nera n. 2* (77), *Suor Emanuelle* (77), *Scusi, lei è normale?* (80), *Pierino la peste alla riscossa* (82), *L'occhio del male* (83), *L'ultimo guerriero* (83), *Belve feroci* (83), *Cane arrabbiato* (84), *Nudo e crudele* (84), *Trono di fuoco* (84), *La leggenda del rubino malese* (85), *Carabinieri si nasce* (85).

Mancori, Sandro *see* **Mancori, Alessandro**

Mancuso, Kevin *see* **D'Amato, Joe**

2767. Mander, Pietro Giovanni. Producer. b. Aug. 12, 1889, Treviso. In films from 1912, he founded Manderfilm in 1933. *Marcia nuziale* (34), *I due sergenti* (36), *Il dottor Antonio* (38), *La conquista dell'aria* (39), *Piccolo alpino* (40), *Il sogno di tutti* (41), *Pia de' Tolomei* (41), *Penne nere* (52).

2768. Manenti, Giulio. Producer. b. April 12, 1899, Roma. d. March 14, 1955, Roma. *La cieca di Sorrento* (34), *Lorenzino de' Medici* (34), *Aldebaran* (35), *L'albero di Adamo* (37), *Eravamo sette vedove* (39), *Napoli che non muore* (39), *La peccatrice* (40), *La canzone rubata* (40), *Beatrice Cenci* (41), *Ore 9 lezione di chimica* (41), *Amanti in fuga* (46), *Il diavolo bianco* (47), *Duello senza onore* (49), *Papà pacifico* (54).

2769. Manet, Elisabeth. French actress. b. 1934, Paris. niece of the painter Manet. "Discovered" by director Yves Ciampi on a ski slope. Also a water-skiing expert. *Gli eroi sono stanchi* (55), *La casa di Madame Korà* (57).

2770. Manetti, Lido. Actor. b. 1899, Firenze. d. Sept. 29, 1928, Hollywood, Calif., U.S.A. "Discovered" by Camillo De Riso. Went to America at the end of 1925, and acted under the name Arnold Kent. He was about to act in a Mary Pickford film when he died, as the result of an auto accident. *Principessa* (16), *Malia* (17), *Il processo Clemenceau* (18), *Addio, giovinezza!* (18), *Femina* (18), *Il richiamo* (19), *Figuretta* (20), *Addio, Musetto* (20), *La statua di carne* (21), *La preda* (21), *La chiromante* (21), *Amore rosso* (21), *La rosa di Fortunio* (21), *La via del dolore* (22), *La casa degli scapoli* (23), *Il riscatto* (23), *Quo vadis?* (24), *La leggenda delle Dolomiti* (24), *La bocca chiusa* (24), *La freccia nel cuore* (24), *La via del peccato* (25), *Fra Diavolo* (25), *Il focolare spento* (25), *Maciste contro lo sceicco* (25), *L'ultimo lord* (26), *World at Her Feet* (27 U.S.), *Hula* (27 U.S.), *Evening Clothes* (27 U.S.), *Woman on Trial* (27 U.S.), *The Showdown* (28 U.S.), *Easy Come, Easy Go* (28 U.S.), *Beau Sabreur* (28 U.S.), *The Woman Disputed* (28 U.S.).

2771. Manfredi, Nino. Actor. b. Oct., 1921, Castro dei Volsci. RN: Saturnino Manfredi. Has also done much work behind the camera. *Monastero di Santa Chiara* (48), *Torna a Napoli* (49), *Anema e core* (50), *La prigioniera della torre del fuoco* (52), *C'era una volta Angelo Musco* (53), *Canzoni, canzoni, canzoni* (53), *La domenica della buona gente* (53), *Ho scelto l'amore* (53), *Viva il cinema!* (53), *Ridere ridere ridere* (54), *Prigionieri del male* (55), *Lo scapolo* (55), *Gli innamorati* (55), *Guardia, guardia scelta, brigadiere e maresciallo* (56), *Non scherzare con le donne* (56), *Tempo di villeggiatura* (56), *Totò, Peppino e la...malafemmina* (56), *Susanna tutta panna* (57), *Femmine tre volte* (57), *Camping* (58 also co-w/story), *Adorabili e bugiarde* (58), *Caporale di giornata* (58), *Guardia, ladro e cameriera* (58), *Il bacio del sole* (58), *La maja desnuda* (58), *Pezzo, capopezzo e capitano* (58), *Venezia, la luna e tu* (58), *Carmela è una bambola* (58), *I ragazzi dei Parioli* (59), *Audace colpo dei soliti ignoti* (59), *L'impiegato* (59), *Le pillole di Ercole* (60 also co-w), *Il carabiniere a cavallo* (61), *A cavallo della tigre* (61), *Il giudizio universale* (61), *Crimen* (61), *L'amore difficile* (62 the episode "La storia di un soldato" also d/co-w), *I motorizzati* (62), *Anni ruggenti* (62), *La parmigiana* (63), *La ballata del boia* (63), *I cuori infranti* (63 also co-w/story), *In Italia si chiama amore* (63), *Alta infedeltà* (64 the episode "Scandaloso"), *Il gaucho* (64), *Thrilling* (64), *Controsesso* (65), *Le bambole* (65), *I complessi* (65 the episode "Una giornata decisiva"), *Made in Italy* (65), *Io, io, io...e gli altri* (65), *Io la conoscevo bene* (65), *Adulterio all'italiana* (65), *Questa volta parliamo di uomini* (65), *Operazione San Gennaro* (66 also co-w), *Una rosa per tutti* (67 also co-w), *Il padre di famiglia* (67), *Italian Secret Service* (67), *Straziami...ma di baci saziami* (68), *Riusciranno i nostri eroi a ritrovare l'amico misteriosamente scomparso in Africa?* (68), *Vedo nudo* (69), *Nell'anno del Signore* (69), *Rosolino Paternò soldato* (69), *Contestazione generale* (70), *I fakiri* (71), *Per grazia ricevuta* (71 also d/co-w/story), *In amore per ogni gaudenzia ci vuole sofferenza* (71), *Roma bene* (71), *Trastevere* (72), *Girolimoni, il mostro di Roma* (72), *Lo chiameremo Andrea* (73), *Pane e cioccolata* (73 also p/co-w), *C'eravamo tanto amati* (74), *Attenti al buffone!* (75), *Signore e signori, buonanotte* (76), *Brutti, sporchi e cattivi* (76), *Il conte di Montecristo* (76), *Basta che non si sappia in giro* (76), *Quelle strane occasioni* (76), *I nuovi mostri* (77), *In nome del papa re* (78), *La mazzetta* (78), *Il* *giocattolo* (79 also co-w), *Insieme* (79), *Gros câlin* (79 France), *I viaggiatori della sera* (80), *Caffè espresso* (80 also co-w), *Nudo di donna* (81 also co-d/co-w/story), *Testa e croce* (82 also co-w), *Spaghetti House* (82 also co-w), *Questo e quello* (83 also co-w), *Il tenente dei carabinieri* (85), *Grandi magazzini* (86), *I picari* (86), *Secondo Ponzio Pilato* (88), *Alberto Express* (90), *Mima* (91).

2772. Mangano, Roy. Actor. *Barabba* (61 as Christ).

2773. Mangano, Silvana. Actress. b. April 21, 1930, Roma. d. Dec. 16, 1989, Madrid, Spain. Daughter of a Sicilian father and an English mother. A former model, she was Miss Roma, and later a film extra. In 1949 she married Dino De Laurentiis. *Elisir d'amore* (46), *Il delitto di Giovanni Episcopo* (47), *Gli uomini sono nemici* (47), *Riso amaro* (48), *Assunta spina* (48), *Cagliostro* (48 U.S.), *Il lupo della Sila* (49), *Il brigante Musolino* (50), *Anna* (51), *Ulisse* (54), *Mambo* (54), *L'oro di Napoli* (54 the episode "Teresa"), *Il più comico spettacolo del mondo* (54), *Uomini e lupi* (56), *La diga sul Pacifico* (57), *La tempesta* (58), *La grande guerra* (59), *Jovanka e le altre* (59), *Una vita difficile* (61), *Crimen* (61), *Barabba* (61), *Il giudizio universale* (61), *Il processo di Verona* (62), *Il disco volante* (64), *La mia signora* (65 starred in all five episodes: "L'uccellino," "I miei cari," "Luciana," "Eritrea," and "L'automobile"), *Io, io, io . . . e gli altri* (65), *Le streghe* (66), *Scusi, lei è favorevole o contrario?* (66), *Capriccio all'italiana* (66), *Edipo re* (67), *Teorema* (68), *Viaggio di lavoro* (68), *Medea* (69), *Morte a Venezia* (70), *Scipione, detto anche "l'Africano"* (70), *Il Decamerone* (71), *Lo scopone scientifico* (72), *D'amore si muore* (72), *Ludwig* (73), *Gruppo di famiglia in un interno* (74), *Dune* (84 U.S.), *Oci ciornie* (87).

2774. Mangini, Alda. Actress. b. July 13, 1914, Milano. d. July 19, 1954, Roma. *Vanità* (46), *Fifa e arena* (48), *Totò al giro d'Italia* (49), *L'imperatore di Capri* (49), *I cadetti di Guascogna* (50), *Atto d'accusa* (50), *È arrivato il cavaliere* (50), *O.K. Nerone* (51), *Totò e le donne* (52), *La provinciale* (53), *Lasciateci in pace* (53), *Anni facili* (53), *Il paese dei campanelli* (53), *Ivan, il figlio del diavolo bianco* (54), *In amore si pecca in due* (54), *Canto per te* (54), *Pellegrini d'amore* (54).

2775. Mangione, Giuseppe. Co-writer. b. March 17, 1908, Roma. *Fari nella nebbia* (41 co-story), *La fornarina* (42), *In nome della legge* (49), *Barriera a settentrione* (49), *I fuorilegge* (50 also co-story), *Il bivio* (50), *Contro la legge* (51), *Persiane chiuse* (51), *La città si difende* (51), *Canzoni di mezzo secolo* (52), *Canzoni, canzoni, canzoni* (53), *Donne proibite* (53), *Il sacco di Roma* (53), *Il cavaliere di Maison Rouge* (53), *Gelosia* (53), *Noi cannibali* (53), *Amori di mezzo secolo* (53 the episode "Guerra 1915–1918"), *Tripoli, bel suol d'amore* (54), *Avanzi di galera* (54), *Ridere ridere ridere* (54), *Il mondo sarà nostro* (55), *Gli innamorati* (55), *La cortigiana di Babilonia* (55), *Canzoni di tutta Italia* (56 w), *La trovatella di Milano* (56), *Le belle dell'aria* (57 also story), *La donna che venne dal mare* (57), *Italia piccola* (57), *Non sono più guaglione* (57), *La mina* (58), *Dagli Appennini alle Ande* (58), *Nel segno di Roma* (58), *I piaceri del sabato notte* (60 also story), *I teddy-boys della canzone* (60), *Ursus* (61).

2776. Mankiewicz, Don M. U.S. writer. b. Jan. 20, 1922, Berlin, Germany. *Le imprese di una spada leggendaria* (55 story).

2777. Mankiewicz, Joseph L. U.S. director/producer/writer. b. Feb. 11, 1909, Wilkes-Barre, Pa. d. Feb. 1993. RN: Joseph Leo Mankiewicz. *La contessa scalza* (54 d/w/ex p).

2778. Mann, Abby. U.S. writer. b. 1927, Philadelphia, Pa. RN: Abraham Goodman. *I sequestrati di Altona* (63 wrote the English-language version, *The Condemned of Altona*).

2779. Mann, Anthony. U.S. director. b. June 30, 1906, San Diego, Calif. d. 1967. RN: Emil Anton Brundmann. *El Cid* (61), *La caduta dell'impero romano* (64).

2780. Mann, Claude. French actor. b. 1940. *Sacco e Vanzetti* (71), *L'innocente* (76).

Mann, Lewis *see* **Mancori, Alvaro**

2781. Mann, Ned. U.S. special effects man. b. 1893, Redkey, Ind. AKA: Ned H. Mann. De Sica brought him to Italy to create the fantasy sequences in *Miracolo a Milano* (50), but the results were far from special.

2782. Manni, Ettore. Actor. b. May 6, 1927, Roma. d. July 27, 1979, after accidentally shooting himself. *La tratta delle bianche* (52), *I tre corsari* (52), *La lupa* (52), *Fratelli d'Italia* (53), *Due notti con Cleopatra* (53), *La nave delle donne maledette* (53), *Cavalleria rusticana* (53), *Divisione Folgore* (54), *Ulisse* (54), *Siluri umani* (54), *Bella non piangere* (54), *Attila—flagello di Dio* (54), *Addio sogni di gloria* (54), *Agguato sul mare* (54), *Yalis, la vergine del Roncador* (54), *Tua per la vita* (55), *Le amiche* (55), *Donne sole* (55), *Dimentica il mio passato* (55), *Poveri ma belli* (56), *Il ricatto di un padre* (56), *Addio per sempre* (57), *Marisa la civetta* (57), *Ladro lui, ladra lei* (57), *Giovane canaglia* (58), *Il pirata dello sparviero nero* (58), *La rivolta dei gladiatori* (58), *Le legioni di Cleopatra* (59), *Zoras il ribelle* (59), *Napoleone ad Austerlitz* (60), *Il sepolcro dei re* (60), *La rivolta degli schiavi* (60), *A porte chiuse* (61), *Ercole alla conquista di Atlantide* (61), *I normanni* (61), *Le vergini di Roma* (61), *L'affondamento della "Valiant"* (61), *Lo sceicco rosso* (62), *Oro per i cesari* (62), *Roma contro Roma* (63), *I giganti di Roma* (63), *La pupa* (64), *Ursus, il terrore dei kirghisi* (64), *Voir Venise et crever* (64 France), *The Battle of the Villa Fiorita* (65 U.S.), *Mademoiselle* (66 France/U.K.), *L'arcidiavolo* (66), *Johnny Oro* (66), *La notte pazza del conigliaccio* (67), *Un uomo un cavallo una pistola* (68), *Angélique et le sultan* (68 France), *All'ultimo sangue* (68), *La Battaglia di El Alamein* (68), *Sono Sartana, il vostro becchino* (69), *Arrivano Django e Sartana... è la fine* (70), *Inginocchiati straniero... i cadaveri non fanno ombra* (71), *Mazzabubù... quante corne stanno quaggiù* (72), *Karzan, il favoloso uomo della giungla* (71), *Valdez il mezzosangue* (73), *Fatti di gente perbene* (74), *La divina creatura* (75), *Oh, Serafina!* (76), *Gli esecutori* (76), *Sella d'argento* (78), *La verdad sobre el caso Savolta* (80 Spain), *La città delle donne* (80).

2783. Mannini, Giorgio. Director. *La figlia della tempesta* (20 co-d), *Il mio antropofago* (21), *Savitri Satyvan* (23), *Zaganella e il cavaliere* (32).

2784. Mannino, Franco. Composer. b. April 24, 1924, Palermo. *Domani è un altro giorno* (50 co-composer), *Bellissima* (51), *La provinciale* (53), *Il tesoro dell'Africa* (53), *Oro per i cesari* (62), *La rivolta dei sette* (64), *Amore in quattro dimensioni* (64), *Madamigella di Maupin* (66), *Gruppo di famiglia in un interno* (74), *Identikit* (74), *L'innocente* (76).

2785. Mansart, Marie. French actress. b. Dijon. *Versailles* (53), *Napoleone Buonaparte* (54).

2786. Mansfield, Jayne. U.S. actress. b. April 19, 1933, Bryn Mawr, Pa. d. June 29, 1967, in a car crash near New Orleans, La. RN: Vera Jayne Palmer. *Gli amori di Ercole* (60), *L'amore primitivo* (64).

2787. Manson, Hélèna. French actress. b. Aug. 18, 1903, Caracas, Venezuela. *I bastardi* (50), *Imbarco a mezzanotte* (52), *Fuga nel sole* (56), *Paris Palace Hotel* (56), *Occhio per occhio* (56), *Le donne sono deboli* (59), *I peccatori della Foresta Nera* (61).

2788. Manuel, Robert. French actor. b. Sept. 7, 1916, Paris. *Napoleone Buonaparte* (54).

2789. Manunta, Vittorio. Actor. *Peppino e Violetta* (51), *Imbarco a mezzanotte* (52).

2790. Manzanos, Eduardo. Spanish producer. b. Nov. 10, 1919, Madrid. *Dimentica il mio passato* (55 also co-d), *Le belle dell'aria* (57), *Il maestro* (57 co-p), *Gli italiani sono matti* (58 co-p).

2791. Manzari, Nicola. Co-writer. b. Nov. 14, 1908, Bari. Has also directed. Movies include: *Tutto per la donna* (40 from his play), *Margherita fra i tre* (41), *Una notte dopo l'opera* (41 co-d/w), *L'ultimo addio* (41), *Il mercante di schiave* (41), *Quarta pagina* (42 co-d/w), *Ti ritroverò* (48), *Cuori sul mare* (49), *Fiamme sulla laguna* (50), *Eroi e briganti* (50), *47, morto che parla* (50), *Stasera sciopero* (51), *L'ultima sentenza* (51), *Cameriera bella presenza offresi* (51 story), *Tormento del passato* (51 also story), *I figli non si vendono* (52 also story), *Frine, cortigiana d'Oriente* (53 also story), *Papà pacifico* (54), *Guardia, guardia scelta, brigadiere e maresciallo* (56), *Le schiave di Cartagine* (57), *Roulotte e roulette* (60), *Le ambiziose* (60).

2792. Manzi, Alfredo. Art director. *Nelly la gigolette* (14), *A San Francisco* (15), *Assunta spina* (15), *Il capestro degli Asburgo* (15), *Diana l'affascinatrice* (15), *Yvonne, la bella della "danse brutale"* (15), *Otto milioni di dollari* (15), *La signora dalle camelie* (15), *Destino* (16), *Don Giovanni* (16), *Fedora* (16), *Nel gorgo della vita* (16),

Baby l'indiavolata (16), *Odette* (16), *La perla del cinema* (16), *Zia...Camillo* (16), *Andreina* (17), *Malia* (17), *La piccola fonte* (17), *I misteri di Parigi* (17), *Nellina* (17), *Dora o le spie* (17), *I nostri buoni villici* (17), *La corsa al trono* (18), *Il processo Clemenceau* (18), *Mariute* (18), *La donna nuda* (18), *Frou Frou* (18), *Spiritismo* (18), *Maman Colibrì* (18), *Tosca* (18), *La piovra* (18), *Colei che non si deve sposare* (18), *Le novantanove disgrazie del signor Camillo* (19), *L'orgoglio* (19), *L'ira* (19), *La gola* (19), *L'avarizia* (19), *L'accidia* (19), *La figlia unica* (19), *Anima allegra* (19), *Beatrice* (19), *La morte civile* (19), *La principessa Giorgio* (19), *La paura d'amare* (19), *Il cieco* (19), *La contessa Sara* (19), *L'invidia* (19), *La lussuria* (19), *La vendetta di Camillo* (19), *Sullivan* (19), *Lisa Fleuron* (19), *Raffica sulla felicità* (19), *Serpe* (19), *L'ombra* (19), *La sfinge* (20), *Saracinesca* (20), *Ultimo sogno* (20), *La blessure* (20), *Jou-jou* (20), *Liberazione* (20), *Maddalena Ferrat* (20), *Camillo emulo di Sherlock Holmes* (20), *Tre milioni di dote* (20), *Marion* (21), *La casa del santo* (21), *Farfallino* (21), *Giulia di Trécoeur* (21), *La maschera della colpa* (21), *Il nodo* (21), *Consuelita* (21), *La giovinezza del diavolo* (21), *Le nipoti d'America* (22), *La lanterna di Diogene* (22), *Quando gallina canta...gallo tace* (22), *Viaggio di piacere* (22), *Il generale Camillo* (23), *Fior di Levante* (25), *Marcella* (37), *Papà per una notte* (39), *Il socio invisibile* (39 co-art d), *Il ponte di vetro* (40), *Processo e morte di Socrate* (40), *Rosa di sangue* (40 co-art d), *Il "signore" della taverna* (40 co-art d), *Divieto di sosta* (41 set decorator), *Rita da Cascia* (42 co-art d), *Abbasso la miseria* (45), *L'amore di Norma* (50 co-art d), *Mamma mia, che impressione!* (51).

Manzini, Italia Almirante *see under* **Almirante**

2793. Manzoni, Carlo. Director. *Ha fatto 13* (52).

2794. Maraffi, Guido. Actor. b. Toscana. *Diavolini neri* (18), *Toro selvaggio* (18), *Dante nella vita dei tempi suoi* (22).

2795. Marais, Jean. French actor. b. Dec. 11, 1913, Cherbourg. RN: Jean Alfred Vilain-Marais. *Carmen* (43), *Ruy Blas* (47), *L'amante di una notte* (51), *I miracoli non si ripetono* (51), *Naso di cuoio* (52), *La voce del silenzio* (52), *Versailles* (53), *Il conte di Montecristo* (53), *Napoleone Buonaparte* (54), *Fuga nel sole* (56), *Eliana e gli uomini* (56), *Le notti bianche* (57), *Napoleone ad Austerlitz* (60), *Il testamento di Orfeo* (60 brief appearance), *La principessa di Clèves* (60), *Ponzio Pilato* (61), *Il ratto delle sabine* (61).

2796. Marandi, Evi. Actress. AKA: Evi Mirandi. *Orazi e Curiazi* (61), *Francis of Assisi* (61 U.S.), *Gidget Goes to Rome* (63 U.S.), *Paris When It Sizzles* (64 U.S.), *Le maledette pistole di Dallas* (64), *Terrore nello spazio* (65), *I figli del leopardo* (65), *Agente 3S3, massacro al sole* (65), *James Tont...operazione U.N.O.* (66), *Il gioco delle spie* (66), *Goldface, il fantastico superman* (68), *Luana, la figlia della foresta vergine* (68), *Homo eroticus* (71).

2797. Marano, Ezio. Actor. *Mangiala!* (68), *Lo chiamavano Trinità* (70), *Una lucertola con la pelle di donna* (71), *La tarantola dal ventre nero* (72), *L'ingenua* (76), *Campagnola bella* (76), *I due superpiedi* (76), *La belva con il mitra* (77), *Il signor ministro li pretese tutti e subito* (78), *Atsalùt pader* (79).

2798. Maranzana, Mario. Actor. *I barbieri di Sicilia* (67), *Un dollaro di fuoco* (67), *Le due facce del dollaro* (68), *Vivo per la tua morte* (68), *Scacco internazionale* (68), *Ciccio perdona...io no!* (68), *Goodbye Mr Chips* (69 U.K.), *L'etrusco uccide ancora* (72), *Il Decamerone proibito* (72), *Lady Caroline Lamb* (72 U.K.), *La vedova inconsolabile ringrazia quanti le consolarono* (73), *La pupa del gangster* (75), *Le dolci zie* (75), *Scandalo in famiglia* (76), *Oh, Serafina!* (76), *Una donna chiamata Apache* (76), *L'inquilina del piano di sopra* (77), *Frittata all'italiana* (77), *Interno di un convento* (78), *Bim Bum Bam* (78), *La cicala* (78), *Il giorno del cobra* (80), *Tranquille donne di campagna* (81).

2799. Marbaux, Jacqueline. French actress. b. Paris. AKA: Jacqueline Marbo, Jacqueline Marbeau. *Vestire gli ignudi* (54), *Napoleone Buonaparte* (54), *La bella Otero* (54), *Le grandi manovre* (55).

2800. Marcacci, Augusto. Actor. b. June 4, 1892, Firenze. Did much dubbing of foreign actors' voices into Italian, notably James Stewart's. *La signora Paradiso* (34), *Luci sommerse* (34), *Campo di maggio* (35), *La freccia d'oro* (35), *I condottieri* (36), *L'orologio a cucù* (38), *La sposa dei re* (38), *Carmen fra i rossi* (39), *Cuori nella* *tormenta* (40), *Incanto di mezzanotte* (40), *Melodie eterne* (40), *La prima donna che passa* (40), *Giuliano de' Medici* (41), *La maschera di Cesare Borgia* (41), *Fedora* (42), *Catene invisibili* (42), *Colpi di timone* (42), *Enrico IV* (43), *Spie tra le eliche* (43), *Una piccola moglie* (43), *La casa senza tempo* (43), *Il prezzo dell'onore* (52).

2801. Marcas, Dominique. French actress. b. Aug. 8, 1920, Dozulé. RN: Marcel Napoléonne Perrigault. Mostly on TV. *Le belle della notte* (52), *Quando le donne amano* (52), *I denti lunghi* (52), *Destini di donne* (53).

2802. Marceau, Marcel. French mime. b. March 22, 1923, Strasbourg. d. 1990. *Barbarella* (68), *Paganini* (89).

2803. Marcellini, Romolo. Director. b. Oct. 6, 1910, Montecosaro. *Stadio* (34 story), *Legionari al secondo parallelo* (37 doc), *Scipione l'Africano* (37 asst d), *Sentinelle di bronzo* (37), *Los novios de la muerte* (38 Spain doc), *La conquista dell'aria* (39), *L'uomo della legione* (40), *I pirati del golfo* (40 unfinished), *Mas* (41), *Guano fra due battaglie* (42 doc), *Pastor angelicus* (42 doc co-d), *Inviati speciali* (43), *Passaporto per l'Oriente* (51 the episode with Lollobrigida and Mastroianni), *Dieci anni della nostra vita* (53 doc), *Il tesoro di Rommel* (55), *I fidanzati della morte* (57), *Le orientali* (59 doc), *La grande olimpiade* (60 doc), *Tabù n. 2* (65).

2804. Marcellini, Siro. Director. b. Sept. 16, 1921, Genzano di Roma. Has done much TV. *Siamo ricchi e poveri* (54), *Un palco all'opera* (55 also co-w), *Ci sposeremo a Capri* (56), *Il bacio del sole* (58 also co-w), *I cavalieri del diavolo* (59), *Meravigliosa* (60 co-d), *Il colpo segreto di d'Artagnan* (60), *L'eroe di Babilonia* (62), *Lola Colt* (67), *La legge dei gangsters* (69).

2805. March, Elspeth. U.K. actress. b. 1912, London. RN: Elspeth Mackenzie. Formerly married to Stewart Granger. *Lola* (70).

2806. March, Fredric. U.S. actor. b. Aug. 31, 1897, Racine, Wisc. d. April 14, 1975. RN: Ernest Frederick McIntyre Bickle. *I sequestrati di Altona* (63).

2807. Marchal, Arlette. French actress. b. Feb. 29, 1902, Paris. Former model and beauty queen. She went to Hollywood in 1926, but returned to France with the advent of talkies. *Marcia nuziale* (34).

2808. Marchal, Georges. French actor. b. Jan. 10, 1920, Nancy. RN: Georges Louis Lucot. A former motorcycle racer, he was in movies from 1939. Married Dany Robin in 1951. *Gli ultimi giorni di Pompei* (48), *Messalina* (51), *I sette nani alla riscossa* (51), *Teodora, imperatrice di Bisanzio* (53), *Fate largo ai moschettieri* (53), *Versailles* (53), *Il visconte di Bragelonne* (54), *La contessa di Castiglione* (55), *Gli amanti di domani* (56), *Nel segno di Roma* (58), *La rivolta dei gladiatori* (58), *Costa Azzurra* (59), *Vacanze d'inverno* (59), *Le legioni di Cleopatra* (59), *Apocalisse sul Fiume Giallo* (59), *Napoleone ad Austerlitz* (60), *Il colosso di Rodi* (60), *Il colpo segreto di d'Artagnan* (60), *Ulisse contro Ercole* (61), *La guerra segreta* (65), *Bella di giorno* (67).

2809. Marchand, Corinne. French actress. b. Dec. 4, 1937, Paris. *Cleo dalle 5 alle 7* (62), *I sette peccati capitali* (62), *Il pistolero di Arizona* (66), *La cagna* (72).

2810. Marchat, Jean. French actor. b. June 18, 1902, Grigny. *Il nemico pubblico n. 1* (53), *Napoleone Buonaparte* (54).

Marchel, Juan Xiol *see* **Iquino, Ignacio**

Marchent, Joaquín Luís Romero *see under* **Romero**

Marchent, Rafael Romero *see under* **Romero**

Marchenti, Paul *see* **Romero Marchent, Joaquín Luís**

2811. Marchesi, Marcello. Co-writer. b. April 4, 1912, Roma. Has worked most frequently with Vittorio Metz, and for Mario Mattòli. Has been involved in directing several pictures. *Il pirata sono io* (40 also story), *Non me lo dire* (40 also story), *La scuola dei timidi* (42), *Catene invisibili* (42), *La donna è mobile* (42), *Arrivederci, papà* (48), *Accidenti alla guerra!* (48), *Undici uomini e un pallone* (48), *Totò al giro d'Italia* (49), *Se fossi deputato* (49), *Totò cerca casa* (49), *Adamo ed Eva* (49), *Totò le Moko* (49), *Biancaneve e i sette ladri* (49), *I cadetti di Guascogna* (50), *Il monello della strada* (50), *Figaro qua, Figaro là* (50), *47, morto che parla* (50), *Bellezze in bicicletta* (50), *È arrivato il cavaliere* (50), *Totò cerca moglie* (51), *Arrivano i nostri* (51), *L'inafferabile 12* (50), *Totòtarzan* (50), *Io sono il capataz!* (51), *Tizio, Caio, Sempronio* (51 co-d/w/story), *Sette ore di guai* (51 co-d/w/story), *Milano miliardaria* (51 co-d/w/story), *Libera uscita* (51), *Una bruna indiavolata* (51), *Il padrone del vapore* (51), *Licenza premio* (51), *Era lui... si! si!* (51 co-d/w/story), *Il mago per forza* (51 co-d/w/story), *La paura fa 90* (51), *Totò terzo uomo* (52), *Lo sai che i papaveri...* (52 co-d/co-w/story), *Noi due soli* (52 co-d/co-w/story), *Oggi sposi* (52), *Canzoni a due voci* (53), *L'incantevole nemica* (53 also co-story), *Era lei che lo voleva* (53), *Se vincessi cento milioni* (54 also co-story), *Siamo uomini o caporali?!* (54), *La moglie è uguale per tutti* (54), *I quattro del getto tonante* (55), *Noi siamo le colonne* (56), *Totò lascia o raddoppia* (57), *Totò, Peppino e i fuorilegge* (57), *Susanna tutta panna* (57), *Femmine tre volte* (57), *Maciste contro Ercole nella valle dei guai* (62).

2812. Marchesini, Italia. Actress. Widow of Nino Marchesini. *Non ti pago!* (42), *A che servono questi quattrini* (42), *La mascotte dei diavoli blu* (47), *Amori e veleni* (49), *Se fossi deputato* (49), *Incantesimo tragico* (51).

2813. Marchesini, Nino. Actor. b. Lecce. d. Jan. 13, 1961. *Il feroce Saladino* (37), *Arditi civili* (40), *Antonio Meucci, il mago di Clifton* (40), *Amore imperiale* (41), *Beatrice Cenci* (41), *Ore 9 lezione di chimica* (41), *Paura d'amare* (41), *L'ultimo combattimento* (41), *A che servono questi quattrini* (42), *La signorina* (42), *Dagli Appennini alle Ande* (43), *Paolo e Francesca* (49), *Lo zappatore* (50), *Totò cerca moglie* (51), *Finalmente libero!* (53), *Vortice* (54), *La campana di san Giusto* (54), *Pellegrini d'amore* (54), *Trieste cantico d'amore* (54), *La bella mugnaia* (55), *Cantami buongiorno tristezza* (55), *Storia di una minorenne* (56), *Io, Caterina* (56), *Peppino e la vecchia signora* (57 made in 54), *La congiura dei Borgia* (58).

2814. Marchetti, Giulio. Actor. *La strada buia* (49), *Imbarco a mezzanotte* (52), *L'avventuriero della Tortuga* (64).

2815. Marchetti, Nino. Actor. *I battellieri del Volga* (58), *La donna dei faraoni* (60), *Una regina per Cesare* (62), *Ercole, Sansone, Maciste, Ursus: gli invincibili* (64), *Le fate* (67 the episode "Fata Marta"), *Granada addio!* (68).

2816. Marchi, Antonio. Director. b. 1922, Parma. *Nasce il Romanico* (48 doc), *Canzoni tra due guerre* (50 doc), *In Puglia muore la storia* (50 doc), *Cantarono nel 600* (51 doc), *Lavorano per voi* (51 doc), *Donne e soldati* (54 co-d/co-w).

2817. Marchi, Virgilio. Art director. b. Jan. 21, 1895, Livorno. d. April 30, 1960, Roma. *Milizia territoriale* (35), *Non ti conosco più* (36), *Ballerine* (36 co-art d), *I condottieri* (36), *I due sergenti* (36), *Sono stato io!* (37), *Il conte di Bréchard* (37), *La conquista dell'aria* (39), *Un'avventura di Salvator Rosa* (40), *La corona di ferro* (41), *Pia de' Tolomei* (41), *La cena delle beffe* (41), *Luisa Sanfelice* (42), *I predoni del Sahara* (42 unfinished), *Un pilota ritorna* (42), *La fornarina* (42), *Quattro passi fra le nuvole* (42), *Maria Malibran* (43), *L'avventura di Annabella* (43), *Sempre più felice* (43), *Lacrime di sangue* (44), *Sperduti nel buio* (47), *Cielo sulla palude* (49), *Margherita da Cortona* (50), *Il nido di falasco* (50), *Francesco, giullare di Dio* (50), *Umberto D* (51), *Don Camillo* (52), *Europa 51* (52), *Art. 519, codice penale* (52), *La presidentessa* (52), *Stazione Termini* (53), *Il ritorno di don Camillo* (53), *Le due orfanelle* (54), *L'oro di Napoli* (54), *Don Camillo e l'onorevole Peppone* (55).

2818. Marchiò, Fanny. Actress. b. 1905, Corfù. Much on TV. *Per uomini soli* (39), *Se quell'idiota ci pensasse* (39), *Malombra* (42), *Quartieri alti* (43), *La donna della montagna* (43), *La signora è servita* (46 made in 44), *Ma chi te lo fa fare?* (48), *Luci del varietà* (50), *Senza bandiera* (50), *Gli uomini non guardano il cielo* (51), *Lo sceicco bianco* (52).

2819. Marciano, Danilo. Production manager. *Il grido* (57 co-prod mgr), *Ercole alla conquista di Atlantide* (61), *L'eclisse* (62).

2820. Marco, José. Spanish actor. b. Barcelona. RN: José Joandro Rosello. AKA: Joseph Marco. Former boxer. *Il gladiatore invincibile* (62), *L'uomo della valle maledetta* (63), *Gli invincibili sette* (63), *Giulietta e Romeo* (64), *L'ultimo dei mohicani* (65), *Django, cacciatore di taglie* (66), *Per il gusto di uccidere* (66), *I morti non si contano* (68).

2821. Marco, Raoul. French actor. *L'uomo dall'impermeabile* (57).

2822. Marco Davò, José. Spanish actor. b. May 10, 1898, Orihuela. *Il marito* (57), *La vendetta* (58), *Un angelo passò per Brooklyn* (58).

2823. Marconi, Lana. French actress.

b. Rumania. RN: Catherine Marcovici. Fifth wife of Sacha Guitry. *Versailles* (53), *Napoleone Buonaparte* (54), *Prima del futuro* (85).

2824. Marconi, Saverio. Actor. *Padre padrone* (77), *Il prato macchiato di rosso* (78), *Io donna, tu donna* (78), *Razza selvaggia* (78), *Operazione Ogro* (79), *Voltati Eugenio* (79), *Una strana passione* (84), *Il ragazzo di Ebalus* (84).

2825. Marcuzzo, Elio. Actor. b. July 27, 1917, Treviso. d. 1945, Veneto, shot during the insurrection of that year. AKA: Elio Marcuzzi. *Sissignora* (41), *Nozze di sangue* (42), *Ossessione* (42), *Rita da Cascia* (42), *Il cappello da prete* (43), *Silenzio, si gira!* (43), *Lettere al sottotenente* (43).

2826. Margadonna, Ettore Maria. Cowriter. b. Nov. 30, 1893, Palena. *Gli uomini non sono ingrati* (37), *Il feroce Saladino* (37 also co-story), *Pietro Micca* (38), *L'argine* (38), *Stella del mare* (38 also story), *Diamanti* (38 also story), *Tutta la vita in una notte* (38 also story), *I figli del marchese Lucera* (39), *Retroscena* (39), *Torna, caro ideal...!* (39), *Incanto di mezzanotte* (40 co-story), *Gioco pericoloso* (41), *La danza del fuoco* (42 also story), *Malombra* (42), *Colpi di timone* (42), *Tempesta sul golfo* (43 also story), *La storia di una capinera* (43 also adapted), *L'ultimo amore* (46 also story), *Il bandito* (46), *Sotto il sole di Roma* (48), *Senza pietà* (48 original idea), *Due soldi di speranza* (51 co-story), *Gli uomini non guardano il cielo* (51), *Il viale della speranza* (53), *La valigia dei sogni* (53), *Pane amore e fantasia* (53 also story), *Pane amore e gelosia* (54 also story), *Scuola elementare* (54), *La bella di Roma* (55), *Pane amore e...* (55 also story), *Anna di Brooklyn* (58 also story), *Pane amore e Andalusia* (59 also story), *Il moralista* (59 also story), *Gastone* (59 also story).

Margheriti, Antonio *see* **Dawson, Anthony M.**

2827. Margolin, Janet. U.S. actress. b. July 25, 1943, N.Y.C. *Buona sera, Mrs Campbell* (68).

2828. Mari, Febo. Director/actor. b. Jan. 18, 1884, Messina, Sicilia. d. June 6, 1939, Roma. Came from a baronial family. *Una partita a scacchi* (11), *L'innocente* (11 *), *Thomas Chatterton* (11 *), *Il critico* (12), *La ribalta* (12 *), *Padre* (12 *), *L'emigrante* (15 also story), *Il fuoco* (15 *), *La gloria* (16 also w), *Tigre reale* (16 *), *Cenere* (16 co-d/*), *Il fauno* (17 also w), *Attila—flagello di Dio* (17), *Tormento* (17 *), *Ercole* (17 also w), *Rose vermiglie* (18), *Casa di bambola* (18 co-d/*), *L'avventura di Fracassa* (18 co-d/*), *Verso l'avvenire* (18), *L'eroica* (19 also p/w), *Giuda* (19), *L'orma* (19), *La falce* (19), *E dopo?* (20), *Frasana e l'altro* (20 also story), *Nostradamus* (23 d), *Triboulet* (23 also w), *Assunta spina* (28 *), *Il conte di Bréchard* (37 *), *I tre desideri* (38 *), *Giuseppe Verdi* (38 *), *Lotte nell'ombra* (38 *).

2829. Mari, Fiorella. Actress. b. June 21, 1928, São Paolo, Brazil. RN: Fiorella Colpi. AKA: Fiorella Maxwell. *I misteri della giungla nera* (52), *La vendetta dei thugs* (52), *Canzoni a due voci* (53), *Il figlio dell'uomo* (53), *La regina Margot* (54), *Siamo uomini o caporali?!* (54), *Il prezzo della gloria* (55), *Lo spadaccino misterioso* (56), *Canzone proibita* (56), *Padri e figli* (56), *I miliardari* (56), *Le belle dell'aria* (57), *Non cantare...baciami!* (57), *La morte viene dallo spazio* (58), *Due selvaggi a corte* (58).

2830. Mari, Roberta. Actress. b. 1918, Livorno. *Questi ragazzi* (37), *Gli ultimi giorni di Pompeo* (37), *Felicita Colombo* (37).

2831. Mariani, Marcella. Actress. b. Feb. 8, 1936, Roma. d. Feb. 1956. Miss Cinema Lazio of 1953, and Miss Italia of the same year. Spotted at the latter contest by Luigi Malerba, who cast her in *Donne e soldati* (54), in the principal role. After a few acting lessons Visconti cast her as Clara, the young Veronese prostitute, in *Senso* (54). She elected to study under Gloria Guerrieri, and the two of them died in a plane crash on returning from Bruxelles where *Donne e soldati* was being shown. Other films include: *Il cantante misterioso* (54), *Le ragazze di San Frediano* (54).

2832. Marielle, Jean-Pierre. French actor. b. 1922. *Confetti al pepe* (63), *Buccia di banana* (64), *Weekend a Zuydecoote* (64), *Scappamento aperto* (64), *Un avventuriero a Tahiti* (66), *Quattro mosche di velluto grigio* (71), *Senza movente* (71), *Sturmtrüppen* (76).

2833. Marietto. Child actor. *La ballerina e buon Dio* (58), *It Started in Naples* (60 U.S.), *Giuseppe venduto dai fratelli* (60), *The Pigeon That Took Rome* (62 U.S.), *Jusqu'au bout du monde* (62 France).

2834. Marin, Francisco. Spanish director of photography. *I cento cavalieri* (64), *Una pistola per Ringo* (65), *Il ritorno di Ringo* (65), *Jessy non perdona...uccide* (66), *I lunghi giorni della vendetta* (68), *Tepepa* (68), *Due volte giuda* (68), *Professionisti per un massacro* (68), *Gentleman Jo...uccidi* (69).

2835. Marin, Guillermo. Spanish actor. b. Aug. 19, 1905, Madrid. *Gli ultimi giorni di Pompei* (59).

2836. Marin, Jacques. French actor. b. Sept. 9, 1919, Paris. *Fascicolo nero* (55), *I giganti* (55), *Quartiere dei lillà* (57), *Il coltello nella piaga* (63), *Il treno* (64).

2837. Marin, Luciano. Actor. *Il figlio del corsaro rosso* (58), *Tre straniere a Roma* (58), *Il terrore dei barbari* (59), *I tartassati* (59), *I tartari* (60), *L'assedio di Siracusa* (60), *La furia dei barbari* (60), *I giganti della Tessaglia* (61), *Orazi e Curiazi* (61), *Ercole alla conquista di Atlantide* (61), *Le sette folgori di Assur* (61), *Maciste contro i mostri* (63), *Ercole, Sansone, Maciste, Ursus: gli invincibili* (64), *Uno scacco tutto matto* (68 co-w), *Bianco, rosso e...* (71).

Marini, Lia *see* **Zoppelli, Lia**

2838. Marinucci, Vinicio. Co-writer. b. June 26, 1916, Ancona. *I fuorilegge* (50), *Altura* (50), *Angelo tra la folla* (50), *Cavalcata di mezzo secolo* (51), *Altri tempi* (51), *Canzoni di mezzo secolo* (52), *Amori di mezzo secolo* (53), *Dieci anni della nostra vita* (53 doc).

2839. Marinuzzi, Gino, Jr. Composer. b. 1920, N.Y.C. RN: Luigi Marinuzzi, Jr. Son of Gino Marinuzzi, the musician. His documentaries include: *La leggenda di Verona* (49), *Millesimo di millimetro* (50), *Serenità lagunare* (50), *Il testamento dei poveri* (50), *T 9* (51), *Dall'aria al pane* (51), *Signora Volpe* (51), *La valle del Carburo* (51), *Gamba di legno* (51), *Quelli che soffrono per noi* (51 short), *La fabbrica delle speranze* (52), *Fuori porta* (52), *I nostri nonni* (52), *Oggi, la scultura* (53), *Dolce Lombardia* (53), *Masolino* (53), *Basilica segreta* (53), *Miracoli* (53), *Ritmo in tre* (53), *Gente dei navigli* (54), *Il cavaliere di via Morone* (55), *Il lago dei romantici* (55), *Una vita per il colore* (55), *Buongiorno inverno* (55), *Un bicchiere d'acqua* (55), *Cinque anni in un giorno* (56), *La carrozza di tutti* (56), *L'inverno dei cavalli* (56), *Diario di un lago* (56), *Il romanzo del Sempione* (56), *Novembre* (56), *Bancarella* (56), *Grandes murailles* (56), *Italia in Patagonia* (58), *Lungo Brenta* (58), *Viaggio nelle Terre Basse* (58). His feature films have been few in comparison: *Romanzo d'amore* (50), *Amo un assassino* (51), *A fil di spada* (52), *Il maestro di don Giovanni* (53 co-composer), *La carrozza d'oro* (53), *Il mantello rosso* (54), *Ercole alla conquista di Atlantide* (61 co-composer), *Marte, dio della guerra* (62), *Giacobbe ed Esau* (62), *Hong Kong un addio* (63), *Le voci bianche* (64), *La mandragola* (65).

2840. Marion, Jean. French composer. b. May 6, 1912, Paris. *Fate largo ai moschettieri* (53).

2841. Marion-Crawford, Howard. U.K. actor. b. 1914. d. 1969. *Il castello di Fu Manchu* (68).

2842. Maris, Lya. Actress. RN: Livia Marracci. *Gli ultimi giorni di Pompei* (26), *Risa e lacrime napoletane* (26), *Il moroso della nonna* (27), *Un viaggio di nozze in sette* (28), *Tormento* (32).

2843. Mariscal, Ana. Spanish actress/producer/director. b. July 31, 1923, Madrid. *La bella fioraia di Madrid* (58 *), *Il magistrato* (59 *).

2844. Marken, Jane. French actress. b. Jan. 13, 1895, Paris. d. 1976. RN: Jane Krab. *L'uomo della mia vita* (52), *Le donne degli altri* (57).

2845. Marletta, Franco. Actor. AKA: Franco Marleta. *Gente d'onore* (68), *Ehi, amici, c'è Sabata...hai chiuso* (69), *Indagine su un cittadino al di sopra di ogni sospetto* (69).

2846. Marley, John. U.S. actor. b. 1906, N.Y.C. d. May 22, 1984, Los Angeles, Calif. *Sledge* (70), *L'etrusco uccide ancora* (72).

2847. Marlier, Carla. French actress. *Zazie nel Mètro* (61), *La leggenda di Enea* (62), *Colpo grosso al casinò* (62), *Tre passi nel delirio* (68 the episode "Metzengerstein").

2848. Marlon, Mary. Actress. RN: Maria Luisa Merlo. *Ursus* (61), *Ursus nella valle dei leoni* (61).

2849. Marlowe, Faye. U.K. actress. *Il ladro di Venezia* (50).

2850. Marmont, Patricia. U.K. actress. b. 1921, U.S.A. Daughter of British actor Percy Marmont. *Elena di Troia* (56).

2851. Marotta, Giuseppe. Co-writer.

b. April 5, 1902, Napoli. *Soltanto un bacio* (42), *Quarta pagina* (42), *Amor non ho! Però... però* (51 also co-story), *Un ladro in paradiso* (51), *Tempi nostri* (52), *Tarantella napoletana* (53), *Cento anni d'amore* (53), *Carosello napoletano* (54), *L'oro di Napoli* (54 also from his book of the same name), *Questi fantasmi* (55).

2852. Marquand, Christian. French actor. b. March 15, 1927, Marseille. His father was of Arab blood, and his mother of Spanish. Brother of Serge Marquand. Married Tina Aumont. *Lucrezia Borgia* (53), *Senso* (54), *Attila—flagello di Dio* (54), *Siluri umani* (54), *Una vita* (57), *Un "colpo" da due miliardi* (58), *I dolci inganni* (60), *Il delitto non paga* (62), *La pappa reale* (63), *Il sigillo di Pechino* (66), *Candy* (68 d).

Marquand, Tina *see* **Aumont, Tina**

2853. Mars, Colette. French actress. b. Aug. 10, 1916, Tangier, Morocco. *I denti lunghi* (52).

2854. Marsani, Claudia. Actress. *Gruppo di famiglia in un interno* (74), *Scandalo* (75).

2855. Marshall, E.G. U.S. actor. b. June 18, 1910, Owatonna, Minn. RN: Everett G. Marshall. *Il papavero è anche un fiore* (66), *Due occhi diabolici* (90).

2856. Marshall, George. U.S. director. b. Dec. 29, 1891, Chicago, Ill. d. 1975. *L'intrigo* (63).

2857. Marshall, Marion. U.S. actress. b. June 8, 1926, Los Angeles, Calif. *Via Margutta* (60).

2858. Marshall, Mike. U.S. actor. b. 1944. Son of William Marshall and Michèle Morgan. *Vendo cara la pelle* (68), *Con lui cavalca la morte* (68).

2859. Martel, Christiane. French actress. b. Jan. 18, 1936, Nancy. RN: Christiane Magnani. Her father was an Italian, born in France. After being elected Miss France and Miss Universe, she went to Hollywood and then into the Mexican cinema. *Tipi da spiaggia* (59), *Tharus, figlio di Attila* (61).

2860. Martella, Attilio. Actor. b. Oct. 15, 1919, Raccuja, Messina. Also a teacher and painter. *Roma, ore 11* (51), *Il sole negli occhi* (53), *Il matrimonio* (53), *Le signorine dello 04* (54), *Racconti romani* (55), *Lo scapolo* (55).

2861. Martelli, Otello. Director of photography. b. May 10, 1902, Roma. *Oltre la legge* (19 co-ph), *La contessa Sara* (19), *Liberazione* (20), *Anima selvaggia* (20 asst ph), *La blessure* (20 asst ph), *La maschera della colpa* (21 asst ph), *Consuelita* (21), *Farfallino* (21 co-ph), *Il nodo* (21), *La giovinezza del diavolo* (21 co-ph), *Fatale bellezza* (22), *La donna nuda* (22 asst ph), *Fior di Levante* (25 co-ph), *Anita* (26 co-ph), *Vecchia guardia* (34), *Il cardinale Lambertini* (34), *La mia vita sei tu* (34), *Darò un milione* (36 co-ph), *L'ambasciatore* (36), *L'antenato* (36), *Arma bianca* (36), *Un bacio a fior d'acqua* (36), *Vivere!* (36), *La contessa di Parma* (37), *Marcella* (37), *Allegri masnadieri* (37), *Gli uomini non sono ingrati* (37), *Jeanne Doré* (38 co-ph), *Chi è più felice di me?* (38), *Io, suo padre* (38), *Papà per una notte* (39), *Follie del secolo* (39), *Kean, gli amori di un artista* (40 co-ph), *Lucrezia Borgia* (40 co-ph), *Il "signore" della taverna* (40), *Il re del circo* (40), *Miseria e nobiltà* (40), *Il bravo di Venezia* (41), *La gorgona* (42), *Don Giovanni* (42), *Tragica notte* (42 co-ph), *La carica degli eroi* (43), *Quartieri alti* (43 co-ph), *Paisà* (46), *L'ultimo amore* (46), *Caccia tragica* (47), *Amore* (48 co-ph), *Riso amaro* (48), *La montagna di cristallo* (49), *Stromboli, terra di Dio* (50), *Luci del varietà* (50), *Francesco, giullare di Dio* (50), *Anna* (51), *Roma, ore 11* (51), *Un marito per Anna Zaccheo* (53), *I vitelloni* (53 co-ph), *Siamo donne* (53 co-ph), *Giorni d'amore* (53), *L'oro di Napoli* (54 co-ph), *Il terrore dell'Andalusia* (54), *La strada* (54), *La donna del fiume* (54), *Il bidone* (55), *La fortuna di essere donna* (55), *Le notti di Cabiria* (56 co-ph), *Guendalina* (57), *La diga sul Pacifico* (57), *Vacanze ad Ischia* (57), *La legge* (58), *La dolce vita* (60), *La ragazza in vetrina* (60), *Boccaccio 70* (61 the two episodes, "Le tentazioni del dottor Antonio" and "La riffa"), *Cirano e d'Artagnan* (62), *I tre volti della paura* (63), *Il maestro di Vigevano* (63), *La donna è una cosa meravigliosa* (64 co-ph), *La mia signora* (65), *I tre volti* (65 co-ph), *Ménage all'italiana* (65), *Tre pistole contro Cesare* (66).

2862. Marten, Félix. French actor. *Fuga nel sole* (56).

2863. Marthouret, François. French actor. *Avventura di un fotografo* (82).

2864. Martin, Daniel. Spanish actor. AKA: Dan Martin. *Gringo* (63), *Per un* *pugno di dollari* (64), *L'ultimo dei mohicani* (65), *Sette magnifiche pistole* (66), *Per pochi dollari ancora* (66 co-w), *4...3...2...1...morte* (67), *Un minuto per pregare, un istante per morire* (68), *Il ritorno di Clint il solitario* (71), *Attento, gringo, è tornato Sabata* (72), *Lo credevano uno stinco di santo* (74), *Cipolla Colt* (75).

2865. Martin, Dean. U.S. actor/singer. b. June 7, 1917, Steubenville, O. RN: Dino Paul Crocetti. *Canzoni nel mondo* (62).

2866. Martin, Eugenio. Director. AKA: Gene Martin. *Ipnosi* (62), *Requiem per un gringo* (66 co-d), *Bounty killer* (66 also co-w), *...E continuavano a fregarsi il milione di dollari* (72 also co-w).

Martin, Femi *see* **Benussi, Femi**
Martin, Frank *see* **Girolami, Marino**
Martin, Gene *see* **Martin, Eugenio**
Martin, George *see* **Martin, Jorge**
Martin, Herbert *see* **De Martino, Alberto**

2867. Martin, Jean. Actor. *Un dollaro bucato* (65), *Adios gringo* (66), *La Battaglia di Algeri* (66 the only professional actor in the cast), *Manon 70* (68), *Il mio nome è Nessuno* (73), *Un genio, due compari, un pollo* (75).

2868. Martin, Jorge. Actor. AKA: George Martin. *I due violenti* (64), *La sfida degli implacabili* (65), *Una pistola per Ringo* (65), *La furia degli apaches* (65), *Il ritorno di Ringo* (65), *Per il gusto di uccidere* (66), *Thompson 1880* (66), *Tre del Colorado* (67), *Con la morte alle spalle* (67), *Sartana non perdona* (68), *Quindici forche per un assassino* (68), *Sigpress contro Scotland Yard* (68), *Clint il solitario* (68), *Professionisti per un massacro* (68), *Che fanno i nostri superman tra le vergini della giungla?* (71), *Il ritorno di Clint il solitario* (71 also d), *Attento, gringo, è tornato Sabata* (72), *E così divennero i tre superman del west* (74).

2869. Martin, José Manuel. Spanish actor. b. Ávila. AKA: Manuel Martin. *La schiava di Bagdad* (63), *Le pistole non discutono* (64), *Minnesota Clay* (64), *Una pistola per Ringo* (65), *I cinque della vendetta* (65), *Agente S03: operazione Atlantide* (66), *Quien sabe?* (66), *Django spara per primo* (66), *Dio perdona...io no* (68), *Quindici forche per un assassino* (68), *Giugno 44 sbarcheremo in Normandia* (68), *Un minuto per pregare, un istante per morire* (68), *Il castello di Fu Manchu* (68), *Lo voglio morto* (68), *Uno dopo l'altro* (68), *Sette dollari sul rosso* (68), *Le disavventure della virtù* (68), *Quei disperati che puzzano di sudore e di morte* (69), *Bastardo, vamos a matar* (71), *...E continuavano a fregarsi il milione di dollari* (72), *Arizona Colt si scatena, e li fece fuori tutti* (73).

Martin, Manuel *see* **Martin, José Manuel**

2870. Martin, Maria. Spanish actress. b. July 14, 1923, Malaga. AKA: Mary Martin, Maria Martínez. *Atollo K* (51), *Ringo e Gringo contro tutti* (66), *I crudeli* (67), *Crepa tu...che vivo io* (67), *I morti non si contano* (68), *Reverendo Colt* (71), *La mia colt ti cerca...quattro ceri ti attendono* (72).

Martin, Mary *see* **Martin, Maria**
Martin, Paul *see* **Cardone, Alberto**

2871. Martin, Skip. U.S. midget actor. b. 1928. *Col cuore in gola* (67).

Martin, Sobey *see* **Croccolo, Carlo**
Martin, Susanne *see* **Martinkova, Susanna**

2872. Martinelli, Alfredo. Actor. b. 1893, Siena. *I topi grigi* (17), *Nel gorgo* (18), *I rapaci dell'onore* (18), *L'isola della felicità* (19), *Amore stanco* (20), *La fiammata* (22), *La dame de Chez-Maxim* (22), *Il riscatto* (23), *La seconda moglie* (23), *Il tacchino* (23), *The White Sister* (24 U.S.), *Romola* (24 U.S.), *Teodoro e socio* (24), *La via del peccato* (25), *Fra Diavolo* (25), *L'uomo più allegro di Vienna* (25), *La cavalcata ardente* (25), *Gli ultimi giorni di Pompei* (26), *Florette e Patapon* (27), *Assunta spina* (28), *Il cantastorie di Venezia* (28), *Nerone* (30), *Corte d'assise* (30), *Rubacuori* (31), *La lanterna del diavolo* (31), *Figaro e la sua gran giornata* (31), *La segretaria privata* (31), *Palio* (32), *La cantante dell'opera* (32), *Paradiso* (32), *Casta diva* (35), *Ma non è una cosa seria* (36), *Una moglie in pericolo* (39), *Ballo al castello* (39), *La taverna rossa* (39), *Cento lettere d'amore* (40), *Una romantica avventura* (40), *Don Pasquale* (40), *Il cavaliere senza nome* (40), *La bocca sulla strada* (41), *Il bravo di Venezia* (41), *Perdizione* (42), *Don Cesare di Bazan* (42), *Sempre più difficile* (42), *Colpi di timone* (42), *Incontri di notte* (43), *L'avventura di Annabella* (43), *Due cuori fra le belve* (43), *Campo de'* *fiori* (43), *Il mondo vuole così* (45), *Arrivederci, papà* (48).

2873. Martinelli, Elsa. Actress. b. Jan. 13, 1932, Grossetto. A former model whose picture in *Life* magazine attracted Kirk Douglas. *The Indian Fighter* (55 U.S.), *La risaia* (55), *Donatella* (55), *Four Girls in Town* (57 U.S.), *Manuela* (57 U.K.), *I battellieri del Volga* (58), *La mina* (58), *Ciao, ciao, bambina* (58), *Costa Azzurra* (59), *Tunisi top secret* (59), *La notte brava* (59), *Un amore a Roma* (60), *Il sangue e la rosa* (60), *I piaceri del sabato notte* (60), *Il carro armato dell'8 settembre* (60), *Il capitano del re* (60), *La Ménace* (60 France), *The Pigeon That Took Rome* (62 U.S.), *Il processo* (62), *Hatari* (62 U.S.), *Pelle viva* (62), *Rampage* (63 U.S.), *The VIPs* (63 U.K.), *Le meravigliose avventure di Marco Polo* (65), *La decima vittima* (65), *De l'amour* (65 France), *L'Or du duc* (65 France), *Un Millard dans un billard* (65 France), *Da New York mafia uccide* (65), *Maroc 7* (66 U.K.), *Come imparai ad amare le donne* (67), *Sette volte donna* (67), *Le Plus Vieux Métier du monde* (67 France), *Qualcuno ha tradito* (67), *Un dollaro per sette vigliacchi* (67), *Manon 70* (68), *Il mio corpo per un poker* (68), *Candy* (68), *Maldonne* (68 France), *L'amica* (69), *Les Chemins de Kathmandou* (69 France), *If It's Tuesday This Must Be Belgium* (69 U.S.), *OSS 117 prend des vacances* (69 France), *Una sull'altra* (70), *La Part des lions* (70 France), *La Araucana, massacro degli dei* (72), *Garofano rosso* (75), *Babasciò* (85), *Sono un fenomeno paranormale* (86).

Martinelli, Franco *see* **Girolami, Marino**

2874. Martinengo, Nino. Director. AKA: "Bob." *La duchessa del Bal Tabarin* (16), *I figli sperduti* (16), *Colui che ha tutto perduto* (17), *Gipsy* (17), *Il delitto di Castel Giubileo* (18), *La figlia dell'oro* (19), *La piccola fioraia* (20), *Aurora rossa* (21), *Due più due uguale a sette* (21).

Martínez, Maria *see* **Martin, Maria**

2875. Martini, Ferdinando Antonio. Director of photography. b. Milano. d. April 1, 1937, Roma. *La bevitrice d'etere* (15), *La fioraia di Como* (15), *L'ostacolo* (15), *Il sogno di un giorno* (16), *Più forte del destino* (16), *Il vetturale del Moncenisio* (16), *Il frantoio* (19), *La scatola macchiata di sangue* (19), *La bella Madame Hébert* (19), *Sirena* (19), *L'istinto* (20), *Il romanzo di un giovane povero* (20 co-ph), *Un viaggio verso la morte* (20), *Un punto nero* (20), *La città di vetro* (21), *Il figlio di Madame Sans-gêne* (21 co-ph), *La duchessa Mistero* (22), *L'ora terribile* (22), *Il velo della colpa* (23), *L'osteria di Mozzadita* (24), *Anita* (26 co-ph), *Kiff Tebbi* (27), *La vena d'oro* (28), *La grazia* (29), *Venere* (31 co-ph), *Zaganella e il cavaliere* (32 co-ph), *Cinque a zero* (32), *Tre uomini in frac* (32), *La fortuna di Zanze* (32 co-ph), *Piccola mia* (32), *La signorina dell'autobus* (32), *Il treno delle 21,15* (33 co-ph), *Aria di paese* (33), *Cléo, robes et manteaux* (34 France), *Tenebre* (34), *L'avvocato difensore* (34), *Milizia territoriale* (35), *Giungla nera* (35 co-ph), *L'aria del continente* (36), *Amazzoni bianche* (36 co-ph), *Il grande appello* (36 co-ph).

2876. Martini, Rossana. Actress. b. 1926, Empoli. She was the first Miss Italia, in 1946. Married Nino Crisman in 1951. *I contrabbandieri del mare* (49), *Se fossi deputato* (49), *I sette nani alla riscossa* (51), *Ai margini della metropoli* (52), *The Star of India* (54 U.K.), *Le bellissime gambe di Sabrina* (58), *Brevi amori a Palma di Maiorca* (59), *Il carro armato dell'8 settembre* (60), *Requiescant* (67).

2877. Martinkova, Susanna. Czech actress. AKA: Susanne Martin. *Granada addio!* (68), *El "Che" Guevara* (68), *Un detective, macchie di belletto* (68), *La rosa rossa* (73), *Prete, fai un miracolo* (74), *Il signor ministro li pretese tutti e subito* (77), *La regia è finita* (78), *Il ladrone* (80).

2878. Martino, Sergio. Director. AKA: Martin Dolman, Christian Plummer. *La lama nel corpo* (66 co-wrote with Ernesto Gastaldi using the joint pseudonym Martin Hardy), *Per 100.000 dollari t'ammazzo* (67 co-w/co-ph), *Il tuo vizio è una stanza chiusa e solo io ne ho la chiave* (72), *Strana orchidea con cinque gocce di sangue* (72), *Giovannana Coscialunga disonorata con onore* (73), *I corpi presentano tracce di violenza carnale* (73), *Arizona Colt si scatena, e li fece fuori tutti* (73), *Morte sospetta di una minorenne* (76), *40 gradi sotto il lenzuolo* (76), *Cugini carnali* (76 also co-w), *Spogliamoci così senza pudor...* (77), *Mannaja* (77 also co-w), *L'isola degli uomini pesce* (78 also co-w), *La* *montagna del dio cannibale* (78), *Il fiume del grande caimano* (79), *Sabato, domenica e venerdì* (79 co-d), *La moglie in vacanza. . . l'amante in città* (80), *Zucchero, miele e peperoncino* (80), *Cornetti alla crema* (81), *Ricchi, ricchissimi. . .praticamente in mutande* (81), *Spaghetti a mezzanotte* (81), *Assassinio al cimitero etrusco* (82), *Occhio malocchio prezzemolo e finocchio* (83 also co-w), *Acapulco, prima spiaggia a sinistra* (83), *Se tutto va bene siamo rovinati* (83), *2019 dopo la caduta di New York* (83), *L'allenatore del pallone* (84), *Mezzo destro mezzo sinistro—due calciatori senza pallone* (85), *Vendetta da futuro* (85 also co-w/story), *Shark—rosso nell'oceano* (84 story).

2879. Martoglio, Nino. Director. b. Dec. 3, 1870, Catania. d. Sept. 15, 1921, Catania. Made five films (all lost since 1945). *Il romanzo* (13), *Capitan Blanco* (14 co-d), *Sperduti nel buio* (14), *Teresa Raquin* (15), *San Giovanni decollato* (18).

2880. Marton, Andrew. U.S. 2nd unit director. b. Jan. 26, 1904, Budapest, Hungary. d. Jan. 9, 1992, Santa Monica, Calif. RN: Endre Marton. In the U.S.A. from 1923. *Ben-Hur* (59 co-2nd unit d), *La caduta dell'impero romano* (64 actually director of 2nd unit operations).

2881. Marturano, Gino. Actor/stuntman. b. 1931. *Guglielmo Tell* (48), *Prince of Foxes* (49 U.S.), *Quo Vadis?* (51 U.S.), *Ben-Hur* (59), *La dolce vita* (60), *Gordon, il pirata nero* (62), *I pirati della Malesia* (64), *4. . .3. . .2. . .1. . .morte* (67), *Ehi, amico, c'è Sabata. . .hai chiuso* (69), *Jesse e Lester, due fratelli in un posto chiamato Trinità* (72), *The Count of Monte Cristo* (75 U.K. TV).

2882. Marvasi, Cesare. French producer. b. Jan. 7, 1905, Napoli. In France from 1924. *Carmen* (43), *La certosa di Parma* (47).

2883. Mary, Renaud. French actor. b. July 31, 1918, Bordeaux. *Fate largo ai moschettieri* (53), *Eliana e gli uomini* (56), *Le avventure di Arsenio Lupin* (57), *Madame Sans-gêne* (61), *Le vergini di Roma* (61), *Il delitto non paga* (62).

2884. Marzi, Antonio. Director of photography. b. July 5, 1916, Venezia. *Ettore Fieramosca* (38 co-ph), *È sbarcato un marinaio* (40 co-ph), *La fuggitiva* (41), *La sonnambula* (41), *Una notte dopo l'opera* (41), *Dente per dente* (42), *L'angelo bianco* (42), *La buona fortuna* (44), *Torcello* (46 doc also co-d).

2885. Marzi, Franca. Actress. b. Aug. 18, 1926, Roma. d. March 6, 1989, Cinisello Balsamo. *Amanti in fuga* (46), *Il segreto di don Giovanni* (47), *I due orfanelli* (47), *Tombolo, paradiso nero* (47), *Follie per l'opera* (47), *L'isola di Montecristo* (48), *Fifa e arena* (48), *Calamita d'oro* (48), *I pirati di Capri* (48), *Napoli, eterna canzone* (49), *La figlia del peccato* (49), *Totò le Moko* (49), *Al diavolo la celebrità* (49), *Ho sognato il paradiso* (49), *Il figlio di d'Artagnan* (49), *Figaro qua, Figaro là* (50), *L'edera* (50), *Anema e core* (50), *Bellezze in bicicletta* (50), *Verginità* (50), *Il capitano nero* (51), *Amor non ho! Però. . .però* (51), *Arrivano i nostri* (51), *Vendetta. . .sarda* (51), *Lorenzaccio* (51), *Milano miliardaria* (51), *La vendetta di Aquila Nera* (51), *La vendetta del corsaro* (51), *Una bruna indiavolata* (51), *Tizio, Caio, Sempronio* (51), *Santa Lucia luntana* (51), *Fuoco nero* (51), *Carcerato* (51), *La paura fa 90* (51), *Salvate mia figlia* (51), *Totò terzo uomo* (52), *A fil di spada* (52), *Eran 300* (52), *Io, Amleto* (52), *I morti non pagano le tasse* (52), *Non ho paura di vivere* (52), *Tragico ritorno* (52), *La voce del sangue* (52), *La carovana del peccato* (52), *I piombi di Venezia* (52), *Il cavaliere di Maison Rouge* (53), *La cavallina storna* (53), *Canzoni a due voci* (53), *Fermi tutti, arrivo io!* (53), *Il mostro dell'isola* (53), *Riscatto* (53), *Lasciateci in pace* (53), *Canto per te* (54), *Il medico dei pazzi* (54), *L'orfana del ghetto* (54), *Ritrovarsi all'alba* (54), *Il barcaiolo d'Amalfi* (55), *Suor Maria* (56), *La trovatella di Milano* (56), *Le notti di Cabiria* (56), *Fortunella* (58), *Racconti d'estate* (58), *Il raccomandato di ferro* (59), *Gastone* (59), *Totò, Fabrizi e i giovani d'oggi* (60), *Psycosissimo* (60), *Fantasmi a Roma* (60).

2886. Mascetti, Gina. Actress. *Due soldi di speranza* (51), *Il ladro di Bagdad* (60), *Granada addio!* (68).

2887. Masciocchi, Marcello. Director of photography. AKA: Marcel Mascot, Marc Lane. *Space men* (60), *Amore mio* (64), *Saul e David* (64), *I terribili sette* (64), *La lama nel corpo* (66), *Un dollaro tra i denti* (67), *Trenta Winchester per El Diablo* (67), *Un uomo un cavallo una pistola* (68), *Ecce homo* (68), *I quattro dell'ave maria*

(68), *La collina degli stivali* (69), *Lo chiamavano Django* (71), *Una colt in mano al diavolo* (72), *Tropico del Cancro* (72), *Più forte, ragazzi!* (72), *No, il caso è felicemente risolto* (73), *La rosa rossa* (73), *I baroni* (75), *Il soldato di ventura* (75), *Il suo nome è Sandokan* (76), *Ultimo mondo cannibale* (76 co-ph), *Il grande racket* (77), *Squadra antifurto* (77), *Messalina, Messalina* (77), *La tigre è ancora viva: Sandokan alla riscossa* (77), *La polizia è sconfitta* (78), *Squadra antimafia* (78), *Squadra antitruffa* (79), *Il mondo di Yor* (82), *Legati da tenera amicizia* (83), *Delitto al Blue Gay* (84).

2888. Masciocchi, Raffaele. Director of photography. AKA: Donald Grenn. *Destini di donne* (53), *Vacanze d'amore* (54), *Suor Maria* (56), *Storia di una minorenne* (56), *Classe di ferro* (57), *Non sono più guaglione* (57), *Caporale di giornata* (58), *È permesso, maresciallo* (58), *Io, mammeta e tu* (58), *Annibale* (59), *La 100 km* (59), *Madri pericolose* (60), *Robin Hood e i pirati* (60), *La venere dei pirati* (60), *I teddy-boys della canzone* (60), *I giganti della Tessaglia* (61 co-ph), *Oro per i cesari* (62), *L'orribile segreto del dottor Hichcock* (62), *Le sette spade del vendicatore* (62), *Il magnifico avventuriero* (62), *Lo spettro del dottor Hichcock* (63), *Delitto allo specchio* (63), *Maciste nell'inferno di Genghis Khan* (64), *Uccidete Johnny Ringo* (66).

2889. Masciocchi, Riccardo. Director of photography. *La spada e la croce* (58).

Mascot, Marcel *see* **Masciocchi, Marcello**

2890. Masé, Marino. Actor. *Le Gendarme à New York* (62 France), *L'amore difficile* (62), *I mostri* (63), *Il gattopardo* (63), *Les Carabiniers* (63 France), *Pugni in tasca* (65), *L'idea fissa* (64), *A qualsiasi prezzo* (68), *Commandos* (68), *I cannibali* (69), *Un esercito di cinque uomini* (69), *Pussycat, Pussycat, I Love You* (70 U.K.), *La dama rossa uccide sette volte* (72), *Il boss* (73), *Il portiere di notte* (73), *La città sconvolta—caccia spietata ai rapitori* (74), *Donna e bello* (74), *Zorro* (75), *...A tutte le auto della polizia* (75), *Peppino e la vergine Maria* (75), *Uomini si nasce, poliziotti si muore* (76), *L'uomo di Corleone* (77), *Maternale* (78), *Assassinio sul Tevere* (79), *Contamination—alien arriva sulla terra* (80), *The Salamander* (80 U.K.), *I carabinieri* (81), *Le notti segrete di Lucrezia Borgia* (81), *The Belly of an Architect* (87 U.K.).

2891. Maselli, Francesco. Director. b. Dec. 9, Roma. Began making amateur films in 1945. Started training at the Centro Sperimentale in 1947. *Patto col diavolo* (49 asst d), *L'amorosa menzogna* (49 short asst d), *Bagnaia paese italico* (49 short doc), *Tibet proibito* (49 short doc e), *Finestre* (50 short doc), *Cronaca di un amore* (51 asst d/co-w), *Sport minore* (51 short doc), *Bambini* (51 short doc), *Ombrellai* (52 short doc), *Siamo donne* (53 asst d), *La signora senza camelie* (53 asst d/co-w), *Amore in città* (53 the episode "La storia di Caterina" co-d), *Fioraie* (53 short doc), *Zona pericolosa* (53 short doc), *Cantamaggio a Cervarezza* (54 short doc), *Gli sbandati* (55 also co-w/co-story), *La donna del giorno* (56 also co-w), *I delfini* (60 also co-w/story), *La scuola romana* (60 short doc), *Le italiane e l'amore* (61 the episode "Le adolescenti e l'amore"), *Gli indifferenti* (63 also co-w), *Fai in fretta ad uccidermi... ho freddo!* (68 also co-w), *Ruba al prossimo tuo* (68 also co-w), *Lettera aperta a un giornale della sera* (70 also co-w), *Il sospetto* (75 also co-w), *Il nome della rosa* (86 *), *Storia d'amore* (86 also w), *Codice privato* (88 also w), *Il segreto* (90 also w).

2892. Masetti, Enzo. Composer. b. Aug. 18, 1893, Bologna. *Cavalleria* (36), *La fossa degli angeli* (37), *La caccia alla volpe nella campana romana* (38 short doc), *Sinfonie di Roma* (38 doc), *Cento lettere d'amore* (40), *Piccolo mondo antico* (40), *Addio, giovinezza!* (41), *Fari nella nebbia* (41), *Giungla* (41), *Nozze di sangue* (42), *Gelosia* (42), *Gente dell'aria* (42), *Addio amore!* (42), *Le sorelle Materassi* (43), *Il cappello da prete* (43), *Enrico IV* (43), *Malia* (45), *Il testimone* (45), *La porta del cielo* (45), *Un giorno nella vita* (46), *Il duomo di Milano* (46 short doc), *La gemma orientale dei papi* (46 short doc), *Fatalità* (47), *L'onorevole Angelina* (47), *Cuore* (48), *Fabiola* (48), *Vulcano* (49), *Il lupo della Sila* (49), *Vespro siciliano* (49), *Il brigante Musolino* (50), *Sensualità* (51), *Ultimo incontro* (51), *Camicie rosse* (51), *La voce del silenzio* (52), *Processo alla città* (52), *Quando il Po è dolce* (52 short doc), *Sette metri d'asfalto* (54 short doc), *La* *romana* (54), *Attila—flagello di Dio* (54), *Guida per camminare all'ombra* (55 short doc), *Le schiave di Cartagine* (57), *Le fatiche di Ercole* (57), *Ercole e la regina di Lidia* (58).

2893. Masiero, Lauretta. Actress. b. Oct. 25, 1929, Venezia. *Il bandolero stanco* (52), *Canzoni di mezzo secolo* (52), *Siamo tutti milanesi* (53), *Gran varietà* (53), *Baracca e burattini* (54), *Accade al commissariato* (54), *Totò a Parigi* (58), *Marinai, donne e guai* (58), *Vento di primavera* (58), *Il mistero della pensione Edelweiss* (58), *Psicanalista per signora* (59), *Tipi da spiaggia* (59), *Sua Eccellenza si fermò a mangiare* (61), *Ferragosto in bikini* (61).

2894. Masina, Giulietta. Actress. b. Feb. 22, 1920, San Giorgio di Piano, near Bologna. RN: Giulia Anna Masina. Studied acting in Roma. Married Federico Fellini in 1943. *Paisà* (46), *Senza pietà* (48), *Luci del varietà* (50), *Persiane chiuse* (51), *Cameriera bella presenza offresi* (51), *Sette ore di guai* (51), *Lo sceicco bianco* (52), *Europa 51* (52), *Wanda la peccatrice* (52), *Ai margini della metropoli* (52), *Il romanzo della mia vita* (53), *Donne proibite* (53), *Via Padova, 46* (53), *Cento anni d'amore* (53), *La strada* (54), *Buonanotte, avvocato!* (55), *Il bidone* (55), *Le notti di Cabiria* (56), *Fortunella* (58), *Nella città l'inferno* (58), *La gran vita* (59), *La donna dell'altro* (59), *Landru* (63 France), *Giulietta degli spiriti* (65), *Scusi, lei è favorevole o contrario?* (66), *Non stuzzicate la zanzara* (67), *The Madwoman of Chaillot* (69 U.K.), *Eleanora* (82 TV), *Camilla* (83 TV), *Ginger e Fred* (85), *Frau Hölle* (85 Czechoslovakia/Germany).

2895. Masini, Giuseppe. Director. *L'ingiusta condanna* (52), *La mia vita è tua* (54), *Il cielo brucia* (57), *Antinea, l'amante della città sepolta* (61 co-d), *I giganti della Tessaglia* (61 co-w), *Un Amleto di meno* (74 co-d).

2896. Masini, Mario. Director of photography. *Nostra Signora dei turchi* (68), *Amore, amore* (68), *Salomè* (72), *L'ultimo uomo di Sara* (74), *Un Amleto di meno* (74), *Donna e bello* (74), *Non si scrive sui muri a Milano* (75), *Padre padrone* (77), *Allegro non troppo* (77), *San Michele aveva un gallo* (78), *Il prato macchiato di rosso* (78 co-ph), *Un giorno dell'assunta* (78).

Mason, Frank *see* **De Masi, Francesco**

2897. Mason, James. U.K. actor. b. May 15, 1909, Huddersfield, Yorks. d. July 27, 1984, Lausanne, Switzerland. *Finchè dura la tempesta* (63), *La caduta dell'impero romano* (64), *Amor di una calda estate* (65), *...E continuavano a fregarsi il milione di dollari* (72), *Nostro nero in casa Nichols* (74), *La città sconvolta—caccia spietata ai rapitori* (74), *Gente di rispetto* (75), *La polizia interviene: ordine di uccidere* (76), *Gesù di Nazaret* (77 TV), *Paura in città* (77).

2898. Massa, Mario. Writer. b. Jan. 2, 1897, Foggia. Also directed. *La signorina dell'autobus* (32 story), *Un marito per il mese d'aprile* (41 story), *Con le donne non si scherza* (41 also story), *A che servono questi quattrini* (42 co-w), *Vietato ai minorenni* (43 also d/story), *La moglie in castigo* (44 co-w), *Abracadabra* (52 also co-story).

Massaccesi, Aristide *see* **D'Amato, Joe**

2899. Massard, Yves. French actor. b. 1925. *Naso di cuoio* (52).

2900. Massari, Lea. Actress. b. June 30, 1933, Roma. RN: Anna Maria Massatani. *Proibito* (55), *I sogni nel cassetto* (57), *Resurrezione* (58), *L'avventura* (60), *La giornata balorda* (60), *Il colosso di Rodi* (60), *Morte di un bandito* (61), *I sogni muoiono all'alba* (61), *Una vita difficile* (61), *Le Mont-charge* (62 France), *La città prigioniera* (62), *Le quattro giornate di Napoli* (62), *L'Insoumis* (64 France), *Llanto por un bandido* (64 Spain), *La coda del diavolo* (65), *Le soldatesse* (65), *Made in Italy* (65), *Il giardino delle delizie* (68), *Lo voglio morto* (68), *Volver a vivir* (68 Spain), *Les Choses de la vie* (68 France), *L'Amante* (69 France), *Celeste* (70 France), *Le Souffle au coeur* (71 France), *Les Silencieux* (71 France. In Italy this film was known as *Senza via d'uscita*, and in the U.S.A. as *Escape to Nowhere*), *Le Fils* (72 France), *La Course du lièvre à travers les champs* (72 France/U.S.), *La prima notte di quiete* (72), *Battito d'ali dopo la strage* (73), *L'uomo che non seppe tacere* (73), *Grazie amore mio* (73), *La Femme en bleu* (73 France), *L'Impossible Objet* (73 France), *Allonsanfan* (74), *La Main à couper* (74 France), *Peur sur la ville* (75 France), *Il poliziotto della brigata criminale* (75), *L'Ordinateur des pompes funèbres* (76 France), *Chi dice* *donna dice . . . donna* (76), *Caccia al montone* (76), *La linea del fiume* (76), *Réperages* (76 Switzerland/France), *Violette et François* (77 France), *Antonio Gramsci: gli anni del carcere* (77), El perro (77 Spain), *Le Rendez-vous d'Anna* (78 France), *Sale rêveur* (78 France), *Cristo si è fermato a Eboli* (79), *Le Divorcement* (79 France), *La Flambeuse* (81 France), *Vivere giovane* (82), *Sarah* (83 France), *La vigna delle uva nere* (83 TV), *Le Septième Cible* (84 France), *Segreti segreti* (85), *La donna sperduta* (88 also co-w), *Viaggio d'amore* (90).

2901. Massaro, Francesco. Director. *Il generale dorme in piedi* (72), *La banca di monate* (76), *I giorni cantati* (79 co-w), *Il lupo e l'agnello* (80), *I carabinieri* (81 co-d), *Miracoloni* (81), *Al bar dello sport* (83), *Domani mi sposo* (84 also co-w), *Ti presento un'amica* (88 also co-w).

2902. Massi, Stelvio. Director of photography. AKA: Newman Rostel, Max Steel. Later became a director. *In ginocchio da te* (64), *Una lacrima sul viso* (64), *All'ombra di una colt* (65), *Per il gusto di uccidere* (66), *Genoveffa di Brabante* (67), *Lo sceriffo che non spara* (67), *Le due facce del dollaro* (68), *Il momento di uccidere* (68), *Vendo cara la pelle* (68), *Quindici forche per un assassino* (68), *Brutti di notte* (68), *Dio perdona la mia pistola* (69), *Un posto all'inferno* (69), *Il prezzo del potere* (69), *Il suo nome è Donna Rosa* (69), *Gradiva* (70), *Testa t'ammazzo . . . croce sei morto . . . mi chiamano Alleluia!* (70), *Buon funerale, amigos . . . paga Sartana* (71), *Gli fumavano le colt . . . lo chiamavano Camposanto* (71), *C'è Sartana, vendi la pistola e comprati la bara* (72), *Il west ti fa stretto, amico . . . è arrivato Alleluia!* (72), *Lo chiamavano Tressette . . . giocava sempre colla morte* (73), *Partirono preti, tornarono . . . curati* (73 d), *Macrò (Giuda uccidi il venerdì)* (75 d), *Mark il poliziotto spara per primo* (75 d), *La legge violenta della squadra anticrimine* (76 d), *Il conto è chiuso* (76 d), *Mark colpisce ancora* (76 d), *Poliziotto sprint* (76 d), *È specialista del 44* (77 d), *La banda del trucido* (77 d), *Poliziotto senza paura* (78 d), *Un poliziotto scomodo* (78 d), *Poliziotto, solitudine e rabbia* (80 d), *Speed cross* (80 d), *Guapparia* (84 d), *Torna* (84 d), *Mondo cane oggi—l'orrore continua* (85 also d), *Black Cobra* (86 U.S. d).

2903. Massine, Léonide. Russian ballet star/choreographer. b. Aug. 9, 1895, Moscow. d. March 16, 1979, Cologne, West Germany. RN: Leonid Fedorovich Miassin. "Discovered" in 1913 by Diaghilev. *Carosello napoletano* (54).

2904. Mastrantoni, Augusto. Actor. b. Aug. 10, 1894, Roma. *Romanzo d'amore* (50), *Art. 519, codice penale* (52), *Il mercante di Venezia* (52), *Una donna libera* (54), *Malafemmina* (57).

2905. Mastripietri, Augusto. Actor. b. Roma. *Il romanzo* (13), *Il siero del dottor Kean* (13), *Madame Coralie e C.* (14), *Avatar* (14), *L'amica* (15), *Christus* (15 as Judas), *L'impronta della piccola mano* (16), *La casa in rovina* (19), *La preda* (21), *Messalina* (23 as Claudius).

2906. Mastrocinque, Camillo. Director. b. May 11, 1901, Roma. AKA: Thomas Miller. Trained as an architect, and started as a set designer in the theater in France. *Ben-Hur* (25 U.S. asst architect), *Frutto acerbo* (34 sets), *La regina della Scala* (37 co-d), *Voglio vivere con Letizia* (38), *L'orologio a cucù* (38), *Inventiamo l'amore* (38), *Bionda sottochiave* (39), *Validità giorni dieci* (40), *La danza dei milioni* (40), *Don Pasquale* (40), *I mariti* (41), *Ridi, pagliaccio!* (41), *L'ultimo ballo* (41), *Turbine* (41), *Oro nero* (41 co-d), *Fedora* (42), *Le vie del cuore* (42), *La maschera e il volto* (42), *La statua vivente* (42), *Il matrimonio segreto* (43 unfinished), *Il cavaliere del sogno* (46), *Il segreto di don Giovanni* (47), *Sperduti nel buio* (47), *Il vento mi ha cantato una canzone* (48), *Arrivederci, papà* (48), *L'uomo dal guanto grigio* (48), *Duello senza onore* (49), *Quel fantasma di mio marito* (50), *La cintura di castità* (50), *Gli inesorabili* (51), *Arejão* (51 Brazil), *Il peccato di Anna* (53), *Oltre Eboli* (53 doc), *Tarantella napoletana* (53), *Attanasio cavallo vanesio* (53), *Café chantant* (53), *Alvaro piuttosto corsaro* (54), *Totò all'inferno* (54), *Le vacanze del sor Clemente* (54), *Siamo uomini o caporali?!* (54), *Napoli, terra d'amore* (55), *Figaro, barbiere di Siviglia* (55), *Porta un bacione a Firenze* (55), *La banda degli onesti* (56), *Totò, Peppino e la . . . malafemmina* (56), *Totò lascia o raddoppia* (57), *Totò, Peppino e i fuorilegge* (57), *Totò, Vittorio e la dottoressa* (58), *È arrivata la parigina* (58 also co-w), *Domenica è sempre domenica* (58), *Totò a Parigi* (58), *Le bellissime gambe di*

Sabrina (58), *Vacanze d'inverno* (59), *Tipi da spiaggia* (59 co-d), *La cambiale* (59), *Genitori in blue jeans* (60), *Noi duri* (60), *Anonima cocottes* (60), *Il corazziere* (60), *Totòtruffa 62* (61), *La cripta e l'incubo* (63), *Un angelo per Satana* (66), *La più bella coppia del mondo* (68).

2907. Mastroianni, Marcello. Italy's most famous actor. b. Sept. 28, 1923, Fontana Liri, near Frosinone. RN: Marcello Mastrojanni. Raised in Torino and Roma. Spent the latter war years precariously on the run. Went on stage after the war, and in 1950 married Flora Cantabella. *I miserabili* (47), *Vent'anni* (49), *Cuori sul mare* (49), *Vita da cani* (50), *Domenica d'agosto* (50), *Atto d'accusa* (50), *Passaporto per l'Oriente* (51), *Contro la legge* (51), *Parigi è sempre Parigi* (51), *L'eterna catena* (51), *Le ragazze di piazza di Spagna* (51), *Sensualità* (51), *Gli eroi della domenica* (52), *Tragico ritorno* (52), *Penne nere* (52), *Tempi nostri* (52 the episode "Il pupo"), *La muta di Portici* (52), *Lulù* (53), *Febbre di vivere* (53), *Il viale della speranza* (53), *Non è mai troppo tardi* (53), *La valigia dei sogni* (53), *Cronache di poveri amanti* (53), *Giorni d'amore* (53), *Siamo donne* (53), *La schiava del peccato* (54), *Casa Ricordi* (54), *Peccato che sia una canaglia* (54), *La principessa delle Canarie* (54), *Tam Tam Mayumbe* (55), *La bella mugnaia* (55), *La fortuna di essere donna* (55), *Il bigamo* (55), *Padri e figli* (56), *Il momento più bello* (56), *La ragazza della Salina* (57), *Le notti bianche* (57), *Il medico e lo stregone* (57), *La legge* (58), *Un ettaro di cielo* (58), *I soliti ignoti* (58), *Racconti d'estate* (58), *Tutti innamorati* (58), *Amore e guai* (59), *Il nemico di mia moglie* (59), *Ferdinando I, re di Napoli* (59), *La dolce vita* (60), *Adua e le compagne* (60), *Il bell'Antonio* (60), *Fantasmi a Roma* (60), *L'assassino* (60), *La notte* (61), *Divorzio all'italiana* (61), *Vie privée* (62 France), *Cronaca familiare* (62), *8½* (63), *Ieri oggi e domani* (63), *I compagni* (63), *Il giorno più corto* (63), *Matrimonio all'italiana* (64), *Oggi, domani e dopodomani* (65), *Casanova 70* (65), *La decima vittima* (65), *Io, io, io... e gli altri* (65), *Il papavero è anche un fiore* (66), *Spara forte, più forte, non capisco* (66), *Lo straniero* (67), *Questi fantasmi* (67), *Diamonds for Breakfast* (68 U.K.), *Amanti* (68), *Lo smemorato* (69), *I girasoli* (69), *Nell'anno del Signore* (69), *Leo the Last* (70 U.K.), *Dramma della gelosia—tutti i particolari in cronaca* (70), *Giochi particolari* (70), *Scipione, detto anche "l'Africano"* (70), *La moglie del prete* (70), *Permette? Rocco Papaleo* (71), *Ça n'arrive qu'aux autres* (71 France), *La cagna* (72), *Fellini Roma* (72), *Che?* (72), *Mordi e fuggi* (73), *L'Évennement le plus important depuis que l'homme marchait sur la lune* (73 France), *Rappresaglia* (73), *La grande buffata* (73), *Allonsanfan* (74), *C'eravamo tanto amati* (74), *Salut l'artiste* (74 France), *Non toccate la donna bianca* (74), *Per le antiche scale* (74), *La pupa del gangster* (75), *La divina creatura* (75), *La donna della domenica* (75), *Culastrisce nobile veneziano* (76), *Todo modo* (76), *Signore e signori, buonanotte* (76), *Una giornata speciale* (76), *Mogliamante* (76), *Ciao maschio* (77), *Doppio delitto* (78), *Eutanasia di un amore* (78), *Così come sei* (78), *Fatto di sangue fra due uomini per causa di una vedova (si sospettano moventi politici)* (78), *Atti atrocissimi di amore e di vendetta* (79), *L'ingorgo—una storia impossibile* (79), *La terrazza* (79), *La città delle donne* (80), *Io sono Anna Magnani* (80 doc appeared as himself), *La pelle* (81), *Fantasma d'amore* (81), *Oltre la porta* (82), *La notte di Varennes* (82), *Il generale dell'armata morta* (82), *Gabriela* (83 Portugal), *Storia di Piera* (83), *Enrico IV* (83), *Ginger e Fred* (85), *Maccheroni* (85), *Le due vite di Mattia Pascal* (85), *I soliti ignoti vent'anni dopo* (85), *The Beekeeper* (86 Greece), *Oci ciornie* (87), *Intervista* (87 appeared as himself), *Miss Arizona* (88), *Splendor* (89), *Che ora è?* (89), *Tutti stanno bene* (90), *Verso sera* (90), *Tchin-tchin* (91).

2908. Mastroianni, Ruggero. Editor. *Il figlio di Spartacus* (62), *Il maestro di Vigevano* (63), *Gli indifferenti* (63), *Le voci bianche* (64), *Questa volta parliamo di uomini* (65), *Casanova 70* (65), *Giulietta degli spiriti* (65), *Made in Italy* (65), *L'armata Brancaleone* (66), *Sequestro di persona* (68), *Un tranquillo posto di campagna* (68), *"H2S"* (68), *La bambalona* (68), *La ragazza con la pistola* (68), *Fellini Satyricon* (69), *Nell'anno del Signore* (69), *I clowns* (70), *Uomini contro* (70), *La moglie del prete* (70), *Brancaleone alle crociate* (71), *Permette? Rocco Papaleo* (71), *Il caso*

Mattei (71), *Il vichingo venuto dal sud* (71), *La mortadella* (72), *Fellini Roma* (72), *Sbatti il mostro in prima pagina* (72), *Vogliamo i colonnelli* (72), *Sono stato io!* (73 co-e), *Teresa la ladra* (73), *A proposito Lucky Luciano* (73), *Amarcord* (73), *Non toccate la donna bianca* (74), *Finchè c'è guerra, c'è speranza* (74), *Amici miei* (75), *Cadaveri eccellenti* (76), *Quelle strane occasioni* (76 co-e), *Un borghese piccolo piccolo* (77), *Ciao maschio* (77), *In nome del papa re* (78), *Enfantasme* (78), *Buone notizie* (79), *Dimenticare Venezia* (79), *I giorni cantati* (79), *La città delle donne* (80), *Tre fratelli* (81), *La pelle* (81), *Storie di ordinaria follia* (81), *Il marchese del grillo* (81), *Oltre la porta* (82), *Spaghetti House* (82), *Il conte Tacchia* (82), *Storia di Piera* (83), *I paladini, storia d'armi e d'amore* (83), *Carmen* (83 co-e), *Desiderio* (83), *Il futuro è donna* (83), *. . . E la nave va* (83), *Bertoldo, Bertoldino e Cacasenno* (83), *Pianoforte* (84), *A tu per tu* (84), *Ginger e Fred* (85 co-e), *Io ti amo* (85), *Speriamo che sia una femmina* (86), *I picari* (86), *Cronaca di una morte annunciata* (87), *Monte Napoleone* (87), *Roba da ricchi* (87), *Montecarlo gran casinò* (88), *Y'a bon les blancs* (88 France), *Secondo Ponzio Pilato* (88), *'O re* (89), *Dimenticare Palermo* (90), *Il male oscuro* (90), *Tutti stanno bene* (90), *Pummarò* (90), *Fuga dal paradiso* (90), *La carne* (91), *Miliardi* (91).

2909. Matania, Clelia. Actress. b. Sept. 18, 1918, London, England, of Neapolitan parents. *Partire* (38), *Inventiamo l'amore* (38), *Napoli che non muore* (39), *I figli del marchese Lucera* (39), *Follie del secolo* (39), *Papà per una notte* (39), *La compagnia della teppa* (41), *La fuggitiva* (41), *Primo amore* (41), *Luna di miele* (41), *Se io fossi onesto* (42), *A che servono questi quattrini* (42), *Casanova farebbe così* (42), *Sempre più difficile* (42), *L'ippocampo* (43), *Il ratto delle sabine* (45), *Il marito povero* (46 made in 43), *Addio, mia bella Napoli* (46), *Campane a martello* (48), *Undici uomini e un pallone* (48), *La Bisarca* (50), *Angelo tra la folla* (50), *Quo Vadis?* (51 U.S.), *Strano appuntamento* (51), *Stasera sciopero* (51), *Cento piccole mamme* (51), *Peppino e Violetta* (51), *Totò e le donne* (52), *I morti non pagano le tasse* (52), *Stazione Termini* (53), *La cavallina storna* (53), *L'uomo la bestia e la virtù* (53), *Anni facili* (53), *La spiaggia* (53), *Carosello napoletano* (54), *Guai ai vinti!* (54), *Les Hussards* (55 France), *I giorni più belli* (56), *Guerra e pace* (56), *Mamma sconosciuta* (56), *Difendo il mio amore* (56), *Cantando sotto le stelle* (56), *Montecarlo* (56), *Orlando e i paladini di Francia* (56), *A Farewell to Arms* (57 U.S.), *Anna di Brooklyn* (58), *Arrivederci Roma* (58), *Cinque ore in contanti* (60), *Rapina al quartiere ovest* (60), *La garçonnière* (60), *Nefertite, regina del Nilo* (60), *Il relitto* (61), *La città prigioniera* (62), *The Battle of the Villa Fiorita* (65 U.S.), *Chimera* (68), *The Secret of Santa Vittoria* (69 U.S.), *Juste avant la nuit* (71 France), *A Bequest to the Nation* (73 U.K.), *A Venezia un dicembre rosso* (73), *Le farò da padre* (74), *Peppino e la vergine Maria* (75).

2910. Matarazzo, Raffaello. Director. b. Aug. 17, 1909, Roma. d. 1966. *Littoria* (32 short doc), *Mussolini di Sardegna* (33 short doc), *Treno popolare* (34), *Kiki* (34), *Frutto acerbo* (34 co-d), *Il serpente a sonagli* (35), *L'anonima Roylott* (36), *Joe il rosso* (36), *È tornato carnevale* (37), *Sono stato io!* (37), *L'albergo degli assenti* (38 also co-w), *Il marchese di Ruvolito* (39), *Trappola d'amore* (39), *Giù il sipario* (39), *Notte di fortuna* (41), *L'avventuriera del piano di sopra* (41 also co-sets), *Giorno di nozze* (42), *Il birichino di papà* (42), *Dora o le spie* (43), *Empezó en boda* (44 Spain), *La fumeria d'oppio* (47), *Abbasso la fortuna* (47), *Paolo e Francesca* (49), *Catene* (49), *Tormento* (50), *I figli di nessuno* (51 also co-w), *Il tenente Giorgio* (52), *Chi è senza peccato* (52), *Giuseppe Verdi* (53), *La nave delle donne maledette* (53 also co-w), *Vortice* (54 also co-w), *Torna!* (54 co-d), *La schiava del pecccato* (54), *Guai ai vinti!* (54 also co-w), *L'angelo bianco* (55 co-d/co-story), *L'intrusa* (55), *La risaia* (55), *L'ultima violenza* (57 co-d/co-w/co-story), *Malinconico autunno* (58 also co-w/story), *Cerasella* (59), *Adultero lui, adultera lei* (63), *I terribili sette* (64), *Amore mio* (64 co-d).

2911. Maté, Rudolph. Polish-born director. b. Jan. 21, 1898, Krakow. d. 1964. RN: Rudolf Mathéh. AKA: Rudy Maté. In 1921 he entered films in Hungary as a director of photography. In the U.S.A. from 1935, and also a director since 1947. *Come prima* (59), *Revak, lo schiavo di Cartagine*

(60), *Sir Francis Drake, il re dei sette mari* (63 co-d).

2912. Mateos, Julián. Spanish actor. b. 1943. *Crimen* (61), *Cirano e d'Artagnan* (62), *La celestina P...R...* (64), *I crudeli* (67), *...Dai nemici mi guardo io!* (68).

2913. Matheson, Richard. U.S. writer. b. 1926. *L'ultimo uomo della terra* (64 story).

Matheus, Jimmy B. *see* **Mattei, Bruno**

2914. Mathews, Kerwin. U.S. actor. b. Jan., 1926, Seattle, Wash. *Saffo, venere di Lesbo* (60), *OSS 117 minaccia Bagkok* (64), *Un killer per Sua Maestà* (68).

2915. Mathias, Bob. U.S. Olympic decathlete turned actor. b. Nov. 17, 1930, Tulare, Calif. RN: Robert Bruce Mathias. *Teseo contro il Minotauro* (60).

2916. Mathieu, Albert. French writer. b. March 25, 1916, Martinique. *I bastardi* (50 co-w/dialog).

2917. Matras, Christian. French director of photography. b. Dec. 29, 1903, Valence. d. 1977. *Fanfan la tùlipe* (51), *Quando le donne amano* (52), *I gioielli di Madame De...* (52), *Lucrezia Borgia* (53), *Destini di donne* (53 the episode "Nemica della guerra"), *Il letto* (53 the episode "Il letto della Pompadour"), *Madame Dubarry* (54), *Nanà* (55), *Occhio per occhio* (56), *Le spie* (57), *Montparnasse* (58), *Il delitto non paga* (62), *La schiava di Bagdad* (63 co-ph), *5000 dollari sull'asso* (65), *Sette volte donna* (67).

2918. Mattei, Bruno. Director. AKA: Stefan Oblowsky, Vincent Dawn, Jimmy B. Matheus, Werner Knox. *K.Z.9 Lager di stermino* (77), *Le notti porno del mondo* (78), *Sexual aberration—sesso perverso* (80), *L'inferno dei morti viventi* (80), *La vera storia della monaca di Monza* (80), *L'altro inferno* (80), *Violenza in un carcere femminile* (82 also e), *Nerone e Poppea* (82), *Rats—notte di terrore* (84), *L'apache bianco* (84), *Seven Magnificent Gladiators* (84 U.S.), *Sie kampft wie ein Mann* (87 Germany also co-w), *Strike Commando* (87 also story).

2919. Mattera, Gino. Operatic tenor/actor. b. March 14, 1923, Taranto. d. April 25, 1960, Roma. *La Traviata* (47), *La leggenda di Faust* (48), *L'amore di Norma* (50), *Senza veli* (53), *Casa Ricordi* (54), *Le fatiche di Ercole* (57), *Ercole e la regina di Lidia* (58).

2920. Matthau, Walter. U.S. actor. b. Oct. 1, 1920, N.Y.C. *Il piccolo diavolo* (88).

2921. Mattioli, Raf. Actor. b. Oct. 18, 1936, Napoli. d. Oct. 12, 1960, Roma. RN: Raffaele Mattioli. *Guendalina* (57), *Il corsaro della mezza luna* (57), *Vacanze ad Ischia* (57), *Giovani mariti* (57), *Primo amore* (58), *La legge* (58), *I ragazzi dei Parioli* (59), *Tunisi top secret* (59), *L'estate violenta* (59), *Le baccanti* (60).

2922. Mattòli, Mario. Director. b. Nov. 30, 1898, Tolentino. Operated the Za-Bum variety theater company from 1928 to 1934. *La segretaria per tutti* (32 co-p), *Un cattivo soggetto* (33 co-p), *Tempo massimo* (34), *Amo te sola* (35), *Musica in piazza* (36), *Sette giorni all'altro mondo* (36), *La damigella di Bard* (36), *L'uomo che sorride* (36), *Questi ragazzi* (37), *Gli ultimi giorni di Pompeo* (37), *Felicita Colombo* (37), *Nonna Felicita* (38), *La dama bianca* (38), *Ai vostri ordini, signora!* (38), *L'ha fatto una signora* (38), *Imputato, alzatevi!* (39), *Lo vedi come sei?* (39), *Eravamo sette vedove* (39), *Mille chilometri al minuto* (40), *Non me lo dire* (40), *Il pirata sono io* (40), *Abbandono* (40), *Ore 9 lezione di chimica* (41), *Luce nelle tenebre* (41), *Voglio vivere così* (41), *Catene invisibili* (42), *I tre aquilotti* (42), *Labbra serrate* (42), *La donna è mobile* (42), *Stasera niente di nuovo* (42), *Ho tanta voglia di cantare* (43), *L'ultima carrozzella* (43), *La valle del diavolo* (43), *La vispa Teresa* (43), *Partenza ore sette* (45), *La vita ricomincia* (45), *Circo equestre Za-Bum* (46 made in 44), *I due orfanelli* (47), *Il fiacre n. 13* (47 the two episodes, "Il delitto" and "Castigo"), *Assunta spina* (48), *Fifa e arena* (48), *Totò al giro d'Italia* (49), *I pompieri di Viggiù* (49), *Signorinella* (49), *Adamo ed Eva* (49), *Il vedovo allegro* (49), *I cadetti di Guascogna* (50), *L'inafferabile 12* (50), *Anema e core* (50), *Tototarzan* (50), *Accidenti alle tasse!* (51 also co-w), *Arrivano i nostri* (51), *Vendetta...sarda* (51), *Il padrone del vapore* (51), *Totò sceicco* (51), *Totò terzo uomo* (52), *Cinque poveri in automobile* (52), *Siamo tutti inquilini* (53), *Un turco napoletano* (53), *Due notti con Cleopatra* (53), *Il più comico spettacolo del mondo* (54 also co-w), *Il medico dei pazzi* (54), *Totò cerca pace* (54), *Miseria e nobiltà* (54), *L'ultimo amante* (55), *Le diciottenni*

(55), *I giorni più belli* (56), *Peppino, le modelle e...* "*Chella Llà*" (57), *I segreti della notte* (57), *Come te movi, te fulmino* (58), *Totò, Peppino e le fanatiche* (58), *Non perdiamo la testa* (59), *Guardatele, ma non toccatele!* (59), *I provinciali* (59), *Tipi da spiaggia* (59 co-d), *Prepotenti più di prima* (59), *Signori si nasce* (59), *Totò, Fabrizi e i giovani d'oggi* (60), *Appuntamento a Ischia* (60), *Un mandarino per Teo* (60), *Sua Eccellenza si fermò a mangiare* (61), *Cinque marines per cento ragazze* (61), *Maciste contro Ercole nella valle dei guai* (62), *Appuntamento in Riviera* (62), *Obiettivo ragazze* (63), *Cadaveri per la signora* (64), *Per qualche dollaro in meno* (66).

2923. Mature, Victor. U.S. actor. b. Jan. 29, 1915, Louisville, Ky. *Annibale* (59), *I tartari* (60), *Caccia alla volpe* (66).

2924. Mauban, Maria. French actress. b. May 10, 1924, Marseille. *Donne e briganti* (50), *Viaggio in Italia* (53).

2925. Maunsell, David. U.S. actor. *Un tranquillo posto di campagna* (68), *I clowns* (70), *Prova d'orchestra* (79).

2926. Maurey, Nicole. French actress. b. Dec. 20, 1925, Bois-Colombes, Paris. *Il nemico pubblico n. 1* (53), *Versailles* (53), *Napoleone Buonaparte* (54).

2927. Mauri, Glauco. Actor. *Signori, chi è di scena?* (51 short), *La Cina è vicina* (67), *L'ospite* (71), *Profondo rosso* (74).

2928. Mauri, Roberto. Director. AKA: Robert Morris, Robert Johnson. *Vite perdute* (58 co-d), *I mafiosi* (60), *La strage dei vampiri* (62), *Gli invincibili fratelli Maciste* (64), *Colorado Charlie* (65), *La notte di violenza* (65), *Eva, la venere selvaggia* (68 also co-w), *La vendetta è il mio perdono* (69), *Wanted Sabata* (70 also w), *Sartana nella valle degli avvoltoi* (70 also w), *Seminò la morte...lo chiamavano il castigo di Dio* (72 also co-w), *E lo chiamavano Spirito Santo* (71 co-d/w), *Spirito Santo e le cinque magnifiche canaglie* (73 also co-w), *Animale chiamato uomo* (73), *Un toro da monta* (76), *Le porno killers* (80).

2929. Mauro, David. U.S. actor. b. 1931. d. 1983. *Ben-Hur* (59), *La dolce vita* (60).

2930. Mauro, Jole. Actress. AKA: Iole Mauro. *Venezia, la luna e tu* (58), *Tutti a casa* (60), *Francis of Assisi* (61 U.S.), *Il gladiatore invincibile* (62), *La noia* (64).

2931. Max, Harry. French actor. b. 1901. d. 1979. *Fanfan la tùlipe* (51), *Montparnasse* (58).

2932. Maxime, Jean. French actor. b. Dec. 16, 1925, Bourges. *Atollo K* (51).

Maxwell, Fiorella *see* **Mari, Fiorella**

2933. Maxwell, Lois. Canadian actress. b. Feb. 14, 1927, Kitchener. RN: Lois Hooker. Began acting in the U.K. Best remembered as Miss Moneypenny in the James Bond films. In Italy 1949–54. *Amori e veleni* (49), *Domani è troppo tardi* (50), *Lebbra bianca* (50), *Ha da venì...don Calogero* (51), *Aida* (53), *La grande speranza* (53), *O.K. Connery* (67).

Maxwell, Paul *see* **Bianchini, Paolo**

May, Dan *see* **Maggio, Dante**

2934. May, Renato. Director/editor. b. Dec. 24, 1909, Sebenico, Dalmatia. *L'inquadratura* (39 short co-d), *Il figlio del corsaro rosso* (41 co-w/e), *Gli ultimi filibustieri* (41 co-w/e), *Margherita fra i tre* (41 co-w), *Pastor angelicus* (42 doc e), *Gioventù perduta* (47 e), *Nennella* (48 d), *Dieci anni della nostra vita* (53 doc e).

May, Stewart *see* **De Mejo, Carlo**

2935. Maybach, Christiane. German actress. b. 1927. *Il diabolico dott. Mabuse* (60), *Colpo grosso a Galata Bridge* (65).

2936. Mayne, Ferdy. U.K. actor. b. March 11, 1916, Mainz, Germany. RN: Ferdinand Mayer-Boerckel. Long in the U.K. *Ben-Hur* (59), *Operazione Crossbow* (65), *Il vichingo venuto dal sud* (71), *Tema di Marco* (72).

2937. Mayniel, Juliette. French actress. b. 1935. Name also seen as Juliette Majniel, or Juliette Meyniel. *La guerra di Troia* (61), *Il segreto del vestito rosso* (63), *Amori pericolosi* (64 the first episode, "Il passo"), *Scusi, facciamo l'amore* (67), *Quella piccola differenza* (69), *Peccati in famiglia* (75).

2938. Mayo, Alfredo. Spanish actor. b. May 17, 1911, Barcelona. *Il maestro* (57), *Le legioni di Cleopatra* (59), *La rivolta dei mercenari* (62), *Marcia o crepa* (62), *I sentieri dell'odio* (64), *Agente 077...missione Bloody Mary* (65), *I magnifici brutos del west* (65), *Agente Logan missione Ypotron* (66), *Un dollaro per sette vigliacchi* (67), *Monta in sella, figlio di...* (67), *Viva Sabata!* (70), *Zanna Bianca* (72), *Campa carogna...la taglia cresce* (72).

2939. Mayo, Virginia. U.S. actress. b. Nov. 13, 1920, St. Louis, Mo. RN: Virginia Jones. *La rivolta dei mercenari* (62).

2940. Mazza, Desdemona. Actress. b. Bologna. Went to Paris after WWI. *I naufraghi della vita* (18).

2941. Mazza, Marc. French actor. *Il grande duello* (69), *Revolver* (73), *Il mio nome è Nessuno* (73).

2942. Mazza, Mario. Actor. b. Dec. 12, 1890, San Giovanni a Teduccio, near Napoli. RN: Mario Ciotola. *Il feroce Saladino* (37), *Gatta ci cova* (37), *Ettore Fieramosca* (38), *Terra di nessuno* (38), *Terra di fuoco* (39), *Cose d'altro mondo* (39), *Un'avventura di Salvator Rosa* (40), *Fortuna* (40), *La fanciulla di Portici* (40), *Don Pasquale* (40), *La donna perduta* (40), *La corona di ferro* (41), *Caravaggio, il pittore maledetto* (41), *Benvenuto, reverendo!* (49), *Vogliamoci bene* (49), *Verginità* (50), *Altri tempi* (51 the episode "Una questione d'interesse"), *Gli uomini non guardano il cielo* (51), *L'angelo del peccato* (52), *Cani e gatti* (52), *Una donna libera* (54), *Il cardinale Lambertini* (54), *Non scherzare con le donne* (56), *Mio figlio Nerone* (56), *Esterina* (59).

2943. Mazzacurati, Rosy. Actress. b. 1936, Ferrara. *Art. 519, codice penale* (52), *Canzoni, canzoni, canzoni* (53), *La spiaggia* (53), *Rosso e nero* (54), *Processo all'amore* (55), *Ore 10 lezione di canto* (56), *Orizzonte infuocato* (57), *Giovani mariti* (57), *Geheimaktion Schwarze Kapelle* (60 Germany), *La notte* (61).

2944. Mazzarella, Carlo. TV journalist/actor. b. 1923. *Riso amaro* (48), *Vivere a sbafo* (49), *Altri tempi* (51 the episode "Ballo Excelsior"), *Febbre di vivere* (53), *Ho scelto l'amore* (53), *Gran varietà* (53), *Destinazione Piovarolo* (55), *Bravissimo* (55).

2945. Mazzarella, Piero. Actor. *Il maestro di Vigevano* (63), *Banditi a Milano* (68).

2946. Mazzolotti, Pier Angelo. Director/story writer. b. 1890, Lentà. *La morsa della morte* (14), *Titanic, l'acciaio formidabile* (15), *La bara di vetro* (15), *Serpe contro serpe* (15 d/w), *Il tenente Barth* (15), *Il fango e le stelle* (20), *L'assalto dei pescecani* (20), La pioggia dei diamanti (20), *La fuggitiva* (20), *La modella di Tiziano* (21 story), *Abbasso il cambio!* (23), *La maestra d'amore* (23), *Saetta impara a vivere!* (24 story), *Maciste imperatore* (24 story), *Sei tu l'amore?* (30 w/from his play).

2947. Mazzoni, Franca. Actress. b. July 28, 1912, Pavia. AKA: Franca Mazzone. *Mater dolorosa* (42), *L'amore di Norma* (50), *Andrea Chénier* (55), *Lo scapolo* (55), *Souvenir d'Italie* (57), *La canzone più bella* (57), *Sigfrido* (57), *Pia de' Tolomei* (58), *Camping* (58).

2948. Meano, Cesare. Writer. b. Dec. 22, 1899, Torino. d. Nov. 24, 1957, Palermo. *Frontiere* (34 also co-d), *La nascita di Salomè* (40 based on his play), *La zia smemorata* (41 co-w), *C'era una volta Angelo Musco* (53 co-w/co-story).

2949. Meccoli, Domenico. Co-writer. b. Jan. 4, 1913, Assisi. *Uragano ai tropici* (39), *Abuna Messias* (39), *L'ultimo addio* (41), *Vespro siciliano* (49), *Domani è un altro giorno* (50), *Eva nera* (52 also *), *Italia piccola* (57).

2950. Medford, Don. U.S. director. b. 1917, Detroit, Mich. *Il giorno dei lunghi fucili* (71).

2951. Medford, Kay. U.S. actress. b. 1914. N.Y.C. d. April 10, 1980, N.Y.C. RN: Maggie O'Regin. *La Bisarca* (50), *Lola* (70).

2952. Medici, Gianni. U.S. actor. b. 1938. AKA: John Medici, Johnny Armen. *Joe Valachi—i segreti di Cosa Nostra* (72).

2953. Medin, Gastone. Art director. b. July 6, 1905, Spalato, Dalmatia. *Sole* (29), *La canzone dell'amore* (30 co-art d), *Corte d'assise* (30), *Rubacuori* (31), *Figaro e la sua gran giornata* (31 co-art d), *Vele ammainate* (31), *Resurrectio* (31), *Il solitario della montagna* (31), *La Wally* (32 co-art d), *L'ultima avventura* (32), *L'armata azzurra* (32), *La telefonista* (32), *Gli uomini, che mascalzoni!* (32), *La tavola dei poveri* (32), *Due cuori felici* (32), *O la borsa o la vita* (32), *Ragazzo* (33), *Non son gelosa* (33), *Sette giorni cento lire* (33), *Acciaio* (33), *T'amerò sempre* (33), *Cento di questi giorni* (33), *Al buio insieme* (33), *Fanny* (33), *Giallo* (33), *Il trattato scomparso* (33), *La maestrina* (33), *Un cattivo soggetto* (33), *La fanciulla dell'altro mondo* (33), *Melodramma* (34), *L'impiegata di papà* (34), *Stadio* (34), *Seconda B* (34), *Quella vecchia canaglia* (34), *Frutto acerbo* (34), *Tempo massimo* (34), *Marcia nuziale* (34), *L'eredità dello zio buonanima* (35), *Amo te sola* (35), *La freccia d'oro* (35), *Ginevra degli Almieri* (35), *Ma non è una cosa seria* (36), *Sette giorni all'altro mondo* (36),

Cavalleria (36 co-art d), *La damigella di Bard* (36), *Joe il rosso* (36), *È tornato carnevale* (37 co-art d), *Questi ragazzi* (37 co-art d), *Il signor Max* (37), *Nina non far la stupida* (37), *Napoli d'altri tempi* (37), *Voglio vivere con Letizia* (38 co-art d), *Luciano Serra pilota* (38), *Partire* (38), *Batticuore* (38), *La casa del peccato* (38), *Castelli in aria* (38 co-art d), *Le due madri* (38), *Mia moglie si diverte* (39), *L'amore si fa così* (39), *Retroscena* (39), *Cose d'altro mondo* (39), *Il documento* (39), *Frenesia* (39), *Assenza ingiustificata* (39), *Un mare di guai* (39), *Pazza di gioia* (40), *Rose scarlatte* (40), *L'assedio dell'Alcazar* (40), *Una romantica avventura* (40), *Tutto per la donna* (40 co-art d), *Alessandro, sei grande!* (40), *Piccolo mondo antico* (40 co-art d), *Maddalena, zero in condotta* (40), *La forza bruta* (40), *L'elisir d'amore* (40 unfinished), *La gerla di papà Martin* (40), *Addio, giovinezza!* (41), *La zia smemorata* (41), *Due cuori sotto sequestro* (41), *I promessi sposi* (41), *Sancta Maria* (41), *L'allegro fantasma* (41), *L'uomo venuto dal mare* (41), *Una volta alla settimana* (41), *Fari nella nebbia* (41), *Un colpo di pistola* (41 co-art d), *Villa da vendere* (42), *Vertigine* (42), *Giorno di nozze* (42), *Tre ragazze viennesi* (42), *Una storia d'amore* (42), *Malombra* (42), *La guardia del corpo* (42), *Don Cesare di Bazan* (42), *La bisbetica domata* (42), *Miliardi, che follia!* (42), *Colpi di timone* (42), *Il birichino di papà* (42), *L'uomo della croce* (42 co-art d), *Zazà* (42), *Squadriglia bianca* (43), *La freccia nel fianco* (43), *Il diavolo va in collegio* (43), *Quartieri alti* (43), *La vita è bella* (43), *La donna della montagna* (43), *In cerca di felicità* (43), *T'amerò sempre* (43), *Tempesta sul golfo* (43), *Due lettere anonime* (44), *Peccatori* (44), *Che distinta famiglia!* (45 made in 43), *La vita ricomincia* (45), *Il canto della vita* (45), *Le miserie del signor Travet* (45), *Avanti a lui tremava tutta Roma* (46), *Eugenia Grandet* (46), *Mio figlio professore* (46), *Sciuscià* (46), *Roma città libera* (46), *I due orfanelli* (47), *La Traviata* (47), *Fiamme sul mare* (47), *Il fiacre n. 13* (47 co-art d), *Addio, Mimì* (47), *Il Trovatore* (47), *Natale al campo 119* (48), *La forza del destino* (50), *Tre passi al nord* (50), *Ha da venì...don Calogero* (51), *Messalina* (51), *La colpa di una madre* (52), *Puccini* (53), *Pane amore e fantasia* (53), *Cavalleria rusticana* (53), *Pane amore e gelosia* (54), *L'oro di Napoli* (54), *Il segno di Venere* (55), *Pane amore e...* (55), *Il tetto* (56), *A Farewell to Arms* (57 U.S. co-art d), *Anna di Brooklyn* (58), *Fra Manisco cerca guai* (60), *La Ciociara* (61), *Una rafaga de plomo* (68 Spain *).

2954. Medin, Harriet. U.S. actress. b. 1914. RN: Harriet White, a name she also acted under. Wife of Gastone Medin. *Paisà* (46), *Genoveffa di Brabante* (46), *In estasi* (50), *La dolce vita* (60), *L'orribile segreto del dottor Hichcock* (62), *Lo spettro del dottor Hichcock* (63), *La frusta e il corpo* (63), *Sei donne per l'assassino* (64), *La lama nel corpo* (66), *Troppo per vivere...poco per morire* (66).

2955. Medina, Patricia. U.K. actress. b. July 19, 1921, Liverpool. Married Richard Greene. *Il mantello rosso* (54).

2956. Medini, Flora. Actress. b. N.Y., U.S.A. Daughter of Milanese acrobat Mario Medini. *Attanasio cavallo vanesio* (53), *Gran varietà* (53), *Alvaro piuttosto corsaro* (54), *Io sono la Primula Rossa* (54).

2957. Medioli, Enrico. Writer. *Scusi, facciamo l'amore* (67 co-w), *La prima notte di quiete* (72 co-w), *Ludwig* (73 co-w), *Gruppo di famiglia in un interno* (74), *L'innocente* (76 co-w), *La vera storia della signora dalle camelie* (82 story), *C'era una volta l'America* (83 co-w).

2958. Megowan, Don. U.S. actor. b. 1922. d. 1981. *La strada dei giganti* (60), *Il terrore dei mari* (62).

2959. Megy, Max. French actor. b. Jan. 9, 1924, Paris. *I gioielli di Madame De...* (52), *Margherita della notte* (55).

2960. Melani, Pier Luigi. Co-writer. b. May 20, 1895, La Spezia. *Amore di ussaro* (39), *L'ispettore Vargas* (40), *Fortuna* (40), *L'ultimo combattimento* (41), *Confessione* (41).

2961. Melato, Maria. Actress. b. Oct. 16, 1885, Reggio Emilia. d. Aug. 24, 1950, Vittoria Apuana a Forte dei Marmi, near Lucca. *Ritorno* (14), *Anna Karenina* (17), *I due volti di Nanù* (19), *Le due Marie* (19), *Il piccolo santo* (19), *Il trittico dell'amore* (20), *Il volo degli aironi* (20), *Le due esistenze* (20), *Redenzione* (42), *La principessa del sogno* (42), *Quartieri alti* (43), *Il fabbro del convento* (48).

2962. Melato, Mariangela. Actress. b.

1941. Her younger sister, Anna, also appeared in several films in the 80s. Mariangela Melato's movies include: *Il prete sposato* (70), *L'invasione* (70), *La bomba alla televisione* (70), *Thomas e...gli indemoniati* (70), *Io non scappo...fuggo* (70), *Per grazia ricevuta* (71), *Mimì metallurgico ferito nell'onore* (72), *Incontro* (72), *La classe operaia va in paradiso* (72), *Il generale dorme in piedi* (72), *La violenza: quinto potere* (72), *La polizia ringrazia* (72), *Orlando furioso* (72 TV), *Guernica* (72), *Lo chiameremo Andrea* (73), *Film d'amore e d'anarchia* (73), *Par le sang des autres* (73 France), *Nada* (74), *Travolti da un insolito destino nell'azzurro mare d'agosto* (74), *La poliziotta* (74), *Ultimatum alla polizia* (74), *Sterminate "gruppo zero"* (74), *Di che segno sei?* (75), *Attenti al buffone!* (75), *Faccia di spia* (75), *Caro Michele* (76), *Mosè* (76), *Todo modo* (76), *La presidentessa* (76), *Il casotto* (77), *Between Miracles* (77), *Saxofone* (77), *Il gatto* (78), *Oggetti smarriti* (79), *I giorni cantati* (79), *Dimenticare Venezia* (79), *Flash Gordon* (81 U.S.), *So Fine* (81 U.S.), *Aiutami a sognare* (81), *Domani si balla* (82), *Bello mio, bellezza mia* (82), *Il buon soldato* (82), *Il Petomane* (83), *Segreti segreti* (85), *Figlio mio infinitamente caro* (86), *Dancers* (87 U.S.), *Notte d'estate con profilo greco, occhi a mandorla, e odore di basilico* (86).

2963. Mele, Dino. Actor. *Il mare* (62), *Il mito* (63), *Le streghe* (66), *Assicurasi vergine* (67), *Plagio* (68), *C'era una volta il west* (68), *Ash Wednesday* (73 U.K.), *Il regno di Napoli* (78).

2964. Mele, Luigi. Actor. b. Napoli. d. 1921, Napoli. Latterly a director. *Il carabiniere* (13), *L'ordinanza* (13), *Gli ultimi giorni di Pompei* (13), *I promessi sposi* (13), *Spartaco, il gladiatore della Traccia* (13), *Bacio di morte* (16), *Il tempio di sacrificio* (19 d), *Lotte nell'aria* (19 d), *Grand Prix* (20 d), *Calze di seta* (20 d).

2965. Mell, Marisa. Austrian actress. b. Feb. 25, 1939, Vienna. d. May 15, 1992, Vienna. *Casanova 70* (65), *New York chiama Super Dragon* (66), *È stato lungo, difficile, però adesso...che notte, ragazzi!* (66), *Diabolik* (67), *Le dolci signore* (67), *Stuntman* (68), *Una sull'altra* (70), *Marta* (71), *Amico, stammi lontano, almeno un palmo* (71), *Tutti fratelli nel west...per parte di padre* (72), *Doppia coppia con regina* (74), *L'ultima volta* (76), *Casanova e compagnia* (76), *La belva con il mitra* (77), *Taxi-Love servizio per signora* (77), *Un'ombra nell'ombra* (77), *La moglie giovane* (78), *L'osceno desiderio* (79), *Amori, letti e tradimenti* (79), *La liceale al mare con l'amica di papà* (80), *La compagnia di viaggio* (80), *La dottoressa preferisce i marinai* (81), *Peccati a Venezia* (81).

2966. Melnati, Umberto. Actor. b. June 17, 1897, Livorno. *Il figliuol prodigo* (19), *Due cuori felici* (32), *La segretaria per tutti* (32), *La canzone del sole* (33), *La provincialina* (33), *Oggi sposi* (34), *Ma non è una cosa seria* (36), *L'uomo che sorride* (36), *La contessa di Parma* (37), *Il signor Max* (37), *Voglio vivere con Letizia* (38), *La mazurka di papà* (38), *La signora di Montecarlo* (38), *Mille lire al mese* (38), *La casa del peccato* (38), *Belle o brutte si sposan tutte* (39), *Un mare di guai* (39), *Vento di milioni* (39), *Pazza di gioia* (40), *Rose scarlatte* (40), *La peccatrice* (40), *Con le donne non si scherza* (41), *Barbablù* (41), *Brivido* (41), *Cortocircuito* (42), *Senza una donna* (43), *Quartieri alti* (43), *Miss Italia* (49), *Vivere a sbafo* (49), *Altri tempi* (51), *Africa sotto i mari* (53), *Amori di mezzo secolo* (53), *La valigia dei sogni* (53), *Il grande giuoco* (53), *Peccato che sia una canaglia* (54), *Madame Dubarry* (54), *Appassionatamente* (54), *Napoleone Buonaparte* (54), *Frou Frou* (55), *La freccia d'oro* (62).

Melrose, Maureen *see* **Berti, Marina**

2967. Melvazzi, Gino. Actor. b. 1934. Long in the U.K. *Blow Up* (66).

2968. Melville, Jean-Pierre. French director. b. Oct. 20, 1917, Paris. d. Aug. 2, 1973, Paris. RN: Jean-Pierre Grumbach. *Lo sciacallo* (63 also w).

Memmi, Fulvia *see* **Mammi**

2969. Menardi, Leo. Director. b. Nov. 20, 1903, Torino. In movies from 1926, often as director of production. *Ettore Fieramosca* (38 d prod), *Luciano Serra pilota* (38 d prod), *Un'avventura di Salvator Rosa* (40 d prod), *La corona di ferro* (41 d prod), *Luisa Sanfelice* (42), *L'avventura di Annabella* (43), *Il paese senza pace* (43 co-d), *La moglie in castigo* (44).

2970. Menczer, Erico. Director of photography. *Le amiche* (55 co-ph), *Il grido* (57 co-ph), *Le pillole di Ercole* (60), *L'oro di Roma* (61), *L'amore difficile* (62), *I* *fuorilegge del matrimonio* (62), *Le ore dell'amore* (63), *La suora giovane* (64), *La vita agra* (65), *Extraconiugale* (65 the episode "Il mondo è dei ricchi"), *Beatrice Cenci* (69), *Vedo nudo* (69 co-ph), *Sbatti il mostro in prima pagina* (72), *Il sindacalista* (72), *Zanna Bianca* (72), *Il caso Pisciotta* (72), *Fiorina la vacca* (72), *Il contatto carnale* (73), *La città sconvolta—caccia spietata ai rapitori* (74), *Bordella* (75), *Il secondo tragico Fantozzzi* (76), *I padroni della città* (76), *Liberi, armati, pericolosi* (77), *Holocaust 2000* (77), *Occhi dalle stelle* (77), *Sono stato un agente CIA* (78), *L'importante è non farsi notare* (80), *Vieni avanti cretino* (82).

2971. **Méndez, Guillermo.** Spanish actor. *I morti non si contano* (68), *Ringo, il cavaliere solitario* (68), *Il mercenario* (68), *Garringo* (69).

2972. **Menéndez, Juan José.** Spanish actor. b. Madrid. *I ladri* (59).

2973. **Menichelli, Dora.** Actress. b. May, 1888, Monteleone Calabro, near Catanzaro. Sister of Pina Menichelli. Married Armando Migliari. *Complice azzurro* (14), *Cura da baci* (16), *I fioretti di san Francesco* (16), *Pazzia vendicatrice* (16), *È tornato carnevale* (37), *Apparizione* (43).

2974. **Menichelli, Pina.** Actress. b. 1893, Sicilia. RN: Giuseppina Menichelli. Sister of Dora Menichelli and cousin of Italia Almirante Manzini. She was the first diva to break away from the "grand gesture" school of acting and use a more naturalistic style. *Il lettino vuoto* (13), *Il romanzo* (13), *Scuola d'eroi* (14), *Il grido dell'innocenza* (14), *Retaggio d'odio* (14), *I misteri del castello di Monroe* (14), *Il getto d'acqua* (14), *Papà* (15), *Il sottomarino n. 27* (15), *Alma mater* (15), *La casa di nessuno* (15), *Alla deriva!* (15), *Lulù* (15), *La contessa di San Germano* (15), *Il fuoco* (15), *La fidanzata dell'aviatore* (16), *Tigre reale* (16), *La trilogia di Dorina* (17), *Una sventatella* (18), *La passeggera* (18), *La moglie di Claudio* (18), *Gemma di sant'Erasmo* (18), *Il giardino della voluttà* (18), *Il padrone delle ferriere* (19), *La disfatta dell'Erinni* (19), *La storia di una donna* (19), *Il romanzo di un giovane povero* (20), *Una pagina d'amore* (20), *Le tre illusioni* (21), *La verità nuda* (21), *L'età critica* (21), *La dame de Chez-Maxim* (22), *La seconda moglie* (23), *La biondina* (23), *L'uomo e la donna* (23), *Scuola d'eroi* (23), *Occupati d'Amelia* (24).

2975. **Meniconi, Enzo.** Editor. *L'ultima donna* (75), *Ecce Bombo* (78), *Stupende le mie amiche* (80), *Amore tossico* (83), *La neve nel bicchiere* (83), *Attacco alla piovra* (84), *Blu cobalto* (85), *L'inchiesta* (87), *Paura e amore* (88), *Il sole buio* (90).

2976. **Meniconi, Furio.** Actor. AKA: Men Fury. *Il terrore dei barbari* (59), *David e Golia* (59), *I tartari* (60), *Le sette sfide* (60), *Vulcano, figlio di Giove* (61), *Oro per i cesari* (62), *Il gigante di Metropoli* (62), *Cleopatra* (63 U.S.), *Le sette fatiche di Alì Babà* (63), *La valle dell'eco tonante* (64), *Ursus, il terrore dei kirghisi* (64), *I diavoli dallo spazio* (65), *James Tont...operazione D.U.E.* (66), *Uccidi o muori* (66), *Un minuto per pregare, un istante per morire* (68), *Ammazzali tutti e torna solo* (68), *Quel caldo maledetto giorno di fuoco* (68), *I due crociati* (68), *Dio non paga, il sabato* (68), *...E venne il tempo di uccidere* (68), *Viva la muerte...tua* (72 Spain).

2977. **Meniconi, Mario.** Actor. *Per qualche dollaro in più* (65), *Scusi, facciamo l'amore* (67), *Angélique et le sultan* (68 France).

2978. **Mercader, Maria.** Spanish actress. b. March 6, 1918, Barcelona. "Discovered" by director Rosario Pí, and a few years later moved to Italy. Married Vittorio De Sica in 1968 after having lived with him since 1942. Retired in 1952. *Molinos de viento* (36 Spain), *Il segreto inviolabile* (39), *Marianela* (40 Spain), *La gerla di papà Martin* (40), *La forza bruta* (40), *Una famiglia impossibile* (40), *Marido provisional* (40 Spain. The Spanish version of the Italian film *Dopo divorzieremo*), *Il prigioniero di Santa Cruz* (40), *L'attore scomparso* (41), *Il re si diverte* (41), *Brivido* (41), *Due cuori sotto sequestro* (41), *Finalmente soli* (41), *L'uomo venuto dal mare* (41), *Un garibaldino al convento* (41), *Se io fossi onesto* (42), *La prima donna* (42), *La fanciulla dell'altra riva* (42), *Musica proibita* (42), *Buongiorno, Madrid!* (42), *Il treno crociato* (43), *La vita è bella* (43), *I nostri sogni* (43), *L'ippocampo* (43), *Non sono superstizioso, ma...* (43), *Nessuno torna indietro* (43), *Il canto della vita* (45), *La porta del cielo* (45), *Natale al campo 119* (48), *Cuore* (48), *Il cavaliere misterioso*

(48), *Buongiorno, elefante!* (52), *Claretta* (84), *La casa del sorriso* (91).

2979. Mercanti, Pino. Director. b. Palermo. RN: Giuseppe Mercanti. *Gli ultimi della strada* (39 asst d), *All'ombra della gloria* (43), *Malacarne* (46 co-d), *Il principe ribelle* (47), *I cavalieri dalle maschere nere* (47), *La vendetta di una pazza* (51 also co-w), *Serenata amara* (52), *La voce del sangue* (52), *La carovana del peccato* (52), *I cinque dell'Adamello* (54), *Agguato sul mare* (54), *Lacrime d'amore* (55), *Primo applauso* (57), *Ricordati di Napoli* (58), *Il cavaliere dai cento volti* (60).

2980. Mercier, Michèle. French actress. b. Jan. 1, 1939, Nice. "Discovered" by Denys de la Patellière. *Le notti di Lucrezia Borgia* (59), *Le piace Brahms?* (61), *Il giustiziere dei mari* (62), *Le prigioniere dell'Isola del Diavolo* (62), *Anni ruggenti* (62), *Le meraviglie di Aladino* (62), *I mostri* (63), *I tre volti della paura* (63 the episode "The Telephone"), *Sinfonia per un massacro* (63), *Lo sciacallo* (63), *Via Veneto* (64), *Frenesia d'estate* (64), *Il giovedì* (64), *La pupa* (64), *Alta infedeltà* (64 the episode "Gente moderna"), *Amore in quattro dimensioni* (64), *I complessi* (65), *Casanova 70* (65), *I nostri mariti* (66), *Come imparai ad amare le donne* (67), *Cimitero senza croci* (68), *Le calde notti di Lady Hamilton* (68), *Nella stretta morsa del ragno* (70).

2981. Mercouri, Melina. Greek actress. b. Oct. 18, 1923, Athens. Later a politician. *Colui che deve morire* (57), *La legge* (58), *Il giudizio universale* (61), *Canzoni nel mondo* (62), *Amor di una calda estate* (65).

Mercury, Joseph *see* **Mancori, Guglielmo**

Mercury, Lawrence *see* **Battaglia, Gian Lorenzo**

2982. Merenda, Luc. Actor. AKA: Luke Merenda. *Sole rosso* (71), *Così Sia* (72), *Mamma mia, è arrivato "Così Sia"* (72), *D'amore si muore* (72), *Le monache di sant'Arcangelo* (72), *Milano trema: la polizia vuole giustizia* (73), *I corpi presentano tracce di violenza carnale* (73), *La città sconvolta—caccia spietata ai rapitori* (74), *Gli amici di Nick Hazard* (76), *Il conto è chiuso* (76), *Napoli si ribella* (76), *Cattivi pensieri* (77), *La banda del trucido* (77), *Italia: ultimo atto?* (78), *Enfantasme* (78), *Commissario Verrazano* (78), *Duri a morire* (78), *Pensione Paura* (79), *Action* (79), *Bersaglio altezza uomo* (79), *Il ficcanaso* (80), *Amore in prima classe* (80), *Miele di donna* (81), *Le Mans* (71 U.S.), *Superfantozzi* (87), *'O re* (89).

2983. Merenda, Victor. French director/actor. b. Aug. 31, 1923, Cannes. *Tombolo, paradiso nero* (47 co-w/story), *Il mistero della pensione Edelweiss* (58 co-d).

2984. Meril, Macha. French actress. b. 1940. *Uccidere a Apache Wells* (65), *Bella di giorno* (67), *La notte dei fiori* (70), *Profondo rosso* (74), *L'età della pace* (75), *Una donna di seconda mano* (77), *Rock 'n' roll* (78), *Le rose di Danzica* (79).

2985. Merli, Adalberto Maria. Actor. *Il vero e il falso* (71), *La prima notte di quiete* (72), *La villeggiatura* (73), *Piedone lo sbirro* (72), *Processo per dirittissimo* (74), *La Femme aux boîtes rouges* (75 France), *Peur sur la ville* (75 France), *Faccia di spia* (75), *Il poliziotto della brigata criminale* (75), *Per questa notte* (77).

2986. Merli, Maurizio. Actor. b. June 8, 1939, Roma. d. March 10, 1989, Roma. Starred as Garibaldi in the TV series of that name. *Il gattopardo* (63), *Roma a mano armata* (76), *Napoli violenta* (76), *Mannaja* (77), *Italia a mano armata* (77), *Paura in città* (77), *Poliziotto senza paura* (78), *Da Corleone a Brooklyn* (79).

2987. Merlini, Elsa. Actress. b. July 26, 1904, Trieste. A star in the pre-war years, she made a comeback in the 50s. *La segretaria privata* (31), *Una notte con te* (32), *Cercasi modella* (33), *Paprika* (34), *Melodramma* (34), *Lisetta* (34), *Ginevra degli Almieri* (35), *Non ti conosco più* (36), *Trenta secondi d'amore* (37), *L'albero di Adamo* (37), *Amicizia* (38), *La dama bianca* (38), *Ai vostri ordini, signora!* (38), *L'ultimo ballo* (41), *Gioco pericoloso* (41), *La regina di Navarra* (41), *Sette ore di guai* (51), *Cameriera bella presenza offresi* (51), *Gli ultimi cinque minuti* (55), *I papagalli* (56), *Storia del teatro* (56 a series of four shorts), *Gambe d'oro* (58).

2988. Merlini, Marisa. Actress. b. 1923, Roma. *Roma città libera* (46), *L'imperatore di Capri* (49), *Se fossi deputato* (49), *Totò cerca casa* (49), *Amori e veleni* (49), *Signori, in carrozza!* (51), *Napoleone* (51), *Altri tempi* (51), *Stasera sciopero* (51), *Gli angeli del quartiere* (51), *Totò cerca* *moglie* (51), *Ergastolo* (52), *Viva il cinema!* (53), *Viva la rivista!* (53), *Ti ho sempre amato* (53), *Pane amore e fantasia* (53), *La prigioniera di Amalfi* (53), *Pane amore e gelosia* (54), *Gli amori di Manon Lescaut* (54), *Le signorine dello 04* (54), *Destinazione Piovarolo* (55), *Cortile* (55), *Il bigamo* (55), *Tempo di villeggiatura* (56), *Questa nostra vita* (56), *Padri e figli* (56), *Il momento più bello* (56), *Il medico e lo stregone* (57), *Mariti in città* (57), *Liana, la schiava bianca* (58), *Dinanzi a noi il cielo* (58), *Io, mammeta e tu* (58), *Il bacio del sole* (58), *Resurrezione* (58), *Tutti innamorati* (58), *La 100 km* (59), *I piaceri dello scapolo* (60), *Il vigile* (60), *La garçonnière* (60), *Fra Manisco cerca guai* (60), *Le ambiziose* (60), *Gli incensurati* (60), *Il mondo nella mia tasca* (60), *Tempo di Roma* (63), *I mostri* (63), *La ragazza in prestito* (65), *Il sigillo di Pechino* (66), *Donne...botte e bersaglieri* (68), *Il grande silenzio* (68), *Dramma della gelosia—tutti i particolari in cronaca* (70), *Non commettere atti impuri* (71), *Continuavano a chiamarli i due piloti più matti del mondo* (72), *Il maschio ruspante* (72), *L'albero dalle foglie rosa* (74), *A pugni nudi (per triste esperienza in un carcere minorile)* (74), *Le dolci zie* (75), *Una bella governante di colore* (76), *Stangata in famiglia* (76), *Oh, Serafina!* (76), *Le impiegate stradali* (76), *La mazzetta* (78), *Top Secret* (78 U.S. TV), *La bidonata* (79), *L'altra donna* (80), *La moglie in vacanza... l'amante in città* (80), *Mia moglie torna a scuola* (81), *Pierino contro tutti* (81), *Cornetti alla crema* (81), *L'onorevole con l'amante sotto il letto* (81).

2989. Merusi, Renzo. Actor. b. Nov. 1, 1914, Collecchio, near Parma. Became a director in the 50s. *Lotte nell'ombra* (38), *Traversata nera* (39), *Forse eri tu l'amore* (39), *Amiamoci così* (40), *Con le donne non si scherza* (41), *Un marito per il mese d'aprile* (41), *Una signora dell'ovest* (42), *Il treno crociato* (43), *I bastardi* (50), *La figlia di Mata Hari* (55 d/w/story), *Apocalisse sul Fiume Giallo* (59 d).

2990. Messemer, Hannes. German actor. b. May 17, 1924, Dillengen. Famous as Mack the Knife on the Paris stage of the 50s, and as the commandant in the film *The Great Escape* (63 U.S.). Italian movies include: *Il generale Della Rovere* (59), *La gran vita* (59), *Era notte a Roma* (59).

2991. Mestral, Armand. French actor. b. Nov. 25, 1917, Paris. *Napoleone Buonaparte* (54), *Morgan il pirata* (60), *Duello nella Sila* (61), *Pelle d'oca* (63).

2992. Mestres, Isabel. Actress. *Non si deve profanare al sonno di morte* (74), *Gesù di Nazaret* (77 TV).

2993. Metz, Vittorio. Co-writer. b. July 18, 1904, Roma. Mostly in collaboration with Marcello Marchesi. Has also co-directed numerous films. *Lo vedi come sei?* (39), *Imputato, alzatevi!* (39), *Alessandro, sei grande!* (40), *Il pirata sono io* (40 also story), *Non me lo dire* (40 also story), *C'è un fantasma nel castello* (41 also story), *Cercasi bionda bella presenza* (42 w/story), *Pazzo d'amore* (43 story), *Macario contro Zagomar* (43), *Accidenti alla guerra!* (48 also story), *Undici uomini e un pallone* (48), *Totò al giro d'Italia* (49 also story), *Se fossi deputato* (49 also story), *Totò cerca casa* (49), *Adamo ed Eva* (49), *L'imperatore di Capri* (49), *Totò le Moko* (49), *Biancaneve e i sette ladri* (49), *I cadetti di Guascogna* (50), *L'inafferabile 12* (50), *Il monello della strada* (50), *Figaro qua, Figaro là* (50), *47, morto che parla* (50), *Bellezze in bicicletta* (50), *È arrivato il cavaliere* (50), *Totòtarzan* (50 also story), *Toto cerca moglie* (51), *Io sono il capataz!* (51), *Arrivano i nostri* (51), *Tizio, Caio, Sempronio* (51 also co-d/story), *Sette ore di guai* (51 also co-d), *Milano miliardaria* (51 co-d), *Libera uscita* (51), *Una bruna indiavolata* (51), *Il padrone del vapore* (51), *Era lui...si! si!* (51 also co-d/co-story), *Licenza premio* (51), *Il mago per forza* (51 also co-d), *La paura fa 90* (51), *Totò terzo uomo* (52), *Lo sai che i papaveri...* (52 also co-d/co-story), *Noi due soli* (52 also co-d/co-story), *Oggi sposi* (52 also co-story), *Canzoni a due voci* (53), *L'incantevole nemica* (53), *Era lei che lo voleva* (53 co-d), *Se vincessi cento milioni* (54), *Siamo uomini o caporali?!* (54), *La moglie è uguale per tutti* (54), *I quattro del getto tonante* (55), *Noi siamo le colonne* (56), *Totò lascia o raddoppia* (57), *Totò, Peppino e i fuorilegge* (57), *Susanna tutta panna* (57), *Femmine tre volte* (57 also story), *La zia d'America va a sciare* (57), *Totò, Vittorio e la dottoressa* (58), *Domenica è sempre domenica* (58 also story), *Totò a Parigi* (58 w), *Fantasmi e ladri* (59 also story), *I tartassati* (59 also co-story), *La cambiale* (59 also story), *Psycosissimo*

(60 also story), *Maciste contro Ercole nella valle dei guai* (62), *Vado, vedo e sparo* (68), *La più bella coppia del mondo* (68).

2994. Metzger, Radley. U.S. director/producer. b. 1930. AKA: Henry Paris. *Camille 2000* (69).

2995. Meurisse, Paul. French actor. b. Dec. 21, 1912, Dunkerque. d. Jan. 19, 1979, Paris. *La contessa di Castiglione* (55).

Meyniel, Juliette *see* **Mayniel**

2996. Meynier, Geronimo. Actor. b. July 5, 1941, Fiume. AKA: Gerald Meynier. *Amici per la pelle* (55), *Guendalina* (57), *Amore e chiacchiere* (57), *Le avventure di Robi e Buck* (57), *Il cocco di mamma* (57), *Ragazzi della marina* (58), *Primo amore* (58), *La 100 km* (59), *Il magistrato* (59), *La grande guerra* (59), *Vacanze d'inverno* (59), *Totò, Fabrizi e i giovani d'oggi* (60), *Stefanie in Rio* (60 Germany), *Sotto dieci bandiere* (60), *L'amore a vent'anni* (61 the second episode, "Italy"), *Dal sabato al lunedì* (63), *Giulietta e Romeo* (64).

2997. Meyran, Jacques. French actor. b. Paris. RN: Jacques Moudlic. *La torre del piacere* (54).

2998. Mezzogiorno, Vittorio. Actor. *Cecilia* (75), *L'uomo di Corleone* (77), *Speed cross* (80), *Caffè espresso* (80), *Desideria—la vita interiore* (80), *E noi non faremo harakiri* (81), *La caduta degli angeli ribelli* (81), *Tre fratelli* (81), *La Lune dans le caniveau* (83 France), *La casa del tappeto giallo* (83), *Un foro nel parabrezza* (83), *La condanna* (91).

2999. Miano, Andrea. Director/director of photography. b. May 22, 1909, Genova. *Maciste imperatore* (24 *), *Maciste all'inferno* (25 *), *Il carnevale di Venezia* (27 *), *Il vetturale del Moncenisio* (28 *), *Gli ultimi zar* (28 *), *La compagnia dei matti* (28 *), *Incubo* (39 short d/*), *Edizione straordinaria* (39 short co-d/ph), *Capitan Fracassa* (40 asst d/production secretary), *Addio, giovinezza!* (41 asst d/production secretary), *Il ventesimo duca* (41 asst d/production secretary), *Caposaldo* (44 short d/*), *La nostra ora* (45 short d/*/story), *Onoranze a Mazzini* (46 doc), *Il porto di Genova* (47 doc), *Bellezze della Riviera* (47 doc), *Strade italiane* (47 doc), *Ricostruzione della città di Genova* (47 doc), *Il delitto perfetto* (47 short d/*/story), *24 ore a Cervinia* (48 short d/*/story), *La giornata della madre* (49 doc), *Belve in viaggio* (50 doc), *Produzione italiana* (50 doc), *Magnasco* (50 doc ph), *Amore e psiche* (50 doc ph), *L'industria del fiore* (51 doc), *Dalle rive del Po al Colorado* (51 doc), *La buona terra* (51 doc), *Storia del porto di Genova* (53 doc), *Ali sul mare* (53 doc), *Antichi feudi* (54 doc), *Riviera ligure* (55 doc), *Approdi liguri* (55 doc), *Cantieri* (55 doc), *Ospedale delle navi* (56 doc), *Storia della navigazione* (56 doc), *Come nasce una nave* (57 doc), *Meccanico Ansaldo* (57 doc), *Ansaldo: fucina di navi* (57 doc), *Il pirata dello sparviero nero* (58 *).

3000. Micantoni, Adriano. Actor. *La banda Casaroli* (62), *Ursus nella terra di fuoco* (63), *La notte pazza del conigliaccio* (67), *I due pompieri* (68), *Ciccio perdona. . .io no!* (68).

3001. Michaelis, Dario. Actor. b. March 29, 1927, Resistencia, Argentina. *Carica eroica* (52), *I figli non si vendono* (52), *Allarme a sud* (53), *I cinque dell'Adamello* (54), *Ritrovarsi all'alba* (54), *Nanà* (55), *Londra chiama polo nord* (55), *I vampiri* (57), *L'ultima violenza* (57), *La morte viene dallo spazio* (58), *Il padrone delle ferriere* (59), *La strada dei giganti* (60), *Gli uomini dal passo pesante* (66).

3002. Michel, Marc. French actor. *Il buco* (60), *La ragazza di Bube* (64), *Su e giù* (65 the episode "Il colpo da leoni").

Michel, Micheline *see* **Presle, Micheline**

3003. Michelangeli, Marcella. Actress. *Caro Michele* (76), *Padre padrone* (77).

Michell, Gordon *see* **Mitchell, Gordon**

3004. Michell, Keith. Australian actor. b. Dec. 1, 1926, Adelaide. *Sir Francis Drake, il re dei sette mari* (63).

3005. Micheluzzi, Carlo. Actor. b. May 10, Napoli. *Eravamo sette vedove* (39), *Ore 9 lezione di chimica* (41), *Voglio vivere così* (41), *C'è sempre un ma. . .* (42), *Avanti, c'è posto* (42), *La maestrina* (42), *La donna è mobile* (42), *Incontri di notte* (43), *Peccatori* (44), *Senza famiglia* (44), *Il tiranno di Padova* (46), *La gondola del diavolo* (46), *Totò al giro d'Italia* (49), *Le diciottenni* (55).

3006. Michi, Maria. Actress. b. May 14, 1921, Roma. RN: Maria Assunta Michi. *Roma citta aperta* (45), *Paisà* (46), *Preludio d'amore* (46), *Fatalità* (47), *L'altra* (47), *La certosa di Parma* (47), *Legge di guerra* (61), *La monaca di Monza* (68), *Ultimo tango a*

Parigi (72), *Per le antiche scale* (74), *Irene Irene* (76), *Salon Kitty* (76).

3007. Mida, Massimo. Director/writer. b. May 5, 1917, Falconara Marittima, near Ancona. RN: Massimo Puccini. Brother of Gianni Puccini. *Un pilota ritorna* (42 co-w), *Paisà* (46 asst d), *La macchina ammazzacattivi* (48 asst d), *Luci del varietà* (50 asst d), *Persiane chiuse* (51 co-w), *Achtung, banditi!* (51 asst d/co-w/story), *Campione del mondo* (51 short), *Ai margini della metropoli* (52 co-w/co-story), *La città dei martiri* (52 short), *La domenica della buona gente* (53 co-w), *Cronache di poveri amanti* (53 co-w), *Lo svitato* (55 asst d/co-w), *Londra chiama polo nord* (55 co-w), *Mafai* (57 short), *Di Vittorio* (58 short), *Emilio Greco* (58 short), *La Versilia di Carrà* (58 short), *De Brosses a Roma* (58 short), *Quasimodo premio Nobel* (60 short), *Bianco, rosso, giallo, rosa* (65 ph), *Il fratello* (75 d).

3008. Midgette, Alan. U.S. actor. AKA: Alain Midgette. *Prima della rivoluzione* (64), *Vento dell'est* (69), *La strategia del ragno* (69), *1900* (76).

3009. Mifune, Toshiro. Japanese actor. b. April 1, 1920, Tsingtao, China. *Sole rosso* (71).

3010. Migliari, Armando. Actor. b. April 29, 1887, Frosinone. Married Dora Menichelli. *Cura da baci* (16), *I fioretti di san Francesco* (16), *L'ultimo dei Bergerac* (34), *La damigella di Bard* (36), *Il conte di Bréchard* (37), *I fratelli Castiglioni* (37), *Napoli che non muore* (39), *Antonio Meucci, il mago di Clifton* (40), *Una romantica avventura* (40), *La fanciulla di Portici* (40), *Maddalena, zero in condotta* (40), *Un garibaldino al convento* (41), *Luisa Sanfelice* (42), *Giacomo l'idealista* (42), *L'onorevole Angelina* (47), *Ho sognato il paradiso* (49), *Domani è troppo tardi* (50), *La taverna della libertà* (50), *Core 'ngrato* (51), *Don Camillo* (52), *Siamo donne* (53), *Il cardinale Lambertini* (54), *La tua donna* (54), *Il conte di Matera* (57).

3011. Mignone, Totò. Actor. Brother of Milly (q.v.), and brother-in-law of director Mario Mattòli, in several of whose pictures he appeared in secondary roles. He also had a shot at being an assistant director and inspector of production. His films include: *I cadetti di Guascogna* (50), *Totò sceicco* (51).

3012. Mihalesco, Alexandre. French actor. b. Rumania. *Rasputin* (54), *Le avventure di Arsenio Lupin* (57).

Mijanou *see* **Bardot, Mijanou**

3013. Mikell, George. U.K. actor. b. 1927. Originally from Lithuania. *Operazione Crossbow* (65).

3014. Miles, Sarah. U.K. actress. b. Dec. 31, 1941, Ingatestone, England. *Blow Up* (66).

3015. Miles, Vera. U.S. actress. b. Aug. 23, 1929, Boise City, Okla. RN: Vera June Ralston. Miss Texas 1948. Married Gordon Scott. *Jovanka e le altre* (59).

Milestone, Hank *see* **Lenzi, Umberto**

3016. Milestone, Lewis. U.S. director. b. Sept. 30, 1895, Chisinau, Odessa, Russia. d. Sept. 25, 1980, Los Angeles, Calif. RN: Levis Milstein. In the U.S.A. from 1913. *La vedova X* (54 also adapted), *La guerra segreta* (65 co-d. Replaced by Terence Young).

3017. Milian, Tomás. Cuban actor. b. 1938. In Italy since 1959. A "symbol of poverty" to Italian-western audiences. *La notte brava* (59), *I delfini* (60), *Il bell'Antonio* (60), *L'imprevisto* (61), *Un giorno da leoni* (61), *Laura nuda* (61), *Giorno per giorno disperatamente* (61), *Boccaccio 70* (61 the episode "Il lavoro"), *La banda Casaroli* (62), *L'attico* (62), *Il disordine* (62), *Mare matto* (62), *Gli indifferenti* (63), *Il gattopardo* (63), *Le soldatesse* (65), *Io uccido, tu uccidi* (65 the episode "Il plenilunio"), *The Agony and the Ecstasy* (65 U.S.), *I soldi* (66), *Madamigella di Maupin* (66), *La resa dei conti* (66), *Bounty killer* (66), *Faccia a faccia* (67), *Se sei vivo spara* (67), *Sentenza di morte* (67), *Corri, uomo, corri* (67), *Banditi a Milano* (68), *Ruba al prossimo tuo* (68), *Tepepa* (68), *Cronica de un atraco* (68 Spain), *Dove vai tutta nuda?* (68), *I cannibali* (69), *Beatrice Cenci* (69), *O cangaceiro* (70), *L'amore coniugale* (70), *Vamos a matar, compañeros* (70), *La vittima designata* (71), *The Last Movie* (71 U.S.), *Un uomo dalla pelle dura* (72), *Non si sevizia un paperino* (72), *La vita, a volte, è molto dura, vera provvidenza?* (72), *La banda J & S—cronaca criminale del west* (73), *Ci ridiamo, vera provvidenza?* (73), *Il consigliori* (73), *Squadra volante* (74), *Milano odia: la polizia non può sparare* (74), *Il bianco, il giallo, il nero* (74), *La polizia accusa: il servizio segreto uccide* (75), *I quattro dell'apocalisse* (75), *Una* *donna da uccidere* (75), *Il giustiziere sfida la città* (75), *40 gradi sotto il lenzuolo* (76), *Roma a mano armata* (76), *Squadra antiscippo* (76), *Liberi, armati, pericolosi* (77), *La banda del gobbo* (77), *Il trucido e lo sbirro* (77), *Il cinico, l'infame, il violento* (77), *La banda del trucido* (77), *Messalina, Messalina* (77), *Il figlio dello sceicco* (78), *Squadra antimafia* (78), *La luna* (79), *The Day Christ Died* (79 U.K. TV), *Winter Kills* (79 U.S.), *Squadra antigangsters* (79), *Il lupo e l'agnello* (80), *Delitto a Porta Romana* (80), *Uno contro l'altro... praticamente amici* (80), *Delitto al ristorante cinese* (81), *Monsignor* (82 U.S,), *Delitto sull'autostrada* (82), *Identificazione di una donna* (82), *Cane e gatto* (83), *Delitto al Blue Gay* (84), *Salomè* (86), *Money* (91).

3018. Milland, Gloria. Actress. *Goliath contro i giganti* (60), *L'ira di Achille* (61), *Goliath e la schiava ribelle* (62), *Ursus, gladiatore ribelle* (63), *Le tre spade di Zorro* (63), *Maciste alla corte dello zar* (63), *Il duca nero* (63), *Delitto allo specchio* (63), *Il gladiatore che sfidò l'impero* (64), *Camino del sur* (64), *Sette ore di fuoco* (64), *Maciste nell'inferno di Genghis Khan* (64), *I tre spietati* (64), *L'uomo dalla pistola d'oro* (66), *L'uomo e una colt* (67), *...E divenne il più spietato bandito del sud* (67), *Odio per odio* (67).

3019. Milland, Ray. U.S. actor. b. Jan. 3, 1905, Neath, Wales. d. March 10, 1986, Torrance, Calif. RN: Reginald Truscott-Jones. In the U.S.A. since 1930. *Rose rosse per il Fuehrer* (67), *Oil* (77), *I gabbiani volano bassi* (77), *La ragazza dal pigiama giallo* (77), *Hitchcock, il brivido del genio* (85 doc appeared as himself).

3020. Millar, Adelqui. Argentine director/actor. b. Chile. Former cowboy and theatrical actor, in movies since 1910. In Argentina from 1939. *Luci sommerse* (34).

3021. Millefleurs, Lina. Actress. b. France. AKA: Clara Losy. Returned to the variety theater in 1920. *Fiamme nell'ombra* (15), *L'appetito vien mangiando* (15), *La farfalla dalle ali d'oro* (15), *Partita doppia* (15), *L'amante del diavolo* (15), *Il vetturale del Moncenisio* (16), *Debito di sangue* (16), *Pro patria* (16), *La pupilla riaccesa* (16), *Verso l'arcobaleno* (16), *Senza peccato* (16), *Sentieri della vita* (16), *Amanda* (17), *La voragine* (17), *Tristi amori* (18), *Il padrone delle ferriere* (19), *Le tre primavere* (19), *La casa che brucia* (19), *Sonata a Kreuzer* (19), *La bella e la bestia* (19), *Sei mia!* (19), *La più bella avventura di Casanova* (19).

3022. Miller, Jason. U.S. actor/writer/director. b. 1939. *L'avvocato del diavolo* (78 *).

Miller, Thomas *see* **Mastrocinque, Camillo**

3023. Millo, Achille. Actor. b. 1924, Napoli. RN: Achille Scognamillo. Mostly stage. *Il fantasma della morte* (46), *Terra senza tempo* (50), *Carne inquieta* (52), *Melodie immortali* (52), *Il tenente Giorgio* (52), *Canzoni di mezzo secolo* (52), *Carosello napoletano* (54).

3024. Millot, Charles. French actor. b. 1921. *Una adorabile idiota* (64), *Il treno* (64), *Waterloo* (70).

3025. Mills, David. U.S. actor. *La statua* (70), *Destinazione Roma* (77).

3026. Mills, John. U.K. actor. b. Feb. 22, 1908, North Elmham, Suffolk. *Guerra e pace* (56), *L'affondamento della "Valiant"* (61), *Operazione Crossbow* (65), *La morte non ha sesso* (68), *Le calde notti di Lady Hamilton* (68), *L'avvocato del diavolo* (78).

3027. Mills, Juliet. U.K. actress. b. 1941, London. Daughter of John Mills. *Avanti!* (72), *Chi sei?* (74).

3028. Milly. Actress. b. 1905, Alessandria. d. 1980. RN: Emilia Mignone in Monti. AKA: Milly Monti. Sister of Mity Mignone (wife of director Mario Mattòli). Began in variety. *Cinque a zero* (32), *Tre uomini in frac* (32), *Tempo massimo* (34), *Amo te sola* (35), *Musica in piazza* (36), *Girl from Scotland Yard* (37 U.S.), *On Such a Night* (37 U.S.), *L'ultimo amante* (55), *L'uomo di paglia* (58), *Mattino di primavera* (58), *Nella città l'inferno* (58), *I dolci inganni* (60), *I tre volti della paura* (63), *Le Petit Théâtre de Jean Renoir* (69 France), *Il conformista* (70).

3029. Milne, Bettine. U.K. actress. b. 1917. Married Marne Maitland. *Il furto della Gioconda* (66), *La statua* (70), *Fellini Roma* (72), *Fratello Sole sorella Luna* (73), *Scandalo* (75), *Gesù di Nazaret* (77 TV), *Nero veneziano* (78).

3030. Milo, Sandra. Actress. b. 1935, Milano. RN: Alessandra Marini. Cousin of Yves Montand. *Lo scapolo* (55), *Eliana e gli uomini* (56), *Moglie e buoi...* (56), *Le avventure di Arsenio Lupin* (57), *La donna* *che venne dal mare* (57), *Le Miroir à deux faces* (58 France), *Vite perdute* (58), *Totò nella luna* (58), *Erode il grande* (59), *Il generale Della Rovere* (59), *Un Témoin dans la ville* (59 France), *I provinciali* (59), *Le Chemin des écoliers* (59 France), *Match contre le mort* (59 France), *La Jument verte* (59 France), *Asfalto che scotta* (60), *Adua e le compagne* (60), *Gli scontenti* (60), *Fantasmi a Roma* (60), *Vanina Vanini* (61), *La visita* (62), *8½* (63), *Méfiez-vous mesdames* (63 France), *Le voci bianche* (64), *Un Monsieur de compagnie* (64 France), *La donna è una cosa meravigliosa* (64), *Frenesia d'estate* (64), *Giulietta degli spiriti* (65), *L'ombrellone* (66), *Come imparai ad amare le donne* (67), *Il Bang Bang Kid* (67), *La notte pazza del conigliaccio* (67), *Per amore...per magia* (68), *Riavanti... marsch!* (79), *Tesoromio* (80), *Grog* (82), *Cenerentola 80* (83).

3031. Milva. Actress. *La bellezza d'Ippolita* (62), *D'amore si muore* (72), *Via degli specchi* (83).

3032. Mina. Singer who performed the "Eclisse Twist" in the film *L'eclisse* (62). Other films in which she appeared include: *Appuntamento a Ischia* (60), *Urlatori alla sbarra* (60), *Mina...fuori la guardia* (61), *Io bacio...tu baci* (61), *Appuntamento in Riviera* (62).

3033. Minciotti, Silvio. Actor. b. 1883, Napoli. d. 1961. Performed mostly in the U.S.A. His wife, Esther Minciotti (1883–1962), appeared solely in the U.S.A. His only Italian film was *Il deportato* (51).

3034. Minello, Carlo. Actor. b. Feb. 9, 1918, Pisa. d. July, 1947, Milano, of a "very painful illness." RN: Carlo Minellono Dei San Martino D'Arundello. Married actress Maria Pia Arcangeli in 1944. His career was promising. *Addio, giovinezza!* (41), *L'ultimo ballo* (41), *Se non son matti non li vogliamo* (41), *Paura d'amare* (41), *Violette nei capelli* (42), *I tre aquilotti* (42), *La danza del fuoco* (42), *La zia di Carlo* (43), *Aeroporto* (44).

3035. Minervini, Angela. Actress. *La visita* (62), *Preparati la bara* (68), *Coriolano, eroe senza patria* (63), *La donna è una cosa meravigliosa* (64).

3036. Minervini, Gianni. Actor. b. Oct. 26, 1938, Napoli. Became a producer. *Le ragazze di San Frediano* (54), *La fortuna di essere donna* (55), *Il bigamo* (55), *Moglie e buoi...* (56), *Classe di ferro* (57), *Guardia, ladro e cameriera* (58), *La 100 km* (59), *Un dramma borghese* (79 p), *Aiutami a sognare* (81 p), *Segreti segreti* (85 p), *Notte d'estate con profilo greco, occhi a mandorla, e odore di basilico* (86 p), *La sposa era bellissima* (87 p), *Strana la vita* (88 p), *Se lo scopre Gargiulo* (88 p).

3037. Mingozzi, Gianfranco. Director. *Le italiane e l'amore* (61 the episode "La vedova bianca"), *Trio* (67 also w), *Sequestro di persona* (68 also co-w), *Flavia, la monaca mussulmana* (73), *La vita in gioco* (73), *Gli ultimi tre giorni* (77), *Morire a Roma* (78), *La vela incantata* (82 also co-w), *L'ultima diva: Francesca Bertini* (83 doc also w), *Les Exploits d'un jeune Don Juan* (87 France), *L'iniziazione* (87 also co-w), *L'appassionata* (89 also co-w).

3038. Minnelli, Liza. U.S. actress/singer. b. March 12, 1946, Los Angeles, Calif. Daughter of Vincente Minnelli and Judy Garland. *Nina* (76).

3039. Minnelli, Vincente. U.S. director. b. Feb. 28, 1910, Chicago, Ill. d. July 25, 1986, Beverly Hills, Calif. *Nina* (76).

3040. Minora, Lina Tartara. Actress. b. July 7, 1894, Sale, near Alessandria. *Amore* (35), *Non ti conosco più* (36), *Ho perduto mio marito* (36), *Pensaci, Giacomino!* (37), *Crispino e la comare* (37), *Luciano Serra pilota* (38), *Giuseppe Verdi* (38), *Jeanne Doré* (38), *La vedova* (38), *Lo vedi come sei?* (39), *L'ebbrezza del cielo* (39), *L'elisir d'amore* (40 unfinished), *La famiglia Brambilla in vacanza* (41), *Scampolo* (41), *Luna di miele* (41), *Paura d'amare* (41), *Gioco pericoloso* (41), *Il ventesimo duca* (41), *La danza del fuoco* (42), *La principessa del sogno* (42), *La maschera e il volto* (42), *Maria Malibran* (43), *Lacrime di sangue* (44), *Il ferroviere* (56), *Suor Letizia* (56), *Vacanze ad Ischia* (57), *Il cocco di mamma* (57), *È arrivata la parigina* (58), *Gagliardi e pupe* (58).

3041. Minotti, Felice. Actor. b. Nov. 19, 1887, Milano. *L'uomo dalla testa dura* (08), *Cocciutelli finto orso* (11), *Il duello di Cocciutelli* (11), *Cocciutelli a Tripoli* (11), *Il profeta velato* (13), *Cabiria* (14), *L'emigrante* (15), *La paura degli aeromobili nemici* (15), *Maciste* (15), *Cretinetti e gli stivali del brasiliano* (15), *Maciste alpino* (16), *La gloria* (16), *La forza della coscienza* (17), *Le due orfanelle* (17), *Addio, giovinezza!* (18),

Rose vermiglie (18), *L'onestà del peccato* (18), *L'inverosimile* (19), *Maciste I* (19), *La fiamma* (19), *Maciste contro la morte* (19), *La rivincita di Maciste* (19), *Scacco matto* (19), *Il testamento di Maciste* (19), *Il viaggio di Maciste* (19), *I milioni di Donald* (19), *La fabbrica dell'imprevisto* (19), *L'oro degli azteki* (20), *L'altra onestà* (20), *La trentesima perla* (20), *Il tesoro di Lutzà* (20), *Maciste salvato dalle acque* (20), *La modella di Tiziano* (21), *I Foscari* (22), *Il povero fornaretto di Venezia* (23), *L'arzigogolo* (24), *Maciste imperatore* (24), *La casa dei pulcini* (24), *Caporal Saetta* (24), *Maciste contro lo sceicco* (25), *Maciste all'inferno* (25), *Maciste nella gabbia dei leoni* (26), *Il gigante delle Dolomiti* (26), *Beatrice Cenci* (26), *I martiri d'Italia* (27), *Il carnevale di Venezia* (27), *Il vetturale del Moncenisio* (28), *Gli ultimi zar* (28), *Giuditta e Oloferne* (28), *La compagnia dei matti* (28), *Addio, mia bella Napoli* (28), *Napoli che canta* (30 sound version of *Addio mia bella Napoli*), *Villafranca* (33), *Frontiere* (34), *Don Bosco* (35), *Cavalleria* (36), *La damigella di Bard* (36), *Conquistatori d'anime* (38 doc co-d), *La contessa di Parma* (37), *Luciano Serra pilota* (38), *Pietro Micca* (38), *Sotto la croce del Sud* (38), *Piccoli naufraghi* (39), *Traversata nera* (39), *Il peccato di Rogelia Sánchez* (39), *Cuori nella tormenta* (40), *Piccolo mondo antico* (40), *Addio, giovinezza!* (41), *Il figlio del corsaro rosso* (41), *Gli ultimi filibustieri* (41), *La sonnambula* (41), *Giacomo l'idealista* (42), *Due cuori* (43), *Dieci minuti di vita* (43 this film was eventually shown in 44 as *Vivere ancora*), *Le miserie del signor Travet* (45), *Un americano in vacanza* (46), *Il cavaliere del sogno* (46), *Genoveffa di Brabante* (46), *L'onorevole Angelina* (47), *Un mese d'onestà* (47), *Dove sta Zazà* (47), *Undici uomini e un pallone* (48), *Accidenti alla guerra!* (48), *Pagliacci* (48), *La città dolente* (48), *Paolo e Francesca* (49), *Vespro siciliano* (49), *Buffalo Bill a Roma* (50 also inspector of production), *Donne e briganti* (50), *Tormento* (50), *I figli di nessuno* (51 also inspector of production), *Camicie rosse* (51), *La trappola di fuoco* (52), *I tre corsari* (52), *Jolanda, la figlia del corsaro nero* (52), *Maddalena* (53), *La corda d'acciaio* (53), *La bella mugnaia* (55), *Andrea Chénier* (55), *Amore e chiacchiere* (57), *Un ettaro di cielo* (58).

3042. Minter, George. U.K. producer. b. 1911, London. d. 1966. *La montagna di cristallo* (49 co-p).

3043. Mioni, Fabrizio. Actor. b. Sept. 23, 1930, into a noble Roman family. *Divisione Folgore* (54), *Mamma sconosciuta* (56), *Orlando e i paladini di Francia* (56), *Le fatiche di Ercole* (57), *The Blue Angel* (59 U.S.).

3044. Miou-Miou. French actress. b. Feb. 22, 1950, Paris. RN: Sylvette Hery. *Un genio, due compari, un pollo* (75), *Marcia trionfale* (76), *L'ingorgo—una storia impossibile* (79).

Mirafiore, Luigi *see* **Eastman, George**

3045. Miraglia, Emilio P. Director. AKA: Hal Brady. *A qualsiasi prezzo* (68), *Quella carogna dell'ispettor Sterling* (68), *La notte che Evelyn uscì dalla tomba* (71), *La dama rossa uccide sette volte* (72), *Joe Dakota, spara...e così sia* (72 also w).

3046. Miranda, Isa. Actress. b. July 5, 1905. d. 1982. RN: Ines Isabella Sampietro. Former model. Married Alfredo Guarini. *Gli uomini, che mascalzoni!* (32), *Il caso Haller* (33), *Creature della notte* (33), *Il cardinale Lambertini* (34), *Tenebre* (34), *La signora di tutti* (34), *Come le foglie* (34), *Passaporto rosso* (35), *Maria Bashkirtseff* (35), *Dopo una notte d'amore* (36), *Una donna fra due mondi* (36), *Du bist mein Glück* (37 Germany), *L'Homme de nulle part* (37 the French version of *Il fu Mattia Pascal*), *Il fu Mattia Pascal* (37), *Scipione l'Africano* (37), *La Mensonge de Nina Petrovna* (37 France), *Hotel Imperial* (39 U.S.), *Adventure in Diamonds* (39 U.S.), *Senza cielo* (40), *È caduta una donna* (41), *Documento Z 3* (41), *Malombra* (42), *Zazà* (42), *La carne e l'anima* (45 made in 43), *Lo sbaglio di essere vivo* (45), *L'Aventure commence demain* (47 France), *Le mura di Malapaga* (48), *Patto col diavolo* (49), *La Ronde* (50 France), *Cameriera bella presenza offresi* (51), *Gli uomini non guardano il cielo* (51), *I sette peccati capitali* (52), *Siamo donne* (53), *Avant le déluge* (53 France), *Il tradimento di Elena Marrimon* (54), *Rasputin* (54), *I pinguini ci guardano* (54), *Il tesoro di Rommel* (55), *Gli sbandati* (55), *Summertime* (56 U.S./U.K. In the U.K. this film was known as *Summer Madness*, and in Italy as *Tempo d'estate*), *Arrivano i dollari* (56), *I colpevoli* (57), *Une Manche et la belle* (57 France), *Storie* *d'amore proibite* (59), *Hardi, Pardaillan!* (63 France), *La corruzione* (63), *Einer frisst den Anderen* (64 Germany), *La noia* (64), *The Yellow Rolls Royce* (64 U.K.), *Do You Know This Voice?* (64 U.K.), *Un mondo nuovo* (65), *Una storia di notte* (66), *Die Gentlemen bitten zur Vasse* (66 Germany), *Caroline chérie* (68 France), *The Shoes of the Fisherman* (68 U.S.), *Colpo rovente* (69), *La marcusiana* (69), *La donna ad una dimensione* (69), *L'assoluto naturale* (69), *Roy Colt e Winchester Jack* (69), *Un'estate con sentimento* (70), *Il dio chiamato Dorian* (70), *Antefatto* (71), *Marta* (71), *Il portiere di notte* (73), *Le farò da padre* (74).

3047. Miranda, Soledad. Spanish Gypsy actress. b. 1943. RN: Susan K. Korda. Killed in a car crash in 1971. *Ursus* (61), *Eva* (62), *Sugar Colt* (66), *Cervantes* (68), *Il conte Dracula* (70).

Mirandi, Evi *see* **Marandi, Evi**

3048. Mirren, Helen. U.K. actress. b. 1945, London. *Caligola* (79).

3049. Mishler, James. U.S. actor. *Colpo di stato* (68), *Fraülein Doktor* (68).

3050. Misiano, Fortunato. Producer. b. Oct. 11, 1899, Messina. *Sperduti nel buio* (47), *Dove sta Zazà* (47), *Il barone Carlo Mazza* (48), *Marechiaro* (49), *Il nido di falasco* (50), *Verginità* (50), *La vendetta di una pazza* (51), *Rimorso* (52), *Processo contro ignoti* (53), *Il mostro dell'isola* (53), *In amore si pecca in due* (54), *Lettera napoletana* (54), *Lacrime d'amore* (55), *La rossa* (55), *Cortile* (55), *Scapricciatiello* (55), *Amaramente* (56), *Maruzzella* (56), *Il conte di Matera* (57), *Primo applauso* (57), *Serenata a Maria* (57), *Carosello di canzoni* (58), *Ricordati di Napoli* (58), *Il cavaliere del castello maledetto* (58), *Le signore* (60), *Un corpo caldo per l'inferno* (68), *Le calde notti di Poppea* (69).

3051. Misraki, Paul. French composer. b. Jan. 28, 1908, Istanbul, Turkey. RN: Paul Misrachi. *Atollo K* (51), *L'ora della verità* (52), *La casa di Madame Korà* (57), *Montparnasse* (58), *Leda* (59), *Agente Lemmy Caution: missione Alphaville* (65).

3052. Mistinguett. French actress. b. Dec. 17, 1872, Enghien-les-Bains. d. Jan. 5, 1956, Paris. Her career was mostly music-hall. Made only a few films, and one in Italy: *La doppia ferita* (15).

3053. Mistral, Jorge. Spanish actor. b. Nov. 24, 1920, Valdaya. *Il mondo sarà nostro* (55), *Le schiave di Cartagine* (57), *La vendetta* (58), *È arrivata la parigina* (58), *La spada e la croce* (58), *Racconti d'estate* (58), *La schiava di Bagdad* (63).

3054. Mitchell, Cameron. U.S. actor. b. Nov. 4, 1918, Dallastown, Pa. RN: Cameron Mizell. *L'ultimo dei vichinghi* (61), *Gli invasori* (61), *I normanni* (61), *Giulio Cesare: il conquistatore delle gallie* (62), *Il duca nero* (63), *Sei donne per l'assassino* (64), *Jim il primo* (64), *Minnesota Clay* (64), *I coltelli del vendicatore* (66), *Occhio per occhio, dente per dente* (72), *L'isola degli uomini pesce* (78 in added footage for the U.S.A. only).

3055. Mitchell, Gordon. U.S. actor. AKA: Mitchell Gordon, Chuck Pendleton, Gordon Michell. Former teacher. Based in Italy. *Giulio Cesare contro i pirati* (60), *Vulcano, figlio di Giove* (61), *L'ira di Achille* (61), *Maciste nella terra dei ciclopi* (61), *Gli invasori* (61), *Il conquistatore di Corinto* (62), *Il gigante di Metropoli* (62), *Col ferro e col fuoco* (62), *Gli schiavi più forti del mondo* (63), *Brenno, il nemico di Roma* (63), *Erik il vichingo* (64), *La vendetta di Spartaco* (64), *Sindbad contro i sette saraceni* (65), *Il tesoro della Foresta Pietrificata* (65), *Hercules and the Princess of Troy* (65 U.S. TV), *Uccidi o muori* (66), *2 + 5: missione Hydra* (66), *Thompson 1880* (66), *Nato per uccidere* (67), *Little Rita nel far west* (67), *Bersaglio mobile* (67), *Reflections in a Golden Eye* (67 U.S.), *John il bastardo* (67), *Al di là della legge* (68), *Sette volte sette* (68), *Fidarsi è bene, sparare è meglio* (68), *Sapevano solo uccidere* (68), *Radhapura—Endstation der Verdammten* (68 Germany), *Sei una carogna, t'ammazzo* (68), *Carogne si nasce* (68), *Fellini Satyricon* (69), *Sono Sartana, il vostro becchino* (69), *C'era una volta questo pazzo pazzo west* (69), *Arrivano Django e Sartana...è la fine* (70), *Se t'incontro, t'ammazzo* (70), *Il giorno del giudizio* (71), *Inginnochiati straniero...i cadaveri non fanno ombra* (71), *Il suo nome era Pot...lo chiamavano Allegria* (71), *Giù le mani...carogna!* (71), *Frankenstein 1980* (72), *Il magnifico west* (72), *Allegri becchini arriva Trinità* (72), *Mezzogiorno di fuoco per An Hao* (72), *Vamos a matar Sartana* (72 Spain), *Io, monaca, tre bastardi e sette peccatrici* (72), *Scansati...Trinità arriva ad Eldorado* (73), *Amico mio, fregatura* (73),

Pan (73), *Il castello dell'orrore* (73), *I fratelli di Arizona* (74), *Le Coup de parapluie* (78 France), *Il dottor Jekill, Jr.* (78), *Inchon* (80 U.S.), *Mafia, una legge che non perdona* (81), *La dottoressa preferisce i marinai* (81), *Marco Polo* (82), *Endgame—Bronx lotta finale* (83), *Rush* (84), *La croce dalle sette pietre* (87).

3056. Mitchum, Chris. U.S. actor. b. 1943. Son of Robert Mitchum. *Un tipo con una faccia strana* (72).

3057. Mitchum, James. U.S. actor. b. 1938. AKA: Jim Mitchum. Son of Robert Mitchum. *I pascoli rossi* (63), *Gli uomini dal passo pesante* (66).

3058. Mitchum, Robert. U.S. actor. b. Aug. 6, 1917, Bridgeport, Conn. *Lo sbarco di Anzio* (68).

3059. Mitri, Tiberio. Actor. b. July 12, 1926, Trieste. Former European middleweight boxing champion. Married Fulvia Franco in 1950. Their son Alex Mitri appeared in *Donne, amori e matrimoni* (56). Tiberio Mitri's films include: *I tre corsari* (52), *Jolanda, la figlia del corsaro nero* (52), *Era lei che lo voleva* (53), *Il nostro campione* (55), *Guardia, guardia scelta, brigadiere e maresciallo* (56), *A Farewell to Arms* (57 U.S.), *Totò a Parigi* (58), *Un uomo facile* (58), *La grande guerra* (59), *Ben-Hur* (59), *Il relitto* (61), *I due nemici* (61), *Un fiume di dollari* (66), *Diabolik* (67).

3060. Mizar, Maria. Actress. *Don Giovanni in Sicilia* (67), *I vigliacchi non pregano* (68), *...Dai nemici mi guardo io!* (68), *Una breve vacanza* (73), *Un sacco bello* (80).

3061. Mocky, Jean-Pierre. French director. b. July 6, 1929, Nice. RN: Jean Mokiejewski. Born to Polish parents. Has also acted. *I vinti* (52 *), *Il conte di Montecristo* (53 the episode "Il tesoro di Montecristo" *), *Graziella* (54 *), *Gli sbandati* (55 *), *Il testimone* (78 also co-w).

3062. Modio, Jolanda. Actress. *Un dollaro tra i denti* (67), *Faccia a faccia* (67), *Uno dopo l'altro* (68), *Sartana nella valle degli avvoltoi* (70), *E lo chiamavano Spirito Santo* (71), *Spirito Santo e le cinque magnifiche canaglie* (73).

3063. Modot, Gaston. French actor. b. Dec. 30, 1887, Paris. d. 1970. In films from 1909. *La bellezza del diavolo* (50), *Gli amanti di domani* (56), *Eliana e gli uomini* (56), *Gli amanti* (58), *Le tentazioni quotidiane* (62).

3064. Modugno, Domenico. Actor/singer. b. Jan. 9, 1928, Polignano a Mare, near Bari, of a Sicilian family. Best remembered for his hit song of 1958, "Nel blu dipinto di blu" (otherwise known as "Volare"). *Cameriera bella presenza offresi* (51), *Destino* (51), *Filumena Marturano* (52), *Carica eroica* (52), *Processo contro ignoti* (53), *La carovana del peccato* (52), *Siamo donne* (53 the episode "La giara"), *Anni facili* (53), *Vacanze d'amore* (54), *I cavalieri della regina* (54), *Gli sparvieri del re* (54), *Il mantello rosso* (54), *I pinguini ci guardano* (54), *Da qui all'eredità* (55), *Lazzarella* (57), *Io, mammeta e tu* (58), *Nel blu dipinto di blu* (58), *Europa di notte* (58), *Destinazione San Remo* (59), *Esterina* (59), *Vacanze in Argentina* (60), *San Remo, la grande sfida* (60), *Appuntamento a Ischia* (60), *Adua e le compagne* (60), *Femmine di lusso* (60 sang vocal), *L'onorata società* (61), *Il giudizio universale* (61), *The Main Attraction* (62 U.S. song), *Criniere e mantelli al vento* (66), *Capriccio all'italiana* (66), *Three Bites of the Apple* (67 U.S.), *Lo scopone scientifico* (72), *La sbandata* (74), *Piange...il telefono* (75), *Il maestro di violino* (77).

3065. Modugno, Lucia. Actress. *Il generale Della Rovere* (59), *La ragazza che sapeva troppo* (63), *I mostri* (63), *L'amore primitivo* (64), *Un dollaro a testa* (66), *È mezzanotte...butta giù il cadavere* (66), *Da Istanbul ordine di uccidere* (66), *Il mio nome è Pecos* (66), *Per qualche dollaro in meno* (66), *Diabolik* (67), *Acid, delirio dei sensi* (67), *L'amante italiana* (67).

3066. Moehner, Carl. Austrian actor. b. Aug. 11, 1921, Vienna. AKA: Carl Möhner. *Colui che deve morire* (57), *Il crollo di Roma* (62), *Jim il primo* (64), *L'uomo dalla pistola d'oro* (66), *Trenta Winchester per El Diablo* (67), *L'ultimo mercenario* (68), *Un maledetto pasticcio* (75).

3067. Moffa, Paolo. Director. b. Dec. 16, 1915, Roma. AKA: John Byrd. *Il viaggio del signor Perrichon* (43 also co-w), *Gli ultimi giorni di Pompei* (48 the Italian version), *Domenica d'agosto* (50 d prod), *Viaggio sentimentale a Roma* (51 doc co-d), *Bellissima* (51 d prod), *Processo alla città* (52 d prod), *I vinti* (52 prod mgr), *L'allegro* *squadrone* (54 also co-w), *La principessa delle Canarie* (54 also co-w), *Gli ultimi giorni di Pompei* (59 p), *La rivolta degli schiavi* (60 p), *All'ultimo sangue* (68 also co-w), *Sono Sartana, il vostro becchino* (69 p).

3068. Moffo, Anna. U.S. opera singer/ actress. b. 1934. *Ménage all'italiana* (65), *La Traviata* (67), *Concerto per pistola solista* (69), *Il divorzio* (70), *La ragazza di nome Giulio* (73).

3069. Mogherini, Flavio. Art director. b. March 25, 1924, Firenze. A trained architect. Later became a director. *Lucia di Lammermoor* (46), *Eleanora Duse* (47), *Cenerentola* (48), *Cavalcata d'eroi* (49), *Antonio da Padova* (49), *Femmina incatenata* (49), *È arrivato il cavaliere* (50), *Il leone di Amalfi* (50), *Vita da cani* (50), *Il brigante Musolino* (50), *Milano miliardaria* (51), *Il capitano nero* (51), *Ultimo incontro* (51), *Guardie e ladri* (51), *Tormento del passato* (51), *Il mago per forza* (51), *Vacanze col gangster* (51), *La paura fa 90* (51), *Il microfono è vostro* (51), *Una bruna indiavolata* (51), *Noi due soli* (52), *Le infedeli* (52), *Jolanda, la figlia del corsaro nero* (52), *I tre corsari* (52), *La provinciale* (53), *Aida* (53), *Dov'è la libertà* (53), *Il viale della speranza* (53), *La valigia dei sogni* (53), *Gli uomini, che mascalzoni!* (53), *Di qua di là del Piave* (53), *Musoduro* (53), *Ulisse* (54), *La romana* (54), *Disperato addio* (54), *Attila—flagello di Dio* (54), *La donna del fiume* (54), *Hanno rubato un tram* (55 co-art d), *I due compari* (55), *Operazione Notte* (55), *Andrea Chénier* (55), *I pappagalli* (56), *Guardia, guardia scelta, brigadiere e maresciallo* (56), *Il conte Max* (57), *Le fatiche di Ercole* (57), *Marisa la civetta* (57), *Il marito* (57), *Europa di notte* (58), *Policarpo, ufficiale di scrittura* (59), *Il vigile* (60), *La ragazza con la valigia* (60), *Accattone* (61), *La viaccia* (61), *I nuovi angeli* (61), *Cronaca familiare* (62), *Mamma Roma* (62), *RoGoPaG* (62), *La calda vita* (63), *Il prete sposato* (70), *Ninì Tirabusciò, la donna che inventò la "mossa"* (70), *Homo eroticus* (71), *Bisturi, la mafia bianca* (73), *Paolo il caldo* (73), *Per amare Ofelia* (74 d/co-w), *Paolo Barca, maestro elementare, praticamente nudista* (75 d/co-w), *Culastrisce nobile veneziano* (76 d), *La ragazza dal pigiama giallo* (77 d/co-w), *Le braghe del padrone* (78 d), *Per vivere meglio divertitevi con noi* (79 d), *Per favore, occupato di Amelia* (81 d/co-w), *Sbirulino* (82 d).

3070. Moglia, Linda. Actress. b. 1896, Torino. *Centocelle* (19), *Maciste innamorato* (19), *Il tuo rivale* (19), *Cirano di Bergerac* (22), *La moglie bella* (24).

3071. Moguy, Léonide. French director. b. July 14, 1898, St. Petersburg, Russia. d. 1976. RN: Leonide Moguilevsky. Came from a Ukrainian family. *Domani è troppo tardi* (50), *Domani è un altro giorno* (50), *Cento piccole mamme* (51 supervising director), *Gli uomini vogliono vivere* (61).

Möhner, Carl *see* **Moehner**

3072. Moissi, Alessandro. Actor. b. April 2, 1880, Trieste. d. March 22, 1935, Vienna, Austria. AKA: Alexander Moissi. Son of an Albanian Jew. Lived in Germany. *Lorenzino de' Medici* (34).

3073. Molfesi, Mario. Actor. b. May 25, 1907, Napoli. Father of Lia Amanda. *Lotte nell'ombra* (38), *Dora Nelson* (39), *Carmen fra i rossi* (39), *Arditi civili* (40), *La gerla di papà Martin* (40), *L'attore scomparso* (41), *Odessa in fiamme* (42), *Marechiaro* (49), *Totò cerca casa* (49), *Margherita da Cortona* (50), *Altri tempi* (51 the episode "Pot-pourri di canzoni"), *Nerone e Messalina* (53 started in 49).

3074. Molina, Angela. Actress/comedienne. *Operazione Ogro* (79), *Buone notizie* (79), *Gli occhi, la bocca* (81), *Un complicato intrigo di donne, vicoli e delitti* (85), *La sposa era bellissima* (87), *Volevo i pantaloni* (90).

3075. Molina, Vidal. Spanish actor. AKA: Mariano Vidal Molina. *Il segreto di Ringo* (65), *I cinque della vendetta* (65), *E venne l'ora della vendetta* (67), *Quando Satana impugna la colt* (68), *Cervantes* (68), *La sfida dei Mackenna* (69), *Gentleman Jo... uccidi* (69), *Ancora dollari per i MacGregor* (70), *Ivanna* (70), *La mia colt ti cerca... quattro ceri ti attendono* (72), *L'isola misteriosa e il capitano Nemo* (73), *Cipolla Colt* (75).

3076. Molinari, Aldo. Director/director of photography. b. 1885, Roma. d. May 31, 1959, Roma. Not to be confused with other film personalities, such as the documentary-maker, or the director of *Vendetta di zingara* (50). Our man's films include: *Roma o morte* (14), *Il campanile della vittoria* (14 d), *Figlio* (14), *Il mio gregge* (14), *Mondo baldoria* (14 d), *Le* *avventure di un giornalista* (15 d), *Espiazione* (15 ph), *Roma, la città eterna durante il primo periodo della guerra 1915* (15 doc), *Maria di Magdala* (17), *Saffo* (17), *Venere* (17), *Giuditta* (18).

3077. Molinari, Luciano. Actor. b. 1878, Garlasco. d. July 26, 1940, alone and forgotten in a hospital bed in Torino. *La sfumatura* (13), *Un duello nell'ombra* (16), *L'ombra del sogno* (16), *L'ombra* (16), *Le memorie di un pazzo* (16), *Temi il leone* (18), *Amleto ed il suo clown* (19), *I cinque Caini* (19), *La storia della dama dal ventaglio bianco* (19), *La follia del giuoco* (20), *Due sogni ad occhi aperti* (20), *La sentinella morta* (20), *Una notte romantica* (20), *La scala di seta* (20), *Cinque a zero* (32), *Sette giorni cento lire* (33), *Il cardinale Lambertini* (34).

3078. Molinaro, Édouard. French director. b. May 13, 1928, Bordeaux. *I sette peccati capitali* (62 the episode "L'invidia"), *Una adorabile idiota* (64 also co-w), *La cage aux folles* (79 also co-w), *La cage aux folles II* (80), *I seduttori della domenica* (80 co-d), *Il vizietto II* (80).

3079. Molino Rojo, Antonio. Actor. *Agguato a Tangeri* (57), *Perseo l'invincibile* (61), *Il gladiatore invincibile* (62), *Due contro tutti* (63), *Gli invincibili sette* (63), *I pirati della Malesia* (64), *I cinque della vendetta* (65), *Quattro dollari di vendetta* (65), *L'uomo che viene da Canyon City* (65), *5000 dollari sull'asso* (65), *Il buono, il brutto, il cattivo* (66), *Ammazzali tutti e torna solo* (68).

3080. Moll, Georgia. Actress. b. Jan. 14, 1938, Prata di Pordenone, near Udine. RN: Giorgia Moll. Born to a German father and an Italian mother. Miss Cinema 1955. Her films include: *Lo svitato* (55), *Non scherzare con le donne* (56), *Mio figlio Nerone* (56), *Difendo il mio amore* (56), *Club di ragazze* (57), *The Quiet American* (57 U.K.), *Mariti in città* (57), *Mogli pericolose* (58), *Agi Murad—il diavolo bianco* (59), *Tunisi top secret* (59), *Costa Azzurra* (59), *La cambiale* (59), *I cosacchi* (59), *Le tre "eccetera"...del colonnello* (59), *Il rossetto* (60), *Marina* (60 Germany), *Il ladro di Bagdad* (60), *Il ratto delle sabine* (61), *Solimano il conquistatore* (62), *Island of Love* (62 U.S.), *Il disprezzo* (62), *L'intrigo* (63), *Il treno del sabato* (63), *L'arcidiavolo* (66), *I barbieri di Sicilia* (67), *Incompreso* (67), *Le Blond de Pékin* (67 France), *Italian Secret Service* (67), *Le Capitaine Singrid* (68 France), *Sommersprossen* (68 Germany), *Le Voleur de crimes* (69 France), *Stelle emigranti* (83 doc appeared as herself), *Tutti dentro* (84).

3081. Molnar, Stanko. Actor. *Padre padrone* (77), *Macabro* (80), *Bosco d'amore* (81), *La casa con la scala nel buio* (83), *La signora della notte* (85), *Francesco* (89).

3082. Momo, Alessandro. Actor. b. 1953. d. 1974. *Malizia* (72), *Peccato veniale* (73), *Profumo di donna* (74).

Momplet, Antonio *see* **Caiano, Mario**

3083. Monaldi, Gastone. Actor. b. June 9, 1882, Passignano sul Trasimeno. d. Jan. 1, 1932, Sarteano. Married Fernanda Battiferri. Also directed several movies. *Sangue siciliano* (11), *Ciceruacchio* (15), *Il naufragatore* (15), *Spine e lacrime* (15), *Tresa* (15), *Giosuè il guardiacoste* (17), *Cuor di zingara* (19 also d), *Da Roma al Niagara* (19 also co-d), *Miss Lily, pardon!* (19 also co-d), *Notti rosse* (19 also co-d), *Te lo dirò domani* (20 also d).

3084. Mondaini, Sandra. Actress. b. Sept. 1, 1931, Milano. *Attanasio cavallo vanesio* (53), *Ridere ridere ridere* (54), *Io piaccio* (55), *Il campanile d'oro* (55), *Motivo in maschera* (55), *Susanna tutta panna* (57), *Le dritte* (58), *Noi siamo due evasi* (59), *Caccia al marito* (60), *Le olimpiadi dei mariti* (60), *Gli italiani e le donne* (63).

3085. Mondellini, Rino. French art director. b. Sept. 2, 1908, Milano, Italy. In France from 1927. Former architect. *Frutto proibito* (52), *Le avventure di Arsenio Lupin* (57).

3086. Mondy, Pierre. French actor. b. Feb. 10, 1925, Neuilly-sur-Seine. RN: Pierre Cuq. *I demoniaci* (56), *La casa di Madame Korà* (57), *Le donne sono deboli* (59), *Napoleone ad Austerlitz* (60 as Napoleon), *Il regalo* (80).

3087. Monelli, Paolo. Writer. b. July 15, 1894, Fiorano Modenese. *Scarpe al sole* (36 co-w/from his novel), *Piccolo alpino* (40).

3088. Monicelli, Mario. Co-writer. b. May 15, 1915. Later famous as a director. *I ragazzi della via Paal* (35 also co-d/co-p/co-ed with Alberto Mondadori), *Cuore rivelatore* (35 short d), *Ballerine* (36 asst d), *Squadrone bianco* (36 asst d), *I fratelli*

Castiglioni (37 asst d), *Equatore* (38 asst d), *Fascino* (39 asst d), *La granduchessa si diverte* (40 also co-sets/assistant to the director), *Marco Visconti* (40 assistant to the director), *Cortocircuito* (42), *Aquila Nera* (46), *Abbasso la fortuna* (47), *I miserabili* (47 the two episodes "Caccia all'uomo" and "Tempesta su Parigi"), *Gioventù perduta* (47), *Come persi la guerra* (47), *L'ebreo errante* (47), *La figlia del capitano* (47), *Il corriere del re* (48), *L'eroe della strada* (48), *In nome della legge* (49), *Il conte Ugolino* (49), *Al diavolo la celebrità* (49 also co-d/co-story), *Come scopersi l'America* (49 also story), *Totò cerca casa* (49 also co-d/story), *Il brigante Musolino* (50), *È arrivato il cavaliere* (50 also co-d/story), *Vita da cani* (50 also co-d/story), *Il tradimento* (51), *Accidenti alle tasse!* (51 also story), *Vendetta. . .sarda* (51), *Guardie e ladri* (51 also co-d/story), *Totò e i re di Roma* (51 also co-d), *Core 'ngrato* (51), *O.K. Nerone* (51 also story), *È l'amor che mi rovina* (51), *Totò a colori* (52), *Cinque poveri in automobile* (52), *Art. 519, codice penale* (52), *Le infedeli* (52 also co-d), *Totò e le donne* (52 also co-d), *Totò e Carolina* (53 also co-d), *Giuseppe Verdi* (53 also story), *Violenza sul lago* (53), *Cavalleria rusticana* (53), *Il più comico spettacolo del mondo* (54), *Guai ai vinti!* (54), *Proibito* (55 also d), *Un eroe dei nostri tempi* (55 d), *Donatella* (55 also d), *La donna più bella del mondo* (55), *Padri e figli* (56 also d/story), *Il medico e lo stregone* (57 also co-d/story), *I soliti ignoti* (58 also d), *La grande guerra* (59 also d/story), *Risate di gioia* (60 also d), *A cavallo della tigre* (61), *Boccaccio 70* (61 the episode "Renzo e Luciana" also d), *I compagni* (63 also d), *Alta infedeltà* (64 the episode "Gente moderna" d), *La bugiarda* (65 co-d), *Casanova 70* (65 also d), *I complessi* (65 the episode "Guglielmo il dentone" d), *L'armata Brancaleone* (66 also d), *Capriccio all'italiana* (66 the episode "La bambinaia" d), *Le fate* (67 the episode "Fata Armenia" d), *Toh, è morta la nonna* (68 also d), *La ragazza con la pistola* (68 also d), *Le coppie* (70 the episode "Il frigorifero" d), *Il documento su Giuseppe Pinelli—12 dicembre* (70 doc co-d), *Brancaleone alle crociate* (71 also d), *La mortadella* (72 also d), *Vogliamo i colonnelli* (72 also d), *Romanzo popolare* (74 also d), *Amici miei* (75 took over direction from Germi), *Signore e signori, buonanotte* (76 one episode d/w), *Caro Michele* (76 also d), *La goduria* (76 one episode d), *I nuovi mostri* (77 also co-d), *Un borghese piccolo piccolo* (77 also d), *Rue de Pied de Grue* (79 France *), *Viaggio con Anita* (79 also d), *Temporale Rosy* (80 also d), *Camera d'albergo* (80 also d), *Io sono fotogenico* (80 *), *Il marchese del grillo* (81 also d), *Amici miei, atto II* (82 also d), *Bertoldo, Bertoldino e Cacasenno* (83 also co-d), *Le due vite di Mattia Pascal* (85 also d), *Speriamo che sia una femmina* (86 also d), *I picari* (86 also d), *Il male oscuro* (90 d).

3089. Monlaur, Yvonne. French actress. b. 1938, Pau, to a noble French father and a Russian mother. *Amore a prima vista* (57), *Non sono più guaglione* (57), *Tre straniere a Roma* (58), *Avventura a Capri* (58), *Quel tesoro di papà* (59), *Destinazione San Remo* (59), *Spavaldi e innamorati* (59), *La 100 km* (59).

3090. Monsigny, Jacqueline. French actress. b. March 22, 1932, Paris. Made only two movies: *I sette peccati capitali* (52 the episode "L'orgoglio"), *Quando le donne amano* (52).

3091. Monson, Lex. U.S. actor. b. 1926. *El "Che" Guevara* (68), *La monaca di Monza* (68).

3092. Montagnani, Renzo. Actor. *La matriarca* (68), *Faustina* (68), *Quando le donne avevano la coda* (70), *Quando le donne persero la coda* (71), *Il delitto Matteotti* (73), *Rappresaglia* (73), *Peccati in famiglia* (75), *La moglie vergine* (76), *Una bella governante di colore* (76), *Cassiodoro, il più duro del pretorio* (77), *Dove volano i corvi d'argento* (77), *La soldatessa alla visita militare* (78), *L'insegnante va in collegio* (78), *L'insegnante viene a casa* (78), *La soldatessa alle grandi manovre* (79), *Viaggio con Anita* (79), *L'insegnante balla. . .con tutta la classe* (79), *Dove vai se il vizietto non c'è l'hai?* (79), *Riavanti. . . marsch!* (79), *Qua la mano* (79), *La giacca verde* (79), *Scusi, lei è normale?* (80), *La vedova del trullo* (80), *Io zombo, tu zombi, lei zomba* (80), *Il corpo della ragassa* (80), *C'è un fantasma nel mio letto* (80), *La moglie in vacanza. . .l'amante in città* (80), *Una moglie, due amici, quattro amanti* (80), *Il regalo* (80), *Il casinista* (80), *La liceale al mare con l'amica di papà* (80), *I carabinieri* (81), *Mia moglie torna a scuola*

(81), *Perchè non facciamo l'amore* (81), *Crema, cioccolata e pa...prika* (81), *I carabimatti* (81), *La dottoressa preferisce i marinai* (81), *Per favore, occupati di Amelia* (81), *La poliziotta a New York* (82), *Amici miei, atto II* (82), *Occhio malocchio prezzemolo e finocchio* (83), *Amici miei, atto III* (85), *Il volpone* (88).

3093. Montague, Lee. U.K. actor. b. 1927, Bow, London. *Ombre bianche* (60), *Fratello Sole sorella Luna* (73), *Gesù di Nazaret* (77 TV).

3094. Montaigne, Larry. U.S. actor. b. 1931. AKA: Lawrence Montaigne. *Il tiranno di Siracusa* (61), *I mongoli* (61).

3095. Montalban, Ricardo. Mexican actor. b. Nov. 25, 1920, Mexico City. In Hollywood from 1939. *La cortigiana di Babilonia* (55), *Gli amanti del deserto* (58), *Gordon, il pirata nero* (62), *Cronache di un convento* (62), *La spina dorsale del diavolo* (70).

3096. Montalbano, Renato. Actor. *Tharus, figlio di Attila* (61), *La freccia d'oro* (62), *Gli invincibili sette* (63), *La mandragola* (65), *I criminali della galassia* (65), *Uccellacci e uccellini* (66), *Operazione Goldman* (66), *Cuore matto...matta da legare* (67), *10.000 dollari per un massacro* (67), *Il dolce corpo di Deborah* (68), *Zorro, marchese di Navarra* (69).

3097. Montaldo, Giuliano. Director/actor. b. 1924, Genova. Has also directed documentaries. *Achtung, banditi!* (51 *), *La cieca di Sorrento* (52 *), *Cronache di poveri amanti* (53 *), *Gli sbandati* (55 *), *La donna del giorno* (56 *), *Tiro al piccione* (61 d/co-w/*), *Orazi e Curiazi* (61 co-w), *L'isola degli angeli* (64 TV), *Extraconiugale* (65 the episode "La moglie svedese" d/co-w), *Una bella grinta* (65 d/co-w), *Ad ogni costo* (68 d), *Gli intoccabili* (68 d/co-w), *Dio è con noi* (69 d), *Sacco e Vanzetti* (71 d/co-w), *Giordano Bruno* (73 d/co-w), *L'Agnese va a morire* (77 d), *Il giocattolo* (79 d), *Marco Polo* (82 co-d), *Il giorno prima* (87 also co-w), *Control* (87 d), *Gli occhiali d'oro* (87 d/co-w), *Tempo di uccidere* (89 d/co-w).

3098. Montanari, Sergio. Editor. *Signore e signori* (66), *L'immorale* (67), *Mangiala!* (68), *La matriarca* (68), *Colpo di stato* (68), *Certo, certissimo, anzi...probabile* (69), *Venga a prendere il caffè...da noi* (70), *Quando le donne avevano la coda* (70), *Ninì Tirabusciò, la donna che inventò la "mossa"* (70), *La califfa* (71), *Le castagne sono buone* (71), *Homo eroticus* (71), *Bianco, rosso e...* (71), *Malizia* (72), *Peccato veniale* (73), *Sono stato io!* (73 co-e), *Revolver* (73), *Le farò da padre* (74), *A mezzanotte va la ronda del piacere* (75), *Scandalo* (75), *Conviene far bene l'amore* (75), *Attenti al buffone!* (75), *Cuore di cane* (76), *Marcia trionfale* (76), *Sturmtrüppen* (76), *Nenè* (77), *Saxofone* (77), *Starcrash* (79 U.S.), *Odio le bionde* (80), *Piso pisello* (81), *Nudo di donna* (81), *Fracchia, la belva umana* (81), *Madonna, che silenzio c'è stasera* (82), *Io, chiara e lo scuro* (83), *Le avventure dell'incredibile Ercole* (83), *Son contento* (83), *Fantozzi subisce ancora* (83), *Fotografando Patrizia* (84), *Le avventure dell'incredibile Ercole II* (84), *La gabbia* (85), *Scuola di ladri* (86), *Desiderando Giulia* (87), *Stregati* (87), *Noi uomini duri* (87), *Scuola di ladri, seconda parte* (87), *Il volpone* (88), *Caruso Pascoski—di padre polacco* (88), *Fantozzi va in pensione* (89), *Dial: Help* (89), *Willy signori e vengo da lontano* (90), *Ho vinto la lotteria di capodanno* (90), *Volevo i pantaloni* (90), *Fantozzi colpisce ancora* (91).

3099. Montand, Yves. French actor. b. Oct. 13, 1921, Monsummano Alto, Toscana, Italy. d. Nov. 9, 1991, Paris. RN: Ivo Livi. Raised in Marseille. Married Simone Signoret. Also known as a singer. *Parigi è sempre Parigi* (51), *Tempi nostri* (52 the episode "Mara"), *Vite vendute* (53), *Napoleone Buonaparte* (54), *Gli eroi sono stanchi* (55), *Margherita della notte* (55), *Le vergini di Salem* (56), *Uomini e lupi* (56), *La grande strada azzurra* (57), *Festa di maggio* (57), *La legge* (58), *Le piace Brahms?* (61).

3100. Montanelli, Indro. Writer. b. April 22, 1908, Fucecchio, near Firenze. *Pian delle stelle* (46 co-w), *Tombolo, paradiso nero* (47 co-w), *Il generale Della Rovere* (59 co-w/story), *I sogni muoiono all'alba* (61 co-d).

3101. Montazel, Pierre. French director of photography. b. 1911, Senlis. Also well-known as a director/writer. *Versailles* (53 co-ph), *Napoleone Buonaparte* (54 co-ph), *I giganti* (55), *La gatta* (58).

Montefiore, Lewis *see* **Eastman, George**

Montefiore, Luigi *see* **Eastman, George**

3102. **Montenegro, Conchita.** Spanish actress. b. Sept. 11, 1912, San Sebastián. *Amore di ussaro* (39), *Melodie eterne* (40), *La nascita di Salomè* (40), *L'uomo del romanzo* (40), *Giuliano de' Medici* (41).

3103. **Montero, Germaine.** French actress. b. Oct. 22, 1909, Paris. *Il peccato di Rogelia Sánchez* (39).

3104. **Montero, Roberto Bianchi.** Director. b. Dec. 7, 1907, Roma. AKA: Roberto Montero, Luís Monter, J. Luís Monter. On stage as an actor since 1928. Whenever he acted he used his real name, Roberto Bianchi. *Il cantico dell'amore* (35 *), *Lotte nell'ombra* (38 *), *Traversata nera* (39 asst d/*), *Arditi civili* (40 *), *Dopo divorzieremo* (40 *), *La donna perduta* (40 *), *La compagnia della teppa* (41 *), *Il bravo di Venezia* (41 *), *Mas* (41 *), *Acque di primavera* (42 *), *L'amante del male* (46 made in 44), *Sono io l'assassino!* (47), *I contrabbandieri del mare* (49), *La figlia della madonna* (49), *Faddijah* (50), *La scogliera del peccato* (50), *Nessuno ha tradito* (52), *Il mostro dell'isola* (53), *Piccola santa* (54), *Ultimo addio* (54), *Cantate con noi* (54), *Giuramento d'amore* (54), *Donne, amori e matrimoni* (56), *Arriva la zia d'America* (56), *Orizzonte infuocato* (57), *La zia d'America va a sciare* (57), *Gagliardi e pupe* (58), *Il terribile Teodoro* (58 also co-w), *La Pica sul Pacifico* (59), *La sceriffa* (59), *La duchessa di Santa Lucia* (59), *Tharus, figlio di Attila* (61 also co-w), *Agent Z55/Desperate Mission* (64), *Mondo balordo* (64), *Lo sceriffo che non spara* (67 also co-w), *Le due facce del dollaro* (68), *L'occhio del ragno* (71), *I senza dio* (72), *Arriva Durango, paga o muori* (72 also w), *Seminò la morte...lo chiamavano il castigo di Dio* (72 co-w), *Il pomicione* (76), *Le calde notti di Caligola* (77), *Le notti segrete di Lucrezia Borgia* (81).

3105. **Montes, Conchita.** Spanish actress. b. March 13, 1914, Madrid. *Carmen fra i rossi* (39), *Sancta Maria* (41).

3106. **Montes, Elisa.** Actress. *Ercole, Sansone, Maciste, Ursus: gli invincibili* (64), *Due mafiosi contro Goldginger* (65), *Texas addio* (66), *Django, killer per l'onore* (66), *Il cobra* (67), *Per un dollaro di gloria* (67), *Sette dollari sul rosso* (68), *I vigliacchi non pregano* (68).

3107. **Montes, Gina.** Actress. b. Firenze. *Buon Natale!* (14), *Il più forte* (14), *Bacio di sirena* (15), *Il sogno di don Chisciotte* (15), *Strega, ridammi il cuore!* (15), *E...i rettili furono vinti* (16), *Andreina* (17), *La perla di Posilleco* (19).

3108. **Montes, Gina.** Spanish actress. b. 1921. Not to be confused with the foregoing entry. *Quando gli angeli dormono* (47).

3109. **Montesano, Enrico.** Actor/comedian from Roma. *Nerone* (76), *Tre tigri contro tre tigri* (77), *Il marito in collegio* (77), *Melodrammore* (78), *Sotto choc* (78), *Qua la mano* (79), *Aragosta a colazione* (79), *Camera d'albergo* (80), *Il ladrone* (80), *Amore in prima classe* (80), *Odio le bionde* (80), *Il paramedico* (82), *Grand Hotel Excelsior* (82), *Il conte Tacchia* (82), *I due carabinieri* (85), *A me mi piace* (85 also d/co-w), *Grandi magazzini* (86), *Noi uomini duri* (87), *Il volpone* (88).

3110. **Montesi, Rossana.** Actress. b. 1921, Roma. *La bisbetica domata* (42), *Carmen* (43 her part was left on the cutting room floor), *Le modelle di via Margutta* (45), *Abbasso la ricchezza* (46), *La certosa di Parma* (47), *La carrozza d'oro* (53), *Febbre di vivere* (53), *Una pelliccia di visone* (56), *Io, Caterina* (56).

3111. **Montez, Maria.** Dominican actress. b. June 6, 1920, Barahona, Dominican Republic. d. Sept. 7, 1951, Paris, France. RN: Maria Antonia Gracia Vidal de Santo Silas. Daughter of a Spanish father and an Irish mother. In the U.S.A. from childhood. Married Jon Hall. Not to be confused with another, much later, Maria Montez, who appeared in such late 60s Italian films as *Quindici forche per un assassino* (68). The original (and much more famous) Maria Montez appeared in three Italian movies: *Il ladro di Venezia* (50), *Amore e sangue* (51), *La vendetta del corsaro* (51).

3112. **Montgomery, Douglass.** Canadian actor. b. Oct. 29, 1907, Brandford. d. 1966. RN: Robert Douglass Montgomery. AKA: Kent Douglass. Long in the U.S.A. *Sinfonia fatale* (46).

3113. **Monti, Maria.** Actress. *Cosa avete fatto a Solange?* (70), *Giù la testa* (71), *Tutte le domeniche mattina* (72), *Garofano rosso* (75), *1900* (76), *Gran bollito* (76), *Mogliamante* (76), *Ritratto di borghesia in nero* (78), *Piccole labbra* (79), *La ragazza di via Millelire* (80), *Gli eroi di* *ieri...oggi... domani* (82), *Strana la vita* (88).

Monti, Milly *see* **Milly**

3114. Monti, Silva. Actress. b. 1946. *Fraülein Doktor* (68), *Il delitto del diavolo* (69), *Sai cosa faceva Stalin alle donne?* (69), *All'ovest di Sacramento* (70), *Una giornata nera per l'Ariete* (70), *Una lucertola con la pelle di donna* (71), *Lady Caroline Lamb* (72 U.K.), *Afyan – Oppio* (72), *Racconti proibiti... di niente vestiti* (72), *Sono stato io!* (73), *La mano spietata della legge* (74).

3115. Montiel, Sarita. Spanish actress. b. March 10, 1929, Campo de Criptana. RN: Maria Antonieta Vincenta Isidoria Elpidia Abad Fernández. AKA: Sara Montiel. Married Anthony Mann. *La bella fioraia di Madrid* (58), *Le cucciole* (59).

3116. Montinaro, Brizio. Actor. *Il sesso degli angeli* (67), *I barbieri di Sicilia* (67), *Mister X* (68), *Dramma della gelosia – tutti i particolari in cronaca* (70), *La tecnica e il rito* (71), *Delitto d'amore* (74), *Oh, Serafina!* (76), *Giovannino* (76), *O Megalexandros* (80 Greece), *Circuito chiuso* (81 TV).

3117. Montori, Alfredo. Art director. b. Feb. 17, 1893, Roma. *Ben-Hur* (25 U.S. co-art d), *Il cantastorie di Venezia* (28), *La grazia* (29), *La canzone dell'amore* (30 co-art d), *Antonio da Padova, il santo dei miracoli* (30), *Piccola mia* (32), *Aria di paese* (33), *Il signore desidera?* (33), *La signora Paradiso* (34), *Lohengrin* (35), *Lo smemorato* (37), *È tornato carnevale* (37 co-art d), *Felicita Colombo* (37 co-art d), *Il feroce Saladino* (37), *Gatta ci cova* (37), *Lasciate ogni speranza* (37), *Pensaci, Giacomino!* (37), *L'allegro cantante* (38 co-art d), *Fuochi d'artificio* (38), *Hanno rapito un uomo* (38), *L'ultimo scugnizzo* (38), *La voce senza volto* (38), *L'ha fatto una signora* (38), *Il destino in tasca* (39), *Il cavaliere di san Marco* (39), *Il barone di Corbò* (39), *Due occhi per non vedere* (39), *Le educande di Saint-Cyr* (39), *Forse eri tu l'amore* (39), *Il ladro* (39), *Una lampada alla finestra* (39), *Arditi civili* (40), *Amiamoci così* (40), *Il capitano degli ussari* (40), *L'imprevisto* (40), *L'arcidiavolo* (41), *Il signore a doppio petto* (41), *Con le donne non si scherza* (41), *La famiglia Brambilla in vacanza* (41), *Un marito per il mese d'aprile* (41), *Se non son matti non li vogliamo* (41), *La regina di Navarra* (41), *I pirati della Malesia* (41), *Le due tigri* (41), *Turbine* (41), *L'ultimo ballo* (41), *Gioco pericoloso* (41), *A che servono questi quattrini* (42), *Non ti pago!* (42), *La scuola dei timidi* (42), *Casanova farebbe così* (42), *Acque di primavera* (42), *Fuga a due voci* (42), *Gente dell'aria* (42), *Grattacieli* (42), *Il nemico* (42), *Ti conosco, mascherina!* (42), *Quattro ragazze sognano* (43), *Monte Miracolo* (43), *Non mi muovo!* (43), *Rondini in volo* (49), *Lo sparviero del Nilo* (49), *L'edera* (50), *Bellezze in bicicletta* (50), *La scogliera del peccato* (50), *Senza bandiera* (50), *La vendetta del corsaro* (51), *Due sorelle amano* (51), *Cameriera bella presenza offresi* (51), *Tizio, Caio, Sempronio* (51), *Camicie rosse* (51 co-art d), *Ergastolo* (52), *Abracadabra* (52), *La leggenda del Piave* (52), *Rimorso* (52), *Il mostro dell'isola* (53), *Ho scelto l'amore* (53 co-art d), *Piovuto dal cielo* (53), *In amore si pecca in due* (54), *Cortile* (55), *Non scherzare con le donne* (56), *Maruzzella* (56), *Primo applauso* (57), *Caporale di giornata* (58), *La ragazza di piazza san Pietro* (58)

3118. Montuori, Carlo. Director of photography. b. Aug. 3, 1885, Casacalenda. Father of Mario Montuori. *La fuga degli amanti* (14), *La corsa all'abisso* (14), *Dopo il veglione* (14), *La fuga dei diamanti* (15), *Redenzione* (15), *Mezzanotte* (15), *La doppia ferita* (15), *L'ultimo travestimento* (16), *Conquista dei diamanti* (16), *Il sopravvissuto* (16), *La signorina Ciclone* (16), *La morte del duca d'Ofena* (16 co-ph), *Il re, le torri, gli alfieri* (16 co-ph), *Lea* (16), *La cattiva stella* (16), *La pupilla riaccesa* (16), *Verso l'arcobaleno* (16), *L'incantesimo* (18 co-ph), *Redenzione* (18 co-ph), *I Borgia* (18), *Le due rose* (19), *Il mistero della casa n. 30* (19), *Tramonto di fuoco* (19), *La via Dolorosa* (20), *Forse che sì, forse che no* (20), *Il castello dalle 57 lampade* (20), *Temi* (20), *Saracinesca* (20), *La rupe tarpea* (21), *La madonna errante* (21), *Dante nella vita dei tempi suoi* (22), *Marco Visconti* (23 co-ph), *Guarany* (23), *Maremma* (23), *Garibaldi e i suoi tempi* (25 co-ph/general technical direction), *Ben-Hur* (25 U.S. co-ph with 12 others), *L'ultimo lord* (26 co-ph), *Napoli che canta* (26), *Addio, giovinezza!* (27 co-ph), *Pas sur la bouche* (28), *Maratona* (28), *Porto* (28), *La sperduta di Allah* (28), *Sole* (29 co-ph),

Myriam (29), *Nerone* (30), *Il medico per forza* (31 co-ph), *Terra madre* (31), *La Scala* (31), *Resurrectio* (31), *L'uomo dall'artiglio* (31), *Patatrac* (31), *L'armata azzurra* (32 co-ph), *La tavola dei poveri* (32), *O la borsa o la vita* (32), *La voce lontana* (33), *Non son gelosa* (33), *Il trattato scomparso* (33), *Il signore desidera?* (33), *Un cattivo soggetto* (33), *Seconda B* (34 co-ph), *L'ultimo dei Bergerac* (34), *Tempo massimo* (34), *Luci sommerse* (34), *Stadio* (34 co-ph), *L'eredità dello zio buonanima* (35), *Quei due* (35 co-ph), *La freccia d'oro* (35 co-ph), *Amo te sola* (35), *Aldebaran* (35 co-ph), *Darò un milione* (36 co-ph), *La danza delle lancette* (36), *I condottieri* (36 co-ph), *Trenta secondi d'amore* (37), *Pensaci, Giacomino!* (37), *Felicita Colombo* (37), *Il feroce Saladino* (37), *Gatta ci cova* (37), *Lasciate ogni speranza* (37), *Ma l'amor mio non muore* (38 co-ph), *L'allegro cantante* (38), *Hanno rapito un uomo* (38), *Orgoglio* (38), *Fuochi d'artificio* (38 co-ph), *L'ha fatto una signora* (38), *Per uomini soli* (39), *Mia moglie si diverte* (39 co-ph), *Bionda sottochiave* (39), *Trappola d'amore* (39), *Frenesia* (39), *Eravamo sette vedove* (39), *Amore di ussaro* (39), *Tutto per la donna* (40 co-ph), *Don Pasquale* (40), *L'uomo del romanzo* (40), *Piccolo mondo antico* (40 co-ph), *La nascita di Salomè* (40), *Addio, giovinezza!* (41), *Sancta Maria* (41), *I pirati della Malesia* (41), *Le due tigri* (41 co-ph), *Anime in tumulto* (41), *Sissignora* (41), *Via delle cinque lune* (42), *La contessa Castiglione* (42 co-ph), *La fabbrica dell'imprevisto* (42), *La morte civile* (42), *La bella addormentata* (42), *Addio amore!* (42), *Gente dell'aria* (42), *Non sono superstizioso, ma. . .* (43), *Enrico IV* (43), *Tutta la vita in ventiquattr'ore* (43), *Il sole di Montecassino* (45), *Pronto, chi parla?* (45), *Partenza ore sette* (45), *Circo equestre Za-Bum* (46 made in 44), *Umanità* (46 co-ph), *Genoveffa di Brabante* (46 co-ph), *Mio figlio professore* (46), *Vivere in pace* (47), *Albergo Luna, camera 34* (47), *Il passatore* (47), *Amanti senza amore* (47), *Anni difficili* (47), *Gioventù perduta* (47), *La primula bianca* (48), *Cuore* (48), *Ladri di biciclette* (48), *Campane a martello* (48), *Paolo e Francesca* (49 co-ph), *Guerra o pace* (49), *Patto col diavolo* (49), *Il falco rosso* (49), *Catene* (49 co-ph), *Cuori senza frontiere* (49), *La sposa non può attendere* (50), *La portatrice di pane* (50), *È più facile che un cammello. . .* (50), *Mamma mia, che impressione!* (51), *Il capitano nero* (51 co-ph), *La città si difende* (51), *Signori, in carrozza!* (51), *Altri tempi* (51 co-ph), *Il sogno di Zorro* (52 co-ph), *Sul Ponte dei sospiri* (52), *Wanda la peccatrice* (52 co-ph), *Il tenente Giorgio* (52 co-ph), *La fiammata* (52), *Saluti e baci* (52 co-ph), *La nemica* (52), *Canzone appassionata* (53), *Prima di sera* (53), *Gli uomini, che mascalzoni!* (53), *Via Padova, 46* (53 co-ph), *L'oro di Napoli* (54 co-ph), *Pane amore e gelosia* (54), *Un americano a Roma* (54), *Il segno di Venere* (55), *Gli ultimi cinque minuti* (55), *La ragazza di via Veneto* (56), *Il tetto* (56), *Liana, la schiava bianca* (58 co-ph), *L'uomo dai calzoni corti* (58), *I ragazzi del juke-box* (59), *Il terrore dalla maschera rossa* (59), *Gli incensurati* (60), *Le bambole* (65 the episode "Trattato di eugenetica").

3119. Montuori, Mario. Director of photography. b. 1920, Roma. *Vivere in pace* (47 camera), *Amori e veleni* (49), *Paolo e Francesca* (49 co-ph), *Catene* (49 co-ph), *Donne e briganti* (50), *O.K. Nerone* (51), *È l'amor che mi rovina* (51), *Il sogno di Zorro* (52 co-ph), *Le avventure di Mandrin* (52), *Noi peccatori* (52), *La regina di Saba* (52), *Il cappotto* (52), *Noi due soli* (52), *Bufere* (52), *L'età dell'amore* (53), *Ivan, il figlio del diavolo bianco* (54), *Vergine moderna* (54), *Sinfonia d'amore* (54), *Tripoli, bel suol d'amore* (54), *La moglie è uguale per tutti* (54), *Chéri-Bibi, il forzato della Guiana* (55), *Racconti romani* (55), *Il bigamo* (55), *I giorni più belli* (56), *Il conte Max* (57), *La grande strada azzurra* (57), *Lorella* (58), *I battellieri del Volga* (58), *Carmela è una bambola* (58), *Totò a Parigi* (58 co-ph), *La maja desnuda* (58 co-ph), *Ciao, ciao, bambina* (58), *Il padrone delle ferriere* (59), *La grana* (59), *Ferdinando I, re di Napoli* (59), *Noi siamo due evasi* (59), *Olympia* (60), *Un amore a Roma* (60), *La vendetta di Ercole* (60), *A porte chiuse* (61), *Amore facile* (64 co-ph), *Tre notti d'amore* (64), *Le bambole* (65 the episode "La telefonata"), *Dove si spara di più* (67), *Come, quando, con chi?* (69), *La donna ad una dimensione* (69), *Ciak Mull, l'uomo della vendetta* (69), *Il pistolero dell'ave maria* (70), *Anno uno* (74), *Il Messia* (75), *Charleston* (77 co-ph).

3120. Moody, Ron. U.K. actor. b. Jan. 8, 1924, London. RN: Ronald Moodnick. *Cinque ore in contanti* (60).

3121. Moog, Heinz. Actor. *Senso* (54), *Ludwig* (73).

Moore, Albert *see* **Zurli, Guido**

3122. Moore, Dudley. U.K. actor. b. April 19, 1935, London. *Quei temerari sulle loro pazze scatenate scalcinate carriole* (69).

3123. Moore, Gar. U.S. actor. b. Sept. 4, Chelsea, Okla. RN: Joseph Garland Moore. "Discovered" by Rossellini while a member of the occupying forces in Italy after the war. Later returned to the U.S.A. *Paisà* (46), *Roma città libera* (46), *Genoveffa di Brabante* (46), *Vivere in pace* (47).

Moore, Lucky *see* **Croccolo, Carlo**

Moore, Robert *see* **Bianchi, Mario**

3124. Moore, Roger. U.K. actor. b. Oct. 14, 1928, London. Played The Saint and James Bond. *Il ratto delle sabine* (61), *Un branco di vigliacchi* (62), *Gli esecutori* (76), *I seduttori della domenica* (80).

Moore, Thomas *see* **Girolami, Ennio**

3125. Moorehead, Agnes. U.S. actress. b. Dec. 6, 1906, Clinton, Mass. d. April 30, 1974, Rochester, Minn. *La tempesta* (58), *Jessica* (62).

3126. Morais, Mario. Director. b. 1859, Livorno. d. March 1, 1922, Torino. Also well-known as a writer and actor. *Il gobbo portafortuna* (11), *Ho l'onore di chiedere la mano di vostra figlia* (12), *Pulcinella* (15 *), *L'avvocato difensore* (34 from his play).

3127. Morano, Gigetta. Actress. b. 1886, near Torino. RN: Luigia Morano. *Il figlio delle selve* (09), *Nuccia la pecoraia* (09), *Il segreto del gobbo* (10), *Gigetta al reggimento* (10), *Gigetta si vendica di Robinet* (10), *La regina di Ninive* (11), *La vergine del giglio* (11), *L'adultera* (11), *Santarellina* (11), *La tigre* (11), *Che paese allegro!* (12), *La buona istitutrice* (12), *Il diavolo si fa eremita* (12), *La collegiale* (12), *Il mio matrimonio* (12), *Il francobollo raro* (12), *Due giorni di felicità* (12), *Nelly la domatrice* (12), *La poliziotta* (12), *Un successo diplomatico* (13), *La buona consolatrice* (13), *Il barbiere di Siviglia* (13), *La bisbetica domata* (13), *Le sue rondini* (13), *Il matrimonio di Figaro* (13), *Per il mio amore* (13), *La prima notte* (13), *I promessi sposi* (13), *Michele Perrin* (13), *La gerla di papà Martin* (14), *Ah! Quella Gigetta...!* (14), *La signora dal biglietto profumato* (14), *La sorpresa del nonno* (14), *Gigetta è gelosa* (14), *Gigetta non lo vuole* (14), *Non desiderare la donna d'altri* (15), *Il gufo nero* (15), *La trovata del brasiliano* (15), *Il temporale* (15), *Il fiacre n. 13* (16), *La meridiana del convento* (16), *Straccetto* (16), *Testamento bizzarro* (16), *Gigetta l'avventuriera* (16), *I raggi Z* (17), *Le due spose* (17), *La bambola e il gigante* (20), *Il controllore dei vagoni letto* (22).

3128. Morassi, Mauro. Director. *Il cocco di mamma* (57), *Juke-box, urli d'amore* (59), *Mariti in pericolo* (61), *Il successo* (63 co-d).

3129. Moravia, Alberto. Writer. b. Nov. 28, 1907, Roma. RN: Alberto Pincherle. One of Italy's most famous writers. *Ossessione* (42 contributed uncredited), *La freccia nel fianco* (43 co-w), *Monastero di Santa Chiara* (48 co-w/*), *Ultimo incontro* (51 co-w/adapted), *Documento mensile* (51 doc one episode d/co-w), *Tempi nostri* (52 the episode "Il pupo" was based on his story), *La provinciale* (53 based on his story), *Villa Borghese* (53 co-w), *La romana* (54 co-w/based on his novel), *La donna del fiume* (54 from an idea by him and Ennio Flaiano), *Peccato che sia una canaglia* (54 based loosely on his story "Fanatico"), *Racconti romani* (55 co-w/co-dialog/based on eight of his stories), *Racconti d'estate* (58 from his "idea"), *On the Beach* (59 he wrote the dialog for the Italian version, *L'ultima spiaggia*), *I delfini* (60 co-w), *La giornata balorda* (60 co-w/based on his stories), *Risate di gioia* (60 from his stories), *Una domenica d'estate* (61 co-w/co-story), *La Ciociara* (61 from his novel), *La perdita dell'innocenza* (62 co-w), *Il disprezzo* (62 based on his novel), *Gli indifferenti* (63 based on his novel), *Ieri oggi e domani* (63 the episode "Anna" story), *Le ore nude* (64 co-w/based on his story), *La noia* (64 based on his novel), *L'occhio selvaggio* (67 co-w), *Una ragazza piuttosto complicata* (68 based on his novel "La marcia indietro"), *La donna invisibile* (69 based on his story), *Il conformista* (70 based on his novel), *L'amore coniugale* (70 based on his novel), *Shocking Cannibals* (74 doc based on his original text), *Desideria—la vita interiore* (80 based on his novel), *La disubbidienza* (81 based on his novel), *L'attenzione* (85 based on his novel), *La cintura* (89 based on his novel).

3130. More, Kenneth. U.K. actor. b. Sept. 20, 1914, Gerrards Cross. d. July 12, 1982, London. RN: Kenneth Gilbert More. *Fraülein Doktor* (68).

3131. Moreau, Gabriel. Actor. b. France. In films since 1904. *Il consiglio della zia* (12 also d), *Il vitello pacificatore* (12 also d), *Nido di zingara* (15 also d), *Amor che tace* (16), *L'apostolo* (16), *L'assassinio del corriere di Lione* (16 also d), *La gloria* (16), *Scacco matto* (19), *Maciste contro la morte* (19), *Il viaggio di Maciste* (19), *Il testamento di Maciste* (19), *La donna e il cadavere* (19), *I diabolici* (20), *Il fabbro del convento* (21 also d), *La piccola parrocchia* (23).

3132. Moreau, Gilbert. French actor. b. Oct. 30, 1916, Chatellerault. *Atollo K* (51).

3133. Moreau, Jeanne. French actress. b. Jan. 23, 1928, Paris, of an English father and a French mother. *L'uomo della mia vita* (52), *Il letto* (53 the episode "Le Billet de logement"), *La regina Margot* (54), *I giganti* (55), *I demoniaci* (56), *Gli amanti* (58), *Jovanka e le altre* (59), *I dialoghi delle carmelitane* (59), *La notte* (61), *Il processo* (62), *Eva* (62), *Il diario di una cameriera* (64), *Buccia di banana* (64), *Il treno* (64), *Viva Maria* (65), *Nikita* (90), *Alberto Express* (90).

3134. Morel, Geneviève. French actress. b. March 19, 1916, Andelys. *Fate largo ai moschettieri* (53), *Margherita della notte* (55).

3135. Morel, Jacques. French actor. b. Paris. *Siamo tutti assassini* (52), *Versailles* (53), *Napoleone Buonaparte* (54), *Le grandi manovre* (55), *Eliana e gli uomini* (56), *L'imprevisto* (61).

3136. Morell, André. U.K. actor. b. Aug. 20, 1909, London. d. 1978. RN: André Mesritz. *Ben-Hur* (59).

3137. Morelli, Giulio. Director. b. May 8, 1915, Padova. *Una storia d'amore* (42 co-w/story), *La roccia incantata* (50), *Cento piccole mamme* (51), *No Way Back* (52 U.S. TV), *La cavallina storna* (53 also co-w), *Moglie e buoi...* (56 co-w).

3138. Morelli, Rina. Actress. b. Dec. 6, 1908, Napoli. *Un'avventura di Salvator Rosa* (40), *La corona di ferro* (41), *Sissignora* (41), *Fedora* (42), *Don Giovanni* (42), *Il nostro prossimo* (42), *Maria Malibran* (43), *Quartetto pazzo* (45), *Che distinta famiglia!* (45 made in 43), *Aquila Nera* (46), *Fabiola* (48), *Il Cristo proibito* (51), *Altri tempi* (51), *Cento anni d'amore* (53 the episode with Ernesto Almirante), *Senso* (54), *L'intrusa* (55), *Andrea Chénier* (55), *Le diciottenni* (55), *Città di notte* (56), *Gli zitelloni* (58), *Il bell'Antonio* (60), *Totò, Fabrizi e i giovani d'oggi* (60), *La viaccia* (61), *Il delitto non paga* (62), *Il gattopardo* (63), *Fatti di gente perbene* (74).

3139. Moreno, Dario. Turkish actor. b. April 3, 1921, Izmir. RN: Dario Arugete. Also well-known as a singer. Long in France. *Vite vendute* (53), *Occhio per occhio* (56), *Agguato a Tangeri* (57), *La rivolta degli schiavi* (60).

3140. Moretti, Nanni. Director/co-writer/actor. b. Aug. 19, 1953, Brunico. Feature films include: *Io sono un autarchico* (76), *Padre padrone* (77 *), *Ecce Bombo* (78), *Sogni d'oro* (81), *Bianca* (84), *La messa è finita* (85), *Notte italiana* (87 co-p), *Domani accadrà* (88 p), *Palombella rossa* (89 also co-p), *Il portaborse* (91).

3141. Moretti, Renato. Actor. *La noia* (64), *Il piccolo Archimede* (79), *Che ora è?* (89).

3142. Moretti, Sandro. Actor. b. Oct. 9, 1931, Roma. *Divisione Folgore* (54), *Tempo d'amarsi* (54), *Le notti di Cabiria* (56), *Le notti bianche* (57), *Anna di Brooklyn* (58), *La spada del Cid* (62).

3143. Morgan, Michèle. French actress. b. Feb. 29, 1920, Neuilly-sur-Seine. RN: Simone Roussel. *Fabiola* (48), *L'amante di una notte* (51), *I sette peccati capitali* (52 the episode "L'orgoglio"), *L'ora della verità* (52), *Destini di donne* (53 the episode "Giovanna d'Arco"), *Domanda di grazia* (54), *Napoleone Buonaparte* (54), *Le grandi manovre* (55), *Margherita della notte* (55), *Maria Antonietta, regina di Francia* (56), *Racconti d'estate* (58), *Vacanze d'inverno* (59), *Il delitto non paga* (62), *Il fornaretto di Venezia* (63), *Il gatto, il topo, la paura e l'amore* (75), *Tutti stanno bene* (90).

Morgan, Piero *see* **Piccioni, Pietro**

3144. Morgan, Terence. U.K. actor. b. Dec. 28, 1921, Lewisham, London. *L'amante di Paride* (54), *Femmina* (54), *La tigre dei sette mari* (63).

3145. Morgia, Piero. Actor. *Mamma*

Roma (62), *Roma come Chicago* (68), *El "Che" Guevara* (68).

3146. Mori, Claudia. Actress. Married Adriano Celentano. *Cerasella* (59), *Rocco e i suoi fratelli* (60), *Sodoma e Gomorra* (62), *L'amore difficile* (62), *Ursus nella terra di fuoco* (63), *Superrapina a Milano* (64), *Yuppi-du* (75), *La locandiera* (80), *Joan lui* (85).

3147. Moriconi, Valeria. Actress. b. Nov. 15, 1932, Jesi. *Amore in città* (53 the episode "Gli italiani si voltano"), *La spiaggia* (53), *I cavalieri dell'illusione* (54), *L'amante di Paride* (54), *Miseria e nobiltà* (54), *Napoli è sempre Napoli* (54), *Il barcaiolo d'Amalfi* (55), *Gli innamorati* (55), *I giorni più belli* (56), *Gli anni che non ritornano* (56), *Guardia, guardia scelta, brigadiere e maresciallo* (56), *Una voce, una chitarra, un po' di luna* (56), *Totò lascia o raddoppia* (57), *Le belle dell'aria* (57), *I dritti* (58), *L'amore nasce a Roma* (58), *La rivolta dei gladiatori* (58), *I ragazzi dei Parioli* (59), *Le cameriere* (59), *Il terrore dell'Oklahoma* (59), *A cavallo della tigre* (61), *Il saprofita* (74), *Quelle strane occasioni* (76).

3148. Morino, Jone. Actress. b. Roma. RN: Ione Morino-Berdini. *Manovre d'amore* (39), *Validità giorni dieci* (40), *Piccolo mondo antico* (40), *Margherita fra i tre* (41), *Turbine* (41), *Se io fossi onesto* (42), *Soltanto un bacio* (42), *Catene invisibili* (42), *C'è sempre un ma...* (42), *Le vie del cuore* (42), *Signorinette* (42), *Avanti, c'è posto* (42), *L'amico delle donne* (42), *Senza una donna* (43), *Non sono superstizioso, ma...* (43), *Inquietudine* (46), *I pirati di Capri* (48), *Lo sparviero del Nilo* (49), *Domenica d'agosto* (50), *Taxi di notte* (50), *Romanzo d'amore* (50), *Canzone di primavera* (50), *Altri tempi* (51), *Stasera sciopero* (51), *La voce del sangue* (52), *Siamo donne* (53).

3149. Morisi, Guido. Actor. b. 1903, Bologna. d. Jan. 4, 1951, Roma. *Il suo destino* (39), *Arditi civili* (40), *Capitan Fracassa* (40), *Un marito per il mese d'aprile* (41), *Il re si diverte* (41), *Perdizione* (42), *Miliardi, che follia!* (42), *Nebbie sul mare* (42), *I bambini ci guardano* (43), *Due cuori fra le belve* (43), *Campo de' fiori* (43), *Silenzio, si gira!* (43), *Amanti in fuga* (46), *Dove sta Zazà* (47), *Paolo e Francesca* (49), *È arrivato il cavaliere* (50), *Io sono il capataz!* (51).

3150. Morlacchi, Lucilla. Actress. *Una storia milanese* (62), *Il gattopardo* (63).

3151. Morlay, Gaby. French actress. b. June 8, 1897, Saint-Michel en l'Herme (or possibly, Biskra, Algeria). d. 1964. RN: Blanch Fumoleau. In movies from 1912. *Giuseppe Verdi* (38), *Due sorelle amano* (51), *Prima comunione* (50), *I bastardi* (50), *Anna* (51), *Versailles* (53), *Napoleone Buonaparte* (54).

3152. Morley, Robert. U.K. actor. b. May 25, 1908, Semley, Wilts. d. June 3, 1992, London. *Il tesoro dell'Africa* (53), *Giuseppe venduto dai fratelli* (60), *Un avventuriero a Tahiti* (66), *Sette volte donna* (67), *Lola* (70).

3153. Morricone, Ennio. Composer. b. Oct. 11, 1928, Roma. AKA: Dan Savio, Leo Nichols, Nicola Piovani. Son of a musician. Studied in Roma. Often linked musically with Bruno Nicolai (q.v.). Composed music for the 1973 TV series *Tre donne*. Movies include: *Il federale* (61), *Diciottenni al sole* (62), *I motorizzati* (62), *La cuccagna* (62), *La voglia matta* (62), *Il successo* (63), *Le monachine* (63), *I basilischi* (63), *I promessi sposi* (63), *Gringo* (63), *Le ore dell'amore* (63), *Prima della rivoluzione* (64), *In ginocchio da te* (64), *Per un pugno di dollari* (64), *Thrilling* (64 the episodes "Altissima pressione" and "La regola di gioco"), *I malamondo* (64), *Le pistole non discutono* (64), *El Greco* (65 co-composer), *Amanti d'oltretomba* (65), *Pugni in tasca* (65), *Per qualche dollaro in più* (65), *Una pistola per Ringo* (65), *Ménage all'italiana* (65), *Sette pistole per i MacGregor* (65), *Slalom* (65), *Il ritorno di Ringo* (65), *Un uomo a metà* (66), *Sette donne per i MacGregor* (66), *Il buono, il brutto, il cattivo* (66), *La Battaglia di Algeri* (66 co-composer), *Uccellaci e uccellini* (66 also sang credit sequence), *Quien sabe?* (66 co-composer), *Svegliati e uccidi* (66), *La resa dei conti* (66), *Un dollaro a testa* (66), *Idoli controluce* (66), *Per pochi dollari ancora* (66 co-composer), *Un fiume di dollari* (66), *Le streghe* (66 co-composer), *Matchless* (66), *L'avventuriero* (67), *O.K. Connery* (67 co-composer), *La ragazza e il generale* (67), *Faccia a faccia* (67), *L'harem* (67), *Scusi, facciamo l'amore* (67), *La Cina è vicina* (67), *Come imparai ad amare le donne* (67), *I crudeli* (67), *Da uomo a* *uomo* (67), *Corri, uomo, corri* (67), *La Bataille de San Sebastian* (67 France/Mexico), *Grazie, zia* (67), *Arabella* (67), *Diabolik* (67), *Dalle Ardenne all'inferno* (68), *Il mercenario* (68), *Mangiala!* (68), *Escalation* (68), *C'era una volta il west* (68), *Teorema* (68), *Il grande silenzio* (68), *Ecce homo* (68), *. . . E per tetto un cielo di stelle* (68), *Fraülein Doktor* (68), *Galileo* (68), *"H2S"* (68), *Gli intoccabili* (68), *Partner* (68 also co-songs), *Roma come Chicago* (68), *Ruba al prossimo tuo* (68), *Carrera—das Geheimnis der blonden Katze* (68 Germany co-composer), *Vergogna, schifosi* (68), *Ad ogni costo* (68), *Comandamenti per un gangster* (68), *La monaca di Monza* (68), *Metti, una sera a cena* (68), *Cuore di mamma* (68), *Il giardino delle delizie* (68), *L'alibi* (68), *Un tranquillo posto di campagna* (68), *Tepepa* (68), *Un bellissimo novembre* (69), *La donna invisibile* (69), *La moglie più bella* (69), *Indagine su un cittadino al di sopra di ogni sospetto* (69), *La notte del serpente* (69 co-composer), *I cannibali* (69), *Un esercito di cinque uomini* (69), *Sai cosa faceva Stalin alle donne?* (69), *L'assoluto naturale* (69), *Gentleman Jo . . . uccidi* (69), *Una breve stagione* (69), *Quemada* (69), *Il clan dei siciliani* (69), *Dio è con noi* (69), *L'uccello dalle piume di cristallo* (69), *La tenda rossa* (69), *Il vespaio* (70), *Cosa avete fatto a Solange?* (70), *Uccidete il vitello grasso e arrostitelo* (70), *Two Mules for Sister Sara* (70 U.S./Mexico), *Vamos a matar, compañeros* (70), *Metello* (70), *Quando le donne avevano la coda* (70), *Verushka, poesia di una donna* (70), *Città violenta* (70), *Una giornata nera per l'Ariete* (70), *Il giro del mondo degli "innamorati" di Peynet* (71), *Sacco e Vanzetti* (71), *I racconti di Canterbury* (71), *Forza G* (71), *In nome del padre* (71), *Maddalena* (71), *Le Tueur* (71 France), *Il giorno del giudizio* (71), *Il Decamerone* (71), *Giù la testa* (71), *Il gatto a nove code* (71), *Imputazione di omicidio per uno studente* (71), *Quattro mosche di velluto grigio* (71), *Gli scassinatori* (71), *Senza movente* (71), *Il ritorno di Clint il solitario* (71), *La califfa* (71), *Oceano* (71 doc), *Una lucertola con la pelle di donna* (71), *La classe operaia va in paradiso* (72), *La cosa buffa* (72), *Chi l'ha vista morire?* (72), *Anche se volessi lavorare, che faccio?* (72), *La violenza: quinto potere* (72), *Bluebeard* (72 Hungary), *La vita, a volte, è molto dura, vera provvidenza?* (72), *Il monaco* (72), *La tarantola dal ventro nero* (72), *L'Attentat* (72 France), *Un uomo da rispettare* (72), *Addio fratello crudele* (72), *Le due stagioni della vita* (72), *Mio caro assassino* (72), *Il maestro e Margherita* (72), *La corta notte delle bambole di vetro* (72), *Il diavolo nel cervello* (72), *Incontro* (72), *Sbatti il mostro in prima pagina* (72), *Questa specie d'amore* (72), *D'amore si muore* (72), *Zanna Bianca* (72), *Il serpente* (73), *La proprietà non è più un furto* (73), *La banda J & S—cronaca criminale del west* (73), *Quando l'amore è sensualità* (73), *Rappresaglia* (73), *Che c'entriamo noi con la rivoluzione?* (73), *La sepolta viva* (73), *Revolver* (73), *Il mio nome è Nessuno* (73), *Il fiore delle mille e una notte* (73), *La grande buffata* (73), *Nessuno o tutti—matti da slegare* (73 doc), *Giordano Bruno* (73), *Ci ridiamo, vera provvidenza?* (73 co-composer), *Allonsanfan* (74), *Le Trio infernal* (74 France), *La cugina* (74), *Macchie solari* (74), *Spasmo* (74), *L'anticristo* (74), *Le Secret* (74 France), *Mussolini: ultimo atto* (74), *Fatti di gente perbene* (74), *Il sorriso del grande tentatore* (74), *Milano odia: la polizia non può sparare* (74), *L'ultimo uomo di Sara* (74), *Libera, amore mio* (74), *Per le antiche scale* (74), *Leonor* (75), *L'invenzione di Morel* (75), *Salò, o le 120 giornate* (75 co-composer), *Un genio, due compari, un pollo* (75), *Peur sur la ville* (75 France), *L'ultimo treno della notte* (75), *La donna della domenica* (75), *Attenti al buffone!* (75), *Der Richter und sein Henker* (75), *The Human Factor* (75 U.K.), *La divina creatura* (75), *La smagliatura* (75), *L'arrivista* (75), *Il deserto dei tartari* (76), *Autostop rosso sangue* (76), *1900* (76), *Per amore* (76), *Mosè* (76), *Todo modo* (76), *Marcia trionfale* (76), *L'eredità Ferramonti* (76 co-composer), *Il gabbiano* (77), *L'Agnese va a morire* (77), *Padre padrone* (77 co-composer), *Orca* (77), *Gli ultimi tre giorni* (77), *Soleil des hyènes* (77 France), *Exorcist II—The Heretic* (77 U.S.), *Una vita venduta* (77), *Il mostro* (77), *René la canne* (77 France), *Holocaust 2000* (77), *Il gatto* (78), *Pedro Peramo* (78 Mexico), *Days of Heaven* (78 U.S.), *Il prefetto di ferro* (78), *Deutschland im Herbst* (78 Germany song), *The Rise and Fall of Ivor Dickie* (78 U.K.), *Dove vai in vacanza?* (78 co-composer), *Corleone*

(78), *Il prato macchiato di rosso* (78), *L'immoralità* (78), *Così come sei* (78), *Il giocattolo* (79), *La cage aux folles* (79), *Buone notizie* (79), *Adieu Poulet* (79 France), *L'umanoide* (79), *Operazione Ogro* (79), *I comme Icare* (79 France), *Sidney Sheldon's Bloodline* (79 U.S. TV), *Si salva chi vuole* (79), *Viaggio con Anita* (79), *La Banquière* (79 France), *The Island* (80 U.S.), *122 Rue de Provence* (80 France), *Vacanze in Val Trebbia* (80 doc), *La cage aux folles II* (80), *When You Comin' Back, Red Ryder?* (80 U.S. song), *Salto nel vuoto* (80), *Uomini e no* (80), *Il ladrone* (80), *Il bandito dagli occhi azzurri* (80), *Un sacco bello* (80), *Bianco rosso e Verdone* (80), *Occhio alla penna* (81), *Het Meisje met het rode Haar* (81 Netherlands), *Il minestrone* (81), *So Fine* (81 U.S.), *Tragedia di un uomo ridicolo* (81), *La disubbidienza* (81), *Il marchese del grillo* (81), *La notte di san Lorenzo* (82), *Butterfly* (82 U.S.), *The Thing* (82 U.S.), *The Link* (82 U.S.), *Marco Polo* (82), *Nanà* (82), *Porca vacca* (82), *La vera storia della signora dalle camelie* (82), *Le Marginal* (83 France), *La chiave* (83), *Die Forstenbuben* (83 Germany), *C'era una volta l'America* (83), *Corrupt* (83 U.S.), *Le Ruffian* (83 France), *Bertoldo, Bertoldino e Cacasenno* (83), *The Scarlet and the Black* (83 U.S. TV miniseries), *Desiderio* (83), *Kaos* (83), *De Schorpioen* (84 Netherlands), *Partir revenir* (84 France), *Hundra* (84 Spain), *Sahara* (84 U.S.), *Les Voleurs de la nuit* (84 France), *The Treasure of the Four Crowns* (84 U.S./France), *La cage aux folles 3* (84), *Seven Magnificent Gladiators* (84 U.S.), *Le due vite di Mattia Pascal* (85), *Ginger e Fred* (85), *Segreti segreti* (85), *La messa è finita* (85), *Kommando Leopard* (85), *La gabbia* (85), *Red Sonja* (85 U.S.), *Il pentito* (85), *The Mission* (86 U.K.), *Speriamo che sia una femmina* (86), *La venexiana* (86), *Good morning Babilonia* (87), *Il camorrista* (87), *The Untouchables* (87 U.S.), *Les Exploits d'un jeune Don Juan* (87 France), *Il giorno prima* (87), *Intervista* (87), *La sposa era bellissima* (87), *Rampage* (87 U.K.), *Quartière* (87 France), *Mosca addio* (87), *Gli occhiali d'oro* (87), *Domani accadrà* (88), *Young Einstein* (88 Australia song), *La Soule* (88 France), *I cammelli* (88), *Drôle d'endroit pour une rencontre* (88 France song), *Frantic* (88 U.S.), *Manifesto* (88 U.S.), *Strana la vita* (88), *Nuovo cinema paradiso* (88), *Tempo di uccidere* (89), *Palombella rossa* (89), *L'appassionata* (89), *Desamistado* (89 Spain), *Australia* (89), *La cintura* (89), *'O Re* (89), *Dimenticare Palermo* (90), *Tutti stanno bene* (90), *La voce della luna* (90), *Tre colonne in cronaca* (90), *Tracce di una vita amorosa* (90), *Il sole anche di notte* (90), *Il male oscuro* (90), *Hamlet* (90), *Atame!* (90 Spain).

3154. Morris, Kirk. Muscleman actor. *Maciste all'inferno* (60), *Il trionfo di Maciste* (61), *Maciste contro i cacciatori di teste* (62), *Ercole contro il gigante Golia* (62), *Maciste contro Ercole nella valle dei guai* (62), *I predoni della steppa* (63), *Ercole sfida Sansone* (63), *Maciste alla corte dello zar* (63), *Sansone contro i pirati* (63), *La valle dell'eco tonante* (64), *Anthar, l'invincibile* (64), *Il conquistatore di Atlantide* (65), *2 + 5: missione Hydra* (66), *Little Rita nel far west* (67), *Sapevano solo uccidere* (68), *Sette baschi rossi* (68).

3155. Morris, Ossie. U.K. director of photography. b. Nov. 22, 1915, Ruislip. RN: Oswald Morris. *Il tesoro dell'Africa* (53), *Stazione Termini* (53 co-ph), *La bisbetica domata* (67).

Morris, Robert *see* **Mauri, Roberto**

3156. Morrissey, Paul. U.S. director. b. 1939, N.Y.C. Associated with Andy Warhol. *Carne per Frankenstein* (74 co-d/co-w), *Dracula cerca sangue di vergine ...e morì di sete* (74).

3157. Morrow, Jeff. U.S. actor. b. Jan. 13, 1913, N.Y.C. *Il re dei barbari* (54), *Il giovane normale* (69).

3158. Morrow, Vic. U.S. actor. b. Feb. 14, 1932, Bronx, N.Y. d. July 23, 1982, Castaic, Calif., decapitated by a helicopter during filming. *Sledge* (70 co-d/co-w finished by Giorgio Gentili), *Un maledetto pasticcio* (75), *L'ultimo squalo* (81), *Guerrieri del Bronx* (82).

3159. Morsella, Fulvio. Producer. *Per qualche dollaro in più* (65 co-story), *C'era una volta il west* (68), *Giù la testa* (71), *Il mio nome è Nessuno* (73 co-p), *Un genio, due compari, un pollo* (75 co-p/co-w).

3160. Morton, Anthony. U.K. actor. b. 1927. *La morte viene dallo spazio* (58).

Morton, Joseph *see* **Nieto, José**

3161. Moschine, Gastone. Actor. b. 1929. AKA: Gastone Moschin. *Audace colpo dei soliti ignoti* (59), *Tiro al piccione* (61), *Il mantenuto* (61), *Anni ruggenti* (62),

L'amore difficile (62), *La visita* (62), *La rimpatriata* (63), *Il fornaretto di Venezia* (63), *Il successo* (63), *Il vendicatore mascherato* (64), *Amore in quattro dimensioni* (64), *I cento cavalieri* (64), *Extraconiugale* (65 the episode "La roccia"), *Berlino—appuntamento per le spie* (65), *Sette uomini d'oro* (65), *Il grande colpo dei sette uomini d'oro* (66), *Le stagioni del nostro amore* (66), *Signore e signori* (66), *Du mou dans la gachette* (66 France), *Le fate* (67 the episode "Fata Armenia"), *Le Plus Vieux Métier du monde* (67 France), *Top crak* (67 France), *L'harem* (67), *La notte è fatta per...rubare* (67), *Italian Secret Service* (67), *Sette volte sette* (68), *La moglie giapponese* (68), *Sissignore!* (68), *Colpo di sole* (68), *Dove vai tutta nuda?* (68), *Gli specialisti* (69), *L'inafferabile e invincibile Mr Invisible* (69), *Concerto per pistola solista* (70), *Mio padre monsignore* (70), *Il conformista* (70), *Ninì Tirabusciò, la donna che inventò la "mossa"* (70), *Io non vedo, tu non parli, lui non sente* (71), *Roma bene* (71), *Stanza 17—17, palazzo delle tasse, ufficio delle imposte* (71), *Causa di divorzio* (72), *Don Camillo, Peppone e giovani d'oggi* (72 made in 70), *La violenza: quinto potere* (72), *Commissariato di notturno* (72), *Fiorina la vacca* (72), *Milano calibro 9* (72), *Paolo il caldo* (73), *Il delitto Matteotti* (73), *L'extomane* (74), *Squadra volante* (74), *The Godfather Part II* (74 U.S.), *E cominciò il viaggio nella vertigine* (75), *Mogliamante* (76), *Una donna alla finestra* (77), *Poliziotto senza paura* (78), *La compagnia di viaggio* (80), *Carlotta* (80 Spain), *Lion of the Desert* (80 U.S.), *Pájaros de ciudad* (81 Spain), *Amici miei, atto II* (82), *Il Petomane* (83), *Amici miei, atto III* (85), *Una spina nel cuore* (85).

3162. Moschini, Giacomo. Actor. b. April 16, 1896, Padova. d. 1945. AKA: Aldo Moschino. *Brigata Firenze* (28), *La locandiera* (28), *La vena d'oro* (28), *Maratona* (28), *La grazia* (29), *Rotaie* (29), *Giardini che vivono* (30), *Rubacuori* (31), *Resurrectio* (31), *Gli uomini, che mascalzoni!* (32), *Paradiso* (32), *L'armata azzurra* (32), *T'amerò sempre* (33), *Tredici uomini e un cannone* (35), *Fascino* (39), *Il documento* (39), *Assenza ingiustificata* (39), *Un mare di guai* (39), *Il Ponte dei sospiri* (40), *Tutto per la donna* (40), *La granduchessa si diverte* (40), *La danza dei milioni* (40), *Cantate con me* (40), *L'uomo del romanzo* (40), *La fanciulla di Portici* (40), *L'arcidiavolo* (41), *Orizzonte dipinto* (41), *I mariti* (41), *Brivido* (41), *I promessi sposi* (41), *Il bravo di Venezia* (41), *Luna di miele* (41), *Il re si diverte* (41), *Rossini* (41), *La contessa Castiglione* (42), *La signorina* (42), *Quarta pagina* (42), *La maschera e il volto* (42), *Le vie del cuore* (42), *Canal grande* (42), *Malombra* (42), *L'amico delle donne* (42), *Cortocircuito* (42), *Il viaggio del signor Perrichon* (43), *Non sono superstizioso, ma...* (43), *Damals* (43 Germany), *Piruetas juveniles* (43 Spain).

3163. Möschke, Edmund. German child actor. *Germania, anno zero* (47).

3164. Moser, Giorgio. Director. b. Oct. 9. 1923, Trento. *Il testimone* (45 asst d), *Un giorno nella vita* (46 asst d), *I pirati di Capri* (48 co-w/story), *È più facile che un cammello...* (50 co-d), *Continente perduto* (55 doc co-d/co-w), *Un po' di cielo* (55), *Calypso* (58 finished by Franco Rossi), *Violenza segreta* (63).

3165. Mosjoukine, Ivan. Russian actor. b. Sept. 26, 1889, Penza. d. Jan. 18, 1939, Paris, France. RN: Ivan Ilijch Mozzukhin. AKA: Ivan Mosjukine, Ivan Moskine. *Le avventure di Casanova* (27).

3166. Moulaert, René. Belgian art director in French films. b. Nov. 7, 1901, Bruxelles. *Gli amanti di Verona* (48), *Il letto* (53 the episode "Le Billet de logement"), *Gli eroi sono stanchi* (55), *Le vergini di Salem* (56), *Casinò de Paris* (57), *La prima notte* (58).

3167. Moulder-Brown, John. U.K. actor. b. 1945, London. *Ludwig* (73).

3168. Moulin, Charles. French actor. b. Dec. 11, 1909, Montélimar. *Napoleone Buonaparte* (54), *L'amante del sole* (55).

3169. Moulinot, Jean-Paul. French actor. b. 1912. *Siamo tutti assassini* (52), *Le tentazioni quotidiane* (62).

3170. Moullières, Jacques. French child actor. b. April 15, 1944, Villeneuve-le-Roi. RN: Jacques Moulière. *Fascicolo nero* (55), *Gli anni che non ritornano* (56).

3171. Mouloudji, Marcel. French actor. b. Sept. 16, 1922, Paris. AKA: Mouloudji. Son of a Kabyle chief and a French mother. *Siamo tutti assassini* (52), *Il letto* (53 the episode "Le Billet de logement").

3172. Moustache. French actor. b. 1929. *Zorro* (75).

3173. Mower, Patrick. U.K. actor. b.

Sept. 12, 1940, Oxford. *L'avvocato del diavolo* (78), *Marco Polo* (82).

3174. Mozzato, Umberto. Actor. b. 1879, Bologna. d. Nov., 1947, Torino. Also directed several movies. *Un sorriso al tramonto della vita* (13 also d), *Il fornaretto di Venezia* (13), *Cabiria* (14), *Occhi che accusano* (15), *L'inno al sole* (15), *Il suicidio sublime* (15), *La Gioconda* (16), *La fiaccola sotto il moggio* (16), *L'apostolo* (16), *L'uomo che vide la morte* (19), *I borghesi di Pontarcy* (20 also d), *L'oro degli azteki* (20 three episodes: "I milioni di Harry King," "Il tradimento del meticcio" and "La maschera del morto" also co-d), *L'altra onestà* (20 also d), *La trentesima perla* (20 also co-d), *Il povero Piero* (22 also d), *La denunzia* (23), *I martiri d'Italia* (27), *Frontiere* (34), *Cercasi bionda bella presenza* (42).

3175. Muccioli, Carlo. Actor. *Agrippina* (10).

3176. Mueller, Paul. Swiss actor. b. March 1, 1923, Neuchâtel. Based in Italy. *Fabiola* (48), *Guglielmo Tell* (48), *La sepolta viva* (49), *Il bacio di una morta* (49), *La Bisarca* (50), *Strano appuntamento* (51), *Romanticismo* (51), *La città si difende* (51), *La vendetta del corsaro* (51), *Il tenente Giorgio* (52), *I misteri della giungla nera* (52), *I sette dell'Orsa maggiore* (53), *Fratelli d'Italia* (53), *Il peccato di Anna* (53), *Due notti con Cleopatra* (53), *Opinione pubblica* (53), *Viaggio in Italia* (53), *I cavalieri della regina* (54), *Agguato sul mare* (54), *Verrat an Deutschland* (55 Germany), *Checkpoint* (56 U.K.), *Le avventure di Arsenio Lupin* (57), *I vampiri* (57), *Il conte di Matera* (57), *Il romanzo di un giovane povero* (58), *Due selvaggi a corte* (58), *Nel segno di Roma* (58), *Capitan Fuoco* (58), *La maja desnuda* (58), *Il terrore dei barbari* (59), *The Enemy General* (59 U.S.), *Un canto nel deserto* (59), *La strada dei giganti* (60), *Nefertite, regina del Nilo* (60), *Teseo contro il Minotauro* (60), *La venere dei pirati* (60), *Barabba* (61), *Il relitto* (61), *El Cid* (61), *Francis of Assisi* (61 U.S.), *It Happened in Athens* (62 U.S.), *Finchè dura la tempesta* (63), *Maciste, l'eroe più grande del mondo* (63), *Mörderclub von Brooklyn* (64 Germany), *L'ultimo dei mohicani* (65), *Amanti d'oltretomba* (65), *Thompson 1880* (66), *Il sapore della vendetta* (68), *Uno di più all'inferno* (68), *Stuntman* (68), *Cinque figli di cane* (68), *Eugénie* (69 France), *Tre superman a Tokio* (69), *Paroxismus* (69), *Vampyros Lesbos—Erbin des Drakula* (70 Germany), *Sie tötete in Ekstase* (70 Germany), *Der Teufel kam aus Akasara* (70 Germany), *X-312—Flug zur Hölle* (70 Germany), *Pussycat, Pussycat, I Love You* (70 U.K.), *Il conte Dracula* (70), *La figlia di Frankenstein* (71), *Treasure Island* (71 U.K.), *Robinson Crusoe und seine wilden Sklavinnen* (71 Germany), *La vita, a volte, è molto dura, vera provvidenza?* (72), *The Arena* (73 U.S.), *L'Histoire très bonne et très joyeuse de Colinot Trousse-chemise* (73 France), *Miracles Still Happen* (74 U.S.), *Frauen Gefängnis* (75 Germany), *Silenzio: si uccide* (75), *La ragazzina perversa* (76), *Studio legale per una rapina* (76), *Mark colpisce ancora* (76), *Mosè* (76), *Tutto suo padre* (78), *L'Affaire suisse* (78 France), *Piccole labbra* (79), *L'Albatros* (79 France), *Fantozzi contro tutti* (80), *Camera d'albergo* (80), *Nanà* (82), *Marco Polo* (82), *The Winds of War* (83 U.S. TV), *Salomè* (86), *Fantozzi colpisce ancora* (91).

3177. Mulargia, Edoardo. Director. AKA: Edward Muller, Edward G. Muller. *Vaya con Dios, gringo* (66 also co-w), *Cjamango* (67), *Perchè uccidi ancora?* (67 co-d), *La sfida dei Mackenna* (69 co-w), *Non aspettare, Django...spara* (69), *Shango, la pistola infallibile* (69 also co-w), *Lesbo* (69), *La taglia è tua, l'uomo l'ammazzo io, El Puro* (70 also co-w), *Rimase uno solo e fu la morte per tutti* (71 also co-w), *Lo chiamavano Django* (71), *Tropico del Cancro* (72).

3178. Mulè, Francesco. Actor. *Souvenir d'Italie* (57), *Cinque ore in contanti* (60), *Psycosissimo* (60), *Maciste contro Ercole nella valle dei guai* (62), *Le voci bianche* (64), *Una vergine per il principe* (65), *A.D.3 operazione Squalo Bianco* (66), *Le spie vengono dal semifreddo* (66), *Come rubare un quintale di diamanti in Russia* (68), *Il marito è mio e l'ammazzo quando mi pare* (68), *Ric e Gian alla conquista del west* (67), *La più bella coppia del mondo* (68), *Vacanze sulla Costa Smeralda* (68), *The Biggest Bundle of Them All* (68 U.S.), *La cintura di castità* (68), *House of Cards* (68 U.K.), *The Secret of Santa Vittoria* (69 U.S.), *Storia di una donna* (69), *Quando le donne avevano la coda* (70), *Calore in provincia* (75), *La poliziotta fa* *carriera* (75), *Voto di castità* (75), *L'infermiera di mio padre* (76), *Gli uccisori* (76), *Il pomicione* (76), *Kakientrüppen* (77), *Orazi e Curiazi 3—2* (78), *Malabestia* (78), *La supplente va in città* (81).

3179. Mulè, Giuseppe. Composer. b. June 28, 1885, Termini Imerese, Sicilia. d. Sept. 10, 1951, Roma. *Jeanne Doré* (38), *Processo e morte di Socrate* (40), *Ultima giovinezza* (39), *Lucrezia Borgia* (40), *Lettere al sottotenente* (43).

3180. Mulè, Marcel. Saxophonist who played the solo in *Cronaca di un amore* (51). His saxophone quintet played the music in *La signora senza camelie* (53).

Muller, Edward *see* **Mulargia, Edoardo**

3181. Muller, Jacques. French actor. b. Jan. 20, 1922, Paris. *Siamo tutti assassini* (52), *La bella Otero* (54).

Müller, Paul *see* **Mueller**

3182. Mullinar, Rod. Australian actor. b. 1943, U.K. In Australia since 1964. *La ragazza dal pigiama giallo* (77).

3183. Mulock, Al. U.S. actor. d. ca. 1970. *Il buono, il brutto, il cattivo* (66), *I crudeli* (67), *C'era una volta il west* (68).

3184. Muni. French actress. *Il diario di una cameriera* (64), *Bella di giorno* (67), *Il fascino discreto della borghesia* (72).

3185. Muni, Paul. U.S. actor. b. Sept. 22, 1895, Lemberg, Austria (or Leopoli, Poland). d. Aug. 25, 1967, Santa Barbara, Calif. RN: Frederick Meyer Weisenfreund. Came to the U.S.A. in 1903. *Imbarco a mezzanotte* (52).

3186. Muñoz, Carlos. Spanish actor. b. April 3, 1919, Vigo. *Carmen fra i rossi* (39 his first movie).

3187. Murari, Lina. Actress. Left the cinema for what turned out to be an unsuccessful stage career. *Marinella* (19), *Povera piccola* (20), *Roveto ardente* (21), *Il fiore del silenzio* (21), *Lina la gigolette* (21), *Il mio carcere* (21).

3188. Murat, Jean. French actor. b. July 13, 1888, Périgueux. Married the actress Annabella. *Allarme a sud* (53), *Il mantello rosso* (54).

3189. Murgia, Antonella. Actress. *Verspätung in Marienborn* (64 Germany), *El Cisco* (66), *L'uomo dal pugno d'oro* (68), *Cinque figli di cane* (68), *The Squeeze* (76 U.S.), *Fontamara* (80), *Nucleo zero* (84).

3190. Murgia, Tiberio. Actor. *I soliti ignoti* (58), *La grande guerra* (59), *Ric e Gian alla conquista del west* (67), *Colpo di sole* (68), *La ragazza con la pistola* (68), *I soliti ignoti vent'anni dopo* (85).

3191. Murolo, Ernesto. Writer. b. 1875, Napoli. d. Oct. 30, 1939, Napoli. Father of Roberto Murolo. *Napoli d'altri tempi* (37 co-w/co-story), *Le due madri* (38 co-w), *Napoli che non muore* (39 co-w/co-story), *Addio, mia bella Napoli* (46 based on his play).

3192. Murolo, Roberto. Singer/actor. b. Jan. 19, 1912, Napoli. *Paolo e Francesca* (49), *Catene* (49), *Tormento* (50), *I falsari* (50), *Il voto* (51).

3193. Murray, Stephen. U.K. actor. b. Sept. 6, 1912, Partney, Lincs. d. 1983. *La mano dello straniero* (53).

3194. Musante, Tony. U.S. actor. b. June 30, 1936, Bridgeport, Conn. *Il mercenario* (68), *Metti, una sera a cena* (68), *L'uccello dalle piume di cristallo* (69), *L'anonimo veneziano* (70), *Eutanasia di un amore* (78), *Goodbye and Amen* (78), *La gabbia* (85), *Il pentito* (85).

3195. Musco, Angelo. Actor. b. Dec. 18, 1871, Catania. d. Oct. 6, 1937, Milano. Of Maltese origin. One of the pre-eminent stage actors. Rossano Brazzi starred in his life story in 1953. *San Giovanni decollato* (18), *Cinque a zero* (32), *Paraninfo* (35), *L'eredità dello zio buonanima* (35), *"Fiat voluntas Dei"* (35), *L'aria del continente* (36), *Re di denari* (36), *Lo smemorato* (37), *Pensaci, Giacomino!* (37), *Il feroce Saladino* (37), *Gatta ci cova* (37).

3196. Musco, Nino. Actor. *Maciste nella Valle dei Re* (60), *Liolà* (64), *Caccia alla volpe* (66), *Cjamango* (67), *Nato per uccidere* (67), *Requiescant* (67), *Barbarella* (68), *The Biggest Bundle of Them All* (68 U.S.).

3197. Musidora. French actress. b. Feb. 23, 1889, Paris. d. Dec. 10, 1957, Paris. RN: Jeanne Roques. A ballerina and singer, she was the first vamp of French films. *La vagabonda* (17).

3198. Musolini, Vincenzo. Actor. b. 1930, Reggio Calabria. AKA: Glenn V. Davis, Glenn Vincent Davis. *Due soldi di speranza* (51), *Il brigante di Tacca del Lupo* (52), *Nessuno ha tradito* (52), *Gelosia* (53), *Noi cannibali* (53), *Desiderio 'e sole* (54), *Napoli piange e ride* (54), *Ultimo addio* (54), *I vagabondi delle stelle* (56), *Le avventure di Robi e Buck* (57), *Gli invincibili* *fratelli Maciste* (64 p), *Perchè uccidi ancora?* (67 co-w), *Cjamango* (67 w), *Chiedi perdono a Dio...non a me!* (68 d/co-w), *Non aspettare, Django...spara* (69 p/w), *Quintana* (69 d/p/w).

3199. Musso, Carlo. Co-writer. b. May 28, 1911, Torino. *Gente dell'aria* (42), *La freccia nel fianco* (43), *Due lettere anonime* (44), *Le miserie del signor Travet* (45 asst d), *La porta del cielo* (45), *La figlia del capitano* (47), *Fuga in Francia* (48), *Riso amaro* (48), *Il mulino del Po* (48), *Il lupo della Sila* (49), *L'edera* (50), *Romanzo d'amore* (50), *Romanticismo* (51), *Legione straniera* (52), *Carne inquieta* (52 also co-d), *Bufere* (52), *La risaia* (55).

3200. Mussolini, Vittorio. b. 1916. Son of Il Duce, he virtually controlled the Italian film industry during his father's rule. Founded Europa Film, and was the editor of *Cinema*, an important film periodical after 1937. He supervised production on various feature films, including: *Luciano Serra pilota* (38), *Un pilota ritorna* (42).

3201. Mustacchi, Amedeo. Director. b. Piemonte. *Gelosia* (15 *), *Sansone e la ladra di atleti* (19), *Sansone e i rettili umani* (20), *Sansone e il trionfatore* (20), *I due mozzi* (20), *Anime fiere* (20 co-d), *Il delitto del commendatore* (21).

Musy, Gianni *see* **Glori-Musy, Gianni**

Musy-Glori, Vittorio *see* **Glori, Vittorio**

3202. Muti, Ornella. Actress. b. 1955. RN: Francesca Rivelli. *La moglie più bella* (69), *Un posto ideale per uccidere* (70), *Sole nella polvere* (71), *Un solo grande amore* (72), *Le monache di sant'Arcangelo* (72), *Fiorina la vacca* (72), *Cronache di altri tempi* (73), *L'altra faccia del padrino* (73), *Amore e morte* (73), *Paolo il caldo* (73), *Tutti figli di "Mammasantissima"* (73), *La seduzione* (73), *Romanzo popolare* (74), *Appassionata* (74), *Esperienze prematrimoniali* (74), *Dio mio, come sono caduta in basso!* (74), *Leonor* (75), *Come una rosa al naso* (75), *L'ultima donna* (75), *La stanza del vescovo* (76), *L'Agnese va a morire* (77), *L'amante adolescente* (77), *La signora degli orrori* (77), *I nuovi mostri* (77), *Ritratto di borghesia in nero* (78), *Morte di una carogna* (78), *Eutanasia di un amore* (78), *Primo amore* (78), *Giallo napoletano* (78), *Il bisbetico domato* (80), *La vita è bella* (80), *Flash Gordon* (81 U.S.), *Storie di ordinaria follia* (81), *Innamorato pazzo* (81), *La ragazza di Trieste* (82), *Nessuno è perfetto* (82), *Love and Money* (82 U.S.), *Bonnie e Clyde all'italiana* (83), *Il futuro è donna* (83), *Un povero ricco* (83), *Un Amour de Swann* (83 France), *Tutta colpa del paradiso* (86), *Grandi magazzini* (86), *Cronaca di una morte annunciata* (87), *Stregati* (87), *Io e mia sorella* (88), *Codice privato* (88), *La Femme de mes amours* (88 France), *L'Envol du moineau* (88 France), *Il frullo del passero* (89), *'O re* (89), *Il viaggio di capitan Fracassa* (90), *Stasera a casa di Alice* (91).

3203. Nadal, Michèle. French actress. b. Saigon, Indochina. *Napoleone Buonaparte* (54), *La bella Otero* (54), *Margherita della notte* (55), *Eliana e gli uomini* (56).

3204. Nader, George. U.S. actor. b. Oct. 9, 1921, Pasadena, Calif. *Il colpo segreto di d'Artagnan* (60).

Naesso, José G. *see* **Maesso**

3205. Naismith, Laurence. U.K. actor. b. Dec. 14, 1908, Thames Ditton, Surrey. RN: Lawrence Johnson. *La tempesta* (58), *L'affondamento della "Valiant"* (61).

3206. Nakadai, Tatsuya. Japanese actor. b. 1930, Tokyo. *Oggi a me, domani a te* (68).

3207. Nakamura, Satoshi. Japanese actor. *Sole rosso* (71).

3208. Nalder, Reggie. Austrian actor. *Il giorno e l'ora* (63), *Casanova e compagnia* (76).

3209. Naldi, Neda. Actress. b. Jan. 30, 1915, Tramutola. RN: Italia Volpiani. AKA: Talia Volpiani. *Fuochi d'artificio* (38), *I figli del marchese Lucera* (39), *L'ospite di una notte* (39), *Leggenda azzurra* (40), *Il cavaliere senza nome* (40), *Una notte dopo l'opera* (41), *Vietato ai minorenni* (43), *Lacrime di sangue* (44), *Solo per te, Lucia* (52 co-story).

3210. Naldini, Nico. Director. *Fascista* (76 doc).

3211. Namath, Joe. Actor. b. May 31, 1943, beaver Falls, Pa. Former New York Jets football star. *L'ultimo pistolero* (71).

3212. Nancey, Michèle. French actress. b. July 10, 1934, Ivry-sur-Seine. *I sette peccati capitali* (52), *Quando le donne amano* (52).

3213. Nannuzzi, Armando. Director of photography. b. Sept. 21, 1925, Roma. Has also directed. *Fuga in Francia* (48 co-ph), *Due soldi di speranza* (51 co-ph), *Lo svitato* (55 lighting d), *La donna del giorno* (56), *La finestra sul Luna Park* (57), *Giovani mariti* (57), *Agguato a Tangeri* (57 co-ph), *Mariti in città* (57), *Mogli pericolose* (58), *Tre straniere a Roma* (58), *Tutti innamorati* (58), *La notte brava* (59), *Tunisi top secret* (59), *Il bell'Antonio* (60), *Adua e le compagne* (60), *Il brigante* (61), *Boccaccio 70* (61 the episode "Renzo e Luciana"), *Senilità* (61), *Il mafioso* (62), *La visita* (62), *La parmigiana* (63), *Il magnifico cornuto* (64), *La fuga* (65), *Io la conoscevo bene* (65), *Il compagno don Camillo* (65), *Vaghe stelle dell'Orsa* (65 co-ph), *Svegliati e uccidi* (66), *Incompreso* (67), *Il padre di famiglia* (67), *Italian Secret Service* (67), *La caduta degli dei* (68), *Un bellissimo novembre* (69), *Porcile* (69 co-ph), *Io non scappo...fuggo* (70), *Waterloo* (70), *Per grazia ricevuta* (71), *Domani passo a salutare la tua vedova...parola di Epidemia* (72 co-ph), *Ludwig* (73), *Io e lui* (73), *Valdez il mezzosangue* (73), *Il mio nome è Nessuno* (73 co-ph), *Storia di una monaca di clausura* (74), *Appassionata* (74), *Milarepa* (74), *Quelle strane occasioni* (76 co-ph), *Gran bollito* (76), *Natale in casa di appuntamento* (76 d), *Gesù di Nazaret* (77 TV), *Al di là del bene e del male* (77), *La signora degli orrori* (77), *Il malato immaginario* (78), *Ritratto di borghesia in nero* (78), *Letti selvaggi* (78 co-ph), *Ragione di stato* (78), *Il vizietto* (79), *Il lupo e l'agnello* (80), *Il vizietto II* (80), *La pelle* (81), *L'isola del gabbiano* (81), *La notte di Varennes* (82), *Pronto...Lucia* (82), *Nanà* (82), *Occhei, occhei* (83), *Zampognaro innamorato* (83), *Io e il Duce* (83), *Dagobert* (84), *Pianoforte* (84), *Il diavolo sulle colline* (85), *Liberté, égalité, choucroute* (85 France), *Il giorno prima* (87), *Gli occhiali d'oro* (87), *I Love N.Y.* (87 U.S.), *La bohème* (88), *Buon Natale, Buon Anno* (90), *L'avaro* (90).

3214. Napierkowska, Stacia. French actress. b. Dec. 16, 1886, Paris. *Lo stratagemma di Stacia* (15), *Cuore e cuori* (15), *Il fantasma della felicità* (15), *Un'immagine e due anime* (15), *Il ritorno della mamma* (15), *Dementiae Caligulae imperatoris* (15), *Effetti di luce* (16), *La danzatrice di Pompei* (16).

3215. Napolitano, Gian Gaspare. Cowriter. b. April 30, 1907, Palermo. *Passaporto rosso* (35 also story), *Ho perduto mio marito* (36 w), *Sentinelle di bronzo* (37), *Los novios de la muerte* (38 Spain doc story), *L'uomo della legione* (40), *Il cavaliere di Kruja* (40), *Giarabub* (42), *Il Trovatore* (47), *Tre passi al nord* (50 also story), *Lettera dall'Africa* (51 doc wrote commentary/e), *Magia verde* (52 doc d/wrote commentary/general organizer), *Sesto continente* (53 doc wrote commentary/e), *Noi cannibali* (53), *Tam Tam Mayumbe* (55 co-d/co-w), *Impero del sole* (55 doc wrote commentary), *Guerra e pace* (56), *La grande barriera* (57 doc wrote commentary), *Paradiso terrestre* (59 doc wrote commentary). Aside from all his other filmic activities, he was also the author of Italian versions of numerous foreign films, just a few of which were Olivier's *Hamlet*, Welles' *Macbeth* and *Othello*, and Lean's *Brief Encounter* and *Great Expectations*.

3216. Nardi, Tonino. Director of photography. AKA: Antonio Nardi. *La città del sole* (73), *Irene Irene* (76), *Il gabbiano* (77), *Il cinema secondo Bertolucci* (77 doc), *Una donna di seconda mano* (77), *Affinità elettive* (78), *Buone notizie* (79), *L'altra donna* (80), *Castelporziano, Ostia dei poeti* (81 doc), *La macchina cinema* (81 doc), *Colpire al cuore* (82), *Io con te non ci sto più* (83), *L'isola* (83), *Il principe di Homburg* (83), *Western di cose nostre* (83), *Il mistero del Morca* (84), *Piccoli fuochi* (85), *Tutta colpa del paradiso* (86), *I picari* (86), *Regina* (87), *Nosferatu a Venezia* (88), *Domino* (89), *Porte aperte* (90), *Dicembre* (90), *La settimana della sfinge* (90).

3217. Narizzano, Silvio. Canadian director. b. Feb. 8, 1927, Montreal. *Sotto dieci bandiere* (60 co-d), *Senza ragione* (72).

3218. Nascimbene, Mario. Composer. b. Nov. 28, 1916, Milano. *L'amore canta* (41), *Se io fossi onesto* (42), *Fantasmi del mare* (48), *Capitan Demonio* (49), *È l'amor che mi rovina* (51), *O.K. Nerone* (51), *Roma, ore 11* (51), *Amor non ho! Però...però* (51), *Vacanze col gangster* (51), *Le avventure di Mandrin* (52), *Il sogno di Zorro* (52), *Cronaca di un delitto* (52), *Il viale della speranza* (53), *Amore in città* (53 co-composer), *L'età dell'amore* (53), *Il letto* (53 the episodes "Il divorzio" and "Il letto della Pompadour"), *Prima di sera* (53), *Cento anni d'amore* (53 co-composer), *La* *valigia dei sogni* (53), *La contessa scalza* (54), *Ballata tragica* (54), *Scuola elementare* (54), *Operazione Notte* (55), *Alexander the Great* (55 U.S.), *Child in the House* (56 U.K.), *Uomini e lupi* (56), *Parola di ladro* (57), *That Night* (57 U.K.), *Amore e chiacchiere* (57), *A Farewell to Arms* (57 U.S.), *The Quiet American* (57 U.K.), *L'ultima violenza* (57), *The Vikings* (58 U.S.), *L'estate violenta* (59), *Room at the Top* (59 U.K.), *Morte di un amico* (59), *Subway in the Sky* (59 U.K.), *La ragazza con la valigia* (60), *Solomon and Sheba* (59 U.S.), *Cartagine in fiamme* (59), *Sons and Lovers* (60 U.S.), *Le baccanti* (60), *La garçonnière* (60), *Giuseppe venduto dai fratelli* (60), *Costantino il grande: in hoc signo* (60), *Barabba* (61), *I mongoli* (61), *Romanoff and Juliet* (61 U.S.), *Scent of Mystery* (60 U.S.), *Francis of Assisi* (61 U.S.), *Jessica* (62), *Il processo di Verona* (62), *Il disordine* (62), *The Happy Thieves* (62 U.K.), *Light in the Piazza* (62 U.S.), *Where the Spies Are* (65 U.K.), *Le soldatesse* (65), *Gli uomini dal passo pesante* (66), *One Million Years B.C.* (66 U.K.), *Se tutte le donne del mondo* (66), *Pronto...c'è una certa Giuliana per te* (67), *Doctor Faustus* (67 U.K.), *Summit* (68), *The Vengeance of She* (68 U.K.), *Commandos* (68), *Atti degli apostoli* (68 TV 5 episodes), *When Dinosaurs Ruled the Earth* (70 U.K.), *Gradiva* (70), *Socrate* (70), *Creatures the World Forgot* (71 U.K.), *Blaise Pascal* (71 TV), *La prima notte di quiete* (72), *Le avventure di Enea* (74), *Anno uno* (74), *Il Messia* (75), *Storia d'amore e d'amicizia* (82).

3219. Nassiet, Henri. French actor. b. Feb. 24, 1895, Bègles. d. 1977. *Il fiacre n. 13* (47), *Il visconte di Bragelonne* (54), *Fuga nel sole* (56), *Gli amanti di domani* (56), *Michele Strogoff* (56).

3220. Nat, Lucien. French actor. *Siamo tutti assassini* (52), *Versailles* (53), *Fascicolo nero* (55).

3221. Nat, Marie-José. Corsican actress. b. April 20, 1940, Bonifacio. In Paris since 1955. *I sette peccati capitali* (62), *La disubbidienza* (81).

3222. Natan, Émile. French producer. b. May 6, 1900, Jassy, Rumania. Emigrated to France in 1927. *La bella Otero* (54), *Michele Strogoff* (56).

3223. Natteau, Jacques. French director of photography. *L'uomo e il diavolo* (54 co-ph), *Tam Tam Mayumbe* (55 co-ph), *Margherita della notte* (55), *Colui che deve morire* (57), *La ragazza del peccato* (57).

3224. Naughton, David. U.S. actor. b. Feb. 13, 1951, Hartford, Conn. *Ti presento un'amica* (88).

3225. Nava, Le sorelle. The three Nava sisters were Diana (RN: Assunta), Pinuccia (RN: Giuseppina), and Lisetta (RN: Luisa. b. 1929, Cannero, on Lago Maggiore). They were the daughters of Giuseppe Ciocca. The trio blazed across the scene with their stage shows "Davanti a lui tre Nava tutta Roma" (for the in-joke see the film *Avanti a lui tremava tutta Roma*) and "Casanova in Casa Nava." Only Pinuccia went on as an actress, creating the TV character of Scaramacai, and heading a musical comedy stage company. A younger sister, Tonini Nava, later headed a review company, Bataclan. Their movies include: *Mio figlio professore* (46 all three sisters), *Arrivano i nostri* (51 only Lisetta), *Assi alla ribalta* (54 all three sisters).

3226. Navarre, Armande. French actress. *L'uomo dall'impermeabile* (57), *Le tentazioni quotidiane* (62).

3227. Navarrini, Nuto. Actor. b. Aug. 15, 1901, Milano. *Dieci minuti di vita* (43 this film was finally released in 44 as *Vivere ancora*), *Ogni giorno è domenica* (44), *I due sergenti* (51), *Ivan, il figlio del diavolo bianco* (54), *Susanna tutta panna* (57), *La zia d'America va a sciare* (57), *Fantasmi e ladri* (59).

3228. Navarro, Nieves. Actress. AKA: Susan Scott. *Una pistola per Ringo* (65), *Il ritorno di Ringo* (65), *La resa dei conti* (66), *El Rojo* (66), *I lunghi giorni della vendetta* (68), *Indio Black: sai che ti dico...sei un gran figlio di...* (70), *Una nuvola di polvere...un grido di morte...arriva Sartana* (71), *Strana orchidea con cinque gocce di sangue* (72), *Hai sbagliato, dovete uccidermi subito!* (72), *Emanuelle e gli ultimi cannibali* (77).

3229. Nazzari, Amedeo. Actor. b. Dec. 10, 1907, Cagliari. d. Nov. 7, 1979, Roma. RN: Salvatore Amedeo Buffa. *Ginevra degli Almieri* (35), *Cavalleria* (36), *La fossa degli angeli* (37), *I fratelli Castiglioni* (37), *Il conte di Brèchard* (37), *Fuochi d'artificio* (38), *Luciano Serra pilota* (38), *La casa del peccato* (38), *Montevergine* (39),

Assenza ingiustificata (39), *La notte delle beffe* (39), *Cose d'altro mondo* (39), *È sbarcato un marinaio* (40), *Centomila dollari* (40), *L'uomo del romanzo* (40), *Dopo divorzieremo* (40), *Oltre l'amore* (40), *Scarpe grosse* (40), *Caravaggio, il pittore maledetto* (40), *Il cavaliere senza nome* (40), *Sancta Maria* (41), *L'ultimo ballo* (41), *I mariti* (41), *Scampolo* (41), *La cena delle beffe* (41), *Villa da vendere* (42), *Fedora* (42), *La bisbetica domata* (42), *Bengasi* (42), *Giorni felici* (42), *La bella addormentata* (42), *Ninna nanna, papà sta in guerra* (42 short), *Il romanzo di un giovane povero* (42), *Harlem* (42), *Quelli della montagna* (43), *L'invasore* (43), *La donna della montagna* (43), *Apparizione* (43), *Grazia* (43 unfinished), *I dieci comandamenti* (45 started in 43), *Un giorno nella vita* (46), *Il bandito* (46), *Il cavaliere del sogno* (46), *Malacarne* (46), *Quando gli angeli dormono* (47), *Fatalità* (47), *Conflicto inesperado* (47 Spain), *La figlia del capitano* (47), *Don Juan de Serralonga* (48 Spain), *Catene* (49), *Il lupo della Sila* (49), *Barriera a settentrione* (49), *Amori e veleni* (49), *Il vedovo allegro* (49), *Alina* (50), *Il brigante Musolino* (50), *Tormento* (50), *Donne e briganti* (50), *Lebbra bianca* (50), *I figli di nessuno* (51), *Volver a la vida* (51 Argentina), *Il tradimento* (51), *Ultimo incontro* (51), *Sensualità* (51), *Altri tempi* (51 the episode "La morsa"), *Romanticismo* (51), *Il brigante di Tacca del Lupo* (52), *Processo alla città* (52), *La fiammata* (52), *Il mondo le condanna* (52), *Chi è senza peccato* (52), *Siamo tutti assassini* (52), *Ti ho sempre amato* (53), *Un marito per Anna Zaccheo* (53), *L'eroe della Vandea* (53), *Pietà per chi cade* (53), *Torna!* (54), *Appassionatamente* (54), *Proibito* (55), *L'angelo bianco* (55), *L'intrusa* (55), *L'ultimo amante* (55), *La puerta abierta* (56 Spain), *Le notti di Cabiria* (56), *La morte ha viaggiato con me* (57), *Il cielo brucia* (57), *Malinconico autunno* (58), *Anna di Brooklyn* (58), *La maja desnuda* (58), *Il raccomandato di ferro* (59), *Policarpo, ufficiale di scrittura* (59 brief appearance), *Carmen de la ronda* (59 Spain), *La contessa azzurra* (59), *Il mondo dei miracoli* (59), *Cartagine in fiamme* (59), *Labyrinth* (59 Germany), *Treno di Natale* (60), *Nefertite, regina del Nilo* (60), *I fratelli corsi* (61), *I due nemici* (61), *Antinea, l'amante della città sepolta* (61), *La leggenda di Fra Diavolo* (62), *Le monachine* (63), *Il gaucho* (64), *Frenesia d'estate* (64), *Giulietta degli spiriti* (65), *Il papavero è anche un fiore* (66), *A bajo espera la muerte* (66 Spain), *Il clan dei siciliani* (69), *Joe Valachi—i segreti di Cosa Nostra* (72), *Nina* (76).

3230. Neal, Patricia. U.S. actress. b. Jan. 20, 1926, Packard, Ky. *La tua donna* (54).

3231. Nebiolo, Carlo. Director of photography. b. Nov. 18, 1911, Asti. *Tre fratelli in gamba* (38), *Traversata nera* (39 co-ph), *Piccolo mondo antico* (40 2nd camera), *Giungla* (41), *La prima donna* (42 co-ph), *Giacomo l'idealista* (42), *Inviati speciali* (43), *I nostri sogni* (43), *La locandiera* (43), *La freccia nel fianco* (43 co-ph), *Peccatori* (44 co-ph), *Un fatto di cronaca* (44), *Ogni giorno è domenica* (44), *Sinfonia italica* (47 doc), *Faddijah* (50), *La scogliera del peccato* (50 co-ph), *Terra senza tempo* (50), *Carne inquieta* (52 co-ph), *Pentimento* (52), *La figlia del forzato* (53), *Maddalena* (53 co-ph), *Giuramento d'amore* (54), *Ci sposeremo a Capri* (56), *La trovatella di Pompei* (57), *Sigfrido* (57 co-ph), *Le italiane e l'amore* (61 the episode "Il matrimonio assurdo").

3232. Nee, Louis. French director of-photography. *Il nemico pubblico n. 1* (53 co-ph), *Versailles* (53 co-ph), *Napoleone Buonaparte* (54 co-ph).

3233. Neff, Hildegarde. German actress. b. Dec. 28, 1925, Ulm. RN: Hildegarde Knef. *La strada dei giganti* (60), *Ipnosi* (62), *Caterina di Russia* (63), *Fedora* (78), *Witchery* (89).

3234. Negri, Angelo. Director. *Questo nostro mondo* (58 co-d).

3235. Negri, Mario. Director. b. June 28, 1890, Napoli. *La piovra* (18 co-d), *Ultimo grido* (19 also * / story), *Crisalide* (19 also story), *Piccola poupée* (19), *Carcere* (20), *Cuore napolitano* (21), *La leggenda del Piave* (22), *Reginella* (23), *Napoli è sempre Napoli* (24), *Canzone di giovinezza* (26).

3236. Negri-Pouget, Fernanda. Actress. b. Roma. Wife of French actor Armand Pouget. *L'innocente* (11), *Il critico* (12), *Gyp.* (12), *La legge del compenso* (13), *La lampada della nonna* (13), *Gli ultimi giorni di Pompei* (13), *L'uomo giallo* (13), *Cenerentola* (13), *I soldatini del re di Roma*

(14), *Il dottor Antonio* (14), *La rivelazione dello scemo* (14), *Pace, mio Dio!* (14), *Pagliaccetto* (15), *Mio figlio* (15), *La mamma bella* (15), *Il fiacre n. 13* (16), *Il sopravvissuto* (16), *Serenata* (16), *Lucciola* (16), *Maschiaccio* (17), *L'asino di Buridano* (17), *Gyp.* (18), *Miss Fluffy Ruffles* (18), *L'idiota* (18), *La selce e l'acciaio* (19), *Bambola infranta* (19), *Le avventure di Bijou* (19), *La pecorella* (20), *Ma non è una cosa seria* (20), *L'altra razza* (20), *Provincialina* (20), *I tre sorrisi di una monella* (20), *Le perle di Cleopatra* (20), *Di notte all'aria aperta* (22).

3237. Negroni, Baldassare. Director. b. Jan. 21, 1877, Roma. d. 1948, Roma. From a noble family, he himself was a count. Married Hesperia in 1923. *Primo bisticcio* (12), *Il papagallo della zia Berta* (12 co-d), *Lagrime e sorrisi* (12), *Idillio tragico* (12), *La gloria* (13), *Le due sorelle* (13), *La maestrina* (13), *Tramonto* (13), *L'arma dei vigliacchi* (13), *In faccia al destino* (13), *La tutela* (13), *Terra promessa* (13), *L'avvoltoio nero* (13), *L'anima del demi-monde* (13), *La madre* (13), *L'arrivista* (13), *La bufera* (13), *L'ultima carta* (13), *La vigilia di Natale* (13), *Per la sua gioia* (13), *L'histoire d'un pierrot* (13), *Zuma* (13), *La maschera dell'onestà* (14), *Amore veglia* (14), *L'ereditiera* (14), *La felicità degli altri* (14), *Nel nido straniero* (14), *Il portafoglio rosso* (14), *Il rapimento di Miss Hélène* (14), *Passa la guerra* (14), *Il re dell'Atlantico* (14), *L'ostacolo* (15), *La bevitrice d'etere* (15), *Fiamme nell'ombra* (15), *La fioraia di Como* (15), *Il motore 13 HP* (15), *L'ultima battagalia* (15), *Rugiada di sangue* (15), *Marcella* (15), *La signora dalle camelie* (15 co-d), *La cuccagna* (15), *Il mistero di una notte di primavera* (15), *Alla capitale* (15), *Potere temporale* (15 co-d), *Jou-jou* (16), *La donna di cuori* (16), *Caccia ai milioni* (16), *La morsa* (16 co-d), *La principessa di Bagdad* (17), *Gli orrori della guerra* (17), *L'aigrette* (17), *La donna abbandonata* (17), *Bimbi lontani* (17), *La via delle luci* (17), *Il volto del passato* (18), *Camere separate* (18 co-d), *Madame Flirt* (18), *La fibra del dolore* (19), *Vertigine* (19), *La vita senza scopo* (19), *La bella Madame Hébert* (19), *La signora senza pace* (19), *Le gioie della famiglia* (19), *Chimere* (19), *L'altro pericolo* (20), *Un punto nero* (20 supervision), *Germoglio* (20 co-d), *Madame Sans-gêne* (21), *Il figlio di Madame Sans-gêne* (21), *La danzatrice russa* (22), *La locanda delle ombre* (23 co-d), *Il velo di una colpa* (23), *Beatrice Cenci* (26), *Il vetturale del Moncenisio* (28), *Gli ultimi zar* (28), *Giuditta e Oloferne* (28), *Serenata tzigana* (29 short), *Due cuori felici* (32), *L'ambasciatore* (36 also p), *Arma bianca* (36 supervising director/p).

Negroni, Olga *see* **Hesperia**

3238. Negulesco, Jean. Rumanian director. b. Feb. 26, 1900, Craiova. In the U.S.A. since 1927. *Jessica* (62 also p).

3239. Nell, Krista. French actress. *Kitosch, l'uomo che veniva dal nord* (67), *Uno di più all'inferno* (68), *Un corpo caldo per l'inferno* (68), *Arrivano Django e Sartana... è la fine* (70), *Sei iettato, amico... hai incontrato Sacramento* (70), *Rivelazioni di un maniaco sessuale al capo della squadra mobile* (71), *La colt era il suo dio* (72), *Quelle sporche anime dannate* (72).

3240. Nelli, Piero. Director. b. 1926, Pisa. *Riso amaro* (48 asst d), *Non c'è pace tra gli ulivi* (49 asst d), *Cavatori di marmo* (50 doc), *Patto d'amicizia* (51 doc), *Vecchio regno* (52 doc), *La montagna muore* (52 doc), *Crepuscolo di un mondo* (53 doc), *La pattuglia sperduta* (53 also co-w/story), *Gioco del ponte* (55 doc), *Vita di Chioggia* (56 doc), *Campioni di domani* (57 doc), *La valle dell'inferno* (58 doc), *Le italiane e l'amore* (61 the episodes "La sfregiata" and "Il prezzo dell'amore").

3241. Nelson, Burt. Actor. *La rivolta degli schiavi* (60), *Barabba* (61), *I pascoli rossi* (63).

3242. Nepoti, Alberto. Actor. b. Piemonte. Also directed several movies. *Otello* (09), *La signora dalle camelie* (09), *Carmen* (09), *L'errore* (12 d), *Il cadavere vivente* (13), *Giovanna d'Arco* (13), *Il focolare domestico* (13 d), *La grande audacia* (13 d), *L'inutile delitto* (13 d), *Salomè* (13 also d), *Satanella* (13 also d), *Il fornaretto di Venezia* (13), *Il grande veleno* (15), *Tigre reale* (16), *La trilogia di Dorina* (17), *La moglie di Claudio* (18), *Il matrimonio di Olimpia* (18), *La cugina* (19), *Friquet* (19), *I figli di nessuno* (20), *Marcella* (20), *Scrollina* (21).

3243. Neri, Rosalba. Actress. b. 1946. AKA: Sarah Bay. *Valeria, ragazza poco seria* (58), *Ester e il re* (60), *Il sepolcro dei re* (60), *Lo sceicco rosso* (62), *Ercole contro Moloch* (63), *Coriolano, eroe senza patria* (63), *Il leone di Tebe* (64), *Gli invincibili* *tre* (64), *La valle dell'eco tonante* (64), *Kindar l'invulnerabile* (64), *Le voci bianche* (64), *I grandi condottieri* (65), *Il pistolero di Arizona* (66), *Johnny Yuma* (66), *Dinamite Jim* (66), *Con la morte alle spalle* (67), *I giorni della violenza* (67), *Monta in sella, figlio di...* (67), *Los jueces de la biblia* (67 Spain), *Feuer frei auf Frankie* (67 Germany), *Sartana non perdona* (68), *Killer adios* (68), *Niente rose per OSS 117* (68), *Per 50.000 maledetti dollari* (68), *Typhon sur Hambourg* (68 France), *Il castello di Fu Manchu* (68), *Sensation* (68), *Le disavventure della virtù* (68), *Vivo per la tua morte* (68), *I lunghi giorni dell'odio* (68), *99 mujeres* (69 Spain), *Frau Wirtin bläst auch gern Trompete* (69 Germany), *Replica di un delitto* (70), *La taglia è tua, l'uomo l'ammazzo io, El Puro* (70), *Johnny Texas* (71), *La figlia di Frankenstein* (71), *Il giorno del giudizio* (71), *Attento, gringo, è tornato Sabata* (72), *La bestia uccide a sangue freddo* (72), *Il plenilunio delle vergini* (73), *The Arena* (73 U.S.), *Sentivano uno strano, eccitante, pericoloso puzzo di dollari* (73), *Lo chiamavano Tressette...giocava sempre colla morte* (73), *Arizona Colt si scatena, e li fece fuori tutti* (73), *Dieci bianchi uccisi da un piccolo indiano* (74), *Cugini carnali* (76).

3244. Nero, Franco. Actor. b. 1942. RN: Franco Spartanero. *La celestina P... R...* (64), *Io la conoscevo bene* (65), *I diafanoidi portano la morte* (65), *I criminali della galassia* (65), *Il terzo occhio* (65), *Tecnica di un omicidio* (66), *Tempo di massacro* (66), *Gli uomini dal passo pesante* (66), *La bibbia* (66), *Texas addio* (66), *Django* (66), *La morte viene dal pianeta 18* (67), *L'uomo, l'orgoglio, la vendetta* (67), *Camelot* (67 U.S.), *Un tranquillo posto di campagna* (68), *Il mercenario* (68), *Il giorno della civetta* (68), *Sequestro di persona* (68), *Un detective, macchie di belletto* (68), *Dio è con noi* (69), *The Virgin and the Gypsy* (70 U.K.), *Tristana* (70), *Vamos a matar, compañeros* (70), *Battle of Neretva* (70 Yugoslavia), *Una giornata nera per l'Ariete* (70), *Confessione di un commissario di polizia al procuratore della repubblica* (71), *La vacanza* (71), *Viva la muerte...tua* (72 Spain), *Senza ragione* (72), *Il monaco* (72), *Pope Joan* (72 France), *Zanna Bianca* (72), *L'istruttoria è chiusa: dimentichi* (72), *La polizia incrimina: la legge assolve* (73), *Il delitto Matteotti* (73), *Punto e Capo* (73), *Il cittadino si ribella* (73), *I guappi* (73), *Il ritorno di Zanna Bianca* (74), *Mussolini: ultimo atto* (74), *Corruzione al palazzo di giustizia* (74), *I quattro dell'apocalisse* (75), *Un attimo di vita* (75), *L'ispettore* (75), *Cipolla Colt* (75), *Scandalo* (75), *Keoma* (75), *Perchè si uccide un magistrato* (75), *Legend of Valentino* (75 U.S. TV), *Gente di rispetto* (75), *Profezia per un delitto* (75), *Autostop rosso sangue* (76), *Marcia trionfale* (76), *21 Hours at Munich* (76 U.S. TV), *Sahara Cross* (77), *Force 10 from Navarone* (78 U.K.), *The Pirate* (78 U.S. TV), *Il grande respiro* (79), *Un dramma borghese* (79), *The Man With Bogart's Face* (79 U.S.), *Le rose di Danzica* (79), *Il visitatore* (80), *The Salamander* (80 U.K.), *Il giorno del cobra* (80), *I contrabbandieri* (80), *I cacciatori di squali* (80), *Il bandito dagli occhi azzurri* (80), *Enter the Ninja* (81 U.S.), *Dieci giorni che sconvolsero il mondo* (82), *Querelle* (82 Germany), *Grog* (82), *Kamikaze 89* (82), *Wagner* (82 U.S.), *Il fioretto* (82), *Der Bauer von Babylon* (83 Germany), *Der Falke* (83 Germany), *Die Forstenbuben* (83 Germany), *The Last Days of Pompeii* (84 U.S. TV), *Il pentito* (85), *The Girl* (86 U.S.), *Garibaldi* (86), *Sweet Country* (87 U.S.), *Un altare per la madre* (87), *Il ritorno di Django* (87), *Silent Night* (88), *Il giovane Toscanini* (88), *Die Hard 2: Die Harder* (90 U.S.), *Diceria dell'untore* (90 also p).

3245. Neroni, Nicola Fausto. Director. b. Dec. 12, 1896, Roma. *La cugina d'Alcantara* (20 also story), *Maratona* (28 co-d / co-w / story), *Terra d'incanti* (30), *Venere* (31), *Una notte dopo l'opera* (41 co-d), *Abbasso la ricchezza* (46 co-w).

3246. Nesbitt, Derren. U.K. actor. b. 1935. AKA: Derry Nesbitt. *Quei temerari sulle loro pazze scatenate scalcinate carriole* (69).

3247. Neufeld, Max. Austrian director. b. Feb. 3, 1887, Guntersdorf. AKA: Massimiliano Neufeld. *La canzone del sole* (33), *La casa del peccato* (38), *Mille lire al mese* (38), *Ballo al castello* (39), *Assenza ingiustificata* (39), *La taverna rossa* (39), *Fortuna* (40), *Cento lettere d'amore* (40), *La prima donna che passa* (40), *La canzone rubata* (40), *Buongiorno, Madrid!* (42 co-d), *Un uomo ritorna* (46), *Il tiranno di Padova* (46), *Licenza premio* (51), *Abracadabra* (52).

3248. Neville, Edgar. Spanish director. b. Dec. 28, 1899, Madrid. d. April 26, 1967, Madrid. AKA: The Count of Berlanga de Duero. Best known as an author and playwright. *Carmen fra i rossi* (39), *Sancta Maria* (41).

3249. Nevola, Edoardo. Actor. b. Feb. 23, 1948, Roma. *Il ferroviere* (56), *Guardia, guardia scelta, brigadiere e maresciallo* (56), *Il maestro* (57), *Il cocco di mamma* (57), *L'uomo di paglia* (58), *L'uomo dai calzoni corti* (58), *La 100 km* (59), *Il mondo nella mia tasca* (60), *Il gladiatore invincibile* (62), *La noia* (64).

3250. Newell, Patrick. U.K. actor. b. March 27, 1932, Hadleigh, Suffolk. *I racconti di Canterbury* (71).

Newman, Raoul *see* **Raho, Umberto**

3251. Newmar, Julie. U.S. actress. b. Aug. 16, 1935, Los Angeles, Calif. RN: Julie Newmeyer. *Dieci bianchi uccisi da un piccolo indiano* (74).

Newton, Peter *see* **D'Amato, Joe**

3252. Ney, Dominique. French actress. b. Aug. 23, 1933, Virton, Belgium. *Le spie* (57).

3253. Ney, Richard. U.S. actor. b. Nov. 12, 1916, N.Y.C. *Miss Italia* (49).

3254. Nicaud, Philippe. French actor. b. June 27, 1925, Paris. *La prima notte* (58), *Il magnifico cornuto* (64), *L'isola misteriosa e il capitano Nemo* (73), *Zitto quando parli* (81), *La cage aux folles 3* (84 co-w).

3255. Nichetti, Maurizio. Director/writer/actor. b. 1948. *Allegro non troppo* (77), *Ratataplan* (79), *Ho fatto splash!* (80), *Domani si balla* (82), *Bertoldo, Bertoldino e Cacasenno* (83 co-d/co-w/*), *I paladini, storia d'armi e d'amori* (83), *Il bi e il ba* (86 d/co-w), *Sono un fenomeno paranormale* (86 *), *Ladri di saponette* (89 d/co-w/*), *Volere volare* (91 co-d/co-w/*).

3256. Nichols, Barbara. U.S. actress. b. Dec. 30, 1929, Long Island, N.Y. d. Oct. 5, 1976, Hollywood, Calif. *Sette uomini e un cervello* (68).

3257. Nichols, Fajda. U.S. actress. AKA: Faida Nichols, or Nicols. *Cuore matto... matta da legare* (67), *Roma come Chicago* (68), *Dalle Ardenne all'inferno* (68).

Nichols, Leo *see* **Morricone, Ennio**

3258. Nicholson, Jack. U.S. actor. b. April 22, 1937, Neptune, N.J. *Professione: reporter* (75).

3259. Nicodemi, Aldo. Actor. b. 1924, Viterbo. *I miserabili* (47), *Il cavaliere misterioso* (48), *Guglielmo Tell* (48), *Catene* (49), *Napoli, eterna canzone* (49), *Margherita da Cortona* (50), *Tormento* (50), *Quattro rose rosse* (51), *L'eterna catena* (51), *Malavita* (51), *Chi è senza peccato* (52), *Cuore forestiero* (52).

3260. Nicol, Alex. U.S. actor. b. Jan. 20, 1919, Ossining, N.Y. *Jovanka e le altre* (59), *Tutti a casa* (60), *Sotto dieci bandiere* (60), *Via Margutta* (60), *Il gobbo* (60), *Cavalco e uccidi* (64).

3261. Nicolai, Bruno. Composer. Trained with Morricone, with whom he often worked as musical director. The exact contribution of each man to certain film scores has long been a subject of dispute. His many movies as composer include (however, where he was musical director, this is indicated with "m d" in parentheses): *Giulietta e Romeo* (64 m d), *Per qualche dollaro in più* (65 m d), *Kiss Kiss Bang Bang* (65), *Il buono, il brutto, il cattivo* (66 m d), *Il pelo nel mondo* (66 m d), *La resa dei conti* (66 m d), *Django spara per primo* (66), *El Cisco* (66), *100.000 dollari per Ringo* (66), *Don Giovanni in Sicilia* (67 m d), *O.K. Connery* (67 co-composer), *Corri, uomo, corri* (67), *Scusi, facciamo l'amore* (67 m d), *Giugno 44 sbarcheremo in Normandia* (68), *Dio perdona... io no* (68 m d), *L'ultimo mercenario* (68), *Teorema* (68 m d), *Il mercenario* (68 m d), *Le Tigre sort sans sa mère* (68 France), *Flashback* (68), *Roma come Chicago* (68 co-composer/m d), *Vado, vedo e sparo* (68 m d), *Le disavventure della virtù* (68), *Dalle Ardenne all'inferno* (68 m d), *Missione speciale Lady Chaplin* (68), *Ruba al prossimo tuo* (68 m d), *Metti, una sera a cena* (68 m d), *The Land Raiders* (69 U.S.), *Gentleman Jo... uccidi* (69 m d), *La battaglia del deserto* (69), *Un esercito di cinque uomini* (69 m d), *Femmine insaziabili* (69), *Il conte Dracula* (70), *Indio Black: sai che ti dico... sei un gran figlio di...* (70), *Città violenta* (70 m d), *Il trono di fuoco* (70), *Vamos a matar, compañeros* (70 m d), *L'uomo chiamato Apocalisse Joe* (70), *Anda muchacho spara* (70), *E lo chiamavano Spirito Santo* (71), *Una nuvola di polvere... un grido di morte... arriva Sartana* (71 m d), *Uomo avvisato mezzo ammazzato... parola di Spirito Santo* (71), *Gli fumavano* *le colt...lo chiamavano Camposanto* (71), *Buon funerale, amigos...paga Sartana* (71), *Dio in cielo...Arizona in terra* (72), *Mezzogiorno di fuoco per An Hao* (72), *Domani passo a salutare la tua vedova... parola di Epidemia* (72), *L'onorata famiglia (uccidere è Cosa Nostra)* (72), *Strana orchidea con cinque gocce di sangue* (72), *Arizona Colt si scatena, e li fece fuori tutti* (73), *Lo chiamavano Tressette...giocava sempre colla morte* (73), *Preda d'avvoltoi* (73), *Ci ridiamo, vera provvidenza?* (73 m d), *I corvi ti scaveranno la fossa* (73), *L'uomo in basso a destra nella fotografia* (74), *Mosè* (76 m d), *Il cappotto di astrakan* (80), *Camminacammina* (83).

3262. Nicolai, Elena. Actress. *Il boom* (63), *Il medico della mutua* (68).

3263. Nicolini, Flavio. Writer. *Deserto rosso* (64 asst d), *Saul e David* (64 co-w), *I grandi condottieri* (65 co-w).

3264. Nicolosi, Roberto. Composer. b. Nov. 16, 1914, Genova. *Sesto continente* (53 doc), *Donne sole* (55), *Lo svitato* (55), *El Alamein* (57), *La rivolta dei gladiatori* (58), *La spada e la croce* (58), *La Battaglia di Maratona* (59), *La vendetta dei barbari* (60), *Ester e il re* (60 co-composer), *Gli invasori* (61), *Taur, il re della forza bruta* (62).

Nicols, Fajda *see* **Nichols, Fajda**

3265. Nicot, Claude. French actor. b. Feb. 12, 1925, Paris. *Gli amanti di Verona* (48).

3266. Nielsen, Brigitte. Actress. *Bye Bye Baby* (89), *Domino* (89).

3267. Nieto, José. Spanish actor. b. May 3, 1902, Murcia. AKA: Joseph Morton. *Il segreto inviolabile* (39), *La mina* (58), *Ladri al chiar di luna* (58), *Pane amore e Andalusia* (59), *La rivolta degli schiavi* (60), *Il figlio di capitano Blood* (63), *L'uomo della valle maledetta* (63), *Django, killer per l'onore* (66), *I crudeli* (67), *Cervantes* (68), *Il mercenario* (68), *Sole rosso* (71).

3268. Nimier, Roger. French actor. *I vinti* (52 the French episode).

3269. Ninchi, Annibale. Actor. b. Nov. 20, 1887, Corfù. Brother of Carlo Ninchi. *Carmen* (09), *La gorgona* (14), *I pagliacci* (14), *L'ombra del sogno* (16), *La piccola fonte* (17), *Il pastor fido* (18), *Fiordalisi d'oro* (35), *Scipione l'Africano* (37), *Non c'è amore più grande* (55), *Adriana Lecouvreur* (55), *Vento del sud* (59), *La dolce vita* (60), *8½* (63), *Desideri proibiti* (63).

3270. Ninchi, Ave. Actress. b. Dec. 14, 1914, Ancona. Cousin of Annibale and Carlo Ninchi. *Canto, ma sottovoce* (44), *Circo equestre Za-Bum* (46 made in 44. Her first film), *Un uomo ritorna* (46), *Un giorno nella vita* (46), *Vivere in pace* (47), *La figlia del capitano* (47), *L'onorevole Angelina* (47), *Il delitto di Giovanni Episcopo* (47), *Anni difficili* (47), *Cuore* (48), *Natale al campo 119* (48), *Emigranti* (48), *Le mura di Malapaga* (48), *Patto col diavolo* (49), *Duello senza onore* (49), *Amori e veleni* (49), *Cavalcata d'eroi* (49), *Signorinella* (49), *I pompieri di Viggiù* (49), *Yvonne la nuit* (49), *La sposa non può attendere* (50), *Domenica d'agosto* (50), *Domani è troppo tardi* (50), *Il diavolo in convento* (50), *Sambo* (50), *Totò cerca moglie* (51), *Messalina* (51), *La famiglia Passaguai* (51), *Parigi è sempre Parigi* (51), *La famiglia Passaguai fa fortuna* (51), *Teresa* (51 U.S.), *Le ragazze di piazza di Spagna* (51), *I sette nani alla riscossa* (51), *Guardie e ladri* (51), *Bellezze a Capri* (51), *È arrivato l'accordatore* (51), *La presidentessa* (52), *Imbarco a mezzanotte* (52), *Totò e le donne* (52), *Gioventù alla sbarra* (52), *Papà diventa mamma* (52), *Serenata amara* (52), *Senza veli* (53), *Condannatelo!* (53), *La valigia dei sogni* (53), *Martin Toccaferro* (53), *La domenica della buona gente* (53), *Il matrimonio* (53), *Delirio* (54), *Canto per te* (54), *Madonna delle rose* (54), *Totò cerca pace* (54), *Napoli è sempre Napoli* (54), *I pinguini ci guardano* (54), *Aria di Parigi* (55), *La grande avventura* (55), *Il bigamo* (55), *Una pelliccia di visone* (56), *Uragano sul Po* (57), *Serenatella Sciuè Sciuè* (57), *La ballerina e buon Dio* (58), *I prepotenti* (58), *La prima notte* (58), *The Nun's Story* (58 U.S.), *Prepotenti più di prima* (59), *In pieno sole* (59), *Un mandarino per Teo* (60), *Les Bonnes Femmes* (60 France), *Maciste contro Ercole nella valle dei guai* (62), *In ginocchio da te* (64), *Non son degno di te* (65), *I ragazzi dell'hully gully* (66), *Il sole è di tutti* (68), *House of Cards* (68 U.K.), *I due assi del guantone* (71), *Il furto e l'anima del commercio* (71), *Le Souffle au coeur* (71 France), *Pulp* (72 U.S.), *Lacombe Lucien* (73 France).

3271. Ninchi, Carlo. Actor. b. May

31, 1897, Bologna. *Corte d'assise* (30), *Terra madre* (31), *La Scala* (31), *Il solitario della montagna* (31), *La Wally* (32), *Passaporto rosso* (35), *Amo te sola* (35), *Scipione l'Africano* (37), *Cavalleria rusticana* (39), *Dora Nelson* (39), *Scandalo per bene* (39), *L'uomo della legione* (40), *Lucrezia Borgia* (40), *La fanciulla di Portici* (40), *Marco Visconti* (40), *L'arcidiavolo* (41), *Il re si diverte* (41), *Il leone di Damasco* (41), *I promessi sposi* (41), *Capitan Tempesta* (41), *Turbine* (41), *Tragica notte* (42), *Giarabub* (42), *Catene invisibili* (42), *I due Foscari* (42), *Luisa Sanfelice* (42), *La morte civile* (42), *Odessa in fiamme* (42), *Stasera niente di nuovo* (42), *In due si soffre meglio* (43), *La valle del diavolo* (43), *La signora in nero* (43), *La vispa Teresa* (43), *Tutta la vita in ventiquattr'ore* (43), *Lacrime di sangue* (44), *Due lettere anonime* (44), *La porta del cielo* (45), *Il canto della vita* (45), *O sole mio* (45), *I dieci comandamenti* (45 started in 43), *Scalo merci* (46 made in 43), *Circo equestre Za-Bum* (46 made in 44), *L'adultera* (46), *L'ultimo amore* (46), *Le vie del peccato* (46), *Amanti in fuga* (46), *Il corriere di ferro* (46), *Tempesta d'anime* (46), *Il passatore* (47), *Sono io l'assassino!* (47), *La figlia del capitano* (47), *Un mese d'onestà* (47), *La primula bianca* (48), *Il corriere del re* (48), *Fabiola* (48), *L'isola di Montecristo* (48), *L'eroe della strada* (48), *Il grido della terra* (48), *I contrabbandieri del mare* (49), *Come scopersi l'America* (49), *La mano della morta* (49), *Il conte Ugolino* (49), *Capitan Demonio* (49), *Canzoni per le strade* (49), *La portatrice di pane* (50), *Napoli milionaria* (50), *Fiamme sulla laguna* (50), *Bellezze in bicicletta* (50), *Taxi di notte* (50), *Il diavolo in convento* (50), *Sangue sul sagrato* (50), *Il leone di Amalfi* (50), *Senza bandiera* (50), *La bellezza del diavolo* (50), *Le sei mogli di Barbablù* (51), *Gli amanti di Ravello* (51), *Quattro rose rosse* (51), *Messalina* (51), *Camicie rosse* (51), *Il sogno di Zorro* (52), *La prigioniera della torre del fuoco* (52), *Spartaco* (52), *Non ho paura di vivere* (52), *Una croce senza nome* (52), *La fiammata* (52), *La nemica* (52), *Don Lorenzo* (52), *Gioventù alla sbarra* (52), *Il moschettiere fantasma* (53), *Il nemico pubblico n. 1* (53), *La cavallina storna* (53), *Avant le déluge* (53 France), *Cento anni d'amore* (53), *Il medico dei pazzi* (54), *Chéri-Bibi, il forzato della Guiana* (55), *I due compari* (55), *Destinazione Piovarolo* (55), *La cortigiana di Babilonia* (55), *Ciao pais...* (56), *I miliardari* (56), *I colpevoli* (57), *Il marito* (57), *Costantino il grande: in hoc signo* (60), *La Ciociara* (61).

3272. Niven, David. Scottish actor. b. March 1, 1909, Kirriemuir. d. July 29, 1983, Château d'Oex, Switzerland. *I due nemici* (61), *La città prigioniera* (62), *La statua* (70).

3273. Nocita, Salvatore. Director. *Ligabue* (78), *Un delitto* (83).

3274. Noël, Annie. French actress. Mostly a cabaret star in Paris. *I vinti* (52 the French episode).

3275. Noël, Bernard. French actor. *Naso di cuoio* (52).

3276. Noël, Magali. French actress. b. 1932, Izmir, Turkey. RN: Magali Guiffrais. *Le grandi manovre* (55), *Eliana e gli uomini* (56), *È arrivata la parigina* (58), *Noi siamo due evasi* (59), *La dolce vita* (60), *La ragazza in vetrina* (60), *Il colpo segreto di d'Artagnan* (60), *Totò e Cleopatra* (63), *I marziani hanno dodici mani* (64), *Oltraggio al pudore* (64), *Tutte le altre ragazze lo fanno* (66), *Fellini Satyricon* (69), *Il prete sposato* (70), *Racconti proibiti... di niente vestiti* (72), *Amarcord* (73), *Paolo Barca, maestro elementare, praticamente nudista* (75), *Il tempo degli assassini* (75), *La banca di monate* (76), *Potresti essere mia figlia* (76).

3277. Noël-Noël. French actor. b. Aug. 9, 1897, Paris. d. Oct. 5, 1989, Nice. RN: Lucien Noël. *I sette peccati capitali* (52 the episode "Pigrizia" also co-w), *Jessica* (62).

3278. Noiret, Philippe. French actor. b. Oct. 1, 1931, Lille. *Zazie nel Mêtro* (61), *Il delitto non paga* (62), *Cirano e d'Artagnan* (62), *Un avventuriero a Tahiti* (66), *Sette volte donna* (67), *Il serpente* (73), *La grande buffata* (73), *Non toccate la donna bianca* (74), *Amici miei* (75), *Il deserto dei tartari* (76), *Il testimone* (78), *Due pezzi di pane* (78), *Tre fratelli* (81), *Amici miei, atto II* (82), *Hitchcock, il brivido del genio* (85 doc appeared as himself), *Speriamo che sia una femmina* (86), *La famiglia* (87), *Gli occhiali d'oro* (87), *Il giovane Toscanini* (88), *Nuovo cinema paradiso* (88), *Il frullo del passero* (89), *Dimenticare Palermo* (90).

3279. Nollier, Claude. French actor.

b. Paris. *Frutto proibito* (52), *Il mondo le condanna* (52), *Versailles* (53), *Le tentazioni quotidiane* (62).

3280. Noris, Assia. Actress. b. Feb. 26, Petrograd, Russia. RN: Anastasia Noris von Gerzfeld. Daughter of a German official and a Ukrainian mother. Educated in Nice, she married an Italian, Gaetano Assia, and came to Italy in 1929. Amato, the producer, "discovered" her. Her second husband was Mario Camerini. She later left for Egypt and quit the business. *Tre uomini in frac* (32), *Ève cherche un père* (32 France), *Et avec ça, papa...* (32 France), *La signorina dell'autobus* (32), *Giallo* (33), *Marcia nuziale* (34), *Quei due* (35), *Ma non è una cosa seria* (36), *Darò un milione* (36), *Una donna fra due mondi* (36), *L'uomo che sorride* (36), *Nina non far la stupida* (37), *Il signor Max* (37), *Allegri masnadieri* (37), *Voglio vivere con Letizia* (38), *Batticuore* (38), *La casa del peccato* (38), *Grandi magazzini* (39), *Dora Nelson* (39), *Centomila dollari* (40), *Una romantica avventura* (40), *Con le donne non si scherza* (41), *Luna di miele* (41), *Margherita fra i tre* (41), *Un colpo di pistola* (41), *Una storia d'amore* (42), *La maschera sul cuore* (42), *Le Voyageur de la Toussaint* (43 France), *Una piccola moglie* (43), *Che distinta famiglia!* (45 made in 43), *I dieci comandamenti* (45 started in 43), *Amina* (49 Egypt), *La celestina P... R...* (64).

3281. Norman, Ann. U.K. actress. b. 1948. *Blow Up* (66).

3282. Norman, Noëlle. French singer/actress. b. Jan. 7, 1921, Paris. Miss Cinema 1939. Movies include: *Il cavaliere di Kruja* (40), *Dopo divorzieremo* (40), *L'ebreo errante* (47).

Northon, Al *see* **Caltabiano, Alfio**

3283. Nostro, Nick. Director. AKA: Nick Howard. *Spartaco e i dieci gladiatori* (64 also co-w), *Il trionfo dei dieci gladiatori* (64), *Operazione Controspionaggio* (65), *Superargo contro Diabolicus* (66), *Un dollaro di fuoco* (67), *Uno dopo l'altro* (68 also co-w).

3284. Notari, Guido. Actor. b. May 10, 1893, Asti. d. Jan. 21, 1957, Roma. *Io, suo padre* (38), *Una moglie in pericolo* (39), *Piccolo hotel* (39), *La conquista dell'aria* (39), *Ballo al castello* (39), *Il sogno di Butterfly* (39), *Mare* (40), *L'assedio dell'Alcazar* (40), *Incanto di mezzanotte* (40), *Don Buonaparte* (41), *Mas* (41), *Bengasi* (42), *Signorinette* (42), *Cortocircuito* (42), *Una storia d'amore* (42), *Gente dell'aria* (42), *La casa senza tempo* (43), *Resurrezione* (43), *I dieci comandamenti* (45 started in 43), *Il fantasma della morte* (46), *Fuga nella tempesta* (47), *Dove sta Zazà* (47), *Cuore* (48), *Antonio da Padova* (49), *La rivale dell'imperatrice* (50), *Senza bandiera* (50), *I due derelitti* (51), *Il tallone di Achille* (52), *Disonorata* (54), *Elena di Troia* (56).

3285. Notari, Nicola. Director of photography. *La fuga del gatto* (14 also d), *Ritorno all'onda* (14), *Addio, mia bella, addio!* (15), *Sempre avanti, Savoia* (15), *Capriccio fatale* (15), *Carmela, sartina di Montesanto* (16), *Ciccio, il pizzaiuolo del Carmine* (16), *Gloria ai caduti* (16), *La maschera del vizio* (17), *Mondolinata a mare* (17), *Il barcaiuolo d'Amalfi* (18), *Il fantasma* (18), *Funiculì...funiculà...* (18), *Gnesella* (18), *Pusilleco Addiruso* (18), *Chiarina la modista* (19), *Gabriele il lampionaro di porto* (19), *Medea di Portamedina* (19), *'A legge* (20), *A Piedigrotta* (20), *'A mala nova* (20), *Gennariello, il figlio del galeotto* (21), *Gennariello, poliziotto* (21), *Luciella* (21), *'O munaciello* (21), *'A Santanotte* (22), *'E 'piccirella* (22), *Il miracolo della madonna di Pompei* (22), *Cor 'e frate* (23), *'O cuppe' d'a morte* (23), *Sotto San Francisco* (23), *A Marechiare 'nce sta na funesta...* (24), *'nfama* (24), *Piange Pierrot* (24), *Mettete l'avvocato* (25), *Fantasia 'e surdate* (27), *L'Italia s'è desta* (27), *Napoli, terra d'amore* (28), *Napoli, sirena della canzone* (29), *Trionfo cristiano* (30).

3286. Noto, Silvio. Actor. b. June 12, 1925, Bari. Mostly on TV. *L'eroe sono io!* (51), *Non ho paura di vivere* (52), *Io, Amleto* (52), *Canzone d'amore* (54), *Ragazzi della marina* (58), *Psicanalista per signora* (59), *La 100 km* (59).

3287. Nova, Eva. Singer/actress. b. Dec. 31, 1916, Napoli. RN: Annunziata Santoli Maccotola. *Monaca santa* (48), *Le due madonne* (49), *Destino* (51), *Pentimento* (52), *Madonna delle rose* (54), *Milanesi a Napoli* (54), *Incatenata dal destino* (55).

3288. Novarese, Nino Vittorio. Costume designer. b. 1912. Married actress Giuliana Gianni. Also co-wrote several films. *1860* (33), *L'ultima nemica* (37),

Ettore Fieramosca (38), *Terra di nessuno* (38), *Uragano ai tropici* (39), *Trappola d'amore* (39), *Incanto di mezzanotte* (40 also co-w/story), *Marco Visconti* (40), *Il re si diverte* (41), *I pagliacci* (41), *Rossini* (41), *Avanti, c'è posto* (42 asst d/grip), *Mater dolorosa* (42), *La principessa del sogno* (42 co-w/story), *Don Giovanni* (42), *Sant'Elena piccola isola* (42), *Due cuori fra le belve* (43), *Tempesta sul golfo* (43), *Le miserie del signor Travet* (45), *Furia* (46 co-w/story), *Il passatore* (47), *I miserabili* (47 co-w), *L'uomo dal guanto grigio* (48 co-w), *Il cavaliere misterioso* (48 also co-w), *Paolo e Francesca* (49 co-w), *Lo sparviero del Nilo* (49 co-w), *La mano della morta* (49 co-w), *Il falco rosso* (49 co-w), *Miss Italia* (49 co-w), *La rivale dell'imperatrice* (50), *Lorenzaccio* (51 co-w), *Messalina* (51), *Il sogno di Zorro* (52), *Le avventure di Mandrin* (52), *Cento anni d'amore* (53 co-w), *L'età dell'amore* (53), *Disperato addio* (54 co-w), *La ladra* (55 co-w/story), *Wild is the Wind* (57 U.S. story), *Nel segno di Roma* (58 also co-w), *Spartacus* (60 U.S. technical and historical adviser), *The Story of Ruth* (60 U.S. also co-w), *La regina delle amazzoni* (60 co-story).

3289. Novelli, Amleto. Actor. b. Oct. 18, 1885 (not 1881, as some biographies say), Bologna. d. April 16, 1924, Torino. *Passione di Cristo* (08), *Gabriella di Beaulieu* (09), *La nuova mammina* (09), *Il conte Ugolino* (09), *Giovanni dalle bande nere* (10), *Catilina* (10), *Giovanna la pallida* (10), *La serenata* (10), *Il moro dell'Apuxarra* (11), *La Gerusalemme liberata* (11), *La rosa di Tebe* (12), *La suonatrice ambulante* (12), *Quo vadis?* (12), *Marcantonio e Cleopatra* (13), *Scuola d'eroi* (14), *Cajus Julius Caesar* (14), *Avatar* (14), *Attenti alle spie!* (15), *Fratelli d'Italia* (15), *L'Italia s'è desta* (15), *Ivan il terribile* (15), *Marcia nuziale* (15), *L'amica* (15), *Christus* (15), *Madame Tallien* (15), *Malombra* (16), *La chiamavano Cosetta* (16), *La maschera dell'amore* (16), *Fabiola* (17), *Uragano* (17), *La Gerusalemme liberata* (18), *Il voto* (18), *La piovra* (18), *Spiritismo* (18), *Il padrone delle ferriere* (19), *Beatrice* (19), *La figlia unica* (19), *L'onore della famiglia* (19), *L'ombra* (19), *La morte civile* (19), *Il mulino* (20), *Abbandono* (20), *Zingari* (20), *La casa di vetro* (20), *La fuggitiva* (20), *Fantasia bianca* (20), *I tre amanti* (21), *La fornace* (21), *Amore rosso* (21), *La preda* (21), *Rabagas* (22), *Marthù che ha visto il diavolo* (22), *Dante nella vita dei tempi suoi* (22), *La congiura di san Marco* (22), *I Foscari* (22), *Marco Visconti* (23), *L'ombra* (23), *La piccola parrocchia* (23), *Il povero fornaretto di Venezia* (23), *Il corsaro* (23), *Scuola d'eroi* (23), *La casa dei pulcini* (24).

3290. Novelli, Enrico. Director/writer. b. June 5, 1874, Pisa. d. Dec. 30, 1943, Firenze. Son of Ermete Novelli. Author of numerous children's books under the pseudonym Yambo. *Addio felicità* (14), *La bambola di Mimma* (14 d), *L'eredità della laguna* (14), *Fiorenza mia!* (15).

3291. Novelli, Ermete. Actor. b. May 5, 1851, Lucca. d. Jan. 29, 1919, Napoli. Mostly on the stage. *Re Lear* (10), *La morte civile* (11), *Il mercante di Venezia* (11), *Il ritratto dell'amata* (11), *Michele Perrin* (13), *La gerla di papà Martin* (14), *Il più grande amore* (15), *Fiorenza mia!* (15), *Automartirio* (17), *Morte che assolve* (18).

Novelli, Gianni Vidali *see* **Vidali, Enrico**

3292. Novelli, Mario. Actor. AKA: Anthony Freeman, Tony Freeman. *Gli invincibili fratelli Maciste* (64), *Hercules and the Princess of Troy* (65 U.S. TV), *2 + 5: missione Hydra* (66), *Ballata per un pistolero* (67), *Fraülein Doktor* (68), *Due croci a Danger Pass* (68), *Un uomo un cavallo una pistola* (68), *Lo ammazzo come un cane... ma lui rideva ancora* (72), *Guernica* (72), *Le spade dei barbari* (82), *I paladini, storia d'armi e d'amori* (83), *Nostalghia* (83).

3293. Novelli, Novello. Actor. *Acquasanta Joe* (71), *Stregati* (87), *Noi uomini duri* (87), *Maramao* (87), *Willy signori e vengo da lontano* (90).

3294. Nubret, Serge. Black muscleman actor. *Arrivano i titani* (62), *Goliath e la schiava ribelle* (62), *Sette baschi rossi* (68).

3295. Nucci, Laura. Actress. b. Feb. 26, Carrara. RN: Maria Laura Lodovici. Sister of Carlo Lodovici. *La leggenda di Wally* (28), *Palio* (32), *1860* (33), *Non son gelosa* (33), *Un cattivo soggetto* (33), *L'impiegata di papà* (34), *Luci sommerse* (34), *La freccia d'oro* (35), *Un bacio a fior d'acqua* (36), *La danza delle lancette* (36), *Ballerine* (36), *I condottieri* (36), *La voce senza volto*

(38), *L'ultimo scugnizzo* (38), *Diamanti* (38), *Il cavaliere di san Marco* (39), *Il suo destino* (39), *Il barone di Corbò* (39), *Eravamo sette vedove* (39), *Belle o brutte si sposan tutte* (39), *Piccolo hotel* (39), *La mia canzone al vento* (39), *Il "signore" della taverna* (40), *Cantate con me* (40), *Arriviamo noi* (40), *L'arcidiavolo* (41), *Giuliano de' Medici* (41), *Amore imperiale* (41), *Fra' Diavolo* (42), *La signorina* (42), *Rita da Cascia* (42), *Ripudiata* (54), *La rivale* (56), *Terrore sulla città* (56), *La chiamavan Capinera* (57), *Esterina* (59), *Warriors of the Lost World* (83 U.S.).

3296. Numès fils. French actor. b. Nov. 9, 1896, Paris. Son of French actor/director Armand Numès. *Madame Dubarry* (54).

3297. Nusciak, Loredana. Actress. *Il crollo di Roma* (62), *I sette gladiatori* (63), *L'uomo che viene da Canyon City* (65), *Django* (66), *Superargo contro Diabolicus* (66), *10.000 dollari per un massacro* (67), *Z 7 operazione Rembrandt* (67), *Sette dollari sul rosso* (68), *Vendetta per vendetta* (68), *Dio perdona la mia pistola* (69), *Qualcosa striscia nel buio* (70).

3298. Nuti, Francesco. Director/co-writer. *Madonna, che silenzio c'è stasera* (82 co-w/*), *Io, chiara e lo scuro* (83 co-w/*), *Son contento* (83 co-w/*), *Tutta colpa del paradiso* (86), *Stregati* (87 also *), *Maramao* (87 co-p), *Caruso Pascoski—di padre polacco* (88 also *), *Willy signori e vengo da lontano* (90 also *).

3299. Oakland, Simon. U.S. actor. *Il giorno dei lunghi fucili* (71).

3300. Oates, Warren. U.S. actor. b. July 5, 1928, Depoy, Ky. d. 1982. *Amore, piombo e furore* (77).

Oblowsky, Stefan *see* **Mattei, Bruno**

3301. O'Brian, Hugh. U.S. actor. b. April 19, 1925, Rochester, N.Y. RN: Hugh J. "Tony" Krampke. Still best remembered as TV's Wyatt Earp. *Il segreto del vestito rosso* (63).

3302. O'Brien, Edmond. U.S. actor. b. Sept. 10, 1915, N.Y.C. d. May 9, 1985, Inglewood, Calif. *La contessa scalza* (54), *A proposito Lucky Luciano* (73).

3303. Occhini, Ilaria. Actress. b. 1936, Firenze. *Terza liceo* (53), *Il medico e lo stregone* (57), *Sigfrido* (57), *Pia de' Tolomei* (58), *Cartagine in fiamme* (59), *Il tiranno di Siracusa* (61), *L'uomo che ride* (65), *I complessi* (65 the episode "Una giornata decisiva"), *Gli uomini dal passo pesante* (66), *Un uomo a metà* (66), *Ritorno* (73).

3304. O'Connor, Donald. U.S actor. b. Aug. 30, 1925, Chicago, Ill. *Le meraviglie di Aladino* (62).

3305. O'Connor, Una. Irish actress. b. Oct. 23, 1890, Belfast. d. Feb. 4, 1959, N.Y. RN: Agnes Teresa McGlade. In the U.S.A. from the beginning of the talkie period. *Ha da venì...don Calogero* (51).

3306. O'Dea, Denis. U.S. actor. b. April 26, 1905, Dublin, Ireland. d. 1978. *Peppino e Violetta* (51), *Ester e il re* (60).

3307. Odetta. U.S. singer/actress. b. 1930. *Il vangelo secondo Matteo* (64 vocalist).

3308. O'Donnell, Cathy. U.S. actress. b. March 6, 1923, Siluria, Ala. RN: Ann Steely. *L'amante di Paride* (54), *Ben-Hur* (59).

3309. Ogier, Bulle. French actress. b. 1939, Boulogne-sur-Seine. *Il fascino discreto della borghesia* (72), *Io e lui* (73).

3310. Ogilvy, Ian. U.K. actor. b. 1943. *La sorella di Satana* (66), *Waterloo* (70).

3311. O'Herlihy, Dan. Irish actor. b. May 1, 1919, Wexford. *Waterloo* (70).

3312. Ojetti, Paolo. Writer. b. Nov. 7, 1908, Firenze. *Nessuno torna indietro* (43 co-w), *Trent'anni di servizio* (45 co-w), *Capitan Demonio* (49), *La mano della morta* (49), *Domani è troppo tardi* (50 co-w), *Art. 519, codice penale* (52), *Penne nere* (52 co-w), *Martin Toccaferro* (53), *Rigoletto* (54 co-w), *La verde età* (57 co-w).

3313. O'Keefe, Dennis. U.S. actor. b. March 29, 1908, Fort Madison, Ia. d. Aug. 31, 1968, Hollywood, Calif. RN: Edward Vanes Flanagan, Jr. *Angela* (54 also co-d).

3314. O'Keeffe, Miles. U.S. muscleman actor. Played Ator in a series of films, which included: *Ator l'invincibile* (82) and *Ator l'invincibile II* (83).

Old, John M. *see* **Bava, Mario**

3315. Oldoini, Enrico. Co-writer. Later did a bit of directing as well. *I morti non si contano* (68), *Così come sei* (78), *Qua la mano* (79), *Zitto quando parli* (81), *Borotalco* (81), *Bingo bongo* (82), *Son contento* (83), *Acqua e sapone* (83), *Io, chiara e lo scuro* (83), *Io ti amo* (85), *Yuppies 2*

(87 also d), *Una botta di vita* (88 also d), *Bye Bye Baby* (89 also d/story).

Olds, John M., Jr. *see* **Bava, Lamberto**

3316. Olive, Philippe. French actor. b. Jan. 10, 1908, Pantin. *Il visconte di Bragelonne* (54).

Oliveras, Frank *see* **Pesce, Franco**

3317. Olivier, Laurence. U.K. actor. b. May 22, 1907, Dorking. d. July 11, 1989, Steyning, Sussex. RN: Laurence Kerr Olivier. Knighted and raised to the peerage, he was undoubtedly the most famous actor of his time in Britain. *Romeo e Giulietta* (68 narrator), *Gesù di Nazaret* (77 TV).

3318. Olivieri, Egisto. Actor. b. March 21, 1880, Roma. *Un cattivo soggetto* (33), *Il caso Haller* (33), *La maestrina* (33), *Come le foglie* (34), *Aldebaran* (35), *Tredici uomini e un cannone* (35), *Luciano Serra pilota* (38), *Il piccolo re* (39), *Arditi civili* (40), *Capitan Fracassa* (40), *Il re d'Inghilterra non paga* (41), *La maschera di Cesare Borgia* (41), *Il fanciullo del west* (41), *Carmela* (42), *Luisa Sanfelice* (42), *I due Foscari* (42), *Una storia d'amore* (42), *Resurrezione* (43), *Il paese senza pace* (43), *T'amerò sempre* (43), *Sogno d'amore* (44), *La buona fortuna* (44), *Peccatori* (44), *Un fatto di cronaca* (44), *Trent'anni di servizio* (45), *La vita semplice* (45), *Il sole sorge ancora* (46), *Sperduti nel buio* (47), *L'ebreo errante* (47), *Fabiola* (48), *Ho sognato il paradiso* (49), *Canzoni per le strade* (49), *Miracolo a Milano* (50).

3319. Olivieri, Enrico. Actor. b. Dec. 4, 1939, Torino. *Fuga in Francia* (48), *Guglielmo Tell* (48), *I figli di nessuno* (51), *Chi è senza peccato* (52), *Menzogna* (52), *Bufere* (52), *Legione straniera* (52), *Redenzione* (53), *La donna del fiume* (54), *L'angelo bianco* (55), *Destinazione Piovarolo* (55), *Guerra e pace* (56), *I colpevoli* (57), *Il diavolo nero* (57), *Sigfrido* (57), *La maschera del demonio* (60).

3320. Oliviero, Nino. Composer. b. Feb. 13, 1918, Napoli. *Pronto, chi parla?* (45), *Domenica d'agosto* (50 co-composer), *Cavalcata di mezzo secolo* (51 co-composer), *La figlia del reggimento* (53), *Canzone appassionata* (53), *Una donna prega* (53), *Passione* (53), *La via del sud* (54), *Cento serenate* (54), *Cuore di mamma* (54), *Maruzzella* (56), *Ladro lui, ladra lei* (57), *Mondo cane* (62 co-composer), *La donna nel mondo* (62 co-composer), *Mondo cane n. 2* (63), *La pupa* (64), *Una moglie americana* (65), *Il pelo nel mondo* (66), *Nebraska il pistolero* (66), *La moglie giapponese* (68), *Nina* (76).

3321. Olmi, Corrado. Actor. *Il sorpasso* (62), *Svegliati e uccidi* (66), *A qualsiasi prezzo* (68), *Colpo di sole* (68), *Satyricon* (68), *L'arcangelo* (68), *Quattro mosche di velluto grigio* (71), *Il gatto a nove code* (71), *Bello onesto emigrato Australia sposerebbe compaesana illibata* (71), *Decameroticus* (72), *Una donna chiamata Apache* (76).

3322. Olmi, Ermanno. Director. b. July 24, 1931, Bergamo. Married Loredana Detto. The first part of his career was spent directing and supervising the following short documentaries: *La diga sul ghiaccio* (53), *La pattuglia di Passo San Giacomo* (54), *Società Ovesticino—dinamo* (55), *Cantiere d'inverno* (55), *La mia valle* (55), *La tessatura meccanica della linea a 220.000 volt* (55 super), *San Massenza/Cimego* (55 super), *L'onda* (55), *Buongiorno natura* (56), *Costruzzioni meccaniche riva* (56), *Peru—istituto di verano* (56 super), *Fertilizzanti complessi* (56 super), *Fibre e civiltà* (57 super), *Progresso in agricoltura* (57 super), *Campi sperimentali* (57 super), *Mannon: finestra 2* (57 super), *Colonie Sicedison* (58 super), *Bariri* (58 super), *Tre fili fino a Milano* (58), *Giochi di Colonia* (58), *Il frumento* (58 super), *Venezia città moderna* (58), *El Frayle* (59 super), *Il pensionato* (59 super), *Fertilizzanti prodotti dalle società del gruppo Edison* (59 super), *Cavo olio fluido 220.000 volt* (59 super), *Auto chiese* (59 super), *Natura e chimica* (59 super), *Il grande paese d'acciaio* (60), *Il pomodoro* (61 super), *Il sacco Plypac* (61 super), *La grande barrage* (61), *Un metro lungo cinque* (61), *Po: forza 50.000* (61 p).

He directed the following feature films: *Il tempo si è fermato* (59 also co-w), *Il posto* (61 also w), *I fidanzati* (63 also p/w), *Una storia milanese* (62 *), *E venne un uomo* (65 also co-w/co-ph/e), *Un certo giorno* (69 also w/e), *I recuperanti* (69 also co-w/ph), *Durante l'estate* (71 also co-w/ph/e), *La circonstanza* (74 also p/w/ph/e), *L'albero degli zoccoli* (78 also w/ph/e), *Camminacammina* (83 also p/w/ph/e/set design/costumes), *Milano 83* (83 doc also w/ph/e), *La leggenda del santo bevitore* (88 also co-w/e), *Lunga vita alla signora* (88 also co-w/co-ph/co-e).

3323. Olmstead, Remington. Actor. *Ben-Hur* (59), *Il giudizio universale* (61), *Barabba* (61).

3324. O'Loughlin, Gerald S. U.S. actor. b. 1921. *Joe Valachi—i segreti di Cosa Nostra* (72).

3325. Olsen, Moroni. U.S. actor. b. July 27, 1889, Ogden, U. d. Nov. 22, 1954, Los Angeles, Calif. *Il re dei barbari* (54).

3326. Omegna, Roberto. Cameraman and documentary filmmaker. b. May 28, 1876, Torino. d. Nov. 19, 1948, Torino. He began filming in 1901, and it may be that he was Italy's first cameraman. In 1904 he and Ambrosio formed a partnership. *La prima corsa automobilistica Susa*-Moncenisio (04 98 meters long), *Le manovre degli alpini al colle della Ranzola* (04 98 meters long), *I lancieri di Savoia* (05), *L'inaugurazione del rifugio Quintino Sella al Monviso* (05), *La seconda corsa Susa*-Moncenisio (05), *Veduti ad episodi del terremoto in Calabria* (05 co-d/co-ph), *Il romanzo di un derelitto* (06 feature film d/ph/story), *Le disgrazie di un ubriaco* (06 feature film d/co-ph/story), *Il cane riconoscente* (06 feature film), *Un viaggio al chaco* (07 119 meters long), *Gli ultimi giorni di Pompei* (08 feature w/co-ph), *I centauri: esercitazione dei cavalleggeri a Pinerolo (cavalleria infernale)* (08 d/camera), *Le manovre navali italiane* (08), *La caccia al leopardo* (08 feature film), *Le risaie* (08 co-ph), *La neuropatologia* (08), *Una settimana in Russia* (08), *Terremoto in Calabria e in Sicilia* (08), *Come si viaggia in Africa* (08), *Funerale abissino* (09), *A Massaua* (09), *Da Massaua a Keren* (09), *Matrimonio abissino* (09), *I nostri Ascari* (09), *Usi e costumi abissini* (09), *Nerone* (09 feature film. Camera), *Lo schiavo di Cartagine* (10 feature film co-d), *La vita delle api* (10 co-ph), *Città del sogno* (11), *La città santa* (11), *Combattimento di galli* (11), *Elefanti al lavoro* (11), *L'eruzione dell'Etna del 18 settembre* (11), *L'esposizione di Torino* (11), *Fabbrica di ombrelli in Birminia* (11), *Feste indiane* (11), *Funerali cinesi* (11), *Shanghai* (11), *Templi indiani* (11), *Usi e costumi dei cinesi* (11), *Il varo della "Leonardo da Vinci"* (11), *La vita delle farfalle* (11 218 meters long), *Auto-scat di Robinet* (11 feature film d/ph), *Benares, la città sacra* (12), *La vita negli abissi del mare* (13 a series of 8 documentaries: *I rettili*; *I molluschi*; *Le attinie*; *I crostacei*; *Il cardium*; *Il pesce porco*; *Tritoni*; *Lepre di mare*), *Ave maria* (13 feature film), *Chiave d'oro e chiave di ferro* (13 feature film), *L'evasione di Diavolo Nero* (13 feature film), *Il grido d'oltre tomba* (13 feature film), *L'olocausto* (13), *La leggenda del castello* (14 feature film d/co-ph), *Il gioiello recuperato* (14), *La porta schiusa* (14).

These were his early films. World War I and a lengthy service as a film administrator followed. Between 1926 and 1942 he produced a great number of scientific documentaries, the most salient of which were: *Sguardo al fondo marino* (36), *Un mondo meraviglioso* (38), *La vita del canarino* (40), *La vita della rana* (41), *Topi in trappola* (42), *Morfologia del fiore* (42), *L'occhio umano* (42).

3327. O'Neal. Patrick. U.S. actor. b. Sept. 26, 1927, Ocala, Fla. *Matchless* (66).

O'Neal, Sean *see* **Fidani, Demofilo**

3328. O'Neill, Jennifer. U.S. actress. b. Feb. 20, 1948, Rio de Janeiro, Brazil, to American U.S. parents. *Gente di rispetto* (75), *L'innocente* (76), *Passione e sentimento* (77).

O'Neill, Sim *see* **Simonelli, Giovanni**

Onorati, Lorenzo *see* **Gaburro, Bruno**

3329. Onorato, Giovanni. Actor. b. 1910, Palermo. d. 1960. *Il re d'Inghilterra non paga* (41), *Il fanciullo del west* (41), *Una signora dell'ovest* (42), *Macario contro Zagomar* (43), *Don Camillo* (52), *La carovana del peccato* (52), *Il ritorno di don Camillo* (53), *Napoli, terra d'amore* (55), *Don Camillo e l'onorevole Peppone* (55).

3330. Onorato, Glauco. Actor. *I tre volti della paura* (63 the episode "Wurdalak"), *John il bastardo* (67), *Lo chiamavano Django* (71), *L'ultimo uomo di Sara* (74), *Carambola filosofo...tutti in buca* (75), *La cage aux folles II* (80).

3331. Opatoshu, David. U.S. actor. b. Jan. 30, 1918, N.Y.C. RN: David Opatovsky. *Il nemico pubblico n. 1* (53), *I due nemici* (61).

3332. Ophüls, Marcel. French director. b. Nov. 21, 1927, Frankfurt, Germany. Son of Max Ophüls. *L'amore a vent'anni* (61 the fourth episode, "West Germany"), *Buccia di banana* (64 also co-w).

3333. Ophüls, Max. German director. b. May 6, 1902, Saarbrücken. d. March 26, 1957, Hamburg. RN: Max Oppenheimer. AKA: Max Opuls. *La signora di tutti* (34 also co-w), *I gioielli di Madame De...* (52).

3334. Oppedisano, Stefano. Actor. *Le legioni di Cleopatra* (59), *Partner* (68), *Beatrice Cenci* (69), *Ondata di calore* (69), *Il cavaliere inesistente* (71).

3335. Orban, Monique. French actress. b. July 29, 1927, Rheims. In 1947 Genina picked her for the lead female role in *Francesco d'Assisi*, but the film was never made. *Guglielmo Tell* (48).

3336. Orfei, Liana. Actress. *I tartari* (60), *Nefertite, regina del Nilo* (60), *Il mulino delle donne di pietra* (60), *Il tiranno di Siracusa* (61), *Gordon, il pirata nero* (62), *Il gigante di Metropoli* (62), *Maciste contro Ercole nella valle dei guai* (62), *La leggenda di Enea* (62), *Ercole sfida Sansone* (63), *Extraconiugale* (65 the episode "La roccia"), *Casanova 70* (65), *L'arcidiavolo* (66), *Borman* (66), *Bill il taciturno... Django uccide* (68).

3337. Orfei, Moira. Actress. Sister of Liana Orfei. The two were discovered as a knife-throwing act with the famous Orfei Circus. *Gli amori di Ercole* (60), *I giganti della Tessaglia* (61), *Ursus* (61), *Ursus nella valle dei leoni* (61), *Maciste, l'uomo più forte del mondo* (61), *Zorro contro Maciste* (62), *L'eroe di Babilonia* (62), *L'incendio di Roma* (63), *Ercole contro Moloch* (63), *Il monaco di Monza* (63), *La rivolta dei pretoriani* (63), *Ercole, Sansone, Maciste, Ursus: gli invincibili* (64), *Il trionfo di Ercole* (64), *I due gladiatori* (64), *Due sergenti del generale Custer* (65), *Casanova 70* (65), *Signore e signori* (66), *Straziami... ma di baci saziami* (68), *Il cav. Costante Nicosia demoniaco* (75).

3338. Orlandini, Lia. Actress. b. Jan. 12, 1892, Milano. *Quo vadis?* (12), *Caius Julius Caesar* (14), *Trappola d'amore* (39), *La notte delle beffe* (39), *Retroscena* (39), *Giù il sipario* (39), *Abbandono* (40), *Cuori nella tormenta* (40), *Dopo divorzieremo* (40), *Le signorine della villa accanto* (41), *Gioco d'azzardo* (41), *La fabbrica dell'imprevisto* (42), *All'ombra della gloria* (43), *La casa senza tempo* (43), *Il mondo vuole così* (45), *Il corriere di ferro* (46), *Il vento mi ha cantato una canzone* (48), *Inganno* (52), *Lettera napoletana* (54), *Una sera di maggio* (55).

3339. Orlando, Orazio. Actor. *Le bambole* (65), *Indagine su un cittadino al di sopra di ogni sospetto* (69), *Waterloo* (70), *La supertestimone* (71), *Gli ordini sono ordini* (71), *Malizia* (72), *La proprietà non è più un furto* (73), *Peccato veniale* (73), *Brigitte, Laura, Ursula, Monica, Raquel, Liz, Maria, Florinda, Barbara, Claudia e Sofia...le chiamo tutte...anima mia* (74), *Bello come un arcangelo* (74), *Gente di rispetto* (75), *La linea del fiume* (76), *L'Italia s'è rotta* (76), *Poliziotto sprint* (76), *Cattivi pensieri* (77), *Il mostro* (77), *Maschio latino cercasi* (78), *L'avvocato della mala* (78), *Corleone* (78), *Letti selvaggi* (78), *Speed driver* (80), *Aiutami a sognare* (81), *Scusa se è poco* (82).

3340. Orsini, Giorgio. Director of photography. *Sole* (29 co-ph), *Ultima giovinezza* (39), *Il cavaliere di Kruja* (40 co-ph), *È sbarcato un marinaio* (40 co-ph), *Rosa di sangue* (40 co-ph), *Il chiromante* (41), *Il re d'Inghilterra non paga* (41 co-ph), *Il figlio del corsaro rosso* (41 co-ph), *Gli ultimi filibustieri* (41 co-ph), *Il vagabondo* (41), *La signorina* (42), *Cortocircuito* (42), *Quarta pagina* (42), *Pazzo d'amore* (43), *Spie tra le eliche* (43), *Cento piccole mamme* (51), *Il naufrago del Pacifico* (51), *Amarti è il mio peccato* (52), *Finalmente libero!* (53).

3341. Orsini, Silvio. Actor. b. Napoli. *Mia moglie si è fidanzata* (22), *Santarellina* (23), *La schiava* (23), *Profanazione* (24), *O' Marenariello* (28), *Napule...e niente cchiù* (28), *La signorina Chicchirichì* (28), *Rondine* (29), *Zappatore!* (29), *Televisione* (30), *Napoli verde—blu* (35).

3342. Orsini, Umberto. Actor. b. 1934. *La dolce vita* (60), *Il pianeta degli uomini spenti* (60), *Un amore a Roma* (60), *Chiamate 22—22 tenente Sheridan* (60), *Io bacio...tu baci* (61), *Caccia all'uomo* (61), *Il mare* (62), *Il giorno più corto* (63), *Il delitto Duprè* (63), *Strip-tease* (63 France), *Il mito* (63), *Berlin ist eine sünde Welt* (66 Germany), *La ragazza e il generale* (67), *The Sailor from Gibraltar* (67 U.K.), *Candy* (68), *La caduta degli dei* (69), *Interrabang* (69), *Avventura a Bali* (69), *Città violenta* (70), *Bottom—ein grosser glaublauer Vogel* (71 Germany), *Roma bene* (71), *Maddalena* (71), *Un Homme est mort* (72 France), *I figli chiedono perchè* (72), *César et Rosalie* (72 France), *Trastevere* (72), *Abuso di potere* (72), *Ludwig* (73), *La*

Tosca (73), *È simpatico ma gli romperei il musco* (73), *Il delitto Matteotti* (73), *Tony Arzenta* (73), *Storia di una monaca di clausura* (74), *L'anticristo* (74), *L'uomo senza memoria* (74), *Corruzione al palazzo di giustizia* (74), *Vincent, François, Paul et les autres* (75 France), *Perdutamente tuo... mi firmo Macaluso Carmelo fu Giuseppe* (76), *Emanuelle 2* (76 France), *Casanova e compagnia* (76), *Una donna alla finestra* (77), *Al di là del bene e del male* (77), *L'alba dei falsi dei* (77), *Amo non amo* (79), *Bionda fragola* (80).

3343. Orsini, Valentino. Director. b. Pisa. A former resistance fighter. *Un uomo da bruciare* (62 co-d), *I fuorilegge del matrimonio* (62 co-d), *Uomini e no* (80 also co-w), *Figlio mio infinitamente caro* (86 also co-w).

3344. Ortiz, Angel. Actor. *Gli ultimi giorni di Pompei* (59), *Goliath contro i giganti* (60), *La furia degli apaches* (65), *Nebraska il pistolero* (66), *Un dollaro a testa* (66), *Il mercenario* (68), *Io non perdono... uccido* (68), *Ci ridiamo, vera provvidenza?* (73).

3345. Ortolani, Riz. Composer. *Mondo cane* (62 co-composer), *La donna nel mondo* (62 co-composer), *Il sorpasso* (62), *Il mondo di notte n. 3* (63), *Le ore nude* (64), *La Battaglia di Fort Apache* (64), *I tre spietati* (64), *La vergine di Norimberga* (64), *Cavalco e uccidi* (64), *Camino del sur* (64), *The Yellow Rolls Royce* (64 U.K.), *The Seventh Dawn* (64 U.S.), *A 009 missione Hong Kong* (65), *The Glory Guys* (65 U.S.), *Africa addio* (66), *The Spy With a Cold Nose* (66 U.K.), *Non faccio la guerra, faccio l'amore* (66), *Requiescant* (67), *Sette volte donna* (67), *I giorni dell'ira* (67), *Banditi a Milano* (68), *Al di là della legge* (68), *The Biggest Bundle of Them All* (68 U.S.), *Buona sera, Mrs Campbell* (68), *Le calde notti di Lady Hamilton* (68), *Cinque figli di cane* (68), *La coppia* (68), *The Bliss of Mrs Blossom* (68 U.K.), *Lo sbarco di Anzio* (68), *La cintura di castità* (68), *Kampf um Rom* (68 Germany), *I morti non si contano* (68), *Sequestro di persona* (68), *Tenderly* (68), *Così dolce così perversa* (69), *Il prezzo del potere* (69), *La cattura* (69), *La notte del serpente* (69 co-composer), *Ciak Mull, l'uomo della vendetta* (69), *La marcusiana* (69), *Una sull'altra* (70), *The Mackenzie Break* (70 U.S.), *Madron* (70 U.S.), *La statua* (70), *Nella stretta morsa del ragno* (70), *Con quale amore, con quanto amore* (70), *O cangaceiro* (70), *Confessione di un commissario di polizia al procuratore della repubblica* (71), *Il merlo maschio* (71), *Il giorno dei lunghi fucili* (71), *Say Hello to Yesterday* (71 U.S.), *Joe Valachi—i segreti di Cosa Nostra* (72), *Una ragione per vivere e una per morire* (72), *Le guerriere dal seno nudo* (72), *L'etrusco uccide ancora* (72), *Das Raetsel des silbernen Halbmonds* (72 Germany), *Girolimoni, il mostro di Roma* (72), *Fratello Sole sorella Luna* (73 Italian version), *Il giorno del furore* (73 made in 69), *Il consigliori* (73), *Dio, sei proprio un padreterno* (73), *Cari genitori* (73), *La ragazza di nome Giulio* (73), *Bisturi, la mafia bianca* (73), *No, il caso è felicemente risolto* (73), *Teresa la ladra* (73), *Il contatto carnale* (73), *Chi sei?* (74), *Per amare Ofelia* (74), *L'erotomane* (75), *The Fifth Musketeer* (75 U.S./France), *Paolo Barca, maestro elementare, praticamente nudista* (75), *Scandalo* (75), *Perchè si uccide un magistrato* (75), *Natale in casa di appuntamento* (76), *Casanova e compagnia* (76), *Mimì Bluette...fiore del mio giardino* (77), *Sahara Cross* (77), *Io ho paura* (77), *La ragazza dal pigiama giallo* (77), *Doppio delitto* (78), *Il ritorno di Casanova* (78), *Primo amore* (78), *Letti selvaggi* (78), *Gegè Bellavita* (79), *Un dramma borghese* (79), *Gli anni struggenti* (79), *Da Dunkerque alla vittoria* (79), *La casa nel parco* (80), *Aiutami a sognare* (81), *Fantasma d'amore* (81), *La ragazza di Trieste* (82), *Una gita scolastica* (83), *Giuseppe Fava: siciliano come me* (83), *I guerrieri dell'anno 2072* (83), *Uno scandalo perbene* (83), *Noi tre* (83), *Miranda* (85), *Festa di laurea* (85), *La Bonne* (86 France), *Regalo di Natale* (87), *Capriccio* (87), *L'inchiesta* (87), *Ultimo momento* (87), *Maya* (88 Spain), *I ragazzi di via Panisperna* (89), *Storia di ragazzi e di ragazze* (89), *Il sole buio* (90), *Paprika* (91).

3346. O'Shea, Milo. Irish actor. b. 1925. *Romeo e Giulietta* (68), *Barbarella* (68), *Sacco e Vanzetti* (71).

3347. Osiris, Wanda. Actress. b. June 6, 1902. RN: Anna Menzio. Daughter of a Piedmontese groom from Casa Reale. Much on stage as a comedienne, she was teamed for many years with Macario. *Non* *me lo dire* (40), *Botta e risposta* (49), *I pompieri di Viggiù* (49), *Martin Toccaferro* (53).

3348. O'Sullivan, Richard. U.K. actor. b. 1944, London. "Discovered" by director Mario Soldati. *La mano dello straniero* (53).

3349. Oswald, Gerd. German director. b. June 9, 1916, Berlin. d. May 22, 1989, Los Angeles, Calif., U.S.A. Son of director Richard Oswald. *Tempesta su Ceylon* (63).

3350. Oswald, Marianne. French actress. b. 1909, Sarreguemines, in the Moselle area. RN: Marianne Colin. *Gli amanti di Verona* (48), *Notre Dame de Paris* (56), *Montparnasse* (58).

3351. O'Toole, Peter. Irish actor. b. Aug. 2, 1932, Connemara. *Ombre bianche* (60), *La bibbia* (66), *L'uomo della Mancha* (72), *Caligola* (79), *L'ultimo imperatore* (87), *In una notte di chiaro di luna* (89).

3352. Ottani, Nino. Director of production. b. Aug. 4, 1894, Udine. d. Feb. 12, 1949, Roma. *Casta diva* (35), *Ma non è una cosa seria* (36), *I condottieri* (36), *Giuseppe Verdi* (38), *Manon Lescaut* (40), *Amami, Alfredo!* (40), *L'amante segreta* (41), *Primo amore* (41), *La danza del fuoco* (42).

3353. Ottieri, Ottiero. Writer/actor. *La notte* (61 *), *L'eclisse* (62 co-w).

3354. Oury, Gérard. French actor. b. April 29, 1919, Paris. RN: Max Gérard Houry Tannenbaum. Later also a director. *La donna del fiume* (54), *Femmina* (54), *Gli eroi sono stanchi* (55), *Gli anni che non ritornano* (56), *La casa di Madame Korà* (57), *Il delitto non paga* (62 d/co-w), *Colpo grosso ma non troppo* (65 d/co-w).

3355. Owens, Richard. French director. RN: Jean Girault. AKA: Federico Chentres. *Un killer per Sua Maestà* (68), *All'ovest di Sacramento* (70 also co-w).

3356. Oxilia, Nino. Director. b. Nov. 13, 1889, Torino. d. Nov. 18, 1917, on Mount Tomba in Grappa, hit by an Austrian grenade. *Addio, giovinezza!* (13 co-d/story), *Il cadavere vivente* (13 co-d), *Giovanna d'Arco* (13 co-d), *In hoc signo vinces* (13), *Il velo d'Iside* (13), *Sangue bleu* (14), *Veli di giovinezza* (14), *Retaggi d'odio* (14), *La monella* (14), *L'ammiraglia* (14), *Rapsodia satanica* (15), *Odio che ride* (15), *Fior di male* (15 story), *Papà* (15), *Sotto la bandiera nemica* (15 also story), *Il sottomarino n. 27* (15 also story), *Addio, giovezza!* (18 story), *Addio, giovinezza!* (27 story), *Addio, giovinezza!* (41 story).

3357. Ozenne, Jean. French actor. b. Feb. 13, 1898, Paris. *Le belle della notte* (52), *Versailles* (53), *Napoleone Buonaparte* (54), *Il diario di una cameriera* (64), *A 007 sfida ai killers* (65).

3358. Ozep, Fedor. Russian director. b. Feb. 9, 1895, Moscow. d. 1949. RN: Fyodor Otzep. *La principessa Tarakanova* (38 co-d).

3359. Pabst, G.W. Austrian director. b. Aug. 27, 1885, Raudnitz, Bohemia. d. May 29, 1967, Vienna. RN: Georg Wilhelm Pabst. *La voce del silenzio* (52 also co-w), *Cose da pazzi* (54), *Ulisse* (54 co-d).

3360. Pacchioni, Italo. Director/cameraman/writer. b. March 29, 1872, Mirandola di Modena. d. July 11, 1940, Milano. Raised in Milano. In 1895 he became the first Italian to organize a moving picture show, in a store in Porta Genova. *Arrivo del treno nella stazione di Milano* (1896 doc), *La gabbia dei matti* (1896 starring his son Achille, his brother Enrico, his cousin Ettore, and a parrot), *Battaglia di neve* (1896), *Il finto storpio* (1896), *La fiera di Porta Genova* (1898 doc), *Il vecchio verziere di Milano* (1898 doc), *Ginnasti della Mediolanum* (1898 doc), *I funerali di Umberto I* (00 doc).

3361. Pacheco, Rafael. Director of photography. AKA: Godofredo Pacheco. *I tre implacabili* (63), *L'ombra di Zorro* (63 co-ph), *Sette ore di fuoco* (64), *Il Ponte dei sospiri* (64 co-ph), *Camino del sur* (64), *I tre spietati* (64), *La giustizia del Coyote* (64), *Per pochi dollari ancora* (66), *Faccia a faccia* (67), *L'ira di Dio* (68), *Hai sbagliato, dovete uccidermi subito!* (72), *Campa carogna...la taglia cresce* (72), *Tutti per uno, botte per tutti* (72), *I pirati dell'isola verde* (80).

3362. Pacini, Raffaello. Director. *La monaca di Monza* (47), *Lorenzaccio* (51 also co-w), *La Battaglia di Maratona* (59 idea. The film was based on the idea by Pacini and Alberto Barsanti), *La tragica notte di Assisi* (60).

Padget, Kelvin Jackson *see* **Ferroni, Giorgio**

3363. Padovani, Lea. Actress. b. July 28, 1920, Montalto di Castro, near Viterbo.

L'innocente Casimiro (45), *Vanità* (46), *Il sole sorge ancora* (46), *Il richiamo di sangue* (47), *Il diavolo bianco* (47), *Che tempi!* (47), *I cavalieri dalle maschere nere* (47), *Una lettera all'alba* (48), *Give Us This Day* (49 U.K.), *Fiamme sulla laguna* (50), *Tre passi al nord* (50), *Atto d'accusa* (50), *Due mogli sono troppe* (50), *La grande rinuncia* (51), *I due derelitti* (51), *Roma, ore 11* (51), *Una di quelle* (52), *Totò e le donne* (52), *Papà, ti ricordo* (52), *I figli non si vendono* (52), *Don Lorenzo* (52), *Tempi nostri* (52), *Cinema d'altri tempi* (53), *Gran varietà* (53 in the episode with De Sica), *Donne proibite* (53), *Amori di mezzo secolo* (53), *La barriera della legge* (54), *Il seduttore* (54), *Divisione Folgore* (54), *Guai ai vinti!* (54), *Napoli è sempre Napoli* (54), *La moglie è uguale per tutti* (54), *La tua donna* (54), *La contessa di Castiglione* (55), *Chéri-Bibi, il forzato della Guiana* (55), *Fascicolo nero* (55), *L'intrusa* (55), *Pane amore e...* (55), *Solo Dio mio fermerà* (56), *Occhio per occhio* (56), *Montparnasse* (58), *La maja desnuda* (58), *Pane amore e Andalusia* (59), *La principessa di Clèves* (60), *Cronache di un convento* (62), *La furia degli uomini* (63), *La noia* (64), *Frenesia d'estate* (64), *Amore all'italiana* (66), *Il gioco delle spie* (66), *Un uomo a metà* (66), *Candy* (68), *Ciao Gulliver* (70), *Ehrengard* (82).

3364. Pagani, Enrico. Actor. b. Shanghai, China, to an Italian father and a Russian mother. He was a champion basketball player. After one film and a few TV appearances as presenter of a children's program, he quit the business and went back to sport. *I sogni nel cassetto* (57).

3365. Pagano, Bartolomeo. Actor. b. Sept. 22, 1878, Sant'Ilario Ligure, near Nervi, Genova. d. June 24, 1947, in his home town. Married Camilla Balduzzi. A dock-worker in Genova, he was "discovered" by Roberto Roberti as the actor to play Maciste, the black slave of the Roman patrician Fulvio Axilla, in the epic film *Cabiria* (14). About 40 Herculeans tried out for the role, but Pagano (who had often modeled for Genovese sculptors) won, and began straight away, at a salary of 20 lire a day. The film, and Pagano as Maciste, were such a success that the muscleman was rushed into a series of "Maciste" films, and the character was transformed into a modern—white—man. Pagano retired, not because of the advent of sound pictures, but because of a serious diabetic condition. *Cabiria* (14), *Maciste* (15), *Maciste alpino* (16), *Maciste bersagliere* (16), *Maciste atleta* (17), *Maciste poliziotto* (17), *Maciste medium* (17), *Maciste sonnambulo* (18), *Maciste I* (19), *La rivincita di Maciste* (19), *La trilogia di Maciste* (19 comprising: *Maciste contro la morte*; *Il viaggio di Maciste*; *Il testamento di Maciste*), *Maciste innamorato* (19), *Maciste in vacanza* (20), *Maciste salvato dalle acque* (20), *Maciste e la figlia del re della plata* (22), *Maciste und die chinesische Truhe* (23 Germany), *Maciste contro Maciste* (23), *Maciste e il nipote d'America* (23), *Maciste imperatore* (24), *Maciste contro lo sceicco* (25), *Maciste all'inferno* (25), *Il gigante delle Dolomiti* (26), *Maciste nella gabbia dei leoni* (26), *Il vetturale del Moncenisio* (28), *Gli ultimi zar* (28), *Giuditta e Oloferne* (28).

3366. Page, Dominique. French actress. b. Sept. 1, 1933, Paris. *Naso di cuoio* (52), *La casa di Madame Korà* (57).

3367. Page, Geneviève. French actress. b. Dec. 13, 1930, Paris. RN: Geneviève Bonjean. *Fanfan la tùlipe* (51), *Michele Strogoff* (56), *Agguato a Tangeri* (57), *El Cid* (61), *Il giorno e l'ora* (63), *Un avventuriero a Tahiti* (66), *Bella di giorno* (67), *Cartoline italiane* (87).

3368. Page, Louis. French director of photography. b. March 16, 1905, Lyon. *Le mura di Malapaga* (48).

Paget, Calvin J. *see* **Giorgio Ferroni**

3369. Paget, Debra. U.S. actress. b. Aug. 19, 1933, Denver, Colo. RN: Debralee Griffin. *La tigre di Eschnapur* (59), *Il sepolcro indiano* (59), *Il sepolcro dei re* (60).

Paget, Robert *see* **Gariazzo, Mario**

3370. Paget, Susan. Actress. *Anno 79—distruzione ercolano* (62), *I dieci gladiatori* (63), *Il vecchio testamento* (63).

3371. Pagliero, Marcello. Director/actor/writer. b. Jan. 15, 1907, London, England. d. 1980. AKA: Marcel Pagliero. Son of a Genovese father and a French mother. In Italy from 1914, he entered films there in 1937 as translator of British and American films into Italian versions. Most of his films were French. *Anime in tumulto* (41 co-w), *Confessione* (41 co-w), *Le due tigri* (41 co-w), *La danza del fuoco* (42 w), *07 tassì* (43 d/w), *Si chiude all'alba* (44 w), *Roma città aperta* (45 *), *Scalo merci* (46 co-d / co-w this film was made by Rossellini in 43 and finished by Pagliero), *Roma città libera* (46 d), *Paisà* (46 co-w / co-story / *), *L'altra* (47 *), *Destini di donne* (53 the episode "Due donne" d), *Vestire gli ignudi* (54 d), *Vergine moderna* (54 d / *), *Chéri-Bibi, il forzato della Guiana* (55 d), *Da New York mafia uccide* (65 *).

3372. Pagnani, Andreina. Actress. b. Nov. 24, 1906, Roma. d. Nov. 22, 1981, Roma. RN: Andreina Gentili. Married Franco Pagnani in 1927. *Patatrac* (31), *L'acque cheta* (33), *La maestrina* (33), *Il presidente della Ba. ce. cre. mi.* (34), *Quella vecchia canaglia* (34), *Il serpente a sonagli* (35), *Apparizione* (43), *I miserabili* (47), *Il padrone sono me* (55), *Domenica è sempre domenica* (58), *I delfini* (60), *I piaceri del sabato notte* (60), *Le pillole di Ercole* (60), *Gli attendenti* (61).

3373. Pagni, Eros. Actor. b. 1939. *Film d'amore e d'anarchia* (73), *Profondo rosso* (74), *Tutto a posto e niente in ordine* (74), *Travolti da un insolito destino nell'azzurro mare d'agosto* (74), *Il soldato di ventura* (75), *Signore e signori, buonanotte* (76), *I nuovi mostri* (77), *Ritratto di borghesia in nero* (78), *Il malato immaginario* (78), *Liquirizia* (79), *Ciao nemico* (81), *Grog* (82), *Piso pisello* (81), *Teresa* (87), *Il senso del vertigine* (91).

3374. Paige, Janis. U.S. actress. b. Sept. 16, 1922, Tacoma, Wash. RN: Donna Mae Jaden. *La strada buia* (49).

3375. Paillette. French actress. b. Oct. 5, 1906, Andenne. RN: Laure Lapaille. *Naso di cuoio* (52), *L'uomo dall'impermeabile* (57).

3376. Pala, Giovanna. Actress. b. 1932, Bologna. She was elected Miss Italia 1950. *Mamma mia, che impressione!* (51), *Auguri e figli maschi* (51), *Vacanze col gangster* (51), *Vendetta. . .sarda* (51), *Totò e i re di Roma* (51), *Il padrone del vapore* (51), *Totò e le donne* (52), *Lo scapolo* (55), *Donatella* (55).

3377. Pala, Guido. Co-writer. b. Tolentino. Also directed some documentaries. *I fratelli Karamazoff* (47), *Ti ritroverò* (48).

3378. Palacios, Ricardo. Spanish actor. *Kitosch, l'uomo che veniva dal nord* (67), *Cervantes* (68), *Socrate* (70), *Alla larga, amigos. . .oggi ho il grilletto facile* (71), *Lo chiamavano Mezzogiorno* (74), *Comin' at Ya!* (81).

3379. Palance, Jack. U.S. actor. b. Feb. 18, 1919, Lattimer, Pa. RN: Walter Jack Palahnuik. Of Ukrainian ancestry. Former boxer. He survived a fire, but had to have plastic surgery. *Il re dei barbari* (54), *Napoleone ad Austerlitz* (60), *Revak, lo schiavo di Cartagine* (60), *Treno di Natale* (60), *Il giudizio universale* (61), *Rosmunda e Alboino* (61), *Barabba* (61), *I mongoli* (61), *La guerra continua* (62), *Il disprezzo* (62), *Il criminale* (63), *Il mercenario* (68), *L'urlo dei giganti* (68), *La legione dei dannati* (68), *Le disavventure della virtù* (68), *Vamos a matar, compañeros* (70), *Si può fare, amigo* (72), *Te Deum* (72), *Blu Gang vissero per sempre felici e ammazzati* (73), *Il richiamo del lupo* (75), *Africa Express* (75), *L'infermiera* (76), *Squadra antiscippo* (76), *Pistola di Dio* (76), *I padroni della città* (76), *Eva nera* (76), *Una ragazza di Praga* (76), *Paura in città* (77), *Sangue di sbirro* (77).

3380. Palau. French actor. b. Aug. 13, 1885, Paris. RN: Pierre Palau del Vidri. *Il fu Mattia Pascal* (37), *Il diavolo in corpo* (47), *Le belle della notte* (52), *Il caso Maurizius* (54), *Nanà* (55), *Le grandi manovre* (55), *Margherita della notte* (55).

3381. Palella, Oreste. Director. b. Sicilia. Later became an actor. *Caterina da Siena* (47), *Il richiamo della tempesta* (50), *Cristo è passato sull'aia* (52), *Non vogliamo morire* (53), *Io, Caterina* (56 also story), *I tartari* (60 co-d / co-w / story), *Sedotta e abbandonata* (64 *), *La guerra segreta* (65 *), *Operazione Goldman* (66 *), *Meglio vedova* (67 *), *Assicurasi vergine* (67 *), *I due vigili* (67 *), *Serafino* (68 *).

3382. Palermi, Amleto. Director. b. July 11, 1889, Roma. d. April 20, 1941, Roma. *Colei che tutto soffre* (14), *Il diritto di uccidere* (14), *La pantomima della morte* (15 *), *L'amor tuo li redime* (15 story), *Un dramma fra le belve* (15 story), *Sul campo dell'onore* (15 also story), *Il sogno di don Chisciotte* (15 also story), *L'età pericolosa* (16), *Vita e morte* (16 co-d), *La bella salamandra* (16), *Cenere* (16 co-d), *Così morì Miss Cavell* (16), *Incontro alla primavera* (16), *Carnevalesca* (17 also co-w), *La bohème* (17), *Il piacere* (17), *L'incubo* (17), *Quaranta miliardi e una corona* (17 co-d / story), *Napoleoncina* (17 co-d), *La commedia del mio palco* (18 co-d), *La danzatrice d'Oriente* (18 also story), *Il tesoro* *d'Isacco* (18 also from his play), *Casa di bambola* (18 co-d), *Malafemmina* (19), *L'agguato della morte* (19), *L'imprevisto* (19 story), *Le bambole e il mondo* (19 also story), *La casa in rovina* (19 also story), *La storia di una donna* (19 also story), *Il dramma dell'amore* (20), *Dopo il peccato* (20), *Il romanzo di un giovane povero* (20), *Un cuore nel mondo* (20 also story), *La chiromante* (21 story), *L'età critica* (21), *La pianista di Haynes* (21 story), *La danzatrice d'Oriente* (22), *La vagabonda del deserto* (22), *Marthù che ha visto il diavolo* (22), *La dame de Chez-Maxim* (22), *La seconda moglie* (23), *La biondina* (23), *International Grand Prix* (23), *Il mio piccolo cane* (23), *L'uomo e la donna* (23), *La casa degli scapoli* (23 also p), *Il paradiso* (23), *Coiffeur pour dames* (24), *Saitra la ribelle* (24), *La freccia nel cuore* (24), *Occupati d'Amelia* (24), *La via del peccato* (25 also p), *L'uomo più allegro di Vienna* (25), *Gli ultimi giorni di Pompei* (26 co-d), *Enrico IV* (26), *Margarethe und sein Friseur* (27 Germany), *Confessioni di una donna* (27), *Florette e Patapon* (27), *Nanù, la cugina d'Albania* (28), *La straniera* (29 also co-w), *Perchè no?* (30), *La donna di una notte* (30 co-d), *Vele ammainate* (31), *Zaganella e il cavaliere* (32 *), *La vecchia signora* (32 also co-w/co-story), *La fortuna di Zanze* (32 also co-w), *La segretaria per tutti* (32), *Non c'è bisogno di denaro* (33 also w), *Ninì Falpalà* (33), *Il treno delle 21,15* (33 also w), *Creature della notte* (33 also co-w/story), *Paraninfo* (35 also co-w), *L'eredità dello zio buonanima* (35 also adapted), *Porto* (35 also co-w), *"Fiat voluntas Dei"* (35 also co-w), *Amore* (35 story), *Vivere!* (36 story), *Il corsaro nero* (36 also w), *I due misantropi* (36 also co-w/story), *Allegri masnadieri* (37 story), *Il signor Max* (37 story), *Napoli d'altri tempi* (37 also co-w), *Partire* (38 also co-w), *Le due madri* (38 also co-w/story), *I figli del marchese Lucera* (39), *Napoli che non muore* (39 also co-w/co-story), *Follie del secolo* (39 also co-w), *Cavalleria rusticana* (39 also co-w), *Il "signore" della taverna* (40 also story), *Arriviamo noi* (40 also story), *La peccatrice* (40 also co-w/story), *San Giovanni decollato* (40 also co-w), *L'elisir d'amore* (40 unfinished also co-w), *L'allegro fantasma* (41 co-d/co-w/co-story), *Turbine* (41 co-story), *Oro nero* (41 co-story), *Il conte Max* (57 based on his story *Il signor Max*, filmed in 37).

3383. Palermini, Piero. Actor. b. Sept. 18, Roma. RN: Giuseppe Palermini. *Giacomo l'idealista* (42), *Inviati speciali* (43), *Il paese senza pace* (43), *Vivere in pace* (47), *Il passatore* (47), *Il fiacre n. 13* (47), *Fiamme sul mare* (47), *Nennella* (48), *Calamita d'oro* (48), *La sepolta viva* (49), *I contrabbandieri del mare* (49), *Il conte Ugolino* (49), *Il falco rosso* (49), *Il figlio di d'Artagnan* (49), *Faddijah* (50), *Ha da venì...don Calogero* (51), *O.K. Nerone* (51), *La voce del silenzio* (52), *Puccini* (53), *La prigioniera di Amalfi* (53), *La domenica della buona gente* (53), *Cose da pazzi* (54), *Amore e smarrimento* (54), *Napoli, terra d'amore* (55), *L'intrusa* (55), *La donna più bella del mondo* (55), *Guerra e pace* (56), *I miliardari* (56), *Saranno uomini* (57), *Il cavaliere dalla spada nera* (56), *Giovanni dalle bande nere* (57), *Adorabili e bugiarde* (58), *Nefertite, regina del Nilo* (60), *Orazi e Curiazi* (61).

3384. Pallenberg, Anita. German actress. b. 1947. *Barbarella* (68), *Candy* (68), *Dillinger è morto* (68), *Umano non umano* (69).

3385. Pallotta, Gabriella. Actress. b. Oct. 6, 1938, Roma. *Il tetto* (56), *Il grido* (57), *Il medico e lo stregone* (57), *Gli italiani sono matti* (58), *Anna di Brooklyn* (58), *Guardia, ladro e cameriera* (58), *Valeria, ragazza poco seria* (58), *L'amico del giaguaro* (58), *I cavalieri del diavolo* (59), *Il giudizio universale* (61), *I mongoli* (61), *Madame Sans-gêne* (61), *La viaccia* (61), *The Pigeon That Took Rome* (62 U.S.), *Coriolano, eroe senza patria* (63), *Il colosso di Roma* (65), *La bibbia* (66), *The Sailor from Gibraltar* (67 U.K.), *I sette fratelli Cervi* (67).

3386. Pallottini, Riccardo. Director of photography. AKA: Richard Pallottin, Richard Kramer, Richard Thierry. *La figlia del diavolo* (52), *Oggi sposi* (52), *Lo sai che i papaveri...* (52), *Era lei che lo voleva* (53), *Due notti con Cleopatra* (53 co-ph), *Un turco napoletano* (53), *Cavalleria rusticana* (53 co-ph), *Il medico dei pazzi* (54), *Siluri umani* (54), *Malafemmina* (57), *Guardia, ladro e cameriera* (58), *Arriva la banda* (59), *Guardatele, ma non toccatele!* (59), *Tipi da spiaggia* (59), *Maciste nella Valle dei Re* (60), *Maciste all'inferno* (60),

Maciste alla corte del Gran Khan (61), *La danza macabra* (63), *I lunghi capelli della morte* (64), *I maniaci* (64), *Johnny Oro* (66), *Tempo di massacro* (66), *Django spara per primo* (66), *Joe...cercati un posto per morire* (68), *La più grande rapina del west* (68), *Joko, invoca Dio...e muori* (68), *I due deputati* (68), *E Dio disse a Caino* (69 co-ph), *Blindman* (71), *L'oro dei bravados* (71), *Il Decamerone proibito* (72), *La polizia ringrazia* (72), *Il paese del sesso selvaggio* (72), *Così Sia* (72 co-ph), *Mamma mia, è arrivato "Così Sia"* (72), *La "Mano nera," prima della mafia, più della mafia* (73), *Le mille e una notte all'italiana* (73), *La parola di un fuorilegge...è legge* (74), *L'assassino è costretto ad uccidere ancora* (76), *Calamo* (76 co-ph), *La polizia interviene: ordine di uccidere* (76), *Poliziotto sprint* (76), *Una vita venduta* (77 co-ph), *Poliziotto senza paura* (78), L'immoralità (79), *Apocalisse domani* (80), *Fuga dall'arcipelago maledetto* (82).

3387. **Palmara, Mimmo.** Actor. b. July 25, 1928, Cagliari. AKA: Dick Palmer. *Inganno* (52), *Spartaco* (52), *La regina di Saba* (52), *Il sole negli occhi* (53), *Senso* (54), *Proibito* (55), *Terrore sulla città* (56), *Orlando e i paladini di Francia* (56), *Serenata a Maria* (57), *Le notti bianche* (57), *Le fatiche di Ercole* (57), *Ercole e la regina di Lidia* (58), *Nel segno di Roma* (58), *Gli ultimi giorni di Pompei* (59), *Goliath contro i giganti* (60), *Il colosso di Rodi* (60), *Tharus, figlio di Attila* (61), *Ercole alla conquista di Atlantide* (61), *La guerra di Troia* (61), *Sodoma e Gomorra* (62), *Goliath e la schiava ribelle* (62), *Maciste, l'eroe più grande del mondo* (63), *I dieci gladiatori* (63), *I pirati della Malesia* (64), *Gli invincibili tre* (64), *Kindar l'invulnerabile* (64), *Le pistole non discutono* (64), *I tre centurioni* (64), *I due gladiatori* (64), *Il tempio dell'elefante bianco* (64), *Serenade für zwei Spione* (65 Germany), *Johnny West il mancino* (65), *Per un pugno nell'occhio* (66), *Per mille dollari al giorno* (66), *Come rubare la corona d'Inghilterra* (66), *Lo straniero* (67), *Un poker di pistole* (67), *Il bello, il brutto, il cretino* (67), *Execution* (68), *Vivo per la tua morte* (68), *Il figlio di Aquila Nera* (68), *Fidarsi è bene, sparare è meglio* (68), *Blackjack* (68), *Sigpress contro Scotland Yard* (68), *...E venne il tempo di uccidere* (68), *La vendetta è il mio perdono* (69), *Isabella, duchessa dei diavoli* (69), *Sul sentiero di guerra* (69), *Ranger attacco ora X* (70), *Le Voyou* (70 France), *Una pistola per cento croci* (71), *E lo chiamavano Spirito Santo* (71), *E alla fine lo chiamavano Jerusalem l'implacabile* (71), *The Arena* (73 U.S.), *Spirito Santo e le cinque magnifiche canaglie* (73), *Catene* (74), *Quella età maliziosa* (75), *Un poliziotto scomodo* (78).

3388. **Palmarini, Umberto.** Actor. b. 1883, Macerata. d. the night of Dec. 31, 1934, Milano. Married Mercedes Brignone. *Buon Natale!* (14), *Il re dell'Atlantico* (14), *La tragica missione* (15), *Ceneri e vampe* (17), *La commedia del mio palco* (18), *La valse bleue* (18), *Frate Sole* (18), *Giuliano l'apostata* (20), *Lorenzino de' Medici* (34), *Ginevra degli Almieri* (35).

3389. **Palme, Ulf.** Swedish actor. b. Oct. 18, 1920, Stockholm. *Il diavolo* (63).

3390. **Palmer, Daniela.** Actress. b. July 11, 1907, Milano. d. July 11, 1949, Roma. RN: Giulia Fogliata. From 1931 to 1938 she was known as Kiki Palmer, and from 1938 to 1939 as Palma Palmer. Mostly a stage actress, she worked in radio and dubbing, and acted in only two films. There was talk of her making more movies but, despondent over her mother's death, and over her own troubled life, she committed suicide on her 42nd birthday. Renzo Palmer (q.v.) is her adopted son. *Marcia nuziale* (34), *La luce del mondo* (34).

Palmer, Dick *see* **Palmara, Mimmo**

3391. **Palmer, Gregg.** U.S. actor. b. Jan. 25, 1927, San Francisco, Calif. RN: Palmer Lee. *La vita, a volte, è molto dura, vera provvidenza?* (72).

3392. **Palmer, Lilli.** Austrian actress. b. May 24, Posen, Germany. d. Jan. 27, 1986, Los Angeles, Calif. RN: Lillie Marie Peiser. *Montparnasse* (58), *L'amore difficile* (62), *Finchè dura la tempesta* (63), *Operazione Crossbow* (65).

3393. **Palmer, Renzo.** Actor. b. 1930. Adopted son of Daniela Palmer. *Il pianeta degli uomini spenti* (60), *Un dollaro di fifa* (60), *Chi si ferma è perduto* (60), *La viaccia* (61), *Il federale* (61), *Pugni, pupe e marinai* (61), *Totòtruffa 62* (61), *La visita* (62), *Obiettivo ragazze* (63), *Il figlio del circo* (63), *Frenesia d'estate* (64), *La vendetta della signora* (64), *La ragazza in prestito* (65), *Sette uomini d'oro* (65), *Con rispetto* *parlando* (65), *Per un pugno di canzoni* (66), *Il furto della Gioconda* (66), *Tre notti violente* (66), *Diabolik* (67), *Tre passi nel delirio* (68 the episode "William Wilson"), *Buona sera, Mrs Campbell* (68), *House of Cards* (68 U.K.), *Un detective, macchie di belletto* (68), *La Battaglia d'Inghilterra* (70), *All'onorevole piacciono le donne* (72), *Te Deum* (72), *Rappresaglia* (73), *Il cittadino si ribella* (73), *Rugantino* (73), *Zanna Bianca alla riscossa* (75), *Continente di ghiaccio* (75 doc co-narrator), *Perchè si uccide un magistrato* (75), *Il soldato di ventura* (75), *Vai gorilla!* (76), *La legge violenta della squadra anticrimine* (76), *Il grande racket* (77), *Il cinico, l'infame, il violento* (77), *Il mostro* (77), *Goodbye and Amen* (78), *Ligabue* (78), *The Salamander* (80 U.K.), *La dottoressa preferisce i marinai* (81), *La famiglia* (87).

3394. Palmi, Bruno Emanuel. Actor. b. Feb. 18, 1890, Roma. *La chiamavano Cosetta* (16), *Ceneri e vampe* (17), *La storia di un peccato* (17), *La donna che non ebbe cuore* (17), *Il ferro* (17), *Adriana Lecouvreur* (18), *Frate Sole* (18), *Musotte* (19), *Le due Marie* (19).

3395. Palmieri, Fulvio. Co-writer. b. Oct. 19, 1903, Roma. Began in film in 1933 as a dialogist. *Un cattivo soggetto* (33), *"Fiat voluntas Dei"* (35), *Cavalleria* (36), *Luciano Serra pilota* (38), *Mio figlio professore* (46), *L'isola di Montecristo* (48), *Emigranti* (48), *Cenerentola* (48), *Monaca santa* (48), *Ma chi te lo fa fare?* (48), *Monastero di Santa Chiara* (48), *Vento d'Africa* (48), *La sepolta viva* (49), *Il bacio di una morta* (49), *Rondini in volo* (49), *La fiamma che non si spegne* (49), *Cavalcata d'eroi* (49), *Ho sognato il paradiso* (49), *Miss Italia* (49), *Vespro siciliano* (49), *Canzone di primavera* (50), *Una sera di maggio* (55), *Il campanile d'oro* (55), *Costantino il grande: in hoc signo* (60).

3396. Palmucci, Carlo. Actor. *Requiescant* (67), *Vergogna, schifosi* (68).

3397. Palumbo, Dolores. Actress. b. June 14, 1912, Napoli. *Abbasso la fortuna* (47), *Vivere a sbafo* (49), *Cafè chantant* (53), *Carosello napoletano* (54), *Miseria e nobiltà* (54), *Milanesi a Napoli* (54), *Buongiorno, primo amore* (57), *La canzone del destino* (57), *Lazzarella* (57), *Mariti in città* (57), *La nonna Sabella* (57), *La nipote Sabella* (58), *Caporale di giornata* (58), *Domenica è sempre domenica* (58), *Gambe d'oro* (58), *Io, mammeta e tu* (58), *La ballerina e buon Dio* (58), *La ragazza di piazza san Pietro* (58), *Ricordati di Napoli* (58), *Il terribile Teodoro* (58), *Pane amore e Andalusia* (59), *Destinazione San Remo* (59), *Psicanalista per signora* (59), *Che femmina ...e che dollari!* (60), *Mariti in pericolo* (61), *Zum zum zum...la canzone che mi passa per la testa* (68).

Paluzzi, Luciana *see* **Paoluzzi, Luciana**

3398. Pampanini, Silvana. Actress. b. Sept. 25, 1927, Roma. Runner-up in the first Miss Italia contest, 1946. Movies include: *L'apocalisse* (47), *Il segreto di don Giovanni* (47), *Arrivederci, papà* (48), *Il barone Carlo Mazza* (48), *I pompieri di Viggiù* (49), *Antonio da Padova* (49), *Marechiaro* (49), *Lo sparviero del Nilo* (49), *Biancaneve e i sette ladri* (49), *La forza del destino* (50), *Il richiamo della tempesta* (50), *La Bisarca* (50), *L'inafferabile 12* (50), *Bellezze in bicicletta* (50), *47, morto che parla* (50), *È arrivato il cavaliere* (50), *Io sono il capataz!* (51), *Era lui...si! si!* (51), *Miracolo a Viggiù* (51), *Una bruna indiavolata* (51), *La paura fa 90* (51), *O.K. Nerone* (51), *La tratta delle bianche* (52), *Bufere* (52), *Processo alla città* (52), *La donna che inventò l'amore* (52), *La presidentessa* (52), *Le avventure di Mandrin* (52), *Canzoni di mezzo secolo* (52), *La peccatrice dell'isola* (52), *Viva il cinema!* (53), *Koenigsmark* (53 France), *Il matrimonio* (53), *Un marito per Anna Zaccheo* (53), *Canzoni, canzoni, canzoni* (53), *L'incantevole nemica* (53), *Noi cannibali* (53), *Amori di mezzo secolo* (53), *Un giorno in pretura* (53), *Vortice* (54), *L'allegro squadrone* (54), *La torre del piacere* (54), *La schiava del peccato* (54), *La principessa delle Canarie* (54), *Napoleone Buonaparte* (54), *Orient-Express* (55), *La bella di Roma* (55), *Racconti romani* (55), *Canzoni di tutta Italia* (56), *Saranno uomini* (57), *La Loi des rues* (57 France), *La strada lungo un anno* (58), *Giuseppe Verdi* (58 short d), *Sed de amor* (59 Mexico), *Mariti a congresso* (61), *Il terrore dei mari* (62), *Il gaucho* (64), *Mazzabubù...quante corne stanno quaggiù* (72), *Il tassinaro* (83 as herself).

3399. Pan, Hermes. U.S. choreographer. b. 1905. RN: Hermes Panagiotopoulos. *Aiutami a sognare* (81).

3400. Panaro, Alessandra. Actress. b.

Dec. 14, 1939, Roma. *Il barcaiolo d'Amalfi* (55), *Destinazione Piovarolo* (55), *Gli innamorati* (55), *Il campanile d'oro* (55), *Mamma sconosciuta* (56), *Guardia, guardia scelta, brigadiere e maresciallo* (56), *Cantando sotto le stelle* (56), *Poveri ma belli* (56), *I miliardari* (56), *La trovatella di Pompei* (57), *Se il re lo sapesse* (57), *Amore e chiacchiere* (57), *Lazzarella* (57), *Belle ma povere* (57), *Totò, Peppino e le fanatiche* (58), *L'ultima canzone* (58), *Avventura a Capri* (58), *Cigarettes, whisky e p'tites pépées* (58 France), *I ragazzi dei Parioli* (59), *Poveri milionari* (59), *Il raccomandato di ferro* (59), *Cerasella* (59), *Le notti dei teddy-boys* (60), *Rocco e i suoi fratelli* (60), *Le baccanti* (60), *Mariti a congresso* (61), *Ulisse contro Ercole* (61), *Il figlio di capitano Blood* (63), *Ercole contro Moloch* (63), *Il tempio dell'elefante bianco* (64), *Der Schatz der Azteken* (65 Germany).

3401. Pancani, Anna Maria. Actress. b. 1936, Roma. *Operazione Notte* (55), *Le amiche* (55), *Piccola posta* (55), *Lo scapolo* (55).

Pan Cosmatos, Georges *see under* **Cosmatos**

3402. Pandolfi, Elio. Actor. *Altri tempi* (51), *Per qualche dollaro in meno* (66), *La più bella coppia del mondo* (68), *Quando gli uomini amarano la clava...e con le donne fecero din-don* (71).

3403. Pandolfi, Vito. Director. *Gli ultimi* (63).

3404. Pandolfini, Turi. Actor. b. Nov. 1, 1893, Catania. d. March 6, 1962, Catania. RN: Salvatore Pandolfini. *La stella del cinema* (31), *Paradiso* (32), *La vecchia signora* (32), *La voce lontana* (33), *Tenebre* (34), *L'albergo della felicità* (34), *Il marchese di Ruvolito* (39), *Sempre più difficile* (42), *In nome della legge* (49), *Gli inesorabili* (51), *Altri tempi* (51), *Processo alla città* (52), *Anni facili* (53), *Siamo tutti inquilini* (53), *Terza liceo* (53), *Condannatelo!* (53), *Siamo donne* (53 the episode "La giara"), *Il sole negli occhi* (53), *I tre ladri* (53), *Un giorno in pretura* (53), *Accade al commissariato* (54), *Bella non piangere* (54), *La schiava del peccato* (54), *Scuola elementare* (54), *L'arte di arrangiarsi* (54), *Le signorine dello 04* (54), *La moglie è uguale per tutti* (54), *I pinguini ci guardano* (54), *Buonanotte, avvocato!* (55), *Luna nova* (55), *Bravissimo* (55), *Accade al penitenziario* (55), *Racconti romani* (55), *Una pelliccia di visone* (56), *Arrivano i dollari* (56), *Mi permette, babbo?* (56), *Lazzarella* (57), *Gambe d'oro* (58), *Tre straniere a Roma* (58), *Urlatori alla sbarra* (60).

3405. Panelli, Paolo. Actor. b. July 15, 1925, Roma. Married Bice Valori. *Arrivederci, papà* (48), *Rondini in volo* (49), *Cuori sul mare* (49), *Contro la legge* (51), *L'ultima sentenza* (51), *Parigi è sempre Parigi* (51), *Moglie per una notte* (52), *Solo per te, Lucia* (52), *La voce del silenzio* (52), *Scampolo 53* (53), *La grande speranza* (53), *Rosso e nero* (54), *Ridere ridere ridere* (54), *Bella non piangere* (54), *La moglie è uguale per tutti* (54), *Terrore sulla città* (56), *I dritti* (58), *Le dritte* (58), *Mia nonna poliziotto* (58), *Noi duri* (60), *L'assassino* (60), *I teddy-boys della canzone* (60), *Akiko* (61), *I marziani hanno dodici mani* (64), *Io uccido, tu uccidi* (65 the episode "La danza delle ore"), *Zum zum zum – la canzone che mi passa per la testa* (68), *Il conte Tacchia* (82), *Splendor* (89), *Verso sera* (90).

3406. Panfili, Mirella. Actress. *Operazione Paura* (66), *Johnny Yuma* (66), *O.K. Connery* (67), *Due R-r-r-ringos nel Texas* (67), *Il lungo, il corto, il gatto* (67), *Il magnifico texano* (67), *Nel sole* (67), *Non stuzzicate la zanzara* (67), *La notte pazza del conigliaccio* (67), *Satanik* (67), *Un treno per Durango* (67), *Sette Winchester per un massacro* (68), *Come rubare un quintale di diamanti in Russia* (68), *L'alibi* (68), *Amanti* (68), *Scacco internazionale* (68), *Vacanze sulla Costa Smeralda* (68), *Satyricon* (68), *Tenderly* (68), *Stasera mi butto* (68), *Seduto alla sua destra* (68), *Anche nel west, c'era una volta Dio* (68), *I bastardi* (68), *La battaglia dell'ultimo panzer* (68), *Carogne si nasce* (68), *Cinque figli di cane* (68), *Il dolce corpo di Deborah* (68), *Don Chisciotte e Sancho Panza* (68), *I due pompieri* (68), *Faustina* (68), *La morte non ha sesso* (68), *Le calde notti di Lady Hamilton* (68), *L'oro del mondo* (68), *Plagio* (68), *Scusi, lei conosce il sesso?* (68), *Paroxismus* (69), *Femina ridens* (69).

3407. Pani, Corrado. Actor. b. March 4, 1936, Roma, into a Sardinian family. *Il viale della speranza* (53), *I pinguini ci guardano* (54), *Terrore sulla città* (56), *Città di notte* (56), *A sud niente di nuovo* (57), *Le notti bianche* (57), *I dritti* (58), *Erode il* *grande* (59), *Guardatele, ma non toccatele!* (59), *Il peccato degli anni verdi* (59), *Rocco e i suoi fratelli* (60), *Sotto dieci bandiere* (60), *Il sepolcro dei re* (60), *Via Margutta* (60), *Genitori in blue jeans* (60), *La ragazza con la valigia* (60), *Un giorno da leoni* (61), *Le vergini di Roma* (61), *Una regina per Cesare* (62), *Bora Bora* (68), *Kama Sutra—Vollendung der Liebe* (68 Germany), *Matalo!* (71), *Gli ordini sono ordini* (71), *Anna, quel particolare piacere* (73), *Ancora una volta prima di lasciarci* (73), *La notte dell'ultimo giorno* (73), *Testa in giù... gambe in aria* (73), *La minorenne* (74), *Fatti di gente perbene* (74), *La città gioca d'azzardo* (75), *Labbra di lurido blu* (76), *Dove volano i corvi d'argento* (77), *Il gatto dagli occhi di giada* (77), *'O re* (89).

3408. Pannuzio, Mario. Co-writer. b. March 5, 1910, Lucca. *Il fu Mattia Pascal* (37 assistant to the director), *Grandi magazzini* (39), *Il documento* (39), *La maschera di Cesare Borgia* (41 also story), *Capitan Fracassa* (40), *Una storia d'amore* (42 also story), *Europa 51* (52).

3409. Panzeri, Sandro. Actor. *Il posto* (61), *Dal sabato al lunedì* (63).

3410. Paola, Dria. Actress. b. Nov. 21, 1909, Rovigo. Retired in 1941. *Sole* (29), *La canzone dell'amore* (30), *Vele ammainate* (31), *L'uomo dall'artiglio* (31), *Cortile* (31), *Pergolesi* (32), *Fanny* (33), *La fanciulla dell'altro mondo* (33), *Il signore desidera?* (33), *La cieca di Sorrento* (34), *Un colpo di vento* (36), *Pensaci, Giacomino!* (37), *L'albero di Adamo* (37), *L'ultimo scugnizzo* (38), *L'albergo degli assenti* (38), *Lotte nell'ombra* (38), *Il cavaliere di san Marco* (39), *Traversata nera* (39), *La mia canzone al vento* (39), *La conquista dell'aria* (39), *La notte delle beffe* (39), *Cuori nella tormenta* (40), *La pantera nera* (41).

3411. Paolella, Domenico. Director. b. Oct. 15, 1918, Foggia. AKA: Paul Fleming, Paolo Dominici. AKA: Paolo Dominici. Former film critic. His first three films, all experimental, were prize-winners. *Arco felice* (35 short), *Cronaca o fantasia* (36 short), *Uno della montagna* (37 short), *Scipione l'Africano* (37 asst d), *Castel Sant'Angelo* (38 doc), *Ritorna la vita* (38 doc), *La grande voce* (38 doc), *Gli ultimi della strada* (39), *Aurora della vita* (39 doc), *Gli uomini del mare* (39 doc), *L'ebbrezza del cielo* (39 co-w), *Fantasmi a Cinecittà* (40 doc), *Nelle steppe del Don* (43 doc), *Bambini e soldati* (43 doc), *Un giorno a Lubiana* (43 doc), *Croazia* (43 doc), *L'Italia s'è desta* (44 doc), *È il Vesuvio sta a guardare* (45 doc), *America* (47 U.S. doc), *Terra amara* (48 short), *Napoli questa sconosciuta* (49 doc), *Arcobaleno romano* (50 doc), *La tragedia dell'Etna* (51 doc), *Un ladro in paradiso* (51 co-d), *Canzoni di mezzo secolo* (52 co-d), *Canzoni, canzoni, canzoni* (53), *Gran varietà* (53 also co-w), *Rosso e nero* (54), *Destinazione Piovarolo* (55 also co-w), *Il coraggio* (55), *Canzoni di tutta Italia* (56), *San Remo canta 1956* (56 doc), *Non sono più guaglione* (57), *Blue Jeans* (58 France short), *Destinazione San Remo* (59), *Madri pericolose* (60 also co-w), *I pirati della costa* (60), *I teddy-boys della canzone* (60), *Il segreto dello sparviero nero* (61), *Il terrore dei mari* (62), *Le prigioniere dell'Isola del Diavolo* (62), *Il giustiziere dei mari* (62), *Ursus, gladiatore ribelle* (63), *Sansone contro i pirati* (63 co-d), *Maciste nell'inferno di Genghis Khan* (64 also w), *Ercole contro i tiranni di Babilonia* (64 also co-w), *Il gladiatore che sfidò l'impero* (64), *Golia alla conquista di Bagdad* (64), *Agente S03: operazione Atlantide* (66), *Odio per odio* (67 also co-w), *Execution* (68 also co-w / story), *Il raggio infernale* (68 co-w), *Le monache di sant'Arcangelo* (72 also co-w), *Storia di una monaca di clausura* (74 also co-w), *La polizia è sconfitta* (78), *Gardenia* (79), *Tre sotto il lenzuolo* (79 co-d).

3412. Paoletti, Marco. Actor. b. 1949, Siena. Usually plays Romans. *Il maestro* (57), *Dagli Appennini alle Ande* (58), *Pia de' Tolomei* (58), *Lazarillo de Tormes* (60 Spain), *Saul e David* (64).

3413. Paoletti, Roberto. Actor. *Eva* (62), *Giacobbe ed Esau* (62), *Il giuramento di Zorro* (65).

3414. Paoli, Evelina. Actress. b. March 30, 1878, Firenze. RN: Evelina Paoli Papa. *Silvio Pellico, il martire dello Spielberg* (15), *Venere* (31), *Una notte con te* (32), *Re burlone* (35), *Hanno rapito un uomo* (38), *Se quell'idiota ci pensasse* (39), *Dora Nelson* (39), *La granduchessa si diverte* (40), *Un garibaldino al convento* (41), *Perdizione* (42), *Noi vivi* (42), *Addio Kira!* (42), *L'abito nero da sposa* (43), *Sogno d'amore* (44), *Rocambole* (47).

3415. Paolieri, Germana. Actress. b. Aug. 29, 1906, Firenze. *La Wally* (32), *La* *cantante dell'opera* (32), *Il dono del mattino (32), L'armata azzurra* (32), *La fortuna di Zanze* (32), *Piccola mia* (32), *L'acqua cheta* (33), *Lorenzino de' Medici* (34), *L'allegro cantante* (38), *Luciano Serra pilota* (38), *Stella del mare* (38), *Giuseppe Verdi* (38), *Tutta la vita in una notte* (38), *Il sogno di Butterfly* (39), *Traversata nera* (39), *Torna, caro ideal...!* (39), *Fanfulla da Lodi* (40), *È sbarcato un marinaio* (40), *Incanto di mezzanotte* (40), *La gerla di papà Martin* (40), *Kean, gli amori di un artista* (40), *La forza bruta* (40), *L'arcidiavolo* (41), *Sancta Maria* (41), *Il sogno di tutti* (41), *Pia de' Tolomei* (41), *La sonnambula* (41), *Il vetturale del san Gottardo* (41), *Se non son matti non li vogliamo* (41), *Le due orfanelle* (42), *Sempre più difficile* (42), *Accade a Damasco* (42), *La vita torna* (42), *Immensee* (43 Germany), *Resurrezione* (43), *07 tassì* (43), *Si chiude all'alba* (44), *Ultimo sogno* (44), *I dieci comandamenti* (45 started in 43), *L'eco della gloria* (46), *La mano della morta* (49), *Cavalcata d'eroi* (49), *Maddalena* (53), *Villa Borghese* (53), *Il mostro dell'isola* (53), *...E Napoli canta* (53), *In amore si pecca in due* (54), *I due compari* (55), *La canzone del cuore* (55), *Suor Maria* (56), *Il ricatto di un padre* (56), *L'angelo delle Alpi* (57), *I delfini* (60), *Un figlio d'oggi* (61).

3416. Paolinelli, Bruno. Director. b. Roma. *La voce del silenzio* (52 co-w), *Donne proibite* (53 co-w/story), *Cose da pazzi* (54 p/co-w/story), *La Luciana* (54 co-w/story), *I papagalli* (56), *Tunisi top secret* (59), *Legge di guerra* (61).

3417. Paolini, Elvira. Actress. *La donna scimmia* (64), *Satyricon* (68).

3418. Paolucci, Giovanni. Director. b. June 24, 1912, Pallanza. *La contessa di Parma* (37 art d), *Portofino* (41 doc), *Musica a Santa Cecilia* (42 doc), *Galileo Galilei* (42 doc co-d), *Educarsi nel lavoro* (42 doc), *Le cinque terre* (42 doc co-d), *Casa Verdi* (43 doc), *La valle di Cassino* (45 doc), *Quartiere genovese* (46 doc), *Preludio d'amore* (46 also co-w), *Sardegna* (53 doc), *La montagna di cenere* (53 doc), *Gli orizzonti del sole* (53 also co-w/story), *La tua donna* (54 also co-w/story), *Il relitto* (61 he directed the Italian version of this U.S./Italian co-production known in the U.S.A. as *The Wastrel*), *El Cid* (61 he directed the Italian version of this U.S./Italian co-production).

3419. Paolucci, Guido. Director of production. b. Roma. In movies since 1935. *La mazurka di papà* (38), *Montevergine* (39), *La reggia sul fiume* (40 also story), *Il prigioniero di Santa Cruz* (40 also story), *Oro nero* (41), *Fra' Diavolo* (42), *Dagli Appennini alle Ande* (43), *La leggenda di Genoveffa* (52), *Due lacrime* (54), *Vendicata* (54), *Amaramente* (56 general organizer), *Il ricatto di un padre* (56), *Ascoltami!* (57), *La sceriffa* (59), *Il terrore dell'Oklahoma* (59).

3420. Paoluzzi, Luciana. Actress. b. 1939, Roma. Known outside Italy as Luciana Paluzzi. Married Brett Halsey in 1960. She was co-star of the U.S. TV series *Five Fingers*. Her movies include: *Three Coins in the Fountain* (54 U.S.), *I sette peccati di papà* (54), *La castellana del Libano* (56), *Le fatiche di Ercole* (57), *Se il re lo sapesse* (57), *Sea Fury* (58 U.K.), *Tank Force* (58 U.K.), *Carleton Browne of the F.O.* (58 U.K.), *La tigre di Eschnapur* (59), *Il sepolcro indiano* (59), *Il nemico di mia moglie* (59), *Return to Peyton Place* (61 U.S.), *Cronache di un convento* (62), *Il vizio e la virtù* (63), *Muscle Beach Party* (64 U.S.), *Questa volta parliamo di uomini* (65), *Thunderball* (65 U.K.), *Io uccido, tu uccidi* (65 the episode "Giochi acerbi"), *To Trap a Spy* (66 U.S.), *The Venetian Affair* (66 U.S.), *Chuka* (67 U.S.), *Niente rose per OSS 117* (68), *La morte non ha sesso* (68), *La esclava del paraíso* (68 Spain), 99 mujeres (69 Spain), *The Green Slime* (69 U.S./Japan), *Captain Nemo and the Underwater City* (70 U.K.), *Il pistolero dell'ave maria* (70), *Cometogether* (71), *La "mala" ordina* (72), *Black Gunn* (72 U.S.), *Le guerriere dal seno nudo* (72), *The Klansman* (74 U.S.), *L'uomo della strada fa giustizia* (76), *The Greek Tycoon* (78 U.S.), *Commissario Verrazano* (78).

3421. Papadopoulos, Panos. Actor. *Per qualche dollaro in più* (65), *Fedora* (78).

3422. Papas, Irene. Greek actress. b. 1926, Chiliomodion, near Corinth. RN: Irene Lelekou. *Le infedeli* (52), *Avventura ad Algeri* (53), *Teodora, imperatrice di Bisanzio* (53), *Vortice* (54), *Attila—flagello di Dio* (54), *A ciascuno il suo* (67), *Le avventure di Ulisse* (68), *Ecce homo* (68), *Un posto ideale per uccidere* (70), *Roma bene* (71), *N.P. il segreto* (71), *Non si sevizia un paperino* (72), *Piazza pulita* (73), *Le farò da* *padre* (74), *Mosè* (76), *Un'ombra nell'ombra* (77), *L'uomo di Corleone* (77), *Cristo si è fermato a Eboli* (79), *Il disertore* (83), *Cronaca di una morte annunciata* (87).

3423. Papi, Giorgio. Producer. b. Dec. 6, 1917, Roma. AKA: George Papi. *La cena delle beffe* (41 production secretary), *Quattro passi fra le nuvole* (42 prod insp), *Otello* (51 general organizer), *Io sono il capataz!* (51), *Siamo tutti assassini* (52), *Cinema d'altri tempi* (53), *Il caso Maurizius* (54), *French Can Can* (54 France/U.K.), *L'intrusa* (55), *Occhio per occhio* (56), *Le Feu aux poudres* (58 France), *Mio zio* (58), *Per un pugno di dollari* (64 co-p), *Ad ogni costo* (68 co-p), *Città violenta* (70 co-p).

3424. Paqui, Jean. French actor. b. April 15, 1921, Cap d'Ail, in the Maritime Alps. RN: Jean-François de Thunel, Cavalier d'Orgeix. *La bella Otero* (54), *Napoleone Buonaparte* (54).

3425. Paradisi, Giulio. Actor. AKA: Michael J. Paradise, Jules Paradise. Graduated from the Centro Sperimentale in 1954. Later became a director. *Peccato che sia una canaglia* (54), *Gli sbandati* (55), *I quattro del getto tonante* (55), *Un eroe dei nostri tempi* (55), *Gente felice* (56), *La donna del giorno* (56), *Amore e chiacchiere* (57), *Brevi amori a Palma di Maiorca* (59), *La dolce vita* (60), *Madri pericolose* (60), *La notte pazza del conigliaccio* (67 e/added dialog), *Ragazzo di borgata* (76 d/co-w), *Il visitatore* (80 d/co-story), *Tesoromio* (80 d), *Spaghetti House* (82).

3426. Paradisi, Olga. Actress. b. Napoli. *Il dubbio* (15), *La rivincita del passato* (15), *Sotto il dominio di una tomba* (15), *La fiammata* (16), *La duchessa del Bal Tabarin* (16), *I figli sperduti* (16), *Rose di paradiso* (17), *Ll'nocchie Cunzaerete* (17), *Il cavaliere della primavera* (20).

3427. Paradisi, Umberto. Director. b. 1878, San Giorgio di Lomellina. d. June 21, 1933, Torino. *I promessi sposi* (13 *), *Gli ultimi giorni di Pompei* (13 *), *I due sergenti* (13 *), *Le leggi dell'onore* (13), *L'ordinanza* (13), *Per il babbo* (13), *Il fiore perverso* (13), *Il piccolo carceriere* (13), *Gli abitatori delle fogne* (14), *Capriccio di gran Signore* (14), *L'esplosione del forte B. 2* (14), *Il film rivelatore* (14), *Il mistero di Silistria* (14), *I cenciaiuoli del 2a quartiere* (14), *Gli spazzacamini della Valle d'Aosta* (14), *Il principe di Floramia* (14), *Il gorgo* (14), *La confessione* (14), *L'ultimo ostacolo* (14), *Ultima danza* (14), *Il posto vuoto* (14), *La danza delle ore* (14), *Il direttissimo delle 21,53* (15), *L'ebreo errante* (15 co-d), *I fratelli delle tenebre* (15), *Il ponte del diavolo* (15), *Ettore Fieramosca* (15 co-d), *Il gomitolo nero* (15), *Passione tzigana* (16 co-d), *Dagli Appennini alle Ande* (16), *E i rettili furono vinti* (16), *Vincere la morte?* (16), *La dama dal nastro di velluto* (19), *Il sole e i pazzi* (19), *Sei tu felicità* (19), *La donna e i bruti* (20), *A noi!* (22 doc), *Un Balilla del 48* (27), *Il figlio del corsaro* (28 co-d).

3428. Paré, Michael. U.S. actor. b. 1959, Brooklyn, N.Y. *Il sole buio* (90).

3429. Parédès, Jean. French actor. b. 1918, Pusignan. RN: Victor Catégnac. *Fanfan la tùlipe* (51), *Le belle della notte* (52), *La signora dalle camelie* (52), *Quando le donne amano* (52), *Fate largo ai moschettieri* (53), *Madame Dubarry* (54), *Aria di Parigi* (55), *Michele Strogoff* (56), *Johnny Banco* (68).

3430. Parenti, Neri. Director. *Fantozzi contro tutti* (80 co-d), *Fracchia, la belva umana* (81 co-d/co-w), *Sogni mostruosamente proibiti* (82), *Pappa e Ciccia* (83), *Fantozzi subisce ancora* (83 also co-w), *Fracchia contro Dracula* (85), *Pompieri* (85), *Scuola di ladri* (86), *Scuola di ladri, seconda parte* (87 also co-w), *Superfantozzi* (87 also co-w), *Fantozzi va in pensione* (89), *Ho vinto la lotteria di capodanno* (90 also co-w), *Fantozzi colpisce ancora* (91 also co-w).

Paris, Henry *see* **Metzger, Radley**

3431. Paris, Simone. French actress. b. 1905, Paris. *L'ora della verità* (52), *L'età della'amore* (53), *Il conte di Montecristo* (53 in both episodes, "Il tesoro di Montecristo" and "La vendetta di Montecristo"), *Napoleone Buonaparte* (54), *Aria di Parigi* (55), *Gli amanti di domani* (56).

3432. Parish, Guido. Director. b. Roma. Almost always directed using the name Schamberg. "Discovered" Marcella Albani, and in the 20s they both spent much time in Germany. Retired in 1927. *L'amplesso della morte* (19), *Lotte di spirito* (19), *Maglia nera* (19), *Atavismo dell'anima* (19 also story), *La figlia delle onde* (20), *Il tarlo distruttore* (20), *L'amore in fuga* (20 co-d), *Il romanzo di Nina* (20), *Salvator* (20 in three episodes), *Bufera* (21), *Il risorto*

(21), *La sposa perduta* (21 co-d), *La madonna della Robbia* (21), *Il mistero del testamento* (21 in two episodes), *Ferro di cavallo* (22 co-d), *La valle del pianto e del sorriso* (22), *Frauenschicksal* (22 Germany), *Das Spiel der Liebe* (23 Germany also story), *Guillotine* (24 Germany), *La figlia di nessuno* (27).

3433. Parisy, Andrea. French actress. b. 1931. *Paris Palace Hotel* (56), *Confetti al pepe* (63).

3434. Park, Reg. U.K. actor/muscleman. *Ercole alla conquista di Atlantide* (61), *Ercole al centro della terra* (61), *Maciste nelle miniere del re Salomone* (64), *Ursus, il terrore dei kirghisi* (64), *La sfida dei giganti* (65).

3435. Parker, Cecil. U.K. actor. b. Sept. 3, 1897, Hastings. d. April 20, 1971, Brighton. RN: Cecil Schwabe. *Sotto dieci bandiere* (60).

Parker, Claire *see under* **Alexieff, Alexandre**

3436. Parker, Eleanor. U.S. actress. b. June 26, 1922, Cedarville, O. *Il tigre* (67).

Parker, James *see* **Parra, Joaquín**

3437. Parks, Michael. U.S. actor. b. 1938, Corona, Calif. *La bibbia* (66 as Adam).

3438. Parlo, Dita. German actress. b. Sept. 4, 1906, Stettin. RN: Grethe Gerda Kornstadt. Equally at home in France. *La signora di Montecarlo* (38).

3439. Parmeggiani, Quinto. Actor. *The Secret of Santa Vittoria* (69 U.S.), *Concerto per pistola solista* (70), *Permette signora che ami vostra figlia* (74), *Professore venga accompagnato dai suoi genitori* (74), *Conviene far bene l'amore* (75), *La banca di monate* (76), *...E tanta paura* (77), *Il cappotto di astrakan* (80).

3440. Parodi, Nicoletta. Actress. b. Oct. 7, 1919, Genova. Sister of Lia Corelli. *La fanciulla di Portici* (40), *La leggenda della primavera* (41 short), *L'arcidiavolo* (41), *La compagnia della teppa* (41), *Il vagabondo* (41), *Brivido* (41), *Il birichino di papà* (42), *I bambini ci guardano* (43), *La storia di una capinera* (43).

3441. Parolini, Gianfranco. Director/co-writer. AKA: Frank Kramer. *La rivolta dei gladiatori* (58 co-w), *Goliath contro i giganti* (60 co-d/co-w), *La furia di Ercole* (61), *Sansone* (61), *Anno 79—distruzione ercolano* (62), *I dieci gladiatori* (63), *Agguato sul grande fiume* (63 2nd unit d), *Il vecchio testamento* (63 d), *Gli invincibili tre* (64 d), *Johnny West il mancino* (65), *Agente Joe Walker operazione Estremo Oriente* (66 d), *I tre fantastic superman* (67 d), *Donne alla frontiera* (67 d), *Le Commissaire X traque les chiens verts* (68 France), *Se incontri Sartana prega per la tua morte* (68), *Kommissar X—drei blaue Panther* (68 Germany), *Ehi, amico, c'è Sabata...hai chiuso* (69), *Indio Black: sai che ti dico...sei un gran figlio di...* (70), *È tornato Sabata, hai chiuso un'altra volta* (71), *Noi non siamo angeli* (75 d), *Pistola di Dio* (76), *Yeti, il gigante del ventesimo secolo* (77 also p).

3442. Parpagnoli, Mario. Actor. b. Roma. *Il mio cadavere* (17), *Per aver visto* (19), *L'ospite sconosciuta* (19), *Chimere* (19), *La complice muta* (20), *L'istinto* (20), *Maddalena Ferrat* (20), *Ultimo sogno* (20), *Liberazione* (20), *La fanciulla, il poeta e la laguna* (20), *Marion* (21), *I promessi sposi* (23), *Amore e destino* (23 d), *Adios Argentina* (27 Argentina).

3443. Parra, Joaquín. Actor. AKA: James Parker. *Sugar Colt* (66), *Quien sabe?* (66), *Tutto per tutto* (68).

3444. Parra, Vicente. Spanish actor. b. Feb. 5, 1931, Oliva. *Pane amore e Andalusia* (59), *Brevi amori a Palma di Maiorca* (59).

3445. Parrish, John. U.S. actor. *La contessa scalza* (54).

3446. Parry, Natasha. U.K. actress. b. Dec. 2, 1930. *Romeo e Giulietta* (68).

3447. Parvo, Elli. Actress. b. Oct. 17, 1915, Milano. RN: Elvira Gobbo. *Il feroce Saladino* (37), *Gatta ci cova* (37), *Lasciate ogni speranza* (37), *Mia moglie si diverte* (39), *Il marchese di Ruvolito* (39), *La notte delle beffe* (39), *Il Ponte dei sospiri* (40), *Arditi civili* (40), *Miseria e nobiltà* (40), *La donna perduta* (40), *Ridi, pagliaccio!* (41), *Beatrice Cenci* (41), *Il re si diverte* (41), *L'uomo venuto dal mare* (41), *Sette anni di felicità* (42), *I due Foscari* (42), *Carmen* (43), *La porta del cielo* (45), *Scalo merci* (46 made in 43), *Il sole sorge ancora* (46), *I fratelli Karamazoff* (47), *L'urlo* (47), *Legge di sangue* (48), *Vertigine d'amore* (48), *Il cavaliere misterioso* (48), *Santo disonore* (50), *È più facile che un cammello...* (50), *Totò terzo uomo* (52), *Papà, ti ricordo* (52),

Voto di marinaio (52), *La Luciana* (54), *L'arte di arrangiarsi* (54), *L'ultimo amante* (55), *Mi permette, babbo?* (56), *La venere di Cheronea* (58), *Il mondo dei miracoli* (59), *Madri pericolose* (60).

3448. Pascal, Jean-Claude. French actor. b. Oct. 24, 1927, Paris. d. May 6, 1992, Paris. RN: Jean-Claude Villeminot. *Quattro rose rosse* (51), *Allarme a sud* (53), *Versailles* (53), *Il grande giuoco* (53), *I tre ladri* (53), *La castellana del Libano* (56).

3449. Pascal, René. French actor. b. Jan. 27, 1907, Paris. RN: René Bazart. *Signori, in carrozza!* (51), *Quando le donne amano* (52), *Siamo tutti assassini* (52), *Rasputin* (54).

3450. Pascoli, Mariù. Child actress. b. Jan. 1, 1935, Tripoli, Libya, of Bolognese parents. Picked from 400 applicants to play the part of Ombretta in *Piccolo mondo antico* (40). Other films include: *La fuggitiva* (41), *Gran Premio* (42), *Senza famiglia* (44).

3451. Pasinetti, Francesco. Writer/documentary film maker. b. June 1, 1911, Venezia. d. April 2, 1949, Roma. Also a film critic and historian. He directed 35 short documentaries in the period 1942–43 alone. His feature films (as co-writer, unless otherwise stated) include: *Il canale degli angeli* (34 d/p), *L'ambasciatore* (36), *I due misantropi* (36), *L'ultima nemica* (37), *La peccatrice* (40), *Via delle cinque lune* (42), *Soltanto un bacio* (42), *La danza del fuoco* (42), *La locandiera* (43). His documentaries (as director, unless otherwise stated) include: *Cinema di tutti tempi* (39 compiler), *Sulle orme di Giacomo Leopardi* (41 also w), *Città bianca* (42 also w), *La gondola* (42 also w), *I piccioni di Venezia* (42 also w), *Venezia minore* (42 also w), *Nasce una famiglia* (46), *Venezia in festa* (47), *Piazza san Marco* (47), *Il palazzo dei dogi* (47), *Lumiei* (47), *Il giorno della salute* (48), *I pittori impressionisti* (48), *Arte contemporanea* (48), *Città sull'acqua* (49), *Scuola infermiera* (49 unfinished).

3452. Pasinetti, Pier Maria. Co-writer. b. June 24, Venezia. Brother of Francesco Pasinetti. Moved to the U.S.A. and became a teacher. *Il canale degli angeli* (34), *Julius Caesar* (53 U.S.), *La signora senza camelie* (53).

3453. Pasolini, Pier Paolo. Director/writer. b. March 5, 1922, Bologna. d. Nov. 2, 1975, Ostia, bludgeoned to death. Also a novelist, poet, film critic and theorist. *La donna del fiume* (54 co-w), *Il prigioniero della montagna* (55 co-w), *Le notti di Cabiria* (56 co-w), *Marisa la civetta* (57 co-w), *Giovani mariti* (57 co-w), *La notte brava* (59 w/story), *Morte di un amico* (59 co-w/story), *Il bell'Antonio* (60 co-w/story), *La carta delle marine* (60 short co-w/story), *La giornata balorda* (60 w/story), *La lunga notte del 43* (60 co-w/story), *Il carro armato dell'8 settembre* (60 co-w/story), *Il gobbo* (60 *), *La ragazza in vetrina* (60 w/story), *La viaccia* (61 w/story), *Accattone* (61 co-d/based on his 1959 novel "Una vita violenta"), *Mamma Roma* (62), *La comare secca* (62 co-w/story), *RoGoPaG* (62 the episode "La ricotta"), *Una vita violenta* (62 based on his novel), *La rabbia* (63 doc also e), *Sopraluoghi in Palestina* (64 doc also appeared as himself), *Il vangelo secondo Matteo* (64), *Comizi d'amore* (65 doc also appeared as himself), *Le streghe* (66 the episode "La terra vista dalla luna" d), *Uccellacci e uccellini* (66), *Capriccio all'italiana* (66 the episode "Che cosa sono le nuvole?" d), *Requiescant* (67 *), *Edipo re* (67 also *), *Amore e rabbia* (67 the episode "La seguenza del fiore di carta" d), *Teorema* (68), *Appunti per un film indiano* (69 short also appeared as himself), *Appunti per un'orestiade africana* (69 also ph), *Medea* (69), *Porcile* (69), *Appunti per un romanzo dell'immondezza* (70 short also appeared as himself), *Le mura di Sana* (70 short doc also wrote narration/appeared as himself), *Ostia* (70 co-w), *Documento su Giuseppe Pinelli—12 dicembre* (70 doc co-d), *Il Decamerone* (71 also *), *I racconti di Canterbury* (71 also *), *Storie scellerate* (73 co-w), *Il fiore delle mille e una notte* (73), *Salò, o le 120 giornate* (75 d/co-w), *A futura memoria di Pier Paolo Pasolini* (87 doc seen in clips).

3454. Pasquali, Alberto. Actor. b. Aug. 24, 1882, Torino. d. Feb. 15, 1929, Milano. *Christus* (15), *La tartaruga* (18), *Redenzione* (18), *Sleyma* (18), *I due crocifissi* (18), *La signorina dell'altro mondo* (18), *La peccatrice casta* (19), *L'uomo che vide la morte* (19), *La donna e il cadavere* (19), *Appassionatamente* (20), *La ruota del vizio* (20), *Il fango e le stelle* (20), *L'amore in fuga* (20), *Le campane di san Lucio* (21),

Bufera (21), *Le smorfie di Pulcinella* (21), *Ferro di cavallo* (22), *I Foscari* (22), *Treno di piacere* (23), *Voglio tradire mio marito!* (25), *Frate Francesco* (26), *Kiff Tebbi* (27), *Gli ultimi zar* (28), *Das letzte Souper* (28 Germany).

3455. Pasquali, Alfred. French actor. b. Oct. 30, 1898, Istanbul, Turkey. *I sette peccati di papà* (54).

3456. Pasquali, Ernesto Maria. Director/producer. b. 1883, Montù Beccaria, near Pavia. d. May 9, 1919, Torino. Head of Pasquali Films, a company which made, for example (and Pasquali's directing efforts are indicated where appropriate): *Cirano di Bergerac* (09 d), *Ettore Fieramosca* (09 d), *Zazà* (10 d), *Raffles, il ladro misterioso* (11 serial in 3 parts), *Le colpe degli altri* (12 co-d/p), *Quale dei due?* (12), *La rosa rossa* (12), *L'uragano* (12), *Il giudice istruttore* (12), *Oltre la morte* (12), *I due sergenti* (13), *Gli ultimi giorni di Pompei* (13 co-p), *Il carabiniere* (13 co-d), *Fabiola* (13 co-d/p), *Giovanna d'Arco* (13), *I promessi sposi* (13 co-d), *Spartaco, il gladiatore della Traccia* (13), *Il film rivelatore* (14), *La Gerusalemme liberata* (14), *Le primule insanguinate* (14), *L'ebreo errante* (15 co-d/p), *Ettore Fieramosca* (15), *Il tenente del Terzo Lancieri* (16), *Sofia di Kravonia* (16 d), *Passione tzigana* (16 co-d), *La fidanzata dei dollari* (17). Other films directed by Pasquali include: *Il carabiniere* (08), *I due sergenti* (08), *Diritto di uccidere* (09), *Il delitto della brughiera* (09 d/co-p), *Capitan Fracassa* (09), *Teodora, imperatrice di Bisanzio* (09), *Isabella d'Aragon* (10), *L'innocente* (11 co-d), *La porta aperta* (13), *Pro paupere infirmo* (13), *Salammbò* (15 co-d).

3457. Passante, Mario. Actor. b. Napoli. *Processo alla città* (52), *La lupa* (52), *Un turco napoletano* (53), *Desiderio 'e sole* (54), *Lettera napoletana* (54), *Accade al commissariato* (54), *Totò all'inferno* (54), *Peccato che sia una canaglia* (54), *Le vacanze del sor Clemente* (54), *L'oro di Napoli* (54), *Siamo uomini o caporali?!* (54), *Il bigamo* (55), *Incatenata dal destino* (55), *Il bidone* (55), *La bella mugnaia* (55), *Mi permette, babbo?* (56), *Le notti di Cabiria* (56), *Se il re lo sapesse* (57), *Parola di ladro* (57), *Amore e chiacchiere* (57), *Il marito* (57), *Addio per sempre* (57), *Un "colpo" da due miliardi* (58), *Adorabili e bugiarde* (58), *Lorella* (58), *Il romanzo di un giovane povero* (58), *Il cavaliere senza terra* (58), *La 100 km* (59), *Il vedovo* (59), *La maschera del demonio* (60), *La strada dei giganti* (60), *Caccia al marito* (60), *Il ladro di Bagdad* (60), *Il vigile* (60).

3458. Passarelli, Eduardo. Actor. b. Napoli. *Gatta ci cova* (37), *Il conte di Bréchard* (37), *Ma l'amor mio non muore* (38), *Il marchese di Ruvolito* (39), *San Giovanni decollato* (40), *Roma città aperta* (45), *Emigranti* (48), *Totò al giro d'Italia* (49), *Napoli, eterna canzone* (49), *Canzoni per le strade* (49), *Totòtarzan* (50), *Vita da cani* (50), *47, morto che parla* (50), *Totò sceicco* (51), *Sette ore di guai* (51 also co-w), *Totò e i re di Roma* (51), *Una bruna indiavolata* (51), *Buon viaggio, pover'uomo* (52), *Don Camillo* (52), *Ho scelto l'amore* (53), *Graziella* (54), *Quando tramonta il sole* (56), *Non sono più guaglione* (57), *È arrivata la parigina* (58), *La cambiale* (59), *Gli avventurieri ai tropici* (60), *Rocco e i suoi fratelli* (60), *Meravigliosa* (60), *I teddy-boys della canzone* (60).

3459. Pàstina, Giorgio. Director. b. 1905, Andria. d. July 1956, Roma. *La maschera e il volto* (42 w), *Enrico IV* (43), *T'amerò sempre* (43 co-w), *Le vie del peccato* (46), *Vanità* (46), *Guglielmo Tell* (48), *Vespro siciliano* (49), *Ho sognato il paradiso* (49), *Alina* (50), *Cameriera bella presenza offresi* (51), *Buon viaggio, pover'uomo* (52), *Giovinezza* (52), *Siamo donne* (53 the episode "La giara"), *Il cardinale Lambertini* (54), *Desiderio 'e sole* (54), *Cantami buongiorno tristezza* (55), *Una sera di maggio* (55).

3460. Pastore, Pietro. Actor. b. March 3, 1903, Padova. A former Juventus soccer player. *La leggenda di Wally* (28), *Acciaio* (33 the male lead), *Porto* (35), *Aldebaran* (35), *Tredici uomini e un cannone* (35), *Stasera alle undici* (37), *Sotto la croce del Sud* (38), *Io, suo padre* (38), *Un'avventura di Salvator Rosa* (40), *La corona di ferro* (41), *Caravaggio, il pittore maledetto* (41), *Fari nella nebbia* (41), *Il fanciullo del west* (41), *Oro nero* (41), *L'uomo della croce* (42), *Quartieri alti* (43), *Senza famiglia* (44), *Aquila Nera* (46), *Undici uomini e un pallone* (48), *Il monello della strada* (50), *Persiane chiuse* (51), *Il capitano di Venezia* (52), *I tre corsari* (52), *Il segreto delle tre punte* (52), *La nave delle donne maledette* (53), *Roman Holiday* (53

U.S.), *Il cardinale Lambertini* (54), *Attila—flagello di Dio* (54), *Pane amore e gelosia* (54), *Uomini ombra* (54), *Peccato che sia una canaglia* (54), *Siamo uomini o caporali?!* (54), *Operazione Notte* (55), *La donna più bella del mondo* (55), *Guerra e pace* (56), *Il cavaliere dalla spada nera* (56), *I fidanzati della morte* (57), *Gagliardi e pupe* (58), *Totò e Marcellino* (58), *La vendetta di Ercole* (60).

3461. Pastorino, Franco. Actor. b. Dec. 25, 1933, Milano. d. July 13, 1959, Milano, of peritonitis. Mostly on stage. *Core 'ngrato* (51), *Tormento del passato* (51), *Una croce senza nome* (52), *La figlia del diavolo* (52), *Lo sai che i papaveri. . .* (52), *Amori di mezzo secolo* (53 the episode "Napoli 43"), *Miseria e nobiltà* (54), *French Can Can* (54 France/U.K.), *Sergente d'ispezione* (58).

3462. Pastrone, Giovanni. Director/producer. b. Sept. 11, 1883, Montechiaro d'Asti. d. June 27, 1959, Torino. AKA: Piero Fosco. Invented the "carrello" ("dolly"), for tracking shots. Left the industry in the early 20s. *Giulio Cesare e Bruto* (09), *Agnese Visconti* (10), *La caduta di Troia* (10), *Padre* (12 co-d/p), *Cabiria* (14 also co-w), *Il fuoco* (15), *Maciste* (15), *Maciste alpino* (16 co-d/p), *Tigre reale* (16), *La moglie di Claudio* (18 co-d/p), *Hedda Gabler* (19), *Povere bimbe* (23).

3463. Pasut, Franca. Actress. *Accattone* (61), *Orazi e Curiazi* (61).

3464. Patorni, Raphaël. French actor. b. April 15, 1911. AKA: Ralph Patorni. *Quando le donne amano* (52), *L'ora della verità* (52), *Fate largo ai moschettieri* (53), *Il letto* (53 the fourth episode, "Il letto della Pompadour"), *Rasputin* (54).

3465. Patrizi, Stefano. Actor. *Gruppo di famiglia in un interno* (74), *Un anno di scuola* (76), *Mogliamante* (76), *Ritratto di borghesia in nero* (78), *L'ossessione che uccide* (81).

3466. Patroni-Griffi, Giuseppe. Director. *Il mare* (62), *Le streghe* (66 co-w), *Metti, una sera a cena* (68 also co-w/from his own play), *D'amore si muore* (72 co-w), *Addio fratello crudele* (72 also co-w), *Identikit* (74), *La divina creatura* (75), *La gabbia* (85).

3467. Patti, Ercole. Co-writer. b. Feb. 16, 1904, Catania. *Il cappello a tre punte* (34), *Come le foglie* (34), *Darò un milione* (36), *Ma non è una cosa seria* (36), *Documento Z 3* (41), *È caduta una donna* (41), *Quartieri alti* (43 also story), *Tre storie proibite* (52), *Un po' di cielo* (55), *Un amore a Roma* (60).

3468. Paul, Adrenia. Yugoslav actress. *La strada per Fort Alamo* (65), *Fraülein Doktor* (68).

3469. Paul, Gloria. U.K. actress. b. 1941. *Per qualche dollaro in più* (65), *Per un pugno nell'occhio* (66), *Due R-r-ringos nel Texas* (67), *Le sette cinesi d'oro* (67), *Sigpress contro Scotland Yard* (68).

3470. Paulowla, Magda. Rumanian actress. b. Bucharest. Actually the Countess Magda Solomonesco. Italian films include: *Usque dum vivam et ultra* (17), *Amore stanco* (20).

3471. Pavan, Marisa. Actress. b. June 19, 1932, Cagliari. RN: Marisa Pierangeli. Sister of Pier Angeli. In Hollywood since the early 50s. Married Jean-Pierre Aumont. Her Italian films include: *Ho scelto l'amore* (53), *Io uccido, tu uccidi* (65 the episode "Giochi acerbi"), *Stelle emigranti* (83 doc appeared as herself).

3472. Pavanelli, Livio. Actor. b. Sept. 7, 1881, Copparo. d. during the night of April 29, 1958, in a hospital ward in Roma. RN: Livio Cesare Pavanelli. Directed and produced some films. *Il profeta velato* (13), *Il delitto della via di Nizza* (13), *Il romanzo di due vite* (13), *Amore veglia* (14), *La maschera dell'onestà* (14), *Nel nido straniero* (14), *La bevitrice d'etere* (15), *Silvio Pellico, il martire dello Spielberg* (15 d), *Carnevalesca* (17), *Fabiola* (17), *La piovra* (18), *Sullivan* (19), *Anima allegra* (19), *La gola* (19), *L'invidia* (19), *Beatrice* (19), *La principessa Giorgio* (19), *Sei mia!* (19), *Chimere* (19), *La storia di una donna* (19), *L'altro pericolo* (20), *Una pagina d'amore* (20), *La complice muta* (20 d), *Il sacco di Roma e Clemente VII* (21), *La madonnina* (21 d), *L'età critica* (21), *La verità nuda* (21), *Il glauco* (22), *Il controllore dei vagoni letto* (22), *La seconda moglie* (23), *La biondina* (23), *Il mio piccolo cane* (23), *La casa degli scapoli* (23), *La muta di Portici* (24), *Coiffeur pour dames* (24), *Il barcaiuolo d'Amalfi* (24), *Saitra la ribelle* (24), *Vedi Napule e po' mori* (24), *Cavalleria rusticana* (24), *Kammermusik* (24 Germany), *Niniche* (24 Germany), *Die schönste Frau der Welt* (24 Germany), *xxx*

(25 Germany. In Italy this film was known as *Ragazze da marito*), *Der Tanzer meiner Frau* (26 Germany), *Ritt in die Sonne* (26 Germany), *Die grosse Pause* (27 Germany), *Küssen ist deine Sünde* (27 Germany), *Familie Schimek* (27 Germany), *Das Heiratsnest* (27 Germany), *La Duchesse de Les Folies* (27 Germany), *Charlott etwas verrückt* (27 Germany), *Heimweh* (27 Germany), *Florette e Patapon* (27), *Die Mädchen von Paris* (27 Germany), *Mademoiselle Josette, ma femme* (27 France), *Der lachende Ehemann* (28 Germany), *Ein Mädel aus dem Volke* (28 Germany), *Scampolo* (28 Germany), *Das närrische Glück* (29 Germany), *Frauen am Abgrund* (29 Germany), *Der Hund von Baskerville* (29 Germany), *Freiheit in Fesseln* (29 Germany), *Perchè no?* (30), *Liebeskommando* (30 Germany), *Pergolesi* (32), *Non c'è bisogno di denaro* (33), *La canzone del sole* (33), *La provincialina* (33), *Frühlingsmärcher* (34 Germany), *L'ultimo dei Bergerac* (34), *Ballerine* (36), *Vivere!* (36 p), *Marcella* (37 p), *Chi è più felice di me?* (38 p), *La mia canzone al vento* (39 p), *Torna, caro ideal. . .!* (39 p), *Cantate con me* (40 p), *Solitudine* (41 d/p), *Miliardi, che follia!* (42 p), *Il romanzo di un giovane povero* (42 p), *Silenzio, si gira!* (43 p), *Eugenia Grandet* (46 p), *Rigoletto* (46 p), *I due orfanelli* (47 p), *Il fiacre n. 13* (47 p).

3473. Pavese, Luigi. Actor. b. Oct. 25, 1897, Asti. Brother of Nino Pavese. *La peccatrice* (16), *La vampa* (16), *La freccia d'oro* (35), *Aldebaran* (35), *Re burlone* (35), *Joe il rosso* (36), *Il dottor Antonio* (38), *Cose d'altro mondo* (39), *Una lampada alla finestra* (39), *Ho visto brillare le stelle* (40), *Antonio Meucci, il mago di Clifton* (40), *L'uomo del romanzo* (40), *Il capitano degli ussari* (40), *L'arcidiavolo* (41), *Il pozzo dei miracoli* (41), *Beatrice Cenci* (41), *È caduta una donna* (41), *I pirati della Malesia* (41), *Le due tigri* (41), *Gioco pericoloso* (41), *Mas* (41), *Redenzione* (42), *Luisa Sanfelice* (42), *La fanciulla dell'altra riva* (42), *Grattacieli* (42), *La fornarina* (42), *Il nemico* (42), *Dagli Appennini alle Ande* (43), *Quattro ragazze sognano* (43), *Enrico IV* (43), *Il cappello da prete* (43), *Le miserie del signor Travet* (45), *Genoveffa di Brabante* (46), *Sperduti nel buio* (47), *I miserabili* (47), *Tombolo, paradiso nero* (47), *Fifa e arena* (48), *Molti sogni per le strade* (48), *Guarany* (48), *Totò al giro d'Italia* (49), *Antonio da Padova* (49), *Totò cerca casa* (49), *I peggiori anni della nostra vita* (49), *Totò le Moko* (49), *Biancaneve e i sette ladri* (49), *Barriera a settentrione* (49), *Il conte Ugolino* (49), *Bellezze in bicicletta* (50), *Figaro qua, Figaro là* (50), *Totòtarzan* (50), *Le sei mogli di Barbablù* (51), *Mamma mia, che impressione!* (51), *Io sono il capataz!* (51), *Amor non ho! Però. . . però* (51), *Il conte di Sant'Elmo* (51), *La paura fa 90* (51), *La famiglia Passaguai* (51), *La grande rinuncia* (51), *Libera uscita* (51), *Serenata tragica* (51), *Era lui. . . sì! sì!* (51), *La famiglia Passaguai fa fortuna* (51), *Una bruna indiavolata* (51), *Tormento del passato* (51), *La presidentessa* (52), *Papà diventa mamma* (52), *Il sogno di Zorro* (52), *Io, Amleto* (52), *Lulù* (53), *Dieci canzoni d'amore da salvare* (53), *Via Padova, 46* (53), *Cinema d'altri tempi* (53), *Siamo donne* (53 the episode "La marsina stretta"), *Addio mia bella signora* (53), *Sua Altezza ha detto: no!* (53), *Io sono la Primula Rossa* (54), *L'allegro squadrone* (54), *Tripoli, bel suol d'amore* (54), *I cavalieri dell'illusione* (54), *I pinguini ci guardano* (54), *La grande avventura* (55), *La banda degli onesti* (56), *Totò lascia o raddoppia* (57), *Le schiave di Cartagine* (57), *Gli italiani sono matti* (58), *Valeria, ragazza poco seria* (58), *Gambe d'oro* (58), *Promesse di marinaio* (58), *Totò a Parigi* (58), *Totò, Vittorio e la dottoressa* (58), *Totò, Eva e il pennello proibito* (58), *La 100 km* (59), *La cambiale* (59), *La duchessa di Santa Lucia* (59), *I baccanali di Tiberio* (59), *Signori si nasce* (59), *Il mattatore* (60), *Il mio amico, Jekyll* (60), *Noi duri* (60), *I piaceri del sabato notte* (60), *Anonima cocottes* (60), *Appuntamento a Ischia* (60), *Totò, Fabrizi e i giovani d'oggi* (60), *Gli attendenti* (61), *Scandali al mare* (61), *Le magnifiche sette* (61).

3474. Pavese, Nino. Actor. b. April 10, 1904, Asti. *Non me lo dire* (40), *Antonio Meucci, il mago di Clifton* (40), *Nozze di sangue* (42), *La fornarina* (42), *Il sole di Montecassino* (45), *La gondola del diavolo* (46), *Il tiranno di Padova* (46), *Le vie del peccato* (46), *Il mulino del Po* (48), *Come scopersi l'America* (49), *Il brigante Musolino* (50), *L'edera* (50), *Io, Amleto* (52), *Papà, ti ricordo* (52), *Siamo tutti inquilini* (53), *La pattuglia dell'Amba Alagi*

(53), *La grande avventura* (55), *Non perdiamo la testa* (59)).

3475. Pàvlova, Tatiana. Actress. b. Dec. 10, 1893, Bjeloplavici, Ukraine. RN: Tatiana Tereshchenko. Ran away from home at 15 to become an actress, soon becoming famous. She fled the Bolshevik revolution, and arrived in Italy in 1919. *Orchidea fatale* (19), *La catena* (20), *Nella morsa della colpa* (20), *Fascino mortale* (20), *Creature della notte* (33), *La signora di tutti* (34), *Una lettera all'alba* (48), *Cagliostro* (48 U.S.).

3476. Pavolini, Corrado. Co-writer. b. Jan. 8, Firenze. *Toscana* (26 short doc d), *Un'avventura di Salvator Rosa* (40), *La corona di ferro* (41), *Un colpo di pistola* (41), *Quelli della montagna* (43), *All'ombra della gloria* (43), *La buona fortuna* (44), *Fabiola* (48).

3477. Pavone, Rita. Pop singer/actress. b. Aug. 23, 1945, Torino. *Rita, la figlia americana* (65), *Rita la zanzara* (67), *Little Rita nel far west* (67), *Non stuzzicate la zanzara* (67), *La più bella coppia del mondo* (68).

3478. Pavoni, Pier Ludovico. Director of photography. b. April 25, 1926, Roma. Graduated from the Centro Sperimentale in 1948. His feature film career got off the ground after numerous award-winning documentaries. *Marito e moglie* (52 co-ph), *Gli sparvieri del re* (54), *Mantelli e spade insanguinate* (54), *I cavalieri della regina* (54 co-ph), *Faccia da mascalzone* (55 co-ph), *Un po' di cielo* (55), *Le avventure dei tre moschettieri* (55), *Noi siamo le colonne* (56), *La muraglia cinese* (58), *Giuditta e Oloferne* (58), *Calypso* (58), *Agosto, donne mie non vi conosco* (59), *La notte del grande assalto* (60), *Le baccanti* (60), *Il rossetto* (60), *La donna dei faraoni* (60), *Il mulino delle donne di pietra* (60), *La moglie di mio marito* (60), *Il sicario* (61), *Il conquistatore di Corinto* (62), *Goliath e la schiava ribelle* (62), *Ti-Koyo e il suo pescecane* (62), *Il gladiatore di Roma* (62), *Gladiatore di Messalina* (63), *La rivolta dei pretoriani* (63), *I due gladiatori* (64), *La rivolta dei sette* (64), *Maciste, gladiatore di Sparta* (64), *Il trionfo di Ercole* (64), *Marco Polo* (82 co-ph).

3479. Paxinou, Katina. Greek actress. b. 1902, Piraeus, Athens. d. Feb. 22, 1973, Athens. RN: Katina Constantopoulos. *Rocco e i suoi fratelli* (60), *Morte di un bandito* (61), *Il processo* (62).

3480. Payer, Ivo. Actor. *David e Golia* (59), *Il tesoro della Foresta Pietrificata* (65).

3481. Payne, Laurence. U.K. actor. b. June 5, 1919. *Ben-Hur* (59), *Barabba* (61).

3482. Pazzafini, Nello. Actor. AKA: Ted Carter, Giovanni Pazzafini. *Goliath contro i giganti* (60), *Un dollaro bucato* (65), *Adios gringo* (66), *La resa dei conti* (66), *Adios hombre* (66), *Il pistolero di Arizona* (66), *La morte non conta i dollari* (67), *Faccia a faccia* (67), *Due pistole e un vigliacco* (67), *I giorni della violenza* (67), *Joe...cercati un posto per morire* (68), *Killer adios* (68), *Carogne si nasce* (68), *Wanted* (68), *Sei una carogna, t'ammazzo* (68), *Le calde notti di Poppea* (69), *La morte sull'alta collina* (69), *E lo chiamavano Spirito Santo* (70), *Gli fumavano le colt...lo chiamavano Camposanto* (71), *Quel maledetto giorno della resa dei conti* (71), *E alla fine lo chiamavano Jerusalem l'implacabile* (71), *Il west ti fa stretto, amico...è arrivato Alleluia!* (72), *Lo chiamavano Tressette...giocava sempre colla morte* (73), *Di Tressette c'è ne uno... tutti gli altri son nessuno* (74), *Carambola filosofo...tutti in buca* (75), *Il dominatore del ferro* (82).

3483. Pazzaglia, Riccardo. Director. *L'onorata società* (61), *Separati in casa* (86).

3484. Peckinpah, Sam. U.S. director. b. Feb. 21, 1925, Fresno, Calif. d. Dec. 28, 1984, Inglewood, Calif. *Amore, piombo e furore* (77 *), *Il visitatore* (80 *).

3485. Pedersoli, Carlo. Actor. b. 1929. AKA: Bud Spencer. Former swimmer. Made his name playing Bambino in the Trinità films of the early 70s, with Terence Hill (see Mario Girotti). *Siluri umani* (54), *Un eroe dei nostri tempi* (55), *A Farewell to Arms* (57 U.S.), *Annibale* (59), *Oggi a me, domani a te* (68), *Al di là della legge* (68), *Dio perdona...io no* (68), *I quattro dell'ave maria* (68), *Dio è con noi* (69), *La collina degli stivali* (69), *Un esercito di cinque uomini* (69), *Lo chiamavano Trinità* (70), *Continuavano a chiamarlo Trinità* (71), *Quattro mosche di velluto grigio* (71), *Una ragione per vivere e una per morire* (72), *Più forte, ragazzi!* (72), *Si può fare, amigo* (72), *Piedone lo sbirro* (72),

Torino nera (72), *Anche gli angeli mangiano fagioli* (73), *Piedone di Hong Kong* (73), *Altrimenti ci arrabbiamo* (74), *Porgi l'altra guancia* (74), *Il soldato di venturo* (75), *I due superpiedi* (76), *Il corsaro nero* (76), *I due superpiedi quasi piatti* (77), *Piedone l'africano* (77), *Charleston* (77), *Pari e dispari* (79), *Uno sceriffo extraterrestre...poco extra e molto terrestre* (79), *Lo chiamavano Bulldozer* (79), *Io sto con gli ippopotami* (79), *Piedone d'Egitto* (79), *Chissà perchè...capitano tutte a me* (80), *Chi trova un amico trova un tesoro* (80), *Occhio alla penna* (81), *Banana Joe* (82), *Bomber* (82), *Nati con la camicia* (83), *Cane e gatto* (83), *Non c'è due senza quattro* (84), *SuperFantaGenio* (85).

3486. Pedri, Anna. Actress. b. 1921, Camporgiano nella Garfagnana, near Lucca. "Discovered" by Andrea Forzano. *Ragazza che dorme* (40), *Don Buonaparte* (41), *Il re d'Inghilterra non paga* (41), *La maschera e il volto* (42).

Pegna, Giovanna *see* **Vanni, Vanna**

3487. Pegoraro, Lorenzo. Producer. *Arrivederci, papà* (48), *Il segreto di don Giovanni* (47), *Totò al giro d'Italia* (49), *Me li mangio vivi!* (53), *Il nemico pubblico n. 1* (53 co-p), *Scampolo 53* (53), *I vitelloni* (53), *La donna del giorno* (56), *Akiko* (61).

3488. Pélayo, Sylvis. French actress. b. Feb. 4, 1930, Paris. *Fanfan la tùlipe* (51), *Legione straniera* (52).

Pelegrin, Ines *see* **Pellegrini, Inez**

3489. Pellati, Teresa. Actress. b. 1930, Sassuolo. *Roma, ore 11* (51), *Europa 51* (52), *Totò e le donne* (52), *Ulisse* (54), *Vergine moderna* (54), *Non c'è amore più grande* (55), *Guerra e pace* (56), *La ragazza del Palio* (58), *Jovanka e le altre* (59).

3490. Pellegrin, Raymond. French actor. b. Jan. 1, 1925, Nice. RN: Raymond Pellegrini. Born of Italian parents. *Siamo tutti assassini* (52), *Frutto proibito* (52), *Il grande giuoco* (53), *Napoleone Buonaparte* (54 title role), *La romana* (54), *L'imprevisto* (61), *Uno sguardo dal ponte* (62), *Un appuntamento per uccidere* (62), *La pappa reale* (63), *Venere imperiale* (63), *Quanto costa morire* (68), *Scandalo* (75), *L'uomo della strada fa giustizia* (76), *Colpo grosso degli uomini squalo* (77), *Italia a mano armata* (77), *Tre scimmie d'oro* (77).

3491. Pellegrinetti, Margot. Actress. b. 1897, Massa Carrara. RN: Margherita Pellegrinetti. *Mimì e gli straccioni* (16), *Emir, cavallo da circo* (17), *Rocambole* (17), *O sole mio!* (17), *Tombola* (18), *Margheritella* (18), *L'altro amore* (19), *Teste alate* (19), *La canzone delle rose* (19), *Baruffa* (19), *Le bambole e il mondo* (19), *Il dramma al mulino* (19), *L'undicesimo comandamento* (20), *Il lume dell'altra casa* (20), *Angelo bianco* (20), *Amore in agguato* (20), *La stretta* (20), *Scugnizzo* (24), *La mano sugli occhi* (29), *Il feroce Saladino* (37).

3492. Pellegrini, Amalia. Actress. b. 1873, Vigevano. *Crispino e la comare* (37), *Rosa di sangue* (40), *Un garibaldino al convento* (41), *Il romanzo di un giovane povero* (42), *Harlem* (42), *Roma città aperta* (45), *Un giorno nella vita* (46), *Altri tempi* (51), *Siamo donne* (53 the episode "La marsina stretta"), *Bravissimo* (55), *La bella mugnaia* (55), *Piccola posta* (55), *Il romanzo di un giovane povero* (58).

3493. Pellegrini, Glauco. Director. b. Jan. 14, 1919, Siena. *Giotto e la cappella degli Scrovegni* (42 doc), *Arquà Petrarca* (42 doc), *Architettura di Matteo Gattaponi da Gubbio* (43 doc), *La buona fortuna* (44 asst d), *Inquietudine* (46 co-w/story), *Tombolo, paradiso nero* (47 co-w/story), *Prigionieri del golfo* (47 doc), *Dopo Tombolo* (47 doc), *Quattordici luglio* (48 doc), *La gente non ci guarda* (48 doc), *Parliamo del naso* (48 doc), *I contrabbandieri del mare* (49 co-w/story), *L'esperienza del cubismo* (49 doc), *Giudizio di Michelangelo* (49 doc), *Ceramiche umbre* (49 doc the first documentary shot using the process Ferraniacolor), *Vivere a sbafo* (49 co-w), *Lo scultore Manzù* (50 doc), *Siena, città del Palio* (50 doc), *Volo di linea* (50 doc), *Il monello della strada* (50 co-w), *Una giornata nel golfo* (50 doc), *La ferrovia delle Dolomiti* (50 doc), *Concerto Mannino* (50 doc), *Sulle rotaie* (51 doc), *Ombre sul canal grande* (51 also story), *Puccini* (53 co-w/co-directed the exterior shots taken on Massacciucoccoli Lake), *Gli uomini, che mascalzoni!* (53 also co-w/story), *Amori di mezzo secolo* (53 the first episode), *Ivan, il figlio del diavolo bianco* (54 co-w), *Sinfonia d'amore* (54 also co-w/story), *Una pelliccia di visone* (56), *Il momento più bello* (56 co-w), *Il circo di Pechino* (57 doc), *Anni felici* (57 doc), *L'uomo dai calzoni corti* (58 also co-w/story).

3494. Pellegrini, Inez. Actress. AKA:

Ines Pelegrin. *Il fiore delle mille e una notte* (73), *Gatti rossi in un labirinto di vetro* (78), *La guerra dei robot* (78), *Io donna, tu donna* (78).

3495. Pellegrini, Lina. Actress. Married Giovanni Zannini. *La moglie di dottore* (16), *La vergine nuda* (16), *Venere, ninfe, sirene* (17), *La notte che dormii sotto le stelle* (17), *Giovanna d'Arco* (17), *La cavalcata dei fantasmi* (18), *La storia di un delitto* (18).

3496. Peluffo, Aña Luisa. Mexican actress. b. Oct. 9, 1931, Querétaro. *Le schiave di Cartagine* (57), *Saranno uomini* (57).

3497. Peña, Julio. Spanish actor. b. June 18, 1912, Madrid. d. 1972. AKA: Jules Peña. *I figli della notte* (39), *Ultima fiamma* (40), *Prigionieri del male* (55), *La rivolta degli schiavi* (60), *Minnesota Clay* (64), *I sentieri dell'odio* (64), *I magnifici brutos del west* (65), *Tre notti violente* (66), *I crudeli* (67), *Per un dollaro di gloria* (67), *Satanik* (67), *I vigliacchi non pregano* (68), *Il re di Africa* (68), *Una pistola per cento bare* (68), *Simón Bolívar* (68), *Sole rosso* (71).

3498. Peña, Julia. Spanish actress. *Una breve vacanza* (73).

3499. Peña, Luís. Spanish actor. b. June 20, 1918, Santander. RN: Luís Peña Illescas, Jr. *Il peccato di Rogelia Sánchez* (39), *Agguato a Tangeri* (57), *La mina* (58), *Z 7 operazione Rembrandt* (67).

3500. Peña, Pastora. Spanish actress. b. July 24, 1917, Madrid. Sister of Luís Peña. *Il peccato di Rogelia Sánchez* (39), *L'uomo della legione* (40).

Pendleton, Chuck *see* **Mitchell, Gordon**

3501. Penkert, Rainer. Actor. *La rivolta degli schiavi* (60), *Cosa avete fatto a Solange?* (70).

3502. Penovich, Milena. Actress. b. July 11, 1915, Trieste, daughter of an Austrian admiral. Married Piero Ballerini. *Equatore* (38), *Grandi magazzini* (39), *L'ultimo combattimento* (41), *La fanciulla dell'altra riva* (42), *Un fatto di cronaca* (44), *L'angelo del miracolo* (44).

3503. Pepe, Nico. Actor. b. Jan. 19, 1907, Udine. RN: Domenico Pepe. Former bank clerk. Married actress Clara Auteri in 1937. *I due sergenti* (36), *Gli uomini non sono ingrati* (37), *Voglio vivere con Letizia* (38), *Luciano Serra pilota* (38), *Eravamo sette vedove* (39), *Capitan Fracassa* (40), *Il cavaliere di Kruja* (40), *Don Pasquale* (40), *Mamma* (41), *Teresa Venerdî* (41), *Un marito per il mese d'aprile* (41), *Confessione* (41), *La pantera nera* (41), *La contessa Castiglione* (42), *Giarabub* (42), *Zazà* (42), *Quelli della montagna* (43), *Teheran* (47), *Follie per l'opera* (47), *Arrivederci, papà* (48), *Riso amaro* (48), *Patto col diavolo* (49), *Se fossi deputato* (49), *Ho sognato il paradiso* (49), *Cavalcata d'eroi* (49), *Taxi di notte* (50), *L'inafferabile 12* (50), *Bellezze in bicicletta* (50), *Totòtarzan* (50), *Piume al vento* (50), *Auguri e figli maschi* (51), *Gli angeli del quartiere* (51), *Napoleone* (51), *Il cappotto* (52), *Il figlio di Lagardère* (52), *Canzoni di mezzo secolo* (52), *La figlia del diavolo* (52), *Saluti e baci* (52), *I piombi di Venezia* (52), *Il boia di Lilla* (53), *Frine, cortigiana d'Oriente* (53), *La spiaggia* (53), *Gran varietà* (53), *I tre ladri* (53), *Cento serenate* (54), *Rosso e nero* (54), *L'orfana del ghetto* (54), *Carovana di canzoni* (54), *Il visconte di Bragelonne* (54), *Torna piccina mia* (55), *La canzone del cuore* (55), *Les Tripes au soleil* (59 France), *Il letto a tre piazze* (59), *Il diabolico dott. Mabuse* (60), *Teseo contro il Minotauro* (60), *En plein cirage* (62 France).

3504. Peploe, Mark. U.K. writer. His sister, writer/director Clare Peploe, married Bernardo Bertolucci. *Professione: reporter* (75), *Un maledetto pasticcio* (75 co-w), *L'ultimo imperatore* (87 co-w), *Il tè nel deserto* (90).

3505. Peppard, George. U.S. actor. b. Oct. 1, 1928, Detroit, Mich. *Operazione Crossbow* (65), *Da Dunkerque alla vittoria* (79).

3506. Perbellini, Dina. Actress. b. Jan. 14, 1901, Vicenza. *Seconda B* (34), *Il cappello a tre punte* (34), *Ginevra degli Almieri* (35), *Amore* (35), *Scarpe al sole* (36), *Gli ultimi giorni di Pompeo* (37), *I fratelli Castiglioni* (37), *Sono stato io!* (37), *Il conte di Bréchard* (37), *La sposa dei re* (38), *Il marchese di Ruvolito* (39), *Animali pazzi* (39), *Il barone di Corbò* (39), *Il ladro* (39), *Capitan Fracassa* (40), *La corona di ferro* (41), *La compagnia della teppa* (41), *L'allegro fantasma* (41), *Pia de' Tolomei* (41), *Gioco d'azzardo* (41), *Cortocircuito* (42), *La maestrina* (42), *I bambini ci guardano* (43), *Una piccola moglie* (43), *Chi l'ha visto?* (45 made in 43), *Miss Italia* (49),

Cuori sul mare (49), *Gli uomini non guardano il cielo* (51), *Anna* (51), *Vacanze col gangster* (51), *Altri tempi* (51), *I figli non si vendono* (52), *Vortice* (54), *La schiava del peccato* (54), *I cinque dell'Adamello* (54), *Giuramento d'amore* (54), *Amici per la pelle* (55), *Il prezzo della gloria* (55), *Tempo di villeggiatura* (56), *Un amore senza fine* (58), *La cambiale* (59), *Madri pericolose* (60), *Totò, Peppino e...la dolce vita* (61).

3507. Perchicot, Nicolás Díaz. Spanish actor. b. Sept. 19, 1884, Madrid. *Tosca* (41), *Il leone di Damasco* (41), *Capitan Tempesta* (41), *Amore e chiacchiere* (57), *Ladri al chiar di luna* (58).

3508. Percival, Lance. U.K. actor. b. July 26, 1933. *Concerto per pistola solista* (70).

3509. Perego, Didi. Actress. b. 1937. *Morte di un amico* (59), *Kapò* (60), *Tutti a casa* (60), *Il carro armato dell'8 settembre* (60), *Che gioia vivere* (61), *Ultimatum alla vita* (62), *L'onorata società* (61), *Mina... fuori la guardia* (61), *Gli attendenti* (61), *Cronache del 22* (62), *Un uomo da bruciare* (62), *Jusqu'au bout du monde* (62 France), *Il mio amico Benito* (62), *La visita* (62), *I fuorilegge del matrimonio* (62), *Le monachine* (63), *Adultero lui, adultera lei* (63), *La parmigiana* (63), *I quattro tassisti* (63), *Amore mio* (64), *Le tardone* (64), *Amore facile* (64), *Un filo di speranza* (64), *Soldati e caporali* (65), *La bugiarda* (65), *Lo scippo* (66), *Ischia, operazione Amore* (66), *Arriva Dorellik* (67), *Escalation* (68), *I due deputati* (68), *Il ragazzo che sapeva amare* (69), *Erotissimo* (69 France), *Puro siccome un angelo, papà mi fece monaco* (69), *The Appointment* (69 U.S.), *Il terribile ispettore* (69), *Les Caprices de Marie* (70 France), *Sledge* (70), *E venne il giorno dei limoni neri* (70), *Cerca di capirmi* (70), *La torta in cielo* (71), *Ma, che musica, maestro* (72), *Continuavano a chiamarli...Er Più e Er Meno* (72), *La Poudre d'escampette* (72 France), *Il maschio ruspante* (72), *Chère Louise* (72 France), *La signora gioca bene a scopa?* (73), *Per amare Ofelia* (74), *Professore venga accompagnato dai suoi genitori* (74), *Sesso in testa* (74), *Il fidanzamento* (75), *L'esorciccio* (75), *I sette magnifici cornuti* (75), *Ridendo e scherzando* (78), *La notte di Varennes* (82), *Cicciabomba* (82).

3510. Perego, Eugenio. Director. AKA: "G.P.A." His movies include: *I promessi sposi* (13 w), *Gli ultimi giorni di Pompei* (13 w), *I due sergenti* (13 also w), *Fabiola* (13 co-d/w/adapted), *Il supplizio del silenzio* (13), *Le ali di Satana* (15 also story), *L'appetito vien mangiando* (15), *Partita doppia* (15 also story), *L'amante del diavolo* (15), *Il vindice* (15 also story), *La cattiva stella* (16 also story), *Il ciclone* (16), *Pro patria* (16), *La pupilla riaccesa* (16), *Verso l'arcobaleno* (16 also story), *Sentieri della vita* (16), *La chiamavano Cosetta* (16 co-d), *La vagabonda* (17 co-d/story), *Lasciate fare a Niniche!* (17), *Papà mio, mi piaccon tutti* (18 co-d), *Il giardino incantato* (18), *Il giardino della voluttà* (18), *Il padrone delle ferriere* (19), *La disfatta dell'Erinni* (19), *La storia di una donna* (19), *Noris* (19 co-d), *La matassa di seta* (19), *Fiamma simbolica* (19), *Il principe idiota* (19), *La tortura del silenzio* (20 co-d), *L'unico peccato* (20), *Il fallimento di Satana* (20), *La naufraga della vita* (20), *La fornace* (21), *Le tre illusioni* (21), *La trappola* (22), *Santarellina* (23), *Il capolavoro di Saetta* (23), *Profanazione* (24), *Galaor contro Galaor* (24), *Caporal Saetta* (24), *Vedi Napule e po' mori!* (24), *Grand Hotel Paradis* (24), *Napoli è una canzone* (26), *Nina non far la stupida* (26), *I 28 giorni di Claretta* (27), *La regina del varietà* (28), *Napule...e niente cchiù* (28), *La signorina Chicchirichì* (28), *Il filo di Arianna* (28), *Rondine* (29).

3511. Pérès, Marcel. French actor. b. 1898, Castelsarrasin. d. 1974. *Gli amanti di Verona* (48), *Siamo tutti assassini* (52), *Allarme a sud* (53), *Fate largo ai moschettieri* (53), *Il cavaliere di Maison Rouge* (53), *Una parigina* (57), *Uno dei tre* (63).

3512. Périer, Étienne. French director. b. 1931. *Lo spadaccino di Siena* (62), *Venezia rosso sangue* (89 also co-w).

3513. Périer, François. French actor. b. Nov. 10, 1919, Paris. RN: François Pilu. *Tempi nostri* (52), *Il letto* (53 the episode "Il letto della Pompadour"), *Villa Borghese* (53), *I demoniaci* (56), *Le notti di Cabiria* (56), *Il magistrato* (59), *Il testamento di Orfeo* (60), *La visita* (62), *L'amante di cinque giorni* (61), *Confetti al pepe* (63), *I compagni* (63), *Weekend a Zuydecoote* (64), *Vogliamo i colonnelli* (72), *Stavisky* (74), *Ragione di stato* (78).

3514. Perilli, Ivo. Co-writer. b. April 10, 1902, Roma. Has also directed. *Figaro e* *la sua gran giornata* (31 co-art d), *La Wally* (32 co-art d), *T'amerò sempre* (33), *Ragazzo* (33 also d/story), *Il cappello a tre punte* (34 also asst d), *Ginevra degli Almieri* (35), *Darò un milione* (36 also asst d), *Lo smemorato* (37), *Felicita Colombo* (37), *Jeanne Doré* (38), *Batticuore* (38 also asst d), *Grandi magazzini* (39), *Margherita fra i tre* (41 also d), *La prima donna* (42 also d), *Fra' Diavolo* (42), *Canto, ma sottovoce* (44), *Due lettere anonime* (44), *Amanti senza amore* (47), *La figlia del capitano* (47), *Riso amaro* (48), *Duello senza onore* (49), *Il brigante Musolino* (50), *Core 'ngrato* (51), *Europa 51* (52), *Inganno* (52), *Di qua di là del Piave* (53), *Ulisse* (54), *Mambo* (54 also story), *I cavalieri della regina* (54), *Attila—flagello di Dio* (54), *La bella mugnaia* (55), *Un po' di cielo* (55), *Guerra e pace* (56 also adapted), *La diga sul Pacifico* (57), *La tempesta* (58), *Jovanka e le altre* (59), *I briganti italiani* (61), *Barabba* (61), *Io uccido, tu uccidi* (65), *La bibbia* (66 co-w), *Dio mio, come sono caduta in basso!* (74).

3515. Perkins, Anthony. U.S. actor. b. April 4, 1932, N.Y.C. d. 1992. *La diga sul Pacifico* (57), *Le piace Brahms?* (61), *Il processo* (62), *Il coltello nella piaga* (63), *Uno dei tre* (63), *Una adorabile idiota* (64), *Hitchcock, il brivido del genio* (85 doc appeared as himself).

Perkins, Mike *see* **Caiano, Mario**

3516. Perojo, Benito. Spanish director. b. July 14, 1894, Madrid. *I figli della notte* (39), *Ultima fiamma* (40).

3517. Pernice, Gino. Actor. *L'attico* (62), *Minnesota Clay* (64), *Italiani brava gente* (65), *Django* (66), *I crudeli* (67), *Gli specialisti* (69), *Scandalo segreto* (89).

3518. Perrey, Mireille. French actress. b. Bordeaux. RN: Camille-Mireille Perret. *I gioielli di Madame De...* (52), *L'uomo dall'impermeabile* (57).

3519. Perrin, Jacques. French actor. b. July 13, 1941, Paris. *La ragazza con la valigia* (60), *Cronaca familiare* (62), *Il fornaretto di Venezia* (63), *La calda vita* (63), *La corruzione* (63), *Oltraggio al pudore* (64), *Rose rosse per Angelica* (65), *Un uomo a metà* (66), *Tutte le altre ragazze lo fanno* (66), *Fuori campo* (69), *Il deserto dei tartari* (76 also p), *La disubbidienza* (81), *Garibaldi* (86), *Vanille fraise* (89), *Nuovo cinema paradiso* (88), *Fuga dal paradiso* (90).

3520. Perschy, Maria. German actress. b. 1938. *Il moralista* (59), *Extraconiugale* (65 the episode "La moglie svedese"), *La sfinge sorride prima di morire—stop—Londra* (65), *Dinamite al Pentagono* (66), *Donne alla frontiera* (67), *Il castello di Fu Manchu* (68).

3521. Persoff, Nehemiah. U.S. actor. b. Aug. 14, 1920, Jerusalem, Palestine. Son of Samuel Persoff, director of a puppet theater in Tel-Aviv. Came to the U.S.A. as a child. Former New York subway worker. *La diga sul Pacifico* (57), *Il giorno della civetta* (68).

3522. Persson, Essy. Swedish actress. b. 1945. *4...3...2...1...morte* (67).

3523. Perugia, Luciano. Production manager. *L'avventura* (60), *Madame Sans-gêne* (61 co-ex p), *Tenderly* (68), *Punto e Capo* (73).

3524. Pescatori, Lilla. Actress. RN: Lilla Manichelli. Married Nicola Pescatori (actor, d. 1936). Mother of actress Olga Pescatori. *I diavoli neri* (13), *Gli occhi che videro* (14), *Bagliori di un tramonto* (14), *Nanà* (14), *Il vortice del peccato* (16), *La disfatta dell'Erinni* (19).

3525. Pesce, Franco. Actor. b. Aug. 11, 1890, Napoli. AKA: Frank Oliveras. Entered the movies in 1910 as an assistant cinematographer. It was only in 1942 that he became a full-fledged director of photography, and then only for a short while. After the war he became an actor. *Ma l'amor mio non muore* (21 asst ph), *Sublime rinuncia* (21 asst ph), *La voce d'oro* (21 asst ph), *La reginetta di ghiaccio* (22 asst ph), *L'angelo del crepuscolo* (42 ph), *Dove andiamo, signora?* (42 ph), *La moglie in castigo* (44 ph), *Rosalba* (44 co-ph), *Chi passa il fiume* (45 short ph), *Addio, mia bella Napoli* (46), *Elisir d'amore* (46), *L'apocalisse* (47), *Gioventù perduta* (47), *Follie per l'opera* (47), *Gli uomini sono nemici* (47), *Cuore* (48), *Pagliacci* (48), *Il barone Carlo Mazza* (48), *Molti sogni per le strade* (48), *Le mura di Malapaga* (48), *I pirati di Capri* (48), *Rondini in volo* (49), *Una voce nel tuo cuore* (49), *La bellezza del diavolo* (50), *Il viandante di Dio* (50), *La portatrice di pane* (50), *Canzone di primavera* (50), *Sangue sul sagrato* (50), *La Bisarca* (50), *La figlia del mendicante* (50), *Io sono il capataz!* (51), *Il conte di Sant'Elmo* (51), *Carcerato* (51),

O.K. Nerone (51), *Enrico Caruso, leggenda di una voce* (51), *Una bruna indiavolata* (51), *Camicie rosse* (51), *Nessuno ha tradito* (52), *Melodie immortali* (52), *La presidentessa* (52), *Don Camillo* (52), *La prigioniera della torre del fuoco* (52), *La voce del silenzio* (52), *Prigionieri delle tenebre* (53), *Puccini* (53), *Se vincessi cento milioni* (54), *Disonorata* (54), *Gli amori di Manon Lescaut* (54), *Ultima illusione* (54), *L'ultima gara* (54 made in 49), *Les Hussards* (55 France), *Operazione Mitra* (55 made in 51), *La rivolta dei mercenari* (62), *Spartaco e i dieci gladiatori* (64), *Una pistola per Ringo* (65), *Tierra de fuego* (65 Spain), *Jessy non perdona...uccide* (66), *Le Canard en fer blanc* (67 France), *Coplan ouvre le feu à Mexico* (67 France), *La Vengeance de Surcouf* (67 France), *I barbieri di Sicilia* (67), *Il marchio di Kriminal* (68), *Chiedi perdono a Dio...non a me!* (68), *Una pistola per cento bare* (68), *Orgasmo* (68), *Se incontri Sartana prega per la tua morte* (68), *Boom* (68), *Una rafaga de plomo* (68 Spain), *Le Rouble a deux faces* (68 France), *L'oro dei bravados* (71), *Buon funerale, amigos...paga Sartana* (71), *Tutti fratelli nel west...per parte di padre* (72).

3526. Pesce, Sergio. Director of photography. b. June 3, 1916, Napoli. *È caduta una donna* (41 co-ph), *Il fanciullo del west* (41 co-ph), *Macario contro Zagomar* (43), *I dieci comandamenti* (45 started in 43), *Gli uomini sono nemici* (47), *Vent'anni* (49), *Totò le Moko* (49), *Il conte Ugolino* (49), *Il figlio di d'Artagnan* (49), *38mo paralello* (50), *La Bisarca* (50), *Libera uscita* (51), *Stasera sciopero* (51), *La grande rinuncia* (51), *Tizio, Caio, Sempronio* (51 co-ph), *La leggenda del Piave* (52), *Siamo tutti milanesi* (53), *...E Napoli canta* (53), *Di qua di là del Piave* (53), *Canzone d'amore* (54), *Due lacrime* (54), *Vendicata* (54), *Arriva la zia d'America* (56), *Gli occhi senza luce* (56), *I vagabondi delle stelle* (56), *La zia d'America va a sciare* (57), *I dritti* (58), *Le dritte* (58), *Mia nonna poliziotto* (58), *Il terribile Teodoro* (58), *Fantasmi e ladri* (59), *La Pica sul Pacifico* (59), *La sceriffa* (59), *Simpatico mascalzone* (59), *La vendetta dei barbari* (60).

Petacci, Clara *see under* **Di San Servolo, Miriam**

3527. Petacci, Emilio. Actor. b. Jan. 25, 1886, Roma. *Macchia indelibile* (13), *Ma l'amor mio non muore* (13), *La vergine del mare* (15), *Le memorie del diavolo* (15), *Armiamoci e...partite!* (15), *Il piccolo patriota padovano* (16), *Dagli Appennini alle Ande* (16), *Marcia nuziale* (34), *Re burlone* (35), *Passaporto rosso* (35), *Tredici uomini e un cannone* (35), *Darò un milione* (36), *Sette giorni all'altro mondo* (36), *I due sergenti* (36), *Stasera alle undici* (37), *Scandalo per bene* (39), *Forse eri tu l'amore* (39), *Ballo al castello* (39), *Giù il sipario* (39), *Il Ponte dei sospiri* (40), *L'uomo della legione* (40), *La granduchessa si diverte* (40), *Scarpe grosse* (40), *Antonio Meucci, il mago di Clifton* (40), *Il cavaliere di Kruja* (40), *La prima donna che passa* (40), *San Giovanni decollato* (40), *L'allegro fantasma* (41), *Beatrice Cenci* (41), *Un colpo di pistola* (41), *Paura d'amare* (41), *Bengasi* (42), *Giorno di nozze* (42), *La principessa del sogno* (42), *Mater dolorosa* (42), *Il romanzo di un giovane povero* (42), *L'angelo bianco* (42), *Lascia cantare il cuore* (43), *Inviati speciali* (43), *Resurrezione* (43), *Tempesta sul golfo* (43), *Silenzio, si gira!* (43), *L'invasore* (43), *In cerca di felicità* (43), *La freccia nel fianco* (43), *Ho tanta voglia di cantare* (43), *Abbasso la ricchezza* (46), *Senza bandiera* (50), *Luna rossa* (51), *Anna* (51), *La figlia del diavolo* (52), *Non è vero, ma ci credo* (52), *Cento anni d'amore* (53), *Due notti con Cleopatra* (53), *Il cardinale Lambertini* (54), *La bella mugnaia* (55), *Il suo più grande amore* (55), *Le schiave di Cartagine* (57), *I vampiri* (57), *Il conte di Matera* (57).

Petacci, Miriam *see* **Di San Servolo, Miriam**

3528. Peters, Brock. U.S. actor. b. July 2, 1927, N.Y.C. RN: Brock Fisher. *I quattro dell'ave maria* (68).

3529. Peters, Edith. Actress. *Cartagine in fiamme* (59), *Il sangue e la rosa* (60), *Il giudizio universale* (61), *Gli uomini dal passo pesante* (66), *Se tutte le donne del mondo* (66), *Il bisbetico domato* (80).

3530. Peters, Werner. German actor. b. 1918. d. 1971. *Il diabolico dott. Mabuse* (60), *FBI contro il dott. Mabuse* (61), *Ipnosi* (62), *I raggi mortali del dott. Mabuse* (64), *Il sigillo di Pechino* (66), *Un killer per Sua Maestà* (68).

3531. Petit, Pascale. French actress. b. Feb. 27, 1938, Paris. RN: Anne-Marie Petit. *Le vergini di Salem* (56), *Una vita*

(57), *Le donne sono deboli* (59), *Lettere di una novizia* (60), *Una regina per Cesare* (62), *Joe... cercati un posto per morire* (68), *L'ultimo mercenario* (68), *Quante volte... quella notte* (73), *Napoli serenata calibro 9* (79).

3532. Petit, Pierre. French director of photography. b. Jan. 3, 1920, Fontenay-Trésigny. *Rasputin* (54), *La contessa di Castiglione* (55).

3533. Petrassi, Goffredo. Composer. b. July 16, 1904, Zagarolo, Roma. *Lezione di geometria* (48 doc), *Riso amaro* (48), *Non c'è pace tra gli ulivi* (49), *La pattuglia sperduta* (53).

3534. Petri, Elio. Director/co-writer. b. Jan. 29, 1929, Roma. d. Nov. 10, 1982, Roma. RN: Eraclio Petri. Former journalist. *Roma, ore 11* (51 co-w), *Un marito per Anna Zaccheo* (53 co-w), *Giorni d'amore* (53 co-w), *Nasce un campione* (54 short), *Uomini e lupi* (56 co-w), *I sette contadini* (57 short), *L'uomo senza domenica* (57 co-w), *La strada lungo un anno* (58 co-w), *La garçonnière* (60 co-w), *L'assassino* (60), *I giorni contati* (62), *Il maestro di Vigevano* (63 d), *Alta infedeltà* (64 the episode "Peccato nel pomeriggio"), *La decima vittima* (65), *A ciascuno il suo* (67), *Un tranquillo posto di campagna* (68), *Indagine su un cittadino al di sopra di ogni sospetto* (69), *Il documento su Giuseppe Pinelli—12 dicembre* (70 doc the episode "Ipotesi" d), *La classe operaia va in paradiso* (72), *La proprietà non è più un furto* (73), *Todo modo* (76), *Le mani sporche* (78 TV d/w), *Buone notizie* (79).

3535. Petri, Hella. French actress. *Lettere di una novizia* (60), *Dimenticare Venezia* (79).

3536. Petri, Mario. Actor. *La regina dei tartari* (60), *Ercole alla conquista di Atlantide* (61), *Ercole contro i tiranni di Babilonia* (64), *Sansone e il tesoro degli incas* (64).

3537. Petrolini, Ettore. Actor. b. Jan. 13, 1886, Roma. d. June 29, 1936, Roma. Known principally as a comic. *Petrolini disperato per eccesso di buon umore* (13), *Mentre il pubblico ride* (20), *Nerone* (30), *Cortile* (31), *Il medico per forza* (31).

3538. Petroni, Giulio. Director. *La 100 km* (59), *I piaceri dello scapolo* (60), *I soliti rapinatori a Milano* (61), *Da uomo a uomo* (67), *Tepepa* (68 also co-w), *...E per tetto un cielo di stelle* (68), *La notte del serpente* (69 also co-w), *La vita, a volte, è molto dura, vera provvidenza?* (72 also co-w), *Crescete e moltiplicatevi* (73), *Labbra di lurido blu* (76).

3539. Petrović, Aleksandr. Yugoslav director. *Il maestro e Margherita* (72).

3540. Petrucci, Antonio. Director. b. Jan. 1, 1907, Roma. *Cinema, che passione!* (34 also story), *Mestieri veneziani* (52 short), *Il matrimonio* (53 co-d/co-w), *Elegie romane* (55 short), *Nevi di Cortina* (55 short), *Cortile* (55 also co-w/co-story), *Parma città d'oro* (57 short), *Il sogno dei Gonzaga* (58 short), *Antologia del cinema italiano muto* (58 doc), *Viva l'Italia* (60 co-w/story), *L'Italia s'è desta* (61 doc), *The Shoes of the Fisherman* (68 U.S. co-technical adviser).

3541. Petrucci, Giovanni. Actor. AKA: Giovanni Petti. *L'avventura* (60), *El desperado* (67), *Il cobra* (67), *Da uomo a uomo* (67), *Don Giovanni in Sicilia* (67), *Il sesso degli angeli* (67), *Quanto costa morire* (68), *Rebeldes en Canada* (68 Spain), *I protagonisti* (68), *Requiem per un bounty killer* (70), *L'ultima neve di primavera* (73), *Il bianco, il giallo, il nero* (74).

Petti, Giovanni *see* **Petrucci, Giovanni**

Pettito, Tony *see* **Anthony, Tony**

3542. Peyre, Joseph. Writer. *Squadrone bianco* (36 co-w/from his novel).

3543. Pezzana, Giacinta. Actress. b. Jan. 28, 1841, Torino. d. Nov. 4, 1919, Aci Castello. Married Luigi Gualtieri, writer of popular novels. Nino Martoglio pressed her into making her only film, *Teresa Raquin* (15).

3544. Pezzinga, Giovanni. Director. *La vendetta di una pazza* (19 co-d), *Il mistero del Girls' Bar* (19), *La danzatrice di tango* (20 co-d), *Anime fiere* (20 co-d), *Sansonette, amazzone dell'aria* (20), *Sansonette, danzatrice della prateria* (20), *Sansonette e i quattro arlecchini* (20), *Biribì, piccolo poliziotto torinese* (21), *Duchessina* (21), *La mendicante di Sassonia* (21), *La regina del mercato* (21), *Il mistero della mano* (21), *Il mistero dell'auto in fiamme* (21).

3545. Philbrook, James. U.S. actor. b. 1924. d. 1982. *I sentieri dell'odio* (64), *Django, cacciatore di taglie* (66 as Django), *Io non perdono... uccido* (68).

3546. Philipe, Gérard. French actor. b. Dec. 4, 1922, Cannes. d. Nov. 25, 1959,

Paris. RN: Gérard Philip. *Il diavolo in corpo* (47), *La certosa di Parma* (47), *La bellezza del diavolo* (50), *Fanfan la tùlipe* (51), *I sette peccati capitali* (52), *Le belle della notte* (52), *Versailles* (53), *Villa Borghese* (53 the episode "Gli amanti"), *L'uomo e il diavolo* (54), *Le grandi manovre* (55), *Gli anni che non ritornano* (56), *Le donne degli altri* (57), *Montparnasse* (58).

3547. **Philipp, Harald.** German director. *Uccidere a Apache Wells* (65 also co-w), *La morte bussa due volte* (68).

3548. **Philippe, Michèle.** French actress. b. 1926, Paris. *Le avventure di Mandrin* (52), *Il sogno di Zorro* (52), *Paris Palace Hotel* (56).

3549. **Phillips, John.** U.K. actor. b. 1914, Birmingham. *Gesù di Nazaret* (77 TV).

3550. **Pia, Isabelle.** French actress. b. July 13, 1935, Mulhouse. *Madame Dubarry* (54), *Frou Frou* (55).

3551. **Piaf, Edith.** French singer/actress. b. Dec. 19, 1915, Paris. d. Oct. 11, 1963, near Paris. RN: Édith Giovanna Gaisson. *Versailles* (53), *Io amo...tu ami* (60 doc voice).

3552. **Pianforini, Massimo.** Actor. b. Feb. 2, 1890, Serrungarina, near Fano. *Il conte di Bréchard* (37), *Il dottor Antonio* (38), *Batticuore* (38), *Il cavaliere di san Marco* (39), *Orizzonte dipinto* (41), *Rossini* (41), *Malombra* (42), *Daniele Cortis* (47), *I miserabili* (47), *L'edera* (50), *Gli uomini non guardano il cielo* (51), *L'età dell'amore* (53), *La cavallina storna* (53), *Il padrone delle ferriere* (59), *I giganti della Tessaglia* (61).

3553. **Piat, Jean.** French actor. b. Sept. 23, 1924, Launay. *Napoleone Buonaparte* (54).

3554. **Pica, Antonio.** Actor. *Satanik* (67), *...E divenne il più spietato bandito del sud* (67), *Crepa tu...che vivo io* (67), *Come rubare un quintale di diamanti in Russia* (68), *Ringo, il cavaliere solitario* (68), *L'urlo dei giganti* (68), *Cuidado con las señoras* (68 Spain), *Comando de asesinos* (68 Spain), *Violenza per una monaca* (68), *Due croci a Danger Pass* (68), *Quei disperati che puzzano di sudore e di morte* (69), *Travels With My Aunt* (72 U.K.), *Gli eroi* (73), *Ah, si?...e io lo dico a Zzzzorro!* (75), *Cipolla Colt* (75).

3555. **Pica, Tina.** Actress. b. March 31, 1884, Napoli. RN: Concetta Annunziata Pica. Daughter of actor Giuseppe Pica. *Il delitto di san Giovanni a Teduccio* (n.d.), *Carmela, sartina di Montesanto* (16), *Il cappello a tre punte* (34), *Fermo con le mani!* (37), *L'ha fatto una signora* (38), *Terra di nessuno* (38), *Sperduti nel buio* (47), *Guaglio* (48), *Fiamme sulla laguna* (50), *Il voto* (51), *Porca miseria* (51), *Destino* (51), *Marito e moglie* (52), *Filumena Marturano* (52), *Processo alla città* (52), *Rimorso* (52), *Ergastolo* (52), *La città canora* (52), *Pane amore e fantasia* (53), *Carosello napoletano* (54), *Siamo ricchi e poveri* (54), *L'oro di Napoli* (54), *Pane amore e gelosia* (54), *Ballata tragica* (54), *Cuore di mamma* (54), *Le due orfanelle* (54), *Le signorine dello 04* (54), *Due soldi di felicità* (54), *Cantate con noi* (54), *Graziella* (54), *Buonanotte, avvocato!* (55), *Destinazione Piovarolo* (55), *Un eroe dei nostri tempi* (55), *Da qui all'eredità* (55), *Io piaccio* (55), *Pane amore e...* (55), *Un po' di cielo* (55), *Il segno di Venere* (55), *Una pelliccia di visone* (56), *Ci sposeremo a Capri* (56), *Arriva la zia d'America* (56), *Era di venerdì 17* (56), *Il conte Max* (57), *La nonna Sabella* (57), *La zia d'America va a sciare* (57), *Lorella* (58), *Mia nonna poliziotto* (58), *La nipote Sabella* (58), *La Pica sul Pacifico* (59), *Fantasmi e ladri* (59), *Non perdiamo la testa* (59), *La sceriffa* (59), *La duchessa di Santa Lucia* (59), *Ieri oggi e domani* (63 the episode "Mara").

3556. **Picardi, Cesarino Micele.** Actor. AKA: Cesare Micele Piccardi. *8½* (63), *Gangster 70* (68).

3557. **Picasso, Lamberto.** Actor. b. Oct. 21, 1883, La Spezia. *Rinunzia* (14), *La donna nuda* (14), *L'avvenire in agguato* (15), *La mirabile visione* (21), *La rosa* (21), *La donna bianca* (30), *Il segreto del dottore* (30), *Paradiso* (32), *O la borsa o la vita* (32), *La voce lontana* (33), *Fanny* (33), *Al buio insieme* (33), *Il trattato scomparso* (33), *La città dell'amore* (34), *Marcia nuziale* (34), *Quei due* (35), *Casta diva* (35), *I due sergenti* (36), *Scipione l'Africano* (37), *Il dottor Antonio* (38), *Ettore Fieramosca* (38), *Giuseppe Verdi* (38), *L'orologio a cucù* (38), *Jeanne Doré* (38), *Diamanti* (38), *Terra di nessuno* (38), *Ricchezza senza domani* (39), *Manon Lescaut* (40), *Oltre l'amore* (40), *Amore imperiale* (41), *Caravaggio, il pittore maledetto* (41), *Un* *garibaldino al convento* (41), *Rossini* (41), *Vertigine* (42), *La contessa Castiglione* (42), *La fabbrica dell'imprevisto* (42), *Calafuria* (42), *Dente per dente* (42), *Sant' Elena piccola isola* (42), *Rita da Cascia* (42), *Pazzo d'amore* (43), *Non canto più* (43), *Tempesta sul golfo* (43), *Il viaggio del signor Perrichon* (43), *Nessuno torna indietro* (43), *Amanti in fuga* (46), *Teheran* (47), *I fratelli Karamazoff* (47), *Follie per l'opera* (47), *Monastero di Santa Chiara* (48), *Patto col diavolo* (49), *Stasera sciopero* (51), *Enrico Caruso, leggenda di una voce* (51), *Messalina* (51), *Gli uomini non guardano il cielo* (51), *Frine, cortigiana d'Oriente* (53), *Nerone e Messalina* (53 started in 49).

Piccardi, Cesare Micele *see* **Picardi, Cesarino Micele**

3558. Piccioni, Piero. Composer. b. Dec. 6, 1921, Torino. AKA: Pietro Piccioni, Piero Morgan. *Il mondo le condanna* (52), *La spiaggia* (53 co-composer), *Guendalina* (57), *La donna che venne dal mare* (57), *Belle ma povere* (57), *Nata di marzo* (57), *La ballerina e buon Dio* (58), *Racconti d'estate* (58), *La tempesta* (58), *Avventura a Capri* (58), *Antologia del cinema italiano muto* (58 doc), *I ragazzi dei Parioli* (59), *I tartassati* (59), *I magliari* (59), *La notte brava* (59), *Il mondo di notte* (59), *Il gobbo* (60), *Adua e le compagne* (60), *Il bell'Antonio* (60), *La viaccia* (61), *Romolo e Remo* (61), *Senilità* (61), *Salvatore Giuliano* (61), *L'attico* (62), *Il figlio di Spartacus* (62), *La comare secca* (62), *La città prigioniera* (62), *Il mafioso* (62), *Il demonio* (63), *Omicron* (63 co-composer), *Le mani sulla città* (63), *Chi lavora è perduto* (63), *Il diavolo* (63), *Il terrorista* (63), *Il boom* (63), *La parmigiana* (63), *Tre notti d'amore* (64 the episode "La moglie bambina"), *Un tentativo sentimentale* (64), *Il disco volante* (64), *La donna è una cosa meravigliosa* (64), *Minnesota Clay* (64), *La fuga* (65), *La vita agra* (65), *I tre volti* (65), *Io la conoscevo bene* (65), *Il momento della verità* (65), *La decima vittima* (65), *L'uomo che ride* (65), *Fumo di Londra* (66), *Scusi, lei è favorevole o contrario?* (66), *Le streghe* (66 co-composer), *C'era una volta* (67), *Un italiano in America* (67), *Lo straniero* (67), *I giovani tigri* (68), *Il medico della mutua* (68), *Se incontri Sartana prega per la tua morte* (68), *Niente rose per OSS 117* (68), *Quel caldo maledetto giorno di fuoco* (68), *Io non perdono...uccido* (68), *Temptation* (68), *Bora Bora* (68 Italian version), *Orgasmo* (68 co-composer), *Amore mio, aiutami* (69), *Colpo rovente* (69), *Il prof. dott. Guido Tersilli, primario della clinica Villa Celeste (delle piccole ancelle dell'amore miseriocordioso) convenzionata con la mutua* (69), *Giovinezza, giovinezza* (69), *Uomini contro* (70), *Ciao Gulliver* (70), *Il presidente del Borgorosso Football* (70), *Scacco alla regina* (70), *La spina dorsale del diavolo* (70), *Marta* (71), *Il faro in capo al mondo* (71), *Bello onesto emigrato Australia sposerebbe compaesana illibata* (71), *Il caso Mattei* (71), *Puppet on a Chain* (71 U.K.), *Attento, gringo, è tornato Sabata* (72), *Au nom du père, du fils et du colt* (72 France), *Le monache di sant'Arcangelo* (72), *Lo scopone scientifico* (72), *Una colt in mano al diavolo* (72), *Mimì metallurgico ferito nell'onore* (72), *A proposito Lucky Luciano* (73), *Mio fratello Anastasia* (73), *Storia di una monaca di clausura* (74), *Polvere di stelle* (74), *Tutto a posto e niente in ordine* (74), *Travolti da un insolito destino nell'azzurro mare d'agosto* (74), *Appassionata* (74), *Il bacio* (74), *Finchè c'è guerra c'è speranza* (74), *Chi dice donna dice...donna* (76), *Cuore di cane* (76), *Il comune senso di pudore* (76), *Cadaveri eccellenti* (76), *Quelle strane occasioni* (76), *Per questa notte* (77), *Il testimone* (78), *Il malato immaginario* (78), *Dove vai in vacanza?* (78 co-composer), *Cristo si è fermato a Eboli* (79), *Rag. Arturo De Fanti bancario—precario* (80), *Io e Caterina* (80), *Tre fratelli* (81), *In viaggio con papà* (82), *Io so che tu sai che io so* (82), *Il tassinaro* (83), *Tutti dentro* (84), *Sono un fenomeno paranormale* (86), *Cronaca di una morte annunciata* (87), *Un tassinaro a New York* (87), *L'avaro* (90).

3559. Piccoli, Michel. French actor. b. Dec. 27, 1925, Paris. RN: Jacques Daniel Michel Piccoli. Of Italian parents. Married Juliette Greco. *Destini di donne* (53 the episode "Giovanna d'Arco"), *Le vergini di Salem* (56), *Le vergini di Roma* (61), *Il disprezzo* (62), *Il giorno e l'ora* (63), *Il diario di una cameriera* (64), *La calda preda* (66), *Bella di giorno* (67), *Diabolik* (67), *Dillinger è morto* (68), *Fuori campo* (69), *L'invasione* (70), *L'udienza* (71), *Il fascino discreto della borghesia* (72), *La cagna* (72),

La grande buffata (73), *Non toccate la donna bianca* (74), *L'ultima donna* (75), *Leonor* (75), *La smagliatura* (75), *Todo modo* (76), *Giallo napoletano* (78), *Salto nel vuoto* (80), *Gli occhi, la bocca* (81), *Oltre la porta* (82), *La notte di Varennes* (82), *Il generale dell'armata morta* (82 also co-w/co-p).

3560. Piccolo, Giuseppe. Art director. b. June 30, 1904, Catania. *Il figlio del corsaro rosso* (41), *Gli ultimi filibustieri* (41), *Malacarne* (46), *I fuorilegge* (50), *Siamo donne* (53 the fourth episode, "La giara"), *Accade al commissariato* (54), *Il cardinale Lambertini* (54), *I cinque dell'Adamello* (54), *Buonanotte, avvocato!* (55), *Accade al penitenziario* (55), *Mi permette, babbo?* (56), *Terrore sulla città* (56), *Italia piccola* (57).

3561. Piccolò, Ottavia. Actress. *Il gattopardo* (63), *Madamigella di Maupin* (66), *Faustina* (68), *Serafino* (68), *Una su tredici* (69), *Un'anguilla da trecento milioni* (69), *Metello* (70), *La Veuve Couderc* (70 France), *Bubù du Montparnasse* (70 France), *Uccidere in silenzio* (72), *Trastevere* (72), *La cosa buffa* (72), *Orlando furioso* (72 TV), *L'Histoire très bonne et très joyeuse de Colinot Trousse-chemise* (73 France), *Antoine et Sebastien* (74 France), *Zorro* (75), *Mado* (76 France), *Travolto dagli affetti familiari* (78), *La famiglia* (87), *De grande* (88), *Nel giardino delle rose* (90), *Condominium* (91).

3562. Pickens, Slim. U.S. actor. b. June 29, 1919, Kingsberg, Calif. d. Dec. 8, 1983, Modesto, Calif. RN: Louis Bert Lindley, Jr. *La spina dorsale del diavolo* (70).

3563. Pidgeon, Walter. Canadian actor. b. Sept. 23, 1897, East St. Johns, N.B. d. Sept. 26, 1984, Santa Monica, Calif. *I due colonnelli* (61), *Il giorno più corto* (63), *A qualsiasi prezzo* (68).

3564. Pieplu, Claude. French actor. b. 1923. *I peccatori della Foresta Nera* (61), *Uno dei tre* (63), *Il fascino discreto della borghesia* (72).

3565. Pieral. French midget actor. b. Nov. 22, 1923, Paris. RN: Pierre Aleyrangues. *L'amore e il diavolo* (42), *Lucrezia Borgia* (53), *Notre Dame de Paris* (56), *La principessa di Clèves* (60).

3566. Pierfederici, Antonio. Actor. b. 1924, La Maddalena, Sardegna. *Un giorno nella vita* (46), *Gli ultimi giorni di Pompei* (48), *Ombre vive* (52 unfinished), *Andrea Chénier* (55), *La tragica notte di Assisi* (60), *La maschera del demonio* (60), *Ti aspetterò all'inferno* (61), *Totò, Peppino e. . .la dolce vita* (61), *Vanina Vanini* (61), *Romeo e Giulietta* (68), *I quattro pistoleri di Santa Trinità* (71), *La controfigura* (71), *Il bacio* (74), *Ciak, si muore* (74), *Il caso Raoul* (75), *Perchè si uccidono (la merde)* (76), *Secondo Ponzio Pilato* (88).

3567. Piergiovanni, Ettore. Actor. Also directed some films. *La bella salamandra* (16), *Malacarne* (17), *Il tank della morte* (17), *Morte che assolve* (18), *I due crocifissi* (18), *La fiamma* (19 also d), *La fabbrica dell'imprevisto* (19 also d), *Forse che sì, forse che no* (20), *Saracinesca* (20), *Povere bimbe* (23).

3568. Pieri, Vittorio. Actor. b. 1856, Torino. d. May 21, 1926, Torino. *L'ombra del sogno* (16), *Cavalleria rusticana* (16), *Il medaglione* (16), *L'ombra* (16), *Ferréol* (16), *Andreina* (17), *La bohème* (17), *L'edera senza quercia* (17), *La nemica* (17), *Usque dum vivam et ultra* (17), *Jacopo Ortis* (18), *La vita è fumo* (20), *Plebe dorata* (21), *La grande passione* (21), *L'inafferabile* (22), *I Foscari* (22), *L'ombra* (23), *La piccola parrocchia* (23), *Il povero fornaretto di Venezia* (23), *Le sorprese del divorzio* (23), *L'arzigogolo* (24), *Largo alle donne!* (24).

Pierotti, Mario *see* **Craig, Dean**

3569. Pierotti, Piero. Director. b. Jan. 1, 1912, Pisa. AKA: Peter E. Stanley. He directed about 30 short films, among them: *Itinerario sull'Arno*; *Acque verdi*; *Folla di pietra*; *Le montagne dei miracoli*; *Viaggio in Sila*; *Piste per reattori*; *Favola d'oggi*. His feature films include: *Il re d'Inghilterra non paga* (41 asst d/co-w), *Don Buonaparte* (41 asst d), *Via delle cinque lune* (42 asst d), *Il treno crociato* (43 asst d), *L'amore di Norma* (50 asst d/co-w), *Enrico Caruso, leggenda di una voce* (51 asst d/co-w), *Melodie immortali* (52 asst d/co-w), *Giuseppe Verdi* (53 co-w/2nd unit d), *Guai ai vinti!* (54 co-w/2nd unit d), *L'intrusa* (55 co-w), *L'angelo bianco* (55 co-w), *La donna più bella del mondo* (55 co-w/2nd unit d), *Porta un bacione a Firenze* (55 co-w), *La ragazza del Palio* (58 co-w/story), *Le bellissime gambe di Sabrina* (58 co-w), *L'arciere nero* (59), *La scimitarra del saraceno* (60 also co-w/story), *Il cavaliere dai cento volti* (60 co-w), *Maciste all'inferno* (60 asst d), *Cavalcata selvaggia* (60 also co-w/story), *Marco Polo* (60 co-d), *Gli invasori* (61 asst d), *Una regina per Cesare* (62 co-d), *Roma contro Roma* (63 co-w), *Golia e il cavaliere mascherato* (63), *Ercole contro Roma* (64), *Sansone e il tesoro degli incas* (64 also w), *Zorro, marchese di Navarra* (69 co-w), *Testa o croce* (69 also co-w).

3570. Pierozzi, Giuseppe. Actor. b. March 8, 1883, Roma. *La selce e l'acciaio* (19), *Mam'zelle Extra* (20), *La collana del milione* (20), *Il castello della malinconia* (20), *I tre esperimenti di Eliana* (21), *Sansone* (21), *La madre folle* (22), *Un viaggio nell'impossibile* (23), *La cavalcata ardente* (25), *Gli ultimi giorni di Pompei* (26), *Maratona* (28), *Ragazze, non scherzate!* (29), *Corte d'assise* (30), *Patatrac* (31), *La Wally* (32), *Paradiso* (32), *Il dono del mattino* (32), *Zaganella e il cavaliere* (32), *Non c'è bisogno di denaro* (33), *Treno popolare* (34), *L'avvocato difensore* (34), *Il cappello a tre punte* (34), *Lorenzino de' Medici* (34), *Amo te sola* (35), *Ginevra degli Almieri* (35), *Arma bianca* (36), *Ma non è una cosa seria* (36), *Vivere!* (36), *I condottieri* (36), *Fermo con le mani!* (37), *I fratelli Castiglioni* (37), *Crispino e la comare* (37), *Il torrente* (38), *Ma l'amor mio non muore* (38), *Giuseppe Verdi* (38), *Mille lire al mese* (38), *Due milioni per un sorriso* (38), *Follie del secolo* (39), *Bionda sottochiave* (39), *Il sogno di Butterfly* (39), *Ballo al castello* (39), *Cose d'altro mondo* (39), *Cavalleria rusticana* (39), *Il documento* (39), *La notte delle beffe* (39), *Una moglie in pericolo* (39), *Vento di milioni* (39), *Pazza di gioia* (40), *Il bazar delle idee* (40), *La prima donna che passa* (40), *Don Pasquale* (40), *L'amante segreta* (41), *Turbamento* (42), *Il birichino di papà* (42), *Cortocircuito* (42), *Zazà* (42), *Non canto più* (43), *Il diavolo va in collegio* (43), *Finalmente sì* (43), *Una piccola moglie* (43), *Il fiore sotto gli occhi* (43), *La moglie in castigo* (44), *La carne e l'anima* (45 made in 43), *L'innocente Casimiro* (45), *Abbasso la miseria* (45), *Il mondo vuole così* (45), *Lo sbaglio di essere vivo* (45), *Abbasso la ricchezza* (46), *I miserabili* (47), *La figlia del capitano* (47), *Dove sta Zazà* (47), *Follie per l'opera* (47), *Al diavolo la celebrità* (49), *Miss Italia* (49), *Canzone di primavera* (50).

3571. Pierreux, Jacqueline. French actress. b. Jan. 15, 1922, Rouen. By Pierre Léaud she was the mother of Jean-Pierre Léaud. *Eroi e briganti* (50), *Siamo tutti assassini* (52), *Il seduttore* (54), *Totò, Peppino e. . .la dolce vita* (61), *La rimpatriata* (63), *I tre volti della paura* (63 the episode "Drop of Water").

3572. Pierry, Marguerite. French actress. b. Paris. Married Marcel Simon. *Madame Dubarry* (54), *Napoleone Buonaparte* (54), *Nanà* (55).

3573. Pietrangeli, Antonio. Director. b. Jan. 19, 1919, Roma. d. 1968. *Ossessione* (42 co-w), *La nostra guerra* (44 doc wrote commentary), *Gioventù perduta* (47 co-w), *Amanti senza amore* (47 co-w), *Fabiola* (48 co-w), *Quel fantasma di mio marito* (50 co-w), *Due mogli sono troppe* (50 co-w), *Europa 51* (52 co-w), *La lupa* (52 co-w), *Dov'è la libertà* (53 co-w), *Il sole negli occhi* (53 co-d/co-w), *Amori di mezzo secolo* (53 the episode "1910" also co-w), *La principessa delle Canarie* (54 co-w), *Lo scapolo* (55 also co-w/story), *Souvenir d'Italie* (57 also co-w), *Nata di marzo* (57 also co-w/story), *Adua e le compagne* (60 also co-w), *Fantasmi a Roma* (60), *La visita* (62), *La parmigiana* (63), *Il magnifico cornuto* (64), *Io la conoscevo bene* (65), *Le fate* (67 the episode "Fata Marta"), *Come, quando, con chi?* (69 also co-w. Finished by Zurlini).

3574. Pietrobon, Massimo. Actor. *Sodoma e Gomorra* (62), *Un colpo da mille miliardi* (66).

3575. Pigaud, Roger. French actor. b. April 8, 1919, Vincennes. *Gli amori di Manon Lescaut* (54).

Pigozzi, Luciano *see* **Collins, Alan**

3576. Pilar, Mario. Spanish actor. *Joe Valachi—i segreti di Cosa Nostra* (72), *Afyan—Oppio* (72), *L'altra faccia del padrino* (73), *Cara sposa* (78).

3577. Pili e Mili. Twin-sister pop singers who starred in *Una donna per Ringo* (65).

3578. Pilotto, Camillo. Actor. b. Feb. 6, 1890. *Il sopravvissuto* (16), *Tempesta nel Nilo* (25), *La riva dei bruti* (30), *La vacanza del diavolo* (31), *La vecchia signora* (32), *La segretaria per tutti* (32), *Il caso Haller* (33), *Tempo massimo* (34), *Lorenzino de' Medici* (34), *Porto* (35), *Scarpe al sole* (36), *Il grande appello* (36), *L'anonima Roylott* (36), *I due misantropi* (36), *I fratelli Castiglioni* (37), *Scipione l'Africano* (37), *Gli ultimi giorni di Pompeo* (37), *Il torrente* (38), *L'albergo degli* *assenti* (38), *Tutta la vita in una notte* (38), *Traversata nera* (39), *Abuna Messias* (39), *Scandalo per bene* (39), *Retroscena* (39), *Abbandono* (40), *La figlia del corsaro verde* (40), *Oltre l'amore* (40), *La peccatrice* (40), *L'amante segreta* (41), *I mariti* (41), *L'avventuriera del piano di sopra* (41), *Giungla* (41), *Primo amore* (41), *Rossini* (41), *Cenerentola e il signor Bonaventura* (41), *I pirati della Malesia* (41), *La gorgona (42), Canal grande* (42), *Redenzione* (42), *La vita torna* (42), *La locandiera* (43), *Una piccola moglie* (43), *La sua strada* (43), *Torna a Sorrento* (45), *Il marito povero* (46 made in 43), *Furia* (46), *Il passatore* (47), *Gli ultimi giorni di Pompei* (48), *Cavalcata d'eroi* (49), *Gente così* (50), *La cintura di castità* (50), *Il ladro di Venezia* (50), *Abbiamo vinto* (50), *Alina* (50), *Senza bandiera* (50), *Messalina* (51), *Il tradimento* (51), *Wanda la peccatrice* (52), *Giovinezza* (52), *Io, Amleto* (52), *Penne nere* (52), *Il romanzo della mia vita* (53), *I tre ladri* (53), *Giuseppe Verdi* (53), *La schiava del peccato* (54), *Tradita* (54), *Guai ai vinti!* (54), *Casta diva* (54), *Ultimo addio* (54), *Il principe dalla maschera rossa* (55), *Peppino e la vecchia signora* (57 made in 54), *La venere di Cheronea* (58), *Giuditta e Oloferne* (58), *Erode il grande* (59), *Marco Polo* (60).

Piña, Angel Oliver *see* **Rustichelli, Carlo**

3579. Pinelli, Tullio. Co-writer. b. June 24, 1908, Torino. *Le miserie del signor Travet* (45 also story), *Adultera* (46 also story/from his play "I padri etruschi"), *Il bandito* (46), *La figlia del capitano* (47), *Caccia tragica* (47), *Come persi la guerra* (47 also co-story), *Il passatore* (47), *La fumeria d'oppio* (47), *Senza pietà* (48 also co-story), *Amore* (48 the episode "Il miracolo"), *Il mulino del Po* (48), *In nome della legge* (49), *Il cammino della speranza* (50), *Luci del varietà* (50), *Persiane chiuse* (51), *La città si difende* (51), *Cameriera bella presenza offresi* (51), *Il brigante di Tacca del Lupo* (52 also co-adapted), *Europa 51* (52), *Lo sceicco bianco* (52 also co-story), *I vitelloni* (53 also co-story), *Traviata 53* (53), *Riscatto* (53), *Amore in città* (53 the episode "Tentato suicidio"), *Pietà per chi cade* (53), *Sinfonia d'amore* (54), *La strada* (54 also story), *Il bidone* (55 also story), *Le notti di Cabiria* (56 also story), *Fortunella* (58 also story), *La dolce vita* (60 also story), *Adua e le compagne* (60), *Boccaccio 70* (61 the episode "Le tentazioni del dottor Antonio" also story), *La steppa* (62), *8½* (63), *Le bambole* (65 the episode "Trattato di eugenetica"), *I tre volti* (65 the episode "Gli amanti celebri"), *Giulietta degli spiriti* (65), *L'immorale* (67), *Galileo* (68), Seafino (68), *Come, quando, con chi?* (69), *Le castagne sono buone* (71), *Per le antiche scale* (74), *Amici miei* (75), *Viaggio con Anita* (79), *La voce* (82), *Flipper* (83), *Ginger e Fred* (85), *Amici miei, atto III* (85), *Speriamo che sia una femmina* (86 also story).

3580. Pini, Aldo. Actor. b. April 6, 1909, Bologna. *Il conte di Bréchard* (37), *La fanciulla di Portici* (40), *Il fanciullo del west* (41), *Catene invisibili* (42), *Bengasi* (42), *Stasera niente di nuovo* (42), *Barriera a settentrione* (49), *Accade al commissariato* (54), *Angela* (54), *Attila—flagello di Dio* (54), *La mina* (58), *Guardia, ladro e cameriera* (58), *La spada e la croce* (58), *Ercole e la regina di Lidia* (58), *Ben-Hur* (59), *La sposa bella* (60), *Space men* (60), *Il relitto* (61), *Brenno, il nemico di Roma* (63), *Ercole sfida Sansone* (63).

3581. Pini, Linda. Actress. b. 1896, Milano. AKA: Gery Land. "Discovered" in a fashion shop by Soava Gallone. *Cavalleria rusticana* (16), *Zingari* (16), *La fiaccola sotto il moggio* (16), *La Gioconda* (16), *L'illusione* (17), *La nemica* (17), *La felicità* (17), *Passa la ruina* (17), *Il rifugio dell'alba* (18), *L'estranea* (18), *La cicala* (19), *La maschera di Venere* (19), *Elevazione* (20), *I dannati* (20), *Temi* (20), *I disonesti* (21), *Il cammino delle stelle* (22), *La danzatrice russa* (22), *La via del dolore* (22), *Povere bimbe* (23), *Fronda d'ulivo* (23), *Il paese della paura* (23), *La leggenda delle Dolomiti* (24), *La freccia nel cuore* (24), *Voglio tradire mio marito!* (25), *Fuochi d'artificio* (38), *La zia di Carlo* (43).

3582. Pinto, Giuseppe. Director. *Iwna, la perla del Gange* (14), *L'abete fulminato* (14), *Altri tempi* (15), *I cavalieri delle tenebre* (15), *Ombre umane* (15), *L'occhio rivelatore* (15), *Le memorie del diavolo* (15), *L'angelus* (16 co-d), *Anime gemelle* (16), *La danza della vita e della morte* (17), *Il colonnello Brideau* (17), *Le rose del miracolo* (17), *Vittime* (18), *Vendicami!* (18), *L'idolo del dottore* (19), *La moglie scacciata* (19), *I cavalieri del poker* (19), *Calamita* (19), *Notte di tentazione* (19), *La villa elettrica* (20).

3583. Pinzauti, Giorgio. Art director. b. March 15, 1908, Milano. *La danza delle lancette* (36), *I due misantropi* (36), *Ho perduto mio marito* (36), *Felicita Colombo* (37 co-art d), *Solo per te* (38), *Nonna Felicita* (38), *L'allegro cantante* (38 co-art d), *Orgoglio* (38), *Lotte nell'ombra* (38), *Il suo destino* (39), *L'eredità in corso* (39), *Casa lontana* (40), *Montevergine* (39), *Una moglie in pericolo* (39), *Ritorno* (39), *Vento di milioni* (39), *Don Pasquale* (40), *Fortuna* (40), *La nascita di Salomè* (40), *Leggenda azzurra* (40), *L'attore scomparso* (41), *Signorinette* (42), *Gian Burrasca* (43), *Il barbiere di Siviglia* (46).

Piovani, Nicola *see* **Morricone, Ennio**

3584. Piovani, Pina. Actress. b. 1897, Roma. d. Jan. 2, 1955, Roma. Married Giulio Battiferri. *Napule...e niente cchiù* (28), *Il leone di Damasco* (41), *Via delle cinque lune* (42), *La bella addormentata* (42), *Gran Premio* (42), *Campo de' fiori* (43), *La locandiera* (43), *La porta del cielo* (45), *Notte di tempesta* (46), *L'ultimo amore* (46), *Furia* (46), *Sinfonia fatale* (46), *L'ebreo errante* (47), *La primula bianca* (48), *Monaca santa* (48), *Ti ritroverò* (48), *L'uomo dal guanto grigio* (48), *Taxi di notte* (50), *Vita da cani* (50), *Il nido di falasco* (50), *Guardie e ladri* (51), *Accidenti alle tasse!* (51), *Altri tempi* (51 the episode "L'idillio"), *Il tallone di Achille* (52), *Le avventure di Mandrin* (52), *Carne inquieta* (52), *Jolanda, la figlia del corsaro nero* (52), *Papà, ti ricordo* (52), *Non è vero, ma ci credo* (52), *La voce del silenzio* (52), *Er Fattaccio* (52), *Una di quelle* (52), *Lulù* (53), *...E Napoli canta* (53), *Prima di sera* (53), *In amore si pecca in due* (54), *La romana* (54).

3585. Piperno, Ugo. Actor. b. 1862, Livorno. d. May 4, 1922, Casalecchio. *Retaggio d'odio* (14), *Rinunzia* (14), *La donna nuda* (14), *La casa di nessuno* (15), *La storia dei tredici* (17), *Spiritismo* (18), *Primerose* (19), *La contessa Sara* (19), *Israel* (19), *Cosmopolis* (19), *L'agguato della morte* (19), *Chimere* (19), *Rouge et noir* (20), *Papà Lebonnard* (20).

Pipolo *see under* **Castellano e Pipolo**

3586. Pirandello, Luigi. Playwright. b. June 28, 1867, Girgenti, Agrigento. d. Dec. 10, 1936, Roma. Nobel Prize winner for literature in 1934. *Papà mio, mi piacciom tutti* (18 he suggested scenes and episodes), *La pantera di neve* (19 story consultant), *Lo scaldino* (20 from his novella), *Il lume dell'altra casa* (20 from his novella), *Ma non è una cosa seria* (20 from his play and novella), *Il viaggio* (21 from his novella), *La rosa* (21 from his novella), *Il fu Mattia Pascal* (25 from his novel), *Enrico IV* (26 from his play), *Sechs Personen suchen einen Autor* (29 Germany co-w/from his play. Unfinished), *La canzone dell'amore* (30 from his novella), *La Dernière Berceuse* (30 the French version of *La canzone dell'amore*), *Das Liebes Lied* (30 the German version of *La canzone dell'amore*), *As You Desire Me* (32 U.S. from his play), *Acciaio* (33 story), *Ma non è una cosa seria* (36 from his play and novella), *Pensaci, Giacomino!* (37 from his play), *Il fu Mattia Pascal* (37 from his novel), *L'Homme de nulle part* (37 the French version of *Il fu Mattia Pascal*), *Der Mann der nicht nein sagen kann* (38 German remake of *Ma non è una cosa seria*), *Terra di nessuno* (38 story/based on two of his novellas), *Enrico IV* (43 from his play), *This Love of Ours* (45 U.S. from his play and novella), *Altri tempi* (51 the episode "La morsa" was taken from his one-act play "L'epilogo," which in turn was taken from his novella "La paura"), *L'uomo la bestia e la virtù* (53 from his play), *Siamo donne* (53 the episode "La giara" was taken from his one-act play; the episode "Il ventaglio" was taken from his novella; the episode "La patente" was taken from his one-act play, which in turn was taken from his novella; the episode "La marsina stretta" was taken from his novella), *Vestire gli ignudi* (54 from his play), *Never Say Goodbye* (56 U.S. remake of *This Love of Ours*), *Todo será para bien* (57 Argentina from his play), *Il viaggio* (74 from his novella), *Enrico IV* (83 from his play), *Kaos* (83 based on his novels).

3587. Pisacane, Carlo. Actor. *I soliti ignoti* (58), *C'era una volta* (67), *L'ira di Dio* (68), *Donne...botte e bersaglieri* (68), *Franco, Ciccio e le vedove allegre* (68).

3588. Pisano, Rosita. Actress. *Anna* (51), *I due pompieri* (68).

3589. Piscicelli, Salvatore. Director. *Immacolata e Concetta: l'altra gelosia* (80 also co-w), *Le occasioni di Rosa* (81), *Blues metropolitano* (85 also co-w), *Regina* (87 also co-w).

3590. Pisier, Marie-France. French

actress. b. May, 1944, Dalat, Indochina. Also a well-known writer. *L'amore a vent'anni* (61 the first episode, "Antoine et Colette").

3591. Pistilli, Luigi. Actor. b. 1929. *Per qualche dollaro in più* (65), *Il buono, il brutto, il cattivo* (66), *100.000 dollari per Lassiter* (66), *Da uomo a uomo* (67), *Crepa tu...che vivo io* (67), *A ciascuno il suo* (67), *La lunga sfida* (68), *La monaca di Monza* (68), *La matriarca* (68), *Il dolce corpo di Deborah* (68), *Il grande silenzio* (68), *I protagonisti* (68), *Roma come Chicago* (68), *Gli intoccabili* (68), *L'amante di Gramigna* (68), *Ondata di calore* (69), *La Battaglia d'Inghilterra* (70), *De la part des copains* (70 France), *Antefatto* (71), *Milano calibro 9* (72), *Il tuo vizio è una stanza chiusa e solo io ne ho la chiave* (72), *Number One* (73), *Cagliostro* (74), *L'ossessa* (74), *Delitto d'autore* (75), *La polizia indaga: siamo tutti sospettati* (76), *Peccato senza malizia* (76), *La moglie di mio padre* (76), *Cadaveri eccellenti* (76), *La principessa nuda* (76), *Antonio Gramsci: gli anni del carcere* (77), *La faccia violenta di New York* (77), *Un poliziotto scomodo* (78), *Una casa in bilico* (88).

3592. Pisù, Mario. Actor. b. May 21, 1910, Montecchio Emilia. Younger brother of Raffaele Pisù. *Re burlone* (35), *Passaporto rosso* (35), *L'aria del continente* (36), *Amazzoni bianche* (36), *Re di denari* (36), *È tornato carnevale* (37), *L'ultima nemica* (37), *La sposa dei re* (38), *Manovre d'amore* (39), *Lettere al sottotenente* (43), *La locandiera* (43), *Il canto della vita* (45), *Biraghin* (46), *Margherita da Cortona* (50), *Il diavolo in convento* (50), *Io sono il capataz!* (51), *Il mago per forza* (51), *Gli uomini non guardano il cielo* (51), *Le due verità* (51), *Cinque poveri in automobile* (52), *Dieci canzoni d'amore da salvare* (53), *Di qua di là del Piave* (53), *Totò all'inferno* (54), *La grande avventura* (55 d), *Annibale* (59), *I cosacchi* (59), *8½* (63), *Giulietta degli spiriti* (65), *Johnny Banco* (68), *Temptation* (68), *L'amore è come il sole* (68).

3593. Pisù, Raffaele. Actor. b. Bologna. *Fiorenzo, il terzo uomo* (51), *Ridere ridere ridere* (54), *I papagalli* (56), *La voce che uccide* (56), *Padri e figli* (56), *Susanna tutta panna* (57), *Il cocco di mamma* (57), *Gli italiani sono matti* (58), *Le bellissime gambe di Sabrina* (58), *Valeria, ragazza poco seria* (58), *La 100 km* (59), *Juke-box, urli d'amore* (59), *Uomini e nobiluomini* (59), *Quanto sei bella Roma* (59), *Agosto, donne mie non vi conosco* (59), *Caccia al marito* (60), *Le ambiziose* (60), *Italiani brava gente* (65).

3594. Pitagora, Paola. Actress. b. 1944. *Costa Azzurra* (59), *Messalina, venere imperatrice* (59), *Kapò* (60), *La viaccia* (61), *Barabba* (61), *Cronache del 22* (62), *La vita provvisoria* (62), *Der Teppich des Gauens* (63 Germany), *Les Saintes Nitouches* (64 France), *Pugni in tasca* (65), *Schüsse in 3/4 Takt* (65 Germany), *Scusi, lei è favorevole o contrario?* (66), *Bersaglio mobile* (67), *Fermate il mondo...voglio scendere* (67), *Salvare la faccia* (68), *Tenderly* (68), *Les Compagnons de la Marguerite* (68 France), *Senza sapere niente di lei* (69), *Caroline chérie* (68 France), *In Search of Gregory* (70 U.K.), *Un Aller simple* (70 France), *Disperatamente l'estate scorsa* (70), *Les Assassins de l'ordre* (71 France), *Il vero e il falso* (71), *Equinozio* (72), *Il sindacalista* (72), *Un amore così fragile così violento* (73), *Il serpente* (73), *Revolver* (73), *L'avvocato del diavolo* (78), *Aiutami a sognare* (81), *Flipper* (83).

3595. Pitoëff, Sacha. French actor. Son of Georges and Ludmilla Pitoëff, both Russian actors living in France. *Rasputin* (54), *L'anno scorso a Marienbad* (61), *Patrick vive ancora* (80).

3596. Pittaluga, Stefano. Producer. b. Feb. 2, 1887, Campomorone, Genova. d. April 5, 1931, Roma. Started as a small distributor in Liguria. In 1914 went to Torino and with a group of friends formed S.A.S.P. (Società Anonima Stefano Pittaluga). An honest and serious company, its success was so great that by 1922 Pittaluga controlled basically the entire local industry, having bought about 150 cinemas and controlling many more, and having bought out many dying film companies. By this time, however, the Italian film industry was in a bad way, due to the domination of foreign films on the screen. In 1923 he went into production, and in 1930 produced Italy's first sound film, *La canzone dell'amore*. Mussolini's government co-operated with him. Films he produced include: *Treno di piacere* (23), *Maciste e il nipote d'America* (23), *Largo alle donne!* (24), *La taverna verde* (24), *La casa dei pulcini* (24), *Maciste* *imperatore* (24), *Dall'Italia all'equatore* (24 doc), *Saetta impara a vivere!* (24), *Caporal Saetta* (24), *Maciste all'inferno* (25), *Maciste contro lo sceicco* (25), *Voglio tradire mio marito!* (25), *Saetta e le sette mogli del pascià* (25), *Fra Diavolo* (25), *Saetta, principe per un giorno* (26), *Il cavalier Petagna* (26), *Beatrice Cenci* (26), *Maciste nella gabbia dei leoni* (26), *Il gigante delle Dolomiti* (26), *La bellezza del mondo* (26), *I martiri d'Italia* (27), *Il carnevale di Venezia* (27), *I rifiuti del Tevere* (27), *Il vetturale del Moncenisio* (28), *Addio, mia bella Napoli* (28), *Gli ultimi zar* (28), *Giuditta e Oloferne* (28), *La compagnia dei matti* (28), *La canzone dell'amore* (30), *Nerone* (30), *Corte d'assise* (30), *Il medico per forza* (31), *Terra madre* (31), *Rubacuori* (31), *La Scala* (31), *Resurrectio* (31), *La stella del cinema* (31).

3597. Pizani, Robert. French actor. b. April 26, 1898, Paris. *T'amerò sempre* (33), *Un colpo di vento* (36), *Una parigina* (57), *Festa di maggio* (57), *La bella fioraia di Madrid* (58).

3598. Pizzi, Adolfo. Director/producer. b. June 24, 1914, Zagarolo, Roma. In films from 1930. Since 1947 has produced and directed various documentaries, and in 1954 directed his first feature film: *Ritrovarsi all'alba* (54 also p/co-w/story).

3599. Pizzi, Nilla. Singer/actress. b. April 16, 1919, Sant'Agata Bolognese. RN: Adionilla Pizzi. *Il microfono è vostro* (51), *Ergastolo* (52), *Giovinezza* (52), *Solo per te, Lucia* (52), *Saluti e baci* (52), *Dieci canzoni d'amore da salvare* (53), *Ci troviamo in galleria* (53), *Canzone appassionata* (53), *Ultimo addio* (54), *Il nostro campione* (55), *Cantando sotto le stelle* (56), *Serenata al vento* (57), *Il sole tornerà* (57), *San Remo, la grande sfida* (60).

3600. Pizzutti, Riccardo. Actor. *Sette donne per i MacGregor* (66), *Battle of the Amazons* (70 U.S.), *E poi lo chiamarono Il magnifico* (72), *Super Stooges vs The Wonder Woman* (75 Spain), *Uno sceriffo extraterrestre...poco extra e molto terrestre* (79).

3601. Placido, Michele. Actor. b. Foggia. His younger brother is actor Gerardo Amato. *Teresa la ladra* (73), *Dio mio, come sono caduta in basso!* (74), *Romanzo popolare* (74), *Peccati in famiglia* (75), *La divina creatura* (75), *Marcia trionfale* (76), *Io sono mia* (76), *Oedipus orca* (77), *Il casotto* (77), *La ragazza dal pigiama giallo* (77), *Corleone* (78), *Il prato macchiato di rosso* (78), *Letti selvaggi* (78), *Ernesto* (79), *Un uomo in ginocchio* (79), *Lulù* (80), *Fico d'India* (80), *Zucchero, miele e peperoncino* (80), *Fontamara* (80), *Salto nel vuoto* (80), *Le ali della colomba* (80), *Tre fratelli* (81), *Sciopen* (82), *Colpire al cuore* (82), *Les Amants terribles* (83 France), *Caro maestro* (83), *Ars amandi—l'arte di amare* (83), *Attacco alla piovra* (85), *Grandi magazzini* (86), *Notte d'estate con profilo greco, occhi a mandorla, e odore di basilico* (86), *Ti presento un'amica* (88), *Y'a bon les blancs* (88 France), *Big Business* (88 U.S.), *Mary per sempre* (89), *Cavalli si nasce* (89), *Pummarò* (90 d/co-w), *La condanna* (91 co-p), *Afghan Breakdown* (91).

3602. Planer, Franz. Czech director of photography. b. March 29, 1894, Karlsbad (now in Austria). RN: Franz Ferdinand Planer. AKA: Frank F. Planer. *Casta diva* (35 co-ph).

3603. Pleasence, Donald. U.K. actor. b. Oct. 5, 1921, Worksop, Notts. *Matchless* (66), *Altrimenti ci arrabbiamo* (74), *Gesù di Nazaret* (77 TV), *L'uomo puma* (80), *Phenomena* (84), *Sotto il vestito niente* (85), *Il ritorno di Django* (87), *Fuga dall'inferno* (87), *Animali metropolitani* (87), *Spettri* (87), *Nosferatu a Venezia* (88), *Miliardi* (91).

3604. Plessis, Jacqueline. French actress. b. Nov. 11, 1918, Havre. RN: Jacqueline Christin. Worked mostly in Italy. *Sperduti nel buio* (47), *Lohengrin* (47), *Femmina incatenata* (49), *La taverna della libertà* (50), *La vendetta di una pazza* (51), *I sette peccati capitali* (52 the episode "Pigrizia"), *Vacanze d'amore* (54), *Nanà* (55).

Plummer, Christian *see* **Martino, Sergio**

3605. Plummer, Christopher. Canadian actor. b. Dec. 13, 1927, Toronto. RN: Arthur Christopher Orme Plummer. *La caduta dell'impero romano* (64), *Waterloo* (70), *Gesù di Nazaret* (77 TV), *Nosferatu a Venezia* (88).

3606. Pocath, Werner. Austrian actor. AKA: Werner Pochat. *Joko, invoca Dio...e muore* (68), *Il gatto a nove code* (71), *La banda J & S—cronaca criminale del west* (73), *Il ritorno di Zanna Bianca* (74), *Casanova e compagnia* (76), *Piedone l'africano* (77).

3607. Podestà, Rossana. Actress. b. Aug. 20, 1934, Zliten, Tripolitania (now part of Libya). RN: Carla Dora Podestà. Her father was Argentine and her mother Ligurian. "Discovered" by Léonide Moguy. *Domani è un altro giorno* (50), *Strano appuntamento* (51), *Gli angeli del quartiere* (51), *I sette nani alla riscossa* (51), *Guardie e ladri* (51), *Don Lorenzo* (52), *Fanciulle di lusso* (52), *Io, Amleto* (52), *La voce del silenzio* (52), *Il moschettiere fantasma* (53), *La red* (53 Mexico), *Viva la rivista!* (53), *Addio, figlio mio!* (53), *Ulisse* (54), *Le ragazze di San Frediano* (54), *Nosotros dos* (54 Spain), *Elena di Troia* (56), *Canzoni di tutta Italia* (56), *Non scherzare con le donne* (56), *Rossana* (56), *Santiago* (56 U.S.), *Tampa* (56 Mexico), *La Bigorne, caporal de France* (57 France), *La spada e la croce* (58), *Raw Wind in Eden* (58 U.S.), *L'Île au bout du monde* (59 France), *Ismaele, il conquistatore* (59), *La grande vallata* (60), *La schiava di Roma* (60), *La furia dei barbari* (60), *Sodoma e Gomorra* (62), *Solo contro Roma* (62), *La freccia d'oro* (62), *FBI operazione Baalbeck* (63), *Le ore nude* (64), *La vergine di Norimberga* (64), *Sette uomini d'oro* (65), *Il grande colpo dei sette uomini d'oro* (66), *Il prete sposato* (70), *Homo eroticus* (71), *L'uccello migratore* (72), *Paolo il caldo* (73), *Il padre* (75), *Il letto in piazza* (75), *Il gatto mammone* (76), *Pane, burro e marmellata* (78), *Sotto choc* (78), *Sette ragazze pericolose* (78), *I seduttori della domenica* (80), *Tranquille donne di campagna* (81), *Le avventure dell'incredibile Ercole* (83), *Segreti segreti* (85).

Podrecca, Vera *see* **Vergani, Vera**

3608. Pogany, Gabor. Director of photography. b. Oct. 28, 1915, Budapest, Hungary. Moved to Italy from London in 1937 and became an Italian citizen in 1952. *The Scarlet Pimpernel* (35 U.K. asst ph), *Things to Come* (36 U.K. asst ph), *Rembrandt* (36 U.K. asst ph), *Wings of the Morning* (37 U.K. asst ph), *La figlia del corsaro verde* (40 co-ph), *Divieto di sosta* (41), *Documento Z 3* (41), *La maschera di Cesare Borgia* (41 co-ph), *Ridi, pagliaccio!* (41 co-ph), *Confessione* (41), *Paura d'amare* (41), *La contessa Castiglione* (42 co-ph), *Carmela* (42), *Calafuria* (42 co-ph), *Resurrezione* (43), *L'abito nero da sposa* (43), *Arcobaleno* (43), *Aeroporto* (44), *Addio, mia bella Napoli!* (46 co-ph), *Botticelli* (46 short doc), *Giotto* (46 short doc), *Fuga nella tempesta* (47), *La monaca di Monza* (47), *La fine del mondo* (47 short doc), *Michelangelo* (47 short doc), *Orvieto* (47 short doc), *Assunta spina* (48), *L'uomo dal guanto grigio* (48), *Duello senza onore* (49), *Il bacio di una morta* (49), *Donne senza nome* (49), *La fiamma che non si spegne* (49), *La strada finisce sul fiume* (50), *Gli inesorabili* (51), *Il Cristo proibito* (51), *La vendetta del corsaro* (51), *Ha da venì... don Calogero* (51), *Altri tempi* (51 the episode "Processo di Frine"), *Vedi Napule...e poi muore* (52), *La voce del silenzio* (52), *Spartaco* (52), *Una di quelle* (52), *Tempi nostri* (52), *Siamo donne* (53 co-ph), *Fermi tutti, arrivo io!* (53), *Delirio* (54), *Giovanna d'Arco al rogo* (54), *Camilla* (54), *La figlia di Mata Hari* (55), *La cortigiana di Babilonia* (55), *Amici per la pelle* (55), *Londra chiama polo nord* (55), *Non scherzare con le donne* (56), *Beatrice Cenci* (56), *Moglie e buoi...* (56), *Amore e chiacchiere* (57), *Agguato a Tangeri* (57 co-ph), *Totò, Vittorio e la dottoressa* (58), *Camping* (58), *Gli italiani sono matti* (58), *Europa di notte* (58), *I prepotenti* (58), *Pezzo, capopezzo e capitano* (58), *Prepotenti più di prima* (59), *Non perdiamo la testa* (59), *Poveri milionari* (59 co-ph), *Il magistrato* (59), *La contessa azzurra* (59), *Tu che ne dici?* (60), *Dolci inganni* (60), *La Ciociara* (61), *Il giudizio universale* (61), *Roma contro Roma* (63), *Giulietta e Romeo* (64), *La morte non conta i dollari* (67), *Buona sera, Mrs Campbell* (68), *A doppia faccia* (69), *D'amore si muore* (72), *L'altra faccia del padrino* (73), *Porgi l'altra guancia* (74), *La banca di monate* (76), *Labbra di lurido blu* (76), *Lezioni di violoncello con toccata e fuga* (76), *Quelli della calibro 38* (77), *Antonio Gramsci: gli anni del carcere* (77), *Kleinhoff Hotel* (77), *Don Luigi Sturzo* (83), *Inverno di malato* (83).

3609. Poggioli, Augusto. Actor. b. Roma. *L'amica* (15), *Christus* (15), *Raffica sulla felicità* (19), *Il castello della malinconia* (20), *Il castello dalle 57 lampade* (20), *Tre milioni di dote* (20), *Mam'zelle Extra* (20), *La blessure* (20), *La congiura di san Marco* (22), *Il tacchino* (23), *La bocca chiusa* (24), *Il gigante delle Dolomiti* (26).

3610. Poggioli, Fernando Maria. Director. b. Dec. 15, 1897, Bologna. d. in the early hours of Feb. 15, 1945, Roma, as the result of a gas leak in his home. AKA: Ferdinando Maria Poggioli. *Impressioni siciliane* (32 doc), *Il presepe* (32 short), *Paestum* (32 doc), *La signora di tutti* (34 e), *Re burlone* (35 e), *Arma bianca* (36), *La fossa degli angeli* (37 co-e), *Stasera alle undici* (37 e), *La principessa Tarakanova* (38 e), *Los novios de la muerte* (38 Spain doc e), *Diamanti* (38 e), *Piccoli naufraghi* (39 e), *Ricchezza senza domani* (39 also co-w), *Addio, giovinezza!* (41 co-d/co-w), *L'amore canta* (41), *Sissignora* (41 also co-w), *La bisbetica domata* (42 also w/story), *La morte civile* (42 also co-w), *Gelosia* (42 also co-w), *L'amico delle donne* (42), *Le sorelle Materassi* (43 also co-w), *Il cappello da prete* (43 also co-w), *Sogno d'amore* (44).

3611. Poiret, Jean. French actor. b. 1926. d. March 13, 1992, Paris. A music-hall star, he wrote and starred in the original "La Cage aux folles" on stage, and therefore has the appropriate writer credit for the three films in the series. *Le quattro verità* (62).

3612. Poirier, Arlette. French actress. b. June 11, 1926, Paris. *Via Padova, 46* (53), *Scampolo 53* (53).

3613. Poirier, Henri. French actor. *I vinti* (52 the French episode).

3614. Poivre, Annette. French actress. b. June 24, 1919, Paris. Married Raymond Bussières. *Quartiere dei lillà* (57).

3615. Pola, Isa. Actress. b. Dec. 19, 1909, Bologna. RN: Maria Luisa Betti Di Montesano. *I martiri d'Italia* (27), *Boccaccesca* (27), *Myriam* (29), *La canzone dell'amore* (30), *Terra madre* (31), *La Wally* (32), *L'ultima avventura* (32), *La cantante dell'opera* (32), *La telefonista* (32), *Acciaio* (33), *Ragazzo* (33), *Creature della notte* (33), *L'albergo della felicità* (34), *Scarpe al sole* (36), *L'anonima Roylott* (36), *Sono stato io!* (37), *La vedova* (38), *Cavalleria rusticana* (39), *Il ponte di vetro* (40), *Lucrezia Borgia* (40), *Una signora dell'ovest* (42), *I bambini ci guardano* (43), *Circo equestre Za-Bum* (46 made in 44), *Furia* (46), *Margherita da Cortona* (50), *La rivale dell'imperatrice* (50), *Angelo tra la folla* (50), *Ombre sul canal grande* (51), *Tre storie proibite* (52), *La regina di Saba* (52), *Il moschettiere fantasma* (53), *La figlia del forzato* (53), *Amore e chiacchiere* (57).

3616. Polacco, Cesare. Actor. b. 1900, Roma. *Squadrone bianco* (36), *Fermo con le mani!* (37), *Il fu Mattia Pascal* (37), *Stasera alle undici* (37), *Ballo al castello* (39), *Il fornaretto di Venezia* (39), *La forza bruta* (40), *L'assedio dell'Alcazar* (40), *Ultima fiamma* (40), *Il "signore" della taverna* (40), *Il Ponte dei sospiri* (40), *Il prigioniero di Santa Cruz* (40), *Noi vivi* (42), *O sole mio* (45), *Furia* (46), *L'ebreo errante* (47), *Il Trovatore* (47), *Il grido della terra* (48), *Fifa e arena* (48), *La sepolta viva* (49), *Totò cerca casa* (49), *Al diavolo la celebrità* (49), *Totò sceicco* (51), *Clandestino a Trieste* (51), *Don Camillo* (52), *La prigioniera di Amalfi* (53), *La campana di san Giusto* (54), *Rigoletto* (54), *Tipi da spiaggia* (59), *L'impiegato* (59).

3617. Polaire, Pauline. Actress. b. 1905. Niece of Hesperia (q.v.). *La farina del diavolo* (19), *Un punto nero* (20), *Germoglio* (20), *L'istinto* (20), *Il figlio di Madame Sans-gêne* (21), *La locanda delle ombre* (23), *Un viaggio nell'impossibile* (23), *Treno di piacere* (23), *Maciste e il nipote d'America* (23), *Caporal Saetta* (24), *La taverna verde* (24), *Saetta impara a vivere!* (24), *Voglio tradire mio marito!* (25), *Le vie del mare* (25), *Maciste all'inferno* (25).

3618. Polanski, Roman. French director. b. Aug. 18, 1933, Paris, to Polish parents. *Sansone* (61 *), *Le più belle truffe del mondo* (63 the episode "Amsterdam" also co-w), *Una su tredici* (69 *), *Che?* (72 also co-w/*/e), *Dracula cerca sangue di vergine...e morì di sete* (74 *).

3619. Polesello, Franca. Actress. *Il sorpasso* (62), *Il successo* (63), *Amore in quattro dimensioni* (64), *Io uccido, tu uccidi* (65 the episode "Cavalleria rusticana moderna"), *Agente 077...missione Bloody Mary* (65), *Un dollaro a testa* (66), *A.D.3 operazione Squalo Bianco* (66), *Gangster 70* (68), *Tarzana, sesso selvaggio* (69), *Der Würger kommt auf leisen Socken* (72 Germany), *Joe Dakota, spara...e così sia* (72).

3620. Poletto, Piero. Art director. *Nata di marzo* (57), *Teseo contro il Minotauro* (60), *L'avventura* (60), *Marte, dio della guerra* (62), *L'eclisse* (62), *Anni ruggenti* (62), *Un uomo da bruciare* (62), *Giacobbe ed Esau* (62), *I sette gladiatori* (63 co-art d), *La rivolta dei sette* (64), *Deserto rosso* (64), *La decima vittima* (65), *Le streghe* (66 co-art d), *Amanti* (68), *Una* *su tredici* (69), *Professione: reporter* (75), *Il comune senso di pudore* (76).

3621. Poli, Afro. Actor/singer. b. Dec. 22, 1902, Pisa. *Lucia di Lammermoor* (46), *Cenerentola* (48), *Pagliacci* (48), *Amori e veleni* (49), *Cavalcata d'eroi* (49), *L'amore di Norma* (50), *Il leone di Amalfi* (50), *La regina di Saba* (52), *Aida* (53), *Tosca* (56), *Le fatiche di Ercole* (57), *La Traviata* (67).

3622. Poli, Maurice. Actor. AKA: Monty Greenwood. *Il grande colpo dei sette uomini d'oro* (66), *Lo sceriffo che non spara* (67 as Django), *Shango, la pistola infallibile* (69), *Il tredicesimo è sempre giuda* (71), *La vita, a volte, è molto dura, vera provvidenza?* (72), *Amanti miei* (80), *Black Cobra* (86 U.S.).

3623. Poli, Mimmo. Actor. *Il tesoro dell'Africa* (53), *Morgan il pirata* (60), *Il mattatore* (60), *Romolo e Remo* (61), *La vendetta della maschera di ferro* (62), *Finchè dura la tempesta* (63), *Caccia alla volpe* (66), *La feldmarescialla* (66), *The Honey Pot* (67 U.S.), *Brutti di notte* (68), *Stuntman* (68), *La cintura di castità* (68), *Ehi, amico, c'è Sabata...hai chiuso* (69), *La luna* (79).

3624. Poli, Nives. Ballerina/choreographer/actress. b. Nov. 1, 1915, Ischia. *La regina della Scala* (37), *Follie per l'opera* (47).

3625. Poli, Paolo. Actor. b. May 23, 1931, Firenze. Much TV. *Le due orfanelle* (54), *Gli amori di Manon Lescaut* (54), *Non c'è amore più grande* (55).

3626. Polidor. Actor. b. May 19, 1887, Bayonne, France. RN: Ferdinand Guillaume. AKA: Tontolini. Came from an illustrious circus family. His daughter, Wanda Guglielmi, was something of a child prodigy in the Italian cinema, appearing in movies like *Pensaci, Giacomino!* (37) and *Fermo con le mani!* (37). Polidor's films include: *Tontolini* (10), *Tontolini boxeur* (10), *Tontolini e Lea a servizio* (10), *Tontolini soffre d'insonnia* (10), *Tontolini e Cocò rivali in amore* (10), *Tontolini e la scommessa* (10), *Tontolini e la sua scoperta* (10), *Tontolini ipnotizzato* (10), *Tontolini prende la rivincita* (10), *Tontolini non ha fortuna in amore* (10), *Tontolini innamorato* (10), *Tontolini sposo* (10), *Tontolini fa il salto mortale* (10), *Tontolini e Lea a scuola* (10), *Tontolini ruba una bicicletta* (10), *Tontolini ama la cuoca* (10), *Tontolini al restaurant* (10), *Tontolini ladro di scarpe* (10), *Tontolini e lo sbaglio* (10), *Tontolini idealista* (10), *Tontolini bersagliere* (10), *Tontolini si batte in duello* (10), *Tontolini bianco e nero* (10), *Tontolini toreador* (10), *Tontolini ballerina* (10), *Tontolini Nerone* (10), *Tontolini studia il trombone* (10), *Tontolini agente privato* (10), *Tontolini apache* (10), *Tontolini ha le scarpe strette* (10), *Tontolini cerca danaro* (10), *Tontolini in visita* (10), *Pinocchio* (10), *Tontolini e il violino* (11), *L'agente Tontolini e il suo commissario* (11), *Tontolini fa dello sport* (11), *I calzoni di Tontolini* (11), *Il clarino di Tontolini* (11), *Peripezie del cappello di Tontolini* (11), *Tontolini e il circo equestre* (11), *Tontolini e la serenata* (11), *Tontolini è miope* (11), *Tontolini e due vecchie zitelle* (11), *Tontolini e Giosuè* (11), *Tontolini reporter* (11), *Tontolini studente* (11), *Tontolini assicuratore* (11), *Tontolini e l'asino* (11), *Tontolini vittorioso* (11), *Tontolini e il manichino* (11), *Tontolini cerca impiego* (11), *Tontolini misterioso* (11), *Tontolini condannato a sposare* (11), *Tontolini e Lea fra le nuvole* (11), *Tontolini invulnerabile* (11), *Tontolini scrittore di soggetti cinematografici* (11), *Tontolini finto americano* (11), *Una lettera d'amore di Polidor* (12), *Il calvario di Polidor* (12), *L'eredità di Polidor* (12), *Il grammofono di Polidor* (12), *L'ora tragica di Polidor* (12), *Pegno d'amore di Polidor* (12), *Polidor ritorna a Tripoli* (12), *Polidor dalla modista* (12), *Polidor arriva alla casa Pasquali* (12), *Polidor in cerco dello zio* (12), *Polidor ha bisogno di una moglie* (12), *Polidor facchino per amore* (12), *Polidor fidanzato* (12), *Polidor troppo amato* (12), *Polidor contro la suocera* (12), *Polidor vuol suicidarsi* (12), *Polidor nel nuovo alloggio* (12), *Polidor cameriere nella buona società* (12), *Polidor invisibile* (12), *Polidor apache* (12), *Polidor al club della morte* (12), *Polidor ha un tic nervoso* (12), *Polidor si fa réclame* (12), *Polidor cambia pelle* (12), *Polidor entusiasta della lotta* (12), *Polidor senza colletto* (12), *Polidor ha rubato l'oca* (12), *Polidor indiano* (12), *Polidor statua* (12), *Polidor padre adottivo* (12), *Polidor in collegio* (12), *Polidor maestro di ballo* (12), *Polidor fa le iniezioni* (12), *Il primo vestito di Polidor* (12), *Il pranzo di Polidor* (12), *Scandalo in casa Polidor* (12), *Polidor* *mangia il coniglio* (13), *Polidor stregato* (13), *Polidor e lo champagne* (13), *Polidor e il cilindro* (13), *Polidor protettore* (13), *Polidor attendente* (13), *Polidor e l'incubo* (13), *Polidor e l'appuntamento* (13), *Polidor e l'amico intimo* (13), *Polidor e lo scudo* (13), *Polidor e il patto* (13), *Polidor e gli antenati* (13), *Polidor e il salvadanaio* (13), *Polidor e i suoi figli* (13), *Polidor e il debito* (13), *Polidor e l'altalena* (13), *Polidor e le mosche* (13), *Polidor e la sua invenzione* (13), *Polidor e la bomba* (13), *Polidor e l'elefante* (13), *Polidor e lo zio* (13), *Polidor e l'attaccapanni* (13), *Polidor e la collana* (13), *Polidor in pericolo* (13), *Polidor sonnambulo* (13), *Polidor e il latte* (13), *Polidor distratto* (13), *Polidor manca di istruzione* (13), *Polidor e i gatti* (13), *Polidor affamato* (13), *Polidor in lite* (13), *Polidor gigante* (13), *Polidor e la Gioconda* (13), *Polidor si spiega* (13), *Polidor domestico* (13), *Polidor pescatore* (13), *Polidor gobbo* (13), *Polidor coi baffi* (13), *Polidor ha fretta* (13), *Polidor detective* (13), *Polidor contro la portinaia* (13), *Polidor elettrico* (13), *Polidor eroe* (13), *Polidor burlato* (13), *Polidor mangia il toro* (13), *Polidor ha caldo* (13), *Polidor barbiere* (13), *Polidor e il pane* (13), *Polidor ginnasta* (13), *Polidor alpinista* (13), *Polidor geloso* (13), *Polidor materassaio* (13), *Polidor miope* (13), *Polidor pompiere* (13), *Polidor portalettere* (13), *Polidor fantasma* (13), *Polidor trova un sosia* (13), *Polidor curioso* (13), *Polidor vedova allegra* (13), *Polidor pietrificato* (13), *Polidor dragone* (13), *Il primo duello di Polidor* (13), *Il profumo di Polidor* (13), *Il regalo di Polidor* (13), *Polidor si rapisce* (14), *Venti gradi all'ombra* (18), *Controspionaggio* (18 d/w/story), *Astrea* (19 also d), *Una notte infernale* (19 d), *Justitia* (19 also d/p/w/story), *La riscossa delle maschere* (19 also produced and [possibly] directed), *Il re delle banane* (20 also p/d), *L'ultima avventura* (20 also co-d/p/w/story), *I creatori dell'impossibile* (21 d), *La Dernière Berceuse* (30 the French version of *La canzone dell'amore*, which was Italy's first talkie), *Il corsaro nero* (36), *È sbarcato un marinaio* (40), *La reggia sul fiume* (40), *La figlia del corsaro verde* (40), *Il pirata sono io* (40), *L'angelo del crepuscolo* (42), *Fuga a due voci* (42), *Carmen* (43), *Teheran* (47), *Per le vie della città* (56), *Lauta mancia* (56), *Le notti di Cabiria* (56), *Il romanzo di un giovane povero* (58), *Un ettaro di cielo* (58), *Tutti innamorati* (58), *L'impiegato* (59), *Scano boa* (60), *La dolce vita* (60), *Accattone* (61), *Boccaccio 70* (61 the episode "Le tentazioni del dottor Antonio"), *Rose rosse per il Fuehrer* (67).

3627. Polidori, Gianni. Art director. b. Nov. 7, 1923, Roma. A 1948 graduate of the Centro Sperimentale. *Due mogli sono troppe* (50), *Bellissima* (51), *Il cappotto* (52), *I vinti* (52), *La signora senza camelie* (53), *Amore in città* (53), *Siamo donne* (53 co-art d), *La carrozza d'oro* (53), *Il sole negli occhi* (53), *Il matrimonio* (53), *La passeggiata* (54), *L'allegro squadrone* (54), *Il seduttore* (54), *Camilla* (54), *Scuola elementare* (54), *Mizar* (54), *Le amiche* (55), *Gli sbandati* (55), *I colpevoli* (57), *Kean, genio e sregolatezza* (57), *Un ettaro di cielo* (58), *La sfida* (58), *La legge è legge* (58), *Carmela è una bambola* (58), *La legge* (58), *Ciao, ciao, bambina* (58), *Le cameriere* (59), *Morgan il pirata* (60), *Le pillole di Ercole* (60), *Maciste contro il vampiro* (61), *Mariti a congresso* (61), *I moschettieri del mare* (61), *L'ammutinamento* (62), *Le quattro giornate di Napoli* (62), *Violenza segreta* (63), *Riusciranno i nostri eroi a ritrovare l'amico misteriosamente scomparso in Africa?* (68), *"H2S"* (68), *Il commissario Pepe* (69), *La moglie del prete* (70), *Detenuto in attesa di giudizio* (71), *Un delitto* (83).

3628. Polidoro, Gian Luigi. Director. b. Feb. 4, 1927, Bassano del Grappa. Graduated from the Centro Sperimentale in 1948, and became assistant to Francesco Pasinetti on the latter's series of documentaries until 1949 when Pasinetti died. *Zoo* (48 doc), *Latte per la città* (49 doc), *Festa abruzzese* (49 doc), *Maestri della caricatura* (49 doc co-d), *Navi sul Brenta* (50 doc), *L'eroe a puntate* (51 doc), *Quelli di finale* (52 doc), *Terra di pastori* (52 doc), *Festa delle gondole* (53 doc), *Gente della laguna* (53 doc), *Isole e barene* (54 doc), *La corsa della rocca* (54 doc), *La spada di Orlando* (55 doc), *La grande guerra* (59 *), *Gente di New York* (59 short), *Power Among Men* (60 a United Nations doc), *Faites vos jeux* (61 a short for the Council of Europe), *Le svedesi* (61), *Hong Kong un addio* (63), *Il diavolo* (63), *Una moglie americana* (65), *Satyricon* (68), *La moglie giapponese* (68), *Permette signora che ami vostra figlia* (74 also co-w).

3629. Polite, Charlene. U.S. actor. *Quella carogna dell'ispettor Sterling* (68).

3630. Polito, Lina. Actress. b. 1954. *Film d'amore e d'anarchia* (73), *Tutto a posto e niente in ordine* (74), *I guappi* (73), *Le farò da padre* (74), *L'età della pace* (75), *Salvo d'acquisto* (75), *Le deportate della sezione speciale SS* (78), *Napoli: i cinque della squadra speciale* (78), *Gegè Bellavita* (79), *Pover'ammore* (82), *Scusate il ritardo* (83), *L'amara scienza* (85), *Scugnizzi* (87), *Ti presento un'amica* (88).

3631. Pollard, Michael J. U.S. actor. b. May 30, 1939, Passaic, N.J. RN: Michael J. Pollack. *I quattro dell'apocalisse* (75).

3632. Pollini, Joe. Actor. RN: Giuseppe Pollini. *Space men* (60), *Jessica* (62), *Il crollo di Roma* (62), *Le dolci signore* (67), *Una ragione per vivere e una per morire* (72), *Three Bites of the Apple* (67 U.S.).

3633. Pollock, Channing. U.S. actor. Son of the playwright of the same name. *Europa di notte* (58 the magician), *I moschettieri del mare* (61), *Lo sceicco rosso* (62), *L'uomo in nero* (63).

3634. Polselli, Renato. Director. b. Feb. 26, 1922, Arce. Also wrote his films, which received only provincial showings. *Ultimo perdono* (51), *Delitto al Luna Park* (52), *Il grande addio* (53), *Solo Dio mi fermerà* (56), *L'amante del vampiro* (59), *Avventura al motel* (63), *Il mostro dell'opera* (63 also w).

3635. Pontecorvo, Gillo. Director. b. Nov. 19, 1919, Pisa. RN: Gilberto Pontecorvo. Former journalist. *Il sole sorge ancora* (46 *), *I miracoli non si ripetono* (51 asst d), *Porta Portese* (53 doc), *Missione Timiriat* (54 doc), *Pane e zolfo* (54 doc), *Cani dietro le sbarre* (55 doc), *Die Windrose* (55 Germany the episode "Giovanna"), *Il medico e lo stregone* (57 co-d), *La grande strada azzurra* (57 also co-w), *Kapò* (60 also co-w), *La Battaglia di Algeri* (66 also co-w/co-composer), *Quemada* (69), *Operazione Ogro* (79 also co-w).

3636. Ponti, Carlo. Producer. b. Dec. 11, 1910, Magenta, Milano. Joined Lux Film after the war, and from 1950 to 1957 was partner of Dino De Laurentiis. After his divorce from Giuliana Piastri he married Sophia Loren in Mexico in 1957, and settled in Hollywood the following year. *Piccolo mondo antico* (40), *Sissignora* (41), *Giacomo l'idealista* (42), *La freccia nel fianco* (43), *Due lettere anonime* (44), *Un americano in vacanza* (46), *Vivere in pace* (47), *I miserabili* (47), *Amanti senza amore* (47), *Gioventù perduta* (47), *La primula bianca* (48), *Senza pietà* (48), *Fuga in Francia* (48), *Il mulino del Po* (48), *Campane a martello* (48), *L'imperatore di Capri* (49), *Totò cerca casa* (49), *Cuori senza frontiere* (49), *Quel bandito sono io!* (50), *Vita da cani* (50), *È arrivato il cavaliere* (50), *Il brigante Musolino* (50), *Romanticismo* (51), *Sensualità* (51), *Guardie e ladri* (51), *Accidenti alle tasse!* (51), *Il padrone del vapore* (51), *Anna* (51), *Totò terzo uomo* (52), *Europa 51* (52), *Jolanda, la figlia del corsaro nero* (52), *La lupa* (52), *Totò a colori* (52), *La tratta delle bianche* (52), *I tre corsari* (52), *Il tenente Giorgio* (52), *Le infedeli* (52), *Fratelli d'Italia* (53), *Dov'è la libertà* (53), *I sette dell'Orsa maggiore* (53), *Anni facili* (53), *Totò e Carolina* (53), *Un turco napoletano* (53), *Ulisse* (54), *La donna del fiume* (54), *Mambo* (54), *Il medico dei pazzi* (54), *Miseria e nobiltà* (54), *L'oro di Napoli* (54), *Siluri umani* (54), *La strada* (54), *Totò all'inferno* (54), *Un americano a Roma* (54), *Attila—flagello di Dio* (54), *Il più comico spettacolo del mondo* (54), *La romana* (54), *La bella mugnaia* (55), *Le diciottenni* (55), *Ragazze d'oggi* (55), *L'ultimo amante* (55), *La risaia* (55), *Il ferroviere* (56), *Guerra e pace* (56), *Peccato di castità* (56), *Guendalina* (57), *Femmine tre volte* (57), *Marisa la civetta* (57), *Nata di marzo* (57), *Susanna tutta panna* (57), *Camping* (58), *Black Orchid* (58 U.S.), *That Kind of Woman* (59 U.S.), *Heller in Pink Tights* (60 U.S.), *Olympia* (60), *Une Femme est une femme* (61 France), *La Ciociara* (61), *Madame Sans-gêne* (61 co-ex p), *Lola* (61 France), *Boccaccio 70* (61 co-p), *Le Doulos* (62 France), *L'Oeil du malin* (62 France), *L'isola di Arturo* (62), *Cleo dalle 5 alle 7* (62 ex p), *Il disprezzo* (62 co-p), *Ieri oggi e domani* (63), *I sequestrati di Altona* (63), *Landru* (63 France), *Les Carabiniers* (63 France), *Matrimonio all'italiana* (64 co-p), *La donna scimmia* (64), *La noia* (64), *Oggi, domani e dopodomani* (65), *Casanova 70* (65), *La decima vittima* (65), *Operazione Crossbow* (65), *Lady L* (65 U.S.), *Doctor Zhivago* (66 U.S.), *Blow Up* (66), *C'era una volta* (67), *La ragazza e il generale* (67), *Questi fantasmi* (67), *Smashing Time* (67 U.K.), *Diamonds for Breakfast*

(68 U.K.), *Amanti* (68), *Ukradena Vzduchold* (69 Russia co-p), *The Best House in London* (69 U.K.), *I girasoli* (69), *Zabriskie Point* (69), *La moglie del prete* (70), *Bianco, rosso e...* (71), *La mortadella* (72), *Che?* (72), *Mordi e fuggi* (73), *Rappresaglia* (73), *I corpi presentano tracce di violenza carnale* (73), *Giordano Bruno* (73), *Carne per Frankenstein* (74 co-ex p), *Dracula cerca sangue di vergine...e morì di sete* (74 co-ex p), *Permette signora che ami vostra figlia* (74), *La poliziotta* (74), *Il bestione* (74), *Brief Encounter* (74 U.K. TV), *Le Testament* (75 France), *La pupa del gangster* (75), *Un maledetto pasticcio* (75), *Professione: reporter* (75), *Il padrone e l'operaio* (75), *Virilità* (76), *L'infermiera* (76), *Cugini carnali* (76), *Mercati generale* (76), *Brutti, sporchi e cattivi* (76 ex p), *Una giornata speciale* (76), *Cassandra Crossing* (77 U.S.), *Agguato sul fondo* (78), *Running Away* (89), *Sabato, domenica e lunedì* (90), *Oscar* (91).

3637. Ponzi, Maurizio. Director. b. May 8, 1939, Roma. For a while he teamed with Francesco Nuti. *I visionari* (68 also co-w/story), *Equinozio* (72), *Il caso Raoul* (75), *Madonna, che silenzio c'è stasera* (82), *Io, chiara e lo scuro* (83 also co-w), *Son contento* (83 also co-w), *Qualcosa di biondi* (84 TV), *Il tenente dei carabinieri* (85 also co-w), *Noi uomini duri* (87), *Il volpone* (88 also co-w), *Volevo i pantaloni* (90 also co-w).

3638. Popović, Mavid. Yugoslav actor. *La tempesta* (58), *La valle dei lunghi coltelli* (63), *Fraülein Doktor* (68).

3639. Popović, Nikola. Yugoslav actor/director. b. 1907, Gornji Milanovać, Serbia. *Agi Murad—il diavolo bianco* (59 *), *La Battaglia di Fort Apache* (64 *).

3640. Popwell, Johnny. U.S. actor. *Il visitatore* (80).

3641. Porel, Jacqueline. French actress. b. Oct. 14, 1918, Divonne-les-Bains. *Vestire gli ignudi* (54), *La casa di Madame Korà* (57), *Il capitano del re* (60).

3642. Porel, Marc. Swiss actor. b. 1949. *Ludwig* (73), *Tony Arzenta* (73), *Nipoti miei diletti* (74), *Colpo in canna* (74), *Virilità* (76), *Uomini si nasce, poliziotti si muore* (76), *Il giustiziere in divisa* (76), *L'innocente* (76), *Passione e sentimento* (77), *Una spirale di nebbia* (77), *Difficile morire* (77), *La disubbidienza* (81), *Il marchese del grillo* (81).

3643. Porelli, Giuseppe. Actor. b. Nov. 24, 1897, Napoli. *La telefonista* (32), *Oggi sposi* (34), *Frutto acerbo* (34), *Trenta secondi d'amore* (37), *Felicita Colombo* (37), *Napoli d'altri tempi* (37), *La mazurka di papà* (38), *Fuochi d'artificio* (38), *La casa del peccato* (38), *Batticuore* (38), *Due milioni per un sorriso* (38), *Belle o brutte si sposan tutte* (39), *Trappola d'amore* (39), *Scandalo per bene* (39), *Il bazar delle idee* (40), *Cento lettere d'amore* (40), *L'affare si complica* (40), *Kean, gli amori di un artista* (40), *La peccatrice* (40), *Non mi sposo più* (41), *Margherita fra i tre* (41), *Primo amore* (41), *Turbine* (41), *Non canto più* (43), *Il viaggio del signor Perrichon* (43), *Il fiore sotto gli occhi* (43), *Abbasso la ricchezza* (46), *Cronaca nera* (46), *Felicità perduta* (46), *Lo sconosciuto di San Marino* (46), *Sperduti nel buio* (47), *Vivere a sbafo* (49), *Donne e briganti* (50), *Sambo* (50), *Accidenti alle tasse!* (51), *L'eroe sono io!* (51), *Parigi è sempre Parigi* (51), *La città canora* (52), *Io, Amleto* (52), *Saluti e baci* (52), *Senza veli* (53), *Era lei che lo voleva* (53), *Stazione Termini* (53), *L'incantevole nemica* (53), *Gran varietà* (53), *Siamo ricchi e poveri* (54), *Carosello napoletano* (54), *Miseria e nobiltà* (54), *Napoli è sempre Napoli* (54), *Rosso e nero* (54), *Donatella* (55), *I giorni più belli* (56), *Donne, amori e matrimoni* (56), *Addio per sempre* (57), *Primo applauso* (57), *Vacanze ad Ischia* (57), *Il bacio del sole* (58), *Ricordati di Napoli* (58), *Tunisi top secret* (59), *Une Fille pour l'été* (59 France), *Roulotte e roulette* (60), *Noi duri* (60), *Genitori in blue jeans* (60), *Il giudizio universale* (61), *Vacanze alla baia d'Argento* (61), *Stasera mi butto* (68).

3644. Porrino, Ennio. Composer. b. Jan. 20, 1910, Cagliari. d. Sept. 25, 1959, Roma. He scored many documentaries, probably his most famous being *Sicilia ellenica* (49). His feature films include: *Senza famiglia* (44), *Ritorno al nido* (44), *Pian delle stelle* (46), *Altura* (50), *Trieste mia!* (51), *Eva nera* (52), *Nerone e Messalina* (53 started in 49).

3645. Portalupi, Pietro. Director of photography. b. Oct. 19, 1913, Genova. AKA: Piero Portalupi. *Mare* (40 co-ph), *Leggenda azzurra* (40 co-ph), *Incanto di mezzanotte* (40), *Portofino* (41 doc), *Musica a Santa Cecilia* (42 doc), *Galileo*

Galilei (42 doc also co-d), *Le cinque terre* (42 doc also co-d), *Merano* (42 doc also d), *Luisa Sanfelice* (42 co-ph), *Educarsi nel lavoro* (42 doc), *Il presepe* (43 doc), *Casa Verdi* (43 doc), *Valgardena* (43 doc), *La valle di Cassino* (45 doc), *Montecassino* (46), *Preludio d'amore* (46), *Furia* (46), *Tombolo, paradiso nero* (47), *L'altra* (47), *I cavalieri dalla maschere nere* (47), *Gente del Po* (48 short doc), *Emigranti* (48), *Monastero di Santa Chiara* (48), *Rondini in volo* (49), *Non c'è pace tra gli ulivi* (49), *Altura* (50), *Romanzo d'amore* (50), *Siena, città del Palio* (50 doc), *Vacanze col gangster* (51), *Bellissima* (51), *Incantesimo tragico* (51), *Van Gogh* (51 doc), *Carlo Carrà* (52 doc also d), *Fanciulle di lusso* (52), *Aida* (53), *Carosello napoletano* (54), *Andrea Chênier* (55), *Uomini e lupi* (56), *Cartagine in fiamme* (59), *Ben-Hur* (59 2nd unit ph), *Salammbò* (60), *Il relitto* (61), *Jessica* (62), *E venne un uomo* (65 co-ph), *The Biggest Bundle of Them All* (68 U.S.).

3646. Portaluri, Angela. Actress. *Nella città l'inferno* (58), *I mostri* (63), *Amico mio, fregatura* (73).

3647. Porte, Robert. French actor. *La regina Margot* (54), *La contessa di Castiglione* (55), *Occhio per occhio* (56), *Il vento si alza* (59).

3648. Porter, Eric. U.K. actor. b. April 8, 1928, London. *La caduta dell'impero romano* (64), *Gli ultimi dieci giorni di Hitler* (72).

3649. Potokar, Stane. Yugoslav actor. b. 1908, Lubiana, Slovenia. *La grande strada azzurra* (57), *Legge di guerra* (61).

3650. Potter, Martin. U.K. actor. b. Oct. 4, 1944, Nottingham. *Fellini Satyricon* (69).

3651. Pottier, Richard. French director. b. Budapest, Hungary. RN: Ernst Deutsch. Born to German parents. In 1929 he was von Sternberg's assistant on *Der blaue Engel*, and after several films in Germany he went to France in 1931, where he began directing in 1934. *L'eroe della Vandea* (53), *La bella Otero* (54), *Il prigioniero del re* (54 co-d), *La castellana del Libano* (56), *David e Golia* (59 co-d), *Il ratto delle sabine* (61).

3652. Pouget, Armando. Actor. b. France. RN: Armand Pouget. Married actress Fernanda Negri. *L'innocente* (11), *La legge del compenso* (13), *La Gerusalemme liberata* (14), *L'epopea napoleonica* (14), *Sofia di Kravonia* (16), *Il club dei 13* (16), *Amor mio!* (16), *Vertigine!* (16), *I moschettieri moderni* (16), *Senza pietà* (20), *La congiura di san Marco* (22), *Abbasso il cambio!* (23), *Treno di piacere* (23), *La casa dei pulcini* (24), *Saetta impara a vivere!* (24), *Maciste imperatore* (24), *Saetta e le sette mogli del pascià* (25), *Maciste contro lo sceicco* (25).

3653. Poujouly, Georges. French actor. b. Jan. 20, 1940, Garches. "Discovered" by René Clement. *Siamo tutti assassini* (52), *Il tesoro del Bengala* (52), *Il piccolo vetraio* (55), *Cortile* (55).

3654. Powell, Robert. U.K. actor. b. June 1, 1944, Salford. *Al di là del bene e del male* (77), *Gesù di Nazaret* (77 TV title role), *D'Annunzio* (87).

3655. Power, Romina. U.S. actress. b. 1950. Daughter of Tyrone Power and Linda Christian. *Ménage all'italiana* (65), *Come imparai ad amare le donne* (67), *Nel sole* (67), *Assicurasi vergine* (67), *L'oro del mondo* (68), *Le disavventure della virtù* (68), *Exhibition* (68), *Pensando a te* (69), *Il suo nome è Donna Rosa* (69), *Angeli senza paradiso* (70), *Mezza notte d'amore* (70).

3656. Powers, Hunt. U.S. actor. AKA: Jack Betts. A member of the Actors' Studio since 1957. *Sugar Colt* (66), *La più grande rapina del west* (68), *Arrivano Django e Sartana...è la fine* (70), *Giù le mani...carogna!* (71), *Inginnochiati straniero...i cadaveri non fanno ombra* (71), *Giù la testa...hombre* (71), *Quel maledetto giorno d'inverno Django e Sartana... all'ultimo sangue* (71), *E lo chiamavano Spirito Santo* (71), *Per una bara piena di dollari* (72).

3657. Pozner, Wladimir. French writer. b. Jan. 5, 1905, Paris. Long in the U.S.A. *Destini di donne* (53 adapted the first episode, "Vittime della guerra"), *La vera storia della signora dalle camelie* (82 co-w).

3658. Pozzetti, Alberto. Director. b. Sept. 11, 1914, Acqui. Started as an assistant to the director, a documentary maker, and assistant director, working often with Gianni Franciolini. Has also done documentaries for U.S. TV. Married actress Elena Altieri. *Vetro d'ottico* (39 doc), *Dalla foresta al mobile* (39 doc), *Come si costruisce una casa* (39 doc), *Difendersi* (39 doc), *L'ispettore Vargas* (40 asst d/co-w), *Pionieri* (40 doc co-d), *Come nasce un caccia* (40 doc), *Trenta secondi in picchiata* (40 doc), *L'ospedale del libro* (40 doc), *Penne nere* (40 doc), *La leggenda del Monte Cervino* (40 doc), *Bianco e Nero* (40 doc), *Botticelli* (40 doc), *Quattro battaglie* (40 doc), *Fari nella nebbia* (41 co-w/story), *Il nostro prossimo* (42 co-w), *Addio amore!* (42 co-w), *Il capitano nero* (51 also co-w), *Tizio, Caio, Sempronio* (51 co-d), *Civiltà sveva in Italia* (56 doc), *Colonie albanesi in Italia* (56 doc).

3659. Pozzetto, Diego. Actor. b. April 18, 1893, Trieste. *Il conte di Brêchard* (37), *L'ospite di una notte* (39), *La reggia sul fiume* (40), *Margherita da Cortona* (50), *Angelo tra la folla* (50), *Trieste mia!* (51), *Il viale della speranza* (53), *Prima di sera* (53), *Moglie e buoi...* (56), *Il cavaliere senza terra* (58), *Ben-Hur* (59).

3660. Pozzetto, Renato. Comedian/actor. Has also directed on occasion. *Per amare Ofelia* (74), *La poliziotta* (74), *A mezzanotte va la ronda del piacere* (75), *Paolo Barca, maestro elementare, praticamente nudista* (75), *Il padrone e l'operaio* (75), *Un maledetto pasticcio* (75), *Sturmtrüppen* (76 also co-w), *Oh, Serafina!* (76), *Ecco, noi, per esempio...* (77), *Tre tigri contro tre tigri* (77 also co-w), *La signora degli orrori* (77), *Saxofone* (77 also d/co-p/co-w/co-story), *Io tigro, tu tigri, egli tigra* (78 also co-d), *Agenzia Riccardo Finzi ...praticamente detective* (79), *La patata bollente* (79), *Io sono fotogenico* (80), *Uno contro l'altro...praticamente amici* (80), *Fico d'India* (80), *Mia moglie è una strega* (80), *Tesoromio* (80), *È arrivato mio fratello* (85), *Grandi magazzini* (86), *7 chili in 7 giorni* (87), *Noi uomini duri* (87), *Roba da ricchi* (87), *De grande* (88).

3661. Pradier, Perette. French actress. b. 1938. *I peccatori della Foresta Nera* (61), *I sette peccati capitali* (62), *Il delitto non paga* (62), *Colpo grosso a Galata Bridge* (65).

3662. Praince, Marcelle. French actress. b. Paris. *I sette peccati capitali* (52 the episode "L'orgoglio"), *Vacanze d'amore* (54), *Aria di Parigi* (55).

3663. Pratelli, Esodo. Director. b. Feb. 8, 1892, Lugo, near Ravenna. *Scandalo per bene* (39), *Pia de' Tolomei* (41), *Se non son matti non li vogliamo* (41), *A che servono questi quattrini* (42), *Gente dell'aria* (42), *Grazia* (43 unfinished), *La porta del cielo* (45 co-story), *La cupola del duomo di Parma* (45 doc), *La camera degli sposi* (46 doc), *Villa Adriani* (48 doc), *La danza delle ore* (48 short), *La danza delle ondine* (49 short), *Quattro passi per Roma* (50 doc), *La rosa di ninfa* (50 short), *Passeggiate romane* (50 doc).

3664. Pratolini, Vasco. Co-writer. b. Oct. 19, 1913, Firenze. *Paisà* (46 uncredited), *Tempi nostri* (52 the episode "Mara"), *Cronaca di un delitto* (52), *Terza liceo* (53), *La domenica della buona gente* (53), *Cronache di poveri amanti* (53 from his novel), *Le ragazze di san Frediano* (54 from his novel), *Un eroe dei nostri tempi* (55 from his novel), *Il momento più bello* (56), *Rocco e i suoi fratelli* (60 co-story), *La viaccia* (61), *Cronaca familiare* (62 from his novel).

3665. Preiss, Wolfgang. German actor. b. Feb. 27, 1910, Nürnburg. AKA: Lupo Prezzo. *Gli italiani sono matti* (58), *I battellieri del Volga* (58), *Il mistero dei tre continenti* (59), *Il diabolico dott. Mabuse* (60), *Il mulino delle donne di pietra* (60), *Lafayette, una spada per due bandiere* (61), *FBI contro il dott. Mabuse* (61), *Scappamento aperto* (64), *Il treno* (64), *I raggi mortali del dott. Mabuse* (64), *Lo sbarco di Anzio* (68), *La legione dei dannati* (68), *Una giornata nera per l'Ariete* (70), *Un uomo da rispettare* (72), *Dr. M* (91).

3666. Prendes, Luís. Spanish actor. b. April 23, 1913, Melilla, North Africa. *Fortuna* (40), *Ursus* (61), *Lo sceriffo senza stella* (67), *Donne alla frontiera* (67), *...E divenne il più spietato bandito del sud* (67), *E venne l'ora della vendetta* (67).

3667. Presle, Micheline. French actress. b. Aug. 22, 1922, Paris. RN: Micheline Chassagne. AKA: Micheline Prelle, Micheline Michel. *Ecco la felicità!* (40), *Il diavolo in corpo* (47), *Gli ultimi giorni di Pompei* (48), *La signora dalle camelie* (52), *Versailles* (53), *Villa Borghese* (53), *Casa Ricordi* (54), *Napoleone Buonaparte* (54), *Beatrice Cenci* (56), *I demoniaci* (56), *Il mistero dei tre continenti* (59), *L'assassino* (60), *I briganti italiani* (61), *L'amante di cinque giorni* (61), *Le tentazioni quotidiane* (62), *I sette peccati capitali* (62), *Desideri proibiti* (63), *Venere imperiale* (63), *L'intrigo* (63), *Da New*

York mafia uccide (65), *Il diavolo nel cervello* (72), *Mignon è partita* (88).

3668. Prestifilippo, Silvestro. Director. b. Sept. 17, 1921, Caronia. Also a novelist and playwright. Has directed several shorts. *Terra senza tempo* (50), *Carne inquieta* (52 co-d/co-w).

3669. Preston, Wayde. U.S. actor. b. 1930. . . . *E intorno a lui fu morte* (67), *L'ira di Dio* (68), *Lo sbarco di Anzio* (68), *Vivo per la tua morte* (68), *Oggi a me, domani a te* (68), *Cinque figli di cane* (68), *Dio perdona la mia pistola* (69), *Sartana nella valle degli avvoltoi* (70), *Sledge* (70), *Ehi, amico . . . sei morto* (71).

3670. Prete, Giancarlo. Actor. AKA: Timothy Brent. *El "Che" Guevara* (68), *Il vespaio* (70), *Confessione di un commissario di polizia al procuratore della repubblica* (71), *Te Deum* (72), *Tutti per uno, botte per tutti* (72), *La tarantola dal ventre nero* (72), *Il cittadino si ribella* (73), *Rappresaglia* (73), *Le avventure e gli amori di Scaramouche* (76), *Messalina, Messalina* (77), *Baila guapa* (79), *Non sparate sui bambini* (79), *I nuovi barbari* (83), *Tornado* (84).

3671. Prévert, Jacques. French writer. b. Feb. 4, 1900, Neuilly-sur-Seine. d. 1977. *L'amore e il diavolo* (42 co-w/co-story/co-dialog), *Gli amanti di Verona* (48 also dialog), *Notre Dame de Paris* (56 co-w/dialog).

3672. Prévost, Françoise. French actress. b. 1929, Paris. *I miracoli non si ripetono* (51), *Naso di cuoio* (52), *Fate largo ai moschettieri* (53), *Il mare* (62), *Il processo di Verona* (62), *Desideri proibiti* (63), *I sequestrati di Altona* (63), *Un tentativo sentimentale* (64), *La lama nel corpo* (66), *Pronto . . . c'è una certa Giuliana per te* (67), *Italian Secret Service* (67), *Tre passi nel delirio* (68 the episode "Metzengerstein"), *Quella sporca storia del west* (68), *Quarta parete* (69), *Brucia, ragazzo, brucia* (70), *Questa volta ti faccio ricco* (73), *Quando l'amore è sensualità* (73), *Un urlo dalle tenebre* (75).

Prezzo, Lupo *see* **Preiss, Wolfgang**

3673. Price, Dennis. U.K. actor. b. June 23, 1915, Twyford, Berks. d. Oct. 6, 1973, Guernsey, Channel Islands. RN: Dennistoun Franklyn John Rose-Price. *Cinque ore in contanti* (60), *Paroxismus* (69).

3674. Price, Vincent. U.S. actor. b. May 27, 1911, St. Louis, Mo. *Nefertite, regina del Nilo* (60), *Gordon, il pirata nero* (62), *I tabù* (63 doc narrator of English version, *Taboos of the World*), *L'ultimo uomo della terra* (64), *Le spie vengono dal semifreddo* (66), *Tre passi nel delirio* (68 narrator of the English version, *Spirits of the Dead*).

3675. Prieto, Antonio. Actor. *Le tre spade di Zorro* (63), *Per un pugno di dollari* (64).

3676. Prim, Suzy. French actress. b. Nov. 11, 1895, Paris. RN: Suzanne Arduini. The daughter of actors, she was in movies from 1898. *Le due rose* (19), *Appassionatamente* (20), *Il suo destino* (20), *La principessa Tarakanova* (38).

3677. Primavera, Nanda. Actress. b. L'Aquila. RN: Fernanda Primavera. *Il "signore" della taverna* (40), *Bellezze a Capri* (51), *La provinciale* (53), *Non c'è amore più grande* (55), *Piccola posta* (55), *La donna più bella del mondo* (55), *Sette canzoni per sette sorelle* (56), *Il vedovo* (59), *Gastone* (59), *I piaceri dello scapolo* (60), *Caccia al marito* (60), *Che gioia vivere* (61), *Il medico della mutua* (68).

3678. Primus, Barry. U.S. actor. b. 1938. *Macchie solari* (74).

3679. Prince, William. U.S. actor. b. Jan. 26, 1913, Nichols, N.Y. *Sacco e Vanzetti* (71).

3680. Principi, Mirra. Actress. b. Dec. 26, 1871, Locarno, Switzerland. Retired from the stage in 1924. *Gli ultimi giorni di Pompei* (08), *Luigi XI re di Francia* (09), *Nerone* (09), *Spergiura!* (09), *Cuore di mamma* (09), *Estrellita* (10), *Il guanto* (10), *La resa di Saragozza* (10), *Didone abbandonata* (10), *La regina di Ninive* (11).

3681. Proclemer, Anna. Actress. b. May 30, 1920, Trento. Married writer Vitaliano Brancati in 1946. *Giorno di nozze* (42), *Il birichino di papà* (42), *Malia* (45), *Viaggio in Italia* (53).

3682. Proietti, Luigi. Actor. b. 1940. *Lo scatenato* (67), *La matriarca* (68), *Una ragazza piuttosto complicata* (68), *The Appointment* (69 U.S.), *Bubù du Montparnasse* (70 France), *Brancaleone alle crociate* (71), *Gli ordini sono ordini* (71), *La mortadella* (72), *Meo Patacca* (72), *La Tosca* (73), *La proprietà non è più un furto* (73), *Le farò da padre* (74), *Conviene far bene* *l'amore* (75), *Bordella* (75), *L'eredità Ferramonti* (76), *Chi dice donna dice... donna* (76), *Febbre da cavallo* (77), *Languidi baci... perfide carezze* (77), *Il casotto* (77), *Due pezzi di pane* (78), *Who is Killing the Great Chefs of Europe?* (78 U.S.), *A Wedding* (78 U.S.), *Non ti consoco più amore* (80), *F Fiss, cioè "che mi hai portato a fare sopra a Posillipo se non mi vuoi più bene"* (83).

3683. Prosperi, Franco. Director. AKA: Francesco Prosperi, Frank Shannon. *Ercole al centro della terra* (61 co-w), *La donna nel mondo* (62 co-d/co-w/co-e), *Mondo cane* (62 co-d), *Mondo cane n. 2* (63 co-d/co-p/co-w), *Gli uomini dal passo pesante* (66 asst d), *Dick Smart 2/007* (66), *Africa addio* (66 co-d/co-w/co-e), *Tecnica di un omicidio* (66), *Qualcuno ha tradito* (67), *Io non scappo... fuggo* (70), *I giorni del sole* (72), *Zio Tom* (72 co-d/co-w), *Un uomo dalla pelle dura* (72), *L'altra faccia del padrino* (73), *Pronto ad uccidere* (76), *La settima donna* (78), *Commissario Verrazano* (78), *Gunana il re guerriero* (82), *Vigili e vigilesse* (82), *Belve feroci* (83), *Trono di fuoco* (84), *L'apache bianco* (84 w), *Schiave bianche—violenza in Amazzonia* (85 w)

3684. Prosperi, Giorgio. Co-writer. b. Jan. 1, 1911, Roma. *L'ebreo errante* (47), *Il grido della terra* (48 w), *Angelo tra la folla* (50 w/*), *Domani è un altro giorno* (50), *Senza bandiera* (50), *Verginità* (50 also co-story), *Gli amanti di Ravello* (51 w), *Il cappotto* (52), *Solo per te, Lucia* (52 also co-story), *La voce del silenzio* (52), *Cento anni d'amore* (53), *Maddalena* (53), *Stazione Termini* (53 also co-story), *La passeggiata* (54), *Senso* (54), *Il seduttore* (54), *Scuola elementare* (54), *I cinque dell'Adamello* (54), *Difendo il mio amore* (56), *Il cielo brucia* (57), *Amore a prima vista* (57), *Lazzarella* (57), *Arrivederci Roma* (58), *La maja desnuda* (58), *Ciao, ciao, bambina* (58 also co-story), *Tutti innamorati* (58), *L'estate violenta* (59), *Sodoma e Gomorra* (62 the Italian version).

3685. Provence, Denise. French actress. b. Paris. *Vacanze d'inverno* (59).

3686. Provine, Dorothy. U.S. actress. b. Jan. 20, 1937, Deadwood, S.D. *Se tutte le donne del mondo* (66).

3687. Pryor, Maureen. U.K. actress. b. 1924, d. 1977. *Perche?!* (75).

3688. Pucci, Giovanni. Director of photography. b. Aug. 13, 1903, Roma. *Nel mondo degli agguati* (21 asst ph), *Un ospite pericoloso* (21 asst ph), *Un colpo di scena* (22 asst ph), *Lucrezia Borgia* (40 co-ph), *I sette peccati* (41), *Il campione* (42 co-ph), *Gran Premio* (42 co-ph), *Rita da Cascia* (42 co-ph), *Giorni di gloria* (45 doc co-ph), *Voglio bene soltanto a te* (46), *Una madre ritorna* (52 made in 50), *Senza veli* (53 co-ph), *La tragica notte di Assisi* (60).

3689. Puccini, Gianni. Co-writer. b. Nov. 9, 1914, Milano. Brother of Massimo Mida. Also directed several movies. *Don Pasquale* (40), *Soltanto un bacio* (42), *Ossessione* (42 also co-adapted), *Caccia tragica* (47), *Riso amaro* (48 also co-d/co-story), *Non c'è pace tra gli ulivi* (49 also co-story), *Roma, ore 11* (51), *Il capitano di Venezia* (52 also d/story), *Giorni d'amore* (53 also story), *Un marito per Anna Zaccheo* (53), *Donne proibite* (53), *Carovana di canzoni* (54), *Napoli, terra d'amore* (55), *Parola di ladro* (57 also co-d/story), *Il marito* (57 also co-d/story), *Carmela è una bambola* (58 also d), *La strada lungo un anno* (58 also co-story), *L'impiegato* (59 also d/story), *Il nemico di mia moglie* (59 also d/story), *Il carro armato dell'8 settembre* (60 d), *Lui, lei e il nonno* (61), *L'attico* (62 also d), *I cuori infranti* (63 the episode "Vissero contenti e felici" d), *Amore facile* (64 d), *L'idea fissa* (64 co-d), *Io uccido, tu uccidi* (65 also d), *Ballata di un miliardo* (66 d), *Dove si spara di più* (67 d).

3690. Puente, Jesus. Spanish actor. *Camino del sur* (64), *Per piacere, non sparate col cannone* (65), *La furia degli apaches* (65), *Il giuramento di Zorro* (65), *Adios gringo* (66), *Per un pugno nell'occhio* (66), *Agente Logan missione Ypotron* (66), *Il cobra* (67), *Il sapore della vendetta* (68), *Due croci a Danger Pass* (68), *L'urlo dei giganti* (68), *L'uomo venuto per uccidere* (68), *Ringo, il cavaliere solitario* (68), *Marta* (71).

3691. Puget, Claude-André. French writer. b. June 22, 1905, Nice. *Carmen* (43 co-dialog), *La prima notte* (58 co-w).

3692. Pugliese, Sergio. Co-writer. b. March 12, 1908, Ivrea. *Gioco pericoloso* (41 also story), *Acque di primavera* (42 also story), *Nebbie sul mare* (42 story), *Quelli della montagna* (43), *L'ippocampo* (43 from his play), *Barriera a settentrione* (49), *I fuorilegge* (50).

3693. Pugliesi, Alberto. Producer. *Una pistola per Ringo* (65 co-p), *Il ritorno di Ringo* (65 co-p), *Ognuno per se* (68 co-p), *Mogliamante* (76 co-p).

3694. Puglisi, Aldo. Actor. *Sedotta e abbandonata* (64), *Matrimonio all'italiana* (64), *Vacanze sulla Costa Smeralda* (68), *La ragazza con la pistola* (68), *Quando le donne persero la coda* (71).

3695. Pulver, Liselotte. Swiss actress. b. Oct. 11, 1929, Bern. AKA: Lilo Pulver. *Le avventure di Arsenio Lupin* (57), *Lafayette, una spada per due bandiere* (61), *L'ombrellone* (66).

3696. Pupilli, Piero. Director of photography. b. Aug. 23, 1900. *Dai frantumi dell'idolo* (20 co-ph), *Mezzo milione ed un marito* (21 co-ph), *Ombre* (30 short), *Aurora sul mare* (34 co-ph), *La freccia d'oro* (35 co-ph), *Bertoldo, Bertoldino e Cacasenno* (36), *La fossa degli angeli* (37 co-ph), *Crispino e la comare* (37), *L'orologio a cucù* (38 co-ph), *Luciano Serra pilota* (38 co-ph), *Il ladro* (39 co-ph), *Fascino* (39), *La notte delle beffe* (39), *San Giovanni decollato* (40 co-ph), *Scarpe grosse* (40 co-ph), *Mare* (40 co-ph), *L'affare si complica* (40), *L'ultimo combattimento* (41), *I pini di Roma* (41 doc co-ph), *I trecento della settima* (42 co-ph), *La valle del diavolo* (43 co-ph), *Prigione bianca* (43), *Villa Adriani* (48 doc), *Quattro passi per Roma* (50 doc), *La rosa di ninfa* (50 short).

3697. Pupillo, Massimo. Director. b. 1940. d. 1982. AKA: Max Hunter, Ralph Zucker. *Il boia scarlatto* (65 also *), *Cinque tombe per un medium* (66), *Bill il taciturno...Django uccide* (68).

3698. Puppo, Romano. Actor. *La resa dei conti* (66), *Gli uomini dal passo pesante* (66), *I giorni della violenza* (67), *Da uomo a uomo* (67), *Al di là della legge* (68), *Ehi, amico, c'è Sabata...hai chiuso* (69), *Anda muchacho spara* (70), *Un uomo da rispettare* (72), *Il cittadino si ribella* (73), *Punto e Capo* (73), *La testa del serpente* (74), *Africa Express* (75), *Cipolla Colt* (75), *Gli esecutori* (76), *Le avventure e gli amori di Scaramouche* (76), *Il grande racket* (77), *Amore, piombo e furore* (77), *Interno di un convento* (79), *A chi tocca...tocca!* (79), *Il fiume del grande caimano* (79), *Il giorno del cobra* (80), *Speed driver* (80), *Fuga dal Bronx* (83), *Tuareg—il guerriero del deserto* (84), *Fracchia contro Dracula* (85), *Sinbad* (86).

3699. Purdom, Edmund. U.K. actor. b. Dec. 19, 1924, Welwyn Garden City, Herts. RN: Edmund Anthony Cutlar Purdom. *Agguato a Tangeri* (57), *Erode il grande* (59), *I cosacchi* (59), *Salammbò* (60), *La furia dei barbari* (60), *L'ultimo zar* (60), *Nefertite, regina del Nilo* (60), *L'ultimo dei vichinghi* (61), *Lafayette, una spada per due bandiere* (61), *Solimano il conquistatore* (62), *L'ammutinamento* (62), *Se sparo...ti uccido* (63), *La carica del 7 Cavalleggeri* (64), *L'uomo che ride* (65), *Crisantemi per un branco di carogne* (68), *Svezia—inferno e paradiso* (68 doc narrator), *Piluk il timido* (68), *Angeli bianchi...angeli neri* (68 narrator), *Thomas e...gli indemoniati* (70), *Una giornata nera per l'Ariete* (70), *Il castello dell'orrore* (73), *L'onorata famiglia (uccidere è Cosa Nostra)* (72), *Perchè?!* (75), *Povero Cristo* (75), *I padroni della città* (76), *Il corsaro nero* (76), *Napoli...la camorra sfida, la città risponde* (79), *L'altra donna* (80), *Anthropophagus II* (82), *Ator l'invincibile* (82), *2019 dopo la caduta di New York* (83), *Fracchia contro Dracula* (85).

3700. Pyne, Natasha. U.K. actress. b. July 9, 1946, Crawley. *La bisbetica domata* (67).

3701. Quaglio, José. Actor. b. 1923. Mostly on stage. *Il terrorista* (63), *Il vizio e la virtù* (63), *Il conformista* (70), *Mosè* (76), *1900* (76), *L'ebreo fascista* (79), *Storia d'amore e d'amicizia* (82).

3702. Quaranta, Gianni. Art director. *Fratello Sole sorella Luna* (73), *Gesù di Nazaret* (77 TV), *La Traviata* (82), *Otello* (86), *Dancers* (87 U.S.), *La leggenda del santo bevitore* (88), *Una vita scellerata* (90).

3703. Quaranta, Letizia. Actress. b. Dec. 30, 1892, Torino. AKA: Laetitia Quaranta. Sister of Lydia Quaranta. Married Carlo Campogalliani in 1921. *Idillio campagnolo* (09), *Addio, giovinezza!* (13), *L'antro funesto* (13), *Il gioiello della regina* (13), *Un acquazzone in montagna* (13), *Florette e Patapon* (13), *Ma l'amor mio non muore* (13), *Nerone e Agrippina* (13), *Le memorie dell'altro* (13), *Il treno degli spettri* (13), *L'eterno romanzo* (14), *I mariti* *allegri* (14), *Il precettore di Sua Altezza* (14), *Guerra in tempo di pace* (14), *Astuzia di donna* (15), *L'isola tenebrosa* (16), *Bacio di morte* (16), *Le due orfanelle di Torino* (17), *La danza del velo* (17), *Buio e luce* (17), *L'aeronave in fiamme* (18), *L'ombra che parla* (18), *L'inverosimile* (19), *Maciste I* (19), *La casa della paura* (19), *Maciste contro la morte* (19), *Maciste innamorato* (19), *La rivincita di Maciste* (19), *Scacco matto* (19), *Il testamento di Maciste* (19), *Il viaggio di Maciste* (19), *La nave dei morti* (19), *Tempesta in un cranio* (21), *Un simpatico mascalzone* (21), *La signora delle miniere* (21), *Il teschio d'oro* (21), *La droga di Satana* (22), *Bersaglio umano* (22), *Ted l'invisibile* (22), *Il consultorio di Madame Renée* (24), *La vuelta del toro* (24 Argentina. In Italy this film was known as *Il ritorno del toro selvaggio*), *La donna di mezzanotte* (25), *La moglie dello scapolo* (25), *La lanterna del diavolo* (31), *La Scala* (31), *Il medico per forza* (31), *Musica proibita* (42), *La gondola del diavolo* (46), *L'orfana del ghetto* (54).

3704. Quaranta, Lydia. Actress. b. 1891, Torino. d. March 5, 1928, Torino. Sister of Letizia Quaranta (q.v., above), and stage actress Isabella Quaranta (twin sister of Letizia). *I cavalieri della morte* (10), *Il barone di Lagarde* (10), *Dopo la battaglia* (10), *L'ignota* (10), *Imperia, la grande cortigiana del secolo XVI* (10), *Il processo celebre* (10), *I misteri della psiche* (11), *Come una sorella* (12), *La fossa del vivo* (12), *Isolati dal mondo* (12), *Padre* (12), *Lo scomparso* (12), *I segreti dell'anima* (12), *Addio, giovinezza!* (13), *L'antro funesto* (13), *Un sorriso al tramonto della vita* (13), *Tigris* (13), *Cabiria* (14), *Il tesoro dei Louzat* (14), *I mariti allegri* (14), *Iwna, la perla del Gange* (14), *Lo scrigno dei milioni* (14), *Paolina* (14), *Un dramma fra le belve* (15), *La maschera folle* (15), *Le memorie del diavolo* (15), *Muore sul campo* (15), *Il romanzo di un atleta* (15), *La beffa di Satana* (16), *Somiglianza funesta* (16), *Il vortice del peccato* (16), *Notti di nozze* (16), *Il romanzo della morte* (16), *In mano al destino* (16), *L'uomo papagallo* (17), *Velo squarciato* (17), *Bianco contro nero* (17), *Il gioiello sinistro* (17), *Il caporal Simon* (17), *La belva vendicatrice* (17), *La danza del pugnale* (17), *Venere propizia* (18), *La fiamma* (19), *La fabbrica dell'imprevisto* (19), *I tre sentimentali* (21), *Una donna passò* (22), *Treno di piacere* (23), *La taverna verde* (24), *Voglio tradire mio marito!* (25).

Quarzel, Ulv *see* **Castel, Lou**

3705. Quasimodo, Salvatore. Poet. b. Aug. 20, 1901, Modica, Sicilia. d. June 14, 1968, near Napoli. Won the 1959 Nobel Prize for literature, and was the subject of a Massimo Mida short, *Quasimodo premio Nobel* (60). Also seen in: *La notte* (61), *La notte pazza del conigliaccio* (67).

3706. Quayle, Anthony. U.K. actor. b. Sept. 7, 1913, Ainsdale, Lancs. d. Oct. 20, 1989, London. RN: John Anthony Quayle. *La caduta dell'impero romano* (64), *Operazione Crossbow* (65), *Incompreso* (67), *Mosè* (76), *Holocaust 2000* (77), *La leggenda del santo bevitore* (88).

3707. Quéant, Gilles. French actor. b. May 24, 1922, Paris. *Ruy Blas* (47), *La leggenda di Faust* (48), *Lucrezia Borgia* (53), *Versailles* (53), *L'anno scorso a Marienbad* (61).

3708. Queneau, Raymond. French writer. b. Feb. 21, 1903, Le Havre. d. 1976. *Zazie nel Mêtro* (61 story/from his novel).

3709. Quercy, Alain. French actor. b. April 26, 1928, Paris. *Gli ultimi giorni di Pompei* (48), *Scuola elementare* (54), *Storie d'amore proibite* (59).

3710. Quesada, Milo. Spanish actor. b. 1930. *La ragazza che sapeva troppo* (63), *La decima vittima* (65), *Se sei vivo spara* (67), *Professionisti per un massacro* (68), *Rebus* (68), *Due volte giuda* (68).

3711. Questi, Giulio. Director. b. March 18, 1924, Bergamo. For a time he was a journalist in Roma. *Donne di servizio* (53 doc), *Carosello napoletano* (54 asst d), *Le ragazze di San Frediano* (54 asst d), *Giorni di fiera* (55 doc), *Argini* (57 doc), *Giocare* (57 doc), *Kean, genio e sregolatezza* (57 asst d), *Viaggio nelle Terre Basse* (58 doc), *Amsterdam* (58 doc), *Valdarno 58* (58 doc), *Om ad Po* (58 doc), *La sfida* (58 asst d), *Avamposto* (59 doc), *La dolce vita* (60 asst d/*), *Le italiane e l'amore* (61 the episode "La prima notte"), *Amori pericolosi* (64 the first episode, "Il passo"), *La donna del lago* (65 co-w), *Se sei vivo spara* (67 also co-w), *La morte ha fatto l'uovo* (67), *Non aprire la porta per l'uomo in nero* (91).

3712. Quignon, Roland-Jean. French art director. b. Dec. 19, 1897, Paris. *Il fiacre n. 13* (47 co-art d), *Atollo K* (51), *Il visconte di Bragelonne* (54).

3713. Quilici, Folco. Director. b. April 9, 1930, Ferrara. *U-bu* (51 short), *Pinne e arpioni* (52 doc), *Sesto continente* (53 doc), *I trofei d'Africa* (54 doc), *Brazza* (54 doc), *Storia di un elefante* (54 doc), *Tam Tam Mayumbe* (55 asst d/special underwater shots), *L'ultimo paradiso* (57 semi-doc also story), *Paul Gauguin* (57 doc), *Dagli Appennini alle Ande* (58 also co-w), *Ti-Koyo e il suo pescecane* (62 also story), *I mille fuochi* (62 never shown and possibly never finished), *Le schiave esistono ancora* (64 co-d), *Oceano* (71 doc), *Fratello mare* (76 doc), *Orca* (77 director of underwater scenes).

3714. Quinlan, Kathleen. U.S. actress. b. Nov. 19, 1954, Pasadena, Calif. *I seduttori della domenica* (80).

3715. Quinn, Anthony. U.S. actor. b. April 24, 1915, Chihuahua, Mexico, to an Irish father and a Mexican mother. *Cavalleria rusticana* (53), *Donne proibite* (53), *Ulisse* (54), *La strada* (54), *Il più comico spettacolo del mondo* (54), *Attila—flagello di Dio* (54), *Notre Dame de Paris* (56), *Ombre bianche* (60), *Barabba* (61), *La vendetta della signora* (64), *Le meravigliose avventure di Marco Polo* (65), *L'avventuriero* (67), *Punto e Capo* (73), *Bluff—storie di truffe e di imbroglioni* (76), *L'eredità Ferramonti* (76), *Gesù di Nazaret* (77 TV), *Roma regina* (82), *Stradivari* (89).

3716. Quinti, Aldo. Assistant director. b. Nov. 2, 1904, Roma. Directed some shorts, e.g. *Ombre sul Po*; *Canzoni d'Italia*. His feature films include: *Una notte dopo l'opera* (41), *Fra' Diavolo* (42), *C'è sempre un ma...* (42), *Signorinette* (42 also co-w), *Non mi muovo!* (43), *L'abito nero da sposa* (43), *Marakatumba...ma non è una rumba* (51 made in 49 d prod), *Antonio da Padova* (49 co-w), *Sul Ponte dei sospiri* (52 general organizer), *Terza liceo* (53 general organizer).

3717. Rabagliati, Alberto. Singer/actor. b. June 26, 1906, Milano. *Street Angel* (28 U.S.), *Sei tu l'amore?* (30), *Una famiglia impossibile* (40), *La scuola dei timidi* (42), *Lascia cantare il cuore* (43), *La vita è bella* (43), *In cerca di felicità* (43), *Partenza ore sette* (45), *Natale al campo 119* (48), *Le avventure di Mandrin* (52), *Il maestro di don Giovanni* (53), *Scuola elementare* (54), *La contessa scalza* (54), *Montecarlo* (56), *Susanna tutta panna* (57), *La 100 km* (59), *Jessica* (62), *Il Natale che quasi non fu* (65).

3718. Rabal, Francisco. Spanish actor. b. March 8, 1925, Aguilas. AKA: Paco Rabal. *Prigionieri del male* (55), *Rivelazione* (56), *Saranno uomini* (57), *La grande strada azzurra* (57), *La Gerusalemme liberata* (57), *L'uomo dai calzoni corti* (58), *Cavalcata selvaggia* (60), *Tiro al piccione* (61), *L'eclisse* (62), *La rimpatriata* (63), *Marie Chantal contro il dottor Kha* (65), *Le streghe* (66), *Bella di giorno* (67), *I lunghi giorni della vendetta* (68), *El "Che" Guevara* (68), *Cervantes* (68), *Simón Bolívar* (68), *N.P. il segreto* (71), *Si può fare, amigo* (72), *Pianeta Venere* (73), *La colonna infame* (73), *Il consigliori* (73), *Corruzione al palazzo di giustizia* (74), *Il sorriso del grande tentatore* (74), *Il deserto dei tartari* (76), *Corleone* (78), *Così come sei* (78), *Incubo sulla città contaminata* (80), *Un complicato intrigo di donne, vicoli e delitti* (85), *Un delitto* (83), *La storia* (85).

Rabal, Paco *see* **Rabal, Francisco**

3719. Rabal, Teresa. Spanish actress. *Bianco, rosso e...* (71).

3720. Rabier, Jean. French director of photography. b. April 21, 1927, Paris. *I sette peccati capitali* (62 the episode "L'avarizia"), *Cleo dalle 5 alle 7* (62), *RoGoPaG* (62 the episode "Il nuovo mondo"), *Le più belle truffe del mondo* (63 the episode "L'homme qui vendit la Tour Eiffel"), *Buccia di banana* (64), *Marie Chantal contro il dottor Kha* (65), *Nada* (74), *Dr. M* (91).

3721. Rabinovitch, Gregor. Ukrainian producer. b. April 2, 1889, Kiev. d. 1953, Munich, Germany. Worked all over Europe. *La Traviata* (47), *Addio, Mimì* (47), *La leggenda di Faust* (48).

3722. Racca, Corrado. Actor. b. Nov. 14, 1889, Bologna. d. May 13, 1950, Roma. *Villafranca* (33), *Melodramma* (34), *La cieca di Sorrento* (34), *La luce del mondo* (34), *Campo di maggio* (35), *Mastro Landi* (35), *Ettore Fieramosca* (38), *L'uomo della legione* (40), *Il cavaliere senza nome* (40), *La compagnia della teppa* (41), *Il re si diverte* (41), *Malombra* (42), *La donna della montagna* (43), *07 tassì* (43).

3723. Racette, Francine. Canadian actress. b. 1947. *Quattro mosche di velluto grigio* (71).

3724/5. Racioppi, Antonio. Director. b. 1928, Roma. Graduated from the

Centro Sperimentale in 1951. *Teatro n. 1* (50 short co-d), *Una boccata d'aria* (50 short), *Quelli delle petroliere* (51 short), *La fabbrica della bellezza* (51 short), *Tempo di villeggiatura* (56 also co-story), *La congiura dei Borgia* (58 also co-w), *La donna di ghiaccio* (60), *Tempo di libertà* (61 short), *Il maschio ruspante* (72), *Le mille e una notte all'italiana* (73), *La "Mano nera," prima della mafia, più della mafia* (73), *Una donna chiamato Apache* (76 co-w).

Radvanyi, Geza *see* **von Radvanyi, Geza**

3726. Rae, John. Scottish actor. b. 1896, Perth. d. 1977. *Lola* (70).

3727. Raffaël, Alain. French actor. b. Aug. 5, 1932, Ortona, Italy. RN: Raffaello Albani. In France since childhood. *I miracoli non si ripetono* (51), *Parigi è sempre Parigi* (51).

3728. Raffaelli, Dino. Actor. b. Dec. 5, 1899, Firenze. *Garibaldi e i suoi tempi* (25), *Campo di maggio* (35), *Equatore* (38), *Lotte nell'ombra* (38), *Terra di nessuno* (38), *Il ladro* (39), *Sei bambine e il Perseo* (39), *L'ultimo combattimento* (41), *È più facile che un cammello...* (50), *Altri tempi* (51 the episode "Ballo Excelsior").

3729. Raft, George. U.S. actor. b. Sept. 26, 1895, N.Y.C. d. Nov. 24, 1980, Los Angeles, Calif. RN: George Ranft. Born to a German father and an Italian mother. *Il covo dei gangsters* (51), *Avventura ad Algeri* (53), *Un dollaro per sette vigliacchi* (67).

3730. Raho, Umberto. Actor. AKA: Umi Raho, Umberto Rau, Raoul H. Newman. *Nefertite, regina del Nilo* (60), *Orazi e Curiazi* (61), *Lo spettro del dottor Hichcock* (63), *Sir Francis Drake, il re dei sette mari* (63), *Gidget Goes to Rome* (63 U.S.), *La carica del 7 Cavalleggeri* (64), *L'ultimo uomo della terra* (64), *La danza macabra* (63), *Giulietta e Romeo* (64), *Colpo grosso a Galata Bridge* (65), *I criminali della galassia* (65), *Darling* (65 U.K.), *Agente 077...missione Bloody Mary* (65), *L'uomo dalla pistola d'oro* (66), *Satanik* (67), *Pecos è qui: prega e muori* (67), *Un dollaro per sette vigliacchi* (67), *Genoveffa di Brabante* (67), *I bastardi* (68), *La cintura di castità* (68), *La più grande rapina del west* (68), *Wanted* (68), *Colpo sensazionale al servizio del Sifar* (68), *Scacco internazionale* (68), *Stuntman* (68), *Quindici forche per un assassino* (68), *Diario di una schizofrenica* (68), *Un killer per Sua Maestà* (68), *Mister X* (68), *L'uccello dalle piume di cristallo* (69), *L'Aveu* (70 France), *La notte che Evelyn uscò dalla tomba* (71), *La notte dei diavoli* (71), *Bella di giorno, moglie di notte* (72), *Sette scialli di seta gialla* (72), *Summertime Killer* (72 U.S.), *Pane e cioccolata* (73), *La ragazza di nome Giulio* (73), *Anna, quel particolare piacere* (73), *Prostituzione* (74), *L'ossessa* (74), *Le Testament* (75 France), *Il fiore dai petali di acciaio* (75), *Un amore targato Forlì* (76), *Mosè* (76), *Buona come il pane* (82), *La cage aux folles 3* (84), *SuperFantaGenio* (85).

3731. Raicevich, Giovanni. Actor. b. June 10, 1881, Trieste. d. Nov. 1, 1957, Roma. Married his niece Bice Raicevich in 1916. From 1907 to 1930 he was grecoroman wrestling champion of the world, retiring undefeated. An amazingly powerful gentleman, he was a natural for the screen. *Il re della forza* (20), *L'uomo della foresta* (21), *Il colosso vendicatore* (21), *Il club degli stravaganti* (21), *Ercole al bivio* (21), *Il pugno del gigante* (21), *Il cavaliere della lieta figura* (22), *Il leone mansueto* (22), *Trionfo d'Ercole* (23), *Un viaggio nell'impossibile* (23), *Il dominatore della foresta* (24).

3732. Raimbourg, Lucien. French actor. b. Sept. 14, 1903, Villeneuve-Saint-Georges. d. 1973. *Gli amanti di Verona* (48), *Aria di Parigi* (55), *Fascicolo nero* (55), *Colui che deve morire* (57), *Napoleone ad Austerlitz* (60), *Pelle d'oca* (63), *Dinamite Jack* (63), *Una questione d'onore* (65), *La notte più lunga del diavolo* (71).

3733. Raimondi, Sergio. Actor. b. Roma. *L'amorosa menzogna* (49 short), *Vendetta di zingara* (50), *Le ragazze di San Frediano* (54), *Le signorine dello 04* (54), *Racconti romani* (55), *Gli innamorati* (55), *Piccola posta* (55), *Mi permette, babbo?* (56), *Arrivano i dollari* (56), *Addio per sempre* (57).

3734. Raine, Marcel. French actor. *La torre del piacere* (54), *Napoleone Buonaparte* (54).

3735. Rainer, Luise. Austrian actress. b. Jan. 12, 1910, Vienna. *La dolce vita* (60).

3736. Rains, Claude. U.K. actor. b. Nov. 10, 1889, London. d. May 30, 1967,

Laconia, N.H., U.S.A. *Il pianeta degli uomini spenti* (60).

3737. Raki, Laya. German-born actress. b. July 27, 1927, Galforde, near Braunschweig, to a French father and a Javanese mother. A trained ballerina, she specialized in Oriental dance from childhood, and toured Europe as a ballerina in the post war years. Married Ron Randell. *Ascoltami!* (57).

3738. Ralli, Giovanna. Actress. b. Jan. 2, 1935, Roma. AKA: Anna Ralli. Sister of Patrizia Ralli. *I bambini ci guardano* (43), *Luci del varietà* (50), *La famiglia Passaguai* (51), *La famiglia Passaguai fa fortuna* (51), *Papà diventa mamma* (52), *La lupa* (52), *Amore in città* (53 the episode "Gli italiani si voltano"), *Fermi tutti, arrivo io!* (53), *Anni facili* (53), *Villa Borghese* (53), *Prima di sera* (53), *I tre ladri* (53), *Madame Dubarry* (54), *Le ragazze di San Frediano* (54), *Le signorine dello 04* (54), *Un eroe dei nostri tempi* (55), *Il bigamo* (55), *Racconti romani* (55), *Una pelliccia di visone* (56), *Tempo di villeggiatura* (56), *Peccato di castità* (56), *Il momento più bello* (56), *Le belle dell'aria* (57), *Come te movi, te fulmino* (58), *Nel blu dipinto di blu* (58), *Un uomo facile* (58), *È permesso, maresciallo* (58), *Le cameriere* (59), *Il nemico di mia moglie* (59), *Il generale Della Rovere* (59), *Era notte a Roma* (59), *Viva l'Italia* (60), *La guerra continua* (62), *Les Canailles* (63 France), *Liolà* (64), *La scoperta dell'America* (64), *Se permettete ...parliamo di donne* (64), *La fuga* (65), *What Did You Do in the War, Daddy?* (66 U.S.), *The Caper of the Golden Bulls* (67 U.S.), *Il mercenario* (68), *Deadfall* (68 U.K.), *La donna invisibile* (69), *Cannon for Cordoba* (70 U.S.), *Gli occhi freddi della paura* (72), *Per amare Ofelia* (74), *La polizia chiede aiuto* (74), *C'eravamo tanto amati* (74), *Di che segno sei?* (75), *Con il dovuto rispetto* (76), *E la donna crea l'amore* (76), *Mercati generale* (76), *40 gradi sotto il lenzuolo* (76), *Chi dice donna dice...donna* (76), *Colpita da improvviso benessere* (76), *Languidi baci...perfide carezze* (77), *Arrivano i bersaglieri* (80), *Mano lesta* (80), *Verso sera* (90).

3739. Ralli, Patrizia. Actress. AKA: Patrizia Lari. Sister of Giovanna Ralli. *Guendalina* (57).

3740. Rame, Franca. Actress. b. 1928. Married Dario Fò in 1954. *Lo svitato* (55), *Amarti è il mio destino* (57), *Rascel—Fifì* (57), *Il cocco di mamma* (57), *La zia d'America va a sciare* (57), *Caporale di giornata* (58), *Amore in quattro dimensioni* (64), *Extraconiugale* (65 the episode "Il mondo è dei ricchi").

Ramírez, Pedro L. *see* **Iquino, Ignacio**

3741. Rampling, Charlotte. U.K. actress. b. Feb. 5, 1945, Sturmer, England. *Sequestro di persona* (68), *La caduta degli dei* (68), *Addio fratello crudele* (72), *Il portiere di notte* (73), *Giordano Bruno* (73), *Yuppi-du* (75), *Orca* (77), *Rebus* (89).

3742. Ranchi, Federica. Actress. b. 1939, Trieste. "Discovered" by Leonardo De Mitri. *Moglie e buoi...* (56), *La grande strada azzurra* (57), *L'estate violenta* (59), *La vendetta di Ercole* (60), *Maciste nella Valle dei Re* (60).

3743. Randal, Mónica. Spanish actress. b. 1944. AKA: Monica Randall. *I cinque della vendetta* (65), *002—operazione Luna* (65), *100.000 dollari per Ringo* (66), *Ringo e Gringo contro tutti* (66), *Per un pugno nell'occhio* (66), *Superargo contro Diabolicus* (66), *Z 7 operazione Rembrandt* (67), *L'uomo dal pugno d'oro* (68), *Professionisti per un massacro* (68), *Giugno 44 sbarcheremo in Normandia* (68), *Tutto per tutto* (68), *Sole rosso* (71), *Così come sei* (78).

3744. Randell, Ron. Australian actor. b. Oct. 8, 1918, Sydney. Married Laya Raki in 1957. *Oro per i cesari* (62).

3745. Randi, Ermanno. Actor. b. 1920, Arrezzo. d. Nov. 1, 1951. During WWII he was a parachutist with the legendary Divisione Folgore. "Discovered" by Giuseppe De Santis. *Caccia tragica* (47), *L'ebreo errante* (47), *Anni difficili* (47), *Riso amaro* (48), *Le mura di Malapaga* (48), *Vespro siciliano* (49), *Le due madonne* (49), *Fiamme sulla laguna* (50), *I fuorilegge* (50), *Turri il bandito* (50), *La scogliera del peccato* (50), *Il nido di falasco* (50), *Lebbra bianca* (50), *Il sentiero dell'odio* (51), *Santa Lucia luntana* (51), *Salvate mia figlia* (51), *Enrico Caruso, leggenda di una voce* (51), *Trieste mia!* (51), *Una madre ritorna* (52 made in 50).

3746. Randolph, Ed. U.S. actor. *La sorella di Satana* (66).

3747. Randone, Belisario L. Writer. b. Nov. 9, 1906, Roma. *Il canale degli* *angeli* (34 director of production), *L'uomo venuto dal mare* (41 co-d), *Soltanto un bacio* (42 co-w), *Gran Premio* (42 co-story), *Service de nuit* (43 France story), *Vertigine d'amore* (48 p), *Fanfan la tùlipe* (51 artistic collaborator), *Chéri-Bibi, il forzato della Guiana* (55 co-w).

3748. Randone, Salvo. Actor. b. Sept. 25, 1906, Siracusa. *Sant'Elena piccola isola* (42), *Cuore* (48), *Una lettera all'alba* (48), *Signori, chi è di scena?* (51 short), *Il bigamo* (55), *L'assassino* (60), *Salvatore Giuliano* (61), *Il re di Poggioreale* (61), *I giorni contati* (62), *Anni ruggenti* (62), *Il processo di Verona* (62), *Cronaca familiare* (62), *Il criminale* (63), *La parmigiana* (63), *Le mani sulla città* (63), *La danza macabra* (63), *Il magnifico cornuto* (64), *La decima vittima* (65), *La donna del lago* (65), *Io, io, io...e gli altri* (65), *A ciascuno il suo* (67), *Tre passi nel delirio* (68 the episode "Il ne faut jamais parier sa tête contre le diable"), *Gli intoccabili* (68), *L'età del malessere* (68), *Indagine su un cittadino al di sopra di ogni sospetto* (69), *Ninì Tirabusciò, la donna che inventò la "mossa"* (70), *Il prete sposato* (70), *Cose di Cosa Nostra* (70), *La classe operaia va in paradiso* (72), *La prima notte di quiete* (72), *Mio caro assassino* (72), *Un tipo con una faccia strana* (72), *La proprietà non è più un furto* (73), *Il poliziotto è marcio* (74), *In nome del papa re* (78).

3749. Ranieri, Massimo. Actor. b. 1948. *Metello* (70), *Cerca di capirmi* (70), *Bubù du Montparnasse* (70 France), *Il faro in capo al mondo* (71), *Imputazione di omicidio per uno studente* (71), *Incontro* (72), *La cugina* (74), *Salvo d'acquisto* (75), *Con la rabbia agli occhi* (76), *L'ultima volta* (76), *La patata bollente* (79), *The Priest of Love* (80 U.K.), *Casta e pura* (81), *I carabinieri* (81), *La vela incantata* (82).

3750. Raous, Christian. Assistant director. *Sole rosso* (71), *Joe Valachi—i segreti di Cosa Nostra* (72).

3751. Rapper, Irving. U.S. director. b. 1898, London, England. In the U.S.A. from 1906. *Giuseppe venduto dai fratelli* (60 directed the English version), *Ponzio Pilato* (61).

3752. Rascel, Renato. Actor. b. April 28, 1912, Torino. d. Jan. 2, 1991, Roma. RN: Renato Ranucci. Started as a jazz drummer. His father, Cesare Ranucci (1885–1961), acted in several of his films. *Pazzo d'amore* (43), *Botta e risposta* (49), *Bellezze in bicicletta* (50), *Figaro qua, Figaro là* (50), *Io sono il capataz!* (51), *Amor non ho! Però...però* (51), *Napoleone* (51), *L'eroe sono io!* (51), *Marakatumba...ma non è una rumba* (51 made in 49), *Fiorenzo, il terzo uomo* (51), *Canzoni di mezzo secolo* (52), *Il bandolero stanco* (52), *Il cappotto* (52), *Ho scelto l'amore* (53), *Attanasio cavallo vanesio* (53), *La passeggiata* (54 also d), *Il matrimonio* (53), *Gran varietà* (53), *Piovuto dal cielo* (53), *Alvaro piuttosto corsaro* (54), *Rosso e nero* (54), *Io sono la Primula Rossa* (54), *I pinguini ci guardano* (54), *Questi fantasmi* (55), *Carosello di varietà* (55), *Montecarlo* (56), *La nonna Sabella* (57), *Rascel—Fifì* (57), *Come te movo, te fulmino* (58), *Rascel—marine* (58 also co-w), *Arrivederci Roma* (58), *Ferdinando I, re di Napoli* (59), *Policarpo, ufficiale di scrittura* (59), *Tempi duri per i vampiri* (59), *Un militare e mezzo* (59), *L'orso* (60), *Anonima cocottes* (60), *Il corazziere* (60), *The Secret of Santa Vittoria* (69 U.S.), *Il trapianto* (70), *Gesù di Nazaret* (77 TV).

3753. Rassimov, Ivan. Russian actor. AKA: Sean Todd. *I pirati della Malesia* (64), *Terrore nello spazio* (65), *Cjamango* (67), *I vigliacchi non pregano* (68), *Se vuoi vivere...spara!* (68), *Sette baschi rossi* (68), *Non aspettare, Django...spara* (69 as Django), *La lunga notte dei disertori* (70), *Lo strano vizio della signora Ward* (71), *Un omicidio perfetto al termine di legge* (71), *La vendetta è un piatto che si serve freddo* (71), *Il tuo vizio è una stanza chiusa e solo io ne ho la chiave* (72), *Il paese del sesso selvaggio* (72), *Strana orchidea con cinque gocce di sangue* (72), *Servizio di scorta* (73), *Si può essere più bastardi dell'ispettore Cliff?* (73), *Spasmo* (74), *L'ossessa* (74), *Salvo d'acquisto* (75), *Roma a mano armata* (76), *Ultimo mondo cannibale* (76), *Emanuelle, perchè violenza alle donne?* (76), *Quelli della calibro 38* (77), *Emanuelle a Bangkok* (77), *Al 33 di via Orologio fa sempre freddo* (77), *L'umanoide* (79), *Mangiati vivi* (80), *Ciao nemico* (81), *I figli...so' pezzi 'e core* (81), *I predatori dell'Atlantide* (81).

3754. Rassimov, Rada. Actress. Wife of Ivan Rassimov. *Il buono, il brutto, il cattivo* (66), *Per il gusto di uccidere* (66), *Quel caldo maledetto giorno di fuoco* (68), *Non* *aspettare, Django...spara* (69), *Django il bastardo* (69), *Il seme dell'uomo* (69), *Hypnos* (69), *Der leone have sept cabeças* (70), *A cuore freddo* (71), *Il gatto a nove code* (71), *Gli orrori del castello di Norimberga* (72), *La grande scrofa nera* (73), *Lo stregone in città* (73), *Grandeur nature* (74 France), *Fatevi vivi, la polizia non interverrà* (74), *Il tempo dell'inizio* (75), *Emanuella nera n. 2* (77), *Sono stato un agente CIA* (78), *Un caso di incoscienza* (84).

3755. Rathbone, Basil. U.K. actor. b. June 13, 1892, Johannesburg, South Africa. d. July 21, 1967, N.Y.C., U.S.A. RN: Philip St. John Basil Rathbone. Born to British parents. *Ponzio Pilato* (61).

3756. Ratti, Filippo. Director. b. June 13, 1914, Roma. RN: Filippo Walter Ratti. *La voce senza volto* (38 asst d), *Il barone di Corbò* (39 asst d), *Felicità perduta* (46), *Eleanora Duse* (47), *Maschera nera* (52 also co-w), *Non è mai troppo tardi* (53), *Amore e smarrimento* (54), *Rapina al quartiere ovest* (60 also co-w), *Maurizio, Peppino e le indossatrici* (61), *Vacanze alla baia d'Argento* (61), *Dieci italiani per un tedesco* (62).

Rau, Umberto *see* **Raho, Umberto**

3757. Ravaioli, Isarco. Actor. b. March 3, 1935, Ravenna. RN: Isacco Ravaioli. Former teacher. Graduated from the Centro Sperimentale in 1957. *La muta di Portici* (52), *La schiava del peccato* (54), *Moglie e buoi...* (56), *La notte brava* (59), *La 100 km* (59), *Psicanalista per signora* (59), *L'amante del vampiro* (59), *La grande vallata* (60), *Anno 79—distruzione ercolano* (62), *Il vecchio testamento* (63), *La carica del 7 Cavalleggeri* (64), *...E Djurado* (66), *Colpo sensazionale al servizio del Sifar* (68), *Vamos a matar Sartana* (72 Spain).

3758. Ravel, Gaston. French director. b. Oct. 28, 1878, Paris. d. Feb. 24, 1958, Cannes. RN: Gaston Levar. *Cosmopolis* (19), *La volata* (19), *Il giogo* (19 also w/story), *Oltre la legge* (19), *Forse che sì, forse che no* (20 also adapted), *Per il passato* (20 co-d), *Temi* (20), *Saracinesca* (20 co-d), *La rupe tarpea* (21 also w/story), *La madonna errante* (21), *Il nodo* (21), *Fatale bellezza* (22 co-d), *Idillio tragico* (22), *Rabagas* (22), *All'ombra del Vaticano* (23).

3759. Ravel, Sandra. Actress. b. Jan. 16, 1910, Milano. d. Aug. 14, 1954, Milano. Married Maurizio D'Ancora in 1944. *L'Énigmatique M. Parkes* (30 France), *Those Three French Girls* (30 U.S.), *Single Sin* (31 U.S.), *This Modern Age* (31 U.S.), *La stella del cinema* (31), *Paradiso* (32), *Sette giorni cento lire* (33), *La voce lontana* (33), *Al buio insieme* (33), *Due milioni per un sorriso* (38), *Ballo al castello* (39), *Una moglie in pericolo* (39), *Ho visto brillare le stelle* (40).

3760. Ray, Aldo. U.S. actor. b. Sept. 25, 1926, Pen Argyl, Pa. d. March 27, 1991, San Francisco, Calif. RN: Aldo Da Re. Born to Italian parents. Former sheriff. *I moschettieri del mare* (61), *Commando suicida* (68).

Ray, Andrew *see* **Aureli, Andrea**

3761. Ray, Nicholas. U.S. director. b. Aug. 7, 1911, La Crosse, Wisc. d. June 16, 1979, N.Y.C. RN: Ramond Nicholas Kienzle. *Ombre bianche* (60 co-d/co-w).

3762. Raymond, Gary. U.K. actor. b. 1935, London. *El Cid* (61).

3763. Re, Gustavo. Spanish actor. b. 1908. d. 1979. *Colpo grosso a Galata Bridge* (65), *Clint il solitario* (68), *Sette pistole per El Gringo* (68).

Reagan, Dick *see* **Garrone, Riccardo**

3764. Rebbot, Sady. Moroccan actor. b. 1935. AKA: Sadi Rebbot. *Chi lavora è perduto* (63).

3765. Rêbe, Martial. French actor. In movies since 1934. *Era di venerdì 17* (56).

3766. Reder, Gigi. Actress. *Anna di Brooklyn* (58), *Caffè espresso* (80), *Fracchia contro Dracula* (85), *Fantozzi va in pensione* (89), *Fantozzi colpisce ancora* (91).

Redford, William *see* **Squitieri, Pasquale**

3767. Redgrave, Corin. U.K. actor. b. July 16, 1939, London. Son of Michael Redgrave. *La ragazza con la pistola* (68), *La vacanza* (71).

3768. Redgrave, Lynn. U.K. actress. b. March 8, 1943, London. Daughter of Michael Redgrave. *I seduttori della domenica* (80).

3769. Redgrave, Vanessa. U.K. actress. b. Jan. 30, 1937, London. Daughter of Michael Redgrave. *Blow Up* (66), *Un tranquillo posto di campagna* (68), *La vacanza* (71), *Diceria all'untore* (90).

3770. Redi, Laura. Actress. b. Jan. 8, 1920, Rheims, France. RN: Laura Corvisier

Reder. *Bengasi* (42), *Mater dolorosa* (42), *Incontri di notte* (43), *La signora in nero* (43), *L'apocalisse* (47), *Il segreto di don Giovanni* (47), *La certosa di Parma* (47), *Nessuno ha tradito* (52), *Bengasi anno 41* (55 new edition of *Bengasi*, with added scenes).

3771. Redmond, Liam. Irish actor. b. July 27, 1913, Limerick. *Sotto dieci bandiere* (60), *L'affondamento della "Valiant"* (61).

3772. Redondo, Emilio. Spanish actor. *Il sapore della vendetta* (68).

3773. Reed, Adam. U.S. actor. b. 1961. *La mortadella* (72).

3774. Reed, Dean. U.S. actor. b. 1930. d. 1985. A former pop singer, he defected to the U.S.S.R. in 1969 as a protest against the Vietnam War. Long popular in his new country, he was found dead in a lake on his estate in East Germany, in mysterious circumstances, and buried with ceremony in Red Square, Moscow. *Il Winchester che non perdona* (68), *Dio li crea, io li ammazzo* (68), *La morte bussa due volte* (68), *Saranda* (69), *Indio Black: sai che ti dico...sei un gran figlio di...* (70).

Reed, James *see* **Malatesta, Guido**

Reed, Jim *see* **Giuliano, Luigi**

3775. Reed, Maxwell. Irish actor. b. April 2, 1919, Larne. d. 1974. *Elena di Troia* (56).

3776. Reed, Oliver. U.K. actor. b. Feb. 13, 1938, London. *Il giorno dei lunghi fucili* (71), *Un uomo* (72), *Mordi e fuggi* (73), *Revolver* (73), *Il giorno del furore* (73 made in 69), *E poi non rimase nessuno* (74), *Panama Sugar* (90).

3777. Reeves, Benny. Actor. *Per un pugno di dollari* (64), *Un dollaro bucato* (65).

3778. Reeves, Steve. U.S. actor. b. Jan. 21, 1926, Glasgow, Mont. RN: Stephen Reeves. Former Mr Universe (1950), and Mr America (1947). Based in Italy from 1956. *Athena* (54 U.S.), *The Hidden Face* (54 U.S.), *Jail Bait* (54 U.S.), *Le fatiche di Ercole* (57), *Ercole e la regina di Lidia* (58), *Agi Murad—il diavolo bianco* (59), *Il terrore dei barbari* (59), *La Battaglia di Maratona* (59), *Gli ultimi giorni di Pompei* (59), *Il ladro di Bagdad* (60), *Morgan il pirata* (60), *La guerra di Troia* (61), *Romolo e Remo* (61), *Il figlio di Spartacus* (62), *La leggenda di Enea* (62), *Il giorno più corto* (63), *I pirati della Malesia* (64), *Vivo per la tua morte* (68 also w).

Regan, Willy S. *see* **Garrone, Sergio**

3779. Reggiani, Aldo. Actor. *Il gatto a nove code* (71), *La donna della domenica* (75), *Calamo* (76), *L'Agnese va a morire* (77), *Il gatto* (78).

3780. Reggiani, Serge. French actor. b. May 2, 1922, Sanna, near Parma, Italy. In France from 1928. *Manù, il contrabbandiere* (47), *Gli amanti di Verona* (48), *Camicie rosse* (51), *Il mondo le condanna* (52), *Bufere* (52), *Napoleone Buonaparte* (54), *La donna del giorno* (56), *Un ettaro di cielo* (58), *Tutti a casa* (60), *La guerra continua* (62), *Il gattopardo* (63), *Marie Chantal contro il dottor Kha* (65), *I sette fratelli Cervi* (68), *Il giorno della civetta* (68), *Non toccate la donna bianca* (74), *Il gatto, il topo, la paura e l'amore* (75), *La terrazza* (79).

3781. Régnault, Nicole. French actress. b. May 19, 1924, Paris. RN: Nicole Sasserath. *Siamo tutti assassini* (52), *Aria di Parigi* (55).

3782. Reid, Milton. U.K. actor. b. 1917. *Ursus* (61), *Ercole al centro della terra* (61), *Le meraviglie di Aladino* (62), *I dieci gladiatori* (63), *Spartaco e i dieci gladiatori* (64).

3783. Reiniger, Lotte. German director. b. June 2, 1889, Berlin. d. June 19, 1981, Dettenhausen. Married Carl Koch. Made mostly animated films. *L'elisir d'amore* (40 animated sequences her part remained unfinished).

3784. Reinl, Harald. Austrian director. b. July 9, 1908, Bad Ischl. *FBI contro il dott. Mabuse* (61), *La valle dei lunghi coltelli* (63), *Giorni di fuoco* (64), *Winnetou III* (65).

3785. Reisch, Walter. Austrian writer. b. March 2, 1900, Vienna. d. 1983. *Casta diva* (35 also story), *Casta diva* (54 story).

3786. Reiter, Carlo. Actor. b. Napoli. *Il tacchino* (23), *Marì, Marì* (23), *Ben-Hur* (25 U.S.), *Gli ultimi giorni di Pompei* (26), *Napoli è una canzone* (26), *La madonnina dei marinai* (27), *Luci sommerse* (34), *Eravamo sette sorelle* (38).

3787. Rémy, Albert. French actor. b. April 9, 1915, Sèvres. *Il diavolo in corpo* (47), *Signori, in carrozza!* (51), *Eliana e gli uomini* (56), *La vacca e il prigioniero* (60).

3788. Rémy, Constant. French actor. b. May 20, 1884, Paris. *Versailles* (53), *La torre del piacere* (54).

3789. Rémy, Hélène. French actress. b. Aug. 16, 1932, Paris. RN: Hélène Paulette Remy. Filmed mostly in Italy. *Au royaume des cieux* (49 France), *Rendez-vous de juillet* (49 France), *Les Enfants terribles* (49 France), *Parigi è sempre Parigi* (51), *Un ladro in paradiso* (51), *Tormento del passato* (51), *La trappola di fuoco* (52), *Ergastolo* (52), *Giovinezza* (52), *Cinque poveri in automobile* (52), *Noi due soli* (52), *Il sacco di Roma* (53), *Orfanella di Pompei* (53), *Vacanze d'amore* (54), *Siamo ricchi e poveri* (54), *Canto per te* (54), *Ripudiata* (54), *La moglie è uguale per tutti* (54), *Un giglio infranto* (55), *Mariti in città* (57), *Pezzo, capopezzo e capitano* (58), *Giovane canaglia* (58), *L'amante del vampiro* (59), *L'ultimo dei vichinghi* (61), *A porte chiuse* (61), *Les Cracks* (68 France).

3790. Renant, Simone. French actress. b. March 19, 1911, Amiens. RN: Georgette Simone Buigny. *Il figlio di Lagardère* (52), *Napoleone Buonaparte* (54), *Le donne sono deboli* (59).

3791. Rendine, Aldo. Actor. *Indagine su un cittadino al di sopra di ogni sospetto* (69), *Avanti!* (72), *Mr Billion* (77 U.S.).

3792. Renée, Ricky. U.S. female impersonator. Long in European nightclubs. *Il mondo di notte* (59), *America di notte* (61).

3793. Rennie, Michael. U.K. actor. b. Aug. 25, 1909, Bradford, Yorks. d. June 10, 1971, Harrogate, Yorks. *La madonnina d'oro* (49), *Mambo* (54), *Bersaglio mobile* (67), *Nude...si muore* (67), *La Battaglia di El Alamein* (68), *Scacco internazionale* (68), *Giugno 44 sbarcheremo in Normandia* (68).

3794. Reno, Teddy. Singer/actor. b. 1926, Trieste. RN: Ferruccio Ricordi. *Miracolo a Viggiù* (51), *Saluti e baci* (52), *Ballata tragica* (54), *I cinque dell'Adamello* (54), *Le vacanze del sor Clemente* (54), *Vendicata* (54), *Totò, Peppino e la...malafemmina* (56), *Due sosia in allegria* (56), *Una voce, una chitarra, un po' di luna* (56), *Totò, Peppino e i fuorilegge* (57), *Peppino, le modelle e..."Chella Llà"* (57), *Unter Palmen am blauen Meer* (57 Germany), *Totò, Vittorio e la dottoressa* (58), *Eine Reise ins Glück* (58 Germany), *I teddy-boys della canzone* (60).

3795. Renoir, Claude. French director of photography. b. Dec. 4, 1914, Paris. AKA: Claude Renoir, Jr. One of the Renoir family of painters and movie makers. Son of Pierre Renoir, the actor, and nephew of Claude Renoir, Sr., and Jean Renoir. *La carrozza d'oro* (53 also co-w), *Puccini* (53), *Maddalena* (53 co-ph), *Eliana e gli uomini* (56), *Le vergini di Salem* (56 co-ph), *Una vita* (57), *Il sangue e la rosa* (60), *Lafayette, una spada per due bandiere* (61 co-ph), *La calda preda* (66), *Barbarella* (68), *Gli scassinatori* (71), *Il serpente* (73).

3796. Renoir, Jean. French director. b. Sept. 15, 1894, Paris. d. Feb. 12, 1979, Beverly Hills, Calif., U.S.A. *Tosca* (41 one sequence initial director/co-w), *La carrozza d'oro* (53 also co-w), *Eliana e gli uomini* (56 also w).

3797. Renoux, René. French art director. b. Nov. 21, 1904, Brest. *I bastardi* (50), *Vite vendute* (53), *Versailles* (53), *Il letto* (53 the episode "Il letto della Pompadour"), *Napoleone Buonaparte* (54), *Notre Dame de Paris* (56), *Le spie* (57).

3798. Renzelli, Gastone. Actor. b. Roma. *Bellissima* (51), *I vinti* (52 edited out of the final version), *Il tetto* (56), *La finestra sul Luna Park* (57), *L'uomo dai calzoni corti* (58).

3799. Renzi, Eva. German actress. b. 1944. *L'uccello dalle piume di cristallo* (69), *La morte risale a ieri sera* (70).

3800. Renzi, Pina. Actress. b. Dec. 16, 1902, Morciano di Romagna. RN: Giuseppina Renzi. *Non son gelosa* (33), *Tempo massimo* (34), *Casta diva* (35), *Lo smemorato* (37), *Il feroce Saladino* (37), *Eravamo sette sorelle* (38), *La mazurka di papà* (38), *Ai vostri ordini, signora!* (38), *Per uomini soli* (39), *Belle o brutte si sposan tutte* (39), *La mia canzone al vento* (39), *Finisce sempre così* (39), *Il peccato di Rogelia Sánchez* (39), *La forza bruta* (40), *Il re del circo* (40), *Una famiglia impossibile* (40), *L'elisir d'amore* (40 unfinished), *L'affare si complica* (40), *L'arcidiavolo* (41), *Un marito per il mese d'aprile* (41), *Sancta Maria* (41), *Due cuori sotto sequestro* (41), *Il figlio del corsaro rosso* (41), *Gli ultimi filibustieri* (41), *Cercasi bionda bella presenza* (42 also co-d), *Il fiore sotto gli occhi* (43), *Chi l'ha visto?* (45 made in 43), *Giudicatemi!* (49), *Accidenti alle tasse!* (51), *Arrivano i nostri* (51), *Altri* *tempi* (51), *I due sergenti* (51), *Agenzia matrimoniale* (52), *L'incantevole nemica* (53), *I tre ladri* (53), *La moglie è uguale per tutti* (54), *Io, Caterina* (56), *Mogli pericolose* (58), *Le cameriere* (59).

3801. Renzi, Renzo. Documentary director/writer. b. Dec. 13, 1919, Rubiera. Former film critic. Has written extensively on the cinema. *Camicie rosse* (51 feature film co-story), *Le fidanzate di carta* (51), *Quando il Po è dolce* (52), *Sette metri d'asfalto* (54), *Guida per camminare all'ombra* (55), *Dove Dio cercò casa* (56).

3802. Resnais, Alain. French director. b. June 3, 1922, Vannes, Brittany. *L'anno scorso a Marienbad* (61 also story), *Muriel, il tempo di un ritorno* (63), *Stavisky* (74).

3803. Ressel, Franco. Actor. b. 1925, AKA: Frank Ressel. *Lucrezia Borgia* (53), *Il corazziere* (60), *L'assassino* (60), *Il mantenuto* (61), *Il tiranno di Siracusa* (61), *Maciste alla corte del Gran Khan* (61), *Gli invasori* (61), *I masnadieri* (61), *Le meraviglie di Aladino* (62), *I quattro monaci* (62), *I quattro moschettieri* (62), *Il monaco di Monza* (63), *Totò e Cleopatra* (63), *Totò contro il pirata nero* (64), *Sesso* (64), *Sei donne per l'assassino* (64), *Due marines e un generale* (65), *I criminali della galassia* (65), *Du Rififi à Paname* (65 France), *La sfida dei giganti* (65), *Agente 077... dall'Oriente con furore* (65), *All'ombra di una colt* (65), *Rififi ad Amsterdam* (66), *Per il gusto di uccidere* (66), *Assalto al tesoro di stato* (67), *Delitto a Posillipo* (67), *Kid, il monello del west* (67), *Tom Dollar* (67), *L'uomo, l'orgoglio, la vendetta* (67), *Rififi internazionale* (67), *L'uomo dal pugno d'oro* (68), *L'amore è come il sole* (68), *Fidarsi è bene, sparare è meglio* (68), *Il figlio di Aquila Nera* (68), *Il sapore della vendetta* (68), *Gangster 70* (68), *Il mercenario* (68), *Un corpo caldo per l'inferno* (68), *Nel labirinto del sesso* (68), *Carrera—das Geheimnis der blonden Katze* (68 Germany), *Lucrezia Borgia, l'amante del diavolo* (68), *Tarzana, sesso selvaggio* (69), *Zorro, marchese di Navarra* (69), *L'inafferabile e invincibile Mr. Invisibile* (69), *I peccati di Madame Bovary* (69), *Ehi, amico, c'è Sabata... hai chiuso* (69), *La belva* (70), *Amico, stammi lontano, almeno un palmo* (71), *La califfa* (71), *Gli fumavano le colt... lo chiamavano Camposanto* (71), *L'occhio nel labirinto* (71), *Continuavano a chiamarlo Trinità* (71), *Il sergente Klems* (71), *Stanza 17—17, palazzo delle tasse, ufficio delle imposte* (71), *Il diavolo ha sette facce* (72), *Joe Valachi—i segreti di Cosa Nostra* (72), *I due figli di Trinità* (72), *Una ragazza tutta nuda assassinata nel parco* (72), *La Maison sous les arbres* (72 France), *Finalmente le mille e una notte* (72), *La morte negli occhi del gatto* (72), *Un amore così fragile così violento* (73), *La ragazza fuori strada* (74), *Panic* (76), *Bobby Deerfield* (77 U.S.).

3804. Revill, Clive. New Zealand actor. b. April 18, 1930, Wellington. Long in the U.K. *Italian Secret Service* (67), *Avanti!* (72).

3805. Rey, Fernando. Spanish actor. b. Sept. 20, 1915. La Coruña. RN: Fernando Casado Arambillet. *Ladri al chiar di luna* (58), *La vendetta* (58), *Gli ultimi giorni di Pompei* (59), *Goliath contro i giganti* (60), *La rivolta degli schiavi* (60), *I patriarchi della bibbia* (63), *La schiava di Bagdad* (63), *Scappamento aperto* (64), *El Greco* (65), *I grandi condottieri* (65), *Due mafiosi contro Goldginger* (65), *Un dollaro a testa* (66), *Cervantes* (68), *Il prezzo del potere* (69), *Fellini Satyricon* (69), *Tristana* (70), *Vamos a matar, compañeros* (70), *Il faro in capo al mondo* (71), *Bianco, rosso e...* (71), *La collera del vento* (72), *Il fascino discreto della borghesia* (72), *Zanna Bianca* (72), *Questa specie d'amore* (72), *La polizia incrimina: la legge assolve* (73), *Corruzione al palazzo di giustizia* (74), *Fatti di gente perbene* (74), *Le origini della mafia* (75), *Cadaveri eccellenti* (76), *Pasqualino Settebellezze* (76), *Il deserto dei tartari* (76), *Nina* (76), *Gesù di Nazaret* (77 TV), *Vestire gli ignudi* (78), *L'ingorgo—una storia impossibile* (79), *Casta e pura* (81), *Miele di donna* (81), *Cercasi Gesù* (81), *La vera storia della signora dalle camelie* (82), *Una strana passione* (84), *Diceria dell'untore* (90).

3806. Rey, Roberto. Spanish actor. b. Feb. 15, 1905, Valparaíso, Chile. RN: Roberto Iglesias. In Spain (his parents' homeland) since 1921. *Finisce sempre così* (39), *L'uomo della legione* (40).

3807. Reynaud, Janine. French actress. *La bugiarda* (65), *Agente Logan missione Ypotron* (66).

3808. Reynolds, Burt. U.S. actor. b. Feb. 11, 1936, Waycross, Ga. RN: Burton

Leon Reynolds, Jr. *Un dollaro a testa* (66).

3809. Reynolds, Peter. U.K. actor. b. Aug. 16, 1926, Wilmslow, Cheshire. d. 1975. *I vinti* (52).

3810. Rhodes, Christopher. U.K. actor. b. Alverstoke, Hants. *El Cid* (61).

3811. Rhys-Davies, John. U.K. actor. b. 1944, Salisbury, Wilts. *Il giovane Toscanini* (88).

3812. Riccardini, Michele. Actor. b. Oct. 2, 1910, Perugia. *Giuseppe Verdi* (38), *Dora Nelson* (39), *Retroscena* (39), *Manon Lescaut* (40), *Idillio a Budapest* (40), *La compagnia della teppa* (41), *L'amore canta* (41), *Via delle cinque lune* (42), *La fabbrica dell'imprevisto* (42), *Ossessione* (42), *La grande aurora* (46), *Gioventù perduta* (47), *Non c'è pace tra gli ulivi* (49), *Roma, ore 11* (51), *Carmen proibita* (52), *La cavallina storna* (53), *Gran varietà* (53), *Ulisse* (54), *La tua donna* (54).

3813. Ricci, Giorgio. Director of photography. b. Roma. Also directed several movies. *L'histoire d'un pierrot* (13), *Idolo infranto* (13), *Tramonto* (13), *L'amazzone mascherata* (14), *L'onestà che uccide* (14), *La principessa straniera* (14), *Sangue bleu* (14), *Per la patria!* (15), *Silvio e lo stradivarius* (15), *Rapsodia satanica* (15), *Il sottomarino n. 27* (15), *Papà* (15), *Potere temporale* (15), *Il birichino di Parigi* (16), *Sul trapezio* (16), *I briganti* (16), *Tormento gentile* (16), *Febbre di gloria* (16), *Cavalleria rusticana* (16 co-ph), *Il potere sovrano* (16 co-ph), *Suor Teresa* (16), *Ceneri e vampe* (17), *L'aigrette* (17), *A Santa Lucia* (17), *Anna Karenina* (17), *Il ferro* (17), *La donna che non ebbe cuore* (17), *Verso la gloria* (17), *Adriana Lecouvreur* (18), *Lolita* (18), *I due zoccoletti* (18), *Frate Sole* (18), *Le due Marie* (19), *La bella e la bestia* (19), *La casa che brucia* (19), *Lei o nessuna!* (19 also d), *Furia* (19 also d), *Cenerentola* (19 co-d), *Giulia figlia di Claudio* (19 co-d), *L'ingenuo* (19 also d), *La vendetta del padrone delle ferriere* (20), *Le due esistenze* (20 co-d), *Luce nell'ombra* (21 d), *I milioni di Saetta* (23), *Il natalizio della nonna* (23), *Teodoro e socio* (24).

3814. Ricci, Luciano. Director. AKA: Herbert Wise. *Giuseppe venduto dai fratelli* (60), *Solo contro Roma* (62), *Il castello dei morti viventi* (64 co-d).

3815. Ricci, Nora. Actress. b. 1924, Firenze. d. 1976. Daughter of Renzo Ricci. Married Vittorio Gassman. Mother of actress Paola Gassman. *Bellissima* (51), *Il medico dei pazzi* (54), *Motivo in maschera* (55), *Le diciottenni* (55), *Il giorno più corto* (63), *Signore e signori* (66), *Le streghe* (66), *La matriarca* (68), *Tenderly* (68), *La caduta degli dei* (68), *Morte a Venezia* (70), *Roma bene* (71), *Ludwig* (73), *Il portiere di notte* (73).

3816. Ricci, Renzo. Actor. b. Sept. 27, 1898, Firenze. Married actress Margherita Bagni. *Corte d'assise* (30), *La Wally* (32), *Ninì Falpalà* (33), *Aurora sul mare* (34), *Orizzonte dipinto* (41), *Turbamento* (42), *Nerone e Messalina* (53 started in 49), *Casta diva* (54), *L'avventura* (60), *Viva l'Italia* (60), *Vaghe stelle dell'Orsa* (65).

3817. Riccio, Attilio. Producer. b. June 11, 1909, Roma. Produced the following documentaries: *Passeggiate romane* (50); *Montecitorio*; *Israele*; *Appuntamento a piazza di Spagna*; *Uomini della pace*. He also produced the following feature films: *La provinciale* (53), *Vestire gli ignudi* (54 also co-w), *Beatrice Cenci* (56 also story).

3818. Riccioli, Guido. Actor. b. Oct. 5, 1883, Firenze. d. March 28, 1958, Roma. Married Nanda Primavera. *Ginevra degli Almieri* (35), *Per uomini soli* (39), *Tutta la città canta* (43), *Ha da venì...don Calogero* (51), *Bellezze a Capri* (51), *L'ingiusta condanna* (52), *Melodie immortali* (52), *Io, Amleto* (52), *Il paese dei campanelli* (53), *La donna più bella del mondo* (55).

3819. Riccioni, Enzo. French director of photography. b. Italy. *È passata una nuvola* (18), *Manon Lescaut* (18 co-ph), *Il voto* (18), *L'amore e la maschera* (20), *L'assassino del jockey* (20), *Il crollo* (20), *Brividi...* (20), *Fugge la gloria* (20), *L'officina del grigione* (20), *Povera piccola* (20), *La telefonata del diavolo* (20), *Voi!* (20), *Il fiore del silenzio* (21), *La gigolette* (21), *Il mio carcere* (21), *La porta del mondo* (21), *Roveto ardente* (21), *Anadiomene* (22), *L'incomprensibile* (22), *Le avventure di Robinson Crusoe* (23), *Il guazzabuglio* (23), *Sovranetta* (23), *Il cavalier Petagna* (26), *La signora di Montecarlo* (38 co-ph), *Buongiorno, Madrid!* (42 co-ph), *El triunfo del amor* (43 Spain), *Febbre* (44 co-ph), *Gli avventurieri di San Juano* (47), *Une Mort sans importance* (47 France), *Trois garçons, une fille* (48 France), *La Nuit s'achève* (49

France. In Italy this film was known as *Il romanzo di un chirurgo*), *Boîte de nuit* (49 France), *I bassifondi di Shanghai* (50), *L'Île aux femmes nues* (52 France).

3820. Rich, Claude. French actor. b. 1929. *Le grandi manovre* (55), *I peccatori della Foresta Nera* (61), *I sette peccati capitali* (62), *Le tentazioni quotidiane* (62), *Ninì Tirabusciò, la donna che inventò la "mossa"* (70), *Stavisky* (74).

3821. Richard, Jean. French actor. b. April 18, 1921. *I sette peccati capitali* (52 the episode "La gola"), *Versailles* (53), *Cinema d'altri tempi* (53), *L'allegro squadrone* (54), *Casta diva* (54), *Chéri-Bibi, il forzato della Guiana* (55), *Eliana e gli uomini* (56).

3822. Richard, Philippe. French actor. b. Saint-Étienne. *Atollo K* (51), *I sette peccati capitali* (52).

3823. Richardson, John. U.K. actor. b. 1936. *La maschera del demonio* (60), *John il bastardo* (67), *Violenza per una monaca* (68), *La cintura di castità* (68), *Frankenstein 1980* (72), *Anna, quel particolare piacere* (73), *I corpi presentano tracce di violenza carnale* (73), *L'albero dalle foglie rosa* (74), *L'anatra all'arancia* (74), *Quelli dell'antirapina* (76), *Nove ospiti per un delitto* (77), *Anno zero—guerra nello spazio* (77), *Il vizio ha le calze nere* (77), *Cosmo 2000—l'invasione degli extracorpi* (77), *Canne mozze* (78), *La notte dei passi felpati* (80), *L'ossessione che uccide* (81), *Gatti rossi in un labirinto di vetro* (78), *La chiesa* (88).

3824. Richardson, Ralph. U.K. actor. b. Dec. 19, 1902, Cheltenham, Glos. d. Oct. 10, 1983, London. *Gesù di Nazaret* (77 TV).

3825. Richard-Willm, Pierre. French actor. b. Nov. 3, 1895, Bayonne. *La principessa Tarakanova* (38), *Il conte di Montecristo* (43).

3826. Richmond, Ted. U.S. producer. b. June 10, 1912, Norfolk, Va. *Sole rosso* (71).

3827. Ridolfi, Gianni. Actor. AKA: Giovanni Ridolfi. *Ieri oggi e domani* (63 the episode "Mara"), *Matrimonio all'italiana* (64).

3828. Riento, Virgilio. Actor. b. Nov. 29, 1889, Roma. d. Sept. 7, 1959, in a car between Santa Marinella and Civitavecchia. RN: Virgilio Riento D'Armiento. *Allegri masnadieri* (37), *Il signor Max* (37), *Io, suo padre* (38), *L'ha fatto una signora* (38), *Per uomini soli* (39), *Il marchese di Ruvolito* (39), *Il socio invisibile* (39), *Grandi magazzini* (39), *Il Ponte dei sospiri* (40), *Arriviamo noi* (40), *Il re del circo* (40), *Il "signore" della taverna* (40), *Miseria e nobiltà* (40), *Teresa Venerdì* (41), *Due cuori sotto sequestro* (41), *C'è un fantasma nel castello* (41), *La maestrina* (42), *Il nostro prossimo* (42), *A che servono questi quattrini* (42), *Ho tanta voglia di cantare* (43), *Non canto più* (43), *La vita è bella* (43), *Chi l'ha visto?* (45 made in 43), *Abbasso la miseria* (45), *Abbasso la ricchezza* (46), *Abbasso la fortuna* (47), *Il vento mi ha cantato una canzone* (48), *Fabiola* (48), *La Bisarca* (50), *I cadetti di Guascogna* (50), *Bellezze in bicicletta* (50), *Sangue sul sagrato* (50), *Donne e briganti* (50), *Miracolo a Milano* (50), *Io sono il capataz!* (51), *Gli angeli del quartiere* (51), *Una bruna indiavolata* (51), *Stasera sciopero* (51), *Tizio, Caio, Sempronio* (51), *La paura fa 90* (51), *Marakatumba... ma non è una rumba* (51 made in 49), *Altri tempi* (51), *La famiglia Passaguai fa fortuna* (51), *Licenza premio* (51), *Bellezze a Capri* (51), *È l'amor che mi rovina* (51), *Porca miseria* (51), *Amor non ho! Però...però* (51), *È arrivato l'accordatore* (51), *Ha fatto 13* (52), *Totò a colori* (52), *Giovinezza* (52), *Papà diventa mamma* (52), *I morti non pagano le tasse* (52), *Viva il cinema!* (53), *Io, Amleto* (52), *Stazione Termini* (53), *Martin Toccaferro* (53), *Condannatelo!* (53), *Pane amore e fantasia* (53), *Café chantant* (53), *Un giorno in pretura* (53), *Piccola santa* (54), *Pane amore e gelosia* (54), *Le vacanze del sor Clemente* (54), *Cantate con noi* (54), *La bella mugnaia* (55), *Il segno di Venere* (55), *Donatella* (55), *Il campanile d'oro* (55), *Cantando sotto le stelle* (56), *Arriva la zia d'America* (56), *La capinera del mulino* (56), *Ore 10 lezione di canto* (56), *Tempo di villeggiatura* (56), *Donne, amori e matrimoni* (56), *Poveri ma belli* (56), *Il cocco di mamma* (57), *Il medico e lo stregone* (57), *La zia d'America va a sciare* (57), *Serenatella Sciuè Sciuè* (57), *Domenica è sempre domenica* (58), *È arrivata la parigina* (58), *Simpatico mascalzone* (59).

3829. Riesgo, José. Spanish actor. *Il mercenario* (68).

3830. Riesner, Charles. U.S. director.

b. March 14, 1887, Minneapolis, Minn. AKA: Chuck Riesner. *L'ultima cena* (49 co-d).

3831. Rieti, Vittorio. Composer. b. Jan. 28, 1898, Alexandria, Egypt. In 1940 went to to the U.S.A. *O la borsa o la vita* (32), *Amore* (35), *L'orologio a cucù* (38).

3832. Rietty, Robert. U.K. actor. b. 1923, London. AKA: Roberto Rietty. Son of actor Victor Rietty (who had come to the U.K. from Italy in 1919). Dubbed for Jack Hawkins. *Ombre bianche* (60 dubbed Peter O'Toole into Italian), *Giuseppe venduto dai fratelli* (60), *La bibbia* (66), *Quei temerari sulle loro pazze scatenate scalcinate carriole* (69 dubbed Hawkins), *Waterloo* (70 dubbed Hawkins).

3833. Rigano, Evi. Actress. *Eva* (62), *La decima vittima* (65).

3834. Riganti, Franco. Producer. b. 1904, Roma. Also directed documentaries such as: *L'ultimo giudizio*; and *Lettera a una città*. His feature films include: *Luciano Serra pilota* (38), *Teresa Venerdì* (41 also co-w), *Un pilota ritorna* (42), *Luisa Sanfelice* (42), *I tre aquilotti* (42), *Non sono superstizioso, ma. . .* (43), *Domani è troppo tardi* (50 co-p), *Amor non ho! Però. . . però* (51), *Don Camillo* (52 co-p), *Tempi nostri* (52 general organizer), *Casa Ricordi* (54 general organizer), *Casta diva* (54 general organizer), *Gli ultimi cinque minuti* (55 general organizer).

3835. Rigaud, Jorge. French actor. b. 1906, Buenos Aires, Argentina. d. 1984. RN: Jorge Rigato. AKA: Georges Rigaud. In France from childhood. *Giungla nera* (35), *Abbandono* (40), *Il colosso di Rodi* (60), *Colpo grosso a Galata Bridge* (65), *Una bara per lo sceriffo* (65), *Totò d'Arabia* (65), *Una donna per Ringo* (65), *Sette pistole per i Macgregor* (65), *Sugar Colt* (66), *087 missione Apocalisse* (66), *Sette donne per i MacGregor* (66), *Donne alla frontiera* (67), *Cervantes* (68), *Ad ogni costo* (68), *Il re di Africa* (68), *Quel caldo maledetto giorno di fuoco* (68), *L'ultimo mercenario* (68), *Uno scacco tutto matto* (68), *Marta* (71), *Una lucertola con la pelle di donna* (71), *Uomo avvisato mezzo ammazzato. . .parola di Spirito Santo* (71), *Quando Marta urlò nella tomba* (72), *Strana orchidea con cinque gocce di sangue* (72), *Là, dove non batte il sole* (73), *Gatti rossi in un labirinto di vetro* (78).

3836. Righelli, Gennaro. Director. b. Dec. 12, 1886, Salerno. d. Jan. 6, 1949, Roma. RN: Gennaro Salvatore Righelli. His 14 movies between 1911 and 1913 all starred his wife, Maria Righelli. *Giovanna la pallida* (10 also w), *La fidanzata di Messina* (11 co-d), *La vita di una chanteuse* (11), *La portatrice di pane* (11), *Adottato dal re* (11 *), *Due destini* (11), *Andreuccio da Perugia* (11), *Decamerone* (11), *L'eroica fanciulla di Derna* (11), *Lotta nelle tenebre* (11), *Per la tua bambina* (11), *Tugenebund* (11), *Il capriccio di un principe* (13), *Hussein il pirata* (13), *Primo ed ultimo bacio* (16), *Febbre di gloria* (16), *Articolo IV* (16), *Come le foglie* (17), *Per tutta la vita* (17), *C'era una volta* (17), *Un'ombra che passa* (17), *Demonietto* (17), *Il veleno del piacere* (18), *Duecento all'ora* (18), *Le avventure di Doloretta* (18), *Quando tramonta il sole* (18), *Camere separate* (18 co-d), *Mademoiselle Pas-chic* (18), *La signora delle perle* (18), *La regina del carbone* (19 co-d), *La peccatrice casta* (19), *La vergine folle* (19), *L'orizzontale* (19), *Il richiamo* (19), *La casa di vetro* (20), *Cainà* (20), *La canaglia di Parigi* (21), *Amore rosso* (21 also w), *Il viaggio* (21), *La casa sotto la neve* (21), *L'incognita* (22), *Oriente* (23), *La bohème* (23), *xxx* (24 Germany. In Italy this film was known as *Una moglie e. . .due mariti*), *Ivangorod* (25 Germany), *Il transatlantico* (26), *Catene* (26), *Der Meister des Welt* (26 Germany), *Das Mädchen mit der Protektion* (27 Germany), *Heimweh* (27 Germany), *Svengali* (27 Germany), *Trapezio* (28 Germany), *Frauenraub in Marokko* (28 Germany), *Der geheime Kurier* (28 Germany), *Der Präsident* (28 Germany), *Der Siberian Express* (28 Germany), *La canzone dell'amore* (30 Italy's first talkie), *La Scala* (31), *Patatrac* (31), *L'armata azzurra* (32), *Al buio insieme* (33), *Il signore desidera?* (33), *La fanciulla dell'altro mondo* (33), *Il presidente della Ba. ce. cre. mi.* (34), *L'ultimo dei Bergerac* (34), *La luce del mondo* (34), *Quei due* (35), *Re burlone* (35 co-d), *L'aria del continente* (36), *Amazzoni bianche* (36), *Lo smemorato* (37), *Pensaci, Giacomino!* (37), *Gatta ci cova* (37), *Lasciate ogni speranza* (37), *L'allegro cantante* (38), *Hanno rapito un uomo* (38), *Fuochi d'artificio* (38), *La voce senza volto* (38), *L'ultimo scugnizzo* (38), *Il destino in tasca* (39), *Il cavaliere di san Marco* (39), *Il* *barone di Corbò* (39), *Due occhi per non vedere* (39), *Le educande di Saint-Cyr* (39), *L'eredità in corso* (39), *Forse eri tu l'amore* (39), *Manovre d'amore* (39), *Il pozzo dei miracoli* (41), *L'attore scomparso* (41 supervising director), *Orizzonte di sangue* (41), *Colpi di timone* (42), *Tempesta sul golfo* (43 also co-story), *La storia di una capinera* (43), *Abbasso la miseria* (45), *Abbasso la ricchezza* (46 co-d), *Il corriere del re* (48 also co-w).

Righelli, Maria *see under* **Righelli, Gennaro**

3837. Righi, Massimo. Actor. AKA: Max Dean. *Barabba* (61), *Maciste nella terra dei ciclopi* (61), *I tre volti della paura* (63 the episode "Wurdalak"), *Sei donne per l'assassino* (64), *Terrore nello spazio* (65), *Un dollaro bucato* (65), *Sette pistole per i MacGregor* (65), *Adios gringo* (66), *La lama nel corpo* (66), *Killer calibro 32* (67), *Due pistole e un vigliacco* (67), *La Battaglia di El Alamein* (68), *Colpo sensazionale al servizio del Sifar* (68), *Il raggio infernale* (68).

3838. Rignault, Alexandre. French actor. b. Feb. 13, 1901, Paris. *Ruy Blas* (47), *Siamo tutti assassini* (52), *Il ritorno di don Camillo* (53), *Le vergini di Salem* (56), *Le donne degli altri* (57).

3839. Rilla, Walter. U.K. actor. b. Aug. 22, 1894, Neunkirchen, Germany. In the U.K. since 1933. Father of director Wolf Rilla. *La rivale dell'imperatrice* (50), *Senza bandiera* (50), *Il covo dei gangsters* (51), *Il diabolico dott. Mabuse* (60), *I raggi mortali del dott. Mabuse* (64), *I giorni dell'ira* (67).

3840. Rimoldi, Adriano. Actor. b. Oct. 3, 1912, La Spezia. *Mille lire al mese* (38), *Il "signore" della taverna* (40), *Miseria e nobiltà* (40), *Il ponte di vetro* (40), *Addio, giovinezza!* (41), *Tosca* (41), *La compagnia della teppa* (41), *Il leone di Damasco* (41), *Capitan Tempesta* (41), *Tragica notte* (42), *Perdizione* (42), *Don Giovanni* (42), *Le vie del cuore* (42), *Sempre più difficile* (42), *Carmen* (43), *I bambini ci guardano* (43), *Il viaggio del signor Perrichon* (43), *Dora o le spie* (43), *Turbante bianco* (43). From 1944 to 1949 he filmed exclusively in Spain, and his movies there include: *Cabeza de hierro* (44), *Hombres sin onor* (44), *Una sombra en la ventana* (44), *Culpable!* (45), *Ni pobre, ni rico, sino todo lo contrario* (45), *El obstáculo* (45), *Aquel viejo molino* (46), *Borrasca de celos* (46), *Sinfonía del hogar* (47), *El angel gris* (47), *Noche sin cielo* (47), *Angustia* (47), *Alhucemas* (47), *Las aguas bajan negras* (48), *Si te hubieses casada conmigo* (48), *La vida encadenada* (48), *En un rincón de España* (48), *Doce horas de vida* (48), *Pacto de silencio* (49). In 1949 he returned to Italy: *La mano della morta* (49), *Capitan Demonio* (49), *Gente così* (50), *Il sigillo rosso* (50), *Il mago per forza* (51), *I due sergenti* (51), *Atollo K* (51), *Ultimo perdono* (51), *Voto di marinaio* (52), *Io, Amleto* (52), *Ti ho sempre amato* (53), *La figlia del forzato* (53), *Cuore di mamma* (54), *King of Kings* (61 U.S.).

3841. Rinaldi, Giuseppe. Actor. b. Sept. 14, 1918, Roma. Married two actresses: Loredana in 1943, and Marina Dolfin in 1951. *Grandi magazzini* (39), *La notte delle beffe* (39), *Cuori nella tormenta* (40), *Il cavaliere di Kruja* (40), *Dopo divorzieremo* (40), *La prima donna che passa* (40), *L'elisir d'amore* (40 unfinished), *Il prigioniero di Santa Cruz* (40), *La bocca sulla strada* (41), *Oro nero* (41), *Turbamento* (42), *Musica proibita* (42), *Addio amore!* (42), *Il ratto delle sabine* (45), *Emigranti* (48), *Taxi di notte* (50).

Ringoold, Fred *see* **Cerchio, Fernando**

3842. Riolo, Riccardo. Actor. AKA: Riccardo Rioli. *La carrozza d'oro* (53), *Il maestro di don Giovanni* (53), *La contessa scalza* (54).

3843. Ripert, Colette. French actress. b. Jan. 17, 1930, Permes-les-Fontaines. *Occupati d'Amelia* (49), *I sette peccati di papà* (54).

3844. Risi, Dino. Director/co-writer. b. Dec. 23, 1917, Milano. He was assistant director on two major feature films: *Piccolo mondo antico* (40), and *Giacomo l'idealista* (42), and then directed a string of short documentaries: *I bersaglieri della signora* (46), *Barboni* (46), *Verso la vita* (46), *Pescatorella* (47), *Strade di Napoli* (47), *Tigullio minore* (47), *Cortili* (47), *Cuore rivelatore* (48), *Costumi e bellezze d'Italia* (48), *Il grido della città* (48), *1848* (48), *La fabbrica del duomo* (48), *Segantini il pittore della montagna* (48), *La città dei traffici* (49), *Buio in sala* (49), *Caccia in brughiera* (49), *La montagna di luce* (49), *Terra Ladrina* (49), *Il siero della verità* (49),

Seduta spiritica (50), *L'isola bianca* (50), *Fuga in città* (50). Then he began his feature film career as director/co-writer. *Vacanze col gangster* (51 also story), *Anna* (51 co-w/story), *Totò e i re di Roma* (51 co-story), *Gli eroi della domenica* (52 co-story), *Il viale della speranza* (53 also story), *Amore in città* (53 the episode "Paradiso per tre ore" co-d), *Il segno di Venere* (55 also story), *Pane amore e...* (55 also story), *Montecarlo* (56 co-story), *Poveri ma belli* (56 also story), *Belle ma povere* (57), *La nonna Sabella* (57), *Venezia, la luna e tu* (58), *Anna di Brooklyn* (58 co-story), *Poveri milionari* (59 also story), *Il vedovo* (59 also story), *Un amore a Roma* (60 d), *Il mattatore* (60 d), *A porte chiuse* (61), *Una vita difficile* (61 d), *Il sorpasso* (62), *Il successo* (63 co-d), *La marcia su Roma* (63 d), *I mostri* (63 d), *Il gaucho* (64 d), *Il giovedì* (64), *Le bambole* (65 the episode "La telefonata" d), *I complessi* (65 the episode "Una giornata decisiva"), *I nostri mariti* (66 the episode "Il marito di Attila" d), *L'ombrellone* (66), *Operazione San Gennaro* (66), *Il profeta* (67), *Il tigre* (67), *Straziami...ma di baci saziami* (68 d/co-story), *Vedo nudo* (69), *Il giovane normale* (69), *La moglie del prete* (70), *Noi donne siamo fatte così* (71), *In nome del popolo italiano* (71 d), *Mordi e fuggi* (73), *Sesso matto* (73), *Profumo di donna* (74), *L'anatra all'arancia* (74 co-d), *I telefoni bianchi* (76), *Anima persa* (76), *La stanza del vescovo* (76), *I nuovi mostri* (77 co-d), *Primo amore* (78 d), *Caro papà* (79), *I seduttori della domenica* (80 co-d), *Io sono fotogenico* (80), *Fantasma d'amore* (81), *Sesso e volentieri* (82), *...E la vita continua* (84 d), *Dagobert* (84), *Scemo di guerra* (85), *Il commissario Lo Gatto* (87), *Teresa* (87).

3845. **Risi, Fernando.** Director of photography. b. Oct. 20, 1890, Roma. Films include: *S. Ilario* (22), *Nero* (22 U.S. co-ph), *Edelweiss* (23 Germany), *The Shepherd King* (23 U.S. co-ph), *The White Sister* (24 U.S. co-ph), *Romola* (24 U.S. co-ph), *Ben-Hur* (25 U.S. co-ph), *Mare Nostrum* (26 U.S. co-ph), *Frate Francesco* (26 co-ph), *Confessioni di una donna* (27), *Nanù, la cugina d'Albania* (28), *Warned Off* (29 U.K.), *La straniera* (29), *Perchè no?* (30), *La donna di una notte* (30 co-ph), *La riva dei bruti* (30), *Televisione* (30), *Il richiamo del cuore* (30), *La donna bianca* (30), *Il segreto del dottore* (30), *La vacanza del diavolo* (31 co-ph), *Terra di nessuno* (38 co-ph), *Ecco la radio!* (39), *Ho visto brillare le stelle* (40), *Piccolo mondo antico* (40 co-ph), *Antonio Meucci, il mago di Clifton* (40), *San Giovanni decollato* (40 co-ph), *L'arcidiavolo* (41), *La famiglia Brambilla in vacanza* (41), *Gian Burrasca* (43), *Prince of Foxes* (49 U.S. co-ph), *La figlia del mendicante* (50), *Bellezze in bicicletta* (50), *Marakatumba...ma non è una rumba* (51 made in 49 co-ph), *Penne nere* (52), *Il moschettiere fantasma* (53), *Il più comico spettacolo del mondo* (54 co-ph), *Se vincessi cento milioni* (54), *L'amante di Paride* (54 co-ph), *La porta dei sogni* (54).

3846. **Risi, Nelo.** Director. Brother of Dino Risi. Also a poet and documentary maker. *Le italiane e l'amore* (61 the episode "Le ragazze madri"), *Andremo in città* (66), *Flashback* (68 co-w), *Diario di una schizofrenica* (68 also co-w), *Ondata di calore* (69), *La colonna infame* (73).

3847. **Risso, Roberto.** Actor. b. Nov. 22, 1925, Geneva, Switzerland, of Genovese parents. In Roma from 1937. *Domani è un altro giorno* (50), *Il capitano nero* (51), *La vendetta del corsaro* (51), *I sette nani alla riscossa* (51), *Tre storie proibite* (52), *Papà, ti ricordo* (52), *La voce del sangue* (52), *Fanciulle di lusso* (52), *La figlia del diavolo* (52), *Nessuno ha tradito* (52), *La valigia dei sogni* (53), *Tormento d'anime* (53), *Pane amore e fantasia* (53), *Sua Altezza ha detto: no!* (53), *Donne proibite* (53), *Balocchi e profumi* (54), *Le signorine dello 04* (54), *Incontri romani* (54 short), *Pane amore e gelosia* (54), *La moglie è uguale per tutti* (54), *Quattro donne nella notte* (55), *Operazione Mitra* (55 made in 51), *Il campanile d'oro* (55), *Canzoni di tutta Italia* (56), *La rivale* (56), *Paris Palace Hotel* (56), *Una pelliccia di visone* (56), *Se il re lo sapesse* (57), *Adorabili e bugiarde* (58), *L'ultima canzone* (58), *La ballerina e buon Dio* (58), *È permesso, maresciallo* (58), *Olympia* (60), *A qualcuno piace calvo* (60), *Un figlio d'oggi* (61), *L'affondamento della "Valiant"* (61), *La città prigioniera* (62), *Il gladiatore di Roma* (62).

3848. **Rissone, Checcho.** Actor. b. July 7, 1909, Torino. RN: Francesco Rissone. Brother of Giuditta Rissone. *La segretaria per tutti* (32), *Il signore desidera?* (33),

Amo te sola (35), *Questi ragazzi* (37), *La mazurka di papà* (38), *L'orologio a cucù* (38), *Le due madri* (38), *Duetto vagabondo* (39), *Scandalo per bene* (39), *La granduchessa si diverte* (40), *L'ispettore Vargas* (40), *Ragazza che dorme* (40), *I promessi sposi* (41), *Enrico IV* (43), *Il cappello da prete* (43), *Nessuno torna indietro* (43), *Il sole sorge ancora* (46), *Caccia tragica* (47), *Molti sogni per le strade* (48), *Riso amaro* (48), *Miracolo a Milano* (50), *Mamma mia, che impressione!* (51), *Il sentiero dell'odio* (51), *Pane amore e fantasia* (53), *Pane amore e gelosia* (54), *Eva* (62).

3849. Rissone, Giuditta. Actress. b. Aug. 28, 1895, Genova. Married Vittorio De Sica in 1937. *La segretaria per tutti* (32), *Un cattivo soggetto* (33), *Il trattato scomparso* (33), *Giallo* (33), *Amo te sola* (35), *Lohengrin* (35), *Questi ragazzi* (37), *Ai vostri ordini, signora!* (38), *La fanciulla di Portici* (40), *L'avventuriera del piano di sopra* (41), *Ore 9 lezione di chimica* (41), *Teresa Venerdì* (41), *Catene invisibili* (42), *Quattro passi fra le nuvole* (42), *Stasera niente di nuovo* (42), *In due si soffre meglio* (43), *La vispa Teresa* (43), *Nessuno torna indietro* (43), *Eugenia Grandet* (46), *Totò al giro d'Italia* (49), *Tormento* (50), *8½* (63).

3850. Ritt, Martin. U.S. director. b. March 2, 1920, N.Y.C. d. Dec. 8, 1990, Santa Monica, Calif. *Jovanka e le altre* (59).

3851. Riva, Emanuèle. French actress. b. Feb. 24, 1927, near Vosges. *Kapò* (60), *Adua e le compagne* (60), *Le ore dell'amore* (63), *Io uccido, tu uccidi* (65 the episode "La donna che viveva sola"), *Gli occhi, la bocca* (81), *Un delitto* (83).

3852. Riva, Mario. Actor. b. Jan. 26, 1913, Roma. d. Sept., 1960, Verona, following an accident. RN: Mario Bonovolontà. Formed a comic team with Riccardo Billi. *Il barone Carlo Mazza* (48), *Totò al giro d'Italia* (49), *Totò cerca casa* (49), *Adamo ed Eva* (49), *Se fossi deputato* (49), *I cadetti di Guascogna* (50), *Anema e core* (50), *Arrivano i nostri* (51), *Accidenti alle tasse!* (51), *Porca miseria* (51), *Altri tempi* (51), *Vendetta...sarda* (51), *Il padrone del vapore* (51), *Abracadabra* (52), *Ha fatto 13* (52), *Il paese dei campanelli* (53), *Siamo tutti milanesi* (53), *Tripoli, bel suol d'amore* (54), *Scuola elementare* (54), *Accade al commissariato* (54), *Rosso e nero* (54), *Ridere ridere ridere* (54), *La moglie è uguale per tutti* (54), *Accade al penitenziario* (55), *Bravissimo* (55), *Racconti romani* (55), *Il campanile d'oro* (55), *Arrivano i dollari* (56), *Serenate per 16 bionde* (57), *Gente felice* (56), *I giorni più belli* (56), *A sud niente di nuovo* (57), *Primo applauso* (57), *Ladro lui, ladra lei* (57), *Totò, Peppino e le fanatiche* (58), *È arrivata la parigina* (58), *Il terribile Teodoro* (58), *Domenica è sempre domenica* (58), *I prepotenti* (58), *Mia nonna poliziotto* (58), *Gli zitelloni* (58), *L'amico del giaguaro* (58), *Sergente d'ispezione* (58), *Napoli e mille canzoni* (59), *Il raccomandato di ferro* (59), *Il vigile* (60).

3853. Rivalta, Giorgio. Director. *Il prigioniero del re* (54 co-d), *I misteri di Parigi* (57 co-d), *I cosacchi* (59 co-d), *La donna dei faraoni* (60 co-d), *La leggenda di Enea* (62).

3854. Rivelles, Amparo. Spanish actress. b. Feb. 11, 1925, Madrid. Daughter of Rafael Rivelles. *Agguato a Tangeri* (57).

3855. Rivelles, Rafael. Spanish actor. b. Dec. 23, 1898, El Cabañal. *Il peccato di Rogelia Sânchez* (39), *Carmen fra i rossi* (39), *Capitan Tempesta* (41), *La rivolta degli schiavi* (60).

3856. Rivelli, Cesare. Writer. b. Sept. 4, 1924, Roma. *Io sono il capataz!* (51 story), *Martin Toccaferro* (53 co-w), *Piovuto dal cielo* (53 co-w).

3857. Rivelli, Luisa. Actress. b. Ternate. RN: Rossella Lanfranchi. *Eran 300* (52), *La figlia del diavolo* (52), *La signora dalle camelie* (52), *Viva il cinema!* (53), *Café chantant* (53), *Cento serenate* (54), *Ultima illusione* (54), *La grande savana* (54), *Tua per la vita* (55), *Donne, danni e diamanti* (55), *Torna piccina mia* (55), *Il nostro campione* (55), *La rivale* (56), *Il maggiorato fisico* (56), *Storia di una minorenne* (56), *Sette canzoni per sette sorelle* (56), *I vagabondi delle stelle* (56), *Donne, amori e matrimoni* (56), *A vent'anni è sempre festa* (57), *Il sole tornerà* (57), *La legge* (58), *Madri pericolose* (60), *Mann nennt es amore* (61), *Delitto allo specchio* (63), *La resa dei conti* (66), *La belva* (70).

3858. Rivero, Santiago. Spanish actor. b. Jan. 4, 1906, Las Palmas, Canary Islands. *Gli amanti di Toledo* (53), *Il marito* (57), *Joe l'implacabile* (65).

3859. Rivers, Fernand. French director/

producer. b. Sept. 6, 1879. *Lo squadrone si diverte* (54 p), *La torre del piacere* (54 p).

Rivetta, Pietro S. *see* **Toddi**

3860/1. Rivière, Georges. Actor. *Il mistero dei tre continenti* (59), *Crimen* (61), *Il giudizio universale* (61), *Antinea, l'amante della città sepolta* (61), *La danza macabra* (63), *Minnesota Clay* (64), *La vergine di Norimberga* (64), *Agente 3S3, passaporto per l'inferno* (65).

3862. Rizzo, Alfredo. Actor. b. Nice, France. Brother of Carlo Rizzo. Became a director in the 70s. *L'amante del male* (46), *Sono io l'assassino!* (47), *Sperduti nel buio* (47), *Come scopersi l'America* (49), *Vivere a sbafo* (49), *I peggiori anni della nostra vita* (49), *La paura fa 90* (51), *Auguri e figli maschi* (51), *Una bruna indiavolata* (51), *È arrivato l'accordatore* (51), *La famiglia Passaguai fa fortuna* (51), *Papà diventa mamma* (52), *Carica eroica* (52), *Roman Holiday* (53 U.S.), *Il maestro di don Giovanni* (53), *Pane amore e fantasia* (53), *Interpol* (57 U.K.), *La dolce vita* (60), *Caravan petrol* (60), *L'ultima preda del vampiro* (60), *Giacobbe ed Esau* (62), *Gli schiavi più forti del mondo* (63), *Brutti di notte* (68), *Non aspettare, Django...spara* (69), *Quelle sporche anime dannate* (72), *La bolognese* (76 d), *Sorbole...che romagnola* (77 d), *Suggestionata* (78 d), *Alessia ...un vulcano sotto la pelle* (79 d).

3863. Rizzo, Carlo. Actor. b. April 30, 1907. d. 1977. *Imputato, alzatevi!* (39), *Lo vedi come sei?* (39), *La canzone rubata* (40), *Non me lo dire* (40), *Il pirata sono io* (40), *Il chiromante* (41), *Il vagabondo* (41), *Il fanciullo del west* (41), *Macario contro Zagomar* (43), *L'eroe della strada* (48), *Il monello della strada* (50), *Il deportato* (51), *La famiglia Passaguai fa fortuna* (51), *Ma femme, ma vache et moi* (51 France), *When in Rome* (52 U.S.), *Io, Amleto* (52), *I cavalieri della regina* (54), *The Rains of Ranchipur* (55 U.S.), *Montecarlo* (56), *Arrivederci Roma* (58), *La maja desnuda* (58), *Anna di Brooklyn* (58), *Il tiranno di Siracusa* (61), *Lo spadaccino di Siena* (62), *The Biggest Bundle of Them All* (68 U.S.).

3864. Rizzo, Gianni. Actor. b. 1919, Brindisi. *La città dolente* (48), *Al diavolo la celebrità* (49), *Totò le Moko* (49), *Il bivio* (50), *Tre passi al nord* (50), *La ragazza di Trieste* (51), *Una madre ritorna* (52 made in 50), *Carmen proibita* (52), *Una croce senza nome* (52), *Serenata amara* (52), *Il moschettiere fantasma* (53), *Ho scelto l'amore* (53), *Tripoli, bel suol d'amore* (54), *Ripudiata* (54), *Il corsaro della mezza luna* (57), *Orizzonte infuocato* (57), *Avventura a Capri* (58), *Giuditta e Oloferne* (58), *Agosto, donne mie non vi conosco* (59), *Storie d'amore proibite* (59), *La notte del grande assalto* (60), *La scimitarra del saraceno* (60), *Cavalcata selvaggia* (60), *Una spada nell'ombra* (61), *La vendetta di Ursus* (61), *I dieci gladiatori* (63), *Spartaco e i dieci gladiatori* (64), *Le bambole* (65), *4...3...2...1...morte* (67), *Faccia a faccia* (67), *Lotosblüten für Miss Quon* (67 Germany), *Warteliste zur Hölle* (67 Germany), *Corri, uomo, corri* (67), *Attentato ai tre grandi* (68), *Se incontri Sartana prega per la tua morte* (68), *Ehi, amico, c'è Sabata...hai chiuso* (69), *Indio Black: sai che ti dico...sei un gran figlio di...* (70), *La califfa* (71), *Il Decamerone* (71), *È tornato Sabata, hai chiuso un'altra volta* (71), *Le castagne sono buone* (71), *Per grazia ricevuta* (71), *Questa volta ti faccio ricco* (73), *Storie scellerate* (73), *Anno uno* (74), *Attenti ragazzi...chi rompe paga* (76), *Il casotto* (77), *A chi tocca...tocca!* (79), *Il minestrone* (81), *The Winds of War* (83 U.S. TV), *Tutti dentro* (84), *Il nome della rosa* (86).

3865. Rizzoli, Angelo. Producer. b. Oct. 31, 1889, Milano. d. 1970. Head of Casa Rizzoli, the famous publishing house. His grandson, also called Angelo, continued producing films after his grandfather's death (see below for a list of the more modern films). *La signora di tutti* (34), *Darò un milione* (36), *Francesco, giullare di Dio* (50 co-p), *Umberto D* (51 co-p), *Fanfan la tùlipe* (51 co-p), *Moglie per una notte* (52), *Buongiorno, elefante!* (52), *Don Camillo* (52 co-p), *Gli eroi della domenica* (52), *Le belle della notte* (52 co-p), *I gioielli di Madame De...* (52 co-p), *Perdonami!* (52), *Lucrezia Borgia* (53), *La mano dello straniero* (53), *Pietà per chi cade* (53), *Prima di sera* (53 co-p), *Il tesoro dell'Africa* (53), *Ti ho sempre amato* (53), *Gli uomini, che mascalzoni!* (53), *Puccini* (53 co-p), *Il ritorno di don Camillo* (53), *I tre ladri* (53), *Senza veli* (53 co-p), *Il grande giuoco* (53 co-p), *Gli amori di Manon Lescaut* (54), *Appassionatamente* (54), *La contessa scalza* (54), *Le due orfanelle* (54),

Madame Dubarry (54), *Madama Butterfly* (55 co-p), *Don Camillo e l'onorevole Peppone* (55), *Fascicolo nero* (55 co-p), *Le grandi manovre* (55), *Il padrone sono me* (55), *Maria Antonietta, regina di Francia* (56), *Suor Letizia* (56), *I sogni nel cassetto* (57), *Paris Palace Hotel* (57 co-p), *Il capitano della legione* (57), *Casinò de Paris* (57), *Club di ragazze* (57), *Quartiere dei lillà* (57), *La ragazza della Salina* (57), *Senza famiglia* (57), *Una parigina* (57), *Vacanze ad Ischia* (57), *Resurrezione* (58), *Nella città l'inferno* (58 co-p), *Come te movi, te fulmino* (58), *Primo amore* (58), *Il sepolcro indiano* (59), *La tigre di Eschnapur* (59), *Un maledetto imbroglio* (59 co-p), *Arrangiatevi* (59), *La dolce vita* (60 co-p), *Kapò* (60), *Viva l'Italia* (60), *Odissea nuda* (61), *Don Camillo monsignore...ma non troppo* (61), *Boccaccio 70* (61 co-p), *L'eclisse* (62 co-p), *Mondo cane* (62 co-p), *8½* (63), *Deserto rosso* (64 ex p), *Giulietta degli spiriti* (65), *Africa addio* (66), *Serafino* (68), *La moglie giapponese* (68). The grandson, Angelo Rizzoli, produced (among many others): *Identikit* (74), *Finchè c'è guerra, c'è speranza* (74), *A mezzanotte va la ronda del piacere* (75), *Amici miei* (75), *Dimenticare Venezia* (79), *Paura e amore* (88), *Porte aperte* (90), *Tutti stanno bene* (90), *La settimana della sfinge* (90).

3866. Roasio, Maria. Actress. b. Milano. One of the last of Ambrosio's divas. *Attila—flagello di Dio* (17), *Champagne caprice* (18), *La gibigianna* (18), *La cantoniera n. 13* (19), *Cuor di ferro e cuor d'oro* (19), *La farfalla della morte* (19), *Zavorra umana* (20), *Terra* (20), *Sillabe ardenti* (20), *Gens nova* (20), *Giudizio di Dio* (20), *Angeli e demoni* (20), *La rondine* (21), *Il castello dei gufi* (22), *I rifiuti del Tevere* (27).

3867. Robards, Jason, Jr. U.S. actor. b. July 22, 1922, Chicago, Ill. RN: Jason Nelson Robards, Jr. *C'era una volta il west* (68), *Rosolino Paternò soldato* (69).

3868. Robbe-Grillet, Alain. French director/writer. b. Aug. 18, 1922, Brest. *L'anno scorso a Marienbad* (61 w), *Giocare col fuoco* (74 d/co-w).

3869. Robert, Alfredo. Actor. b. April 5, 1877, Fucecchio. Began as a director. *Verso la colpa* (11), *Le vie del male* (12), *Il sire di Vincigliata* (12 d in color), *La locandiera* (13 d), *Maggio* (13 d), *L'arma del vile* (14 d), *Lo spettro bianco di Saint Moritz* (14 d), *La contessa di San Germano* (15 d), *Le due madri* (15 d), *Odio fraterno* (15 d), *Joseph* (16 d), *Seppe morir e fu redento* (16 d), *Senza peccato* (16 d), *La morte del duca d'Ofena* (16 also co-d), *Patto giurato* (17 d), *Strana* (18 d), *Miss Fluffy Ruffles* (18 d), *Un bacio nel sogno* (18 d), *Amore che fa morire* (18 d), *Frate Francesco* (26), *Il richiamo del cuore* (30), *Il segreto del dottore* (30), *La vacanza del diavolo* (31), *Paradiso* (32), *Casta diva* (35), *Il dottor Antonio* (38), *Pietro Micca* (38), *Sei bambine e il Perseo* (39), *Processo e morte di Socrate* (40), *Il re d'Inghilterra non paga* (41), *Don Cesare di Bazan* (42), *Patto col diavolo* (49).

3870. Robert, Yves. French actor. b. June 19, 1920, Saumur. Married Danièle Delorme. Also did directing and producing. *Le grandi manovre* (55), *Cleo dalle 5 alle 7* (62).

3871. Roberti, Roberto. Director. b. April 27, 1869, Torella dei Lombardi, near Avellino. RN: Leone Roberto Roberti. AKA: Vincenzo Leone, Roberto Roberti Leone, Roberto Leone Roberti. Married Bice Valorian. Father of Sergio Leone. Began as a stage actor. *L'assassina del Ponte Saint Martin* (13), *La regina dell'oro* (13), *L'ultima vittima* (13), *La vampira indiana* (13), *Il barcaiolo* (14), *Il bandito di Port Aven* (14), *La prigione d'acciaio* (14), *La piccola detective* (14), *La principessa di Bedford* (14), *La torre dell'espiazione* (14), *Sua Maestà il sangue* (15), *La peccatrice* (16), *La vampa* (16), *Meteora* (16), *Chimera* (17), *La preda* (17), *La voragine* (17), *Dora o le spie* (17), *La piccola fonte* (17), *Maciste poliziotto* (17), *La corsa al trono* (18), *La donna nuda* (18), *Eugenia Grandet* (18), *Anima allegra* (19), *La contessa Sara* (19), *Lisa Fleuron* (19), *La principessa Giorgio* (19), *L'ombra* (19), *Serpe* (19), *La paura d'amare* (19), *Il conquistatore del mondo* (19), *La sfinge* (20), *Anima selvaggia* (20), *Maddalena Ferrat* (20), *Amore di donna* (20), *Ultimo sogno* (20), *La blessure* (20), *Marion* (21), *La giovinezza del diavolo* (21), *Consuelita* (21), *Fatale bellezza* (22 co-d), *La donna nuda* (22), *Fior di Levante* (25), *Fra Diavolo* (25 co-d), *Napoli che canta* (26), *Assunta spina* (28), *Il socio invisibile* (39 also co-w), *La bocca sulla strada* (41), *Il folle di Marechiaro* (51).

3872. Roberts, Pascale. French actress.

b. Oct. 21, 1933, Boulogne-sur-Seine. Married Michel Le Royer and Pierre Mondy. *Vacanze d'amore* (54), *Madame Dubarry* (54), *Il coltello nella piaga* (63), *Confetti al pepe* (63).

3873. Roberts, Tanya. U.S. actress. b. 1955, N.Y.C. *I paladini, storia d'armi e d'amori* (83).

Robertson, Bob *see* **Leone, Sergio**

3874. Robertson, Dale. U.S. actor. b. July 14, 1923, Oklahoma City, Okla. RN: Dayle Robertson. *Anna di Brooklyn* (58).

3875. Robeson, Paul. U.S. actor/singer. b. April 9, 1898, Princeton, N.J. d. Jan. 23, 1976, Philadelphia, Pa. *Il canto dei grandi fiumi* (55 doc voice).

3876. Robilant, Andrea. Producer. AKA: Andrea Di Robilant. Born into a noble family. Married actress Alanova. Founder of Sol Film. *La zia smemorata* (41), *Giuliano de' Medici* (41), *I pirati della Malesia* (41), *Le due tigri* (41), *La famiglia Brambilla in vacanza* (41), *Canal grande* (42 also co-d).

3877. Robin, Dany. French actress. b. April 14, 1927, Clamart. RN: Danièle Robin. Married Georges Marchal. *Tempi nostri* (52), *L'eroe della Vandea* (53), *Napoleone Buonaparte* (54), *Frou Frou* (55), *Storie d'amore proibite* (59).

3878. Robin, Jacques. French director of photography. b. May 28, 1919, Paris. *Il conte di Montecristo* (53), *Le grandi manovre* (55 co-ph), *I demoniaci* (56 co-ph).

3879. Robinson, Casey. U.S. writer. b. Oct. 17, 1903, Logan, Utah. d. 1979. *Il figlio di capitano Blood* (63).

3880. Robinson, Edward G. U.S. actor. b. Dec. 12, 1893, Bucharest, Rumania. d. Jan. 26, 1973, Hollywood, Calif. RN: Emanuel Goldenberg. In the U.S.A. from 1902. *Ad ogni costo* (68), *Operazione San Pietro* (68), *Uno scacco tutto matto* (68).

3881. Robinson, Joe. South African actor. b. 1929. Former boxer. Long in the U.K. *Barabba* (61), *Gli invasori* (61), *Le gladiatrici* (62), *Taur, il re della forza bruta* (62), *Ursus e la ragazza tartara* (63).

3882. Robinson, Julie. U.S. actress. *Mambo* (54).

3883. Robinson, Madeleine. French actress. Nov. 5, 1916, Paris. RN: Madeleine Svoboda. Of Czech origin. *L'uomo della mia vita* (52), *Il caso Maurizius* (54), *I demoniaci* (56), *Leda* (59), *Giorno per giorno disperatamente* (61), *Le tentazioni quotidiane* (62), *Il processo* (62), *Un mondo nuovo* (65).

3884. Robinson, Neil. Actor. *8½* (63), *L'orribile segreto del dottor Hichcock* (62).

3885. Robinson, Sugar Ray. U.S. boxer turned occasional actor. b. May 3, 1921, Detroit, Mich. d. April 12, 1989, Culver City, Calif. RN: Walker Smith. *Candy* (68).

3886. Robledo, Lorenzo. Actor. *Perseo l'invincibile* (61), *Per qualche dollaro in più* (65), *Il buono, il brutto, il cattivo* (66), *I vigliacchi non pregano* (68), *Vamos a matar, compañeros* (70).

3887. Robson, Flora. U.K. actress. b. March 28, 1902, South Shields, Durham. d. July 7, 1984, Brighton, Sussex. *Giulietta e Romeo* (54).

3888. Roc, Patricia. U.K. actress. b. June 7, 1918, Hampstead, London. RN: Felicia Riese. Daughter of a Dutchman naturalized into the U.K. *La mia vita è tua* (54), *La vedova X* (54), *Le avventure di Cartouche* (55).

3889. Roca, Vicente. Spanish actor. *Il mercenario* (68).

3890. Rocca, Daniela. Actress. *Giuditta e Oloferne* (58), *La Battaglia di Maratona* (59), *Caltiki, il mostro immortale* (59), *Le legioni di Cleopatra* (59), *Ester e il re* (60), *La vendetta dei barbari* (60), *La regina delle amazzoni* (60), *Divorzio all'italiana* (61), *L'attico* (62), *La città prigioniera* (62), *Sinfonia per un massacro* (63), *La noia* (64), *Behold a Pale Horse* (64 U.S.).

3891. Rocca, Gino. Writer. b. Feb. 22, 1891, Mantova. d. Feb. 13, 1941, Milano. *La compagnia dei matti* (28), *Rubacuori* (31 story), *Patatrac* (31 story), *La cantante dell'opera* (32 story), *Squadrone bianco* (36 co-w), *Se non son matti non li vogliamo* (41 from his play).

3892. Rocca, Maria Laura. Actress. b. Pegli, near Genova. RN: Maria Laura Garko. *Totò cerca moglie* (51), *Achtung, banditi!* (51), *Art. 519, codice penale* (52), *Ai margini della metropoli* (52), *Disonorata* (54), *Canzone d'amore* (54), *Una pelliccia di visone* (56), *Gladiatore di Messalina* (63).

3893. Roccardi, Giovanni. Director/

director of photography. b. July 6, 1912, Serrone, near Frosinone. *La pesca delle spugne* (47 short doc), *KM 618* (49 short doc), *Martina Franca* (51 short doc), *Nei regni del mare* (52 short doc), *Africa sotto i mari* (53 d/co-ph), *L'oceano ci chiama* (57 doc), *Fiamme sui mari* (57), *Oasi nell'Artide* (58 short doc), *Crociera in America* (58 short doc).

3894. Rocco, Lyla. Actress. b. 1935, Trieste. Miss Cinema 1952. Married Steve Barclay. *Anna* (51), *Ragazze da marito* (52), *La voce del silenzio* (52), *Viaggio in Italia* (53), *Prima di sera* (53), *Tripoli, bel suol d'amore* (54), *Murió hace quinze años* (54 Spain), *Alta costura* (54 Spain), *Il mantello rosso* (54), *Quattro donne nella notte* (55), *Francel Gringolet* (55 Argentina), *Ça va barder* (55 France), *La ladra* (55), *Motivo in maschera* (55), *Caccia all'uomo* (55), *Ciao pais...* (56), *Canzoni di tutta Italia* (56), *Questa nostra vita* (56), *Amarti è il mio destino* (57), *Fiamme sui mari* (57), *Giovani mariti* (57), *Ragazzi della marina* (58), *Le Feu aux poudres* (58 France), *Un "colpo" da due miliardi* (58), *Camping* (58), *Mia nonna poliziotto* (58), *Simpatico mascalzone* (59), *L'ultima preda del vampiro* (60).

3895. Rocha, Glauber. Brazilian director. b. March 14, 1938, Victoria da Conquista. d. Aug. 23, 1981, Rio de Janeiro. *Vento dell'est* (69 *), *Der leone have sept cabeças* (70 also co-w/co-e).

3896. Rochefort, Jean. French actor. b. April 29, 1930, Paris. *Sinfonia per un massacro* (63), *Dio, sei proprio un padreterno* (73), *Dio mio, come sono caduta in basso!* (74), *Odio le bionde* (80).

Rockfeller, Roger *see* **Deodato, Ruggero**

3897. Rodann, Ziva. U.S. actress. b. 1933. *I giganti della Tessaglia* (61).

3898. Rodensky, Shmuel. Israeli actor. b. 1904. *Mosè* (76).

3899. Roeg, Nicholas. U.K. director. b. Aug. 15, 1928, London. *A Venezia un dicembre rosso* (73).

Rogers, Clyde *see* **Van Nutter, Rik**

3900. Rogers, Hazel. Black dancer. *8½* (63).

3901. Rohm, Maria. Austrian actress. b. 1949. *Paroxismus* (69), *Le disavventure della virtù* (68), *Il dio chiamato Dorian* (70), *Il conte Dracula* (70), *E poi non rimase nessuno* (74).

3902. Roitfeld, Jacques. French producer. b. Jan. 19, 1889, Akkerman, Russia. d. 1956, Paris. *Quando le donne amano* (52), *I denti lunghi* (52), *Il conte di Montecristo* (53), *Nanà* (55).

Rojo, Antonio Molino *see under* **Molino**

3903. Rojo, Gustavo. Spanish actor. b. 1923, on board a Uruguayan ship. Brother of Ruben Rojo. Married Erika Remberg in 1959. *Il maestro* (57), *Il romanzo di un giovane povero* (58), *Europa di notte* (58 a brief appearance), *La grande vallata* (60), *Giulio Cesare contro i pirati* (60), *La Battaglia di Fort Apache* (64), *Lo sceriffo senza stella* (67), *Django non perdona* (67), *Donne alla frontiera* (67), *Kitosch, l'uomo che veniva dal nord* (67), *Un dollaro per sette vigliacchi* (67), *La battaglia dell'ultimo panzer* (68), *Quei disperati che puzzano di sudore e di morte* (69).

3904. Rojo, Ruben. Spanish actor. b. 1922. *Le schiave di Cartagine* (57), *Amore a prima vista* (57), *Per mille dollari al giorno* (66), *Requiem per un gringo* (66), *La battaglia dell'ultimo panzer* (68).

3905. Roland, Gilbert. U.S. actor. b. Dec. 11, 1905, Ciudad Juarez, Mexico. RN: Luís Antonio Damaso de Alonso. Son of a bullfighter. *Il papavero è anche un fiore* (66), *Sartana non perdona* (68), *Vado... l'ammazzo e torno* (68), *Ognuno per se* (68), *Quella sporca storia del west* (68), *Anche nel west, c'era una volta Dio* (68).

3906. Rolfe, Guy. U.K. actor. b. Dec. 27, 1915, Hendon. *Revak, lo schiavo di Cartagine* (60), *La caduta dell'impero romano* (64).

3907. Roli, Mino. Co-writer. b. June 21, 1927, Roma. Also directed a few films. *Il barcaiolo d'Amalfi* (55 also d), *Ciao, nuvola...* (56 d unfinished), *Donne alla frontiera* (67), *Temptation* (68), *Ad ogni costo* (68), *Gli intoccabili* (68), *Al di là della legge* (68), *Carambola* (74), *Carambola filosofo...tutti in buca* (75), *Salvo d'acquisto* (75), *Senza scrupoli* (85 also co-d).

3908. Rollan, Henry. French actor. b. March 23, 1888, Paris. *Fiordalisi d'oro* (35), *Giuseppe Verdi* (38), *Barbablù* (51), *Fanfan la tùlipe* (51), *Le avventure di Arsenio Lupin* (57).

3909. Rolli, Torello. Director. b. 1891, Roma. d. March 1, 1927, Paris, France. *Germoglio* (20 co-d), *L'istinto* (20), *L'onesto mondo* (20), *L'ignoto* (20), *Edera*

(21), *La valse ardente* (21), *L'amorosa avventura* (21), *Sansone* (21), *Le due madri* (22), *Pas sur la bouche* (28 co-d).

3910. Roma, Enrico. Actor. b. 1888, Roma. d. Nov., 1941, Roma. Directed several movies. *Il re, le torri, gli alfieri* (16), *Lucciola* (16), *Il piacere* (17), *La vagabonda* (17), *La Leda senza cigno* (17), *Emir, cavallo da circo* (17), *I due zoccoletti* (18), *La commedia del mio palco* (18), *Adriana Lecouvreur* (18), *Il giogo* (19), *Le due Marie* (19), *Il romanzo di una vespa* (19), *Per aver visto* (19 d), *Raffiche* (19 d/story), *Il segreto* (19 d/story), *Il tuo rivale* (19 d), *Follia* (19 d), *La fanciulla d'una volta* (20 d), *La lampada alla finestra* (20), *Al di là della vita* (20 d), *Il carro sulla montagna* (20 d), *Don Carlos* (21), *Sovranetta* (23 co-d), *Black Watch* (29 U.S. asst d).

3911. Roman, Lawrence. U.S. writer. b. May 30, 1921, Jersey City, N.J. *Sole rosso* (71 co-w).

3912. Roman, Leticia. U.S. actress. b. Aug. 12, 1940, Roma, Italy. RN: Letizia Novarese. Daughter of Nino Vittorio Novarese (q.v.). *La ragazza che sapeva troppo* (63), *La rimpatriata* (63), *Un tentativo sentimentale* (64), *Old Surehand* (65).

3913. Roman, Ruth. U.S. actress. b. Dec. 23, 1922, Boston, Mass. *La peccatrice del deserto* (53).

3914. Romance, Viviane. French actress. b. July 24, 1912, Vienna, Austria. RN: Pauline Ronacher Ortmanns. In France from childhood. *Carmen* (43), *Gli uomini sono nemici* (47), *I sette peccati capitali* (52 the episode "La lussuria"), *Legione straniera* (52), *Il fuoco nelle vene* (53), *I segreti della notte* (57), *Nada* (74).

3915. Romand, Béatrice. French actress. b. 1952. *La casa del tappeto giallo* (83).

3916. Romane, Catherine. French actress. b. March 9, 1926, Paris. RN: Christiane de Romanet. *Il visconte di Bragelonne* (54).

3917. Romano, Carlo. Actor. b. May 8, 1908, Livorno. Son of Dina Romano. Later a writer. *Tredici uomini e un cannone* (35), *Partire* (38), *La voce senza volto* (38), *Io, suo padre* (38), *I figli del marchese Lucera* (39), *Follie del secolo* (39), *Papà per una notte* (39), *Cavalleria rusticana* (39), *Le sorprese del divorzio* (39), *Il socio invisibile* (39), *Il ponte di vetro* (40), *Senza cielo* (40), *Il capitano degli ussari* (40), *Il sogno di tutti* (41), *L'elisir d'amore* (40 unfinished), *Scampolo* (41), *Un marito per il mese d'aprile* (41), *Pia de' Tolomei* (41), *Oro nero* (41), *Sette anni di felicità* (42), *La bisbetica domata* (42), *Musica proibita* (42), *Quattro passi fra le nuvole* (42), *Perdizione* (42), *La casa senza tempo* (43), *La sua strada* (43), *L'adultera* (46), *Sinfonia fatale* (46), *Fuga nella tempesta* (47), *Il segreto di don Giovanni* (47), *Campane a martello* (48), *Cavalcata d'eroi* (49), *Ho sognato il paradiso* (49), *Domani è troppo tardi* (50), *Bellezze in bicicletta* (50), *Luci del varietà* (50), *Prima comunione* (50), *Strano appuntamento* (51), *Arrivano i nostri* (51), *Gli innocenti pagano* (51), *Bellezze a Capri* (51), *Sensualità* (51), *Tormento del passato* (51), *Totò terzo uomo* (52), *Cani e gatti* (52), *La città canora* (52), *Cinque poveri in automobile* (52), *Le infedeli* (52), *Primo premio: Mariarosa* (53), *Sposata ieri* (53), *I vitelloni* (53), *Fermi tutti, arrivo io!* (53), *Siamo donne* (53 the episode "La marsina stretta"), *La domenica della buona gente* (53), *La spiaggia* (53), *Siamo ricchi e poveri* (54), *Accade al commissariato* (54), *Il cardinale Lambertini* (54), *Accade al penitenziario* (55), *Ciao, ciao, bambina* (58), *Lupi nell'abisso* (59 co-w), *Messalina, venere imperatrice* (59 co-w), *Le cameriere* (59 also co-w/co-story), *Roma come Chicago* (68 co-w/co-story), *Continente di ghiaccio* (75 doc co-narrated), *Peccati in famiglia* (75 co-w).

3918. Romano, Dina. Actress. b. Pistoia. RN: Gertrude Ricci. Mother of Felice Romano and Carlo Romano. *Il serpente a sonagli* (35), *Chi è più felice di me?* (38), *Una moglie in pericolo* (39), *Cavalleria rusticana* (39), *Gli ultimi della strada* (39), *Piccolo alpino* (40), *Giacomo l'idealista* (42), *Il treno crociato* (43), *Le sorelle Materassi* (43), *I nostri sogni* (43), *Il fidanzato di mia moglie* (43), *Il canto della vita* (45), *Il mondo vuole così* (45), *Abbasso la miseria* (45), *Abbasso la ricchezza* (46), *I miserabili* (47), *I due orfanelli* (47), *La certosa di Parma* (47), *Le mura di Malapaga* (48), *La fiamma che non si spegne* (49), *Santo disonore* (50), *Amore e sangue* (51), *Mamma mia, che impressione!* (51), *Anna* (51), *Don Camillo* (52).

3919. Romano, Felice. Actor. b. Poggibonsi. *Luciano Serra pilota* (38), *Mille lire* *al mese* (38), *Imputato, alzatevi!* (39), *Ecco la radio!* (39), *Cose d'altro mondo* (39), *Il socio invisibile* (39), *L'assedio dell'Alcazar* (40), *Il ponte di vetro* (40), *Caravaggio, il pittore maledetto* (41), *Mas* (41), *Nozze di sangue* (42), *Ninna nanna, papà sta in guerra* (42 short), *Febbre* (44), *Un uomo ritorna* (46), *Aquila Nera* (46), *Fiamme sul mare* (47), *Follie per l'opera* (47), *Canzone di primavera* (50), *L'ultima gara* (54 made in 49).

3920. Romano, Renato. Actor. *Arabella* (67), *La morte ha fatto l'uovo* (67), *Un minuto per pregare, un istante per morire* (68), *Il momento di uccidere* (68), *La Battaglia di El Alamein* (68), *L'uccello dalle piume di cristallo* (69), *Il dio chiamato Dorian* (70), *Una giornata nera per l'Ariete* (70), *Il caso Mattei* (71), *Punto e Capo* (73), *La vendetta è il mio perdono* (69), *The Italian Job* (69 U.K.), *The Beloved* (71 U.K.), *L'ultimo pistolero* (71), *Das Raetsel des silbernen Halbmonds* (72 Germany), *Frankenstein 1980* (72).

3921. Romanos, Lola. Actress. *La bambola e il gigante* (20), *I due sergenti* (22), *Maciste imperatore* (24), *Cavalleria rusticana* (24).

3922. Rome, Sydne. U.S. actress. b. 1944, Akron, O. Went to Roma in 1967 to audition for the title role in *Candy* (see Ewa Aulin), failed, but stayed on in Italy. *Some Girls Do* (68 U.K.), *Vivi...o preferabilmente morti* (69), *La ragazza di latta* (70), *Ciao Gulliver* (70), *Un doppio a metà* (72), *Che?* (72), *Le ultime ore di una vergine* (72), *Così Sia* (72), *Mamma mia, è arrivato "Così Sia"* (72), *L'ospite della notte* (73), *La sculacciata* (73), *Reigen* (73 Germany), *La testa del serpente* (74), *Creezy* (74 France), *Nostro nero in casa Nichols* (74), *Un maledetto pasticcio* (75), *L'arrivista* (75), *La Race des seigneurs* (75 France), *Nel corpo e nell'anima* (75), *That Lucky Touch* (76 U.S.), *40 gradi sotto il lenzuolo* (76), *Il faut vivre dangereusement* (76 France), *L'immenso è rosso* (76), *Folies bourgeoises* (76 France), *Il mostro* (77), *Moi fleur bleu* (77 France), *Formula uno febbre della velocità* (78), *Schöner Gigolo—armer Gigolo* (78 Germany), *L'uomo puma* (80), *Los locos vecinos del segundo* (80 Spain), *Arrivano i miei* (83), *Dieci giorni che sconvolsero il mondo* (82).

3923. Romero, Cesar. U.S. actor. b. Feb. 15, 1907, N.Y.C., of Cuban parents. *Un dollaro per sette vigliacchi* (67).

3924. Romero Marchent, Joaquín Luís. Spanish director. b. Aug. 26, 1921, Madrid. AKA: Joaquín Romero Hernández, Paul Marchenti. *I tre implacabili* (63), *L'ombra di Zorro* (63 also co-w), *Sette ore di fuoco* (64 also w), *Camino del sur* (64 also co-w), *La giustizia del Coyote* (64 also co-w), *I tre spietati* (64 also co-w), *100.000 dollari per Lassiter* (66), *Ammazzali tutti e torna solo* (68 co-w), *Due croci a Danger Pass* (68 co-w), *Io non perdono...uccido* (68 also co-w/story), *Quando Satana impugna la colt* (68 co-w), *Garringo* (69 co-w), *Lo irritarono...e Sartana fece piazza pulita* (70 co-w).

3925. Romero Marchent, Rafael. Spanish director. b. May 3, 1927, Madrid. *I tre spietati* (64 co-w), *Una donna per Ringo* (65 also co-w), *I morti non si contano* (68 also co-w), *Ringo, il cavaliere solitario* (68), *Due croci a Danger Pass* (68 also co-w), *Quando Satana impugna la colt* (68), *Ad uno ad uno...spietatamente* (68), *Garringo* (69), *Lo irritarono...e Sartana fece piazza pulita* (70), *Preda d'avvoltoi* (73 also co-w).

3926. Ronaldino. Personable blond child actor seen in *La ragazza del Palio* (58).

3927. Roncone, Luca. Director. *Orlando furioso* (72 TV).

3928. Roncoroni, Mario. Director. *Filibus* (15), *La sorella di Satana* (16), *Ironie della vita* (17 co-d), *Il medico delle pazze* (19), *Il gigante, i serpenti e la formica* (20), *La nave* (20 co-d), *Saetta e il club dei ciuffi* (20 co-d), *Per guadagnare cento milioni* (22).

3929. Rondi, Brunello. Director. b. Nov. 26, 1924, Tirano. He also directed several documentaries, among which were: *Operai*; and *I vecchi*. His feature films include: *L'ultimo amore* (46 asst d/co-w), *Francesco, giullare di Dio* (50 asst d/co-w), *Altri tempi* (51 co-w), *Europa 51* (52 co-w), *La strada* (54 artistic collaborator), *Il bidone* (55 artistic collaborator), *Le notti di Cabiria* (56 artistic collaborator), *La dolce vita* (60 co-w/artistic collaborator), *Una vita violenta* (62 co-d/w), *Il demonio* (63), *Amanti* (68 co-w/based on his play), *Valeria dentro e fuori* (72), *Racconti proibiti...di niente vestiti* (72), *Velluto nero* (76), *La voce* (82).

3930. Rondinella, Giacomo. Actor.

b. Aug. 30, 1923, Messina. Brother of Luciano Rondinella. He started off in a nautical career, became a boxer, then a hugely successful singer of Neapolitan songs. *L'ultimo amore* (46), *L'isola del sogno* (47), *Natale al campo 119* (48), *Porca miseria* (51), *Femmina senza cuore* (52), *La città canora* (52), *Voto di marinaio* (52), *Viva il cinema!* (53), *Il peccato di Anna* (53), *Dov'è la libertà* (53), *Dieci canzoni d'amore da salvare* (53), *Viva la rivista!* (53), *Cuore di spia* (53), *. . . E Napoli canta* (53), *Finalmente libero!* (53), *Violenza sul lago* (53), *Siamo ricchi e poveri* (54), *Carosello napoletano* (54), *Mamma perdonami* (54), *Lettera napoletana* (54), *Cento serenate* (54), *Desiderio 'e sole* (54), *Pescatore 'e Pusilleco* (54), *Cuore di mamma* (54), *Napoli, terra d'amore* (55), *Cantami buongiorno tristezza* (55), *Quando tramonta il sole* (56).

3931. Rondinella, Luciano. Singer/actor. Brother of Giacomo Rondinella. *L'oro di Napoli* (54).

3932. Ronée, Helena. French actress. *Toh, è morta la nonna* (68), *Barbagia* (69), *Il divorzio* (70), *La terrazza* (79).

3933. Ronet, Maurice. French actor. b. April 13, 1927, Nice. d. 1984. *I sette peccati capitali* (52 the episode "La lussuria"), *Lucrezia Borgia* (53), *Casa Ricordi* (54), *Casta diva* (54), *Colui che deve morire* (57), *In pieno sole* (59), *Il peccato degli anni verdi* (59), *Desideri proibiti* (63), *L'omicida* (63), *Il piacere e l'amore* (64), *Il giardino delle delizie* (68), *La piscina* (68), *Il diavolo nel cervello* (72), *La seduzione* (73), *Oh! Mia bella matrigna* (76).

3934. Rooney, Mickey. U.S. actor. b. Sept. 23, 1920, Brooklyn, N.Y. RN: Joe Yule, Jr. *L'arcidiavolo* (66).

3935. Roquevert, Noël. French actor. b. 1894, Douarnenez. d. 1973. RN: Noël Benevent. *Fanfan la tùlipe* (51), *Signori, in carrozza!* (51), *Il conte di Montecristo* (53), *Madame Dubarry* (54), *Napoleone Buonaparte* (54), *Nanà* (55), *Fascicolo nero* (55), *Una parigina* (57), *La legge è legge* (58), *Le donne sono deboli* (59), *Le tentazioni quotidiane* (62).

3936. Rory, Rossana. Actress. b. Sept. 7, 1940, Roma. RN: Rossana Coppa. *Core 'ngrato* (51), *Licenza premio* (51), *Europa 51* (52), *Perdonami!* (52), *Noi peccatori* (52), *In amore si pecca in due* (54), *Piccola santa* (54), *The River Changes* (56 Germany/U.S.), *The Big Boodle* (57 U.S.), *El Alamein* (57), *Hell Canyon Outlaws* (58 U.S.), *I soliti ignoti* (58), *Capitan Fuoco* (58), *La spada e la croce* (58), *Robin Hood e i pirati* (60), *La sposa bella* (60), *Come September* (61 U.S.), *L'eclisse* (62), *Jessica* (62).

3937. Rosai, Claretta. Actress. b. 1893, Roma. AKA: Claretta Rosaj. *Papà mio, mi piaccion tutti* (18), *Fiaccole* (18), *Giorgina* (19), *Nella morsa di un sogno* (19), *Notturni* (19), *Oro* (19), *Lolette* (19), *La danza sull'abisso* (19), *Tragedia di bambola* (21), *La maschera che ride* (23).

3938. Rosati, Giuseppe. Composer. b. Feb. 1, 1903, Roma. *Voglio vivere con Letizia* (38), *Tragica notte* (42), *Malombra* (42), *Ossessione* (42), *Il sole sorge ancora* (46), *Caccia tragica* (47), *La grande rinuncia* (51).

3939. Rosay, Françoise. French actress. b. April 19, 1891, Paris. d. March 28, 1974, Paris. RN: Françoise Bandy de Nalèche de Sylviac. *Donne senza nome* (49), *I figli di nessuno* (51), *I sette peccati capitali* (52 the episode "L'orgoglio"), *Chi è senza peccato* (52), *Sul Ponte dei sospiri* (52), *Wanda la peccatrice* (52), *La regina Margot* (54), *Ragazze d'oggi* (55).

3940. Rosca, Gabriel. Actor. b. France, of Italian parents. Filmed also in France, U.K., and Rumania. *Vendetta* (14), *Ananke* (16), *L'ombra* (19), *L'aviatore mascherato* (19), *La signorina Miseria* (19).

3941. Rosenthal, Laurence. U.S. composer. b. Nov. 4, 1926, Detroit, Mich. *L'uomo della Mancha* (72 conductor/adapted from stage play).

3942. Rosi, Francesco. Director/co-writer. b. Nov. 15, 1922, Napoli. Former radio writer. *La terra trema* (48 asst d), *Domenica d'agosto* (50 asst d), *Bellissima* (51 asst d/co-w), *Parigi è sempre Parigi* (51 asst d), *Camicie rosse* (51 took over from Alessandrini), *I vinti* (52 asst d), *Processo alla città* (52 co-story), *Senso* (54 asst d), *Carosello napoletano* (54 asst d), *Proibito* (55 asst d), *Racconti romani* (55 co-w), *Il bigamo* (55 co-w), *Kean, genio e sregolatezza* (57 co-w/technical director), *La sfida* (58), *I magliari* (59 also co-story), *Salvatore Giuliano* (61 also story), *Le mani sulla città* (63), *Il momento della verità* (65 co-d/co-p/w), *C'era una volta* (67), *Uomini contro*

(70), *Il caso Mattei* (71), *A proposito Lucky Luciano* (73), *Cadaveri eccellenti* (76), *Cristo si è fermato a Eboli* (79), *Tre fratelli* (81), *Carmen* (83 also art d), *Cronaca di una morte annunciata* (87), *Dimenticare Palermo* (90).

3943. Rosi, Stelvio. Actor. AKA: Stan Cooper. *La voglia matta* (62), *Monta in sella, figlio di...* (67), *Stasera mi butto* (68), *La battaglia dell'ultimo panzer* (68), *Colpo sensazionale al servizio del Sifar* (68), *Ancora dollari per i MacGregor* (70), *Sei iettato, amico...hai incontrato Sacramento* (70), *Qualcosa striscia nel buio* (70), *L'orgia dei morti* (72), *Scansati...Trinità arriva ad Eldorado* (73).

3944. Rosmino, Gian Paolo. Actor. b. July 2, 1890, Torino. AKA: Paolo Gian. Also directed some films. *Lo scherzo feroce* (13), *Ma l'amor mio non muore* (13), *Brivido di morte* (14), *Iwna, la perla del Gange* (14), *Pagine sparse* (14), *Lo scrigno dei milioni* (14), *La pantomima della morte* (15), *Il gioco dell'amore* (15), *Le memorie del diavolo* (15), *Muore sul campo* (15), *Sul limite del Nirvana* (15), *Come in quel giorno* (16), *Fiore di autunno* (16), *Amore che uccide* (16), *Passano gli unni* (16), *Amor barbaro* (16), *Ironie della vita* (17), *...E così è la vita* (17 also d), *La signora innamorata* (19 also d), *Le due rose* (19), *Fugge la gloria* (20), *L'assassino del jockey* (20), *La dame en gris* (20 also d), *I martiri d'Italia* (27), *Don Bosco* (35), *Aldebaran* (35), *Bertoldo, Bertoldino e Cacasenno* (36), *La danza delle lancette* (36), *Marcella* (37), *L'ospite di una notte* (39), *La mia canzone al vento* (39), *Le sorprese del vagone letto* (39 d), *L'amore si fa così* (39), *Le signorine della villa accanto* (41), *Il fanciullo del west* (41), *Sant'Elena piccola isola* (42), *Rita da Cascia* (42), *L'ippocampo* (43 d), *Il sole di Montecassino* (45 also directorial supervisor), *I miserabili* (47), *La fiamma che non si spegne* (49), *Enrico Caruso, leggenda di una voce* (51), *Le meravigliose avventure di Guerrin Meschino* (51), *Melodie immortali* (52), *La regina di Saba* (52), *Il ritorno di don Camillo* (53), *Il sacco di Roma* (53), *Frine, cortigiana d'Oriente* (53), *Un po' di cielo* (55), *Le fatiche di Ercole* (57), *Afrodite, dea dell'amore* (58), *La freccia d'oro* (62).

Ross, Edward *see* **Brazzi, Rossano**

Ross, Edward G. *see* **Rossi, Luciano**

3945. Ross, Howard. Actor. RN: Renato Rossini. AKA: Red Ross. *Maciste alla corte dello zar* (63), *Il trionfo di Ercole* (64), *Ercole, Sansone, Maciste, Ursus: gli invincibili* (64), *La rivolta dei sette* (64), *Starblack* (66), *Nebraska il pistolero* (66), *Attentato ai tre grandi* (68), *El "Che" Guevara* (68), *L'ira di Dio* (68), *Combate de gigantes* (68 Spain), *Dalle Ardenne all'inferno* (68), *Quindici forche per un assassino* (68), *Le calde notti di Lady Hamilton* (68), *Quel maledetto ponte sull'Elba* (69), *Le calde notti di Poppea* (69), *The Battle of Neretva* (70 Yugoslavia), *O cangaceiro* (70), *Cinque bambole per la luna d'agosto* (70), *Il sergente Klems* (71), *Quando gli uomini amarano la clava... e con le donne fecero din-don* (71), *Marta* (71), *Johnny Texas* (71), *Una ragazza tutta nuda assassinata nel parco* (72), *Campa carogna...la taglia cresce* (72), *Cinque donne per l'assassino* (72), *L'ultima chance* (73), *Elena, sì...ma di Troia* (73), *Lo chiamavano Mezzogiorno* (74), *La testa del serpente* (74), *L'uomo che sfidò l'organizzazione* (74), *L'assassino ha riservato nove poltrone* (75), *Oh! Serafina!* (76), *Sfida sul fondo* (76), *La lupa mannara* (77), *L'uomo senza pietà* (77), *La ragazza dal pigiama giallo* (77), *L'immoralità* (78), *Interno di un convento* (79), *Napoli—Palermo—New York; il triangolo della camorra* (81), *Lo squartatore di New York* (82), *I guerrieri dell'anno 2072* (83).

Ross, Red *see* **Ross, Howard**

3946. Rossellini, Isabella. Actress. b. June 18, 1952, Roma. Daughter of Roberto Rossellini and Ingrid Bergman. Married to Martin Scorsese from 1979 to 1982. *Nina* (76), *Il prato macchiato di rosso* (78), *Il pap'occhio* (81), *White Nights* (85 U.S.), *Blue Velvet* (86 U.S.), *Tough Guys Don't Dance* (87 U.S.), *Red Riding Hood* (87 U.S.), *Siesta* (87 U.S.), *Zelly and Me* (88 U.S.), *Cousins* (89 U.S.), *Dames galantes* (90 France), *Wild at Heart* (90 U.S.), *La condanna* (91).

3947. Rossellini, Renzo. Composer. b. Feb. 2, 1908, Roma. Brother of Roberto Rossellini. *L'antenato* (36), *I fratelli Castiglioni* (37), *Il signor Max* (37), *Sotto la croce del Sud* (38), *La principessa Tarakanova* (38 co-ph), *Piccoli naufraghi* (39), *Forse eri tu l'amore* (39), *Orizzonte dipinto* (41), *Cenerentola e il signor Bonaventura* (41), *La* *nave bianca* (41), *Teresa Venerdì* (41), *Un garibaldino al convento* (41), *Noi vivi* (42), *Addio Kira!* (42), *Un pilota ritorna* (42), *Giarabub* (42), *I tre aquilotti* (42 co-composer), *I bambini ci guardano* (43), *Non sono superstizioso, ma. . .* (43), *Roma città aperta* (45 co-composer), *Paisà* (46), *L'altra* (47), *I fratelli Karamazoff* (47), *Germania, anno zero* (47), *La certosa di Parma* (47), *La macchina ammazzacattivi* (48), *Stromboli, terra di Dio* (50), *Francesco, giullare di Dio* (50), *Senza bandiera* (50), *Signori, in carrozza!* (51), *Messalina* (51), *Europa 51* (52), *Spartaco* (52), *Dov'è la libertà* (53), *Viaggio in Italia* (53), *Teodora, imperatrice di Bisanzio* (53), *Guai ai vinti!* (54), *La paura* (54), *Il segno di Venere* (55), *La cortigiana di Babilonia* (55), *Adriana Lecouvreur* (55), *Difendo il mio amore* (56), *Montecarlo* (56), *Il corsaro della mezza luna* (57), *La ragazza del Palio* (58), *Il magistrato* (59), *Le legioni di Cleopatra* (59), *Il generale Della Rovere* (59), *Era notte a Roma* (59), *I tartari* (60), *Viva l'Italia* (60), *Vanina Vanini* (61), *L'amore a vent'anni* (61 the second episode, "Italy" d), *La donna del lago* (65).

3948. Rossellini, Roberto. Director/co-writer. b. May 8, 1906, Roma. d. June 3, 1977, Roma. Married Ingrid Bergman in 1950 after a scandal-provoking relationship. From 1963 to 1974 worked almost exclusively in TV. *Fantasia sottomarina* (36 short d/p/w/e), *Prelude à l'après midi d'un faun* (36 short d/p/w/e), *Daphne* (37 short d/p/w/e), *La vispa Teresa* (38 short d/p/w/e), *Luciano Serra pilota* (38 assoc d/co-w. Although his title was associate director, he actually directed), *Il tacchino prepotente* (39 d/p/w/e), *Il ruscello di ripasottile* (40 short d/p/w/e), *La nave bianca* (41), *Uomini sul fondo* (41 semi-doc asst d), *Un pilota ritorna* (42), *I tre aquilotti* (42 co-w), *L'uomo della croce* (42 also co-dialog), *L'invasore* (43 supervising director/co-w), *Roma città aperta* (45), *Scalo merci* (46 made in 43 and finished by Pagliero), *Paisà* (46 also p/co-story/co-dialog), *Germania, anno zero* (47 also story), *Amore* (48 two episodes: "Il miracolo," and d "Una voce umana"), *La macchina ammazzacattivi* (48), *Stromboli, terra di Dio* (50 also story), *Francesco, giullare di Dio* (50 d/w/story), *I sette peccati capitali* (52 the episode "L'invidia"), *Medico condotto* (52 supervisor/co-w/co-story), *Europa 51* (52 also story), *Dov'è la libertà* (53 also story), *Viaggio in Italia* (53 also story), *Siamo donne* (53 the episode "Ingrid Bergman" d), *Amori di mezzo secolo* (53 the episode "Napoli 43" in color), *La paura* (54 d), *Giovanna d'Arco al rogo* (54 d/w), *Orient-Express* (55 supervisor), *India* (58 doc), *L'India vista da Rossellini* (58 TV 10-episode doc d/p), *Il generale Della Rovere* (59), *Era notte a Roma* (59), *Viva l'Italia* (60), *Vanina Vanini* (61), *Torino nei cento anni* (61 TV doc), *RoGoPaG* (62 the episode "Illibatezza" d/w), *Anima nera* (62), *Benito Mussolini* (62 doc production supervisor), *Les Carabiniers* (63 France co-w), *L'età del ferro* (64 TV five one-hour docs w/supervisor), *Sicilia: idea di un'isola* (65 TV doc d/p), *La Prise de pouvoir pour Louis XIV* (66 France TV d), *La lotta dell'uomo per la sua sopravvivenza* (67 TV 12 one-hour docs p/w/supervisor), *Atti degli apostoli* (68 TV 5 episodes also co-p), *Socrate* (70 also p), *Blaise Pascal* (71 TV d), *Agostino di Ippona* (72 d), *L'età di Cosimo* (72 TV d), *Il potere di Cosimo* (72 TV d), *Leon Battista Alberti* (72 doc d), *Cartesius* (73 TV d), *Intervista a Salvador Allende* (73 TV doc supervisor), *Il problema della popolazione mondiale* (74 doc d), *Anno uno* (74), *Il Messia* (75), *Beaubourg* (77 short d), *Concerto per Michelangelo* (77 TV d).

3949. Rossetti, Franco. Director. *Costantino il grande: in hoc signo* (60 co-w), *Romolo e Remo* (61 co-w), *Django* (66 co-w), *Johnny Oro* (66 co-w), *Texas addio* (66 co-w), *El desperado* (67 also co-w), *Little Rita nel far west* (67 co-w), *Preparati la bara* (68 co-w/story), *Ciak Mull, l'uomo della vendetta* (69 co-w), *Delitto al circolo del tennis* (69), *Quel movimento che mi piace tanto* (76), *Il lebbroso* (81), *Al limite cioè* (85).

3950. Rossi, Andreina. Actress. *Il sepolcro dei re* (60), *La donna dei faraoni* (60).

3951. Rossi, Franco. Director/co-writer. b. April 28, 1919, Firenze. *Barriera a settentrione* (49 asst d), *È primavera* (49 asst d), *I fuorilegge* (50 asst d), *I falsari* (50), *Solo per te, Lucia* (52 d), *Le infedeli* (52 *), *La passeggiata* (54 co-w), *Il seduttore* (54 also story), *I cinque dell'Adamello* (54 co-w), *Amici per la pelle* (55), *Amore a prima* *vista* (57), *Calypso* (58 co-d/co-w/story), *Tutti innamorati* (58 supervising director/co-w), *Morte di un amico* (59), *Odissea nuda* (61 also co-story), *Smog* (62 also story), *Tre notti d'amore* (64 the episode "La moglie bambina" d), *Alta infedeltà* (64 the episode "Scandaloso" d), *Controsesso* (65 the episode "Cocaina di domenica" d), *Le bambole* (65 the third episode, "La minestra" d), *I complessi* (65 the episode "Il complesso della schiava nubiana" d), *Non faccio la guerra, faccio l'amore* (66 d), *Le streghe* (66 the episode "The Girl from Sicily"), *Una rosa per tutti* (67), *Carogne si nasce* (68 ph), *Le avventure di Ulisse* (68 co-d/co-w), *Giovinezza, giovinezza* (69), *Battle of the Amazons* (70 U.S. ph), *Porgi l'altra guancia* (74 co-w), *Le avventure di Enea* (74 d), *Super Stooges vs The Wonder Woman* (75 Spain ph), *Come una rosa al naso* (75 d), *Verginità* (75 d), *L'altra metà del cielo* (77 d), *Storia d'amore e d'amicizia* (82 d).

3952. Rossi, Luciano. Actor. AKA: Edward G. Ross, Edwin G. Ross. *Il figlio di Django* (67), *Corri, uomo, corri* (67), *Scacco internazionale* (68), *Quella carogna dell'ispettor Sterling* (68), *Bill il taciturno... Django uccide* (68), *Preparati la bara* (68), *Lo chiamavano Trinità* (70), *Attento, gringo, è tornato Sabata* (72), *Punto e Capo* (73), *Napoli violenta* (76), *I due superpiedi* (76).

3953. Rossi, Luisa. Actress. b. Jan. 26, 1925, Milano. Married the composer Fiorenzo Carpi. *Ho tanta voglia di cantare* (43), *Die letzte Chance* (45 Switzerland. In Italy this film was known as *L'ultima speranza*), *Rocambole* (47), *Accidenti alla guerra!* (48), *Giudicatemi!* (49), *Il lupo della Sila* (49), *Faddijah* (50), *Miss Italia* (49), *Sangue sul sagrato* (50), *Il monello della strada* (50), *Imbarco a mezzanotte* (52), *Lo sai che i papaveri...* (52), *Er Fattaccio* (52), *Amarti è il mio peccato* (52), *Redenzione* (53), *Finalmente libero!* (53), *Lasciateci in pace* (53), *Il grande addio* (53), *La figlia del forzato* (53), *L'Affaire des poisons* (55 France), *Suor Letizia* (56).

3954. Rossi, Tino. French singer/actor. b. April 29, 1907, Ajaccio, Corsica. RN: Constantin Rossi. Moved to Marseille when very young, and while there became a singer. *Napoli, terra d'amore* (37), *Versailles* (53).

3955. Rossi-Drago, Eleonora. Actress. b. Sept. 23, 1925, Quinto, near Genova. RN: Palmina Omiccioli. Daughter of an Italian father and a Spanish mother. Former model. Married Cesare Rossi in 1942. *I pirati di Capri* (48), *Altura* (50), *Verginità* (50), *Due sorelle amano* (51), *Persiane chiuse* (51), *Sensualità* (51), *L'ultima sentenza* (51), *Tre storie proibite* (52), *La tratta delle bianche* (52), *La fiammata* (52), *I sette dell'Orsa maggiore* (53), *L'Esclave* (53 France), *Destini di donne* (53 the episode "Due donne"), *Vestire gli ignudi* (54), *Il caso Maurizius* (54), *Napoleone Buonaparte* (54), *Le amiche* (55), *Il prezzo della gloria* (55), *Donne sole* (55), *Suor Letizia* (56), *Kean, genio e sregolatezza* (57), *Tous peuvent me tuer* (57 France), *La Tour, prends garde!* (57 France), *La strada lungo un anno* (58), *Dagli Appennini alle Ande* (58), *Le Fric* (58 France), *L'estate violenta* (59), *Un maledetto imbroglio* (59), *David e Golia* (59), *Vacanze d'inverno* (59), *L'impiegato* (59), *La garçonnière* (60), *Sotto dieci bandiere* (60), *Die rote Hand* (60 Germany), *Schlusskord* (60 Germany), *Caccia all'uomo* (61), *Tiro al piccione* (61), *Rosmunda e Alboino* (61), *L'amore a vent'anni* (61 the second episode, "Italy"), *Anima nera* (62), *I dongiovanni della Costa Azzurra* (62), *Ipnosi* (62), *Tempesta su Ceylon* (63), *Il segreto del vestito rosso* (63), *Il treno del sabato* (63), *L'idea fissa* (64), *Amore facile* (64), *Il disco volante* (64), *El diablo tambien llora* (64 Spain), *Se permettete...parliamo di donne* (64), *Io uccido, tu uccidi* (65 the episode "Il plenilunio"), *Cento dollari d'odio* (65), *Su e giù* (65 the episode "Il colpo da leoni"), *Mano di velluto* (65), *Il delitto di Anna Sandoval* (66), *La bibbia* (66), *El último sábado* (67 Spain), *L'età del malessere* (68), *Camille 2000* (69), *Il dio chiamato Dorian* (70), *Nelle pieghe della carne* (71).

3956. Rossi-Pianelli, Vittorio. Actor. b. 1869. d. 1953, Roma. Also directed several films. *Florette e Patapon* (13), *Ma l'amor mio non muore* (13), *Le memorie dell'altro* (13), *Nerone e Agrippina* (13), *Il treno degli spettri* (13), *Colei che tutto soffre* (14), *I mariti allegri* (14), *Chi non vede la luce* (14), *Brivido di morte* (14), *La legione della morte* (14 d), *Ombre umane* (15), *Lungi dal nido* (15 also d), *Sul limite del nirvana* (15 d), *Il vampiro* (15 d), *Il* *romanzo di un atleta* (15 d), *L'artiglio del destino* (15 d), *La maschera dell'eroe* (15 d), *Come Tranquillo entrò in società* (15 d), *Tranquillo volontario per amore della patria* (15 d), *Triste realtà* (16), *Il tamburino sardo* (16 d), *La trilogia di Dorina* (17), *Una sventatella* (18), *Il delitto dell'opera* (18), *La moglie di Claudio* (18), *Israel* (19), *Il suo destino* (20), *Varca napulitana* (25), *... Te lasso!* (26), *Il conte di Bréchard* (37).

Rossini, Renato *see* **Ross, Howard**

3957. Rossi-Stuart, Giacomo. Actor. b. 1931. AKA: John Stuart, Jack Stuart. *Il mantello rosso* (54), *Londra chiama polo nord* (55), *Guerra e pace* (56), *Il conte di Matera* (57), *A Farewell to Arms* (57 U.S.), *The Silent Enemy* (58 U.K.), *La morte viene dallo spazio* (58), *La tempesta* (58), *Il cavaliere senza terra* (58), *Jovanka e le altre* (59), *Caltiki, il mostro immortale* (59), *La notte del grande assalto* (60), *La schiava di Roma* (60), *Zorro e i tre moschettieri* (62), *Sodoma e Gomorra* (62), *La leggenda di Enea* (62), *I diavoli di Spartivento* (63), *I pascoli rossi* (63), *Gringo* (63), *Caterina di Russia* (63), *Il giorno più corto* (63), *Gli schiavi più forti del mondo* (63), *La vendetta di Spartaco* (64), *L'ultimo uomo della terra* (64), *Il tempio dell'elefante bianco* (64), *I misteri della giungla nera* (64), *I magnifici brutos del west* (65), *I diavoli dallo spazio* (65), *5000 dollari sull'asso* (65), *Missione Pianeta Errante* (65), *Operazione Paura* (66), *Perry Grant, agente di ferro* (66), *Duello nel mondo* (66), *Deguello* (66), *I coltelli del vendicatore* (66), *La sfinge d'oro* (67), *La morte viene dal pianeta 18* (67), *El Zorro el volpe* (68 Spain), *Colpo sensazionale al servizio del Sifar* (68), *El "Che" Guevara* (68), *Indovina chi viene a merenda* (69), *Un esercito di cinque uomini* (69), *Il vespaio* (70), *Concerto per pistola solista* (70), *Qualcosa striscia nel buio* (70), *I leopardi di Churchill* (70), *L'assassino fantasma* (70), *Sei iettato, amico... hai incontrato Sacramento* (70), *Amico, stammi lontano, almeno un palmo* (71), *La notte che Evelyn uscò dalla tomba* (71), *Uccidi, Django... uccidi primo* (71), *Macabra* (72), *La ragazza dalla pelle di luna* (72), *Mezzogiorno di fuoco per An Hao* (72), *Occhio per occhio, dente per dente* (72), *Sette scialli di seta gialla* (72), *Servizio di scorta* (73), *La minorenne* (74), *Zorro* (75), *I violenti di Roma bene* (76), *Emanuella nera n. 2* (77), *Il vizio ha le calze nere* (77), *Emanuelle a Bangkok* (77), *Sono stato un agente CIA* (78), *La guerra dei robot* (78).

3958. Rosson, Hal. U.S. director of photography. b. 1895, N.Y.C. d. Sept. 6, 1988, Palm Beach, Calif. AKA: Harold Rosson. Brother of Richard Rosson. *Ulisse* (54 co-ph), *Mambo* (54).

Rostel, Newman *see* **Massi, Stelvio**

3959. Roswell, Elena. Actress. *Il segreto del corsaro* (19), *La vendetta del corsaro* (19), *L'amazzone rossa* (19).

3960. Rota, Nino. Composer. b. Dec. 3, 1911, Milano. d. April 10, 1979, Roma. *Treno popolare* (34), *Giorno di nozze* (42), *Il birichino di papà* (42), *Zazà* (42), *Roma città aperta* (45 co-composer), *Le miserie del signor Travet* (45), *Mio figlio professore* (46), *Vivere in pace* (47), *Albergo Luna, camera 34* (47), *Amanti senza amore* (47), *Daniele Cortis* (47), *Come persi la guerra* (47), *Fuga in Francia* (48), *Molti sogni per le strade* (48), *Senza pietà* (48), *Sotto il sole di Roma* (48), *Campane a martello* (48), *I pirati di Capri* (48), *La montagna di cristallo* (49), *In nome della legge* (49 co-composer), *È primavera* (49), *Obsession* (49 U.K.), *Napoli milionaria* (50), *Due mogli sono troppe* (50), *Luci del varietà* (50), *Vita da cani* (50), *Anna* (51), *Due soldi di speranza* (51 co-composer), *Filumena Marturano* (52), *Marito e moglie* (52), *Lo sceicco bianco* (52), *I sette dell'Orsa maggiore* (53), *Amore in città* (53 co-composer), *I vitelloni* (53), *Anni facili* (53), *La grande speranza* (53), *Musoduro* (53), *Mambo* (54), *La strada* (54), *L'amante di Paride* (54), *The Star of India* (54 U.K.), *Proibito* (55), *Il bidone* (55), *Accade al penitenziario* (55), *La bella di Roma* (55), *Amici per la pelle* (55), *Un eroe dei nostri tempi* (55), *Guerra e pace* (56), *Città di notte* (56), *Le notti di Cabiria* (56), *La diga sul Pacifico* (57), *Le notti bianche* (57), *Fortunella* (58), *Gli italiani sono matti* (58), *La legge è legge* (58), *Un ettaro di cielo* (58), *La grande guerra* (59), *In pieno sole* (59), *La dolce vita* (60), *Rocco e i suoi fratelli* (60), *Fantasmi a Roma* (60), *Sotto dieci bandiere* (60), *I due nemici* (61), *Il brigante* (61), *Boccaccio 70* (61 the episodes "Le tentazioni del dottor Antonio" and "Il lavoro"), *L'isola di Arturo* (62 co-composer), *Cronache di un convento* (62), *I sequestrati di Altona* (63), *8½* (63),

Il maestro di Vigevano (63), *Il gattopardo* (63), *Giulietta degli spiriti* (65), *Spara forte, più forte, non capisco* (66), *La bisbetica domata* (67), *Tre passi nel delirio* (68 the episode "Il ne faut jamais parier sa tête contre le diable"), *Romeo e Giulietta* (68), *Block notes di un regista* (68), *Fellini Satyricon* (69), *Waterloo* (70), *I clowns* (70), *Alex in Wonderland* (71 U.S. song), *The Godfather* (71 U.S.), *Fellini Roma* (72), *Amarcord* (73), *Film d'amore e d'anarchia* (73), *The Abdication* (73 U.K.), *The Godfather Part II* (74 U.S.), *Le origini della mafia* (75), *Il Casanova di Federico Fellini* (76), *Caro Michele* (76), *Ragazzo di borgata* (76), *L'eredità Ferramonti* (76 co-composer), *Death on the Nile* (78 U.K.), *Hurricane* (79 U.S.), *Prova d'orchestra* (79), *Ernesto* (79), *I soliti ignoti vent'anni dopo* (85 posthumously), *Intervista* (87 a tribute was given to him, in the credits), *The Godfather Part III* (90 U.S. his music was used).

3961. Rotunno, Giuseppe. Director of photography. b. March 19, 1923, Roma. *Cristo non si è fermato a Eboli* (52 doc), *Senso* (54 camera), *Casta diva* (54 camera), *Casa Ricordi* (54 camera), *Madama Butterfly* (55 camera), *Pane amore e...* (55), *Montecarlo* (56), *Tosca* (56), *Le notti bianche* (57), *La ragazza del Palio* (58), *Anna di Brooklyn* (58), *La maja desnuda* (58 co-ph), *Policarpo, ufficiale di scrittura* (59 co-ph), *La grande guerra* (59 co-ph), *Jovanka e le altre* (59), *On the Beach* (59 U.S./Australia), *Fantasmi a Roma* (60), *La sposa bella* (60), *Rocco e i suoi fratelli* (60), *Il gobbo* (60 co-ph), *I due nemici* (61), *Boccaccio 70* (61 the episode "Il lavoro"), *Cronaca familiare* (62), *I compagni* (63), *Il gattopardo* (63), *Ieri oggi e domani* (63), *La bibbia* (66), *Le streghe* (66), *Lo straniero* (67), *Candy* (68), *Lo sbarco di Anzio* (68), *Tre passi nel delirio* (68 the episode "Il ne faut jamais parier sa tête contre le diable"), *The Secret of Santa Vittoria* (69 U.S.), *Fellini Satyricon* (69), *I girasoli* (69), *Carnal Knowledge* (71 U.S.), *Fellini Roma* (72), *L'uomo della Mancha* (72), *Film d'amore e d'anarchia* (73), *Amarcord* (73), *Tutto a posto e niente in ordine* (74), *Il bestione* (74), *La divina creatura* (75), *Il Casanova di Federico Fellini* (76), *Sturmtrüppen* (76), *La fine del mondo nel nostro solito letto in una notte piena di pioggia* (77), *Amore, piombo e furore* (77), *Ecco, noi, per esempio...* (77), *La signora dei vagoni letto* (77), *Saxofone* (77 co-ph), *Prova d'orchestra* (79), *All That Jazz* (79 U.S.), *La città delle donne* (80), *Popeye* (81 U.S.), *Rollover* (81 U.S.), *Five Days One Summer* (82 U.S.), *Bello mio, bellezza mia* (82), *Desiderio* (83), *...E la nave va* (83), *Non ci resta che piangere* (84), *American Dreamer* (84 U.S.), *The Assisi Underground* (85 U.S.), *Red Sonja* (85 U.S.), *Orfeo* (85), *Hotel Colonial* (87), *Giulia e Giulia* (87), *The Adventures of Baron Munchausen* (88 U.K./Germany), *Haunted Summer* (88 U.K.), *Rent-a-Cop* (88 U.S.), *Rebus* (89), *Regarding Henry* (91 U.S.).

3962. Rougeul, Jean. French actor. d. 1978. *8½* (63), *I mostri* (63), *Il compagno don Camillo* (65), *Tom Dollar* (67), *Galileo* (68), *Il caso Mattei* (71), *Giù la testa* (71).

3963. Rourke, Mickey. U.S. actor. b. 1950, Schenectady, N.Y. Also a boxer. *Francesco* (89).

3964. Rousseau, Louisette. French actress. b. Dec. 2, 1908, Ségré. *Maria Antonietta, regina di Francia* (56), *Notre Dame de Paris* (56), *Eliana e gli uomini* (56).

3965. Roussillon, Jean-Paul. French actor. *Il fuoco nelle vene* (53).

3966. Rouzé, Marcel. French actor. b. May 12, 1903. *Le belle della notte* (52), *Siamo tutti assassini* (52), *Il nemico pubblico n. 1* (53), *Fate largo ai moschettieri* (53), *Nanà* (55), *Fascicolo nero* (55).

3967. Rovena, Marcella. Actress. b. Jan. 22, 1908, Conegliano Veneto. *La telefonista* (32), *Non c'è bisogno di denaro* (33), *Cinema, che passione!* (34), *Passaporto rosso* (35), *La guardia del corpo* (42), *Il fiore sotto gli occhi* (43), *Torna a Sorrento* (45), *Arrivederci, papà* (48), *Gli ultimi giorni di Pompei* (48), *È arrivato il cavaliere* (50), *Le sei mogli di Barbablù* (51), *Totò cerca moglie* (51), *Cameriera bella presenza offresi* (51), *Licenza premio* (51), *Europa 51* (52), *Tre storie proibite* (52), *Abracadabra* (52), *La colpa di una madre* (52), *Una di quelle* (52), *La nave delle donne maledette* (53), *La spiaggia* (53), *Terza liceo* (53), *Senso* (54), *La strada* (54), *Amici per la pelle* (55), *Giovani mariti* (57), *Le notti bianche* (57), *Nella città l'inferno* (58), *L'amante di cinque giorni* (61), *La banda Casaroli* (62), *La noia* (64), *La suora giovane* (64).

3968. Rovere, Gina. Actress. b. 1936. *Le fatiche di Ercole* (57), *Adua e le compagne* (60), *Risate di gioia* (60), *Oltraggio al pudore* (64), *James Tont...operazione U.N.O.* (66), *Tutte le altre ragazze lo fanno* (66), *Dio perdona...io no* (68), *Colpo di sole* (68), *Catch 22* (70 U.S.), *Ultimo tango a Zagarol* (72), *Interno di un convento* (79), *Dance music* (83), *I soliti ignoti vent'anni dopo* (85).

3969. Rovere, Luigi. Producer. b. 1908, Acqui. *Il vetturale del san Gottardo* (41), *Scadenza trenta giorni* (44 co-d), *Il passatore* (47 co-p), *Come persi la guerra* (47), *L'eroe della strada* (48), *In nome della legge* (49), *Come scopersi l'America* (49), *Il monello della strada* (50), *Il cammino della speranza* (50 co-p), *Il bivio* (50), *Persiane chiuse* (51), *Lorenzaccio* (51), *Ombre sul canal grande* (51), *Napoleone* (51), *Lo sceicco bianco* (52), *Il brigante di Tacca del Lupo* (52 co-p), *Puccini* (53 co-p), *Prima di sera* (53 co-p), *Gli uomini, che mascalzoni!* (53 general organizer), *Sinfonia d'amore* (54 co-p), *Hanno rubato un tram* (55), *Altair* (56 general organizer), *Il prezzo della gloria* (55 general organizer), *Il tesoro di Rommel* (55), *Totò e Marcellino* (58), *Il vendicatore* (59 general organizer), *Le orientali* (59 doc), *Il criminale* (63 d), *...Dai nemici mi guardo io!* (68).

3970. Roveri, Ermanno. Actor. b. Oct. 5, 1903, Milano. Former child actor. *Io mi chiamo Frugolino* (13), *Buon Natale!* (14), *Christus* (15), *Dagli Appennini alle Ande* (16), *Il piccolo patriota padovano* (16), *Il piccolo scrivano fiorentino* (16), *Naufragio* (17), *La felicità* (17), *Storia vecchia, tempi nuovi* (18), *Bruscolo* (19), *I figli di nessuno* (20), *Il re della forza* (20), *Gli uomini, che mascalzoni!* (32), *La segretaria per tutti* (32), *L'ultimo dei Bergerac* (34), *Tempo massimo* (34), *Ginevra degli Almieri* (35), *Aldebaran* (35), *Nozze vagabonde* (36), *I due sergenti* (47), *Musica in piazza* (36), *Re di denari* (36), *La regina della Scala* (37), *Nina non far la stupida* (37), *Retroscena* (39), *Il fornaretto di Venezia* (39), *Una famiglia impossibile* (40), *Ragazza che dorme* (40), *La scuola dei timidi* (42), *Se non son matti non li vogliamo* (41), *Il processo delle zitelle* (44), *Scadenza trenta giorni* (44), *Biraghin* (46).

Rowland, E.G. *see* **Castellari, Enzo G.**

3971. Rowland, Roy. U.S. director. b. Dec. 31, 1910, N.Y.C. *Arrivederci Roma* (58 co-d), *Surcouf, l'eroe dei sette mari* (67).

3972. Rowlands, Gena. U.S. actress. b. June 19, 1934, Cambria, Wisc. RN: Virginia Rowlands. Married John Cassavetes. *Gli intoccabili* (68).

3973. Rowsky, Marika. Actress. b. Nagymaros, Hungary. A ballerina in Berlin, she came to Italy. *Una donna ha ucciso* (50), *Senza bandiera* (50), *Cronaca di un amore* (51), *Il tenente Giorgio* (52), *Giuseppe Verdi* (53), *Il conte Aquila* (55), *I misteri di Parigi* (57).

3974. Rozsa, Miklos. Hungarian composer. b. April 18, 1907, Budapest. Long in the U.K. and U.S.A. *Ben-Hur* (59), *El Cid* (61 co-composer), *Sodoma e Gomorra* (62), *Fedora* (78).

3975. Rubini, Giulia. Actress. b. June 2, 1935, Pescara. *Terza liceo* (53), *Villa Borghese* (53 the episode "Serve e soldati"), *Le ragazze di San Frediano* (54), *Le signorine dello 04* (54), *I quattro del getto tonante* (55), *I due compari* (55), *Porta un bacione a Firenze* (55), *La banda degli onesti* (56), *I miliardari* (56), *Era di venerdì 17* (56), *Guaglione* (56), *La finestra sul Luna Park* (57), *Peppino, le modelle e... "Chella Llà"* (57), *Unter Palmen am blauen Meer* (57 Germany), *El Hakim* (57 Germany), *Giovane canaglia* (58), *Sorrisi e canzoni* (58), *Ricordati di Napoli* (58), *Il terribile Teodoro* (58), *Il terrore dei barbari* (59), *Storie d'amore proibite* (59), *David e Golia* (59), *L'ultimo zar* (60), *Antinea, l'amante della città sepolta* (61), *Gordon, il pirata nero* (62), *Johnny Oro* (66), *Uno straniero a Paso Bravo* (68), *Rebeldes en Canada* (68 Spain).

3976. Rubinstein, Ida. Russian ballerina/actress. b. 1883, Kharkhov. d. Sept. 20, 1960, Vence, France. Made only two films, both in Italy. *San Giorgio* (19), *La nave* (20).

3977. Rubio, Antonio. Actor. *Goliath contro i giganti* (60), *I sette gladiatori* (63).

3978. Ruffini, Sandro. Actor. b. Sept. 21, 1889, Roma. d. Nov. 29, 1954, Roma, of cerebral thrombosis. Married actress Lina Tricerri. *I diavoli neri* (13), *Il sogno continua* (14), *Sul trapezio* (16), *I briganti* (16), *Il vortice del peccato* (16),

Odette (16), *Colui che ha tutto perduto* (17), *La gibigianna* (18), *La cantoniera n. 13* (19), *Gli ultimi zar* (28), *Il treno delle 21,15* (33), *Giallo* (33), *Amazzoni bianche* (36), *L'ultima carta* (38), *Pietro Micca* (38), *Il cavaliere di san Marco* (39), *Cose d'altro mondo* (39), *Forse eri tu l'amore* (39), *Melodie eterne* (40), *Abbandono* (40), *L'uomo del romanzo* (40), *La figlia del corsaro verde* (40), *La canzone rubata* (40), *Beatrice Cenci* (41), *Sancta Maria* (41), *Brivido* (41), *Ore 9 lezione di chimica* (41), *I pirati della Malesia* (41), *Le due tigri* (41), *I mariti* (41), *La fortuna viene dal cielo* (41), *L'ultimo addio* (41), *Le vie del cuore* (42), *Fedora* (42), *La freccia nel fianco* (43), *Abbasso la miseria* (45), *Il testimone* (45), *L'apocalisse* (47), *Sperduti nel buio* (47), *Il fiacre n. 13* (47), *La monaca di Monza* (47), *L'uomo dal guanto grigio* (48), *Le due sorelle* (50), *I bastardi* (50), *Fiamme sulla laguna* (50), *Salvate mia figlia* (51), *La grande rinuncia* (51), *Gli uomini non guardano il cielo* (51), *Nessuno ha tradito* (52), *Ergastolo* (52), *Gli eroi della domenica* (52), *Giuseppe Verdi* (53), *Ivan, il figlio del diavolo bianco* (54), *Il caso Maurizius* (54), *La campana di san Giusto* (54), *Le due orfanelle* (54), *Orient-Express* (55).

3979. Ruffo, Elio. Director. b. Jan. 1, 1921, Reggio Calabria. In 1947 he was Simonelli's assistant. *S.O.S. Affrico* (49 doc), *Modella vestita* (50 doc), *Tempo d'amarsi* (54 also p/w/story).

3980. Ruffo, Leonora. Actress. b. Jan. 13, 1935, Roma. RN: Eleonora Ruffo. AKA: Leonor Curtis. *Gli amanti di Ravello* (51), *Le meravigliose avventure di Guerrin Meschino* (51), *La regina di Saba* (52), *I vitelloni* (53), *Amori di mezzo secolo* (53), *Ricordami* (54), *Ciao pais...* (56), *Il diavolo nero* (57), *Sergente d'ispezione* (58), *Due selvaggi a corte* (58), *Il vedovo* (59), *Un dollaro a fifa* (60), *La vendetta di Ercole* (60), *Spade senza bandiere* (60), *Maciste contro il vampiro* (61), *Ercole al centro della terra* (61), *2+5: missione Hydra* (66).

3981. Rufini, Giulio. Director of photography. b. April 14, 1892, Albano Laziale. *Primo ed ultimo bacio* (16), *Le mogli e le arance* (17), *La storia di un peccato* (17), *Il colonnello Brideau* (17), *Le rose del miracolo* (17), *Maman Poupée* (17 co-ph), *Notte di tentazione* (19 co-ph), *Colui che seppe amare* (19), *San Giorgio* (19), *La piccola amica* (21), *Tragedia di bambola* (21), *La maschera che ride* (23), *Dalle cinque giornate alla breccia di Porta Pia* (23), *Le tappe della gloria e dell'ardire italici* (23), *Katiuscia* (23), *Ruganella* (24), *Garibaldi e i suoi tempi* (25 co-ph), *Da Icaro a De Pinedo* (27), *I martiri d'Italia* (27 co-ph), *Camicia nera* (33 co-ph), *Naufraghi* (38), *Fontane di Roma* (38 doc co-ph), *Animali pazzi* (39 co-ph), *L'ospite di una notte* (39), *L'Egitto a Roma* (48 doc), *Un giorno e un'aurora* (48 doc also d).

3982. Ruggeri, Osvaldo. Actor. *Il tiranno di Siracusa* (61), *Orazi e Curiazi* (61), *Roma come Chicago* (68), *La lupa mannara* (77).

3983. Ruggeri, Ruggero. Actor. b. Nov. 14, 1871, Fano. d. July 20, 1953, Milano. *L'istruttoria* (14), *Il sottomarino n. 27* (15), *Lulù* (15), *Papà* (15), *Amleto* (15), *Il principe dell'impossibile* (19), *La moglie bella* (24), *La via del peccato* (25), *L'uomo più allegro di Vienna* (25), *La donna di una notte* (30), *Quella vecchia canaglia* (34), *La vedova* (38), *Papà Lebonnard* (39), *Il documento* (39), *Una lampada alla finestra* (39), *La gerla di papà Martin* (40), *Processo e morte di Socrate* (40), *Se non son matti non li vogliamo* (41), *I promessi sposi* (41), *Quarta pagina* (42), *Gelosia* (42), *Sant'Elena piccola isola* (42), *La torre del teatro* (42 short), *Vanità* (46), *Le due verità* (51).

3984. Ruggeri, Telemaco. Director. b. Sept. 15, 1876, Narni. d. Oct. 15, 1957, Roma. One of the first to dub foreign films into Italian. *Florette e Patapon* (13 *), *Qui pro quo* (13 *), *Il treno degli spettri* (13 *), *Colei che tutto soffre* (14 *), *La corsa all'amore* (14 */story), *Pagine sparse* (14 *), *La legione della morte* (14 *), *San Giovanni decollato* (14), *Il cadavere scomparso* (16), *Amor barbaro* (16), *L'uomo papagallo* (17), *Il tank della morte* (17), *Il pastor fido* (18), *La maschera di Venere* (19), *Elevazione* (20), *Una pagina d'amore* (20), *Il dolce veleno* (21), *La verità nuda* (21), *La gabbia dorata* (22), *L'ospite sconosciuta* (23), *Pane altrui* (23), *Il barcaiuolo d'Amalfi* (24), *La muta di Portici* (24), *La locandiera* (28).

3985. Rühmann, Heinz. German actor. b. March 6, 1902, Essen. *Operazione San Pietro* (68).

3986. Runacre, Jenny. South African actress. b. Aug. 18, 1943, Cape Town. Long in the U.K. *I racconti di Canterbury* (71), *Professione: reporter* (75).

3987. Rupp, Sieghardt. Actor. *Per un pugno di dollari* (64), *Là, dove scende il sole* (65), *La ballata di Johnny Ringo* (66), *Mille dollari sul nero* (67), *Sette baschi rossi* (68), *Un killer per Sua Maestà* (68).

3988. Rushton, William. U.K. actor. b. 1937. *Quei temerari sulle loro pazze scatenate scalcinate carriole* (69).

3989. Ruspoli, Esmeralda. Actress. *L'avventura* (60), *Sir Francis Drake, il re dei sette mari* (63), *La Fleur de l'âge* (64 France), *I tre volti* (65 the episode "Gli amanti celebri"), *Una vergine per il principe* (65), *Arabella* (67), *Romeo e Giulietta* (68), *Amanti* (68), *Senza movente* (71), *La ragazza di nome Giulio* (73).

3990. Russel, Tony. U.S. actor. b. 1925. Father of actor Del Russel. *La leggenda di Fra Diavolo* (62), *L'ultima carica* (63), *Gli invincibili sette* (63), *La rivolta dei sette* (64), *Viaggi di nozze all'italiana* (64), *La sfinge sorride prima di morire—stop—Londra* (65), *Il giuramento di Zorro* (65), *I criminali della galassia* (65), *I diafanoidi portano la morte* (65), *Operazione Goldman* (66).

Russo, Adriana *see* **Russa, Adrienne**

3991. Russo, Mario. Actor. AKA: Mario L.F. Russo. *Guaglio* (48), *Arrivederci Roma* (58 co-w), *La maja desnuda* (58 asst d).

3992. Rustichelli, Carlo. Composer. b. Dec. 24, 1916, Carpi. AKA: Carl Rustic, Angel Oliver Piña. *Gli ultimi filibustieri* (41 co-composer), *Il figlio del corsaro rosso* (41 co-composer), *Gran Premio* (42), *Gioventù perduta* (47), *In nome della legge* (49 co-composer), *Totò cerca casa* (49), *Barriera a settentrione* (49), *Cuori senza frontiere* (49), *I fuorilegge* (50), *La cintura di castità* (50), *Atto d'accusa* (50), *Il cammino della speranza* (50), *Il leone di Amalfi* (50), *Domani è un altro giorno* (50 co-composer), *I falsari* (50), *Persiane chiuse* (51), *Cavalcata di mezzo secolo* (51 co-composer), *La città si difende* (51), *Lorenzaccio* (51), *Il brigante di Tacca del Lupo* (52), *Totò e le donne* (52), *Perdonami!* (52), *Puccini* (53), *Canzoni, canzoni, canzoni* (53), *Gran varietà* (53), *Gelosia* (53), *Black 13* (53 U.K.), *Gli innamorati* (55), *La vena d'oro* (55), *Il ferroviere* (56), *Guardia, guardia scelta, brigadiere e maresciallo* (56), *Marisa la civetta* (57), *L'uomo di paglia* (58), *Totò e Marcellino* (58), *La morte viene dallo spazio* (58), *Un uomo facile* (58 co-composer), *Arrangiatevi* (59), *Noi siamo due evasi* (59), *Esterina* (59), *Storie d'amore proibite* (59), *Un maledetto imbroglio* (59), *Annibale* (59), *La notte del grande assalto* (60), *Teseo contro il Minotauro* (60), *Kapò* (60), *Il ladro di Bagdad* (60), *Un amore a Roma* (60), *Femmine di lusso* (60), *Nefertite, regina del Nilo* (60), *Antinea, l'amante della città sepolta* (61), *Un giorno da leoni* (61), *Giorno per giorno disperatamente* (61), *Tiro al piccione* (61), *Rosmunda e Alboino* (61 co-composer), *Accattone* (61), *Il ratto delle sabine* (61), *I giganti della Tessaglia* (61), *Divorzio all'italiana* (61), *I moschettieri del mare* (61), *Pastasciutta nel deserto* (61), *Arrivano i titani* (62), *La perdita dell'innocenza* (62), *La bellezza d'Ippolita* (62), *Lo spadaccino di Siena* (62), *Mamma Roma* (62), *Mare matto* (62), *RoGoPaG* (62), *I tromboni di Fra' Diavolo* (62), *L'isola di Arturo* (62 co-composer), *La smania addosso* (62), *Finchè dura la tempesta* (63), *La calda vita* (63), *Coriolano, eroe senza patria* (63), *I predoni della steppa* (63), *La frusta e il corpo* (63), *Gli imbroglioni* (63), *I compagni* (63), *Maciste alla corte dello zar* (63), *Sei donne per l'assassino* (64), *I lunghi capelli della morte* (64), *Buffalo Bill, l'eroe del far west* (64), *Tre notti d'amore* (64), *La carica del 7 Cavalleggeri* (64 co-composer), *Il figlio di Cleopatra* (64), *La ragazza di Bube* (64), *Sedotta e abbandonata* (64), *Sedotti e bidonati* (64), *La notte del desperado* (65), *Letti sbagliati* (65), *Sette contro la morte* (65), *Made in Italy* (65 co-composer), *Io, io, io...e gli altri* (65), *Uccidi o muori* (66), *L'armata Brancaleone* (66), *Delitto quasi perfetto* (66), *Signore e signori* (66), *Le stagioni del nostro amore* (66), *L'uomo e una colt* (67), *L'uomo, l'orgoglio, la vendetta* (67), *Un treno per Durango* (67), *Due pistole e un vigliacco* (67), *The Secret War of Harry Frigg* (68 U.S.), *Dio perdona...io no* (68), *Satyricon* (68), *Vado, vedo e sparo* (68), *Stuntman* (68), *Sette uomini e un cervello* (68), *Serafino* (68), *Scacco internazionale* (68), *Ognuno per se* (68), *Un minuto per pregare, un istante per morire* (68), *L'isola* (68), *...Dai nemici mi guardo io!* (68), *I quattro dell'ave maria* (68), *La Battaglia di El Alamein* (68), *La collina degli stivali* (69), *A doppia faccia*

(69), *Probabilità zero* (69), *Certo, certissimo, anzi...probabile* (69), *Ninì Tirabusciò, la donna che inventò la "mossa"* (70), *Detenuto in attesa di giudizio* (71), *In nome del popolo italiano* (71), *Bastardo, vamos a matar* (71), *Er Più* (71), *Le castagne sono buone* (71), *In amore per ogni gaudenzia ci vuole sofferenza* (71 co-composer), *Vogliamo i colonnelli* (72), *Causa di divorzio* (72), *Avanti!* (72), *La "Mano nera," prima della mafia, più della mafia* (73), *Mordi e fuggi* (73), *Delitto d'amore* (74), *Permette signora che ami vostra figlia* (74), *Salvo d'acquisto* (75), *Giubbe rosse* (75), *Zanna Bianca alla riscossa* (75), *Amici miei* (75), *Una donna alla finestra* (77), *La gang del parigino* (78), *Adolfo Hitler alias il mio zio* (78), *Bosco d'amore* (81), *La neve nel bicchiere* (83 co-composer), *Amici miei, atto III* (85 co-composer), *La donna delle meraviglie* (85 co-composer).

3993. Rutherford, Margaret. U.K. actress. b. May 11, 1892, Balham, London. d. Dec. 2, 1972, London. *Arabella* (67).

3994. Rutili, Benedetta. Actress. b. Dec. 15, 1930, San Benedetto del Tronto. AKA: Benny Rutili. Graduated from the Centro Sperimentale in 1951. *La grande rinuncia* (51), *Vendetta...sarda* (51), *Non ho paura di vivere* (52), *Ai margini della metropoli* (52), *Tragico ritorno* (52), *Passione* (53), *Ho pianto per te* (55), *Mariti in città* (57), *Non perdiamo la testa* (59), *I ragazzi del juke-box* (59), *Urlatori alla sbarra* (60).

3995. Ruttmann, Walter. German director. b. Dec. 28, 1887, Frankfurt. d. July 15, 1941, Berlin. *Acciaio* (33 also co-w).

3996. Ruzzolini, Giuseppe. Director of photography. *Francesco d'Assisi* (66 TV), *Edipo re* (67), *Amore e rabbia* (67), *Teorema* (68), *Mangiala!* (68 co-ph), *Sissignore!* (68), *Banditi a Milano* (68), *Porcile* (69 co-ph), *Quemada* (69 co-ph), *Una su tredici* (69), *Contestazione generale* (70), *Giù la testa* (71), *Lo scopone scientifico* (72), *Che?* (72 co-ph), *Le monache di sant'Arcangelo* (72), *Il terrore con gli occhi storti* (72), *Bisturi, la mafia bianca* (73), *Il fiore delle mille e una notte* (73), *Il mio nome è Nessuno* (73 co-ph), *Allonsanfan* (74), *Un genio, due compari, un pollo* (75), *Il comune senso di pudore* (76 co-ph), *Autostop rosso sangue* (76 co-ph), *Basta che non si sappia in giro* (76), *Cara sposa* (78), *Il ritorno di Casanova* (78), *Due pezzi di pane* (78 co-ph), *Il figlio dello sceicco* (78), *Come perdere una moglie e trovare un'amante* (78), *Letti selvaggi* (78 co-ph), *Il corpo della ragassa* (80), *Culo e camicia—il televeggente* (81), *Quel pasticciaccio brutto di via Merulana* (83), *La donna delle meraviglie* (85), *La signora della notte* (85), *Tutta colpa del paradiso* (86), *Le Mal d'aimer* (87 France), *Stregati* (87), *Un tassinaro a New York* (87), *Bye Bye Baby* (89).

3997. Ryan, Mitchell. U.S. actor. *Il giorno dei lunghi fucili* (71).

3998. Ryan, Robert. U.S. actor. b. Nov. 11, 1909, Chicago, Ill. d. July 11, 1973, N.Y.C. *La guerra segreta* (65), *Lo sbarco di Anzio* (68), *Un minuto per pregare, un istante per morire* (68).

3999. Sabatelli, Luca. Costume designer. *Mogliamante* (76), *Dimenticare Venezia* (79), *Mani di velluto* (80), *Mia moglie è una strega* (80), *Nudo di donna* (81), *Acqua e sapone* (83).

4000. Sabatello, Dario. Producer. b. Oct. 26, 1911, Roma. *La rivale dell'imperatrice* (50 co-p), *Il ladro di Venezia* (50), *L'incantevole nemica* (53 general organizer), *L'eroe della Vandea* (53 general organizer), *Le avventure di Giacomo Casanova* (54 general organizer), *Il visconte di Bragelonne* (54 general organizer), *Tormento d'amore* (56), *Buongiorno, primo amore* (57), *Marinai, donne e guai* (58), *Noi siamo due evasi* (59), *I tromboni di Fra' Diavolo* (62).

Sabatini, Enrico *see* **Sabbatini**
Sabatini, Mario *see* **Zeglio, Primo**

4001. Sabàto, Antonio. Actor. b. 1943. *I tre centurioni* (64), *Gli invincibili fratelli Maciste* (64), *Sette contro tutti* (64), *2+5: missione Hydra* (66), *Lo scandalo* (66), *Grand Prix* (66 U.S.), *Ballata per una pistolero* (67), *Odio per odio* (67), *Al di là della legge* (68), *Barbarella* (68), *Due volte giuda* (68), *La monaca di Monza* (68), *Vado, vedo e sparo* (68), *Certo, certissimo, anzi...probabile* (69), *Lovemaker, l'uomo per fare l'amore* (69), *E venne il giorno dei limoni neri* (70), *Quando gli uomini amarano la clava...e con le donne fecero din-don* (71), *L'occhio del ragno* (71), *Sette orchidee macchiate di rosso* (72), *I familiari delle vittime non saranno avvertiti* (72), *I senza dio* (72), *Das Raetsel des silbernen*

Halbmonds (72 Germany), *Tutti fratelli nel west...per parte di padre* (72), *Milano rovente* (73), *Questa volta ti faccio ricco* (73), *Milano: il clan dei calabresi* (74), ... *A tutte le auto della polizia* (75), *I violenti di Roma bene* (76), *Quelli dell'antirapina* (76), *I quattro del clan del cuore di pietra* (77), *Ritornano quelli della calibro 38* (78), *Canne mozze* (78), *La guerra dei robot* (78), *Napoli...la camorra sfida, la città risponde* (79), *I contrabbandieri di Santa Lucia* (79), *La tua vita per mio figlio* (80), *Fuga dal Bronx* (83), *Thunder Warrior* (83 U.S.), *Tuareg—il guerriero del deserto* (84).

4002. Sabbatini, Enrico. Costume designer. AKA: Enrico Sabatini. *Baciami le mani* (72), *La pupa del gangster* (75 art d), *Mosè* (76), *Una giornata speciale* (76), *Cristo si è fermato a Eboli* (79), *Marco Polo* (82), *Cronaca di una morte annunciata* (87), *Dimenticare Palermo* (90).

4003. Sabbatini, Ernesto. Actor. b. Sept. 8, 1878, Padova. d. Oct. 5, 1954, Milano. Married Lena Adani, sister of Laura Adani. *Amore senza stima* (14), *La donna che non ebbe cuore* (17), *Il ferro* (17), *Ballerine* (18), *L'amore di Loredana* (19), *Piccola mia* (32), *Fanny* (33), *Il trattato scomparso* (33), *Come le foglie* (34), *Pierpin* (35), *Tredici uomini e un cannone* (35), *L'albero di Adamo* (37), *Torna, caro ideal...!* (39), *Il romanzo di un giovane povero* (42), *Maria Malibran* (43), *Non mi muovo!* (43), *Monte Miracolo* (43), *Nessuno torna indietro* (43), *Una piccola moglie* (43), *Cronaca di due secoli* (43 finished in 53 and never shown), *Rocambole* (47), *La mano della morta* (49), *Avanzi di galera* (54), *Foglio di via* (54).

4004. Sabbatini, Marcella. Child actress. b. 1915. *Germana* (19), *Fiaccola umana* (19), *Beatrice* (19), *La figlia della tempesta* (20), *I dannati* (20), *Raffica sulla felicità* (19), *Papà Lebonnard* (20), *La principessa misteriosa* (20), *Sorella contro sorella* (20), *La blessure* (20), *La via del dolore* (22), *Il trittico di Bonnard* (23 the episode "Signor Ladro"), *Maremma* (23), *La bocca chiusa* (24), *Quo vadis?* (24), *Fra Diavolo* (25), *Il focolare spento* (25), *La cavalcata ardente* (25), *Perchè no?* (30 her only sound film).

4005. Sabel, Virgilio. One of the leading documentary directors of the postwar period. b. Ricadi. *Lezione di geometria* (48 co-d), *Millesimo di millimetro* (50 co-d), *Le ricerche del metano e del petrolio* (51), *Una lezione di acustica* (51 also p), *Il figlio dell'uomo* (53 feature film also p), *Quinto non ammazzare* (54), *La morte viene dallo spazio* (58 feature film story), *In Italia si chiama amore* (63), *Latina: dall'uranio all'energia elettrica* (63 co-d).

4006. Sabouret, Marie. French actress. b. 1924, Paris. *Fate largo ai moschettieri* (53), *La bella Otero* (54), *Frou Frou* (55).

4007. Sabu. Indian actor. b. Jan. 27, 1924, Karapur, Mysore. d. Dec. 2, 1963, Chatsworth, Calif., U.S.A. RN: Sabu Dastagir. Son of a mahout. He was seen mostly in U.S. and U.K. films. *Buongiorno, elefante!* (52), *Il tesoro del Bengala* (52), *Il mistero dei tre continenti* (59).

4008. Sachs, Andrew. German actor. b. 1930. Long in the U.K. In movies since 1947. Famous as Manuel in TV's *Fawlty Towers*. *Gli ultimi dieci giorni di Hitler* (72).

4009. Sachs, Leonard. South African actor. b. Sept. 26, 1909, Transvaal. Long in the U.K. *Cinque ore in contanti* (60).

4010. Sacripante, Umberto. Actor. b. Oct. 2, 1904, Roma. RN: Umberto Sacripanti. *La canzone dell'amore* (30), *Corte d'assise* (30), *Das Lied ist aus* (30 Germany), *Terra madre* (31), *Figaro e la sua gran giornata* (31), *L'armata azzurra* (32), *Fanny* (33), *Vecchia guardia* (34), *Aldebaran* (35), *I condottieri* (36), *La danza delle lancette* (36), *Il diario di una donna amata* (36), *La grande conquista* (37), *Tutta la vita in una notte* (38), *Terra di nessuno* (38), *Montevergine* (39), *La taverna rossa* (39), *Un'avventura di Salvator Rosa* (40), *La zia smemorata* (41), *La corona di ferro* (41), *La cena delle beffe* (41), *Mas* (41), *Nozze di sangue* (42), *Quattro passi fra le nuvole* (42), *La maestrina* (42), *Monte Miracolo* (43), *Umanità* (46), *Le vie del peccato* (46), *Caccia tragica* (47), *Fabiola* (48), *Il ladro di Venezia* (50), *Prima comunione* (50), *Anna* (51), *Altri tempi* (51), *L'ingiusta condanna* (52), *La muta di Portici* (52), *La cavallina storna* (53 also co-w), *Il falco d'oro* (55), *La fortuna di essere donna* (55), *Suor Maria* (56), *Guerra e pace* (56), *Von der Liebe besiegt* (56 Germany), *Peppino e la vecchia signora* (57 made in 54), *I misteri di Parigi* (57), *A Farewell to Arms* (57 U.S.).

4011. Saffo-Momo, Irene. Actress.

RN: Countess Irene Saffo-Momo Federici Di Martorano. She belonged to a cadet branch of an ancient noble Roman family. *I novanta giorni* (16), *La figlia di Jorio* (16), *I mohicani di Parigi* (17), *Addio, mia bella Napoli* (17), *L'angoscia di Satana* (17), *Lorenzaccio* (18), *I Borgia* (18).

4012. Safra, Michel. French producer. b. May 16, 1899, Kiev, Ukraine. *Il grande giuoco* (53 co-p), *Fascicolo nero* (55 co-p), *Paris Palace Hotel* (56 co-p).

4013. Sagan, Françoise. French writer. b. June 21, 1935, Carjat. RN: Françoise Quoirez. *Il testamento di Orfeo* (60 *), *Le piace Brahms?* (61 based on her novel), *Il castello in Svezia* (63 based on her novel).

4014. Saget, Roger. French actor. b. March 10, 1913, Thouars. A former manufacturer of motor oil, he was thrown into a Nazi concentration camp during the war, and there began acting. *Rasputin* (54), *Fascicolo nero* (55).

4015. Sainati, Alfredo. Actor. b. Nov. 28, 1868, Sestri Ponente. d. Jan. 10, 1936, Bertinoro. *Il cliente* (11), *Per un'ora d'amore* (14), *Passione fatale* (14), *Sonata a Kreuzer* (19), *Mastro Landi* (35).

4016. Saint-Cyr, Renée. French actress. b. Nov. 16, 1907, Beausoleil, Monaco. RN: Marie-Louise Raymonde Renée Vittoret. *Rose scarlatte* (40), *Il cavaliere di Maison Rouge* (53), *Lafayette, una spada per due bandiere* (61).

4017. St. John, Howard. U.S. actor. b. Oct. 9, 1905, Chicago. Ill. d. 1974. *Lafayette, una spada per due bandiere* (61), *Matchless* (66).

4018. Saint-Laurent, Cécil. Prolific French novelist. b. Jan. 6, 1919. RN: Jacques Laurent. *Lucrezia Borgia* (53 co-w), *Frou Frou* (55 story), *La figlia di Mata Hari* (55 story), *Storie d'amore proibite* (59 story).

4019. Saint-Luc, André. French actor. b. Jan. 6, 1901, Bordeaux. *I denti lunghi* (52), *La contessa di Castiglione* (55), *Margherita della notte* (55).

4020. Sakall, S.Z. Hungarian actor. b. Feb. 2, 1884, Budapest. d. Feb. 12, 1955, Hollywood, Calif. RN: Eugen Gerö Szakáll. AKA: "Cuddles" Sakall, Soke Sakall, Szöke Sakall. Began as a comic actor in Budapest, rapidly achieving great local fame. In movies since 1916. Worked much in Berlin and Vienna. In Hollywood from 1939. *Maria Bashkirtseff* (35).

4021. Saks, Gene. U.S. director. b. Nov. 8, 1921, N.Y.C. *Tchin-tchin* (91).

4022. Sala, Franz. Actor. b. Dec. 17, 1886, Alessandria (Piemonte). d. Nov., 1952, Roma. RN: Francesco Sala. After 11 years of seminary, he went to South America in 1906, and became, among other things, a journalist, teacher, merchant, actor, fisherman in Antarctic waters, and he took part in two revolutions, the second one being in Mexico with Peppino Garibaldi. He returned to Italy in 1912. *Siegfried* (12), *Il cadavere vivente* (13), *Colpa e mistero* (16), *Primavera* (16), *La morte del duca d'Ofena* (16), *La menzogna* (16), *Il presagio* (16), *Lucciola* (16), *Tigrana* (16), *La flotta degli emigranti* (17), *Le due orfanelle* (17), *Il trono e la seggiola* (18), *Il volto del passato* (18), *Nel gorgo* (18), *Il trust degli smeraldi* (19), *Lo scaldino* (20), *La pioggia di diamanti* (20), *Il fango e le stelle* (20), *Zingari* (20), *La chiromante* (21), *Le campane di San Lucio* (21), *Il segreto del morto* (21), *Marthù che ha visto il diavolo* (22), *Il capolavoro di Saetta* (23), *International Grand Prix* (23), *La locanda delle ombre* (23), *Povere bimbe* (23), *Treno di piacere* (23), *La taverna verde* (24), *Saetta impara a vivere!* (24), *La casa dei pulcini* (24), *Caporal Saetta* (24), *Maciste contro lo sceicco* (25), *Maciste all'inferno* (25), *Beatrice Cenci* (26), *Maciste nella gabbia dei leoni* (26), *Frate Francesco* (26), *I martiri d'Italia* (27), *I rifiuti del Tevere* (27), *Gli ultimi zar* (28), *Giuditta e Oloferne* (28), *Madre italiana* (28), *Mese mariano* (29), *Serenata tzigana* (29 short), *La canzone dell'amore* (30), *Corte d'assise* (30), *Terra madre* (31), *La fanciulla dell'altro mondo* (33), *Abuna Messias* (39).

4023. Sala, Vittorio. Director. b. July 1, 1918, Palermo. *Palermo normanna* (38 doc), *Una storia di Pinturicchio* (doc n.d.), *La luce negli impressionisti* (doc n.d.), *Nebbia a Venezia* (doc n.d.), *Ritmi di New York* (doc n.d.), *Notturno* (49 doc), *Il piccolo sceriffo* (50 children's short), *Venezia, la gondola* (51 doc), *Immagini e colore* (53 doc), *Tempo di tonni* (55 doc), *La città del cinema* (55 doc), *Donne sole* (55 also co-w/story), *Capodimonte* (57 doc), *Costa Azzurra* (59 also co-w/co-story), *La regina delle amazzoni* (60), *I dongiovanni della Costa Azzurra* (62 also co-w/co-story), *Canzoni nel mondo* (62), *Il treno del sabato*

(63), *Berlino—appuntamento per le spie* (65), *Sport superstar* (78).

4024. Salce, Luciano. Director. b. Sept. 25, 1922, Roma. In Brazil 1950–54. *Angela* (52 Brazil *), *Uma pulga na balança* (53 Brazil), *Floradas na serra* (53 Brazil), *Piccola posta* (55 *), *Guardia, ladro e cameriera* (58 *), *Totò nella luna* (58 *), *Tipi da spiaggia* (59 *), *I baccanali di Tiberio* (59 *), *Le pillole di Ercole* (60 also co-w), *Il carabiniere a cavallo* (61 *), *Il federale* (61 also co-w/*), *La voglia matta* (62 also co-w/*), *La cuccagna* (62 also co-w/*), *Le ore dell'amore* (63 also co-w/*), *Il giorno più corto* (63 *), *Le monachine* (63), *Alta infedeltà* (64 the episode "La sospirosa"), *Slalom* (65), *El Greco* (65 also co-w), *Oggi, domani e dopodomani* (65 the episode "La moglie bionda" d/co-w/*), *Le fate* (67 the episode "Fata Sabina" d/co-w), *Le dolci signore* (67 *), *Ti ho sposato per allegria* (68 also co-w), *La pecora nera* (68 also co-w), *Colpo di stato* (68 also co-w/appeared as himself), *Oh, dolci baci e languide carezze* (69 *), *Il prof. dott. Guido Tersilli, primario della clinica Villa Celeste (delle piccole ancelle dell'amore miseriocordioso) convenzionata con la mutua* (69), *Il prete sposato* (70 *), *Homo eroticus* (71 *), *Basta guardarla* (71 also co-w/*), *Il provinciale* (71 also *), *Io e lui* (73), *Bisturi, la mafia bianca* (73 *), *Uomini duri...altrimenti vi ammuchiamo* (73 *), *L'anatra all'arancia* (74 co-d), *Tragico Fantozzi* (75 also co-w), *Il secondo tragico Fantozzi* (76), *La presidentessa* (76), *Italiano come me* (77 also *), *L'amante latino* (77 *), *Il...bel paese* (78), *Dove vai in vacanza?* (78 the episode "Sì buana"), *Ridiamo insieme* (79 *), *Professor Kranz tedesco di Germania* (79), *Riavanti...marsch!* (79), *Rag. Arturo De Fanti bancario—precario* (80 also co-w), *Quasi quasi mi sposo* (82 *), *The Innocents Abroad* (83 U.S. TV).

4025. Salerno, Enrico Maria. Actor. b. Sept. 18, 1926, Milano. *La tratta delle bianche* (52), *Siluri umani* (54), *L'estate violenta* (59), *Era notte a Roma* (59), *L'assedio di Siracusa* (60), *Le signore* (60), *Saffo, venere di Lesbo* (60), *La sposa bella* (60), *La lunga notte del 43* (60), *L'assassino* (60), *Ercole alla conquista di Atlantide* (61), *Odissea nuda* (61), *Smog* (62), *Una vita violenta* (62), *La bellezza d'Ippolita* (62), *L'amore difficile* (62), *Le Masque de fer* (63 France), *Violenza segreta* (63), *Il fornaretto di Venezia* (63), *Il vangelo secondo Matteo* (64), *La costanza della ragione* (64), *Tre notti d'amore* (64 the episode "La moglie bambina"), *Ça ira: il fiume della rivolta* (64 narrator), *Per un pugno di dollari* (64 dubbed Clint Eastwood into Italian), *La fuga* (65), *Casanova 70* (65), *Io la conoscevo bene* (65), *Su e giù* (65 the episode "Il sogno"), *La bugiarda* (65), *Le stagioni del nostro amore* (66), *Lo scippo* (66), *L'armata Brancaleone* (66), *Tre pistole contro Cesare* (66), *Il grande colpo dei sette uomini d'oro* (66), *Crepa tu...che vivo io* (67), *La notte pazza del conigliaccio* (67), *Le fate* (67), *L'estate* (67), *Sentenza di morte* (67), *Le Plus Vieux Métier du monde* (67 France), *Un treno per Durango* (67), *Candy* (68), *La Battaglia di El Alamein* (68), *Svezia—inferno e paradiso* (68 doc spoke commentary), *Vedo nudo* (69), *Nell'anno del signore* (69), *L'uccello dalle piume di cristallo* (69), *Il prete sposato* (70), *Contestazione generale* (70), *Ciao Gulliver* (70), *Noi donne siamo fatte così* (71), *A cuore freddo* (71), *L'assassinio di Trotsky* (72), *La violenza: quinto potere* (72), *La polizia ringrazia* (72), *La polizia sta a guardare* (73), *Bisturi, la mafia bianca* (73), *Il contatto carnale* (73), *No, il caso è felicemente risolto* (73), *Cari genitori* (73 d), *Ingrid sulla strada* (73), *La notte dell'ultimo giorno* (73), *La polizia è al servizio del cittadino?* (73), *Il corpo* (74), *Hold-up instantaneo di una rapina* (74), *Un uomo, una città* (74), *Salvo d'acquisto* (75), *L'ultimo treno della notte* (75), *...A tutte le auto della polizia* (75), *Un prete scomodo* (76), *La polizia interviene: ordine di uccidere* (76), *Brogliaccio d'amore* (76), *Che notte quella notte* (76), *Una vita venduta* (77), *Una donna di seconda mano* (77), *Eutanasia di un amore* (78 co-d), *Amori miei* (79), *Cocco mio* (79), *Tesoromio* (80), *Il corpo della ragassa* (80), *L'ultima volta insieme* (81), *I carabinieri* (81), *Quasi quasi mi sposo* (82), *Sballato, gassato completamente fuso* (82), *Legati da tenera amicizia* (83), *Scuola di ladri* (86), *Scuola di ladri, seconda parte* (87), *Il volpone* (88).

4026. Salina, Michel. French actor. b. Aug. 18, 1907, Mézières, Switzerland. *I gioielli di Madame De...* (52).

4027. Salinas, Jone. Actress. b. March 8, 1918, Reggio Calabria. RN: Jone Martello.

Un'avventura di Salvator Rosa (40), *Fortuna* (40), *Melodie eterne* (40), *L'elisir d'amore* (40 unfinished), *L'arcidiavolo* (41), *L'allegro fantasma* (41), *L'ultimo combattimento* (41), *Sissignora* (41), *L'amore canta* (41), *Gioco pericoloso* (41), *Soltanto un bacio* (42), *La danza del fuoco* (42), *Senza una donna* (43), *A Man About the House* (47 U.K. In Italy this film was known as *Vendetta nel sole*), *L'apocalisse* (47), *Ruy Blas* (47), *Vertigine d'amore* (48), *In nome della legge* (49), *Due sorelle amano* (49), *La taverna della libertà* (50), *Persiane chiuse* (51), *Gli uomini, che mascalzoni!* (53), *Sinfonia d'amore* (54).

4028. Salkow, Sidney. U.S. director. b. June 16, 1909, N.Y.C. *La strada buia* (49 co-d), *La rivale dell'imperatrice* (50 co-d), *L'ultimo uomo della terra* (64).

4029. Sallas, Dennis. U.S. actor. b. 1928. *Gli intoccabili* (68).

4030. Sallis, Zoe. U.K. actress. b. 1939. *La bibbia* (66), *La statua* (70).

4031. Sallusti, Massimo. Director of photography. b. Feb. 19, 1920, Roma. Formerly an actor. Did much TV. *Io t'ho incontrata a Napoli* (46 *), *Ma chi te lo fa fare?* (48 *), *Amori e veleni* (49 *), *Turri il bandito* (50 *), *Lebbra bianca* (50 *), *Il barcaiolo d'Amalfi* (55), *Gli innamorati* (55), *Tempo di villeggiatura* (56), *Il principe fusto* (60), *Italia proibita* (63 doc co-ph).

4032. Salou, Louis. French actor. b. 1902, Quimper. d. Oct. 21, 1948, Paris. RN: Louis Goulven. *La certosa di Parma* (47), *Fabiola* (48), *Gli amanti di Verona* (48).

4033. Saltamerenda, Gino. Actor. *Ladri di biciclette* (48), *Enrico Caruso, leggenda di una voce* (51).

4034. Salvador, Henri. French actor. b. July 18, 1917, Cayenne, French Guiana. Younger brother of singer André Salvador. *Europa di notte* (58), *Il segugio* (62 also composer).

4035. Salvatore, Gabriele. Director. *Sogno di una notte di mezza estate* (83 also co-w), *Marrakesh Express* (89), *Turnè* (90 also co-w).

4036. Salvatori, Fausto. Story writer. b. Jan. 20, 1870, Roma. d. June 3, 1929, Roma. *Christus* (15), *Fabiola* (17), *Redenzione* (18 co-story), *La danza delle ore* (18 also co-d), *I Borgia* (18), *I Borgia* (19 another film entirely), *L'erma bifronte* (20), *Il sacco di Roma e Clemente VII* (21), *La mirabile visione* (21).

4037. Salvatori, Jack. Director. b. 1901, Roma. RN: Giovanni Salvatori Manners. Came from an Italian-Irish family. He acted in Hollywood in the post WWI years, and was Rex Ingram's assistant on *The Four Horsemen of the Apocalypse* in 1921, and assistant to Fred Niblo on *Ben-Hur* in 1925, as well as being an actor in that film. He returned to Europe, working in several capacities, until his directorial debut. *Il richiamo del cuore* (30), *La donna bianca* (30), *Il segreto del dottore* (30), *La vacanza del diavolo* (31), *Umanità* (46 also co-w/ story).

4038. Salvatori, Renato. Actor. b. March 20, 1933, Porte dei Marmi. d. March 27, 1988, Roma. "Discovered" by Luciano Emmer in 1951. Married Annie Girardot. *Le ragazze di piazza di Spagna* (51), *I tre corsari* (52), *Jolanda, la figlia del corsaro nero* (52), *Gli uomini, che mascalzoni!* (53), *La domenica della buona gente* (53), *Opinione pubblica* (53), *Era di venerdì 17* (56), *Poveri ma belli* (56), *La nonna Sabella* (57), *Marisa la civetta* (57), *Classe di ferro* (57), *Mariti in città* (57), *Belle ma povere* (57), *I soliti ignoti* (58), *Io, mammeta e tu* (58), *Mogli pericolose* (58), *Nella città l'inferno* (58), *Promesse di marinaio* (58), *La nipote Sabella* (58), *Policarpo, ufficiale di scrittura* (59), *Poveri milionari* (59), *Vacanze d'inverno* (59), *I magliari* (59), *Audace colpo dei soliti ignoti* (59), *Era notte a Roma* (59), *Vento del sud* (59), *Rocco e i suoi fratelli* (60), *La Ciociara* (61), *Un giorno da leoni* (61), *Smog* (62), *Il disordine* (62), *La banda Casaroli* (62), *RoGoPaG* (62), *Uno dei tre* (63), *Il giorno più corto* (63), *Les Grands Chemins* (63 France), *Omicron* (63), *I compagni* (63), *Tre notti d'amore* (64 the episode "La vedova"), *Il baro* (64), *Una bella grinta* (65), *Extraconiugale* (65 the episode "La moglie svedese"), *Bel Ami 2000* (66 France), *Cento ragazze per un playboy* (66), *La ragazza del bersagliere* (67), *L'harem* (67), *Z* (68 France), *Queimada* (69), *L'amerikano* (69), *Il faro in capo al mondo* (71), *Gli scassinatori* (71), *La prima notte di quiete* (72), *État de siège* (73 France), *Una breve vacanza* (73), *Il sospetto* (75), *Flic story* (75 France), *L'ultima donna* (75), *Todo modo* (76), *Cadaveri eccellenti* (76), *Uomini si nasce, poliziotti si muore* (76), *Lo zingaro* (76), *Armaguédon* (77 France), *Le Soupçon* (77 France), *La cicala*

(78), *Ernesto* (79), *La luna* (79), *Oggetti smarriti* (79), *Tragedia di un uomo ridicolo* (81), *Asso* (81).

4039. Salvi, Alberto. Director. b. Dec. 10, 1890, Foligno. d. Feb., 1946, Roma. *La moglie di Sua Eccellenza* (13 asst to the director), *Tre fratelli in gamba* (38 also w/story), *La reggia sul fiume* (40 also co-w), *Il treno crociato* (43 co-w).

4040. Salvi, Erminio. Director. *David e Golia* (59 p), *Il terrore dei barbari* (59 co-d), *I tartari* (60 co-w), *Vulcano, figlio di Giove* (61), *Le sette fatiche di Alì Babà* (63), *Sindbad contro i sette saraceni* (65), *Il tesoro della Foresta Pietrificata* (65), *Johnny Texas* (71 also co-w).

4041. Salvietti, Agostino. Actor. b. Aug. 28, 1882, Napoli. *Napoli verde—blu* (35), *Non ti conosco più* (36), *Musica in piazza* (36), *Gli ultimi giorni di Pompeo* (37), *Inventiamo l'amore* (38), *Paura d'amare* (41), *Fra' Diavolo* (42), *Sperduti nel buio* (47), *Dove sta Zazà* (47), *Anni difficili* (47), *L'uomo dal guanto grigio* (48), *L'isola di Montecristo* (48), *Le due madonne* (49), *Processo alla città* (52), *Un marito per Anna Zaccheo* (53), *Anni facili* (53), *Totò, Vittorio e la dottoressa* (58), *Totò a Parigi* (58), *Totò nella luna* (58), *Io, mammeta e tu* (58), *Quel tesoro di papà* (59), *Il giudizio universale* (61), *Gli onorevoli* (63), *Ieri oggi e domani* (63 the episode "Adelina").

4042. Salvini, Guido. Director. b. May 12, 1893, Firenze. Son of Gustavo Salvini, and grandson of the great stage actor Tommaso Salvini. *La regina della Scala* (37 co-d), *Orizzonte dipinto* (41), *Quartetto pazzo* (45 also w/story), *Clandestino a Trieste* (51), *Adriana Lecouvreur* (55 also p), *Il conte Aquila* (55 also p/co-w).

4043. Salvini, Gustavo. Actor. b. May 24, 1859, Civitavecchia. d. Dec. 18, 1930, Marina di Pisa. Married Ida Bertini. *Il cammino delle stelle* (18), *Père Goriot* (19), *La casa in rovina* (19), *La bottega dell'antiquario* (20), *Il centauro* (20), *Il romanzo di un giovane povero* (20), *Sotto la maschera* (20), *Cesare Birotteau* (21), *La mirabile visione* (21), *Senza domani* (21), *Il solco e la sementa* (21), *Re Lear* (22).

4044. Salvini, Sandro. Actor. b. Aug. 6, 1890, Pisa. d. July 24, 1955, Roma. RN: Alessandro Salvini. Brother of Guido Salvini. *Dora o le spie* (17), *Lisa Fleuron* (19), *Anima allegra* (19), *La contessa Sara* (19), *Serpe* (19 also co-story), *Il conquistatore del mondo* (19), *Tragedia senza lacrime* (19), *Il giogo* (19), *La casa in rovina* (19), *Beatrice* (19), *La fanciulla, il poeta e la laguna* (20), *I dannati* (20), *Sorella contro sorella* (20), *Le due sorelle* (21 also d), *L'isola di Progne* (21 also d/story), *Il nulla* (21 story), *S. Ilario* (22), *L'incognita* (22), *Nero* (22 U.S.), *The Shepherd King* (23 U.S.), *Nanù, la cugina d'Albania* (28), *La straniera* (29), *La riva dei bruti* (30), *La donna bianca* (30), *Il richiamo del cuore* (30), *La vacanza del diavolo* (31), *Terra madre* (31), *La mia vita sei tu* (34), *Lorenzino de' Medici* (34), *La regina della Scala* (37), *Kean, gli amori di un artista* (40), *Sancta Maria* (41), *Redenzione* (42), *Non c'è amore più grande* (55).

4045. Sambrell, Aldo. Spanish actor. b. 1937. *I pascoli rossi* (63), *Gringo* (63), *I due violenti* (64), *I sentieri dell'odio* (64), *All'ombra di una colt* (65), *Per qualche dollaro in più* (65), *Nebraska il pistolero* (66), *Il buono, il brutto, il cattivo* (66), *100.000 dollari per Lassiter* (66), *Un dollaro a testa* (66), *Quien sabe?* (66), *Dinamite Jim* (66), *Surcouf, l'eroe dei sette mari* (67), *I crudeli* (67), *Superargo e i giganti senza volto* (67), *Faccia a faccia* (67), *Un treno per Durango* (67), *Colpo sensazionale al servizio del Sifar* (68), *Quando Satana impugna la colt* (68), *Quindici forche per un assassino* (68), *Il faro in capo al mondo* (71), *...E continuavano a fregarsi il milione di dollari* (72), *Arizona Colt si scatena, e li fece fuori tutti* (73), *Lo chiamavano Mezzogiorno* (74), *Sella d'argento* (78), *Tex e il signore degli abissi* (85).

4046. Sambucini, Kally. Actress. b. Aug. 18, 1892, Roma. RN: Calliope Sambucini. Companion of Emilio Ghione. *La sposa della morte* (15), *La banda delle cifre* (15), *Za-la-Mort* (15 serial), *Anime buie* (15), *Alla capitale* (15), *L'imboscata* (16), *La rosa di granata* (16), *Sulla via maestra* (16), *La grande vergogna* (16), *I topi grigi* (17 in 8 episodes: "La busta nera"; "La tortura"; "Il covo"; "La rete di corda"; "La corsa al milione"; "Aristocrazia canaglia"; "6.000 volt"; "A mezza quaresima"), *L'ultima impresa* (17), *Il numero 121* (17), *Il triangolo giallo* (17 in 4 episodes: "Il cavaliere del triangolo"; "L'acqua che parla"; "Il mattone insanguinato"; "La rivincita di Za"), *La santa* (17), *Nel gorgo* (18), *Cassache di* *cuoio* (19), *Dollari e fraks* (19 in 4 episodes: "La X di un delitto"; "La mano guantata"; "I quaranta pugnali"; "La sedia elettrica"), *L'ultima livrea* (19), *Lo scaldino* (20), *Il castello di bronzo* (20 in 2 episodes: "13 minuti prima di notte"; "La notte di un castello"), *Myriam Savary* (20), *Il principe nero* (20), *Il quadrante d'oro* (20), *Sua Eccellenza la morte* (20), *Lo straniero senza nome* (20), *Un frak ed un apache* (20), *L'uomo della tempesta* (20), *Senza pietà* (20), *Maschere bianche* (21), *Za-la-Mort contro Za-la-Mort* (21), *Un dramma di mistero e d'avventura* (21), *I quattro tramonti* (22), *La casa errante* (22), *Il club dei suicidi* (22), *La guancia segnata* (22), *La maga e il grifo* (22), *Ultimissime di notte* (22), *L'incubo di Za-la-Vie* (23), *Le due catene* (23), *Za-la-Mort e Za-la-Vie* (24), *L'ergastolano innocente* (24), *La via del peccato* (25), *La nostra patria* (25), *Notte di fiamme* (42 unfinished).

4047. Samie, Catherine. French actress. *Le donne degli altri* (57), *Sette volte donna* (67).

4048. Samoilova, Tatiana. Russian actress. b. 1934, Leningrad. *Italiani brava gente* (65).

4049. Samperi, Salvatore. Director. *Grazie, zia* (67 also co-w/co-story), *Partner* (68 *), *Cuore di mamma* (68 also co-story), *Un'anguilla da trecento milioni* (69 also co-w), *Uccidete il vitello grasso e arrostitelo* (70), *Malizia* (72), *Peccato veniale* (73), *Scandalo* (75 also co-w), *Sturmtrüppen* (76), *La signora dei vagoni letto* (77), *Nenè* (77 also co-w), *Ernesto* (79 also co-w), *Liquirizia* (79), *Amore in prima classe* (80), *Casta e pura* (81), *Sturmtrüppen n. 2* (82), *Vai alla grande* (83), *Fotografando Patrizia* (84 also co-w), *La Bonne* (86 France also co-w).

4050. Sampieri, Giuseppe. Director of production. b. July 5, 1901, Messina. RN: Giuseppe Vittorio Sampieri. *Non c'è bisogno di denaro* (33 asst d), *L'albergo della felicità* (34 d), *Scarpe al sole* (36), *Ballerine* (36), *La regina della Scala* (37 p), *Orgoglio* (38), *Dora Nelson* (39), *Tutto per la donna* (40 supervisor).

4051. Sampson, Will. U.S. actor. b. 1933. d. 1987. Famous for his role as the Indian in *One Flew Over the Cuckoo's Nest*. *Orca* (77).

4052. Sánchez, Pedro. Actor. b. 1924. AKA: Ignazio Spalla. *I briganti italiani* (61), *La vendetta della signora* (64), *Due mafiosi nel far west* (64), *I sentieri dell'odio* (64), *Un dollaro bucato* (65), *Spara forte, più forte, non capisco* (66), *Thompson 1880* (66), *A.D.3. operazione Squalo Bianco* (66), *Il grande colpo dei sette uomini d'oro* (66), *Per un pugno nell'occhio* (66), *Cjamango* (67), *I barbieri di Sicilia* (67), *La morte non conta i dollari* (67), *Il figlio di Django* (67), *...E intorno a lui fu morte* (67), *Pecos è qui: prega e muori* (67), *Perchè uccidi ancora?* (67), *Chiedi perdono a Dio...non a me!* (68), *Joko, invoca Dio...e muori* (68), *Sette Winchester per un massacro* (68), *Vado...l'ammazzo e torno* (68), *Quella sporca storia del west* (68), *I nipoti di Zorro* (68), *Quintana* (69), *Ehi, amico, c'è Sabata...hai chiuso* (69), *Non aspettare, Django...spara* (69), *Beatrice Cenci* (69), *Indio Black: sai che ti dico...sei un gran figlio di...* (70), *È tornato Sabata, hai chiuso un'altra volta* (71), *Reverendo Colt* (71), *Domani passo a salutare la tua vedova...parola di Epidemia* (72), *La vergine di Bali* (72), *Sotto a chi tocca* (72), *Sette monache a Kansas City* (73), *Carambola* (74), *...E così divennero i tre superman del west* (74), *Zorro* (75), *Prima ti suono e poi ti sparo* (75), *Zanna Bianca e il cacciatore solitario* (76), *Autostop rosso sangue* (76).

4053. Sancho, Fernando. Spanish actor. b. Jan. 7, 1916. d. 1990. Former impersonator, he was in movies from 1941, and did much dubbing. *Susanna tutta panna* (57), *Goliath contro i giganti* (60), *Madame Sans-gêne* (61), *I tromboni di Fra' Diavolo* (62), *Il figlio di capitano Blood* (63), *Se sparo...ti uccido* (63), *I tre implacabili* (63), *Due mafiosi nel far west* (64), *I tre spietati* (64), *Minnesota Clay* (64), *Il segno di Coyote* (64), *Camino del sur* (64), *Sfida a Rio Bravo* (65), *Due sergenti del generale Custer* (65), *Il ritorno di Ringo* (65), *L'uomo che viene da Canyon City* (65), *Una pistola per Ringo* (65), *5000 dollari sull'asso* (65), *Agente 3S3, massacro al sole* (65), *Sette pistole per i MacGregor* (65), *100.000 dollari per Ringo* (66), *L'uomo dalla pistola d'oro* (66), *Il pistolero di Arizona* (66), *Per il gusto di uccidere* (66), *Dinamite Jim* (66), *Django spara per primo* (66), *Sette magnifiche pistole* (66), *Requiem per un gringo* (66), *La resa dei conti* (66), *10.000 dollari per un massacro*

(67), . . . *E intorno a lui fu morte* (67), *Odio per odio* (67), *Killer kid* (67), *Little Rita nel far west* (67), *L'uomo e una colt* (67), *Per 100.000 dollari t'ammazzo* (67), *Sei una carogna, t'ammazzo* (68), *Ventimila dollari sul sette* (68), *Clint il solitario* (68), *Sette dollari sul rosso* (68), *Tutto per tutto* (68), *Ciccio perdona. . .io no!* (68), *Se incontri Sartana prega per la tua morte* (68), *Sangue chiama sangue* (68), *L'ira di Dio* (68), *Prima ti perdono, poi ti ammazzo* (70), *Il ritorno di Clint il solitario* (71), *Johnny Texas* (71), *Alla larga, amigos. . .oggi ho il grilletto facile* (71), *Attento, gringo, è tornato Sabata* (72), *Il figlio di Zorro* (73), *I corvi ti scaveranno la fossa* (73), *Lo credevano uno stinco di santo* (74), . . .*E così divennero i tre superman del west* (74).

4054. Sanda, Dominique. French actress. b. March 11, 1948, Paris. RN: Dominique Varaigne. *Il conformista* (70), *La notte dei fiori* (70), *Il giardino dei Finzi-Contini* (71), *Senza movente* (71), *Steppenwolf* (74), *Gruppo di famiglia in un interno* (74), *1900* (76), *L'eredità Ferramonti* (76), *Il cinema secondo Bertolucci* (77 doc appeared as herself), *Al di là del bene e del male* (77), *La città delle donne* (80), *Il decimo clandestino* (89), *In una notte di chiaro di luna* (89).

4055. Sanders, Anita. Swedish actress. *La fuga* (65), *La decima vittima* (65), *Giulietta degli spiriti* (65), *Io, io, io. . . e gli altri* (65), *Assalto al tesoro di stato* (67), *Roma come Chicago* (68), *La coppia* (68), *Nerosubianco* (68), *Ostia* (70), *Thomas e. . .gli indemoniati* (70).

4056. Sanders, George. U.K. actor. b. July 3, 1906, St. Petersburg, Russia (or possibly in Viazma, a town west of Moscow). d. April 25, 1972, Barcelona, Spain, suicide. Son of a British rope merchant, and noted horticulturist Margaret Kolbe. Left Russia at the beginning of the revolution. *Viaggio in Italia* (53), *Il mondo di notte* (59 doc narrator of English-language version), *Cinque ore in contanti* (60), *FBI operazione Baalbeck* (63), *L'intrigo* (63), *Il re di Africa* (68).

4057. Sandrelli, Stefania. Actress. b. 1946, Viareggio. *Il federale* (61), *Divorzio all'italiana* (61), *Gioventù di notte* (62), *Les Vierges* (62 France), *La bella di Lodi* (63), *Il fornaretto di Venezia* (63), *Lo sciacallo* (63), *Sedotta e abbandonata* (64), *La Chance et l'amour* (64 France), *Io la conoscevo bene* (65), *L'immorale* (67), *Un avventuriero a Tahiti* (66), *Partner* (68), *L'amante di Gramigna* (68), *Un'estate con pentimento* (70), *Il conformista* (70), *Brancaleone alle crociate* (71), *Le castagne sono buone* (71), *La tarantola dal ventre nero* (72), *Il diavolo nel cervello* (72), *Delitto d'amore* (74), *C'eravamo tanto amati* (74), *Profezia per un delitto* (75), *Les Magiciens* (75 France), *Police Python 357* (75 France), *Le Voyage des noces* (76 France), *1900* (76), *Quelle strane occasioni* (76), *Un giorno e una notte* (76), *Io sono mia* (76), *Il cinema secondo Bertolucci* (77 doc appeared as herself), *Donna in guerra* (77), *Tra moglie e marito* (78), *Dove vai in vacanza?* (78 the episode "Sarò tutta per te"), *L'ingorgo—una storia impossibile* (79), *Nell'occhio della volpe* (79), *La terrazza* (79), *La verdad sobre el caso Savolta* (80 Spain), *Desideria—la vita interiore* (80), *La disubbidienza* (81), *Bello mio, bellezza mia* (82), *Eccezzziunale. . .veramente* (82), *La chiave* (83), *Vacanze di Natale* (83), *Una donna allo specchio* (84), *Segreti segreti* (85), *L'attenzione* (85), *Mamma Ebe* (85), *Speriamo che sia una femmina* (86), *La famiglia* (87), *D'Annunzio* (87), *Noyade interdite* (87 France), *La sposa era bellissima* (87), *Gli occhiali d'oro* (87), *Secondo Ponzio Pilato* (88), *Mignon è partita* (88), *Il piccolo diavolo* (88), *Lo zio indegno* (89), *Evelina e i suoi figli* (90), *Il male oscuro* (90), *L'africana* (90).

4058. Sandri, Anna Maria. Actress. b. 1935, Roma. RN: Anna Maria Materzanini. Older sister of Maria Grazia Sandri. Came from an aristocratic family. *Chi è senza peccato* (52), *Terza liceo* (53), *Capitan Fantasma* (53), *L'uomo e il diavolo* (54), *The Black Tent* (56 U.K.).

4059. Sandri, Maria Grazia. Child actress. b. Jan. 14, 1948, Roma. *Vortice* (54), *Torna!* (54), *La canzone del cuore* (55), *Canzone proibita* (56), *Mamma sconosciuta* (56).

4060. San Emeterio, Jacinto. Spanish actor. b. Dec. 1, 1916, Santander. *Il messaggero del re* (50), *Il conte Max* (57), *La donna che venne dal mare* (57).

San Germano, Lucy *see* **Di Sangermano, Lucy**

4061. Sangro, Elena. Actress. b.

Sept. 5, 1901, Vasto d'Aimone. RN: Maria Antonietta Bartoli Avveduti. She was given her stage name by Gabriele D'Annunzio. *Fabiola* (17), *Via crucis* (17), *Ombra fatale* (17), *Il faro* (17), *Numero 13* (17), *Il campanaro della cattedrale* (17), *Venere propizia* (18), *La Gerusalemme liberata* (18), *La torre di Nesle* (18), *Le iene del cimitero* (18), *Il medico dei bambini* (18), *Nel silenzio dell'anima* (18), *Il romanzo di Tilly* (18), *Le vittime dell'oro* (18), *Il triangolo nero* (18), *Casa di bambola* (18), *L'avventura di Fracassa* (18), *Primerose* (19), *Il più forte amore* (19), *L'orma* (19), *Cosmopolis* (19), *L'eredità di Caino* (19), *L'altra* (19), *La rivincita* (19), *La principessa Zoë* (19), *L'onesto mondo* (20), *Il fauno di marmo* (20), *E dopo?* (20), *Stella* (20), *Il marito perduto* (20), *Monsieur de Camors* (20), *Il figlio di Coralie* (20), *Saracinesca* (20), *Mio zio Barbassous* (21), *Sansone* (21), *Miss Dollar* (22), *Non v'è resurrezione senza morte* (22), *Passione* (22), *Rosella* (22), *Triboulet* (23), *All'ombra del Vaticano* (23), *Treno di piacere* (23), *Quo vadis?* (24), *La taverna verde* (24), *Occupati d'Amelia* (24), *Maciste imperatore* (24), *Maciste all'inferno* (25), *Maciste nella gabbia dei leoni* (26), *Addio, giovinezza!* (27), *Boccaccesca* (27), *Villa Falconieri* (28 Germany), *Le sorprese del vagone letto* (39), *Vietato ai minorenni* (43), *L'abito nero da sposa* (43), *Enrico Caruso, leggenda di una voce* (51). She also directed some shorts (no dates): *Sogno d'amore*; *Le madonne di Raffaello*; *Dintorni di Roma*.

4062. Sanipoli, Vittorio. Actor. b. Oct. 27, 1915, Quinto al Mare. *Il figlio del corsaro rosso* (41), *Gli ultimi filibustieri* (41), *Quartieri alti* (43), *Rocambole* (47), *Il corriere del re* (48), *Una lettera all'alba* (48), *Cavalcata d'eroi* (49), *Biancaneve e i sette ladri* (49), *Turri il bandito* (50), *Canzone di primavera* (50), *Il mago per forza* (51), *Ultimo incontro* (51), *Clandestino a Trieste* (51), *La vendetta di Aquila Nera* (51), *La donna che inventò l'amore* (52), *Vedi Napule...e poi muori* (52), *Il figlio di Lagardère* (52), *La trappola di fuoco* (52), *Spartaco* (52), *Gioventù alla sbarra* (52), *I piombi di Venezia* (52), *Il romanzo della mia vita* (53), *Il boia di Lilla* (53), *Il cavaliere di Maison Rouge* (53), *L'età dell'amore* (53), *La domenica della buona gente* (53), *Amanti del passato* (53), *Una donna prega* (53), *Il sacco di Roma* (53), *Napoletani a Milano* (54), *Napoli piange e ride* (54), *Vergine moderna* (54), *Touchez pas au Grisbi* (54 France), *La regina Margot* (54), *La donna del giorno* (56), *Orlando e i paladini di Francia* (56), *Addio per sempre* (57), *La grande guerra* (59), *Costantino il grande: in hoc signo* (60), *Rosmunda e Alboino* (61), *I mongoli* (61), *Morte di un bandito* (61), *Maciste, il gladiatore più forte del mondo* (62), *Le verdi bandiere di Allah* (62), *Violenza segreta* (63), *I compagni* (63), *Maigret voit rouge* (63 France), *Il vendicatore mascherato* (64), *Agente 077... dall'Oriente con furore* (65), *Étouffade à la Caribe* (67 France), *El "Che" Guevara* (68), *Il vero e il falso* (71), *La Décade prodigieuse* (72 France), *Pianeta Venere* (73), *Uomini duri...altrimenti vi ammuchiamo* (73), *La giacca verde* (79).

4063. Sanmartin, Conrado. Spanish actor. b. Feb. 20, 1921, Higuera de las Dueñas. In movies since 1941. *La rivolta dei gladiatori* (58), *Le legioni di Cleopatra* (59), *Il colosso di Rodi* (60), *La rivolta dei mercenari* (62), *Il duca nero* (63), *Ercole, Sansone, Maciste, Ursus: gli invincibili* (64), *All'ombra di una colt* (65), *Operazione Goldseven* (66), *Simón Bolívar* (68), *I lunghi giorni della vendetta* (68), *Conquest* (83).

4064. Sannangelo, Elio. Actor. b. May 4, 1926, Napoli. Ultimately left the business. *Amore* (35), *Piccolo alpino* (40).

San Servolo, Miriam Di *see* **Di San Servolo**

4065. Sanson, Yvonne. Actress. b. 1926, Thessaloniki, Greece, to a Russian-French father and a Turkish-Polish mother. Came to Italy in 1943 to finish school, and stayed, becoming an Italian citizen. *Aquila Nera* (46), *La grande aurora* (46), *Il delitto di Giovanni Episcopo* (47), *Il cavaliere misterioso* (48), *Campane a martello* (48), *L'imperatore di Capri* (49), *Catene* (49), *L'inafferabile 12* (50), *Tormento* (50), *I figli di nessuno* (51), *Wanda la peccatrice* (52), *Siamo tutti assassini* (52), *Il cappotto* (52), *Menzogna* (52), *Chi è senza peccato* (52), *Noi peccatori* (52), *Nerone e Messalina* (53 started in 49), *Quand tu liras cette lettre* (53 France), *Fate largo ai moschettieri* (53), *The Star of India* (54 U.K.), *Torna!* (54), *Pane amore e gelosia* (54), *La moglie è uguale per tutti* (54), *L'angelo bianco* (55),

La bella mugnaia (55), *Il campanile d'oro* (55), *Il prigioniero della montagna* (55), *We Have Only One Life* (56 Greece), *La diga sul Pacifico* (57), *L'ultima violenza* (57), *Malinconico autunno* (58), *Il mondo dei miracoli* (59), *Il re di Poggioreale* (61), *Lo smemorato di Collegno* (62), *Anima nera* (62), *Il giorno più corto* (63), *I giorni dell'ira* (67), *Il profeta* (67), *The Biggest Bundle of Them All* (68 U.S.), *Il conformista* (70), *Un apprezzato professionista di sicuro avvenire* (72).

4066. Santesso, Walter. Actor. b. Feb. 27, 1931, Padova. *L'ultima sentenza* (51), *L'uomo della mia vita* (52), *Serenata amara* (52), *I cinque dell'Adamello* (54), *Canzone d'amore* (54), *L'allegro squadrone* (54), *Il suo più grande amore* (55), *Il cielo brucia* (57), *Classe di ferro* (57), *El Alamein* (57), *Gambe d'oro* (58), *Caporale di giornata* (58), *Avventura a Capri* (58), *Guardatele, ma non toccatele!* (59), *Madri pericolose* (60), *Il mattatore* (60), *La dolce vita* (60), *Mobby Jackson* (60), *L'urlo dei bolidi* (60), *Le schiave bianche* (60), *Scano boa* (60), *Cronache del 22* (62 the episode "Spedizione punitiva"), *Dulcinea* (62 Spain), *L'eroe vagabondo* (65 also d), *La carica delle patate* (79 d).

4067. Santi, Giancarlo. Director. *Il buono, il brutto,il cattivo* (66 asst d), *Da uomo a uomo* (67 asst d), *C'era una volta il west* (68 asst d), *Il grande duello* (69), *Giù la testa* (71 co-d/2nd unit d), *Quando c'era lui...caro lei* (78).

Santianello, Oscar *see* **D'Amato, Joe**

Santini, Alessandro *see* **Fidani, Demofilo**

4068. Santoni, Dante. Producer. Cofounder of the Alberoni-Santoni Company, Italy's first film studio. It was built in Roma, and became Cines in 1906. *La presa di Roma* (05 short co-p).

4069. Santoni, Espartaco. Venezuelan actor. *Goldface, il fantastico superman* (68 also p), *Su le mani, cadavere! Sei agli arresti* (71), *La casa dell'exorcismo* (73).

4070. Santoni, Reni. U.S. actor. b. 1939. *Lo sbarco di Anzio* (68).

4071. Santoni, Tino. Director of photography. b. Jan. 9, 1913, Roma. *Un mare di guai* (39 co-ph), *Torna, caro ideal...!* (39), *La prima donna che passa* (40), *Cantate con me* (40), *L'avventuriera del piano di sopra* (41), *Scampolo* (41), *Solitudine* (41), *Mas* (41), *Le signorine della villa accanto* (41), *Giorni felici* (42), *Il romanzo di un giovane povero* (42), *Miliardi, che follia!* (42 co-ph), *Il birichino di papà* (42 co-ph), *Il nostro prossimo* (42), *L'ultima carrozzella* (43), *Le modelle di via Margutta* (45), *Addio, mia bella Napoli* (46 co-ph), *Il fiacre n. 13* (47 co-ph), *I due orfanelli* (47 co-ph), *La macchina ammazzacattivi* (48 co-ph), *Totò al giro d'Italia* (49), *È primavera* (49), *Lo sparviero del Nilo* (49), *Biancaneve e i sette ladri* (49), *Tormento* (50), *La paura fa 90* (51), *Enrico Caruso, leggenda di una voce* (51), *Una bruna indiavolata* (51), *Tormento del passato* (51), *Il bandolero stanco* (52), *I figli non si vendono* (52), *Giovinezza* (52), *Prigionieri delle tenebre* (53), *Attanasio cavallo vanesio* (53), *La figlia del reggimento* (53), *Giuseppe Verdi* (53), *Torna!* (54), *Alvaro piuttosto corsaro* (54), *Guai ai vinti!* (54), *La ladra* (55), *Un eroe dei nostri tempi* (55 co-ph), *Il mondo sarà nostro* (55), *Tam Tam Mayumbe* (55 co-ph), *Mi permette, babbo?* (56), *Arrivano i dollari* (56), *Italia piccola* (57), *Vivendo, cantando...che male ti fo?* (57), *Sigfrido* (57 co-ph), *Afrodite, dea dell'amore* (58), *Dagli Appennini alle Ande* (58 co-ph), *Gli zitelloni* (58 co-ph), *Pia de' Tolomei* (58), *L'estate violenta* (59), *I baccanali di Tiberio* (59), *Un militare e mezzo* (59), *Un dollaro di fifa* (60), *Labbra rosse* (60), *La ragazza con la valigia* (60), *Femmine di lusso* (60), *Psycosissimo* (60), *Ursus nella valle dei leoni* (61), *I due colonnelli* (61), *Pastasciutta nel deserto* (61 co-ph), *Le sette folgori di Assur* (61), *Il mio amico Benito* (62), *Totò e Peppino divisi a Berlino* (62), *I quattro moschettieri* (62), *Totò contro i quattro* (62), *Gli imbroglioni* (63 co-ph), *Gli eroi del west* (64), *Spartaco e i dieci gladiatori* (64), *Il trionfo dei dieci gladiatori* (64), *Un mostro...e mezzo* (65), *Per un pugno nell'occhio* (66), *Sangue chiama sangue* (68), *I nipoti di Zorro* (68), *Franco, Ciccio e il pirata Barbanera* (69), *Indovina chi viene a merenda* (69), *Zingara* (69), *La bella Antonia, prima monaca e poi dimonia* (72), *Quel gran pezzo dell'Ubalda tutta nuda e tutta calda* (72), *Il figlioccio del padrino* (73), *Ritorno* (73).

4072. Santos, Enrique. Spanish director. b. Valencia. d. 1924, Valencia. *Quo vadis?* (12 sets), *L'impronta della piccola mano* (16), *Il segreto di Jack* (17), *Il demone* *del fuoco* (19), *Maria la pazza* (19), *Buffalo e la corolla di sangue* (20).

4073. Santuccio, Gianni. Actor. b. May 21, 1914, Clivio, to a Sardinian father. *La prigione* (43), *Giudicatemi!* (49), *La taverna della libertà* (50), *La leggenda di Genoveffa* (52), *Cronaca di un delitto* (52), *Vortice* (54), *Le diciottenni* (55), *La risaia* (55), *I sogni muoiono all'alba* (61), *Ulisse contro Ercole* (61), *Il conquistatore di Corinto* (62), *Rocambole* (62), *Venere imperiale* (63), *Ursus, gladiatore ribelle* (63), *Domani non siamo più qui* (67), *Indagine su un cittadino al di sopra di ogni sospetto* (69), *Il delitto del diavolo* (69), *Il poliziotto è marcio* (74).

4074. Sanz, Paco. Actor. RN: Francisco Sanz. *Sette ore di fuoco* (64), *L'uomo che viene da Canyon City* (65), *I quattro inesorabili* (65), *Una pistola per Ringo* (65), *Yankee, l'americano* (66), *Se sei vivo spara* (67), *Dio perdona...io no* (68), *Ventimila dollari sul sette* (68), *Colpo sensazionale al servizio del Sifar* (68), *Tepepa* (68), *Lo chiamavano Requiescant Fasthand* (72).

Sapelli, Luigi *see* **Caramba**

4075. Sapienza, Goliarda. Actress. b. Catania. Married Francesco Maselli. *Un giorno nella vita* (46), *Fabiola* (48), *Persiane chiuse* (51), *Altri tempi* (51 the episode "La morsa"), *Senso* (54), *Gli sbandati* (55).

4076. Sarandon, Susan. U.S. actress. b. Oct. 4, 1946, N.Y.C. RN: Susan Tomaling. Married Chris Sarandon. *La mortadella* (72), *Io e il Duce* (83).

4077. Sarapo, Theo. Greek singer/actor. b. 1935. Long in France. Married Edith Piaf. *L'uomo in nero* (63).

4078. Sarazani, Fabrizio. Co-writer. b. Jan. 8, 1905, Roma. *Ricchezza senza domani* (39 w), *Don Giovanni* (42 also co-story), *Enrico IV* (43), *Amanti in fuga* (46 also co-story), *La macchina ammazzacattivi* (48 co-story), *Yvonne la nuit* (49), *Vent'anni* (49), *Il caimano del Piave* (51), *La voce del sangue* (52), *Cento anni d'amore* (53), *Una donna libera* (54).

Sarch, Walter *see* **Addessi, Giovanni**

4079. Sarchielli, Massimo. Actor. *Giulietta degli spiriti* (65), *The Sailor from Gibraltar* (67 U.K.), *10.000 dollari per un massacro* (67), *Crepa tu...che vivo io* (67), *Grazie, zia* (67), *The Biggest Bundle of Them All* (68 U.S.), *Un minuto per pregare, un istante per morire* (68), *Fragment of Fear* (71 U.K.), *Trenchcoat* (82 U.S.).

4080. Sarde, Philippe. French composer. b. June 21, 1948, Neuilly-sur-Seine. *La cagna* (72 co-composer), *La grande buffata* (73), *Non toccate la donna bianca* (74), *L'ultima donna* (75), *Ciao maschio* (77), *Morte di una carogna* (78), *Chiedo asilo* (79), *Storie di ordinaria follia* (81), *Storia di Piera* (83).

4081. Sardou, Fernand. French actor. b. Feb. 18, 1910, Avignon. d. 1976. *Frutto proibito* (52), *Me li mangio vivi!* (53), *Margherita della notte* (55), *Le spie* (57), *Una parigina* (57), *I tartassati* (59).

4082. Saredo, Enna. Actress. b. Napoli. *Un buon partito* (13), *Cuor d'oro* (13), *La figlia dell'avaro* (13), *Angoscia* (14), *Il pazzo* (14), *Conchita* (14), *Un'eroina serba* (15), *Imperial regio capestro* (15), *La spigolatrice di Sapri* (15), *Sulle rovine dell'amore* (15), *Il dottor Maurizio* (16), *Suicidio* (16), *Amor barbaro* (16), *Così morì Miss Cavell* (16), *La perla di Gerolstein* (17), *La cantante e la civetta* (17), *I misteri di Parigi* (17), *L'assassinio della Paris—Lyon—Méditerranée* (18), *Delitti mascherati* (18), *La carezza del vampiro* (18), *La morte civile* (19), *L'onore della famiglia* (19), *Raffica sulla felicità* (19), *La figlia della tempesta* (20), *Abbandono* (20).

4083. Sarfati, Maurice. French actor. b. June 24, 1933, Paris. *Aria di Parigi* (55), *Notre Dame de Paris* (56).

4084. Sarmi, Ferdinando. Actor/costume designer. *Musica proibita* (42 co), *Cronaca di un amore* (51 */designed Lucia Bosé's clothing).

4085. Sarne, Mike. U.K. actor/singer/director. b. Aug. 6, 1939, London. *Sodoma e Gomorra* (62 *).

4086. Sarrazin, Michael. Canadian actor. b. May 22, 1940, Quebec. RN: Jacques Sarrazin. *Le avventure e gli amori di Scaramouche* (76), *Il fine del mondo nel nostro solito letto in una notte piena di pioggia* (77).

4087. Sartorio, G.A. Director/art director. b. Feb. 11, 1860, Roma. d. Oct. 3, 1932, Roma. RN: Giulio Aristide Sartorio. He was a professor at the School of Fine Arts in Weimar. *San Giorgio* (19), *Il sacco di Roma e Clemente VII* (21 co-d).

4088. Sartre, Jean-Paul. French writer. b. June 21, 1905, Paris. d. April 15, 1980,

Paris. *Le vergini di Salem* (56 story), *I sequestrati di Altona* (63 from his play), *L'uomo Sartre* (63 doc appeared as himself).

4089. Saslavsky, Luís. Argentine director. b. April 24, 1908, Santa Fé. Filmed in Argentina, Spain, U.S.A., Italy and, from 1952, in France. *La corona nera* (50), *I demoniaci* (56 also co-w), *Festa di maggio* (57 also co-w/story).

4090. Sassard, Jacqueline. French actress. b. March 13, 1940, Nice. A former extra in films shot in the Nice area, she was "discovered" by Lattuada. Filmed mostly in Italy. *Guilty?* (56 U.K.), *Guendalina* (57), *Nata di marzo* (57), *Tutti innamorati* (58), *Le donne sono deboli* (59), *L'estate violenta* (59), *Ferdinando I, re di Napoli* (59), *Il magistrato* (59), *Mariti a congresso* (61), *I soliti rapinatori a Milano* (61), *Arrivano i titani* (62), *Freddy und das Lied der Südsee* (62 Germany), *Le voci bianche* (64), *I pirati della Malesia* (64), *Le stagioni del nostro amore* (66), *Les Biches* (68 France).

4091. Sasso, Ugo. Actor. b. March 23, 1910, Torino. RN: Domenico Ugo Sasso. AKA: Paolo Spano. *Vecchia guardia* (34), *Joe il rosso* (36), *Uno della montagna* (37 short), *Scipione l'Africano* (37), *Stasera alle undici* (37), *Ettore Fieramosca* (38), *Tre fratelli in gamba* (38), *L'ospite di una notte* (39), *Il segreto inviolabile* (39), *Arditi civili* (40), *La forza bruta* (40), *L'assedio dell'Alcazar* (40), *La leggenda della primavera* (41 short), *L'ultimo combattimento* (41), *Luce nelle tenebre* (41), *La corona di ferro* (41), *Un colpo di pistola* (41), *Bengasi* (42), *Ninna nanna, papà sta in guerra* (42 short), *Redenzione* (42), *Rita da Cascia* (42), *La fornarina* (42), *Il treno crociato* (43), *Quelli della montagna* (43), *La casa senza tempo* (43), *Cronaca di due secoli* (43 finished in 53 and never shown), *I dieci comandamenti* (45 started in 43. The 7th episode), *Il corriere di ferro* (46), *Aquila Nera* (46), *Genoveffa di Brabante* (46), *I miserabili* (47), *Caterina da Siena* (47), *Fabiola* (48), *Antonio da Padova* (49), *Il falco rosso* (49), *Il conte Ugolino* (49), *Il figlio di d'Artagnan* (49), *Cavalcata d'eroi* (49), *Buffalo Bill a Roma* (50), *Figaro qua, Figaro là* (50), *Il leone di Amalfi* (50), *Messalina* (51), *La valle di Caino* (51), *Le meravigliose avventure di Guerrin Meschino* (51), *Altri tempi* (51 the episode "Il tamburino sardo"), *La prigioniera della torre del fuoco* (52), *A fil di spada* (52), *Voto di marinaio* (52), *L'isola d'oro* (52 unfinished also d), *Ivan, il figlio del diavolo bianco* (54), *Disonorata* (54), *Uomini ombra* (54), *La grande savana* (54), *Un giglio infranto* (55), *Il prezzo della gloria* (55), *Le schiave di Cartagine* (57), *Il conte di Matera* (57), *Gagliardi e pupe* (58), *Il cavaliere del castello maledetto* (58), *La cambiale* (59), *Il terrore dei barbari* (59), *David e Golia* (59), *Il terrore dalla maschera rossa* (59), *La scimitarra del saraceno* (60), *La vendetta di Ercole* (60), *L'ultimo zar* (60), *La donna dei faraoni* (60), *Cavalcata selvaggia* (60), *Drakut il vendicatore* (61), *La vendetta di Ursus* (61), *Io, Semiramide* (61), *La rivolta dei mercenari* (62), *Zorro e i tre moschettieri* (62), *Ercole sfida Sansone* (63), *I dieci gladiatori* (63), *Il Winchester che non perdona* (68).

4092. Sassoli, Dina. Actress. b. Aug. 5, 1920, Rimini. *Papà Lebonnard* (39), *Follie del secolo* (39), *Kean, gli amori di un artista* (40), *Alessandro, sei grande!* (40), *Miseria e nobiltà* (40), *Il leone di Damasco* (41), *I promessi sposi* (41), *Capitan Tempesta* (41), *Perdizione* (42), *La morte civile* (42), *Don Giovanni* (42), *Due lettere anonime* (44), *Un giorno nella vita* (46), *Il cavaliere del sogno* (46), *Pian delle stelle* (46), *Il mulino del Po* (48), *Rondini in volo* (49), *La roccia incantata* (50), *Cameriera bella presenza offresi* (51), *L'ultima sentenza* (51), *I figli non si vendono* (52), *Kean, genio e sregolatezza* (57), *Ash Wednesday* (73 U.K.), *Voltati Eugenio* (79).

4093. Sassoli, Pietro. Composer. b. June 13, 1888, Ficarolo. d. April 14, 1946, Roma. *La canzone dell'amore* (30 co-composer), *Corte d'assise* (30), *Cortile* (31), *Il medico per forza* (31), *Terra madre* (31 co-composer), *La Scala* (31 co-composer), *Il solitario della montagna* (31), *La stella del cinema* (31), *Vele ammainate* (31 co-composer), *La Wally* (32), *Palio* (32 co-composer), *La cantante dell'opera* (32 co-composer), *L'ambasciatore* (36), *Paura d'amare* (41).

4094. Sattaflores, Stefano. Actor. AKA: Stefano Satta Flores. *I basilischi* (63), *La ragazza con la pistola* (68), *Quattro mosche di velluto grigio* (71), *Teresa la ladra* (73), *L'arma* (73), *C'eravamo tanto amati* (74), *Paolo Barca, maestro elementare, praticamente nudista* (75), *Quanto è bello la murire acciso* (76), *Salon Kitty* (76),

Una donna di seconda mano (77), *Una spirale di nebbia* (77), *Il prefetto di ferro* (78), *Enfantasme* (78), *Corleone* (78), *Il malato immaginario* (78), *La terrazza* (79), *Cento giorni a Palermo* (83).

4095. Saul, Oscar. U.S. writer. b. Dec. 26, 1912, Brooklyn, N.Y. *Punto e Capo* (73).

4096. Saulnier, Jacques. French art director. b. Sept. 8, 1928, Paris. *L'anno scorso a Marienbad* (61), *Uno sguardo dal ponte* (62), *Muriel, il tempo di un ritorno* (63), *La pappa reale* (63), *Le meravigliose avventure di Marco Polo* (65), *Ho!* (68), *Il clan dei siciliani* (69), *Gli scassinatori* (71), *Il serpente* (73).

4097. Saury, Alain. French actor. b. 1926. After an adventurous life he went into the movies. *La casa di Madame Korà* (57), *Il vento si alza* (59), *Le schiave bianche* (60).

4098. Sautet, Claude. French director/writer. b. Feb. 23, 1924, Montrouge. *Asfalto che scotta* (60 d/co-w), *Sinfonia per un massacro* (63 co-w), *Scappamento aperto* (64 co-w/adapted), *Buccia di banana* (64 co-w).

4099. Sauvajon, Marc-Gilbert. French writer. b. Sept. 25, 1905, Valence. *La bella Otero* (54), *Frou Frou* (55), *Michele Strogoff* (56), *Era di venerdì 17* (56), *Le tre "eccetera"...del colonnello* (59), *La schiava di Bagdad* (63 co-w/story).

4100. Savage, John. U.S. actor. b. Aug. 25, 1949, Long Island, N.Y. *Hotel Colonial* (87).

4101. Saval, Dany. French actress. b. Jan. 5, 1940, Paris. RN: Danielle-Nadine Suzanne Saval. *I sette peccati capitali* (62 the episode "L'invidia"), *Le tentazioni quotidiane* (62), *Si può fare, amigo* (72).

4102. Savalas, George. U.S. actor. b. 1926. AKA: Demosthenes. Brother of Telly Savalas. *Città violenta* (70).

4103. Savalas, Telly. U.S. actor. b. Jan. 21, 1925, Garden City, N.Y. RN: Aristotle Socrates Savalas. *Buona sera, Mrs Campbell* (68), *Città violenta* (70), *Una ragione per vivere e una per morire* (72), *Senza ragione* (72), *L'assassino è al telefono* (73), *La banda J & S—cronaca criminale del west* (73), *I familiari delle vittime non saranno avvertiti* (72), *La casa dell'exorcismo* (73).

4104. Savarese, Roberto L. Director. b. Aug. 6, 1910, Roma. *Traffico dell'urbe* (35 doc), *Sette anni di felicità* (42), *La principessa del sogno* (42 co-d), *Lascia cantare il cuore* (43), *Aeroconvogli* (43 short doc), *Gli inesorabili* (50 co-d), *Mamma mia, che impressione!* (51 supervising director), *La ragazza di Trieste* (51 general organizer), *Dinanzi a noi il cielo* (58), *Avventura in città* (58), *Sergente d'ispezione* (58), *Battaglie sui mari* (60 doc).

4105. Savelli, Alba. Actress. b. Subbiano. RN: Luigina Lapini. She married and retired. *I due sergenti* (22), *Teodoro e socio* (24), *Saetta e le sette mogli del pascià* (25), *La madonnina dei marinai* (27).

4106. Savina, Carlo. Composer. b. 1919, Torino. *La grande caccia* (56), *Io, mammeta e tu* (58), *Europa di notte* (58), *Giuditta e Oloferne* (58), *È permesso maresciallo* (58), *Erode il grande* (59), *I baccanali di Tiberio* (59 co-composer), *Il moralista* (59), *Caccia al marito* (60), *It Started in Naples* (60 U.S. co-composer), *Che femmina...e che dollari!* (60), *La ragazza sotto il lenzuolo* (61), *El Cid* (61 co-composer), *Le magnifiche sette* (61), *Una vita difficile* (61), *Malesia magica* (61 doc), *Il re di Poggioreale* (61), *Scandali al mare* (61), *L'ira di Achille* (61), *Io, Semiramide* (61), *Gerarchi si muore* (62), *Bellezze sulla spiaggia* (62), *Eva* (62 co-composer), *La vita provvisoria* (62), *Il capitano di ferro* (62), *Zorro e i tre moschettieri* (62), *La spada del Cid* (62), *Processo a Stalin* (63 doc), *Le quattro verità* (62 the episode "La lepre e la tartaruga"), *Ursus, gladiatore ribelle* (63), *La donna degli altri è sempre più bella* (63), *Le motorizzate* (63), *Siamo tutti pomicioni* (63), *Spartaco e i dieci gladiatori* (64), *Amore mio* (64), *Liolà* (64), *I sentieri dell'odio* (64), *A 007 sfida ai killers* (65), *La colt è la mia legge* (65), *Joe l'implacabile* (65), *Pochi dollari per Django* (66), *Johnny Oro* (66), *Per un dollaro di gloria* (67), *Donne alla frontiera* (67 co-composer), *Due R-r-r-ringos nel Texas* (67), *Nude...si muore* (67), *...E intorno a lui fu morte* (67), *Anche nel west, c'era una volta Dio* (68), *Vivo per la tua morte* (68), *Piluk il timido* (68), *Joko, invoca Dio...e muori* (68), *Simón Bolívar* (68), *Testa o croce* (69), *E Dio disse a Caino* (69), *Rebeldes en Canada* (68 Spain), *Die Hochzeitsweise* (69 Germany), *Los amantes del diablo* (71 Spain), *Il tredicesimo è sempre giuda* (71),

Ehi, amico...sei morto (71), *Jesse e Lester, due fratelli in un posto chiamato Trinità* (72), *Hai sbagliato, dovete uccidermi subito!* (72), *I senza dio* (72), *Trinità e Sartana...figli di...* (72), *Là, dove non batte il sole* (73), *Ingrid sulla strada* (73), *Animale chiamato uomo* (73), *L'eredità Ferramonti* (76 co-composer), *La mujer de la tierra caliente* (78 Spain), *Comin' at Ya!* (81), *I cacciatori del cobra d'oro* (83), *Il futuro è donna* (83), *Attacco alla piovra* (84), *L'Orchestre rouge* (89 France).

Savio, Dan *see* **Morricone, Ennio**

4107. Savona, Leopoldo. Director. b. Fondi. AKA: Leo Coleman. Started as assistant director to De Santis and Zampa. *Il principe dalla maschera rossa* (55 also co-w), *Le notti dei teddy-boys* (60 also co-w/story), *I mongoli* (61), *Accattone* (61 co-d), *La guerra continua* (62), *La leggenda di Fra Diavolo* (62), *L'ultima carica* (63), *I diavoli di Spartivento* (63), *Se tutte le donne del mondo* (66 co-2nd unit d), *El Rojo* (66), *Killer kid* (67 also co-w), *Dio perdona la mia pistola* (69 co-d/co-w), *L'uomo chiamato Apocalisse Joe* (70 also co-w), *Posate le pistole, reverendo!* (72 also co-w).

4108. Savoy, Teresa Ann. U.K. actress. b. 1955. *Le farò da padre* (74), *Salon Kitty* (76), *Vizi privati pubbliche virtù* (76), *La tigre è ancora viva: Sandokan alla riscossa* (77), *Caligola* (79), *La disubbidienza* (81), *Il ragazzo di Ebalus* (84), *La donna del traghetto* (86), *D'Annunzio* (87).

4109. Saxon, Glenn. Actor. AKA: Glenn Saxson. *Vaya con Dios, gringo* (66), *Django spara per primo* (66 as Django), *Il magnifico texano* (67), *Carogne si nasce* (68), *Luana, la figlia della foresta vergine* (68), *Sei una carogna, t'ammazzo* (68), *Il lungo giorno del massacro* (68), *Addio Alexandra* (69).

4110. Saxon, John. U.S. actor. b. Aug. 5, 1935, Brooklyn, N.Y. RN: Carmine Orrico. Of Italian extraction. "Discovered" on the street by Hollywood agent, Henry Willson. *La perdita dell'innocenza* (62), *La ragazza che sapeva troppo* (63), *Sette contro la morte* (65), *Vado, vedo e sparo* (68), *Baciami le mani* (72), *L'anticristo* (74), *Tony Saitta* (76), *Napoli violenta* (76), *È specialista del 44* (77), *Italia a mano armata* (77), *Tre soldi e la donna di classe* (77), *Apocalisse domani* (80), *Sotto gli occhi dell'assassino* (82), *Assassinio al cimitero etrusco* (82).

4111. Sbarra, Giovanni. Set designer. AKA: Gianni Sbarra. *Padre padrone* (77), *Il prato macchiato di rosso* (78), *Uomini e no* (80), *Sogni d'oro* (81), *La notte di san Lorenzo* (82), *Cuore* (84).

4112. Sbragia, Giancarlo. Actor b. March 14, 1926, Roma. *Clandestino a Trieste* (51), *Documento mensile* (51 the first episode, "È colpo del sole"), *Lupi nell'abisso* (59), *Messalina, venere imperatrice* (59), *La vendetta di Ercole* (60), *Laura nuda* (61), *Le sette folgori di Assur* (61), *All'armi, siam fascisti* (62 doc spoke commentary), *Italia proibita* (63 doc spoke commentary), *Equinozio* (72).

4113. Scacchi, Greta. Actress. b. 1959, Milano. In U.K. 1964–75. In Australia 1975–78, then back to the U.K. *Good morning Babilonia* (87), *Paura e amore* (88), *La donna della luna* (88).

4114. Scaccia, Mario. Actor. b. Dec. 26, 1919, Roma. *Tempi nostri* (52), *Peccato che sia una canaglia* (54), *La fortuna di essere donna* (55), *Una pelliccia di visone* (56), *La vendetta dei barbari* (60), *Il mattatore* (60), *Femmine di lusso* (60), *Robin Hood e i pirati* (60), *Ursus* (61), *I moschettieri del mare* (61), *Giorno per giorno disperatamente* (61), *Le sette spade del vendicatore* (62), *Avventura al motel* (63), *Gli imbroglioni* (63), *Tutte le altre ragazze lo fanno* (66), *Per grazia ricevuta* (71), *La proprietà non è più un furto* (73), *Le farò da padre* (74), *L'anticristo* (74), *Conviene far bene l'amore* (75), *La signora degli orrori* (77), *Doppio delitto* (78), *Eutanasia di un amore* (78), *Occhio malocchio prezzemolo e finocchio* (83), *L'ultima mazurka* (86), *Secondo Ponzio Pilato* (88).

4115. Scaccianoce, Luigi. Art director. b. Venezia. *La buona fortuna* (44), *La gondola del diavolo* (46 co-art d), *Il tiranno di Padova* (46 co-art d), *Sangue a Ca' Foscari* (46), *Lohengrin* (47), *Il fabbro del convento* (48), *Il ladro di Venezia* (50 co-art d), *I misteri di Venezia* (50), *Otello* (51 co-art d), *Le due verità* (51), *Il capitano di Venezia* (52), *La mano dello straniero* (53), *Noi cannibali* (53), *Sinfonia d'amore* (54), *Hanno rubato un tram* (55 co-art d), *Il prezzo della gloria* (55), *La ballerina e buon Dio* (58), *Il vendicatore* (59), *Adua e le compagne* (60), *Vanina Vanini* (61), *Senilità* (61), *La visita* (62 co-art d), *La steppa* (62), *Una vita violenta* (62), *Eva* (62),

Canzoni nel mondo (62), *La parmigiana* (63), *Il fornaretto di Venezia* (63), *Gli indifferenti* (63), *Il vangelo secondo Matteo* (64), *Uccellacci e uccellini* (66), *Edipo re* (67), *Fellini Satyricon* (69), *Quella piccola differenza* (69), *I tulipani di Haarlem* (69), *Contestazione generale* (70), *In nome del popolo italiano* (71), *Lo scopone scientifico* (72), *Pianeta Venere* (73), *Una breve vacanza* (73), *Pane e cioccolata* (73), *Il viaggio* (74), *Gente di rispetto* (75), *L'eredità Ferramonti* (76), *La stanza del vescovo* (76), *La signora dei vagoni letto* (77), *Così come sei* (78), *Il malato immaginario* (78), *Dimenticare Venezia* (79), *Il giocattolo* (79), *Fontamara* (80), *Il vizietto II* (80).

4116. Scala, Delia. Actress. b. Sept. 25, 1929, Bracciano, near Roma. RN: Odette Bedogni. For her first three films she was known as Lia Della Scala. Married Nikephoros Melitsanos from 1944 to 1956. On stage with Carlo Dapporto in the mid-50s. TV series: *Casa Cecilia*. *Principessina* (43), *Anni difficili* (47), *L'eroe della strada* (48), *Ti ritroverò* (48), *Come scopersi l'America* (49), *La scogliera del peccato* (50), *Napoli milionaria* (50), *Bellezze in bicicletta* (50), *Canzone di primavera* (50), *Vita da cani* (50), *Fuoco nero* (51), *Amo un assassino* (51), *Auguri e figli maschi* (51), *Messalina* (51), *Il padrone del vapore* (51), *Cameriera bella presenza offresi* (51), *L'eroe sono io!* (51), *Roma, ore 11* (51), *Il sogno di Zorro* (52), *Agenzia matrimoniale* (52), *Gioventù alla sbarra* (52), *Giovinezza* (52), *Ragazze da marito* (52), *La fiammata* (52), *Viva il cinema!* (53), *Avant le déluge* (53 France), *Canzoni, canzoni, canzoni* (53), *Gran varietà* (53), *Di qua di là del Piave* (53), *Opinione pubblica* (53), *La palude del peccato* (53), *Vacanze d'amore* (54), *Touchez pas au Grisbi* (54 France), *I sette peccati di papà* (54), *Giove in doppiopetto* (54), *Fuga nel sole* (56), *Il terrore dell'Oklahoma* (59), *Signori si nasce* (59), *I teddy-boys della canzone* (60), *Madri pericolose* (60), *Le olimpiadi dei mariti* (60).

4117. Scala, Domenico. Director of photography. b. March 26, 1903, Torino. *Vele ammainate* (31 co-ph), *Figaro e la sua gran giornata* (31 co-ph), *La segretaria privata* (31 co-ph), *La cantante dell'opera* (32 co-ph), *Gli uomini, che mascalzoni!* (32 co-ph), *L'armata azzurra* (32 co-ph), *Pergolesi* (32 co-ph), *Acciaio* (33 co-ph), *Ragazzo* (33 co-ph), *Fanny* (33 co-ph), *La fanciulla dell'altro mondo* (33 co-ph), *Seconda B* (34 co-ph), *Stadio* (34 co-ph), *Treno popolare* (34 co-ph), *Don Bosco* (35 co-ph), *Aldebaran* (35 co-ph), *Il grande appello* (36 co-ph), *Gli ultimi giorni di Pompeo* (37), *Fuochi d'artificio* (38 co-ph), *La voce senza volto* (38), *L'ultimo scugnizzo* (38), *Il destino in tasca* (39), *Il cavaliere di san Marco* (39), *Il barone di Corbò* (39), *Due occhi per non vedere* (39), *Le educande di Saint-Cyr* (39), *Forse eri tu l'amore* (39), *Il ladro* (39 co-ph), *Vento di milioni* (39), *Mille chilometri al minuto* (40), *Amiamoci così* (40), *Scarpe grosse* (40 co-ph), *Un marito per il mese d'aprile* (41), *L'attore scomparso* (41), *Le due tigri* (41 co-ph), *Il signore a doppio petto* (41), *Con le donne non si scherza* (41), *Se non son matti non li vogliamo* (41), *A che servono questi quattrini* (42), *Ossessione* (42 co-ph), *Acque di primavera* (42 co-ph), *Avanti, c'è posto* (42 co-ph), *Signorinette* (42), *Tre ragazze cercano marito* (43), *Dieci minuti di vita* (43 this film was finally released in 44 as *Vivere ancora*), *Il processo delle zitelle* (44 co-ph), *Chi l'ha visto?* (45 made in 43), *L'angelo e il diavolo* (46 co-ph), *Daniele Cortis* (47 co-ph), *Sotto il sole di Roma* (48), *Fuga in Francia* (48 co-ph), *Il grido della terra* (48), *Vespro siciliano* (49), *Domenica d'agosto* (50 co-ph), *Barriera a settentrione* (49), *Sangue sul sagrato* (50), *I falsari* (50), *Cameriera bella presenza offresi* (51), *Miracolo a Viggiù* (51), *La trappola di fuoco* (52), *Io, Amleto* (52), *La provinciale* (53 co-ph), *Siamo donne* (53 co-ph), *Il sole negli occhi* (53 co-ph), *Totò e Carolina* (53 co-ph), *Violenza sul lago* (53), *Un eroe dei nostri tempi* (55 co-ph), *Sangue di zingara* (55), *Due sosia in allegria* (56), *Maciste contro i cacciatori di teste* (62).

4118. Scala, Gia. U.S. actress. b. March 3, 1936, Liverpool, England. RN: Giovanna Scoglio. Daughter of an Italian engineer and an Irish mother. Spent her childhood in Roma, New York, London, Paris and Dublin. In the U.S.A. permanently from 1951. *Il trionfo di Robin Hood* (62).

4119. Scalco, Giorgio. Art director. b. April 8, 1929, Schio. *I misteri di Parigi* (57), *Giuditta e Oloferne* (58), *Erode il grande* (59).

4120. Scalenghe, Giuseppe Angelo. Director of photography. b. 1886, Torino. d. Sept. 18, 1916, Torino. *L'ultimo dei Frontignac* (11), *La nave* (11), *Siegfried* (12), *Parsifal* (12), *Florette e Patapon* (13), *Ma l'amor mio non muore* (13), *Le memorie dell'altro* (13), *Nerone e Agrippina* (13), *Colei che tutto soffre* (14 co-ph), *Circe moderna* (14), *Il diritto di uccidere* (14), *Iwna, la perla del Gange* (14), *Le memorie del diavolo* (15 co-ph), *Lungi dal nido* (15), *La maschera folle* (15), *L'amor tuo li redime* (15), *La pantomima della morte* (15), *Come in quel giorno* (16), *Fiore di autunno* (16), *Amore che uccide* (16), *In mano al destino* (16 co-ph), *La menzogna* (16 co-ph), *Il presagio* (16 co-ph), *Passano gli unni* (16).

4121. Scandurra, Franco. Actor. b. 1913, Milano, of a noble Sicilian family. *Giuseppe Verdi* (38), *I promessi sposi* (41), *L'ultimo addio* (41), *Luna di miele* (41), *Incontri di notte* (43), *07 tassì* (43), *I fratelli Karamazoff* (47), *Ha da venì...don Calogero* (51), *I due sergenti* (51), *La presidentessa* (52), *La voce del silenzio* (52), *Melodie immortali* (52), *Il matrimonio* (53), *Gran varietà* (53), *Amori di mezzo secolo* (53), *In amore si pecca in due* (54), *Rosso e nero* (54), *Racconti d'estate* (58), *Tempi duri per i vampiri* (59), *Le pillole di Ercole* (60), *Il commissario* (62), *Peccati d'estate* (62).

4122. Scandurra, Sofia. Director. AKA: Maria Sofia Scandurra. *Taur, il re della forza bruta* (62 co-w), *Per grazia ricevuta* (71 asst d), *Io sono mia* (76 also co-w).

4123. Scarano, Tecla. Actress. b. Aug. 20, 1894, Napoli. RN: Tecla Moretti. Married composer Franco Langella. *La cantante napoletana* (19), *La regina della canzone* (21), *Gli ultimi giorni di Pompeo* (37), *Sono stato io!* (37), *I bambini ci guardano* (43), *La figlia del peccato* (49), *L'acqua li portò via* (49), *Lo zappatore* (50), *Bellissima* (51), *Il tallone di Achille* (52), *...E Napoli canta* (53), *Soli per le strade* (53), *Balocchi e profumi* (54), *Pane amore e gelosia* (54), *Il medico dei pazzi* (54), *Scapricciatiello* (55), *La trovatella di Pompei* (57), *Te sto aspettano* (57), *Primo applauso* (57), *Totò, Vittorio e la dottoressa* (58), *Napoli e mille canzoni* (59), *Ieri oggi e domani* (63 the episode "Adelina"), *Matrimonio all'italiana* (64).

4124. Scarchelli, Claudio. Actor. *La freccia d'oro* (62), *Il buono, il brutto, il cattivo* (66), *O cangaceiro* (70).

Scarciofolo, Goffredo *see* **Cameron, Jeff**

4125. Scarpa, Renato. Actor. *In nome del padre* (71), *A Venezia un dicembre rosso* (73), *Giordano Bruno* (73), *Il mostro* (77), *San Michele aveva un gallo* (78), *Il giocattolo* (79), *Un sacco bello* (80), *Bionda fragola* (80), *Uomini e no* (80), *La certosa di Parma* (80 TV), *Ricomincio da tre* (81), *Spaghetti House* (82), *Marco Polo* (82), *Così parlò Bellavista* (84), *Il mistero di Bellavista* (85), *Giulia e Giulia* (87), *32 dicembre* (88).

4126. Scarpelli, Furio. Co-writer. b. Dec. 16, 1919, Roma. Brother of writer Manlio Scarpelli. He usually wrote in collaboration with Age (q.v.). *Totò le Moko* (49 also story/asst d), *Il vedovo allegro* (49), *I cadetti di Guascogna* (50 also story), *L'eroe sono io!* (51 also story), *Signori, in carrozza!* (51 also story), *Auguri e figli maschi* (51), *Una bruna indiavolata* (51), *Totò a colori* (52), *Ragazze da marito* (52), *Capitan Fantasma* (53), *Cento anni d'amore* (53), *Ci troviamo in galleria* (53), *L'incantevole nemica* (53), *Gli uomini, che mascalzoni!* (53), *Napoletani a Milano* (54), *Ivan, il figlio del diavolo bianco* (54), *Casta diva* (54), *Le signorine dello 04* (54 also story), *Sinfonia d'amore* (54), *Don Camillo e l'onorevole Peppone* (55), *Bravissimo* (55 also story), *Racconti romani* (55), *La banda degli onesti* (56), *Peccato di castità* (56), *Tempo di villeggiatura* (56), *Una pelliccia di visone* (56), *Padri e figli* (56), *Totò lascia o raddoppia* (57), *Souvenir d'Italie* (57), *Il medico e lo stregone* (57 also story), *Nata di marzo* (57), *La legge è legge* (58), *I soliti ignoti* (58 also story), *Totò, Peppino e le fanatiche* (58 also story), *Primo amore* (58 also story), *La grande guerra* (59 also story), *Audace colpo dei soliti ignoti* (59 also story), *Il mattatore* (60 co-story), *Tutti a casa* (60 also co-story/co-dialog), *Il corazziere* (60 also story), *Risate di gioia* (60), *I due nemici* (61 co-adapted), *A cavallo della tigre* (61 also story), *Divorzio all'italiana* (61), *Il commissario* (62 also story), *Il mafioso* (62), *Totò e Peppino divisi a Berlino* (62 co-story), *La marcia su Roma* (63 also story), *I mostri* (63 co-story), *I compagni* (63), *Frenesia d'estate* (64), *Sedotta e abbandonata* (64), *I complessi*

(65 the episode "Il complesso della schiava nubiana" co-story), *Il buono, il brutto, il cattivo* (66), *Straziami...ma di baci saziami* (68), *Riusciranno i nostri eroi a ritrovare l'amico misteriosamente scomparso in Africa?* (68), *Dramma della gelosia—tutti i particolari in cronaca* (70), *Brancaleone alle crociate* (71), *In nome del popolo italiano* (71), *Senza famiglia nullatenenti cercano affetto* (72), *Vogliamo i colonnelli* (72), *Siamo tutti in libertà provvisoria* (72), *Teresa la ladra* (73), *Romanzo popolare* (74), *C'eravamo tanto amati* (74), *La donna della domenica* (75), *Signore e signori, buonanotte* (76), *I nuovi mostri* (77), *Dove vai in vacanza?* (78 the episode "Sì buana"), *Doppio delitto* (78), *La terrazza* (79), *I seduttori della domenica* (80), *Il tango della gelosia* (81), *Spaghetti House* (82), *Il tassinaro* (83), *Un ragazzo e una ragazza* (83), *Le Bal* (83 France), *Maccheroni* (85), *Scemo di guerra* (85), *Figlio mio infinitamente caro* (86), *Soldati—365 all'alba* (87), *La famiglia* (87), *Tempo di uccidere* (89), *Cattiva* (91 also story).

4127. Scarpelli, Marco. Director of photography. b. April 8, 1918, Bergamo. *Emigranti* (48 camera), *Monastero di Santa Chiara* (48 camera), *Rondini in volo* (49 camera), *Non c'è pace tra gli ulivi* (49 camera), *I fuorilegge* (50), *L'edera* (50), *Strano appuntamento* (51), *L'eroe sono io!* (51), *Camicie rosse* (51 co-ph), *Un ladro in paradiso* (51), *Cani e gatti* (52), *Canzoni di mezzo secolo* (52), *Canzoni, canzoni, canzoni* (53 co-ph), *Siamo tutti inquilini* (53), *Cinema d'altri tempi* (53), *Capitan Fantasma* (53), *Ci troviamo in galleria* (53), *Un giorno in pretura* (53), *Casta diva* (54), *L'arte di arrangiarsi* (54), *I cavalieri della regina* (54 co-ph), *La schiava del peccato* (54), *Casa Ricordi* (54), *Bravissimo* (55), *Le diciottenni* (55), *Vertigine bianca* (56 doc co-ph), *L'ultimo paradiso* (57 semi-doc), *La mina* (58), *Totò nella luna* (58), *La strada lungo un anno* (58), *I tartassati* (59), *I ragazzi dei Parioli* (59), *Tempi duri per i vampiri* (59), *Messalina, venere imperatrice* (59), *I piaceri del sabato notte* (60), *Appuntamento a Ischia* (60 co-ph), *Chi si ferma è perduto* (60), *La grande olimpiade* (60 doc co-ph), *I soliti rapinatori a Milano* (61), *Il mantenuto* (61), *Morte di un bandito* (61), *Pugni, pupe e marinai* (61), *I normanni* (61), *Appuntamento in Riviera* (62), *Rosina Fumo viene in città per farsi il corredo* (72), *Siamo tutti in libertà provvisoria* (72), *Fratello mare* (76 doc).

4128. Scarpelli, Umberto. Director. b. May 25, 1904, Orvieto. *La vecchia signora* (32 asst d), *Tre uomini in frac* (32 asst d), *Cavalleria* (36 asst d), *Luciano Serra pilota* (38 asst d), *Abuna Messias* (39 asst d), *Nozze di sangue* (42 d prod), *Sant'Elena piccola isola* (42 technical collaborator), *Gran Premio* (42 co-d/d prod), *Sciuscià* (46 d prod), *Ladri di biciclette* (48 d prod), *Gli uomini non guardano il cielo* (51 also co-w), *O.K. Nerone* (51 co-w), *Lacrime d'amore* (55 general organizer), *Una sera di maggio* (55 general organizer), *David e Golia* (59 co-w/story), *Il principe fusto* (60 co-w), *La furia dei barbari* (60 co-w), *Le schiave bianche* (60 co-d), *Vulcano, figlio di Giove* (61 supervision).

4129. Scarpetta, Vincenzo. Actor. b. June 17, 1876, Napoli. d. Aug. 3, 1952, Napoli, following a heart attack. *Suonatore di chitarra* (10 also story), *Il gallo nel pollaio* (15), *Gli ultimi giorni di Pompeo* (37), *La dama bianca* (38), *Eravamo sette vedove* (39), *Miseria e nobiltà* (40).

4130. Scatizzi, Enrico. Actor. b. Siena. *Il capolavoro* (19), *Il carro sulla montagna* (20), *Sansone* (21), *Il cammino delle stelle* (22), *La via del dolore* (22), *Il riscatto* (23), *Il velo di una colpa* (23), *Kiff Tebbi* (27), *La vena d'oro* (28).

4131. Scavarda, Aldo. Director of photography. b. Aug. 22, 1923, Torino. *Cronaca di un amore* (51 co-ph), *I vinti* (52 co-ph), *La signora senza camelie* (53 co-ph), *La giornata balorda* (60), *Meravigliosa* (60), *L'avventura* (60), *Legge di guerra* (61), *Violenza segreta* (63), *Prima della rivoluzione* (64), *Execution* (68), *Il giardino delle delizie* (68), *Il diavolo nel cervello* (72), *Revolver* (73), *La linea del fiume* (76 d).

4132. Scavolini, Sauro. Co-writer. *10.000 dollari per un massacro* (67), *Vado ...l'ammazzo e torno* (68), *Città violenta* (70), *Domani passo a salutare la tua vedova ...parola di Epidemia* (72 w), *Mannaja* (77), *Un foro nel parabrezza* (83 d).

4133. Scelzo, Filippo. Actor. b. April 19, 1900, Ivrea. *Teresa Confalonieri* (34), *Passaporto rosso* (35), *Tredici uomini e un cannone* (35), *Le sorprese del divorzio* (39), *Processo e morte di Socrate* (40), *Il ponte di vetro* (40), *Kean, gli amori di un artista*

(40), *Piccolo alpino* (40), *Odessa in fiamme* (42), *L'angelo bianco* (42), *La signora in nero* (43), *Il fiore sotto gli occhi* (43), *Nessuno torna indietro* (43), *L'uomo dal guanto grigio* (48), *Il grido della terra* (48), *Duello senza onore* (49), *Il lupo della frontiera* (51), *Core 'ngrato* (51), *Gli uomini non guardano il cielo* (51), *Un ladro in paradiso* (51), *L'ingiusta condanna* (52), *La nemica* (52), *L'ombra* (54), *Io, Caterina* (56), *L'oro di Roma* (61), *Il processo di Verona* (62), *Il successo* (63), *La bambalona* (68).

Schamberg *see* **Parish, Guido**

4134. Scharoff, Pietro. Actor. b. May 12, 1886, Perm, Russia. RN: Pyotr Sharov. AKA: Pietro Sharoff. Invited to Italy in 1929 by Tatiana Pavlova, and from then on worked mostly in Italy. Also did some directing. *Tredici uomini e un cannone* (35), *Pietro Micca* (38 co-d), *Giuseppe Verdi* (38 casting d), *Orizzonte di sangue* (41), *Inferno giallo* (42), *Le modelle di via Margutta* (45), *Il testimone* (45), *Aquila Nera* (46), *L'ebreo errante* (47), *La grande strada* (48), *Il grido della terra* (48), *Guarany* (48), *Donne senza nome* (49), *Verginità* (50), *Ho scelto l'amore* (53), *Oggi a Berlino* (62).

4135. Schell, Maria. Austrian actress. b. Jan. 5, 1926, Vienna. RN: Margarete Schell. Sister of Maximilian Schell. *Napoleone Buonaparte* (54), *Uragano sul Po* (57), *Le notti bianche* (57), *Una vita* (57), *Il trono di fuoco* (70), *Sole nella polvere* (71).

4136. Schell, Maximilian. Austrian actor. b. Dec. 8, 1930, Vienna. *Cronache di un convento* (62), *I sequestrati di Altona* (63), *Simón Bolívar* (68), *L'assoluto naturale* (69), *Amo non amo* (79).

4137. Schiaffino, Rosanna. Actress. b. Nov. 25, 1938, Genova. Former cover girl. *Orlando e i paladini di Francia* (56), *Totò lascia o raddoppia* (57), *La sfida* (58), *Un ettaro di cielo* (58), *Il vendicatore* (59), *La notte brava* (59), *Ferdinando I, re di Napoli* (59), *Le schiave bianche* (60), *Teseo contro il Minotauro* (60), *L'onorata società* (61), *I briganti italiani* (61), *Il ratto delle sabine* (61), *Le Miracle des loups* (61 France), *Lafayette, una spada per due bandiere* (61), *Il delitto non paga* (62), *Two Weeks in Another Town* (62 U.S.), *Axel Munthe, der Arzt von San Michele* (62 Germany), *RoGoPaG* (62 the episode "Illibatezza"), *La corruzione* (63), *The Victors* (63 U.S.), *The Long Ships* (64 U.S.), *Sette contro la morte* (65), *A 009 missione Hong Kong* (65), *El Greco* (65), *La mandragola* (65), *La strega in amore* (66), *Arrivederci Baby* (66 U.S.), *L'avventuriero* (67), *Simón Bolívar* (68), *Violenza per una monaca* (68), *Scacco alla regina* (70), *In amore per ogni gaudenzia ci vuole sofferenza* (71), *Trastevere* (72), *Gli eroi* (73), *Il magnate* (73), *Lo chiamavano Mezzogiorno* (74), *Cagliostro* (74), *Il testimone deve tacere* (75), *L'assassino ha riservato nove poltrone* (75), *La trastienda* (76 Spain).

4138. Schiavinotto, Antonio. Director of photography. b. June 22, 1913, Padova. Graduated from the Centro Sperimentale di Cinematografia in Roma, where he also taught. Photographed the following documentaries: *Venezia in Kodachrome* (37 also d this was Italy's first proper experiment in color), *La tecnica del film* (39), *Ritorno al Vittoriale* (41), *Nel paese delle fisarmoniche* (41), *La gondola* (42), *I piccioni di Venezia* (42), *Venezia minore* (42), *Ragazzi in mare* (42), *Boschi sul mare* (42), *Arquà Petrarca* (42), *Giotto e la cappella degli Scrovegni* (42), *Architettura di Matteo Gattaponi da Gubbio* (43), *O.K. Cortina* (46), *Venezia in festa* (47), *Piazza san Marco* (47), *Il palazzo dei dogi* (47), *Slem* (47), *Resezione articolare per tubercolosi del polso* (47), *Resezione tipica del ginocchio* (47), *Correzione con osteoplasia putti di piede equino cavo supinato addotto poliomielitico* (47), *D.V. 133* (47), *Santa Maria del Mare* (47), *Mestieri per le strade* (56), and one feature film: *Gli orizzonti del sole* (53).

4139. Schifrin, Lalo. U.S. composer. b. June 21, 1932, Buenos Aires, Argentina. Former pianist with Dizzy Gillespie. Still best remembered for the theme to TV's *Mission Impossible*. *La pelle* (81).

4140. Schipa, Tito. Opera singer/actor. b. Jan. 2, 1888, Lecce. Married Teresa Borgnia, who acted with him in *Ultimo sogno*, using the name Diana Prandi. *Tito Schipa* (29 U.S. short), *Tito Schipa Concert No. 2* (32 U.S. short), *Tre uomini in frac* (32), *Vivere!* (36), *Chi è più felice di me?* (38), *Terre de feu* (38 France), *In cerca di felicità* (43), *Rosalba* (44), *Ultimo sogno* (44), *Dieci minuti di vita* (43 this film was finally released in 44 as *Vivere ancora*), *Il cavaliere del sogno* (46), *Follie per l'opera* (47), *I misteri di Venezia* (50).

4141. Schivazappa, Piero. Director. *Femina ridens* (69 also co-w), *Una sera c'incontrammo* (76), *Quel pasticciaccio brutto di via Merulana* (83), *La signora della notte* (85).

4142. Schmitt, Henri. French art director. *La regina Margot* (54), *Mio zio* (58).

4143. Schneider, Helmut. Actor. b. 1930. *Giuseppe venduto dai fratelli* (60), *Dalle Ardenne all'inferno* (68), *Dio è con noi* (69), *Ciak Mull, l'uomo della vendetta* (69).

4144. Schneider, Maria. French actress. b. March 27, 1952, Paris. Daughter of Daniel Gélin. *Ultimo tango a Parigi* (72), *Cari genitori* (73), *Professione: reporter* (75), *Un maledetto pasticcio* (75), *Io sono mia* (76), *Donna in guerra* (77), *Caligola* (79), *Cercasi Gesù* (81).

4145. Schneider, Romy. Austrian actress. b. Sept. 23, 1938, Vienna. d. May 29, 1982, Paris. RN: Rosemarie Albach-Retty. Daughter of actors Wolf Albach-Retty and Magda Schneider. *In pieno sole* (59), *Boccaccio 70* (61 the episode "Il lavoro"), *Il processo* (62), *Il treno* (64), *La piscina* (68), *La califfa* (71), *L'assassinio di Trotsky* (72), *Ludwig* (73), *Una donna alla finestra* (77), *Fantasma d'amore* (81).

4146. Schoeller, Ingrid. Actress. *Arrivano i titani* (62), *002—agenti segretissimi* (64), *A—008 operazione Sterminio* (65), *Il figlio di Django* (67), *Sigpress contro Scotland Yard* (68), *Il figlio di Aquila Nera* (68).

4147. Schoener, Inge. German actress. b. July 2, 1935, Wiesbaden. RN: Ingeborg Schoener. AKA: Inge Schöner. In movies since 1954. *Souvenir d'Italie* (57), *Il cocco di mamma* (57), *Il corsaro della mezza luna* (57), *Ragazze brivido* (58), *Venezia, la luna e tu* (58), *Promesse di marinaio* (58), *La vacca e il prigioniero* (60), *Buffalo Bill, l'eroe del far west* (64), *I misteri della giungla nera* (64), *L'avventuriero della Tortuga* (64), *L'idea fissa* (64), *Letti sbagliati* (65), *L'inafferabile e invincibile Mr. Invisible* (69).

4148. Schofield, Leslie. U.K. actor. *Lola* (70).

4149. Schönherr, Dietmar. German actor. b. May 17, 1925, Innsbruck. *Marcia o crepa* (62).

4150. Schubert, Karin. German actress. b. 1944. *Io ti amo* (68), *Satiricosissimo* (69), *Samoa, regina della giungla* (69), *I due maghi del pallone* (70), *Il prete sposato* (70), *Vamos a matar, compañeros* (70), *Scusi, ma lei le paga le tasse?* (71), *Quel gran pezzo dell'Ubalda tutta nuda e tutta calda* (72), *Racconti proibiti...di niente vestiti* (72), *Gli occhi freddi della paura* (72), *Tutti per uno, botte per tutti* (72), *Questa volta ti faccio ricco* (73), *Dio mio, come sono caduta in basso!* (74), *L'uomo che sfidò l'organizzazione* (74), *L'ammazzatina* (75), *Emanuella nera* (76), *Emanuelle, perchè violenza alle donne?* (76).

4151. Schüfftan, Eugen. German director of photography. b. July 21, 1893, Breslau. d. 1977. AKA: Eugene Shuftan. *Ulisse* (54 special ph), *Una parigina a Roma* (54).

4152. Schygulla, Hanna. German actress. b. Dec. 25, 1943, Katowice, Poland (formerly in Germany). *Berlin Alexanderplatz* (80), *La notte di Varennes* (82), *Il futuro è donna* (83), *Storia di Piera* (83), *Miss Arizona* (88).

4153. Scipioni, Bruno. Actor. *L'assassino* (60), *Un giorno da leoni* (61), *La guerra continua* (62), *Ursus, gladiatore ribelle* (63), *I compagni* (63), *Sedotta e abbandonata* (64), *La ragazza di Bube* (64), *Deserto rosso* (64), *Gli eroi del west* (64), *L'idea fissa* (64), *Giulietta e Romeo* (64), *El Greco* (65), *Per mille dollari al giorno* (66), *Il bello, il brutto, il cretino* (67), *Sul sentiero di guerra* (69), *Dramma della gelosia—tutti i particolari in cronaca* (70).

4154. Scirè, Andrea. Actor. *Amici per la pelle* (55), *Saul e David* (64).

4155. Scob, Edith. French actress. b. 1937. *I peccatori della Foresta Nera* (61), *L'uomo in nero* (63).

4156. Scoffi, Mario. Director. *Il dottor Jekyll* (51 also starred).

4157. Scofield, Paul. U.K. actor. b. Jan. 21, 1922, Hurstpierpont. *Il treno* (64).

4158. Scola, Ettore. Co-writer. b. May 10, 1931, Trevico. Wrote most often in collaboration with Ruggero Maccari. Later went into directing. *Due notti con Cleopatra* (53), *Ridere ridere ridere* (54), *Accade al commissariato* (54), *Carovana di canzoni* (54), *Un americano a Roma* (54), *Una parigina a Roma* (54), *Lo scapolo* (55), *Accade al penitenziario* (55), *I papagalli* (56), *Guardia, guardia scelta, brigadiere e* *maresciallo* (56), *Mi permette, babbo?* (56), *Nata di marzo* (57), *Il marito* (57), *Primo amore* (58 also story), *Totò nella luna* (58), *La ragazza di piazza san Pietro* (58), *Nel blu dipinto di blu* (58), *Guardatele, ma non toccatele!* (59), *Non perdiamo la testa* (59), *Il mattatore* (60), *Adua e le compagne* (60 also story), *Le pillole di Ercole* (60), *Fantasmi a Roma* (60 also story), *Il carabiniere a cavallo* (61 also story), *La vendetta di Ursus* (61 co-story), *Anni ruggenti* (62), *Il sorpasso* (62 also story), *La visita* (62 also co-story), *L'amore difficile* (62 the episodes: "Le donne," "L'avaro," "La storia di un soldato"), *La marcia su Roma* (63 also story), *La parmigiana* (63), *Il successo* (63 also story), *I mostri* (63), *Alta infedeltà* (64), *Il gaucho* (64), *Il magnifico cornuto* (64), *Thrilling* (64 the episode "Il vittimista" d/w), *Se permettete...parliamo di donne* (64 also d), *Made in Italy* (65), *I complessi* (65 the episode "Una giornata decisiva"), *La congiuntura* (65 also d), *Io la conoscevo bene* (65), *L'arcidiavolo* (66 also d), *Follie d'estate* (66), *Le dolci signore* (67), *Il profeta* (67), *Riusciranno i nostri eroi a ritrovare l'amico misteriosamente scomparso in Africa?* (68 also d), *Il commissario Pepe* (69 also d), *Dramma della gelosia—tutti i particolari in cronaca* (70 also d), *Noi donne siamo fatte così* (71), *Permette? Rocco Papaleo* (71 also d), *La più bella serata della mia vita* (72 also d), *Trevico—Torino: viaggio nel Fiatnam* (72 also d), *C'eravamo tanto amati* (74 also d), *Brutti, sporchi e cattivi* (76 also d), *Signore e signori, buonanotte* (76 one episode also d), *Una giornata speciale* (76 also d), *I nuovi mostri* (77 co-d), *Che si dice a Roma* (79 also d), *La terrazza* (79 also d), *Passione d'amore* (80 also d), *La notte di Varennes* (82 also d), *Le Bal* (83 France also d), *Maccheroni* (85 also d), *La famiglia* (87 also d/e), *Splendor* (89 d/w), *Che ora è?* (89 also d), *Il viaggio di capitan Fracassa* (90 also d/co-p).

Scortichini, Guido *see* **Burke, Samson**

4159. Scotese, G.M. Director/co-writer. b. Jan. 26, 1916, Monte Prandone. RN: Giuseppe Maria Scotese. Graduated from the Centro Sperimentale. Began with documentaries. *Il sole di Montecassino* (45 d), *Le modelle di via Margutta* (45 d/story), *La grande aurora* (46 d/co-story), *L'apocalisse* (47), *I pirati di Capri* (48 co-d), *Fiamme sulla laguna* (50), *Carmen proibita* (52 also story), *Il mantello rosso* (54), *Il corsaro della mezza luna* (57 d), *El hombre del paraguas blanco* (58 Spain supervisor), *Quest'amore ai confini del mondo* (60 d), *La notte del grande assalto* (60 also co-p/co-story), *Le dolci notti* (62 doc co-p/co-story), *I piaceri nel mondo* (63 doc co-p/co-story), *Le città proibite* (63 doc also co-p/co-story), *Miracles Still Happen* (74 U.S.), *Cannibali domani* (83 d).

4160. Scott, Alan. Actor. *Cleo dalle 5 alle 7* (62), *I due violenti* (64).

Scott, Andrew *see* **Scotti, Andrea**

4161. Scott, George C. U.S. actor. b. Oct. 18, 1926, Wise, Va. RN: George Campbell Scott. *La bibbia* (66).

4162. Scott, Gordon. U.S. actor. b. Aug. 3, 1927, Portland, Oreg. RN: Gordon M. Werschkul. Former fireman, cowboy, lifeguard, Hollywood Tarzan. Married Vera Miles. *Maciste contro il vampiro* (61), *Maciste alla corte del Gran Khan* (61), *Romolo e Remo* (61), *Il gladiatore di Roma* (62), *Zorro e i tre moschettieri* (62), *L'eroe di Babilonia* (62), *Goliath e la schiava ribelle* (62), *Una regina per Cesare* (62), *Ercole contro Moloch* (63), *Coriolano, eroe senza patria* (63), *Il leone di san Marco* (64), *Buffalo Bill, l'eroe del far west* (64), *Il colosso di Roma* (65), *Gli uomini dal passo pesante* (66), *Il raggio infernale* (68).

4163. Scott, Janette. U.K. actress. b. Dec. 14, 1938, Morecambe, Lancs. Daughter of Thora Hird. Married singers Jackie Rae and Mel Tormé. *Elena di Troia* (56).

4164. Scott, Martha. U.S. actress. b. Sept. 22, 1914, Jamesport, Mo. *Ben-Hur* (59).

Scott, Susan *see* **Navarro, Nieves**

4165. Scotti, Andrea. Actor. AKA: Andrew Scott. *Morte di un amico* (59), *La regina dei tartari* (60), *Gli amori di Ercole* (60), *Teseo contro il Minotauro* (60), *Ursus nelle valle dei leoni* (61), *Seddok, l'erede di Satana* (61), *Zorro contro Maciste* (62), *Ercole contro i figli del sole* (64), *I due violenti* (64), *Agente 077...missione Bloody Mary* (65), *Il conquistatore di Atlantide* (65), *Starblack* (66), *Il lungo, il corto, il gatto* (67), *Il figlio di Django* (67), *Lola Colt* (67), *Le due facce del dollaro* (68), *El "Che" Guevara* (68), *Fidarsi è bene, sparare è meglio* (68), *Lo voglio morto* (68), *Una pistola per cento bare* (68), *Preparati la bara*

(68), *Se incontri Sartana prega per la tua morte* (68), *Una giornata nera per l'Ariete* (70), *Il venditore di morte* (72), *Poppea, prostituta al servizio dell'impero* (72), *Elena, sì... ma di Troia* (73), *Prostituzione* (74), *L'assassino ha riservato nove poltrone* (75), *La lupa mannara* (77), *La ragazza del vagone letto* (80).

4166. Scotti, Ottavio. Art director. b. Feb. 23, 1904, Umago d'Istria. Also did a little writing and producing later in his career. *Ettore Fieramosca* (38 co-art d), *Mille lire al mese* (38), *Io, suo padre* (38), *Amicizia* (38), *Ballo al castello* (39), *Uragano ai tropici* (39), *Torna, caro ideal...!* (39), *La mia canzone al vento* (39), *La taverna rossa* (39), *Fanfulla da Lodi* (40), *La prima donna che passa* (40), *Piccolo alpino* (40), *Cantate con me* (40), *Luce nelle tenebre* (41), *I mariti* (41), *Scampolo* (41), *Teresa Venerdì* (41), *Mamma* (41), *Luna di miele* (41), *Solitudine* (41), *Paura d'amare* (41), *Il fanciullo del west* (41), *Se io fossi onesto* (42), *Fedora* (42), *La maestrina* (42), *La maschera e il volto* (42), *Le vie del cuore* (42), *La morte civile* (42), *Catene invisibili* (42 co-art d), *Il nostro prossimo* (42), *Il romanzo di un giovane povero* (42), *La carica degli eroi* (43), *La sua strada* (43), *Dagli Appennini alle Ande* (43), *Incontri di notte* (43), *I nostri sogni* (43), *Lettere al sottotenente* (43), *Una piccola moglie* (43), *Senza famiglia* (44), *Ritorno al nido* (44), *Rosalba* (44), *Fiori d'arancio* (44), *Chi l'ha visto?* (45 made in 43), *La vita semplice* (45), *Sinfonia fatale* (46), *Il tiranno di Padova* (46 co-art d), *La gondola del diavolo* (46 co-art d), *Pian delle stelle* (46), *Rocambole* (47 co-art d), *Il passatore* (47), *Che tempi!* (47), *La certosa di Parma* (47 co-art d), *Il corriere del re* (48), *Arrivederci, papà* (48), *Cagliostro* (48 U.S. co-art d), *Il grido della terra* (48), *Pagliacci* (48), *L'uomo dal guanto grigio* (48), *La fiamma che non si spegne* (49), *La strada buia* (49), *Duello senza onore* (49), *Paolo e Francesca* (49), *Ho sognato il paradiso* (49), *Catene* (49), *Il ladro di Venezia* (50 co-art d), *Donne e briganti* (50), *Tormento* (50), *Verginità* (50), *I figli di nessuno* (51), *È arrivato l'accordatore* (51), *La vendetta di una pazza* (51), *Wanda la peccatrice* (52), *Menzogna* (52), *Chi è senza peccato* (52), *Legione straniera* (52), *Noi peccatori* (52), *Processo contro ignoti* (53), *Destini di donne* (53 the episode "Due donne" co-art-d), *Maddalena* (53), *Vortice* (54), *Senso* (54), *Nel gorgo del peccato* (54), *Carovana di canzoni* (54), *Una parigina a Roma* (54), *Ivan, il figlio del diavolo bianco* (54), *La schiava del peccato* (54), *Napoli, terra d'amore* (55), *L'angelo bianco* (55), *Il padrone sono me* (55), *Il principe dalla maschera rossa* (55), *Quando tramonta il sole* (56), *Uomini e lupi* (56), *Totò e Marcellino* (58), *È arrivata la parigina* (58), *Nel segno di Roma* (58), *Nella città l'inferno* (58), *Costa Azzurra* (59), *I ragazzi del juke-box* (59), *Il letto a tre piazze* (59), *Le notti dei teddy-boys* (60), *L'assedio di Siracusa* (60), *Urlatori alla sbarra* (60), *San Remo, la grande sfida* (60), *La garçonnière* (60), *La regina delle amazzoni* (60), *Il colpo segreto di d'Artagnan* (60 story), *I mongoli* (61), *Ponzio Pilato* (61), *Arrivano i titani* (62), *Oro per i cesari* (62), *Il figlio di Spartacus* (62), *Il monaco di Monza* (63), *Totò e Cleopatra* (63 p), *Saul e David* (64), *I grandi condottieri* (65).

4167. Scotti, Tino. Actor. b. Nov. 16, 1905, Milano, to a Roman father and a Mexican mother. Former sports caricaturist. *Non me lo dire* (40), *Il pirata sono io* (40), *Il fanciullo del west* (41), *Labbra serrate* (42), *Stasera niente di nuovo* (42), *In due si soffre meglio* (43), *Pazzo d'amore* (43), *Ho tanta voglia di cantare* (43), *La valle del diavolo* (43), *La vispa Teresa* (43), *L'ultima carrozzella* (43), *Chi l'ha visto?* (45 made in 43), *Pian delle stelle* (46), *Avanti a lui tremava tutta Roma* (46), *Voglio bene soltanto a te* (46), *Caterina da Siena* (47), *È arrivato il cavaliere* (50), *Milano miliardaria* (51), *Il mago per forza* (51), *La famiglia Passaguai* (51), *Il tallone di Achille* (52), *Solo per te, Lucia* (52), *I morti non pagano le tasse* (52), *Viva la rivista!* (53), *Fermi tutti, arrivo io!* (53), *Siamo tutti milanesi* (53), *La Gioconda* (53), *Se vincessi cento milioni* (54), *La schiava del peccato* (54), *Ridere ridere ridere* (54), *Assi alla ribalta* (54), *I pinguini ci guardano* (54), *Valeria, ragazza poco seria* (58), *Via col para...vento* (58), *La sceriffa* (59), *Guardatele, ma non toccatele!* (59), *Gastone* (59), *Il terrore dei barbari* (59), *Crimen* (61), *Bellezze sulla spiaggia* (62), *Il medico delle donne* (62), *L'assassino si chiama Pompeo* (62), *Canzoni in bikini* (63), *L'urlo* (68), *Preparati la bara* (68), *Isabella, duchessa dei diavoli* (69), *La strategia del ragno* (69), *Todo modo* (76).

4168. Scotto, Giovanna. Actress. b. Aug. 26, 1897, Torino. RN: Giovanna Piana-Canova. *La mirabile visione* (21), *Ragazzo* (33), *Acciaio* (33), *Aurora sul mare* (34), *Fiordalisi d'oro* (35), *I due sergenti* (36), *Arditi civili* (40), *Confessione* (41), *Resurrezione* (43), *Nessuno torna indietro* (43), *Due lettere anonime* (44), *Scalo merci* (46), *Rondini in volo* (49), *Santo disonore* (50), *Il sigillo rosso* (50), *Menzogna* (52), *Torna!* (54), *Operazione Mitra* (55 made in 51), *Altair* (56).

4169. Scourby, Alexander. U.S. actor. b. 1913, N.Y.C. d. 1985. *Il re dei barbari* (54).

4170. Scratuglia, Ivan. Actor. Name seen variously as Ivan Giuseppe Scratuglia and Ivan Giovanni Scratuglia. *Gli uomini dal passo pesante* (66), *Django* (66), *Uno sceriffo tutto d'oro* (66), *Un dollaro tra i denti* (67), *I crudeli* (67), *Il tigre* (67), *Lo scatenato* (67), *Meglio vedova* (67), *Ballata per un pistolero* (67), *Il bello, il brutto, il cretino* (67), *Edipo re* (67), *Il figlio di Django* (67), *Giarrettiera Colt* (67), *Scusi, facciamo l'amore* (67), *Le due facce del dollaro* (68), *Attentato ai tre grandi* (68), *Un minuto per pregare, un istante per morire* (68), *I vigliacchi non pregano* (68), *Vivo per la tua morte* (68), *Sissignore!* (68), *Teorema* (68), *Testa di sbarco per otto implacabili* (68), *Roma come Chicago* (68), *Quindici forche per un assassino* (68), *Quel caldo maledetto giorno di fuoco* (68), *Preparati la bara* (68), *Ognuno per se* (68), *Lucrezia Borgia, l'amante del diavolo* (68), *Luana, la figlia della foresta vergine* (68), *...E per tetto un cielo di stelle* (68), *Execution* (68), *...Dai nemici mi guardo io!* (68), *Dio li crea, io li ammazzo* (68), *Don Chisciotte e Sancho Panza* (68), *Al di là della legge* (68), *Comandamenti per un gangster* (68), *Brutti di notte* (68).

4171. Seberg, Jean. U.S. actress. b. Nov. 13, 1938, Marshalltown, Ia. d. Sept. 8, 1979, Paris, suicide. *L'amante di cinque giorni* (61), *Congo vivo* (62), *Desideri proibiti* (63), *Le più belle truffe del mondo* (63), *Scappamento aperto* (64), *Ondata di calore* (69), *Questa specie d'amore* (72), *Camorra* (72).

4172. Secchi, Antonio. Director of photography. AKA: Toni Secchi, Tony Dry. *Morte di un amico* (59), *Un uomo da bruciare* (62), *Italiani brava gente* (65), *Un dollaro bucato* (65), *Quien sabe?* (66), *Un fiume di dollari* (66), *Sentenza di morte* (67), *Wanted* (68), *Una breve stagione* (69), *Thomas e...gli indemoniati* (70), *E alla fine lo chiamavano Jerusalem l'implacabile* (71 d/co-w).

4173. Séchan, Edmond. French director of photography. b. Sept. 20, 1919, Montpellier. *Nagana* (54), *Le avventure di Arsenio Lupin* (57), *Tamango* (57), *L'orso* (60).

Seeley, S.K. *see* **Sekely, Steve**

4174. Segal, George. U.S. actor. b. Feb. 13, 1934, Great Neck, Long Island, N.Y. *Tenderly* (68).

4175. Segni, Mario. Co-writer. b. June 30, 1910, Cagliari. Also directed a few films. *O sole mio* (45), *Abbasso la ricchezza* (46), *L'isola di Montecristo* (48 also d), *Monastero di Santa Chiara* (48 d), *Altura* (50 also d), *Incantesimo tragico* (51 also d/co-story), *Cronaca di un delitto* (52), *Gioventù di notte* (62 d).

4176. Segurini, Nino. Actor. RN: Antonio Segurini. Name also seen as Nino Segurino. *Barabba* (61), *Il tigre* (67), *Nerosubianco* (68), *La più bella coppia del mondo* (68), *Amiche: andiamo alla festa* (72), *L'ultima neve di primavera* (73).

4177. Seigner, Louis. French actor. b. June 23, 1903, Saint-Chef. d. Jan. 20, 1991, Paris, in a fire. *La certosa di Parma* (47), *I sette peccati capitali* (52 the episode "L'orgoglio"), *Siamo tutti assassini* (52), *Quando le donne amano* (52), *I denti lunghi* (52), *Lucrezia Borgia* (53), *Il nemico pubblico n. 1* (53), *Versailles* (53), *Il conte di Montecristo* (53), *La bella Otero* (54), *Margherita della notte* (55), *Ragazze d'oggi* (55), *Paris Palace Hotel* (56), *Le spie* (57), *Il magistrato* (59), *I cosacchi* (59), L'éclisse (62), *Le massaggiatrici* (62).

4178. Sekely, Steve. Hungarian director. b. Feb. 25, 1899, Budapest. d. 1979. RN: István Székely. AKA: S.K. Seeley. *La peccatrice del deserto* (53), *Le avventure di Cartouche* (55 co-d).

4179. Sellars, Elizabeth. Scottish actress. b. May 6, 1923, Glasgow. *La contessa scalza* (54).

4180. Sellati, Arlette. French actress. b. June 10, 1933, Algeria. RN: Arlette Msellati. *Fascicolo nero* (55).

4181. Seller, Robert. French actor. b. 1889, Paris. *Papà Lebonnard* (39), *Quando le donne amano* (52), *Il nemico pubblico n. 1* (53).

4182. Sellers, Peter. U.K. actor. b. Sept. 8, 1925, Southsea, Hants. d. July 24, 1980, London. RN: Richard Henry Sellers. *Il tesoro dell'Africa* (53 dubbing), *Caccia alla volpe* (66), *Sette volte donna* (67).

4183. Selwart, Tonio. Actor. AKA: Tonino Selwart. *La contessa scalza* (54), *Elena di Troia* (56), *La tempesta* (58).

4184. Selznick, David. U.S. producer. b. May 10, 1902, Pittsburgh, Pa. d. 1965. Producer of *Gone with the Wind*. *Stazione Termini* (53 co-p).

Semaran, Jubarithe *see* **Straub, Jean-Marie**

4185. Senatore, Paola. Actress. b. 1953. *Diario segreto di un carcere femminile* (74), *Salon Kitty* (76), *Nenè* (77).

4186. Sensani, Gino Carlo. Costume designer. b. Nov. 26, 1888, San Casciano dei Bagni. d. Dec. 14, 1947, Roma. *Pergolesi* (32), *Seconda B* (34), *Teresa Confalonieri* (34), *Il cappello a tre punte* (34), *Lorenzino de' Medici* (34), *Amo te sola* (35), *Cavalleria* (36), *La damigella di Bard* (36), *L'ambasciatore* (36), *I due misantropi* (36), *Il signor Max* (37), *Il fu Mattia Pascal* (37), *Nina non far la stupida* (37), *Napoli d'altri tempi* (37), *La mazurka di papà* (38), *Voglio vivere con Letizia* (38), *L'orologio a cucù* (38), *La vedova* (38), *Cavalleria rusticana* (39), *Il marchese di Ruvolito* (39 co-costumes), *Il cavaliere di san Marco* (39), *Torna, caro ideal. . .!* (39 co-costumes), *Manovre d'amore* (39), *Una romantica avventura* (40), *Un'avventura di Salvator Rosa* (40), *La forza bruta* (40), *Don Pasquale* (40 co-costumes), *La fanciulla di Portici* (40), *Il prigioniero di Santa Cruz* (40), *La gerla di papà Martin* (40), *La granduchessa si diverte* (40), *La nascita di Salomè* (40 co-costumes), *Piccolo mondo antico* (40 co-costumes), *La corona di ferro* (41), *La cena delle beffe* (41), *I promessi sposi* (41 co-costumes), *I mariti* (41 co-costumes), *Addio, giovinezza!* (41), *Tosca* (41 co-costumes), *Giuliano de' Medici* (41), *I pirati della Malesia* (41 co-costumes), *Beatrice Cenci* (41), *Nozze di sangue* (42), *Via delle cinque lune* (42), *La maschera e il volto* (42), *La morte civile* (42), *Tragica notte* (42), *Don Cesare di Bazan* (42 co-costumes), *Fedora* (42), *La contessa Castiglione* (42), *Le vie del cuore* (42), *La maestrina* (42), *La bella addormentata* (42), *Canal grande* (42), *Gelosia* (42), *Giacomo l'idealista* (42), *Il romanzo di un giovane povero* (42), *Tristi amori* (43), *Il cappello da prete* (43), *La locandiera* (43), *Le sorelle Materassi* (43), *Eugenia Grandet* (46), *Fatalità* (47 also art d), *Daniele Cortis* (47), *Il delitto di Giovanni Episcopo* (47), *La certosa di Parma* (47 co-costumes).

4187. Serafin, Enzo. Director of photography. b. 1912, Venezia. RN: Vincenzo Serafin. *Cercasi bionda bella presenza* (42), *Musica proibita* (42 co-ph), *La vita torna* (42), *La zia di Carlo* (43), *Senza una donna* (43), *Piruetas juveniles* (43 Spain), *Un ladrón de guante blanco* (45 Spain), *Quando gli angeli dormono* (47), *Don Juan de Serralonga* (48 Spain), *Il tradimento* (51), *Cronaca di un amore* (51 co-ph), *Le due verità* (51), *Marito e moglie* (52 co-ph), *Processo alla città* (52), *I sette peccati capitali* (52 co-ph), *I vinti* (52 the U.K. episode, "Il delitto"), *Febbre di vivere* (53 co-ph), *La signora senza camelie* (53 co-ph), *Siamo donne* (53 co-ph), *La mano dello straniero* (53), *Il letto* (53 the episode "Il divorzio"), *Viaggio in Italia* (53), *Vestire gli ignudi* (54), *La romana* (54), *Giove in doppiopetto* (54), *La principessa delle Canarie* (54), *La bella mugnaia* (55), *Ragazze d'oggi* (55), *La puerta abierta* (56 Spain), *Vertigine bianca* (56 doc co-ph), *La donna che venne dal mare* (57 co-ph), *La ballerina e buon Dio* (58), *Raw Wind in Eden* (58 U.S.), *Racconti d'estate* (58), *Apocalisse sul Fiume Giallo* (59), *Le notti dei teddy-boys* (60), *La strada dei giganti* (60), *Gli amori di Ercole* (60), *L'ultimo dei vichinghi* (61), *La steppa* (62), *Scanzonatissimo* (63), *Panic Button* (64 U.S.), *La ragazza in prestito* (65), *I giorni dell'ira* (67), *Il fischio al naso* (67), *Al di là della legge* (68), *Odia il prossimo tuo* (68), *L'isola misteriosa e il capitano Nemo* (73).

4188. Serandrei, Mario. Editor. b. May 23, 1907, Napoli. AKA: Mark Sirandrews, Mark Suran. It is said that it was he who coined the term "Neorealismo." *Corte d'assise* (30 asst d), *La stella del cinema* (31 asst d), *Riviste* (31 doc technical co-ordinator), *Campane d'Italia* (32 short doc), *Pazza di gioia* (40), *Arditi civili* (40), *Il pirata sono io* (40), *Non me lo dire* (40), *Incanto di mezzanotte* (40), *Orizzonte dipinto* (41), *Giuliano de' Medici* (41), *La cena delle beffe* (41), *Se non son matti non li vogliamo* (41), *Ossessione* (42), *Il nostro prossimo*

(42), *Giorni di gloria* (45 doc also co-d), *Lo sconosciuto di San Marino* (46), *Amanti senza amore* (47), *Come persi la guerra* (47), *Eleanora Duse* (47), *Il passatore* (47), *La terra trema* (48), *Ti ritroverò* (48), *Il grido della terra* (48 co-e), *Patto col diavolo* (49 co-w), *Bellissima* (51), *Magia verde* (52 doc), *Immagini popolari siciliane sacre* (52 doc), *Immagini popolari siciliane profane* (52 doc), *Teodora, imperatrice di Bisanzio* (53), *Senso* (54), *Continente perduto* (55 doc), *Il bidone* (55), *L'ultimo paradiso* (57 semi-doc), *Le fatiche di Ercole* (57), *Le notti bianche* (57), *La muraglia cinese* (58), *Europa di notte* (58), *Calypso* (58), *Ercole e la regina di Lidia* (58), *La maja desnuda* (58), *La Battaglia di Maratona* (59), *Policarpo, ufficiale di scrittura* (59), *I magliari* (59), *Caltiki, il mostro immortale* (59), *La maschera del demonio* (60 also co-w), *Space Men* (60), *Napoleone ad Austerlitz* (60), *Rocco e i suoi fratelli* (60), *La ragazza con la valigia* (60), *La grande olimpiade* (60 doc co-e), *Giuseppe venduto dai fratelli* (60), *Il pianeta degli uomini spenti* (60), *Maciste nella terra dei ciclopi* (61), *Il mondo di notte n. 2* (61), *Ercole al centro della terra* (61), *Gli invasori* (61), *La venere creola* (61), *Salvatore Giuliano* (61), *Boccaccio 70* (61 the episode "Il lavoro"), *La rivolta dei mercenari* (62), *L'attico* (62), *Una storia milanese* (62), *La freccia d'oro* (62), *Marcia o crepa* (62), *Ti-Koyo e il suo pescecane* (62), *Il criminale* (63), *Violenza segreta* (63), *Russia sotto inchiesta* (63), *Il gattopardo* (63), *Scanzonatissimo* (63), *La ragazza che sapeva troppo* (63), *I tre volti della paura* (63), *La donna scimmia* (64), *Italiani brava gente* (65), *La Battaglia di Algeri* (66), *Le streghe* (66 the episode "Strega bruciata viva").

4189. Serato, Massimo. Actor. b. May 31, 1916, Oderzo. RN: Giuseppe Segato. *Appuntamento allo zoo* (37 short), *L'ispettore Vargas* (40), *Piccolo mondo antico* (40), *L'amore canta* (41), *L'uomo venuto dal mare* (41), *Due cuori sotto sequestro* (41), *I sette peccati* (41), *Luisa Sanfelice* (42), *Giacomo l'idealista* (42), *La fornarina* (42), *Le sorelle Materassi* (43), *Quartieri alti* (43), *Il mondo vuole così* (45), *Il sole sorge ancora* (46), *Sangue a Ca' Foscari* (46), *L'apocalisse* (47), *La Traviata* (47), *I cavalieri dalle maschere nere* (47), *Il principe ribelle* (47), *La prigioniera dell'isola* (47), *Il corriere del re* (48), *I pirati di Capri* (48), *Monastero di Santa Chiara* (48), *Marechiaro* (49), *Rondini in volo* (49), *La strada buia* (49), *La rivale dell'imperatrice* (50), *Il ladro di Venezia* (50), *Domenica d'agosto* (50), *Senza bandiera* (50), *Il conte di Sant'Elmo* (51), *Amore e sangue* (51), *Amore rosso* (51), *Incantesimo tragico* (51), *I due derelitti* (51), *La figlia del diavolo* (52), *Gioventù alla sbarra* (52), *Il mercante di Venezia* (52), *I piombi di Venezia* (52), *Il boia di Lilla* (53), *Febbre di vivere* (53), *La provinciale* (53), *Lucrezia Borgia* (53), *Avventura ad Algeri* (53), *Pietà per chi cade* (53), *Opinione pubblica* (53), *L'amante di Paride* (54), *Madame Dubarry* (54), *La vedova X* (54), *Foglio di via* (54), *Le avventure di Cartouche* (55), *Il piccolo vetraio* (55), *Il falco d'oro* (55), *La trovatella di Milano* (56), *Tormento d'amore* (56), *Carta a Sara* (56 Spain), *Maruzzella* (56), *Suprema confessione* (57), *Non c'è pace per chi ama* (57), *Peppino, le modelle e. . . "Chella Llà"* (57), *I segreti della notte* (57), *La grande ombra* (58), *The Silent Enemy* (58 U.K.), *Afrodite, dea dell'amore* (58), *La spada e la croce* (58), *La maja desnuda* (58), *Capitan Fuoco* (58), *Il cavaliere del castello maledetto* (58), *Il terrore dei barbari* (59), *David e Golia* (59), *Il magistrato* (59), *Tunisi top secret* (59), *La scimitarra del saraceno* (60), *Gli amori di Ercole* (60), *Costantino il grande: in hoc signo* (60), *La venere dei pirati* (60), *Femmine di lusso* (60), *Il colpo segreto di d'Artagnan* (60), *Ti aspetterò all'inferno* (61), *El Cid* (61), *Ponzio Pilato* (61), *55 Days at Peking* (61 U.S.), *Marte, dio della guerra* (62), *Ipnosi* (62), *Zorro contro Maciste* (62), *Giacobbe ed Esau* (62), *Goliath e la schiava ribelle* (62), *Gli invincibili sette* (63), *Brenno, il nemico di Roma* (63), *Il giorno più corto* (63), *Maciste alla corte dello zar* (63), *Il leone di Tebe* (64), *Volles Herz und leere Taschen* (64 Germany), *Spartaco e i dieci gladiatori* (64), *La rivolta dei sette* (64), *L'invincibile cavaliere mascherato* (64), *La celestina P. . .R. . .* (64), *Il gladiatore che sfidò l'impero* (64), *Sfida a Rio Bravo* (65), *Il colosso di Roma* (65), *I criminali della galassia* (65), *FBI operazione Vipera Gialla* (65), *I diafanoidi portano la morte* (65), *La decima vittima* (65), *Delitto quasi perfetto* (66), *Superseven chiama Cairo* (66), *Uno sceriffo tutto d'oro* (66), *Lo scatenato* (67), *La notte pazza del conigliaccio* (67), *Il bello, il brutto, il* *cretino* (67), *Il magnifico texano* (67), *Rififi ad Amsterdam* (68), *00/Ciak operazione Mondo* (68), *È stato bello amarti* (68), *Camille 2000* (69), *Lo stato d'assedio* (69), *Anda muchacho spara* (70), *The Gamblers* (70 U.S.), *Una nuvola di polvere...un grido di morte...arriva Sartana* (71), *La califfa* (71), *Il sergente Klems* (71), *Uomo avvisato mezzo ammazzato...parola di Spirito Santo* (71), *Un apprezzato professionista di sicuro avvenire* (72), *Cool Million* (72 U.S. TV), *Historia de una traición* (72 Spain), *Number One* (73), *A Venezia un dicembre rosso* (73), *Diario segreto di un carcere femminile* (74), *Macchie solari* (74), *Salvo d'acquisto* (75), *Il ginecologo della mutua* (76), *Cattivi pensieri* (77), *Suor Omicidi* (77), *Solamente nero* (78), *Un poliziotto scomodo* (78), *L'umanoide* (79), *Pin il monello* (79), *Via degli specchi* (83), *Il ragazzo di campagna* (84), *32 dicembre* (88).

4190. Seratrice, Vincenzo. Director of photography. b. Dec. 20, 1913, Sulmona. *L'ebbrezza del cielo* (39), *L'assedio dell'Alcazar* (40 co-ph), *Leggenda azzurra* (40 co-ph), *Il piccolo re* (39), *L'elisir d'amore* (40 unfinished), *L'allegro fantasma* (41), *Teresa Venerdì* (41), *La maschera di Cesare Borgia* (41 co-ph), *Turbine* (41), *La scuola dei timidi* (42), *Un pilota ritorna* (42), *Acque di primavera* (42 co-ph), *Grattacieli* (42), *Il nemico* (42), *Fuga a due voci* (42 co-ph), *Avanti, c'è posto* (42 co-ph), *Ti conosco, mascherina!* (42), *Non mi muovo!* (43), *Quattro ragazze sognano* (43), *L'angelo e il diavolo* (46 co-ph), *Il corriere di ferro* (46), *La voce di Paganini* (47 doc), *Sono io l'assassino!* (47), *Fifa e arena* (48), *I contrabbandieri del mare* (49), *La figlia del peccato* (49), *La figlia della madonna* (49 co-ph), *La roccia incantata* (50), *Vogliamoci bene* (49), *Sambo* (50), *Gli angeli del quartiere* (51), *Era lui...si! si!* (51), *Santa Lucia luntana* (51), *Clandestino a Trieste* (51), *Eran 300* (52), *Abracadabra* (52), *Non è vero, ma ci credo* (52), *Il boia di Lilla* (53 co-ph), *Addio mia bella signora* (53), *Lulù* (53), *La corda d'acciaio* (53), *Carovana di canzoni* (54), *Il tiranno del Garda* (54), *Tua per la vita* (55), *Il principe dalla maschera rossa* (55), *Lacrime di sposa* (56), *Goodbye Firenze* (57), *Il pirata dello sparviero nero* (58), *La furia dei barbari* (60), *La schiava di Roma* (60), *Giulio Cesare contro i pirati* (60).

4191. Serena, Gustavo. Actor. b. Oct. 5, 1881, Napoli. Also directed several films. *Giulietta e Romeo* (11), *Quo vadis?* (12), *La tela del ragno* (13), *Vita per vita* (13 d/*), *Signori, la festa è finita* (14 d/*), *La busta nera* (14), *La confessione* (14), *Il film rivelatore* (14), *Il posto vuoto* (14), *Le primule insanguinate* (14), *Ultima danza* (14), *Assunta spina* (15 d/*), *A San Francisco* (15 d/*), *Diana l'affascinatrice* (15 d/*), *Il capestro degli Asburgo* (15 d/*), *Yvonne, la bella della "danse brutale"* (15 d/*), *Otto milioni di dollari* (15 d/*), *La signora dalle camelie* (15 co-d/*), *I carbonari* (15 d/*), *L'albergo nero* (15 d/*), *Amor di ladro* (15 d/*), *Il mistero di quella notte* (15 d/*), *Nella fornace* (15 d), *Vittima dell'ideale* (16 d/*), *Il patto* (16 d/*), *Fernanda* (16 d/*), *La cieca di Sorrento* (16 d/*), *Destino* (16 d/*), *Odette* (16), *La perla del cinema* (16), *Fedora* (16), *La piccola fonte* (17), *I nostri buoni villici* (17), *La martire* (17), *Dora o le spie* (17), *Andreina* (17 d/*), *Nellina* (17 d/*), *Il principe Rodolfo* (17 d/*), *I misteri di Parigi* (17 co-d/*), *La corsa al trono* (18), *Tosca* (18), *Il processo Clemenceau* (18), *Frou Frou* (18), *Niniche* (18), *Nanà* (18), *La paura d'amare* (19), *L'ultima recita di Anna Parnell* (19 d/*), *La vita e la leggenda* (19 d/*), *Per l'onore* (19), *L'ultima invocazione* (19 the episode "Arte e dolore"), *Piccola poupée* (19), *L'avarizia* (19 d/*), *L'ira* (19 *), *L'immagine dell'altra* (19 d/*), *La valle dell'inferno* (19 d/*), *Le oscure vicende* (19 d/*), *Diana Sorel* (20 d/*), *Oltraggio* (20 d/*), *Il fallo di una istitutrice* (20 d/*), *Fiore selvaggio* (20 d/*), *Coscienza* (20 d/*), *Senza colpa* (21 d), *Il castello dei gufi* (22), *Pane altrui* (23), *Debito d'onore* (23 d/*), *The White Sister* (24 U.S.), *La perla nera* (24 d/*), *La via del peccato* (25), *Fra Diavolo* (25), *Il cavalier Petagna* (26), *Zappatore!* (29 d/w/*), *Il solitario della montagna* (31), *Zaganella e il cavaliere* (32 co-d), *Cinema, che passione!* (34), *Re burlone* (35), *Re di denari* (36), *Giuseppe Verdi* (38), *Naufraghi* (38), *Se quell'idiota ci pensasse* (39), *La città dolente* (48), *La fiamma che non si spegne* (49), *Santo disonore* (50), *Taxi di notte* (50), *Quattro rose rosse* (51), *Altri tempi* (51 the episode "L'idillio"), *Gli uomini non guardano il cielo* (51), *La fiammata* (52), *I figli non si vendono* (52),

Rimorso (52), *Gelosia* (53), *Afrodite, dea dell'amore* (58), *I soliti ignoti* (58), *Il mondo dei miracoli* (59), *Don Camillo monsignore ...ma non troppo* (61).

4192. Sernas, Jacques. Actor. b. July 30, 1925, Kaunas, Lithuania. RN: Jokubas Sezbas. Also known in the U.S.A. as Jack Sernas. His mother was German. Taken to France as a child, he became a French citizen. He moved to Italy in 1947, and became a staple of the Italian cinema. *Miroir* (46 France), *La Révoltée* (47 France), *L'Idole* (47 France), *Gioventù perduta* (47), *Una lettera all'alba* (48), *Il mulino del Po* (48), *Jean de la lune* (49 France), *Il lupo della Sila* (49), *Il cielo è rosso* (49), *The Golden Salamander* (49 U.K.), *Il falco rosso* (49), *Cuori sul mare* (49), *Barbablù* (51), *L'ultima sentenza* (51), *Camicie rosse* (51), *Clandestino a Trieste* (51), *Gli angeli del quartiere* (51), *Fanciulle di lusso* (52), *I figli non si vendono* (52), *Amarti è il mio peccato* (52), *Dieci canzoni d'amore da salvare* (53), *Lulù* (53), *L'Envers du paradis* (53 France), *Sua Altezza ha detto: no!* (53), *Ti ho sempre amato* (53), *Maddalena* (53), *Cento anni d'amore* (53 the episode "Amore 1954"), *Il grande addio* (53), *La barriera della legge* (54), *Terra straniera* (55 made in 53), *Jump into Hell* (55 U.S.), *Altair* (56), *Elena di Troia* (56), *La venere di Cheronea* (58), *La prima notte* (58), *Vite perdute* (58), *Nel segno di Roma* (58), *Pia de' Tolomei* (58), *Le notti di Lucrezia Borgia* (59), *Il mondo dei miracoli* (59), *La dolce vita* (60), *Salammbò* (60), *Un amore a Roma* (60), *La regina dei tartari* (60), *Che femmina...e che dollari!* (60), *Maciste contro il vampiro* (61), *Romolo e Remo* (61), *Orazi e Curiazi* (61), *55 Days at Peking* (61 U.S.), *Il conquistatore di Corinto* (62), *Il figlio di Spartacus* (62), *Il giorno più corto* (63), *La guerra segreta* (65), *Baleari: operazione Oro* (66), *Per pochi dollari ancora* (66), *Midas Run* (69 U.S.), *Il vespaio* (70), *Superfly TNT* (72 U.S.), *E cominciò il viaggio nella vertigine* (75), *I ragazzi di celluloide* (77), *L'ultimo sapore dell'aria* (78), *L'avaro* (90).

4193. Serpe, Ralph. Assistant production manager. He graduated to different roles over the years. *Un turco napoletano* (53), *Ulisse* (54), *Il più comico spettacolo del mondo* (54), *Barabba* (61 asst to the producer), *I tre volti* (65 the episode "Il provino" *), *La bibbia* (66 asst to the producer), *Lola* (70 co-assoc prod), *La spina dorsale del diavolo* (70 co-p).

4194. Serra, Adriana. Actress. b. 1923, Milano. In TV since 1955. *La prigione* (43), *Il paese senza pace* (43), *Le modelle di via Margutta* (45), *Undici uomini e un pallone* (48), *Se fossi deputato* (49), *La cintura di castità* (50), *Totòtarzan* (50), *I due sergenti* (51), *Miracolo a Viggiù* (51).

4195. Serra, Domenico. Actor. b. Sept. 19, 1899, Crescentino. *Il soldato d'Italia* (16), *Wanda Warenine* (17), *Sorrisi e spasimi della menzogna* (17), *Le due orfanelle di Torino* (17), *S.A. l'amore* (19), *L'ombra* (19), *El martirio de vivir* (22 Spain), *L'inafferabile* (22), *I promessi sposi* (23), *Il capolavoro di Saetta* (23), *Treno di piacere* (23), *Maciste all'inferno* (25), *I martiri d'Italia* (27), *Acciaio* (33), *La notte delle beffe* (39), *Cuori nella tormenta* (40), *Piccolo alpino* (40), *Notte di fortuna* (41), *I promessi sposi* (41), *La fabbrica dell'imprevisto* (42), *Quelli della montagna* (43), *O sole mio* (45), *Il corriere di ferro* (46), *La fumeria d'oppio* (47), *Sperduti nel buio* (47), *I fratelli Karamazoff* (47), *L'ebreo errante* (47), *Margherita da Cortona* (50), *La figlia del mendicante* (50), *Jolanda, la figlia del corsaro nero* (52), *La corda d'acciaio* (53), *L'orfana del ghetto* (54), *Canzone proibita* (56).

4196. Serra, Gianna. Actress. *Un fiume di dollari* (66), *Tre pistole contro Cesare* (66), *La sfinge d'oro* (67), *Cuori solitari* (69).

Serra, Ignasi P. Ferre *see* **Iquino, Ignacio**

4197. Serrault, Michel. French actor. b. 1928. *L'amante di cinque giorni* (61), *Le quattro verità* (62), *La cage aux folles* (79), *La cage aux folles II* (80), *Dagobert* (84), *La cage aux folles 3* (84), *Buon Natale, Buon Anno* (90).

4198. Serre, Henri. French actor. b. 1931. *L'amore a vent'anni* (61 the first episode, "Antoine et Colette"), *Il processo di Verona* (62), *Hong Kong un addio* (63).

4199. Servais, Jean. French actor. b. Sept. 24, 1910, Anvers, Belgium. d. Feb. 17, 1976, Paris. Married Dominique Blanchar (divorced 1952). *La prigioniera dell'isola* (47), *L'amante di una notte* (51), *Gli eroi sono stanchi* (55), *La castellana del Libano* (56), *Colui che deve morire* (57), *Tamango* (57), *Il mondo nella mia tasca*

(60), *I fratelli corsi* (61), *Il delitto non paga* (62), *Qualcuno ha tradito* (67), *Meglio vedova* (67), *L'assassino ha le ore contate* (68), *Seduto alla sua destra* (68), *La notte più lunga del diavolo* (71).

4200. Serventi, Luigi. Actor. b. July 31, 1885, Roma. Came from a noble family. He also directed several films. *Dopo il veglione* (14), *Lo spettro bianco di Saint Moritz* (14), *Passa la guerra* (14), *Gelosia* (15), *Il figlio della guerra* (15), *La strage degli innocenti* (15), *Il vetturale del Moncenisio* (16), *Mimì e gli straccioni* (16), *La piccola ombra* (16), *Cavalleria rusticana* (16), *Il re, le torri, gli alfieri* (16), *Napoleoncina* (17 also co-d), *Le mogli e le arance* (17 also d), *La bohème* (17), *La figlia del mare* (18), *Il giardino della voluttà* (18), *Il padrone delle ferriere* (19), *Noris* (19), *La storia di una donna* (19), *La disfatta dell'Erinni* (19), *Il romanzo di un giovane povero* (20), *La bambola e l'amore* (20), *Il mercante d'emozioni* (20), *Il volto di Medusa* (20), *Marito, moglie e...* (20), *Suprema bellezza* (21 also d), *La ragnatela* (22), *La bohème* (23), *La moglie bella* (24), *La via del peccato* (25), *Voglio tradire mio marito!* (25), *Il gigante delle Dolomiti* (26), *Confessioni di una donna* (27), *Die weissen Rosen von Ravensberg* (27 Germany), *Die irrende Prinzessin* (27 Germany), *Wien, der Stadt meiner Traüme* (27 Germany), *Pas sur la bouche* (28), *Lebendige Fracht* (28 Austria), *Der Präsident* (28 Germany), *Lillibel from U.S.A.* (28 Germany), *Il cantastorie di Venezia* (28), *Erotikon* (29 Czechoslovakia), *Berge in Flammen* (31 Germany), *Standschütze Bruggler* (36 Germany).

4201. Sestili, Otello. Amateur actor. *Il vangelo secondo Matteo* (64 as Judas).

4202. Setó, Javier. Spanish director. b. 1926, Lérida. *Pane amore e Andalusia* (59).

4203. Sety, Gérard. French actor. b. Dec. 13, 1922. *Le spie* (57), *Montparnasse* (58), *Arrivano i titani* (62).

4204. Severino, Mauro. Director. *Vergogna, schifosi* (68 also co-w), *Amore vuol dir gelosia* (76), *Tutti possono arricchire tranne i poveri* (76).

4205. Sevilla, Carmen. Spanish actress. b. Oct. 16, 1930, Sevilla. RN: María Carmen García Galisseo. A child prodigy in singing and dancing. *Gli amanti del deserto* (58), *La vendetta* (58), *Europa di notte* (58), *Pane amore e Andalusia* (59).

4206. Seyn, Seyna. Burmese actress. *Casanova 70* (65), *Giulietta degli spiriti* (65), *Perry Grant, agente di ferro* (66), *Se tutte le donne del mondo* (66), *Agente segreto 777 operazione Mistero* (67), *Niente rose per OSS 117* (68).

4207. Seyrig, Delphine. French actress. b. 1932, Beirut, Lebanon, of French/Alsace parents. d. Oct. 15, 1990, Paris. *L'anno scorso a Marienbad* (61), *Muriel, il tempo di un ritorno* (63), *Il fascino discreto della borghesia* (72), *Caro Michele* (76).

Shannon, Frank *see* **Prosperi, Franco**

4208. Sharif, Omar. Egyptian actor. b. April 10, 1932, Alexandria. RN: Maechel Shalhoub. *La castellana del Libano* (56), *La caduta dell'impero romano* (64), *Le meravigliose avventure di Marco Polo* (65), *Il papavero è anche un fiore* (66), *C'era una volta* (67), *Gli scassinatori* (71), *L'isola misteriosa e il capitano Nemo* (73), *Viaggio d'amore* (90).

Sharoff, Pietro *see* **Scharoff**

4209. Sharp, John. U.K. actor. b. 1920. *Incompreso* (67), *Fratello Sole sorella Luna* (73), *Altrimenti ci arrabbiamo* (74), *Mani di velluto* (80).

4210. Shatner, William. Canadian actor. b. March 22, 1931, Montreal. *E venne l'ora della vendetta* (67).

4211. Shaw, Irwin. U.S. writer. b. Feb. 22, 1913, Brooklyn, N.Y. d. 1984. *Ulisse* (54 co-w), *Guerra e pace* (56 co-w although in Italy his name did not appear on the credits), *La diga sul Pacifico* (57 first draft screenplay).

4212. Shaw, Lyn. Actress. b. U.K. AKA: Lynn Shaw. Came to Italy in 1954. "Discovered" by Antonioni. Often on TV in Italy. *Il grido* (57), *Ragazzi della marina* (58), *Guardatele, ma non toccatele!* (59), *Genitori in blue jeans* (60), *Noi duri* (60).

4213. Shaw, Maxwell. U.K. actor. b. Feb. 21, 1929, London. d. 1985. *Ben-Hur* (59).

4214. Shaw, Robert. U.K. actor. b. Aug. 9, 1927, Westhoughton, Lancs. d. Aug. 27, 1978, near Tourmakeady, Ireland. *L'affondamento della "Valiant"* (61).

4215. Shaw, Sebastian. U.K. actor. b. May 29, 1905, Holt, Norfolk. *La montagna di cristallo* (49).

4216. Shayne, Lyn. Actress. *Django* (66), *Tempo di massacro* (66).

4217. Shelley, Barbara. U.K. actress. b. 1933, London. RN: Barbara Kowin.

Began her career in Italy. *La contessa scalza* (54), *Ballata tragica* (54), *Destinazione Piovarolo* (55), *Luna nova* (55), *Motivo in maschera* (55), *I quattro del getto tonante* (55), *Lacrime di sposa* (56), *Mio figlio Nerone* (56), *Suprema confessione* (57).

4218. Shentall, Susan. U.K. amateur actress. b. 1934. Played Juliet in *Giulietta e Romeo* (54).

4219. Sheppard, Patty. U.S. actress. AKA: Patty Shepard. *Lo chiamavano Mezzogiorno* (74), *Altrimenti ci arrabbiamo* (74).

4220. Sherman, Vincent. U.S. director. b. July 16, 1906, Vienna, Ga. RN: Abram Orowitz. *Difendo il mio amore* (56 co-d), *Cervantes* (68).

4221. Sheybal, Vladek. Polish actor. b. March 12, 1928. RN: Wladyslaw Sheybal. Long in the U.K. *Un bacio di una morta* (72), *Bordella* (75).

4222. Shigeta, James. U.S. actor. b. 1933, Hawaii. *Tre pistole contro Cesare* (66).

4223. Shiloah, Yousef. Israeli actor. *Mosè* (76).

4224. Shimkus, Joanna. Canadian actress. b. Oct. 30, 1943, Halifax. Married Sidney Poitier. *Idoli controluce* (66), *Ho!* (68), *Boom* (68), *L'invitata* (69).

Shuftan, Eugene *see* **Schüfftan, Eugen**

4225. Siano, Silvio. Director of low-budget films. *Napoli, eterna canzone* (49), *Fuoco nero* (51 also co-w/story), *Soli per le strade* (53 also w/story), *Saranno uomini* (57 also story), *Lo sgarro* (62 also co-w/story).

4226. Sibaldi, Stefano. Actor. b. June 11, 1905, Livorno. Also one of the best dubbing voices. *Frenesia* (39), *Manovre d'amore* (39), *Il carnevale di Venezia* (40), *Dopo divorzieremo* (40), *Una famiglia impossibile* (40), *Il pozzo dei miracoli* (41), *La fuggitiva* (41), *L'attore scomparso* (41), *Barbablù* (41), *Lascia cantare il cuore* (43), *La signora in nero* (43), *La strada* (54 dubbed Richard Basehart into Italian), *Rascel–Fifì* (57), *Il corazziere* (60).

4227. Sicard, Solange. French actress. b. Jan. 5, 1900, Paris. *Gli amanti di Verona* (48), *Siamo tutti assassini* (52).

4228. Siciliano, Antonio. Director. AKA: Lee Castle. *Attenti a quelle due... ninfomani* (81), *Carnalità morbosa* (81), *Sesso allegro* (81), *Orgasmo esotico* (82), *Orgasmo non-stop* (82).

4229. Siciliano, Mario. Director. AKA: Marlon Sirko. *Mille dollari sul nero* (67 p), *I vigliacchi non pregano* (68 also co-p/co-w), *Sette baschi rossi* (68), *La moglie più bella* (69 e), *Malocchio* (75), *Alleluia e Sartana, figli di...figli di Dio* (72), *Trinità e Sartana...figli di...* (72), *La zia svedese* (80).

4230. Signoret, Simone. French actress. b. March 25, 1921, Wiesbaden, Germany. d. Sept. 30, 1985, Normandy. RN: Simone Kaminker. Raised in Paris. Former secretary and English teacher. *L'amore e il diavolo* (42), *Le vergini di Salem* (56), *Adua e le compagne* (60), *Il giorno e l'ora* (63), *Confetti al pepe* (63), *Il giorno più corto* (63).

4231. Sigurd, Jacques. French writer. b. June 15, 1920, Paris. *I miracoli non si ripetono* (51), *Naso di cuoio* (52 adapted/dialog), *Lucrezia Borgia* (53 co-w), *Gli amori di Manon Lescaut* (54 co-w), *La bella Otero* (54), *Aria di Parigi* (55 dialog), *Gli anni che non ritornano* (56 co-adapted/co-dialog), *Vacanze d'inverno* (59 co-w), *Il delitto non paga* (62 co-adapted/co-dialog), *Lafayette, una spada per due bandiere* (61).

4232. Silenti, Vira. Actress. b. April 16, 1931, Napoli. RN: Elvira Giovene. Married Ermanno Donati (q.v.). *Una notte dopo l'opera* (41), *Dagli Appennini alle Ande* (43), *In cerca di felicità* (43), *Vietato ai minorenni* (43), *Montecassino* (46), *Tempesta d'anime* (46), *L'ultimo amore* (46), *Preludio d'amore* (46), *Il fiacre n. 13* (47), *Terra amara* (48 short), *Romanzo d'amore* (50), *Totòtarzan* (50), *La roccia incantata* (50), *Totò cerca moglie* (51), *La nemica* (52), *La storia del fornaretto di Venezia* (52), *Bellezze in motoscooter* (52), *I vitelloni* (53), *Lasciateci in pace* (53), *Il bacio dell'aurora* (53), *Canzone appassionata* (53), *La Gioconda* (53), *Casa Ricordi* (54), *Lo que nunca muere* (54 Spain), *Domenica è sempre domenica* (58), *Il figlio del corsaro rosso* (58), *Vacanze d'inverno* (59), *Maciste nella Valle dei Re* (60), *Giuseppe venduto dai fratelli* (60), *Maciste all'inferno* (60), *Maciste nella terra dei ciclopi* (61).

4233. Siletti, Mario. Actor. b. Feb. 5, 1897, Torino. Not to be confused with the other Mario Siletti (q.v. below). *Sette giorni cento lire* (33), *Lasciate ogni speranza* (37),

Eravamo sette vedove (39), *Vento di milioni* (39), *Piccolo alpino* (40), *Capitan Fracassa* (40), *Il pirata sono io* (40), *San Giovanni decollato* (40), *La figlia del corsaro verde* (40), *Fari nella nebbia* (41), *Finalmente soli* (41), *La maschera di Cesare Borgia* (41), *Scampolo* (41), *Solitudine* (41), *Miliardi, che follia!* (42), *Musica proibita* (42), *Quattro passi fra le nuvole* (42), *Principessina* (43), *Pazzo d'amore* (43), *I nostri sogni* (43), *Dagli Appennini alle Ande* (43), *La casa senza tempo* (43), *T'amerò sempre* (43), *Il viaggio del signor Perrichon* (43), *Silenzio, si gira!* (43), *Una piccola moglie* (43), *La locandiera* (43), *Ho tanta voglia di cantare* (43), *La moglie in castigo* (44), *Le miserie del signor Travet* (45), *Eugenia Grandet* (46), *L'angelo e il diavolo* (46), *Aquila Nera* (46), *Il segreto di don Giovanni* (47), *Il vento mi ha cantato una canzone* (48), *Arrivederci, papà* (48), *Sambo* (50), *Figaro qua, Figaro là* (50), *Verginità* (50), *Porca miseria* (51), *Il mago per forza* (51), *O.K. Nerone* (51), *Fiorenzo, il terzo uomo* (51), *Era lui...si! si!* (51), *Napoleone* (51), *È arrivato l'accordatore* (51), *Il microfono è vostro* (51), *Maschera nera* (52), *Don Camillo* (52), *Canzoni di mezzo secolo* (52), *Gran varietà* (53), *In amore si pecca in due* (54), *Le avventure di Giacomo Casanova* (54), *Il cardinale Lambertini* (54), *I due compari* (55), *Piccola posta* (55), *Ci sposeremo a Capri* (56), *Sua Eccellenza si fermò a mangiare* (61), *Don Camillo monsignore...ma non troppo* (61), *I moschettieri del mare* (61).

4234. Siletti, Mario. U.S. actor. b. 1901, Sestri Ponente, Italy. d. Jan. 7, 1991, N.Y.C. In the U.S.A. from 1921. Not to be confused with the other Mario Siletti (q.v., above). *Teodora, imperatrice di Bisanzio* (53).

Sill, Sam *see* **Assonitis, Ovidio G.**

4235. Silva, Franco. Actor. b. Feb. 18, 1920, Genova. *Ho visto brillare le stelle* (40), *Vietato ai minorenni* (43), *Vogliamoci bene* (49), *Il leone di Amalfi* (50), *Le meravigliose avventure di Guerrin Meschino* (51), *Malavita* (51), *Femmina senza cuore* (52), *La regina di Saba* (52), *L'ultima gara* (54 made in 49), *Frine, cortigiana d'Oriente* (53), *Avventura ad Algeri* (53), *Mizar* (54), *Ulisse* (54), *Il visconte di Bragelonne* (54), *Processo all'amore* (55), *Il canto dell'emigrante* (56), *Canzone proibita* (56), *Donne, amori e matrimoni* (56), *Mi permette, babbo?* (56), *Il ricatto di un padre* (56), *Ascoltami!* (57), *Adorabili e bugiarde* (58), *Guardatele, ma non toccatele!* (59), *Annibale* (59), *L'urlo dei bolidi* (60), *I mongoli* (61), *Le Comte de Monte Cristo* (61 France), *Patrick vive ancora* (80).

4236. Silva, Henry. U.S. actor. b. 1928, Brooklyn, of Puerto Rican parents. *Da New York mafia uccide* (65), *Un fiume di dollari* (66), *Matchless* (66), *Quella carogna dell'ispettor Sterling* (68), *Probabilità zero* (69), *La "mala" ordina* (72), *Il boss* (73), *Milano odia: la polizia non può sparare* (74), *L'uomo della strada fa giustizia* (76), *Eviolenti* (76), *Fuga dal Bronx* (83), *Razza violenta* (83), *Cane arrabbiato* (84).

4237. Silvani, Aldo. Actor. b. Jan. 21, 1891, Torino. *Il cardinale Lambertini* (34), *L'antenato* (36), *Nozze vagabonde* (36), *I tre desideri* (38), *Il diario di una stella* (39), *Ragazza che dorme* (40), *Il re d'Inghilterra non paga* (41), *Don Buonaparte* (41), *Brivido* (41), *Confessione* (41), *Il figlio del corsaro rosso* (41), *Gli ultimi filibustieri* (41), *La cena delle beffe* (41), *Carmela* (42), *Calafuria* (42), *La danza del fuoco* (42), *Quattro passi fra le nuvole* (42), *Gente dell'aria* (42), *Zazà* (42), *Ho tanta voglia di cantare* (43), *La sua strada* (43), *La carne e l'anima* (45 made in 43), *Il ratto delle sabine* (45), *I dieci comandamenti* (45 started in 43), *Trepidazione* (45), *Inquietudine* (46), *Le vie del peccato* (46), *Pian delle stelle* (46), *Vivere in pace* (47), *La figlia del capitano* (47), *Follie per l'opera* (47), *Anni difficili* (47), *La certosa di Parma* (47), *Fabiola* (48), *La madonnina d'oro* (49), *Vespro siciliano* (49), *Al diavolo la celebrità* (49), *Signorinella* (49), *Paolo e Francesca* (49), *Il ladro di Venezia* (50), *Terra senza tempo* (50), *Domani è un altro giorno* (50), *Prima comunione* (50), *Canzone di primavera* (50), *Trieste mia!* (51), *Teresa* (51 U.S.), *Imbarco a mezzanotte* (52), *Il folle di Marechiaro* (51), *Carne inquieta* (52), *Nessuno ha tradito* (52), *Papà, ti ricordo* (52), *Noi peccatori* (52), *When in Rome* (52 U.S.), *L'età dell'amore* (53), *Il tesoro dell'Africa* (53), *La pattuglia dell'Amba Alagi* (53), *Per salvarti ho peccato* (53), *Pietà per chi cade* (53), *Vortice* (54), *Il terrore dell'Andalusia* (54), *Disonorata* (54), *Il caso Maurizius* (54), *Valley of the Kings* (54 U.S.), *La* *strada* (54), *Casa Ricordi* (54), *Rigoletto* (54), *Gli amori di Manon Lescaut* (54), *Non c'è amore più grande* (55), *Sangue di zingara* (55), *Le notti di Cabiria* (56), *Saranno uomini* (57), *C'è un sentiero nel cielo* (57), *L'ultima violenza* (57), *Fortunella* (58), *La tempesta* (58), *Jovanka e le altre* (59), *Il mondo dei miracoli* (59), *Cartagine in fiamme* (59), *Ben-Hur* (59), *Il tiranno di Siracusa* (61), *Sodoma e Gomorra* (62), *La Prise de pouvoir pour Louis XIV* (66 France TV).

4238. Silvers, Phil. U.S. actor. b. May 11, 1912, Brooklyn, N.Y. d. Nov. 1, 1985, Los Angeles, Calif. *Buona sera, Mrs Campbell* (68).

4239. Silvestri, Umberto. Actor. *La corona di ferro* (41), *La regina di Saba* (52), *Spartaco* (52), *Teodora, imperatrice di Bisanzio* (53), *Ulisse* (54), *Il conformista* (70).

4240. Silvi, Lilia. Actress. b. Dec. 23, 1922, Roma. RN: Silvana Musitelli. Her first film was made using the name Alice D'Artena. *Il cantico dell'amore* (35), *Il signor Max* (37), *Partire* (38), *Assenza ingiustificata* (39), *Giù il sipario* (39), *Il segreto di Villa Paradiso* (39), *Arditi civili* (40), *Dopo divorzieremo* (40), *Scarpe grosse* (40), *Barbablù* (41), *Scampolo* (41), *Violette nei capelli* (42), *La bisbetica domata* (42), *Giorni felici* (42), *La vispa Teresa* (43), *Il diavolo va in collegio* (43), *Biraghin* (46), *Napoleone* (51), *Viva la rivista!* (53).

4241. Simi, Carlo. Art director/set designer. *Per un pugno di dollari* (64), *C'era una volta il west* (68), *Revolver* (73), *Un sacco bello* (80), *Bianco rosso e Verdone* (80), *C'era una volta l'America* (83), *Liberté, égalité, choucroute* (85 France co-art d).

4242. Simon, François. Swiss actor. b. 1917. d. 1982. Son of Michel Simon. *Corpo d'amore* (72), *Cristo si è fermato a Eboli* (79), *Il quartetto Basileus* (83).

4243. Simon, Michel. French actor. b. April 9, 1895, Lausanne, Switzerland. d. 1975. RN: Michel-François Simon. Raised in Paris. Former boxer. *Napoli, terra d'amore* (37), *Ecco la felicità!* (40), *Tosca* (41), *Il re si diverte* (41 as Rigoletto), *Una signora dell'ovest* (42), *Fabiola* (48), *La bellezza del diavolo* (50), *Le due verità* (51), *Il mercante di Venezia* (52), *Tempi nostri* (52), *Peccato che sia una canaglia* (54), *Napoleone ad Austerlitz* (60), *Le tentazioni quotidiane* (62), *Cirano e d'Artagnan* (62), *Il mondo di notte n. 3* (63), *Il treno* (64), *Contestazione generale* (70), *La più bella serata della mia vita* (72).

4244. Simon, Neil. U.S. writer. b. July 4, 1927, Bronx, N.Y. RN: Marvin Neil Simon. *Caccia alla volpe* (66 English version, *After the Fox*).

4245. Simon, Simone. French actress. b. April 23, 1911, Bethune. *Donne senza nome* (49).

4246. Simonelli, Giorgio C. Director. b. Nov. 23, 1901, Roma. *Maratona* (28 co-d/co-w/co-story), *La canzone dell'amore* (30 co-w), *L'armata azzurra* (32 co-e), *Melodramma* (34), *Aurora sul mare* (34), *Bertoldo, Bertoldino e Cacasenno* (36), *Cavalleria* (36 e), *I condottieri* (36 e), *La vedova* (38 e), *Abuna Messias* (39 e), *Amiamoci così* (40), *L'imprevisto* (40 also e), *Le due tigri* (41), *Con le donne non si scherza* (41), *Un marito per il mese d'aprile* (41), *C'è un fantasma nel castello* (41), *La danza del fuoco* (42), *Soltanto un bacio* (42), *Due cuori fra le belve* (43), *Non mi muovo!* (43), *Guerra alla guerra* (47 doc co-d/co-w), *La costa divina* (47 doc), *Il sogno di Torquato Tasso* (47 doc), *Giulietta e Romeo* (47 doc), *Dove sta Zazà* (47), *Undici uomini e un pallone* (48), *Accidenti alla guerra!* (48), *Le due madonne* (49 co-d), *Se fossi deputato* (49), *Amori e veleni* (49), *La Bisarca* (50), *Io sono il capataz!* (51), *Auguri e figli maschi* (51), *La paura fa 90* (51), *Io, Amleto* (52), *Saluti e baci* (52 co-d), *Era lei che lo voleva* (53 co-d), *Canzone appassionata* (53), *Accade al commissariato* (54), *Canzone d'amore* (54), *Il campanile d'oro* (55), *Guaglione* (56), *A sud niente di nuovo* (57), *Non cantare...baciami!* (57), *Marinai, donne e guai* (58), *Lorella* (58), *Fantasmi e ladri* (59), *Noi siamo due evasi* (59), *I baccanali di Tiberio* (59), *Un dollaro di fifa* (60), *Che femmina...e che dollari!* (60), *Robin Hood e i pirati* (60), *Rocco e le sorelle* (60), *I magnifici tre* (61), *Gerarchi si muore* (62), *I tre nemici* (62), *I tromboni di Fra' Diavolo* (62 co-d), *Ursus nella terra di fuoco* (63), *Due mafiosi nel far west* (64 also co-w), *Due sergenti del generale Custer* (65 also co-w), *Due mafiosi contro Goldginger* (65), *Per un pugno nell'occhio* (66 co-d/co-w).

4247. Simonelli, Giovanni. Co-writer. AKA: Gianni Simonelli, Simon O'Neill, Sim O'Neill. *La rivolta dei gladiatori* (58), *Goliath contro i giganti* (60), *Il conquistatore di Maracaibo* (61 also story), *La furia di Ercole* (61), *Sansone* (61 also co-story), *Anno 79—distruzione ercolano* (62), *I dieci gladiatori* (63), *Il segreto del vestito rosso* (63 also story), *La belva di Saigon* (63), *Johnny West il mancino* (65), *Colpo grosso a Galata Bridge* (65), *100.000 dollari per Ringo* (66), *Django spara per primo* (66), *L'uomo dalla pistola d'oro* (66 w), *Johnny Yuma* (66), *Kommissar X—drei blaue Panther* (68 Germany), *Io non perdono...uccido* (68 also co-story), *Sartana non perdona* (68), *Vendo cara la pelle* (68 w), *Uno dopo l'altro* (68), *Vado...l'ammazzo e torno* (68), *Un killer per Sua Maestà* (68), *Buon funerale, amigos...paga Sartana* (71), *Attento, gringo, è tornato Sabata* (72), *Te Deum* (72), *Il west ti fa stretto, amico...è arrivato Alleluia!* (72), *Di Tressette c'è ne uno... tutti gli altri son nessuno* (74), *The Squeeze* (76 U.S.), *Ark of the Sun God* (83 w), *I cacciatori del cobra d'oro* (83 w).

4248. Simoneschi, Carlo. Actor. b. Aug. 25, 1878, Roma. Directed many films. *Rivale nell'ombra* (12 also d), *La vigilia di Natale* (13), *Addio al celibato* (14 d), *Dissidio di cuori* (14 d), *Pace, mio Dio!* (14), *La rivelazione dello scemo* (14), *La società della mano sinistra* (14), *La maschera della morte* (15 d), *Primula* (15 d), *Fra i gorghi della passione* (15 d), *Nel viale dei tigli* (15 d), *La ladra di fanciulli* (20 d), *Il sacco di Roma e Clemente VII* (21), *La congrega dei ventiquattro* (21 co-d), *Pergolesi* (32), *Il dono del mattino* (32), *Paradiso* (32), *Casta diva* (35), *Nozze vagabonde* (36), *I condottieri* (36), *Scipione l'Africano* (37), *Hanno rapito un uomo* (38), *Batticuore* (38), *Grandi magazzini* (39), *Teresa Venerdì* (41).

4249. Simoneschi, Lidia. Actress. b. April 4, 1908, Roma. Daughter of Carlo Simoneschi. One of the major dubbing artists ever since the beginning of the talkie period, and has dubbed most of the foreign leading ladies (and some Italian ones too!) into Italian. Acted in: *La vecchia signora* (32), *Non c'è bisogno di denaro* (33), *Arma bianca* (36), *Gli zitelloni* (58), *Il moralista* (59).

4250. Simoni, Renato. Writer. b. Nov. 5, 1875, Verona. d. July 5, 1952, Milano. Also a playwright, drama critic, film director, theater director. *L'illusione* (17 also story), *La vedova* (38 co-w / from his 1902 play of the same name), *Se non son matti non li vogliamo* (41 co-w / supervisor), *Sant'Elena piccola isola* (42 d / co-w / story), *Gente dell'aria* (42 co-story).

4251. Simonin, Albert. French writer. *Le avventure di Arsenio Lupin* (57 co-w), *Buccia di banana* (64 adapted).

4252. Sinaz, Guglielmo. Actor. b. Nov. 20, 1885, Roma. d. Feb. 5, 1947, Roma, by suicide. RN: Guglielmo Zanasi. *Amo te sola* (35), *Il grande appello* (36), *Fermo con le mani!* (37), *L'ultima nemica* (37), *Sono stato io!* (37), *Crispino e la comare* (37), *Eravamo sette sorelle* (38), *Luciano Serra pilota* (38), *La principessa Tarakanova* (38), *La mazurka di papà* (38), *L'argine* (38), *L'orologio a cucù* (38), *Diamanti* (38), *Belle o brutte si sposan tutte* (39), *Traversata nera* (39), *La mia canzone al vento* (39), *Il socio invisibile* (39), *Un mare di guai* (39), *La notte delle beffe* (39), *Fascino* (39), *Ritorno* (39), *L'assedio dell'Alcazar* (40), *Arriviamo noi* (40), *Cantate con me* (40), *Dopo divorzieremo* (40), *Non me lo dire* (40), *L'affare si complica* (40), *La canzone rubata* (40), *Il prigioniero di Santa Cruz* (40), *Un marito per il mese d'aprile* (41), *Il signore a doppio petto* (41), *Il ponte sull'infinito* (41), *Ridi, pagliaccio!* (41), *Solitudine* (41), *Confessione* (41), *La fortuna viene dal cielo* (41), *Luce nelle tenebre* (41), *Mas* (41), *La danza del fuoco* (42), *Miliardi, che follia!* (42), *Quarta pagina* (42), *Noi vivi* (42), *Addio Kira!* (42), *Harlem* (42), *L'usuraio* (43), *Senza una donna* (43), *Due cuori* (43), *Silenzio, si gira!* (43), *La sua strada* (43), *Chi l'ha visto?* (45 made in 43), *Il marito povero* (46 made in 43), *L'amante del male* (46 made in 44), *Avanti a lui tremava tutta Roma* (46), *Il corriere di ferro* (46), *La grande aurora* (46), *L'apocalisse* (47).

4253. Singer, Izzy. U.S. actor. d. 1983. *Joe Valachi—i segreti di Cosa Nostra* (72).

4254. Sini, Linda. Actress. b. Feb. 3, 1926, Rocciolato. RN: Ermelinda Siniscalchi, contessa di Venosa. *Il sigillo rosso* (50), *Bellissima* (51), *Salvate mia figlia* (51), *Imbarco a mezzanotte* (52), *Una madre ritorna* (52 made in 50), *Rimorso* (52), *Bellezze in motoscooter* (52), *Cronaca* *di un delitto* (52), *Uomini senza pace* (53), *L'eroe della Vandea* (53), *La prigioniera di Amalfi* (53), *Bella non piangere* (54), *Accade tra le sbarre* (55), *Totò, Peppino e la...malafemmina* (56), *Gastone* (59), *Il mattatore* (60), *Noi duri* (60), *Il mio amico, Jekyll* (60), *Il diabolico dott. Mabuse* (60), *Gli incensurati* (60), *Anni ruggenti* (62), *Marte, dio della guerra* (62), *I quattro monaci* (62), *Il sorpasso* (62), *Una storia moderna: l'ape regina* (63), *L'avventuriero della Tortuga* (64), *L'uomo che ride* (65), *Due volte giuda* (68), *Gangster 70* (68).

4255. Sinimberghi, Aldo. Actor. Married to actress Fernanda Sinimberghi. *Sangue siciliano* (11), *La Gerusalemme liberata* (11), *Il romanzo di due vite* (13), *Colei che tutto soffre* (14), *Il diritto di uccidere* (14), *Pagine sparse* (14), *I cavalieri delle tenebre* (15), *Altri tempi* (15), *Armiamoci e...partite!* (15), *Le memorie del diavolo* (15), *Muore sul campo* (15), *L'occhio rivelatore* (15), *La vergine del mare* (15), *Ombre umane* (15), *Rina, l'angelo delle Alpi* (16), *Il mistero del castello* (16), *Fiamma velata* (18 also d), *Il trust degli smeraldi* (19), *Fiaccola umana* (19), *La masnadiera* (20).

4256. Sinimberghi, Gino. Actor. *Elisir d'amore* (46), *Avanti a lui tremava tutta Roma* (46), *Il Trovatore* (47), *La donna più bella del mondo* (55).

4257. Sinisgalli, Leonardo. Writer. b. March 9, 1908, Montemurro. One of Italy's major poets. *Lezione di geometria* (48 doc co-w), *Millesimo di millimetro* (50 doc co-w), *Il cappotto* (52 co-w).

4258. Siodmak, Robert. U.S. director. b. Aug. 8, 1900, Memphis, Tenn. d. 1973. Son of an Austrian father and an American mother. Raised in Germany. *Il deportato* (51), *Il grande giuoco* (53).

Sirandrews, Mark *see* **Serandrei, Mario**

4259. Sirk, Douglas. U.S. director. b. April 26, 1900, Skagen, Denmark. d. Jan. 14, 1987, Hollywood, Calif. RN: Claus Detlef Sierck. Went from Germany to the U.S.A. during WWII. *Il re dei barbari* (54).

Sirko, Marlon *see* **Siciliano, Mario**

4260. Sivieri, Adriana. Actress. b. June 21, 1918, Argentina, of Venetian parents. *Finalmente soli* (41), *Il fanciullo del west* (41), *Silenzio, si gira!* (43), *Voglio bene soltanto a te* (46), *Vanità* (46), *Riso amaro* (48), *Persiane chiuse* (51), *Ai margini della metropoli* (52).

4261. Skay, Brigitte. German actress. *Antefatto* (71), *Homo eroticus* (71), *Quante volte...quella notte* (73).

4262. Skerritt, Tom. U.S. actor. b. Aug. 25, 1933, Detroit, Mich. *La madama* (76).

4263. Slezak, Walter. U.S. actor. b. May 3, 1902, Vienna, Austria. d. 1983. Son of actor/singer Leo Slezak. began filming in Austria, then became a star of German movies, and (from 1942) U.S. films. *Addio, giovinezza!* (27).

4264. Smart, Ralph. U.K. director. b. 1908, London. *Peppino e Violetta* (51 the English version, *Never Take No for an Answer*).

4265. Smidje, Ulla. Swedish actress. b. 1925. d. 1972. *Il diavolo* (63).

4266. Smith, Constance. Irish actress. b. Feb. 7, 1929, Arnacrushna, Limerick. RN: Mary Constance Smyth. Moved to Italy in 1956, after a British and Hollywood career. *Un po' di cielo* (55), *Giovanni dalle bande nere* (57), *Addio per sempre* (57), *La congiura dei Borgia* (58).

4267. Smith, Paul. U.S. actor. *Carambola* (74), *Carambola filosofo...tutti in buca* (75), *Carioca tigre* (78), *Io sto con gli ippopotami* (79), *Chi trova un amico trova un tesoro* (80).

4268. Smith, Roger. U.S. actor. b. 1932. Married Ann-Margret. *Sette uomini e un cervello* (68).

4269. Smith, Tomaso. Writer. b. June 15, 1886, Bagni di Luca. *Figaro e la sua gran giornata* (31), *L'ultima avventura* (32), *La cieca di Sorrento* (34 w), *Teresa Confalonieri* (34), *Porto* (35 w), *Vivere!* (36), *Jeanne Doré* (38), *La vedova* (38), *Le sorprese del divorzio* (39), *Follie del secolo* (39), *Il fornaretto di Venezia* (39 w), *Papà per una notte* (39), *Cavalleria rusticana* (39), *Lucrezia Borgia* (40), *Kean, gli amori di un artista* (40), *Il "signore" della taverna* (40 w), *Il Ponte dei sospiri* (40), *Beatrice Cenci* (41), *Il re si diverte* (41), *Il campione* (42), *La gorgona* (42), *Silenzio, si gira!* (43 story).

4270. Smordoni, Rinaldo. Child actor. *Sciuscià* (46).

4271. Smyrner, Ann. Danish actress. b. 1934. *Il peccato degli anni verdi* (59), *4...3...2...1...morte* (67), *Tutto per tutto* (68), *Al di là della legge* (68), *Un killer per Sua Maestà* (68).

4272. Sofia, Corrado. Writer. b. Nov. 22, 1906, Noto. *Le orientali* (59 doc co-w/story), *La grande olimpiade* (60 doc co-wrote the text), *Avventura del polo sud* (60 doc co-wrote the commentary).

4273. Sofia, Vinicio. Actor. b. Dec. 13, 1907, Corleone, Sicilia. *Camicia nera* (33), *La signora di tutti* (34), *Seconda B* (34), *Ginevra degli Almieri* (35), *Campo di maggio* (35), *Darò un milione* (36), *Bertoldo, Bertoldino e Cacasenno* (36), *Una donna fra due mondi* (36), *La fossa degli angeli* (37), *Il conte di Bréchard* (37), *Il dottor Antonio* (38), *Equatore* (38) *Sei bambine e il Perseo* (39), *Il re d'Inghilterra non paga* (41), *Caravaggio, il pittore maledetto* (41), *Don Buonaparte* (41), *Il fanciullo del west* (41), *La contessa Castiglione* (42), *Il romanzo di un giovane povero* (42), *La fornarina* (42), *Stasera niente di nuovo* (42), *Non mi muovo!* (43), *Vietato ai minorenni* (43), *Macario contro Zagomar* (43), *L'innocente Casimiro* (45), *Un mese d'onestà* (47), *Fabiola* (48), *Fifa e arena* (48), *Totò al giro d'Italia* (49), *Signorinella* (49), *Il bacio di una morta* (49), *Adamo ed Eva* (49), *Il vedovo allegro* (49), *Il ladro di Venezia* (50), *Totòtarzan* (50), *Mamma mia, che impressione!* (51), *Le avventure di Mandrin* (52), *I morti non pagano le tasse* (52), *Bertoldo, Bertoldino e Cacasenno* (54), *I miliardari* (56), *Le schiave di Cartagine* (57), *Ladro lui, ladra lei* (57).

4274. Sofio, Gisella. Actress. b. Feb. 19, 1927, Milano. *Accidenti alle tasse!* (51), *Il microfono è vostro* (51), *Il padrone del vapore* (51), *Buongiorno, elefante!* (52), *Cronaca di un delitto* (52), *Er Fattaccio* (52), *Sul Ponte dei sospiri* (52), *La signora senza camelie* (53), *Una donna prega* (53), *Viva la rivista!* (53), *Viva il cinema!* (53), *Rascel—Fifì* (57), *Caporale di giornata* (58), *Via col para...vento* (58), *La ballerina e buon Dio* (58), *La 100 km* (59), *Spavaldi e innamorati* (59), *Quel tesoro di papà* (59), *Il nemico di mia moglie* (59), *I mafiosi* (60), *A qualcuno piace calvo* (60), *Femmine di lusso* (60), *Gordon, il pirata nero* (62), *L'assassino si chiama Pompeo* (62), *Lo smemorato di Collegno* (62).

4275. Sohm, Willi. Austrian director of photography. b. Aug. 18, 1913, Neufelden. *La valle dell'odio* (51), *L'ultima notte di don Giovanni* (55).

4276. Sola, Catherine. French actress. *Ultimo tango a Parigi* (72).

4277. Solari, Corrado. Actor. *Giù la testa* (71), *Sbatti il mostro in prima pagina* (72), *La banda del trucido* (77).

4278. Solari, Laura. Actress. b. Jan. 5, 1913, Trieste. *È arrivato quel signore!* (36 short), *La regina della Scala* (37), *L'orologio a cucù* (38), *Terra di nessuno* (38), *Bionda sottochiave* (39), *Una moglie in pericolo* (39), *Eravamo sette vedove* (39), *Una lampada alla finestra* (39), *Validità giorni dieci* (40), *Alles für Gloria* (40 Germany), *Don Pasquale* (40), *Ridi, pagliaccio!* (41), *Orizzonte dipinto* (41), *Die Sache mit Styx* (42 Germany), *G.P.U.* (42 Germany), *La maschera e il volto* (42), *Il matrimonio segreto* (43 unfinished), *Il vento mi ha cantato una canzone* (48), *Senza bandiera* (50), *Il mondo le condanna* (52), *Roman Holiday* (53 U.S.), *Vacanze alla baia d'Argento* (61), *I fratelli corsi* (61), *Romolo e Remo* (61), *FBI contro il dott. Mabuse* (61), *Banditi a Milano* (68).

4279. Solaro, Gianni. Actor. *Il conquistatore di Corinto* (62), *Il gladiatore di Roma* (62), *Sir Francis Drake, il re dei sette mari* (63), *Gladiatore di Messalina* (63), *Gli invincibili sette* (63), *I cinque della vendetta* (65), *Il pistolero di Arizona* (66), *Temptation* (68), *Ciccio perdona...io no!* (68).

4280. Solbelli, Olga. Actress. b. May 11, 1898, Verghereto. RN: Anna Olga Solbelli. *L'anonima Roylott* (36), *Il fu Mattia Pascal* (37), *Cose d'altro mondo* (39), *La peccatrice* (40), *Una romantica avventura* (40), *L'ispettore Vargas* (40), *È caduta una donna* (41), *Le signorine della villa accanto* (41), *Ore 9 lezione di chimica* (41), *Paura d'amare* (41), *Via delle cinque lune* (42), *Calafuria* (42), *Odessa in fiamme* (42), *La principessa del sogno* (42), *La statua vivente* (42), *Apparizione* (43), *L'invasore* (43), *La locandiera* (43), *Ogni giorno è domenica* (44), *La buona fortuna* (44), *Ultimo sogno* (44), *Fuga nella tempesta* (47), *Sperduti nel buio* (47), *La figlia del capitano* (47), *L'onorevole Angelina* (47), *Arrivederci, papà* (48), *Il lupo della Sila* (49), *Domani è troppo tardi* (50), *Faddijah* (50), *Domani è un altro giorno* (50), *Gli amanti di Ravello* (51), *Core 'ngrato* (51), *Don Camillo* (52), *Fratelli d'Italia* (53), *Siamo tutti inquilini* (53), *La nave delle donne maledette* (53), *La corda d'acciaio* (53), *La pattuglia dell'Amba Alagi* (53), *Teodora, imperatrice di*

Bisanzio (53), *Mamma perdonami* (54), *Totò all'inferno* (54), *Ricordami* (54), *Orient-Express* (55), *Il piccolo vetraio* (55), *Sangue di zingara* (55), *Il canto dell'emigrante* (56), *Malafemmina* (57), *I misteri di Parigi* (57), *I reali di Francia* (59), *La notte del grande assalto* (60), *Gli amori di Ercole* (60), *Il mulino delle donne di pietra* (60), *Scano boa* (60), *Il terzo occhio* (65).

4281. Soldati, Mario. Director/co-writer. b. Nov. 16, 1906, Torino. Later became even more well-known as a novelist. *La cantante dell'opera* (32 co-w), *Gli uomini, che mascalzoni!* (32 co-w), *La tavola dei poveri* (32 co-w), *Giallo* (33 w/story), *Acciaio* (33 asst d), *Cento di questi giorni* (33 co-w), *Il cappello a tre punte* (34 co-w), *Ma non è una cosa seria* (36 co-w), *Il grande appello* (36 co-w), *Stasera alle undici* (37 co-w/co-dialog), *Il signor Max* (37 co-w), *La contessa di Parma* (37 co-w), *La principessa Tarakanova* (38 the Italian version of this German/Italian co-production), *Voglio vivere con Letizia* (38 co-w/story), *La signora di Montecarlo* (38 the Italian version of this German/Italian co-production), *L'orologio a cucù* (38 co-w), *Due milioni per un sorriso* (38 co-d/co-w), *Il peccato di Rogelia Sánchez* (39 co-w), *Dora Nelson* (39 co-d/co-w/story), *Una romantica avventura* (40 co-w), *Tutto per la donna* (40 also story), *Piccolo mondo antico* (40), *Un colpo di pistola* (41 co-w), *Tragica notte* (42), *Malombra* (42 also adapted), *Quartieri alti* (43), *Le miserie del signor Travet* (45 also adapted), *Mio figlio professore* (46 *), *Eugenia Grandet* (46), *Daniele Cortis* (47), *Fuga in Francia* (48 also co-story), *Chi è Dio?* (48 short d), *Botta e risposta* (49), *Quel bandito sono io!* (50), *Donne e briganti* (50 also story), *È l'amor che mi rovina* (51 d), *O.K. Nerone* (51 d), *Il sogno di Zorro* (52 d), *Le avventure di Mandrin* (52 also story), *I tre corsari* (52 d), *Jolanda, la figlia del corsaro nero* (52 d), *La provinciale* (53), *Siamo donne* (53 the episode "Il ventaglio" also adapted), *La mano dello straniero* (53), *La donna del fiume* (54), *Questi fantasmi* (55—co-w), *Guerra e pace* (56 directed battle sequences/co-w), *Era di venerdì 17* (56), *Italia piccola* (57), *Viaggio lungo la valle del Po alla ricerca dei cibi genuini* (58 TV doc), *Policarpo, ufficiale di scrittura* (59 d), *Ben-Hur* (59 co-2nd unit d), *Chi legge? Un viaggio lungo il Tirreno* (61 TV doc co-d), *L'amore difficile* (62 the episode "Il serpente" story).

4282. Solinas, Franco. Writer. *Ombre bianche* (60 co-adapted), *Madame Sans-gêne* (61 co-w), *Salvatore Giuliano* (61), *Le mani sulla città* (63), *La resa dei conti* (66 story), *Quien sabe?* (66), *La Battaglia di Algeri* (66), *Il mercenario* (68 co-w/co-story), *Tepepa* (68 co-w), *Quemada* (69 co-w), *A proposito Lucky Luciano* (73), *Il sospetto* (75 co-w).

4283. Solinas, Marisa. Actress. *Boccaccio 70* (61 the episode "Renzo e Luciana"), *Una colt in pugno al diavolo* (67), *Giarrettiera Colt* (67), *Il padre di famiglia* (67), *Killer adios* (68), *I due carabinieri* (85).

4284. Solito, Giacinto. Director. b. Nov. 21, 1904, Napoli. *L'argine* (38 w), *Fascino* (39 also d prod), *Il sole sorge ancora* (46 d prod), *La storia del fornaretto di Venezia* (52), *La Gioconda* (53), *Mattino di primavera* (58 also co-w).

4285. Sollima, Sergio. Director. AKA: Simon Sterling, Serge Sollima. Began film training in 1952. TV series: *Sandokan*. Movies include: *I teddy-boys della canzone* (60 co-w), *Goliath contro i giganti* (60 co-w), *La furia di Ercole* (61 co-w), *Ursus* (61 co-w), *L'amore difficile* (62 the episode "L'avaro"), *I dieci gladiatori* (63 co-w), *Spartaco e i dieci gladiatori* (64 co-w), *Agente 3S3, passaporto per l'inferno* (65), *Agente 3S3, massacro al sole* (65), *La resa dei conti* (66 also co-w), *Spie contro il mondo* (66), *Faccia a faccia* (67 also co-w), *Corri, uomo, corri* (67 also co-w), *Città violenta* (70 also co-w), *Il diavolo nel cervello* (72), *Revolver* (73 also co-w), *Il corsaro nero* (76 co-d), *Il suo nome è Sandokan* (76), *La tigre è ancora viva: Sandokan alla riscossa* (77).

4286. Solo, Bobby. Singer. Seen in: *Una lacrima sul viso* (64), *La più bella coppia del mondo* (68), *Donne... botte e bersaglieri* (68).

4287. Solomin, Yuriy. Russian actor. *La tenda rossa* (69).

4288. Sommer, Elke. German actress. b. Nov. 5, 1940, Berlin. RN: Elke Schletz. Daughter of a Protestant pastor. In 1958, during a vacation on the Italian beaches, she was elected "Miss Viareggio," and signed up for a movie. *L'amico del giaguaro* (58), *La Pica sul Pacifico* (59), *I ragazzi del juke-*

box (59), *Uomini e nobiluomini* (59), *Urlatori alla sbarra* (60), *Femmine di lusso* (60), *Là, dove scende il sole* (65), *Le bambole* (65), *Il sigillo di Pechino* (66), *Gli orrori del castello di Norimberga* (72), *La casa dell'exorcismo* (73), *E poi non rimase nessuno* (74).

4289. Sommer, Yanti. German actress. *Continuavano a chiamarlo Trinità* (71), *Avanti!* (72), *E poi lo chiamarono Il magnifico* (72), *Il contatto carnale* (73), *Il ritorno di Zanna Bianca* (74), *Anno zero—guerra nello spazio* (77), *L'uomo senza pietà* (77), *Cosmo 2000—l'invasione degli extracorpi* (77), *Sette uomini d'oro nello spazio* (78), *La guerra dei robot* (78).

4290. Sonego, Rodolfo. Co-writer. b. Feb. 27, 1921, Cavarzano. Has also directed. *Vivere a sbafo* (49 also asst d), *Roma, ore 11* (51 also story), *Anna* (51), *Ombre sul canal grande* (51), *Di qua di là del Piave* (53), *La spiaggia* (53 also story), *Villa Borghese* (53), *Totò e Carolina* (53 w), *Camilla* (54 also story), *Il seduttore* (54), *Un eroe dei nostri tempi* (55 w), *Mio figlio Nerone* (56), *Il marito* (57 also story), *Domenica è sempre domenica* (58), *Racconti d'estate* (58), *Brevi amori a Palma di Maiorca* (59 also story), *Costa Azzurra* (59), *Il moralista* (59), *Vacanze d'inverno* (59), *Gastone* (59), *Il vedovo* (59 also co-story), *Il vigile* (60 also story), *Le svedesi* (61 also co-story), *Crimen* (61 also story), *La ragazza in vetrina* (60 co-story), *Una vita difficile* (61 w), *I briganti italiani* (61), *Il diavolo* (63 w), *Il disco volante* (64 w/story), *Ménage all'italiana* (65 w), *I complessi* (65 the episode "Guglielmo il dentone"), *I tre volti* (65 the episode "Latin Lover"), *Un italiano in America* (67 also co-story), *Le fate* (67 the episodes "Fata Elena" and "Fata Marta" w), *La ragazza con la pistola* (68), *Satyricon* (68 w), *La moglie giapponese* (68 w), *Contestazione generale* (70), *Bello onesto emigrato Australia sposerebbe compaesana illibata* (71), *Lo scopone scientifico* (72 w), *Porgi l'altra guancia* (74), *Quelle strane occasioni* (76), *Cara sposa* (78 co-d), *Il gatto* (78), *Il testimone* (78), *Dove vai in vacanza?* (78 the episode "Vacanze intelligenti"), *Io e Caterina* (80), *Io so che tu sai che io so* (82), *In viaggio con papà* (82), *Tutti dentro* (84), *Troppo forte* (85), *L'attenzione* (85), *Un tassinaro a New York* (87), *L'avaro* (90).

4291. Soraya. Iranian actress. b. June 22, 1932, Isfahan. RN: Soraya Esfandiary. AKA: The Empress Soraya. Half Iranian, half German. On Feb. 12, 1951 she became the Shah of Iran's second wife (divorced March, 1958). She wrote her biography in German. She starred in all three episodes of *I tre volti* (65), in the first one as herself.

4292. Sordi, Alberto. Actor. b. June 15, 1919, Roma. Mostly in comedy roles. Also very busy behind the camera. *La principessa Tarakanova* (38), *La notte delle beffe* (39), *Cuori nella tormenta* (40), *Le signorine della villa accanto* (41), *La signorina* (42), *Giarabub* (42), *I tre aquilotti* (42), *Casanova farebbe così* (42), *Sant'-Elena piccola isola* (42), *Tre ragazze cercano marito* (43), *Chi l'ha visto?* (45 made in 43), *L'innocente Casimiro* (45), *Le miserie del signor Travet* (45), *Circo equestre Za-Bum* (46 made in 44), *Che tempi!* (47), *Il delitto di Giovanni Episcopo* (47), *Il passatore* (47), *Il vento mi ha cantato una canzone* (48), *Sotto il sole di Roma* (48), *Mamma mia, che impressione!* (51 also co-w/co-story), *Cameriera bella presenza offresi* (51), *È arrivato l'accordatore* (51), *Totò e i re di Roma* (51), *Lo sceicco bianco* (52), *Giovinezza* (52), *Tempi nostri* (52), *Ci troviamo in galleria* (53), *I vitelloni* (53), *Canzoni, canzoni, canzoni* (53 the episode with Delia Scala), *Amori di mezzo secolo* (53 the episode directed by Mario Chiari), *Il matrimonio* (53), *Gran varietà* (53), *Via Padova, 46* (53), *Un giorno in pretura* (53), *Due notti con Cleopatra* (53), *Tripoli, bel suol d'amore* (54), *L'allegro squadrone* (54), *Il seduttore* (54), *Una parigina a Roma* (54), *Accade al commissariato* (54), *L'uomo e il diavolo* (54), *Un americano a Roma* (54), *L'arte di arrangiarsi* (54), *Il segno di Venere* (55), *Buonanotte, avvocato!* (55), *La bella di Roma* (55), *Da qui all'eredità* (55), *Un eroe dei nostri tempi* (55), *Bravissimo* (55), *Piccola posta* (55), *Lo scapolo* (55), *Accade al penitenziario* (55), *I papagalli* (56), *Mio figlio Nerone* (56), *Guardia, guardia scelta, brigadiere e maresciallo* (56), *Arrivano i dollari* (56), *Era di venerdì 17* (56), *Mi permette, babbo?* (56), *Souvenir d'Italie* (57), *Il conte Max* (57), *Il marito* (57), *A Farewell to Arms* (57 U.S.), *Ladro lui, ladra lei* (57), *Fortunella* (58), *Le Septième Ciel*

(58 France), *Domenica è sempre domenica* (58 also co-w), *Venezia, la luna e tu* (58), *Racconti d'estate* (58), *Oh! Quel mambo!* (58 France), *Nella città l'inferno* (58), *Il moralista* (59), *Vacanze d'inverno* (59), *Policarpo, ufficiale di scrittura* (59), *I magliari* (59), *La grande guerra* (59), *Costa Azzurra* (59), *Brevi amori a Palma di Maiorca* (59), *Il vedovo* (59), *Gastone* (59), *Il vigile* (60), *Tutti a casa* (60), *Crimen* (61), *Il giudizio universale* (61), *I due nemici* (61), *Una vita difficile* (61), *Il commissario* (62), *Il mafioso* (62), *Il diavolo* (63), *Il boom* (63), *Il maestro di Vigevano* (63), *Alta infedeltà* (64), *Il disco volante* (64), *Thrilling* (64), *La mia signora* (65), *I complessi* (65 the episode "Guglielmo il dentone" also co-w), *I tre volti* (65 the episode "Latin Lover" also co-w), *Made in Italy* (65), *Those Magnificent Men In Their Flying Machines* (65 U.K.), *Scusi, lei è favorevole o contrario?* (66 also d/co-w), *Le streghe* (66), *Fumo di Londra* (66 also d/co-w), *I nostri mariti* (66), *Un italiano in America* (67 also d/co-w), *Le fate* (67), *Il medico della mutua* (68 also co-w/co-adapted), *Riusciranno i nostri eroi a ritrovare l'amico misteriosamente scomparso in Africa?* (68), *Il prof. dott. Guido Tersilli, primario della clinica Villa Celeste (delle piccole ancelle dell'amore miseriocordioso) convenzionata con la mutua* (69), *Nell'anno del Signore* (69), *Amore mio, aiutami* (69 also d), *Le coppie* (70 the episode "La camera" also d/w), *Il presidente del Borgorosso Football* (70), *Contestazione generale* (70), *Detenuto in attesa di giudizio* (71), *Bello onesto emigrato Australia sposerebbe compaesana illibata* (71), *Lo scopone scientifico* (72), *La più bella serata della mia vita* (72), *Mio fratello Anastasia* (73), *Polvere di stelle* (74 also d/co-w), *Finchè c'è guerra, c'è speranza* (74 also d/co-w), *To Love Perhaps to Die* (75 Spain), *Di che segno sei?* (75), *Il comune senso di pudore* (76 also d), *Quelle strane occasioni* (76), *I nuovi mostri* (77), *Un borghese piccolo piccolo* (77), *Tra moglie e marito* (78), *Il malato immaginario* (78 also co-w), *Dove vai in vacanza?* (78 the episode "Vacanze intelligenti" also d/co-w), *Il testimone* (78), *L'ingorgo—una storia impossibile* (79), *Io e Caterina* (80 also d/co-w), *Il marchese del grillo* (81 also co-w), *In viaggio con papà* (82 also co-d/co-w), *Io so che tu sai che io so* (82 also d/co-w), *Il tassinaro* (83 also d/co-w), *Bertoldo, Bertoldino e Cacasenno* (83), *Tutti dentro* (84 also d/co-w), *Babasciò* (85), *Troppo forte* (85 also co-w), *Sono un fenomeno paranormale* (86 also co-w), *Un tassinaro a New York* (87 also d/co-w), *Una botta di vita* (88), *Les Fanfarons* (88 France also co-w), *L'avaro* (90 also co-w).

4293. Sorel, Jean. French actor. b. Sept. 25, 1934, Marseille. RN: Jean de Rochebrune. Son of a marquis. *La giornata balorda* (60), *I dolci inganni* (60), *L'oro di Roma* (61), *Uno sguardo dal ponte* (62), *Il disordine* (62), *Le quattro giornate di Napoli* (62), *Ipnosi* (62), *Pelle d'oca* (63), *Il piacere e l'amore* (64), *Vaghe stelle dell'Orsa* (65), *Made in Italy* (65), *Le bambole* (65), *L'uomo che ride* (65), *L'ombrellone* (66), *Le fate* (67 the episode "Fata Elena"), *Bella di giorno* (67), *Fai in fretta ad uccidermi ...ho freddo!* (68), *I protagonisti* (68), *Il dolce corpo di Deborah* (68), *L'età del malessere* (68), *Una ragazza piuttosto complicata* (68), *L'amica* (69), *Una sull'altra* (70), *Ammazzate il vitello* (70), *Una lucertola con la pelle di donna* (71), *La controfigura* (71), *La corta notte delle bambole di vetro* (72), *La volpe dalla coda di velluto* (72), *La polizia ringrazia* (72), *La polizia sta a guardare* (73), *La profanazione* (75), *Bonnie e Clyde all'italiana* (83), *Il burbero* (86), *Miliardi* (91).

4294. Sorelli, Vincenzo. Director. Left the business in 1942. *La Wally* (32 asst d), *Orvieto* (33 doc), *Ballerine* (36 e), *Crispino e la comare* (37), *Arte cosmatesca* (41 doc).

4295. Sorrente, Silvia. Actress. b. 1941. AKA: Jane Fleming. In mostly foreign films. *La danza macabra* (63), *Le Vicomte règle ses comtes* (67 France).

4296. Sorrentino, Alberto. Actor. b. Feb. 16, 1916, La Spezia. *I cadetti di Guascogna* (50), *Totòtarzan* (50), *Anema e core* (50), *Io sono il capataz!* (51), *Accidenti alle tasse!* (51), *Arrivano i nostri* (51), *Tizio, Caio, Sempronio* (51), *Vendetta...sarda* (51), *Bellezze a Capri* (51), *Sette ore di guai* (51), *Il padrone del vapore* (51), *Milano miliardaria* (51), *È arrivato l'accordatore* (51), *Altri tempi* (51), *Totò terzo uomo* (52), *Abracadabra* (52), *Giovinezza* (52), *I tre corsari* (52), *Jolanda, la figlia del corsaro nero* (52), *Cinque poveri in automobile* (52), *Dramma sul Tevere* (52), *Processo contro ignoti* (53), *Viva il cinema!* (53),

Una donna prega (53), *Anni facili* (53), *Fermi tutti, arrivo io!* (53), *Viva la rivista!* (53), *Finalmente libero!* (53), *La prigioniera di Amalfi* (53), *Il più comico spettacolo del mondo* (54), *Ivan, il figlio del diavolo bianco* (54), *Trieste cantico d'amore* (54), *Accade al commissariato* (54), *Bertoldo, Bertoldino e Cacasenno* (54), *Cuore di mamma* (54), *Il tiranno del Garda* (54), *La tua donna* (54), *Ricordami* (54), *Cantando sotto le stelle* (56), *L'amore nasce a Roma* (58), *I dritti* (58), *Le dritte* (58), *Simpatico mascalzone* (59), *Non perdiamo la testa* (59), *Il terrore dell'Oklahoma* (59), *La 100 km* (59), *La sceriffa* (59), *Agosto, donne mie non vi conosco* (59), *Caravan petrol* (60), *A qualcuno piace calvo* (60), *Appuntamento a Ischia* (60), *I giganti della Tessaglia* (61), *Boccaccio 70* (61 the episode "Le tentazioni del dottor Antonio"), *Cronache del 22* (62), *Donne...botte e bersaglieri* (68), *Action* (79).

Sorya, Françoise *see* **Aimée, Anouk**

4297. Souplex, Raymond. French actor. b. June 1, 1901, Paris. RN: Raymond Guillermain. *Versailles* (53), *Nagana* (54).

4298. Southern, Terry. U.S. writer. b. May 1, 1928, Alvarado, Tex. AKA: Maxwell Kenton. *Candy* (68 novel), *Barbarella* (68 co-w).

4299. Southwood, Charles. Actor. *...Dai nemici mi guardo io!* (68), *Roy Colt e Winchester Jack* (69), *Testa t'ammazzo ...croce sei morto...mi chiamano Alleluia!* (70), *C'è Sartana, vendi la pistola e comprati la bara* (72 as Sabata).

4300. Spaak, Agnès. Belgian actress. b. 1944. Sister of Catherine Spaak. *Un amore* (65), *Te lo leggo negli occhi* (66), *...E intorno a lui fu morte* (67), *Killer calibro 32* (67), *Meglio vedova* (67), *Dio li crea, io li ammazzo* (68), *La morte sull'alta collina* (69), *Ehi, amico...sei morto* (71).

4301. Spaak, Catherine. Belgian actress. b. April 3, 1945, Paris, France. Daughter of Charles Spaak. *I dolci inganni* (60), *Il carro armato dell'8 settembre* (60), *Il buco* (60), *La voglia matta* (62), *Diciottenni al sole* (62), *L'amore difficile* (62 the episode "Le donne"), *Il sorpasso* (62), *La parmigiana* (63), *Le monachine* (63), *La calda vita* (63), *La noia* (64), *Weekend a Zuydecoote* (64), *I malamondo* (64), *Il piacere e l'amore* (64), *Tre notti d'amore* (64), *La bugiarda* (65), *Made in Italy* (65), *Oggi, domani e dopodomani* (65), *Adulterio all'italiana* (65), *Madamigella di Maupin* (66), *L'armata Brancaleone* (66), *Non faccio la guerra, faccio l'amore* (66), *La notte è fatta per...rubare* (67), *La matriarca* (68), *Una ragazza piuttosto complicata* (68), *Il marito è mio e l'ammazzo quando mi pare* (68), *Certo, certissimo, anzi... probabile* (69), *Il gatto a nove code* (71), *Causa di divorzio* (72), *Un uomo dalla pelle dura* (72), *Cari genitori* (73), *La schiava, io ce l'ho e tu no* (73), *Storia di una monaca di clausura* (74), *La via dei babbuini* (74), *La parola di un fuorilegge...è legge* (74), *Oh, Serafina!* (76), *Febbre da cavallo* (77), *Per vivere meglio divertitevi con noi* (79), *Rag. Arturo De Fanti bancario—precario* (80), *Io e Caterina* (80), *Miele di donna* (81), *Claretta* (84), *Scandalo segreto* (89).

4302. Spaak, Charles. Belgian co-writer. b. May 25, 1903, Bruxelles. d. 1975. Based in France. Father of Agnès Spaak and Catherine Spaak. *Quando le donne amano* (52), *I sette peccati capitali* (52 the episodes "L'avarizia" and "L'ira"), *Siamo tutti assassini* (52), *Il grande giuoco* (53), *Opinione pubblica* (53), *Scuola elementare* (54 co-dialog), *Vestire gli ignudi* (54 w), *Fascicolo nero* (55), *Paris Palace Hotel* (56), *I peccatori della Foresta Nera* (61), *La furia degli uomini* (63), *Uno dei tre* (63).

4303. Spada, Marcello. Actor. b. 1905, Roma. Mario Camerini met him on the street and induced him to star as the young Arab Ismail in *Kiff Tebbi* (27). He left acting in 1937. Other films include: *Il richiamo* (28), *Sole* (29), *La vacanza del diavolo* (31), *La tavola dei poveri* (32), *Treno popolare* (34), *Bertoldo, Bertoldino e Cacasenno* (36), *La danza delle lancette* (36), *Scipione l'Africano* (37).

4304. Spadaro, Grazia. Actress. *Cavalleria rusticana* (53), *Il cav. Costante Nicosia demoniaco* (75).

4305. Spadaro, Odoardo. Actor. b. Jan. 16, 1895, Firenze. *La fanciulla dell'altro mondo* (33), *Mastro Landi* (35), *Miss Italia* (49), *La carrozza d'oro* (53), *Musoduro* (53), *Je suis un sentimentale* (55 France), *Porta un bacione a Firenze* (55), *Un canto nel deserto* (59), *San Remo, la grande sfida* (60), *Divorzio all'italiana* (61), *La città prigioniera* (62), *Mare matto* (62), *Le ore nude* (64).

4306. Spadaro, Umberto. Actor. b.

Nov. 8, 1904, Ancona. *Nozze di sangue* (42), *Sempre più difficile* (42), *Nebbie sul mare* (42), *Due cuori fra le belve* (43), *Il corriere di ferro* (46), *Furia* (46), *Malacarne* (46), *La fumeria d'oppio* (47), *Tombolo, paradiso nero* (47), *Anni difficili* (47), *Patto col diavolo* (49), *Rondini in volo* (49), *Il mulatto* (49), *Donne senza nome* (49), *I fuorilegge* (50), *Angelo tra la folla* (50), *Il brigante Musolino* (50), *Il nido di falasco* (50), *La taverna della libertà* (50), *Una donna ha ucciso* (50), *Lebbra bianca* (50), *Senza bandiera* (50), *Strano appuntamento* (51), *Amo un assassino* (51), *L'eterna catena* (51), *Buon viaggio, pover'uomo* (52), *L'angelo del peccato* (52), *Cani e gatti* (52), *Papà, ti ricordo* (52), *Il segreto delle tre punte* (52), *Serenata amara* (52), *La voce del silenzio* (52), *Carmen proibita* (52), *L'uomo della mia vita* (52), *I vinti* (52), *Lasciateci in pace* (53), *Un marito per Anna Zaccheo* (53), *Riscatto* (53), *Scampolo 53* (53), *Martin Toccaferro* (53), *Canzone appassionata* (53), *Cavalleria rusticana* (53), *Non vogliamo morire* (53), *Vacanze d'amore* (54), *Lacrime d'amore* (55), *Don Camillo e l'onorevole Peppone* (55), *Gli anni che non ritornano* (56), *Amaramente* (56), *La grande strada azzurra* (57), *La morte ha viaggiato con me* (57), *A Farewell to Arms* (57 U.S.), *Amore e guai* (59), *La valle di fuoco* (59), *Sotto dieci bandiere* (60), *I quattro monaci* (62), *Sedotta e abbandonata* (64).

4307. Spagnoli, Alberto. Director of photography. *Deserto rosso* (64 camera), *Vogliamo i colonnelli* (72), *Il maschio ruspante* (72), *La dama rossa uccide sette volte* (72), *La poliziotta* (74), *La pupa del gangster* (75), *Un maledetto pasticcio* (75), *Colpita da improvviso benessere* (76), *Luna di miele in tre* (76), *Il corsaro nero* (76), *Piedone l'africano* (77), *Al 33 di via Orologio fa sempre freddo* (77), *Agguato sul fondo* (78), *John Travolta...da un insolito destino* (79), *Orgasmo nero* (79), *Il bandito dagli occhi azzurri* (80), *Sesso profondo* (80), *Casta e pura* (81), *Fracchia, la belva umana* (81), *Il marchese del grillo* (81 co-ph), *L'ultimo squalo* (81), *Eccezzziunale...veramente* (82), *Sogni mostruosamente proibiti* (82), *Viuuulentamente mia* (82), *Fantozzi subisce ancora* (83), *Pappa e Ciccia* (83), *Le avventure dell'incredibile Ercole* (83), *Le avventure dell'incredibile Ercole II* (84), *Inferno in diretta* (85).

4308. Spain, Fay. U.S. actress. b. 1932. *Ercole alla conquista di Atlantide* (61).

4309. Spalla, Erminio. Actor. b. July 7, 1897, Borgo San Martino. d. 1971. Former boxing champion and bass singer. *Io, suo padre* (38), *Il socio invisibile* (39), *Il Ponte dei sospiri* (40), *Il "signore" della taverna* (40), *La compagnia della teppa* (41), *Il bravo di Venezia* (41), *Il leone di Damasco* (41), *Capitan Tempesta* (41), *Il campione* (42), *I due Foscari* (42), *Harlem* (42), *Ogni giorno è domenica* (44), *Senza famiglia* (44), *La gondola del diavolo* (46), *Sangue a Ca' Foscari* (46), *Il tiranno di Padova* (46), *Le avventure di Pinocchio* (47), *I pirati di Capri* (48), *Rondini in volo* (49), *Santo disonore* (50), *Miracolo a Milano* (50), *Il deportato* (51), *Addio sogni di gloria* (54), *Il mantello rosso* (54), *Vendicata* (54), *Chéri-Bibì, il forzato della Guiana* (55), *Io piaccio* (55), *Torna piccina mia* (55), *Due sosia in allegria* (56), *Solo Dio mi fermerà* (56), *Ascoltami!* (57), *Il conte di Matera* (57), *La maja desnuda* (58), *Un uomo facile* (58), *Agosto, donne mie non vi conosco* (59), *La scimitarra del saraceno* (60), *L'ira di Achille* (61), *La vendetta della maschera di ferro* (62), *Taur, il re della forza bruta* (62), *The Sailor from Gibraltar* (67 U.K.).

Spalla, Ignazio *see* **Sánchez, Pedro**
Spano, Paolo *see* **Sasso, Ugo**

4310. Sparv, Camilla. Swedish actress. b. 1940. *Diciottenni al sole* (62).

Spataro, Diego *see* **Fidani, Demofilo**
Spaziani, Renzo *see* **Bianchi, Mario**
Spencer, Bud *see* **Pedersoli, Carlo**

4311. Sperani, Esperia. Actress. b. Jan. 29, 1903, Milano. RN: Esperia Messa. Mostly on radio. Movies include: *Amanda* (17), *Frontiere* (34), *Miracolo a Viggiù* (51), *La voce che uccide* (56).

4312. Sperli, Alessandro. Actor. AKA: Sandro Sperli. *Ercole alla conquista di Atlantide* (61), *Un uomo da bruciare* (62), *Berlino—appuntamento per le spie* (65), *Due marines e un generale* (65), *Joe Valachi—i segreti di Cosa Nostra* (72).

4313. Speziale, Renato. Actor. *Il sangue e la rosa* (60), *Marte, dio della guerra* (62), *L'ammutinamento* (62).

4314. Spina, Grazia Maria. Actress. b. June 3, 1936, Venezia. RN: Maria Grazia Spinazzi. AKA: Maria Grazia Spina. Mostly on TV. *Promesse di marinaio* (58), *Gli amanti del deserto* (58), *Uomini e nobiluomini* (59), *I cosacchi* (59), *La 100 km* (59), *Il peccato degli anni verdi* (59), *I piaceri del sabato notte* (60), *Drakut il vendicatore* (61), *Pugni, pupe e marinai* (61), *Zorro alla corte di Spagna* (62), *Zorro e i tre moschettieri* (62), *Ursus e la ragazza tartara* (63), *Zorro contro Maciste* (63), *La tigre dei sette mari* (63), *La donna degli altri è sempre più bella* (63), *Il duca nero* (63), *Il successo* (63), *La rivolta dei barbari* (64), *Maciste nell'inferno di Genghis Khan* (64), *La bibbia* (66), *Il ritorno di Casanova* (78).

4315. Spina, Sergio. Director/writer. *Il mercenario* (68 co-w), *Fantabulous, Inc.* (68 d/co-w), *L'asino d'oro* (70).

4316. Spinetti, Victor. Welsh actor. b. 1932. *La bisbetica domata* (67), *Casanova e compagnia* (76).

4317. Spinola, Matteo. Actor. b. Nov. 9, 1931, Carpi. RN: Arnoldo Benassi. *Londra chiama polo nord* (55), *I miliardari* (56), *I misteri di Parigi* (57), *El Alamein* (57), *Il terribile Teodoro* (58), *Afrodite, dea dell'amore* (58), *Arriva la banda* (59), *La Pica sul Pacifico* (59).

4318. Spinotti, Dante. Director of photography. *Il minestrone* (81), *Cenerentola 80* (83), *I paladini, storia d'armi e d'amori* (83), *Il quartetto Basileus* (83), *Sogno di una notte di mezza estate* (83), *Così parlò Bellavista* (84), *Fotografando Patrizia* (84), *Interno berlinese* (85), *Sotto... sotto, strapazzato da anomala passione* (85), *Voyage of the Rich Aliens* (85 U.S. co-ph), *Choke Canyon* (86 U.S.), *Crimes of the Heart* (86 U.S.), *Manhunter* (86 U.S.), *Aria* (87 U.S./U.K. the episode "Die tote Stadt"), *From the Hip* (88 U.S.), *Beaches* (88 U.S.), *Illegally Yours* (88 U.S.), *La leggenda del santo bevitore* (88), *Mamba* (88), *Torrents of Spring* (89), *Una vita scellerata* (90), *The Comfort of Strangers* (90 U.S.), *Hudson Hawk* (91 U.S.), *True Colors* (91 U.S.).

4319. Spira, Françoise. French actress. b. Dec. 7, 1928, Paris. *L'anno scorso a Marienbad* (61).

Spitfire, Dick *see* **Fidani, Demofilo**

4320. Spoletini, Guglielmo. Actor. *Le voci bianche* (64), *Un fiume di dollari* (66), *The Sailor from Gibraltar* (67 U.K.), *Da uomo a uomo* (67), *...E intorno a lui fu morte* (67), *L'uomo venuto per uccidere* (68), *Ad uno ad uno...spietatamente* (68), *Tempo di Charleston* (68), *La notte del serpente* (69), *La vera storia dei fratelli mannari* (70), *Lo irritarono...e Sartana fece piazza pulita* (70), *Rugantino* (73), *The Omen* (76 U.K.), *In nome del papa re* (78).

4321. Spoliansky, Mischa. Russian composer. b. Dec. 28, 1898, Bialystok (now Poland). d. 1985. Worked mostly in Germany (1930–34), and the U.K. (1934 until his death). *Gli ultimi dieci giorni di Hitler* (72).

4322. Sportelli, Franco. Actor. b. Napoli. On stage from 1949. *Miseria e nobiltà* (54), *Ci sposeremo a Capri* (56), *Io, mammeta e tu* (58), *Mariti in pericolo* (61), *I giorni contati* (62), *Le quattro giornati di Napoli* (62), *Pelle viva* (62), *Il giorno più corto* (63), *Totò e Cleopatra* (63), *Caccia alla volpe* (66), *La cintura di castità* (68).

4323. Sposito, Carlo. Actor. b. 1924, Palermo. AKA: Carletto Sposito. *Malacarne* (46), *Anni difficili* (47), *Donne senza nome* (49), *Rondini in volo* (49), *Torna a Napoli* (49), *La cintura di castità* (50), *Il bivio* (50), *È più facile che un cammello...* (50), *Il monello della strada* (50), *Core 'ngrato* (51), *È arrivato l'accordatore* (51), *Enrico Caruso, leggenda di una voce* (51), *Parigi è sempre Parigi* (51), *Una bruna indiavolata* (51), *Giovinezza* (52), *Cani e gatti* (52), *Menzogna* (52), *Il mercante di Venezia* (52), *Noi peccatori* (52), *Serenata amara* (52), *Processo contro ignoti* (53), *Il matrimonio* (53), *Ci troviamo in galleria* (53), *Prima di sera* (53), *Teodora, imperatrice di Bisanzio* (53), *Un marito per Anna Zaccheo* (53), *I tre ladri* (53), *Papà pacifico* (54), *La bella mugnaia* (55), *Il falco d'oro* (55), *Cantando sotto le stelle* (56), *Donne, amori e matrimoni* (56), *Serenate per 16 bionde* (57), *Primo applauso* (57), *Serenatella Sciuè Sciuè* (57), *La ragazza del Palio* (58), *Marinai, donne e guai* (58), *Le cameriere* (59), *La sceriffa* (59), *Ferdinando I, re di Napoli* (59), *Le sorprese dell'amore* (59).

4324. Springher, Hilda. Actress. b. 1911, Trieste. AKA: Lily Dower. Daughter of an Austrian maitre d', she was raised in Alexandria, Egypt. Came to Italy on a theatre tour from Austria. *Un cattivo soggetto* (33), *La ragazza dal livido azzurro* (33), *Ninì Falpalà* (33), *Il presidente della Ba. ce. cre. mi.* (34), *È tornato carnevale* (37).

Squitieri, Giuseppe *see* **Squitieri, Pasquale**

4325. Squitieri, Pasquale. Director. AKA: Pasquale Squittieri, Giuseppe Squitieri, William Redford. *Django sfida Sartana* (70 also w), *La vendetta è un piatto che si serve freddo* (71 also co-w), *Camorra* (72), *L'arma* (73 also w/e), *Corleone* (78 also co-w), *Il prefetto di ferro* (78), *Razza selvaggia* (78 also co-w), *Claretta* (84 also co-w), *Il pentito* (85 also co-w), *Gli invisibili* (88 also co-w), *Russicum* (89 also co-w), *Atto di dolore* (90).

4326. Staccioli, Ivano. Actor. AKA: John Heston. *Il sepolcro dei re* (60), *Il conquistatore di Corinto* (62), *Roma contro Roma* (63), *Il vecchio testamento* (63), *Spartaco e i dieci gladiatori* (64), *Trenta Winchester per El Diablo* (67), *Commandos* (68), *Lady Desire* (68 Greece), *...Dai nemici mi guardo io!* (68), *Dio li crea, io li ammazzo* (68), *Samoa, regina della giungla* (69), *Buon funerale, amigos...paga Sartana* (71).

4327. Stack, Robert. U.S. actor. b. Jan. 13, 1919, Los Angeles, Calif. RN: Robert Langford Modini. *Il sigillo di Pechino* (66), *Il più grande colpo del secolo* (67), *Storia di una donna* (69).

4328. Stacy, Charles. Actor. *Peccato che sia una canaglia* (54).

4329. Stacy, John. U.K. actor. *Il tesoro di Rommel* (55), *Barabba* (61), *La ragazza che sapeva troppo* (63), *8½* (63), *Il profeta* (67), *Attentato ai tre grandi* (68), *La statua* (70), *Zeder* (72), *Yeti, il gigante del ventesimo secolo* (77), *Belve feroci* (83).

4330. Stafford, Frederick. Austrian actor. b. 1928. *Dalle Ardenne all'inferno* (68), *La Battaglia di El Alamein* (68), *La Battaglia d'Inghilterra* (70), *La lupa mannara* (77).

Stagno, Gemma Billincioni *see* **Bellincioni, Gemma**

4331. Stagno-Bellincioni, Bianca. Actress. b. Jan. 23, 1888, Budapest, Hungary. Daughter of Gemma Bellincioni (q.v.). Also well-known as a soprano opera singer. *Il malefico anello* (16), *Il birichino di Parigi* (16), *La laude della vita e la laude della morte* (16), *Lily Pussy* (17), *Ceneri e vampe* (17), *La donna che non ebbe cuore* (17), *A Santa Lucia* (17), *I due zoccoletti* (18), *Adriana Lecouvreur* (18), *Il gorgo fascinatore* (19), *Satanica* (19), *Pietro e Teresa* (19), *Liane spezzate* (20), *Mirtil* (21), *Tatiana* (21), *La principessa d'azzurro* (21), *La belle dame sans merci* (21), *Farfalla* (22), *La congiura di san Marco* (22), *Il malefico anello* (23), *La regina della Scala* (37), *Voglio vivere con Letizia* (38), *Pietro Micca* (38), *Animali pazzi* (39), *Gian Burrasca* (43).

4332. Stainval, Germaine. French actress. b. Mans. On stage from 1921. *I gioielli di Madame De...* (52).

4333. Staiola, Enzo. Actor. b. Nov. 15, 1939, Roma. AKA: Enzo Stajola. Picked by De Sica to play Bruno in *Ladri di Biciclette* (48). Starred in several other films but never recaptured the dynamism of his first role. He eventually quit movies. Other films include: *Marechiaro* (49), *Vulcano* (49), *Cuori senza frontiere* (49), *Strano appuntamento* (51), *Altri tempi* (51), *Il covo dei gangsters* (51), *Passaporto per l'Oriente* (51), *Buon viaggio, pover'uomo* (52), *Penne nere* (52), *Il ritorno di don Camillo* (53), *La contessa scalza* (54), *Spade senza bandiere* (60).

4334. Stallich, Jan. Czech director of photography. b. March 19, 1907, Prague. *Il fornaretto di Venezia* (39 co-ph), *Carmen fra i rossi* (39 co-ph), *Il peccato di Rogelia Sánchez* (39 co-ph), *L'assedio dell'Alcazar* (40 co-ph), *Abbandono* (40), *Capitan Fracassa* (40), *La figlia del corsaro verde* (40 co-ph), *La maschera di Cesare Borgia* (41 co-ph), *Caravaggio, il pittore maledetto* (41 co-ph), *Beatrice Cenci* (41), *Ore 9 lezione di chimica* (41 co-ph), *Ridi, pagliaccio!* (41 co-ph), *I pini di Roma* (41 doc co-ph), *I due orfanelli* (47 co-ph), *Il fiacre n. 13* (47 co-ph), *Alla conquista dell'Arkansas* (63).

4335. Stamp, Terence. U.K. actor. b. July 23, 1940, London. *Teorema* (68), *Tre passi nel delirio* (68 the episode "Il ne faut jamais parier sa tête contre le diable"), *Una stagione all'inferno* (71), *La divina creatura* (75), *Amo non amo* (79), *Morte in Vaticano* (82).

4336. Stander, Lionel. U.S. actor. b. Jan. 11, 1908, N.Y.C. *C'era una volta il west* (68), *Al di là della legge* (68), *"H2S"* (68), *Sette volte sette* (68), *Infanzia, vocazione e prime esperienze di Giacomo Casanova veneziano* (69), *La collina degli stivali* (69), *Per grazia ricevuta* (71), *Don Camillo, Peppino e i giovane d'oggi* (72 made in 70), *Te Deum* (72), *Là, dove volano le pallottole* (72), *All'onorevole piacciono le donne* (72), *Milano calibro 9* (72), *Siamo tutti in libertà provvisoria* (72),

Tutti fratelli nel west...per parte di padre (72), *La "Mano nera," prima della mafia, più della mafia* (73), *Piazza pulita* (73), *Paolo il caldo* (73), *Mordi e fuggi* (73), *Crescete e moltiplicatevi* (73), *Partirono preti, tornarono...curati* (73), *Ah, sì?...e io lo dico a Zzzzorro!* (75), *Giubbe rosse* (75), *San Pasquale Baylonne, protettore delle donne* (76).

Stanley, Peter E. *see* **Pierotti, Piero**

4337. Stany, Jacques. French actor. *Oro per i cesari* (62), *Il mito* (63), *Maciste, gladiatore di Sparta* (64), *Orgasmo* (68), *Il vespaio* (70).

4338. Stapleton, Maureen. U.S. actress. b. June 21, 1925, Troy, N.Y. *Uno sguardo dal ponte* (62).

4339. Stapleton, Vivian. U.S. actress. b. 1921. *Nude...si muore* (67).

4340. Staquet, Georges. Actor. *Il giorno e l'ora* (63), *Operazione Ogro* (79).

4341. Starace-Sainati, Bella. Actress. b. June 2, 1878, Napoli. d. Aug. 4, 1958, in an actors' nursing home in Bologna. *Il cliente* (11), *Per un'ora d'amore* (14), *Passione fatale* (14), *Dopo il peccato* (20), *La casa degli scapoli* (23), *Le due madri* (38), *Giuseppe Verdi* (38), *Napoli che non muore* (39), *Cavalleria rusticana* (39), *Follie del secolo* (39), *Fascino* (39), *Il Ponte dei sospiri* (40), *La peccatrice* (40), *La gerla di papà Martin* (40), *San Giovanni decollato* (40), *Addio, giovinezza!* (41), *Ridi, pagliaccio!* (41), *L'amante segreta* (41), *Primo amore* (41), *Redenzione* (42), *Quarta pagina* (42), *Carmela* (42), *Odessa in fiamme* (42), *Gelosia* (42), *Signorinette* (42), *Nessuno torna indietro* (43), *Finalmente sì* (43), *Lettere al sottotenente* (43), *07 tassì* (43), *I dieci comandamenti* (45 started in 43), *Addio, mia bella Napoli* (46), *Furia* (46), *Il passatore* (47), *La monaca di Monza* (47), *La certosa di Parma* (47), *Fabiola* (48), *Vertigine d'amore* (48), *È più facile che un cammello...* (50), *Il voto* (51), *Gli innocenti pagano* (51), *Cameriera bella presenza offresi* (51), *Processo alla città* (52), *Noi peccatori* (52), *Nerone e Messalina* (53 started in 49), *Condannatelo!* (53), *Vortice* (54).

4342. Starr, Ringo. U.K. actor. b. July 7, 1940, Liverpool. RN: Richard Starkey. Former Beatle. *Candy* (68), *Blindman* (71).

4343. Staudte, Wolfgang. German director. b. Oct. 9, 1906, Saarbrücken. d. 1984. *Passaporto per l'Oriente* (51 the episode "Wird Europa wieder lachen?"), *Pezzo, capopezzo e capitano* (58 also co-w/story).

4344. Steel, Alan. Muscleman actor. RN: Sergio Ciani. AKA: John Wyler. Often doubled for Steve Reeves. *La Battaglia di Maratona* (59), *Sansone* (61), *La furia di Ercole* (61), *Zorro contro Maciste* (62), *Ursus, gladiatore ribelle* (63), *Maciste contro gli uomini della luna* (64), *Gli invincibili tre* (64), *Ercole, Sansone, Maciste, Ursus: gli invincibili* (64), *Ercole contro Roma* (64), *Sansone e il tesoro degli incas* (64), *Combate de gigantes* (68 Spain), *Sapevano solo uccidere* (68), *Lo chiamavano Requiescant Fasthand* (72 also p/co-w), *Au nom du père, du fils et du colt* (72 France p), *Più forte sorelle* (73 p).

4345. Steel, Anthony. U.K. actor. b. May 21, 1920, Chelsea, London. *La vendetta dei barbari* (60), *Vacanze alla baia d'Argento* (61), *La tigre dei sette mari* (63), *Giorni di fuoco* (64), *Le fate* (67), *Lo sbarco di Anzio* (68), *Rappresaglia* (73).

Steel, Max *see* **Massi, Stelvio**

4346. Steele, Barbara. U.K. actress. b. Dec. 29, 1938, Trenton Wirrall, Cheshire. In Italy since 1960. *Su e giù per le scale* (59), *La maschera del demonio* (60), *L'orribile segreto del dottor Hichcock* (62), *Il capitano di ferro* (62), *Le ore dell'amore* (63), *8½* (63), *Lo spettro del dottor Hichcock* (63), *La danza macabra* (63), *Un tentativo sentimentale* (64), *I maniaci* (64), *I lunghi capelli della morte* (64), *Amore facile* (64), *Le voci bianche* (64), *Amanti d'oltretomba* (65), *I soldi* (66), *Cinque tombe per un medium* (66), *L'armata Brancaleone* (66), *La sorella di Satana* (66), *Un angelo per Satana* (66), *Fermate il mondo ...voglio scendere* (67).

4347. Steen, Derek. U.K. actor. *Lola* (70).

4348. Stefanelli, Benito. Actor. *L'ultimo dei vichinghi* (61), *Il figlio di Spartacus* (62), *La leggenda di Enea* (62), *Per un pugno di dollari* (64), *Per qualche dollaro in più* (65), *Il buono, il brutto, il cattivo* (66), *La resa dei conti* (66), *100.000 dollari per Lassiter* (66), *I crudeli* (67), *I giorni dell'ira* (67), *C'era una volta il west* (68), *Gentleman Jo...uccidi* (69), *Il prezzo del potere* (69), *Battle of the Amazons* (70 U.S.), *Le guerriere dal seno nudo* (72), *Il mio nome è Nessuno* (73 also stunt arranger),

Il dominatore del ferro (82), *The Barbarians & Co.* (87 U.S.).

4349. Stefanelli, Simonetta. Actress. b. 1954. *La moglie giapponese* (68), *In nome del popolo italiano* (71), *Non commettere atti impuri* (71), *Homo eroticus* (71), *The Godfather* (71 U.S.), *Il caso Pisciotta* (72), *L'onorata famiglia (uccidere è Cosa Nostra)* (72), *Gli amici degli amici hanno saputo* (73), *Lucrezia Giovane* (74), *Peccati in famiglia* (75), *La nuora giovane* (75), *Mosè* (76), *Masoch* (80), *Il falco e la colomba* (81).

4350. Stefanini, Nicola. Actress. *La furia dei barbari* (60), *La furia di Ercole* (61), *Sansone* (61), *Anno 79—distruzione ercolano* (62).

Steffen, Anthony *see* **De Teffé, Antonio**

4351. Stegani, Giorgio. Director. AKA: George Finlay. *Le baccanti* (60 co-w), *La guerra di Troia* (61 co-w), *Un dollaro bucato* (65 co-w), *Adios gringo* (66 also co-w), *Agente Logan missione Ypotron* (66), *Mille dollari sul nero* (67 co-w), *Al di là della legge* (68 also co-w), *Gentleman Jo ...uccidi* (69 also co-w), *Disposta a tutto* (77).

4352. Steiger, Rod. U.S. actor. b. April 14, 1925, Westhampton, N.Y. RN: Rodney Stephen Steiger. *Il mondo nella mia tasca* (60), *Le mani sulla città* (63), *Gli indifferenti* (63), *E venne un uomo* (65), *La ragazza e il generale* (67), *Waterloo* (70), *Giù la testa* (71), *Gli eroi* (73), *A proposito Lucky Luciano* (73), *Mussolini: ultimo atto* (74), *Gesù di Nazaret* (77 TV).

4353. Stein, Louis. French director of photography. *Fascicolo nero* (55), *Le vergini di Salem* (56 co-ph).

4354. Steiner, Elio. Actor. b. March 9, 1904, Strà, Venezia. Son of Countess Elena Lupati. *La chimera del biondo cavaliere* (27), *La vena d'oro* (28), *La locandiera* (28), *Maratona* (28), *Assunta spina* (28), *La canzone dell'amore* (30), *Corte d'assise* (30), *La stella del cinema* (31), *L'uomo dall'artiglio* (31), *Pergolesi* (32), *L'acqua cheta* (33), *Giallo* (33), *Pensaci, Giacomino!* (37), *L'albergo degli assenti* (38), *Il ladro* (39), *Torna, caro ideal...!* (39), *Le educande di Saint-Cyr* (39), *La conquista dell'aria* (39), *Fascino* (39), *Don Pasquale* (40), *Giarabub* (42), *La morte civile* (42), *Colpi di timone* (42), *Senza famiglia* (44), *Aeroporto* (44), *Vi saluto dall'altro mondo* (45 never shown), *Tombolo, paradiso nero* (47), *Il falco della rupe* (47), *Accidenti alla guerra!* (48), *La città dolente* (48), *Fuoco nero* (51), *Il moschettiere fantasma* (53), *La signora senza camelie* (53), *Passione* (53), *Il tiranno del Garda* (54), *Il principe dalla maschera rossa* (55), *I miliardari* (56), *Goodbye Firenze* (57).

4355. Steiner, John. Swiss actor. b. 1941. Based in Italy. *Marat/Sade* (66 U.K.), *Bedazzled* (67 U.K.), *Work...Is a Four Letter Word* (68 U.K.), *Tepepa* (68), *Avventura a Bali* (69), *Zanna Bianca* (72), *Rappresaglia* (73), *La ragazza di nome Giulio* (73), *La villeggiatura* (73), *L'invenzione di Morel* (75), *I Don't Want to be Born* (75), *Mark colpisce ancora* (76), *Salon Kitty* (76), *Milano violenta* (76), *La malavita attacca...la polizia risponde* (76), *...E tanta paura* (77), *Mannaja* (77), *Antonio Gramsci: gli anni del carcere* (77), *Al 33 di via Orologio fa sempre freddo* (77), *Von Buttiglione Sturmtrüppenführer* (78), *Le deportate della sezione speciale SS* (78), *Goodbye and Amen* (78), *L'avvocato della mala* (78), *Caligola* (79), *Il piccolo Archimede* (79), *The Salamander* (80 U.K.), *Apocalisse domani* (80), *Sotto gli occhi dell'assassino* (82), *Il mondo di Yor* (82), *Ark of the Sun God* (83), *I cacciatori del cobra d'oro* (83), *Mystère* (83), *Un caso di incoscienza* (84), *Inferno in diretta* (85), *Troppo forte* (85), *Sinbad* (86), *Camping del terrore* (87), *Striker* (87), *Giulia e Giulia* (87), *Appuntamento a Liverpool* (88), *Paprika* (91).

4356. Steiner, Max. U.S. composer. b. May 10, 1888, Vienna, Austria. d. 1971. RN: Maximilian Raoul Walter Steiner. In the U.S.A. from 1914. *Elena di Troia* (56 co-composer).

Stella, Luciano *see* **Kendal, Tony**

4357. Steni, Antonella. Actress. b. Dec. 3, 1926, Montefiascone. RN: Antonietta Stefanini. Played on stage opposite Wanda Osiris (q.v.) at the age of 7. Married Luigi Bonos. *Scipione l'Africano* (37), *Crispino e la comare* (37), *Rascel—Fifì* (57), *Scanzonatissimo* (63), *Il tigre* (67), *Nel sole* (67), *La notte pazza del conigliaccio* (67), *Le sette cinesi d'oro* (67), *Peggio per me...meglio per te* (68), *Brutti di notte* (68), *L'oro del mondo* (68).

4358. Stenn, Ingrid. German actress. b. Hamburg. *Il bacio del sole* (58).

4359. Steno. Director/co-writer. b.

Jan. 19, 1915, Roma. d. March 12, 1988, Roma. RN: Stefano Vanzina. AKA: Stefano Steno. TV series: *L'ombra nera del Vesuvio* (87). Movies include: *Lo vedi come sei?* (39 co-w), *Imputato, alzatevi!* (39 co-w), *Il pirata sono io* (40 co-w), *Non me lo dire* (40 co-w), *C'è un fantasma nel castello* (41 co-w), *La scuola dei timidi* (42 co-w), *Tutta la città canta* (43 co-w / story), *Il viaggio del signor Perrichon* (43 co-w), *La vita ricomincia* (45 co-w), *Aquila Nera* (46 co-w), *I due orfanelli* (47 co-w / story), *I miserabili* (47 co-w), *Come persi la guerra* (47 co-w), *L'ebreo errante* (47 co-w), *La figlia del capitano* (47 co-w), *Abbasso la fortuna* (47 co-w), *Follie per l'opera* (47 co-w), *Il cavaliere misterioso* (48 co-w), *L'eroe della strada* (48 co-w), *Fifa e arena* (48 co-w / story), *Come scopersi l'America* (49 co-w / story), *Il conte Ugolino* (49 co-w), *Al diavolo la celebrità* (49 co-d / w / story), *Totò cerca casa* (49 co-d / co-w / co-story), *Il brigante Musolino* (50 co-w / story), *È arrivato il cavaliere* (50 co-d / co-w / co-story), *Anema e core* (50 co-w), *Vita da cani* (50 co-d / co-w), *Accidenti alle tasse!* (51 co-w / story), *Amo un assassino* (51 co-w), *Vendetta... sarda* (51 co-w / story), *Core 'ngrato* (51 co-story), *O.K. Nerone* (51 co-w / story), *È l'amor che mi rovina* (51 co-w / story), *Totò e i re di Roma* (51 co-d / co-w), *Guardie e ladri* (51 co-d / co-w), *Totò a colori* (52 also co-story), *Le infedeli* (52 co-d / co-w / co-story), *Totò e le donne* (52 co-d / co-w / co-story), *Totò e Carolina* (53 co-d / co-w), *L'uomo la bestia e la virtù* (53), *Cinema d'altri tempi* (53 also story), *Un giorno in pretura* (53 also story), *Un americano a Roma* (54 also story), *Le avventure di Giacomo Casanova* (54 d / w / story), *Piccola posta* (55 also story), *Mio figlio Nerone* (56 also story), *Femmine tre volte* (57 d), *Susanna tutta panna* (57 d), *Mia nonna poliziotto* (58), *Guardia, ladro e cameriera* (58), *Totò, Eva e il pennello proibito* (58 d / story), *I tartassati* (59), *Totò nella luna* (58 also story), *Tempi duri per i vampiri* (59 also story), *Un militare e mezzo* (59), *Il letto a tre piazze* (59 d), *A noi piace freddo...!* (60 d), *Psycosissimo* (60), *La ragazza dei mille mesi* (61), *I due colonnelli* (61 co-d), *I moschettieri del mare* (61 d / co-story), *Totò Diabolicus* (62 d), *Copacabana Palace* (62 d), *Totò contro i quattro* (62 d), *Gli eroi del west* (64), *I gemelli del Texas* (64), *Un mostro... e mezzo* (65), *Letti sbagliati* (65), *Rose rosse per Angelica* (65), *Amore all'italiana* (66), *Capriccio all'italiana* (66 the episode "Il mostro della domenica"), *La feldmarescialla* (66), *Arriva Dorellik* (67), *Il trapianto* (70), *Cose di Cosa Nostra* (70), *Il vichingo venuto dal sud* (71), *La polizia ringrazia* (72), *Il terrore con gli occhi storti* (72), *L'uccello migratore* (72), *Piedone lo sbirro* (72 d), *Mio fratello Anastasia* (73), *La poliziotta* (74 d), *Il padrone e l'operaio* (75 d), *Tre tigri contro tre tigri* (77), *Febbre da cavallo* (77), *Piedone l'africano* (77), *Doppio delitto* (78), *Il dottor Jekill, Jr.* (78), *Amori miei* (79), *La patata bollente* (79), *Piedone d'Egitto* (80), *Fico d'India* (80), *Il tango della gelosia* (81), *Quando la coppia scoppia* (81), *Sballato, gassato, completamente fuso* (82), *Banana Joe* (82), *Dio li fa poi li accoppia* (83), *Mani di fata* (83), *Bonnie e Clyde all'italiana* (83), *Mi faccia causa* (84).

4360. Stepanek, Karel. Czech actor. b. Oct. 29, 1899, Brno. d. 1980. In Germany from 1923 until 1939, and then in the U.K. *Operazione Crossbow* (65).

4361. Stephen, Susan. U.K. actress. b. July 16, 1931, London. *Fanciulle di lusso* (52).

4362. Stephens, Robert. U.K. actor. b. July 14, 1931, Bristol. Married Maggie Smith. *Romeo e Giulietta* (68).

Sterling, Simon *see* **Sollima, Sergio**

4363. Sternhagen, Frances. U.S. actress. b. Jan. 13, 1930, Washington, D.C. *Fedora* (78).

4364. Sterni, Giuseppe. Director / actor. b. Dec. 27, 1883, Bologna. d. July, 1952, Roma. He spent a good deal of his later years in the U.S.A. *Per un fiore* (16), *Caccia al lupo* (16 d), *L'antica fiamma* (17), *Amanda* (17 d), *I mohicani di Parigi* (17 *), *Tristi amori* (18), *Scampolo* (18), *Jacopo Ortis* (18 d), *I disonesti* (21 *).

Stevens, Paul *see* **Gozlino, Paolo**

Stevens, Rock *see* **Lupus, Peter**

4365. Stevens, Warren. U.S. actor. b. Nov. 2, 1919, Scranton, Pa. *La contessa scalza* (54).

Stevenson, Rob *see* **Widmark, Robert**

4366. Stewart, Alexandra. Canadian actress. b. June 10, 1939, Montreal, of an Irish father and a Scottish mother. A model in France before going into movies in 1959. *RoGoPaG* (62 the episode "Il nuovo mondo"), *Confetti al pepe* (63), *Violenza segreta* (63), *Thrilling* (64), *Marcia nuziale* (65), *Aiutami a sognare* (81).

4367. Stewart, Elaine. U.S. actress. b. May 31, 1929, Montclair, N.J. RN: Elsy Steinberg. *Le sette sfide* (60), *Peccati d'estate* (62).

4368. Stewart, Evelyn. Actress. RN: Ida Galli. *La dolce vita* (60), *Fantasmi a Roma* (60), *Ercole al centro della terra* (61), *Il crollo di Roma* (62), *Il gattopardo* (63), *Roma contro Roma* (63), *Il segreto del vestito rosso* (63), *Un dollaro bucato* (65), *Adios gringo* (66), *Django spara per primo* (66), *Entre las redes* (67 Spain), *Perchè uccidi ancora?* (67), *Quel caldo maledetto giorno di fuoco* (68), *Il giardino delle delizie* (68), *Il dolce corpo di Deborah* (68), *Il medico della mutua* (68), *Il delitto del diavolo* (69), *Ciak Mull, l'uomo della vendetta* (69), *Il suo nome gridava vendetta* (69), *Concerto per pistola solista* (70), *La Battaglia d'Inghilterra* (70), *I quattro pistoleri di Santa Trinità* (71), *Tre croci per non morire* (71), *Quando Marta urlò nella tomba* (72), *Il coltello di ghiaccio* (72), *Lo chiamavano Tressette...giocava sempre colla morte* (73), *Cagliostro* (74), *Il giustiziere sfida la città* (75), *Perche?!* (75), *Passione e sentimento* (77).

4369. Sting. U.K. singer/actor. b. Oct. 2, 1951, Newcastle. RN: Gordon Matthew Sumner. Former vocalist with the pop group "Police." *Giulia e Giulia* (87).

4370. Stival, Giulio. Actor. b. March 4, 1903, Venezia. d. April 1, 1953, following a road accident in Novara. *Gli uomini non sono ingrati* (37), *Batticuore* (38), *Frenesia* (39), *Cantate con me* (40), *Melodie eterne* (40), *L'attore scomparso* (41), *Orizzonte dipinto* (41), *La famiglia Brambilla in vacanza* (41), *I mariti* (41), *Quarta pagina* (42), *Gian Burrasca* (43), *Il paese senza pace* (43), *Quartieri alti* (43), *La buona fortuna* (44), *La vita semplice* (45), *Il cavaliere del sogno* (46), *Yvonne la nuit* (49), *Il monello della strada* (50), *La taverna della libertà* (50), *Totò e i re di Roma* (51), *Le due verità* (51), *Ha fatto 13* (52), *Il cappotto* (52), *I morti non pagano le tasse* (52).

4371. Stockwell, Guy. U.S. actor. *Le tre spade di Zorro* (63).

4372. Stoler, Shirley. U.S. actress. b. 1929. *Pasqualino Settebellezze* (76).

4373. Stoll, Günther. German actor. *Al di là dellla legge* (68), *Il castello di Fu Manchu* (68), *L'ultimo mercenario* (68), *A doppia faccia* (69), *Cosa avete fatto a Solange?* (70), *È tornato Sabata, hai chiuso un'altra volta* (71).

4374. Stone, Bernard. U.K. actor. b. 1926. *La ragazza con la pistola* (68).

4375. Stone, Jeff. U.S. actor. b. 1923. In Italy between 1954 and 1956. Married Corinne Calvet (from 1955 to 1960). *I cavalieri della regina* (54), *Gli sparvieri del re* (54), *Mantelli e spade insanguinate* (54), *Le avventure dei tre moschettieri* (55), *Le imprese di una spada leggendaria* (55).

4376. Stone, Marianne. U.K. actress. b. Aug. 23, 1925, London. *Cinque ore in contanti* (60).

4377. Stone, Philip. U.K. actor. b. April 14, 1924, Leeds. *Gli ultimi dieci giorni di Hitler* (72).

4378. Stoppa, Paolo. Actor. b. June 6, 1906, Roma. d. May 1, 1988, Roma. *L'armata azzurra* (32), *Quella vecchia canaglia* (34), *Il serpente a sonagli* (35), *Re burlone* (35), *L'aria del continente* (36), *L'anonima Roylott* (36), *Marcella* (37), *Mille lire al mese* (38), *Il sogno di Butterfly* (39), *Assenza ingiustificata* (39), *L'amore si fa così* (39), *Frenesia* (39), *Ricchezza senza domani* (39), *Un mare di guai* (39), *Le sorprese del vagone letto* (39), *Trappola d'amore* (39), *Pazza di gioia* (40), *Un'avventura di Salvator Rosa* (40), *Amami, Alfredo!* (40), *Melodie eterne* (40), *Una famiglia impossibile* (40), *La canzone rubata* (40), *Giuliano de' Medici* (41), *La corona di ferro* (41), *Il sogno di tutti* (41), *Orizzonte dipinto* (41), *Divieto di sosta* (41), *La famiglia Brambilla in vacanza* (41), *Cenerentola e il signor Bonaventura* (41), *Non mi sposo più* (41), *Se non son matti non li vogliamo* (41), *L'ultimo ballo* (41), *La regina di Navarra* (41), *Gioco pericoloso* (41), *Rossini* (41), *Sette anni di felicità* (42), *A che servono questi quattrini* (42), *La bisbetica domata* (42), *Don Cesare di Bazan* (42), *Acque di primavera* (42), *Non ti pago!* (42), *Giorni felici* (42), *Il romanzo di un giovane povero* (42), *La signorina* (42), *Sant'Elena piccola isola* (42), *Grattacieli* (42), *Fuga a due voci* (42), *Gente dell'aria* (42), *Il nostro prossimo* (42), *Ti conosco, mascherina!* (42), *Il treno crociato* (43), *Incontri di notte* (43), *Quattro ragazze sognano* (43), *I nostri sogni* (43), *Apparizione* (43), *Finalmente sì*

(43), *L'ultima carrozzella* (43), *Il fiore sotto gli occhi* (43), *Canto, ma sottovoce* (44), *Quartetto pazzo* (45), *Che distinta famiglia!* (45 made in 43), *Un americano in vacanza* (46), *Il marito povero* (46 made in 43), *Io t'ho incontrata a Napoli* (46), *Aquila Nera* (46), *Biraghin* (46), *Addio, mia bella Napoli* (46), *La fumeria d'oppio* (47), *Che tempi!* (47), *I cavalieri dalle maschere nere* (47), *Il principe ribelle* (47), *Fabiola* (48), *I peggiori anni della nostra vita* (49), *Vogliamoci bene* (49), *Il figlio di d'Artagnan* (49), *La bellezza del diavolo* (50), *Il ladro di Venezia* (50), *Miracolo a Milano* (50), *Abbiamo vinto* (50), *Donne e briganti* (50), *Sambo* (50), *Senza bandiera* (50), *Roma, ore 11* (51), *Altri tempi* (51), *Marakatumba...ma non è una rumba* (51 made in 49), *Le Cap de l'Espérance* (51 France), *Moglie per una notte* (52), *Buon viaggio, pover'uomo* (52), *I sette peccati capitali* (52 the episodes "L'avarizia" and "L'ira"), *Wanda la peccatrice* (52), *Processo alla città* (52), *Il tallone di Achille* (52), *La presidentessa* (52), *Le belle della notte* (52), *Art. 519, codice penale* (52), *Papà diventa mamma* (52), *Cani e gatti* (52), *Gli eroi della domenica* (52), *Bufere* (52), *Gioventù alla sbarra* (52), *La voce del silenzio* (52), *Puccini* (53), *Stazione Termini* (53), *Il ritorno di don Camillo* (53), *Non è mai troppo tardi* (53), *Il nemico pubblico n. 1* (53), *Scampolo 53* (53), *Destini di donne* (53 the episode "Nemica della guerra"), *Prima di sera* (53), *Il sole negli occhi* (53), *Il conte di Montecristo* (53), *La passeggiata* (54), *Mizar* (54), *Carosello napoletano* (54), *Casa Ricordi* (54), *Sinfonia d'amore* (54), *Uomini ombra* (54), *L'oro di Napoli* (54), *I sette peccati di papà* (54), *L'ombra* (54), *L'allegro squadrone* (54), *La bella Otero* (54), *Napoleone Buonaparte* (54), *Pane amore e gelosia* (54), *Siamo uomini o caporali?!* (54), *La bella di Roma* (55), *La bella mugnaia* (55), *Il conte Aquila* (55), *Destinazione Piovarolo* (55), *Il padrone sono me* (55), *Pepote* (55 Spain), *Donne sole* (55), *Ragazze d'oggi* (55), *Una pelliccia di visone* (56), *Los jueves milagro* (57 Spain the episode "Arrivederci Dimas"), *La nonna Sabella* (57), *Vacanze ad Ischia* (57), *La legge* (58), *Cartagine in fiamme* (59), *La contessa azzurra* (59), *Era notte a Roma* (59), *Gastone* (59), *Le tre "eccetera"...del colonnello* (59), *La giornata balorda* (60), *Viva l'Italia* (60), *Rocco e i suoi fratelli* (60), *Che gioia vivere* (61), *Vanina Vanini* (61), *Il giudizio universale* (61), *Les Mariolles* (61 France), *Boccaccio 70* (61 the episode "Il lavoro"), *Un appuntamento per uccidere* (62 France), *Il gattopardo* (63), *Il giorno più corto* (63), *La vendetta della signora* (64), *Becket* (64 U.S./U.K.), *Behold a Pale Horse* (64 U.S.), *Caccia alla volpe* (66), *Il marito è mio e l'ammazzo quando mi pare* (68), *C'era una volta il west* (68), *La matriarca* (68), *Jus primae noctis* (72), *Rugantino* (73), *Il casotto* (77), *Suor Omicidi* (77), *La mazzetta* (78), *Il marchese del grillo* (81), *Amici miei, atto II* (82), *Testa e croce* (82), *Domani si balla* (82).

4379. Storaro, Vittorio. Director of photography. b. 1940, Roma. *Delitto al circolo del tennis* (69), *Giovinezza, giovinezza* (69), *L'uccello dalle piume di cristallo* (69), *La strategia del ragno* (69 co-ph), *Il conformista* (70), *Ultimo tango a Parigi* (72), *Orlando furioso* (72 TV), *Addio fratello crudele* (72), *Corpo d'amore* (72), *Malizia* (72), *Giordano Bruno* (73), *Blu Gang vissero per sempre felici e ammazzati* (73), *Scandalo* (75), *1900* (76), *Il cinema secondo Bertolucci* (77 doc appeared as himself), *Agatha* (78 U.K.), *Apocalypse Now* (79 U.S.), *La luna* (79), *Reds* (81 U.S.), *One From the Heart* (82 U.S.), *Wagner* (82 U.S.), *Ladyhawke* (84 U.S.), *Captain Eo* (86 U.S. short. Lighting and photographic consultant), *Ishtar* (87 U.S.), *L'ultimo imperatore* (87), *Tucker: The Man and His Dream* (88 U.S.), *New York Stories* (89 U.S. co-ph), *Il tè nel deserto* (90), *Dick Tracy* (90 U.S.).

4380. Stradling, Harry. U.S. director of photography. b. Sept. 1, 1902, Newark, N.J. d. Feb., 1970. *Elena di Troia* (56).

4381. Strasberg, Susan. U.S. actress. b. May 22, 1938, N.Y.C. Daughter of Lee Strasberg. *Kapò* (60), *Il disordine* (62), *Il giorno più corto* (63), *Le sorelle* (70), *La violenza: quinto potere* (72), *Tre soldi e la donna di classe* (77).

4382. Straub, Jean-Marie. French director. b. Jan. 8, 1933, Metz. AKA: Jubarithe Semaran. Married Danielle Huillet. *Othon* (71), *I cani del Sinai* (77), *Dalla nube alla resistenza* (79 co-d/p/co-w/e).

4383. Strauss, Peter. U.S. actor. b. Feb. 20, 1947, N.Y.C. *Il sergente Klems* (71).

4384. Stresa, Nino. Co-writer. RN: Sigfrido Tomba. Has also directed. *La grande rinuncia* (51 w), *Siamo ricchi e poveri* (54), Acque amare (54), *Due soldi di felicità* (54), *Torna piccina mia* (55), *I vagabondi delle stelle* (56 d/w/story), *La canzone più bella* (57), *Via col para. . .vento* (58), *Gli amanti del deserto* (58 w/story), *Psicanalista per signora* (59), *Il terrore dei barbari* (59), *Spavaldi e innamorati* (59 also story), *I reali di Francia* (59 co-story), *A qualcuno piace calvo* (60 also story), *La venere dei pirati* (60 w), *Drakut il vendicatore* (61 also story), *I normanni* (61 w/story), *Il conquistatore di Corinto* (62 w/story), *Buffalo Bill, l'eroe del far west* (64), *Colorado Charlie* (65 w), *L'uomo e una colt* (67), *Tutto per tutto* (68), *Viva Sabata!* (70), *Lo chiamavano Django* (71).

4385. Strindberg, Anita. German actress. *Una lucertola con la pelle di donna* (71), *Chi l'ha vista morire?* (72), *Al tropico del Cancro* (72), *Il tuo vizio è una stanza chiusa e solo io ne ho la chiave* (72), *All'onorevole piacciono le donne* (72), *Il contatto carnale* (73), *L'uomo senza memoria* (74), *Diario segreto di un carcere femminile* (74), *Milano odia: la polizia non può sparare* (74), *L'anticristo* (74), *La profanazione* (75), *L'ossessione che uccide* (81).

4386. Strode, Woody. U.S. actor. b. 1914, Los Angeles, Calif. RN: Woodrow Strode. Former football and wrestling star. *C'era una volta il west* (68), *Seduto alla sua destra* (68), *La collina degli stivali* (69), *Ciak Mull, l'uomo della vendetta* (69), *La spina dorsale del diavolo* (70), *L'ultimo pistolero* (71), *La "mala" ordina* (72), *Colpo in canna* (74), *Keoma* (75), *Oil* (77), *Angkor—Cambodia Express* (81), *Razza violenta* (83), *L'ultimo guerriero* (83).

4387. Stroyberg, Annette. Danish actress. b. Dec. 7, 1936, Rynkberg. While modeling in Paris she came to the attention of Roger Vadim who married her in 1958. After divorcing Vadim in 1961 she went to Italy. *Les Liaisons dangereuses 1960* (59 France), *Il testamento di Orfeo* (60), *Il sangue e la rosa* (60), *Il carabiniere a cavallo* (61), *Anima nera* (62), *I dongiovanni della Costa Azzurra* (62), *La smania addosso* (62).

4388. Struss, Karl. U.S. director of photography. b. Nov. 30, 1891, N.Y.C. d. 1981. In Italy in the mid-50s. *Un turco napoletano* (53 co-ph), *Due notti con Cleopatra* (53 co-ph), *Cavalleria rusticana* (53 co-ph), *Il più comico spettacolo del mondo* (54 co-ph), *Attila—flagello di Dio* (54 co-ph), *Miseria e nobiltà* (54 co-ph).

Stuart, Jack or **John** *see* **Rossi-Stuart, Giacomo**

4389. Stuart, Jean. U.K. actress. *I vinti* (52 the U.K. episode, "Il delitto").

4390. Sturges, John. U.S. director. b. Jan. 3, 1911, Oak Park, Ill. d. Aug. 21, 1992, Los Angeles, Calif. *Valdez il mezzosangue* (73).

4391. Sturkie, Dan. U.S. actor. *Un esercito di cinque uomini* (69), *Lo chiamavano Trinità* (70).

Stuyvesant, Richard *see* **Brega, Mario**

4392. Suárez, José. Spanish actor. b. Sept. 12, 1919, Oviedo. RN: José Suárez Sánchez. Former railroad worker. Very popular in Italy. *Le belle dell'aria* (57), *La sfida* (58), *Gli italiani sono matti* (58), *Cartagine in fiamme* (59), *Il magistrato* (59), *Scano boa* (60), *Sette uomini d'oro* (65), *Texas addio* (66), *Cinque figli di cane* (68), *Il pistolero dell'ave maria* (70).

4393. Suin, Charles. French director of photography. b. Lyon. Began as an assistant to French cinematographers. In 1937 he became a camera operator, and in 1943 became a full-fledged cinematographer while in Italy for a year. *Ho tanta voglia di cantare* (43), *La vispa Teresa* (43), *La valle del diavolo* (43 co-ph), *I sette peccati di papà* (54), *Psicanalista per signora* (59).

4394. Sukowa, Barbara. German actress. b. Feb. 2, 1950, Bremen. *Berlin Alexanderplatz* (80), *L'africana* (90).

4395. Sullivan, Barry. U.S. actor. b. Aug. 29, 1912, N.Y.C. RN: Patrick Barry Sullivan. *Terrore nello spazio* (65), *La parola di un fuorilegge. . .è legge* (74).

4396. Sun, Sabine. Actress. b. 1940. *I tre fantastic superman* (67), *Joe Valachi—i segreti di Cosa Nostra* (72), *Le guerriere dal seno nudo* (72).

4397. Sundström, Frank. Swedish actor. b. Jan. 16, 1912, Stockholm. *Storia di una donna* (69).

Suran, Mark *see* **Serandrei, Mario**

4398. Surtees, Robert L. U.S. director of photography. b. Aug. 9, 1906, Covington, Ky. Father of cinematographer Bruce Surtees. He won an Oscar for *Ben-Hur* (59).

4399. Susini, Enrique T. Director. *Finisce sempre così* (39).

4400. Sutherland, Donald. Canadian actor. b. July 17, 1935, St. John, New Brunswick. *Il castello dei morti viventi* (64), *A Venezia un dicembre rosso* (73), *1900* (76), *Il Casanova di Federico Fellini* (76), *Il cinema secondo Bertolucci* (77 doc appeared as himself).

4401. Sutton, Dudley. U.K. actor. b. April 6, 1933, East Molesey, Surrey. *Come una rosa al naso* (75), *Il Casanova di Federico Fellini* (76).

4402. Suzman, Janet. South African actress. b. Feb. 9, 1939, Johannesburg. *. . . E la nave va* (83).

4403. Svenson, Bo. U.S. actor. b. 1941. *Quel maledetto treno blindato* (77), *Due nelle stelle* (80), *Cane arrabbiato* (84).

4404. Swanson, Gloria. U.S. actress. b. March 27, 1897, Chicago, Ill. d. April 4, 1983. RN: Gloria Josephine Mae Swenson. *Mio figlio Nerone* (56).

4405. Swenson, Sven. U.S. dancer/actor. *Naso di cuoio* (52).

4406. Swinburne, Nora. U.K. actress. b. July 24, 1902, Bath. RN: Elinore Swinburne-Johnson. *Elena di Troia* (56).

4407. Sykes, Eric. U.K. actor. b. 1923, Oldham, Lancs. *Quei temerari sulle loro pazze catenate scalcinate carriole* (69).

Sylva *see* **Koscina, Sylva**

4408. Sylvain. French actor. b. Oct. 21, 1906, Paris. *Siamo tutti assassini* (52).

4409. Sylvain, Claude. French actress. b. 1932, Paris. *Il caso Maurizius* (54), *La torre del piacere* (54), *L'uomo e il diavolo* (54), *Madame Dubarry* (54), *Don Camillo e l'onorevole Peppone* (55), *L'uomo dall'impermeabile* (57).

4410. Sylvère, Jean. French actor. b. April 24, 1911, Paris. *Fate largo ai moschettieri* (53).

4411. Sylvia, Gaby. French actress. b. March 24, 1920, Cesena, Italy. RN: Gabrielle Zignani. In France from 1923. *Wanda la peccatrice* (52).

4412. Sylviano, René. French composer. *Il visconte di Bragelonne* (54).

4413. Sylvie. French actress. b. Jan. 3, 1883, Paris. d. 1970. RN: Louise Sylvain. *Il diavolo in corpo* (47), *Don Camillo* (52), *Frutto proibito* (52), *Siamo tutti assassini* (52), *Tempi nostri* (52 the episode "Casa d'altri"), *Ulisse* (54), *Frou Frou* (55), *Fascicolo nero* (55), *Michele Strogoff* (56), *Cronaca familiare* (62), *Il castello in Svezia* (63).

4414. Syms, Sylvia. U.K. actress. b. Jan. 6, 1934, London. *Le vergini di Roma* (61), *Operazione Crossbow* (65).

4415. Tabet, André. French writer. b. June 27, 1910, Algiers. *Alì Babà e i 40 ladroni* (54 dialog), *La figlia di Mata Hari* (55 dialog), *L'ultimo zar* (60 co-w/story), *Sexy al neon* (62 co-w/story), *Il figlio del circo* (63 co-w/story), *Una adorabile idiota* (64 co-w).

4416. Tacchella, Jean-Charles. French co-writer. b. Sept. 23, 1925, Cherbourg, of a family of Italian origin. *Gli eroi sono stanchi* (55 adapted), *La legge è legge* (58), *Il vento si alza* (59), *Il delitto non paga* (62).

4417. Tadej, Vladimir. Yugoslav art director. b. 1925, Novska, Croatia. *La valle dei lunghi coltelli* (63), *Là, dove scende il sole* (65), *Giorni di fuoco* (64).

4418. Tafler, Sidney. U.K. actor. b. July 31, 1916, London. d. 1979. *Cinque ore in contanti* (60).

4419. Tafuri, Renato. Director of photography. *Apollon, una fabbrica occupata* (69 co-d/co-w/co-ph/co-e), *Non contate su di noi* (78), *Oggetti smarriti* (79), *Le occasioni di Rosa* ((81), *Cercasi Gesù* (81), *Il processo di Caterina Ross* (82), *Metropoli* (83), *F Fiss, cioè "che mi hai portato a fare sopra a Posillipo se non mi vuoi più bene"* (83), *Segreti segreti* (85), *Sembra morto. . . ma è solo svenuto* (86), *La chiesa* (88), *Strana la vita* (88), *Dial: Help* (89).

4420. Tagliavini, Ferrucio. Opera singer/actor. b. Aug. 14, 1913, Villa Cavazzoli. *Voglio vivere così* (41), *La donna è mobile* (42), *Ho tanta voglia di cantare* (43), *Il barbiere di Siviglia* (46), *Al diavolo la celebrità* (49), *I cadetti di Guascogna* (50), *Anema e core* (50), *Vento di primavera* (58).

4421. Taglione, Fabrizio. Director. *Non ho paura di vivere* (52), *Un branco di vigliacchi* (62).

4422. Tainsy, Andrée. French actress. b. April 26, 1911, Bruxelles, Belgium. *Il diario di una cameriera* (64).

4423. Tajo, Italo. Actor. *Il barbiere di Siviglia* (46), *Lucia di Lammermoor* (46), *La leggenda di Faust* (48), *Casa Ricordi* (54).

4424. Tajoli, Luciano. Actor/singer. b. April 17, 1916, Milano. *Canzoni per le strade* (49), *Trieste mia!* (51), *I due sergenti* (51), *Don Lorenzo* (52), *Il romanzo della* *mia vita* (53 his biography. By this time he was one of Italy's most popular singers), *La pattuglia dell'Amba Alagi* (53), *Napoli piange e ride* (54), *Il cantante misterioso* (54), *La porta dei sogni* (54), *Cantando sotto le stelle* (56), *Il canto dell'emigrante* (56), *Gli occhi senza luce* (56), *La voce che uccide* (56), *Ascoltami!* (57), *Meravigliosa* (60), *Urlo contro melodia* (63).

4425. Talamo, Gino. Actor. b. Dec. 13, 1895, Taranto. RN: Luigi Talamo. Later edited and directed. *Mascamor* (18 France), *Otello* (20), *Al chiaro dei lampi* (20), *Messalina* (23), *Beatrice Cenci* (26), *Il moroso della nonna* (27), *I rifiuti del Tevere* (27), *La sperduta di Allah* (28), *Uragano ai tropici* (39 co-d/e), *Una lampada alla finestra* (39 d/e), *I predoni del Sahara* (42 unfinished co-d), *Turno di riposo* (44 short d), *Meu dia chegarã* (51 Brazil d), *Liana, la schiava bianca* (58 co-d), *La dolce vita* (60), *Nefertite, regina del Nilo* (60), *La strada dei giganti* (60 e), *L'ultimo dei vichinghi* (61 e).

4426. Talarico, Vincenzo. Co-writer. b. April 28, 1909, Acri. Also acted in several films. *È caduta una donna* (41), *Undici uomini e un pallone* (48), *Marechiaro* (49), *Il brigante Musolino* (50), *Il diavolo in convento* (50 w/*), *Non c'è pace tra gli ulivi* (49 *), *Anni facili* (53), *Cento anni d'amore* (53), *Un giorno in pretura* (53 *), *Totò cerca pace* (54), *Accade al commissariato* (54), *Destinazione Piovarolo* (55 *), *Il bigamo* (55 also *), *Pane amore e...* (55 co-story), *Amaramente* (56 w), *Il conte di Matera* (57 w), *Primo applauso* (57 w/ story), *Il moralista* (59), *India* (58 doc wrote the spoken commentary), *Genitori in blue jeans* (60), *San Remo, la grande sfida* (60 *), *Le ambiziose* (60 *), *Il vigile* (60 *), *Il mattatore* (60 *), *Anni ruggenti* (62 co-story), *Oltraggio al pudore* (64 *), *I complessi* (65 the third episode, "Guglielmo il dentone" *).

4427. Talchi, Vera. French actress. b. Aug. 17, 1934, Nice, to parents of Italian origin. AKA: Vera Talqui. Picked by René Clement from a bunch of photos when she was only 13. *Le mura di Malapaga* (48), *Signori, in carrozza!* (51), *Don Camillo* (52), *Nizza* (52 a documentary on her home town).

4428. Talegalli, Alberto. Actor. b. Oct. 2, 1913, Pincano. d. July 10, 1961, in a car crash near Perugia. *Cinque poveri in automobile* (52), *Una di quelle* (52), *Ci troviamo in galleria* (53), *Il paese dei campanelli* (53), *La domenica della buona gente* (53), *Donne proibite* (53), *Due notti con Cleopatra* (53), *Café chantant* (53), *Cento serenate* (54), *Canzone d'amore* (54), *Le vacanze del sor Clemente* (54), *Due sosia in allegria* (56), *È arrivata la parigina* (58), *L'amico del giaguaro* (58), *Tre straniere a Roma* (58), *Fantasmi e ladri* (59), *Uomini e nobiluomini* (59), *Destinazione San Remo* (59), *Spavaldi e innamorati* (59), *Genitori in blue jeans* (60), *San Remo, la grande sfida* (60), *Appuntamento a Ischia* (60), *Chi si ferma è perduto* (60), *Cacciatori di dote* (60), *Che femmina...e che dollari!* (60), *Rocco e le sorelle* (60), *Ferragosto in bikini* (61), *A porte chiuse* (61), *Bellezze sulla spiaggia* (62).

4429. Tallier, Nadine. French actress. b. April 18, 1932, Paris. *Naso di cuoio* (52), *Madame Dubarry* (54), *Miss Spogliarello* (56).

Talqui, Vera *see* **Talchi, Vera**

4430. Tamantini, Franca. Actress. b. Aug. 24, 1931, Roma. *Cenerentola* (48), *Domani è un altro giorno* (50), *Enrico Caruso, leggenda di una voce* (51), *La vendetta del corsaro* (51), *Trieste mia!* (51), *I due derelitti* (51), *Auguri e figli maschi* (51), *Processo alla città* (52), *Una croce senza nome* (52), *La favorita* (52), *Gli eroi della domenica* (52), *La regina di Saba* (52), *La sonnambula* (53), *Dieci canzoni d'amore da salvare* (53), *Due soldi di felicità* (54), *Rigoletto* (54), *Le vacanze del sor Clemente* (54), *Un palco all'opera* (55), *Un angelo passò per Brooklyn* (58), *Pesci d'oro e bikini d'argento* (62), *Il commissario* (62), *I motorizzati* (62).

4431. Tamba, Tetsuro. Japanese actor. b. 1926. *Un esercito di cinque uomini* (69), *Marco Polo* (82).

4432. Tamberlani, Carlo. Actor. b. March 11, 1899, Salice Salentino. d. 1980. Brother of Nando Tamberlani, and of stage actor Ermete Tamberlani. *La lanterna del diavolo* (31), *Teresa Confalonieri* (34), *Passaporto rosso* (35), *I condottieri* (36), *Il conte di Bréchard* (37), *Scipione l'Africano* (37), *L'albergo degli assenti* (38), *Giuseppe Verdi* (38), *Il fornaretto di Venezia* (39), *Le educande di Saint-Cyr* (39), *L'assedio dell'Alcazar* (40), *Piccolo mondo antico* (40), *Il* *cavaliere senza nome* (40), *La maschera di Cesare Borgia* (41), *Giuliano de' Medici* (41), *È caduta una donna* (41), *La sonnambula* (41), *Pia de' Tolomei* (41), *Anime in tumulto* (41), *Documento Z 3* (41), *Turbine* (41), *Bengasi* (42), *Dente per dente* (42), *Perdizione* (42), *Le vie del cuore* (42), *Redenzione* (42), *La sua strada* (43), *L'abito nero da sposa* (43), *Febbre* (44), *I dieci comandamenti* (45 started in 43), *L'apocalisse* (47), *La monaca di Monza* (47), *Il passatore* (47), *La sepolta viva* (49), *Il bacio di una morta* (49), *Adamo ed Eva* (49), *Cavalcata d'eroi* (49), *I peggiori anni della nostra vita* (49), *Vespro siciliano* (49), *Bajo el cielo de Asturias* (50 Spain), *Margherita da Cortona* (50), *Santo disonore* (50), *Un ladro in paradiso* (51), *Due sorelle amano* (51), *Rostro al mar* (51 Spain), *Duda* (51 Spain), *Catalina de Inglaterra* (51 Spain), *Parsifal* (52 Spain), *La figlia del diavolo* (52), *Amarti è il mio peccato* (52), *Nerone e Messalina* (53 started in 49), *Frine, cortigiana d'Oriente* (53), *Capitan Fantasma* (53), *Soli per le strade* (53), *Elena* (54 Spain), *Una sera di maggio* (55), *Adriana Lecouvreur* (55), *Incatenata dal destino* (55), *Amici per la pelle* (55), *Scapricciatiello* (55), *Il cavaliere dalla spada nera* (56), *Amaramente* (56), *Io, Caterina* (56), *Mio figlio Nerone* (56), *Il ricatto di un padre* (56), *Saranno uomini* (57), *La Gerusalemme liberata* (57), *Il conte di Matera* (57), *Il cavaliere del castello maledetto* (58), *La rivolta dei gladiatori* (58), *Adorabili e bugiarde* (58), *Afrodite, dea dell'amore* (58), *Le Fric* (58 France), *I reali di Francia* (59), *Gli ultimi giorni di Pompei* (59), *Il padrone delle ferriere* (59), *Maciste nella Valle dei Re* (60), *Teseo contro il Minotauro* (60), *Il colosso di Rodi* (60), *La guerra di Troia* (61), *Vanina Vanini* (61), *Il conquistatore di Maracaibo* (61), *Sansone* (61), *La furia di Ercole* (61), *Zorro alla corte di spagna* (62), *Giulio Cesare: il conquistatore delle gallie* (62), *Agente 310... spionaggio sexy* (62), *Anno 79—distruzione ercolano* (62), *La belva di Saigon* (63), *Gli schiavi più forti del mondo* (63), *Il vecchio testamento* (63), *Maciste nelle miniere del re Salomone* (64), *Il leone di Tebe* (64), *Ercole, Sansone, Maciste, Ursus: gli invincibili* (64), *Spartaco e i dieci gladiatori* (64), *Il segno di Zorro* (64), *Il trionfo dei dieci gladiatori* (64), *Gli invincibili tre* (64), *Das Vermachtnis des Inka* (66 Germany), *Agente Joe Walker operazione Estremo Oriente* (66), *La vergine di Samoa* (67), *I tre fantastic superman* (67), *Kommissar X—drei grüne Hunde* (68 Germany), *Ehi, amico, c'è Sabata... hai chiuso* (69), *Il consigliori* (73), *La divina creatura* (75), *Cadaveri eccellenti* (76).

4433. Tamberlani, Nando. Actor. b. Jan. 15, 1896, Campi Salentino. d. May 11, 1967, Milano. RN: Ferdinando Tamberlani. *Boccaccio* (40), *La pantera nera* (41), *Malombra* (42), *L'apocalisse* (47), *San Pietro* (47 doc d), *Biancaneve e i sette ladri* (49), *Il ladro di Venezia* (50), *Gli uomini non guardano il cielo* (51), *Altair* (56), *Le schiave di Cartagine* (57), *La Gerusalemme liberata* (57), *Orizzonte infuocato* (57), *La rivolta dei gladiatori* (58), *La spada e la croce* (58), *Pia de' Tolomei* (58), *Le notti di Lucrezia Borgia* (59), *Costantino il grande: in hoc signo* (60), *Il sepolcro dei re* (60), *I giganti della Tessaglia* (61), *L'ultimo dei vichinghi* (61), *La guerra di Troia* (61), *Maciste, l'uomo più forte del mondo* (61), *I fratelli corsi* (61), *L'ira di Achille* (61), *I lancieri neri* (61), *L'oro di Roma* (61), *Solimano il conquistatore* (62), *La vendetta della maschera di ferro* (62), *Il conquistatore di Corinto* (62), *Zorro e i tre moschettieri* (62), *Il gladiatore di Roma* (62), *Il crollo di Roma* (62), *Venere imperiale* (63), *Ursus, gladiatore ribelle* (63), *Ursus nella terra di fuoco* (63), *Maciste contro gli uomini della luna* (64), *La valle dell'eco tonante* (64), *La rivincita di Ivanhoe* (64).

4434. Tamburella, Paolo William. Director/producer. b. 1910, Cleveland, O., U.S.A. d. Dec. 9, 1951, Roma. *Sciuscià* (46 co-p), *La leggenda di Faust* (48 co-p), *Vogliamoci bene* (49 d/co-p/co-w/co-story), *Sambo* (50 d/co-p/co-w/co-story), *I sette nani alla riscossa* (51 d/co-p/co-w/co-story), *Il naufrago del Pacifico* (51 p).

4435. Tamiroff, Akim. Azerbaijani actor. b. Oct. 29, 1899, Baku. d. Sept. 17, 1972, Palm Springs, Calif. In the U.S.A. from 1923. *La peccatrice del deserto* (53), *La vedova X* (54), *Le avventure di Cartouche* (55), *Le baccanti* (60), *La moglie di mio marito* (60), *I briganti italiani* (61), *Il giudizio universale* (61), *Il processo* (62), *Col ferro e col fuoco* (62), *Cronache di un convento* (62), *Una regina per Cesare* (62),

Ursus e la ragazza tartara (63), *Il tulipano nero* (63), *Le bambole* (65 the fourth episode, "Monsignor Cupido"), *Le meravigliose avventure di Marco Polo* (65), *Marie Chantal contro il dottor Kha* (65), *Agente Lemmy Caution: missione Alphaville* (65), *Adulterio all'italiana* (65), *I nostri mariti* (66), *Caccia alla volpe* (66), *Una rosa per tutti* (67), *Le disavventure della virtù* (68), *Tenderly* (68).

4436. Tani, Yoko. Japanese actress. b. May 2, 1932, Paris, France. Daughter of a diplomat. "Yoko" means "Daughter of the Ocean." Former cabaret and variety dancer. Also a singer. Married Roland Lesaffre. *Alì Babà e i 40 ladroni* (54), *Ombre bianche* (60), *Marco Polo* (60), *Maciste alla corte del Gran Khan* (61), *Ursus e la ragazza tartara* (63), *FBI operazione Baalbeck* (63), *L'intrigo* (63), *I raggi mortali del dott. Mabuse* (64), *Bianco, rosso, giallo, rosa* (65), *Goldsnake "anonima killers"* (66), *Le spie amano i fiori* (66), *Le sette cinesi d'oro* (67).

4437. Tanka, Hiroshi. Japanese actor. *Sole rosso* (71).

4438. Tansley, Derek. U.K. actor. b. 1917. *I vinti* (52 the U.K. episode, "Il delitto").

4439. Tanzilli, Josiane. Actress. *Pussycat, Pussycat, I Love You* (70 U.K.), *La bella Antonia, prima monaca e poi dimonia* (72), *Amarcord* (73).

4440. Tanzler, Franz. French writer. *I teddy-boys della canzone* (60 co-story).

4441. Tarallo, Giovanni. Actor. *Per qualche dollaro in più* (65), *C'era una volta* (67).

4442. Tarantini, Michele Massimo. Director. AKA: Michael E. Lemik. *Arizona Colt si scatena, e li fece fuori tutti* (73 co-w), *Prima ti suono e poi ti sparo* (75 co-w), *La liceale* (75), *La poliziotta fa carriera* (75), *40 gradi sotto il lenzuolo* (76 co-w), *Napoli si ribella* (76), *Taxi girl* (77), *Stringimi forte, papà* (78), *L'insegnante viene a casa* (78), *La poliziotta della squadra del buon costume* (78), *Tre sotto il lenzuolo* (79 co-d), *La dottoressa...ci sta col colonnello* (80), *Gay Salomè* (80), *L'insegnante al mare con tutta la classe* (80), *Una moglie, due amici, quattro amanti* (80), *La moglie in bianco...l'amante al pepe* (80), *Crema, cioccolata e pa...prika* (81), *La dottoressa preferisce i marinai* (81), *La poliziotta a New York* (82), *Sangraal, la spada di fuoco* (82), *Giovani, belle, probabilmente ricche* (82), *Quelle peste di Pierina* (82), *Le spade dei barbari* (82).

4443. Taranto, Nino. Actor. b. Aug. 28, 1907, Napoli. Brother of stage actor Carlo Taranto (b. Oct. 28, 1921, Napoli). *Nonna Felicita* (38), *L'ha fatto una signora* (38), *Eravamo sette vedove* (39), *La canzone rubata* (40), *Tutta la città canta* (43), *Dove sta Zazà* (47), *Abbasso la fortuna* (47), *Il barone Carlo Mazza* (48), *Accidenti alla guerra!* (48), *Se fossi deputato* (49), *Botta e risposta* (49), *I pompieri di Viggiù* (49), *La cintura di castità* (50), *Tizio, Caio, Sempronio* (51), *Un ladro in paradiso* (51), *Fiorenzo, il terzo uomo* (51), *Libera uscita* (51), *Licenza premio* (51), *È arrivato l'accordatore* (51), *Anni facili* (53), *Café chantant* (53), *Assi alla ribalta* (54), *Accade al commissariato* (54), *Milanesi a Napoli* (54), *La moglie è uguale per tutti* (54), *Moglie e buoi...* (56), *Arrivano i dollari* (56), *A sud niente di nuovo* (57), *Italia piccola* (57), *Mariti in città* (57), *Mogli pericolose* (58), *I prepotenti* (58), *Avventura a Capri* (58), *Il terribile Teodoro* (58), *Il bacio del sole* (58), *Prepotenti più di prima* (59), *Ferdinando I, re di Napoli* (59), *Caravan petrol* (60), *Che femmina...e che dollari!* (60), *Totò contro Maciste* (60), *Totòtruffa 62* (61), *I due colonnelli* (61), *Il segugio* (62), *Pesci d'oro e bikini d'argento* (62), *I quattro monaci* (62), *Lo smemorato di Collegno* (62), *Le massaggiatrici* (62), *Napoleone a Firenze* (62), *I quattro moschettieri* (62), *Totò contro i quattro* (62), *Il giorno più corto* (63), *Il monaco di Monza* (63), *Uno strano tipo* (63), *Una lacrima sul viso* (64), *In ginocchio da te* (64), *Non son degno di te* (65), *Se non avessi più te* (65), *Stasera mi butto* (68), *L'oro del mondo* (68), *Franco, Ciccio e le vedove allegre* (68), *Chimera* (68), *Ninì Tirabusciò, la donna che inventò la "mossa"* (70).

4444. Tarascio, Enzo. Actor. *Una spada per l'impero* (64), *Il conformista* (70), *Continuavano a chiamarlo Trinità* (71), *L'etrusco uccide ancora* (72).

4445. Tarbuck, Jimmy. U.K. comedian/actor. b. 1940, Liverpool. *Lola* (70).

4446. Tarkovsky, Andrey. Russian director. b. April 4, 1932, Moscow. d. Dec. 29, 1986, Paris, France. *Nostalghia* (83 also co-w), *Andrey Tarkovsky* (83 doc appeared as himself).

4447. Tarlarini, Mary Cléo. Actress. b. April 22, 1878, Milano. d. Oct. 22, 1954, Roma. RN: Maria Cleofe Tarlarini. *Amore e dovere* (08), *Diritto di uccidere* (09), *Pauli* (09), *Il granatiere Roland* (09), *La vergine di Babilonia* (09), *Il pozzo che parla* (10), *Lo schiavo di Cartagine* (10), *Didone abbandonata* (10), *Nozze d'oro* (11), *La Gioconda* (11), *Il sogno di un tramonto d'autunno* (11), *La figlia di Jorio* (11), *L'innocente* (11), *La tigre* (11), *La mala pianta* (11), *L'ultimo dei Frontignac* (11), *Calvario* (11), *I mille* (12), *Parsifal* (12), *L'assassinio di un'anima* (12), *I delitti della legge* (12), *L'infedele* (12), *In fondo al baratro* (12), *Il giudice istruttore* (12), *Quale dei due?* (12), *Oltre la morte* (12), *Le colpe degli altri* (12), *La morsa* (12), *La rosa rossa* (12), *Polidor dalla modista* (12), *Il bersaglio vivente* (12), *Satana* (12), *Ultimo convegno* (13), *Amor di regina* (13), *Cenerentola* (13), *Notturno di Chopin* (13), *La sorella del missionario* (13), *Teodora* (13), *Il cappello di papà* (14), *L'angelo della miniera* (14), *Romanticismo* (14), *La fiamma rossa* (14), *La torre dei fantasmi* (14), *Tragica confessione* (14), *La principessa straniera* (14), *La volontaria della croce rossa* (15), *La faina* (15), *Il mistero della sigla* (15), *La complice del delitto* (15), *Gli avventurieri* (15), *Sofia di Kravonia* (16), *La contessa Arsenia* (16), *Il mistero del castello* (16), *La fiaccola sotto il moggio* (16), *Il discepolo* (16), *I mobicani di Parigi* (17), *Wanda Warenine* (17), *Sorrisi e spasimi della menzogna* (17), *Il canto della fede* (17), *Jacopo Ortis* (18), *Il lampionaio del Ponte vecchio* (19), *La nave* (20), *Il riscatto* (23), *Cavalleria rusticana* (24), *La via del peccato* (25), *Montevergine* (39), *Il sogno di tutti* (41), *La donna perduta* (40).

4448. Tasca, Alessandro. Actor/producer. *Peppino e Violetta* (51 *), *I tartari* (60 p).

4449. Tasna, Rolf. Actor. b. Dec. 11, 1920, Braunschweig, Germany. An Italian citizen. *La fiammata* (52), *Era lei che lo voleva* (53), *Due notti con Cleopatra* (53), *Guai ai vinti!* (54), *Appassionatamente* (54), *La donna più bella del mondo* (55), *Bravissimo* (55), *Il suo più grande amore* (55), *Sigfrido* (57), *Pezzo, capopezzo e capitano* (58), *Il pianeta degli uomini spenti* (60), *I sequestrati di Altona* (63).

4450. Tate, Sharon. U.S. actress. b. 1943. d. 1969. *Barabba* (61), *Una su tredici* (69).

4451. Tati, Jacques. French director/actor. b. Oct. 9, 1908, Pecq. d. Nov. 5, 1982. RN: Jacques Tatischeff. Descended from a Russian emigrée family. *Il diavolo in corpo* (47 *), *Mio zio* (58 d/w/*/story).

4452. Tattoli, Elda. Writer. *Ercole e la regina di Lidia* (58 *), *Saffo, venere di Lesbo* (60 *), *Amore e rabbia* (67 co-w), *La Cina è vicina* (67 co-w/art d/*), *Pianeta Venere* (73 w/d/e).

4453. Tavano, Charles-Félix. French director. b. April 19, 1887, Nice. Later mostly a director of production. Father of director Fred Tavano. *Un colpo di vento* (36 co-d).

4454. Tavazzi, Alberto. Art director. b. March 25, 1912, Roma. *Terra di nessuno* (38 co-art d), *Equatore* (38 co-art d), *Mare* (40 co-art d), *L'uomo della legione* (40 co-art d), *Incanto di mezzanotte* (40 co-art d), *L'uomo della croce* (42 co-art d/*), *Nessuno torna indietro* (43 also *), *Sette ore di guai* (51), *L'eroe sono io!* (51), *Il tallone di Achille* (52).

4455. Taviani, Franco Brogi. Director. Younger brother of Paolo and Vittorio Taviani. *Masoch* (80).

4456. Taviani, Paolo & Vittorio. Directors. AKA: I fratelli Taviani, The Taviani Brothers. Vittorio (b. Sept. 20, 1929), and Paolo (b. Nov. 8, 1931), both from San Miniato. *San Miniato, luglio 44* (54 short doc co-d), *Curtatone e Montamara* (56 short doc), *Carlo Piscane* (56 short doc), *Pittori in città* (57 short doc), *Ville della Brianza* (57 short doc), *Moravia* (58 short doc), *Lavoratori della pietra* (58 short doc), *Carbunara* (59 short doc), *Volterra, comune meridionale* (59 short doc), *I pazzi della domenica* (59 short doc), *L'Italia non è un paese povero* (60 co-d with Joris Ivens), *Un uomo da bruciare* (62 co-d/co-w), *I fuorilegge del matrimonio* (62 co-d/co-w), *I sovversivi* (67 also w, Vittorio also *), *Sotto il segno dello Scorpione* (68 also w), *Allonsanfan* (74 also w), *Padre padrone* (77 also w), *San Michele aveva un gallo* (78 also w), *Il prato macchiato di rosso* (78 also w), *La notte di san Lorenzo* (82 also w), *Kaos* (83 also w), *Good morning Babilonia* (87 also co-w), *Il sole anche di notte* (90 also co-w).

4457. Tavoularis, Dean. U.S. production designer. b. 1932, Lowell, Mass. *Candy* (68 art d), *Zabriskie Point* (69).

Taylor, Clinton *see* **Trasatti, Luciano**

4458. Taylor, Don. U.S. director. b. Dec. 13, 1920, Freeport, Pa. Former actor. *Un esercito di cinque uomini* (69 co-d), *Cane arrabbiato* (84 *).

4459. Taylor, Elizabeth. U.S. actress. b. Feb. 27, 1932, London, England. *La bisbetica domata* (67 also co-p), *Boom* (68), *Identikit* (74), *Il giovane Toscanini* (88).

4460. Taylor, Peter. U.K. editor. b. 1922. *La bisbetica domata* (67), *Lo sbarco di Anzio* (68 edited for the U.K. version), *Quei temerari sulle loro pazze scatenate scalcinate carriole* (69).

4461. Taylor, Robert. U.S. actor. b. Aug. 5, Filley, Nebr. d. June 8, 1969, Santa Monica, Calif. RN: Spangler Arlington Brough. *La sfinge d'oro* (67).

4462. Taylor, Rod. Australian actor. b. Jan. 11, 1929, Sydney. RN: Robert Taylor. AKA: Rodney Taylor. In the U.S.A. since 1954. *La regina delle amazzoni* (60), *Sir Francis Drake, il re dei sette mari* (63), *Zabriskie Point* (69), *Gli eroi* (73).

4463. Taylor, Samuel. U.S. director. b. Aug. 13, 1895, N.Y.C. d. March 6, 1958, Santa Monica, Calif. AKA: Sam Taylor. *Montecarlo* (56 co-d/w), *Le piace Brahms?* (61 based on one of his earlier screenplays).

4464. Tcherina, Ludmilla. French actress. b. Oct. 10, 1924, Paris. RN: Monique Tchemerzine. Daughter of a Tatar father and a French mother. By 1942 she was prima ballerina at the Marseille opera. In films since 1946. *Spartaco* (52), *Il re dei barbari* (54), *La figlia di Mata Hari* (55), *Una adorabile idiota* (64).

4465. Tebaldi, Renata. Singer. *Aida* (53 the voice of Aida), *Casa Ricordi* (54).

4466. Tedeschi, Carlo. Actor. *I tre sentimentali* (21), *Il focolare spento* (25), *L'ultimo lord* (26), *Le avventure di Casanova* (27), *La locandiera* (28), *Addio, mia bella Napoli* (28), *Giuditta e Oloferne* (28), *La compagnia dei matti* (28).

4467. Tedeschi, Gianrico. Actor. b. April 20, 1920, Milano. *Opinione pubblica* (53), *Gli ultimi cinque minuti* (55), *Bravissimo* (55), *I papagalli* (56), *Susanna tutta panna* (57), *Femmine tre volte* (57), *Se il re lo sapesse* (57), *Caporale di giornata* (58), *Carmela è una bambola* (58), *La legge* (58), *Non perdiamo la testa* (59), *L'impiegato* (59), *Cartagine in fiamme* (59), *Adua e le compagne* (60), *Il federale* (61), *Madame Sans-gêne* (61), *Gli eroi del doppio gioco* (62), *Le quattro verità* (62 the episode "La lepre e la tartaruga"), *I quattro tassisti* (63 the fourth episode, "L'uomo in bleu"), *Tempo di Roma* (63), *Frankenstein all'italiana* (76), *Il dottor Jekill, Jr.* (78).

4468. Tedeschi, Maria. Actress. *8½* (63), *Il nome della rosa* (86).

4469. Tedesco, Paola. Actress. b. 1952. AKA: Paola Todisco. *Il vangelo secondo Matteo* (64), *Romeo e Giulietta* (68), *Sequestro di persona* (68), *L'ira di Dio* (68), *Satyricon* (68), *Battle of the Amazons* (70 U.S.), *I familiari delle vittime non saranno avvertiti* (72), *Nerone* (76), *Odio le bionde* (80).

4470. Teixeira, Virgilio. Portuguese actor. b. Oct. 26, 1917, Funchal, Madeira. *Il segno di Zorro* (64), *La caduta dell'impero romano* (64), *Saul e David* (64).

4471. Te Kanawa, Kiri. New Zealand soprano opera singer. b. March 6, 1944, Gisborne, N.Z. RN: Kiri Janette Te Kanawa. *Don Giovanni* (79).

4472. Teldi, Tilde. Actress. b. April 14, 1878, Milano. *L'istruttoria* (14), *Lulù* (15), *Maman Colibrì* (18), *La fiera dei desideri* (18), *La lettera chiusa* (20), *Resurrezione* (43).

4473. Tellini, Liliana. Actress. b. Firenze, of a Swiss father and a Venetian mother. Married Piero Tellini. *Donne senza nome* (49), *La figlia della madonna* (49), *Terra senza tempo* (50), *Il nido di falasco* (50), *Passaporto per l'Oriente* (51), *Il mercante di Venezia* (52), *Operazione Mitra* (55 made in 51),

4474. Tellini, Piero. Co-writer. b. Jan. 16, 1917, Firenze. RN: Giuseppe Piero Tellini. Directed some films. *Voglio vivere con Letizia* (38 asst d), *L'orologio a cucù* (38 asst d), *Il segreto inviolabile* (39 co-d/co-story), *Capitan Fracassa* (40), *Documento Z 3* (41), *È caduta una donna* (41), *La maschera di Cesare Borgia* (41), *Quattro passi fra le nuvole* (42 also story), *Avanti, c'è posto* (42 also story), *Quarta pagina* (42 also story), *Se io fossi onesto* (42), *Campo de' fiori* (43 also story), *Apparizione* (43 also story), *Non sono superstizioso, ma...* (43 also story), *Senza famiglia* (44), *Ogni giorno* *è domenica* (44 also story), *Ritorno al nido* (44), *Chi l'ha visto?* (45 made in 43 also story), *Uno tra la folla* (46 co-d / w / story), *La signora è servita* (46 made in 44 also story), *Il bandito* (46), *Vivere in pace* (47 also story), *Il delitto di Giovanni Episcopo* (47), *Tombolo, paradiso nero* (47 also story), *L'onorevole Angelina* (47 also story), *Molti sogni per le strade* (48 also story), *Campane a martello* (48 also story), *Vulcano* (49 also story), *Benvenuto, reverendo!* (49 also story), *Cuori senza frontiere* (49 w / story), *La sposa non può attendere* (50 also story), *Napoli milionaria* (50), *Cronaca di un amore* (51), *Passaporto per l'Oriente* (51 also story), *Guardie e ladri* (51 also story), *Filumena Marturano* (52), *Prima di sera* (53 d / co-w / story), *Siamo tutti milanesi* (53), *Donatella* (55 also story), *Era di venerdì 17* (56 also story), *Nel blu dipinto di blu* (58 d / co-w / story), *Roma come Chicago* (68).

4475. Temerson, Jean. French actor. b. June 12, 1898, Paris. d. 1956, Paris. *Il conte di Montecristo* (53), *Rasputin* (54), *Il grande giuoco* (53).

4476. Tempesti, Giulio. Actor. b. Sept. 25, 1875, Firenze. *La cieca di Sorrento* (34), *Jeanne Doré* (38), *Montevergine* (39), *Cavalleria rusticana* (39), *Sei bambine e il Perseo* (39), *Lucrezia Borgia* (40), *Il cavaliere senza nome* (40), *Il re d'Inghilterra non paga* (41), *Capitan Tempesta* (41), *Don Buonaparte* (41), *Il bravo di Venezia* (41), *Un garibaldino al convento* (41), *I sette peccati* (41), *La fabbrica dell'imprevisto* (42), *Giacomo l'idealista* (42).

4477. Tennberg, Jean-Marc. French actor. b. May 12, 1924, Pantin. *Fanfan la tùlipe* (51), *Siamo tutti assassini* (52), *L'ora della verità* (52), *Quando le donne amano* (52), *Fate largo ai moschettieri* (53), *Madame Dubarry* (54), *La bella Otero* (54), *I sette peccati capitali* (62 the first episode, "L'ira"), *La vedovella* (62), *Il riposo del guerriero* (63), *Una adorabile idiota* (64).

4478. Tensi, Francesco. Actor. *La spiaggia* (53), *Angela* (54), *Come September* (61 U.S.), *Il mare* (62), *Sodoma e Gomorra* (62), *La città prigioniera* (62), *Sette pistole per i MacGregor* (65), *Sette donne per i MacGregor* (66), *Questi fantasmi* (67), *O.K. Connery* (67), *Il dio chiamato Dorian* (70).

4479. Térac, Solange. French writer. b. Feb. 13, 1907, Paris. She also directed one movie. *Wanda la peccatrice* (52 co-adapted / co-dialog).

4480. Terra, Renato. Actor. *Solo contro Roma* (62), *Nebraska il pistolero* (66), *Se tutte le donne nel mondo* (66), *Satyricon* (68), *Gesù di Nazaret* (77 TV).

4481. Terranova, Giuseppe. Actor. *La morte non ha sesso* (68), *Brutti di notte* (68), *Sissignore!* (68), *Indagine su un cittadino al di sopra di ogni sospetto* (69), *Il trapianto* (70), *Mazzabubù... quante corne stanno quaggiù* (72), *I corpi presentano tracce di violenza carnale* (73), *Abbasso tutti, viva noi* (74).

4482. Terribili-Gonzales, Gianna. Actress. RN: Giovanna Terribili-Gonzales. From a family of counts. *Fiore selvatico* (08), *I Maccabei* (10), *Adriana di Berton* (10), *Marcantonio e Cleopatra* (13), *Il lettino vuoto* (13), *Una figlia d'Eva* (13), *Scuola d'eroi* (14), *La Gerusalemme liberata* (14), *Caius Julius Caesar* (14), *Pro patria mori* (15), *La staffilata* (15), *La voluttà della vendetta* (15), *Petruska* (16), *Tigrana* (16), *Gloria di sangue* (16), *Anna Petrovna* (16), *Le memorie di un pazzo* (16), *Il segreto dell'inventore* (17), *Malacarne* (17), *Il tank della morte* (17), *L'incantesimo* (18), *Una donna di 30 anni* (19), *L'eredità di Caino* (19), *Il canto di Circe* (20), *La gerla di papà Martin* (21), *Messalina* (23), *L'uomo più allegro di Vienna* (25), *L'ultimo lord* (26).

4483. Terry-Thomas. U.K. actor. b. July 14, 1911, London. d. Jan. 8, 1990, Godalming, Surrey. RN: Thomas Terry Hoar-Stevens. *Se tutte le donne del mondo* (66), *Crepa tu... che vivo io* (67), *Diabolik* (67), *Arriva Dorellik* (67), *Arabella* (67), *Uno scacco tutto matto* (68), *Sette volte sette* (68), *Quei temerari sulle loro pazze scatenate scalcinate carriole* (69), *Una su tredici* (69), *Gli eroi* (73).

4484. Terzano, Massimo. Director of photography. b. April 23, 1892, Torino. d. Oct. 18, 1947, Roma. *I cavalieri delle tenebre* (15), *Altri tempi* (15), *Più forte della verità* (15), *Ombre umane* (15), *L'occhio rivelatore* (15), *Il giogo* (15), *Il principe folle* (15), *La ballata dei fiori* (16), *Il delitto della villa solitaria* (16), *In mano al destino* (16 co-ph), *Atlante* (17), *L'avventura di Fracassa* (18), *Casa di bambola* (18), *La riscossa delle maschere* (19), *Fracassa e l'altro* (19), *Lotte di giganti* (19), *La corsa al* *sepolcro* (20), *La follia di Noretta* (20), *Il viaggio* (21), *La casa sotto la neve* (21), *Le avventure di Fantasio Nuvola* (21), *Il bacio nel deserto* (21), *Il tango dei trapassati* (21), *L'inafferabile* (22), *Dall'Italia all'equatore* (24 doc also d), *Saetta impara a vivere!* (24), *Maciste imperatore* (24), *Un viaggio da Genova a Valparaíso* (25 doc also d), *Maciste all'inferno* (25 co-ph), *Il gigante delle Dolomiti* (26), *Maciste nella gabbia dei leoni* (26 co-ph), *I martiri d'Italia* (27 co-ph), *Il carnevale di Venezia* (27 co-ph), *Gli ultimi zar* (28 co-ph), *La compagnia dei matti* (28), *Giuditta e Oloferne* (28), *Addio, mia bella Napoli* (28 co-ph), *Paradiso bianco* (29 doc also d), *La canzone dell'amore* (30 co-ph), *Napoli che canta* (30 co-ph sound version of *Addio, mia bella Napoli*), *Corte d'assise* (30 co-ph), *Il medico per forza* (31 co-ph), *Cortile* (31 co-ph), *Rubacuori* (31 co-ph), *Vele ammainate* (31 co-ph), *Figaro e la sua gran giornata* (31 co-ph), *La segretaria privata* (31 co-ph), *La cantante dell'opera* (32 co-ph), *Gli uomini, che mascalzoni!* (32 co-ph), *L'armata azzurra* (32 co-ph), *Fanny* (33 co-ph), *Acciaio* (33 co-ph), *Giallo* (33), *Ragazzo* (33 co-ph), *La fanciulla dell'altro mondo* (33 co-ph), *Stadio* (34 co-ph), *Il cappello a tre punte* (34 co-ph), *Come le foglie* (34 co-ph), *Quei due* (35 co-ph), *Casta diva* (35 co-ph), *Aldebaran* (35 co-ph), *Scarpe al sole* (36 co-ph), *Darò un milione* (36 co-ph), *Ma non è una cosa seria* (36), *L'anonima Roylott* (36), *Squadrone bianco* (36 co-ph), *Il grande appello* (36 co-ph), *Joe il rosso* (36 co-ph), *Ho perduto mio marito* (36), *È tornato carnevale* (37 co-ph), *Sentinelle di bronzo* (37 co-ph), *Il dottor Antonio* (38), *La principessa Tarakanova* (38 co-ph), *Giuseppe Verdi* (38), *Inventiamo l'amore* (38), *Solo per te* (38), *I figli del marchese Lucera* (39), *Le sorprese del divorzio* (39), *Il socio invisibile* (39), *Cavalleria rusticana* (39), *Il Ponte dei sospiri* (40), *Kean, gli amori di un artista* (40 co-ph), *Ecco la felicità!* (40 co-ph), *Il bazar delle idee* (40), *Boccaccio* (40), *Unser Fraülein Doktor* (40 Germany), *La compagnia della teppa* (41), *Il leone di Damasco* (41), *Capitan Tempesta* (41), *Un colpo di pistola* (41), *Tragica notte* (42 co-ph), *Malombra* (42), *Zazà* (42), *La donna della montagna* (43), *La freccia nel fianco* (43 co-ph), *Due lettere anonime* (44), *La carne e l'anima* (45 made in 43 co-ph), *Giorni di gloria* (45 doc co-ph), *La resa di Titi* (45), *Le miserie del signor Travet* (45), *Notte di tempesta* (46), *L'angelo e il diavolo* (46 co-ph), *Cronaca nera* (46 co-ph), *Il barbiere di Siviglia* (46 co-ph).

4485. Terzieff, Laurent. French actor. b. July 25, 1935, Paris. RN: Laurent Tchemerzine. Brother of Ludmilla Tcherina. *Festa di maggio* (57), *La notte brava* (59), *Kapò* (60), *Vanina Vanini* (61), *Non uccidere* (62), *I sette peccati capitali* (62 the fourth episode, "La lussuria"), *Medea* (69), *Ostia* (70), *Il deserto dei tartari* (76), *Mosè* (76), *D'Annunzio* (87).

4486. Terzo, Nino. Actor. AKA: Nino Terzi. *I due colonnelli* (61), *I zanzaroni* (67), *Meglio vedova* (67), *I due pompieri* (68), *L'oro del mondo* (68), *Zum zum zum—la canzone che mi passa per la testa* (68), *Nuovo cinema paradiso* (88).

4487. Tessari, Duccio. Director. b. Oct. 11, 1926, Genova. Began film training in the early 50s, became a cameraman and director of documentaries in Genova, then into features as assistant to Gallone, Cottafavi and Staudte. *Pezzo, capopezzo e capitano* (58 co-w), *La rivolta dei gladiatori* (58 co-w), *Cartagine in fiamme* (59 co-w), *Messalina, venere imperatrice* (59 co-w/story), *Gli ultimi giorni di Pompei* (59 co-w), *La vendetta di Ercole* (60 co-w/story), *La rivolta degli schiavi* (60 co-w/story), *Il colosso di Rodi* (60 co-w/story), *Marco Polo* (60 co-w), *Ercole alla conquista di Atlantide* (61 co-w), *Maciste contro il vampiro* (61 co-w/story), *Ercole al centro della terra* (61 co-w/story), *Maciste alla corte del Gran Khan* (61 co-story), *Romolo e Remo* (61 co-w), *Le meraviglie di Aladino* (62 co-story), *Arrivano i titani* (62 also co-w/story), *Il fornaretto di Venezia* (63 also co-w/story), *Il Ponte dei sospiri* (64 co-w), *Per un pugno di dollari* (64 co-w), *Una voglia da morire* (64 also co-w), *La sfinge sorride prima di morire—stop—Londra* (65 also co-w), *La dama de Beirut* (65 Spain co-story), *Una pistola per Ringo* (65 also w/story), *Il ritorno di Ringo* (65 also co-w/story), *Sette pistole per i MacGregor* (65 co-w), *Kiss Kiss Bang Bang* (65), *Dick Smart 2/007* (66 co-w), *Un treno per Durango* (67 co-w), *Meglio vedova* (67), *Per amore. . .per magia* (68), *I bastardi* (68 also co-w), *Vivi. . .o preferabilmente morti*

(69 also co-w), *Quella piccola differenza* (69 also co-w), *La morte risale a ieri sera* (70 also co-w), *Viva la muerte... tua* (72 Spain co-d), *Gli eroi* (73), *Tony Arzenta* (73), *Uomini duri... altrimenti vi ammuchiamo* (73), *Zorro* (75 co-d/co-w), *Africa Express* (75 co-d/co-w), *La madama* (76), *Un centesimo al secondo* (81), *Tex e il signore degli abissi* (85 also p).

4488. Tessier, Valentine. French actress. b. Aug. 5, 1893, Paris. *Le due verità* (51), *Naso di cuoio* (52), *Maddalena* (53), *La figlia di Mata Hari* (55), *Notre Dame de Paris* (56).

4489. Testa, Dante. Actor. b. 1861, Torino. d. March 3, 1923, Torino. *Padre* (12 also co-d), *La cella n. 13* (12), *Ho l'onore di chiedere la mano di vostra figlia* (12), *Un vero amico* (12), *Cabiria* (14), *La rivincita* (14), *Le lattivendole* (14), *Il grande veleno* (15), *La complice del delitto* (15), *Il discepolo* (16), *Il mistero del castello* (16), *Battaglie della vita* (17), *Il segreto del vecchio Giosuè* (18), *Terra* (20).

4490. Testa, Eugenio. Director. b. 1892, Torino. d. Oct. 11, 1957, Torino. AKA: Giusto Entea. Son of Dante Testa. Began as an actor. From 1942 until 1956 he lived in Barcelona, Spain. *Violenze sociali* (13 *), *Jack l'apache* (13 *), *La rivincita* (14), *Per la sua felicità* (14), *Gli uomini neri* (14), *Il direttissimo di mezzanotte* (15), *La complice del delitto* (15), *Il club delle donne* (15), *Il segreto del vecchio Giosuè* (18), *L'avventura di Fracassa* (18 co-d), *Girandola di fuoco* (19), *Fracassa e l'altro* (19), *Il giro del mondo di un birichino di Parigi* (19 co-d), *Terra* (20), *Uomini gialli* (20), *Il consorte scacciato* (20), *Il mostro di Frankenstein* (20), *El tambor del Bruch* (47 Spain *), *Pacto de silencio* (49 Spain *), *Desperto su corazón* (49 Spain *), *Mi adorado Juan* (49 Spain *), *La familia Vila* (49 Spain *), *Un soltero difícil* (50 Spain *), *El señorito Octavio* (50 Spain *), *La pesada amenaza* (50 Spain *), *Apartado de correros 1001* (50 Spain *), *Duda* (51 Spain *), *Sitiados en la ciudad* (55 Spain *).

4491. Testi, Fabio. Actor. b. 1942. AKA: Stet Carson. *I due crociati* (68), *Piluk il timido* (68), *Blonde Köder für den Mörder* (68 Germany), *La morte bussa due volte* (68), *Cosa avete fatto a Solange?* (70), *Quel maledetto giorno d'inverno Django e Sartana... all'ultimo sangue* (71), *Il giardino dei Finzi-Contini* (71), *Addio fratello crudele* (72), *Camorra* (72), *L'ultima chance* (73), *Revolver* (73), *Un amore così fragile così violento* (73), *I guappi* (73), *Nada* (74), *L'Important c'est d'aimer* (74 France), *Sterminate "gruppo zero"* (74), *Dieci bianchi uccisi da un piccolo indiano* (74), *Giubbe rosse* (75), *I quattro dell'apocalisse* (75), *Vai gorilla!* (76), *L'eredità Ferramonti* (76), *Il grande racket* (77), *Amore, piombo e furore* (77), *La via della droga* (78), *Trauma* (78), *La nave dell'uranio* (78), *Enigma rosso* (79), *A chi tocca ... tocca!* (79), *Manaos* (79 Spain), *Speed cross* (80), *Luca, il contrabbandiere* (80), *Speed driver* (80), *L'ultima volta insieme* (81), *Il falco e la colomba* (81), *I carabinieri* (81), *Scemo di guerra* (85).

4492. Teynac, Maurice. French actor. b. Aug. 8, 1915, Paris. *Versailles* (53), *Cinema d'altri tempi* (53), *La bella Otero* (54), *Senza famiglia* (57), *Napoleone ad Austerlitz* (60), *Le tentazioni quotidiane* (62), *Il processo* (62), *Amor di una calda estate* (65).

4493. Thatcher, Torin. U.K. actor. b. Jan. 15, 1905, Bombay, India, to British parents. d. 1981. *Elena di Troia* (56).

4494. Thea. Actress. b. 1898, Roma. Retired from the screen in 1920 after marrying a rich Roman businessman. *Il segreto di Jack* (17), *L'incantesimo* (18), *Capitan Fracassa* (18), *Primerose* (19), *Il giogo* (19), *L'agguato della morte* (19), *Le bambole e il mondo* (19).

4495. Theodoli, Niccolò. Producer. b. Sept. 1, 1917, Sambuci. *I pirati di Capri* (48), *L'inafferabile 12* (50), *O.K. Nerone* (51), *È l'amor che mi rovina* (51), *Il sogno di Zorro* (52), *Il letto* (53), *Racconti romani* (55).

4496. Theodorakis, Mikis. Greek composer. b. 1925, Khios. *Il coltello nella piaga* (63).

Thierry, Richard *see* **Pallottini, Riccardo**

4497. Thirard, Armand. French director of photography. b. Oct. 25, 1899, Mantes. *Le belle della notte* (52 co-ph), *Vite vendute* (53), *Il nemico pubblico n. 1* (53), *Un "colpo" da due miliardi* (58), *Ladri al chiar di luna* (58), *Il vento si alza* (59), *Le piace Brahms?* (61), *Le quattro verità* (62 the second episode, "I due piccioni"), *Il riposo del guerriero* (63), *Il delitto*

Dupré (63), *Il castello in Svezia* (63), *Le meravigliose avventure di Marco Polo* (65).

4498. Thiriet, Maurice. French composer. b. May 2, 1906, Meulan. d. 1972. *L'amore e il diavolo* (42), *Fanfan la tùlipe* (51 co-composer), *Il grande giuoco* (53 co-composer), *Lucrezia Borgia* (53), *Aria di Parigi* (55).

Thomas, Albert *see* **Albertini, Adalberto**

4499. Thomas, Alfred. U.K. actor. *Gungala, la pantera nera* (68), *Luana, la figlia della foresta vergine* (68), *"H2S"* (68), *Tarzana, sesso selvaggio* (69).

4500. Thomas, André. French director of photography. b. Dec. 25, 1911, Plouaret. d. Dec., 1956, Paris. Married Patricia Roc in 1949. *I sette peccati capitali* (52 the episode "Pigrizia"), *La torre del piacere* (54).

4501. Thomas, Jeremy. U.K. producer. b. July 27, 1949, London. *L'ultimo imperatore* (87), *Il tè nel deserto* (90).

Thomas, Vincent P. *see* **Tomassi, Vincenzo**

4502. Thompson, Carlos. Argentine actor. b. June 7, 1916, Buenos Aires, into a family originally German. RN: Juan Eduardo Mundanschaffter. Began in movies in the U.S.A. in 1939. Married Lilli Palmer in 1957. Also a writer. *Il mistero dei tre continenti* (59).

4503. Thompson, Elizabeth. U.S. actress. b. 1944. *La cintura di castistà* (68), *Lo sbarco di Anzio* (68), *Lo smemorato* (69).

4504. Thompson, Marshall. U.S. actor. b. Nov. 27, 1925, Peoria, Ill. d. May 23, 1992. RN: James Marshall Thompson. *La grande caccia* (56).

4505. Thorpe, Richard. U.S. director. b. Feb. 24, 1896, Hutchinson, Kans. d. May 3, 1991, Palm Springs, Calif. RN: Rollo Smolt Thorpe. *Ben-Hur* (59 co-2nd unit d), *I tartari* (60 co-d).

4506. Thous, Adolfo. Spanish actor. *Valdez il mezzosangue* (73), *Lo chiamavano Mezzogiorno* (74).

4507. Thring, Frank. Australian actor. b. 1926. Son of producer/director F.W. Thring. *Ben-Hur* (59), *El Cid* (61).

4508. Thulin, Ingrid. Swedish actress. b. Jan. 27, 1929, Sollefteaa. *La perdita dell'innocenza* (62), *La notte del desiderio* (64), *Domani non siamo più qui* (67), *La caduta degli dei* (68), *N.P. il segreto* (71), *La corta notte delle bambole di vetro* (72), *E cominciò il viaggio nella vertigine* (75), *Mosè* (76), *Salon Kitty* (76), *Il giorno prima* (87), *La casa del sorriso* (91).

Thunder, Alf *see* **Caltabiano, Alfio**

4509. Tichy, Gérard. Spanish actor. *Horror* (60), *El Cid* (61), *Gli invincibili sette* (63), *Sfida a Rio Bravo* (65), *Colpo grosso a Galata Bridge* (65), *Quattro dollari di vendetta* (65), *100.000 dollari per Ringo* (66), *Superargo contro Diabolicus* (66), *Surcouf, l'eroe dei sette mari* (67), *Un dollaro per sette vigliacchi* (67), *Colpo maestro al servizio di Sua Maestà britannica* (68), *Sartana non perdona* (68), *Le disavventure della virtù* (68), *L'urlo dei giganti* (68), *I caldi amori di una minorenne* (69), *Il rosso segno della follia* (69), *Vamos a matar, compañeros* (70), *L'orgia dei morti* (72), *L'isola misteriosa e il capitano Nemo* (73).

4510. Tidyman, Ernest R. U.S. writer. b. Jan. 1, 1928, Cleveland, O. d. July 14, 1984, London, England. Famous as the creator of *Shaft*. *Gli esecutori* (76 co-w).

4511. Tieri, Aroldo. Actor. b. Aug. 28, 1917, Corigliano Calabro. Son of playwright Vincenzo Tieri. *Mille chilometri al minuto* (40), *Manon Lescaut* (40), *Turbamento* (42), *Fuga a due voci* (42), *C'è sempre un ma...* (42), *La signora in nero* (43), *Il fidanzato di mia moglie* (43), *Che distinta famiglia!* (45 made in 43), *Chi l'ha visto?* (45 made in 43), *Pronto, chi parla?* (45), *Torna a Sorrento* (45), *Felicità perduta* (46), *L'ultimo amore* (46), *Il segreto di don Giovanni* (47), *Follie per l'opera* (47), *Vespro siciliano* (49), *Signorinella* (49), *Totò cerca casa* (49), *I peggiori anni della nostra vita* (49), *Ho sognato il paradiso* (49), *La Bisarca* (50), *Taxi di notte* (50), *Bellezze in bicicletta* (50), *Canzone di primavera* (50), *L'inafferabile 12* (50), *47, morto che parla* (50), *Totò sceicco* (51), *Totò cerca moglie* (51), *Milano miliardaria* (51), *Il mago per forza* (51), *Bellezze a Capri* (51), *Auguri e figli maschi* (51), *Il microfono è vostro* (51), *È l'amor che mi rovina* (51), *Totò e i re di Roma* (51), *Cameriera bella presenza offresi* (51), *Tizio, Caio, Sempronio* (51), *Amor non ho! Però...però* (51), *Accidenti alle tasse!* (51), *Totò terzo uomo* (52), *La presidentessa* (52), *I morti non pagano le tasse* (52), *Canzoni, canzoni, canzoni* (53), *Il matrimonio* (53), *Rosso e nero* (54), *Le avventure di Giacomo Casanova* (54), *Noi siamo le* *colonne* (56), *Un angelo passò per Brooklyn* (58), *Totò, Peppino e le fanatiche* (58), *È permesso, maresciallo* (58), *Totò nella luna* (58), *Ciao, ciao, bambina* (58), *Non perdiamo la testa* (59), *Psicanalista per signora* (59), *Il raccomandato di ferro* (59), *Le cameriere* (59), *La cambiale* (59), *I baccanali di Tiberio* (59), *Juke-box, urli d'amore* (59), *Messalina, venere imperatrice* (59), *Il letto a tre piazze* (59), *Un dollaro di fifa* (60), *Chi si ferma è perduto* (60), *Le ambiziose* (60), *Cacciatori di dote* (60), *Che femmina...e che dollari!* (60), *Che gioia vivere* (61), *Mina...fuori la guardia* (61), *I magnifici tre* (61), *Vacanze alla baia d'Argento* (61), *I sogni muoiono all'alba* (61), *Colpo gobbo all'italiana* (62), *Gli eroi del doppio gioco* (62), *Lo smemorato di Collegno* (62), *I motorizzati* (62), *La vedovella* (62), *Due contro tutti* (63), *Il giorno più corto* (63), *La donna degli altri è sempre più bella* (63 the fourth episode, "Luna di miele"), *Avventura al motel* (63), *La ballata dei mariti* (63), *Gli imbroglioni* (63), *Gli onorevoli* (63), *I due mafiosi* (64), *I maniaci* (64), *Due mafiosi nel far west* (64), *002–agenti segretissimi* (64), *Le sette vipere* (65), *Non son degno di te* (65), *Due sergenti del generale Custer* (65), *Spiaggia libera* (65).

4512. Tiezzi, Augusto. Director of photography. b. April 16, 1910, Castagneto Carducci. *La canzone del sole* (33 co-ph), *Villafranca* (33 co-ph), *Campo di maggio* (35 co-ph), *Tredici uomini e un cannone* (35 co-ph), *I due sergenti* (36 co-ph), *Amazzoni bianche* (36 co-ph), *Un colpo di vento* (36 co-ph), *I fratelli Castiglioni* (37 co-ph), *Il torrente* (38 co-ph), *Luciano Serra pilota* (38 co-ph), *Terra di nessuno* (38 co-ph), *Il peccato di Rogelia Sánchez* (39 co-ph), *Piccolo alpino* (40 co-ph), *Fantasmi a Cinecittà* (40 doc), *Quartetto pazzo* (45 co-ph), *Io t'ho incontrata a Napoli* (46), *Santo disonore* (50), *Il nido di falasco* (50), *Gli innocenti pagano* (51), *L'ingiusta condanna* (52), *Il mostro dell'isola* (53), *In amore si pecca in due* (54), *Nel gorgo del peccato* (54), *Lacrime d'amore* (55), *Cortile* (55), *Processo all'amore* (55), *Il cavaliere dalla spada nera* (56), *Amaramente* (56), *Maruzzella* (56), *Primo applauso* (57), *Serenata a Maria* (57), *Onore e sangue* (57), *Il conte di Matera* (57), *Il cavaliere del castello maledetto* (58), *Carosello di canzoni* (58), *Vento di primavera* (58), *Ricordati di Napoli* (58), *La scimitarra del saraceno* (60), *I reali di Francia* (59), *Il mondo dei miracoli* (59), *Caccia al marito* (60), *Cavalcata selvaggia* (60), *I pirati della costa* (60), *Ferragosto in bikini* (61), *La ragazza sotto il lenzuolo* (61), *Le avventure di Mary Read* (61), *Gli eroi del doppio gioco* (62), *Napoleone a Firenze* (62), *Zorro contro Maciste* (62), *Sansone contro i pirati* (63), *Coriolano, eroe senza patria* (63), *Golia e il cavaliere mascherato* (63), *Ercole contro Moloch* (63), *Ercole contro Roma* (64), *L'invincibile cavaliere mascherato* (64), *Ercole contro i tiranni di Babilonia* (64), *Golia alla conquista di Bagdad* (64), *Sansone e il tesoro degli incas* (64), *Il colosso di Roma* (65), *A–008 operazione Sterminio* (65), *Superseven chiama Cairo* (66), *Un corpo caldo per l'inferno* (68), *Le calde notti di Poppea* (69), *Tarzana, sesso selvaggio* (69), *Zorro, marchese di Navarra* (69).

4513. Tiffin, Pamela. U.S. actress. b. Oct. 13, 1942, Oklahoma City, Okla. RN: Pamela Wonso. Former model. *Oggi, domani e dopodomani* (65 the third episode, "La moglie bionda"), *Delitto quasi perfetto* (66), *I protagonisti* (68), *Orgasmo* (68), *Straziami...ma di baci saziami* (68), *L'arcangelo* (68), *Cose di Cosa Nostra* (70), *Una giornata nera per l'Ariete* (70), *Il vichingo venuto dal sud* (71), *Punto e Capo* (73).

4514. Tiller, Nadja. Austrian actress. b. March 16, 1929, Vienna. RN: Maria Nadja Tiller. Miss Austria 1949. Married Walter Giller in 1956. *Il mondo nella mia tasca* (60), *I peccatori della Foresta Nera* (61), *Anima nera* (62), *L'amore difficile* (62 the second episode, "L'avaro"), *Un avventuriero a Tahiti* (66), *L'estate* (67), *Come imparai ad amare le donne* (67), *Le calde notti di Lady Hamilton* (68), *L'occhio nel labirinto* (71), *L'etrusco uccide ancora* (72), *Il monaco* (72), *Un maledetto pasticcio* (75).

Tinelli, Steffen *see* **Hossein, Robert**

4515. Tinti, Gabriele. Actor. b. 1932. RN: Gastone Tinti. *Anni difficili* (47), *Altri tempi* (51), *Anni facili* (53), *Giorni d'amore* (53), *Cronache di poveri amanti* (53), *Chiens perdus sans colliers* (55 France), *Scapricciatiello* (55), *Il coraggio* (55), *La banda degli onesti* (56), *Tempo di villeggiatura* (56), *Totò lascia o raddoppia* (57), *El Alamein* (57), *Malafemmina* (57),

Non sono più guaglione (57), *Serenatella Sciuè Sciuè* (57), *Sorrisi e canzoni* (58), *Vite perdute* (58), *Destinazione San Remo* (59), *Agosto, donne mie non vi conosco* (59), *David e Golia* (59), *Il letto a tre piazze* (59), *Il principe fusto* (60), *Caccia al marito* (60), *Madri pericolose* (60), *Ester e il re* (60), *Antinea, l'amante della città sepolta* (61), *Ulisse contro Ercole* (61), *La banda Casaroli* (62), *Sodoma e Gomorra* (62), *Solo contro Roma* (62), *Le sette spade del vendicatore* (62), *I sequestrati di Altona* (63), *Il giorno più corto* (63), *Finchè dura la tempesta* (63), *Canto flamenco* (63 Spain), *Le tardone* (64), *Les Saintes Nitouches* (64 France), *Le Gendarme de Saint-Tropez* (64 France), *Noite vazia* (65 Brazil), *Sette uomini d'oro* (65), *Il grande colpo dei sette uomini d'oro* (66), *The Flight of the Phoenix* (66 U.S.), *L'occhio selvaggio* (67), *Il figlio di Django* (67), *Le Plus Vieux Métier du monde* (67 France), *Ecce homo* (68), *La matriarca* (68), *The Legend of Lylah Clare* (68 U.S.), *Barbagia* (69), *Passager de la pluie* (69 France), *Cannon for Cordoba* (70 U.S.), *Der leone have sept cabeças* (70), *La morte risale a ieri sera* (70), *La Folie des grandeurs* (70 France), *Knickers Ahoy!* (72 U.K.), *La ragazza dalla pelle di corallo* (72), *Guernica* (72), *La casa dell'exorcismo* (73), *L'isola misteriosa e il capitano Nemo* (73), *Toute une vie* (74 France), *Velluto nero* (76), *Il colpaccio* (76), *Eva nera* (76), *Suor Emanuelle* (77), *Emanuelle a Bangkok* (77), *Emanuelle e gli ultimi cannibali* (77), *L'avvocato della mala* (78), *La via della prostituzione* (78), *Immagini di un convento* (78), *Voglia di donna* (79), *I guappi non si toccano* (79), *Brigade criminelle* (80 France), *Napoli, una storia d'amore e di vendetta* (81), *Violenza in un carcere femminile* (82), *Love is Forever* (83 U.S. TV), *Endgame—Bronx lotta finale* (83), *Inferno in diretta* (85), *Il mostro di Firenze* (85).

4516. Tiomkin, Dmitri. U.S. composer. b. May 10, 1899, St. Petersburg, Russia. d. Nov. 11, 1979, London, England. In the U.S.A. from 1927. *La caduta dell'impero romano* (64).

4517. Tissier, Jean. French actor. b. April 1, 1896, Paris. d. 1973. *La portatrice di pane* (50), *Prima comunione* (50), *Messalina* (51), *Allarme a sud* (53), *Versailles* (53), *Il visconte di Bragelonne* (54), *Notre Dame de Paris* (56), *La pappa reale* (63), *Le voci bianche* (64).

4518. Tissot, Alice. French actress. b. Jan. 1, 1895, Paris. *Quartiere dei lillà* (57).

4519. Tissot, Henri. French actor. *Le tentazioni quotidiane* (62).

4520. Tobias, Oliver. U.K. actor. b. Aug. 6, 1947. RN: Oliver Tobias Freitag. *Addio fratello crudele* (72), *Gesù di Nazaret* (77 TV).

4521. Tod, Malcolm. U.K. actor. b. 1896, Burton-on-Trent. A WWI flying ace, he began acting on the London stage, then all over Europe. Talkies cut short a not-too-brilliant career in movies. *Il carnevale di Venezia* (27), *Addio, mia bella Napoli* (28).

4522. Todd, Ann. U.K. actress. b. Jan. 24, 1909, Mayfield, Hartford, Cheshire. Her third husband was David Lean. *Il figlio di capitano Blood* (63), *Hitchcock, il brivido del genio* (85 doc appeared as herself).

4523. Todd, Richard. U.K. actor. b. June 11, 1919, Dublin, Ireland. RN: Richard Andrew Palethorpe-Todd. *Il letto* (53 the episode "Le Billet de logement"), *Maria Antonietta, regina di Francia* (56), *Il delitto non paga* (62), *Operazione Crossbow* (65), *Il dio chiamato Dorian* (70).

Todd, Sean *see* **Rassimov, Ivan**

4524. Toddi. Director. RN: Pietro S. Rivetta. *La bambola e l'amore* (20 sets), *Il castello dalle 57 lampade* (20), *Per il passato* (20 co-d), *Le due strade* (22), *Fu così che...* (22), *Il miracolo dell'amore* (22), *L'isola scomparsa* (22), *L'amore e il codicillo* (23), *La crisi degli alloggi* (23), *Italia, paese di briganti?* (23), *Per salvare il porcellino* (23), *Suocero di se stesso* (23), *Una tazza di tè* (23), *Tocca prima a Teresa* (23), *Dva sagapà para* (23).

4525. Todini, Amanzio. Director. *I soliti ignoti vent'anni dopo* (85 also co-w).

Todisco, Paola *see* **Tedesco, Paola**

4526. Tofano, Rosetta. Actress. b. 1901, Milano. d. April 7, 1960, Roma. RN: Rosetta Cavallari. Married Sergio Tofano. *O la borsa o la vita* (32), *Papà per una notte* (39), *Un mare di guai* (39), *Giù il sipario* (39), *Pazza di gioia* (40), *La granduchessa si diverte* (40), *Cenerentola e il signor Bonaventura* (41 also co), *Sant'Elena piccola isola* (42 left on the cutting room floor).

4527. Tofano, Sergio. Actor. b. Aug. 20, 1886, Roma. Did some directing as well. *Tigrana* (16), *La segretaria privata* (31), *La telefonista* (32), *O la borsa o la vita* (32), *Paprika* (34), *Seconda B* (34), *Lohengrin* (35), *I due misantropi* (36), *Stasera alle undici* (37), *Eravamo sette sorelle* (38), *Inventiamo l'amore* (38), *Jeanne Doré* (38), *I figli del marchese Lucera* (39), *Papà per una notte* (39), *Follie del secolo* (39), *Il socio invisibile* (39), *Giù il sipario* (39), *Validità giorni dieci* (40), *Idillio a Budapest* (40), *Una famiglia impossibile* (40), *La granduchessa si diverte* (40), *Il signore a doppio petto* (41), *Cenerentola e il signor Bonaventura* (41 also d/w/story), *Turbamento* (42), *Se io fossi onesto* (42), *La guardia del corpo* (42), *Quarta pagina* (42), *La maschera e il volto* (42), *Gian Burrasca* (43 d/w), *Il fidanzato di mia moglie* (43), *Il cavaliere del sogno* (46), *Fabiola* (48), *Abbiamo vinto* (50), *Altri tempi* (51 the episode "L'idillio"), *Napoleone* (51), *La fiammata* (52), *L'ingiusta condanna* (52), *Puccini* (53), *Il paese dei campanelli* (53), *Casa Ricordi* (54), *Il cardinale Lambertini* (54), *La bella di Roma* (55), *Andrea Chénier* (55), *I sogni nel cassetto* (57), *Il bacio del sole* (58), *Il re di Poggioreale* (61), *Il padre di famiglia* (67), *Partner* (68).

4528. Togliani, Achille. Singer/actor. b. Jan. 13, 1924, Pomponesco. *La bella addormentata* (42), *Via delle cinque lune* (42), *L'eroe sono io!* (51), *Solo per te, Lucia* (52), *Fermi tutti, arrivo io!* (53), *Il paese dei campanelli* (53), *Sua Altezza ha detto: no!* (53), *Napoli è sempre Napoli* (54), *La mia vita è tua* (54), *Carovana di canzoni* (54), *Lacrime d'amore* (55), *Destinazione Piovarolo* (55), *Luna nova* (55), *Suonno d'ammore* (55), *Lacrime di sposa* (56), *Cantando sotto le stelle* (56), *Arriva la zia d'America* (56), *I calunniatori* (57), *Domenica è sempre domenica* (58).

4529. Tognazzi, Ricky. Actor. RN: Riccardo Tognazzi. Son of Ugo Tognazzi. Has also directed. *RoGoPaG* (62 the episode "Il pollo ruspante"), *Tragedia di un uomo ridicolo* (81), *Il cugino americano* (86), *La famiglia* (87), *Piccoli equivoci* (89 d), *Tempo di uccidere* (89), *Una storia semplice* (91).

4530. Tognazzi, Ugo. Actor. b. March 23, 1922, Cremona. d. Oct. 27, 1990, Roma. A former clerk, he became a comic in 1945. His rise was rapid, and later he was as popular on TV as he was in the movies. Also directed. *I cadetti di Guascogna* (50), *Auguri e figli maschi* (51), *La paura fa 90* (51), *Una bruna indiavolata* (51), *L'incantevole nemica* (53), *Siamo tutti milanesi* (53), *Sua Altezza ha detto: no!* (53), *Café chantant* (53), *Se vincessi cento milioni* (54), *Assi alla ribalta* (54), *Milanesi a Napoli* (54), *Ridere ridere ridere* (54), *La moglie è uguale per tutti* (54), *Domenica è sempre domenica* (58), *Totò nella luna* (58), *Mia nonna poliziotto* (58), *Marinai, donne e guai* (58), *Il terribile Teodoro* (58), *Fantasmi e ladri* (59), *Non perdiamo la testa* (59), *La Pica sul Pacifico* (59), *Le cameriere* (59), *Guardatele, ma non toccatele!* (59), *Psicanalista per signora* (59), *La sceriffa* (59), *Noi siamo due evasi* (59), *La cambiale* (59), *Tipi da spiaggia* (59), *I baccanali di Tiberio* (59), *La duchessa di Santa Lucia* (59), *Genitori in blue jeans* (60), *Tu che ne dici?* (60), *Il principe fusto* (60), *Il mio amico, Jekyll* (60), *A noi piace freddo...!* (60), *Un dollaro di fifa* (60), *Le olimpiadi dei mariti* (60), *Femmine di lusso* (60), *Gli incensurati* (60), *Psycosissimo* (60), *Che gioia vivere* (61), *Sua Eccellenza si fermò a mangiare* (61), *Cinque marines per cento ragazze* (61), *Il federale* (61), *I magnifici tre* (61), *La ragazza dei mille mesi* (61), *Il mantenuto* (61 also d), *Pugni, pupe e marinai* (61), *Una domenica d'estate* (61), *La voglia matta* (62), *La cuccagna* (62), *I tromboni di Fra' Diavolo* (62), *I motorizzati* (62), *RoGoPaG* (62 the episode "Il pollo ruspante"), *I fuorilegge del matrimonio* (62), *Le ore dell'amore* (63), *La marcia su Roma* (63), *Il giorno più corto* (63), *La donna degli altri è sempre più bella* (63 the fourth episode, "Luna di miele"), *Una storia moderna: l'ape regina* (63), *I mostri* (63), *Liolà* (64), *Alta infedeltà* (64 the fourth episode, "Gente moderna"), *La donna scimmia* (64), *Il magnifico cornuto* (64), *La vita agra* (65), *Controsesso* (65 the second episode, "Il professore"), *Una moglie americana* (65), *I complessi* (65 the second episode, "Il complesso della schiava nubiana"), *Ménage all'italiana* (65), *Io la conoscevo bene* (65), *Marcia nuziale* (65), *Oggi, domani e dopodomani* (65 the first episode, "L'uomo dai cinque palloncini"), *Una questione d'onore* (65), *I nostri mariti*

(66), *Il padre di famiglia* (67), *Il fischio al naso* (67 also d/co-w), *L'immorale* (67), *Sissignore!* (68 also d/co-w), *Barbarella* (68), *Satyricon* (68), *La bambalona* (68), *Straziami...ma di baci saziami* (68), *Porcile* (69), *Nell'anno del Signore* (69), *Il commissario Pepe* (69), *Cuori solitari* (69), *Venga a prendere il caffè...da noi* (70), *Splendori e miserie di Mme. Royale* (71), *Stanza 17–17, palazzo delle tasse, ufficio delle imposte* (71), *I fakiri* (71), *La califfa* (71), *L'udienza* (71), *La supertestimone* (71), *In nome del popolo italiano* (71), *Il maestro e Margherita* (72), *Questa specie d'amore* (72), *Il generale dorme in piedi* (72), *Vogliamo i colonnelli* (72), *La grande buffata* (73), *La proprietà non è più un furto* (73), *Permette signora che ami vostra figlia* (74), *Non toccate la donna bianca* (74), *Romanzo popolare* (74), *L'anatra all'arancia* (74), *La mazurka del barone, della santa e del fico fiorone* (74), *Un sorriso, uno schiaffo, un bacio in bocca* (75), *La smagliatura* (75), *Amici miei* (75), *Signore e signori, buonanotte* (76), *I telefoni bianchi* (76), *Al piacere di rivederla* (76), *La stanza del vescovo* (76), *Cattivi pensieri* (77 also d), *Nenè* (77), *Il casotto* (77), *I nuovi mostri* (77), *Il gatto* (78), *La mazzetta* (78), *Primo amore* (78), *Dove vai in vacanza?* (78 the episode "Sarò tutta per te"), *Due pezzi di pane* (78), *La cage aux folles* (79), *L'ingorgo—una storia impossibile* (79), *La terrazza* (79), *I viaggiatori della sera* (80 also d), *La cage aux folles II* (80), *Io sono fotogenico* (80), *Arrivano i bersaglieri* (80), *I seduttori della domenica* (80), *Tragedia di un uomo ridicolo* (81), *Scusa se è poco* (82), *Amici miei, atto II* (82), *Scherzo del destino in agguato dietro l'angolo come un brigante da strada* (83), *Il Petomane* (83), *Bertoldo, Bertoldino e Cacasenno* (83), *Trenta minuti d'amore* (83), *Dagobert* (84), *La cage aux folles 3* (84), *Amici miei, atto III* (85), *Ultimo momento* (87), *Arrivederci e grazie* (88), *I giorni del commissario Ambrosio* (88), *La batalla de los tres reyes* (90 Spain).

4531. Tolentino, Riccardo. Director. *Il mio diario di guerra* (15 co-d), *L'inno al sole* (15), *Sacrificio sublime* (15), *Occhi che accusano* (15 co-d), *Il suicidio sublime* (15), *L'ultimo cavaliere* (15 co-d), *Zingara* (15), *Zitellone deluse* (15), *La tenebrosa mano* (16), *Sul limite della follia* (16), *Le memorie di una istitutrice* (16), *L'approdo* (17), *Marzy del vasto mondo* (17), *Sorrisi e spasimi della menzogna* (17), *Wanda Warenine* (17), *Uragano* (17), *La capanna dello zio Tom* (18), *Un dramma in wagon-lits* (19), *Il re dell'abisso* (19).

4532. Tolnay, Akos. Co-writer. b. Hungary. In Italy from 1939. *The Wife of General Ling* (37 U.K. w), *Alessandro, sei grande!* (40), *La gerla di papà Martin* (40), *Piccolo alpino* (40 also adapted), *Caravaggio, il pittore maledetto* (41), *La famiglia Brambilla in vacanza* (41), *Il sogno di tutti* (41), *Il vagabondo* (41), *Una volta alla settimana* (41 also story), *Villa da vendere* (42), *Il richiamo di sangue* (47 also general organizer), *La madonnina d'oro* (49 also story), *Altura* (50 also production asst).

4533. Tolo, Marilù. Actress. b. 1943. *I dolci inganni* (60), *La schiava di Bagdad* (63), *Gladiatore di Messalina* (63), *Il figlio prodigo* (64), *Matrimonio all'italiana* (64), *Il trionfo di Ercole* (64), *Maciste, gladiatore di Sparta* (64), *La celestina P...R...* (64), *Giulietta degli spiriti* (65), *Barbouze-chérie* (65 France), *La Bourse et la vie* (65 France), *Le Chant du monde* (65 France), *La notte di violenza* (65), *Perry Grant, agente di ferro* (66), *Se tutte le donne del mondo* (66), *Da 077: missione Lisbona* (66), *Le streghe* (66), *Un colpo da mille miliardi* (66), *Avec le peau des autres* (66 France), *New York dans les ténèbres* (66 France), *Il papavero è anche un fiore* (66), *Sept hommes et une garce* (66 France), *Diabolik* (67), *Se sei vivo spara* (67), *Le Plus Vieux Métier du monde* (67 France), *Un killer per Sua Maestà* (68), *Commandos* (68), *Una rafaga de plomo* (68 Spain), *Casse-tête chinois pour le judoka* (68 France), *Candy* (68), *Roy Colt e Winchester Jack* (69), *I caldi amori di una minorenne* (69), *I dannati della terra* (69), *Gradiva* (70), *Uccidete il vitello grasso e arrostitelo* (70), *Un Été sauvage* (70 France), *Confessione di un commissario di polizia al procuratore della repubblica* (71), *Romance of a Horse Thief* (71 U.K./Yugoslavia), *La controfigura* (71), *Viva la muerte...tua* (72 Spain), *Siamo tutti in libertà provvisoria* (72), *Mio caro assassino* (72), *Jus primae noctis* (72), *Bluebeard* (72 Hungary), *Abuso di potere* (72), *Meo Patacca* (72), *Prigione di donne* (74), *Il trafficone* (74), *Au delà de la peur* (75 France), *Cours après moi que je t'attrappe* (76 France), *The*

Greek Tycoon (78 U.S.), *Marco Polo* (82), *Assassinio al cimitero etrusco* (82), *Il tassinaro* (83), *Vacanze di Natale* (83).

4534. Tomassi, Vincenzo. Editor. AKA: Vincent P. Thomas. *Quel caldo maledetto giorno di fuoco* (68), *L'anticristo* (74), *Peccati in famiglia* (75), *Tony Saitta* (76), *Zombi II* (79), *Da Dunkerque alla vittoria* (79), *Paura nella città dei morti viventi* (80), *Il gatto di Park Lane* (80), *La casa nel parco* (80), *Quella villa accanto al cimitero* (81), *Lo squartatore di New York* (82), *L'occhio del male* (83), *Conquest* (83), *Rush* (84), *Voci dal profondo* (91).

4535. Tomassini, Aldo. Art director. RN: Aldo Tomassini-Barbarossa. *Gli ultimi giorni di Pompei* (48 co-art d), *Fabiola* (48 co-art d), *La bellezza del diavolo* (50 co-art d), *Processo alla città* (52), *Racconti romani* (55), *Primo amore* (58), *La contessa azzurra* (59), *Il giustiziere dei mari* (62), *Le prigioniere dell'Isola del Diavolo* (62).

4536. Tomatis, Giovanni. Director of photography. b. April 18, 1871, Piozzo. d. April 24, 1959, Dogliani. Photographed all of the *Cretinetti* films (q.v. André Deed for list). His other movies include: *La caduta di Troia* (10), *Cabiria* (14 co-ph), *Il fuoco* (15 co-ph), *Maciste* (15), *Maciste alpino* (16), *Tigre reale* (16 co-ph), *La trilogia di Dorina* (17 co-ph), *Maciste atleta* (17), *Maciste poliziotto* (17), *Maciste medium* (17), *Addio, giovinezza!* (18), *Femina* (18), *Nantas* (18), *L'onestà del peccato* (18), *I due crocifissi* (18), *Hedda Gabler* (19), *La cugina* (19), *La fabbrica dell'imprevisto* (19), *La fiamma* (19), *Il cadavere vivente* (20), *La pioggia di diamanti* (20).

4537. Tomei, Giuliano. Director. b. 1918, Roma. Made over 40 documentaries, among them: *Lazio* (48); *Vaticano*; *Paese senz'acqua*; *Zolfo*; *Sicilia arabo-normanna*; *Terra di Pirandello*; *Avventura del polo sud* (60 co-d/co-narrated); *Elettricità dell'atomo* (61); *Il paradiso dell'uomo* (62 also co-w/story). His feature films include: *Eva nera* (52 also co-w/story), *L'angelo custode* (58 short).

4538. Tommei, Fausto. Actor. b. July 29, 1909, Venezia. *Ecco la radio!* (39), *Cercasi bionda bella presenza* (42), *Silenzio, si gira!* (43), *07 tassì* (43), *Dieci minuti di vita* (43 this film was finally shown in 44 as *Vivere ancora*), *La forza del destino* (50), *Siamo tutti milanesi* (53).

4539. Tone, Franchot. U.S. actor. b. Feb. 27, 1905, Niagara Falls, N.Y. d. Sept. 18, 1968, N.Y.C. RN: Stanislas Pascal Franchot Tone. Born into a family of Irish origins. *La pappa reale* (63).

4540. Tonelli, Elvira. Actress. *Souvenir d'Italie* (57), *Zum zum zum—la canzone che mi passa per la testa* (68).

4541. Tonietti, Anne. French actress. b. Jan. 20, 1940, La Spezia, Italy. *Uno dei tre* (63), *Tre passi nel delirio* (68 the episode "Il ne faut jamais parier sa tête contre le diable").

4542. Toniolo, Edoardo. Actor. b. Torino. *Ginevra degli Almieri* (35), *In campagna è caduta una stella* (39), *Giuliano de' Medici* (41), *Divieto di sosta* (41), *Finalmente soli* (41), *Brivido* (41), *L'angelo del crepuscolo* (42), *Il processo delle zitelle* (44), *Posto di blocco* (45), *Angelo tra la folla* (50), *La leggenda del Piave* (52), *La pattuglia dell'Amba Alagi* (53), *Il cantante misterioso* (54), *Napoli piange e ride* (54), *Il canto dell'emigrante* (56), *I giorni più belli* (56), *Il conte di Matera* (57), *Avventura in città* (58), *Anonima cocottes* (60), *Heisses Land* (60 Germany), *Le avventure di Mary Read* (61), *Gordon, il pirata nero* (62), *Il processo di Verona* (62), *I sette gladiatori* (63), *A—008 operazione Sterminio* (65), *La Battaglia di El Alamein* (68), *Granada addio!* (68), *L'ossessa* (74).

4543. Tonti, Aldo. Director of photography. b. March 2, 1910, Roma. d. July 7, 1988, Roma. Also acted on occasion. *Odette* (34 asst ph), *Cinema, che passione!* (34), *"Fiat voluntas Dei"* (35 asst ph), *Amore* (35 asst ph), *Scipione l'Africano* (37 asst ph), *Luciano Serra pilota* (38 asst ph), *Sotto la croce del Sud* (38 asst ph), *Diamanti* (38), *Piccoli naufraghi* (39 co-ph), *Abuna Messias* (39 co-ph), *Sei bambine e il Perseo* (39), *L'eredità in corso* (39), *Uragano ai tropici* (39), *Il pirata sono io* (40), *Non me lo dire* (40), *Cuori nella tormenta* (40 co-ph), *Il cavaliere senza nome* (40 co-ph), *Il cavaliere di Kruja* (40 co-ph), *Caravaggio, il pittore maledetto* (41 co-ph), *Fari nella nebbia* (41), *Voglio vivere così* (41), *Il mercante di schiave* (41), *Nozze di sangue* (42), *Bengasi* (42), *Il campione* (42 co-ph), *Stasera niente di nuovo* (42), *Ossessione* (42 co-ph), *La statua vivente* (42), *Una piccola moglie* (43), *Quartieri alti* (43 co-ph), *Dieci* *minuti di vita* (43 this film was finally shown in 44 as *Vivere ancora*), *L'abito nero da sposa* (43), *Il testimone* (45), *La porta del cielo* (45), *Malia* (45), *Il sole sorge ancora* (46), *Pian delle stelle* (46 co-ph), *Il bandito* (46), *Abbasso la ricchezza* (46), *Roma città libera* (46), *L'apocalisse* (47), *La figlia del capitano* (47), *Come persi la guerra* (47 also *), *Il delitto di Giovanni Episcopo* (47), *Senza pietà* (48), *Guaglio* (48), *Amore* (48 the episode "Il miracolo"), *Molti sogni per le strade* (48), *Il mulino del Po* (48), *Ti ritroverò* (48), *Signorinella* (49), *I pompieri di Viggiù* (49 also *), *Il lupo della Sila* (49), *Adamo ed Eva* (49), *Botta e risposta* (49 also *), *Il vedovo allegro* (49), *Napoli milionaria* (50), *L'inafferabile 12* (50), *I cadetti di Guascogna* (50), *Il brigante Musolino* (50), *Europa 51* (52), *I due derelitti* (51), *Romanticismo* (51), *Sensualità* (51), *Le infedeli* (52), *La lupa* (52), *I sette dell'Orsa maggiore* (53), *Dov'è la libertà* (53 co-ph), *Anni facili* (53 also *), *Cento anni d'amore* (53 also *), *La nave delle donne maledette* (53), *Attila—flagello di Dio* (54 co-ph), *Totò all'inferno* (54), *Ulisse* (54 co-ph), *Siamo uomini o caporali?!* (54), *Proibito* (55), *Orient-Express* (55), *L'ultimo amante* (55), *Guerra e pace* (56 2nd unit ph), *Le notti di Cabiria* (56 co-ph), *Souvenir d'Italie* (57 co-ph), *Fortunella* (58), *India* (58 doc), *Come te movi, te fulmino* (58), *La tempesta* (58), *Vite perdute* (58), *Come prima* (59), *Gastone* (59 co-ph), *Vacanze d'inverno* (59), *Ombre bianche* (60), *Sotto dieci bandiere* (60), *Il gobbo* (60 co-ph), *Io amo... tu ami* (60 doc), *Barabba* (61), *Il tiranno di Siracusa* (61), *La perdita dell'innocenza* (62), *Hong Kong un addio* (63), *Il diavolo* (63), *Il mistero del tempio indiano* (63), *Kali-Yug, la dea della vendetta* (63), *La donna scimmia* (64), *Il castello dei morti viventi* (64), *Le schiave esistono ancora* (64 doc co-ph), *Su e giù* (65 the first episode, "Questione di principio" also *, and the fourth episode, "Il colpo da leoni"), *Casanova 70* (65), *Oggi, domani e dopodomani* (65 the first episode, "L'uomo dai cinque palloncini"), *Cast a Giant Shadow* (66 U.S.), *L'arcidiavolo* (66), *Reflections in a Golden Eye* (67 U.S.), *Roma come Chicago* (68), *I giovani tigri* (68), *Probabilità zero* (69), *Fortunata y Jacinto* (69 Spain), *Città violenta* (70), *La spina dorsale del diavolo* (70), *Bello onesto emigrato Australia sposerebbe compaesana illibata* (71), *Brancaleone alle crociate* (71), *Si può fare, amigo* (72), *Joe Valachi—i segreti di Cosa Nostra* (72), *Il prode Anselmo e il suo scudiero* (72), *Le guerriere dal seno nudo* (72), *Dio, sei proprio un padreterno* (73), *Crazy Joe* (73 U.S.), *Uomini duri... altrimenti vi ammuchiamo* (73), *The Count of Monte Cristo* (75 U.K. TV), *Due cuori e una cappella* (75), *Quelle strane occasioni* (76 co-ph), *Una donna alla finestra* (77), *Renè la canne* (77 France), *Ashanti* (78 U.K.), *Quando c'era lui...caro lei* (78), *Tre simpatiche carogne* (78).

4544. Tontini, Renato. Actor. *La romana* (54), *I vampiri* (57).

Tontolini *see* **Polidor**

4545. Topart, Jean. French actor. b. 1927. *L'assassino ha le ore contate* (68).

4546. Tordesillas, Jesus. Spanish actor. b. Jan. 28, 1893, Madrid. *La rivolta dei gladiatori* (58), *I tre implacabili* (63), *Per un pugno nell'occhio* (66).

4547. Tordi, Pietro. Actor. b. July 12, 1906, Firenze. AKA: Peter Tordy. *Pazzo d'amore* (43), *Dagli Appennini alle Ande* (43), *Il falco rosso* (49), *Capitan Demonio* (49), *Il monello della strada* (50), *I sette nani alla riscossa* (51), *Camicie rosse* (51), *Achtung, banditi!* (51), *Quo Vadis?* (51 U.S.), *Altri tempi* (51), *Ho scelto l'amore* (53), *Di qua di là del Piave* (53), *Il maestro di don Giovanni* (53), *Giorni d'amore* (53), *Totò all'inferno* (54), *Orlando e i paladini di Francia* (56), *Kean, genio e sregolatezza* (57), *Sigfrido* (57), *I baccanali di Tiberio* (59), *Un maledetto imbroglio* (59), *Ben-Hur* (59), *Il mondo dei miracoli* (59), *La regina dei tartari* (60), *I giganti della Tessaglia* (61), *Divorzio all'italiana* (61), *I moschettieri del mare* (61), *Appuntamento in Riviera* (62), *Ercole sfida Sansone* (63), *Brenno, il nemico di Roma* (63), *Sie nannten ihn Gringo* (64 Germany), *Merveilleuse Angélique* (65 France), *Letti sbagliati* (65 the first episode, "Il complicato"), *Gli amanti latini* (65), *Le streghe* (66), *Una colt in pugno al diavolo* (67), *Straziami...ma di baci saziami* (68), *Luana, la figlia della foresta vergine* (68), *Il ritorno di Casanova* (78).

4548. Torelli, Attilio. Actor. b. 1897, Roma. *L'onorevole Angelina* (47), *I fratelli Karamazoff* (47), *L'ebreo errante* (47), *La* *sepolta viva* (49), *Non c'è pace tra gli ulivi* (49), *Totò cerca casa* (49), *Domani è un altro giorno* (50), *Camicie rosse* (51), *Stazione Termini* (53), *Pane amore e fantasia* (53), *Riscatto* (53), *Pane amore e gelosia* (54), *Signori si nasce* (59).

4549. Toren, Marta. Swedish actress. b. May 21, 1926, Stockholm. d. Feb. 19, 1957, Stockholm, of leukemia. Began filming in the U.S.A. in 1948, and later made movies in the U.K. and Spain. Married Leonardo Bercovici. Her Italian films include: *Il deportato* (51), *Puccini* (53), *Maddalena* (53), *Casa Ricordi* (54), *L'ombra* (54), *La vena d'oro* (55).

4550. Tornatore, Giuseppe. Director. b. 1956, Bagheria, Sicilia. Former still photographer and TV director. Made several documentaries. *Il camorrista* (87 also co-w), *Nuovo cinema paradiso* (88 also w), *Tutti stanno bene* (90 also co-w).

4551. Torres, José. French actor. b. 1917, Sevilla, Spain. A famous ballet star. *La bella Otero* (54), *Tropico di notte* (61 doc), *Taur, il re della forza bruta* (62), *Le verdi bandiere di Allah* (62), *Il ritorno di Ringo* (65), *La resa dei conti* (66), *Deguello* (66), *Ramón il messicano* (66), *Faccia a faccia* (67), *I sovversivi* (67), *Un poker di pistole* (67), *Da uomo a uomo* (67), *Trenta Winchester per El Diablo* (67), *Corri, uomo, corri* (67), *Tutto per tutto* (68), *Tepepa* (68), *El "Che" Guevara* (68), *Preparati la bara* (68), *Vado...l'ammazzo e torno* (68), *Un esercito di cinque uomini* (69), *Dio perdona la mia pistola* (69), *Sono Sartana, il vostro becchino* (69), *Django sfida Sartana* (70), *Una colt in mano al diavolo* (72), *Seminò la morte...lo chiamavano il castigo di Dio* (72), *Arriva Durango, paga o muori* (72), *Joe Dakota, spara...e così sia* (72).

4552. Torrieri, Diana. Actress. b. Aug 13, 1913, Canosa di Puglia. RN: Angela Vittoria Torrieri. *Il barone di Corbò* (39), *Don Pasquale* (40), *La prima donna* (42), *Giarabub* (42 left on the cutting room floor), *Incontro con Laura* (44 film not shown).

4553. Tortora, Enzo. Actor. b. Nov. 30, 1928, Genova. Much on TV. *Il campanile d'oro* (55), *Italia piccola* (57), *Pugni, pupe e marinai* (61), *In ginocchio da te* (64).

4554. Tosi, Luigi. Actor. b. Firenze. AKA: Luigi Barda. *Fiori d'arancio* (44), *Rosalba* (44), *Pian delle stelle* (46), *L'apocalisse* (47), *Tombolo, paradiso nero* (47), *Il principe ribelle* (47), *Legge di sangue* (48), *Il grido della terra* (48), *La città dolente* (48), *Patto col diavolo* (49), *La fiamma che non si spegne* (49), *Capitan Demonio* (49), *Il ladro di Venezia* (50), *Il Cristo proibito* (51), *Atollo K* (51), *La grande rinuncia* (51), *Gli uomini non guardano il cielo* (51), *Era lui...sì! sì!* (51), *L'angelo del peccato* (52), *Solo per te, Lucia* (52), *I misteri della giungla nera* (52), *Papà, ti ricordo* (52), *I piombi di Venezia* (52), *Il tesoro del Bengala* (52), *La vendetta dei thugs* (52), *Il cavaliere di Maison Rouge* (53), *Non è mai troppo tardi* (53), *La nave delle donne maledette* (53), *Opinione pubblica* (53), *Il sacco di Roma* (53), *Amori di mezzo secolo* (53), *Il prigioniero del re* (54), *L'amante di Paride* (54), *Casta diva* (54), *Avanzi di galera* (54), *Una donna libera* (54), *La Luciana* (54), *Amici per la pelle* (55), *Un palco all'opera* (55), *Il piccolo vetraio* (55), *La trovatella di Milano* (56), *Altair* (56), *Il cavaliere dalla spada nera* (56), *Io, Caterina* (56), *Amarti è il mio destino* (57), *Il marito* (57), *Se il re lo sapesse* (57), *Ladri al chiar di luna* (58), *Capitan Fuoco* (58), *Giuditta e Oloferne* (58), *La venere di Cheronea* (58), *Il terrore dei barbari* (59), *David e Golia* (59), *I cosacchi* (59), *La scimitarra del saraceno* (60), *Un dollaro bucato* (65).

4555. Tosi, Piero. Costume designer. b. April 10, 1927, Firenze. Studied at the Academy of Fine Arts in Firenze. Did much theater and film work with Visconti. *Legge di sangue* (48), *Bellissima* (51), *Senso* (54 co-costumes), *Le notti bianche* (57), *Policarpo, ufficiale di scrittura* (59), *Rocco e i suoi fratelli* (60), *Il bell'Antonio* (60), *La viaccia* (61), *Boccaccio 70* (61 the episode "Il lavoro"), *Senilità* (61), *I compagni* (63), *Il gattopardo* (63), *Ieri oggi e domani* (63), *Adultero lui, adultera lei* (63), *Matrimonio all'italiana* (64), *Vaghe stelle dell'Orsa* (65), *I tre volti* (65 the episode "Il provino" also w/story/*/sets), *Le streghe* (66), *Matchless* (66), *Lo straniero* (67), *Tre passi nel delirio* (68 the episode "Il ne faut jamais parier sa tête contre le diable"), *La caduta degli dei* (68), *Medea* (69), *Fellini Satyricon* (69 co-costumes), *Metello* (70), *Bubù du Montparnasse* (70 France), *Morte a Venezia* (70),

Vogliamo i colonnelli (72 also art d), *Ludwig* (73), *Per le antiche scale* (74), *Gruppo di famiglia in un interno* (74), *L'innocente* (76), *Al di là del bene e del male* (77), *Il malato immaginario* (78), *La pelle* (81), *La vera storia della signora dalle camelie* (82), *Oltre la porta* (82), *La Traviata* (82), *La cage aux folles 3* (84).

4556. Toso, Otello. Actor. b. Feb. 22, 1914, Padova. d. March 15, 1966, in a car crash at Curtarolo. *1860* (33), *Il canale degli angeli* (34), *L'ultima nemica* (37), *Crispino e la comare* (37), *Follie del secolo* (39), *Il Ponte dei sospiri* (40), *La granduchessa si diverte* (40), *I pirati della Malesia* (41), *Ridi, pagliaccio!* (41), *Le signorine della villa accanto* (41), *Tentazione* (41), *Soltanto un bacio* (42), *La donna del peccato* (42), *Le due orfanelle* (42), *Inferno giallo* (42), *Nebbie sul mare* (42), *Inviati speciali* (43), *La sua strada* (43), *Vietato ai minorenni* (43), *Due lettere anonime* (44), *I dieci comandamenti* (45 started in 43), *Il corriere di ferro* (46), *Malacarne* (46), *Vanità* (46), *Fuga nella tempesta* (47), *I cavalieri dalle maschere nere* (47), *Il principe ribelle* (47), *Cavalcata d'eroi* (49), *Faddijah* (50), *Santo disonore* (50), *Alina* (50), *La scogliera del peccato* (50), *Verginità* (50), *La vendetta di una pazza* (51), *Gli innocenti pagano* (51), *Fuoco nero* (51), *Carcerato* (51), *La voce del sangue* (52), *Rimorso* (52), *Er Fattaccio* (52), *La colpa di una madre* (52), *Una donna prega* (53), *La peccatrice del deserto* (53), *Pescatore e' Pusilleco* (54), *Lettera napoletana* (54), *Desiderio 'e sole* (54), *Muerte de un ciclista* (54 Spain), *La trovatella di Milano* (56), *Tormento d'amore* (56), *Il cavaliere dalla spada nera* (56), *Amaramente* (56), *Onore e sangue* (57), *Il conte di Matera* (57), *Il peccato degli anni verdi* (59), *I pianeti contro di noi* (61).

4557. Tossy, Hélène. French actress. b. Nov. 30, 1910, Marseille. *Margherita della notte* (55), *L'orso* (60).

4558. Tot, Amerigo. Hungarian sculptor. Acted in: *Scusi, facciamo l'amore* (67), *Satyricon* (68), *La moglie più bella* (69), *La califfa* (71).

Totò *see* **Vardannès, Emilio**

4559. Totò. Actor/comedian. b. Nov. 7, 1898, Napoli. d. April 15, 1967, Roma. RN: Antonio De Curtis Gagliardi Gritto Focas. Self-styled Prince Ducas Comneno of Byzantium. *Fermo con le mani!* (37), *Animali pazzi* (39), *Fantasmi a Cinecittà* (40 doc), *San Giovanni decollato* (40), *L'allegro fantasma* (41), *Due cuori fra le belve* (43), *Il ratto delle sabine* (45), *I due orfanelli* (47), *Fifa e arena* (48), *Totò al giro d'Italia* (49), *I pompieri di Viggiù* (49), *Yvonne la nuit* (49), *L'imperatore di Capri* (49), *Totò cerca casa* (49), *Totò le Moko* (49), *Napoli milionaria* (50), *Totòtarzan* (50), *Figaro qua, Figaro là* (50), *47, morto che parla* (50), *Vita da cani* (50), *È arrivato il cavaliere* (50), *Totò cerca moglie* (51), *Totò sceicco* (51), *Le sei mogli di Barbablù* (51), *Guardie e ladri* (51), *Totò e i re di Roma* (51), *Sette ore di guai* (51), *Totò terzo uomo* (52), *Totò e le donne* (52), *Una di quelle* (52), *Tempi nostri* (52), *Totò a colori* (52 first Italian color feature film), *Dov'è la libertà* (53), *L'uomo la bestia e la virtù* (53), *Un turco napoletano* (53), *Siamo donne* (53 the episode "La patente"), *Totò e Carolina* (53), *Il più comico spettacolo del mondo* (54 the first Italian 3-D feature film), *Miseria e nobiltà* (54), *L'oro di Napoli* (54), *Totò cerca pace* (54), *Il medico dei pazzi* (54), *Siamo uomini o caporali?!* (54 also co-w/story), *Totò all'inferno* (54), *Destinazione Piovarolo* (55), *Racconti romani* (55), *Il coraggio* (55), *La banda degli onesti* (56), *Totò, Peppino e la...malafemmina* (56 also story/from his song "Malafemmina"), *Totò lascia o raddoppia* (57), *Totò, Peppino e i fuorilegge* (57), *Totò, Vittorio e la dottoressa* (58), *Totò, Peppino e le fanatiche* (58), *La legge è legge* (58), *Totò e Marcellino* (58), *I soliti ignoti* (58), *Gambe d'oro* (58), *Totò a Parigi* (58), *Totò nella luna* (58), *Totò, Eva e il pennello proibito* (58), *I tartassati* (59), *La cambiale* (59), *Arrangiatevi* (59), *I ladri* (59), *Il letto a tre piazze* (59), *Signori si nasce* (59), *Noi duri* (60), *Totò, Fabrizi e i giovani d'oggi* (60), *Risate di gioia* (60), *Totò innamorato* (60), *Chi si ferma è perduto* (60), *Totò contro Maciste* (60), *Sua Eccellenza si fermò a mangiare* (61), *Totò, Peppino e...la dolce vita* (61), *Totòtruffa 62* (61), *I due colonnelli* (61), *Totò Diabolicus* (62), *Lo smemorato di Collegno* (62), *Totò e Peppino divisi a Berlino* (62), *Totò di notte n. 1* (62), *Totò contro i quattro* (62), *Il giorno più corto* (63), *Il monaco di Monza* (63), *Le motorizzate* (63), *Totò e Cleopatra* (63), *Totò sexy*

(63), *Gli onorevoli* (63), *Il comandante* (63), *Totò contro il pirata nero* (64), *Che fine ha fatto Totò Baby?* (64), *Amare e un po' morire* (64), *Le belle famiglie* (65), *Totò d'Arabia* (65), *La mandragola* (65), *Gli amanti latini* (65 the third episode, "Amore e morte"), *Rita, la figlia americana* (65), *Totò a Madrid* (65), *Uccellacci e uccellini* (66), *Operazione San Gennaro* (66), *Le streghe* (66 the third episode, "La terra vista dalla luna"), *Capriccio all'italiana* (66).

4560. Tourjansky, Viktor. Ukrainian director. b. March 4, 1891, Kiev. RN: Vyacheslav K. Turzhanskiy. Began as an actor in Russia in 1912, and in 1914 began directing. Based in Germany and France from 1919. *La venere di Cheronea* (58 co-d), *I battellieri del Volga* (58 co-d), *Erode il grande* (59 co-d), *I cosacchi* (59 co-d/co-w/story), *La donna dei faraoni* (60 co-d/co-w/ex p), *Una regina per Cesare* (62 co-d), *Gladiatore di Messalina* (63 asst d).

4561. Tourneur, Jacques. French director. b. Nov. 12, 1904, Paris. d. Dec. 19, 1977, Bergerac. Son of director Maurice Tourneur. In the U.S.A. from childhood. *La Battaglia di Maratona* (59 co-d).

4562. Tovoli, Luciano. Director of photography. Has also directed. *E vennero in quattro...per uccidere Sartana* (69 co-ph), *Macchia rosa* (69), *I tulipani di Haarlem* (69), *L'invitata* (69), *Chung Kuo Cina* (72), *Mordi e fuggi* (73), *Pane e cioccolata* (73), *La vita in gioco* (73), *Professione: reporter* (75), *La donna della domenica* (75), *Leonor* (75), *L'età della pace* (75), *La smagliatura* (75), *L'ultima donna* (75), *L'altro dio* (76), *Il deserto dei tartari* (76), *Suspiria* (77), *Ciao maschio* (77), *Morire a Roma* (78), *Per questa notte* (77), *Dove vai in vacanza?* (78 the episode "Sarò tutta per te"), *Interno di un convento* (79), *Noccioline a colazione* (79), *Bianco rosso e Verdone* (80), *Il mistero di Oberwald* (80), *Il pap'occhio* (81), *Oltre la porta* (82), *Il generale dell'armata morta* (82 also d/co-w), *Sotto gli occhi dell'assassino* (82), *Bianca* (84), *La cage aux folles 3* (84), *Fracchia contro Dracula* (85), *De grande* (88), *Splendor* (89), *Vanille fraise* (89), *Il viaggio di capitan Fracassa* (90).

4563. Towne, Linda. U.S. actress. *Una donna è una donna* (70).

4564. Tozzi, Fausto. Actor. b. 1921, Roma. d. 1978. Began as a writer. Has also directed. *Mio figlio professore* (46 co-w), *Sotto il sole di Roma* (48 co-w/story), *Donne senza nome* (49 assistant to the director), *Cielo sulla palude* (49 co-w), *Il caimano del Piave* (51), *La città si difende* (51), *Il brigante di Tacca del Lupo* (52), *Carmen proibita* (52), *Fratelli d'Italia* (53 also co-w), *Musoduro* (53 also co-w/story), *La corda d'acciaio* (53), *I cinque dell'Adamello* (54), *Nel gorgo del peccato* (54), *Casa Ricordi* (54), *Divisione Folgore* (54), *Casta diva* (54), *Il mantello rosso* (54), *La ladra* (55), *Un po' di cielo* (55), *Canzoni di tutta Italia* (56), *Beatrice Cenci* (56), *Quai des illusions* (56 France), *La grande caccia* (56), *Il cielo brucia* (57), *El Alamein* (57), *Dagli Appennini alle Ande* (58), *Un uomo facile* (58 co-d/w/story), *Quando gli angeli piangono* (58), *Storie d'amore proibite* (59), *La notte del grande assalto* (60), *Quest'amore ai confini del mondo* (60), *Costantino il grande: in hoc signo* (60), *Saint-Tropez Blues* (60 France), *El Cid* (61), *FBI contro il dott. Mabuse* (61), *La congiura dei dieci* (62), *Le meraviglie di Aladino* (62), *Marcia o crepa* (62), *Gibraltar* (62 France), *Lo spadaccino di Siena* (62), *La schiava di Bagdad* (63), *Il giorno più corto* (63), *La vendetta della signora* (64), *The Agony and the Ecstasy* (65 U.S.), *Der Schatz der Azteken* (65 Germany), *I coltelli del vendicatore* (66), *...E divenne il più spietato bandito del sud* (67), *The Sailor from Gibraltar* (67 U.K.), *The Appointment* (69 U.S.), *La spina dorsale del diavolo* (70), *Sledge* (70), *Per grazia ricevuta* (71), *Trastevere* (72 d/w), *Mazzabubù ...quante corne stanno quaggiù* (72), *Joe Valachi—i segreti di Cosa Nostra* (72), *Le guerriere dal seno nudo* (72), *Afyan—Oppio* (72), *Valdez il mezzosangue* (73), *Crazy Joe* (73 U.S.), *Il suo nome faceva tremare Interpol in allarme* (73), *La mano spietata della legge* (74), *Gli esecutori* (76), *Paura in città* (77), *The Black Stallion* (79 U.S.).

4565. Trabaud, Pierre. French actor. b. Chatou. *La finestra sul Luna Park* (57).

4566. Tranquilli, Silvano. Actor. AKA: Montgomery Glenn. *La danza macabra* (63), *Spara forte, più forte, non capisco* (66), *Cuori solitari* (69), *I girasoli* (69), *Sei iettato, amico...hai incontrato Sacramento* (70), *La tarantola dal ventre nero* (72), *La Bonne Année* (73 France),

Diario di un italiano (73), *Milano trema: la polizia vuole giustizia* (73), *La polizia incrimina: la legge assolve* (73), *Per le antiche scale* (74), *Roma violenta* (75), *Peccati di gioventù* (76), *Agenzia Riccardo Finzi... praticamente detective* (79), *L'uomo puma* (80), *Il mistero di Oberwald* (80), *Tranquille donne di campagna* (81).

4567. Trapani, Enzo. Director. b. 1925, Roma. Began as an art director. *E non dirsi addio* (48 art d), *Le due madonne* (49 art d), *Se fossi deputato* (49 art d/co), *Turri il bandito* (50), *Lebbra bianca* (50), *Viva il cinema!* (53 also co-w), *Viva la rivista!* (53 also co-w).

4568. Trasatti, Luciano. Director of photography. Began as an assistant cinematographer, and then worked his way up through camera operator. *Anna* (51 camera), *La tratta delle bianche* (52), *Il tenente Giorgio* (52 co-ph), *Il paese dei campanelli* (53), *I vitelloni* (53 camera), *Attila—flagello di Dio* (54 co-ph), *Miseria e nobiltà* (54 co-ph), *Divisione Folgore* (54), *Ulisse* (54 co-ph), *Bella non piangere* (54), *Il padrone sono me* (55 co-ph), *La risaia* (55), *Il momento più bello* (56), *A sud niente di nuovo* (57), *El Alamein* (57), *Il medico e lo stregone* (57), *Quando gli angeli piangono* (58), *Anche l'inferno trema* (58), *Nel segno di Roma* (58), *Lupi nell'abisso* (59), *Il vedovo* (59), *Gastone* (59 co-ph), *Juke-box, urli d'amore* (59), *I cavalieri del diavolo* (59), *Noi duri* (60), *Il mio amico, Jekyll* (60), *Il conquistatore d'Oriente* (60 co-ph), *Che femmina...e che dollari!* (60), *Viva l'Italia* (60), *Ti aspetterò all'inferno* (61), *Vanina Vanini* (61), *Anima nera* (62), *RoGoPaG* (62 the first episode, "Illibatezza"), *Le verdi bandiere di Allah* (62 co-ph), *Solo contro Roma* (62 co-ph), *Canzoni nel mondo* (62 co-ph), *Ursus nella terra di fuoco* (63), *Casablanca, nid d'espions* (63 France), *Il Ponte dei sospiri* (64 co-ph), *L'idea fissa* (64 co-ph), *I due toreri* (64), *Maciste nelle miniere del re Salomone* (64 co-ph), *Su e giù* (65 the second episode, "Moglie d'agosto"), *E Dio disse a Caino* (69 co-ph), *"Yellow: le cugine"* (69), *Saranda* (69), *La belva* (70), *Prima ti perdono, poi ti ammazzo* (70 co-ph with Julio Pérez de Rozas under the collective pseudonym of Clinton Taylor), *Il gatto di Brooklyn aspirante detective* (72), *Ming, ragazzi* (72), *Racconti proibiti...di niente vestiti* (72), *Ultimo tango a Zagarol* (72), *Il tempo degli assassini* (75), *Occhio alla vedova!* (76), *El Macho* (77), *La pretora* (77), *Napoli...la camorra sfida, la città risponde* (79).

4569. Trauner, Alexandre. French art director. b. Aug. 3, 1906, Budapest, Hungary. RN: Sandor Trauner. *L'amore e il diavolo* (42 co-art d), *Otello* (51 sets), *I miracoli non si ripetono* (51 co-art d), *I sette peccati capitali* (52 the episode "La lussuria"), *Miss Spogliarello* (56 co-art d), *Storie d'amore proibite* (59), *Le piace Brahms?* (61), *Il coltello nella piaga* (63), *Fedora* (78 sets), *Don Giovanni* (79 asst art d).

4570. Travers, Bill. U.K. actor. b. Jan. 3, 1921, Newcastle-on-Tyne, Northumberland. RN: William Travers. Brother of actor Linden Travers. *Giulietta e Romeo* (54).

4571. Traversa, Alberto. Director. *La crociata degli innocenti* (15 took over direction from Alessandro Boutet and Gino Rosselli), *Il mio diario di guerra* (15 co-d), *Occhi che accusano* (15 co-d/story), *L'ultimo cavaliere* (15 co-d), *Farulli si arruola* (16), *Il predone dell'aria* (16), *Il soldato d'Italia* (16), *Il birichino di Trieste* (20).

4572. Tréjean, Guy. French actor. b. Sept. 18, 1921, Paris. *Maria Antonietta, regina di Francia* (56), *Una parigina* (57), *L'imprevisto* (61), *Allarme dal cielo* (64), *Il serpente* (73).

4573. Trenker, Luis. German director. b. Oct. 4, 1893, Ortisei, Italy. Born of German parents. He was one of the Alpine Corps of the Austro-Hungarian Army during WWI, and was an alpine guide for years afterwards, becoming an alpine consultant to the movies, and then in 1920, an actor. *La grande conquista* (28 *), *I condottieri* (36 co-d/co-w/story), *Pastor angelicus* (43 doc supervisor), *Monte Miracolo* (43 also w/story), *La pesca del merluzzo* (43 doc), *Il gigante della montagna* (43 doc), *Con gli sci attraverso le Dolomiti* (43 doc), *La santa notte pagana* (44 doc), *Vacanze sulla neve* (44 doc), *Arte e artigiani della Val Gardena* (49 doc), *Coraggio, mutilati!* (49 doc), *Barriera a settentrione* (49 also w/story/*), *Saluti dal Cervino* (53 doc), *Arditi della roccia* (53 doc), *S.O.S. dalla Lavaredo* (53 doc).

4574. Trent, Peter. Actor. b. 1917, London, of an Irish family. Although he was one of Italy's busiest foreign actors, he didn't reach the heights of popularity, partly because his films were not of the highest caliber. *Il corriere del re* (48), *Il grido della terra* (48), *Ti ritroverò* (48), *Cagliostro* (48 U.S.), *Gli ultimi giorni di Pompei* (48), *Accidenti alla guerra!* (48), *Due sorelle amano* (49), *I contrabbandieri del mare* (49), *Il bacio di una morta* (49), *Il conte Ugolino* (49), *Il figlio di d'Artagnan* (49), *Piume al vento* (50), *La vendetta di Aquila Nera* (51), *A fil di spada* (52), *Una croce senza nome* (52), *Nessuno ha tradito* (52), *Eran 300* (52), *Redenzione* (53), *Fermi tutti, arrivo io!* (53), *Cinema d'altri tempi* (53), *La Gioconda* (53), *Violenza sul lago* (53), *Le ragazze di San Frediano* (54), *L'allegro squadrone* (54), *Trieste cantico d'amore* (54), *Due lacrime* (54), *Mantelli e spade insanguinate* (54), *Altair* (56), *Mamma sconosciuta* (56), *Te sto aspettano* (57).

4575. Trento, Guido. Actor. b. Napoli. Acted for a while in Hollywood under the name Guy Trent. *I capricci del destino* (14), *Cento HP* (15), *Anny Stella* (15), *La fiammata* (16), *Le memorie di un ladro* (16), *Il nemico occulto* (16), *Suicidio* (16), *Maternità* (17), *Pecorella smarrita* (17), *La storia di un peccato* (17), *Le due orfanelle* (17), *Dora o le spie* (17), *I nostri buoni villici* (17), *Maman Colibrì* (18), *Il principe Zilah* (18), *La corsa al trono* (18), *Frou Frou* (18), *L'invidia* (19), *Una donna funesta* (19), *La spada di Damocle* (19), *Dopo il perdono* (20), *La dame en gris* (20), *Povera piccola* (20), *Roveto ardente* (21), *Il fiore del silenzio* (21), *Lina la gigolette* (21), *Il mio carcere* (21), *Rabagas* (22), *La leggenda del Piave* (22), *Nero* (22 U.S.), *The Shepherd King* (23 U.S.), *Street Angel* (28 U.S.), *Charge of the Gauchos* (28 U.S.), *One Woman Idea* (29 U.S.), *Il grande sentiero* (30 the Italian edition of *The Big Trail*, Raoul Walsh's Hollywood western), *Sei tu l'amore?* (30 co-d), *Pardon Us* (34 U.S.).

4576. Tréville, Roger. French actor. b. Nov. 27, 1902, Paris. *Ponzio Pilato* (61).

4577. Tricerri, Lina. Actress. b. 1894, Bussoleno. RN: Angiolina Tricerri. Mostly on stage. *Sul trapezio* (16), *Il richiamo della terra* (28).

4578. Triesault, Ivan. Estonian actor. b. 1902, Talinn. d. Jan. 3, 1980, Los Angeles, Calif. Former ballet dancer. In the U.S.A. from 1921. *Barabba* (61).

4579. Trieste, Leopoldo. Actor. b. May 3, 1917, Reggio Calabria. Also well known as a writer and director. *Preludio d'amore* (46 story), *Gioventù perduta* (47 co-w), *I fuorilegge* (50 story), *Il cielo è rosso* (49 co-w), *Fiamme sulla laguna* (50 co-w), *I falsari* (50 co-w), *Lebbra bianca* (50 story), *Lo sceicco bianco* (52), *Dov'è la libertà* (53), *Febbre di vivere* (53 co-w), *I vitelloni* (53), *Via Padova, 46* (53 also co-w), *Un giorno in pretura* (53), *Il segno di Venere* (55), *Il padrone sono me* (55), *Destinazione Piovarolo* (55), *Il coraggio* (55), *Siamo tutti necessari* (56), *Città di notte* (56 also d/w/story), *A Farewell to Arms* (57 U.S.), *Avventura a Capri* (58), *Tutti innamorati* (58), *I ragazzi dei Parioli* (59), *Il moralista* (59), *Il peccato degli anni verdi* (59 d/w/story), *Le svedesi* (61), *Che gioia vivere* (61), *Un giorno da leoni* (61), *Divorzio all'italiana* (61), *La smania addosso* (62), *Il successo* (63), *FBI operazione Baalbeck* (63), *Tempesta su Ceylon* (63 co-w/story), *Via Veneto* (64), *Panic Button* (64 U.S.), *Sedotta e abbandonata* (64), *Le voci bianche* (64), *Sedotti e bidonati* (64), *Una vergine per il principe* (65), *Una questione d'onore* (65), *L'ombrellone* (66), *Spara forte, più forte, non capisco* (66), *A ciascuno il suo* (67), *Assicurasi vergine* (67), *Escalation* (68), *Il marito è mio e l'ammazzo quando mi pare* (68), *The Shoes of the Fisherman* (68 U.S.), *Gente d'onore* (68), *Il medico della mutua* (68), *La cintura di castità* (68), *The Secret of Santa Vittoria* (69 U.S.), *Il clan dei siciliani* (69), *Macchia rosa* (69), *Togli le gambe dal parabrezza* (69), *Pussycat, Pussycat, I Love You* (70 U.K.), *Les Aventures de Gérard* (70 France), *L'asino d'oro* (70), *Crepa padrone, crepa tranquillo* (70), *La vacanza* (71), *Antefatto* (71), *Trastevere* (72), *Anche se volessi lavorare, che faccio?* (72), *Pulp* (72 U.S.), *Every Little Crook and Nanny* (72 U.S.), *A Venezia un dicembre rosso* (73), *La signora è stata violentata* (73), *Il tuo piacere è il mio* (73), *Amore mio, non farmi male* (73), *Istant coffee* (74), *L'albero dalle foglie rosa* (74), *The Godfather Part II* (74 U.S.), *Viaggia, ragazza, viaggia... hai la musica nelle vene* (74), *Il saprofita* (74), *L'ammazzatina* (75), *I baroni* (75), *Peppino e la vergine Maria* (75), *Roma drogata* (75), *Due cuori* *e una cappella* (75), *Perdutamente tuo... mi firmo Macaluso Carmelo fu Giuseppe* (76), *Un giorno dell'assunta* (78), *Caligola* (79), *Piso pisello* (81), *Enrico IV* (83), *Il nome della rosa* (86), *Momo* (87), *Nuovo cinema paradiso* (88), *Viaggio d'amore* (90).

4580. Trilli, Amedeo. Actor. b. July 9, 1906, Ronciglione. *Il solitario della montagna* (31), *La Wally* (32), *Pergolesi* (32), *1860* (33), *Ettore Fieramosca* (38), *Abuna Messias* (39), *Gli ultimi della strada* (39), *Mare* (40), *Piccolo alpino* (40), *Senza cielo* (40), *Marco Visconti* (40), *Il cavaliere senza nome* (40), *Il pozzo dei miracoli* (41), *La corona di ferro* (41), *Pia de' Tolomei* (41), *C'è un fantasma nel castello* (41), *Documento Z 3* (41), *L'amante del male* (46 made in 44), *Sono io l'assassino!* (47), *Dove sta Zazà* (47), *Fabiola* (48), *Faddijah* (50), *Turri il bandito* (50), *La scogliera del peccato* (50), *I sette nani alla riscossa* (51), *Il naufrago del Pacifico* (51), *Il brigante di Tacca del Lupo* (52), *Gelosia* (53), *Il bacio dell'aurora* (53), *Di qua di là del Piave* (53), *Amore e smarrimento* (54), *Saranno uomini* (57), *Peppino e la vecchia signora* (57 made in 54), *Serenata a Maria* (57), *Primo applauso* (57), *Amarti è il mio destino* (57), *Femmine tre volte* (57), *Il conte di Matera* (57), *L'uomo dai calzoni corti* (58), *Afrodite, dea dell'amore* (58), *Totò nella luna* (58), *Il cavaliere del castello maledetto* (58), *Il terrore dei barbari* (59), *Jovanka e le altre* (59), *La scimitarra del saraceno* (60), *La strada dei giganti* (60), *Teseo contro il Minotauro* (60), *La vendetta dei barbari* (60), *L'urlo dei bolidi* (60), *La vendetta di Ursus* (61), *Solimano il conquistatore* (62), *La rivolta dei mercenari* (62), *Zorro alla corte di Spagna* (62), *Divorzio alla siciliana* (62), *À toi de faire, Migname* (63 France), *Le sette fatiche di Alì Babà* (63), *La rivolta dei pretoriani* (63).

4581. Trinchera, Paolo. Director. *Gyp.* (18 co-d), *La signorina dell'altro mondo* (18), *Fuga in re maggiore* (19), *Cuori e caste* (19), *La contessina Chimera* (19), *Satanella bionda* (20), *Una signorina in lotteria* (21), *La modella di Tiziano* (21), *Wellington contro lo stesso* (23), *Il forzato dell'amore* (23).

4582. Trintignant, Jean-Louis. French actor. b. Dec. 11, 1930, Fiolenc. *L'estate violenta* (59), *Napoleone ad Austerlitz* (60), *Antinea, l'amante della città sepolta* (61), *Una vita difficile* (61), *I sette peccati capitali* (62 the fourth episode, "La lussuria"), *Un appuntamento per uccidere* (62), *Il sorpasso* (62), *Il successo* (63), *Il castello in Svezia* (63), *Io uccido, tu uccidi* (65 the third episode, "La donna che viveva solo"), *Col cuore in gola* (67), *La morte ha fatto l'uovo* (67), *Il grande silenzio* (68), *La matriarca* (68), *Una ragazza piuttosto complicata* (68), *Metti, una sera a cena* (68), *Così dolce così perversa* (69), *Il conformista* (70), *Senza movente* (71), *Giocare col fuoco* (74), *La donna della domenica* (75), *Il deserto dei tartari* (76), *La terrazza* (79), *Passione d'amore* (80), *Colpire al cuore* (82), *La notte di Varennes* (82).

4583. Troisi, Massimo. Director. b. 1954, Napoli. *Ricomincio da tre* (81 also w/*), *No grazie, il caffè mi rende...nervoso* (82 appeared as himself), *Scusate il ritardo* (83 also co-w/*), *Non ci resta che piangere* (84 co-d/co-w/*), *Hotel Colonial* (87 *), *Le vie del Signore sono finite* (88 also co-w/*), *Splendor* (89 *), *Che ora è?* (89 *), *Il viaggio di capitan Fracassa* (90 *).

4584. Trojani, Oberdan. Director of photography. b. Roma. *La prigioniera della torre del fuoco* (52), *Febbre di vivere* (53 co-ph), *C'era una volta Angelo Musco* (53), *Il figlio dell'uomo* (53), *Ricordami* (54), *Cantami buongiorno tristezza* (55), *Il nostro campione* (55), *Amarti è il mio destino* (57), *La grande ombra* (58), *La donna di ghiaccio* (60), *Rapina al quartiere ovest* (60), *Fra Manisco cerca guai* (60), *La vendetta di Ursus* (61), *Canzoni a tempo di twist* (62 co-ph), *Zorro alla corte di Spagna* (62), *Zorro e i tre moschettieri* (62), *In Italia si chiama amore* (63), *Due samurai per 100 geisha* (63 co-ph), *Brenno, il nemico di Roma* (63), *La celestina P... R...* (64), *Crimine a due* (64), *Maciste contro gli uomini della luna* (64), *Ramón il messicano* (66), *Nato per uccidere* (67), *L'uomo e una colt* (67), *Il Winchester che non perdona* (68), *Le amorose notti di Alì Babà* (73), *La verginella* (76), *Con la zia non è peccato* (80).

4585. Trouché, Adolphe. Actor. b. France. In Italian films only. *I mohicani di Parigi* (17), *Il gioiello sinistro* (17), *Amanda* (17), *Buffalo e Bill* (20), *Il trionfo di Buffalo* (21), *Messalina* (23), *Maremma* (23), *Viaggio di nozze in sette* (28).

4586. Trovajoli, Armando. Composer. b. July 21, 1917, Roma. Married Pier Angeli. A bandleader, he did much to promote jazz in Italy after WWII. *Due notti con Cleopatra* (53), *Le amiche* (55 played piano music), *Il cocco di mamma* (57), *Il vedovo* (59), *Tempi duri per i vampiri* (59 co-composer), *Un militare e mezzo* (59), *Le notti dei teddy-boys* (60), *Tu che ne dici?* (60), *Quest'amore ai confini del mondo* (60), *I piaceri del sabato notte* (60), *Il corazziere* (60), *Le pillole di Ercole* (60), *Chiamate 22–22 tenente Sheridan* (60), *Anonima cocottes* (60), *La grande olimpiade* (60 doc co-composer), *La schiava di Roma* (60), *La Ciociara* (61), *Totò, Peppino e...la dolce vita* (61), *I pianeti contro di noi* (61), *Seddok, l'erede di Satana* (61), *Gli attendenti* (61), *Maciste, l'uomo più forte del mondo* (61), *La ragazza dei mille mesi* (61), *Le avventure di Topo Gigio* (61), *Il mantenuto* (61), *Pugni, pupe e marinai* (61), *Boccaccio 70* (61 the episode "La riffa"), *Ercole al centro della terra* (61), *Ercole alla conquista di Atlantide* (61 co-composer), *Una domenica d'estate* (61), *La guerra continua* (62), *Il mio amico Benito* (62), *La visita* (62 co-composer), *Dieci italiani per un tedesco* (62), *I quattro monaci* (62), *Solo contro Roma* (62), *Totò e Peppino divisi a Berlino* (62), *Totò di notte n. 1* (62), *Il monaco di Monza* (63), *In Italia si chiama amore* (63), *Totò sexy* (63), *Il fornaretto di Venezia* (63), *I mostri* (63), *I tabù* (63 co-composer), *Ieri oggi e domani* (63. Composer for the entire film, and acted in the episode "Anna"), *Il mito* (63), *Il giovedì* (64), *Alta infedeltà* (64 also *), *Il vuoto* (64), *I Casagotto* (64), *Il gaucho* (64), *Il magnifico cornuto* (64), *Matrimonio all'italiana* (64), *Se permettete...parliamo di donne* (64), *La mia signora* (65), *Italiani brava gente* (65), *Le bambole* (65), *Casanova 70* (65 co-composer), *La ragazza in prestito* (65), *I complessi* (65 the third episode, "Guglielmo il dentone"), *Le belle famiglie* (65), *Sette uomini d'oro* (65), *L'arcidiavolo* (66), *Operazione San Gennaro* (66), *Il grande colpo dei sette uomini d'oro* (66), *Le fate* (67), *Don Giovanni in Sicilia* (67), *Rapporto Fuller, base Stoccolma* (67), *Il profeta* (67), *Le dolci signore* (67), *Col cuore in gola* (67), *I lunghi giorni della vendetta* (68), *Il marito è mio e l'ammazzo quando mi pare* (68), *La matriarca* (68), *Faustina* (68), *Straziami...ma di baci saziami* (68), *Sette volte sette* (68), *Operazione San Pietro* (68), *L'urlo dei giganti* (68), *Il commissario Pepe* (69), *Come, quando, con chi?* (69), *Nell'anno del Signore* (69), *Il prete sposato* (70), *Dramma della gelosia–tutti i particolari in cronaca* (70), *La moglie del prete* (70), *Homo eroticus* (71), *Il vichingo venuto dal sud* (71), *Stanza 17–17, palazzo delle tasse, ufficio delle imposte* (71), *Permette? Rocco Papaleo* (71), *Noi donne siamo fatte così* (71), *In amore per ogni gaudenzia ci vuole sofferenza* (71 co-composer), *La più bella serata della mia vita* (72), *La "mala" ordina* (72), *Di mamma non c'è n'è una sola* (73), *Sono stato io!* (73), *Sesso matto* (73), *La Tosca* (73), *Paolo il caldo* (73), *Profumo di donna* (74), *L'anatra all'arancia* (74), *C'eravamo tanto amati* (74), *Amore amaro* (74), *Tony Saitta* (76), *Una giornata speciale* (76), *Dimmi che fai tutto per me* (76), *I telefoni bianchi* (76), *Brutti, sporchi e cattivi* (76), *La stanza del vescovo* (76), *Mogliamante* (76), *Cattivi pensieri* (77), *I nuovi mostri* (77), *I due superpiedi quasi piatti* (77 co-composer), *Il dottor Jekill, Jr.* (78), *Ligabue* (78), *In nome del papa re* (78), *La terrazza* (79), *Arrivano i bersaglieri* (80), *Passione d'amore* (80), *Zitto quando parli* (81), *Il paramedico* (82), *La notte di Varennes* (82), *Il processo di Caterina Ross* (82), *Grand Hotel Excelsior* (82), *Viuuulentamente mia* (82), *Il conte Tacchia* (82), *Mystère* (83), *Le Bal* (83 France), *Maccheroni* (85), *Una spina nel cuore* (85), *La famiglia* (87), *Miss Arizona* (88), *Splendor* (89), *Che ora è?* (89), *Il viaggio di capitan Fracassa* (90), *Cattiva* (91).

4587. Trubshawe, Michael. U.K. actor. b. 1905. Associated with David Niven. *I due nemici* (61), *Quei temerari sulle loro pazze scatenate scalcinate carriole* (69).

4588. Trucchi, Gondrano. Actor. b. April 18, 1890, Marsala. *Retroscena* (39), *La paura fa 90* (51), *È arrivato l'accordatore* (51), *Altri tempi* (51), *Il cappotto* (52), *La tratta delle bianche* (52), *Papà diventa mamma* (52), *I vitelloni* (53), *La domenica della buona gente* (53), *Il paese dei campanelli* (53), *La dolce vita* (60), *Un giorno da leoni* (61).

4589. Truffaut, François. French director. b. Feb. 26, 1932, Paris. d. Oct. 21, 1984, Neuilly-sur-Seine. *Il testamento di*

Orfeo (60 ex p), *L'amore a vent'anni* (61 the first episode, "Antoine et Colette" also w/ story/dialog/*).

4590. Truman, Ralph. U.K. actor. b. May 7, 1900, London. d. Oct. 15, 1977, Ipswich. *La carrozza d'oro* (53), *Ben-Hur* (59), *Sotto dieci bandiere* (60), *El Cid* (61).

4591. Trumbo, Dalton. U.S. writer. b. Dec. 9, 1905, Montrose, Colo. d. Sept. 10, 1976, Los Angeles, Calif. Blacklisted during the McCarthy era. *Sette contro la morte* (65 dialog).

4592. Trundy, Natalie. U.S. actress. b. 1942. *Montecarlo* (56 her film debut).

4593. Tryan, Cecyl. Actress. b. Nov. 7, 1897, Saint-Julien, France. Worked in Italy. *La moglie di Sua Eccellenza* (13), *Fior di male* (15), *La spirale della morte* (16), *La danzatrice mascherata* (16), *La madre folle* (16), *Il siluramento dell'Oceania* (17), *Galaor* (18), *Suona la ritirata* (18), *Per la sua bocca* (19), *Tragedia senza lacrime* (19), *Cosmopolis* (19), *L'autobus della morte* (19), *Le bambole e il mondo* (19), *Il richiamo* (19), *Il silenzio* (21), *La donna perduta* (21), *La madre folle* (22), *Il ladro* (22), *Pane altrui* (23), *Il corsaro* (23), *Marco Visconti* (23), *Il barcaiuolo d'Amalfi* (24 also p), *La muta di Portici* (24), *La via del peccato* (25), *Maciste contro lo sceicco* (25), *La Venenosa* (28 France), *Pergolesi* (32), *Seconda B* (34), *Lorenzino de' Medici* (34), *Cavalleria* (36).

4594. Tryon, Tom. U.S. actor. b. Jan. 14, 1926, Hartford, Conn. d. Sept. 4, 1991, Hollywood Hills, Calif. Also renowned as a novelist. *Il sapore della vendetta* (68), *Fedora* (78 from his novel "Crowned Heads").

4595. Tubbs, Bill. U.S. actor. b. 1907, Milwaukee, Wisc. d. Jan. 25, 1953, Roma, Italy, following a heart attack. RN: William C. Tubbs. AKA: William Tubbs. After a lot of extra-work in the States, he was called to Italy by Rossellini for a few films. Married Helen McGill, former singer, and correspondent for "Variety" magazine. *Paisà* (46), *Sinfonia fatale* (46), *La macchina ammazzacattivi* (48), *I pirati di Capri* (48), *Private Angelo* (49 U.K.), *Prince of Foxes* (49 U.S.), *Al diavolo la celebrità* (49), *Faddijah* (50), *La rivale dell'imperatrice* (50), *Taxi di notte* (50), *Tre passi al nord* (50), *Édouard et Caroline* (51 France), *Quo Vadis?* (51 U.S.), *Guardie e ladri* (51), *Le Cap de l'Espérance* (51 France), *Cento piccole mamme* (51), *Europa 51* (52), *Vite vendute* (53), *La carrozza d'oro* (53).

4596. Tucci, Ugo. Producer. *Deserto rosso* (64 prod mgr), *C'era una volta il west* (68 production supervisor), *Donna e bello* (74), *La banda del trucido* (77 co-assoc p), *Un dramma borghese* (79 co-assoc p), *SuperFantaGenio* (85).

4597. Tucherer, Eugène. French producer. b. Sept. 24, 1899, Saryske Lecky, Czechoslovakia. RN: Eugen Tascherez. In France from 1931, after years in Berlin. *L'amante di una notte* (51), *Il prigioniero del re* (54 co-p), *Storie d'amore proibite* (59).

4598. Tulli, Marco. Actor. b. Nov. 20, 1922, Roma. *Il delitto di Giovanni Episcopo* (47), *L'onorevole Angelina* (47), *Femmina incatenata* (49), *Bellezze a Capri* (51), *Signori, in carrozza!* (51), *Don Camillo* (52), *Abracadabra* (52), *Il cappotto* (52), *Papà diventa mamma* (52), *Una croce senza nome* (52), *Il tesoro dell'Africa* (53), *Il ritorno di don Camillo* (53), *Cose da pazzi* (54), *Assi alla ribalta* (54), *Don Camillo e l'onorevole Peppone* (55), *I papagalli* (56), *Montecarlo* (56), *Guardia, guardia scelta, brigadiere e maresciallo* (56), *La trovatella di Pompei* (57), *Il conte Max* (57), *Vivendo, cantando...che male ti fo?* (57), *Non cantare...baciami!* (57), *Primo applauso* (57), *Il cocco di mamma* (57), *Arrivederci Roma* (58), *Anna di Brooklyn* (58), *Tre straniere a Roma* (58), *Avventura a Capri* (58), *Il terribile Teodoro* (58), *Totò nella luna* (58), *Le notti di Lucrezia Borgia* (59), *Psicanalista per signora* (59), *Quel tesoro di papà* (59), *Non perdiamo la testa* (59), *Il mondo dei miracoli* (59), *Caccia al marito* (60), *Le pillole di Ercole* (60), *La regina delle amazzoni* (60), *La donna di ghiaccio* (60), *Robin Hood e i pirati* (60), *Don Camillo monsignore...ma non troppo* (61), *Le Puits aux trois vérités* (61 France), *La rivolta dei mercenari* (62), *La vendetta della maschera di ferro* (62), *Le meraviglie di Aladino* (62), *Peccati d'estate* (62), *L'ombra di Zorro* (63), *Amori pericolosi* (64), *I tre sergenti del Bengala* (64), *Se permettete...parliamo di donne* (64), *Il compagno don Camillo* (65), *Veneri in collegio* (65), *I due crociati* (68), *Il medico della mutua* (68), *The Secret of Santa Vittoria* (69 U.S.), *La statua* (70), *Mr Billion* (77 U.S.).

4599. Tumiati, Gualtiero. Actor. b. May 8, 1876, Ferrara. *Casta diva* (35), *Malombra* (42), *L'adultera* (46), *Eugenia Grandet* (46), *Le vie del peccato* (46), *Amanti in fuga* (46), *Tempesta d'anime* (46), *Daniele Cortis* (47), *Il passatore* (47), *La figlia del capitano* (47), *L'uomo dal guanto grigio* (48), *Cuori sul mare* (49), *Il ladro di Venezia* (50), *L'edera* (50), *Il Cristo proibito* (51), *I figli di nessuno* (51), *Le avventure di Mandrin* (52), *Don Camillo* (52), *Il sogno di Zorro* (52), *I tre corsari* (52), *Processo alla città* (52), *Il tenente Giorgio* (52), *Menzogna* (52), *Chi è senza peccato* (52), *Il mercante di Venezia* (52), *La nave delle donne maledette* (53), *Il conte di Montecristo* (53 the episode "Il tesoro di Montecristo"), *Ulisse* (54), *Guai ai vinti!* (54), *Rigoletto* (54), *Guerra e pace* (56).

4600. Tunberg, Karl. U.S. writer. b. March 11, 1907, Spokane, Wash. *Ben-Hur* (59).

4601. Tunc, Irène. French actress. b. 1936, Lille. d. 1972. Miss France 1954. Married director Ivan Govar. *Camilla* (54), *Bravissimo* (55), *Lazzarella* (57), *La sposa* (58), *Afrodite, dea dell'amore* (58), *Il cavaliere del castello maledetto* (58), Le signore (60), *Genitori in blue jeans* (60), *La contessa azzurra* (59), *Cavalcata selvaggia* (60), *Il conquistatore d'Oriente* (60).

4602. Turco, Enzo. Actor. b. Napoli. *Partenza ore sette* (45), *Il barone Carlo Mazza* (48), *Accidenti alla guerra!* (48), *Se fossi deputato* (49), *La cintura di castità* (50), *Un turco napoletano* (53), *Villa Borghese* (53), *Miseria e nobiltà* (54), *Totò cerca pace* (54), *Milanesi a Napoli* (54), *Scapricciatiello* (55 also co-w/story), *Ci sposeremo a Capri* (56 also co-w), *Guaglione* (56), *Lorella* (58), *Il bacio del sole* (58), *Ricordati di Napoli* (58), *I ragazzi dei Parioli* (59), *Vacanze d'inverno* (59), *I ladri* (59), *Un giorno da leoni* (61), *Le quattro giornate di Napoli* (62), *Letti sbagliati* (65 the fourth episode, "La seconda moglie").

4603. Turco, Paolo. Actor. *Un bellissimo novembre* (69), *Quarta parete* (69), *Gioco di pensieri* (71), *Quando le donne si chiamavano "madonne"* (72), *Trevico—Torino: viaggio nel Fiatnam* (72), *Pane e cioccolata* (73), *La polizia chiede aiuto* (74), *Salvo d'acquisto* (75), *Un giorno dell'assunta* (78), *Ciao cialtroni* (79), *Top Secret* (78 U.S. TV), *Atsalùt pader* (79).

4604. Turner, John. U.K. actor. b. July 7, 1932, London. *L'amante del vampiro* (59), *La grande vallata* (60), *Ultimatum alla vita* (62), *I dieci gladiatori* (63), *La colt era il suo dio* (72), *Alllegri becchini arriva Trinità* (72 p).

4605. Turner, Kathleen. U.S. actress. b. June 19, 1954, Springfield, Mo. *Giulia e Giulia* (87).

4606. Turri, Donatella. Actress. *La cuccagna* (62), *Via Veneto* (64), *Sartana non perdona* (68).

4607. Tusco, Marcello. Actor. *La banda Casaroli* (62), *Zeder* (72).

4608. Tushingham, Rita. U.K. actress. b. March 14, 1940, Liverpool. *Il caso di Laura C* (71), *Ragazzo di borgata* (76), *Gran bollito* (76), *La signora degli orrori* (77), *Sotto choc* (78), *Spaghetti House* (82).

4609. Twist, John. U.S. writer. b. July 14, 1898, Albany, Mo. d. 1976. AKA: John Stuart Twist. *Elena di Troia* (56 co-w), *Ester e il re* (60).

4610. Tyrrell, Susan. U.S. actress. b. 1946, San Francisco, Calif. *Storie di ordinaria follia* (81).

4611. Uberti, Mirella. Actress. b. March 17, 1932, Milano. A former Miss Lombardy. *Miss Italia* (49), *Il ladro di Venezia* (50), *Il piccolo sceriffo* (50 children's short), *Amore e sangue* (51), *Serenata tragica* (51), *Il mago per forza* (51), *La peccatrice dell'isola* (52), *Infame accusa* (52), *La colpa di una madre* (52), *Primo premio: Mariarosa* (53), *Riscatto* (53), *Sposata ieri* (53), *Viva la rivista!* (53), *La campana di san Giusto* (54), *Acque amare* (54), *Siamo tutti necessari* (56), *Walter e i suoi cugini* (61).

4612. Ucci, Tony. Actor. AKA: Toni Ucci. *Un maledetto imbroglio* (59), *Risate di gioia* (60), *L'assassino* (60), *I due colonnelli* (61), *I ragazzi di bandiera gialla* (67), *Vacanze sulla Costa Smeralda* (68), *Il santo patrono* (72), *Storia de' fratelli e de' coltelli* (72), *Rugantino* (73), *Quattro marmittoni alle grandi manovre* (73), *La sculacciata* (73), *Sesso in testa* (74), *Il Messia* (75), *Squadra antiscippo* (76), *Le impiegate stradali* (76), *Squadra antifurto* (77), *Italia a mano armata* (77), *Attenti—arrivano le collegiali* (77), *Il viaggio di capitan Fracassa* (90).

4613. Uhlig, Anneliese. German

actress. b. Essen. *La prima donna* (42), *Don Cesare di Bazan* (42), *Mater dolorosa* (42), *La fornarina* (42), *Tempesta sul golfo* (43).

4614. Ukmar, Bruno. Actor. *Salvatore Giuliano* (61), *Sir Francis Drake, il re dei sette mari* (63).

4615. Ullmann, Liv. Norwegian actress. b. Dec. 16, 1939, Tokyo, Japan, of Norwegian parents. *Leonor* (75), *Speriamo che sia una femmina* (86), *Mosca addio* (87).

4616. Ulloa, Alejandro. Spanish director of photography. b. Oct. 22, 1916, Madrid. Also acted and directed at one time. *Malinconico autunno* (58), *Marinai, donne e guai* (58 co-ph), *Goliath contro i giganti* (60), *Il figlio di capitano Blood* (63), *Anthar, l'invincibile* (64), *Sette pistole per i MacGregor* (65), *Sette donne per i MacGregor* (66), *Sugar Colt* (66), *Odio per odio* (67), *Il mercenario* (68), *Vado, vedo e sparo* (68), *Tutto per tutto* (68), *Ammazzali tutti e torna solo* (68), *Una pistola per cento bare* (68), *Vamos a matar, compañeros* (70), *Prima ti perdono, poi ti ammazzo* (70 *), *O cangaceiro* (70), *...E continuavano a fregarsi il milione di dollari* (72), *Una ragione per vivere e una per morire* (72), *Là, dove non batte il sole* (73), *Ci ridiamo, vera provvidenza?* (73), *Che c'entriamo noi con la rivoluzione?* (73), *Cipolla Colt* (75), *Lo chiamavano California* (76), *Morte in Vaticano* (82), *Il miele del diavolo* (87).

4617. Ulmer, Edgar G. U.S. director. b. Sept. 17, 1900, Vienna, Austria. d. Sept. 30, 1972, Woodland Hills, Calif. RN: Edgar Georg Ulmer. AKA: Edgar G. Ullmer. *I pirati di Capri* (48 co-d), *Annibale* (59 the English-language version, *Hannibal*), *Antinea, l'amante della città sepolta* (61 co-d), *Sette contro la morte* (65 also p).

4618. Umiliani, Piero. Composer. b. 1926, Firenze. *I soliti ignoti* (58), *Un uomo facile* (58 co-composer), *Ciao, ciao, bambina* (58), *Audace colpo dei soliti ignoti* (59), *Roulotte e roulette* (60), *Caravan petrol* (60), *Urlatori alla sbarra* (60), *Labbra rosse* (60), *Il vigile* (60), *San Remo, la grande sfida* (60), *Genitori in blue jeans* (60), *Le ambiziose* (60), *Mariti a congresso* (61), *A porte chiuse* (61), *La venere creola* (61), *A cavallo della tigre* (61), *I nuovi angeli* (61), *I soliti rapinatori a Milano* (61), *L'amore difficile* (62), *Boccaccio 70* (61 the episode "Renzo e Luciana"), *Colpo gobbo all'italiana* (62 co-composer), *Smog* (62), *Il paradiso dell'uomo* (62 doc), *La bella di Lodi* (63), *Uno contro tutti* (63 doc), *I piaceri proibiti* (63), *Omicron* (63 co-composer), *I misteri di Roma* (63 doc), *Il comandante* (63), *Le più belle truffe del mondo* (63 the Italian episode, "Foglio di via"), *Via Veneto* (64), *Intrigo a Los Angeles* (64), *002—agenti segretissimi* (64), *La celestina P...R...* (64), *Ercole, Sansone, Maciste, Ursus: gli invincibili* (64), *Extraconiugale* (65 the third episode, "La moglie svedese"), *I due pericoli pubblici* (65), *Controsesso* (65 the first episode, "Cocaina di domenica"), *Bianco, rosso, giallo, rosa* (65), *I figli del leopardo* (65), *Due marines e un generale* (65), *Agente 3S3, passaporto per l'inferno* (65), *Una bella grinta* (65), *La strada per Fort Alamo* (65), *Due mafiosi contro Goldginger* (65), *Made in Italy* (65 co-composer), *La buona stagione* (65), *Come rubare la corona d'Inghilterra* (66), *Il figlio di Django* (67), *Ric e Gian alla conquista del west* (67), *Il tempo degli avvoltoi* (67), *Odio per odio* (67), *Crisantemi per un branco di carogne* (68), *Svezia—inferno e paradiso* (68 doc), *La morte bussa due volte* (68), *Orgasmo* (68 co-composer), *Scusi, lei conosce il sesso?* (68 co-composer), *I due deputati* (68), *La legge dei gangsters* (69), *Roy Colt e Winchester Jack* (69), *Django sfida Sartana* (70), *Cinque bambole per la luna d'agosto* (70), *I vendicatori dell'ave maria* (70), *La vendetta è un piatto che si serve freddo* (71), *Ci ridiamo, vera provvidenza?* (73 co-composer), *Baba Yaga* (73 Spain), *La schiava, io ce l'ho e tu no* (73), *Dieci bianchi uccisi da un piccolo indiano* (74), *Il fidanzamento* (75), *Aragosta a colazione* (79), *Odio le bionde* (80).

Undari, Claudio *see* **Hundar, Robert**

4619. Underdown, Edward. U.K. actor. b. 1908, London. *Il tesoro dell'Africa* (53).

4620. Unsworth, Geoffrey. U.K. director of photography. b. 1914, London. d. Oct. 29, 1978, Brittany, France. *Nina* (76).

4621. Urbani, Kikì. Ballerina and actress. b. Aug. 25, 1927, Roma. *Marakatumba...ma non è una rumba* (51 made in 49), *Io sono il capataz!* (51), *Amor non ho! Però...però* (51), *Totò sceicco* (51), *L'eroe* *sono io!* (51), *Ho scelto l'amore* (53), *Attanasio cavallo vanesio* (53), *Carovana di canzoni* (54), *Le vacanze del sor Clemente* (54), *Lacrime di sposa* (56).

4622. Urzì, Saro. Actor. b. Feb. 24, 1913, Catania. RN: Rosario Urzì. Began in films as an extra, as production secretary, and in walk-on parts—all in 1939. *Il sogno di Butterfly* (39), *La conquista dell'aria* (39), *Marco Visconti* (40), *Tosca* (41), *Un colpo di pistola* (41), *Giorno di nozze* (42), *Harlem* (42), *Odessa in fiamme* (42), *Inviati speciali* (43), *La freccia nel fianco* (43), *La locandiera* (43), *Tombolo, paradiso nero* (47), *Emigranti* (48), *In nome della legge* (49), *La mano della morta* (49), *Ho sognato il paradiso* (49), *Barriera a settentrione* (49), *Lo sparviero del Nilo* (49), *Gente così* (50), *I fuorilegge* (50), *Il cammino della speranza* (50), *Il bivio* (50), *I falsari* (50), *Il monello della strada* (50), *Trieste mia!* (51), *Salvate mia figlia* (51), *Fuoco nero* (51), *La vendetta del corsaro* (51), *Io, Amleto* (52), *Don Camillo* (52), *Il brigante di Tacca del Lupo* (52), *Cronaca di un delitto* (52), *Fratelli d'Italia* (53), *Il ritorno di don Camillo* (53), *Opinione pubblica* (53), *Rivalità* (53), *Il tesoro dell'Africa* (53), *I cinque dell'Adamello* (54), *Cañas y barro* (54 Spain), *Don Camillo e l'onorevole Peppone* (55), *La ladra* (55), *Motivo in maschera* (55), *Il ferroviere* (56), *I fidanzati della morte* (57), *Marchands de filles* (57 France), *L'uomo di paglia* (58), *Liana, la schiava bianca* (58), *Dinanzi a noi il cielo* (58), *Nella città l'inferno* (58), *Il figlio del corsaro rosso* (58), *Un maledetto imbroglio* (59), *Gli avventurieri ai tropici* (60), *I mafiosi* (60), *Cavalcata selvaggia* (60), *Un giorno da leoni* (61), *Divorzio all'italiana* (61), *Don Camillo monsignore...ma non troppo* (61), *Ça va être ta fête* (61 France), *Lo sgarro* (62), *Les Filles sèment le vent* (63 France), *Sedotta e abbandonata* (64), *Il compagno don Camillo* (65), *Le Chant du monde* (65 France), *Mission spéciale à Caracas* (65 France), *Modesty Blaise* (66 U.K.), *La Fille de la mer Morte* (66 France), *Colpo grosso ma non troppo* (65), *Io, io, io...e gli altri* (65), *Una storia di notte* (66), *La Route de Corinthe* (67 France), *Serafino* (68), *Vivre la nuit* (68 France), *Il marchio di Kriminal* (68), *Gente d'onore* (68), *Principe coronato cercasi per ricca ereditiera* (70), *La prima notte del dottor Daniele, industriale col complesso del... giocattolo* (70), *Le inibizioni del dottor Gaudenzi, vedovo col complesso della buonanima* (71), *Le castagne sono buone* (71), *The Godfather* (71 U.S.), *Joe Valachi—i segreti di Cosa Nostra* (72), *Il caso Pisciotta* (72), *Torino nera* (72), *Il figlioccio del padrino* (73).

4623. Usellini, Guglielmo. Co-writer. b. Sept. 10, 1906, Arona. *Diamanti* (38), *Scandalo per bene* (39), *Pia de' Tolomei* (41), *Se non son matti non li vogliamo* (41), *Dente per dente* (42), *Service de nuit* (43 France co-story).

4624. Ustinov, Peter. U.K. actor. b. April 16, 1921, London. *I girovaghi* (56), *Le spie* (57), *Un angelo passò per Brooklyn* (58), *La donna nel mondo* (62 doc narrator of English-language version), *Gesù di Nazaret* (77 TV), *Doppio delitto* (78), *C'era un castello con quaranta cani* (90).

4625. Usuelli, Teo. Composer. b. 1920, Reggio Emilia. *La funivia del Faloria* (50 short doc), *Documento mensile* (51 doc), *Milãn l'è un gran Milãn* (51 doc), *Stracittà* (51 doc), *Pittori di provincia* (53 doc), *La leggenda di Merisana* (53 doc), *Cento anni d'amore* (53 the episodes "Nozze d'oro" and "Il ritorno del soldato"), *Italia K-2* (54 doc), *Donne e soldati* (54), *Ricordi Rosminiani* (56 doc), *Papà sarto* (57 doc), *Un giorno in Europa* (58 doc), *Luce immortale* (59 doc), *Madri pericolose* (60), *Akiko* (61), *Una storia moderna: l'ape regina* (63 also *), *I patriarchi della bibbia* (63 co-composer), *Le schiave esistono ancora* (64), *La donna scimmia* (64), *Saul e David* (64), *Controsesso* (65 the second episode, "Il professore"), *Marcia nuziale* (65), *Oggi, domani e dopodomani* (65 the first episode, "L'uomo dai cinque palloncini"), *Il limbo* (68), *L'udienza* (71).

4626. Vadet, Michel. French actor. b. July 1, 1918, Rouen. d. 1954, Paris. *Fate largo ai moschettieri* (53).

4627. Vadim, Roger. French director. b. Jan. 26, 1928, Paris. RN: Roger Vadim Plemiannikov. Son of a White Russian and a Parisienne. *Femmina* (54 asst d), *Miss Spogliarello* (56 asst d/co-w/dialog), *Un "colpo" da due miliardi* (58 also w/dialog/from his novel), *Ladri al chiar di luna* (58 also co-w/co-adapted), *Il sangue e la rosa* (60 also co-w/co-dialog), *Il testamento di Orfeo* (60 *), *I sette peccati capitali* (62 the episode "L'orgoglio" also w/story), *Il riposo del guerriero* (63 also co-w/co-dialog), *Il castello in Svezia* (63 also co-w), *Confetti al pepe* (63 *), *Il vizio e la virtù* (63 also p/co-w), *Il piacere e l'amore* (64 also co-adapted), *La calda preda* (66 also p/co-w), *Tre passi nel delirio* (68 the episode "Metzengerstein" also co-w), *Barbarella* (68 also co-w).

4628. Vadis, Dan. U.S. actor. In Italy for much of the 60s, but returned to the U.S., and later appeared in many Clint Eastwood movies. *Maciste, il gladiatore più forte del mondo* (62), *Ursus, gladiatore ribelle* (63), *Ercole l'invincibile* (63), *Agguato sul grande fiume* (63), *I dieci gladiatori* (63), *Il trionfo di Ercole* (64), *Spartaco e i dieci gladiatori* (64), *Il trionfo dei dieci gladiatori* (64), *Per pochi dollari ancora* (66), *Deguello* (66), *Un dollaro tra i denti* (67), *Un uomo un cavallo una pistola* (68).

4629. Vailland, Roger. French writer. b. Oct. 16, 1907, Acy-en-Multien. d. May 11, 1965, near Bourg-en-Bresse. *Il sangue e la rosa* (60 co-w), *Lettere di una novizia* (60 co-w), *Il vizio e la virtù* (63 co-w/dialog). *Questo mondo proibito* (64 doc co-story).

Vainello, Raimondo *see* **Raimondo, Vianello**

4630. Vajda, Ladislao. Hungarian director. b. Aug. 18, 1906, Budapest. d. March 25, 1965, Barcelona, Spain. RN: Laszlo Vajda. Son of Ladisalus Vajda. *Giuliano de' Medici* (41), *La zia smemorata* (41 also co-w), *La madonnina d'oro* (49 co-d), *Il terrore dell'Andalusia* (54), *Un angelo passò per Brooklyn* (58 also co-w).

4631. Vajda, Ladislaus. Hungarian writer. b. Budapest. Worked in Germany. *La principessa Tarakanova* (38 co-story).

4632. Valberg, Birgitta. Swedish actress. b. Dec. 16, 1916, Stockholm. *Storia di una donna* (69).

4633. Valdemarin, Mario. Actor. b. Dec. 30, 1931, Gorizia. *Nata di marzo* (57), *Arrangiatevi* (59), *Vacanze d'inverno* (59), *La grande guerra* (59), *Il carro armato dell'8 settembre* (60), *Le ambiziose* (60), *Rocco e le sorelle* (60), *Ercole alla conquista di Atlantide* (61), *Una spada nell'ombra* (61), *Delitto allo specchio* (63), *I pirati della Malesia* (64), *Le conseguenze* (65 made in 63), *Berlino—appuntamento per le spie* (65), *Io, io, io... e gli altri* (65), *Per un dollaro di gloria* (67).

4634. Valderi, Xenia. Actress. b. 1926, Spalato, of a Dalmatian father and a German mother. *Il capitano di Venezia* (52), *Il tallone di Achille* (52), *Cento anni d'amore* (53 the episode "Amore 1954"), *La corda d'acciaio* (53), *L'età dell'amore* (53), *Il prigioniero del re* (54), *La romana* (54), *Cuore di mamma* (54), *Disperato addio* (54), *Come te movi, te fulmino* (58), *Avventura a Capri* (58), *Non perdiamo la testa* (59), *Le cameriere* (59), *La ballata dei mariti* (63), *Gli imbroglioni* (63), *Deserto rosso* (64).

4635. Valente, Antonio. Art director. b. July 14, 1894, Sora. *Camicia nera* (33), *Villafranca* (33), *Campo di maggio* (35), *Mastro Landi* (35), *Fiordalisi d'oro* (35), *Cuor di vagabondo* (36), *Un colpo di vento* (36), *Fermo con le mani!* (37 co-art d), *La vedova* (38), *Papà Lebonnard* (39), *Le sorprese del divorzio* (39), *Sei bambine e il Perseo* (39 also co), *La peccatrice* (40 also co), *Il re d'Inghilterra non paga* (41 also co), *Sant'Elena piccola isola* (42), *Cronaca di due secoli* (43 finished in 53 and never shown also co), *Teodora, imperatrice di Bisanzio* (53).

4636. Valente, Caterina. German actress/singer. b. Jan. 14, 1931, Paris, France, of a German mother and an Italian father of Spanish extraction. Star of the long-running Italian TV show, *The Caterina Valente Show*. She filmed mostly in Germany. *Casinò de Paris* (57).

4637. Valenti, Osvaldo. Actor. b. Feb. 17, 1906, Istanbul, Turkey. Son of Italian baron Michele Valenti and a Syrian mother. Married Fanny Musso. Began acting in Germany. A fanatical fascist, he was a torturer of anti-fascists in 1945, and was shot to death by partisans on April 30, 1945 in Milano alongside Luisa Ferida (q.v.). *Carmen von St. Paul* (27 Germany), *Song* (28 Germany), *Yoshiwara* (29 Germany), *Hungarische Rhapsodie* (29 Germany), *Cinque a zero* (32), *La fortuna di Zanze* (32), *La signorina dell'autobus* (32), *Ragazzo* (33), *Creature della notte* (33), *La danza delle lancette* (36), *La regina della Scala* (37), *La contessa di Parma* (37), *La signora di Montecarlo* (38), *Ettore Fieramosca* (38), *Mille lire al mese* (38), *La vedova* (38), *Mia moglie si diverte* (39), *Uragano ai tropici*

(39), *Trappola d'amore* (39), *Il fornaretto di Venezia* (39), *Frenesia* (39), *Una lampada alla finestra* (39), *Fanfulla da Lodi* (40), *Un'avventura di Salvator Rosa* (40), *I pirati del golfo* (40 unfinished), *Leggenda azzurra* (40), *Antonio Meucci, il mago di Clifton* (40), *Abbandono* (40), *Boccaccio* (40), *Capitan Fracassa* (40), *Idillio a Budapest* (40), *La zia smemorata* (41), *Giuliano de' Medici* (41), *La corona di ferro* (41), *Il re d'Inghilterra non paga* (41), *Don Buonaparte* (41), *La maschera di Cesare Borgia* (41), *Primo amore* (41), *L'amante segreta* (41), *Sancta Maria* (41), *La sonnambula* (41), *Gli ultimi filibustieri* (41), *Il vetturale del san Gottardo* (41), *Beatrice Cenci* (41), *La cena delle beffe* (41), *Orizzonte di sangue* (41), *Le due orfanelle* (42), *Fedora* (42), *Luisa Sanfelice* (42), *La bella addormentata* (42), *I predoni del Sahara* (42 unfinished also co-d), *Harlem* (42), *La valle del diavolo* (43), *L'invasore* (43), *Enrico IV* (43), *La locandiera* (43), *Un fatto di cronaca* (44), *Cronaca di due secoli* (43 finished in 53 and never shown).

4638. Valentin, Albert. French director/writer. b. Aug. 5, 1908, La Louvière, Belgium. In Paris from 1930. *Messalina* (51 co-adapted), *Madame Dubarry* (54 co-w/co-story), *Nanà* (55 co-w), *Femmina* (59 co-w), *Tempo di Roma* (63 co-adapted).

4639. Valentin, Mirko. Actor. *Il castello dei morti viventi* (64), *James Tont. . . operazione D.U.E.* (66), *Un fiume di dollari* (66), *Gente d'onore* (68).

4640. Valentine. Actress. *Venga a prendere il caffè. . . da noi* (70), *Bianco, rosso e. . .* (71).

4641. Valentini, Leopoldo. Actor. b. March 4, 1912, Roma. *L'ultima carrozzella* (43), *Circo equestre Za-Bum* (46 made in 44), *Fiamme sul mare* (47), *Torna a Napoli* (49), *I contrabbandieri del mare* (49), *Il diavolo in convento* (50), *Il voto* (51), *Stasera sciopero* (51), *Ergastolo* (52), *Il prezzo dell'onore* (52), *Ultimo addio* (54), *La Pica sul Pacifico* (59), *I masnadieri* (61), *Letto di sabbia* (63), *Obiettivo ragazze* (63), *I complessi* (65 the first episode, "Una giornata decisiva").

4642. Valère, Jean. French director. b. May 21, 1925. *Desideri proibiti* (63 also co-w).

4643. Valère, Simone. French actress. b. Aug. 2, 1923, Paris. RN: Simone Gondoff. AKA: Simone Valérie. Married Jean Desailly. *La bellezza del diavolo* (50), *Le grandi manovre* (55), *Storie d'amore proibite* (59), *La furia degli uomini* (63).

4644. Valeri, Bruno. Co-writer. AKA: Robert Bohr. *Caravaggio, il pittore maledetto* (41 also story), *Nozze di sangue* (42), *Peccatori* (44 also story), *Amanti senza amore* (47), *Gioventù perduta* (47), *I pirati di Capri* (48), *La madonnina d'oro* (49), *Il falco rosso* (49 w/story), *Altura* (50), *La figlia del reggimento* (53), *La ragazza di via Veneto* (56 also story), *I lunghi capelli della morte* (64 w).

4645. Valeri, Franca. Actress. b. July 31, 1920, Milano. RN: Alma Franca Maria Norsa. Married Vittorio Caprioli. *Luci del varietà* (50), *Totò a colori* (52), *Villa Borghese* (53), *Le signorine dello 04* (54), *Questi fantasmi* (55), *Il segno di Venere* (55), *Un eroe dei nostri tempi* (55), *Piccola posta* (55), *Il bigamo* (55), *Mariti in città* (57), *La ragazza del Palio* (58), *Non perdiamo la testa* (59), *Il moralista* (59), *Arrangiatevi* (59), *Il vedovo* (59), *Rocco e i suoi fratelli* (60), *Mariti in pericolo* (61), *Crimen* (61), *Leoni al sole* (61), *I motorizzati* (62), *Parigi o cara* (63), *Il giorno più corto* (63), *Gli onorevoli* (63), *I cuori infranti* (63 the episode "La mano di Fatma"), *I maniaci* (64), *Io, io, io. . . e gli altri* (65), *Lo scippo* (66), *Scusi, facciamo l'amore* (67), *Ultimo tango a Zagarol* (72), *La signora gioca bene a scopa?* (73), *L'Italia s'è rotta* (76), *Non ti conosco più amore* (80).

4646. Valeri, Marcella. Actress. *La giornata balorda* (60), *La viaccia* (61), *Lo sbarco di Anzio* (68).

4647. Valeri, Valeria. Actress. b. Dec. 8, 1925, Roma. RN: Valeria Tulli. *Lo zappatore* (50), *Adriana Lecouvreur* (55), *Siamo tutti pomicioni* (63), *Questa volta parliamo di uomini* (65), *Io e Caterina* (80).

4648. Valérie, Jeanne. French actress. b. Aug. 19, 1941, Paris. RN: Michèle Voiturier. *Femmina* (59), *Leda* (59), *Salammbò* (60), *La giornata balorda* (60), *Le pillole di Ercole* (60), *I piaceri del sabato notte* (60), *Labbra rosse* (60), *L'imprevisto* (61), *Le voci bianche* (64), *Se permettete . . . parliamo di donne* (64), *Da 077: missione Lisbona* (65), *Attentato ai tre grandi* (68), *L'amore è come il sole* (68).

Valérie, Simone *see* **Simone, Valeri**

4649. Valerii, Tonino. Director. *Per*

qualche dollaro in più (65 asst d), *Per il gusto di uccidere* (66), *I giorni dell'ira* (67 also co-w), *Il prezzo del potere* (69), *Una ragione per vivere e una per morire* (72 also co-w), *Il mio nome è Nessuno* (73), *Vai gorilla!* (76), *Sahara Cross* (77), *Senza scrupoli* (85 co-d/co-w).

4650. Valle, Riccardo. Actor. *Giuditta e Oloferne* (58), *Ercole contro i figli del sole* (64), *Summertime Killer* (72 U.S.).

4651. Valli, Alida. Actress. b. May 3, 1921, Pola. RN: Alida Maria Altenburger. AKA: Valli. Her father was of Austrian descent. Raised in Como. Studied at the Centro Sperimentale. Married Oscar de Mejo. *Il cappello a tre punte* (34), *I due sergenti* (36), *Il feroce Saladino* (37), *L'ultima nemica* (37), *Sono stato io!* (37), *Ma l'amor mio non muore* (38), *La casa del peccato* (38), *Mille lire al mese* (38), *L'ha fatto una signora* (38), *Assenza ingiustificata* (39), *Ballo al castello* (39), *La taverna rossa* (39), *Oltre l'amore* (40), *Manon Lescaut* (40), *La prima donna che passa* (40), *Fantasmi a Cinecittà* (40 doc), *Piccolo mondo antico* (40), *L'amante segreta* (41), *Ore 9 lezione di chimica* (41), *Luce nelle tenebre* (41), *I pagliacci* (41), *Catene invisibili* (42), *Le due orfanelle* (42), *Noi vivi* (42), *Addio Kira!* (42), *Stasera niente di nuovo* (42), *T'amerò sempre* (43), *Apparizione* (43), *Dieci minuti di vita* (43 this film was finally released in 44 as *Vivere ancora*), *Il canto della vita* (45), *Giovanna* (45), *La vita ricomincia* (45), *Circo equestre Za-Bum* (46 made in 44), *Eugenia Grandet* (46), *The Paradine Case* (48 U.S.), *The Miracle of the Bells* (48 U.S.), *The Third Man* (49 U.K.), *The White Tower* (50 U.S.), *Walk Softly Stranger* (50 U.S.), *I miracoli non si ripetono* (51), *Ultimo incontro* (51), *Il mondo le condanna* (52), *Gli amanti di Toledo* (53), *Siamo donne* (53 the episode directed by Gianni Franciolini), *La mano dello straniero* (53), *Senso* (54), *La diga sul Pacifico* (57), *Il grido* (57), *La grande strada azzurra* (57), *L'uomo dai calzoni corti* (58), *Ladri al chiar di luna* (58), *Les Yeux sans visage* (58 France), *Il ritorno di Arsenio Lupin* (59), *I dialoghi delle carmelitane* (59), *Il peccato degli anni verdi* (59), *Le Gigolo* (60 France), *Treno di Natale* (60), *Une Aussi Longue Absence* (61 France), *Il disordine* (62), *The Happy Thieves* (62 U.K.), *La Fille du torrent* (62 France), *Homenaje a la hora de siesta/Quattre femmes pour un héros* (62 France/Brazil/Argentina), *Al otro lado de la ciudad* (62 Spain), *Ophélia* (62 France), *Hombre de papel* (63 Mexico), *Valle de las espadas* (63 Spain), *L'Autre Femme* (64 France), *La muerte viaja demasiado* (65 Spain), *Umorismo nero* (65), *Edipo re* (67), *La strategia del ragno* (69), *Le Champignon* (70 France), *Concerto per pistola solista* (70), *L'occhio nel labirinto* (71), *La prima notte di quiete* (72), *Diario di un italiano* (73), *La casa dell'exorcismo* (73), *Tendre Dracula* (74 France), *La Grande Trouille* (74 France), *L'anticristo* (74), *La Chair de l'orchidée* (74 France), *Le Jeu de solitaire* (75 France), *Ce cher Victor* (75 France), *Il caso Raoul* (75), *1900* (76), *Cassandra Crossing* (77 U.S.), *Il cinema secondo Bertolucci* (77 doc appeared as herself), *Suspiria* (77), *Un cuore semplice* (77), *Suor Omicidi* (77), *Zoo* (78), *Berlinguer ti voglio bene* (79), *Porco mondo* (79), *La luna* (79), *Der Landvogt von Griefensee* (79 Germany), *Inferno* (80), *Puppenspiel mit toten Aügen* (80 Germany), *Aquella casa en las afueras* (80 Spain), *La caduta degli angeli ribelli* (81), *Aspern* (82 Germany), *Sogni mostruosamente proibiti* (82), *Segreti segreti* (85), *Hitchcock, il brivido del genio* (85 doc appeared as herself), *Le Jupon rouge* (87 France), *À notre regrettable époux* (88 France).

4652. Valli, Romolo. Actor. b. Feb. 7, 1925, Reggio Emilia. d. Feb. 1, 1980, Roma, in a car crash. A stage player, he cofounded the Compagnia dei Giovani in 1954. For 6 years he was artistic director of the Festival of Two Worlds in Spoleto. *Policarpo, ufficiale di scrittura* (59), *La grande guerra* (59), *Jovanka e le altre* (59), *Vento del sud* (59), *I piaceri del sabato notte* (60), *La ragazza con la valigia* (60), *La viaccia* (61), *Un giorno da leoni* (61), *Peccati d'estate* (62), *Boccaccio 70* (61 the episode "Il lavoro"), *Una storia milanese* (62), *Il boom* (63), *Confetti al pepe* (63), *Il gattopardo* (63), *Il giorno più corto* (63), *La vendetta della signora* (64), *La costanza della ragione* (64), *I complessi* (65 the episode "Guglielmo il dentone"), *La mandragola* (65), *Non stuzzicate la zanzara* (67), *Il marito è mio e l'ammazzo quando mi pare* (68), *Boom* (68), *Barbarella* (68), *Morte a Venezia* (70), *Il giardino dei Finzi-*

Contini (71), *Giù la testa* (71), *Che?* (72), *1900* (76), *Holocaust 2000* (77), *Bobby Deerfield* (77 U.S.), *Un borghese piccolo piccolo* (77), *L'avvocato del diavolo* (78), *Clair de femme* (79).

4653. Vallières, Jany. French actress. b. July 5, 1930, Paris. *Vacanze d'amore* (54).

4654. Vallone, Raf. Actor. b. Feb. 17, 1916, Tropea, Calabria. RN: Raffaele Vallone. Son of a Torinese lawyer. He had a brief soccer career with Torino (where he was raised), became a journalist, and was "discovered" by De Santis. Married Elena Varzi in 1952. *Riso amaro* (48), *Non c'è pace tra gli ulivi* (49), *Cuori senza frontiere* (49), *Il cammino della speranza* (50), *Il bivio* (50), *Il Cristo proibito* (51), *Anna* (51), *Camicie rosse* (51), *Roma, ore 11* (51), *Le avventure di Mandrin* (52), *Carne inquieta* (52), *Gli eroi della domenica* (52), *Perdonami!* (52), *Uomini senza pace* (53), *Destini di donne* (53 the episode "Nemica della guerra"), *La spiaggia* (53), *Teresa Raquin* (54), *Delirio* (54), *Domanda di grazia* (54), *Siluri umani* (54), *Il segno di Venere* (55), *Andrea Chénier* (55), *Il segreto di suor Angela* (55), *Les Possédées* (55 France), *Uragano sul Po* (57), *Guendalina* (57), *Rose Bernd* (57 Germany), *La Piège* (57 France), *La bella fioraia di Madrid* (58), *La vendetta* (58), *Recours en grâce* (59 France), *La garçonnière* (60), *La Ciociara* (61), *El Cid* (61), *Uno sguardo dal ponte* (62), *Phaedra* (62 U.S.), *The Cardinal* (63 U.S.), *The Secret Invasion* (64 U.S.), *La scoperta dell'America* (64), *Una voglia da morire* (64), *Harlow* (65 U.S.), *Se tutte le donne del mondo* (66), *Nevada Smith* (66 U.S.), *Volver a vivir* (68 Spain), *La esclava del paraíso* (68 Spain), *The Italian Job* (69 U.K.), *The Kremlin Letter* (70 U.S.), *Cannon for Cordoba* (70 U.S.), *La morte risale a ieri sera* (70), *Perchè non ci lasciate in pace* (71), *A Gunfight* (71 U.S.), *Summertime Killer* (72 U.S.), *Simona* (72), *Grazie amore mio* (73), *Histoire de l'oeil* (73 France), *Small Miracle* (73 U.S.), *Rosebud* (75 U.S.), *The Human Factor* (75 U.K.), *The Other Side of Midnight* (77 U.S.), *The Greek Tycoon* (78 U.S.), *L'avvocato del diavolo* (78), *An Almost Perfect Affair* (78 U.S.), *Retour à Marseille* (79 France), *A Time to Die* (79 U.S.), *Arthur Miller on Home Ground* (79 U.S. doc appeared as himself), *Lion of the Desert* (80 U.S.), *The Scarlet and the Black* (83 U.S. TV), *Catholics* (83 U.S. TV), *Honor Thy Father* (83 U.S. TV), *Le Pouvoir du mal* (85 France), *La leyenda del cura Bargota* (90 Spain), *The Godfather Part III* (90 U.S.).

4655. Valmont, Jean. French actor. b. 1937. *I barbieri di Sicilia* (67), *L'oro di Londra* (67), *Un corpo caldo per l'inferno* (68), *Il vespaio* (70).

4656. Valmy, André. French actor. b. Oct. 8, 1919, Paris. *Fascicolo nero* (55), *Agente Coplan: missione Spionaggio* (65).

4657. Valnay, Catherine. French actress. b. Algiers. *La torre del piacere* (54), *Andrea Chénier* (55).

4658. Valori, Bice. Actress. b. May 13, 1927, Roma. d. 1980. Married actor Paolo Panelli, with whom she was often teamed. *È più facile che un cammello...* (50), *Anema e core* (50), *Il padrone del vapore* (51), *Accidenti alle tasse!* (51), *Sette ore di guai* (51), *Totò terzo uomo* (52), *Inganno* (52), *Siamo tutti inquilini* (53), *Il matrimonio* (53), *La domenica della buona gente* (53), *I tre ladri* (53), *Papà pacifico* (54), *La bella di Roma* (55), *Bravissimo* (55), *Il momento più bello* (56), *Femmine tre volte* (57), *Susanna tutta panna* (57), *La zia d'America va a sciare* (57), *Guardia, ladro e cameriera* (58), *Caporale di giornata* (58), *Le dritte* (58), *Mia nonna poliziotto* (58), *Psicanalista per signora* (59), *Guardatele, ma non toccatele!* (59), *Noi duri* (60), *Le signore* (60), *Caccia al marito* (60), *Mariti a congresso* (61), *Maciste contro Ercole nella valle dei guai* (62), *Adultero lui, adultera lei* (63), *Le motorizzate* (63), *Amori pericolosi* (64 the episode "Il generale"), *Oltraggio al pudore* (64), *Deux pissenlits par la racine* (64 France), *Tutte le altre ragazze lo fanno* (66), *La bisbetica domata* (67), *Il medico della mutua* (68).

4659. Valori, Gino. Director. b. April 30, 1890, Firenze. d. May 28, 1961, Roma. Former journalist and theater director, he was also well-known as a playwright. He studied at the Centro Sperimentale, and worked as a writer and assistant director in movies in Italy, Austria and Germany before becoming a director in 1938. *La gondola delle chimere* (35 w), *Squadrone bianco* (36 co-w), *Blumen aus Nizza* (36 Austria co-w), *Frauenliebe—Frauenlied* (37 Germany co-w), *Equatore* (38 also co-w), *Chi sei tu?* (39 also w).

4660. Valturri, Patrizia. Actress. *Signore e signori* (66), *Se sei vivo spara* (67), *Nude...si muore* (67), *Soldati e capelloni* (67), *The Secret of Santa Vittoria* (69 U.S.).

4661. Valvassura-Boetti, Teresa. Actress. b. 1851, Saluzzo. d. March 10, 1930, Milano. RN: Teresa Boetti. Married Ernesto Valvassura. *Il sopravvissuto* (16), *Lea* (16), *La patria chiama* (18).

Vance, Stan *see* **Vancini, Florestano**

4662. Vancini, Florestano. Director. b. Aug. 24, 1926, Ferrara. AKA: Stan Vance. *Amanti senza fortuna* (49 doc), *Camionisti* (50 doc), *Pomposa* (50 doc), *Alluvione* (50 doc), *Uomini della pianura* (50 doc), *Il delta padano* (51 doc), *La città di Messer Ludovico* (51 doc), *Luoghi e figure di Verga* (52 doc), *Portatrici di pietre* (52 doc), *Più che regione* (52 doc), *Uomini della palude* (53 doc), *Al Filò* (53 doc), *Tre canne, un soldo* (53 doc), *La donna del fiume* (54 co-w/asst d), *Una capanna sulla sabbia* (55 doc), *Palude operosa* (55 doc), *Traghetti alla foce* (55 doc), *Variazioni a Comacchio* (55 doc), *Dove il Po scende* (55 doc), *Spiaggia d'inverno* (55 doc), *Sabbioneta* (55 doc), *Ravenna bizantina* (55 doc), *Tra Metauro e Marecchia* (56 doc), *Calabria sul mare* (56 doc), *Aria di Sila* (56 doc), *La grande selva* (56 doc), *Vento dell'Adriatico* (56 doc), *Teatro minimo* (57 doc), *La più alta del mondo* (57 doc), *Lago che muore* (57 doc), *Via Romea* (57 doc), *Cossjra* (58 doc), *L'isola d'acciaio* (58 doc), *Gli ultimi cantastorie* (58 doc), *Asfalto* (58 doc), *Uomini soli* (59 doc), *La lunga notte del 43* (60 also co-w), *Le italiane e l'amore* (61 the episode "La separazione legale" also co-w), *La banda Casaroli* (62 also co-w/story), *La calda vita* (63 also co-w), *Le stagioni del nostro amore* (66), *I lunghi giorni della vendetta* (68), *L'isola* (68 also co-w/story), *I fatti di Bronte* (70 also co-w), *Il delitto Matteotti* (73 also co-w), *Un dramma borghese* (79 also co-w), *La baraonda* (80), *La neve nel bicchiere* (83).

4663. Van Cleef, Lee. U.S. actor. b. Jan. 29, 1925, Somerville, N.J. d. Dec. 14, 1989, Oxnard, Calif. *Per qualche dollaro in più* (65), *Il buono, il brutto, il cattivo* (66), *La resa dei conti* (66), *Da uomo a uomo* (67), *I giorni dell'ira* (67), *Commandos* (68), *Al di là della legge* (68), *Ehi, amico, c'è Sabata...hai chiuso* (69), *Il grande duello* (69), *È tornato Sabata, hai chiuso un'altra volta* (71), *...E continuavano a fregarsi il milione di dollari* (72), *Dio, sei proprio un padreterno* (73), *Là, dove non batte il sole* (73), *La parola di un fuorilegge...è legge* (74), *Pistola di Dio* (76), *I cacciatori del cobra d'oro* (83).

4664. Vanders, Bill. U.S. actor. AKA: Bill Wanders. *L'oro di Londra* (67), *Rose rosse per il Fuehrer* (67), *La verità difficile* (68), *Scacco internazionale* (68), *La caduta degli dei* (68), *La statua* (70).

4665. Vandor, Ivan. Composer. *Se sei vivo spara* (67), *Seduto alla sua destra* (68), *Diario di una schizofrenica* (68).

4666. Van Doren, Mamie. U.S. actress. b. Feb. 6, 1933, Rowena, S.D. RN: Joan Lucille Olander. Married Ray Anthony. *Le bellissime gambe di Sabrina* (58), *I fratelli di Arizona* (74).

4667. Vaneck, Pierre. French actor. b. April 15, 1931, Lang Son, Indochina. *Colui che deve morire* (57).

4668. Vanel, Charles. French actor. b. Aug. 21, 1892, Rennes. d. April 15, 1989, Cannes. RN: Marie-Charles Vanel. *Vertigine d'amore* (48), *In nome della legge* (49), *Cuori sul mare* (49), *Il bivio* (50), *Incantesimo tragico* (51), *Gli inesorabili* (51), *L'ultima sentenza* (51), *Vite vendute* (53), *Versailles* (53), *Maddalena* (53), *Il caso Maurizius* (54), *L'allegro squadrone* (54), *Tam Tam Mayumbe* (55), *Difendo il mio amore* (56), *I battellieri del Volga* (58), *I dialoghi delle carmelitane* (59), *La steppa* (62), *Lo sgarro* (62), *Rififi a Tokio* (62), *Lo sciacallo* (63), *Sinfonia per un massacro* (63), *La più bella serata della mia vita* (72), *Cadaveri eccellenti* (76), *Tre fratelli* (81).

4669. Van Eyck, Peter. German actor. b. July 16, 1913, Steinwehr. d. 1969. RN: Götz Van Eick. Went to the U.S.A. in 1932, and became a citizen there in 1943. *I misteri della giungla nera* (52), *Vite vendute* (53), *Allarme a sud* (53), *Il fuoco nelle vene* (53), *Il diabolico dott. Mabuse* (60), *Il mondo nella mia tasca* (60), *Legge di guerra* (61), *I raggi mortali del dott. Mabuse* (64), *La guerra segreta* (65), *Spie contro il mondo* (66), *Rose rosse per il Fuehrer* (67).

4670. Van Fleet, Jo. U.S. actress. b. Dec. 30, 1919, Oakland, Calif. *La diga sul Pacifico* (57).

4671. Vangelis. Greek composer. b. March 23, 1943. RN: Vangelis Papathanassiou. *Nosferatu a Venezia* (88 songs), *Francesco* (89), *Russicum* (89 song).

4672. Van Hool, Roger. Belgian actor. *L'assassino è al telefono* (73).

4673. Van Husen, Dan. German actor. *Cipolla Colt* (75), *Casanova e compagnia* (76), *Salon Kitty* (76).

4674. Vanicek, Eva. Actress. b. May 17, 1936, Verona. RN: Eva Vanicsek. Daughter of a former Hungarian soccer player. Married actor Diego Michelotti in 1956. *Domani è troppo tardi* (50), *Cento piccole mamme* (51), *Totò e i re di Roma* (51), *Roma, ore 11* (51), *La presidentessa* (52), *Agenzia matrimoniale* (52), *Fanciulle di lusso* (52), *Cronache di poveri amanti* (53), *Maria Zef* (53), *Il fuoco nelle vene* (53), *Bertoldo, Bertoldino e Cacasenno* (54), *Io sono la Primula Rossa* (54), *Il seduttore* (54), *Scapricciatiello* (55), *Suor Maria* (56), *Il cavaliere dalla spada nera* (56), *Moglie e buoi...* (56), *Primo applauso* (57), *Il conte di Matera* (57).

4675. Vanni, Vanna. Actress. b. Jan. 7, 1915, Firenze. RN: Giovanna Pegna. Her first film was made using her right name. Retired 1943. *Il segreto del dottore* (30), *Le Monde où l'on s'ennuie* (34 France), *La freccia d'oro* (35), *Il serpente a sonagli* (35), *Sette giorni all'altro mondo* (36), *L'uomo che sorride* (36), *Non ti conosco più* (36), *Re di denari* (36), *Ho perduto mio marito* (36), *È tornato carnevale* (37), *I fratelli Castiglioni* (37), *Nina non far la stupida* (37), *Fuochi d'artificio* (38), *La voce senza volto* (38), *L'ultimo scugnizzo* (38), *Il destino in tasca* (39), *Il cavaliere di san Marco* (39), *Il barone di Corbò* (39), *Le educande di Saint-Cyr* (39), *Amiamoci così* (40), *L'imprevisto* (40), *Il signore a doppio petto* (41), *Se non son matti non li vogliamo* (41), *Acque di primavera* (42), *Non ti pago!* (42), *Grattacieli* (42), *Ti conosco, mascherina!* (42), *Non mi muovo!* (43), *Quattro ragazze sognano* (43).

Vannucci, Pina *see* **Vannucci, Scilla**

4676. Vannucci, Scilla. Actress. b. Oct. 12, 1933, Roma. RN: Giuseppina Vannucci. AKA: Pina Vannucci. *Er Fattaccio* (52), *Il sole negli occhi* (53), *Amori di mezzo secolo* (53 the episode "La girandola"), *Trieste cantico d'amore* (54), *La grande ombra* (58).

4677. Van Nutter, Rik. International actor. AKA: Clyde Rogers. Married Anita Ekberg (1963–75). Famous as Felix Leiter in the James Bond movie *Thunderball*. *Sette ore di fuoco* (64), *Joe l'implacabile* (65), *Un colpo da mille miliardi* (66).

4678. Van Parys, Georges. French composer. b. June 7, 1902, Paris. d. 1971. *Fanfan la tulipe* (51 co-composer), *Le belle della notte* (52 co-composer), *Quando le donne amano* (52), *I gioielli di Madame De...* (52), *L'eroe della Vandea* (53), *Il grande giuoco* (53 co-composer), *Il letto* (53 the episodes "Le Billet de logement" and "Riviera-Express"), *Il tradimento di Elena Marrimon* (54), *Il caso Maurizius* (54), *Madame Dubarry* (54), *La bella Otero* (54), *Nanà* (55), *Le grandi manovre* (55), *Agente Coplan: missione Spionaggio* (65).

4679. Van Patten, Vincent. U.S. actor. b. 1957. *Valdez il mezzosangue* (73).

4680. Van Riel, Raimondo. Actor. b. Jan. 22, 1881, Roma. Married actress Aidé Bongini (b. 1887. Stage name—Haydée) in 1912. *Per un'ora d'amore* (14), *La ladra di fanciulli* (20), *Il sacco di Roma e Clemente VII* (21), *La morte piange, ride e poi... s'annoia* (21), *La giovinezza del diavolo* (21), *La madre folle* (22), *Il cammino delle stelle* (22), *I promessi sposi* (23), *Tormenta* (23), *L'osteria di Mozzadita* (24), *Quo vadis?* (24), *La cavalcata ardente* (25), *Beatrice Cenci* (26), *Risa e lacrime napoletane* (26), *Il moroso della nonna* (27), *I rifiuti del Tevere* (27), *Kiff Tebbi* (27), *Flucht aus der Hölle* (28 Germany), *Rapa-Nui* (28 Germany), *Schuss in der Oper* (28 Germany), *S.O.S.* (28 Germany), *Der Herr im Spiel* (29 Germany), *Die Schmugglerbrand von Mallorca* (29 Germany), *La donna di una notte* (30), *Corte d'assise* (30), *Wellen der Leidenschaft* (30 Germany), *Terra madre* (31), *La lanterna del diavolo* (31), *Patatrac* (31), *Figaro e la sua gran giornata* (31), *Palio* (32), *Luci sommerse* (34), *Lorenzino de' Medici* (34), *Scipione l'Africano* (37), *Due milioni per un sorriso* (38), *Manege* (38 Germany), *Rosa di sangue* (40), *L'apocalisse* (47), *Il Trovatore* (47), *Una lettera all'alba* (48), *Il barone Carlo Mazza* (48), *La città dolente* (48), *Benvenuto, reverendo!* (49), *Margherita da Cortona* (50), *Primo amore* (58), *Ben-Hur* (59).

4681. Vanucchi, Luigi. Actor. b. 1930. *I fratelli corsi* (61), *Su e giù* (65),

Johnny Yuma (66), *Le piacevoli notti* (66), *Domani non siamo più qui* (67), *Il tigre* (67), *I giorni della violenza* (67), *La tenda rossa* (69), *L'assassinio di Trotsky* (72), *Anno uno* (74), *Le Sauvage* (75 France).

4682. Van Vooren, Monique. French actress. b. 1928, Bruxelles, Belgium. *Domani è troppo tardi* (50 her first film), *Carne per Frankenstein* (74).

4683. Vanzi, Luigi. Director. AKA: Vance Lewis. *Amore in città* (53 the episode "Tentato suicidio" asst d), *Le amiche* (55 asst d), *Il grido* (57 asst d), *Il mondo di notte* (59), *Un dollaro tra i denti* (67), *Un uomo un cavallo una pistola* (68), *Straniero di silenzio* (75).

4684. Vanzi, Pio. Original story writer. b. Oct. 9, 1884, Firenze. d. Oct., 1957, Palermo. Also directed the occasional movie. *La donna di cuori* (16), *Articolo IV* (16), *C'era una volta* (17), *Un'ombra che passa* (17), *I topi grigi* (17 8 episodes: "La busta nera"; "La tortura"; "Il covo"; "La rete di corda"; "La corsa al milione"; "Aristocrazia canaglia"; "6.000 volt"; "A mezza quaresima"), *Le labbra e il cuore* (17), *200 all'ora* (18), *La signora Arlecchino* (18), *Kalidaa* (18), *Il filo della vita* (18), *Dalila e Sansone* (18 also d), *Nella morsa di un sogno* (19), *La gola* (19), *L'orchidea e la ginestra* (19), *Bambola infranta* (19), *La tartaruga del diavolo* (20 also d), *Provincialina* (20), *La pecorella* (20), *Dopo il suicidio* (20), *L'anello di congiunzione* (20), *Il presidente della Ba. ce. cre. mi.* (34 also p/co-w), *Gli ultimi della strada* (39 co-w), *L'affare si complica* (40 co-w), *Il re d'Inghilterra non paga* (41 co-w), *Confessione* (41 co-story).

4685. Vanzina, Carlo. Director. *Figlio delle stelle* (79), *Una vacanza bestiale* (80), *Arrivano i gatti* (80), *I fichissimi* (82 also co-w), *Eccezzziunale...veramente* (82 also co-w), *Viuuulentamente mia* (82), *Vacanze di Natale* (83), *Sapore di mare* (83 also co-w), *Mystère* (83 also co-w), *Il ras del quartiere* (83), *Vacanze in America* (84 also co-w), *Amarsi un po'* (84), *Sotto il vestito niente* (85 also co-w), *Yuppies, i giovani di successo* (85 also co-w), *Monte Napoleone* (87 also co-w), *Il decimo clandestino* (89 co-p), *Italian fast food* (86 co-w), *Montecarlo gran casinò* (88 also co-w), *La partita* (91 also co-w), *Miliardi* (91 also co-w).

4686. Vanzina, Enrico. Co-writer. Brother of Carlo Vanzina. *Tre tigri contro tre tigri* (77), *La patata bollente* (79), *Fico d'India* (80), *Il tango della gelosia* (81), *I fichissimi* (82), *Eccezzziunale...veramente* (82), *Sapore di mare* (83), *Mystère* (83), *Domani mi sposo* (84), *Vacanze in America* (84), *Sotto il vestito niente* (85), *Italian fast food* (86), *Monte Napoleone* (87), *Montecarlo gran casinò* (88), *Ti presento un'amica* (88), *La partita* (91), *Miliardi* (91).

Vanzina, Stefano *see* **Steno**

4687. Var, André. French actor. b. Oct. 7, 1916, Montpellier. *I denti lunghi* (52), *L'eroe della Vandea* (53), *Il conte di Montecristo* (53).

4688. Varconi, Victor. Hungarian actor. b. March 31, 1891, Kisvard. d. June 16, 1976, Santa Barbara, Calif. RN: Mihály Viktor Várkonyi. In films from 1913, he was the first Hungarian movie star. In 1919 he went to Germany, then to Austria, and finally to the U.S.A. *L'uomo più allegro di Vienna* (25), *Gli ultimi giorni di Pompei* (26).

4689. Varda, Agnès. French director. b. May 30, 1928, Bruxelles, Belgium, of a Greek father and a French mother. *Cleo dalle 5 alle 7* (62 also w/story).

4690. Vardannès, Emilio. Actor. b. 1868, Paris. RN: Émile Vardannès. Came to Italy in 1911 where he starred in a series of comedies for Itala Film in Torino, using the name Totò. He co-directed these. In 1912 he moved over to Milano Film where he starred in the Bonifacio series, and in 1914 returned to Itala for a final Totò film. He often partnered André Deed (q.v.). He returned to France during WWI, and back to Italy after that conflict. *Il carretto di Totò* (11), *Totò critico della nuova moda* (11), *La farfalla di Totò* (11), *Totò senz'acqua* (11), *Tra i due litiganti...Totò gode* (11), *Totò portinaio* (12), *Come Totò riscuote l'affitto* (12), *Il portafortuna di Totò* (12), *Totò ha ereditato* (12), *Totò innamorato* (12), *Totò non ha fortuna* (12), *Come Vardannès entrò alla Milano Film* (12), *Bonifacio fa un buon affare* (12), *Bonifacio va in società* (12), *Bonifacio muratore* (12), *Il pudore di Bonifacio* (12), *Passeggiata aerea di Bonifacio* (12), *L'harem di Bonifacio* (12), *Bonifacio licenziato* (12), *Bonifacio in ritardo* (12), *Bonifacio commesso di negozio* (13), *Bonifacio e la camicia nuova* (13), *Bonifacio e il vestito nuovo* (13), *Bonifacio a teatro* (13), *Bonifacio caffettiere* (13), *La prima avventura* *di Totò* (14), *Cabiria* (14), *L'oro degli azteki* (20 in 3 episodes also co-d), *In terra sarda* (20), *Maciste in vacanza* (20), *Maciste salvato dalle acque* (20), *La pioggia di diamanti* (20), *Saetta contro la ghigliottina* (20 also d), *La modella di Tiziano* (21), *La congiura di San Marco* (22 in 3 episodes), *La donna carnefice nel paese dell'oro* (24), *Garibaldi e i suoi tempi* (25 as Garibaldi), *Saetta, principe per un giorno* (26).

4691. Varelli, Alfredo. Actor. b. Aug. 31, 1914, Saracinesco. *Vecchia guardia* (34), *Crispino e la comare* (37), *Io, suo padre* (38), *Follie del secolo* (39), *La cena delle beffe* (41), *All'ombra della gloria* (43), *Il sole di Montecassino* (45), *La gondola del diavolo* (46), *L'angelo e il diavolo* (46), *Il tiranno di Padova* (46), *Giotto* (46 short doc), *L'apocalisse* (47), *Il grido della terra* (48), *Cavalcata d'eroi* (49), *Amori e veleni* (49), *Quo Vadis?* (51 U.S.), *Il conte di Sant'Elmo* (51), *Tizio, Caio, Sempronio* (51), *Imbarco a mezzanotte* (52), *Buon viaggio, pover'uomo* (52), *Io, Amleto* (52), *La figlia del reggimento* (53), *Avventura ad Algeri* (53), *Il sacco di Roma* (53), *Non vogliamo morire* (53), *Tripoli, bel suol d'amore* (54), *Orizzonte infuocato* (57), *Il corsaro della mezza luna* (57), *Nel segno di Roma* (58), *La notte del grande assalto* (60), *L'assedio di Siracusa* (60), *La regina delle amazzoni* (60), *I giganti della Tessaglia* (61), *Orazi e Curiazi* (61), *Ponzio Pilato* (61), *La smania addosso* (62), *FBI operazione Baalbeck* (63), *Vino, whisky e acqua salata* (63), *Sette contro la morte* (65), *The Belly of an Architect* (87 U.K.).

4692. Varennes, Jacques. French actor. b. Nov. 8, 1895, Nantes. d. Sept., 1958, Paris. RN: Louis André. *Versailles* (53), *Il caso Maurizius* (54).

4693. Vargas, Daniele. Actor. *La Battaglia di Maratona* (59), *Il ladro di Bagdad* (60), *La furia dei barbari* (60), *La scimitarra del saraceno* (60), *Sodoma e Gomorra* (62), *Sansone contro i pirati* (63), *I mostri* (63), *Il successo* (63), *Gli schiavi più forti del mondo* (63), *Finchè dura la tempesta* (63), *Ercole contro Roma* (64), *La vendetta di Spartaco* (64), *L'invincibile cavaliere mascherato* (64), *Su e giù* (65 the episode "Questione di principio"), *La dama de Beirut* (65 Spain), *Caccia alla volpe* (66), *Le spie amano i fiori* (66), *A Man Could Get Killed* (66 U.S.), *Tre notti violente* (66), *Con la morte alle spalle* (67), *Assalto al tesoro di stato* (67), *Il lungo, il corto, il gatto* (67), *L'ultimo killer* (67), *Il figlio di Django* (67), *Come rubare un quintale di diamanti in Russia* (68), *Tre passi nel delirio* (68 the episode "William Wilson"), *Un uomo un cavallo una pistola* (68), *Wanted* (68), *El Zorro el volpe* (68 Spain), *Quel maledetto ponte sull'Elba* (69), *Le calde notti di Poppea* (69), *La vendetta è il mio perdono* (69), *Zorro, marchese di Navarra* (69), *Campa carogna. . .la taglia cresce* (72), *Cool Million* (72 U.S. TV), *The Arena* (73 U.S.), *L'infermiera* (76).

4694. Vari, Giuseppe. Director. AKA: Joseph Warren. Former editor and actor. *Messalina* (51 *), *Infame accusa* (52 also co-w), *Mamma perdonami* (54), *Due lacrime* (54), *Addio sogni di gloria* (54), *Il ricatto di un padre* (56), *Giovane canaglia* (58 also co-w), *Spavaldi e innamorati* (59), *La vendetta dei barbari* (60 also co-w), *I normanni* (61), *Canzoni in bikini* (63), *Roma contro Roma* (63), *Deguello* (66 also co-w), *Un poker di pistole* (67), *L'ultimo killer* (67), *Un buco in fronte* (68), *Con lui cavalca la morte* (68), *Un posto all'inferno* (69), *Prega per il morto e ammazza il vivo* (71), *Il tredicesimo è sempre giuda* (71 also co-w), *Terza ipotesi su un caso di perfetta strategia criminale* (72), *Il lupo dei mari* (73), *Suor Emanuelle* (77).

4695. Varte, Rosy. French actress. b. 1926, Istanbul, Turkey. *L'amore a vent'anni* (61 the first episode, "Antoine et Colette").

4696. Varzi, Elena. Actress. b. Feb. 27, 1920, Roma. Married Raf Vallone in 1952. Retired. *È primavera* (49), *Il cammino della speranza* (50), *Il Cristo proibito* (51), *Roma, ore 11* (51), *Gli eroi della domenica* (52), *Uomini senza pace* (53), *Delirio* (54), *Siluri umani* (54).

4697. Vaser, Ernesto. Actor. b. 1876, Torino. d. Nov. 23, 1934, Torino. Son of stage actor Pietro Vaser (d. 1898), and brother of stage actor Ercole Vaser. He was one of Italy's first movie comedians. In 1909, using the name Fricot, he starred in a series of comic shorts for Ambrosio Studios as a rival to Itala Film's star André Deed. In 1913, after Deed had returned to France, Itala signed Vaser and starred him in a series of films using the name Fringuelli. *La fabbrica dei salami* (05), *Le disgrazie di un ubriaco* (06), *Vaser perde il* *treno* (06), *Telefono nel medio evo* (07), *Il signore che soffre il solletico* (07), *Il signore non beve* (07), *Fricot in collegio* (09), *Perchè Fricot fu messo in collegio* (09), *Fricot impara un mestiere* (09), *Fricot cantante municipale* (10), *Fricot ha smarrito il bottone* (10), *Fricot beve la medicina* (10), *Fricot diventa libertino* (10), *Il parapioggia di Fricot* (10), *Santarellina* (11), *Fricot innamorato* (12), *Fricot sotto le armi* (12), *Fricot ha freddo* (12), *Fricot trasloca* (12), *Fricot ai bagni* (12), *Fricot amoroso* (12), *Fricot e la statua* (12), *La calza di Fricot* (13), *Fricot soffre d'insonnia* (13), *Fricot soldato* (13), *Fricot e le uova* (13), *Fricot emulo di Sherlock* (13), *Fricot cantante irresistibile* (13), *Madame Fricot è gelosa* (13), *La scala di Fricot* (13), *Il matrimonio di Figaro* (13), *Fringuelli e Virginia* (13 also d), *L'onomastico di Fringuelli* (13 also d), *Fringuelli se la vede brutta* (13 also d), *Fringuelli a dura prova* (13 also d), *Il primo veglione di Fringuelli* (13 also d), *Il cane della vedova* (14 also d), *Le lattivendole* (14 also d), *Il rimedio per le donne* (14 also d), *Ombre e bagliori* (15 also d), *La trovata del brasiliano* (15), *La meridiana del convento* (16).

4698. Vaser, Vittorio. Actor. b. June 12, 1904, Torino. d. Oct. 30, 1963, Roma. Son of Ernesto Vaser. *Sole* (29), *Il caso Haller* (33), *Aldebaran* (35), *Don Bosco* (35), *Stasera alle undici* (37), *Scipione l'Africano* (37), *La mazurka di papà* (38), *Duetto vagabondo* (39), *Il pirata sono io* (40), *Altri tempi* (51 the episode "Il tamburino sardo"), *La Gioconda* (53), *Acque amare* (54), *Rigoletto* (54), *Donne sole* (55), *Teseo contro il Minotauro* (60).

4699. Vasile, Turi. Director. b. March 22, 1922, Messina. Has also produced several films. *Bengasi* (42 asst to the director), *Due lettere anonime* (44 co-w), *Verginità* (50 co-w), *Altri tempi* (51 co-w), *I vinti* (52 co-w), *I sette peccati capitali* (52 co-w/general organizer), *Processo alla città* (52 co-w), *La passeggiata* (54 co-w), *I colpevoli* (57 also co-w), *Classe di ferro* (57), *Gambe d'oro* (58 also co-w/story), *Promesse di marinaio* (58 also co-w), *Moana, isola del sogno* (59 also p/w), *Roulotte e roulette* (60), *Le signore* (60 also co-w), *Operazione San Pietro* (68 p), *I bastardi* (68 p), *Pianeta Venere* (73 p), *The Squeeze* (76 U.S. p), *Agguato sul fondo* (78 co-ex p).

4700. Vassallo, Orlando. Director. b. 1881. d. Jan. 17, 1960, Roma. RN: Giovanni Orlando Vassallo. *Il sogno continua* (14 *), *Un giorno a Palermo* (14), *Presentat'armi!* (15 also story), *Alba di libertà* (15), *La canzone del fantasma* (15), *Vincolo segreto* (15), *Il sogno di primavera* (19 also story), *La sinfonia del mare* (19 also story), *Zampa di velluto* (20 co-d), *Risa e lacrime napoletane* (26), *Il moroso della nonna* (27), *I rifiuti del Tevere* (27), *Brigata Firenze* (28), *La leggenda di Wally* (28 co-d), *La mano sugli occhi* (29).

4701. Vassarotti, Vittorio. Producer. b. Jan. 12, 1901, Udine. d. Sept. 5, 1959, Roma. Also directed some films. Founded V.I.V.A. Film in 1939. *Il fornaretto di Venezia* (39), *Capitan Fracassa* (40), *La maschera di Cesare Borgia* (41), *L'abito nero da sposa* (43 distributor), *Genoveffa di Brabante* (46), *Ha da venì... don Calogero* (51 also d), *Il maestro di don Giovanni* (53 also co-d/w/story).

4702. Vattier, Robert. French actor. b. Oct. 2, 1906, Rennes. *Atollo K* (51).

4703. Vaughan, Norman. U.K. actor/comedian. *Lola* (70).

4704. Vaughn, Robert. U.S. actor. b. Nov. 30, 1932, N.Y.C. *La statua* (70), *Un maledetto pasticcio* (75).

4705. Vazzoler, Elsa. Actress. b. May 10, 1920, Treviso. d. 1989. *Il richiamo della tempesta* (50), *Nerone e Messalina* (53 started in 49), *La bella mugnaia* (55), *La vena d'oro* (55), *I quattro del getto tonante* (55), *La grande guerra* (59), *Lettere di una novizia* (60), *Appuntamento a Ischia* (60), *Il federale* (61), *Cinque marines per cento ragazze* (61), *Giulietta e Romeo* (64), *Io uccido, tu uccidi* (65 the fifth episode, "Giochi acerbi"), *Il padre di famiglia* (67), *Storia di una donna* (69), *Il commissario Pepe* (69).

4706. Vecchietti, Alberto. Co-writer. b. Dec. 4, 1908, Roma. *Un garibaldino al convento* (41 also asst d), *Buongiorno, Madrid!* (42 also asst d), *Genoveffa di Brabante* (46), *Teheran* (47), *I fratelli Karamazoff* (47), *Fabiola* (48), *Ti ritroverò* (48 also story), *La vendetta di una pazza* (51), *Auguri e figli maschi* (51), *La paura fa 90* (51), *Una bruna indiavolata* (51), *Stasera sciopero* (51), *Canzone appassionata* (53 story), *Il mostro dell'isola* (53), *Canzone d'amore* (54), *Terra straniera* (55 made in 53), *Cantami buongiorno tristezza* (55 also story), *Il mondo dei miracoli* (59 story), *Il commissario* (62 *), *La marcia su Roma* (63 *).

4707. Vecla, Emma. Actress. b. Dec., 1884, Oran, Algeria. RN: Adrienne Talmat. Daughter of a French official. Came to Italy as an opera singer. Retired in Milano in 1929. *I capricci di una milionaria americana* (13), *Amor che tace* (16).

4708. Vedovelli, Luciana. Actress. b. Sept. 7, 1932, Milano. Retired in 1955. *Le ragazze di piazza di Spagna* (51), *Tre storie proibite* (52), *Marito e moglie* (52), *A fil di spada* (52), *Il segreto delle tre punte* (52), *Don Lorenzo* (52), *Sul Ponte dei sospiri* (52), *Jeunes Mariés* (53 France), *La prigioniera di Amalfi* (53), *Figaro, barbiere di Siviglia* (55).

4709. Vega, Isela. Mexican actress. *Occhio per occhio, dente per dente* (72).

4710. Veidt, Conrad. German actor. b. Jan. 22, 1893, Potsdam. d. April 3, 1943, Hollywood, Calif., U.S.A. RN: Conrad Weidt. *Enrico IV* (26).

Vejo, Milvia *see* **Mancini, Beatrice**

4711. Velle, Louis. French actor. b. May 29, 1926, Paris. *Fate largo ai moschettieri* (53), *I sette peccati di papà* (54), *Là, dove scende il sole* (65).

4712. Venantini, Venantino. Actor. b. 1933. *Odissea nuda* (61), *Pastasciutta nel deserto* (61), *La guerra continua* (62), *La città prigioniera* (62), *Les Tontons flingueurs* (63 France), *Il vuoto* (64), *Deux pissenlits par la racine* (64 France), *La celestina P...R...* (64), *Le conseguenze* (65 made in 63), *The Agony and the Ecstasy* (65 U.S.), *Colpo grosso ma non troppo* (65), *Galia* (66 France), *Le Grand Restaurant* (66 France), *Crepa tu...che vivo io* (67), *Zarabanda bing...bing* (67), *Le calde notti di Lady Hamilton* (68), *Lo sbarco di Anzio* (68), *Vivre la nuit* (68 France), *La matriarca* (68), *Erotissimo* (69), *La morte negli occhi del gatto* (72), *Le Rempart des béguines* (72 France), *Le Tueur aime les bonbons* (72 France), *Number One* (73), *Profession: aventuriers* (73 France), *Final Justice* (85 U.S.), *Emanuella nera* (76), *Il pomicione* (76), *Emanuelle 2* (76 France), *L'altra metà del cielo* (77), *Il grande attacco* (77), *Emanuelle a Bangkok* (77), *Nove ospiti per un delitto* (77), *La via della prostituzione* (78), *Primo amore* (78), *Tre simpatiche carogne* (78), *La guerra dei robot* (78), *La cage aux folles* (79), *Da Corleone a Brooklyn* (79), *L'umanoide* (79), *L'affare Concorde* (79), *Il vizietto* (79), *Sesso profondo* (80), *La bestia nello spazio* (80), *Apocalisse domani* (80), *Cannibal Ferrox* (80), *Paura nella città dei morti viventi* (80), *I nuovi barbari* (83), *SuperFantaGenio* (85), *Le avventure dell'incredibile Ercole II* (84).

Vendel, Magali *see* **de Vendeuil, Magali**

4713. Vendell, Veronique. French actress. b. 1942. *Io la conoscevo bene* (65), *L'ombrellone* (66), *Le streghe* (66), *Barbarella* (68), *Vedo nudo* (69), *Il commissario Pepe* (69).

Vendeuil, Magali *see* **de Vendeuil, Magali**

4714. Veneroni, Paola. Actress. b. Jan. 15, 1922, Milano. Did much dubbing and theater after WWII. *Incubo* (39 short), *Edizione straordinaria* (39 short), *Maddalena, zero in condotta* (40), *Divieto di sosta* (41), *Il ventesimo duca* (41), *Signorinette* (42), *L'angelo del crepuscolo* (42), *L'amico delle donne* (42), *Vietato ai minorenni* (43), *Il paese senza pace* (43), *L'innocente Casimiro* (45), *Le miserie del signor Travet* (45), *L'amante del male* (46 made in 44), *Un mese d'onestà* (47), *I fratelli Karamazoff* (47), *Yvonne la nuit* (49).

4715. Veneziani, Carlo. Writer. b. June 12, 1882, Leporano, near Taranto. d. Jan. 17, 1950, Milano. *Qui pro quo* (13 story), *Bruscolo* (19 story), *L'antenato* (36 also story/from his play), *Le educande di Saint-Cyr* (39 story/from his play), *Il capitano degli ussari* (40), *Validità giorni dieci* (40), *Il diavolo va in collegio* (43 story), *Serenata al vento* (57 story/from his play).

Vengelli, Nino *see* **Vingelli, Nino**

4716. Ventimiglia, Giovanni. Director of photography. b. Sicilia. *Nettezza Urbana* (48 short doc), *Superstizione* (48 short doc), *Sette canne e un vestito* (49 short doc), *Fiamme sulla laguna* (50), *Abbiamo vinto* (50), *Porca miseria* (51), *Il mago per forza* (51 co-ph), *Serenata tragica* (51), *Le meravigliose avventure di Guerrin Meschino* (51), *Opinione pubblica* (53), *Viaggio in Oriente* (53 doc), *I quattro del getto tonante* (55).

4717. Ventura, Lino. French actor. b. July 14, 1919, Parma, Italy. d. Oct. 23, 1987, Saint-Cloud. RN: Angelo Borrino Ventura. In 1927 his parents, in the exporting business, moved to Paris. Expelled from school, Lino became a mechanic, salesman, boxer, among other things, and was spotted by Jean Becker during a boxing match. *Montparnasse* (58), *Il mistero della pensione Edelweiss* (58), *Il mistero dei tre continenti* (59), *Asfalto che scotta* (60), *La ragazza in vetrina* (60), *Il giudizio universale* (61), *Il re di Poggioreale* (61), *Carmen di Trastevere* (61), *Le tentazioni quotidiane* (62), *I cavalieri della vendetta* (64), *Il clan dei siciliani* (69), *Joe Valachi—i segreti di Cosa Nostra* (72), *Cadaveri eccellenti* (76), *I seduttori della domenica* (80), *Cento giorni a Palermo* (83), *Uomini duri...altrimenti vi ammuchiamo* (73).

4718. **Ventura, Ray.** French producer. b. April 16, 1908, Paris. d. 1979. RN: Raymond V. Ventura. Former orchestra leader and actor. *La carrozza d'oro* (53 co-p), *Miss Spogliarello* (56), *La ragazza del peccato* (57 co-p), *Un "colpo" da due miliardi* (58).

4719. **Venturelli, Silvana.** Actress. *Il magnaccio* (68), *L'alibi* (68), *Il figlio di Aquila Nera* (68), *Vivo per la tua morte* (68), *Camille 2000* (69).

4720. **Venturini, Giorgio.** Producer. b. March 4, 1907, Firenze. *Fantasmi del mare* (48), *Guglielmo Tell* (48), *L'ultima cena* (49), *La mano della morta* (49 co-p), *Capitan Demonio* (49), *Gente così* (50), *Abbiamo vinto* (50 co-p), *La leggenda di Genoveffa* (52), *Il figlio di Lagardère* (52), *Il mercante di Venezia* (52 co-p), *I misteri della giungla nera* (52), *La vendetta dei thugs* (52), *Il tesoro del Bengala* (52), *I piombi di Venezia* (52), *Il boia di Lilla* (53), *Traviata 53* (53), *Il cavaliere di Maison Rouge* (53), *Canzoni a due voci* (53 co-p), *Il prigioniero del re* (54 co-p), *La vedova X* (54), *Gli amanti del deserto* (58 co-p), *Erode il grande* (59 co-p), *I cosacchi* (59 co-p), *Il rossetto* (60 co-p), *Il mulino delle donne di pietra* (60 co-p), *La donna dei faraoni* (60), *Il sepolcro dei re* (60), *Totò contro Maciste* (60 co-p), *Il sicario* (61 co-p), *La guerra di Troia* (61 co-p), *I pianeti contro di noi* (61 co-p), *La leggenda di Enea* (62 co-p), *Una regina per Cesare* (62 co-p), *Più forte del sangue* (63 co-p), *L'uomo in nero* (63 co-p), *I pirati della Malesia* (64 co-p), *Il tempio dell'elefante bianco* (64 co-p), *Da 007: criminali a Hong Kong* (64 co-p), *Il leone di Tebe* (64 co-p), *La montagna di luce* (64), *Buffalo Bill, l'eroe del far west* (64 co-p), *I tre sergenti del Bengala* (64 co-p).

4721. **Venturini, Livia.** Actress. b. Roma. *Tristi amori* (43), *T'amerò sempre* (43), *La leggenda di Faust* (48), *La Bisarca* (50), *Moglie per una notte* (52), *Amore in città* (53 the episode "Agenzia matrimoniale"), *La strada* (54), *Guardia, guardia scelta, brigadiere e maresciallo* (56), *Primo amore* (58), *Signori si nasce* (59), *Mina... fuori la guardia* (61).

4722. **Veo, Carlo.** Co-writer. Later became a director. *Terra d'odio* (50), *Fermi tutti, arrivo io!* (53), *Papà pacifico* (54), *Tua per la vita* (55 also co-story), *Da qui all'eredità* (55 also story), *Il campanile d'oro* (55), *Il falco d'oro* (55), *Cantando sotto le stelle* (56 also story), *Lo spadaccino misterioso* (56), *Giovanni dalle bande nere* (57 also co-story), *Non cantare...baciami!* (57), *Tre straniere a Roma* (58), *Caravan petrol* (60 also co-story), *Il mio amico, Jekyll* (60), *Le ambiziose* (60), *Spade senza bandiere* (60 also d/story), *Le magnifiche sette* (61), *Pesci d'oro e bikini d'argento* (62 also d/story), *...E divenne il più spietato bandito del sud* (67).

4723. **Véras, Linda.** French actress. *Il generale Della Rovere* (59), *Faccia a faccia* (67), *Corri, uomo, corri* (67), *Gungala, la pantera nera* (68), *Dio li crea, io li ammazzo* (68), *Ehi, amico, c'è Sabata...hai chiuso* (69), *L'oro dei bravados* (71).

4724. **Verde, Dino.** Co-writer. b. July 13, 1922, Napoli. RN: Edoardo Verde. *Rascel—Fifì* (57 also co-story), *Mariti in città* (57), *Caporale di giornata* (58 also story), *Domenica è sempre domenica* (58), *La ragazza di piazza san Pietro* (58), *Carmela è una bambola* (58), *Il terribile Teodoro* (58), *Via col para...vento* (58), *Ciao, ciao, bambina* (58 also story), *Le cameriere* (59), *Spavaldi e innamorati* (59 also story), *Tempi duri per i vampiri* (59), *Genitori in blue jeans* (60), *Noi duri* (60 also co-story), *Anonima cocottes* (60), *Gli incensurati* (60 also story), *Mariti a congresso* (61), *Scanzonatissimo* (63 also d/story), *I due toreri* (64), *Due mafiosi contro Goldginger* (65 also story).

4725. **Verdier, Julien.** French actor. b. Jan. 13, 1910, Vanves. *Siamo tutti assassini* (52), *Fascicolo nero* (55), *Tamango* (57), *I dialoghi delle carmelitane* (59).

4726. Verdone, Carlo. Director/co-writer/co-producer/actor. b. 1946. Son of Mario Verdone. Well-known as a comedian. *Un sacco bello* (80), *Bianco rosso e Verdone* (80), *Borotalco* (81), *In viaggio con papà* (82 co-d/co-w), *Grand Hotel Excelsior* (82 *), *Acqua e sapone* (83), *I due carabinieri* (85), *Troppo forte* (85 d/co-w/*), *7 chili in 7 giorni* (87 *), *Io e mia sorella* (88), *Compagni di scuola* (89 d/*), *Il bambino e il poliziotto* (90), *Stasera a casa di Alice* (91).

4727. Verdone, Mario. Documentary director/writer. b. July 27, 1917, Alessandria. Also a noted film historian. Made the following documentaries: *Tre tempi al cinema astratto* (50 co-d/w), *Stracittà* (51), *Album di Mino Maccari* (51 co-d/co-w), *Il film storico italiano muto* (52), *Immagini popolari siciliane sacre* (52 co-d/w), *Immagini popolari siciliane profane* (52 co-d/w), *Uno svizzero in Italia* (54), *Parata di bambole* (54), *Vita teatrale* (55), *Rinascita dell'Arazzo* (55), *Anni lieti* (55), *Mestieri per le strade* (56), *Ombre cinesi* (56), *Querena* (56), *Anticoli Corrado* (57), *Madonne senesi* (58), *Sano di Pietro* (58), *Le viole di Santa Fina* (58), *La banda di Brema* (58 an unfinished puppet film for children w/story), *Antico Egitto* (59), *Pierino salvadanaio* (59 puppet film for children dialog), *Montepulciano perla del Cinquecento* (59 doc), *Mazzini europeo* (60 co-d/co-w), *Macchiaioli a Livorno* (64 co-d/co-w), *Poesia dei macchiaioli* (64 co-d/co-w).

4728. Verdozzi, Enrico. Art director. b. March 13, 1892, Roma. *Casta diva* (35), *Amore* (35), *Il corsaro nero* (36), *Scarpe al sole* (36), *Ballerine* (36 co-art d), *Allegri masnadieri* (37), *Il fornaretto di Venezia* (39), *Capitan Fracassa* (40), *Il cavaliere senza nome* (40 co-art d), *La maschera di Cesare Borgia* (41 co-art d), *Giuliano de' Medici* (41 co-art d), *Il mercante di schiave* (41 co-art d), *Il ventesimo duca* (41 co-art d), *Inferno giallo* (42 co-art d), *Non canto più* (43 co-art d), *Tre ragazze cercano marito* (43), *L'apocalisse* (47 co-art d).

4729. Veretti, Antonio. Composer. b. Feb. 20, 1900, Verona, *Scarpe al sole* (36), *Squadrone bianco* (36), *Ma non è una cosa seria* (36 co-composer), *La regina della Scala* (37 co-composer), *Orgoglio* (38), *Il torrente* (38), *La conquista dell'aria* (39), *L'assedio dell'Alcazar* (40), *Bengasi* (42), *Cielo sulla palude* (49), *L'edera* (50), *Tre storie proibite* (52), *Maddalena* (53).

4730. Vergani, Orio. Co-writer. b. Feb. 6, 1899, Milano. d. April 6, 1960, Milano. Brother of Vera Vergani. *Jolly, clown da circo* (23 also co-story), *Noi vivi* (42), *Addio Kira!* (42).

4731. Vergani, Vera. Actress. b. Feb. 6, 1894, Milano. AKA: Vera Podrecca. From a Venetian family, she was the niece of actor Vittorio Podrecca. *Il presagio* (16), *La menzogna* (16), *Dora o le spie* (17), *La paura d'amare* (19), *La buona figliuola* (19), *La volata* (19), *La nemica* (20), *Caterina* (20), *Il filo di Arianna* (20), *Il fiore dell'odio* (20), *Fior d'amore* (20), *La modella* (20), *Giulia di Trēcoeur* (21), *Vittima* (21), *Il morbidone* (65).

4732. Vergano, Aldo. Co-writer. b. Aug. 27, 1891, Roma. d. Sept. 21, 1957, Roma. Also directed several films. Wrote a book, "Cronaca degli anni sperduti." *Sole* (29 also story), *La Scala* (31 w), *Vele ammainate* (31 w/story), *Patatrac* (31 w), *Due cuori felici* (32 w), *La cantante dell'opera* (32), *La telefonista* (32 w), *L'armata azzurra* (32 w), *Fori imperiali* (32 short doc d), *Sette giorni cento lire* (33 w), *La voce lontana* (33 also production d), *Non son gelosa* (33), *Il presidente della Ba. ce. cre. mi.* (34), *Seconda B* (34 also d prod), *Don Bosco* (35 also d prod), *Amore* (35), *Ginevra degli Almieri* (35 also d prod), *Cavalleria* (36), *È tornato carnevale* (37), *L'albero di Adamo* (37), *Sono stato io!* (37), *Gli uomini non sono ingrati* (37), *Marcella* (37), *Il conte di Brēchard* (37), *Pietro Micca* (38 also co-d/story), *Per uomini soli* (39), *I figli della notte* (39), *Torna, caro ideal...!* (39 also story), *La notte delle beffe* (39), *San Giovanni decollato* (40), *Il cavaliere di Kruja* (40 also story), *La donna perduta* (40), *Luna di miele* (41 d prod), *Perdizione* (42), *Quelli della montagna* (43 also d), *Il sole sorge ancora* (46 also d), *Sperduti nel buio* (47 also adapted), *Gli ultimi giorni di Pompei* (48 asst to the director), *Czarci zleb* (49 Poland co-d/w/co-e. In Italy this film was known as *Il passo del diavolo*, and in the English-speaking world as *The Devil's Power*), *I fuorilegge* (50 also d), *Santa Lucia luntana* (51 also d/story), *Amore rosso* (51 also d), *La grande rinuncia* (51 d), *Schicksal am Lenkard* (54 Austria d).

4733. Vergano, Serena. Actress. b. 1942, Milano. *I dolci inganni* (60), *Il brigante* (61), *Leoni al sole* (61), *Cronaca familiare* (62 her part was left on the cutting-room floor), *Una vita violenta* (62), *Il grande ribelle* (62), *Senza sole nè luna* (63), *Tempo di Roma* (63), *Le disavventure della virtù* (68), *Historia de una chica sola* (69 Spain).

4734. Verley, Renaud. French actor. b. 1945. Brother of actor Bernard Verley. *Amor di una calda estate* (65), *La caduta degli dei* (68).

4735. Verlier, Jacques. French actor. b. 1933. *Saluti e baci* (52), *La nemica* (52).

4736. Vernac, Denise. French actress. b. Paris. *Montparnasse* (58).

4737. Vernati, Marisa. Actress. b. June 21, 1920, Roma. Niece of Luisa Tetrazzini. In 1950 she married Iranian doctor Alexander Aghebabian, and they went to live in Turkey. *Sono stato io!* (37), *Crispino e la comare* (37), *Voglio vivere con Letizia* (38), *Partire* (38), *Melodie eterne* (40), *Le signorine della villa accanto* (41), *Il ponte sull'infinito* (41), *Perdizione* (42), *Colpi di timone* (42), *In due si soffre meglio* (43), *Vietato ai minorenni* (43), *Sogno d'amore* (44), *Abbasso la miseria* (45), *Cronaca nera* (46), *L'atleta di cristallo* (46), *Miss Italia* (49), *La carrozza d'oro* (53), *Papà pacifico* (54), *Peppino e la vecchia signora* (57 made in 54),

4738. Vernay, Annie. French actress. b. 1922, Nice. d. 1941, Buenos Aires, Argentina, of typhoid fever. RN: Annie Verneuil. After making 5 films in Europe (two as the lead), she headed for South America with a Hollywood contract. It was a rendezvous with death. *La principessa Tarakanova* (38).

4739. Vernay, Robert. French director. b. May 30, 1907, Paris. *Il conte di Montecristo* (53 also co-adapted).

4740. Verner, Jean. French actor. b. Dec. 12, 1924, Düsseldorf, Germany. RN: Hans Verner. *Atollo K* (51), *I sette peccati capitali* (52), *Gli eroi sono stanchi* (55).

4741. Verneuil, Henri. French director. b. Oct. 15, 1920, Rodosto, Turkey, into an Armenian family. RN: Achod Malakian. *Frutto proibito* (52), *Me li mangio vivi!* (53), *Il nemico pubblico n. 1* (53), *Paris Palace Hotel* (56 also co-w), *Noi gangsters* (58), *La vacca e il prigioniero* (60 also co-w), *Colpo grosso al casinò* (62), *Weekend a Zuydecoote* (64), *Il clan dei siciliani* (69 also co-w), *Gli scassinatori* (71 co-d/p/co-w), *Il serpente* (73 also co-p).

4742. Vernon, Anne. French actress. b. Jan. 9, 1925, Saint-Denis. RN: Edith Antoinette Alexandrine Vignaud. Former dress designer. She began acting as Edith Vignaud. *Patto col diavolo* (49), *Passaporto per l'Oriente* (51), *La leggenda di Genoveffa* (52), *La donna più bella del mondo* (55), *Il conte Max* (57), *Il generale Della Rovere* (59), *Laura nuda* (61), *Arsenio Lupin contro Arsenio Lupin* (62).

4743. Vernon, Howard. Swiss actor. b. July 15, 1914, Baden. Spent his childhood in the U.S.A., and finished school in France and Switzerland. *Versailles* (53), *Il mistero della pensione Edelweiss* (58), *Il diabolico dott. Mabuse* (60), *Il vizio e la virtù* (63), *Il treno* (64), *Agente Lemmy Caution: missione Alphaville* (65), *Le disavventure della virtù* (68), *Da Dunkerque alla vittoria* (79).

4744. Vernon, John. Canadian actor. b. Feb. 24, 1932, Montreal. *Una giornata speciale* (76).

4745. Vernuccio, Gianni. Director. b. May 30, 1918, Cairo, Egypt. RN: Giovanni Vernuccio (and he is known also by this name). Graduated from the Centro Sperimentale, he was an editor and documentary maker at the beginning of WWII. *Nel paese delle fisarmoniche* (41 doc), *Piccoli alpini* (42 doc), *Circo* (43 doc), *Uomini senza domani* (46 also co-w/story), *Armonie del Verbano* (47 doc), *Emraa min narr* (49 Egypt. In Italy this film was known as *Sangue nel deserto*), *Il tesoro del Bengala* (52 co-d), *Canzoni a due voci* (53), *Le avventure di Cartouche* (55 co-d), *L'inferno addosso* (59 also w/story), *A due passi dal confine* (61 also co-w/story), *Gli italiani si divertono così* (63 doc), *Un amore* (65).

4746. Versini, André. French actor. b. Nov. 23, 1923, Saint-Mandé. Also directed the occasional film. *Il tradimento di Elena Marrimon* (54), *La regina Margot* (54), *La gatta* (58), *La prima notte* (58), *Un appuntamento per uccidere* (62 d).

4747. Versini, Marie. French actress. b. Aug. 10, 1940, Paris. *Il peccato degli anni verdi* (59), *La valle dei lunghi coltelli* (63).

4748. Versois, Odile. French actress. b. June 14, 1930, Paris. d. June 23, 1980,

Paris. RN: Katiana de Poliakoff Baïdaroff. Daughter of a ballerina mother and a singer father of Russian origin. Sister of actresses Marina Vlady, Hélène Valier and Olga Ken (Poliakoff). *Due sorelle amano* (49), *Paolo e Francesca* (49), *La sposa non può attendere* (50).

4749. Verushka. German actress. b. 1940. RN: Vera von Lehndorff. *Blow Up* (66).

4750. Vessel, Hedy. Actress. AKA: Edy Vessel. *Il ladro di Bagdad* (60), *Psycosissimo* (60), *La guerra di Troia* (61), *Rosmunda e Alboino* (61), *8½* (63), *Sir Francis Drake, il re dei sette mari* (63).

4751. Vianello, Adrian. Actor. *Il conquistatore di Corinto* (62), *Il gaucho* (64).

4752. Vianello, Maria Teresa. Actress. b. 1940, Roma. Came to movies by way of beauty contests. *Rascel–Fifì* (57), *Classe di ferro* (57), *Primo applauso* (57), *Serenatella Sciuè Sciuè* (57), Lorella (58), *Vulcano, figlio di Giove* (61), *L'orribile segreto del dottor Hichcock* (62 under the name Teresa Fitzgerald), *I due della Legione straniera* (62), *I due toreri* (64).

4753. Vianello, Raimondo. Actor. b. May 7, 1922, Roma. AKA: Riccardo Viani. Later in his career he became a writer. *Fifa e arena* (48), *Totò sceicco* (51), *Napoleone* (51), *Noi due soli* (52), *Assi alla ribalta* (54), *La moglie è uguale per tutti* (54), *Mia nonna poliziotto* (58), *Marinai, donne e guai* (58), *Primo amore* (58), *Il nemico di mia moglie* (59), *Noi siamo due evasi* (59), *La cambiale* (59), *Guardatele, ma non toccatele!* (59), *La duchessa di Santa Lucia* (59), *Tu che ne dici?* (60), *Le ambiziose* (60), *Gli incensurati* (60), *Caccia al marito* (60), *A noi piace freddo...!* (60), *Le olimpiadi dei mariti* (60), *Meravigliosa* (60), *Il mio amico, Jekyll* (60), *Cacciatori di dote* (60), *Psycosissimo* (60), *Sua Eccellenza si fermò a mangiare* (61), *Il mantenuto* (61), *I magnifici tre* (61), *La ragazza dei mille mesi* (61), *Pugni, pupe e marinai* (61), *Ferragosto in bikini* (61), *Cinque marines per cento ragazze* (61), *Una domenica d'estate* (61), *Gerarchi si muore* (62), *Totò Diabolicus* (62), *I tre nemici* (62), *Maciste contro Ercole nella valle dei guai* (62), *I tromboni di Fra' Diavolo* (62), *Due contro tutti* (63), *Gli imbroglioni* (63), *Le motorizzate* (63), *Vino, whisky e acqua salata* (63), *Le tardone* (64 the episode "L'armadio"), *Gli eroi del west* (64), *I maniaci* (64), *Veneri al sole* (65), *I figli del leopardo* (65), *Letti sbagliati* (65 the second episode, "00–Sexy: missione Bionda Platino"), *Veneri in collegio* (65), *Spiaggia libera* (65), *Per qualche dollaro in meno* (66), *Ringo e Gringo contro tutti* (66), *La schiava, io ce l'ho e tu no* (73 co-w), *Fico d'India* (80 co-w).

4754. Viarisio, Enrico. Actor. b. Dec. 3, 1897, Torino. *La ragazza dal livido azzurro* (33), *La provincialina* (33), *Paprika* (34), *L'impiegata di papà* (34), *Tempo massimo* (34), *Il cappello a tre punte* (34), *Marcia nuziale* (34), *Milizia territoriale* (35), *Non ti conosco più* (36), *Amo te sola* (35), *Musica in piazza* (36), *Sette giorni all'altro mondo* (36), *Cavalleria* (36), *Amazzoni bianche* (36), *I due misantropi* (36), *Ho perduto mio marito* (36), *L'uomo che sorride* (36), *Trenta secondi d'amore* (37), *Questi ragazzi* (37), *I fratelli Castiglioni* (37), *Gli uomini non sono ingrati* (37), *Gli ultimi giorni di Pompeo* (37), *Amicizia* (38), *La dama bianca* (38), *Ai vostri ordini, signora!* (38), *Due milioni per un sorriso* (38), *Duetto vagabondo* (39), *Il destino in tasca* (39), *Bionda sottochiave* (39), *L'eredità in corso* (39), *L'amore si fa così* (39), *Le sorprese del vagone letto* (39), *Il capitano degli ussari* (40), *Finalmente soli* (41), *Non mi sposo più* (41), *Quattro passi fra le nuvole* (42), *La maschera e il volto* (42), *Harlem* (42), *Ti conosco, mascherina!* (42), *L'ippocampo* (43), *L'avventura di Annabella* (43), *Tristi amori* (43), *Che distinta famiglia!* (45 made in 43), *Circo equestre Za-Bum* (46 made in 44), *Uno tra la folla* (46), *Ti ritroverò* (48), *Signorinella* (49), *Botta e risposta* (49), *La Bisarca* (50), *È arrivato il cavaliere* (50), *Donne e briganti* (50), *Prima comunione* (50), *Libera uscita* (51), *Cameriera bella presenza offresi* (51), *Era lui...si! si!* (51), *Il microfono è vostro* (51), *Napoleone* (51), *Bellezze in motoscooter* (52), *Gli eroi della domenica* (52), *Tempi nostri* (52), *Noi due soli* (52), *La leggenda del Piave* (52), *Stazione Termini* (53), *Dieci canzoni d'amore da salvare* (53), *Lasciateci in pace* (53), *Siamo tutti inquilini* (53), *I vitelloni* (53), *Canzoni, canzoni, canzoni* (53), *Villa Borghese* (53), *Martin Toccaferro* (53), *Pellegrini d'amore* (54), *Cose da pazzi* (54), *Carosello napoletano* (54), *Milanesi a Napoli* (54), *La tua* *donna* (54), *Destinazione Piovarolo* (55), *Gli ultimi cinque minuti* (55), *Moglie e buoi...* (56), *Buongiorno, primo amore* (57), *Un amore senza fine* (58), *Le bellissime gambe di Sabrina* (58), *La ragazza del Palio* (58), *I teddy-boys della canzone* (60), *Mina...fuori la guardia* (61), *Le magnifiche sette* (61), *Pesci d'oro e bikini d'argento* (62), *Napoleone a Firenze* (62), *Il giorno più corto* (63), *In ginocchio da te* (64), *Io uccido, tu uccidi* (65 the second episode, "La danza delle ore"), *Non son degno di te* (65), *Stasera mi butto* (68).

4755. Vibert, François. French actor. b. 1897, Lyon. *Siamo tutti assassini* (52), *I denti lunghi* (52).

Vica, Antonio *see* **Vico, Antonio**

4756. Vicario, Marco. Actor. b. 1925, Roma. AKA: Frank Belty. Graduated from the Centro Sperimentale. Married Rossana Podestà in 1953. In the early 60s he made a complete break away from acting in favor of producing and directing. *Cavalcata d'eroi* (49), *La taverna della libertà* (50), *Amo un assassino* (51), *Roma, ore 11* (51), *L'eterna catena* (51), *Ragazze da marito* (52), *La storia del fornaretto di Venezia* (52), *Canzoni di mezzo secolo* (52), *Redenzione* (53), *Soli per le strade* (53), *Addio, figlio mio!* (53), *Divisione Folgore* (54), *Madonna delle rose* (54), *Vacanze a Villa Igea* (54), *Operazione Mitra* (55 made in 51), *Non scherzare con le donne* (56), *Canzoni di tutta Italia* (56), *Tampa* (56 Mexico), *Giovane canaglia* (58 also co-w), *La schiava di Roma* (60 p), *Solo contro Roma* (62), *Il crollo di Roma* (62 p), *La vergine di Norimberga* (64 p), *Il pelo nel mondo* (66 doc co-d/p), *La danza macabra* (63 p), *Le ore nude* (64 d/p/co-w), *I cavalieri della vendetta* (64 p), *Sette uomini d'oro* (65 d/p), *Il grande colpo dei sette uomini d'oro* (66 d/p), *Sette volte sette* (68 p), *Gli intoccabili* (68 co-p), *Il prete sposato* (70 d/w), *Homo eroticus* (71 d/p/co-w), *Paolo il caldo* (73 d), *Mogliamante* (76 d), *Il cappotto di astrakan* (80 d/co-w), *Scusa se è poco* (82 d).

4757. Vicario, Renato. Actor. b. 1923, Milano. Married Irene Galter. *Papà, ti ricordo* (52), *Il mostro dell'isola* (53), *La schiava del peccato* (54), *La moglie è uguale per tutti* (54), *Incatenata dal destino* (55).

4758. Vich, Mila. Czech director of photography. b. March 10, 1912, Hrades Kralove, Bohemia. Brother of Václav Vich. *Il segreto inviolabile* (39 co-ph), *Fanfulla da Lodi* (40 co-ph).

4759. Vich, Václav. Czech director of photography. b. Jan. 19, 1898, Karlovy Vary. *Ballerine* (36 co-ph), *Cavalleria* (36 co-ph), *Il corsaro nero* (36), *La regina della Scala* (37), *Stasera alle undici* (37), *I fratelli Castiglioni* (37 co-ph), *Sono stato io!* (37), *Il conte di Bréchard* (37), *Amicizia* (38), *L'argine* (38), *Ettore Fieramosca* (38 co-ph), *Ballo al castello* (39), *Il diario di una stella* (39 co-ph), *Assenza ingiustificata* (39), *Retroscena* (39), *Il segreto inviolabile* (39 co-ph), *Fanfulla da Lodi* (40 co-ph), *Un'avventura di Salvator Rosa* (40), *Ultima fiamma* (40), *Senza cielo* (40), *Incanto di mezzanotte* (40 co-ph), *La peccatrice* (40), *La corona di ferro* (41 co-ph), *Notte di fortuna* (41), *Primo amore* (41), *L'amante segreta* (41), *L'ultimo addio* (41), *Luisa Sanfelice* (42 co-ph), *Sette anni di felicità* (42), *Quattro passi fra le nuvole* (42), *Miliardi, che follia!* (42 co-ph), *Nebbie sul mare* (42), *Nessuno torna indietro* (43), *Un americano in vacanza* (46), *Eugenia Grandet* (46 co-ph), *Nous ne sommes pas mariés* (46 France), *Daniele Cortis* (47 co-ph), *L'ebreo errante* (47), *Arrivederci, papà* (48), *Una lettera all'alba* (48), *La leggenda di Faust* (48), *Il cielo è rosso* (49), *Miracolo a Milano* (50 co-ph), *Piovuto dal cielo* (53), *La valigia dei sogni* (53), *Il matrimonio* (53), *La passeggiata* (54), *L'allegro squadrone* (54), *La tua donna* (54), *La ragazza della Salina* (57), *Te sto aspettano* (57), *La nipote Sabella* (58), *Avventura a Capri* (58), *Cerasella* (59), *Il mondo nella mia tasca* (60), *I giganti della Tessaglia* (61 co-ph), *L'onorata società* (61).

4760. Vico, Antonio. Spanish actor. b. April 16, 1903, Santiago, Chile, of Spanish actor parents. *Due contro tutti* (63), *Per un pugno di dollari* (64), *Vado, vedo e sparo* (68).

4761. Victor, Fred. U.K. actor. *I vinti* (52 the U.K. episode, "Il delitto").

4762. Vida, Piero. Actor. b. 1938. Also directed several films. *Chi lavora è perduto* (63), *Odio per odio* (67), *Pecos è qui: prega o muori* (67), *Sette Winchester per un massacro* (68), *Fidarsi è bene, sparare è meglio* (68), *Galileo* (68), *Execution* (68), *Sai cosa faceva Stalin alle donne?* (69), *Sentivano uno strano, eccitante, pericoloso* *puzzo di dollari* (73), *Il portiere di notte* (73), *Il ritorno di Casanova* (78), *La vita di scorta* (80 d), *Piacevole confronto* (84 d), *Il caso Moro* (86).

4763. Vidal, Gil. French actor. b. Dec. 19, 1931, Narbonne. His father was Spanish and his mother French. He made Paris his base from 1950. *Gli amori di Ercole* (60), *La schiava di Bagdad* (63), *I promessi sposi* (63).

4764. Vidal, Gore. U.S. writer. b. Oct. 3, 1925, West Point, N.Y. AKA: Edgar Box. In the late 1960s he moved to Roma. *Ben-Hur* (59 co-w), *Fellini Roma* (72 appeared as himself), *Caligola* (79), *Dimenticare Palermo* (90 co-w).

4765. Vidal, Henri. French actor. b. Nov. 26, 1919, Clermont-Ferrand. d. Dec. 10, 1959, Paris. Married Michèle Morgan. *Fabiola* (48), *I sette peccati capitali* (52 the fifth episode, "La gola"), *Art. 519, codice penale* (52), *Scampolo 53* (53), *Attila—flagello di Dio* (54), *Napoleone Buonaparte* (54), *Orient-Express* (55), *Quartiere dei lillà* (57), *Una parigina* (57), *Il mistero della pensione Edelweiss* (58).

4766. Vidali, Emilia. Actress. Daughter of Enrico Vidali. *Il carabiniere* (13), *I due sergenti* (13), *Che cosa triste la guerra!* (14), *Lo straniero* (14), *Bandiera bianca* (15), *Il mistero del castello di Saint Privat* (15), *I promessi sposi* (23), *La canzone dell'amore* (30), *Bertoldo, Bertoldino e Cacasenno* (36).

4767. Vidali, Enrico. Director/actor. b. 1869. d. July 3, 1937, Roma. RN: Gianni Vidali Novelli. AKA: Gianni Vidali Novelli. Father of actresses Emilia Vidali and Maria Gandini. *I due sergenti* (08 *), *L'incubo* (12 *), *Il fascino dell'innocenza* (13 *), *Il fiore perverso* (13 *), *Le leggi dell'onore* (13 *), *L'ordinanza* (13 *), *Per il babbo* (13 *), *Il piccolo carceriere* (13 *), *La porta aperta* (13 *), *Il segreto* (13 *), *Sui gradini del trono* (13 *), *I promessi sposi* (13 *), *Fra Diavolo* (13 *), *Gli ultimi giorni di Pompei* (13 co-d/*), *Spartaco, il gladiatore della Traccia* (13), *Lo straniero* (14), *Che cosa triste la guerra!* (14), *Bandiera bianca* (15), *Il gioco dell'amore* (15), *Il mistero del castello di Saint Privat* (15), *La sepolta viva* (16), *Rina, l'angelo delle Alpi* (16), *La portatrice di pane* (16), *Il calvario di Jeannette* (17).

4768. Vidalin, Robert. French actor. b. March 5, 1905, Saint-Amant-Tallende. In movies since the 1927 classic *Napoléon*. *Eliana e gli uomini* (56), *Il delitto Dupré* (63).

Vidali Novelli, Gianni *see* **Vidali, Enrico**

Vidmark, Robert *see* **Widmark, Robert**

Vidolazzi, Rocco *see* **Vitolazzi, Rocco**

4769. Vidon, Henry. U.K. actor. b. London. RN: Harry Weedon. Began in English theatre, then went into film dubbing, radio and TV. Most of his movies were in Italy, his peak coming as the star of *Gli uomini non guardano il cielo*. He was picked for this role because of his remarkable physical likeness to Pope Pio X. *Il grido della terra* (48), *Senza bandiera* (50), *Quo Vadis?* (51 U.S.), *Peppino e Violetta* (51), *O.K. Nerone* (51), *Gli uomini non guardano il cielo* (51), *Gioventù alla sbarra* (52), *La grande speranza* (53), *Avventura ad Algeri* (53), *Attila—flagello di Dio* (54), *Tradita* (54), *Siamo uomini o caporali?!* (54), *Operazione Notte* (55), *La figlia di Mata Hari* (55), *Gli ultimi cinque minuti* (55), *La ragazza di via Veneto* (56), *Guerra e pace* (56).

4770. Vidor, King. U.S. director. b. Feb. 8, 1894, Galveston, Tex. d. Nov. 1, 1982. RN: King Wallis Vidor. Born into an immigrant Hungarian family. *Guerra e pace* (56 also co-w/adapted).

4771. Vidov, Oleg. Russian actor. b. 1946. *Waterloo* (70).

4772. Viénot, Janine. French actress. b. Beaune. *I bastardi* (50).

4773. Vierny, Sacha. French director of photography. b. Aug. 10, 1919, Bois-le-Roi. *L'anno scorso a Marienbad* (61), *Muriel, il tempo di un ritorno* (63), *Bella di giorno* (67), *Il monaco* (72), *Stavisky* (74).

4774. Viglione Borghese, Domenico. Actor. b. July 3, 1877, Mondovi. d. Oct. 26, 1957, Milano. One of the leading operatic baritones of the turn of the century. *Piccolo mondo antico* (40), *L'amore canta* (41), *Il figlio del corsaro rosso* (41), *Gli ultimi filibustieri* (41), *Il ventesimo duca* (41), *Giacomo l'idealista* (42), *La prima donna* (42), *Piruetas juveniles* (43 Spain), *L'abito nero da sposa* (43), *Genoveffa di Brabante* (46), *Manù, il contrabbandiere* (47), *Il mulino del Po* (48), *L'ultima cena* (49), *Giudicatemi!* (49), *Il cielo sulla* *palude* (49), *La mano della morta* (49), *Ho sognato il paradiso* (49), *Il diavolo in convento* (50).

4775. Viharo, Robert. U.S. actor. b. 1939. *Stuntman* (68).

4776. Vilar, Antonio. Portuguese actor. b. Oct. 31, 1916, Lisbon. RN: Antonio Justiniano Vilar dos Santos. *Guarany* (48), *Santo disonore* (50), *Femmina* (59), *Il padrone delle ferriere* (59), *La schiava di Bagdad* (63).

4777. Vilbert, Henri. French actor. b. April 6, 1904, Marseille. RN: Henri Miquely. *Roma, ore 11* (51), *Siamo tutti assassini* (52), *Me li mangio vivi!* (53), *Alì Babà e i 40 ladroni* (54), *Città di notte* (56), *Le donne degli altri* (57), *Le tentazioni quotidiane* (62), *Uno dei tre* (63).

4778. Villa, Claudio. Actor. b. Jan. 1, 1926, Roma. RN: Claudio Pica. One of Italy's most popular singers. Married Miranda Bonansea. *Botta e risposta* (49), *Canzone di primavera* (50), *Stasera sciopero* (51), *Serenata amara* (52), *Canzone d'amore* (54), *Ore 10 lezione di canto* (56), *Canzone proibita* (56), *Sette canzoni per sette sorelle* (56), *Serenate per 16 bionde* (57), *Guaglione* (56), *Vivendo, cantando...che male ti fo?* (57), *Buongiorno, primo amore* (57), *Primo applauso* (57), *La canzone del destino* (57), *C'è un sentiero nel cielo* (57), *L'amore nasce a Roma* (58), *Un canto nel deserto* (59), *Napoli e mille canzoni* (59), *Quanto sei bella Roma* (59), *Fontana di Trevi* (60), *La banda del buco* (60).

4779. Villa, Franco. Director of photography. *I vitelloni* (53 co-ph), *Mariti in pericolo* (61), *Desideri d'estate* (64), *Oltraggio al pudore* (64), *La sfinge sorride prima di morire—stop—Londra* (65), *Il mio nome è Pecos* (66), *Pecos è qui: prega o muori* (67), *All'ultimo sangue* (68), *Passa Sartana...è l'ombra della tua morte* (68), *Amarsi male* (69), *E vennero in quattro... per uccidere Sartana* (69 co-ph), *I ragazzi del massacro* (69), *Una lunga fila di croci* (69 co-ph), *Brucia, ragazzo, brucia* (70), *L'uomo chiamato Apocalisse Joe* (70), *Prega per il morto e ammazza il vivo* (71), *Black killer* (71), *Giù le mani...carogna!* (71), *Una pistola per cento croci* (71), *Era Sam Walbash...lo chiamavano "Così Sia"* (71), *Quel maledetto giorno d'inverno Django e Sartana...all'ultimo sangue* (71), *Acquasanta Joe* (71), *Il venditore di morte* (72), *Arriva! I Crow* (72 co-ph), *La "mala" ordina* (72), *Poppea, prostituta al servizio dell'impero* (72), *Terza ipotesi su un caso di perfetta strategia criminale* (72), *Il boss* (73), *Ah, si?...e io lo dico a Zzzzorro!* (75), *La novizia* (75), *Un toro da monta* (76), *Le impiegate stradali* (76), *La moglie di mio padre* (76), *Cara dolce nipote* (77), *Donna, cosa si fa per te* (77), *Patrick vive ancora* (80), *Peccati a Venezia* (81), *Altri desideri particolari* (83).

4780. Villa, Roberto. Actor. b. Dec. 2, 1915, Casablanca, Morocco. RN: Giulio Sabetta. Son of a diplomat. Moved to Roma in 1934. *Il grande appello* (36), *Luciano Serra pilota* (38), *Se quell'idiota ci pensasse* (39), *Ecco la radio!* (39), *Il fornaretto di Venezia* (39), *Gli ultimi della strada* (39), *La gerla di papà Martin* (40), *La fanciulla di Portici* (40), *Maddalena, zero in condotta* (40), *Marco Visconti* (40), *L'elisir d'amore* (40 unfinished), *Il sogno di tutti* (41), *I mariti* (41), *Cenerentola e il signor Bonaventura* (41), *La sonnambula* (41), *Una volta alla settimana* (41), *La fortuna viene dal cielo* (41), *Il ventesimo duca* (41), *Violette nei capelli* (42), *Giorno di nozze* (42), *Le due orfanelle* (42), *Signorinette* (42), *Principessina* (43), *La vispa Teresa* (43), *La signora in nero* (43), *Il paese senza pace* (43), *La moglie in castigo* (44), *Scadenza trenta giorni* (44), *Il processo delle zitelle* (44), *Porte chiuse* (45), *Albergo Luna, camera 34* (47), *La prigioniera dell'isola* (47), *Un mese d'onestà* (47), *Ma chi te lo fa fare?* (48), *My Daughter Joy* (50 U.S.), *Totò all'inferno* (54 his role was left on the cutting-room floor), *Il medico delle donne* (62).

4781. Villaggio, Paolo. Actor. Best remembered as a fat, baby-faced comedian. *I quattro del pater noster* (68), *Mangiala!* (68), *Senza famiglia nullatenenti cercano affetto* (72), *Che c'entriamo noi con la rivoluzione?* (73), *Non toccate la donna bianca* (74), *Sistemo l'America e torno* (74), *Fantozzi* (75 also co-w), *Signore e signori, buonanotte* (76), *Quelle strane occasioni* (76), *Tre tigri contro tre tigri* (77), *Io tigro, tu tigri, egli tigra* (78), *Il...bel paese* (78), *Dove vai in vacanza?* (78 the episode "Sì buana"), *Il dottor Jekill, Jr.* (78), *Rag. Arturo De Fanti bancario—precario* (80), *La locandiera* (80), *Fantozzi contro tutti* (80), *Fracchia, la belva umana*

(81), *Fantozzi subisce ancora* (83 also co-w), *A tu per tu* (84), *Fracchia contro Dracula* (85), *Scuola di ladri* (86), *Grandi magazzini* (86), *Superfantozzi* (87 also co-w), *Rimini Rimini* (87), *Scuola di ladri, seconda parte* (87), *Roba da ricchi* (87), *Il volpone* (88), *Fantozzi va in pensione* (89), *La voce della luna* (90), *Ho vinto la lotteria di capodanno* (90), *Fantozzi colpisce ancora* (91 also co-w).

4782. Villani, Franco. Producer. Once head of Villani Films with Stefano Carretta. *Cronaca di un amore* (51 co-p).

4783. Villard, Frank. French actor. b. March 24, 1917, Saint-Jean d'Angely. d. 1980. RN: François Drouineau. In the front line during WWII he was captured by the Nazis and interned in Germany. He managed to get repatriated to Nice by faking epileptic fits. *I sette peccati capitali* (52 the episode "La lussuria"), *Wanda la peccatrice* (52), *La voce del silenzio* (52), *Il tradimento di Elena Marrimon* (54), *Ragazze d'oggi* (55), *Beatrice Cenci* (56), *I misteri di Parigi* (57), *La bella fioraia di Madrid* (58), *Il delitto non paga* (62), *Un branco di vigliacchi* (62).

4784. Villella, Ferdinando. Actor. *Amarcord* (73), *Prova d'orchestra* (79).

4785. Villena. Fernando. Actor. *Terrore nello spazio* (65), *Il mercenario* (68).

4786. Villi, Olga. Actress. b. July 20, 1922, Suzzara. RN: Olga Villani. A former model, in 1954 she married Prince Raimondo Lanza of Trabia. *Macario contro Zagomar* (43), *Felicità perduta* (46), *Natale al campo 119* (48), *Una lettera all'alba* (48), *Yvonne la nuit* (49), *Quattro rose rosse* (51), *Canzoni di mezzo secolo* (52), *Adriana Lecouvreur* (55), *Signore e signori* (66), *Le fate* (67 the episode "Fata Marta").

4787. Villiers, James. U.K. actor. b. 1933. *Eva* (62).

de Vilmorin, Louise *see under* **D**

4788. Vincent, Yves. French actor. b. Aug. 5, 1921, Thônes. *Spartaco* (52).

4789. Vincenzoni, Luciano. Co-writer. b. March 7, 1926, Treviso. *Incantesimo tragico* (51 general organizer), *Hanno rubato un tram* (55 story), *Il ferroviere* (56), *Il cocco di mamma* (57), *Gli italiani sono matti* (58 also story), *È arrivata la parigina* (58), *La prima notte* (58), *Lupi nell'abisso* (59 co-story), *La grande guerra* (59 also story), *Il gobbo* (60 also co-story), *Crimen* (61), *I due nemici* (61 story), *Orazi e Curiazi* (61 story), *Mani in alto* (61 co-story), *I briganti italiani* (61), *La rivolta dei mercenari* (62 also co-story), *Copacabana Palace* (62), *La cuccagna* (62 also story), *Sedotta e abbandonata* (64 also co-story), *La vita agra* (65), *Per qualche dollaro in più* (65 also co-story), *Signore e signori* (66 also co-p/co-story), *Il buono, il brutto, il cattivo* (66), *Un dollaro a testa* (66), *Da uomo a uomo* (67 w), *Un tranquillo posto di campagna* (68), *Il mercenario* (68), *Giù la testa* (71), *Libera, amore mio* (74), *Il bestione* (74), *La poliziotta* (74), *Un maledetto pasticcio* (75), *Il padrone e l'operaio* (75), *Cipolla Colt* (75), *La signora degli orrori* (77 co-story), *Il conte Tacchia* (82), *A tu per tu* (84).

4790. Vingelli, Nino. Actor. b. June 4, 1912, Napoli. *I promessi sposi* (41), *I mariti* (41), *A che servono questi quattrini* (42), *Napoli milionaria* (50), *Processo alla città* (52), *Legione straniera* (52), *Melodie immortali* (52), *Cristo è passato sull'aia* (52), *La domenica della buona gente* (53), *Pane amore e fantasia* (53), *Passione* (53), *Destini di donne* (53), *Napoletani a Milano* (54), *Casta diva* (54), *Cento serenate* (54), *Pane amore e gelosia* (54), *Chéri-Bibi, il forzato della Guiana* (55), *Cantami buongiorno tristezza* (55), *Un eroe dei nostri tempi* (55), *La rivale* (56), *Altair* (56), *Mio figlio Nerone* (56), *Poveri ma belli* (56), *La nonna Sabella* (57), *Belle ma povere* (57), *Non sono più guaglione* (57), *La sfida* (58), *La legge* (58), *Gambe d'oro* (58), *Un canto nel deserto* (59), *I magliari* (59), *I pirati della costa* (60), *Che femmina. . . e che dollari!* (60), *Fra Manisco cerca guai* (60), *Ti aspetterò all'inferno* (61), *Mina. . . fuori la guardia* (61), *Una storia moderna: l'ape regina* (63), *Italiani brava gente* (65), *I figli del leopardo* (65), *La Tonnère de Dieu* (65 France), *El Cisco* (66), *A suon di lupara* (67), *Da uomo a uomo* (67), *Delitto a Posillipo* (67), *The Biggest Bundle of Them All* (68 U.S.), *Cose di Cosa Nostra* (70), *Uomini contro* (70), *La tarantola dal ventre nero* (72), *Un apprezzato professionista di sicuro avvenire* (72), *Napoli violenta* (76), *Lacrime napulitane* (81), *Spiaccichicciacaticelo* (84).

4791. Viola, Cesare Giulio. Co-writer. b. Nov. 26, 1886, Taranto. d. Oct. 3, 1958, Positano. *Napoli d'altri tempi*

(37), *Luciano Serra pilota* (38), *Napoli che non muore* (39), *Primo amore* (41), *I pagliacci* (41), *Turbine* (41), *L'angelo del crepuscolo* (42), *I bambini ci guardano* (43 also story/from his novel "Pricò"), *Sciuscià* (46), *Altair* (56).

Viola, Leon *see* **Leonviola, Antonio**

4792. Viotti, Gino. Actor. b. 1875, Torino. d. Dec., 1951, Roma. RN: Luigi Viotti. *Sterminator Vesuvio* (20), *Nemesis* (21), *La gerla di papà Martin* (21), *Triboulet* (23), *The White Sister* (24 U.S.), *Quo vadis?* (24), *Anita* (26), *Risa e lacrime napoletane* (26), *Kiff Tebbi* (27), *Maratona* (28), *L'uomo dall'artiglio* (31), *Figaro e la sua gran giornata* (31), *Palio* (32), *La cantante dell'opera* (32), *La telefonista* (32), *Paradiso* (32), *Non c'è bisogno di denaro* (33), *Treno popolare* (34), *La città dell'amore* (34), *Oggi sposi* (34), *Vecchia guardia* (34), *Casta diva* (35), *Il serpente a sonagli* (35), *Re burlone* (35), *Arma bianca* (36), *Ballerine* (36), *Re di denari* (36), *Una donna fra due mondi* (36), *Scipione l'Africano* (37), *Pietro Micca* (38), *Piccolo hotel* (39), *Il sogno di Butterfly* (39), *I bambini ci guardano* (43), *Gian Burrasca* (43).

4793. Visconti, Belle. Actress. RN: Armenia Balducci. In the late 70s she reemerged as a director, using her original name. *Siamo donne* (53 the episode "La patente"), *Anni facili* (53), *Un giorno in pretura* (53), *L'arte di arrangiarsi* (54), *Ragazze d'oggi* (55), *Tempo di villeggiatura* (56), *Amo non amo* (79 d/co-w).

4794. Visconti, Eriprando. Director. b. Sept. 24, 1933, Milano. Nephew of Luchino Visconti. *Siamo donne* (53 assistant to Luchino Visconti), *Terza liceo* (53 assistant to the director/*), *Gli sbandati* (55 co-w/story), *Il brigante* (61 asst d), *Una storia milanese* (62 also co-w/story), *La monaca di Monza* (68 also co-w), *Michele Strogoff* (70), *Oedipus orca* (77), *Una spirale di nebbia* (77 also co-w), *Malamore* (82 also co-w).

4795. Visconti, Luchino. Director. b. Nov. 2, 1906, Milano. d. March 17, 1976, Roma. RN: Luchino Visconti Di Modrone. Son of Duke Giuseppe Visconti Di Modrone, a nobleman of ancient lineage. His mother was Carla Erba, daughter of a great Milanese industrialist. *Toni* (34 production asst), *Les Bas-fonds* (36 France asst d/co), *Une Partie de champagne* (37 France asst d/co), *Tosca* (41 asst d/co-w), *Ossessione* (42 also co-w), *Giorni di gloria* (45 asst d), *La terra trema* (48 also w/adapted), *Bellissima* (51 also co-w), *Appunti su un fatto di cronaca* (53 short in a series of film magazines), *Siamo donne* (53 one episode), *Senso* (54 also co-w/co-dialog), *Le notti bianche* (57 also co-w/co-dialog), *Rocco e i suoi fratelli* (60 also co-w), *Boccaccio 70* (61 the third episode, "Il lavoro" also co-w/co-dialog), *Il gattopardo* (63 also co-w), *Vaghe stelle dell'Orsa* (65 also co-w/co-story), *Le streghe* (66 the episode "Strega bruciata viva"), *Lo straniero* (67 also co-w), *La caduta degli dei* (68 also co-w), *Il documento su Giuseppe Pinelli—12 dicembre* (70 doc co-d), *Alla ricerca di Tadzio* (70), *Morte a Venezia* (70 also p/co-w), *Ludwig* (73 also co-w), *Gruppo di famiglia in un interno* (74 also co-w), *L'innocente* (76 also co-w).

Visconti, Luigi *see* **Fanfulla**

4796. Visconti, Nora. Actress. b. 1930, Roma. RN: Eleonora Visconti. *I figli non si vendono* (52), *La Gioconda* (53), *Trieste cantico d'amore* (54), *Tua per la vita* (55), *Processo all'amore* (55), *Io, Caterina* (56), *Solo Dio mi fermerà* (56).

4797. Visconti-Brignone, Lola. Actress. b. Nov. 24, 1891, Roma. d. July 10, 1924, Torino. RN: Dolores Visconti. Married Guido Brignone. Mother of Lilla Brignone. Retired in 1922. *Il sogno di un tramonto d'autunno* (11), *I nostri figli* (14), *Addio al celibato* (14), *Dissidio di cuori* (14), *Pace, mio Dio!* (14), *La società della mano sinistra* (14), *Espiazione* (15), *La maschera della morte* (15), *Primula* (15), *Fra i gorghi della passione* (15), *Nel viale dei tigli* (15), *La vampa* (16), *...E l'altare crollò* (16), *La morte bianca* (16), *Nei labirinti di un'anima* (16), *Il turbine rosso* (16), *Fiamme funeste* (16), *Primprinette* (16), *Amore...piange...pensa...ride!* (17), *Anima trasmessa* (17), *Il velo della felicità* (18), *La vendetta del sole* (18), *Natacha* (18), *La contessa Miseria* (18), *Anna da San Celso* (19), *La favola di La Fontaine* (19), *Il più celebre ladro del mondo* (19), *Il ventriloquo* (20), *Il re in esilio* (20), *Roberto Burat* (20), *Il tredicesimo commensale* (21), *La lotta per la vita* (21), *Il segreto del morto* (21), *Le campane di San Lucio* (21), *Il delitto del bue alla moda* (22), *L'avventuriera* (22).

4798. Vissière, Charles. French actor. b. Paris. *Il diavolo in corpo* (47), *Don*

Camillo (52), *Il ritorno di don Camillo* (53).

4799. Vita, Anna. Actress. *L'amorosa menzogna* (49 short), *Il peccato di Anna* (53).

4800. Vita, Monique. Actress. *La ragazza di Bube* (64).

Vita, Perlo *see* **Dassin, Jules**

4801. Vitale, Adriano. Actor. *La donna dei faraoni* (60 ch), *Teseo contro il Minotauro* (60), *Nefertite, regina del Nilo* (60), *Sir Francis Drake, il re dei sette mari* (63), *Killer kid* (67), *Meglio vedova* (67).

4802. Vitale, Mario. Actor. b. 1923, near Salerno. Former fisherman. "Discovered" by Rossellini. *Stromboli, terra di Dio* (50), *Domenica d'agosto* (50), *Serenata tragica* (51), *Destino* (51), *La peccatrice dell'isola* (52), *Perdonami!* (52), *Il prezzo dell'onore* (52), *Terra straniera* (55 made in 53), *Il barcolaio d'Amalfi* (55).

4803. Vitale, Milly. Actress. b. May 6, 1932, Roma. RN: Camilla Vitale. Daughter of orchestra leader Riccardo Vitale and choreographer Natasha Shidlowski, and niece of soprano Lina Pasini. Married 1960 to Vincent Hillyer, former brother-in-law of the Shah of Persia. *I fratelli Karamazoff* (47), *Anni difficili* (47), *La città dolente* (48), *La sepolta viva* (49), *That Dangerous Age* (49 U.K.), *La figlia del peccato* (49), *Cuori sul mare* (49), *Il leone di Amalfi* (50), *Gli inesorabili* (51), *Il caimano del Piave* (51), *La vendetta del corsaro* (51), *Cameriera bella presenza offresi* (51), *Trieste mia!* (51), *La prigioniera della torre del fuoco* (52), *A fil di spada* (52), *Il tenente Giorgio* (52), *Il figlio di Lagardère* (52), *Prigionieri delle tenebre* (53), *Nerone e Messalina* (53 started in 49), *The Juggler* (53 U.S.), *Condannatelo!* (53), *Noi cannibali* (53), *La pattuglia dell'Amba Alagi* (53), *Per salvarti ho peccato* (53), *Di qua di là del Piave* (53), *Se vincessi cento milioni* (54), *Disonorata* (54), *Rasputin* (54), *Acque amare* (54), *Le due orfanelle* (54), *I cavalieri dell'illusione* (54), *Vendicata* (54), *La figlia di Mata Hari* (55), *Torna piccina mia* (55), *La canzone del cuore* (55), *The Seven Little Foys* (55 U.S.), *Un giglio infranto* (55), *Cantami buongiorno tristezza* (55), *Porta un bacione a Firenze* (55), *Guerra e pace* (56), *Gli occhi senza luce* (56), *Il diavolo nero* (57), *The Flesh is Weak* (57 U.K.), *La canzone del destino* (57), *Battle of the V.1* (58 U.K.), *Zoras il ribelle* (59), *Les Tripes au soleil* (59 France), *Annibale* (59), *Olympia* (60), *Revak, lo schiavo di Cartagine* (60), *Caterina di Russia* (63), *Gangster 70* (68), *Il medico della mutua* (68).

4804. Vitaliani, Italia. Actress. b. Aug. 20, 1866, Torino. d. Dec. 6, 1938, Milano. Cousin of Eleonora Duse on her mother's side. Married actor Carlo Duse, Sr. *I rintocchi dell'ave maria* (11), *Gli ultimi giorni di Pompei* (16), *Fiore reciso* (14), *La catena della felicità* (16), *Cenere* (16).

4805. Vitold, Michel. French actor. b. Sept. 15, 1915, Kharkhov, Russia. Came to France about 1925. *Messalina* (51), *L'eroe della Vandea* (53), *Rififi a Tokio* (62), *Arsenio Lupin contro Arsenio Lupin* (62), *L'uomo in nero* (63), *La notte di Varennes* (82), *Il quartetto Basileus* (83).

4806. Vitolozzi, Rocco. Actor. AKA: Rocco Vidolazzi. *Rocco e i suoi fratelli* (60), *Maciste contro il vampiro* (61).

4807. Vitrotti, Giovanni. Director of photography. b. Nov. 16, 1882, Torino. d. Dec., 1966, Torino. RN: Giovanni Battista Vitrotti. Also did the occasional directing. *Veduti ad episodi del terremoto in Calabria* (05 doc co-ph), *Butteri romani* (06 doc), *Caccia alla volpe* (06 doc), *La corsa automobilistica di Brescia* (06 doc), *Eruzione del Vesuvio* (06 doc), *Le disgrazie di un ubriaco* (06 co-ph), *Il delitto di Beinasco* (06), *Cuore e dovere* (06), *Dramma in caserma* (06), *Madame Putifarre* (06), *Natale* (06), *Vendetta alsaziana* (06), *L'ultima sera di carnevale* (06), *Crepuscolo triste* (06), *Storia russa* (06), *Vaser perde il treno* (06), *Cornuto* (06), *Poliziotto dilettante* (06), *Le sorgenti del Po* (06 doc), *La castagnara* (06), *Sport invernale* (06 doc), *La terza corsa Susa*–Moncenisio (06 doc), *Cuor di soldato* (06), *Seccotine* (06), *Camorra napoletana* (06), *Ladra di brillanti* (06), *Dolce che scappa* (06), *Drammi della vita* (06), *Fotografo burlato* (06), *L'imbianchino* (06), *Fra i due litiganti* (06), *La ladra* (06), *Lettura poco interessante* (06), *Una partita di boxe* (06), *Vittima del dovere* (06), *Porta fortuna* (06), *Il matrimonio Mulin* (06), *Paravento* (06), *Buona sera pittore!* (06), *Conto corrente* (06), *La cicca* (06), *Primi calori* (06), *Gli zingari* (06), *Riposo festivo* (06), *Buona sera signorina Bonelli* (06), *Cameriere burlato* (06),

L'abito nuovo (06), *Ah, che ragazzi!* (06), *Buona sera fotografo!* (06), *Cacciatore millantatore* (06), *Albergo moderno* (06), *L'angelo della famiglia* (06), *Come si ama* (06), *L'antiquario burlato* (06), *Coulin e Marietta* (06), *Avventura amorosa* (06), *Avventura amorosa e odorosa* (06), *Birbante di un cane* (06), *Briganti in Sardegna* (06), *Buona sera alla finestra* (06), *Buona sera bambino e burattino* (06), *Il cappello nella minestra* (06), *Il cane riconoscente* (06), *L'amico della vedova* (07), *Durand contro Durand* (07), *Il casco elettrico* (07), *Amore a tutte le età* (07), *Vittima della propria onestà* (07), *La calamita* (07), *Troppo buon cuore* (07), *Il cane delinquente* (07), *Partenza impossibile* (07), *Pescatore* (07), *Un marito felice* (07), *Marinare la scuola* (07), *Portinaia burlata* (07), *Il cane poliziotto* (07), *Indiani* (07), *Sentinella pietrificata* (07), *Polvere allegra* (07), *Il signore che soffre il solletico* (07), *Onore castigliano* (07), *Il Natale del perdono* (07), *Onorificenza* (07), *Donna al bagno* (07), *Dramma al mulino* (07), *Matteo al mercato* (07), *Meglio soli che male accompagnati* (07), *Siamo in ritardo* (07), *Spiriti d'imitazione* (07), *Testamento originale* (07), *Un rivale di Sherlock Holmes* (07), *Lago Maggiore* (07 doc), *I rettili* (07 doc), *Una zolfara* (07 doc), *La cavalleria a Torino* (07 doc), *Telefono nel medio evo* (07), *Pagliacci* (07), *Pietro Micca* (07), *La strega* (07), *Colonia alpina* (07 doc), *Troppo onesta* (07), *Il signore non beve* (07), *Gli ultimi giorni di Pompei* (08 co-ph), *La figlia del contrabbandiere* (08), *Il calvario di un maestro* (08), *I fiori di sant'Antonio* (08), *Leggende medievali* (08), *Il cane del piccolo mozzo* (08), *Galileo Galilei* (08), *Valeria d'Issogne* (08), *L'amico dell'uomo* (08), *Il cameriere musicomane* (08), *La voce del cuore* (08), *Topolini riconoscenti* (08), *Il professore miope* (08), *Il conte di Montecristo* (08), *Cane sentinella* (08), *La cassiera* (08), *Dietro le quinte* (08), *La pupilla del marinaio* (08), *Polvere birbona* (08), *Il commissario* (08), *Il distratto* (08), *I naufraghi* (08), *Fatto di cronaca* (08), *Scene giapponesi* (08 doc), *Un trio birbone* (08), *Gita in campagna* (08), *Giusta vendetta* (08), *Piccolo saltatore* (08), *Creditore disgraziato* (08), *L'asino poliziotto* (08), *I centauri: esercitazione dei cavalleggeri a Pinerolo (cavalleria infernale)* (08 doc), *Festa ad Agliè* (08 doc), *Piccolo figurinaio* (08), *I pirati del mare* (08), *Rigoletto* (08), *Il satiro* (08), *Segreto di stato* (08), *Chi è l'uccisa?* (09), *Amore e patria* (09), *Il diavolo zoppo* (09), *Diritto di uccidere* (09), *Il figlio delle selve* (09), *La leggenda della croce* (09), *Spergiura!* (09), *Torquato Tasso* (09), *L'ostaggio* (09), *Nerone* (09), *Luigi XI re di Francia* (09), *Amore al fonografo* (09), *Armi insidiose* (09), *Fricot in collegio* (09), *Mi hanno rubato la moglie* (09), *Cerco moglie* (09), *Buon Anno* (09), *Come si fa un candidato* (09), *Le due madri* (09), *Il delitto della brughiera* (09), *I drammi dell'alcolismo* (09), *Cuore di vagabondo* (09), *La fantastica storia della mia vita* (09), *Le due sorelle* (09), *Flagrante delitto* (09), *Tracce misteriose* (09), *Perchè Fricot fu messo in collegio* (09), *La piccola ribelle* (09), *Troppo zelo* (09), *Il vedovo allegro* (09), *Il portalettere* (09), *La rivincita del dottore* (09), *Russia* (09 doc), *Lo sciancato* (09), *Il sigaro* (09), *La giornata di "Buscabotte"* (09), *Il gobbo* (09), *I signori ladri* (09), *Sogno di un padre* (09), *Nuccia la pecoraia* (09), *La passione del gioco* (09), *La vendetta del mare* (09), *Spia per vendetta* (09), *Il ticchio della signora* (09), *Le biricchinate di un ragazzo* (09), *L'avaro* (09), *La ballata della strega* (09), *Il piccolo vandeano* (09), *La storia di Lulù* (09), *Il signor metodico* (09), *Torino sotto la neve* (09 doc), *Vita a bordo* (09 doc), *Una fabbrica di giocattoli* (09 doc), *Eruzione dell'Etna* (09 doc), *La forza dell'intestino* (09), *Una scommessa originale* (09), *Fidanzato indegno* (09), *La gelosa* (09), *Fior di morte* (09), *Perchè mi sono fatto guardingo* (09), *Fricot impara un mestiere* (09), *Ho perduto la chiave* (09), *Imprudenza fatale* (09), *L'ultimo ricordo* (09), *Il naufrago* (09), *Il granatiere Roland* (09), *Nostalgia del carcere* (09), *L'orfanella di Messina* (09), *Pauli* (09), *La vergine di Babilonia* (09), *La più forte* (09), *La pomata meravigliosa* (09), *Il ponte delle streghe* (09), *Petit louis d'or* (09), *Il segreto del lago* (09), *Pianoforte silenzioso* (09), *La morte di Ivan il terribile* (09 filmed in Russia as *Smert' Joanna Groznovo*), *L'andata alla fucina* (10), *Un ammiratore di Buonaparte* (10), *Estrellita* (10), *Angelo redentore* (10), *L'Ave Maria di Gounod* (10), *Ero e Leandro* (10), *Il corriere dell'imperatore* (10), *Il debito dell'imperatore* (10), *Avventure di Robinet* (10), *Da Courmayeur al Colle del*

Gigante (10 doc), *Lotte d'anima* (10), *Il marito pacifico* (10), *Un messaggio tra i flutti* (10), *Viaggio di nozze* (10), *La muta di Portici* (10), *Il Natale di Pierino* (10), *Un vile* (10), *Robinet timido* (10), *I salvatori di Robinet* (10), *Il segreto della fidanzata* (10), *Il sogno di Robinet* (10), *Stratagemma d'amore* (10), *I tre ladroni* (10), *L'ultima nemica* (10), *Vestito alla moda* (10), *Escursione sulla catena del Monte Bianco* (10 doc), *Sulle dentate scintillanti vette* (10 doc), *Robinet costretto a fare il ladro* (10), *Robinet ha perso il treno* (10), *Robinet jockey* (10), *La camorra* (10), *Gulnara* (10), *Passione di Robinet per il dirigibile* (10), *Il ritorno dai bagni* (10), *Pesce d'aprile* (10), *Robinet si dedica agli sports* (10), *Vendetta fatale* (10), *Storia di un paio di stivali* (10), *Robinet, sua moglie e il cugino* (10), *Robinet studente* (10), *La peste* (10), *La piccola modista* (10), *Robinet aviatore* (10), *Robinet ha il sonno duro* (10), *La rêclame di un sarto* (10), *La prima bicicletta di Robinet* (10), *Robinet ama la figlia del generale* (10), *Robinet ha la mania del salvadanaio* (10), *Un grido nella notte* (10), *Capriccio di dama* (10), *Crudele attesa* (10), *Le orme sulla neve* (10), *Osservazioni di Robinet sul ballo* (10), *La pipa del nonno* (10), *Robinet e il biglietto da cento lire* (10), *Dalla colpa all'amore* (10), *Il delitto di un pescatore* (10), *Fricot ha smarrito il bottone* (10), *Gastone e Robinet vogliono ammogliarsi* (10), *Gigetta si vendica di Robinet* (10), *Le avventure di un provinciale* (10), *Biglietto di favore* (10), *Bolle di sapone* (10), *Fricot beve la medicina* (10), *Calvario di una madre* (10), *Il guanto* (10), *Didone abbandonata* (10), *Fricot diventa libertino* (10), *Il pozzo che parla* (10), *Il segreto del gobbo* (10), *Il domino azzurro* (10), *Il dramma del macchinista* (10), *I due collegiali* (10), *Fricot cantante municipale* (10), *La stanza segreta* (10), *Robinet in ritardo* (10), *Il parapioggia di Fricot* (10), *Gigetta al reggimento* (10), *Robinet questurino* (10), *La vita delle api* (10 doc co-ph), *La resa di Saragozza* (10), *L'isola di Malta* (10 doc), *La regina di Ninive* (11), *Demon* (11 Russia also co-d), *Izmena* (11 Russia), *Il prigioniero del Caucaso* (11 filmed in Russia as *Kavkazskiy plennik* also co-d), *La vita a Mosca* (11 doc), *I pompieri di Mosca* (11 doc), *Un viaggio sul fiume Moscova* (11 doc), *Tiflis capitale del Caucaso* (11 doc), *Viaggio nel Caucaso da Tiflis a Mleti* (11 doc), *La città di Vladicausas* (11 doc), *La città di Bathom* (11 doc), *Escursione al Monte Kaisbek* (11 doc), *Agnì, l'antica capitale armena* (11 doc), *Costumi religiosi in Persia* (11 doc), *Esmiasin e le regate* (11 doc), *Il compito di Pierino* (11), *Coraggio sprecato* (11), *La dannazione di Caino* (11), *L'adultera* (11), *Il capodanno di Robinet* (11), *C'erano una volta due ladri* (11), *L'abbandono di papà* (11), *Abele fratricida* (11), *Da sartina a baronessa* (11), *Il direttissimo delle 19* (11), *Adulterio legale* (11), *Buona sera, Firulì!* (11), *Le furberie di Robinet* (11), *Una giornata di fretta* (11), *L'infanticida* (11), *Gli ingrati* (11), *Lettere dal campo* (11), *La mala pianta* (11), *Lord Robinet* (11), *La lettrice della duchessa* (11), *Nei lacci del destino* (11), *Menzogna fatale* (11), *Il monocolo della verità* (11), *Il marchese di Lauten* (11), *Natale tragico* (11), *Un nuovo furto di Robinet* (11), *I parenti di Boutalin* (11), *Il peso del disonore* (11), *La pena del taglione* (11), *Per l'onore* (11), *Il piccolo lustrascarpe* (11), *Robinet scioperante* (11), *La rendite di Robinet* (11), *Il piccolo spazzacamino* (11), *Il cane accusatore* (11), *Due ladri eccezionali* (11), *Firulì ha perso la balia* (11), *Una buona idea se ne va* (11), *Amor di madre* (11), *Errore telefonico* (11), *Il duchino* (11), *Il fantasma della mezzanotte* (11), *La fanciulla della neve* (11), *Due buoni amici* (11), *Una partita a scacchi* (11), *La tigre* (11), *Il cero della vita* (11), *Le colpe dei padri* (11), *Thomas Chatterton* (11), *Il sogno di un tramonto d'autunno* (11), *L'innocente* (11), *Il conte di Montecristo* (11), *Anime traviate* (11), *Avventure del maggiore* (11), *Il danaro di Giuda* (11), *La fiaccola sotto il moggio* (11), *La figlia di Jorio* (11), *La Gioconda* (11), *Sisto V* (11), *Avventure di un gigante* (11), *La bambola salvatrice* (11), *Violino incantato* (11), *Il supremo convegno* (11), *Umile eroe* (11), *La veste da sposa* (11), *Violino d'autore* (11), *Robinet troppo amato* (11), *La sirena* (11), *Solo al mondo la storia di Piccolino* (11), *Il segreto di Emma* (11), *La sartina e l'operaio* (11), *La scimmia di Robinet* (11), *Barrilot si porta a deputato* (11), *La vergine del giglio* (11), *Il vecchio nido* (11), *Il passato di Kaseira* (11), *La mamma dorme* (11), *Boutalin aeronauta* (11), *Boutalin spazzacamino* (11), *Il brutto sogno di una sartina* (11), *L'evasione di Robinet* (11), *Se fossi re!* (11), *Robinet caricaturista* (11), *Robinet ricattatore* (11), *Il recluso* (11), *Il purgatorio* (11), *Robinet guida per onore* (11), *Robinet ha un allievo* (11), *Suicida!* (11), *Les solitaires* (11), *Il sogno di Firulì* (11), *Robinet innamorato di una chanteuse* (11), *Robinet in un educandato* (11), *Robinet ha paura dei microbi* (11), *Uno strano invito a pranzo* (11), *Vincita del milione* (11), *La vendetta del morto* (11), *Robinet in burletta* (11), *Robinet soldato alpino* (11), *La rupe maledetta* (11), *Caccia all'orso* (11 doc), *Mater dolorosa* (11), *Il cantare del savio Oleg* (11 filmed in Russia as *Pesn' o veshchem Olege*), *La canzone dell'ergastolano* (11 filmed in Russia as *Pesn' katorzhamina*), *Saccheggio dei Polovetz* (11 filmed in Russia as *Roghneda*), *Carskaja nevesta* (11 Russia), *Anfisa* (11 Russia), *Il cadavere n. 1346* (12 filmed in Russia as *Trup N. 1346*), *Due giorni di felicità* (12), *Il diavolo si fa eremita* (12), *L'onomastico di Robinet* (12), *La poliziotta* (12), *Povero marito* (12), *Il pellegrino* (12), *Nuova cameriera* (12), *Ad occhi bendati* (12), *L'amico dello sposo* (12), *Bustino rosa* (12), *Il chiodo* (12), *Servizio postale* (12), *La sorella del bandito* (12), *La collegiale* (12), *Follia d'amore* (12), *Forza irresistibile* (12), *Fricot ai bagni* (12), *La moglie posticcia* (12), *L'onore del casato* (12), *Fricot trasloca* (12), *Fricot amoroso* (12), *Fricot e la statua* (12), *Madre ignorata* (12), *Il mio amore* (12), *Inutili precauzioni* (12), *Fricot ha freddo* (12), *Fricot sotto le armi* (12), *Il papagallo della zia Berta* (12), *La gora del mulino* (12), *L'incompresa* (12), *Luce di Dio* (12), *La signora Robinet* (12), *La storia del Paletot* (12), *Sul transatlantico* (12), *La valigia delle Indie* (12), *Le vie dell'ignoto* (12), *La moglie del mio cliente* (12), *Il musicista* (12), *Uno zoppo che fa strada* (12), *La nave dei leoni* (12), *Un complotto contro Robinet* (12), *I connotati del bandito* (12), *La corda dell'arco* (12), *Cuor di poeta* (12), *Le dame nere* (12), *Un falso allarme* (12), *Il delitto non mio* (12), *Uno è di troppo* (12), *Fango che travolge* (12), *La fedeltà dei vedovi* (12), *Robinet tenore* (12), *Robinet vuol piantare un chiodo* (12), *Rodolfi apache* (12), *Il romanzo di un cuore* (12), *Robinette femminista* (12), *Robinet sogna al mare* (12), *Sacra bandiera* (12), *Satana* (12), *La scarpetta* (12), *Scherzando con il fuoco* (12), *Fiammella spenta* (12), *Il critico* (12), *Raggio di sole* (12), *Robinet boxeur* (12), *Robinet contro Robinet* (12), *Quel discolo di papà* (12), *La ribalta* (12), *Robinet reporter* (12), *Robinet si allena per il Giro d'Italia* (12), *Robinet ricco* (12), *Robinet sposa a vapore* (12), *Il fischio della sirena* (12), *Dante e Beatrice* (12), *Maritza* (12), *I mille* (12), *I costumi della Libia* (12 doc), *Partita doppia* (12), *Quando il cuore parla* (12), *Robinet anarchico* (12), *Robinet e Boutalin si battono* (12), *Robinet finto cow boy* (12), *Robinet operatore* (12), *Robinet cocchiere* (12), *Bagliori di fiamma* (12), *Il bersaglio vivente* (12), *Il biglietto da mille* (12), *Il bivio della morte* (12), *Un buon posto* (12), *In Dalmazia* (12 doc), *Buona giornata per Robinet* (12), *Boutalin botanico* (12), *Nel golfo di Spezia* (12 doc), *L'amico di casa* (12), *L'automobile della morte* (12), *Il bacio di Emma* (12), *La penisola di Sirmione* (12 doc), *Zara* (12 doc), *Il calzolaio ha guadagnato al lotto* (12), *Una dichiarazione di Robinet* (12), *Un buon rimedio per la gastrica* (12), *Robinet in vacanza* (12), *Quo vadis?* (12), *La suocera di Robinet* (12), *Robinet guardia ciclista* (12), *Come presi moglie* (13), *La statuetta di Nelly* (13), *Il profeta velato* (13), *I promessi sposi* (13), *La lampada della nonna* (13), *Griffard* (13), *Griffard II* (13), *Gli ultimi giorni di Pompei* (13), *Zavorra umana* (13), *L'uomo giallo* (13 also d), *Berna* (13 doc), *Le chiavi della felicità* (13), *Le cascate del Toce* (13 doc), *Il lago di Brienz* (13 doc), *L'oca alla Colbert* (13), *Arrestatelo!* (13), *Il custode selvaggio* (13), *Il ragno* (13), *Robinet ama la fioraia* (13), *Dama d'onore* (13), *Robinet poliziotto* (13), *Robinet vuol lavorare* (13), *Un signore che pranza* (13), *La sorella del missionario* (13), *Le due madri* (13 remake), *La fanciulla delle acque* (13), *La morte in agguato* (13), *Oh! Quel bottone* (13), *Robinet attaccato alla sella* (13), *Robinet corteggiatore* (13), *Robinet ha sonno* (13), *Per fare sua conoscenza* (13), *Il piccolo burattinaio* (13), *Pioggia d'oro* (13), *Prova tragica* (13), *Quel galantuomo di una cameriera* (13), *Robinet si dà alla mala vita* (13), *La scala di Fricot* (13), *Il fornaretto di Venezia* (13), *Per un'ora d'amore* (14), *L'ultima dogaressa* (14 co-ph), *Passione slava* (14), *Le rose della madonna* (14), *Passione fatale* (14), *La strage degli innocenti* (15 co-ph), *L'avvenire in agguato* (15), *Zingara* (15), *I titani della montagna* (17 doc), *Theodora* (17 co-ph), *L'Aiglon* (18), *La gibigianna* (18), *La cantoniera n. 13* (19), *Orchidea fatale* (19), *La morte che non uccide* (19), *Zavorra umana* (20 remake), *La catena* (20), *Terra* (20), *Mara West* (21), *Il palazzo dei sogni* (21), *Juliot der Apache* (21 Germany), *Der König der Manege* (21 Germany), *Teodora* (22), *Mann auf den Kometen* (24 Germany), *Quo vadis?* (24 co-ph), *Die Liebersbriefe der Baronin von S.* (24 Germany), *Das Abgrund des Todes* (25 Germany), *Die schweigende Nonne* (25 Germany), *Schiff in Not* (25 Germany), *Jagd auf Menschen* (26 Germany), *Gli ultimi giorni di Pompei* (26 co-ph), *Das Geheimnis des Abbé X* (27 Germany co-ph), *Der fidele Bauer* (27 Germany co-ph), *Villa Falconieri* (28 Germany), *xxxx* (28 Germany. In Italy this film was known as *L'evaso di Valle Nera*), *Lillibel from U.S.A.* (28 Germany), *Unfug der Liebe* (28 Germany), *Mochy czlowiek* (28 Poland), *Moralnosc pani Dulskiej* (30 Poland), *Der Bergführer von Zakopane* (30 Germany), *Zwei Menschen* (30 Germany), *Der Tanzhusar* (31 Germany co-ph), *Der Storch streikt* (31 Germany co-ph), *Wenn die Soldaten...* (31 Germany co-ph), *Berge in Flammen* (31 Germany co-ph), *La vecchia signora* (32), *Il dono del mattino* (32), *Zaganella e il cavaliere* (32 co-ph), *Tre uomini in frac* (32), *La fortuna di Zanze* (32 co-ph), *La serva padrona* (33), *Villafranca* (33 co-ph), *For Love of You* (34 U.K. co-ph), *Frontiere* (34), *I quattro moschettieri* (36 co-ph), *Conquistatori d'anime* (38 co-ph), *Il pozzo dei miracoli* (41), *L'amore canta* (41 co-ph), *Il figlio del corsaro rosso* (41 co-ph), *Gli ultimi filibistieri* (41 co-ph), *Fra' Diavolo* (42), *Musica proibita* (42 co-ph), *Dagli Appennini alle Ande* (43), *Manù, il contrabbandiere* (47 co-ph the French version directed by André Cayatte), *Allegoria della primavera* (49 doc), *I fratelli miracolosi* (49 doc), *Contro la legge* (51), *L'isola d'oro* (52 unfinished), *Passione* (53), *Artefici del mosaico* (54 doc).

4808. Vitti, Achille. Actor. b. Nov. 22, 1866, Zante, Ionian Islands. Raised in Milano. *Rivelazione e fatalità* (14), *I pagliacci* (14), *Un'eroina serba* (15), *Imperial regio capestro* (15), *Silvio Pellico, il martire dello Spielberg* (15), *Ego te absolvo* (15), *Zingari* (16), *Giovanni Episcopo* (16), *Così morì Miss Cavell* (16), *Napoleoncina* (17), *Emir, cavallo da circo* (17), *Ballerine* (18), *Il conte Centanni e il visconte Gioventù* (18), *L'eredità di Caino* (19), *La casa che brucia* (19), *La volata* (19), *Il mare di Napoli* (19), *Pietro e Teresa* (19), *La figlia della tempesta* (20), *Triboulet* (23).

4809. Vitti, Monica. Actress. b. Nov. 3, 1931, Roma. RN: Maria Luisa Ceciarelli. Raised in Milano. Stage work led to meeting Antonioni, with whom she became involved for years. Has recently turned to writing and directing as well. *Ridere ridere ridere* (54), *Adriana Lecouvreur* (55), *Una pelliccia di visone* (56), *Il grido* (57 dubbed voice of actress Dorian Gray), *Le dritte* (58), *L'avventura* (60), *La notte* (61), *L'eclisse* (62), *Le quattro verità* (62 the episode "La lepre e la tartaruga"), *Il castello in Svezia* (63), *Confetti al pepe* (63), *Alta infedeltà* (64 the episode "La sospirosa"), *Deserto rosso* (64), *Il disco volante* (64), *Le bambole* (65 the third episode, "La minestra"), *Le piacevoli notti* (66), *Modesty Blaise* (66 U.K.), *Le fate* (67 the episode "Fata Sabina"), *Fai in fretta ad uccidermi...ho freddo!* (68), *Ti ho sposato per allegria* (68), *La cintura di castità* (68), *La ragazza con la pistola* (68), *La Femme écarlate* (69 France), *Amore mio, aiutami* (69), *Vedo nudo* (69), *Le coppie* (70), *Dramma della gelosia—tutti i particolari in cronaca* (70), *La moglie del prete* (70), *Ninì Tirabusciò, la donna che inventò la "mossa"* (70), *La supertestimone* (71), *La pacifista* (71), *Noi donne siamo fatte così* (71), *Lei* (72), *Les Crapules* (72 France), *Gli ordini sono ordini* (72), *Teresa la ladra* (73), *La Tosca* (73), *Le Fantôme de la liberté* (74 France), *Polvere di stelle* (74), *L'anatra all'arancia* (74), *A mezzanotte va la ronda del piacere* (75), *Qui comincia l'avventura* (76), *La goduria* (76), *Basta che non si sappia in giro* (76), *Mimì Bluette...fiore del mio giardino* (77), *L'altra metà del cielo* (77), *Ragione di stato* (78), *Letti selvaggi* (78), *Per vivere meglio divertitevi con noi* (79), *An Almost Perfect Affair* (78 U.S.), *Amori miei* (79), *Il mistero di Oberwald* (80), *Camera d'albergo* (80), *Appuntamento d'amore* (81), *Il tango della gelosia* (81), *Infedelmente tua* (82), *Io so che tu sai che io so* (82), *Scusa se è poco* (82), *Trenta minuti d'amore* (83), *Flirt* (83 also co-w), *Francesca è mia* (86 also co-w), *Scandalo segreto* (89 also d/co-w).

4810. Vivarelli, Piero. Director. *San*

Remo, la grande sfida (60 also co-w), *Io bacio. . . tu baci* (61 also co-w), *Oggi a Berlino* (62 also co-w/story), *Il vuoto* (64), *Superrapina a Milano* (64 co-d/co-p), *Rita, la figlia americana* (65 also co-w/story), *Django* (66 co-w), *Satanik* (67), *Il dio serpente* (70), *Il Decamerone nero* (72), *Nella misura in cui. . .* (79).

4811. Viviani, Raffaele. Actor. b. Jan. 10, 1888, Castellammare di Stabia. d. March 22, 1950, Napoli. Also a noted playwright. *Amore selvaggio* (08), *Testa per testa* (12), *La tavola dei poveri* (32 also co-w/story/from his play), *L'ultimo scugnizzo* (38 also story/from his play).

4812. Vivin, Valérie. French actress. b. March 11, 1933, Paris. *Le donne degli altri* (57).

4813. Vlad, Roman. Composer. b. Dec. 29, 1919, Cernauti, Rumania. Based in Italy. Most of his movie output has been for short documentaries, a list of which follows (his feature films will be indicated by the word "feature" in parentheses). *Sulla cupola di san Pietro* (45), *Sulla via di Damasco* (47), *Bianchi pascoli* (47), *Romantici a Venezia* (47), *Le isole nella laguna* (48 doc), *Il dramma di Cristo* (48), *La leggenda di sant'Orsola* (48), *Il miracolo di san Gennaro* (48), *Il paradiso perduto* (48), *La colonna traiana* (48), *Ombre sulla via Appia* (48), *La conquista dell'invisibile* (48), *De profundis* (48), *Prologo* (48), *Il partigiano* (48), *La passione di Memling* (48), *La maschera e l'uomo* (48), *Monastero di Santa Chiara* (48 feature), *Le mura di Malapaga* (48 feature), *Gli ultimi giorni di Pompei* (48 feature), *Zoo di pietra* (48), *Il demoniaco nell'arte* (49), *Breve storia* (49 short), *Donne senza nome* (49 feature), *Il balletto della primavera* (49), *La scoperta della santa croce* (49), *I fratelli miracolosi* (49), *Fascino di Capri* (49), *Lezione di anatomia* (49), *Cronaca e storia* (49), *L'uomo e il genio* (49), *La sposa non può attendere* (50 feature), *Lo scultore Manzù* (50), *Domenica d'agosto* (50 feature co-composer), *La bellezza del diavolo* (50 feature), *Tre passi al nord* (50 feature), *Beato angelico* (50), *Botticelli* (50), *Bosch* (50), *Vita e morte della pittura* (50), *Giudizio finale* (50 feature), *Incantesimo tragico* (51 feature), *Parigi è sempre Parigi* (51 feature), *Van Gogh* (51), *Il sonno della ragione* (51), *Una lezione di acustica* (51 also story), *Carlo Carrà* (52), *Giotto racconta Cristo* (52), *Immagini popolari siciliane sacre* (52 doc), *Immagini popolari siciliane profane* (52 doc), *Ho scelto l'amore* (53 feature), *Destini di donne* (53 feature. Three episodes: "Le vittime della guerra," "Giovanna d'Arco" and "Nemica della guerra"), *La cavallina storna* (53 feature), *Dieci anni della nostra vita* (53 doc), *Immagini e colore* (53 doc), *Eroi dell'Artide* (53 doc), *I tre ladri* (53 feature), *Knave of Hearts* (54 U.K. feature), *India favolosa* (54 doc), *Giulietta e Romeo* (54 feature), *Tempo d'amarsi* (54 feature), *Camilla* (54 feature consultant), *Il padrone sono me* (55 feature), *Non c'è amore più grande* (55 feature), *Tre quadri dipongono il mondo* (55), *Pepote* (55 Spain feature), *Elena di Troia* (56 feature co-composer), *Una pelliccia di visone* (56 feature), *Lauta mancia* (56 feature), *Parma città d'oro* (57), *Kean, genio e sregolatezza* (57 feature), *I sogni nel cassetto* (57 feature), *L'arte si è fermata anche a Grignasco* (57), *Una vita* (57 feature), *La sfida* (58 feature), *La legge* (58 feature), *Il figlio del corsaro rosso* (58 feature), *Nella città l'inferno* (58 feature), *Paradiso terrestre* (59 doc), *Il mistero dei tre continenti* (59 feature), *Scano boa* (60 feature), *Geheimaktion Schwarze Kapelle* (60 Germany feature), *Mobby Jackson* (60 feature), *La ragazza in vetrina* (60 feature), *Ursus* (61 feature), *La menzogna di Marzabotto* (61), *Verso una nuova civiltà* (62), *Controsesso* (65 feature. The third episode, "Donna d'affari"), *Il piccolo Archimede* (79 feature), *Il giovane Toscanini* (88 feature).

4814. Vlady, Marina. French actress. b. March 10, 1937, Clichy. RN: Marina de Poliakoff-Baïdaroff. Sister of Odile Versois. Married Robert Hossein. *Fanciulle di lusso* (52), *Penne nere* (52), *Le infedeli* (52), *La figlia del diavolo* (52), *L'età dell'amore* (53), *Canzoni, canzoni, canzoni* (53), *Musoduro* (53), *Giorni d'amore* (53), *Le avventure di Giacomo Casanova* (54), *Sinfonia d'amore* (54), *La ragazza in vetrina* (60), *La principessa di Clèves* (60), *I sette peccati capitali* (62 the episode "L'orgoglio"), *La steppa* (62), *L'omicida* (63), *Il delitto Duprê* (63), *Una storia moderna: l'ape regina* (63), *Confetti al pepe* (63), *Una moglie americana* (65), *Il furto della Gioconda* (66), *Contestazione generale* (70), *Il triangolo delle Bermude* (78), *Il* *malato immaginario* (78), *Sapore del grano* (86), *Una casa in bilico* (88), *Splendor* (89).

4815. Vogel, Tony. U.K. actor. b. 1943. *Gesù di Nazaret* (77 TV), *Marco Polo* (82), *I paladini, storia d'armi e d'amori* (83).

4816. Vohrer, Alfred. German director. b. 1919, Berlin. *Là, dove scende il sole* (65), *Old Surehand* (65).

4817. Voight, Jon. U.S. actor. b. Dec. 29, 1938, Yonkers, N.Y. *Un dollaro per sette vigliacchi* (67).

4818. Voleri, Jole. Actress. b. Sept. 16, 1917, Turriaco. *Manovre d'amore* (39), *Tutto per la donna* (40), *Manon Lescaut* (40), *La danza dei milioni* (40), *La fuggitiva* (41).

4819. Voller-Buzzi, Mario. Actor. b. July 6, 1886, Torino. d. Feb. 22, 1966, Torino. *L'ostaggio* (09), *Luigi XI re di Francia* (09), *Didone abbandonata* (10), *Nozze d'oro* (11), *La Gioconda* (11), *Il sogno di un tramonto d'autunno* (11), *Il dramma dell'umanità* (12), *I promessi sposi* (13), *Il romanzo di un re* (14), *Il mistero della sigla* (15 d), *L'estremo convegno* (16 d), *La fidanzata della morte* (16 d), *Amazzone macabra* (16), *Il canto della fede* (17 d), *Dalla catena alla morte* (18 d), *Contrasto d'anime* (18 d), *La signorina dell'altro mondo* (18), *Il lampionaio del Ponte vecchio* (19 d), *La contessina Chimera* (19), *Il suo destino* (20), *Maciste in vacanza* (20), *Maciste salvato dalle acque* (20), *La modella di Tiziano* (21), *Testa di Medusa* (22), *Prevaricazione* (23 story).

4820. Volonghi, Lina. Actress. b. Sept. 4, 1916, Genova-Quarto. Former junior swiming champion. *La signora in nero* (43), *Il paese senza pace* (43), *La mano della morta* (49), *La bella di Roma* (55), *Io piaccio* (55), *Una vita difficile* (61), *Le tardone* (64 the episode "L'armadio"), *Rita, la figlia americana* (65).

4821. Volonté, Gian Maria. Actor. b. April 9, 1933, Torino. AKA: John Wels. Son of an industrialist. Older brother of stage actor Claudio Camaso. On stage since the early 50s, his role of Rogozin in the 1959 TV production of *L'idiota* brought him critical and public acclaim as one of the most interesting and promising actors of the new generation. *Sotto dieci bandiere* (60), *La ragazza con la valigia* (60), *Antinea, l'amante della città sepolta* (61), *Ercole alla conquista di Atlantide* (61), *A cavallo della tigre* (61), *Un uomo da bruciare* (62), *Le quattro giornate di Napoli* (62), *Il terrorista* (63), *Il peccato* (63), *Il magnifico cornuto* (64), *Per un pugno di dollari* (64), *Per qualche dollaro in più* (65), *L'armata Brancaleone* (66), *Svegliati e uccidi* (66), *La strega in amore* (66), *Quien sabe?* (66), *Le stagioni del nostro amore* (66), *I sette fratelli Cervi* (67), *Het Gangstermeisje* (67 Netherlands), *Faccia a faccia* (67), *A ciascuno il suo* (67), *L'amante di Gramigna* (68), *Banditi a Milano* (68), *Summit* (68), *Sotto il segno dello Scorpione* (68), *Vento dell'est* (69), *Indagine su un cittadino al di sopra di ogni sospetto* (69), *Apollon, una fabbrica occupata* (69 narrator), *Uomini contro* (70), *12 dicembre* (70), *Le Cercle rouge* (70 France), *Sacco e Vanzetti* (71), *Il caso Mattei* (71), *La classe operaia va in paradiso* (72), *Sbatti il mostro in prima pagina* (72), *L'Attentat* (72 France), *A proposito Lucky Luciano* (73), *Giordano Bruno* (73), *Il sospetto* (75), *Actas de Marusia* (76 Mexico), *Todo modo* (76), *Io ho paura* (77), *Le Soupçon* (77 France), *Cristo si è fermato a Eboli* (79), *Operazione Ogro* (79), *Stark System* (80), *La certosa di Parma* (80 TV), *La vera storia della signora dalle camelie* (82), *Morte di Mario Ricci* (83), *Scherzo del destino in agguato dietro l'angolo come un brigante da strada* (83), *Il caso Moro* (86), *Cronaca di una morte annunciata* (87), *Un ragazzo di Calabria* (87), *Porte aperte* (90), *Una storia semplice* (91).

4822. Volpe, Mario. Director. b. March 18, 1894, Napoli. *Non uccidere!* (19), *Non tutta io morrò* (20), *Il signorino* (20), *Il professor Gatti e i suoi gattini* (21), *Il mistero dell'asso di picche* (21), *Francesca da Rimini* (21 co-d), *La storia di una sigaretta* (21), *Fenesta che lucive* (25 co-d), *Amalia catena* (25), *Luna nova* (25 co-d), *Tra i sorrisi di Napoli* (26), *Piscatore 'e Pusilleche* (27), *L'Accusation* (28 France), *Enshoudat el-Fouad* (31 Egypt), *El-Ettaham* (33 Egypt), *El-Ghandoura* (35 Egypt), *Malekat el-Massareh* (36 Egypt), *Le due sorelle* (50), *Papà, ti ricordo* (52), *I calunniatori* (57 co-d).

4823. Volpi, Franco. Actor. b. July 11, 1921, Milano. *Fuga a due voci* (42), *Il mago per forza* (51), *Vento del sud* (59), *Cinque ore in contanti* (60), *Romolo e*

Remo (61), *Pastasciutta nel deserto* (61), *Una regina per Cesare* (62), *Rocambole* (62).

Volpiani, Talia *see* **Naldi, Neda**

4824. von Borsody, Hans. Actor. *Marcia o crepa* (62), *Buffalo Bill, l'eroe del far west* (64).

4825. von Friedl, Loni. Austrian actress. b. 1943. *Il momento di uccidere* (68).

von Furstenburg, Ira *see under* **F**

4826. von Martens, Lena. Actress. *Amore in quattro dimensioni* (64), *La caduta dell'impero romano* (64), *Un mostro...e mezzo* (65), *Operazione Controspionaggio* (65), *Extraconiugale* (65 the episode "La roccia").

4827. von Meyerinck, Hubert. German actor. b. Aug. 23, 1896, Potsdam. *Vacanze ad Ischia* (57).

4828. von Nagy, Käthe. Hungarian actress. b. April 4, 1909, Subotica. RN: Kate Nagy. AKA: Kate de Nagy. *Rotaie* (29).

4829. von Radvanyi, Geza. Hungarian director. b. Sept. 26, 1907, Kaschau. AKA: Geza Radvanyi, Geza Radvany. *Inferno giallo* (42), *Prigione bianca* (43), *Donne senza nome* (49), *Cento dollari d'odio* (65).

4830. von Rezzori, Gregor. Actor. *Tempo di Roma* (63), *Viva Maria* (65).

4831. von Stroheim, Erich. Austrian actor. b. Sept. 22, 1885, Vienna. d. May 12, 1957, Maurepas, France. RN: Erich Oswald Stroheim. Possibly even more famous as a director. Long in Hollywood. *Allarme a sud* (53), *Napoleone Buonaparte* (54 as Beethoven).

4832. von Sydow, Max. Swedish actor. b. April 10, 1929, Lund. RN: Carl Adolf von Sydow. *Steppenwolf* (74), *Cadaveri eccellenti* (76), *Cuore di cane* (76), *Il deserto dei tartari* (76), *Gran bollito* (76), *La signora degli orrori* (77), *Il pentito* (85), *Una vita scellerata* (90).

4833. von Tasnady, Maria. Hungarian actress. b. Nov. 16, 1912, Lonea, Transylvania. RN: Mária Tasnády-Fekete. Miss Hungary 1930. *Bengasi* (42), *Inferno giallo* (42), *L'usuraio* (43), *Enrico Caruso, leggenda di una voce* (51).

4834. Vorhaus, Bernard. U.S. director. b. 1897, Germany. Went to the U.K. in 1933, and became a director there. In 1937 he went to Hollywood. *Fanciulle di lusso* (52).

4835. Voutsinas, Andreas. Greek actor. b. 1932, Khartoum, Sudan. Long in the U.S.A. *Fraülein Doktor* (68), *Tre passi nel delirio* (68 the episode "Metzengerstein").

4836. Voyagis, Yorgo. Greek actor. *Giarrettiera Colt* (67), *L'età del malessere* (68), *Cuore di mamma* (68), *Gesù di Nazaret* (77 TV), *I nuovi mostri* (77), *Nero veneziano* (78), *Giulia e Giulia* (87), *Nosferatu a Venezia* (88), *Venezia rosso sangue* (89).

4837. Vrhoveć, Janez. Yugoslav actor. b. 1921, Belgrade. *La grande strada azzurra* (57), *La tempesta* (58).

4838. Vuco, Olivera. Yugoslav actress. *Fraülein Doktor* (68).

4839. Vuijsić, Pablo. Yugoslav actor. b. 1926. AKA: Pavel Vuisić. *La steppa* (62), *Il maestro e Margherita* (72).

4840. Vukotić, Milena. Yugoslav actress. Based in Italy. *Come September* (61 U.S.), *Il conquistatore di Corinto* (62), *Col ferro e col fuoco* (62), *Gidget Goes to Rome* (63 U.S.), *Questa volta parliamo di uomini* (65), *Made in Italy* (65), *Giulietta degli spiriti* (65), *La bisbetica domata* (67), *Arabella* (67), *Il marito è mio e l'ammazzo quando mi pare* (68), *Tre passi nel delirio* (68), *The Biggest Bundle of Them All* (68 U.S.), *Rosolino Paternò soldato* (69), *The Adventurers* (70 U.S.), *Venga a prendere il caffè...da noi* (70), *Trastevere* (72), *Il fascino discreto della borghesia* (72), *La villeggiatura* (73), *Le Fantôme de la liberté* (74 France), *Dracula cerca sangue di vergine...e morì di sete* (74), *Il caso Raoul* (75), *L'Aggression* (75 France), *E cominciò il viaggio nella vertigine* (75), *Amici miei* (75), *Amore vuol dir gelosia* (76), *Gran bollito* (76), *La signora degli orrori* (77), *Cet obscur objet du désir* (77 France), *Le braghe del padrone* (78), *Per vivere meglio divertitevi con noi* (79), *Sabato, domenica e venerdì* (79), *La terrazza* (79), *Fantozzi contro tutti* (80), *I seduttori della domenica* (80), *Bianco rosso e Verdone* (80), *La locandiera* (80), *Amici miei, atto II* (82), *Epistolari celebri* (82), *La casa del tappeto giallo* (83), *Nostalghia* (83), *Fantozzi subisce ancora* (83), *Occhio malocchio prezzemolo e finocchio* (83), *La Lune dans le caniveau* (83 France), *Roba da ricchi* (87), *Fantozzi va in pensione* (89), *Fantozzi colpisce ancora* (91), *Cattiva* (91).

4841. Vulpiani, Mario. Director of photography. *Storie sulla sabbia* (63 co-ph), *La notte del serpente* (69 co-ph), *Il seme dell'uomo* (69), *Vento dell'est* (69), *Il grande duello* (69), *Olimpia agli amici* (70), *L'udienza* (71), *Il mio nome è Mallory..."M" come morte* (71), *Senza famiglia nullatenenti cercano affetto* (72), *La cagna* (72), *La sepolta viva* (73), *Il sorriso del grande tentatore* (74), *Permette signora che ami vostra figlia* (74), *Perchè si uccide un magistrato* (75), *E cominciò il viaggio nella vertigine* (75), *La legge violenta della squadra anticrimine* (76), *Vai gorilla!* (76), *Mark colpisce ancora* (76), *Un borghese piccolo piccolo* (77), *Il gatto dagli occhi di giada* (77), *L'infermiera di notte* (77), *Il mostro* (77), *Questo si chiama l'amore* (78), *Solamente nero* (78), *Tutto suo padre* (78), *La dottoressa...ci sta col colonnello* (80), *Fontamara* (80), *La locandiera* (80), *Professione figlio* (80), *L'uomo puma* (80), *Crema, cioccolata e pa...prika* (81), *Lacrime napulitane* (81), *Zitto quando parli* (81), *Fregoli* (82), *Scandalosa Gilda* (85), *Sensi* (86), *Desiderando Giulia* (87).

4842. Wademant, Annette. French co-writer. b. Dec. 19, 1928, Bruxelles, Belgium. Elected Miss Ciné Revue 1948, under the name Annette de Lattre. In Paris since 1950. *I gioielli di Madame De...* (52), *Una parigina* (57 also co-story).

4843. Wagner, Robert. U.S. actor. b. Feb. 10, 1930, Detroit, Mich. *I sequestrati di Altona* (63).

4844. Wajda, Andrzej. Polish director. b. March 6, 1926, Suwalki. *L'amore a vent'anni* (61 the fifth episode, "Warsaw—Poland").

4845. Wakabayashi, Akiko. Japanese actress. *Akiko* (61).

4846. Wakhévitch, Georges. French art director. b. Aug. 18, 1907, Odessa, Ukraine. d. Feb. 11, 1984, Paris. RN: Georgiy Vachevic. In France since childhood. *L'amore e il diavolo* (42 co-art d/costumes), *La prigioniera dell'isola* (47 co-art d), *Il medium* (50), *Barbablù* (51), *Naso di cuoio* (52), *Il fuoco nelle vene* (53), *Alì Babà e i 40 ladroni* (54), *L'ultima notte di don Giovanni* (55), *Tamango* (57), *Femmina* (59), *Il delitto non paga* (62), *La schiava di Bagdad* (63), *Buccia di banana* (64), *Scappamento aperto* (64), *Il diario di una cameriera* (64), *Un avventuriero a Tahiti* (66).

4847. Walbrook, Anton. Austrian actor. b. Nov. 19, 1900, Vienna. d. Aug. 9, 1967, Starnberg, Germany. RN: Anton Wilhelm Wohlbrück. AKA: Adolf Wohlbrück. Son of a clown. Became a U.K. citizen in 1947. *Il caso Maurizius* (54).

4848. Walcott, Gregory. U.S. actor. b. 1928, Wilson, N.C. *E poi lo chiamarono Il magnifico* (72).

4849. Walker, Robert Jr. U.S. actor. Son of Robert Walker. *Angkor—Cambodia Express* (81).

4850. Walker, Rudolph. U.K. actor. b. Sept. 28, 1939, Trinidad. *Spaghetti House* (82).

4851. Walker, Scott. U.S. actor. *Orca* (77).

4852. Wall, Jean. French actor. b. Dec. 31, 1900, Paris. d. Oct., 1959, Paris. *Rasputin* (54), *Frou Frou* (55).

4853. Wallace, Edgar. U.K. novelist. b. April 1, 1875, London. d. Feb. 10, 1932, Hollywood, Calif., U.S.A. Some Italian films were made from his novels: *Giallo* (33 from "The Man Who Changed His Name"), *A doppia faccia* (69), *Cosa avete fatto a Solange?* (70).

4854. Wallach, Eli. U.S. actor. b. Dec. 7, 1915, Brooklyn, N.Y. *Il buono, il brutto, il cattivo* (66), *Il papavero è anche un fiore* (66), *I quattro dell'ave maria* (68), *L'ultima chance* (73), *Il bianco, il giallo, il nero* (74), *Attenti al buffone!* (75), *Squadra antimafia* (78).

4855. Waller, Gordon. U.K. actor. *Lola* (70).

4856. Walsh, Raoul. U.S. director. b. March 11, 1887, N.Y.C. d. Dec. 31, 1980, Hollywood, Calif. *Elena di Troia* (56 supervising director), *Ester e il re* (60 also co-p/co-w/co-story).

4857. Walter, Eugene. U.S. actor. *8½* (63), *La tarantola dal ventre nero* (72).

4858. Wanamaker, Sam. U.S. actor. b. June 14, 1919, Chicago, Ill. *Da Dunkerque alla vittoria* (79).

Wanders, Bill *see* **Vanders, Bill**

4859. Wanka, Rolf. Czech actor. b. Feb. 14, 1901, Pilsen, Bohemia. *Orizzonte di sangue* (41), *Nel gorgo del peccato* (54), *Siamo tutti necessari* (56).

4860. Wanner, Hugues. Swiss actor. b. 1907. Long in France. *La torre del piacere* (54), *Napoleone ad Austerlitz* (60), *Il giorno e l'ora* (63).

4861. Warbeck, David. N.Z. actor. b. Nov. 17, 1941, Christchurch. Long in U.K. *Giù la testa* (71), *Il comune senso di pudore* (76), *Panic* (76), *Apocalisse domani* (80), *Il gatto di Park Lane* (80), *E tu vivrai nel terrore! L'aldilà* (81), *I cacciatori del cobra d'oro* (83), *Domino* (89).

4862. Ward, Dervis. Welsh actor. b. Dec. 5, 1923, Dowlais. *Ben-Hur* (59).

4863. Ward, Larry. U.S. actor. b. 1925. d. 1985. Famous as Marshal Frank Ragan in the early 60s TV series *The Dakotas*. In his home country he was also a writer. *Dio non paga, il sabato* (68), *Sapevano solo uccidere* (68), *L'assassino fantasma* (70).

4864. Ward, Rachel. U.K. actress. b. 1957, London. *Hotel Colonial* (87).

4865. Ward, Simon. U.K. actor. b. Oct. 19, 1941, Beckenham. *Gli ultimi dieci giorni di Hitler* (72), *Holocaust 2000* (77).

4866. Warhol, Andy. U.S. producer. b. Aug. 8, 1927, Cleveland, O. d. Feb. 22, 1987, N.Y.C. RN: Andrew Warhola. Born of Czech parents. He also directed, but was most renowned as an artist. *Identikit* (74 *), *Carne per Frankenstein* (74 co-ex p), *Dracula cerca sangue di vergine...e morì di sete* (74 co-p).

Warren, Joseph *see* **Vari, Giuseppe**

4867. Warwick, Richard. U.K. actor. b. April 29, 1945, Dartford, Kent. *Romeo e Giulietta* (68).

4868. Washbourne, Mona. U.K. actress. b. Nov. 27, 1903, Birmingham. *Identikit* (74).

4869. Waszynski, Michael. Ukrainian director. b. Sept. 29, 1904, Volhynie. d. Feb. 12, 1965, Madrid, Spain. RN: Michal Waszynski. *Lo sconosciuto di San Marino* (46 co-d), *La grande strada* (48. Helped by Cottafavi), *Fiamme sul mare* (47 co-d), *Guglielmo Tell* (48 artistic director), *Otello* (51 co-d), *Quo Vadis?* (51 U.S. artistic director), *Il maestro di don Giovanni* (53 artistic director), *Roman Holiday* (53 U.S. artistic director), *El Cid* (61 co-assoc p), *La caduta dell'impero romano* (64 co-ex p).

4870. Watson, William. U.S. actor. b. 1938. AKA: William C. Watson. *Zabriskie Point* (69).

4871. Wattis, Richard. U.K. actor. b. Feb. 25, 1912, Wednesbury, Staffs. d. 1975. *Operazione Crossbow* (65).

4872. Wayne, John. U.S. actor. b. May 26, 1907, Winterset, Ia. d. June 11, 1979, Los Angeles, Calif. RN: Marion Michael Morrison. His son John Ethan Wayne acted in *Cane arrabbiato* (84). Wayne Sr.'s Italian film was *Timbuctù* (57).

4873. Wayne, Patrick. U.S. actor. b. July 15, 1939, Los Angeles. AKA: Pat Wayne. Son of John Wayne. *La spina dorsale del diavolo* (70).

4874. Weaver, Dennis. U.S. actor. b. June 4, 1924, Joplin, Mo. *Sledge* (70).

4875. Webb, Alan. U.K. actor. b. 1906. d. 1982. *La bisbetica domata* (67), *I racconti di Canterbury* (71).

Webber, Laurence *see* **Gaburro, Bruno**

4876. Webber, Robert. U.S. actor. b. Oct. 14,1924, Santa Ana, Calif. d. May 17, 1989, Malibu, Calif. *Tecnica di un omicidio* (66), *Qualcuno ha tradito* (67), *Manon 70* (68), *Gardenia* (79), *I seduttori della domenica* (80).

4877. Weber, Tania. Actress. b. May 31, 1934, Hamburg, Germany. A former Miss Hamburg, she became a model in Roma, and married Gianni Hecht Lucari in 1954. *Carica eroica* (52), *Le infedeli* (52), *Siamo tutti inquilini* (53), *La nave delle donne maledette* (53), *Un giorno in pretura* (53), *Il più comico spettacolo del mondo* (54), *Ulisse* (54).

Weedon, Harry *see* **Vidon, Henry**

4878. Welch, Raquel. U.S. actress. b. Sept. 5, 1940, Chicago, Ill., to a Bolivian father. RN: Raquel Tejada. *Spara forte, più forte, non capisco* (66), *Le fate* (67 the episode "Fata Elena").

4879. Welles, Mel. U.S. actor. AKA: Mark Welles. Later a director. *Lo sceicco rosso* (62), *La sorella di Satana* (66), *L'ultimo mercenario* (68 asst d), *Requiem per un bounty killer* (70 d/co-w), *La figlia di Frankenstein* (71 d).

4880. Welles, Orson. U.S. actor. b. May 6, 1915, Kenosha, Wisc. d. 1985. RN: George Orson Welles. Acted in three U.S. films shot in Italy in the late 40s—*Cagliostro*, *Prince of Foxes*, and *The Black Rose*, and then became Europe-based. *Otello* (51 also co-d/w/adapted), *Versailles* (53), *L'uomo la bestia e la virtù* (53), *Napoleone Buonaparte* (54), *Gina Lollobrigida* (56 doc d/appeared as himself), *David e Golia* (59), *Napoleone ad Austerlitz* (60), *I tartari*

(60), *Lafayette, una spada per due bandiere* (61), *Il processo* (62 also d/w), *RoGoPaG* (62 the episode "La ricotta"), *Le meravigliose avventure di Marco Polo* (65), *Tepepa* (68), *Una su tredici* (69), *Waterloo* (70), *I racconti di Canterbury* (71), *E poi non rimase nessuno* (74 voice).

4881. Wells, Vernon. Australian actor. b. 1945, Rushworth, Vic. Shot to fame as Wez in the Australian film *Mad Max II* (*Road Warrior*). *La partita* (91).

Wels, John *see* **Volonté, Gian Maria**

4882. Wertmüller, Lina. Director/writer. b. Aug. 14, 1928, Rome. RN: Arcangela Felice Assunta Wertmüller von Elgg Spanol von Braueich. AKA: George Brown, Nathan Wich. Daughter of a Pugliese lawyer and a Swiss mother. Married Enrico Job in 1968. *8½* (63 asst d), *I basilischi* (63 also story), *Giornalino di Gianburrasca* (64 TV d), *Questa volta parliamo di uomini* (65), *Rita la zanzara* (67 directed the musical numbers/co-w), *Non stuzzicate la zanzara* (67), *Il mio corpo per un poker* (68), *Quando le donne avevano la coda* (70 co-w), *Città violenta* (70 co-w), *Quando le donne persero la coda* (71 co-w), *Mimì metallurgico ferito nell'onore* (72), *Fratello Sole sorella Luna* (73 co-w), *Film d'amore e d'anarchia* (73), *Tutto a posto e niente in ordine* (74), *Travolti da un insolito destino nell'azzurro mare d'agosto* (74), *Pasqualino Settebellezze* (76), *La fine del mondo nel nostro solito letto in una notte piena di pioggia* (77), *Fatto di sangue fra due uomini per causa di una vedova (si sospettano moventi politici)* (78), *Scherzo del destino in agguato dietro l'angolo come un brigante da strada* (83), *Sotto...sotto, strapazzato da anomala passione* (85 d/co-w/story), *Un complicato intrigo di donne, vicoli e delitti* (85 d/co-w), *Notte d'estate con profilo greco, occhi a mandorla, e odore di basilico* (86), *Il decimo clandestino* (89), *In una notte di chiaro di luna* (89), *Sabato, domenica e lunedì* (90 d/co-w).

4883. West, Adam. U.S. actor. b. Sept. 19, 1928, Walla Walla, Wash. RN: William Anderson. Famous as Batman. *I quattro inesorabili* (65).

4884. West, Timothy. U.K. actor. b. Oct. 20, 1934, Bradford, Yorks. *Gli ultimi dieci giorni di Hitler* (72), *L'avvocato del diavolo* (78).

4885. Wheeler, René. French co-writer. b. Feb. 8, 1912, Paris. *Fanfan la tùlipe* (51), *I sette peccati capitali* (52), *Teodora, imperatrice di Bisanzio* (53), *La casa di Madame Korà* (57), *Il delitto non paga* (62).

Whitcomb, Dean *see* **Amendola, Mario** and **Corbucci, Bruno**

White, Harriet *see* **Medin, Harriet**

4886. Whiting, Leonard. U.K. actor. b. 1950, London. *Romeo e Giulietta* (68), *Infanzia, vocazione e prime esperienze di Giacomo Casanova veneziano* (69).

4887. Whitman, Stuart. U.S. actor. b. Feb. 1, 1926, San Francisco, Calif. *Il giorno e l'ora* (63), *Tony Saitta* (76), *Oil* (77).

4888. Whitmore, James. U.S. actor. b. Oct. 1, 1922, White Plains, N.Y. *La polizia incrimina: la legge assolve* (73), *Venditore di palloncini* (74).

4889. Wiazemsky, Anne. German actress. b. 1947. Long in France. *Teorema* (68), *Porcile* (69), *Capricci* (69), *Il seme dell'uomo* (69), *Vento dell'est* (69).

Wich, Nathan *see* **Wertmüller, Lina**

4890. Wicki, Bernhard. Austrian actor. b. Oct. 28, 1919, St. Pölten, of Swiss-Hungarian parents. *La gatta* (58), *La notte* (61), *L'amore difficile* (62 the episode "Il serpente"), *La vendetta della signora* (64 d).

4891. Widmark, Robert. Actor. RN: Alberto Dell'Acqua. AKA: Robert Vidmark, Rob Stevenson. *Sette pistole per i MacGregor* (65), *Texas addio* (66), *Sette donne per i MacGregor* (66), *L'uomo, l'orgoglio, la vendetta* (67), *Ammazzali tutti e torna solo* (68), *Un minuto per pregare, un istante per morire* (68), *I lunghi giorni dell'odio* (68), *Joko, invoca Dio...e muori* (68), *La collina degli stivali* (69), *I vendicatori dell'ave maria* (70), *E alla fine lo chiamavano Jerusalem l'implacabile* (71), *Alleluia e Sartana, figli di...figli di Dio* (72), *Trinità e Sartana...figli di...* (72), *Il figlio di Zorro* (73).

4892. Wieman, Mathias. German actor. b. June 23, 1902, Osnabrück. *La paura* (54).

4893. Wiener, Jean. French composer. b. March 19, 1896, Paris. *Il conte di Montecristo* (53), *Le donne degli altri* (57), *Femmina* (59).

4894. Wilde, Cornel. U.S. actor. b. Oct. 13, 1915, N.Y.C. d. Oct. 15, 1989, Los Angeles. RN: Cornelius Louis Wilde. Son of a Hungarian father and a Czech mother. *Costantino il grande: in hoc signo* (60).

4895. Wilder, Billy. U.S. director. b. June 22, 1906, Vienna, Austria. RN: Samuel Wilder. Former ballet performer. *Avanti!* (72), *Fedora* (78 also co-w).

4896. Wilder, Gene. U.S. actor. b. June 11, 1935, Milwaukee, Wisc. RN: Jerry Silberman. *I seduttori della domenica* (80 also co-d).

4897. Wilder, William Lee. U.S. director. b. Aug. 22, 1904, Austria. AKA: W. Lee Wilder. Older brother of Billy Wilder. *Tre passi al nord* (50 also p).

4898. Wilding, Michael. U.K. actor. b. July 23, 1912, Westcliff-on-Sea, Essex. d. July 8, 1979, Chichester, Sussex. *I due nemici* (61), *Rose rosse per il Fuehrer* (67), *Waterloo* (70).

4899. Wilhelm, Hans. German writer. b. Oct. 18, 1904, Berlin. *Casinò de Paris* (57 co-w/story), *Cinque ore in contanti* (60 co-p).

4900. Willemetz, Jacques. French coproducer. b. May 3, 1921, Paris. *Il tradimento di Elena Marrimon* (54 also co-w), *Il bigamo* (55), *Casinò de Paris* (57).

4901. Williams, Fred. German actor. b. 1938. AKA: Frederick Williams. *Il capitano di ferro* (62), *Il giorno più corto* (63), *Il fornaretto di Venezia* (63), *Il magnifico cornuto* (64), *Cover girls* (64), *Giulietta degli spiriti* (65), *Vaghe stelle dell'Orsa* (65), *Le dolci signore* (67), *Isabella, duchessa dei diavoli* (69), *Il conte Dracula* (70), *Milano: il clan dei calabresi* (74), *Gli amici di Nick Hazard* (76), *...E la nave va* (83).

4902. Williams, Guy. U.S. actor. b. May 6, 1924, Buenos Aires, Argentina. d. 1989. *Il tiranno di Siracusa* (61).

4903. Williams, Polly. U.K. actress. *Lola* (70).

4904. Williams, Tennessee. U.S. playwright. b. March 26, 1914, Columbus, Miss. d. Feb. 25, 1983, N.Y.C. RN: Thomas Lanier Williams. *Senso* (54 cowrote the English-language version, *The Wanton Countess*), *Boom* (68 w/based on his play "The Milk Train Doesn't Stop Here Any More").

4905. Williams, Treat. U.S. actor. b. 1952, Rowayton, Conn. RN: Richard Williams. *La città delle donne* (80), *Stangata napoletana—la Trastola* (83), *C'era una volta l'America* (83), *La notte degli squali* (87), *Russicum* (89).

4906. Williams, Walter. U.S. stuntman. Mostly in Italy. *La decima vittima* (65), *Fraülein Doktor* (68), *Quei temerari sulle loro pazze scatenate scalcinate carriole* (69).

4907. Williamson, Fred. U.S. actor. b. March 5, 1938, Gary, Ind. *Uomini duri...altrimenti vi ammuchiamo* (73), *La parola di un fuorilegge...è legge* (74), *Destinazione Roma* (77 also d/p), *Quel maledetto treno blindato* (77), *Due nelle stelle* (80), *Guerrieri del Bronx* (82), *I nuovi barbari* (83).

4908. Williamson, Nicol. Scottish actor. b. Sept. 14, 1938, Hamilton. *Il monaco* (72).

Willm, Pierre Richard- *see under* **Richard-Willm**

4909. Wilmer, Douglas. U.K. actor. b. 1920, London. RN: Douglas Norman Francis Wilmer. *El Cid* (61), *La caduta dell'impero romano* (64).

4910. Wilms, Dominique. French actress. b. June 8, 1933, Montignies, Belgium. Daughter of French parents. A cover girl, she was elected Miss St.-Germain-des-Prés, and made her acting debut on New York TV. *Quest'amore ai confini del mondo* (60), *Giulio Cesare: il conquistatore delle gallie* (62), *OSS 117 minaccia Bangkok* (64).

Wilson, Fred *see* **Girolami, Marino**

4911. Wilson, Georges. French actor. b. 1921. *I dialoghi delle carmelitane* (59), *Il federale* (61), *Il disordine* (62), *I sette peccati capitali* (62 the third episode, "La gola"), *Le tentazioni quotidiane* (62), *Le quattro giornate di Napoli* (62), *Pelle d'oca* (63), *La noia* (64), *Un mondo nuovo* (65), *C'era una volta* (67), *Non si sevizia un paperino* (72), *L'età della pace* (75).

Wilson, Gordon, Jr. *see* **Corbucci, Sergio**

Wilson, Jerry *see* **Halsey, Brett**

4912. Winters, Shelley. U.S. actress. b. Aug. 18, 1923, St. Louis, Mo. RN: Shirley Schrift. Among her husbands were Vittorio Gassman (1952–54) and Tony Franciosa (1957–60). *Mambo* (54), *Gli indifferenti* (63), *Buona sera, Mrs Campbell* (68), *Gran bollito* (76), *Mimì Bluette... fiore del mio giardino* (77), *Un borghese piccolo piccolo* (77), *Tentacoli* (77), *La signora degli orrori* (77), *Il visitatore* (80).

Wise, Herbert *see* **Ricci, Luciano**

4913. Wise, Robert. U.S. director. b. Sept. 10, 1914, Winchester, Ind. *Elena di Troia* (56).

4914. Wiseman, Joseph. Canadian actor. b. May 15, 1918, Montreal. *Joe Valachi—i segreti di Cosa Nostra* (72).

Wohlbrück, Adolf *see* **Walbrook, Anton**

4915. Wolders, Robert. Dutch actor. b. 1937. Married Merle Oberon. *El Greco* (65), *Giulietta degli spiriti* (65).

4916. Wolff, Frank. U.S. actor. b. 1928, San Francisco, Calif. d. 1971. Son of doctors. In 1960 he went to Greece for a role in the film *Atlas*, and continued to act out of Roma. Married actress Maureen Gavin in 1961. *Salvatore Giuliano* (61), *Le quattro giornate di Napoli* (62), *Il processo di Verona* (62), *Il demonio* (63), *Via Veneto* (64), *L'isola degli angeli* (64 TV), *Amori pericolosi* (64 the first episode, "Il passo"), *Per piacere, non sparate col cannone* (65), *Agente 3S3, massacro al sole* (65), *Ringo, volto della vendetta* (66), *Pochi dollari per Django* (66), *Un dollaro tra i denti* (67), *Le dolci signore* (67), *Il tempo degli avvoltoi* (67), *Dio perdona...io no* (68), *La matriarca* (68), *Sequestro di persona* (68), *Mangiala!* (68), *Ecce homo* (68), *Il grande silenzio* (68), *Vado, vedo e sparo* (68), *Cinque dollari per Ringo* (68), *C'era una volta il west* (68), *Ammazzali tutti e torna solo* (68), *Sono Sartana, il vostro becchino* (69), *Lo stato d'assedio* (69), *Barbagia* (69), *Metello* (70), *La morte risale a ieri sera* (70), *Quando le donne avevano la coda* (70), *Il segreto del dott. Chalmers* (70), *Quando le donne persero la coda* (71), *Milano calibro 9* (72).

4917. Wolgers, Beppe. Swedish actor. b. 1928. *Storia di una donna* (69).

4918. Wolter, Ralf. German actor. b. 1926. *La valle dei lunghi coltelli* (63), *Alla conquista dell'Arkansas* (63), *La Battaglia di Fort Apache* (64), *Winnetou III* (65), *Operazione San Gennaro* (66), *La ballata di Johnny Ringo* (66).

4919. Wong, Anna May. U.S. actress. b. Jan. 3, 1907, Los Angeles, Calif. d. Feb. 2, 1961, Santa Monica, Calif. RN: Wong Liu Tsong. Of Chinese parents. *Ombre bianche* (60).

Wood, John *see* **Iquino, Ignacio**

Wood, Ken *see* **Cianfriglia, Giovanni**

Wood, Montgomery *see* **Gemma, Giuliano**

4920. Woods, Robert. Actor. *5000 dollari sull'asso* (65), *Sette pistole per i MacGregor* (65), *L'uomo che viene da Canyon City* (65), *Quattro dollari di vendetta* (65), *Deguello* (66), *Il mio nome è Pecos* (66), *Starblack* (66), *Pecos è qui: prega e muori* (67), *Le Capitaine Singrid* (68 France), *Quel caldo maledetto giorno di fuoco* (68), *Il mio corpo per un poker* (68), *Blackjack* (68), *La sfida dei Mackenna* (69), *Hypnos* (69), *La taglia è tua, l'uomo l'ammazzo io, El Puro* (70), *Era Sam Walbash ...lo chiamavano "Così Sia"* (71), *Il mio nome è Mallory..."M" come morte* (71), *Hai sbagliato, dovete uccidermi subito!* (72), *La mia colt ti cerca...quattro ceri ti attendono* (72), *Una colt in mano al diavolo* (72).

4921. Woog, Robert. French producer. b. March 22, 1907, Novorosisk, Russia. Came to France in 1918. Former cereal salesman. *La gatta* (58), *La furia degli uomini* (63).

4922. Wooland, Norman. U.K. actor. b. March 16, 1905, Düsseldorf, Germany, of British parents. *Giulietta e Romeo* (54), *Barabba* (61), *La caduta dell'impero romano* (64), *Saul e David* (64).

4923. Worth, Irene. U.S. actress. b. June 23, 1916, Nebraska. In U.K. since 1944. *Sir Francis Drake, il re dei sette mari* (63).

Wotruba, Michael *see* **D'Amato, Joe**

4924. Wright, John. U.K. actor. *Lola* (70).

Wyler, John *see* **Steel, Alan**

4925. Wyler, William. U.S. director. b. July 1, 1902, Mulhausen, Germany. d. 1981. His parents were Swiss, he was a nephew of Carl Laemmle, and he was raised in Lausanne. To the U.S.A. in 1920. *Ben-Hur* (59 also took over production when Sam Zimbalist died).

4926. Wymark, Patrick. U.K. actor. b. 1926. d. 1970. RN: Patrick Cheesman. *Operazione Crossbow* (65), *Sette volte donna* (67).

4927. Wynn, Keenan. U.S. actor. b. July 27, 1916, N.Y.C. RN: Francis Xavier Aloysius James Jeremiah Wynn. Son of Ed Wynn. *Il re di Poggioreale* (61), *C'era una volta il west* (68), *Quella carogna dell'ispettor Sterling* (68), *Spara gringo spara* (68), *L'uomo dagli occhi di ghiaccio* (72), *Orca*

(77), *E alla fine lo chiamavano Jerusalem l'implacabile* (71).

4928. Wynter, Paul. Actor. *Maciste nella terra dei ciclopi* (61), *Maciste, l'uomo più forte del mondo* (61).

4929. Wysbar, Frank. German director. b. Dec. 9, 1899, Tilsit. d. March 25, 1967, East Germany. *Marcia o crepa* (62 also co-w).

4930. Xan das Bolas. Spanish actor. b. 1910, La Coruña. RN: Tomás Arés Peña. *Zoras il ribelle* (59), *La rivolta dei mercenari* (62), *Il figlio di capitano Blood* (63), *L'eroe vagabondo* (65), *Clint il solitario* (68).

4931. Xeo, Tina. Actress. b. 1897, Sicily. Retired toward the end of the silent era. *Un errore di gioventù* (16), *Giovanni Episcopo* (16), *L'aquila* (16), *Graziella* (17), *Una donna* (17), *Manon Lescaut* (18), *Il destino di Silvia* (18), *I rapaci dell'onore* (18), *È passata una nuvola* (18), *Pulcinella* (19), *L'ultima avventura* (20), *L'amore e la maschera* (20), *Il voto* (20), *Cavalleria rusticana* (24), *Fra Diavolo* (25).

4932. Yanne, Jean. French producer. b. 1933. RN: Jean Gouyé. Also an actor. *Dracula cerca sangue di vergine...e morì di sete* (74 co-p), *Carne per Frankenstein* (74 co-ex p), *Non toccate la donna bianca* (74), *Ragione di stato* (78 *).

4933. Yanni, Rossana. Argentine actress. b. 1942. *E venne l'ora ella vendetta* (67), *L'urlo dei giganti* (68), *Malenka* (68 also p), *Quel maledetto ponte sull'Elba* (69), *Le guerriere dal seno nudo* (72), *La banda J & S—cronaca criminale del west* (73), *Che c'entriamo noi con la rivoluzione?* (73).

4934. Yarza, Rosita. Spanish actress. b. Nov. 5, 1922, Madrid. *Dio, come ti amo!* (69).

4935. Yegros, Lina. Spanish actress. b. Dec. 6, 1914, Madrid. RN: Avelina Yegros Antón. *L'ultima canzone* (58).

4936. Yordan, Philip. U.S. co-writer. b. 1913, Chicago, Ill. *El Cid* (61 also co-exec. prod/co-story), *La caduta dell'impero romano* (64 also co-story), *...E continuavano a fregarsi il milione di dollari* (72).

4937. York, Michael. U.K. actor. b. March 27, 1942, Fulmer. RN: Michael York-Johnson. *La bisbetica domata* (67), *Romeo e Giulietta* (68), *Fratello Sole sorella Luna* (73), *Gesù di Nazaret* (77 TV), *Fedora* (78).

4938. Young, Burt. U.S. actor. b. April 30, 1940, N.Y.C. Famous as Paulie in the Rocky films. *C'era una volta l'America* (83).

4939. Young, Gig. U.S. actor. b. Nov. 4, 1913, St. Cloud, Minn. d. 1978. RN: Byron Barr. AKA: Bryant Fleming. *Il coltello nella piaga* (63), *Un fiocco nero per Deborah* (74).

4940. Young, Stephen. Canadian actor. b. 1939. RN: Stephen Levy. *Il gattopardo* (63), *La caduta dell'impero romano* (64).

4941. Young, Terence. U.K. director. b. June 20, 1915, Shanghai, China, of British parents. *Orazi e Curiazi* (61 co-d), *La guerra segreta* (65 co-d), *Il papavero è anche un fiore* (66), *L'avventuriero* (67), *Sole rosso* (71), *Joe Valchi—i segreti di Cosa Nostra* (72), *Le guerriere dal seno nudo* (72).

4942. Young, Tony. U.S. actor. b. 1932. *Sledge* (70).

4943. Zaccaria, Gino. Director. *Padre* (12 co-d), *Zvanì* (15), *Il radium vendicatore* (16), *La nave fantasma* (17), *Miss Demonio* (18), *Baruffa* (19), *La donna è scomparsa* (20), *Un viaggio verso la morte* (20), *Mezzo milione ed un marito* (21), *Un viaggio nella luna* (21).

4944. Zacconi, Ermete. Actor. b. Sept. 14, 1857, Montecchio di Reggio Emilia. d. Oct. 14, 1948, Reggio Emilia. RN: Ernesto Zacconi. In 1946 Garzanti of Milano published his autobiography, "Ricordi e battaglie." *Padre* (12), *Lo scomparso* (12), *L'emigrante* (15), *La forza della coscienza* (17), *Gli spettri* (17), *Il cardinale Lambertini* (34), *Un colpo di vento* (36), *Cuor di vagabondo* (36), *Pioggia d'estate* (37), *Les Perles de la couronne* (37 France), *Processo e morte di Socrate* (40), *Don Buonaparte* (41), *Orizzonte dipinto* (41), *Il romanzo di un giovane povero* (42), *Il conte di Montecristo* (43), *Cronaca di due secoli* (43 finished in 53 and never shown).

4945. Zacharias, Steffan. German actor. b. 1927, Hamburg. Long in the U.S.A. *Lo scatenato* (67), *Sequestro di persona* (68), *Colpo di stato* (68), *I quattro dell'ave maria* (68), *Gli intoccabili* (68), *Metello* (70), *Sledge* (70), *Lo chiamavano Trinità* (70), *Il vichingo venuto dal sud* (71), *La vendetta è un piatto che si serve freddo* (71), *L'uomo della Mancha* (72).

4946. Zafred, Mario. Composer. b.

Feb. 21, 1922, Trieste. Has composed the music for several documentaries, e.g.: *La regola 12* (52); *Lettere di condannati a morte della Resistenza italiana* (53); *I martiri di Belfiore*; *Il petrolio è degli uomini*; *Avventure di Acquaverde*; *San Miniato, luglio 44 (54)*; *L'America a Roma* (55); *Convegno al Mandracchio*; *A guardia della rete*; *Ventotto tonnellate*. His feature films include: *Achtung, banditi!* (51), *Cronache di poveri amanti* (53), *Le ragazze di San Frediano* (54), *La donna del giorno* (56), *Giovani mariti* (57), *Il relitto* (61).

4947. Zambuto, Gero. Director. b. April 14, 1887, Grotte. d. Jan. 11, 1944, Bassano del Grappa. RN: Calogero Lucrezio Zambuto. Married actress Claudia Gaffino. Also well-known as an actor and voice-over man. *La belva della mezzanotte* (13 *), *La regina dell'oro* (13 *), *Fedora* (13 *), *Il giuramento sulla bibbia* (14 *), *Il segreto dell'Aquila Nera* (14 *), *Il fiacre n. 13* (16 co-d), *La fiaccola sotto il moggio* (16 *), *L'apostolo* (16), *Pierrette* (16), *Panther* (16), *Buon sangue non mente* (16), *L'intrusa* (16), *Il terzo incomodo* (17), *Una sventatella* (18), *La passeggera* (18), *La moglie di Claudio* (18 co-d), *La legge del cuore* (18), *Il matrimonio di Olimpia* (18), *La cugina* (19), *Friquet* (19), *Scrollina* (21), *La grande maniera* (21), *Il club degli inafferabili* (21), *Lilly e Lilette o l'arte di farsi l'amore* (21), *Mia moglie si è fidanzata* (22), *Povere bimbe* (23 *), *Maciste imperatore* (24 *), *L'acqua cheta* (33), *L'avvocato difensore* (34 also *), *Fermo con le mani!* (37), *Il fornaretto di Venezia* (39 *), *Leggenda azzurra* (40 *), *Ridi, pagliaccio!* (41 *), *I mariti* (41 *), *I promessi sposi* (41 *), I due Foscari (42 *), *Fuga a due voci* (42 *), *La sua strada* (43 *), *Macario contro Zagomar* (43 *).

4948. Zampa, Luigi. Director. b. Jan. 2, 1905, Roma. d. Aug. 16, 1991, Roma. Uncle of Giuseppe Colizzi. Trained at the Centro Sperimentale 1935–38. *Risveglio di una città* (33 doc), *Mille lire al mese* (38 asst d/co-w), *Dora Nelson* (39 co-w), *Un mare di guai* (39 co-w/co-story/co-dialog), *Manovre d'amore* (39 w), *Il capitano degli ussari* (40 co-w/co-dialog), *La danza dei milioni* (40 w/co-story), *Centomila dollari* (40 co-w), *Ho visto brillare le stelle* (40 co-w), *Tutto per la donna* (40 co-w/dialog), *L'attore scomparso* (41 also co-w), *Fra' Diavolo* (42 also co-w), *Signorinette* (42 also co-w/e), *C'è sempre un ma...* (42 also co-w/story), *L'abito nero da sposa* (43 also co-w), *Un americano in vacanza* (46 also co-worked story), *Vivere in pace* (47 also co-w/co-story), *L'onorevole Angelina* (47 also co-w/co-story), *Anni difficili* (47 also co-w), *Campane a martello* (48), *O.K. Agostina* (49—U.K. version of *Campane a martello*), *Cuori senza frontiere* (49), *È più facile che un cammello...* (50 co-d), *Signori, in carrozza!* (51 also co-w), *Processo alla città* (52 also co-w), *Anni facili* (53 also co-w), *Siamo donne* (53 the episode "La patente" also co-w), *La romana* (54 also co-w), *L'arte di arrangiarsi* (54 also co-w), *Ragazze d'oggi* (55 also w/story), *Tempo di villeggiatura* (56 supervising director/co-story), *Ladro lui, ladra lei* (57 also story), *La ragazza del Palio* (58 also co-w), *Il magistrato* (59 also co-w/co-story), *Il vigile* (60 also co-w), *Anni ruggenti* (62 also co-w/co-story), *Frenesia d'estate* (64), *Una questione d'onore* (65 also co-w), *I nostri mariti* (66 the episode "Il marito di Olga" also co-w), *I complessi* (65 the episode "Il complesso di Angelotti" also co-w), *Le dolci signore* (67 also co-w), *Il medico della mutua* (68 also co-w/co-adapted), *Contestazione generale* (70 also co-w), *Bello onesto emigrato Australia sposerebbe compaesana illibata* (71 also co-w), *Bisturi, la mafia bianca* (73 also co-w), *Gente di rispetto* (75 also co-w), *Il mostro* (77 also co-w), *Letti selvaggi* (78 also co-w).

4949. Zamperla, Nazzareno. Actor. *Zorro e i tre moschettieri* (62), *I pirati della Malesia* (64), *Una pistola per Ringo* (65), *Sette pistole per i MacGregor* (65), *Sette volte sette* (68).

4950. Zampi, Mario. U.K. director/producer. b. Nov. 1, 1903, Sora, Italy. d. Dec. 1, 1963, London. A child actor in Italian films, he was in the U.K. from 1923. *Ho scelto l'amore* (53), *Cinque ore in contanti* (60 d/co-p).

4951. Zandonai, Riccardo. Composer. b. May 30, 1883, Sacco. d. June 5, 1944, Pesaro. *La principessa Tarakanova* (38 co-composer), *Der singende Tor* (39 Germany), *Ritorno* (39), *Arditi civili* (40), *Caravaggio, il pittore maledetto* (41), *Amami, Alfredo!* (40).

4952. Zane, Angio. Director. b. Aug. 17, 1925, Salò sul Garda. RN: Angelo Zane. *La capinera del mulino* (56), *Gli* *avventurieri dell'uranio* (58), *Brigliadoro* (59 also p), *Pippo, Briciola e Nuvola Bianca* (60 also p), *Okay Sceriffo* (64 also p), *Rosanna va a sciare* (65 short).

4953. Zangarini, Carlo. Co-director. Usually with Giovanni Mayda. *Dall'alba al tramonto* (17), *L'abbraccio della vergine di ferro* (19), *Il cimitero dei giustiziati* (20), *La corda al collo* (20), *I milioni della zingara* (20), *Il mistero dell'uomo grigio* (20), *Nella stretta del mistero* (20), *Tra fumi di champagne* (21 d), *La danzatrice cieca* (22 d).

4954. Zanin, Bruno. Actor. b. 1952. *Amarcord* (73), *La prova d'amore* (74), *La polizia chiede aiuto* (74), *La prima volta sull'erba* (75), *L'Agnese va a morire* (77), *La brace dei Biassoli* (80), *Il buon soldato* (82), *Marco Polo* (82), *Inganni* (86), *Il caso Moro* (86).

4955. Zanni, Federico. Director of photography. *10.000 dollari per un massacro* (67), *Per 100.000 dollari t'ammazzo* (67 co-ph), *La battaglia del deserto* (69), *Il giustiziere sfida la città* (75), *Mark il poliziotto spara per primo* (75 co-ph), *Il vizio di famiglia* (75), *Roma a mano armata* (76), *L'affittacamere* (77), *Il cinico, l'infame, il violento* (77), *Classe mista* (77), *Genova a mano armata* (77), *Mannaja* (77), *Le seminariste* (77 co-ph), *Il grande attacco* (77), *La banda del gobbo* (77), *La carica delle patate* (79 co-ph), *L'affare Concorde* (79), *La liceale nella classe dei ripetenti* (79), *L'infermiera nella corsia dei militari* (79), *La liceale seduce i professori* (79), *Gay Salomè* (80), *La liceale al mare con l'amica di papà* (80), *Mangiati vivi* (80), *La ripetente fa l'occhietto al preside* (80), *Celebrità* (81), *La dottoressa preferisce i marinai* (81), *L'esercito più pazzo del mondo* (81), *L'onorevole con l'amante sotto il letto* (81), *Pierino contro tutti* (81), *Pierino medico della Saub* (81), *Prima che sia troppo presto* (81), *Ricchi, ricchissimi...praticamente in mutande* (81 co-ph), *Gian Burrasca* (82), *Giggi il bullo* (82), *Pierino colpisce ancora* (82), *Il sommergibile più pazzo del mondo* (82 co-ph), *Due strani papà* (83), *Paolo Roberto Cotechino, centravanti di sfondamento* (83), *Strattato cerca casa equo canone* (83), *Il tifoso, l'arbitro e il calciatore* (83), *Zero in condotta* (83), *L'allenatore del pallone* (84), *Fotoromanzo* (85), *Mezzo destro mezzo sinistro—due calciatori senza pallone* (85).

4956. Zannini, Giovanni. Director. *Barriere umane* (15), *La coscienza del diavolo* (15), *Lo spettro di mezzanotte* (15), *Venere, ninfe, sirene* (17), *La notte che dormii sotto le stelle* (17), *Il mistero della corona* (18), *La storia di un delitto* (18), *Pia de' Tolomei* (21), *Lo specchio e la morte* (21), *La lampada votiva* (21), *Il grande silenzio* (35).

4957. Zanoli, Maria. Actress. b. 1898, Milano. *Zazà* (42), *Macario contro Zagomar* (43), *Circo equestre Za-Bum* (46 made in 44), *Giudicatemi!* (49), *Patto col diavolo* (49), *Il nido di falasco* (50), *Il sentiero dell'odio* (51), *Incantesimo tragico* (51), *Sensualità* (51), *Quo Vadis?* (51 U.S.), *Amo un assassino* (51), *Don Camillo* (52), *Europa 51* (52), *Carne inquieta* (52), *Non ho paura di vivere* (52), *La lupa* (52), *Il romanzo della mia vita* (53), *Processo contro ignoti* (53), *Fermi tutti, arrivo io!* (53), *Addio mia bella signora* (53), *Donne proibite* (53), *Avant le déluge* (53 France), *Carosello napoletano* (54), *La contessa scalza* (54), *Canzone d'amore* (54), *Appassionatamente* (54), *Le Printemps, l'automne et l'amour* (54 France), *Le signorine dello 04* (54), *Fascicolo nero* (55), *Incatenata dal destino* (55), *La capinera del mulino* (56), *Le notti bianche* (57), *El Alamein* (57), *Scano boa* (60).

4958. Zanolli, Angelo. Actor. *Morgan il pirata* (60), *Maciste all'inferno* (60), *Maciste nella Valle dei Re* (60).

4959. Zanuccoli, Umberto. Actor. b. 1882. *I pagliacci* (14), *Il bacio di Cirano* (19), *La favola di La Fontaine* (19), *Il colonnello Chabert* (20), *La principessa Bébé* (20), *La falsa amante* (20), *Gli angeli custodi* (20), *Crocetta d'oro* (21), *Triboulet* (23).

4960. Zanussi, Lucia. Actress. b. Firenze. *Nero* (22 U.S.), *Messalina* (23), *Maciste all'inferno* (25), *Varca napulitana* (25), *Saetta, principe per un giorno* (26), *Il cavalier Petagna* (26), *Risa e lacrime napoletane* (26), *Florette e Patapon* (27), *...Te lasso!* (26), *Non è Carmela mia* (28), *Napule e Surriente* (28), *La locandiera* (28), *Brigata Firenze* (28).

4961. Zapponi, Bernardino. Cowriter. *Tre passi nel delirio* (68 the episode "Il ne faut jamais parier sa tête contre le diable"), *Fellini Satyricon* (69), *La moglie del prete* (70), *Mordi e fuggi* (73), *Polvere* *di stelle* (74), *L'anatra all'arancia* (74 w), *Anima persa* (76), *Mosè* (76), *Languidi baci . . .perfide carezze* (77), *I nuovi mostri* (77), *Fantasma d'amore* (81), *Piso pisello* (81), *Rimini Rimini* (87), *Roba da ricchi* (87), *Teresa* (87).

4962. Zappulla, Felice. Producer. b. 1915, Catania. *Siamo donne* (53), *Accade al commissariato* (54 also co-story), *Buonanotte, avvocato!* (55), *Accade al penitenziario* (55 also story), *Il mondo sarà nostro* (55 also co-w), *Mi permette, babbo?* (56), *Arrivano i dollari* (56), *Italia piccola* (57), *Il marito* (57).

4963. Zardi, Dominique. French actress. b. 1931. *Il diario di una cameriera* (64), *Weekend a Zuydecoote* (64).

4964. Zardi, Federico. Co-writer. b. Nov. 25, 1912, Bologna. *Il mercante di Venezia* (52), *Traviata 53* (53), *Erode il grande* (59), *I cosacchi* (59), *Labbra rosse* (60), *La guerra di Troia* (61), *Salvatore Giuliano* (61 *), *La banda Casaroli* (62 w).

4965. Zareschi, Elena. Actress. b. June 23, 1918, Buenos Aires, Argentina, of Italian parents. RN: Elina Lazzareschi. Trained at the Centro Sperimentale. *L'ultima nemica* (37), *Ultima giovinezza* (39), *Sei bambine e il Perseo* (39), *Il mercante di schiave* (41), *Mas* (41), *Don Giovanni* (42), *Rita da Cascia* (42), *Gelosia* (42), *Peccatori* (44), *Trent'anni di servizio* (45), *Il grido della terra* (48), *I contrabbandieri del mare* (49), *Ombre sul canal grande* (51), *Maria Zef* (53), *Ulisse* (54), *I misteri di Parigi* (57), *Erode il grande* (59), *Le sorprese dell'amore* (59), *I cosacchi* (59), *Teseo contro il Minotauro* (60).

4966. Zarfati, Giancarlo. Actor. b. 1947, Roma. *La famiglia Passaguai fa fortuna* (51), *La spiaggia* (53), *Bravissimo* (55), *Solo Dio mi fermerà* (56), *Suor Letizia* (56), *Vivendo, cantando. . .che male ti fo?* (57), *La mina* (58), *Cerasella* (59), *Il ladro di Bagdad* (60).

4967. Zarzo, Manuel. Spanish actor. b. 1930. AKA: Manolo Zarzo. *I sentieri dell'odio* (64), *Sette uomini d'oro* (65), *Sette pistole per i MacGregor* (65), *Bounty killer* (66), *Il grande colpo dei sette uomini d'oro* (66), *Un treno per Durango* (67), *Uno scacco tutto matto* (68), *Commandos* (68), *Riusciranno i nostri eroi a ritrovare l'amico misteriosamente scomparso in Africa?* (68), *Dramma della gelosia—tutti i particolari in cronaca* (70), *Un tipo con una faccia strana* (72), *Il consigliori* (73), *Fuori uno, sotto un altro, arriva il "passatore"* (73), *La testa del serpente* (74), *Cipolla Colt* (75), *Sabato, domenica e venerdì* (79).

4968. Zavattini, Cesare. Co-writer. b. Sept. 29, 1902, Luzzara. d. Oct. 13, 1989, Roma. *Darò un milione* (36), *La danza delle lancette* (36 w), *I'll Give a Million* (38 U.S. version of *Darò un milione* co-story), *Bionda sottochiave* (39 w/story), *Una famiglia impossibile* (40 w/story), *San Giovanni decollato* (40), *Teresa Venerdì* (41 w), *È caduta una donna* (41), *I sette peccati* (41 w), *Quattro passi fra le nuvole* (42 also co-story), *Don Cesare di Bazan* (42), *Avanti, c'è posto* (42), *La scuola dei timidi* (42 also story), *Il birichino di papà* (42 w), *C'è sempre un ma. . .* (42), *Quarta pagina* (42), *Gian Burrasca* (43), *I bambini ci guardano* (43), *La freccia nel fianco* (43), *Silenzio, si gira!* (43 w/story), *Canto, ma sottovoce* (44 also story), *La porta del cielo* (45 also story), *Il mondo vuole così* (45 w/co-story), *Il testimone* (45), *Sciuscià* (46 also story), *Un giorno nella vita* (46 also co-story), *L'angelo e il diavolo* (46 also story), *Il marito povero* (46 made in 43 also story), *La grande aurora* (46 w/story), *Lo sconosciuto di San Marino* (46 also story), *Sperduti nel buio* (47 also co-adapted), *Il passatore* (47), *Caccia tragica* (47), *Fabiola* (48), *Ladri di biciclette* (48 also story), *Le mura di Malapaga* (48 also co-story), *Il cielo è rosso* (49), *È primavera* (49 also co-story), *Vent'anni* (49), *Prima comunione* (50 also story), *Domenica d'agosto* (50), *È più facile che un cammello. . .* (50 story), *La sposa non può attendere* (50 also story), *La roccia incantata* (50), *Miracolo a Milano* (50 co-w/from his play "Totò il buono"), *Bellissima* (51 story), *Mamma mia, che impressione!* (51 also co-story), *Roma, ore 11* (51 also co-story), *Umberto D* (51 also story), *Buongiorno, elefante!* (52 also story), *Cinque poveri in automobile* (52 also story), *Il cappotto* (52 also co-adapted), *La voce del silenzio* (52 story), *Piovuto dal cielo* (53 also story), *Stazione Termini* (53 also story), *Donne proibite* (53), *Un marito per Anna Zaccheo* (53), *Amore in città* (53 the episode "La storia di Caterina" also co-d/general supervisor/co-story), *Lettere di condannati a morte della Resistenza italiana* (53 doc), *Siamo donne* (53 also initial idea/general supervisor/story), *La cavallina storna* (53), *L'oro di Napoli* (54 also co-adapted), *La passeggiata* (54 also co-adapted), *San Miniato, luglio 44* (54 short also co-d), *Il segno di Venere* (55), *Il tetto* (56 w/story), *Era di venerdì 17* (56 also co-story), *Suor Letizia* (56 also story), *La donna del giorno* (56), *Amore e chiacchiere* (57 also story), *Nel blu dipinto di blu* (58), *Il rossetto* (60), *Rat* (60 Yugoslavia w/story), *Historias de la revolución* (60 Cuba. Supervisor), *La Ciociara* (61 w/adapted), *El joven rebelde* (61 Cuba. w/story), *Chi legge? Un viaggio lungo il Tirreno* (61 TV doc co-d), *Il sicario* (61), *Il giudizio universale* (61 w/story), *Le italiane e l'amore* (61 also supervisor/co-story), *Boccaccio 70* (61 the first episode, "La riffa" w/story/original idea), *L'isola di Arturo* (62), *Il boom* (63 w/story/from his own short story), *I sequestrati di Altona* (63), *I misteri di Roma* (63 supervisor/original idea), *Ieri oggi e domani* (63 wrote the episode "Mara," and co-wrote the episode "Anna"), *Controsesso* (65 the episode "Cocaina di domenica" w/story), *Un mondo nuovo* (65 w/story), *Caccia alla volpe* (66), *Andremo in città* (66), *Le streghe* (66 co-w), *Sette volte donna* (67), *Amanti* (68), *I girasoli* (69), *Il documento su Giuseppe Pinelli—12 dicembre* (70 doc co-d), *Il giardino dei Finzi-Contini* (71), *Lo chiameremo Andrea* (73 w), *Una breve vacanza* (73 w), *Un cuore semplice* (77 w), *The Children of Sánchez* (78 U.S./Mexico), *Ligabue* (78), *La veritaaà* (79 d/w/*/composer), *Strand—Under the Dark Cloth* (89 *).

4969. Zeffirelli, Franco. Director. b. Feb. 12, 1923, Firenze. RN: Gianfranco Corsi. Former actor. Much stage, opera, film. *L'onorevole Angelina* (47 *), *La terra trema* (48 asst d), *Bellissima* (51 asst d), *Il sole negli occhi* (53 co-d), *Senso* (54 asst d), *Andrea Chénier* (55 co-d), *Camping* (58 also co-w), *La Bohème* (65 Switzerland), *Florence—Days of Destruction* (66 doc), *La bisbetica domata* (67 also co-p/co-w), *Romeo e Giulietta* (68 also ex p/co-w), *Fratello Sole sorella Luna* (73 also co-w), *Gesù di Nazaret* (77 TV also co-w), *The Champ* (79 U.S.), *I pagliacci* (81 TV), *Endless Love* (81 U.S.), *La Traviata* (82 also w/design), *Otello* (86 also co-w), *Cavalleria rusticana* (86 TV), *Il giovane Toscanini* (88), *Hamlet* (90).

4970. Zeglio, Primo. Director. b. July 8, 1906, Buronzo. AKA: Anthony Greepy, Anthony Green, Omar Hopkins, Mario Sabatini. Married Paola Barbara. *Vecchia guardia* (34 set decorator), *La sposa dei re* (38 co-w/asst to the director), *Montevergine* (39 co-w), *Il fornaretto di Venezia* (39 co-w), *Accade a Damasco* (42 co-d), *Febbre* (44), *Genoveffa di Brabante* (46 also co-w), *Anatomia del colore* (47 doc co-d), *La vendetta del corsaro* (51 also co-w), *La figlia del diavolo* (52 also co-w/story), *Nerone e Messalina* (53 also co-w started in 49, and not finished until 4 years later, for financial reasons), *Capitan Fantasma* (53 also co-w/story), *Attila—flagello di Dio* (54 co-w/story), *Dimentica il mio passato* (55 co-d/co-w), *Il figlio del corsaro rosso* (58 also co-w), *Morgan il pirata* (60 co-d/co-w), *Le sette sfide* (60 also co-w), *Io, Semiramide* (61), *Sir Francis Drake, il re dei sette mari* (63 co-d), *L'uomo della valle maledetta* (63), *I due violenti* (64 also co-w), *I quattro inesorabili* (65 also co-w/story), *4...3...2...1...morte* (67), *Killer adios* (68 also co-w), *Peccato originale* (80).

4971. Zeisberg, Ingmar. German actress. b. Feb. 25, 1931, Danzig. *I battellieri del Volga* (58), *Pezzo, capopezzo e capitano* (58).

4972. Zerbinati, Luigi. Actor. b. 1909. *Alta infedeltà* (64), *Fellini Satyricon* (69), *Mordi e fuggi* (73), *Casanova e compagnia* (76).

4973. Zichel, Rosie. Actress. *Violenza segreta* (63), *Deguello* (66), *Un buco in fronte* (68).

4974. Zimbalist, Sam. U.S. producer. b. March 31, 1901, N.Y.C. d. Nov. 4, 1958, Roma, Italy. *Ben-Hur* (59 died during production).

4975. Zimmer, Bernard. French writer. b. April 30, 1893, Grandpré, Belgium. d. July 2, 1964, Paris. *Le sorelle Materassi* (43), *Maria Antonietta, regina di Francia* (56 dialog).

4976. Zinner, Peter. Austrian editor. b. July 24, 1919, Vienna. *La tenda rossa* (69 the English-language version, *The Red Tent*), *Valdez il mezzosangue* (73 co-e).

4977. Zivanović, Milivoje. Yugoslav actor. b. 1900, Pozaravac. *Agi Murad—il diavolo bianco* (59).

4978. Zivojinović, Bata. Yugoslav actor. b. 1933. *Old Surehand* (65), *Il maestro e Margherita* (72).

4979. Zocchi, Nietta. Actress. b. 1911, Piemonte. *Ma non è una cosa seria* (36), *L'anonima Roylott* (36), *La danza delle lancette* (36), *Sette giorni all'altro mondo* (36), *Lo smemorato* (37), *Grandi magazzini* (39), *Orizzonte dipinto* (41), *La cena delle beffe* (41), *Villa da vendere* (42), *La scuola dei timidi* (42), *Accidenti alle tasse!* (51), *Moglie per una notte* (52), *Le avventure di Mandrin* (52), *Il sogno di Zorro* (52), *Pane amore e fantasia* (53), *Cento anni d'amore* (53 the episode "Garibaldina"), *Cose da pazzi* (54), *La mia vita è tua* (54), *Giulietta e Romeo* (54), *Cento serenate* (54), *Rigoletto* (54), *Chéri-Bibi, il forzato della Guiana* (55), *Piccola posta* (55), *Quando tramonta il sole* (56), *Cantando sotto le stelle* (56), *Moglie e buoi...* (56), *Donne, amori e matrimoni* (56), *Le schiave di Cartagine* (57), *Vivendo, cantando... che male ti fo?* (57), *Primo applauso* (57), *Il conte di Matera* (57), *Mariti in pericolo* (61), *Ferragosto in bikini* (61), *La donna degli altri è sempre più bella* (63 the episode "Il bagnino").

4980. Zola, Jean-Pierre. French actor. b. 1915, Vienna, Austria. d. 1979. *Il treno* (64), *Lo straniero* (67), *Arriva Dorellik* (67), *Gruppo di famiglia in un interno* (74).

Zolfikar, Omar *see* **Zoulfikar, Omar**

4981. Zoppelli, Lia. Actress. b. Nov. 16, 1920, Milano. d. Jan. 2, 1988, Milano. Her first film was made using the name Lia Marini. *Il sogno di tutti* (41), *La cambiale* (59), *Tempi duri per i vampiri* (59), *Cerasella* (59), *Genitori in blue jeans* (60), *Il vigile* (60), *Chi si ferma è perduto* (60), *Sua Eccellenza si fermò a mangiare* (61), *Totòtruffa 62* (61), *I fratelli corsi* (61), *Gioventù di notte* (62), *Appuntamento in Riviera* (62), *La monaca di Monza* (62), *Gli italiani e le donne* (63), *Avventura al motel* (63), *Totò e Cleopatra* (63), *Il giorno più corto* (63), *La pupa* (64), *Ercole, Sansone, Maciste, Ursus: gli invincibili* (64).

4982. Zoppetti, Cesare. Actor. b. Jan. 1, 1878, Roma. d. 1940, Roma. RN: Giovanni Cesare Zoppetti. *La riva dei bruti* (30), *Televisione* (30), *Il richiamo del cuore* (30), *La vacanza del diavolo* (31), *Patatrac* (31), *La segretaria privata* (31), *L'ultima avventura* (32), *Gli uomini, che mascalzoni!* (32), *Il dono del mattino* (32), *L'armata azzurra* (32), *O la borsa o la vita* (32), *Sette giorni cento lire* (33), *1860* (33), *Cento di questi giorni* (33), *La maestrina* (33), *Il signore desidera?* (33), *Treno popolare* (34), *L'impiegata di papà* (34), *Il presidente della Ba. ce. cre. mi.* (34), *Tenebre* (34), *Seconda B* (34), *Kiki* (34), *La mia vita sei tu* (34), *Marcia nuziale* (34), *Vecchia guardia* (34), *Re burlone* (35), *Lohengrin* (35), *Darò un milione* (36), *L'ambasciatore* (36), *Arma bianca* (36), *La danza delle lancette* (36), *Il fu Mattia Pascal* (37), *Il conte di Brêchard* (37), *Crispino e la comare* (37), *L'allegro cantante* (38), *La principessa Tarakanova* (38), *Jeanne Doré* (38), *Inventiamo l'amore* (38), *Chi sei tu?* (39), *La vedova* (38), *Retroscena* (39), *Il fornaretto di Venezia* (39), *L'amore si fa così* (39), *Fanfulla da Lodi* (40).

4983. Zorzi, Guglielmo. Director. b. Jan. 31, 1879, Bologna. Born into a family of counts. *La scarpetta perduta* (14 also story), *Passa la guerra* (14 story), *Dietro il cespuglio* (14), *Una donna di spirito* (14), *Sangue bleu* (14 story), *La farfalla dalle ali d'oro* (15), *L'agguato* (15 story), *All'ombra del Tricolore* (15 also story), *Il rapimento di Miss Hélène* (16), *L'altra madre* (16), *Il baratro* (16), *L'idolo bianco* (16), *Ninna nanna* (16 also from his play of the same name), *Lea* (16 co-d/co-w), *Notte di tempesta* (16), *Mimì e gli straccioni* (16), *L'illusione* (17), *La felicità* (17), *La selce e l'acciaio* (19 also co-story), *La cicala* (19 also from his short story), *La lettera chiusa* (20 also co-story), *La nemica* (20), *Le follie di Noretta* (20 also story), *I tre amanti* (21 also w/from his play of the same name), *La preda* (21 also story), *Allegretto ma non troppo* (21 also w/from his play of the same name), *La donna perduta* (21 also story), *Il cammino delle stelle* (22), *La via del dolore* (22), *Il riscatto* (23), *La piccola ignota* (23), *La leggenda delle Dolomiti* (24 also co-w/story), *La bocca chiusa* (24), *La vena d'oro* (28 also co-w/from his play of the same name), *La dama bianca* (38 w/story/co-adapted/from the play of the same name by him and Aldo De Benedetti), *Il documento* (39 co-w/story/from his play of the same name), *La notte delle beffe* (39 w/story/from the play "Il passatore," by him and Alberto Donini), *La donna perduta* (40 w/story), *La corona di ferro* (41 co-w), *La resa di Titi* (45 co-w/from the play of the same name by him and Aldo De

Benedetti), *Margherita da Cortona* (50 co-w/story), *La vena d'oro* (55 w/story/from his play of the same name).

4984. Zoulfikar, Omar. Actor. AKA: Omar Zolfikar. *La freccia d'oro* (62), *Il cobra* (67).

4985. Zouzou. French actress. b. 1943. Algiers. *L'ultima donna* (75).

4986. Zuanelli, Marco. Actor. *C'era una volta il west* (68), *Ehi, amico, c'è Sabata...hai chiuso* (69).

4987. Zucca, Giuseppe. Co-writer. b. May 1, 1887, Messina. d. Dec. 2, 1959, Roma. *Vecchia guardia* (34 also story), *Aldebaran* (35 also story), *Piccoli naufraghi* (39 also story), *Un'avventura di Salvator Rosa* (40 dialog), *Fanfulla da Lodi* (40 dialog), *Il re d'Inghilterra non paga* (41), *La corona di ferro* (41), *Amore imperiale* (41), *Fari nella nebbia* (41), *Ridi, pagliaccio!* (41 also story), *Un garibaldino al convento* (41), *Nozze di sangue* (42), *Sempre più difficile* (42 w/story), *Malacarne* (46), *Il principe ribelle* (47 also story), *I cavalieri dalle maschere nere* (47), *Il sigillo rosso* (50 also story), *Senza bandiera* (50), *Altri tempi* (51), *Serenata amara* (52), *Gli amori di Manon Lescaut* (54), *I cinque dell'Adamello* (54), *Agguato sul mare* (54).

4988. Zuccoli, Fausto. Director of photography. *I giganti di Roma* (63), *Solo contro tutti* (66), *Spara gringo spara* (68), *Ocaso de un pistolero* (68 Spain), *Le dieci meraviglie dell'amore* (69), *Isabella, duchessa dei diavoli* (69), *Testa o croce* (69), *Zum zum zum n. 2* (69), *Guardami nuda* (70), *Storia de' fratelli e de' coltelli* (72), *Di Pietro L'Aretino si racconta* (72), *Storia di fifa e di coltello* (72), *Le dolci zie* (75), *Roma violenta* (75), *La moglie vergine* (76), *Napoli violenta* (76), *Italia a mano armata* (77), *Kakientrüppen* (77), *L'ebreo fascista* (79), *Zombi holocaust* (80), *Notturno* (82), *I nuovi barbari* (83 co-ph).

Zucker, Ralph *see* **Pupillo, Massimo**

4989. Zuffi, Piero. Art director. b. April 28, 1919, Imola. *Il generale Della Rovere* (59), *Che gioia vivere* (61), *La notte* (61), *I briganti italiani* (61), *I sogni muoiono all'alba* (61), *Boccaccio 70* (61 the episode "Le tentazioni del dottor Antonio"), *Colpo rovente* (69 d).

4990. Zurli, Guido. Director. AKA: Albert Moore. *Romolo e Remo* (61 asst d), *Le verdi bandiere di Allah* (62 co-d), *Zorro alla corte di Spagna* (62), *Thompson 1880* (66), *Sigpress contro Scotland Yard* (68 also co-w), *La vergine di Bali* (72), *Lo strangolatore di Vienna* (73), *Il figlio di Zorro* (73 co-w), *Silenzio: si uccide* (75), *Lo scoiattolo* (80).

4991. Zurlini, Valerio. Director. b. March 19, 1926, Bologna. Started in 1948 with documentaries. *Storia di un quartiere* (50 doc), *Pugilatori* (51 doc), *Il blues della domenica* (52 doc), *Il mercato delle facce* (52 doc), *Soldati in città* (53 doc), *Le ragazze di San Frediano* (54), *Guendalina* (57 co-w), *L'estate violenta* (59 also co-w/story), *La ragazza con la valigia* (60 also co-w/story), *Cronaca familiare* (62 also co-w/story), *Le soldatesse* (65 also co-w), *Seduto alla sua destra* (68 also story), *Come, quando, con chi?* (69 completed direction on the death of Pietrangeli), *La prima notte di quiete* (72 also co-w), *Il deserto dei tartari* (76).

BIBLIOGRAPHY

Accialini, Fulvio, and Lucia Coluccelli. *Marco Ferreri.* Milano: Il Formichiere, 1979.

Aiello, G. *Il cinema italiano degli ultima vent'anni.* Cremona: Mangiarotti, 1965.

Aprà, Adriano, ed. *Il cinema di Ermanno Olmi.* Parma: Incontri Cinematografici Monticelli Teme, 1979.

________, and Patrizia Pistagnesi. *I favolosi anni trenta cinema italiano, 1929–1944.* Milano: Electra, 1979.

Aristarco, Guido. *Sotto il segno dello Scorpione: il cinema dei fratelli Taviani.* Firenze: G. D'Anna, 1977.

Aros, Andrew A. *An Actor Guide to the Talkies, 1965 Through 1974.* Metuchen, N.J.: Scarecrow Press, 1977.

________. *A Title Guide to the Talkies, 1964 Through 1974.* Metuchen, N.J.: Scarecrow Press, 1977.

________. *A Title Guide to the Talkies, 1975 Through 1984.* Metuchen, N.J.: Scarecrow Press, 1986.

Attolini, Vito. *Il cinema di Pietro Germi.* Lecce: Elle, 1986.

________. *Sotto il segno del film.* Bari: Mario Edda, 1983.

Baldelli, Pio. *Cinema dell'ambiguità: Rossellini, De Sica, Zavattini e Fellini.* Roma: Samonà e Savelli, 1969.

________. *Luchino Visconti,* rev. ed. Milano: Gabriele Mazzotta, 1982.

________. *Roberto Rossellini: i suoi film (1936–1972) e la filmografia completa.* Roma: Samonà e Savelli, 1969.

Barbina, Alfredo, ed. *Sperduti nel buio.* Torino: Nuova ERI, 1987.

Bernardi, Sandro. *Marco Bellocchio.* Firenze: La Nuova Italia, 1978.

Bernardini, Aldo. *Cinema muto italiano 1896–1904.* Roma: Laterza, 1980.

________. *Cinema muto italiano 1905–1909.* Roma: Laterza, 1981.

________. *Cinema muto italiano 1910–1914.* Roma: Laterza, 1982.

________. *Nino Manfredi.* Roma: Gremese, 1979.

________, and Claudio G. Fava. *Ugo Tognazzi* (2nd edition). Roma: Gremese, 1985.

Bertetto, Paolo. *Il più brutto del mondo: il cinema italiano oggi.* Milano: Bompiani, 1982.

Bertieri, Claudio. *30 anni di cinema italiano.* Genova: Circolo Aziendale Cornigliano, 1960.

Bessy, Maurice, and Jean-Louis Chardans. *Dictionnaire du cinéma et de la télévision.* Paris: Pauvert, 1968.

Blasetti, Alessandro. *Il cinema che ho vissuto,* ed. Franco Prono. Bari: Dedalo, 1982.

Bondanella, Peter. *Italian Cinema: From Neorealism to the Present,* rev. ed. New York: Frederick Ungar, 1990.

Borghini, Fabrizio. *Mario Monicelli: cinquant'anni di cinema.* Pisa: Master, 1985.

Brancalini, Romano. *Celebri e dannati—Osvaldo Valenti e Luisa Ferida: storia e tragedia di due divi del regime.* Milano: Longanesi, 1985.

Brunetta, Gian Piero. *Cinema italiano tra le due guerre.* Milano: Mursia, 1975.

________. *Storia del cinema italiano, 1895–1945.* Roma: Riuniti, 1979.

________. *Storia del cinema italiano dal 1945 agli anni ottanta.* Roma: Riuniti, 1982.

Buache, Freddy. *Le Cinéma italien d'Antonioni à Rosi.* Yverdon: Thiele, 1969.

________. *Le Cinéma italien 1945–1979.* Lausanne: L'Âge d'Homme, 1979.
Buss, Robin. *Italian Films.* New York: Holmes & Meier, 1989.
Caldiron, Orio. *Totò.* Roma: Gremese, 1980.
Camerini, Claudio. *Alberto Lattuada.* Firenze: La Nuova Italia, 1981.
Cammarota, Domenico. *Il cinema di Totò.* Roma: Fanucci, 1986.
________. *Il cinema peplum.* Roma: Fanucci, 1987.
Carpi, Fabio. *Cinema italiano del dopoguerra.* Milano: Schwartz, 1958.
Carrano, Patrizia. *La Magnani.* Milano: Rizzoli, 1986.
________. *Malafemmina: la donna nel cinema italiano.* Firenze: Guaraldi, 1977.
Casetti, Francesco. *Bernardo Bertolucci.* Firenze: La Nuova Italia, 1975.
Castello, Giulio Cesare. *Il cinema neorealistico italiano.* Torino: Radio Italiana, 1956.
Cèbe, Gilles. *Sergio Leone.* Paris: Henri Veyrier, 1983.
Chiarini, Luigi. *Panorama del cinema contemporaneo (1954–1957).* Roma: Bianco e Nero, 1957.
Cosulich, Callisto. *I film di Alberto Lattuada.* Roma: Gremese, 1985.
Cowie, Peter, ed. *International Film Guide.* London: Tantivy, 1983–1989 editions.
________. *1967 World Filmography.* London: Tantivy, and New York: Barnes, 1977.
________. *1968 World Filmography.* London: Tantivy, and New York: Barnes, 1977.
Crawley, Tom. *The Films of Sophia Loren.* Secaucus, N.J.: Citadel, 1976.
Cumbow, Robert C. *Once Upon a Time: The Films of Sergio Leone.* Metuchen, N.J.: Scarecrow, 1987.
D'Amico, Masolino. *La commedia all'italiana: il cinema comico in Italia dal 1945 al 1975.* Milano: Mondadori, 1985.
D'Amico, Silvio, ed. *Enciclopedia dello spettacolo.* 11 vols. Firenze: G.C. Sansoni, 1954–1966.
D'Arcangelo, Maresa, and Giovanni M. Rossi, eds. *1975/1985: gli anni maledetti del cinema italiano.* Firenze: Mediateca Regionale Toscana, 1986.
De Bernardinis, Flavio. *Nanni Moretti.* Firenze: La Nuova Italia, 1987.
De Fornari, Oreste. *Sergio Leone.* Milano: Moizzi, 1977.
________. *Tutti i film di Sergio Leone.* Milano: Ubulibri, 1984.
Degiovanni, Bernard. *Vittorio Gassman.* Paris: PAC, 1980.
Della Casa, Stefano. *Mario Monicelli.* Firenze: La Nuova Italia, 1986.
Delli Colli, Laura. *Monica Vitti.* Roma: Gremese, 1987.
De Sanctis, Filippo Maria. *Alberto Lattuada.* Parma: Guanda, 1961.
De Santi, Pier Marco. *I film di Paolo e Vittorio Taviani.* Roma: Gremese, 1988.
________. *La musica di Nino Rota.* Roma: Laterza, 1983.
Dillon, Jeanne. *Ermanno Olmi.* Firenze: La Nuova Italia, 1985.
Dimmitt, Richard B. *An Actor Guide to the Talkies.* Metuchen, N.J.: Scarecrow, 1965.
________. *A Title Guide to the Talkies: A Comprehensive Listing of 16,000 Feature-Length Films from October, 1927 Until December, 1963.* 2 vols. Metuchen, N.J.: Scarecrow, 1965.
Di Montezemola, Vittorio Cordero, ed. *Bolognini.* Roma: Istituto Poligrafico dello Stato, 1977.
Elley, Derek. *The Epic Film.* London: Routledge & Kegan Paul, 1984.
Faldini, France, and Goffredo Fofi. *Totò.* Napoli: Tullio Pironti, 1987.
________, and ________, eds. *L'avventurosa storia del cinema italiano raccontata dai suoi protagonisti.* Milano: Feltrinelli, 1979.
________, and ________. *L'avventurosa storia del cinema italiano raccontata dai suoi protagonisti, 1960–1969.* Milano: Feltrinelli, 1981.
Farassino, Alberto. *Giuseppe De Santis.* Milano: Moizzi, 1978.
________, and Tatti Sanguineti, eds. *Gli uomini forti.* Milano, Gabriele Mazzotta, 1983.
Farinotti, Pino. *Dizionario del film.* Milano: Sugarco, 1990.
Fava, Claudio G. *Alberto Sordi.* Roma: Gremese, 1979.
________, and Matilde Hochkofler. *Marcello Mastroianni.* Roma: Gremese, 1980.
________, and Aldo Viganò. *I film di Federico Fellini.* Roma: Gremese, 1981.
Ferrara, Giuseppe. *Luchino Visconti.* Paris: Séghers, 1970.

________. *Il nuovo cinema italiano.* Firenze: Le Monnier, 1957.
Ferraù, Alessandro. *Annuario del cinema italiano.* Roma: Centro per studi di cultura, promozione e diffusione del cinema italiano, various editions.
Ferrero, Adelio. *Il cinema di Pier Paolo Pasolini.* Milano: Mondadori, 1978.
________, ed. *Visconti: il cinema.* Modena: Cooptip, 1977.
________, Giovanna Grignaffini, and Leonardo Queresima. *Il cinema italiano degli anni '60.* Firenze: Guaraldi, 1977.
Ferrini, Franco, ed. *L'antiwestern e il caso Leone.* Roma: Bianco e Nero, 1971.
Filmlexicon degli autori e delle opere (8 vols.). Roma: Bianco e Nero, 1958–73.
Freda, Riccardo. *Divoratori di celluloide: 50 anni di memorie cinematografiche e non.* Roma: Il Formichiere, 1981.
Gambetti, Giacomo. *Vittorio Gassman.* Roma: Gremese, 1982.
Germani, Sergio Gromek. *Mario Camerini.* Firenze: La Nuova Italia, 1980.
Gervais, Marc. *Pier Paolo Pasolini.* Paris: Séghers, 1973.
Ghirelli, Massimo. *Gillo Pontecorvo.* Firenze: La Nuova Italia, 1978.
Gifford, Dennis. *The British Film Catalogue 1895–1985.* New York Facts on Film Publications, 1986.
Gili, Jean A. *Arrivano i mostri: i volti della commedia italiana.* Bologna: Cappelli, 1980.
________. *La Comédie italienne.* Paris: Henri Veyrier, 1983.
________. *Luigi Comencini.* Paris: Edilig, 1981.
Giovanni, Fabio. *Dario Argento: il brivido, il sangue, il thrilling.* Bari: Dedalo, 1986.
Giovannini, Memmo, Enrico Magrelli, and Mario Sesti. *Nanni Moretti.* Napoli: Edizioni Scientifiche Italiane, 1986.
Grande, Maurizio. *Marco Ferreri.* Firenze: La Nuova Italia, 1974.
Grazzini, Giovanni. *Eva dopo Eva: la donna nel cinema dagli anni Sessanta a oggi.* Roma: Laterza, 1980.
Gromo, Mario. *Cinema italiano 1903–1953.* Milano: Mondadori, 1954.
Grossini, Giancarlo. *120 film di Sodoma: analisi del cinema pornografico.* Bari: Dedalo, 1982.
Halliwell, Leslie. *Filmgoer's Companion,* 9th ed. London: Grafton, 1988.
Hardy, Phil, ed. *The Encyclopedia of Horror Movies.* New York: Harper & Row, 1986.
Helt, Richard C., and Marie E. Helt. *West German Cinema Since 1945.* Metuchen, N.J.: Scarecrow, 1987.
Hochkofler, Matilde. *Anna Magnani.* Roma: Gremese, 1984.
Italian Film Production. Roma: Unitalia Film, editions used, 1958–1972.
Jarratt, Vernon. *The Italian Cinema.* London: Falcon, 1951.
Katz, Ephraim. *The International Film Encyclopedia.* London: Macmillan, 1980.
Kezich, Tullio, ed. *Giulietta Masina (la Chaplin mujer): Entrevista realizada por Tullio Kezich.* Valencia: Fernando Torres, 1985.
Kolker, Robert Phillip. *Bernardo Bertolucci.* New York: Oxford University Press, 1985.
Krautz, Alfred, ed. *International Directory of Cinematographers, Set-, Costume-Designers in Film.* 12 vols. Munich: K.G. Saur, 1988.
Lentz, Harris M. *Science Fiction, Horror & Fantasy Film and Television Credits.* Jefferson, N.C.: McFarland, 1983. And *Supplement: Through 1987.* Same publisher, 1989.
Leprohon, Pierre. *Le Cinéma italien.* Paris: Séghers, 1966.
Liehm, Mira. *Passion and Defiance: Film in Italy from 1942 to the Present.* Berkeley: University of California Press, 1984.
Livolsi, Mario, ed. *Schermi e ombre: gli italiani e il cinema del dopoguerra.* Firenze: La Nuova Italia, 1988.
Lizzani, Carlo. *Il cinema italiano 1895–1979.* 2 vols. Roma: Riuniti, 1980.
Lodato, Nuccio. *Marco Bellocchio.* Milano: Moizzi, 1971.
Macciché, Lino. *Il cinema italiano degli anni '60.* Venezia: Marsilio, 1975.
________. *Cinema italiano degli anni '70: cronache 1969–1978.* Venezia: Marsilio, 1980.
________. *Il neorealismo cinematografico italiano.* Venezia: Marsilio, 1975.
Malerba, Luigi, ed. *Cinema italiano 1945–1951.* Roma: Bestetti, 1952.

_______, and Carmine Siniscalco, eds. *50 anni di cinema italiano.* Roma: Bestetti, 1953.
Maltin, Leonard. *TV Movies and Video Guide.* New York: Signet, 1992.
Maraldi, Antonio, ed. *Pupi Avati: cinema e televisione.* Gambettola: Centro Cinema Città di Cesena, 1980.
Masi, Stefano, and Enrico Lancia. *Sophia Loren.* Roma: Gremese, 1985.
Meccoli, Domenico. *Luigi Zampa.* Roma: Cinque Lune, 1956.
Mida, Massimo, and Lorenzo Quaglietti, eds. *Dai telefoni bianchi al neorealismo.* Roma: Laterza, 1980.
Monaco, James. *The Encyclopedia of Film.* New York: Perigee, 1991.
Moscati, Massimo. *Western all'italiana: guida ai 407 film, ai registi, agli attori.* Milano: Pan, 1978.
Noble, Peter, ed. *International Film and TV Year Book.* London: King, various editions.
Nowell-Smith, Geoffrey. *Visconti.* London: Secker & Warburg, 1967.
Nowlan, Robert A., and Gwendolyn Wright Nowlan. *The Films of the Eighties.* Jefferson, N.C.: McFarland, 1991.
Oliviero, Jeffrey. *Motion Picture Players' Credits.* Jefferson, N.C.: McFarland, 1991.
Palmer, Scott. *British Film Actors' Credits.* Jefferson, N.C.: McFarland, 1988.
Palumbo, Mario. *La Sicilia nel cinema.* Palermo: Sicilia Domani, 1963.
Paolella, Roberto. *Storia del cinema muto.* Napoli: Giannini, 1956.
_______. *Storia del cinema sonoro 1926–1939.* Napoli: Giannini, 1966.
Parish, James Robert. *Film Actors Guide: Western Europe.* Metuchen, N.J.: Scarecrow, 1977.
Pecori, Franco. *Giuseppe De Santis.* Firenze: La Nuova Italia, 1981.
_______. *Vittorio De Sica.* Firenze: La Nuova Italia, 1980.
Pellizzari, Lorenzo, ed. *Cineromanzo: il cinema italiano 1945–1953.* Milano: Longanesi, 1978.
Pelzer, Helmut. *Vittorio De Sica.* Berlin: Henschel, 1964.
Petraglia, Sandro. *Pier Paolo Pasolini.* Firenze: La Nuova Italia, 1974.
Pitts, Michael R. *Western Movies: A TV and Video Guide to 4200 Genre Films.* Jefferson, N.C.: McFarland, 1986.
Ponzi, Maurizio. *Gina Lollobrigida.* Roma: Gremese, 1982.
Price, Barbara Anne, and Theodore Price. *Federico Fellini: An Annotated Bibliography.* Metuchen, N.J.: Scarecrow, 1978.
Pruzzo, Piero, and Enrico lancia. *Amedeo Nazzari.* Roma: Gremese, 1983.
Pugliese, Roberto. *Dario Argento.* Firenze: La Nuova Italia, 1987.
Quargnolo, Mario. *Dove va il cinema italiano?* Milano: Pan, 1971.
Redi, Riccardo, ed. *Cinema italiano sotto il fascismo.* Venezia: Marsilio, 1979.
Reggiani, Stefano. *Dizionario del postdivismo: 101 attori italiani del cinema e della TV.* Torino: RAI, 1985.
Registi italiani. Roma: Unitalia Film, 1958.
Romano, Paolo, and Roberto Tirapelle, eds. *Il cinema di Pupi Avati.* Verona: Sequenze, 1987.
Rondi, Brunello. *Il cinema di Fellini.* Roma: Bianco e Nero, 1965.
_______. *Cinema e realtà.* Roma: Bianco e Nero, 1965.
_______. *Il neorealismo italiano.* Parma: Guanda, 1956.
Rondini, Gian Luigi. *Cinema italiano oggi.* Roma: Bestetti, 1966.
Rondolino, Gianni. *Luchino Visconti.* Torino, UTET, 1981.
_______. *Roberto Rossellini.* Firenze: La Nuova Italia, 1974.
_______. *Vittorio Cottafavi: cinema e televisione.* Bologna: Cappelli, 1980.
_______, ed. *Catalogo Bolaffi del cinema italiano.* Torino: Bolaffi, 1979.
_______, and Ornella Levi, eds. *Dizionario Bolaffi del cinema italiano.* Torino, Bolaffi, various editions.
Rossi, Alfredo. *Elio Petri.* Firenze: La Nuova Italia, 1979.
Schlappner, Martin. *Von Rossellini zu Fellini.* Zürich: Origo, 1963.
Shipman, David. *The Great Movie Stars: The International Years.* London: Angus & Robertson, 1972.

Solmi, Angelo. *Storia di Federico Fellini.* Milano: Rizzoli, 1962.
Spinazzola, Vittorio. *Cinema e pubblico: lo spettacolo filmico in Italia 1945–1965.* Milano: Bompiani, 1974.
Stag, Laurence, and Tony Williams. *Italian Westerns: The Opera of Violence.* London: Lorrimer, 1975.
Stewart, William T., Arthur F. McClure, and Ken D. Jones. *International Film Necrology.* New York: Garland, 1981.
Strazzula, Gaetano. *Cinema italiano.* Lugano: Cenobio, 1963.
Stubbs, John C. *Federico Fellini: A Guide to References and Resources.* Boston: G.K. Hall, 1978.
Thomas, Nicholas, ed. *International Dictionary of Films and Filmmakers,* 2d ed. Chicago: St. James, 1991.
Tinazzi, Giorgio. *Michelangelo Antonioni.* Firenza: La Nuova Italia, 1974.
_______, ed. *Il cinema degli anni '50.* Venezia: Marsilio, 1979.
Tiso, Ciriaco. *Liliana Cavani.* Firenze: La Nuova Italia, 1975.
Trassati, Sergio. *Renato Castellani.* Firenze: La Nuova Italia, 1984.
Torri, Bruno. *Cinema italiano: dalla realtà alle metafore.* Palermo: Palumbo, 1973.
Turroni, Giuseppe. *Alberto Lattuada.* Milano, Moizzi, 1977.
_______. *Viaggio nel corpo: la commedia erotica nel cinema italiano.* Milano: Moizzi, 1979.
Usai, Paolo Cherchi. *Giovanni Pastrone.* Firenze: La Nuova Italia, 1985.
Vannini, Andrea, ed. *Vasco Pratolini e il cinema.* Firenze: La Bottega del Cinema, 1987.
Verdone, Mario. *Cinema e letteratura del futurismo.* Roma: Bianco e Nero, 1968.
_______. *Roberto Rossellini.* Paris: Séghers, 1963.
Viganò, Aldo. *Dino Risi.* Milano: Moizzi, 1977.
Wakeman, John, ed. *World Film Directors.* New York: H.H. Wilson, 1987–88.
Waldekranz, Rune. *Italiensk Film.* Stockholm: Wahlström & Widstrand, 1953.
Weisser, Thomas. *Spaghetti Westerns—the Good, the Bad, and the Violent: A Comprehensive, Illustrated Filmography of 558 Eurowesterns and Their Personnel, 1961–1977.* Jefferson, N.C.: McFarland, 1992.
Willis, John. *Screen World.* New York: Crown, used editions 1949–1992.
Witcombe, Roger T. *The New Italian Cinema.* New York: Oxford University Press, 1982.
Zambetti, Sandro. *Francesco Rosi.* Firenze: La Nuova Italia, 1976.
Zanotto, Piero, and Fiorello Zangrando. *L'Italia di cartone.* Padova: Livia, 1973.
Zeffirelli, Franco. *Zeffirelli: An Autobiography.* New York: Weidenfeld & Nicolson, 1986.

FILM INDEX

Many of the numerical references are accompanied by a letter code: these indicate occupation (no code means it is more than likely an acting credit). For a detailed explanation of the codes (abbreviations) used in this index, see pages xv–xvi. Briefly: * = *also acted;* a = *art;* ad = *assistant director,* ca = *camera,* ch = *choreographer,* co = *costume,* d = *director,* e = *editor,* fx = *special effects,* m = *music,* p = *producer,* ph = *photography,* s = *set,* w = *writer. Please note the codes embrace assistants and allied positions (e.g., "m" covers composer, musical director, lyricist, and others). Also: "(n.d.)" means "no date" is known; "(66 Spain)" means the film was a Spanish production released in 1966.*

A bajo espera la muerte (66 Spain) 3229
A caccia insieme (n.d.) 398d
A cavallo della tigre (61) [Astride the Tiger] 20, 705, 1075d, 2771, 3088w, 3147, 4126w, 4618, 4821
À chacun son enfer (76 France) 2070ph
A che servono questi quattrini (42) 1054, 1273, 1303, 1305, 1850ad, 2812, 2813, 2898w, 2909, 3117a, 3663d, 3828, 4117ph, 4378, 4790
A chi tocca... tocca! (79) 251d, 3698, 3864, 4491
A ciascuno il suo (67) [We Still Kill the Old Way; To Each His Own] 228m, 1676, 3422, 3534d, 3591, 3748, 4579, 4821
A cuore freddo (71) 3754, 4025
A doppia faccia (69) [Double Face; Das Gesicht in Dunkeln] 957, 1786d, 2244, 2386, 2516, 3608ph, 3992m, 4373, 4853w
A.D.3. operazione Squalo Bianco (66) [Operation White Shark] 3178, 3619, 4052
A due passi dal confine (61) 4745d
A fil di spada (52) [At Sword's Point; Sword's Edge] 43ph, 406w, 619d, 679, 1979, 2392, 2472, 2839m, 2885, 4091, 4574, 4708, 4803
A futura memoria di Pier Paolo Pasolini (87) 3453
A Ghentar si muore facile (67) 2188
A guardia della rete (n.d.) 4946m
'A legge (20) 3285ph
'A mala nova (20) 3285ph
A Marechiare 'nce sta na funesta... (24) 3285ph
A Massaua (09) 3326d
A me mi piace (85) [I Like It; I Like Her] 1417ph, 3109d*
"A mezza quaresima" *episode of* I topi grigi
A mezzanotte va la ronda del piacere (75) [Midnight Pleasures; The Immortal Bachelor] 813, 1271m, 1408ph, 1722d, 1882, 1945, 3098e, 3660, 3865p, 4809
A mi no me mire Usted (42 Spain) 2268 ph
"A morte!" *episode of* Il trittico di Bonnard
A mosca cieca (21) 883d, 1834ph
A noi! (22) 3427d
A noi piace freddo...! (60) 504, 1203ph, 1809, 4359d, 4530, 4753
À notre regrettable époux (88 France) 4651
A peggio offesa (24) 1221d*
A Piedigrotta (20) 3285ph
A porte chiuse (61) [Behind Closed Doors; Behind Locked Doors] 801, 1021, 1565, 2000, 2782, 3119ph, 3789, 3844d, 4428, 4618m
A proposito di quella strana ragazza (89) 2054

A proposito Lucky Luciano (73) [Lucky Luciano; Re: Lucky Luciano] 1008, 1164a, 1169p, 1408ph, 1862, 2075w, 2908e, 3302, 3558 m, 3942d, 4282w, 4352, 4821
A pugni nudi (per triste esperienza in un carcere minorile) (74) 405, 2988
A qualcuno piace calvo (60) [Some Like It Bald; Bald Men Appeal to Some] 102d, 844, 852, 1920ph, 2670w, 3847, 4274, 4296, 4384w
A qualsiasi prezzo (68) [Vatican Story] 44, 228m, 852, 1566, 1810, 2386, 2890, 3045d, 3321, 3563
A San Francisco (15) 392, 858ph, 1395, 2792a, 4191d*
A Santa Lucia (17) 3813ph, 4331
'A Santanotte (22) 3285ph
A sud niente di nuovo (57) 441, 844, 1237, 1768, 1806, 2061w, 3407, 3852, 4246d, 4443, 4568ph
A suon di lupara (67) 405, 1466, 2244, 2293, 4790
À toi de faire, Migname (63 France) 4580
À tout casser (68 France) 2244
A tu per tu (84) [On a First-Name Basis] 1103d, 1417ph, 1495w, 1502, 2908e, 4781, 4789w
. . . A tutte le auto della polizia (75) 2890, 4001, 4025
A Venezia un dicembre rosso (73) [Don't Look Now] 903, 985, 1491m, 2909, 3899d, 4125, 4189, 4400, 4579
A vent'anni è sempre festa (57) 1548d, 3857
A 009 missione Hong Kong (65) [Das Geheimnis der drei Dschunken; The Red Dragon] 1623, 2024, 3345m, 4137
A—008 operazione Sterminio (65) 1405, 2534d, 2656, 4146, 4512ph, 4542
A 007 sfida ai killers (65) [Le spie uccidon a Beirut; The Killers Are Challenged; Secret Agent Fireball; The Spy Killers] 110, 581, 743, 1063, 1266d, 2086, 2122, 2134, 3357, 4106m
Abbandono (20) 3289, 4082
Abbandono (40) 428, 1383, 1693s, 1979, 2641, 2922d, 3338, 3578, 3835, 3978, 4334ph, 4637
L'abbandono di papà (11) 4807ph
Abbasso il cambio! (23) 2946d, 3652
Abbasso la fortuna (47) [Lo sciopero dei milioni] 1816ph, 1898, 2910d, 3088w, 3397, 3828, 4359w, 4443
Abbasso la miseria (45) 451, 1892, 2719, 2792a, 3570, 3828, 3836d, 3918, 3978, 4737
Abbasso la ricchezza (46) 748w, 1416w, 1759, 1848d, 1892, 2003, 2719, 3110, 3245w, 3527, 3570, 3828, 3836d, 3918, 4175w*, 4543ph
Abbasso lo zio (62) 381d
Abbasso tutti, viva noi (74) 1998, 4481
Abbiamo vinto (50) 127w, 238, 651, 778p, 973, 2190, 2636, 3578, 4378, 4527, 4716ph, 4720p
L'abbraccio della vergine di ferro (19) 311ph, 4953d
The Abdication (73 U.K.) 3960m
Abdullah's Harem (56 U.S.) 439
Abele fratricida (11) 4807ph
Das Abenteuer geht weiter (39 Germany) 1841d
L'abete fulminato (14) 470, 542w, 797, 3582d
Das Abgrund des Todes (25 Germany) 4807ph
Gli abitatori delle fogne (14) 2272, 3427d
L'abito nero da sposa (43) 971, 1936, 2482, 3414, 3608ph, 3716ad, 4061, 4432, 4543ph, 4701, 4774, 4948d
L'abito nuovo (06) 4807ph
Un abito per Eva (50) 848d
Abracadabra (52) 479, 1054p, 1521, 2445, 2898w, 3117a, 3247d, 3852, 3967, 4190ph, 4296, 4598
Abre tu fosa, amigo . . . llega Sabata *see* Prima ti perdono, poi ti ammazzo
Absurd *see* Anthropophagus II
Abuna Messias (39) 61d, 124, 511d, 1135w, 1332ph, 1661, 1979, 2592w, 2949w, 3578, 4022, 4128ad, 4246e, 4543ph, 4580
Abuso di potere (72) 1828, 3342, 4533
Acapulco, prima spiaggia a sinistra (83) 2878d
Accade a Damasco (42) [Sucedio en Damasco] 280, 1892, 3415, 4970d
Accade al commissariato (54) 430, 479, 582, 973, 1116, 1237, 1332ph, 2061w, 2670w, 2893, 3404, 3457, 3560a, 3580, 3852, 3917, 4158w, 4246d, 4292, 4296, 4426w, 4443, 4962p-w
Accade al penitenziario (55) 430, 451, 463d, 479, 845, 973, 1346ph, 1606, 2061w, 2571, 2661, 2670w, 3404, 3560a, 3852, 3917, 3960m, 4158w, 4292, 4962p-w
Accade di notte (55) 740d, 1759

Accade tra le sbarre (55) 341a, 971, 1541, 1892, 2746, 4254
Accade un giorno *see* Amo te sola
L'accademia dei vent'anni (41) 1674d
Accattone (61) 195, 442ad, 484p, 1010, 1014, 1120, 1346ph, 3069a, 3453d, 3463, 3626, 3992m, 4107d
Accendiamo un fiammifero (43) 1212d
Un'accetta per la luna di miele *see* Il rosso segno della follia
Acciaio (33) 919p, 1636e, 2953a, 3460, 3586w, 3615, 3995d, 4117ph, 4168, 4195, 4281ad, 4484ph
Accidenti alla guerra! (48) 1301w, 1500, 1521, 1571, 2811w, 2993w, 3041, 3953, 4246d, 4354, 4443, 4574, 4602
Accidenti alle tasse! (51) [Damn the Taxes] 479, 518a, 908, 1095w, 1323p, 1346ph, 2035, 2250, 2269, 2922d, 3088w, 3584, 3636p, 3643, 3800, 3852, 4274, 4296, 4359w, 4511, 4658, 4979
L'accidia (19) 441, 1273d, 1395, 2792a
Accordo in mi minore (14) 831, 1327d, 1866w, 2599
Account Rendered *see* La resa dei conti
L'Accusation (28 France) 4822d
Ace High *see* I quattro dell'ave maria
Achilles *see* L'ira di Achille
Achtung, banditi! (51) [Beware of the Bandits] 22, 410, 964, 1475ph, 1548, 1562a, 2582d, 2596, 2717, 3007ad-w, 3097, 3892, 4547, 4946m
Acid, delirio dei sensi (67) [Delirio dei sensi; LSD] 116, 322, 2486m, 3065
Acqua, acqua, fuoco, fuoco (20) 492d
"L'acqua che parla" *episode of* Il triangolo giallo
L'acqua cheta (33) 798, 925, 1834ph, 1937, 2763m, 3372, 3415, 4354, 4947d
Acqua e sapone (83) 527, 1417ph, 2005p, 3315w, 3999co, 4726d-p*
L'acqua li porto via (49) 4123
Acquario (n.d.) 398d
Acquasanta Joe (71) [Holy Water Joe] 1865d, 2123, 2134, 3292, 4779ph
Un acquazzone in montagna (13) 354, 470, 1395, 3703
Acque amare (54) 45ca, 1103d, 2648, 4611, 4698, 4803
Acque di primavera (42) 453, 939, 2624, 2744d, 3104, 3117a, 3692w, 4117ph, 4190ph, 4378, 4675
Acque feconde (41) 848d
Acque verdi (n.d.) 3569d
L'acrobata mascherato (15) 308, 1975
Actas de Marusia (76 Mexico) 4821
Action (79) 195, 629d-ed, 2256ph, 2982, 4296
Action Man *see* Il più grande colpo del secolo
Ad est di Marsah Matruh (71) 1296
Ad occhi bendati (12) 4807ph
Ad ogni costo (68) [Grand Slam] 927, 1069p, 1178, 1316w, 1722w, 2196, 2386, 2524, 2677, 3097d, 3153m, 3423p, 3835, 3880, 3907w
Ad ovest di Paperino (81) 38ph, 978s-co
Ad uno ad uno...spietatamente (68) [One by One; One Against One...No Mercy] 658w, 957, 1611, 2493, 3925d, 4320
Adamo ed Eva (49) 24, 329, 330m, 479, 1323p, 2667, 2811w, 2922d, 2993w, 3852, 4273, 4432, 4543ph
Adamo ed Eva (82) [Blue Paradise] 211, 1271m, 1505p, 1918
Addio al celibato (14) 4248d, 4797
Addio Alexandra (69) [Love Me...Love My Wife] 126, 1412, 4109
Addio amore! (16) 354, 1327d, 1498ph, 2594d
Addio amore! (42) 725, 832, 1122, 1762d, 2482, 2654, 2892m, 3118ph, 3658w, 3841
Addio felicità (14) 3290d
Addio, figlio mio! (53) 3607, 4756
Addio fratello crudele (72) ['Tis Pity She's a Whore] 340, 2640, 3153m, 3466d, 3741, 4379ph, 4491, 4520
Addio, giovinezza! (13) 427, 757d, 3356d, 3703, 3704
Addio, giovinezza! (18) 475, 757w, 792, 1907d, 2272, 2742, 2770, 3041, 3356w, 4536 ph
Addio, giovinezza! (27) 269, 549, 757w, 1907d, 3118ph, 3356w, 4061, 4263
Addio, giovinezza! (41) 450p, 618, 725, 757w, 768, 825, 832, 1219p, 1277w, 1338, 1383, 1690, 1907d, 1944ad, 2892m, 2953a, 2999ad, 3034, 3041, 3118ph, 3356w, 3610d, 3840, 4185co, 4341
Addio Kira! (42) 61d, 471w, 637, 810ph, 1936, 2030, 2738w, 3414, 3947m, 4252, 4651, 4730w
Addio, mia bella, addio! (15) 3285ph
Addio, mia bella Napoli (17) 4011
Addio, mia bella Napoli (28) 1400, 3041, 3596p, 4466, 4484ph, 4521
Addio, mia bella Napoli (46) 554d, 832,

1936, 2909, 3191w, 3525, 3608ph, 4071ph, 4341, 4378
Addio mia bella signora (53) 406w, 933d, 939, 1123, 1607, 1761, 3473, 4190ph, 4957
Addio, Mimì (47) 493m, 1367co, 1522, 1561, 1834ph, 1841d, 1959ph, 2203, 2382, 2953a, 3721p
Addio, Musetto (20) 475, 2271, 2770
Addio Napoli (54) 964, 1759, 2517
Addio per sempre (57) 655ph, 1128d, 2782, 3457, 3643, 3733, 4062, 4266
Addio sogni di gloria (54) 708, 2253m, 2712, 2782, 4309, 4694d
"Adelina" *episode of* Ieri oggi e domani
Adelmo (87) 1753
Adieu Philippine (62 France) 801
Adieu Poulet (79 France) 3153m
Adios Argentina (27 Argentina) 3442
Adios Cjamango (69 Spain) 1623
Adios gringo (66) 622, 756, 1161, 1901, 1934m, 2608, 2867, 3482, 3690, 3837, 4351d, 4368
Adios hombre (66) [Seven Pistols for a Massacre] 658w, 720d, 756, 1366m, 2167, 2182, 2648, 3482
Adios Sabata *see* Indio Black: sai che ti dico. . .sei un figlio di. . .
Adios Texas *see* Texas addio
L'adolescente (76) 644d, 1779ph, 1973
"Le adolescenti e l'amore" *episode of* Le italiane e l'amore
The Adolescents *see* I dolci inganni
Adolescenze pervertite (73) 405
Adolfo Hitler alias il mio zio (78) [Zio Adolfo in arte Führer] 891d, 926, 1658ph, 3992m
Una adorabile idiota (64) [Une Ravissante Idiote] 193, 294, 2521m, 3024, 3078d, 3515, 4415w, 4464, 4477
L'adorabile nemica *see* L'incantevole nemica
Adorabili e bugiarde (58) 340, 1346ph, 1607, 1659, 1806, 2660m, 2744d, 2771, 3383, 3457, 3847, 4235, 4432
Adorables Créatures *see* Quando le donne amano
Adottato dal re (11) 3836
Adriana di Berton (10) [Adriana di Berteaux; Un duello sotto l'impero] 2073d, 4482
Adriana Lecouvreur (18) 229, 724, 1617d, 2753, 3394, 3813ph, 3910, 4331
Adriana Lecouvreur (55) 287ph, 387, 888, 1123, 1676, 1812, 2598, 3269, 3947m, 4042d-p, 4432, 4647, 4786, 4809
Adua e le compagne (60) [Love à la Carte] 1872, 2000, 2670w, 2907, 3030, 3064, 3213ph, 3558m, 3573d, 3579w, 3851, 3968, 4115a, 4158w, 4230, 4467
L'adultera (11) 353, 872d, 3127, 4807ph
L'adultera (46) 155ph, 456w, 725, 1058d, 1465, 2654, 3271, 3917, 4599
L'adultera (75) 592
"Gli adulteri" *episode of* Le italiane e l'amore
Adulterio all'italiana (65) 685, 801, 1677d, 2771, 4301, 4435
Adulterio legale (11) 4807ph
Adultero lui, adultera lei (63) 685, 1511, 1920ph, 2595s, 2910d, 3509, 4555co, 4658
Adventure in Diamonds (39 U.S.) 3046
The Adventurers (70 U.S.) 516, 637, 783, 4840
Adventures in the West *see* Sette ore di fuoco
The Adventures of Baron Munchausen (88 U.K./Germany) 1123, 1668a, 3961ph
Adventures of the Bengal Lancers *see* I tre sergenti del Bengala
Un aereo per Baalbeck *see* FBI operazione Baalbeck
L'aereo siluro (13) 902, 904d*
Aeroconvogli (43) 4104d
L'aeronave in fiamme (18) 771d*, 3703
Aeroporto (44) 1129d, 1515, 2746, 3034, 3608ph, 4354
L'Affaire des poisons (55 France) 3953
L'Affaire du collier de la reine (30 France) 2341
L'Affaire Maurizius *see* Il caso Maurizius
L'Affaire suisse (78 France) 44, 1607, 3176
The Affairs of Maupassant *see* Maria Bashkirtseff
The Affairs of Messalina *see* Messalina (51)
L'affare Concorde (79) [L'Affaire Concorde 79; Concorde Affair 79] 1011m, 1136, 1385d, 4712, 4955ph
L'affare Maurizius *see* Il caso Maurizius
L'affare si complica (40) [The Plot Thickens] 78, 902, 1628d, 1946w, 2249p, 2269, 3643, 3696ph, 3800, 4252, 4684w
Affettuose lontananze (89) [Luisa, Carla, Lorenza e. . .le affettuose lontananze] 21w

Affinità elettive (78) 893, 903, 2041, 2500, 3216ph
L'affittacamere (77) 2483d, 4955ph
L'affondamento della "Valiant" (61) [The Valiant] 245d, 788d, 2444, 2782, 3026, 3205, 3771, 3847, 4214
Afghan Breakdown (91) 3601
Africa addio (66) 2274d-ed, 2472, 3345m, 3683d-ed, 3865p
Africa Express (75) [Afrika Express; Safari Express] 102w, 118, 1012ph, 1271m, 1901, 1920ph, 2657d, 3379, 3698, 4487d
Africa sotto i mari (53) [Woman of the Red Sea] 289, 1002, 1675, 2281ph, 2614, 2966, 3893d-ph
L'africana (90) [The Woman from Africa] 275e, 1346ph, 1797, 4057, 4393
Afrodite, dea dell'amore (58) [Aphrodite, Goddess of Love; Slave Women of Corinth] 211, 554d, 725, 774, 1114, 1161, 1426, 1500, 1813m, 1872, 1972, 2404, 2536w, 3944, 4071ph, 4189, 4191, 4317, 4432, 4580, 4601
After Death: Zombie 4 (88) 998ph
After the Fall of New York *see* 2019 dopo la caduta di New York (*under* D)
After the Fox *see* Caccia alla volpe
Afyan—Oppio (72) 253d, 1271m, 1828, 1891, 2103, 3114, 3576, 4564
Again *see* I caldi amori di una minorenne
Agatha (78 U.K.) 4379ph
Age of Discretion *see* Nel giardino delle rose
The Age of the Medici *see* the Roberto Rossellini entry for the three Cosimo titles
The Age-Old Battle One Thing Never Changes *see* Quando gli uomini amarano la clava...e con le donne fecero din don
Agent Z55/Desperate Mission (64) 3104d
Agente 003 operación Atlantide *see* Agente S03: operazione Atlantide
Agente Coplan: missione Spionaggio (65) [Coplan FX—18 casse tout; Coplan prend des risques; The Exterminators; FX—18 Superspy] 995, 1018, 1786d, 2578, 4656, 4678
Agente Joe Walker operazione Estremo Oriente (66) 1796, 2129, 2371, 3441d, 4432
Agente Lemmy Caution: missione Alphaville (65) [Alphaville, une étrange aventure de Lemmy Caution] 1091, 1143ph, 1986d, 2088e, 2342, 2455, 2504ad, 3051m, 4435, 4743
Agente Logan missione Ypotron (66) [Agent Logan's Secret Mission; Ypotron—Final Countdown; Operation Y] 2938, 3690, 3807, 4351d
Agente segreto 777 operazione Mistero (67) 1215, 2319, 4206
Agente Sigma 3—missione Goldwather (67) 740d
Agente S03: operazione Atlantide (66) [Operation Atlantis; Agente 003 operación Atlantide] 83, 509, 1430, 1585, 1827, 2190, 2869, 3411d
Agente speciale LK (67) 2603
L'agente Tontolini e il suo commissario (11) 3626
Agente 3S3, massacro al sole (65) [Agente 3S3, enviado especial] 163, 2530, 2796, 4053, 4285d, 4916
Agente 3S3, passaporto per l'inferno (65) 163, 3860, 4285, 4618m
Agente 310...spionaggio sexy (62) [Il segreto di Budda; Heisser Hafen Hong Kong] 4432
Agente X—77, ordine di uccidere (66) 2404
Agente 066...missione Bloody Mary *see* Agente 077...missione Bloody Mary
Agente 077...dall'Oriente con furore (65) [From the Orient with Fury] 1023, 1201, 2053d, 2171, 2516
Agente 077...missione Bloody Mary (65) [Agente 066...missione Bloody Mary; Missione Bloody Mary] 506, 1023, 1571, 2014, 2576, 2938, 3619, 3730, 4165
Agenzia matrimoniale (52) 1768, 2061w, 2667, 3800, 4116, 4674
"Agenzia matrimoniale" *episode of* Amore in città
Agenzia Riccardo Finzi...praticamente detective (79) [Detective Riccardo Finzi] 102w, 1102d, 1271m, 3660, 4566
L'Aggression (75 France) 1607, 4840
L'agguato (15) 1327d*, 2173, 4983w
Agguato a Tangeri (57) [Trapped in Tangiers] 939, 940p, 1193, 1786d, 2066, 3079, 3139, 3213ph, 3367, 3499, 3608ph, 3699, 3854
L'agguato della morte (19) 3382d, 3585, 4494
Agguato sul fondo (78) [Killer Fish; Treasure of the Piranha; Naked Sun]

412, 495, 663a, 1064, 1266d, 1271m, 1426, 1767, 2159, 2741, 3636p, 4307ph, 4699p
Agguato sul grande fiume (63) [Die Flüsspiraten vom Mississippi; River Pirates of the Mississippi; Pirates of the Mississippi] 1773, 2129, 2268ph, 2371, 3441ad, 4628
Agguato sul mare (54) 708, 1784, 2038, 2076w, 2782, 2979d, 3176, 4987w
Agi Murad—il diavolo bianco (59) 256, 351ph, 1786d, 1818, 2172, 3080, 3639, 3778, 4977
L'Agnese va a morire (77) 53ph, 419, 1263, 3097d, 3153m, 3202, 3779, 4954
Agnese Visconti (10) 3462d-p
Agnì, l'antica capitale armena (11) 4807ph
The Agony and the Ecstasy (65 U.S.) 927, 3017, 4564, 4712
Agostino *see* La perdita dell'innocenza
Agostino di Ippona (72) 1894, 3948d
Agosto 68 (69) 419d-p
Agosto, donne mie non vi conosco (59) 2517, 2745d, 3478ph, 3593, 3864, 4296, 4309, 4515
Agricoltura fascista nelle terre dell'impero (n.d.) 933d
Agrippina (10) 2073d, 3175
Las aguas bajan negras (48 Spain) 3840
Ah, che ragazzi! (06) 4807ph
Ah, quella Dory! (18) 650d
Ah, quella Gigetta...! (14) 3127
Ah, si?...e io lo dico a Zzzzorro! (75) 2188, 3554, 4336, 4779ph
Ai margini della metropoli (52) 410, 439, 735, 1200ad-w, 1475ph, 1972, 2582d, 2876, 2894, 3007w, 3892, 3994, 4260
Ai vostri ordini, signora! (38) 1416, 1834ph, 2922d, 2987, 3800, 3849, 4754
Aida (53) 184, 289, 364, 772, 1340, 1367co, 1749d, 2614, 2933, 3069a, 3621, 3645ph, 4465
L'Aiglon (18) 4807ph
L'aigrette (17) 833, 2173, 3237d, 3813ph
Les Ailes de la colombe *see* Le ali della colomba
Aimez-vous Brahms? *see* Le piace Brahms? (*under* L)
Aimez-vous les femmes? (64 France) 44
L'Aîné des fercheaux *see* Lo sciacallo
L'Air de Paris *see* Aria di Parigi
Aiutami a sognare (81) 219d, 1345ph, 1346ph, 1764, 2504, 2962, 3036p, 3339, 3345m, 3399ch, 3594, 4366
Akiko (61) 964, 3405, 3487p, 4625m, 4845
Al bar dello sport (83) 2415ph, 2901d
Al buio insieme (33) 155ph, 1218, 1423w, 1674ad, 1913, 2953, 3557, 3759, 3836d
Al chiaro dei lampi (20) 75ph, 1395d, 4425
Al confine (15) 354
Al di là del bene e del male (77) [Oltre il bene e il male; Beyond Good and Evil; Beyond Evil] 911d, 1071, 2315, 2545, 2578, 3213ph, 3342, 3654, 4054, 4555co
Al di là della legge (68) [Beyond the Law; The Good Die First; Blood-silver] 1460w, 1609, 1683, 1817, 1824, 2019, 2399, 3055, 3345m, 3485, 3698, 3907w, 4001, 4170, 4187ph, 4271, 4336, 4351d, 4373, 4663
Al di là della vita (20) 833, 3910d
Al diavolo la celebrità (49) [Fame and the Devil] 206, 287ph, 690, 768, 934, 1122, 2647, 2749p, 2885, 3088d, 3570, 3616, 3864, 4237, 4359d, 4420, 4595
Al Filò (53) 4662d
Al limite cioè (85) [Non glielo dico] 3949d
Al otro lado de la ciudad (62 Spain) 4651
Al piacere di rivederla (76) 2039, 2070ph, 2549d, 4530
Al rombo del cannon! (28) 1076d-ph
Al servizio dell'imperatore (57) 924, 2765ph
Al sole (35) 1841d
Al 33 di via Orologio fa sempre freddo (77) [Beyond the Door II; Schock; Shock] 350ad-w, 351d, 3753, 4307ph, 4355
Al tropico del Cancro (72) 4385
Aladdin *see* SuperFantaGenio
El Alamein *see under* E
El alarido *see* L'urlo (47)
L'alba (16) 441
Un'alba (20) 41ph, 1724d
L'alba dei falsi dei (77) 416, 3342
L'alba del cristianesimo (16) 2594d
Alba di domani (38) 1936
Alba di libertà (15) 1498ph, 4700d
Alba di sangue (21) 277ph, 2069d
Alba pagana (69) 487, 1620
Alba rossa (19) 2242d
Alba torbida (20) 2599
L'Albatros (79 France) 3176

L'albergo degli assenti (38) 141w, 280, 780, 1332ph, 2910d, 3410, 3578, 4354, 4432
L'albergo della felicità (34) 155ph, 1465, 1636ad-ed, 2591, 3404, 3615, 4050d
Albergo Luna, camera 34 (47) 618, 619d, 768, 964, 1276w, 1898, 1958, 3118ph, 3960m, 4780
Albergo moderno (06) 4807ph
L'albergo nero (15) 4191d*
L'albero dalle foglie rosa (74) 1998, 2988, 3823, 4579
L'albero degli zoccoli (78) 3322d-ph-ed
L'albero della maldicenza (78) 567, 1014
L'albero di Adamo (37) 238, 447, 554d, 991, 1693s, 1834ph, 1852, 1913w, 1931, 1958, 2768p, 2987, 3410, 4003, 4732w
Alberto e i papagalli *see* I papagalli
Alberto Express (90) 2771, 3133
Alberto il conquistatore *see* Lo scapolo (55)
Alberto il marmittone *see* L'allegro squadrone
Album di Mino Maccari (51) 4727d
L'alcova (85) 1039, 1209d, 1415m, 1903
Aldebaran (35) 137, 155ph, 511d, 533w, 924, 939, 942, 1401w, 1543, 1693s, 1937, 2757, 2763m, 2768p, 3118ph, 3318, 3460, 3473, 3944, 3970, 4010, 4117ph, 4484ph, 4698, 4987w
L'aldilà *see* E tu vivrai nel terrore! L'aldilà
Alessandro, sei grande! (40) 43ph, 541w, 619d, 1122, 1614, 1615w, 1816ph, 1957, 2953a, 2993w, 4092, 4532w
Alessio. . .un vulcano sotto la pelle (79) 3862d
Alex in Wonderland (71 U.S.) 1650, 3960m
Alexander the Great (55 U.S.) 3218m
Alfa tau! (42) 810 ph, 1398d
Alfabeto notturno (51) 488d
Alfredo, Alfredo *see* Le castagne sono buone
Alga turchina (12) 1801w
Alhucemas (47 Spain) 3840
Le ali (19) 1496
Ali Baba and the Seven Saracens *see* Sindbad contro i sette saraceni
Alì Babà e i 40 ladroni (54) [Ali Baba; Ali Baba et les 40 voleurs] 366d, 1655, 2706, 4415w, 4436, 4777, 4846a
Le ali della colomba (80) [Les Ailes de la colombe] 516, 2070ph, 3601
Le ali di Satana (15) 3510d
Ali fasciste (n.d.) 933d
Ali spezzate (23) 2709d
Ali sul mare (53) 2999d-ph
L'alibi (68) 210, 927d*, 1095w, 1169p, 1882d*, 1939, 2643d*, 3153m, 3406, 4719
Alien Contamination *see* Contamination—alien arriva sulla terra
Alien 2 sulla terra (80) 1779ph, 2257d
Alina (50) 870m, 1346ph, 1523, 1892, 2596, 3229, 3459d, 3578, 4556
All'aperto *see* La prima volta sull'erba
All'aria aperta (42) 2281ph
All'armi, siam fascisti (62) 4112
All My Friends *see* Amici miei
All'ombra del Tricolore (15) [Patria redime] 4983d
All'ombra del Vaticano (23) 3758d, 4061
All'ombra della gloria (43) 645, 2979d, 3338, 3476w, 4691
All'ombra della grande quercia (83) 1417ph, 1942d
All'ombra di una colt (65) [In a Colt's Shadow] 749, 1681m, 2061d, 2576, 2902ph, 3803, 4045, 4063
All'onorevole piacciono le donne (72) 142, 377, 709, 1489, 1804d, 1828, 3393, 4336, 4835
All Out *see* Tutto per tutto
All'ovest di Sacramento (70) [Trouble in Sacramento; La Loi à l'ouest de Pécos; Judge Roy Bean] 567, 2216w, 2248, 3114, 3355d
All Screwed Up *see* Tutto a posto e niente in ordine
All That Jazz (79 U.S.) 3961ph
All the Way, Boys *see* Più forte, ragazzi
All'ultimo sangue (68) [Bury Them Deep; To the Last Drop of Blood] 994, 1209p, 1506, 1681m, 2042, 2182, 2782, 3067d, 4779ph
Alla capitale (15) [Nella città eterna] 881, 1068, 1467, 2097, 2271, 2653w, 3237d, 4046
Alla conquista dell'Arkansas (63) [Die Goldsücher von Arkansas; Conquerors of Arkansas; Massacre at Marble City] 20, 476w, 814d, 1366m, 1773, 2129, 2526, 4334ph, 4918
Alla conquista dell'universo (56) 848d
Alla conquista di un trono (14) 1327d
Alla deriva! (15) 308, 2974
Alla larga, amigos. . .oggi ho il grilletto facile (71) [Fabulous Trinity; Los fabulosos de Trinità; With Friends Nothing Is Easy] 2134, 2258d, 3378, 4053

Alla ricerca del piacere (71) 592, 2023
Alla ricerca di Tadzio (70) 4795
Allarme a sud (53) [Alerte au sud] 92, 596, 774, 1163, 1769, 2405m, 2509, 3001, 3188, 3448, 3511, 4517, 4669, 4831
Allarme dal cielo (64) [Le Ciel sur la tête] 612, 992d, 4572
Alle porte dei mille (50) 2077d
Allegoria della primavera (49) 4807ph
Allegretto a 4 voci (45) 777d
Allegretto ma non troppo (21) 4983d
Allegri becchini arriva Trinità (72) [They Called Him Trinity; His Colt, Himself, His Revenge; Arriba Trinità] 3055, 4604p
Allegri masnadieri (37) 447, 1391, 1392, 1576d, 2861ph, 3280, 3382w, 3828, 4728a
Allegro barbaro (79) [Allegro Barbaro Magyar Rapszodie 2] 2280d
L'allegro cantante (38) 141w, 1054, 1206, 1391, 1392, 3117a, 3118ph, 3415, 3583a, 3836d, 4982
L'allegro fantasma (41) [Totò allegro fantasma; The Happy Ghost] 619d, 789p, 1457, 2953a, 3382d, 3506, 3527, 4027, 4190ph, 4559
Allegro non troppo (77) 1856, 2896ph, 3255d
L'allegro squadrone (54) [Alberto il marmittone] 203w, 845, 920w, 1095w, 1416, 1599w, 1897, 2598, 3067d, 3398, 3473, 3627a, 3821, 4066, 4292, 4378, 4574, 4668, 4759ph
Alleluia e Sartana, figli di...figli di Dio (72) [Hallelujah and Sartana Strike Again; A Hundred Fists and a Prayer] 532w, 4229d, 4891
L'allenatore del pallone (84) 2878d, 4955ph
Un Aller simple (70 France) 1945, 3594
Alles für Gloria (40 Germany) 4278
Alligators *see* Il fiume del grande caimano
Allonsanfan (74) 455, 1407, 1630, 2760, 2900, 2907, 3153m, 3996ph, 4456d
Alluvione (50) 4662d
Alma mater (15) 2060ph, 2073d, 2974
Almost a Man *see* Un uomo a metà
Almost Human *see* Milano odia: la polizia non può sparare
An Almost Perfect Affair (78 U.S.) 2536, 4654, 4809
Alphaville *see* Agente Lemmy Caution: missione Alphaville
Alta costura (54 Spain) 3894
Alta infedeltà (64) [High Infidelity] 224, 514, 515, 878, 1323p, 1475ph, 1627, 1768, 1932a, 2070ph, 2490, 2638p, 2771, 2980, 3088d, 3534d, 3951d, 4024d, 4158w, 4292, 4530, 4586m, 4809, 4972
Alta montagna (43) 1203ph
Altair (56) 406w, 471w, 835, 1016p, 1173, 1373d, 2076w, 2254, 2499, 2636, 3969, 4168, 4192, 4433, 4554, 4574, 4790, 4791w
L'altalena della vita (19) 434ph, 1605d
Un altare per la madre (87) 3244
"Altissima pressione" *episode of* Thrilling
L'altra (19) 2599, 4061
L'altra (47) 104w, 619d, 1936, 2738w, 3006, 3371, 3645ph, 3947m
L'altra donna (80) 1348d, 1409, 2988, 3216ph, 3699
L'altra faccia del padrino (73) 3202, 3576, 3608ph, 3683d
L'altra faccia della violenza *see* Roma violenta
L'altra madre (16) 4983d
L'altra metà del cielo (77) 313, 926m, 2415, 3951d, 4712, 4809
L'altra onestà (20) 3041, 3174d*
L'altra razza (20) 759d, 906ph, 3236
Altri desideri particolari (83) 460d, 4779ph
Gli altri, le altre e noi (67) 166d, 1416
Altri tempi (15) 470, 542w, 554, 3582d, 4255, 4484ph
Altri tempi (51) [Zibaldone n. 1; Times Gone By] 124, 184, 240, 403, 471w, 511d, 618, 623w, 801, 816, 918co, 920w, 924, 925, 931, 964, 1001m, 1005, 1055co, 1095w, 1213ad-w, 1276w, 1303, 1377 1416, 1606, 1712, 1717, 1913, 2030, 2595s, 2596, 2647, 2654, 2713, 2838w, 2942, 2944, 2966, 2988, 3073, 3118ph, 3138, 3148, 3229, 3402, 3404, 3492, 3506, 3584, 3586w, 3608ph, 3728, 3800, 3828, 3852, 3929w, 4010, 4075, 4091, 4191, 4296, 4333, 4378, 4515, 4527, 4547, 4588, 4698, 4699w, 4987w
Altrimenti ci arrabbiamo (74) [Watch Out, We're Mad] 1271m, 1722d, 1971, 2005p, 3485, 3603, 4209, 4219
L'altro amore (19) 1302, 3491
L'altro corpo di Anny (75) 180
L'altro dio (76) 326d, 4562ph

L'altro inferno (80) [Guardian of Hell] 211, 1368, 1965, 2918d
L'altro io (17) 554d*, 677, 876w, 1179ph
L'altro pericolo (20) 128ph, 3237d, 3472
Altura (50) 1972, 2654, 2838w, 3644m, 3645ph, 3955, 4175d, 4532w, 4644w
Alvaro piuttosto corsaro (54) 1374, 1868w, 2906d, 2956, 3752, 4071ph
Amalfi (48) 2077d
Amalia catena (25) 4822d
Amami, Alfredo! (40) 78, 655ph, 784w, 914, 1693s, 1841d, 2000, 3352, 4378, 4951m
Amanda (17) 3021, 4311, 4364d, 4585
L'Amant de cinq jours *see* L'amante di cinque giorni
L'Amant de Lady Chatterly (59 France) 1163
L'Amante (69 France) 2900
L'amante adolescente (77) 1627, 3202
L'amante bisex (84) 998ph
L'amante del diavolo (15) 3021, 3510d
L'amante del male (46) 1996, 3104d, 3862, 4252, 4580, 4714
L'amante del sole (55) 3168
L'amante del vampiro (59) [The Vampire and the Ballerina] 3634d, 3757, 3789, 4604
L'amante dell'Orsa maggiore (72) 418, 1074, 1901, 2691
L'amante della luna (19) 1088d, 1472
L'amante di cinque giorni (61) [L'Amant de cinq jours] 593w, 878, 1173, 1283d, 1329m, 1519, 1594a, 2734, 3513, 3667, 3967, 4171, 4197
L'amante di Gramigna (68) 1323p, 1872, 2582d, 3591, 4057, 4821
L'amante di Paride (54) [The Face That Launched a Thousand Ships] 73d, 360, 925, 1781, 1969, 2433p*, 2606, 3144, 3147, 3308, 3845ph, 3960m, 4189, 4554
L'amante di una notte (51) [Château de verre] 50, 320a, 587w, 924, 1033d, 1836, 1936, 2519ph, 2795, 3143, 4199, 4597p
L'amante incatenata (21) 1119d
L'amante italiana (67) 1319d, 1897, 2596, 3065
L'amante latino (77) 1663, 4024
L'amante segreta (41) [Troppo bella] 78, 475, 1001m, 1497, 1693s, 1841d, 1931w, 1936, 1957, 3352, 3570, 3578, 4341, 4637, 4651, 4759ph
L'amante tutta da scoprire *see* Tutta da scoprire
Los amantes del desierto *see* Gli amanti del deserto
Los amantes del diablo (71 Spain) 4106m
"Gli amanti" *episode of* Villa Borghese
Gli amanti (58) 580, 1183, 1436, 1437w, 2725, 2754d, 3063, 3133
Amanti (68) [Lovers; A Place for Lovers] 259ad, 1294w, 1408ph, 1415m, 1416d*, 1535, 2075w, 2907, 3406, 3620a, 3636p, 3929w, 3989, 4968w
"Gli amanti celebri" *episode of* I tre volti
Amanti d'oltretomba (65) [Nightmare Castle; Lovers from Beyond the Tomb; The Faceless Monster] 340, 720d, 2576, 2681, 3153m, 3176, 4346
Gli amanti del chiaro di luna *see* Ladri al chiar di luna
Gli amanti del deserto (58) [Il figlio dello sceicco; Los amantes del desierto; The Desert Warrior] 61d, 933d, 939, 1667, 1717, 1827, 2066, 3095, 4205, 4314, 4384w, 4720p
Le amanti del mostro (74) 2386
Amanti del passato (53) 92, 1571, 1892, 1909, 2473ph, 4062
Gli amanti dell'infinito *see* Il richiamo della tempesta
Gli amanti di domani (56) [Cela s'appelle l'aurore] 582, 696d, 1326, 1390ad, 1520a, 2405m, 2519ph, 2808, 3063, 3219, 3431
Gli amanti di Ravello (51) [Funesta ca' lucive] 227, 576p, 804w, 1398d, 1676, 1704w, 3271, 3684w, 3980, 4280
Gli amanti di Toledo (53) [El tirano de Toledo] 175, 182, 291, 1293d, 2062m, 2362ph, 2448, 3858, 4651
Gli amanti di Verona (48) [Les Amants de Vérone] 28, 60ph, 568p, 631, 840, 913d, 1202, 1410, 1906, 2405m, 2526, 3166a, 3265, 3350, 3511, 3671w, 3732, 3780, 4032, 4227
Gli amanti ignoti (20) 1419d
Amanti in fuga (46) 231, 364, 655ph, 793, 807m, 900w, 1914d, 2768p, 2885, 3149, 3271, 3557, 4078w, 4599
Gli amanti latini (65) 1128d, 1754, 4547, 4559
Amanti miei (80) [Cindy's Love Games] 1368, 2340, 3622 Amanti senza amore (47) 725, 1762d, 1932a, 2654, 3118ph, 3514w, 3573w, 3636p, 3960m, 4188e, 4644w
Amanti senza fortuna (49) 4662d

Gli amanti senza speranza *see* La certosa di Parma
Les Amants de minuit (31 France) 1907d
Les Amants de Vérone *see* Gli amanti di Verona
Les Amants de Villa Borghèse *see* Villa Borghese
Les Amants terribles (83 France) 3601
L'amara scienza (85) [The Sadness of Knowing] 3630
Amaramente (56) 804d, 1978, 1982, 3050p, 3419, 4306, 4426, 4432, 4512ph, 4556
Amarcord (73) 386, 624, 1169p, 1453, 1492s-co, 1596, 1650d, 2075w, 2251, 2715, 2908e, 3276, 3960m, 3961ph, 4439, 4784, 4954
Amare e un po' morire (64) 4559
Amarsi male (69) 1460d, 2678, 4779ph
Amarsi un po' (84) 1012ph, 2578, 4685d
Amarti è il mio destino (57) 253d, 875, 2598, 3740, 3894, 4554, 4580, 4584ph
Amarti è il mio peccato (52) 924, 2053d, 3340ph, 3953, 4192, 4432
Amati senza amore *see* Amanti senza amore
The Amazing Dr. G *see* Due mafiosi contro Goldginger
Amazon of Death *see* Amazzone macabra
The Amazon Women *see* Le gladiatrici
Amazonia—The Catherine Miles Story *see* Schiave bianche—violenza in Amazzonia
The Amazons *see* Le guerriere dal seno nudo
Amazons of Rome *see* Le vergini di Roma
L'amazzone macabra (16) [Amazon of Death] 80, 771d, 865, 906ph, 1419d, 4819
L'amazzone mascherata (14) 441, 1068, 1935d*, 2095, 3813ph
L'amazzone nera (21) 1960ph
Amazzone rossa (19) 150d, 3959
Amazzoni bianche (36) 280, 1543, 2875ph, 3592, 3836d, 3978, 4512ph, 4754
Amazzonia, terra sconosciuta (55) 1515
L'ambasciatore (36) 475, 1982, 2739, 2861ph, 3237d-p, 3451w, 4093m, 4186co, 4982
L'ambasciatrice *see* Madama l'ambasciatrice
Ambiente a personaggi (50) 1416d
Le ambizioni sbagliate (83) 847d
Le ambiziose (60) 152ph, 2791w, 2988, 3593, 4426, 4511, 4618m, 4633, 4722w, 4753
L'ambizioso (75) 1205
The Ambushers (66 U.S.) 2244
America (47 U.S.) 3411d
L'America a Roma (55) 2479d, 4946m
America di notte (61) 3792
American Dreamer (84 U.S.) 1945, 3961ph
Un americano a Roma (54) [A Yank in Rome] 118, 735, 875, 1095w, 1252, 1344, 1625, 1684s, 1804w, 1958, 2670w, 3118ph, 3636p, 4158w, 4292, 4359d
Un americano in vacanza (46) 927, 964, 1123, 1236m, 1276w, 1749, 3041, 3636p, 4378, 4759ph, 4948d
L'amerikano (69) 2611, 4038
Âmes perdues *see* Anima persa
Amiamoci così (40) 964, 1054, 1423w, 2989, 3117a, 4117ph, 4246d, 4675
L'amica (15) 2073d, 2095, 2905, 3289, 3609
L'amica (20) 554d, 1179ph, 2541
L'amica (69) 228m, 1676, 1885, 2475d, 2873, 4293
L'amica di mia madre (75) 592
L'amica di Sonia (82) 998ph
Le amiche (55) [The Girl Friends] 19p, 146d, 920w, 1123, 1245e, 1289w, 1475ph, 1607, 1676, 1696, 1725co, 1809, 1813m, 2782, 2970ph, 3401, 3627a, 3955, 4586m, 4683ad
Amiche: andiamo alla festa (72) 4176
Gli amici degli amici hanno saputo (73) 862, 4349
Gli amici di Nick Hazard (76) [Les Amis di Nick Hazard] 228m, 1123, 1460d, 1920ph, 2982, 4901
Amici miei (75) [All My Friends; My Friends] 276s, 406w, 514, 927, 1279w, 1354, 1924d, 2415ph, 2908e, 3088d, 3278, 3579w, 3865p, 3992m, 4530, 4840
Amici miei, atto II (82) 276s, 514, 927, 1480ph, 2010, 3088d, 3092, 3161, 3278, 4378, 4530, 4840
Amici miei, atto III (85) 927, 1012ph, 2633d, 3092, 3161, 3579w, 3992m, 4530
Amici per la pelle (55) [Friends for Life; Bosom Buddies; The Woman in the Painting] 63w, 406w, 832, 1016p, 1279w, 1659, 2076w, 2595s, 2996,

3506, 3608ph, 3951d, 3960m, 3967, 4154, 4432, 4554
Amicizia (38) 471d, 1277w, 2987, 4166a, 4754, 4759ph
Un amico (68) 2243
L'amico del giaguaro (58) 398d, 1346ph, 3385, 3852, 4288, 4428
L'amico dell'uomo (08) 4807ph
L'amico della vedova (07) 4807ph
L'amico delle donne (42) 17, 450p, 1005, 1367co, 1473, 1834ph, 2000, 3148, 3162, 3610d, 4714
L'amico dello sposo (12) 4807ph
L'amico di casa (12) 4807ph
L'amico fedele (n.d.) 398d
Amico mio, fregatura (73) [Anything for a Friend] 524, 1680d, 3055, 3646
Amico, stammi lontano, almeno un palmo (71) [Ballad of Ben and Charlie; Ben and Charlie; Humpty Dumpty Gang] 1209ph, 1495w, 1553w*, 1671m, 1901, 2657d, 2965, 3803, 3957
Los amigos *see* Punto e Capo
Amina (49 Egypt) 3280
Les Amis de Nick Hazard *see* Gli amici di Nick Hazard
Amityville II: The Possession (82 U.S.) 1211d
Amleto (10) 872d
Amleto (15) 98p, 811co, 1694ph, 2742, 3983
Un Amleto di meno (74) [One Hamlet Less] 389d-a-m*, 2895d, 2896ph
Amleto ed il suo clown (19) 1210d, 1343ph, 1841d, 1842, 2072ph, 3077
Ammazzali tutti e torna solo (68) [Kill Them All and Come Back Alone; Go and Kill Everybody and Come Back Alone] 94p, 108, 322, 892d, 994, 1014, 1086, 1121, 1366m, 2976, 3079, 3924w, 4616ph, 4891, 4916
Ammazzare il tempo (80) 2248
Ammazzate il vitello (70) 4293
L'ammazzatina (75) 509, 862, 4150, 4579
L'ammiraglia (14) 3356d
Un ammiratore di Buonaparte (10) 4807ph
L'ammiratrice (83) 1779ph
L'ammutinamento (62) [White Slave Ship] 89d, 126, 1422, 1571, 1966, 2206, 2662, 3627a, 3699, 4313
Amo non amo (79) [Together?; I Love You, I Love You Not] 234m, 491, 1294w, 1409, 1469ph, 2081, 3342, 4136, 4335, 4793d
Amo te sola (35) [Accade un giorno] 450p, 1416, 1497, 1756p, 1931w, 2922d, 2953a, 3028, 3118ph, 3271, 3570, 3848, 3849, 4186co, 4252, 4754
Amo un assassino (51) 518a, 1095w, 1294w, 1332ph, 1388, 1806, 2035, 2839m, 4116, 4306, 4359w, 4756, 4957
Among Vultures *see* Là, dove scende il sole
Amor barbaro (16) [Vae victis] 3944, 3984d, 4082
Amor che nulla vince (18) 1339
Amor che tace (16) 1424d*, 3131, 4707
Amor che tutto vince (18) 1834ph
Amor di ladro (15) 858ph, 4191d*
Amor di madre (11) 4807ph
Amor di regina (13) 444, 1801w, 4447
Amor di una calda estate (65) [Les Pianos mécaniques; Los pianos mecánicos; The Uninhibited] 290d, 1329m, 2142, 2413, 2897, 2981, 4492, 4734
Amor mio! (16) 1694ph, 3652
Amor non ho! Però...però (51) 351ph, 463d, 972a, 1521, 2596, 2851w, 2885, 3218m, 3473, 3752, 3828, 3834p, 4511, 4621
Amor pedestre (14) 1603d
L'amor tuo li redime (15) 554, 872d, 2095, 3382w, 4120ph
Amore (23) 1841d-p, 1842
Amore (35) 619d, 655ph, 939, 964, 1219p, 1514, 1678, 3040, 3382w, 3506, 3831m, 4064, 4543ph, 4728a, 4732w
Amore (48) [Woman; Ways of Love] 1052w, 1650ad-w*, 2322ph, 2719, 2861ph, 3579w, 3948, 4543ph
Un amore (65) 637, 1881m, 4300, 4745d
"L'amore" *episode of* Amore e rabbia
Amore a prima vista (57) [Buenos días, amor] 973, 1114, 1806, 2076w, 3089, 3684w, 3904, 3951d
Un amore a Roma (60) 1416, 2000, 2873, 3119ph, 3342, 3467w, 3844d, 3992m, 4192
Amore a tutte le età (07) 4807ph
L'amore a vent'anni (61) [L'Amour à vingt ans] 1143ph, 1190, 1329m, 1827, 2504, 2996, 3332d, 3590, 3947d, 3955, 4198, 4589d, 4695, 4844d
Amore ad alta velocità *see* Un bacio a fior d'acqua
Amore al fonografo (09) 4807ph
Amore al laccio (21) 928
Amore all'arrabbiata (77) 211, 1263

Amore all'italiana (66) [I superdiabolici] 3363, 4359d
Amore amaro (74) 275e, 920w, 1470ph, 1885, 4586m
Amore, amore (68) [My Love, My Love] 2896ph
Amore breve *see* Lo stato d'assedio
L'amore canta (41) 1219p, 1323p, 1383, 1515, 2601ph, 3218m, 3610d, 3812, 4027, 4189, 4774, 4807ph
L'amore che canta *see* Tre uomini in frac
Amore che fa morire (18) 3869d
Amore che ritorna (21) 910
"L'amore che si paga" *episode of* Amore in città
Amore che uccide (16) [Chi mi darà l'oblio senza morire] 871, 872d, 2095, 3944, 4120ph
L'amore coniugale (70) 3017, 3129w
Un amore così fragile così violento (73) 1920ph, 3594, 3803, 4491
Amore di donna (20) 441, 3871d
L'amore di Loredana (19) 315, 363, 492w-s, 1119d, 1960ph, 4003
L'amore di Norma (50) 1332ph, 2792a, 2919, 2947, 3569ad-w, 3621
Amore di ussaro (39) [El último husar] 1016p, 1227s, 2233, 2960w, 3102, 3118ph
L'amore difficile (62) 559d*, 824ph, 1768, 1882, 2643d, 2670w, 2771d*, 2890, 2970ph, 3146, 3161, 3392, 4025, 4158w, 4281w, 4285, 4301, 4514, 4618m, 4890
Amore e chiacchiere (57) 511d, 618, 924, 939, 1055co-s, 1416, 1657, 2033, 2746, 2996, 3041, 3218m, 3400, 3425, 3457, 3507, 3608ph, 3615, 4968w
L'amore è come il sole (68) 67, 2598d*, 3592, 3803, 4648
Amore e destino (23) 1694ph, 3442d
Amore e dovere (08) 4447
Amore e ginnastica (73) 195, 418, 794, 1213d, 1886ph
Amore e guai (59) 1123, 2253m, 2907, 4306
L'amore e il codicillo (23) 1179ph, 4524d
L'amore e il diavolo (42) [Les Visiteurs du soir; The Devil's Envoy] 146ad, 172, 320a, 433, 837d, 1183, 2220ph, 2512, 3565, 3671w, 4230, 4498m, 4569a, 4846a-co
L'amore e la maschera (20) [Amore mascherato] 1864d, 3819ph, 4931
"Amore e morte" *episode of* Gli amanti latini
Amore e morte (73) 3202
Amore e patria (09) 2709d, 4807ph
Amore e psiche (50) 2999ph
Amore e rabbia (67) [Vangelo 70; La Contestation] 247, 381d*, 442d, 893, 1263, 1813m, 1986d, 2582d, 3453d, 3996ph, 4452w
Amore è rosso *see* Amore rosso
Amore e sangue (51) [Terre de violence; Schatten über Neapel; City of Violence] 1186, 1970d, 3111, 3918, 4189, 4611
Amore e smarrimento (54) 1878ph, 1978, 2571, 3383, 3756d, 4580
Amore facile (64) 801, 1096ph, 1754, 2545, 3119ph, 3509, 3689d, 3955, 4346
Amore formula 2 (71) 2244
Amore grande, amore libero (76) 1173
Amore imperiale (41) 43ph, 936, 1653, 1913, 2000, 2813, 3295, 3557, 4987w
Amore in agguato (20) 3491
Amore in città (53) [Love in the City] 146d, 430, 710w, 974w, 1002, 1245e, 1475ph, 1578d, 1650d, 1666, 1840, 2475d, 2582d, 2751w, 2891d, 3147, 3218m, 3579w, 3627a, 3738, 3844d, 3960m, 4683ad, 4721, 4968d
L'amore in fuga (20) 36, 1929d, 3432d, 3454
L'amore in Italia (78) 1075d
Amore in prima classe (80) 2411, 2982, 3109, 4049d
Amore in quattro dimensioni (64) 239, 559, 805, 1159, 1783e, 1973, 2404, 2545, 2577, 2784m, 2980, 3161, 3619, 3740, 4826
Amore libero—Freelove (74) 490
Amore mascherato *see* L'amore e la maschera
"Amore 1954" *episode of* Cento anni d'amore
Amore mio (64) [My Love] 668, 1705d, 2552s, 2887ph, 2910d, 3509, 4106m
Amore mio, aiutami (69) [Help Me, Darling] 17, 1469ph, 1783e, 3558m, 4292d*, 4809
Amore mio, non farmi male (73) 1123, 4579
Amore mio spogliati...che poi ti spiego (75) 893
L'amore nasce a Roma (58) 45ph, 102d, 844, 3147, 4296, 4778
L'amore necessario (91) 847d, 2385

L'amore perduto *see* La roccia incantata
Amore. . .piange. . .pensa. . .ride! (17) 4797
Amore, piombo e furore (77) [China 9, Liberty 7; Clayton and Catherine; Love, Bullets and Frenzy] 25, 33, 501, 635, 1491m, 2158d-p, 2254, 2576, 3300, 3484, 3698, 3961ph, 4491
L'amore più bello *see* L'uomo dai calzoni corti
L'amore più grande *see* L'uomo dai calzoni corti
L'amore primitivo (64) 1754, 2127, 2786, 3065
Amore rosso (21) [Marianna Sirca] 475, 827, 881, 1068, 1506w, 2272, 2770, 3289, 3836d
Amore rosso (51) [Amore è rosso] 43ph, 439, 518a, 925, 1054p, 1717, 4189, 4732d
Amore selvaggio (08) 4811
Un amore senza fine (58) 45ph, 3506, 4754
Amore senza pace (16) 833
Amore senza stima (14) 970, 1179ph, 2073d, 4003
Amore senza veli (14) 1842
L'amore si fa così (39) [Love Gets Like This] 43ph, 78, 269, 619d, 766w, 1242, 1636e, 2953a, 3944, 4378, 4754, 4982
Amore stanco (20) 833, 1276w, 1724d, 2872, 3470
Un amore targato Forlì (76) 195, 3730
Amore tossico (83) 1470ph, 2975e
Amore tradito (16) 833
Amore tragico *see* Pagliacci (48)
Amore veglia (14) 2173, 3237d, 3472
Amore vince sempre (20) 441
Amore vuol dir gelosia (76) 592, 4204d, 4840
Gli amori di Cadolet e Atoff (19) 1400d*
Gli amori di Ercole (60) [The Loves of Hercules; Hercules and the Hydra] 211, 618, 619d, 1079, 1095w, 1500, 1506w, 1626, 2127, 2253m, 2786, 3337, 4165, 4187ph, 4189, 4280, 4763
Gli amori di Manon Lescaut (54) [Manon Lescaut] 39w, 639, 655ph, 675, 1128d, 1816ph, 2254, 2988, 3525, 3575, 3625, 3865p, 4231w, 4238, 4987w
Amori di mezzo secolo (53) [Love in the First Half of the Century] 184, 964, 972a-co, 1095w, 1346ph, 1367co, 1413ad, 1892, 1924d, 2018, 2249p, 2775w, 2838w, 2966, 3363, 3398, 3461, 3493d, 3573d, 3948d, 3980, 4121, 4292, 4554, 4676
Amori di una minorenne (69) 689d
Amori e veleni (49) 127w, 1500, 1825co, 2738w, 2812, 2933, 2988, 3119ph, 3229, 3270, 3621, 4031, 4246d, 4691
Amori in corso (89) 443d
Amori, letti e tradimenti (79) 2609, 2965
Amori miei (79) [My Loves] 1454ph, 4025, 4359d, 4809
Amori pericolosi (64) 1346ph, 1942d, 2019, 2582d, 2937, 3711d, 4598, 4658, 4916
L'amorosa avventura (21) 534ph, 3909d
L'amorosa menzogna (49) 146d, 1332ph, 1813m, 2891ad, 3733, 4799
Le amorose notti di Alì Babà (73) 4584ph
The Amorous Adventures of Moll Flanders (65 U.K.) 1416
L'Amour à vingt ans *see* L'amore a vent'anni
L'Amour d'une femme (53 France) 1972
Un Amour de Swann (83 France) 3202
Les Amoureux du "France" (63 France) 685, 1511
Les Amours de Lady Hamilton *see* Le calde notti di Lady Hamilton
L'amplesso della morte (19) [Death's Embrace] 36, 3432d
Amsterdam (58) 3711d
"Amsterdam" *episode of* Le più belle truffe del mondo
Amuck *see* Replica di un delitto
An einem Freitag um halb zwölf *see* Il mondo nella mia tasca
Anadiomene (22) 337d, 3819ph
Ananke (16) [Fatalità] 1935d, 2095, 2271, 2272, 3940
Anastasia mio fratello *see* Mio fratello Anastasia
Anatomia del colore (47) 919d, 4970d
The Anatomy of Love *see* Tempi nostri
L'anatra all'arancia (74) [Le Canard à l'orange; Duck à l'Orange; Duck in Orange Sauce] 276s, 592, 1454ph, 3823, 3844d, 4024d, 4530, 4586m, 4809, 4961w
Anche dollari per i MacGregor *see* Ancora dollari per i MacGregor
Anche gli angeli mangiano fagioli (73) [Even Angels Eat Beans] 1271m, 1901, 3485

Anche gli angeli tirano di destra (73) 323, 1271m, 1683, 1901
Anche l'inferno trema (58) 2033, 2615, 4568ph
Anche nel west, c'era una volta Dio (68) [Between God, the Devil and a Winchester; God Was in the West, Too, At One Time; Even in the West There Was God, Once Upon a Time] 252, 288, 581, 756, 1816ph, 1969, 1970d-p, 2134, 2647, 3406, 3905, 4106m
Anche per Django hanno un prezzo (71) [Even Django Has His Price; Pistol for Django] 762, 1824
Anche se volessi lavorare, che faccio? (72) 592, 801, 1074, 3153m, 4579
Ancora dollari per i MacGregor (70) [Anche dollari per i MacGregor; A Few More Dollars for the MacGregors] 1069w, 2493, 2609, 3075, 3943
Ancora una volta prima di lasciarci (73) 592, 3407
And Comes the Dawn, but Colored Red *see* Nella stretta morsa del ragno
And Die of Pleasure *see* Il sangue e la rosa
...And Suddenly It's Murder *see* Crimen
And the Crows Will Dig Your Grave *see* I corvi ti scaveranno la fossa
...And the Wild, Wild Women *see* Nella città l'inferno
And Then There Were None *see* E poi non rimase nessuno
And There Came a Man *see* E venne un uomo
Anda muchacho spara (70) [Dead Men Ride] 658w, 749, 1611, 3261m, 3698, 4189
L'andata alla fucina (10) 1801w, 2709d, 4807ph
Andiamo in città *see* Andremo in città
Andrea Chénier (55) 202, 835, 888, 1749d, 2084, 2636, 2947, 3041, 3069a, 3138, 3566, 3645ph, 4527, 4654, 4657, 4969d
Andrea Doria (54) 2077d
Andreina (17) 393, 441, 858ph, 1273, 2792a, 3107, 3568, 4191d*
Andremo in città (66) [Andiamo in città] 893, 954, 3846d, 4968w
Andreuccio da Perugia (11) 3836d
Andrey Tarkovsky (83) 4446
Andy Warhol's Dracula *see* Dracula cerca sangue di vergini e...morì di sete
Andy Warhol's Frankenstein *see* Carne per Frankenstein
L'anello di congiunzione (20) 4684w
L'anello di Pierrot (17) 388d
L'anello di Silva (14) 1907d
L'anello matrimoniale (78) 2631
Anema e core (50) [Heart 'n' Soul] 43ph, 217, 479, 518a, 768, 2035, 2250, 2269, 2670w, 2771, 2885, 2922d, 3852, 4296, 4359w, 4420, 4658
Anfisa (11 Russia) 4807ph
El angel gris (47 Spain) 3840
Un angel pasó sobre Brooklyn *see* Un angelo passò per Brooklyn
Angel with a Gun Is a Devil *see* Una colt in pugno al diavolo
Angela (52 Brazil) 4024
Angela (54) 141d, 287ph, 403, 637, 1165, 1683, 1717, 1744, 2004, 2452, 3313d*, 3580, 4478
Angela (77 Canada) 2614
Angeli bianchi...angeli neri (68) 3699
Gli angeli custodi (20) 1210d, 1733, 2058ph, 4959
Gli angeli dalle mani bendate (76) 636d
Gli angeli del quartiere (51) 102w, 541w, 575d, 1095w, 1294w, 2988, 3503, 3607, 3828, 4190ph, 4192
Angeli e demoni (20) 2704ph, 2709d, 3866
Angeli senza paradiso (70) 377, 2486m, 3655
Angelica *see* Rosa di sangue
Angélique et le sultan (68 France) 1163, 1489, 1509, 2782, 2977
Angélique, marquise des anges (64 France) 1901
Angelina *see* L'onorevole Angelina
Angelo *see* Angelo tra la folla
Angelo bianco (20) 2011d*, 3491
L'angelo bianco (42) 138d, 283, 529, 1123, 1944d, 2016, 2759, 2884ph, 3527, 4133
L'angelo bianco (55) 89d, 1346ph, 1631, 1753, 2269, 2571, 2910d, 3229, 3319, 3569w, 4065, 4166a
L'angelo custode (58) 4537d
L'angelo dei miracoli *see* L'angelo del miracolo
L'angelo del crepuscolo (42) 333, 777w, 2212, 2233, 3525ph, 3626, 4542, 4714, 4791w
L'angelo del miracolo (44) 262d, 333, 791, 1423w, 1515, 1816ph, 2016, 2746, 3502
L'angelo del peccato (52) 114, 1373d, 1583s, 2654, 2942, 4306, 4554

L'angelo della famiglia (06) 4807ph
L'angelo della miniera (14) 975, 2020, 4447
L'angelo delle Alpi (57) 771d, 1834ph, 3415
L'angelo di Assisi *see* La tragica notte di Assisi
L'angelo di violenza (68) 1399
L'angelo e il diavolo (46) 760d, 939, 1352, 1822, 4117ph, 4190ph, 4233, 4484ph, 4691, 4968w
Un angelo passò per Brooklyn (58) [Un angelo è sceso per Brooklyn; Un angel pasó sobre Brooklyn; The Man Who Wagged His Tail] 166, 751, 866, 971, 1318, 1389, 2263, 2822, 4430, 4511, 4624, 4630d
Un angelo per Satana (66) 438, 1426, 2000, 2340, 2906d, 4346
Angelo redentore (10) 4807ph
Angelo tra la folla (50) [Angelo] 63w, 124, 256, 371, 576p, 740w, 1272, 1373d, 1583s, 1836, 2711, 2713, 2838w, 2909, 3615, 3659, 3684w*, 4306, 4542
Angels of Darkness *see* Donne proibite
L'angelus (16) 1400, 3582d
Anger in His Eyes *see* Con la rabbia agli occhi
Angkor—Cambodia Express (81) [Kampuchea Express] 1011m, 1915, 2416, 4386, 4849
Angoscia (14) 4082
L'angoscia di Satana (17) 4011
Angry Silence (59 U.K.) 126
Angst *see* La paura
Un'anguilla da trecento milioni (69) 20, 418, 1454ph, 1676, 2426w, 3561, 4049d
Angustia (47 Spain) 3840
Aniello a'ffede (23) 1226ph, 1327d*, 2040, 2652
Anima allegra (19) 441, 858ph, 2792a, 3472, 3871d, 4044
L'anima del demi-monde (13) 441, 1068, 1907w, 1935, 3237d
Anima nera (62) 1882, 3948d, 3955, 4065, 4387, 4514, 4568ph
Anima persa (76) [Âmes perdues; The Forbidden Room] 909, 1346ph, 1379, 1882, 2429m, 3844d, 4961w
Anima perversa (13) 354, 554, 797, 1312d, 1397
Anima redenta (17) 441
Anima selvaggia (20) 441, 2861ph, 3871d
Anima tormentata (19) 872d, 1068, 2097, 2272
Anima trasmessa (17) 4797
L'Animal (77 France) 2679
Animale chiamato uomo (73) 998ph, 2182, 2928d, 4106m
Animali metropolitani (87) [Urban Animals] 3603
Animali pazzi (39) 447, 619d, 766w, 1653, 2268ph, 3506, 3981ph, 4331, 4559
Gli animali soffrono per l'uomo (47) 1850d
Anime buie (15) 1179ph, 1935d*, 2173, 4046
Anime fiere (20) 3201d, 3544d
Anime gemelle (16) 3582d
Anime in tumulto (41) 541w, 1016p, 1227s, 1757, 1982, 3118ph, 3371w, 4432
Anime infrante *see* Il voto (20)
Anime inquiete (18) 1226ph, 1327d*
Anime ribelli (21) 311ph
Anime solitarie (16) 796, 2341
Anime traviate (11) 4807ph
Anita (26) [Garibaldi, l'eroe dei due mondi] 1276d, 1335, 2040, 2671a, 2861ph, 2875ph, 4792
Anita Garibaldi (10) 871, 872d
Anita Garibaldi (52) *see* Camicie rosse
Anna (51) 292, 680w, 1252, 1323p, 1504, 1534, 1684s, 1882, 2474, 2475d, 2614, 2648, 2717, 2773, 2861ph, 3151, 3506, 3527, 3588, 3636p, 3844w, 3894, 3918, 3960m, 4010, 4290w, 4568ca, 4654
"Anna" *episode of* Ieri oggi e domani
Anna da San Celso (19) 650d, 4797
Anna di Brooklyn (58) [Fast and Sexy] 941, 1001m, 1304, 1305, 1381d, 1416m, 1971, 2471ad, 2596, 2826w, 2909, 2953a, 3142, 3229, 3385, 3766, 3844w, 3863, 3874, 3961ph, 4598
Anna Karenina (17) 2961, 3813ph
Anna Karenina (48 U.K.) 939
Anna Parnell (17) 1745
Anna perdonami! (53) 39w, 517d, 1116, 1626, 1690, 2269, 2517
Anna Petrovna (16) 2532ph, 2594d, 4482
Anna, quel particolare piacere (73) 322, 1094, 1652, 1828, 3407, 3730, 3823
L'Année dernière à Marienbad *see* L'anno scorso a Marienbad
Gli anni che non ritornano (56) [La Meilleure Part] 74d, 1806, 3147, 3170, 3354, 3546, 4231w, 4306

Anni difficili (47) 77, 104w, 341a-s, 477, 623w, 870m, 1803w, 1972, 1978, 2030, 3118ph, 3270, 3745, 4041, 4116, 4237, 4306, 4323, 4515, 4803, 4948d
Anni facili (53) 104w, 479, 623w, 708, 1323p, 1932a, 2083, 2774, 2909, 3064, 3404, 3636p, 3738, 3960m, 4041, 4296, 4426w, 4443ph*, 4515, 4543, 4793, 4948d
Anni felici (57) 3493d
Anni lieti (55) 4727d
Gli anni più belli *see* I giorni più belli (56)
Anni ruggenti (62) [The Roaring Years; The Roaring 20s] 104w, 824ph, 939, 2670w, 2771, 2980, 3161, 3620a, 3748, 4158w, 4254, 4426w, 4948d
Gli anni struggenti (79) [The Burning Years] 1676, 3345m
Annibale (59) 211, 340, 619d, 1095w, 1571, 1676, 1846, 1971, 2888ph, 2923, 3485, 3592, 3992m, 4235, 4617d, 4803
Un anno di scuola (76) 20, 228m, 1470ph, 3465
Anno 2020—i gladiatori del futuro (82) [2020 Texas Gladiators; 2020 Freedom Fighters; Texas 2000; Sudden Death] 1039, 1209d
Anno santo (50) 976d-p
L'anno scorso a Marienbad (61) [L'Année dernière à Marienbad; Last Year in Marienbad] 42, 1072e, 1594co, 3595, 3707, 3802d, 3868w, 4096a, 4207, 4319, 4773ph
Anno 79—distruzione ercolano (62) [The Destruction of Herculanaeum; 79 A.D.] 435, 1018, 1482, 2129, 2171, 2452, 3370, 3441d, 3757, 4246w, 4350, 4432
Anno uno (74) 730, 1894, 3119ph, 3218m, 3864, 3948d, 4681
Anno zero—guerra nello spazio (77) [War in Space; Battle of the Stars] 579, 644d, 1779ph, 2609, 3823, 4289
Anny Stella (15) 4575
Anonima cocottes (60) 1565, 2765ph, 2906d, 3473, 3752, 4542, 4586m, 4724w
Un'anonima missiva d'amore (33) 976d
L'anonima Roylott (36) [Gli avvoltoi della metropoli] 309, 744, 1273, 1490, 1946w, 2598, 2759, 2910d, 3578, 3615, 4280, 4378, 4484ph, 4979
L'anonimo veneziano (70) 527, 1011m, 1886ph, 3194
The Anonymous Avenger *see* Keoma
Ansaldo: fucina di navi (57) 2999d-ph
Anselmo ha fretta *see* La sposa non può attendere
Ante Up *see* Il piatto piange
Antefatto (71) [Ecologia del delitto; Reazione a catena; Twitch of the Death Nerve; Carnage; Bay of Blood; Before the Fact; Last House on the Left II] 207, 351d-ph, 455, 1011m, 3046, 3591, 4261, 4579
L'antenato (22) 771d*, 1343ph
L'antenato (36) 650d, 652, 1252, 1636e, 1693s, 1852, 2861ph, 3947m, 4237, 4715w
Anthar, l'invincibile (64) 1266d, 3154, 4616ph
Anthropophagus (81) [The Grim Reaper; Man-Eater; The Anthropophagous Beast] 1209d-p, 1553w*, 1632
Anthropophagus II (82) [Absurd; The Monster Hunter] 579, 1209d, 1553, 3699
L'antica fiamma (17) 1343ph, 4364d*
Antichi feudi (54) 2999d-ph
Antico Egitto (59) 4727d
Anticoli Corrado (57) 4727d
L'anticristo (74) [The Tempter; Family Killer; The Antichrist] 1138, 1209ph, 1365d, 1665, 2033, 2373, 3153m, 3342, 4110, 4114, 4385, 4534e, 4651
Antigone (11) 872a
Antinea, l'amante della città sepolta (61) [The Lost Kingdom; Journey Beneath the Desert; L'Atlantide] 2121, 2895d, 3229, 3860, 3975, 3992m, 4515, 4582, 4617d, 4821
L'antiquario burlato (06) 4807ph
"Antoine et Colette" *episode of* L'amore a vent'anni
Antoine et Sebastien (74 France) 3561
Antologia del cinema italiano muto (58) 3540d, 3558m
Antonio da Padova (49) 351ph, 1546, 1606, 1626, 1690, 1766d, 2253m, 3069a, 3284, 3398, 3473, 3716w, 4091
Antonio da Padova, il santo dei miracoli (30) 138d, 308, 2072ph, 3117a
Antonio Gramsci: gli anni del carcere (77) [Antonio Gramsci: i giorni del carcere] 535, 1178, 1630, 2039, 2167, 2674m, 2900, 3591, 3608ph, 4355
Antonio Meucci, il mago di Clifton (40) 428p, 468, 784w, 1206, 1210w, 1982,

1996, 2073d, 2813, 3010, 3473, 3474, 3527, 3845ph, 4637
Antony and Cleopatra *see* Marcantonio e Cleopatra (13)
L'antro funesto (13) 3703, 3704
Any Gun Can Play *see* Vado...l'ammazzo e torno
Any Number Can Win *see* Colpo grosso al casinò
Anyone Can Play *see* Le dolci signore
Anything for a Friend *see* Amico mio, fregatura
Anzio *see* Lo sbarco di Anzio
L'apache bianco (84) 635, 998ph, 1631, 2134, 2918d, 3683w
Apache Fury *see* La furia degli apaches
Apache Gold *see* La valle dei lunghi coltelli
Apache Woman *see* Una donna chiamata Apache
Apache's Last Battle *see* La Battaglia di Fort Apache
Apartado de correros 1001 (50 Spain) 4490
Ape regina *see* Una storia moderna: l'ape regina
Aphrodite, Goddess of Love *see* Afrodite, dea dell'amore
Aphrodite, Goddess of Love *see* La venere di Cheronea
Apocalipsis Cannibal *see* Apocalisse domani
L'apocalisse (47) 338p, 422, 833, 1504, 1958, 2445, 3398, 3525, 3770, 3978, 4027, 4159d, 4189, 4252, 4432, 4433, 4543ph, 4554, 4680, 4691, 4728a
Apocalisse domani (80) [L'ultimo cacciatore; Cacciatore II; The Last Hunter; Apocalipsis Cannibal; Cannibal Apocalipsis; Cannibals in the Streets; Cannibals in the City; Virus; Hunter of the Apocalypse; The Slaughterers; Flesh Hunters; Invasion of the Flesh Hunters; Savage Apocalypse] 1063, 1266d, 1632, 3386ph, 4110, 4355, 4712, 4861
Apocalisse sul Fiume Giallo (59) [Last Train to Shanghai; The Dam on the Yellow River] 1565, 2808, 2989d, 4187ph
Apocalypse Joe *see* L'uomo chiamato Apocalisse Joe
Apocalypse Now (79 U.S.) 4379ph
Apollon, una fabbrica occupata (69) 2049d-ph-e, 4419d-ph-e, 4821
L'apostolo (16) 2742, 3131, 3174, 4947d
Apparizione (43) 760d, 1276w, 1337d, 1650w, 1684s, 1959ph, 2973, 3229, 3372, 4280, 4378, 4474w, 4651
L'Appartement des filles (64 France) 2404
Appassionata (74) 275e, 940p, 1123, 1676, 3202, 3213ph, 3558m
L'appassionata (89) 3037d, 3153m
Appassionatamente (20) 767w, 3454, 3676
Appassionatamente (54) 329, 518a, 675, 964, 1361, 1914d, 2966, 3229, 3865p, 4449, 4957
L'appetito vien mangiando (15) 3021, 3510d
The Appointment (69 U.S.) 248, 1299, 1469ph, 1932a, 2248, 3509, 3682, 4564
Appointment With Death (88 U.S.) 1491m
Un apprezzato professionista di sicuro avvenire (72) 405, 794, 824ph, 964, 1178, 1406d, 1407, 4065, 4189, 4790
Approdi liguri (55) 2999d-ph
L'approdo (17) 4531d
L'appuntamento (14) 1334d
L'appuntamento (77) 592, 1093
Appuntamento a Ischia (60) 1754, 1920ph, 2922d, 3032, 3064, 3473, 4127ph, 4296, 4428, 4705
Appuntamento a Liverpool (88) 995, 1962d, 2735, 4355
Appuntamento a piazza di Spagna (n.d.) 3817p
Appuntamento allo zoo (37) 2624, 4189
Appuntamento col disonore (71) 927, 2386, 2516
Appuntamento d'amore (81) 4809
Appuntamento in Riviera (62) 2922d, 3032, 4127ph, 4547, 4981
Un appuntamento per uccidere (62) [Horace 62] 224, 3490, 4378, 4582, 4746d
Appunti per un film indiano (69) 3453d
Appunti per un orestiade africana (69) [Notes for an African Oresteia] 3453d-ph
Appunti per un romanzo dell'immondezza (70) 3453d
Appunti su un fatto di cronaca (53) [Notes on a News Story] 1666p, 4795d
Aquarium *see* High frequency
Aquel viejo molino (46 Spain) 3840
Aquella casa en las afueras (80 Spain) 4651
L'aquila (16) 1864d, 2532ph, 4931
Aquila Nera (46) 637, 939, 1095w, 1462,

1583s, 1761, 1786d, 2596, 2600ph, 2601ph, 3088w, 3138, 3460, 3919, 4065, 4091, 4134, 4233, 4359w, 4378
Aquile umane (18) 1241
Arabella (67) 531d, 567, 971, 1747, 1945, 2070ph, 2578, 2677, 3153m, 3920, 3989, 3993, 4483, 4840
Arabella 252104 *see* I piaceri del sabato notte
Arabesca (20) 1276w
Arabesque (66 U.S./U.K.) 2614
Arabian Nights *see* Il fiore delle mille e una notte
Aragosta a colazione (79) 23, 86co, 788d, 824ph, 3109, 4618m
La Araucana, massacro degli dei (72) 582, 2873
L'arbitro (74) 709
L'Arbre de Guernica *see* Guernica
L'Arbre de Noël (69 France) 1647, 2578
L'arcangelo (68) 142, 1372, 1882, 2005p, 3321, 4513
Archimede *see* L'assedio di Siracusa
L'architettura barocca a Roma (41) 550ph, 1128d
Architettura di Matteo Gattaponi da Gubbio (43) 3493d, 4138ph
L'arcidiavolo (41) 809, 1931w, 3117a, 3162, 3271, 3295, 3415, 3440, 3473, 3800, 3845ph, 4027
L'arcidiavolo (66) [Il diavolo innamorato; The Devil in Love] 207, 953, 1676, 1882, 2244, 2782, 3080, 3336, 3934, 4158d, 4543ph, 4586m
L'arciere delle mille e una notte *see* La freccia d'oro (62)
L'arciere di fuoco (70) 1901, 2248
L'arciere nero (59) 2615, 3569d
Arco felice (35) 3411d
Arcobaleno (32) 1383
Arcobaleno (43) 5d-s, 1674d, 3608ph
Arcobaleno romano (50) 3411d
L'arcolaio di Barberina (18) 315, 1210d, 1343ph
Ardenne 44 (72) 490
Arditi civili (40) 925, 1848d, 2813, 3073, 3104, 3117a, 3149, 3318, 3447, 4091, 4168, 4188e, 4240, 4951m
Arditi della roccia (53) 4573d
Arejão (51 Brazil) 2906d
The Arena (73 U.S.) 1093, 1209ph, 3176, 3243, 3387, 4693
L'Argent (83 France) 1408ph
L'argine (38) [The Embankment] 78, 529, 939, 1206, 1227s, 1401d, 1653, 2746, 2826w, 4252, 4284w, 4759ph
Argini (57) 3711d
Argoman superdiabolico *see* Come rubare la corona d'Inghilterra
The Argonauts *see* I giganti della Tessaglia
Aria (87 U.S./U.K.) 4318ph
L'aria del continente (36) 137, 789p, 1252, 1982, 2269, 2671a, 2875ph, 3195, 3592, 3836d, 4378
Aria di campagna toscana (56) 2077d
Aria di paese (33) [Country Air] 17, 2667, 2875ph, 3117ph
Aria di Parigi (55) [L'Air de Paris] 172, 837d, 875, 1192, 1503p, 1819, 2220ph, 2546, 2647, 3270, 3429, 3431, 3662, 3732, 3781, 4083, 4231w, 4498m
Aria di Sila (56) 4662d
Ariadne in Hoppegarten (28 Germany) 2272
L'aristocratica perversa (82) 998ph
"Aristocrazia canaglia" *episode of* I topi grigi
Arizona *see* Arizona Colt si scatena, e li fece fuori tutti
Arizona Bill *see* La strada per Fort Alamo
Arizona Colt *see* Il pistolero di Arizona
Arizona Colt si scatena, e li fece fuori tutti (73) [Arizona; Arizona Colt Returns; If You Gotta Shoot Someone...Bang! Bang!; Arizona Lets Fly and Kills Everybody] 252, 288, 1426, 1884w, 2869, 2878d, 3243, 3261m, 4045, 4442w
Arizona Kid *see* I fratelli di Arizona
Arizona on Earth *see* Dio in cielo... Arizona in terra
Ark of the Sun God (83) 1063, 1266d, 2764ph, 4247w, 4355
Arm of Fire *see* Il colosso di Roma
L'arma (73) [The Gun] 53ph, 813, 1071, 4094, 4325d-e
Arma bianca (36) 223, 428, 475, 1130, 1423w, 1982, 2474, 2861ph, 3237d-p, 3570, 3610d, 4249, 4792, 4982
L'arma dei vigliacchi (13) 441, 1068, 1935, 3237d
L'arma del vile (14) 3869d
L'arma, l'oro, il movente (73) 560
"L'armadio" *episode of* Le tardone
Armaguédon (77 France) 4038
L'armata azzurra (32) 936, 939, 1636e, 1982, 2953a, 3118ph, 3162, 3415, 3836d, 4010, 4117ph, 4246e, 4378, 4484ph, 4732w, 4982

L'armata Brancaleone (66) [For Love and Gold] 685, 1882, 1932a, 2908, 3088d, 3992m, 4025, 4301, 4346, 4821
L'armatura di Carlomagno (15) 434ph, 1395d
L'Arme à gauche (64 France) 2404
Armi insidiose (09) 4807ph
Armiamoci e. . .partite! (15) 434ph, 470, 1395d, 4255
Armiamoci e partite (71) 1754
L'armonica misteriosa (06) 41p
Armonie del Verbano (47) 1203ph, 4745d
Armonie di primavera (40) 1766d
Armonie lucchesi (49) 810ph
Armonie pucciniane (37) 1674d
Armonie romane (53) 2077d
Arquà Petrarca (42) 3493d, 4138ph
Arrangiatevi (59) [You're on Your Own] 17, 406w, 531d, 801, 824ph, 1279w, 1827, 2739, 3865p, 3992m, 4559, 4633, 4645
Arrapaho (84) 2257d
Arrestatelo! (13) 4807ph
Arriba Trinity *see* Allegri becchini arriva Trinità
Arriva Dorellik (67) [Dorellik; Here's Dorellik] 13, 1079, 1502, 1875, 1923, 2516, 3509, 4359d, 4483, 4980
Arriva Durango, paga o muori (72) [Durango is Coming, Pay or Die] 1963, 3104d, 4551
Arriva! I Crow (72) [On the Third Day Arrived the Crow] 419
Arriva la banda (59) 517d, 3386ph, 4317
Arriva la zia d'America (56) 102w, 1979, 2250, 3104d, 3526ph, 3555, 3828, 4528
Arrivano Django e Sartana. . .è la fine (70) [Django and Sartana Are Coming . . .It's the End; Final Conflict. . . Django Against Sartana; Django and Sartana. . .Showdown in the West; Sartana, If Your Left Arm Offends, Cut It Off] 1209ph, 1260, 1680d, 2782, 3055, 3239, 3656
Arrivano i bersaglieri (80) 1417ph, 2723d, 3738, 4530, 4586m
Arrivano i dollari (56) 1128d, 1947, 2061w, 2253m, 2670w, 3046, 3404, 3733, 3852, 4071ph, 4292, 4443, 4962p
Arrivano i gatti (80) 4685d
Arrivano i miei (83) 1169p, 3922
Arrivano i nostri (51) [Reinforcements Are on the Way] 43ph, 333, 479, 518a, 908, 973, 1173, 1521, 2250, 2811w, 2885, 2922d, 2993w, 3225, 3800, 3852, 3917, 4296
Arrivano i titani (62) [Sons of Thunder; My Son the Hero] 175, 1096ph, 1294w, 1901, 2611, 2636, 2642e, 3294, 3992m, 4090, 4146, 4166a, 4203, 4487d
Arrivederci a domani (65) 2516
Arrivederci Baby (66 U.S.) 4137
"Arrivederci Dimas" *episode of* Los jueves milagro
Arrivederci e grazie (88) 28, 4530
Arrivederci Firenze *see* Goodbye Firenze
Arrivederci, papà (48) 364, 2624, 2811w, 2872, 2906d, 3398, 3405, 3487p, 3503, 3967, 4166a, 4233, 4280, 4759ph
Arrivederci Roma (58) [Seven Hills of Rome] 70, 95w, 896, 925, 1079, 1261, 1346ph, 1973, 2462, 2909, 3684w, 3752, 3863, 3971d, 3991w, 4598
Arriviamo noi (40) [Here We Are] 5s, 78, 155ph, 2747, 3295, 3382d, 3828, 4252
L'arrivista (13) 441, 1935, 3237d L'arrivista (75) 3153m, 3922
Arrivo del treno nella stazione di Milano (1896) 3360d-ca
Arrow of the Avenger *see* Goliath e la schiava ribelle
Ars amandi—l'arte d'amare (83) 228m, 455, 578d-e, 1972, 2526, 3601
Arsène Lupin et la toison d'or *see* Il ritorno di Arsenio Lupin
Arsenio Lupin contro Arsenio Lupin (62) [Arsène Lupin contre Arsène Lupin] 646, 878, 1507, 1597, 1858, 2013, 2543, 4742, 4805
Art. 519, codice penale (52) [Art. 519, C.P.] 42, 471w, 655ph, 1003, 1122d, 1816ph, 1840, 2043, 2050, 2253m, 2817a, 2904, 2943, 3088w, 3312w, 3892, 4378, 4765
L'Art d'aimer *see* Ars amandi—l'arte di amare
Arte cinese (54) 681d
Arte contemporanea (48) 3451d
Arte cosmatesca (41) 4294d
El arte de vivir (68 Spain) 1974
L'arte del suo mistero (21) [L'arte nel suo mistero] 138d, 906ph
Arte del vetro (54) 681d
L'arte di arrangiarsi (54) 518a, 623w,

708, 972a, 1099, 1341, 1367co, 2284p, 3404, 3447, 4127ph, 4292, 4793, 4948d
L'arte di arrangiarsi (65) 1857a
L'arte di farsi amore *see* Lilly e Lilette o l'arte di farsi amore
Arte e artigiani della Val Gardena (49) 4573d
"Arte e dolore" *episode of* L'ultima invocazione
Arte e realtà (47) 1211d
L'arte in Sicilia (48) 1153ph
L'arte nel suo mistero *see* L'arte del suo mistero
L'arte si è fermata anche a Grignasco (57) 4813m
Artefici del mosaico (54) 4807ph
Arthur Miller on Home Ground (79 U.S.) 4654
Articolo IV (16) 2272, 3836d, 4684w
Artigiani di Sicilia (50) 848d
Artigiani fiorentini (43) 933d
Gli artigli d'acciaio (20) 277ph, 2069d
L'artiglio del destino (15) 3956d
L'artiglio del nibbio (18) 174d
Artist Is a Gunfighter *see* Preda d'avvoltoi
Arturo De Fanti, C.P.A., Bank Clerk—Just *see* Rag. Arturo De Fanti bancario—precario
L'arzigogolo (24) [Fantasy] 79d, 80, 155ph, 390w, 453, 475, 811co, 1068, 3041, 3568
As Man to Man *see* Da uomo a uomo
As You Desire Me (32 U.S.) 3586w
"L'ascensore" *episode of* Quelle strane occasioni
Ascoltami! (57) 771d, 3419, 3737, 4235, 4309, 4424
Asfalto (58) 4662d
Asfalto che scotta (60) [Classe tous risques; The Big Risk] 382, 938, 1202, 1329m, 1444, 1964w, 3030, 4098d, 4717
Ash Wednesday (73 U.K.) 416, 2070ph, 2590, 2963, 4092
Ashanti! (78 U.K.) 4543ph
Asilo di polizia (86) 1993
L'asino d'oro (70) [L'asino d'oro; processo per fatti strani contro Lucius Apuleius cittadino romano] 592, 4315d, 4579
L'asino di Buridano (17) 3236
L'asino poliziotto (08) 4807ph
Aspern (82 Germany) 4651
Asphalte (58 France) 1972
Assalto al tesoro di stato (67) [Wanted: assalto al tesoro di stato] 83, 3803, 4055, 4693
L'assalto dei pescecani (20) 2946d
The Assassin of Rome *see* Girolimoni, il mostro di Roma
L'assassina del Ponte Saint Martin (13) 729, 3871d
L'Assassinat de Trotsky *see* L'assassinio di Trotsky
The Assassination of Matteotti *see* Il delitto Matteotti
Gli assassini sono nostri ospiti (74) 2516
Assassinio al cimitero etrusco (82) [The Scorpion with Two Tails; Murder in the Etruscan Cemetery; Crimes in the Etruscan Graveyard] 1658ph, 2086, 2303, 2878d, 4110, 4533
L'assassinio del corriere di Lione (16) 3131d
L'assassinio della Paris—Lyon—Méditerranée (18) [P.L.M.] 388d, 4082
L'assassinio di Trotsky (72) [L'Assassinat de Trotsky] 42, 664, 704, 1123, 1349, 1354, 1403, 1408ph, 1731, 2621d-p, 4025, 4145, 4681
L'assassinio di un'anima (12) 796, 1327d*, 4447
Assassinio sul Tevere (79) 211, 1102d, 2890
L'assassino (60) 964, 1469ph, 1562a, 1677w, 1827, 2075w, 2907, 3405, 3534d, 3667, 3748, 3803, 4025, 4153, 4612
Assassino (73) *see* L'assassino è al telefono
Assassino al sole (78) 1627
L'assassino del jockey (20) 3819ph, 3944
L'assassino è al telefono (73) [Assassino] 1011m, 1209ph, 1365d, 2176, 4103, 4672
L'assassino è costretto ad uccidere ancora (76) 1146d, 2188, 3386ph
L'assassino fantasma (70) 3957, 4863
L'assassino ha le ore contate (68) [Coplan sauve sa peau; Coplan Saves His Skin; The Devil's Garden] 211, 514, 526d, 664, 2386, 2516, 2565ph, 4199, 4545
L'assassino ha riservato nove poltrone (75) 23, 1191, 3945, 4137, 4165
Assassino Made in Italy *see* Il segreto del vestito rosso
L'assassino si chiama Pompeo (62) 479, 4167, 4274
Les Assassins de l'ordre (71 France) 3594
L'Assault du Fort Texan *see* La carica del 7 Cavalleggeri

Assault on a Queen (66 U.S.) 2578
L'assedio dell'Alcazar (40) 240, 338p, 964, 1165, 1383, 1423ad-w, 1546, 1907d, 1936, 2268ph, 2953a, 3284, 3616, 3919, 4091, 4190ph, 4252, 4334ph, 4432, 4729m
L'assedio di Siracusa (60) [Archimede] 637, 824ph, 939, 1294w, 1631, 1766d, 2404, 2486m, 2626, 2837, 4025, 4166a, 4691
L'Assegno *see* Il peccato degli anni verdi
Assenza ingiustificata (39) 303, 493m, 1276w, 1481, 2953a, 3162, 3229, 3247d, 4240, 4378, 4651, 4759ph
Assi alla ribalta (54) 253d, 1173, 2436ph, 3225, 4167, 4443, 4530, 4598, 4753
Assicurasi vergine (67) 801, 2730, 2963, 3381, 3655, 4578
Assignment Istanbul (70 U.K.) 637
Assignment Outer Space *see* Space Men
Assisi (32) 511d
The Assisi Underground (85 U.S.) 1178, 2248, 3961ph
L'assistente sociale tutto pepe (81) 999d
Asso (81) 891d, 926, 1652, 1981, 2005p, 2404, 4038
L'assoluto naturale (69) [She and He; He and She] 531d, 2070ph, 2136, 2404, 3046, 3153m, 4136
Assunta spina (15) 46, 392, 441, 858ph, 1068, 2792a, 4191d*
Assunta spina (28) 1221, 1335, 1694ph, 2828, 2872, 3871d, 4354
Assunta spina (48) 45ca, 802w, 931, 1303w*, 1684s, 2719, 2773, 2922d, 3608ph
Astrea (19) 197, 3626d*
Astrid (17) 354, 1498ph
Astride the Tiger *see* A cavallo della tigre
Astuzia di donna (15) 434ph, 1395d, 3703
Asylum Erotica *see* La bestia uccide a sangue freddo
At Long Last Love (75 U.S.) 1354
At Sword's Point *see* A fil di spada
At the Carnival *see* Carnevalesca
Atame! (90 Spain) 3153m
El ataque de los zombies atómicos *see* Incubo sulla città contaminata
Atavismo (16) 174d
Atavismo dell'anima (19) 3432d
Athena (54 U.S.) 3778
Atlante (17) 2063, 4484
L'atlantide *see* Antinea, l'amante della città sepolta
Atlas *see* Atlante
Atlas Against the Cyclops *see* Maciste nella terra dei ciclopi
Atlas Against the Czar *see* Maciste alla corte dello zar
L'atleta di cristallo (46) 1683, 4737
L'atleta fantasma (21) 2063
Atleti dell'Asse (40) 1128d
Atollo K (51) [Robinson Crusoeland; Utopia] 1315, 1572, 2234, 2295d, 2481, 2733, 2870, 2932, 3051m, 3132, 3712a, 3822, 3840, 4554, 4702, 4740
Atom Age Vampire *see* Seddok, l'erede di Satana
Ator l'invincibile (82) [Ator; Ator, the Fighting Eagle] 1209d, 1903, 3314, 3699
Ator l'invincibile II (83) [Ator, the Return; Ator, the Blade Master; The Return; The Blade Master] 579, 1209d, 3314
Atsalùt pader (79) 912d, 2797, 4603
Attacco alla piovra (84) [La piovra; Pizza Connection] 1211d, 1278, 1417ph, 2005p, 2975e, 3601, 4106m
Attack and Retreat *see* Italiani brava gente
Attack of the Normans *see* I normanni
Attanasio cavallo vanesio (53) 1374, 1868w, 2906d, 2956, 3084, 3752, 4071ph, 4621
L'Attaque de Fort Adams *see* Buffalo Bill, l'eroe del far west
Gli attendenti (61) 463d, 1416, 3372, 3473, 3509, 4586m
L'Attentat (72 France) 3153m, 4821
Attentato ai tre grandi (68) [Fünf gegen Casablanca; Five for Casablanca] 824ph, 1023, 1201, 1623, 1649, 1773, 2190, 2486m, 2534d, 2552a, 3864, 3945, 4170, 4329, 4648
Attenti a quei due napoletani (80) 1865d
Attenti a quei P 2 (82) 1658ph
Attenti a quelle due...ninfomani (81) 998ph, 4228d
Attenti al buffone! (75) [Eye of the Cat] 458d, 1096ph, 2771, 2962, 3098e, 3153m, 4854
Attenti alle spie! (15) 308, 1467, 3289
Attenti...arrivano le collegiali (77) 4612
Attenti ragazzi...chi rompe paga (76) 1674d, 2764ph
Attento, gringo, è tornato Sabata (72) [Watch Out, Gringo! Sabata Will Return] 249d, 2864, 2868, 3243, 3558, 3952, 4053, 4247w

L'attenzione (85) 275e, 1174, 1491m, 2256ph, 3129w, 4057, 4290w
Atti atrocissimi di amore e di vendetta (79) 1103d, 2907
Atti degli apostoli (68) 3218m, 3948d-p
Atti impuri all'italiana (77) 636d
L'attico (62) [The Penthouse] 161, 651, 973, 1294w, 1326, 1886ph, 2080w, 2545, 3017, 3517, 3558m, 3689d, 3890, 4188e
Attila—flagello di Dio (17) [Attila] 2538, 2828d*, 3866
Attila—flagello di Dio (54) [Attila the Hun] 639, 925, 996, 1294w, 1323p, 1625, 1647, 1766d, 2084, 2190, 2499, 2557p, 2614, 2782, 2852, 2892m, 3069a, 3422, 3460, 3514w, 3580, 3636p, 3715, 4388ph, 4543ph, 4568ph, 4765, 4769, 4970w
Attila—flagello di Dio (82) 824ph, 891d
L'attimo che uccide *see* Il giardino incantato
Un attimo di vita (75) 44, 730, 2516, 3244
Le attinie (13) 3326d
Atto d'accusa (50) [Atto di accusa] 518a, 680w, 846p, 964, 1448, 1493, 1914d, 2765ph, 2774, 2907, 3363, 3992m
Atto di dolore (90) 813, 1155, 4325d
L'attore scomparso (41) 1338, 1490, 1892, 1957, 2272, 2978, 3073, 3583a, 3836d, 4117ph, 4226, 4370, 4948d
Au delà de la peur (75 France) 4533
Au delà des grilles *see* Le mura di Malapaga
Au nom du père, du fils et du colt (72 France) 464d, 1865d, 3558m, 4344p
Au royaume des cieux (49 France) 3789
Au service du diable *see* La notte più lunga del diavolo
Audace colpo dei soliti ignoti (59) 813, 1562a, 1647, 1882, 1920ph, 2633d, 2771, 3161, 4038, 4126w, 4618m
Auferstehung *see* Resurrezione (58)
Augh! (80 U.S.) 1491m
Auguri e figli maschi (51) 21w, 261, 284, 1173, 1388, 2765ph, 3376, 3503, 3862, 4116, 4126w, 4246d, 4430, 4511, 4530, 4706w
Aurora *see* Qualcosa di biondi
Aurora della vita (39) 3411d
Aurora rossa (21) 2532ph, 2874d
Aurora sul mare (34) 43ph, 936, 3696ph, 3816, 4168, 4246d
Une Aussi Longue Absence (61 France) 4651
Austerlitz *see* Napoleone ad Austerlitz
Australia (83) 3153m
Auto chiese (59) 3322d
Auto-scat di Robinet (11) 3326d-ph
L'autobus della morte (19) 1419d, 4593
L'autobus scomparso (20) 1801w
Automartirio (17) 2242d, 3291
"L'automobile" *episode of* La mia signora
L'automobile della morte (12) 4807ph
L'automobile errante (21) 1088d
Autopsy *see* Macchie solari
Autostop rosso sangue (76) [Autostop] 1454ph, 1677d, 3153m, 3244, 3996ph, 4052
"L'autostrada del sole" *episode of* Thrilling
L'Autre Femme (64 France) 4651
L'autunno dell'amore (18) 128ph
Avalanche Express (79 U.S.) 880
Avamposto (59) 3711d
Avant le déluge (53 France) 2284p, 3046, 3271, 4116, 4957
Avanti! (72) 9, 23, 313, 898, 1596, 2087, 2529, 3027, 3791, 3804, 3992m, 4289, 4895d
Avanti a lui tremava tutta Roma (46) [Davanti a lui tremava tutta Roma; Tosca] 47, 1841d, 1931w, 1985, 2189, 2719, 2953a, 4167, 4252, 4256
Avanti, c'è posto (42) [Come On, There's Room!] 95p, 391, 553m, 554d, 618, 793, 964, 1606w*, 1650w, 1839, 2661, 3005, 3148, 3288ad, 4117ph, 4190ph, 4474w, 4968w
Avanti la musica (62) 939, 1655, 1656
L'avanzata decisiva in Libia (12) 1076d-ph
Avanzi di galera (54) 334, 973, 1091, 1123, 1135d, 1717, 1813m, 2571, 2636, 2775w, 4003, 4554
L'avarizia (19) 441, 2792a, 4191d*
"L'avarizia" *episode of* I sette peccati capitali
L'avaro (09) 4807ph
"L'avaro" *episode of* L'amore difficile
L'avaro (90) 142, 275e, 582, 940d-p, 1173, 1857a, 2254, 2465, 2515, 3213ph, 3558m, 4192, 4290w, 4292w*
Avatar (14) 1841d, 1842, 2097, 2905, 3289
Ave Maria (13) 3326d
Ave Maria (37) 1950
Ave Maria (47) 933d
L'ave Maria (82) 998d
L'Ave Maria di Gounod (10) 4807ph

Ave Maria, gratia plena (19) 549, 767w, 2341d
Avec amour et avec rage *see* La costanza della ragione
Avec Django. . . ça va saigner *see* Quel caldo maledetto giorno di fuoco
Avec le peau des autres (66 France) 4533
The Avenger (62) *see* La leggenda di Enea
The Avenger (66) *see* Texas addio
L'Aventure c'est l'aventure (72 France) 2679
L'Aventure commence demain (47 France) 3046
Les Aventures d'Arsène Lupin *see* Le avventure di Arsenio Lupin
Les Aventures de Gérard (70 France) 813, 4579
An Average Man *see* Un borghese piccolo piccolo
Avere vent'anni (79) 1173, 1460d, 1920ph, 2631
L'Aveu (70 France) 1676, 3730
L'aviatore mascherato (19) 3940
L'avvenire in agguato (15) 138d, 614w, 2541, 3557, 4807ph
L'avventura (60) 146d, 164ad, 326w, 503, 1245e, 1676, 1813m, 2075w, 2104p, 2246ad, 2415ca, 2660, 2900, 3523, 3541, 3620a, 3816, 3989, 4131ph, 4809
Avventura a Bali (69) [Incontro d'amore; L'incontro d'amore a Bali; Bali] 142, 859a, 1881m, 2566d, 3342, 4355
Avventura a Capri (58) 166, 3089, 3400, 3558m, 3864, 4066, 4443, 4579, 4598, 4634, 4759ph
Avventura ad Algeri (53) [Dramma nel casba; The Man from Cairo] 43ph, 141d, 774, 925, 1581d, 2533, 2697, 3422, 3729, 4189, 4235, 4691, 4769
Avventura al motel (63) 324, 939, 1754, 3634d, 4114, 4511, 4981
Avventura amorosa (06) 4807ph
Avventura amorosa e odorosa (06) 4807ph
L'avventura dei numeri (56) 848d
Avventura del polo sud (60) 4272w, 4537d
L'avventura di Annabella (43) 351ph, 2719, 2817a, 2872, 2969d, 4754
Un'avventura di Checcho (13) 1847
Avventura di collegio (23) 75ph
L'avventura di Dio (20) 1907d
L'avventura di Fracassa (18) 2828d*, 4061, 4484ph, 4490d
Un'avventura di Salvator Rosa (40) 477, 511d-e, 890ad-w, 939, 942, 1001m, 1653, 2817a, 2942, 2969, 3138, 3460, 3476w, 4010, 4027, 4186co, 4378, 4637, 4759ph, 4987w
Avventura di un fotografo (82) 2863
"L'avventura di un soldato" *see* "La storia di un soldato"
Avventura di un ubriaco *see* Le disgrazie di un ubriaco
L'avventura di un viveur (20) 311ph
L'avventura ideale (82) 1652
Avventura in città (58) [Paisanella] 1892, 2268ph, 4104d, 4542
Le avventure dei tre moschettieri (55) 18, 714, 770, 3478ph, 4375
Avventure del maggiore (11) 4807ph
Le avventure dell'incredibile Ercole (83) [L'incredibile Ercole; Hercules] 419, 516, 779, 880, 1230, 1146d, 1491m, 1557, 1670, 1869, 1963, 1990p, 2129, 3098e, 3607, 4307ph
Le avventure dell'incredibile Ercole II (84) [Hercules II; The Adventures of Hercules] 252, 419, 880, 1146d, 1491m, 1670, 2021, 3098e, 4307ph, 4712
Avventure di Acquaverde (n.d.) 4946m
Le avventure di Arsenio Lupin (57) [Les Aventures d'Arsène Lupin] 366d, 2140, 2440, 2883, 3012, 3030, 3085a, 3176, 3695, 3908, 4173ph, 4251w
Le avventure di Bijou (19) 1907d, 3236
Le avventure di Cartouche (55) [Cartouche] 334, 3888, 4178d, 4189, 4435, 4745d
Le avventure di Casanova (27) [Casanova] 2341, 3165, 4466
Le avventure di Colette (16) 1745, 1838
Le avventure di Doloretta (18) 1068, 2271, 3836d
Le avventure di don Giovanni *see* Il maestro di don Giovanni
Le avventure di Enea (74) [Eneide] 659, 3218m, 3951d
Le avventure di Fantasio Nuvola (21) 4484ph
Le avventure di Giacomo Casanova (54) [The Loves of Casanova; The Sins of Casanova] 118, 351ph, 747, 768, 972a, 1095w, 1676, 1768, 1804w, 1806, 1843, 2038, 2452, 4000, 4233, 4359d, 4511, 4814
Le avventure di Guglielmo Tell (53) [William Tell] 713, 812d, 1606, 1713p-w*, 2254, 2636

Le avventure di Mandrin (52) [Mandrin; Don Juan's Night of Love] 1133, 1693s, 3119ph, 3218m, 3288co, 3398, 3548, 3584, 3717, 4273, 4281d, 4599, 4654, 4979
Le avventure di Mary Read (61) [Mary Read, Pirate] 1142, 1885, 2534d, 4512ph, 4542
Le avventure di Pinocchio (47) 1882, 2624, 4309
Le avventure di Pinocchio (71) 1075d, 1416, 1754
Le avventure di Robi e Buck (57) 2996, 3198
Avventure di Robinet (10) 4807ph
Le avventure di Robinson Crusoe (23) 1864d, 3819ph
Le avventure di Topo Gigio (61) 4586m
Le avventure di Ulisse (68) [Odysseus] 351d, 1644, 3422, 3951d
Avventure di un gigante (11) 4807ph
Le avventure di un giornalista (15) 3076d
Le avventure di un provinciale (10) 4807ph
Le avventure e gli amori di Miguel Cervantes *see* Cervantes
Le avventure e gli amori di Scaramouche (76) [Scaramouche] 118, 892d, 1731, 2679, 3670, 3698, 4086
Avventure ed amori di don Giovanni (70) [Don Giovanni] 389d-p*, 2196
Avventure nell'arcipelago (58) 152ph, 1813ph
Le avventure straordinarie di Saturnino Farandola (14) 1603d
L'avventuriera (22) 4797
L'avventuriera del piano di sopra (41) 141w-s, 725, 1055co-s, 1786, 1913, 2910d-s, 3578, 3849, 4071ph
Gli avventurieri (15) 4447
Gli avventurieri ai tropici (60) [Gli avventurieri dei tropici] 424d, 1816ph, 3458, 4622
Gli avventurieri dell'uranio (58) 1406w, 4952d
Gli avventurieri di San Juano (47) [Cargaison clandestine] 3819ph
L'avventuriero (67) [The Rover] 1265, 2153, 2302, 3153m, 3715, 4137, 4941d
Un avventuriero a Tahiti (66) [Tendre Voyou] 203w, 241, 367d, 382, 593w, 857, 2521m, 2832, 3152, 3278, 3367, 4057, 4514, 4846a
L'avventuriero della Tortuga (64) 211, 340, 692, 804d, 2038, 2700, 2814, 4417, 4254
L'avventurosa fuga (78) 2545
L'avvertimento (80) 265, 1096ph, 1164a, 1901, 2539
Un avviso in quarta pagina (16) 1076ph
L'avvocato del diavolo (78) [Des Teufels Advokat; The Devil's Advocate] 2045d, 2495, 2684, 3022, 3026, 3173, 3594, 4652, 4654, 4884
L'avvocato della mala (78) 2631, 3339, 4355, 4515
L'avvocato difensore (34) 552, 556, 2875ph, 3126w, 3570, 4947d
Gli avvoltoi della metropoli *see* L'anonima Roylott
Avvoltoi sulla città (80) 1665
L'avvoltoio (20) 2348, 2594d
L'avvoltoio nero (13) 441, 1068, 3237d
Awkward Hands *see* Quando Satana impugna la colt
Axel Munthe, der Arzt von San Michele (62 Germany) 1123, 4137
Baba Yaga (73 Spain) 1553, 4618m
Babasciò (85) [Supernatural Man] 1103d, 2873, 4292
Baby, It's You (83 U.S.) 1491m
Baby Kong (77) 351d
Baby l'indiavolata (16) [My Little Baby] 441, 858ph, 1334d, 2792a
Babysitter *see* Un maledetto pasticcio
I baccanali di Tiberio (59) 973, 3473, 4024, 4071ph, 4106m, 4246d, 4511, 4530, 4547
Le baccanti (60) [The Bacchantae; The Bacchantes] 428, 647, 765, 1163, 1568, 1674d, 2448, 2656, 2921, 3218m, 3400, 3478ph, 4351w, 4435
The Bachelors *see* Gli zitelloni
Baciami le mani (72) [Ferrante; Kiss My Hand] 377, 964, 1718, 1828, 1886ph, 2373, 4002co, 4110
Il bacio (74) 560, 1123, 3558m, 3566
Un bacio a fior d'acqua (36) [Amore ad alta velocità] 556, 1423w, 1848w, 2069d, 2861ph, 3295
Il bacio del sole (58) [Il bacio nel sole; Don Vesuvio; Don Vesuvio und das Haus der Strolche] 1103w, 1358, 1697, 1892, 1959ph, 2061w, 2771, 2804d, 2988, 3643, 4358, 4443, 4527, 4602
Il bacio dell'aurora (53) [François il contrabbandiere] 1543, 4232, 4580
Il bacio di Cirano (13) 1841d
Il bacio di Cirano (19) 1210w, 1841d, 1842, 2072ph, 4959

Il bacio di Dorina (20) 138d, 767w
Il bacio di Emma (12) 4807ph
Il bacio di Margherita di Cortona (12) 833, 1273d*
Bacio di morte (16) 865d, 904, 1834ph, 2964, 3703
Il bacio di Salomè (21) 311ph
Bacio di sirena (15) 554, 3107
Il bacio di un re (19) 2069d
Il bacio di una morta (49) 384, 650d, 692, 774, 1206, 3176, 3395w, 3608ph, 4273, 4432, 4574
Un bacio di una morta (72) 4221
Il bacio nel deserto (21) 4484ph
Un bacio nel sogno (18) 3869d
Il bacio nel sole *see* Il bacio del sole
Un bacione a Firenze *see* Porta un bacione a Firenze
Il baco da seta (74) 1647, 2188
Bad Birds and Good Birds *see* Uccellacci e uccellini
Bad Girls Don't Cry *see* La notte brava
Bad Kids of the West *see* Kid, il monello del west
Bad Man's River *see* ...E continuavano a fregarsi il milione di dollari
The Bad Street *see* La viaccia
La badessa di Castro (74) 592, 783
Badlands Drifters *see* La sfida dei Mackenna
Badmen of the West *see* I magnifici brutos del west
Bagliori di fiamma (12) 4807ph
Bagliori di un tramonto (14) 229, 3524
Bagnaia paese italico (49) 2891d
"Il bagnino" *episode of* La donna degli altri è sempre più bella
Baila guapa (79) 339ph, 3670
Bajo el cielo de Asturias (50 Spain) 4432
Le Bal (83 France) 1399, 2670w, 4126w, 4158d, 4586m
Le Bal des espions *see* Le schiave bianche
Bald Men Appeal to Some *see* A qualcuno piace calvo
Baleari: operazione Oro (66) [The Balearic Caper] 461, 1934m, 4192
"La balena bianca" *episode of* La donna è una cosa meravigliosa
Bali *see* Avventura a Bali
Il baliatico di Checcho (13) 1847
"Balilla" *episode of* I figli di nessuno (20)
Un Balilla del 48 (27) 906ph, 3427d
Ballad of a Bounty Hunter *see* Io non perdono...uccido
Ballad of Ben and Charlie *see* Amico, stammi lontano, almeno un palmo
Ballad of Death Valley *see* Il ritorno di Ringo
Ballad of Django *see* Giù la testa... hombre!
Ballando ballando (83) 86co
Ballata da miliardo *see* Ballata di un miliardo
La ballata dei fiori (16) 4484ph
La ballata dei mariti (63) 4511, 4634
La ballata del boia (63) [El verdugo] 44, 1346ph, 1706w, 1860d, 2771
La ballata della strega (09) 4807ph
La ballata di Eva (85) 1278
La ballata di Johnny Ringo (66) [Who Killed Johnny R?; La balada de Johnny Ringo; Fünf tausend Dollar für den Kopf von Johnny Ringo] 300, 1802, 1886ph, 2401, 3987, 4918
Ballata di un miliardo (66) [Ballata da miliardo] 442w, 1234, 3689d
Ballata per un pistolero (67) [Ballad of a Gunman; Ringo, Pray to Your God] 745d*, 2248, 2766ph, 3292, 4001, 4170
Ballata tragica (54) 43ph, 70, 679, 804d, 1732, 1982, 2492, 3218m, 3555, 3794, 4217
La ballerina e buon Dio (58) [The Dancer and God] 844, 1416, 1676, 2540d, 2833, 3270, 3397, 3558m, 3847, 4115a, 4187ph, 4274
La ballerina polacca *see* Tatiana
Ballerine (18) 1210d, 1498ph, 4003, 4808
Ballerine (36) 2269, 2671a, 2690d, 2817a, 3088ad, 3295, 3472, 4050, 4294e, 4728a, 4759ph, 4792
Il balletto della primavera (49) 4813m
Ballo al castello (39) 931, 1133, 1481, 1636e, 2872, 3247d, 3284, 3527, 3570, 3616, 3759, 4166a, 4651, 4759ph
"Ballo Excelsior" *episode of* Altri tempi (51)
"Un ballo in maschera" *episode of* Aria
The Balloon Vendor *see* Venditore di palloncini
Balocchi e profumi (54) 351ph, 1232, 2671a, 2712, 3847, 4123
Balsamus, l'uomo di Satana (68) 219d
La bambalona (68) [The Big Doll; Big Baby Doll] 110, 228m, 585, 651, 1289w, 1562a, 1965d, 2670w, 2908e, 4133, 4530
Bambina *see* Le farò da padre (*under* L)
"La bambinaia" *episode of* Capriccio all'italiana

Bambini (51) 2891d
I bambini ci guardano (43) 810ph, 1003, 1416d, 1758w, 1798, 1931w, 2718w, 2739, 3149, 3440, 3506, 3615, 3738, 3840, 3947m, 4123, 4791w, 4792, 4968w
Bambini doppiatori (56) 1211d
I bambini e noi (70) 1075d
Bambini e soldati (43) 3411d
I bambini giocano (50) 1416p, 1662d
Bambini in città (46) 1075d
I bambini raccontano (57) 1850d
Bambini soli (55) 1211d
Bambino *see* Guaglione
Il bambino e il poliziotto (90) [The Boy and the Policeman] 406w, 2005p, 4726d-p*
La bambola di Mimma (14) 3290d
La bambola e il gigante (20) 1929d, 2020, 3127, 3921
La bambola e l'amore (20) 833, 1273d, 1472, 1498ph, 1506w, 4200, 4524s
Bambola infranta (19) 138d, 906ph, 3236, 4684w
La bambola salvatrice (11) 4807ph
La bambola vivente (24) 1960ph, 2709d
Le bambole (65) [The Dolls; Four Kinds of Love] 166, 287ph, 531d, 1075d, 1418, 1920ph, 1932a, 2070, 2344, 2578, 2596, 2771, 3118ph, 3119ph, 3339, 3579w, 3844d, 3864, 3951d, 4288, 4293, 4435, 4586m, 4809
Le bambole e il mondo (19) 3382d, 3491, 4494, 4593
Banana Joe (82) 102w, 663a, 1102w, 1271m, 2415ph, 3485, 4359d
Banana Peel *see* Buccia di banana
La banca di monate (76) 973, 2901d, 3276, 3439, 3608ph
Bancarella (56) 2077d, 2839m
Banco a Bangkok *see* OSS 117 minaccia Bangkok
La banda Casaroli (62) 646, 737, 1432ph, 1562a, 3000, 3017, 3967, 4038, 4515, 4607, 4662d, 4964w
La banda d'Affori (46) 1211d
La banda degli onesti (56) [The Company of Honest Men] 21w, 518a, 679, 845, 1305, 1388, 1692ph, 1806, 1892, 2906d, 3473, 3975, 4126w, 4515, 4559
La banda del buco (60) 844, 4778
La banda del gobbo (77) 2534d, 2539, 3017, 4955ph
La banda del trucido (77) [Dirty Gang] 986, 1014, 1345ph, 2761, 2902d, 2982, 3017, 4277, 4596
La banda delle cifre (15) 1068, 1179ph, 1216, 1935d*, 4046
La banda di Brema (58) 4727w
La banda J & S—cronaca criminale del west (73) [Sonny and Jed; J & S—A Criminal Story of the Far West; Far West Story; Bandera Bandits] 102w, 455, 532w, 1103d, 1362, 1611, 1817, 1916, 1939, 3017, 3153m, 3606, 4103, 4933
Bandera Bandits *see* La banda J & S—cronaca criminale del west
Bandidos *see* Crepa tu...che vivo io
Bandiera bianca (15) 4766, 4767d*
Banditi a Milano (68) 377, 1323p, 1396w, 1672, 1783e, 2033, 2516, 2582d, 2631, 2736w, 2945, 3017, 3345m, 3996ph, 4278, 4821
Banditi a Orgosolo (61) 1413d
I banditi della Ford (70) 1426
Il bandito (46) 905w, 1323p, 1352, 1509, 2475d, 2476m, 2647, 2719, 2826w, 3229, 3579w, 4474w, 4543ph
Il bandito dagli occhi azzurri (80) 1459, 1942d, 3153m, 3244, 4307ph
Il bandito di Port Aven (14) 3871d
Il bandolero stanco (52) 557, 684, 933d, 1077, 1461, 2893, 3752, 4071ph
I bandoleros della dodicesima ora (72) [Now They Call Him "Amen"; Desperado] 249d, 1731, 2010, 2609
Il Bang Bang Kid (67) [Bang Bang] 586, 718, 971, 1540, 1681m, 1875, 2109, 2700, 3030
Bankomatt (89) 148, 1853
La Banquière (79 France) 3153m
Il bar de' Gigli (61) 254d
Una bara di dollari per una carogna *see* Per una bara piena di dollari
La bara di vetro (15) 554, 865, 2946d
Una bara per lo sceriffo (65) 720d, 1366m, 1426, 1611, 1954, 2745w, 3835
Barabba (61) [Barabbas] 121, 309, 327, 370, 577, 745, 765, 814, 925, 972a, 1123, 1323p, 1367co, 1599w, 1667, 1707d, 1717, 1723, 1746, 1753, 1882, 1979, 2093, 2106, 2180, 2323, 2373, 2511, 2632, 2772, 2773, 3176, 3218m, 3241, 3323, 3379, 3481, 3514w, 3594, 3715, 3837, 3881, 4176, 4193, 4329, 4450, 4543ph, 4578, 4922
Baracca e burattini (54) [Lock, Stock and Barrel] 45ph, 102w, 1103d, 1237, 2670w, 2893

Baraonda (19) 392, 393
La baraonda (80) 1096ph, 4662d
Il baratro (16) 4983d
Barbablù (41) [Bluebeard] 43ph, 422, 451, 619d, 1996, 2966, 4226, 4240
Barbablù (51) [Barbe-bleue] 183, 201, 631, 984d, 3908, 4192, 4846a
Barbablù Barbablù (87) 1949
Barbagia (69) [Barbagia, la società del malessere; Society of Unrest] 764w, 1396w, 1725s-co, 1783e, 1971, 2582d, 2736w, 3932, 4515, 4916
Barbarella (68) 551w, 814ad, 1048, 1253, 1323p, 1720, 1857a, 2160, 2287m, 2471ad, 2490, 2802, 3196, 3346, 3384, 3795ph, 4001, 4298w, 4530, 4627d, 4652, 4713
The Barbarian *see* Revak, lo schiavo di Cartagine
Barbarian Women *see* Amazzoni donne d'amore e di guerra
Barbarians Against Imperial Rome *see* La rivolta dei barbari
The Barbarians & Co. (87 U.S.) 339ph, 1385d, 1491m, 4348
Il barbiere di Sicilia *see* I barbieri di Sicilia
Il barbiere di Siviglia (13) 98p, 2709d, 3127
Il barbiere di Siviglia (46) 351ph, 1117, 1128d, 1425, 1985, 3583a, 4420, 4423, 4484ph
I barbieri di Sicilia (67) 1754, 1961, 2190, 2798, 3080, 3116, 3525, 4052, 4655
Barboni (46) 3844d
Barbouze-chérie (65 France) 4533
La barca infernale (20) 797d
Il barcaiolo (14) 3871d
Il barcaiolo d'Amalfi (55) [Il barcaiolo di Amalfi] 238, 925, 1982, 2885, 3147, 3400, 3907d, 4031ph, 4802
Il barcaiuolo d'Amalfi (18) 3285ph
Il barcaiuolo d'Amalfi (24) 1834ph, 3472, 3984d, 4593p*
The Barefoot Contessa *see* La contessa scalza
Bariri (58) 3322d
Il baro (64) 4038
Baron Blood *see* Gli orrori del castello di Norimberga
Il barone Carlo Mazza (48) 825, 1830w, 3050p, 3398, 3525, 3852, 4443, 4602, 4680
Il barone di Corbò (39) 1054, 1457, 1786w, 1979, 3117a, 3295, 3506, 3756ad, 3836d, 4117ph, 4552, 4675
Il barone di Lagarde (10) 388d, 3704
Barone Frankenstein *see* Carne per Frankenstein
La baronessa Daria, la leggenda dei tre fiori (18) [La leggenda dei tre fiori] 379d*, 388d
I baroni (75) 1810, 2887ph, 4579
Barriera a settentrione (49) 1676, 2076w, 2198, 2775w, 3229, 3473, 3580, 3692w, 3951ad, 3992m, 4117ph, 4573d*, 4622
La barriera della legge (54) 1129d, 1500, 1631, 1784, 3363, 4192
Barriere umane (15) 4956d
Barrilot si porta a deputato (11) 4807ph
Baruffa (19) 3491, 4943d
Le baruffe Chiozzotte *see* Il paese senza pace
Les Bas-fonds (36 France) 4795ad-co
Basilica segreta (53) 2077d, 2839m
I basilischi (63) [The Lizards] 285, 808, 1475ph, 3153m, 4094, 4882d
I bassifondi di Shanghai (50) [Mystère à Shanghai] 3819
Basta che non si sappia in giro (76) 1075d, 2415ph, 2633d, 2723d, 2771, 3996ph, 4809
Basta! Ci faccio un film (90) 1578d
Basta con la guerra...facciamo l'amore (74) 638, 2469
Basta guardarla (71) 685, 4024d*
I bastardi (50) [Né de père inconnu] 1040d, 1462, 1513, 1909, 1951, 2531, 2787, 2916w, 2989, 3151, 3797a, 3978, 4772
I bastardi (68) [I gatti] 207, 824ph, 1294w, 1901, 2153, 2386, 2516, 2720m, 3406, 3730, 4487d, 4699p
Bastardi senza gloria *see* Quel maledetto treno blindato
Bastardo, vamos a matar (71) 1209ph, 1553, 1818, 1876d, 2869, 3992m
La Bataille de San Sebastian (67 France/Mexico) 1294w, 3153m
La batalla de los tres reyes (90 Spain) 813, 4530
Le Bateau sur l'herbe (71 France) 1123
La battaglia (42) 341a-s
La Battaglia d'Inghilterra (70) [Battle of Britain; Battle Squadron; Eagles Over London] 892d, 1366m, 1955, 2303, 3393, 3591, 4330, 4368
La battaglia dei mods (66) 109, 668, 1524, 1802, 1827

La battaglia del deserto (69) 3261m, 4955ph
La battaglia del grano (n.d.) 933d
La Battaglia del Sinai (68) 532w, 764w, 986, 1268, 1368, 1399, 1407, 1813m, 2642d
La battaglia dell'ultimo panzer (68) 2486m, 2700, 3406, 3903, 3904, 3943
La battaglia delle due palme (12) 1076d-ph
La Battaglia di Algeri (66) 1886ph, 2867, 3153m, 3635d-m, 4188e, 4282w
La Battaglia di El Alamein (68) [El Alamein; Desert Tanks] 1480ph, 1500, 1622, 1674d, 1810, 1884w, 2084, 2172, 2188, 2216, 2681, 2782, 3793, 3837, 3920, 3992m, 4025, 4330, 4542
La Battaglia di Fort Apache (64) [Old Shatterhand; Old Seterhand; Apache's Last Battle; Les Cavaliers Rogues; Shatterhand] 300, 340, 647, 1571, 1640, 1792d, 2488, 2700, 3345m, 3639, 3903, 4918
La Battaglia di Legnano *see* Federico Barbarossa
La Battaglia di Maratona (59) [The Giant of Marathon] 351d-ph, 765, 1375, 1627, 1872, 2171, 2622, 2656, 3264m, 3362w, 3778, 3890, 4188e, 4344, 4561d, 4693
Battaglia di neve (96) 3360d-w-ca
La Battaglia di Sidi Said (12) 1076d-ph
Battaglie della vita (17) 4489
Battaglie sui mari (60) 4104d
I battellieri del Volga (58) [Prisoner of the Volga; The Volga Boatmen; The Boatmen] 18, 340, 428, 618, 894, 946, 1211w, 1394, 1799, 1910d, 2815, 2873, 3119ph, 3665, 4560d, 4668, 4971
Battesimo di nave (14) 634w
Batticuore (38) [Palpitations] 78, 95p, 493m, 655ph, 760d, 890w, 1206, 1218, 1323, 1816ph, 2589, 2605w, 2953a, 3280, 3514w-ad, 3552, 3643, 4248, 4370
Battito d'ali dopo la strage (73) 2900
Battle for Anzio *see* Lo sbarco di Anzio
Battle of Austerlitz *see* Napoleone ad Austerlitz
Battle of Neretva (70 Yugoslavia) 2404, 3244, 3945
Battle of the Amazons (70 U.S.) 479p, 1102w, 2628, 3600, 3951ph, 4348, 4469
Battle of the Bulge (65 U.S.) 126
Battle of the Commandos *see* La legione dei dannati
Battle of the Spartans *see* Brenno, il nemico di Roma
Battle of the Stars *see* Anno zero—guerra nello spazio
Battle of the V.1 (58 U.K.) 4803
Battle of the Valiant *see* Brenno, il nemico di Roma
The Battle of the Villa Fiorita (65 U.S.) 637, 2782, 2909
Battle of the Worlds *see* Il pianeta degli uomini spenti
Battle Squadron *see* La Battaglia d'Inghilterra
Battles of the Gladiators *see* Il gladiatore di Roma
Der Bauer von Babylon (83 Germany) 3244
La Baule des pins (90 France) 2442ph
Bay of Blood *see* Antefatto
Bayard (51) 1200d
Il bazar delle idee (40) 37d, 332ad, 971, 1423w, 2000, 3570, 3643, 4484ph
Be Sick. . .It's Free *see* Il medico della mutua
Beach Bums *see* Tipi da spiaggia
The Beach House *see* Il casotto
Beach Party—Italian Style *see* Diciottenni al sole
The Beach Umbrella *see* L'ombrellone
Beaches (88 U.S.) 4318ph
The Beast of Babylon Against The Son of Hercules *see* L'eroe di Babilonia
Beat the Devil *see* Il tesoro dell'Africa
Beati i ricchi (70) 490
Beati loro (75) 813, 1169p
I beati Paoli *see* I cavalieri dalle maschere nere
Beato angelico (50) 4813m
Beatrice (19) 441, 643d, 1395d, 1508, 1512, 2792a, 3289, 3472, 4004, 4044
Beatrice Cenci (09) 871, 872d
Beatrice Cenci (10) 1617d, 2272, 2620ad
Beatrice Cenci (26) 155ph, 269, 470, 655ph, 1400, 2011, 2272, 3041, 3237d, 3596p, 4022, 4425, 4680
Beatrice Cenci (41) 650d, 1490, 1683, 1693s, 1724, 2197, 2474, 2768p, 2813, 3447, 3473, 3527, 3978, 4186co, 4269w, 4334ph, 4637
Beatrice Cenci (56) 939, 1426, 1583s, 1786d, 2022, 3608ph, 3667, 3817p-w, 4564, 4783

Beatrice Cenci (69) 1511, 1804d, 2465, 2970ph, 3017, 3334, 4052
Beatrice di Tenda (10) 871
Beatrice, diavolo sul ghiaccio (53) 255d
Beau Masque (72 France) 1972
Un Beau Monstre (71 France) 416, 2578
Beau Sabreur (28 U.S.) 2770
Beaubourg (77) 3948d
La Beauté du diable *see* La bellezza del diavolo
Beautiful but Dangerous *see* La donna più bella del mondo
The Beautiful Ippolita *see* La bellezza di Ippolita
Bebo's Girl *see* La ragazza di Bube
Becket (64 U.S./U.K.) 939, 4378
Bedazzled (67 U.K.) 4355
The Beekeeper (86 Greece) 2075w, 2907
La beffa di Satana (16) 3704
Before the Fact *see* Antefatto
Beggar's Wedding *see* Nozze vagabonde
Behind Closed Doors *see* A porte chiuse
Behind the Closed Shutters *see* Persiane chiuse
Behind the Mask of Zorro *see* Il giuramento di Zorro
Behold a Pale Horse (64 U.S.) 3890, 4378
Bel ami (19) 1907d
Bel Ami 2000 (66 France) 743, 2636, 4038
Il bel gesto (14) 308
Il...bel paese (78) 862, 891w, 2070ph, 4024d, 4781
Il bel Tevere d'oro (51) 2115d
Il bell'Antonio (60) 340, 484p, 531d, 631, 813, 925, 1857a, 2758, 2907, 3017, 3138, 3213ph, 3453w, 3558m, 4555co
La bella addormentata (42) 281w, 454, 623w, 645, 925, 974d, 1016p, 1653, 1693s, 1757, 1787p, 2607m, 3118ph, 3229, 3584, 4186co, 4528, 4637
La bella Antonia, prima monaca e poi dimonia (72) 1511, 1652, 1875, 2483d, 2628, 4071ph, 4439
La bella corsara (27) 887, 1335, 1336d, 1498ph
Bella di giorno (67) [Belle de jour] 504, 696d, 854w, 938, 1035, 1379, 1602, 1795, 2104p, 2734, 2808, 2984, 3184, 3367, 3559, 3718, 4293, 4773ph
Bella di giorno, moglie di notte (72) 893, 1191, 1346ph, 2760, 3730
La bella di Lodi (63) 154, 1346ph, 1492s-co, 4057, 4618m
La bella di Roma (55) 371, 735, 1002, 1075d, 1834ph, 2826w, 3398, 3960m, 4292, 4378, 4527, 4658, 4820
La bella e la bestia (19) 229, 1468, 1750d, 3021, 3813ph
La bella famiglia *see* Le belle famiglie
La bella fioraia di Madrid (58) [La violetera] 90p, 2843, 3115, 3597, 4654, 4783
La bella giardiniera (19) 311ph
Una bella governante di colore (76) 2988, 3092
Una bella grinta (65) [The Reckless] 348w, 396, 3097d, 4038, 4618m
La bella Madame Hébert (19) 833, 1400, 2875ph, 3237d
La bella mugnaia (55) [The Miller's Beautiful Wife] 760d, 1095w, 1294w, 1323p, 1416, 1693s, 2614, 2813, 2907, 3041, 3457, 3492, 3514w, 3527, 3636p, 3828, 4065, 4187ph, 4323, 4378, 4705
Bella non piangere (54) 692, 801, 845, 1058d, 1689, 2759, 2782, 3404, 3405, 4254, 4568ph
La bella nonna (21) 755d
La bella Otero (54) [La Belle Otero] 428, 2362ph, 2799, 3181, 3203, 3222p, 3424, 3651d, 4006, 4099w, 4177, 4231w, 4378, 4477, 4492, 4551, 4678m
Bella, ricca, lieve difetto fisico cerca anima gemella (73) 999d, 1959ph
La bella salamandra (16) 883, 1842, 3382d, 3567
La belle dame sans merci (21) 379d*, 4331
Belle de jour *see* Bella di giorno
Le belle dell'aria (57) 1128d, 1768, 2253m, 2775w, 2790p, 2829, 3147, 3738, 4392
Le belle della notte (52) [Les Belles de nuit] 50, 213m, 320a, 690, 705, 840, 1019d, 1109, 1317, 1431p, 1434, 2322ph, 2431, 2596, 2706, 2801, 3357, 3380, 3429, 3546, 3865p, 3966, 4378, 4497ph, 4678m
Le belle famiglie (65) 927, 1967, 2049d, 4559, 4586m
Belle ma povere (57) 70, 166, 844, 845, 1346ph, 1358, 1677w, 1763w, 1875, 3400, 3558m, 3844d, 4038, 4790
Belle o brutte si sposan tutte (39) 43ph, 619d, 1383, 1693s, 2966, 3295, 3643, 3800, 4252

La Belle Otero *see* La bella Otero
Belle Starr Story *see* Il mio corpo per un poker
Les Belles de nuit *see* Le belle della notte
La bellezza d'Ippolita (62) [La bellezza di Ippolita; The Beautiful Hippolyta] 484p, 1677w, 1763w, 2596, 3031, 3992m, 4025
La bellezza del diavolo (50) [La Beauté du diable] 320a, 428, 449, 528, 618, 833, 1019d, 1109, 1227s, 1300d, 1431p, 1599w, 2362ph, 3063, 3271, 3525, 3546, 4243, 4378, 4535a, 4643, 4813m
La bellezza del mondo (26) 78, 79d, 80, 303, 991, 1179ph, 1416, 1468, 3596p
Bellezze a Capri (51) 102w, 463d, 493m, 679, 804d, 844, 1761, 1815m, 1892, 1959ph, 2670w, 3270, 3677, 3818, 3828, 3917, 4296, 4511, 4598
Bellezze della Riviera (47) 2999d-ph
Bellezze in bicicletta (50) 771d, 1173, 1587m, 2811w, 2885, 2993w, 3117a, 3271, 3398, 3473, 3503, 3752, 3828, 3845ph, 3917, 4116, 4511
Bellezze in motoscooter (52) 102w, 166, 329, 384, 479, 771d, 1009, 1689, 1768, 1878ph, 1977, 4232, 4254, 4754
Bellezze sulla spiaggia (62) 479, 844, 4106m, 4167, 4428
Bellissima (51) 511, 613, 618, 920w, 972, 973, 1227s, 1972, 2719, 2784m, 3067, 3627a, 3645ph, 3798, 3815, 3942ad-w, 4123, 4188e, 4254, 4555co, 4795d, 4968w, 4969ad
La bellissima estate (74) 418, 566
Le bellissime gambe di Sabrina (58) 141w, 486, 1002, 1165p, 1722w, 2660m*, 2765ph, 2876, 2906d, 3569w, 3593, 4666, 4754
Un bellissimo novembre (69) [That Splendid November] 531d, 1466, 1676, 1738, 1828, 2596, 2635, 3153m, 3213ph, 4603
Bello come un arcangelo (74) 509, 567, 709, 3339
Bello di mamma (80) 113, 1470ph, 2545
Il bello, il brutto, il cretino (67) [The Handsome, the Ugly and the Stupid] 1754, 1959ph, 2061d, 3387, 4153, 4170, 4189
Bello ma dannato (79) 1677d
Bello mio, bellezza mia (82) 1103d, 1945, 2962, 3961ph, 4057
Bello onesto emigrato Australia sposerebbe compaesana illibata (71) [Girl in Australia] 813, 1875, 2248, 2638p, 3321, 3558m, 4290w, 4292, 4543ph, 4948d
The Belly of an Architect (87 U.K.) 1627, 2890, 4691
The Beloved (71 U.K.) 3920
La belva (70) [Rough Justice] 405, 567, 703, 709, 852, 1011m, 1128d, 1681m, 1810, 1963, 2244, 2386, 2516, 3803, 3857, 4568ph
La belva con il mitra (77) [La belva col mitra] 416, 2000, 2797, 2965
La belva della mezzanotte (13) 4947
La belva di Saigon (63) 4246w, 4432
La belva vendicatrice (17) 3704
Belve feroci (83) 1482ad, 2766ph, 3683d, 4329
Belve in viaggio (50) 2999d-ph
Ben and Charlie *see* Amico, stammi lontano, almeno un palmo
Benares, la città sacra (12) 3326d-ph
Ben-Hur (25 U.S.) 887, 1498ph, 2532ph, 2906, 3117a, 3118ph, 3786, 3845ph, 4037ad*
Ben-Hur (59) 14a, 253ad, 407, 439, 480, 608, 671, 785, 786ad, 814ad, 1185, 1255, 1509, 1642, 1683, 1901, 2042, 2055, 2105, 2121, 2146, 2174, 2214, 2279, 2438, 2457, 2527, 2528, 2536ad, 2606, 2666, 2880ad, 2881, 2929, 2936, 3059, 3136, 3308, 3323, 3481, 3580, 3645ph, 3659, 3974m, 4164, 4213, 4237, 4281ad, 4398ph, 4505ad, 4507, 4547, 4590, 4600w, 4680, 4764w, 4862, 4925d-p, 4974p
Bene contro male (16) 174d
Bengasi (42) 165, 338p, 456w, 1227s, 1423w, 1907d, 1936, 1957, 2030, 3229, 3284, 3527, 3580, 3770, 4091, 4432, 4543ph, 4699ad, 4729m, 4833
Bengasi anno 41 (55) 3770
Benito Mussolini (62) [Blood on the Balcony] 3948
Benvenuta (83) 159, 855, 1602, 1882
Benvenuto, reverendo! (49) 261, 815, 1606d*, 1676, 1959ph, 1972, 2030, 2942, 4474w, 4680
Benzina sintetica (38) 1674d
A Bequest to the Nation (73 U.K.) 290
Der Berg ruft *see* La grande conquista (3
Bergamo (49) 848d
Berge in Flammen (31 Germany) 4200, 4807ph
Der Bergführer von Zakopane (30 Germany) 4807ph

Berlin Affair *see* Interno berlinese
Berlin Alexanderplatz (80) 226, 1422, 1634d, 2054, 4152, 4394
Berlin ist eine sünde Welt (66 Germany) 3342
Berlinguer ti voglio bene (79) 443d, 4651
Berlino—appuntamento per le spie (65) [Spy in Your Eye] 120, 126, 131, 256, 1063, 2084, 2109, 2534w, 3161, 4023d, 4312, 4633
Bermude: la fossa maledetta (77) [Cave of the Sharks; The Sharks' Cave] 23, 1011m, 2373
Berna (13) 4807ph
Bernarda, la dottoressa delle ninfomani (85) 339ph
Bernini (42) 550ph, 1128d
I bersaglieri della signora (46) 3844d
Bersaglio altezza uomo (79) 1963, 2982
Bersaglio mobile (67) 801, 1103d, 2123, 2677, 3055, 3594, 3793
Bersaglio umano (22) 771d*, 3703
Il bersaglio vivente (12) 4447, 4807ph
Bertoldissimo (31) 1391, 1392
Bertoldo, Bertoldino e Cacasenno (36) 269, 333, 798, 1210d, 2083, 2269, 3696ph, 3944, 4246d, 4273, 4303, 4766
Bertoldo, Bertoldino e Cacasenno (54) 102d, 1068, 1768, 2661, 2670d, 4273, 4296, 4674
Bertoldo, Bertoldino e Cacasenno (83) 276s, 406w, 920w, 1279w, 1324p, 2908e, 3088d, 3153m, 3255d, 4292, 4530
Besieged *see* Lo stato d'assedio
The Best of Enemies *see* I due nemici
The Best House in London (69 U.K.) 3636p
La bestia di Spilberg *see* La calda bestia di Spilberg
La bestia nello spazio (80) 644d, 1779ph, 4712
La bestia uccide a sangue freddo (72) [Asylum Erotica; Slaughter Hotel; Cold-Blooded Beast] 1460d, 2386, 2516, 3243
Il bestione (74) 1090, 1103d, 1271m, 1459, 1495w, 1683, 1945, 3636p, 3961ph, 4789w
Der Besuch *see* La vendetta della signora
Beta Som *see* Finchè dura la tempesta
The Betrothed *see* I promessi sposi
Der Bettelstudent (28 Germany) 2436ph
La Bettìa *see* In amore per ogni gaudenzia ci vuole sofferenza
Between God, the Devil and a Winchester *see* Anche nel west, c'era una volta Dio
Between Miracles *see* Per grazia ricevuta
Between Two Worlds *see* Una donna fra due mondi
La bevitrice d'etere (15) [Vizio atavico] 2173, 2875ph, 3237d, 3472
Beware of the Bandits *see* Achtung, banditi!
The Beyond *see* E tu vivrai nel terrore! L'aldilà
Beyond Evil *see* Al di là del bene e del male
Beyond the Darkness *see* Buio omega
Beyond the Door *see* Chi sei?
Beyond the Door II *see* Al 33 di via Orologio fa sempre freddo
Beyond the Frontiers of Hate *see* E vennero in quattro per uccidere Sartana
Beyond the Ocean *see* Oltre l'oceano
Il bi e il ba (86) 3255d
Bianca (84) 3140d, 4562ph
Biancaneve e C. (82) 464d
Biancaneve e i sette ladri (49) 206, 528p, 823, 1305, 1914d, 2811w, 2993w, 3398, 3473, 4062, 4071ph, 4433
Bianchi pascoli (47) 1578d, 2027d, 4813m
Bianco contro nero (17) 3704
Bianco e Nero (40) 3658d
Il bianco, il giallo, il nero (74) [Samurai; Shoot First, Ask Questions Later] 102w, 1103d, 1271m, 1280, 1901, 2264, 3017, 3541, 4854
Bianco, rosso e... (71) [White Sister] 97co, 210, 926, 1096ph, 1292, 1685, 1824, 1832, 2075w, 2475d, 2614, 2670w, 2705, 2722, 2837, 3098e, 3636p, 3719, 3805, 4640
Bianco rosso e Verdone (80) 211, 275e, 406w, 1279w, 2536p, 3153m, 4241a-s, 4562ph, 4726d-p*, 4840
Bianco, rosso, giallo, rosa (65) 685, 1048, 1565, 3007ph, 4436, 4618m
La bibbia (66) [The Bible...In the Beginning] 551w, 608, 972a, 1323p, 1367co, 1536ch, 1676, 1836, 1863, 2087, 2130, 2236d*, 2460, 2715, 3244, 3351, 3385, 3437, 3514w, 3832, 3955, 3961ph, 4030, 4161, 4193, 4314
Le Biccherne di Siena (50) 1850d
Un bicchiere d'acqua (55) 2077d, 2839m
Les Biches (68 France) 4090

Bicycle Thieves *see* Ladri di biciclette
La bidonata (79) 2988
Il bidone (55) 334, 918co-s, 923, 1154, 1358, 1607, 1650d, 1706w, 1821, 1920ca, 2861ph, 2894, 3457, 3579w, 3929, 3960m, 4188e
Bifoni e la maschera dai denti neri (18) 876d, 2532ph
Big Alligator River *see* Il fiume del grande caimano
Big Baby Doll *see* La bambalona
The Big Boodle (57 U.S.) 3936
Big Business (88 U.S.) 3601
The Big Bust-Out *see* Io, monaca, tre bastardi e sette peccatrici
Big Caimano River *see* Il fiume del grande caimano
Big Deal on Madonna Street *see* I soliti ignoti
The Big Doll *see* La bambalona
The Big Fox *see* Il volpone
The Big Game *see* La macchina della violenza
The Big Gundown *see* La resa dei conti
The Big Gundown 2 *see* Corri, uomo, corri
Big Guns *see* Tony Arzenta
The Big Hunt (56) *see* La grande caccia
The Big Hunt (68) *see* L'ultimo mercenario
Big Mamma *see* Il "Mammasantissima"
The Big Rip Off *see* El desperado (under D)
The Big Risk *see* Asfalto che scotta
Big Showdown *see* Il grande duello
The Big Store *see* Grandi magazzini
Big Top Pee-Wee (88 U.S.) 1993
Bigamia *see* x
Il bigamo (55) 104w, 845, 1388, 1416, 1578d, 2907, 2988, 3036, 3119ph, 3270, 3457, 3738, 3748, 3942w, 4426w*, 4645, 4900p
The Biggest Bundle of Them All (68 U.S.) 211, 405, 483, 567, 692, 737, 1173, 1299, 1416, 1418, 1500, 1923, 3178, 3196, 3345m, 3645ph, 3863, 4065, 4079, 4790, 4840
Il biglietto da mille (12) 4807ph
Biglietto di favore (10) 4807ph
La Bigorne, caporal de France (57 France) 3607
Les Bijoutiers du clair de lune *see* Ladri al chiar di luna
Das Bildnis des Dorian Gray *see* Il dio chiamato Dorian
Bill il taciturno. . .Django uccide (68) [Django Kills Softly] 524, 1097, 1553, 3336, 3697d, 3952
"Le Billet de logement" *episode of* Il letto
Bim Bum Bam (78) 2798
La bimba di Satana (82) 464d
Bimbi che aspettano (50) 848d
Bimbi lontani (17) 833, 2173, 3237d
Bingo bongo (82) 594, 926, 1096ph, 1677d, 2005p, 3315w
Biografia della terra (56) 848d
Bionda fragola (80) [Strawberry Blonde] 38ph, 3342, 4125
Bionda Giovanna (22) 2742
Bionda sottochiave (39) 1236m, 1756p, 1957, 2906d, 3118ph, 3570, 4278, 4754, 4968w
La biondina (23) 1302, 2060ph, 2974, 3382d, 3472
Biraghin (46) 964, 1218, 1841d, 1892, 3592, 3970, 4240, 4378
Birbante di un cane (06) 4807ph
The Birds, the Bees and the Italians *see* Signore e signori
Biribì, piccolo poliziotto torinese (21) 797, 3544d
Le birichinate di un ragazzo (09) 4807ph
Il birichino di papà (42) [Papa's Little Devil] 1816ph, 1837, 1898, 2910d, 2953a, 3440, 3570, 3681, 3960m, 4071ph, 4968w
Il birichino di Parigi (16) 2753, 3813ph, 4331
Il birichino di Trieste (20) 434ph, 4571d
La Bisarca (50) 479, 518a, 684, 1054p, 1494, 1868w, 2909, 2951, 3176, 3398, 3525, 3526ph, 3828, 4246d, 4511, 4721
La bisbetica domata (13) 98p, 1801w, 3127
La bisbetica domata (42) 104w, 794, 1332ph, 1541, 1892, 1931w, 2953a, 3110, 3229, 3610d, 3917, 4240, 4378
La bisbetica domata (67) [The Taming of the Shrew] 143, 559, 704, 920w, 1048, 1189, 1313w, 1479, 2201, 2211, 2471ad, 2664, 2677, 2722, 3155ph, 3700, 3960m, 4316, 4459p*, 4460e, 4658, 4840, 4875, 4937, 4969d-p
Il bisbetico domato (80) [The Taming of the Scoundrel] 91s, 891d, 926m*, 1096ph, 2005p, 3202, 3529
The Bishop's Bedroom *see* La stanza del vescovo

Bisturi, la mafia bianca (73) [Hospitals: The White Mafia; White Mafia] 418, 1396w, 1676, 1783e, 2000, 2736w, 3069a, 3345m, 3996ph, 4024, 4025, 4949d
The Bitch (72) *see* La cagna
The Bitch (79 U.K.) 783
Bitter Rice *see* Riso amaro
Il bivio (50) 406w, 933d, 1332ph, 1539, 2775w, 3864, 3969p, 4323, 4622, 4654, 4668
Il bivio della morte (12) 4807ph
Bix (91) 219d-p
Bizet's Carmen *see* Carmen (83)
Black Belly of the Tarantula *see* La tarantola dal ventre nero
The Black Cat *see* Il gatto di Park Lane
Black Cobra (76) *see* Eva nera
Black Cobra (86 U.S.) 994, 2340, 2902d, 3622
The Black Devils of Kali *see* La vendetta dei thugs
Black Eyes *see* Oci ciornie
Black Gunn (72 U.S.) 3420
The Black Hand *see* La "Mano nera", prima della mafia, più della mafia
Black Holiday *see* La villeggiatura
Black Jack *see* Blackjack
Black Killer (71) 783, 1173d*, 2386, 4779ph
Black Magic *see* Cagliostro (48)
Black Magic Rites—Reincarnations *see* Riti, magie nere e orgie segrete del Trecento
Black Orchid (58 U.S.) 1001m, 2614, 3636p
Black Pirate *see* Il corsaro nero
Black Sabbath *see* I tre volti della paura
The Black Stallion (79 U.S.) 4564
The Black Stallion Returns (83 U.S.) 1469ph
Black Star *see* Starblack
Black Sunday *see* La maschera del demonio
The Black Tent (56 U.K.) 4058
Black 13 (53 U.K.) 3992m
Black Tigress *see* Lola Colt
A Black Veil for Lisa *see* La morte non ha sesso
Black Watch (29 U.S.) 3910ad
Blackie the Pirate *see* Il corsaro nero (71)
Blackjack (68) [Black Jack] 251d, 340, 649, 1692ph, 3387
A Blade in the Dark *see* La casa con la scala nel buio
The Blade Master *see* Ator, l'invincibile II
Blaise Pascal (71) 1692ph, 2681, 3218m, 3948d
Blake's Marauders *see* Sette Winchester per un massacro
The Blancheville Horror *see* Horror
Der blaue Engel (30 Germany) 3651ad
Blazing Magnum *see* Tony Saitta
La blessure (20) [La ferita] 441, 858ph, 2792a, 2861ph, 3609, 3871d, 4004
Blind Date (84 U.S.) 1993
Blindfold (66 U.S.) 813
Blindman (71) 140p-w*, 252, 253d, 345w, 1011m, 2403, 2628, 3386ph, 4342
The Bliss of Mrs Blossom (68 U.K.) 3345m
Block-notes di un regista (68) 1650d, 3960m
Le Blond de Pékin (67 France) 925, 3080
Blonde Köder für den Mörder (68 Germany) 405, 927, 4491
Blood *see* L'occhio nel labirinto
Blood and Black Lace *see* Sei donne per l'assassino
Blood and Guns *see* Tepepa
Blood at Sundown (67) *see* Mille dollari sul nero
Blood at Sundown (67) *see* Perchè uccidi ancora?
Blood Brides *see* Il rosso segno della follia
Blood Feud *see* Fatto di sangue fra due uomini per causa di una vedova (si sospettano moventi politici)
Blood for a Silver Dollar *see* Un dollaro bucato
Blood for Dracula *see* Dracula cerca sangue di vergini...e morì di sete
Blood in the Streets *see* Revolver
Blood Money *see* Là, dove scende il sole
Blood of the Warriors *see* La schiava di Roma
Blood on the Balcony *see* Benito Mussolini
Blood River (64) *see* Sansone e il tesoro degli incas
Blood River (68) *see* Dio perdona...io no
Blood River (68) *see* Vado...l'ammazzo e torno
Blood River (74) *see* Dieci bianchi uccisi da un piccolo indiano
Blood, Sweat and Fear *see* Mark il poliziotto spara per primo

Blood Ties *see* Il cugino americano
Bloodsilver *see* Al di là della legge
The Bloody Pit of Horror *see* Il boia scarlatto
Bloody Wedding *see* Nozze di sangue
Blow Out (81 U.S.) 1491m
Blow to the Heart *see* Colpire al cuore
Blow Up (66) 146d, 487, 607, 895, 944, 1469ph, 2075w, 2116m, 2160, 2187, 2237, 2967, 3014, 3281, 3636p, 3769, 4749
Blu cobalto (85) 2975e
Blu elettrico (88) [Electric Blue] 419, 813, 1011m
Blu Gang vissero per sempre felici e ammazzati (73) [Blue Gang; Brothers Blue; Short and Happy Life of the Brothers Blue; A Few Happy Days of the Brothers Ken] 210, 560, 703, 764p-w, 3379, 4379ph
The Blue Angel (59 U.S.) 3043
Blue Holocaust *see* Buio omega
Blue Jeans (58 France) 3411d
The Blue Panther *see* Marie Chantal contro il dottor Kha
Blue Paradise (79) *see* Paradiso blu
Blue Paradise (82) *see* Adamo ed Eva
Blue Summer *see* Perchè uccidi ancora?
Blue Velvet (86 U.S.) 3946
Bluebeard (72 Hungary) 377, 2578, 3153m, 4533
Il blues della domenica (52) 4991d
Blues metropolitano (85) 2442ph, 3589d
Bluff—storie di truffe e di imbroglioni (76) [Storie di truffe e di imbroglioni; High Rollers] 806, 926, 1103d, 1886ph, 3715
Blume in Love (73 U.S.) 263
Blumen aus Nizza (36 Austria) 1907d, 4659w
The Boatmen *see* I battellieri del Volga
Bobby Deerfield (77 U.S.) 44, 1299, 1596, 3803, 4652
The Bobo (68 U.S.) 637, 927
La bocca chiusa (24) 549, 906ph, 2272, 2770, 3609, 4004, 4983d
"La bocca del leone" *episode of* Il Ponte dei sospiri (21)
Bocca golosa (81) 1209d-ph
La bocca mi baciò tutto tremante (18) 1327d*
La bocca sulla strada (41) 422, 1221, 1834ph, 1946w, 2872, 3841, 3871d
Boccaccesca (27) 1273d, 1498ph, 3615, 4061
Boccaccio (40) 37d, 78, 332ad, 725, 726p, 1815m, 1830w, 2269, 2671a, 4433, 4484ph, 4637
Boccaccio 70 (61) 920w, 1305, 1416d, 1565, 1650d, 1706w, 1806, 1857a, 1932a, 1974, 2557p, 2614, 2713, 2861ph, 3017, 3088d, 3213ph, 3579w, 3626, 3636p, 3865p, 3960m, 3961ph, 4145, 4188e, 4283, 4296, 4378, 4555co, 4586m, 4618m, 4652, 4795d, 4968w, 4989a
Boccaccio in Hungary (81 Hungary) [The Tyrant's Head] 1263
Una boccata d'aria (50) 3724d
"Una boccata di fumo" *episode of* Io uccido, tu uccidi
Body Cut *see* Camping del terrore
Body Double (84 U.S.) 1491m
The Body Is Desirable *see* Femmine di lusso
La bohème (17) 1400, 2095, 3382d, 3568, 4200
La bohème (23) [La Vie de bohème] 2272, 2652, 3836d, 4200
La Bohème (65 Switzerland) 4969d
La bohème (88) 1075d-p, 1972, 2251, 3213ph
Il boia di Lilla (53) [La vita avventuriosa di Milady; Milady and the Musketeers] 637, 1109, 1135d, 1203ph, 1683, 1761, 2506, 3503, 4062, 4189, 4190ph, 4720p
Il boia di Venezia (63) 300, 2700
Il boia scarlatto (65) [Il castello di Artena; The Crimson Executioner; The Scarlet Executioner; The Red Hangman; The Bloody Pit of Horror] 405, 2127, 3697d*
Boîte de nuit (49 France) 3819ph
Bolidi sull'asfalto (70) 48, 211
Bolle di sapone (10) 4807ph
Bollenti spiriti (81) 86co-s, 788d, 2256ph
La bolognese (76) 3862d Bomarzo (49) 146d
La bomba alla televisione (70) 2962
Bomber (82) [Capitaine Malabar, dit "La Bombe"] 344ph, 1722w, 2657d, 3485
Le Bon Roi Dagobert *see* Dagobert
Bond Street (48 U.K.) 2517
Bonifacio a teatro (13) 4690
Bonifacio caffettiere (13) 4690
Bonifacio commesso di negozio (13) 4690
Bonifacio e il vestito nuovo (13) 4690
Bonifacio e la camicia nuova (13) 4690
Bonifacio fa un buon affare (12) 4690

Bonifacio in ritardo (12) 4690
Bonifacio licenziato (12) 4690
Bonifacio muratore (12) 4690
Bonifacio va in società (12) 4690
Bonjour Tristesse (58 U.S.) 973
La Bonne (86 France) 3345m, 4049d
La Bonne Année (73 France) 4566
La Bonne Soupe *see* La pappa reale
Bonnes à tuer *see* Quattro donne nella notte
Les Bonnes Causes *see* Il delitto Dupré
Les Bonnes Femmes (60 France) 3270
Bonnie e Clyde all'italiana (83) 86s, 1454ph, 3202, 4293, 4359d
Il boom (63) 774, 1323p, 1416d, 1922, 3262, 3558m, 4292, 4652, 4968w
Boom (68) [Goforth] 704, 1144, 1537, 2471ad, 2621d, 3525, 4224, 4459, 4652, 4904w
Boot Hill *see* La collina degli stivali
Bora Bora (68) 2414, 2566d, 3407, 3558m
Bordella (75) 219d, 560, 2677, 2970ph, 3682, 4221
Un borghese piccolo piccolo (77) [An Average Man] 104w, 143, 276s, 1173, 1324p, 2908e, 3088d, 4292, 4652, 4841ph, 4912
I borghesi di Pontarcy (20) 470, 1216, 1778, 3174d*
I Borgia (18) 138d, 811d, 1456, 2753, 3118ph, 4011, 4036w
I Borgia (19) 4036w
Borgo a Mozzano (51) 1850d
Borman (66) 581, 3336
Born Dumb *see* Cavalli si nasce
Born to Be Cops *see* Carabinieri si nasce
Borotalco (81) 638, 1164a, 1414, 2005p, 2070ph, 3315w, 4726d-p*
Borrasca de celos (46 Spain) 3840
Borsalino (70 France) 17, 1717, 2470
Bosch (50) 4813m
Boschi sul mare (42) 972d, 1902d, 4138ph
Bosco d'amore (81) 222, 419, 458d, 2081, 3081, 3992m
Il bosco sacro (15) 572
Bosom Buddies *see* Amici per la pelle
Il boss (73) 801, 1094, 1460d, 1828, 1870, 2890, 4236, 4779ph
Una botta di vita (88) [A Tasteof Life] 21w, 514, 801, 1663, 3315d, 4292
Botta e risposta (49) [Repartée] 177, 329, 1315, 1323p, 1536, 1655, 1684s, 1868w, 2736w, 3347, 3752, 4281d, 4443, 4543ph*, 4754, 4778
La bottega dell'antiquario (20) 1119d, 1960ph, 4043
Botticelli (40) 3658d
Botticelli (46) 976d, 3608ph
Botticelli (50) 4813m
Bottleneck *see* L'ingorgo—una storia impossibile
Bottom—ein grosser glaublauer Vogel (71 Germany) 3342
Boudine *see* L'uomo della valle maledetta
Le Boulanger de Valorgue *see* Me li mangio vivi!
The Bounty (84 U.S.) 1323p
Bounty Hunter in Trinity *see* Un bounty killer a Trinità
Bounty Hunters *see* Indio Black: sai che ti dico. . . sei un gran figlio di. . .
Bounty Killer (66) [The Ugly Ones; El precio de un hombre] 286ph, 288, 622, 638, 1011m, 2701w, 2866d, 3017, 4967
Un bounty killer a Trinità (72) [Bounty Hunter in Trinity] 762, 783, 1209d-ph, 1515, 2760
The Bounty Killers *see* Indio Black: sai che ti dico. . . sei un gran figlio di. . .
La Bourse et la vie (65 France) 4533
Boutalin aeronauta (11) 4807ph
Boutalin botanico (12) 4807ph
Boutalin spazzacamino (11) 4807ph
The Boxer *see* Un uomo dalla pelle dura
The Boy and the Policeman *see* Il bambino e il poliziotto
Boy, Did I Get a Wrong Number (66 U.S.) 1232
Boy on a Dolphin (57 U.S.) 2614
Le braccia aperte (22) 1841d
Le brace dei Biassoli (80) 1610d, 1869, 4954
Bracula—The Terror of the Living Dead *see* La orgia dei morti
Le braghe del padrone (78) 824ph, 2244, 3069d, 4840
Brain Transplant *see* Il segreto del dottor Chalmers
Brancaleone alle crociate (71) 21w, 592, 927, 1882, 2603, 2908e, 3088d, 3682, 4057, 4126w, 4543ph
Un branco di vigliacchi (62) [No Man's Land] 3124, 4421d, 4783
Brandy *see* Cavalco e uccidi
Brass Target (78 U.S.) 2614
Bravissimo (55) 21w, 923, 1213d, 1388, 2245, 2284p, 2595s, 2944, 3404, 3492,

3852, 4126w, 4127ph, 4292, 4449, 4467, 4601, 4658, 4966
Il bravo di Venezia (41) 5s, 280, 637, 744, 771d, 1003, 1123, 1133, 1449, 1825co, 2763m, 2861ph, 2872, 3104, 3162, 4309, 4476
Brazza (54) 3713d
Breakup (75) *see* La smagliatura
Breakup (78) *see* Eutanasia di un amore
Breath of Scandal *see* Olympia
La breccia di Porta Pia *see* La presa di Roma
Das brennende Gericht *see* I peccatori della Foresta Nera
Brenno, il nemico di Roma (63) [Battle of the Spartans; Battle of the Valiant] 211, 428, 743, 1684s, 1914d, 2371, 2598, 3055, 3580, 4189, 4547, 4584ph
Una breve stagione (69) 890d, 1309, 2087, 2307, 3153m, 4172ph
Breve storia (49) 4813m
Una breve vacanza (73) [The Holiday] 157e, 195, 527, 765, 816, 1414, 1415m, 1416d, 1955, 2070ph, 3060, 3498, 4038, 4115a, 4968w
Brevi amori a Palma di Maiorca (59) 463d, 1473co, 2765ph, 2876, 3425, 3444, 4290w, 4292
The Bridge Between *see* Ciao nemico
Brief Encounter (74 U.K.) 2614, 3636p
Brigade criminelle (80 France) 4515
Il brigadiere Pasquale Zagaria arma la mamma e la polizia (73) 1074, 1973
Il brigante (61) 890d, 3213ph, 3960m, 4733, 4794ad
Il brigante di Tacca del Lupo (52) 287ph, 484, 692, 1016p, 1562a, 1650ad-w, 1924d, 2043, 3198, 3229, 3579w, 3969p, 3992m, 4564, 4580, 4622
Il brigante Musolino (50) [Fugitive in 6-B] 266, 680w, 760d, 925, 1252, 1294w, 1323p, 1717, 2773, 2892m, 3069a, 3088w, 3229, 3474, 3514w, 3636p, 4306, 4359w, 4426w, 4543ph
I briganti (16) 1216, 2653, 3813ph, 3978
I briganti (79) 813p*
Briganti in Sardegna (06) 4807ph
I briganti italiani (61) 514, 577, 760d, 1647, 1882, 2323, 3514w, 3667, 4052, 4137, 4290w, 4435, 4789w, 4989a
Brigata Firenze (28) 1456, 1633, 1834ph, 2746, 3162, 4700d, 4960
Brigitte, Laura, Ursula, Monica, Raquel, Liz, Maria, Florinda, Barbara, Claudia e Sofia. . . le chiamo tutte. . . anima mia (74) 20, 3339
Brigliadoro (59) 4952d-p
Brindisi (15) 95
Bring Down the Curtain *see* Giù il sipario
The Brinks Job (79 U.S.) 1323p
Brinnesò (23) 1226ph, 1302, 1327d*
Brividi. . . (20) 1864d, 3819ph
Brivido (41) 576p, 725, 740w, 905w, 1423w, 1914d, 2473ph, 2966, 2978, 3162, 3440, 3978, 4237, 4542
Brivido di morte (14) 542w, 797, 3944, 3956
Brivido fatale (12) 1334d
Un brivido sulla pelle (66) 405
Brogliaccio d'amore (76) 592, 721ph, 4025
Broken Reeds *see* Canne mozze
Bronte *see* I fatti di Bronte
The Bronx all'italiana *see* Guerrieri del Bronx
Brother Outlaw *see* Rimase uno solo e fu la morte per tutti
Brother Sun, Sister Moon *see* Fratello Sole sorella Luna
Brothers Blue *see* Blu Gang vissero per sempre felici e ammazzati
Brown Bread Sandwiches (89 Canada) 1945
Brucia, ragazzo, brucia (70) 293, 1460d, 2678, 3672, 4779ph
Bruciati da cocente passione *see* Oh, Serafina!
Bruna Formosa cerca superdotato (74) 405, 509
Una bruna indiavolata (51) 21w, 102w, 619d, 679, 1009, 1252, 2811w, 2885, 2993w, 3069a, 3398, 3458, 3473, 3525, 3828, 3862, 4071ph, 4126w, 4323, 4530, 4706w
Bruscolo (19) 2242d, 3970, 4715w
Brute and the Beast *see* Tempo di massacro
Bruto (10) 2073d
Bruto II (10) 1334d
Brutti di notte (68) 1164a, 1754, 1768, 1963, 2061d, 2902ph, 3623, 3862, 4170, 4357, 4481
Brutti, sporchi e cattivi (76) [Down and Dirty] 898, 1181, 1470ph, 2670w, 2771, 3636p, 4158d, 4586m
Un brutto quarto d'ora di Checcho (13) 1847
Il brutto sogno di una sartina (11) 4807ph
Bubù du Montparnasse (70 France) 531d, 3561, 3682 3749, 4555co

Buccia di banana (64) [Peau de banane; Banana Peel] 382, 593w, 630, 1131ad, 1183, 1799, 2832, 3133, 3332d, 3720, 4098w, 4251w, 4846a
Buckaroo *see* Il Winchester che non perdona
Il buco (60) [Le Trou; The Night Watch] 366d, 1090, 2545, 3002, 4301
Un buco in fronte (68) 532w, 2224, 2681, 4694d, 4973
Buddy Goes West *see* Occhio alla penna
Buenos días, amor *see* Amore a prima vista
La bufera (13) 441, 1068, 3237d
Bufera (21) 1443, 3432d, 3454
Bufera (26) 1335, 1336d
Bufere (52) 650d, 1352, 1423w, 1819, 2520, 3119ph, 3199w, 3319, 3398, 3780, 4378
Buffalo (19) 1855
Buffalo Bill a Roma (50) 492w, 1335, 1913, 3041, 4091
Buffalo Bill, l'eroe del far west (64) [Buffalo Bill; L'Attaque de Fort Adams] 469d-p, 638, 1128d, 1203ph, 1571, 2648, 2654, 3992m, 4147, 4162, 4384w, 4720p, 4824
Buffalo e Bill (20) 311ph, 4585
Buffalo e la corolla di sangue (20) 4072d
La bugiarda (65) [Six Days a Week] 228m, 749, 1075d, 1178, 1599w, 1934m, 3088d, 3509, 3807, 4025, 4301
Bugsy (79 U.S.) 1882
Buio e luce (17) 3703
Buio in sala (49) 3844d
Buio omega (79) [Buried Alive; Beyond the Darkness; Blue Holocaust] 1209d-ph
Bullet and the Flesh *see* I sentieri dell'odio
Bullet for a Stranger *see* Gli fumavano le colt...lo chiamavano Camposanto
A Bullet for Rommel *see* L'urlo dei giganti
Bullet for Sandoval *see* Quei disperati che puzzano di sudore e di morte
A Bullet for the General *see* Quien sabe?
A Bullet from God *see* Pistola di Dio
Bullet in the Flesh *see* I sentieri dell'odio
Bullets Don't Argue *see* Le pistole non discutono
The Bullies *see* I prepotenti
Buoi nella valle (84) 1480ph
Buon Anno (09) 4807ph
Buon funerale, amigos...paga Sartana (71) [Have a Good Funeral, My Friend ...Sartana's Paying] 524, 834d, 1869, 1948w, 2247, 2576, 2902ph, 3261m, 3525, 4246w, 4326
Il buon ladrone *see* Le memorie di un ladro
Buon Natale! (14) 753d, 3107, 3388, 3970
Buon Natale, Buon Anno (90) 1075d, 1677w, 2041, 2578, 3213ph, 4197
Un buon partito (13) 4082
Un buon posto (12) 4807ph
Un buon rimedio per la gastrica (12) 4807ph
Il buon samaritano (19) 650d
Buon sangue non mente (16) 4947d
Il buon soldato (82) 38ph, 680d, 1294w, 2962, 4954
Buon viaggio, pover'uomo (52) 613, 679, 3458, 3459d, 4306, 4333, 4378, 4691
Buona come il pane (82) 3730
La buona consolatrice (13) 1395, 3127
La buona figliuola (19) 534ph, 872d, 2740, 4731
La buona fortuna (44) 250, 333, 791, 933d, 1218, 2884ph, 3318, 3476w, 3493ad, 4115a, 4280, 4370
Buona giornata per Robinet (12) 4807ph
Una buona idea se ne va (11) 4807ph
La buona istitutrice (12) 3127
Una buona lezione (14) 441
Buona parte di Paolina (73) 439
Buona sera alla finestra (06) 4807ph
Buona sera bambino e burattino (06) 4807ph
Buona sera, Firulì (11) 4807ph
Buona sera fotografo! (06) 4807ph
Buona sera, Mrs Campbell (68) 1774d-p, 1836, 2026, 2491, 2545, 2596, 2827, 3345m, 3393, 3608ph, 4103, 4238, 4912
Buona sera pittore! (06) 4807ph
Buona sera signorina Bonelli (06) 4807ph
La buona stagione (65) 4618m
La buona terra (51) 2999d-ph
Buonanotte, avvocato! (55) 351ph, 430, 463d, 590, 801, 964, 2061w, 2250, 2894, 3404, 3555, 3560a, 4292, 4962p
Buone notizie (79) 535, 1061, 1263, 1945, 2908e, 3074, 3153m, 3216ph, 3534d
Buongiorno, elefante! (52) [Sabù, principe ladro] 655ph, 679, 920w, 1001m, 1416w*, 1762d, 1816ph, 1932a, 2978, 3865p, 4007, 4274, 4968w

Buongiorno inverno (55) 2077d, 2839m
Buongiorno, Madrid! (42) 726p, 768, 1055co-s, 1078d, 2268ph, 2978, 3247d, 3819ph, 4706ad-w
Buongiorno natura (56) 3322d
Buongiorno, primo amore (57) 1768, 1970d, 2765ph, 3397, 4000p, 4754, 4778
Il buono, il brutto, il cattivo (66) [The Good, the Bad and the Ugly] 21w, 81, 230, 638, 869, 1266fx, 1346ph, 1554, 1973, 2057p, 2401, 2536d, 2615, 3079, 3153m, 3183, 3261m, 3591, 3754, 3886, 4045, 4067ad, 4124, 4126w, 4348, 4663, 4789w, 4854
Il burbero (86) [The Grouch; The Grump] 891d, 926, 1096ph, 2005p, 4293
The Burglars *see* Gli scassinatori
Burgos (11) 1334d
Burial Ground *see* Le notti del terrore
Buried Alive *see* Buio omega
Una burla di Fregoli (99) 1791d
The Burning Court *see* I peccatori della Foresta Nera
The Burning of Rome *see* L'incendio di Roma
The Burning Years *see* Gli anni struggenti
Bury Them Deep *see* All'ultimo sangue
La busta nera (14) 2272, 4191
"La busta nera" *episode of* I topi grigi
Bustino rosa (12) 4807ph
Butterfly (82 U.S.) 3153m
The Butterfly Affair *see* Popsy Pop
Butteri romani (06) 4807ph
Buttiglione diventa capo del servizio segreto (76) 1209ph, 2080d*
Bye Bye Baby (89) 1415m, 3266, 3315d, 3996ph
C'è Sartana, vendi la pistola e comprati la bara (72) [Vendi pistole per comprare cofani; Sartana's Coming, Get Your Coffin Ready; Sartana's Here...Trade Your Pistol for a Coffin] 834d, 1366m, 1623, 1824, 2188, 2902ph, 4299
C'è sempre un ma... (42) 1352, 1684s, 1761, 1816ph, 1931w, 3005, 3148, 3716ad, 4511, 4948d, 4968w
C'è un fantasma nel castello (41) 165, 2269, 2436ph, 2993w, 3828, 4246d, 4359w, 4580
C'è un fantasma nel mio letto (80) 1173, 3092
C'è un sentiero nel cielo (57) 1839, 1969, 1970d, 2473ph, 2713, 4237, 4778
C'è una spia nel mio letto (76) 657
C'era un castello con quaranta cani (90) 646, 1169p, 4624
C'era una volta (17) 3836d, 4684w
C'era una volta (67) [Cinderella Italian Style; More Than a Miracle] 1267, 1356, 1408ph, 1623, 1793, 1806, 2075w, 2614, 2677, 2752, 3558m, 3587, 3636p, 3942d, 4208, 4441, 4911
C'era una volta Angelo Musco (53) 637, 976d-e, 2771, 2948w, 4584ph
C'era una volta il west (68) [Once Upon a Time in the West; Play Me the Song of Death] 169w, 275e, 335, 438, 442w, 661, 813, 859, 1000p, 1097, 1346ph, 1495w, 1567, 1676, 1719, 1788, 2216, 2536d, 2552s, 2761, 2963, 3153m, 3159p, 3183, 3867, 4067ad, 4241a-s, 4336, 4348, 4378, 4386, 4596, 4916, 4927, 4986
C'era una volta l'America (83) [C'era una volta in America; Once Upon a Time in America] 27, 157w, 275e, 406w, 638, 1279w, 1346ph, 1382, 2536d*, 2957w, 3153m, 4241a-s, 4938, 4905
C'era una volta questo pazzo pazzo west (69) 2609, 3055
C'erano una volta due ladri (11) 4807ph
C'eravamo tanto amati (74) [Those Were the Years] 21w, 1416, 1606, 1650, 1882, 2771, 2907, 3738, 4057, 4094, 4126w, 4158d, 4586m
C'est la vie *see* La Baule des pins
C'est plus facile de garder la bouche ouverte (74 France) 405
Ça ira: il fiume della rivolta (64) 629d, 684, 4025
Ça n'arrive qu'aux autres (71 France) 2726co, 2907
Ça va barder (55 France) 3894
Ça va être ta fête (61 France) 4622
Il cab n. 13 *see* Il fiacre n. 13 (47)
The Cabbie *see* Il tassinaro
Cabeza de hierro (44 Spain) 3840
Cabiria (14) 80, 427, 1231w, 1290ph, 1424, 1900, 2653, 3041, 3174, 3365, 3462d-p, 3704, 4489, 4536ph, 4690
Cabiria (56) *see* Le notti di Cabiria
Caccia ai milioni (16) 827, 1068, 2653, 3237d
La caccia al leopardo (08) 98p, 3326d-ph
Caccia al lupo (16) 1343ph, 4364d
Caccia al marito (60) 844, 3084, 3457, 3593, 3677, 4106m, 4512ph, 4515, 4598, 4658, 4753

Caccia al montone (76) 2900
Caccia all'orso (11) 4807ph
"Caccia all'uomo" *episode of* I miserabili
Caccia all'uomo (55) 3894
Caccia all'uomo (61) 964, 1432ph, 1684s, 1786d, 1809, 2545, 3342, 3955
Caccia alla volpe (06) 4807ph
Caccia alla volpe (66) [After the Fox] 234m, 265, 682p, 684, 685, 709, 1173, 1380, 1416d, 1418, 1566, 1683, 1923, 2588, 2923, 3196, 3623, 4182, 4244, 4322w, 4378, 4435, 4693, 4968w
La caccia alla volpe nella campana romana (38) 511d-e, 2892m
Caccia in brughiera (49) 3844d
Caccia tragica (47) 22p, 88w, 146w, 281w, 964, 1294w, 1352, 1406d, 1475ca, 1548, 1562a, 1957, 1972, 2582w-ad*, 2647, 2648, 2861ph, 3579w, 3689w, 3745, 3848, 3938m, 4010, 4968w
Il cacciatore di uomini (80) 2102
Cacciatore II *see* Apocalisse domani
Cacciatore millantatore (06) 4807ph
I cacciatori del cobra d'oro (83) [Captain Yankee; Jungle Raiders] 1063, 1082, 1266d, 1482, 2764ph, 4106m, 4247w, 4355, 4663, 4861
Cacciatori di dote (60) 2577, 4428, 4511, 4753
I cacciatori di squali (80) 892d, 3244
O cacoulha do Barulho (49 Portugal) 1786d, 2601ph
Il cadavere di marmo (15) 906ph, 1419d
Il cadavere imbellettato (21) 311ph
Il cadavere n. 1346 (12) 4807ph
Cadavere per signora *see* Cadaveri per la signora
Il cadavere scomparso (16) 434ph, 538, 1424, 3984d
Il cadavere vivente (13) 2272, 2599, 3242, 3356d, 4022
Il cadavere vivente (20) 677, 4536ph
Cadaveri eccellenti (76) [Il contesto; The Illustrious Corpses] 210, 535, 612, 852, 1164a, 1183, 1408ph, 1828, 2057p, 2075w, 2908e, 3558m, 3591, 3805, 3942d, 4038, 4432, 4668, 4717, 4832
Cadaveri per la signora (64) [Cadavere per signora] 709, 1432ph, 1627, 1754, 2404, 2922d
Le Cadeau *see* Il regalo
I cadetti di Guascogna (50) 21w, 479, 768, 973, 1062, 1173, 1837, 1973, 2774, 2811w, 2922d, 2993w, 3011, 3828, 3852, 4126w, 4296, 4420, 4530, 4543ph
La caduta degli angeli ribelli (81) 394, 1962d, 2998, 4651
La caduta degli dei (68) [The Damned; Götterdämmerung] 51, 416, 522, 527, 920w, 1223, 1408ph, 1527, 1788, 2054, 2186, 2287m, 2402, 3213ph, 3342, 3741, 3815, 4508, 4555co, 4664, 4734, 4795d
La caduta dei gladiatori (73) 1209d
La caduta dell'impero romano (64) [The Fall of the Roman Empire] 253ad, 331w, 608, 662p, 786ad, 1185, 1665, 2089, 2093, 2261, 2359, 2408ph, 2511, 2567, 2614, 2779d, 2880ad, 2897, 3605, 3648, 3706, 3906, 4208, 4470, 4516m, 4826, 4869p, 4909, 4922, 4936w, 4940
La caduta di Troia (10) 3462d-p, 4536ph
Caesar the Conqueror *see* Giulio Cesare: il conquistatore delle gallie
Café chantant (53) 1691, 1976, 2906d, 3397, 3828, 3857, 4428, 4443, 4530
Il caffè del porto (54) 1979
Il caffè è un piacere. . .se non è buono, che piacere è? (78) 2633d
Caffè espresso (80) [Café Express] 801, 927, 1012ph, 1169p, 2633d, 2771w*, 2998, 3766
La cage aux folles (79) 612, 3078d, 3153m, 3611w, 4197, 4530, 4712
La cage aux folles II (80) 567, 612, 3078d, 3153m, 3330, 3611w, 4197, 4530
La cage aux folles 3 (84) 203w, 204, 1857a, 2485d, 3153m, 3254, 3611w, 3730, 4197, 4530, 4555co, 4562ph
Caged *see* Nella città l'inferno
Caged Women *see* Violenza in un carcere femminile
Cagliostro (48 U.S.) [Black Magic] 155ph, 1123, 2472, 2773, 3475, 4166a, 4574
Cagliostro (74) 54, 1415m, 1644, 1972, 2324, 2470, 3591, 4137, 4368
La cagna (72) [Liza; The Bitch] 20, 854w, 1011m, 1379, 1666d, 2809, 2907, 3559, 4080m, 4841ph
Caicara (50 Brazil) 927d
Il caimano del Piave (51) 463d, 939, 1173, 1530, 2445, 2472, 2550, 4078w, 4564, 4803
Cainà (20) 2272, 3836d
Caio Giulio Cesare (13) [Julius Caesar] 887, 1179ph, 2073d

Caius Julius Caesar (14) [Cajus Julius Caesar] 3289, 3338, 4482
Calabria sul mare (56) 4662d
Calabuig (56) [Calabuch] 426, 750, 1123, 1607, 1657, 1860d, 2092
Calafuria (42) 45ca, 618, 754d, 1157s, 1449, 1543, 1724, 1816ph, 3557, 3608ph, 4237, 4280
La calamita (07) 4807ph
Calamita (19) 2532ph, 3582d
Calamita d'oro (48) 2712, 2885, 3383
Calamo (76) 794, 2256ph, 3386ph, 3779
La calandria *see* Un tipo con una faccia strana
La calda bestia di Spilberg (78) [The She-Wolf of Spilberg] 2609
La calda preda (66) [La Curée; The Game is Over] 210, 1720, 3559, 3795ph, 4627d-p
La calda vita (63) 805, 1676, 1722w, 1920ph, 3069a, 3519, 3992m, 4301, 4662d
Le calde notti del Decamerone (72) 405, 740d
Le calde notti di Caligola (77) 3104d
Le calde notti di don Giovanni (71) 592, 644d, 1652, 1810, 2244
Le calde notti di Lady Hamilton (68) [Emma Hamilton; The Making of a Lady; Les Amours de Lady Hamilton; Lady Hamilton] 263, 984d, 1571, 1963, 2224, 2302, 2980, 3026, 3345m, 3406, 3945, 4514, 4712
Le calde notti di Poppea (69) 83, 240, 405, 432, 743, 2129, 2486m, 2745d, 3050p, 3482, 3945, 4512ph, 4693
I caldi amori di una minorenne (69) [Again] 2109, 4509, 4533
Caldo profumo di vergine (81) 1209d-ph
Calibre .38 *see* E alla fine lo chiamavano Jerusalem l'implacabile
La califfa (71) 263, 439, 458d, 489, 1920ph, 3098e, 3153m, 3803, 3864, 4145, 4189, 4530, 4558
California *see* Lo chiamavano California
Caligola (79) 195, 235, 275e, 535, 629d, 1492s-co, 1949, 2256ph, 2682, 3048, 3351, 4108, 4144, 4355, 4579, 4764w
Caligola e Messalina (82) 998ph
Caligola... la storia mai raccontata (81) 1209ph, 1903
Call of the Wild (72 U.S.) 1553
Calma ragazza, oggi mi sposo (68) 560
Calore in provincia (75) 1205, 3178
Caltiki, il mostro immortale (59) 351d, 1786d, 2172, 3890, 3957, 4188e
I calunniatori (57) 1013d, 2746, 4528, 4822d
Calvario (11) 796, 1397, 4447
Il calvario di Jeannette (17) 4767d*
Il calvario di Polidor (12) 3626
Il calcario di un maestro (08) 4807ph
Calvario di una madre (10) 4807ph
Calypso (58) 2486m, 3164d, 3478, 3951d, 4188e
La calza di Fricot (13) 4697
Calze di seta (20) 729, 2964d
Il calzolaio ha guadagnato al lotto (12) 4807ph
I calzoni di Tontolini (11) 3626
Il camaleonte d'oro (67) 1215
La cambiale (59) 1882, 2404, 2667, 2765ph, 2906d, 2993w, 3080, 3458, 3473, 3506, 4091, 4511, 4530, 4559, 4753, 4981
Camelot (67 U.S.) 3244
"La camera" *episode of* Le coppie
Camera d'albergo (80) 276s, 1346ph, 1882, 3088d, 3109, 3176, 4809
La camera degli sposi (46) 3663d
The Camera that Kills Bad Guys *see* La macchina ammazzacattivi
Camere separate (18) 827, 1068, 2271, 3237d, 3836d
Cameriera bella presenza offresi (51) 939, 1001m, 1016p, 1305, 1306, 1416, 1606, 1650w, 2791w, 2894, 2987, 3046, 3064, 3117a, 3459d, 3579w, 3967, 4092, 4116, 4117ph, 4292, 4341, 4511, 4754, 4803
La cameriera nera (76) 405, 464d, 998ph
Cameriera senza malizia (80) 1823d
Le cameriere (59) 619d, 964, 1346ph, 3147, 3627a, 3738, 3800, 3917w*, 4323, 4511, 4530, 4634, 4724w
Cameriere burlato (06) 4807ph
Il cameriere musicomane (08) 4807ph
Camicia nera (33) 43ph, 351ca, 1153ph, 1740d, 2532ph, 3981ph, 4273, 4635a
Camicie rosse (51) [Anita Garibaldi] 61d, 202, 287ph, 1183, 1732, 1932a, 2550, 2719, 2892m, 3041, 3117a, 3271, 3525, 3780, 3801w, 3942d, 4127ph, 4192, 4547, 4548, 4654
Camilla (54) 131, 1169p, 1578d, 1607, 1676, 1706w, 3608ph, 3627a, 4290w, 4601, 4813m
Camilla (83) 2894
Camille 2000 (69) 489, 893, 1887, 2070ph, 2994d-p, 3955, 4189, 4719

Camille Without Camellias *see* La signora senza camelie
Camillo avvelenato suo malgrado (14) 434ph, 1395d
Camillo cacciatore di orsi *see* Il signor Camillo, cacciatore d'orsi
Camillo emulo di Sherlock Holmes (20) 46, 75ph, 1395d*, 1496, 2792a
Camillo, la figlia e l'altro (23) 75ph, 1395d
Camillo uccisoro dei leoni (14) 434ph, 1395d
Camino de Fuerte Alamo *see* La strada per Fort Alamo
Camino del sur (64) [Seven Guns from Texas; Seven from Texas] 252, 2224, 3018, 3345m, 3361ph, 3690, 3924d, 4053
Camionisti (50) 4662d
I cammelli (88) 2, 275e, 443d, 455, 3153m
Camminacammina (83) [Cammina cammina] 3261m, 3322d-p-ph-e
Il cammino degli eroi (37) 1401d, 1813m
Il cammino della fede (50) 93d
Il cammino della speranza (50) 158, 287ph, 1323p, 1650ad-w, 1924d, 3579w, 3969p, 3992m, 4622, 4654, 4696
Il cammino delle stelle (18) 315, 1119d, 4043
Il cammino delle stelle (22) 906ph, 3581, 4130, 4680, 4983d
Camões (46 Portugal) 2268ph
La camorra (10) 4807ph
Camorra (72) 53ph, 651, 1415m, 4171, 4325d, 4491
Camorra (86) *see* Un complicato intrigo di donne, vicoli e delitti
Camorra napoletana (06) 4807ph
Il camorrista (87) [The Professor] 1396w, 1891, 2602p, 3153m, 4550d
The Camp Followers *see* Le soldatesse
Campa carogna...la taglia cresce (72) [I quattro di Fort Apache; Los cuatro de Fort Apache; Those Dirty Dogs] 119, 243, 608, 703, 1681m, 1869, 2576, 2938, 3361ph, 3945, 4693
Le campagne di Sorrento (14) 1467
Campagnola bella (76) 405, 1875, 2797
La campana dei caduti a Rovereto (25) 1076d-ph
La campana del villaggio (15) 1900
La campana della morte (13) 98p, 2709d
La campana dello scandalo (20) 138d, 906ph, 1496
La campana di san Giusto (54) 102d, 114, 284, 964, 1958, 2648, 2654, 2670d, 2813, 3616, 3978, 4611
Il campanaro della cattedrale (17) 4061
Campane a martello (48) [Children of Change] 77, 158, 1303, 1932a, 1977, 2596, 2909, 3118ph, 3636p, 3917, 3960m, 4065, 4474w, 4948d
Campane d'Italia (32) 4188e
Le campane di san Lucio (21) 650d, 655ph, 3454, 4022, 4797
Il campanile d'oro (55) 479, 971, 2765ph, 3084, 3395w, 3400, 3828, 3847, 3852, 4065, 4246d, 4553, 4722w
Il campanile della vittoria (14) 3076d
Campbell's Kingdom (57 U.K.) 2697
Campi sperimentali (57) 3322d
Camping (58) 70, 2771w*, 2947, 3608ph, 3636p, 3894, 4969d
Camping del terrore (87) [Body Cut; Terror Camping Site] 1385d, 4355
Il campione (42) 63ad, 422, 454, 575d, 1683, 3688ph, 4269w, 4309, 4543ph
Campione del mondo (51) 3007d
Campioni di domani (57) 3240d
Campo de' fiori (43) [The Peddler and the Lady] 95p-w, 553m, 554d, 566, 798, 1305, 1606w*, 1650w, 1753, 2473ph, 2661, 2719, 2872, 3149, 3584, 4474w
Campo di maggio (35) 43ph, 468p, 1740d, 2800, 3722, 3728, 4273, 4512ph, 4635a
La canaglia di Parigi (21) 1221, 3836d
Canaglia dorata (20) 1088d, 1929w
Les Canailles (63 France) 1717, 1818, 3738
Canal grande (42) 333d*, 1383, 3162, 3578, 3876d-p, 4186co
Il canale (66) 442d
Il canale degli angeli (34) 1218, 2011, 2671a, 3451d-p, 3452w, 3747, 4556
Le Canard à l'orange *see* L'anatra all'arancia
Le Canard en fer blanc (67 France) 3525
Cañas y barro (54 Spain) 4622
I cancelli della morte (19) 1834ph
Candido erotico (78) 1681m, 2084
Candy (68) 196, 208, 224, 527, 626, 704, 779, 1049, 1223, 1683, 2163w, 2236, 2691, 2852d, 2873, 3342, 3363, 3384, 3885, 3922, 3961ph, 4025, 4298w, 4342, 4457a, 4533
Il cane accusatore (11) 4807ph

Cane arrabbiato (84) [The Manhunt; Mad Dog] 577, 1366m, 2766ph, 4236, 4403, 4458, 4872
Il cane del piccolo mozzo (08) 4807ph
Il cane delinquente (07) 4807ph
Il cane della vedova (14) 4697d*
Cane e gatto (83) 3017, 3485
Il cane poliziotto (07) 4807ph
Il cane riconoscente (06) 98p, 3326d, 4807ph
Cane sentinella (08) 4807ph
O Cangaceiro (70) [Viva Cangaceiro; The Magnificent Bandit] 108, 1610d, 1611, 3017, 3345m, 3945, 4124, 4616ph
Cani da guerra (42) 1755d
I cani del Sinai (77) [Cani; Fortini] 4382d
I cani di Gerusalemme (84) 847d
Cani dietro le sbarre (55) 3635d
Cani e gatti (52) 1077w, 1373d, 1761, 1787, 2942, 3917, 4127ph, 4306, 4323, 4378
Cannabis (70 France) 1676
Canne mozze (78) [Broken Reeds] 38ph, 3823, 4001
Cannibal *see* Ultimo mondo cannibale
Cannibal Apocalipsis *see* Apocalisse domani
Cannibal Ferrox (80) [Make Them Die Slowly] 322, 2534d, 4712
Cannibal Holocaust *see* Ultimo mondo cannibale
Cannibal Holocaust 2 *see* Schiave bianche—violenza in Amazzonia
Cannibal Virus *see* L'inferno dei morti viventi
I cannibali (69) 53ph, 516, 911d, 1035, 1505p, 1566, 2890, 3017, 3153m
Cannibali domani (83) 4159d
Cannibals in the City *see* Apocalisse domani
Cannibals in the Streets *see* Apocalisse domani
Cannon for Cordoba (70 U.S.) 3738, 4515, 4654
Cantamaggio a Cervarezza (54) 2891d
Cantami buongiorno tristezza (55) 2813, 3459d, 3930, 4584ph, 4706w, 4790, 4803
Cantando sotto le stelle (56) 573, 590, 743, 845, 1502, 1970d, 2250, 2473ph, 2713, 2909, 3400, 3599, 3828, 4296, 4323, 4424, 4528, 4722w, 4979
La cantante dell'opera (32) 250, 1160s, 1937, 2744d, 2872, 3415, 3615, 3891w, 4093m, 4117ph, 4281w, 4484ph, 4732w, 4792
Il cantante e il campione (84) 998ph
La cantante e la civetta (17) 4082
Il cantante misterioso (54) 45ph, 743, 823, 1969, 1970d, 2713, 2831, 4424, 4542
La cantante napoletana (19) 4123
Il cantare del savio Oleg (11) 4807ph
Cantarono nel 600 (51) 2816d
Il cantastorie di Venezia (28) 1498ph, 2872, 3117a, 4200
Cantate con me (40) 493m, 650d, 2645, 3162, 3295, 3472p, 4071ph, 4166a, 4252, 4370
Cantate con noi (54) 573, 1877ph, 2712, 3104d, 3555, 3828
Canterbury proibito (72) 405
Canterbury Tales *see* I racconti di Canterbury
Il cantico dell'amore (35) [La capanna dell'amore] 2759, 3104, 4240
Il cantico delle creature (43) 1578d, 2027d
Cantiere d'inverno (55) 3322d
Cantieri (55) 2999d-ph
I cantieri dell'Adriatico (33) 281d
Il canto dei grandi fiumi (55) [Das Lied der Ströme; Pesnja velikich rek] 3875
Canto del Terreno (56) 2077d
Il canto dell'agonia (16) 138d, 355ph, 2348
Il canto dell'emigrante (56) 743, 1739d, 2000, 2473ph, 4235, 4280, 4424, 4542
Il canto della vita (45) 78, 1841d, 1931w, 2953a, 2978, 3271, 3592, 3918, 4651
Il canto della fede (17) 4447, 4819d
Il canto di Circe (20) 1334d, 1336ph, 4482
Canto di primavera (54) 2077d
Canto flamenco (63 Spain) 4515
Canto, ma sottovoce (44) 43ph, 650d, 2624, 3270, 3514w, 4378, 4968w
Un canto nel deserto (59) 1970d, 3176, 4305, 4778, 4790
Canto per te (54) 45ca, 618, 1970d, 2392, 2774, 2885, 3270, 3789
La cantoniera n. 13 (19) 904d, 2709d*, 3866, 3978, 4807ph
Canzone appassionata (53) 531w, 846p, 924, 1236m, 1626, 2245, 3118ph, 3320m, 3599, 4232, 4246d, 4306, 4706w
Canzone d'amore (54) 1116, 1689, 2712, 3286, 3526ph, 3892, 4066, 4246d, 4428, 4706w, 4778, 4957

La canzone del cuore (55) 45ph, 771d, 1631, 2713, 3415, 3503, 4059
La canzone del destino (57) 1970d, 2473ph, 2713, 3397, 4778, 4803
La canzone del fantasma (15) 261, 1498ph, 4700d
La canzone del sole (33) 493m, 789p, 1416, 2966, 3247d, 3472, 4512ph
La canzone dell'amore (30) 155ph, 493m, 652, 798, 1456, 2746, 2953a, 3117a, 3410, 3586w, 3596p, 3615, 3836d, 4010, 4022, 4093m, 4246w, 4354, 4484ph, 4766
La canzone dell'ergastolano (11) 4807ph
La canzone delle rose (19) 2011d, 3491
Canzone di giovinezza (26) 3235d
La canzone di Mirka (31) 1334d
Canzone di primavera (50) 351ph, 518a, 1122, 1128d, 1530, 1541, 2003, 3148, 3395w, 3525, 3570, 3919, 4062, 4116, 4237, 4511, 4778
La canzone di Werner (14) 441
La canzone più bella (57) 2947, 4384w
Canzone proibita (56) 45ph, 2713, 2829, 4059, 4195, 4235, 4778
La canzone rubata (40) 1481, 1756, 1957, 2473ph, 2768p, 3247d, 3863, 3978, 4252, 4378, 4443
Canzoni a due voci (53) 329, 364, 1813m, 1834ph, 1985, 2811w, 2829, 2885, 2993w, 4720p, 4745d
Canzoni a tempo di twist (62) 787d, 4584ph
Canzoni, bulli e pupe (63) 132, 1754
Canzoni, canzoni, canzoni (53) 403, 471w, 824ph, 972a-co, 1163, 1625, 1706w, 2249p, 2254, 2636, 2746, 2771, 2775w, 2943, 3398, 3411d, 3992m, 4116, 4127ph, 4292, 4511, 4754, 4814
Canzoni d'Italia (n.d.) 3716d
Canzoni di mezzo secolo (52) 403, 471w, 972a-co, 1163, 1237, 1615w, 1689, 1839, 2043, 2249d-p, 2254, 2746, 2775w, 2838w, 2893, 3023, 3398, 3411d, 3503, 3752, 4127ph, 4233, 4756, 4786
Canzoni di tutta Italia (56) 972a, 1607, 1692ph, 1843, 2249p, 2775w, 3398, 3411d, 3607, 3847, 3894, 4564, 4756
Canzoni in bikini (63) 685, 4167, 4694d
Canzoni nel mondo (62) [38–24–36] 2865, 2981, 4023d, 4115a, 4568ph
Canzoni per le strade (49) 422, 736, 778p, 1615w, 2446d, 3271, 3318, 3458, 4424
Canzoni tra due guerre (50) 2816d
Le Cap de l'Espérance (51 France) 685, 4378, 4595
La capanna dell'amore *see* Il cantico dell'amore
La capanna dello zio Tom (18) 1834ph, 4531d
Una capanna sulla sabbia (55) 4662d
The Caper of the Golden Bulls (67 U.S.) 3738
Il capestro degli Asburgo (15) [Oberdan] 441, 858ph, 1179ph, 2792a, 4191d*
La capinera del mulino (56) 378, 735, 3828, 4952d, 4957
Le Capitaine *see* Il capitano del re
Le Capitaine Fracasse *see* La maschera sul cuore
Capitaine Malabar, dit "La Bombe" *see* Bomber
Le Capitaine Singrid (68 France) 3080, 4920
Capitan Blanco (14) 261, 2029, 2740, 2879d
Capitan Demonio (49) 102w, 406w, 541w, 575d, 1288, 1834ph, 3218m, 3271, 3312w, 3840, 4547, 4554, 4720p
Capitan Fantasma (53) 21w, 518a, 684, 844, 846p, 1493, 1627, 1973, 2472, 2498, 4058, 4126w, 4127ph, 4432, 4970d
Capitan Fracassa (09) 3456d-p
Capitan Fracassa (18) 534ph, 872d, 1468, 4494
Capitan Fracassa (40) 454, 725, 971, 1058d, 1133, 1311, 1913, 2999ad, 3149, 3318, 3408w, 3503, 3506, 4233, 4334ph, 4474w, 4637, 4701p, 4728a
Capitan Fuoco (58) 45ph, 300, 771d, 2615, 2713, 3176, 3936, 4189, 4554
Capitan Tempesta (41) [El capitán Tormenta] 5s, 780, 1401d, 1423w, 1587m, 3271, 3507, 3840, 3855, 4092, 4309, 4476
Il capitano degli ussari (40) 618, 1839, 1940, 2601ph, 3117a, 3473, 3917, 4715w, 4754, 4948w
Il capitano del re (60) [Le Capitaine] 601, 1717, 2225d, 2873, 3641
Il capitano della legione (57) 2038, 3865p
Il capitano di ferro (62) 4106m, 4346, 4901

Il capitano di Venezia (52) 964, 1122, 1406w, 1475ph, 2624, 2711, 3460, 3689d, 4115a, 4634
Il capitano nero (51) 43ph, 289, 439, 964, 1927m, 2885, 3069a, 3118ph, 3658d, 3847
Capo Horn (54) 1902d
Il capodanno di Robinet (11) 4807ph
Capodimonte (57) 4023d
Il capolavoro (19) 1834ph, 4130
Il capolavoro di Saetta (23) 1848, 3510d, 4022, 4195
Caporal Saetta (24) 160, 269, 475, 1848, 1929w, 3041, 3510d, 3596p, 3617, 4022
Il caporal Simon (17) 865d, 3704
Caporale di giornata (58) [Soldiers on Duty] 166, 619d, 1079, 1095w, 2771, 2888ph, 3117a, 3397, 3740, 4066, 4274w, 4467, 4658, 4724
Caposaldo (44) 2999d*
Il cappello a tre punte (34) 78, 95p, 283, 760d, 1303, 1305, 1684s, 1816ph, 1982, 3467w, 3506, 3514w-ad, 3555, 3570, 4186co, 4281w, 4484ph, 4651, 4754
Il cappello da prete (43) [Il cappello del prete] 78, 104w, 227, 450p, 791, 1834ph, 1892, 1930p-w, 2654, 2825, 2892m, 3473, 3610d, 3848, 4186co
Il cappello di paglia di Firenze (15) 98p
Il cappello di papà (14) 975, 2020, 4447
Il cappello nella minestra (06) 4807ph
Il cappotto (52) 557, 710ad, 735, 816, 918co, 1172, 1586, 1666, 1978, 2475d, 2476m, 2636, 2751w, 3119ph, 3503, 3627a, 3684w, 3752, 4065, 4257w, 4370, 4588, 4598, 4968w
Il cappotto di astrakan (80) [The Persian Lamb Coat] 275e, 594, 1164a, 1169p, 1263, 1502, 1663, 2070ph, 3261m, 3439, 4756d
"Capri" *episode of* Melodie d'Italia
Capricci (69) 389d*, 4889
Capricci d'amore (16) 650d
I capricci del destino (14) 4575
I capricci di una milionaria americana (13) 4707
Capriccio (87) [Letters from Capri] 629d, 801, 2256ph, 3345m
Capriccio all'italiana (66) [Caprice; Italienisches Capriccio] 195, 455, 973, 1346ph, 1754, 1810, 2773, 3064, 3088d, 3453d, 4359d, 4559
Capriccio di dama (10) 4807ph
Capriccio di gran Signore (14) 2272, 3427d
Il capriccio di un principe (13) 3836d
Capriccio fatale! (12) [Il Ciociaro] 881, 883
Capriccio fatale (15) 3285ph
Caprice (66) *see* Capriccio all'italiana
Caprice (87) *see* Capriccio
Les Caprices de Marie (70 France) 1123, 3509
Captain Eo (86 U.S.) 4379ph
Captain Nemo and the Underwater City (70 U.K.) 3420
Captain Yankee *see* I cacciatori del cobra d'oro
Captive City *see* La città prigioniera
Cara dolce nipote (77) 405, 460d, 4779ph
Cara sposa (78) 377, 1011m, 1502, 1677d, 3576, 3996ph, 4290d
I carabimatti (81) 834, 3092
Il carabiniere (08) 3456d
Il carabiniere (13) 796, 1327d, 2964, 3456d, 4766
Il carabiniere a cavallo (61) 166, 1932a, 1973, 2582d, 2771, 4024, 4158w, 4387
I carabinieri (81) 89d, 2890, 2901d, 3092, 3749, 4025, 4491
Carabinieri si nasce (85) [Born to Be Cops] 686w, 2483d, 2766ph
Les Carabiniers (63 France) 2890, 3636p, 3948w
Caramba (24) 1960d
Carambola (74) 253d, 783, 1623, 1773, 3907w, 4052, 4267
Carambola filosofo...tutti in buca (75) 253d, 783, 2648, 3330, 3482, 3907w, 4267
Caravaggio (47) 281d
Caravaggio, il pittore maledetto (41) [Caravaggio] 61d, 124, 725, 1055co, 1165, 1172, 1227s, 1488, 1786w-s, 1839, 1913, 1931w-s, 2739, 2759, 2942, 3229, 3460, 3557, 3919, 4273, 4334ph, 4532w, 4543ph, 4644w, 4951m
Caravan petrol (60) 2473ph, 3862, 4296, 4443, 4618m, 4722w
Caravan pour Zagora *see* Le Secret des Hommes Bleus
I carbonari (15) 4191d*
Carbonia (40) 933d
Carbunara (59) 4456d
Carcerato (51) 1712, 2885, 3525, 4556
Carcerato (81) 509, 644d, 1779ph, 1973
Carcere (20) 3235d

The Card of Fate *see* Il grande giuoco
The Cardinal (63 U.S.) 4654
Il cardinale Lambertini (34) 337d, 363, 447, 1635, 2861ph, 3046, 3077, 4237, 4944
Il cardinale Lambertini (54) 24, 684, 825, 939, 1636, 1717, 1978, 2038, 2578, 2600ph, 2942, 3010, 3459d, 3460, 3527, 3560a, 3917, 4233, 4527
Il cardium (13) 3326d-ph
Careless Love *see* La pappa reale
La carezza del vampiro (18) 4082
Cargaison clandestine *see* Gli avventurieri di San Juano
Cari genitori (73) 527, 1470ph, 3345m, 4025d, 4144, 4301
La carica degli eroi (43) 2738d, 2861ph, 4166a
La carica del 7 Cavalleggeri (64) [Gli eroi di Fort Worth; L'Assault du Fort Texan] 658w, 1365d, 1611, 1671m, 3699, 3730, 3757, 3992m
La carica delle patate (79) 1886ph, 4066d, 4955ph
Carica eroica (52) 1398d, 1607, 1684s, 3001, 3064, 3862, 4877
Carioca tigre (78) [Diamond Peddler] 783, 834d, 2679, 4267
Carleton Browne of the F.O. (58 U.K.) 3420
Carlo Carrà (52) [Carrà] 3645d-ph, 4813m
Carlo Goldoni veneziano (57) 333
Carlo IX (10) 1334d
Carlo Piscane (56) 4456d
Carlotta (80 Spain) 2636, 3161
Carmela (42) 613, 754d, 791, 870m, 1157s, 1543, 1724, 3318, 3608ph, 4237, 4341
Carmela è una bambola (58) 70, 1095w, 2771, 3119ph, 3627a, 3689d, 4467, 4724w
Carmela, sartina di Montesanto (16) 1221, 3285ph, 3555
Carmen (09) 1617d, 2541, 2620ad, 3242, 3269
Carmen (16) 2097
Carmen (43) 155ph, 984d, 1588co, 2430, 2795, 2882p, 3110, 3447, 3626, 3691w, 3840, 3914
Carmen (83) [Bizet's Carmen] 1408ph, 1487, 2075w, 2296s, 2908e, 3942d-a
Carmen de la ronda (59 Spain) 3229
Carmen di Trastevere (61) 961, 1841d, 2486m, 4717
Carmen fra i rossi (39) [Frente de Madrid] 338p, 447, 807m, 1318, 1693s, 1936, 2268ph, 2800, 3073, 3105, 3186, 3248d, 3855, 4334ph
Carmen proibita (52) 518a, 715, 748w, 1332ph, 2288, 2624, 3812, 3864, 4159d, 4306, 4564
Carmen von St. Paul (27 Germany) 4637
Carnage *see* Antefatto
Carnal Circuit *see* Femmine insaziabili
Carnal Knowledge (71 U.S.) 3961ph
Carnalità (74) 405
Carnalità morbosa (81) 998ph, 4228d
La carne (91) 1666d, 2070ph, 2908e
Carne de horca *see* Il terrore dell'Andalusia
La carne e l'anima (45) 43ph, 1661, 1972, 3046, 3570, 4237, 4484ph
Carne inquieta (52) 152ph, 439, 725, 1005, 3023, 3199d, 3231ph, 3584, 3668d, 4237, 4654, 4957
Carne per Frankenstein (74) [Barone Frankenstein; Andy Warhol's Flesh for Frankenstein; Andy Warhol's Frankenstein; The Devil and Dr. Frankenstein; De la chair pour Frankenstein; Up Frankenstein; The Frankenstein Experiment; Frankenstein] 1205, 1266d, 1459, 1827, 2075w, 2296s, 2320, 2383, 2415ph, 2760, 3156d, 3636p, 4682, 4866p, 4932p
Il carnevale di Venezia (27) 79d, 155ph, 427, 2240, 2272, 2999, 3041, 3596p, 4484ph, 4521
Il carnevale di Venezia (40) 333, 1207, 1332ph, 1684s, 1693s, 1914d, 1996, 4226
Carnevalesca (17) [At the Carnival] 572, 1210w, 2060ph, 3382d, 3472
The Carnival Is Back *see* È tornato carnevale
Carnivorous *see* Ultimo mondo cannibale
Caro Gorbaciov (88) 228m, 2360, 2582d
Caro maestro (83) 925, 3601
Caro Michele (76) 276s, 826, 886, 920w, 1032, 1183, 1346ph, 2075w, 2962, 3003, 3088d, 3960m, 4207
Caro papà (79) 1032, 1346ph, 1415m, 1882, 3844d
Carogne si nasce (68) [One Is Born a Swine] 256, 322, 644d, 1097, 2171, 2426w, 3055, 3406, 3482, 3951ph, 4109
Caroline chérie (68 France) 42, 84, 995, 1416, 2765p, 3046, 3594

Carosello di canzoni (58) 804d, 3050p, 4512ph
Carosello di varietà (55) 1606, 3752
Carosello napoletano (54) 303, 403, 559, 692, 801, 875, 963, 972a, 1002, 1099, 1333w, 1367co, 1689, 1927m, 1944d, 2038, 2179, 2614, 2647, 2851w, 2903ch*, 2909, 3023, 3397, 3555, 3643, 3645ph, 3711ad, 3930, 3942ad, 4378, 4754, 4957
La carovana del peccato (52) 1636, 2473ph, 2885, 2979d, 3064, 3329
Carovana di canzoni (54) 403, 845, 1103d, 1116, 2393, 2712, 3503, 3689w, 4158w, 4166a, 4190ph, 4528, 4621
Carpaccio (47) 281d
Carrà *see* Carlo Carrà
Carré de dames pour un as (66 France) 2404
Carrera—das Geheimnis der blonden Katze (68 Germany) 509, 1631, 1683, 3153m, 3803
Le Carrefour des passions *see* Gli uomini sono nemici
"Il carrettino dei libri vecchi" *episode of* Altri tempi (51)
Il carretto di Totò (11) 4690d*
Carrie (76 U.S.) 1491m
Il carro armato dell'8 settembre (60) 580, 1426, 1492s-co, 1676, 1809, 2075w, 2256ph, 2873, 2876, 3453w, 3509, 3689d, 4301, 4633
Il carro sulla montagna (20) 1468, 2064, 3910d, 4130
Carroll Will Die at Midnight *see* Morirai a mezzanotte
La carrozza d'oro (53) [La Carrosse d'or] 85, 218w, 770, 971, 972w, 1284, 1322, 1367co, 2438, 2676ad-w, 2719, 2839m, 3110, 3627a, 3795ph-w, 3796d, 3842, 4305, 4590, 4595, 4718p, 4737
La carrozza di tutti (56) 2839m
Carskaja nevesta (11 Russia) 4807ph
Carta a Sara (56 Spain) 4189
La carta delle marine (60) 3453w
Cartagine in fiamme (59) 631, 1163, 1294w, 1626, 1693s, 1841d-p, 1872, 1897, 1971, 2176, 2512, 2513, 3218m, 3229, 3303, 3529, 3645ph, 4237, 4378, 4392, 4467, 4487w
Cartesius (73) 3948d
Cartoline italiane (87) 627, 824ph, 2370, 3367
Cartouche (55) *see* Le avventure di Cartouche
Cartouche (61 France) 813
Caruso Pascoski—di padre polacco (88) 2005p, 3098e, 3298d*
La casa che brucia (19) 229, 724, 1119d, 1468, 3021, 3813ph, 4808
La casa con la scala nel buio (83) [A Blade in the Dark; House of the Dark Stairway] 339ph, 350d-e, 1271m, 3081
"Casa d'altri" *episode of* Altri tempi (51)
La casa dalle finestre che ridono (76) 219d, 794
La casa de las palomas *see* Un solo grande amore
La casa degli scapoli (23) 176ph, 2029, 2271, 2770, 3382d-p, 3472, 4341
La casa dei pulcini (24) 760d, 1443, 2271, 3041, 3289, 3596p, 3652, 4022
La casa del peccato (25) *see* La via del peccato
La casa del peccato (38) 95p, 1221, 1276w, 2953a, 2966, 3229, 3247d, 3280, 3643, 4651
La casa del santo (21) 759d, 2792a
La casa del sorriso (91) 764p, 1454ph, 1666d-a, 2978, 4508
La casa del tappeto giallo (83) 1011m, 2315, 2582d, 2998, 3915, 4840
La casa del tempo (90) 1804d
La casa dell'exorcismo (73) [Lisa e il diavolo] 54, 351d, 1611, 2404, 4069, 4103, 4288, 4515, 4651
La casa della felicità (19) 2011d
La casa della paura (19) 771d*, 3703
La casa delle bambole *see* Casa di bambola
La casa delle mele mature (71) 2678
La casa delle vedove (59) 254d
Casa di bambola (18) [La casa delle bambole] 2828d*, 3382d, 4061, 4484ph
La casa di Madame Korà (57) [Méfiez-vous, fillettes!; Young Girls Beware] 74d, 1888, 2216, 2518, 2636, 2646, 2769, 3051m, 3086, 3354, 3366, 3641, 4097, 4885w
La casa di nessuno (15) 2974, 3585
La casa di vetro (20) 392, 475, 881, 1506w, 2272, 3289, 3836d
La casa errante (22) 4046
Una casa in bilico (88) [Tottering Lives] 1178, 3591, 4814
La casa in Italia (64) 911d
La casa in rovina (19) 444, 2905, 3382d, 4043, 4044
Casa lontana (40) 1950, 3583a
La casa nel parco (80) [La casa sperduta

nel parco; The House on the Edge of the Park] 1385d, 1480ph, 3345m, 4534e
Casa Ricordi (54) 639, 675, 845, 924, 964, 972a, 1117, 1213ad-w, 1347, 1351, 1367co, 1676, 1841d, 1892, 1936, 1985, 2038, 2284p, 2654, 2746, 2907, 2919, 3667, 3834, 3933, 3961ca, 4127ph, 4232, 4237, 4378, 4423, 4465, 4527, 4549, 4564
La casa senza tempo (43) 543a, 637, 1739d, 1740w, 2800, 3284, 3338, 3917, 4091, 4233
La casa sotto la neve (21) 1506w-s, 2272, 2655, 3836d, 4484ph
La casa sperduta nel parco *see* La casa nel parco
La casa stregata (82) [The Haunted House] 91s, 1102d, 2070ph, 2085
La casa sul lago (78) 527
Casa Verdi (43) 3418d, 3645ph
Casablanca, Casablanca (84) 1454ph
Casablanca, nid d'espions (63 France) 4568ph
I Casagotto (64) 4586m
Casanova (27) *see* Le avventure di Casanova
Casanova (76) *see* Il Casanova di Federico Fellini
Il Casanova di Federico Fellini (76) [Fellini's Casanova; Casanova] 826, 1034, 1323p, 1492s-co, 1577, 1650d, 2057p, 2075w, 2344, 3960m, 3961ph, 4400, 4401
Casanova e compagnia (76) [The Rise and Rise of Casanova; Some Like It Cool; Sex on the Run] 118, 210, 412, 673, 1187, 1566, 1663, 2055, 2404, 2518, 2965, 3208, 3342, 3345m, 3606, 4316, 4673, 4972
Casanova farebbe così (42) 619d, 1303, 1305w*, 1391, 2600ph, 2747, 2909, 3117a, 4292
Casanova 70 (65) 44, 514, 920w, 1442, 1666, 2075w, 2516, 2578, 2603, 2907, 2908e, 2965, 2980, 3088d, 3336, 3337, 3636p, 4025, 4206, 4543ph, 4586m
Casanova the Venetian *see* Infanzia, vocazione e prime esperienze di Giacomo Casanova veneziano
Le cascate del Toce (13) 4807ph
Il casco elettrico (07) 4807ph
Le Case de l'oncle Tom *see* Cento dollari d'odio
Casello n. 13 (45) 250, 1674d
Casi al fin del mundo *see* Quest'amore ai confini del mondo
Il casinista (80) 1658ph, 3092
Casinò de Paris (57) 361, 1416, 2225d, 3166a, 3865, 4636, 4899w, 4900p
Un caso di coscienza (70) 709, 1672, 2061d, 2469
Un caso di incoscienza (84) 228m, 419, 880, 1742, 2315, 3754, 4355
Il caso di Laura C (71) 4608
Il caso è felicemente risolto *see* No, il caso è felicemente risolto
Il caso Haller (33) 3, 387, 511d-e, 655ph, 1673e, 3046, 3318, 3578, 4698
Il caso Mattei (71) [The Enrico Mattei Affair; The Mattei Affair] 259, 1169p, 1408ph, 2039, 2075w, 2908e, 3558m, 3920, 3942d, 3962, 4821
Il caso Maurizius (54) [L'affare Maurizius; L'Affaire Maurizius; On Trial] 567, 1551d, 1897, 1919, 2519ph, 3380, 3423p, 3883, 3955, 3978, 4237, 4409, 4668, 4678m, 4692, 4847
Il caso Moro (86) 1491m, 2635, 4762, 4821, 4954
Il caso Pisciotta (72) 1489, 1828, 2033, 2970ph, 4349, 4622
Il caso Raoul (75) 516, 1415m, 1920ph, 3566, 3637d, 4651, 4840
Il casotto (77) [The Beach House] 1014, 1015d, 1263, 1346ph, 1379, 1668a, 1743, 2962, 3601, 3682, 3864, 4378, 4530
Cassache di cuoio (19) 4046
Cassandra Crossing (77 U.S.) 2070ph, 2614, 2631, 3636p, 4651
Le Casse *see* Gli scassinatori
Casse-tête chinois pour le judoka (68 France) 4533
La cassiera (08) 4807ph
Cassiodoro, il più duro del pretorio (77) 3092
Cast a Giant Shadow (66 U.S.) 4543ph
Casta diva (35) 475, 936, 1218, 1490, 1561, 1816ph, 1841d, 1978, 2205, 2739, 2872, 3352, 3557, 3602ph, 3785w, 3800, 3869, 4248, 4484ph, 4599, 4728a, 4792
Casta diva (54) 21w, 1213ad, 1367co, 1841d, 1892, 2038, 2284p, 2636, 2713, 3578, 3785w, 3816, 3821, 3834, 3933, 3961ca, 4126w, 4127ph, 4554, 4564, 4790
Casta e pura (81) 86s, 142, 3749, 3805, 4049d, 4307ph

La castagnara (06) 4807ph
Le castagne sono buone (71) [Finchè il divorzio non vi separi; Alfredo Alfredo; Till Divorce Do Us Part] 406w, 1071, 1279w, 1354, 1562a, 1607, 1924d-p, 2033, 2195, 2432, 2691, 3098e, 3579w, 3864, 3992m, 4057, 4622
Castel Gandolfo (n.d.) 1129d
Castel Sant'Angelo (38) 3411d
Castel Sant'Angelo (46) 511d
La castellana del Libano (56) [La Châtelaine du Liban] 2044, 3420, 3448, 3651d, 4199, 4208
Castelli in aria (38) 760d, 890w, 1001m, 1416, 1423w, 1693s, 1907d, 2137, 2953a
Il castello (48) 2475d
Il castello dalle 57 lampade (20) 2710, 3118ph, 3609, 4524d
Il castello dei gufi (22) 3866, 4191
Il castello dei morti viventi (64) 2515, 2545, 3814d, 4400, 4543ph, 4639
Il castello del diavolo (18) 1734
Il castello del ragno (15) 128d*, 1694ph
Il castello dell'orrore (73) [Dr. Frankenstein's Castle of Freaks; Frankenstein's Castle of Freaks; House of Freaks] 637, 1063, 1537, 1703, 3055, 3699
Il castello dell'uragano (20) 311ph, 2709d
Il castello della malinconia (20) 792, 1472, 1660, 1907d, 3570, 3609
Il castello delle acque morte (19) 55
Il castello di Artena *see* Il boia scarlatto
Il castello di bronzo (20) 355ph, 4046
Il castello di Fu Manchu (68) [The Torture Chamber of Dr. Fu Manchu] 8, 2048, 2515, 2841, 2869, 3243, 3520, 4373
Il castello in Svezia (63) [Château en Suède; Nutty Naughty Chateau] 646, 1577, 1710, 2125, 2324, 4013w, 4413, 4497ph, 4582, 4627d, 4809
Castelporziano, Ostia dei poeti (81) [Lunatics, Lovers and Poets] 3216ph
La Castiglione (42) *see* La contessa Castiglione
La Castiglione (55) *see* La contessa di Castiglione
Castigo (17) 354, 1221, 1327d
"Castigo" *episode of* Il fiacre n. 13 (47)
Castle Keep (69 U.S.) 566
Castle of Blood *see* La danza macabra
Castle of Fear *see* La danza macabra
Castle of Terror (63) *see* La danza macabra
Castle of Terror (64) *see* La vergine di Norimberga
I castrati *see* Le voci bianche
Cataclysm *see* Gli ultimi giorni di Pompei (59)
Catacombs (88 U.S.) 1491m
Catalepsis *see* La corta notte delle bambole di vetro
Catalessi (16) 174d
Catalina de Inglaterra (51 Spain) 4432
La catastrofe napoleonica (53) 2077d
Catch As Catch Can *see* Lo scatenato
Catch 22 (70 U.S.) 826, 2757, 3968
La catena (20) 3475, 4807ph
La catena dell'odio (55) 118, 256, 1978
La catena della felicità (16) 4804
Catene (26) 3836d
Catene (49) 1276w, 1757, 2910d, 3118ph, 3119ph, 3192, 3229, 3259, 4065, 4166a
Catene (74) 3387
Catene invisibili (42) 78, 618, 655ph, 768, 964, 1276w, 1497, 2253m, 2756w, 2800, 2811w, 2922d, 3148, 3271, 3580, 3849, 4166a, 4651
Caterina (20) 872d, 2740, 4731
Caterina da Siena (47) 3381d, 4091, 4167
Caterina di Russia (63) 1627, 3233, 3957, 4803
Caterina Sforza, la leonessa di Romagna (59) 976d, 1627, 2578
Catherine and I *see* Io e Caterina
Catherine et cie. (75 France) 801
Catholics (83 U.S.) 4654
Catilina (10) 871, 872d, 3289
Cat's Eye (85 U.S.) 1323p
Cattiva (91) [Wicked] 1783e, 2315, 2582d, 4126w, 4586m, 4840
La cattiva stella (16) 3118ph, 3510d
Cattivi pensieri (77) 1096ph, 1652, 2982, 3339, 4189, 4530d*, 4586m
Un cattivo soggetto (33) 619d, 965, 1219p, 1416, 2922p, 2953a, 3118ph, 3295, 3318, 3395w, 3849, 4324
La cattura (69) 2668, 2691, 3345m
Causa di divorzio (72) 418, 3161, 3992m, 4301
Cause e effetti (17) 2011d
Il cav. Costante Nicosia demoniaco (75) [Dracula in Brianza; Dracula in the Provinces] 637, 709, 1074, 1123, 1804d, 2251, 2404, 3337, 4304
La cavalcata ardente (25) 1456, 1498ph, 1841d, 1842, 1844, 1935, 2072ph, 2653, 2872, 3570, 4004, 4680

Cavalcata d'eroi (49) 1128d, 1232, 1352, 1515, 2600ph, 2713, 2738w, 2739, 3069a, 3270, 3395w, 3415, 3503, 3578, 3621, 3917, 4062, 4091, 4432, 4556, 4691, 4756
La cavalcata dei fantasmi (18) 3495
Cavalcata di mezzo secolo (51) 2249d-p, 2838w, 3320m, 3992m
Cavalcata selvaggia (60) 1426, 1972, 2615, 3569d, 3718, 3864, 4091, 4512ph, 4601, 4622
Cavalco e uccidi (64) [Brandy] 720d, 869, 2224, 2681, 3260, 3345m
La Cavale (74 France) 826
Il cavalier Petagna (26) 1842, 1864d, 3596p, 3819ph, 4191, 4960
Il cavaliere dai cento volti (60) 300, 2979d, 3569w
Il cavaliere dalla spada nera (56) 289, 439, 1768, 2389d, 3383, 3460, 4432, 4512ph, 4554, 4556, 4674
Il cavaliere del castello maledetto (58) [Le Chevalier du château maudit] 1128d, 2615, 3050p, 4091, 4189, 4432, 4512ph, 4580, 4601
Il cavaliere del sogno (46) [Donizetti] 1206, 1661, 1834ph, 2624, 2906d, 3041, 3229, 4092, 4140, 4370, 4527
"Il cavaliere del triangolo" *episode of* Il triangolo giallo
Il cavaliere della lieta figura (22) 355ph, 1327d*, 3731
Il cavaliere della primavera (20) 753d, 3426
Il cavaliere di ferro *see* Il conte Ugolino
Il cavaliere di Kruja (40) 771d, 789p, 925, 931, 1465, 1543, 1982, 2502, 3215w, 3282, 3340ph, 3503, 3527, 3841, 4543ph, 4732w
Il cavaliere di Maison Rouge (53) 1135d, 1761, 1834ph, 2506, 2775w, 2885, 3511, 4016, 4062, 4554, 4720p
Il cavaliere di san Marco (39) 1054, 1130, 1423w, 1457, 1661, 1931w, 3117a, 3295, 3410, 3552, 3836d, 3978, 4117ph, 4186co, 4675
Il cavaliere di via Morone (55) 2077d, 2839m
Il cavaliere e la zarina *see* Storie d'amore proibite
Il cavaliere inesistente (71) 3334
Il cavaliere misterioso (48) 774, 1323p, 1548, 1684s, 1786d, 1882, 2189, 2600ph, 2713, 2978, 3259, 3288w-co, 3447, 4065, 4359w
Il cavaliere senza nome (40) 124, 935d, 1055s, 1332ph, 2624, 2872, 3209, 3229, 3722, 4432, 4476, 4543ph, 4580, 4728a
Il cavaliere senza terra (58) 655ph, 1914d, 3457, 3659, 3957
Cavalieri dalla bianca croce (50) 2077d
I cavalieri dalle maschere nere (47) [I beati Paoli] 4, 280, 2979d, 3363, 3645ph, 4189, 4378, 4556, 4987w
I cavalieri del deserto *see* I predoni del Sahara
I cavalieri del diavolo (59) 774, 1426, 2472, 2804d, 3385, 4568ph
I cavalieri del poker (19) 3582d
I cavalieri dell'illusione (54) 289, 1232, 3147, 3473, 4803
I cavalieri della morte (10) 388d, 3704
I cavalieri della regina (54) [I moschettieri della regina] 531d, 714, 770, 908, 1294w, 2517, 2654, 3064, 3176, 3478ph, 3514w, 3863, 4127ph, 4375
I cavalieri della vendetta (64) 4717, 4756p
I cavalieri delle tenebre (15) 3582d, 4255, 4484ph
I cavalieri di Rodi (12) 98p, 872d
I cavalieri moderni (15) 2272
Les Cavaliers Rogues *see* La Battaglia di Fort Apache
Una cavalla tutta nuda (72) 592
Cavalleria (36) 61d, 240, 450p, 471w, 821, 874, 924, 1219p, 1661, 2268ph, 2269, 2671a, 2719, 2892m, 2953a, 3041, 3229, 3395w, 4128ad, 4186co, 4246e, 4593, 4732w, 4754, 4759ph
La cavalleria a Torino (07) 4807ph
Cavalleria rusticana (10) 2029
Cavalleria rusticana (16) 379, 755, 1327d, 1617d, 1864d, 2011, 2532ph, 3568, 3581, 3813ph, 4200
Cavalleria rusticana (24) 176ph, 1864d, 2029, 3472, 3921, 4447, 4931
Cavalleria rusticana (39) 78, 1122, 1543, 3271, 3382d, 3570, 3615, 3917, 3918, 4186co, 4269w, 4341, 4476, 4484ph
Cavalleria rusticana (53) 261, 654, 1755w, 1841d, 1985, 2376, 2782, 2953a, 3088w, 3386ph, 3715, 4304, 4306, 4388ph
Cavalleria rusticana (86) 4969d
"Cavalleria rusticana moderna" *episode of* Io uccido, tu uccidi
Cavalli si nasce (89) [Born Dumb] 275e, 516, 1862, 3601

La cavallina storna (52) 2077d
La cavallina storna (53) 810ph, 939, 1028, 1232, 1758w, 2885, 2909, 3137d, 3271, 3552, 3812, 4010w*, 4813m, 4968w
Cavatori di marmo (50) 3240d
Cave of the Living Dead *see* Der Flüch der grünen Aügen
The Cave of the Sharks *see* Bermude: la fossa maledetta
The Cavern *see* Sette contro la morte
Cavicchioni fidanzato delle stelle (19) 792
Cavicchioni paladino dei dollari (20) 792
Cavo olio fluido 220.000 volt (59) 3322d
Ce cher Victor (75 France) 4651
Cecilia (75) 1741, 2998
Cela s'appelle l'aurore *see* Gli amanti di domani
Celebrità (81) 4955ph
Celeste (70 France) 2900
La celestina P. . . R. . . (64) 2582d, 2912, 3244, 3280, 4189, 4533, 4584ph, 4618m, 4712
La cella n. 13 (12) 4489
Celle qui domine *see* La donna che scherzava con l'amore
Cellini—a Violent Life *see* Una vita scellerata
Celui qui doit mourir *see* Colui che deve morire
La cena dei Borgia (10) 2240
La cena delle beffe (41) 95p, 124, 362m, 387, 390w, 511d, 725, 796, 816, 835, 890w, 924, 1077, 1123, 1153ph, 1300ad, 1653, 1787p, 1892, 1972, 2817a, 3229, 3423, 4010, 4186co, 4188e, 4237, 4637, 4691, 4979
I cenciaiuoli del 2a quartiere (14) 3427d
Cenere (16) [Madre] 98p, 796, 1343ph, 1547d*, 1842, 2828d*, 3382d, 4804
Cenerentola (13) 98p, 975, 1801w, 3236, 4447
Cenerentola (19) 1221, 2753, 3813d
Cenerentola (48) 43ph, 450p, 933d, 1425, 3069a, 3395w, 3621, 4430
Cenerentola e il signor Bonaventura (41) 303, 652, 835, 1157s, 1756, 2269, 3578, 3947m, 4378, 4526co*, 4527d*, 4780
Cenerentola 80 (83) 63w, 801, 927, 1271m, 2404, 2566w, 2750d, 3030, 4318ph
Ceneri e vampe (17) 1617d, 2753, 3388, 3394, 3813ph, 4331
122 Rue de Provence (80 France) 3153
I centauri: esercitazione dei cavalleggeri a Pinerolo (cavalleria infernale) (08) 3326d-ca, 4807ph
Il centauro (20) 784w, 1119d, 1960ph, 4043
Un centesimo al secondo (81) 4487d
Cento anni d'amore (53) 77, 184, 255ad, 406w, 768, 924, 967, 1005, 1016p, 1300d, 1303, 1306, 1416, 1606, 1676, 1843, 2038, 2254, 2851w, 2894, 3138, 3218m, 3271, 3527, 3684w, 4078w, 4126w, 4192, 4426w, 4543ph*, 4625m, 4634, 4979
I cento cavalieri (64) 1135d, 1647, 1717, 2834ph, 3161
Cento di questi giorni (33) 34m, 155ph, 759d, 760d, 1509, 1636e- ad, 2271, 2953a, 4281w, 4982
Cento dollari d'odio (65) [Cica tomina koliba; Le Case de l'oncle Tom; Uncle Tom's Cabin; Onkel Toms Hütte] 1375, 1640, 1697, 2000, 2044, 2228, 2391, 2392, 2597, 3955, 4829d
I cento giorni *see* Maggio
Cento giorni a Palermo (83) 1779ph, 1899m, 4094, 4717
Cento giorni all'ombra (18) 906ph
Cento HP (15) [100 HP; 120 HP] 1307, 1907d, 4575
La 100 km (59) [La Cento chilometri] 844, 1972, 2888ph, 2988, 2996, 3036, 3089, 3249, 3286, 3457, 3473, 3538d, 3593, 3717, 3757, 4274, 4296, 4314
Cento lettere d'amore (40) 576p, 905w, 1089w, 1614, 1756, 1957, 2272, 2300, 2473ph, 2872, 2892m, 3247d, 3643
Cento piccole mamme (51) 92, 2909, 3071d, 3137d, 3340ph, 4595, 4674
Cento serenate (54) 1689, 1691, 2738d, 3320m, 3503, 3857, 3930, 4428, 4790, 4979
Centocelle (19) 1419d, 3070
Centomila dollari (40) [100.000 dollari] 760d, 890ad-w, 1218, 1816ph, 3229, 3280, 4948w
100.000 dollari per Lassiter (66) [Dollars for a Fast Gun] 520, 756, 1495w, 2224, 3591, 3924d, 4045, 4348
100.000 dollari per Ringo (66) [Three from Texas] 249w, 462, 703, 1365d, 2134, 2247, 3261m, 3743, 4053, 4247w, 4509
Cento ragazze per un playboy (66) 4038
120 HP *see* Cento HP

The Centurion *see* Il conquistatore di Corinto
The Centurion and the Seven Gladiators *see* Sette contro tutti
Ceramiche umbre (49) 3493d
Cerasella (59) 844, 1971, 2910d, 3146, 3400, 4759ph, 4966, 4981
Cerca di capirmi (70) 560, 592, 964, 2603, 3509, 3749
Cercasi bionda bella presenza (42) 78, 2993w, 3174, 3800d*, 4187ph, 4538
Cercasi Gesù (81) 1075d, 1856, 2056, 3805, 4144, 4419ph
Cercasi modella (33) 468p, 471w, 1937, 2987
I cercatori d'oro (20) 311ph
Le Cercle rouge (70 France) 4821
Cerco moglie (09) 4807ph
La ceremonia dei sensi (79) 721ph
Ceremonia sangriente (73 Spain) 208, 582
Il cero della vita (11) 4807ph
A Certain Smile (58 U.S.) 637
Certe donne! (28) [Femmina e madre] 1335
Certo, certissimo, anzi...probabile (69) 813, 893, 1096ph, 1722d, 1973, 2196, 2490, 2577, 3098e, 3992m, 4001, 4301
Un certo giorno (69) [One Fine Day] 3322d-e
La certosa di Parma (47) [Gli amanti senza speranza; L'ombra del patibolo; La Chartreuse de Parme] 56ph, 134co, 428, 655ph, 833, 868, 984d, 1274a, 1515, 1638, 1979, 2000, 2149ph, 2474, 2882p, 3006, 3110, 3546, 3770, 3918, 3947m, 4032, 4166a, 4177, 4186co, 4237, 4341
La certosa di Parma (80) 531d, 582, 972a, 4125, 4821
Cervantes (68) [Le avventure e gli amori di Miguel Cervantes] 32a, 688, 869, 1353, 1664, 2180, 2288, 2319, 2596, 3047, 3075, 3267, 3378, 3718, 3805, 3835, 4220d
Il cervello (56) 848d
Cervinia (37) 1153ph
César et Rosalie (72 France) 3342
Cesare Birotteau (21) 724, 784w, 4043
Cesta dugu godinu dano *see* La strada lungo un anno
Cet obscur objet de désir (77 France) 4840
Chaînes d'or (56 France) 813
La Chair de l'orchidée (74 France) 1123, 4651
Chair de poule *see* Pelle d'oca
Le Chair et le diable *see* Fuoco nelle vene
Chakmull *see* Ciak Mull, l'uomo della vendetta
Challenge of the Gladiator *see* Il gladiatore che sfidò l'impero
Challenge to White Fang *see* Il ritorno di Zanna Bianca
Chamber of Horrors (66 U.S.) 1232
La Chambre ardente *see* I peccatori della Foresta Nera
Chambre 666 (82 France) 146
The Champ (79 U.S.) 4969d
Champagne caprice (18) 634w, 1088d, 3866
Champagne e fagioli (80) 636d, 637
Le Champignon (70 France) 4651
La Chance et l'amour (64 France) 4057
Le Chant du marin (32 France) 1841d
Le Chant du monde (65 France) 4533, 4622
Chaos *see* Kaos
Chapaqua *see* L'oro dei bravados
Charge of the Gauchos (28 U.S.) 4575
Charleston (77) 344ph, 1051, 1271m, 1722d, 3119ph, 3485
Charlott etwas verrückt (27 Germany) 3472
Le Charme discret de la bourgeoisie *see* Il fascino discreto della borghesia
La Chartreuse de Parme *see* La certosa di Parma
Le Chat et la souris *see* Il gatto, il topo, la paura e l'amore
Le Château de verre *see* L'amante di una notte
Château en Suède *see* Il castello in Svezia
La Châtelaine du Liban *see* La castellana del Libano
"La Chatte" *episode of* I sette peccati capitali
Che! (69 U.S.) 1232
Che? (72) [What?] 44, 673, 1344, 1886ph, 2055, 2907, 3618d-ed*, 3636p, 3922, 3996ph, 4652
Che c'entriamo noi con la rivoluzione? (73) 108, 186, 1103d, 1611, 1875, 1882, 2264, 3153m, 4616ph, 4781, 4933
Che casino...con Pierino! (82) 45d, 998ph
Che cosa ha fatto tuo padre con mio madre? (73) 2087
"Che cosa sono le nuvole?" *episode of* Capriccio all'italiana

Che cosa triste la guerra! (14) [Cuor di bambino e cuor di soldato] 4766, 4767d*
Che distinta famiglia! (45) [Una distinta famiglia] 554d, 655ph, 939, 2953a, 3138, 3280, 4378, 4511, 4754
Che dottoressa, ragazzi! (76) 1093
Che fanno i nostri superman tra le vergini della giungla? (71) [I tre superman della giungla; Los tres superman en la selva] 45d, 405, 622, 2129, 2868
Che fareste voi? (21) 1864d, 2532ph
Che femmina...e che dollari! (60) 844, 3397, 4106m, 4192, 4246d, 4428, 4443, 4511, 4568ph, 4790
Che fine ha fatto Totò Baby? (64) [Whatever Happened to Baby Totò?] 1480ph, 2175d, 4559
Che gioia vivere (61) 1033d, 1285ph, 1349, 2274w, 2486m, 3509, 3677, 4378, 4511, 4530, 4579, 4989a
El "Che" Guevara (68) 532w, 703, 964, 1272, 1681m, 1684s, 2175d, 2261, 2877, 3091, 3145, 3670, 3718, 3945, 3957, 4062, 4165, 4551
Che notte quella notte (76) 1691, 4025
Che notte, ragazzi! *see* È stato lungo, difficile, però adesso...che notte, ragazzi!
Che ora è? (56) 848d
Che ora è? (89) 886, 2005p, 2907, 3141, 4158d, 4583, 4586m
Che paese allegro! (12) 3127
Che si dice a Roma (79) 4158d
Che tempi! (47) 463d, 759ad, 973, 3363, 4166a, 4292, 4378
Checcho e Cocò cercano il carcere (13) 153, 1847
Checcho e Cocò cercano un abito (13) 153, 1847
Checcho e Cocò domatori (12) 153, 1847
Checcho è sfortunato in amore (13) 1847
Checcho fotografo (13) 1847
Checcho Nerone (13) 1847
Checcho sposo (12) 1847
Checkpoint (56 U.K.) 3176
Le Chemin des écoliers (59 France) 3030
Les Chemins de Kathmandou (69 France) 2873
Chère Louise (72 France) 3509
Chéri-Bibi, il forzato della Guiana (55) 705, 845, 1717, 1988, 3119ph, 3271, 3363, 3371d, 3747w, 3821, 4309, 4790, 4979
Le Chevalier de la tzarina *see* Storie d'amore proibite
Le Chevalier de Pardaillan (62 France) 774
Le Chevalier du château maudit *see* Il cavaliere del castello maledetto
Chi dice donna dice...donna (76) 23, 204, 940d, 1602, 1886ph, 2900, 3558m, 3681, 3738
Chi è Dio (48) 4281d
Chi è l'uccisa (09) 796, 4807ph
Chi è più felice di me? (38) 493m, 566, 650d, 1227s, 1488, 1636e, 2272, 2861ph, 3472p, 3918, 4140
Chi è senza peccato (52) 1757, 2600ph, 2910d, 3229, 3259, 3319, 3939, 4058, 4065, 4166a, 4599
Chi l'ha ucciso (19) 1226ph
Chi l'ha vista morire? (72) 927, 1454ph, 2426d, 3153m, 4385
Chi l'ha visto? (45) 61d, 768, 1123, 1650w, 3506, 3800, 3828, 4117ph, 4166a, 4167, 4252, 4292, 4474w, 4511
Chi lavora è perduto (63) [In capo al mondo] 157e*, 205, 629d, 684, 909, 3558m, 3764, 4762
Chi legge? Un viaggio lungo il Tirreno (61) 4281d, 4968d
Chi mi aiuta? (84) 1096ph
Chi mi darà l'oblio senza morire *see* Amore che uccide (16)
Chi non crede all'amore (19) 810ph, 1226ph
Chi non vede la luce (14) 3956
Chi passa il fiume (45) 3525ph
Chi sei? (74) [Diabolica; Beyond the Door] 194d, 2302, 2489, 3027, 3345m
Chi sei tu? (39) 43ph, 4659d, 4982
Chi si ferma è perduto (60) 1103d, 1305, 2577, 3393, 4127ph, 4428, 4511, 4559, 4981
Chi troppo vuole... (21) 75ph, 1395d
Chi trova un amico trova un tesoro (80) [A Friend Is a Treasure] 783, 1103d, 1971, 2415ph, 3485, 4267
Chiagne pe' te! (25) 1226ph, 1327d*
Chiamate: 6969 taxi per signora (81) 464d
Chiamate 22—22 tenente Sheridan (60) 463d, 1096ph, 3342, 4586m
Chiarina la modista (19) 3285ph
La chiave (83) 443p, 629d-e, 909, 2256ph, 3153m, 4057
Chiave d'oro e chiave di ferro (13) 3326d-ph
Le chiavi della felicità (13) 4807ph

Una chica casi decente (72 Spain) 927
Los chicos (59 Spain) 1666d
Chiedi perdono a Dio...non a me! (68) [May God Forgive You...But I Won't] 163, 2625, 3198d, 3525, 4052
Chiedo asilo (79) 397, 1409, 1666d, 4080m
Chief Lo Gatto *see* Il commissario Lo Gatto
Chiens perdus sans colliers (55 France) 4515
La chiesa (88) 169p-w, 946, 1783e, 2005p, 3823, 4419ph
La chiesa del Gesù (45) 1902d
Child in the House (56 U.K.) 3218m
Child of the Forest *see* Il figlio delle selve
Child of the Night (75) *see* Perchè?
Child of the Night (78) *see* Enfantasme
The Children Are Watching Us *see* I bambini ci guardano
Children of Change *see* Campane a martello
The Children of Sánchez (78 U.S./Mexico) 4968w
Chimera (17) 3871d
Chimera (68) 1556, 1705d, 1939, 2061w, 2909, 4443
La chimera del biondo cavaliere (27) 4354
Chimere (19) 128ph, 833, 2173, 3237d, 3442, 3472, 3585
Chimes at Midnight (65 U.S./Spain/Switzerland) 973
Chin-Chin *see* Tchin-tchin
China 9, Liberty 7 *see* Amore, piombo e furore
Chino *see* Valdez il mezzosangue
Il chiodo (12) 4807ph
La chiromante (21) 79d, 80, 475, 1068, 2463, 2770, 3382w, 4022
Il chiromante (41) 471d, 789p, 2667, 3340ph, 3863
Chissà perchè...capitano tutte a me (80) [Everything Happens to Me] 1454ph, 1722p-w, 2657d, 3485
Un Choix d'assassins (67 France) 44
Choke Canyon (86 U.S.) 194p, 4318ph
Chonchette (18) 1472
Chopin *see* Sciopen
The Chosen *see* Holocaust 2000
Les Choses de la vie (68 France) 2900
Christmas Kid *see* Lo sceriffo senza stelle
Christus (15) [La sfinge dell'Ionio] 138d, 881, 883, 902, 1334d, 2095, 2905, 3289, 3454, 3609, 3970, 4036w
Chuck Moll *see* Ciak Mull, l'uomo della vendetta
Chuka (67 U.S.) 3420
Chung Kuo Cina (72) [La Cina] 146d, 1679ad, 4562ph
Ci ridiamo, vera provvidenza? (73) [Here We Are Again, Eh Providence?] 113, 524, 891w, 1365d, 3017, 3153m, 3261m, 3344, 4616ph, 4618m
Ci sposeremo a Capri (56) 2804d, 3231ph, 3555, 4233, 4322, 4602w*
Ci troviamo in galleria (53) 21w, 518a, 531d, 844, 908, 1237, 1493, 1691, 1804w, 1969, 2018, 2614, 3599, 4126w, 4127ph, 4292, 4323, 4428
Ciak Mull, l'uomo della vendetta (69) [Chakmull; Chuck Moll; Unholy Four] 211, 286d, 530p, 1553, 3119ph, 3345m, 3949w, 4143, 4368, 4386
Ciak, si muore (74) 2244, 3566
Ciao cialtroni (79) 1173, 1691, 4603
Ciao, ciao, bambina (58) 924, 1869, 2053d, 2873, 3119ph, 3627a, 3684w, 3917, 4511, 4618m, 4724w
Ciao Federico (70) 1650
Ciao Gulliver (70) [So Long, Gulliver] 582, 1666, 1886ph, 3363, 3558m, 3922, 4025
Ciao marziano (80) 824ph, 1014, 1973
Ciao maschio (77) [Rêve de singe] 1051, 1387, 1409, 1630, 1666d, 1668a, 1700, 2907, 2908e, 4080m, 4562ph
Ciao nemico (81) [The Bridge Between] 38ph, 286d, 1173, 1502, 1875, 1901, 3373, 3753
Ciao, nuvola... (56) 3907d
Ciao pais... (56) 286d, 1571, 1982, 3271, 3894, 3980
Cica tomina koliba *see* Cento dollari d'odio
La cicala (19) 3581, 4983d
La cicala (78) 783, 1417ph, 1764, 1875, 2475d, 2578, 2798, 4038
La cicala e la formica *see* La favola di La Fontaine
La cicca (06) 4807ph
Cicciabomba (82) 824ph, 1565, 2534d, 3509
Ciccio, il pizzaiuolo del Carmine (16) 3285ph
Ciccio perdona...io no! (68) 256, 1432ph, 1754, 2798, 3000, 4053, 4279
Ciceruacchio (15) 343, 827, 1068, 1179ph, 1935d, 3083

Ciclisti romani in arrivo a Torino (98) 728d-ph
Il ciclone (16) [Taifun] 2655, 3510d
El Cid *see under* E
Il Cid (10) 872d
La cieca di Sorrento (16) 393, 1273, 1975, 4191d*
La cieca di Sorrento (25) 2095, 2318
La cieca di Sorrento (34) 447, 1465, 1834ph, 2719, 2744d, 2763m, 2768p, 3410, 3722, 4269w, 4476
La cieca di Sorrento (52) 22, 770, 832, 1367co, 1878ph, 1914d, 2636, 3097
La cieca di Sorrento (62) 1426
Il cieco (19) 388d, 2792a
Le Ciel sur la tête *see* Allarme dal cielo
Cieli (20) 2097
Il cielo brucia (57) 655ph, 1486, 2254, 2636, 2647, 2895d, 3229, 3684w, 4066, 4564
Cielo di notte (56) 848d
Il cielo è rosso (49) [Rosso è il cielo dei Balcani; Sofia] 206, 439, 687m, 964, 1583s, 1667, 1756p, 1892, 2000d, 4192, 4579w, 4759ph, 4968w
Cielo sulla palude (49) 56ph, 214w, 338p, 920w, 1206, 1907d, 2817a, 4564, 4729m, 4774
Cierwony Blasen (25 Poland) 2742
Cigarettes, whisky e p'tites pépés (58 France) 3400
Cimeli napoleonici (51) 93d
Cimitero degli elefanti (48) 528d
Il cimitero dei giustiziati (20) 311ph, 4953d
Cimitero senza croci (68) [Une Corde, un colt; The Rope and the Colt] 169w, 703, 2216d*, 2536, 2980
La Cina *see* Chung Kuo Cina
La Cina è vicina (67) 151, 381d, 880, 1169p, 1346, 2041, 2442ca, 2927, 3153m, 4452w-a*
La Cina senza pace (27) 1153ph
Cincin s'annoia (07) 225, 2709d*
Cinderella Italian Style *see* C'era una volta
Cindy's Love Games *see* Amanti miei
Cinefollie (42) 1128d
Cinema!!! (80) 219d, 794
Cinema, che passione! (34) 3540d, 3967, 4191, 4543ph
Cinema d'altri tempi (53) 21w, 759w, 908, 973, 1416, 1932s-co, 3363, 3423p, 3473, 3821, 4127ph, 4359d, 4492, 4574
Cinema di tutti tempi (39) 777ad, 3451d
Cinema paradiso *see* Nuovo cinema paradiso
Il cinema secondo Bertolucci (77) 194p, 442, 443d-e*, 455, 1382, 1387, 2148, 2441, 3216ph, 4054, 4057, 4379, 4400, 4651
Cinema vent'anni fa (35) 1674d
Il cinico, l'infame, il violento (77) 2534d, 3017, 3393, 4955d
Cinq gars pour Singapour (67 France) 211
Cinquant'anni di emozioni (53) 1673d-e
Cinque a zero (32) 95p, 269, 553m, 554d, 1494, 1830w, 2671a, 2875ph, 3028, 3077, 3195, 4637
Cinque anni in un giorno (56) 2077d, 2839m
Cinque bambole per la luna d'agosto (70) 351d, 419, 1652, 1810, 1833, 3945, 4618m
I cinque Caini (19) 744, 1125, 1210d, 1343ph, 1841d, 3077
I cinque dell'Adamello (54) 1878ph, 2038, 2076w, 2537w, 2979d, 3001, 3506, 3560a, 3684w, 3794, 3951w, 4066, 4564, 4622, 4987w
I cinque della vendetta (65) [Five Giants from Texas] 249w, 994, 1316w, 2340, 2700, 2869, 3075, 3079, 3743, 4279
Cinque dollari per Ringo (68) 1093, 1631, 2258d, 2473ph, 4916
Cinque donne per l'assassino (72) 42, 1881m, 3945
Cinque figli di cane (68) 745d, 1006, 1553, 1611, 2019, 3176, 3189, 3345m, 3406, 3669, 4392
Le cinque giornate (73) 169d, 926, 1407
Cinque mamme e una culla *see* Passaporto per l'Oriente
Cinque marines per cento ragazze (61) 844, 2578, 2922d, 4530, 4705, 4753
Cinque minuti colla nazionale di calcio (40) 1674d
Cinque ore in contanti (60) [Five Golden Hours] 302, 402, 801, 947, 959, 1185, 1717, 1875, 2113, 2407, 2447, 2527, 2909, 3120, 3178, 3673, 4009, 4056, 4376, 4418, 4823, 4899p, 4950d-p
Cinque per l'inferno (68) 1869, 2386, 2516, 2764ph
Cinque pistole di violenza (73) 2386
Cinque poveri in automobile (52) 43ph, 102w, 329, 518a, 679, 823, 908, 973, 1303, 1306, 1606, 1973, 2269, 2284p,

2922d, 3088w, 3592, 3789, 3917, 4296, 4428, 4968w
Le cinque terre (42) 3418d, 3645d
Cinque tombe per un medium (66) [Cinque tombe per una madonna; Terror-Creatures from the Grave] 248, 1063, 1875, 3697d, 4346
500 c.c. (53) 2077d
5000 dollari sull'asso (65) [Die Gejägten der Sierra Nevada; Gunmen from Arizona; Pistoleros from Arizona] 249d, 1095w, 1316w, 2486m, 2917ph, 3079, 3957, 4053, 4920
La cintura (89) 443p, 3129w, 3153m
La cintura di castità (50) 184, 471w, 1374, 1706w, 2648, 2906d, 3578, 3992m, 4194, 4323, 4443, 4602
La cintura di castità (68) [On My Way to the Crusades] 893, 1134, 1187, 1469ph, 1677d, 1872, 1892, 1963, 2055, 3178, 3345m, 3623, 3730, 3823, 4322, 4503, 4579, 4809
La ciocca bionda (16) 1866d
Cioccolato (50 doc) 933d
La Ciociara (61) [Two Women] 382, 668, 964, 1063, 1416d, 2557p, 2614, 2632, 2715, 2953a, 3129w, 3271, 3608ph, 3636p, 4038, 4586m, 4654, 4968w
Il Ciociaro *see* Capriccio fatale!
Cipolla Colt (75) [Il cipollario; Cry Onion; Spaghetti Western] 108, 265, 635, 706, 892d, 1053, 1271m, 1495w, 2148, 2864, 3075, 3244, 3554, 3698, 4616ph, 4673, 4789w, 4967
Cipria e sangue (21) 634w
Cirano di Bergerac (09) 3456d
Cirano di Bergerac (22) 427, 760ad-w, 811co, 874, 1660, 1907d, 2724, 3070
Cirano e d'Artagnan (62) 878, 1664, 1849d-e, 2404, 2488, 2861ph, 2912, 3278, 4243
Circe (17) 796
Circe moderna (14) 4120ph
Circle of Love *see* Il piacere e l'amore
Circo (43) 4745d
Il circo (48) 2281ph
Il circo di Pechino (57) 3493d
Circo equestre Za-Bum (46) 1606, 2654, 2922d, 3118ph, 3270, 3271, 3615, 4292, 4641, 4651, 4754, 4957
La circonstanza (74) 3322d-ph-e
Circuito chiuso (81) 3116
Circus World (64 U.S.) 813
Il Cireneo (19) 1496
El Cisco *see under* E
The Cisco Kid *see* El Cisco
Cita con mi viejo corazón (46 Spain) 1473
Città bianca (42) 2281ph, 3451d
La città canora (30) [Die singende Stadt; The City of Song; Farewell to Love] 1841d, 2382
La città canora (52) 107p, 1128d, 1571, 1689, 2038, 2268ph, 2712, 2713, 3555, 3643, 3917, 3930
La città degli uomini (55) 1850d
La città dei martiri (52) 3007d
La città dei traffici (49) 3844d
La città del cinema (55) 4023d
La città del concilio (48) 255d
Città del sogno (11) 3326d-ph
La città del sole (73) 100d, 3216ph
La città dell'amore (34) 1343ph, 1914d, 3557, 4792
La città delle donne (80) 228m, 377, 1453, 1650d, 1668a, 1963, 2609, 2782, 2907, 2908e, 3961ph, 4054, 4905
La città di Bathom (11) 4807ph
La città di Messer Ludovico (51) 4662d
La città di Miriam (83) 2426d
Città di notte (56) 195, 351ph, 888, 1426, 3138, 3407, 3960, 4579d*, 4777
La città di Stendhal (49) 933d
La città di vetro (21) 2875ph
La città di Vladicausas (11) 4807ph
La città dolente (48) 553m, 554d, 964, 1276w, 1346ph, 1522, 1650w, 3041, 3864, 4191, 4354, 4554, 4680, 4803
La città gioca d'azzardo (75) 68, 3407
La città prigioniera (62) [Captive City; Conquered City] 139d, 265, 480e, 583, 972a, 1149, 1872, 1891, 2166, 2190, 2900, 2909, 3272, 3558m, 3847, 3890, 4305, 4478, 4712
Le città proibite (63) [Un mondo si rivela] 4159d-p
La città santa (11) 3326d-ph
Città sconosciuta (47) 528d
La città sconvolta—caccia spietata ai rapitori (74) 1123, 1460d, 2890, 2897, 2970ph, 2982
La città si difende (51) 256, 309, 1016p, 1075w, 1562a, 1650ad-w, 1924d, 2043, 2517, 2596, 2714, 2775w, 3118ph, 3176, 3579w, 3992m, 4564
Città sull'acqua (49) 3451d
Città violenta (70) [The Family] 275e, 469, 661, 663a, 741w, 1069p, 1090, 1223, 1396w, 1943ad, 2260, 2375, 2551, 2736w, 3153m, 3261m, 3342,

3423p, 4102, 4103, 4132w, 4285d, 4543ph, 4882w
Il cittadino si ribella (73) 232, 824ph, 892d, 1271m, 1396w, 2735, 2736w, 3244, 3393, 3670, 3698
The City of Song *see* La città canora (30)
City of the Living Dead *see* Paura nella città dei morti viventi
City of the Walking Dead *see* Incubo sulla città contaminata
City of Violence *see* Amore e sangue
City on Trial *see* Processo alla città
La ciudad perdida *see* Terroristi a Madrid
Civiltà sveva in Italia (56) 3658d
Cjamango (67) 2127, 2615, 2648, 3177d, 3196, 3198w, 3753, 4052
Clair de femme (79) 397, 972a, 4652
El clan de los inmorales *see* La testa del serpente
Il clan dei calabresi *see* Milano: il clan dei calabresi
Il clan dei due Borsalini (71) 1754
Il clan dei siciliani (69) [Le Clan des siciliens] 924, 1285ph, 1349, 1819, 3153m, 3229, 4096a, 4579, 4717, 4741d
Il clan del quartiere latino (74) 20, 2752
Il clandestino (57) 255d
Clandestino a Trieste (51) [Fugitive in Trieste] 536, 543a, 559, 1225, 1543, 1640, 1972, 2030, 3616, 4042d, 4062, 4112, 4190ph, 4192
Claretta (84) 86co, 566, 813, 1473, 1901, 1998, 2978, 4301, 4325d
Claretta and Ben *see* Permette signora che ami vostra figlia
Il clarino di Tontolini (11) 3626
La class de Asen (14) 1076d-ph
Classe di ferro (57) 451, 573, 845, 1696, 2288, 2660m*, 2888ph, 3036, 4038, 4066, 4699d, 4752
Classe mista (77) 4955ph
La classe operaia va in paradiso (72) 1668a, 2962, 3153m, 3534d, 3748, 4821
Classe tous risques *see* Asfalto che scotta
Claudio Monteverdi (46) 1078d
Clayton and Catherine *see* Amore, piombo e furore
Clemente VII e il sacco di Roma *see* Il sacco di Roma e Clemente VII
Cleo dalle 5 alle 7 (62) [Cléo de 5 à 7] 505, 600, 646, 950, 1091, 1264, 1275p, 1351, 1436, 1594a, 1797, 1986, 2342, 2521m, 2809, 3636p, 3720ph, 3870, 4160, 4689d
Cléo, robes et manteaux (34 France) 2744d, 2875ph
Cleopatra (63 U.S.) 439, 1232, 2587, 2976
Cleopatra, una regina per Cesare *see* Una regina per Cesare
Cleopatra's Daughter *see* Il sepolcro dei re
Cleopazza (64) 559
Il cliente (11) 4015, 4341
Climats (61 France) 1813m
Clint il solitario (68) [Clint the Nevada Stranger] 249d, 256, 307, 632, 1272, 1316w, 2010, 2401, 2868, 3763, 4053, 4930
I clowns (70) 479, 1470ph, 1492s-co, 1565, 1591, 1621, 1650d, 2908e, 2925, 3960m
Il club degli impiccati (20) 445d
Il club degli inafferabili (21) 4947d
Il club degli stravaganti (21) 3731
Il club dei suicidi (22) 4046
Il club dei 13 (16) [Il club n. 13] 1243, 3652
Il club delle donne (15) 865, 1900, 4490d
Club di ragazze (57) [Club des femmes] 3080, 3865p
Club Extinction *see* Dr. M
Il club n. 13 *see* Il club dei 13
Clumsy Hands *see* Quando Satana impugna la colt
Il cobra (67) 120, 532w, 1223, 1399, 1565, 3106, 3541, 3690, 4984
"Cocaina di domenica" *episode of* Controsesso
Cocciutelli a Tripoli (11) 3041
Cocciutelli finto orso (11) 3041
Il cocco di mamma (57) 166, 845, 1683, 1763w, 1982, 2765ph, 2996, 3040, 3128d, 3249, 3593, 3740, 3828, 4147, 4586m, 4598, 4789w
Cocco mio (79) 4025
El cochecito (60 Spain) 1666d
Cocò e il terremoto (10) 153
Cocò marina la scuola (12) 153
Cocò negro per amore (10) 153
Cocò non ha più scarpe (10) 153
Cocò va soldato (10) 153
La coda del diavolo (65) 2900
Code Name Red Roses *see* Rose rosse per il Fuehrer
Code Name: Wildgeese (84) 1063, 1266d
Codice d'amore orientale (74) 1181

Codice privato (88) [Secret Access] 1324p, 2415ph, 2891d, 3202
Codici 1474 (53) 1850d
Il cofanetto dei milioni *see* Lo scrigno dei milioni
Coffee and Cigarettes (86) 397w*
Coffin Full of Dollars *see* Per una bara piena di dollari
Coffin of Terror *see* La danza macabra
Coiffeur pour dames (24) 176ph, 2095, 3382d, 3472
Col cuore in gola (67) 208, 489, 629d, 2871, 4582, 4586m
Col ferro e col fuoco (62) [With Fire and Sword; Invasion 1700; Daggers and Blood] 319, 647, 933d, 1150, 1813m, 3055, 4435, 4840
Col mamzer melech (68 Israel) [Every Bastard a King] 126, 419
Cola di Rienzo (10) 872d
Il colchico e la rosa (20) 643d
Cold Blooded Beast *see* La bestia uccide a sangue freddo
Colei che doveva morire (15) 138d, 2653
Colei che non parla (18) 1841d, 1842
Colei che non si deve sposare (18) 75ph, 1395d*, 2792a
Colei che tutto soffre (14) 223, 542w, 554, 797, 811co, 871, 3382d, 3956, 3984, 4120ph, 4255
La collana del milione (20) 1834ph, 3570
La collana della felicità (16) [Il romanzo di una domatrice] 833, 2742
Colle del puerto *see* Malinconico autunno
College (84) 91s, 891d, 1417ph
La collegiale (12) 3127, 4807ph
La collera del vento (72) [Trinità voit rouge; La colera del viento] 685, 773d, 1920ph, 1971, 3805
I colli e le marine (50) 2077d
La collina degli stivali (69) [Boot Hill] 697, 996, 1059d, 1971, 2887ph, 3485, 3992m, 4336, 4386, 4891
La colomba non deve volare (69) [La colomba non deve morire] 419, 2404
Colonia alpina (07) 4807ph
Colonie albanesi in Italia (56) 3658d
Colonie Sicedison (58) 3322d
La colonna infame (73) [The Pillory Post] 53ph, 151, 416, 582, 801, 3718, 3846d
La colonna traiana (48) 4813m
Il colonnel Buttiglione diventa generale (74) 1173
Il colonnello Brideau (17) 3582d, 3981ph
Il colonnello Chabert (20) 1841d, 2072ph, 4959
Color of Love (87) 1209d
Colorado Charlie (65) 211, 435, 509, 2615, 2928d, 4384w
Colore a Portofino (52) 2077d
I colori della Cina (53) 2077d
Il colosso di Rodi (60) [El coloso de Rodas; The Colossus of Rhodes] 154, 734, 745, 756, 869, 1245e, 1294w, 1365w, 1657, 2346, 2466, 2486m, 2536d, 2657ad, 2808, 2900, 3387, 3835, 4063, 4432, 4487w
Il colosso di Roma (65) [Arm of Fire; Hero of Rome] 83, 145, 1093, 1215, 1333w, 1515, 1623, 1674d, 2171, 2486m, 2654, 3385, 4162, 4189, 4512ph
Il colosso vendicatore (21) 355ph, 3731
Colossus and the Amazons *see* La regina delle amazzoni
Colossus and the Arena *see* Maciste, il gladiatore più forte del mondo
Colossus and the Golden Horde *see* Il terrore dei barbari
Colossus and the Headhunters *see* Maciste contro i cacciatori di teste
Colossus of the Stone Age *see* Maciste contro i mostri
Colpa altrui *see* Eroismo d'amore
La colpa del morto (15) 1603d, 2704ph
La colpa di Giovanni (14) 1617d
La colpa di una madre (52) 439, 1163, 1546d, 1892, 1959ph, 2647, 2697, 2953a, 3967, 4556, 4611
La colpa e la pena (61) 381d
Colpa e mistero (16) 1424, 4022
La colpa vendica la colpa (19) 388d, 810ph
Il colpaccio (76) 113, 419, 4515
Le colpe degli altri (12) 1327d, 1397, 3456d, 4447
Le colpe dei padri (11) 4807ph
I colpevoli (57) 980, 1416, 3046, 3271, 3319, 3627a, 4699d
Colpi di luce (85) [Ray of Light] 892d, 1271m, 1480ph, 1589, 1969
Colpi di timone (42) 43ph, 618, 1756, 2765ph, 2800, 2826w, 2872, 2953a, 3836d, 4354, 4737
Colpire al cuore (82) [Blow to the Heart] 100d, 3216ph, 3601, 4582
Colpita da improvviso benessere (76) 228m, 1014, 1965d, 3738, 4307ph
Un "colpo" da due miliardi (58) [Sait-on

jamais; No Sun in Venice] 115, 182, 1344, 1607, 2140, 2216, 2852, 3457, 3894, 4497ph, 4627d, 4718p
"Il colpo da leoni" *episode of* Su e giù
Un colpo da mille miliardi (66) [Un golpe de mil millones] 1611, 2175d, 3574, 4533, 4677
Colpo di fulmine (86) [Love at First Sight] 1415m, 1763w
Un colpo di pistola (41) 544w, 667, 791, 890d, 931, 991, 1206, 1367co, 1475ca, 1761, 1936, 2953a, 3280, 3476w, 3527, 4091, 4281w, 4484ph, 4622
Un colpo di scena (22) 337d, 3688ph
Colpo di sole (68) 104w, 151, 263, 709, 1245e, 1345ph, 2080d, 2577, 3161, 3190, 3321, 3968
Colpo di stato (68) 279, 1978, 3049, 3098e, 4024d*, 4945
Un colpo di vento (36) [Coup de vent] 447, 1525d, 1740d, 3410, 3597, 4453d, 4512ph, 4635a, 4944
Colpo doppio del camaleonte d'oro (67) 1511
Colpo gobbo all'italiana (62) 844, 964, 1804d, 4511, 4618m
Colpo grosso a Galata Bridge (65) [Estamboul 65; L'Homme d'Istamboul; That Man in Istanbul; Operation Istanbul] 20, 688, 1362, 1879m, 2247, 2386, 2404, 2935, 3661, 3730, 3763, 3835, 4246w, 4509
Colpo grosso al casinò (62) [Mélodie en sous-sol; Any Number Can Win] 1349, 1436, 1485, 1819, 2720m, 2847, 4741d
Colpo grosso alla napoletana (69) 567
Colpo grosso degli uomini squalo (77) 3490
Colpo grosso...grossissimo...anzi probabile (73) 893
Colpo grosso ma non troppo (65) [Le Corniaud; The Sucker] 601, 709, 973, 1285ph, 1308, 1329m, 1436, 1905, 2518, 2603, 3354d, 4622, 4712
Colpo in canna (74) [Loaded Guns; Stick 'em Up, Darlings] 118, 3642, 4386
Colpo maestro al servizio di Sua Maestà britannica (68) [Colpo maestro per Sua Maestà] 248, 584, 927, 1063, 1366m, 1611, 2516, 2615, 4509
Colpo rovente (69) [Nokaut; Knockout] 592, 996, 1408ph, 2516, 3046, 3558m, 4989d
Colpo secco (77) 2490
Il colpo segreto di d'Artagnan (60) [Le Secret de d'Artagnan; The Secret Mark of d'Artagnan] 252, 1623, 2804d, 2808, 3204, 3276, 4166, 4189
Colpo sensazionale al servizio del Sifar (68) 2576, 2615, 3730, 3757, 3837, 3943, 3957, 4045, 4074
La colt è la mia legge (65) [My Colt Is the Law] 644d, 1353, 1954, 2608, 4106m
La colt era il suo dio (72) [God Is My Colt .45] 762, 3239, 4604
Una colt in mano al diavolo (72) [Colt in the Hand of the Devil] 243, 251d, 419, 2887ph, 3558m, 4551, 4920
Una colt in pugno al diavolo (67) [The Devil Was an Angel; Angel with a Gun Is a Devil; Colt in the Hand of the Devil] 424d, 971, 2628, 4283, 4547
Colt in the Hand of the Devil (67) *see* Una colt in pugno al diavolo
Colt in the Hand of the Devil (72) *see* Una colt in mano al diavolo
I coltelli del vendicatore (66) [Raffica di coltelli; Viking Massacre; Shower of Knives] 351d, 3054, 3957, 4564
Il coltello di ghiaccio (72) 244, 1623, 2534d, 4368
Il coltello nella piaga (63) [Le Couteau dans la plaie; Five Miles to Midnight; La Troisième Dimension] 60ph, 209, 2122, 2154, 2355, 2581d-p, 2614, 2836, 3515, 3872, 4496m, 4569a, 4939
Colui che deve morire (57) [Celui qui doit mourir] 52ad, 193, 213m, 331w, 417, 1251d, 1520a, 1799, 2117, 2512, 2520, 2981, 3066, 3223ph, 3732, 3933, 4199, 4667
Colui che doveva morire (15) 2348
Colui che ha tutto perduto (17) 2874d, 3978
Colui che seppe amare (19) 797, 2097d*, 3981ph
Comacchio (42) 933d, 1212d-ph
Comanche bianco *see* E venne l'ora della vendetta
Comandamenti per un gangster (68) 745d*, 2713, 3153m, 4170
Il comandante (63) 1566, 4559, 4618m
Comando de asesinos (68 Spain) 3554
La comare secca (62) 442d, 940p, 1963, 3453w, 3558m
Combat Force *see* Striker
Combate de gigantes (68 Spain) 788, 3945, 4344

Combattimento di galli (11) 3326d-ph
Come cani arrabbiati (77) 38ph
Come donna imbroglia, così sbroglia (21) 75ph, 1395d
Come due navi che s'incontrano nella notte (21) 871, 991
Come Home and Meet My Wife *see* Romanzo popolare
Come imparai ad amare le donne (67) 263, 801, 1565, 2196, 2503, 2873, 2980, 3030, 3153m, 3655, 4514
Come in quel giorno (16) 542w, 872d, 2095, 3944, 4120ph
Come inguaiammo l'esercito (65) 1754
Come io vi amo (21) 2242d
Come l'amore (68) 2664
Come le foglie (17) 128ph, 827, 1068, 2272, 2653, 3836d
Come le foglie (34) 223, 451, 760d, 807m, 1219p, 1693s, 1816ph, 2272, 2739, 3046, 3318, 3467w, 4003, 4484ph
Come morì Miss Cavell *see* Così morì Miss Cavell
Come nasce un caccia (40) 3658d
Come nasce una nave (57) 2999d-ph
Come On, There's Room! *see* Avanti, c'è posto
Come perdere una moglie e trovare un'amante (78) 592, 1677d, 3996ph
Come persi la guerra (47) 406w, 575d, 679, 2647, 2667, 3088w, 3579w, 3960m, 3969p, 4188e, 4359w, 4543ph*
Come presi moglie (13) 4807ph
Come prima (59) [Serenade einer grossen Lieben; For the First Time] 941, 1820, 2349, 2462, 2911d, 4543ph
Come, quando, con chi? (69) [Come, quando, perchè?] 35, 688, 1412, 1887, 2545, 3119ph, 3573d, 3579w, 4586m, 4991d
Come rubammo la bomba atomica (67) 230, 1754, 1804d
Come rubare la corona d'Inghilterra (66) [Argoman superdiabolico; The Incredible Paris Incident] 581, 674, 1611, 1649, 2053d, 3387, 4618m
Come rubare un quintale di diamanti in Russia (68) [Como robar un quintal de diamantes en Rusia] 211, 1611, 3178, 3406, 3554, 4693
Come scopersi l'America (49) 43ph, 102w, 406w, 575d, 2647, 2667, 3088w, 3271, 3474, 3862, 3969p, 4116, 4359w
Come September (61 U.S.) 2596, 3936, 4478, 4840
Come si ama (06) 4807ph
Come si costruisce una casa (39) 3658d
Come si fa un candidato (09) 4807ph
Come si prepara il soldato italiano per la guerra (15) 1076d-ph
Come si vendica il diavolo (19) 634w
Come si viaggia in Africa (08) 3326d-ph
Come svagliammo la Banca d'Italia (66) 1511, 1754, 1804d
Come te movi, te fulmino (58) [Watch Out or I'll Get You; If You Move, I Shoot] 115, 844, 1868w, 2922d, 3738, 3752, 3865p, 4543ph, 4634
Come ti chiami, amore mio ? (70) 207, 210
Come Totò riscuote l'affitto (12) 4690d*
Come Tranquillo entrò in società (15) [Tranquillo entra in società] 470, 906ph, 3956d
Come una rosa al naso (75) 1882, 2256ph, 3202, 3951d, 4401
Come una sorella (12) 865, 3704
Come Vardannès entrò alla Milano Film (12) 4690
La Comédie du Bonheur *see* Ecco la felicità
Cometogether (71) 140p-w*, 1011m, 1442, 3420
The Comfort of Strangers (90 U.S.) 4318ph
Comin' at Ya! (81) [H.H. Hart and the Cajun Queen] 140p-w*, 253d, 345w, 1783e, 3378, 4106m
Comizi d'amore (63) [Study of Love] 1345ph, 1346ph, 3453d*
Commando *see* Marcia o crepa
Commando di spie (71) 2244
Commando suicida (68) 1006, 1257, 3760
Commandos (68) 48, 1166d, 1354, 1802, 2890, 3218m, 4326, 4533, 4663, 4967
La commedia del mio palco (18) 1125, 1210d, 1498ph, 3382d, 3388, 3910
La commessa (75) 1875d*
Le Commissaire X traque les chiens verts (68 France) 2371, 3441d
Commissariato di notturno (72) 1108, 2102, 2537d, 3161
Il commissario (08) 4807ph
Il commissario (62) 1075d, 4121w, 4126, 4292, 4430, 4706
Il commissario di ferro *see* Il prefetto di ferro

Il commissario Lo Gatto (87) [Chief Lo Gatto] 403, 3844d
Il commissario Pepe (69) 730, 1006, 1012ph, 1933, 2670w, 3627a, 4158d, 4530, 4586m, 4705, 4713
Commissario Verrazano (78) [Play Cop] 2982, 3420, 3683d
Como robar un quintal de diamantes en Rusia *see* Come rubare un quintale di diamanti in Russia
La compagna di banco (77) 1074, 2483d
I compagni (63) [The Strikers] 21w, 48, 514, 849, 1169p, 1857a, 1963, 1967, 2647, 2907, 3088d, 3513, 3961ph, 3992m, 4038, 4062, 4126w, 4153, 4555co
Compagni di scuola (89) 1414, 4726d*
La compagnia dei matti (28) 79d, 427, 561w, 1416, 2652, 2999, 3041, 3596p, 3891w, 4466, 4484ph
La compagnia della teppa (41) 5s, 351ph, 726p, 1133, 1383, 1401d, 1423w, 1546, 2083, 2909, 3104, 3440, 3506, 3722, 3812, 3840, 4309, 4484ph
La compagnia di viaggio (80) [Allegri compagni di viaggio] 253d, 2965, 3161
Il compagno don Camillo (65) [Don Camillo in Moscow] 275e, 406w, 939, 1075d, 1279w, 1655, 1869, 1982, 2019, 3213ph, 3962, 4598, 4622
Il compagno P (57) 2743d-m
Les Compagnons de la Marguerite (68 France) 3594
Compañeros *see* Vamos a matar, compañeros
The Company of Honest Men *see* La banda degli onesti
Il compito di Pierino (11) 4807ph
I complessi (65) 21w, 406w, 567, 1279w, 1511, 1607, 1620, 1875, 2000, 2070ph, 2460, 2578, 2633, 2638p, 2670w, 2771, 2980, 3088d, 3303, 3844d, 3951d, 4126w, 4158w, 4290w, 4292w*, 4426, 4530, 4586m, 4641, 4652, 4948d
"Il complesso della schiava nubiana" *episode of* I complessi
"Il complesso di Angelotti" *episode of* I complessi
A Complicated Girl *see* Una ragazza piuttosto complicata
"Il complicato" *episode of* Letti sbagliati
Un complicato intrigo di donne, vicoli e delitti (85) [Camorra] 1990p, 2360, 2442ph, 3074, 3718, 4882d
Complice azzurro (14) 2973
La complice del delitto (15) 4447, 4489, 4490d
La complice muta (20) 128ph, 444, 2710, 3442, 3472d
Un complotto contro Robinet (12) 4807ph
Il compromesso erotico (76) 424d
Le Comte de Monte Cristo (61 France) 4235
Il comune senso di pudore (76) 527, 813, 2415ph, 3558m, 3620a, 3996ph, 4292d*, 4861
Con fusione (80) 2442ph
Con gli sci attraverso le Dolomiti (43) 4573d
Con il dovuto rispetto (76) 3738
Con l'amore e con l'ala (21) 2710
Con la morte alle spalle (67) 233, 949, 1316w, 2868, 3243, 4693
Con la rabbia agli occhi (76) [Anger in His Eyes] 592, 683, 1266d, 1271m, 1480ph, 3749
Con la zia non è peccato (80) 4584ph
Con le donne non si scherza (41) 1054, 1892, 1996, 2898, 2966, 2989w, 3117a, 3280, 4117ph, 4246d
Con lui cavalca la morte (68) [Death Rides Alone] 764w, 1460w, 1824, 2224, 2858, 4694d
Con Men *see* Te Deum
Con quale amore, con quanto amore (70) 886, 1454ph, 1677d, 1973, 3345m
Con rispetto parlando (65) 1511, 3393
Conan the Barbarian (82 U.S.) 1323p
Concerto Mannino (50) 3493d
Concerto nel parco (48) 933d
Concerto per Michelangelo (77) 3948d
Concerto per pistola solista (70) [Weekend Murders; Love Me, Baby, Love Me] 259, 571, 731, 977, 1181, 1366m, 2224, 2237, 2657d, 3068, 3161, 3439, 3508, 3957, 4368, 4651
Conchita (14) 4082
Concorde Affair 79 *see* L'affare Concorde
Il concorrente (79) 1676
La condanna (91) 381d, 2041, 2998, 3601p, 3946
Condannatelo! (53) 804d, 1530, 2473ph, 3270, 3404, 3828, 4341, 4803
Un conde (70 Spain) 927, 1869
El conde Dracula *see* Il conte Dracula
The Condemned of Altona *see* I sequestrati di Altona
Condenados a vivir (73 Spain) 2224
Condominium (91) 1344, 2251, 3561
I condottieri (36) [Condottieri; Giovanni

de' Medici] 362m, 475, 1914d, 1978, 1985, 2738ad, 2800, 2817a, 3118ph, 3295, 3352, 3570, 4010, 4246e, 4248, 4432, 4573d
La confessione (14) 3427d, 4191
Confessione (41) 280, 395, 754d, 1157s, 2249p, 2746, 2960w, 3371w, 3503, 3608ph, 4168, 4237, 4252, 4684w
Confessione di un commissario di polizia al procuratore della repubblica (71) 265, 1211d, 1489, 2000, 2470, 3244, 3345m, 3670, 4533
Le confessioni di un figlio del secolo (21) 492d
Confessioni di una donna (27) 269, 1456, 1624, 2671a, 3382d, 3845ph, 4200
Confessions of Emanuelle *see* Emanuelle, perchè violenza all donne?
Confetti al pepe (63) [Dragées au poivre; Sweet and Sour] 278d, 369, 382, 504, 630, 653, 1285ph, 2342, 2428, 2832, 3433, 3513, 3872, 4230, 4366, 4627, 4652, 4809, 4814
Confidencia (47 Spain) 1473
Le Confident de ces dames *see* Psicanalista per signora
Conflicto inesperado (47 Spain) 3229
Il conformista (70) 442d, 1035, 1329m, 1738, 1824, 1936, 2681, 2703, 3028, 3129w, 3161, 3701, 4054, 4057, 4065, 4239, 4379ph, 4444, 4582
La congiuntura (65) 228m, 317, 1065, 1432ph, 1882, 2005p, 4158d
La congiura dei Borgia (58) 1631, 2288, 2472, 2813, 3724d, 4266
La congiura dei Borgia (63) 1531, 2450
La congiura dei dieci (62) 2024, 2404, 4564
La congiura dei Fieschi (21) 1221
La congiura dei pazzi *see* Giuliano de' Medici
Congiura di piacenza (10) 872d
La congiura di san Marco (22) 677, 1825d, 3289, 3609, 3652, 4331, 4690
Congo vivo (62) 152ph, 398d, 1676, 4171
La congrega dei ventiquattro (21) 2073d, 4248d
Il conigliaccio *see* La notte pazza del conigliaccio
I connotati del bandito (12) 4807ph
Conoscenza matrimoniale (73) 592, 1607
Conquered City *see* La città prigioniera
Conquering Heroes *see* La leggenda di Enea
Conquerors of Arkansas *see* Alla conquista dell'Arkansas
Conquest (83) 1316w, 1804d, 4063, 4534e
The Conquest of Atlantis *see* Il conquistatore di Atlantide
The Conquest of Moloch *see* Ercole contro Moloch
The Conquest of Mycene *see* Ercole contro Moloch
Conquista dei diamanti (16) 1907d, 3118ph
La conquista dell'aria (39) 387, 964, 972a, 1077w, 1153ph, 1165, 1787d, 2030, 2767p, 2803d, 2817a, 3284, 3410, 4354, 4622, 4729m
La conquista dell'invisibile (48) 4813m
Conquista di una vetta (50) 255d
Il conquistatore d'Oriente (60) 517d, 1936, 4568ph, 4601
Il conquistatore del mondo (19) 441, 3871d, 4044
Il conquistatore di Atlantide (65) [The Conquest of Atlantis; Kingdom in the Sand] 644d, 953, 1954, 2648, 3154, 4165
Il conquistatore di Corinto (62) [The Centurion] 319, 774, 1128d, 1405, 1622, 2013, 2288, 2340, 3055, 3478ph, 4073, 4192, 4279, 4326, 4384ph, 4433, 4751, 4840
Il conquistatore di Maracaibo (61) 4246w, 4432
I conquistatori (20) 2709d*
Conquistatori d'anime (38) 3041d, 4807ph
I conquistatori del mondo (22) 650d, 655ph
Le conseguenze (65) 2000, 4633, 4712
Il consiglio della zia (12) 3131d*
Il consigliori (73) [Counsellor at Crime] 265, 532w, 1209ph, 1365d, 2469, 3017, 3345m, 3718, 4432, 4967
Consigna: matar al comandante en jefe (71 Spain) 2244
Il consorte scacciato (20) 4490d
Conspiracy of Hearts (60 U.K.) 2486m
Constantine and the Cross *see* Costantino il grande: in hoc signo
Consuelita (21) 441, 2040, 2792a, 2861ph, 3871d
Consuelo *see* Dimentica il mio passato
Il consultorio di Madame Renée (24) [Madame Renée] 3703
Contact *see* Il contatto carnale

Contadini del mare (55) 1413d
Contamination—alien arriva sulla terra (80) [Contamination; Alien Contamination] 1146d, 1368, 2102, 2680, 2890
Il contatto carnale (73) [Contact] 558d, 1783e, 2188, 2586, 2970ph, 3345m, 4025, 4289, 4385,
Il conte Aquila (55) 637, 655ph, 684, 1122, 1123, 1661, 2598, 3973, 4042d-p, 4378
Il conte Centanni e il visconte Gioventù (18) 1210d, 1343ph, 4808
Il conte di Bréchard (37) 95p, 553m, 554d, 744, 1494, 1653, 1740w, 2474, 2817a, 2828, 3010, 3229, 3458, 3506, 3552, 3580, 3659, 3956, 4273, 4432, 4732w, 4759ph, 4982
Il conte di Luna (43) 1578d
Il conte di Matera (57) 804d, 971, 2578, 3010, 3050p, 3176, 3527, 3957, 4091, 4309, 4426w, 4432, 4512ph, 4542, 4556, 4580, 4674, 4979
Il conte di Montecristo (08) 2709d, 4807ph
Il conte di Montecristo (11) 4807ph
Il conte di Montecristo (43) [Le Comte de Monte Cristo] 1338, 3825, 4944
Il conte di Montecristo (53) 92, 2795, 3061, 3431, 3878ph, 3902p, 3935, 4177, 4378, 4475, 4599, 4687, 4739d, 4893m
Il conte di Montecristo (76) 2771
Il conte di Sant'Elmo (51) 650d, 684, 1117, 1173, 1667, 2474, 3473, 3525, 4189, 4691
Il conte Dracula (70) [El conde Dracula] 2386, 2515, 2597, 3047, 3176, 3261m, 3901, 4901
Il conte Max (57) 463d, 750, 776, 1416, 1509, 3069a, 3119ph, 3382w, 3555, 4060, 4292, 4598, 4742
Il conte Tacchia (82) 1103d, 1495w, 1763w, 1882, 2415ph, 2908e, 3109, 3405, 4586m, 4789w
Il conte Ugolino (09) 3289
Il conte Ugolino (49) [Il cavaliere di ferro] 518a, 541w, 743, 1054p, 1367co, 1786d, 3088w, 3271, 3383, 3473, 3526ph, 4091, 4359w, 4574
Contempt *see* Il disprezzo
La contessa Arsenia (16) 2341, 4447
La contessa azzurra (59) 1820, 2000d, 3229, 3608ph, 4378, 4535a, 4601
La contessa Castiglione (42) [La Castiglione] 45ca, 283, 477, 754d, 964, 991, 1543, 1693s, 1724, 3118ph, 3162, 3503, 3557, 3608ph, 4186co, 4273
La contessa Chimera *see* La contessina Chimera
La contessa di Castiglione (55) [La Castiglione] 559, 637, 1287, 1592, 2517, 2654, 2808, 2995, 3363, 3532ph, 3647, 4019
La contessa di Challant (11) 441
La contessa di Parma (37) 450p, 511d-e, 924, 931, 942, 970, 1219p, 1276w, 1383, 1587m, 1673e, 1813m, 1839, 1931w, 2861ph, 2966, 3041, 3418a, 4281w, 4637
La contessa di San Germano (15) 2974, 3869d
La contessa Fedra (14) 797, 1312d
La contessa Miseria (18) 538, 1801w, 4797
La contessa Sara (19) 441, 466, 858ph, 2792a, 2861ph, 3585, 3871d, 4044
La contessa scalza (54) [Barefoot Contessa] 57, 523, 637, 671, 812ph, 971, 1123, 1198, 1291, 1714, 1780, 1812, 1863, 1919, 2007, 2254, 2627, 2777d-p, 3218m, 3302, 3445, 3717, 3842, 3865p, 4179, 4183, 4217, 4333, 4365, 4957
Contessina (25) 1834d*
La contessina Chimera (19) [La contessa Chimera] 470, 1243, 4581d, 4819
La Contestation *see* Amore e rabbia
Contestazione generale (70) [Let's Have a Riot] 406w, 1279w, 1882, 2771, 3996ph, 4025, 4115a, 4243, 4290w, 4292, 4814, 4948d
Il contesto *see* cadaveri eccellenti
Il continente della luce (54) 1902d
Continente di ghiaccio (75) 48, 1717, 3393, 3917
Continente perduto (55) 1153ph, 2027d, 2486m, 3164d, 4188e
Continuavano a chiamarli...Er Più è Er Meno (72) 1754, 3509
Continuavano a chiamarli i due piloti più matti del mondo (72) [I piloti più matti del mondo] 754, 2988
Continuavano a chiamarlo Trinità (71) [Trinity Is Still My Name] 286d, 819, 1271m, 1359, 1527, 1683, 1959ph, 1971, 2625, 3485, 3803, 4289, 4444
Continuavano a mettere lo diavolo nel-l'inferno (73) 783
Conto corrente (06) 4807ph
Il conto è chiuso (76) [The Last Round] 48, 228m, 638, 1345ph, 2902d, 2982

Contraband *see* Luca, il contrabbandiere
Il contrabbandiere *see* Manù, il contrabbandiere
I contrabbandieri (80) 3244
I contrabbandieri del mare (49) 637, 1165, 2000, 2430, 2876, 3104d, 3271, 3383, 3493w, 4190ph, 4574, 4641, 4965
I contrabbandieri di Santa Lucia (79) 340, 1869, 4001
Contrasto d'anime (18) 4819d
Contro la legge (51) 684, 754d, 765, 870m, 2746, 2758, 2775w, 2907, 3405, 4807ph
Contro quattro bandiere *see* Da Dunkerque alla vittoria
La controfigura (71) 208, 582, 3566, 4293, 4533
Control (87) 419, 3097d
Il controllore dei vagoni letto (22) 79d, 155ph, 475, 1068, 1443, 2463, 3127, 3472
Contronatura (68) [The Innaturals] 581, 1063, 1266d, 1802, 2401
Controsesso (65) [Countersex] 287ph, 406w, 890d, 1279w, 1511, 1562a, 1666d*, 1667, 1920ph, 2070ph, 2075w, 2771, 3951d, 4530, 4618m, 4625m, 4813m, 4968w
Controspionaggio (18) 3626d
Il convegno (13) 1929d
Convegno al Mandracchio (n.d.) 4946m
Conversation Piece *see* Gruppo di famiglia in un interno
Conviene far bene l'amore (75) [Love and Energy] 143, 195, 377, 1414, 1454ph, 1677d, 3098e, 3439, 3682
Cool Million (72 U.S.) 44, 4189, 4693
The Cop Who Loved Me *see* L'uomo della strada fa giustizia
Copacabana Palace (62) 973, 1607, 2404, 4359d, 4789w
Coplan FX—18 casse tout *see* Agente Coplan: missione Spionaggio
Coplan ouvre le feu à Mexico (67 France) 3525
Coplan prend des risques *see* Agente Coplan: missione Spionaggio
Coplan sauve sa peau *see* L'assassino ha le ore contate
La coppia (68) 846p, 1480ph, 1493p, 1972, 2691, 3345m, 4055
La coppia avvelenata (14) 1336
La coppia dispari (74) 377
Una coppia tranquilla *see* Ruba al prossimo tuo
Le coppie (70) 1415m, 1416d, 3088d, 4292d*, 4809
Cops and Robbers *see* Guardie e ladri
Cor 'e frate (23) 3285ph
Il coraggio (55) 280, 939, 1684s, 1692ph, 1843, 3411d, 4515, 4559, 4579
Il coraggio della paura (11) 1334d
Coraggio, mutilati! (49) 4573d
Coraggio sprecato (11) 4807ph
Corallo (n.d.) 398d
Il corazziere (60) 2765ph, 2906d, 3752, 3803, 4126w, 4226, 4586m
Corbari (70) 210, 1901
La corda al collo (20) 311ph, 4953d
La corda d'acciaio (53) 575d, 679, 1742, 1753, 2578, 3041, 4190ph, 4195, 4280, 4564, 4634
La corda dell'arco (12) 4807ph
Une Corde, un colt *see* Cimitero senza croci
Core 'e mamma! (23) 1704d
Core furastiero (25) 677, 1327d*
Core mio (82) [Love of My Heart] 1229
Core 'ngrato (51) [Cuore ingrato] 43ph, 650d, 900w, 1172, 1352, 1676, 2472, 2474, 3010, 3088w, 3461, 3514w, 3936, 4133, 4280, 4323, 4359w
Coriolano, eroe senza patria (63) [Thunder of Battle; Terror of the Gladiators] 651, 1161, 1333w, 1674d, 2171, 2656, 3035, 3243, 3385, 3992m, 4162, 4512ph
Corleone (78) [L'ultimo padrino; Father of the Godfather] 813, 1396w, 1901, 2005p, 2736w, 3153m, 3339, 3601, 3718, 4094, 4325d
Cornetti alla crema (81) 1658ph, 2878d, 2988
Le Corniaud *see* Colpo grosso ma non troppo
Cornuto (06) 4807ph
La corona di ferro (41) 511d, 836, 838, 890ad-w, 924, 939, 972ad-w, 1001m, 1153ph, 1300ad, 1653, 1972, 2817a, 2942, 2969, 3138, 3460, 3476w, 3506, 4010, 4091, 4158co, 4239, 4378, 4580, 4637, 4759ph, 4983w, 4987w
La corona nera (50) 637, 1648, 1882, 4089d
I corpi presentano tracce di violenza carnale (73) [Torso] 29, 210, 489, 1658ph, 2372, 2878d, 2982, 3636p, 3823, 4481
Il corpo (74) 244, 4025

Corpo a corpo (65) 2404
Un corpo caldo per l'inferno (68) 83, 692, 804w, 1201, 2486m, 3050p, 3239, 3803, 4512ph, 4655
Corpo d'amore (72) 794, 1630, 4242, 4379ph
Il corpo della ragassa (80) 86co-s, 474, 1071, 1677d, 2475w, 3092, 3996ph, 4025
"Il corredo di sposa" *episode of* Le italiane e l'amore
El correo del rey *see* Il messaggero del re
La correrías del visconde Arnau (76 Spain) 2404
Correva l'anno di grazia 1870 *see* Nell'anno del Signore
Correzione con osteoplasia putti di piede equino cavo supinato addetto poliomielitico (47) 4138ph
Corri, come il vento, Kiko (83) 424d
Corri, uomo, corri (67) [Big Gundown 2; Run Man Run] 81, 2084, 2261, 2766ph, 3017, 3153m, 3261m, 3864, 3952, 4285d, 4551, 4723
Corrida a Siviglia (43) 1128d
Il corriere del re (48) 637, 1123, 1462, 1761, 3088w, 3271, 3836d, 4062, 4166a, 4189, 4574
Il corriere dell'imperatore (10) 2709d, 4807ph
Il corriere di ferro (46) 727w, 2269, 3271, 3338, 4091, 4190ph, 4195, 4252, 4306, 4556
Corrupt (83 U.S.) 1294w, 3153m
The Corrupt Ones *see* Il sigillo di Pechino
La corruzione (63) 287ph, 484p, 531d, 1183m, 1813, 3046, 3519, 4137
Corruzione al palazzo di giustizia (74) [The Smiling Maniac] 69d, 143, 265, 456w, 1491m, 1676, 3244, 3342, 3718, 3805
"La corsa al milione" *episode of* I topi grigi
La corsa al sepolcro (20) 4484ph
La corsa al trono (18) 858ph, 2348, 2792a, 3871d, 4191, 4575
La corsa all'abisso (14) 150d*, 3118ph
La corsa all'amore (14) [La corsa dell'amore] 554, 3984w*
La corsa automobilistica di Brescia (06) 4807ph
La corsa della rocca (54) 3628d
La corsara (16) 2272
I corsari dell'isola degli squali (72) 1093
Los corsarios (70 Spain) 2244
Il corsaro (23) 887, 1241, 1841d, 1907d, 2240, 3289, 4593
Il corsaro della mezza luna (57) 45ph, 774, 1394, 2921, 3864, 3947m, 4147, 4159d, 4691
Il corsaro nero (21) [The Black Pirate] 311ph
Il corsaro nero (36) 269, 333, 428, 835, 925, 1001m, 1541, 2269, 3382d, 3626, 4728a, 4759ph
Il corsaro nero (76) [Blackie the Pirate] 44, 113, 368, 918co, 1271m, 1665, 1971, 2248, 2469, 3485, 3699, 4285d, 4307ph
The Corsican Brothers *see* I fratelli corsi
La corta notte delle bambole di vetro (72) [Catalepsis; Malastrana] 20, 232, 2426d, 3153m, 4293, 4508
Corte d'assise (30) 36, 155ph, 269, 650d, 821, 1400, 1751, 1847, 2872, 2953a, 3271, 3570, 3596p, 3816, 4010, 4022, 4093m, 4188ad, 4354, 4484ph, 4680
Il corteo funebre di accompagnamento alla salma di re Umberto (4 agosto) (00) 728d-ph
La cortigiana di Babilonia (55) [Queen of Babylon] 619d, 1095w, 1294w, 1708, 2517, 2654, 2739, 2775w, 3095, 3271, 3608ph, 3947m
Cortile (31) 155ph, 771d, 1160s, 3410, 3537, 4093m, 4484ph
Cortile (55) 679, 900w, 1303, 1305, 2988, 3050p, 3117a, 3540d, 3653, 4512ph
Cortili (47) 3844d
Cortocircuito (42) 77, 78, 921w, 991, 1423w, 1465, 1684s, 1914d, 1957, 2966, 3088w, 3162, 3284, 3340ph, 3506, 3570
I corvi ti scaveranno la fossa (73) [And the Crows Will Dig Your Grave] 154, 252, 622, 1093, 1658ph, 1948w, 2182, 2258d, 3261m, 4053
I corvi volano basso (67) 886
Cosa avete fatto a Solange? (70) [Das Geheimnis der grüne Stecknädeln; Terror in the Woods; The School That Couldn't Scream; The Secret of the Green Pins] 226, 235, 1203d-ph, 1209ph, 1802, 1829, 3113, 3153m, 3501, 4373, 4491, 4853w
La cosa buffa (72) 1454ph, 1998, 2426d, 3153m, 3561
I cosacchi (59) 319, 647, 823, 1163,

1203ph, 1813m, 1972, 3080, 3592, 3699, 3853d, 4177, 4314, 4554, 4560d, 4720p, 4964w, 4965
Coscienza (20) 434ph, 1397
La coscienza del diavolo (15) 4956d
Cose d'altro mondo (39) [Cose dell'altro mondo] 43ph, 104w, 1221, 1423w, 1852, 2744d, 2942, 2953a, 3229, 3473, 3570, 3919, 3978, 4280
Cose da pazzi (54) 124, 351ph, 618, 815, 1352, 1461, 1494, 1606, 1947, 2595s, 3359d, 3383, 3416p-w, 4598, 4754, 4979
Cose di Cosa Nostra (70) 646, 1415m, 1416, 1606, 1647, 3748, 4359d, 4513, 4790
Così come sei (78) [Just As You Are; Stay As You Are] 443p, 2387, 2475d, 2907, 3153m, 3315w, 3718, 3743, 4115a
Così dolce così perversa (69) 244, 1181, 1773, 2534d, 2766ph, 3345m, 4582
Così è la vita (15) 2532ph
Così morì Miss Cavell (16) 3382d, 4082, 4808
Così parlò Bellavista (84) 1229, 1295d, 1367co, 4125, 4318ph
Così Sia (72) [They Called Him Amen; Man Called Amen] 532w, 745d*, 1006, 1658ph, 2982, 3386ph, 3922
I cosmici del Cervino (50) 255d
Cosmo 2000—l'invasione degli extracorpi (77) 644d, 2102, 2340, 2609, 3823, 4289
Cosmopolis (19) 444, 796, 1512, 2064, 2652, 3585, 3758d, 4061, 4593
Cosmos Killer *see* Miami Golem
Cosmos, War of the Planets *see* Cosmo 2000—l'invasione degli extracorpi
Cossjra (58) 4662d
The Cost of Dying *see* Quanto costa morire
Costa Azzurra (59) [Côte d'Azur] 45ph, 63w, 1358, 1607, 1846, 2076w, 2808, 2873, 3080, 3594, 4023d, 4166a, 4290w, 4292
La costa divina (47) 4246d
La costa verde (56) 2077d
Costantino il grande: in hoc signo (60) [Constantine and the Cross; Constantine the Great] 852, 924, 1203ph, 1300d, 1623, 1892, 2351, 2513, 3218m, 3271, 3395w, 3949w, 4062, 4189, 4433, 4564, 4894
La costanza della ragione (64) [Avec amour et avec rage] 1379, 1677d, 1797, 2070ph, 4025, 4652
Costruzzioni meccaniche riva (56) 3322d
I costumi della Libia (12) 4807ph
Costumi e bellezze d'Italia (48) 3844d
Costumi religiosi in Persia (11) 4807ph
Côte d'Azur *see* Costa Azzurra
Couleur de Venise (47) 56ph
Coulin e Marietta (06) 4807ph
Counsellor at Crime *see* Il consigliori
The Count of Monte Cristo (75 U.K.) 1923, 2248, 2881, 4543ph
Count Your Blessings (59 U.S.) 637
Counterfeit Commandos *see* Quel maledetto treno blindato
Countersex *see* Controsesso
A Countess from Hong Kong (67 U.S.) 2614
Country Air *see* Aria di paese
Le Coup de parapluie (78 France) 3055
Coup de vent *see* Un colpo di vento
Cours après moi que je t'attrappe (76 France) 2070ph, 4533
La Course du lièvre à travers les champs (72 France/U.S.) 2900
Cousins (88 U.S.) 3946
Le Couteau dans la plaie *see* Il coltello nella piaga
Cover Girls (64) 685, 2000, 4901
Covert Action *see* Sono stato un agente CIA
"Il covo" *episode of* I topi grigi
Il covo dei gangsters (51) [I'll Get You; I'll Get You for This; Lucky Nick Cain] 402, 2157ph, 3729, 3839, 4333
Coyote *see* La giustizia del Coyote
Les Cracks (68 France) 536, 3789
Cran d'arrêt (69 France) 377, 2000
Les Crapules (72 France) 4809
Crash! Che botte strippo strappo stroppio (75) 783
Crawlspace (86 U.S.) 1491
Crazy Joe (73 U.S.) 1165p, 1323p, 2539, 2582d, 4543ph, 4564
I creatori dell'impossibile (21) 3626d
Creature della notte (33) 835, 1252, 1465, 1834ph, 2671a, 3046, 3382d, 3475, 3615, 4637
Les Créatures (63 France) 893
Creatures the World Forgot (71 U.K.) 3218m
Creditore disgraziato (08) 4807ph
Creepers *see* Phenomena
Creezy (74 France) 3922

Crema, cioccolata e pa...prika (81) 592, 3092, 4442d, 4841ph
Crepa padrone, crepa tranquillo (70) 1349, 4579
Crepa tu...che vivo io (67) [Bandidos] 469p, 1203d, 2674m, 2870, 3554, 3591, 4025, 4079, 4483, 4712
Crepuscolo di fuoco (72) 2084
Crepuscolo di un mondo (53) 3240d
Crepuscolo triste (06) 4807ph
Crescendo rossiniano (43) 1766
Crescete e moltiplicatevi (73) 1074, 1432ph, 2055, 3538d, 4336
Cretinetti al ballo (09) 1297, 4536ph
Cretinetti al cinema (09) 1297, 4536ph
Cretinetti alla guerra (09) 1297, 4536ph
Cretinetti cerca un duello (09) 1297, 4536ph
Cretinetti distratto (10) 1297, 4536ph
Cretinetti domestico (11) 1297, 4536ph
Cretinetti e gli stivali del brasiliano (15) 1290ph, 1297d*, 3041, 4536ph
Cretinetti e le donne (15) 1297, 4536ph
Cretinetti e le sue svariate creazioni (09) 1297, 4536ph
Cretinetti ebbe in dono un palloncino (10) 1297, 4536ph
Cretinetti eroe (09) 1297, 4536ph
Cretinetti facchino (10) 1297, 4536ph
Cretinetti finto frate (10) 1297, 4536ph
Cretinetti fra il celibato e il matrimonio (09) 1297, 4536ph
Cretinetti ha paura degli zeppelin *see* La paura degli aeromobili nemici
Cretinetti inventore (09) 1297, 4536ph
Cretinetti ipnotizzatore (11) 1297, 4536ph
Cretinetti lottatore (09) 1297, 4536ph
Cretinetti mannequin (11) 1297, 4536ph
Cretinetti paga i debiti (09) 1297, 4536ph
Cretinetti pescatore (10) 1297, 4536ph
Cretinetti re dei poliziotti (09) 1297, 4536ph
Cretinetti si batte al cannone (10) 1297, 4536ph
Cretinetti sportman per amore (09) 1297, 4536ph
Cretinetti sposa la figlia del padrone (10) 1297, 4536ph
Cretinetti suicida (09) 1297, 4536ph
Cretinetti sulle Alpi (09) 1297, 4536ph
Cretinetti vittima della sua onestà (10) 1297, 4536ph
Cretinetti volontario alla croce rossa (09) 1297, 4536ph
Crevalcore (17) 80, 174
La cricca dorata (13) 441, 1935d*
Le Crime ne paie pas *see* Il delitto non paga
Crime News *see* Cronaca nera
Crimebusters *see* I due superpiedi
Crimen (61) [...And Suddenly It's Murder; Killing in Monte Carlo] 514, 760d, 1323p, 1475ph, 1882, 1932a, 2035, 2404, 2635, 2771, 2773, 2912, 3860, 4167, 4290w, 4292, 4645, 4789w
Crimes in the Etruscan Graveyard *see* Assassinio al cimitero etrusco
Crimes of the Black Cat *see* Sette scialli di seta gialla
Crimes of the Heart (86 U.S.) 4318ph
Criminal Symphony *see* Sette uomini e un cervello
Il criminale (63) 964, 1607, 1809, 3379, 3748, 3969d, 4188e
I criminali della galassia (65) [Wild Wild Planet] 1266d, 1683, 1885, 2530, 2590, 3096, 3244, 3730, 3803, 3990, 4189
Crimine a due (64) 1511, 1885, 4584ph
The Crimson Executioner *see* Il boia scarlatto
Criniere al vento (39) 1674d
Criniere e mantelli al vento (66) 3064
La cripta e l'incubo (63) [La maldicción de los Karnstein; Terror in the Crypt; The Crypt of Horror;] 743, 2515, 2906d
Crisalide (19) 3235d
Crisantemi per un branco di carogne (68) 1262, 2615, 3699, 4618m
Crisi (21) 1241, 1907d
La crisi degli alloggi (23) 1179ph, 4524d
Crispino e la comare (16) 1395d*, 1975
Crispino e la comare (37) 1157co, 1586, 1717, 2083, 2269, 3040, 3492, 3570, 3696ph, 4252, 4294d, 4357, 4556, 4691, 4737, 4982
Cristiana, monaca, indemoniata (73) 424d
Cristo è passato sull'aia (52) 1607, 3381d, 4790
Cristo non si è fermato a Eboli (52) 1850d, 3961ph
Il Cristo proibito (51) 815, 939, 1183, 1667, 1676, 1724, 2526, 2743d-m, 3138, 3608ph, 4554, 4599, 4654, 4696
Cristo si è fermato e Eboli (79) [Eboli] 535, 1164a, 1169p, 1183, 1408ph,

2075w, 2900, 3422, 3558m, 3942d, 4002co, 4242, 4821
Cristofor Colombo (18) 1724d
Cristoforo Colombo (84) 972a, 1367co, 1454ph, 2475d, 2661co
Il critico (12) 2828d*, 3236, 4807ph
Croazia (43) 3411d
La croce dalle sette pietre (87) 3055
Una croce senza nome (52) 351ph, 824ph, 1994, 2030, 3271, 3461, 3864, 4430, 4574, 4598
La crocetta d'oro (13) 771
Crocetta d'oro (21) 1210d, 1733, 2058ph, 4959
La crociata degli innocenti (15) 1834ph, 4571d
Crociera in America (58) 3893d-ph
Le Croix des vivants (62 France) 1676
Il crollo (20) 1864d, 3819ph
Il crollo di Roma (62) [The Fall of Rome] 211, 1266d, 3066, 3297, 3632, 4368, 4433, 4756p
Cronaca di due secoli (43) [Piazza san Sepolcro] 637, 810ph, 1740d, 1957, 4003, 4091, 4635a-co, 4637, 4944
Cronaca di un amore (51) 146d, 582, 817p, 1206, 1235w, 1684s, 1813m, 1947, 1972, 2891ad-w, 3180m, 3973, 4084co*, 4131ph, 4187ph, 4474w, 4782p
Cronaca di un delitto (52) 2083, 2190, 2745w, 3218m, 3664w, 4073, 4175w, 4254, 4274, 4622
Cronaca di una morte annunciata (87) 582, 1164a, 1183, 1349, 1408ph, 2075w, 2908e, 3202, 3422, 3558m, 3942d, 4002co, 4821
Cronaca e fantasia (36) 3411d
Cronaca e storia (49) 4813m
Cronaca familiare (62) 995, 2451, 2907, 3069a, 3519, 3664w, 3748, 3961ph, 4413, 4733, 4991d
Cronaca nera (46) [Crime News] 78, 104w, 463d, 939, 964, 970, 1383, 3643, 4484ph, 4737
Cronache del 22 (62) 195, 964, 2254, 3509, 3594, 4066, 4296
Cronache dell'urbanistica (54) 1662d
Cronache di altri tempi (73) 3202
Cronache di poveri amanti (53) 104w, 410, 793, 923, 1211w, 1475ph, 1667, 2043, 2582d, 2636, 2907, 3007w, 3097, 3664w, 4515, 4674, 4946m
Cronache di un convento (62) [The Reluctant Saint; Joseph Desa] 583, 924, 1173, 1215, 1476d-p, 1717, 1991, 3095, 3363, 3420, 3960m, 4136, 4435
Cronica de un atraco (68 Spain) 1102w, 3017
The Cross-Eyed Saint *see* Per grazia ricevuta
Crossed Swords *see* Il maestro di don Giovanni
I crostacei (11) 3326d-ph
Cruces de verano (63 Spain) 1676
Crudele attesa (10) 4807ph
I crudeli (67) [The Hellbenders] 144p-w, 154, 186, 286ph, 396, 775, 1103d, 1136, 1362, 1385ad, 1969, 2000, 2566w, 2870, 2912, 3153m, 3183, 3267, 3497, 3517, 4045, 4170, 4348
Cry for Revenge *see* I morti non si contano
Cry of a Prostitute *see* Eviolenti
Cry of Death *see* Sei una carogna, t'ammazzo
Cry of the Hunted (54 U.S.) 1882
Cry Onion *see* Cipolla Colt
The Crypt of Horror *see* La cripta e l'incubo
Crystal or Ash, Fire or Wind, As Long As It's Love *see* In una notte di chiaro di luna
Cuando los angeles duermen *see* Quando gli angeli dormono
Cuatreros *see* Se sparo. . . ti uccido
Los cuatro de Fort Apache *see* Campa carogna. . . la taglia cresce
La cuccagna (15) [La curée] 881, 1068, 2173, 3237d
La cuccagna (62) 1511, 3153m, 4024d*, 4530, 4606, 4789w
Le cucciole (59) 3115
La cugina (19) 3242, 4536ph, 4947d
La cugina (74) 455, 1074, 2100, 3153m, 3749
La cugina d'Alcantara (20) 3245d
Cugini carnali (76) [Loving Cousins] 1178, 1658ph, 2055, 2878d, 3243, 3636p
Il cugino americano (86) [Blood Ties] 516, 1259, 1717, 2585, 4529
Cuidado con las señoras (68 Spain) 3554
Culastrisce nobile veneziano (76) [Le fantasie amorose di Luca Maria, nobile veneto] 211, 490, 824ph, 2907, 3069d
Culo e camicia—il televeggente (81) 1677d, 3996ph
Culo e camicia—un uomo, un uomo e. . . e viva una donna (81) 86s, 1658ph, 1677d

Culpable! (45 Spain) 3840
Cuor d'oro (13) 4082
Cuor di bambino e cuor di soldato *see* Che cosa triste la guerra
Cuor di ferro e cuor d'oro (19) 797d*, 2240, 2709d, 3866
Cuor di poeta (12) 4807ph
Cuor di soldato (06) 4807ph
Cuor di vagabondo (36) 43ph, 1936, 2269, 4635a, 4944
Cuor di zingara (19) 3083d*
Un cuore (17) 225d
Cuore (48) 341a-s, 428, 528, 618, 900w, 1058d, 1344, 1361, 1416w*, 1732, 1753, 1758w, 2550, 2892m, 2978, 3118ph, 3270, 3284, 3525, 3748
Cuore (84) 514, 920w, 1075d, 1303, 1415m, 1477, 1502, 1663, 2415ph, 4111s
Cuore d'alpino (16) 1327d*
Il cuore dell'altra (16) 650d
Cuore di cane (76) 20, 721ph, 2470, 2475d*, 3098e, 3558m, 4832
Cuore di mamma (09) 3680
Cuore di mamma (54) 43ph, 70, 284, 804d, 1207, 1982, 3320m, 3555, 3840, 3930, 4296, 4634
Cuore di mamma (68) 2033, 2041, 2545, 2603, 3153m, 4049d, 4836
Il cuore di Musette (19) 434ph, 1605
Cuore di Roma *see* Una madre ritorna
Cuore di spia (53) 384, 3930
Cuore di vagabondo (09) 1801w, 4807ph
Cuore e cuori (15) 3214
Cuore e dovere (06) 4807ph
Il cuore e l'ombra (21) 755d*
Cuore ed arte (15) 388d, 1801w, 2305
Cuore forestiero (52) 824ph, 3259
Cuore ingrato (16) 570
Cuore ingrato (51) *see* Core 'ngrato
Cuore matto...matta da legare (67) 668, 3096, 3257
Cuore napolitano (21) 3235d
Un cuore nel mondo (20) 176ph, 1221, 2095, 3382d
Cuore rivelatore (35) 2475s, 3088d
Cuore rivelatore (48) 3844d
Un cuore semplice (77) 195, 210, 1205, 4651, 4968w
Il cuore sotto il maglio (20) 75ph, 1395d
Cuori e caste (19) 4581d
I cuori infranti (63) 801d, 1973, 2771w*, 3689d, 4645
Cuori nella tormenta (40) 104w, 771d, 1133, 1509, 2800, 3041, 3338, 3410, 3841, 4195, 4292, 4543ph
Cuori nella tormenta (84) 1432ph
Cuori senza frontiere (49) [The White Line] 77, 333, 908, 1163, 1323p, 2596, 3118ph, 3636p, 3992m, 4333, 4474w, 4654, 4948d
Cuori solitari (69) 157e, 228m, 418, 1470ph, 1676, 1965d, 2670w, 4196, 4530, 4566
Cuori sul mare (49) 127w, 223, 463d, 1016p, 1523, 1690, 2614, 2791w, 2907, 3405, 3506, 4192, 4599, 4668, 4803
La cupola del duomo di Parma (45) 3663d
'O cuppe d'a morte *see under* O
Cura da baci (16) 1734, 2973, 3010
La curée *see* La cuccagna
La Curée *see* La calda preda
A Curious Way to Love *see* La morte ha fatto l'uovo
The Curse (87 U.S.) 194p
The Curse and the Coffin *see* I peccatori della Foresta Nera
Curse of the Blood Ghouls *see* La strage dei vampiri
Curse of the Dead *see* Operazione Paura
The Curse of the Karnsteins *see* La cripta e l'incubo
Curse of the Living Dead *see* Operazione Paura
Curse of the Vampire *see* L'ultima preda del vampiro
Curse II: The Bite (89 U.S.) 194p
The Cursed Medallion *see* Perchè?
Curtatone e Montamara (56) 4456d
Il custode selvaggio (13) 4807ph
Cut and Run *see* Inferno in diretta
"Cuttica" *episode of* Gran varietà
Czraci zleb (49 Poland) 4732d-e
D.V. 133 (47) 4138ph
D'amore si muore (72) [For Love One Dies] 157e, 195, 394, 794, 2041, 2773, 2982, 3031, 3153m, 3466w, 3608ph
D'Annunzio (87) 535, 3654, 4057, 4108, 4485
Da Berlino l'apocalisse (66) 1253, 1422, 2117, 2516
Da boxeur a detective (16) 150
Da Corleone a Brooklyn (79) 2303, 2534d, 2986, 4712
Da Courmayeur al Colle del Gigante (10) 4807ph
Da Dunkerque alla vittoria (79) [Contro quattro bandiere; De l'enfer à la victoire] 154, 625, 688, 806, 878, 1538, 2110, 2534d, 2631, 3345m, 3505, 4534e, 4743, 4858

Da Icaro a De Pinedo (27) 2484d, 3981ph
Da Istanbul ordine di uccidere (66) 3065
Da Massaua a Keren (09) 3326d-ph
Da New York mafia uccide (65) [Je vous salue, mafia; Hail, Mafia!] 72, 1091, 1143ph, 2396, 2559d-p, 2610, 2873, 3371, 3667, 4236
Da porta a porta (51) 848d
Da qui all'eredità (55) 43ph, 590, 1344, 1583s, 1786d, 2712, 3064, 3555, 4292, 4722w
Da Roma al Niagara (19) 343, 876d, 1498ph, 3083d*
Da sartina a baronessa (11) 4807ph
Da uomo a uomo (67) [Death Rides a Horse; As Man to Man] 638, 824ph, 1101, 1265, 2490, 3153m, 3538d, 3541, 3591, 3698, 4067ad, 4320, 4551, 4663, 4789w, 4790
Da 077: criminali a Hong Kong (64) 4720p
Da 077: missione Lisbona (65) [077—intrigo a Lisbona] 1371d, 2109, 4533, 4648
Daggers and Blood *see* Col ferro e col fuoco
Dagli Appennini alle Ande (16) 3427d, 3527, 3970
Dagli Appennini alle Ande (43) 283, 333, 576p, 740w, 754d, 1157w, 1982, 1983, 2813, 3419, 3473, 4166a, 4232, 4233, 4547, 4807ph
Dagli Appennini alle Ande (58) 2775w, 3412, 3713d, 3955, 4071ph, 4564
Dagobert (84) [Le Bon Roi Dagobert] 21w, 594, 1073, 1271m, 1668a, 2610, 3213ph, 3844d, 4197, 4530
Dahlak (52) 848d
Dai frantumi dell'idolo (20) 1336ph, 3696ph
. . .Dai nemici mi guardo io! (68) [Tres dólares de plata; Three Silver Dollars] 102d, 917, 1102w, 1571, 1959ph, 2912, 3060, 3969p, 3992m, 4170, 4299, 4326
Daisy Miller (74 U.S.) 1354, 1649, 2590
Dal mio diario di guerra *see* Il mio diario di guerra
"Dal referendum alla costituzione" *see* "Il 2 giugno"
Dal sabato al lunedì (63) 317, 2198, 2486m, 2996, 3409
Dal 16 al 23 novembre (20) 650d, 1694ph
Dalila e Sansone (18) 4684d
Dall'alba al tramonto (17) 4953d
Dall'amore al disonore (13) 1617d
Dall'aria al pane (51) 2077d, 2839m
Dall'Italia all'equatore (24) 3596p, 4484d-ph
Dalla catena alla morte (18) 4819d
Dalla colpa all'amore (10) 4807ph
Dalla foresta al mobile (39) 3658d
Dalla locanda al trono *see* Gioacchino Murat
Dalla nube alla resistenza (79) 2223d, 4382d-p-e
Dallas *see* Il mio nome è Scopone e faccio sempre cappotto
Dalle Ardenne all'inferno (68) [Dirty Heroes] 461, 927, 1090, 1265, 1365d, 1649, 2261, 2324, 2677, 3153m, 3257, 3261m, 3945, 4143, 4330
Dalle cinque giornate alla breccia di Porta Pia (23) 2484d, 3981ph
Dalle rive del Po al Colorado (51) 2999d-ph
The Dam on the Yellow River *see* Apocalisse sul Fiume Giallo
La dama bianca (38) 667, 1276w, 1684s, 1834ph, 1836, 2922d, 2987, 4129, 4754, 4983w
Dama d'onore (13) 4807ph
La dama dal nastro di velluto (19) 1243, 3427d
La dama de Beirut (65 Spain) 4487w, 4693
La dama di Monsereau (09) 872d
La dama e il mistero (21) 2060ph
La dama rossa uccide sette volte (72) [The Red Queen Kills Seven Times] 592, 2752, 2890, 3045d, 4307ph
Damals (43 Germany) 3162
La dame aux camélias *see* La signora dalle camelie
La dame de Chez-Maxim (22) 549, 2011, 2058ph, 2872, 2974, 3382d
Le dame e i cavalieri (37) 1416
La dame en gris (20) 2742, 3944d*, 4575
Le dame nere (12) 4807ph
Dames galantes (90 France) 455, 3946
La damigella di Bard (36) 655ph, 870m, 965, 1219p, 2016, 2922d, 2953a, 3010, 3041, 4186co
Damina di porcellana (16) 2341d*
Damn the Taxes! *see* Accidenti alle tasse!
The Damned *see* La caduta degli dei
Damned Hot Day of Fire *see* Quel caldo maledetto giorno di fuoco
Damned in Venice *see* Nero veneziano

Damon and Pythias *see* Il tiranno di Siracusa
Il danaro di Giuda (11) 98p, 1801w, 2709d*, 4807ph
Dance Music (83) 102w, 344ph, 1102w, 1420d, 3968
The Dance of Love *see* Il girotondo dell'amore
The Dancer and God *see* Ballerina e buon Dio
Dancers (87 U.S.) 1491m, 2070ph, 2962, 3702a
Dancing Paradise (81) 219d
Danger: Diabolik *see* Diabolik
Daniele Cortis (47) 727, 939, 990, 1075w, 1206, 1227p, 1276w, 1599w, 1882, 1932a, 3552, 3960m, 4117ph, 4186co, 4281d, 4599, 4759ph
Daniele e Maria (73) 1998, 2070ph
Daniele nella gabbia dell'orso *see* L'orso
I dannati (20) 3581, 4004, 4044
I dannati della terra (69) 489, 1934m, 4533
La dannazione di Caino (11) 4807ph
Dans la poussière du soleil *see* Sole nella polvere
La Danse de mort *see* La prigioniera dell'isola
Danse macabre *see* La danza macabra
Dante e Beatrice (12) 872d, 4807ph
Dante nella vita dei tempi suoi (22) [Dante nella sua vita e nei suoi tempi] 1825d, 2341, 2794, 3118ph, 3289
Danza come sai danzare tu. . . (23) 1226ph
La danza dei gioielli (19) 1243, 1424d*
La danza dei milioni (40) 451, 618, 768, 2601ph, 2906d, 3162, 4818, 4948w
La danza del fuoco (42) 341a-s, 1449, 1504, 1706w, 2269, 2272, 2300, 2474, 2600ph, 2826w, 3034, 3040, 3352, 3371w, 3451w, 4027, 4237, 4246d, 4252
La danza del pugnale (17) 3704
La danza del velo (17) 3703
La danza della vita e della morte (17) 3582d
La danza delle lancette (36) 78, 237d, 942, 2475d-p, 3118ph, 3295, 3583a, 3944, 4010, 4303, 4637, 4968w, 4979, 4982
La danza delle ondine (49) 3663d
La danza delle ore (14) 3427d
La danza delle ore (18) 4036d
La danza delle ore (20) 906ph, 2709d*
La danza delle ore (48) 3663d
"La danza delle ore" *episode of* Io uccido, tu uccidi
La danza macabra (63) [La lunga notte del terrore; Terrore; Danse macabre; Castle of Blood; Castle of Fear; Castle of Terror; Coffin of Terror;] 19p, 1103w, 1266d, 2061w, 3386ph, 3730, 3748, 3860, 4295, 4346, 4566, 4756p
La danza sull'abisso (19) 797, 2040, 3937
La danzatrice cieca (22) 311ph, 4953d
La danzatrice d'Oriente (18) 3382d
La danzatrice d'Oriente (22) 3382d
La danzatrice della taverna nera *see* Nelly la gigolette
La danzatrice di Pompei (16) 3214
La danzatrice di tango (20) 277ph, 2069d, 3544d
La danzatrice mascherata (16) 4593
La danzatrice russa (22) 3237d, 3581
Danze del Principe Igor (51) 848d
Danze spagnole (n.d.) 398d
Danzig Roses *see* Le rose di Danzica
Daphne (37) 3948d-p-e
Dark Eyes *see* Oci ciornie
Dark Gray *see* Fumo di Londra
Dark Purpose *see* L'intrigo
Darling (65 U.K.) 3730
Darò un milione (36) 78, 223, 283, 529, 760d, 1099, 1416, 2861ph, 3118ph, 3280, 3467w, 3514w-ad, 3527, 3865p, 4273, 4484ph, 4968w, 4982
Daughters of Destiny *see* Destini di donne
Davanti a lui tremava tutta Roma *see* Avanti a lui tremava tutta Roma
Davanti alla legge (16) 833
David e Golia (59) 45ph, 253d, 805, 1161, 1783e, 2253m, 2412, 2713, 2976, 3480, 3651d, 3955, 3975, 4040p, 4091, 4128w, 4189, 4515, 4554, 4880
The Day Christ Died (79 U.K.) 3017
Day of Anger *see* I giorni dell'ira
The Day of the Delinquents *see* Il più grande colpo del secolo
Day of Vengeance *see* Spartaco e i dieci gladiatori
The Day the Fish Came Out (67 U.S.) 419
Day the Sky Exploded *see* La morte viene dallo spazio
The Day the World Ended (79 U.S.) 1123
Days of Fury *see* Il giorno del furore
Days of Heaven (78 U.S.) 3153m
De Brosses a Roma (58) 3007d

De grande (88) 3561, 3660, 4562ph
De l'amour (65 France) 2873
De l'enfer à la victoire *see* Da Dunkerque alla vittoria
De la chair pour Frankenstein *see* Carne per Frankenstein
De la part des copains (70 France) 1676, 3591
De profundis (48) 4813m
De Sade's Deadly Sanctuary *see* Marquis de Sade: Justine
La dea bianca *see* Senza cielo
La dea del mare (04) 441
The Dead Are Alive *see* L'etrusco uccide ancora
The Dead Are Countless *see* I morti non si contano
Dead for a Dollar *see* Fidarsi è bene, sparare è meglio
Dead Men Ride *see* Anda muchacho spara
Dead or Alive *see* Un minuto per pregare, un istante per morire
Dead Run *see* Deux billets pour Mexico
The Dead Zone (83 U.S.) 1323p
Deadfall (68 U.K.) 3738
Deadlier Than the Male (66 U.K.) 2404
The Deadly Diaphanoids *see* I diafanoidi portano la morte
Deadly Sanctuary *see* Le disavventure della virtù
Deadly Trackers *see* La lunga cavalcata della vendetta
Deaf Smith and Johnny Ears *see* Punto e Capo
Death at Owell Rock *see* La morte non conta i dollari
Death Cruise (74 U.S.) 1232
Death Dealer *see* Milano odia: la polizia non può sparare
Death in the Arena *see* Maciste, il gladiatore più forte del mondo
Death in Venice *see* Morte a Venezia
Death Is Sweet from the Soldier of God *see* Seminò la morte...lo chiamavano il castigo di Dio
The Death Knell *see* La campana della morte
Death Knows No Time *see* E intorno a lui fu morte
Death on the Fourposter *see* Delitto allo specchio
Death on the Nile (78 U.K.) 3960m
Death Orbit *see* 4...3...2...1...morte
Death Played the Flute *see* Lo ammazzo come un cane...ma lui rideva ancora
Death Rides a Horse *see* Da uomo a uomo
Death Rides Alone *see* Con lui cavalca la morte
Death Walks in Laredo *see* Tre pistole contro Cesare
Death Wish (74 U.S.) 1323p
Death's Dealer *see* La vendetta è un piatto che si serve freddo
Il debito coniugale (70) 592, 709, 844, 1565
Debito d'odio (19) 874, 1241, 1907d
Debito d'onore (23) 4191d*
Il debito dell'imperatore (10) 1801w, 2709d*, 4807ph
Debito di sangue (16) 3021
Deborah *see* Un fiocco nero per Deborah
La Décade prodigieuse (72 France) 44, 4062
Decamerone (11) 3836d
Il Decamerone (71) 1014, 1263, 1346ph, 1453, 1492s-co, 1668a, 2057p, 2186, 2640, 2773, 3153m, 3453d*, 3864
Decamerone n. 2: le altre novelle del Boccaccio (72) 2080d*
Decamerone n. 3, le più belle donne del Boccaccio (73) [Decameron's Jolly Kittens] 1266d, 2603
Il Decamerone nero (72) 1181, 1920ph, 4810d
Decamerone proibitissimo (72) 783, 1970d
Il Decamerone proibito (72) 2249d, 2798, 3386ph
Decameron's Jolly Kittens *see* Decamerone n. 3, le più belle donne del Boccaccio
Decameroticus (72) 692, 3321
Déchéance (34 France) 441
La decima notte (79) 1368
La decima vittima (65) 118, 1408ca, 1475ph, 1706w, 2075w, 2557p, 2873, 2907, 3534d, 3558m, 3620a, 3636p, 3710, 3748, 3833, 4055, 4189, 4906
Il decimo clandestino (89) [To Save Nine] 2067w, 4054, 4685p, 4882d
Dedicato a una stella (77) [Take All of Me] 386, 1011m, 1146d, 2302
El dedo en el gatillo *see* I sentieri dell'odio
Deep River Savages *see* Il paese del sesso selvaggio
Defeat of Hannibal *see* Scipione l'africano

The Defeated Victor *see* Un uomo facile
Defiance *see* Un uomo in ginocchio
Defy to the Last Paradise *see* Mangiati vivi
Deguello (66) [Four Dollars for Revenge] 509, 869, 1875, 1876w, 1933, 2248, 2256ph, 2681, 3957, 4551, 4628, 4694d, 4920, 4973
Déjà Vu (84 U.S.) 1491m
Del amor y otras soledades (68 Spain) 582
Delenda Carthago (14) 98p, 1801w, 2709d
I delfini (60) 497, 498, 813, 1475ph, 1627, 1667, 1813m, 2000, 2636, 2891d, 3017, 3129w, 3372, 3415
Deliria *see* L'ossessione che uccide
Delirio (54) [Orage] 42, 182, 482d, 748d, 788d, 923, 1675, 3270, 3608ph, 4654, 4696
Delirio (86) 350d
Delirio dei sensi *see* Acid, delirio dei sensi
Delitti, amore e gelosia (83) 1886ph
I delitti della legge (12) 554, 796, 1327d, 4447
Delitti mascherati (18) 4082
"Il delitto" (47) *episode of* Il fiacre n. 13
"Il delitto" (52) *episode of* I vinti
Un delitto (83) 551w, 893, 1271m, 1897, 3273d, 3627a, 3718, 3851
Delitto a Porta Romana (80) 102w, 1102d, 3017
Delitto a Posillipo (67) 83, 3803, 4790
Delitto al Blue Gay (84) 102w, 1102d, 2887ph, 3017
Delitto al circolo del tennis (69) 489, 3949d, 4379ph
Delitto al Luna Park (52) 2759, 3634d
Delitto al ristorante cinese (81) 1102d, 3017
Delitto allo specchio (63) [Death on the Fourposter] 319, 2530, 2636, 2888ph, 3018, 3857, 4633
Delitto d'amore (74) [Somewhere Beyond Love] 275e, 1075d, 1668a, 1901, 2415ph, 2638p, 3116, 3992m, 4057
Delitto d'autore (75) 2404, 3591
Il delitto del bue alla moda (22) 4797
Il delitto del commendatore (21) 434ph, 797, 3201d
Il delitto del diavolo (69) [La regina; Les Sorcières du Bord du Lac; Queens of Evil] 44, 940d, 2486m, 2631, 3114, 4073, 4368
Il delitto dell'opera (18) 3956
Il delitto della brughiera (09) 98p, 1068, 3456d-p, 4807ph
Il delitto della piccina (20) 1778
Il delitto della via di Nizza (13) 3472
Il delitto della villa solitaria (16) 4484ph
Il delitto di Anna Sandoval (66) 3955
Il delitto di Beinasco (06) 4807ph
Il delitto di Castel Giubileo (18) 2874d
Il delitto di Giovanni Episcopo (47) [Flesh Will Surrender] 679, 727, 920w, 1606w*, 1650w, 1693s, 2475d, 2476m, 2596, 2647, 2654, 2773, 3270, 4065, 4186co, 4292, 4474w, 4543ph, 4598
"Il delitto di Luciano Claude" *episode of* Tre milioni di dote
Il delitto di san Giovanni a Teduccio (n.d.) 3555
Il delitto di un pescatore (10) 4807ph
Il delitto Dupré (63) [Les Bonnes Causes] 984d, 1436, 1879m, 2290w, 2578, 3342, 4497ph, 4768, 4814
Delitto in formula uno (83) 1103d, 2256ph
Delitto in pieno sole *see* In pieno sole
Il delitto Matteotti (73) [The Assassination of Matteotti] 20, 275e, 348w, 1178, 1211, 1416, 1470ph, 2674m, 3092, 3161, 3244, 3342, 4662d
Il delitto non mio (12) 4807ph
Il delitto non paga (62) [Le Crime ne paie pas] 212w, 587w, 631, 938, 939, 1192, 1248, 1308, 1556, 1676, 1678, 1776, 1967, 2082, 2569, 2610, 2634, 2852, 2883, 2917ph, 3138, 3143, 3278, 3354d, 3661, 4137, 4199, 4231w, 4416w, 4523, 4783, 4846a, 4885w
Il delitto perfetto (47) 2999d*
Delitto quasi perfetto (66) 514, 760d, 1063, 2545, 3992m, 4189, 4513
Delitto sull'autostrada (82) 824ph, 1102d, 3017
Delizie erotiche (82) 1209d-ph
Il delta padano (51) 4662d
Dementiae Caligulae imperatoris (15) 1617d, 3214
Les demivierges (16) 796, 2341d*
Demon (11 Russia) 4807d-ph
Demon Planet *see* Terrore nello spazio
Il demone del fuoco (19) 1125, 2740, 4072d
Demoni (85) 169p-w, 339ph, 350d, 779
Demoni 2—l'incubo ritorna (86) 169p-w, 350d

Demoni III (87) 350d
Demonia (88) 1804d
I demoniaci (56) [Les Louves] 156, 2322ph, 2405m, 3086, 3133, 3513, 3667, 3878ph, 3883, 4089d
Il demoniaco nell'arte (49) 1803w, 4813m
Demonietto (17) 1068, 2271, 3836d
Il demonio (63) 2488, 3558m, 3929d, 4916
Dente per dente (42) 333, 387, 566, 618, 965, 1117, 1576d, 1586, 1684s, 2613, 2884ph, 3557, 4432, 4623w
I denti lunghi (52) [Les Dents longues] 294, 968, 1351, 1897d*, 2234, 2322ph, 2424, 2801, 2853, 3902p, 4019, 4177, 4687, 4755
Les Dents du diable *see* Ombre bianche
La denunzia (23) 3174
Le deportate della sezione speciale SS (78) 340, 1480ph, 2539, 3630, 4355
Il deportato (51) [Deported] 439, 925, 951, 1253, 3033, 3863, 4258d, 4309, 4549
Deported *see* Il deportato
Déposez les colts *see* Posate le pistole, reverendo!
Le Dernier Amant romantique (78 France) 1459
Le Dernier Baiser (77 France) 2070ph
La Dernière Berceuse (30 France) 3586w, 3626
Les Derniers Jours de Pompei *see* Gli ultimi giorni di Pompei (48)
Desafio en Río Bravo *see* Sfida a Rio Bravo
Desamistado (89 Spain) 3153m
Desert Desperadoes *see* La peccatrice del deserto
Desert Raiders *see* Pastasciutta nel deserto
Desert Tanks *see* La Battaglia di El Alamein
The Desert Warrior *see* Gli amanti del deserto
The Deserter (71) *see* La spina dorsale del diavolo
The Deserter (83) *see* Il disertore
Il deserto dei tartari (76) 448w, 1882, 2054, 3153m, 3278, 3519p*, 3718, 3805, 4485, 4562ph, 4582, 4832, 4991d
Deserto di fuoco (71) 1652
Deserto di gloria *see* El Alamein (57)
Deserto rosso (64) 146d, 164ad, 325, 940p, 1245e, 1469ph, 1470ph, 1813m, 1899m, 2075w, 2130, 2726co, 3263ad, 3620a, 3865p, 4153, 4307ca, 4596, 4634, 4809
Desiderando Giulia (87) 1477, 2021, 3098e, 4841ph
Desideri d'estate (64) 89d, 1442, 1676, 4779ph
Desideri nel sole (65) 801
Desideri proibiti (63) [Les Grandes Personnes] 679, 1143ph, 3269, 3667, 3672, 3933, 4171, 4642d
Desideria—la vita interiore (80) 1012ph, 1491m, 2998, 3129w, 4057
Desiderio (46) *see* Scalo merci
Desiderio (83) 159, 1229, 1409, 1668a, 1973, 2908e, 3153m, 3961ph
Desiderio 'e sole (54) [Desiderio al sole; Desiderio nel sole] 815, 1979, 2473ph, 2578, 2712, 2716, 3198, 3457, 3459d, 3930, 4556
Desire Under the Elms (58 U.S.) 2614
Le Désordre *see* Il disordine
El desperado (67) [Desperado; Massacre et le sang; The Dirty Outlaws; King of the West; The Big Rip Off] 322, 438, 1442, 1671m, 1933, 2008, 2075w, 2648, 3541, 3949d
Desperado (72) *see* I bandoleros della dodicesima ora
Desperado Trail *see* Winnetou III
Los desperados *see* Quei disperati che puzzano di sudore e di morte
Desperate Hours (90 U.S.) 1323p
Desperate Men *see* Quei disperati che puzzano di sudore e di morte
Desperto su corazón (49 Spain) 4490
Les Dessons des cartes *see* Manù, il contrabbandiere
Destinazione morte (70) 2248
Destinazione Piovarolo (55) 77, 406w, 451, 679, 844, 923, 1279w, 1388, 1684s, 1692ph, 1717, 1806, 2084, 2245, 2445, 2944, 2988, 3271, 3319, 3400, 3411d, 3555, 4217, 4378, 4426, 4528, 4559, 4579, 4754
Destinazione Roma (77) 3025, 4907d-p*
Destinazione San Remo (59) 1203ph, 3064, 3089, 3397, 3411d, 4428, 4515
Destini di donne (53) [Destinées; Daughters of Destiny] 104w, 212w, 587w, 828d, 840, 844, 971, 984d, 1056, 1153ph, 1195, 1317, 1319d, 1431p, 1485, 1521, 1571, 1600, 1706w, 2266, 2350, 2519ph, 2801, 2888ph, 2917ph, 3143, 3371d, 3559, 3657w, 3955, 4166a, 4378, 4654, 4790, 4813m

Destino (16) 441, 570, 858ph, 2792a, 4191d*
Il destino (37) 2016
Destino (51) 1455d, 2445, 3064, 3287, 3555, 4802
Destino d'amore (43) 1578d, 2027d
Il destino di Silvia (18) 4931
Il destino e il timoniere (19) 1841d, 1842
Il destino in tasca (39) 870m, 1586, 3117a, 3836d, 4117ph, 4675, 4754
The Destruction of Herculaneum *see* Anno 79—distruzione ercolano
Un detective, macchie di belletto (68) [Un detective; Detective Belli] 142, 489, 516, 527, 560, 927, 1920ph, 2079d, 2877, 3244, 3393
Detective Riccardo Finzi *see* Agenzia Riccardo Finzi...praticamente detective
Detective Story *see* Giallo
Detenuto in attesa di giudizio (71) [Why?; In Prison Awaiting Trial] 104w, 109, 211, 1006, 1480ph, 1783e, 2633d, 3627a, 3992m, 4292
Detras de esa puerta (72 Spain) 637
Deutschland im Herbst (78 Germany) 3153m
Deux billets pour Mexico (68 France) 685, 1063
Les Deux Orphélines *see* Le due orfanelle (54)
Deux pissenlits par la racine (64 France) 4658, 4712
Deux superflics *see* I due superpiedi
La deviazione di Goolf Stream (20) 1498ph
The Devil and Dr. Frankenstein *see* Carne per Frankenstein
Devil Fish *see* Shark—rosso nell'oceano
The Devil in Love *see* L'arcidiavolo (66)
The Devil Is a Woman *see* Il sorriso del grande tentatore
The Devil Makes Three (52 U.S.) 126
The Devil Was an Angel *see* Una colt in pugno al diavolo
The Devil's Advocate *see* L'avvocato del diavolo
Devil's Commandment *see* I vampiri
The Devil's Envoy *see* L'amore e il diavolo
The Devil's Garden *see* L'assassino ha le ore contate
The Devil's Nightmare *see* La notte più lunga del diavolo
The Devil's Power *see* Czarci zleb
The Devil's Wedding Night *see* Il plenilunio delle vergini
The Devil's Woman *see* L'ultima casa vicino al lago
Devouring Waves *see* Shark—rosso nell'oceano
Di che segno sei? (75) 926, 1012ph, 1103d, 2962, 3738, 4292
Di mamma non c'è n'è una sola (73) 418, 794, 4586m
Di notte all'aria aperta (22) 75ph, 1395d*, 3236
Di padre in figlio (82) [From Father to Son] 1012ph, 1882d*
Di Pietro L'Aretino si racconta (72) 4988ph
Di qua di là del Piave (53) 1163, 2537d, 3069a, 3514w, 3526ph, 3592, 4116, 4290w, 4547, 4580, 4803
Di Tressette c'è ne uno...tutti gli altri son nessuno (74) [Dick Luft in Sacramento] 62m, 256, 834d, 1511, 2188, 3482, 4246w
Di Vittorio (58) 3007d
Le Diable au corps *see* Il diavolo in corpo
Le Diable et les dix commandements *see* Le tentazioni quotidiane
Le Diable probablement (77 France) 1408ph
Un diablo bajo la almohada (68 Spain) 1676, 2648
El diablo tambien llora (64 Spain) 3955
Diabolica *see* Chi sei?
I diabolici (20) 874, 1241, 1907d, 3131
Il diabolico dott. Mabuse (60) [Die tausend Aügen des Dr. Mabuse; The Thousand Eyes of Dr. Mabuse; Eye of Evil] 18, 964, 1326, 1799, 2402, 2456d-p, 2935, 3503, 3530, 3665, 3839, 4254, 4669, 4743
Diabolik (67) [Danger: Diabolik] 350ad, 351d, 566, 584, 927, 1173, 1500, 1932a, 2000, 2001, 2186, 2490, 2965, 3059, 3065, 3153m, 3393, 3559, 4483, 4533
Diaboliquement vôtre (68 France) 1627
I diafanoidi portano la morte (65) [I diafanoidi vengono da Marte; The Deadly Diaphanoids; War of the Planets] 1266d, 1885, 1977, 2530, 3244, 3990, 4189
Dial: Help (89) 419, 1385d, 3098e, 4419ph
I dialoghi delle carmelitane (59) [Dialogue des carmélites] 205, 2499, 2725, 3133, 4651, 4668, 4725, 4911

Il diamante azzurro (16) 150
Diamanti (38) 1227s, 1401d, 1543, 1979, 2826w, 3295, 3557, 3610e, 4252, 4543ph, 4623w
I diamanti che nessuno voleva rubare (68) [The Ten Million-Dollar Grab] 120
Diamanti e lagrime (16) 906ph, 1419d, 2599
Diamanti rossi sangue (78) 265
Diamanti sporchi di sangue (78) 592, 1460d, 1920ph
Diamond Peddler *see* Carioca tigre
Diamonds for Breakfast (68 U.K.) 2907, 3636p
Diana l'affascinatrice (15) 441, 858ph, 1273, 2792a, 4191d*
Diana Sorel (20) 810ph, 2348, 4191d*
Diario di un italiano (73) 4566, 4651
Diario di un lago (56) 2077d, 2839m
Il diario di una cameriera (64) [Le Journal d'une femme de chambre] 696d, 854w*, 1214, 1921, 2266, 2644, 3133, 3184, 3357, 3559, 4422, 4846a, 4963
Il diario di una donna amata (36) 529, 936, 4010
Diario di una schizofrenica (68) 2635, 3730, 3846d, 4665m
Il diario di una stella (39) 363, 744, 4237, 4759ph
Diario di una vergine romana (73) 1209d
Diario segreto di un carcere femminile (74) [Women in Cell Block 7] 490, 674, 1191, 1827, 4185, 4189, 4385
Il diario segreto di una minorenne (68) 636d, 637w*, 1096ph, 2677
I diavoli dallo spazio (65) [The Devil Men from Space; Space Devils; Snow Devils] 256, 1061, 1266d, 1683, 2976, 3957
I diavoli di Spartivento (63) [Weapons of Vengeance] 319, 1018, 1818, 3957, 4107d
I diavoli neri (13) 3524, 3978
Diavolini neri (18) 2794
Il diavolo (63) [To Bed or Not to Bed] 1323p, 1566, 1574, 1618, 3389, 3558m, 3628d, 4265, 4290w, 4292, 4543ph
Il diavolo bianco (47) 231, 637, 793, 1583s, 1761, 2600ph, 2647, 2648, 2654, 2744d, 2768p, 3363
Il diavolo e il morto (74) 351d
Il diavolo e l'acquasanta (83) 344ph, 1102d
Il diavolo ha sette facce (72) [Il serpente dalle sette teste] 244, 608, 1017d-p, 2188, 2628, 3803
Il diavolo in convento (50) 125, 287ph, 1062, 1712, 2624, 2744d, 3270, 3271, 3592, 4426w*, 4641, 4774
Il diavolo in corpo (47) [Le Diable au corps; The Devil in the Flesh] 50, 212w, 216d, 587w, 1041w, 1284, 1520a, 1769, 1776, 2015p, 2050, 2362ph, 3380, 3546, 3667, 3787, 4413, 4451, 4798
Il diavolo in corpo (81) 381d, 1164a, 1294w, 2442ph
Il diavolo innamorato *see* L'arcidiavolo (66)
Il diavolo nel cervello (72) 1532, 3153m, 3667, 3933, 4057, 4131ph, 4285d
Il diavolo nero (14) 2709d
Il diavolo nero (57) 2038, 2053d, 2765ph, 3319, 3980, 4803
Il diavolo si fa eremita (12) 1801w, 3127, 4807ph
Il diavolo sulle colline (85) 1135d, 1366m, 3213ph
Il diavolo va in collegio (43) 303, 610d, 766w, 791, 1122, 1996, 2953a, 3570, 4240, 4715w
Il diavolo zoppo (09) 2709d, 4807ph
17 Palazzo delle Tasse ufficio imposte *see* Stanza 17
Dicembre (90) 3216ph
Diceria dell'untore (90) 3244p*, 3769, 3805
Una dichiarazione di Robinet (12) 4807ph
Le diciottenni (55) [The Teenagers] 70, 391, 1294w, 1426, 1684s, 1872, 2578, 2922d, 3005, 3138, 3636p, 3815, 4073, 4127ph
Diciottenni al sole (62) [Beach Party—Italian Style] 805, 1718, 1869, 1885, 1939, 3153m, 4301, 4310
Dick Luft in Sacramento *see* Di Tressette c'è ne uno... tutti gli altri son nessuno
Dick Smart 2/007 (66) 2516, 3683d, 4487w
Dick Tracy (90 U.S.) 4379ph
Didone abbandonata (10) [Dido Forsaken by Aeneas] 98p, 796, 1801w, 2709d, 3680, 4447, 4807ph, 4819
Die Hard 2: Die Harder (90 U.S.) 3244
Die of Pleasure *see* Papaya dei Caraibi
Dieci anni della nostra vita (53) 2284p, 2803d, 2838w, 2934e, 4813m
Dieci bianchi uccisi da un piccolo indiano (74) [Blood River] 251d, 2261, 3243, 3251, 4491, 4618m

Dieci canzoni d'amore da salvare (53) 543a, 603, 754d, 1279w, 3473, 3592, 3599, 3930, 4192, 4430, 4754
I dieci comandamenti (45) 333, 618, 637, 924, 964, 976d, 1123, 1924w, 1972, 2000, 2624, 2654, 3229, 3271, 3280, 3284, 3415, 3526ph, 4091, 4237, 4341, 4432, 4556
Dieci giorni che sconvolsero il mondo (82) [Mexico in fiamme; Red Bells: I've Seen the Birth of the New World] 118, 540d, 3244, 3922
I dieci gladiatori (63) [Ten Desperate Men; The Revolt of the Gladiators] 674, 1571, 2486m, 3370, 3387, 3441d, 3782, 3864, 4091, 4247w, 4285w, 4604, 4628
Dieci italiani per un tedesco (62) 964, 1627, 1827, 3756d, 4586m
Le dieci meraviglie dell'amore (69) 424d, 4988ph
Dieci minuti con i doppiatori (48) 93d
Dieci minuti di vita (43) [Vivere ancora] 725, 791, 964, 1416, 1944d, 2605d, 3041, 3227, 4117, 4140, 4538, 4543ph, 4651
10.000 dollari per un massacro (67) [Guns of Violence; 10,000 Dollars Blood Money] 1299, 1869, 1884w, 2079d, 3096, 3297, 4053, 4079, 4132w, 4955ph
Died in Battle *see* Le scarpe al sole
Dietro il cespuglio (14) 4983d
Dietro la maschera (20) 796, 1273d
Dietro la trincea (42) 848d
Dietro le dune (55) 2077d
Dietro le quinte (08) 4807ph
Diez fúsiles esperan *see* Zoras il ribelle
Difendersi (39) 3658d
Difendimi dalla notte (81) 209, 1417ph
Difendo il mio amore (56) 840, 920w, 1475ph, 1509, 1676, 1717, 1882, 1944w, 1978, 1979, 2676d, 2909, 3080, 3684w, 3947m, 4220d, 4668
Difficile morire (77) [It's Hard to Die] 20, 2280, 3642
Dig Your Grave, Friend, Sabata's Coming *see* Prima ti perdono, poi ti ammazzo
La diga di Maghmod (29) 61d
La diga sul ghiaccio (53) 3322d
La diga sul Pacifico (57) [The Sea Wall; This Angry Age; This Bitter Earth] 925, 972a, 1033d, 1094, 1323p, 1367co, 1544w, 1599w, 1857a, 2773, 2861ph, 3514w, 3515, 3521, 3960m, 4065, 4211w, 4651, 4670
Dillinger è morto (68) [Dillinger] 1666d, 1967, 3384, 3559
Dimensione violenza (84) 339ph
Dimentica il mio passato (55) [Consuelo; Río Guadalquivir] 1123, 1972, 2782, 2790d-p, 4970d
Dimenticare Palermo (90) 12, 385, 1164a, 1408ph, 1882, 2005p, 2075w, 2908, 3153m, 3278, 3942d, 4002co, 4764w
Dimenticare Venezia (79) 38ph, 680d, 1934m, 2315, 2908e, 2962, 3535, 3865, 3999co, 4115a
Dimmi che fai tutto per me (76) 862, 1454ph, 1677d, 4586m
Dinamite al Pentagono (66) 300, 3520
Dinamite Jack (63) 1118, 1655, 2103, 2220ph, 2266, 3732
Dinamite Jim (66) 249d, 1093, 1257, 1316w, 1681m, 3243, 4045, 4053
Dinanzi a noi il cielo (58) [The Sky in Front of Us] 256, 1358, 1406w, 1505, 2086, 2988, 4104d, 4622
Dintorni di Roma (n.d.) 4061d
Il dio chiamato Dorian (70) [The Secret of Dorian Gray; Das Bildnis des Dorian Gray; Dorian Gray] 416, 1181, 1203d-ph, 2516, 2570, 2597, 3046, 3901, 3920, 3955, 4478, 4523
Dio, come ti amo! (69) 1215, 4934
"Il dio della vendetta" *episode of* Il Ponte dei sospiri (21)
Dio è con noi (69) [Gott mitt uns] 2070ph, 2256ph, 3097d, 3153m, 3244, 3485, 4143
Dio in cielo... Arizona in terra (72) [Arizona on Earth] 622, 756, 1093, 1658ph, 1824, 2247, 2258d, 2493, 3261m
Dio li crea, io li ammazzo (68) 467d, 1460w, 1480ph, 2648, 3774, 4170, 4300, 4326, 4723
Dio li fa poi li accoppia (83) 1432ph, 4359d
Dio mio, come sono caduta in basso! (74) [Till Marriage Do Us Part; How Low Can You Fall?] 142, 275e, 1075d, 1346ph, 1668a, 2577, 3202, 3514w, 3601, 3896, 4150
Dio non c'era (69) 1017d
Dio non paga, il sabato (68) [Kill the Wicked] 152ph, 517d, 1957, 2486m, 2976, 4863

Dio perdona...io no (68) [Blood River] 288, 775, 790, 1059d, 1096ph, 1859, 1971, 2869, 3261m, 3485, 3968, 3992m, 4074, 4916
Dio perdona la mia pistola (69) 1865d, 2615, 2681, 2902ph, 3297, 3669, 4107d, 4551
Dio, sei proprio un padreterno (73) [Mean Frank and Crazy Tony] 1323p, 1652, 2103, 2585, 2657d, 3345m, 3896, 4543ph, 4663
Il dio serpente (70) 882, 1181, 4810d
Dionisia (21) 810ph
Dirai "ho ucciso per legittima difesa" (75) 1014
The Directors (63 U.S.) 1924
Il direttissimo delle 19 (11) 4807ph
Il direttissimo delle 21,53 (15) 3427d
Il direttissimo di mezzanotte (15) 4490d
Il diritto dell'amore (18) 2272
Diritto di uccidere (09) 1397, 1801w, 3456d-p, 4447, 4807ph
Il diritto di uccidere (14) 797, 3382d, 4120ph, 4255
Il diritto di vivere (12) 614w
Dirty Angels *see* Vergogna, schifosi
The Dirty Game *see* La guerra segreta
Dirty Gang *see* La banda del trucido
Dirty Heroes *see* Dalle Ardenne all'inferno
The Dirty Outlaws *see* El desperado (67)
The Dirty Story of the West *see* Quella sporca storia del west
The Dirty Weekend *see* Mordi e fuggi
Le disavventure della virtù (68) [Marquis de Sade: Justine; Deadly Sanctuary; De Sade's Deadly Sanctuary] 1442, 2386, 2404, 2544, 2669, 2869, 3243, 3261m, 3379, 3655, 3901, 4435, 4509, 4733, 4743
Il discepolo (16) [Il discepolo di Giuseppe Giusti] 1605, 4447, 4489
Il disco volante (64) [The Martians] 629d, 925, 1325, 2773, 3558m, 3955, 4290w, 4292, 4809
Il discobolo (52) 1211d
La discoteca (83) 2483d
"Discutiamo, discutiamo" *episode of* Amore e rabbia
Il disertore (83) [The Deserter] 148, 3422
La disfatta dell'Erinni (19) [La disfatta delle Erinni] 1179ph, 2974, 3510d, 3524, 4200
La disfatta di Sherlock Holmes (15) 2060ph
La disfida di Barletta *see* Ettore Fieramosca (15)
Le disgrazie di un ubriaco (06) [Avventura di un ubriaco] 3326d-ph, 4697, 4807ph
Dismissed on His Wedding Night *see* Sissignore!
Disonorata (54) [Disonorata senza colpo] 124, 454, 976d, 1457, 1548, 1626, 1631, 1757, 3284, 3525, 3892, 4091, 4237, 4803
I disonesti (21) 3581, 4364
Il disordine (62) [Le Désordre; Disorder] 195, 287ph, 680d, 1797, 1857a, 2319, 2324, 2636, 3017, 3218m, 4038, 4293, 4381, 4651, 4911
Disperatamente l'estate scorsa (70) 3594
Disperato abbandono (13) 80, 427, 865
Disperato addio (54) 597, 964, 1300d, 1675, 1972, 2746, 3069a, 3288w, 4634
Disposta a tutto (77) 1644, 2764ph, 4351d
Il disprezzo (62) [Le Mépris; Contempt] 294, 1143ph, 1275p, 1329m, 1986d*, 2088e, 2456, 2557p, 3080, 3129w, 3379, 3559, 3636
Dissidio di cuori (14) 4248d, 4797
Distinguishing Marks: Handsome *see* Segni particolari: bellissimo
Una distinta famiglia *see* Che distinta famiglia
Les Distractions (61 France) 2404
Il distratto (08) 4807ph
Distruzione di Cartagine (12) 872d
La disubbidienza (81) 20, 1071, 1857a, 2426d, 3129w, 3153m, 3221, 3519, 3642, 4057, 4108
Dites-le avec des fleurs (74 France) 2075w
Il dito nella piaga (69) 2386, 2764ph
Divertimenti nella casa privata (90) 1882, 1945
La divetta del reggimento (16) 872d
Divieto di sosta (41) [No Parking] 37d, 332ad, 1165, 1206, 2792s, 3608ph, 4378, 4542, 4714
La divina creatura (75) [Divina creatura; The Divine Nymph] 142, 439, 1354, 1543, 2782, 2907, 3153m, 3466d, 3601, 3961ph, 4335, 4432
Divisione Folgore (54) 616w, 692, 1028, 1058d, 1294w, 1971, 2084, 2288, 2595s, 2759, 2782, 3043, 3142, 3363, 4564, 4568ph, 4756
Divorced at Home *see* Separati in casa
Le Divorcement (79 France) 2900

Divorziamo (19) 2173
"Il divorzio" *episode of* Il letto
Il divorzio (70) 893, 1511, 1565, 1676, 1882, 3068, 3932
Un divorzio (14) 392, 393
Divorzio all'italiana (61) [Divorce Italian Style] 21w, 287ph, 709, 884, 1169p, 1562a, 1924d, 1968, 2557p, 2907, 3890, 3992m, 4057, 4126w, 4305, 4547, 4579, 4622
Divorzio alla siciliana (62) 4580
Django (66) 33, 87, 186, 228m, 286ph, 520, 530p, 775, 893, 1102w, 1103d, 1385ad, 1611, 2188, 2681, 2701w, 3244, 3297, 3517, 3949w, 4170, 4216, 4810w
Django, A Bullet for You *see* Django, cacciatore di taglie
Django adios! *see* Seminò la morte...lo chiamavano il castigo di Dio
Django Always Draws Second *see* Il suo nome era Pot...lo chiamavano Allegria
Django and Sartana are Coming...It's the End *see* Arrivano Django e Sartana...è la fine
Django and Sartana...Showdown in the West *see* Arrivano Django e Sartana... è la fine
Django, cacciatore di taglie (66) [Django, A Bullet for You] 438, 1426, 2394d, 2820, 3545
Django...ein Sarg voll Blut *see* Il momento di uccidere
Django: eine Pistole für 100 Kreuze *see* Una pistola per cento croci
Django, Get a Coffin Ready *see* Preparati la bara
Django il bastardo (69) [The Stranger's Gundown] 1426w*, 1824, 1875, 1876d, 2010, 2625, 3754
Django, il grande ritorno *see* Keoma
Django Kill *see* Se sei vivo spara
Django, killer per l'onore (66) [El proscrito del Río Colorado; Outlaw of Red River; Django the Honorable Killer; Django the Condemned] 252, 658w, 1441d, 3106, 3267
Django Kills Softly *see* Bill il taciturno ...Django uccide
Django non perdona (67) 622, 689d, 1022, 2076w, 2247, 3903
Django porte sa croix *see* Quella sporca storia del west
Django, Prepare a Coffin *see* Preparati la bara
Django, prépare ton exécution *see* Execution
Django Rides Again *see* Keoma
Django sfida Sartana (70) 163, 524, 2288, 2371, 2609, 4325d, 4551, 4618m
Django spara per primo (66) [He Who Shoots First] 94p, 509, 703, 799w, 1095w, 1365d, 1893, 2619, 2656, 2869, 3261m, 3386ph, 4053, 4109, 4246w, 4368
The Django Story *see* Giù le mani... carogna!
Django Strikes Again *see* Il ritorno di Django
Django the Condemned *see* Django, killer per l'onore
Django the Honorable Killer *see* Django, killer per l'onore
Django's Great Return *see* Keoma
Djurado *see* ...E Djurado
Do Not Disturb (65 U.S.) 1627
Do Onions Flower? (72 U.K.) 1399
Do You Know This Voice? (64 U.K.) 3046
Doc, manos de plato *see* L'uomo dalla pistola d'oro
Doce horas de vida (48 Spain) 3840
Docteur Popaul (72 France) 142
Doctor and Mrs Jeckyll *see* Il dottor Jekill, Jr.
Dr. Dolittle (67 U.S.) 972a
Doctor Faustus (67 U.K.) 2134, 3218m
Dr. Frankenstein's Castle of Freaks *see* Il castello dell'orrore
Dr. Goldfoot and the Girl Bombs *see* Le spie vengono dal semifreddo
Dr. M (91) [Club Extinction] 358, 419, 943d, 1668a, 3665, 3720ph
Dr. No (62 U.K.) 2392
Doctor Zhivago (66 U.S.) 3636p
Il documento (39) [Il documento fatale] 77, 618, 652, 760d, 890w, 1218, 1219p, 1383, 1614, 1834ph, 1839, 1892, 2953a, 3162, 3408w, 3570, 3983, 4983w
Documento mensile (51) 1666, 3129d, 4112, 4625m
Il documento su Giuseppe Pinelli—12 dicembre (70) 531d, 1666d, 2536d, 3088d, 3453d, 3534d, 4795d, 4968d
Il documento umano (19) 1778
Documento Z 3 (41) 1301w, 1650w, 2000, 2068d, 2233, 2474, 3046, 3467w, 3608ph, 4432, 4474w, 4580
12 dicembre (70) 4821

Dodici mamme (31) 79d
La dolce casa degli orrori (90) 1804d
Dolce che scappa (06) 4807ph
Il dolce corpo di Deborah (68) 244, 293, 1884w, 2079d, 2188, 2677, 3096, 3406, 3591, 4293, 4368
Dolce gola (80) 1823d
Dolce Lombardia (53) 2077d, 2839m
La dolce pelle d'Angela (87) 1565
Il dolce veleno (21) 3984d
La dolce vita (60) 28, 95p, 300, 455, 926, 1183, 1298, 1565, 1650d, 1706w, 1809, 1875, 1932a, 2038, 2087, 2451, 2861ph, 2881, 2907, 2929, 2954, 3269, 3276, 3342, 3425, 3579w, 3626, 3711ad*, 3735, 3862, 3865p, 3929w, 3960m, 4066, 4192, 4368, 4425, 4588
Dolci baci e languide carezze *see* Oh, dolci baci e languide carezze
I dolci inganni (60) [The Adolescents] 972a, 2000, 2475d, 2595s, 2852, 3028, 3608ph, 4293, 4301, 4533, 4733
Le dolci notti (62) 4159p-w
Le dolci signore (67) [Anyone Can Play] 20, 118, 207, 709, 801, 878, 1607, 2070ph, 2084, 2109, 2172, 2578, 2638p, 2670w, 2965, 3632, 4024, 4158w, 4586m, 4901, 4916, 4948d
Le dolci zie (75) 2798, 2988, 4988ph
Dolina Miru (57 Yugoslavia) 2392
The Doll That Took the Town *see* La donna del giorno
Dollari e fraks (19) 1935d*, 2463, 4046
Un dollaro a testa (66) [Navajo Joe] 33, 87, 186, 846p, 1103d, 1147w, 1161, 1362, 1460w, 1493p, 2256ph, 2454, 2611, 2691, 3065, 3153m, 3344, 3619, 3805, 3808, 4045, 4789w
Un dollaro bucato (65) [One Silver Dollar; Blood for a Silver Dollar] 1671m, 1674d, 1901, 2681, 2867, 3482, 3777, 3837, 4052, 4172ph, 4351w, 4368, 4554
Un dollaro di fifa (60) 844, 3393, 3980, 4071ph, 4246d, 4511, 4530
Un dollaro di fuoco (67) [Epitaph for a Fast Gun] 1631, 2258w, 2798, 3283d
Un dollaro per sette vigliacchi (67) [El millón de Madigan] 1607, 1875, 2180, 2195, 2873, 2938, 3729, 3730, 3903, 3923, 4509, 4817
Un dollaro tra i denti (67) [Donde vas extranjero?; For a Dollar in the Teeth; A Stranger in Town] 140, 252, 438, 1934m, 2887ph, 3062, 4170, 4628, 4683d, 4916
Dollars for a Fast Gun *see* 100.000 dollari per Lassiter
The Dolls *see* Le bambole
Domanda di grazia (54) [Obsession] 801, 1319d, 3143, 4654
Domani accadrà (88) [It'll Happen Tomorrow] 1454ph, 2049, 2251, 2639d, 3140p, 3153m
Domani è troppo tardi (50) 56ph, 95p, 126, 471w, 1001m, 1153ph, 1332ph, 1344, 1416, 1513, 1667, 1684s, 1717, 1892, 2445, 2550, 2641, 2689w, 2933, 3010, 3071d, 3270, 3312w, 3834p, 3917, 4280, 4674, 4682
Domani è un altro giorno (50) 126, 471w, 1335, 1667, 1717, 1836, 2003, 2765p, 2784m, 2949w, 3071d, 3607, 3684w, 3847, 3992m, 4237, 4280, 4430, 4548
Domani mi sposo (84) 344ph, 723, 2901d, 4686w
Domani non siamo più qui (67) 685, 1813m, 2196, 4073, 4508, 4681
Domani passo a salutare la tua vedova . . . parola di Epidemia (72) [My Horse, My Gun, Your Widow] 1658ph, 1824, 2182, 2247, 2258d, 2460, 3213ph, 3261m, 4052, 4132w
Domani saremo ricchi e onesti (75) 244, 801, 2324
Domani si balla (82) 924, 1169p, 2962, 3255d*, 4378
Domenica d'agosto (50) 104p-w, 287ph, 680w, 832, 1003, 1578d, 2254, 2676w, 2907, 3067, 3148, 3270, 3320m, 3942ad, 4117ph, 4189, 4802, 4813m, 4968w
Una domenica d'estate (61) 209, 461, 615, 1602, 1667, 2244, 3129w, 4530, 4586m, 4753
La domenica della buona gente (53) 45ca, 845, 1689, 1691, 1753, 1973, 2614, 2738d, 2771, 3007w, 3270, 3383, 3664w, 3917, 4038, 4062, 4428, 4588, 4658, 4790
Domenica è sempre domenica (58) 471w, 846p, 1358, 1416, 1948w, 2035, 2765ph, 2906d, 2993w, 3372, 3397, 3828, 3852, 4232, 4290w, 4292w*, 4528, 4530, 4724w
Una domenica sì (87) 219p
Il domestico (74) 405, 709
Il dominatore dei sette mari *see* Sir Francis Drake, il re dei sette mari

Il dominatore del deserto *see* Pastasciutta nel deserto
Il dominatore del ferro (82) [La guerra del ferro; La Guerre du fer; The Ironmaster] 419, 994, 1271m, 1553, 1658ph, 2167, 2534d, 3482, 4348
Il dominatore della foresta (24) 3731
La dominatrice *see* La donna che scherzava con l'amore
Domino (89) 1569, 3216ph, 3266, 4861
Il domino azzurro (10) 4807ph
Don Bosco (35) 61d, 1834ph, 3041, 3944, 4117ph, 4698, 4732w
Don Buonaparte (41) 78, 754d, 1153ph, 1157s, 1509, 1701, 1740w, 3284, 3486, 3569ad, 4237, 4273, 4476, 4637, 4944
Don Camillo (52) [Le Petit Monde de don Camillo] 95p, 298w, 471w, 939, 1001m, 1551d, 1655, 1982, 2067w, 2149ph, 2254, 2817a, 3010, 3329, 3458, 3525, 3616, 3834p, 3865p, 3918, 4233, 4280, 4413, 4427, 4598, 4599, 4622, 4798, 4957
Don Camillo (83) 1454ph, 1491m, 1857a, 1971d*
Don Camillo e l'onorevole Peppone (55) [Don Camillo's Last Round] 406w, 655ph, 845, 925, 939, 1655, 1841d, 1982, 2067w, 2817a, 3329, 3865p, 4126w, 4306, 4409, 4598, 4622
Don Camillo et les contestataires *see* Don Camillo, Peppino e i giovani d'oggi
Don Camillo in Moscow *see* Il compagno don Camillo
Don Camillo monsignore...ma non troppo (61) 939, 964, 1655, 1841d, 2016, 3865p, 4191, 4233, 4598, 4622
Don Camillo, Peppino e i giovani d'oggi (72) [Don Camillo et les contestataires] 113, 760d, 939, 1012ph, 3161, 4336
Don Camillo's Last Round *see* Don Camillo e l'onorevole Peppone
Don Carlos (21) 138d, 444, 2652, 3910
Don Cesare di Bazan (42) [La lama del giustiziere] 104w, 623w, 725, 939, 1153ph, 1367co, 1761, 1786d, 1979, 2030, 2872, 2953a, 3869, 4186co, 4378, 4613, 4968w
Don Chisciotte (83) 275e
Don Chisciotte e Sancho Panza (68) 692, 825, 1511, 1622, 1623, 1754, 1768, 1867, 1939, 2061d, 2615, 3406, 4170
Don Chisciotte in frak (16) 1302, 2097
"Don Corradino" *episode of* Tempi nostri
Don Franco e don Ciccio nell'anno contestazione (70) 1754
Don Giovanni (16) 388d, 554, 2792a
Don Giovanni (42) 1133, 1615d, 2861ph, 3138, 3288co, 3840, 4078w, 4092, 4965
Don Giovanni (55) *see* L'ultima notte di don Giovanni
Don Giovanni (70) *see* Avventure ed amori di don Giovanni
Don Giovanni (79) 1698ph, 2621d, 4471, 4569a
Don Giovanni in Sicilia (67) 208, 709, 986, 1418, 1466, 1920ph, 2475d-p, 3060, 3261m, 3541, 4586m
Don Giovanni Saracinesca *see* Saracinesca
Don Juan *see* L'ultima notte di don Giovanni
Don Juan de Serralonga (48 Spain) 3229, 4187ph
Don Juan's Night of Love *see* Le avventure di Mandrin
Don Lorenzo (52) 518a, 619d, 655ph, 964, 2713, 3271, 3363, 3607, 4424, 4708
Don Luigi Sturzo (83) 1610d, 3608ph
Don Milani (76) 439, 2000
Don Pablo il bandito *see* Luci Sommerse
Don Pasquale (40) 1099, 1218, 1367co, 1406w, 1614, 1996, 2872, 2906d, 2942, 3118ph, 3503, 3570, 3583a, 3689w, 4186co, 4278, 4354, 4552
Don Pietro Caruso (16) 441, 614w, 858ph, 1068, 1935d*
Don Vesuvio *see* Il bacio del sole
Doña Maria La Brava (48 Spain) 1473
Donatella (55) 107p-w, 114, 545, 973, 1180, 1346ph, 1606, 1676, 2449, 2670w, 2873, 3088d, 3376, 3643, 3828, 4474w
Donde vas extranjero? *see* Un dollaro tra i denti
I dongiovanni della Costa Azzurra (62) 274w, 382, 806, 840, 1294w, 1375, 1676, 2324, 2581, 3955, 4023d, 4387
Donizetti *see* Il cavaliere del sogno
Una donna! (14) 441, 1068, 1838, 2242d
Una donna (17) 1864d, 2532ph, 4931
La donna abbandonata (17) 833, 881, 2173, 3237d
La donna ad una dimensione (69) [La donna è una dimensione] 3046, 3119
Donna al bagno (07) 4807ph
Una donna alla finestra (77) [Une Femme à sa fenêtre] 516, 657, 3161, 3342, 3992m, 4145, 4543ph

Una donna allo specchio (84) 1012ph, 4057
La donna bianca (30) 2598, 3557, 3845ph, 4037d, 4044
La donna carnefice nel paese dell'oro (24) 1694d-ph, 2063, 4690
La donna che amo (57) 430
La donna che aveva troppo cuore (16) 965
La donna che inventò l'amore (17) 1125
La donna che inventò l'amore (52) 637, 655ph, 935d, 1318, 1607, 1892, 2003, 2624, 3398, 4062
La donna che non ebbe cuore (17) 1119w, 2753, 3394, 3813ph, 4003, 4331
La donna che scherzava con l'amore (27) [Quella che domina; La dominatrice; Celle qui domine] 1841d, 1842
La donna che venne dal mare (57) 824ph, 1398d, 1416, 1677w, 1763w, 2775w, 3030, 3558m, 4060, 4187ph
"La donna che viveva sola" *episode of* Io uccido, tu uccidi
Una donna chiamata Apache (76) [Apache Woman] 524, 1039, 2798, 3321, 3724w
Donna, cosa si fa per te (77) 4779ph
"Donna d'affari" *episode of* Controsesso
Una donna d'altri tempi (20) 1960ph
Donna d'ombra (89) 228m
Una donna da uccidere (75) 3017
La donna dai capelli d'oro (20) 388d, 1512
La donna dal nastro di velluto *see* La dama dal nastro di velluto
La donna degli altri è sempre più bella (63) 685, 973, 1754, 1970d, 4106m, 4314, 4511, 4530, 4979
La donna dei faraoni (60) 319, 428, 647, 925, 1167, 1333w, 1683, 1761, 1813m, 2566w, 2815, 3478ph, 3853d, 3950, 4091, 4560d-p, 4720p, 4801ch
La donna del fiume (54) 340, 597, 1323p, 1706w, 2486m, 2614, 2861ph, 3069a, 3129w, 3319, 3354, 3453w, 3636p, 4281d, 4662ad-w
La donna del giorno (56) [The Doll That Took the Town] 924, 1002, 1607, 2121, 2578, 2891d, 3097, 3213ph, 3425, 3487p, 3780, 4062, 4946m, 4968w
La donna del lago (65) [The Possessed] 259, 275e, 1123, 2545, 2575, 2578, 3711w, 3748, 3947m
La donna del peccato (42) 796, 1332ph, 1449, 1693s, 2574, 4556
La donna del traghetto (86) [The Ferry-woman] 2545, 4108
La donna dell'altro (59) [Jons und Erdma] 2894
La donna della domenica (75) 21w, 97s-co, 263, 491, 862, 1075d, 2000, 2907, 3153m, 3779, 4126w, 4562ph, 4582
La donna della luna (88) 4113
La donna della montagna (43) 124, 439, 890d, 1218, 1323p, 1977, 2272, 2818, 2953a, 3229, 3722, 4484ph
La donna delle meraviglie (85) 458d, 813, 1857a, 1891, 3992m, 3996ph
La donna di cuori (16) 2173, 3237d, 4684w
La donna di ghiaccio (60) 3724d, 4584ph, 4598
La donna di mezzanotte (25) [La mujer de medianoche] 3703
Una donna di notte (79) 2764ph
Una donna di seconda mano (77) 418, 1354, 2984, 3216ph, 4025, 4094
Una donna di spirito (14) 4983d
Una donna di 30 anni (19) 4482
La donna di una notte (30) [La Femme d'une nuit] 441, 475, 2564d, 2689w, 3382d, 3845ph, 3983, 4680
"Una donna dolce dolce" *episode of* La donna è una cosa meravigliosa
Donna e bello (74) 1205, 1663, 2890, 2896ph, 4596p
La donna è come l'ombra (15) 2739
La donna e i bruti (20) 176ph, 2095, 3427d
La donna e il cadavere (19) 677, 1907d, 3131, 3454
La donna e l'armatura (22) 160, 650d, 655ph
La donna e l'uomo (24) 2060ph
La donna è mobile (42) 137, 618, 768, 796, 1816ph, 2811w, 2922d, 3005, 4420
La donna è scomparsa (20) 4943d
La donna è una cosa meravigliosa (64) 406w, 531d, 801, 1279w, 1475ph, 1606, 2075w, 2603, 2861ph, 3030, 3035, 3558m
La donna è una dimensione *see* La donna ad una dimensione
Una donna è una donna (70) 1438, 4563
Una donna fra due mondi (36) [Una donna tra due mondi; Between Two Worlds] 61d, 155ph, 475, 1449, 1490, 2746, 3046, 3280, 4273, 4792

Una donna funesta (19) 1395d, 2348, 4575
Una donna ha ucciso (50) 45ca, 127w, 815, 1135d, 2472, 3973, 4306
La donna, il diavolo, il tempo (21) 441
La donna, il sesso e il superuomo (68) 927
Donna in guerra (77) 4057, 4144
La donna invisibile (69) 2033, 2256ph, 3129w, 3153m, 3738
Una donna libera (54) 815, 924, 939, 987, 1135d, 1161, 1877ph, 2904, 2942, 4078w, 4554
Donna Lisa (18) 379d*
La donna nel mondo (62) 912d-e, 2274d-p-e, 3320m, 3345m, 3683d-e, 4624
La donna nella Resistenza (65) 911d
La donna nuda (14) 572, 793, 1841d, 3557, 3585
La donna nuda (18) 441, 1660, 2792a, 3871d
La donna nuda (22) 858ph, 2861ph, 3871d
Una donna passò (22) 3704
La donna perduta (21) 755, 881, 4593, 4983d
La donna perduta (40) 155ph, 1848d, 1946w, 2671a, 2942, 3104, 3447, 4447, 4732w, 4983w
Una donna per Ringo (65) [Dos pistolas gemelas; Two Guns for Two Twins; Sharp-Shooting Twin Sisters] 256, 1430, 1715, 2247, 3577, 3835, 3925d
La donna più bella del mondo (55) [Beautiful but Dangerous] 54, 351ph, 477, 518a, 557, 910, 1108, 1347, 1669w, 1882, 1978, 1979, 2517, 2535d, 2596, 2749p-w, 3088w, 3383, 3460, 3569w-ad, 3677, 3818, 4256, 4449, 4742
Una donna prega (53) 45ca, 92, 184, 1636, 2737, 2738d, 3320m, 4062, 4274, 4296, 4556
La donna scimmia (64) 1299, 1666d, 1857a, 1967, 2739, 3417, 3636p, 4188e, 4530, 4543ph, 4625m
Donna sopra femmina sotto (72) 592
La donna sperduta (88) 2900w*
La donna spezzata (88) 2315, 2549d, 2674m
Una donna tra due mondi *see* Una donna fra due mondi
"Le donne" *episode of* L'amore difficile
Donne alla frontiera (67) [Las siete magnificas; The Tall Women; Seven Vengeful Women] 352, 1022, 1079, 1168, 1177, 1886ph, 2180, 2573, 2727, 3441d, 3520, 3666, 3835, 3903, 3907w, 4106m
Donne, amori e matrimoni (56) 845, 1571, 1768, 3059, 3104d, 3643, 3828, 3857, 4235, 4323, 4979
Donne... botte e bersaglieri (68) [Man Only Cries for Love] 23, 94p, 101, 102w, 1102w, 1385d, 1939, 2101, 2580, 2988, 3587, 4286, 4296
Le donne ci tengono assai (59) 2473ph
Donne, danni e dinamite (55) 3857
Le donne degli altri (57) [Pot-bouille; House of Lovers; Lovers from Paris] 28, 320a, 853, 1248, 1529, 1551d, 1588co, 2104p, 2234, 2290w, 2362ph, 2725, 2844, 3546, 3838, 4047, 4777, 4812, 4893m
Donne di servizio (53) 3711d
Donne e briganti (50) 679, 968, 1753, 2661, 2924, 3041, 3119ph, 3229, 3643, 3828, 4166a, 4281d, 4378, 4754
Donne e soldati (54) 1475ph, 1666w*, 2751d, 2816d, 2831, 4625m
Donne proibite (53) [Angels of Darkness] 95d-p, 127w, 651, 655ph, 684, 765, 1002, 1123, 1237, 1244, 1406w, 1620, 1816ph, 2775w, 2894, 3363, 3416w, 3689w, 3715, 3847, 4428, 4957, 4968w
Donne senza nome (49) 22, 59, 298w, 528, 939, 1123, 1462, 1661, 1957, 2523e, 2702, 2717, 3608ph, 3939, 4134, 4245, 4306, 4323, 4473, 4564ad, 4813m, 4829d
Donne sole (55) 63w, 131, 708, 774, 1959ph, 2757, 2782, 3264m, 3955, 4023d, 4378, 4698
Le donne sono deboli (59) [Faibles femmes; Women Are Weak; Three Murderesses] 525d, 1349, 1375, 2519ph, 2646, 2787, 3086, 3531, 3790, 3935, 4090
Il dono del mattino (32) 475, 1586, 2073d-s, 2598, 3415, 3570, 4248, 4807ph, 4982
Don't Bother to Knock (61 U.K.) 340
Don't Look in the Attic *see* La villa delle anime maledette
Don't Look Now *see* A Venezia un dicembre rosso
Don't Make Waves (67 U.S.) 813
Don't Open the Window *see* Non si deve profanare al sonno di morte

Don't Sting the Mosquito *see* Non stuzzicate la zanzara
Don't Torture the Duckling *see* Non si sevizia un paperino
Don't Turn the Other Cheek *see* Porgi l'altra guancia
Doomed Fort *see* La furia degli apaches
Doomed to Die *see* Mangiati vivi
Doomsday *see* Il giorno del giudizio
Dopo divorzieremo (40) 104w, 493m, 1423w, 1684s, 1756, 1816ph, 1957, 2744d, 3104, 3229, 3282, 3338, 3841, 4226, 4240, 4252
Dopo il peccato (20) 1179ph, 2029, 3382d, 4341
Dopo il perdono (20) 1419d, 2742, 4575
Dopo il processo (20) 797, 1419d
Dopo il suicidio (20) 138d, 906ph, 4684w
Dopo il veglione (14) 2173, 3118ph, 4200
Dopo la battaglia (10) 3704
Dopo la morte (13) 138d, 2095, 2173
Dopo Tombolo (47) 3493d
Dopo una notte d'amore (36) 3046
Doppelgänger (69 U.K.) 1399
La doppia accusa (22) 561w
Doppia coppia con regina (74) 1676, 2965
La doppia ferita (15) 1907d, 3052, 3118ph
Doppia taglia per Minnesota Stinky *see* Giù la testa. . . hombre
Un doppio a metà (72) [Double By Half] 3922
Doppio delitto (78) [Lightning Strikes Twice] 21w, 118, 313, 377, 646, 2415ph, 2907, 3345m, 4114, 4126w, 4359d, 4624
Il doppio volto (18) 138d
Dora Nelson (39) 511d, 655ph, 679, 1003, 1005, 1749ad, 1972, 3073, 3271, 3280, 3414, 3812, 4050, 4281d, 4948w
Dora o le spie (17) 858ph, 1512, 2792a, 3871d, 4044, 4191, 4575, 4731
Dora o le spie (43) [Dora la espia] 441, 2910d, 3840
Dorellik *see* Arriva Dorellik
Dorian Gray *see* Il dio chiamato Dorian
Dos cosmonautas a la fuerza *see* 002—operazione Luna (*under* Z)
Dos cruces en Danger Pass *see* Due croci a Danger Pass
Dos de la mafia *see* I due mafiosi
Dos pistolas gemelas *see* Una donna per Ringo
Dos toreros de aúpa *see* I due toreri
Il dottor Antonio (10) 871
Il dottor Antonio (14) 1801w, 3236
Il dottor Antonio (38) 238, 936, 970, 1252, 1813m, 1931w, 2073d-s, 2763m, 2767p, 3473, 3552, 3557, 3869, 4273, 4484ph
Dottor Jeckyll e gentile signora *see* Il dottor Jekill, Jr.
Il dottor Jekill, Jr. (78) [Dottor Jeckyll e gentile signora; Doctor and Mrs Jeckyll; Jekyll, Jr.] 1652, 2070ph, 3055, 4359d, 4467, 4586m, 4781
Il dottor Jekyll (51) 4156d*
Il dottor Maurizio (16) 2594d, 4082
La dottoressa. . . ci sta col colonnello (80) 4442d, 4841ph
La dottoressa di campagna (80) 464d
La dottoressa preferisce i marinai (81) 252, 2965, 3055, 3092, 3393, 4442d, 4955ph
Double by Half *see* Un doppio a metà
Double Face *see* A doppia faccia
Le Doulos (62 France) 3636p
La douloureuse (20) 677, 1907d
Dov'è la libertà (53) 623w, 1323p, 1346ph, 1388, 1521, 1616, 1821, 3069a, 3573w, 3636p, 3930, 3947m, 3948d, 4543ph, 4559, 4579
Dove andiamo, signora? (42) 1078d, 2000, 2197, 3525ph
Dove, come e quando (77) 592, 1093
Dove Dio cercò casa (56) 3801d
Dove il Po scende (55) 4662d
Dove nacque il nome Italia (48) 848d
Dove si fabbricano le corone (50) 1910d
Dove si spara di più (67) [The Fury of Johnny Kid; The Ultimate Gunfighter] 1829, 2493, 2648, 3119ph, 3689d
Dove sta Zazà (47) 329, 3041, 3050p, 3149, 3284, 3570, 4041, 4246d, 4443, 4580
Dove vai in vacanza? (78) 531d, 1071, 1095w, 1417ph, 1480ph, 2670w, 3153m, 3558m, 4024d, 4057, 4126w, 4290w, 4292d*, 4530, 4562ph, 4781
Dove vai se il vizietto non c'è l'hai? (79) 3092
Dove vai tutta nuda? (68) [Dove vai tutta sola?] 685, 1677d, 1882, 1920ph, 2005p, 3017, 3161
Dove volano i corvi d'argento (77) 48, 3092, 3407
Down and Dirty *see* Bruti, sporchi e cattivi
Down by Law (86 U.S.) 397

Down the Ancient Stairs *see* Per le antiche scale
Down with Your Head *see* Giù la testa
Dox, caccia all'uomo *see* Caccia all'uomo (61)
Dracula cerca sangue di vergine. . . e morì di sete (74) [Dracula vuole vivere: cerca sangue di vergine; Dracula; Andy Warhol's Dracula; Young Dracula; Blood for Dracula] 1205, 1416, 2320, 2383, 2415, 3156, 3618, 3636, 4840, 4866, 4932
Dracula in Brianza *see* Il cav. Costante Nicosia demomiaco
Dracula in the Provinces *see* Il cav. Costante Nicosia demoniaco
Dracula vuole vivere: cerca sangue di vergine *see* Dracula cerca sangue di vergine. . . e morì di sete
Dracula's Dog (78 U.S.) 144d
Dragées au poivre *see* Confetti al pepe
Drakut il vendicatore (61) 4091, 4314, 4384w
Drama of the Rich *see* Fatti di gente perbene
Un dramma a 16 anni (29) 1907d
Un dramma al circo (38) 1841d
Dramma al mulino (07) 4807ph
Il dramma al mulino (19) [Il dramma del mulino] 2011d, 3491
Un dramma borghese (79) [Mimì] 275e, 348w, 1096ph, 1459, 3036p, 3244, 3345m, 4596, 4662d
Dramma d'amore *see* Il dramma dell'amore
Il dramma del macchinista (10) 4807
Il dramma del mulino *see* Il dramma al mulino
Il dramma dell'ambizione (16) 1424
Il dramma dell'amore (20) [Dramma d'amore] 1179, 3382
Il dramma dell'umanità (12) 4819
Dramma della gelosia—tutti i particolari in cronaca (70) [Per motivi di gelosia; The Pizza Triangle] 21, 1121, 1469, 1828, 1945, 2705, 2907, 2988, 3116, 4126w, 4153, 4158d, 4586m, 4809, 4967
Il dramma di Cristo (48) 1578d, 4813m
Un dramma di mistero e d'avventura (21) 4046
Il dramma di una notte (17) 572, 872d
Un dramma di Vittoriano Sardou (18) 1694ph
Un dramma fra le belve (15) 797, 3382w, 3704
Un dramma ignorato (17) 906ph, 1216, 1935d*
Dramma in caserma (06) 4807ph
Un dramma in montagna (21) 1694ph
Un dramma in wagon-lits (19) 4531d
Dramma nel casba *see* Avventura ad Algeri
Dramma nel porto *see* Ultimo addio
Un dramma nell'Olimpo (17) 617d
La dramma nella corona (16) 1907d
Dramma sul Tevere (52) 256, 517d, 1504, 1587m, 1626, 4296
I drammi dell'alcolismo (09) 4807ph
Drammi della vita (06) 98p, 4807ph
Drei tolle Kerle (68 Germany) 45d, 102w
Dress Rehearsal *see* La prova generale
Dressed to Kill (80 U.S.) 1491m
Le dritte (58) 102d, 845, 1607, 3084, 3405, 3526ph, 4296, 4658, 4809
I dritti (58) [The Wiseguys] 102d, 1541, 3147, 3405, 3407, 3526ph, 4296
The Driver's Seat *see* Identikit
La droga di Satana (22) 771d, 3703
Drôle d'endroit pour une rencontre (88 France) 3153m
Drop Dead Darling (65 U.K.) 1399
Drop Dead, My Love *see* Il marito è mio e l'ammazzo quando mi pare
"Drop of Water" *episode of* I tre volti della paura
Drop Them or I'll Shoot *see* Gli specialisti
Drops of Blood *see* Il mulino delle donne di pietra
Drum (76 U.S.) 1323p
Drummer della vendetta *see* Il giorno del giudizio
Drums of Vengeance *see* Il giorno del giudizio
Du bist mein Glück (37 Germany) 3046
Du mou dans la gachette (66 France) 3161
Du mouron pour les petits oiseaux (63 France) 1014
Du Rififi à Paname (65 France) 3803
Du Rififi à Tokio *see* Rififi a Tokio
Du Rififi chez les femmes *see* Rififi fra le donne
Du soleil plein les yeux (69 France) 23
La Dubarry (14) 388d, 1801w
Il dubbio (15) 3426
Il dubbio (21) 388d
Dubrowski *see* Il vendicatore
Il duca nero (63) 1623, 3018, 3054, 4063, 4314

Il ducato del Varano (49) 1910d
La duchessa del Bal Tabarin (16) 1456, 2874d, 3426
La duchessa di Santa Lucia (59) 2765ph, 3104d, 3473, 3555, 4530, 4753
La duchessa Mistero (22) 2875ph
La duchesse de Les Folies (27 Germany) 3472
Duchessina (21) 3544d
Il duchino (11) 4807ph
Duck à l'orange *see* L'anatra all'arancia
Duck You Sucker! *see* Giù la testa
Duda (51 Spain) 4432, 4490
I due assi del guantone (71) 844, 1754, 3270
I due barbieri (37) 447, 1058d, 1099, 1653, 2671a
Due bianchi nell'Africa nera (70) 1754
Le due. . .bocche di Marina (84) 339ph
Due buoni amici (11) 4807ph
I due carabinieri (85) 406w, 1417ph, 2005p, 3109, 4283, 4726d-p*
Le due catene (23) 4046
I due collegiali (10) 4807ph
I due colonnelli (61) [I due marescialli] 327, 1102w, 1103d, 1416, 1609, 1818, 2172, 2451, 3563, 4071ph, 4359d, 4443, 4486, 4559, 4612
I due compari (55) 102w, 575d, 1016p, 1606, 1959ph, 1978, 2670w, 3069a, 3271, 3415, 3975, 4233
Due contro tutti (63) [The Terrible Sheriff] 720d, 973, 2180, 3079, 4511, 4753, 4760
Due croci a Danger Pass (68) 658w, 1177, 1366m, 3292, 3554, 3690, 3924w, 3925d
I due crociati (68) 23, 571, 916, 917, 1345ph, 1511, 1691, 1754, 1804w, 1948w, 1978, 2976, 4491, 4598
I due crocifissi (18) 80, 1907d, 3454, 3567, 4536ph
Due cuori (43) 575d, 1694ph, 1913, 2436ph, 3041, 4252
Due cuori e una cappella (75) [Due cuori, una cappella] 377, 1011m, 4543ph, 4579
Due cuori felici (32) 223, 655ph, 1416, 1753, 2953a, 2966, 3237d, 4732w
Due cuori fra le belve (43) [Totò nella fossa dei leoni] 518a, 618, 679, 1221w, 2601ph, 2872, 3149, 3288co, 4246d, 4306, 4559
Due cuori sotto sequestro (41) 619d, 1338, 1813m, 2600ph, 2953a, 2978, 3800, 3828, 4189
Due cuori, una cappella *see* Due cuori e una cappella
I due della Formula Uno alla corsa più pazza del mondo (71) 1754
I due della Legione straniera (62) 1754, 1804d, 1973, 4752
I due deputati (68) 1511, 1754, 1963, 2061w, 3386ph, 3509, 4618m
I due derelitti (13) 1132, 2599
I due derelitti (51) 518a, 754d, 825, 1054p, 3284, 3363, 4189, 4430, 4543ph
Due destini (11) 3836d
"Due donne" *episode of* Destini di donne
Le due esistenze (20) 1221, 2961, 3813d
I due evasi di Sing Sing (64) 45ph, 1754, 1804d
Le due facce del dollaro (68) 584, 737, 1097, 1649, 1963, 2167, 2172, 2677, 2798, 2902ph, 3104d, 4165, 4170
I due figli di Ringo *see* Per un pugno nell'occhio
I due figli di Trinità (72) 1017d, 1754, 2628, 3803
I due Foscari (42) 146ad-w, 155ph, 387, 637, 767w, 1165, 1483w, 1626, 1803d, 3271, 3318, 3447, 4309
Due fratelli in un posto chiamato Trinità *see* Jesse e Lester, due fratelli in un posto chiamato Trinità
Due gattoni a nove code. . .e mezza ad Amsterdam (72) 1017d, 1754
Due giorni di felicità (12) 3127, 4807ph
"Il 2 giugno" *episode of* Nascita della repubblica
I due gladiatori (64) [Fight or Die] 720d, 1901, 2134, 3337, 3387, 3478ph
I due gondolieri *see* Venezia, la luna e tu
Due lacrime (54) 708, 1631, 3419, 3526ph, 4574, 4694d
Due ladri eccezzionali (11) 4807ph
Due lettere anonime (44) 725, 760d, 964, 2953a, 3199w, 3271, 3514w, 3636p, 4092, 4168, 4484ph, 4556, 4699w
Le due madonne (49) 1165, 1455d-p, 1521, 1909, 3287, 3745, 4041, 4246d, 4567a
Le due madri (09) 4807ph
Le due madri (13) 4807ph
Le due madri (15) 1343ph, 3869d
Le due madri (22) 3909d
Le due madri (38) 466w, 655ph, 1277w,

1383, 1416, 2300, 2747, 2763m, 2953a, 3191w, 3382d, 3848, 4341
I due mafiosi (64) 1754, 4511
Due mafiosi contro Al Capone (65) 1754, 2492
Due mafiosi contro Goldginger (65) [The Amazing Dr. G] 1754, 2188, 3106, 3805, 4246d, 4618m, 4724w
Due mafiosi nel far west (64) 867, 953, 1754, 1973, 4052, 4053, 4246d, 4511
I due maghi del pallone (70) 1754, 2483d, 4150
2 Magnum 38 per una città di carogne (75) 1981, 2539
I due marescialli *see* I due colonnelli
Le due Marie (19) 229, 614w, 724, 1617d, 2753, 2961, 3394, 3813ph, 3910
Due marines e un generale (65) [War Italian Style] 891w, 1021, 1754, 2239, 2356, 3803, 4312, 4618m
Due mattacchioni al Moulin Rouge (64) 1754
Due milioni per un sorriso (38) 43ph, 575d, 667, 890w, 1311, 2473ca, 3570, 3643, 3759, 4281d, 4680, 4754
I due misantropi (36) 468p, 556, 655ph, 1383, 1913, 1958, 2747, 3382d, 3451w, 3578, 3583a, 4186co, 4527, 4754
Due mogli sono troppe (50) 680w, 760d, 920w, 1016p, 3363, 3573w, 3627a, 3960m
I due mozzi (20) 3201d
Due nelle stelle (80) 834d, 1011m, 2373, 4403, 4907
I due nemici (61) [The Best of Enemies] 121, 903, 920w, 1162, 1323p, 1782, 1973, 2111d, 2133, 2698, 3059, 3229, 3272, 3331, 3960m, 3961ph, 4126w, 4292, 4587, 4789w, 4898
Due notti con Cleopatra (53) 518a, 679, 908, 1198, 1625, 1875, 2614, 2670w, 2782, 2922d, 3176, 3386ph, 3527, 4158w, 4292, 4388ph, 4428, 4449, 4586m
Due occhi diabolici (90) 169d, 1491m, 2229, 2360, 2388, 2855
Due occhi per non vedere (39) [Due occhi a non vedere] 1054, 3117a, 3836d, 4117ph
Due once di piombo *see* Il mio nome è Pecos
Le due orfanelle (17) 388d, 466, 3041, 4022, 4575
Le due orfanelle (42) 387, 655ph, 784w, 925, 1184p, 1383, 1693s, 1841d, 1892, 1979, 2474, 2739, 3415, 4556, 4637, 4651, 4780
Le due orfanelle (54) [Les deux orphélines] 655ph, 675, 765, 964, 1513, 1571, 1675, 1812, 1914d, 2038, 2254, 2817a, 3555, 3625, 3865p, 3978, 4803
Le due orfanelle di Torino (17) 865d, 1694ph, 1778, 3703, 4195
I due orfanelli (47) [The Two Little Orphans] 21w, 78, 329, 330m, 768, 1497, 2885, 2922d, 2953a, 3472p, 3918, 4071ph, 4334ph, 4359w, 4559
I due para (65) 1511, 1754, 1804d
Due paradisi (52) 1910d
I due pericoli pubblici (65) 1754, 1804d, 4618m
Due pezzi di pane (78) 62m, 97s-co, 275e, 1015d, 1346ph, 1882, 3278, 3682, 3996ph, 4530
"I due piccioni" *episode of* Le quattro verità
Due pistole e un vigliacco (67) [Il pistolero segnato di Dio; Gunman Sent by God] 279, 584, 994, 1333w, 1426, 1674d, 2764ph, 3482, 3837, 3992m
2 + 5: missione Hydra (66) 1766d, 3055, 3154, 3292, 3980, 4001
Due più due uguale a sette (21) 2532ph, 2874d
I due pompieri (68) 266, 1102d, 1754, 2713, 3000, 3406, 3588, 4486
Due prostitute a Pigalle (75) 852
Due ragazzi da marciapiede (72) 1810
Le due rose (19) 150, 269, 1400, 1635, 3118, 3676, 3944
Due R-r-ringos nel Texas (67) 953, 1692ph, 1754, 1969, 1970d, 2615, 3406, 3469, 4106m
Due samurai per 100 geisha (63) 479, 844, 1754, 4584ph
I due sanculotti (66) 1511, 1754
Due selvaggi a corte (58) 253d, 1163, 2392, 2829, 3176, 3980
I due sergenti (08) 3456d, 4767
I due sergenti (13) 796, 3427, 3456p, 3510d, 4766
I due sergenti (22) 160, 650d, 655ph, 3921, 4105
I due sergenti (36) 238, 556, 931, 939, 942, 1509, 1653, 1834ph, 1931w, 2073d, 2757, 2767p, 2817a, 3503, 3527, 3557, 3970, 4168, 4512ph, 4651
I due sergenti (51) 778p, 844, 889, 1203ph, 1976, 2446w, 2712, 3227, 3800, 3840, 4121, 4194, 4424

Due sergenti del generale Custer (65) [Two Idiots at Fort Alamo] 736, 1754, 1875, 2516, 3337, 4053, 4246d, 4511
Due sogni ad occhi aperti (20) 1210d, 1343ph, 1733, 3077
Due soldi di felicità (54) 107d-p, 735, 875, 1761, 2250, 2268ph, 3555, 4384w, 4430
Due soldi di speranza (51) 528p, 890d, 1001m, 1689, 1834ph, 1930p-w, 2826w, 2886, 3198, 3213ph, 3960m
Le due sorelle (09) 4807ph
Le due sorelle (13) 3237d
Le due sorelle (21) 4044d*
Le due sorelle (50) 3978, 4822d
Due sorelle amano (51) 1077d, 3117a, 3151, 3955, 4432
Due sosia in allegria (56) 1673d, 1892, 2269, 3794, 4117ph, 4309, 4428
Le due spose (17) 3127
Le due stagioni della vita (72) 3153m
Le due strade (22) 4524d
Due strani papà (83) 4955ph
Due sul pianerottolo (77) 102d, 1959ph
I due superpiedi (76) [Deux superflics; Crimebusters; Two Supercops] 286d, 1271m, 1903, 1971, 2797, 3485, 3952
I due superpiedi quasi piatti (77) 286d, 1012ph, 1271m, 3485, 4586m
Le due tigri (41) 1927m, 1972, 2233, 2740, 3117a, 3118ph, 3371w, 3473, 3876p, 3978, 4117ph, 4246d
I due toreri (64) 1754, 4568ph, 4724w, 4752
Due tristezze: "un amore" (19) 2011d
Le due verità (51) 202, 582, 2540d, 3592, 3983, 4115a, 4187ph, 4243, 4370, 4488
I due vigili (67) 1511, 1754, 2677, 3381
I due violenti (64) [Los rurales de Texas; Texas Ranger; Two Gunmen] 110, 622, 1366m, 1722, 2288, 2868, 4045, 4160, 4165, 4970d
Le due vite di Mattia Pascal (85) 276s, 514, 920w, 1294w, 1663, 2907, 3088d, 3153m
Due volte giuda (68) [They Were Called Graveyard] 309, 749, 999d, 1209ca, 1829, 2386, 2834ph, 3710, 4001, 4254
Due volte per vivere. . . uno per morire (75) 2752
I due volti (18) 881
I due volti di Nanù (19) 128ph, 1273d, 2271, 2961
I due zoccoletti (18) 3813ph, 3910, 4331
Duecento all'ora (18) 906ph, 2271, 3836d, 4684w
Duel at Rio Bravo *see* Sfida a Rio Bravo
Duel at the Rio Grande *see* Il segno di Zorro
Duel in the Eclipse *see* Requiem per un gringo
Duel of Champions *see* Orazi e Curiazi
Duel of the Titans *see* Romolo e Remo
Duell vor Sonneruntergang (65 Germany) 1971
Il duello *see* Il sestuplo duello di Cretinetti
Il duello di Cocciutelli (11) 3041
Duello nel mondo (66) 514, 3957
Duello nel Texas *see* Gringo
Un duello nell'ombra (16) 3077
Duello nella Sila (61) 1885, 2434, 2991
Duello senza onore (49) 231, 453, 807m, 900w, 1522, 1972, 2654, 2768p, 2906d, 3270, 3514w, 3608ph, 4133, 4166a
Un duello sotto l'impero *see* Adriana di Berton
2019 dopo la caduta di New York (83) [In the Year 2019; 2099, After the Fall of New York] 2878d, 3699
Duetto (78) 1292
Duetto vagabondo (39) 43ph, 451, 1946d, 1982, 2598, 3848, 4698, 4754
Dulcinea (62 Spain) 1813m, 2647, 4066
Dummy of Death *see* Ipnosi
Dune (84 U.S.) 1323p, 2773
Il duomo di Milano (46) 511d, 1153ph, 2892m
Dupont la joie (74 France) 862
Durand contro Durand (07) 4807ph
Durango Is Coming, Pay or Die *see* Arriva Durango, paga o muori
Durante l'estate (71) 3322d-ph-e
Duri a morire (78) [Tough to Kill; Hard to Kill] 1209d-ph, 2982
Dust in the Sun *see* Sole nella polvere
Dva sagapà para (23) 4524d
Dynamite Joe *see* Joe l'implacabile
Dyurado *see* . . . E Djurado
E alla fine lo chiamavano Jerusalem l'implacabile (71) [Padella calibro 38; Panhandle Calibre .38; Calibre .38] 102w, 1763p-w, 2199, 2545, 2760, 3387, 3482, 4172d, 4891, 4927
È arrivata la parigina (58) 19p, 845, 1294w, 1607, 1689, 2765ph, 2906d, 3040, 3053, 3276, 3458, 3828, 3852, 4166a, 4428, 4789w
È arrivato il cavaliere (50) 351ph, 1062,

1252, 1521, 2774, 2811w, 2993w, 3069a, 3088d, 3149, 3398, 3636p, 3967, 4167, 4359d, 4559, 4754
È arrivato l'accordatore (51) 102w, 1058d, 1332ph, 1461, 2517, 2614, 2670w, 3270, 3828, 3862, 4166a, 4233, 4292, 4296, 4323, 4443, 4588
È arrivato mio fratello (85) [Here's My Brother] 91s, 891d, 1480ph, 3660
È arrivato quel signore! (36) 4278
È caduta una donna (41) [A Woman Fell] 5s, 155ph, 637, 1301w, 1798, 2000, 2068d, 3046, 3467w, 3473, 3526ph, 4280, 4426w, 4432, 4474w, 4968w
"È colpo del sole" *episode of* Documento mensile
E cominciò il viaggio nella vertigine (75) [Il viaggio nella vertigine] 48, 1627, 2674m, 3161, 4192, 4508, 4840, 4841ph
...E continuavano a fregarsi il milione di dollari (72) [El hombre del Río Malo; Les Quatre Mercénaires d'El Paso; Bad Man's River] 1611, 1627, 1869, 2103, 2596, 2619, 2866d, 2869, 2897, 4045, 4616ph, 4663, 4936w
...E così divennero i tre superman del west (74) [Three Supermen of the West] 622, 869, 2868, 4052, 4053
E così è la vita (17) 3944d*
E Dio disse a Caino (69) 19p-w, 703, 783, 857, 1063, 1266d, 2386, 3386ph, 4106m, 4568ph
...E divenne il più spietato bandito del sud (67) [El hombre que mató a Billy el Niño; A Few Bullets More; For a Few Bullets More; I'll Kill Him and Return Alone] 506, 689d, 1671m, 2247, 2493, 3018, 3554, 3666, 4564, 4722w
...E Djurado (66) [Djurado; Dyurado; Quattro assi e una pistola] 1766m, 1818, 2247, 2516, 3757
E dopo? (20) 1472, 2828d*, 4061
E i rettili furono vinti (16) 797, 3427d
E il Vesuvio sta a guardare (45) 3411d
...E intorno a lui fu morte (67) [Tierra brava; Death Knows No Time] 957, 1611, 2394d, 3669, 4052, 4053, 4106m, 4300, 4320
...E l'altare crollò (16) 650d, 4797
È l'amor che mi rovina (51) 582, 973, 996, 1693s, 1800, 3088w, 3119ph, 3218m, 3828, 4281d, 4359w, 4495p, 4511
E la donna crea l'amore (76) 204, 1602, 3738
...E la nave va (83) 164ad, 640w, 922, 929, 1169p, 1650d, 1668a, 2075w, 2291, 2309, 2353, 2908e, 3961, 4402, 4901
...E la vita continua (84) 1432ph, 3844d
E lo chiamavano Spirito Santo (71) 834d, 998ph, 1869, 2264, 2340, 2928d, 3062, 3261m, 3387, 3482, 3656
E lucean le stelle *see* Mon coeur t'appelle
È mezzanotte...butta giù il cadavere (66) 3065
...E Napoli canta (53) 2578, 2712, 3415, 3526ph, 3584, 3930, 4123
E noi non faremo harakiri (81) 348w, 2998
E non dirsi addio (48) 2484d*, 4567a
È passata una nuvola (18) 1864d, 3819ph, 4931
...E per tetto un cielo di stelle (68) [A Sky Full of Stars for a Roof] 20, 257, 524, 824ph, 1265, 1684s, 1901, 2403, 2638p, 3153m, 3538d, 4170
È permesso, maresciallo (58) [Tuppè—tuppè, marescià] 619d, 2888ph, 3738, 3847, 4106m, 4511
'E 'piccirella (22) 3285ph
È più facile che un cammello... (50) [Le sue ultime dodici ore] 567, 623w, 818, 920w, 928, 1016p, 1819, 2624, 2636, 2661, 3118ph, 3164d, 3447, 3728, 4323, 4341, 4658, 4948d, 4968w
E poi lo chiamarono Il magnifico (72) [Magnifico, l'uomo dell'est; Man of the East; Eastman] 286d, 323, 819, 1271m, 1683, 1959ph, 1971, 2057p, 3600, 4289, 4848
E poi non rimase nessuno (74) [Ten Little Indians; And Then There Were None] 200, 204, 224, 340, 927, 1067d, 1369, 1799, 1955, 2597, 3776, 3901, 4288, 4880
È primavera (49) [Springtime] 129, 214w, 890d, 920w, 1236m, 1909, 1930p-w, 3951ad, 3960m, 4071ph, 4696, 4968w
È sbarcato un marinaio (40) 262d, 964, 2884ph, 3229, 3340ph, 3415, 3626
...E se per caso una mattina... (74) 1894
È simpatico ma gli romperei il musco (73) 3342
È specialista del 44 (77) [Mark, .44 Specialist] 2902d, 4110

È stato bello amarti (68) 4189
È stato lungo, difficile, però adesso... che notte, ragazzi! (66) [Che notte, ragazzi!] 2545, 2577, 2965
...E tanta paura (77) 1454ph, 2087, 3439, 4355
È tornato carnevale (37) [The Carnival Is Back] 784w, 1614, 2910d, 2953a, 2973, 3117a, 3592, 4324, 4484ph, 4675, 4732w
È tornato Sabata, hai chiuso un'altra volta (71) [È tornato Sabata; The Return of Sabata] 48, 638, 2057p, 2244, 2314, 2340, 2764ph, 3441d, 3864, 4052, 4373, 4663
E tu vivrai nel terrore! L'aldilà (81) [L'aldilà; The Beyond] 1804d, 2500, 4861
E venne il giorno dei limoni neri (70) 527, 3509, 4001
...E venne il tempo di uccidere (68) [Time and Place for Killing] 1366m, 1460w, 2976, 3387
E venne l'alba...ma tinta di rosso *see* Nella stretta morsa del ragno
E venne l'ora della vendetta (67) [Comanche bianco; Comanche blanco; Hour of Vengeance] 1136, 1168, 2264, 3075, 3666, 4210, 4933
E venne un uomo (65) 927, 2419p-w, 3322d-ph-e, 3645ph, 4352
E vennero in quattro...per uccidere Sartana (69) [Beyond the Frontiers of Hate; Four Came to Kill Sartana; Sartana, the Invincible Gunman] 762, 1680d, 1961, 4562ph, 4779ph
Each Man for Himself *see* Ognuno per se
Eagles Over London *see* La Battaglia d'Inghilterra
Earrings of Madame De... *see* I gioielli di Madame De...
Eastman *see* E poi lo chiamarono Il magnifico
Easy Come, Easy Go (28 U.S.) 2770
The Easy Life *see* Il sorpasso
An Easygoing Man *see* Un uomo facile
Eat It! *see* Mangiala!
L'ebbrezza del cielo (39) 740w, 1661, 1674d, 1690, 2083, 2269, 3040, 3411, 4190ph
Eboli *see* Cristo si è fermato a Eboli
L'ebreo errante (15) 3427d, 3456d-p
L'ebreo errante (47) 61d, 130w, 1123, 1294w, 1583s, 1650w, 1761, 1803w, 1882, 2189, 2746, 3088w, 3282, 3318, 3584, 3616, 3684w, 3745, 4134, 4195, 4359w, 4548, 4759ph
L'ebreo fascista (79) 657, 2631, 3701, 4988ph
Ecce Bombo (78) 2975e, 3140d*
Ecce homo (68) 2545, 2887ph, 3153m, 3422, 4515, 4916
Eccezzziunale...veramente (82) [Really ...Incredible] 2w*, 4057, 4307ph, 4685d, 4686w
Ecco *see* Il mondo di notte
Ecco...il finimondo (64) 2070ph
Ecco la felicità! (40) [La Comédie du bonheur] 351ph, 767w, 971, 2564d, 3667, 4243, 4484ph
Ecco la radio! (39) 556, 1914d, 3845ph, 3919, 4538, 4780
Ecco lingua d'argento (76) 882
Ecco, noi, per esempio... (77) [Scoop!] 232, 806, 926m*, 1103d, 3660, 3961ph
Échappement libre *see* Scappamento aperto
L'Échiquier de Dieu *see* Le meravigliose avventure di Marco Polo
L'eclisse (62) 146d, 164ad, 326w, 651, 1245e, 1349, 1408ca, 1475ph, 1569, 1813m, 2075w, 2104p, 2246ad, 2819, 3032, 3353w, 3620a, 3718, 3865p, 3936, 4809
L'eco della gloria (46) [Sorridete, Maestà] 1109, 1509, 1985, 3415
Ecologia del delitto *see* Antefatto
Edelweiss (23 Germany) 3845ph
Edera (21) 1343ph, 3909d
L'edera (50) 309, 623w, 918co, 1016p, 1318, 1907d, 2654, 2885, 3117a, 3199w, 3474, 3552, 4127ph, 4599, 4729m
L'edera senza quercia (17) 3568
Edipo re (10) 1334d*
Edipo re (67) [Oedipus Rex] 275e, 389, 484p, 1014, 1263, 1492s-co, 2773, 3453d*, 3996ph, 4115a, 4170, 4651
Edizione straordinaria (39) 1766d, 2999d-ph, 4714
Édouard et Caroline (51 France) 4595
L'educanda (76) 211, 1963
L'educanda monella (16) 441
Le educande di Saint-Cyr (39) 1054, 2269, 2272, 3117a, 3836d, 4117ph, 4354, 4432, 4675, 4715w
Educarsi nel lavoro (42) [Educarsi al lavoro] 3418d, 3645ph
Educatore autorizzato (80) 2674m
Educazione civica (74) 1075d

The Eerie Midnight Horror Show *see* L'ossessa
Effetti di luce (16) 3214
L'Egitto a Roma (48) 3981ph
Ego te absolvo (15) 4808
Ehi, amico, c'è Sabata...hai chiuso (69) [Sabata] 211, 322, 419, 994, 1063, 2014, 2057p, 2224, 2314, 2590, 2764ph, 2845, 2881, 3441d, 3623, 3698, 3803, 3864, 4052, 4432, 4663, 4723, 4986
Ehi, amico...sei morto (71) [Hey, Amigo! A Toast to Your Death] 252, 340, 438, 467d, 1480ph, 3669, 4106m, 4300
Ehrengard (82) 878, 1292, 2442ph, 3363
Eight and a Half *see* 8½ (Otto e mezzo)
"8th Sin" *episode of* I sette peccati capitali
1870 *see* Nell'anno del Signore
Eine Nacht in Venedig (33 Germany) 1841
Einer frisst den Anderen (64 Germany) 3046
El Alamein (57) [Deserto di gloria] 2084, 2615, 2745d, 3264m, 3936, 4066, 4317, 4515, 4564, 4568ph, 4957
El Alamein (68) *see* La Battaglia di El Alamein
El "Che" Guevara *see under* C
El Cid (61) 253ad, 662p, 785, 786ad, 833, 1175, 1599w, 1623, 1781, 1977, 2141, 2174, 2211, 2408ph, 2597, 2614, 2779d, 3176, 3367, 3418d, 3762, 3810, 3974m, 4106m, 4189, 4507, 4509, 4564, 4590, 4654, 4869, 4909, 4936p-w
El Cisco (66) [The Cisco Kid] 419, 424d, 971, 1649, 1827, 3189, 3261m, 4790
El desperado *see under* D
El-Ettaham (33 Egypt) 4822d
El expreso de Andalucia *see* Il mondo sarà nostro
El Frayle (59) 3322d
El-Ghandoura (35 Egypt) 4822d
El Greco (65) 287ph, 484p, 584, 927, 1500, 1573w, 1623, 1647, 1665p-m*, 1939, 1963, 2344, 2451, 3153m, 3805, 4024d, 4137, 4153, 4915
El Hakim (57 Germany) 3975
El Macho (77) [Macho Killers] 2188, 2609, 4568ph
El Puro, la rancon est pour toi *see* La taglia è tua, l'uomo l'ammazzo io, El Puro
El Rojo (66) 252, 857, 1571, 1934m, 1948w, 1959ph, 2001, 2134, 2288, 3228, 4107d
El Zorro el volpe (68 Spain) 405, 3957, 4693
Eleanora (82) 2894
Eleanora Duse (47) 637, 924, 964, 2030, 3069a, 3756d, 4188e
Electric Blue *see* Blu elettrico
Elefanti al lavoro (11) 3326d-ph
Elegie romane (55) 3540d
Elena (54 Spain) 4432
Elena di Troia (56) [Helen of Troy] 14a, 121, 246, 294, 671, 786ad, 996, 1518, 2037, 2124, 2397, 2492, 2536ad, 2563, 2606, 2686, 2850, 3284, 3607, 3775, 4163, 4183, 4192, 4356m, 4380ph, 4406, 4493, 4609w, 4813m, 4856d, 4913d
Elena et les hommes *see* Eliana e gli uomini
Elena, sì...ma di Troia (73) 3945, 4165
Elettricità dell'atomo (61) 4537d
Elevazione (20) 3581, 3984d
Eliana e gli uomini (56) [Elena et les hommes] 408p, 421, 597, 646, 818, 1431p, 1485, 1571, 1665, 2044, 2286, 2317, 2405m, 2795, 2883, 3030, 3063, 3135, 3203, 3276, 3787, 3795ph, 3796d, 3821, 3964, 4768
L'elisir d'amore (40) 78, 541w, 667, 842, 1172, 1614, 2613, 2953a, 3040, 3382d, 3783d, 3800, 3841, 3917, 4027, 4190ph, 4780
Elisir d'amore (46) 351ph, 1117, 1128d, 1985, 2596, 2773, 3525, 4256
Ella non tradì (18) 1088d
Emanuella nera (76) 45d, 824ph, 1209d, 1681m, 2248, 4150, 4712
Emanuella nera in America (76) [Emanuelle in America] 1209d-ph, 1681m
Emanuella nera n. 2 (77) [Orient reportage] 45d, 1209d, 2766ph, 3754, 3957
Emanuelle a Bangkok (77) 222, 415, 1209d, 1681m, 1814w, 1903, 3753, 3957, 4515, 4712
Emanuelle 2 (76 France) 3342, 4712
Emanuelle e Françoise le sorelline (76) [Françoise et Emanuelle— The Little Sisters] 1209d-ph, 1553
Emanuelle e gli ultimi cannibali (77) [Trap Them and Kill Them] 1100, 1209d, 1903, 3228, 4515
Emanuelle, perchè violenza alle donne?

(76) [Confessions of Emanuelle] 1209d-ph, 1681m, 1903, 3753, 4150
The Embankment *see* L'argine
L'Embouteillage *see* L'ingorgo
The Emerald Jungle *see* Mangiati vivi
El emigrado (46 Spain) 1473
L'emigrante (15) 1778, 2828d*, 3041, 4944
L'emigrante (73) 926, 1677d
Emigranti (48) [Emigrantes] 679, 927, 1606d*, 2613, 3270, 3395w, 3458, 3645ph, 3841, 4127ca, 4622
Gli emigranti (15) 729
L'emigrata (18) 1907d, 2272
Emilio Greco (58) 3007d
Emir, cavallo da circo (17) 1210d, 1498ph, 2242d, 3491, 3910, 4808
Emma Hamilton *see* Le calde notti di Lady Hamilton
Emmanuelle and the White Slave Trade *see* Emanuella nera in America
L'Emmerdeur (73 France) 893
Le emozioni di Gribouillette (14) 1778
The Emperor Caligula *see* Caligola...la storia mai raccontata
Empezó en boda (44 Spain) 2910d
The Empress Messalina Meets the Son of Hercules *see* Gladiatore di Messalina
Empty Canvas *see* La noia
Emraa min narr (49 Egypt) 4745d
Emulo di Sherlock Holmes *see* Camillo emulo di Sherlock Holmes
En cas de malheur *see* La ragazza del peccato
En effeuillant la marguerite *see* Miss Spogliarello
En el oeste se puede hacer...amigo! *see* Si può fare, amigo!
En plein cirage (62 France) 2577, 3503
En un rincón de España (48 Spain) 3840
La encadenada (73 Spain) 743
Encrucijada para una monja *see* Violenza per una monaca
End of Desire *see* Una vita
Las endemoniadas *see* Nelle pieghe della carne
Endgame—Bronx lotta finale (83) 1039, 1209d, 1553, 1903, 3055, 4515
Endless Love (81 U.S.) 4969d
Eneide *see* Le avventure di Enea
The Enemy General (59 U.S.) 3176
L'enfant de l'amour (16) 570, 1068, 1179ph, 1216, 1935d
Enfantasme (78) [L'Enfant de la nuit] 377, 1011m, 2070ph, 2908e, 2982, 4094
Les Enfants terribles (49 France) 3789
Engagement Italiano *see* La ragazza in prestito
L'enigma del baule rosso (16) 174d
Enigma rosso (79) 824ph, 1422, 4491
L'Énigmatique M. Parkes (30 France) 3759
L'Enlèvement des sabines *see* Il ratto delle sabine (61)
L'Ennemi publique n. 1 *see* Il nemico pubblico n. 1
Enpas (50) 550ph
Enrico Caruso, leggenda di una voce (51) [The Young Caruso] 428, 518a, 543a, 1009, 1347, 1377, 1914d, 2596, 2749p, 3525, 3557, 3569ad-w, 3745, 3944, 4033, 4061, 4071ph, 4323, 4430, 4833
Enrico IV (26) [Die lebende Maske] 475, 1498ph, 1624, 3382d, 3586w, 4710
Enrico IV (43) [Heinrich der vierte; Henry IV] 477, 623w, 725, 1206, 1367co, 1787p, 1892, 2746, 2800, 2892m, 3118ph, 3459d, 3473, 3586w, 3848, 4078w, 4637
Enrico IV (83) 381d, 535, 813, 2075w, 2442ph, 2907, 3586w, 4579
The Enrico Mattei Affair *see* Il caso Mattei
Enshoudat el-Fouad (31 Egypt) 4822d
Die Ente klingelt um ½ acht (68 Germany) 2019
Enter the Ninja (81 U.S.) 3244
L'entrata dell'esposizione di Torino (98) 728d-ph
Entre las redes (67 Spain) 1786d, 4368
L'Envers du paradis (53 France) 4192
L'Envol du moineau (88 France) 3202
Epistolari celebri (82) 4840
Epitaph for a Fast Gun *see* Un dollaro di fuoco
L'epopea dei Nibelunghi *see* Siegfried
L'epopea napoleonica (14) [Napoleon's Epic Deeds] 98p, 388d, 771, 1312d, 3652
Equatore (38) 1423w, 1626, 2601ph, 3088ad, 3502, 3728, 4273, 4454a, 4659d
Equinozio (72) 207, 826, 2000, 3594, 3637d, 4112
Equitazione (55) 681d
"Equivoco" *episode of* Basta che non si sappia in giro
Er Fattaccio (52) [Il Fattaccio] 2084, 3584, 3953, 4274, 4556, 4676

Er Più (71) [Er Più, storia d'amore e di coletto; The Greatest] 166, 801, 926m*, 1103d, 2678, 3992m
Era di venerdì 17 (56) [Sous le ciel de Provence; It Was Friday the 17th] 95p, 123, 656, 1410, 1655, 1936, 1982, 2149ph, 2559p, 2733, 3555, 3765, 3975, 4038, 4099w, 4281d, 4292, 4474w, 4968w
Era lei che lo voleva (53) 518a, 582, 973, 1970d, 2811w, 2993d, 3059, 3386ph, 3643, 4246d, 4449
Era lui...si! si! (51) 95p, 329, 518a, 557, 768, 973, 1346ph, 1521, 1970d, 2250, 2445, 2614, 2811d, 2993d, 3398, 3473, 4190ph, 4233, 4554, 4754
Era notte a Roma (59) 104w, 259, 455, 540, 824ph, 1627, 1908, 2990, 3738, 3947m, 3948d, 4025, 4038, 4378
Era Sam Walbash...lo chiamavano "Così Sia" (71) [His Name Was Sam Walbash, But They Called Him Amen] 1680d, 4779ph, 4920
Eran 300 (52) [La spigolatrice di Sapri] 637, 675, 740d, 1002, 1607, 2084, 2885, 3857, 4190ph, 4574
Eravamo sette sorelle (38) 280, 451, 493m, 1276w, 1514, 1684s, 1834ph, 1852, 2744d, 3786, 3800, 4252, 4527
Eravamo sette vedove (39) 124, 1488, 1514, 1684s, 1852, 1996, 2269, 2768p, 2922d, 3005, 3118ph, 3295, 3503, 4129, 4233, 4278, 4443
Ercole (17) 2828d*
Ercole (57) *see* Le fatiche di Ercole
Ercole al bivio (21) 3731
Ercole al centro della terra (61) [Hercules in the Haunted World; The Vampires versus Hercules; Hercules versus the Vampires] 163, 351d-ph, 378, 1095w, 1509, 1939, 2515, 2595s, 3434, 3683w, 3782, 3980, 4188e, 4368, 4487w, 4586m
Ercole alla conquista di Atlantide (61) [Hercules and the Captive Women; Hercules Conquers Atlantis] 131, 824ph, 1095w, 1135d, 1509, 1808, 1872, 2595s, 2642e, 2782, 2819, 2837, 2839m, 3387, 3434, 3536, 4025, 4308, 4312, 4487w, 4586m, 4633, 4821
Ercole contro i figli del sole (64) 1017d-p-ph, 1500, 1623, 1730, 1901, 4165, 4650
Ercole contro i tiranni di Babilonia (64) 83, 2576, 2615, 2659, 3411d, 3536, 4512ph
Ercole contro il gigante Golia (62) 2745d, 3154
Ercole contro Moloch (63) [Maciste contro Moloch; The Conquest of Mycene; The Conquest of Moloch; Hercules Attacks; Hercules' Challenge] 428, 1018, 1333w, 1489, 1674d, 2013, 2530, 3243, 3337, 3400, 4162, 4512ph
Ercole contro Roma (64) [Samson Against All; Hercules in Rome] 211, 2086, 2615, 3569d, 4344, 4512ph, 4693
Ercole e la regina di Lidia (58) [Hercules Unchained; Hercules Against the Gods] 145, 351ph, 838, 1225, 1294w, 1342, 1622, 1626, 1627, 1690, 1766d, 2404, 2612, 2892m, 2919, 3387, 3580, 3778, 4188e, 4452
Ercole l'invincibile (63) [The Son of Hercules in the Land of Darkness] 743, 843, 1023, 2765d, 4628
Ercole, Sansone, Maciste, Ursus: gli invincibili (64) [Samson and the Mighty Challenge; The Invincibles; Hercules, Samson, Maciste and Ursus versus the Universe] 788d, 953, 1095w, 1330, 1608, 1948w, 2466, 2615, 2677, 2815, 2837, 3106, 3337, 3945, 4063, 4344, 4432, 4618m, 4981
Ercole sfida Sansone (63) [Hercules, Samson and Ulysses] 937, 1112, 1220, 1569, 1623, 1766d, 1768, 1973, 2486m, 2584, 3154, 3336, 3580, 4091, 4547
L'erede di Jago (13) 2272
L'eredità del lebbroso (20) 311ph
L'eredità della laguna (14) 3290d
L'eredità dello zio buonanima (35) 137, 493m, 655ph, 789p, 1311, 1830w, 2953a, 3118ph, 3195, 3382d
L'eredità dello zio buonanima (76) 1754
L'eredità di Caino (19) 428, 798, 4061, 4482, 4808
L'eredità di Polidor (12) 3626
L'eredità Ferramonti (76) [The Inheritance] 195, 275e, 516, 531d, 535, 2070ph, 3153m, 3682, 3715, 3960m, 4054, 4106m, 4115a, 4491
L'eredità in corso (39) 471d, 667, 725, 1497, 1615w, 1852, 3583a, 3836d, 4543ph, 4754
L'ereditiera (14) 150, 2173, 3237d
Ereditiere superporno (81) 1209ph
L'eretico (58) 2765ph
L'ergastolano innocente (24) 112, 1935d, 4046
Ergastolo (52) 804d, 1982, 2473ph,

2988, 3117a, 3555, 3599, 3789, 3978, 4641
Erik il vichingo (64) [Vengeance of the Vikings] 720d, 1901, 3055
Erik the Conqueror *see* Gli invasori
"Eritrea" *episode of* La mia signora
Erleibnis einer Nacht *see* Una notte di follia
L'erma bifronte (20) 1844, 2348, 2594d, 4036w
L'Ernani (10) 441, 2620d
Ernesto (79) 86co-s, 2102, 2578, 3601, 3960m, 4038, 4049d
Ero e Leandro (10) 98p, 4807ph
Erode il grande (59) [Herod the Great] 256, 424ad, 933w, 1203ph, 1211w, 1225, 1683, 1910d, 1972, 1979, 2404, 2612, 2656, 3030, 3407, 3578, 3699, 4106m, 4119a, 4560d, 4720p, 4964w, 4965
Erodiade (12) 1132, 1314
L'eroe a puntate (51) 3628d
Un eroe dei nostri tempi (55) [Un eroe del nostro tempo] 284, 844, 1169p, 1562a, 1798, 1813m, 2475, 3088d, 3425, 3485, 3555, 3664w, 3738, 3960m, 4071ph, 4117ph, 4290w, 4292, 4645, 4790
L'eroe della strada (48) 406w, 575d, 1332ph, 1717, 2647, 2667, 3088w, 3271, 3863, 3969p, 4116, 4359w
L'eroe della Vandea (53) [Les Revoltés de Lomanach] 894, 3229, 3651d, 3877, 4000, 4254, 4678m, 4687, 4805
L'eroe di Babilonia (62) [The Beast of Babylon Against the Son of Hercules; Goliath, King of the Slaves] 2013, 2453, 2648, 2804d, 3337, 4162
L'eroe sono io! (51) [I'm the Hero] 21w, 619d, 964d*, 1016p, 1028, 1994, 3286, 3643, 3752, 4116, 4126w, 4127ph, 4454a, 4528, 4621
L'eroe vagabondo (65) 4066d*, 4930
Gli eroi (73) 630, 824ph, 1164a, 1869, 1973, 3554, 4137, 4352, 4462, 4483, 4487d
Eroi all'inferno (72) 1209d
Gli eroi del doppio gioco (62) 844, 4467, 4511, 4512ph
Eroi del volante (53) 1211d
Gli eroi del west (64) 506, 720w, 973, 1095w, 1671m, 4071ph, 4153, 4359d, 4753
Gli eroi dell'Artide (53) 848d, 1578d, 4813m
Gli eroi della domenica (52) 303, 351ph, 680d, 760d, 1163, 1684s, 2043, 2254, 2907, 3844w, 3865p, 3978, 4378, 4430, 4654, 4696, 4754
Gli eroi di Fort Worth *see* La carica del 7 Cavalleggeri
Gli eroi di ieri. . .oggi. . .domani (64) 1048
Gli eroi di ieri. . .oggi. . .domani (82) 3113
Eroi e briganti (50) 2791w, 3571
Gli eroi sono stanchi (55) [Les Héros sont fatigués] 60ph, 992d, 1648, 1799, 2324, 2769, 3099, 3166a, 3354, 4199, 4416w, 4740
L'eroica (19) 2828d-p*
L'eroica fanciulla di Derna (11) 3836d
Eroica riconoscenza (12) 2240
Eroina (80) 416, 1014, 1037
L'eroina del Piemonte *see* Maria Bricca
Un'eroina serba (15) 229, 4082, 4808
Eroismo d'amore (16) [Colpa altrui] 441, 2272
Erotic Blue *see* Perchè quelle strane gocce di sangue sul corpo di Deborah?
Erotic Eva *see* Eva nera (76)
Erotic Nights of Poppaea *see* Le calde notti di Poppea
Eroticofollia (76) 1961
Erotikon (29 Czechoslovakia) 4200
Erotissimo (68 France) 3509, 4712
L'erotomane (75) 23, 180, 386, 3345m
L'errante (21) 1343ph
L'errore (12) 1132, 3242d
Un errore di gioventù (16) 4931
Errore telefonico (11) 4807ph
Erste Liebe (70 Switzerland/Germany) 1123
Eruzione del Vesuvio (06) 4807ph
Eruzione dell'Etna (09) 4807ph
L'eruzione dell'Etna del 18 settembre (11) 3326d-ph
Esame di guida *see* Tempo di Roma
Escalation (68) 794, 1676, 2415ph, 3153m, 3509, 4579
Escape (83 U.S.) 1945
Escape into Dreams *see* Natale al campo 119
Escape to Athena (78 U.K.) 813
Escape 200 *see* Fuga dal Bronx
Escaudrilla (40 Spain) 2268ph
La esclava del paraíso (68 Spain) 3420, 4654
Esclavas de Cartago *see* Le schiave di Cartagine
L'Esclave (53 France) 3955

Escondido *see* Un minuto per pregare, un istante per morire
Escursione al Monte Kaisbek (11) 4807ph
Escursione sulla catena del Monte Bianco (10) 4807ph
Gli esecutori (76) [Sicilian Cross; Street People] 228m, 248, 1272, 1872, 2354, 2642d, 2782, 3124, 3698, 4510w, 4564
Esercitazioni di unità navali (n.d.) 933d
Un esercito di cinque uomini (69) [Five Man Army] 68, 116, 169d, 286ph, 893, 1208, 1961, 2000, 2031, 2492, 2890, 3153m, 3261m, 3485, 3957, 4391, 4431, 4458d, 4551
L'esercito più pazzo del mondo (81) 862, 1970d, 4955ph
La esfinge de cristal *see* La sfinge d'oro
Esmeralda (17) 1617d
Esmiasin e le regate (11) 4807ph
L'esorciccio (75) [Exorcist: Italian Style] 2251d*, 3509
L'esorcista n. 2 *see* Un urlo dalle tenebre
Espártaco y los diez gladiatores *see* Spartaco e i dieci gladiatori
L'esperienza del cubismo (49) 3493d
Le esperienze di Maria Rosa, cameriera curiosa (73) 1970d
Esperienze prematrimoniali (74) 3202
Espiazione (15) 3076ph, 4797
Espionage in Tangiers *see* S.007 spionaggio a Tangeri
Les Espions *see* Le spie
L'esplosione del forte B. 2 (14) 2272, 3427d
La esposa del soltero *see* La moglie dello scapolo
L'esposizione di Torino (11) 3326d-ph
Estamboul 65 *see* Colpo grosso a Galata Bridge
L'estate (67) 4025, 4514
Un'estate con sentimento (70) [Within and Without] 3046, 4057
Un'estate in quattro *see* L'isola (68)
L'estate violenta (59) 651, 918co, 920w, 2038, 2921, 3218m, 3684w, 3742, 3955, 4025, 4071ph, 4090, 4582, 4991d
Ester e il re (60) [Esther and the King] 256, 340, 351ph, 1065, 1558, 1627, 2486m, 2647, 3243, 3264m, 3306, 3890, 4515, 4609w, 4856d-p
Esterina (59) 1920ph, 2033, 2213, 2582d, 2942, 3064, 3295, 3992m
L'estranea (18) 554, 1088d, 3581
Estrellita (10) 1397, 2709d, 3680, 4807ph
L'estremo convegno (16) 4819d
Et avec ça, papa... (32 France) 3280
Et mourir de plaisir *see* Il sangue e la rosa
L'età critica (21) 2058ph, 2974, 3382d, 3472
L'età del ferro (64) 3948d
L'età del malessere (68) 1676, 1836, 2000, 3748, 3955, 4293, 4836
L'età dell'amore (53) 255ad, 365, 613, 680w, 1300d, 1606, 1892, 2032, 3119ph, 3218m, 3288co, 3431, 3552, 4062, 4237, 4634, 4814
L'età della pace (75) 1229, 2140, 2577, 2984, 3630, 4562ph, 4911
L'età della ragione (50) 1662d
L'età di Cosimo (72) 3948d
L'età di Stalin (64) 911d
L'età pericolosa (16) 3382d
État de siège (73 France) 4038
L'Été dernier à Tanger (87 France) 1993
L'Été prochain (85 France) 813
Un Été sauvage (70 France) 4533
L'eterna catena (51) 45ca, 774, 1583s, 1815m, 1982, 2738d, 2907, 3259, 4306, 4756
Eterna femmina *see* Femmina (54)
L'eterna sirena (20) 1512
L'eterno romanzo (14) 3703
Étoile (89) 826, 1348d
Étouffade à la Caribe (67 France) 2084, 4062
L'Étranger *see* Lo straniero
Etrusca (50) 1040d
L'etrusco uccide ancora (72) [The Dead Are Alive] 1105, 1166d, 1368, 1559, 1773, 2798, 2846, 3345m, 4444, 4514
El-Ettaham *see under* El
Un ettaro di cielo (58) 1475ph, 2075w, 2907, 3041, 3626, 3627a, 3780, 3960m, 4137
Ettore Fieramosca (09) 3456d
Ettore Fieramosca (15) [La disfida di Barletta] 655ph, 1825d, 3427d, 3456p
Ettore Fieramosca (38) 43ph, 124, 511d-e, 725, 924, 939, 964, 971, 1001m, 1659, 1661, 1673e, 1717, 1756, 2592w, 2884ph, 2942, 2969, 3288co, 3557, 3722, 4091, 4166a, 4580, 4637, 4759ph
Ettore lo fusto (71) [Humungus Hector] 566, 801, 892d, 1366m, 1416, 1677d, 1945, 2545
Eugenia Grandet (18) [La figlia dell'avar 441, 3871d

Eugenia Grandet (46) 477, 1276w, 1361, 1932s, 2953a, 3472p, 3849, 4186co, 4233, 4281d, 4599, 4651, 4759ph
Eugénie (69 France) 3176
Eugenio *see* Voltati Eugenio
Europa 51 (52) [The Greatest Love] 421, 1301w, 1323p, 1599w, 1650w, 1944, 2398, 2817a, 2894, 3408w, 3489, 3514w, 3573w, 3579w, 3636p, 3929w, 3936, 3947m, 3948d, 3967, 4543ph, 4595, 4957
Europa di notte (58) [Europe by Night] 511d, 1294w, 2274w, 3064, 3069a, 3608ph, 3633, 3903, 4034, 4106m, 4188e, 4205
Eutanasia di un amore (78) [Breakup] 1396w, 1666d*, 1668a, 1886ph, 2005p, 2081, 2736w, 2907, 3194, 3202, 4025d, 4114
Eva (19) 2242d
Eva (62) 42, 246, 707w, 1194, 1285ph, 1416, 1475ph, 1482, 1683, 1875, 1885, 2087, 2521m, 2578, 2621d*, 3047, 3133, 3413, 3833, 3848, 4106m, 4115a, 4787
Eva, la venere selvaggia (68) [King of Kong Island; Kong Island] 2129, 2928d, 2492, 2707
Eva nemica (16) 833, 2742
Eva nera (52) 152ph, 1002, 2949w*, 3644m, 4537d
Eva nera (76) [Erotic Eva; Black Cobra] 1209d-ph, 1903, 3379, 4515
Le evase (79) 1417ph
L'evasione di Diavolo Nero (13) 3326d-ph
L'evasione di Robinet (11) 4807ph
L'evaso di Valle Nera *see* xxxx (24)
Ève cherche un père (32 France) 3280
Evelina e i suoi figli (90) 4057
Even Django Has His Price *see* Anche per Django hanno un prezzo
Evening Clothes (27 U.S.) 2770
L'Événnement le plus important depuis que l'homme marchait sur la lune (73 France) 2907
L'evento (62) 911d
Every Bastard a King *see* Col mamzer melech
Every Day's a Holiday *see* L'oro di Napoli
Every Little Crook and Nanny (72 U.S.) 4579
Every Man for Himself *see* Ognuno per se
Every Sunday Morning *see* Tutte le domeniche mattina
Every Time We Say Goodbye (86 Israel) 2442ph
Everybody's Body *see* La signora di tutti
Everything Happens to Me *see* Chissà perchè. . .capitano tutti a me
The Evil Eye (63) *see* La ragazza che sapeva troppo
The Evil Eye (75) *see* Un urlo dalle tenebre
The Evil Eye (83) *see* L'occhio del male
Evil Eye *see* Occhio malocchio prezzemolo e finocchio
Evil Fingers *see* Una giornata nera per l'Ariete
Evil Senses *see* Sensi
Eviolenti (76) [Cry of a Prostitute] 460d, 592, 2446, 4236
Excite Me *see* Il tuo vizio è una stanza chiusa e solo io ne ho la chiave
Execution (68) [Django prépare ton exécution] 1856, 3387, 3411d, 4131ph, 4170, 4762
The Executioner Challenges the City *see* Il giustiziere sfida la città
Executioner on the High Seas *see* Il giustiziere dei mari
Exhibition (68) 1211d, 3655
Exorcist: Italian Style *see* L'esorciccio
Exorcist II—The Heretic (77 U.S.) 3153m
Les Exploits d'un jeune Don Juan (87 France) 2021, 3037d, 3153m
The Exterminators *see* Agente Coplan: missione Spionaggio
L'extomane (74) 3161
Extra-dry (14) 434ph, 753d
Extraconiugale (65) 228m, 709, 891w, 1096ph, 1346ph, 1672, 1763d, 2080d, 2486m, 2723w, 2970ph, 3097d, 3161, 3336, 3520, 3740, 4038, 4618m, 4826
Extrasensorial (85) 38ph, 1365d
Eye of Evil *see* Il diabolico dott. Mabuse
Eye of the Cat *see* Attenti al buffone!
The Eye of the Dead *see* L'occhio del male (83)
The Eye of the Needle *see* La smania addosso
Eyeball *see* Gatti rossi in un labirinto di vetro
FBI contro il dott. Mabuse (61) [Im Stahlnetz des Doktor Mabuse; Return of Dr. Mabuse; Phantom Fiend] 300, 407, 1799, 2488, 3530, 3665, 3784d, 4278, 4564
FBI operazione Baalbeck (63) [Un aereo per Baalbeck] 3607, 4056, 4436, 4579, 4691

FBI operazione Vipera Gialla (65) 1366m, 4189
F Fiss, cioè "che mi hai portato a fare sopra a Posillipo se non mi vuoi più bene" (83) [F.F.F.S.] 397, 3682, 4419ph
La fabbrica dei salami (05) 4697
La fabbrica del duomo (48) 3844d
La fabbrica dell'imprevisto (19) 328w, 3041, 3567d*, 3704, 4536ph
La fabbrica dell'imprevisto (42) 240, 328w, 422, 1077d, 1218, 1586, 1701, 3118ph, 3338, 3557, 3812, 4195, 4476
La fabbrica della bellezza (51) 3724d
La fabbrica delle speranze (52) 2839m
Una fabbrica di giocattoli (09) 4807ph
Fabbrica di ombrelli in Birminia (11) 3326d-ph
Una fabbrica e il suo ambiente (56) 1850d
Il fabbro del convento (21) 1778, 3131d*
Il fabbro del convento (48) [La rivolta dei cosacchi] 43ph, 422, 726d, 1958, 2000, 2961, 4115a
Fabiola (13) [I misteri delle catacombe] 3456d-p, 3510d
Fabiola (17) 887, 2063, 2073d, 2532ph, 3289, 3472, 4036w, 4061
Fabiola (48) [The Fighting Gladiator; Fabiola and the Flying Gladiator; Fabulous Fabiola] 214w, 255ad, 303, 511d, 623w, 919w, 920w, 924, 939, 972w, 1055co, 1153ph, 1227p, 1300ad, 1530, 1599w, 1676, 1972, 2189, 2254, 2269, 2595s, 2742, 2892m, 3138, 3143, 3176, 3271, 3318, 3476w, 3573w, 3828, 4010, 4032, 4075, 4091, 4237, 4243, 4273, 4341, 4378, 4527, 4535a, 4580, 4706w, 4765, 4968w
Fabiola (60) *see* La rivolta degli schiavi
Fabiola and the Fighting Gladiator *see* Fabiola (48)
La Fabuleuse Aventure de Marco Polo *see* Le meravigliose avventure di Marco Polo
Los fabulosos de Trinità *see* Alla larga, amigos. . . oggi ho il grilletto facile
Fabulous Fabiola *see* Fabiola (48)
Fabulous Trinity *see* Alla larga, amigos . . . oggi ho il grilletto facile
Facce nude (71) 582
Faccia a faccia (67) 67, 113, 419, 524, 622, 869, 1238, 1353, 1495w, 2057p, 3017, 3062, 3153m, 3361ph, 3482, 3864, 4045, 4285d, 4551, 4723, 4821
Faccia d'angelo *see* I lunghi giorni della vendetta
Faccia da mascalzone (55) 43ph, 439, 637, 1123, 3478ph
Faccia da schiaffi (69) 1166d, 1920ph
Faccia di spia (75) 1178, 2962, 2985
La faccia violenta di New York (77) 1630, 3591
Facciamo l'amore? (68) 800
A Face in the Rain (62 U.S.) 439
Face of Fire (58 U.S.) 144d-p
The Face That Launched a Thousand Ships *see* L'amante di Paride
Face to Face with the Devil *see* Lola Colt
The Faceless Monster *see* Amanti d'oltretomba
Le Facteur s'en va-t-en guerre (66 France) 1607
The Factotum *see* Il portaborse
The Facts of Murder *see* Un maledetto imbroglio
Faddijah (50) [La legge della vendetta] 1677w, 3104d, 3231ph, 3383, 3953, 4280, 4556, 4580, 4595
Fai in fretta ad uccidermi. . . ho freddo! (68) 489, 2891d, 4293, 4809
Faibles femmes *see* Le donne sono deboli
La Faille *see* La smagliatura
La faina (15) [I rapinatori] 4447
Faites vos jeux (61) 3628d
I fakiri (71) 1882, 2771, 4530
La falce (19) 2828d*
Il falco d'oro (55) 618, 619d, 2038, 2472, 2765ph, 4010, 4189, 4323, 4722w
Il falco della rupe (47) 726d, 4354
Il falco e l'allodola (14) 655ph
Il falco e la colomba (81) 1480ph, 4349, 4491
Il falco rosso (49) 518a, 529, 618, 619d, 743, 1054p, 2517, 3118ph, 3288w, 3383, 4091, 4192, 4547, 4644w
La falena (16) 554, 572, 881, 883, 1841d, 2060ph, 2097
Der Falke (83 Germany) 3244
The Fall of an Empress *see* Messalina (23)
The Fall of Rome *see* Il crollo di Roma
Fall of the Mohicans *see* L'ultimo dei mohicani
The Fall of the Roman Empire *see* La caduta dell'impero romano
The Fall of Troy *see* La caduta di Troia
Il fallimento di Satana (20) 3510d
Il fallo di una istitutrice (20) 1745, 4191d*

La falsa amante (20) 1210d, 1733, 2060ph, 4959
La falsa strada *see* Sulla falsa strada
I falsari (50) 815, 1163, 1543, 1676, 1936, 2076w, 3192, 3951d, 3992m, 4117ph, 4579w, 4622
Un falso allarme (12) 4807ph
Falso cupone (13) 902, 904d*
Fama (21) 441
Fame and the Devil *see* Al diavolo la celebrità
La famiglia (87) 159, 1237, 1882, 2670w, 3278, 3393, 3561, 4057, 4126w, 4158d-e, 4529, 4586m
La famiglia Brambilla in vacanza (41) 333, 521d, 965, 1972, 3040, 3117a, 3845ph, 3876p, 4370, 4378, 4532w
Una famiglia impossibile (40) 95p, 447, 618, 619d, 655ph, 1614, 1693s, 2978, 3717, 3800, 3970, 4226, 4378, 4527, 4968w
La famiglia Passaguai (51) 102w, 351ph, 1344, 1521, 1606d*, 2661, 2670w, 3270, 3473, 3738, 4167
La famiglia Passaguai fa fortuna (51) 102w, 351ph, 1116, 1606d*, 2667, 2670w, 3270, 3473, 3738, 3828, 3862, 3863, 4966
La famiglia reale nell'intimità (11) 1076d-ph
La familia Vila (49 Spain) 4490
I familiari delle vittime non saranno avvertiti (72) 1209ph, 1365d, 4001, 4103, 4469
Familie Schimek (27 Germany) 3472
The Family (70) *see* Città violenta
The Family (87) *see* La famiglia
Family Killer *see* L'anticristo
"The Fan" *see* "Il ventaglio"
The Fan (81 U.S.) 1491m
La fanciulla d'Amalfi (21) 441
La fanciulla d'una volta (20) 3910d
La fanciulla dell'altra riva (42) 262d, 287ph, 2607m, 2978, 3473, 3502
La fanciulla dell'altro mondo (33) 1636e, 2757, 2953a, 3410, 3836d, 4022, 4117ph, 4305, 4484ph
La fanciulla della neve (11) 1801w, 4807ph
La fanciulla delle acque (13) 4807ph
La fanciulla di Capri (14) 2097
La fanciulla di Pompei (24) [La madonna del rosario] 138d, 2095, 2318
La fanciulla di Pompei (52) *see* Papà, ti ricordo
La fanciulla di Portici (40) 43ph, 104w, 553m, 554d, 1089w, 1490, 1653, 1684s, 1701, 2942, 3010, 3162, 3271, 3440, 3580, 3849, 4186co, 4780
La fanciulla, il poeta e la laguna (20) 1841d, 1842, 2072ph, 3442, 4044
Fanciulle di lusso (52) 289, 603, 924, 1016p, 1667, 1913, 2000, 3607, 3645ph, 3847, 4192, 4361, 4674, 4814, 4834d
Il fanciullo dal cuore di fango *see* Il ragazzo dal cuore di fango
Il fanciullo del west (41) 533w, 740w, 789p, 810ph, 1674d, 2667, 3318, 3329, 3460, 3526ph, 3580, 3863, 3944, 4166a, 4167, 4260, 4273
Fanfan la tùlipe (51) 149, 428, 738, 984d-p, 1317, 1588co, 2096a, 2234, 2290w, 2596, 2917ph, 2931, 3367, 3429, 3488, 3546, 3747, 3865p, 3908, 3935, 4477, 4498m, 4678m, 4885w
Les Fanfarons (88 France) 4292*
Fanfulla da Lodi (40) 138d, 479, 925, 936, 1206, 1546d, 3415, 4166a, 4637, 4758ph, 4759ph, 4982, 4987w
Fango bollente (76) 53ph, 657, 1205
Fango che travolge (12) 4807ph
Il fango e le stelle (20) 80, 155ph, 475, 2946d, 3454, 4022
Fango sulla metropoli (64) 1945
Fangs of the Living Dead *see* Malenka
Fanny (33) 79d, 1404, 1423w, 1509, 2953a, 3410, 3557, 4003, 4010, 4117ph, 4484ph
Fantabulous, Inc. (68) [Fantabulous] 927, 2134, 4315d
Fantasia *see* Fantasia bianca
Fantasia bianca (20) [Fantasia] 755d*, 810ph, 1834ph, 3289
Fantasia dell'Antartide (54) 1902d
Fantasia di gemelli (48) 255d
Fantasia 'e surdate (27) 3285ph
Fantasia sottomarina (36) 3948d-p-e
Le fantasie amorose di Luca Maria, nobile veneto *see* Culastrisce nobile veneziano
Il fantasma (18) 3285ph
Fantasma d'amore (81) 1346ph, 2907, 3345m, 3844d, 4145, 4961w
Il fantasma della felicità (15) 3214
Il fantasma della mezzanotte (11) 4807ph
Il fantasma della morte (46) [Veglia nella notte] 748w, 971, 1673d, 2000, 3023, 3284
Fantasmi a Cinecittà (40) 511, 3411d, 4512ph, 4559, 4651

Fantasmi a Roma (60) [Phantom Lovers] 684, 1303, 1882, 2000, 2513, 2670w, 2885, 2907, 3030, 3573d, 3960m, 3961ph, 4158w, 4368
Fantasmi del mare (48) [Fantasmi sul mare] 165, 1135d, 1288, 1398d, 1977, 3218m, 4720p
I fantasmi di Sodoma (88) 1804d
Fantasmi e ladri (59) 2716, 2993w, 3227, 3526ph, 3555, 4246d, 4428, 4530
Fantasmi sul mare *see* Fantasmi del mare
La fantastica storia della mia vita (09) 4807ph
Fantasy *see* L'arzigogolo
Fantino e gentiluomo *see* Gespay
Le Fantôme de la liberté (74 France) 195, 927, 4809, 4840
Fantozzi (75) [White Collar Blues] 406w, 1279w, 4781w*
Fantozzi colpisce ancora (91) [Fantozzi Strikes Back] 406w, 1279w, 3098e, 3176, 3430d, 3766, 4781w*, 4840
Fantozzi contro tutti (80) 1012ph, 3176, 3430d, 4781, 4840
Fantozzi subisce ancora (83) [Fantozzi Takes It on the Chin Again] 406w, 1279w, 3098e, 3430d, 4307ph, 4781, 4840
Fantozzi va in pensione (89) [Fantozzi Retires] 1480ph, 2005p, 3098e, 3430d, 3766, 4781, 4840
Far West Story *see* La banda J & S—cronaca criminale del west
A Farewell to Arms (57 U.S.) 845, 1416, 1857a, 2087, 2190, 2254, 2909, 2953a, 3059, 3218m, 3485, 3957, 4010, 4292, 4306, 4579
Farewell to Love *see* La città canora (30)
Farfalla (22) 4331
Una farfalla con le ali insanguinate (71) 416, 1671m
La farfalla dalle ali d'oro (15) 3021, 4983d
La farfalla della morte (19) 98p, 3866
La farfalla di Totò (11) 4690d*
Farfallino (21) 75ph, 1395d, 2792a, 2861ph
Farfallon (74) 1691, 1754
Fari nella nebbia (41) [Lights in the Fog] 88w, 141w, 618, 931, 1117, 1170, 1653, 1762d, 1936, 2624, 2775w, 2892m, 2953a, 3460, 3658w, 4233, 4543ph, 4987w
La farina del diavolo (19) 1660, 3617
Il faro (17) 4061
Il faro in capo al mondo (71) [Light at the Edge of the World] 288, 481d, 683, 1285ph, 1516, 1559, 1859, 2264, 3558m, 3749, 3805, 4038, 4045
Il faro rosso (21) 311ph
Il faro spento (20) 75ph
Farulli si arruola (16) 4571d
Fascicolo nero (55) 514, 913d, 1351, 1529, 1776, 1906, 1979, 2531, 2728, 2836, 3170, 3220, 3363, 3732, 3865p, 3935, 3966, 4012p, 4014, 4180, 4302w, 4353ph, 4413, 4656, 4725, 4957
Fascination (45) *see* Malia
Fascination (77) *see* Tre tigri contro tre tigri
Fascino (39) 1227s, 1636e, 2269, 3088ad, 3162, 3696ph, 4252, 4284d, 4341, 4354
Fascino d'oro (18) 1334d
Il fascino dell'innocenza (13) 4767
Fascino di Capri (49) 4813m
Il fascino discreto della borghesia (72) [Le Charme discret de la bourgeoisie] 204, 436, 696d, 854w, 878, 1776, 3184, 3309, 3559, 3564, 3805, 4207, 4840
Fascino mortale (20) 3475
The Fascist *see* Il federale
Fascista (76) 3210d
Fashion House of Death *see* Sei donne per l'assassino
Fast and Sexy *see* Anna di Brooklyn
Fasthand *see* Lo chiamavano Requiescant Fasthand
"Fata Armenia" *episode of* Le fate
"Fata Elena" *episode of* Le fate
"Fata Marta" *episode of* Le fate
Fata Morgana (14) 388d, 1801w, 2305
"Fata Sabina" *episode of* Le fate
Fatale bellezza (22) 2861ph, 3758d, 3871d
Fatalità (16) *see* Ananke
Fatalità (47) 104w, 463d, 1153ph, 1493, 1930p-w, 1972, 2892m, 3006, 3229, 4186co-a
Le fate (67) [Les Ogresses; Sex Quartet; The Queens] 257, 263, 531d, 806, 813, 920w, 972a, 1932a, 2070ph, 2075w, 2575, 2638p, 2670w, 2723w, 2815, 3088d, 3161, 3573d, 4024d, 4025, 4290w, 4292, 4293, 4345, 4586m, 4786, 4809, 4878
Fate la nanna coscie di pollo (77) 730
Fate largo ai moschettieri (53) [Les Trois Mousquetaires] 289, 939, 2808, 2840m, 2883, 3134, 3429, 3464, 3511,

3672, 3966, 4006, 4065, 4410, 4477, 4626, 4711
"Fatebenefratelli" *episode of* Tre notti d'amore
Fatevi vivi, la polizia non interverrà (74) [La polizia non può intervenire] 44, 248, 1191, 2545, 3754
Father Jackleg *see* Te Deum
Father of the Godfather *see* Corleone
Le fatiche di Ercole (57) [Ercole; Hercules] 67, 145, 351ph, 774, 1294w, 1489, 1622, 1690, 1766d, 1872, 2404, 2892m, 2919, 3043, 3069a, 3387, 3420, 3621, 3778, 3944, 3968, 4188e
Il Fattaccio *see* Er Fattaccio
I fatti di Bronte (70) [Bronte cronaca di un massacro che i libri di storia non hanno raccontato; Bronte; Liberty] 1872, 2674m, 4662d
Fatti di gente perbene (74) [La Grande Bourgeoisie; Drama of the Rich; The Murri Affair] 210, 275e, 455, 531d, 612, 1379, 1945, 2070ph, 2782, 3138, 3153m, 3407, 3805
Fatti nostri (79) 637
Fatto di cronaca (08) 4807ph
Un fatto di cronaca (44) 262d, 333, 791, 1515, 1653, 1756, 3231ph, 3318, 3502, 4637
Fatto di sangue fra due uomini per causa di una vedova (si sospettano moventi politici) (78) [Fatto di sangue; Shimmy Lugano tarantelle e vino; Blood Feud; Revenge] 1346ph, 1672, 1783e, 1945, 2296, 2614, 2907, 4882d
Il fauno (17) 98p, 2742, 2828d* Il fauno di marmo (20) 534ph, 554d*, 1838, 2064, 4061
Fausses ingénues *see* Labbra rosse
Faust and the Devil *see* La leggenda di Faust
Faust e Margherita *see* La leggenda di Faust
Faustina (68) 9, 483, 691p, 937, 1920ph, 2677, 2685, 2723d-e, 3092, 3406, 3561, 4586m
Favola d'oggi (n.d.) 3569d
La favola di La Fontaine (19) [L'illustre attrice formica] 1210d, 1733, 2058ph, 4797, 4959
La favorita (52) 301d, 1203ph, 2614, 4430
Favoriti e vincenti (83) 339ph, 356, 1763w
Fear (54) *see* La paura
Fear (81) *see* L'ossessione che uccide
The Fear *see* Paura nella città dei morti viventi
Fear City (84 U.S.) 637
Febbre (44) [Fiebre] 2268ph, 3819ph, 3919, 4432, 4970d
Febbre da cavallo (77) 3682, 4301, 4359d
Febbre di gloria (16) 1467, 2097, 3813ph, 3836d
Febbre di vivere (53) 439, 687m, 801, 920w, 1009, 1206, 1213ad-w, 1521, 1667, 2000d, 2907, 2944, 3110, 4187ph, 4189, 4579w, 4584ph
Fécondité (29 France) 2341
Fede (16) 1841d
La fedeltà dei vedovi (12) 4807ph
Il federale (61) [The Fascist] 24, 891w, 1323p, 1939, 2022, 3153m, 3393, 4024d*, 4057, 4467, 4530, 4705, 4911
Federica d'Illiria (18) 1694ph
Federico Barbarossa (10) [La Battaglia di Legnano] 872d
Fedora (13) 4947
Fedora (16) 392, 393, 441, 858ph, 1273, 1334d, 2792a, 4191
Fedora (42) 43ph, 387, 453, 925, 2473ph, 2800, 2906d, 3138, 3229, 3978, 4166a, 4186co, 4637
Fedora (78) 20, 1066, 1664, 1698ph, 1719, 2200, 2364, 3233, 3421, 3974m, 4363, 4569s, 4594w, 4895d, 4937
Fedra West *see* Io non perdono. . . uccido
La feldmarescialla (66) 504, 1971, 2103, 3623, 4359d
La felicità (17) 3581, 3970, 4983d
Felicita Colombo (37) 789p, 1016, 1276w, 1614, 1837, 2830, 2922d, 3117a, 3118ph, 3514w, 3583a, 3643
La felicità degli altri (14) 3237d
Felicità perduta (46) 1122, 1626, 1836, 1878ph, 1931w, 3643, 3756d, 4511, 4786
Fellini Roma (72) [Roma] 988, 1492s-co, 1650d*, 1711, 1748, 2451, 2719, 2730, 2735, 2907, 2908e, 3029, 3960m, 3961ph, 4764
Fellini Satyricon (69) 566, 582, 806, 1183, 1453, 1492co, 1553, 1621, 1650d, 1748, 2057p, 2186, 2363, 2432, 2611, 2650, 2730, 2908e, 3055, 3276, 3650, 3805, 3960m, 3961ph, 4115a, 4555co, 4961w, 4972
Fellini's Casanova *see* Il Casanova di Federico Fellini
Fellini's Scrapbook *see* Intervista
Femina (18) [La principessa barbara;

Female] 80, 475, 881, 1907d, 2770, 4536ph
Femina *see* Femmina (54)
Femina ridens (69) [Woman Laughs Last] 1011m, 2469, 2545, 3406, 4141d
La Femme aux boîtes rouges (75 France) 455, 2985
La Femme d'une nuit *see* La donna di una notte
La Femme de mes amours (88 France) 2075w, 3202
La Femme du Ganges *see* La ragazza di passaggio
La Femme écarlatte (69 France) 4809
La Femme en bleu (73 France) 2900
La Femme en homme (31 France) 1907d
Une Femme est une femme (61 France) 3636p
La femme et le pantin (20) 796
La Femme et le pantin *see* Femmina (59)
Femmina (54) [Eterna femmina; Femina; Loves of Three Queens] 73d, 1232, 2433, 3144, 3354, 4627ad
Femmina (59) [La Femme et le pantin; A Woman Like Satan] 10w, 294, 1551d, 2220ph, 2357, 4638w, 4648, 4776, 4846a, 4893m
Femmina e madre *see* Certe donne!
Femmina incatenata (49) 24, 43ph, 1373ad, 3069a, 3604, 4598
Femmina senza cuore (52) 2268ph, 3930, 4235
Femmine di lusso (60) [The Body Is Desirable; Traveling in Luxury] 463d, 939, 973, 1422, 1676, 2404, 2513, 3064m, 3992m, 4071ph, 4114, 4189, 4274, 4288, 4530
Femmine insaziabili (69) [Carnal Circuit; The Insatiables] 1365d, 1480ph, 2261, 2755, 3261m
Femmine tre volte (57) 559, 844, 1346ph, 2404, 2771, 2811w, 2993w, 3636p, 4359d, 4467, 4580, 4658
Fenesta ca' lucive *see* Gli amanti di Ravello
Fenesta che lucive (25) 1327, 4822d
La Ferdinanda (82) 1123
Ferdinando I, re di Napoli (59) 1303, 1305, 1416, 1606, 1762d, 2486m, 2713, 2907, 3119ph, 3752, 4090, 4137, 4323, 4443
La ferita *see* La blessure
Fermate il mondo. . .voglio scendere (67) 455, 709, 3594, 4346
Fermi tutti, arrivo io! (53) 102w, 430, 1675, 2053d, 2712, 2885, 3608ph, 3738, 3917, 4167, 4296, 4528, 4574, 4722w, 4957
Fermo con le mani! (37) 475, 537, 1273, 2671a, 3555, 3570, 3616, 3626, 4252, 4559, 4635a, 4947d
Fernanda (16) 1273, 4191d*
Il feroce Saladino (37) 137, 554d, 780, 789p, 1252, 1494, 2813, 2826w, 2942, 3117a, 3118ph, 3195, 3447, 3491, 3800, 4651
Ferragosto in bikini (61) 844, 973, 1970d, 2893, 4428, 4512ph, 4753, 4979
Ferrante *see* Baciami le mani
Ferravilla nelle sue più caratteristiche interpretazioni (14) 1076d-ph
Ferréol (16) 388d, 393, 466, 554, 1273, 3568
Il ferro (17) 3394, 3813ph, 4003
Ferro di cavallo (22) 797d, 1443, 2020, 3432d, 3454
La ferrovia delle Dolomiti (50) 3493d
Il ferroviere (56) 287ph, 1341, 1562a, 1924d*, 2404, 3040, 3249, 3636p, 3992m, 4622, 4789w
The Ferrywoman *see* La donna del traghetto
Fertilizzanti complessi (56) 3322d
Fertilizzanti prodotti dalle società del gruppo Edison (59) 3322d
Festa abruzzese (49) 3628d
Festa ad Agliè (08) 4807ph
Festa delle gondola (53) 3628d
Festa di laurea (85) [Graduation Party] 219d-p, 1032, 1344, 3345m
Festa di maggio (57) 973, 1606, 3099, 3597, 4089d, 4485
Feste indiane (11) 3326d-ph
Le Feu aux poudres (58 France) 3423p, 3894
Feuer frei auf Frankie (67 Germany) 340, 3243
Fever Pitch (85 U.S.) 1945
A Few Bullets More *see* . . .E divenne il più spietato bandito del sud
A Few Dollars for Gypsy *see* Pochi dollari per Django
A Few Happy Days of the Brothers Ken *see* Blu Gang vissero per sempre felici e ammazzati
A Few More Dollars for the MacGregors *see* Ancora dollari per i MacGregor
La fiaccola sotto il moggio (11) 98p, 1801w, 2709d, 4807ph

La fiaccola sotto il moggio (16) 652, 2742, 3174, 3581, 4447, 4947
Fiaccola umana (19) 2740, 4004, 4255
Fiaccole (18) 3937
Il fiacre n. 13 (16) 98p, 796d*, 2742, 3127, 3236, 4947d
Il fiacre n. 13 (47) [Il cab n. 13] 555, 705, 1122, 1367co, 2654, 2922d, 2953a, 3219, 3383, 3472p, 3712a, 3978, 4071ph, 4232, 4334ph
La fiamma (19) [Fiamma!] 3041, 3567d*, 3704, 4536ph
Fiamma! (20) 4536
La fiamma che non si spegne (49) 45ca, 127w, 471w, 528p, 679, 684, 939, 1122, 1135d, 1383, 2758, 3395w, 3608ph, 3918, 3944, 4166a, 4191, 4554
La fiamma e le ceneri (19) 138d, 2341
Fiamma nera (21) 650d, 655ph
La fiamma rossa (14) 4447
Fiamma simbolica (19) 2072ph, 3510d
Fiamma velata (18) 4255d*
La fiammata (16) 388d, 441, 2097, 2532ph, 2653, 3426, 4575
La fiammata (22) 1841d, 1842, 2072ph, 2097, 2872
La fiammata (52) 406w, 511d, 623w, 924, 972a, 974w, 1016p, 1213ad- w, 1367co, 2654, 3118ph, 3229, 3271, 3955, 4116, 4191, 4449, 4527
Fiamme avvolgenti (18) 379, 388d
Fiamme funeste (16) 650d, 4797
Fiamme indomabili (23) 311ph
Fiamme nell'ombra (15) 2173, 3021, 3237d
Fiamme sui mari (57) 3893d-ph, 3894
Fiamme sul mare (47) 1931w, 2269, 2757, 2953a, 3383, 3919, 4641, 4869d
Fiamme sulla laguna (50) [Venezia rio dell'angelo] 1122, 1892, 1927m, 2791w, 3271, 3363, 3555, 3745, 3978, 4159d, 4579w, 4716ph
Fiammella spenta (12) 4807ph
"Fiat voluntas Dei" (35) 1383, 1834ph, 2671a, 3195, 3382d, 3395w, 4543ph
La fibra del dolore (19) 767w, 833, 2173, 3237d
Fibre e civiltà (57) 3322d
Il ficcanaso (80) 862, 1102d, 2982,
I fichissimi (82) [Street Corner Kids] 2, 723, 1432ph, 4685d, 4686w
Fico d'India (80) 313, 824ph, 1095w, 2085, 2679, 3601, 3660, 4359d, 4686w, 4753w
"Il fico infruttuoso" *episode of* Amore e rabbia
Il fidanzamento (75) 248, 657, 709, 3509, 4618m
La fidanzata dei dollari (17) 3457p
La fidanzata dell'aviatore (16) 2974
La fidanzata della morte (16) 538, 4819d
La fidanzata di carta (51) 3801d
La fidanzata di Messina (11) 872d, 3836d
I fidanzati (63) 721ph, 3322d-p
I fidanzati della morte (57) 340, 1562a, 1662w, 1959ph, 2404, 2803d, 3460, 4622
Il fidanzato di mia moglie (43) 619d, 1122, 1276w, 2601ph, 3918, 4511, 4527
Fidanzato indegno (09) 4807ph
Fidarsi è bene, sparare è meglio (68) [T'ammazzo. . . raccomandati a Dio; Dead for a Dollar] 1017d, 2188, 2261, 2486m, 3055, 3387, 3803, 4165, 4762
Fiddler on the Roof (71 U.K.) 2631
Der fidele Bauer (27 Germany) 4807ph
Fiebre *see* Febbre
La fiera dei desideri (18) 4472
La fiera di Porta Genova (98) 3360d-ph
Fierezza italica (23) 655ph, 771d
Fiesta brava (55) [Toro bravo] 152ph, 272, 1135d, 1666
Fifa e arena (48) 329, 330m, 889, 2774, 2885, 2922d, 3473, 3616, 4190ph, 4273, 4359w, 4559, 4753
Fifteen from Rome *see* I mostri
15 Pounds in 7 Days *see* 7 chili in 7 giorni
The Fifth Chord *see* Punto e Capo
The Fifth Musketeer (75 U.S./France) 3345m
55 Days at Peking (61 U.S.) 4189, 4192
Figaro, barbiere di Siviglia (55) 333, 406w, 1279w, 1761, 1909, 1985, 2765ph, 2906d, 4708
Figaro e la sua gran giornata (31) 269, 760d, 798, 942, 1218, 1636e, 1847, 1937, 1982, 2476m, 2739, 2872, 2953a, 3514a, 4010, 4117ph, 4269w, 4484ph, 4680, 4792
Figaro qua, Figaro là (50) 43ph, 329, 518a, 619d, 1367co, 2811w, 2885, 2993w, 3473, 3752, 4091, 4233, 4559
Fight or Die *see* I due gladiatori
Fighters from Ave Maria *see* I vendicatori dell'ave maria
Fighting Back (82 U.S.) 1323p
The Fighting Fists of Shanghai Joe *see* Mezzogiorno di fuoco per An Hao
The Fighting Gladiator *see* Fabiola (48)

I figli chiedono perchè (72) 3342
I figli del capriccio *see* Martino, il trovatello
I figli del leopardo (65) 559, 1103d, 1426, 1754, 2796, 4618m, 4753, 4790
I figli del marchese Lucera (39) 24, 529, 939, 1227s, 1614, 1931w, 2624, 2763m, 2826w, 2909, 3209, 3382d, 3917, 4484ph, 4527
Figli del sole (54) 2077d
I figli della laguna *see* La vita semplice
I figli della notte (39) [Los hijos de la noche] 1227s, 3497, 3516d, 4732w
I figli di nessuno (20) 176ph, 1327d, 2095, 2463, 3242, 3970
"I figli di nessuno" *episode of* I figli di nessuno (20)
I figli di nessuno (51) 667, 1276w, 1631, 1757, 2600ph, 2647, 2910d, 3041, 3229, 3319, 3939, 4065, 4166a, 4599
I figli di nessuno (74) 509
I figli non si vendono (52) 280, 554d, 1116, 1541, 1759, 2791w, 3001, 3363, 3506, 4071ph, 4092, 4191, 4192, 4796
I figli...so' pezzi 'e core (81) 644d, 1779ph, 3753
I figli sperduti (16) 1456, 2874d, 3426
Una figlia d'Eva (13) 4482
La figlia del capitano (47) 760d, 1232, 1323p, 1367co, 1462, 1684s, 1882, 2003, 2647, 3088w, 3199w, 3229, 3270, 3271, 3514w, 3570, 3579w, 4237, 4280, 4359w, 4543ph, 4599
La figlia del contrabbandiere (08) 4807ph
La figlia del corsaro nero *see* Jolanda, la figlia del corsaro nero
La figlia del corsaro verde (40) 78, 838, 1423w, 1543, 1684s, 1936, 2073d, 2474, 2624, 3578, 3608ph, 3626, 3978, 4233, 4334ph
La figlia del deserto (23) 1153ph
La figlia del diavolo (52) 280, 576p, 1892, 3386ph, 3461, 3503, 3527, 3847, 3857, 4189, 4432, 4814, 4970d
La figlia del forzato (53) [La morte civile] 93d, 281w, 1717, 3231ph, 3615, 3840, 3953
La figlia del mare (18) 1841d, 2753, 4200
La figlia del mendicante (50) 468p, 771d, 798, 2737, 3525, 3845ph, 4195
La figlia del peccato (49) [Voce 'e notte] 1054p, 2885, 4123, 4190ph, 4803
La figlia del reggimento (53) 202, 329, 1173, 1839, 2636, 3320m, 4071ph, 4644w, 4691
La figlia dell'avaro (13) 4082
La figlia dell'avaro (18) *see* Eugenia Grandet
La figlia dell'oro (19) 2874d
La figlia della gitana (13) 1929d
La figlia della madonna (49) 107p, 692, 3104d, 4190ph, 4473
La figlia della tempesta (16) 80, 434ph, 865, 1419d
La figlia della tempesta (20) 1841d, 2783d, 4004, 4082, 4808
La figlia delle onde (20) 36, 3432d
La figlia di Frankenstein (71) [Lady Frankenstein] 1136, 1817, 2127, 3176, 3243, 4879d
La figlia di Jorio (11) 98p, 388d, 729, 1801w, 2709, 4447, 4807ph
La figlia di Jorio (16) 388d, 554, 4011
La figlia di Mata Hari (55) 1163, 1841d, 2252, 2472, 2989d, 3608ph, 4018w, 4415w, 4464, 4488, 4769, 4803
La figlia di nessuno (27) 3432d
La figlia di Zazà (13) 1801w
La figlia unica (19) 75ph, 1395d, 2348, 2792a, 3289
Le figlie d'avaro (17) 1343ph
Le figlie del mare (18) 390w, 655ph, 811d-co
Figlio (14) 229, 3076d-ph
Un figlio d'oggi (61) 1892, 3415
"Il figlio del beduino" *episode of* Testa e croce (82)
Il figlio del circo (63) 1647, 3393, 4415w
Il figlio del commissario (13) 1929d
Il figlio del corsaro (28) 2052, 3427d
Il figlio del corsaro rosso (41) 63ad, 104w, 387, 1089w, 1576d, 2613, 2934w-e, 3041, 3340ph, 3560a, 3800, 3992m, 4062, 4237, 4774, 4807ph
Il figlio del corsaro rosso (58) 300, 824ph, 846p, 972a, 1493, 1621, 1623, 2612, 2615, 2837, 4232, 4622, 4813m, 4970d
Il figlio del gangster (78) 2033
Il figlio dell'amore (16) 2271
Il figlio dell'uomo (53) 1669w, 2829, 4005d-p, 4584ph
Il figlio della guerra (15) 755, 881, 1617d, 4200
Il figlio delle selve (09) [Child of the Forest] 98p, 2709d, 3127, 4807ph
Figlio delle stelle (79) 4685d
Il figlio dello sceicco (58) *see* Gli amanti del deserto

Il figlio dello sceicco (78) 211, 1102d, 1366m, 3017, 3996ph
Il figlio di Aquila Nera (68) 83, 211, 1652, 1978, 2206, 2534w, 2745d, 3387, 3803, 4146, 4719
Il figlio di capitano Blood (63) [El hijo de capitán Blood] 786ad, 1371d, 1715, 2392, 3267, 3400, 3879w, 4053, 4522, 4616ph, 4930
Il figlio di Cleopatra (64) 45ph, 253d, 1215, 1623, 1717, 1818, 2010, 2615, 2656, 3992m
Il figlio di Coralie (20) 388d, 810ph, 4061
Il figlio di d'Artagnan (49) 518a, 765, 774, 1054p, 1367co, 1786d, 2885, 3383, 3526ph, 4091, 4378, 4574
Il figlio di Django (67) [Vengeance is a Colt .45] 322, 1017d-ph, 2700, 3952, 4052, 4146, 4165, 4170, 4515, 4618m, 4693
Il figlio di Ercole (18) 2063
Il figlio di Lagardère (52) 637, 933d, 1109, 1834ph, 3503, 3790, 4062, 4720p, 4803
Il figlio di Madame Sans-gêne (21) 128ph, 1400, 2173, 2875ph, 3237d, 3617
Il figlio di Spartacus (62) [The Slave] 286ph, 532w, 774, 825, 1061, 1102w, 1103d, 1683, 1872, 2000, 2061w, 2908e, 3558m, 3778, 4166a, 4192, 4348
Il figlio di Zorro (73) [L'uomo dal Winchester; Man with the Golden Winchester] 251d, 419, 1345ph, 1623, 4053, 4891, 4990w
Figlio mio infinitamente caro (86) [My Very Beloved Son] 1271m, 1891, 1993, 2415ph, 2962, 3343d, 4126w
Il figlio prodigo (64) 4533
Il figlioccio del padrino (73) 405, 1754, 2483d, 4071ph, 4622
Il figlioccio di Rirette (16) 1343ph
Il figliuol prodigo (19) 2966
La figurante (22) 75ph, 492d
Figuretta (20) 2709d, 2770
Filava! Filava! (20) 2652
Filibus (15) 1694ph, 3928d
Le Filippine (72) 2596d-p*
Fille d'amour *see* Traviata 53
La Fille dans la vitrine *see* La ragazza in vetrina
La Fille de feu (63 France) 1163
La Fille de la mer Morte (66 France) 4622
La Fille du torrent (62 France) 4651
Une Fille nommé amour (69 France) 2244
Une Fille pour l'été (59 France) 2752, 3643
Filles de la nuit (59 France) 256
Les Filles sèment le vent (63 France) 1818, 4622
Film d'amore e d'anarchia (73) [Stammattina alle 10 in via dei Fiori nota casa di toleranza; Love and Anarchy] 1688, 1945, 2962, 3373, 3630, 3960m, 3961ph, 4882d
Il film rivelatore (14) 2272, 3427d, 3456p, 4191
Il film storico italiano muto (52) 4727d
Il filo d'erba *see* Ha da venì. . .don Calogero
Il filo della vita (18) 872d, 2097, 2272, 4684w
Il filo di Arianna (20) 428, 872d, 4731
Il filo di Arianna (28) 3510d
Un filo di speranza (64) 3509
Le Fils (72 France) 2900
Un Fils d'Amérique (32 France) 1841d
Le Fils de Tarass Boulba (64 France) 1936
Il filtro di Circe (20) 2242d
Filumena Marturano (52) 287ph, 1303w, 1306, 1684s, 1973, 1981, 2517, 3064, 3555, 3960m, 4474w
Fin de semana para los muertos *see* Non si deve profanare al sonno di morte
Final Conflict (80 U.S.) 637
Final Conflict. . .Django Against Sartana *see* Arrivano Django e Sartana. . .è la fine
Final de una legenda (50 Spain) 1232
The Final Executioner *see* L'ultimo guerriero
Final Justice (85 U.S.) 637, 4712
Finalmente le mille e una notte (72) 263, 405, 592, 1359, 3803
Finalmente libero! (53) 102d, 284, 1237, 1768, 1909, 2038, 2670d, 2813, 3340ph, 3930, 3953, 4296
Finalmente sì (43) 333, 463ad, 1346ph, 1757, 2389d, 3570, 4341, 4378
Finalmente soli (41) 576p, 905w, 1055co, 1218, 1488, 1914d, 2473ph, 2719, 2978, 4233, 4260, 4542, 4754
Finchè c'è guerra, c'è speranza (74) 406w, 1279w, 1480ph, 2908e, 3558m, 3865p, 4292d*
Finchè dura la tempesta (63) [Beta Som;

Torpedo Bay] 964, 1621, 1676, 1794d, 2358, 2359, 2897, 3176, 3392, 3623, 3992m, 4515, 4693
Finchè il divorzio non vi separi *see* Le castagne sono buone
Find a Place to Die *see* Joe...cercati un posto per morire
Finders Killers *see* Se t'incontro, t'ammazzo
La fine del mondo (47) [Luca Signorelli] 976d, 3608ph
La fine del mondo nel nostro solito letto in una notte piena di pioggia (77) 414, 808, 820, 1563, 1945, 3961ph, 4086, 4882d
La fine dell'amore (20) 492d, 2058ph
La fine dell'innocenza (76) 340, 1203d, 1345ph
"Il fine dicitore" *episode of* Gran varietà
A Fine Pair *see* Ruba al prossimo tuo
La finestra illuminata (13) 393
La finestra sul Luna Park (57) 920w, 1075d, 2269, 3213ph, 3798, 3975, 4565
Finestre (50) 2891d
Finger on the Trigger *see* I sentieri dell'odio
Finisce sempre così (39) 1227s, 1416, 1771, 1834ph, 3800, 3806, 4399d
Fino alla tenebra (20) 810ph
Il finto storpio (96) 3360d-ph
Fiocca la neve (31) 1226ph
Un fiocco nero per Deborah (74) [Deborah] 516, 1463, 2074, 2752, 4939
Fior d'amore (20) 872d, 1512, 2740, 4731
Fior d'arancio (15) 1419d, 2599
Fior di Levante (25) 858ph, 2792a, 2861ph, 3871d
Fior di male (15) 308, 572, 1841d, 3356w, 4593
Fior di morte (09) 4807ph
Fior di peccato (13) 1801w
Fior di zucca (88) 329
La fioraia di Como (15) 2173, 2875ph, 3237d
Fioraie (53) 2891d
Fiordalisi d'oro (35) [Fiordalisi d'oro pour la reine; Sous la Terreur] 43ph, 1740d, 1936, 2269, 3269, 3908, 4168, 4635a
Fiore d'arancio (20) 872d, 2740
Fiore d'autunno *see* Fiore di autunno
Il fiore dai petali di acciaio (75) 3730
Il fiore del Caucaso (20) 549, 759d, 906ph
Il fiore del destino (14) 1088d
Il fiore del silenzio (21) 3187, 3819ph, 4575
Il fiore dell'odio (20) 4731
Il fiore delle mille e una notte (73) [Arabian Nights; A Thousand and One Nights] 1014, 1034, 1263, 1492s-co, 1668a, 2057p, 3153m, 3453d, 3494, 3996ph
Fiore di autunno (16) [Fiore d'autunno] 871, 872d, 2095, 3944, 4120ph
Il fiore perverso (13) 3427d, 4767
Fiore reciso (14) 975, 4804
Fiore selvaggio (20) 1745, 4191d*
Fiore selvatico (08) 4482
Il fiore sotto gli occhi (43) 475, 650d, 652, 1153ph, 1931w, 2000, 2300, 2624, 2719, 2747, 3570, 3643, 3800, 3967, 4133, 4378
Fiorenza mia! (15) 3290d, 3291
Fiorenzo, il terzo uomo (51) 787d, 3593, 3752, 4233, 4443
I fioretti di san Francesco (16) 1734, 2973, 3010
Il fioretto (82) 3244
Fiori d'amore...fiori di morte (14) 434ph, 554, 1312d
Fiori d'arancio (44) 726p, 810ph, 921d, 1207, 4166a, 4554
I fiori di sant'Antonio (08) 225, 2709d*, 4807ph
Fiorina la vacca (72) 23, 208, 844, 1420d, 2678, 2970ph, 3161, 3202
Fire Monsters Against the Son of Hercules *see* Maciste contro i mostri
Firepower (79 U.K.) 2614
"Firenze" *episode of* Melodie d'Italia
Firenze a primavera (37) 1766d, 2281ph
First They Pardon Then They Kill *see* Prima ti perdono, poi ti ammazzo
Firulì apache (11) 353
Firulì domestica (11) 353
Firulì dottore (12) 353
Firulì e l'uomo di neve (14) 353
Firulì ha perso la balia (11) 353, 4807ph
Fischia il sesso (74) 1923
Il fischio al naso (67) [The Seventh Floor; The Man with the Whistling Nose] 263, 1666, 1875, 2626, 4187ph, 4530d*
Il fischio della sirena (12) 98p, 388d, 4807ph
The Fish Men *see* L'isola degli uomini pesce
Fistful of Death *see* Giù la testa... hombre

A Fistful of Dollars *see* Per un pugno di dollari
A Fistful of Dynamite *see* Giù la testa
Fistful of Knuckles *see* Per un pugno nell'occhio
Fit to Be Untied *see* Nessuno o tutti—matti da slegare
Fitzcarraldo (82 Germany) 813
La fiumana grande (56) 1850d
Il fiume del grande caimano (79) [Big Alligator River; Big Caimano River; Alligators; The Great Alligator] 232, 880, 1071, 1658ph, 1665, 2878d, 3698
Un fiume di dollari (66) [The Hills Run Red] 846p, 925, 1100, 1147w, 1323p, 1493p, 1545, 1893, 2231, 2582d, 2587, 2691, 2707, 3059, 3153m, 4172ph, 4196, 4236, 4320, 4639
Five Branded Women *see* Jovanka e le altre
Five Days One Summer (82 U.S.) 3961
Five for Casablanca *see* Attentato ai tre grandi
Five Giants from Texas *see* I cinque della vendetta
Five Golden Hours *see* Cinque ore in contanti
Five Man Army *see* Un esercito di cinque uomini
Five Miles to Midnight *see* Il coltello nella piaga
Flagrante delitto (09) 4807ph
La Flambeuse (81 France) 2900
The Flame and the Flesh (55 U.S.) 126
Flaming Frontier *see* Old Surehand
Flash Gordon (81 U.S.) 1323p, 2962, 3202
Flashback (68) 3261m, 3846w
Flashman (67 France) 2010
Flatfoot *see* Piedone lo sbirro
Flatfoot on the Nile *see* Piedone d'Egitto
Flavia, la monaca mussulmana (73) [Flavia dei mussulmani; The Rebel Nun] 527, 868, 880, 1115, 1718, 3037d
Flesh Hunters *see* Apocalisse domani
The Flesh Is Weak (57 U.K.) 4803
Flesh Will Surrender *see* Il delitto di Giovanni Episcopo
La Fleur de l'âge (64 France) 3989
Un Flic (71 France) 1178
Flic story (75 France) 48, 2470, 4038
The Flight of the Phoenix (66 U.S.) 4515
Flipper (83) [Pinball] 3579w, 3594
Flirt (83) 2415, 4809w*
Flor de lago (49 Spain) 1473
Floradas na serra (53 Brazil) 4024d
Florence—Days of Destruction (66) 4969d
The Florentine Straw Hat *see* Il cappello di paglia di Firenze
Florette e Patapon (13) 354, 554, 871, 872d, 3703, 3956, 3984, 4120ph
Florette e Patapon (27) 269, 475, 1179ph, 1343ph, 1624, 2872, 3382d, 3472, 4960
La flotta degli emigranti (17) 829d, 4022
Flowers of St. Francis *see* Francesco, giullare di Dio
Der Fluch der grünen Aügen (65 Germany/Yugoslavia) 2392
Flucht aus der Hölle (28 Germany) 4680
Il fluido di Checcho (15) 1847
Die Flüsspiraten vom Mississippi *see* Agguato sul grande fiume
La foca (82) [W la foca] 344ph, 999d, 2469
Il focolare domestico (13) 2272, 2599, 3242d
Il focolare spento (25) [Il più grande amore] 549, 1335, 1907d, 2051, 2770, 4004, 4466
Foglio di via (54) 771d, 1279w, 1834ph, 2043, 4003, 4189
"Foglio di via" *episode of* Le più belle truffe del mondo
Folchetto di Narbonne (10) 441, 1617d
Folds of the Flesh *see* Nelle pieghe della carne
La folgore (18) 1419d
Folies bourgeoises (76 France) 3922
La Folie des grandeurs (70 France) 4515
La folla (51) 2484d
Folla di pietra (n.d.) 3569d
Il folle di Marechiaro (51) 3871d, 4237
Follia (19) 833, 3910d
Follia amore mio (85) 1366m, 1676
Follia d'amore (12) 4807ph
La follia del giuoco (20) 388d, 3077
Follia e misteri (18) [Mistero o follia?] 379d*
Follie d'estate (66) 479, 4158w
Follie d'Europa (64) 559
Follie del secolo (39) 1423w, 1483w, 1614, 1830w, 1913, 2861ph, 2909, 3382d, 3570, 3917, 4092, 4269w, 4341, 4527, 4556, 4691
Le follie di Noretta (20) 2271, 4484ph, 4983d
Follie di notte (78) 1209d-ph
Follie per l'opera (47) 351ph, 364, 768, 781, 1128d, 1522, 1813m, 1950, 1985,

2596, 2885, 3503, 3525, 3557, 3570, 3624ch*, 3919, 4140, 4237, 4359w, 4511
Die Folterkamer des Doktor Fu Manchu *see* Il castello di Fu Manchu
Fontamara (80) 1278, 1918, 2582d, 3189, 3601, 4115a, 4841ph
La fontana di Trevi (43) 933d
Fontana di Trevi (60) 685, 771d, 844, 1416, 4778
Fontane di Roma (38) 810ph, 1128d-e
The Fool Thief *see* Il ladrone (80)
For a Book of Dollars *see* Più forte sorelle
For a Dollar in the Teeth *see* Un dollaro tra i denti
For a Few Bullets More (67) *see* . . . E divenne il più spietato bandito del sud
For a Few Bullets More (68) *see* Vado, l'ammazzo e torno
For a Few Dollars Less *see* Per qualche dollaro in meno
For a Few Dollars More *see* Per qualche dollaro in più
For a Few Extra Dollars *see* Per pochi dollari ancora
For Love and Gold *see* L'armata Brancaleone
For Love of You (34 U.K.) 1841d, 4807ph
For Love One Dies *see* D'amore si muore
For the First Time *see* Come prima
The Forbidden Room *see* Anima persa
Force 10 from Navarone (78 U.K.) 3244
Forewarned, Half-Killed. . .The Word of the Holy Ghost *see* Un uomo avvisato mezzo ammazzato. . .parola di Spirito Santo
Forgotten Pistolero *see* Il pistolero dell'ave maria
Fori imperiali (32) 4732d
Formula 2 (53) 1211d
Formula uno febbre della velocità (78) [Speed fever] 1271m, 1417ph, 2070ph, 3922
La fornace (21) 3289, 3510d
Il fornaretto di Venezia (13) 98p, 2709d, 3174, 3242, 4807ph
Il fornaretto di Venezia (39) 552, 725, 726, 971, 1058d, 1311, 1979, 2268ph, 3616, 3970, 4269w, 4334ph, 4432, 4637, 4701p, 4728a, 4780, 4947, 4970w, 4982
Il fornaretto di Venezia (63) 824ph, 2404, 3143, 3161, 3519, 4025, 4057, 4115a, 4487d, 4586m, 4901
La fornarina (42) 227, 807m, 2073d, 2473ph, 2502, 2613, 2775w, 2817a, 3473, 3474, 4091, 4189, 4273, 4613
Un foro nel parabrezza (83) 1630, 2998, 4132d
Forse che sì, forse che no (20) 831, 3118ph, 3567, 3758d
Forse eri tu l'amore (39) 1054, 1931w, 2989, 3117a, 3527, 3836d, 3947m, 3978, 4117ph
Die Forstenbuben (83 Germany) 3153m, 3244
Fort Alesia *see* I giganti di Roma
Fort Yuma Gold *see* Per pochi dollari ancora
Fortini *see* I cani del Sinai
Fortuna (40) 655ph, 942, 1089w, 1383, 2942, 2960w, 3247d, 3583a, 3666, 4027
La fortuna di essere donna (55) [Lucky to Be a Woman] 451, 511d, 609, 845, 920w, 924, 1540, 1706w, 1920ca, 2284p, 2614, 2861ph, 2907, 3036, 4010, 4114
La fortuna di Zanze (32) 1624, 1830w, 2016, 2875ph, 3382d, 3415, 4637, 4807ph
La fortuna viene dal cielo (41) 1099, 1130, 1332ph, 2719, 3978, 4252, 4780
Fortunale (12) 2040
Fortunata y Jacinto (69 Spain) 1101, 2486m, 4543ph
Fortunella (58) 1237, 1303d*, 1517, 1650w, 2885, 2894, 3579w, 3960m, 4237, 4292, 4543ph
La forza bruta (40) 619d, 637, 667, 1318, 1834ph, 2600ph, 2601ph, 2953a, 2978, 3415, 3616, 3800, 4091, 4186co
La forza del destino (50) 1841d, 1985, 2953a, 3398, 4538
La forza dell'intestino (09) 4807ph
La forza della coscienza (17) 3041, 4944
Forza G (71) 592, 3153m
Forza irresistibile (12) 4807ph
Il forzato dell'amore (23) 4581d
I Foscari (22) 79d, 155ph, 561w, 1068, 1468, 3041, 3289, 3454, 3568
La fossa degli angeli (37) 43ph, 64d, 619d, 1653, 2592w, 2892m, 3229, 3610e, 3696ph, 4273
La fossa del vivo (12) 3704 Le foto di Gioia (87) 350d, 806, 1553, 2021
Le foto proibite di una signora per bene (70) 2469
Fotografando Patrizia (84) 2081, 3098e, 4049d, 4318ph

La fotografia di Cristo (48) 255d
Fotografo burlato (06) 4807ph
Fotogrammi (35) 976d
Fotoromanzo (85) 2483d, 4955ph
Four Bullets for Joe *see* Si udirono quattro colpi di fucile
Four Came to Kill Sartana *see* E vennero in quattro... per uccidere Sartana
Four Candles for Garringo *see* La mia colt ti cerca... quattro ceri ti attendono
Four Dollars for Revenge *see* Deguello
Four Dollars for Vengeance *see* Quattro dollari della vendetta
Four Flies on Gray Velvet *see* Quattro mosche di velluto grigio
Four Girls in Town (57 U.S.) 2873
Four Gunmen of Ave Maria *see* I quattro dell ave maria
Four Horsemen of the Apocalypse *see* I quattro dell'apocalisse
Four Kinds of Love *see* Le bambole
"The Fox and the Crow" *episode of* Le quattro verità
Fra cielo e terra (49) 255d
Fra Diavolo (13) 4767
Fra Diavolo (25) 1864d, 2770, 2872, 3596p, 3871d, 4004, 4191, 4931
Fra' Diavolo (31) 554d, 2724
Fra' Diavolo (42) 341a-s, 971, 1311, 1683, 1944ad, 2605w, 3295, 3419, 3514w, 3716ad, 4041, 4807ph, 4948d
Fra gli artigli del veleno (16) 872d
Fra i due litiganti (06) [Il terzo gode] 4807ph
Fra i gorghi della passione (15) 4248d, 4797
Fra Manisco cerca guai (60) 1606, 2953a, 4584ph, 4790
Fra ruggiti di belve (13) 1312d
Fracassa e l'altro (19) 4484ph, 4490d
Fracchia contro Dracula (85) 3430d, 3698, 3699, 3766, 4562, 4781
Fracchia, la belva umana (81) 97s-co, 406w, 1279w, 2005p, 3098e, 3430d, 4307ph, 4781
Fragment of Fear (71 U.K.) 927, 2248, 4079
Un frak ed un apache (20) 1935d, 4046
Frammenti d'amore (76) 2033
Francel Gringolet (55 Argentina) 3894
Francesca da Rimini (11) 441, 1617d
Francesca da Rimini (21) 354, 1498ph, 4822d
Francesca è mia (86) 4809w*
Francesco (89) 20, 535, 548, 911d, 1492s-co, 1663, 2070ph, 2442ph, 3081, 3963, 4671m
Francesco d'Assisi (66) 381, 886, 911d, 3996ph
Francesco, giullare di Dio (50) [Flowers of St. Francis] 95p, 1606, 1650ad-w, 2817a, 2861ph, 3865p, 3929ad-w, 3947m, 3948d
Francis of Assisi (61 U.S.) 941, 2796, 2930, 3176, 3218m
Franco, Ciccio e il pirata Barbanera (69) 102d, 1511, 1754, 4071ph
Franco, Ciccio e le vedove allegre (68) 145, 581, 834w, 1079, 1609, 1754, 1816ph, 1948w, 1970d, 2516, 3587, 4443
Franco e Ciccio... ladro e guardia (69) 1754
Franco e Ciccio sul sentiero di guerra (70) 1754
Franco e Ciccio superstars (76) 1691, 1754
Il francobollo raro (12) 3127
François il contrabbandiere *see* Il bacio dell'aurora
Françoise et Emanuelle—The Little Sisters *see* Emanuelle e Françoise le sorelline
Frankenstein *see* Carne per Frankenstein
Frankenstein all'italiana (76) 152ph, 1011m, 1166d, 1263, 1763w, 2679, 4467
The Frankenstein Experiment *see* Carne per Frankenstein
Frankenstein 1980 (72) [Mosaic—Frankenstein 1980] 1460w, 1703, 3055, 3823, 3920
Frankenstein's Castle of Freaks *see* Il castello dell'orrore
Frantic (88 U.S.) 3153m
Il frantoio (19) 2875ph
Frasana e l'altro (20) 2828d*
Frate Francesco (26) 138d, 2318, 3454, 3845ph, 3869, 4022
Frate Sole (18) 724, 1119d, 1617d, 2753, 3388, 3394, 3813ph
Fratelli (85) 1630, 2674m
I fratelli Castiglioni (37) 95p, 240, 798, 809w, 942, 1401d, 1653, 1693s, 2268ph, 3010, 3088ad, 3229, 3506, 3570, 3578, 3947m, 4512ph, 4675, 4754, 4759ph
I fratelli corsi (61) [The Corsican Brothers] 1647, 2213, 2428, 2486m, 2738d, 3229, 4199, 4278, 4433, 4681, 4981
Fratelli d'Italia (15) 3289
Fratelli d'Italia (53) 1294w, 1323p,

1346ph, 1969, 2492, 2782, 3176, 3636p, 4280, 4564w*, 4622
I fratelli delle tenebre (15) 3427d
I fratelli di Arizona (74) [Arizona Kid] 3055, 4666
I fratelli Karamazoff (47) 518a, 823, 900w, 964, 1493, 1500, 1914d, 1936, 2473ph, 2624, 3377w, 3447, 3557, 3947m, 4121, 4195, 4548, 4706w, 4714, 4803
I fratelli miracolosi (49) 4807ph, 4813m
Il fratello (75) 1178, 3007d
Fratello mare (76) 3713d, 4127ph
Fratello Sole sorella Luna (73) [Brother Sun, Sister Moon] 605, 920w, 927, 1123, 1151, 1637, 1695, 1810, 2070ph, 2089, 2495, 2629, 3029, 3093, 3345m, 3702a, 4209, 4882w, 4937, 4969d
Frau Hölle (85 Czechoslovakia/Germany) 2894
Die Frau ohne Vergangenheit (39 Germany) 2744d
Frau Wirtin bläst auch gern Trompete (69 Germany) 3243
Frau Wirtin hat auch eine Nichte (68 Germany) 709, 1961
Frau Wirtin hat auch einen Grafen (68 Germany) 405, 1344, 1961
Frauen am Abgrund (29 Germany) 3472
Frauen Gefängnis (75 Germany) 3176
Die Frauengassen in Algier (28 Germany) 2272
Frauenliebe—Frauenlied (37 Germany) 1907d, 4659w
Frauenraub in Marokko (28 Germany) 3836d
Frauenschicksal (22 Germany) 3432d
Fraülein Doktor (68) 69d, 199, 489, 565, 694, 806, 972a, 1367co, 1438, 1575, 1895, 1945, 2046, 2172, 2372, 2398, 2415ph, 2475d, 3049, 3114, 3130, 3153m, 3292, 3468, 3638, 4835, 4838, 4906
Fraülein—falsch Verbunden *see* Una notte con te
El Frayle *see under* E
Freccia d'oro (16) 138d, 355ph, 466, 1125
La freccia d'oro (35) 262d, 309, 736, 936, 1401d, 1653, 2800, 2953a, 3118ph, 3295, 3473, 3696ph, 4675
La freccia d'oro (62) [L'arciere delle mille e una notte; The Golden Arrow] 256, 573, 581, 737, 1266d, 1540, 1647, 1705ad, 2230, 2288, 2966, 3096, 3607, 3944, 4124, 4188e, 4984
La freccia nel cuore (24) 176ph, 2770, 3382d, 3581
La freccia nel fianco (43) 283, 403, 477, 567, 1122, 1706w, 2430, 2475d, 2624, 2654, 2953a, 3129w, 3199w, 3231ph, 3527, 3636p, 3978, 4484ph, 4622, 4968w
Freddy und das Lied der Prairie (65 Germany) 340, 1173
Freddy und das Lied der Südsee (62 Germany) 4090
Free at Last *see* Finalmente libero
Fregoli (82) 912d, 4841ph
Fregoli al caffè (97) 1791d*
Fregoli al ristorante (98) 1791d*
Fregoli dietro le quinte (03) 1791d*
Fregoli illusionista (05) 1791d*
Freiheit in Fesseln (29 Germany) 3472
French Can Can (54 France/U.K.) 3423p, 3461
French Conspiracy *see* L'attentat
Frenesia (39) 95p, 471w, 553m, 554d, 1306, 1615w, 1837, 1852, 1957, 2953a, 3118ph, 4226, 4370, 4378, 4637
Frenesia d'estate (64) 406w, 1279w, 1511, 1671m, 1882, 1886ph, 1963, 2005p, 2019, 2545, 2615, 2980, 3030, 3229, 3363, 3393, 4126w, 4948
"La frenesia del successo" *episode of* Le italiane e l'amore
Frente de Madrid *see* Carmen fra i rossi
Frenzy (39) *see* Frenesia
Frenzy (67) *see* Amore e rabbia Le Fric (58 France) 3955, 4432
Fricot ai bagni (12) 4697, 4807ph
Fricot amoroso (12) 4697, 4807ph
Fricot beve la medicina (10) 4697, 4807ph
Fricot cantante irresistibile (13) 4697
Fricot cantante municipale (10) 4697, 4807ph
Fricot diventa libertino (10) 4697, 4807ph
Fricot e la statua (12) 4697, 4807ph
Fricot e le uova (13) 2034, 4697
Fricot emulo di Sherlock (13) 4697
Fricot ha freddo (12) 4697, 4807ph
Fricot ha smarrito il bottone (10) 4697, 4807ph
Fricot impara un mestiere (09) 4697, 4807ph
Fricot in collegio (09) 4697, 4807ph
Fricot innamorato (12) 4697
Fricot soffre d'insonnia (13) 4697
Fricot soldato (13) 4697

Fricot sotto le armi (12) 4697, 4807ph
Fricot trasloca (12) 4697, 4807ph
A Friend Is a Treasure *see* Chi trova un amico trova un tesoro
"Il frigorifero" *episode of* Le coppie
Frine, cortigiana d'Oriente (53) 43ph, 553m, 554d, 1116, 1161, 1500, 2393, 2445, 2517, 2592w, 2654, 2791w, 3503, 3557, 3944, 4235, 4432
Fringuelli a dura prova (13) 4697d*
Fringuelli e Virginia (13) 4697d*
Fringuelli se la vede brutta (13) 4697d*
Friquet (19) 176ph, 2095, 3242, 4947d
Frisky *see* Pane amore e gelosia
Frittata all'italiana (77) 2469, 2798
Frogwoman *see* Mizar
From Father to Son *see* Di padre in figlio
From Hell to Victory *see* Da Dunkerque alla vittoria
From Russia with Love (63 U.K.) 461
From the Hip (88 U.S.) 4318ph
From the Orient with Fury *see* Agente 077. . . dell'Oriente con furore
From the Police with Thanks *see* La polizia ringrazia
Fronda d'ulivo (23) 906ph, 1273d, 3581
Frontier Hellcat *see* Là, dove scende il sole
Frontiere (34) 939, 1753, 2948d, 3041, 3174, 4311, 4807ph
Frou Frou (18) 393, 441, 858ph, 1273d, 1734, 2792a, 4191, 4575
Frou Frou (55) 206, 273p, 294, 806, 863, 915, 939, 1308, 1375, 1422, 1529, 1577, 1907d, 2526, 2966, 3550, 3877, 4006, 4018w, 4099w, 4413, 4852
Frozen Terror *see* Macabro
Frühlingsmärcher (34 Germany) 3472
Le Fruit défendu *see* Il frutto proibito
Fruits amers (67 France) 340
Il frullo del passero (89) 207, 2075w, 3202, 3278
Il frumento (58) 3322d
La frusta e il corpo (63) [What?; Night Is the Phantom] 351d, 1063, 2167, 2371, 2488, 2490, 2515, 2954, 3992m
Frustration *see* La notte del desiderio
Frutto acerbo (34) 155ph, 451, 619d, 1219p, 2906s, 2910d, 2953a, 3643
Frutto proibito (52) [Le Fruit défendu] 60ph, 182, 894, 1080w, 1655, 1906, 3085a, 3279, 3490, 4081, 4413, 4741d
Fu così che. . . (22) 4524d
Il fu Mattia Pascal (25) 3586w
Il fu Mattia Pascal (37) [L'Homme de nulle part] 93ad, 556, 966d, 1586, 1693s, 1930p-w, 1979, 2017, 2508, 2601ph, 2658, 2739, 2747, 3046, 3380, 3408ad, 3586w, 3616, 4186co, 4280, 4982
Fuga (84) [Fuga scabrosamente proibita] 2764ph
La fuga (65) 28, 44, 104w, 166, 1886ph, 1932a, 2082, 3213ph, 3558m, 3738, 4025, 4055
Fuga a due voci (42) 364, 619d, 1276w, 1462, 2600ph, 3117a, 3626, 4190ph, 4378, 4511, 4823, 4947
Fuga dal Bronx (83) [Escape 200] 892d, 1191, 1366m, 1649, 1808, 3698, 4001, 4236
Fuga dal paradiso (90) 535, 688, 886, 1032, 1096ph, 2303, 2521m, 2908e, 3519
Fuga dall'arcipelago maledetto (82) 1266d, 3386ph
Fuga dall'inferno (87) 3603
La fuga degli amanti (14) 1907d, 3118ph
La fuga degli angioli (12) 1334d
La fuga dei diamanti (15) 3118ph
La fuga del gatto (14) 3285d-ph
La fuga di Socrate (23) 55, 650d
Fuga in città (50) 3844d
Fuga in Francia (48) 1706w, 1749, 1924, 1932a, 1970ad, 2647, 3199w, 3213ph, 3319, 3636p, 3960m, 4117ph, 4281d
Fuga in re maggiore (19) 4581d
Fuga nel sole (56) [Goubbiah] 298w, 1317, 2068p, 2220ph, 2376, 2405m, 2787, 2795, 2862, 3219, 4116
Fuga nella tempesta (47) 422, 748w, 1003, 1673d, 1717, 2430, 3284, 3608ph, 3917, 4280, 4556
Fugge la gloria (20) 2742, 3819ph, 3944
La fuggitiva (12) 1204, 2272
La fuggitiva (20) 677, 1907d, 2946d, 3289
La fuggitiva (41) 262d, 453, 816, 991, 2719, 2884ph, 2909, 3450, 4226, 4818
Fugitive *see* Il brigante Musolino
Fugitive in 6B *see* Il brigante Musolino
Fugitive in Trieste *see* Clandestino a Trieste
The Fugitive Kind (59 U.S.) 2719
Fugitive Lady *see* La strada buia
The Full Moon of the Virgins *see* Il plenilunio delle vergini
La fumeria d'oppio (47) [Ritorna Za-la-Mort; The Opium Den] 667, 1003,

1650w, 1761, 1816ph, 2624, 2910d, 3597w, 4195, 4306, 4378
Fumo di Londra (66) [Dark Gray; Thank You Very Much] 104w, 483, 1197, 2560, 3558m, 4292d*
Fun Is Beautiful *see* Il sacco bello
Funerale abissino (09) 3326d-ph
Funerali cinesi (11) 3326d-ph
I funerali di Umberto I (00) 3360d-ca
Fünf bange Tage (28 Germany) 2272
Fünf gegen Casablanca *see* Attentato ai tre grandi
Fünf taüsend Dollar für den Kopf von Johnny Ringo *see* La ballata di Johnny Ringo
Funiculì...funiculà... (18) 3285ph
La funivia del Faloria (50) 146d, 4625m
The Funniest Show on Earth *see* Il più comico spettacolo del mondo
Fuochi d'artificio (38) 821, 870m, 1054, 3117a, 3118ph, 3209, 3229, 3581, 3643, 3836d, 4117ph, 4675
Il fuoco (15) 1290ph, 2828, 2974, 3462d-p, 4536
Fuoco (68) 254d
Il fuoco nelle vene (53) [Le Chair et le diable; La Rage au ventre] 637, 1306, 3914, 3965, 4669, 4674, 4846a
Fuoco nero (51) 690, 1878ph, 2885, 4116, 4225d, 4354, 4556, 4622
Fuori campo (69) [Out of Frame] 826, 903, 1348d, 3519, 3559
Fuori porta (52) 2077d, 2839m
Fuori uno, sotto un altro, arriva il "passatore" (73) 1652, 2188, 4967
I fuorilegge (50) 261, 684, 1252, 1515, 1759, 1836, 1882, 2249p, 2775w, 2838w, 3560a, 3692w, 3745, 3951ad, 3992m, 4127ph, 4306, 4579w, 4622, 4732d
I fuorilegge del matrimonio (62) 1813m, 1963, 1967, 2970ph, 3343d, 3509, 4456d, 4530
Le furberie di Robinet (11) 4807ph
Furia (19) 1468, 3813d-ph
Furia (46) 61d, 391, 637, 939, 1583s, 3288w, 3578, 3584, 3615, 3616, 3645ph, 4306, 4341
Furia a Marrakech (66) 1827
La furia degli apaches (65) [El hombre de la dilegencia; Apache Fury; Ranch of the Doomed; Doomed Fort] 1023, 2472, 2868, 3344, 3690
La furia degli uomini (63) [Germinal] 74d, 514, 599ph, 630, 1513, 2720m, 3363, 4302w, 4643, 4921p
La furia dei barbari (60) [The Fury of the Pagans; The Fury of the Barbarians] 743, 1622, 2615, 2745d, 2837, 3607, 3699, 4128w, 4190ph, 4350, 4693
La furia di Ercole (61) 430, 1113, 1826, 2129, 2253m, 2268ph, 3441d, 4247w, 4285w, 4344, 4350, 4432
Il furto del sentimento (19) 277ph, 2069d
Il furto della Gioconda (66) [Il ladro della Gioconda; On a volé la Joconde; The Mona Lisa Has Been Stolen] 559, 945, 1203ph, 1511, 1776, 2516, 3029, 3393, 4814
Furto di sera bel colpo si spera (73) 844, 1973
Il furto e l'anima del commercio (71) 3270
The Fury of Johnny Kid *see* Dove si spara di più
Fury of the Vikings *see* Gli invasori
Il futuro è donna (83) 1346ph, 1668a, 2908e, 3202, 4106m, 4152
Fuzzy the Hero *see* Tequila
FX—18 Superspy *see* Agente Coplan: missione Spionaggio
G.P.U. (42 Germany) 4278
La gabbia (85) 86s, 142, 297w, 527, 1804w, 3098e, 3153m, 3194, 3466d
La gabbia dei matti (96) 3360d-ph
La gabbia dorata (22) 3984d
I gabbiani volano bassi (77) 3019
Il gabbiano (77) 381d, 455, 659, 1071, 3153m, 3216ph
Gabriela (83 Portugal) 783, 1469ph, 2907
Gabriele il lampionario di porto (19) 3285ph
Gabriella di Beaulieu (09) 871
Gagliardi e pupe (58) 3040, 3104, 3460, 4091
Galaor (18) 519, 4593
Galaor contro Galaor (24) 519, 3510d
Galaor l'avventuriero (18) 519
Les Galets d'Entretat (72 France) 2578
Galia (66 France) 4712
Galileo (68) 263, 275e, 659, 886, 911d, 1096ph, 1189, 2041, 3153m, 3579w, 3962, 4762
Galileo Galilei (08) 98p, 2709d, 4807ph
Galileo Galilei (42) 3418d, 3645d-ph
Galleria del sorriso (n.d.) 398d
I galli del mare *see* Non scherzare con le donne

Il gallo nel pollaio (15) 4129
Il galoppo della morte (20) 150d*, 1724d
Gamba di legno (51) 2077d, 2839m
Gambe d'oro (58) 845, 1266w, 2987, 3397, 3404, 3473, 4066, 4559, 4699d, 4790
The Gamble *see* La partita
The Gamblers (70 U.S.) 4189
The Game Is Over *see* La calda preda
Games of Desire *see* La notte del desiderio
La gang del parigino (77) [Le Gang] 48, 455, 1390d, 2256ph, 3992m
Gängster, Gold und flotte Mädchen (64 Germany) 2404
Gangster 70 (68) 48, 274w, 659, 1101, 1136, 1345ph, 1460w, 2080d, 2625, 3556, 3619, 3803, 4254, 4803
Het Gangstermeisje (67 Netherlands) 4821
La garçonnière (60) 107p, 893, 1406d, 1920ph, 2909, 2988, 3218m, 3534w, 3955, 4166a, 4654
Gardenia (79) 265, 3411d, 4876
Garibaldi (07) 872d
Garibaldi (86) [Garibaldi—The General] 1169p, 2315, 3244, 3519
Garibaldi e i suoi tempi (25) 468, 2484d*, 3118ph, 3728, 3981ph, 4690
Garibaldi, l'eroe dei due mondi *see* Anita
"Garibaldina" *episode of* Cento anni d'amore
Un garibaldino al convento (41) 576p, 1055co, 1062, 1122, 1276w, 1352, 1416d*, 1758w, 1816ph, 1850ad, 1913, 2083, 2718w, 2739, 2978, 3010, 3414, 3492, 3557, 3947m, 4476, 4706w-ad, 4987w
Garofano rosso (75) 439, 2873, 3113
Las garras de Loreley (73 Spain) 2371
Garringo (69) [I morti non si contano] 252, 520, 1426, 2493, 2971, 3924w, 3925d
Garter Colt *see* Giarrettiera Colt
Gas-oil *see* I giganti
Gaspare Spontini (47) 1078d-p
Gaspay *see* Gespay
Gastone (59) 554d, 1416, 2826w, 2885, 3677, 4167, 4254, 4290w, 4292, 4378, 4543ph, 4568ph
Gastone e Robinet vogliono ammogliarsi (10) 4807ph
The Gates of Hell *see* Paura nella città dei morti viventi
Gates of Paris *see* Il quartiere dei lillà
Gatling Gun *see* Quel caldo maledetto giorno di fuoco
La gatta (58) 182, 514, 1293d, 2117, 2405m, 3101ph, 4746, 4890, 4921p
Gatta ci cova (37) 137, 789p, 971, 1946w, 2269, 2942, 3117a, 3118ph, 3195, 3447, 3458, 3836d
La gatta da pelare (81) 23, 824ph, 1480ph
La gatta in calore (73) 1209ph
I gatti *see* I bastardi (68)
Gatti rossi in un labirinto di vetro (78) [Eyeball] 657, 2534d, 3494, 3823, 3835
Il gatto (78) 275e, 764w, 1075d, 1459, 1668a, 2070ph, 2536p, 2545, 2962, 3153m, 3779, 4290w, 4530
Il gatto a nove code (71) [Der neunzwanzige Katze; Cat o' Nine Tails] 68, 169d, 852, 1649, 1767, 1773, 1783e, 2748, 3153m, 3321, 3606, 3754, 3779, 4301
Il gatto dagli occhi di giada (77) 1014, 2681, 3407, 4841ph
Il gatto di Brooklyn aspirante detective (72) 636d, 1754, 2244, 4568ph
Il gatto di Park Lane (80) [The Black Cat] 1039, 1100, 1101, 1491m, 1630, 1804d, 2469, 2708, 4534e, 4861
Il gatto, il topo, la paura e l'amore (75) [Le Chat et la souris] 209, 2428, 2429m, 2525d-p-ph, 3143, 3780
Il gatto mammone (76) 999d, 1096ph, 3607
Un gatto nel cervello (89) 1804d
Il gattopardo (63) [The Leopard] 446, 591, 613, 813, 920w, 948, 1035, 1349, 1677w, 1793, 1805, 1857a, 1872, 1901, 1971, 2441, 2890, 2986, 3017, 3138, 3150, 3561, 3780, 3960m, 3961ph, 4188e, 4368, 4378, 4555co, 4652, 4795d, 4940
Il gaucho (64) 685, 1096ph, 1882, 2001, 2005p, 2670w, 2771, 3229, 3398, 3844d, 4158w, 4586m, 4751
Gay Salomè (80) 4442d, 4955ph
Gay Teresa *see* La vispa Teresa
Le Géant à la cour de Kublai Khan *see* Maciste alla corte del Gran Khan
Gegè Bellavita (79) 862, 1677d, 2256ph, 3345m, 3630
Geheimaktion Schwarze Kapelle (60 Germany) 2943, 4813m
Der geheime Kurier (28 Germany) 2599, 3836d

Das Geheimnis der drei Dschunken *see* A 009 missione Hong Kong
Das Geheimnis der gelben Mönche *see* Il segreto dei frati gialli
Das Geheimnis der grüne Stecknädeln *see* Cosa avete fatto a Solange?
Das Geheimnis des Abbé X (27 Germany) 4807ph
Die Gejägten der Sierra Nevada *see* 5000 dollari sull'asso (*under* C)
La gelosa (09) 4807ph
Gelosia (15) 470, 1907d, 3201, 4200
Gelosia (42) 104w, 165, 623w, 793, 1099, 1277w, 1653, 1787p, 1834ph, 1930p-w, 2654, 2892m, 3610d, 3983, 4186co, 4341, 4965
Gelosia (53) 287ph, 378, 567, 1163, 1562a-co, 1675, 1918, 1924d, 2775w, 3198, 3992m, 4191, 4580
"La gelosia" *episode of* Capriccio all'italiana
I gemelli del Texas (64) 4359d
Gemma di sant'Erasmo (18) 2974
La gemma orientale dei papi (46) 511d, 1153ph, 2892m
Gemmologia (55) 681d
Das Gemüse etwas der Frauen (67 Germany) 2404
Le Gendarme à New York (62 France) 2890
Le Gendarme de Saint-Tropez (64 France) 4515
"Il generale" *episode of* Amori pericolosi
Il generale Camillo (23) 75ph, 1395d, 2792a
Il generale dell'armata morta (82) 28, 2907, 3559p-w*, 4562d-ph
Il generale Della Rovere (59) 104w, 801, 824ph, 1416, 2254, 2990, 3030, 3065, 3100w, 3738, 3947m, 3948d, 4723, 4742, 4989a
Il generale dorme in piedi (72) 1470ph, 2901d, 2962, 4530
Il generale Rovere (50) 550ph
The Genie *see* SuperFantaGenio
Il genio (76) 377, 2679
Il genio della guerra (14) 1132
Il genio di Turner (48) 848d
Un genio, due compari, un pollo (75) [Nobody ist der Grösste; Genius; Trinity Is Back Again] 340, 1211d, 1884w, 1971, 2386, 2536d, 2687, 2761p, 2867, 3044, 3153m, 3159p-w, 3996ph
Il genio umano (19) 1132
Genitori in Blue Jeans (60) 844, 2404, 2765ph, 2906d, 3407, 3643, 4212, 4426w, 4428, 4530, 4601, 4618m, 4724w, 4981
Genius *see* Un genio, due compari, un pollo
Gennariello, il figlio del galeotto (21) 3285ph
Gennariello, poliziotto (21) 3285ph
Genova a mano armata (77) 2454d, 4955ph
Genoveffa di Brabante (46) 1157s, 1701, 1979, 2954, 3041, 3118ph, 3123, 3473, 4091, 4701p, 4706w, 4774, 4970d
Genoveffa di Brabante (67) 584, 2902ph, 3730
Gens nova (20) 2704ph, 2709d, 3866
Gente così (50) 933d, 1288, 1813m, 1834ph, 1957, 2067w, 3578, 3840, 4622, 4720p
Gente d'onore (68) 1442, 2647d*, 2648, 2845, 4579, 4622, 4639
Gente dei fari (50) 681d
Gente dei navigli (54) 2077d, 2839m
Gente del Po (48) 146d, 2422m, 3645ph
Gente dell'aria (42) 924, 939, 1016p, 1276w, 1852, 2892m, 3117a, 3118ph, 3199w, 3284, 3663d, 4237, 4250w, 4378
Gente della laguna (53) 3628d
Gente di Chioggia (43) 1755d
Gente di New York (59) 3628d
Gente di rispetto (75) 1973, 2000, 2070ph, 2897, 3244, 3328, 3339, 4115a, 4948d
Gente felice (56) 845, 1358, 1839, 1892, 3425, 3852
"Gente moderna" *episode of* Alta infedeltà
La gente non ci guarda (48) 3493d
Die Gentlemen bitten zur Vasse (66 Germany) 3046
Le Gentleman de Cocody (64 France) 685
Gentleman Jo. . . uccidi (69) [Gentleman Killer] 249w, 1426, 1611, 2834ph, 3075, 3153m, 3261m, 4348, 4351d
Geppo il folle (78) 926d-m*, 1096ph
Gerarchi si muore (62) 1606, 1754, 4106m, 4246d, 4753
La gerla di papà Martin (09) 872d
La gerla di papà Martin (14) 98p, 1801w, 3127, 3291
La gerla di papà Martin (21) 95, 554d, 4482, 4792
La gerla di papà Martin (40) 371, 471w, 554d, 1165, 1490, 1834ph, 1979,

2953a, 2978, 3073, 3415, 3983, 4186co, 4341, 4532w, 4780
Germaine (23) 677, 1907d
Germana (19) 444, 554d*, 871, 1468, 1512, 2599, 4004
Germania, anno zero (47) 1684s, 2068, 2322ph, 2582w-ad, 3163, 3947m, 3948d
Germinal *see* La furia degli uomini
Germoglio (20) 827, 3237d, 3617, 3909d
Gern hab'ich die Frauen gekillt *see* Spie contro il mondo
Gerolamo (54) 2077d
La Gerusalemme liberata (11) 80, 534ph, 1935, 2073d, 3289, 4255
La Gerusalemme liberata (14) 3456p, 3652, 4482
La Gerusalemme liberata (18) 393, 1241, 2073d, 2532ph, 3289, 4061
La Gerusalemme liberata (57) [The Mighty Crusaders] 211, 340, 619d, 774, 789p, 1092, 1095w, 2171, 2404, 2600ph, 3718, 4432, 4433
Das Gesicht in Dunkeln *see* A doppia faccia
Gespay (14) [Fantino e gentiluomo] 393, 858ph, 1068, 1935d, 2242
Gesù di Nazaret (77) 267, 270, 302, 360, 402, 439, 465, 577, 606, 699w, 813, 920w, 1123, 1189, 1555, 1629, 2201, 2204, 2235, 2287m, 2310, 2312, 2354, 2419p, 2585, 2629, 2699, 2897, 2992, 3029, 3093, 3213ph, 3317, 3549, 3603, 3605, 3654, 3702a, 3715, 3752, 3805, 3824, 4352, 4480, 4520, 4624, 4815, 4836, 4937, 4969d
Gesù, mio fratello (65) 911d
Gesuzza, la sposa garibaldina *see* 1860 (*under* M)
Get Away! Trinity Has Arrived in Eldorado *see* Scansati. . . Trinità arriva ad Eldorado
Get Mean (76) 140p*, 252, 253d, 345w, 2619
Get the Coffin Ready *see* Preparati la bara
Il getto d'acqua (14) [Giovinezza che trionfa] 2974
El-Ghandoura *see under* E
The Ghastly Orgies of Count Dracula *see* Riti, magie nere e orgie segrete del Trecento
The Ghost *see* Lo spettro del dott. Hichcock
Ghosthouse (89) 1209p, 1345ph, 2534d
Ghosts Italian Style *see* Questi fantasmi
Ghoulies 2 (87 U.S.) 144d-p
La giacca verde (79) 228m, 348w, 418, 878, 1470ph, 1965d, 3092, 4062
Giacobbe ed Esau (62) [Jacob, the Man Who Fought with God] 924, 1107d-p, 1341, 1936, 2681, 2716, 2839m, 3413, 3620a, 3862, 4189
Giacomo l'idealista (42) 439, 964, 1515, 2474, 2475d, 2476m, 2654, 3010, 3041, 3231ph, 3383, 3636p, 3844ad, 3918, 4186co, 4189, 4476, 4774
Giallo (33) [Detective Story] 34m, 760d, 2598, 2953a, 3280, 3849, 3978, 4281w, 4354, 4484ph, 4853w
Giallo napoletano (78) 806, 1103d, 2415ph, 3202, 3559
Gian Burrasca (43) 240, 333, 403, 479, 1055co, 1659, 3583a, 3845ph, 4331, 4370, 4527d, 4792, 4968w
Gian Burrasaca (82) 4955ph
The Giant of Marathon *see* La Battaglia di Maratona
Giant of the Lost Tomb *see* Maciste alla corte dello zar
Giappone proibito *see* Il paradiso dell'uomo
"La giara" *episode of* Siamo donne
Giarabub (42) 61d, 453, 471w, 810ph, 1003, 1089w, 1543, 1661, 1724, 1931w, 3215w, 3271, 3503, 3947m, 4292, 4354, 4552
Giardini che vivono (30) 3162
Il giardino dei Finzi-Contini (71) 416, 794, 1415m, 1416d, 2070ph, 4054, 4491, 4652, 4968w
Il giardino del mistero (16) 174d
Il giardino della voluttà (18) 2974, 3510d, 4200
Il giardino delle delizie (68) 1505p, 2900, 3153m, 3933, 4131ph, 4368
Il giardino delle Esperidi (51) 848d
Il giardino incantato (18) [L'attimo che uccide] 1179ph, 3510d
Giarrettiera Colt (67) [Garter Colt] 230, 307, 1813m, 2691, 4170, 4283, 4836
La gibigianna (18) 797, 1472, 2709d, 3866, 3978, 4807ph
Gibraltar (62 France) 2000, 4564
Gidget Goes to Rome (63 U.S.) 478, 1232, 1885, 2000, 2796, 3730, 4840
Giflée (18) 2242d
Il gigante della montagna (43) 4573d
Il gigante delle Dolomiti (26) 650d,

2051, 2097, 2652, 3041, 3365, 3596p, 3609, 4200, 4484ph
Il gigante di Metropoli (62) 1124, 2654, 2976, 3055, 3336
Il gigante, i serpenti e la formica (20) 3928d
I giganti (55) [Gas-oil] 50, 203w, 1156, 1819, 2025d, 2508, 2518, 2836, 3101ph, 3133
I giganti della Tessaglia (61) [The Argonauts; Jason and the Golden Fleece] 252, 1631, 1786d, 1972, 2010, 2595s, 2837, 2888ph, 2895w, 3337, 3552, 3897, 3992m, 4296, 4433, 4547, 4691, 4759ph
I giganti di Roma (63) [Fort Alesia] 1266d, 2086, 2134, 2782, 4988ph
Gigetta al reggimento (10) 3127, 4807ph
Gigetta è gelosa (14) 3127
Gigetta l'avventuriera (16) 3127
Gigetta non lo vuole (14) 3127
Gigetta si vendica di Robinet (10) 3127, 4807ph
Giggi il bullo (82) 1970d, 4955ph
Il giglio del mare (69) 2248
Il giglio della palude (12) 1204, 2272, 2599
Un giglio infranto (55) 976d, 1500, 1548, 1631, 3789, 4091, 4803
La gigolette (21) 3819ph
Le Gigolo (60 France) 4651
Gina Lollobrigida (56) 637, 1416, 2596, 4880d*
Il ginecologo della mutua (76) [Ladies' Doctor] 1209d-ph, 4189
Ginepro fatto l'uomo (62) 381d
Ginevra degli Almieri (35) 78, 155ph, 541w, 650d, 789p, 942, 1218, 1636e, 1839, 1978, 2474, 2953a, 2987, 3229, 3388, 3506, 3514w, 3570, 3818, 3970, 4273, 4542, 4732w
Ginger e Fred (85) 275e, 1346ph, 1492s-co, 1607, 1650d, 1668a, 2057p, 2070ph, 2075w, 2894, 2907, 2908e, 3153m, 3579w
Ginnasti della Mediolanum (98) 3360d-ph
Ginnastica razionale (54) 681d
Gioacchino Murat (10) [Dalla locanda al trono] 1334d
Giocare (57) 3711d
Giocare col fuoco (74) [Le Jeu avec le feu] 377, 3868d, 4582
Il giocattolo (79) 638, 2070ph, 2297, 2771w*, 3097d, 3153m, 4115a, 4125
"Giochi acerbi" *episode of* Io uccido, tu uccidi
Giochi carnali (80) 460d
Giochi d'estate (84) 344ph
Giochi di Colonia (58) 3322d
Giochi di società (38) 1416
Giochi e feste (47) 1078d-p
Giochi erotici di una famiglia perbene (76) 509
Giochi erotici nella terza galassia (79) 2764ph
Giochi particolari (70) 2075w, 2578, 2907
I giochi proibiti dell'Aretino Pietro (72) 405
Gioco d'azzardo (41) 43ph, 337d, 900w, 1130, 1684s, 1852, 2613, 3338, 3506
Il gioco del baseball (55) 2479d
Gioco del ponte (55) 3240d
Il gioco dell'amore (15) 3944, 4767d*
Il gioco della verità (74) 1644, 2033
Il gioco delle spie (66) [Our Men in Bagdad] 252, 467d, 734, 852, 1888, 2117, 2796, 3363
Gioco di massacro (90) 1211d, 2009
Gioco di pensieri (71) 4603
Un gioco per Eveline (71) 730
Gioco pericoloso (41) 924, 991, 1054, 1834ph, 2661, 2744d, 2826w, 2987, 3040, 3117a, 3473, 3692w, 4027, 4378
La Gioconda (11) 98p, 1801w, 2709d, 4447, 4807ph, 4819
La Gioconda (16) 652, 2742, 3174, 3581
La Gioconda (53) [The Mona Lisa] 184, 825, 1515, 1815m, 2393, 4167, 4232, 4284d, 4574, 4698, 4796
Il giogo (15) 4484ph
Il giogo (19) 3758d, 3910, 4044, 4494
Gioia (77) 1652
Le gioie della famiglia (19) [Le gioie del focolare] 1068, 2271, 3237d
I gioielli di Madame De... (52) [Madame De...; Earrings of Madame De] 10w, 134co, 609, 1248, 1274a, 1284, 1416, 1431p, 1437w, 1461, 2917ph, 2959, 3333d, 3518, 3865p, 4026, 4332, 4678m, 4842w
Il gioiello della regina (13) 427, 865, 3703
Il gioiello recuperato (14) 3326d-ph
Il gioiello sinistro (17) 3704, 4585
Giordano Bruno (73) 512, 702, 855, 1828, 3097d, 3153m, 3636p, 3741, 4125, 4379ph, 4821
Giorgina (19) 3937

Giornalino di Gianburrasca (64) 4882d
La giornata balorda (60) [The Strange Day] 340, 531d, 995, 1114, 1562a, 2015p, 2900, 3129w, 3453w, 4131ph, 4293, 4378, 4646, 4648
"Una giornata decisiva" *episode of* I complessi
La giornata della madra (49) 2999d-ph
La giornata di "Buscabotte" (09) 4807ph
Una giornata di fretta (11) 4807ph
Una giornata nel golfo (50) 3493d
Una giornata nera per l'Ariete (70) [Evil Fingers] 44, 377, 1620, 1810, 1828, 3114, 3153m, 3244, 3665, 3699, 3920, 4165, 4513
Una giornata speciale (76) [Una giornata particolare; The Great Day] 1408ph, 2614, 2907, 3636p, 4002co, 4158d, 4586m, 4744
I giorni cantati (79) 397, 1470ph, 2901w, 2908e, 2962
I giorni contati (62) [Swansong Days] 465, 709, 801, 2070ph, 2075w, 3534d, 3748, 4322
Giorni d'amore (53) 735, 971, 1406d, 1839, 2861ph, 2907, 3534w, 3689w, 4515, 4547, 4814
Giorni d'amore sul filo di una lana (73) 509
I giorni del commissario Ambrosio (88) 4530
I giorni del sole (72) 1454ph, 3683d
I giorni dell'ira (67) 51, 106, 248, 584, 749, 1884w, 1894, 1901, 2573, 3345m, 3839, 4065, 4187ph, 4348, 4649d, 4663
I giorni della violenza (67) 102w, 584, 644d*, 710w, 2493, 2603, 3243, 3482, 3698, 4681
Giorni di fiera (55) 3711d
Giorni di fuoco (64) [Winnetou II; Le Trésor des montagnes bleues; Winnetou: Last of the Renegades] 167, 300, 647, 1501, 1971, 2386, 3784d, 4345, 4417a
Giorni di gloria (45) 1406ad, 3688ph, 4188d-e, 4484ph, 4795ad
Giorni felici (42) 832, 1122, 1123, 1684s, 1762d, 3229, 4071ph, 4240, 4378
I giorni più belli (55) 1674d
I giorni più belli (56) [I nostri anni più belli; Gli anni più belli; The Best Days] 479, 679, 844, 845, 889, 1416, 2016, 2254, 2636, 2670w, 2909, 2922d, 3119ph, 3147, 3643, 3852, 4542
Un giorno a Lubiana (43) 3411d
Un giorno a Madera (24) 1864d
Un giorno a Napoli (n.d.) 107p
Un giorno a Palermo (14) 4700d
Un giorno da leoni (61) 686, 893, 1562a, 1667, 1886ph, 2033, 2633d, 3017, 3407, 3992m, 4038, 4153, 4579, 4588, 4602, 4622, 4652
Il giorno dei lunghi fucili (71) [The Hunting Party] 414, 2098, 2218, 2950d, 3299, 3345m, 3776, 3997
Il giorno del cobra (80) 419, 892d, 1230, 1969, 2426w, 2798, 3244, 3698
Il giorno del furore (73) [One Russian Summer; Days of Fury] 113, 813, 2631, 2683, 3345m, 3776
Il giorno del giudizio (71) [Drums of Vengeance; Drummer della vendetta; Doomsday] 637, 703, 1278, 1865d-p, 2123, 2182, 3055, 3153m, 3243
Un giorno dell'assunta (78) 2896ph, 4579, 4603
Il giorno della chimera (76) 1920ph
Il giorno della civetta (68) 813, 1006, 1047, 1211d, 1346ph, 1813m, 3244, 3521, 3780
Il giorno della pace (65) 911d
Un giorno della salute (48) 3451d
Giorno di nozze (42) [Wedding Day] 43ph, 567, 965, 1756, 1834ph, 1852, 1898, 2474, 2910d, 2953a, 3527, 3681, 3960m, 4622, 4780
Il giorno e l'ora (63) [Le Jour et l'heure; Today We Live] 273p, 612, 702, 885, 1033d, 1131ad, 1285ph, 1321, 1471, 1552, 1593, 1594a, 1873, 1883, 2028, 2355, 3208, 3367, 3559, 4230, 4340, 4860, 4887
Un giorno e un'aurora (48) 3981d-ph
Un giorno e una notte (76) 4057
Un giorno in Barbagia (58) 1413d
Un giorno in Europa (58) 130w, 4625m
Un giorno in pretura (53) 973, 1095w, 1305, 1804w, 2284p, 2498, 2614, 3398, 3404, 3828, 4127ph, 4292, 4359d, 4426, 4579, 4793, 4877
Un giorno nella vita (46) 456w, 477, 511d, 924, 972ad-w, 1153ph, 1227s, 1497, 1599w, 1717, 1972, 2624, 2738w, 2892m, 3164ad, 3229, 3270, 3492, 3566, 4075, 4092, 4968w
Giorno per giorno disperatamente (61) 852, 893, 1562a, 1942d, 3017, 3883, 3992m, 4114

Il giorno più corto (63) [Il giorno più corto commedia umoristica] 28, 382, 1103d, 1627, 1676, 1754, 1827, 1869, 1967, 1973, 2024, 2404, 2545, 2578, 2907, 3342, 3563, 3778, 3815, 3957, 4024, 4038, 4065, 4189, 4192, 4230, 4322, 4378, 4381, 4443, 4511, 4515, 4530, 4559, 4564, 4645, 4652, 4754, 4901, 4981
Il giorno prima (87) 1169p, 1279w, 1891, 2315, 2441, 3097d, 3153m, 3213ph, 4508
Le giostre (54) 1211d
Giosuè il guardiacoste (17) 3083
Giotto (41) *see* Racconto d'un alfresco
Giotto (46) 976d, 3608ph, 4691
Giotto e la cappella degli Scrovegni (42) 3493d, 4138ph
Giotto racconta Cristo (52) 4813m
Il giovane Attila *see* La tecnica e il rito
Giovane canaglia (58) 824ph, 2782, 3789, 3975, 4694d, 4756w*
Il giovane leone (59) 479
Il giovane normale (69) 23, 794, 1432ph, 1511, 2670w, 3157, 3844d
Una giovane ragazza moderna *see* La signorina dell'altro mondo
Il giovane Toscanini (88) 1123, 1164a, 2177, 3244, 3272, 3811, 4459, 4813m, 4969d
Giovani, belle, probabilmente ricche (82) 97s-co, 4442d
Giovani mariti (57) 497, 531d, 1002, 1114, 1677w, 1763w, 1969, 2254, 2404, 2636, 2921, 2943, 3213ph, 3453w, 3894, 3967, 4946m
I giovani tigri (68) 416, 1364, 2540d, 3558m, 4543ph
Giovanna (45) 1841d, 4651
"Giovanna" *episode of* Die Windrose
Giovanna d'Arco (09) 871, 872d
Giovanna d'Arco (13) 1327d, 2272, 3242, 3356d, 3456p
Giovanna d'Arco (17) 3495
Giovanna d'Arco (21) 354
"Giovanna d'Arco" ["La santa guerriera"] *episode of* Destini di donne
Giovanna d'Arco al rogo (54) [Joan at the Stake] 421, 833, 2208m, 3608ph, 3948d
Giovanna I d'Angiò, regina di Napoli (19) 379, 1834ph
Giovanna la pallida (10) 3289, 3836d
Giovanna la pallida (21) 2242d
Giovanna la pazza (10) 871, 872d
Giovannana Coscialunga disonorata con onore (73) 1074, 1652, 2878d
Giovanni dalle bande nere (10) 872d, 3289
Giovanni dalle bande nere (57) 1882, 1978, 2053d, 2448, 2765ph, 3383, 4266, 4722w
Giovanni de' Medici *see* I condottieri
Giovanni Episcopo (16) 1864d, 2532ph, 4808, 4931
Giovanni Senzapensieri (86) 1606, 1607
Giovannino (76) 113, 516, 3116
Giove in doppiopetto (54) 1196, 1235d, 1237, 1851, 1868w, 4116, 4187ph
Il giovedì (64) 973, 1323p, 1511, 2980, 3844d, 4586m
Gioventù alla sbarra (52) 42, 141w, 935d, 1346ph, 1515, 3270, 3271, 4062, 4116, 4189, 4378, 4769
Gioventù di notte (62) 1627, 1797, 1827, 2000, 2038, 4057, 4175d, 4981
Gioventù marinara (n.d.) 933d
Gioventù perduta (47) 309, 679, 1352, 1924d, 1972, 2934e, 3088w, 3118ph, 3525, 3573w, 3636p, 3812, 3992m, 4192, 4579w, 4644w
Giovinezza (32) 237d
Giovinezza (36) 976d
Giovinezza (52) 479, 1691, 2190, 2254, 3459d, 3578, 3599, 3789, 3828, 4071ph, 4116, 4292, 4296, 4323
Giovinezza che trionfa *see* Il getto d'acqua
La giovinezza del diavolo (21) 441, 858ph, 2792a, 2861ph, 3871d, 4680
Giovinezza, giovinezza (69) [Youth March] 44, 3558m, 3951d, 4379ph
Giovinezza, giovinezza, primavera di bellezza (22) 1076d-ph
Gipsy (17) 2874d
"La girandola" *episode of* Amori di mezzo secolo
Girandola di fuoco (19) 98p, 1929w, 4490d
I girasoli (69) [Sunflower] 816, 1416d, 2075w, 2557p, 2608, 2614, 2762m, 2907, 3636p, 3961ph, 4566, 4968w
The Girl (86 U.S.) 3244
A Girl from Lorraine *see* La provinciale
Girl from Scotland Yard (37 U.S.) 3028
"The Girl from Sicily" *episode of* Le streghe
Girl in Australia *see* Bello onesto emigrato Australia sposerebbe compaesana illibata

The Girl Who Couldn't Say No *see* Tenderly
Girls in Hell *see* SS Lager 5—l'inferno delle donne
Girls Marked Danger *see* La tratta delle bianche
Girls Will Be Girls *see* La settimana bianca
Giro d'Italia (10) 1076d-ph
Il giro del mondo degli "innamorati" di Peynet (71) 3153m
Il giro del mondo di un birichino di Parigi (19) 98p, 797, 1929w, 2709d, 4490d
Giro del mondo sull'altopiano (57) 42, 919w
Giro girotondo...con il sesso è bello il mondo (76) 636d
Girolimoni, il mostro di Roma (72) [The Assassin of Rome] 844, 1211d, 1886ph, 2489, 2771, 3345m
Il girotondo degli undici lancieri (18) 1210d, 1343ph
I girovaghi (56) 1352, 1792d, 2449, 2765ph, 4624
Gita in campagna (08) 4807ph
Una gita scolastica (83) 219d, 283, 1344, 3345m
Le Gitan *see* Lo zingaro
Giù il sipario (39) [Bring Down the Curtain] 78, 613, 964, 1367co, 1423w, 1586, 2910d, 3338, 3527, 4240, 4526, 4527
Giù la testa (71) [Duck You Sucker!; A Fistful of Dynamite] 340, 585, 952, 1049, 1266fx, 1345ph, 1495w, 1788, 2039, 2536d, 3113, 3153m, 3159p, 3962, 3996ph, 4067d, 4277, 4352, 4652, 4789w, 4861
Giù la testa...hombre (71) [Doppia taglia per Minnesota Stinky; Strange Tale of Minnesota Stinky; Ballad of Django; Fistful of Death] 762, 1209ph, 1680d-p, 1681m, 2386, 3656
Giù le mani...carogna! (71) [The Django Story; Reach You Bastard] 1680d, 2386, 3055, 3656, 4779ph
Giubbe rosse (75) [Royal Mounted Police; Red Jackets; Red Coat] 1209d-ph, 2224, 3992m, 4336, 4491
Giuda (19) 2828d*
Giudicatemi! (49) 1203ph, 2654, 3800, 3953, 4073, 4774, 4957
Il giudice istruttore (12) 3456d-p, 4447
Giuditta (18) 2538, 3076d-ph
Giuditta e Oloferne (28) 155ph, 3041, 3237d, 3365, 3596p, 4022, 4466, 4484ph
Giuditta e Oloferne (58) [Head of a Tyrant] 145, 256, 257, 272, 588, 740w, 933d, 1114, 1211w, 1505, 1972, 2745w, 3478ph, 3578, 3864, 3890, 4106m, 4119a, 4554, 4650
Giudizio di Dio (20) 3866
Giudizio di Michelangelo (49) 3493d
Giudizio finale (50) 4813m
Il giudizio universale (42) 976d
Il giudizio universale (61) [Le Jugement dernier] 28, 547, 559, 577, 668, 924, 1001m, 1323p, 1416d*, 1542, 1565, 1655, 1754, 1806, 1882, 2771, 2773, 2981, 3064, 3323, 3379, 3385, 3529, 3608ph, 3643, 3860, 4041, 4292, 4378, 4435, 4717, 4968w
Giugno 44 sbarcheremo in Normandia (68) 703, 1832, 1948w, 2869, 3261m, 3743, 3793
Giulia di Trécoeur (21) 75ph, 1395d*, 2792a, 4731
Giulia e Giulia (87) 1348d, 1676, 1857a, 1998, 2287m, 3961ph, 4125, 4355, 4369, 4605, 4836
Giulia figlia di Claudio (19) 1221, 3813d
Giuliano de' Medici (41) [La congiura dei pazzi] 1001m, 1122, 1318, 1816ph, 2233, 2800, 3102, 3295, 3876p, 4186co, 4188e, 4378, 4432, 4542, 4630d, 4637, 4728a
Giuliano l'apostata (20) 724, 1617d, 2040, 2538, 2742, 2753, 3388
Giulietta degli spiriti (65) [Juliet of the Spirits] 163, 566, 864, 1123, 1341, 1408ca, 1436, 1475ph, 1650d, 1706w, 1760, 1932a, 1952, 2269, 2404, 2511, 2894, 2908e, 3030, 3229, 3579w, 3592, 3865p, 3960m, 4055, 4079, 4206, 4533, 4840, 4901, 4915
Giulietta e Romeo (11) 441, 2620d, 4191
Giulietta e Romeo (20) 441
Giulietta e Romeo (47) 4246d
Giulietta e Romeo (54) 714, 890d, 1683, 1930p-w, 1949, 2136, 2268ph, 2282p, 2298, 2408ph, 3887, 4218, 4570, 4813m, 4922, 4979
Giulietta e Romeo (64) 257, 584, 1442, 1684s, 1786d, 2014, 2820, 2996, 3261m, 3608ph, 3730, 4153, 4705
Giulio Cesare (09) 2073d
Giulio Cesare contro i pirati (60) 2053d, 2449, 3055, 3903, 4190ph

Giulio Cesare e Bruto (09) 3482d-p
Giulio Cesare: il conquistatore delle gallie (62) [Caesar the Conqueror] 340, 428, 517d, 743, 1500, 3054, 4432, 4910
Giungla (41) [Jungla] 104w, 1661, 1693s, 1892, 1957, 2744d, 2892m, 3231ph, 3578
Giungla nera (35) [Mudundu; Jungla nera] 1153ph, 2875ph, 3835
Giuoco pericoloso *see* Gioco pericoloso
Giuramento (82) 644d, 1779ph
Giuramento d'amore (54) 573, 2712, 3104d, 3231ph, 3506
Il giuramento di Zorro (65) [Behind the Mask of Zorro] 102w, 510d, 3413, 3690, 3990
Il giuramento sulla bibbia (14) 4947
Giurò...e le uccise ad uno ad uno *see* Piluk il timido
Giuseppe Fava: siciliano come me (83) 1278, 1828, 3345m
Giuseppe venduto dai fratelli (60) [Joseph and His Brethren; Sold into Egypt] 356, 471w, 478, 579, 846p, 1185, 1294w, 1386, 1489, 1493p, 1971, 1977, 2084, 2213, 2513, 2833, 3152, 3218m, 3751d, 3814d, 3832, 4143, 4188e, 4232
Giuseppe Verdi (38) 24, 333, 631, 645, 914, 1184p, 1210w, 1221, 1693s, 1822, 1841d, 1936, 1979, 1985, 2272, 2746, 2828, 3040, 3151, 3352, 3415, 3557, 3570, 3812, 3908, 4121, 4134, 4191, 4341, 4432, 4484ph
Giuseppe Verdi (53) 114, 272, 406w, 477, 518a, 692, 1003, 1161, 1347, 1661, 1667, 1669w, 1757, 1909, 1978, 1979, 1985, 2003, 2749p, 2910d, 3088w, 3569w-ad, 3578, 3973, 3978, 4071ph
Giuseppe Verdi (58) 3398d
Giuseppe Verdi (80) 48
Giuseppe Verdi nella vita e nella storia (13) 1334d
Giusta vendetta (08) 4807ph
La giustizia del Coyote (64) [Coyote] 3361ph, 3924d
Giustizia di donna (16) 2341
Il giustiziere dei mari (62) [Executioner on the High Seas] 2134, 2980, 3411d, 4535a
Il giustiziere delle strade (84) 834d, 2415ph
Il giustiziere di Dio (78) 419
Il giustiziere di mezzogiorno (75) 1754
Il giustiziere in divisa (76) 3642
Il giustiziere sfida la città (75) [Rambo sfida la città; The Executioner Challenges the City; Syndicate Sadists] 44, 405, 1136, 1689, 2534d, 3017, 4368, 4955ph
Give Me Five *see* Qua la mano
Give Us This Day (49 U.K.) 3363
Il gladiatore che sfidò l'impero (64) [Challenge of the Gladiator; Hercules Against Spartacus] 307, 964, 2615, 2659, 3018, 3411d, 4189
Gladiatore di Messalina (63) [The Empress Messalina Meets the Son of Hercules] 67, 579, 740w, 1026, 1683, 1885, 2134, 2171, 2534d, 2615, 2681, 3478ph, 3892, 4279, 4533, 4560ad
Il gladiatore di Roma (62) [Battles of the Gladiators] 211, 579, 740w, 765, 1061, 1128d, 1571, 1631, 2086, 2648, 3478ph, 3847, 4162, 4279, 4433
Il gladiatore invincibile (62) 108, 1114, 1365d-p, 2134, 2615, 2820, 2930, 3079, 3249
Gladiators Seven (63) *see* Gli invincibili sette
Gladiators Seven (63) *see* I sette gladiatori
Le gladiatrici (62) [The Amazon Women] 110, 2540d, 3881
Le Glaive et la balance *see* Uno dei tre
The Glass Mountain *see* La montagna di cristallo
The Glass Sphinx *see* La sfinge d'oro
The Glass Wall (52 U.S.) 1882
A Glassful of Snow *see* La neve nel bicchiere
Il glauco (22) 829d, 2272, 3472
Gli fumavano le colt...lo chiamavano Camposanto (71) [Bullet for a Stranger; His Pistols Smoked...They Call Him Cemetery; They Call Him Holy Spirit] 286w, 419, 834d, 977, 1869, 2902ph, 3261m, 3482, 3803
La gloria (13) 441, 1068, 1302, 1907w, 1935, 3237d
La gloria (16) 1778, 2828d*, 3041, 3131
Gloria ai caduti (16) 3285ph
Gloria di sangue (16) 2532ph, 2594d, 4482
The Glory Guys (65 U.S.) 3345m
"Gluttony" *see* "La gola"
Gnesella (18) 3285ph
Go and Kill Everybody and Come Back Alone *see* Ammazzali tutti e torna solo

Go Away! Trinity Has Arrived in Eldorado *see* Scansati. . . Trinità arriva ad Eldorado
Go for Broke (51 U.S.) 774
Go for Broke (68) *see* Tutto per tutto
Go for It! *see* Più forte, ragazzi!
Go, Go, Go World *see* Il pelo nel mondo
Go Kill and Come Back *see* Vado. . . l'ammazzo e torno
Go Naked in the World (61 U.S.) 2596
Go Smoothly *see* Vai con il liscio
Il gobbo (09) [Vecchio giornalaio] 4807ph
Il gobbo (60) 152ph, 287ph, 497, 514, 893, 972a, 1323p, 1667, 1872, 1932co, 2582d, 2640, 3260, 3453, 3558m, 3961ph, 4543ph, 4789w
Il gobbo portafortuna (11) 3126d
Gocce d'amore (81) 998ph
God Holds the Bullet *see* Uccidi o muori
God Is My Colt .45 *see* La colt era il suo dio
God Was in the West, Too, at One Time *see* Anche nel west, c'era una volta Dio
Goddess of Love *see* La venere di Cheronea
The Godfather (71 U.S.) 1014, 1828, 2248, 3960m, 4349, 4622
The Godfather Part II (74 U.S.) 1134, 1409, 3161, 3960m, 4579
The Godfather Part III (90 U.S.) 3960m, 4654
The Godless Ones *see* I senza dio
La goduria (76) 998ph, 1075d, 2633d, 3088d, 4809
Goforth *see* Boom (68)
Goha (57 France/Tunisia) 813, 1892
Going Bananas (87 U.S.) 1491m
Going Gay (34 U.K.) 1841d
La gola (19) 46, 441, 1395d*, 2792a, 3472, 4684w
"La gola" *episode of* I sette peccati capitali
La gola del lupo (23) 1395, 2594d
Gold for the Caesars *see* Oro per i cesari
The Gold of Naples *see* L'oro di Napoli
Golden Arrow *see* La freccia d'oro
The Golden Madonna *see* La madonnina d'oro
The Golden Salamander (49 U.K.) 4192
Golden Wedding *see* Nozze d'oro
Goldface, il fantastico superman (68) 45d, 2796, 4069p*
Goldsnake "anonima killers" (66) 253d, 2244, 4436
Golia alla conquista di Bagdad (64) 2576, 2659, 3411d, 4512ph
Golia e il cavaliere mascherato (63) 3569d, 4512ph
Goliath Against the Vampires *see* Maciste contro il vampiro
Goliath and the Barbarians *see* Il terrore dei barbari
Goliath and the Dragon *see* La vendetta di Ercole
Goliath and the Golden City *see* Maciste alla corte del Gran Khan
Goliath and the Sins of Babylon *see* Maciste, l'eroe più grande del mondo
Goliath and the Vampires *see* Maciste contro il vampiro
Goliath contro i giganti (60) 154, 189, 426, 856, 1482, 2129, 2253m, 2745d, 3018, 3344, 3387, 3441d, 3482, 3805, 3977, 4053, 4247w, 4285w, 4616ph
Goliath e la schiava ribelle (62) [Arrow of the Avenger; Tyrant of Lydia Against the Son of Hercules] 145, 720d, 740w, 1061, 3018, 3294, 3387, 3478ph, 4162, 4189
Goliath, King of the Slaves *see* L'eroe di Babilonia
Goliath's Revenge *see* La vendetta di Ercole
Un golpe de mil millones *see* Un colpo da mille miliardi
Il gomitolo nero (15) 3427d
La gondola (42) 3451d, 4138ph
La gondola del diavolo (46) 726w, 771d, 2598, 2613, 2763m, 3005, 3474, 3703, 4115a, 4166a, 4309, 4691
La gondola delle chimere (35) 450p, 655ph, 1693s, 1756p, 1907d, 4659w
The Good Die First *see* Al di là della legge
The Good Fight (84 U.S.) 194d-p
Good King Dagobert *see* Dagobert
Good Morning Babilonia (87) 148, 627, 1217, 1270, 1378p, 2075w, 2442ph, 2635, 3153m, 4113, 4456d
The Good, the Bad and the Ugly *see* Il buono, il brutto, il cattivo
The Good Thief *see* Il ladrone
Goodbye Again *see* Le piace Brahms?
Goodbye and Amen (78) 813, 1211d, 1998, 2005p, 2415ph, 3194, 3393, 4355
Goodbye Firenze (57) [Arrivederci Firenze] 875, 2742, 4190ph, 4354

Goodbye Granada *see* Granada addio!
Goodbye Mr. Chips (69 U.K.) 2798
Goodbye Texas *see* Texas addio
Goodnight, Ladies and Gentlemen *see* Signore e signori, buonanotte
La gora del mulino (12) 4807ph
Gordon, il pirata nero (62) [The Rage of the Buccaneers] 1128d, 1623, 1647, 2288, 2881, 3095, 3336, 3674, 3975, 4274, 4542
Il gorgo (14) 3427d
Il gorgo fascinatore (19) 428, 444, 872d, 4331
La gorgona (14) 98p, 390w, 872d, 1801w, 3269
La gorgona (42) 390w, 453, 637, 650d, 835, 1825co, 1892, 2474, 2624, 2739, 2861ph, 3578, 4269w
La gorilla (82) 2079d
The Gospel According to Matthew *see* Il vangelo secondo Matteo
Gott mit uns *see* Dio è con noi
Götterdämmerung *see* La caduta degli dei
Goubbiah *see* Fuga nel sole
La governante (74) 377, 801, 862
Goya (50) 1578d
Gradiva (70) 42d*, 142, 2902ph, 3218m, 4533
Graduation Party *see* Festa di laurea
Un Grain de sable (64 France) 44, 2404
Il grammofono di Polidor (12) 3626
Gran bollito (76) 142, 195, 531d, 3113, 3213ph, 4608, 4832, 4840, 4912
Gran Premio (42) [Grand Prix] 63ad, 1318, 2000, 2233, 2601ph, 2623, 3450, 3584, 3688ph, 3747w, 3992m, 4128d
Gran varietà (53) 184, 272, 329, 824ph, 972a, 973, 1173, 1367co, 1416, 1615w, 1689, 1830w, 2018, 2038, 2083, 2190, 2249p, 2746, 2893, 2944, 2956, 3363, 3411d, 3503, 3643, 3752, 3812, 3992m, 4116, 4121, 4233, 4292
La gran vita (59) [La grande vita; La Grande Vie; Das kunstseidene Mädchen; The High Life] 1551d, 1799, 2894, 2990
La grana (59) 844, 1040d, 3119ph
Granada addio! (68) 240, 1541, 1621, 1970d, 2677, 2815, 2877, 2886, 4542
Il granatiere di Pomerania (21) 1210d, 2058ph
Il granatiere Roland (09) 98p, 796, 1801w*, 2709d, 4447, 4807ph
Le Grand Chef (59 France) 939
Le Grand Embouteillage *see* L'ingorgo—una storia impossibile
Le Grand Escogriffe (76 France) 377, 927, 1123
"Le grand escroc" *episode of* Le più belle truffe del mondo
Grand Hotel Excelsior (82) 2, 91s, 624, 891d, 926, 1417ph, 3109, 4586m, 4726
Grand Hotel Paradis (24) 355ph, 2095, 3510d
Le Grand Jeu *see* Il grande giuoco
Grand Piano *see* Pianoforte
Grand Prix (20) 2964d
Grand Prix (42) *see* Gran Premio
Grand Prix (66 U.S.) 927, 1683, 4001
Le Grand Restaurant (66 France) 4712
Grand Slam *see* Ad ogni costo
Il grande addio (53) 384, 1530, 2711, 2713, 3634d, 3953, 4192
Il grande appello (36) 760d, 890ad, 1219p, 2875ph, 3578, 4117ph, 4252, 4281w, 4484ph, 4780
Il grande attacco (77) 416, 1559, 1652, 1719, 2236, 2354, 2534d, 2631, 4712, 4955ph
La grande audacia (13) 3242d
La grande aurora (46) 637, 2030, 3812, 4065, 4159d, 4252, 4968w
La grande avventura (55) 692, 2452, 3270, 3473, 3474, 3592d
La grande barrage (61) 3322d
La grande barriera (57) 3215w
La Grande Bourgeoisie *see* Fatti di gente perbene
La grande buffata (73) [La Grande Bouffe] 1666d, 2907, 3153m, 3278, 3559, 4080m, 4530
La grande caccia (56) [L'ultimo grido dalla savana; The Big Hunt] 114, 4106m, 4504, 4564
Il grande colpo dei sette uomini d'oro (66) 48, 2070ph, 2545, 3161, 3607, 3622, 4025, 4052, 4515, 4586m, 4967, 4756d-p
La grande conquista (28) [Der Kampf ums Matterhorn] 554d, 2744d, 4573
La grande conquista (37) [Der Berg ruft] 4010
Il grande duello (69) [The Big Showdown; Storm Rider; Hell's Fighters] 228m, 1773, 1884w, 2103, 2941, 4067d, 4663, 4841ph
Il grande giuoco (53) [Le Grand Jeu; Card of Fate] 172, 2596, 2966, 3448,

3490, 3865p, 4012p, 4258d, 4302w, 4475, 4498m, 4678m
La grande guerra (59) 101, 514, 925, 1225, 1323p, 1647, 1857a, 1882, 1920ph, 1958, 2172, 2615, 2647, 2773, 2996, 3059, 3088d, 3190, 3628, 3960m, 3961ph, 4062, 4126w, 4292, 4633, 4652, 4705, 4789w
Il grande illusionista (82) 2379
La grande luce *see* Montevergine
La grande maniera (21) 176ph, 4947d
La grande notte di Ringo *see* La notte del desperado
La grande olimpiade (60) 2486m, 2803d, 4127ph, 4188e, 4272e, 4586m
La grande ombra (58) 430, 1129w, 2000d, 4189, 4584ph, 4676
Il grande paese d'acciaio (60) 3322d
La grande passione (21) 79d, 80, 155ph, 2097, 3568
Il grande racket (77) 892d, 1862, 2887ph, 3393, 3698, 4491
Il grande respiro (79) 458d, 3244
Il grande ribelle (62) 4733
La grande rinuncia (51) [Suor Teresa] 283, 518a, 765, 825, 3363, 3473, 3526ph, 3938m, 3978, 3994, 4384w, 4554, 4732d
La grande savana (54) 3857, 4091
La grande scrofa nera (73) 3754
Il grande seduttore *see* L'ultima notte di don Giovanni
La grande selva (56) 4662d
Il grande sentiero (30) 4575
Il grande silenzio (35) 453, 537, 2011, 4956d
Il grande silenzio (68) 102w, 252, 638, 1102w, 1103d, 1225, 2256ph, 2296co, 2386, 2685, 2988, 3153m, 3591, 4582, 4916
La grande speranza (53) [Torpedo Zone] 256, 287ph, 380, 471w, 616w, 692, 761, 1058d, 1294w, 1344, 2288, 2647, 2933, 3405, 3960m, 4769
La grande strada (48) [L'odissea di Montecassino] 825, 1135d, 4134, 4869d
La grande strada (57) 2749d-p
La grande strada azzurra (57) [La lunga strada azzurra; Prostrani plavi put; Siroki plavi put] 857, 1932a, 1971, 3099, 3119ph, 3635d, 3649, 3718, 3742, 4306, 4651, 4837
La grande tormenta (20) 1841d, 1842
La Grande Trouille (74 France) 4651
La grande vallata (60) 3607, 3757, 3903, 4604
Il grande veleno (15) 1778, 3242, 4489
La grande vendemmia (54) 2077d
La grande vergogna (16) 906ph, 1216, 1935d*, 4046
La Grande Vie *see* La gran vita
La grande vita *see* La gran vita
La grande voce (38) 3411d
Les Grandes Manoeuvres *see* Le grandi manovre
Grandes murailles (56) 2077d, 2839m
Les Grandes Personnes *see* Desideri proibiti
Grandeur Nature (74 France) 3754
I grandi condottieri (65) [Samson and Gideon] 255d, 1872, 1923, 2010, 2075w, 3243, 3263w, 3805, 4166a
Grandi magazzini (39) [The Big Store] 95p, 371, 493m, 655ph, 760d, 890ad-w, 964, 1001m, 1165, 1236m, 1338, 1416, 1693s, 2613, 3280, 3408w, 3502, 3514w, 3828, 3841, 4248, 4979
Grandi magazzini (86) 142, 891d, 1414, 2005p, 2771, 3109, 3202, 3601, 3660, 4781
Le grandi manovre (55) [Les Grandes manoeuvres] 294, 320a, 853, 1019d, 1109, 1403, 1444, 1552, 1600, 1770, 1926w, 2234, 2317, 2322ph, 2519ph, 2725, 2799, 3135, 3143, 3276, 3380, 3546, 3820, 3865p, 3870, 3878ph, 4643, 4678m
Le grandi manovre degli alpini al colle della Ranzola (04) 98p
Grandi manovre di terra e di mare (07) 1076d-ph
Les Grands Chemins (63 France) 4038
La granduchessa si diverte (40) 43ph, 280, 475, 576p, 905w, 1786w-s, 1798, 1914d-s, 2473ph, 3088w-ad-s, 3162, 3414, 3527, 3848, 4186co, 4526, 4527, 4556
Grattacieli (42) 1054, 1946d, 3117a, 3473, 4190, 4378, 4675
Grave of the Gunfighter *see* I tre del Colorado
La grazia (29) 269, 549, 767w, 1276d, 2240, 2875ph, 3117a, 3162
La grazia (40) 1128d
Grazia (43) 1892, 3229, 3663d
Grazie amore mio (73) 2900, 4654
Grazie, nonna (74) 1652
Grazie, zia (67) 886, 1407, 1676, 1885, 3153m, 4049d, 4079
Graziella (17) 1864d, 2532ph, 4931

Graziella (54) 351ph, 463d, 920w, 924, 1055co-s, 1095w, 1689, 3061, 3458, 3555
The Great Alligator *see* Il fiume del grande caimano
The Great Day *see* Una giornata speciale
The Great Spy Mission *see* Operazione Crossbow
The Great Treasure Hunt *see* Monta in sella, figlio di...
The Great Wall of China *see* La muraglia cinese
The Great Waltz (73 U.S.) 637
The Greatest *see* Er Più
The Greatest Kidnapping in the West *see* La più grande rapina del west
The Greatest Love *see* Europa 51
The Greatest Robbery in the West *see* La più grande rapina del west
El Greco *see under* E
The Greek Tycoon (78 U.S.) 3420, 4533, 4654
The Green Slime (69 U.S./Japan) 3420
Il grido (57) 146d, 326w, 498, 778p, 1050p*, 1245e, 1294w, 1470ph, 1475ph, 1725s, 1813m, 2035, 2819, 2970ph, 3385, 4212, 4651, 4683ad, 4809
Il grido d'oltre tomba (13) 3326d-ph
Il grido dell'aquila (23) 1834ph
Il grido dell'innocenza (14) 2974
Il grido della città (48) 3844d
Il grido della foresta (17) 1334d
Il grido della terra (48) 439, 793, 964, 1001m, 1058d, 1675, 1717, 1732, 1957, 3271, 3616, 3684w, 4117ph, 4133, 4134, 4166a, 4188e, 4554, 4574, 4691, 4769, 4965
Un grido nella notte (10) 1801w, 4807ph
Un grido nella notte (14) 392, 393, 1068, 1935d
Griffard (13) 98p, 1424d*, 1801w, 4807ph
Griffard II (13) 98p, 1424d*, 1801w, 4807ph
The Grim Reaper *see* Anthropophagus
Gringo (63) [Duello nel Texas; Gunfight at Red Sands] 144p-w, 510d, 2134, 2864, 3153m, 3957, 4045
Gringo (68) *see* Spara Gringo spara
Gringo uccidi *see* Se sei vivo spara
Grip *see* Speed Driver
Grog (82) 148, 1676, 3030, 3244, 3373
Gros calîn (79 France) 2771
Die grosse Pause (27 Germany) 3472
Die grosse Treibjagd *see* L'ultimo mercenario
The Grouch *see* Il burbero
The Grump *see* Il burbero
Gruppo di famiglia in un interno (74) [Conversation Piece] 416, 813, 920w, 1408ph, 1857a, 2441, 2773, 2784m, 2854, 2957w, 3465, 4054, 4555co, 4795d, 4980
Guaglio (48) [Proibito rubare] 920w, 927, 1075d, 1932a, 3555, 3991, 4543ph
Guaglione (56) [Bambino] 1306, 1971, 2035, 2061w, 2598, 2765ph, 3975, 4246d, 4602, 4778
Guai ai vinti! (54) 518a, 1003, 1347, 1504, 1667, 1979, 2749p, 2909, 2910d, 3088w, 3363, 3569w-ad, 3578, 3947m, 4071ph, 4449, 4599
La guancia segnata (22) 4046
Guano fra due battaglie (42) 2803d
Il guanto (10) 1801w, 3680, 4807ph
Guapparia (51) *see* Serenata tragica
Guapparia (84) 2902d
I guappi (73) 813, 3244, 3630, 4491
I guappi non si toccano (79) 4515
Guarany (23) 3118ph
Guarany (48) 774, 1221, 1227p, 1367co, 1548, 1620, 1786d-p, 2474, 2600ph, 2601ph, 2624, 3473, 4134, 4776
Guardami nuda (70) 394, 2469, 4988ph
Guardatele, ma non toccatele! (59) 2670w, 2922d, 3386ph, 3407, 4066, 4158w, 4167, 4212, 4235, 4530, 4658, 4753
La guardia del corpo (42) 541w, 619d, 725, 1276w, 1416w*, 1913, 2601ph, 2953a, 3967, 4527
La guardia del corpo (75) 418
Guardia, guardia scelta, brigadiere e maresciallo (56) 531d, 845, 939, 1305, 1606, 1959ph, 2300, 2670w, 2771, 2791w, 3059, 3069a, 3147, 3249, 3400, 3992m, 4158w, 4292, 4598, 4721
Guardia, ladro e cameriera (58) 844, 1095w, 1804w, 2771, 3036, 3385, 3386ph, 3580, 4024, 4359d, 4658
Guardian of Hell *see* L'altro inferno
Guardie e ladri (51) [Cops and Robbers] 77, 351ph, 623w, 1001m, 1252, 1323p, 1344, 1606, 1973, 2550, 3069a, 3088d, 3270, 3584, 3607, 3636p, 4359d, 4474w, 4559, 4595
Il guazzabuglio (23) 1864d, 3819ph
Guelfi e Ghibellini *see* Wanda Soldanieri
Guendalina (57) 406w, 932, 1279w,

1323p, 1982, 2033, 2404, 2475d, 2861ph, 2921, 2996, 3558m, 3636p, 3739, 4090, 4654, 4991w
Le Guêpier (76 France) 1676
Guernica (72) [L'Arbre de Guernica] 589d, 1011m, 1178, 1245e, 1408ph, 1480ph, 1824, 2084, 2962, 3292, 4515
Guerra alla guerra (47) 255ad, 1599w, 4246d
La guerra continua (62) 257, 2647, 3379, 3738, 3780, 4107d, 4153, 4586m, 4712
La guerra d'Italia (15) 1076d-ph
La guerra dei robot (78) 644d, 2609, 3494, 3957, 4001, 4289, 4712
La guerra del ferro *see* Il dominatore del ferro
La guerra di Troia (61) [The Trojan Horse; The Trojan War; The Wooden Horse of Troy] 67, 131, 319, 428, 1489, 1674d, 1813m, 2566w, 2937, 3387, 3778, 4351w, 4432, 4433, 4720p, 4750, 4964w
La guerra e il sogno di Momi (16) 1290d-ph
La guerra e la moda (15) 261
Guerra e pace (56) [War and Peace] 70, 283, 480, 639, 654, 760w, 812ph, 833, 925, 972a, 1233, 1294w, 1323p, 1367co, 1509, 1565, 1665, 1667, 1714, 1882, 1932s, 2164, 2207, 2306, 2496, 2597, 2909, 3026, 3215w, 3319, 3383, 3460, 3489, 3514w, 3636p, 3957, 3960m, 4010, 4211w, 4281ad-w, 4543ph, 4599, 4769, 4770d, 4803
Guerra in tempo di pace (14) 434ph, 1395d*, 3703
La guerra italo-austriaca: dalla Carnia all'Isonzo (17) 534ph
"Guerra 1915–1918" *episode of* Amori di mezzo secolo Guerra o pace (49) 3118ph
Guerra redentrice (15) 388d, 2532ph
La guerra segreta (65) [La Guerre secrète; The Dirty Game; Spione unter sich] 20, 133ph, 156, 601, 685, 984d, 1431p, 1719, 1882, 1963, 1967, 2216, 2386, 2395d, 2582d, 2808, 3016d, 3381, 3998, 4192, 4669, 4941d
La Guerre du fer *see* Il dominatore di ferro
La Guerre est finie (66 France/Sweden) 1813m
La Guerre secrète *see* La guerra segreta
Le guerriere dal seno nudo (72) [The Amazons; War Goddess] 571, 1165p, 1353, 1396w, 1857a, 2248, 2304, 2576, 2609, 2736w, 3345m, 3420, 4348, 4396, 4543ph, 4564, 4933, 4941d
Guerrieri (43) 1578d, 2027d
Guerrieri del Bronx (82) [The Bronx all'italiana; 1990] 892d*, 1082, 1969, 3158, 4907
I guerrieri dell'anno 2072 (83) [I guerrieri dell'anno 2020; The New Gladiators] 670, 880, 1007, 1039, 1804d, 3345m, 3945
Il gufo nero (15) 3127
"Guglielmo il dentone" *episode of* I complessi
Guglielmo Oberdan (15) [Il martire di Trieste] 827, 1068, 1935d*
Guglielmo Tell (48) 939, 1288, 1676, 1834ph, 2881, 3176, 3259, 3319, 3335, 3459d, 4720p, 4869ad
Guida per camminare all'ombra (55) 2892m, 3801d
Guidonia (42) 287ph
Guillotine (24 Germany) 36, 3432d
Guilty? (56 U.K.) 4090
Gulnara (10) [Storia dell'indipendenza greca 1820–1830] 4807ph
The Gun *see* L'arma
Gun Moll *see* La pupa del gangster
Gun Shy Piluk *see* Piluk il timido
Gunana il re guerriero (82) [Gunana re barbaro; The Invincible Barbarian] 3683d
A Gunfight (71 U.S.) 4654
Gunfight at High Noon *see* I tre spietati
Gunfight at Red Sands *see* Gringo (63)
Gunfighters Die Harder *see* Se incontri Sartana prega per la tua morte
Gungala, la pantera nera (68) [Gungala, la vergine della giungla] 1385d, 2248, 4499, 4723
A Gunman Called Nebraska *see* Nebraska il pistolero
Gunman in Town *see* Una nuvola di polvere...un grido di morte...arriva Sartana
Gunman Sent By God *see* Due pistole e un vigliacco
Gunmen and the Holy Ghost *see* Spirito Santo e le 5 magnifiche canaglie
Gunmen from Arizona *see* 5000 dollari sull'asso (*under* C)
Gunmen from Ave Maria *see* Il pistolero dell'ave maria
Gunmen of the Rio Grande *see* Sfida a Rio Bravo

Guns Don't Argue *see* Le pistole non discutono
Guns of Nevada *see* La sfida degli impacabili
Guns of Violence *see* 10.000 dollari per un massacro (*under* D)
Gyp. (12) 3236
Gyp. (18) 98p, 1848d*, 3236, 4581d
H.H. Hart and the Cajun Queen *see* Comin' at Ya!
"H2S" (68) 113, 1048, 2638p, 2908e, 3153m, 3627a, 4336, 4499
Ha da venì...don Calogero (51) [Il filo d'erba; L'inganno della sposa] 479, 618, 1626, 1699, 1892, 1958, 2933, 2953a, 3305, 3383, 3608ph, 3818, 4121, 4701d-p
Ha fatto 13 (52) 479, 816, 1153ph, 1173p*, 1521, 1813m, 2793d, 3828, 3852, 4370
Una hacha para la luna de miel *see* Il rosso segno della follia
Hai sbagliato, dovete uccidermi subito! (72) [Kill the Poker Player] 464d, 622, 1824, 3228, 3361ph, 4106m, 4920
Hail, Mafia! *see* Da New York mafia uccide
Half a Man *see* Un uomo a metà
Hallelujah for Django *see* La più grande rapina del west
Hallelujah to Vera Cruz *see* Partirono preti, tornarono...curati
Hamlet (90) 3153m, 4969d
Hand of the Living Dead *see* La mano che nutre la morte
A Hanging for Django *see* Una lunga fila di croci
Hanna D—la ragazza del Vondelpark (84) 1345ph
Hannah and Her Sisters (86 U.S.) 1469ph
Hanno bisogno di noi (53) 2077d
Hanno cambiato faccia (71) 927
Hanno rapito un uomo (38) 566, 1130, 1276w, 1416, 1423w, 1636e, 3117a, 3118ph, 3414, 3836d, 4248
Hanno rubato un tram (55) 102w, 272, 351ph, 554d, 1318, 1606d*, 2670w, 3069a, 3969p, 4115a, 4789w
The Happy Thieves (62 U.K.) 3218m, 4651
Hard to Die *see* Difficile morire
Hard to Kill *see* Duri a morire
Hardi, Pardaillan! (63 France) 3046
L'harem (67) 244, 419, 1666d, 2188, 2415ph, 3153m, 3161, 4038
Harem (85) 1408ph
L'harem di Bonifacio (12) 4690
Harlem (42) [Knok out] 78, 838, 924, 1077, 1693s, 1787p, 1841d, 1957, 1972, 1981, 3229, 3492, 4252, 4309, 4622, 4637, 4754
Harlow (65 U.S.) 4654
Harte Männer heisse Liebe *see* La ragazza della salina
Häschen in der Grube (69 Germany) 2631
Hasta la última gota de sangre *see* L'ira di Dio
Hatari (62 U.S.) 2873
Hatchet for the Honeymoon *see* Il rosso segno della follia
The Hatchet Murders *see* Profondo rosso
Hatred of God *see* L'odio è il mio dio
The Haunted House *see* La casa stregata
Haunted Planet *see* Terrore nello spazio
Haunted Summer (88 U.K.) 3961ph
Have a Good Funeral, My Friend *see* Buon funerale, amigos...paga Sartana
The Hawks and the Sparrows *see* Uccellacci e uccellini
Haydée (23) 1734
He and She *see* L'assoluto naturale
He Was Called the Holy Ghost *see* E lo chiamavano Spirito Santo
He Who Shoots First *see* Django spara per primo
Head of a Tyrant *see* Giuditta e Oloferne
Head of the Family *see* Il padre di famiglia
Heads or Tails *see* Testa o croce
Heads You Die, Tails I Kill You *see* Testa t'ammazzo...croce sei morto...mi chiamano Alleluia!
Heart 'n' Soul *see* Anema e core
Hearts in Armour *see* I paladini—storia d'armi e d'amori
Heatwave *see* Ondata di calore
Heaven Fell That Night *see* Ladri al chiar di luna
Hedda Gabler (19) 80, 475, 3462d-p, 4536ph
Heidi (53 Switzerland) 1075d
Heimweh (27 Germany) 3472, 3836d
Heinrich der vierte *see* Enrico IV
Das Heiratsnest (27 Germany) 3472
Heisser Hafen Hong Kong *see* Agente 310...spionaggio sexy
Heisses Land (60 Germany) 4542
Helen of Troy *see* Elena di Troia
Helen, Queen of Troy *see* Il leone di Tebe

Hell Canyon Outlaws (58 U.S.) 3936
Hell in the City *see* Nella città l'inferno
Hell, Live *see* Inferno in diretta
Hell of the Living Dead *see* L'inferno dei morti viventi
Hell Penitentiary *see* Lager SSadis Kastrat Kommandatur
The Hell with Heroes (68 U.S.) 813
Hell's Fighters *see* Il grande duello
The Hellbenders *see* I crudeli
Heller in Pink Tights (60 U.S.) 2614, 3636p
Help Me, Darling *see* Amore mio, aiutami!
Henry IV *see* Enrico IV
Henry IV (45 U.K.) 919w
Her Favorite Husband (50 U.S.) 1932a
Hercules (57) *see* Le fatiche di Ercole
Hercules (83) *see* Le avventure dell'incredibile Ercole
Hercules Against the Barbarians *see* Maciste nell'inferno di Genghis Khan
Hercules Against the Gods *see* Ercole e la regina di Lidia
Hercules Against the Mongols *see* Maciste nell'inferno di Genghis Khan
Hercules Against Spartacus *see* Il gladiatore che sfidò l'impero
Hercules and the Ax-Men *see* Maciste contro i cacciatori di teste
Hercules and the Captive Women *see* Ercole alla conquista di Atlantide
Hercules and the Conquest of Atlantis *see* Ercole alla conquista di Atlantide
Hercules and the Hydra *see* Gli amori di Ercole
Hercules and the Princess of Troy (65 U.S.) 144d-p, 163, 286ph, 674, 2010, 2566w, 3055, 3292
Hercules and the Ten Avengers *see* Il trionfo di Ercole
Hercules and the Treasure of the Incas *see* Sansone e il tesoro degli incas
Hercules and the Tyrants of Babylon *see* Ercole contro i tiranni di Babilonia
Hercules Attacks *see* Ercole contro Moloch
Hercules Conquers Atlantis *see* Ercole alla conquista di Atlantide
Hercules Fights the Moon Men *see* Maciste contro gli uomini della luna
Hercules in Rome *see* Ercole contro Roma
Hercules in the Haunted World *see* Ercole al centro della terra
Hercules in the Vale of Woe *see* Maciste contro Ercole nella valle dei guai
Hercules of the Desert *see* La valle dell'eco tonante
Hercules, Prisoner of Evil *see* Ursus, il terrore dei kirghisi
Hercules, Samson and Ulysses *see* Ercole sfida Sansone
Hercules the Avenger *see* La sfida dei giganti
Hercules II *see* Le avventure dell'incredibile Ercole II
Hercules Unchained *see* Ercole e la regina di Lidia
Hercules versus the Giant Warriors *see* Il trionfo di Ercole
Hercules versus the Vampires *see* Ercole al centro della terra
Hercules' Challenge *see* Ercole contro Moloch
Here We Are *see* Arriviamo noi
Here We Are Again *see* Arriviamo noi
Here We Are Again, Eh Providence? *see* Ci ridiamo, vera provvidenza?
Here's Dorellik *see* Arriva Dorellik
Here's My Brother *see* È arrivato mio fratello
L'Héritier (73 France) 1936, 2033
Hermione (21) 388d
Hero Called Allegria *see* Il suo nome era Pot. . . lo chiamavano Allegria
Hero of Rome *see* Il colosso di Roma
Herod the Great *see* Erode il grande
The Heroes of Fort Worth *see* La carica del 7 Cavalleggeri
Les Héros sont fatigués *see* Gli eroi sono stanchi
Der Herr im Spiel (29 Germany) 4680
Herrin der Welt *see* Il mistero dei tre continenti
Herzbube/King Queen Knave (72 Germany/U.S.) 2596
He's My Husband and I'll Kill Him When I Like *see* Il marito è mio e l'ammazzo quando mi pare
He's Too Much *see* Troppo forte
Het Meisje met het rode haar *see under* M
Hexen (72 Germany) 509
Der Hexentoter von Blackmoor *see* Il trono di fuoco
Hey, Amigo! A Toast to Your Death *see* Ehi, amico. . . sei morto
The Hidden Face (54 U.S.) 3778
The High Bright Sun (65 U.K.) 2486m

High Crime *see* La polizia incrimina; la legge assolve
High Frequency (88) [Aquarium] 1408ph, 1491m
The High Life *see* La gran vita
High Places *see* Quartieri alti
High Rollers *see* Bluff—storie di truffe e di imbroglioni
Highway Pickup *see* Pelle d'oca
Hijinks *see* Letti selvaggi
The Hills Run Red *see* Un fiume di dollari
Hipnosis *see* Ipnosi
Hircan il crudele (11) 1801w
Hiroshima mon amour (59 France) 1813m
His Colt, Himself, His Revenge *see* Allegri becchini arriva Trinità
His Last 12 Hours *see* È più facile che un cammello...
His Majesty, Mr Jones *see* Prima comunione
His Name Was Holy Ghost *see* Lo chiamavano Spirito Santo
His Name Was King *see* Lo chiamavano King
His Name Was Pot...But They Called Him Allegria *see* Il suo nome era Pot...lo chiamavano Allegria
His Name Was Sam Walbash, But They Called Him Amen *see* Era Sam Walbash...lo chiamavano "Così Sia"
His Pistols Smoked...They Call Him Cemetery *see* Gli fumavano le colt... lo chiamavano Camposanto
L'histoire d'un pierrot (13) 441, 1935, 2095, 3237d, 3813ph
Histoire de l'oeil (73 France) 142, 4654
L'Histoire très bonne et très joyeuse de Colinot Trousse-chemise (73 France) 3176, 3561
Histoires extraordinaires *see* Tre passi nel delirio
Historia de una chica sola (69 Spain) 2486m, 4733
Historia de una traición (72 Spain) 2404, 4189
Historias de la revolución (60 Cuba) 4968d
Hitchcock, il brivido del genio (85) [Thrill of Genius] 352, 1136, 1897, 2023, 2524, 3019, 3278, 3515, 4522, 4651
Hitler: The Last Ten Days *see* Gli utlimi dieci giorni di Hitler
Hiver 54, l'abbé français (89 France) 813
Ho! (68) 382, 957, 1152, 1580d, 4096a, 4224
Ho amato una diva (55) 768, 997, 1261, 2268ph, 2517
Ho fatto splash! (80) 1169p, 3255d-w*
Ho fatto 13 *see* Ha fatto 13
Ho giurato di ucciderti *see* La vendetta (58)
Ho l'onore di chiedere la mano di vostra figlia (12) 3126d, 4489
Ho perduto la chiave (09) 4807ph
Ho perduto mio marito (36) 2073d, 3040, 3215w, 3583a, 4484ph, 4675, 4754
Ho pianto per te (55) 384, 3994
Ho ritrovato mio figlio (53) 1969
Ho scelto l'amore (53) 4, 43ph, 238, 333, 748w, 766w, 972a-co, 1461, 2771, 2944, 3117a, 3458, 3471, 3752, 3864, 4134, 4547, 4621, 4813m, 4950d-p
Ho sognato il paradiso (49) 529, 666, 784w, 1001m, 1834ph, 1882, 2885, 3010, 3318, 3395w, 3459d, 3503, 3917, 4166a, 4511, 4622, 4774
Ho tanta voglia di cantare (43) 2922d, 3527, 3828, 3953, 4167, 4233, 4237, 4393ph, 4420
Ho vinto la lotteria di capodanno (90) 1432ph, 3098e, 3430d, 4781
Ho visto brillare le stelle (40) 936, 2073d, 3473, 3759, 3845ph, 4235, 4948w
Die Hochzeitsweise (69 Germany) 845, 1631, 4106m
Hold-up instantaneo di una rapina (74) 1350, 4025
A Hole in Babylon (79 U.K.) 1399
The Holiday *see* Una breve vacanza
Holiday Hookers *see* Natale in casa di appuntamento
Holiday on the Buses (73 U.K.) 1399
Holiday Time *see* Tempo di villeggiatura
Holocaust 2000 (77) [The Chosen] 94p, 377, 927, 929, 1365d, 1495w, 1516, 1718, 1741, 1872, 2398, 2692, 2970ph, 3153m, 3706, 4652, 4865
El hombre de la diligencia *see* La furia degli apaches
Hombre de papel (63 Mexico) 4651
El hombre del paraguas blanco (58 Spain) 4159d
El hombre del Río Malo *see* ...E continuavano a fregarsi il milione di dollari

El hombre que mató a Billy el Niño *see* . . .E divenne il più spietato bandito del sud
El hombre que vino de Ummo (70 Spain) 1371d
Hombres sin onor (44 Spain) 3840
Home Movies (79 U.S.) 1491m
Homenaje a la hora de siesta (62 France/ Brazil/Argentina) 4651
L'Homme à l'imperméable *see* L'uomo dall'impermeabile
Un Homme amoureux (87 France) 813
L'Homme au cerveau greffe (73 France) 2691
L'Homme au masque d'or (90 France) 2070ph
L'Homme d'Istamboul *see* Colpo grosso a Galata Bridge
L'Homme de ma vie *see* L'uomo della mia vita
L'Homme de nulle part (37) 3046, 3586w
L'Homme de nulle part (37) *see also* Il fu Mattia Pascal
L'Homme de Rio (64 France) 927
Un Homme est mort (72 France) 1368, 3342
L'Homme pressé (77 France) 2081
Un Homme qui me plaît *see* Un tipo che mi piace
L'Homme qui trahit la mafia (67 France) 263
"L'Homme qui vendit la Tour Eiffel" *episode of* Le più belle truffe del mondo
Homo eroticus (71) 195, 405, 514, 709, 1346ph, 1810, 2404, 2640, 2796, 3069a, 3098e, 3607, 4024, 4261, 4349, 4586m, 4756d-p
The Honey Pot (67 U.S.) 927, 1112, 1475ph, 3623
Honeymoon with a Stranger (70 U.S.) 637, 1232
Hong Kong un addio (63) 2839m, 3628d, 4198, 4543ph
Honor Thy Father (83 U.S.) 4654
Hora cero: operación Rommel *see* L'urlo dei giganti
Hora de morir (68 Spain) 252, 2224
Horace 62 *see* Un appuntamento per uccidere
Una horca para Django *see* Una lunga fila di croci
Hornets' Nest *see* Il vespaio
The Horrible Dr. Hichcock *see* L'orribile segreto del dottor Hichcock
The Horrible Orgies of Count Dracula *see* Riti, magie nere e orgie segrete del Trecento
Horror (60) [The Blancheville Horror] 108, 1365d, 4509
Horror Castle *see* La vergine di Norimberga
Horseman and the Samurai *see* Straniero di silenzio
Hot Enough for June (63 U.K.) 2404
Hot Shots (91 U.S.) 1993
Hot Stuff *see* Paura in città
Hotel Colonial (87) 275e, 1491m, 1549, 3961ph, 4100, 4583, 4864
Hotel Imperial (39 U.S.) 3046
Hotel Paradiso (66 U.S./U.K.) 2596
Hour of Vengeance *see* E venne l'ora della vendetta
The House By the Cemetery *see* Quella villa accanto al cimitero
House of Cards (68 U.K.) 1442, 3178, 3270, 3393
House of Freaks *see* Il castello dell'orrore
House of Intrigue *see* Londra chiama polo nord
House of Lovers *see* Le donne degli altri
House of the Dark Stairway *see* La casa con la scala nel buio
A House on a Limb *see* Una casa in bilico
The House on Telegraph Hill (51 U.S.) 1123
The House on the Edge of the Park *see* La casa nel parco
Houseboat (58 U.S.) 2614
How Funny Can Sex Be? *see* Sesso matto
How Low Can You Fall? *see* Dio mio, come sono caduta in basso
How to Murder Your Wife (65 U.S.) 2578
How Wonderful to Die Assassinated *see* Quanto è bello lu murire acciso
The Howling (80 U.S.) 1491m
Hubris *see* Ybris
Hudson Hawk (91 U.S.) 4318ph
Hula (27 U.S.) 2770
The Human Factor (75 U.K.) 3153m, 4654
The Humpty Dumpty Gang *see* Amico, stammi lontano, almeno un palmo
Humungus Hector *see* Ettore lo fusto
Hunchback of Notre Dame *see* Notre Dame de Paris
Der Hund von Baskerville (29 Germany) 3472

Hundra (84 Spain) 3153m
A Hundred Fists and a Prayer *see* Alleluia e Sartana, figli di. . . figli di Dio
The Hundred Years of Turin *see* Torino nei cento anni
Hungarische Rhapsodie (29 Germany) 4637
The Huns *see* La regina dei tartari
Hunter of the Apocalypse *see* Apocalisse domani
The Hunting Party *see* Il giorno dei lunghi fucili
Hurricane (79 U.S.) 1323p, 3960m
Hurricane Rosy *see* Temporale Rosy
Les Hussards (55 France) 2578, 2909, 3525
Hussein il pirata (13) 3836d
Hypnos (69) [Hypnos: Long Day of Massacre; Massacre Mania] 467d, 3754, 4920
Hypnosis *see* Ipnosi
The Hypochondriac *see* Il malato immaginario
I Am an ESP *see* Sono un fenomeno paranormale
I Am Sartana, Trade Your Guns for a Coffin *see* C'è Sartana, vendi la pistola e comprati la bara
I Belong to Me *see* Io sono mia
I Bury the Living (58 U.S.) 144d-p
I comme Icare (79 France) 3153m
I Did It *see* Sono stato io!
I Don't Want to Be Born (75) 4355
I Fix America and Return *see* Sistemo l'America e torno
I Like Her *see* A me mi piace
I Love N.Y. (87 U.S.) 2578, 3213ph
I Married a Werewolf *see* Licantropo
I Protect Myself Against My Enemies *see* . . . Dai nemici mi guardo io!
I Want to Fly *see* Volere volare
I Want to Sing So Much *see* Ho tanta voglia di cantare
I Was an Agent for the CIA *see* Sono stato agente CIA
I Will If You Will *see* L'infermiera
Ibris *see* Ybris
Icicle Thieves *see* Ladri di saponette
L'idea fissa (64) 685, 709, 1511, 1973, 2080d, 2404, 2545, 2890, 3689d, 3955, 4147, 4153, 4568ph
Identificazione di una donna (82) 146d-e, 164ad, 480e, 612, 1164a, 1469ph, 1679, 2075w, 2500, 3017
Identikit (74) [The Driver's Seat] 270, 2784m, 3466d, 3865p, 4459, 4866, 4868
"L'idillio" *episode of* Altri tempi (51)
Idillio a Budapest (40) 43ph, 85, 215, 2613, 2746, 3812, 4527, 4637
Idillio campagnolo (09) 3703
Idillio tragico (12) 441, 1068, 1302, 1838, 1935, 3237d
Idillio tragico (22) 3758d
L'idiota (18) 1506w, 3236
L'idiota (59) 4821
L'Idole (47 France) 4192
Idoli controluce (66) 1972, 3153m, 4224
L'idolo bianco (16) 4983d
L'idolo del dottore (19) 3582d
L'idolo della città (75) 2033
Idolo infranto (13) 441, 1068, 1838, 1935d, 3813ph
La iena di Londra (64) 2371
Una iena in cassaforte (67) 1827
Le iene del cimitero (18) 4061
Ieri oggi e domani (63) 930, 1173, 1303w, 1416d, 1973, 2557p, 2614, 2907, 3129w, 3555, 3636p, 3827, 3961ph, 4041, 4123, 4555co, 4586m*, 4968w
If It's Tuesday This Must Be Belgium (69 U.S.) 439, 844, 1299, 1416, 2578, 2873
If One Is Born a Swine, Kill Him *see* Sei una carogna, t'ammazzo
If Pigs Had Wings *see* Porci con le ali
If You Gotta Shoot Someone. . . Bang! Bang! *see* Arizona Colt si scatena. . . e li fece fuori tutti
If You Move, I Shoot *see* Come te movi, te fulmino
L'ignota (10) 3704
L'ignoto (20) 534ph, 3909d
L'iguana dalla lingua di fuoco (72) 1123, 1452, 1786d, 2256ph, 2469
Il. . . di mia moglie (59) 964
Il faut vivre dangereusement (76 France) 3922
"Il ne faut jamais parier sa tête contre le diable" *episode of* Tre passi nel delirio
Il y a des jours. . . et des lunes (90 France) 1993
L'Île au bout du monde (59 France) 3607
L'Île aux femmes nues (52 France) 3819ph
L'Île mystérieuse *see* L'isola misteriosa e il capitano Nemo
I'll Get You for This *see* Il covo dei gangsters
I'll Give a Million (38 U.S.) 4968w

I'll Kill Him and Return Alone *see* . . . E divenne il più spietato bandito del sud
I'll Take Her Like a Father *see* Le farò da padre
I'll Try Tonight *see* Stasera mi butto
Illegally Yours (88 U.S.) 4318ph
"Illibatezza" *episode of* RoGoPaG
L'illusione (17) 3581, 4250w, 4983d
L'illustre attrice cicala formica *see* La favola di La Fontaine
The Illustrious Corpses *see* Cadaveri eccellenti
I'm for the Hippopotamus *see* Io sto con gli ippopotami
I'm Getting a Yacht *see* Mi faccio la barca
I'm Made That Way *see* Io son fatta così
I'm Not Living with You Anymore *see* Io con te non ci sto più
Im Sonnenschein (35 Germany) 1841d
Im Stahlnetz des Doktor Mabuse *see* FBI contro il dott. Mabuse
I'm That Bandit *see* Quel bandito sono io
I'm the Hero *see* L'eroe sono io
Images de la folie (49 France) 1803d
Imagine, One Evening at Dinner *see* Metti, una sera a cena
Imbarco a mezzanotte (52) [Stranger on the Prowl] 60ph, 257, 331w, 679, 1717, 1739d, 1979, 2533, 2618, 2621d, 2787, 2789, 2814, 3185, 3270, 3953, 4237, 4254, 4691
L'imbianchino (06) 4807ph
L'imboscata (16) 1179ph, 1216, 1935d, 4046
L'imbranato (80) 824ph
Gli imbroglioni (63) [Los mangantes] 559, 1754, 1804d, 2000, 3992m, 4071ph, 4114, 4511, 4634, 4753
Immacolata e Concetta: l'altra gelosia (80) 1278, 3589d
L'immagine dell'altra (19) 1745, 4191d*
Un'immagine e due anime (15) 3214
Immagini di un convento (78) 1209d-ph, 4515
Immagini e colore (53) 4023d, 4813m
Immagini popolari siciliane profane (52) 488d, 4188e, 4727d, 4813m
Immagini popolari siciliane sacre (52) 488d, 4188e, 4727d, 4813m
Immensee (43 Germany) 3415
L'immenso è rosso (76) 3922
Immolazione (14) 1179ph, 2073d
L'immorale (67) 263, 479, 1924d-p, 3098e, 3579w, 4057, 4530
L'immoralità (78) 2640, 3153m, 3945
The Immortal Bachelor *see* A mezzanotte va la ronda del piacere
L'Immortelle (62 France) 925
Imperativo categorio: contro il crimine con rabbia (74) 2386
L'imperatore di Capri (49) 403, 810ph, 889, 1075d, 1749, 1839, 1979, 2003, 2774, 2988, 2993w, 3636p, 4065, 4559
Imperia, la grande cortigiana del secolo XVI (10) 3704
Imperial regio capestro (15) [I martiri di Belfiore] 2594d, 4082, 4808
Impero del sole (55) 1153d-ph, 2027d, 2486m, 3215w
L'impiegata di papà (34) 511d-e, 991, 1311, 1383, 1673e, 2953a, 3295, 4754, 4982
Le impiegate stradali (76) 405, 1961, 2988, 4612, 4779ph
Impiegati (52) 1153ph
Impiegati (84) 219d, 283
L'impiegato (59) 964, 1469ph, 1562a, 1627, 2771, 3616, 3626, 3689d, 3955, 4467
L'implacabile (13) 1204, 1327d*
L'Important c'est d'aimer (74 France) 4491
L'importante è non farsi notare (80) 685, 1981, 2079d, 2970ph
L'Impossible Isabelle (57 France) 2404
L'Impossible Objet (73 France) 2900
Le imprese di una spada leggendaria (55) 714, 770, 2517, 2776w, 4375
Impressioni siciliane (32) 3610d
L'imprevisto (19) 872d, 3382w
L'imprevisto (40) 1003, 1054, 1332ph, 1423w, 3117a, 4246d-e, 4675
L'imprevisto (61) [L'Impreveu; The Unexpected] 28, 1920ph, 2475d, 3017, 3135, 3490, 4572, 4648
L'impronta della piccola mano (16) 1302, 1838, 2905, 4072d
Improvviso (79) 516, 1417ph
Imprudenza fatale (09) 4807ph
Imputato, alzatevi! (39) [May the Defendant Rise] 77, 477, 613, 618, 1457, 1684s, 1724, 1834ph, 1996, 2667, 2922d, 2993w, 3863, 3919, 4359w
Imputazione di omicidio per uno studente (71) 265, 531d, 1123, 3153m, 3749
In a Colt's Shadow *see* All'ombra di una colt
In amore per ogni gaudenzia ci vuole sofferenza (71) [La bettìa; In Love,

Every Pleasure Has Its Pain] 406w, 844, 1279w, 1281d, 1901, 1920ph, 2771, 3992m, 4137, 4586m
In amore si pecca in due (54) 24, 165, 1135d, 1361, 2043, 2598, 2774, 3050p, 3117a, 3415, 3584, 3936, 4121, 4233, 4512ph
In bocca all'Orso (42) 848d
In campagna è caduta una stella (39) 43ph, 85, 456w, 1303d*, 1305, 1701, 1786w-s, 2494, 4542
In capo al mondo *see* Chi lavora è perduto
In cerca di felicità (43) 78, 900w, 921w, 1196, 1332ph, 1423w, 1892, 1914d, 2953a, 3527, 3717, 4140, 4232
In cerca di un marito per mia moglie (15) 392, 1395
In Dalmazia (12) 4807ph
In due si soffre meglio (43) 793, 1684s, 1816ph, 2744d, 3271, 3849, 4167, 4737
In estasi (50) [Rapture] 61d*, 996, 1533, 1583s, 2459, 2954
In faccia al destino (13) 441, 1068, 1935, 3237d
In fondo al baratro (12) 1327d*, 4447
In fondo alla piscina (70) 244
In ginocchio da te (64) 805, 1705d, 2516, 2902ph, 3153m, 3270, 4443, 4553, 4754
In hoc signo vinces (13) [The Triumph of an Emperor] 1132, 2272, 2599, 3356d
In Italia si chiama amore (63) 2771, 4005d, 4584ph, 4586m
In lotta col destino (13) 902, 904d*
In Love, Every Pleasure Has Its Pain *see* In amore per ogni gaudenzia ci vuole sofferenza
In mano al destino (16) 872d, 3704, 4120ph, 4484ph
In Maremma *see* Maremma
In nome del padre (71) 381d, 394, 455, 697, 886, 1169p, 1454ph, 2296co, 3153m, 4125
In nome del papa re (78) 239, 1417ph, 2723d, 2771, 2908e, 3748, 4320, 4586m
In nome del popolo italiano (71) 21w, 1432ph, 1809, 1882, 3844d, 3992m, 4115a, 4126w, 4349, 4530
In nome della legge (49) 158, 287ph, 1650ad-w, 1924d, 1972, 2775w, 3088w, 3404, 3579w, 3960m, 3969p, 3992m, 4027, 4622, 4668
In palude (18) 1724d
In pieno sole (59) [Delitto in pieno sole; Il pieno sole; Plein soleil] 1033d, 1163, 1285ph, 1349, 1896w, 2104p, 2472, 3270, 3933, 3960m, 4145
In Prison Awaiting Trial *see* Detenuto in attesa di giudizio
In Puglia muore la storia (50) 2816d
In Search of Gregory (70 U.K.) 927, 1407, 1963, 2075w, 3594
In terra sarda (20) 538, 561w, 4690
In the Name of Rome *see* Nel segno di Roma
In the Name of the Father (68) *see* I quattro del pater noster
In the Name of the Father (71) *see* In nome del padre
In the Park at Noon (73 U.K.) 1399
In the Pope's Eye *see* Il pap'occhio
In the Steel Net of Dr. Mabuse *see* FBI contro il dott. Mabuse
In the Summertime *see* Durante l'estate
In the West There Was a Man Named Invincible *see* Lo chiamavano Tressette...giocava sempre colla morte
In the Year 2019 *see* 2019 dopo la caduta di New York
In una notte di chiaro di luna (89) [Crystal or Ash, Fire or Wind, As Long as It's Love; On a Moonlit Night] 1535, 1553, 2143, 2387, 3351, 4054, 4882d
In vecchie membra pizzicor d'amore (15) 392, 393, 1395
In viaggio con papà (82) [My Trip with Dad] 1480ph, 3558m, 4290w, 4292d*, 4726d
L'inafferabile (22) 79d, 392, 393, 475, 1068, 1472, 1506d, 2463, 3568, 4195, 4484ph
L'inafferabile 12 (50) [The Untouchable No. 12] 43ph, 329, 690, 973, 1062, 1095w, 1173, 2811w, 2922d, 2993w, 3398, 3503, 4065, 4495p, 4511, 4543ph
L'inafferabile e invincibile Mr Invisible (69) [Invencible hombre invisible; Mr Super Invisible] 756, 857, 1266d, 2308, 3161, 3803, 4147
Inam (50) 550ph
L'inaugurazione del rifugio Quintino Sella al Monviso (05) 3326d- ph
L'inaugurazione della stazione radiotelegrafica di Tripoli (12) 1076d-ph
L'incantesimo (18) 2011d*, 3118ph, 4482, 4494
L'incantesimo della gorgona (20) [L'orrore che impietra] 975

L'incantesimo di Circe (29) 1106
Incantesimo tragico (51) [Oliva] 454, 541w, 637, 1497, 1500, 2017, 2083, 2812, 3645ph, 4175d, 4189, 4668, 4789, 4813m, 4957
L'incantevole nemica (53) [L'adorabile nemica; Pattes de velours; Velvet Legs] 21w, 287ph, 518a, 768, 1521, 1927m, 2000d, 2356, 2811w, 2993w, 3398, 3643, 3800, 4000, 4126w, 4530
Incanto del nord (55) 2077d
L'incanto della foresta (57) 1677w, 1763w
Incanto di mezzanotte (40) 39w, 237d, 964, 2474, 2739, 2800, 2826w, 3284, 3288w-co, 3415, 3645ph, 4188e, 4454a, 4759ph
L'incastro (64) 1565
L'incatenata (21) 1276w, 1472, 1660, 1907d
Incatenata dal destino (55) 45ph, 1232, 1455d, 1892, 3287, 3457, 4432, 4757, 4957
L'incendio di Roma (63) [The Burning of Rome; Rome in Flames; Revenge of the Gladiators] 1647, 1827, 2109, 2293, 2745d, 2757, 3337
L'inceneritore (83) 1278
Gli incensurati (60) 559, 1416, 1941d, 2988, 3118ph, 4254, 4530, 4724w, 4753
L'inchiesta (87) [The Investigation; The Inquiry] 551w, 850, 920w, 1211d, 1454ph, 1706w, 2360, 2593, 2975e, 3345m
Inchon (80 U.S.) 1676, 3055
"Incidente a Villa Borghese" *episode of* Villa Borghese
L'incognita (22) 269, 475, 881, 1506w, 2272, 3836d, 4044
L'incomprensibile (22) 1864d, 3819ph
L'incompresa (12) 4807ph
Incompreso (67) [Vita col figlio] 406w, 1075d, 1279w, 1609, 2019, 3080, 3213ph, 3706, 4209
L'Inconnue de Monte Carlo *see* La signora di Montecarlo
Incontri di notte (43) 59, 240, 1122, 1352, 1816ph, 1892, 2744d, 2872, 3005, 3770, 4121, 4166a, 4378
Incontri molto ravvicinati del quarto tipo (79) [Very Close Encounters of the Fourth Kind] 1865d
Incontri negli abissi (79) 1676
Incontri romani (54) 3847
Incontro (72) 527, 2962, 3153m, 3749
Incontro alla primavera (16) 3382d
Incontro con Laura (44) 4552
Incontro con Roma (48) 848d
Incontro d'amore *see* Avventura a Bali
L'incontro d'amore a Bali *see* Avventura a Bali
Incontro del re d'Italia e del re d'Inghilterra a Gaeta (07) 1076d-ph
Incontro nell'ultimo paradiso (82) 2534d
Incontro notturno (61) 911d
L'incredibile Ercole *see* Le avventure dell'incredibile Ercole
The Incredible Paris Incident *see* Come rubare la corona d'Inghilterra
L'incubo (12) 1397, 4767
L'incubo (15) 965, 1355
L'incubo (17) 3382d
Incubo (39) 2999d*, 4714
Incubo (54) *see* La paura
L'incubo di Za-la-Vie (23) [Il sogno di Za-la-Vie] 112, 1935d*, 4046
Incubo sulla città contaminata (80) [La invasión de los zombies atómicos; El ataque de los zombies atómicos; Zombies atómicos; City of the Walking Dead; Nightmare City] 1011m, 1611, 1649, 1665, 2534d, 3718
Indagine su un cittadino al di sopra di ogni sospetto (69) 527, 1489, 1741, 2415ph, 2845, 3153m, 3339, 3534d, 3748, 3791, 4073, 4481, 4821
Gli indesiderabili (76) 265, 683
India (58) [India—Matri Bhumi] 629ad, 3948d, 4426w, 4543ph
India favolosa (54) 2676d, 4813m
L'India vista da Rossellini (58) 3948d-p
The Indian Fighter (55 U.S.) 2873
The Indian Runner (91 U.S.) 1993
L'indiana (20) 1750d, 2341
Indiani (07) 4807ph
Gli indifferenti (63) [A Time of Indifference] 813, 920w, 1169p, 1475ph, 1588co, 1813m, 1987, 2891d, 2908e, 3017, 3129w, 4115a, 4352, 4912
"L'indifferenza" *episode of* Amore e rabbia
Indio (89) 1266d, 1491m
Indio Black: sai che ti dico...sei un gran figlio di... (70) [Adios Sabata; Sabata 2; Bounty Hunters; The Bounty Killers] 524, 683, 1623, 2014, 2057p, 2172, 2764ph, 3228, 3261m, 3441d, 3774, 3864, 4052
Indio 2 (91) [Indio 2—the Revolt] 1266d, 1491m

Das indische Grabmal *see* Il sepolcro indiano
Indiscretion of an American Wife *see* Stazione Termini
L'indispensabile Camillo (23) 75ph, 1395d
Indomitable Angélique (67 France) 1489
Indovina chi viene a merenda (69) 1754, 3957, 4071ph
L'industria del fiore (51) 2999d-ph
Gli inesorabili (51) 637, 740w, 743, 996, 1539, 2906d, 3404, 3608ph, 4104d, 4668, 4803
Infama *see* 'nfama
Infame accusa (52) 2648, 4611, 4694d
Infamia araba (12) 872d
L'infanticida (11) 4807ph
Infanzia, vocazione e prime esperienze di Giacomo Casanova veneziano (69) [Casanova the Venetian] 210, 418, 685, 1075d, 1932a, 4336, 4886
L'infedele (12) 4447
L'infedele nuda (74) 405
Le infedeli (52) [The Wayward Wife] 238, 654, 680w, 735, 1161, 1323p, 1640, 1659, 1667, 2474, 2596, 3069a, 3088d, 3422, 3636p, 3917, 3951, 4359d, 4543ph, 4814, 4877
Infedelmente tua (82) 4809
Infedeltà (53) 2647
"L'infedeltà coniugale" *see* "Gli adulteri"
L'infermiera (76) [I Will If You Will] 118, 1354, 2070ph, 3379, 3636p, 4693
L'infermiera di mio padre (76) 464d, 998ph, 3178
L'infermiera di notte (77) 1074, 1671m, 4841ph
L'infermiera di papà (16) 829d
Gli infermieri della mutua (69) 1346ph
L'infermiera nella corsia dei militari (79) 882, 2483d, 4955ph
L'inferno (09) 1327, 1334
Inferno (80) 38ph, 169d, 350ad, 351fx, 946, 1783e, 2489, 4651
L'inferno addosso (59) 1878ph, 2244, 4745d
L'inferno dei morti viventi (80) [Virus, l'inferno dei morti viventi; Cannibal Virus; Zombie Creeping Flesh; Hell of the Living Dead; Night of the Zombies] 1965, 2264, 2918d
L'inferno del deserto (69) 2633d
L'inferno dell'amore (27) 1841d
Inferno giallo (42) 141w, 456w, 1816ph, 1936, 4134, 4556, 4728a, 4829d, 4833
Inferno in diretta (85) [Hell, Live; Cut and Run] 1, 495, 1385d, 2665, 4307ph, 4355, 4515
Inganni (86) 228m, 1886ph, 4954
Inganno (52) 43ph, 650d, 1116, 1504, 1571, 1669w, 1676, 2038, 2474, 3338, 3387, 3514w, 4658
L'inganno della sposa *see* Ha da venì... don Calogero
L'ingenua (76) 251d, 2797
L'ingenuo (19) 1221, 1617d, 2653, 2753, 3813d-ph
Inginnochiati straniero...i cadaveri non fanno ombra (71) [Stranger That Kneels Beside the Shadow of a Corpse] 1209ph, 1260, 1680d, 2782, 3055, 3656
L'ingiusta condanna (52) [Quelli che muoiono] 114, 127w, 637, 1509, 2895d, 3818, 4010, 4133, 4512ph, 4527
The Inglorious Bastards *see* Quel maledetto treno blindato
L'ingorgo—una storia impossibile (79) [Una storia impossibile; L'Embouteillage; Le Grand Embouteillage; Traffic Jam; Bottleneck] 813, 972a, 1075d, 1387, 1439, 1967, 2070ph, 2907, 3044, 3805, 4057, 4292, 4530
Gli ingrati (11) 4807ph
Ingresso centesimi dieci (55) 1673d-e
"Ingrid Bergman" *episode of* Siamo donne
Ingrid sulla strada (73) 23, 405, 1074, 2730, 4025, 4106m
The Inheritance *see* L'eredità Ferramonti
Le inibizioni del dottor Gaudenzi, vedovo col complesso della buonanima (71) 4622
L'iniziazione (87) 2021, 3037d
L'innamorata (20) 155ph, 1907d
"Gli innamorati" *episode of* Tempi nostri
Gli innamorati (55) [Wild Love] 507, 531d, 939, 1677w, 1763w, 2043, 2253m, 2254, 2636, 2771, 2775w, 3147, 3400, 3733, 3992m, 4031ph
L'innamorato (09) 872d
Innamorato pazzo (81) [Madly in Love] 91s, 891d, 926m*, 927, 1417ph, 3202
The Innaturals *see* Contronatura
L'inno al sole (15) 3174, 4531d
L'innocente (11) 98p, 388d, 2828, 3236, 3456d, 3652, 4447, 4807ph
L'innocente (76) 142, 920w, 1408ph, 1528, 1857a, 1945, 1972, 2142, 2780, 2784m, 2957w, 3328, 3642, 4555co,

4795d
L'innocente Casimiro (45) 102w, 771d, 1892, 2667, 3363, 3570, 4273, 4292, 4714
Gli innocenti pagano (51) 804d, 1636, 2624, 3917, 4341, 4512ph, 4556
The Innocents Abroad (83 U.S.) 4024d
Innocenza e turbamento (74) 801, 1652
L'inquadratura (39) 2934d
Inquietudine (46) 240, 371, 848d, 1203ph, 1211s, 1548, 2027w, 3148, 3493w, 4237
L'inquilina del piano di sopra (77) 253d, 386, 530p, 2798
The Insatiables *see* Femmine insaziabili
Le insaziabili (59) 1676
Gli insaziabili (69) 2691
L'insegnante (76) 999d, 1074, 1652, 1658ph
L'insegnante al mare con tutta la classe (80) 1658ph, 4442d
L'insegnante balla. . .con tutta la classe (79) 834d, 882, 1417ph, 3092
L'insegnante va in collegio (78) 3092
L'insegnante viene a casa (78) 313, 1071, 1658ph, 3092, 4442d
Le insidie del sotteraneo (15) 1467
Insieme (79) 2633d, 2771
L'Insoumis (64 France) 2900
Inspector Clouseau (68 U.S.) 516
Interlude (57 U.S.) 637
Intermezzo alla Scala (52) 1850d
International Grand Prix (23) 2240, 2271, 3382d, 4022
Interno berlinese (85) [Berlin Affair] 419, 911d, 1491m, 1972, 1990p, 2545, 4318ph
Interno di un convento (79) 578d-e, 2798, 3698, 3945, 3968, 4562ph
Interpol (57 U.K.) 3862
Interpol in allarme *see* Il suo nome faceva tremare Interpol in allarme
Interrabang (69) [L'interrogatorio] 2010, 3342
Intervista (87) [Fellini's Scrapbook] 275e, 1346ph, 1492s-co, 1565, 1650d*, 2907, 3153m, 3960
Intervista a Salvador Allende (73) 3948d
Intima proibita di una giovane sposa (70) 637
Intimo (87) [Midnight Seduction] 1346ph
Gli intoccabili (68) [Machine Gun McCain; The Untouchables] 11, 116, 151, 527, 877, 1000p, 1566, 1619, 1676, 2371, 3097d, 3153m, 3591, 3748, 3907w, 3972, 4029, 4756p, 4945
L'intrigo (63) [L'Intrigue; Dark Purpose] 637, 742, 1640, 2313, 2856d, 3080, 3667, 4056, 4436
Intrigo a Los Angeles (64) 45ph, 4618m
Introduzione alle Dolomiti (54) 2077d
L'intrusa (16) 4947d
L'intrusa (55) [The Intruder] 590, 964, 1346ph, 1583s, 2910d, 3138, 3229, 3363, 3383, 3423p, 3569w
L'inutile delitto (13) 1132, 3242d
Inutili precauzioni (12) 4807ph
La invasión de los zombies atómicos *see* Incubo sulla città contaminata
Invasion of the Flesh Hunters *see* Apocalisse domani
Invasion of the Normans *see* I normanni
Invasion 1700 *see* Col ferro e col fuoco
L'invasione (70) 74d, 937, 1729, 1885, 2070ph, 2751w, 2962, 3559
L'invasore (43) 1473, 3229, 3527, 3948d, 4280, 4637
Gli invasori (61) [Erik the Conqueror; Fury of the Vikings; The Viking Invaders] 163, 252, 351d-ph, 964, 987, 1092, 1326, 1396p, 1505, 1939, 2378, 2647, 3054, 3055, 3264m, 3569ad, 3803, 3881, 4188e
Invencible hombre invisible *see* L'inafferabile e invincibile Mr Invisible
Inventiamo l'amore (38) 238, 387, 791, 939, 965, 1830w, 2757, 2906d, 2909, 4041, 4484ph, 4527, 4982
L'invenzione di Morel (75) 659, 2256ph, 2342, 3153m, 4355
L'inverno dei cavalli (56) 2077d, 2839m
Inverno di malato (83) 2582d, 3608ph
L'inverosimile (19) 771d, 3041, 3703
The Investigation *see* L'inchiesta
Inviati speciali (43) 428, 518a, 1218, 2803d, 3231ph, 3383, 3527, 4556, 4622
L'invidia (19) 388d, 441, 1273d, 2792a, 3472, 4575
"L'invidia" *episode of* I sette peccati capitali
L'invincibile cavaliere mascherato (64) [Il terrore di masque di Indio; Terror of the Black Mask] 45ph, 83, 647, 692, 953, 2534d, 2745w, 4189, 4512ph, 4693
Gli invincibili fratelli Maciste (64) [The Invincible Gladiators; Maciste Brothers] 1426, 1878ph, 2460, 2584, 2928d, 3198p, 3292, 4001

Gli invincibili sette (63) [The Secret Seven; Gladiators Seven] 256, 309, 316, 506, 1095w, 1365d, 2576, 2615, 2820, 3079, 3096, 3990, 4189, 4279, 4509
Gli invincibili tre (64) [The Three Avengers; Ursus the Invincible] 1885, 2268ph, 3243, 3387, 3441d, 4344, 4432
The Invincible Barbarian *see* Gunana il re guerriero
The Invincible Gladiators *see* Gli invincibili fratelli Maciste
The Invincibles *see* Ercole, Sansone, Maciste, Ursus: gli invincibili
Gli invisibili (88) 4325d
The Invisible Wall *see* Il muro di gomma
L'invitata (69) [L'Invitée] 296, 1413d, 1879m, 2075w, 4224, 4562ph
Invitation au voyage (82) 1348d
L'Invitée *see* L'invitata
Un invito a pranzo (08) 2073d
Invito alla musica (39) 1766d
Io, Amleto (52) 2061w, 2667, 2885, 3286, 3473, 3474, 3578, 3607, 3643, 3818, 3828, 3840, 3863, 4117ph, 4246d, 4622, 4691
Io amo...tu ami (60) 511d, 918co, 974w, 1323p, 3551, 4543ph
Io bacio...tu baci (61) 844, 926, 1103w, 3032, 3342, 4810d
Io, Caterina (56) 833, 1978, 2268ph, 2813, 3110, 3381d, 3800, 4133, 4432, 4554, 4796
Io, chiara e lo scuro (83) [The Pool Hustlers] 3098e, 3298w*, 3315w, 3637d
Io con te non ci sto più (83) [I'm Not Living with You Anymore] 442p, 2081, 3216ph
Io donna, tu donna (78) 419, 2824, 3494
Io e Caterina (80) [Catherine and I] 276s, 637, 1480ph, 1652, 3558m, 4290w, 4292d*, 4301, 4647
Io e il Duce (83) [Mussolini and I] 1723, 1857a, 1967, 2209, 2215, 3213ph, 4076
Io e lui (73) 709, 801, 3213ph, 3309, 4024d
Io e mia sorella (88) 406w, 1279w, 2005p, 3202, 4726d-p*
Io, Emanuelle (69) 927
Io ho paura (77) 20, 1211d, 1324p, 2315, 2415ph, 3345m, 4821
Io, io, io...e gli altri (65) 511d, 801, 924, 964, 973, 1416, 1511, 2404, 2596, 2771, 2773, 2907, 3748, 3992m, 4055, 4622, 4633, 4645
Io la conoscevo bene (65) 646, 1501, 1620, 1672, 1783e, 2196, 2670w, 2771, 3213ph, 3244, 3558m, 3573d, 4025, 4057, 4158w, 4530, 4713
Io, mammeta e tu (58) 619d, 1079, 1095w, 2076w, 2888ph, 2988, 3064, 3397, 4038, 4041, 4106m, 4322
Io mi chiamo Frugolino (13) 3970
Io, monaca, tre bastardi e sette peccatrici (72) [The Big Bust-Out] 419, 1876w, 2371, 2685, 3055
Io non perdono...uccido (68) [Fedra West; Ballad of a Bounty Hunter] 119, 396, 1362, 2247, 3344, 3545, 3558m, 3924d, 4247w
Io non protesto, io amo (67) 1048, 1407, 1971
Io non scappo...fuggo (70) 2962, 3213ph, 3683d
Io non spezzo, rompo (71) 23
Io non vedo, tu non parli, lui non sente (71) 23, 760d, 1074, 1416, 3161
Io piaccio (55) [La via del successo...con le donne] 463d, 655ph, 844, 973, 1606, 1684s, 1812, 2035, 3084, 3555, 4309, 4820
Io, Semiramide (61) [Semiramis; Slave Queen of Babylon] 1585, 1809, 4091, 4106m, 4970d
Io so che tu sai che io so (82) 276s, 764p-w, 1480ph, 3558m, 4290w, 4292d*, 4809
Io son fatta così (20) [I'm Made That Way] 99d, 1307
Io sono Anna Magnani (80) 2719, 2907
Io sono fotogenico (80) [Sono fotogenico] 86co-s, 1346ph, 1415m, 1652, 1882, 2679, 3088, 3660, 3844d, 4530
Io sono il capataz! (51) [Ritorna il capataz!] 124, 690, 1165, 1346ph, 1367co, 1500, 1583s, 2614, 2811w, 2993w, 3149, 3398, 3423p, 3473, 3525, 3592, 3752, 3828, 3856w, 4246d, 4296, 4621
Io sono la Primula Rossa (54) 1626, 1839, 2376, 2956, 3473, 3752
Io sono mia (76) [Woman at War] 1452, 3601, 4057, 4122d, 4144, 4674
Io sono un autarchico (76) 3140d*
Io sto con gli ippopotami (79) [I'm for the Hippopotamus] 783, 1971, 3485, 4267
Io, suo padre (38) 238, 447, 529, 553m, 554d, 725, 2624, 2757, 2861ph, 3284,

3460, 3828, 3917, 4166a, 4309, 4691
Io t'ho incontrata a Napoli (46) 1305, 1766d, 2000, 4031, 4378, 4512ph
Io ti amo (68) 793, 1266d, 2656, 4150
Io ti amo (85) 2435, 2908e, 3315w
Io ti uccido! (19) 138d, 1221
Io tigro, tu tigri, egli tigra (78) 509, 721ph, 788d, 882, 1920ph, 2640, 3660d*, 4781
Io uccido, tu uccidi (65) 964, 1294w, 1754, 3017, 3405, 3420, 3471, 3514w, 3619, 3689d, 3851, 3955, 4582, 4705, 4754
Io zombo, tu zombi, lei zomba (80) 882, 1354, 2764ph, 3092
Iolanda, la figlia del corsaro nero *see* Jolanda, la figlia del corsaro nero
Ipnosi (62) [Nur Tote zeugen schweigen; Dummy of Death; Only the Dead Are Silent; Hypnosis; Hipnosis] 718, 869, 925, 1177, 2866d, 3233, 3530, 3955, 4189, 4293
Ipnotismo tragico *see* La principessa Nadina
"Ipotesi" *episode of* Il documento su Giuseppe Pinelli—12 dicembre
L'ippocampo (43) 227, 287ph, 557, 1416w*, 1684s, 1913, 2909, 2978, 3692w, 3944d, 4754
Ippodromi all'alba (50) 511d
L'ira (19) 388d, 1273d, 1734, 2792a, 4191
"L'ira" *episode of* I sette peccati capitali
L'ira di Achille (61) [Achilles] 420, 1827, 1936, 1970d, 3018, 3055, 4106m, 4309, 4433
L'ira di Dio (68) [Hasta la última gota de sangre] 814d-e, 1353, 1623, 1933, 2076w, 2109, 3361ph, 3587, 3669, 3945, 4053, 4469
Irene Irene (76) 1348d, 2190, 3006, 3216ph
Ironie della vita (17) 80, 434ph, 1419d, 3928d, 3944
The Ironmaster *see* Il dominatore del ferro
Die irrende Prinzessin (27 Germany) 4200
L'irreparabile (16) 174d
"Isa Miranda" *episode of* Siamo donne
Isabella d'Aragon (10) 3456d
Isabella, duchessa dei diavoli (69) 256, 1102d, 3387, 4167, 4901, 4988ph
Ischia (47) 933d
Ischia, operazione Amore (66) 801, 1511, 3509
Ishtar (87 U.S.) 4379ph
The Island (80 U.S.) 3153m
Island of Love (62 U.S.) 3080
Island of the Zombies *see* Le notti erotiche dei morti viventi
Ismaele, il conquistatore (59) 3607
Isola (46) 528d
L'isola (68) [Un'estate in quattro; Violenza al sole] 111, 494, 527, 1442, 1901, 2070ph, 3992m, 4662d
L'isola (83) 3216ph
Un'isola (86) 2582d
L'isola azzurra (n.d.) 107p
L'isola bianca (50) 3844d
L'isola d'acciaio (58) 4662d
L'isola d'oro (52) 4091d*, 4807ph
L'isola degli angeli (64) 3097d*, 4916
L'isola degli uomini pesce (78) [The Fish Men; The Screamers; Something Waits in the Dark] 232, 880, 1136, 1181, 1495w, 1658ph, 1665, 2302, 2373, 2878d, 3054
L'isola dei colori (50) 1850d
L'isola del gabbiano (81) 3213ph
L'isola del sogno (47) 2269, 3930
L'isola del tesoro (73) 460d
L'isola del tesoro (87) 1266d
L'isola della felicità (19) 1068, 1506d, 2271, 2872
L'isola delle svedesi (69) 89d, 1209ph
L'isola di Arturo (62) 420, 1211d, 1364, 1963, 1974, 3636p, 3960m, 3992m, 4968w
L'isola di Malta (10) 4807ph
L'isola di Montecristo (48) 63ad, 1346ph, 1500, 2000, 2885, 3271, 3395w, 4041, 4175d
L'isola di Progne (21) 1960ph, 4044d*
L'isola misteriosa e il capitano Nemo (73) [L'Île mystérieuse] 290d, 291, 340, 1671m, 2103, 3075, 3254, 4187ph, 4208, 4509, 4515
L'isola scomparsa (22) 2064, 4524d
L'isola tenebrosa (16) 771d*, 3703
Isolati dal mondo (12) 427, 865, 3704
Isole di fuoco (54) 1413d
Isole e barene (54) 3628d
Le isole nella laguna (48) [Isole della laguna] 1153ph, 1578d, 4813m
Le isole insanguinate (19) 1226ph
L'ispettore (75) 3244
L'ispettore Vargas (40) 1016p, 1227s, 1332ph, 1488, 1490, 1762d, 1892, 2233, 2624, 2960w, 3658ad-w, 3848, 4189, 4280
Israel (19) 2541, 3585, 3956
Israele (n.d.) 3817p

Istant coffee (74) 4579
L'istinto (20) 2875ph, 3442, 3617, 3909d
Istituto Grimaldi *see* Nessuno torna indietro
L'istitutrice di sei bambine (20) 534ph, 554d
L'istrione (14) 729
L'istruttoria (14) 1179ph, 2073, 3983, 4472
L'istruttoria è chiusa: dimentichi (72) 1178, 1211d*, 3244
It Can Be Done, Amigo *see* Si può fare, amigo!
It Happened in Athens (62 U.S.) 3176
It Happened in the Park *see* Villa Borghese
It Started in Naples (60 U.S.) 825, 920w, 1001m, 1416, 2614, 2833, 4106m
It Was Friday the 17th *see* Era di venerdì 17
It Was Me! *see* Sono stato io!
Italia a mano armata (77) 1970d, 2986, 3490, 4110, 4612, 4988ph
L'Italia dei pittori (54) 2077d
L'Italia ha sempre ragione (n.d.) 933d
Italia in Patagonia (58) 2077d, 2839m
L'Italia in pigiama (77) 2077d
Italia K-2 (54) 255d, 4625m
L'Italia non è un paese povero (60) 2265d-e, 4456d
Italia, paese di briganti? (23) 1179ph, 2271, 4524d
Italia piccola (57) 544w, 1947, 2667, 2775w, 2949w, 3560a, 4071ph, 4281d, 4443, 4553, 4962p
Italia proibita (63) 4031ph, 4112
L'Italia s'è desta (15) 308, 3289
L'Italia s'è desta (27) 3285ph
L'Italia s'è desta (44) 3411d
L'Italia s'è desta (61) 3540d
L'Italia s'è rotta (76) 1354, 1459, 2087, 3339, 4645
Italia: ultimo atto? (78) 2982
L'Italia viva (83) 339ph
The Italian Connection *see* La "mala" ordina
An Italian Cop in Miami? *see* Poliziotto superpiù
Italian Fast Food (86) 2005p, 2415ph, 4685w, 4686w
Italian Graffiti *see* Tutti figli di "Mammasantissima"
The Italian Job (69 U.K.) 637, 3920, 4654
Italian Secret Service (67) 48, 406w, 1075d, 1279w, 2771, 3080, 3161, 3213ph, 3672, 3804
An Italian Woman *see* Oggetti smarriti
Le italiane e l'amore (61) [Latin Lovers] 254d, 287ph, 1432ph, 1666d, 1886ph, 2676d, 2891d, 3037d, 3231ph, 3240d, 3711d, 3846d, 4662d, 4968d
Italiani brava gente (65) [Attack and Retreat] 964, 1178, 1406d, 1619, 2373, 3517, 3593, 4048, 4172ph, 4188e, 4586m, 4790
Gli italiani e le donne (63) 973, 1970d, 3084, 4981
Gli italiani si divertono così (63) 4745d
"Gli italiani si voltano" *episode of* Amore in città
Gli italiani sono matti (58) 166, 845, 1058d-p, 1095w, 1294w, 2401, 2647, 2694, 2790p, 3385, 3473, 3593, 3608ph, 3665, 3960m, 4392, 4789w
Italianisches Capriccio *see* Capriccio all'italiana
Italiano come me (77) 973, 4024d*
L'italiano ha cinquant'anni (62) 42
Un italiano in America (67) 642, 1416, 3558m, 4290w, 4292d*
"Italy" *episode of* L'amore a vent'anni
Itinerario sull'Arno (n.d.) 3569d
It'll Happen Tomorrow *see* Domani accadrà
It's Hard to Die *see* Difficile morire
It's Him. Yes! Yes! *see* Era lui...si! Si!
It's the Fault of Paradise *see* Tutta colpa del paradiso
It's Your Move *see* Uno scacco tutto matto
Ivan, il figlio del diavolo bianco (54) 650d, 679, 770, 900w, 1469ph, 2038, 2774, 3119ph, 3227, 3493w, 3978, 4091, 4126w, 4166a, 4296
Ivan il terribile (15) 1467, 2073d, 2097, 3289
Ivangorod (25 Germany) 3836d
Ivanna (70) [Killers of the Castle of Blood; Scream of the Demon Lover] 377, 3075
I've Always Loved You *see* Ti ho sempre amato
Ivy *see* L'edera
Iwna, la perla del Gange (14) 3582d, 3704, 3944, 4120ph
Izmena (11 Russia) 4807ph
J & S—A Criminal Story of the Far West *see* La banda J & S— cronaca criminale del west

J'ai tué Raspoutine (67 France) 1511
J'avais sept filles *see* I sette peccati di papà
J'irai cracher sur vos tombes (59 France) 2636
Jack cuor di leone (17) 534ph
Jack Forbes contro Robinet (15) 1603d, 2704ph
Jack l'apache (13) 4490
Jackpot in Bangkok for OSS 117 *see* OSS 117 minaccia Bangkok
Jacob, the Man Who Fought with God *see* Giacobbe ed Esau
Jacopo Ortis (18) 3568, 4364d, 4447
Jacopo Sansovino (46) 1078d-p
Jagd auf Menschen (26 Germany) 2744, 4807ph
Jail Bait (54 U.S.) 3778
Les Jambes en l'air (70 France) 2404
James Tont...operazione D.U.E. (66) 132, 709, 1102d, 1978, 2460, 2976, 4639
James Tont...operazione U.N.O. (66) 709, 1102d, 1978, 2796, 3968
Jane Gray (11) 872d
"The Jar" *episode of* Kaos
Jason and the Golden Fleece *see* I giganti della Tessaglia
Jazz band (78) 219d, 794
Je suis un sentimentale (55 France) 4305
Je vous salue, mafia *see* Da New York mafia uccide
Jean de la lune (49 France) 4192
Jeanne Doré (38) 155ph, 475, 554d, 1122, 2016, 2624, 2757, 2861ph, 3040, 3179m, 3514w, 3557, 4269w, 4476, 4527, 4982
Un jeans e una maglietta (83) 2483d
Jekyll, Jr. *see* Il dottor Jekill, Jr.
Jenatsch (87 Germany) 1491m
Jenny Lee ha una nuova pistola *see* Sfida a Rio Bravo
Jerry (24) 1841d
Jesse e Lester, due fratelli in un posto chiamato Trinità (72) [I due fratelli in un posto chiamato Trinità; A Place Called Trinity; Trinity] 2134d-p*, 2881, 4106m
Jessica (62) 149, 439, 967, 1002, 1173, 1202, 1370, 1447, 1676, 1981, 2376, 2404, 3125, 3218m, 3238d-p, 3277, 3632, 3645ph, 3717, 3936
Jessy non perdona...uccide (66) [Sun-scorched] 20, 249d, 2401, 2834ph, 3525
Jesus of Nazareth *see* Gesù di Nazaret
Le Jeu avec le feu *see* Giocare col fuoco
Le Jeu de solitaire (75 France) 4651
Jeunes Mariés (53 France) 4708
Jim il primo (64) [Killer's Canyon; The Last Gun; Lonely Gunslinger] 424d, 1878ph, 2615, 3054, 3066
Los jinetes del terror (64 Spain) 1128d, 1818
Joan at the Stake *see* Giovanna d'Arco al rogo
Joan lui (85) [Joan lui: ma un giorno nel paese arrivo io di lunedì] 276s, 926d-m*, 1096ph, 2364, 3146
Il jockey della morte (15) 2572d*
Joe...cercati un posto per morire (68) [Find a Place to Die] 406w, 834d, 1671m, 1792p-w, 1961, 2228, 2470, 2648, 3386ph, 3482, 3531
Joe Dakota, spara...e così sia (72) [Joe Dakota, spara...e poi così sia; Spara Joe....e così sia; Shoot, Joe, and Shoot Again] 524, 783, 1779ph, 2134, 3045d, 3619, 4551
Joe Dexter *see* La sfida degli implacabili
Joe il rosso (36) 1488, 1497, 1614, 1615w, 1813m, 2601ph, 2910d, 2953a, 3473, 4091, 4484ph
Joe l'implacabile (65) [Dynamite Joe] 256, 316, 1266d, 3858, 4106m, 4677
Joe Valachi—i segreti di Cosa Nostra (72) [The Valachi Papers] 571, 661, 973, 1145a, 1165p, 1265, 1323p, 1790, 1857a, 1912ad, 2248, 2260, 2439, 2539, 2715, 2952, 3229, 3324, 3345m, 3576, 3750ad, 3803, 4253, 4312, 4396, 4543ph, 4564, 4622, 4717, 4914, 4941d
John il bastardo (67) 452, 1166d, 1681m, 2000, 3055, 3330, 3823
John Travolta...da un insolito destino (79) 2248, 4307ph
Johnny Banco (68) [Johnny Banco—geliebter Taugenichts] 74d, 203w, 688, 1274a, 1953, 2362ph, 2404, 2720m, 3429, 3592
Johnny Colt *see* Starblack
Johnny Hamlet *see* Quella sporca storia del west
Johnny Oro (66) [Ringo and His Golden Pistol] 211, 532w, 994, 1103d, 1215, 1399, 2782, 3386ph, 3949w, 3975, 4106m
Johnny Ringo *see* Uccidete Johnny Ringo
Johnny Texas (71) 2713, 3243, 3945, 4040d, 4053

Johnny West il mancino (65) [Left-Handed Johnny West] 756, 1177, 2268ph, 2486m, 3387, 3441d, 4247w
Johnny Yuma (66) 1215, 1246, 1460w, 1478, 2079d, 3243, 3406, 4247w, 4681
Joko, invoca Dio...e muori (68) [Vengeance] 703, 1266d, 2010, 2134, 3386ph, 3606, 4052, 4106m, 4891
Jolanda *see* Tenderly
Jolanda, la figlia del corsaro nero (21) 311ph
Jolanda, la figlia del corsaro nero (52) [La figlia del corsaro nero] 654, 918co, 1232, 1323p, 1346ph, 1712, 1932s, 2492, 3041, 3059, 3069a, 3584, 3636p, 4038, 4195, 4281d, 4296
Jolly, clown da circo (23) 427, 760d, 1498ph, 1907w, 2271, 4730w
Jone *see* Gli ultimi giorni di Pompei (13)
Jons und Erdma *see* La donna dell'altro
Joseph (16) 3869d
Joseph Desa *see* Cronache di un convento
Jou-jou (16) 827, 1179ph, 1216, 2173, 3237d
Jou-jou (20) 75ph, 1395d, 2792a
Un Jour peut-être à San Pedro ou ailleurs (77 France) 813
Le Journal d'une femme de chambre *see* Il diario di una cameriera
Une Journée bien remplie (73 France) 801
Journey Beneath the Desert *see* Antinea, l'amante della città sepolta
Journey to the Lost City *see* La tigre di Eschnapur *and* Il sepolcro indiano
Jovanka e le altre (59) [Five Branded Women] 334, 374, 1045, 1323p, 1736, 1925, 2033, 2065, 2156, 2486m, 2773, 3015, 3133, 3260, 3489, 3514w, 3850d, 3957, 3961ph, 4237, 4580, 4652
El joven rebelde (61 Cuba) 4968w
Jubilaeum (49) 681d
Jubileum (33) 2600ph
Judex *see* L'uomo in nero
Judge Roy Bean *see* All'ovest di Sacramento
Judgment of Coyote *see* La giustizia del Coyote
Judith (65 U.S.) 1717, 2614
Los jueces de la biblia (67 Spain) 3243
Los jueves milagro (57 Spain) 4378
Le Jugement dernier *see* Il giudizio universale
The Juggler (53 U.S.) 4803
Juke-box, urli d'amore (59) 844, 1972, 3128d, 3593, 4511, 4568ph
Juliano (60) 254d
Juliette de Sade (69 France) 1093
Juliot der Apache (21 Germany) 4807ph
Julius Caesar (09) *see* Giulio Cesare
Julius Caesar (13) *see* Caio Giulio Cesare
Julius Caesar (53 U.S.) 3452w
La Jument verte (59 France) 3030
Jump into Hell (55 U.S.) 4192
Jungla *see* Giungla
Jungla nera *see* Giungla nera
Jungle Hell *see* Il tesoro del Bengala
Jungle Raiders *see* I cacciatori del cobra d'oro
Le Jupon rouge (87 France) 4651
Jurtzenka (69 Spain) 582
Jus primae noctis (72) 709, 1677d, 2256ph, 4378, 4533
Jusqu'au bout du monde (62 France) 2833, 3509
Just Another War *see* Uomini contro
Just As You Are *see* Così come sei
Juste avant la nuit (71 France) 2909
Le Justicier de Davos (24 Switzerland) 2652
Justine *see* Le disavventure della virtù
Justitia (19) 197, 3626d-p*
KM 618 (49) 3893d-ph
K.Z.9 Lager di stermino (77) 998ph, 2918d
Kakientrüppen (77) 1970d, 3178, 4988ph
Kali-Yug II *see* Il mistero del tempio indiano
Kali-Yug, la dea della vendetta (63) [Kali-Yug I—Göttin der Rache] 207, 300, 418, 760d, 1627, 2082, 2386, 2486m, 4543ph
Kalidaa (18) [La storia di una mummia] 833, 1907d, 4684w
Kama Sutra—Vollendung der Liebe (68 Germany) 3407
Kamikaze 89 (82) 3244
Kammermusik (24 Germany) 3472
Kampf um Rom (68 Germany) 2404, 3345m
Der Kampf ums Matterhorn *see* La grande conquista
Kampuchea Express *see* Angkor—Cambodia Express
Kanonen Serenade *see* Pezzo, capopezzo e capitano
Kansas (88 U.S.) 1491m
Kansin *see* Vento d'Africa
Kaos (83) [Chaos] 148, 465, 663a, 1754, 2442ph, 2635, 3153m, 3586w, 4456d

Kapò (60) 1169p, 1869, 1932a, 3509, 3594, 3635d, 3851, 3865p, 3992m, 4381, 4485
Karate in Tangiers for Agent Z—7 *see* Z—7 operazione Rembrandt
Karzan, il favoloso uomo della giungla (71) 1680d, 2782
Katiuscia (23) 2484d-ph, 3981ph
Kean (16) 1400, 1844
Kean, genio e sregolatezza (57) 844, 1169p, 1475ph, 1667, 1882d*, 2448, 3627a, 3711ad, 3942w-ad, 3955, 4092, 4547, 4813m
Kean, gli amori di un artista (40) 637, 650d, 1465, 1636ad, 1659, 2624, 2861ph, 3415, 3643, 4044, 4092, 4133, 4269w, 4484ph
Keoma (75) [Django, il grande ritorno; The Anonymous Avenger; Django Rides Again; Django's Great Return; Keoma the Avenger] 419, 892d, 994, 1271m, 1553, 2005p, 3244, 4386
The Key (58 U.S.) 2614
Kid, il monello del west (67) [Western Kid; Bad Kids of the West] 102d, 107p, 824, 1102d, 1571, 1779ph, 3803
The Kidnap of Mary Lou *see* Milano odia: la polizia non può sparare
Kidnapping *see* Ventimila dollari sul sette
Kiedy Kobieta Sdraza Megea (24 Poland) 2742
Kiff Tebbi (27) 392, 760d, 1401ad, 1468, 2875ph, 3454, 4130, 4303, 4680, 4792
Kiki (34) 451, 475, 655ph, 1219p, 2910d, 4982
Kill and Pray *see* Requiescant
Kill, Baby, Kill *see* Operazione Paura
Kill Me with Kisses *see* Straziami...ma di baci saziami
Kill the Poker Player *see* Hai sbagliato, dovete uccidermi subito!
Kill the Wicked *see* Dio non paga, il sabato
Kill Them All and Come Back Alone *see* Ammazzali tutti e torna solo
Killer adios (68) [Winchester Justice] 102w, 280, 720w, 1611, 2247, 2264, 2288, 2493, 3243, 3482, 4283, 4970d
Killer calibro 32 (67) 322, 584, 644d, 1571, 2493, 3837, 4300
Killer Fish *see* Agguato sul fondo
Killer Kid (67) 279, 994, 1426, 1876w, 2764ph, 4053, 4107d, 4801
The Killer Likes Candy *see* Un killer per Sua Maestà
Killer Nun *see* Suor Omicidi
Un killer per Sua Maestà (68) [The Killer Likes Candy] 106, 924, 1040w, 1201, 1875, 2677, 2681, 2914, 3355d, 3530, 3730, 3987, 4247w, 4271, 4533
Killer's Canyon *see* Jim il primo
Killers Are Challenged, The *see* A 007 sfida ai killers
Killers of the Castle of Blood *see* Ivanna
Killing in Monte Carlo *see* Crimen
Kindar l'invulnerabile (64) 1017d, 1730, 3243, 3387
King David (85 U.S.) 1553
King Kong (76 U.S.) 972a, 1323p
King of Kings (61 U.S.) 1232, 3840
King of Kong Island *see* Eva, la venere selvaggia
The King of Naples *see* 'O re
The King of the Criminals *see* Superargo e i giganti senza volto
King of the Gypsies (79 U.S.) 1323p
King of the Ritz (33 U.S.) 1841d
King of the West *see* El desperado
King Queen Knave *see* Herzbube
Kingdom in the Sand *see* Il conquistatore di Atlantide
The King's Jester *see* Il re si diverte
The King's Whore (90 U.K.) 1993
Kiss Kiss Bang Bang (65) 1901, 3261m, 4487d
Kiss the Girls and Make Them Die *see* Se tutte le donne del mondo
Kitosch, l'uomo che veniva dal nord (67) 220, 2188, 2486m, 2648, 3239, 3378, 3903
Kitra, fiore della notte (19) 724, 1119d, 1960ph, 2538
The Klansman (74 U.S.) 3420
Kleinhoff Hotel (77) 1037, 1881m, 2582d, 3608ph
Knave of Hearts (54 U.K.) 4813m
Knickers Ahoy! (72 U.K.) 4515
The Knife in the Body *see* La lama nel corpo
Knockout *see* Colpo rovente
Knok out *see* Harlem
Koenigsmark (53 France) 2654, 3398
Kohanka Sciamoty (27 Poland) 2742
Kommando Leopard (85) 1266d, 2386, 3153m
Kommissar X—drei blaue Panther (68 Germany) 509, 1623, 2371, 3441d, 4247w
Kommissar X—drei grüne Hunde (68 Germany) 211, 2677, 4432

Kong Island *see* Eva, la venere selvaggia
Der König der Manege (21 Germany) 4807ph
Krakatoa East of Java (69 U.S.) 637
Kralj Petroleja *see* Uccidere a Apache Wells
Krasnaya Palatka *see* La tenda rossa
The Kremlin Letter (70 U.S.) 4654
Kri-Kri e Checcho al concorso di bellezza (13) 1847
Kriminal Story *see* Il marchio di Kriminal
Ku-fu dalla Sicilia con furore (73) 1754
Kung fu nel pazzo west (73) [Winchester, Kung Fu and Karate; Kung Fu Brothers in the Wild West] 419
Das kunstseidene Mädchen *see* La gran vita
Küssen ist deine Sünde (27 Germany) 3472
Le LL.AA.RR: principi di Napoli a Firenze (97) 728d-ph
LSD *see* Acid, delirio dei sensi
L'ha fatto una signora (38) [A Woman Did It] 4, 137, 479, 553m, 679, 1946w, 2922d, 3117a, 3118ph, 3555, 3828, 4443, 4651
La chiamavan Capinera (57) 45ph, 3295
La chiamavano Cosetta (16) 1210w, 1841d, 1842, 2072ph, 3289, 3394, 3510d
Là, dove non batte il sole (73) [Stranger and the Gunfighter; Blood Money] 316, 405, 509, 1266d, 1399, 3835, 4106m, 4616ph, 4663
Là, dove scende il sole (65) [Unter Geiern; Winnetou und der Bärenjäger; Frontier Hellcat; Among Vultures] 256, 307, 647, 694, 1971, 2024, 3987, 4288, 4417a, 4711, 4816d
Là, dove volano le pallottole (72) 2596, 4336
La sai l'ultimo su...i matti? (82) 2483d
La volete sapere la novità? (21) 1750d
Labbra bagnate (80) 1209ph
Labbra di lurido blu (76) 3407, 3538d, 3608ph
Le labbra e il cuore (17) 1841d, 1842, 4684w
Labbra rosse (60) [Fausses ingénues] 42, 83, 398d, 455, 528p, 805, 1676, 1783e, 2351, 2554w, 4071ph, 4618m, 4648, 4964w
Labbra serrate (42) [Closed Lips] 231, 555, 655ph, 964, 1276w, 1490, 1684s, 1936, 2922d, 4167
Labbra vogliose (81) 1209ph
Labyrinth (59 Germany) 3229
Der lachende Ehemann (28 Germany) 3472
Lacombe Lucien (73 France) 1346ph, 3270
Una lacrima sul viso (64) 1705d, 2902ph, 4286, 4443
Lacrimae rerum *see* Nel gorgo della vita
Lacrime (14) [Lagrime] 392, 393, 858ph, 1068, 1935d
Lacrime d'amore (55) 1812, 1830w, 2392, 2979d, 3050p, 4128, 4306, 4512ph, 4528
Lacrime d'amore (70) 1511
Le lacrime del popolo (18) 1472
Lacrime di sangue (44) 618, 650d, 793, 964, 1153ph, 1465, 1494, 2817a, 3040, 3209, 3271
Lacrime di sposa (56) 238, 272, 1103w, 4190ph, 4217, 4528, 4621
Lacrime e fiori (19) 554, 1334d, 1397
Lacrime e sorrisi *see* Lagrime e sorrisi
Lacrime napulitane (81) 2257d, 2640, 4790, 4841ph
Ladies' Doctor *see* Il ginecologo della mutua
La ladra (06) 4807ph
La ladra (55) 554d, 743, 832, 845, 1344, 1509, 1892, 1909, 3288w, 3894, 4071ph, 4564, 4622
Ladra di brillanti (06) 4807ph
La ladra di fanciulli (20) 4248d, 4680
I ladri (59) 1804d, 2972, 4559, 4602
Ladri al chiar di luna (58) [Gli amanti del chiar di luna; Les Bijoutiers du clair de lune; Heaven Fell That Night; The Night Heaven Fell] 213m, 294, 608, 3267, 3507, 3805, 4497ph, 4554, 4627d, 4651
Ladri di biciclette (48) [Bicycle Thieves; Bicycle Thief] 85, 95p, 147, 471w, 528, 815, 920w, 1001m, 1416d-p, 1758w, 1931w, 2083, 2536ad*, 2717, 3118ph, 4033, 4128, 4333, 4968w
Ladri di saponette (89) [Icicle Thieves] 1415m, 3255d*
Il ladro (22) 1506d, 4593
Il ladro (39) [Il ladro io!; Il ladro sono io!] 754d, 2083, 2269, 3117a, 3506, 3696ph, 3728, 4117ph, 4354
Il ladro della Gioconda *see* Il furto della Gioconda
Il ladro di Bagdad (60) 346, 573, 949, 1346ph, 1482, 1489, 1621, 2637d,

2886, 3080, 3457, 3778, 3992m, 4693, 4750, 4966
Ladro di donne (36) 1849d, 2220ph
Il ladro di Venezia (50) 620d, 925, 983, 1325, 1970d, 2467w, 2849, 3111, 3578, 4000p, 4010, 4115a, 4166a, 4189, 4237, 4273, 4378, 4433, 4554, 4599, 4611
Un ladro in paradiso (51) 95d-p, 1303w, 1994, 2851w, 3411d, 3789, 4127ph, 4133, 4432, 4443
Il ladro io! *see* Il ladro (39)
Ladro lui, ladra lei (57) 559, 844, 845, 2404, 2486m, 2782, 3320m, 3852, 4273, 4292, 4948d
Il ladro sono io! *see* Il ladro (39)
Un ladrón de guante blanco (45 Spain) 4187ph
Il ladrone (80) [The Fool Thief; The Good Thief] 764w, 1652, 1658ph, 1677d, 2427, 2877, 3109, 3153m
Die Lady *see* La notte del desiderio
The Lady Caliph *see* La califfa
Lady Caroline Lamb (72 U.K.) 1169p, 2798, 3114
Lady Desire (68 Greece) 1366m, 4326
A Lady Did It *see* L'ha fatto una signora
Lady Frankenstein *see* La figlia di Frankenstein
Lady Hamilton *see* Le calde notti di Lady Hamilton
Lady L (65 U.S.) 1647, 2614, 3636p
Lady Liberty *see* La mortadella
Lady Macbeth (18) 2073d
Ladyhawke (84 U.S.) 4379ph
Lafayette, una spada per due bandiere (61) 1416, 1525d, 2146, 2220ph, 2277p-w, 2647, 3665, 3695, 3699, 3795ph, 4016, 4017, 4137, 4231w, 4880
Lager SSadis Kastrat Kommandatur (77) [Hell Penitentiary] 1876d
Lago che muore (57) 4662d
Il lago dei romantici (55) 2077d, 2839m
Il lago di Brienz (13) 4807ph
Lago Maggiore (07) 4807ph
Lagrime *see* Lacrime
Lagrime e sorrisi (12) 441, 1068, 1302, 1838, 1935, 3237d
La lama del giustiziere *see* Don Cesare di Bazan
La lama nel corpo (66) [Les Nuits de l'épouvante; Revenge of the Living Dead; The Murder Society; The Murder Clinic; The Night of Terrors] 419, 1366m, 1884w, 2171, 2608, 2878w, 2887ph, 2954, 3672, 3837
La lampada alla finestra (20) 3910
Una lampada alla finestra (39) 78, 802w, 2474, 2719, 3117a, 3473, 3983, 4278, 4425d-e, 4637
La lampada della nonna (13) 98p, 975, 1801w, 2709d, 3236, 4807ph
La lampada votiva (21) 4956d
Il lampionaio del Ponte vecchio (19) 4447, 4819d
Lancelot du Lac (74 France) 1408ph
I lancieri di Savoia (05) 3326d-ph
I lancieri neri (61) 1665, 1809, 4433
Land of the Monsters *see* Maciste contro i mostri
The Land Raiders (69 U.S.) 3261m
Landru (63 France) 2894, 3636p
Landscape in the Mist (89 Greece) 2075w
Der Landvogt von Griefensee (79 Germany) 4651
Languidi baci. . . perfide carezze (77) 1271m, 3682, 3738, 4961w
Lanky Fellow *see* Per il gusto di uccidere
La lanterna del diavolo (31) 492w, 556, 655ph, 771d, 1636ad-e, 2064, 2872, 3703, 4432, 4680
La lanterna di Diogene (22) 2709d, 2792a
Largo alle donne! (24) 155, 160, 475, 650, 1068, 1694, 2463, 3568, 3596
Las Vegas 500 millones (69 Spain/U.S.) 166, 805
Lascia cantare il cuore (43) 341a-s, 1957, 3527, 3717, 4104d, 4226
Lasciamoli vivere (52) 250
Lasciate fare a Niniche! (17) 2072ph, 2710, 3510d
Lasciate ogni speranza (37) 137, 1054, 1252, 1391, 1392, 1488, 1786w, 1852, 3117a, 3118ph, 3447, 3836d, 4233
Lasciateci in pace (53) 679, 844, 1583s, 2713, 2774, 2885, 3953, 4232, 4306, 4754
The Last Act of Violence *see* L'ultima violenza
The Last Circus Show *see* Venditore di palloncini
The Last Days of Pompeii *see* Gli ultimi giorni di Pompei
The Last Days of Pompeii (84 U.S.) 3244
The Last Days of Sodom and Gomorra *see* Sodoma e Gomorra
The Last Emperor *see* L'ultimo imperatore
Last Glory of Troy *see* La leggenda di Enea

The Last Gun *see* Jim il primo
The Last Gunfight *see* Il venditore di morte
Last House on the Left II *see* Antefatto
The Last Hunter *see* Apocalisse domani
Last Italian Tango *see* Ultimo tango a Zagarol
The Last Judgment *see* Il giudizio universale
The Last Movie (71 U.S.) 3017
Last of the Badmen *see* Il tempo degli avvoltoi
Last of the Renegades *see* Giorni di fuoco
The Last of the Vikings *see* L'ultimo dei vichinghi
Last Rebel *see* L'ultimo pistolero
The Last Round *see* Il conto è chiuso
Last Survivor *see* Ultimo mondo cannibale
Last Train to Shanghai *see* Apocalisse sul Fiume Giallo
The Last Two from Rio Bravo *see* Le pistole non discutono
Last Year in Marienbad *see* L'anno scorso a Marienbad
"Latin Lover" *episode of* I tre volti
Latin Lovers *see* Le italiane e l'amore
Latina: dall'uranio all'energia elettrica (63) 4005d
Latte per la città (49) 3628d
Latte per una grande città (41) 1902d
Le lattivendole (14) 965, 4489, 4697d*
La laude della vita e la laude della morte (16) 1617d, 4331
Laura...a 16 anni mi dicesti sì (83) 644d, 1779ph
Laura nuda (61) 893, 1662d, 3017, 4112, 4742
Lauta mancia (56) 1469ph, 3626, 4813m
Laviamoci il cervello *see* RoGoPaG
Lavorano per voi (51) 2816d
Lavoratori della pietra (58) 4456d
"Il lavoro" *episode of* Boccaccio 70
Layton...karate e bambole (67) 2404
Lazarillo de Tormes (60 Spain) 845, 3412
Lazio (48) 4537d
Lazio alto (50) 2077d
Lazio minore (50) 2077d
Lazzarella (57) 619d, 1079, 1696, 1875, 1971, 1972, 3064, 3397, 3400, 3404, 3684w, 4601
Le farò da padre (74) [Bambina; I'll Take Her Like a Father] 721ph, 2475d*, 2909, 3046, 3098e, 3422, 3630, 3682, 4108, 4114
Le ho amate tutte (65) 1211d
Le Mans (71 U.S.) 2248, 2982
Le Mans scorciatoia per l'inferno (70) 560, 1652
Le piace Brahms? (61) [Aimez-vous Brahms?; Goodbye Again] 213m, 421, 1552, 1925, 2154, 2450, 2581d, 2980, 3099, 3515, 4013w, 4463w, 4497ph, 4569a
Lea (16) 874, 2341d*, 3118ph, 4661, 4983d
Lea al mare (10) 1975
Lea domatrice (11) 1975
Lea e Checcho in viaggio di nozze (13) 1847, 1975
Lea e il gomitolo (11) 1975
Lea femminista (10) 1975
Lea in convitto (10) 1975
Lea modernista (11) 1975
Lea portinaia di Kri-Kri (13) 1975
Lea si veste alla moda (10) 1975
Lea vuol morire (11) 1975
Leather and Nylon *see* Il più grande colpo del secolo
Lebbra bianca (50) 242, 1318, 1500, 2614, 2647, 2933, 3229, 3745, 4031, 4306, 4567d, 4579w
Il lebbroso (81) 3949d
Der lebende Leichnam (29 U.S.S.R.) 2272
Die lebende Maske *see* Enrico IV (26)
Lebendige Fracht (28 Austria) 4200
Leda (59) [Web of Passion] 382, 943d*, 1285ph, 1896w, 2427, 2636, 3051m, 3883, 4648
Leda innamorata (15) 2095, 2242d
La Leda senza cigno (17) 138d, 2095, 3910
Left-Handed Johnny West *see* Johnny West il mancino
Legati da tenera amicizia (83) 1857a, 1942d, 2887ph, 4025
The Legend of Lylah Clare (68 U.S.) 1123, 1620, 4515
Legend of the Lost *see* Timbuctù
The Legend of the Sea Wolf *see* Il lupo dei mari
Legend of the Wolf Woman *see* La lupa mannara
Legend of Valentino (75 U.S.) 3244
La legge (58) [La Loi; Where the Hot Wind Blows] 67, 165, 273p, 591, 631, 801, 843, 1251d, 1599w, 1958, 2596, 2861ph, 2907, 2921, 2981, 3099, 3627a, 3857, 4378, 4467, 4790, 4813m

La legge dei gangsters (69) 1779ph, 2386, 2804d, 4618m
La legge del compenso (13) 975, 3236, 3652
La legge del cuore (18) 4947d
La legge del mitra *see* Vite perdute
La legge del sangue *see* Legge di sangue
La legge del vizio 58) 417
La legge della camorra (76) 2084
La legge della vendetta *see* Faddijah
Legge della violenza (69) [Todos o ninguno] 249w, 1011m, 1147w
Legge di guerra (61) 1403, 1665, 3006, 3416d, 3649, 4131ph, 4669
Legge di sangue (48) [La legge del sangue] 422, 804d, 1122, 2550, 3447, 4554, 4555co
La legge è legge (58) [La Loi est la loi; La Loi c'est la loi] 984d, 1156, 1475ph, 1541, 1655, 1982, 3627a, 3935, 3960m, 4126w, 4416w, 4559
La legge violenta della squadra anticrimine (76) [Ultimatum alla città; Ultimatum] 794, 1047, 2902d, 3393, 4841ph
Leggenda azzurra (40) 1673e, 2069d, 2756w, 3209, 3583a, 3645ph, 4190ph, 4637, 4947
La leggenda dei tre fiori *see* La baronessa Daria, la leggenda dei tre fiori
La leggenda dei Nibelunghi *see* Sigfrido
La leggenda del castello (14) 277ph, 3326d-ph
La leggenda del Monte Cervino (40) 3658d
La leggenda del Piave (22) 827, 2271, 3235d, 4575
La leggenda del Piave (52) 774, 1786d, 1977, 3117a, 3526ph, 4542, 4754
La leggenda del rubino malese (85) 1266d, 2766ph
La leggenda del santo bevitore (88) 2143, 3322d-e, 3702a, 3706, 4318ph
La leggenda della croce (09) 4807ph
La leggenda della primavera (41) 976d, 3440, 4091
La leggenda delle Dolomiti (24) 2770, 3581, 4983d
La leggenda di Costamala (17) 434ph, 1419d, 1605
La leggenda di Enea (62) [The Avenger; War of the Trojans; Conquering Heroes; Last Glory of Troy; Last Glories of Troy] 144p, 1661, 1683, 1813m, 1869, 2566w, 2847, 3336, 3778, 3853d, 3957, 4348, 4720p
La leggenda di Faust (48) [Faust e Margherita; Faust and the Devil] 283, 537, 1117, 1693s, 1841d, 2919, 3707, 3721p, 4423, 4434p, 4721, 4759ph
La leggenda di Fra Diavolo (62) 2121, 3229, 3990, 4107d
La leggenda di Genoveffa (52) 637, 816, 835, 1203ph, 1834ph, 3419, 4073, 4720p, 4742
La leggenda di Merisana (53) 255d, 4625m
La leggenda di Pierrette (16) 1694ph
La leggenda di sant'Orsola (48) 1052w, 1153ph, 1578d, 4813m
La leggenda di santa Barbara (18) 572
La leggenda di Verona (49) 2077d, 2839m
La leggenda di Wally (28) 1834ph, 2011d, 3295, 3460, 4700d
Leggende medievali (08) 4807ph
Le leggi dell'onore (13) 3427d, 4767
Legionari al secondo parallelo (37) 2803d
La legione dei dannati (68) [Battle of the Commandos] 169w, 2224, 2231, 2324, 2534d, 2619, 3379, 3665
La legione della morte (14) 444, 3956d, 3984
Legione straniera (52) 1153ph, 1423w, 1631, 1755d, 1843, 2392, 2492, 3199w, 3319, 3488, 3914, 4166a, 4790
Le legioni di Cleopatra (59) [Legions of the Nile] 211, 506, 752, 1018, 1135d, 1167, 1294w, 1509, 1808, 1972, 2727, 2782, 2808, 2938, 3334, 3890, 3947m, 4063
The Legion's Last Patrol *see* Marcia o crepa
Lei (72) 4809
Lei o nessuna! (19) 3813d-ph
"El lenador y la muerte" *episode of* Le quattro verità
Leo the Last (70 U.K.) 2907
Leon Battista Alberti (72) 3948d
Leonardo *see* L'uomo e il genio
Leonardo da Vinci (18) 883d, 1119d
Leonardo da Vinci (53) 1578d, 2027w
"Il leone" *episode of* Le coppie
Il leone di Amalfi (50) 1627, 1717, 1766d, 1882, 3069a, 3271, 3621, 3992m, 4091, 4235, 4803
Il leone di Damasco (41) [El león de Damasco] 5s, 780, 1401d, 1423w, 1543, 1587m, 3271, 3507, 3584, 3840, 4092, 4309, 4484ph
Il leone di Omar (24) 975, 1334d*

Il leone di san Marco (64) 340, 774, 804d, 1631, 4162
Il leone di Tebe (64) [Helen, Queen of Troy] 428, 1161, 1333w, 1674d-ph, 1730, 1809, 2656, 3243, 4189, 4432, 4720p
Der leone have sept cabeças (70) [Le Lion a sept têtes] 659, 2402, 2504, 3754, 3895d-e, 4515
Il leone mansueto (22) 3731
Leoni al sole (61) 801d*, 1469ph, 2545, 4645, 4733
Leonor (75) 695d, 718, 854w, 1353, 3153m, 3202, 3559, 4562ph, 4615
The Leopard *see* Il gattopardo
La leoparda ferita (22) 95, 355ph, 1327d*, 2095
I leopardi di Churchill (70) 2386, 3957
Lepre di mare (13) 3326d-ph
"La lepre e la tartaruga" *episode of* Le quattro verità
Lesbo (69) 3177d
Let Them Rest *see* Requiescant
Let's Have a Riot *see* Contestazione generale
Let's Talk About Men *see* Questa volta parliamo di uomini
Let's Talk About Women *see* Se permettete. . .parliamo di donne
Lettera a una città (n.d.) 3834d-p
Una lettera all'alba (48) 95p, 463d, 1626, 1936, 3363, 3475, 3748, 4062, 4192, 4680, 4759ph, 4786
Lettera aperta a un giornale della sera (70) 2891d
La lettera chiusa (20) 4472, 4983d
Una lettera d'amore di Polidor (12) 3626
Lettera dall'Africa (51) 3215w-e
Lettera napoletana (54) 815, 2473ph, 2578, 3050p, 3338, 3457, 3930, 4556
Lettere al sottotenente (43) 61d, 810ph, 964, 1504, 1892, 2269, 2825, 3179m, 3592, 4166a, 4341
Lettere dal campo (11) 4807ph
Lettere di condannati a morte della Resistenza italiana (53) 4946m, 4968w
Lettere di una novizia (60) 382, 651, 1920ph, 1972, 2475d, 3531, 3535, 4629w, 4705
Letters from Capri *see* Capriccio
Letti sbagliati (65) 559, 709, 1754, 1973, 2603, 3992m, 4147, 4359d, 4547, 4602, 4753
Letti selvaggi (78) [Tigers in Lipstick; Hijinks] 118, 142, 397, 2075w, 2411, 3213ph, 3339, 3345m, 3601, 3996ph, 4809, 4948d
Il lettino vuoto (13) 534ph, 827, 2073d, 2974, 4482
Il letto (53) [Secrets d'alcove] 18, 104w, 182, 514, 698ph, 828w, 840, 908, 1293d, 1319d, 1416, 1572, 1762d, 2477w, 2917ph, 3133, 3166a, 3171, 3218m, 3464, 3513, 3797a, 4187ph, 4495p, 4523, 4678m
Il letto a tre piazze (59) 1827, 2038, 2765ph, 3503, 4166a, 4359d, 4511, 4515, 4559
"Il letto della Pompadour" *episode of* Il letto
Letto di sabbia (63) 4641
Il letto in piazza (75) 2261, 3607
La lettrice della duchessa (11) 4807ph
Lettura poco interessante (06) 4807ph
Die letzte Chance (45 Switzerland) 744, 3953
Der letzte Mohikaner (65 Germany) 1426
Das letzte Souper (28 Germany) 3454
Leva il diavolo tuo dal convento (73) 405
Levrieri da corsa (n.d.) 398d
La leyenda del cura Bargota (90 Spain) 4654
Una lezione di acustica (51) 4005d-p, 4813m
Lezione di anatomia (49) 4813m
Lezione di geometria (48) 3533m, 4005d, 4257w
Una lezione di polizia scientifica (42) 1755d
Lezioni di violoncello con toccata e fuga (76) 2752, 3608ph
Lezioni private (75) 405, 1420d, 1480ph
Les Liaisons dangereuses 1960 (59) 4387
Liana, la schiava bianca (58) [Liane, die weisse Sklavin; Nature Girl and the Slaver] 340, 428, 2988, 3118ph, 4425d, 4622
Liane spezzate (20) 379, 4331
Libera, amore mio (74) 83, 275e, 531d, 813, 927, 1454ph, 1644, 2545, 3153m, 4789w
Libera uscita (51) [Off Duty] 85, 518a, 1054p, 1058d, 1173, 1521, 1530, 2003, 2811w, 2993w, 3473, 3526ph, 4443, 4754
Liberazione (20) 2792a, 2861ph, 3442
Liberi, armati, pericolosi (77) [Young, Violent and Desperate] 2079d, 2970ph, 3017

Libertè, ègalitè, choucroute (85 France) 530p, 3213ph, 4241a
The Libertine *see* La matriarca
Liberty *see* I fatti di Bronte
Libido (66) 581, 1063, 1884w, 1945
Il libro della vita (19) 1472, 2069d
Licantropo (63) [Lycanthropus: bei Vollmond mord; Werewolf in a Girls' Dormitory; I Married a Werewolf] 1063, 2175d, 2632
La liceale (75) 844, 1658ph, 2085, 4442d
La liceale al mare con l'amica di papà (80) 1970d, 2965, 3092, 4955ph
La liceale e il diavolo e l'acquasanta (80) 999d
La liceale nella classe dei ripetenti (79) 2483d, 4955ph
La liceale seduce i professori (79) 1263, 2483d, 4955ph
Licenza premio (51) 384, 493m, 518a, 1054p, 1173, 1530, 1815m, 2268ph, 2445, 2811w, 2993w, 3247d, 3828, 3936, 3967, 4443
Liebe *see* Uragano sul Po
Liebe das Leben (25 Germany) 2742
Liebenskarnaval (28 Germany) 1907d
Die Liebersbriefe der Baronin von S. (24 Germany) 4807ph
Das Liebes Lied (30 Germany) 3586w
Liebeskommando (30 Germany) 3472
Das Lied der Ströme *see* Il canto dei grandi fiumi
Das Lied ist aus (30 Germany) 4010
Lieto fine (83) 397
Life Is Strange *see* Strana la vita
Ligabue (78) 1663, 1920ph, 2102, 3273d, 3393, 4586m, 4968w
Light at the Edge of the World *see* Il faro in capo il mondo
Light in the Piazza (62 U.S.) 637, 3218m
Light the Fuse... Sartana Is Coming *see* Una nuvola di polvere...un grido di morte...arriva Sartana
The Light Touch (51 U.S.) 126
Lightning Bolt *see* Operazione Goldman
Lightning Strikes Twice *see* Doppio delitto
Lights in the Fog *see* Fari nella nebbia
Lili Marleen (80 Germany) 1945
Lillibel from U.S.A. (28 Germany) 4200, 4807ph
Lilly e Lillette o l'arte di farsi amore (21) [L'arte di farsi amore; Lily Lolette] 176ph, 2095, 2463, 4947d
Lily Pussy (17) 4331
Il limbo (68) 2751w, 4625m
Lina la gigolette (21) 3187, 4575
Linea d'ombra (80) 1415m
La linea del fiume (76) 1178, 1998, 2545, 2900, 3339, 4131d
Il linguaggio dei gesti (58) 1850d
Linguaggio del volto (51) 681d
The Link (82 U.S.) [Blood Link] 38ph, 1365d, 1396w, 3153m
Liolà (64) [A Very Handy Man] 28, 104w, 511d, 631, 924, 1469ph, 3196, 3738, 4106m, 4530
Le Lion a sept têtes *see* Der leone have sept cabeças
Lion of the Desert (80 U.S.) [Omar Mukhtar—Lion of the Desert] 1623, 1857a, 2470, 3162, 4654
Les lions sont lâches (61) 813
Liquirizia (79) 592, 1408ph, 3373, 4049d
Lisa dagli occhi blu (70) 844
Lisa e il diavolo *see* La casa dell'exorcismo
Lisa Fleuron (19) 441, 858ph, 2792a, 3871d, 4044
Lisetta (34) 468p, 521d, 1416, 1937, 2987
Le Lit à deux places (66 France) 709, 743, 2404
Little Cigars (73 U.S.) 144p
The Little Hut (57 U.S.) 973
Little Lady *see* Signorinella
Little Rita nel far west (67) [Rita of the West] 253d, 286ph, 530p, 1971, 3055, 3154, 3477, 3949w, 4053
Little Women (49 U.S.) 637
The Little World of Don Camillo *see* Don Camillo
Littoria (32) 2910d
Live for Life *see* Un tipo che mi piace
Live Like a Man... Die Like a Cop *see* Uomini si nasce, poliziotti si muore
Living Dead at the Manchester Morgue *see* Non si deve profanare al sonno di morte
Liza *see* La cagna
Ll'nocchie Cunzaerete (17) 3426
Llanto por un bandido (64 Spain) 2900
Llega Sabata, reza por tu alma...y muere *see* Viva Sabata!
Llegaron los marcianos *see* I marziani hanno dodici mani
Lluvia de hijos (47 Spain) 1473
Lo ammazzo come un cane...ma lui rideva ancora (72) [Death Played the Flute] 438, 1147w, 1731, 3292
Lo che nunca muere (54 Spain) 4232
Lo chiamavano Bulldozer (79) [Upper-

cut] 693, 1271m, 1454ph, 2402, 2657d, 3485
Lo chiamavano California (76) [California] 222, 419, 530p, 686w, 1671m, 1901, 1933, 2224, 2609, 2657d, 4616ph
Lo chiamavano Django (71) [Viva! Django; Man Called Django] 222, 779, 1426, 2887ph, 3177d, 3330, 4384w
Lo chiamavano King (73) 228m, 524, 2134, 2340, 2386, 2766ph
Lo chiamavano Mezzogiorno (74) [Man Called Noon] 228m, 316, 608, 635, 775, 1067d, 1158, 1353, 2023, 2180, 2288, 2583p, 3378, 3945, 4045, 4137, 4219, 4506
Lo chiamavano Requiescant Fasthand (72) [Mano rapida; Fasthand; Fasthand Is Still My Name] 419, 464d, 622, 658w, 814w, 1671m, 4074, 4344p-w*
Lo chiamavano Spirito Santo *see* E lo chiamavano Spirito Santo
Lo chiamavano Tressette...giocava sempre colla morte (73) [In the West There Was a Man Named Invincible; Man Called Invincible; They Called Him the Player with the Dead] 834d, 1511, 2188, 2902ph, 3243, 3261m, 3482, 4368
Lo chiamavano Trinità (70) [They Call Me Trinity] 286d, 323, 790, 1959ph, 1971, 2023, 2102, 2797, 3485, 3952, 4391, 4945
Lo chiamavano "Verità" (72) 917, 1215, 1415m, 1683
Lo chiameremo Andrea (73) 1415m, 1416d, 2070ph, 2771, 2962, 4968w
Lo credevano uno stinco di santo (74) [Too Much Gold for One Gringo] 1426, 2224, 2258d, 2864, 4053
Lo irritarono...e Sartana fece piazza pulita (70) [Sartana Kills Them All] 252, 1869, 2247, 2766ph, 3924w, 3925d, 4320
Lo sai che i papaveri... (52) 518a, 768, 973, 1667, 1892, 1970d, 2250, 2811d, 2993d, 3386ph, 3461, 3953
Lo vedi come sei? (39) ["Lo vedi come sei ...lo vedi come se?!"] 768, 1457, 1650w, 1684s, 1996, 2601ph, 2667, 2922d, 2993w, 3040, 3863, 4359w
Lo voglio morto (68) 467d, 584, 1681m, 2182, 2869, 2900, 4165
Loaded Guns *see* Colpo in canna
The Loafers *see* I vitelloni
La locanda delle ombre (23) 155ph, 2011, 2173, 2242d, 3237d, 3617, 4022
La locandiera (13) 1132, 1343ph, 3869d
La locandiera (28) 269, 392, 1834ph, 2064, 3162, 3984d, 4354, 4466, 4960
La locandiera (43) 250, 939, 974d, 1016p, 1311, 1614, 1653, 1693s, 1787p, 2607m, 3231ph, 3451w, 3578, 3584, 3592, 4186co, 4233, 4280, 4622, 4637
La locandiera (80) [Mistress of the Inn] 406w, 912d, 926, 2078, 3146, 4781, 4840, 4841ph
Lock, Stock and Barrel *see* Baracca e burattini
Los locos vecinos del segundo (80 Spain) 3922
Lohengrin (35) 78, 137, 1062, 1276w, 1416, 1514, 1834ph, 2744d, 3117a, 3849, 4527, 4982
Lohengrin (47) 726d, 810ph, 3604, 4115a
La Loi à l'ouest de Pécos *see* All'ovest di Sacramento
La Loi des rues (57 France) 3398
Lola (61 France) 3636p
Lola (70) [Twinky] 30, 299, 359, 496, 661, 979, 1000p, 1149, 1199m, 1499d, 1728, 1916, 2146, 2219, 2294, 2368, 2468ph, 2553, 2805, 2951, 3152, 3726, 4148, 4193, 4347, 4445, 4703, 4855, 4903, 4924
Lola Colt (67) [Black Tigress; Face to Face with the Devil] 257, 1612, 1649, 2473ph, 2804d, 4165
Lolette (19) 2040, 3937
Lolita (18) 3813
Londra chiama polo nord (55) [House of Intrigue] 18, 1058d, 1294w, 1357, 1892, 2171, 2316, 2324, 2568, 2595s, 2647, 3001, 3007w, 3608ph, 3957, 4317
Lonely Gunslinger *see* Jim il primo
Long Live the Lady *see* Lunga vita alla signora
Long Live the Revolution *see* Tepepa
The Long Night of Exorcism *see* Non si sevizia un paperino
A Long Ride from Hell *see* Vivo per la tua morte
The Long Ships (64 U.S.) 4137
The Longest Hunt *see* Spara gringo spara
Lontano da dove (83) 38ph
Lontano, lontano, lontano (16) 1343ph
Lord Robinet (11) 4807ph
Lorella (58) [Napoli, sole mio] 166,

1306w*, 1358, 1948w, 3119ph, 3457, 3555, 4246d, 4602, 4752
Lorenzaccio (18) 1334d, 1400, 4011
Lorenzaccio (51) 42, 652, 1332ph, 1367co, 1461, 1667, 1675, 1717, 1958, 2647, 2885, 3288w, 3362d, 3969p, 3992m
Lorenzino de' Medici (34) 155ph, 650d, 1757, 2768p, 3072, 3388, 3415, 3570, 3578, 4044, 4185co, 4593, 4680
Los amigos *see* Punto e Capo
Loser Takes All (57 U.S.) 637, 1001m
Lost and Found *see* Oggetti smarriti
Lost Command (66 U.S.) 813
The Lost Kingdom *see* Antinea, l'amante della città sepolta
The Lost One *see* La Traviata (47)
The Lost Treasure of the Aztecs *see* Sansone e il tesoro degli incas
Lotosblüten für Miss Quon (67 Germany) 3864
La lotta (51) 681d
La lotta dell'uomo per la sua sopravvivenza (67) 3948d-p
Lotta giapponese (52) 681d
Lotta nelle tenebre (11) 3836d
La lotta per la vita (21) 650d, 655ph, 4797
Il lottatore della principessa (14) 2063
Lotte d'anima (10) 4807ph
Lotte di giganti (19) 2063, 4484ph
Lotte di spirito (19) 3432d
Lotte in Italia (69) 1986d, 2006d
Lotte nell'aria (19) 2964d
Lotte nell'ombra (38) 1848d, 2269, 2828, 2989, 3073, 3104, 3410, 3583a, 3728
Il lotto (55) 848d
Les Louves *see* I demoniaci
Love à la carte *see* Adua e le compagne
Love and Anarchy *see* Film d'amore e d'anarchia
Love and Energy *see* Conviene far bene l'amore
Love and Larceny *see* Il mattatore
Love and Money (82 U.S.) 3202
Love at First Sight *see* Colpo di fulmine
Love, Bullets and Frenzy *see* Amore, piombo e furore
Love by Appointment *see* Natale in casa d'appuntamento
Love Circle *see* Metti, una sera a cena
Love Gets Like This *see* L'amore si fa così
Love in Four Easy Lessons *see* Spogliamoci così senza pudor. . .
Love Is a Funny Thing *see* Un tipo che mi piace
Love Is Forever (83 U.S.) 4515
Love Is My Profession *see* La ragazza del peccato
The Love Makers *see* La viaccia
Love Me, Baby, Love Me *see* Concerto per pistola solista
Love Me. . .Love My Wife *see* Addio Alexandra
Love of My Heart *see* Core mio
Love on a Pillow *see* Il riposo del guerriero
Love Slaves of the Amazon *see* La regina delle amazzoni
The Love Specialist *see* La ragazza del Palio
A Lovely Way to Die (68 U.S.) 2404
Lovemaker, l'uomo per fare l'amore (69) 1470ph, 2566w, 4001
Lovemakers *see* La prima notte del dottor Danieli, industriale col complesso del . . .giocattolo
Lover, Wife *see* Mogliamante
Lovers and Liars *see* Viaggio con Anita
Lovers from Beyond the Tomb *see* Amanti d'oltretomba
Lovers from Paris *see* Le donne degli altri
The Loves and Times of Scaramouche *see* Le avventure e gli amori di Scaramouche
The Loves of Casanova *see* Le avventure di Giacomo Casanova
The Loves of Hercules *see* Gli amori di Ercole
The Loves of Salammbò *see* Salammbò
Loves of Three Queens *see* Femmina
Loving Cousins *see* Cugini carnali
Loyalty of Love *see* Teresa Confalonieri
Lu tempo di li pisci spata (54) 1413d
Luana, la figlia della foresta vergine (68) 252, 253d, 1011m, 2796, 4109, 4170, 4499, 4547
Luca, il contrabbandiere (80) [Contraband] 44, 1804d, 4491
Luca signorelli *see* La fine del mondo
Lucciola (16) 98p, 475, 1907d, 2704ph, 2742, 3236, 3910, 4022
La luce del mondo (34) 1798, 2268ph, 2436ph, 3390, 3722, 3836d
Luce di Dio (12) 4807ph
Luce immortale (59) 4625m
La luce negli impressionisti (n.d.) 4023d
Luce nell'ombra (21) 3813d
Luce nelle tenebre (41) 725, 768, 1276w, 1834ph, 1936, 2253m, 2598, 2922d, 4091, 4166a, 4252, 4651

Una lucertola con la pelle di donna (71) [Schizoid] 94p, 246, 257, 527, 670, 1369, 1804d, 1833, 1908, 1948w, 2074, 2243, 2797, 3114, 3153m, 3835, 4293, 4385
Luci del varietà (50) 240, 559, 710s-co, 735, 801, 1200ad, 1305, 1352, 1650d-p, 1706w, 2392, 2475d-p, 2476m, 2614, 2647, 2713, 2746, 2818, 2861ph, 2894, 3007a, 3579w, 3738, 3917, 3960m, 4645
Luci sommerse (34) [Don Pablo il bandito] 1117, 1693s, 1936, 2800, 3020d*, 3118ph, 3295, 3786, 4680
Lucia di Lammermoor (11) 872d
Lucia di Lammermoor (46) 43ph, 262d, 1117, 2596, 3069a, 3621, 4423
Lucia, luci... (22) 1226ph
"Luciana" *episode of* La mia signora
La Luciana (54) 2473ph, 2712, 3416w, 3447, 4554
Luciano Serra pilota (38) 61d, 85, 124, 155ph, 964, 1153ph, 1332ca, 1661, 2759, 2953a, 2969, 3040, 3041, 3200p, 3229, 3318, 3395w, 3415, 3503, 3696ph, 3834p, 3919, 3948w, 4128ad, 4252, 4512ph, 4543ph, 4780, 4791w
Luciano, una vita bruciata (62) 254d, 2070ph
Lucie de Trécoeur (22) 1907d
Luciella (21) 3285ph
Lucky Girls *see* Qui comincia l'avventura
Lucky Luciano *see* A proposito Lucky Luciano
Lucky Luke (91) 1971d*
Lucky Nick Cain *see* Il covo dei gangsters
Lucky Night *see* Notte di fortuna
Lucky to Be a Woman *see* La fortuna di essere donna
Lucrezia Borgia (10) 441, 871, 872d, 1617d, 2272, 2620ad
Lucrezia Borgia (19) 1907d, 2541
Lucrezia Borgia (40) 5s, 78, 395, 428, 541w, 726p, 2189d, 2233, 2861ph, 3179m, 3271, 3615, 3688ph, 4269w, 4476
Lucrezia Borgia (53) 175, 840, 984d, 1643, 1717, 2096a, 2852, 2917ph, 3565, 3707, 3803, 3865p, 3933, 4018w, 4177, 4189, 4231w, 4498m
Lucrezia Borgia, l'amante del diavolo (68) [Lucrezia] 191, 432, 886, 1017d-p-ph, 1506, 1869, 3803, 4170
Lucrezia Giovane (74) 4349
Ludwig (73) [Twilight of the Gods] 76, 195, 416, 418, 560, 702, 920w, 972a, 1799, 2054, 2172, 2219, 2760, 2773, 2957w, 3121, 3167, 3213ph, 3342, 3642, 3815, 4145, 4555co, 4795d
Lui è peggio di me (84) 1415m, 1432ph
Lui, lei e il nonno (61) 1809, 3689w
Lui per lei (71) 1666
Luigi XI re di Francia (09) 98p, 796, 1617d, 2709d*, 3680, 4807ph, 4819
Luisa, Carla, Lorenza e...le affetuose lontananze *see* Affetuose lontananze
Luisa Sanfelice (42) 453, 456w, 836, 1335, 1497, 2739, 2817a, 2969d, 3010, 3271, 3318, 3473, 3645ph, 3834p, 4189, 4637, 4759ph
Lulù (15) 1907d, 2974, 3983, 4472
Lulù (53) 933d, 1005, 1123, 1661, 2907, 3473, 3584, 4190ph, 4192
Lulù (80) 578d, 1326, 2383, 3601
Il lumacone (74) 377, 1263
Il lume dell'altra casa (20) 2011d*, 3491, 3586w
Lumiei (47) 3451d
Lumière (76 France) 582
La luna (79) 318, 397, 442d, 443w, 769, 1014, 1029, 1595, 1685, 2094, 2500, 2590, 3017, 3623, 4038, 4379ph, 4651
Luna di miele (41) 576p, 740w, 900w, 905w, 1005, 1690, 1914d, 2601ph, 2909, 3040, 3162, 3280, 4121, 4166a, 4732
"Luna di miele" *episode of* La donna degli altri è sempre più bella
Luna di miele in tre (76) 4307ph
Luna nova (25) 1704d, 4822d
Luna nova (55) [Luna nuova] 43ph, 804d, 1732, 1982, 2578, 2712, 3404, 4217, 4528
Luna rossa (51) 810, 1712, 1784, 2712, 3527
Lunatics, Lovers and Poets *see* Castelporziano, Ostia dei poeti
La Lune dans le caniveau (83 France) 2998, 4840
La lunga cavalcata della vendetta (72) [Deadly Trackers] 152ph, 340, 517d, 1565, 2134
Una lunga fila di croci (69) [Una horca para Django; A Hanging for Django; No Room to Die; Noose for Django] 419, 638, 1209ph, 1426, 1875, 1876d, 2691, 4779ph
La lunga notte dei disertori (70) 3753
La lunga notte del 43 (60) [That Long Night in 1943] 428, 939, 964, 1294w,

1469ph, 1562a, 1676, 2513, 3453w, 4025, 4662d
La lunga notte del terrore *see* La danza macabra
La lunga notte di Véronique (67) 1827
La lunga sfida (68) 3591
La lunga strada azzurra *see* La grande strada azzurra
La lunga strada del ritorno (62) 511d
Lunga vita alla signora (88) [Long Live the Lady] 3322
Le lunghe notti della Gestapo (74) 1828
I lunghi capelli della morte (64) 163, 1266d, 3386ph, 3992m, 4346, 4644w
I lunghi giorni dell'odio (68) [Faccia d'angelo; This Man Can't Die] 251d, 340, 649, 2700, 3243, 4891
I lunghi giorni della vendetta (68) 764p-w, 1460w, 1901, 1963, 2834ph, 3228, 3718, 4063, 4586m, 4662d
Lungi dal nido (15) 542w, 1397, 3956d*, 4120ph
Lungo Brenta (58) 2839m
Il lungo giorno del massacro (68) 279, 814d, 1961, 4109
Il lungo, il corto, il gatto (67) 1754, 1804d, 3406, 4165, 4693
Luoghi e figure di Verga (52) 4662d
La lupa (52) 266, 654, 918co, 1323p, 1562a, 1840, 2376, 2475d, 2751w, 2782, 3457, 3573w, 3636p, 3738, 4543ph, 4957
La lupa mannara (77) [Werewolf Woman; Legend of the Wolf Woman] 569, 852, 2469, 3945, 3982, 4165, 4330
I lupi attaccano in branco (71) 1627
I lupi della foresta *see* Il principe ribelle
Lupi nell'abisso (59) 89d, 580, 1773, 1972, 2647, 3917w, 4112, 4568ph, 4789w
Il lupo (17) 138d
Il lupo dei mari (73) [Wolf Larsen; The Sea Wolf; The Legend of the Sea Wolf] 232, 340, 1086, 1271m, 1415m, 4694d
Il lupo della frontiera (51) 824ph, 1515, 1756, 1878ph, 2517, 2648, 2746, 4133
Il lupo della montagna (51) 141d*, 1784
Il lupo della Sila (49) [The Lure of the Sila] 1058d, 1323p, 1515, 1882, 2773, 2892m, 3199w, 3229, 3953, 4192, 4280, 4543ph
Il lupo e l'agnello (80) 97s-co, 2901d, 3017, 3213ph
The Lure of the Sila *see* Il lupo della Sila
Lussuria (13) 2095
Lussuria (86) 1209d-ph
La lussuria (19) 388d, 441, 466w, 2792a
"La lussuria" *episode of* I sette peccati capitali
"Lust" *see* "La lussuria"
Lust in the Sun *see* Sole nella polvere
Lust of the Vampire *see* I vampiri
Lutring *see* Svegliati e uccidi
Luxury Girls *see* Fanciulle di lusso
Lycanthropus: bei Vollmond mord *see* Licantropo
Lynching *see* Sei una carogna, t'ammazzo
"Lysistrata" *see* "Nemica della guerra"
M.M.M. 83—missione Morte Molon 83 *see* Missione Morto
Ma, che musica, maestro (72) 377, 1754, 3509
Ma chi te lo fa fare? (48) [La sirena del golfo] 1276w, 1673d, 1852, 2818, 3395w, 4031, 4780
Ma chi ti ha dato la patente? (70) 1754
Ma cousine de Varsovie (32 France) 1841d
Ma...di che sesso sei? (79) 685
Ma femme, ma vache et moi (51 France) 2667, 3863
Ma l'amor mio non muore (13) 542w, 554, 572, 871, 872d, 1395, 3527, 3703, 3944, 3956, 4120ph
Ma l'amor mio non muore (21) 3525ph
Ma l'amor mio non muore (38) 95d-p, 1303, 1305, 1306, 1753, 3118ph, 3458, 3570, 4651
Ma non è una cosa seria (20) 549, 759d, 906ph, 3236, 3586w
Ma non è una cosa seria (36) 760d, 874, 924, 931, 942, 1311, 1416, 1957, 2872, 2953a, 2966, 3280, 3352, 3467w, 3570, 3586w, 4281w, 4484ph, 4729m, 4979
Macabra (72) 1955, 3957
Macabro (80) [Frozen Terror] 350d, 1345ph, 1346ph, 3081
Macario contro Zagomar (43) 475, 576p, 740w, 1457, 1674d, 1902ad-e, 2667, 2993w, 3329, 3526ph, 3863, 4273, 4786, 4947, 4957
Macbeth (09) 872d
I Maccabei (10) 2073d, 4482
Maccheroni (85) [Macaroni] 1229, 1324p, 2529, 2670w, 2907, 4126w, 4158d, 4586m
Macchia indelibile (13) 797, 1312d, 3527
La macchia rosa (16) 1834ph

Macchia rosa (69) 516, 1945, 4562ph, 4579
Macchiaioli a Livorno (64) 4727d
Macchie solari (74) [Autopsy] 824ph, 1166d, 1630, 1998, 2631, 3153m, 3678, 4189
La macchina ammazzacattivi (48) [The Camera That Kills Bad Guys] 104w, 690, 1303, 3007ad, 3947m, 3948d, 4071ph, 4078w, 4595
La macchina cinema (81) 381d, 3216ph
La macchina della violenza (76) [The Big Game] 1366m
Machine Gun Killers *see* Quel caldo maledetto giorno di fuoco
Machine Gun McCain *see* Gli intoccabili
El Macho *see under* E
Macho Killers *see* El Macho
Los machos *see* Uno di più all'inferno
Maciste (15) 3041, 3365, 3462d-p, 4536ph
Maciste Against the Pirate King *see* Sansone contro i pirati
Maciste all'inferno (25) 155ph, 650d, 1290fx, 2071, 2999, 3041, 3365, 3596p, 3617, 4022, 4061, 4195, 4484ph, 4960
Maciste all'inferno (60) [The Witch's Curse] 584, 953, 1164a, 1272, 1640, 1786d, 2344, 2451, 3154, 3386ph, 3569ad, 4232, 4958
Maciste alla corte del Gran Khan (61) [Samson and the Seven Miracles of the World; Le Géant à la cour de Kublai Khan; Goliath and the Golden City] 145, 471w, 846p, 953, 993, 1386, 1493p, 1684s, 1786d, 2252, 2253m, 3386ph, 3803, 4162, 4436, 4487w
Maciste alla corte dello zar (63) [Samson vs the Giant King; Atlas Against the Czar; Giant of the Lost Tomb] 517d, 1061, 1500, 1649, 3018, 3154, 3945, 3992m, 4189
Maciste alpino (16) 1290ph, 2709d, 3041, 3365, 3462d-p, 4536ph
Maciste and the Hundred Gladiators *see* Maciste, gladiatore di Sparta
Maciste and the King of Samar *see* Maciste contro gli uomini della luna
Maciste and the Monsters *see* Maciste contro i mostri
Maciste and the Queen of Samar *see* Maciste contro gli uomini della luna
Maciste and the Vampire *see* Maciste contro i mostri
Maciste atleta (17) 3365, 4536ph
Maciste bersagliere (16) 3365
Maciste Brothers *see* Gli invincibili fratelli Maciste
Maciste contro Ercole nella valle dei guai (62) [Hercules in the Vale of Woe] 708, 844, 1069p, 1621, 1754, 2811w, 2922d, 2993w, 3154, 3178, 3270, 3336, 4658, 4753
Maciste contro gli uomini della luna (64) [Maciste contro gli uomini luna; Maciste contro la regina di Samar; Maciste contre les hommes de pierre; Maciste and the King of Samar; Maciste and the Queen of Samar; Hercules Fights the Moon Men] 1018, 1914d, 4344, 4433, 4584ph
Maciste contro i cacciatori di teste (62) [Hercules and the Ax-Men; Colossus and the Headhunters] 2745d, 3154, 4117ph
Maciste contro i mongoli *see* Maciste nell'inferno di Genghis Khan
Maciste contro i mostri (63) [Colossus of the Stone Age; Fire Monsters Against the Son of Hercules; Land of the Monsters; Maciste and the Monsters] 211, 2516, 2562, 2745d, 2837
Maciste contro il vampiro (61) [The Vampires; Goliath Against the Vampires; Maciste and the Vampire] 309, 774, 925, 1103d, 1647, 1914d, 2244, 2765ph, 3627a, 3980, 4162, 4192, 4487w, 4806
Maciste contro la morte (19) 771d, 3041, 3131, 3365, 3703
Maciste contro lo sceicco (25) 427, 655ph, 760d, 1443, 2020, 2770, 3041, 3365, 3596p, 3652, 4022, 4593
Maciste contro Maciste (23) 3365
Maciste contro Moloch *see* Ercole contro Moloch
Maciste e il nipote d'America (23) 269, 475, 652, 655ph, 2271, 3365, 3596p, 3617
Maciste e la figlia del re della plata (22) [Maciste e la regina dell'argento] 2742, 3365
Maciste e la regina dell'argento *see* Maciste e la figlia del re della plata
Maciste e la regina di Samar *see* Maciste contro gli uomini della luna
Maciste, gladiatore di Sparta (64) [Il magnifico gladiatore; Maciste and the Hundred Gladiators; Terror of Rome Against the Son of Hercules] 101,

102w, 644w, 720d, 1730, 2224, 2681, 3478ph, 4337, 4533
Maciste, il gladiatore più forte del mondo (62) [Death in the Arena; Colossus of the Arena] 969, 1730, 1818, 2042, 2657d, 4062, 4628
Maciste imperatore (24) [Maciste l'imperatore] 269, 650d, 2020, 2946w, 2999, 3041, 3365, 3596p, 3652, 3921, 4061, 4484ph, 4947
Maciste in vacanza (20) 538, 3365, 4690, 4819
Maciste innamorato (19) 3070, 3365, 3703
Maciste, l'eroe più grande del mondo (63) [Goliath and the Sins of Babylon] 462, 969, 1163, 1366m, 1608, 1730, 1818, 1901, 1948w, 2042, 2167, 2615, 2648, 2657d, 3176, 3387
Maciste l'imperatore *see* Maciste imperatore
Maciste, l'uomo più forte del mondo (61) [The Strongest Man in the World; The Mole Men Versus the Son of Hercules] 849, 1730, 1869, 1979, 2019, 2540d, 3337, 4433, 4586m, 4928
Maciste medium (17) 3365, 4536ph
Maciste nell'inferno di Genghis Khan (64) [Maciste contro i mongoli; Hercules Against the Barbarians; Hercules Against the Mongols] 83, 1023, 1730, 2042, 2654, 2888ph, 3018, 3411d, 4314
Maciste nella gabbia dei leoni (26) 269, 650d, 655ph, 1068, 3041, 3365, 3596p, 4022, 4061, 4484ph
Maciste nella terra dei ciclopi (61) [Atlas Against the Cyclops; Monster from the Unknown World] 81, 83, 471w, 518a, 692, 846p, 1386, 1493p, 2253m, 2540d, 2608, 3055, 3837, 4188e, 4232, 4928
Maciste nella Valle dei Re (60) [Son of Samson; Maciste the Mighty] 81, 471w, 771d, 846p, 1294w, 1367co, 1482, 1493p, 1623, 1730, 2253m, 3196, 3386ph, 3742, 4232, 4432, 4958
Maciste nelle miniere del re Salomone (64) 462, 1366m, 2086, 2132, 2587, 3434, 4432, 4568ph
Maciste poliziotto (17) 3365, 3871d, 4536ph
Maciste I (19) 771d*, 3041, 3365, 3703
Maciste salvato dalle acque (20) 538, 561w, 3041, 3365, 4690, 4819
Maciste sonnambulo (18) 3365
Maciste the Mighty *see* Maciste nella Valle dei Re
Maciste und die chinesische Truhe (23 Germany) 3365
Maciste Versus the Stone Men *see* Maciste contro gli uomini della luna
Maciste Versus Zorro *see* Zorro contro Maciste
The Mackenzie Break (70 U.S.) 3345m
Macrò (Giuda uccidi il venerdì) (75) 2248, 2902d
The Mad Butcher *see* Lo strangolatore di Vienna
Mad Checkmate *see* Uno scacco tutto matto
Mad Dog *see* Cane arrabbiato
La madama (76) 53ph, 113, 4262, 4487d
Madama Butterfly (55) 1841d, 3865p, 3961ca
Madama l'ambasciatrice (19) [L'ambasciatrice; S.E. l'ambasciatrice] 1210d, 1307, 1443, 1929d, 2058ph
Madame *see* Madame Sans-gêne (61)
Madame Coralie e C. (14) [Mme. Coralie e C.] 534ph, 1847, 1975, 2905
Madame De... *see* I gioielli di Madame De...
Madame Dubarry (54) [Madame Du Barry] 149, 774, 840, 984d, 1513, 1592, 2096a, 2120, 2266, 2290w, 2646, 2917ph, 2966, 3296, 3429, 3550, 3572, 3738, 3865p, 3872, 3935, 4189, 4409, 4429, 4477, 4638w, 4678m
Madame Flirt (18) 833, 1506w, 2173, 3237d
Madame Fricot è gelosa (13) 4697
Madame Kitty *see* Salon Kitty
Madame Putifarre (06) 4807ph
Madame Renée *see* Il consultorio di Madame Renée
Madame Sans-gêne (21) 2173, 3237d
Madame Sans-gêne (61) [Madame] 436, 439, 984d, 1195, 1274a, 1294w, 1588co, 1920ph, 1963, 1973, 2216, 2290w, 2614, 2883, 3385, 3523p, 3636p, 4053, 4282w, 4467
Madame Tallien (15) 427, 572, 872d, 2073d, 3289
Madamigella di Maupin (66) [Mademoiselle de Maupin] 87, 275e, 531d, 1920ph, 1932a, 2216, 2723w, 2784m, 3017, 3561, 4301
Das Mädchen mit der Protektion (27 Germany) 2271, 3836d
Mädchen und Männer *see* La ragazza della salina

Die Mädchen von Paris (27 Germany) 3472
Maddalena (53) 939, 1423w, 1504, 1907d, 2647, 3041, 3231ph, 3415, 3684w, 3795ph, 4166a, 4192, 4488, 4549, 4668, 4729m
Maddalena (71) 1872, 1885, 2010, 2352d, 3153m, 3342
Maddalena Ferrat (20) 441, 466w, 858ph, 2792a, 3442, 3871d
Maddalena, zero in condotta (40) 43ph, 303, 422, 468p, 618, 965, 1276w, 1352, 1416d*, 1462, 2953a, 3010, 4714, 4780
Made in Italy (65) 48, 439, 583, 692, 709, 893, 964, 973, 1606, 1620, 1973, 2000, 2070ph, 2404, 2460, 2578, 2633d, 2638p, 2670w, 2719, 2771, 2900, 2908e, 3992m, 4158w, 4292, 4293, 4301, 4618m, 4840
Ein Mädel aus dem Volke (28 Germany) 3472
Mademoiselle (66 France/U.K.) 2782
Mademoiselle de Maupin *see* Madamigella di Maupin
Mademoiselle de Scudery (11) 871, 872d
Mademoiselle di Montecristo (17) 1395d*, 2348
Mademoiselle Gobette *see* La presidentessa
Mademoiselle Josette, ma femme (27 France) 3472
Mademoiselle Pas-chic (18) 128ph, 1068, 2271, 3836d
Mademoiselle se maquille (19) 650d
Madigan's Millions *see* Un dollaro per sette vigliacchi
Madly in Love *see* Innamorato pazzo
Madman at War *see* Scemo di guerra
Mado (76 France) 3561
La madonna agli angoli delle strade (49) 1910d
Madonna, che silenzio c'è stasera (82) [Wow! How Quiet It Is Tonight] 978s-co, 3098e, 3298w*, 3637d
La madonna del rosario *see* La fanciulla di Pompei (24)
La madonna della Robbia (21) 36, 821, 2436ph, 3432d
Madonna delle rose (54) 573, 743, 1455d, 1815m, 2473ph, 3270, 3287, 4756
La madonna di neve (19) 1273, 2072ph
La madonna errante (21) 3118ph, 3758d
Madonna grazia (17) 1841d, 1842
Le madonne di Raffaello (n.d.) 4061d
Madonne senesi (58) 4727d
La madonnina (21) 2060ph, 3472d
La madonnina d'oro (49) [The Golden Madonna] 746, 833, 846d, 1099, 1213ad, 1693s, 3793, 4237, 4532w, 4630d, 4644w
La madonnina dei marinai (27) 1302, 1327d, 2040, 2072ph, 2095, 3786, 4105
Madre (16) *see* Cenere
La madre (13) 393, 441, 1068, 3237dd
La madre folle (16) 538, 1825d, 4593
La madre folle (22) 1307, 1841d-p, 1842, 2072ph, 3570, 4593, 4680
Madre ignorata (12) 4807ph
Madre italiana (28) 1068, 2484d, 4022
Madre martire (16) 865d
Una madre ritorna (19) [Cuore di Roma] 810ph
Una madre ritorna (52) 3688ph, 3745, 3864, 4254
Madri pericolose (60) 479, 2888ph, 3411d, 3425, 3447, 3506, 3857, 4066, 4116, 4515, 4625m
Madron (70 U.S.) 3345m
Madunella (47) 107p
The Madwoman of Chaillot (69 U.K.) 2894
La maestra d'amore (23) 2946d
Maestri della caricatura (49) 3628d
La maestrina (13) 441, 1068, 1302, 1838, 1935, 3237d
La maestrina (19) 1694ph, 1801w
La maestrina (33) 95p, 155ph, 650d, 655ph, 991, 1236m, 1798, 2953a, 3318, 3372, 4982
La maestrina (42) 451, 453, 463d, 618, 1001m, 1153ph, 1383, 1892, 3005, 3506, 3828, 4010, 4166a, 4186co
Il maestro (57) [The Teacher and the Miracle] 102w, 712, 749, 1606d-p*, 1657, 2790p, 2938, 3249, 3412, 3903
Il maestro (89) 224, 2682
Il maestro di don Giovanni (53) [Le avventure di don Giovanni; Crossed Swords] 240, 478, 812ph, 971, 1232, 1583s, 1713, 2038, 2268ph, 2410d-p, 2596, 2654, 2839m, 3717, 3842, 3862, 4547, 4701d-p, 4869ad
Il maestro di Vigevano (63) 515, 1323p, 1425, 2721, 2861ph, 2908e, 2945, 3534d, 3960m, 4292
Il maestro di violino (77) 1610d, 3064
Il maestro e Margherita (72) 1183, 1630,

1920ph, 3153m, 3539d, 4530, 4839, 4978
Maestro Landi *see* Mastro Landi
Mafai (57) 3007d
Mafia alla sbarra (63) 1972
Mafia, una legge che non perdona (81) 2609, 3055
I mafiosi (60) 2928d, 4274, 4622
Il mafioso (62) 396, 940p, 1323p, 1562a, 1666w, 2475d, 3213ph, 3558m, 4126w, 4292
La maga e il grifo (22) 4046
Maggio (13) [I cento giorni] 3869d
Maggio musicale (90) 2682
Il maggiorato fisico (56) [Vous pigez?] 1091, 1784, 3857
Magia verde (52) 1153ph, 2486m, 3215d, 4188e
Magic Fire (56 U.S.) 1123
Les Magiciens (75 France) 4057
Il magistrato (59) 166, 813, 1677w, 1763w, 2843, 2996, 3513, 3608ph, 3947m, 4090, 4177, 4189, 4392, 4948d
Maglia nera (19) 3432d
I magliari (59) 692, 1475ph, 1973, 2513, 3558m, 3942d, 4038, 4188e, 4292, 4790
Il magnaccio (68) 1014, 1515, 2074, 4719
Magnasco (50) 2999ph
Il magnate (73) 709, 878, 2061d, 4137
Magnet of Doom *see* Lo sciacallo
The Magnificent Bandit *see* O cangaceiro
Magnificent Three *see* I tre implacabili
Le magnifiche sette (61) 479, 3473, 4106m, 4722w, 4754
I magnifici brutos del west (65) [Badmen of the West] 1249, 1366m, 1970d, 2938, 3497, 3957
I magnifici tre (61) 4246d, 4511, 4530, 4753
Il magnifico avventuriero (62) 1602, 1786d, 2888ph
Il magnifico cornuto (64) 110, 514, 813, 1026, 1436, 2109, 3213ph, 3254, 3573d, 3748, 4158w, 4530, 4586m, 4821, 4901
Il magnifico delitto (10) 2709d*
El magnifico extranjero *see* Per un pugno di dollari
Il magnifico gladiatore *see* Maciste, gladiatore di Sparta
Magnifico, l'uomo dell'est *see* E poi lo chiamarono Il magnifico
Il magnifico texano (67) 804d, 1366m, 1430, 2247, 3406, 4109, 4189
Il magnifico west (72) 1011m, 2340, 3055
Le Magnifique (73 France) 801
Il mago per forza (51) 43ph, 329, 1970d, 2614, 2811d, 2993d, 3069a, 3592, 3840, 4062, 4167, 4233, 4511, 4611, 4716ph, 4823
Le Magot de Josefa (62 France) 2719
Mai con le donne (85) 1454ph, 1610d
Mai ti scorderò (53) 825, 1521
Maigret à Pigalle (66 France) 1647, 1963
Maigret voit rouge (63 France) 4062
La Main à couper (74 France) 2900
The Main Attraction (62 U.S.) 3064m
La Maison sous les arbres (72 France) 3803
La maja desnuda (58) [The Naked Maja] 588, 939, 941, 1590, 1683, 1684s, 1764, 1863, 1977, 2344, 2406d, 2486m, 2771, 3119ph, 3176, 3229, 3363, 3684w, 3863, 3961ph, 3991ad, 4188e, 4189, 4309
Make Them Die Slowly *see* Cannibal Ferrox
The Making of a Lady *see* Le calde notti di Lady Hamilton
Le Mal d'aimer (87 France) 2674m, 3996ph
La "mala" ordina (72) [The Italian Connection; Manhunt] 20, 405, 927, 1074, 1189, 1460d, 1607, 2404, 2678, 3420, 4236, 4386, 4586m, 4779ph
Mala Pasqua (19) 355ph, 2653
La mala pianta (11) 872d, 1801w, 4447, 4807ph
Malabestia (78) 405, 3178
Malacarne (17) 3567, 4482
Malacarne (46) [Turi della tonnara] 2624, 2979d, 3229, 3560a, 4306, 4323, 4556, 4987w
Maladonna (84) 1823d
Malafemmina (19) 3382d
Malafemmina (57) 1704d, 2904, 3386ph, 4280, 4515
I malamondo (64) 926, 2070ph, 3153m, 4301
Malamore (82) 275e, 2415ph, 4794d
Malaspina (47) 107p, 692, 1704d
Malastrana *see* La corta notte delle bambole di vetro
Il malato immaginario (78) [The Hypochondriac] 142, 275e, 514, 801, 940d, 3213ph, 3373, 3558m, 4094, 4115a, 4292w*, 4555co, 4814
Malavita (51) 3259, 4235
La malavita attacca. . . la polizia risponde (76) 222, 720d, 1828, 4355

Malaya (50 U.S.) 1123
La maldicción de los Karnstein *see* La cripta e l'incubo
Maldonne (68 France) 2873
Il male oscuro (90) 801, 920w, 1945, 2005p, 2075w, 2908e, 3088d, 3153m, 4057
Le maledette pistole di Dallas (64) [Tre dollari di piombo] 87, 473, 2247, 2796
Maledetti, vi amerò (80) [To Love the Damned] 1962d-m
Un maledetto imbroglio (59) [The Facts of Murder] 95p, 287ph, 813, 893, 1562a, 1607, 1827, 1924d*, 1981, 2000, 2014, 2451, 3865p, 3955, 3992m, 4547, 4612, 4622
Un maledetto pasticcio (75) [Babysitter] 1033d, 2429m, 3066, 3158, 3504w, 3636p, 3660, 3922, 4144, 4307ph, 4514, 4704, 4789w
Il malefico anello (16) 1617d, 4331
Il malefico anello (23) 4331
Malekat el-Massareh (36 Egypt) 4822d
Malenka (68) [Malenka: la sobrina del vampiro; La nipote del vampiro; Fangs of the Living Dead] 866, 1565, 2112, 2619, 4933
Malesia magica (61) 4106m
Malia (17) 441, 858ph, 1273d, 2770, 2792a
Malia (45) [Fascination] 95d-p, 261, 637, 890w, 939, 1383, 2654, 2892m, 3681, 4543ph
Malia (77) 2677
La malia dell'oro (06) 41p
Malia, vergine e di nome Maria *see* Peppino e la vergine Maria
Maligno riflesso *see* Yvonne, la bella della "danse brutale"
Malinconico autunno (58) [Colle del puerto] 1276w, 2066, 2910d, 3229, 4065, 4616ph
Malizia (72) [Lovers and Other Relatives; Malicious] 142, 210, 651, 852, 862, 1466, 1672, 1685, 2081, 2640, 3082, 3098e, 3339, 4049d, 4379ph
Malizia erotica (80) 1903 Mallory Must Not Die *see* Il mio nome è Mallory... "M" come morte
Malocchio (75) 4229d
Malombra (16) 572, 883, 1841d, 2060ph, 2097, 3289
Malombra (42) 477, 544w, 667, 964, 1165, 1323p, 1367co, 1462, 1497, 2818, 2826w, 2953a, 3046, 3162, 3552, 3722, 3938m, 4281d, 4433, 4484ph, 4599
Malombra (83) 1823d
Mam'selle Striptease *see* Miss Spogliarello
Mam'zelle Extra (20) 534ph, 3570, 3609
Mam'zelle Kikiriki *see* La signorina Chicchirichì
Mam'zelle Nitouche (23) *see* Santarellina
Mam'zelle Nitouche (53 France) 126
Maman Colibrì (18) 858ph, 1273d, 2792a, 4472, 4575
Maman Colibri (29 France) 2272
Maman Poupée (17) 574, 1512, 1841d, 1842, 2072ph, 3981ph
Mamba (88) 4318ph
Mambo (54) 996, 1020, 1294w, 1323p, 1536, 1882, 2773, 3514w, 3636p, 3793, 3882, 3958ph, 3960m, 4912
Mamma (41) [Mütter] 395, 493m, 650d, 768, 784w, 1636, 1834ph, 1950, 2016, 2197, 3503, 4166a
La mamma bella (15) 98p, 1464, 1614, 1801w, 3236
Mamma dolce, mamma cara (72) 418
La mamma dorme (11) 872d, 4807ph
Mamma Ebe (85) 38ph, 455, 1278, 1783e, 2582d, 4057
Mamma mia, che impressione! (51) 1344, 1416p, 2792a, 3118ph, 3376, 3473, 3848, 3918, 4104d, 4273, 4292w*, 4968w
Mamma mia che vo sape! (26) 1221
Mamma mia, è arrivato "Così Sia" (72) [They Still Call Me Amen; Oremus, Alleliua e Così Sia] 745d, 1006, 1671m, 2982, 3386ph, 3922
Mamma perdona! (14) 2242d
Mamma perdonami (54) 3930, 4280, 4694d
Mamma Roma (62) 484p, 1014, 1120, 1346ph, 1871, 2267, 2719, 3069a, 3145, 3453d, 3992m
Mamma sconosciuta (56) 45ph, 771d, 1631, 1971, 2076w, 2713, 2909, 3043, 3400, 4059, 4574
Il "Mammasantissima" (78) [Big Mamma] 644d, 1779ph, 2609
Mammina (11) 427, 1132
Man-Eater *see* Anthropophagus
A Man About the House (47 U.K.) 2596, 4027
Man Called Amen *see* Così Sia
Man Called Blade *see* Mannaja
Man Called Django *see* Lo chiamavano Django

Man Called Invincible *see* Lo chiamavano Tressette. . . giocava sempre colla morte
A Man Called Jericho (72 U.K.) 142
Man Called Joe Clifford *see* L'uomo chiamato Apocalisse Joe
Man Called Noon *see* Lo chiamavano Mezzogiorno
A Man Called Sledge *see* Sledge
A Man Came to Kill (66) *see* L'uomo dalla pistola d'oro
A Man Came to Kill (68) *see* L'uomo venuto per uccidere
A Man Could Get Killed (66 U.S.) 4693
A Man for Burning *see* Un uomo da bruciare
The Man from Cairo *see* Avventura ad Algeri
Man from Canyon City *see* L'uomo che viene da Canyon City
The Man from Deep River *see* Il paese del sesso selvaggio
The Man from Nowhere *see* Il pistolero di Arizona
Man from Oklahoma *see* Il ranch degli spietati
Man. . . His Pride and His Vengeance *see* L'uomo, l'orgoglio, la vendetta
The Man of La Mancha *see* L'uomo della Mancha
Man of the East *see* E pòi lo chiamarono Il magnifico
Man Only Cries for Love *see* Donne. . . botte e bersaglieri
The Man Who Came for Coffee *see* Venga a prendere il caffè. . . da noi
The Man Who Cried for Revenge *see* Il suo nome gridava vendetta
The Man Who Killed Billy the Kid *see* . . . E divenne il più spietato bandito del sud
The Man Who Lived Twice *see* Il segreto del dottor Chalmers
The Man Who Understood Women (59 U.S.) 1232
The Man Who Wagged His Tail *see* Un angelo passò per Brooklyn
The Man with Bogart's Face (79 U.S.) 3244
Man with the Golden Winchester *see* Il figlio di Zorro
The Man with the Whistling Nose *see* Il fischio al naso
Manaos (79 Spain) 377, 4491
Une Manche et la belle (57 France) 3046
Un mandarino per Teo (60) 479, 559, 1475ph, 2922d, 3270
Mandingo (75 U.S.) 1323p
La mandragola (65) 275e, 484p, 646, 1346ph, 1492s-co, 1562a, 2475d, 2545, 2839m, 3096, 4137, 4559, 4652
Mandrin *see* Le avventure di Mandrin
Manege (38 Germany) 1841d, 4680
Los mangantes *see* Gli imbroglioni
Mangiala! (68) [Eat It!] 48, 235, 686w, 903, 1417ca, 2415ph, 2797, 3098e, 3153m, 3996ph, 4781, 4916
Mangiati vivi (80) [Mangiati vivi dai cannibali; The Emerald Jungle; Defy to the Last Paradise; Doomed to Die] 23, 1665, 2534d, 3753, 4955ph
Manhattan Baby *see* L'occhio del male (83)
Manhunt *see* La "mala" ordina
The Manhunt *see* Cane arrabbiato
Manhunter (86 U.S.) 1323p, 4318ph
Mani di fata (83) 721ph, 4359d
Le mani di una donna sola (79) 2764ph
Mani di velluto (80) [Velvet Fingers] 91s, 891d, 926, 1096ph, 2005p, 3999c, 4209
Mani in alto (61) 1091, 2404, 4789w
Le mani sporche (78) 3534d
Le mani sulla città (63) 44, 1475ph, 3558m, 3748, 3942d, 4282w, 4352
Maniac Mansion *see* Replica di un delitto
I maniaci (64) 801, 1511, 1754, 1804d, 1885, 2516, 3386ph, 4346, 4511, 4645, 4753
Manifesto (88 U.S.) 3153m
Mann auf den Kometen (24 Germany) 4807ph
Der Mann der nicht nein sagen kann (38 Germany) 760d, 3586w
Mann nennt es amore (61) 1627, 1813m, 3857
Mannaja (77) [Man Called Blade] 340, 657, 1271m, 2545, 2878d, 2986, 4132w, 4355, 4955ph
Mannon: finestra 2 (57) 3322d
La mano (70) 862
La mano che nutre la morte (75) [Hand of the Living Dead] 1876d, 2386
La mano della morta (49) 492w, 771d, 1288, 1346ph, 1878ph, 3271, 3288w, 3312w, 3415, 3840, 4003, 4622, 4720p, 4774, 4820
La mano della morte (16) 655ph
La mano dello straniero (53) 334, 996, 1133, 1573w, 1717, 2047w, 2219, 3193, 3348, 3865p, 4115a, 4187ph, 4281d, 4651

La mano destra del diavolo (72) 2386
La mano di Fatma (15) 2305
"La mano di Fatma" *episode of* I cuori infranti
Mano di velluto (65) 621, 926, 3955
La mano e la macchina (56) 848d
"La mano guantata" *episode of* Dollari e fraks
La mano guantato di bianco (20) 277ph
Mano lesta (80) 1071, 1658ph, 1677d, 3738
La mano nascosta di Dio (71) 2386
La mano nera (15) 434ph
La "Mano nera," prima della mafia, più della mafia (73) [The Black Hand] 3386ph, 3724d, 3992m, 4336
Mano rapida *see* Lo chiamavano Requiescant Fasthand
La mano spietata della legge (74) 44, 927, 1189, 1399, 2386, 2545, 3114, 4564
La mano sugli occhi (29) 3491, 4700d
La mano tagliata (19) 1312d
Manon Lescaut (11) 441
Manon Lescaut (18) 1864d, 2532ph, 3819ph, 4931
Manon Lescaut (40) 341a-s, 613, 645, 655ph, 781, 784w, 1184p, 1416, 1465, 1490, 1693s, 1841d, 3352, 3557, 3812, 4511, 4651, 4818
Manon Lescaut (54) *see* Gli amori di Manon Lescaut
Manon 70 (68) 222, 646, 983, 1379, 1503p, 1797, 1826m, 2867, 2873, 4876
Manone il ladrone (73) 1266d
Los manos sucias *see* La morte ha viaggiato con me
Manos torpes *see* Quando Satana impugna la colt
Manovre d'amore (39) 422, 725, 931, 991, 1332ph, 1852, 3148, 3592, 3836d, 4186co, 4226, 4818, 4948w
Le manovre degli alpini al colle della Ranzola (04) 3326d-ph
Le manovre navali italiane (08) 3326d-ph
La mansión de la niebla *see* Quando Marta urlò nella tomba
Mantelli e spade insanguinate (54) 714, 770, 3478ph, 4375, 4574
Il mantello rosso (54) 45ph, 713, 1521, 2732, 2839m, 2955, 3064, 3188, 3478, 3894, 3957, 4159d, 4309, 4564
Il mantenuto (61) 844, 1981, 2626, 3161, 3803, 4127ph, 4530d*, 4586m, 4753
La mantide (75) 211
Manù, il contrabbandiere (47) [Il contrabbandiere; Les Dessons des cartes] 391, 801, 913d, 1240, 1311, 1979, 3780, 4774, 4807ph
Manuela (57 U.K.) 2873
Many Wars Ago *see* Uomini contro
Mar rosso (55) 1662d
"Mara" *episode of* Tempi nostri
"Mara" *episode of* Ieri oggi e domani
Mara West (21) 4807ph
Marakatumba...ma non è una rumba (51) 690, 844, 1691, 3716, 3752, 3828, 3845ph
Maramao (87) 339ph, 3293, 3298p
Marat/Sade (66 U.K.) 4355
Maratona (28) 1302, 1633, 2051, 2064, 3118ph, 3162, 3245d, 3570, 4246d, 4354, 4792
Maratona bianca (35) 1153ph
Marc Mato, agente S 007 *see* S.007 spionaggio a Tangeri
La marca stellata (49) 1910d
Marcantonio e Cleopatra (13) [Antony and Cleopatra] 534ph, 1467, 2073d, 2653, 3289, 4482
Marcelino vin y amor (55 Spain) 751
Marcella (15) 1068, 2173, 3237d
Marcella (20) 1841d, 1842, 2072ph, 3242
Marcella (37) 566, 650d, 1636e, 1693s, 1841d, 2016, 2792a, 2861ph, 3472, 3944, 4378, 4732w
March or Die (77 U.K.) 1971, 2726co
Marchands de filles (57 France) 4622
La marchesa di Asperti (11) 865
Il marchese del grillo (81) 276s, 406w, 479, 1279w, 1480ph, 2908e, 3088d, 3153m, 3642, 4292w*, 4307ph, 4378
Il marchese di Lauten (11) 4807ph
Il marchese di Ruvolito (39) 137, 1221, 1303, 1305, 1332ph, 1367co, 1847, 1982, 2910d, 3404, 3447, 3458, 3506, 3828, 4186co
Il marchio (16) 2063
Il marchio di Kriminal (68) [Kriminal Story] 3525, 4622
Il marchio rosso (18) 150d*, 771d, 2271
La marcia indietro *see* Una ragazza piuttosto complicata
Marcia nuziale (15) 572, 793, 1841d, 2060ph, 2095, 3289
Marcia nuziale (34) 155ph, 475, 553m, 554d, 556, 784w, 833, 1636e, 2767p, 2807, 2953a, 3280, 3390, 3527, 3557, 4754, 4982
Marcia nuziale (65) [La Marche nuptiale] 1666d, 4366, 4530, 4625m

Marcia o crepa (62) [Marschier oder krepier; The Legion's Last Patrol; Commando] 108, 166, 752, 857, 866, 1872, 1875, 2024, 2035, 2486m, 2938, 4149, 4188e, 4564, 4824, 4929d
La marcia su Roma (63) 1882, 2117, 2267, 3844d, 4126w, 4158w, 4530, 4706w
Marcia trionfale (76) [Victory March] 381d, 474, 1439, 1454ph, 3044, 3098e, 3153m, 3244, 3601
Marco Polo (60) 734, 1161, 1792d, 2224, 2486m, 3569d, 3578, 4436, 4487w
Marco Polo (82) 20, 1408ph, 1623, 2585, 2684, 3055, 3097d, 3153m, 3173, 3176, 3478ph, 4002co, 4125, 4431, 4533, 4815, 4954
Marco the Magnificent *see* Le meravigliose avventure di Marco Polo
Marco Visconti (08) 872d
Marco Visconti (13) 1617d
Marco Visconti (23) 308, 887, 1276d, 3118ph, 3289, 4593
Marco Visconti (40) 43ph, 554d, 796, 1273, 1468, 1684s, 1878ph, 2592w, 2624, 3088ad, 3271, 3288co, 4580, 4622, 4780
La marcusiana (69) 3046, 3345m
Mare (40) 237d, 261, 333, 942, 1673e, 3284, 3645ph, 3696ph, 4454a, 4580
Il mare (62) 691p, 1813m, 2070ph, 2963, 3342, 3466d, 3672, 4478
Un mare di guai (39) 43ph, 78, 619d, 2953a, 2966, 3162, 4071ph, 4252, 4378, 4526, 4948w
Il mare di Napoli (19) 796, 827, 1512, 1841d, 4808
Mare matto (62) 382, 890d, 2596, 3017, 3992m, 4305
Mare Nostrum (26 U.S.) 95ad, 3845ph
Marechiaro (49) 1301w, 1332ph, 1674d, 1717, 2598, 2661, 2738w, 3050p, 3073, 3398, 4189, 4333, 4426w
Maremma (23) 392, 1335, 2011, 3118ph, 4004, 4585
'O Marenariello *see under* O
Margarethe und sein Friseur (27 Germany) 3382d
Margaritella *see* Margheritella
Margherita da Cortona (50) 261, 287ph, 553m, 554d, 684, 1276w, 1784, 1836, 2030, 2817a, 3073, 3259, 3592, 3615, 3659, 4195, 4432, 4680, 4983w
Margherita della notte (55) [Marguerite de la nuit] 185w, 216d, 1041m, 1284, 1520a, 1972, 2290w, 2959, 3099, 3134, 3143, 3203, 3223ph, 3380, 4019, 4081, 4177, 4557
Margherita fra i tre (41) 238, 1323p, 1690, 2601ph, 2791w, 2934w, 3148, 3280, 3514d, 3643
Margheritella (18) [Margaritella] 2242d, 3491
Le Marginal (83 France) 3153m
Marì, Marì (23) 3786
Maria Antonietta (27) 2341
Maria Antonietta, regina di Francia (56) [Marie Antoinette] 439, 1319d, 2000, 3143, 3865p, 3964, 4523, 4572, 4975w
Maria Bashkirtseff (35) [Das Tagebuch der Geliebten; The Affairs of Maupassant] 3046, 4020
Maria Bricca (10) [L'eroina del Piemonte] 388d
Maria di Magdala (06) 80
Maria di Magdala (17) 2538, 3076d-ph
Maria di Magdala (18) *see* Redenzione
Maria la pazza (19) 1125, 4072d
Maria Malibran (43) 637, 650d, 655ph, 914, 1449, 1940, 1978, 2474, 2817a, 3040, 3138, 4003
Maria Tudor (11) 1334d
Maria Zef (53) 2269, 4674, 4965
Maria Zef (81) 1135d, 2552s
Le mariage de chiffon (18) 1327, 1498, 2594
Marianela (40 Spain) 2978
Marianna Sirca *see* Amore rosso
"Mariantonia" *episode of* Gran varietà
Marido provisional (40 Spain) 2978
Marie Antoinette *see* Maria Antonietta, regina di Francia
Marie Chantal contro il dottor Kha (65) [The Blue Panther] 204, 593w, 943d*, 1384, 2117, 3718, 3720ph, 3780, 4435
Marie des Îles (58 France) 2647
Mariella (15) 1778
Les Mariés de l'an II (70 France) 142
Marin Faliero doge di Venezia (09) 1334d*
Marina (60 Germany) 3080
Marina mercantile (50) 550ph
Marina pin pon (84) 339ph
Marinai, donne e guai (58) 166, 1079, 1346ph, 1948w, 2449, 2893, 4000p, 4246d, 4323, 4530, 4616ph, 4753
Marinai in coperta (66) 1511
Marinai senza stelle (43) 1398d, 1852, 1878ph
Marinai senza stelle (45 new version) 1398d-e

Marinare la scuola (07) 4807ph
Marinella (19) 3187
Les Mariolles (61 France) 4378
Marion (21) 441, 858ph, 2792a, 3442, 3871d
Marionette (38) 493m, 1693s, 1834ph, 1841d, 1950
Marisa la civetta (57) 70, 531d, 824ph, 1969, 2782, 3069a, 3453w, 3636p, 3992m, 4038
I mariti (41) 618, 725, 1206, 1367co, 1423w, 1481, 2017, 2474, 2601ph, 2624, 2746, 2906d, 3162, 3229, 3578, 3978, 4166a, 4186co, 4370, 4780, 4790, 4947
Mariti a congresso (61) 1213d, 2577, 3398, 3400, 3627a, 4090, 4618m, 4658, 4724w
I mariti allegri (14) 434ph, 1395d*, 3703, 3704, 3956
Mariti in città (57) 845, 923, 1075d, 1607, 1851, 2670w, 2697, 2988, 3080, 3213ph, 3397, 3789, 3994, 4038, 4443, 4645, 4724w
Mariti in pericolo (61) 844, 2404, 3128d, 3397, 4322, 4645, 4779ph, 4979
Il marito (57) [El marido] 349, 1920ph, 2633d, 2670w, 2822, 3069a, 3271, 3457, 3689d, 3858, 4158w, 4290w, 4292, 4554, 4962p
Il marito bello *see* Il nemico di mia moglie
"Il marito di Attila" ["Nei secoli fedeli"] *episode of* I nostri mariti
Il marito di Elena (20) 876d, 1635
"Il marito di Olga" *episode of* I nostri mariti
Il marito è mio e l'ammazzo quando mi pare (68) [Drop Dead, My Love; He's My Husband and I'll Kill Him When I Like] 399, 801, 1677d, 2055, 2722, 3178, 4301, 4378, 4579, 4586m, 4652, 4840
Marito e moglie (52) 1303d*, 3478ph, 3555, 3960m, 4187ph, 4708
Un marito felice (07) 4807ph
Un marito in campagna (20) 79d, 1694ph
Il marito in collegio (77) [School for Husbands] 862, 2642d, 3109
Il marito in vacanaza (81) 2642d
Il marito latino (64) 637
Marito, moglie e. . . (20) 1907d, 4200
Il marito pacifico (10) 4807ph
Un marito per Anna Zaccheo (53) 1028, 1406d, 1562a, 1732p, 1972, 2479w, 2861ph, 3229, 3398, 3534w, 3689w, 4041, 4306, 4323, 4968w
Un marito per il mese d'aprile (41) 1054, 2083, 2898w, 2989, 3117a, 3149, 3503, 3800, 3917, 4117ph, 4246d, 4252
Il marito perduto (20) 388d, 810ph, 4061
Il marito povero (46) 43ph, 93d, 1122, 1416w, 1957, 2909, 3578, 4252, 4378, 4968w
Maritza (12) 1801w, 4807ph
Mariute (18) 388d, 441, 858ph, 2792a
Mark colpisce ancora (76) 48, 211, 1011m, 2902d, 3176, 4355, 4841ph
Mark Donen agente Zet (66) [Mark Donen Agent 27] 2190, 2293
Mark, .44 Specialist *see* È specialista del 44
Mark il poliziotto spara per primo (75) [Mark il poliziotto; Blood, Sweat and Fear; The Nark] 42, 211, 1011m, 1047, 1718, 1886ph, 2902d, 4955ph
Marmi di Carrara (n.d.) 398d
Maroc 7 (66 U.K.) 2873
Marquis de Sade: Justine *see* Le disavventure della virtù
Marrakesh Express (89) 2, 275e, 4035d
Marriage for Money *see* Matrimonio d'interesse
Marschier oder krepier *see* Marcia o crepa
"La marsina stretta" *episode of* Siamo donne
Marta (71) 608, 2070ph, 2965, 3046, 3558m, 3690, 3835, 3945
Marte, dio della guerra (62) [Venus Against the Son of Hercules] 255d, 674, 1095w, 1386, 2392, 2450, 2642e, 2681, 2839m, 3620a, 4189, 4254, 4313
Marter der Liebe (27 Germany) 1841d
Marthù che ha visto il diavolo (22) 79d, 80, 155ph
The Martians *see* Il disco volante
Martin Eden (79) 516, 806
Martin Toccaferro (53) 125, 766w, 1077, 1303, 1306, 1373d, 1483w, 1892, 2144, 2269, 3270, 3312w, 3347, 3828, 3856w, 4306, 4754
Martina Franca (51) 3893d-ph
Martino, il trovatello (18) [I figli del capriccio] 796d*, 1241, 1327d*, 1834ph
La martire (17) 858ph, 1395d*, 2348, 4191
Il martire di Trieste *see* Guglielmo Oberdan

Martire pompeiana (09) 1334d
I martiri (49) 976d
I martiri d'Italia (27) 155ph, 1400, 1825d-s, 2484d, 2652, 3041, 3174, 3596p, 3615, 3944, 3981ph, 4022, 4195, 4484ph
I martiri della rivoluzione francese *see* Patria mia
I martiri di Belfiore (15) *see* Imperial regio capestro
I martiri di Belfiore (n.d.) 4946m
Martirio (16) 80
El martirio de vivir (22 Spain) 4195
Maruzzella (56) 70, 261, 804d, 2506, 3050p, 3117a, 3320m, 4189, 4512ph
Mary, la stella del varietà (18) 1088d
Mary Magdalene *see* La spada e la croce
Mary per sempre (89) 3601
Mary Reed, Pirate *see* Le avventure di Mary Reed
I marziani hanno dodici mani (64) [Llegaron los marcianos] 709, 749, 891d, 1096ph, 1173, 1511, 1754, 1827, 1867, 2516, 3276, 3405
Marzy del vasto mondo (17) 4531d
Mas (41) 39w, 422, 964, 1165, 2803d, 3104, 3284, 3473, 3919, 4010, 4071ph, 4252, 4965
El mas fabuloso golpe del far west (68 Spain) 1011m, 2648
Mascagni (52) 518a
Mascamor (18 France) 4425
La maschera (21) 2242d
La maschera (88) 228m, 548, 946
La maschera che ride (23) 554d*, 3937, 3981ph
La maschera che sanguina (14) 796
La maschera dall'occhio di vetro *see* Rinaldo Rinaldini
La maschera del barbaro (18) 1472
La maschera del demonio (60) [Black Sunday; Revenge of the Vampire] 171p, 351d-ph, 483, 964, 1489, 1872, 3319, 3457, 3566, 3823, 4188e-w, 4346
La maschera del male (22) 79d, 155ph
"La maschera del morto" *episode of* L'oro degli azteki
La maschera del vizio (17) 3285ph
La maschera dell'amore (16) 2242d, 2272, 3289
La maschera dell'eroe (15) 634w, 906ph, 3956d
La maschera dell'occhio di vetro *see* Rinaldo Rinaldini
La maschera dell'onestà (14) 2173, 3237d, 3472
La maschera della colpa (21) 2792a, 2861ph
La maschera della morte (15) 4248d, 4797
La maschera di Caino (15) 98p, 833, 1801w, 2742
La maschera di Cesare Borgia (41) 1058d, 1311, 1979, 2800, 3318, 3408w, 3608ph, 4190ph, 4233, 4334ph, 4432, 4474w, 4637, 4701p, 4728a
Maschera di mistero (16) 872d
La maschera di Venere (19) 634w, 3581, 3984d
La maschera e il volto (42) 451, 618, 2473ph, 2906d, 3040, 3162, 3459w, 3486, 4166a, 4186co, 4278, 4527, 4754
La maschera e l'uomo (48) 4813m
La maschera ed il volto (19) 80, 1907d
La maschera folle (15) 444, 542w, 797, 829d, 3704, 4120ph
La maschera nel tempo (47) 976d
Maschera nera (52) 824ph, 971, 1232, 1461, 3756d, 4233
La maschera sul cuore (42) [Le Capitaine Fracasse] 1849d, 2149ph, 3280
Maschere bianche (21) 4046
Maschiaccio (17) 475
Maschietta (19) [Tomboy] 99d
Maschio femmina fiore frutto (81) 1480ph
Maschio latino cercasi (78) 195, 2679, 3339
Il maschio ruspante (72) 232, 1074, 1671m, 1901, 2988, 3509, 3724d, 4307ph
Mascotte (16) 1339
La mascotte dei diavoli blu (47) 2812
La masnadiera (20) 4255
I masnadieri (11) 872d
I masnadieri (61) 554d, 2615, 3803, 4641
Masoch (80) 1409, 1477, 4349, 4455d
Masolino (53) 2077d, 2839m
Le Masque de fer (63 France) 2404, 4025
Le Masque qui tombe *see* Il trattato scomparso
Massacre at Fort Holman *see* Una ragione per vivere e una per morire
Massacre at Marble City *see* Alla conquista dell'Arkansas
Massacre en dentelles (52 France) 2392
Massacre et le sang *see* El desperado
Massacre in Rome *see* Rappresaglia
Massacre Mania *see* Hypnos
Massacro al Grande Canyon *see* I pascoli rossi

Le massaggiatrici (62) 17, 1754, 1804d, 1827, 2404, 2488, 4177, 4443
Massinelli in vacanza (14) 1076d-ph
Master of Love *see* Racconti proibiti di niente vestiti
The Master Touch *see* Un uomo da rispettare
Mastro Landi (35) [Maestro Landi] 43ph, 529, 1740d, 3722, 4015, 4305, 4635a
Matalo! (71) 658w, 886, 1257, 3407
La matassa di seta (19) 3510d
Match contre le mort (59 France) 3030
Match nullo (20) 337d
Matchless (66) 562, 1432ph, 1500, 1810, 2167, 2192, 2252, 2475d, 2516, 2691, 3153m, 3327, 3603, 4017, 4236, 4555co
Mater Dei (50) 59, 1107d-p, 1123, 1133, 2436ph
Mater dolorosa (11) 871, 872d, 4807ph
Mater dolorosa (42) 428, 453, 991, 1684s, 1914d, 2000, 2601ph, 2624, 2947, 3288co, 3527, 3770, 4613
Maternale (78) 1011m, 2033, 2442ph, 2890
Maternità (17) 80, 434ph, 614w, 1419d, 4575
Mathias Sandorf (62 Germany) 2000
La matriarca (68) [The Libertine] 801, 1201, 1662w, 1677d, 2545, 3092, 3098e, 3591, 3682, 3815, 4301, 4378, 4515, 4582, 4586m, 4712, 4916
Matrimonial Agent *see* Paraninfo
Il matrimonio (53) 303, 590, 1095w, 1123, 1213d, 1416, 2860, 3270, 3398, 3540d, 3627a, 3752, 4121, 4292, 4323, 4511, 4658, 4759ph
Matrimonio abissino (09) 3326d-ph
Matrimonio all'italiana (64) 890w, 1416d, 1920ph, 2075w, 2557p, 2575, 2614, 2907, 3636p, 3694, 3827, 4123, 4533, 4555co, 4586m
Matrimonio alla moda (51) 1578d
"Il matrimonio assurdo" *episode of* Le italiane e l'amore
Matrimonio d'interesse (14) [Marriage for Money] 75ph, 1395d
Il matrimonio di Caterina (82) 1075d-s-co, 1415m
Il matrimonio di Figaro (13) 2709d, 3127, 4697
Il matrimonio di Olimpia (18) 80, 155ph, 475, 3242, 4947d
Matrimonio in 27 minuti (14) 75ph, 1395d
Il matrimonio Mulin (06) 4807ph
Il matrimonio segreto (43) 468p, 2268ph, 2906d, 4278
Il mattatore (60) [Love and Larceny] 268, 559, 679, 692, 844, 845, 1203ph, 1305, 1621, 1667, 1882, 1936, 1979, 2035, 2670w, 3473, 3623, 3844d, 4066, 4114, 4126w, 4158w, 4254, 4426
The Mattei Affair *see* Il caso Mattei
Matteo al mercato (07) 4807ph
A Matter of Time *see* Nina
A Matter of Wife...or Death (76 U.S.) 1232
Matti da slegare *see* Nessuno o tutti—matti da slegare
Mattino di primavera (58) 843, 845, 925, 964, 3028, 4284d
"Il mattone insanguinato" *episode of* Il triangolo giallo
Les Maudits (49 France) 1936
Maurizio, Peppino e le indossatrici (61) 3756d
May God Forgive You...But I Won't *see* Chiedi perdono a Dio...non a me!
May the Defendant Rise *see* Imputato, alzatevi!
Maya (88 Spain) 419, 3345m
La mazurka del barone, della santa e del fico fiorone (74) 219d, 516, 1292, 4530
La mazurka di papà (38) 450p, 466w, 471d, 529, 667, 1277w, 1311, 1416, 1615w, 1834ph, 1847, 2746, 2966, 3419, 3643, 3800, 3848, 4186co, 4252, 4698
Mazzabubù...quante corne stanno quaggiù (72) 560, 1754, 1945, 2404, 2782, 3398, 4481, 4564
La mazzetta (78) [The Pay-Off] 1103d, 1324p, 1396w, 2415ph, 2736w, 2771, 2988, 4378, 4530
Mazzini europeo (60) 4727d
Me li mangio vivi! (53) [Le Boulanger de Valorgue; The Wild Oat] 162, 949, 1655, 1888, 1906, 1982, 3487p, 4081, 4741d, 4777
Mean Frank and Crazy Tony *see* Dio, sei proprio un padreterno
Mean Machine *see* Un tipo con una faccia strana
Mean Streets (73 U.S.) 1232
Meccanico Ansaldo (57) 2999d-ph
The Mechanic (72 U.S.) 1683
Il medaglione (16) 388d, 1273, 3568
Il medaglione insanguinato (76) 1203d, 1345ph

Medea (69) 275e, 739, 1034, 1668a, 1911, 1972, 2070ph, 2773, 3453d, 4485, 4555co
Medea di Portamedina (19) 3285ph
Medico condotto (52) 3948d
Il medico dei bambini (18) 4061
Il medico dei pazzi (54) 518a, 875, 889, 1806, 1973, 2269, 2885, 2922d, 3271, 3386ph, 3636p, 3815, 4123, 4559
Il medico della mutua (68) [Be Sick... It's Free] 104w, 1006, 1245e, 1292, 1328, 2000, 2070ph, 2715, 3262, 3558m, 3677, 4292w*, 4368, 4579, 4598, 4658, 4803, 4948d
Il medico delle donne (62) 4167, 4780
Il medico delle pazze (19) 519, 1472, 2704ph, 3928d
Il medico e lo stregone (57) 708, 1358, 1416, 1875, 1932a-s-co, 2907, 2988, 3088d, 3303, 3385, 3635d, 3828, 4126w, 4568ph
Il medico...la studentessa (76) 89d
Il medico per forza (31) 155ph, 771d, 1160s, 3118ph, 3537, 3596p, 3703, 4093m, 4484ph
Mediterraneo (91) 2, 275e, 2005p
Il medium (50) 40, 4846a
Il medium (80) 89d, 657, 2545
Medusa velata (16) 906ph, 1419d, 1900
Medusa Versus the Son of Hercules *see* Perseo l'invincibile
Meet the Sign of the Cross *see* Passa Sartana...è l'ombra della tua morte
Méfiez-vous, fillettes! *see* La casa di Madame Korà
Méfiez-vous mesdames (63 France) 3030
Mefistofele e la leggenda di Faust (18) 1864d
O Megalexandros (80 Greece) 148, 3116
Meglio soli che male accompagnati (07) 4807ph
Meglio vedova (67) 585, 709, 743, 1676, 2070ph, 2578, 2684, 3381, 4170, 4199, 4300, 4486, 4487d, 4801
La Meilleure Part *see* Gli anni che non ritornano
Mein Freund Harry (28 Germany) 2710
Het Meisje met het rode Haar (81 Netherlands) 3153m
Der Meister des Welt (26 Germany) 3836d
Melodie d'Italia (46) 933d
Mélodie en sous-sol *see* Colpo grosso al casinò
Melodie eterne (40) 95p, 283, 371, 655ph, 784w, 842, 939, 1481, 1693s, 1841d, 1892, 1913, 2000, 2272, 2800, 3102, 3978, 4027, 4370, 4378, 4737
Melodie immortali (52) 477, 1347, 1352, 1914d, 1959ph, 2030, 3023, 3525, 3569ad-w, 3818, 3944, 4121, 4790
Melodie perosiane (46) 1766d
Melodramma (34) 155ph, 2953a, 2987, 3722, 4246d
Melodrammore (78) 1173, 3109
Le memorie del diavolo (15) 470, 1694ph, 3527, 3582d, 3704, 3944, 4120ph, 4255
Le memorie del diavolo (20) 79d, 1694ph
Le memorie dell'altro (13) 554, 572, 1312d, 3703, 3956, 4120ph
Le memorie di un ladro (16) [Il buon ladrone; Le memorie di un ladrone] 138d, 355ph, 1125, 4575
Le memorie di un pazzo (16) 1334d, 3077, 4482
Le memorie di una istitutrice (16) 1778, 2599, 4531d
Le memorie sacre (14) 393, 1068, 1935d
Memories of Naples *see* Ricordati di Napoli
La Mênace (60 France) 2873
Mênage all'italiana (65) 567, 685, 2246d, 2716, 2861ph, 3068, 3153m, 3655, 4290w, 4530
Mendiants et orgueilleux (72 France) 1676
La mendicante di Sassonia (21) 3544d
La Mensonge de Nina Petrovna (37 France) 3046
Mentre il pubblico ride (20) 534ph, 554d, 1468, 3537
La menzogna (16) 833, 1907d, 2704ph, 4022, 4120ph, 4731
Menzogna (52) 852, 1327d, 1423w, 1631, 2600ph, 2647, 3319, 4065, 4166a, 4168, 4323, 4599
La menzogna di Marzabotto (61) 4813m
Menzogna fatale (11) 4807ph
Meo Patacca (72) 3682, 4533
Le Mêpris *see* Il disprezzo
Merano (42) 3645d-ph
Le meraviglie dell'amore (68) 2248
Le meraviglie di Aladino (62) 351ad, 705, 1416, 1606, 1836, 1971, 2556d, 2980, 3304, 3782, 3803, 4487, 4564, 4598
Le meravigiose avventure di Guerrin Meschino (51) 546a, 1626, 1627,

1766d, 2550, 3944, 3980, 4091, 4235, 4716ph
Meravigliosa (60) 2804d, 3458, 4131ph, 4424, 4753
Le meravigliose avventure di Marco Polo (65) [La Fabuleuse Aventure de Marco Polo; L'Échiquier de Dieu; Marco the Magnificent] 44, 193, 688, 984d, 1155, 1320d, 1879m, 1972, 2192, 2216, 2559p, 2647, 2666, 2873, 3715, 4096a, 4208, 4435, 4497ph, 4880
Il mercante d'emozioni (20) 1273d, 1472, 1498ph, 1506w, 4200
Il mercante di schiave (41) 231, 1058d, 1457, 1465, 1683, 2592w, 2791w, 4543ph, 4728a, 4965
Il mercante di Venezia (11) 441, 1617d, 2620ad, 3291
Il mercante di Venezia (52) [Le Marchand de Venise; The Merchant of Venice] 42, 482d, 1288, 1761, 1813m, 1834ph, 2904, 4189, 4243, 4323, 4473, 4599, 4720p, 4964w
Mercati d'Olanda (55) 2077d
Mercati generale (76) 3636p, 3738
Il mercato delle facce (52) 4991d
Le Mercénaire (62 France) 2000
El mercenario *see* L'ultimo mercenario
Il mercenario (68) [Professional Gun] 87, 173w, 252, 532w, 758, 775, 1101, 1103d, 1272, 1362, 1611, 1684s, 1859, 1939, 2057p, 2971, 3153m, 3194, 3244, 3261m, 3267, 3344, 3379, 3738, 3803, 3829, 3889, 4282w, 4315w, 4616ph, 4785, 4789w
Il mercenario (68) *see* L'ultimo mercenario
Meridian—Kiss of the Beast (90 U.S.) 1491m
La meridiana del convento (16) 3127, 4697
Il merlo maschio (71) 142, 709, 1677d, 3345m
Merry Andrew (58 U.S.) 126
Merveilleuse Angélique (65 France) 1901, 4547
Un mese d'onestà (47) [Un mese di onestà] 1099, 1133, 1457, 1848d, 2436ph, 3041, 3271, 4273, 4714, 4780
Mese mariano (29) 1335, 4022
La messa è finita (85) 1454ph, 2635, 3140d*, 3153m
Il messaggero del re (50) [El correo del rey] 1232, 2555, 4060
Il messaggio divino (46) 2422m
Un messaggio tra i flutti (10) 4807ph
Messalina (10) 872d
Messalina (23) [The Fall of an Empress] 176ph, 447, 887, 1335, 2073d-p, 2305, 2532ph, 2905, 4425, 4482, 4585, 4960
Messalina (51) [The Affairs of Messalina] 78, 283, 387, 655ph, 924, 968, 1163, 1648, 1816ph, 1841d-p, 1996, 2377, 2739, 2808, 2953a, 3270, 3271, 3288co, 3557, 3578, 3947m, 4091, 4116, 4517, 4638w, 4694, 4805
Messalina (59) *see* Messalina, venere imperatrice
Messalina Against the Son of Hercules *see* Gladiatore di Messalina
Messalina, Messalina (77) 801, 1102d, 1271m, 2887ph, 3017, 3670
Messalina, venere imperatrice (59) 1135d, 1294w, 1489, 1500, 1718, 1958, 1977, 2486m, 2513, 2595s, 3594, 3917w, 4112, 4127ph, 4487w, 4511
La Messe dorée (75 France) 582
Il Messia (75) 801, 808, 3119ph, 3218m, 3948d, 4612
Mestieri per le strade (56) 4138ph, 4727d
Mestieri veneziani (52) 3540d
Le Mêtaf (73 France) 927, 1011m
Metallica (78) 222, 644d, 1869
Metamorphosis (90) 1209p, 1553d
Metello (70) 210, 531d, 582, 920w, 2070ph, 3153m, 3561, 3749, 4555co, 4916, 4945
Meteora (16) 3871d
Un metro lungo cinque (61) 3322d
Metropoli (83) 4419ph
Mettete l'avvocato (25) 3285ph
Metti lo diavolo tuo ne lo mio inferno (73) 45d, 783
Metti, una sera a cena (68) [Imagine, One Evening at Dinner; Love Circle] 157e, 169w, 195, 527, 794, 801, 1346ph, 1967, 3153m, 3194, 3261m, 3466d, 4582
"Metzengerstein" *episode of* Tre pasi nel delirio
Meu dia chagarà (51 Brazil) 4425d
Le Meurtrier *see* L'omicida
Mexico in fiamme *see* Dieci giorni che sconvolsero il mondo
Mezza notte d'amore (70) 3655
Mezzanotte (15) 1907d, 3118ph
Mezzo destro mezzo sinistro—due calciatori senza pallone (85) 2878d, 4955ph
Mezzo milione ed un marito (21) 3969ph, 4943d

Mezzogiorno di fuoco per An Hao (72) [Il mio nome è Shanghai Joe; Shanghai Joe; The Fighting Fists of Shanghai Joe] 211, 524, 720d, 1511, 2224, 2386, 2648, 2713, 2760, 2766ph, 3055, 3261m, 3957
Mi adorado Juan (49 Spain) 4490
Mi chiamano Mimì (28) 574w, 2072ph
Mi faccia causa (84) 824ph, 4359d
Mi faccio la barca (80) [I'm Getting a Yacht] 102w, 142, 1102w, 1103d, 1414, 1502, 1884w, 2005p, 2415ph
Mi hanno rubato la moglie (09) 4807ph
Mi manda Piccone (83) [Where's Piccone?] 1012ph, 1783e, 1945, 1973, 2633d
Mi mujer el doctor *see* Totò, Vittorio e la dottoressa
Mi permette, babbo? (56) 554d, 1457, 1606, 1947, 2061w, 2670w, 2739, 3404, 3447, 3457, 3560a, 3733, 4071ph, 4158w, 4235, 4292, 4962p
La mia canzone al vento (39) 493m, 650d, 1276w, 1834ph, 1985, 2645, 3295, 3410, 3472p, 3800, 3944, 4166a, 4252
La mia colt ti cerca...quattro ceri ti attendono (72) [Quatre salopards pour Garringo; My Colt, Not Yours] 2258d, 2870, 3075, 4920
Mia Fia (28) 1834ph
Mia moglie dottore *see* Totò, Vittorio e la dottoressa
Mia moglie è una strega (80) 91s, 416, 891d, 1096ph, 2005p, 3660, 3999co
Mia moglie non si tocca (54) 679
Mia moglie si diverte (39) [Unsere kleine Frau] 2601ph, 2953a, 3118ph, 3447, 4637
Mia moglie si è fidanzata (22) [Mia moglie è fidanzata] 176ph, 2095, 3341, 4947d
Mia moglie torna a scuola (81) 834d, 1417ph, 2988, 3092
Mia nipote...Clementina (15) 434ph, 1395d*
Mia nonna poliziotto (58) 479, 1948w, 2577, 3405, 3526ph, 3555, 3852, 3894, 4359d, 4530, 4658, 4753
La mia signora (65) [My Wife] 275e, 531d, 629d, 1075d, 1323p, 2000, 2773, 2861ph, 4292, 4586m
La mia valle (55) 3322d
La mia vita (08) 1801w
La mia vita è tua (54) 529, 971, 1761, 2076w, 2895d, 3888, 4528, 4979
La mia vita per la tua (14) 831, 833, 1068, 1935d
La mia vita sei tu (34) 1383, 1766d, 2861ph, 4044, 4982
Miami Golem (85) [Cosmos Killer; Miami Horror] 1365d, 2261, 2587
Miami supercops—i poliziotti dell'8a Strada (85) [Supercops of Miami] 1102d, 2256ph
Miche (21) 2271
Michelangelo (47) 976d, 3608ph
Michelangelo Antonioni (65) 146
Michele Perrin (13) 98p, 444, 3127, 3291
Michele Strogoff (56) 1602, 1841d, 2252, 2324, 2404, 2519ph, 3219, 3222p, 3367, 3429, 4099w, 4413
Michele Strogoff (70) [Strogoff] 157e, 423, 516, 859co, 1630, 2000, 2363, 2415ph, 2485w, 2490, 4794d
Il microfono del selenio (20) 311ph
Il microfono è vostro (51) 43ph, 287ph, 330m, 398d, 1276w, 1806, 2038, 2661, 3069a, 3599, 4233, 4274, 4511, 4754
Midas Run (69 U.S.) 692, 927, 1723, 4192
Midnight Express (78 U.S.) 263
Midnight Pleasures (75) *see* A mezzanotte va la ronda del piacere
Midnight Pleasures (76) *see* Qui comincia l'avventura
Midnight Seduction *see* Intimo
Midsummer Night's Dream *see* Sogno di una notte di mezza estate
I miei bimbi (23) 2063
"I miei cari" *episode of* La mia signora
I miei primi quarant'anni (87) 806, 2009
Il miele del diavolo (87) 1037, 1804d, 2109, 4616ph
Miele di donna (81) 2982, 3805, 4301
The Mighty Crusaders *see* La Gerusalemme liberata (57)
The Mighty Khan *see* I predoni della steppa
The Mighty Ursus *see* Ursus (61)
The Mighty Warrior *see* La vendetta di Ursus
Mignon (21) 1864d
Mignon è partita (88) 3667, 4057
Milady and the Musketeers *see* Il boia di Lilla
Milán l'è un gran Milán (51) 4625m
Milanesi a Napoli (54) 1455d-p, 1815m, 2473ph, 3287, 3397, 4443, 4530, 4602, 4754

Milano: il clan dei calabresi (74) 4001, 4901
Milano calibro 9 (72) 228m, 592, 2545, 3161, 3591, 4336, 4916
Milano...difendersi o morire (77) 2188, 2539
Milano miliardaria (51) 329, 330m, 1346ph, 1970d, 2614, 2811d, 2885, 2993d, 3069a, 4167, 4296, 4511
Milano nera (63) 1813m
Milano odia: la polizia non può sparare (74) [Almost Human; Death Dealer; The Kidnap of Mary Lou] 44, 377, 455, 2534d, 2631, 3017, 3153m, 4236, 4385
Milano 83 (83) 3322d-ph-e
Milano rovente (73) 721ph, 2534d, 4001
Milano trema: la polizia vuole giustizia (73) [La polizia vuole giustizia] 68, 516, 1094, 1271m, 2982, 4566
Milano violenta (76) 720d, 4355
Milarepa (74) 535, 911d, 3213ph
I miliardari (56) 547, 1892, 1969, 2745d, 2829, 3271, 3383, 3400, 3975, 4273, 4317, 4354
Miliardi (91) 82, 1569, 2238, 2415ph, 2908e, 3603, 4293, 4685d, 4686w
Miliardi, che follia! (42) 650d, 798, 2645, 2953a, 3149, 3472p, 4071ph, 4233, 4252, 4759ph
Le Milieu du monde (74 France) 826
Il milione (20) 534ph, 554d*
Il milione (54) 681d
Un milione di dollari per sette assassini (67) 83
Il milione di Kadwing (20) 650d
I milioni della miss (17) 1975
I milioni della zingara (20) 311ph, 4953d
I milioni di Donald (19) 771d, 3041
"I milioni di Harry King" *episode of* L'oro degli azteki
I milioni di Saetta (23) 3813ph
Un militare e mezzo (59) [One and a Half Soldiers] 54, 1606, 1971, 2578, 3752, 4071ph, 4359d, 4586m
Milizia territoriale (35) 78, 95p, 137, 529, 554d, 1218, 1276w, 1391, 1392, 1852, 1982, 2817a, 2875ph, 4754
Milizie della civiltà (n.d.) 933d
Un Millard dans un billard (65 France) 2873
I mille (12) 634w, 796, 872d, 4447, 4807ph
Mille chilometri al minuto (40) 451, 613, 965, 1276w, 1684s, 1798, 1852, 1957, 2922d, 4117ph, 4511
Mille dollari sul nero (67) [Sartana: sangue e la penna; Blood at Sundown] 509, 814d, 1426, 1623, 1869, 1884w, 3987, 4229p, 4351w
Le mille e una notte all'italiana (73) 3386ph, 3724d
Le mille e una notte da Boccaccio a Canterbury (72) 1209d
Mille e non più mille (66) 2196
Les 1,001 Nuits (90 France) 1882
I mille fuochi (62) 3713d
Mille lire al mese (38) 991, 2253m, 2966, 3247d, 3570, 3840, 3919, 4166a, 4378, 4637, 4651, 4948ad-w
"1910" *episode of* Amori di mezzo secolo
1990 *see* Guerrieri del Bronx
1800 (53) 2077d
1848 (48) 3844d
1860 (33) [Gesuzza, la sposa garibaldina] 511d-e, 655ph, 919p, 964, 1661, 1673e, 1937, 2011, 2740, 3288co, 3295, 4556, 4580, 4982
1870 *see* Nell'anno del Signore
The Miller's Beautiful Wife *see* La bella mugnaia
Millesimo di millimetro (50) 2839m, 4005d, 4257w
The Millionairess (60 U.K.) 1416, 2614
El millón de Madigan *see* Un dollaro per sette vigliacchi
Mima (91) 2771
Mimì *see* Un dramma borghese
Mimì Bluette...fiore del mio giardino (77) 1096ph, 1407, 1469d, 3345m, 4809, 4912
Mimì e gli straccioni (16) 387, 3491, 4200, 4983d
Mimì, fiore del porto (19) 1210w, 1733
Mimì metallurgico ferito nell'onore (72) [The Seduction of Mimi] 377, 1470ph, 1688, 1783e, 1945, 2962, 3558m, 4882d
La mina (58) 398d, 1002, 2775w, 2873, 3267, 3499, 3580, 4127ph, 4966
Mina...fuori la guardia (61) 3032, 3509, 4511, 4721, 4754, 4790
Mine in vista (40) 1398d
"La minestra" *episode of* Le bambole
Il minestrone (81) 275e, 397, 826, 1014, 1015d, 1263, 1668a, 3153m, 3864, 4318ph
Ming, ragazzi (72) 1266d, 4568ph
Minnesota Clay (64) 532w, 869, 1103d, 2869, 3054, 3497, 3517, 3558m, 3860, 4053

La minorenne (74) 2084, 3407, 3957
The Minotaur *see* Teseo contro il Minotauro
Il minuto della verità *see* L'ora della verità
Un minuto per pregare, un istante per morire (68) [Escondido; Dead or Alive] 48, 144p-w, 322, 638, 783, 1105, 1683, 1835e, 1965d, 2373, 2566w, 2691, 2864, 2869, 2976, 3920, 3992m, 3998, 4079, 4170
Il mio amico Benito (62) 479, 844, 964, 1754, 3509, 4071ph, 4586m
Il mio amante (20) 79d, 519, 655ph
Il mio amico, Jekyll (60) 953, 1173, 1970d, 2449, 3473, 4254, 4530, 4568ph, 4722w, 4753
Il mio amore (12) 4807ph
Il mio antropofago (21) 492w, 2783d
Il mio cadavere (17) 617d, 3442
Il mio carcere (21) 3187, 3819ph, 4575
Mio caro assassino (72) 419, 3153m, 3748, 4533
Il mio comune (50) 1674d
Il mio corpo con rabbia (68) 1972
Il mio corpo per un poker (68) [Belle Starr Story] 1432ph, 1553, 2132, 2873, 4882d, 4920
Il mio diario di guerra (15) [Dal mio diario di guerra] 2599, 4531d, 4571d
Mio Dio, come sono caduta in basso *see* Dio mio, come sono caduta in basso
Mio figlio (15) 975, 1424, 3236
Mio figlio Nerone (56) [Nero's Big Weekend; Nero's Weekend; Nero's Mistress] 284, 294, 351ph, 844, 845, 1095w, 1169p, 1416, 1509, 1684s, 2942, 3080, 4217, 4290w, 4292, 4359d, 4404, 4432, 4790
Mio figlio professore (46) 518a, 679, 727, 890d, 920w, 1276w, 1361, 1606w*, 1749, 2953a, 3118ph, 3225, 3395w, 3960m, 4281, 4564w
Mio fratello Anastasia (73) [Anastasia mio fratello] 104w, 1094, 1480ph, 1684s, 3558m, 4292, 4359d
Il mio gregge (14) 3076d-ph
Mio Mao (69) 288, 394, 1074, 1442, 1662d
Il mio matrimonio (12) 3127
Il mio nome è Mallory. . . "M" come morte (71) [Mallory Must Not Die] 438, 1963, 4841ph, 4920
Il mio nome è Nessuno (73) 76, 178, 638, 1719, 1884w, 1971, 2002, 2074, 2338, 2536d-p, 2561, 2648, 2760, 2867, 2941, 3153m, 3159p, 3213ph, 3996ph, 4348, 4649d
Il mio nome è Pecos (66) [Due once di piombo] 532w, 857, 886, 1553, 2642d, 3065, 4779ph, 4920
Il mio nome è Scopone e faccio sempre cappotto (72) [Dallas] 154, 622, 1426, 1658ph, 1948w, 2247, 2258d
Il mio nome è Shanghai Joe *see* Mezzogiorno di fuoco per An Hao
Mio padre monsignore (70) 232, 794, 1945, 3161
Il mio piccolo cane (23) 176ph, 3382d, 3472
Mio zio (58) [Mon oncle] 179, 599ph, 1591, 3423p, 4142a, 4451d*
Mio zio Barbassous (21) [Mon oncle Barbassous] 549, 876d, 4061
La mirabile visione (21) 519, 811d-co, 1844, 3557, 4036w, 4043, 4168
The Miracle (59 U.S.) 1882
Le Miracle des loups (61 France) 4137
The Miracle of the Bells (48 U.S.) 4651
Miracles Still Happen (74) 3176, 4159d
Miracoli (53) 2839m
Miracoli della chimica (51) 2077d
I miracoli non si ripetono (51) [Les Miracles n'ont lieu qu'une] 74d, 2795, 3635ad, 3672, 3727, 4231w, 4569a, 4651
Il miracolo (19) 872d
"Il miracolo" *episode of* Amore (48)
Miracolo a Firenze (53) 511d
Miracolo a Milano (50) 56ph, 184, 286ad-w-ph, 303, 528, 603, 618, 816, 920w, 972co, 1001m, 1416d-p, 1475ca, 1693s, 1758w, 1994, 2016, 2781fx, 3318, 3828, 3848, 4309, 4378, 4759ph, 4968w
Miracolo a Viggiù (51) 778p, 844, 1615w, 1938d, 2712, 3398, 3794, 4117ph, 4194, 4311
Miracolo d'amore (19) 2242d
Il miracolo dell'amore (22) 4524d
Il miracolo della madonna di Pompei (22) 3285ph
Il miracolo di Cassino (49) 2281ph
Miracolo di Loreto (50) 1910d
Il miracolo di san Gennaro (48) 1153ph, 4813m
Miracoloni (81) 344ph, 1164a, 2901d
Miraggi cileni (54) 1902d
Il miraggio (19) 1210d, 1733, 2058ph
Miranda (85) 629d, 2021, 2254, 2256ph, 3345m

Miroir (46 France) 4192
Le Miroir à deux faces (58 France) 3030
Mirtil (21) 379d*, 1834ph, 4331
I miserabili (47) 918co, 939, 1001m, 1123, 1676, 1693s, 1786d, 2189d, 2600ph, 2907, 3088w, 3259, 3288w, 3372, 3473, 3552, 3570, 3636p, 3918, 3944, 4091, 4359w
Miseria e nobiltà (14) 2073d
Miseria e nobiltà (40) 78, 479, 767w, 1401d, 1481, 1494, 2671a, 2747, 2861ph, 3447, 3828, 3840, 4092, 4129
Miseria e nobiltà (54) 518a, 908, 1173, 1323p, 1616, 1813m, 2614, 2670w, 2922d, 3147, 3397, 3461, 3636p, 3643, 4322, 4388ph, 4559, 4568ph, 4602
Le miserie del signor Travet (45) 768, 832, 939, 1684s, 2003, 2953a, 3041, 3199ad, 3288co, 3473, 3579w, 3960m, 4233, 4281d, 4292, 4484ph, 4714
Miss Arizona (88) 275e, 2907, 4152, 4586m
Miss Demonio (18) 4943d
Miss Dollar (22) 810ph, 1273d, 4061
Miss Dorothy (20) 138d, 549, 906ph
Miss Dynamite *see* Tutti fratelli nel west...per parte di padre
Miss Fluffy Ruffles (18) 655ph, 3236, 3869d
Miss Italia (49) 78, 351ph, 1058d, 1522, 1970ad, 2190, 2445, 2475w, 2596, 2661, 2966, 3253, 3288w, 3395w, 3506, 3570, 3953, 4305, 4611, 4737
Miss Lily, pardon! (19) 343, 876d, 3083d*
Miss Right (80) 1454ph, 1459, 2578
Miss Robinson (19) 1694ph
Miss Spogliarello (56) [En effeuillant la marguerite; Please! Mr Balzac; Mam'selle Striptease] 73d, 294, 1249, 1534, 1897, 2191, 2317, 4429, 4569a, 4627ad-w, 4718p
Miss Tutti Frutti (21) 1188d
The Mission (86 U.K.) 3153m
Mission spéciale à Caracas (65 France) 4622
Mission Stardust *see* 4...3...2...1... morte
Missione Bloody Mary *see* Agente 077 ...missione Bloody Mary
Missione eroica—i pompieri 2 (87) 788d, 2005p
Missione Morte (66) [M.M.M. 83—missione Morte Mole 83] 126, 497
Missione Pianeta Errante (65) [Il pianeta errante; War Between the Planets; Planet on the Prowl] 322, 1061, 1266d-p, 3957
Missione speciale Lady Chaplin (68) [Operación Lady Chaplin] 461, 3261m
Missione Timiriat (54) 3635d
Mr Billion (77 U.S.) 1685, 1971, 3791, 4598
Mr Kingstreet's War (73 U.S.) 637
Mr Klein (76 France/U.S.) 1972, 2674m
Mr Super Invisible *see* L'inafferabile e invincibile Mr Invisible
Mister X (68) 2014, 3116, 3730
I misteri del castello di Monroe (14) 2974
I misteri della giungla nera (52) 300, 740d, 743, 1203ph, 1279w, 1683, 1813m, 2829, 3176, 4554, 4669, 4720p
I misteri della giungla nera (64) 692, 804d, 1422, 2700, 2766ph, 3957, 4147
I misteri della psiche (11) 3704
I misteri delle catacombe *see* Fabiola (13)
I misteri di Parigi (17) 354, 858ph, 1327d, 2792a, 4082, 4191d*
I misteri di Parigi (57) [Parigi misteriosa; Les Mystères de Paris] 735, 933d, 1211w, 1358, 1834ph, 2392, 3853d, 3973, 4010, 4119a, 4280, 4317, 4783, 4965
I misteri di Roma (63) 4618m, 4968d
I misteri di Venezia (50) 1673d, 4115a, 4140
La misteriosa dama dalle bianche rose (20) 174d
Il misterioso dramma del fiume (18) 174d
El misterioso señor Van Eyck (66 Spain) 1972
Il mistero dei bauli neri (18) 2709d*, 2710
Il mistero dei tre continenti (59) [Herrin der Welt] 939, 1450d, 1977, 2239, 3665, 3667, 3860, 4007, 4502, 4717, 4813m
Il mistero del castello (16) 4255, 4447, 4489
Il mistero del castello di Saint Privat (15) 4766, 4767d*
Il mistero del Girls' Bar (19) 277ph, 3544d
Il mistero del grande espero (20) 311ph
Il mistero del Morca (84) 3216ph
Il mistero del tempio indiano (63) [Kali-Yug II] 207, 418, 760d, 1627, 2386, 4543ph
Il mistero del testamento (21) 36, 3432d
Il mistero dell'americano (20) 2242d

Il mistero dell'Artide (30) 1343d-ph
Il mistero dell'asso di picche (21) 4822d
Il mistero dell'auto in fiamme (21) 3544d
Il mistero dell'educanda di Saint-Bon (15) 2063
Il mistero dell'uomo grigio (20) 311ph, 4953d
Il mistero della casa di fronte (17) 538
Il mistero della casa dirimpetto (14) 655ph
Il mistero della casa n. 30 (19) 1400d*, 1496, 3118ph
Il mistero della corona (18) 4956d
Il mistero della dama velata (20) 277ph
Il mistero della mano (21) 3544d
Il mistero della notte del 13 giugno (15) 724, 1302, 1838
Il mistero della pensione Edelweiss (58) [Le Mystère de la Pension Edelweiss; Sursis pour un vivant; Pension Edelweiss—sursis pour un vivant] 18, 2392, 2893, 2983d, 4717, 4743, 4765
Il mistero della sigla (15) 4447, 4819d
Mistero della vita (56) 848d
Il mistero delle onde (56) 848d
Il mistero delle 12 e 35 (14) 128ph
Il mistero di Bellavista (85) 1295d*, 1417ph, 2552s, 4125
Il mistero di Jack Hilton (13) 1132, 1327d
Il mistero di Oberwald (80) 146d, 480e, 535, 1052w, 1446, 2075w, 4562ph, 4566, 4809
Il mistero di Osiris (18) 2538
Il mistero di quella notte (15) 858ph, 4191d*
Il mistero di Roccabruna (22) 75ph
Il mistero di Silistria (14) 3427d
Il mistero di una notte di primavera (15) 2173, 3237d
Mistero o follia? *see* Follia e misteri
Il mito (63) 396, 903, 1885, 2963, 3342, 4337, 4586
Mitra sulla follia (74) 2516
Mizar (54) [Frogwoman] 18, 690, 931, 1398d, 1461, 1640, 2269, 3627a, 4235, 4378
Moana, isola del sogno (59) 4699d-p
Mobby Jackson (60) 4066, 4813
Mochy czlowiek (28 Poland) 4807ph
La modella (20) 428, 827, 872d, 1395, 4731
La modella di Tiziano (21) 470, 1307, 2946w, 3041, 4581d, 4690, 4819
Modella vestita (50) 3979d
Le modelle di via Margutta (45) 2000, 2430, 3110, 4071ph, 4134, 4159d, 4194
Modena, città dell'Emilia Rossa (50) 2582d
Modesty Blaise (66 U.K.) 489, 1620, 1818, 4622, 4809
La Modification (69 France) 2404
Modigliani of Montparnasse *see* Montparnasse
Un modo di essere donna (73) 412, 1920ph
Le mogli e le arance (17) 811co, 1210w, 3981ph, 4200d*
Mogli pericolose (58) 141w, 844, 1075d, 1607, 1722w, 2035, 2076w, 2404, 3080, 3213ph, 3800, 4038, 4443
Mogliamante (76) [Wife Mistress; Lover, Wife] 142, 275e, 419, 1169p, 1857a, 2070ph, 2907, 3113, 3161, 3465, 3693p, 3990co, 4586m, 4756d
Una moglie americana (65) 221, 1708, 1886ph, 2651, 3320m, 3628d, 4530, 4814
"La moglie bambina" *episode of* Tre notti d'amore
La moglie bella (24) 549, 1498ph, 1907d, 3070, 3983, 4200
"La moglie bionda" *episode of* Oggi, domani e dopodomani
La moglie che si gettò dalla finestra (20) 492d, 2072ph
"Moglie d'agosto" *episode of* Su e giù
La moglie del mio cliente (12) 4807ph
La moglie del prete (70) 765, 844, 909, 1096ph, 2614, 2670w, 2705, 2907, 2908e, 3627a, 3636p, 3844d, 4586m, 4809, 4961w
La moglie dell'amico...è sempre più buona (80) 2258d
La moglie dello scapolo (25) [La esposa del soltero] 3703
La moglie di Claudio (18) 1179ph, 2974, 3242, 3462d-p, 3956, 4947d
La moglie di dottore (16) 3495
La moglie di mio marito (60) 3478ph, 4435
La moglie di mio padre (76) 244, 405, 460d, 927, 1271m, 1963, 3591, 4779ph
La moglie di Sua Eccellenza (13) 1907d, 4039ad, 4593
La moglie di Sua Eccellenza (21) 388d
Una moglie, due amici, quattro amanti (80) 3092, 4442d
Moglie e buoi... (56) 823, 900w, 939, 973, 1373d, 1388, 1461, 1625, 1978,

2076w, 2595s, 3030, 3036, 3137w, 3608ph, 3659, 3742, 3757, 4443, 4674, 4754, 4979
Una moglie e...due mariti *see* xxx (24)
La moglie è uguale per tutti (54) 545, 1237, 1541, 1768, 2038, 2061w, 2811w, 2993w, 3119ph, 3363, 3404, 3405, 3789, 3800, 3847, 3852, 4065, 4443, 4530, 4753, 4757
La moglie giapponese (68) 1245e, 3161, 3320m, 3628d, 3865p, 4290w, 4349
La moglie giovane (78) 2965
Moglie in bianco...l'amante al pepe (80) 252, 4442d
La moglie in castigo (44) 333, 371, 618, 971, 1982, 2898w, 2969d, 3525ph, 3570, 4233, 4780
Una moglie in pericolo (39) 655ph, 1983, 2598, 2872, 3284, 3570, 3583a, 3759, 3918, 4278
La moglie in vacanza...l'amante in città (80) [La moglie in vacanza...l'amante in casa] 592, 1652, 1658ph, 2878d, 2988, 3092
Moglie, marito e... (21) 760ad
Moglie per una notte (52) 680w, 760d, 939, 1001m, 1761, 1959ph, 2038, 2554w, 2596, 3405, 3865p, 4378, 4721, 4979
La moglie più bella (69) 151, 1006, 1211d, 1454ph, 3153m, 3202, 4229e, 4558
La moglie posticcia (12) 4807ph
La moglie scacciata (19) 3582d
"La moglie svedese" *episode of* Extraconiugale
La moglie vergine (76) 244, 1652, 1963, 1970d, 2631, 3092, 4988ph
I mohicani di Parigi (17) 829d, 2739, 4011, 4364, 4447, 4585
Moi fleur bleu (77 France) 3922
Le Moine *see* Il monaco
The Mole Men Battle the Son of Hercules *see* Maciste, l'uomo più forte del mondo
Molinos de viento (36 Spain) 2978
I molluschi (13) 3326d-ph
Molti sogni per le strade (48) 518a, 679, 759ad, 760d, 1323p, 1972, 1979, 2713, 2719, 3473, 3525, 3848, 3960m, 4474w, 4543ph
Il momento dell'avventura (83) 419, 1415m
Il momento della verità (65) 982, 1408ca, 1475ph, 3558m, 3942d-p
Il momento di uccidere (68) [Django... ein Sarg voll Blut] 68, 307, 476ad, 518a-ph, 834d, 892w, 1272, 1366m, 1489, 1773, 2188, 2902ph, 3920, 4825
Il momento più bello (56) 22, 104w, 483, 736, 845, 1003, 1578d, 1867, 1875, 2907, 2988, 3493w, 3664w, 3738, 4568ph, 4658
Momo (87) 1263, 1399, 1492s-co, 2236, 4579
Mon coeur t'appelle (34 France/Germany/U.K.) 1841d
Mon oncle Benjamin (69 France) 68
The Mona Lisa *see* La Gioconda (53)
The Mona Lisa Has Been Stolen *see* Il furto della Gioconda
La monaca di Monza (47) 280, 637, 924, 1157co, 1958, 2253m, 3362d, 3608ph, 3978, 4341, 4432
La monaca di Monza (62) 1647, 1676, 1813m, 1841d, 1936, 2016, 4981
La monaca di Monza (68) 59, 566, 651, 730, 852, 1492s-co, 1836, 2033, 2176, 2413, 2635, 3006, 3091, 3153m, 3591, 4001, 4794d
La monaca di Monza (87) 1491m
Monaca santa (48) 1232, 1332ph, 1455w, 1979, 2474, 3287, 3395w, 3584
Le monache di sant'Arcangelo (72) [The Nun and the Devil] 275e, 657, 899, 940p, 1354, 2000, 2075w, 2176, 2982, 3202, 3411d, 3558m, 3996ph
Le monachine (63) 559, 709, 1511, 2404, 3153m, 3229, 3509, 4024d, 4301
Il monaco (72) [Le Moine] 696w, 854w, 1350, 2413, 2417d, 3153m, 3244, 4514, 4773ph, 4908
Il monaco di Monza (63) 1103d, 1885, 3337, 3803, 4166a, 4443, 4559, 4586m
Monastero di Santa Chiara (48) [Napoli ha fatto un sogno] 47, 1504, 1521, 1830w, 2771, 3129w*, 3395w, 3557, 3645ph, 4127ca, 4175d, 4189, 4813m
Le Monde où l'on s'ennuie (34 France) 4675
Mondo baldoria (14) 3076d
Mondo balordo (64) 2343, 3104d
Mondo cane (62) 637, 912d, 2274d-p-e, 3320m, 3345m, 3683d, 3865p
Mondo cane n. 2 (63) [Mondo cane II; Mondo pazzo] 2274d, 3320m, 3683d-p
Mondo cane oggi—l'orrore continua (85) 2902d-ph
Mondo cannibale *see* Il paese del sesso selvaggio

Il mondo dei miracoli (59) 804d, 964, 1416, 2376, 2578, 2746, 3229, 3447, 4065, 4191, 4192, 4237, 4512ph, 4547, 4598, 4706w
Il mondo dei sensi di Amy Wong (77) 45d, 340, 1681m, 2766ph
Il mondo di notte (59) [Ecco] 1346ph, 2274w, 3558m, 3792, 4056, 4683d
Il mondo di notte n. 2 (61) 4188e
Il mondo di notte n. 3 (63) 455, 3345m, 4243
Il mondo di Yor (82) [Yor; Yor, the Hunter from the Future] 113, 1037, 1063, 1266d, 1271m, 2887ph, 4355
"Il mondo è dei ricchi" *episode of* Extraconiugale
Mondo erotico (77) 1903
Il mondo le condanna (52) 545, 655ph, 920w, 972a-co, 1504, 1599w, 1706w, 1762d, 2254, 3229, 3279, 3558m, 3780, 4278, 4651
Un mondo meraviglioso (38) 3326p
Il mondo nella mia tasca (60) [An einem Freitag um halb zwölf; On Friday at 11] 270, 845, 1977, 2988, 3249, 4199, 4352, 4514, 4669, 4759ph
"Il mondo nuovo" *see* "Il nuovo mondo"
Un mondo nuovo (65) [Un Monde nouveau] 631, 893, 1416d, 2611, 3046, 3883, 4911, 4968w
Mondo nuovo *see* La notte di Varennes
Mondo pazzo *see* Mondo cane n. 2
Mondo pazzo, gente pazza (65) 2516
Il mondo sarà nostro (55) [El expreso de Andalucia] 4, 430, 2775w, 3053, 4071ph, 4962p
Mondo senza veli (85) 45d
Un mondo si rivela *see* Le città proibite
Il mondo vuole così (45) 463d, 725, 1276w, 1416, 1481, 1834ph, 1892, 1978, 1979, 2872, 3338, 3570, 3918, 4189, 4968w
Mondolinata a mare (17) 3285ph
La monella (14) 3356d
Monella di strada (20) 549, 906ph, 1750d
Il monello della strada (50) 406w, 1834ph, 2667, 2811w, 2993w, 3460, 3493w, 3863, 3953, 3969p, 4323, 4370, 4547, 4622
Money (91) 1454ph, 2248, 3017
I mongoli (61) 145, 1161, 1332ph, 1427d, 1565, 1786ad, 1869, 1959ph, 2636, 2654, 3094, 3218m, 3379, 3385, 4062, 4107d, 4166a, 4235
Monique (21) 1210d
Monna Vanna (15) 98p, 872d, 1801w, 2305
Monnari di Sizi (65) 2404
Il monocolo della verità (11) 4807ph
Monsieur de Camors (20) 4061
Un Monsieur de compagnie (64 France) 927, 1442, 3030
Monsignor (82 U.S.) 927, 1272, 3017
"Monsignor Cupido" *episode of* Le bambole
Monster from the Unknown World *see* Maciste nella terra dei ciclopi
The Monster Hunter *see* Anthropophagus II
Monster Shark *see* Shark—rosso nell'oceano
Le Mont-charge (62 France) 2900
Monta in sella, figlio di... (67) [The Great Treasure Hunt] 228m, 1215, 1959ph, 2938, 3243, 3943
La montagna del dio cannibale (78) [La montagna della giungla; Slave of the Cannibal God] 118, 880, 1271m, 1623, 1658ph, 2354, 2878d
La montagna di cenere (53) 152ph, 3418d
La montagna di cristallo (49) [The Glass Mountain] 931, 1123, 1985, 2036, 2282p, 2861ph, 3042p, 3960m, 4215
La montagna di fuoco (37) 1766d
La montagna di luce (49) 3844d
La montagna di luce (64) 2534d, 4720p
La montagna muore (52) 3240d
Le montagne dei miracoli (n.d.) 3569d
Montagne di metallo (54) 1902
Monte Carlo or Bust *see* Quei temerari sulle loro pazze scatenate scalcinate carriole
Monte Miracolo (43) 1016p, 1343ph, 1509, 2757, 3117a, 4003, 4010, 4573d
Monte Napoleone (87) 82, 412, 972a, 1037, 1123, 2005p, 2415ph, 2908e, 4685d, 4686w
Monte Sant'Angelo (42) 972d
Montecarlo (28) 441
Montecarlo (56) 206, 478, 844, 1416ad*, 1451, 2676d, 2909, 3717, 3752, 3844w, 3863, 3947m, 3961ph, 4463d, 4592, 4598
Montecarlo gran casinò (88) 1324p, 1414, 1415m, 2415ph, 2545, 2908e, 4685d, 4686w
Montecarlo, Montecarlo *see* Roba da ricchi

Montecassino (46) [Montecassino nel cerchio di fuoco] 1583s, 1902d, 1924, 2498, 3645ph, 4232
Montecitorio (n.d.) 3817p
Montecristo (54) 1211d
Montepulciano perla del Cinquecento (59) 4727d
Montevergine (39) [La grande luce] 341a-s, 679, 771d, 964, 1311, 1546, 1834ph, 1892, 1982, 2030, 2601ph, 2756w, 3229, 3419, 3583a, 4010, 4447, 4476, 4970w
Montparnasse (58) [Montparnasse 19; Modigliani of Montparnasse] 28, 134co, 366d, 1274a, 1431p, 2290w, 2357, 2725, 2917ph, 2931, 3051m, 3350, 3363, 3392, 3546, 4203, 4717, 4736
Il moralista (59) 463d, 1607, 2765ph, 2826w, 3520, 4106m, 4249, 4290w, 4292, 4426w, 4579, 4645
Moralnosc pani Dulskiej (30 Poland) 4807ph
Moravia (58) 4456d
Il morbidone (65) 28, 44, 646, 1659, 1763d, 2404, 2516, 2603, 4731
Morbosità (74) 1191, 2678
Mörderclub von Brooklyn (64 Germany) 3176
Mordi e fuggi (73) [The Dirty Weekend] 113, 2670w, 2691, 2907, 3636p, 3776, 3844d, 3992m, 4336, 4562ph, 4961w, 4972
More Than a Miracle *see* C'era una volta
Morfologia del fiore (42) 3326p
Morgan il pirata (60) 67, 81, 1346ph, 1427d, 1872, 2428, 2991, 3623, 3627a, 3778, 4958, 4970d
Morir par amar (73 Spain) 637
Morirai a mezzanotte (86) [Carroll Will Die at Midnight] 339ph, 350d
Morire a Roma (78) 419, 659, 1630, 3037d, 4562ph
Il moro dell'Apuxarra (11) [Il Tuxant] 3289
Il moroso della nonna (27) 1834ph, 2842, 4425, 4680, 4700d
La morsa (12) 1327d, 4447
La morsa (16) 1068, 1179ph, 1935d, 2173, 2653, 3237d
"La morsa" *episode of* Altri tempi (51)
La morsa della morte (14) 865, 2946d
Mort d'un pourri *see* Morte di una carogna
Mort, où est ta victoire? (63 France) 1676
Une Mort sans importance (47 France) 3819ph
La morta bianca *see* La morte bianca
La mortadella (72) 920w, 1096ph, 1433, 1857a, 2033, 2169, 2193, 2614, 2908e, 3088d, 3636p, 3682, 3773, 4076
Morte a Venezia (70) [Death in Venice] 113, 117, 412, 522, 702, 920w, 1408ph, 1607, 1793, 2773, 3815, 4555co, 4652, 4795d-p
La morte al lavoro (78) 1071, 2168m
La morte bianca (16) [La morta bianca] 650d, 4797
La morte bussa due volte (68) 191, 1565, 3547d, 3774, 4491, 4618m
Morte che assolve (18) 2594d, 3291, 3567
Morte che non uccide (19) 1241, 1472, 4807ph
La morte civile (11) 441, 970, 1132, 1854, 2029, 2620d, 3291
La morte civile (13) 1327d, 2599
La morte civile (19) 46, 388d, 810ph, 2792a, 3289, 4082
La morte civile (42) 453, 991, 1996, 2474, 3118ph, 3271, 3610d, 4092, 4166a, 4186co, 4354
La morte civile (53) *see* La figlia del forzato
La morte d'oro (20) 1733
La morte del duca d'Ofena (16) 811co, 1343ph, 3118ph, 3869d*, 4022
La morte del lago (15) 308
La morte di Ivan il terribile (09) 4807ph
Morte di Mario Ricci (83) [La mort de Mario Ricci] 4821
Morte di un amico (59) 471w, 1621, 1718, 1869, 2640, 3218m, 3453w, 3509, 3951d, 4165, 4172ph
Morte di un bandito (61) 42, 95d, 1627, 2486m, 2900, 3479, 4062, 4127ph
Morte di una carogna (78) [Mort d'un pourri] 3202, 4080m
La morte è di moda (90) 1764
La morte è fu: tempo di massacro *see* Tempo di massacro
La morte ha fatto l'uovo (67) [Death Has Laid an Egg; A Curious Way to Love; Plucked] 208, 1500, 2596, 3711d, 3920, 4582
La morte ha viaggiato con me (57) [Los manos sucias] 3229, 4306
La morte in agguato (13) 4807ph
Morte in Vaticano (82) 69d, 348w, 1491m, 1676, 4335, 4616ph
La morte negli occhi del gatto (72)

[Seven Deaths in the Cat's Eyes] 487, 987, 1266d, 1452, 1826, 1933, 2363, 2414, 3803, 4712
La morte non conta i dollari (67) [Death at Owell Rock; No Killing Without Dollars] 1063, 1097, 1215, 1684s, 1786d, 1954, 3482, 3608ph, 4052
La morte non ha sesso (68) [A Black Veil for Lisa] 83, 356, 1203d, 1683, 1813m, 2190, 2196, 2347, 3026, 3406, 3420, 4481
La morte piange, ride e poi...s'annoia (21) 554d*, 1179ph, 4680
La morte risale a ieri sera (70) [Death Took Place Last Night] 1181, 1671m, 3799, 4487d, 4515, 4654, 4916
La morte sorride all'assassino (73) [Sette strani cadaveri] 208, 1209d, 2386
Morte sospetta di una minorenne (76) 1658ph, 2878d
La morte sull'alta collina (69) [Death on High Mountain] 228m, 720w, 933d, 1006, 1257, 2014, 2493, 3482, 4300
La morte viene dal pianeta 18 (67) 3244, 3957
La morte viene dallo spazio (58) [Day the Sky Exploded] 351ph, 983, 1095w, 1326, 1696, 1872, 2175d, 2829, 3001, 3160, 3957, 3992m, 4005w
I morti non pagano le tasse (52) 684, 2053d, 2885, 2909, 3828, 4167, 4273, 4370, 4511
I morti non si contano (68) [Cry for Revenge; The Dead are Countless] 288, 316, 1215, 1345ph, 1426, 2247, 2549w, 2648, 2820, 2870, 2971, 3315w, 3345m, 3925d
I morti non si contano (69) *see* Garringo
I morti ritornano (20) 1694ph
Mosaic—Frankenstein 1980 *see* Frankenstein 1980
Mosaici a Roma (49) 1803d
Mosca addio (87) 275e, 531d, 1032, 2070ph, 3153m, 4615
La mosca d'oro (21) 876d
Il moschettiere fantasma (53) 725, 726d, 1078w, 2671a, 3271, 3607, 3615, 3845ph, 3864, 4354
I moschettieri del mare (61) [I moschettieri dei mari] 54, 126, 3627a, 3633, 3760, 3992m, 4114, 4233, 4359d, 4547
I moschettieri della regina *see* I cavalieri della regina
I moschettieri moderni (16) 3652
Mosè (76) [Moses the Lawgiver] 211, 235, 351fx, 439, 551w, 699w, 971, 1007, 1281d, 1661, 1683, 1835e, 1886ph, 2167, 2255, 2302, 2419p, 2441, 2451, 2962, 3153m, 3176, 3261m, 3422, 3701, 3706, 3730, 3898, 4002co, 4223, 4349, 4485, 4508, 4961w
The Most Wanted Man *see* Il nemico pubblico n. 1
I mostri (63) [Fifteen from Rome; Opiate 67] 21w, 638, 709, 888, 1096ph, 1445, 1882, 2005p, 2670w, 2890, 2980, 2988, 3065, 3646, 3844d, 3962, 4126w, 4158w, 4530, 4586m, 4693
Il mostro (77) 394, 1502, 3153m, 3339, 3393, 3922, 4125, 4841ph, 4948d
Il mostro dell'isola (53) 1546, 2343, 2885, 3050p, 3104d, 3117a, 3415, 4512ph, 4706w, 4757
Il mostro dell'opera (63) [Il vampiro dell'opera] 2681, 3634d
"Il mostro della domenica" *episode of* Capriccio all'italiana
Il mostro di Firenze (85) 97s-co, 1012ph, 4515
Il mostro di Frankenstein (20) 49, 2071, 4490d
Un mostro...e mezzo (65) 559, 1754, 2516, 4071ph, 4359d, 4826
Mother and Daughter *see* Maternale
The Motive Was Jealousy *see* Dramma della gelosia—tutti i particolari in cronaca
Motivo in maschera (55) 184, 479, 547w*, 735, 787d, 1333w, 1541, 1625, 2660m-w*, 3084, 3815, 3894, 4217, 4622
Il motore 13 HP (15) 3237d
Il motorino (84) 998ph
Le motorizzate (63) 132, 559, 4106m, 4559, 4658, 4753
I motorizzati (62) 1754, 2771, 3153m, 4430, 4511, 4530, 4645
Les Mots pour le dire (83 France) 920w
Le Moulin des supplices *see* Il mulino delle donne di pietra
Mourir de plaisir *see* Il sangue e la rosa
La Moutarde me monte au nez (74 France) 801
Movie rush—la febbre del cinema (77) 1417ph
La muchacha de Moscú *see* Sancta Maria
Mudundu *see* Giungla nera
Muerte de un ciclista (54 Spain) 582, 1116, 4556
Muerte de un presidente *see* Il prezzo del potere

La muerte viaja demasiado (65 Spain) 2647, 4651
La mujer de la tierra caliente (78 Spain) 1903, 4106m
La mujer de otro (68 Spain) 1936
Il mulatto (49) 256, 1373ad, 1398d, 2771, 4306
Il mulino (20) 75ph, 1395d, 3289
Il mulino degli spettri (24) 176ph
Il mulino del Po (48) 544w, 710s-co, 735, 816, 1075w, 1352, 1367co, 1650ad-w, 1749, 1839, 1982, 2475d, 2582ad-w, 3199w, 3474, 3579w, 3636p, 4092, 4192, 4543ph, 4774
Il mulino delle donne di pietra (60) [Le Moulin des supplices; Drops of Blood] 647, 853, 1674d, 1818, 2084, 3336, 3478ph, 3665, 4280, 4720p
Una mummia, una donna e un diplomatico (20) 46, 75ph, 444, 1395d*, 2652
'O munaciello *see under* O
Muore sul campo (15) 3704, 3944, 4255
Le Mur d'Atlantique (70 France) 862
Le mura di Malapaga (48) [Au delà des grilles] 22, 212w, 587w, 920w, 964, 1033d, 1195, 1684s, 1819, 2068d-p, 2746, 3046, 3270, 3368ph, 3525, 3745, 3918, 4427, 4813m, 4968w
Le mura di Sana (70) 3453d*
La muraglia cinese (58) [The Great Wall of China] 1294w, 2486m, 2582d, 3478ph, 4188e
The Murder Clinic *see* La lama nel corpo
Murder Mansion *see* Quando Marta urlò nella tomba
Murder Obsession *see* L'ossessione che uccide
The Murder Society *see* La lama nel corpo
Murder Syndrome *see* L'ossessione che uccide
Murderous Obsession *see* L'ossessione che uccide
Murderrock uccide a passo di danza (84) 1804d
Murders in the Rue Morgue (71 U.S.) 927
Muriel, il tempo di un ritorno (63) [Muriel ou le temps d'un retour] 3802d, 4096a, 4207, 4773ph
Murió hace quince años (54 Spain) 3894
Il muro di gomma (91) [The Invisible Wall] 2005p
The Murri Affair *see* Fatti di gente perbene
Muscle Beach Party (64 U.S.) 3420
Il museo dei sogni (48) 1075d
Il museo dell'amore (35) 237d, 2475
The Mushroom Bed *see* Una ragazza tutta nuda assassinata nel parco
Musica a Santa Cecilia (42) 3418d, 3645ph
Musica in piazza (36) 529, 1514, 1834ph, 2922d, 3028, 3970, 4041, 4754
Musica nel tempo (42) 777d
Musica per vecchi animali (89) 1408ph, 1716
Musica profana (19) 798, 872d, 2652, 2740
Musica proibita (42) 726p, 771d, 1133, 1546, 1985, 2613, 2978, 3703, 3841, 3917, 4084co, 4187ph, 4233, 4807ph
Il musicista (12) 4807ph
Musoduro (53) 398d, 735, 908, 1675, 2043, 2448, 3069a, 3960m, 4305, 4564w*, 4814
Musotte (19) 315, 1119d, 1960ph, 3394
Mussolini and I *see* Io e il Duce
Mussolini di Sardegna (33) 2910d
Mussolini: ultimo atto (74) 794, 1719, 1885, 1920ph, 2582d, 2681, 3153m, 3244, 4352
La muta di Portici (10) 4807ph
La muta di Portici (24) 1834ph, 3472, 3984d, 4593
La muta di Portici (52) 825, 1543, 2765ph, 2907, 3757, 4010
Mutiny at Fort Sharp *see* Per un dollaro di gloria
Mütter *see* Mamma
My Brother Has Come *see* È arrivato mio fratello
My Colt Is the Law *see* La colt è la mia legge
My Colt, Not Yours *see* La mia colt ti cerca...quattro ceri ti attendono
My Daughter Joy (50 U.S.) 4780
My Fabulous Girlfriends *see* Stupende le mie amiche
My Friends *see* Amici miei
My Horse, My Gun, Your Widow *see* Domani passo a salutare la tua vedova...parola di Epidemia
My Little Baby *see* Baby l'indiavolata
My Little Dog *see* Il mio piccolo cane
My Love *see* Amore mio
My Love, My Love *see* Amore, amore
My Loves *see* Amori miei
My Name Is Rocco Papaleo *see* Permette? Rocco Papaleo

My Name Is Shanghai Joe *see* Mezzogiorno di fuoco per An Hao
My Seven Little Sins *see* I sette peccati di papà
My Son the Hero *see* Arrivano i titani
My Trip with Dad *see* In viaggio con papà
My Turn Today, Yours Tomorrow *see* Oggi a me, domani a te
My Uncle the Vampire *see* Tempi duri per i vampiri
My Very Beloved Son *see* Figlio mio infinitamente caro
My Wife *see* La mia signora
Myriam (29) 2064, 2073d, 3118ph, 3615
Myriam Savary (20) 4046
Mystère (83) 23, 594, 4355, 4586m, 4685d, 4686w
Mystère à Shanghai *see* I bassifondi di Shanghai
The Mysterious Island *see* L'isola misteriosa e il capitano Nemo
N.P. il segreto (71) [N.P.] 3422, 3718, 4508
N.U. *see* Nettezza Urbana
Die Nacht der Entscheidung (38 Germany) 2744d
Eine Nacht in Venedig *see under* E
Nacque senza camicia *see* xxx (26)
Nada (74) [The Nada Gang] 886, 943d, 2962, 3720ph, 3914, 4491
Nagana (54) 213m, 256, 660d, 1317, 1513, 2418, 2661, 4173ph, 4297
Le Naïf aux quarante enfants (57 France) 2404
Naked Earth (58 U.K.) 2392
Naked Exorcism *see* Un urlo dalle tenebre
The Naked Maja *see* La maja desnuda
Naked Sun *see* Agguato sul fondo
The Name of the Rose *see* Il nome della rosa
Nanà (14) 3524
Nanà (18) 1395d, 2348, 4191
Nanà (55) 428, 609, 840, 863, 894, 915, 924, 973, 984d, 1284, 1485, 1588co, 1776, 2096a, 2290w, 2377, 2917ph, 3001, 3380, 3572, 3604, 3902p, 3935, 3966, 4638w, 4678m
Nanà (82) 209, 372w, 415, 1557, 1649, 1990p, 3153m, 3176, 3213ph
Nantas (18) 4536ph
Nanù, la cugina d'Albania (28) 269, 1624, 3382d, 3845ph, 4044
Naples au baiser de feu *see* Napoli, terra d'amore
Napoléon *see* Napoleone Buonaparte
Napoleoncina (17) 744, 1125, 1210d, 1498ph, 3382d, 4200d*, 4808
Napoleone (51) 406w, 575d, 1332ph, 1978, 2988, 3503, 3752, 3969p, 4233, 4240, 4527, 4753, 4754
Napoleone a Firenze (62) 4443, 4512ph, 4754
Napoleone a Sant'Elena *see* Sant'Elena piccola isola
Napoleone ad Austerlitz (60) [Battle of Austerlitz; Austerlitz] 60ph, 637, 813, 840, 841, 1416, 1597, 1849d, 1897, 2322ph, 2782, 2795, 2808, 3086, 3379, 3732, 4188e, 4243, 4492, 4582, 4860, 4880
Napoleone Buonaparte (54) [Napoléon] 156, 182, 209, 502, 602, 631, 705, 747, 774, 1224, 1248, 1284, 1308, 1326, 1444, 1534, 1819, 1897, 1951, 2091d*, 2220ph, 2266, 2499, 2785, 2788, 2795, 2799, 2810, 2823, 2926, 2966, 2991, 3099, 3101ph, 3135, 3143, 3151, 3168, 3203, 3232ph, 3357, 3398, 3424, 3431, 3490, 3553, 3572, 3667, 3734, 3780, 3790, 3797a, 3877, 3935, 3955, 4135, 4378, 4765, 4831, 4880
Napoleon's Epic Deeds *see* L'epopea napoleonica
Napoletani a Milano (54) 21w, 287ph, 573, 1303d*, 2003, 2472, 4062, 4126w, 4790
"Napoli" *episode of* Melodie d'Italia
Napoli canta *see* . . . E Napoli canta
Napoli che canta (26) 3118ph, 3871d
Napoli che canta (30) [Napoli canta] 79d, 155ph, 1400, 3041, 4484ph
Napoli che non muore (39) 214w, 280, 655ph, 936, 1001m, 1416, 1756, 1936, 2747, 2768p, 2909, 3010, 3191w, 3382d, 4341, 4791w
Napoli che se ne va (21) 1221
Napoli d'altri tempi (37) 466w, 655ph, 924, 1001m, 1383, 1416, 1847, 1913, 2016, 2747, 2953a, 3191w, 3382d, 3643, 4186co, 4791w
Napoli e le terre d'oltremare (40) 511d
Napoli e mille canzoni (59) [Perfide ma belle!] 3852, 4123, 4778
Napoli è sempre Napoli (24) 3235d
Napoli è sempre Napoli (54) 1704d, 1877ph, 2498, 3147, 3270, 3363, 3643, 4528

Napoli è una canzone (26) 1660, 2072ph, 2095, 3510d, 3786
Napoli, eterna canzone (49) 825, 2885, 3259, 3458, 4225d
Napoli ha fatto un sogno *see* Monastero di Santa Chiara
Napoli: i cinque della squadra speciale (78) 3630
Napoli... la camorra sfida, la città risponde (79) 340, 644d, 1869, 3699, 4001, 4568ph
Napoli milionaria (50) 1303d*, 1306, 1323p, 1932a, 1973, 1981, 1982, 2003, 2713, 2736w, 3271, 3960m, 4116, 4474w, 4543ph, 4559, 4790
Napoli nuova (n.d.) 933d
Napoli—Palermo—New York; il triangolo della camorra (81) 44, 644d, 1779ph, 2539, 3945
Napoli piange e ride (54) 43ph, 543a, 754d, 2713, 3198, 4062, 4424, 4542
"Napoli 43" *episode of* Amori di mezzo secolo
Napoli questa sconosciuta (49) 3411d
Napoli serenata calibro 9 (79) [Napoli serenata calibro 38] 644d, 1779ph, 3531
Napoli si ribella (76) 2000, 2470, 2982, 4442d
Napoli, sirena della canzone (29) 3285ph
Napoli, sole mio *see* Lorella
Napoli, terra d'amore (28) 3285ph
Napoli, terra d'amore (37) 1907d, 3954, 4243
Napoli, terra d'amore (55) [Naples au baiser de feu] 804w, 1116, 1689, 1815m, 2765ph, 2906d, 3329, 3383, 3689w, 3930, 4166a
Napoli, una storia d'amore e di vendetta (81) 4515
Napoli verde—blu (35) [Napoli, verde e blu] 1179ph, 1704d, 2747, 3341, 4041
Napoli violenta (76) 44, 1824, 2534d, 2986, 3952, 4110, 4790, 4988ph
Napule... e niente cchiù (28) 2072ph, 2095, 3341, 3510d, 3584
Napule e Surriente (28) 1327d*, 4960
The Narco Man *see* Il sapore della vendetta
The Nark *see* Mark il poliziotto spara per primo
Das närrische Glück (29 Germany) 3472
Nasce il Romanico (48) 2816d
Nasce un campione (54) 3534d
Nasce un disegno animato (52) 1211d
Nasce un trottatore (55) 848d
Nasce una famiglia (46) 3451d
Nascita della repubblica (71) 1416d
La nascita di Salomè (40) 838, 981d, 1367co, 1614, 2613, 2948w, 3102, 3118ph, 3583a, 4186co
Naso di cane (87) 813
Naso di cuoio (52) [Naso di cuoio, gentiluomo d'amore; Nez-de-cuir] 74d, 213m, 1016p, 1282, 1284, 1588co, 1972, 2220ph, 2624, 2795, 2899, 3275, 3366, 3375, 3672, 4231w, 4405, 4429, 4488, 4846a
Nata dal mare (53) 255d
Nata di marzo (57) 824,ph 1374, 1676, 2670w, 3558m, 3573d, 3620a, 3636p, 4090, 4126w, 4158w, 4633
Natacha (18) 650d, 4797
Natale (06) 4807ph
Natale al campo 119 (48) [Escape into Dreams] 95p, 679, 927, 1416, 1606w*, 1690, 1766d, 1972, 2953a, 2978, 3270, 3717, 3930, 4786
Il Natale che quasi non fu (65) 206, 637d*, 1647, 2344, 2511, 3717
Il Natale del perdono (07) 4807ph
Il Natale di Pierino (10) 4807ph
Natale in casa di appuntamento (76) [Holiday Hookers; Love By Appointment] 54, 560, 577, 1037, 1171ph, 1602, 1037, 3213d, 3345m
Natale tragico (11) 4807ph
Il natalizio della nonna (23) 2064, 2753, 3813ph
Nathalie Granger (72 France) 582
Nati con la camicia (83) 3485
National Lampoon's Animal House (78 U.S.) 1232
Nato per uccidere (67) 405, 438, 1649, 3055, 3196, 4584ph
Natura e chimica (59) 3322d
Nature Girl and the Slaver *see* Liana, la schiava bianca
La naufraga della vita (20) 1179ph, 3510d
Il naufragatore (15) 343, 1068, 1935d, 3083
I naufraghi (08) 4807ph
Naufraghi (38) 1068, 2484d, 3981ph, 4191
I naufraghi dell'onore (21) 1694ph
I naufraghi della vita (18) 2940
Naufragio (17) 1078d, 3970
Il naufrago (09) 4807ph
Il naufrago del Pacifico (51) [Robinson Crusoè] 3340ph, 4434p, 4580

Navajo Joe *see* Un dollaro a testa
La nave (11) 98p, 729, 796, 872d, 1801w, 4120ph
La nave (20) 519, 1231d, 1844, 2704ph, 3928d, 3976, 4447
La nave bianca (41) 810ph, 1398d, 3947m, 3948d
La nave dei leoni (12) 2709d, 4807ph
La nave dei miliardi (22) 2063
La nave dei morti (19) 771d*, 3703
La nave dell'uranio (78) [The Uranium Conspiracy] 23, 1268, 1990d, 4491
La nave della morte (16) 634w
La nave delle donne maledette (53) 654, 918co, 996, 1130, 1294w, 1598, 1684s, 2376, 2782, 2910d, 3460, 3967, 4280, 4543ph, 4554, 4599, 4877
La nave fantasma (17) 150, 434ph, 4943d
Navi sul Brenta (50) 3628d
Navidad Joe *see* Lo sceriffo senza stella
Né de père inconnu *see* I bastardi (50)
Ne sois pas jalouse (32 France) 1907d
Nebbia a Venezia (n.d.) 4023d
Nebbie sul mare (42) 1449, 1586, 2189d, 2574, 3149, 3692w, 4306, 4556, 4759ph
Nebraska il pistolero (66) [Ringo del Nebraska; Savage Gringo; A Gunman Called Nebraska] 351d, 1023, 2615, 2648, 2766ph, 3320m, 3344, 3945, 4045, 4480
Necropolis (70) 210, 1035, 1101, 2691
Nefertite, regina del Nilo (60) [Queen of the Nile] 252, 933d, 1150, 1203ph, 1225, 1631, 2909, 3176, 3229, 3336, 3383, 3674, 3699, 3730, 3992m, 4425, 4801
Nei gorghi del destino (19) 1312d
Nei labirinti di un'anima (16) [Nei labirinti dell'anima] 614w, 650d, 4797
Nei lacci del destino (11) 4807ph
Nei regni del mare (52) 3893d-ph
"Nei secoli fedeli" *see* "Il marito di Attila"
Nel blu dipinto di blu (58) [Volare] 1416, 1475ph, 2288, 3064, 3738, 4158w, 4474d, 4968w
Nel campo nemico (20) 1419d
Nel corpo e nell'anima (75) 3922
Nel giardino delle rose (90) [Age of Discretion] 403, 1945, 2415ph, 3561
Nel giorno del Signore *see* Nell'anno del Signore
Nel golfo di Spezia (12) 4807ph
Nel gorgo (18) 1935d*, 2872, 4022, 4046
Nel gorgo del peccato (54) 924, 1135d, 1607, 2178, 4166a, 4512ph, 4564, 4859
Nel gorgo della ventura (23) 1694d-ph
Nel gorgo della vita (16) [Lacrimae rerum] 441, 858ph, 1334d, 2792a
Nel gorgo folle (16) 174d
Nel labirinto del sesso (68) 1093, 1741, 3803
Nel mare della vita *see* Peppeniello
Nel mezzogiorno qualcosa è cambiato (50) 2582d
Nel mondo degli agguati (21) 337d, 3688ph
Nel nido straniero (14) 3237d, 3472
Nel paese della fortuna (16) 2655
Nel paese delle fisarmoniche (41) 4138ph, 4745d
Nel più alto dei cieli (77) 1071, 1074
Nel segno di Roma (58) [Sign of the Gladiator; In the Name of Rome] 81, 146d, 650d, 939, 1301w, 1358, 1489, 1565, 1631, 1786ad, 1980p, 2536w, 2647, 2654, 2775w, 2808, 3176, 3288w-co, 3387, 4166a, 4192, 4568ph, 4691
Nel silenzio dell'anima (18) 4061
Nel sole (67) 1754, 3406, 3655, 4357
Nel viale dei tigli (15) 4248d, 4797
Nel vortice del peccato *see* Il vortice del peccato
Nell'anno del Signore (69) [Nel giorno del Signore; Correva l'anno di grazia 1870; 1870; Nell'anno della contestazione] 709, 813, 844, 1511, 1566, 1810, 2216, 2256ph, 2719, 2723d, 2771, 2907, 2908e, 4025, 4292, 4530, 4586m
Nell'anno della contestazione *see* Nell'anno del Signore
Nell'occhio della volpe (79) 4057
Nella (19) 2040
Nella città eterna *see* Alla capitale
Nella città l'inferno (58) [Hell in the City; ...And the Wild, Wild Women; Caged] 95p, 287ph, 675, 765, 890d, 920w, 1827, 2719, 2894, 3028, 3646, 3865p, 3967, 4038, 4166a, 4292, 4622, 4813m
Nella fornace (15) 441, 2097, 4191d
Nella luce di Roma (38) 1766d, 2281ph
Nella misura in cui... (79) 1354, 4810d
Nella morsa della colpa (20) 3475
Nella morsa di un sogno (19) 3937, 4684w
Nella stretta del mistero (20) 311ph, 4953d

Nella stretta morsa del ragno (70) [E venne l'alba...ma tinta di rosso; Prisoner of Dracula; And Comes the Dawn, but Colored Red; Web of the Spider] 19p, 857, 1102w, 1266d, 1682, 1764, 2010, 2386, 2980, 3345m
Nella tormenta *see* Tormenta
Nelle pieghe della carne (71) [Las endemoniades; The Folds of the Flesh] 126, 424d, 3955
Nelle soffitte di Parigi (24) 2063
Nelle steppe del Don (43) 3411d
Nelle terre dei Lepini (53) 2077d
Nellina (17) 614w, 858ph, 1734, 2348, 2792a, 4191d*
Nelly la domatrice (12) 98p, 872d, 1801w, 3127
Nelly la gigolette (14) [La danzatrice della Taverna Nera] 392, 393, 441, 858ph, 1068, 1935d*, 2792a
La nemesi danzante (20) 311ph, 2242d
Nemesis (21) 1210w, 1841d, 1842, 1844, 2064, 2072ph, 4792
La nemica (17) 2242d, 3568, 3581
La nemica (20) 4731, 4983d
La nemica (52) 463d, 846p, 924, 972a, 2043, 2472, 3118ph, 3271, 4133, 4232, 4735
"Nemica della guerra" ["Lysistrata"] *episode of* Destini di donne
Il nemico (42) 1946d, 2757, 3117a, 3473, 4190ph
Il nemico di mia moglie (59) [Il marito bello] 890w, 1416, 1475ph, 2907, 3420, 3689d, 3738, 4274, 4753
Il nemico invisibile (n.d.) 398d
Il nemico occulto (16) 388d, 4575
Il nemico pubblico n. 1 (53) [Il pericolo pubblico n. 1; L'Ennemi publique n. 1; The Most Wanted Man] 13, 203w, 273p, 296, 303, 618, 684, 1251w, 1604, 1655, 1820, 2522m, 2810, 2926, 3232ph, 3271, 3331, 3487p, 3966, 4177, 4181, 4185, 4378, 4497ph, 4741d
Nenè (77) 86a, 1408ph, 3098e, 4049d, 4184, 4530
Nennella (19) 1226ph
Nennella (48) 2934d, 3383
Nerina (15) 2594d
Nero (22 U.S.) 887, 3845ph, 4044, 4575, 4960
Nero and the Burning of Rome (09) *see* Nerone
Nero and the Burning of Rome (53) *see* Nerone e Messalina
Il nero croce (20) 311ph
Nero veneziano (78) [Damned in Venice] 1096ph, 1491m, 2566d, 3029, 4836
Nero's Big Weekend *see* Mio figlio Nerone
Nero's Mistress *see* Mio figlio Nerone
Nerone (09) [Nero and the Burning of Rome; Nero, or The Fall of Rome] 98p, 796, 1397, 1801w, 2709d, 3326ca, 3680, 4807ph
Nerone (23) 1241
Nerone (30) 511d-e, 1673e, 2872, 3118ph, 3537, 3596p
Nerone (76) 685, 2005p, 3109, 4469
Nerone e Agrippina (13) 554, 871, 872d, 3703, 3956, 4120ph
Nerone e Messalina (53) [Nero and the Burning of Rome] 280, 289, 845, 939, 1977, 1978, 2269, 3073, 3557, 3644m, 3816, 4065, 4341, 4432, 4705, 4803, 4970d
Nerone e Poppea (82) 998ph, 2918d
Nerone 71 (62) 685, 844
Nerosubianco (68) 629d-e, 860, 1899m, 4055, 4176
Nessuno è perfetto (82) 1096ph, 1677d, 3202
Nessuno ha tradito (52) 384, 2253m, 3104d, 3198, 3525, 3770, 3847, 3978, 4237, 4574
Nessuno o tutti—matti da slegare (73) [Matti da slegare; Fit to Be Untied] 381d, 3153m
Nessuno torna indietro (43) [Istituto Grimaldi] 511d, 727w, 791, 924, 1001m, 1122, 1123, 1383, 1416, 1497, 1509, 1543, 1693s, 1924ad, 2000, 2624, 2654, 2978, 3312w, 3557, 3848, 3849, 4003, 4133, 4168, 4341, 4454a*, 4759ph
Nest of Spies *see* Il raggio infernale
Nest of Vipers *see* Ritratto di borghesia in nero
Nettezza Urbana (48) [N.U.] 146d, 1813m, 4716ph
Der neunzwanzige Katze *see* Il gatto a nove code
La neuropatologia (08) 3326d-ph
Nevada Kid *see* Per una bara piena di dollari
Nevada Smith (66 U.S.) 4654
La neve nel bicchiere (83) [A Glassful of Snow] 2735, 2975e, 3992m, 4662d
Neve sull'Appennino (35) 1766d
Never Say Goodbye (56 U.S.) 3586w

Never So Few (60 U.S.) 2596
Never Take No for an Answer *see* Peppino e Violetta
Nevi d'Italia (37) 237d
Nevi di Cortina (55) 3540d
The New Barbarians *see* I nuovi barbari
The New Gladiators *see* I guerrieri dell'anno 2072
New York chiama Super Dragon (66) [Secret Agent Super Dragon] 1225, 1234, 1674d, 1934m, 2084, 2103, 2167, 2172, 2190, 2516, 2965
New York dans les tenèbres (66 France) 4533
New York Stories (89 U.S.) 1945, 4379ph
Next! *see* Lo strano vizio della signora Ward
The Next Man (76 U.S.) 927
The Next Victim *see* Lo strano vizio della signora Ward
Nez-de-cuir *see* Naso di cuioi
'nfama (24) 3285ph
Ni pobre, ni rico, sino todo lo contrario (45 Spain) 3840
Nicolò, ou l'enfant trouve
Nido de espías *see* Il raggio infernale
Nido de viudas (77 Spain) 1123, 2596
Il nido del ragno (89) 204, 940w
Il nido di falasco (50) 650d, 2598, 2817a, 3050p, 3584, 3745, 4306, 4473, 4512ph, 4957
Nido di zingara (15) 3131d*
Die Niebelungen, I Teil (65 Germany) 1971
Die Niebelungen, II Teil (65 Germany) 1971
Niente rose per OSS 117 (68) [Pas de roses pour OSS 117] 44, 256, 1346ph, 1553, 1889, 2216, 2225p-w, 2324, 2516, 2648, 3243, 3420, 3558m, 4206
The Night *see* La nottata
The Night Before Christmas *see* Questo si chiama l'amore
Night Child *see* Perchè?!
Night Flight to Moscow *see* Il serpente
Night Games (89 U.S.) 1491m
The Night Heaven Fell *see* Ladri al chiar di luna
Night Is the Phantom (63) *see* La frusta e il corpo
Night Is the Phantom (65) *see* La notte di violenza
Night of Love *see* Tradita
The Night of Terror *see* La lama nel corpo
Night of the Blood Monster *see* Il trono di fuoco
The Night of the Shooting Stars *see* La notte di san Lorenzo
Night of the Zombies (79) *see* Le notti erotiche dei morti viventi
Night of the Zombies (80) *see* L'inferno dei morti viventi
Night Sun *see* Il sole anche di notte
The Night They Killed Rasputin *see* L'ultimo zar
Night Train Murders *see* L'ultimo treno della notte
The Night Watch *see* Il buco
Nightmare Castle *see* Amanti d'oltretomba
Nightmare City *see* Incubo sulla città contaminata
The Nights of Rasputin *see* L'ultimo zar
Nikita (90) 2005p, 3133
Nina (76) [A Matter of Time] 48, 171p, 210, 421, 609, 1100, 1676, 1681m, 1717, 1718, 3038, 3039d, 3229, 3320m, 3805, 3946, 4620ph
Nina la poliziotta (18) 538
Nina non far la stupida (26) 2095, 3510d
Nina non far la stupida (37) 93ad, 450p, 451, 809w, 909, 1834ph, 2744d, 2953a, 3280, 3970, 4186co, 4675
1990 The Bronx Warriors *see* Guerrieri del Bronx
Ninì Falpalà (33) 1099, 1252, 1311, 1834ph, 1837, 2671a, 3382d, 3816, 4324
Ninì Tirabusciò, la donna che inventò la "mossa" (70) 1035, 1305, 1470ph, 1722d, 1973, 2404, 3069a, 3098e, 3161, 3748, 3820, 3992m, 4443, 4809
Niniche (18) 1395d, 2348, 4191
Niniche (24 Germany) 3472
Ninna nanna (16) 4983d
Ninna nanna, papà sta in guerra (42) 3229, 3919, 4091
La nipote del vampiro *see* Malenka
La nipote Sabella (58) 463d, 1095w, 2404, 2670w, 3397, 3555, 4038, 4759ph
Le nipoti d'America (22) 75ph, 1395d, 2792a
I nipoti di Zorro (68) 1511, 1754, 4052, 4071ph
Nipoti miei diletti (74) 195, 560, 3642
Nizza (52) 4427
"No" alla violenza (78) 1006d, 1263

No desearas la mujer del vecino (72 Spain) 2404
No Graves on Boot Hill *see* Tre croci per non morire
No grazie, il caffè mi rende. . .nervoso (82) 1164a, 4583
No, il caso è felicemente risolto (73) 657, 937, 1178, 2887ph, 3345m, 4025
No Killing Without Dollars *see* La morte non conta i dollari
No Man's Land (38) *see* Terra di nessuno
No Man's Land (62) *see* Un branco di vigliacchi
No Parking *see* Divieto di sosta
No Room to Die *see* Una lunga fila di croci
No somos de piedra (68 Spain) 582
No Sun in Venice *see* Un "colpo" da due miliardi
No Way Back (52 U.S.) 3137d
La nobile preda (53) 1902d
Nobili cuori (13) 1929d
Nobiltà di casta e nobiltà di cuore (14) 229, 2753
Noblesse oblige (18) 1472
Nobody ist der Grösste *see* Un genio, due compari, un pollo
Noccioline a colazione (79) 4562ph
Les Noces venétiennes *see* La prima notte
Una noche embarazosa (76 Spain) 709
Noche sin cielo (47 Spain) 3840
Nocturno 29 (68 Spain) 582
Il nodo (21) 2792a, 2861ph, 3758d
Il nodo alla cravatta (91) 516
Noemi (19) 392, 393
Noi cannibali (53) 1959ph, 2540d, 2647, 2775w, 3198, 3215w, 3398, 4115a, 4803
Noi dell'oceano (57) 1674d
Noi donne siamo fatte così (71) 3844d, 4025, 4158w, 4586m, 4809
Noi due soli (52) 768, 973, 1970d, 2811d, 2993d, 3069a, 3119ph, 3789, 4753, 4754
Noi duri (60) 1818, 2906d, 3405, 3473, 3643, 4212, 4254, 4559, 4568ph, 4658, 4724w
Noi e il gigante (51) 255d
Noi gangsters (58) 2220ph, 4741d
Noi mondini (41) 848d
Noi non siamo angeli (75) 2261, 2766ph, 3441d
Noi peccatori (52) 650d, 1352, 1423w, 1676, 1757, 2472, 2474, 2492, 2757, 3119ph, 3936, 4065, 4166a, 4237, 4323, 4341
Noi siamo due evasi (59) 3084, 3119ph, 3276, 3992m, 4000p, 4246d, 4530, 4753
Noi siamo le colonne (56) 406w, 1002, 1213d, 1279w, 1416, 1607, 1839, 1892, 2245, 2300, 2811w, 2993w, 3478ph, 4511
Noi tre (83) 219d, 794, 1254, 1278, 1344, 3345m
Noi uomini duri (87) [Uomini duri] 406w, 1432ph, 2005p, 3098e, 3109, 3293, 3637d, 3660
Noi vivi (42) 61d, 453, 471w, 637, 810ph, 1003, 1245e, 1504, 1936, 2030, 2738w, 3414, 3616, 3947m, 4252, 4651, 4730w
La noia (64) [Empty Canvas] 228m, 688, 1211d, 1258, 1920ph, 2075w, 2454, 2566w, 2930, 3046, 3129w, 3141, 3249, 3363, 3636p, 3890, 3967, 4301, 4911
Noite vazia (65 Brazil) 4515
Nokaut *see* Colpo rovente
Il nome della rosa (86) 7, 917, 946, 1085, 1169p, 1346ph, 1479, 1668a, 2610, 2891, 3864, 4468, 4579
Non aprire la porta per l'uomo in nero (91) 3711d
Non aspettare, Django. . .spara (69) 708, 3177d, 3198p-w, 3753, 3754, 3862, 4052
Non c'è amore più grande (55) 351ph, 463d, 844, 939, 1219p, 1423w, 1717, 3269, 3489, 3625, 3677, 4044, 4237, 4813m
Non c'è bisogno di denaro (33) [You Don't Need Money] 43ph, 78, 451, 1383, 2532ph, 2671a, 3382d, 3472, 3570, 3967, 4050ad, 4249, 4792
Non c'è due senza quattro (84) 286d, 2256ph, 3485
Non c'è pace per chi ama (57) 1103d, 1667, 4189
Non c'è pace tra gli ulivi (49) 582, 1323p, 1406d, 1562a, 1732p, 1755ad, 1759, 2582ad-w, 2647, 2713, 3240ad, 3533m, 3645ph, 3689w, 3812, 4127ca, 4426, 4548, 4654
Non cantare. . .baciami! (57) 845, 1306, 2829, 4246d, 4598, 4722w
Non canto più (43) 422, 1786d, 3557, 3570, 3643, 3828, 4728a
Non ci credo *see* Superstizione
Non ci resta che piangere (84) [Nothing

Left to Do but Cry] 86co, 275e, 397w*, 443w, 1491m, 2005p, 3961ph, 4583d*
Non commettere atti impuri (71) 592, 2000, 2988, 4349
Non contate su di noi (78) 4419ph
Non desiderare la donna d'altri (15) 3127
Non è Carmela mia (28) 1327d*, 4960
Non è mai troppo tardi (53) 329, 824ph, 1361, 1500, 1982, 2907, 3756d, 4378, 4554
"Non è vero!" *epsode of* Il trittico di Bonnard
Non è vero, ma ci credo (52) 545, 1173, 1305, 1306, 2053d, 3527, 3584, 4190ph
Non faccio la guerra, faccio l'amore (66) 2545, 3345m, 3951d, 4301
Non fumo e...sento odor di fumo (15) 434ph, 1395d
Non glielo dico *see* Al limite cioè
Non ho paura di vivere (52) 888, 2885, 3271, 3286, 3994, 4421d, 4957
Non me lo dire (40) 493m, 789p, 1650w, 1684s, 2269, 2667, 2811w, 2922d, 2993w, 3347, 3474, 3863, 4167, 4188e, 4252, 4359w, 4543ph
Non mi muovo! (43) 991, 1054, 1303, 1305, 1306, 2607m, 3117a, 3716ad, 4003, 4190ph, 4246d, 4273, 4675
Non mi sposo più (41) 95p, 1077w, 2321, 3643, 4378, 4754
Non perdiamo la testa (59) 2670w, 2922d, 3474, 3555, 3608ph, 3994, 4158w, 4296, 4467, 4511, 4530, 4598, 4634, 4645
Non portate... (51) 1910d
Non scherzare con le donne (56) [I galli del mare] 398d, 406w, 430, 1232, 1279w, 2771, 2942, 3080, 3117a, 3607, 3608ph, 4756
Non si deve profanare al sonno di morte (74) [Fin de semana para los muertos; Don't Open the Window; Living Dead at the Manchester Morgue] 1095w, 1829, 2180, 2373, 2552s, 2631, 2992
Non si scrive sui muri a Milano (75) 474, 2896ph
Non si sevizia un paperino (72) [Don't Torture the Duckling; Long Night of Exorcism] 527, 592, 1480ph, 1804d, 1894, 3017, 3422, 4911
Non siamo sposati (46) 1978
Non son degno di te (65) 3270, 4443, 4511, 4754
Non son gelosa (33) 36, 78, 451, 619d, 1423w, 2953a, 3118ph, 3295, 3800, 4732w
Non sono più guaglione (57) 2249p, 2404, 2775w, 2888ph, 3089, 3411d, 3458, 4515, 4790
Non sono superstizioso, ma... (43) 619d, 1276w, 1416d, 1684s, 2978, 3118ph, 3148, 3162, 3834p, 3947m, 4474w
Non sparate sui bambini (79) 48, 2636, 3670
Non stuzzicate la zanzara (67) [Don't Sting the Mosquito] 566, 1945, 2070ph, 2894, 3406, 3477, 4652, 4882d
Non ti conosco più (36) 95p, 1276w, 1416, 1834ph, 2744d, 2817a, 2987, 3040, 4041, 4675, 4754
Non ti conosco più amore (80) 1103d, 2415ph, 3681, 4645
Non ti pago! (42) 619d, 1303, 1306, 1391, 2600ph, 2812, 3117a, 4378, 4675
Non toccate la donna bianca (74) [Touche pas la femme blanche] 457, 1183, 1249, 1379, 1607, 1666d-p*, 2907, 2908e, 3278, 3559, 3780, 4080m, 4530, 4781, 4932p
Non tutta io morrò (20) 1221, 4822d
Non uccidere! (19) 1221, 4822d
Non uccidere (62) [Tu ne tueras point; Thou Shalt Not Kill] 216d, 1710, 1773, 4485
Non v'è resurrezione senza morte (22) 4061
Non vogliamo morire (53) 908, 2392, 3381d, 4306, 4691
Nonna Felicita (38) 553m, 1016, 1236m, 1276w, 1614, 1684s, 1837, 2300, 2922d, 3583a, 4443
La nonna Sabella (57) 1079, 1305, 1346ph, 1677w, 1763w, 2004, 2404, 3397, 3555, 3752, 3844d, 4038, 4378, 4790
I nonni ci guardano (50) 1910d
Noose for Django *see* Una lunga fila di croci
Noris (19) 1179ph, 1907d, 3510d, 4200
I normanni (61) [Invasion of the Normans] 2782, 3054, 4127ph, 4384w, 4694d
Nosferatu a Venezia (88) 764d-p, 916, 2386, 3216ph, 3603, 3605, 4671m, 4836
Nosotros dos (54 Spain) 3607
Nostalghia (83) 516, 1164a, 2075w, 2315, 2442ph, 3292, 4446d, 4840

Nostalgia del carcere (09) 1801w, 4807ph
La nostra guerra (44) 2475d, 3573w
La nostra ora (45) 2999d*
La nostra patria (25) 1935d*, 4046
La nostra pelle (55) 2043
Nostra Signora dei turchi (68) 389d-p-m*, 2896ph
Nostradamus (23) 2828d
I nostri anni più belli *see* I giorni più belli (56)
I nostri Ascari (09) 3326d-ph
I nostri buoni villici (17) 75ph, 1395d*, 2348, 2792a, 4191, 4575
I nostri figli (14) 4797
I nostri figli (52) *see* I vinti
I nostri figli ci scrivono (56) 1850d
I nostri mariti (66) 646, 709, 2000, 2691, 2980, 3844d, 4292, 4435, 4530, 4948d
I nostri nonni (52) 2077d, 2839m
I nostri sogni (43) 78, 303, 456w, 1135d, 1416w*, 2978, 3231ph, 3918, 4166a, 4233, 4378
Il nostro agente a Casablanca (66) 1813m
Il nostro campione (55) 692, 1548d, 2392, 3059, 3599, 3857, 4584ph
Nostro nero in casa Nichols (74) 2897, 3922
Il nostro prossimo (42) 1852, 1931d, 1996, 3138, 3658w, 3828, 4071ph, 4166a, 4188e, 4378
Not Sabata or Trinity...It's Sartana *see* Prima ti perdono, poi ti ammazzo
Not with My Wife You Don't (66 U.S.) 2578
Nothing Left to Do but Cry *see* Non ci resta che piangere
Nothing Underneath *see* Sotto il vestito niente
Notre Dame de Paris (56) [The Hunchback of Notre Dame] 50, 212w, 213m, 863, 1183, 1224, 1264, 1319d, 1592, 2104p, 2191, 2362ph, 2596, 3350, 3565, 3671w, 3715, 3797a, 3964, 4083, 4488, 4517
La nottata (74) [The Night] 42, 657
La notte (61) 146d, 1245e, 1408ca, 1475ph, 1881m, 2075w, 2246ad, 2662, 2726, 2907, 2943, 3133, 3353, 3705, 4809, 4890, 4989a
Una notte a Calcutta (18) 572, 872d
La notte brava (59) [Tonight's the Night; Bad Girls Don't Cry; On Any Street] 531d, 646, 1375, 1562a, 1667, 2254, 2636, 2873, 3017, 3213ph, 3453w, 3558m, 3757, 4137, 4485
La notte che dormii sotto le stelle (17) 3495, 4956d
La notte che Evelyn uscò dalla tomba (71) 509, 1426, 2752, 3045d, 3730, 3957
Una notte con te (32) [Fraülein—falsch Verbunden] 468d, 942, 2987, 3414
Notte d'agguati (19) 1221
Notte d'estate con profilo greco, occhi a mandorla, e odore di basilico (86) 2962, 3036p, 3601, 4882d
La notte degli squali (87) 4905
La notte dei dannati (71) 647
La notte dei diavoli (71) 249d, 377, 1674d, 1869, 1955, 3730
La notte dei fiori (70) 254d, 2363, 2984, 4054
La notte dei passi felpati (80) 3823
La notte del desiderio (64) [Die Lady; Games of Desire; Frustration] 1971, 4508
La notte del desperado (65) [La grande notte di Ringo] 419, 1611, 1649, 3992m
La notte del grande assalto (60) 1627, 3478ph, 3864, 3957, 3992m, 4159d-p, 4280, 4564, 4691
La notte del serpente (69) 81, 190, 1779ph, 3153m, 3345m, 3538d, 4320, 4841ph
La notte dell'anima (20) 655ph
La notte dell'ultimo giorno (73) 1691, 2752, 3407, 4025
La notte delle beffe (39) 104w, 771d, 798, 2671a, 3229, 3338, 3410, 3447, 3570, 3696ph, 3841, 4195, 4252, 4292, 4732w, 4983w
La notte delle nozze *see* Tradita
Notte di fiamme (42) 1227s, 2389d, 4046
Una notte di follia (29) [Erleibnis einer Nacht] 475, 650d, 1660
Notte di fortuna (41) [Lucky Night] 422, 1305, 1982, 2004, 2601ph, 2910d, 4195, 4759ph
Notte di neve (21) 2532ph
La notte di san Lorenzo (82) [The Night of the Shooting Stars] 148, 1454ph, 2075w, 2635, 3153m, 4111s, 4456d
Notte di tempesta (16) 387, 4983d
Notte di tempesta (23) 876d, 1834ph
Notte di tempesta (46) 439, 890w, 1122, 1762d, 1932s, 1936, 3584, 4484ph
Notte di tentazione (19) 1498ph, 2072ph, 3582d, 3981ph

"La notte di un castello" *episode of* Il castello di bronzo
La notte di Varennes (82) [Mondo nuovo; La Nuit de Varennes] 104w, 455, 566, 646, 1663, 1668a, 1882, 1897, 2360, 2907, 3213ph, 3509, 3559, 4152, 4158d, 4582, 4586m, 4805
La notte di violenza (65) [Night Is the Phantom] 953, 1827, 1885, 2656, 2928d, 4533
Una notte dopo l'opera (41) 78, 88w, 141w, 541w, 991, 1509, 2759, 2791d, 2884ph, 3209, 3245d, 3716ad, 4232
La notte è fatta per. . .rubare (67) 749, 2545, 3161, 4301
Una notte infernale (19) 3626d
Notte italiana (87) 20, 852, 3140p
La notte pazza del conigliaccio (67) [Il conigliaccio; The Strange Night] 67, 1886ph, 1934m, 2084w, 2757, 2782, 3000, 3030, 3406, 3425e-w, 3705, 4025, 4189, 4357
Una notte per cinque rapine (68) 2254
La notte più lunga del diavolo (71) [La terrificante notte del demonio; La Plus Longue Nuit du diable; Au service du diable; The Devil's Nightmare] 62m, 509, 1577, 3732, 4199
La notte porta consiglio *see* Roma città libera
Una notte romantica (20) 3077
La notte rossa del falco (74) 1869, 2258d
Una notte senza domani (21) 492d
"La notte tragica" *episode of* Petruska
Le notti bianche (57) 42, 725, 920w, 972a, 1169p, 1857a, 2579, 2795, 2907, 3142, 3387, 3407, 3960m, 3961ph, 3967, 4135, 4188e, 4555co, 4795d, 4957
Le notti con Lucrezia *see* Le notti di Lucrezia Borgia
Le notti dei teddy-boys (60) 964, 1972, 3400, 4107d, 4166a, 4187ph, 4586m
Le notti del cimitero (20) 1241
Le notti del terrore (79) [Zombi Horror; Burial Ground; Zombie 3] 460d
Le notti di Cabiria (56) [Cabiria] 1323p, 1650d, 1706w, 1932a, 1969, 2035, 2861ph, 2885, 2894, 3142, 3229, 3453w, 3457, 3513, 3579w, 3626, 3929ad, 3960m, 4237, 4543ph
Le notti di Lucrezia Borgia (59) [Le notti con Lucrezia] 252, 779, 1203ph, 1607, 1717, 2053d, 2513, 2608, 2622, 2980, 4192, 4433, 4598
Notti di nozze (16) 3704
Le notti di Rasputin *see* L'ultimo zar
Le notti erotiche dei morti viventi (79) [Island of the Zombies; Night of the Zombies; Sexy Nights of the Dead] 1209d-ph, 1553, 1903
Le notti peccaminose di Pietro L'Aretino (73) 1209ph
Le notti porno del mondo (78) 2918d
Le notti porno del mondo n. 2 (78) 1209d-ph
"Notti romane" *episode of* Le plus vieus métier du monde
Notti rosse (19) 343, 876d, 1498ph, 3083d*
Le notti segrete di Lucrezia Borgia (81) 2890, 3104d
Notturni (19) 574w, 2040, 3937
Notturno (49) 4023d
Notturno (82) 558d, 4988ph
Notturno con grido (80) 657, 1884d
Notturno di Chopin (13) 98p, 353, 771, 975, 1424, 2709d, 4447
Nous ne sommes pas mariés (46 France) 4759ph
Nous ne sommes plus des enfants (34 France) 1907d
Nous sommes tous des assassins *see* Siamo tutti assassini
I novanta giorni (16) 138d, 355ph, 4011
Le novantanove disgrazie del signor Camillo (19) 75ph, 1395d*
Nove ospiti per un delitto (77) [Un urlo nella notte; The Way to Hell] 253d, 1741, 2373, 3823, 4712
Le nove stelle (17) 138d, 355ph
1900 (76) 441, 442d, 455, 676, 1382, 1387, 2057p, 2441, 3008, 3113, 3153m, 3701, 4054, 4057, 4379ph, 4400, 4651, 4652
Novelle galeotte d'amore dal "Decamerone" (73) 1266d, 2766ph
Novelle licenziose di una vergine vogliosa (74) 1209d-ph
La novelletta (37) 1075d
Novembre (56) 2077d, 2839m
99 mujeres (69 Spain) 3243
The Novice *see* La suora giovane
Los novios de la muerte (38 Spain) 1153ph, 2803d, 3215w, 3610e
La novizia (75) 1093, 4779ph
Noyade interdite (87 France) 455, 4057
Nozze di sangue (42) [Bloody Wedding] 43ph, 61d, 1135w, 1227s, 1653, 1931w, 1936, 2759, 2825, 2892m,

3474, 3919, 4010, 4128, 4186co, 4306, 4543ph, 4644w, 4987w
Nozze d'oro (11) [Golden Wedding] 98p, 225, 796, 1801w, 2709d*, 4447, 4819
"Nozze d'oro" *episode of* Cento anni d'amore
Nozze vagabonde (36) [Beggar's Wedding] 78, 471w, 650d, 655ph, 1218, 1615w, 1636e, 1982, 3970, 4237, 4248
Nuccia la pecoraia (09) 3127, 4807ph
Nucleo zero (84) 1011m, 1783e, 2041, 2582d, 3189
Nuda per Satana (75) 730
Nude Bomb (80 U.S.) 1882
Nude per l'assassino (76) 460d, 893, 1345ph, 1652
Nude...si muore (67) [Sette vergini per il diavolo; The Young, the Evil and the Savage] 668, 1063, 1215, 1266d, 1286, 1399, 2609, 2677, 3793, 4106m, 4339, 4660
Nudi come Dio li creò (58) 70, 340
Nudi per vivere (65) 2070ph
Nudo di donna (81) [Portrait of a Woman, Nude] 21w, 276s, 1417ph, 2475d, 2670w, 2705, 2771d*, 3098e, 3999co
Nudo e crudele (84) 45d, 2766ph
La Nuit américaine (73 France) 1123
La Nuit s'achève (49 France) 3819
Les Nuits de l'épouvante *see* La lama nel corpo
Les Nuits de Raspoutine *see* L'ultimo zar
Il nulla (21) 4044w
Nulla si distrugge (40) 1766d
Number One (73) 211, 691d, 703, 730, 3591, 4189, 4712
Il numero 121 (17) 906ph, 1935d, 4046
Numero 13 (17) 4061
Numero ed elettroni (56) 848d
The Nun and the Devil *see* Le monache di sant'Arcangelo
The Nun's Story (58 U.S.) 35, 2536ad, 3270
La nuora giovane (75) 560, 2545, 4349
Nuova cameriera (12) 4807ph
La nuova mammina (09) 871, 2073d, 3289
I nuovi angeli (61) 484p, 1346ph, 2049d, 3069a, 4618m
I nuovi barbari (83) [Warriors of the Wasteland; Rome 2072 A.D.; Rome 2073: Fighter Centurions; The New Barbarians] 892d*, 1553, 1658ph, 3670, 4712, 4907, 4988ph
I nuovi mostri (77) [Viva Italia] 21w, 313, 1346ph, 1446, 1711, 1882, 1945, 2670w, 2771, 3088d, 3202, 3373, 3844d, 4126w, 4158d, 4292, 4530, 4586m, 4836, 4961w
Nuovo cinema paradiso (88) [Cinema Paradiso] 1006, 1164a, 1169p, 1229, 2715, 3153m, 3278, 3519, 4486, 4550d, 4579
Un nuovo furto di Robinet (11) 4807ph
"Il nuovo mondo" *episode of* RoGoPaG
Nur Tote zeugen schweigen *see* Ipnosi
Nutty Naughty Chateau *see* Il castello in Svezia
Una nuvola di polvere...un grido di morte...arriva Sartana (71) [Gunman in Town; Light the Fuse...Sartana is Coming] 658w, 834d, 1101, 1869, 2288, 2648, 3228, 3261m, 4189
'O cuppe' d'a morte (23) 3285ph
O la borsa o la vita (32) [Your Money or Your Life] 78, 541w, 619d, 919p, 1423w, 2953a, 3118ph, 3557, 3831m, 4526, 4527, 4982
'O Marenariello (28) 3341
O Megalexandros *see under* M
'O munaciello (21) 3285ph
'O re (89) [The King of Naples] 1173, 1454ph, 1945, 2723d, 2908e, 2982, 3153m, 3202, 3407
'O schiaffo (23) 1226ph
O sole mio! (17) 3491
O sole mio (45) 102w, 391, 518a, 655ph, 801, 1717, 1761, 1914d, 1985, 2018, 3271, 3616, 4175w, 4195
O sole mio (60) 418, 1142
'O surdato 'nnamorato (83) 998ph
O.K. Agostina (49 U.K.) 4948d
O.K. Connery (67) [Operation Kid Brother] 461, 703, 927, 1084, 1265, 1365d, 1939, 2014, 2514, 2933, 3153m, 3261m, 3406, 4478
O.K. Cortina (46) 4138ph
O.K. Nerone (51) 184, 573, 768, 918co, 939, 973, 1095w, 1252, 1500, 1683, 1693s, 1800, 2697, 2774, 3088w, 3119ph, 3218m, 3383, 3398, 3525, 4128w, 4233, 4281d, 4359w, 4495p, 4769
OSS 117 minaccia Bangkok (64) [Banco a Bangkok; Banco à Bangkok pour OSS 117; Jackpot in Bangkok for OSS 117] 126, 2216, 2225d, 2720m, 2914, 4910
OSS 117 prend des vacances (69 France) 2873

Oasi nell'Artide (58) 3893d-ph
Oberdan *see* Il capestro degli Asburgo
Obiettivo ragazze (63) [Target: Girls] 1754, 2922d, 3393, 4641
Obsession (42) *see* Ossessione
Obsession (49 U.K.) 3960
Obsession (54) *see* Domanda di grazia
Obsession (76 U.S.) 1649
El obstáculo (45 Spain) 3840
L'oca alla Colbert (13) 4807ph
Ocaso de un pistolero (68 Spain) 252, 2486m, 2648, 4988ph
Le occasioni di Rosa (81) 3589d, 4419ph
Occhei, occhei (83) [Okay, Okay] 275e, 1263, 2703, 3213ph
Occhi che accusano (15) 3174, 4531d, 4571d
Gli occhi che videro (14) 3524
Occhi dalle stelle (77) 163, 265, 1350, 1865d, 2190, 2196, 2970ph
Gli occhi freddi della paura (72) 1869, 3738, 4150
Gli occhi, la bocca (81) 381d, 886, 2442ph, 3074, 3559, 3851
Gli occhi senza luce (56) 754d, 1461, 3526ph, 4424, 4803
Occhi vetro (20) 277ph, 2069d
Gli occhiali d'oro (87) 336w, 1993, 3097d, 3153m, 3213ph, 3278, 4057
Occhio alla penna (81) [Buddy Goes West] 105, 693, 1454ph, 1495w, 2657d, 3153m, 3485
Occhio alla vedova! (76) 1074, 4568ph
L'occhio del male (75) *see* Un urlo dalle tenebre
L'occhio del male (83) [Manhattan Baby; The Eye of the Dead; The Evil Eye; The Possessed] 584, 1082, 1368, 1804d*, 2766ph, 4534e
L'occhio del ragno (71) 2303, 2386, 3104d, 4001
L'occhio della morte *see* L'occhio rivelatore
L'occhio dietro la parete (76) 490
Occhio malocchio prezzemolo e finocchio (83) [Evil Eye] 23, 102w, 686, 1102w, 1502, 1658ph, 2079w, 2878d, 3092, 4114, 4840
L'occhio nel labirinto (71) [Blood] 720d, 927, 1230, 1442, 1773, 2551, 3803, 4514, 4651
Occhio per occhio (56) [Oeil pour oeil] 205, 587w, 913d, 1776, 2324, 2647, 2787, 2917ph, 3139, 3363, 3423p, 3647
Occhio per occhio, dente per dente (72) [Taste of the Savage] 1917, 3054, 3957, 4709
L'occhio rivelatore (15) [L'occhio della morte] 3582d, 4255, 4484ph
L'occhio selvaggio (67) 516, 912d, 2075w, 2545, 3129w, 4515
L'occhio umano (42) 3326p
Occupati d'Amelia (24) 1395, 2974, 3382d, 4061
Occupati d'Amelia (49) [Occupe-toi d'Amélie] 50, 193, 212w, 216d, 587w, 818, 1041m, 1248, 1284, 1403, 1410, 1520a, 1769, 1776, 3843
Oceano (71) 173w, 2057p, 3153m, 3713d
L'oceano ci chiama (57) 3893d-ph
Oci ciornie (87) [Black Eyes; Dark Eyes] 920w, 2364, 2429m, 2773, 2907
The Octaman (71 U.S.) 126
Odessa in fiamme (42) 655ph, 914, 1693s, 1841d, 1931w, 3073, 3271, 4133, 4280, 4341, 4622
Odette (16) 392, 441, 650d, 858ph, 1334d, 1395, 2792a, 3978, 4191
Odette (34) 441, 858ph, 4543ph
L'Odeur des fauves (71 France) 1416
Odia il prossimo tuo (68) 253d, 1553, 1623, 1773, 2691, 2707, 4187ph
Odio che ride (15) 1467, 1842, 2097, 3356d
L'odio è il mio dio (67) [Hatred of God] 439, 1345ph, 1480ph, 2000d, 2371
Odio fraterno (15) 3869d
Odio le bionde (80) 788d, 1037, 1422, 1920ph, 2256ph, 3098e, 3109, 3896, 4469, 4618m
Odio per odio (67) 102w, 1102w, 1460w, 1571, 1585, 2261, 3018, 3411d, 4001, 4053, 4616ph, 4618m, 4762
L'Odissea (11) 1334d*
L'odissea di Montecassino *see* La grande strada
L'odissea di Ulisse *see* Ulisse
Odissea nuda (61) 1432ph, 2486m, 3865p, 3951d, 4025, 4712
Odysseus *see* Le avventure di Ulisse
The Odyssey of Ulysses *see* Ulisse
Oedipus orca (77) 1676, 3601, 4794d
Oedipus Rex *see* Edipo re
L'Oeil du malin (62 France) 3636p
Oeil pour oeil *see* Occhio per occhio
Of Life and Love *see* Questa è la vita
Off Duty *see* Libera uscita
L'officina del grigione (20) 445d, 3819ph
Oggetti smarriti (79) [Lost and Found;

An Italian Woman] 443d, 1853, 4038, 4419ph
Oggi a Berlino (62) 2054, 4134, 4810d
Oggi a me, domani a te (68) [Today We Kill, Tomorrow We Die!; Today It's Me, Tomorrow You; My Turn Today, Yours Tomorrow] 169d, 419, 762, 940d, 1353, 1480ph, 2109, 2486m, 3206, 3485, 3669
Oggi, domani e dopodomani (65) 248, 891w, 1666d*, 2578, 2660, 2907, 3636p, 4024d*, 4301, 4513, 4530, 4543ph, 4625m
Oggi, la scultura (53) 2077d, 2839m
Oggi lavoro io! (43) 2667 Oggi, non domani (50) 848d
Oggi sposi (34) 155ph, 650d, 942, 1982, 2966, 3643, 4792
Oggi sposi (52) 1970d, 2811w, 2993w, 3386ph
Ogni giorno è domenica (44) 237d, 250, 1077, 3227, 3231ph, 4280, 4309, 4474w
Ognuno per se (68) [Sam Cooper's Gold; Each Man for Himself; Every Man for Himself; The Ruthless Four] 764w, 788d, 1460w, 1480ph, 1584p, 2156, 2188, 2386, 3693p, 3905, 3992m, 4170
Les Ogresses *see* Le fate
Ogro *see* Operazione Ogro
Oh, dolci baci e languide carezze (69) 730, 824ph, 2080d*, 4024
Oh! Mia bella matrigna (76) 1878ph, 2537d, 3933
Oh! Quel bottone (13) 4807ph
Oh! Quel mambo! (58 France) 4292
Oh, Serafina! (76) [Bruciati da cocente passione] 651, 721ph, 788d, 1459, 1920ph, 1973, 2782, 2798, 2988, 3116, 3660, 3945, 4301
Oil (77) [Sahara Inferno] 419, 2371, 3019, 4386, 4887
Los ojos dejan huellas *see* Uomini senza pace
Okay, Okay *see* Occhei, occhei
Okay Ssceriffo (64) 4952d-p
Old Fashioned World *see* Piccolo mondo antico
Old Seterhand *see* La Battaglia di Fort Apache
Old Shatterhand *see* La Battaglia di Fort Apache
Old Surehand (65) [Flaming Frontier; Old Surehand I] 647, 1971, 2024, 3912, 4816d, 4978
Oli (18) 1694ph
Olimpia agli amici (70) 151, 826, 4841ph
Le olimpiadi dei mariti (60) 463d, 2765ph, 3084, 4116, 4530, 4753
Oliva *see* Incantesimo tragico
L'olocausto (13) 3326d-ph
Der Ölprinz *see* Uccidere a Apache Wells
Oltraggio (20) 1745, 4191d*
Oltraggio al pudore (64) 89d, 559, 1442, 1717, 2647, 3276, 3519, 3968, 4426, 4658, 4779ph
Oltre Eboli (53) 2906d
Oltre i confini dell'anima (17) 138d, 355ph, 1125
Oltre il bene e il male *see* Al di là del bene e del male
Oltre l'amore (40) 215, 645, 655ph, 784w, 1130, 1693s, 1841d, 1892, 3229, 3557, 3578, 4651
Oltre l'oblio (48) 146d
Oltre l'oceano (18) 729
Oltre l'oceano (90) [Beyond the Ocean] 1454ph, 1891d*
Oltre la legge (19) [Più che la legge] 441, 858ph, 2064, 2861ph, 3758d
Oltre la morte (12) 1327d, 3456p, 4447
Oltre la porta (82) 411, 911d, 1491m, 1668a, 2907, 2908e, 3559, 4555, 4562ph
Olympia (60) [Breath of Scandal] 431w, 833, 967, 973, 1001m, 1188d, 1889, 2190, 2289, 2461, 2511, 2614, 3119ph, 3636p, 3847, 4803
Om ad Po (58) 3711d
Omaggio a una città (50) 1211d
L'ombra (16) 871, 872d, 876ad, 2541, 3077, 3568
L'ombra (19) 441, 858ph, 2792a, 3289, 3871d, 3940, 4195
L'ombra (23) 79d, 80, 155ph, 160, 1068, 1443, 3289, 3568
L'ombra (54) 309, 463d, 1161, 1346ph, 4133, 4378, 4549
L'ombra che parla (18) 771d*, 3703
Un'ombra che passa (17) 3836d, 4684w
L'ombra del buon forzato (21) 1694ph
Ombra del male (13) 80, 865
L'ombra del patibolo *see* La certosa di Parma (47)
L'ombra del sogno (16) 1617d, 3077, 3269, 3568
L'ombra della gloria *see* All'ombra della gloria
L'ombra di un trono (21) 874, 1841d, 1842, 2072ph

L'ombra di Zorro (63) [Zorro the Avenger] 252, 1647, 2057p, 2224, 2472, 3361ph, 3924d, 4598
Ombra fatale (17) 4061
L'ombra implacabile (19) 871
Un'ombra nell'ombra (77) [Ring of Darkness] 1123, 2176, 2490, 2965, 3422
Ombre (30) 3696ph
Ombre bianche (60) [Les Dents du diable; Savage Innocents] 1245e, 1977, 2084, 2192, 2282p, 2749p, 3093, 3351, 3715, 3761d, 3832, 4282w, 4436, 4543ph, 4919
Ombre cinesi (56) 4727d
Ombre e bagliori (15) 4697d*
Ombre su Trieste (52) 1500, 2615
Ombre sul canal grande (51) 250, 908, 931, 2190, 3493d, 3615, 3969p, 4290w, 4965
Ombre sul Po (n.d.) 3716d
Ombre sul Tevere *see* L'ultima gara
Ombre sulla via Appia (48) 4813m
Ombre umane (15) 904, 3582d, 3956, 4255, 4484ph
Ombre vive (52) 3566
Ombrellai (52) 2891d
L'ombrellone (66) [The Beach Umbrella; Weekend Italian Style] 461, 749, 897, 1294w, 1783e, 2576, 2660m*, 3030, 3695, 3844d, 4293, 4579, 4713
The Omen (76 U.K.) 4320
L'omicida (63) [Le Meurtrier] 212w, 216d, 587w, 1041m, 1520a, 1799, 1809, 2216, 3933, 4814
Omicidio per appuntamento (67) 405
Un omicidio perfetto al termine di legge (71) 1881m, 2545, 3753
Omicron (63) 737, 1442, 1469, 2049, 3558m, 4038, 4618m
On a First-Name Basis *see* A tu per tu
On a Moonlit Night *see* In una notte di chiaro di luna
On a volè la Joconde *see* Il furto della Gioconda
On Any Street *see* La notte brava
On Friday at 11 *see* Il mondo nella mia tasca
On Her Majesty's Secret Service (68 U.K.) 1676
On My Way to the Crusades *see* La cintura di castità (68)
On Such a Night (37 U.S.) 3028
On the Beach (59 U.S./Australia) 3129w, 3961ph
On the Third Day Arrived the Crow *see* Arriva! I Crow
On Tour *see* Turné
On Trial *see* Il caso Maurizius
Once Upon a Time in the West *see* C'era una volta il west
L'onda (55) 3322d
Ondata di calore (69) [Heatwave] 9, 53ph, 3334, 3591, 3846d, 4171
Un'ondata di piacere (76) 1385d
L'ondino (17) 1076ph, 1160s
One Against All *see* Solo contro tutti
One Against One. . .No Mercy *see* Ad uno ad uno. . .spietatamente
One and a Half Soldiers *see* Un militare e mezzo
One by One *see* Ad uno ad uno. . . . spietatamente
One Damned Day at Dawn. . .Django Meets Sartana *see* Quel maledetto giorno d'inverno Django e Sartana. . . all'ultimo sangue
One Fine Day *see* Un certo giorno
One for All *see* Tutto per tutto
One from the Heart (82 U.S.) 4379ph
One Hamlet Less *see* Un Amleto di meno
One Is Born a Swine *see* Carogne si nasce
One Million Years B.C. (66 U.K.) 3218m
One Russian Summer *see* Il giorno del furore
One Silver Dollar *see* Un dollaro bucato
One Step to Eternity *see* Quattro donne nella notte
One Step to Hell *see* Il re di Africa
One Woman Idea (29 U.S.) 4575
L'onestà che uccide (14) 441, 2097, 3813ph
L'onestà del peccato (18) 1907d, 3041, 4536ph
L'onesto mondo (20) 3909d, 4061
Onkel Toms Hütte *see* Cento dollari d'odio
Only the Dead Are Silent *see* Ipnosi
L'onomastico di Fringuelli (13) 4697d*
L'onomastico di Robinet (12) 4807ph
Onoranze a Mazzini (46) 2999d-ph
L'onorata famiglia (uccidere è Cosa Nostra) (72) 1094, 3261m, 4349
L'onorata società (61) 1416, 1754, 3064, 3483d, 3509, 4137, 4759ph
Onore castigliano (07) 4807ph
L'onore del casato (12) 4807ph
L'onore della famiglia (19) 388d, 444, 810ph, 3289, 4082
L'onore di morire (15) 98p, 388d, 1801w, 2305

Onore e sangue (57) 272, 804d, 1768, 4512ph, 4556
L'onorevole Angelina (47) [Angelina] 284, 679, 727, 920w, 1153, 1494, 1684s, 1759, 1981, 2719w*, 2892m, 3010, 3041, 3270, 4280, 4474w, 4548, 4598, 4948d, 4969
L'onorevole Bertolini a Tripoli (13) 1076d-ph
L'onorevole con l'amante sotto il letto (81) 23, 2483d, 2988, 4955ph
Gli onorevoli (63) 4041, 4511, 4559, 4645
Onorificenza (07) 4807ph
L'onta nascosta (12) 2272, 2599
Oopsie Poopsie *see* La pupa del gangster
Open City *see* Roma città aperta
Opera (87) 169d, 960, 1783e, 2005p
Operación Lady Chaplin *see* Missione speciale Lady Chaplin
Operai (n.d.) 3929d
Operation Atlantis *see* Agente S03: operazione Atlantide
Operation Istanbul *see* Colpo grosso a Galata Bridge
Operation Kid Brother *see* O.K. Connery
Operation Paradise *see* Se tutte le donne del mondo
Operation White Shark *see* A.D.3. operazione Squalo Bianco
Operation Y *see* Agente Logan missione Ypotron
Operazione Controspionaggio (65) 163, 953, 3283d, 4826
Operazione Crossbow (65) [Operation Crossbow; The Great Spy Mission] 1141, 1233, 1255, 1380, 1458, 1781, 1999m, 2162, 2185ph, 2219, 2278, 2302, 2369, 2614, 2936, 3013, 3026, 3392, 3505, 3636p, 3706, 4360, 4414, 4523, 4871, 4926
Operazione Goldman (66) [Lightning Bolt] 718, 1266d, 1564, 1859, 2619, 2647, 3096, 3381, 3990
Operazione Goldseven (66) 509, 4063
Operazione Kappa: sparate a vista (78) 998ph, 1093
Operazione Mitra (55) [Transito vietato] 289, 439, 824ph, 1515, 3525, 3847, 4168, 4473, 4756
Operazione Notte (55) 398d, 735, 747, 964, 1002, 2554w, 3069a, 3218m, 3401, 3460, 4769
Operazione Ogro (79) [Tunnel] 173w, 1169p, 1886ph, 2824, 3074, 3153m, 3635d, 4340, 4821
Operazione Paradiso *see* Se tutte le donne del mondo
Operazione Paura (66) [Curse of the Living Dead; Kill, Baby, Kill; Curse of the Dead] 350ad, 351d, 509, 1201, 2648, 2681, 3406, 3957
Operazione Poker (65) 674, 743, 1017d, 2012, 2042, 2576
Operazione San Gennaro (66) [Treasure of San Gennaro] 20, 207, 418, 2065, 2625, 2771w*, 3844d, 4559, 4586m, 4918
Operazione San Pietro (68) 274w, 646, 709, 1011m, 1294w, 1804d, 1948w, 2558, 2713, 3880, 3985, 4586m, 4699p
Opernring *see* Im Sonnenschein
Ophélia (62 France) 4651
Opiate 67 *see* I mostri
Opinione pubblica (53) 61d, 543a, 768, 1897, 3176, 4038, 4116, 4189, 4302w, 4467, 4554, 4622, 4716ph
The Opium Den *see* La fumeria d'oppio
L'Or du duc (65 France) 2873
Un'ora al San Carlino (21) 1221
L'ora della verità (52) [Il minuto della verità] 973, 1195, 1319d, 1431p, 1461, 1543, 1819, 1897, 1906, 1919, 2290w, 2477w, 2519ph, 3051m, 3143, 3431, 3464, 4477
"Ora di punta" *episode of* Oggi, domani e dopodomani
Un'ora per vivere (62) 2033, 2615
L'ora terribile (22) 2875ph
L'ora tragica di Polidor (12) 3626
Orage *see* Delirio
Orazi e Curiazi (61) [Duel of Champions] 211, 253d, 457, 546a, 1294w, 1402, 1509, 1606, 1607, 2361, 2425, 2486m, 2582w, 2796, 2837, 3097w, 3383, 3463, 3730, 3982, 4192, 4691, 4789w, 4941d
Orazi e Curiazi 3—2 (78) 3178
Orbita mortale *see* 4...3...2...1... morte
Orca (77) 851, 1323p, 1393, 2130, 3153m, 3713ad, 3741, 4051, 4851, 4927
Orchestra Rehearsal *see* Prova d'orchestra
L'Orchestre rouge (89 France) 4106m
L'orchidea e la ginestra (19) 4684w
Orchidea fatale (19) 3475, 4807ph
Order to Kill *see* La testa del serpente
The Orderly *see* Il paramedico
L'ordinanza (13) 2964, 3427d, 4767

L'Ordinateur des pompes funèbres (76 France) 2900
Gli ordini sono ordini (71) 1469ph, 1965d, 2075w, 3339, 3407, 3682, 4809
L'Ordre et la securité du monde (78 France) 1676
Le ore dell'amore (63) 430, 1323p, 1511, 2970ph, 3153m, 3851, 4024d*, 4346, 4530
Ore 10 lezione de canto (56) 1099, 1521, 1839, 1969, 1970d, 2943, 3828, 4778
Ore, donne e maracas (54) 1692ph
Ore 9 lezione di chimica (41) 287ph, 768, 791, 964, 1276w, 1338, 1462, 1497, 1684s, 2768p, 2813, 2922d, 3005, 3849, 3978, 4280, 4334ph, 4651
Le ore nude (64) 1469ph, 1532, 2075w, 2545, 3129w, 3345m, 3607, 4305, 4756d-p
Gli orecchini della nonna (23) 75ph, 1395d
L'orecchio (42) 351d-ph
Oremus, Alleluia e Così Sia *see* Mamma mia, è arrivato "Così Sia"
L'orfana del ghetto (54) 165, 256, 771d, 1631, 1813m, 2598, 2885, 3503, 3703, 4195
L'orfanella delle stelle (47) 1852
L'orfanella di Messina (09) 4807ph
Orfanella di Pompei (53) 3789
Gli orfani del Ponte di Nostra Signora (17) 1834ph
Orfeo (85) 530p, 3961ph
Orgasmo (68) [Paranoia] 244, 651, 737, 852, 886, 1412, 2243, 2474, 2534d, 3525, 3558m, 4337, 4513, 4618m
Orgasmo esotico (82) 998ph, 4228d
Orgasmo infernale (83) 1209d-ph
Orgasmo nero (79) 1209d, 4307ph
Orgasmo non-stop (82) 998ph, 4228d
L'orgia dei morti (72) [Return of the Zombies; Bracula—The Terror of the Living Dead] 1093, 2760, 3943, 4509
L'orgoglio (19) 388d, 441, 1734, 2792a
Orgoglio (38) 1483w, 1576d, 1936, 2173, 2739, 3118ph, 3583a, 4050, 4729m
"L'orgoglio" ["La superbia"] *episode of* I sette peccati capitali
Orient-Express (55) 183, 324, 529, 619d, 1872, 2324, 2647, 3398, 3948d, 3978, 4280, 4543ph, 4765
Orient reportage *see* Emanuella nera n. 2
Le orientali (59) 1959ph, 2803d, 3969p, 4272w
Oriente (23) 2272, 2464, 3836d
Oriente in armi (n.d.) 933d
Origine dell'alfabeto (50) 681d
Le origini della mafia (75) 3805, 3960m
L'orizzontale (19) 80, 155ph, 453, 881, 1068, 1907w, 3836d
Orizzonte di sangue (41) 43ph, 796, 1123, 1653, 3836d, 4134, 4637, 4859
Orizzonte dipinto (41) [Teatro] 17, 333, 387, 456w, 655ph, 1123, 1586, 1690, 1717, 1749ad, 1944w, 2017, 3162, 3552, 3816, 3947m, 4042d, 4188e, 4278, 4370, 4378, 4944, 4979
Orizzonte infuocato (57) 2448, 2943, 3104d, 3864, 4433, 4691
Gli orizzonti del sole (53) 1117, 3418d, 4138ph
Orlando e i paladini di Francia (56) 340, 351ph, 708, 1294w, 1358, 1766d, 1872, 2909, 3043, 3387, 4062, 4137, 4547
Orlando furioso (18) 1334d
Orlando furioso (72) 2962, 3561, 3927d, 4379ph
L'orma (19) 2828d*, 4061
Le orme (75) 527, 566, 2386
Le orme sulla neve (10) 4807ph
Oro (19) 574w, 797, 3937
L'oro bianco della pampa cilena (54) 1902d
L'oro degli azteki (20) 1778, 3041, 3174d*, 4690d*
L'oro dei bravados (71) [Chapaqua] 163, 228m, 340, 524, 3386ph, 3525, 4723
L'oro del mondo (68) 982, 1754, 2061d, 2677, 3406, 3655, 4357, 4443, 4486
L'oro di Londra (67) 322, 1255, 1368, 2344, 2451, 4655, 4664
L'oro di Napoli (54) [The Gold of Naples; The Treasure of Naples; Every Day's a Holiday] 815, 930, 1001m, 1163, 1303, 1323p, 1416d*, 1631, 1647, 1806, 2614, 2773, 2817a, 2851w, 2861ph, 2953a, 3118ph, 3457, 3555, 3636p, 3931, 4378, 4559, 4968w
L'oro di Roma (61) 497, 567, 964, 1667, 1813m, 2582d, 2970ph, 4133, 4293, 4433
Oro e brillanti (55) 848d
L'oro maledetto (14) 1068
Oro nei campi (n.d.) 933d
Oro nero (41) 85, 341a-s, 395, 1318, 1449, 1981, 2073d, 2473ph, 2906d, 3382w, 3419, 3460, 3841, 3917
Oro per i cesari (62) [Gold for the Caesars] 583, 1375, 1427d, 1783e, 1786ad,

1972, 2228, 2663, 2782, 2784m, 2888ph, 2976, 3744, 4166a, 4337
L'orologio a cucù (38) 529, 890w, 942, 1416, 1701, 2800, 2906d, 3557, 3696ph, 3831m, 3848, 4186co, 4252, 4278, 4281w, 4474ad
L'orologio del signor Camillo (14) 1395d*
L'orribile realtà (22) 1694ph
L'orribile segreto del dottor Hichcock (62) [The Terror of Dr. Hichcock; The Horrible Dr. Hichcock] 1709, 1786d, 2888ph, 2954, 3884, 4346, 4752
L'orrore che impietra *see* L'incantesimo della gorgona
Gli orrori del castello di Norimberga (72) [Baron Blood] 351d, 783, 1063, 1136, 1972, 3754, 4288
Gli orrori della guerra (17) 906ph, 2173, 3237d
L'orso (60) [Daniele nella gabbia dell'orso; L'Ours] 3752, 4173ph, 4557
Orvieto (33) 4294d
Orvieto (47) 3608ph
Orzowei, la figlia della savana (76) 74d, 246, 1271m, 1959ph
Oscar (91) 3636p
L'osceno desiderio (79) 222, 2965
Le oscure vicende (19) 4191d*
L'ospedale del delitto (48) 1075d
L'ospedale del libro (40) 3658d
Ospedale delle navi (56) 2999d-ph
L'ospite (71) 582, 911d, 2927
L'ospite della notte (73) 3922
L'ospite di una notte (39) 1128w, 1839, 2069d, 3209, 3659, 3944, 3981ph, 4091
Un ospite pericoloso (21) 337d, 3688ph
L'ospite sconosciuta (19) 2710, 3442
L'ospite sconosciuta (23) 3984d
Osservazioni di Robinet sul ballo (10) 4807ph
L'ossessa (74) [The Sexorcist; The Tormented; The Eerie Midnight Horror Show] 222, 1865d, 2628, 2681, 3591, 3730, 3753, 4542
Ossessione (42) 725, 1170, 1318, 1367co, 1406ad-w, 1475ca, 1548, 1972, 2825, 3129w, 3573w, 3689w, 3812, 3938m, 4117ph, 4188e, 4543ph, 4795d
L'ossessione che uccide (81) [Deliria; Fear; Unconscious; Murderous Obsession; Murder Obsession; Murder Syndrome] 657, 1786d, 1858, 1903, 3465, 3823, 4385
L'ostacolo (15) 2875ph, 3237d
L'ostaggio (09) 1801w, 4807ph, 4819
Ostaggio del destino (57) 726p
L'osteria di Mozzadita (24) 1506d, 2875ph, 4680
Ostia (70) 1014, 1015d, 1263, 3453w, 4055, 4485
Otello (07) [Othello] 872d, 1327
Otello (09) 554, 1617d, 1854, 2541, 2620ad, 3242
Otello (14) 2709d
Otello (20) 46, 858ph, 1395d*, 4425
Otello (51) 56ph, 655ph, 825, 1042, 1081, 1523, 1816ph, 2486m, 3423, 4115a, 4569s, 4869d, 4880d*
Otello (86) 1487, 1990p, 2070ph, 3702a, 4969d
The Other Side of Midnight (77 U.S.) 4654
"The Other Son" *episode of* Kaos
Othon (71) [Les Yeux ne peuvent pas en tous temps se fermer ou peut-être qu'un jour Rome se permettra de choisir à son tour] 826, 4382d
Las otoñales *see* Le tardone
8½ (63) [Otto e mezzo; Eight and a Half] 28, 44, 386, 566, 742, 813, 864, 1079, 1194, 1408ca, 1475ph, 1509, 1620, 1650d, 1706w, 1831, 1932a, 2001, 2087, 2170, 2505, 2557p, 2907, 3030, 3269, 3556, 3579w, 3592, 3849, 3865p, 3884, 3900, 3960m, 3962, 4329, 4346, 4468, 4750, 4857, 4882ad
Otto milioni di dollari (15) 393, 858ph, 2792a, 4191d*
Our Men in Bagdad *see* Il gioco delle spie
L'Ours *see* L'orso
Out of Darkness *see* Seduto alla sua destra
Out of Frame *see* Fuori campo
The Outcry *see* Il grido
Outlaw of Red River *see* Django, killer per l'onore
Outlaw Planet *see* Terrore nello spazio
Over the Brooklyn Bridge (83 U.S.) 1491m
The Overtaxed *see* I tartassati
P.L.M. *see* L'assassino della Paris—Lyon—Méditerranée
La pace della disfatta e la pace della vittoria (19) 1119w
Pace, mio Dio! (14) 3236, 4248, 4797
La pacifista (71) 1035, 1469ph, 1881m, 2280d, 4809
Pacto de silencio (49 Spain) 3840, 4490

Padella calibro 38 *see* E alla fine lo chiamavano Jerusalem l'implacabile
Padre (12) 1290ph, 1778, 2828, 3462d-p, 3704, 4489d*, 4943d, 4944
Il padre (75) 3607
Il padre di famiglia (67) [Head of the Family] 207, 841, 844, 927, 2633d, 2635, 2757, 2771, 3213ph, 4283, 4527, 4530, 4705
Padre padrone (77) 148, 1378p, 1737, 2510w, 2674m, 2824, 2896ph, 3003, 3081, 3140, 3153m, 4111s, 4456d
Padri e figli (56) [The Tailor's Maid] 21w, 145, 287ph, 309, 845, 1001m, 1358, 1416, 1851, 1875, 1932a, 2254, 2636, 2829, 2907, 2988, 3088d, 3593, 4126w
La padrona (75) 418
La padrona è servita (76) 509, 2454d
Il padrone del mondo (84) 2764ph
Il padrone del vapore (51) 284, 479, 518a, 908, 973, 1323p, 1346ph, 2811w, 2922d, 2993, 3376, 3636p, 3852, 4116, 4274, 4296, 4658
Il padrone delle ferriere (19) 1179ph, 2974, 3021, 3289, 3510d, 4200
Il padrone delle ferriere (59) 1971, 2578, 2738d, 2757, 3001, 3119ph, 3552, 4432, 4776
Il padrone e l'operaio (75) 313, 1074, 1495w, 1671m, 2415ph, 3636p, 3660, 4359d, 4789w
Il padrone sono me (55) 440, 675, 680d, 925, 3372, 3865p, 4166a, 4378, 4568ph, 4579, 4813m
I padroni della città (76) 801, 1039, 1460d, 2102, 2970ph, 3379, 3699
Il paese dei campanelli (53) 272, 610d, 1237, 2083, 2614, 2774, 3818, 3852, 4428, 4527, 4528, 4568ph, 4588
Il paese del sesso selvaggio (72) [Mondo cannibale; Deep River Savages; The Man from Deep River; Sacrifice!] 194p, 2497, 2534d, 3386ph, 3753
Il paese della nascita Mussolini (43) 1578d
Il paese della paura (23) 906ph, 1273d, 3581
Il paese delle fisarmoniche *see* Nel paese delle fisarmoniche
Paese senz'acqua (n.d.) 4537d
Il paese senza pace (43) [Le baruffe Chiozzotte] 333d*, 387, 637, 1346ph, 2739, 2969d, 3318, 3383, 4194, 4370, 4714, 4780, 4820
Paestum (32) 3610d
Paestum (36) *see* Panatenaiche a Paestum
Paganini (89) 514, 764p, 1459, 2386d*, 2802
La pagella (80) 998ph
Una pagina d'amore (20) 2974, 3472, 3984d
La pagina ignota (16) 906ph, 1419d
Pagine sparse (14) 434ph, 797, 3944, 3984, 4255
Pagliaccetto (15) 3236
Pagliacci (07) 4807ph
I pagliacci (14) 755, 811co, 3269, 4808, 4959
I pagliacci (41) 1636d, 1950, 4651, 4791w
Pagliacci (48) [Amore tragico] 1128d, 1985, 2596, 2738w, 3041, 3288co, 3525, 3621, 4166a
I pagliacci (81) 4969d
Paid in Blood *see* Quelle sporche anime dannate
Paisà (46) 104w, 218, 1475ca, 1650ad-w, 2299, 2392, 2861ph, 2894, 2954, 3006, 3007ad, 3123, 3371w*, 3664w, 3947m, 3948d-p, 4595
Paisanella *see* Avventura in città
Pájaros de ciudad (81 Spain) 1901, 3161
I paladini, storia d'armi e d'amori (83) [Hearts in Armour] 918co, 2908e, 3255d, 3292, 3873, 4318ph, 4815
Il palazzo dei dogi (47) 3451d, 4138ph
Il palazzo dei sogni (21) 4807ph
Un palco all'opera (55) 1631, 2804d, 4430, 4554
Palermo normanna (38) 4023d
Palio (32) 269, 492w, 511d-e, 541w, 655ph, 798, 925, 942, 1661, 1673e, 1982, 2011, 2476m, 2872, 3295, 4093m, 4680, 4792
Palombella rossa (89) [Red Lob] 2442ph, 3140d-p*, 3153m
La palude del peccato (53) 1163, 4116
Palude operosa (55) 4662d
La pampa cilena (54) 1902d
Pan (73) 1817, 2383, 3055
Panagulis vive (80) 1779ph, 2715
Panama Sugar (90) 1354, 3776
Panatenaiche a Paestum (36) [Paestum] 1674d, 2281ph
Pane altrui (23) 444, 2058ph, 3984d, 4191, 4593
Pane amore e... (55) [Scandal in Sorrento] 844, 1001m, 1002, 1416, 2083, 2614, 2826w, 2953a, 3363, 3555, 3844d, 3961ph, 4426w
Pane amore e Andalusia (59) 844, 1416,

2826w, 3267, 3363, 3397, 3444, 4202d, 4205
Pane amore e fantasia (53) 303, 845, 875, 1001m, 1075d, 1416, 1834ph, 2083, 2596, 2826w, 2953a, 2988, 3555, 3828, 3847, 3848, 3862, 4548, 4790, 4979
Pane amore e gelosia (54) [Frisky] 165, 845, 875, 1001m, 1075d, 1416, 2083, 2596, 2826w, 2953a, 2988, 3118ph, 3460, 3555, 3828, 3847, 3848, 4065, 4123, 4378, 4548, 4790
Pane, burro e marmellata (78) 788d, 1920ph, 2167, 3607
Pane e cioccolata (73) 313, 680d, 1100, 1363, 1502, 2342, 2771p-w*, 3730, 4115a, 4562ph, 4603
Pane e zolfo (54) 3635d
Panhandle Calibre .38 *see* E alla fine lo chiamavano Jerusalem l'implacabile
Panic (76) 23, 3803, 4861
Panic Button (64 U.S.) 1173, 4187ph, 4579
I pantaloni di Cretinetti (09) 1297, 4536ph
La pantera di neve (19) 308, 3586w
La pantera nera (41) 936, 1848d, 1892, 1982, 2436ph, 3410, 3503, 4433
Panther (16) 2063, 4947d
La pantomima della morte (15) 554, 871, 872d, 2095, 3382, 3944, 4120ph
Paola (68) 381d-p-e
Paolina (14) 3704
Paolo Barca, maestro elementare, praticamente nudista (75) 23, 567, 824ph, 1324p, 3069d, 3276, 3345m, 3660, 4094
Paolo e Francesca (49) 667p, 748w, 964, 1055co, 1627, 1669w, 1761, 2606, 2813, 2910d, 3041, 3118ph, 3119ph, 3149, 3192, 3288w, 4166a, 4237, 4748
Paolo il caldo (73) [The Sensuous Sicilian; The Sensual Man] 180, 195, 232, 275e, 405, 801, 1178, 1346ph, 1945, 3069a, 3161, 3202, 3607, 4336, 4586m, 4756d
Paolo il freddo (73) 1754, 2539
Paolo Roberto Cotechino, centravanti di sfondamento (83) 999d, 4955ph
Il pap'occhio (81) [In the Pope's Eye] 397, 3946, 4562ph Papà (15) 2974, 3356d, 3813ph, 3983
Papà diventa mamma (52) 102w, 351ph, 1606d*, 2670w, 3270, 3473, 3738, 3828, 3862, 4378, 4588, 4598
Papà Eccellenza (19) 2242d
Papà Lebonnard (20) 534ph, 554d*, 871, 1468, 3585, 4004
Papà Lebonnard (39) [Père Lebonnard] 155ph, 332w, 631, 1337d, 3983, 4092, 4181, 4635a
Papà mio, mi piaccion tutti (18) 1210d, 2072ph, 3510d, 3586w, 3937
Papà pacifico (54) 43ph, 403, 650d, 900w, 2472, 2636, 2768p, 2791w, 4323, 4658, 4722w, 4737
Papà per una notte (39) 529, 554d, 1122, 2792a, 2861ph, 2909, 3917, 4269w, 4526, 4527
Papà sarto (51) *see* Gli uomini non guardano il cielo
Papà sarto (57) 4625m
Papà, ti ricordo (52) [Rosalba, la fanciulla di Pompei; La fanciulla di Pompei] 825, 1163, 1530, 1878ph, 1982, 2712, 3363, 3447, 3474, 3584, 3847, 4237, 4306, 4554, 4757, 4822d
I papagalli (56) [Alberto e i papagalli] 1305, 1306, 1344, 1606, 1689, 1696, 1759, 2003, 2043, 2253m, 2987, 3069a, 3416d, 3593, 4158w, 4292, 4467, 4598
Il papagallo della zia Berta (12) 441, 1068, 1302, 1838, 1935d*, 3237d, 4807ph
Paparazzi tentazioni proibite (63) [Tentazioni proibite] 294, 1287, 1986
Papa's Little Devil *see* Il birichino di papà
Il papavero è anche un fiore (66) [The Poppy Is Also a Flower] 60ph, 213m, 418, 608, 683, 1447, 1681m, 2153, 2219, 2627, 2855, 2907, 3229, 3905, 4208, 4533, 4854, 4941d
Papaya dei Caraibi (77) [Die of Pleasure] 1011m, 1209d-ph
Un Papillon sur l'épaule (79 France) 2075w
Pappa e Ciccia (83) 3430d, 4307ph
La pappa reale (63) [La Bonne Soupe; Careless Love] 376, 497, 514, 646, 1253, 1416, 1474m, 1897, 1967, 2104p, 2220ph, 2852, 3490, 4096a, 4517, 4539
Paprika (34) 471w, 991, 2721, 2987, 4527, 4754
Paprika (91) 629d-e, 657, 2256ph, 3345m, 4355
Un par de zapatos del 39 (75 Spain) 2404
Par le sang des autres (73 France) 1178, 2962

Par un beau matin d'été (65 France) 1676
Parabola d'oro (55) 1413d
La parabola di una vita (18) 796d*
The Paradine Case (48 U.S.) 4651
Paradiso (32) 155ph, 447, 451, 541w, 650d, 1423w, 2872, 3162, 3404, 3557, 3570, 3759, 3869, 4248, 4792
Il paradiso (23) 176ph, 3382d
Paradiso bianco (29) 4484d-ph
Paradiso blu (79) [Blue Paradise] 1209d
Il paradiso dell'uomo (62) [Giappone proibito] 4537d, 4618m
"Paradiso per tre ore" *episode of* Amore in città
Il paradiso perduto (48) 4813m
Il paradiso terrestre (46) 1578d, 2027w
Paradiso terrestre (59) [Ritual of Love] 1578d, 1580d, 3215w, 4813m
Parallelo 52 (54) 1902d
Il paramedico (82) [The Orderly] 152ph, 637, 1652, 3109, 4586m
Paraninfo (35) [Matrimonial Agent] 137, 1252, 1624, 1834ph, 2272, 2671a, 3195, 3382d
Paranoia *see* Orgasmo
Il parapioggia di Fricot (10) 4697, 4807ph
Les Parapluies de Cherbourg (64 France) 893
Parata di bambole (54) 4727d
Paravento (06) 4807ph
Pardon Us (34 U.S.) 4575
I parenti di Boutalin (11) 4807ph
Parfum de femme *see* Profumo di donna
Pari e dispari (79) 2415ph, 3485
Pariahs de la gloire (64 France) 2647
Parigi è sempre Parigi (51) [Paris est toujours Paris] 60ph, 95p, 104w, 342, 403, 582, 1578d, 1606, 1706w, 2254, 2405m, 2676w, 2907, 3099, 3270, 3405, 3643, 3727, 3789, 3942ad, 4323, 4813m
Parigi misteriosa *see* I misteri di Parigi (57)
Parigi o cara (63) 346, 801d*, 1469ph, 1691, 1968, 4645
Una parigina (57) [Une Parisienne] 294, 525d, 609, 2038, 3511, 3597, 3865p, 3935, 4081, 4572, 4765, 4842w
Una parigina a Roma (54) 1958, 2268ph, 2418, 2670w, 4151ph, 4158w, 4166a, 4292
Paris-Béguin (31 France) 1907d
Paris Palace Hotel (56) 182, 609, 705, 818, 1249, 1274a, 2787, 3433, 3548, 3847, 3865p, 4012p, 4177, 4302w, 4741d
Paris When It Sizzles (64 U.S.) 2796
Parisien malgré lui (58 France) 2404
The Parisienne Has Arrived *see* È arrivata la parigina
Parlami d'amore, Maria (77) 1677d
Parliamo del gatto (51) 681d
Parliamo del naso (48) 3493d
Parma città d'oro (57) 3540d, 4813m
La parmigiana (63) 638, 709, 1364, 1511, 2716, 2771, 3213ph, 3509, 3558m, 3573d, 3748, 4115a, 4158w, 4301
La parola a venire (70) 1348d
La parola che uccide (14) 1907d
Parola di ladro (57) 284, 708, 845, 964, 1388, 1562a, 1676, 1920ph, 1932a, 1979, 2038, 2449, 2633d, 3218m, 3457, 3689d
La parola di un fuorilegge. . .è legge (74) [Take a Hard Ride] 120, 669, 819, 1266d, 1992m, 2366, 3386ph, 4301, 4395, 4663, 4907
Parole e sangue (83) 1211d, 1417ph
Paroxismus (69) [Venere nuda; Venere in pelliccia; Venus in Peltz; Venus in Furs] 142, 476d, 1247, 2386, 2470, 2516, 2696, 3176, 3406, 3673, 3901
Parque de Madrid (59 Spain) 973, 1341
Parsifal (12) 554, 796w*, 872d, 4120ph, 4447
Parsifal (52 Spain) 4432
La Part des lions (70 France) 2873
La Part du feu (77 France) 813
Partenza impossibile (07) 4807ph
Partenza ore sette (45) 1236m, 1898, 2922d, 3118ph, 3717, 4602
Une Partie de champagne (37 France) 4795ad-co
Il partigiano (48) 4813m
Partir revenir (84 France) 3153m
Partire (38) [Taking Off] 78, 468p, 655ph, 1277ad-w, 1383, 1416, 1931w, 2269, 2909, 2953a, 3382d, 3917, 4240, 4737
Partirono preti, tornarono. . .curati (73) [Hallelujah to Vera Cruz] 48, 228m, 235, 524, 824ph, 2625, 2902d, 4336
La partita (91) [The Gamble] 270, 313, 358, 946, 1037, 1491m, 1535, 1569, 2005p, 2415ph, 4685d, 4686w, 4881
Una partita a scacchi (11) 2828d*, 4807ph
Una partita di boxe (06) 4807ph
Partita doppia (12) 4807ph

Partita doppia (15) 3021, 3510d
Partner (68) 210, 442d, 1035, 1263, 2074, 2703, 3153m, 3334, 4049, 4057, 4527
Pas sur la bouche (28) [Vite...embrassez-moi!] 650d, 3118ph, 3909d, 4200
Pascoli alti (54) 2077d
Pascoli eterni (47) 933d
I pascoli rossi (63) [Massacro al Grande Canyon] 144d-p, 163, 286ph, 996, 1103d, 1203ph, 1671m, 2008, 3057, 3241, 3957, 4045
Pascoli sereni (48) 550ph
Pasqua di fuoco *see* La vampa
Pasqua in Sicilia (54) 1413d
Pasquale Bruno (15) 261
Pasqualino Cammarata...capitano di fregata (74) 1973
Pasqualino Settebellezze (76) [Seven Beauties] 1069p, 1299, 1346ph, 1688, 1783e, 1945, 3805, 4372, 4882d
Passa Django...è l'ombra della tua morte *see* Passa Sartana...è l'ombra della tua morte
Passa il dramma a Lilliput (18) 744, 1125, 1210d, 1498ph, 1841d
Passa l'amore (17) 796w*
Passa l'amore (33) 1416
Passa la gioventù (17) 1088d, 1694ph
Passa la guerra (14) 3237d, 4200, 4983w
Passa la morte (19) 150d*
Passa la ronda (12) 1801w
Passa la ruina (17) 554d*, 3581
Passa Sartana...è l'ombra della tua morte (68) [Passa Django...è l'ombra della tua morte; Sartana and His Shadow of Death; Shadow of Sartana...Shadow of Your Death; Meet the Sign of the Cross] 762, 1209ca, 1680d*, 4779ph
Passa una donna (13) 392, 393
Passager de la pluie (69 France) 4515
Les Passagers (77 France) 927
Passano gli unni (16) 542w, 554, 872d, 2095, 3944, 4120ph
Passano i colombacci (53) 1902d
Passaporto per l'Oriente (51) [Storia di cinque città; Racconto di cinque città; Cinque mamme e una culla; A Tale of Five Cities] 65, 324, 373ph, 1060, 2596, 2803d, 2907, 4333, 4343d, 4473, 4474w, 4742
Passaporto rosso (35) 155ph, 303, 650d, 651, 942, 1490, 1636e, 1661, 1693s, 2474, 3046, 3215w, 3271, 3527, 3592, 3967, 4133, 4432
Il passato che non perdona (12) 881, 883
Il passato che uccide *see* Il tradimento (51)
Il passato di Kaseira (11) 98p, 872d, 4807ph
Il passatore (47) 637, 1058d, 1123, 1323p, 1650w, 2430, 2647, 3118ph, 3271, 3288co, 3383, 3578, 3579w, 3969p, 4166a, 4188e, 4292, 4341, 4432, 4599, 4968w
La passeggera (18) 1179ph, 2974, 4947d
La passeggiata (54) 125, 286ad, 1123, 1599w, 2076w, 3627a, 3684w, 3752d*, 3951w, 4378, 4699w, 4759ph, 4968w
Passeggiata aerea di Bonifacio (12) 4690
Passeggiate romane (50) 3663d, 3817p
The Passenger *see* Professione: reporter
Passion tzigane (18 France) 80
Passione (22) 4061
Passione (53) 1758w, 3320m, 3994, 4354, 4790, 4807ph
Passione d'amore (80) [Passion d'amour] 142, 514, 1477, 1972, 2670w, 4158d, 4582, 4586m
La passione del gioco (09) 4807ph
Passione di Cristo (08) 3289
La passione di Memling (48) 4813m
Passione di Robinet per il dirigibile (10) 4807ph
Passione e sentimento (77) [Sette note in nero; The Psychic] 1446, 1676, 1804d, 1869, 3328, 3642, 4368
Passione fatale (14) 4015, 4341, 4807ph
Passione fatale (50) 2436ph
Passione slava (14) 4807ph
Passione slava (19) 1929d
Una passione torbida (12) 1424
Passione tzigana (16) 655ph, 2341, 3427d, 3456d
Passioni (22) 810ph, 1273d
"Il passo" *episode of* Amori pericolosi
Il passo del diavolo *see* Czarci zleb
Il passo dell'assassino *see* Replica di un delitto
Pastasciutta nel deserto (61) [Il dominatore del deserto; Desert Raiders] 479, 517d, 619d, 1959ph, 3992m, 4071ph, 4712, 4823
Pastor angelicus (42) 255d, 807m, 1343ph, 1706w, 2803d, 2934e, 4573d
Il pastor fido (18) 354, 3269, 3984d
Pastori di Orgosolo (58) 1413d
La patata bollente (79) 173w, 1071, 1652, 3660, 3749, 4359d, 4686w

Patatrac (31) 1160, 1468, 1614, 1615w, 2272, 2476m, 3118ph, 3372, 3570, 3836d, 3891w, 4680, 4732w, 4982
"La patente" *episode of* Altri tempi (51)
Paternità (14) 881, 883
Paths of War *see* Sul sentiero di guerra
Patria (15) 80
La patria chiama (18) 4661
Patria mia (15) [I martiri della rivoluzione francese] 883
Patria redime *see* All'ombra del tricolore
I patriarchi della bibbia (63) [I patriarchi] 255d, 2681, 3805, 4625m
Patrick vive ancora (80) 2446d, 3595, 4235, 4779ph
Pattes de velours *see* L'incantevole nemica
Il patto (16) 441, 4191d*
Patto col diavolo (49) 88w, 104w, 453, 528p, 920w, 974d, 996, 1367co, 1693s, 1732, 1770, 2607m, 2891ad, 3046, 3118ph, 3270, 3503, 3557, 3869, 4188w, 4306, 4554, 4742, 4957
Patto d'amicizia (51) 3240d
Patto giurato (17) 1343ph, 3869d
La pattuglia dell'Amba Alagi (53) 341a-s, 743, 754d, 824ph, 1361, 2713, 3474, 4237, 4280, 4424, 4542, 4803
La pattuglia di Passo San Giacomo (54) 3322d
La pattuglia sperduta (53) 1169p, 3240d, 3533m
Paul Gauguin (57) 3713d
Pauli (09) 796, 1801w, 4447, 4807ph
Pauline s'en va (70 France) 455
La paura (54) [Incubo; Angst; Fear] 104w, 421, 824ph, 2409, 3947m, 3948d, 4892
La paura d'amare (19) [La paura di amare] 2792a, 3871d, 4191, 4731
Paura d'amare (41) 45ca, 93d, 281w, 792, 2212, 2233, 2300, 2813, 3034, 3040, 3527, 3608ph, 4041, 4093m, 4166a, 4280
La paura degli aeromobili nemici (15) [Cretinetti ha paura degli zeppelin] 1297d*, 1848, 2463, 3041, 4536ph
La paura di amare *see* La paura d'amare
Paura e amore (88) [Three Sisters] 159, 1993, 2442ph, 2975e, 3865p, 4113
La paura fa 90 (51) 102w, 1173, 2811w, 2885, 2993w, 3069a, 3398, 3473, 3828, 3862, 4071ph, 4246d, 4530, 4588, 4706w
Paura in città (77) [Hot Stuff] 1189, 2897, 2986, 3379, 4564
Paura nella città dei morti viventi (80) [City of the Living Dead; Twilight of the Dead; The Gates of Hell; The Fear] 23, 1368, 1804d, 1915, 4534e, 4712
Le Pavé de Paris (61 France) 2000
The Pay-Off *see* la mazzetta
Payment in Blood *see* Sette Winchester per un massacro
La pazienza ha un limite...noi no (74) 2760
Pazza di gioia (40) 619d, 1383, 1416, 1813m, 2953a, 2966, 3570, 4188e, 4378, 4526
I pazzi della domenica (59) 4456d
Pazzia vendicatrice (16) 388d, 2973
Il pazzo (14) 1355, 2594d, 4082
Pazzo d'amore (43) 1055co, 1374, 1914d, 2993w, 3340ph, 3557, 3752, 4167, 4233, 4547
Peace Valley *see* Dolina Miru
Peau d'espion (67 France) 805, 2681
Peau de banane *see* Buccia di banana
Pecado de amor (61 Spain) 1971
Peccati a Venezia (81) 2965, 4779ph
Peccati d'estate (62) 479, 844, 4121, 4367, 4598, 4652
Peccati di gioventù (76) 89d, 4566
I peccati di Madame Bovary (69) 3803
Peccati in famiglia (75) 1209d, 1271m, 2937, 3092, 3601, 3917w, 4349, 4534e
Il peccato (63) 4821
Peccato che sia una canaglia (54) [Too Bad She's Bad; 'Tis Pity She's a Whore] 238, 511d, 845, 920w, 972a, 1001m, 1095w, 1367co, 1416, 1706w, 1806, 1807, 1959ph, 2284p, 2614, 2907, 2966, 3129w, 3425, 3457, 3460, 4114, 4243, 4328
Il peccato degli anni verdi (59) [L'assegno] 1627, 2757, 3407, 3933, 4271, 4314, 4556, 4579d, 4651, 4747
Il peccato di Anna (53) 45ca, 124, 573, 2906d, 3176, 3930, 4799
Peccato di castità (56) 21w, 104w, 655ph, 708, 765, 1002, 1607, 1762d, 1973, 2018, 3636p, 3738, 4126w
Il peccato di Lola (84) 1823d
Il peccato di Rogelia Sánchez (39) [Santa Rogelia] 552, 575d, 1318, 1693s, 1813m, 2268ph, 3041, 3103, 3499, 3500, 3800, 3855, 4281w, 4334ph, 4512ph
Il peccato di una notte (22) 1210d

"Peccato nel pomeriggio" *episode of* Alta infedeltà
Peccato originale (80) 4970d
Peccato senza malizia (76) 1074, 3591
Peccato veniale (73) 86a, 142, 651, 852, 1346ph, 3082, 3098e, 3339, 4049d
Peccatori (44) 387, 754d, 791, 1756, 1816ph, 2746, 2953a, 3005, 3231ph, 3318, 4644w, 4965
I peccatori della Foresta Nera (61) [La Chambre ardente; Das brennende gericht; The Curse and the Coffin; The Burning Court] 213m, 264, 646, 1550, 1551d, 1906, 1953, 2276, 2787, 3564, 3661, 3820, 4155, 4302w, 4514
I peccatori di provincia (76) 405, 1096ph, 1875
La peccatrice (16) 3473, 3871d
Una peccatrice (18) 1221
La peccatrice (40) 63ad, 280, 281w, 555, 835, 939, 972ad, 974w, 1001m, 1416, 1515, 1661, 1936, 2768p, 2966, 3382d, 3451w, 3578, 3643, 4280, 4341, 4635a-co, 4759ph
La peccatrice casta (19) 2341, 3454, 3836d
La peccatrice del deserto (53) [Desert Desperadoes; The Sinner] 1981, 3913, 4178d, 4435, 4556
La peccatrice dell'isola (52) 1103d, 1759, 1981, 2053d, 2392, 2647, 3398, 4611, 4802
La peccatrice moderna (20) 2069d
La peccatrice senza peccato (22) 444, 1842, 1907d, 2240
La pecora nera (68) 228m, 1294w, 1511, 1882, 1885, 2465, 4024d
La pecorella (20) 906ph, 3236, 4684w
Pecorella smarrita (17) 434ph, 1419d, 4575
"La pecorella smarrita" *episode of* Testa e croce
Pecos è qui: prega e muori (67) [Pecos Cleans Up] 532w, 764w, 1163, 1460w, 1824, 1954, 2642d, 3730, 4052, 4762, 4779ph, 4920
The Peddler and the Lady *see* Campo de' fiori
Pedro Peramo (78 Mexico) 3153m
Peggio per me. . . meglio per te (68) 986, 1093, 2628, 4357
I peggiori anni della nostra vita (49) 102d, 384, 679, 768, 1165, 1494, 2269, 2670w, 3473, 3862, 4378, 4432, 4511
Pegno d'amore di Polidor (12) 3626
Peking Medallion *see* Il sigillo di Pechino
La pelle (81) 813, 911d, 1668a, 1973, 2441, 2907, 2908e, 3213ph, 4139m, 4555co
Pelle d'oca (63) [Chair de poule; Highway Pickup] 417, 698ph, 1195, 1329m, 1551d, 2104p, 2216, 2518, 2991, 3732, 4293, 4911
Pelle di bandito (69) 1209ph
Pelle di cinghiale (53) 1902d
La pelle sotto gli artigli (81) 1680d
Pelle viva (62) [Scorched Skin] 2873, 4322
Pellegrini d'amore (54) 543a, 1739d, 1892, 2614, 2774, 2813, 4754
Il pellegrino (12) 554, 872d, 1935, 4807ph
Una pelliccia di visone (56) 21w, 104w, 824ph, 1607, 1978, 3110, 3270, 3404, 3493d, 3555, 3738, 3847, 3892, 4114, 4126w, 4378, 4809, 4813m
Il pelo nel mondo (66) [Go, Go, Go World] 1266d, 3261, 3320, 4756
La pena del taglione (11) 4807ph
"Pendolin" *episode of* Cento anni d'amore
La penisola di Sirmione (12) 4807ph
Penisola sorrentina (51) 1153ph
Penne nere (40) 3658d
Penne nere (52) 39w, 471d, 925, 2767p, 2907, 3312w, 3578, 3845ph, 4333, 4814
Pensaci, Giacomino! (37) 789p, 965, 1172, 1946w, 3040, 3117a, 3118ph, 3195, 3410, 3586w, 3626, 3836d, 4354
Pensando a te (69) 3655
Pensiero d'amore (69) [Thoughts of Love] 102d, 1511
Il pensionato (59) 3322d
Pensione Edelweiss—sursis pour un vivant *see* Il mistero della pensione Edelweiss
Pensione Paura (79) 297d, 2982
The Penthouse *see* L'attico
Pentimento (52) 1232, 1455d, 1521, 1543, 3231ph, 3287
Il pentito (85) 1589, 2005p, 2256ph, 3153m, 3194, 3244, 4325d, 4832
Pepote (55 Spain) 973, 4378, 4813m
Peppeniello (14) [Nel mare della vita] 797, 1312d
Peppino e la vecchia signora (57) [Peppino e la nobile dama] 43ph, 262d, 997, 1305, 2016d*, 2813, 3578, 4010, 4580, 4737

Peppino e la vergine Maria (75) [Vergine è di nome Maria; Malia, vergine e di nome Maria] 152ph, 852, 1663, 1672, 2625, 2890, 2909, 4579
Peppino e Violetta (51) [Never Take No for an Answer] 428, 478, 925, 1040d, 1717, 2004, 2789, 2909, 3306, 4264d, 4448, 4769
Peppino, le modelle e. . . "Chella Llà" (57) 655ph, 1305, 1768, 2660m*, 2922d, 3794, 3975, 4189
Per amare Ofelia (74) 166, 1602, 3069d, 3345m, 3509, 3660, 3738
Per amore (76) 23, 651, 806, 852, 1454ph, 2730, 3153m
Per amore di Poppea (78) 1658ph, 2483d
Per amore. . . per magia (68) 206, 228m, 637, 1358, 1442, 1981, 3030, 4487d
Per aver visto (19) 328w, 2541, 3442, 3910d
Per 100.000 dollari t'ammazzo (67) [Vengeance is Mine] 1101, 1610d, 1824, 1869, 2460, 2648, 2878w-ph, 4053, 4955ph
Per 50.000 maledetti dollari (68) 167, 307, 340, 509, 1316d, 1802, 3243
Per essere più libero (15) 434ph, 1395d*
Per fare sua conoscenza (13) 4807ph
Per favore, occupati di Amelia (81) 53ph, 97s-co, 592, 1973, 3069d, 3093
Per grazia ricevuta (71) [The Cross-Eyed Saint; Between Miracles] 406w, 516, 567, 1006, 1271m, 1279w, 2771d*, 2962, 3213ph, 3864, 4114, 4122ad, 4336, 4564
Per guadagnare cento milioni (22) 655ph, 3928d
Per il babbo (13) 3427d, 4767
Per il blasone (14) 441
Per il gusto di uccidere (66) [Lanky Fellow; Taste for Killing] 857, 1681m, 2182, 2820, 2868, 2902ph, 3754, 3803, 4053, 4649d
Per il mio amore (13) 3127
Per il padre (13) 1204, 2599
Per il passato (20) 3758d, 4524d
Per l'onore (11) 4807ph
Per l'onore (14) 1179ph, 2073d
Per l'onore (19) 4191
Per la pace sua (14) 393, 1068, 1935d
Per la patria! (15) 3813ph
Per la sua bocca (19) 1834ph, 4593
Per la sua felicità (14) 655ph, 4490d
Per la sua gioia (13) 441, 3237d
Per la tua bambina (11) 3836d
Per le antiche scale (74) [Down the Ancient Stairs] 195, 275e, 499, 531d, 582, 592, 1602, 1640, 2070ph, 2364, 2907, 3006, 3153m, 3579w, 4555co, 4566
Per le vie della città (56) [Il satellite di buonumore] 1938d, 3626
Per mille dollari al giorno (66) [Renegade Gunfighter] 89d, 126, 749, 1209ca, 1571, 3387, 3904, 4153
Per motivi di gelosia *see* Dramma della gelosia—tutti i particolari in cronaca
Per non morire (15) 2272
Per piacere, non sparate col cannone (65) 720d, 1079, 2000, 2448, 3690, 4916
Per pochi dollari ancora (66) [Trois chevaliers pour Fort Yuma; Fort Yuma Gold] 94p, 749, 799w, 1095w, 1333w, 1353, 1671m, 1674d, 1901, 2864w, 3153m, 3361ph, 4192, 4628
Per qualche dollaro in meno (66) 152ph, 709, 995, 1102w, 1103w, 2640, 2922d, 3065, 3402, 4753
Per qualche dollaro in più (65) [For a Few Dollars More] 8, 506, 638, 756, 1203ph, 1266fx, 1442, 1554, 1560, 2057p, 2386, 2493, 2536d, 2977, 3153m, 3159w, 3261m, 3421, 3469, 3591, 3886, 4045, 4348, 4441, 4649ad, 4663, 4789w, 4821
Per questa notte (77) [This Is the Night] 535, 663a, 2985, 3558m, 4562ph
Per salvare il porcellino (23) 1179ph, 4524d
Per salvarti ho peccato (53) 545, 655ph, 1128d, 4237, 4803
Per sempre, fino alla morte (88) 350d
Per tutta la vita (17) 1179ph, 1467, 2097, 3836d
Per un dollaro di gloria (67) [Mutiny at Fort Sharp] 933d, 1154, 2566w, 3106, 3497, 4106m, 4633
Per un figlio (20) 534ph, 554d
Per un fiore (16) 1834ph, 4364d*
Per un pugno di canzoni (66) [Per un pugno in canzoni] 233, 3393
Per un pugno di dollari (64) [Por un puñado de dólares; A Fistful of Dollars; El magnifico extranjero] 252, 638, 743, 749, 843, 1069p, 1203ph, 1266fx, 1554, 1560, 2401, 2536d, 2635, 2864, 3153m, 3423p, 3675, 3777, 3987, 4025, 4241a-s, 4348, 4487w, 4760, 4821

Per un pugno in canzoni *see* Per un pugno di canzoni
Per un pugno nell'occhio (66) [I due figli di Ringo; Per un puñado de golpes; Fistful of Knuckles] 658w, 1366m, 1511, 1754, 1768, 1948w, 2188, 2657d, 3387, 3469, 3690, 3743, 4052, 4071ph, 4246d, 4546
Per un'ora d'amore (14) 865, 2709d, 4015, 4341, 4680, 4807ph
Per una bara piena di dollari (72) [Una bara di dollari per una carogna; Nevada Kid; Showdown for a Badman; Coffin Full of Dollars] 762, 1209ph, 1680d, 2386, 3656
Per una donna (16) 2173
Per uomini soli (39) 650d, 1506w, 1636e, 1847, 1852, 2818, 3118ph, 3800, 3818, 3828, 4732w
Per vivere meglio divertitevi con noi (79) 1454ph, 2415ph, 3069d, 4301, 4809, 4840
"Perchè?" *episode of* Capriccio all'italiana
Perchè?! (75) [Night Child; Child of the Night; The Cursed Medallion] 879, 1011m, 1203d, 1875, 2302, 2357, 3687, 3699, 4368
Perchè Fricot fu messo in collegio (09) 4697, 4807ph
Perchè il mondo sappia e gli italiani ricordino (30) 1076d-ph
Perchè mi sono fatto guardingo (09) 4807ph
Perchè no? (30) 475, 2272, 3382d, 3472, 3845ph, 4004
Perchè non ci lasciate in pace (71) 2404, 4654
Perchè non facciamo l'amore (81) 592, 3092
Perchè pagare per essere felici (70) 1666d
Perchè quelle strane gocce di sangue sul corpo di Jennifer? (72) [Erotic Blue] 48, 834d, 1652, 2188, 2244
Perchè si uccide un magistrato (75) 151, 248, 1191, 1211d*, 1602, 2084, 3244, 3345m, 3393, 4841ph
Perchè si uccidono (la merde) (76) 2603, 3566
Perchè Simona (78) 1885
Perchè uccidi ancora? (67) [Blood at Sundown; Blue Summer; Stop the Slayings] 438, 749, 1316d, 1426, 3177d, 3198w, 4052, 4368
La perdita dell'innocenza (62) [Agostino] 531d, 1070, 3129w, 3992m, 4110, 4508, 4543ph
Perdizione (42) 5s, 155ph, 771d, 1423w, 1878ph, 2763m, 2872, 3149, 3414, 3840, 3917, 4092, 4432, 4732w, 4737
Perdonami! (52) 309, 351ph, 692, 1128d, 1675, 2636, 2713, 3865p, 3936, 3992m, 4654, 4802
Perdutamente tuo...mi firmo Macaluso Carmelo fu Giuseppe (76) 3342, 4579
Père Goriot (19) 1119d, 4043
La perfetta ebbrezza (20) 833, 1273d, 1498ph
Il perfetto amore (20) 1419d
Perfide ma belle! *see* Napoli e mille canzoni
Il perfido incanto (16) 617d, 876ad-w, 2538
Pergolesi (32) 155ph, 492w, 650d, 655ph, 1130, 1172, 2474, 2598, 3410, 3472, 4117ph, 4186co, 4248, 4354, 4580, 4593
Il pericolo pubblico n. 1 *see* Il nemico pubblico n. 1
Peripezie del cappello di Tontolini (11) 3626
La perla del cinema (16) 441, 858ph, 1273, 1334d, 2792a, 4191
La perla dell'harem (14) 2572d
La perla di Gerolstein (17) 4082
La perla di Posilleco (19) 3107
La perla nera (24) 876w, 4191d*
Le perle di Cleopatra (20), 55, 160, 650d, 655ph, 1801w, 3236
Les Perles de la couronne (37 France) 4944
Permette? Rocco Papaleo (71) [My Name Is Rocco Papaleo] 2238, 2670w, 2907, 2908e, 4158d, 4586m
Permette signora che ami vostra figlia (74) [Claretta and Ben] 263, 406w, 1279w, 1607, 2427, 3439, 3628d, 3636p, 3992m, 4530, 4841ph
Permettete...parliamo di donne *see* Se permettete...parliamo di donne
Perry Grant, agente di ferro (66) [Perry Rhodan—S.O.S. aus dem Weltall] 804d, 1511, 3957, 4206, 4533
Persecution hasta Valencia *see* Il sapore della vendetta
Perseo l'invincibile (61) [El valle de los hombres de piedra; Perseus Against the Monsters; Medusa Versus the Son of Hercules] 108, 720w, 756, 924, 1365d, 1489, 1884w, 2134, 2595s, 3079, 3886
The Persian Lamb Coat *see* Il cappotto di astrakan

Persiane chiuse (51) [Behind the Closed Shutters] 256, 1068, 1075d, 1650w, 1918, 1972, 2775w, 2894, 3007w, 3460, 3579w, 3955, 3969p, 3992m, 4027, 4075, 4260
Un personaggio eccezzionale (55) 1850d
Peru—istituto di verano (56) 3322d
I perversi (69) 852
La pesada amenaza (50 Spain) 4490
La pesca del merluzzo (43) 4573d
La pesca della spugne (47) 3893d-ph
Pesca sul golfo (33) 1674d
Pescatore (07) 4807ph
Pescatore 'e Pusilleco (27) *see* Piscatore 'e Pusilleche
Pescatore 'e Pusilleco (54) 788d, 804w, 2473ph, 2712, 3930, 4556
Pescatorella (47) 3844d
Pescatori d'ombre (47) 848d
Pesce d'aprile (10) 4807ph
Il pesce porco (13) 3326d-ph
Pescherecci (57) 1413d
Pesci d'oro e bikini d'argento (62) 685, 844, 4430, 4443, 4722d, 4754
Pesnja velikich rek *see* Il canto dei grandi fiumi
Il peso del disonore (11) 4807ph
Il peso della riconoscenza (13) 902, 904d*
La peste (10) 4807ph
Le Petit Baigneur (68 France) 1607
Petit louis d'or (09) 4807ph
Le Petit Monde de don Camillo *see* Don Camillo
Le Petit Théâtre de Jean Renoir (69 France) 3028
La Petite Fille en velours bleu (78 France) 813
Il Petomane (83) 918co-s, 1096ph, 1677d, 2962, 3161, 4530
Les Pétroleuses (71 France) 813
Petrolini disperato per eccesso di buon umore (13) 3537
Il petrolio è degli uomini (n.d.) 4946m
Petruska (16) 2532ph, 2594d, 4482
Peur sur la ville (75 France) 2900, 2985, 3153m
Il pezzente gentiluomo (21) 797d, 865d
Pezzo, capopezzo e capitano (58) [Serenata ad un cannone; Kanonen Serenade] 651, 815, 875, 1294w, 1416, 1869, 2084, 2595s, 2647, 2648, 2771, 3608ph, 3789, 4343d, 4449, 4487w, 4971
Phaedra (62 U.S.) 4654
Phaedra West *see* Io non perdono. . . uccido
Phantom Fiend *see* FBI contro il dott. Mabuse
Phantom Lovers *see* Fantasmi a Roma
Phantom of Terror *see* L'uccello dalle piume di cristallo
Phenomena (84) [Creepers] 38ph, 169d, 1459, 3603
Philippe Pétain: processo a Vichy (63) 911d
Pia de' Tolomei (08) 872d
Pia de' Tolomei (11) 441, 2620d
Pia de' Tolomei (21) 4956d
Pia de' Tolomei (41) 250, 333, 541w, 1165, 1834ph, 1940, 2767p, 2817a, 3415, 3506, 3663d, 3917, 4432, 4580, 4623w
Pia de' Tolomei (58) 141w, 533w, 1250, 1717, 2053d, 2947, 3303, 3412, 4071ph, 4192, 4433
Il piacere (17) 3382d, 3910
Il piacere (85) 1209d
Il piacere e l'amore (64) [La Ronde; Circle of Love] 136w, 413, 646, 878, 1285ph, 1507, 1528, 1720, 2104p, 2342, 2428, 2720m, 3933, 4293, 4301, 4627d
I piaceri del sabato notte (60) [Arabella 252104] 2775w, 2873, 3372, 3473, 4127ph, 4314, 4586m, 4648, 4652
I piaceri della contessa Gamaian (76) 1963
I piaceri dello scapolo (60) 844, 964, 2404, 2670w, 2765ph, 2988, 3538d, 3677
I piaceri nel mondo (63) 4159p-w
I piaceri proibiti (63) 4618m
Piacevole confronto (84) 4762d
Le piacevoli notti (66) 263, 685, 927, 1882, 2596, 4681, 4809
Pian delle stelle (46) 250, 931, 1153ph, 1206, 1457, 1674d, 2654, 3100w, 3644m, 4092, 4166a, 4167, 4237, 4543ph, 4554
Il pianeta degli uomini spenti (60) [Battle of the Worlds] 1266d, 1402, 1901, 3342, 3393, 3736, 4188e, 4449
Il pianeta errante *see* Missione Pianeta Errante
Pianeta Venere (73) 439, 651, 1011m, 1470ph, 3718, 4062, 4115a, 4452d-e, 4699p
I pianeti contro di noi (61) 4556, 4586m, 4720p

Piange...il telefono (75) 3064
Piange Pierrot (24) 3285ph
La pianista di Haynes (21) 176ph, 3382w
Pianoforte (84) [Grand Piano] 1271m, 1668a, 2908e, 3213ph
Pianoforte silenzioso (09) 1397, 2709d, 4807ph
Les Pianos mécaniques *see* Amor di una calda estate
Il pianto delle zitelle (39) 919w
Il pianto delle zitelle (58) 254d
Il piatto piange (74) [Ante Up] 377, 514, 1663, 2667, 2679
Piazza pulita (73) 140w*, 927, 1094, 2628, 3422, 4336
Piazza san Marco (47) 3451d, 4138ph
Piazza san Sepolcro *see* Cronaca di due secoli
La Pica sul Pacifico (59) 3104d, 3526ph, 3555, 4288, 4317, 4530, 4641
I picari (86) 406w, 801, 920w, 1279w, 1882, 1945, 2771, 2908e, 3088d, 3216ph
Picasso (50) *see* Vita e morte della pittura
Picasso (54) 104p-w, 1578d, 2027w
I piccioni di Venezia (42) 3451d, 4138ph
La piccola amica (21) 3981ph
La piccola detective (14) 3871d
La piccola fioraia (20) 2874d
La piccola fonte (17) 441, 614w, 858ph, 1273, 2792a, 3269, 3871d, 4191
La piccola ignota (23) 549, 4983d
Piccola Manon (19) 883d
Piccola mia (32) 613, 925, 1099, 1423w, 2875ph, 3117a, 3415, 4003
La piccola modista (10) 4807ph
Una piccola moglie (43) 463d, 725, 1236m, 1301w, 1465, 1936, 2800, 3280, 3506, 3570, 3578, 4003, 4166a, 4233, 4543ph
La piccola ombra (16) 1617d, 4200
La piccola parrocchia (23) 79d, 80, 155ph, 475, 1068, 1900, 2463, 3131, 3289, 3568
Una piccola patria (48) 550ph
Piccola posta (55) 240, 639, 845, 1305, 1346ph, 1804w, 1927m, 2595s, 3401, 3492, 3677, 3733, 4024, 4233, 4292, 4359d, 4645, 4979
Piccola poupée (19) 3235d, 4191
La piccola ribelle (09) 4807ph
Piccola santa (54) 573, 1877ph, 2474, 2578, 3104d, 3828, 3936
Piccole ali (n.d.) 398d
Piccole labbra (79) 2764ph, 3113, 3176
Piccoli alpini (42) 4745d
Piccoli artisti (55) 848d
Piccoli equivoci (89) 4529d
Piccoli fuochi (85) 1348d, 1993, 3216ph
Piccoli martiri (15) 865
Piccoli naufraghi (39) 519, 754d, 1157s, 1546, 1724, 1786ad-w, 1834ph, 2030, 3041, 3610e, 3947m, 4543ph, 4987w
Piccolo alpino (40) 333, 453, 471d, 1077, 1615w, 1661, 1798, 1834ph, 2389d, 2767p, 3087w, 3918, 4064, 4133, 4166a, 4195, 4233, 4512ph, 4532w, 4580
Il piccolo Archimede (79) 455, 3141, 4355, 4813m
Il piccolo burattinaio (11) 4807ph
Il piccolo carceriere (13) 3427d, 4767
Il piccolo cerinaio (14) 1907d
Il piccolo diavolo (88) 275e, 397d*, 2005p, 2920, 4057
Piccolo figurinaio (08) 4807ph
Piccolo hotel (39) 240, 262d, 371, 613, 964, 1504, 1509, 1724, 2016, 2030, 2601ph, 3284, 3295, 4792
Il piccolo lustrascarpe (11) 4807ph
Piccolo mondo al sole (48) 848d
Piccolo mondo antico (40) [Old Fashioned World] 453, 477, 544w, 816, 919w, 991, 1133, 1219p, 1367co, 1497, 1834ph, 2475ad-w, 2892m, 2953a, 3041, 3118ph, 3148, 3231ca, 3450, 3636p, 3844ad, 3845ph, 4186co, 4189, 4281d, 4432, 4651, 4774
Il piccolo mozzo (15) 2271
Il piccolo patriota padovano (16) 3527, 3970
Il piccolo re (39) 1172, 2757, 3318, 4190ph
Il piccolo ribelle (47) 1107d-p, 1203ph
Piccolo saltatore (08) 4807ph
Il piccolo santo (19) 614w, 1221, 2753, 2961
Il piccolo sceriffo (50) 4023d, 4611
Il piccolo scrivano fiorentino (16) 3970
Il piccolo spazzacamino (11) 4807ph
Il piccolo vandeano (09) 1801w, 4807ph
Il piccolo vetraio (55) 788d, 815, 1761, 3653, 4189, 4280, 4554
Piedino il questurino (74) 1754
Piedone d'Egitto (80) [Flatfoot on the Nile] 2415ph, 3485, 4359d
Piedone di Hong Kong (73) 323, 1271m, 3485
Piedone l'africano (77) 2469, 3485, 3606, 4307ph, 4359d

Piedone lo sbirro (72) [Flatfoot] 2248, 2985, 3485, 4359d
La Piège (57 France) 4654
Il pieno sole *see* In pieno sole
Pierino aiutante messo comunale. . . praticamente spione (81) 464d, 998ph
Pierino colpisce ancora (82) 1970d, 4955ph
Pierino contro tutti (81) 1970d, 2988, 4955ph
Pierino la peste alla riscossa (82) 2534d, 2766ph
Pierino medico della Saub (81) 834d, 1647, 4955ph
Pierino salvadanaio (59) 4727w
Piero Della Francesca (49) 1578d
Piero Gherardi (67) 813
Pierpin (35) 821, 974, 1058d, 2268ph, 4003
Pierrette (16) 2742, 4947d
Pierrette Butterfly (15) 554
Pierrot (17) 2341d*
Pierrot innamorato (06) 41p
"Pietà per Caterina" *see* "Storia di Caterina"
Pietà per chi cade (53) 39w, 272, 655ph, 765, 964, 1128d, 1200w, 1816ph, 2038, 3229, 3579w, 3865p, 4189, 4237
Pietre dure (54) 681d
Pietro e Teresa (19) 827, 872d, 2740, 4331, 4808
Pietro Micca (07) 4807ph
Pietro Micca (11) 872d
Pietro Micca (38) 104w, 725, 925, 991, 1157s, 1509, 2502, 2600ph, 2601ph, 2826w, 3041, 3869, 3978, 4134d, 4331, 4732d, 4792
La Pièvre (75 France) 48
The Pigeon That Took Rome (62 U.S.) 1001m, 2833, 2873, 3385
"Pigrizia" *episode of* I sette peccati capitali
Pigsty *see* Porcile
La pila elettrica (06) 41p
Le pillole di Ercole (60) 504, 1416, 2404, 2771w*, 2970ph, 3372, 3627a, 4024d, 4121, 4158w, 4586m, 4598, 4648
The Pillory Post *see* La colonna infame
Un pilota ritorna (42) 146w, 456w, 1931w, 1940, 1972, 2648, 2817a, 3007w, 3200, 3834p, 3947m, 3948d, 4190ph
I piloti più matti del mondo *see* Continuavano a chiamarli i due piloti più matti del mondo
Piluk il timido (68) [Giurò. . . e le uccise ad uno ad uno; Swear to Kill Them One By One; Gun Shy Piluk] 285, 288, 925d-p*, 2132, 2615, 3699, 4106m, 4491
Pin il monello (79) 4189
Pinball *see* Flipper
Pinerolo cavalleria *see* I centauri: esercitazione dei cavalleggeri a Pinerolo (cavalleria infernale)
I pinguini ci guardano (54) 184, 1173, 1374, 2253m, 2537d, 3046, 3064, 3270, 3404, 3407, 3473, 3752, 4167
I pini di Roma (41) 1128d-e, 3696ph, 4334ph
The Pink Panther (63 U.S.) 479, 813
Pinne e arpioni (52) 3713d
Pinocchio (10) 138d, 1975, 2073d, 3626
Pioggia d'estate (37) 4944
Pioggia d'oro (13) 4807ph
La pioggia di diamanti (20) [La pioggia dei diamanti] 4022, 4536ph, 4690
I piombi di Venezia (52) 740d, 1759, 1761, 2885, 3503, 4062, 4189, 4554, 4720p
I piombi di Venezia (63) 1885
Il piombo e la carne *see* I sentieri dell'odio
Pionieri (40) 3658d
La piovra (18) 388d, 441, 2792a, 3235d, 3289, 3472
La piovra *see* Attacco alla piovra
Piovuto dal cielo (53) 201, 845, 1077, 1211w, 1373d, 1787, 3117a, 3752, 3856w, 4759ph, 4968w
La pipa del nonno (10) 4807ph
Pippo, Briciola e Nuvola Bianca (60) 4952d-p
Piranha (78 U.S.) 1491m
Piranha II—The Spawning (81 U.S.) 1011m
Pirata! (Cult movie) (81) 2049
Il pirata del diavolo (62) 2134
Il pirata dello sparviero nero (58) 211, 295, 590, 997, 2053d, 2448, 2608, 2782, 2999, 4190ph
Il pirata sono io (40) 493m, 789p, 1318, 1650w, 1684s, 2667, 2811w, 2922d, 2993w, 3626, 3863, 4167, 4188e, 4233, 4359w, 4543ph, 4698
The Pirate (78 U.S.) 3244
Pirates of the Mississippi *see* Agguato sul grande fiume
I pirati del golfo (40) 1153ph, 2803d, 4637
I pirati del mare (08) 4807ph

I pirati dell'isola verde (80) 253d, 2010, 2244, 3361ph
I pirati della costa (60) 2392, 2615, 3411d, 4512ph, 4790
I pirati della Malesia (41) [The Pirates of Malaya; Sandokan] 618, 725, 1367co, 1483w, 1927m, 1972, 1996, 2073d, 2233, 3117a, 3118ph, 3473, 3578, 3876p, 3978, 4186co, 4556
I pirati della Malesia (64) [Sandokan the Great; Sandokan, la tigre di Mompracem; La tigre di Mompracem] 108, 340, 584, 1683, 1813m, 2013, 2534d, 2881, 3079, 3387, 3778, 4090, 4633, 4720p, 4949
I pirati di Capri (48) 305, 384, 1186, 1693s, 2152, 2624, 2885, 3148, 3164w, 3525, 3955, 3960m, 4159d, 4189, 4309, 4495p, 4595, 4617d, 4644w
Piruetas juveniles (43 Spain) 3162, 4187ph, 4774
Piscatore 'e Pusilleche (27) 1327, 4822d
La piscina (68) [La Piscine; The Sinners] 487, 854w, 1152, 1349d, 1390, 2521m, 2557p, 3933, 4145
El pisito (58 Spain) 1666d*
Piso pisello (81) [Sweet Pea] 1348d, 1477, 2442ph, 3098e, 3373, 4579, 4961w
Piste per reattori (n.d.) 3569d
Pistol for Django *see* Anche per Django hanno un prezzo
Pistol Packin' Preacher *see* Posate le pistole, reverendo!
Pistola di Dio (76) [A Bullet from God] 563, 1230, 1874, 1915, 2764ph, 3379, 3441d, 4663
Una pistola per cento bare (68) 252, 658w, 1611, 2261, 2264, 2486m, 2493, 2534d, 2549w, 2648, 3497, 3525, 4165, 4616ph
Una pistola per cento croci (71) [Django: eine Pistole für 100 Kreuze] 1173w*, 2371, 3387, 4779ph
Una pistola per Ringo (65) 249w, 869, 1358, 1460w, 1584p, 1901, 2834ph, 2868, 2869, 3153m, 3228, 3525, 3693p, 4053, 4074, 4487d, 4949
Le pistole non discutono (64) [Las pistolas no discuten; Die letzten Zwei von Rio Bravo; Guns Don't Argue; Bullets Don't Argue; Pistols Don't Argue; The Last Two from Rio Bravo] 154, 233, 720d, 763, 1773, 2869, 3153m, 3387
Il pistolero dell'ave maria (70) [Tierra de gigantes; Forgotten Pistolero; Gunmen of Ave Maria] 253d, 2648, 3119ph, 3420
Il pistolero di Arizona (66) [Arizona Colt; The Man from Nowhere] 584, 756, 1366m, 1571, 1649, 1884w, 1901, 2657d, 2677, 2766ph, 2809, 3243, 3482, 4053, 4279
Il pistolero segnato di Dio *see* Due pistole e un vigliacco
Pistoleros from Arizona *see* 5000 dollari sull'asso
Pittori allo specchio (50) 2281ph
Pittori di provincia (53) 4625m
I pittori impressionisti (48) 3451d
Pittori in città (57) 4456d
Pitture romane (54) 681d
La più alta del mondo (57) 4662d
La più bella avventura di Casanova (19) 3021
La più bella coppia del mondo (68) 24, 862, 926, 973, 1973, 2042, 2906d, 2993w, 3178, 3402, 3477, 4176, 4286
La più bella serata della mia vita (72) 23, 104w, 631, 1012ph, 1253, 1323p, 4158d, 4243, 4292, 4586m, 4668
Le più belle truffe del mondo (63) [Les Plus Belles Escroqueries du monde] 878, 943d, 1143ph, 1379, 1384, 1963, 1986d*, 2088e, 2521m, 3618d, 3720ph, 4171, 4618m
Più bello di così si muore (82) 1096ph, 1164a, 1677d
Il più celebre ladro del mondo (19) 55, 4797
Più che l'amore (19) 554, 1231w
Più che la legge *see* Oltre la legge (19)
Più che regione (52) 4662d
Il più comico spettacolo del mondo (54) 654, 889, 1323p, 1598, 1606, 1616, 2492, 2773, 2922d, 3088w, 3636p, 3715, 3845ph, 4193, 4296, 4388ph, 4559, 4877
La più dolce corona (17) 1694ph
La più forte (09) 1801w, 4807ph
Il più forte (14) 1617d, 2063, 3107
Il più forte amore (19) 534ph, 4061
Più forte del destino (16) 2875ph
Più forte del sangue (63) 4720p
Più forte della verità (15) 470, 4484ph
Più forte, ragazzi! (72) [All the Way, Boys; Go for It!] 76, 1059d, 1189, 1271m, 1971, 2402, 2887ph, 3485
Più forte sorelle (73) [For a Book of Dollars] 464d, 1071, 4344p
Il più grande amore (15) 3291

Il più grande amore (25) *see* Il focolare spento
Il più grande amore (56) *see* Suor Letizia
Il più grande colpo del secolo (67) [Le Soleil des voyous; The Day of the Delinquents; Action Man; Leather and Nylon] 1319d, 1819, 2516, 4327
La più grande rapina del west (68) [Hallelujah for Django; The Greatest Kidnapping in the West; The Greatest Robbery in the West] 228m, 307, 509, 524, 638, 764w, 986, 1683, 2188, 2642d, 3386ph, 3656, 3730
Più tardi, Claire, più tardi (65) 195, 1620
Piume al vento (50) 3503, 4574
Pizza Connection *see* Attacco alla piovra
"Pizza on Credit" *episode of* L'oro di Napoli
Pizza, prosciutto e fichi (82) 1652
The Pizza Triangle *see* Dramma della gelosia—tutti i particolari in cronaca
A Place Called Trinity *see* Jesse e Lester, due fratelli in un posto chiamato Trinità
A Place for Lovers *see* Amanti
Plagio (68) 2043, 2631, 2963, 3406
Planet of Blood *see* Terrore nello spazio
Planet of Terror *see* Terrore nello spazio
Planet of the Vampires *see* Terrore nello spazio
Planet on the Prowl *see* Missione Pianeta Errante
Play Cop *see* Commissario Verrazano
Play Me the Song of Death *see* C'era una volta il west
Playgirls and the Vampire *see* L'ultima preda del vampiro
Please! Mr Balzac *see* Miss Spogliarello
The Pleasure of Death *see* Voluttà di morte
Pleasure Shop on 7th Avenue *see* Il pornoshop della settima strada
Plebe dorata (21) 3568
Plein soleil *see* In pieno sole
"Il plenilunio" *episode of* Io uccido, tu uccidi
Il plenilunio delle vergini (73) [The Devil's Wedding Night; The Full Moon of the Virgins] 1209ph, 1215, 3243
Il Pleut sur Santiago (75 France) 1178
The Plot Thickens *see* L'affare si complica
Plucked *see* La morte ha fatto l'uovo
Les Plus Belles Escroqueries du monde *see* Le più belle truffe del mondo
La Plus Longue Nuit du diable *see* La notte più lunga del diavolo
Le Plus Vieux Métier du monde (67 France) 531d, 1706w, 2246d, 2873, 3161, 4025, 4515, 4533
Po: forza 50.000 (61) 3322p
Un po' di cielo (55) 1305, 1606, 1676, 2595s, 2759, 3164d, 3467w, 3478ph, 3514w, 3555, 3944, 4266, 4564
Pochi dollari per Django (66) [A Few Dollars for Django; A Few Dollars for Gypsy] 758, 1426, 1969, 2394d, 4106m, 4916
Pocketful of Chestnuts *see* Le castagne sono buone
I poderi di assalto (57) 1850d
Poesia dei macchiaioli (64) 4727d
Poesia della danza (54) 1850d
Poesia e tradizioni della Natività (32) 34w-m*
Il poeta (19) 796w*
Il poeta e la donna (16) 80
Il poeta e la principessa (20) 1273d, 1472, 1498ph
Poker d'assi per Django *see* Lo sceriffo che non spara
Un poker di pistole (67) 764w, 1460w, 1553, 2188, 2244, 3387, 4551, 4694d
Pokerface *see* Scansati... Trinità arriva ad Eldorado
Pola, addio? (47) 1212d
Policarpo, ufficiale di scrittura (59) 1346ph, 1416, 2033, 2486m, 3069a, 3229, 3752, 3961ph, 4038, 4188e, 4281d, 4292, 4555co, 4652
The Police Can't Move *see* La polizia chiede aiuto
Police Python 357 (75 France) 4057
Policeman (71 U.S.) 2691
Polidor affamato (13) 3626
Polidor al club della morte (12) 3626
Polidor alpinista (13) 3626
Polidor apache (12) 3626
Polidor arriva alla casa Pasquali (12) 3626
Polidor attendente (13) 3626
Polidor barbiere (13) 3626
Polidor burlato (13) 3626
Polidor cambia pelle (12) 3626
Polidor cameriere nella buona società (12) 3626
Polidor coi baffi (13) 3626
Polidor contro la portinaia (13) 3626
Polidor contro la suocera (12) 3626
Polidor curioso (13) 3626
Polidor dalla modista (12) 3626, 4447

Polidor detective (13) 3626
Polidor distratto (13) 3626
Polidor domestico (13) 3626
Polidor dragone (13) 3626
Polidor e gli antenati (13) 3626
Polidor e i gatti (13) 3626
Polidor e i suoi figli (13) 3626
Polidor e il cilindro (13) 3626
Polidor e il debito (13) 3626
Polidor e il latte (13) 3626
Polidor e il pane (13) 3626
Polidor e il patto (13) 3626
Polidor e il salvadanaio (13) 3626
Polidor e l'altalena (13) 3626
Polidor e l'amico intimo (13) 3626
Polidor e l'appuntamento (13) 3626
Polidor e l'attaccapanni (13) 3626
Polidor e l'elefante (13) 3626
Polidor e l'incubo (13) 3626
Polidor e la bomba (13) 3626
Polidor e la collana (13) 3626
Polidor e la Gioconda (13) 3626
Polidor e la sua invenzione (13) 3626
Polidor e le mosche (13) 3626
Polidor e lo champagne (13) 3626
Polidor e lo scudo (13) 3626
Polidor e lo zio (13) 3626
Polidor elettrico (13) 3626
Polidor entusiasta della lotta (12) 3626
Polidor eroe (13) 3626
Polidor fa le iniezioni (12) 3626
Polidor facchino per amore (12) 3626
Polidor fantasma (13) 3626
Polidor fidanzato (12) 3626
Polidor geloso (13) 3626
Polidor gigante (13) 3626
Polidor ginnasta (13) 3626
Polidor gobbo (13) 3626
Polidor ha bisogno di una moglie (12) 3626
Polidor ha caldo (13) 3626
Polidor ha fretta (13) 3626
Polidor ha rubato l'oca (12) 3626
Polidor ha un tic nervoso (12) 3626
Polidor in cerco dello zio (12) 3626
Polidor in collegio (12) 3626
Polidor in lite (13) 3626
Polidor in pericolo (13) 3626
Polidor indiano (12) 3626
Polidor invisibile (12) 3626
Polidor maestro di ballo (12) 3626
Polidor manca di istruzione (13) 3626
Polidor mangia il coniglio (13) 3626
Polidor mangia il toro (13) 3626
Polidor materassaio (13) 3626
Polidor miope (13) 3626
Polidor nel nuovo alloggio (12) 3626
Polidor padre adottivo (12) 3626
Polidor pescatore (13) 3626
Polidor pietrificato (13) 3626
Polidor pompiere (13) 3626
Polidor portalettere (13) 3626
Polidor protettore (13) 3626
Polidor ritorna a Tripoli (12) 3626
Polidor senza colletto (12) 3626
Polidor si fa réclame (12) 3626
Polidor si rapisce (14) 3626
Polidor si spiega (13) 3626
Polidor sonnambulo (13) 3626
Polidor statua (12) 3626
Polidor stregato (13) 3626
Polidor troppo amato (12) 3626
Polidor trova un sosia (13) 3626
Polidor vedova allegra (13) 3626
Polidor vuol suicidarsi (12) 3626
Polikuschka (58) 1513, 1841d-p, 2254, 2636, 2647
Political Asylum (71 U.S.) 637
La polizia accusa: il servizio segreto uccide (75) 68, 516, 1094, 3017
La polizia brancola nel buio (75) 1963
La polizia chiede aiuto (74) [La polizia ha le mani legate; The Police Can't Move] 439, 1011m, 1828, 2023, 2373, 3738, 4603, 4954
La polizia è al servizio del cittadino? (73) 228m, 1897, 4025
La polizia è sconfitta (78) 2887ph, 3411d
La polizia ha le mani legate *see* La polizia chiede aiuto
La polizia incrimina: la legge assolve (73) [High Crime] 265, 456w, 892d, 1271m, 1354, 3244, 3805, 4566, 4888
La polizia indaga: siamo tutti sospettati (76) 48, 1630, 3591
La polizia interviene: ordine di uccidere (76) 23, 608, 2897, 3386ph, 4025
La polizia non può intervenire *see* Fatevi vivi, la polizia non interverrà La polizia ordina: sparate a vista (76) 2603
La polizia ringrazia (72) [From the Police with Thanks] 20, 1011m, 1189, 1607, 2677, 2962, 3386ph, 4025, 4293, 4359d
La polizia sta a guardare (73) 248, 1011m, 1047, 4025, 4293
La polizia vuole giustizia *see* Milano trema: la polizia vuole giustizia
La poliziotta (12) 3127, 4807ph
La poliziotta (74) 844, 1495w, 1671m,

2577, 2962, 3636p, 3660, 4307ph, 4359d, 4789w
La poliziotta a New York (82) 1652, 1658ph, 2679, 3092, 4442d
La poliziotta della squadra del buon costume (78) 313, 1658ph, 4442d
La poliziotta fa carriera (75) 1652, 1658ph, 3178, 4442d
Il poliziotto della brigata criminale (75) 2900, 2985
Poliziotto dilettante (06) 4807ph
Il poliziotto è marcio (74) 228m, 1094, 3748, 4073
Un poliziotto scomodo (78) 1647, 1923, 2902d, 3387, 3591, 4189
Poliziotto senza paura (78) 2902d, 2986, 3161, 3386ph
Poliziotto, solitudine e rabbia (80) 2902d
Poliziotto sprint (76) 1011m, 1345ph, 2248, 2902d, 3339, 3386ph
Poliziotto superpiù (81) [Superfuzz; Supersnooper; An Italian Cop in Miami?; Super Fire Busters] 577, 1103d, 1526, 1971, 2256ph, 2492
"Il pollo ruspante" *episode of* RoGoPaG
Polvere allegra (07) 4807ph
Polvere birbona (08) 4807ph
Polvere di stelle (74) 1454ph, 1857a, 2490, 2670w, 3558m, 4292d*, 4809, 4961w
La pomata meravigliosa (09) 4807ph
Il pomicione (76) 3104d, 3178, 4712
Il pomodoro (61) 3322d
"The Pompadour Bed" *see* "Il letto della Pompadour"
Pompei (34) 1674d, 2281ph
Pompei (n.d.) 398d
Il pompiere di servizio (06) 41p
Pompieri (85) 97co, 1414, 3430d
I pompieri di Mosca (11) 4807ph
I pompieri di Viggiù (49) 330m, 1237, 1323p, 1976, 2003, 2922d, 3270, 3347, 3398, 4443, 4543ph*, 4559
Pomposa (50) 4662d
Il ponte dei fantasmi (12) 98p, 2709d
Il Ponte dei sospiri (19) 1855
Il Ponte dei sospiri (21) 49, 677, 729, 904, 1825d-s
Il Ponte dei sospiri (40) 5s, 78, 280, 553m, 554d, 1465, 1490, 1825co, 2624, 3162, 3447, 3527, 3616, 3828, 4269w, 4309, 4341, 4484ph, 4556
Il Ponte dei sospiri (64) 771d, 3361ph, 4487w, 4568ph
Il ponte del diavolo (15) 3427d
Il ponte delle streghe (09) 4807ph
Il ponte di vetro (40) 5s, 61d, 155ph, 262d, 637, 1481, 1936, 2763m, 2792a, 3615, 3840, 3917, 3919, 4133
Il ponte sull'infinito (41) 931, 1504, 1816ph, 4252, 4737
Ponzio Pilato (61) [Pontius Pilate] 319, 1150, 1869, 2615, 2795, 3751d, 3755, 4166a, 4189, 4576, 4691
The Pool Hustlers *see* Io, chiara e lo scuro
Poopsie *see* La pupa del gangster
Pop corn e patatine (85) 1779ph, 2483d
Pope Joan (72 France) 3244
Popeye (81 U.S.) 3961ph
Poppea, prostituta al servizio dell'impero (72) 405, 644d, 4165, 4779ph
The Poppy Is Also a Flower *see* Il papavero è anche un fiore
Popsy Pop (70) [The Butterfly Affair; 21 Carat Snatch] 246, 813, 2118, 2508
Por un puñado de dólares *see* Per un pugno di dollari
Por un puñado de golpes *see* Per un pugno nell'occhio
Porca miseria (51) 329, 463d, 479, 1173, 1521, 1994, 3555, 3828, 3852, 3930, 4233, 4716ph
Porca vacca (82) 142, 1677d, 2415ph, 2679, 3153m
Porci con le ali (77) [If Pigs Had Wings] 886, 1470ph
Porcile (69) [Pigsty] 1014, 1035, 1263, 1346ph, 1492s-co, 1666, 1934m, 2504, 2577, 2635, 3213ph, 3453d, 3996ph, 4530, 4889
Porco mondo (79) 419, 424d, 1368, 2373, 4651
Porgi l'altra guancia (74) [Don't Turn the Other Cheek; Turn the Other Cheek] 209, 663a, 764w, 1271m, 1971, 2687, 3485, 3608ph, 3951w, 4290w
Porno erotic love (80) 1209d-ph
Porno holocaust (80) 1209d-ph
Le porno investigatrici (81) 1209d-ph
Le porno killers (80) 2928d
Porno lui erotica lei (81) 998ph
Porno video (80) 1209d-ph
Pornoshop della settima strada (79) [The Pleasure Shop on 7th Avenue] 1209d-ph
Port Afrique (56 U.S.) 126
La porta aperta (13) 796, 3456d, 4767
La porta dei sogni (54) 543a, 997, 1200d, 1784, 2712, 3845ph, 4424

La porta del cannone (69) 1372, 1869, 2230
La porta del cielo (45) 439, 453, 1227s, 1416d, 1599w, 1758w, 1972, 2654, 2892m, 2978, 3199w, 3271, 3447, 3584, 3663w, 4543ph, 4968w
La porta del mondo (21) 337d, 3819ph
Porta del Popolo (48) 1910d
Porta fortuna (06) 4807ph
Porta Portese (53) 3635d
La porta schiusa (14) 3326d-ph
Porta un bacione a Firenze (55) 43ph, 284, 451, 1631, 2906d, 3569w, 3975, 4305, 4803
Il portaborse (91) [The Factotum] 44, 659, 3140d*
Il portafoglio rosso (14) 3237d
Il portafortuna di Totò (12) 4690d*
Il portalettere (09) 4807ph
La portatrice di pane (11) 3836d
La portatrice di pane (16) 655ph, 4767d*
La portatrice di pane (50) 428, 1040d, 1909, 1957, 3118ph, 3271, 3525, 4517
Portatrici di pietre (52) 4662d
Porte aperte (90) 3216ph, 3865p, 4821
Porte chiuse (45) 4780
Porte des Lilas *see* Quartiere dei lillà
La portiera nuda (76) 509, 1074, 1146d, 1961
Il portiere di notte (73) 474, 522, 911d, 1096ph, 1100, 1676, 2545, 2681, 2890, 3046, 3741, 3815, 4762
Portinaia burlata (07) 4807ph
Portnoy's Complaint (72 U.S.) 1409
Porto (28) 463, 1077d-p, 3118ph
Porto (35) 493m, 655ph, 789p, 1311, 1624, 2017, 2030, 3382d, 3460, 3578, 4269w
Il porto della speranza (57) 1541
Il porto di Genova (47) 2999d-ph
Portofino (41) 3418d, 3645ph
Portovenere (49) 237d
Portrait of a Woman, Nude *see* Nudo di donna
Posate le pistole, reverendo! (72) [Déposez les colts; Pistol Packin' Preacher] 917, 1215, 2760, 4107d
Les Possédées (55 France) 4654
The Possessed (65) *see* La donna del lago
The Possessed (83) *see* L'occhio del male (83)
La Possession (29 France) 441
The Possessor *see* Un urlo dalle tenebre
La posta in gioco (88) 801
La posta in guerra (17) 1076ph
Il posto (61) [Sound of Trumpets] 721ph, 1428, 3322d, 3409
Un posto all'inferno (69) 2902ph, 4694d
Posto di blocco (45) 1423w, 1756ph, 4542
Un posto ideale per uccidere (70) 3202, 3422
Il posto vuoto (14) 3427d, 4191
"Pot-pourri di canzoni" *episode of* Altri tempi (51)
"La potenza del male" *episode of* Il Ponte dei sospiri (21)
Il potere di Cosimo (72) 3948d
Il potere sovrano (16) 1179ph, 3813ph
Potere temporale (15) 881, 1216, 2653, 3237d, 3813ph
Potresti essere mia figlia (76) 1676, 3276
La Poudre d'escampette (72 France) 3509
La Poupée (62 France) 2000
Pourvu que ce soit une fille *see* Speriamo che sia una femmina
Le Pouvoir du mal (85 France) 1882, 4654
Pover'ammore (82) 3630
Povera piccola (20) 337d, 3187, 3819ph, 4575
Povere bimbe (23) 1635, 2463, 3462d-p, 3567, 3581, 4022, 4947
Il poverello d'Assisi *see* San Francesco
Poveri bimbi! (13) 1132, 2599
Poveri ma belli (56) 70, 166, 844, 845, 1079, 1346ph, 1358, 1677w, 1684s, 1763w, 2782, 3400, 3828, 3844d, 4038, 4790
Poveri milionari (59) 1346ph, 2404, 3400, 3608ph, 3844d, 4038
I poveri muoiono prima (71) 442d
Povero Cristo (75) 2324, 3699
Il povero fornaretto di Venezia (23) 79d, 155ph, 475, 1068, 1468, 3041, 3289, 3568
Povero marito (12) 4807ph
Il povero Piero (22) 3174d*
Un povero ricco (83) 86s, 1011m, 1454ph, 1677d, 3202
Power Among Men (60) 3628d
Il pozzo che parla (10) 1801w, 2709d, 4447, 4807ph
Il pozzo dei miracoli (41) 104w, 124, 447, 870m, 931, 1221, 1338, 1468, 1957, 3473, 3836d, 4226, 4580, 4807ph
Il pranzo di Polidor (12) 3626
Der Präsident (28 Germany) 3836d, 4200

Il prato macchiato di rosso (78) [Il prato] 659, 893, 1454ph, 1998, 2752, 2824, 2896ph, 3153m, 3601, 3946, 4111s, 4456d
Pray to Kill and Return Alive *see* Prega per il morto e ammazza il vivo
The Precarious Bank Teller *see* Rag. Arturo De Fanti bancario— precario
Il precettore di Sua Altezza (14) 1395d*, 3703
El precio de un hombre *see* Bounty killer
La preda (17) 3871d
La preda (21) 549, 827, 881, 2272, 2770, 2905, 3289, 4983d
Preda d'avvoltoi (73) [Artist is a Gunfighter] 252, 2493, 3261m, 3925d
I predatori dell'Atlantide (81) [The Raiders of Atlantis] 1385d, 2188, 3753
Il predone dell'aria (16) 2599, 4571d
I predoni del Sahara (42) [I cavalieri del deserto; Gli ultimi tuareg] 2281ph, 2817a, 4425d, 4637d*
I predoni della steppa (63) [Terror of the Steppes; The Mighty Khan] 517d, 3154, 3992m
"Prefazione" *see* "Il provino"
Preferisco l'inferno! (16) 1694ph
Il prefetto di ferro (78) [Il commissario di ferro] 23, 222, 813, 1901, 2256ph, 2638p, 3153m, 4094, 4325d
Prega per il morto e ammazza il vivo (71) [Pray to Kill and Return Alive; Shoot the Living and Pray for the Dead] 2386, 4694d, 4779ph
Prelude à l'après-midi d'un faun (36) 3948d-p-e
Preludio d'amore (46) 439, 687m, 1882, 1892, 1972, 2000, 3006, 3418d, 3645ph, 4232, 4579w
Preparati la bara (68) [Viva Django; Django, Get a Coffin Ready; Django, Prepare a Coffin; Get the Coffin Ready] 253d, 257, 286ph, 703, 1097, 1553, 1773, 1971, 3035, 3949w, 3952, 4165, 4167, 4170, 4551
I prepotenti (58) [The Bullies] 102d, 1606w*, 2086, 2670w, 3270, 3608ph, 3852, 4443
Prepotenti più di prima (59) 1606, 2922d, 3270, 3608ph, 4443
La presa della Bastiglia (16) 1694ph
La presa di Gorizia (16) 1076d-ph
La presa di Roma (05) [La breccia di Porta Pia] 41p, 1327, 4068p
Il presagio (16) 833, 1907d, 2704ph, 4022, 4120ph, 4731
Presentat'armi! (15) 1498ph, 4700d
Presentimento (56) 2474
Il presepe (32) 3610d
Il presepe (43) 3645ph
Il presepio (48) 550ph
Il presidente del Borgorosso Football (70) 2635, 3558m, 4292
Il presidente della Ba. ce. cre. mi. (34) 78, 155ph, 451, 1423w, 1636ad-e, 2721, 3372, 3836d, 4324, 4684p-w, 4732w, 4982
La presidentessa (52) [Mademoiselle Gobette] 95p, 287ph, 303, 692, 736, 1099, 1237, 1276w, 1562a, 1924d, 2003, 2660m*, 2817a, 3270, 3398, 3473, 3525, 4121, 4378, 4511, 4674
La presidentessa (76) [The First Lady] 1502, 2005p, 2962, 4024d
Prestami tua moglie (80) 23, 834d, 1417ph
Il prete bello (89) 195, 1407, 2442ph
Prete, fai un miracolo (74) 2877
Un prete scomodo (76) 152ph, 4025
Il prete sposato (70) 275e, 592, 709, 2962, 3069a, 3276, 3607, 3748, 4024, 4025, 4150, 4586m, 4756d
La pretora (77) 4568ph
Prevaricazione (23) 1132d, 4819w
Il prezzo del potere (69) [Texas; Muerte de un presidente] 228m, 1353, 1901, 2303, 2902ph, 3345m, 3805, 4348, 4649d
"Il prezzo dell'amore" *episode of* Le italiane e l'amore
Il prezzo dell'onore (52) 253d, 1784, 2800, 4641, 4802
Il prezzo della felicità (13) 2753
Il prezzo della felicità (18) 379d*
Il prezzo della gloria (55) 547, 616w, 1161, 1332ph, 1676, 2829, 3506, 3955, 3969, 4091, 4115a
The Pride and the Passion (57 U.S.) 2614
The Priest of Isis *see* Gli ultimi giorni di Pompei (13)
The Priest of Love (80 U.K.) 3749
The Priest's Wife *see* La moglie del prete
La prigione (43) 935d, 1221w, 1227s, 2430, 2601ph, 4073, 4194
Prigione bianca (43) 1684s, 3696ph, 4829d
La prigione d'acciaio (14) 3871d
La prigione di Arlecchino (19) 1724d
Prigione di donne (74) 4533
La prigione infocata (11) 1327, 1397

La prigioniera dell'isola (47) [La Danse de mort] 2596, 4189, 4199, 4780, 4846a
La prigioniera della torre del fuoco (52) 124, 637, 924, 976d-p, 1607, 2771, 3271, 3525, 4091, 4584ph, 4803
La prigioniera di Amalfi (53) 1978, 2765ph, 2988, 3383, 3616, 4254, 4296, 4708
Le prigioniere dell'isola del Diavolo (62) 2700, 2980, 3411d, 4535a
Prigionieri del golfo (47) 3493d
Prigionieri del male (55) 39w, 765, 824ph, 1128d, 1493, 2771, 3497, 3718
Prigionieri delle tenebre (53) 996, 1761, 2647, 3525, 4071ph, 4803
Il prigioniero del Caucaso (11) [Kavkazskiy plennik] 4807d-ph
Il prigioniero del re (54) 1161, 1761, 1834ph, 1958, 3651d, 3853d, 4554, 4597p, 4634, 4720p
Il prigioniero della montagna (55) 3453w, 4065
Il prigioniero di Santa Cruz (40) 104w, 341a-s, 619d, 1318, 1979, 2600ph, 2978, 3419w, 3616, 3841, 4186co, 4252
La prima avventura di Totò (14) 4690
La prima bicicletta di Robinet (10) 4807ph
Prima che sia troppo presto (81) 1164a, 1459, 4955ph
Prima comunione (50) [His Majesty, Mr Jones] 77, 310, 511d, 529, 928, 1055co-s, 1153ph, 1213ad, 1530, 1572, 1606, 1892, 2713, 3151, 3917, 4010, 4237, 4517, 4754, 4968w
La prima corsa automobilistica Susa–Moncenisio (04) 98p, 3326d-ph
Prima del futuro (85) 532w, 627, 826, 2823
Prima della rivoluzione (64) 195, 297, 442d, 3008, 3153m, 4131ph
Prima di sera (53) 114, 679, 844, 845, 908, 1806, 3118ph, 3218m, 3584, 3659, 3738, 3865p, 3894, 3969p, 4323, 4378, 4474d
La prima donna (42) [La primadonna] 744, 2017, 2978, 3231ph, 3514d, 4552, 4613, 4774
La prima donna che passa (40) 1423w, 2253m, 2598, 2739, 2800, 3247d, 3527, 3570, 3841, 4071ph, 4166a, 4651
La prima notte (13) 3127
La prima notte (58) [Les Noces vénétiennes] 19p, 813, 840, 907d-e, 1416, 1475ph, 2227, 3166a, 3254, 3270, 3691w, 4192, 4746, 4789w
"La prima notte" *episode of* Le italiane e l'amore
La prima notte del dottor Danieli, industriale col complesso del...giocattolo (70) 709, 1810, 4622
Prima notte di nozze (76) 1973
La prima notte di quiete (72) [Le Professeur] 490, 1349, 1470ph, 1945, 2900, 2957w, 2985, 3218m, 3748, 4038, 4651, 4991d
Prima ti perdono, poi ti ammazzo (70) [Abre tu fosa, amigo...llega Sabata; Sabata revient; Dig Your Grave, Friend, Sabata's Coming; Dig Your Grave, Friend, Sartana's Coming; First They Pardon Then They Kill; Rancheros; Stagecoach of the Condemned; Not Sabata or Trinity...It's Sartana] 252, 509, 2134, 2247, 2258d, 4053, 4568ph, 4616
Prima ti suono e poi ti sparo (75) [Trinity Plus the Clown and a Guitar] 1271m, 1817, 2188, 2573, 2648, 4052, 4442w
La prima volta sull'erba (75) [All'aperto; Dance in the Open Air Under the Elms; Dancing Under the Elms; Love Under the Elms] 275e, 880, 1886ph, 2081, 2176, 2548, 4954
La primadonna *see* La prima donna
Primavera (16) 4022
Primavera siciliana (36) 1766d
Primerose (19) 534ph, 872d, 3585, 4061, 4494
Primi calori (06) 4807ph
Primo amore (41) 78, 493m, 1122, 1123, 1184, 1338, 1693s, 1841d, 1957, 2909, 3352, 3578, 3643, 4341, 4637, 4759ph, 4791w
"Primo amore" *episode of* Altri tempi (51)
Primo amore (58) 21w, 611, 760d, 805, 844, 1346ph, 1358, 1971, 2033, 2351, 2921, 2996, 3865p, 4126w, 4158w, 4535a, 4680, 4721, 4753
Primo amore (78) 479, 566, 1346ph, 1347, 2670w, 3202, 3345m, 3844d, 4530, 4712
Primo applauso (57) 1237, 2979d, 3050p, 3117a, 3643, 3852, 4123, 4323, 4426w, 4512ph, 4580, 4598, 4674, 4752, 4778, 4979
Primo bisticcio (12) 3237d
Il primo duello di Polidor (12) 3626
Primo ed ultimo bacio (16) 883, 1467, 2097, 3836d, 3981ph

Primo premio: Mariarosa (53) 329, 1173, 1332ph, 1768, 2053d, 3917, 4611
Il primo veglione di Fringuelli (13) 4697d*
Il primo vestito di Polidor (12) 3626
Primprinette (16) 650d, 4797
Primula (15) 4248d, 4797
La primula bianca (48) 619d, 964, 2003, 2422m, 2738w, 3118ph, 3271, 3584, 3636p
Le primule insanguinate (14) 3456p, 4191
Prince of Foxes (49 U.S.) 439, 2881, 3845ph, 4595
Princess Daisy (83 U.S.) 813
Principe coronato cercasi per ricca ereditiera (70) 1754, 2061d, 4622
Il principe dalla maschera rossa (55) 1636, 1689, 1809, 2472, 3578, 4107d, 4166a, 4190ph, 4354
Il principe dei dollari (22) 1694ph
Il principe dell'impossibile (19) 155ph, 876w, 881, 1907d, 2742, 3983
Il principe di Floramia (14) 3427d
Il principe di Homburg (83) 1741, 2081, 2489d*, 3216ph
Il principe folle (15) 4484ph
Il principe fusto (60) 166d, 4031ph, 4128w, 4515, 4530
Il principe idiota (19) 3510d
Il principe mascherato (19) 1243, 1424d*
Il principe nero (20) 4046
Il principe ribelle (47) [I lupi della foresta] 1666, 2624, 2979d, 4189, 4378, 4554, 4556, 4987w
Il principe Rodolfo (17) 4191d*
Il principe rosso (13) 796
Il principe Zilah (18) 1419d, 2742, 4575
Principessa (16) 574w, 1395d*, 2095, 2770
La principessa barbara *see* Femina (18)
La principessa Bébé (20) 1210d, 1733, 2058ph, 4959
La principessa d'azzurro (21) 379d*, 833, 1834ph, 4331
La principessa del sogno (42) 453, 931, 1462, 2601ph, 2961, 3040, 3288w, 3527, 4104d, 4280
La principessa delle Canarie (54) [Tyrma] 1599w, 2907, 3067d, 3398, 3573w, 4187ph
La principessa di Bagdad (17) 1221, 2097, 2173, 3237d
La principessa di Bedford (14) 3871d
La principessa di Clèves (60) [La Princesse de Clèves] 213m, 1052w, 1319d, 1678, 1925, 2795, 3363, 3565, 4814
La principessa Giorgio (19) 46, 441, 466w, 858ph, 2792a, 3472, 3871d
La principessa Maria (18) 810ph
La principessa misteriosa (20) 444, 534ph, 643d, 1508, 1838, 4004
La principessa Nadina (15) [Ipnotismo tragico] 354
La principessa nera (19) 1443, 1605
La principessa nuda (76) 3591
La principessa Stefania (16) 1844
La principessa straniera (14) 441, 2097, 3813ph, 4447
La principessa Tarakanova (38) [Tarakanova] 387, 1139ph, 1219p, 1332ca, 1693s, 1816ph, 2719, 3358d, 3610e, 3676, 3825, 3947ph, 4252, 4281d, 4292, 4484ph, 4631w, 4738, 4951m, 4982
La principessa Zoé (19) 534ph, 4061
Principessina (43) 287ph, 2474, 4116, 4233, 4780
Le Printemps, l'automne et l'amour (54 France) 4957
La Prise de pouvoir pour Louis XIV (66 France) 3948d, 4237
El prisionero de Santa Cruz (40 Spain) 2233
Prisoner of Dracula *see* Nella stretta morsa del ragno
Prisoner of the Iron Mask *see* La vendetta della maschera di ferro
Prisoner of the Volga *see* I battellieri del Volga
Private Angelo (49 U.K.) 4595
The Private Navy of Sgt. O'Farrell (68 U.S.) 2596
Prix de beauté (30 France) 1907d
The Prize (63 U.S.) 1627
Pro patria (16) 3021, 3510d
Pro patria mori (15) 4482
Pro paupere infirmo (13) 1327, 3456d
Probabilità zero (69) 169d, 2642d, 3992m, 4236, 4543ph
Il problema della popolazione mondiale (74) 3948d
El proceso de las brujas *see* Il trono di fuoco
Processione sul mare (50) 848d
Il processo (62) [Le Procès; The Trial] 66, 1331, 1710, 1717, 2103, 2512, 2610, 2873, 3133, 3479, 3515, 3883, 4145, 4435, 4492, 4880d*
Processo a Stalin (63) 4106m
Processo all'amore (55) 964, 997, 1521, 1541, 2943, 4235, 4512ph, 4796

Processo alla città (52) [City on Trial] 920w, 996, 1213ad-w, 1367co, 1599w, 1843, 1944w, 2254, 2624, 2713, 2892m, 3067, 3229, 3398, 3404, 3457, 3555, 3942w, 4041, 4187ph, 4341, 4378, 4430, 4535a, 4599, 4699w, 4790, 4948d
Il processo celebre (10) 3704
Il processo Clemenceau (18) 388d, 441, 858ph, 1273d, 1416, 2770, 2792a, 4191
Processo contro ignoti (53) 650d, 815, 845, 1232, 1636, 1717, 1958, 2473ph, 3050p, 3064, 4166a, 4296, 4323, 4957
Il processo d'Esparbes (21) 1343ph
Il processo dei veleni (55) 378, 2654
Il processo delle zitelle (44) 575d, 651, 1062, 1237, 1852, 1940, 3970, 4117ph, 4542, 4780
Il processo di Caterina Ross (82) 4419ph, 4586m
"Processo di Frine" *episode of* Altri tempi (51)
Il processo di Verona (62) 104w, 287ph, 964, 1225, 1323p, 1361, 1511, 1783e, 1872, 1957, 2000, 2582d, 2773, 3218m, 3672, 3748, 4133, 4198, 4542, 4916
Processo e morte di Socrate (40) 78, 155ph, 637, 1401d, 1404, 1913, 2792a, 3179m, 3869, 3983, 4133, 4944
Il processo Montegù (21) 2532ph
Processo per dirittissimo (74) 20, 1676, 1810, 2985
Il procuratore generale (15) 1132
Il prode Anselmo e il suo scudiero (72) 405, 844, 1102d, 4543ph
Produzione italiana (50) 2999d-ph
Il prof. dott. Guido Tersilli, primario della clinica Villa Celeste (delle piccole ancelle dell'amore miseriocordioso) convenzionata con la mutua (69) 2000, 3558m, 4024d, 4292
Profanazione (24) 176ph, 3341, 3510d
La profanazione (75) 4293, 4385
Le Professeur *see* La prima notte di quiete
Profession: aventuriers (73 France) 4712
Professional Gun *see* Il mercenario
The Professionals (66 U.S.) 813
Professione bigamo (69) 709
Professione figlio (80) 2578, 4841ph
Professione: reporter (75) [The Passenger] 146d, 425, 718, 1353, 2161, 3258, 3504w, 3620a, 3636p, 3986, 4144, 4562ph
Professionisti per un massacro (68) [Sangue rosso e l'oro giallo; Los profesionales de la muerte] 520, 711, 999d, 2172, 2188, 2834ph, 2868, 3710, 3743
The Professor *see* Il camorrista
Il professor Checcho e il poeta Fernando (12) 1847
Il professor Gatti e i suoi gattini (21) 4822d
Professor Kranz tedesco di Germania (79) 1417ph, 4024d
"Il professore" *episode of* Controsesso
Il professore miope (08) 4807ph
Professore Trombone *see* Il ratto delle sabine (45)
Professore venga accompagnato dai suoi genitori (74) 3439, 3509
Professoressa di lingue (76) 405, 1680d
Il profeta (67) 135, 1100, 1691, 1882, 3844d, 4065, 4158w, 4329, 4586m
Il profeta velato (13) 3041, 3472, 4807ph
Profezia per un delitto (75) 1799, 3244, 4057
The Profiteer *see* Il saprofita
La profonda luce dei sensi (82) 582
Profondo rosso (74) [Suspiria 2; The Hatchet Murders] 169d, 725, 1881m, 2160, 2489, 2927, 2984, 3373
Il profumo che uccide (15) 1327d
Il profumo della signora in nero (74) 187, 560
Profumo di donna (74) [Parfum de femme] 377, 1882, 2670w, 2760, 3082, 3844d, 4586m
Il profumo di Polidor (13) 3626
Progresso in agricoltura (57) 3322d
Proibito (55) 920w, 996, 1665, 1932a, 2084, 2284p, 2900, 3088d, 3229, 3387, 3942ad, 3960m, 4543ph
Proibito rubare *see* Guaglio
Prologo (48) 4813m
Promesse di marinaio (58) 559, 1002, 1266w, 2660m*, 3473, 4038, 4147, 4314, 4699d
I promessi sposi (10) [The Betrothed] 1210w
I promessi sposi (13) 98p, 771, 796, 811co, 975, 1801w, 2964, 3127, 3427, 3456d, 3510w, 4767, 4807ph, 4819
I promessi sposi (16) 1617d
I promessi sposi (19) 554d*
I promessi sposi (23) 477, 798, 827, 1468, 2240, 3442, 4195, 4680, 4766
I promessi sposi (41) 283, 309, 477, 655ph, 667, 760d, 939, 1172, 1465,

1493co, 1614, 1978, 1979, 2233, 2757, 2953a, 3162, 3271, 3848, 3983, 4092, 4121, 4186co, 4195, 4790, 4947
I promessi sposi (63) 651, 3153m, 4763
Prometeo (21) 634w, 1848
Pronto ad uccidere (76) 1178, 3683d
Pronto. . .c'è una certa Giuliana per te (67) 566, 3218m, 3672
Pronto, chi parla? (45) 231, 364, 493m, 619d, 1212d, 1693s, 2003, 3118ph, 3320m, 4511
Pronto. . .Lucia (82) 2257d, 3213ph
La proprietà non è più un furto (73) 2415ph, 3153m, 3339, 3534d, 3682, 3748, 4114, 4530
El proscrito del Río Colorado *see* Django, killer per l'onore
La prossima pace (16) 1468
Una prostituta al servizio del pubblico e in regola con le leggi dello stato (71) 1945
Prostituzione (74) 1973, 3730, 4165
Prostrani plavi put *see* La grande strada azzurra
I protagonisti (68) 228m, 560, 886, 1676, 1706w, 1722d, 1886ph, 2076p, 2404, 3541, 3591, 4293, 4513
"La prova d'amore" *episode of* Le italiane e l'amore
La prova d'amore (74) 195, 4954
Prova d'orchestra (79) 1071, 1650d*, 1668a, 2925, 3960m, 3961ph, 4784
La prova generale (66) [Dress Rehearsal] 44
Prova tragica (13) 4807ph
Providenza! *see* La vita, a volte, è molto dura, vera provvidenza?
Provincia violenta (79) 464d
Il provinciale (71) 685, 4024d*
La provinciale (53) [A Girl from Lorraine] 56ph, 256, 690, 1055co, 1301w, 1676, 1753, 1932a, 2254, 2596, 2774, 2784m, 3069a, 3129w, 3677, 3817p, 4117ph, 4189, 4281d
I provinciali (59) 2922d, 3030
Provincialina (20) 138d, 3236, 4684w
La provincialina (33) 1753, 2966, 3472, 4754
"Il provino" ["Prefazione"] *episode of* I tre volti
La prua incatenata (36) 1944d*
Psicanalista per signora (59) [Le Confidant de ces dames] 1892, 2404, 2893, 3286, 3397, 3757, 4384w, 4393ph, 4511, 4530, 4598, 4658
The Psychic *see* Passione e sentimento
Psychout for Murder *see* Salvare la faccia
Psycosissimo (60) 1718, 2885, 2993w, 3178, 4071ph, 4359d, 4530, 4750, 4753
Puccini (53) 675, 971, 1036, 1117, 1675, 1676, 1841d, 2038, 2953a, 3383, 3493ad-w, 3525, 3795ph, 3865p, 3969p, 3992m, 4378, 4527, 4549
Il pudore di Bonifacio (12) 4690
La puerta abierta (56 Spain) 3229, 4187ph
Pugilatori (51) 4991d
Pugni in tasca (65) 381d, 886, 1918, 2890, 3153m, 3594
Pugni, pupe e karatè (73) 1209d
Pugni, pupe e marinai (61) 559, 1235d, 1754, 3393, 4127ph, 4314, 4530, 4553, 4753
Il pugno del gigante (21) [Il pugno di gigante] 355ph, 1327d, 3731
Les Puits aux trois vérités (61 France) 1607, 4598
Pulcinella (15) 881, 883, 3126
Pulcinella (19) 4931
Pulcinella (22) 2532ph
La puledra bianca (15) 1801w
Uma pulga na balança (53 Brazil) 4024d
Pulp (72 U.S.) 23, 1827, 3270, 4579
Pummarò (90) [Tomato] 2254, 2908e, 3601d
Punto e Capo (73) [Los amigos; Deaf Smith and Johnny Ears; The Fifth Chord] 29, 864, 912d, 1346ph, 1484, 1649, 1687, 1810, 2039, 2282p, 2470, 3244, 3523, 3698, 3715, 3920, 3952, 4095w, 4513
Un punto nero (20) 1400d*, 1660, 2875ph, 3237d, 3617
La pupa (64) 1875, 2782, 2980, 3320m, 4981
La pupa del gangster (75) [Oopsie Poopsie; Poopsie; Gun Moll] 647, 788d, 1459, 1884w, 2614, 2679, 2798, 2907, 3636p, 4002a, 4307ph
Pupatella (14) 95
Pupatella (23) 1226ph
La pupilla del marinaio (08) 4807ph
La pupilla riaccesa (16) 3021, 3118ph, 3510d
Pupille nell'ombra (17) 554d*, 1179ph
Pupille spente (21) 1088d
"Il pupo" *episode of* Tempi nostri
Puppenspiel mit toten Aügen (80 Germany) 4651

Puppet on a Chain (71 U.K.) 3558m
Il purgatorio (11) 4807ph
Puro siccome un angelo, papà mi fece monaco (69) 709, 3509
Pusilleco Addiruso (18) 3285ph
Pussycat, Pussycat, I Love You (70 U.K.) 1346ph, 2642, 2890, 3176, 4439, 4579
Put 'em All in Jail *see* Tutti dentro
Pyjama Girl *see* La ragazza dal pigiama giallo
Qua la mano (79) [Give Me Five] 926m*, 1324p, 1658ph, 1677d, 2545, 3092, 3109, 3315w
Il quadrante d'oro (20) 1935d*, 4046
Il quadro di Osvaldo Mars (21) 650d, 655ph
Quai des blondes (54 France) 2392
Quai des illusions (56 France) 4564
Qualcosa di biondi (84) [Aurora] 1920ph, 3637d
Qualcosa striscia nel buio (70) 582, 1642, 2023, 2112, 2486, 3297, 3943, 3957
Qualcuno ha tradito (67) [Requiem pour un canaille] 439, 2873, 3683d, 4199, 4876
Qualcuno ha visto uccidere (73) 2404
Qualcuno pagherà (89) 577
Quale dei due? (12) 1327d, 3456p, 4447
Quand l'amour meurt (17) 796
Quand tu liras cette lettre (53 France) 4065
Quando Alice ruppe lo specchio (88) [Touch of Death] 1804d
Quando c'era lui...caro lei (78) 685, 4067d, 4543ph
Quando cadran le foglie (28) 1068
Quando dico che ti amo (67) 670, 1612
Quando gallina canta...gallo tace (22) 75ph, 1395d*, 2792a
Quando gli angeli dormono (47) [Cuando los angeles duermen] 725, 3108, 3229, 4187ph
Quando gli angeli piangono (58) 1970d, 2404, 2749p, 4564, 4568ph
Quando gli uomini amarano la clava...e con le donne fecero din-don (71) [When Women Played Ding-Dong; The Age-Old Battle One Thing Never Changes] 801, 882, 1102d, 1103w, 1973, 2244, 3402, 3945, 4001
Quando i morti ritornano (12) 1314
Quando il cannone tace (42) 848d
Quando il cuore parla (12) 4807ph
Quando il Po è dolce (52) 2892m, 3801d
Quando il sole tramonta *see* Quando tramonta il sole (18)
Quando l'amore è sensualità (73) 208, 377, 405, 1420d, 2678, 3153m, 3672
Quando la coppia scoppia (81) 663a, 1459, 2415ph, 4359d
Quando la primavera ritornò (16) 534ph, 1838, 2242d, 2272
Quando le donne amano (52) [Adorables Créatures] 690, 840, 949, 984d, 1080w, 1248, 1638, 1678, 1836, 1897, 1983, 2096a, 2509, 2636, 2801, 2917ph, 3090, 3212, 3429, 3449, 3464, 3902p, 4177, 4181, 4302w, 4477, 4678m
Quando le donne avevano la coda (70) 418, 567, 709, 1677d, 1901, 1973, 2296co, 3092, 3098e, 3153m, 3178, 4882w, 4916
Quando le donne persero la coda (71) 20, 418, 709, 1677d, 3092, 3694, 4882w, 4916
Quando le donne si chiamavano "madonne" (72) 844, 1652, 1881m, 4603
Quando le pleiadi tramontano (51) 848d
Quando Marta urlò nella tomba (72) [La mansión de la niebla; Murder Mansion] 1611, 1623, 3835, 4368
Quando Satana impugna la colt (68) [Manos torpes; Awkward Hands; Clumsy Hands] 869, 1369, 2247, 2493, 3075, 3924w, 3925d, 4045
Quando si ama (15) 771d
Quando tramonta il sole (18) [Quando il sole tramonta] 831, 1068, 2271, 2272, 3836d
Quando tramonta il sole (56) 650d, 708, 844, 1475ph, 1636, 1689, 2449, 3458, 3930, 4166a, 4979
Quant'è bella la Bernarda, tutta nera, tutta calda (76) 638
Quante volte...quella notte (73) 351d, 1961, 2109, 3531, 4261
Quanto costa morire (68) [Taste of Death; The Cost of Dying] 1101, 1366m, 2008, 2022, 2261, 3490, 3541
Quanto è bello lu murire acciso (76) [How Wonderful to Die Assassinated] 455, 659, 1998, 4094
Quanto sei bella Roma (59) 3593, 4778
40 gradi sotto il lenzuolo (76) [40 gradi all'ombra del lenzuolo; Sex with a Smile] 118, 592, 1271m, 1646, 1652, 1658ph, 2075w, 2100, 2878d, 3017, 3738, 3922, 4442w
Quaranta miliardi e una corona (17) 138d, 1125, 3382d*

"I quaranta pugnali" *episode of* Dollari e fraks
44 parallelo (57) 1850d
Il 45 parallelo (86) 1415m, 1477
47, morto che parla (50) 43ph, 391, 518a, 619d, 1173, 2791w, 2811w, 2993w, 3398, 3458, 4511, 4559
Quaresima in Umbria (58) 1850d
Quarta pagina (42) 85, 141w, 280, 387, 453, 456w, 939, 1001m, 1123, 1650w, 1701, 1848d*, 2000, 2791d, 2851w, 3162, 3340ph, 3983, 4252, 4341, 4370, 4474w, 4527, 4968w
Quarta parete (69) 3672, 4603
La quarta signora Anderson (71) [La última señora Anderson] 244, 1149
Il quartetto Basileus (83) 148, 847d, 1183, 4242, 4318ph, 4805
Quartetto pazzo (45) 155ph, 939, 1834ph, 2719, 3138, 4042d, 4378, 4512ph
Quartière (87 France) 3153m
Quartiere dei lillà (57) [Porte des Lilas; The Gates of Paris] 320a, 602, 631, 705, 853, 1019d, 2519ph, 2836, 3614, 3865p, 4518, 4756
Quartiere genovese (46) 3418d
Quartiere latino (29) 269, 475, 549, 1907d
Quartieri alti (43) [High Places] 371, 391, 477, 890w, 1970ad, 2605ad, 2818, 2861ph, 2953a, 2961, 2966, 3460, 3467w, 4062, 4189, 4281d, 4370, 4543ph
Quasi quasi mi sposo (82) 4024, 4025
Quasimodo premio Nobel (60) 3007d, 3705
Les Quatre Mercénaires d'El Paso *see* ...E continuavano a fregarsi il milione di dollari
Quatre salopards pour Garringo *see* La mia colt ti cerca...quattro ceri ti attendono
Quatre zizis dans la marine (74 France) 844
Quattordici luglio (48) 3493d
Quattro assi e una pistola *see* ...E Djurado
Quattro battaglie (40) 3658d
I quattro del clan del cuore di pietra (77) 4001
I quattro del getto tonante (55) 18, 852, 933d, 935d, 964, 1002, 1813m, 1972, 2697, 2811w, 2993w, 3425, 3975, 4217, 4705, 4716ph
I quattro del pater noster (68) [In the Name of the Father] 228m, 1385d, 1442, 4781
I quattro dell'apocalisse (75) [The Four Horsemen of the Apocalypse; The Four Gunmen of the Apocalypse] 243, 1101, 1789, 1804d, 3017, 3244, 3631, 4491
I quattro dell'ave maria (68) [Ace High; Revenge at El Paso; Four Gunmen of Ave Maria] 268, 524, 790, 1000p-w, 1059d, 1971, 2615, 2672, 2887ph, 3485, 3528, 3992m, 4854, 4945
I quattro di Fort Apache *see* Campa carogna...la taglia cresce
Quattro dollari di vendetta (65) [Four Dollars for Vengeance] 249d, 869, 1102w, 1933, 1934m, 2061w, 2248, 3079, 4509, 4920
Quattro donne nella notte (55) [Bonnes à tuer; One Step to Eternity] 202, 747, 1248, 1293d, 1317, 1473, 2519ph, 3847, 3894
Le quattro giornate di Napoli (62) 383, 465, 1304, 1677w, 1886ph, 1973, 2632, 2633d, 2715, 2900, 3627a, 4293, 4322, 4602, 4821, 4911, 4916
I quattro inesorabili (65) [The Relentless Four] 252, 756, 1722, 2224, 2247, 2288, 4074, 4883, 4970d
Quattro marmittoni alle grandi manovre (73) 4612
I quattro monaci (62) 1606, 3803, 4254, 4306, 4443, 4586m
Quattro mosche di velluto grigio (71) [Four Flies on Gray Velvet] 169d, 628, 737, 1454ph, 1630, 2832, 3153m, 3321, 3485, 3723, 4094
I quattro moschettieri (36) 771d, 1694ph, 4807ph
I quattro moschettieri (62) 1606, 1885, 3803, 4071ph, 4443
Quattro notti con alba (62) 2000
Quattro passi fra le nuvole (42) 95p-w, 391, 475, 511d*, 618, 816, 939, 1001m, 1077, 1276w, 1300ad, 1787p, 1892, 2817a, 3423, 3849, 3917, 4010, 4233, 4237, 4474w, 4754, 4759ph, 4968w
Quattro passi per Roma (50) 1028, 3663d, 3696ph
I quattro pistoleri di Santa Trinità (71) 252, 1432ph, 1961, 2171, 2493, 3566, 4368
Quattro ragazze sognano (43) 1054, 1123, 1946d, 1979, 3117a, 3473, 4190ph, 4378, 4675

Quattro rose rosse (51) 238, 807m, 900w, 1153ph, 1221, 1626, 1684s, 1812, 1936, 2474, 2744d, 3259, 3271, 3448, 4191, 4786
I quattro tassisti (63) 1606, 1809, 2516, 3509, 4467
I quattro tramonti (22) 1935d, 4046
4...3...2...1...morte (67) [Orbita mortale; Death Orbit; Mission Stardust] 322, 632, 1257, 2118, 2288, 2293, 2344, 2864, 2881, 3522, 3864, 4271, 4970d
Le quattro verità (62) [Les Quatre Vérités; Three Fables of Love] 224, 511d, 637, 660d, 705, 841, 867, 1019d, 1860d, 2342, 2404, 2413, 3611, 4106m, 4197, 4467, 4497ph, 4809
Que contenta estoy (43 Spain) 2268ph
Queen Bee *see* Una storia moderna: l'ape regina
Queen of Babylon *see* La cortigiana di Babilonia
Queen of the Nile *see* Nefertite, regina del Nilo
Queen of the Pirates *see* La venere dei pirati
The Queens *see* Le fate
Queens of Evil *see* Il delitto del diavolo
Quei disperati che puzzano di sudore e di morte (69) [A Bullet for Sandoval; Vengeance Is Mine; The Desperadoes; Desperate Men] 108, 211, 577, 689d, 1369, 1671m, 2188, 2244, 3554, 2076p, 2869, 3554, 3903
Quei due (35) 78, 95p, 1303, 1305, 1693s, 3118ph, 3280, 3557, 3836d, 4484ph
Quei temerari sulle loro pazze scatenate scalcinate carriole (69) [Monte Carlo or Bust] 133½, 601, 973, 1098, 1187, 1239, 1528, 1799, 2114, 2146, 2691, 3122, 3246, 3832, 3988, 4407, 4460e, 4483, 4587, 4906
Queimada *see* Quemada
Quel bandito sono io! (50) [I'm That Bandit] 351ph, 1932a, 2517, 3636p, 4281d
Quel caldo maledetto giorno di fuoco (68) [Avec Django...ça va saigner; Gatling Gun; Machine Gun Killers; Damned Hot Day of Fire] 248, 467d, 756, 1649, 2172, 2261, 2460, 2976, 3558m, 3754, 3835, 4170, 4368, 4534e, 4920
Quel discolo di papà (12) 4807ph
Quel fantasma di mio marito (50) 77, 973, 2661, 2906d, 3573w
Quel galantuomo di una cameriera (13) 4807ph
Quel gran pezzo dell'Ubalda tutta nuda e tutta calda (72) [Tales of Yore] 1652, 2483d, 4071ph, 4150
Quel maledetto giorno d'inverno Django e Sartana...all'ultimo sangue (71) [One Damned Day at Dawn...Django Meets Sartana] 1680d, 3656, 4491, 4779ph
Quel maledetto giorno della resa dei conti (71) [Vendetta at Dawn; Terrible Day of the Big Gundown] 524, 703, 1101, 1209ca, 1366m, 1553, 1876d, 2123, 2766ph, 3482
Quel maledetto ponte sull'Elba (69) 1353, 2230, 3945, 4693, 4933
Quel maledetto treno blindato (77) [Bastardi senza gloria; Counterfeit Commandos] 270, 415, 892d, 1090, 1366m, 2053w, 4403, 4907
Quel movimento che mi piace tanto (76) 657, 1415m, 1920ph, 3949d
Quel pasticciaccio brutto di via Merulana (83) 2661co, 3996ph, 4141d
Quel tesoro di papà (59) 2473ph, 3089, 4041, 4274, 4598
Quella carogna dell'ispettor Sterling (68) 2603, 3045d, 3629, 3952, 4236, 4927
Quella che domina *see* La donna che scherzava con l'amore
Quelli che non muoiono *see* L'ingiusta condanna
Quella età maliziosa (75) 211, 893, 3387
Quella piccola differenza (69) 862, 2190, 2937, 4115a, 4487d
Quella provincia maliziosa (76) 251d
Quella sporca storia del west (68) [Django porte sa croix; Johnny Hamlet; The Dirty Story of the West] 62m, 322, 892d, 1102w, 1103w, 1366m, 1773, 1969, 2008, 2059, 2076p, 3672, 3905, 4052
Quella strana voglia d'amore (77) 38ph, 2545, 2603
Quella vecchia canaglia (34) 95p, 549, 619d, 655ph, 798, 1423w, 1509, 2763m, 2953a, 3372, 3983, 4378
Quella villa accanto al cimitero (81) [The House by the Cemetery] 1368, 1804d, 2469, 4534e
Quelle peste di Pierina (82) 4442d

Quelle sporche anime dannate (72) [Paid in Blood] 762, 3239, 3862
Quelle strane occasioni (76) [Strange Events] 275e, 406w, 1075d, 1279w, 1783e, 2603, 2723d, 2771, 2908e, 3147, 3213p, 3558m, 4057, 4290w, 4292, 4543ph, 4781
Quelli che contano (74) 592
Quelli che non muoiono *see* L'ingiusta condanna
Quelli che soffrono per noi (51) 511d, 2839m
Quelli dell'antirapina (76) 3823, 4001
Quelli della calibro 38 (77) 113, 805, 1011m, 1203d, 3608ph, 3753
Quelli della montagna (43) 124, 453, 511d, 1135w, 1153ph, 1661, 2502, 2624, 3229, 3476w, 3503, 3692w, 4091, 4195, 4732d
Quelli delle petroliere (51) 3724d
Quelli di finale (52) 3628d
Quello che non muore (26) 1335, 1336d
Quello che videro i miei occhi (17) 2305
Quemada (69) [Queimada; Burn] 48, 173w, 626, 673, 1886ph, 1932a, 1933, 2057p, 3153m, 3635d, 3996ph, 4038, 4282w
Querelle (82 Germany) 3244
Querena (56) 4727d
Quest'amore ai confini del mondo (60) [Casi al fin del mundo] 4159d, 4564, 4586m, 4910
Questa è la vita. This was a 1957 editing of Siamo donne. It was trimmed from the original 7 episodes to 4: directed by Fabrizi, Pàstina, Soldati and Visconti. It was designed for the U.S. market, and in that country was called Of Life and Love.
Questa libertà di avere. . . le ali bagnate (71) 405, 730
Questa maledetta vacanza (55) 1232
Questa nostra gente (54) 1548d*
Questa nostra vita (56) 2988, 3894
Questa sera largo al factotum (48) 933d
Questa specie d'amore (72) 208, 378, 458d, 1920ph, 2248, 2757, 3153m, 3805, 4171, 4530
Questa volta parliamo di uomini (65) [Let's Talk About Men] 228m, 1292, 2070ph, 2516, 2771, 2908e, 3420, 4647, 4840, 4882d
Questa volta ti faccio ricco (73) 2129, 2248, 3672, 3864, 4001, 4150
Queste pazze, pazze donne (64) 132, 1511, 1692ph, 1754, 1970d
Questi fantasmi (55) 1163, 1303d*, 1784, 1878ph, 2851w, 3752, 4281w, 4645
Questi fantasmi (67) [Ghosts Italian Style] 20, 890d, 1882, 1973, 2516, 2614, 2677, 2907, 3636p, 4478
Questi pazzi, pazzi italiani (65) 1025
Questi ragazzi (37) 280, 1276w, 1416, 1636e, 1834ph, 1931w, 2830, 2922d, 2953a, 3848, 3849, 4754
"Una questione d'interesse" *episode of* Altri tempi (51)
Una questione d'onore (65) 228m, 406w, 514, 1279w, 2691, 3732, 4530, 4579, 4948d
"Questione di principio" *episode of* Su e giù
Questo e quello (83) 1103d, 2771w*
Questo mondo proibito (64) 4629w
Questo nostro mondo (58) 146, 2675d, 3234d
Questo pazzo, pazzo mondo della canzone (65) 1511, 2516
Questo si chiama l'amore (78) [Questo si che è amore; The Night Before Christmas] 1011m, 1915, 4841ph
Qui comincia l'avventura (76) [Lucky Girls; Midnight Pleasures] 813, 1169p, 1263, 1469d, 1470ph, 2539, 4809
Qui pro quo (13) 3984, 4715w
Quien sabe? (66) [A Bullet for the General] 228m, 452, 886, 964, 1097, 1211d*, 2033, 2386, 2479w, 2677, 2869, 3153m, 3443, 4045, 4172ph, 4282w, 4821
The Quiet American (57 U.K.) 3080, 3218m
A Quiet Couple *see* Ruba al prossimo tuo
Quindici forche per un assassino (68) 110, 506, 584, 668, 1366m, 2182, 2635, 2744d, 2868, 2869, 2902ph, 3111, 3730, 3945, 4045, 4170
Quintana (69) 405, 1097, 3198d-p, 4052
Quintet (79 U.S.) 1882
Quinto non ammazzare (54) 4005d
Quite a Complicated Girl *see* Una ragazza piuttosto complicata
Quite by Chance *see* Ti presento un'amica
Quo Vadis? (12) 534ph, 827, 887, 902, 904, 1975, 2073d, 2653, 3289, 3338, 4072s, 4191, 4807ph
Quo Vadis? (24) 887, 1139ph, 1231d, 1335, 1498ph, 2097, 2273d, 2283, 2770, 4004, 4061, 4680, 4792, 4807ph
Quo Vadis? (51 U.S.) 439, 1461, 2536ad,

2614, 2881, 2909, 4547, 4595, 4691, 4769, 4869ad, 4957
Rabagas (19) 831, 3289
Rabagas (22) 831, 2740, 2742, 3289, 3758d, 4575
La rabbia (63) [Frenzy] 336w, 3453d-e
Il raccomandato di ferro (59) 255d, 824ph, 2885, 3229, 3400, 3852, 4511
Racconti a due piazze (66) 893, 2404
Racconti d'estate (58) 104w, 853, 1358, 1607, 1676, 1706w, 1762d, 1969, 2035, 2404, 2885, 2907, 3053, 3129w, 3143, 3558m, 4121, 4187ph, 4290w, 4292
I racconti di Canterbury (71) [Canterbury Tales] 192, 247, 260, 455, 955, 1014, 1263, 1346ph, 1453, 1492co, 1668a, 2055, 2057p, 2451, 3153m, 3250, 3453d*, 3986, 4875, 4880
I racconti di O. Metelli (54) 1850d
Racconti proibiti...di niente vestiti (72) [Racconti proibiti...di nulla vestiti; Master of Love] 23, 210, 592, 637, 844, 3114, 3276, 3929d, 4150, 4568ph
Racconti romani (55) 104w, 166, 765, 844, 875, 997, 1002, 1416, 1607, 1762d, 2860, 3119ph, 3129w, 3398, 3404, 3733, 3738, 3852, 3942w, 4126w, 4495p, 4535a, 4559
I racconti romani di Pietro L'Aretino (72) 152
Racconto d'un alfresco (41) [Giotto] 1578d, 2027w
Racconto di cinque città *see* Passaporto per l'Oriente
La Race des seigneurs (75 France) 3922
Der Rächer *see* Il vendicatore
"The Racketeer" *episode of* L'oro di Napoli
Radhapura—Endstation der Verdammten (68 Germany) 340, 405, 3055
Radio Days (87 U.S.) 1469ph
Radiografia di un colpo d'oro (68) 805
Radiografia di una svastika (74) 2324
Radiosa (21) 1778
Il radium vendicatore (16) 4943d
Das Raetsel des silbernen Halbmonds (72 Germany) 1623, 2534d, 3345m, 3920, 4001
Una rafaga de plomo (68 Spain) 1948w, 2953, 3525, 4533
La raffica (15) 2242d, 2272
Raffica di coltelli *see* I coltelli del vendicatore
Raffica sulla felicità (19) 75ph, 1395d, 2792a, 3609, 4004, 4082
Raffiche (19) 833, 3910d
Raffles, il ladro misterioso (11) 1327d, 3456p
Rag. Arturo De Fanti bancario—precario (80) [Arturo De Fanti, C.P.A., Bank Clerk—Just; The Precarious Bank Teller] 63w, 1173, 3558m, 4024d, 4301, 4781
Raganella (24) 1400, 2484d*
Ragazza che dorme (40) 687m, 964, 1701, 1739d, 1740d, 2030, 3486, 3848, 3970, 4237
La ragazza che sapeva troppo (63) [The Evil Eye] 351d-ph, 1123, 3065, 3710, 3912, 4110, 4188e, 4329
La ragazza con la pistola (68) 246, 564, 1973, 2638p, 2723w, 2908e, 3088d, 3190, 3694, 3767, 4094, 4290w, 4374, 4809
La ragazza con la valigia (60) 35, 131, 256, 406w, 813, 1279w, 1875, 2190, 3069a, 3218m, 3407, 3519, 4071ph, 4188e, 4652, 4821, 4991d
La ragazza dal livido azzurro (33) 2721, 4324, 4754
La ragazza dal pigiama giallo (77) [La ragazza in pigiama giallo; Pyjama Girl] 1459, 1665, 3019, 3069d, 3182, 3345m, 3601, 3945
La ragazza dalla pelle di corallo (72) 483, 4515
Ragazza dalla pelle di luna (72) 2603, 3957
La ragazza dei mille mesi (61) [Tognazzi e la minorenne] 504, 4359d, 4530, 4586m, 4753
La ragazza del bersagliere (67) 511d, 637, 4038
La ragazza del Métro (89) 1263
La ragazza del Palio (58) [The Love Specialist] 477, 679, 713, 735, 1062, 1171ca, 1510, 1640, 1669w, 1714, 1882, 1980, 2474, 3489, 3569w, 3926, 3947m, 3961ph, 4323, 4645, 4754, 4948d
La ragazza del peccato (57) [En cas de malheur; Love Is My Profession] 212w, 216d, 294, 417, 436, 461, 587w, 878, 1041m, 1520a, 1678, 1819, 2254, 2559p, 3223ph, 4718p
La ragazza del vagone letto (80) 152ph, 253d, 1368, 4165
La ragazza della Salina (57) [Harte Männer heisse Liebe; Mädchen und Männer; Salz und Brot] 1114, 2907, 3865p, 4759ph

La ragazza di Bube (64) [Bebo's Girl] 743, 813, 945, 978, 1075d, 1169p, 1475ph, 1722w, 1932a, 3002, 3992m, 4153, 4800
La ragazza di latta (70) 69d, 143, 1511, 3922
La ragazza di nome Giulio (73) [Il ragazzo di nome Giulia] 2678, 3068, 3345m, 3730, 3989, 4355
La ragazza di passaggio (73) [La Femme du Ganges] 1544d
La ragazza di piazza san Pietro (58) 776, 973, 1128d, 1129w, 1416, 2076w, 3117a, 3397, 4158w, 4724w
Una ragazza di Praga (76) 1014, 3379
La ragazza di Trieste (51) 1515, 2654, 3864, 4104
La ragazza di Trieste (82) 86s, 646, 1096ph, 1630, 1663, 1677d, 1891, 3202, 3345m
La ragazza di Venezia *see* L'uomo della legione
La ragazza di via Condotti (73) 405
La ragazza di via Millelire (80) 228m, 1470ph, 3113
La ragazza di via Veneto (56) 618, 735, 1344, 1625, 1804w, 1970d, 1977, 3118ph, 4644w, 4769
La ragazza e il generale (67) 1677d, 2070ph, 2167, 2578, 2677, 2751w, 3153m, 3342, 3636p, 4352
La ragazza fuori strada (74) [The Wayward Girl] 44, 566, 3803
La ragazza in pigiama giallo *see* La ragazza dal pigiama giallo
La ragazza in prestito (65) [Engagement Italiano] 140, 637, 1942d, 2988, 3393, 4187ph, 4586m
La ragazza in vetrina (60) [La Fille dans la vitrine] 1578d, 1795, 1967, 2861ph, 3276, 3453w, 4290w, 4717, 4813m, 4814
La ragazza perduta *see* Sperduti nel buio
Una ragazza piuttosto complicata (68) [La marcia indietro; A Complicated Girl; Quite a Complicated Girl] 527, 1211d-a, 1920ph, 2059, 2243, 3129w, 3682, 4293, 4301, 4582
La ragazza sotto il lenzuolo (61) 844, 1970d, 4106m, 4512ph
La ragazza superstar (79) 211, 1263
Una ragazza tutta nuda assassinata nel parco (72) [The Mushroom Bed] 592, 644d, 927, 1372, 2196, 2545, 3803, 3945
Ragazza vogliosa (84) 998ph
Ragazze brivido (58) 340, 997, 1114, 1607, 2744d, 4147
Ragazze d'oggi (55) 70, 518a, 547, 932, 2486m, 3636p, 3939, 4177, 4187ph, 4378, 4783, 4793, 4948d
Ragazze da marito (25) *see* xxx (25)
Ragazze da marito (52) 21w, 287ph, 573, 1028, 1173, 1303d*, 1305, 1306, 1607, 1684s, 1732p, 1872, 2003, 3894, 4116, 4126w, 4756
Le ragazze di piazza di Spagna (51) [Three Girls from Rome] 22, 104w, 545, 582, 1303, 1475ph, 1578d, 1857a, 1982, 2043, 2253m, 2600ph, 2907, 3270, 4038, 4708
Le ragazze di San Frediano (54) 406w, 747, 1002, 1236m, 1279w, 1475ph, 2831, 3036, 3607, 3664w, 3711ad, 3733, 3738, 3975, 4574, 4946m, 4991d
Ragazze in bianco (49) 146d
Ragazze in blue jeans (57) 2033, 2660m*
"Le ragazze madri" *episode of* Le italiane e l'amore
Ragazze nelle nuvole (57) 939, 1128d
Ragazze, non scherzate! (29) 1498ph, 2572d, 3570
Ragazze sotto la tenda (42) 933d, 1803d
I ragazzi dei Parioli (59) 1103d, 2771, 2921, 3147, 3400, 3558m, 4127ph, 4579, 4602
I ragazzi del juke-box (59) 844, 1426, 1804d, 3118ph, 3994, 4166a, 4288
I ragazzi del massacro (69) 1460d, 4779ph
I ragazzi dell'hully gully (66) 1511, 3270
Ragazzi della marina (58) 845, 1058w, 1398d, 2996, 3286, 3894, 4212
I ragazzi della periferia sud (86) 1779ph
I ragazzi della via Paal (35) 3088d-p-e
I ragazzi di bandiera gialla (67) 1875, 4612
I ragazzi di celluloide (77) 4192
I ragazzi di via Panisperna (89) 20, 2578, 3345m
Ragazzi in mare (42) 4138ph
La ragazzina perversa (76) 3176
Ragazzo (33) 1301w, 2953a, 3514d, 3615, 4117ph, 4168, 4484ph, 4637
Il ragazzo che sapeva amare (69) 53ph, 3509
Un ragazzo come tanti (83) 1779ph
Il ragazzo dal cuore di fango (56) [Il fanciullo dal cuore di fango] 256, 740w, 932

Il ragazzo del Pony Express (86) 723w*
Ragazzo di borgata (76) 348w, 474, 2432, 3425d, 3960m, 4608
Un ragazzo di Calabria (87) 2, 275e, 1075d, 1454ph, 4821
Il ragazzo di campagna (84) 91s, 891d, 1417ph, 4189
Il ragazzo di Ebalus (84) 1178, 2824, 4108
Il ragazzo di nome Giulia *see* La ragazza di nome Giulio
Un ragazzo e una ragazza (83) 723, 1415m, 4126w
La ragazzola (66) 1901, 1963, 2516
La Rage au ventre *see* Il fuoco nelle vene
The Rage of the Buccaneers *see* Gordon, il pirata nero
I raggi mortali del dott. Mabuse (64) [Die Todesstrahlen des Dr. Mabuse; Les Rayons mortels du docteur Mabuse; The Secret of Dr. Mabuse] 1792d, 1809, 1908, 2000, 2140, 3530, 3665, 3839, 4436, 4669
I raggi Z (17) 3127
Raggio di sole (12) 4807ph
Il raggio infernale (68) [Nido de espías] 83, 251d, 2677, 3411w, 3837, 4162
Ragione di stato (78) [La Raison d'état] 595, 913d, 3213ph, 3513, 4809, 4932
Una ragione per vivere e una per morire (72) [A Reason to Live, A Reason to Die!; Massacre at Fort Holman] 480e, 1049, 1884w, 1921, 3345m, 3485, 3632, 4103, 4616ph, 4649d
La ragnatela (22) 354, 4200
Il ragno (13) 4807ph
Ragtime (81 U.S.) 1323p
The Raiders of Atlantis *see* I predatori dell'Atlantide
The Raiders of the Golden Cobra *see* I cacciatori del cobra d'oro
Railways *see* Strade ferrate
Rain Man (89 U.S.) 1993
Rainbow *see* Spara gringo spara
The Rains of Ranchipur (55 U.S.) 3863
Rambo sfida la città *see* Il giustiziere sfida la città
Ramón il messicano (66) 438, 2224, 2625, 4551, 4584ph
Rampage (63 U.S.) 2873
Rampage (87 U.K.) 3153m
Rampage at Apache Wells *see* Uccidere a Apache Wells
Il ranch degli spietati (65) [Man from Oklahoma] 51, 249w, 749, 1366m, 1649, 2473ph
Ranch of the Doomed *see* La furia degli apaches
Rancheros *see* Prima ti perdono, poi ti ammazzo
La Rancune *see* La vendetta della signora
Ranger attacco ora X (70) 3387
Ransom *see* Riscatto
Rapa-Nui (28 Germany) 4680
I rapaci dell'onore (18) 2872, 4931
The Rape of the Sabine Women *see* Il ratto delle sabine (61)
The Rape of the Sabines *see* Il ratto delle sabine (45)
Il rapimento di Miss Hélène (14) 3237d
Il rapimento di Miss Hélène (16) 150, 4983d
Rapina al quartiere ovest (60) 2909, 3756d, 4584ph
Rapina al sole (65) 927
I rapinatori *see* La faina
Rapporto Fuller, base Stoccolma (67) 2103, 2603, 4586m
Rappresaglia (73) [Massacre in Rome] 516, 704, 1126d, 1265, 1886ph, 2087, 2131, 2297, 2693, 2735, 2907, 3092, 3153m, 3393, 3636p, 3670, 4345, 4355
Rapsodia di Roma (35) 1766d
Rapsodia satanica (15) 572, 2097, 3356d, 3813ph
Rapture *see* In estasi
Raptus (69) 1816ph
Il ras del quartiere (83) 2415ph, 4685d
Rascel—Fifì (57) 1178, 1475ph, 1716, 2190, 2537d, 3740, 3752, 4226, 4274, 4357, 4724w, 4752
Rascel—marine (58) 736, 844, 1475ph, 1973, 2190, 2537d, 3752w*
Raspoutine (29 France) 2341
Rasputin (54) 435, 631, 685, 1592, 1638, 1752, 2068p, 2499, 3012, 3046, 3449, 3464, 3532ph, 3595, 4014, 4475, 4803, 4852
La rassegna del teatro (30) 79d
Das Rasthaus der grausamen Puppen (67 Germany) 1963
Rat (60 Yugoslavia) 4968
Le Rat d'Amérique (62 France) 1607
Ratataplan (79) 1169p, 3255d*
Rats—notte di terrore (84) 1345ph, 2918d
Rattler Kid *see* L'uomo venuto per uccidere
Rattlesnake *see* Il serpente a sonagli
Il ratto delle sabine (45) [The Rape of

the Sabines; Professore Trombone] 102w, 554d, 789p, 2473ph, 2909, 3841, 4237, 4559
Il ratto delle sabine (61) [L'Enlèvement des sabines; The Rape of the Sabine Women; Romulus and the Sabines] 504, 1375, 1818, 2647, 2795, 3080, 3124, 3651d, 3992m, 4137
Ravenna bizantina (55) 4662d
Ravissante (61 France) 2404
Une Ravissante Idiote *see* Una adorabile idiota
Raw Wind in Eden (58 U.S.) 340, 1303, 3607, 4187ph
Ray of Light *see* Colpi di luce
Les Rayons mortels du docteur Mabuse *see* I raggi mortali del dott. Mabuse
Razza selvaggia (78) [Savage Breed] 53ph, 1294w, 2824, 4325d
Razza violenta (83) [Violent Breed] 113, 1460d, 1920ph, 4236, 4386
'O re *see under* O
Re Artù e i cavalieri della Tavola Ronda (10) 1334d
Re burlone (35) 655ph, 789p, 1005, 1210w, 1383, 1614, 1653, 1693s, 1724, 1946w, 2073d-s, 2739, 2747, 2763m, 3414, 3473, 3527, 3592, 3610e, 3836d, 4191, 4378, 4792, 4982
Il re d'Inghilterra non paga (41) 447, 519, 964, 1468, 1740d, 1844, 2269, 2473ph, 3318, 3329, 3340ph, 3486, 3569ad-w, 3869, 4237, 4273, 4476, 4635a-co, 4637, 4684w, 4987w
Re Davide (22) 1241
Il re dei barbari (54) [The Sign of the Pagan] 951, 1846, 2002, 2150, 3157, 3325, 3379, 4169, 4259d, 4464
Il re dei criminali *see* Superargo e i giganti senza volto
Il re dei re (46) 976d
Il re del circo (40) 725, 1099, 2189d, 2300, 2739, 2861ph, 3800, 3828
Il re dell'abisso (19) 4531d
Il re dell'Atlantico (14) 3237d, 3388
Il re della forza (20) 355ph, 3731, 3970
Il re della notte (19) 343, 1498ph
Il re delle banane (20) 3626d-p*
Il re di Africa (68) [One Step to Hell] 126, 637, 658w, 692, 1063, 1640, 2123, 2576, 2677, 3497, 3835, 4056
Re di denari (36) 137, 155ph, 493m, 789p, 1252, 1301w, 1383, 1946w, 2073d, 2747, 3195, 3592, 3970, 4191, 4675, 4792
Il re di Poggioreale (61) 577, 1058d, 1827, 1932a, 1973, 3748, 4065, 4106m, 4527, 4717, 4927
Il re fantasma (13) 1617d
Il re in esilio (20) 1801w, 4797
Il re, le torri, gli alfieri (16) 755, 811a-co, 1210d, 1343ph, 2242d, 3118ph, 3910, 4200
Re Lear (10) 441, 771, 970, 2620d, 3291
Re Lear (22) 4043
Re: Lucky Luciano *see* A proposito Lucky Luciano
Il re si diverte (41) [The King's Jester] 155ph, 280, 553m, 554d, 637, 1099, 1273, 1318, 1543, 2613, 2978, 3149, 3162, 3271, 3288co, 3447, 3722, 4243, 4269w
Reach You Bastard *see* Giù le mani... carogna!
I reali di Francia (59) 1128d, 2615, 4280, 4384w, 4432, 4512ph
Really...Incredible *see* Eccezzziunale... veramente
"La realtà" *episode of* Triste realtà
Reazione a catena *see* Antefatto
The Rebel Gladiators *see* Ursus, gladiatore ribelle
The Rebel Nun *see* Flavia, la monaca mussulmana
Rebeldes en Canada (68 Spain) 252, 1571, 1623, 3541, 3975, 4106m
Rebels on the Loose *see* Ringo e Gringo contro tutti
Rebus (68) 135, 228m, 584, 749, 1369, 1422, 1495w, 2057p, 2136, 2212, 3710
Rebus (89) 1972, 2005p, 2167, 3741, 3961ph
The Reckless *see* Una bella grinta
La réclame di un sarto (10) 4807ph
Il recluso (11) 4807ph
Recours en grâce (59 France) 801, 4654
I recuperanti (69) 3322d-ph
La red (53 Mexico) 3607
Red Badge of Courage (51 U.S.) 144w
Red Bells: I've Seen the Birth of the New World *see* Dieci giorni che sconvolsero il mondo
Red Blood, Yellow Gold *see* Professionisti per un massacro
The Red Cloak *see* Il mantello rosso
Red Coat *see* Giubbe rosse
The Red Dragon *see* A 009 missione Hong Kong
The Red Hangman *see* Il boia scarlatto
Red Jackets *see* Giubbe rosse

Red Lob *see* Palombella rossa
Red Ocean *see* Shark—rosso nell'oceano
Red Pastures *see* I pascoli rossi
The Red Queen Kills Seven Times *see* La dama rossa uccide sette volte
Red Riding Hood (87 U.S.) 3946
Red Sonja (85 U.S.) 3153m, 3961ph
The Red Tent *see* La tenda rossa
Redenzione (15) 1841d, 3118ph
Redenzione (18) [Maria di Magdala] 2341, 3118ph, 3454, 4036w
Redenzione (42) 37d, 637, 1548, 1661, 1892, 1982, 2961, 3473, 3578, 4044, 4091, 4341, 4432
Redenzione (53) 3319, 3953, 4574, 4756
Redenzione d'anime (28) 1068, 2484d
Redneck *see* Senza ragione
Reflections in a Golden Eye (67 U.S.) 3055, 4543ph
Il regalo (80) [Le Cadeau] 813, 1770, 2458d, 2521m, 3086, 3092
Regalo di Natale (87) 2, 219d, 1344, 1553, 3345m
Il regalo di Polidor (13) 3626
Regarding Henry (91 U.S.) 3961ph
Les Régattes de San Francisco (58 France) 2647
La reggia sul fiume (40) 341a-s, 971, 1332ph, 1982, 3419w, 3626, 3659, 4039d
Il reggimento di Royal Cravat (20) 1733, 1841d, 2058ph
La regia è finita (78) 2877
La regina *see* Il delitto del diavolo
Regina (87) 3216ph, 3589d
La regina dei Caraibi (21) 311ph
La regina dei pirati *see* La venere dei pirati
La regina dei tartari (60) [La Reine des barbares; The Huns] 81, 518a, 1096ph, 2053d, 2171, 2598p, 2647, 2648, 3536, 4165, 4192, 4547
La regina del carbone (19) 128ph, 1068, 1506d, 2097, 2272, 3836d
La regina del mercato (21) 1443ph, 3544d
La regina del varietà (28) 1745, 2095, 3510d
La regina dell'oro (13) 3871d, 4947
La regina della canzone (21) 4123
La regina della notte (15) 225d*
La regina della Scala (37) 85, 124, 842, 874, 1661, 2906d, 3624ch*, 3970, 4042d, 4044, 4050p, 4278, 4331, 4637, 4729m, 4759ph
La regina delle amazzoni (60) [Colossus and the Amazons; Colossus and the Amazon Queen; Love Slaves of the Amazon] 45ph, 774, 1294w, 1811, 2035, 3288w, 3890, 4023d, 4166a, 4462, 4598, 4691
La regina di Navarra (41) 238, 428, 725, 870m, 939, 1054, 1122, 1123, 1834ph, 1841d, 1996, 2987, 3117a, 4378
La regina di Ninive (11) 98p, 796, 1801w, 2709d, 3127, 3680, 4807ph
La regina di Saba (52) 439, 546a, 939, 1521, 1661, 1690, 1766d, 2035, 2550, 2758, 3119ph, 3387, 3615, 3621, 3944, 3980, 4235, 4239, 4430
La regina Margot (54) [La Reine Margot] 1308, 1525d, 1761, 1849w, 2220ph, 2829, 3133, 3647, 3939, 4062, 4142a, 4746
Una regina per Cesare (62) [Cleopatra, una regina per Cesare] 163, 340, 428, 2815, 3407, 3531, 3569d, 4162, 4435, 4560d, 4720p, 4823
Reginella (23) 3235d
La reginetta delle rose (14) 811d
La reginetta di ghiaccio (22) 3525ph
Il regno di Napoli (78) 2963
Il regno italico (53) 2077d
"La regola di gioco" *episode of* Thrilling
La regola 12 (52) 681d, 4946m
Reigen (73 Germany) 416, 3922
The Reincarnation of Isabel *see* Riti, magie nere e orgie segrete del Trecento
La Reine des barbares *see* La regina dei tartari
Reinforcements Are On The Way *see* Arrivano i nostri
Eine Reise ins Glück (58 Germany) 3794
The Relentless Four *see* I quattro inesorabili
Il relitto (61) [The Wastrel] 717d, 920w, 1607, 1936, 2001, 2156, 2437, 2486m, 2909, 3059, 3176, 3418d, 3580, 3645ph, 4946m
Un relitto delle isole (79) 1972
The Reluctant Saint *see* Cronache di un convento
Rembrandt (36 U.K.) 3608ph
Le Rempart des béguines (72 France) 4712
Rencontres (62 France) 1676
Le Rendez-vous d'Anna (78 France) 2900
Rendez-vous de juillet (49 France) 3789
La rendite di Robinet (11) 4807ph
René la canne (77 France) 3153m, 4543ph

Renegade Gunfighter *see* Per mille dollari al giorno
Rent-a-Cop (88 U.S.) 3961ph
"Renzo e Luciana" *episode of* Boccaccio 70
Repartée *see* Botta e risposta
Réperages (76 Switzerland/France) 2900
Replica di un delitto (70) [Il passo dell'assassino; Amuck; Maniac Mansion] 89d, 592, 2023, 3243
Répris de justice (54 France) 1123
La repubblica romana del 1849 (49) 1910d
Requiem per un agente segreto *see* Spie contro il mondo
Requiem per un bounty killer (70) 1731, 3541, 4879d
Requiem per un gringo (66) [Duel in the Eclipse] 405, 1069p-w, 1824, 2293, 2486m, 2866d, 3904, 4053
Requiem pour un canaille *see* Qualcuno ha tradito
Requiescant (67) [Kill and Pray; Let Them Rest] 348w, 532w, 686w, 886, 1014, 1166w, 1215, 1263, 1548, 1796, 2078, 2582d-p, 2764ph, 2876, 3196, 3345m, 3396, 3453
La resa dei conti (66) [Big Gundown; Account Rendered] 307, 737, 756, 824ph, 869, 916, 1097, 1353, 1495w, 1649, 2057p, 2172, 3017, 3153m, 3228, 3261ph, 3482, 3698, 3857, 4053, 4282w, 4285d, 4348, 4551, 4663
La resa di Saragozza (10) 3680, 4807ph
La resa di Titi (45) 463d, 637, 725, 1001m, 1276w, 1497, 1892, 4484ph, 4983w
Resezione articolare per tubercolosi del polso (47) 4138ph
Resezione tipica del ginocchio (47) 4138ph
I restauri dei dipinti (54) 1850d
Resurrectio (31) [Resurrezione] 511d-e, 1160, 1673e, 1751, 2953a, 3118ph, 3162, 3596p
Resurrezione (17) 128ph, 872d, 1068, 1179ph, 2097, 2272
Resurrezione (21) 174d, 441
Resurrezione (31) *see* Resurrectio
Resurrezione (43) 576p, 740w, 754d, 793, 1157s, 1543, 1724, 2000, 2474, 3284, 3318, 3415, 3527, 3608ph, 4168, 4472
Resurrezione (58) [Auferstehung] 675, 688, 890w, 2119d, 2900, 2988, 3865p
Retaggio d'odio (14) 831, 2974, 3356d, 3585
Retaggio di sangue (56) 726d
"La rete di corda" *episode of* I topi grigi
Una rete piena di sabbia (66) 1569, 1963
Retour à Marseille (79 France) 4654
Retroscena (39) 511d-e, 924, 1062, 1130, 1236m, 1673e, 1701, 1924ad-w, 2739, 2826w, 2953a, 3338, 3578, 3812, 3970, 4588, 4759ph, 4982
I rettili (07) 4807ph
I rettili (13) 3326d-ph
The Return *see* Ator l'invincibile II
Return from the Ashes (65 U.K.) 1399
Return of Django (67) *see* L'uomo, l'orgoglio, la vendetta
Return of Django (67) *see* Il figlio di Django
Return of Dr. Mabuse *see* FBI contro il dott. Mabuse
Return of Hallelujah *see* Il west ti fa stretto, amico...è arrivato Alleluia
The Return of Sabata *see* È tornato Sabata, hai chiuso un'altra volta
Return of the Holy Spirit *see* Spirito Santo e le cinque magnifiche canaglie
Return of the Zombies *see* La orgia dei morti
Return to Peyton Place (61 U.S.) 3420
Revak, lo schiavo di Cartagine (60) [The Barbarian] 2911d, 3379, 3906, 4803
Rêve de singe *see* Ciao maschio
Revenge *see* Fatto di sangue fra due uomini per causa di una vedova (si sospettano moventi politici)
Revenge at El Paso *see* I quattro dell'ave maria
Revenge of the Blood Beast *see* La sorella di Satana
Revenge of the Dead *see* Zeder
Revenge of the Gladiators (63) *see* L'incendio di Roma
Revenge of the Gladiators (64) *see* La vendetta di Spartaco
Revenge of the Living Dead *see* La lama nel corpo
Revenge of the Seven Dwarves *see* I sette nani alla riscossa
Revenge of the Vampire *see* La maschera del demonio
Reverendo Colt (71) 1168, 1671m, 1969, 2134, 2394d, 2700, 2870, 4052
The Revolt of the Gladiators (13) *see* Spartaco

The Revolt of the Gladiators (58) *see* La rivolta dei gladiatori
The Revolt of the Gladiators (63) *see* I dieci gladiatori
La Révolte des indiens apaches *see* La valle dei lunghi coltelli
La Révoltée (47 France) 4192
Les Révoltés de Lomanach *see* L'eroe della Vandea
La Révolution française: Les Années lumières (89 France) 813
Revolutionsbryllup (27 Denmark) 2271
Revolver (73) [Blood in the Streets] 377, 1396w, 2107, 2402, 2736w, 2941, 3098e, 3153m, 3594, 3776, 4131ph, 4241a-s, 4285d, 4491
The Reward (65 U.S.) 893
Reward for Ringo *see* Ringo, tempo di massacro
Rhapsody (54 U.S.) 1882
Riavanti...marsch! (79) 2679, 3030, 3092, 4024d
La ribalta (12) 872d, 1801w, 2828, 4807ph
Ric e Gian alla conquista del west (67) 1017d-ph, 2182, 3178, 3190, 4618m
Il ricatto di un padre (56) 996, 2253m, 2268ph, 2782, 3415, 3419, 4235, 4432, 4694d
Ricchezza senza domani (39) 1543, 1834ph, 2000, 2759, 3557, 3610d, 4078w, 4378
Ricchi, ricchissimi...praticamente in mutande (81) 23, 1658ph, 1875, 2188, 2878d, 4955ph
Ricco *see* Un tipo con una faccia strana
Le ricerche del metano e del petrolio (51) 4005d
Il richiamo (19) 155ph, 2272, 2770, 3836d, 4593
Il richiamo (28) 4303
Richiamo alla vita *see* Trepidazione
Il richiamo del cuore (30) 549, 1465, 2598, 3845ph, 3869, 4037d, 4044, 4982
Il richiamo del lupo (75) 3379
Il richiamo del sangue *see* Il richiamo di sangue
Il richiamo della tempesta (50) [Il richiamo nella tempesta; Gli amanti dell'infinito] 3381d, 3398, 4705
Il richiamo della terra (28) 4577
Il richiamo di sangue (47) [Il richiamo del sangue] 1500, 3363, 4532w
Il richiamo nella tempesta *see* Il richiamo della tempesta
Der Richter und sein Henker (75 Germany) 730, 1676, 1857a, 1920ph, 2070ph, 3153m
Ricomincio da tre (81) [Starting Over from Three] 1480ph, 4125, 4583d*
Ricordami (54) 2550, 3980, 4280, 4296, 4584ph
Ricordati di Napoli (58) 2577, 2979d, 3050p, 3397, 3643, 3975, 4512ph, 4602
Ricordi perduti (51) 1200d
Ricordi Rosminiani (56) 4625m
Ricostruzione della città di Genova (47) 2999d-ph
"La ricotta" *episode of* RoGoPaG
Ride bene chi ride ultimo (77) 862d*, 973d*
Ridendo e scherzando (78) 805, 1096ph, 1691, 2190, 3509
Ridere ridere ridere (54) 141d, 533w, 557, 1237, 1659, 1839, 2249p, 2771, 2775w, 3084, 3405, 3593, 3852, 4158w, 4167, 4530, 4809
Ridi, pagliaccio! (41) 1936, 2906d, 3447, 3608ph, 4252, 4278, 4334ph, 4341, 4556, 4947, 4987w
Ridiamo insieme (79) 973, 4024
Il ridicolo (16) 388d, 554
"La riffa" *episode of* Boccaccio 70
Rififi à Paname (65 France) 3803
Rififi a Tokio (62) [Du Rififi à Tokio] 1390d, 1964w, 4668, 4805
Rififi ad Amsterdam (66) 3803, 4189
Rififi internazionale (67) 3803
I rifiuti del Tevere (27) 269, 1834ph, 3596p, 3866, 4022, 4425, 4680, 4700d
Rifugi alpini (42) 933d
Il rifugio dell'alba (18) 554d*, 3581
Il rigattiere di Amsterdam *see* Das Mädchen mit der Protektion
Rigenerato (20) 311ph
Rigoletto (08) 4807ph
Rigoletto (10) 1617d, 1854, 2620ad
Rigoletto (46) 774, 1841d, 1958, 1985, 3472p
Rigoletto (54) [Rigoletto e la sua tragedia] 45ph, 754d, 971, 3312w, 3616, 4237, 4430, 4599, 4698, 4979
Rimase uno solo e fu la morte per tutti (71) [Brother Outlaw] 2371, 3177d
Il rimedio per le donne (14) 4697d*
Rimini Rimini (87) 102w, 142, 535, 723, 764p, 1102w, 1103d, 1763w, 2021, 2404, 4781, 4961w

Rimorso (52) 1571, 1636, 1759, 2473ph, 3050p, 3117a, 3555, 4191, 4254, 4556
La rimpatriata (63) 581, 973, 1211d, 1875, 2080, 2082, 3161, 3571, 3718, 3912
Rina, l'angelo delle Alpi (16) 4255, 4767d*
Rinaldo Rinaldini (27) [La maschera dell'occhio di vetro] 2436ph
Rinascita dell'Arazzo (55) 4727d
Ring of Darkness *see* Un'ombra nell'ombra
Ringo and His Golden Pistol *see* Johnny Oro
Ringo del Nebraska *see* Nebraska il pistolero
Ringo e Gringo contro tutti (66) [Rebels on the Loose] 709, 1102d, 1432ph, 1671m, 2075w, 2870, 3743, 4753
Ringo, il cavaliere solitario (68) [Two Brothers, One Death] 622, 658w, 720w, 1366m, 2288, 2648, 2971, 3554, 3690, 3925d
Ringo, Pray to Your God *see* Ballata per un pistolero
Ringo, tempo di massacro (70) [Reward for Ringo; Wanted Ringo] 2127, 2625
Ringo, volto della vendetta (66) 658w, 720d-p, 1366m, 1426, 1611, 4916
Ringo's Big Night *see* La notte del desperado
Ringo's Two Sons *see* Per un pugno nell'occhio
Rings of Fear *see* Trauma
Rinnego mio figlio *see* Lo zappatore
I rintocchi dell'ave maria (11) 427, 865, 4804
Rinuncia *see* Scalo merci
Rinunzia (14) 534d-ph, 1842, 3557, 3585
Río Guadalquivir *see* Dimentica il mio passato
La ripetente fa l'occhietto al preside (80) 222, 2483d, 4955ph
Il riposo del guerriero (63) [Le Repos du guerrier; Love on a Pillow] 294, 321, 2216, 2720m, 4477, 4497ph, 4627d
Riposo festivo (06) 4807ph
Ripped Off *see* L'uomo dalla pelle dura
The Ripper *see* Lo squartatore di New York
Ripudiata (54) 976d, 1500, 1548, 1626, 2578, 3295, 3789, 3864
Risa e lacrime napoletane (26) 1834ph, 2842, 4680, 4700d, 4792, 4960
La risaia (55) [The Rice Field; Rice Girl] 202, 340, 651, 1294w, 1598, 1918, 1957, 2316, 2486m, 2647, 2873, 2910d, 3199w, 3636p, 4073, 4568ph
Le risaie (08) 3326ph
Risate di gioia (60) [The Passionate Thief] 287ph, 920w, 1021, 1891, 1932a, 2451, 2660m*, 2719, 3088d, 3129w, 3968, 4126w, 4559, 4612
Il riscatto (23) 549, 906ph, 2097, 2652, 2770, 2872, 4130, 4447, 4983d
Riscatto (53) [Ransom] 45ca, 518a, 1706w, 1892, 1970d, 2254, 2647, 2648, 2885, 3579w, 4306, 4548, 4611
La riscossa delle maschere (19) 197, 3626d-p*, 4484ph
The Rise and Fall of Ivor Dickie (78 U.K.) 3153m
The Rise and Rise of Casanova *see* Casanova e compagnia
Riso amaro (48) [Bitter Rice] 292, 1111, 1323p, 1406d, 1515, 1523, 1562a, 1755ad, 1759, 1882, 2582ad-w, 2702, 2773, 2861ph, 2944, 3199w, 3240ad, 3503, 3514w, 3533m, 3689d, 3745, 3848, 4260, 4654
Il risorto (21) 3432d
Risveglio atroce (16) 174d
Risveglio di una città (33) 4948d
Rita da Cascia (42) 1684s, 1757, 1958, 2540d, 2759, 2792a, 2825, 3295, 3557, 3688ph, 3944, 4091, 4965
Rita, la figlia americana (65) 805, 1511, 3477, 4559, 4810d, 4820
Rita la zanzara (67) 1672, 1945, 3477, 4882ad
Rita of the West *see* Little Rita nel far west
Riti, magie nere e orgie segrete del Trecento (73) [The Ghastly Orgies of Count Dracula; The Horrible Orgies of Count Dracula; The Reincarnation of Isabel; Black Magic Rites—Reincarnations] 730, 2127
Ritmi di New York (n.d.) 4023d
Ritmi nuovi (42) 1766d
Ritmo in tre (53) 2077d, 2839m
Rito d'amore (90) 1491m
Ritorna il capataz! *see* Io sono il capataz!
Ritorna la vita (38) 3411d
Ritorna Za-la-Mort *see* La fumeria d'oppio
Ritornano quelli della calibro 38 (78) 48, 2469, 4001
Ritorno (14) 2961
Ritorno (39) [Traummusik] 637, 784w,

1218, 1636d, 1950, 3583a, 4252, 4951m
Ritorno (73) 455, 743, 971, 1446, 3303, 4071ph
Ritorno al nido (44) 726p, 1674d, 3644m, 4166a, 4474w
Ritorno al Vittoriale (41) 933d, 4138ph
Ritorno all'onda (14) 3285ph
Ritorno alla terra (34) 36, 1179ph
Ritorno alla vita *see* Siamo tutti necessari
Il ritorno dai bagni (10) 4807ph
Ritorno dall'ombra (25) 176ph
Il ritorno del gladiatore più forte del mondo (71) 45d, 1093, 2129
"Il ritorno del soldato" *episode of* Cento anni d'amore
Il ritorno del toro selvaggio *see* La vuelta del toro
Il ritorno della mamma (15) 1617d, 3214
Il ritorno di Arsenio Lupin (59) [Signé Arsène Lupin; Arsène Lupin et la toison d'or] 2440, 4651
Il ritorno di Casanova (78) 583, 1677d, 3345m, 3996ph, 4314, 4547, 4762
Il ritorno di Clint il solitario (71) 2386, 2752, 2864, 2868d*, 3153m, 4053
Il ritorno di Django (87) [Django Strikes Again] 419, 1082, 2764ph, 3244, 3603
Il ritorno di don Camillo (53) 95, 298w, 596, 618, 655ph, 705, 765, 939, 1001m, 1461, 1551d, 1655, 1816ph, 1839, 1982, 2067w, 2817a, 3329, 3838, 3865p, 3944, 4333, 4378, 4598, 4622, 4798
Il ritorno di Ringo (65) [Ballad of Death Valley] 249w, 869, 1358, 1460w, 1584p, 1901, 2834ph, 2868, 3153m, 3228, 3693p, 4053, 4487d, 4551
Il ritorno di Shanghai Joe (74) [Zwei durch Dick und Dunn] 45d, 2386
Il ritorno di Zanna Bianca (74) [Challenge to White Fang] 1804d, 2578, 3244, 3606, 4289
Il ritratto dell'amata (11) 441, 970, 2620d, 3291
Il ritratto della mamma (13) 98p
Ritratto di borghesia in nero (78) [Nest of Vipers] 275e, 418, 535, 579, 806, 940d, 3113, 3202, 3213ph, 3373, 3465
Ritratto di Fidel (55) 2596d-p*
Ritrovarsi all'alba (54) 743, 2885, 3001, 3598d-p
Ritt in die Sonne (26 Germany) 2652, 3472
Ritual of Love *see* Paradiso terrestre
Riuscirà l'avv. Franco Benenato a sconfiggere il suo acerrimo nemico, il pretore Ciccio De Ingras? (71) 844, 1754
Riusciranno i nostri eroi a ritrovare l'amico misteriosamente scomparso in Africa? (68) 21w, 157e, 457, 509, 514, 1418, 2638p, 2771, 3627a, 4126w, 4158d, 4292, 4967
La riva dei bruti (30) 549, 760d, 1465, 2598, 3578, 3845ph, 4044, 4982
La rivale (56) 692, 824ph, 1872, 2738d, 3295, 3847, 3857, 4790
La rivale dell'imperatrice (50) [Shadow of the Eagle] 1077d, 1123, 1500, 2048, 2145p, 3284, 3288co, 3615, 3839, 4000p, 4028d, 4189, 4595
Un rivale di Sherlock Holmes (07) 4807ph
Rivale nell'ombra (12) 4248d*
Rivalità (53) 4622
Rivelazione (56) 654, 1128d, 3718
La rivelazione dello scemo (14) 3236, 4248
Rivelazione e fatalità (14) 1617d, 4808
Rivelazioni di un maniaco sessuale al capo della squadra mobile (71) 222, 405, 1881m, 2023, 2244, 2404, 3239
Rivelazioni di uno psichiatrista sul mondo perverso del sesso (73) 2386
The River Changes (56 Germany/U.S.) 3936
River Pirates of the Mississippi *see* Agguato sul grande fiume
"Riviera-Express" *episode of* Il letto
Riviera ligure (55) 2999d-ph
La rivincita (14) 80, 865, 4489, 4490d
La rivincita (19) 4061
La rivincita (23) 277ph, 2069d
La rivincita del dottore (09) 4807ph
La rivincita del passato (15) 138d, 3426
La rivincita di Ivanhoe (64) 517d, 1878ph, 1971, 4433
La rivincita di Maciste (19) 561w, 771d, 3041, 3365, 3703
"La rivincita di Za" *episode of* Il triangolo giallo
Riviste (31) 4188
La rivolta degli schiavi (60) [Fabiola] 869, 939, 1245e, 1708, 1826, 2086, 2194, 2293, 2486m, 2731w, 2744d, 2782, 3067p, 3139, 3241, 3267, 3497, 3501 3805, 3855, 4487w
La rivolta dei barbari (64) [Barbarians Against Imperial Rome] 2745d, 431

La rivolta dei cosacchi *see* Il fabbro del convento
La rivolta dei gladiatori (58) [The Warrior and the Slave Girl] 740w, 752, 774, 1135d, 1177, 1294w, 2376, 2782, 2808, 3147, 3264m, 3441w, 4063, 4246w, 4432, 4433, 4487w, 4546
La rivolta dei mercenari (62) 506, 743, 1623, 2392, 2615, 2938, 2939, 3525, 4063, 4091, 4188e, 4580, 4598, 4789w, 4930
La rivolta dei pretoriani (63) 644d, 1901, 2134, 2206, 2648, 3337, 3478ph, 4580
La rivolta dei sette (64) [The Spartan Gladiators] 1095w, 1365d, 1893, 2576, 2615, 2648, 2784m, 3478ph, 3620a, 3945, 3990, 4189
La rivolta del bronzo (15) 634w
La rivoluzione sessuale (68) 142, 169w, 1176, 1178, 2078
The Roaring 20s *see* Gli anni ruggenti
Roaring Years *see* Gli anni ruggenti
Roba da ricchi (87) [Montecarlo, Montecarlo] 102w, 142, 801, 1102w, 1103d, 1480ph, 1763w, 2021, 2908e, 3660, 4781, 4840, 4961w
Roberto Burat (20) 1694ph, 4797
Robin Hood e i pirati (60) 300, 2450, 2888ph, 3936, 4114, 4246d, 4598
Robinet ama la figlia del generale (10) 4807ph
Robinet ama la fioraia (13) 4807ph
Robinet anarchico (12) 4807ph
Robinet attaccato alla sella (13) 4807ph
Robinet aviatore (10) 4807ph
Robinet boxeur (12) 4807ph
Robinet caricaturista (11) 4807ph
Robinet cocchiere (12) 4807ph
Robinet contro Robinet (12) 4807ph
Robinet corteggiatore (13) 4807ph
Robinet costretto a fare il ladro (10) 4807ph
Robinet e Boutalin si battono (12) 4807ph
Robinet e il biglietto da cento lire (10) 4807ph
Robinet finto cow boy (12) 4807ph
Robinet guardia ciclista (12) 4807ph
Robinet guida per onore (11) 4807ph
Robinet ha il sonno duro (10) 4807ph
Robinet ha la mania del salvadanaio (10) 4807ph
Robinet ha paura dei microbi (11) 4807ph
Robinet ha perso il treno (10) 4807ph
Robinet ha sonno (13) 4807ph
Robinet ha un allievo (11) 4807ph
Robinet in burletta (11) 4807ph
Robinet in ritardo (10) 4807ph
Robinet in un educandato (11) 4807ph
Robinet in vacanza (12) 4807ph
Robinet innamorato di una chanteuse (11) 4807ph
Robinet jockey (10) 4807ph
Robinet operatore (12) 4807ph
Robinet poliziotto (13) 4807ph
Robinet questurino (10) 4807ph
Robinet reporter (12) 4807ph
Robinet ricattatore (11) 4807ph
Robinet ricco (12) 4807ph
Robinet scioperante (11) 4807ph
Robinet si allena per il Giro d'Italia (12) 4807ph
Robinet si dà alla mala vita (13) 4807ph
Robinet si dedica agli sports (10) 4807ph
Robinet sogna al mare (12) 4807ph
Robinet soldato alpino (11) 4807ph
Robinet sposa a vapore (12) 4807ph
Robinet studente (10) 4807ph
Robinet, sua moglie e il cugino (10) 4807ph
Robinet tenore (12) 4807ph
Robinet timido (10) 4807ph
Robinet troppo amato (11) 4807ph
Robinet vuol lavorare (13) 4807ph
Robinet vuol piantare un chiodo (12) 4807ph
Robinette femminista (12) 4807ph
Robinson Crusoè *see* Il naufrago del Pacifico
Robinson Crusoe und seine wilden Sklavinnen (71 Germany) 3176
Robinson Crusoeland *see* Atollo K
Robot Jox (90 U.S.) 144p
Rocambole (17) 174, 2709, 2710, 3491
Rocambole (47) 780, 810ph, 1515, 1958, 2613, 3414, 3953, 4003, 4062, 4166a
Rocambole (62) 651, 1813m, 2038, 4073, 4823
La roccaforte del sangallo (n.d.) 398d
"La roccia" *episode of* Extraconiugale
La roccia incantata (50) [L'amore perduto] 1571, 2702, 3137d, 4092, 4190ph, 4232, 4968w
Rocciatori ed aquile (42) 1902d
Rocco e i suoi fratelli (60) 195, 813, 861, 893, 920w, 1315, 1349, 1677w, 1683, 1718, 1857a, 1967, 2117, 3146, 3400, 3407, 3458, 3479, 3664w, 3960m,

3961ph, 4038, 4188e, 4378, 4555co, 4645, 4795d, 4806
Rocco e le sorelle (60) 4246d, 4428, 4633
Rock 'n' roll (78) 1420d, 2984
Rodolfi apache (12) 4807ph
RoGoPaG (62) [Laviamoci il cervello] 455, 484p, 580, 1010, 1346ph, 1492co, 1871, 1885, 1986d, 2049d, 2088e, 3069a, 3453d, 3720ph, 3948d, 3992m, 4038, 4137, 4366, 4529, 4530, 4568ph, 4880
Le Roi de coeur (66 France) 927
Le Roi des palaces (32 France) 1841d
El Rojo *see under* E
Rolf (84) 998ph
Rollover (81 U.S.) 3961ph
"Roma" *episode of* Melodie d'Italia
Roma *see* Fellini Roma
Roma a mano armata (76) 48, 2373, 2534d, 2986, 3017, 3753, 4955ph
Roma bene (71) 228m, 418, 801, 1647, 2244, 2545, 2578, 2582d, 2771, 3153m, 3342, 3422, 3815
Roma città aperta (45) [Open City] 95p, 104w, 155ph, 679, 1475ca, 1606, 1650ad-w, 1836, 2719, 3006, 3371, 3458, 3492, 3947m, 3948d, 3960m
Roma città libera (46) [La notte porta consiglio] 679, 920w, 964, 1123, 1213ad-w, 1416w*, 1706w, 2953a, 2988, 3123, 3371d, 4543ph
Roma come Chicago (68) 483, 528p, 703, 877, 1178, 1323p, 1365d, 1396w, 1676, 1932co, 3145, 3153m, 3257, 3261m, 3591, 3917w, 3982, 4055, 4170, 4474w, 4543ph
Roma contro Roma (63) [War of the Zombies] 110, 319, 742, 1112, 1396p, 1509, 2171, 2782, 3569w, 3608ph, 4326, 4368, 4694d
Roma drogata (75) 44, 248, 1191, 4579
Roma in bianco e nero (47) 93d
Roma, l'altra faccia della violenza *see* Roma violenta
Roma—l'antica chiave dei sensi (84) 1823d
Roma, la città eterna durante il primo periodo della guerra 1915 (15) 3076d-ph
Roma minore, colore di Roma, la repubblica dei ragazzi, la città di ogni tempo (49) 93d
Roma—Montevideo (48) 146d
Roma o morte (14) 3076d-ph
Roma, ore 11 (51) 88w, 320a, 567, 582, 1352, 1406d, 1541, 1631, 1755ad-w, 1759, 1761, 1843, 1920ca, 1972, 2015p, 2860, 2861ph, 3218m, 3363, 3489, 3534w, 3689w, 3812, 4116, 4290w, 4378, 4654, 4674, 4696, 4756, 4777, 4968w
Roma regina (82) 1863, 2342, 3715
Roma rivuole Cesare (74) 256, 703, 2280d, 2363
Roma violenta (75) [Roma, l'altra faccia della violenza; L'altra faccia della violenza] 1014, 1094, 1271m, 1970d, 4566, 4988ph
Roman Holiday (53 U.S.) 166, 567, 825, 833, 1586, 2004, 2189, 2697, 3460, 3862, 4278, 4869ad
The Roman Slave Girl *see* La schiava di Roma
La romana (54) [Woman of Rome] 708, 1323p, 1607, 1706w, 1897, 2596, 2892m, 3069a, 3129w, 3490, 3584, 3636p, 4187ph, 4544, 4634, 4948d
Romance (86) 973d
Romance of a Horse Thief (71 U.K./ Yugoslavia) 4533
Romanoff and Juliet (61 U.S.) 971, 3218m
The Romantic Englishwoman (74 U.K.) 416
Una romantica avventura (40) 77, 95p, 447, 760d, 890w, 900w, 939, 1001m, 1122, 1749ad, 1834ph, 1972, 2872, 2953a, 3010, 3280, 4186co, 4280, 4281w
Romantici a Venezia (47) 1052, 1153ph, 1578d, 4813m
Romanticismo (14) 98p, 475, 771, 833, 872d, 1801w, 2742, 4447
Romanticismo (51) 725, 1323p, 1749d, 1768, 1936, 1979, 2517, 3176, 3199w, 3229, 3636p, 4543ph
Il romanzo (13) 2879d, 2905, 2974
Romanzo d'amore (50) [Toselli] 85, 637, 920w, 1058d, 1248, 1367co, 1732p, 1932a, 2839m, 2904, 3148, 3199w, 3645ph, 4232
Il romanzo del diavolo (22) 797d, 2704ph
Il romanzo del Sempione (56) 2077d, 2839m
Il romanzo della mia vita (53) 1116, 1300d, 1586, 1768, 1878ph, 1892, 1994, 2636, 2894, 3578, 4062, 4424, 4957
Il romanzo della morte (16) 1778, 3704

Il romanzo di due vite (13) 3472, 4255
Il romanzo di Fabienne (17) 434ph, 1605
Il romanzo di Luisa (13) 881, 883
Il romanzo di Nina (20) 36, 3432d
Il romanzo di Tilly (18) 4061
Il romanzo di un atleta (15) 2063, 3704, 3956d
Il romanzo di un chirurgo *see* La Nuit s'achève
Il romanzo di un cuore (12) 4807ph
Il romanzo di un derelitto (06) 98p, 2709, 3326d-ph
Il romanzo di un fantino (10) 1801w, 2709d
Il romanzo di un giovane povero (11) *see* L'ultimo dei Frontignac
Il romanzo di un giovane povero (20) 1179ph, 2875ph, 2974, 3382d, 4043, 4200
Il romanzo di un giovane povero (42) 566, 650d, 1465, 1469ph, 2474, 3229, 3472p, 3492, 3527, 4003, 4071ph, 4166a, 4186co, 4273, 4378, 4944
Il romanzo di un giovane povero (58) 1970d, 3176, 3457, 3492, 3626, 3903
Romanzo di un'epoca (43) 1578d, 2027d
Il romanzo di un re (14) 771, 4819
Il romanzo di una domatrice *see* La collana della felicità
Il romanzo di una vespa (19) 872d, 2064, 2652, 3910
Il romanzo nero e rosa (22) 79d, 155ph
Romanzo popolare (74) [Come Home and Meet My Wife] 21w, 94p, 2415ph, 3088d, 3202, 3601, 4126w, 4530
Rome Adventure (62 U.S.) 637
Rome in Flames *see* L'incendio di Roma
Rome: The Image of a City (83) 2582d
Rome 2073: Fighter Centurions *see* I nuovi barbari
Rome 2072 A.D.: The New Gladiators *see* I nuovi barbari
Romeo and Juliet *see* Giulietta e Romeo *and* Romeo e Giulietta
Romeo e Giulietta (08) 872d
Romeo e Giulietta (68) 143, 489, 680w, 1408ph, 1492s-co, 2145p, 2177, 2201, 2235, 2629ad*, 2683, 3317, 3346, 3446, 3566, 3960m, 3989, 4362, 4469, 4867, 4886, 4937, 4969d-p
Romola (24 U.S.) 2240, 2872, 3845ph
Romolo e Remo (61) [Duel of the Titans] 257, 286ph, 584, 937, 1103d, 1294w, 1972, 1979, 1981, 2042, 2536w, 2578, 2608, 2648, 3558m, 3623, 3778, 3949w, 4162, 4192, 4278, 4487w, 4823, 4990ad
Romolo e Remo (73) 166, 685
Romulus and the Sabines *see* Il ratto dell sabine (61)
"La ronda" *episode of* Amori pericolosi
La Ronde (50 France) 3046
La Ronde (64) *see* Il piacere e l'amore
La rondine (21) 1231d, 2436ph, 3866
Rondine (29) 1633, 2072ph, 2095, 3341, 3510d
Rondini in volo (49) 727w, 804d, 925, 964, 1571, 1676, 1759, 2738w, 3117a, 3395w, 3405, 3525, 3645ph, 4092, 4127ca, 4168, 4189, 4306, 4309, 4323
Room at the Top (59 U.K.) 3218m
The Rope and the Colt *see* Cimitero senza croci
La rosa (21) 315, 1960ph, 3557, 3586w
La rosa bianca (88) 1477
La rosa dei nomi (87) 7, 1085
La rosa di Fortunio (21) 475, 1068, 1506d, 2271, 2770
La rosa di granata (16) 910, 1935d, 2271, 4046
Rosa di Lima (62) 2472
La rosa di ninfa (50) 3663d, 3696ph
Rosa di sangue (19) 2532ph
Rosa di sangue (40) [Angelica] 150, 155ph, 332w, 981d, 1639, 1825co, 2792a, 3340ph, 3492, 4680
La rosa di Tebe (12) 441, 3289
Una rosa per tutti (67) 20, 228m, 709, 813, 1169p, 1294w, 2771w*, 3951d, 4435
La rosa rossa (12) 554, 796w*, 2709d, 3456p, 4447
La rosa rossa (73) 48, 228m, 346, 924, 1183, 1965d, 2877, 2887ph
Rosalba (44) 726d, 810ph, 933w, 935d, 1543, 3525ph, 4140, 4166a, 4554
Rosalba, la fanciulla di Pompei *see* Papà, ti ricordo
Rosanna va a sciare (65) 4952d
Il rosario della colpa (20) 79d, 655ph
Rose Bernd (57 Germany) 4654
Le rose del martirio (18) 390w
Le rose del miracolo (17) 3582d, 3981ph
Le rose della madonna (14) 821, 2709d, 4807ph
Le rose della mamma (15) 729
Le rose di Danzica (79) 152ph, 228m, 416, 458d, 2984, 3244
Rose di paradiso (17) 3426
Rose di passione (18) 810ph

Rose e spine (14) 441
Rose fatali (14) 354, 2072ph
Rose rosse per Angelica (65) 1647, 3519, 4359d
Rose rosse per il Fuehrer (67) [Code Name Red Roses] 126, 884, 893, 1208, 1460d, 1642p, 1869, 1922, 3019, 3626, 4664, 4669, 4898
Rose scarlatte (40) 95d-p, 1206, 1276w, 1416d*, 1957, 2953a, 2966, 4016
The Rose Tattoo (56 U.S.) 2719
Rose vermiglie (18) 2828d*, 3041
Rosebud (75 U.S.) 4654
Rosella (22) 4061
Roses rouges et piments verts (75 France) 2596
Rosina Fumo viene in città per farsi il corredo (72) 208, 2000d, 2363, 4127ph
Rosmunda e Alboino (61) [The Sword of the Conqueror] 252, 584, 737, 771d, 1225, 1948w, 2700, 3379, 3955, 3992m, 4062, 4750
Rosolino Paternò soldato (69) 1346ph, 1619, 2633d, 2771, 3867, 4840
La rossa (55) 165, 637, 692, 804d, 1768, 1806, 2473ph, 2578, 2713, 3050p
Rossana (56) 3607
Il rossetto (60) 647, 1211d, 1250, 1813m, 1924, 1974, 2746, 3080, 3478ph, 4720p, 4968w
Rossini (41) 43ph, 280, 387, 451, 554d, 1684s, 1931w, 1996, 2765ph, 3162, 3288co, 3552, 3557, 3578, 4378
Rosso è il cielo dei Balcani *see* Il cielo è rosso
Rosso e nero (54) 479, 567, 964, 973, 1173, 1540, 1598, 1716, 2537w, 2758, 2943, 3405, 3411d, 3503, 3643, 3752, 3852, 4121, 4511
Rosso sangue (81) 1209d
Il rosso segno della follia (69) [Un'accetta per la luna di miele; Una hacha para la luna de miel; Hatchet for the Honeymoon; Blood Brides] 351d-ph, 405, 455, 1063, 2469, 4509
Rostro al mar (51 Spain) 4432
Rosy la bourrasque *see* Temporale Rosy
Rotaie (29) 155ph, 760d, 1160s*, 1218, 1401w, 3162, 4828
Die rote Hand (60 Germany) 3955
Rote Orchideen (38 Germany) 2744d
Le Rouble a deux faces (68 France) 3525
Le Rouge et le noir *see* L'uomo e il diavolo
Rouge et noir (20) [Le rouge et le noir] 534ph, 554d*, 1468, 2541, 3585
Rough Justice *see* La belva
Roulotte e roulette (60) 844, 2791w, 3643, 4618m, 4699d
La Route de bonheur *see* Saluti e baci
La Route de Corinthe (67 France) 4622
The Rover *see* L'avventuriero
Roveto ardente (21) 3187, 3819ph, 4575
Rovina di un sogno (16) 796
Roy Colt e Winchester Jack (69) 351d, 524, 703, 1101, 2109, 3046, 4299, 4533, 4618ph
Royal Affairs at Versailles *see* Versailles
Royal Derby (20) 99d
Royal Mounted Police *see* Giubbe rosse
Ruba al prossimo tuo (68) [Una coppia tranquilla; A Fine Pair; A Quiet Couple] 44, 191, 813, 1104, 1169p, 1223, 1590, 1953, 2221, 2891d, 3017, 3153m, 3261m
Rubacuori (31) 155ph, 466w, 650d, 652, 1614, 1615w, 2474, 2872, 2953a, 3162, 3596p, 3891w, 4484ph
Il rubamento *see* Sette uomini e un cervello
Rubens (47) 2281ph
Rue de Pied de Grue (79 France) 3088
Ruf der Wälder (65 Germany) 1971
Der Ruf des Nordens (28 Germany) 2744d
Le Ruffian (83 France) 3153m
Ruganella (24) 3981ph
Rugantino (73) 926, 1677d, 3393, 4320, 4378, 4612
Rugiada di sangue (15) 881, 1068, 2173, 3237d
Run Man Run *see* Corri, uomo, corri
Running Away (89) 2614, 3636p
La ruota del falco (22) 2709d
La ruota del vizio (20) 874, 1241, 1907d, 3454
La rupe maledetta (11) 4807ph
La rupe tarpea (21) 1472, 2064, 3118ph, 3758d
Los rurales de Texas *see* I due violenti
Il ruscello di ripasottile (40) 3948d-p-e
Rush (84) 1366m, 3055, 4534e
Russia (09) 4807ph
Russia sotto inchiesta (63) 4188e
Russicum (89) [The Third Solution] 7, 27, 2005p, 4325d, 4671m, 4905
The Ruthless Four *see* Ognuno per se
Ruy Blas (47) 1052w, 1077d, 1248, 2030, 2795, 3707, 3838, 4027
S.A. l'amore (19) [Sua Altezza l'amore] 434ph, 4195

S.E. l'ambasciatrice *see* L'ambasciatrice
S. Ilario (22) [Sant'Ilario] 827, 1241, 2240, 2652, 2653, 3845ph, 4044
S.M. il danaro (19) [Sua Maestà il danaro] 434ph, 1605
S.M. il re alla rivista delle truppe reduci dalle grandi manovre l'8 settembre (99) 728d-ph
S.M. il re Umberto *see* Umberto e Margherita di Savoia a passeggio per il parco
S.O.S. (28 Germany) 1841d, 4680
S.O.S. Affrico (49) 3979d
S.O.S. dalla Lavaredo (53) 4573d
S.O.S. Pacific (60 U.K.) 126
SS Lager 5—l'inferno delle donne (77) [SS Camp 5; Girls in Hell] 1876d
S.S. Pio XII alla Minerva (41) 1128d
S.007 spionaggio a Tangeri (66) [Marc Mato, agente S 007; Espionage in Tangiers] 506, 1168, 1257, 2042
Sabata *see* Ehi, amico, c'è Sabata...hai chiuso
Sabata Is Coming *see* Viva Sabata!
Sabata revient *see* Prima ti perdono, poi ti ammazzo
Sabata the Killer *see* Viva Sabata!
Sabata 2 *see* Indio Black: sai che ti dico...sai un gran figlio di...
Un sabato a Bologna (34) 976d
Sabato, domenica e lunedì (90) 1303w, 2614, 3636p, 4882d
Sabato, domenica e venerdì (79) 592, 891d, 1658ph, 1677d, 2878d, 4840, 4967
Sabbioneta (55) 4662d
El sabor de la venganza *see* I tre spietati
Sabù, principe ladro *see* Buongiorno, elefante!
Saccheggio dei Polovetz (11) [Roghneda] 4807ph
Un sacco bello (80) [Fun is Beautiful] 406w, 638, 1279w, 2070ph, 2536p, 3060, 3153m, 4125, 4241a-s, 4726d-p*
Il sacco di Roma (14) 41p
Il sacco di Roma (20) 2532ph
Il sacco di Roma (53) 546a, 604, 935d, 1161, 1346ph, 1607, 1626, 1661, 1690, 2775w, 3789, 3944, 4062, 4554, 4691
Il sacco di Roma e Clemente VII (21) 2073d, 2753, 3472, 4036w, 4087d, 4248, 4680
Sacco e Vanzetti (71) 236m, 275e, 1178, 1189, 2135, 2256ph, 2358, 2780, 3097d, 3153m, 3346, 3679, 4821
Il sacco Plypac (61) 3322d
Die Sache mit Styx (42 Germany) 4278
Sacra bandiera (12) 4807ph
La sacra bibbia (20) 1866d-p
Sacrifice! *see* Il paese del sesso selvaggio
Sacrificio sublime (15) 4531d
Il sacro monte (47) 1078d-p
The Sadness of Knowing *see* L'amara scienza
Saetta (17) 1848
Saetta contro l'orca di Marcouf (18) 1848
Saetta contro la ghigliottina (20) [Saetta e la ghigliottina] 1848, 4690d*
Saetta e i due Golia (19) 1848
Saetta e i serpenti del mare (21) 1848
Saetta e il club dei ciuffi (20) 1848d*, 3928d
Saetta e la ghigliottina *see* Saetta contro la ghigliottina
Saetta e le sette mogli del pascià (25) [Le sette mogli del pascià] 269, 1506d, 1848d, 2051, 3596p, 3652, 4105
Saetta e Mademoiselle Fox Trott (19) 1848
Saetta ficcanaso (20) 1848
Saetta impara a vivere! (24) 160, 269, 650d, 1068, 1443, 1848, 2946w, 3596p, 3617, 3652, 4022, 4484ph
Saetta, principe per un giorno (26) [Saetta, re per un giorno] 760d, 1848d, 3596p, 4690, 4960
Saetta salva la regina (18) 1848
Safari Express *see* Africa Express
Safari Rally *see* Seimila chilometri di paura
Saffo (17) 2538, 3076d-ph
Saffo, venere di Lesbo (60) [Warrior Empress; Sappho] 275e, 346, 546a, 672, 824ph, 1159, 1294w, 1631, 1690, 1766d, 1875, 2001, 2486m, 2626, 2638, 2914, 4025, 4452
Saguaro *see* Sapevano solo uccidere
Sahara (84 U.S.) 3153m
Sahara Cross (77) 783, 1090, 1454ph, 3244, 3345m, 4649d
Sahara Inferno *see* Oil
Sai cosa faceva Stalin alle donne? (69) 416, 1886ph, 2516, 3114, 3153m, 4762
Sailor Beware (52 U.S.) 1616
The Sailor from Gibraltar (67 U.K.) 1717, 3342, 3385, 4079, 4309, 4320, 4564
Saint-Tropez Blues (60 France) 4564
Les Saintes Nitouches (64 France) 3594, 4515

Sait-on jamais *see* Un "colpo" da due miliardi
Saitra la ribelle (24) 176ph, 2095, 3382d, 3472
Le Salaire de la peur *see* Vite vendute
The Salamander (80 U.K.) 813, 1886ph, 2890, 3244, 3393, 4355
Salammbò (11) 98p
Salammbò (15) 1825d, 2063, 3456d
Salammbò (60) [The Loves of Salammbò] 1435, 1640, 1717, 1875, 2053d, 3645ph, 3699, 4192, 4648
Sale rêveur (78 France) 2900
Il salice piangente (18) 650d
Salò, o le 120 giornate (75) [Salò; Salò, o le 120 giornate di Sodoma] 275e, 381, 535, 566, 1015w, 1346ph, 1492s-co, 1668a, 2057p, 3153m, 3453d
Salomè (13) 441, 1132, 3242d*
Salomè (72) 389d-p*, 2896ph
Salomè (86) 1408ph, 2674m, 3017, 3176
Salon Kitty (76) [Madame Kitty] 14a, 210, 263, 416, 629d, 1071, 1644, 2256ph, 2261, 3006, 4094, 4108, 4185, 4355, 4508, 4673
El saltero *see* Lo scapolo
Il salto della morte (19) 1694ph
Salto nel vuoto (80) 28, 381d, 1164a, 2442ph, 3153m, 3559, 3601
Salut l'artiste (74 France) 2033, 2907
Saluti dal Cervino (53) 4573d
Saluti e baci (52) [La Route de bonheur] 330m, 518a, 846p, 2250, 2420d, 3118ph, 3503, 3599, 3643, 3794, 4246d, 4735
Salvador Dali (54) 681d
Salvare la faccia (68) [Psychout for Murder] 636p, 637d*, 893, 1369, 1856, 1934m, 2465, 3594
Salvate mia figlia (51) 1103d, 2253m, 2885, 3745, 3978, 4254, 4622
Salvator (20) 36, 821, 3432d
Salvatore Giuliano (61) 861, 920w, 1169p, 1408ca, 1475ph, 1562a, 3558m, 3748, 3942d, 4188e, 4282w, 4614, 4916, 4964
I salvatori di Robinet (10) 4807ph
Salviamo il porcellino (25) 2271
Salviamo le loro vite (52) 255d
Salvo d'acquisto (75) 1959ph, 2079d, 3630, 3749, 3753, 3907w, 3992m, 4025, 4189, 4603
Salz und Brot *see* La ragazza della salina
Sam Cooper's Gold *see* Ognuno per se
Sambo (50) 529, 679, 1514, 1583s, 1636p, 1892, 3270, 3643, 4190ph, 4233, 4378, 4434d-p
Sambo (65) 1936
Samoa, regina della giungla (69) 83, 211, 405, 674, 1652, 2206, 2486m, 2745d, 4150, 4326
Samson Against All *see* Ercole contro Roma
Samson and Gideon *see* I grandi condottieri
Samson and the Mighty Challenge *see* Ercole, Sansone, Maciste, Ursus: gli invincibili
Samson and the Seven Miracles of the World *see* Maciste alla corte del Gran Khan
Samson and the Slave Queen *see* Zorro contro Maciste
Samson in King Solomon's Mines *see* Maciste nelle miniere del re Salomone
Samson vs the Giant King *see* Maciste alla corte dello zar
Samurai *see* Il bianco, il giallo, il nero
San Babila ore 20: un delitto inutile (77) 377, 2582d-p, 2730
San Francesco (11) [Il poverello d'Assisi] 1935
San Gimignano dalle belle torri (n.d.) 933d
San Giorgio (19) 871, 3976, 3981ph, 4087d-a
San Giovanni decollato (14) 3984d
San Giovanni decollato (18) 75ph, 2879d, 3195
San Giovanni decollato (40) 78, 475, 493m, 618, 789p, 1099, 1306, 1457, 1684s, 2004, 2269, 2300, 3382d, 3458, 3527, 3696ph, 3845ph, 4233, 4341, 4559, 4732w, 4968w
San Marco (13) 2709d
San Massenza/Cimego (55) 3322d
San Michele aveva un gallo (78) 659, 2896ph, 4125, 4456d
I san Michele del Po (54) 1850d
San Miniato, luglio 44 (54) 4456d, 4946m, 4968d
San Paolo (09) 1334d
San Paolo (18) *see* Saulo di Tarso
San Pasquale Baylonne, protettore delle donne (76) 1213d, 1480ph, 1963, 4336
San Pietro (47) 4433d
San Remo canta 1956 (56) 3411d
San Remo, la grande sfida (60) 844, 2473ph, 3064, 3599, 4166a, 4305, 4426, 4428, 4618m, 4810d

Sancta Maria (41) [La muchacha de Moscú] 1423w, 1614, 1628ad, 2953a, 3105, 3118ph, 3229, 3248d, 3415, 3800, 3978, 4044, 4637
Sandok, il Maciste della giungla *see* Il tempio dell'elefante bianco
Sandokan (64) *see* I pirati della Malesia
Sandokan (76) *see* Il suo nome è Sandokan
Sandokan alla riscossa (64) [Sandokan Fights Back] 45ph, 804d, 1234, 2700
Sandokan alla riscossa (77) *see* la tigre è ancora viva: Sandokan alla riscossa
Sandokan contro il leopardo di Sarawak (64) 45ph, 804d, 1234
Sandokan, la tigre di Mompracem *see* I pirati della Malesia (64)
Sandra *see* Vaghe stelle dell'Orsa
Sangraal, la spada di fuoco (82) 1658ph, 4442d
Sangre y luces (54 Spain) 1717
Sangue a Ca' Foscari (46) 726d, 810ph, 1078w, 4115a, 4189, 4309
Sangue bleu (14) 441, 3356d, 3813ph, 4983w
Sangue chiama sangue (68) 804d, 1046, 1366m, 4053, 4071ph
Sangue di nomadi *see* Vendetta di zingara
Sangue di sbirro (77) 644d, 1779ph, 3379
Sangue di zingara (50) *see* Vendetta di zingara
Sangue di zingara (55) 37, 166, 332d, 997, 4117ph, 4237, 4280
Il sangue e la rosa (60) [Et mourir de plaisir] 73, 559, 962, 1665, 2873, 3529, 3795ph, 4313, 4387, 4627d, 4629w
Il sangue e la sfida (62) 964
Sangue nel deserto *see* Emraa min narr
Sangue rosso e l'oro giallo *see* Professionisti per un massacro
Sangue siciliano (11) 3083, 4255
Sangue sul sagrato (50) 61d, 127w, 1587m, 1839, 1977, 2648, 3271, 3525, 3828, 3953, 4117ph
La sanguisuga conduce la danza (75) 405
Sano di Pietro (58) 4727d
Sans famille (44) *see* Senza famiglia
Sans famille (58 France) 939
Sans mobile apparent *see* Senza movente
Sansone (17) 49
Sansone (21) 1660, 3570, 3909d, 4061, 4130
Sansone (61) 430, 1113, 1826, 2129, 2253m, 2268ph, 3441d, 3618, 4247w, 4344, 4350, 4432
Sansone contro i pirati (63) [Maciste Against the Pirate King] 83, 517d, 692, 3154, 3411d, 4512ph, 4693
Sansone e i rettili umani (20) 3201d
Sansone e il tesoro degli incas (64) [Hercules and the Treasure of the Incas; Blood River; The Lost Treasure of the Aztecs] 1161, 2486m, 3536, 3569d, 4344, 4512ph
Sansone e il trionfatore (20) 3201d
Sansone e la ladra di atleti (19) 3201d
Sansone e la ladra di atleti (23) 49, 729
Sansonette, amazzone dell'aria (20) 3544d
Sansonette, danzatrice della prateria (20) 3544d
Sansonette e i quattro arlecchini (20) 3544d
Sant'Elena piccola isola (42) [Napoleone a Sant'Elena] 351ph, 363, 1311, 1465, 3288co, 3557, 3748, 3944, 3983, 4128, 4250, 4292, 4378, 4526, 4635a
Sant'Ilario *see* S. Ilario
La santa (17) 906ph, 4046
"La santa guerriera" *see* "Giovanna d'Arco"
Santa Lucia (n.d.) 1129d
Santa Lucia luntana (51) [Santa Lucia lontana] 1500, 1759, 2885, 3745, 4190ph, 4732d
Santa Maria del Mare (47) 4138ph
Santa Maria del Popolo (50) 1910d
Santa Maria della Salute (49) 810ph
La santa notte pagana (44) 4573d
Santa Rita (n.d.) 107p
Santa Rogelia *see* Il peccato di Rogelia Sánchez
Santa sangre (89 Spain) 169w
Santarellina (11) 98p, 554, 796, 871, 872d, 1801w, 3127, 4697
Santarellina (23) [Mam'zelle Nitouche] 176ph, 355ph, 2095, 3341, 3510d
Santiago (56 U.S.) 3607
Santiago del Cile (54) 1902d
Santo disonore (50) 650d, 900w, 1541, 1693s, 3447, 3918, 4168, 4191, 4309, 4432, 4512ph, 4556, 4776
Il santo patrono (72) 45d, 4612
Saper amare (19) 767d
Sapevano solo uccidere (68) [Saguaro] 517d, 897, 2486m, 3055, 3154, 4344, 4863

Sapore del grano (86) 4814
Il sapore della vendetta (68) [Persecution hasta Valencia; The Narco Men] 252, 520, 824ph, 897, 1269, 1495w, 1571, 2078, 2186, 2224, 2264, 3176, 3690, 3772, 3803, 4594
Sapore di mare (83) 723, 2578, 4685d, 4686w
Il saprofita (74) [The Profiteer] 23, 152ph, 1039, 2730, 3147, 4579
Sara Felton (18) 1419d, 1694ph
Saracinesca (20) [Don Giovanni Saracinesca] 441, 759d, 1241, 1335, 2792a, 3118ph, 3567, 3758d, 4061
Sarah (83 France) 2900
Saranda (69) [Veinte pasos para la muerte; Twenty Paces to Death] 1093, 1631, 2247, 3774, 4568ph
Saranno uomini (57) [Seran hombres] 127w, 1046, 1878ph, 1892, 1972, 3383, 3398, 3496, 3718, 4225d, 4237, 4432, 4580
Sardanapolo, re dell'Assiria (10) 1327d*, 1334
Sardanapolus the Great *see* Le sette folgori di Assur
Sardegna (53) 3418d
Sardinia: Ransom *see* Sequestro di persona
Sarò io vostro marito (19) 1724d
"Sarò tutta per te" *episode of* Dove vai in vacanza?
Sartana *see* Se incontri Sartana prega per la tua morte
Sartana and His Shadow of Death *see* Passa Sartana. . .è l'ombra della tua morte
Sartana, If Your Left Arm Offends, Cut It Off *see* Arrivano Django e Sartana . . .è la fine
Sartana Kills Them All *see* Lo irritarono . . .e Sartana fece piazza pulita
Sartana nella valle degli avvoltoi (70) [Sartana in the Valley of Death] 419, 438, 1063, 2764ph, 2928d, 3062, 3669
Sartana non perdona (68) [Sartana no perdone; Sartana Never Forgives; Sonora] 249d, 1366m, 1567, 2868, 3243, 3905, 4247w, 4509, 4606
Sartana: sangue e la penna *see* Mille dollari sul nero
Sartana, the Grave Digger *see* Sono Sartana, il vostro becchino
Sartana, the Invincible Gunman *see* E vennero in quattro. . .per uccidere Sartana
Sartana's Coming, Get Your Coffin Ready *see* C'è Sartana, vendi la pistola e comprati la bara
Sartana's Here. . .Trade Your Pistol for a Coffin *see* C'è Sartana, vendi la pistola e comprati la bara
La sartina e l'operaio (11) 4807ph
Satana (12) 554, 2709d, 4447, 4807ph
Satanella (13) 1132, 1327, 3242d*
Satanella bionda (20) 4581d
Satanica (19) 379d*, 444, 1834ph, 4331
Satanik (67) 2403, 3406, 3497, 3554, 3730, 4810d
Il satellite di buonumore *see* Per le vie della città
Satiricosissimo (69) 1652, 1754, 2483d, 4150
Il satiro (08) 4807ph
Satyricon (68) 142, 210, 844, 1071, 1246, 1299, 1607, 1923, 2000, 2019, 2428, 3321, 3406, 3417, 3628d, 3992m, 4290w, 4469, 4480, 4530, 4558
Satyricon (69) *see* Fellini Satyricon
Saul e David (64) 255d, 316, 866, 924, 1869, 2010, 2075w, 2288, 2887ph, 3263w, 3412, 4154, 4166a, 4470, 4625m, 4922
Saulo e Tarso (18) [San Paolo] 2594d
Le Sauvage (75 France) 4681
Savage Apocalypse *see* Apocalisse domani
Savage Breed *see* Razza selvaggia
Savage Gringo *see* Nebraska il pistolero
Savage Innocents *see* Ombre bianchi
Saving Grace (86 U.S.) 1945
Savitri Satyvan (23) 887, 1335, 1336ph, 1660, 2783d
Saxofone (77) 721ph, 2962, 3098e, 3660d-p*, 3961ph
Say Hello to Yesterday (71 U.S.) 3345m
Lo sbaglio di essere vivo (45) 78, 619d, 939, 1276w, 1416, 1834ph, 1837, 3046, 3570
Sballato, gassato, completamente fuso (82) 2415ph, 4025, 4359d
La sbandata (74) 3064
Gli sbandati (55) 582, 588, 1426, 1475ph, 1813m, 1971, 2084, 2891d, 3046, 3061, 3097, 3425, 3627a, 4075, 4794w
Lo sbarco di Anzio (68) [Anzio; Battle for Anzio; The Anzio Landing] 35, 116, 663s, 1145ad, 1148w, 1215, 1323p, 1476d, 1619, 1668a, 1777, 1835e, 1912ad, 1945, 2087, 2186, 2202, 2231,

2373, 2708, 3058, 3345m, 3665, 3669, 3961ph, 3998, 4070, 4345, 4460e, 4503, 4646, 4712
Sbatti il mostro in prima pagina (72) [Slap the Monster on Page One] 381d, 455, 1495w, 1668a, 2167, 2415ph, 2908e, 2970ph, 3153m, 4277, 4821
Sbirulino (82) 2764ph, 3069d
Lo scacchiere di Dio (69) 44
Scacco alla mafia (71) 1093
Scacco alla regina (70) 1676, 1677d, 1920ph, 1973, 3558m, 4137
Scacco internazionale (68) 279, 461, 2230, 2798, 3406, 3730, 3793, 3952, 3992m, 4664
Scacco matto (19) 771d*, 3041, 3131, 3703
Uno scacco tutto matto (68) [Mad Checkmate; It's Your Move] 189, 356, 520, 685, 799w, 927, 1079, 1294w, 1703d, 2701w, 2837w, 3835, 3880, 4483, 4967
Scadenza trenta giorni (44) 651, 736, 1237, 1852, 1940d, 3969, 3970d, 4780
La Scala (31) 463, 1099, 1160s, 2272, 3118ph, 3271, 3596p, 3703, 3836d, 4093m, 4732w
La scala di Fricot (13) 4697, 4807ph
La scala di Giacobbe (20) 1617d
La scala di seta (20) 784w, 3077
Scalabrino (21) 771d
Scalawag (73 U.S.) 1553
Lo scaldaletto (15) 2073d
Lo scaldino (20) 155ph, 881, 1907d, 3586w, 4022, 4046
Scalo merci (46) [Desiderio; Rinuncia] 727w, 1406ad-w, 1972, 2600ph, 2601ph, 3271, 3371d, 3447, 3948d, 4168
Scampolo (18) 1343ph, 4364d*
Scampolo (28 Germany) 1907d, 2719, 3472
Scampolo (41) 618, 2744d, 3040, 3229, 3917, 4071ph, 4166a, 4233, 4240
Scampolo (53) *see* Scampolo 53
Scampolo (58 Germany) 971
Scampolo 53 (53) [Scampolo] 43ph, 149, 403, 463d, 603, 679, 1689, 2043, 3405, 3487p, 3612, 4306, 4378, 4765
Scandal in Sorrento *see* Pane amore e...
Scandali al mare (61) 479, 844, 3473, 4106m
Scandali...nudi (64) 844, 1754
Lo scandalo (66) 28, 2545, 4001
Scandalo (75) [Submission] 1663, 1885, 2726co, 2854, 3029, 3098e, 3244, 3345m, 3490, 4049d, 4379ph
Scandalo in casa Polidor (12) 3626
Scandalo in famiglia (76) 2798
Scandalo per bene (39) 333, 447, 552, 1016p, 1218, 1227s, 1787d, 1834ph, 1892, 2613, 2757, 3271, 3527, 3578, 3643, 3663d, 3848, 4623w
Uno scandalo perbene (83) 920w, 1096ph, 1477, 1677d, 1891, 3345m
Scandalo segreto (89) 2009, 2415ph, 3517, 4301, 4809d*
Scandalosa Gilda (85) 2081, 2489d*, 4841ph
"Scandaloso" *episode of* Alta infedeltà
Scano boa (60) 1183, 2033, 3626, 4066, 4280, 4392, 4813m, 4957
Scansati...Trinità arriva ad Eldorado (73) [Get Away! Trinity Has Arrived in Eldorado; Go Away! Trinity Has Arrived in Eldorado; Trinity in Eldorado; Stay Away from Trinity...When He Comes to Eldorado; Pokerface] 1209ph-w, 1680d-p, 1961, 2182, 2760, 3055, 3943
Scanzonatissimo (63) 4187, 4188, 4357, 4724
Lo scapolo (55) [Alberto il conquistatore; El soltero] 590, 1095w, 1180, 1475ph, 1696, 2449, 2486m, 2578, 2670w, 2771, 2860, 2947, 3030, 3376, 3401, 3573d, 4158w, 4292
Scappamento aperto (64) [Échappement libre] 367d, 382, 593w, 1131ad, 1799, 2288, 2619, 2832, 3665, 3805, 4098w, 4171, 4846a
Scapricciatiello (55) 85, 804d, 1768, 2713, 3050p, 4123, 4432, 4515, 4674, 4602w*
Gli scarabei d'oro (14) 75ph, 150
Scaramouche (63 France) 2014
Scaramouche (76) *see* Le avventure e gli amori di Scaramouche
The Scarlet and the Black (83 U.S.) 3153m, 4654
The Scarlet Executioner *see* Il boia scarlatto
The Scarlet Pimpernel (35 U.K.) 3608ph
Scarpe al sole (36) [Died in Battle] 64d, 333, 1117, 1219p, 1546, 1576d, 1816ph, 2591, 3087w, 3506, 3578, 3615, 4050, 4484ph, 4728a, 4729m
Scarpe grosse (40) 85, 1172, 1615d, 1684s, 1892, 2474, 2759, 3229, 3527, 3696ph, 4117ph, 4240

La scarpetta (12) 4807ph
La scarpetta perduta (14) 4983d
Gli scassinatori (71) [Le Casse; The Burglars] 382, 733, 782, 1331, 2216d*, 3153m, 3795ph, 4038, 4096a, 4208, 4741d-p
Lo scatenato (67) [Catch as Catch Can] 228m, 389, 1882, 1989, 2000, 2075w, 2167, 2239, 2246d, 3682, 4170, 4189, 4945
La scatola macchiata di sangue (19) 2875ph
Lo sceicco bianco (52) 77, 146w, 603, 679, 1650d, 1706w, 1834ph, 2445, 2818, 2894, 3579w, 3960m, 3969p, 4292, 4579
Lo sceicco rosso (62) 1813m, 2782, 3243, 3633, 4879
Scemo di guerra (85) [Madman at War] 21w, 344ph, 514, 1073, 1271m, 2056, 3844d, 4126w, 4491
"Scena all'aperto" *episode of* Tempi nostri
Scene abruzzesi (54) 2077d
Scene di un'amicizia tra donne (82) 582
Scene giapponesi (08) 4807ph
Scent of Mystery (60 U.S.) 3218m
La sceriffa (59) 2615, 3104d, 3419, 3526ph, 3555, 4167, 4296, 4323, 4530
Lo sceriffo che non spara (67) [Poker d'assi per Django] 2127, 2167, 2902ph, 3104d, 3622
Uno sceriffo d'oro *see* Uno sceriffo tutto d'oro
Uno sceriffo extraterrestre...poco extra e molto terrestre (79) [The Sheriff and the Satellite Kid] 693, 1454ph, 2657d, 3485, 3600
Lo sceriffo senza stella (67) [Navidad Joe; Christmas Kid] 1168, 2152, 2228, 3666, 3903
Uno sceriffo tutto d'oro (66) [Uno sceriffo d'oro; Sheriff with the Gold] 435, 1017d-ph, 1948w, 4170, 4189
Schatten über Neapal *see* Amore e sangue
Der Schatz der Azteken (65 Germany) 340, 3400, 4564
Scheherezade *see* La schiava di Bagdad
Das Scheitern *see* La smagliatura
Scherzando con il fuoco (12) 4807ph
Scherzando con la morte (21) 1694ph
Scherzo del destino in agguato dietro l'angolo come un brigante da strada (83) 21w, 1993, 4530, 4882d
Lo scherzo feroce (13) 2740, 3944
'O schiaffo *see under* O
La schiava (23) 3341
La schiava del peccato (54) 765, 1172, 1607, 1724, 1909, 1978, 2284p, 2907, 2910d, 3398, 3404, 3506, 3578, 3757, 4127ph, 4166a, 4167, 4757
La schiava di Bagdad (63) [Scheherezade; Scorching Sands] 314, 598d-ad, 1901, 1986, 2342, 2701p-w, 2869, 2917ph, 3053, 3805, 4099w, 4533, 4564, 4763, 4776, 4846a
La schiava di Roma (60) [Blood of the Warriors] 2053d, 2700, 3607, 3957, 4190ph, 4586m, 4756p
La schiava, io ce l'ho e tu no (73) [La schiava] 195, 709, 788d, 1095w, 4301, 4618m, 4753w
Le schiave bianche (60) [Le Bal des espions] 2734, 4066, 4097, 4128d, 4137
Schiave bianche—violenza in Amazzonia (85) [Amazonia—The Catherine Miles Story; Cannibal Holocaust 2] 1865d, 2256ph, 3683w
Le schiave di Caligola (84) 1823d
Le schiave di Cartagine (57) [Esclavas de Cartago; The Sword and the Cross] 45ph, 70, 650d, 774, 1046, 1958, 2595s, 2598, 2791w, 2892m, 3053, 3473, 3496, 3527, 3904, 4091, 4273, 4433, 4979
Le schiave esistono ancora (64) 45ph, 1245e, 2750d, 3713d, 4543ph, 4625m
Schiavi della legge (51) 554d, 2473ph
Gli schiavi più forti del mondo (63) [Seven Slaves Against Rome; Seven Slaves Against the World] 674, 917, 1366m, 1608, 1623, 1818, 1948w, 2608, 2657d, 2766ph, 3055, 3862, 3957, 4432, 4693
Lo schiavo di Cartagine (10) 98p, 796, 1801w, 2709d*, 3326d, 4447
Schicksal am Lenkard (54 Austria) 4732d
Schiff in Not (25 Germany) 4807ph
Schioppetate all'alba (53) 1902d
Schizoid *see* Una lucertola con la pelle di donna
Schlusskord (60 Germany) 3955
Die Schmugglerbrand von Mallorca (29 Germany) 4680
Schneller als 1000 Colts *see* Thompson 1880
Schock *see* Al 33 di via Orologio fa sempre freddo

Schöner Gigolo—armer Gigolo (78 Germany) 3922
Die schönste Frau der Welt (24 Germany) 3472
School for Husbands *see* Il marito in collegio
The School That Couldn't Scream *see* Cosa avete fatto a Solange?
De Schorpioen (84 Netherlands) 3153m
Schubert *see* Sinfonia d'amore
Schuss in der Oper (28 Germany) 4680
Schüsse in 3/4 Takt (65 Germany) 1971, 3594
Die schwarzen Adler von Santa Fe (64 Germany) 814ad, 2371
Die schweigende Nonne (25 Germany) 4807ph
Lo sciacallo (63) [L'Aîné des fercheaux; Magnet of Doom] 382, 1285ph, 1329m, 2968d, 2980, 4057, 4668
Lo sciancato (09) 4807ph
La scienza che uccide (56) 848d
La scimitarra del saraceno (60) 81, 300, 1623, 2019, 2714, 3569d, 3864, 4091, 4189, 4309, 4512ph, 4554, 4580, 4693
La scimitarra di Barbarossa (19) [La scimitarra del Barbarossa] 315, 549, 1119d, 1960ph
La scimmia di Robinet (11) 4807ph
La scintilla (15) 98p, 475, 1464, 1614
Sciopen (82) [Chopin] 3601
Lo sciopero dei milioni *see* Abbasso la fortuna
Lo sciopero della virtù (20) 492d, 2072ph
Scipione, detto anche "l'Africano" (70) [Scipione l'Africano] 1882, 1936, 2723w, 2773, 2907
Scipione l'Africano (37) [The Defeat of Hannibal] 387, 655ph, 1184p, 1273, 1674ad, 1841d, 1844, 1936, 1958, 2502, 2598, 2739, 2803ad, 3046, 3269, 3271, 3411ad, 3557, 3578, 4091, 4248, 4303, 4357, 4432, 4543ph, 4680, 4698, 4792
Lo scippo (66) 1676, 3509, 4025, 4645
Scirocco (87) 1491m
Sciuscià (46) [Shoeshine] 95p, 104w, 341a-s, 655ph, 1001m, 1003, 1294ad, 1416d, 1758w, 2254, 2953a, 4128, 4270, 4434p, 4791w, 4968w
Lo scocciatore *see* Via Padova, 46
La scogliera del peccato (50) 152ph, 261, 939, 3104d, 3117a, 3231ph, 3745, 4116, 4556, 4580
Le scogliere della morte (22) 797d
Scoiattolo (18) 1119d
Lo scoiattolo (80) 4990d
Lo scoiattolo del mare (21) 797d, 865d
Una scommessa originale (09) 4807ph
Le scommunicate di S. Valentino (74) 1828
Lo scomparso (12) 3704, 4944
Sconcerto Rock (82) 442p
La sconfitta dell'idolo (20) 561s
Sconosciuta (21) 755d*, 1327, 1834ph
La sconosciuta (79) 657, 2190
Lo sconosciuto di San Marino (46) 1135d, 1416, 1834ph, 1852, 2017, 2719, 3643, 4188e, 4869d, 4968w
Gli scontenti (60) 3030
Scoop! *see* Ecco, noi, per esempio...
La scoperta dell'America (64) 3738, 4654
La scoperta della santa croce (49) 4813m
Lo scopone scientifico (72) 844, 1075d, 1136, 1258, 1459, 2773, 3064, 3558m, 3996ph, 4115a, 4290w, 4292
Scorched Skin *see* La pelle viva
Scorching Sands *see* La schiava di Bagdad
Scorchy (76 U.S.) 1232
The Scorpion with Two Tails *see* Assassinio al cimitero etrusco
La Scoumoune (72 France) 813
Scream of the Demon Lover *see* Ivanna
The Screamers *see* L'isola degli uomini pesce
Lo scrigno dei milioni (14) [Il cofanetto dei milioni] 434ph, 753d, 797, 3704, 3944
Scrollina (21) 176ph, 2095, 3242, 4947d
Scrounging a Living *see* Vivere a sbafo
Scugni (18) 883d
Scugnizzi (87) [Street Kids] 862, 1973, 2633d, 3630
Scugnizzo (24) 2011, 3491
Lo scugnizzo (78) 340, 644d, 1779ph, 1869, 2640
Uno scugnizzo a New York (84) 1658ph, 2483d
La sculacciata (73) 1173, 2010, 3922, 4612
Lo scultore Manzù (50) 3493d, 4813m
Scuola d'eroi (14) 534ph, 2073d, 2739, 2974, 3289, 4482
Scuola d'eroi (23) 2974, 3289
Scuola degli orafi (55) 681d
La scuola dei timidi (42) 619d, 1054, 2811w, 3117a, 3717, 3970, 4190ph, 4359w, 4968w, 4979
La scuola del cinema (42) 933d
Scuola di ladri (86) [Thief Academy] 891w, 2005p, 3098e, 3430d, 4025, 4781

Scuola di ladri, seconda parte (87) 1432ph, 3098e, 3430d, 4025, 4781
Scuola elementare (54) 287ph, 479, 597, 844, 918co-s, 1036, 2475d, 2826w, 3218m, 3404, 3627a, 3684w, 3709, 3717, 3852, 4302w
Scuola estiva di sci (49) 255d
Scuola infermiera (49) 3451d
La scuola romana (60) 2891d
Scusa se è poco (82) 2415ph, 3339, 4530, 4756d, 4809
Scusate il ritardo (83) [Sorry I'm Late] 38ph, 3630, 4583d*
Scusi, facciamo l'amore (67) 207, 801d*, 1035, 1123, 1408ph, 1678, 1972, 2057p, 2603, 2611, 2937, 2957w, 2977, 3153m, 3261m, 4170, 4558, 4645
Scusi, lei conosce il sesso? (68) 940p, 1417ph, 1420d-e, 2486m, 3406, 4618m
Scusi, lei è favorevole o contrario? (66) 111, 210, 1565, 2773, 2894, 3558m, 3594, 4292d*
Scusi, lei è normale? (80) 2534d, 2631, 2679, 2766ph, 3092
Scusi, ma lei le paga le tasse? (71) 1754, 4150
Se fossi deputato (49) 479, 679, 1165, 1388, 2811w, 2812, 2876, 2988, 2993w, 3503, 3852, 4194, 4246d, 4443, 4567a-co, 4602
Se fossi re! (11) 4807ph
Se il re lo sapesse (57) [Si le roi savait ça] 590, 1224, 1969, 2717, 3400, 3420, 3457, 3847, 4467, 4554
Se incontri Sartana prega per la tua morte (68) [Sartana; Gunfighters Die Harder] 419, 957, 1426, 1869, 2386, 2764ph, 3441d, 3525, 3558m, 3864, 4053, 4165
Se io fossi onesto (42) 43ph, 618, 619d, 655ph, 1416w*, 2909, 2978, 3148, 3218ph, 4166a, 4474w, 4527
Se lo scopre Gargiulo (88) [What If Gargiulo Finds Out?] 1096ph, 3036p
Se non avessi più te (65) 228m, 4443
Se non son matti non li vogliamo (41) 250, 870m, 1054, 1497, 1614, 1852, 1892, 3034, 3117a, 3415, 3663d, 3891w, 3970, 3983, 4117ph, 4188e, 4250d, 4378, 4623w, 4675
Se permettete...parliamo di donne (64) [Permettete...parliamo di donne; Let's Talk About Women] 973, 1432ph, 1511, 1882, 2005p, 2404, 2636, 3738, 3955, 4158d, 4586m, 4598, 4648
Se quell'idiota ci pensasse (39) 453, 1978, 2818, 3414, 4191, 4780
Se sei vivo spara (67) [Gringo uccidi; Django Kill...If You Live, Shoot; Django Kill] 157w, 756, 1345ph, 1611, 2631, 2648, 3017, 3710, 3711d, 4074, 4533, 4660, 4665m
Se sparo...ti uccido (63) [Cuatreros; Shoot to Kill; Texas Jim] 506, 2247, 2472, 3699, 4053
Se t'incontro, t'ammazzo (70) [Finders Killers; Seven Devils on Horseback; Seven Savage Men] 405, 638, 1011m, 3055
Se tutte le donne del mondo (66) [Operazione Paradiso; Kiss the Girls and Make Them Die] 15, 327, 428, 1087, 1323p, 1932co, 2087, 2192, 2516, 2556d, 2688, 2691, 2736d, 3218m, 3529, 3686, 4107ad, 4206, 4480, 4483, 4533, 4654
Se tutto va bene siamo rovinati (83) 1658ph, 2878d
Se vincessi cento milioni (54) 771d, 964, 1009, 1761, 2811w, 2993w, 3525, 3845ph, 4167, 4530, 4803
Se vuoi vivere...spara! (68) 994, 1649, 1875, 1876d, 2764ph, 3753
The Sea Wall *see* La diga sul Pacifico
Seccotine (06) 4807ph
Sechs Personen suchen einen Autor (29 Germany) 3586w
Seconda B (34) [Section 2-B] 61d, 281w, 942, 1383, 2245, 2953a, 3118ph, 3506, 4117ph, 4186co, 4273, 4527, 4593, 4732w, 4982
La seconda corsa Susa–Moncenisio (05) 98p, 3326d-ph
La seconda moglie (23) 444, 2060ph, 2652, 2872, 2974, 3382d, 3472
"La seconda moglie" *episode of* Letti sbagliati
Secondo Ponzio Pilato (88) 709, 2723d, 2771, 2908e, 3566, 4057, 4114
Il secondo tragico Fantozzi (76) 2970ph, 4024d
Le Secret (74 France) 3153m
Secret Access *see* Codice privato
Secret Agent Fireball *see* A 007 sfida ai killers
Secret Agent Super Dragon *see* New York chiama Super Dragon
Le Secret de d'Artagnan *see* Il colpo segreto di d'Artagnan

Le Secret de Hélène Marimon *see* Il tradimento di Elena Marrimon
Le Secret des Hommes Bleus (60 France/Spain) 1666d
Le Secret du chevalier d'Éon *see* Storie d'amore proibite
The Secret Invasion (64 U.S.) 1683, 4654
The Secret Mark of d'Artagnan *see* Il colpo segreto di d'Artagnan
Secret of Captain O'Hara *see* Il segreto di Ringo
The Secret of Dr. Mabuse *see* I raggi mortali del dott. Mabuse
The Secret of Dorian Gray *see* Il dio chiamato Dorian
Secret of Monte Cristo (61 U.K.) 774
The Secret of My Success (87 U.S.) 1469ph
The Secret of Santa Vittoria (69 U.S.) 263, 800, 971, 1123, 1286, 1945, 2578, 2719, 2909, 3178, 3439, 3752, 3961ph, 4579, 4598, 4660
The Secret of the Green Pins *see* Cosa avete fatto a Solange?
The Secret of the Nuns of Monza *see* La vera storia della monaca di Monza
The Secret People (52 U.S.) 1123
The Secret Seven *see* Gli invincibili sette
The Secret War of Harry Frigg (68 U.S.) 2404, 3992m
Secrets d'alcove *see* Il letto
Section 2-B *see* Seconda B
Section spéciale (75 France) 1872, 2000
Sed de amor (59 Mexico) 3398
Seddok, l'erede di Satana (61) [Atom Age Vampire] 351p, 458w, 1627, 1872, 1959ph, 2616, 2656, 2697d, 2738d, 4165, 4586m
"La sedia elettrica" *episode of* Dollari e fraks
Sedia elettrica (69) 1480ph, 1680d
Le sedicenni (66) 142, 2432
Sedicianni (74) 1191, 1426
Sedotta e abbandonata (64) 21w, 613, 709, 1169p, 1246, 1252, 1562a, 1924d, 3381, 3694, 3992m, 4057, 4126w, 4153, 4306, 4579, 4622, 4789w
Sedotti e bidonati (64) 1754, 3992m, 4579
The Seduction of Mimi *see* Mimì metallurgico, ferito nell'onore
Seduta spiritica (50) 3844d
Seduto alla sua destra (68) [Out of Darkness] 157, 335, 680w, 1014, 2582p, 3406, 4199, 4386, 4665m, 4991d
Il seduttore (54) 63w, 92, 284, 406w, 430, 590, 1169p, 1178, 1388, 1509, 1599w, 1958, 1969, 2076w, 2537w, 3363, 3571, 3627a, 3684w, 3951d, 4290w, 4292, 4674
I seduttori della domenica (80) [Les Séducteurs; Sunday Lovers] 21w, 306, 1346ph, 1570, 1726d, 2404, 2603, 3078d, 3124, 3607, 3714, 3768, 3844d, 4126w, 4530, 4717, 4840, 4876, 4896d*
La seduzione (73) 228m, 862, 1885, 3202, 3933
Segantini il pittore della montagna (48) 3844d
Il segnale viene dal cielo (52) 848d
Segni particolari: bellissimo (83) [Distinguishing Marks: Handsome] 91s, 891d, 926, 1417ph
Il segno di Coyote (64) [Vengador of California] 720d, 1366m, 1647, 2288, 2648, 4053
Il segno di Venere (55) 997, 1305, 1416, 1706w, 2614, 2953a, 3118ph, 3555, 3828, 3844d, 3947m, 4292, 4579, 4645, 4654, 4968w
Il segno di Zorro (64) [Duel at the Rio Grande] 45ph, 114, 720d, 1370, 1715, 2576, 2647, 2648, 4432, 4470
La segretaria per tutti (32) [La segretaria di tutti] 451, 965, 1219p, 1252, 1416, 1753, 1834ph, 2922p, 2966, 3382d, 3578, 3848, 3849, 3970
La segretaria privata (31) 61d, 269, 471w, 2746, 2872, 2987, 4117ph, 4484ph, 4527, 4982
La segretaria privata di mio padre (77) 2483d
Le segrete di Lucia e Fanny (80) 1961
Segreti che scottano (68) 1810
I segreti dell'anima (12) 427, 865, 2240, 3704
I segreti della notte (57) 1607, 1667, 2922d, 3914, 4189
Segreti segreti (85) 275e, 443d, 2900, 2962, 3036p, 3153m, 3607, 4057, 4419ph, 4651
Il segreto (13) 4767
Il segreto (19) 833s*, 3910d
Il segreto (90) 1014, 1446, 2005p, 2387, 2891d
Il segreto dei cobra (14) 75ph
Il segreto dei frati gialli (66) [Tiro a segno per uccidere; Das Geheimnis der

gelben Mönche; Target for Killing] 927, 1256, 1501, 1818, 2024, 2324, 2386
Il segreto dei soldati d'argilla (70) 83, 1923
Il segreto del castello di Monroe (14) 1907d
Il segreto del corsaro (19) 150d, 3959
Il segreto del dott. Chalmers (70) [L'uomo che visse due volte; Transplante de un cérebro; Brain Transplant] 119, 1611, 4916
Il segreto del dottor Magus (20) 797d, 865d
Il segreto del dottore (30) 475, 1842, 3557, 3845ph, 3869, 4037d, 4675
Il segreto del gobbo (10) 2709d, 3127, 4807ph
Il segreto del lago (09) 4807ph
Il segreto del lago (16) 1397
Il segreto del mare (12) 1334d
Il segreto del morto (21) 160, 655ph, 4022, 4797
Il segreto del vecchio Giosuè (18) 1778, 4489, 4490d
Il segreto del vestito rosso (63) [Assassino Made in Italy] 959, 1647, 2937, 3301, 3955, 4246w, 4368
Il segreto dell Aquila Nera (14) 4947
Il segreto dell'aviatore (12) 1327d
Il segreto dell'inventore (17) 4482
Il segreto della camera chiusa (15) 2272
Il segreto della Diamond Company (20) 55, 277ph, 538, 2069d
Il segreto della fidanzata (10) 4807ph
Il segreto della Grotta azzurra (22) 1498ph, 1841d, 2271
Il segreto delle rose (58) 844
Il segreto delle tre punte (52) 43ph, 619d, 1367co, 1972, 2517, 2654, 3460, 4306, 4708
Il segreto dello sparviero nero (61) 300, 2615, 3411d
Il segreto di Budda *see* Agente 310... spionaggio sexy
Il segreto di don Giovanni (47) 364, 1128d, 1541, 1834ph, 2430, 2596, 2885, 2906d, 3398, 3487p, 3770, 3917, 4233, 4511
Il segreto di Emma (11) 4807ph
Il segreto di Fregoli (02) 1791d
Il segreto di Jack (17) 534ph, 4072d, 4494
Il segreto di Pulcinella (13) 388d
Il segreto di Ringo (65) [Secret of Captain O'Hara] 506, 622, 775, 1046, 3075
Segreto di stato (08) 4807ph
Il segreto di suor Angela (55) 1979, 2016, 2295d, 2519ph, 4654
Il segreto di un bandito (21) 277ph
Il segreto di Villa Paradiso (39) 1016p, 1227s, 1423w, 1848d, 2739, 4240
Il segreto inviolabile (39) [Su mayor aventura] 942, 1157s, 1488, 2978, 3267, 4091, 4474d, 4758ph, 4759ph
Un segreto nel chiostro (19) 2242d*
"La seguenza del fiore di carta" *episode of* Amore e rabbia
Il segugio (62) 1973, 4034m*, 4443
Sei bambine e il Perseo (39) 1273, 1457, 1740d-e, 3728, 3869, 4273, 4476, 4543ph, 4635a-co, 4965
Sei donne per l'assassino (64) [Blood and Black Lace; Fashion House of Death] 161, 324, 351d, 937, 1063, 2954, 3054, 3803, 3837, 3992m
Sei iettato, amico...hai incontrato Sacramento (70) 2123, 3239, 3943, 3957, 4566
Sei mia! (19) 229, 1750d, 3021, 3472
Le sei mogli di Barbablù (51) 43ph, 329, 518a, 619d, 684, 889, 1095w, 2614, 3271, 3473, 3967, 4559
Sei tu felicità (19) 2052, 3427d
Sei tu l'amore? (30) 2946w, 3717, 4575d
Sei una carogna, t'ammazzo (68) [Winchester Bill; Cry of Death; If One Is Born a Swine, Kill Him; Lynching] 644d, 2171, 3055, 3482, 4053, 4109
Seimila chilometri di paura (79) [Safari Rally] 45d, 490, 612, 1205, 1683, 2764ph
"6.000 volt" *episode of* I topi grigi
Les Seins de glace (74 France) 2691
La selce e l'acciaio (19) 3236, 3570, 4983d
Sélika (21) 2242d
Selinunte (51) 488d
Sella d'argento (78) [They Died with Their Boots On] 1480ph, 1804d, 1901, 2782, 4045
Selvaggia (16) 1355
La selvaggia (78) 53ph, 253d
Sembra morta...ma è solo svenuto (86) 4419ph
Il seme dell'uomo (69) 1666d*, 1969, 3754, 4841ph, 4889
Le seminariste (77) 1878ph, 2537d, 4955ph

Seminò la morte. . .lo chiamavano il castigo di Dio (72) [Django adios!; Death Is Sweet from the Soldier of God] 2129, 2340, 2707, 2928d, 3104w, 4551
Semiramis *see* Io, Semiramide
Semmelweiss (80) 659, 852, 1183
Sempre avanti, Savoia (15) 3285ph
Sempre più difficile (42) 78, 262d, 428, 905w, 1701, 1978, 2473ph, 2872, 2909, 3404, 3415, 3840, 4306, 4987w
Sempre più felice (43) 2817a
Sempre più veloce (56) 848d
Senilità (61) 498, 531d, 813, 1764, 2545, 3213ph, 3558m, 4115a, 4555co
Senior High *see* Terza liceo
El señorito Octavio (50 Spain) 4490
Sensation (68) 63d, 208, 560, 778p, 1652, 3243
Sensi (86) [Evil Senses] 2081, 2489d*, 4841ph
Senso (54) [The Wanton Countess] 56ph, 920w, 1588co, 1627, 1732, 1972, 2023, 2408ph, 2831, 2852, 3121, 3138, 3387, 3684w, 3942ad, 3961ca, 3967, 4075, 4166a, 4188e, 4555co, 4651, 4795d, 4904w, 4969ad
"Senso civico" *episode of* Le streghe
Il senso del vertigine (91) 3373
The Sensual Man *see* Paolo il caldo
Sensualidad (75 Spain) 23
Sensualità (51) 1095w, 1294w, 1323p, 1749d, 1932a, 2892m, 2907, 3229, 3636p, 3917, 3955, 4543ph, 4957
The Sensuous Sicilian *see* Paolo il caldo
Sentence of God *see* I senza dio
Sentenza di morte (67) 668, 927, 1094, 1671m, 2454d, 3017, 4025, 4172ph
I sentieri dell'odio (64) [Il piombo e la carne; El dedo en el gatillo; Bullets and the Flesh; Bullet and the Flesh; Bullet in the Flesh; Finger on the Trigger] 734, 763, 843, 892, 1692ph, 1970d, 2132, 2648, 2938, 3497, 3545, 4045, 4052, 4106m, 4967
I sentieri dell'oro *see* I sentieri dell'odio
Sentieri della vita (16) 3021, 3510d
Il sentiero dell'odio (51) 824ph, 964, 1352, 1548, 1675, 2053d, 2648, 2746, 3745, 3848, 4957
Sentimenti e passioni (78) [Sentimenti] 418, 1123
Sentinella della patria (27) 2532ph
La sentinella morta (20) 492d, 1343ph, 1733, 2058ph, 3077
Sentinella pietrificata (07) 4807ph
Sentinelle del paradiso (52) 255d
Sentinelle di bronzo (37) 1332ca, 1543, 1724, 1936, 2030, 2803d, 3215w, 4484ph
Sentivano uno strano, eccitante, pericoloso puzzo di dollari (73) 1097, 2764ph, 3243, 4762
Senza amore (21) 1960ph
Senza bandiera (50) 255ad, 680w, 925, 1077, 1153ph, 1300d, 1787, 1957, 2818, 3117a, 3271, 3284, 3527, 3578, 3684w, 3839, 3947m, 3973, 4189, 4278, 4306, 4378, 4769, 4987w
Senza buccia (79) 1491m
Senza cielo (40) [La dea bianca] 546a, 838, 964, 1449, 1483w, 1936, 2068d, 3046, 3917, 4580, 4759ph
Senza colpa (16) 1745, 1841d, 1842, 2060ph
Senza colpa (21) 4191d
I senza dio (72) [Thunder Over El Paso; The Godless Ones; Sentence of God] 222, 509, 994, 2010, 2288, 3104d, 4001, 4106m
Senza domani (21) 4043
Senza famiglia (44) [Sans famille] 726p, 1674d, 3005, 3450, 3460, 3644m, 4166a, 4309, 4354, 4474w
Senza famiglia (57) 3865p, 4492
Senza famiglia nullatenenti cercano affetto (72) 21w, 157e, 1828, 1882d*, 4126w, 4781, 4841ph
Senza mamma (24) 1226ph
Senza movente (71) [Sans mobile apparent; Without Apparent Motive] 142, 204, 293, 1152, 1326, 1474, 1613, 2033, 2421d, 2832, 3153m, 3989, 4054, 4582
Senza nome (19) 343, 1498ph
Senza padre (26) 355ph
Senza peccato (16) 1343ph, 3021, 3869d
Senza peccato (50) [La sposa non vestiva di bianco] 237d, 1002
Senza pietà (20) 904, 3652, 4046
Senza pietà (48) 1352, 1650w, 1749, 1932a, 2392, 2475d, 2647, 2826w, 2894, 3579w, 3636p, 3960m, 4543ph
Senza ragione (72) [Redneck] 1354, 3217d, 3244, 4103
Senza sapere niente di lei (69) 1075d, 1408ph, 1511, 2545, 3594
Senza scrupoli (85) 53ph, 3907d, 4649d
Senza sole (18) 574w, 883d, 1400d*, 1834ph

Senza sole nè luna (63) 709, 4733
"Senza tregua!" *episode of* Petruska
Senza una donna (43) 766w, 1332ph, 1488, 1684s, 2068d, 2269, 2645, 2966, 3148, 4027, 4187ph, 4252
Senza veli (53) 329, 1841d, 2919, 3270, 3643, 3688ph, 3865p
Senza via d'uscita *see* Les Silencieux
Separati in casa (86) [Divorced at Home] 1417ph, 3483d
"La separazione legale" *episode of* Le italiane e l'amore
Il sepolcro dei re (60) [Cleopatra's Daughter; The Tomb of the Kings] 54, 655ph, 933d, 1163, 1211w, 1813m, 2506, 2782, 3243, 3369, 3407, 3950, 4326, 4433, 4720p
Il sepolcro indiano (59) [Das indische Grabmal] 133ph, 983, 2456d, 3369, 3420, 3865p
La sepolta viva (16) 1660, 4767d*
La sepolta viva (49) 650d, 1683, 1931w, 2474, 2757, 3176, 3383, 3395w, 3616, 4432, 4548, 4803
La sepolta viva (73) 377, 455, 560, 2426d, 3153m, 4841ph
Seppe morir e fu redento (16) 1343ph, 3869d
Sept fois femme *see* Sette volte donna
Sept Hommes et un garce (66 France) 4533
September (87 U.S.) 1469ph
Le Septième Cible (84 France) 2900
Le Septième Ciel (58 France) 4292
I sequestrati di Altona (63) [The Condemned of Altona] 993, 1416d, 1920ph, 2614, 2778w, 2806, 3636p, 3672, 3960m, 4088w, 4136, 4449, 4515, 4843, 4968w
Sequestro di persona (68) [Unlawful Restraint; Sardinia: Ransom] 151, 248, 2635, 2908e, 3037d, 3244, 3345m, 3741, 4469, 4916, 4945
Una sera c'incontrammo (76) 721ph, 4141d
"Una sera come le altre" *episode of* Le streghe
Una sera di maggio (55) 1712, 1806, 3338, 3395w, 3459d, 4128, 4432
Serafino (68) 406w, 926m*, 1071, 1074, 1246, 1279w, 1299, 1562a, 1856, 1923, 1924d-p, 3381, 3561, 3865p, 3992m, 4622
Seran hombres *see* Saranno uomini
La serata d'onore di Buffalo (19) 771d*, 1635, 1660
Serenade einer grossen Lieben *see* Come prima
Serenade für zwei Spione (65 Germany) 2371, 3387
Serenade to a Cannon *see* Pezzo, capopezzo e capitano
La serenata (10) 3289
Serenata (16) 1745, 3236
Serenata a Maria (57) 378, 804d, 1839, 1982, 3050p, 3387, 4512ph, 4580
Serenata ad un cannone *see* Pezzo, capopezzo e capitano
Serenata al vento (57) 971, 2268ph, 3599, 4715w
Serenata amara (52) 545, 1332ph, 2979d, 3270, 3864, 4066, 4306, 4323, 4778, 4987w
La serenata della morte (14) 655ph
Serenata italica (25) [Serenata italiana] 1834ph
Serenata tragica (51) [Guapparia] 1815m, 1977, 2069d, 2647, 3473, 4611, 4716ph, 4802
Serenata tzigana (29) 3237d, 4022
Serenate per 16 bionde (57) 1344, 1970, 2473, 3852, 4323, 4778
Serenatella Sciuè Sciuè (57) 2473, 3270, 3828, 4323, 4515, 4752
Serenità lagunare (50) 2839m
Sergeant Jim *see* Dolina Miru
Sergente d'ispezione (58) 2268ph, 3461, 3852, 3980, 4104d
Il sergente Klems (71) 3803, 3945, 4189, 4383
Il sergente Rompiglioni (73) 844, 1074, 1093, 1754
Il sergente Rompiglioni diventa...caporale (76) 1754
Il serpe (12) 229
Serpe (19) [La serpe] 441, 858ph, 2792a, 3871d, 4044w*
Serpe contro serpe (15) 554, 2946d
"Il serpente" *episode of* L'amore difficile
Il serpente (73) [Le Serpent; Night Flight to Moscow] 54, 109, 522, 595, 683, 1528, 1613, 1719, 2023, 2578, 2734, 3153m, 3278, 3594, 3795ph, 4096a, 4572, 4741d-p
Il serpente a sonagli (35) [Rattlesnake] 141w, 451, 651, 1468, 1756p, 1913, 2245, 2721, 2910d, 3372, 3918, 4378, 4675, 4792
Il serpente dalle sette teste *see* Il diavolo ha sette facce

The Serpent's Egg (77 Germany/U.S.) 1323p
Serpico (73 U.S.) 1323p
La serva padrona (33) 2598, 4807ph
"Serve e soldati" *episode of* Villa Borghese
Service de nuit (43 France) 3747w, 4623w
Servizio di scorta (73) 357, 2138, 2181ph, 3753, 3957
Servizio postale (12) 4807ph
Servo suo (76) 222
Sesso (64) 3803
Sesso acerbo (81) 1209d
Sesso allegro (81) 998ph, 4228d
Il sesso degli angeli (67) 230, 1438, 1442, 1783e, 1813m, 2414, 2566d, 3116, 3541
Il sesso del diavolo (71) 637, 2404
Il sesso della strega (72) 1527, 2078
Sesso e volentieri (82) 142, 3844d
Sesso in testa (74) 1973, 3509, 4612
Sesso matto (73) [Sessomatto; How Funny Can Sex Be?] 142, 567, 1096ph, 1354, 1945, 2296co, 2577, 2670w, 2760, 3844d, 4586m
Sesso nero (79) 1209d
Sesso perverso *see* Sexual aberration—sesso perverso
Sesso profondo (80) 1970d, 4307ph, 4712
Sesto continente (53) 3215w-e, 3264m, 3713d
Il sestuplo duello di Cretinetti (11) [Il duello] 1297, 4536ph
Sette anni di felicità (42) 1684s, 1957, 3447, 3917, 4104d, 4378, 4759ph
Sette baschi rossi (68) 633, 843, 1147w, 3154, 3294, 3753, 3987, 4229d
Sette canne e un vestito (49) 146d, 4716ph
Sette canzoni per sette sorelle (56) 1358, 1969, 3677, 3857, 4778
7 chili in 7 giorni (87) [15 Pounds in 7 Days] 1491m, 2005p, 3660, 4726
Le sette cinesi d'oro (67) 3469, 4357, 4436
I sette contadini (57) 3534d
Sette contro la morte (65) [The Cavern] 26, 893, 2118, 3992m, 4110, 4137, 4591w, 4617d-p, 4691
Sette contro tutti (64) [The Centurion and the Seven Gladiators; Seven Rebel Gladiators] 674, 2657d, 4001
I sette del gruppo selvaggio (77) 405, 638
I sette dell'Orsa maggiore (53) 380, 616w, 852, 1058d, 1161, 1294w, 1323p, 1398w, 1875, 3176, 3636p, 3955, 3960m, 4543ph
Sette dollari sul rosso (68) [Seven Dollars to Kill; Seven Dollars on Red] 814d-p, 843, 1366m, 1426, 2869, 3106, 3297, 4053
Sette donne per i MacGregor (66) [Up the MacGregors] 108, 275e, 585, 756, 867, 1460w, 1859, 1965d, 2264, 2554w, 3153m, 3600, 3835, 4478, 4616ph, 4891
Le sette fatiche di Alì Babà (63) 1124, 2584, 2976, 4040d, 4580
Le sette folgori di Assur (61) [Sardanapolus the Great; War Gods of Babylon; The Seventh Thunderbolt] 89d, 1531, 1717, 2450, 2837, 4071ph, 4112
I sette fratelli Cervi (67) 35, 964, 1178, 1354, 1885, 2033, 3385, 3780, 4821
Sette giorni all'altro mondo (36) 223, 870m, 1219p, 1276w, 1614, 1834ph, 1982, 2922d, 2953a, 3527, 4675, 4754, 4979
Sette giorni cento lire (33) 223, 471w, 475, 655ph, 1614, 1615w, 2740, 2744d, 2953a, 3077, 3759, 4233, 4732w, 4982
I sette gladiatori (63) [Gladiators Seven] 45ph, 220, 316, 1095w, 1102w, 1365d, 2061w, 2134, 2615, 3297, 3620a, 3977, 4542
7 Hyde Park—la casa maledetta (85) 339ph, 1365d
Sette magnifiche pistole (66) [Sette pistolas para Timoty] 249w, 1316w, 1715, 2079d, 2864, 4053
I sette magnifici cornuti (75) 405, 3509
Sette metri d'asfalto (54) 2892m, 3801d
Le sette mogli del pascià *see* Saetta e le sette mogli del pascià
Sette monache a Kansas City (73) 2714, 4052
Sette monaci d'oro (66) 479, 559, 844, 1606
I sette nani alla riscossa (51) [Revenge of the Seven Dwarves] 468p, 925, 1583s, 1808, 1959ph, 2808, 2876, 3270, 3607, 3847, 4434d-p, 4547, 4580
Sette note in nero *see* Passione e sentimento
Sette orchidee macchiate di rosso (72) 592, 1620, 4001
Sette ore di fuoco (64) [Adventures in the West] 252, 2486m, 2576, 3018, 3361ph, 3924d, 4074, 4677

Sette ore di guai (51) 329, 403, 618, 1388, 2600ph, 2811d, 2894, 2987, 2993d, 3458w*, 4296, 4454a, 4559, 4658
Sette ore di violenza per una soluzione imprevista (74) 48, 1981
I sette peccati (41) 333, 537, 1383, 2389d, 3688ph, 4189, 4476, 4968w
I sette peccati capitali (19) *see* L'accidia (19), L'avarizia (19), La gola (19), L'invidia (19), L'ira (19), La lussuria (19), L'orgoglio (19)
I sette peccati capitali (52) [Les Sept Péchés capitaux; The Seven Deadly Sins] 74d, 212w, 213m, 216d, 242, 587w, 828d, 1041m, 1057w, 1303d*, 1308, 1431p, 1520a, 1525d, 1539, 1599w, 2220ph, 2423d, 3046, 3090, 3143, 3212, 3277w*, 3546, 3604, 3662, 3821, 3822, 3914, 3933, 3939, 3948d, 4177, 4187ph, 4302w, 4378, 4500ph, 4569a, 4699w, 4740, 4765, 4783, 4885w
I sette peccati capitali (62) [Les Sept Péchés capitaux; The Seven Capital Sins] 181, 209, 404, 593w, 630, 646, 878, 943d*, 961, 1091, 1283d, 1285ph, 1376d, 1403, 1474m, 1797, 1986d, 2423d, 2521m, 2809, 3078d, 3221, 3661, 3667, 3720ph, 3820, 4101, 4477, 4485, 4582, 4627d, 4814, 4911
I sette peccati di papà (54) [J'avais sept filles; My Seven Little Sins] 610d, 738, 967, 1784, 3420, 3455, 3843, 4116, 4378, 4393ph, 4711
Sette pistole per El Gringo (68) 1631, 2132, 2258d, 2448, 3763
Sette pistole per i MacGregor (65) 108, 291, 1168, 1460w, 1859, 1965d, 2707, 3153m, 3835, 3837, 4053, 4478, 4487w, 4616ph, 4891, 4920, 4949, 4967
Sette ragazze pericolose (78) 23, 3607
Sette scialli di seta gialla (72) [Crimes of the Black Cat] 1426, 2244, 2404, 2766ph, 3730, 3957
Le sette sfide (60) 1811, 2536w, 2976, 4367, 4970d
Le sette spade del vendicatore (62) [The Seventh Sword] 84, 145, 583, 1786d, 2109, 2888ph, 4114, 4515
Sette strani cadaveri *see* La morte sorride all'assassino
Sette uomini d'oro (65) 48, 248, 1583s, 2070ph, 2545, 3161, 3393, 3607, 4392, 4515, 4586m, 4756d-p, 4967
Sette uomini d'oro nello spazio (78) [Star Odyssey] 222, 644d, 893, 1779ph, 1869, 2609, 4289
Sette uomini e un cervello (68) [Il rubamento; Criminal Symphony] 135, 637d-p*, 709, 953, 1095w, 1681m, 3256, 3992m, 4268
Sette vergini per il diavolo *see* Nude...si muore
Le sette vipere (65) 559, 1511, 1754, 1885, 4511
Sette volte donna (67) [Sept fois femme; Woman Times Seven] 170, 300, 637, 722, 1118, 1416d, 1565, 1588co, 1594a, 1882, 2557p, 2695, 2725, 2873, 2917ph, 3152, 3278, 3345m, 4047, 4182, 4926, 4968w
Sette volte sette (68) 509, 927, 1267, 1672, 2010, 2588, 2657d, 2673, 3055, 3161, 4336, 4483, 4586m, 4756p, 4949
Sette Winchester per un massacro (68) [Blake's Marauders; Winchester for Hire; Payment in Blood] 279, 524, 711, 892d*, 1366m, 1969, 2700, 3406, 4052, 4762
La settima donna (78) 527, 2631, 3683d
La settimana al mare (81) 2483d
La settimana bianca (80) [Girls Will Be Girls] 1173, 2483d
La settimana della sfinge (90) 516, 2639d, 3216ph, 3865p
Una settimana in Russia (08) 3326d-ph
Seven Beauties *see* Pasqualino Settebellezze
Seven Brides for the MacGregors *see* Sette donne per i MacGregor
Seven Deaths in the Cat's Eyes *see* La morte negli occhi del gatto
Seven Devils on Horseback *see* Se t'incontro, t'ammazzo
Seven Dollars to Kill *see* Sette dollari sul rosso
Seven from Texas *see* Camino del sur
Seven Guns for the MacGregors *see* Sette pistole per i Macgregor
Seven Guns for Timothy *see* Sette magnifiche pistole
Seven Guns from Texas *see* Camino del sur
Seven Hills of Rome *see* Arrivederci Roma
The Seven Little Foys (55 U.S.) 4803
Seven Magnificent Gladiators (84 U.S.) 2256ph, 2918d, 3153m

Seven Pistols for a Massacre *see* Adios hombre
Seven Rebel Gladiators *see* Sette contro tutti
Seven Savage Men *see* Se t'incontro, t'ammazzo
Seven Vengeful Women *see* Donne alla frontiera
Seven Virgins for the Devil *see* Nude... si muore
The Seventh Flooor *see* Il fischio al naso
Seven Seas to Calais *see* Sir Francis Drake, il re dei sette mari
Seven Slaves Against the World *see* Gli schiavi più forti del mondo
The Seventh Dawn (64 U.S.) 3345m
The Seventh Sword *see* Le sette spade del vendicatore
The Seventh Thunderbolt *see* Le sette folgori di Assur
79 A.D. *see* Anno 79—distruzione ercolano
Sex on the Run *see* Casanova e compagnia
Sex Quartet *see* Le fate
Le Sex shop (72 France) 1074
Sex with a Smile *see* 40 gradi sotto il lenzuolo
The Sexorcist *see* L'ossessa
Sexual aberration—sesso perverso (80) 998ph, 2918d
Sexy al neon (62) 4415w
Sexy Nights of the Dead *see* Le notti erotiche dei morti viventi
La sfida (58) 920, 1169, 1475, 3627, 3711, 3942, 4137, 4392, 4790, 4813
Sfida a Rio Bravo (65) [Jenny Lee ha una nuova pistola; Desafio en Río Bravo; Duel at Rio Bravo; Gunmen of the Rio Grande] 1362, 1371, 1430, 2234, 2486, 2505, 2700, 4053, 4189, 4509
Sfida alla morte (22) 355ph
La sfida degli implacabili (65) [Joe Dexter; Guns of Nevada] 1658ph, 2258d, 2681, 2868
La sfida dei giganti (65) [Hercules the Avenger] 2642d, 3434, 3803
La sfida dei Mackenna (69) [Badlands Drifters] 756, 994, 1366m, 1961, 2244, 2261, 2394d, 3075, 3177w, 4920
Sfida sul fondo (76) 222, 3945
Sfinge (18) 872d, 1068, 2097, 2272
La sfinge (20) 441, 858ph, 2792a, 3871d
La sfinge d'oro (67) [La esfinge de cristal; The Golden Sphinx; The Glass Sphinx] 1272, 1353, 1565, 3957, 4196, 4461
La sfinge dell'Ionio *see* Christus
La sfinge sorride prima di morire—stop—Londra (65) 3520, 3990, 4487d, 4779ph
"La sfregiata" *episode of* Le italiane e l'amore
La sfumatura (13) 138d, 2095, 2173, 3077
Lo sgarbo (78) 1489
Lo sgarro (62) 4225d, 4622, 4668
Sguardo al fondo marino (36) 3326p
Uno sguardo dal ponte (62) [Vu du pont; A View from the Bridge] 839, 1861, 1862, 2015p, 2362ph, 2399, 2649d, 3490, 4096a, 4293, 4338, 4654
Shadow of Evil *see* OSS 117 minaccia Bangkok
Shadow of Sartana...Shadow of Your Death *see* Passa Sartana...è l'ombra della tua morte
Shadow of the Eagle *see* La rivale dell'imperatrice
Shaft in Africa (73 U.S.) 2470
Shalimar (77 India) 2596
Shanghai (11) 3326d-ph
Shanghai Joe *see* Mezzogiorno di fuoco per An Hao
Shango, la pistola infallibile (69) 464ad, 1097, 1426w*, 1611, 1963, 3177d, 3622
Shark—rosso nell'oceano (84) [Devil Fish; Red Ocean; Devouring Waves; Monster Shark] 350d, 419, 1658ph, 1869, 2469, 2878w
Sharkey's Machine (80 U.S.) 1882
The Shark's Cave *see* Bermude: la fossa maledetta
Sharp-Shooting Twin Sisters *see* Una donna per Ringo
Shatterhand *see* La Battaglia di Fort Apache
She and He *see* L'assoluto naturale
The She-Beast *see* La sorella di Satana
She Came to the Valley (79 U.S.) 144d-p
The She-Wolf of Spilberg *see* La calda bestia di Spilberg
Sheena (85 U.S.) 1408ph
Sheherezade *see* La schiava di Bagdad
The Sheltering Sky *see* Il tè nel deserto
The Shepherd King (23 U.S.) 3845ph, 4044, 4575
The Sheriff and the Satellite Kid *see* Uno sceriffo extraterrestre...poco extra e molto terrestre
Sheriff Brandy *see* Cavalco e uccidi

Sheriff with the Gold *see* Uno sceriffo tutto d'oro
Shimmy Lugano tarantelle e vino *see* Fatto di sangue fra due uomini per causa di una vedova (si sospettano moventi politici)
Shining Star (75 U.S.) 1409
Shock *see* Al 33 di via Orologio fa sempre freddo
Shocking Cannibals (74) 2486m, 3129w
The Shoes of the Fisherman (68 U.S.) 1416, 1442, 1717, 3046, 3540, 4579
Shoeshine *see* Sciuscià
Shoot Django Shoot *see* Spara gringo spara
Shoot First, Ask Questions Later *see* Il bianco, il giallo, il nero
Shoot First, Laugh Last *see* Un uomo un cavallo una pistola
Shoot, Joe, and Shoot Again *see* Joe Dakota, spara...e così sia
Shoot the Living and Pray for the Dead *see* Prega per il morto e ammazza il vivo
Shoot to Kill *see* Se sparo...ti uccido
Short and Happy Life of the Brothers Blue *see* Blu Gang vissero per sempre felici e ammazzati
The Short Cut *see* Tempo di uccidere
Shotgun *see* La vendetta è il mio perdono
Shots Ring Out *see* Si udirono quattro colpi di fucile
Shout and Die *see* Tre soldi e la donna di classe
The Showdown (28 U.S.) 2770
Showdown for a Badman *see* Per una bara piena di dollari
Shower of Knives *see* I coltelli del vendicatore
Showman (62) 2614
"Sì buana" *episode of* Dove vai in vacanza?
Si chiude all'alba (44) 1130, 3371w, 3415
Si fa così (34) 1694ph, 2710
Si le roi savait ça *see* Se il re lo sapesse
Si 'mo ddice 'o cuore (27) 1226ph
Si può essere più bastardi dell'ispettore Cliff? (73) 3753
Si può fare, amigo (72) [En el oeste se puede hacer...amigo!; It Can Be Done, Amigo] 228m, 2642d, 3379, 3485, 3718, 4101, 4543ph
Si ringrazia la regione Puglia per averci fornito i milanesi (82) 2483d
Si salva chi vuole (79) 813, 3153m
Si te hubieses casada conmigo (48 Spain) 3840
Si udirono quattro colpi di fucile (65) [Four Bullets for Joe; Shots Ring Out] 720w
Si ve vulesse bene (22) 1226ph, 1468
Si Versaille m'était conté *see* Versailles
Siamo donne (53) [We the Women; *see also* Questa è la vita] 261, 421, 582, 623w, 675, 889, 920w, 973, 974w, 1001m, 1497, 1606d*, 1625, 1662ad, 1762d, 1851, 1892, 2030, 2245, 2253m, 2473ph, 2719, 2861ph, 2891ad, 2907, 3010, 3046, 3064, 3148, 3404, 3459d, 3473, 3492, 3560a, 3586w, 3608ph, 3627a, 3917, 3948d, 4117ph, 4187ph, 4281d, 4559, 4651, 4793, 4794ad, 4795d, 4948d, 4962p, 4968d
Siamo fatti così (80) 1779ph
Siamo in ritardo (07) 4807ph
Siamo ricchi e poveri (54) 107p, 114, 1959ph, 2712, 2713, 2804d, 3555, 3643, 3789, 3917, 3930, 4384w
Siamo tutti assassini (52) [Nous sommes tous des assassins] 162, 264, 296, 502, 599ph, 913d, 1156, 1282, 1593, 1654, 1776, 2424, 2499, 2522, 2531, 2546, 2728, 2732, 3135, 3169, 3171, 3181, 3220, 3229, 3423p, 3449, 3490, 3511, 3571, 3653, 3781, 3838, 3966, 4065, 4177, 4227, 4302w, 4408, 4413, 4477, 4725, 4755, 4777
Siamo tutti in libertà provvisoria (72) 1416, 4126w, 4127ph, 4336, 4533
Siamo tutti inquilini (53) 166, 518a, 529, 748w, 1305, 1598, 1606, 2284p, 2670w, 2922d, 3404, 3474, 4127ph, 4280, 4658, 4754, 4877
Siamo tutti milanesi (53) 545, 768, 816, 1173, 2446d, 2893, 3526ph, 3852, 4167, 4474w, 4530, 4538
Siamo tutti necessari (56) [Ritorno alla vita; Todos somos necesarios] 4579, 4611, 4859
Siamo tutti pomicioni (63) 685, 844, 4106m, 4647
Siamo uomini o caporali?! (54) 708, 1806, 2811w, 2829, 2906d, 2993w, 3457, 3460, 4378, 4543ph, 4559w*, 4769
Der Siberian Express (28 Germany) 3836d
Il sicario (61) 964, 1211d, 1892, 1924, 2404, 3478ph, 4720p, 4968w
Sicilia arabo-normanna (n.d.) 4537d

Sicilia barocca (50) 848d
Sicilia ellenica (49) 3644m
Sicilia: idea di un'isola (65) 3948d-p
Sicilian Cross *see* Gli esecutori
Sidney Sheldon's Bloodline (79 U.S.) 3153m
Sie kampft wie ein Mann (87 Germany) 1631, 2134w, 2918d
Sie nannten ihn Gringo (64 Germany) 4547
Sie tötete in Ekstase (70 Germany) 3176
Siegfried (12) [L'epopea dei Nibelunghi] 796w*, 872d, 1801w, 4022, 4120ph
Siena, città del Palio (50) 3493d, 3645ph
Il siero del dottor Kean (13) 2905
Il siero della verità (49) 3844d
Sierra Maestra (69) 1886ph, 2033
Siesta (87 U.S.) 3946
Las siete magnificas *see* Donne alla frontiera
Siete pistolas para Timoty *see* Sette magnifiche pistole
Il sigaro (09) 4807ph
Sigfrido (57) [La leggenda dei Nibelunghi] 1914d, 2947, 3231ph, 3303, 3319, 4071ph, 4449, 4547
Il sigillo di Pechino (66) [Peking Medallion; The Corrupt Ones] 166, 901d, 1031w, 1879m, 2183d, 2416, 2852, 2988, 3530, 4288, 4327
Il sigillo rosso (50) 518a, 754d, 765, 810ph, 939, 1676, 1724, 2758, 3840, 4168, 4254, 4987w
Sign of the Gladiator *see* Nel segno di Roma
The Sign of the Pagan *see* Il re dei barbari
Signé Arsène Lupin *see* Il ritorno di Arsenio Lupin
Il signor Bonaventura (53) 681d
Il signor Camillo, cacciatore d'orsi (14) [Camillo cacciatore di orsi] 434ph, 1395
Il signor Camillo in fasce (14) 1395d
"Signor ladro" *episode of* Il trittico di Bonnard
Il signor Max (37) 468p, 655ph, 760d, 1206, 1416, 2953a, 2966, 3280, 3382w, 3828, 3947m, 4186co, 4240
Il signor metodico (09) 1801w, 4807ph
Il signor ministro li pretese tutti e subito (78) 2797, 2877
Il signor Robinson—mostruosa storia d'amore e d'avventure (77) 1103d, 1271m, 1886ph
La signora Arlecchino (18) 872d, 1068, 1179ph, 2272, 4684w
La signora dal biglietto profumato (14) 3127
La signora dalle camelie (09) [La Dame aux camélias] 1617d, 3242
La signora dalle camelie (15) 392, 441, 827, 858ph, 881, 1068, 2097, 2173, 2792a, 3237d, 4191d*
La signora dalle camelie (47) *see* La Traviata
La signora dalle camelie (52) 183, 320a, 656, 939, 3429, 3667, 3857
La signora degli orrori (77) 195, 531d, 1492a-co, 2577, 3202, 3213ph, 3660, 4114, 4608, 4789w, 4832, 4840, 4912
"La signora degli smeraldi" *episode of* Tre milioni di dote
La signora dei vagoni letto (77) 2411, 3961ph, 4049d, 4115a
Una signora dell'ovest (42) 5s, 155ph, 637, 645, 1123, 1546, 1548, 1626, 2400d, 2989, 3329, 3615, 4243
La signora della notte (85) 91s, 1271m, 2021, 3081, 3996ph, 4141d
La signora delle miniere (21) 771d, 3703
La signora delle perle (18) 2541, 3836d
La signora delle rose (19) 2097, 2341
La signora di Montecarlo (38) [L'Inconnue de Monte Carlo] 437d, 890w, 1587m, 1936, 2268ph, 2966, 3438, 3819ph, 4281d, 4637
La signora di tutti (34) [Everybody's Body] 64d, 103m, 155ph, 387, 395, 1117, 3046, 3333d, 3475, 3610e, 3865p, 4273
La signora è servita (46) 1237, 1852, 2818, 4474w
La signora è stata violentata (73) 4579
La signora gioca bene a scopa? (73) 1652, 3509, 4645
La signora ha fatto il pieno (78) 2258d, 2679
La signora in nero (43) 832, 900w, 1816ph, 1852, 2744d, 3271, 3770, 4133, 4226, 4511, 4780, 4820
La signora innamorata (19) 2742, 3944d*
La signora Paradiso (34) 155ph, 387, 784w, 1311, 1509, 1636e, 2073d, 2763m, 2800, 3117a
La signora Robinet (12) 4807ph
La signora senza camelie (53) [Camille Without Camellias] 124, 146d, 528p, 582, 816, 920w, 939, 964, 1028, 1183, 1330, 1422, 1732p, 1813m, 1947, 1979,

1980, 2891ad-w, 3180m, 3452w, 3627a, 4131ph, 4187ph, 4274, 4354
La signora senza pace (19) 2173, 3237d
Signora Volpe (51) 2077d, 2839m
Le signore (60) 844, 2038, 2075w, 2615, 3050p, 4025, 4601, 4658, 4699d
Il signore a doppio petto (41) [Il signore in doppio petto] 754d, 1054, 1673e, 2083, 3117a, 4117ph, 4252, 4527, 4675
Un signore che pranza (13) 4807ph
Il signore che soffre il solletico (07) 4697, 4807ph
Il "signore" della taverna (40) 5s, 1005, 1481, 1614, 1913, 2624, 2792a, 2861ph, 3295, 3382d, 3616, 3677, 3828, 3840, 4269w, 4309
Il signore della vendetta (67) 1623
Il signore desidera? (33) 970, 1058ad, 1416, 3117a, 3118ph, 3410, 3836d, 3848, 4982
Il signore di Vincigliata *see* Il sire di Vincigliata
Signore e signori (66) [The Birds, the Bees and the Italians] 263, 1606, 1607, 1894, 1924d-p, 2577, 2578, 2603, 3098e, 3161, 3337, 3815, 3992m, 4660, 4786, 4789p-w
Signore e signori, buonanotte (76) 21w, 406w, 418, 927, 1075d, 1279w, 1882, 2633d, 2670d, 2723d, 2771, 2907, 3088d, 3373, 4126w, 4158d, 4530, 4781
Il signore in doppio petto *see* Il signore a doppio petto
Il signore non beve (07) 4697, 4807ph
Signori, chi è di scena? (51) 1122d*, 2927, 3748
Signori giurati...! (16) 128ph, 1605
Signori, in carrozza! (51) 21w, 78, 623w, 679, 818, 1028, 1305, 1421, 1606w*, 1712, 1732p, 2988, 3118ph, 3449, 3787, 3935, 3947m, 4126w, 4427, 4598, 4948d
Signori, la festa è finita (14) 4191d*
I signori ladri (09) 1801w, 4807ph
Signori si nasce (59) 2765ph, 2922d, 3473, 4116, 4548, 4559, 4721
La signorina (20) 492d
La signorina (42) 450p, 451, 784w, 1055co-s, 1423w, 2272, 2300, 2389d, 2613, 2813, 3162, 3295, 3340ph, 4292, 4378
La signorina Chicchirichì (28) [Mam'zelle Kikiriki] 2072ph, 2095, 3341, 3510d
La signorina Ciclone (16) 1210d, 1243, 1907d, 3118ph
La signorina dell'altro mondo (18) [Una giovane ragazza moderna] 475, 3454, 4581d, 4819
La signorina dell'autobus (32) 95p, 1099, 1852, 2671a, 2744d, 2875ph, 2898w, 3280, 4637
Una signorina in lotteria (21) 4581d
La signorina...madre di famiglia (23) 1841d, 1842, 2072ph, 2097
La signorina Miseria (19) 3940
La signorina Zoya (19) 2097
Le signorine della villa accanto (41) 363, 1852, 3338, 3944, 4071ph, 4280, 4292, 4556, 4737
Le signorine dello 04 (54) [04] 21w, 22, 104w, 765, 1002, 1305, 1346ph, 1762d, 1973, 2636, 2860, 2988, 3404, 3555, 3733, 3738, 3847, 3975, 4126w, 4645, 4957
Signorinella (49) 364, 692, 1276w, 2636, 2922d, 3270, 4237, 4273, 4511, 4543ph, 4754
Signorinette (42) 1352, 1541, 1836, 1931w, 2000, 2272, 3148, 3284, 3583a, 3716ad-w, 4117ph, 4341, 4714, 4780, 4948d-e
Il signorino (20) 4822d
Sigpress contro Scotland Yard (68) 211, 825, 1682, 2314, 2386, 2868, 3387, 3469, 4146, 4990d
Les Silencieux (71 France) 2900
The Silent Enemy (58 U.K.) 774, 1717, 3957, 4189
Silent Night (88) 3244
Silent Stranger *see* Straniero di silenzio
Il silenzio (21) 1506d, 4593
Silenzio, si gira! (43) 287ph, 623w, 637, 768, 771d, 1465, 1950, 2624, 2825, 3149, 3472p, 3527, 4233, 4252, 4260, 4269w, 4538, 4968w
Silenzio: si uccide (75) 3176, 4990d
Sillabe ardenti (20) 1088d, 3866
Il siluramento dell'Oceania (17) 475, 519, 1907d, 2538, 2704ph, 4593
Siluri umani (54) 616w, 680w, 964, 1294w, 1323p, 1607, 2540d, 2582d, 2782, 2852, 3386ph, 3485, 3636p, 4025, 4654, 4696
The Silver Chalice (55 U.S.) 126
Silvia e l'amore (68) 2248
Silvio e lo stradivarius (15) 3813ph
Silvio Pellico, il martire dello Spielberg (15) 3414, 3472d, 4808
Simme 'e Napule, paisà *see* Torna a Napoli

Simón Bolívar (68) 511d, 1257, 1353, 2012, 3497, 3718, 4063, 4106m, 4136, 4137
Simona (72) 142, 4654
Simone e Matteo un gioco de' ragazzi (75) 323, 638
Un simpatico mascalzone (21) 470, 771d, 3703
Simpatico mascalzone (59) 102d, 3526ph, 3828, 3894, 4296
Sinbad (86) 892d, 1557, 1670, 1969, 3698, 4355
Sinbad e il califfa di Bagdad (78) 1489
Il sindacalista (72) 709, 2970ph, 3594
Il sindaco di ferro (52) 2077d
Sindbad contro i sette saraceni (65) [Ali Baba and the Seven Saracens] 1124, 2132, 3055, 4040d
Sinfonia d'amore (54) [Schubert] 21w, 364, 406w, 582, 1016p, 1669w, 2499, 3119ph, 3493d, 3579w, 3969p, 4027, 4115a, 4126w, 4378, 4814
Sinfonía del hogar (47 Spain) 3840
La sinfonia del mare (19) 4700d
Sinfonia fatale (46) 155ph, 833, 990, 3112, 3584, 3917, 4166a, 4595
Sinfonia italica (47) 3231d
Sinfonia per un massacro (63) [Symphonie pour un massacre] 202, 320a, 1253, 1390d, 1964w, 2720m, 2980, 3890, 3896, 4098w, 4668
Sinfonia valdostana (48) 550ph
Sinfonie di cuori (37) 1950
Sinfonie di Roma (38) 812ph, 1914d, 2892m
Sing Sing (83) 1103d, 1432ph
Die singende Stadt *see* La città canora (30)
Der singende Tor (39 Germany) 4951m
Single Sin (31 U.S.) 3759
The Sinner *see* La peccatrice del deserto
The Sinners *see* La piscina
The Sins of Casanova *see* Le avventure di Giacomo Casanova
Sins of Rome *see* Spartaco (52)
Sir Francis Drake, il re dei sette mari (63) [Il dominatore dei sette mari; Seven Seas to Calais] 692, 1238, 1265, 1458, 1489, 1647, 1954, 1971, 2084, 2911d, 3004, 3730, 3989, 4279, 4462, 4614, 4750, 4801, 4923, 4970d
Il sire di Vincigliata (12) [Il signore di Vincigliata] 1343ph, 3869d
Sirena (19) 2875ph
Sirena (25) 1834ph
La sirena del golfo *see* Ma chi te lo fa fare?
Siroki plavi put *see* La lunga strada azzurra Sissignora (41) 816, 919w, 1122, 1170, 1367co, 1383, 1749ad, 2016, 2017, 2475ad-w, 2476m, 2654, 2757, 2825, 3118ph, 3138, 3610d, 3636p, 4027
Sissignore! (68) [Dismissed on His Wedding Night] 685, 1607, 1939, 2005p, 2075w, 2246w, 2751w, 3161, 3996ph, 4170, 4481, 4530d*
Sistemo l'America e torno (74) 228m, 406w, 1279w, 1480ph, 1783e, 2633d, 4781
Sisto V (11) 1801w, 2709d*, 4807ph
Sitiados en la ciudad (55 Spain) 4490
Six Days a Week *see* La bugiarda
Skeletros (20) 2484d
A Sky Full of Stars for a Roof *see* . . . E per tetto un cielo di stelle
The Sky in Front of Us *see* Dinanzi a noi il cielo
Slalom (65) 461, 891w, 927, 1096ph, 1882, 2603, 3153m, 4024d
Slap the Monster on Page One *see* Sbatti il mostro in prima pagina
Slaughter Hotel *see* La bestia uccide a sangue freddo
The Slaughterers *see* Apocalisse domani
The Slave (62) *see* Il figlio di Spartacus
The Slave (73) *see* La schiava, io ce l'ho e tu no
Slave of the Cannibal God *see* La montagna del dio cannibale
Slave Queen of Babylon *see* Io, Semiramide
Slave Women of Corinth *see* Afrodite, dea dell'amore
Sledge (70) [A Man Called Sledge] 31, 142, 280, 455, 1023, 1323p, 1671m, 1870, 1912d, 2415ph, 2846, 3158d, 3509, 3669, 4564, 4874, 4942, 4945
Slem (47) 4138ph
Sleyma (18) 3454
La smagliatura (75) [La Faille; Das Scheitern; Breakup; The Weak Spot] 20, 195, 854w, 3153m, 3559, 4530, 4562ph
Small Miracle (73 U.S.) 1416, 4654
La smania addosso (62) [The Eye of the Needle] 497, 743, 893, 939, 1753, 1882, 3992m, 4387, 4579, 4691
Smarrita! (21) 138d, 906ph
Smashing Time (67 U.K.) 3636p

Lo smemorato (37) 155ph, 567, 789p, 1099, 1301w, 1541, 3117a, 3195, 3514w, 3800, 3836d, 4979
Lo smemorato (69) 2578, 2907, 4503
Lo smemorato di Collegno (62) 479, 964, 4065, 4274, 4443, 4511, 4559
Lo smeraldo di Theiny (14) 2097
Smert' Joanna Groznovo *see* La morte di Ivan il terribile
The Smiling Maniac *see* Corruzione al palazzo di giustizia
Smog (62) [Smog brouillard] 1967, 2019, 2490, 2547, 3951d, 4025, 4038, 4618m
Le smorfie di Pulcinella (21) 1231d, 3454
Snack Bar Budapest (88) 629d-p-e, 1945
Snow Devils *see* I diavoli dallo spazio
Snow Job (72 U.S.) 516, 1416, 1511, 2660m*
So Fine (81 U.S.) 2962, 3153m
Soap Opera Italian Style *see* Melodrammore
La società della mano sinistra (14) 4248, 4797
Società Ovesticino—dinamo (55) 3322d
Society of Unrest *see* Barbagia
Il socio invisibile (39) 5s, 725, 2624, 2757, 2792a, 3828, 3871d, 3917, 3919, 4252, 4309, 4484ph, 4527
Socrate (70) 3218m, 3378, 3948d-p
Sodoma e Gomorra (62) [Sodom and Gomorra; The Last Days of Sodom and Gomorra] 14a, 28, 58d, 126, 246, 340, 707w, 946, 1325, 1426, 1683, 1818, 1836, 2024, 2378, 2536ad, 2602p, 3146, 3387, 3574, 3607, 3684w, 3957, 3974m, 4085, 4237, 4478, 4515, 4693
Sofia *see* Il cielo è rosso
Sofia di Kravonia (16) 1660, 2341, 3456d, 3652, 4447
Softly Softly *see* Sotto...sotto, strapazzato da anomala passione
Sogni d'oro (81) 765, 1454ph, 3140d*, 4111s
Sogni mostruosamente proibiti (82) 23, 3430d, 4307ph, 4651
I sogni muoiono all'alba (61) 1153d-ph, 1647, 2027d, 2486m, 2900, 3100d, 4073, 4511, 4989a
I sogni nel cassetto (57) 254, 287ph, 651, 890d-s, 2043, 2250, 2900, 3364, 3865p, 4527, 4813m
"Il sogno" *episode of* Su e giù
Il sogno continua (14) 229, 3978, 4700
Il sogno d'amore (22) 80, 475, 2097
Sogno d'amore (n.d.) 4061d
Sogno d'amore (44) 1236m, 1473, 1834ph, 2654, 3318, 3414, 3610d, 4737
Il sogno d'una notte d'estate a Venezia (21) 1273d, 1498ph
Il sogno dei Gonzaga (58) 3540d
Il sogno di Aissa (13) 1801w
Il sogno di Butterfly (39) 341a-s, 655ph, 784w, 914, 1184p, 1579, 1693s, 1816ph, 1841d, 1936, 1985, 3284, 3415, 3570, 4378, 4622, 4792
Il sogno di don Chisciotte (15) 3107, 3382d
Il sogno di Firulì (11) 353, 4807ph
Il sogno di Fregoli (01) 1791d
Il sogno di primavera (19) 4700d
Il sogno di Robinet (10) 4807ph
Il sogno di Torquato Tasso (47) 4246d
Il sogno di tutti (41) 333, 371, 471d, 939, 1160s, 1303, 1332ph, 1468, 1837, 1940, 2389d, 2767p, 3415, 3917, 4378, 4447, 4532w, 4780, 4981
Il sogno di un giorno (16) 1907d, 2875ph
Sogno di un padre (09) 4807ph
Il sogno di un tramonto d'autunno (11) 98p, 2709d, 4447, 4797, 4807ph, 4819
Sogno di una notte di mezza estate (83) [Midsummer Night's Dream] 509, 2577, 4035d, 4318ph
Il sogno di una notte di mezza sbornia (59) 1303d*, 2765ph
Il sogno di Za-la-Vie *see* L'incubo di Za-la-Vie
Il sogno di Zorro (52) 102w, 973, 1095w, 1133, 1693s, 1882, 2614, 2670w, 3118ph, 3119ph, 3218m, 3271, 3288co, 3473, 3548, 4116, 4281d, 4495p, 4599, 4979
Il sogno di Zorro (75) *see* Zorro
Soho Conspiracy (51 U.K.) 364, 1950, 1985
Un Soir de rafle (30 France) 1841d
Solamente nero (78) 794, 2182, 4189, 4841ph
Il solco di pesca (76) 657
Il solco e la sementa (21) 315, 724, 1119d, 1960ph, 4043
Sold into Egypt *see* Giuseppe venduto dai fratelli
La soldatessa alla visita militare (78) 999d, 1658ph, 1691, 3092
La soldatessa alle grandi manovre (79) 999d, 1658ph, 3092
Le soldatesse (65) [The Camp Followers] 44, 1346ph, 2342, 2900, 3017, 3218m, 4991

Soldati e capelloni (67) 539, 4660
Soldati e caporali (65) 1511, 1691, 1754, 3509
Soldati in città (53) 4991d
Soldati—365 all'alba (87) 377, 1415m, 1872, 4126w
I soldatini del re di Roma (14) 1801w, 3236
Il soldato d'Italia (16) 4195, 4571d
Il soldato di ventura (75) [Soldier of Fortune] 1677d, 2248, 2545, 2887ph, 3373, 3393, 3485
I soldi (66) 964, 2404, 2516, 2577, 3017, 4346
"The Soldier" *see* "La storia di un soldato"
Soldiers on Duty *see* Caporale di giornata
Sole! (18) 138d, 1221, 2029
Sole (29) 61ad, 511d-p-e, 810ph, 1673e, 2953a, 3118ph, 3340ph, 3410, 4303, 4698, 4732w
Il sole anche di notte (90) [Night Sun] 2075w, 2386, 2387, 2635, 3153m, 4456d
Il sole buio (90) [The Dark Sun] 1211d, 1294w, 2005p, 2315, 2593, 2975e, 3345m, 3428
Il sole di Montecassino (45) 1813m, 1936, 2430, 3118ph, 3474, 3944d*, 4159d, 4691
Il sole è di tutti (68) 3270
Il sole e i pazzi (19) 2052, 3427d
Il sole negli occhi (53) 590, 920w, 1461, 1514, 1676, 1843, 2860, 3387, 3404, 3573d, 3627a, 4117ph, 4378, 4676, 4969d
Sole nella polvere (71) [Dans la poussière du soleil; Dust in the Sun; Lust in the Sun] 258d, 749, 1168, 1182, 2429m, 3202, 4135
Sole nudo (84) 940d, 1096ph
Sole rosso (71) [Soleil rouge] 32a, 60ph, 118, 316, 661, 703, 806, 1265, 1349, 1503p, 2112, 2287m, 2663, 2982, 3009, 3207, 3267, 3497, 3743, 3750ad, 3826p, 3911w, 4437, 4941d
Il sole sorge ancora (46) 22p, 778, 1406w*, 1548, 1571, 2582ad-w*, 3318, 3363, 3447, 3635, 3848, 3938m, 4189, 4284, 4543ph, 4732d
Il sole tornerà (57) 845, 2436ph, 3599, 3857
Soledad (58 Spain) 1153d-ph, 1294w, 2027d
Soleil des hyènes (77 France) 3153m
Le Soleil des voyous *see* Il più grande colpo del secolo
Soleil noir (68 France) 1123
Soleil rouge *see* Sole rosso
Soli per le strade (53) 603, 1500, 1878ph, 4123, 4225d, 4432, 4756
Solimano il conquistatore (62) 252, 1366m, 2681, 2757, 3080, 3699, 4433, 4580
Les solitaires (11) 4807ph
Il solitario della montagna (31) 155ph, 552, 1336d, 2953a, 3271, 4093m, 4191, 4580
I soliti ignoti (58) [Big Deal on Madonna Street; Big Deal] 21w, 813, 845, 920w, 1169p, 1475ph, 1647, 1882, 1932a, 2033, 2907, 3088d, 3190, 3587, 3936, 4038, 4126w, 4191, 4559, 4618m
I soliti ignoti vent'anni dopo (85) 21w, 920w, 1408ph, 1882, 2907, 3190, 3960m, 3968, 4525d
I soliti rapinatori a Milano (61) 259, 844, 1827, 3538d, 4090, 4127ph, 4618m
Solitudine (41) 931, 964, 1206, 2197, 3472d-p, 4071ph, 4166a, 4233, 4252
Sollazzevoli storie di mogli gaudenti e mariti penitenti (72) 1209ph
Solo al mondo la storia di Piccolino (11) 4807ph
Solo contro Roma (62) [Vengeance of the Gladiators] 131, 1786ad, 2256ph, 2293, 2545, 3607, 3814d, 4480, 4515, 4568ph, 4586, 4756
Solo contro tutti (66) [Son of Jesse James; One Against All] 252, 756, 2224, 2486m, 4988ph
Solo Dio mi fermerà (56) 765, 845, 3363, 3634d, 4309, 4796, 4966
Un solo grande amore (72) [La casa de las palomas] 566, 582, 1263, 1366m, 3202
Solo per te (38) 493m, 914, 1841d, 3583a, 4484ph
Solo per te, Lucia (52) 576p, 1236m, 1834ph, 2498, 2624, 3209w, 3405, 3599, 3684w, 3951d, 4167, 4528, 4554
Solomon and Sheba (59 U.S.) 2596, 3218m
Soltanto un bacio (42) 768, 1123, 1684s, 1813m, 1892, 2600ph, 2851w, 3148, 3451w, 3689w, 3747w, 4027, 4246d, 4556
Un soltero difícil (50 Spain) 4490
Una sombra en la ventana (44 Spain) 3840
Sombrero (54 U.S.) 126, 1882

Some Girls Do (68 U.K.) 3922
Some Like It Bald *see* A qualcuno piace calvo
Somebody Up There Likes Me (56 U.S.) 126
Something Waits in the Dark *see* L'isola degli uomini pesce
Sometimes Life Is Hard, Right Providence? *see* La vita, a volte, è molto dura, vera provvidenza?
Somewhere Beyond Love *see* Delitto d'amore
Somiglianza funesta (16) 470, 797, 2240, 3704
Il sommergibile più pazzo del mondo (82) 1345ph, 2483d, 4955ph
Sommersprossen (68 Germany) 419, 3080
Son contento (83) 1973, 3098e, 3298w*, 3315w, 3637d
The Son of Hercules in the Land of Darkness *see* Ercole l'invincibile
The Son of Hercules in the Land of Fire *see* Ursus nella terra di fuoco
Son of Jesse James *see* Solo contro tutti
Son of Samson *see* Maciste nella Valle dei Re
Son tornata per te *see* Heidi
Son tornato, mamma! (14) 1929d
Sonata a Kreuzer (19) 1750d, 3021, 4015
Song (28 Germany) 4637
La sonnambula (41) 262d, 371, 726p, 2613, 2884ph, 3041, 3415, 4432, 4637, 4780
La sonnambula (53) 301d, 824ph, 4430
Sonnambulismo (14) 354, 872d, 1395
Sonnambulismo (15 new version) 1395d
Il sonno della ragione (51) 4813m
Sonny and Jed *see* La banda J & S—cronaca criminale del west
Sono fotogenico *see* Io sono fotogenico
Sono io l'assassino! (47) 261, 1996, 2269, 3104d, 3271, 3862, 4190ph, 4580
Sono Sartana, il vostro becchino (69) [Sartana, the Grave Digger] 256, 524, 834d, 1869, 2386, 2782, 3055, 3067p, 4551, 4916
Sono stato io! (37) 95p, 447, 1303, 1305, 1306, 2817a, 2910d, 3506, 3615, 4123, 4252, 4651, 4732w, 4737, 4759ph
Sono stato io! (73) 1096ph, 1945, 2363, 2475d*, 2670w, 2908e, 3098e, 3114, 4586m
Sono stato un agente CIA (78) [Covert Action; I Was an Agent for the CIA] 1011m, 1037, 2079d, 2285, 2373, 2545, 2970ph, 3754, 3957
Sono un fenomeno paranormale (86) 1103d, 1480ph, 2873, 3255, 3558m, 4292w*
Sonora *see* Sartana non perdona
Sons and Lovers (60 U.S.) 3218m
Sons of Thunder *see* Arrivano i titani
Sons of Vengeance *see* I tre spietati
Sophia Loren—Her Own Story (80 U.S.) 2399, 2614
Sopraluoghi in Palestina (64) 3453d*
I sopravvissuti della città morta (83) 1266d, 2764ph
Il sopravvissuto (16) 1907d, 1975, 2011, 3118ph, 3236, 3578, 4661
Sorbole...che romagnola (77) 3862d
Les Sorcières de Salem *see* Le vergini di Salem
Les Sorcières du bord du lac *see* Il delitto del diavolo
Sorella (20) 872d, 2740
Sorella contro sorella (20) 643d, 1508, 1512, 4004, 4044
La sorella del bandito (12) 4807ph
La sorella del forzato (16) 128ph
La sorella del missionario (13) 4447, 4807ph
La sorella di Satana (16) 3928d
La sorella di Satana (66) [Revenge of the Blood Beast; The She-Beast] 2344, 3310, 3746, 4346, 4879
Le sorelle (70) 53ph, 1881m, 1945, 1972, 2750d, 4381
Le sorelle Materassi (43) 567, 725, 1787p, 1834ph, 1930p-w, 2016, 2017, 2892m, 3610d, 3918, 4186co, 4189, 4975w
Le sorgenti del Po (06) 4807ph
Il sorpasso (62) [The Easy Life] 131, 1096ph, 1882, 2000, 2005p, 2267, 2451, 2670w, 3321, 3345m, 3619, 3844d, 4158w, 4254, 4301, 4582
La sorpresa del nonno (14) 3127
Le sorprese del divorzio (23) 155ph, 475, 650d, 1068, 2463, 3568
Le sorprese del divorzio (39) 5s, 650d, 1614, 3917, 4133, 4269, 4484ph, 4635a
Le sorprese del vagone letto (39) 725, 1128w, 1332ph, 2053ad, 3944d, 4061, 4378, 4754
Le sorprese dell'amore (21) 174d
Le sorprese dell'amore (59) 824ph, 844, 1075d, 1882, 2404, 4323, 4965
Le sorprese di don Camillo (23) 75ph, 1395d

Sorridete, Maestà *see* L'eco della gloria
Sorrisi e canzoni (58) 804d, 3975, 4515
Sorrisi e spasimi della menzogna (17) 4195, 4447, 4531d
Un sorriso al tramonto della vita (13) 3174d*, 3704
Il sorriso del grande tentatore (74) [The Devil Is a Woman] 880, 927, 1211d, 1354, 1717, 2270, 2489, 3153m, 3718, 4841ph
Un sorriso, uno schiaffo, un bacio in bocca (75) 4530
Sorry I'm Late *see* Scusate il ritardo
Sortilegio (70) 1666
Il sospetto (75) 1967, 2891d, 4038, 4282w, 4821
"La sospirosa" *episode of* Alta infedeltà
Sosta di eroi (41) 1766d
Sott'e cancelle (22) 95d-p*
Il sotterraneo fatale (20) 1848d*
Sotto a chi tocca (72) 2764ph, 4052
Sotto choc (78) 207, 788d, 3109, 3607, 4608
Sotto dieci bandiere (60) [Under Ten Flags] 193, 857, 1058d, 1375, 1582, 1585, 1932a, 2156, 2478, 2451, 2647, 2996, 3217d, 3260, 3407, 3435, 3771, 3955, 3960m, 4306, 4543ph, 4590, 4821
Sotto gli occhi dell'assassino (82) [Tenebrae; Unsane] 169d, 350ad, 1764, 1901, 4110, 4355, 4562ph
Sotto il cielo stellato (66) 890d
Sotto il dominio di una tomba (15) 3426
Sotto il ristorante cinese (87) 514
Sotto il segno dello Scorpione (68) 582, 826, 4456d, 4821
Sotto il sole di Roma (48) 104w, 507, 890d, 919w, 1493, 1930p-w, 1970ad, 1994, 2826w, 3960m, 4117ph, 4292, 4564w
Sotto il vestito niente (85) [Nothing Underneath] 1491m, 1569, 3603, 4685d, 4686w
Sotto l'ala della morte (15) 2242d, 2272
Sotto la bandiera nemica (15) 3356d
Sotto la croce del Sud (38) 650d, 1077w, 1157s, 1543, 1636e, 1724, 1834ph, 1979, 3041, 3460, 3947m, 4543ph
Sotto la lanterna (n.d.) 1129d
Sotto la maschera (20) 315, 1119d, 1960ph, 4043
Sotto la neve (17) 95
Sotto San Francisco (23) 3285ph
Sotto...sotto, strapazzato da anomala passione (85) [Sotto...sotto; Softly Softly] 1229, 1407, 2005p, 4318ph, 4882d
Il sottomarino n. 27 (15) 2974, 3356, 3813, 3983
Le Souffle au coeur (71 France) 2900, 3270
La Soule (88 France) 3153m
Sound of Trumpets *see* Il posto
"Soup" *episode of* Le bambole
Le Soupçon (77 France) 4038, 4821
Sous la Terreur *see* Fiordalisi d'oro
Sous le ciel de Provence *see* Era di venerdì 17
South Pacific (58 U.S.) 637
Souvenir d'Italie (57) 21w, 217, 824ph, 844, 845, 846p, 1002, 1114, 1416, 1493, 1676, 1972, 2289, 2325, 2487, 2660m*, 2947, 3178, 3573d, 4126w, 4147, 4292, 4540, 4543ph
Sovranetta (23) 1864d, 3819ph, 3910d
I sovversivi (67) 173, 659, 1813m, 4456d, 4551
Space Devils *see* I diavoli dallo spazio
Space Men (60) [Assignment Outer Space] 1063, 1266d, 1623, 2887ph, 3580, 3632, 4188e
La spada del Cid (62) 461, 3142, 4106m
La spada di Damocle (19) 1419d, 2742, 4575
La spada di Orlando (55) 3628d
La spada e la croce (58) [The Sword and the Cross; Mary Magdalene] 211, 619d, 1095w, 1287, 1623, 1971, 2171, 2889ph, 3053, 3264m, 3580, 3607, 3936, 4189, 4433
Una spada nell'ombra (61) 2517, 2615, 3864, 4633
Una spada per l'impero (64) 2042, 2053d, 2293, 4444
Lo spadaccino di Siena (62) 439, 833, 1573w, 1621, 1649, 1875, 2000, 2024, 2099w, 2339w, 2351, 2404, 2656, 3512d, 3863, 3992m, 4564
Lo spadaccino misterioso (56) 1332ph, 1979, 2053d, 2472, 2517, 2829, 4722w
Le spade dei barbari (82) 1658ph, 3292, 4442d
Spade senza bandiere (60) 2000, 2647, 3980, 4333, 4722d
Spaghetti a mezzanotte (81) 53ph, 2878d
Spaghetti House (82) 21w, 2771w*, 2908e, 3425, 4125, 4126w, 4608, 4850
Spaghetti Western *see* Cipolla Colt
Spara forte, più forte, non capisco (66)

44, 920w, 1303d*, 2557p, 2640, 2907, 3960m, 4052, 4566, 4579, 4878
Spara gringo spara (68) [Gringo; Shoot Gringo Shoot; Shoot Django Shoot; Rainbow] 102w, 509, 1102d, 2365, 2647, 4927, 4988ph
Spara Joe...e così sia *see* Joe Dakota, spara...e così sia
Spartaco (13) *see* Spartaco, il gladiatore della Traccia
Spartaco (52) [Spartaco, il gladiatore della Traccia; Sins of Rome] 428, 774, 1757, 1786d, 1972, 1977, 2595s, 3271, 3387, 3608ph, 3947m, 4062, 4239, 4464, 4788
Spartaco e i dieci gladiatori (64) [Espártaco y los diez gladiatores; Day of Vengeance] 762, 2576, 3283d, 3525, 3782, 3864, 4071ph, 4106m, 4189, 4285w, 4326, 4432, 4628
Spartaco, il gladiatore della Traccia (13) [Revolt of the Gladiators] 49, 796, 2063, 2964, 3456p, 4767d*
Spartaco, il gladiatore della Traccia (52) *see* Spartaco
Spartacus (60 U.S.) 3288
The Spartan Gladiators *see* La rivolta dei sette
Gli sparvieri del re (54) 714, 3064, 3478ph, 4375
Lo sparviero del Nilo (49) 61d, 261, 1683, 1882, 1914d, 2647, 3117a, 3148, 3288w, 3398, 4071ph, 4622
Spasmo (74) 44, 1093, 2196, 2372, 2534d, 3153m, 3753
Spavaldi e innamorati (59) 3089, 4274, 4384w, 4428, 4694d, 4724w
Gli spazzacamini della Valle d'Aosta (14) 3427d
Lo specchio e la morte (21) 4956d
Gli specialisti (69) [Drop Them or I'll Shoot] 20, 1103d, 1470ph, 1602, 2107, 2486m, 3161, 3517
"Spedizione punitiva" *episode of* Cronache del 22
Speed Cross (80) 2902d, 2998, 4491
Speed Driver (80) [Grip] 118, 3339, 3698, 4491
Speed Fever *see* Formula uno febbre della velocità
La sperduta di Allah (28) 2073d, 3118ph, 4425
Sperduti nel buio (14) 261, 614w, 831, 2029, 2599, 2879d
Sperduti nel buio (47) [La ragazza perduta] 454, 807m, 1332ph, 1416w*, 1979, 2817a, 2906d, 3050p, 3318, 3473, 3555, 3604, 3643, 3862, 3978, 4041, 4195, 4280, 4732w, 4968w
Spergiura! (09) 98p, 1801w, 2709d, 3680, 4807ph
Speriamo che sia una femmina (86) [Pourvu que ce soit une fille] 514, 920w, 1379, 1901, 2908e, 3088d, 3153m, 3278, 3579, 4057, 4615
Sperlonga (49) 1850d
Gli spettri (17) 4944
Spettri (87) 2256ph, 3603
Gli spettri della fattoria (24) 2063
Lo spettro bianco di Saint Moritz (14) 3869d, 4200
Lo spettro del dottor Hichcock (63) [Lo spettro] 259, 972a, 1366m, 1786d, 2888ph, 2954, 3730, 4346
Lo spettro del sotteraneo (15) 1327d
Lo spettro di mezzanotte (15) 4956d
Spia per vendetta (09) 4807ph
Spia spione (67) 709, 1310, 1827, 1955
Spiaccichicciacaticelo (84) 4790
La spiaggia (53) 430, 639, 840, 844, 918co-s, 1153ph, 1666, 1969, 1979, 2475d, 2476m, 2751w, 2909, 2943, 3147, 3503, 3558m, 3917, 3967, 4290w, 4478, 4654, 4966
Una spiaggia chiamata desiderio (76) [La spiaggia del desiderio] 2373
Spiaggia d'inverno (55) 4662d
Spiaggia libera (65) 1973, 4511, 4753
Le spie (57) [Les Espions] 213m, 1043d, 1044, 1513, 1926w, 2140, 2324, 2431, 2917ph, 3252, 3797a, 4081, 4177, 4203, 4624
Le spie amano i fiori (66) 674, 1228, 2534d, 4436, 4693
Spie contro il mondo (66) [Requiem per un agente segreto; Gern hab'ich die Frauen gekillt] 300, 461, 647, 2024, 2386, 4285d, 4669 Spie tra le eliche (43) 618, 1673d-e, 1683, 2800, 3340ph
Le spie uccidono a Beirut *see* A 007 sfida ai killers
Le spie uccidono in silenzio (66) 520, 584, 720d, 1228, 2293
Le spie vengono dal semifreddo (66) [Dr. Goldfoot and the Girl Bombs] 142, 351d, 891w, 1601, 1754, 3178, 3674
Das Spiel der Liebe (23 Germany) 3432d
La spietata colt del gringo (67) 1366m, 1886ph, 1974
Spighe bianche (41) 848d

La spigolatrice di Sapri (15) 4082
La spigolatrice di Sapri (52) *see* Eran 300
La spina dorsale del diavolo (70) [The Deserter] 270, 972a, 1086, 1158, 1272, 1323p, 1440, 1644, 2222w, 2236, 2374d, 3095, 3558m, 3562, 4193p, 4386, 4543ph, 4564, 4873
Una spina nel cuore (85) 2415ph, 2475d, 2636, 3161, 4586m
Spine e lacrime (15) 343, 1068, 1935d, 3083
Spione unter sich *see* La guerra segreta
La spirale della morte (16) 49, 519, 4593
Una spirale di nebbia (77) 157e, 439, 657, 1354, 1828, 2643w, 3642, 4094, 4794d
Spiriti d'imitazione (07) 4807ph
Spiritismo (18) 441, 466w, 1395d*, 2792a, 3289, 3585
Spirito Santo e le cinque magnifiche canaglie (73) [Gunmen and the Holy Ghost; Return of the Holy Spirit] 998ph, 2182, 2340, 2928d, 3062, 3387
Lo spiritoso (81) 1652
Spirits of the Dead *see* Tre passi nel delirio
Spivs *see* I vitelloni
Splendor (89) 2907, 3405, 4158d, 4562ph, 4583, 4814
Splendori e miserie di Mme. Royale (71) 560, 801, 4530
Spogliamoci così senza pudor. . . (77) [Love in Four Easy Lessons] 118, 882, 1071, 1263, 1658ph, 1920ph, 2679, 2878d
Una sporca faccenda (67) 893
Sport invernale (06) 4807ph
Sport minore (51) 2891d
Sport superstar (78) 4023d
La sposa (58) 1878ph, 2712, 4601
La sposa bella (60) 522, 888, 893, 1136, 1182, 1185, 1416, 1606, 1717, 1863, 2301d, 2471ad, 3580, 3936, 3961ph, 4025
La sposa dei re (38) 447, 736, 1003, 1058d, 1311, 2739, 2800, 3506, 3592, 4970ad-w
La sposa della morte (15) 827, 910, 1068, 1935d, 2271, 4046
La sposa era bellissima (87) 3036p, 3074, 3153m, 4057
La sposa non può attendere (50) [Anselmo ha fretta] 679, 939, 1095w, 1388, 1762d, 2596, 3118ph, 3270, 4474w, 4748, 4813m, 4968w
La sposa non vestiva di bianco *see* Senza peccato
La sposa perduta (21) 36, 1088d, 3432d
Sposata ieri (53) 1423w, 2025d, 2519ph, 3917, 4611
La sposina (77) [Young Bride] 424d
Springtime *see* È primavera
Spy in Your Eye *see* Berlino—appuntamento per le spie
The Spy Killers *see* A 007 sfida ai killers
The Spy Who Came in from the Semi-Cold *see* Le spie vengono dal semifreddo
The Spy Who Loved Me (77 U.K.) 490
The Spy with a Cold Nose (66 U.K.) 3345m
Squadra antifurto (77) 2887ph, 4612
Squadra antigangsters (79) 211, 1102d, 1981, 3017
Squadra antimafia (78) 2887ph, 3017, 4854
Squadra antiscippo (76) 1102d, 3017, 3379, 4612
Squadra antitruffa (79) 1102d, 2160, 2887ph
Squadra volante (74) 2539, 3017, 3161
Squadriglia bianca (43) 727w, 1465, 2000, 2624, 2953a
Squadrone bianco (36) 655ph, 931, 1172, 1179ph, 1221, 1693s, 1724, 1907d, 1936, 3088ad, 3542w, 3616, 3891w, 4484ph, 4659w, 4729m
Lo squadrone si diverte (54) 3859p
Square of Violence (61 U.S.) 1123
Lo squartatore di New York (82) [The Ripper] 1366m, 1804d*, 2415ph, 3945, 4534e
The Squeeze (76 U.S.) 1266d, 1480ph, 2248, 3189, 4246w, 4699p
Squeeze a Flower (70 Australia) 973
Stadio (34) 771d, 2803w, 2953a, 3118ph, 4117ph, 4484ph
Die Stadt der tausend Freuden (27 Germany) 1841d
La staffilata (15) 4482
Stagecoach of the Condemned *see* Prima ti perdono, poi ti ammazzo
Una stagione all'inferno (71) 187, 527, 646, 2287m, 4335
La stagione dei sensi (69) 1432ph, 1763d, 2383
Le stagioni del nostro amore (66) 28, 3161, 3992m, 4025, 4090, 4662d, 4821
Lo stallone (82) 2678

Stammatina alle 10 *see* Film d'amore e d'anarchia
Standschütze Bruggler (36 Germany) 4200
Stangata in famiglia (76) 2988
Stangata napoletana—la Trastola (83) 53ph, 801d, 4905
Stanno tutti bene *see* Tutti stanno bene
La stanza del vescovo (76) [The Bishop's Bedroom] 406w, 1279w, 1439, 1454ph, 3202, 3844d, 4115a, 4530, 4586m
Stanza 17—17, palazzo delle tasse, ufficio delle imposte (71) [17 Palazzo delle Tasse ufficio imposte] 2545, 3161, 3803, 4530, 4586m
La stanza segreta (10) 1801w, 2709d*, 4807ph
Star Odyssey *see* Sette uomini d'oro nello spazio
The Star of India (54 U.K.) 2876, 3960m, 4065
Starblack (66) [Johnny Colt; Black Star] 109, 1934m, 2061d, 2766ph, 3945, 4165, 4920
Starcrash (79 U.S.) 1146d, 2442ph, 3098e
Stark System (80) 38ph, 1459, 4821
Start the Revolution Without Me (69 U.K.) 208
Starting Over from Three *see* Ricomincio da tre
Stasera a casa di Alice (91) 406w, 1279w, 1469ph, 2005p, 3202, 4726d-p*
Stasera alle undici (37) 387, 471d, 618, 1693s, 2589, 3460, 3527, 3610e, 3616, 4091, 4281w, 4527, 4698, 4759ph
Stasera mi butto (68) [I'll Try Tonight] 566, 1612, 1705d, 1754, 1945, 2061w, 3406, 3643, 3943, 4443, 4754
Stasera niente di nuovo (42) 555, 1276w, 1684s, 1837, 1852, 2474, 2739, 2922d, 3271, 3580, 3849, 4167, 4273, 4543ph, 4651
Stasera sciopero (51) 493m, 518a, 554d, 1054p, 1173, 2003, 2791w, 2909, 2988, 3148, 3526ph, 3557, 3828, 4641, 4706w, 4778
State buoni se potete (83) 1417ph, 2723d
Stateline Motel *see* L'ultima chance
Lo stato d'assedio (69) [Amore breve; Besieged]] 741w, 855, 1065, 1486, 4189, 4916
Stato interessante (77) 23, 152ph, 195, 1354, 2730
La statua (70) 375, 665, 716, 958, 979, 1030, 1286, 1687, 1765, 1788, 1981, 1995, 2578, 2735, 3025, 3029, 3272, 3345m, 4030, 4329, 4598, 4664, 4704
La statua di carne (12) 1336
La statua di carne (21) 79d, 80, 155ph, 475, 881, 1068, 2770
La statua vivente (42) 1936, 2661, 2746, 2906d, 4280, 4543ph
La statuetta di Nelly (13) 353, 4807ph
Stavisky (74) 187, 263, 382, 489, 609, 1387, 1538, 2610, 3513, 3802d, 3820, 4773ph
Stay As You Are *see* Così come sei
Stay Away from Trinity... When He Comes to Eldorado *see* Scansati... Trinità arriva Eldorado
Stazione Termini (53) [Indiscretion of an American Wife] 56ph, 459, 507, 604, 679, 795w, 845, 875, 939, 974w, 1001m, 1038, 1416d-p, 1913, 1979, 2311, 2817a, 2909, 3155ph, 3643, 3684w, 3828, 4184p, 4378, 4548, 4754, 4968w
Stecchini giapponesi (21) 650d
Stefanie in Rio (60 Germany) 2996
Stella (20) 876d, 4061
La stella del cinema (31) 79d, 492w, 655ph, 1751, 3404, 3596p, 3759, 4093m, 4188ad, 4354
Stella del mare (38) 78, 1227s, 1401d, 1653, 2826w, 3415
La "Stella Polare" del duca degli Abruzzi (01) 728d-ph
Stelle emigranti (83) [Wandering Stars] 813, 1620, 2404, 2442ph, 2578, 2596, 3080, 3471
Le stelle nel fosso (79) 219d, 794, 1346ph
La steppa (62) 1827, 2475d, 3579w, 4115a, 4187ph, 4668, 4814, 4839
Steppenwolf (74) 242, 585, 1035, 4054, 4832
Sterminate "gruppo zero" (74) 2962, 4491
Sterminator Vesuvio (20) 1841w, 4792
Stern von Rio (55 Germany) 2647
Stick 'Em Up, Darlings *see* Colpo in canna
The Sting of the West *see* Te Deum
La stirpe (18) 2242d, 2710
Stomatologia nei tempi (52) 681d
The Stone Killer (73 U.S.) 1323p
Stop the Slayings *see* Perchè uccidi ancora?
Stop Verushka *see* Verushka

Der Storch streikt (31 Germany) 4807ph
La storia (85) 275e, 813, 920w, 1075d, 1454ph, 3718
Una storia ambigua (86) 464d
Una storia d'amore (42) 309, 760d, 900w, 1834ph, 2648, 2953a, 3137w, 3280, 3284, 3318, 3408w
Una storia d'amore (68) 263, 566, 2657d, 2678, 2765ph
Storia d'amore (86) 1993, 2891d
Storia d'amore e d'amicizia (82) 1294w, 3218m, 3701, 3951d
Storia de' fratelli e de' coltelli (72) 102d, 1014, 1416, 4612, 4988ph
La storia dei bob (54) 2077d
La storia dei tre (17) 138d, 355ph
La storia dei tredici (17) 572, 1841d, 2060ph, 3585
La storia del cavallo Rataplan (17) 150
La storia del fornaretto di Venezia (52) 825, 1543, 1815m, 1978, 2624, 4232, 4284d, 4756
La storia del Paletot (12) 4807ph
Storia del pianoforte (51) 1662d
Storia del porto di Genova (53) 2999d-ph
Storia del teatro (56) 1361, 1761, 1882, 2987
Storia del III Reich (63) 911d
Storia dell'indipendenza greca 1820–1830 *see* Gulnara
La storia della bicicletta (53) 2077d
La storia della dama dal ventaglio bianco (19) 1210d, 1343ph, 1733, 2072ph, 3077
Storia della navigazione (56) 2999d-ph
"La storia di Caterina" *episode of* Amore in città
Storia di cinque città *see* Passaporto per l'Oriente
La storia di Clo-Clo (21) 155ph, 1506d, 2271
Storia di fifa e di coltello (72) 102d, 844, 1754, 4988ph
La storia di Lulù (09) 4807ph
La storia di Maud (16) 2341
Una storia di notte (66) 2404, 3046, 4622
Storia di Piera (83) 1666d, 2070ph, 2232, 2907, 2908e, 4080m, 4152
Una storia di Pinturicchio (n.d.) 4023d
Storia di ragazzi e ragazze (89) 219d, 3345m
La storia di un delitto (18) 3495, 4956d
Storia di un elefante (54) 3713d
La storia di un giorno (42) 1212d
Storia di un paio di stivali (10) 4807ph
La storia di un peccato (17) 1841d, 1842, 1844, 3394, 3981ph, 4575
Storia di un quartiere (50) 4991d
"La storia di un soldato" *episode of* L'amore difficile
La storia di una capinera (17) 1343ph
La storia di una capinera (43) 43ph, 439, 1661, 1756, 2000, 2474, 2613, 2826w, 3440, 3836d
La storia di una donna (19) 1179ph, 2974, 3382d, 3472, 3510d, 4200
Storia di una donna (69) 111, 409d, 1629, 1967, 3178, 4327, 4397, 4632, 4705, 4917
Storia di una minorenne (56) 1129d, 1631, 1909, 2550, 2813, 2888ph, 3857
Storia di una monaca di clausura (74) 852, 940w, 1684s, 2372, 3213ph, 3342, 3411d, 3558m, 4301
La storia di una mummia *see* Kalidaa
La storia di una sigaretta (21) 176ph, 4822d
Una storia impossibile *see* L'ingorgo—una storia impossibile
Una storia milanese (62) 465, 721ph, 1429, 1887, 3150, 3322, 4188e, 4652, 4794d
Una storia moderna: l'ape regina (63) [Ape regina; Queen Bee] 1651, 1666d, 1953, 2070ph, 2451, 2739, 4254, 4530, 4625m*, 4790, 4814
Storia russa (06) 4807ph
Una storia semplice (91) 148, 228m, 1346ph, 2041, 4529, 4821
Storia senza parole (81) 1096ph
Storia vecchia, tempi nuovi (18) 3970
Storie d'amore proibite (59) [Il cavaliere e la zarina; Le Chevalier de la tzarina; Le Secret du chevalier d'Éon] 511w, 1676, 3046, 3709, 3864, 3877, 3975, 3992m, 4018w, 4564, 4569a, 4597p, 4643
Storie della mia città (53) 2077d
Storie di karatè, pugni e fagioli (73) 1074
Storie di ordinaria follia (81) 104w, 1346ph, 1666d, 1668a, 1891, 2611, 2908e, 3202, 4080m, 4610
Storie di truffe e di imbroglioni *see* Bluff-storie di truffe e di imbroglioni
Storie di vita e di malavita (75) 2730
Storie scellerate (73) 275e, 1014, 1015d, 1263, 1346ph, 1668a, 2057p, 2691, 3453w, 3864
Storie sulla sabbia (63) 152ph, 1432ph, 1651d, 1813m, 4841ph

Storielle del Bosco Viennese (52) 848d
Storm Rider *see* Il grande duello
The Story of Esther Costello (57 U.S.) 637
The Story of Ruth (60 U.S.) 3288w-co
Story of Three Loves (53 U.S.) 126
Straccetto (16) 3127
Stracittà (51) 4625m, 4727d
La strada (54) 334, 666, 824ca, 1323p, 1650d, 1706w, 1920ca, 2861ph, 2894, 3579w, 3636p, 3715, 3929, 3960m, 3967, 4226, 4237, 4721
La strada buia (49) [Fugitive Lady] 184, 305, 931, 996, 1346ph, 1744, 1845, 1970d, 2814, 3374, 4028d, 4166a, 4189
La strada dei giganti (60) 685, 964, 2745d, 2958, 3001, 3176, 3233, 3457, 4187ph, 4425e, 4580
Strada facendo (48) 933d
La strada finisce sul fiume (50) 684, 727w, 804d, 964, 1504, 1571, 3608ph
La strada lungo un anno (58) [Cesta dugu godinu dano] 1406d, 1408ph, 1972, 2075w, 3398, 3534w, 3689w, 3955, 4127ph
La strada per Fort Alamo (65) [Camino de Fuerte Alamo; Arizona Bill] 351d, 1018, 1023, 2014, 2530, 3468, 4618m
Strade di Napoli (47) 3844d
Strade ferrate (n.d.) [Railways] 107p
Strade italiane (47) 2999d-ph
Stradivari (35) 36
Stradivari (89) 920w, 1346ph, 3715
Stradivarius (18) 2538
La strage degli innocenti (15) 755, 2040, 4200, 4807ph
La strage dei vampiri (62) [Curse of the Blood Ghouls] 2019, 2928d
Strana (18) 3869d
Una strana coppia di gangsters (79) 118
Strana la vita (88) [Life Is Strange] 2, 275e, 443d, 3036p, 3113, 3153m, 4419ph
La strana legge del dottor Menga (72) 1810, 2404
Strana orchidea con cinque gocce di sangue (72) [Tutti i colori del buio; Todos los colores de la oscuridad; They're Coming to Get You] 1063, 1652, 1658ph, 2188, 2244, 2752, 2878d, 3228, 3261m, 3753, 3835
Una strana passione (84) [Nicolò, ou l'enfant trouve] 38ph, 228m, 377, 1742, 2824, 3805
Strand—Under the Dark Cloth (89) 4968
Strange Bedfellows (65 U.S.) 2596
The Strange Day *see* La giornata balorda
Strange Events *see* Quelle strane occasioni
The Strange Night *see* La notte pazza del conigliaccio
The Strange Obsession *see* La strega in amore
Strange Shadows in an Empty Room *see* Tony Saitta
Strange Tale of Minnesota Stinky *see* Giù la testa . . . hombre
Stranger and the Gunfighter *see* Là, dove non batte il sole
Stranger in Japan *see* Straniero di silenzio
A Stranger in Town *see* Un dollaro tra i denti
Stranger on the Prowl *see* Imbarco a mezzanotte
The Stranger Returns *see* Un uomo un cavallo una pistola
Stranger That Kneels Beside the Shadow of a Corpse *see* Inginnochiati straniero . . . i cadaveri non fanno ombra
Strangers *see* Viaggio in Italia
The Stranger's Gundown *see* Django il bastardo
Lo strangolatore di Vienna (73) [The Mad Butcher] 697, 1682, 2129, 2261, 4990d
Lo strangolatore muto (20) 311ph
Gli strani casi di Collericcio (20) 1844, 2594d
La straniera (29) 475, 2474, 2655, 3382d, 3845ph, 4044
Lo straniero (14) 4766, 4767d*
Lo straniero (67) [L'Étranger] 13, 514, 920w, 1155, 1323p, 1857a, 1921, 2167, 2342, 2640, 2677, 2907, 3387, 3558m, 3961ph, 4555co, 4795d, 4980
Uno straniero a Paso Bravo (68) 348w, 658w, 749, 1426, 1611, 2288, 2486m, 3975
Uno straniero a Sacramento (64) 45ph, 424d, 438, 1796, 1963, 2127
Straniero di silenzio (75) [Stranger in Japan; Silent Stranger; Horseman and the Samurai] 140p-w*, 252, 345w, 1011m, 4683d
Lo straniero senza nome (20) 4046
Strano appuntamento (51) 748w, 1583s, 1892, 1982, 2115d, 2245, 2738w, 2909, 3176, 3607, 3917, 4127ph, 4306, 4333
Lo strano caso di Miss Poker (17) 538
Uno strano invito a pranzo (11) 4807ph
Uno strano tipo (63) 1804d, 4443
Lo strano viaggio di Pim Popò (21) 797d, 865d

Lo strano vizio della signora Ward (71) [Next!; The Next Victim] 29, 1369, 1652, 2188, 3753
Stratagemma d'amore (10) 4807ph
Lo stratagemma di Stacia (15) 3214
La strategia del ragno (69) 442d, 659, 769, 1454ph, 3008, 4167, 4379ph, 4651
Strattato cerca casa equo canone (83) 4955ph
Strawberry Blonde *see* Bionda fragola
Straziami. . .ma di baci saziami (68) [Kill Me with Kisses] 21w, 94p, 263, 700, 1541, 1871, 2615, 2771, 3337, 3844d, 4126w, 4513, 4530, 4547, 4586m
Street Angel (28 U.S.) 3717, 4575
Street Corner Kids *see* I fichissimi
Street Kids *see* Scugnizzi
Street People *see* Gli esecutori
La strega (07) 4807ph
"La strega bruciata" *see* "Strega bruciata viva"
"Strega bruciata viva" *episode of* Le streghe
La strega in amore (66) [The Strange Obsession] 1211d, 2302, 4137, 4821
Strega, ridammi il cuore! (15) 797, 3107
Stregati (87) 978, 2005, 3098, 3202, 3293, 3298d*, 3996ph
Le streghe (66) 35, 416, 455, 531d, 725, 1263, 1323p, 1416d, 1554, 1793, 1857a, 1967, 1972, 2010, 2677, 2773, 2963, 3153m, 3453d, 3466w, 3558m, 3620a, 3718, 3815, 3951d, 3961ph, 4188e, 4292, 4533, 4547, 4555co, 4559, 4713, 4795d, 4968w
Streghe (89) 270
Lo stregone in città (73) [Stregoni di città; Witchcraft of the City] 263, 659, 3754
La stretta (20) 534ph, 554d*, 755, 3491
Stretta e bagnata (81) [Tight and Wet] 1209ph
Lo stretto di Magellano (54) 1902d
Strike Commando (87) 1063, 1082, 2918d
Striker (87) [Combat Force] 892d, 2490, 2534w, 2764ph, 4355
The Strikers *see* I compagni
Stringimi forte, papà (78) 657, 1658ph, 4442d
Strip-tease (63 France) 3342
Strogoff *see* Michele Strogoff (70)
Stromboli, terra di Dio (50) 104w, 421, 740w, 941, 1940, 2861ph, 3947m, 3948d, 4802
The Strongest Man in the World *see* Maciste, l'uomo più forte del mondo
Strongly Influenced *see* Suggestionata
The Stud (78 U.K.) 1399
Lo studente (83) 998ph
Studio legale per una rapina (76) 517d, 3176
Study of Love *see* Comizi d'amore
Stuntman (68) 255d, 824ph, 1095w, 1286, 1528, 2596, 2965, 3176, 3623, 3730, 3992m, 4775
Stupende le mie amiche (80) [My Fabulous Girlfriends] 2975e
Sturmtrüppen (76) 560, 1037, 2832, 3098e, 3660w*, 3961ph, 4049d
Sturmtrüppen n. 2 (82) 38ph, 4049d
Su e giù (65) [Up and Down] 44, 84, 685, 709, 846p, 1323p, 1493p, 1659, 2080d, 2636, 3002, 3955, 4025, 4543ph*, 4568ph, 4681, 4693
Su e giù per le scale (59) [Upstairs and Downstairs] 813, 1375, 2176, 2325, 4346
Su le mani, cadavere! Sei agli arresti (71) 62m, 424w, 2394d, 2493, 2576, 4069
Su mayor aventura *see* Il segreto inviolabile
Sua Altezza ha detto: no! (53) 37w, 43ph, 332d, 1196, 1976, 2660m*, 2671a, 3473, 3847, 4192, 4528, 4530
Sua Altezza l'amore *see* S.A. l'amore
Sua Eccellenza la morte (20) 4046
Sua Eccellenza si fermò a mangiare (61) 2578, 2893, 2922d, 4233, 4530, 4559, 4753, 4981
La sua giornata di gloria (68) 678d-e, 1035, 1899m, 2074, 2545
Sua Maestà il danaro *see* S.M. il danaro
Sua Maestà sangue (15) 3871d
La sua strada (43) 780, 1128d-e, 1490, 2600ph, 3578, 3917, 4166a, 4237, 4252, 4432, 4556, 4947
Sublime rinuncia (21) 3525ph
Submission *see* Scandalo
Subway in the Sky (59 U.K.) 3218m
Il successo (63) 28, 1511, 1875, 1882, 2005p, 2670w, 3128d, 3153m, 3161, 3619, 3844d, 4133, 4158w, 4314, 4579, 4582, 4693
Un successo diplomatico (13) 1395, 3127
Sucedio en Damasco *see* Accade a Damasco
The Sucker *see* Colpo grosso ma non troppo
Sudden Death *see* Anno 2020—i gladiatori del futuro

Le sue rondini (13) 3127
Le sue ultime dodici ore *see* È più facile che un cammello...
Sugar Colt (66) 228m, 1095w, 1460w, 1965d, 2264, 3047, 3443, 3656, 3835, 4616ph
Suggestionata (78) [Strongly Influenced] 48, 1923, 3862d
Sui gradini del trono (13) 1327d, 2063, 4767
Sui tetti di Roma (50) 681d
Suicida! (11) 4807ph
Suicidio (16) 1355, 2594d, 4082, 4575
Il suicidio sublime (15) 634w, 3174, 4531d
Sul campo dell'onore (15) 3382d
Sul limite del Nirvana (15) 444, 2240, 3944, 3956d
Sul limite della follia (16) 80, 1900, 2599, 4531d
Sul Ponte dei sospiri (52) 964, 996, 1784, 1892, 1972, 2472, 2540d, 3118ph, 3716, 3939, 4274, 4708
Sul rogo dell'amore (14) 229
Sul sentiero delle vipere (12) 80, 1132
Sul sentiero di guerra (69) [Paths of War] 1097, 1959ph, 2061d, 3387, 4153
Sul transatlantico (12) 4807ph
Sul trapezio (16) 1216, 3813ph, 3978, 4577
Sulfatara (55) 1413d
Sulla cupola di san Pietro (45) 511d, 1153ph, 4813m
Sulla falsa strada (13) [La falsa strada] 1204, 2272, 2599, 2740
Sulla via di Damasco (47) [Sulla strada di Damasco] 1153ph, 1578d, 2027d, 4813m
Sulla via maestra (16) [Sulla strada maestra] 1216, 2653, 4046
Sulle Alpi riconsacrata (22) 1076d-ph
Sulle dentate scintillanti vette (10) 4807ph
Sulle nevi di Cortina (n.d.) 398d
Sulle orme di Giacomo Leopardi (41) 1343ph, 3451d
Sulle rotaie (51) 3493d
Sulle rovine dell'amore (15) 2594d, 4082
Sullivan (19) 388d, 2792a, 3472
La sultana Safiyè (53) 604, 743, 1116, 1332ph, 1784, 1977
Les Sultans *see* L'amante italiana
Summertime (56 U.S./U.K.) 637, 1001m, 3046
Summertime Killer (72 U.S.) 3730, 4650, 4654
Summit (68) 48, 509, 558d, 1239, 1368, 3218m, 4821
Sundance and the Kid *see* Vivi...o preferabilmente morti
Sunday Lovers *see* I seduttori della domenica
Sunflower *see* I girasoli
Sunscorched *see* Jessy non perdona... uccide
Il suo destino (20) 3676, 3956, 4819
Il suo destino (39) 936, 1931w, 1979, 2073d, 2601ph, 3149, 3295, 3583a
Il suo nome è Donna Rosa (69) 1705d, 2902ph, 3655
Il suo nome è Sandokan (76) [Sandokan] 113, 368, 927, 1271m, 1741, 2545, 2887ph, 4285d
Il suo nome era Pot...lo chiamavano Allegria (71) [Django Always Draws Second; Hero Called Allegria] 1680d, 1681m, 1961, 2292, 3055
Il suo nome faceva tremare Interpol in allarme (73) 1652, 4564
Il suo nome gridava vendetta (69) [The Man Who Cried for Revenge] 252, 286ph, 419, 720d, 1426, 2224, 4368
Il suo più grande amore (55) 45ph, 1500, 1969, 2540d, 3527, 4066, 4449
La suocera di Robinet (12) 4807ph
Suocero di se stesso (23) 1179ph, 4524d
Suona la ritirata (18) 4593
Suonatore di chitarra (10) 4129w*
La suonatrice ambulante (12) 441, 3289
La suonatrice d'arpa (17) 1834ph
Suonno d'ammore (55) 743, 1103d, 1806, 1812, 2473ph, 4528
"Suor Dolores" *episode of* I figli di nessuno (20)
Suor Emanuelle (77) 1903, 2766ph, 4515, 4694d
Suor Letizia (56) [Il più grande amore] 127w, 760d, 1002, 1294w, 1475ph, 1504, 2595s, 2719, 3040, 3865p, 3953, 3955, 4966, 4968w
Suor Maria (56) 804d, 2492, 2885, 2888ph, 3415, 4010, 4674
Suor Omicidi (77) [Killer Nun] 886, 1205, 1565, 4189, 4378, 4651
Suor Teresa (16) 379, 1617d, 2753, 3813ph
Suor Teresa (51) *see* La grande rinuncia
La suora giovane (64) [The Novice] 1556, 2970ph, 3967
Super climax (80) 1209d-ph

Super Fire Busters *see* Poliziotto superpiù
Super hard core (82) 1209ph
Super Stooges vs the Wonder Woman (75 Spain) 644d, 2609, 3600, 3951ph
Superandy, il fratello brutto di Superman (79) 467d
Superargo contro Diabolicus (66) [Superargo el hombre enmascarado] 994, 1100, 2677, 3283d, 3297, 3743, 4509
Superargo e i giganti senza volto (67) [Il re dei criminali; Superargo el gigante] 467d, 506, 692, 994, 1063, 2619, 2700, 4045
"La superbia" *see* "L'orgoglio"
Supercops of Miami *see* Miami supercops—i poliziotti dell'8a strada
I superdiabolici *see* Amore all'italiana
SuperFantaGenio (85) [Aladdin; The Genie] 23, 102w, 1102w, 1103d, 1722w, 2256ph, 3485, 3730, 4596p, 4712
Superfantozzi (87) 406w, 2982, 3430d, 4781w*
Superfly TNT (72 U.S.) 490, 4192
Superfuzz *see* Poliziotto superpiù
Supernatural Man *see* Barbasciò
Superrapina a Milano (64) 926d*, 964, 3146, 4810d-p
Superseven chiama Cairo (66) 2534d, 4189, 4512ph
Supersnooper *see* Poliziotto superpiù
Supersonic Man (78 U.S.) 783
Superstizione (48) [Non ci credo] 146d, 1813m, 4716ph
La supertestimone (71) 228m, 2075w, 3339, 4530, 4809
La supplente (76) 1878ph, 2102, 2537d
La supplente va in città (81) 1173, 3178
Il supplizio del silenzio *see* La tortura del silenzio
Suprema bellezza (21) 1960ph, 4200d*
Suprema confessione (57) 964, 1103d, 1110, 1667, 1717, 2648, 4189, 4217
Il supremo convegno (11) 4807ph
Supremo olocausto (18) 434ph
Surcouf, l'eroe dei sette mari (67) 3971d, 4045, 4509
'O surdato 'nnamorato *see under* O
Sursis pour un vivant *see* Il mistero del pensione Edelweiss
Susanna tutta panna (57) 70, 559, 735, 844, 845, 1046, 1346ph, 1659, 2771, 2811w, 2993w, 3084, 3227, 3593, 3636p, 3717, 4053, 4359d, 4467, 4658
Suspiria (77) 169d-m, 400, 1783e, 2127, 2383, 4562ph, 4651
Suspiria 2 *see* Profondo rosso
Sussuri nel buio (76) [Un sussuro nel buio] 69d, 490, 1012ph, 1136, 1350, 1491m, 2490, 2628
Le svedesi (61) 844, 1469ph, 3628d, 4290w, 4579
Svegliati e uccidi (66) [Lutring; Too Soon to Die] 1783e, 1885, 2196, 2582d-p, 3153m, 3213ph, 3321, 4821
Svengali (27 Germany) 3836d
Una sventatella (18) 1179ph, 2974, 3956, 4947d
La svergognata (74) 592, 1093, 2545
Svezia—inferno e paradiso (68) 3699, 4025, 4618m
Lo svitato (55) 559, 1511, 1540, 1716w*, 2582d, 3007ad-w, 3080, 3213ph, 3264m, 3740
Uno svizzero in Italia (54) 4727d
Swansong Days *see* I giorni contati (62)
Swear to Kill Them One by One *see* Piluk il timido
Sweden Heaven and Hell *see* Svezia—inferno e paradiso
Sweet and Sour *see* Confetti al pepe
Sweet Charity (69 U.S.) 1650w
Sweet Country (87 U.S.) 3244
Sweet Pea *see* Piso pisello
Swept Away *see* Travolti da un insolito destino nell'azzurro mare d'agosto
The Swindle *see* Il bidone
The Swindlers *see* Il bidone
Swoosie (84) 339ph
The Sword and the Cross (57) *see* Le schiave di Cartagine
The Sword and the Cross (58) *see* La spada e la croce
The Sword of the Conqueror *see* Rosmunda e Alboino
The Sword of Zorro *see* Le tre spade di Zorro
Sword's Edge *see* A fil di spada
Sylvia (51) 848d
La symphonie fantastique (42) 56ca
Symphonie pour un massacre *see* Sinfonia per un massacro
Syndicate Sadists *see* Il giustiziere sfida la città
T 9 (51) 2077d, 2839m
T.O. 34 (42) 848d
T'amerò sempre (33) 155ph, 451, 760d, 919w, 939, 1311, 1509, 1978, 2953a, 3162, 3514w, 3597
T'amerò sempre (43) [Je vous aimerai

toujours] 104w, 433, 760d, 931, 939, 1834ph, 2474, 2719, 2953a, 3318, 3459w, 4233, 4651, 4721
T'ammazzo. . .raccomandati a Dio *see* Fidarsi è bene, sparare è meglio
I tabù (63) [Taboos of the World] 2486m, 3674, 4586m
Tabù n. 2 (65) [I tabu n. 2] 2076w, 2486m, 2803d
I tacchi di Cretinetti (11) 1297, 4536ph
Il tacchino (23) 554d, 1733, 2872, 3609, 3786
Il tacchino prepotente (39) 351ph, 3948d-p-e
Das Tagebuch der Geliebten *see* Maria Bashkirtseff
La taglia è tua, l'uomo l'ammazzo io, El Puro (70) [El Puro, la rancon est pour toi] 62m, 438, 560, 638, 1943, 2258w, 3177d, 3243, 4920
Tai Pan (86 U.S.) 1323p
Taifun *see* Il ciclone
The Tailor's Maid *see* Padri e figli
Tais-toi quand tu parles *see* Zitto quando parli
Take a Hard Ride *see* La parola di un fuorilegge. . .è legge
Take All of Me *see* Dedicato a una stella
Taking Off *see* Partire
A Tale of Five Cities *see* Passaporto per l'Oriente
Tales of Mystery *see* Tre passi nel delirio
Tales of Yore *see* Quel gran pezzo dell'Ubalda tutta nuda e tutta calda
The Tall Women *see* Donne alla frontiera
Il tallone di Achille (52) 102d, 838, 1815m, 1892, 2517, 2670d, 3284, 3584, 4123, 4167, 4378, 4454a, 4634
Tam Tam Mayumbe (55) [Tam Tam] 175, 435, 1213d, 2284p, 2376, 2486m, 2526, 2907, 3215d, 3223ph, 3713ad, 4071ph, 4668
Tamango (57) 1222, 2117, 2324, 2405m, 2732, 4173ph, 4199, 4725, 4846a
El tambor del Bruch (47 Spain) 4490
Il tamburino sardo (16) 3956d
"Il tamburino sardo" *episode of* Altri tempi (51)
The Taming of the Scoundrel *see* Il bisbetico domato
The Taming of the Shrew *see* La bisbetica domata
Tampa (56 Mexico) 3607, 4756
Tango blu (88) 1237
Il tango dei trapassati (21) 4484ph
Il tango della gelosia (81) 2, 344ph, 2545, 4126w, 4359d, 4686w, 4809
Il tank della morte (17) 3567, 3984d, 4482
Tank Force (58 U.K.) 3420
Tanto calore (84) 1823d
Tanto va la gatta al lardo (78) 1096ph, 1123, 1691, 2190
Der Tanzer meiner Frau (26 Germany) 3472
Der Tanzhusar (31 Germany) 4807ph
Le tappe della gloria e dell'ardire italici (23) 2484d, 3981ph
Tarakanova *see* La principessa Tarakanova
Tarantella napoletana (53) 2851w, 2906d
La tarantola dal ventre nero (72) [Black Belly of the Tarantula] 207, 232, 592, 912d, 1484, 1620, 1945, 2244, 2760, 2797, 3153m, 3670, 4057, 4566, 4790, 4857
I tarasacchi (90) 2442ph
Le tardone (64) [Las otoñales] 1754, 3509, 4515, 4753, 4820
Target Eagle (82 Spain/Mexico) 1491m
Target for Killing *see* Il segreto dei frati gialli
Target: Girls *see* Obiettivo ragazze
Il tarlo distruttore (20) 36, 3432d
The Tartar Invasion *see* Ursus e la ragazza tartara
I tartari (60) 253d, 917, 1124, 1623, 1717, 1912ad, 2642e, 2647, 2837, 2923, 2976, 3336, 3381d, 3947m, 4040w, 4448p, 4505d, 4880
La tartaruga (18) 876d, 1400, 2742, 3454
La tartaruga del diavolo (20) 906ph, 4684d
I tartassati (59) [The Overtaxed] 284, 765, 1245e, 1308, 1606, 1948w, 2670w, 2837, 2993w, 3558m, 4081, 4127ph, 4359d, 4559
Tarzan, roi de la force brutale *see* Taur, il re della forza bruta
Tarzan the Ape Man (59 U.S.) 1232
Tarzana, sesso selvaggio (69) 405, 1023, 1181, 2745d, 3619, 3803, 4499, 4512ph
Il tassinaro (83) [The Cabbie] 21w, 1480ph, 1650, 3398, 3558m, 4126w, 4292d*, 4533
Un tassinaro a New York (87) 1360, 1890, 3558m, 3996ph, 4290w, 4292d*
Taste for Killing *see* Per il gusto di uccidere
Taste of Death *see* Quanto costa morire
A Taste of Life *see* Una botta di vita

Taste of the Savage *see* Occhio per occhio, dente per dente
Taste of Vengeance *see* I vigliacchi non pregano
Tatiana (21) [La ballerina polacca; Tatiana, la danzatrice polacca] 379d*, 1343ph, 4331
Tatuan il galeotto detective (20) 55
Taur, il re della forza bruta (62) [Thaur, King of Brute Force; Tor; Thor and the Amazon Women; Tarzan, roi de la force brutale] 110, 243, 1124, 1689, 2068p, 2540d, 3264m, 3881, 4122w, 4309, 4551
Taureg *see* Tuareg—il guerriero del deserto
Die tausend Aügen des Dr Mabuse *see* Il diabolico dott. Mabuse
La taverna della libertà (50) 387, 3010, 3604, 4027, 4073, 4306, 4370, 4756
La taverna rossa (39) 475, 1636e, 1816ph, 1931w, 2872, 3247d, 4010, 4166a, 4651
La taverna verde (24) 475, 655ph, 1068, 1506d, 3596p, 3617, 3704, 4022, 4061
La tavola dei poveri (32) 511d-e, 919p-w, 1673e, 1982, 2953a, 3118ph, 4281w, 4303, 4811w*
Taxi di notte (50) 1841d-p, 1950, 1959ph, 1988, 3148, 3271, 3503, 3584, 3841, 4191, 4511
Taxi girl (77) 1658ph, 2188, 2679, 4442d
Taxi-Love servizio per signora (77) 2609, 2965
Un Taxi mauve (77 France) 377, 1346ph
Taxi...signore? (57) 2536d
Una tazza di tè (23) 1179ph, 4524d
Tchin-tchin (91) [Chin-Chin] 122, 922, 1491m, 2907, 4021d
Te Deum (72) [Father Jackleg; Con Men; The Sting of the West] 571, 743, 892d, 1074, 1271m, 1611, 1875, 2346, 2701w, 2760, 3379, 3393, 3670, 4247w, 4336
...Te lasso! (26) 1226ph, 1302, 1327d*, 3956, 4960
Te lo dirò domani (20) 315, 343, 1834ph, 3083d*
Te lo leggo negli occhi (66) 4300
Il tè nel deserto (90) [The Sheltering Sky] 442d, 3504w, 4379ph, 4501p
Te sto aspettano (57) 1704d, 2712, 4123, 4574, 4759ph
The Teacher and the Miracle *see* Il maestro
Teatro *see* Orizzonte dipinto
Teatro minimo (57) 4662d
Teatro n. 1 (50) 3724d
La tecnica del film (39) 4138ph
Tecnica di un amore (73) 23, 2730
Tecnica di un omicidio (66) 293, 1436, 3244, 3683d, 4876
La tecnica e il rito (71) [Il giovane Attila] 1366m, 2084, 2280d, 3116
Ted l'invisibile (22) [Ted l'immortale] 771d, 3703
I teddy-boys della canzone (60) 844, 2775w, 2888ph, 3405, 3411d, 3458, 3794, 4116, 4285w, 4440w, 4754
The Teenagers *see* Le diciottenne
Teheran (47) 155ph, 422, 1500, 1979, 2300, 3503, 3557, 3626, 4706w
La tela del ragno (13) 1327d*, 4191
La tela del ragno (70) 1652, 2023
"La telefonata" *episode of* Le bambole
La telefonata del diavolo (20) 3819ph
I telefoni bianchi (76) 377, 419, 637, 1012ph, 1882, 3844w, 4530, 4586m
La telefonista (32) 223, 655ph, 1005, 2030, 2744d, 2953a, 3615, 3643, 3967, 4527, 4732w, 4792
Telefono nel medio evo (07) 4697, 4807ph
"The Telephone" *episode of* I tre volti della paura
Televisione (30) 1514, 3341, 3845ph, 4982
Tema di Marco (72) 2033, 2041, 2936
Temi (20) [Themis] 3118ph, 3581, 3758d
Temi il leone (18) 3077
Le Témoin *see* Il testimone
Un Témoin dans la ville (59 France) 3030
Tempest (82 U.S.) 1882
La tempesta (58) 146ad, 654, 925, 972a, 1185, 1233, 1323p, 1367co, 1645, 1768, 1827, 1882, 2000, 2156, 2207, 2213, 2361, 2475d, 2574, 2773, 3125, 3205, 3514w, 3558m, 3638, 3957, 4183, 4237, 4543ph, 4837
Tempesta d'anime (46) [Tempesta d'amore] 725, 1914d, 2654, 3271, 4232, 4599
La tempesta è passata (55) 118
Tempesta in un cranio (21) 771d, 3703
Tempesta nel Nilo (25) 3578
Tempesta su Ceylon (63) 3349d, 3955, 4579w
"Tempesta su Parigi" *episode of* I miserabili
Tempesta sul golfo (43) 43ph, 391, 964, 1756, 2272, 2826w, 2953a, 3288co, 3527, 3557, 3836d, 4613

Tempestad en el alma (49 Spain) 1473
Tempi duri per i vampiri (59) [Uncle Was a Vampire; My Uncle the Vampire] 141w, 1095w, 1804w, 2005p, 2404, 2515, 2616, 3752, 4121, 4127ph, 4359d, 4586m, 4724w, 4981
Tempi nostri (52) [Zibaldone n. 2; The Anatomy of Love] 238, 511d, 766w, 801, 845, 918co, 920w, 924, 925, 964, 974w, 1001m, 1095w, 1213ad-w, 1303, 1351, 1383, 1416, 1689, 1693s, 2614, 2851w, 2907, 3099, 3129w, 3363, 3513, 3608ph, 3664w, 3834, 3877, 4114, 4243, 4292, 4413, 4559, 4754
Il tempio dell'elefante bianco (64) [Sandok, il Maciste della giungla] 1715, 2534d, 3387, 3400, 3957, 4720p
Il tempio di sacrificio (19) 2964d
Templi indiani (11) 3326d-ph
Il tempo che vive (56) 2077d
Tempo d'amarsi (54) [Tempo di amarsi] 3142, 3979d-p, 4813m
Tempo d'estate *see* Summertime
Il tempo degli assassini (75) 265, 637, 1205, 2539, 3276, 4568ph
Il tempo degli avvoltoi (67) [Last of the Badmen] 83, 257, 322, 405, 999d, 1611, 2188, 4618m, 4916
Il tempo dell'inizio (75) 3754
Il tempo delle belve (82) 1417ph
Tempo di amarsi *see* Tempo d'amarsi
Tempo di Charleston (68) 4320
Lu tempo di li pisci spata *see under* L
Tempo di libertà (61) 3724d
Tempo di massacro (66) [La morte è fu: tempo di massacro; Brute and the Beast] 893, 1460w, 1649, 1804d, 2188, 2681, 3244, 3386ph, 4216
Tempo di pittura (53) 2077d
Tempo di Ravenna (55) 681d
Tempo di Roma (63) [Esame di guida] 172, 224, 844, 1879m, 2988, 4467, 4638w, 4733, 4830
Tempo di tonni (55) 4023d
Tempo di uccidere (89) [The Short Cut] 719, 1706w, 1945, 3097d, 3153m, 4126w, 4529
Tempo di villeggiatura (56) [Vacation Time; Holiday Time] 21w, 166, 845, 1416, 2449, 2771, 2988, 3506, 3724d, 3738, 3828, 4031ph, 4126w, 4515, 4793, 4948d
Il tempo e i poeti (43) 976d, 1203ph
Tempo massimo (34) 450p, 1416, 2719, 2922d, 2953a, 3028, 3118ph, 3578, 3800, 3970, 4754
Tempo perduto (49) 848d
Il tempo si è fermato (59) 3322d
Il temporale (15) 3127
Temporale Rosy (80) [Hurricane Rosy; Rosy la bourrasque] 276s, 1346ph, 3088d
Temps des loups (69 France) 2578
Temptation (68) 439, 465, 1181, 1215, 2000, 2206, 2691, 3558m, 3592, 3907w, 4279
The Tempter *see* L'anticristo
Ten Desperate Men *see* I dieci gladiatori
Ten Little Indians *see* E poi non rimase nessuno
The Ten Million-Dollar Grab *see* I diamanti che nessuno voleva rubare
Ten Ready Rifles *see* Zoras il ribelle
10,000 Dollars Blood Money *see* 10.000 dollari per un massacro (*under* D)
Tencier de femmes (82 France) 998ph
La tenda rossa (69) [Krasnaya Palatka; The Red Tent] 20, 813, 1085, 1169p, 1294w, 1686, 1972, 1980, 2327d, 2413, 3153m, 4287, 4681, 4976e
Tender Is the Night (62 U.S.) 1232
Tenderly (68) [Jolanda; The Girl Who Couldn't Say No] 479, 638, 680d, 1100, 1294w, 2070ph, 2357, 2578, 2608, 3345m, 3406, 3523, 3594, 3815, 4174, 4435
Tendre Dracula (74 France) 1123, 4651
Tendre voyou *see* Un avventuriero a Tahiti
Tenebrae *see* Sotto gli occhi dell'assassino
Tenebre (34) 650d, 942, 2875ph, 3046, 3404, 4982
La tenebrosa mano (16) 80, 4531d
Il tenebroso affare (16) 1397
Il tenente Barth (15) 554, 2946d
Il tenente Craig, mio marito (49) 1813m, 2392
Il tenente dei carabinieri (85) 2771, 3637d
Il tenente del Terzo Lancieri (16) 1635, 3456p
Il tenente Giorgio (52) 996, 1323p, 1530, 1683, 1684s, 1757, 1972, 2910d, 3023, 3118ph, 3176, 3636p, 3973, 4568ph, 4599, 4803
Una tenera follia (86) 998ph
Un tenero tramonto (84) 1012ph
Tentacoli (77) 31, 194d-p, 516, 1011m, 1232, 1719, 2210, 2217, 2236, 4912
Un tentativo sentimentale (64) 580, 583,

1676, 1677d, 1763d, 2070ph, 3558m, 3672, 3912, 4346
"Tentato suicidio" *episode of* Amore in città
Tentazione (41) 726p, 1133, 1311, 1332ph, 1423w, 1913, 2189d, 2390, 4556
"Le tentazioni del dottor Antonio" *episode of* Boccaccio 70
Tentazioni proibite *see* Paparazzi tentazioni proibite
Le tentazioni quotidiane (62) [Le Diable et les dix commandements] 182, 203w, 224, 310, 361, 485, 646, 830, 1202, 1248, 1253, 1308, 1349, 1551d, 1655, 1665, 1879m, 1904, 2290w, 3063, 3169, 3226, 3279, 3667, 3820, 3883, 3935, 4101, 4243, 4492, 4519, 4717, 4777, 4911
Teodora (13) 3447d, 4447
Teodora (19) 98p, 829d, 2305
Teodora (22) 4807ph
Teodora (27) 2709
Teodora, imperatrice di Bisanzio (09) 3456d
Teodora, imperatrice di Bisanzio (53) 124, 256, 428, 774, 1055co- s, 1636, 1675, 1786d, 1978, 2090, 2600ph, 2808, 3422, 3947m, 4188e, 4234, 4239, 4280, 4323, 4635a, 4885w
Teodoro e socio (24) 554d, 1160, 2051, 2872, 3813ph, 4105
Teorema (68) 275e, 455, 530p, 1176, 1263, 1368, 1972, 2773, 3153m, 3261m, 3453d, 3996ph, 4170, 4335, 4889
Tepepa (68) [Viva la revolución; Vive la révolution; Blood and Guns] 235, 1071, 1245e, 2834ph, 3017, 3153m, 3538d, 4074, 4282w, 4355, 4551, 4880
Der Teppich des Gauens (63 Germany) 3594
Tequila (74) [Uno, dos, tres...dispara otra vez; Fuzzy, halt die Ohren steif; Fuzzy the Hero] 322, 756, 1371d, 1426, 1571, 2766ph
Teresa (15) *see* Tresa
Teresa (51 U.S.) 126, 2254, 2697, 3270, 4237
"Teresa" *episode of* L'oro di Napoli
Teresa (87) 2021, 3373, 3844d, 4961w
Teresa Confalonieri (34) [Loyalty of Love] 3, 428, 450p, 650d, 651, 652, 655ph, 821, 1005, 1130, 1311, 1546, 1693s, 2474, 2739, 4133, 4186co, 4269w, 4432
Teresa Étienne (57) 1320d, 2220ph
Teresa la ladra (73) 21w, 1229, 1344, 1469d, 1470ph, 1691, 2908e, 3345m, 3601, 4094, 4126w, 4809
Teresa Raquin (15) 831, 2599, 2879d, 3543
Teresa Raquin (54) 428, 875, 1103d, 1475ph, 4654
Teresa Venerdì (41) 303, 391, 453, 618, 939, 1062, 1276w, 1416d*, 1462, 1850ad, 1913, 1931w, 1940, 2718w, 2719, 3503, 3828, 3834p- w, 3849, 3947m, 4166a, 4190ph, 4248, 4968w
Terminal (76 France) 419
Ternoseco (86) 1945d*
Terra (20) 1900, 2020, 3866, 4489, 4490d, 4807ph
Terra amara (48) 2190, 3411d, 4232
Terra d'incanti (30) 3245d
Terra d'odio (50) 4722w
Terra del melodramma (47) 848d
Terra di fuoco (39) 130w, 822, 1674d, 1693s, 1756, 2519ph, 2564d, 2763m, 2942
Terra di Levante (54) 2077d
Terra di nessuno (38) 88w, 237d, 613, 1117, 1218, 1576d, 1661, 1847, 2601ph, 2942, 3288co, 3555, 3557, 3586w, 3728, 3845ph, 4010, 4278, 4454a, 4512ph
Terra di pastori (52) 3628d
Terra di Pirandello (n.d.) 4537d
Terra di pittori (47) 1078d-p
Terra è sempre terra (51) 907p
La terra ha sete (49) 848d
Terra Ladrina (49) 3844d
Terra madre (31) 150w, 269, 511d-e, 798, 1099, 1673e, 1982, 3118ph, 3271, 3596p, 3615, 4010, 4022, 4044, 4093m, 4680
Terra promessa (13) 441, 1935, 3237d
Terra senza donne (29) 1841d
Terra senza tempo (50) 152ph, 1798, 3023, 3231ph, 3668d, 4237, 4473
Terra straniera (55) 92, 1103d, 1475ph, 2083, 2517, 4192, 4706w, 4802
Terra tra due mari (55) 848d
La terra trema (48) 56ph, 1475ca, 3942ad, 4188e, 4795d, 4969ad
"La terra vista dalla luna" *episode of* Le streghe
La terrazza (79) 21w, 86co, 826, 1408ph, 1882, 2033, 2907, 3780, 3932, 4057, 4094, 4126w, 4158d, 4530, 4582, 4586m, 4840

Terre de feu (38 France) 4140
Terre de violence *see* Amore e sangue
Terremoto in Calabria *see* Veduti ad episodi del terremoto in Calabria
Terremoto in Calabria e in Sicilia (08) 3326d-ph
Il terribile gioco (66) 142
Il terribile ispettore (69) 377, 1511, 3509
Il terribile Teodoro (58) 102w, 430, 768, 2076w, 3104d, 3397, 3526ph, 3852, 3975, 4317, 4443, 4530, 4598, 4724w
Il terribile terremoto di Calabria e di Sicilia (08) 1076d-ph
I terribili sette (64) 1511, 2552s, 2887ph, 2910d
Terrible Day of the Big Gundown *see* Quel maledetto giorno della resa dei conti
The Terrible Sheriff *see* Due contro tutti
La terrificante notte del demonio *see* La notte più lunga del diavolo
La terrificante visione (15) 1419d
Terror Camping Site *see* Camping del terrore
Terror-Creatures from the Grave *see* Cinque tombe per un medium
Teror from Space *see* Terrore nello spazio
Terror in the Crypt *see* La cripta e l'incubo
Terror in the Woods *see* Cosa avete fatto a solange?
The Terror of Dr. Hitchcock *see* L'orribile segreto del dottor Hichcock
Terror of Rome Against the Son of Hercules *see* Maciste, gladiatore di Sparta
Terror of the Black Mask *see* L'invincibile cavaliere mascherato
Terror of the Gladiators *see* Coriolano, eroe senza patria
Terror of the Kirghiz *see* Ursus, il terrore dei kirghisi
Terror of the Steppes *see* I predoni della steppa
Terrore (63) *see* La danza macabra
Il terrore con gli occhi storti (72) 1271m, 3996ph, 4359d
Il terrore dalla maschera rossa (59) 804d, 2615, 3118ph, 4091
Il terrore dei barbari (59) [Goliath and the Barbarians; Colossus and the Golden Horde] 45ph, 81, 713, 771d, 805, 964, 1489, 2253m, 2615, 2837, 2976, 3176, 3778, 3975, 4040d, 4091, 4167, 4189, 4384w, 4554, 4580
Il terrore dei mari (62) 83, 1228, 1978, 2171, 2608, 2615, 2958, 3398, 3411d
Il terrore dell'Andalusia (54) [Carne de horca] 637, 1675, 1936, 2861ph, 4237, 4630d
Il terrore dell'Oklahoma (59) 102d, 166, 559, 844, 2615, 3147, 3419, 4116, 4296
Il terrore di masque di Indio *see* L'invincibile cavaliere mascherato
Terrore nello spazio (65) [Haunted Planet; Terror from Space; Terror in Outer Space; Demon Planet; Outlaw Planet; Planet of Blood; Planet of the Vampires; Planet of Terror] 115, 154, 350ad, 351d, 396, 524, 779, 2796, 3753, 3837, 4395, 4785
Terrore sulla città (56) 964, 1116, 1475ph, 1677w, 1689, 1763w, 1840, 1872, 2472, 2498, 2738d, 3295, 3387, 3405, 3407, 3560a
Il terrorista (63) 28, 583, 721ph, 852, 1096ph, 1281d, 2545, 3558m, 3701, 4821
Terroristi a Madrid (55) [La ciudad perdida] 1332ph, 1675, 2043
La terza corsa Susa–Moncenisio (06) 4807ph
Terza ipotesi su un caso di perfetta strategia criminale (72) 927, 4694d, 4779ph
Terza liceo (53) [Senior High] 22, 104w, 351ph, 972a, 1578d, 2253m, 3303, 3404, 3664w, 3716, 3967, 3975, 4058, 4794ad*
Il terzo gode *see* Fra i due litiganti
Il terzo incomodo (17) 4947d
Il terzo occhio (65) 462, 3244, 4280
Il teschio d'oro (21) 771d*, 3703
Teseo contro il Minotauro (60) [The Warlord of Crete; Minotaur—The Wild Beast of Crete] 22p, 89d, 309, 340, 428, 740w, 873, 1095w, 1097ad, 1959ph, 2474, 2616, 2656, 2731w, 2915, 3176, 3503, 3620a, 3992m, 4137, 4165, 4432, 4580, 4698, 4801, 4965
Il tesoro d'Isacco (18) 3382d
Il tesoro dei Louzat (14) 3704
Il tesoro del Bengala (52) [Jungle Hell] 740d, 743, 1332ph, 3653, 4007, 4554, 4720p, 4745d
Il tesoro dell'Africa (53) [Beat the Devil] 304, 523, 573, 795w, 1318, 1500, 2236d, 2311, 2514, 2596, 2617, 2735, 2784m, 3152, 3155ph, 3623, 3865p, 4182, 4237, 4598, 4619, 4622
Il tesoro della Foresta Pietrificata (65) 462, 3055, 3480, 4040d

Il tesoro di Lutzà (20) 3041
"Il tesoro di Montecristo" *episode of* Il conte di Montecristo (53)
Il tesoro di Rommel (55) 18, 713, 964, 983, 1332ph, 1621, 2076w, 2139, 2803d, 3046, 3969p, 4329
Tesoromio (80) 1169p, 1502, 3030, 3425d, 3660, 4025
La tessatura meccanica della linea a 220.000 volt (55) 3322d
La testa del serpente (74) [El clan de los inmorales; Order to Kill] 416, 622, 718, 1362, 1664, 3698, 3922, 3945, 4967
Testa di Medusa (22) 4819
Testa di rapa (66) 1511
Testa di sbarco per otto implacabili (68) 509, 644d, 2171, 2493, 2700, 4170
Testa e croce (82) 1012ph, 1278, 1324p, 2633d, 2771w*, 4378
Testa in giù. . .gambe in aria (73) 1093, 2752, 3407
Testa o croce (69) [Heads or Tails] 1585, 1652, 3569d, 4106m, 4988ph
Testa per testa (12) 4811
Testa t'ammazzo. . .croce sei morto. . .mi chiamano Alleluia! (70) [Heads You Die, Tails I Kill You] 524, 584, 756, 834d, 1011m, 2010, 2188, 2902ph, 4299
Le Testament (75 France) 2614, 3636p, 3730
Le Testament d'Orphée *see* Il testamento di Orfeo
Testamento bizzarro (16) 3127
Il testamento dei poveri (50) 2077d, 2839m
Il testamento di Maciste (19) 771d, 3041, 3131, 3365, 3703
Il testamento di Orfeo (60) [Le Testament d'Orphée] 182, 207, 213m, 224, 294, 582, 683, 868, 987, 1052d*, 1140, 1156, 1897, 1997, 2504, 2530, 2569, 2795, 3513, 4013, 4387, 4589p, 4627
Testamento originale (07) 4807ph
Teste alate (19) 2011d, 3491
Teste di cuoio (82) 788d, 2188, 2256ph, 2545
Il testimone (45) 63ad-w, 77, 439, 511d, 1227s, 1599w, 1717, 1924d, 2654, 2892m, 3164ad, 3978, 4134, 4543ph, 4968w
Il testimone (78) [Le Témoin] 104w, 764w, 1480ph, 3061d, 3278, 3558m, 4290w, 4292
Il testimone deve tacere (75) 44, 1644, 1973, 2539, 4137
Il tetto (56) 488ad, 1001m, 1416d-p, 2579, 2953a, 3118ph, 3385, 3798, 4968w
Der Teufel kam aus Akasara (70 Germany) 3176
Des Teufels Advokat *see* L'avvocato del diavolo
Tex (82) 1491m
Tex e il signore degli abissi (85) 419, 1671m, 1901, 4045, 4487d
Texas *see* Il prezzo del potere
Texas addio (66) [Adios Texas; The Avenger] 253d, 286ph, 530p, 2066, 2615, 3106, 3244, 3949w, 4392, 4891
Texas 2000 *see* Anno 2020—i gladiatori del futuro
Texas Jim *see* Se sparo. . .ti uccido
Texas Ranger *see* I due violenti
Thaïs (16) 269, 617d, 876ad-w, 2538
Thank You Madame *see* Im Sonnenschein
Thank You Very Much *see* Fumo di Londra
Tharus, figlio di Attila (61) 1142, 1885, 2473ph, 2615, 2681, 2859, 3096, 3104d, 3387
That Certain Urge *see* La voglia matta
That Dangerous Age (49 U.K.) 4803
That Kind of Woman (59 U.S.) 2614, 3636p
That Long Night in 1943 *see* La lunga notte del 43
That Lucky Touch (76 U.S.) 1399, 3922
That Man in Istanbul *see* Colpo grosso a Galata Bridge
That Night (57 U.K.) 3218m
That Splendid November *see* Un bellissimo novembre
That's Enough, Let's Make a Film *see* Basta! Ci faccio un film
That's Entertainment (74 U.S.) 2070ph
Thaur, King of Brute Force *see* Taur, il re della forza bruta
Themis *see* Temi
Themroc (73 France) 1074
Theodora (17) 4807ph
They Call Him Cemetery *see* Gli fumavano le colt. . .lo chiamavano Camposanto
They Call Him Holy Spirit *see* Gli fumavano le colt. . .lo chiamavano Camposanto
They Call Me Providence *see* La vita, a volte, è molto dura, vera provvidenza?

They Call Me Trinity *see* Lo chiamavano Trinità
They Called Him Amen *see* Così Sia
They Called Him the Player with the Dead *see* Lo chiamavano Tressette... giocava sempre colla morte
They Called Him Trinity *see* Allegri becchini arriva Trinità
They Died with Their Boots On *see* Sella d'argento
They Still Call Me Amen *see* Mamma mia, è arrivato "Così Sia"
They Were Called Graveyard *see* Due volte giuda
They're a Weird Mob (66 Australia/U.K.) 973
They're Coming to Get You *see* Strana orchidea con cinque gocce di sangue
Thief Academy *see* Scuola di ladri
Thieves' Highway (49 U.S.) 1123
The Thing (82 U.S.) 3153m
Things to Come (36 U.K.) 3608ph
The Third Man (49 U.K.) 4651
The Third Solution *see* Russicum
38–24–36 *see* Canzoni nel mondo
This Angry Age *see* La diga sul Pacifico
This Bitter Earth *see* La diga sul Pacifico
This Crazy Urge *see* La voglia matta
This Is How I Want to Live *see* Voglio vivere così
This Is the Night *see* Per questa notte
This Love of Ours (45 U.S.) 3586w
This Man Can't Die *see* I lunghi giorni dell'odio
This Modern Age (31 U.S.) 3759
Thomas Chatterton (11) 2709d, 2828, 4807ph
Thomas e...gli indemoniati (70) 219d, 2962, 3699, 4055, 4172ph
Thompson 1880 (66) [Schneller als 1000 Colts] 2868, 3055, 3176, 4052, 4990d
Thor and the Amazon Women *see* Taur, il re della forza bruta
Those Dirty Dogs *see* Campa carogna... la taglia cresce
Those Magnificent Men in Their Flying Machines (65 U.K.) 4292
Those Three French Girls (30 U.S.) 3759
Those Were the Years *see* C'eravamo tanto amati
Thoughts of Love *see* Pensiero d'amore
A Thousand and One Nights *see* Il fiore delle mille e una notte
The Thousand Eyes of Dr. Mabuse *see* Il diabolico dott. Mabuse
Three (69 U.S.) 1134
Three Amens for Satan *see* La vendetta è un piatto che si serve freddo
The Three Avengers *see* Gli invincibili tre
Three Bites of the Apple (67 U.S.) 1606, 1875, 2404, 3064, 3632
Three Coins in the Fountain (54 U.S.) 637, 3420
The Three-Cornered Hat *see* Il cappello a tre punte
Three Days of the Condor (75 U.S.) 1323p
Three Dollars of Lead *see* Le maledette pistole di Dallas
Three Fables of Love *see* Le quattro verità
Three Faces of a Woman *see* I tre volti
Three from Texas *see* 100.000 dollari per Ringo (*under* C)
Three Girls from Rome *see* Le ragazze di piazza di Spagna
Three Golden Boys *see* Tre pistole contro Cesare
Three Good Men *see* I tre implacabili
300 Spartans (62 U.S.) 740d, 1333w, 2566w
Three Musketeers of the West *see* Tutti per uno, botte per tutti
The Three Ruthless Ones *see* I tre spietati
Three Silver Dollars *see* ...Dai nemici mi guardo io!
Three Sisters *see* Paura e amore
Three Supermen in the Jungle *see* Che fanno i nostri superman tra le vergini della giungla?
Three Supermen of the West *see* ...E così divennero i tre superman del west
Three Tough Guys *see* Uomini duri... altrimenti vi ammuchiamo
Three Who Upset the West *see* Vado, vedo e sparo
Thrill of Genius *see* Hitchcock, il brivido del genio
Thrilling (64) 228m, 1442, 2404, 2582d, 2691, 2771, 3153m, 4158d, 4292, 4366
Through Motives of Jealousy *see* Dramma della gelosia—tutti i particolari in cronaca
Thunder of Battle *see* Coriolano, eroe senza patria
Thunder Over El Paso *see* I senza dio
Thunder Warrior (83 U.S.) 4001
Thunder Warrior 2 (87 U.S.) 1480ph
Thunderball (65 U.K.) 927, 3420
Ti aspetterò all'inferno (61) 319, 324, 3566, 4189, 4568ph, 4790

Ti conosco, mascherina! (42) 227, 1054, 1303d*, 1305, 1306, 1423w, 3117a, 4190ph, 4378, 4675, 4754
Ti ho sempre amato (53) 39w, 675, 765, 1128d, 1346ph, 2988, 3229, 3840, 3865p, 4192
Ti ho sposato per allegria (68) 42, 293, 685, 1079, 4024d, 4809
Ti-Koyo e il suo pescecane (62) [Ticò e il suo pescecane] 1366m, 3478ph, 3713d, 4188e
Ti presento un'amica (88) [Quite By Chance] 803, 920w, 1627, 2415ph, 2901d, 3224, 3601, 3630, 4686w
Ti ritroverò (48) 667, 1813m, 1914d, 2392, 2791w, 3377w, 3584, 4116, 4188e, 4543ph, 4574, 4706w, 4754
Tibet proibito (49) 2891e
Il ticchio della signora (09) 4807ph
Tico-Tico no fugã (52 Brazil) 927d
Tierra brava *see* E intorno a lui fu morte
Tierra de fuego (65 Spain) 3525
Tierra de gigantes *see* Il pistolero dell'ave maria
Tiflis capitale del Caucaso (11) 4807ph
Il tifoso, l'arbitro e il calciatore (83) 4955ph
The Tiger and the Pussycat *see* Il tigre
Tigers in Lipstick *see* Letti selvaggi
Tight and West *see* Stretta e bagnata
Tigrana (16) 453, 2532ph, 4022, 4482, 4527
La tigre (11) 98p, 2709d, 3127, 4447, 4807ph
Il tigre (67) [The Tiger and the Pussycat] 135, 566, 668, 1691, 1882, 2167, 3436, 3844d, 4170, 4176, 4357, 4681
La tigre dei sette mari (63) 211, 774, 804d, 2392, 3144, 4314, 4345
La tigre di Eschnapur (59) 133ph, 983, 2456d, 3369, 3420, 3865p
La tigre di Mompracem *see* I pirati della Malesia (64)
La tigre è ancora viva: Sandokan alla riscossa (77) [Sandokan alla riscossa] 368, 927, 1271m, 1741, 2545, 2887ph, 4108, 4285d
Tigre reale (16) 1290ph, 1778, 1900, 2240, 2828, 2974, 3242, 3462d-p, 4536ph
Le Tigre sort sans sa mère (68 France) 1692ph, 3261m
Tigris (13) 427, 1290ph, 3704
Tigullio minore (47) 3844d
Till Divorce Do Us Part *see* Le castagne sono buone
Till Marriage Do Us Part *see* Dio mio, come sono caduta in basso
Timbuctù (57) [Legend of the Lost] 637, 1583s, 2155w, 2349, 2486m, 2614, 4872
Time and Place for Killing *see* . . . E venne il tempo di uccidere
A Time of Indifference *see* Gli indifferenti
A Time to Die (79 U.S.) 4654
Times Gone By *see* Altri tempi (51)
Tipi da spiaggia (59) [Beach Bums] 2859, 2893, 2906d, 2922d, 3386ph, 3616, 4024, 4530
Un tipo che mi piace (70) [Un Homme qui me plaît; Love Is a Funny Thing; Live for Life] 1093, 1489, 1641, 1967, 2429m, 2525d-p-ca
Un tipo con una faccia strana (72) [Ricco; La calandria; Mean Machine] 377, 592, 709, 1371d, 1611, 1671m, 1677d, 2256ph, 2373, 3056, 3748, 4967
Il tiranno del Garda (54) 1673d, 1909, 2517, 2645, 4190ph, 4296, 4354
Il tiranno di Padova (46) 387, 725, 726p, 810ph, 1311, 2598, 3005, 3247d, 3474, 4115a, 4166a, 4309, 4691
Il tiranno di Siracusa (61) [Damon and Pythias] 429d, 439, 536, 584, 701, 814d, 1623, 1717, 1723, 1977, 2486m, 3094, 3303, 3336, 3803, 3863, 3982, 4237, 4543ph, 4902
El tirano de Toledo *see* Gli amanti di Toledo
Tire Die (54) 488d
Tiro a segno per uccidere *see* Il segreto dei frati gialli
Tiro al bersaglio (53) 681d
Tiro al piccione (61) 961, 1469ph, 1562a, 1627, 3097d*, 3161, 3718, 3955, 3992m
'Tis Pity She's a Whore (54) *see* Peccato che sia una canaglia
'Tis Pity She's a Whore (72) *see* Addio fratello crudele
I titani della montagna (17) 4807ph
Titanic, l'acciaio formidabile (15) 865, 2946d
Tito Schipa (29 U.S.) 4140
Tito Schipa Concert No. 2 (32 U.S.) 4140
Tizio, Caio, Sempronio (51) [Tizio, Caio e Sempronio] 2517, 2811d, 2885, 2993d, 3117a, 3526ph, 3658d, 3828, 4296, 4443, 4511, 4691

To Bed or Not to Bed *see* Il diavolo
To Each His Own *see* A ciascuno il suo
To Hell and Back *see* Uno di più all'inferno
To Love Perhaps to Die (75 Spain) 4292
To Love the Damned *see* Maledetti vi amerò
To Save Nine *see* Il decimo clandestino
To the Last Drop of Blood *see* All'ultimo sangue
To Trap a Spy (66 U.S.) 3420
"Toby Dammit" *see* "Il ne faut jamais parier sa tête contre le diable"
Tocca prima a Teresa (23) 1179ph, 4524d
Toce 28 (53) 2077d
Today We Kill, Tomorrow We Die! *see* Oggi a me, domani a te
Today We Live *see* Il giorno e l'ora
Die Todesstrahlen des Dr. Mabuse *see* I raggi mortali del dott. Mabuse
Todo modo (76) 1014, 1668a, 2251, 2415ph, 2907, 2962, 3153m, 3534d, 3559, 4038, 4167, 4821
Todo será para bien (57 Argentina) 3586w
Todos los colores de la oscuridad *see* Strana orchidea con cinque gocce di sangue
Todos o ninguno *see* Legge della violenza
Todos somos necesarios *see* Siamo tutti necessari
Together? *see* Amo non amo
Togli le gambe dal parabrezza (69) 1763d, 2577, 4579
Tognazzi e la minorenne *see* La ragazza dei mille mesi
Toh, è morta la nonna (68) 1123, 2415ph, 3088d, 3932
Tom Dollar (67) 509, 3803, 3962
Tomato *see* Pummarò
The Tomb of the Kings *see* Il sepolcro dei re
Tombola (18) 2242d, 3491
Tombolo, paradiso nero (47) 214w, 391, 576p, 1583s, 1606, 1674d, 2392, 2885, 2983w, 3100w, 3473, 3493w, 3645ph, 4306, 4354, 4474w, 4554, 4622
Tomboy *see* Maschietta
Toni (34) 4795
Tonight's the Night *see* La notte brava
La Tonnère de Dieu (65 France) 4790
Tontolini (10) 3626
Tontolini agente privato (10) 3626
Tontolini al restaurant (10) 3626
Tontolini ama la cuoca (10) 3626
Tontolini apache (10) 3626
Tontolini assicuratore (11) 3626
Tontolini ballerina (10) 3626
Tontolini bersagliere (10) 3626
Tontolini bianco e nero (10) 3626
Tontolini boxeur (10) 3626
Tontolini cerca danaro (10) 3626
Tontolini cerca impiego (11) 3626
Tontolini condannato a sposare (11) 3626
Tontolini e Cocò rivali in amore (10) 153, 3626
Tontolini e due vecchie zitelle (11) 3626
Tontolini e Giosuè (11) 3626
Tontolini e il circo equestre (11) 3626
Tontolini e il manichino (11) 3626
Tontolini e il suo commissario (11) 3626
Tontolini e il violino (11) 3626
Tontolini e l'asino (11) 3626
Tontolini e la scommessa (10) 3626
Tontolini e la serenata (11) 3626
Tontolini e la sua scoperta (10) 3626
Tontolini e Lea a scuola (10) 1975, 3626
Tontolini e Lea a servizio (10) 1975, 3626
Tontolini e Lea fra le nuvole (11) 1975, 3626
Tontolini e lo sbaglio (10) 3626
Tontolini è miope (11) 3626
Tontolini fa dello sport (11) 3626
Tontolini fa il salto mortale (10) 3626
Tontolini finto americano (11) 3626
Tontolini ha le scarpe strette (10) 3626
Tontolini idealista (10) 3626
Tontolini in visita (10) 3626
Tontolini innamorato (10) 3626
Tontolini invulnerabile (11) 3626
Tontolini ipnotizzato (10) 3626
Tontolini ladro di scarpe (10) 3626
Tontolini misterioso (11) 3626
Tontolini Nerone (10) 3626
Tontolini non ha fortuna in amore (10) 3626
Tontolini prende la rivincita (10) 3626
Tontolini reporter (11) 3626
Tontolini ruba una bicicletta (10) 3626
Tontolini scrittore di soggetti cinematografici (11) 3626
Tontolini si batte in duello (10) 3626
Tontolini soffre d'insonnia (10) 3626
Tontolini sposo (10) 3626
Tontolini studente (11) 3626
Tontolini studia il trombone (10) 3626
Tontolini toreador (10) 3626
Tontolini vittorioso (11) 3626
Les Tontons flingueurs (63 France) 4712
Tony Arzenta (73) [Big Guns] 44, 1094,

1349, 1452, 1671m, 1828, 2033, 2117, 2256ph, 2691, 3342, 3642, 4487d
Tony Saitta (76) [Tough Tony Saitta; Blazing Magnum; Strange Shadows in an Empty Room] 1365d, 1632, 2226, 2443, 2480, 4110, 4534e, 4586m, 4887
Too Bad She's Bad *see* Peccato che sia una canaglia
Too Much Gold for One Gringo *see* Lo credevano uno stinco di santo
Too Soon to Die *see* Svegliati e uccidi
Top crak (67 France) 2070ph, 3161
Top Secret (78 U.S.) 1409, 2988, 4603
I topi grigi (17) 445, 827, 1935d*, 2872, 4046, 4684w
Topi in trappola (42) 3326p
Topo Gigio e i sei ladri (67) 2241d
Topo Gigio e la guerra missile (67) 2241d
Topolini riconoscenti (08) 4807ph
Tor *see* Taur, il re della forza bruta
Torcello (46) 2884d-p
Torino centrale del vizio (77) 405
Torino nei cento anni (61) [The Hundred Years of Turin] 3948d
Torino nera (72) 1408ph, 2582d, 3485, 4622
Torino sotto la neve (09) 4807ph
Torino violenta (77) 2188
Tormenta (23) [Nella tormenta] 1841d, 2072ph, 4680
The Tormented *see* L'ossessa
Tormento (17) 2828
Tormento (32) 2842
Tormento (50) 667, 1757, 2474, 2910d, 3041, 3192, 3229, 3260, 3849, 4065, 4071ph, 4166a
Tormento d'amore (56) 409d, 2000d, 4000p, 4189, 4556
Tormento d'anime (53) 301d, 1784, 3847
Tormento del passato (51) 554d, 2791w, 3069a, 3461, 3473, 3789, 3917, 4071ph
Tormento gentile (16) 570, 1935d*, 2271, 3813ph
Torna! (54) 89d, 1607, 1684s, 1757, 2910d, 3229, 4059, 4065, 4071ph, 4168
Torna (84) 2902d
Torna a Napoli (49) [Simme 'e Napule, paisà] 2598, 2771, 4323, 4641
Torna a Sorrento (45) 364, 493m, 518a, 619d, 1276w, 1958, 3578, 3967, 4511
Torna a Surriento (19) 1226ph, 1327d*
Torna, caro ideal...! (39) 17, 34m, 650d, 1367co, 1978, 2000, 2598, 2826w, 3415, 3472p, 4003, 4071ph, 4166a, 4186co, 4354, 4732w
Torna piccina mia (55) 284, 493m, 771d, 1631, 1982, 2452, 2765p, 3503, 3857, 4309, 4384w, 4803
Tornado (84) 1063, 1266d, 2764ph, 3670
Toro bravo *see* Fiesta brava
Un toro da monta (76) 405, 1961, 2928d, 4779ph
Toro selvaggio (18) 2794
Torpedo Bay *see* Finchè dura la tempesta
Torpedo Zone *see* La grande speranza
Torquato Tasso (09) 2709d, 4807ph
La torre dei fantasmi (14) 4447
La torre dei vampiri (13) 444, 2020
La torre del piacere (54) [La Tour de Nesle] 595, 1461, 1849d, 2997, 3398, 3734, 3788, 3859p, 4409, 4500ph, 4657, 4860
La torre del teatro (42) 976d, 3983
La torre dell'espiazione (14) 3871d
La torre di Nesle (18) 4061
Il torrente (38) 537, 1117, 1546, 1576d, 3570, 3578, 4512ph, 4729m
Torrents of Spring (89) 1993, 4318ph
Torso *see* I corpi presentano tracce di violenza carnale
La torta in cielo (71) 114, 3509
"La tortura" *episode of* I topi grigi
La tortura del silenzio (20) [Il supplizio del silenzio] 1088d, 1343ph, 3510d
Torturados (50 Spain) 1473
The Torture Chamber of Dr. Fu Manchu *see* Il castello di Fu Manchu
Tosca (18) 393, 441, 858ph, 1273d*, 2792a, 4191
Tosca (41) 5s, 155ph, 168, 637, 793, 1332ph, 1423w, 1586, 1913, 1972, 2400d, 2747, 3507, 3796d, 3840, 4186co, 4243, 4622, 4795ad-w
Tosca (46) *see* Avanti a lui tremava tutta Roma
Tosca (56) 781, 1110, 1425, 1693s, 1841d, 3621, 3961ph
La Tosca (73) 651, 1454ph, 1606, 1691, 1882, 2723d, 3342, 3681, 4586m, 4809
Toscana (26) 3476d
Toselli *see* Romanzo d'amore
"Die tote Stadt" *episode of* Aria
Totò a colori (52) 21w, 329, 403, 559, 801, 889, 1095w, 1252, 1294w, 1323p, 1346ph, 1684s, 1768, 3088w, 3636p, 3828, 4126w, 4359d, 4559, 4645
Totò a Madrid (65) 1308, 4559
Totò a Parigi (58) 845, 1948w, 2032,

2404, 2765ph, 2893, 2906d, 2993w, 3059, 3119ph, 3473, 4041, 4559
Totò al giro d'Italia (49) 329, 528, 973, 1768, 2774, 2811w, 2922d, 2993w, 3005, 3458, 3473, 3487p, 3849, 3852, 4071ph, 4273, 4559
Totò all'inferno (54) 518a, 684, 889, 1616, 1768, 1784, 1804w, 1806, 1973, 2498, 2713, 2906d, 3457, 3592, 3636p, 4280, 4543ph, 4547, 4559, 4780
Totò allegro fantasma *see* L'allegro fantasma
Totò cerca casa (49) 92, 810ph, 889, 1095w, 1562a, 2245, 2647, 2811w, 2988, 2993w, 3073, 3088d, 3473, 3616, 3636p, 3852, 3992m, 4359d, 4511, 4548, 4559
Totò cerca moglie (51) 43ph, 518a, 619d, 1054p, 2811w, 2813, 2988, 2993w, 3270, 3892, 3967, 4232, 4511, 4559
Totò cerca pace (54) 329, 518a, 889, 1659, 2670w, 2922d, 3270, 4426w, 4559, 4602
Totò contro i quattro (62) 1606, 4071ph, 4359d, 4443, 4559
Totò contro il pirata nero (64) 933d, 2765ph, 3803, 4559
Totò contro Maciste (60) 700, 933d, 1103w, 4443, 4559, 4720p
Totò critico della nuova moda (11) 4690d*
Totò d'Arabia (65) 1103w, 3835, 4559
Totò di notte n. 1 (62) 4559, 4586m
Totò Diabolicus (62) 4359d, 4559, 4753
Totò e Carolina (53) 889, 908, 1323p, 1667, 1706w, 1717, 2030, 3088d, 3636p, 4117ph, 4290w, 4359d, 4559
Totò e Cleopatra (63) 933d, 3276, 3803, 4166p, 4322, 4559, 4981
Totò e i re di Roma (51) 816, 889, 2445, 2473ph, 3088d, 3376, 3458, 3844, 4292, 4359d, 4370, 4511, 4559, 4674
Totò e le donne (52) 1346ph, 1616, 2774, 2909, 3088d, 3270, 3363, 3376, 3489, 3992m, 4359d, 4559
Totò e Marcellino (58) 751, 813, 844, 845, 1332ph, 1599w, 1621, 1677d, 1763w, 3460, 3969p, 3992m, 4166a, 4559
Totò e Peppino divisi a Berlino (62) 54, 463d, 4071ph, 4126w, 4559, 4586m
Totò, Eva e il pennello proibito (58) 2449, 2765ph, 3473, 4359d, 4559
Totò, Fabrizi e i giovani d'oggi (60) 1606, 2351, 2765ph, 2885, 2922d, 2996, 3138, 3473, 4559
Totò ha ereditato (12) 4690d*
Totò innamorato (12) 4690d*
Totò innamorato (60) 2404, 4559
Totò lascia o raddoppia (57) 21w, 547, 713, 846p, 1173, 1252, 1692ph, 2035, 2811w, 2906d, 2993w, 3147, 3473, 4126w, 4137, 4515, 4559
Totò le Moko (49) 518a, 619d, 743, 774, 1054p, 1095w, 2736w, 2811w, 2885, 2993w, 3473, 3526ph, 3864, 4126ad-w, 4559
Totò nella fossa dei leoni *see* Due cuori fra le belve
Totò nella luna (58) 1095w, 1806, 2404, 2697, 3030, 4024, 4041, 4127ph, 4158w, 4359d, 4511, 4530, 4559, 4580, 4598
Totò non ha fortuna (12) 4690d*
Totò, Peppino e i fuorilegge (57) [Totò, Peppino e i banditi] 43ph, 102w, 141w, 518a, 845, 875, 889, 1305, 1306, 2035, 2254, 2717, 2811w, 2906d, 2993w, 3794, 4559
Totò, Peppino e...la dolce vita (61) 430, 1103w, 1305, 3506, 3566, 3571, 4559, 4586m
Totò, Peppino e la...malafemmina (56) 43ph, 141w, 518a, 889, 1305, 2035, 2771, 2906d, 3794, 4254, 4559w-m*
Totò, Peppino e le fanatiche (58) 655ph, 1502, 2578, 2670w, 2922d, 3400, 3852, 4126w, 4511, 4559
Totò portinaio (12) 4690d*
Totò sceicco (51) 43ph, 479, 889, 1173, 1497, 2517, 2922d, 3011, 3458, 3616, 4511, 4559, 4621, 4753
Totò senz'acqua (11) 4690d*
Totò sexy (63) 4559, 4586m
Totò terzo uomo (52) 1323p, 1346ph, 1839, 2811w, 2885, 2922d, 2993w, 3447, 3636p, 3917, 4296, 4511, 4559, 4658
Totò, Vittorio e la dottoressa (58) [Mia moglie dottore; Mi mujer el doctor] 1046, 1306, 1416, 1669w, 1768, 2449, 2765ph, 2906d, 2993w, 3473, 3608ph, 3794, 4041, 4123, 4559
Totonno se ne va (24) 1221d*, 1704ph
Totòtarzan (50) 690, 889, 1173, 1812, 2614, 2811w, 2922d, 2993w, 3458, 3473, 3503, 4194, 4232, 4273, 4296, 4559
Totote (21) [Totote di Gyp] 796, 1273d, 1498ph

Totòtruffa 62 (61) 2906d, 3393, 4443, 4559, 4981
Tottering Lives *see* Una casa in bilico
Touch of Death *see* Quando Alice ruppe lo specchio
Touche pas la femme blanche *see* Non toccate la donna bianca
Touchez pas au Grisbi (54 France) 4062, 4116
Tough Guys Don't Dance (87 U.S.) 3946
Tough to Kill *see* Duri a morire
Tough Tony Saitta *see* Tony Saitta
La Tour de Nesle *see* La torre del piacere
La Tour, prends garde! (57 France) 3955
Tourist Trap (79 U.S.) 1491m
Tous peuvent me tuer (57 France) 3955
Tout va bien (72 France) 801
Toute une vie (74 France) 2033, 2248, 4515
Tra fumi di champagne (21) 4953d
Tra i due litiganti. . .Totò gode (11) 4690d*
Tra i gorghi (16) 1841d
Tra i sorrisi di Napoli (26) 4822d
Tra Metauro e Marecchia (56) 4662d
Tra moglie e marito (78) 1075d, 4057, 4292
Tracce di una vita amorosa (90) 973, 1348d-p, 1993, 1998, 3153m
Tracce misteriose (09) 4807ph
Tradimento (82) 644d, 1779ph
Il tradimento (43) 566
Il tradimento (51) [Il passato che uccide] 124, 774, 1294w, 1761, 1786d, 1882, 2253m, 3088w, 3229, 3578, 4187ph
"Il tradimento del meticcio" *episode of* L'oro degli azteki
Il tradimento di Elena Marrimon (54) [Le Secret de Hélène Marimon] 732d, 1308, 3046, 4678m, 4746, 4783, 4900p-w
Tradita (54) [La notte delle nozze; Night of Love] 42, 294, 554d, 582, 1161, 1346ph, 3578, 4769
Traffic Jam *see* L'ingorgo—una storia impossibile
Traffico dell'urbe (35) 4104d
Traffico proibito: operazione Violenza (65) 2516
Il trafficone (74) 195, 730, 4533
La tragedia dell'Etna (51) 3411d
Tragedia di bambola (21) 3937, 3981ph
Tragedia di un uomo ridicolo (81) 28, 442d, 801, 826, 1469ph, 2635, 3153m, 4038, 4529, 4530
Tragedia senza lacrime (19) 872d, 4044, 4593
Tragedia su tre carte (21) 1210d, 1733, 2058ph
Traghetti alla foce (55) 4662d
Tragica confessione (14) 4447
La tragica missione (15) 3388
Tragica notte (42) 5s, 544w, 964, 965, 1318, 1543, 2861ph, 3271, 3840, 3938m, 4186co, 4281d, 4484ph
La tragica notte di Assisi (60) [L'angelo di Assisi] 2757, 3362d, 3566, 3688ph
Tragico convegno (15) 2242d, 2272
Tragico Fantozzi (75) 4024d
Tragico ritorno (52) 1543, 1628d, 2765ph, 2885, 2907, 3994
La Traite des blanches (65 France) 1511
Tramonto (13) 441, 1302, 1838, 1935, 3237d, 3813ph
Il tramonto dei Doria (21) 1221, 1617d
Tramonto di fuoco (19) 1400d*, 3118ph
Tramonto triste (16) 833, 2742
The Tramplers *see* Gli uomini dal passo pesante
Tranches de vie (84 France) 2
Tranquille donne di campagna (81) 2545, 2798, 3607, 4566
Tranquillo entra in società *see* Come Tranquillo entrò in società
Un tranquillo posto di campagna (68) [A Quiet Place in the Country] 730, 972a, 1214, 1921, 2057p, 2059, 2075w, 2451, 2908e, 2925, 3153m, 3244, 3534d, 3769, 4789w
Tranquillo volontario per amore della patria (15) 470
Il transatlantico (26) [Transatlantisches] 79w, 155ph, 475, 2272, 3836d
Transfert per Kamera verso virulentia (70) 886
Transito vietato *see* Operazione Mitra
Transplante de un cérebro *see* Il segreto del dottor Chalmers
Trap Them and Kill Them *see* Emanuelle e gli ultimi cannibali
Trapeze (56 U.S.) 2596
Trapezio (28 Germany) 3836d
Il trapianto (70) 824ph, 3752, 4359d, 4481
Trapped in Tangiers *see* Agguato a Tangeri
La trappola (22) 176ph, 3510d
Trappola d'amore (39) 1423w, 2000, 2910d, 3118ph, 3288co, 3338, 3643, 4378, 4637

La trappola di fuoco (52) 3041, 3789, 4062, 4117ph
Trappola per un lupo (73) 142
Trastevere (72) 801, 1271m, 1416, 1748, 2057p, 2771, 3342, 3561, 4137, 4564, 4579, 4840
La trastienda (76 Spain) 4137
La tratta delle bianche (52) [The White Slave Trade; Girls Marked Danger] 430, 1075d, 1323p, 1712, 1882, 2492, 2614, 2782, 3398, 3636p, 3955, 4025, 4568ph, 4588
"Trattato di eugenetica" *episode of* Le bambole
Il trattato scomparso (33) [Le Masque qui tombe] 387, 553m, 554d- p, 1468, 1936, 1982, 2953a, 3118ph, 3557, 3849, 4003
Trauma (78) [Rings of Fear] 1422, 2351, 4491
Traummusik *see* Ritorno (39)
Traveling in Luxury *see* Femmine di lusso
Travels with My Aunt (72 U.K.) 3554
Traversata nera (39) [Dark Passage] 104w, 613, 838, 991, 1016p, 1227s, 1848d, 2598, 2989, 3041, 3104ad*, 3231ph, 3410, 3415, 3578, 4252
La Traviata (47) [La signora dalle camelie; The Lost One] 428, 1117, 1834ph, 1841d, 1985, 2919, 2953a, 3721p, 4189
La Traviata (67) 364, 2454d, 3068, 3621
La Traviata (82) 1487, 2070ph, 3702a, 4555co, 4969d-s
Traviata 53 (53) [Fille d'amour] 127w, 740w, 1135d, 1303, 1513, 1761, 1813m, 1834ph, 1958, 2190, 2418, 3579w, 4720p, 4964w
Travolti da un insolito destino nell'azzurro mare d'agosto (74) [Swept Away] 1783e, 1945, 2070ph, 2962, 3373, 3558m, 4882d
Travolto dagli affetti familiari (78) 592, 3561
I tre amanti (21) 80, 155ph, 3289, 4983d
I tre aquilotti (42) 655ph, 835, 1122, 1236m, 1423w, 1684s, 2922d, 3034, 3834p, 3947m, 3948w, 4292
Tre canne, un soldo (53) 4662d
I tre centurioni (64) 674, 1647, 1885, 3387, 4001
Tre che sconvolsero il west *see* Vado, vedo e sparo
Tre colonne in cronaca (90) 12, 3153m
I tre corsari (52) 680w, 918co, 1095w, 1232, 1294w, 1323p, 1346ph, 1712, 2492, 2498, 2782, 3041, 3059, 3069a, 3460, 3636p, 4038, 4281d, 4296, 4599
Tre croci per non morire (71) [Three Crosses of Death; No Graves on Boot Hill] 994, 1876d, 2182, 2625, 2764ph, 4368
Tre del Colorado (67) [La tumba del pistolero; Grave of the Gunfighter] 186, 252, 1257, 2619, 2868
I tre desideri (38) 1693s, 1979, 1982, 2592w, 2828, 4237
Tre dollari di piombo *see* Le maledette pistole di Dallas
Le tre "eccetera"... del colonnello (59) 1416, 1565, 1897, 3080, 4099w, 4378
I tre esperimenti di Eliana (21) 554d, 3570
I tre fantastic superman (67) 2129, 2314, 2371, 3441d, 4396, 4432
Tre fili fino a Milano (58) 3322d
Tre fratelli (81) 1164a, 1408ph, 1663, 2075w, 2908e, 2998, 3278, 3558m, 3601, 3942d, 4668
Tre fratelli in gamba (38) 971, 1488, 3231ph, 4039d, 4091
Le tre illusioni (21) 2060ph, 2974, 3510d
I tre implacabili (63) [Tres hombres buenos; Three Good Men; Magnificent Three] 252, 720w, 1366m, 1827, 2213, 3361ph, 3924d, 4053, 4546
I tre ladri (53) 680w, 845, 889, 1300d, 1787, 1878ph, 1892, 2003, 2595s, 3404, 3448, 3503, 3578, 3738, 3800, 3865p, 4323, 4658, 4813m
I tre ladroni (10) 4807ph
Tre meno due (20) 759d, 760ad-w, 1907d
Tre milioni di dote (20) 46, 75ph, 444, 1395d, 2792a, 3609
Tre nel mille (70) 439, 2075w
I tre nemici (62) 1754, 1827, 4246d, 4753
Tre notti d'amore (64) 890d, 891w, 927, 1075d, 1722w, 1763w, 1813m, 1932a, 2490, 2723w, 3119ph, 3558m, 3951d, 3992m, 4025, 4038, 4301
Tre notti violente (66) [Tres noches violentas] 749, 1571, 2109, 2677, 3393, 3497, 4693
Le tre ombre (21) 2073d
Tre passi al nord (50) 96, 648, 1606, 1744, 1845, 1959ph, 2953a, 3215w, 3363, 3864, 4595, 4813m, 4897d-p
Tre passi nel delirio (68) [Histoires extraordinaires; Spirits of the Dead; Tales of Mystery] 157, 294, 593w, 1346ph,

1349, 1511, 1519, 1538, 1650d, 1720, 1721, 2325, 2526, 2754d, 2847, 3393, 3672, 3674, 3748, 3960m, 3961ph, 4335, 4541, 4555co, 4627d, 4693, 4835, 4840, 4961w
Tre pecore viziose (15) 2073d
Tre persone per bene (22) 2058ph
Tre pistole contro Cesare (66) [Tre ragazzi d'oro; Death Walks in Laredo] 405, 516, 1147w, 1511, 2231, 2861ph, 4025, 4196, 4222
Le tre primavere (19) 1068, 1273d, 3021
Tre quadri dipongono il mondo (55) 4813m
Tre ragazze cercano marito (43) 422, 1058d, 1352, 1690, 1852, 4117ph, 4292, 4728a
Tre ragazze viennesi (42) 1579, 1636d, 2197, 2953a
Tre ragazzi d'oro *see* Tre pistole contro Cesare
Tre scimmie d'oro (77) 142, 3490
I tre sentimentali (21) 176ph, 757w, 792, 1660, 1907d, 3704, 4466
I tre sergenti del Bengala (64) [Adventures of the Bengal Lancers] 1813m, 2134, 2534d, 4598, 4720 p
Tre simpatiche carogne (78) 1875, 4543ph, 4712
Tre soldi e la donna di classe (77) [Shout and Die] 2061d, 4110, 4381
I tre sorrisi di una monella (20) 906ph, 3236
Tre sotto il lenzuolo (79) 1973, 2679, 3411d, 4442d
Le tre spade di Zorro (63) [The Sword of Zorro] 102w, 510d, 1623, 3018, 3675, 4371
I tre spietati (64) [El sabor de la venganza; Gunfight at High Noon; Sons of Vengeance; The Three Ruthless Ones] 252, 2134, 2224, 3018, 3345m, 3361ph, 3924d, 3925w, 4053
Tre storie proibite (52) 56ph, 92, 338p, 604, 623w, 939, 1301w, 1676, 1907d, 2472, 2636, 2661, 2697, 3467w, 3615, 3847, 3955, 3967, 4708, 4729m
Tre straniere a Roma (58) 588, 813, 2000d, 2250, 2517, 2837, 3089, 3213ph, 3404, 4428, 4598, 4722w
Tre superman a Tokio (69) 3176
I tre superman della giungla *see* Che fanno i nostri superman fra le vergini della giungla?
Tre tempi al cinema astratto (50) 4727d
Tre tempi veneziani (47) 933d
Tre tigri contro tre tigri (77) [Fascination] 102w, 891w, 1103d, 1164a, 1271m, 1459, 1886ph, 1963, 3109, 3660w*, 4359d, 4686w, 4781
Tre uomini da abbattere (80) 1459
Tre uomini in frac (32) [L'amore che canta; Trois hommes en habit] 95p, 475, 554d, 1303, 1305, 2875ph, 3028, 3280, 4128ad, 4140, 4807ph
I tre vagabondi (18) 1848
I tre volti (65) [Three Faces of a Woman] 61, 146d, 164ad, 275e, 531d, 1245e, 1262, 1323p*, 1436, 1469ph, 2130, 2246d, 2861ph, 3558m, 3579w, 3989, 4193, 4290w, 4291, 4292w*, 4555w-co-s*
I tre volti della paura (63) [Black Sabbath] 67, 110, 171p, 351d*, 458w, 1215, 1445, 1722w, 2343, 2861ph, 2980, 3028, 3330, 3571, 3837, 4188e
Treasure Island (71 U.K.) 340, 3176
Treasure of Naples *see* L'oro di Napoli
Treasure of San Gennaro *see* Operazione San Gennaro
The Treasure of the Four Crowns (84 U.S./France) 3153m
Treasure of the Piranha *see* Agguato sul fondo
I trecento della settima (42) 237d, 1119w, 1423w, 2592w, 3696ph
Il tredicesimo commensale (21) 650d, 1694ph, 4797
Il tredicesimo è sempre giuda (71) 532w, 3622, 4106m, 4694d
"13 minuti prima di notte" *episode of* Il castello di bronzo
Tredici uomini e un cannone (35) 43ph, 1740d, 1936, 2473ca, 3162, 3318, 3460, 3527, 3917, 4003, 4133, 4134, 4512ph
Trenchcoat (82 U.S.) 1346ph, 4079
Il treno (64) 431w, 633, 1710, 1775d, 2287m, 2431, 2441, 2509, 2542, 2836, 3024, 3133, 3665, 4145, 4157, 4243, 4743, 4980
Il treno crociato (43) 287ph, 637, 771d, 810ph, 1423w, 1497, 1626, 2759, 2978, 2989, 3569ad, 3918, 4039w, 4091, 4378
Il treno degli spettri (13) 554, 872d, 1395, 3703, 3956, 3984
Il treno del sabato (63) 774, 805, 1511, 2000, 2545, 3080, 3955, 4023d
Il treno delle 21,15 (33) 744, 1273, 1798, 1834ph, 2875ph, 3382d, 3978

Treno di lusso (17) 554d*, 1327d, 2095
Treno di Natale (60) 3229, 3379, 4651
Treno di panna (88) 82, 1096ph
Treno di piacere (23) 269, 427, 475, 655ph, 1068, 1506d, 3454, 3596p, 3617, 3652, 3704, 4022, 4061, 4195
Un treno per Durango (67) 286ph, 520, 720d, 756, 1215, 1426, 3406, 3992m, 4025, 4045, 4487w, 4967
Treno popolare (34) 655ph, 1798, 2910d, 3570, 3960m, 4117ph, 4303, 4792, 4982
Treno reale (15) 771d*
Trent'anni di servizio (45) 237d, 250, 333, 387, 810ph, 908, 1423w, 3312w, 3318, 4965
Trenta minuti d'amore (83) 4530, 4809
Trenta secondi d'amore (37) 95p, 447, 451, 554d, 1276w, 1798, 2719, 2987, 3118ph, 3643, 4754
Trenta secondi in picchiata (40) 3658d
Trenta Winchester per El Diablo (67) 251d, 644w, 2887ph, 3066, 4326, 4551
32 dicembre (88) 566, 4125, 4189
Le 36 cadute di Cretinetti (11) 1297, 4536ph
La trentesima perla (20) 784, 3041, 3174
38mo parallelo (50) 3526
Trepidazione (45) [Richiamo alla vita] 1346, 1494, 1892, 2000, 4237
Tres dólares de plata *see* . . . Dai nemici mi guardo io!
Tres hombres buenos *see* I tre implacabili
Tres noches violentas *see* Tre notti violente
Los tres superman en la selva *see* Che fanno i nostri superman fra le vergini della giungla?
Tresa (15) 343, 1068, 1179ph, 1935d, 3083
Le Trésor des montagnes bleues *see* Giorni di fuoco
Trevico—Torino: viaggio nel Fiatnam (72) 4158d, 4603
The Trial of the Witches *see* Il trono di fuoco
Il triangolo circolare (65) 2404
Il triangolo delle Bermude (78) 1011m, 2236, 4814
Il triangolo giallo (17) 906ph, 1935d*, 4046
Il triangolo nero (18) 4061
Triboulet (23) [Triboulet, la corte dei miracoli] 883, 2064, 2740, 2828d*, 4061, 4792, 4808, 4959
Trieste cantico d'amore (54) 545, 726d, 2813, 4296, 4574, 4676, 4796
Trieste mia! (51) 124, 679, 824ph, 1128d, 1571, 1756, 2765ph, 3644m, 3659, 3745, 4237, 4424, 4430, 4622, 4803
La trilogia di Dorina (17) 1290ph, 2974, 3242, 3956, 4536ph
La trilogia di Maciste (19) 3365 [but see also individual titles: Maciste contro la morte; Il viaggio di Maciste; Il testamento di Maciste]
Trinità e Sartana . . . figli di . . . (72) 243, 532w, 1961, 2760, 4106m, 4229d, 4891
Trinità voit rouge *see* La collera del vento
Trinity *see* Jesse e Lester, due fratelli in un posto chiamato Trinità
Trinity in Eldorado *see* Scansati . . . Trinità arriva ad Eldorado
Trinity Is Back Again *see* Un genio, due compari, un pollo
Trinity Is Still My Name *see* Continuavano a chiamarlo Trinità
Trinity Plus the Clown and a Guitar *see* Prima ti suono e poi ti sparo
Trio (67) 560, 2186, 3037d
Un trio birbone (08) 4807ph
Le Trio infernal (74 France) 3513m
Trionfo cristiano (30) 3285ph
Trionfo d'Ercole (23) 3731
Il trionfo dei dieci gladiatori (64) 438, 2576, 3283d, 4071ph, 4432, 4628
"Il trionfo dell'amore" *episode of* Il Ponte dei sospiri (21)
Il trionfo della morte (17) 1864d
Il trionfo di Buffalo (21) 4585
Il trionfo di Ercole (64) [Hercules and the Ten Avengers; Hercules Versus the Giant Warriors] 1161, 1365d, 1683, 1948w, 2648, 3337, 3478ph, 3945, 4533, 4628
Il trionfo di Maciste (61) [Triumph of the Son of Hercules] 517d, 743, 3154
Il trionfo di Robin Hood (62) 4118
Trip to Kithera (84 Greece) 2075w
Les Tripes au soleil (59 France) 3503, 4803
Il triplice appuntamento (06) 41p
Tripoli, bel suol d'amore (54) 479, 546a, 935d, 964, 970, 1571, 1768, 2670w, 2775w, 3119ph, 3473, 3852, 3864, 3894, 4292, 4691
Tristana (70) 696d, 718, 749, 1379, 3244, 3805
Tristana e il sogno (21) 1273d
Tristano e Isolde (20) 441

Tristano e Isotta (11) 441
Triste impegno (14) 392, 393
Triste realtà (16) 1355, 3956
Tristi amori (18) 1343ph, 3021, 4364d*
Tristi amori (43) 104w, 433, 655ph, 939, 964, 1054, 1653, 1841d, 2746, 4186co, 4721, 4754
Tristi passioni (14) 1204, 1343ph
Tristo fascino (11) 1132, 1424, 1935
Tritoni (13) 3326d-ph
Il trittico dell'amore (20) 724, 1617d, 2753, 2961
Il trittico di Bonnard (23) [Il trittico] 554d*, 1179ph, 1335, 4004
The Triumph of an Emperor *see* In hoc signo vinces
Triumph of the Son of Hercules *see* Il trionfo di Maciste
El triunfo del amor (43 Spain) 3819ph
Il trofei d'Africa (54) 3713d
Trois chambres à Manhattan (65 France) 1676
Trois chevaliers pour Fort Yuma *see* Per pochi dollari ancora
Trois garçons, une fille (48 France) 3819ph
Trois hommes en habit *see* Tre uomini in frac
Trois miliards sans ascenseur (71 France) 1676
Les Trois Mousequetaires *see* Fate largo ai moschettieri
La Troisième Dimension *see* Il coltello nella piaga
The Trojan Horse *see* La guerra di Troia
Troll (86 U.S.) 144p
I tromboni di Fra' Diavolo (62) 559, 2450, 3992m, 4000p, 4053, 4246d, 4530, 4753
Tromp-la-Mort (20) 355ph
Il trono di fuoco (70) [El proceso de las brujas; Der Hexentoter von Blackmoor; Night of the Blood Monster; The Trial of the Witches] 1908, 2139, 2515, 2516, 3261m, 4135
Trono di fuoco (84) 2766ph, 3683d
Il trono e la seggiola (18) 475, 833, 1307, 1907d, 4022
Tropico del cancro (72) 2887ph, 3177d
Tropico di notte (61) 4551
Troppo bella *see* L'amante segreta
Troppo buon cuore (07) 4807ph
Troppo forte (85) [He's Too Much] 275e, 638, 764p, 1417ph, 2536d, 4290w, 4292w*, 4355, 4726d*
Troppo onesta (07) 4807ph
Troppo per vivere. . . poco per morire (66) 210, 461, 664, 1265, 1366m, 2103, 2167, 2954
"Troppo ricca" *see* "Anna"
Troppo rischio per un uomo solo (73) 1901
Troppo tardi t'ho conosciuta! (39) 809d, 1323, 1404
Troppo zelo (09) 4807ph
Le Trou *see* Il buco
Trouble in Sacramento *see* All'ovest di sacramento
La trovata del brasiliano (15) 3127, 4697
La trovata dello sportman (23) 810ph, 2594d
La trovatella di Milano (56) 788d, 1834ph, 2775w, 2885, 4189, 4554, 4556
La trovatella di Pompei (57) 1426, 1914d, 1972, 2474, 3231ph, 3400, 4123, 4598
Il trovatore (09) 441, 1617d
Il Trovatore (47) 1841d, 1959ph, 2953a, 3215w, 3616, 4256, 4680
Il trucido e lo sbirro (77) 1417ph, 2415ph, 2534d, 3017
True Colors (91 U.S.) 4318ph
The True Story of Camille *see* La vera storia della signora dalle camelie
I trulli di Albero-Bello (43) 972d
Trup N. 1346 *see* Il cadavere n. 1346
Il trust degli smeraldi (19) 2652, 4022, 4255
Tu che ne dici? (60) 89d, 3608ph, 4530, 4586m, 4753
Tu m'appartiens (28 France) 441
Tu mi turbi (83) 397d*, 443w, 826
La tua donna (54) 996, 1972, 3010, 3230, 3363, 3418d, 3812, 4296, 4754, 4759ph
Tua per la vita (16) 80, 865, 1419d, 1694ph
Tua per la vita (55) 114, 590, 1170, 2053d, 2782, 3857, 4190ph, 4722w, 4796
La tua vita per mio figlio (80) 340, 644d, 1779ph, 4001
Tuareg—il guerriero del deserto (84) 892d, 3698, 4001
Tucker: The Man and His Dream (88 U.S.) 4379ph
Le tue mani sul mio corpo (70) 794, 1881m
Le Tueur (71 France) 3153m
Le Tueur aime les bonbons (72 France) 4712

Tugenebund (11) 3836d
I tulipani di Haarlem (69) 113, 680d, 1869, 4115a, 4562ph
Il tulipano nero (63) [La Tulipe noire] 18, 504, 984d, 1285ph, 1349, 2578, 4435
La tumba del pistolero *see* Tre del Colorado
Tunisi top secret (59) 2873, 2921, 3080, 3213ph, 3416d, 3643, 4189
Tunnel *see* Operazione Ogro
Il tunnel sotto il mondo (68) 1146d
Il tuo piacere è il mio (73) 208, 405, 592, 1973, 2404, 4579
Il tuo rivale (19) 767w, 833, 3070, 3910d
Il tuo vizio è una stanza chiusa e solo io ne ho la chiave (72) [Excite Me] 1299, 1652, 1658ph, 1961, 2760, 2878d, 3591, 3753, 4385
Tuppè—tuppè, marescià *see* È permesso, maresciallo
Turbamento (42) 371, 650d, 784w, 1693s, 1834ph, 2474, 2624, 3570, 3816, 3841, 4511, 4527
Turbante bianco (43) 3840
Turbine (41) 395, 796, 2906d, 3117a, 3148, 3271, 3382w, 3643, 4190ph, 4432, 4791w
Turbine d'odio (14) 1841d
Turbine fatale (15) [Venere orgiastica] 554, 1312d
Il turbine rosso (16) 4797
Un turco napoletano (53) 329, 768, 889, 1095w, 1323p, 1616, 1684s, 1973, 2922d, 3386ph, 3457, 3636, 4193, 4388, 4559, 4602
Turi della tonnara *see* Malacarne (46)
Turi e i paladini (79) 1178, 1200d
Turi il bandito *see* Turri il bandito
Der Turm der verbotenen Liebe (68 Germany) 1761
Turn the Other Cheek *see* Porgi l'altra guancia
Turné (90) [On Tour] 2, 275e, 4035d
Il turno (81) 142, 940d, 1882, 2070ph
Turno di notte (43) 1957
Turno di riposo (44) 4425d
Turri il bandito (50) 2445, 3745, 4031, 4062, 4567d, 4580
La tutela (13) 2095, 3237d
Tutta colpa del paradiso (86) [It's the Fault of Paradise] 455, 3202, 3216ph, 3298d, 3996ph
Tutta colpa della SIP (88) 801
Tutta da scoprire (80) [L'amante tutta da scoprire] 834d, 1417ph
Tutta la città canta (43) 557, 1650w, 1786d, 1957, 3818, 4359w, 4443
Tutta la vita in una notte (38) 1227s, 1401d, 1509, 1653, 2083, 2592w, 2826w, 3415, 3578, 4010
Tutta la vita in ventiquattr'ore (43) 231, 618, 619d, 964, 1276w, 3118ph, 3271
Tutte le altre ragazze lo fanno (66) 89d, 559, 1341, 1442, 1717, 2647, 3276, 3519, 3968, 4114, 4658
Tutte le auto della polizia *see* . . . A tutte le auto della polizia
Tutte le domeniche mattina (72) [Every Sunday Morning] 3113
Tutti a casa (60) 265, 824ph, 893, 1075d, 1303, 1323p, 1562a, 1647, 2000, 2033, 2930, 3259, 3509, 3780, 4126w, 4292
Tutti a scuola (79) 824ph, 1671m
Tutti defunti tranne i morti (77) 219d, 1341
Tutti dentro (84) [Put 'em All in Jail] 764p-w, 1459, 1480ph, 3080, 3558m, 3864, 4290w, 4292d*
Tutti figli di "Mammasantissima" (73) [Italian Graffiti] 745d*, 1006, 1095w, 1271m, 2573, 2766ph, 3202
Tutti fratelli nel west. . . per parte di padre (72) [Where the Bullets Fly; Miss Dynamite; All the Brothers of the West Support Their Father] 857, 2053d, 2965, 3525, 4001, 4336
Tutti i colori del buio *see* Strana orchidea con cinque gocce di sangue
Tutti innamorati (58) 805, 1676, 2595s, 2907, 2988, 3213ph, 3626, 3684w, 3951d, 4090, 4579
Tutti per uno, botte per tutti (72) [Three Musketeers of the West] 108, 1102d, 1553, 1611, 3361ph, 3670, 4150
Tutti possono arricchire tranne i poveri (76) 592, 4204d
Tutti possono uccidermi (57) 1607
Tutti stanno bene (90) [Stanno tutti bene] 1164a, 2075w, 2907, 2908e, 3143, 3153m, 3865p, 4550d
Tutto (18) 1307, 1724d
Tutto a posto e niente in ordine (74) [All Screwed Up] 474, 1229, 1446, 1945, 3373, 3558m, 3630, 3961ph, 4882d
Tutto è musica (63) 1754
Tutto e niente (66) 142
Tutto il bello dell'uomo (62) 651
Tutto il mondo ride (52) 1673d-e

Tutto in comune (73) 1181
Tutto nel mondo è burla (22) 561d
Tutto per la donna (40) 1834ph, 1996, 2791w, 2953a, 3118ph, 3162, 4050d, 4281d, 4818, 4948w
Tutto per tutto (68) [All Out; Go for Broke; One for All] 252, 658w, 737, 1097, 1215, 1611, 1859, 2261, 2534d, 3443, 3743, 4053, 4271, 4384w, 4551, 4616ph
Tutto suo padre (78) 3176, 4841ph
Tuttobenigni (86) 397, 443d
Il Tuxant *see* Il moro dell'Apuxarra
2099, After the Fall of New York *see* 2019 dopo la caduta di New York
21 Carat Snatch *see* Popsy Pop
21 Hours at Munich (76 U.S.) 3244
Twenty Paces to Death *see* Saranda
20,000 Dollars for Every Corpse *see* Adios Cjamango
2020 Freedom Fighters *see* Anno 2020—i gladiatori del futuro
2020 Texas Gladiators *see* Anno 2020—i gladiatori del futuro
The Twilight Avengers *see* I vendicatori dell'ave maria
Twilight of the Dead *see* Paura nella città dei morti viventi
Twilight of the Gods *see* Ludwig
Twinky *see* Lola
Twist, Lolite e vitelloni (62) 479, 559, 1606
Twitch of the Death Nerve *see* Antefatto
Two Brothers, One Death *see* Ringo, il cavaliere solitario
The Two Cops *see* I due carabinieri
Two Gangsters in the Wild West *see* Due mafiosi nel far west
Two Gunmen *see* I due violenti
Two Guns for Two Twins *see* Una donna per Ringo
Two Hearts in Waltz Time (34 U.K.) 1841d
Two Idiots at Fort Alamo *see* Due sergenti del generale Custer
The Two Little Orphans *see* I due orfanelli
Two Mules for Sister Sara (70 U.S./ Mexico) 3153m
"The Two Pigeons" *episode of* Le quattro verità
Two Weeks in Another Town (62 U.S.) 4137
Two Women *see* La Ciociara
Typhon sur Hambourg (68 France) 3243
Tyrant of Lydia Against the Son of Hercules *see* Goliath e la schiava ribelle
The Tyrant's Head *see* Boccaccio in Hungary
Tyrma *see* La principessa delle Canarie
U-bu (51) 3713d
Uccellacci e uccellini (66) [The Hawks and the Sparrows; Bad Birds and Good Birds] 405, 1263, 1346ph, 1492co, 3096, 3153m, 3453d, 4115a, 4559
Uccelli d'Italia (85) 2257d
"L'uccellino" *episode of* La mia signora
L'uccello dalle piume di cristallo (69) [The Bird with the Crystal Plumage; Phantom of Terror] 20, 169d, 2372, 3153m, 3194, 3730, 3799, 3920, 4025, 4379ph
L'uccello di fuoco (51) 1985
L'uccello migratore (72) 709, 2070ph, 3607, 4359d
Uccidere a Apache Wells (65) [Der Ölprinz; Kralj Petroleja; Rampage at Apache Wells] 307, 647, 1971, 2024, 2984, 3547d
Uccidere a Fredolo (67) 1647
Uccidere in silenzio (72) 939, 1011m, 2404, 3561
Uccidete Agente Segreto 777 stop (65) 1827
Uccidete il vitello grasso e arrostitelo (70) 263, 1454ph, 3153m, 4049d, 4533
Uccidete Johnny Ringo (66) [Johnny Ringo; Wanted Johnny Ringo] 251d, 703, 2109, 2888ph
Uccidi, Django. . . uccidi primo (71) 1571, 1875, 1876d, 2619, 2764ph, 3957
Uccidi o muori (66) [God Holds the Bullet] 102w, 517d, 584, 1631, 1959ph, 2976, 3055, 3992m
Gli uccisori (76) 2603, 3178
Ucraina rossa (42) 848d
L'udienza (71) 813, 1169p, 1183, 1666d, 1882, 3559, 4530, 4625m, 4841ph
Un ufficiale non si arrende mai, nemmeno di fronte all'evidenza. Firmato colonello Buttiglione (73) 2080d*
The Ugly Ones *see* Bounty killer
Ugo e Parisina (09) 1334d
Ukradena Vzducholod (69 Russia) 3636p
Ulisse (54) [L'odissea di Ulisse; Ulysses] 124, 680w, 760d, 1001m, 1294w, 1323p, 1516, 1530, 1534, 1647, 1675, 2037w, 2155w, 2254, 2266, 2648, 2757, 2773, 2782, 3069a, 3359d, 3489, 3514w, 3607, 3636p, 3715, 3812,

3958ph, 4151ph, 4193, 4211w, 4235, 4239, 4413, 4543ph, 4568ph, 4599, 4877, 4965
Ulisse contro Ercole (61) [Ulysses Against the Son of Hercules] 252, 462, 720d, 2453, 2506, 2808, 3400, 4073, 4515
L'ultima avventura (20) 197, 1307, 1864d, 3626d-p*, 4931
L'ultima avventura (32) 155ph, 471w, 556, 760d, 1614, 1615w, 1636e, 1844, 2271, 2953a, 3615, 4269w, 4982
L'ultima battaglia (15) 3237d
L'ultima canzone (58) 3400, 3847, 4935
L'ultima carica (63) 3990, 4107d
L'ultima carrozzella (43) 679, 1606, 1650w, 1684s, 1892, 2719, 2922d, 4071ph, 4167, 4378, 4641
L'ultima carta (13) 441, 1068, 1935, 3237d
L'ultima carta (38) [L'ultimo atout] 262d, 964, 3978
L'ultima casa vicino al lago (78) [The Devil's Woman] 892d
L'ultima cena (49) 1367co, 1938d, 3830d, 4720p, 4774
L'ultima chance (73) [L'ultima occasione; Stateline Motel; Last Chance for a Born Loser] 118, 228m, 232, 1368, 1972, 2642d, 3945, 4491, 4854
Ultima danza (14) 3427d, 4191
L'ultima diva: Francesca Bertini (83) 441, 3037d
L'ultima dogaressa (14) 2709d, 4807ph
L'ultima donna (75) [La Dernière Femme] 1387, 1666d, 2975e, 3202, 3559, 4038, 4080m, 4562ph, 4985
Ultima fiamma (40) [La última falla] 1016p, 1227s, 3497, 3516d, 3616, 4759ph
L'ultima gara (54) [Ombre sul Tevere] 422, 1129d, 1374, 1683, 3525, 3919, 4235
Ultima giovinezza (39) [Dernière jeunesse] 155ph, 332w, 631, 3179m, 3340ph, 4965
Ultima illusione (54) 1969, 2757, 3525, 3857
L'ultima impresa (17) 906ph, 1935d*, 4046
L'ultima invenzione (21) 277ph
L'ultima invocazione (19) 4191
L'ultima livrea (19) 902, 1935d, 4046
L'ultima mazurka (86) 418, 439, 535, 2315, 4114
L'ultima nemica (10) 4807ph
L'ultima nemica (37) 43ph, 93ad, 1383, 1936, 3288co, 3451w, 3592, 4252, 4556, 4651, 4965
L'ultima neve di primavera (73) 377, 1644, 2302, 2760, 3541, 4176
L'ultima notte di don Giovanni (55) [Don Juan; Il grande seduttore; Don Giovanni] 1163, 1232, 4275ph, 4846a
L'ultima occasione *see* L'ultima chance
L'ultima preda del vampiro (60) [Playgirls and the Vampire; Curse of the Vampire] 588, 3862, 3894
L'ultima recita di Anna Parnell (19) 4191d*
La última señora Anderson *see* La quarta signora Anderson
L'ultima sensazione del Circo Farini *see* xxxx (24)
L'ultima sentenza (51) 518a, 553m, 554d, 936, 1163, 2473ph, 2791w, 3405, 3955, 4066, 4092, 4192, 4668
L'ultima sera di carnevale (06) 4807ph
L'ultima speranza *see* Die letzte Chance
L'ultima spiaggia *see* On the Beach
L'ultima violenza (57) [The Last Act of Violence] 89d, 1358, 1669w, 1684s, 1875, 2600ph, 2910d, 3001, 3218m, 4065, 4237
L'ultima vittima (13) 729, 3871d
L'ultima volta (76) 1205, 2426d, 2965, 3749
L'ultima volta insieme (81) 998ph, 4025, 4491
The Ultimate Gunfighter *see* Dove si spara di più
Ultimatum alla città *see* La legge violenta della squadra anticrimine
Ultimatum alla polizia (74) 2962
Ultimatum alla vita (62) 805, 964, 1426, 1827, 2000, 3509, 4604
Le ultime avventure di Galaor (20) 519
Le ultime lettere di Giacomo Ortis (21) 1210d, 2058ph
Le ultime ore di una vergine (72) 3922
Gli ultimi (63) 3403d
Gli ultimi angeli (77) 1011m, 2373
Gli ultimi cantastorie (58) 4662d
Gli ultimi cinque minuti (55) 78, 95d-p, 471w, 597, 637, 679, 845, 1244, 1276w, 1416, 1421, 2269, 2987, 3118ph, 3834, 4467, 4754, 4769
Gli ultimi della strada (39) 43ph, 1701, 2756w, 2979ad, 3411d, 3918, 4580, 4684w, 4780
Gli ultimi dieci giorni di Hitler (72)

[Hitler: The Last Ten Days] 6, 12, 401, 927, 1004, 1127, 1294d, 1676, 1814w, 1984, 1997, 2070ph, 2089, 2291, 2414, 3648, 4008, 4321m, 4377, 4865, 4884
Gli ultimi filibustieri (21) 311ph
Gli ultimi filibustieri (41) 63ad, 104w, 1089w, 1576d, 2613, 2934w-e, 3041, 3340ph, 3560a, 3800, 3992m, 4062, 4237, 4637, 4774, 4807ph
Gli ultimi giorni di Pompei (08) [The Last Days of Pompeii] 98p, 1397, 2709d, 3326w-ph, 3679, 4807ph
Gli ultimi giorni di Pompei (13) [Jone; The Priest of Isis] 98p, 554, 872d, 1314, 1801w, 2964, 3236, 3427, 3456p, 3510w, 4767d*, 4804, 4807ph
Gli ultimi giorni di Pompei (26) 176ph, 468, 887, 1106, 1335, 1498ph, 1624, 1841d, 1935, 2064, 2842, 2872, 3382d, 3570, 3786, 4688, 4807ph
Gli ultimi giorni di Pompei (48) [Les Derniers Jours de Pompei] 56ph, 391, 1227p, 1804ad, 2189, 2220ph, 2286, 2564d, 2808, 3067d, 3566, 3578, 3667, 3709, 3967, 4535a, 4574, 4732a, 4813m
Gli ultimi giorni di Pompei (59) [Cataclysm] 154, 554d, 856, 1103ad-w, 1245e, 1294w, 1509, 2351, 2486m, 2536d, 2835, 3067p, 3344, 3387, 3778, 3805, 4432, 4487w
Gli ultimi giorni di Pompeo (37) 744, 789p, 2830, 2922d, 3506, 3578, 4041, 4117ph, 4123, 4129, 4754
Gli ultimi tre giorni (77) 880, 3037d, 3153m
Gli ultimi tuareg *see* I predoni del Sahara
Gli ultimi zar (28) 155ph, 269, 2652, 2999, 3041, 3237d, 3365, 3454, 3596p, 3978, 4022, 4484ph
Ultimissime di notte (22) [Ultimissime della notte] 1935d*, 4046
L'ultimo addio (41) 453, 935d, 939, 1227s, 2791w, 2949w, 3978, 4121, 4759ph
Ultimo addio (54) 1892, 3104d, 3198, 3578, 3599, 4641
L'ultimo amante (55) 85, 451, 654, 2472, 2922d, 3028, 3229, 3447, 3636p, 4543ph
L'ultimo amore (46) 725, 964, 974d, 1001m, 1406w, 2592w, 2713, 2826w, 2861ph, 3271, 3584, 3929ad-w, 3930, 4232, 4511
L'ultimo amplesso (12) 1866d, 2272
Ultimo anelito (14) 1132, 1327d
L'ultimo atout *see* L'ultima carta
L'ultimo ballo (41) 238, 991, 1054, 1834ph, 2661, 2906d, 2987, 3034, 3117a, 3229, 4378
L'ultimo cacciatore *see* Apocalisse domani
L'ultimo canto (17) 128ph
L'ultimo cavaliere (15) 634w, 4531d, 4571d
L'ultimo combattimento (41) 262d, 1305, 1323, 1683, 2813, 2960w, 3502, 3696ph, 3728, 4027, 4091
Ultimo convegno (13) 2063, 4447
L'ultimo Decamerone (72) 405
L'ultimo dei Bergerac (34) 80, 767w, 1099, 1465, 1724, 1936, 3010, 3118ph, 3472, 3836d, 3970
L'ultimo dei Borgia (20) 655ph
L'ultimo dei Caldiero (14) 1801w
L'ultimo dei cognac (18) 876d, 1498ph
L'ultimo dei Frontignac (11) [Il romanzo di un giovane povero] 98p, 796, 872d, 1801w, 4120ph, 4447
L'ultimo dei mohicani (65) 824ph, 2820, 2864, 3176
L'ultimo dei vichinghi (61) [The Last of the Vikings] 163, 211, 692, 743, 964, 1114, 1647, 1914d, 2648, 3054, 3699, 3789, 4187ph, 4348, 4425e, 4433
Ultimo dovere (14) 1935d*
L'ultimo falconiere (n.d.) 398d
L'ultimo giorno di scuola prima delle vacanze di Natale (76) 516, 794, 1178
L'ultimo giudizio (n.d.) 3834d
L'ultimo gladiatore (64) 1885, 2134, 2534d
Ultimo grido (19) 3235d*
L'ultimo grido dalla savana *see* La grande caccia
L'ultimo guappo (79) 644d, 1779ph
L'ultimo guerriero (83) 2079d, 2766ph, 4386
L'ultimo harem (81) 2501
El último husar *see* Amore di ussaro
L'ultimo imperatore (87) [The Last Emperor] 442d, 2604, 3351, 3504w, 4379ph, 4501p
Ultimo incontro (51) 209, 655ph, 740w, 823, 1762d, 1836, 1982, 2892m, 3069a, 3129w, 3229, 4062, 4651
L'ultimo killer (67) 764w, 1553, 1571, 1933, 2112, 2681, 4693, 4694d
L'ultimo lord (26) 176ph, 475, 549, 1907d, 2240, 2770, 3118ph, 4466, 4482

L'ultimo mercenario (68) [Il mercenario; El mercenario; Die grosse Treibjagd; The Big Hunt] 335, 1234, 3066, 3261m, 3531, 3835, 4373, 4879ad
Ultimo momento (87) 2, 219d, 794, 3345m, 4530
Ultimo mondo cannibale (76) [Carnivorous; Cannibal; Cannibal Holocaust; Last Survivor] 335, 1385d, 1480ph, 1741, 2479, 2887ph, 3753
L'ultimo nome (79) 1211d
L'ultimo ostacolo (14) 3427d
L'ultimo padrino *see* Corleone
L'ultimo paradiso (57) 3713d, 4127ph, 4188e
Ultimo perdono (51) 3634d, 3840
L'ultimo pistolero (71) [Last Rebel] 824ph, 1567, 1731, 2123, 3211, 3920, 4386
L'ultimo ricordo (09) 4807ph
L'ultimo romanzo di Giorgio Belfiore (19) 1221
El último sábado (67 Spain) 3955
L'ultimo sapore dell'aria (78) 1012ph, 1385d, 1691, 1998, 4192
L'ultimo scugnizzo (38) 1054, 1457, 1931w, 2269, 2591, 3117a, 3295, 3410, 3836d, 4117ph, 4675, 4811w*
Ultimo sogno (20) 441, 858ph, 2792a, 3442, 3871d
Ultimo sogno (44) 37d, 1504, 3415, 4140, 4280
L'ultimo squalo (81) 892d, 1767, 3158, 4307ph
Ultimo tango a Parigi (72) [Last Tango in Paris] 71, 442d, 455, 472, 626, 640, 641, 1836, 1972, 2057p, 2500, 2504, 2726, 3006, 4114, 4276, 4379ph
Ultimo tango a Zagarol (72) [Last Italian Tango] 452, 999d, 1754, 2760, 3968, 4568ph, 4645
L'ultimo travestimento (16) 1907d, 3118ph
L'ultimo treno della notte (75) [Violenza sull'ultimo treno; Night Train Murders] 439, 2426d, 3153m, 4025
L'ultimo uomo della terra (64) 457, 1112, 1228, 2913w, 3674, 3730, 3957, 4028d
L'ultimo uomo di Sara (74) 1442, 2896ph, 3153m, 3330
L'ultimo zar (60) [Le notti di Rasputin; Les Nuits de Raspoutine; The Night They Killed Rasputin] 45ph, 319, 428, 685, 765, 774, 966d, 1018, 1872, 2084, 2615, 3699, 3975, 4091, 4415w
Ulysses *see* Ulisse
Ulysses Against the Son of Hercules *see* Ulisse contro Ercole
Umanità (46) 939, 1882, 2654, 3118, 4010, 4037d
Umano non umano (69) 3384
L'umanoide (79) 232, 1037, 2256ph, 2373, 2380, 2426d, 3153m, 3753, 4189, 4712
Umberto D (51) 56ph, 95, 347, 845, 875, 1001m, 1416d-p, 2817a, 3865p, 4968w
Umberto e Margherita di Savoia a passeggio per il parco (96) 728d- ph
Umberto Giordano e la sua musica (46) 1766d
Umile eroe (11) 4807ph
Umorismo nero (65) 2647, 4651
Una di quelle (52) 679, 1276w, 1305, 1606d*, 2003, 2253m, 3363, 3584, 3608ph, 3967, 4428, 4559
Una di troppo (82) 1658ph
Una sera c'incontrammo *see under* S
Una sera di maggio *see under* S
Una su tredici (69) 193, 372w, 665, 1011m, 1375, 1416, 1882, 1928d, 2294, 2643d, 3561, 3618, 3620a, 3996ph, 4450, 4483, 4880
Una sull'altra (70) 94p, 1178, 1369, 1486, 1804d, 1948w, 2261, 2873, 2965, 3345m, 4293
Una vita (57) [Une Vie; End of Desire] 156, 198d, 1422, 2636, 2852, 3531, 3795ph, 4135, 4813m
Una volta alla settimana *see under* V
Uncle Tom's Cabin *see* Cento dollari d'odio
Uncle Was a Vampire *see* Tempi duri per i vampiri
Unconscious *see* L'ossessione che uccide
Und das am Montagmorgen (59 Germany) 1075d
Under Ten Flags *see* Sotto dieci bandiere
L'undicesimo comandamento (20) 2011d, 3491
Undici uomini e un pallone (48) 102w, 454, 789p, 1237, 1388, 1488, 1996, 2670w, 2811w, 2909, 2993w, 3041, 3460, 4194, 4246d, 4426w
Une Vie *see* Una vita
The Unexpected *see* L'imprevisto
Unfug der Liebe (28 Germany) 2272, 4807ph
Unglorious Bastards *see* Quel maledetto treno blindato

Unholy Four *see* Ciak Mull, l'uomo della vendetta
L'unico peccato (20) 3510d
The Uninhibited *see* Amor di una calda estate
Unlawful Restraint *see* Sequestro di persona
Uno contro l'altro. . . praticamente amici (80) 211, 566, 1102d, 3017, 3660
Uno contro tutti (63) 4618m
Uno dei tre (63) [Le Glaive et la balance] 646, 913d, 938, 1156, 2290w, 2512, 2544, 3511, 3515, 3564, 4038, 4302w, 4541, 4777
Uno della montagna (37) 3411d, 4091
Uno di più all'inferno (68) [Los machos; To Hell and Back] 1610d, 1681m, 1824, 2010, 2172, 2188, 2460, 3176, 3239
Uno dopo l'altro (68) 32a, 520, 2010, 2134, 2869, 3062, 3283d, 4247w
Uno, dos, tres. . . dispara otra vez *see* Tequila
Uno è di troppo (12) 4807ph
Uno tra la folla (46) 453, 936d, 1303, 1683, 1813m, 2648, 4474d, 4754
Unsane *see* Sotto gli occhi dell'assassino
Unser Fraülein Doktor (40 Germany) 4484ph
Unsere kleine Frau *see* Mia moglie si diverte
Unter Geiern *see* Là, dove scende il sole
Unter Palmen am blauen Meer (57 Germany) 3794, 3975
The Untouchable No. 12 *see* L'inafferabile 12
The Untouchables (68) *see* Gli intoccabili
The Untouchables (87 U.S.) 3153m
Der Unüberwindliche (29 Germany) 2436ph
Gli uomini, che mascalzoni! (32) 493m, 760d, 919p, 1276w, 1416, 1751, 2623, 2953a, 3046, 3162, 3970, 4117ph, 4281w, 4484ph, 4982
Gli uomini, che mascalzoni! (53) 21w, 240, 406w, 675, 818, 973, 1481, 1983, 2636, 3069a, 3118ph, 3493d, 3865p, 3969, 4027, 4038, 4126w
Uomini contro (70) [Many Wars Ago; Just Another War] 48, 1183, 1408ph, 1647, 1785, 2039, 2075w, 2908e, 3558m, 3942d, 4790, 4821
Gli uomini dal passo pesante (66) [The Tramplers] 144d-p, 257, 743, 1136, 2000, 2486m, 2557p, 2566w, 2663, 3001, 3057, 3218m, 3244, 3303, 3529, 3683ad, 3698, 4162, 4170
Gli uomini del mare (39) 3411d
Gli uomini della montagna (16) 95
Uomini della pace (n.d.) 3817p
Uomini della palude (53) 4662d
Uomini della pianura (50) 4662d
Uomini duri *see* Noi uomini duri
Uomini duri. . . altrimenti vi ammuchiamo (73) [Three Tough Guys] 419, 1280, 1323p, 1358, 2151, 2167, 2367, 2539, 4024, 4062, 4487d, 4543ph, 4717, 4907
Uomini e cieli (43) 351ph, 1398d
Uomini e lupi (56) 175, 735, 923, 925, 1406d, 2075w, 2773, 3099, 3218m, 3534w, 3645ph, 4166a
Uomini e no (80) 1454ph, 1741, 2081, 3153m, 3343d, 4111s, 4125
Uomini e nobiluomini (59) 463d, 844, 1416, 2765ph, 3593, 4288, 4314, 4428
Uomini gialli (20) 4490d
Uomini in più (55) 146p, 1662d
Uomini merce (76) 2582d
Gli uomini neri (14) 655ph, 4490d
Gli uomini non guardano il cielo (51) [Papà sarto] 765, 833, 970, 1416, 1757, 1878ph, 1936, 2818, 2826w, 2942, 3046, 3506, 3552, 3557, 3592, 3978, 4128d, 4133, 4191, 4433, 4554, 4769
Gli uomini non sono ingrati (37) 78, 650d, 939, 1227s, 1423w, 2272, 2826w, 2861ph, 3503, 4370, 4732w, 4754
Uomini ombra (54) 42, 996, 1398d, 2189, 2452, 3460, 4091, 4378
Uomini senza domani (46) 1203ph, 1211ad-w-s, 4745d
Uomini senza pace (53) [Los ojos dejan huellas] 4254, 4654, 4696
Uomini si nasce, poliziotti si muore (76) [Live Like a Man. . . Die Like a Cop] 927, 1014, 1385d, 1649, 2631, 2766ph, 2890, 3642, 4038
Uomini soli (59) 4662d
Gli uomini sono nemici (47) [Le Carrefour des passions] 732d, 964, 1123, 1172, 1213ad, 1936, 1944d-ad, 1958, 2189, 2405m, 2647, 2773, 3525, 3526ph, 3914
Uomini sul fondo (41) 351ph, 810ph, 1398d-e, 3948ad
Gli uomini vogliono vivere (61) [Les Hommes veulent vivre] 2000, 2326, 3071d

Un uomo (72) 813, 1096ph, 3776
Un uomo a metà (66) [Almost a Man; Half a Man] 1413d, 1442, 1470ph, 1869, 3153m, 3303, 3363, 3519
Uomo avvisato mezzo ammazzato...parola di Spirito Santo (71) [Forewarned, Half-Killed...The Word of the Holy Ghost] 834d, 1869, 2010, 2264, 2648, 3261m, 3835, 4189
L'uomo brutto (12) 1334d
L'uomo che bruciò il suo cadavere (65) 2244
L'uomo che non seppe tacere (73) 2900
L'uomo che ride (65) 1103d, 1885, 1981, 3303, 3558m, 3699, 4254, 4293
L'uomo che rideva (19) 277ph, 2069d
L'uomo che sfidò l'organizzazione (74) 228m, 608, 3945, 4150
L'uomo che sorride (36) 95p, 541w, 1276w, 1416, 1693s, 1834ph, 2922d, 2966, 3280, 4675, 4754
L'uomo che vide la morte (19) 3174, 3454
L'uomo che viene da Canyon City (65) [Viva Carrancha!; Man from Canyon City] 249d, 256, 532w, 1257, 1316w, 2486m, 3079, 3297, 4053, 4074, 4920
L'uomo che visse due volte *see* Il segreto del dottor Chalmers
L'uomo chiamato Apocalisse Joe (70) [Apocalypse Joe; Man Called Joe Clifford] 658w, 1426, 1611, 3261m, 4107d, 4779ph
L'uomo con i calzoni corti *see* L'uomo dai calzoni corti
Un uomo da bruciare (62) 67, 1548, 1672, 1718, 2752, 3343d, 3509, 3620a, 4172ph, 4312, 4456d, 4821
Un uomo da rispettare (72) [The Master Touch] 527, 1346ph, 1516, 1901, 2402, 2657d, 3153m, 3665, 3698
L'uomo dagli occhi di ghiaccio (72) 592, 697, 1365d, 1486, 4927
L'uomo dai calzoni corti (58) [L'uomo con i calzoni corti; L'amore più bello; L'amore più grande] 750, 845, 923, 1669w, 3118ph, 3249, 3493d, 3718, 3798, 4580, 4651
"L'uomo dai cinque palloncini" *episode of* Oggi, domani e dopodomani
L'uomo dai cinque palloncini (68) 419, 1666d
L'uomo dal corpo renfletto (68) 2619
L'uomo dal guanto grigio (48) 231, 931, 1347, 1892, 2654, 2906d, 3288w, 3584, 3608ph, 3978, 4041, 4133, 4166a, 4599
L'uomo dal mantello verde (23) 176ph
L'uomo dal pugno d'oro (68) 509, 1046, 3189, 3743, 3803
L'uomo dal Winchester *see* Il figlio di Zorro
L'uomo dall'artiglio (31) 269, 1160s, 2064, 2598, 2744d, 3118ph, 3410, 4354, 4792
L'uomo dall'impermeabile (57) [L'Homme à l'imperméable] 298w, 514, 1027a, 1529, 1551d-m, 1655, 2220ph, 2725, 2821, 3226, 3375, 3518, 4409
L'uomo dall'ombrellone bianco (57) 1358
L'uomo dall'orecchio mozzato (16) 1327d
L'uomo dalla lingua mozza (21) 311ph
Un uomo dalla pelle dura (72) [The Boxer; Ripped Off] 500, 577, 1676, 3017, 3683d, 4301
L'uomo dalla pistola d'oro (66) [Doc, manos de plato; A Man Came to Kill] 249d, 1257, 1316w, 2486m, 3018, 3066, 3730, 4053, 4247w
L'uomo dalla testa dura (08) 388d, 3041
L'uomo del romanzo (40) 554d, 784w, 870m, 1016p, 1077w, 1165, 1227s, 1318, 1488, 3102, 3118ph, 3162, 3229, 3473, 3978
L'uomo della croce (42) 888, 1089w, 2953a, 3460, 3948d, 4454a*
L'uomo della foresta (21) 355ph, 3731
L'uomo della legione (40) [La ragazza di Venezia] 972ad, 1153ph, 1318, 2803d, 3215w, 3271, 3500, 3527, 3722, 3806, 4454a
L'uomo della Mancha (72) [The Man of La Mancha] 121, 323, 508e, 513, 895, 956, 1051, 2010, 2057p, 2184d, 2614, 2735, 3351, 3941w- m, 3961ph, 4945
L'uomo della mia vita (52) [L'Homme de ma vie] 824ph, 2844, 3133, 3883, 4066, 4306
L'uomo della rosa (21) 1336ph
L'uomo della strada fa giustizia (76) [The Cop Who Loved Me] 2000, 3420, 3490, 4236
L'uomo della tempesta (20) 4046
L'uomo della valle maledetta (63) [Boudine] 322, 658w, 1366m, 2123, 2820, 3267, 4970d
L'uomo di Corleone (77) 612, 927, 1058d, 1663, 1676, 2890, 2998, 3422
L'uomo di paglia (58) 287ph, 406w, 457,

1279w, 1341, 1562a, 1924d*, 3028, 3249, 3992m, 4622
L'uomo e il diavolo (54) [Le Rouge et le noir] 212w, 216d, 264, 587w, 972a, 1041m, 1248, 1346ph, 1431p, 1457ph, 1520a, 2254, 2284p, 2362ph, 2636, 3223ph, 3546, 4058, 4292, 4409
L'uomo e il genio (49) [Leonardo] 4813m
L'uomo e la donna (23) 2974, 3382d
L'uomo e la maschera (56) 1850d
L'uomo e una colt (67) 186, 1371d, 1571, 2224, 3018, 3992m, 4053, 4384w, 4584ph
Un uomo facile (58) [An Easygoing Man; The Defeated Victor] 166, 1920ph, 1936, 2175d, 3059, 3738, 3992m, 4309, 4564d, 4618m
L'uomo giallo (13) 2020, 2709, 3236, 4807d-ph
L'uomo in basso a destra nella fotografia (74) 1368, 3261m
"L'uomo in bleu" *episode of* I quattro tassisti
Un uomo in ginocchio (79) [Defiance] 211, 1211d, 1901, 2070ph, 3601
L'uomo in nero (63) [Judex] 413, 1772d, 1906, 2287m, 2317, 2404, 3633, 4077, 4155, 4720p, 4805
L'uomo la bestia e la virtù (53) 623w, 972a, 1252, 1344, 1616, 1804w, 2909, 3586w, 4359d, 4559, 4880
L'uomo, l'orgoglio, la vendetta (67) [Return of Django; Pride and Vengeance; Man. . .His Pride and His Vengeance] 210, 703, 920w, 2386, 3244, 3803, 3992m, 4891
L'uomo meccanico (21) 1297d, 1778
L'uomo papagallo (17) 434ph, 3704, 3984d
L'uomo più allegro di Vienna (25) 176ph, 1106, 2671a, 2872, 3382d, 3983, 4482, 4688
L'uomo puma (80) 929, 1365d, 3603, 3922, 4566, 4841ph
L'uomo-réclame (20) 634w
Un uomo ritorna (46) 939, 1514, 2253m, 2719, 3247d, 3270, 3919
L'uomo Sartre (63) 4088
L'uomo senza domenica (57) 1406d, 3534w
L'uomo senza memoria (74) 418, 3342, 4385
L'uomo senza pietà (77) 16, 927, 2454d, 2585, 3945, 4289
Un uomo un cavallo una pistola (68) [The Stranger Returns; Shoot First, Laugh Last] 140w*, 252, 271, 439, 1011m, 2084, 2386, 2782, 2887ph, 3292, 4628, 4683d, 4693
Un uomo, una città (74) 4025
L'uomo venuto dal mare (41) 283, 1423w, 1813m, 2600ph, 2953a, 2978, 3447, 3747d, 4189
L'uomo venuto per uccidere (68) [El hombre vino a matar; Rattler Kid; A Man Came to Kill] 186, 288, 405, 622, 718, 1366m, 2129, 2247, 2394d, 3690, 4320
Up and Down *see* Su e giù
Up Frankenstein *see* Carne per Frankenstein
Up Front (51 U.S.) 439
Up the MacGregors *see* Sette donne per i MacGregor
Upperseven, l'uomo da uccidere (67) 983, 1501
Upstairs and Downstairs *see* Su e giù per le scale
L'uragano (12) 796, 1397, 3456p
Uragano (17) 1605, 3289, 4531d
Uragano ai tropici (39) 1206, 1628d, 1936, 2738w, 2949w, 3288co, 4166a, 4425d-e, 4543ph, 4637
Uragano sul Po (57) [Liebe] 3270, 4135, 4654
Uragano sulle Bermude (78) 113, 1869
The Uranium Conspiracy *see* La nave dell'uranio
Urban Animals *see* Animali metropolitani
Urlatori alla sbarra (60) 844, 926, 1804d, 3032, 3404, 3994, 4166a, 4288, 4618m
L'urlo (47) [El alarido] 935d, 1423w, 2598, 2654, 3447
L'urlo (68) 210, 629d-e, 2608, 4167
Urlo contro melodia (63) 4424
Un urlo dalle tenebre (75) [L'esorcista n. 2; L'occhio del male; The Evil Eye; The Possessor] 584, 1094, 3672
L'urlo dei bolidi (60) 4066, 4235, 4580
L'urlo dei giganti (68) [Hora cero—operación Rommel; A Bullet for Rommel] 584, 1369, 1396w, 1571, 2394d, 2681, 2736w, 3379, 3554, 3690, 4509, 4586m, 4933
Un urlo nella notte *see* Nove ospiti per un delitto
Ursula Mirouet (13) 1132, 2599
Ursus (17) 138d, 887, 1125
Ursus (61) [The Mighty Ursus] 771d,

834w, 1811, 1827, 2775w, 2848, 3047, 3337, 3666, 3782, 4114, 4285w, 4813m
Ursus e la ragazza tartara (63) [The Tartar Invasion] 2546, 3881, 4314, 4435, 4436
Ursus, gladiatore ribelle (63) [The Rebel Gladiators] 83, 211, 917, 2042, 3018, 3411d, 4073, 4106m, 4153, 4344, 4433, 4628
Ursus, il leone del porto (21) 887
Ursus, il terrore dei kirghisi (64) [Hercules, Prisoner of Evil; Terror of the Kirghiz] 1266d, 2022, 2782, 2976, 3434
Ursus nella terra di fuoco (63) [The Son of Hercules in the Land of Fire] 917, 1811, 1954, 2681, 3000, 3146, 4246d, 4433, 4568ph
Ursus nella valle dei leoni (61) [The Valley of Lions] 619d, 1806, 1811, 2172, 2656, 2848, 3337, 4071ph, 4165
Ursus the Invincible *see* Gli invincibili tre
Usi e costumi abissini (09) 3326d-ph
Usi e costumi dei cinesi (11) 3326d-ph
Usque dum vivam et ultra (17) 3470, 3568
L'usuraio (43) 1227s, 1332ph, 1931w, 2233, 4252, 4833
Utopia *see* Atollo K
The VIPs (63 U.K.) 2873
La vacanza (71) 629d-e, 2256ph, 2635, 3244, 3767, 3769, 4579
Una vacanza bestiale (80) 1432ph, 4685d
Una vacanza del cactus (80) 638, 2483d
La vacanza del diavolo (31) 475, 549, 3578, 3845ph, 3869, 4037d, 4044, 4303, 4982
Vacanza in Argentina *see* Vacanze in Argentina
Vacanza sulla neve (67) 1093
Vacanze a Villa Igea (54) 4756
Vacanze ad Ischia (57) 166, 451, 675, 760d, 823, 1002, 1114, 1305, 1416, 1444, 1969, 2038, 2250, 2861ph, 2921, 3040, 3643, 3865p, 4378, 4827
Vacanze alla baia d'Argento (61) 844, 3643, 3756d, 4278, 4345, 4511
Vacanze col gangster (51) 165, 1504, 1971, 2492, 2717, 3069a, 3218m, 3376, 3506, 3645ph, 3844d
Vacanze d'amore (54) [Le Village magique] 582, 970, 973, 1036, 1413ad-w, 1753, 2030, 2440, 2507d, 2725, 2888ph, 3064, 3604, 3662, 3789, 3872, 4116, 4306, 4653
Vacanze d'estate (85) 998ph
Vacanze d'inverno (59) 1416, 2351, 2808, 2906d, 2996, 3143, 3685, 3955, 4038, 4231w, 4232, 4290w, 4292, 4543ph, 4602, 4633
Le vacanze del sor Clemente (54) 845, 1099, 1691, 2600ph, 2906d, 3457, 3794, 3828, 4428, 4621
Vacanze di Natale (83) 1012ph, 4057, 4533, 4685d
Vacanze in Argentina (60) [Vacanza in Argentina] 2537d, 2647, 3064
Vacanze in America (84) 723, 1012ph, 1414, 1415m, 1652, 2005p, 4685d, 4686w
Vacanze in Val Trebbia (80) 381d*, 3153m
"Vacanze intelligenti" *episode of* Dove vai in vacanza?
Vacanze per un massacro (80) 1460d, 1920ph
Vacanze sulla Costa Smeralda (68) 101, 102w, 405, 1102w, 1385d, 1806, 1933, 2580, 3178, 3406, 3694, 4612
Vacanze sulla neve (44) 4573d
Vacation Time *see* Tempo di villeggiatura
La vacca e il prigioniero (60) [La Vache et le prisonnier] 1655, 2194, 2220ph, 2290w, 3787, 4147, 4741d
Vado a riprendermi il gatto (89) 878
Vado. . .l'ammazzo e torno (68) [Any Gun Can Play; Blood River; For a Few Bullets More; Go Kill and Come Back] 94p, 711, 892d, 1366m, 2079w, 2172, 2188, 3905, 4052, 4132w, 4247w, 4551
Vado, vedo e sparo (68) [Tre che sconvolsero il west; Three Who Upset the West] 108, 892d, 2993w, 3261m, 3992m, 4001, 4110, 4616ph, 4760, 4916
Vae victis *see* Amor barbaro
La vagabonda (17) 1057w, 1617d, 2072ph, 2709, 2710, 3197, 3510d, 3910
La vagabonda del deserto (22) 3382d
I vagabondi (14) 308, 1842
I vagabondi dell'amore (20) 574w
I vagabondi delle stelle (56) 1306, 1972, 1979, 3198, 3526ph, 3857, 4384d
Il vagabondo (41) 387, 471d, 493m, 575d, 1273, 2018, 2667, 3340d, 3440, 3863, 4532w
Vaghe stelle dell'Orsa (65) [Sandra; Sandra of a Thousand Delights] 376, 813, 920w, 1149, 1169p, 1346ph, 1857a, 3213ph, 3816, 4293, 4555co, 4795d, 4901

Vai alla grande (83) 344ph, 4049d
Vai avanti tu, che mi vien da ridere (82) 344ph, 788d
Vai con il liscio (76) [Go Smoothly] 23
Vai gorilla! (76) 3393, 4491, 4649d, 4841ph
Val d'olivi (15) 98p, 833, 1801w, 2742
The Valachi Papers *see* Joe Valachi—i segreti di Cosa Nostra
La valanga (10) 1327
Valdarno 58 (58) 3711d
Valdez il mezzosangue (73) [Chino] 612, 661, 1058p, 1271m, 1323p, 1396w, 1857ad, 2222w, 2260, 2619, 2736w, 2782, 3213ph, 4390d, 4506, 4564, 4679, 4976e
Valeria d'Issogne (08) 4807ph
Valeria dentro e fuori (72) 592, 3929d
Valeria, ragazza poco seria (58) 166, 1834ph, 2745d, 3243, 3385, 3473, 3593, 4167
Valgardena (43) 3645ph
The Valiant *see* L'affondamento della "Valiant"
Validità giorni dieci (40) 214w, 931, 1756, 2601ph, 2906d, 3148, 4278, 4527, 4715w
La valigia dei sogni (53) 875, 1075d, 1530, 1636, 2742, 2826w, 2907, 2966, 3069a, 3218m, 3270, 3847, 4759ph
La valigia delle Indie (12) 4807ph
Valle de las espadas (63 Spain) 4651
El valle de los hombres de piedra *see* Perseo l'invincibile
La valle dei lunghi coltelli (63) [Winnetou I; La Révolte des indiens apaches; Apache Gold; Winnetou the Warrior] 20, 300, 307, 647, 3638, 3784d, 4417a, 4747, 4918
La valle del Carburo (51) 2077d, 2839m
La valle del diavolo (43) 964, 1332ph, 2922d, 3271, 3696ph, 4167, 4393ph, 4637
La valle del pianto e del sorriso (22) 1929w, 3432d
La valle dell'eco tonante (64) [Hercules of the Desert] 517d, 953, 1631, 1959ph, 2976, 3154, 3243, 4433a
La valle dell'inferno (19) 4191d*
La valle dell'inferno (58) 3240d
La valle dell'odio (51) 4275ph
La valle di Caino (51) 2436ph, 4091
La valle di Cassino (45) 3418d, 3645ph
La valle di fuoco (59) 4306
Valle santa (28) 1834ph
Valley of the Kings (54 U.S.) 4237
The Valley of Lions *see* Ursus nella valle dei leoni
Valley of the Dragons (62 U.S.) 1232
Valley of the Stone Men *see* Perseo l'invincibile
Valli del Cile (54) 1902d
La valse ardente (21) 534ph, 1241, 3909d
La valse bleue (18) 744, 1125, 1210d, 1841d, 3388
Vamos a matar, compañeros (70) [Compañeros] 186, 520, 1103d, 1396w, 1611, 2736w, 3017, 3153m, 3244, 3261m, 3379, 3805, 3886, 4150, 4509, 4616ph
Vamos a matar Sartana (72 Spain) 3055, 3757
La vampa (16) [Pasqua di fuoco] 3473, 3871d, 4797
Vampe di gelosia (12) 2272, 2599
La vampira indiana (13) 729, 3871d
The Vampire *see* I vampiri
Vampire and the Ballerina *see* L'amante del vampiro
The Vampires *see* Maciste contro il vampiro
The Vampires Versus Hercules *see* Ercole al centro della terra
I vampiri (57) [The Vampire; The Devil's Commandment; Lust of the Vampire] 264, 351ph, 765, 774, 1225, 1640, 1786d, 2086, 3001, 3176, 3527, 4544
Il vampiro (15) 3956d
Il vampiro dell'opera *see* Il mostro dell'opera
Vampyros Lesbos—Erbin des Drakula (70 Germany) 3176
Van Gogh (51) 3645ph, 4813m
Il vangelo secondo Matteo (64) [The Gospel According to Matthew] 484p, 1346ph, 1492s-co, 2259, 3307m, 3453d, 4025, 4115a, 4201
Il vangelo secondo san Frediano (79) 636d
Il vangelo secondo Simone e Matteo (75) 323, 834d, 2000
Vangelo '70 *see* Amore e rabbia
Vanille fraise (89) 1169p, 3519, 4562
Vanina Vanini (61) 646, 840, 1114, 3030, 3566, 3947m, 3948d, 4115a, 4378, 4432, 4485, 4568ph
Vanità (46) 78, 973, 1367co, 1571, 1661, 2430, 2473ph, 2774, 3363, 3459d, 3983, 4260, 4556
Vanno in America (48) 1910d
Varca napulitana (25) 1302, 1327d*, 3956, 4960

Variazioni a Comacchio (55) 4662d
Varo dell'"Emanuele Filiberto" a Castellammare (98) 728d-ph
Il varo della "Leonardo da Vinci" (11) 3326d-ph
Vaser perde il treno (06) 4697, 4807ph
Vatican Story *see* A qualsiasi prezzo
Vaticano (n.d.) 4537d
Vautrin (19) 355ph, 2029
Vaya con Dios, gringo (66) 438, 2628, 3177d, 4109
I vecchi (n.d.) 3929d
Vecchia guardia (34) 511d-e, 533w-s, 942, 964, 1509, 1673e, 1937, 2011, 2502, 2861ph, 4010, 4091, 4691, 4792, 4970s, 4982, 4987w
La vecchia signora (32) 387, 556, 1416, 1514, 1830w, 2016, 2763m, 3382d, 3404, 3578, 4128ad, 4249, 4807ph
Vecchio giornalaio *see* Il gobbo (09)
Il vecchio nido (11) 2709d, 4807ph
Il vecchio pastore (14) 1929d
Vecchio regno (52) 3240d
Il vecchio testamento (63) 435, 1482, 1505, 2129, 2171, 2452, 3370, 3441d, 3757, 4326, 4432
Il vecchio verziere di Milano (98) 3360d-ph
Vedi Napule e po' mori! (24) [Vedi Napule e po'. . .] 176ph, 2095, 3472, 3510d
Vedi Napule. . .e poi muore (52) 774, 1684s, 1786d, 3608ph, 4062
Vediamoci chiaro (84) 1417ph
Vedo nudo (69) 1432ph, 1511, 2404, 2771, 2970ph, 3844d, 4025, 4713, 4809
La vedova (38) 61d, 155ph, 333, 791, 991, 1122, 1690, 2016, 2747, 3040, 3615, 3983, 4186co, 4246e, 4250w, 4269w, 4635a, 4637, 4982
La vedova (54) *see* La vedova X
"La vedova" *episode of* Tre notti d'amore
"La vedova bianca" *episode of* Le italiane e l'amore
La vedova del trullo (80) 589d, 3092
La vedova inconsolabile ringrazia quanti le consolarono (73) 1652, 2539, 2798
La vedova scaltra (21) 1841d, 2072ph
La vedova X (54) [La vedova] 588, 1667, 1834ph, 3016d, 3888, 4189, 4435, 4720p
La vedovella (62) 479, 559, 1511, 2516, 4477, 4511
Il vedovo (59) 2615, 3457, 3677, 3844d, 3980, 4290w, 4292, 4568ph, 4586m, 4645
Il vedovo allegro (09) 4807ph
Il vedovo allegro (49) 21w, 329, 333, 1207, 1237, 1276w, 1374, 2498, 2922d, 3229, 4126w, 4273, 4543ph
Veduti ad episodi del terremoto in Calabria (05) [Terremoto in Calabria] 41p, 98p, 728d-ph, 3326d-ph, 4807ph
La veggente (21) 2341d*
La veglia d'armi del boy-scout (15) 554
La veglia funebre (14) 554
Veglia nella notte *see* Il fantasma della morte
Veinte pasos para la muerte *see* Saranda
La vela incantata (82) 419, 2081, 3037d, 3749
Vele ammainate (31) 617d, 807m, 1624, 2953a, 3382d, 3410, 4093m, 4117ph, 4484ph, 4732w
Vele e prore (n.d.) 933d
Il veleno del piacere (18) 906ph, 2271, 3836d
Il veleno della parola (14) 441
Veli di giovinezza (14) 3356d
Il veliero della morte (18) 150
Velluto nero (76) 415, 1903, 3929d, 4515
Il velo d'Iside (13) 2272, 2599, 3356d
Il velo della colpa (23) 2875ph
Il velo della felicità (18) 650d, 1119w, 4797
Il velo di una colpa (23) 2097, 2173, 3237d, 4130
Velo squarciato (17) 3704
Velvet Fingers *see* Mani di velluto
Velvet Legs *see* L'incantevole nemica
La vena d'oro (28) 392, 1468, 2341, 2746, 2875ph, 3162, 4130, 4354, 4983d
La vena d'oro (55) 334, 518a, 531d, 824ph, 846p, 1306, 1493, 1971, 1972, 3992m, 4549, 4705, 4983w
Vendaval (49 Spain) 1473
Vendetta (14) 3940
La vendetta (58) [Ho giurato di ucciderti; La venganza] 290d, 844, 1717, 2822, 3053, 3805, 4205, 4654
Vendetta (76 Israel) 1366m
Vendetta alsaziana (06) 4807ph
Vendetta at Dawn *see* Quel maledetto giorno della resa dei conti
Vendetta da futuro (85) 1658ph, 2878d
La vendetta dei barbari (60) 54, 1489, 1626, 2042, 3264m, 3526ph, 3890, 4114, 4345, 4580, 4694d

La vendetta dei gladiatori (63) 804d, 964, 2042, 2127, 2615
La vendetta dei serpi (21) 1694ph
La vendetta dei thugs (52) [The Black Devils of Kali] 300, 740d, 743, 1203ph, 1279w, 2829, 4554, 4720p
La vendetta del corsaro (19) 150d, 3959
La vendetta del corsaro (51) 209, 223, 846p, 1493, 1979, 2885, 3111, 3117a, 3176, 3608ph, 3847, 4430, 4622, 4803, 4970d
La vendetta del mare (09) 4807ph
La vendetta del morto (11) 4807ph
La vendetta del padrone delle ferriere (20) 308, 3813ph
La vendetta del sole (18) 1119w, 4947
La vendetta della maschera di ferro (62) [Prisoner of the Iron Mask] 584, 873, 1018, 1328, 2086, 2530, 3623, 4309, 4433, 4598
La vendetta della signora (64) [Der Besuch; La Rancune; The Visit] 421, 512, 996, 1123, 1372, 2084, 3393, 3715, 4052, 4378, 4564, 4652, 4890d
La vendetta di Aquila Nera (51) 637, 774, 1095w, 1684s, 1786d, 2885, 4062, 4574
La vendetta di Camillo (19) 75ph, 1395d, 2792a
La vendetta di Ercole (60) [Goliath and the Dragon; Goliath's Revenge] 114, 1135d, 1154, 1294w, 1730, 2086, 2171, 2642e, 3119ph, 3460, 3742, 3980, 4091, 4112, 4487w
"La vendetta di Montecristo" *episode of* Il conte di Montecristo (53)
La vendetta di Spartaco (64) [Revenge of the Gladiators] 674, 1300w, 1366m, 1818, 2608, 2657d, 2766ph, 3055, 3957, 4693
La vendetta di una pazza (19) 2069d, 3544d
La vendetta di una pazza (51) 603, 900w, 1509, 1571, 1636, 2473ph, 2979d, 3050p, 3604, 4166a, 4556, 4706w
La vendetta di Ursus (61) [The Mighty Warrior] 700, 804d, 2086, 2615, 3864, 4091, 4158w, 4580, 4584ph
Vendetta di zingara (50) [Sangue di zingara; Sangue di nomadi] 573, 824ph, 2697, 3076d, 3733
La vendetta è il mio perdono (69) [Shotgun] 509, 1345ph, 2230, 2648, 2928d, 3387, 3920, 4693
La vendetta è un piatto che si serve freddo (71) [Three Amens for Satan; Death's Dealer; Vengeance Trail] 2386, 3753, 4325d, 4618m, 4945
Vendetta fatale (10) 4807ph
Vendetta for The Saint (68 U.K.) 1442
Vendetta napoletana (79) 23
Vendetta nel sole (19) 650d
Vendetta nel sole (47) *see* A Man About the House
Vendetta per vendetta (68) 152ph, 2112, 2261, 2486m, 3297
Vendetta...sarda (51) 43ph, 479, 518a, 973, 1095w, 1173, 2035, 2250, 2670w, 2702, 2885, 2922d, 3088w, 3376, 3852, 3994, 4296, 4359w
Vendi pistole per comprare cofani *see* C'è Sartana, vendi la pistola e comprati la bara
Vendicami! (18) 3582d
Vendicata (54) 708, 743, 1500, 1631, 2578, 2712, 3419, 3526ph, 3794, 4309, 4803
Il vendicatore (59) [Dubrowski; Der Rächer] 1450d*, 1683, 3969, 4115a, 4137
Il vendicatore mascherato (64) 1885, 3161, 4062
I vendicatori dell'ave maria (70) [The Twilight Avengers; Fighters from Ave Maria] 45d, 1097, 1515, 1631, 2371, 4618m, 4891
Il venditore di morte (72) [The Last Gunfight] 886, 1063, 1869, 2386, 4165, 4779ph
Venditore di palloncini (74) [The Last Circus Show; The Balloon Vendor] 1047, 1189, 1865d, 2752, 4888
Venditori di uccelli (55) 848d
Vendo cara la pelle (68) 325, 1097, 1705d, 1966, 2608, 2858, 2902ph, 4247w
La Venenosa (28 France) 4593
Venerdì di passione (20) 1334d
Venere (17) 3076d-ph
Venere (31) 1218, 1834ph, 2875ph, 3245d, 3414
Venere Afrodite (18) 2538
La venere creola (61) 4188e, 4618m
La venere dei pirati (60) [La regina dei pirati; Venus der Piraten; Queen of the Pirates] 211, 252, 774, 1128d, 1623, 1818, 2288, 2615, 2888ph, 3176, 4189, 4384w
La venere dell'Ille (79) 351d
La venere di Cheronea (58) [Aphrodite,

Goddess of Love; Goddess of Love] 933d, 1211w, 1683, 1784, 1834ph, 1910d, 1972, 2000, 2513, 2600ph, 3447, 3578, 4192, 4554, 4560d
Venere imperiale (63) 583, 608, 890w, 964, 1319d, 1676, 1972, 2486m, 2596, 3490, 3667, 4073, 4433
Venere in pelliccia *see* Paroxismus
Venere, ninfe, sirene (17) 3495, 4956d
Venere nuda *see* Paroxismus
Venere orgiastica *see* Turbine fatale
Venere propizia (18) 3704, 4061
Veneri al sole (65) 1754, 4753
Veneri in collegio (65) 1754, 4598, 4753
The Venetian Affair (66 U.S.) 3420
La venexiana (86) [The Venetian Lady] 142, 531d, 1083, 1763w, 2081, 3153m
Venezia città moderna (58) 3322d
Venezia in festa (47) 3451d, 4138ph
Venezia in Kodachrome (37) 4138d-ph
Venezia, la gondola (51) 4023d
Venezia, la luna e tu (58) [I due gondolieri] 70, 1346ph, 1677w, 1763w, 2660m*, 2771, 2930, 3844d, 4147, 4292
Venezia minore (42) 3451d, 4138ph
Venezia rio dell'angelo *see* Fiamme sulla laguna
Venezia rosso sangue (89) 403, 1663, 1886ph, 2732, 3512d, 4836
Venezia, una mostra per il cinema (82) 511d
Venga a fare il soldato da noi (72) 1754
Venga a prendere il caffè. . .da noi (70) [The Man Who Came for Coffee] 721ph, 918co, 1074, 1998, 2475d*, 3098e, 4530, 4640, 4840
Vengador of California *see* Il segno di Coyote
La venganza *see* La vendetta (58)
La venganza de Clark Harrison (68 Spain) 1974
Vengeance *see* Joko, invoca Dio. . .e muori
La Vengeance de Surcouf (67 France) 3525
Vengeance Is a Colt .45 *see* Il figlio di Django
Vengeance Is Mine (67) *see* Per 100.000 dollari, t'ammazzo
Vengeance Is Mine (69) *see* Quei disperati che puzzano di sudore e di morte
The Vengeance of She (68 U.K.) 3218m
Vengeance of the Barbarians (77 U.S.) 2596
Vengeance of the Gladiators *see* Solo contro Roma
Vengeance of the Vikings *see* Erik il vichingo
Vengeance Trail *see* La vendetta è un piatto che si serve freddo
Vent'anni (49) 463d, 507, 679, 900w, 1276w, 1493p, 1541, 1994, 2717, 2907, 3526ph, 4078w, 4968w
Le Vent d'est *see* Vento dell'est
Le Vent se lève *see* Il vento si alza
"Il ventaglino" *episode of* Altri tempi (51)
"Il ventaglio" *episode of* Siamo donne
Il ventesimo duca (41) 2999ad, 3040, 4714, 4728a, 4774, 4780
Venti gradi all'ombra (18) 2271, 3626
Ventimila dollari sul sette (68) [Kidnapping] 814d, 869, 1097, 2109, 2677, 4053, 4074
La 25me Heure (67 France) 2578
24 ore a Cervinia (48) 2999d*
Vento d'Africa (48) [Kansin] 78, 363, 1583s, 2030, 2550, 2737, 2738d, 3395w
Vento del sud (59) 17, 813, 1475ph, 1620, 3269, 4038, 4652, 4823
Vento dell'Adriatico (56) 4662d
Vento dell'est (69) [Le Vent d'est] 1666, 1986d, 3008, 3895, 4821, 4841ph, 4889
Vento di milioni (39) 85, 529, 667, 838, 1615d, 1957, 2966, 3570, 3583a, 4117ph, 4233
Vento di primavera (35) *see* Vergiss mein nicht
Vento di primavera (58) 2893, 4420, 4512ph
Il vento mi ha cantato una canzone (48) 781, 1834ph, 2906d, 3338, 3828, 4233, 4278, 4292
Il vento si alza (59) [Le Vent se lève] 992d, 1375, 2324, 2729, 3647, 4097, 4416w, 4497ph
I 28 giorni di Claretta (27) 3510d
Ventotto tonnellate (n.d.) 4946m
Il ventre della città (32) 2422m
Il ventre nero della signora (75) 418
Il ventriloquo (20) 650d, 1694ph, 1801w, 4797
Venus Against the Son of Hercules *see* Marte, dio della guerra
Venus der Piraten *see* La venere dei pirati
Venus in Peltz *see* Paroxismus

Vera Mirzewa (29 Germany) 138d, 2272
La vera storia dei fratelli mannari (70) 2228, 4320
La vera storia della monaca di Monza (80) [The Secret of the Nuns of Monza] 2918d
La vera storia della signora dalle camelie (82) [The True Story of Camille] 212w, 275e, 531d-p, 1853, 1857a, 2070ph, 2232, 2957w, 3153m, 3657, 3805, 4555co, 4821
La verdad sobre el caso Savolta (80 Spain) 148, 2674m, 2782, 4057
Verde Brianza (55) 2077d
La verde età (57) 3312w
Verde sui prati (34) 976d
Le verdi bandiere di Allah (62) 1167, 1827, 1914d, 2536w, 4062, 4551, 4568ph, 4990d
El verdugo *see* La ballata del boia
Verflucht dies Amerika (73 Germany) 419
La vergine del giglio (11) 3127, 4807ph
La vergine del mare (15) 3527, 4255
La vergine delle ginestre (15) 1216
La vergine di Babilonia (09) 98p, 796, 1801w, 2709d, 4447, 4807ph
La vergine di Bali (72) 2764ph, 4052, 4990d
La vergine di Norimberga (64) [Horror Castle] 1266d, 2515, 3345m, 3607, 3860, 4756p
La vergine di Samoa (67) 316, 917, 1430, 1623, 4432
Vergine è di nome Maria *see* Peppino e la vergine Maria
La vergine folle (16) 572
La vergine folle (19) 881, 1068, 2097, 2272, 2348, 3836d
La Vergine, il Toro e il Capricorno (77) 490, 1658ph, 2679
La vergine innamorata (16) 1339
Vergine moderna (54) 22, 654, 1416, 1562a, 1571, 1676, 2474, 3119ph, 3371d*, 3489, 4062
La vergine nuda (16) 3495
Una vergine per il principe (65) 685, 801, 1436, 1677d, 1882, 2005p, 2460, 2545, 2578, 3178, 3989, 4579
La verginella (76) 4584ph
Le vergini cavalcano la morte (80) 582
Le vergini di Roma (61) [Amazons of Rome; Warrior Women] 619d, 968, 1135d, 1140, 1977, 2319, 2782, 2883, 3407, 3559, 4414
Le vergini di Salem (56) [Les Sorcières de Salem; The Witches of Salem] 13, 213m, 568p, 1284, 1375, 1888, 2644, 3099, 3166a, 3531, 3559, 3795ph, 3838, 4088w, 4230, 4353ph
Verginità (50) 1122, 1373d, 1599w, 1636, 1712, 1717, 1836, 1909, 2473ph, 2517, 2885, 2942, 3050p, 3684w, 3955, 4134, 4166a, 4233, 4556, 4699w
Verginità (75) 2469, 3951d
Vergiss mein nicht (35 Germany) 1907d
Vergogna, schifosi (68) [Dirty Angels] 489, 794, 1262, 3153m, 3396, 4204d
La verità difficile (68) 1262, 4664
La verità nuda (21) 2058ph, 2742, 2974, 3472, 3984d
La verità secondo (73) 730
La verità velata (19) 1221
La veritaaà (79) 4968d-m*
Das Vermachtnis des Inka (66 Germany) 340, 2486m, 4432
Un vero amico (12) 427, 4489
Il vero e il falso (71) 265, 730, 1881m, 1971, 2985, 3594, 4062
Verrat an Deutschland (55 Germany) 3176
Versailles (53) [Si Versaille m'était conté; Royal Affairs at Versailles] 50, 156, 202, 209, 294, 601, 919w, 968, 1056, 1108, 1140, 1224, 1326, 1351, 1403, 1643, 1770, 1897, 1951, 2032, 2091d*, 2191, 2785, 2795, 2808, 2823, 2926, 3101ph, 3135, 3151, 3220, 3232ph, 3279, 3357, 3448, 3546, 3551, 3667, 3707, 3788, 3797a, 3821, 3954, 4177, 4297, 4492, 4517, 4668, 4692, 4743, 4880
La Versilia di Carrà (58) 3007d
Verso l'arcobaleno (16) 3021, 3118ph, 3510d
Verso l'avvenire (18) 2828d*
Verso la colpa (11) 3869
Verso la gloria (17) 3813ph
"Verso la luce" *episode of* Petruska
Verso la vita (46) 3844d
Verso sera (90) 2500, 2907, 3405, 3738
Verso una nuova civiltà (62) 4813m
Verspätung in Marienborn (64 Germany) 2001, 2190, 2662, 3189
Vertige pour un tueur (70 France) 2404
Vertigine! (16) 3652
Vertigine (19) 833, 1506w, 2173, 3237d
Vertigine (42) 784w, 1636, 1950, 1985, 2016, 2953a, 3557
Vertigine bianca (56) 1674d, 2486m, 4127ph, 4187ph

Vertigine d'amore (48) 43ph, 804d, 1676, 2647, 2648, 3447, 3747p, 4027, 4341, 4668
La vertigine del mare (15) 904
Verushka, poesia di una donna (70) [Verushka; Stop Verushka] 142, 3153m
Very Close Encounters of the Fourth Kind *see* Incontri molto ravvicinati del quarto tipo
A Very Handy Man *see* Liolà
Il vespaio (70) [Hornets' Nest] 1590, 1627, 1649, 1729, 2172, 2221, 2345d, 2404, 3153m, 3670, 3957, 4192, 4337, 4655
Vespro siciliano (49) 289, 725, 1367co, 2654, 2892m, 2949w, 3041, 3395w, 3459d, 3745, 4117ph, 4237, 4432, 4511
La veste da sposa (11) 4807ph
Vestire gli ignudi (54) [Vêtir ceux qui sont nus] 631, 1301w, 1676, 1752, 2472, 2738w, 2799, 3371w, 3586w, 3641, 3817p-w, 3955, 4187ph, 4302w
Vestire gli ignudi (78) 148, 1213d, 3805
Vestito alla moda (10) 4807ph
La vetrina dei suoni (55) 2077d
Vetro d'ottico (39) 3658d
Il vetturale del Moncenisio (16) 470, 829d, 2240, 2739, 2875ph, 3021, 4200
Il vetturale del Moncenisio (28) 155ph, 427, 1335, 1825s, 2999, 3041, 3237d, 3365, 3596p
Il vetturale del Moncenisio (55) 639, 924, 1878ph, 2578, 2654
Il vetturale del san Gottardo (41) 541w, 726p-w, 874, 1122, 1133, 1332ph, 2030, 2189d, 2242d, 2624, 3415, 3969p, 4637
La Veuve Couderc (70 France) 3561
Vi saluto dall'altro mondo (45) 921d, 4354
Via col para...vento (58) 2473ph, 4167, 4274, 4384w, 4724w
Via crucis (17) 4061
Via degli specchi (83) 663a, 1491m, 3031, 4189
La via dei babbuini (74) 4301
Via dei canetti spiriti (59) 254d
La via del dolore (16) 2532ph
La via del dolore (22) 2770, 3581, 4004, 4130, 4983d
La via del peccato (25) [La casa del peccato] 176ph, 554, 1335, 1842, 1935, 2060ph, 2271, 2671a, 2770, 2872, 3382d-p, 3983, 4046, 4191, 4200, 4447, 4593
La via del sole (52) 2077d
La via del successo...con le donne *see* Io piaccio
La via del sud (54) 3320m
La via della droga (78) 892d, 4491
La via della prostituzione (78) [Emanuelle and the White Slave Trade] 1209d, 1903, 4515, 4712
Via delle cinque lune (42) 281w, 371, 645, 964, 974d, 1170, 1676, 1693s, 1757, 2004, 2607m, 3118ph, 3451w, 3569ad, 3584, 3812, 4186co, 4280, 4528
La via delle lacrime (22) 1088d
La via delle luci (17) 833, 2173, 3237d
La via Dolorosa (20) 150, 1400, 2594d, 3118ph
Via Margutta (60) 287ph, 497, 760d, 1607, 1718, 1809, 1827, 2000, 2451, 2636, 2857, 3259, 3407
Via Padova, 46 (53) [Lo scocciatore] 56ph, 77, 463d, 845, 1237, 1276w, 1305, 1497, 2717, 2894, 3118ph, 3473, 3612, 4292, 4579w*
La via più lunga (17) 833, 872d, 1221, 2097, 2271, 2272
Via Romea (57) 4662d
Via Veneto (64) 497, 1511, 1827, 2000, 2980, 4579, 4606, 4618m, 4916
La viaccia (61) [The Bad Street; The Love Makers] 257, 287ph, 309, 382, 484p, 531d, 813, 986, 1677w, 1776, 1924, 3069a, 3138, 3385, 3393, 3453w, 3558m, 3594, 3664w, 4555co, 4646, 4652
Viaggi di nozze all'italiana (64) 3990
Viaggia, ragazza, viaggia...hai la musica nelle vene (74) 1416, 4579
I viaggiatori della sera (80) 2070ph, 2771, 4530d*
Il viaggio (21) 392, 881, 1068, 2272, 3586w, 3836d, 4484ph
Il viaggio (74) 270, 704, 1415m, 1416d, 2070ph, 2614, 3586w, 4115a
Viaggio a Mosca (59) 1850d
Un viaggio al chaco (07) 3326d-ph
Viaggio con Anita (79) [Lovers and Liars] 207, 276s, 455, 1032, 1346ph, 1663, 1945, 2147, 3088d, 3092, 3153m, 3579w
Viaggio d'amore (90) 2075w, 2251, 2900, 4208, 4579
Un viaggio da Genova a Valparaíso (25) 4484d-ph
Il viaggio dei Berluron (19) 75ph

Il viaggio del signor Perrichon (43) 567, 655ph, 1684s, 1852, 3067d, 3162, 3557, 3643, 3840, 4233, 4359w
Il viaggio di capitan Fracassa (90) 2005p, 2251, 3202, 4158d-p, 4562ph, 4583, 4586m, 4612
Un viaggio di Fregoli (00) 1791d
Il viaggio di G. Mastorna (67) 1650d
Viaggio di lavoro (68) 2773
Il viaggio di Maciste (19) 771d, 3041, 3131, 3365, 3703
Viaggio di nozze (10) 4807ph
"Viaggio di nozze" *episode of* Le italiane e l'amore
Un viaggio di nozze in sette (28) 829d, 2709, 2842, 4585
Viaggio di piacere (22) 1395, 2792a
Viaggio di piacere (57) 1659
Viaggio di una stella (06) 41p
Viaggio in Sila (n.d.) 3569d
Viaggio in Italia (53) [Strangers] 421, 623w, 1662ad, 1684s, 2924, 3176, 3682, 3894, 3947m, 3948d, 4056, 4187ph
Viaggio in Oriente (53) 4716ph
Viaggio lungo la valle del Po alla ricerca dei cibi genuini (58) 4281d
Viaggio nel Caucaso da Tiflis a Mleti (11) 4807ph
Un viaggio nell'impossibile (23) 269, 1179ph, 1506d, 2744ad, 3570, 3617, 3731
Un viaggio nella luna (21) 4943d
Il viaggio nella vertigine *see* E cominciò il viaggio nella vertigine
Viaggio nelle Terre Basse (58) 2839m, 3711d
Viaggio sentimentale a Roma (51) 1153ph, 2676d, 3067d
Un viaggio sul fiume Moscova (11) 4807ph
Un viaggio verso la morte (20) 2875ph, 4943d
Il viale della speranza (53) 240, 351ph, 428, 528p, 545, 1675, 1969, 2043, 2190, 2739, 2826w, 2907, 3069a, 3218m, 3407, 3659, 3844d
Il viandante di Dio (50) 3525
Le Vice et le vertu *see* Il vizio e la virtù
Le vicende dell'illusione (20) 1472
Il vichingo venuto dal sud (71) 263, 709, 2908e, 2936, 4359d, 4513, 4586m, 4945
Le Vicomte règle ses comtes (67 France) 1040d, 1607, 2647, 4295
The Victors (63 U.S.) 4137
Victory at Entebbe (76 U.S.) 416
Victory March *see* Marcia trionfale
La vida encadenada (48 Spain) 3840
Une Vie *see* Una vita (*under* U)
La Vie d'une femme (20 France) 1841d, 1842, 2072ph
La Vie de bohème *see* La bohème (23)
Le vie del Calvario (47) 2422m
Le vie del cuore (42) 428, 725, 791, 1423w, 1473, 2473ph, 2906d, 3148, 3162, 3840, 3978, 4166a, 4186co, 4432
Le vie del male (12) 3869
Le vie del mare (25) 3617
Le vie del nord (55) 2077d
Le vie del peccato (46) 964, 1099, 1122, 1497, 1892, 2422m, 2473ph, 2482, 3271, 3459d, 3474, 4010, 4237, 4599
Le vie del petrolio (65) 442d
Le vie del Signore sono finite (88) 275e, 4583d*
Le vie dell'ignoto (12) 4807ph
La Vie est un roman (83 France) 1882
Vie privée (62 France) 2907
Vieni avanti cretino (82) 2970ph
Les Vierges (62 France) 4057
Vietato ai minorenni (43) 1332ph, 1892, 2759, 2898d, 3209, 4061, 4232, 4235, 4273, 4556, 4714, 4737
Vietnam, guerra e pace (68) 1323p
Vietnam, scene del dopoguerra (76) 2049d
A View from the Bridge *see* Uno sguardo dal ponte
Il vigile (60) 287ph, 430, 679, 1416, 1875, 2404, 2988, 3069a, 3457, 3852, 4290w, 4292, 4426, 4618m, 4948d, 4981
Vigili e vigilesse (82) 3683d
La vigilia di mezza estate (58) 254d
La vigilia di Natale (13) 441, 1068, 3237d, 4248
I vigliacchi non pregano (68) [Taste of Vengeance] 288, 658w, 743, 1063, 1869, 1884w, 2288, 3060, 3106, 3497, 3753, 3886, 4170, 4229d-p
La vigna delle uva nere (83) 2900
The Viking Invaders *see* Gli invasori
Viking Massacre *see* I coltelli del vendicatore
The Vikings (58 U.S.) 3218m
Un vile (10) 4807ph
Villa Adriani (48) 3663d, 3696ph
Villa Borghese (53) [Les Amants de Villa Borghèse; It Happened in the Park]

22, 104w, 166, 351ph, 559, 801, 997, 1002, 1303, 1416, 1667, 1669w, 1706w, 1762d, 1971, 1973, 1982, 2250, 3129w, 3415, 3513, 3546, 3667, 3738, 3975, 4290w, 4602, 4645, 4754
Villa da vendere (42) 832, 935d, 1306, 1332ph, 2747, 2953a, 3229, 4532w, 4979
La villa dei mostri (50) 146d, 1813
La villa delle anime maledette (83) [Don't Look in the Attic] 163, 209, 2603
La villa elettrica (20) 3582d
Villa Falconieri (28 Germany) 2272, 4061, 4807ph
Villa Rides (68 U.S.) 685
Villafranca (33) 155ph, 453, 477, 1740d, 3041, 3722, 4512ph, 4635a, 4807ph
Le Village magique *see* Vacanze d'amore
Village of Daughters (61 U.K.) 1818
Ville del Lazio (55) 848d
Ville della Brianza (57) 4456d
Ville lucchesi del 700 (49) 810ph
La villeggiatura (73) [Black Holiday] 927, 2549d, 2674m, 2985, 4355, 4840
Vincent, François, Paul et les autres (75 France) 2636, 3342
Vincenzella (22) 1221d*, 1226ph
Vincere la morte? (16) 2063, 3427d
Vincita del milione (11) 4807ph
"Il vincolo" *episode of* Triste realtà
Vincolo segreto (15) 1498ph, 4700d
Il vindice (15) 3510d
Vinella e don Pezzotta (76) 1453, 2080d*
Vino, whisky e acqua salata (63) 228m, 1754, 4691, 4753
The Vintage (57 U.S.) 126
I vinti (52) [I nostri figli] 146d, 312, 336w, 920w, 996, 1081, 1183ad, 1245e, 1599w, 1667, 1813m, 2254, 2262, 2275, 2384, 2630, 2757, 3061, 3067, 3268, 3274, 3613, 3627a, 3798, 3809, 3942ad, 4131ph, 4187ph, 4306, 4389, 4438, 4699w, 4761
Le viole di Santa Fina (58) 4727d
Violence *see* La violenza: quinto potere
Violent Breed *see* Razza violenta
A Violent Life *see* Una vita scellerata
I violenti di Roma bene (76) 3957, 4001
Violenza al sole *see* L'isola (68)
Violenza contro violenza (73) 2678
La violenza e l'amore (67) [La violenza d'amore] 801
Violenza in un carcere femminile (82) [Caged Women; Women's Prison Massacre] 916m, 998ph, 1903, 2918d-e, 4515
Violenza per una monaca (68) [Encrucijada para una monja] 1137, 1177, 1813m, 3554, 3823, 4137
La violenza: quinto potere (72) [Violence] 685, 1178, 1211d, 2023, 2962, 3153m, 3161, 4025, 4381
Violenza segreta (63) 42, 1813m, 1932co, 3164d, 3627a, 4025, 4062, 4131ph, 4188e, 4366, 4973
Violenza sul lago (53) 92, 1122d, 1163, 1342, 2190, 2578, 3088w, 3930, 4117ph, 4574
Violenza sull'ultimo treno *see* L'ultimo treno della notte
Violenze sociali (13) 4490
Violestata sulla nebbia (71) 2248
La violetera *see* La bella fioraia di Madrid
Violette et François (77 France) 2900
Violette nei capelli (42) 619d, 1352, 1423w, 1462, 1684s, 2473ph, 3034, 4240, 4780
Violino d'autore (11) 4807ph
Violino incantato (11) 4807ph
Les Violons du bal (74 France) 44
The Virgin and the Gypsy (70 U.K.) 3244
A Virgin Named Mary *see* Peppino e la vergine Maria
Virilità (76) 377, 740w, 912d, 1672, 3636p, 3642
La virtù sdraiata (68) 2248
Virus *see* Apocalisse domani
Virus, l'inferno dei morti viventi *see* L'inferno dei morti viventi
Il visconte di Bragelonne (54) 18, 830, 933d, 2808, 3219, 3316, 3503, 3712a, 3916, 4000, 4235, 4412m, 4517
I visionari (68) 195, 580, 826, 1446, 3637d
La visione del sabba (88) [The Witches' Sabbath] 148, 381d, 2442ph
Visioni privati (90) 959
The Visit (62) *see* La visita
The Visit (64) *see* La vendetta della signora
La visita (62) 20, 320a, 331w, 1253, 1406w, 2660m*, 2670w, 3030, 3035, 3161, 3213ph, 3393, 3509, 3513, 3573d, 4115a, 4158w, 4586m
Il visitatore (80) 194p-w, 1665, 1727, 2070ph, 2236, 3244, 3425d, 3484, 3640, 4912

Les Visiteurs du soir *see* L'amore e il diavolo
La vispa Teresa (38) 3948d-p-e
La vispa Teresa (43) 1276w, 1684s, 1852, 2922d, 3271, 3849, 4167, 4240, 4393ph, 4780
"Vissero contenti e felici" *episode of* Cuori infranti
Una vita *see under* U
Vita a bordo (09) 4807ph
La vita a Mosca (11) 4807ph
La vita, a volte, è molto dura, vera providenza? (72) [Providenza!; They Call Me Providence; Sometimes Life Is Hard, Right Providence?] 23, 994, 1147w, 1432ph, 2760, 3017, 3153m, 3176, 3391, 3538d, 3622
La vita agra (65) 104w, 2582d, 2970ph, 3558m, 4530, 4789w
La vita agreste (81) 2614
La vita avventuriosa di Milady *see* Il boia di Lilla
Vita col figlio *see* Incompreso
Vita da cani (50) 351ph, 1323p, 1521, 1606, 2596, 2907, 3069a, 3088d, 3458, 3584, 3636p, 3960m, 4116, 4359d, 4559
Vita dei sampietrini (46) 2281ph
La vita del canarino (40) 3326p
La vita della rana (41) 3326p
Vita delle Alpi (n.d.) 398d
La vita delle api (10) 3326ph, 4807ph
La vita delle farfalle (11) 3326d-ph
Vita di Chioggia (56) 3240d
La vita di Leonardo da Vinci (72) 890d
La vita di scorta (80) 4762d
La vita di una chanteuse (11) 3836d
Una vita difficile (61) 287ph, 511, 972a, 1882, 1963, 2000, 2244, 2773, 2900, 3844d, 4106m, 4290w, 4292, 4582, 4820
La vita è bella (43) 618, 619d, 1276w, 2600ph, 2719, 2953a, 2978, 3717, 3828
La vita è bella (80) 989d, 1683, 1945, 2415ph, 3202
La vita è fumo (20) 2242d, 3568
La vita e la commedia (21) 1273d, 1498ph
La vita e la leggenda (19) 4191d*
Vita e morte (16) [La vita e la morte] 872d, 3382d
Vita e morte degli etruschi (47) 919d
Vita e morte della pittura (50) [Picasso] 4813m
Vita futurista (16) 1956d-ph
La vita in gioco (73) 1630, 3037d, 4562ph
Una vita lunga un giorno (74) 208, 2545
La vita negli abissi del mare (13) 3326d-ph
Una vita per il colore (55) 2077d, 2839m
Vita per vita (13) 2739, 4191d*
La vita provvisoria (62) 3594, 4106m
La vita ricomincia (45) 155ph, 679, 1276w, 1303, 1936, 2922d, 2953a, 4359w, 4651
Una vita scellerata (90) [A Violent Life; Cellini—A Violent Life] 2385, 3702a, 4318ph, 4832
La vita semplice (45) [I figli della laguna] 726p, 810ph, 908, 909, 1218, 1398d, 2746, 3318, 4166a, 4370
La vita senza scopo (19) 833, 3237d
Vita teatrale (55) 4727d
La vita torna (42) 833, 1628d, 1913, 3415, 3578, 4187ph
Vita traviata (18) 379d*
Vita venduta (14) 796w*
Una vita venduta (77) 1345ph, 3153m, 3386ph, 4025
Una vita violenta (62) 2175d, 3453w, 3929d, 4025, 4115a, 4733
Vite... embrassez-moi! *see* Pas sur la bouche
Vite perdute (58) [La legge del mitra] 463d, 1489, 2084, 2392, 2578, 2928d, 3030, 4192, 4515, 4543ph
Vite vendute (53) [Le Salaire de la peur; The Wages of Fear] 213m, 931, 1043d-p, 1044, 1926w, 2647, 3099, 3139, 3797a, 4497ph, 4595, 4668, 4669
Il vitello pacificatore (12) 3131d*
I vitelloni (53) [Spivs; The Loafers] 227, 240, 567, 656, 824ca, 972a, 1607, 1650d, 1651, 1706w, 1920ca, 2254, 2739, 2861ph, 3487p, 3579w, 3917, 3960m, 3980, 4232, 4292, 4568ca, 4579, 4588, 4754, 4779ph
Vittima (21) 4731
Vittima del dovere (06) 4807ph
La vittima dell'amore (16) 872d
Vittima dell'ideale (16) 441, 4191d*
Vittima della propria onestà (07) 4807ph
La vittima designata (71) 228m, 986, 3017
Vittime (18) 1243, 3582d
Le vittime dell'oro (18) 4061
Le vittime dell'oro (21) 865d
"Vittime della guerra" *episode of* Destini di donne

"Il vittimista" *episode of* Thrilling
Il vittoriano (55) 681d
Vittorio De Sica: il regista, l'attore, l'uomo (74) 1416
Viuuulentamente mia (82) 142, 4307ph, 4586m, 4685d
Viva Cangaceiro *see* O Cangaceiro
Viva Carrancha! *see* L'uomo che viene da Canyon City
Viva Django *see* Preparati la bara
Viva! Django *see* Lo chiamavano Django
Viva il cinema! (53) 768, 815, 824ph, 1237, 1691, 2771, 2988, 3398, 3828, 3857, 3930, 4116, 4274, 4296, 4567d
Viva il primo maggio rosso (70) 381d-p-e
Viva Italia *see* I nuovi mostri
Viva l'Italia (60) 104w, 974w, 2254, 2626, 3540w, 3738, 3816, 3865p, 3947m, 3948d, 4378, 4568ph
Viva la muerte. . .tua (72 Spain) 1103d, 1396w, 1571, 1671m, 2736w, 2760, 2976, 3244, 4487d, 4533
Viva la revolución *see* Tepepa
Viva la rivista! (53) 329, 768, 815, 824ph, 973, 1116, 1196, 1237, 1598, 1840, 2988, 3607, 3930, 4167, 4240, 4274, 4296, 4567d, 4611
Viva le donne (71) 1754
Viva Las Vegas (64 U.S.) 1232
Viva Maria (65) 294, 664, 1285ph, 1329m, 2110, 2754d-p, 3133, 4830
Viva Sabata! (70) [Llega Sabata, reza por tu alma. . .y muere; Sabata Is Coming; Sabata the Killer] 1371d, 1426, 1611, 2493, 2938, 4384w
Vive America! (69 France) 126
Vive Henri IV, vive l'amour (62 France) 1416
Vive la révolution *see* Tepepa
Vivendo, cantando. . .che male ti fo? (57) 735, 844, 1970d, 4071ph, 4598, 4778, 4966, 4979
Vivere! (36) 451, 493m, 566, 567, 650d, 1543, 1636e, 2861ph, 3382w, 3472p, 3570, 4140, 4269w
Vivere a sbafo (49) [Scrounging a Living] 21w, 206, 529, 684, 740w, 1674d, 2473ph, 2944, 2966, 3397, 3493w, 3643, 3862, 4290ad- w
Vivere ancora *see* Dieci minuti di vita
Vivere giovane (82) 2900
Vivere in pace (47) 77, 341a-s, 679, 920w, 1606w*, 2392, 3118ph, 3119ca, 3123, 3270, 3383, 3636p, 3960m, 4237, 4474w, 4948d
Vivi. . .o preferabilmente morti (69) [Sundance and the Kid] 869, 1671m, 1901, 3922, 4487d
Vivo di te (50) 603
Vivo per la tua morte (68) [A Long Ride from Hell] 230, 286ph, 309, 703, 1272, 1623, 1683, 2798, 3243, 3387, 3669, 3778w*, 4106m, 4170, 4719
Vivre la nuit (68 France) 4622, 4712
I vizi morbosi di una governante (77) 1828
Vizi privati pubbliche virtù (76) 455, 1366m, 2280d, 4108
Il vizietto (79) 3213ph, 4712
Il vizietto II (80) 567, 3078d, 3213ph, 4115a
Vizio atavico *see* La bevitrice d'Etere
Il vizio di famiglia (75) 1652, 2483d, 4955ph
Il vizio e la virtù (63) [Le Vice et le vertu] 1379, 2140, 2216, 2720m, 3420, 3701, 4627d-p, 4629w, 4743
Il vizio ha le calze nere (77) 1263, 1961, 2469, 3823, 3957
La vocazione di suor Teresa (82) 637
La voce (82) 378, 637, 1011m, 1644, 3579w, 3929d
Voce antica (48) 848d
La voce che uccide (56) 825, 1130, 3593, 4311, 4424
La voce d'oro (21) 3525ph
La voce del cuore (08) 4807ph
La voce del cuore (20) 872d, 2740
La voce del sangue (52) 1636, 2473ph, 2757, 2885, 2979d, 3148, 3847, 4078w, 4556
La voce del silenzio (52) 587w, 996, 1016p, 1052w, 1606, 1693s, 1759, 1897, 1971, 2043, 2477w, 2661, 2795, 2892m, 3359d, 3383, 3405, 3416w, 3525, 3584, 3607, 3608ph, 3684w, 3894, 4121, 4306, 4378, 4783, 4968w
La voce della luna (90) 397, 1346ph, 1650d, 1666, 1668a, 2005p, 3153m, 4781
La voce di Paganini (47) 1398d, 4190ph
Voce e' notte *see* La figlia del peccato
La voce lontana (33) 541w, 650d, 1423w, 3118ph, 3404, 3557, 3759, 4732w
Una voce nel tuo cuore (49) 364, 479, 1882, 1950, 2763m, 3525
La voce senza volto (38) 493m, 1054, 1276w, 3117a, 3295, 3756ad, 3836d, 3917, 4117ph, 4675
"Una voce umana" *episode of* Amore (48)

Una voce, una chitarra, un po' di luna (56) 1346ph, 1669w, 1914d, 3147, 3794
Le voci bianche (64) [I castrati] 28, 801, 1659, 1677d, 1763d, 2000, 2070ph, 2167, 2545, 2723w, 2839m, 2908e, 3030, 3178, 3243, 4090, 4320, 4346, 4517, 4579, 4648
Voci dal profondo (91) 1354, 1804d, 4534e
La voglia (81) 1209d-ph
Una voglia da morire (64) 1967, 2577, 4487d, 4654
Voglia di donna (79) 589, 4515
Voglia di guardare (86) 1209d-ph
Voglia di sesso (81) 1209d-ph
La voglia matta (62) [That Certain Urge; This Crazy Urge] 84, 805, 1220, 1323p, 1869, 1939, 1968, 3153m, 3943, 4024d*, 4301, 4530
Vogliamo i colonnelli (72) 21w, 276s, 1253, 1354, 2908e, 3088d, 3513, 3992m, 4126w, 4307ph, 4530, 4555a-co
Vogliamoci bene (49) 679, 740w, 1636p, 1892, 1982, 2245, 2537w, 2942, 4190ph, 4235, 4378, 4434d-p
Voglio bene soltanto a te (46) 78, 1950, 1996, 3688ph, 4167, 4260
Voglio tradire mio marito! (25) 269, 475, 655ph, 760d, 1068, 1929w, 3454, 3581, 3596p, 3617, 3704, 4200
Voglio vivere con Letizia (38) 303, 477, 939, 1693s, 1756, 1847, 2906d, 2953a, 2966, 3280, 3503, 3938m, 4186co, 4281w, 4331, 4474ad, 4737
Voglio vivere così (41) [This Is How I Want to Live] 283, 835, 1236m, 1684s, 2269, 2922d, 3005, 4420, 4543ph
Voi! (20) 3819ph
Voir Venise et crever (64 France) 2782
Volare *see* Nel blu dipinto di blu
La volata (19) 2064, 3758d, 4731, 4808
Volere volare (91) [I Want to Fly] 1415m, 3255d*
Le Voleur de crimes (69 France) 3080
Les Voleurs de la nuit (84 France) 3153m
Volevo i pantaloni (90) 406w, 582, 2005p, 3074, 3098e, 3637d
The Volga Boatmen *see* I battellieri del Volga
Volles Herz und leere Taschen (64 Germany) 939, 2719, 4189
Volo da Nazaret a Loreto (49) 1910d
Il volo dal nido (16) 811d-co
Il volo degli aironi (20) 724, 1617d, 2753, 2961
Volo di linea (50) 3493d
Volontari per destinazione ignota (79) 1658ph
La volontaria della croce rossa (15) 4447
La volpe dalla coda di velluto (72) 560, 4293
Il volpone (88) [The Big Fox] 406w, 1279w, 1432ph, 2005p, 3092, 3098e, 3109, 3637d, 4025, 4781
Una volta alla settimana (41) 832, 1130, 1306, 1332ph, 2953a, 4532w, 4780
Voltati Eugenio (79) [Eugenio] 113, 275e, 514, 824ph, 1075d, 1436, 1459, 2824, 4092
Volterra, comune meridionale (59) 4456d
I volti dell'amore (24) 1660, 1841d, 1842, 2072ph
Il volto del passato (18) 833, 2173, 3237d, 4022
Il volto di Medusa (20) 1273d, 1498ph, 2710, 4200
La voluttà della vendetta (15) 4482
Voluttà di morte (16) [The Pleasure of Death] 80, 434ph, 1419d
Volver a la vida (51 Argentina) 3229
Volver a vivir (68 Spain) 2900, 4654
Von Buttiglione Sturmtrüppenführer (78) 2080d*, 4355
Von der Liebe besiegt (56 Germany) 4010
Von Ryan's Express (65 U.S.) 927, 1627
Les Voraces (73 France) 416
La voragine (17) 3021, 3871d
Voragine (48) 1383, 1936
"Il vortice" *episode of* Triste realtà
Vortice (54) 1607, 1757, 1972, 2813, 2910d, 3398, 3422, 3506, 4059, 4073, 4166a, 4237, 4341
Il vortice del peccato (16) [Nel vortice del peccato] 3524, 3704, 3978
Il voto (18) 1724d, 1864d, 3289, 3819ph
Il voto (20) [Anime infrante] 41ph, 4931
Il voto (51) 554d, 1346ph, 1361, 1543, 1759, 1979, 2614, 3192, 3555, 4341, 4641
Voto di castità (75) 1209d-ph, 3178
Voto di marinaio (52) 3447, 3840, 3930, 4091
Voto supremo (16) 1397
Vous pigez? *see* Il maggiorato fisico
Le Voyage des noces (76 France) 4057
Voyage of the Rich Aliens (85 U.S.) 4318ph
Le Voyageur de la Toussaint (43 France) 3280

Le Voyou (70 France) 3387
Vu du pont *see* Uno sguardo dal ponte
La vuelta del toro (24 Argentina) 771d*, 3703
Vulcano (49) 218w, 623w, 637, 666, 972a-co, 996, 1450d-p, 1834ph, 2719, 2892m, 4333, 4474w
Vulcano, figlio di Giove (61) 674, 1124, 1808, 2584, 2976, 3055, 4040d, 4128d, 4752
Il vuoto (64) 4586m, 4712, 4810d
W la foca *see* La foca
The Wages of Fear *see* Vite vendute
Wagner (82 U.S.) 3244, 4379ph
Wagner a Venezia (43) 1203ph
Walk Softly Stranger (50 U.S.) 4651
La Wally (32) 155ph, 492w, 650d, 2739, 2953a, 3271, 3415, 3514a, 3570, 3615, 3816, 4093m, 4294ad, 4580
Walter e i suoi cugini (61) 479, 559, 4611
Wanda la peccatrice (52) 1058d, 1276w, 1332ph, 2894, 3118ph, 3578, 3939, 4065, 4166a, 4378, 4411, 4479w, 4783
Wanda Soldanieri (09) [Guelfi e Ghibellini] 871, 872d
Wanda Warenine (17) 1605, 4195, 4447, 4531d
Wandering Stars *see* Stelle emigranti
Wanted (68) 1046, 1460w, 1671m, 1674d, 1901, 1955, 2638p, 3482, 3730, 4172ph, 4693
Wanted: assalto al tesoro di stato *see* Assalto al tesoro di stato
Wanted Johnny Ringo *see* Uccidete Johnny Ringo
Wanted Sabata (70) 2129, 2340, 2707, 2928d
The Wanton Countess *see* Senso
War and Peace *see* Guerra e pace
War Between the Planets *see* Missione Pianeta Errante
War Goddess *see* Le guerriere dal seno nudo
War Gods of Babylon *see* Le sette folgori di Assur
War in Space *see* Anno zero—guerra nello spazio
War Italian Style *see* Due marines e un generale
War of the Planets *see* I diafanoidi portano la morte
War of the Trojans *see* La leggenda di Enea
War of the Zombies *see* Roma contro Roma
The Warlord of Crete *see* Teseo contro il Minotauro
Warned Off (29 U.K.) 3845ph
The Warrior and the Slave Girl *see* La rivolta dei gladiatori
Warrior Empress *see* Saffo, venere di Lesbo
Warrior Women *see* Le vergini di Roma
Warriors of the Lost World (83 U.S.) 3295
Warriors of the Wasteland *see* I nuovi barbari
"Warsaw—Poland" *episode of* L'amore a vent'anni
Warteliste zur Hölle (67 Germany) 3864
The Wastrel *see* Il relitto
Watch Out, Gringo! Sabata Will Return *see* Attento, gringo, è tornato Sabata
Watch Out or I'll Get You *see* Come te movi, te fulmino
Watch Out, We're Mad *see* Altrimenti ci arrabbiamo
Waterloo (70) 65, 540d, 964, 1148w, 1256, 1323p, 1590, 1623, 1735, 1857a, 1869, 1872, 2146, 2590, 2625, 2692, 3024, 3213ph, 3310, 3311, 3339, 3605, 3832, 3960m, 4352, 4771, 4880, 4898
The Way to Hell *see* Nove ospiti per un delitto
Ways of Love *see* Amore (48)
The Wayward Girl *see* La ragazza fuori strada
The Wayward Wife *see* Le infedeli
We All Loved Each Other So Much *see* C'eravamo tanto amati
We Have Only One Life (56 Greece) 4065
We Still Kill the Old Way *see* A ciascuno il suo
We the Women *see* Siamo donne
We Won't Commit Hara-Kiri *see* E noi non faremo harakiri
The Weak Spot *see* La smagliatura
Weapons of Vengeance *see* I diavoli di Spartivento
Web of Passion *see* Leda
Web of the Spider *see* Nella stretta morsa del ragno
A Wedding (78 U.S.) 1882, 3682
Wedding Day *see* Giorno di nozze
Weekend a Zuydecoote (64) [Weekend at Dunkirk] 382, 1285ph, 1528, 1921, 2218, 2287m, 2832, 3513, 4301, 4741d, 4963
Weekend Italian Style *see* L'ombrellone

Weekend Murders *see* Concerto per pistola solista
Weekend proibito di una famiglia quasi per bene (74) 2404
Die weisse Sklavin (26 Germany) 1907d
Die weissen Rosen von Ravensberg (27 Germany) 4200
Wellen der Leidenschaft (30 Germany) 4680
Wendee, la chiave del piacere (84) 339ph
Wenn die Musik nicht war (35 Germany) 1841d
Wenn die Soldaten... (31 Germany) 4807ph
Werewolf in a Girls' Dormitory *see* Licantropo
Werewolf Woman *see* La lupa mannara
Il west ti fa stretto, amico...è arrivato Alleluia! (72) [Return of Hallelujah] 705, 834d, 1011m, 2188, 2902ph, 3482, 4247w
Western di cose nostre (83) 3216ph
Western Kid *see* Kid, il monello del west
What? (63) *see* La frusta e il corpo
What? (72) *see* Che?
What Am I Doing in the Middle of the Revolution? *see* Che c'entriamo noi con la rivoluzione?
What Did Stalin Do to Women? *see* Sai cosa faceva Stalin alle donne?
What Did You Do in the War, Daddy? (66 U.S.) 1627, 3738
What If Gargiulo Finds Out? *see* Se lo scopre Gargiulo
What Rogues Men Are *see* Gli uomini, che mascalzoni
Whatever Happened to Baby Totò? *see* Che fine ha fatto Totò Baby?
When Dinosaurs Ruled the Earth (70 U.K.) 3218m
When in Rome (52 U.S.) 96, 3863, 4237
When Women Played Ding-Dong *see* Quando gli uomini amarano la clava...e con le donne fecero din-don
When You Comin' Back, Red Ryder? (80 U.S.) 3153
Where the Bullets Fly *see* Tutti fratelli nel west...per parte di padre
Where the Hot Wind Blows *see* La legge
Where the Spies Are (65 U.K.) 3218
Where's Piccone? *see* Mi manda Piccone
While the Sun Shines (47 U.K.) 2517
Whisky e fantasmi (74) 1266d
White Buffalo (77 U.S.) 1323p
White Collar Blues *see* Fantozzi
White Comanche *see* E venne l'ora della vendetta
White Fang *see* Zanna Bianca
The White Line *see* Cuori senza frontiere
White Mafia *see* Bisturi, la mafia bianca
White Nights (85 U.S.) 3946
White "Pop" Jesus (80) 657, 998ph, 2102, 2723
The White Sister (24 U.S.) 827, 2240, 2872, 3845ph, 4191, 4792
White Sister (71) *see* Bianco, rosso e...
White Slave Ship *see* L'ammutinamento
The White Slave Trade *see* La tratta delle bianche
The White Tower (50 U.S.) 4651
Who Is Killing the Great Chefs of Europe? (78 U.S.) 3682
Who Killed Johnny R? *see* La ballata di Johnny Ringo
The Whole Truth (58 U.K.) 774
Why? *see* Detenuto in attesa di giudizio
Wien, der Stadt meiner Traüme (27 Germany) 4200
Wife Mistress *see* Mogliamante
The Wife of General Ling (37 U.K.) 4532w
Wild at Heart (90 U.S.) 3946
Wild Is the Wind (57 U.S.) 2719, 3288w
Wild Love *see* Gli innamorati
Wild Wild Planet *see* I criminali della galassia
Will Our Heroes Be Able to Find Their Friend Who Has Mysteriously Disappeared in Africa? *see* Riusciranno i nostri eroi a ritrovare l'amico misteriosamente scomparso in Africa?
William Tell *see* Le avventure di Guglielmo Tell
"William Wilson" *episode of* Tre passi nel delirio
Willy signori e vengo da lontano (90) 339ph, 978w-a, 1827, 2005p, 3098e, 3293, 3298d*
Winchester Bill *see* Sei una carogna, t'ammazzo
Il Winchester che non perdona (68) [Buckaroo] 464d, 2615, 2625, 3774, 4091, 4584ph
Winchester for Hire *see* Sette Winchester per un massacro
Winchester Justice *see* Killer adios
Winchester, Kung Fu and Karate *see* Kung fu nel pazzo west
The Wind Blows Free *see* L'oceano
Die Windrose (55 Germany) 3635d

The Winds of War (83 U.S.) 3176, 3864
Wings of the Morning (37 U.K.) 3608ph
Winnetou II *see* Giorni di fuoco
Winnetou: Last of the Renegades *see* Giorni di fuoco
Winnetou the Warrior *see* La valle dei lunghi coltelli
Winnetou III (65) [Desperado Trail] 256, 300, 340, 647, 1501, 2126, 3784d, 4918
Winnetou und der Bärenjäger *see* Là, dove scende il sole
Winnetou und sein Freund Old Firehand (66 Germany) 340
Winnetou und Shatterhand im Tal der Toden (68 Germany) 340
Winnetou I *see* La valle dei lunghi coltelli
Winter Kills (79 U.S.) 3017
"Wird Europa wieder lachen?" *episode of* Passaporto per l'Oriente
The Wiseguys *see* I dritti
The Witch's Curse *see* Maciste all'inferno
The Witch-Killer of Blackmoor *see* Il trono di fuoco
Witchcraft of the City *see* Lo stregone in città
Witchery (89) [Witchcraft] 1209p, 3233
The Witches of Salem *see* Le vergini di Salem
The Witches' Sabbath *see* La visione del sabba
With Fire and Sword *see* Col ferro e col fuoco
With Friends Nothing Is Easy *see* Alla larga, amigos...oggi ho il grilletto facile
Within and Without *see* Un'estate con sentimento
Without Apparent Motive *see* Senza movente
Wolf Larsen *see* Il lupo dei mari
Woman *see* Amore (48)
Woman at War *see* Io sono mia
A Woman Did It *see* L'ha fatto una signora
The Woman Disputed (28 U.S.) 2770
A Woman Fell *see* È caduta una donna
The Woman from Africa *see* L'africana
The Woman in the Painting *see* Amici per la pelle
Woman Laughs Last *see* Femina ridens
A Woman Like Satan *see* Femmina (59)
Woman of Rome *see* La romana
Woman of Straw (64 U.K.) 2596
Woman of the Red Sea *see* Africa sotto i mari
Woman on Trial (27 U.S.) 2770
Women in Cell Block 7 *see* Diario segreto di un carcere femminile
Women's Prison Massacre *see* Violenza in un carcere femminile
The Wooden Horse of Troy *see* La guerra di Troia
The Word (78 U.S.) 455, 1409
Work...Is a Four Letter Word (68 U.K.) 4355
World at Her Feet (27 U.S.) 2770
Wow! How Quiet It Is Tonight *see* Madonna, che silenzio c'è stasera
"Wurdalak" *episode of* I tre volti della paura
Der Würger kommt auf leisen Socken (72 Germany) 3619
x (28 Germany) [Bigamia] 2272
"La X di un delitto" *episode of* Dollari e fraks
X-312—Flug zur Hölle (70 Germany) 3176
X—17 Top Secret (65) 517d
L'X misterioso (14) 796
xxx (24 Germany) [Una moglie e...due mariti] 2272, 3836d
xxx (25 Germany) [Ragazze da marito] 3472
xxx (26 Germany) [Nacque senza camicia] 2271
xxxx (24 Germany) [L'ultima sensazione del Circo Farini] 2742
xxxx (28 Germany) [L'evaso di Valle Nera] 4807ph
Y'a bon les blancs (88 France) 1666d-a, 2908e, 3601
Lo yacht misterioso (15) 150, 2704ph
Yalis, la vergine del Roncador (54) 708, 1398d, 1515, 1813m, 2648, 2782
A Yank in Rome *see* Un americano a Roma
Yankee, l'americano (66) 249w, 629d, 927, 1096ph, 1399, 2167, 2264, 2545, 4074
Ybris (84) [Ibris; Hubris] 2510d*
The Year of the Cannibals *see* I cannibali
The Year of the Dragon (85 U.S.) 1323p
Year of the Gun (91 U.S.) 1993
"Yellow: le cugine" (69) 251d, 560, 4568ph
The Yellow Rolls Royce (64 U.K.) 1173, 1875, 3046, 3345m
Yeti, il gigante del ventesimo secolo (77) [Yeti] 2371, 2764ph, 3441d-p, 4329

Les Yeux fertiles (77 France) 381d
Les Yeux ne peuvent pas en tous temps se fermer ou peut-être qu'un jour Rome se permettra de choisir à son tour *see* Othon
Les Yeux sans visage (58 France) 4651
Yor *see* Il mondo di Yor
Yoshiwara (29 Germany) 4637
You Can't Go Home Again (79 U.S.) 1409
You Don't Need Money *see* Non c'è bisogna di denaro
Young Bride *see* La sposina
The Young Caruso *see* Enrico Caruso, la leggenda di una voce
Young Eistein (88 Australia) 3153m
Young Girls Beware *see* La casa di Madame Korà
The Young Guns (56 U.S.) 144d-p
The Young, the Evil and the Savage *see* Nude...si muore
Young, Violent and Desperate *see* Liberi, armati, pericolosi
Your Money or Your Life *see* O la borsa o la vita
You're on Your Own *see* Arrangiatevi
Youth March *see* Giovinezza, giovinezza
Ypotron—Final Countdown *see* Agente Logan missione Ypotron
Yuppi-du (75) 926d-m-e*, 1096ph, 3146, 3741
Yuppies 2 (87) 723, 972a, 1324p, 1414, 1415m, 1480ph, 3315d
Yuppies, i giovani di successo (85) 723, 972a, 1037, 1414, 1477, 2415ph, 4685d
Yvonne, la bella della "danse brutale" (15) [Yvonne, la bella danzatrice; Maligno riflesso] 441, 858ph, 2792a, 4191d*
Yvonne la nuit (49) 95d-p, 471w, 939, 1153ph, 1717, 2472, 3270, 4078w, 4370, 4559, 4714, 4786
Z (68 France) 4038
Z 7 operazione Rembrandt (67) [Karate in Tangiers for Agent Z—7] 2118, 2190, 2293, 3297, 3499, 3743
Za-la-Mort (15) [Za-la-Mort et Za-la-Vie] 1179ph, 1935d*, 4046
Za-la-Mort contro Za-la-Mort (21) 1935d*, 4046
Za-la-Mort e Za-la-Vie (24) 112, 1935d, 4046
Za-la-Mort et Za-la-Vie *see* Za-la-Mort
Zabriskie Point (69) 146d, 1702, 1785, 2075w, 2108, 3636p, 4457a, 4462, 4870
Zaganella e il cavaliere (32) 36, 475, 798, 858ph, 2783d, 2875ph, 3382, 3570, 4191d, 4807ph
Zambo, il dominatore della foresta (72) 45d
Zampa di velluto (20) 1078d, 4700d
Zampognaro innamorato (83) 2257d, 3213ph
Zan, re della giungla (69) 2766ph
Zanna Bianca (72) [White Fang] 113, 322, 340, 819, 1804d, 2012, 2023, 2578, 2938, 2970ph, 3153m, 3244, 3805, 4355
Zanna Bianca alla riscossa (75) 2102, 3393, 3992m
Zanna Bianca e il cacciatore solitario (76) 4052
Zanna Bianca e il grande kid (79) 1071
I zanzaroni (67) 4486
Zappatore! (29) 3341d, 4191ph
Lo zappatore (50) [Rinnego mio figlio] 1676, 2813, 4123, 4647
Zappatore (80) 644d, 1779ph
Zara (12) 4807ph
Zara Murat, la belva dell'Anatolia (79) 1961
Zarabanda bing...bing (67) 461, 4712
Zavorra umana (13) 4807ph
Zavorra umana (20) 634w, 2020, 3866, 4807ph
Zazà (10) 1397, 3456d
Zazà (42) 890d, 931, 1170, 1323p, 1367co, 1497, 2953a, 3046, 3503, 3570, 3960m, 4237, 4484ph, 4957
Zazie nel Métro (61) [Zazie dans le Métro] 801, 1411, 1594a, 2754d, 2847, 3278, 3708w
Zeder (72) [Revenge of the Dead] 219d, 283, 2489, 4329, 4607
Zelly and Me (88 U.S.) 1491m, 3946
Zen—zona espansione nord (88) 443p
Zerbal (84) 339ph
Zero (21) 655ph
Zero Hour—Operation Rommel *see* L'urlo dei giganti
Zero in condotta (83) 834d, 4955ph
087 missione Apocalisse (66) 1611, 2745d, 3835
04 *see* Le signorine dello 04
07 tassì (43) [Zero Sette tassì] 78, 726p, 1815m, 1985, 2018, 2671a, 3371d, 3415, 3722, 4121, 4341, 4538
077—intrigo a Lisbona *see* Da 077: missione Lisbona

002—agenti segretissimi (64) 45ph, 743, 1754, 1804d, 2001, 2647d, 4146, 4511, 4618m
002—operazione Luna (65) [Dos cosmonautas a la fuerza] 1754, 1804d, 3743
00/Ciak operazione Mondo (68) 4189
"00—Sexy: missione Bionda Platino" *episode of* Letti sbagliati
Zia...Camillo (16) 858ph, 1395d, 2792a
La zia d'America va a sciare (57) 2993w, 3104d, 3227, 3526ph, 3555, 3740, 3828, 4658
La zia di Carlo (13) 2063, 2068d
La zia di Carlo (43) 766w, 1196, 1218, 2068d, 2269, 2667, 3034, 3581, 4187ph
La zia smemorata (41) 1816ph, 1837, 2948w, 2953a, 3876p, 4010, 4630d, 4637
La zia svedese (80) 998ph, 4229d
Zibaldone n. 1 *see* Altri tempi (51)
Zibaldone n. 2 *see* Tempi nostri
Zig Zag (74 France/Hungary) 973
La zingara (13) 1467
Zingara (15) 4531d, 4807ph
Zingara (69) 1511, 2000, 2483d, 4071ph
Gli zingari (06) 98p, 4807ph
Zingari (16) 811co, 1864d, 2532ph, 3581, 4808
Zingari (20) 79d, 80, 155ph, 3289, 4022
Lo zingaro (76) [Le Gitan] 4038
Zio Adolfo in arte Führer *see* Adolfo Hitler alias il mio zio
Lo zio indegno (89) 406w, 680d, 1663, 1668a, 1882, 1945, 4057
Zio Tom (72) 2274d, 3683d
Zitellone deluse (15) 4531d
Gli zitelloni (58) [The Bachelors] 463d, 844, 973, 1416, 2076w, 3138, 3852, 4071ph, 4249
Zitto e mosca (52) 2038
Zitto quando parli (81) [Tais-toi quand tu parles] 1652, 1770, 2122, 2679, 3254, 3315w, 4586m, 4841ph
Zoia (18) 138d
Una zolfara (07) 4807ph
Zolfo (n.d.) 4537d
Zombi II (79) [Zombie] 1632, 1804d, 2302, 2631, 2680, 4534e
Zombi Holocaust (80) 1970d, 4988ph
Zombi Horror *see* Le notti del terrore
Zombi 3 (88) 1804d
Zombi 3-D (84) 1804d
Zombie *see* Zombi 2
Zombie Creeping Flesh *see* L'inferno dei morti viventi
Zombie 3 *see* Le notti del terrore
Zombies atómicos *see* Incubo sulla città contaminata
Zona pericolosa (53) 2891d
Zoo (48) 3628d
Zoo (78) 4651
Zoo (88) 2442ph
Zoo di pietra (48) 1153ph
Uno zoppo che fa strada (12) 4807ph
Zoras il ribelle (59) [Diez fúsiles esperan; Ten Ready Rifles; Ten Rifles Wait] 845, 2782, 4803, 4930
Zorro (75) 48, 173w, 195, 246, 937, 1271m, 1349, 1981, 2483d, 2890, 3172, 3561, 3957, 4052, 4487d
Zorro alla corte d'Inghilterra *see* Zorro, marchese di Navarra
Zorro alla corte di Spagna (62) 163, 856, 2615, 4314, 4432, 4580, 4584ph, 4990d
Zorro contro Maciste (62) [Samson and the Slave Queen; Maciste versus Zorro] 211, 647, 692, 2534d, 3337, 4165, 4189, 4314, 4344, 4512ph
Zorro e i tre moschettieri (62) 804d, 2042, 2615, 3957, 4091, 4106m, 4162, 4314, 4433, 4584ph, 4949
El Zorro el volpe *see under* E
Zorro, il cavaliere della vendetta (71) 266, 1366m, 1489, 2609, 2727
Zorro, marchese di Navarra (69) [Zorro alla corte d'Inghilterra] 1978, 2486m, 3096, 3569w, 3803, 4512ph, 4693
Zorro the Avenger *see* L'ombra di Zorro
Zucchero, miele e peperoncino (80) 891w, 1652, 1658ph, 2469, 2878d, 3601
Zum zum zum—la canzone che mi passa per la testa (68) 102w, 1102d, 1305, 1806, 2580, 3397, 3405, 4486, 4540
Zum zum zum n. 2 (69) 1102d, 4988ph
Zuma (13) 1907w, 2173, 3237d
Zvanì (15) 2305, 4943d
Zwei durch Dick und Dunn *see* Il ritorno di Shanghai Joe
Zwei Menschen (30 Germany) 4807ph